Springer Lexikon Pflege

Springer
Berlin
Heidelberg
New York
Barcelona
Hongkong
London
Mailand
Paris
Singapur
Tokio

K. A. Anderson · L. E. Anderson

Springer Lexikon Pflege

Aus dem Amerikanischen
übersetzt und überarbeitet
von A. Dröber und U. Villwock

Springer

Zuschriften und Anregungen an:

Angie Dröber
Langer Weg 45
73732 Esslingen

oder

Springer Verlag
Fachbuch Medizin
Tiergartenstraße 17
69121 Heidelberg

Ute Villwock
Bahnhofstraße 3
69115 Heidelberg

Authorized translation of the original
English language edition

MOSBY'S POCKET DICTIONARY OF MEDICINE; NURSING AND ALLIED HEALTH 3e
By:
K. Anderson & L. Anderson

Die Deutsche Bibliothek – CIP-Einheitsaufnahme
Anderson, Kenneth A.:
Springer-Lexikon Pflege / Kenneth A. Anderson ; Lois E. Anderson. Übers. von Angie Dröber ; Ute Villwock. - Berlin ; Heidelberg ; New York ; Barcelona ; Hongkong ; London ; Mailand ; Paris ; Singapur ; Tokio : Springer, 2000
ISBN 3-540-63964-0

ISBN 3-540-63964-0 Springer-Verlag Berlin Heidelberg New York

Herstellung: Andreas Gösling, Heidelberg
Satz: MEDIO, Berlin
Einbandgestaltung: de'blik, Berlin
Gedruckt auf säurefreiem Papier – SPIN: 10661620 14/3134/AG - 5 4 3 2 1 0

Vorwort

Ein weiteres Lexikon für die Berufsgruppe der Pflegenden in den Bereichen Krankenpflege, Kinderkrankenpflege, Altenpflege und Entbindungspflege, ist das wirklich erforderlich? Wir meinen ja, da ein kompaktes Nachschlagewerk, das pflegerische und die wichtigsten medizinischen Begriffe knapp, präzise und verständlich definiert, fehlt.

Das handliche **Springer Lexikon Pflege** soll einer schnellen Orientierung und zum raschen Nachschlagen fachlicher Begriffe dienen, z.B. im Stationszimmer oder zu Hause am Schreibtisch. Auf eine ausführliche Darstellung komplizierter Zusammenhänge sowie auf die Erklärung seltener Krankheitsbilder wurde weitestgehend verzichtet. Damit ist das Werk weder eine Kurzform eines medizinischen Lexikons – noch ersetzt es ein Lehrbuch.

Ausgangspunkt und Basis unserer Arbeit war der amerikanische Bestseller *Mosby's Pocket Dictionary of Medicine, Nursing & Allied Health* – ein umfassendes Werk, das Begriffe aus dem medizinischen Bereich großflächig abdeckt. Aus diesem Datenschatz wurden sämtliche Begriffe hinsichtlich ihrer Pflegerelevanz sorgfältig geprüft, übersetzt und ggf. inhaltlich bearbeitet, d.h. die Definitionen je nach Bedarf erweitert, verkürzt oder anderweitig verändert. Gleichzeitig haben wir fehlende, für den deutschsprachigen Raum bedeutende Begriffe mit ihren Definitionen, wie z.B. Prophylaxen, neu aufgenommen.

Zu jedem Eintrag ist die englische Übersetzung angegeben, und im Anhang zusätzlich ein Glossar der englischen Wörter mit der jeweiligen deutschen Übersetzung aufgeführt. Dadurch eignet sich das Buch über den eigentlichen Zweck hinaus optimal als Grundlage für die Verständigung mit englischsprechenden Patienten, als Verständnishilfe für englische Fachliteratur und nicht zuletzt für die Vorbereitung eines Arbeitsaufenthalts im englischsprachigen bzw. amerikanischen Ausland.

Die Schwierigkeit bei unserer Arbeit lag in dem Anspruch, ein Werk zu erstellen, das sowohl für Pflegeschüler als auch für Pflegeexperten geeignet ist. Dabei durften die Erklärungen den Pflegeschüler nicht überfordern und dem Experten nicht zu banal erscheinen. Diesem Anspruch gerecht zu werden war nicht immer einfach. Wir entschieden uns dafür, nach Möglichkeit zuerst den deutschen Begriff zu nennen und den Fachausdruck in Klammern anzufügen. Bei anatomischen Ausdrücken, wie z.B. Arterien, Venen, Muskeln etc. haben wir aus pädagogischen Erwägungen die deutschen Begriffe als gesonderten Eintrag mit Verweis auf den Fachbegriff aufgenommen, die Erklärung jedoch unter dem Fachausdruck angeführt. Der Pflegeexperte findet im **Springer Lexikon Pflege** alle aktuellen Pflegediagnosen und -interventionen.

Für die Bearbeitung dieses Projekts konnten wir aus einem großen Erfahrungsschatz in der medizinischen Praxis schöpfen: Frau Dröber ist Hebamme mit Berufserfahrung auf der Entbindungs- und Wochenstation sowie in der Vor- und Nachsorge für Schwangere und Wöchnerinnen. Frau Villwock arbeitete mehrere Jahre als Krankenschwester vorwiegend in der Intensivpflege und der Gemeindekrankenpflege. Unsere sprachliche Kompetenz erwarben wir beide im Rahmen eines Übersetzerstudiums und durch die Tätigkeit als Übersetzer pflegerischer Fachliteratur für diverse Verlage.

Das vorliegende Werk kann natürlich nur eine Momentaufnahme des heutigen Wissenstandes sein. Der ständige Wissenszuwachs, insbesondere in der noch jungen Pflegewissenschaft und Pflegeforschung, bringt immer neue Termini hervor, die nur schrittweise in überarbeitete Neuauflagen eingebunden werden können. Dieser zukünftigen Aufgabe wollen wir uns gerne stellen. Mit diesem Grundwerk haben wir jedoch unseres Erachtens eine solide Basis für diese Arbeit geschaffen. Wir würden uns freuen, wenn uns Ihre Anregungen, Verbesserungs- und Ergänzungsvorschläge dabei begleiten, und wünschen dem Werk eine breite Akzeptanz und Verbreitung unter den Pflegenden.

Wir danken dem Springer Verlag und seinen an dem Werk beteiligten Mitarbeitern aus den Bereichen Planung, Herstellung und Marketing herzlich, die die Realisierung dieses Projektes ermöglicht und uns dabei unterstützt haben.

Angie Dröber
und
Ute Villwock

Hinweise zum Gebrauch des Lexikons und des Wörterbuches Springer Lexikon Pflege

Schriftarten und Symbole

Zur schnellen Orientierung wurden folgende Schriftarten und Symbole verwendet:

Halbfett blau	sind jeweils alle deutschen Stichworte ausgezeichnet
(in Klammer nach dem Stichwort)	stehen das Synonym bzw. die Synonyme zum Stichwort
Grundschrift	Die Definition des Begriffes erscheint in der sog. Grundschrift
→ im laufenden Text	Verweis auf Fachbegriffe, innerhalb einer Definition zur vertiefenden Information. Hierbei ist zu beachten, dass dabei der gesamte Begriff gekennzeichnet ist, die Einordnung sich aber meist nach dem Substantiv richtet (siehe Zusammengesetzte Stichworte).
(s.a.)	siehe auch weist auf Informationen zu einem verwandten übergeordneten Thema am Ende der Definition hin.
[*Herkunft:* des Begriffes erscheint in eckigen Klammern nach der Definition]	hierbei werden folgende Abkürzungen verwendet : griech.: griechisch lat.: lateinisch arab.: arabisch frz.: französisch
-adj.	Gibt bei Bedarf das entsprechende Adjektiv (Eigenschaftswort) zum Stichwort an
	nach der Flagge folgt die englische bzw. amerikanische Übersetzung des Stichwortes. Zu beachten ist, dass sich die Schreibweise der Begriffe nach der amerikanischen richtet.

blau hinterlegte Begriffe heben besonders pflegerelevante Begriffe hervor

Anordnung der Stichwörter

Die Stichworte des lexikalischen Teiles wie auch diejenigen des Wörterbuches sind alphabetisch geordnet. Stichworte mit Umlauten ä, ö, ü sind dabei wie a, o, u eingeordnet.
Zahlen oder Bindestriche vor Stichworten werden nicht berücksichtigt, d.h. die Stichworte sind alphabetisch eingeordnet; so finden Sie z.B. -algie nach Alge.

Zusammengesetzte Stichworte

Stichworte bestehend aus Adjektiv und Substantiv finden Sie unter dem Buchstaben des Substantivs, z.B. insulinpflichtiger Diabetes finden Sie unter Diabetes, insulinpflichtiger.
Ausnahme: feststehende Begriffe, z.B. Akutes Abdomen. Bei Abweichungen von der Regel wird auf die entsprechende Einordnung verwiesen.

Fachbegriffe und deutsche Begriffe

Nach Möglichkeit wird der deutsche Begriff bevorzugt als Stichwort aufgeführt; der Fachausdruck ist meist in Klammern ergänzt.

Schreibweise

Das Werk erscheint in neuer deutscher Rechtschreibung.
Medizinische Fachtermini sowie Begriffe aus der Chemie erscheinen in der eingedeutschten Schreibweise, d.h. k statt c; z statt c; z.B. Azeton; Kalzium; Zerumen; wenn sie dem allgemeinem Sprachgebrauch angehören.
Reine Fachtermini erscheinen in der lateinischen Schreibweise, z.B. Caput humeri.

Schreibweise der englischen Begriffe

Die Schreibweise der englischen Begriffe richtet sich nach den amerikanischen Regeln.

Abkürzungen

Verwendete Abkürzungen innerhalb der Definition finden Sie im Abkürzungsverzeichnis. Hierbei wurden allgemein übliche (wie z.B., d.h.), die in einem allgemeinen Wörterbuch nachzuschlagen sind, nicht mit aufgenommen.

Abkürzungen im Springer Lexikon Pflege

ADH	Antidiuretisches Hormon
ADL	Aktivitäten des täglichen Lebens
AIDS	Acquired Immune Deficiency Syndrome
BGA	Blutgasanalyse
Ca	Kalzium
cm	Zentimeter
CO_2	Kohlendioxid
DNS	Desoxyribonukleinsäure
EEG	Elektroenzephalogramm
EKG	Elektrokardiogramm
EMG	Elektromyogramm
g	Gramm
H_2	Wasserstoff
Hb	Hämoglobin
HCl	Salzsäure
Hk	Hämatokrit
HIV	Human Immunodeficiency Virus
i. m.	intramuskulär
i. v.	intravenös
K	Kalium
Mg	Magnesium
mg	Milligramm
mg/dl	Milligramm pro Deziliter
min	Minute
ml	Milliliter
mmHg	Millimeter Quecksilbersäule
Na	Natrium
$NaHCO_3$	Natriumbikarbonat
O_2	Sauerstoff
PCA	patientenkontrollierte Analgesie
pH	Wasserstoffionenkonzentration
REM	Rapid Eye Movement
RN	Registered Nurse
RR	Blutdruck
s. c.	subkutan
TENS	Transkutane Elektrische Nervenstimulation
ZNS	Zentralnervensystem

A

A. 1. Abkürzung für Ampere (Einheit für Stromstärke). 2. Abkürzung für → Arterie. 3. Abkürzung für → axial.
A

ant. Abkürzung für → anterior.
a

a-, an-. Vorsilbe mit der Bedeutung »gegen-, un-, ohne, nicht«.
a-, an-

A.A. Abkürzung für → Anonyme Alkoholiker, eine Selbsthilfevereinigung alkoholkranker Menschen. (→ Alkoholabusus; Alkoholabhängigkeit)
A.A.

A-Lagerung. (Atemunterstützende Lagerung). Lagerung zur Unterstützung der Lungenbelüftung, insbesondere der Lungenspitzen, durch Dehnung des Thorax und Vergrößerung des Atemfläche. Dabei werden zwei Kissen beidseitig unter den Rücken des Patienten so schräg gelegt, dass sie sich in Höhe der HWS überlappen und von oben betrachtet den oberen Teil eines A bilden. (→ V-Lagerung)

a.-p. Abkürzung für **anterior-posterior**.
AP

A-Streifen. Myofibrillenabschnitt, der zusammen mit den → I-Streifen die optische Streifung der quergestreiften Muskulatur verursacht. (→ Myofibrillen)
A band

A68. Protein im Hirngewebe, welches bei Patienten mit → Alzheimer-Krankheit nachweisbar ist; ist auch im normal entwickelten Gehirn von Föten und Kleinkindern vorhanden und wird dort bis zum 3. Lebensjahr abgebaut.
A68

Aa. Abkürzung für (lat.) Arteriae, Arterien. (→ Arterie)
Aa

abakteriell. = nicht durch Bakterien hervorgerufen.
abacterial

Abdomen. (Bauch). Der Teil des Körpers, der zwischen Thorax und Becken liegt. Das A. enthält den unteren Abschnitt der Speiseröhre (Ösophagus) sowie Magen, Darm, Leber, Milz, Pankreas.
[*lat.:* Bauch]
abdomen

Abdominalquadrant. Die vier topographischen Bauchregionen, in die der Bauch durch eine vertikale und eine horizontale Linie mit Schnittpunkt am Nabel unterteilt wird. Dabei werden folgenden Unterteilungen gemacht: Quadrant links oben, Quadrant links unten, Quadrant rechts oben und Quadrant rechts unten.
abdominal quadrant

Abdruck. Abguss bestimmter bzw. aller Zähne und des gesamten inneren Kieferbereichs eines Patienten zur Anpassung von Prothesen oder künstlichen Gebissen.
cast

abducens. = von der Mittellinie des Körpers wegführend, wegziehend. (→ nervus abducens)
[*lat.:* abducere, wegziehen]
abducens

Aberration. 1. Jede Art von Abweichung. 2. Abnormer Wuchs oder Entwicklung.

A

3. Änderung der Chromosomenzahl bzw. -struktur, → Chromosomen-Aberration. 4. Jede fehlerhafte Bildformation, die durch eine ungleichmäßige Brechung bzw. Scharfstellung von Lichtstrahlen durch eine Linse verursacht wird. 5. Unlogische und unvernünftige Überlegungen oder Überzeugungen, Symptom von psychischen Erkrankungen führen. – *adj.* aberrant.
[*lat.:* aberrare, umherwandern]
aberration

Abführmittel. (→ Laxanzien)
purgative

Abhängigkeit. Bezeichnung für den psychisch und physischen Gesamtzustand einer Person, die von Drogen oder Alkohol abhängig ist und immer größere Mengen des Suchtmittels zu sich nehmen muss, um das Auftreten von Entzugssymptomen zu verhindern.
dependence

Abhusthilfe. Eine Form der Hustenunterstützung für Patienten, die aufgrund einer Störung des zentralen Nervensystems allein nicht genügend Kraft entwickeln können, um Sekrete aus den Atemwegen zu entfernen. Nach größtmöglicher Einatmung hustet der Patient, während die Pflegeperson mit beiden Händen kopfwärts und bauchwärts sanften Druck auf den Unterbauch (Abdomen) ausübt. So kann der Patient durch den erhöhten intraabdominalen Druck einen kräftigeren Husteneffekt erzeugen.
quad coughing

Ablatio. (Loslösung; Abtragung). Amputation, Entfernung eines Körperteils bzw. Ausschneiden oder Abtragen einer pathologischen Veränderung oder gesundheitsschädigenden Substanz. Z.B. **A. placentae:** vorzeitige Ablösung der Plazenta; A. mammae: Brustamputation. (→ Plazentaablösung)
[*lat.:* ablatus, fortgetragen]
ablation

Ablatio retinae. (Netzhautablösung). Ablösung der Netzhaut vom Augenhintergrund, meist als Folge eines Loches in der Netzhaut, durch das der Glaskörper zwischen Aderhaut (Choroidea) und Netzhaut (Retina) austreten kann. Dies kann durch eine traumatische Verletzung geschehen, in den meisten Fällen tritt die Netzhautablösung jedoch bei älteren Menschen infolge innerer Veränderungen des Glaskörperraums oder gelegentlich auch infolge einer Entzündung des Augeninneren auf. Erste Anzeichen sind häufig zahlreiche kleine Punkte, die sich plötzlich vor dem betroffenen Auge hin und her bewegen sowie Lichtblitze bei Bewegungen des Auges. Häufig sucht der Patient nicht sofort einen Arzt auf, da sich die Punkte im Laufe der Zeit zu verringern scheinen. Da die Retina keine Nervenfasern enthält, verläuft der Prozess schmerzfrei. Erfolgt keine rechtzeitige Behandlung, erblindet der Patient schließlich.
[*lat.:* ablatus, fortgetragen, fortgetan]
retinal detachment

Ablenkung. → Pflegeintervention der → NIC, die definiert wird als die zielgerichtete Ablenkung der Aufmerksamkeit von unerwünschten Empfindungen.
Distraction

ABNull-Blutgruppen. (AB0-Blutgruppe; AB0-System). Ein System zur Klassifizierung von → Blutgruppen, basierend auf den → antigenen Komponenten der roten Blutzellen und dazugehörigen Antikörpern (Anti-A, Anti-B) im Serum. Es werden die Blutgruppen A, B, AB und Null unterschieden. Bei AB sind beide Antigene vorhanden, bei Null keine. Vor jeder Bluttransfusion muss die ABNull-Blutgruppe des Patienten mit Hilfe eines → Bedside-Tests geprüft werden. (→ Rh-Faktor; Transfusion)
ABo blood groups

Abnutzungs-und-Verschleiß-Theorie. Eine Theorie des biologischen Alterungsprozesses, die besagt, dass während des Alterns strukturelle und funktionale Veränderungen auftreten, wie z.B. Osteoarthritis.
wear-and-tear theory

Abort. (Abtreibung; Abortus). Spontane bzw. eingeleitete Schwangerschaftsbeendigung,

bei der der Fötus noch nicht ausreichend entwickelt ist und ein Überleben bei der Geburt ausgeschlossen werden kann. Die verschiedenen Arten der A.s sind → habitueller Abort, → septischer Abort, drohender Abort od. Abortus imminens.
[*lat.:* aboriri, abgehen]
abortion

Abort, drohender. Störung in der Frühschwangerschaft (vor der 20. Schwangerschaftswoche), gekennzeichnet durch Blutungen aus der Gebärmutter und Kontraktionen (Wehen), die ausreichend stark sind, um eine Fehlgeburt auszulösen.
threatened abortion

Abort, habitueller. Spontaner Abgang von mindestens drei aufeinanderfolgenden Schwangerschaften vor der 20. Gestationswoche. (→ Abort)
habitual abortion

Abort, indizierter. Aus medizinischer Ursache angezeigte Beendigung einer Schwangerschaft vor Ende der 28. Schwangerschaftswoche.
therapeutic abortion

Abort, septischer. Spontane oder künstliche Beendigung einer Schwangerschaft, bei der das Leben der Mutter durch Eindringen von Keimen in die Gebärmutterschleimhaut (Endometrium), die Gebärmutterwand (Myometrium) oder darüber hinaus gefährdet ist. Die Frau muss sofort intensiv überwacht werden und benötigt hochdosierte Antibiotika. Die Gebärmutter (Uterus) muss ausgeräumt oder häufig sogar entfernt werden, um einen septischen Schock durch die massive Überschwemmung mit Keimen und dadurch den Tod zu verhindern.
septic abortion

Abort, unvollständiger. (abortus incompletus). Fehlgeburt, bei der Teile der Frucht oder der Plazenta nicht vollständig ausgestoßen oder entfernt werden. Dies führt häufig zu Blutungen und kann einen chirurgischen Eingriff, wie eine → Kürettage, oder die Verabreichung von wehenanregenden Mitteln (→ Oxytozin) nach sich ziehen.
incomplete abortion

Abortiva. (Abortivmittel; Abtreibungsmittel). Substanzen, die eine vorzeitige Geburt bzw. eine Abtreibung auslösen. (→ Abort)
[*lat.:* aboriri, abgehen]
abortifacient

Abortus. (Fehlgeburt; Abort). Jeder unvollständig entwickelte, aus einem → Abort stammende Fötus, der weniger als 500 g wiegt und keine Lebenszeichen zeigt.
[lat. abortus: Fehlgeburt, Frühgeburt]
abortus

Abrasio. (Ausschabung). Gynäkologie: Ausschabung des Uterus (→ Kürettage); Augenheilkunde: Abschabung der Bindehaut oder der Hornhaut des Auges; Zahnmedizin: Abnutzung eines Zahnes durch Kauen; allgemein: Abschaben oder Abreiben einer Oberfläche durch Reibung. (→ Kürettage) – *adj.* abrasiv.
[*lat.:* abradere, abkratzen]
abrasion

Absaugen, der Atemwege. → Pflegeintervention der → NIC, die definiert wird als die Entfernung von Sekreten aus den Atemwegen durch Einführung eines Absaugkatheters in Mund und/oder Trachea eines Patienten.
Airway Suctioning

Absauggerät. Vorrichtung, mit der Substanzen aus einer Körperhöhle abgesaugt werden können, z.B. Kolbenspritze, Elektropumpe oder Druck-Sogwandler.
aspirator

Abscherfraktur. → Fraktur, bei der Knorpelgewebe zusammen mit einem kleinen Knochenstück durch Scherkräfte vom → distalen Teil der seitlichen Humeruskondyle abgerissen wird, z.B. Schenkelhalsbruch.
cleavage fracture

Abschnürbinde. Hilfsmittel, mit dem schwere Blutungen unter Kontrolle gebracht werden können. Es besteht aus ei-

A

nem breiten Abschnürband, das → proximal zur Verletzung um die blutende Gliedmaße gebunden und fest zusammengezogen wird. Die Verwendung einer A. ist ein drastisches Mittel und darf nur bei lebensbedrohlichen Blutungen eingesetzt werden, die anders nicht gestoppt werden können.
🇬🇧 tourniquet

Absence. Form eine epileptischen Anfalls, der durch eine plötzlich auftretende Bewusstseinsminderung von wenigen Sekunden gekennzeichnet ist. Gelegentlich geht eine A. mit einem leichten Muskelkrampf des Nackens oder der oberen Extremitäten, symmetrischem Gesichtszucken oder dem Verlust des Muskeltonus einher. Die Anfälle können sich mehrmals täglich ereignen, sie zeigen keine Vorankündigungen in Form einer → Aura. A. werden hauptsächlich im Kindes- und Jugendalter beobachtet, insbesondere in der Pubertät. Während einer A. hat der Patient typischerweise einen leeren Gesichtsausdruck und hört auf sich zu bewegen. Aufgrund der schnellen Rückkehr des Bewusstseins kann der Patient eine unterbrochene Konversation weiterführen, ohne dass er oder jemand anders die A. bemerkt. Während und zwischen den Anfällen weist das → Elektroenzephalogramm (EEG) des Patienten Besonderheiten auf. (→ Epilepsie)
[*franz.:* Abwesenheit]
🇬🇧 absence seizure

Absonderung. 1. → Pflegeintervention der → NIC, die definiert ist als die Verwahrung einer einzelnen Person in einer vollständig geschützten Umgebung mit enger Überwachung durch ein Pflegeteam zum Zweck der Sicherheit oder zum Umgang mit bestimmten Verhaltensweisen. 2. In der Psychiatrie, die Isolierung eines Patienten in einem speziellen Raum, um den Einfluss äußerer Reize zu vermindern, die den emotionalen Stress des Patienten auslösen oder verstärken könnten.
🇬🇧 Seclusion

absorbieren. 1. Der Vorgang des Aufnehmens verschiedener Substanzen, z.B. absorbieren die Gewebe des Darms Flüssigkeiten. 2. Durch Bestrahlung auf Gewebe übertragene Energie, wie z.B. eine absorbierte Dosis Radioaktivität. (→ resorbieren)
[*lat.:* absorbere, aufsaugen]
🇬🇧 absorb

Absorption. 1. Die Aufnahme von Substanzen durch eine andere Materie aufgrund chemischer, molekularer oder physikalischer Vorgänge, wie z.B. das Auflösen von Gas in Flüssigkeit oder die Aufnahme von Flüssigkeit in einem porösen Feststoff. 2. Passage von Substanzen durch und in Gewebe, wie z.B. Moleküle von verdauten Nahrungsmitteln in die Darmzellen oder der Durchfluss von Flüssigkeiten in die Nierentubuli. 3. Der Prozess der Aufnahme von radioaktiver Energie durch lebende bzw. tote Materie, mit der die Strahlung interagiert.
[*lat.:* absorbere, aufsaugen]
🇬🇧 absorption

Absorptionsmittel. (Absorbens). Ein Produkt oder eine Substanz, die Flüssigkeiten oder Gase → absorbieren kann.
[*lat.:* absorbere, aufsaugen]
🇬🇧 absorbent

Absorptionsverband. Aus bestimmten Materialien hergestellter Verband, der zum → Absorbieren von Sekreten auf eine Wunde oder eine Inzisionsstelle angelegt wird.
🇬🇧 absorbent dressing

Abstillen. → Pflegeintervention der → NIC, die definiert wird als die Unterstützung bei der Beendigung der Milchproduktion und der Begrenzung einer Brustschwellung nach der Entbindung.
🇬🇧 Lactation Suppression

abstillen. Einen Säugling daran gewöhnen, andere Nahrung als Muttermilch aufzunehmen.
🇬🇧 wean

Abstinenz. (Enthaltsamkeit). Verzicht auf eine Substanz bzw. auf die Durchführung einer

Handlung, auf die man Lust oder Appetit hat; sexuelle A. kann eine Methode der Geburtenkontrolle sein.
[*lat.:* abstinere, zurückhalten]
abstinence

Abstinenzerscheinungen. (Entzugssyndrom). Entzugssymptome, die eine von Alkohol oder Drogen abhängige Person bei einem plötzlichen Wegfall des Suchtmittelkonsums erlebt.
[*lat.:* abstinere, zurückhalten]
abstinence syndrome

Abstoßung, akute. Reaktion auf ein Allotransplantat (von derselben → Spezies) oder Xenotransplantat (von einer anderen Spezies), das innerhalb einer Woche nach der Transplantation abgestoßen wird, wobei eine starke Reaktion des → Immunsystems auftritt.
[*lat.:* rejicere, zurückwerfen]
acute rejection

Abstoßungsreaktion. (Transplantatabstoßung). Die immunologische Antwort auf Organismen oder Substanzen, die der Körper als fremd erkennt, inklusive → Transplantate.
rejection

Abstoßungsreaktion, chronische. Durch Antikörperaktivität (möglicherweise über mehrere Monate) bedingte Abstoßung von Transplantaten.
chronic rejection

Abstrich. Gewebematerial, das zu diagnostischen Zwecken entnommen wird und als dünner Film auf einen Glasträger aufgebracht und im Labor mikroskopisch untersucht wird. Der Probe kann Farbstoff, ein Reagens oder Verdünnungsmittel beigemischt werden.
smear

Abszess. Eine abgekapselte Ansammlung von → Eiter in einer nach Gewebseinschmelzung entstandenen Höhle, bedingt meist durch eine bakterielle Entzündung. Die Behandlung erfolgt durch Eröffnung des Abzesses.
[*lat.:* abscedere, weggehen]
abscess

Abszess, kalter. Infektionsherd, der nicht die üblichen Anzeichen von Hitze, Rötung und Schwellung aufweist.
cold abscess

Abszess, rektaler. → Abszess im Afterbereich.
rectal abscess

Abszess, retroperitonealer. Eiteransammlung hinter dem Bauchfell (Peritoneum).
retroperitoneal abscess

Abszess, umschriebener. Einer durch Fibroblasten vom umliegenden Gewebe abgetrennter Abszess.
circumscribed abscess

Abszess, verkäsender. Aus gelblichem, viskösem, käseartigem Material bestehender Abszess, z.B. tuberkulöse Abszesse.
[*lat.:* abscedere, weggehen.]
cheesy abscess

Abulie. (Willenlosigkeit). Verlust oder Einschränkung der freiwilligen Entscheidungsfähigkeit bzw. der Fähigkeit, eine Initiative zu ergreifen.
[*griech.:* a, kein; boule, Wille]
abulia

Abusus. (Missbrauch). 1. Falsche Anwendung von Geräten, einer Substanz oder einer Dienstleistung, wie z.B. einer Droge; dies kann absichtlich oder unbeabsichtigt erfolgen. 2. Körperlicher oder verbaler Angriff oder Verletzung. Eine Form des Abusus ist die → Kindesmisshandlung. (→ Arzneimittel- und Drogenmissbrauch)
[*lat.:* abuti, verschwenden]
abuse

Abusus, körperlicher. Eine oder mehrere Episoden aggressiven Verhaltens, die zu körperlichen Verletzungen bei einer anderen Person führen, möglicherweise einhergehend mit Verletzungen der inneren Organe, der Sinnesorgane, des Zentralnervensystem oder der Muskulatur.
physical abuse

Abusus, Schutz gegen. → Pflegeintervention der → NIC, die definiert wird als die Einschätzung von riskoreichen Abhängigkeitsbeziehungen und geeigneten

A

Maßnahmen zur Verhinderung zukünftiger körperlicher und emotionaler Schäden.
Abuse Protection

Abusus, Schutz gegen: ältere Menschen. → Pflegeintervention der → NIC, die definiert wird als die Einschätzung von risikoreichen Abhängigkeitsbeziehungen älterer Menschen und von geeigneten Maßnahmen zur Verhinderung möglicher oder zukünftiger körperlicher, sexueller oder emotionaler Schäden, der Vernachlässigung von Grundbedürfnissen des Lebens oder der Ausbeutung älterer Menschen.
Abuse Protection: Elder

Abusus, Schutz gegen: Kinder. → Pflegeintervention der → NIC, die definiert wird als die Einschätzung von risikoreichen Abhängigkeitsbeziehungen bei Kindern sowie von geeigneten Maßnahmen zur Verhinderung möglicher und zukünftiger körperlicher, sexueller und emotionaler Schäden oder der Vernachlässigung von Grundbedürfnissen des Lebens.
Abuse Protection: Child

Abwehrmechanismus. Unbewusste intrapsychische Reaktion zum Schutz gegen Stress bzw. gegen die Bedrohung der eigenen Person. Man unterscheidet dabei zwei Formen: Abwehrmechanismen, die Angst abschwächen und zur weiteren gesellschaftlichen Eingliederung des Individuums dienen, und Abwehrmechanismen, die Angstzustände nicht abbauen, sondern lediglich die empfundenen Auswirkungen verdrängen.
defense mechanism

Acarina. (Milbe; Acarina). Eine der vielen Milbenarten, welche eine große Anzahl parasitärer und freilebender Organismen umfasst; wichtige Überträger für Infektionskrankheiten, leben als Parasiten auf Menschen, vielen anderen Säugetieren und Vögeln.
acarid

Acceptable daily intake (ADI). (Dt. Akzeptable tägliche Aufnahmemenge) Die Maximalmenge einer Substanz, die vom Menschen unbedenklich lebenslang jeden Tag aufgenommen werden kann. Eine Zufuhr, die über diese Menge hinausgeht, kann → toxisch wirken.
acceptable daily intake (ADI)

Acetabulum. (Hüftgelenkpfanne). Aushöhlung im Becken an der Verbindung von Darmbein, Sitzbein und Schambein, in der der runde Kopf des Oberschenkelknochens (→ Femurs) liegt.
[*lat.:* Essignäpfchen]
acetabulum

Acetaldehyd. (Ästahnol). (CH_3CHO) Farblose, flüchtige Flüssigkeit mit stechendem Geruch, die während der Oxidation von Äthylalkohol produziert wird. Im menschlichen Körper wird A. in der Leber durch die Aktivität von Alkoholdehydrogenase und anderen Enzymen gebildet.
acetaldehyde

Acetat. (essigsaures Salz). Ein Salz der Essigsäure.
acetate

Aceton. ($H_3C\text{-}CO\text{-}CH_3$) Farbloser, riechender, flüchtiger, flüssiger → Ketonkörper, der in kleinen Mengen in normalem Urin und in der Atemluft und in größeren Mengen im Urin von Diabetikern vorkommt, die längere Zeit unter einer Ketoazidose oder einem Nahrungsmangel leiden.
acetone

Acetontest. Test zur Untersuchung von → Aceton (Dimethylketon) im Urin von Patienten; wird als analytische Indikation für → Ketose sowie den Schweregrad der Diabetes-Erkrankung verwendet. Bei dem Test werden Teststreifen in Urin getaucht. Ist infolge eines unvollständigen Abbaus von Fett- und Aminosäuren im Körper Aceton im Urin vorhanden, verfärben sich die Teststreifen.
acetone in urine test

Acetonurie. Ausscheidung von → Aceton und Diacetat im Urin; kommt bei bestimmten Stoffwechselerkrankungen vor.
acetonuria

Acetylcholin. (ACh) In Körpergewebe weitverbreiteter → Neurotransmitter, der primär als Schaltstation der synaptischen Aktivität des Nervensystems und der Skelettmuskulatur fungiert. A. besitzt nur eine kurze Aktivphase, da es rasch von der → Acetylcholinesterase zerstört wird. Die Aktivität des A. kann durch → Atropin an den Verbindungen zwischen Nervenfasern und Drüsen sowie glattem Muskelgewebe gehemmt werden. A. bewirkt eine Blutdrucksenkung durch Vasodilatation, Bronchokonstriktion und Steigerung der Darmaktivität. (→ Cholin)
acetylcholine (ACh)

Acetylcholinesterase (AChe). Enzym, inaktiviert den Neurotransmitter → Acetylcholin, indem es die Substanz in die Bestandteile → Cholin und → Acetat hydrolysiert; auf diese Weise wird eine übermäßige Aktivierung der Neuronen an den neuromuskulären Verbindungen reduziert bzw. unterbunden.
acetylcholinesterase (AChe)

Acetylcystein. Wirkstoff, der als → Mukolytikum und → Paracetamol-Antidot eingesetzt wird. Als Mukolytikum dient A. der Schleimlösung bei chronischen pulmonalen, akuten bronchopulmonalen Erkrankungen oder bei Atelektasen aufgrund einer Obstruktion durch Schleim. Als Gegengift wird A. bei einer Paracetamol-Vergiftung eingesetzt.
acetylcysteine

Acetylsalicylsäure (ASS). Analgetikum, Antipyretikum und Antirheumatikum, welches gegen Fieber, Schmerzen und Entzündungen eingesetzt wird. Nebenwirkungen der Einnahme von ASS können Magen-Darm-Beschwerden, Magenbluten sowie verstärkte Blutungsneigung sein. ASS sollte nach den Mahlzeiten eingenommen werden; bei gleichzeitiger Einnahme von Antikoagulanzien muss auf Blutungen, Teerstühle (Hämoccult) und Oberbauchbeschwerden geachtet werden. ASS kann zu schweren allergischen Reaktionen führen (insbesondere bei Asthmatikern). Kindern darf ASS nicht verabreicht werden, da die Gefahr eines tödlichen akuten Leberversagens besteht.
acetylsalicylic acid

Acetylsalicylsäure-Vergiftung. Toxische Wirkung aufgrund einer Überdosis des häufig verwendeten Antipyretikums und Analgetikums → Acetylsalicylsäure. Zu den frühen Symptomen einer Überdosis gehören Schwindel, Ohrensausen, Schwankungen der Körpertemperatur, gastrointestinale Beschwerden sowie Hyperventilation. Schwere Vergiftungserscheinungen sind durch eine respiratorische Alkalose gekennzeichnet, welche zu einer metabolischen Azidose führen kann. Kinder sind besonders anfällig für das toxische Potenzial der Salicylate.
acetylsalicylic acid poisoning

Achalasie. Die A. ist eine neuromuskuläre Störung von Hohlorganen. Die Entspannungsfähigkeit der Muskulatur ist gestört; auftretend z.B. am Ösophagus oder am Mageneingang.
[*griech.:* a, keine; chalasis, Entspannung]
achalasia

AChe. Abkürzung für → Acetylcholinesterase.
AChE

Achillessehne. Sehne des M. triceps surae, welcher sich zusammensetzt aus dem → M. soleus und dem → M. gastrocnemius; die A. verläuft von der Wade zum Fersenbein; sie ist die dickste und stärkste Sehne des Körpers.
[Achilles, Held der griechischen Mythologie, der angeblich nur an der Ferse verwundbar war und durch einen Pfeilschluss in die Ferse getötet wurde]
Achilles tendon

Achillessehnenreflex. (ASR). Muskeleigenreflex der (→ Achillessehne), der eine Beugung des Fußes zur Fußsohle auslöst; der A. wird durch einen kurzen Schlag auf die Sehne des → M. gastrocnemius an der Knöchelrückseite ausgelöst; bei Diabeti-

kern und Personen mit peripheren Neuropathien fehlt dieser Reflex häufig.
Achilles tendon reflex

Achillobursitis. Schmerzhafte Erkrankung der Ferse, die durch eine Entzündung des Schleimbeutels (Bursa) zwischen → Achillessehne und Fersenbein (Calcaneus) verursacht wird. Dies steht im Allgemeinen in Verbindung mit einer Haglund-Deformität. (→ Bursitis)
posterior Achilles bursitis

Acholie. 1. Fehlen bzw. Verminderung der Gallensekretion. 2. Jeder Zustand, der die Abgabe von → Galle in den Dünndarm vermindert, z.B. bei → Cholestase-Syndromen.
[*griech.:* a, keine; chole, Galle]
acholia

Achromozyt. (Achromoretikulozyt). Sichelförmiger, unphysiologisch blasser halbmondförmiger → Erythrozyt; Vorkommen bei Anämien. (→ Anämie)
achromocyte

Achselnerv. (→ Nervus axillaris)
axillary nerve

Achselschlagader. (→ Arteria axillaris)
axillary artery

Achselvene. (→ Vena axillaris)
axillary vein

Achylie. (Achlorhydrie). Fehlen bzw. starker Mangel an Magensaft (Salzsäure und → Pepsinogen, → Pepsin) oder Pankreassekret; die A. führt zu mangelhafter Verdauung. (→ Anazidität; → Steatorrhö)
[*griech.:* a, kein; chylos, Saft]
achylia

Aciclovir. → Virostatikum (Acycloguanosin) zur äußeren Anwendung als Salbe zur Behandlung von Herpex simplex keratitis; kann bei anderen Herpesinfektionen, einschließlich Herpes genitalis, äußerlich oder systemisch angewendet werden. A. hat eine selektive Wirkung, indem es die Funktionen der DNS- (Desoxyribonukleinsäure-) Moleküle der Herpesviren hemmt.
acyclovir

Acquired Immunedeficiency Syndrome (AIDS). (AIDS). Syndrom mit Defekt der körpereigenen Immunität. AIDS hat eine lange Inkubationszeit, gefolgt von einem lange andauernden, kräfterzehrenden weiteren Verlauf mit Auftreten verschiedener opportunistischer Infektionen; die Krankheit hat eine schlechte Prognose. AIDS trat ursprünglich hauptsächlich bei homosexuellen Männern und Drogenabhängigen auf. Heute sind zunehmend auch heterosexuelle Männer und Frauen sowie Kinder betroffen. Verursacht wird AIDS durch das HIV-Virus. → HIV (Human Immunodeficiency Virus) ist ein Retrovirus, es befällt Lymphozyten und Nervenzellen. Die befallenen $CD4^+$-Lymphozyten (die T-Helferzellen) werden vernichtet, das Immunsystem wird geschwächt, es kommt zu Infektionen. Das Virus kann auch in die Makrophagen eindringen, in denen er sich ungehemmt vermehrt und vom Immunsystem nicht erkannt wird. Eine HIV-Infektion kann nicht durch zufällige Berührung übertragen werden, sondern nur durch sexuellen Kontakt, durch Kontakt mit kontaminiertem Blut, Sperma, Muttermilch oder anderen Körperflüssigkeiten infizierter Personen. Bei einem Patienten wird die Diagnose AIDS gestellt, wenn er mit dem HIV-Virus infiziert ist, die Zählung der $CD4^+$-Zellen einen Wert von unter 200 in 500 ml ergibt und er ein oder mehrere folgender Anzeichen und Symptome aufweist: extreme Müdigkeit, intermittierendes Fieber, nächtliche Schweißausbrüche, Frösteln, Lymphadenopathie, Milzvergrößerung, Anorexie mit nachfolgendem Gewichtsverlust, schwere Diarrhö, Apathie und Depression. Im weiteren Krankheitsverlauf kommt es zu allgemeiner Abzehrung, Anergie sowie verschiedenen rezidivierenden Infektionen, wie z.B. *Pneumocystis carinii*-Pneumonie, Tuberkulose, Meningitis und Enzephalitis, die durch Aspergillose, Candidiasis, Kryptokokkose, Zytomegalie-Virus, Toxoplasmose oder Herpes simplex verursacht werden. Die meisten AIDS-Patienten sind anfällig für Tumoren, insbesondere für Kaposi-Sarkome, Burkitt-Tumoren sowie für Non-Hodgkin-Lymphome, die sowohl

eine Immunschwäche verursachen als auch daraus hervorgehen. Die Behandlung besteht primär in einer Kombinations-Chemotherapie, um möglichen Infektionen entgegenzuwirken. Obwohl es bis heute noch keine Heilung für AIDS gibt, hat sich gezeigt, dass das antiretrovirale Medikamente wie z.B. Zidovudin, Didanosin (ddl), Stavudin (D4T) oder Zalcitabin (ddC) den Krankheitsverlauf verlangsamen und die Lebenserwartung der Patienten erhöhen.
Acquired Immune Deficiency Syndrome (AIDS)

ACTH. Abkürzung für → adrenocorticotropes Hormon.
ACTH

ad-. Vorsilbe mit der Bedeutung »an, zu, hinzu, bei« (kann je nach den Folgekonsonanten mit gleichbleibender Bedeutung zu ac, af, ag, ak, al, an, ap, ar, as, at angeglichen werden).
ad-

ad lib. Abkürzung des lateinischen Ausdrucks *ad libitum*: nach Wunsch, nach Belieben einzunehmen.
ad lib

Adaktylie. Geburtsdefekt, bei dem ein oder mehrere Finger bzw. Zehen fehlen.
[*griech.:* a, kein; daktylos, Finger oder Zeh]
adactyly

Adam-Stokes-Syndrom. Plötzlich auftretende Anfälle von Bewusstlosigkeit, die durch eine unvollständige Herzblockade hervorgerufen werden. Die Episoden können von Krämpfen begleitet werden.
[R. Adams, irischer Chirurg, 1791–1875; W. Stokes, irischer Arzt, 1804–1878.]
Adam-Stokes syndrome

adamantodentinal. Zahnschmelz und Zahnbein (Dentin) betreffend.
[*franz.:* amel, Emaille; *lat.:* dens, Zahn]
amelodentinal

Adamsapfel. (Umgangssprachlich) Wölbung an der Halsvorderseite beim Mann, die durch den Schildknorpel des Kehlkopfs verursacht wird.
Adam's apple

Adaptation. (Anpassung). Veränderung bzw. Reaktion auf eine bestimmte Art von Stress, wie z.B. Entzündung der Nasenschleimhäute bei einer infektösen Rhinitis oder verstärktes Weinen bei einem Kind, das sich fürchtet. Die A. kann normaler Selbstschutz oder entwicklungsbedingt sein, wie z.B. bei einem Kind, das Sprechen lernt. – *adj.* adaptiv.
[*lat.:* adaptatio, Anpassung]
adaptation

Adaptationsmodell. Konzeptuelles Rahmenwerk, bei dem der Patient als anpassungsfähiges System angesehen wird. Eine Pflegeintervention wird notwendig, wenn der Patient ein Defizit in seiner Fähigkeit aufweist, mit inneren und äußeren, von seiner Umgebung gestellten Anforderungen zurecht zu kommen. Die Anforderungen werden in vier Gruppen eingeteilt: physiologische Bedürfnisse, das Bedürfnis eines positiven Selbstkonzepts, das Bedürfnis, soziale Rollen zu erfüllen, und das Bedürfnis, Abhängigkeiten und Freiheiten in Gleichklang zu bringen. Die professionelle Pflege ist darauf ausgerichtet, adaptive Reaktionen zu fördern, um den gegenwärtigen, das Wohlbefinden des Patienten beinflussenden Stress zu bewältigen.
adaptation model

Adaptationssyndrom. (→ Anpassungssyndrom)
adaptation syndrome

Adaptionsschiene. An ein gebrochenes Glied angepasste, kurze Schiene, die verhindert, dass sich die Knochenfragmente übereinander schieben.
coaptation splint

ADC. Abkürzung für **AIDS-Dementia-Complex.**
ADC

Addis-Zählung. (Addis-Test). Methode zur Auszählung von roten und weißen Blutzellen (Erythrozyten und Leukozyten), Epi-

thelzellen, Zylindern und Proteinen in einer sedimentierten, nachts über zwölf Stunden gesammelten Urinprobe. Die Zählung ist für die Diagnose und die Behandlung von Nierenkrankheit von Bedeutung.
[T. Addis, amerikanischer Arzt, 1881–1949]
Addis count

Addison-Krankheit. Lebensbedrohliche Erkrankung, die durch teilweises oder totales Versagen der adrenokortikalen Funktion hervorgerufen wird. Häufig wird die Krankheit durch Autoimmunvorgänge, Infektionen (insbesondere tuberkuläre oder von Pilzen ausgelöste), Neoplasma oder Drüsenhämorrhagie verursacht. Sämtliche Allgemeinfunktionen der Nebennierenrinde (NNR) versagen: die glukokortikoide, die mineralokortikoide sowie die androgene Funktion. (→ Kortison)
[T. Addison, englischer Arzt, 1793–1860]
Addison's disease

Addisonismus. Zustand mit typischen körperlichen Anzeichen der → Addison-Krankheit, wobei jedoch kein Verlust der adrenokortikalen Funktion vorliegt. Als Symptome treten auf: verstärkte Pigmentierung von Haut und Schleimhäuten und allgemeine Debilität.
[T. Addison, englischer Arzt, 1793–1860]
addisonism

Addition. Chemische Reaktion, bei der sich zwei komplette Moleküle vereinigen und eine neue Substanz bilden. Die A. erfolgt zumeist durch die Anbindung eines Moleküls an die Kohlenstoffatome eines anderen Moleküls unter Bildung von Doppelt- bzw. Dreifachbindungen.
[*lat.:* additio, etwas hinzuzählen]
addition

Additive. (Zusatzstoffe). Substanzen, die bei der Herstellung von Nahrungsmitteln und Arzneimitteln hinzugefügt werden, um den Geschmack, Farbe, Beschaffenheit oder Konsistenz zu verbessern oder zu erhalten oder um den Nährwert zu ergänzen oder zu konservieren.
additives

Adduktion. Bewegung einer Extremität in Richtung der Körperachse. (→ Abduktion)
[*lat.:* adducere; herbeibringen]
adduction

Adduktor. Muskel, der einen Körperteil zur mittleren Körperachse hin bewegt.
adductor

Adduktorenkanal. Dreieckiger Schaft zwischen M. sartorius, M. adductor longus und M. vastus medialis; durch den A. verlaufen die Blutgefäße des Oberschenkels sowie der → N. saphenus.
adductor canal

adduzieren. Zur Mittellinie oder zur Körperachse hin bewegen.
[*lat.:* adducere, herbeibringen]
adduct

Adenektomie. Operatives Entfernen einer Drüse.
[*griech.:* aden, Drüse; ektome, ausschneiden]
adenectomy

Adenin. → Purinbase der Nucleinsäuren DNS und RNS; Komponente der zyklischen Adenosinmonophosphatase (Zyklo-AMP) und der Adenosinkomponente des AMP, Adenosindiphosphat (ADP) und Adenosintriphosphat (ATP).
adenine

Adenitis. Entzündung eines Lymphknotens oder einer Drüse. Eine akute A. der zervikalen Lymphknoten macht sich in Halsschmerzen und Nackensteifigkeit bemerkbar. Eine Schwellung der Lymphknoten im Nacken ist häufig die Folge einer Hirnhautentzündung, eines Insektenstichs oder eines Befalls mit Kopfläusen. Die Entzündung der Lymphknoten des mesenterialen Teils des Peritoneums erzeugt oft Schmerzen und Symptome, die denen einer Appendizitis gleichen. Die A. kann ein sekundäres Symptom der Syphilis sein. Behandlung der Primärinfektion mit Antibiotika, warmen Kompressen sowie, in seltenen Fällen, Inzision und Drainage.
adenitis

adeno-. Vorsilbe mit der Bedeutung »Drüse«.
adeno-

Adenoakanthom. Gut- oder bösartiger Tumor aus Drüsengewebe, wobei einige Zellen schuppig verändert sind.
[*griech.:* aden, Drüse; akantha, Dorn; oma, Tumor]
adenoacanthoma

Adenoameloblastom. Gutartiger Kiefertumor, der aus Kanälen besteht, die mit säulen- oder würfelförmigen Epithelzellen ausgekleidet sind; entwickelt sich im Gewebe, in dem normalerweise die Zähne wachsen und tritt in der Regel bei jungen Menschen auf.
adenoameloblastoma

Adenochondrom. Neoplasma, das aus Drüsen- und Knorpelgewebe besteht; tritt als Speicheldrüsen-Mischtumor auf.
[*griech.:* aden, Drüse; chondros, Knorpel; oma, Tumor]
adenochondroma

Adenoepitheliom. Neoplasma, bestehend aus Drüsen- und Epithelgewebe.
[*griech.:* aden, Drüse; epi, auf; thele, Brustwarze; oma, Tumor]
adenoepithelioma

Adenofibrom. Tumor des Bindegewebes, bestehend aus glandulären Elementen (Drüsengewebe).
[*griech.:* aden, Drüse; *lat.:* fibra, Faser; *griech.:* oma, Tumor]
adenofibroma

Adenofibrom, ödematöses. Neoplasma, bestehend aus Drüsen- und Bindegewebe, einhergehend mit einer ausgeprägten Schwellung.
adenofibroma edematodes

Adenohypophyse. Hypophysenvorderlappen; scheidet Wachstumshormone, schilddrüsenstimulierende, adrenokortikotrope und melanozytenstimulierende Hormone sowie Follikelreifungshormone, Luteinisierungshormone, Prolaktin, betalipotropine Moleküle sowie Endorphine aus. Die vom Hypothalamus freigesetzten Hormone steuern die Sekretion des Hypophysenvorderlappens.
[*griech.:* aden, Drüse; hypo, darunter; phyein, wachsen]
adenohypophysis

adenoid. Glanduläres (drüsiges), insbesondere lymphoides Aussehen besitzend.
[*griech.:* aden, Drüse; eidos, Form]
adenoid

Adenoide. Kleine Masse lymphoiden Gewebes, das die Rachenmandeln an der Rachenhinterwand bildet.
adenoids

Adenoidektomie. Entfernung von Lymphgewebe aus dem Nasenrachenraum. Eine Operation kann erforderlich sein, weil die → Adenoide entweder vergrößert sind, eine Blockade bilden oder chronisch infiziert sind.
[*griech.:* aden, Drüse; eidos, Form; ektome, herausschneiden]
adenoidectomy

Adenokarzinom. Zu der Gruppe bösartiger Epithelzelltumore gehöriger Drüsentumor. Die Tumoren werden anhand der zytologischen Identifizierung des betroffenen Gewebes eingeteilt, z.B. hat ein A. des Gebärmutterhalses (Zervix) charakteristische Tumorzellen, die dem glandulären Epithelium der Zervix gleichen. Bei einem A. **in situ** tritt ein abnormes Wachstum des Drüsengewebes auf, welches maligne entarten kann; A.e werden am häufigsten im → Endometrium und im Dickdarm beobachtet. – *adj.* adenokarzinomatös.
[*griech.:* aden, Drüse; karkinos, Krebs; oma, Tumor]
adenocarcinoma

Adenokarzinom, alveolares. Neoplasma mit alveolenförmigen Tumorzellen.
[*lat.:* alveolus, kleine Vertiefung]
alveolar adenocarcinoma

Adenokarzinom, follikuläres. Tumor mit → follikulär angeordneten Zellen, der häufig die Schilddrüse befällt und sich bis in Knochen und Lunge ausbreiten kann.
follicular adenocarcinoma

A

Adenolipom. Tumor, der aus Drüsen- und Fettgewebe besteht.
[*griech.:* aden, Drüse; lipos, Fett; oma, Tumor]
adenolipoma

Adenolipomatose. Störung, bei der zahlreiche → Adenolipome in der Leistengegend, den Achseln sowie am Hals auftreten.
adenolipomatosis

Adenom. Tumor des Drüsengewebes, bei dem die Tumorzellen in einer erkennbaren glandulären Struktur angeordnet sind. Ein A. kann eine exzessive Sekretion der betroffenen Drüse auslösen, z.B. die übermäßige Ausschüttung von Wachstumshormonen. – *adj.* adenomatös.
[*griech.:* aden, Drüse; oma, Tumor]
adenoma

Adenoma, sebaceum. Hauterkrankung, bei der im Gesicht zahlreiche, warzenförmige, gelblich-rote, aus wächsernen Knötchen bestehende Papeln (sogenannte → Angiofibrome) auftreten. Das A. ist in der Regel gutartig, es tritt gehäuft bei tuberöser Sklerose auf.
adenoma sebaceum

adenomatoid. Einem glandulären Tumor (Drüsentumor) ähnelnd.
[*griech.:* aden, Drüse; oma, Tumor; eidos, Form]
adenomatoid

Adenomatose. Krankheitsbild, bei dem eine Hyperplasie bzw. die Entwicklung eines Tumors zwei oder mehrere Drüsen, normalerweise Schilddrüse, Nebenniere oder Hypophyse, beeinträchtigen.
adenomatosis

Adenomatose, multiple endokrine. Zustand, der durch Tumore in mehr als einer → endokrinen Drüse gekennzeichnet ist. Diese Störung steht häufig in Verbindung mit einem Zollinger-Ellison-Syndrom und kann Hypophyse, Bauchspeicheldrüse (Pankreas) und Nebenschilddrüsen befallen oder bei einer multiplen Neoplasie auftreten.
multiple endocrine adenomatosis

Adenomyofibrom. Fibröser Tumor mit glandulären und muskulären Komponenten.
[*griech.:* aden, Drüse; mys, Muskel; *lat.:* fibra, Faser; *griech.:* oma, Tumor]
adenomyofibroma

Adenomyom. Tumor der Gebärmutterschleimhaut (Endometrium) mit einer typischen Ansammlung von glattem Muskel- und Drüsengewebe, das endometriales Gewebe enthält; kann eine → Dysmenorrhö verursachen.
adenomyoma

Adenomyomatose. Krankheitsbild, bei dem sich gutartige, → Adenomyomen ähnliche Knoten in der Gebärmutter bzw. im parauterinen Gewebe bilden.
adenomyomatosis

Adenomyosarkom. Bösartiger, aus glandulären Elementen und quergestreiften Muskeln bestehender Tumor.
adenomyosarcoma

Adenomyose. 1. Gutartiges Neoplasma mit Tumoren, die glanduläres Gewebe und glatte Muskelzellen enthalten. 2. Bösartiges Neoplasma mit typischem, invasivem Wachstum der Schleimhaut im Uterus, Becken, Kolon bzw. den Eileitern.
adenomyosis

Adenopathie. Vergrößerung einer Drüse oder eines Lymphknotens. – *adj.* adenopathisch.
[*griech.:* aden, Drüse; pathos, leiden]
adenopathy

Adenosarkom. Bösartiger, aus Drüsengewebe hervorgegangener Tumor.
[*griech.:* aden, Drüse; sarx, Fleisch; oma, Tumor]
adenosarcoma

Adenose. (Adenopathie). 1. Erkrankung einer Drüse, insbesondere der Lymphdrüse. 2. Unphysiologische Entwicklung bzw. Vergrößerung von Drüsengewebe.
adenosis

Adenosin. Eine von einer Nukleinsäure abgeleitete Verbindung, die aus → Adenin und dem Zucker D-Ribose besteht. A. ist der molekulare Hauptbestandteil von

Nukleotiden (Adenosinmono-, Adenosindi- und Adenosintriphophat) sowie der Nukleinsäuren Desoxyribonukleinsäure (DNS) und Ribonukleinsäure (RNS).
adenosine

Adenosindiphosphat (ADP). Produkt aus der Hydrolyse von → Adenosintriphosphat.
adenosine diphosphate (ADP)

Adenosinkinase. Ein in Niere und Leber vorhandenes Enzym, das den Transfer einer Phosphatgruppe von Adenosintriphosphat katalysiert und → Adenosinphosphat produziert.
adenosine kinase

Adenosinmonophosphat (AMP). Eine Esterverbindung, die aus Adenin-D-Ribose und Phosphorsäure besteht und zur Freisetzung von Energie für die Muskelarbeit führt.
adenosine monophosphate (AMP)

Adenosinmonophosphat (cAMP), zyklisches. (Zyklo-AMP). Zyklisches → Nukleotid, das durch die enzymatische Wirkung von Adenylzyklase aus Adenosintriphosphat entsteht. cAMP, das auch die Bezeichnung »second messenger« hat, ist auch an der Mittlertätigkeit von Katecholaminen, Vasopressinen, Nebennierenrindenhormon und anderen Hormonen beteiligt.
cyclic adenosine monophosphate (cAMP)

Adenosinphosphat. Eine Verbindung, die aus dem Nukleotid Adenosin besteht, das durch seine Ribosegruppe mit einem, zwei oder drei Phosphorsäure-Molekülen verbunden ist. Formen des A.s sind **Adenosinmonophosphorsäure**, **Adenosindiphosphat** (ADP) und → Adenosintriphosphat (ATP).
adenosine phosphate

Adenosintriphosphat (ATP). Verbindung, die aus dem Nukleotid → Adenosin besteht, das über seine Ribosegruppe mit drei Phosphorsäuremolekülen gebunden ist. ATP speichert Energie im Muskel. Diese Energie wird freigesetzt, wenn ATP zu Adenosindiphosphat abgebaut wird.
adenosine triphosphate (ATP)

Adenosintriphosphatase (ATPase). Enzym in der Skelettmuskulatur, das die Hydrolyse von → Adenosintriphosphat zu Adenosindiphosphorsäure und anorganischem Phosphat katalysiert. Die mitochondriale ATPase ist an der Bereitstellung von Energie für den zellulären Stoffwechsel beteiligt. Die Myosin-ATPase ist bei der Muskelkontraktion beteiligt.
adenosine triphosphatase (ATPase)

Adenoviren. Gruppe von 33 mittelgroßen Viren der Familie Adenoviridae. Sie sind für den Menschen pathogen und verursachen z.B. Konjunktivitis, Infektionen der oberen Atemwege oder Magen-Darm-Infektionen. – *adj.* adenoviral.
[*griech.:* aden, Drüse; *lat.:* virus, Gift]
adenovirus

Adenozyste. Konusförmige Struktur im Zwischenhirn, die sich am Dach des 3. Ventrikels befindet und Produktionsort von → Melatonin ist, das eine Rolle bei der Regulierung des Zirkadianrhythmus spielt.
[*griech.:* aden, Drüse; kytis, Tasche]
adenocyst

Adenylatkinase. → Enzym, welches die Reaktion ATP + AMP = 2ADP ermöglicht.
adenylate kinase

Adenylatzyklase. → Enzym, das die Umwandlung von → Adenosintriphosphat (ATP) zu → zyklischem Adenosinmonophosphat (cAMP) auslöst; bei vielen biochemischen Reaktionen beteiligt.
adenylate cyclase

ADH. Abkürzung für **antidiuretisches Hormon.**
ADH

adhärent. Eigenschaft einer Substanz, an der Oberfläche einer anderen Substanz anzuhaften.
[*lat.:* adhaerens, an etwas kleben]
adherent

Adhäsion. Verwachsungen oder Verklebungen; Streifen von Narbengewebe, der zwei anatomische Flächen, die normalerweise voneinander getrennt sind, zusammenfügt. A.en treten am häufigsten im

Abdomen, nach einer Bauchoperation, Entzündung oder Verletzung auf.
[*lat.:* adhesio, festklammern]
🇬🇧 adhesion

Adhäsion, abdominale. Zusammenkleben von Bauchorganen; nach Entzündung, Operation oder Verletzung; meist ist der Darm betroffen und es kommt zum → Ileus mit den Symptomen: geblähter Bauch (Meteorismus) Schmerzen, Übelkeit, Erbrechen und Herzrasen; Behandlung durch operative Lösung der a.n A.
🇬🇧 abdominal adhesion

Adhäsiotomie. Operatives Teilen oder Trennen von → Adhäsionen; wird z.B. bei einem Darmverschluss (Ileus) durchgeführt.
[*lat.:* adhesio, festklammern; *griech.:* temnein, schneiden]
🇬🇧 adhesiotomy

adhäsiv. Eigenschaft einer Substanz, durch die eine Haftung an einer anderen Substanz ermöglicht wird.
[*lat.:* adhesio, festklammern]
🇬🇧 adhesive

Adiadochokinese. Die Unfähigkeit, Bewegungen der → Diadochokinese auszuführen, z.B. → Pronation und → Supination oder Ellbogenflexion und -extension.
🇬🇧 adiadochokinesia

Adiastolie. Fehlende bzw. nicht wahrnehmbare diastolische Phase des Herzzyklus.
[*griech.:* a, kein; dia, über; stellein, einstellen]
🇬🇧 adiastole

Adie-Pupille. Augenleiden, bei dem eine Pupille viel langsamer auf Lichtwechsel, Akkomodation oder Konvergenz reagiert als die Pupille des anderen Auges.
[W. J. Adie, englischer Arzt, geb. 1886–1935]
🇬🇧 Adie's pupil

Adie-Syndrom. Symptome der → Adie-Pupille, die von abgeschwächten bzw. fehlenden Sehnenreflexen, insbesondere Knöchel- und Kniereflexe begleitet sind.
🇬🇧 Adie's syndrome

Adipheninhydrochlorid. → Anticholingergikum mit entspannender Wirkung auf die glatte Muskulatur; findet bei spastischen Störungen im Magen-Darm- und urogenitalen Trakt Anwendung.
🇬🇧 adiphenine hydrochloride

Adipofibrom. Tumor des Bindegewebes mit Fettgewebsanteilen.
[*lat.:* adeps, Fett; fibra, Faser; *griech.:* oma, Tumor]
🇬🇧 adipofibroma

Adipokinese. Mobilisierung von Fett bzw. von Fettsäuren innerhalb des Fettstoffwechsels.
🇬🇧 adipokinesis

Adiponecrosis, subcutanea neonatorum. Hautkrankheit bei Neugeborenen. Typische Merkmale sind fleckige Haut mit verhärtetem, subkutanem Fettgewebe und einer bläulich roten Verfärbung der darüberliegenden Haut.
🇬🇧 adiponecrosis subcutanea neonatorum

Adiponekrose. → Nekrose des Fettgewebes.
[*lat.:* adeps, Fett; *griech.:* nekros, tot; osis, Zustand]
🇬🇧 adiponecrosis

adipös. (fettsüchtig; fettreich). 1. Bezeichnung für Fettgewebe, das aus in Läppchen angeordneten Fettzellen besteht. 2. fettreich, dick.
🇬🇧 adipose

Adipositas. (Fettsucht). Übermäßige Bildung von Fettgewebe, Fettleibigkeit.
🇬🇧 adoposis

Adipozele. (Lipoizele). → Hernie mit Fettgewebe im Bruchsack.
[*lat.:* adeps, Fett; *griech.:* kele, Hernie]
🇬🇧 adipocele

Adipozyt. Fettzelle.
🇬🇧 adipocyte

Adipsie. Krankhaftes Fehlen von Durst.
[*griech.:* a, kein; dipsa, Durst]
🇬🇧 adipsia

Adiuretin (ADH). (antidiuretisches Hormon). Hormon, das die Urinproduktion verringert, indem es die Rückresorption von Wasser durch die Nierentubuli steigert. A.

(ADH) wird von den Zellen des Hypothalamus ausgeschüttet und im Hypophysenhinterlappen gespeichert. Die Freisetzung von A. erfolgt als Reaktion auf ein vermindertes Blutvolumen bzw. auf erhöhte Plasmakonzentrationen von Natrium oder anderen Substanzen. Eine Freisetzung kann auch in Verbindung mit Schmerzen, Stress oder der Wirkung bestimmter Mittel erfolgen.
antidiuretic hormone (ADH)

Adjuvans. 1. Substanz, insbesondere ein Arzneimittel (meist alleine unwirksam), welches einer ärztlichen Verordnung beigefügt wird, um die Wirkung des Hauptmittells zu unterstützen. 2. Substanz, die Antigenen beigefügt wird, um die Antikörperreaktion auf das → Antigen zu erhöhen bzw. zu modifizieren.
[*lat.:* ad, hin; juvare, helfen]
adjuvant

Adjuvans, anästhetisches. Ein Arzneimittel, das zu einer großen Gruppe von Medikamenten gehört, die keine Anästhetika sind. Jedes Medikament besitzt eine feste Verwendung bei der Anästhesie und hat bestimmte therapeutische Indikationen in anderen Pflegegebieten. Adjuvanzien zur Anästhesie werden als Prämedikation, als intravenöse Zusätze für hypnotische bzw. analgetische Medikationen sowie als neuromuskuläre Hemmer, Analeptika und therapeutische Gase verwendet.
adjunct to anesthesia

Adnexe. Gewebe bzw. Körperstrukturen, die sich angrenzend an oder in der Nähe von anderen, verwandten Strukturen befinden. Eierstöcke und Eileiter sind A.n der Gebärmutter.
[*lat.:* adnectere, zusammenbinden]
adnexa

Adnexitis. Entzündung der adnexen Organe der Gebärmutter, z.B. der Eierstöcke (Ovarien) oder der Eileiter. (→ Adnexe)
adnexitis

Adoleszenz. Entwicklungsphase zwischen Beginn der Pubertät und Erwachsenenalter; beginnt normalerweise zwischen dem 11. und 13. Lebensjahr mit dem Erscheinen sekundärer Geschlechtsmerkmale, erstreckt sich über das Teenageralter und endet mit dem 18. oder 20. Lebensjahr mit Erreichen des vollständig entwickelten äußeren Aussehens des Erwachsenen. In dieser Phase erlebt der Mensch erhebliche körperliche, psychologische, emotionale sowie persönlichkeitsbezogenen Veränderungen. – *adj.* jugendlich, pubertär.
[*lat.:* adolescere, heranwachsen]
adolescence

ADP. Abkürzung für → Adenosindiphosphat.
ADP

adrenal. Die auf der Niere befindlichen renalen oder suprarenalen Drüsen betreffend.
[*lat.:* ad, bei; ren, Niere]
adrenal

Adrenalektomie. (Nebennierenentfernung). Operative Entfernung einer oder beider Nebennieren bzw. Resektion eines Teils einer oder beider Drüsen; wird durchgeführt, wenn ein adrenaler Tumor bzw. ein maligner Brust- oder Prostatatumor festgestellt wurde und die übermäßige Ausschüttung adrenaler Hormone reduziert werden soll. Im Falle der Entfernung beider Nebennieren muss der Patient für den Rest seines Lebens Steroide einnehmen.
[*lat.:* ad, bei; ren, Niere; *griech.:* ektome, ausschneiden]
adrenalectomy

Adrenalin. (früher: Epinephrin). In der Nebenniere hergestelltes, endogenes Hormon und synthetisch produzierte → adrenerge Substanz zur Gefäßerweiterung. Erregungssubstanz für das sympathische System (Sympathikuswirkstoff), die u.a. bei Anaphylaxie und akuten Bronchialspasmen sowie zur Wirkungsverstärkung örtlicher Anästhetika, sowie zur Erhöhung der Pulsfrequenz, des Minutenvolumes oder des Blutdrucks eingesetzt wird. (→ Katecholamin)
[*griech.:* epi, oberhalb; nephros, Niere.]
epinephrine

Adrenarche. Verstärkte, physiologische Aktivität der Nebennierenrinde, die etwa

A

im achten Lebensjahr eintritt; führt zu verstärkter Ausschüttung verschiedener Hormone, insbesondere von → Androgenen, was das Wachstum der Achsel- und Schambehaarung auslöst.
[*lat.:* ad, bei; ren, Niere; *griech.:* arche; Beginn]
🇬🇧 adrenarche

adrenerg. (adrenergisch). Die sympathischen Nervenfasern des autonomen Nervensystems betreffend, die → Noradrenalin an einer Synapse freisetzen, an der ein Nervenimpuls weitergeleitet wird. (s.a. Neurotransmitter)
[*lat.:* ad, bei; ren, Niere; *griech.:* ergon, Arbeit]
🇬🇧 adrenergic

adrenokortikal. Das Äußere bzw. die Oberfläche der → Nebenniere betreffend.
[*lat.:* ad, bei; ren, Niere; cortex, Rinde]
🇬🇧 adrenocortical

adrenokortikotrop. (kortikotrop). Die Stimulation der → Nebennierenrinde betreffend.
[*lat.:* ad, bei; ren, Niere; cortex, Rinde; *griech.:* trope, Drehung]
🇬🇧 adrenocorticotropic

Adrenomegalie. Abnorme Vergrößerung einer bzw. beider Nebennieren.
[*lat.:* ad, bei; ren, Niere; *griech.:* megalie, groß]
🇬🇧 adrenomegaly

Adrenomimetika. (Sympathomimetikum). Substanzen, die die Funktionen der → Nebennierenhormone simulieren.
🇬🇧 adrenomimetics

adrenotrop. Eine stimulierende Wirkung auf die → Nebennieren aufweisend.
🇬🇧 adrenotropic

Adsorbenzien. Substanzen, die andere Substanzen durch → Adsorption aufnehmen, z.B. durch Bindung einer Substanz an der Oberfläche einer anderen; z.B. Aktivkohle.
🇬🇧 adsorbents

adsorbieren. Die Eigenschaft, andere Materialien anzuziehen und an der Oberfläche zu halten. (s.a. absorbieren)
🇬🇧 adsorb

Adsorption. Natürlicher Vorgang, bei dem Gas- oder Flüssigkeitsmoleküle an der Oberfläche eines Feststoffs festgehalten werden. Das Phänomen ist von verschiedenen Faktoren abhängig, wie z.B. Oberflächenspannung und elektrischen Ladungen. Viele biologische Reaktionen sind Adsorptionsreaktionen. Das Adsorptionsprinzip ist die Grundlage der Chromatographie, bei der eine Mischung von Komponenten zur qualitativen Analyse in ihre Einzelfraktionen aufgetrennt wird. (s.a. Absorption)
[*lat.:* ad, bei; sorbere, ansaugen]
🇬🇧 adsorption

Adstringenzien. Substanzen, die das Zusammenziehen von Geweben verursachen und meist lokal aufgetragen werden A. wirken blutstillend und entzündungshemmend.
🇬🇧 adstringents

Adynamie. (Kraftlosigkeit; Muskelschwäche). Schwäche, Kraftlosigkeit, das Fehlen von körperlicher Stärke infolge eines Krankheitszustands. (s.a. Addison-Krankheit) – *adj.* adynamisch.
[*griech.:* a, kein; dynamis, Stärke]
🇬🇧 adynamia

aerob. 1. Die Präsenz von Luft bzw. Sauerstoff betreffend. 2. Die Fähigkeit, in Gegenwart freier Sauerstoffmoleküle zu leben und funktionsfähig zu sein. 3. Das Bedürfnis nach Sauerstoff betreffend, der für den Erhalt des Lebens benötigt wird.
[*griech.:* aer, Luft; bios, Leben]
🇬🇧 aerobic

Aerobic-Training. Körperübungen, die darauf ausgelegt sind, Sauerstoffaufnahme und -verteilung im Körper zu verbessern. Dabei werden die normalen Sauerstoffvorräte des Körpergewebes durch relativ lange Anstrengung erschöpft und mit dem durch verstärkte Atmung aufgenommenen Sauerstoff ersetzt. A.-T. kann durch Fahrradfahren, Walking, Laufen oder ähnliche Aktivitäten, die mindestens 20 Minuten, dreimal pro Woche durchgeführt werden sollten, erfolgen.
🇬🇧 aerobic training

Aerobier. Mikroorganismus/Bakterium, welcher nur in Gegenwart von freiem Sauerstoff leben und wachsen kann. Ein A. kann **fakultativ** oder **obligatorisch** → aerob sein.
[*griech.:* aer, Luft; bios, Leben]
🇬🇧 aerobe

Aerootitis. (Barotrauma). Eine durch einen veränderten Luftdruck hervorgerufene Ohrenentzündung (z.B. bei Fliegern und Tauchern).
[*griech.:* aer, Luft; oitkos, Ohr; itis, Entzündung]
🇬🇧 aerotitis

Aerootitis media. Entzündung oder Blutung des Mittelohrs, verursacht durch einen Druckunterschied zwischen Mittelohr und Luftdruck; kann bei plötzlichen Höhenveränderungen, beim Tauchen oder in hyperbaren Kammern auftreten. Symptome sind Schmerzen, Tinnitus, verminderte Hörfähigkeit und Schwindelgefühl.
🇬🇧 aerotitis media

Aerophagie. Verschlucken von Luft; führt normalerweise zu Rülpsen, Magenbeschwerden und Blähungen (Flatulenz). (→ Luftschlucken)
[*griech.:* aer, Luft; phagein, essen]
🇬🇧 aerophagy

Aerosol. 1. Vernebelte, in Luft oder Gas suspendierte Teilchen. 2. Bei der Inhalationstherapie verwendetes, unter Druck stehendes Gas, welches eine vernebelte Medikation enthält. 3. Ein unter Druck stehendes Gas, welches ein vernebeltes chemisches Mittel zur Sterilisation der Raumluft enthält.
[*griech.:* aer Luft; hydro, Wasser; *lat.:* solutus, aufgelöst]
🇬🇧 aerosol

Aerosoltherapie, bronchodilatorische. Behandlung mit Arzneimitteln, die entspannend auf das glatte Muskelgewebe des Respirationstrakts wirken. Die Arzneimittel werden als winzige Tröpfchen oder als Inhalationsnebel verabreicht.
🇬🇧 aerosol bronchodilator therapy

Aerotherapie. Der Einsatz von Luft bei der Behandlung von Krankheiten, wie z.B. hyperbare Oxigenation.
🇬🇧 aerotherapy

afebril. Ohne Fieber, fieberfrei.
[*griech.:* a, kein; febris, Fieber]
🇬🇧 afebrile; apyretic

Affekt. Nach außen gerichtete Bekundung von Gefühlen oder Emotionen einer Person. – *adj.* affektiv, affektbetont.
[*lat.:* affectus, Einfluss]
🇬🇧 affect

Affektion. (Befall). 1. Emotionaler Zustand, der sich als warmes bzw. mitfühlendes Gefühl einer anderen Person gegenüber ausdrückt. 2. Pathologischer Prozess, der den ganzen Körper bzw. einen Körperteil betrifft.
[*lat.:* affectus, Einfluss]
🇬🇧 affection

Affektlernen. Erwerb von Verhaltensmustern, die Gefühle, Neigungen, Wertschätzung und Wertvorstellungen zum Ausdruck bringen.
🇬🇧 affective learning

Affektpsychose. (Emotionspsychose). Psychologische Reaktion, bei der die Ich-Funktion blockiert ist. Das primäre klinische Merkmal ist eine Gefühls- oder Gemütsstörung.
🇬🇧 affective psychosis

Affektverlagerung. (Verschiebung). Unbewusster Abwehrmechanismus zur Vermeidung emotionaler Konflikte und Angstgefühle. Emotionen, Ideen oder Wünsche werden von einem Objekt auf ein anderes, mit weniger Angst assoziiertes Objekt verlagert.
🇬🇧 displacement

afferent. (hinführend; aufsteigend). Sich auf das Zentrum zubewegend (bezogen auf Arterien, Venen, Lymphgefäße und Nerven). (s.a. efferent)
[*lat.:* ad, hin; ferre, tragen]
🇬🇧 afferent

A

Affinität. Maß für die Bindungsstärke der → Antigen-Antikörper-Reaktion.
[*lat.:* affinis, verwandt]
affinity

Affinität, chemische. 1. Anziehungskraft, die den Zusammenschluss von Atomen zu Molekülen bewirkt. 2. Durch verschiedene Polaritäten erzeugte Anziehung zwischen verschiedenen chemischen Verbindungen, z.B. in der Chromatographie.
[*griech.:* chemeia, Alchemie; *lat.:* affinis, verwandt.]
chemical affinity

Affirmation. → Autosuggestion; der Punkt, an dem der Therapeut eine Tendenz für eine positive Reaktion erkennt.
[*lat.:* affirmare, stark machen]
affirmation

Aflatoxine. Von der Pilzgattung *Aspergillus flavus* produzierte Gruppe von → karzinogenen Giftstoffen, die Nahrungsmittel verderben können.
[*griech.:* a, kein; *lat.:* flavus, gelb; *griech.:* toxikon, Gift]
aflatoxins

Ag. Chemisches Symbol für das Element → Silber.
Ag

Agalaktie. Unfähigkeit einer Mutter, die zum Stillen eines Neugeborenen benötigte Milch zu produzieren.
[*griech.:* a, kein; gala, Milch]
agalactia

Agammaglobulinämie. Fehlen des → Immunglobulins → Gammaglobulin im Serum in Verbindung mit einer erhöhten Infektionsanfälligkeit; die A. kann vorübergehend, kongenital bzw. erworben sein.
[*griech.:* a, kein; gamma, dritter Buchstabe des griech. Alphabets; *lat.:* globulus, kleine Kugel; *griech.:* haima, Blut]
agammaglobulinemia

Aganglionose. Fehlen von parasympathischen Ganglienzellen im Nervengeflecht des Darms (Plexus myentericus). Diagnostischer Befund bei → Morbus Hirschsprung.
[*griech.:* a, kein; gaglion, Knoten; osis, Krankheit]
aganglionosis

Agar-Agar. Getrocknetes, hydrophiles, kolloidales Produkt, das von einer bestimmten Art roter Algen gewonnen wird; findet in der Bakteriologie häufig als Grundzusatz für feste Nährböden Anwendung.
agar-agar

Agastrie. Das Fehlen des Magens.
[*griech.:* a, kein; gaster, Magen]
agastria

Agenesia corticalis. Fehlende Entwicklung der kortikalen Zellen, insbesondere der Pyramidenzellen, im Gehirn des Embryos; führt zu einer infantilen Hirnlähmung und schwerer geistiger Behinderung.
[*griech.:* a, nicht; genein, produzieren; *lat.:* cortex, Rinde]
agenesia corticalis

Agenesie. Kongenitales Fehlen eines Organs bzw. eines Organteils; wird normalerweise durch mangelndes primordiales Gewebe oder eine Fehlentwicklung des Embryos verursacht.
[*griech.:* a, nicht; genein, produzieren]
agenesis

Agenitalismus. Krankheitsbild, das durch das Fehlen der Geschlechtshormone oder das Fehlen oder Funktionsstörungen der Eierstöcke (Ovarien) bzw. Hoden (Testes) gekennzeichnet ist.
agenitalism

Ageusie. (Geschmacksverlust). Verlust oder Beeinträchtigung des Geschmackssinns; Grad und Ursache der A. können variieren.
[*griech.:* a, kein; geusis, Geschmack]
ageusia

Agglomeration. Eine Verklumpung oder Zusammenballung einzelner, unspezifischer Elemente, z.B. Erythrozyten.
[*lat.:* agglomerare, zusammenballen]
agglomeration

Agglutination. Die aus der Interaktion spezifischer Antikörper, den → Agglutininen, resultierende Zellverklumpung (Koagulation). Agglutinine werden bei der Blutgruppenbestimmung sowie zur Bestimmung bzw. zur Beurteilung der Konzentration von Immunglobulinen oder Immunseren verwendet.
[*lat.:* agglutinare, kleben]
🇬🇧 agglutination

Agglutinations-Hemmtest. (Hämagglutinations-Hemmungstest). Serologische Technik, die bei der Überprüfung bestimmter, unbekannter, löslicher Antigene eingesetzt wird.
🇬🇧 agglutination-inhibition test

Agglutinationstiter. Stärkste Verdünnung eines Immunserums, mit der noch eine Zellverklumpung oder Antigene erzeugt werden können; Maß für die Konzentration spezifischer Antikörper im Serum.
🇬🇧 agglutination titer

agglutinierend. Zusammenklumpend, z.B. ein vom Blut produzierter Antikörper, der durch die Präsenz eines Antigens stimuliert wird, sich an ein Antigen zu binden. (→ Adhäsion)
[*lat.:* agglutinare, kleben]
🇬🇧 agglutinant

Agglutinin. Antikörper, der mit → Antigenen interagiert und eine → Agglutination herbeiführt.
🇬🇧 agglutinin

Agglutinogen. Jede antigene Substanz, die durch die Produktion von → Agglutinin zu einer Zellverklumpung (→ Agglutination) führt.
[*lat.:* agglutinare, kleben; *griech.:* genein, produzieren]
🇬🇧 agglutinogen

Aggregation. (Agglomeration). Ansammlung von Substanzen oder Elementen, z.B. bei der Verklumpung (Koagulation) von Blutzellen.
[*lat.:* ad, zu; gregare, sammeln]
🇬🇧 aggregation

Aggression. Gewaltsame Verhaltensweisen, Handlungen bzw. Haltungen, die körperlich, verbal oder symbolisch ausgedrückt werden; können aus einem angeborenen Trieb bzw. als Verteidigungsmechanismus entstehen, um eine Bedrohung der eigenen Person abzuwenden.
[*lat.:* aggressio, angreifen]
🇬🇧 aggression

Aggression, konstruktive. Durchsetzung eigener Interessen als Reaktion auf eine Gefahr, zum Selbstschutz und zur Selbsterhaltung.
🇬🇧 constructive aggression

agitiert. Bezeichnung für einen Zustand der psychomotorischen Erregung, der von Ziellosigkeit und Unruhe charakterisiert wird; Unruhe, auf- und abgehen, Wein- und Lachanfälle können teilweise beobachtet werden. Diese Ersatzhandlungen können eine nervöse Anspannung freisetzen, die mit Angstzuständen, Furcht oder ähnlichem mentalem Stress verbunden ist. (→ Agitiertheit)
[*lat.:* agitare, schütteln]
🇬🇧 agitated

Agitiertheit. Zustand chronischer Unruhe und verstärkter psychomotorischer Aktivität als Ausdruck emotionaler Anspannung. – *adj.* agitiert.
🇬🇧 agitation

Agitophasie. Abnorm schnelles Sprechen, bei dem Wörter, Sprachlaute oder Silben unbewusst ausgelassen, undeutlich ausgesprochen oder verzehrt werden.
[*lat.:* agitare, schütteln; *griech.:* phasis, Sprache]
🇬🇧 agitophasia

Aglossie. Kongenitales Fehlen der Zunge (Glossa).
[*griech.:* a, keine; glossa, Zunge]
🇬🇧 aglossia

Aglykämie. (Blutzuckermangel). Fehlen von Zucker im Blut.
[*griech.:* a, nicht; glykis, süß]
🇬🇧 aglycemia

Agnathie. Entwicklungsdefekt, der durch das vollständige bzw. teilweise Fehlen des Ober-/Unterkiefers gekennzeichnet ist.
[*griech.:* a, kein; gnathos, Kiefer]
agnathia

Agnosie. Vollständiger oder teilweiser Verlust der Fähigkeit, vertraute Gegenstände oder Personen durch sensorische Reize wiederzuerkennen; Folge einer organischen Hirnschädigung. Man unterscheidet zwischen verschiedenen Formen, z.B. akustische, optische, taktile Agnosie.
[*griech.:* a, kein; gnosis, Wissen]
agnosia

Agnosie, visuelle. Das Unvermögen, gesehene Gegenstände zu erkennen, obwohl die Sehkraft nicht beeinträchtigt ist.
visual agnosia

agonal. Tod und Sterben betreffend.
[*griech.:* agon, Kampf]
agonal

Agonie. (Todeskampf). Phase direkt vor dem Eintritt des Todes.
[*griech.:* agon, Kampf]
agony

Agonist. 1. Ein kontrahierender Muskel, dessen Kontraktion einem anderen Muskel (→ Antagonist) entgegenwirkt. 2. Arzneimittel oder eine andere Substanz mit einer spezifischen zellulären Affinität, die eine vorhersehbare Reaktion auslöst, indem sie Effekte eines körpereigenen Wirkstoffs nachahmen und meist eine stärkere und längere Wirkung erzielen.
[*griech.:* agon, Kampf]
agonist

Ägophonie. (Meckerstimme). Veränderung der Stimme, die beim Abhören eines Patienten mit Pleuraerguss gehört werden kann.
egophony

Agoraphobie. (Platzangst). Angstneurose, die sich auf offene, belebte oder öffentliche Orte und Plätze bezieht, wie z.B. ein Feld, ein Tunnel, eine Brücke, eine verkehrsreiche Straße, ein belebtes Geschäft. Ein Entfliehen von solchen Orten wird als schwierig empfunden.
[*griech.:* agora, Marktplatz; phobos, Angst]
agoraphobia

Agranulozyt. Ein → Leukozyt ohne deutlich sichtbare Protoplasmakörnchen, wie z.B. Monozyten oder Lymphozyten.
[*griech.:* a, kein; *lat.:* granulum, kleines Korn; *griech.:* kytos, Zelle]
agranulocyte

Agranulozytose. (Neutropenie). Verminderung der → Granulozyten, einer Art Leukozyten; die A. ist Zeichen für eine Knochenmarksdepression. Infektionen, Fieber, Erschöpfungszustände, blutende Ulzera der Schleimhäute können die Folge sein; u. U. lebensbedrohlich.
agranulocytosis

Agraphie. Verlust der Schreibfähigkeit infolge einer Verletzung des Sprachzentrums in der Hirnrinde. (s.a. Aphasie; Apraxie) – *adj.* agraphisch.
[*griech.:* a, nicht; graphein, schreiben]
agraphia

Agraphie, absolute. Völlige Unfähigkeit zu schreiben, aufgrund einer Läsion des → Zentralnervensystems.
[*lat.:* absolutus, abgeschlossen; *griech.:* a, nicht; graphein, schreiben]
absolute agraphia

Agyrie. (Agyrismus). 1. Krankheitszustand, der durch die übermäßige Resorption und Gewebeablagerung von Silbersalzen verursacht wird, dabei sind Haut und Schleimhäute schiefergrau verfärbt. 2. Unphysiologische Entwicklung der Hirnrinde, bei der die Großhirnwindungen (→ Gyrus) unterentwickelt sind.
agyria

AHF. Abkürzung für **Antihämophiliefaktor.**
AHF

Ahornsirupkrankheit. (Leucinose). Erbliche Stoffwechselstörung, bei der ein Enzym, das für den Abbau der Aminosäuren Valin, Leucin und Isoleucin benötigt wird, fehlt. Die Krankheit wird meist bei Säug-

lingen diagnostiziert und zeigt sich durch den charakteristischen Ahornsirupgeruch des Urins sowie durch eine Hyperreflexie.
maple syrup urine disease

AIDS. Abkürzung für (engl.) → Acquired Immunodeficiency Syndrome.
AIDS

AIDS-Demenz-Komplex. Neurologische Auswirkungen einer Enzephalitis oder Gehirnentzündung, die bei fast einem Drittel aller AIDS-Patienten auftritt. Zu den Symptomen gehören Gedächtnisschwund und verschiedene Ebenen und Formen der → Demenz. Man vermutet, dass das AIDS-Virus Neuronen zerstört, ohne tatsächlich in die Gehirnzellen einzudringen. Autopsien haben ergeben, dass die Neuronendichte bei AIDS-Patienten u.U. 40% geringer ist als bei Personen, die nicht mit AIDS infiziert sind.
AIDS-dementia complex (ADC)

AIDS-Wasting-Syndrom. (slim disease; HIV-Kachexiesyndrom). Ein Krankheitsbild von → AIDS bei fortgeschrittenem Immundefekt. Zu den Krankheitsmerkmalen und Symptomen gehören Gewichtsabnahme, Diarrhö, Fieber, Unwohlsein, Lethargie, Mundsoor sowie andere, für AIDS typische immunologische Störungen.
AIDS-wasting syndrome

AK. (Ak). Abkürzung für → Antikörper.
Ab

Akarinose. (Milbenbefall). Von Milben (→ Acarina) verursachte Krankheiten, wie z.B. Krätze, Räude.
[*griech.:* akari, Milbe; osis, Zustand]
acariasis

Akaryozyt. Eine Zelle ohne Zellkern, z.B. Erythrozyten.
[*griech.:* a, kein; karyon, Kern]
akaryocyte

Akathisie. Pathologischer Zustand, der von Ruhelosigkeit und Erregung, z.B. der Unfähigkeit, still zu sitzen, gekennzeichnet ist.
[*griech.:* a, nicht; kathizein, sitzen]
akathisia

Akeratose. Hautleiden, bei dem Hornhautgewebe in der Epidermis fehlt.
akeratosis

Akinesie. (Bewegungslosigkeit). Unphysiologischer Zustand der motorischen und psychischen Hypoaktivität oder Muskellähmung. – *adj.* akinetisch.
[*griech.:* a, nicht; kinesein, bewegen]
akinesia

akklimatisieren. Sich physiologisch an ein anderes Klima oder eine neue Umgebung anpassen, insbesondere an Unterschiede in Höhe und Temperatur.
[*lat.:* at, hin; *griech.:* klima, Klima]
acclimate

Akkomodation. 1. Zustand bzw. Vorgang, bei dem ein bzw. mehrere Gegenstände an andere angepasst oder darauf eingestellt werden. 2. Kontinuierlicher Vorgang bzw. Bemühung des einzelnen, sich an seine Umgebung anzupassen, um den Zustand der → Homöostase sowohl physiologisch als auch psychologisch zu erhalten. 3. Fähigkeit des Auges, die Brechkraft der Linse der Entfernung eines betrachteten Gegenstandes anzupassen 4. (Soziologie) Gegenseitige Beilegung von Konflikten zwischen Einzelpersonen bzw. Gruppen im Zusammenhang mit Gewohnheiten und Gebräuchen; dies geschieht normalerweise durch einen Prozess bestehend aus Kompromissen, Schlichtung oder Verhandlung.
[*lat.:* accomodatio, Einstellung]
accommodation

Akkomodation, visuelle. Vorgang, bei dem sich das Auge auf ein Objekt einstellt, dieses fokussiert und bei unterschiedlichen Entfernungen ein scharfes Bild davon produziert. Dabei verändert sich durch das Zusammenziehen oder Erschlaffen des Ziliarmuskels die Krümmung (Konvexität) und damit die Brechkraft der äußeren Linsenschicht des Auges.
visual accommodation

Akkomodationsbreite. (Akkomodationsvermögen). Der Bereich, der sich aus dem entferntesten und dem nächsten Punkt ergibt, an dem ein Objekt bei vollständiger

→ Akkomodation klar gesehen werden kann. Die A. wird in → Dioptrien gemessen.
[*lat.:* accommodare, anpassen]
range of accommodation

Akkomodationsreflex. Anpassung des Auges für das Erkennen von nahegelegenen Gegenständen durch das Zusammenziehen der Pupillen, Augenkonvergenz und eine gesteigerte Linsenkonvexität.
accommodation reflex

Akme. (Gipfel). Höhepunkt im Verlauf eines Geschehens, z.B. A. der uterinen Kontraktionen während der Wehen oder die Phase des höchsten Fiebers.
[*griech.:* akme, Spitze, höchster Punkt]
acme

Akne. Entzündlicher, papulo-pustulöser Hautausschlag, der normalerweise in bzw. nahe der Talgdrüsen im Gesicht, an Nacken, Schultern und dem oberen Teil des Rückens meist in der Pubertät auftritt. Die Ursachen der A. sind weitgehend unbekannt, man nimmt jedoch an, dass eine Verdickung der Follikelöffnung sowie eine verstärkte Talgproduktion vorliegt und der bakterielle Abbau des Talgs zu Fettsäure das umliegende subkutane Gewebe reizt. Charakteristische Läsionen sind offene (schwarze) und geschlossene (weiße) → Komedonen, → Papeln, Pusteln und Knötchen. Zur Behandlung gehören Antibiotika zur äußerlichen Anwendung oder oral, Vitamin-A-Derivate, Benzylbenzoat etc. Es werden u.a. folgende Akneformen unterschieden: Akne conglobata, Akne vulgaris, Chlorakne, Akne neonatorum sowie Akne rosacea.
[*griech.:* akme, Spitze, höchster Punkt]
acne

Akne neonatorum. Akneerkrankung bei Säuglingen, die durch eine kindliche Überempfindlichkeit gegenüber Androgenen der Mutter verursacht wird; typisch ist eine Ansammlung von → Komedonen auf Nase, Wangen und Stirn. (→ Akne)
acne neonatorum

Akne vulgaris. Häufigste Form der → Akne, hauptsächlich bei Erwachsenen und Jugendlichen; äußert sich durch → Komedonen, → Papeln, → Pusteln, Talgzysten oder weiße Punkten an talgdrüsenreichen Hautstellen (Gesicht, Nacken, Rücken, Schulter) und wird wahrscheinlich durch Androgene und *Propionibacterium acnes* im Haarfollikel ausgelöst. (→ Akne)
acne vulgaris

Aknekeloid. (Keloidakne). Keloidartige Narbe einer Akneläsion. (→ Akne; Keloid)
[*griech.:* akme, Punkt; kelis, Fleck; eidos, Form]
acne keloid

Akoasma. (Gehörhalluzination). → Halluzination, bei der seltsame Laute vernommen werden, tritt häufig bei → Schizophrenie auf.
[*griech.:* akouasma, das Gehörte]
acousma

Akren. Die vorstehenden, äußersten Körperteile (Finger, Hände, Zehen, Füße, Nase, Ohren, Kinn, Augenbrauen und Jochbögen).
[*griech.:* akron, äußerst]
acra

akro-. Vorsilbe mit der Bedeutung »End-, hoch, spitz«.
acro-

Akrochordon. (Fibroma molle). Gutartiges, gestieltes Hautanhängsel, das normalerweise auf Augenlidern, am Hals sowie in der Achsel- und Leistengegend auftritt.
[*griech.:* akron, äußerst; chorde, Darm]
acrochordon

Akrodermatitis. Hautausschlag an den → Akren, vor allem an Händen und Füßen, der durch parasitäre Milben verursacht wird, die der Ordnung der → Acarina angehören.
[*griech.:* akron, äußerst; derma, Haut; itis, Entzündung]
acrodermatitis

Akrodynie. (Feer-Selter-Swift-Krankheit). Erkrankung, die bei Säuglingen und kleinen Kindern infolge von chronischer Quecksilbervergiftung auftritt. Symptome sind Schwellung, Juckreiz und rosa Verfärbung der → Akren, generalisierter Hautaus-

schlag, hochrote Nase und Wangen, starke Schweißausbrüche, Verdauungsstörungen, Lichtempfindlichkeit, Polyneuritis, sich abwechselnde Phasen äußerster Gereiztheit, Lustlosigkeit und Apathie sowie Gedeihstörungen.
[*griech.:* akron, äußerst; odyne, Schmerz]
acrodynia

Akrokinese. Abnorm großer Bewegungsradius der Extremitäten.
[*griech.:* akron, äußerst; kinesis, Bewegung]
acrokinesis

Akromegalie. Chronische Stoffwechselstörung, die durch eine zunehmende, teilweise erhebliche Vergrößerung und Verlängerung der → Akren gekennzeichnet ist; die A. wird verursacht durch die Überproduktion von Wachstumshormonen meist durch ein → Hypophysenadenom.
[*griech.:* akron, äußerst; megas, groß]
acromegaly

Akromikrie. Kleinheit von → Akren und Skelett als Symptom eines Wachstumshormonmangels. (→ Wachstumshormon)
[*griech.:* acron, äußerst; mikros, klein]
acromicria

Akromion. Seitliche Verlängerung des Schulterblattes; bildet den höchsten Punkt der Schulter und ist durch eine kleine, ovale Oberfläche in der Knochenmitte mit dem Schlüsselbein verbunden und dient als Befestigung für den Delta- (M. deltoideus) und Trapezmuskel (M. trapezius).
[*griech.:* akron, äußerst; omos, Schulter]
acromion

Akroosteolyse. Berufskrankheit, auftretend bei Personen, die mit PVC arbeiten. Symptome sind → Raynaudsche Gangrän, Verlust von Knochengewebe in den Händen sowie Kälteempfindlichkeit.
[*griech.:* acron, äußerst; osteon, Knochen; lysis, Auflösung]
acroosteolysis

Akroparästhesie. 1. Extreme Empfindlichkeit der Extremitätenenden, die durch eine Nervenkompression in den jeweiligen Bereichen bzw. durch Polyneuritis verursacht wird. 2. Erkrankung mit Symptomen wie Kribbeln, Taubheit sowie Steifheit der Extremitäten, insbesondere in Fingern, Händen und Unterarmen.
[*griech.:* akron, äußerst; para, nahe; aisthesis, Gefühl]
acroparesthesia

Akrophobie. (Höhenangst). Krankhafte Furcht vor Höhen, verbunden mit erheblichen Angstzuständen.
[*griech.:* akron, äußerst; phobia, Angst]
acrophobia

Akrozyanose. Bläuliche (zyanotische) Entfärbung, Kälte und Schwitzen der → Akren und Extremitäten, insbesondere der Hände; kann durch arterielle Spasmen verursacht und bei Kälte bzw. bei emotionalem Stress ausgelöst werden.
[*griech.:* akron, äußerst; kyanos, blau; osis, Zustand]
acrocyanosis

Aktin. In den Muskelfibrillen der Muskelfasern auftretendes Protein, das in Verbindung mit → Myosin für die Kontraktion und Entspannung der Muskeln zuständig ist.
actin

aktinisch. Durch Einwirkung von Strahlung bedingt oder entstanden.
[*griech.:* aktis, Strahl]
actinic

Aktinium (Ac). Seltenes radioaktives metallisches Element, das in Uranerzen vorkommt. Ordnungszahl: 89, Atommasse: 227.
actinium (Ac)

Aktionspotenzial. (AP). Begriff aus der Neurophysiologie; ein A ist ein elektrischer Impuls, der aus einer sich selbst weiterentwickelnden Serie von Polarisationen und Depolarisationen besteht; wird über die Plasmamembran einer Nervenfaser während der Übertragung eines Nervenimpulses sowie über die Plasmamembran einer Muskelzelle während einer Kontraktion oder einer anderen Zellaktivität weitergeleitet.
action potential

A

Aktivator. 1. Substanz, Kraft, oder Gerät, welche die Aktivität einer anderen Substanz bzw. Struktur stimulieren; insbesondere Substanzen, die Enzyme aktivieren. 2. Gerät, das im Rahmen einer kieferorthopädischen Behandlung zur Regulierung der Beweglichkeit der Kiefer verwendet wird. (→ Katalysator)
activator

Aktives Zuhören. → Pflegeintervention der → NIC, die definiert wird als die Aktivität, verbalen und nonverbalen Mitteilungen von Patienten konzentrierte Aufmerksamkeit zu schenken und sie ernst zu nehmen.
Active Listening

aktivieren. Eine Aktivität einleiten oder verlängern bzw. eine Leistung optimieren. [*lat.:* activus, aktiv]
activate

Aktivierungsenergie. Die Energie, die benötigt wird, um ein Ausgangsprodukt in eine Übergangsform zu verwandeln, welche spontan bestimmte Substanzen bildet. [*lat.:* activus, aktiv]
activation energy

Aktivitäten, Förderung der: Dehnübungen. → Pflegeintervention der → NIC, die definiert wird als die Unterstützung von systematischen langsamen Übungen für die Dehn- und Haltemuskeln zur Entspannung, zur Vorbereitung der Muskeln/Gelenke auf anstrengendere Übungen und/oder zur Steigerung oder Erhaltung der Körperflexibilität.
Exercise Promotion: Stretching

Aktivitäten, Förderung von. → Pflegeintervention der → NIC, die definiert wird als die Unterstützung regelmäßiger körperlicher Übungen zur Erhaltung oder Förderung der Fitness oder eines besseren Gesundheitszustandes.
Exercise Promotion

Aktivitäten des täglichen Lebens (ATL). Aktivitäten, die eine Person üblicherweise während eines normalen Tagesablaufs durchführt; man unterscheidet folgende 12 ATLs: Wach sein und schlafen, Sich bewegen, Sich waschen und kleiden, Körpertemperatur regulieren, Atmen, Ausscheiden, Sinn finden im Werden-Sein-Vergehen, Sich sicher fühlen und verhalten, Raum und Zeit gestalten-arbeiten und spielen, Kind, Frau, Mann sein, Kommunizieren, Essen und trinken (nach J.Juchli). Die Fähigkeit, diese Aktivitäten auszuüben, kann durch verschiedene Ursachen beeinflusst werden, z.B. durch chronische Erkrankungen und Unfälle. Eine ATL-Checkliste wird oftmals vor der Entlassung aus dem Krankenhaus ausgefüllt; falls bestimmte Aktivitäten nicht angemessen ausgeführt werden können, werden mit entsprechenden Pflegeeinrichtungen Abmachungen getroffen, um die nötige Hilfestellung sicherzustellen.
activities of daily living (ADL)

Aktivitätsintoleranz. Anerkannte → NANDA-→ Pflegediagnose; unzureichende körperliche oder psychische Energie, um die erforderlichen oder erwünschten täglichen Aktivitäten auszuführen. Zu den kennzeichnenden Merkmalen zählen der Bericht über Müdigkeit oder Schwäche, abnorme Herzfrequenz oder Blutreaktion auf Aktivitäten, Beschwerden oder Dyspnoe bei Aktivitäten und EKG-Veränderungen wie Arrhythmien oder Ischämie.
activity intolerance

Aktivitätsintoleranz, Risiko für. Anerkannte → NANDA-→ Pflegediagnose; Risiko für eine unzureichende körperliche oder psychische Energie, um die erforderlichen oder erwünschten täglichen Aktivitäten auszuführen. Risikofaktoren sind die Vorgeschichte einer früheren Aktivitätsintoleranz, schlechter Allgemeinzustand, bestehende Kreislauf- oder Atemprobleme und mangelnde Erfahrung mit bestimmten Aktivitäten.
activity intolerance, risk of

Aktivitätstheorie. Konzept (von Robert J. Havighurst, amerikanischer Gerontologe), nach dem eine fortlaufende Aktivität

Wohlbefinden und Zufriedenheit im Alterungsprozess fördert.
activity theory

Aktivitätstherapie. → Pflegeintervention der → NIC, die definiert wird als die Verordnung und Unterstützung von spezifischen körperlichen, kognitiven, sozialen und spirituellen Aktivitäten zur Verbesserung der Bandbreite, Häufigkeit und Dauer der Aktivitäten einer Einzelperson (oder Gruppe).
Activity Therapy

Aktivitätstherapie: Gelenkmobilität. → Pflegeintervention der → NIC, die definiert wird als der Einsatz von aktiven oder passiven Bewegungen zur Erhaltung oder Wiederherstellung der Gelenkflexibilität.
Exercise Therapy: Joint Mobility

Aktivitätstherapie: Gleichgewicht. → Pflegeintervention der → NIC, die definiert wird als der Einsatz spezifischer Aktivitäten, Körperhaltungen und Bewegungen zur Erhaltung, Verbesserung oder Wiederherstellung des Gleichgewichtssinns.
Exercise Therapy: Balance

Aktivitätstherapie: Mobilisation. → Pflegeintervention der → NIC, die definiert wird als die Förderung und Unterstützung beim Gehen zur Erhaltung oder Wiederherstellung autonomer und bewusster Körperfunktionen während einer Behandlung oder bei der Genesung von Krankheiten oder Verletzungen.
Exercise Therapy: Ambulation

Aktivitätstherapie: Muskelkontrolle. → Pflegeintervention der → NIC, die definiert wird als der Einsatz von spezifischen Aktivitäts- oder Übungsprogrammen zur Verbesserung oder Wiederherstellung kontrollierter Körperbewegungen.
Exercise Therapy: Muscle Control

Aktivitätstoleranz. Art und Umfang von Körperübungen und -aktivitäten, die ein Patient ohne übermäßige Anstrengung und potenzielle Verletzungen durchführen kann.
activity tolerance

Aktivkohle. Vielfach verwendbares → Antidot und wirkungsvolles chemisches Adsorbens, das bei akuten Vergiftungen und zur Behandlung von Flatulenz verabreicht wird.
activated charcoal

Akupressur. → Pflegeintervention der → NIC, die definiert wird als die Anwendung von festem anhaltendem Druck auf spezielle Punkte des Körpers zur Schmerzbehandlung, Entspannung sowie zur Verhütung und Linderung von Übelkeit.
Acupressure

Akupunktur. Eine traditionelle chinesische Behandlungsmethode zur Gewährleistung einer analgetischen Wirkung oder zur Veränderung der Körpersystemfunktionen, indem dünne, sehr feine Nadeln an speziellen Körperstellen entlang bestimmter Linien oder Kanäle (sogenannte Meridiane) in die Haut eingestochen werden. Die Nadeln werden gedreht, unter Strom gesetzt oder gewärmt. Die A. hat ihren Ursprung im Fernen Osten und wird seit Anfang der 70er Jahre in der westlichen Welt verstärkt eingesetzt, z.B. zur Geburtsvorbereitung.
[*lat.:* acus, Nadel; punctura, Einstich]
acupuncture

Akupunkturpunkt. Einer von vielen einzelnen Punkten auf der Haut, die sich auf mehreren Körpermeridianen befinden. Die Stimulation eines dieser verschiedenen Punkte kann eine Steigerung bzw. Verminderung der Funktion bzw. der Empfindung in einem Bereich bzw. einem Körpersystem auslösen. (→ Akupunktur)
acupuncture point

Akustik. Lehre von den Tönen, vom Schall.
[*griech.:* akoustikos, das Hören]
acoustics

Akustikusneurinom. Gutartiger, ein- oder beidseitiger Tumor, der am VIII. Hirnnerv (→ Nervus acusticus) entsteht und in

A

den Gehörgang hinein wächst; kann zu einem → Tinnitus, zunehmender Schwerhörigkeit, Kopfschmerzen, Taubheitsgefühl im Gesicht, Papillenödem, Schwindelgefühl sowie einem unsicheren Gang führen.
acoustic neuroma

akustisch. Geräusche bzw. das Gehör betreffend.
[*griech.:* akouein, hören]
acoustic; acoustical

akut. 1. (Erkrankung bzw. Krankheitssymptome betreffend) Abrupter Beginn mit hoher Intensität bzw. Heftigkeit und nach relativ kurzer Zeit wieder abklingend. 2. Heftig bzw. ernsthaft.
[*lat.:* acutus, scharf]
acute

Akutes Abdomen. Zustand mit akutem Beginn heftiger Schmerzen im Bauchraum; weitere Symptome sind Übelkeit, Erbrechen, veränderte Darmgeräusche, angespannte Bauchdecke; ggf. Fieber, Kreislaufinstabilität und Schock. Ein a. A. erfordert eine sofortige Diagnose, da es sich um ein lebenbedrohliches Ereignis handelt und meistens eine Operation indiziert sein kann. Für eine genaue Diagnose sind Informationen über Beginn, Dauer, Beschaffenheit, Lokalisation sowie die mit den Schmerzen auftretenden Symptome erforderlich. Ursache können akute Blutungen (z.B. nach Traumen), Entzündungen (z.B. Appendizitis, Adnexitis), Perforation von Bauchorganen (z.B. Gallenblase) sein; aber auch ein Herzinfarkt kann Symptome von einem a. A. herbeiführen. Die Patienten sollten in eine bauchdeckenentlastende Lagerung gebracht werden (Knierolle) und müssen auf alle Fälle nüchtern bleiben.
acute abdomen

Akutpflege. Form der Pflege, bei der Patienten wegen akut auftretenden Episoden einer Krankheit, wegen der Folgeerscheinungen eines Unfalls bzw. anderer Traumen oder zur Genesung von einer Operation behandelt werden. Die A. erfolgt normalerweise in einem Krankenhaus durch speziell geschultes Personal unter Einsatz komplizierter hochentwickelter technischer Geräte und Materialien; kann eine Intensivpflege oder Notfallversorgung mit einschließen.
acute care

Akzeleration. (Beschleunigung). Zunahme der Schnelligkeit oder Geschwindigkeit eines Objekts oder einer Reaktion; z.B. der Wehentätigkeit oder des Wachstums.
[*lat.:* accelerare, beschleunigen]
acceleration

Akzelerationsphase. Die erste Phase des aktiven Geburtvorgangs; ist von einer gesteigerten Erweiterungsrate des Zervikalkanals (Gebärmutterhalskanals) gekennzeichnet.
[*lat.:* accelerare, beschleunigen]
acceleration phase

Al. Chemisches Symbol für das Element → Aluminium.
Al

Alanin. Eine nicht-essenzielle → Aminosäure, die in vielen Eiweißquellen von Nahrungsmitteln sowie im Körper zu finden ist; wird in der Leber zu → Pyruvat und → Glutamat abgebaut.
alanine (Ala)

Alaninaminotransferase (ALT). Normalerweise im Serum und Körpergewebe, insbesondere im Lebergewebe vorhandenes Enzym; katalysiert den Transfer einer Aminogruppe von L-Alanin zu Alphaketoglutarat.
alanine aminotransferase (ALT)

Alarmreaktion. (Notfallreaktion). Erste Phase des → Adaptationssyndroms. In dieser Phase werden die verschiedenen körperlichen und geistigen Abwehrmechanismen mobilisiert (z.B. Blutdrucksteigerung, Pulsbeschleunigung), um eine angespannte Situation körperlicher oder emotionaler Natur zu bewältigen.
alarm reaction

Alastrim. Abgeschwächte Form von Pocken, begleitet von geringem Hautausschlag. Vermutlich wird das A. von einem

abgeschwächten Stamm des *Poxvirus variolae* verursacht.
[*port.*: alastrar, ausbreiten]
alastrim

Alaun. Adstringens zur äußerlichen Anwendung; wird hauptsächlich in Lotionen und Duschbädern verwendet.
alum

Albinismus. (Achromasie; Achromie). Angeborenes, vererbtes Leiden, bei dem das Körperpigment → Melanin teilweise oder vollständig fehlt. Albinos (Menschen mit fehlender Farbstoffbildung) haben blasse, nichtbräunende Haut, weißes Haar, eine rosafarbene Iris und leiden unter Augenzittern (Nystagmus), Stabsichtigkeit (Astigmatismus) und Lichtempfindlichkeit. Das fehlende Hautpigment prädisponiert Personen mit A. besonders für Hautkrebs.
[*lat.*: albus, weiß]
albinism

Albright-Syndrom. Erkrankung mit fibröser Knochendysplasie, isoliert auftretenden, braunen Hautflecken sowie endokrinen Dysfunktionen. Löst bei Mädchen, nicht bei Jungen, eine vorzeitige Pubertät aus.
[F. Albright, amerikanischer Arzt, 1900–1969]
Albright's syndrome

Albumin. Wasserlösliches, hitzeunbeständiges → Protein; verschiedene Formen von A.en kommen in fast allen tierischen Geweben sowie in vielen pflanzlichen Geweben vor. Beim Menschen macht es als Serumalbumin über 50% des Gesamteiweißes im Blutplasma aus. (s.a. Globulin)
[*lat.*: albus, weiß]
albumin

Albumin A. Bestandteil des Blutserums, das sich in Tumorzellen ansammelt und im Blutkreislauf von Krebspatienten fehlt. (→ Albumin)
albumin A

Albumintest. Test zur Überprüfung des Albuminspiegels: wird → Albumin im Urin ausgeschieden, gilt dies als Anzeichen für ein Nierenleiden oder eine funktionelle Störung.
[*lat.*: albus, weiß]
albumin test

Albuminurie. Übermäßige Ausscheidung von salzähnlichen Albuminderivaten im Urin, der eine geringe spezifische Dichte aufweist. (→ Proteinurie)
albuminaturia

Aldehyd. Eine zu einer großen Kategorie von organischen Verbindungen gehörende Substanz, die aus der Oxidation eines Primäralkohols entsteht, z.B. bei der Umwandlung von Äthylalkohol zu Azetaldehyd.
[*arab.*: al-kuhl, feine Essenz; *lat.*: dehydrogenatum, entwässert]
aldehyde

Aldolase. Enzym im Muskelgewebe, das den Schritt im Prozess der anaeroben Glykolyse katalysiert, bei dem Fructose-1,6-diphosphat zu Glyzerinaldehyd-3-phosphat abgebaut wird.
aldolase

Aldose. Chemische Form der → Monosaccharide, bei denen sich am C-Atom ein → Aldehyd befindet.
aldose

Aldosteron. Ein mineralokortikoides Steroidhormon, das in der Nebennierenrinde produziert wird und auf die Nierentubuli wirkt, indem Natrium zurückgehalten, Wasser durch Resorption konserviert und Kalium verstärkt ins Blut abgegeben wird. A. kann als Diuretikum und als Antihypertonikum eingesetzt werden.
aldosterone

Aldosteronismus. (Hyperaldosteronismus). Übermäßige Produktion von → Aldosteron; kann als primäre Nebennierenerkrankung oder, wie in den meisten Fällen, als sekundäre Störung verschiedener extraadrenaler Krankheitsprozesse auftreten. Der primäre A. wird durch eine adrenale Hyperplasie oder einen aldosteronproduzierenden Tumor bedingt; der sekundäre A. steht in Verbindung mit einer erhöhten Plasma-Renin-Aktivität und wird durch ein nephrotisches Syndrom, Leberzirrho-

se, idiopathische Ödeme, Stauungsinsuffizienz, Trauma, Verbrennungen oder andere Formen von Stress ausgelöst.
aldosteronism

Aldosteronom. Ein aldosteronproduzierendes Nebennierenadenom, das normalerweise klein ist und öfters in der linken als in der rechten Nebenniere vorkommt. Mögliche Folgeerscheinungen sind Hyperaldosteronismus mit Salzretention, Erhöhung des extrazellulären Flüssigkeitsvolumens sowie Hypertonie. (→ Aldosteron)
aldosteronoma

Aleukämie. (lymphatische Leukämie). Akute Leukämieform, die durch eine verminderte Leukozytenzahl in der peripheren Blutversorgung gekennzeichnet ist; geht mit einem Verlust der normalen Knochenmarksfunktion einher.
aleukemia

Aleukie. (Leukozytenmangel). Erhebliche Reduzierung bzw. vollständiges Fehlen weißer Blutzellen (Leukozyten) oder Blutplättchen (Thrombozyten).
[*griech.:* a, nicht; leukos, weiß]
aleukia

Alexander-Technik. Eine alternative, körperbezogene Therapieform, die von Frederick Alexander eingeführt wurde. Die Methode konzentriert sich auf individuelle Variationen in Körpermuskulatur, Körperhaltung und Atemprozess sowie die Korrektur von Defekten, sie versucht darüber hinaus, Körper und Geist miteinander in Einklang zu bringen.
Alexander technique

Alexie. (→ Leseunfähigkeit) (s.a. Aphasie)
- *adj.* alexisch.
[*griech.:* a, kein; lexis, Sprache]
alexia

Alge. (Seegras). Eine Gruppe beweglicher oder unbeweglicher, chlorophyllhaltiger Meerespflanzen und Einzeller. A.n finden sich in vielen Gattungen und Spezies weltweit in Süßwasser, Salzwasser sowie an Land. Alle Organismen werden dem Stamm Thallophyta zugeordnet.
[*lat.:* Seetang]
alga

-algie. Nachsilbe mit der Bedeutung »Schmerz«.
-algy

Algodystrophie. Schmerzhafter Rückgang der Armmuskulatur; geht oft mit Empfindlichkeit und einem Verlust von Knochenkalzium einher.
algodystrophy

Algolagnie. Sexuelle Perversion mit sadistischen oder masochistischen Verhaltensmustern, bei der das Lustempfinden mit dem Erleiden oder Zufügen von Schmerzen einhergeht.
[*griech.:* algos, Schmerz; lagneia, Lust]
algolagnia

Algologie. 1. Medizinzweig, der sich mit der Erforschung von → Schmerz befasst. 2. Wissenschaftszweig, der sich mit der Erforschung von Algen befasst.
algology

Algophobie. Angstneurose mit abnormer, übermäßiger Angst vor Schmerzen, sowohl die eigene Schmerzerfahrung als auch Schmerzerfahrung anderer Personen betreffend.
[*griech.:* algos, Schmerz; phobos, Angst]
algophobia

Algor mortis. (Leichenkälte). Reduzierung der Körpertemperatur und gleichzeitiger Verlust der Hautelastizität nach dem Tod (kein sicheres Todeszeichen).
algor mortis

Alice-im-Wunderland-Syndrom. Verzerrte Wahrnehmung von Raum und Größe, wie sie die Hauptfigur Alice im Wunderland in der Geschichte von Lewis Carroll erfährt. Personen, die unter Drogeneinfluss stehen, und Patienten mit bestimmten neurologischen Leiden berichten über ähnliche → Halluzinationen.
Alice in Wonderland syndrome

alimentär. Essen bzw. Ernährung, sowie die Verdauungsorgane betreffend.
[*lat.*: alimentum, Nahrung]
🇬🇧 alimentary

aliphatisch. Die Eigenschaften von Fett oder Öl betreffend, insbesondere solcher Kohlenwasserstoffverbindungen, die offene Ketten von Kohlenstoffatomen und keine Ringstrukturen bilden, wie z.B. die Fettsäuren.
[*griech.*: aleiphar, Öl]
🇬🇧 aliphatic

Alkalämie. Ein erhöhter pH-Blutspiegel.
[*arab.*: al galiy, Holzasche; *griech.*: haima, Blut]
🇬🇧 alkalemia

Alkalase. Ein Enzym, das in bestimmten Waschpulvern enthalten ist und Allergien sowie Asthma auslösen kann.
🇬🇧 alcalase

Alkali. Verbindungen mit den chemischen Eigenschaften von Basen. Alkalische Substanzen und Fettsäuren verbinden sich zu Seife, färben rotes Lackmuspapier blau und nehmen an Reaktionen teil, bei denen wasserlösliche Karbonate entstehen.
[*arab.*: al galiy, Holzasche]
🇬🇧 alkali

Alkalinität. (Alkaligehalt). Die Eigenschaften des Säure-Base-Verhältnisses einer Lösung, die weniger Wasserstoffionen bzw. mehr Hydroxidionen aufweist als reines Wasser. Reines Wasser hat einen willkürlich festgesetzten, neutralen Standard → pH-Wert von 7,0.
🇬🇧 alkalinity

Alkalireserven. (Kohlendioxid-Bindungsvermögen). Kohlendioxid- bzw. Karbonatvolumen in 100 ml Blutplasma, das mit Milchsäure oder anderen Säuren neutralisiert wird. A. werden bei Standardtemperatur und -druck gemessen. Die wichtigste Puffersubstanz im Blut ist → Bikarbonat, welches im wesentlichen mit den A. gleichgesetzt werden kann. Hämoglobinphosphate und andere Basen agieren ebenfalls als → Puffer. Bei niedrigen A. tritt eine → Azidose auf; wenn die A. hoch sind, kommt es zur → Alkalose. (→ pH-Wert)
[*arab.*: al galiy, Holzasche; *lat.*: reservare, absichern]
🇬🇧 alkali reserves

Alkaloide. Eine Gruppe stickstoffhaltiger, von Pflanzen hergestellter, organischer Verbindungen. Zu diesen Verbindungen zählen viele pharmakologisch wirksame Substanzen, wie z.B. Atropin, Koffein, Kokain, Morphin, Nikotin sowie Chinin.
[*arab.*: al galiy, Holzasche; *griech.*: eidos, Form]
🇬🇧 alkaloid

Alkalose. Unphysiologischer Zustand, bei dem die Körperflüssigkeiten einen höheren → pH-Wert als 7,45 aufweisen; kann beispielsweise durch einen Überschuss von alkalischen → Bikarbonaten oder durch einen Säuremangel ausgelöst werden. Eine **respiratorische A.** entsteht durch Hyperventilation, wodurch es zu einem zu starken Kohlendioxidverlust und einem Kohlensäuredefizit kommt. Eine **metabolische A.** kann durch eine übermäßige Einnahme oder Retention von Bikarbonat, einen Verlust von Magensaft durch Erbrechen, einen übermäßigen Kaliummangel oder durch einen anderen Stimulus verursacht werden, der den Natrium-Wasserstoff-Austausch erhöht. (s.a. Azidose)
[*arab.*: al galiy; *griech.*: osis, Zustand]
🇬🇧 alkalosis

Alkalose, kompensierte. Zustand, bei dem die Bikarbonatkonzentration im Blut erhöht ist bzw. der PCO_2 gesenkt ist und der pH-Wert des Blutes dank der Pufferkapazität des Blutes im Normbereich bleibt.
🇬🇧 compensated alkalosis

Alkalose, metabolische. Unphysiologischer Zustand, der durch einen beträchtlichen Verlust an Säuren im Körper oder durch einen steigenden Spiegel an → Bikarbonat gekennzeichnet ist. Die Reduktion von Säuren kann durch starkes Erbrechen, einen unzureichenden Ersatz der Elektrolyte und Morbus Cushing verursacht werden. Der Anstieg der Bikarbonate kann verschiedene Ursachen haben, z.B. die

A

Einnahme einer zu großen Menge Natriumbikarbonat oder anderer Antazida bei der Behandlung von Magengeschwüren und die Verabreichung großer Mengen intravenöser Flüssigkeiten, die eine hohe Konzentration an Bikarbonat enthalten. Anzeichen und Symptome einer m. A. sind Apnoe, Kopfschmerzen, Lethargie, Muskelkrämpfe, hyperaktive Reflexe, Tetanie, flache und langsame Atmung, Reizbarkeit, Übelkeit, Erbrechen und Kammertachykardie. (→ Alkalose, respiratorische) (s.a. Azidose, metabolische)
metabolic alkalosis

Alkalose, respiratorische. (Alkaliämie). → Alkalose infolge → Hyperventilation und verstärkter CO_2-Ausscheidung, gekennzeichnet durch verminderten pCO_2, erniedrigte H-Ionen-Konzentration und erhöhten pH-Wert des Blutes. Ursachen können akutes Asthma, Erkrankung der Lungengefäße, Pneumonie, Angstzustände, Fieber, metabolische Azidose, Entzündung des Zentralnervensystems und Niereninsuffizienz sein. Typisches Anzeichen für eine r. A. ist tiefes und schnelles Atmen mit ca. 40 Atemzügen pro Minute. Weitere Symptome sind leichte Benommenheit, Schwindelgefühl, periphere Fehlempfindungen, Zittern der Hände und Füße, Muskelschwäche, Tetanie und Herzarrhythmien. (s.a. Azidose, respiratorische; Alkalose, metabolische) – *adj.* alkalisch.
[*arab.:* al-kalij, kalzinierte Asche]
respiratory alkalosis

Alkaptonurie. Seltene, vererbte Störung, die durch einen unvollständigen Stoffwechsel einer Aminosäure, nämlich → Tyrosin, entsteht. Als Folge werden abnorme Mengen von Homogentisinsäure ausgeschieden, die den Urin dunkel färben. Es kommt zu Pigmentablagerungen u.a. in Nase, Ohren und Augen.
[*arab.:* al galiy; Holzasche; *griech.:* haptein, besitzen; ouron, Urin]
alkaptonuria

Alkohol. 1. Eine Substanz, die mindestens 92,3% und höchstens 93,8% (nach Gewicht) Äthylalkohol enthält; wird als äusserliches Desinfektionsmittel und Lösemittel verwendet. A. wird in niedrigerer Konzentration in alkoholischen Getränken verwendet: Bier 2–6%, Wein und Sekt 7–17%, Liköre 30–40%, Schnaps 45%, Rum 80%. 2. Klare, farblose, flüchtige Flüssigkeit, die mit Wasser, Chloroform oder Äther mischbar ist; Gärungsprodukt von mit Hefe versetzten Kohlenhydraten. 3. Eine Kohlenwasserstoffverbindung, die entsteht, wenn ein oder mehrere Wasserstoffatome mit einer gleichen Anzahl von Hydroxylgruppen (OH) ersetzt werden. Je nach Anzahl der OH-Gruppen werden Alkohole als monohydrisch, dihydrisch oder trihydrisch bezeichnet. – *adj.* alkoholisch.
[*arab.:* al-kuhl, feine Essenz]
alcohol

Alkohol, alipathischer. Ein Alkohol mit einer offenen Kette (oder Fettverbindung) aus Kohlenwasserstoffen; Beispiele sind Äthylalkohol und Isopropylalkohol.
aliphatic alcohol

Alkohol, dehydrierter. Klare, farblose, extrem hygroskopische Flüssigkeit mit brennendem Geschmack; hat einen volumenmäßigen Mindestanteil von 99,5% Äthanol.
dehydrated alcohol

Alkohol, vergällter. Äthanol, dem Aceton oder Methanol zugegeben werden; wird als Lösungsmittel und chemisches Reagens verwendet.
denatured alcohol

Alkoholabhängigkeit. (Alkoholismus). Suchtform, bei der keine Kontrolle mehr über den Alkoholkonsum vorhanden ist. Bei chronischer Alkoholeinnahme kommt es zur schweren psychischen und physischen Abhängigkeit; das letzte Stadium der A. zeichnet sich durch einen starken psychischen, körperlichen und intellektuellen Abbau aus. Folgen der A. sind u.a. ZNS-Störungen (Delirium tremens), Psychosen, Leberschäden, Magenulzera. Beim Absetzen von Alkohol kommt es zu Entzugserscheinungen (→ Alkoholentzugssyndrom), deshalb ist ein Entzug sehr schwierig.
alcohol dependence

Alkoholdemenz. Abbau normaler kognitiver und intellektueller Funktionen aufgrund von langfristigem → Alkoholmissbrauch. (→ Demenz)
[*arab.:* al-kuhl; feine Essenz; *lat.:* de, weg; mens, Geist]
🇬🇧 alcoholic dementia

Alkoholdyspepsie. Verdauungsstörung mit typischem abdominalem Unwohlsein, die durch einen Alkoholkonsum ausgelöst wird.
🇬🇧 alcoholic dyspepsia

Alkoholembryopathie. Sammelbegriff für verschiedene kongenitale, psychologische und körperliche Verhaltensstörungen und Missbildungen bei Kindern, deren Mutter während der Schwangerschaft Alkohol konsumiert hat. Typische Merkmale sind kraniofaziale Missbildungen, fehlgebildete Gliedmaßen, Herz-Kreislauf-Störungen, Wachstumsstörungen während der Schwangerschaft und geistige Behinderung. Die Symptome sind besonders deutlich bei Kindern chronisch alkoholkranker Mütter, die während der Schwangerschaft große Mengen Alkohol zu sich genommen haben. Es ist nicht bekannt, welche Alkoholmindestmengen Missbildungen verursachen, oder ob ein Embryo in bestimmten Entwicklungsphasen weniger anfällig für die Auswirkungen von Alkohol ist.
🇬🇧 fetal alcohol syndrome (FAS)

Alkoholentzug, Behandlung eines Substanzabusus. → Pflegeintervention der → NIC, die definiert ist als die Pflege eines Patienten während eines totalen Alkoholentzugs.
🇬🇧 Substance Use Treatment: Alcohol Withdrawal

Alkoholentzugssyndrom. (Entzugserscheinungen). Die mit der Reduzierung oder dem Absetzen des Alkoholkonsums verbundenen klinischen Symptome; dazu gehören Tremor, Halluzinationen, Dysfunktionen des autonomen Nervensystems und Krampfanfälle.
🇬🇧 alcohol withdrawal syndrome

Alkoholhalluzinose. Form einer Alkoholpsychose, bei der in erster Linie akustische → Halluzinationen, starke Angstzustände und Verfolgungswahn auftreten. Die Beschwerden entwickeln sich als Entzugssymptome bei akutem → Alkoholismus, kurz nachdem der Alkoholkonsum eingestellt oder reduziert wurde.
🇬🇧 alcoholic hallucinosis

Alkoholhepatitis. Akute toxische Schädigung der Leber, die in Verbindung mit übermäßigem Alkoholkonsum auftritt; typische Erscheinungsformen sind Nekrosen, polymorphkernige Entzündungen und oftmals Mallory-Körperchen. (→ Hepatitis)
🇬🇧 alcoholic hepatitis

Alkoholiker. Person, die durch Alkoholmissbrauch eine → Alkoholabhängigkeit entwickelt hat.
🇬🇧 alcoholic

Alkoholismus. Extreme Abhängigkeit vom Konsum übermäßiger Alkoholmengen, die mit zahlreichen von der Norm abweichenden Verhaltensmustern verbunden ist. A. ist eine chronische Krankheit, deren häufigste medizinische Folgen Depressionen des Zentralnervensystems sowie Leberzirrhose sind. Bei geringer Nahrungsaufnahme können diese Folgesymptome noch schwerwiegender sein. Man unterscheidet fünf Stufen des A.: Alphatrinker, die weiterhin die Bewältigung psychischer oder physischer Probleme unter Kontrolle haben; Betatrinker, die alkoholabhängig sind und eventuell bereits körperliche Schäden aufweisen; Gammatrinker, die unter Kontrollverlust, körperlicher Abhängigkeit, körperlichen und sozialen Problemen lieden; Deltatrinker, die eine Alkoholabhängigkeit aufweisen und nicht mehr ohne Alkohol leben können; und die Epsilontrinker, bei denen ein exzessiver Alkoholkonsum mit Kontrollverlust, zwanghaftem Trinken, schweren körperlichen Schäden und sozialen Problemen einhergeht. (→ Alkoholabhängigkeit)
🇬🇧 alcoholism

Alkoholismus, chronischer. Erkrankung infolge übermäßigen Alkoholkonsums. Zu

den Krankheitssymptomen gehören Anorexie, Diarrhö, Gewichtsabnahme, neurologische und psychische Störungen (insbesondere Depressionen) sowie Leberverfettung, die zu Leberzirrhose führen kann.
chronic alcoholism

Alkoholkoma. Zustand der Bewusstlosigkeit, der einer schweren → Alkoholvergiftung folgt.
[*arab.:* al-kuhl, feine Essenz; *griech.:* koma, tiefer Schlaf]
alcoholic coma

Alkoholmissbrauch. (Alkoholabusus). Beim A. besteht bei einer bestehenden → Alkoholabhängigkeit eine Uneinsichtigkeit im Zusammenhang mit der Alkoholkrankheit; der Alkoholiker behält seine Trinkgewohnheiten bei, kann u.U. dadurch sogar in Konflikte geraten (sozialer Art oder mit dem Gesetz).
alcohol abuse

Alkoholparalyse. Eine durch Alkoholkonsum ausgelöste Lähmung, die die peripheren Nerven befällt.
[*arab.:* al-kuhl, feine Essenz; *griech.:* paralyein, gelähmt sein]
alcoholic paralysis

Alkoholpsychose. Verschiedene schwere Geistesstörungen, wie z.B. krankhafte Intoxikation, → Delirium tremens, Korsakow-Psychose und akute Halluzinose. Begleitsymptome sind Hirnschäden oder Hirndysfunktionen, die durch einen übermäßigen Alkoholkonsum verursacht werden.
alcoholic psychosis

Alkoholtrance. Bei Alkoholvergiftungen auftretender Zustand des → Automatismus.
alcoholic trance

Alkoholvergiftung. Durch die Einnahme größerer Mengen alkoholhaltiger Getränke hervorgerufene Vergiftung. Am häufigsten treten A.en in Verbindung mit Äthyl-, Isopropyl- und Methylalkohol auf. Äthylalkohol (Äthanol) kommt in Whisky, Brandy, Gin sowie in anderen alkoholischen Getränken vor. Im Normalfall ist Äthanol nur dann tödlich, wenn große Mengen in einer kurzen Zeit eingenommen werden. Isopropylalkohol (zur äußerlichen Anwendung) ist giftiger: die Einnahme von 225 g kann Atem- und Kreislaufversagen zur Folge haben. Methylalkohol (Methanol) ist äußerst toxisch: neben Übelkeit und Bauchschmerzen kann Methanol Blindheit verursachen. Das Konsumieren von nur 50 g kann tödliche Folgen haben.
alcohol poisoning

Alkyl. Teil eines einwertigen Kohlenwasserstoffs, der abgeleitet von Alkan durch die Abspaltung eines Wasserstoffatoms entsteht. In Verbindung mit einer Hydroxylgruppe entstehen einfache Alkohole.
alkyl

ALL. Abkürzung für **akute lymphatische Leukämie.**
ALL

Allachästhesie. Defekt der Berührungsempfindung, bei dem ein Reiz an einem weiter entfernten Punkt wahrgenommen wird als an dem Punkt, an dem er tatsächlich ausgeübt wurde.
[*griech.:* allache, anderswo]
allachesthesia

Allantoin. Chemische Verbindung, die als weiße kristalline Substanz in vielen Pflanzen, im Fruchtwasser (Amnionflüssigkeit) sowie im Fötalurin von Primaten vorkommt. Als Arzneimittel wird A. als Wundheilungsmittel verwendet.
allantoin

Allantois. Schlauchförmiger Fortsatz des Dottersack-Endoderms, der sich zusammen mit den Allantoisgefäßen bis zum Haftstiel des Embryos erstreckt. Bei menschlichen Embryos entwickeln sich die Allantoisgefäße später zu Nabelgefäßen und Chorionzotte.
[*griech.:* allas, Wurst; eidos, Form]
allantois

Allel. Eine von zwei oder mehreren Alternativformen eines Gens, die homologe Genorte (Genloci) auf homologen Chromosomen besetzen und einander entsprechende Erbanlagen aufweisen.
allele

Allen-Test. Funktionsprüfung der Durchlässigkeit der → Arteria radialis. Beim A.-T. muss der Patient die Hand zur Faust ballen; dann werden die Arteriae radialis und ulnaris solange abgedrückt, bis die Hand blass wird. Anschließend wird die Arteria ulnaris wieder freigegeben und die Hautfarbe der geöffneten Hand beobachtet: ist der Kollateralkreislauf normal, wird die Hand innerhalb von 5 sec wieder rosig, die Hand kann kanüliert werden. Dauert es jedoch 10 sec, bis die normale Hautfarbe wieder hergestellt ist, darf keine Kanüle in die Arteria radialis gelegt werden.
[D.P. Allen, amerikanischer Chirurg, 1852–1915]
Allen test

Allergen. Substanz, die eine allergische → Überempfindlichkeitsreaktion im Körper auslösen kann, aber nicht in sich gesundheitsgefährdend ist. Im Normalfall schützt sich der Körper gegen A.e oder → Antigene durch komplexe chemische Reaktionen, die vom humoralen sowie vom zellvermittelten Immunsystem ausgehen. Angewandte Methoden zur Identifizierung spezifischer A.e umfassen einen »Fleck«-Test, einen Kratztest, einen Radio-Allergen-Sorbent-Test (RAST) sowie den Prausnitz-Küstner-Test (PK). – *adj.* allergen.
[*griech.:* allos, anderer; ergein, arbeiten; genein, herstellen]
allergen

Allergenextrakt. Auszug eines Proteins aus einer Substanz, auf die eine Person empfindlich reagiert. Der Auszug, der aus vielen verschiedenen Substanzen, von Nahrungsmitteln bis zu Pilzen, hergestellt werden kann, wird zur Diagnose und zur Desensibilisierung verwendet.
allergenic extract

Allergie. Überempfindlichkeitsreaktion auf häufig vorkommende, harmlose → Antigene, die meist überall in der Umgebung anzutreffen sind.
[*griech.:* allos, anderer; ergein, arbeiten]
allergy

Allergie-Syndrom. Überempfindlichkeit (Hypersensibilität) gegenüber zahlreichen natürlichen und synthetischen Stoffen inklusive Pestiziden, Insektiziden, Medikamenten, bestimmten Metallen und chemischen Zusätzen, die in der Produktion von Kunststoffen und Harzen verwendet werden.
total allergy syndrome

Allergien, Umgang mit. → Pflegeintervention der → NIC, die definiert wird als die Einschätzung, Behandlung und Vermeidung von allergischen Reaktionen auf Nahrungsmittel, Arzneimittel, Insektenstiche, Kontrastmittel, Blut oder andere Substanzen.
Allergy Management

Allergietests. Verschiedene Untersuchungen, die zur Identifikation spezifischer → Allergene angewendet werden. Mit Hilfe dieser Tests ist es möglich, eine Behandlung zur Vermeidung allergischer Reaktionen bzw. zur Abschwächung ihrer Heftigkeit festzulegen. Der am häufigsten verwendete Test ist der Hauttest, bei dem der Patient mit kleinen Mengen des vermuteten Allergens in Berührung gebracht wird.
allergy testing

allergisch. 1. Eine → Allergie betreffend. 2. Durch eine Allergie reagierend.
allergic

Alles-oder-Nichts-Gesetz. 1. Neurophysiologisches Wirkprinzip, welches besagt, dass der gesamte Impuls entladen wird, wenn ein ausreichender Reiz zur Innervierung eines Nervs vorhanden ist. Ein schwacher Reiz hat keine, auch keine schwache Reaktion zur Folge. 2. Wirkprinzip, nach dem der Herzmuskel bei einem Stimulus oberhalb des Schwellenreizes entweder eine Maximalkontraktion ausführt oder überhaupt nicht kontrahiert.
all-or-none law

Allgemeine Hygienevorschriften. Von der Kommission Krankenhaushygiene und Infektionsschutz des Robert Koch-Instituts erarbeitete und regelmäßig veröffent-

A

lichte Hygienerichtlinien für Krankenhäuser und Gesundheitseinrichtungen, deren Einhaltung das Risiko einer Infektion mit Krankheiten, insbesondere solcher, die durch Blut und Körperflüssigkeiten übertragen werden, wie z.B. AIDS und Hepatitis B, minimieren sollen. Die Hygienefachkräfte in den Krankenhäusern sind für die Einhaltung und Kontrolle der H. verantwortlich. Die wichtigsten Faktoren sind die Kenntnis der Infektionsquellen und der Übertragungswege sowie die Vermeidung der Übertragung durch entsprechende Maßnahmen (Schutzkleidung, Desinfektion, Sterilisation etc.).
universal precautions; standard precautions

Alloantigen. (Isoantigen). Substanz, die nur bei einigen Individuen einer Spezies vorhanden ist und die die Antikörperproduktion anderer Individuen dieser Spezies stimuliert, z.B. Blutgruppenantigene.
[*griech.:* allos, anderer]
alloantigen

allogen. (alloplastisch). 1. Bezeichnung für ein genetisch anderes (differentes) Individuum bzw. Zelltyp derselben Spezies. 2. Bezeichnung für Gewebearten, insbesondere Stammzellen aus dem Knochenmark oder dem peripheren Blut, die zur selben Spezies gehören, aber verschiedene Antigene besitzen; homologe Gewebe.
[*griech.:* allos, anderer; genein, herstellen]
allogenic

Allopathie. (Schlumedizin). System der medizinischen Therapie, bei dem eine Erkrankung bzw. ein unphysiologischer Zustand behandelt wird, indem eine Umgebung geschaffen wird, welche antagonistisch auf die Erkrankung bzw. Störung wirkt, z.B. bei einer Infektion die Verschreibung eines Antibiotikums, das für den Erreger toxisch ist. Bei einer Eisenmangelanämie erhält der Patient ein eisenhaltiges Zusatzmittel, um die Hämoglobinsynthese zu erhöhen. Gegensatz der → Homöopathie.
[*griech.:* allos, andere; pathos, Leiden]
allopathy

Alloplast. Transplantat aus Plastik, Metall oder einem anderen, körperfremden Material.
[*griech.:* allos, anderer; plassein, formen]
alloplast

Alloplastik. Plastische Chirurgie, bei der körperfremde Materialien implantiert werden.
[*griech.:* allos, anderer; plassein, formen]
alloplasty

Allopurinol. Urikostatikum, das zur Behandlung von Gicht und anderen hyperurikämischen Beschwerden eingesetzt wird. A. hemmt das Enzym, das Harnsäure bildet.
allopurinol

Allorhythmie. Wiederkehrender, unregelmäßiger Herzrhythmus.
allorhythmia

Allotransplantat. Nicht dauerhaftes Gewebetransplantat zwischen zwei genetisch differenten Individuen derselben Spezies, z.B. eine Gewebetransplantat zwischen zwei Personen, die keine eineiigen Zwillinge sind.
allograft

Allotransplantation. → Transplantation eines → Allotransplantats.
allotransplantation

Alloxan. Oxidationsprodukt der → Harnsäure, die bei Diarrhö im Darm zu finden ist. A. kann → Diabetes mellitus verursachen, indem es die insulinproduzierenden Inselzellen (Langerhans-Zellen) zerstört.
alloxan

Aloe. Eingedickter Saft verschiedener Arten von *Aloe*-Pflanzen (Liliengewächse), die traditionell als Abführmittel verwendet wurden; heute ist man davon jedoch abgekommen, da oftmals Darmkrämpfe auftreten. A. ist Bestandteil vieler Zubereitungen zur äußerlichen Anwendung.
aloe

Alopecia areata. Erkrankung unbekannter Ursache, bei der Haarbüschel an bestimmten Stellen ausfallen. Die kahlen Bereiche sind normalerweise rund oder oval und befinden sich an Kopf und anderen

behaarten Körperstellen. Die Erkrankung kann ohne Behandlung innerhalb von sechs bis zwölf Monaten völlig zurückgehen.
🇬🇧 alopecia areata

Alopecia congenitalis. Kongenitale Kahlheit; von Geburt an fehlen die Haare teilweise oder völlig.
🇬🇧 alopecia congenitalis

Alopecia prematura. Vorzeitige, manchmal bereits zum Ende der Adoleszenz einsetzende Kahlheit.
🇬🇧 Alopecia prematura

Alopecia senilis. Form des natürlichen Haarverlusts, der ältere Menschen befällt.
🇬🇧 alopecia senilis

Alopecia universalis. Völliger Haarverlust am ganzen Körper; kann bisweilen als erweiterte Form von Alopecia areata auftreten.
🇬🇧 alopecia universalis

Alopezie. (Haarausfall). Teilweiser oder vollständiger Haarverlust aufgrund normaler Alterungsvorgänge, endokriner Störungen, Arzneimittelnebenwirkungen, Chemotherapeutika oder Hautkrankheit. [*griech.:* alopex, Fuchskrätze]
🇬🇧 alopecia

Alopezie, narbige. Kahlheit, die durch die Narbenbildung in Verbindung mit Dermatosen verursacht wird, z.B. Lupus erythematodes. Hat normalerweise bleibende Folgen.
🇬🇧 cicatricial alopecia

Alpdruck. Form der Schlafstörung, die normalerweise nur bei Kindern auftritt, die immer wieder mit Anzeichen von Panik und Angst aus dem Schlaf erwachen. Der Betroffene hat häufig nur bruchstückhafte Traumbilder bedrohlicher Art in Erinnerung. (→ Alptraum)
🇬🇧 night terror

alpha. Erster Buchstabe des griechischen Alphabets. Wird häufig in wissenschaftlicher Schreibweise verwendet, z.B. für die Bezeichnung eines bestimmten physiologischen Rhythmus. In der chemischen Namensgebung bezeichnet A. verschiedene Variationen einer chemischen Verbindung.
🇬🇧 alpha

Alphafetoprotein (AFP). Ein Protein, das normalerweise in der Leber, im Dottersack und im gastrointestinalen Trakt des menschlichen Fötus synthetisiert wird; findet sich auch im Serum von Erwachsenen, die unter bestimmten malignen Erkrankungen leiden.
🇬🇧 alpha fetoprotein (AFP)

Alphaglobuline. Eine Gruppe von Serumproteinen, die auf der Grundlage ihrer elektophoretischen Mobilität den Zusatz Alpha-, Beta- oder Gamma- erhalten. A. haben die stärkste negative Ladung, obwohl ihre anodische Mobilität geringer ist als die von Albumin.
🇬🇧 alpha-globulins

Alphahämolyse. Entwicklung einer grünlichen Zone um eine auf Blutagar wachsende Bakterienkolonie; ist für Pneumokokken und bestimmte Streptokokken typisch und wird durch den teilweisen Abbau von → Hämoglobin verursacht.
🇬🇧 alpha hemolysis

Alpharezeptor. Alle adrenergen Komponenten von Rezeptorgeweben, die auf Noradrenalin und verschiedene Inhibitoren reagieren. Die Aktivierung der A.en ruft physiologische Reaktionen, wie erhöhten Widerstand peripherer Gefäße, Pupillenerweiterung sowie Kontraktion der Haaraufrichtemuskeln hervor.
🇬🇧 alpha receptor

Alphateilchen. Ein Teilchen, das von einem Atom während seines radioaktiven Zerfalls abgegeben wird; besteht aus zwei Protonen und zwei Neutronen, dem Äquivalent eines Heliumkerns.
🇬🇧 alpha particle

Alphawelle. Eine von vier Arten von Hirnwellen. Die A. wird durch ihre relativ hohe Spannung bzw. Amplitude und einer Frequenz von 8 bis 13 Hz charakterisiert. A.n treten auf, wenn das Gehirn entspannt ist.
🇬🇧 alpha wave

A

Alphazellen. Zellen im Hypophysenvorderlappen bzw. in den Pankreasinseln. Die A. des Pankreas produzieren → Glukagon.
[*griech.:* alpha, erster Buchstabe des griechischen Alphabets; *lat.:* cella, Lagerraum]
alpha cells

Alport-Syndrom. Form der vererbten → Nephritis; die von Symptomen der Glomerulonephritis, Hämaturie, progressivem, sensorisch-neuralem Gehörverlust sowie Augenerkrankungen begleitet wird.
[A. C. Alport, südafrikanischer Arzt, 1880–1959]
Alport's syndrome

Alptraum. Traum, der in einer → REM-Phase (rapid eye movement) auftritt und Gefühle auslöst, vor furchterregenden Ereignissen, Terror, Leiden oder extremer Bedrohung nicht entkommen zu können, und der normalerweise dazu führt, dass der Betreffende aufwacht. (→ Alpdruck)
nightmare

ALT. Abkürzung für **Alanin-Amino-Transferase.**
ALT

Alter, anatomisches. Das anhand der Entwicklungsphase des Körpers bzw. anhand des Körperverfalls geschätzte Alter einer Person im Vergleich zu anderen Personen desselben chronologischen Alters (Lebensalters).
anatomic age

Alter, chronologisches. Alter eines Menschen, das als die Zeit ausgedrückt wird, die seit der Geburt abgelaufen ist. Das Alter eines Neugeborenen wird in Stunden, Tagen bzw. Monaten, das Lebensalter von Kindern und Erwachsenen wird in Jahren ausgedrückt.
chronologic age

Alternans. Normaler Herzrhythmus, bei dem der Pulsschlag zwischen starken und schwachen Schlägen wechselt (Pulsus alternans).
[*lat.:* alternare, verändern]
alternans

Alternation. Wiederkehrendes, aufeinanderfolgendes Auftreten zweier Funktionen oder Phasen, z.B. wenn eine Nervenfaser auf jeden zweiten Reiz reagiert oder wenn das Herz bei jedem zweiten Herzzyklus einen unregelmäßigen Schlag produziert (Bigeminus).
alternation

Alternativmedizin. Verschiedene Systeme der medizinischen Diagnose und Behandlung, deren Techniken sich von den allopathischen Methoden der Arzneimittelanwendung und operativen Bekämpfung von Krankheiten und Verletzungen (d.h. von der sogenannten Schulmedizin) unterscheiden. Beispiele sind Glaubensheilung, Homöopathie, Akupunktur, Aromatherapie und Therapeutische Berührung.
alternative medicine

Altersdiabetes. (Diabetes mellitus Typ 2). (→ nicht-insulinpflichtiger Diabetes mellitus)
adult-onset diabetes

Altersherz. (→ Presbykardie)
senile heart; presbycardia

Alterskurzsichtigkeit. Verbesserung der Sehkraft auf kurze Distanzen, die sich im Alter ausprägt infolge einer verstärkten Brechungskraft der Augenlinse.
second sight

Altersschwerhörigkeit. (→ Presbyakusis)
presbyacusis

Alterssichtigkeit. (→ Presbyopie)
presbyopia

altersspezifisch. Epidemiologische oder statistische Daten, für die das Alter eines Menschen ausschlaggebend ist.
age-specific

Alterungsprozess. Prozess des Älterwerdens, ergibt sich z.T. aufgrund nicht mehr normal funktionierender Körperzellen oder aufgrund einer langsameren Produktion neuer Körperzellen, die die toten bzw. falsch funktionierenden Zellen ersetzen.
[*lat.:* aetas, Lebensdauer]
aging

Altinsulin. Schnell wirkendes Insulin, das Patienten mit Diabetes-mellitus benötigen, wenn die Reaktion sofort einsetzen, intensiv und von kurzer Dauer sein soll. (s.a. Depotinsulin)
regular insulin

Altruismus. Bedingungslose Fürsorge für das Wohlbefinden anderer; kann sich auf eine einzelne Person oder auf ein größeres soziales Gefüge beziehen (Gegensatz von → Egoismus).
altruism

Aluminium (Al). Metallisches Element mit vielen Anwendungsmöglichkeiten; das Leichtmetall ist das dritthäufigste Element mit der Ordnungszahl 13 und der Atommasse 26,97. A.-Verbindungen sind in vielen Antazida, Antiseptika und Adstringenzien enthalten.
[*lat.:* alumen, Alaun]
aluminum (Al)

Aluminiumhydroxid. → Antazidum, dessen Wirkungsweise auf der chemischen Neutralisation und Resorption von Hydrochloridsäuren, - gasen und -toxinen beruht.
[*lat.:* alumen, Alaun; *griech.:*, hydor, Wasser, oxys, scharf]
aluminum hydroxide gel

Alveobronchitis. Entzündung der → Alveolen und → Bronchiolen.
[*lat.:* alveolus, kleine Vertiefung; *griech.:* bronchos, Luftröhre; itis, Entzündung]
alveobronchitis

alveolar. Eine → Lungenalveole (Lungenbläschen) betreffend.
[*lat.:* alveolus, kleine Vertiefung]
alveolar

Alveolardruck (PA). Der Druck in den Lungenalveolen. (→ Alveolen)
alveolar pressure (PA)

Alveolarfaser. Struktur des Zahnes; weiße Kollagenfasern des Periodontalbandes, das sich vom Alveolarknochen bis zum Zwischenplexus erstreckt, wo sich die Enden der Alveolarfasern mit den Zementfasern vermischen.
alveolar fiber

Alveolarfortsatz. Teil des Ober- bzw. Unterkiefers, der den Zahnbogen bildet und den Zähnen als knochige Verankerung dient.
alveolar process

Alveolargang. Luftkanäle in der Lunge, deren Verzweigungen in den Atembronchiolen beginnen. Aus den Alveolargängen entstehen die Alveolarsäckchen.
alveolar duct

Alveolargas. Gasgemisch, das sich in den Gas-Austausch-Regionen der Lungen befindet; es weist die gemeinsamen Merkmale der Alveolaratmung und des Atemgasaustausches bzw. des ausgeatmeten Gases auf, das aus den Alveolen und den Gas-Austausch-Regionen stammt.
alveolar gas

Alveolarluft. Atemgase in den Lungenalveolen oder Lungensäckchen.
alveolar air

Alveolarluft-Gleichung. Methode zur Berechnung der ungefähren alveolären Sauerstoffspannung auf der Basis des arteriellen Partialdrucks von Kohlendioxid, der eingeatmeten Sauerstoffreaktion und dem Verhältnis von Kohlendioxidproduktion zu Sauerstoffverbrauch.
alveolar air equation

Alveolarödem. Ansammlung von Flüssigkeit in den → Alveolen.
alveolar edema

Alveolarpfanne. Vertiefung im Alveolarknochen von Ober- und Unterkiefer, die einem Zahn Platz bietet.
[*lat.:* alveolus, kleine Vertiefung]
alveolar socket

Alveolarsäckchen. Luftsäckchen in den Höhlen des Lungengewebes.
[*lat.:* aveolus, kleine Vertiefung; *griech.:* sakkos, Tasche]
alveolar sac

Alveolarzellkarzinom. Bösartiger Lungentumor, der in einer Bronchiole entsteht und sich entlang der Oberfläche der → Alveolen ausbreitet. Diese Form von Lungen-

krebs wird oft von starkem Husten und erheblichem Sputumauswurf begleitet.
alveolar cell carcinoma

Alveolarzyste. Ein mit Luft gefüllter, durch einen Alveolarriss verursachter Hohlraum (Kavität) in der Lunge oder im viszeralen Gewebe.
alveolar cyst

Alveolektomie. Entfernung eines Teils des Alveolarfortsatzes, um das Ziehen eines Zahns bzw. mehrerer Zähne zu erleichtern, damit nach einer Zahnextraktion die Kontur des Alveolarforsatzes modifiziert oder der Mundraum für einen Zahnersatz vorbereitet werden kann.
[*lat.:* alveolus, kleine Vertiefung; *griech.:* ektome, ausschneiden]
alveolectomy

Alveolen. (Lungenblässchen). Wandausstülpungen an den kleinsten Verzweigungen des → Bronchialbaumes, durch ihre Membran erfolgt der Austausch von Sauerstoff und Kohlendioxid zwischen Atemluft und Blut.
alveoli

Alveolitis. 1. Allergische Reaktion der Lunge auf die Einatmung von Allergie-auslösenden Substanzen; geht mit akuten Anfällen von Atemnot, Husten, Schweißausbrüchen, Fieber, Schwäche sowie Muskel- und Gelenkschmerzen einher. 2. Entzündung der knöchernen Zahnfaches nach dem Ziehen eines Zahnes.
alveolitis

Alveolotomie. Einschnitt in ein knöchernes Zahnfach, um den Eiter bei der eitrigen Entzündung eines Zahnes abzuleiten.
alveolotomy

Alymphozytose. Starke Abnahme der Gesamtzahl der im Blut zirkulierenden → Lymphozyten.
[*griech.:* a, kein; *lat.:* lympha, Wasser; *griech.:* kytos, Zelle; osis, Zustand]
alymphocytosis

Alzheimer-Krankheit. (Morbus Alzheimer). Eine Form der → Demenz; Fortschreitender geistiger Verfall durch eine Degeneration und Atrophie der Großhirnrinde; die A.-K. ist von Verwirrtheit, Gedächtnislücken, Orientierungsstörungen, Ruhelosigkeit, Sprachstörungen, und Halluzinationen gekennzeichnet. Die Krankheit beginnt manchmal im mittleren Lebensalter und ist mit leichten Gedächtnis- und Verhaltensstörungen verbunden. Obwohl Alzheimer gleich häufig bei Männern und Frauen auftritt, liegt das Risiko in Familien mit A.-K.en viermal über dem der allgemeinen Bevölkerung.
[A. Alzheimer, deutscher Neurologe, 1864–1915]
Alzheimer's disease (AD)

Amalgam. Legierung aus Silber, Zinn und Quecksilber sowie kleinen Mengen von Zink oder Kupfer, das als Zahnfüllung verwendet wird, die durch Karies oder einen Unfall beschädigt wurden.
[*griech.:* malagma, weiche Masse]
dental amalgam

Amantadin. Medikament, welches zur vorbeugenden und frühen Behandlung des Grippevirus A2 sowie zur Behandlung von Parkinson-Symptomen eingesetzt wird. Es kann als Nebenwirkung zu seelischen Auffälligkeiten, Magen-Darm-Beschwerden und Blutdruckabfall kommen. Deshalb müssen Puls und Blutdruck kontrolliert und der Patient hinsichtlich psychischer Veränderungen beobachtet werden.
amantadine hydrochloride

Amastie. (Mammaaplasie). Das Fehlen der Brüste bei einer Frau aufgrund eines angeborenen Defekts, einer Hormon-Störung, die zu einer mangelhaften oder fehlenden Entwicklung der sekundären Geschlechtsmerkmale führt, oder aufgrund einer beidseitigen Brustamputation.
[*griech.:* a, keine; mastos, Brust]
amastia

Amaurose. (Amaurosis). Blindheit, bei der keine Augenverletzung oder Veränderung vorliegt, z.B. durch die Erkrankung des Sehnervs oder des Gehirns, Diabetes mellitus, Nierenkrankheit, die Folgen einer akuten Gastritis oder systemischen, durch übermäßigen Alkohol- oder Nikotinkon-

sum hervorgerufene Vergiftung. – *adj.* amaurotisch.
[*griech.:* amauroein, verdunkeln]
amaurosis

Amaurose, diabetische. (diabetogene Blindheit). Durch einen Diabetes mellitus verursachte Blindheit, die durch proliferative, hämorrhagische Netzhauterkrankungen und kapilläre Mikroaneurysmen und harte bzw. wächserne Exsudate begleitet ist. Der Katarakt ist ebenfalls eine häufige Begleiterscheinung von Zuckerkrankheit.
[*griech.:* diabainein, hindurchgehen, amauroein, verdunkeln.]
diabetic amaurosis

Amaurosis fugax. Vorübergehende Blindheit.
Amaurosis fugax

Amaurosis partialis fugax. Kurze, teilweise Blindheit, die durch eine Gefäßinsuffizienz der Netzhaut (Retina) oder des Sehnervs infolge einer Erkrankung der Halsschlagader verursacht wird.
amaurosis partialis fugax

Ambivalenz. 1. Zustand, bei dem eine Person widersprüchliche Gefühlen, Einstellungen, Ambitionen, Wünsche oder Emotionen durchlebt, z.B. Zärtlichkeit und Grausamkeit, Zuneigung und Abneigung gegenüber einer Person, einem Ort, Gegenstand bzw. einer Situation. 2. Ungewissheit und Zwiespältigkeit, ausgelöst durch die Unfähigkeit, eine Wahl zwischen zwei Gegensätzen zu treffen. 3. Ständige Schwingung oder Schwankung. – *adj.* ambivalent.
[*lat.:* ambo, beide; valentia, Kraft]
ambivalence

Amblyopie. Schwachsichtigkeit auf einem oder auf beiden Augen, die nicht durch lichtbrechende Linsen korrigiert werden kann.
[*griech.:* amblys, stumpf; ops, Auge]
amblyopia

Amblyopie, gekreuzte. Sehstörung, bei der der Patient nichts auf einer Seite des Blickfeldes sehen kann. Gleichzeitig ist die gegenüberliegende Körperseite von einer Hemianästhesie betroffen.
[*lat.:* crux, Kreuz; *griech.:* amblys, stumpf, ops, Augen.]
crossed amblyopia

Amblyopie, toxische. Teilweiser Sehverlust infolge einer Nervenentzündung des Augapfels durch Vergiftung mit Chinin, Methylakohol, Blei, Nikotin, Arsen oder bestimmte andere Gifte.
toxic amblyopia

Amboss. (→ Incus)
incus

Ambu-Beutel. Geschützter Handelsname für einen → Beatmungsbeutel.

ambulant. Bezeichnung für einen Patienten, der nicht stationär ins Krankenhaus aufgenommen wird, sondern in einer Praxis, einer Klinik oder einer anderen Gesundheitseinrichtung behandelt und danach wieder nach Hause entlassen wird.
outpatient

amelanotisch. Zu einem Gewebe ohne Pigmentierung gehörend, das kein → Melanin aufweist.
[*griech.:* a, nicht; melas, schwarz]
amelanotic

Amelie. 1. Fehlen eines oder mehrerer Extremitäten bei Geburt. Der Ausdruck kann modifiziert werden, um die Zahl der bei Geburt fehlenden Beine oder Arme anzugeben, z.B. **Tetramelie**, das Fehlen aller vier Gliedmaßen. 2. Psychologischer Wesenszug der Apathie bzw. Gleichgültigkeit in Verbindung mit bestimmten Formen der Psychose.
[*griech.:* a, kein; melos, Gliedmaße]
amelia

Ameloblast. Epithelzelle, aus der Zahnschmelz gebildet wird. – *adj.* ameloblastisch.
[*franz.:* amel, Emaille; *lat.:* facere, machen]
ameloblast

A

Ameloblastom. (Adamantinom). Äußerst destruktiver, bösartiger, schnell wachsender Kiefertumor.
[*franz.:* amel, Emaille; *griech.:* blastos, Keim; oma, Tumor]
ameloblastoma

Amelogenese. Bildung von Zahnschmelz.
[*franz.:* amel, Emaille; *griech.:* genein, herstellen]
amelogenesis

Amelogenesis imperfecta. Vererbter Zahndefekt. Infolge einer schweren Hypokalzifikation oder einer Zahnschmelzhypoplasie sind die Zähne braun gefärbt.
amelogenesis imperfecta

Amenorrhö. Fehlen der → Menstruation. Eine A. ist physiologisch vor Erreichen der Geschlechtsreife, während der Schwangerschaft, nach der Menopause und während der intermenstruellen Phase des monatlichen Hormonzyklus. Ansonsten kann die A. durch eine Dysfunktion des Hypothalamus, der Hypophyse, der Eierstöcke oder Gebärmutter, durch kongenitales Fehlen bzw. operatives Entfernen beider Eierstöcke und der Gebärmutter oder durch Medikation ausgelöst werden. Als primäre A. bezeichnet man das fehlende Einsetzen des menstruellen Zyklus. Bei einer sekundären A. kommt es zur Einstellung eines bereits vorhandenen Menstruationszykluses. – *adj.* amenorrhoisch.
[*griech.:* a, kein; men, Monat; rhoia, fließen]
amenorrhea

Amenorrhö, emotionale. Durch psychologische Faktoren ausgelöste Unterdrückung des normalen Menstruationszykluses.
emotional amenorrhea

Ames-Test. Testmethode zur Überprüfung einer möglichen Karzinogenität bestimmter Substanzen. Bei dem Test wird ein Bakterienstamm der *Salmonella* Gattung mit einer Probe der jeweiligen Substanz in Kontakt gebracht. (→ karzinogen)
Ames test

Ametropie. Durch Brechungsfehler des Auges bedingte Fehlsichtigkeit, z.B. Astigmatismus, Weitsichtigkeit oder Myopie. – *adj.* ametropisch.
[*griech.:* ametros, unregelmäßig; opsis, Sicht]
ametropia

Amid. 1. Chemische Verbindung. Substitutionsprodukt einer organischen Säure, bei der eine Aminogruppe (NR_2) eine Hydroxylgruppe (COOH) ersetzt. 2. Chemische Verbindung, die aus einem deprotenisierten Amin, HNR_2, gebildet wird.
amide

Amilorid. Diuretisches, kaliumsparendes → Hypotonikum, das als Begleitmedikation für die Behandlung einer Stauungsinsuffizienz oder Hypertonie eingesetzt wird; wird häufig zusammen mit Thiazid verabreicht.
amiloride hydrochloride

Amin. Stickstoffhaltige, organische Verbindung.
amine

Aminoazidurie. Abnorm hohe Aminosäureausscheidungen im Urin; kann auf einen familiären metabolischen Defekt hindeuten, z.B. Zystinurie. (→ Aminosäure)
aminoaciduria

Aminobenzoesäure. Stoffwechselprodukt aus dem Abbau (Katabolismus) der Aminosäure Tryptophan; Wachstumsstoff für Organismen, die → Folsäure synthetisieren können.
aminobenzoic acid

Aminophyllin. Medikament zur Erweiterung der Bronchien zur Behandlung von Asthma bronchiale, Emphysem und Bronchitis.
aminophylline

Aminophyllinvergiftung. Unerwünschte Reaktion auf eine übermäßige Einnahme eines methylxanthinhaltigen Mittels, z.B. Koffein oder Theophyllin. Typische Symptome sind Übelkeit, Diarrhö, Erbrechen, Bauchschmerzen und gastrointestinale Blutungen, Kopfschmerzen, Tinnitus, Durst, Delirium, Krampfanfälle, Tachykardie und Blutdruckschwankungen.
aminophylline poisoning

Aminosäure. Einfachster Baustein von Eiweißkörpern; organische Verbindung, die aus einer oder mehreren Aminogruppen sowie einer oder mehreren sauren Karboxylgruppen (COOH-Gruppen) besteht. Von den mehr als 100 natürlich vorkommenden Aminosäuren werden 20 als Bausteine für Peptidbrücken in der Polypeptid- oder Proteinbildung verwendet. Die acht wichtigsten Aminosäuren sind: Isoleucin (Ile), Leucin (Leu), Lysin (Lys), Methionin (Met), Phenylalanin (Phe), Threonin (Thr), Tryptophan (Trp) und Valin (Val). Arginin (Arg) und Histidin (His) sind essenzielle Aminosäuren bei Säuglingen. Cystein (Cys) und Tyrosin (Tyr) sind quasi-essenziell, weil sie jeweils aus Methionin (Met) und Phenylalanin (Phe) synthetisiert werden können. Die wichtigsten nicht-essenziellen Aminosäuren sind Alanin (Ala), Asparagin (Asn), Asparaginsäure (Asp), Glutamin (Glm), Glutaminsäure (Glu), Glycin (Gly), Prolin (Pro) und Serin (Ser).
amino acid

Aminosäuren, essenzielle. Organische Verbindungen, die nicht vom Körper hergestellt wird, aber lebensnotwendig sind, um den Aufbau von körpereigenen Proteinen zu gewährleisten, beim Erwachsenen das Stickstoffgleichgewicht aufrecht zu erhalten und optimales Wachstum bei Kindern zu ermöglichen. Erwachsene benötigen folgende → Aminosäuren: Isoleuzin, Leuzin, Lysin, Methionin, Phenylalanin, Threonin, Tryptophan und Valin. Kleinkinder benötigen zusätzlich die Aminosäuren Arginin und Histidin. Zystein und Tyrosin sind quasi-essenzielle Aminosäuren.
essential amino acid

Aminosäurengruppe. Kategorie organischer Verbindungen, die ein einwertiges Aminradikal NH_2, eine Säure bzw. COOH sowie eine idiosynkratische Gruppe der jeweiligen A. enthalten. (→ Aminosäure)
amino acid group

Aminotransferase. (Transaminase). Enzym, das den Transfer einer Aminogruppe von einer alpha-Aminsäure zu einer Alphaketosäure katalysiert. Aspartat-A. (AST), die in normalem Serum und verschiedenen Geweben vorkommt, wird von den beschädigten Zellen freigesetzt. Ein hoher AST-Serumspiegel kann auf einen Herzinfarkt oder eine Leberkrankheit hindeuten. Alanin-A. (ALT) ist normaler Bestandteil des Serums und verschiedener Gewebe und wird von verletztem Gewebe freigesetzt. Hohe ALT-Serumkonzentrationen deuten auf eine akute Lebererkrankung hin.
aminotransferase

Amitose. Direkte Zellteilung mit einfacher Spaltung des Zellkerns und des Zytoplasmas (z.B. bakterielle Spaltung). Bei der A. finden die bei der → Mitose auftretenden komplexen Phasen der Chromatintrennung der Chromosomen nicht statt. – *adj.* amototisch.
[*griech.:* a, kein; mitos, Gewinde]
amitosis

AML. Abkürzung für **akute myeloische Leukämie.**
AML

Amme. Frau, die ein fremdes Baby pflegt und stillt.
wet nurse

Ammoniak. NH_3; farbloses, stechend riechendes Gas, das aus Stickstoff und Wasserstoff besteht und bei der Zersetzung von stickstoffhaltigem organischem Material produziert wird; kann vielfältig verwendet werden, u.a. als aromatisches Stimulans, als Detergens sowie als Emulgator.
[*griech.:* ammoniakos, Salz des Ammon, ägyptische Gottheit]
ammonia

Ammoniakvergiftung. Unerwünschte Reaktion auf → Ammoniak, das aus dem Katabolismus von Aminosäuren und Nukleinsäuren entsteht. Ammoniak wird in der Leber zu Harnstoff umgewandelt und von den Nieren ausgeschieden. Bei Leberkrankheiten, wie z.B. bei Leberzirrhose, kann sich Ammoniak im Blut ansammeln und zu neurologischen Schäden führen.
ammonia intoxication

A

Ammonium. Ein aus der Reaktion von Ammoniak (NH_3) und einem Wasserstoffion (H+) gebildetes NH_4-Ion.
ammonium ion

Amnesie. Gedächtnisstörung oder Erinnerungslücke aufgrund eines Hirnschadens oder eines schweren emotionalen Traumas. Verschiedene Formen von Amnesie sind → anterograde Amnesie, posttraumatische Amnesie und → retrograde Amnesie. - *adj.* amnestisch.
[*griech.:* amnasthai, vergessen]
amnesia

Amnesie, anterograde. Erinnerungslücke für eine bestimmte Zeit direkt nach einem schädigenden Ereignis (z.B. Schädelhirntrauma), z.B. nach Erwachen aus der Bewusstlosigkeit.
[*lat.:* ante, vor; prior, ganz vorne; gredi, gehen]
anterograde amnesia

Amnesie, retrograde. Die Unfähigkeit, sich für einen bestimmten Zeitraum nach einem schädigenden Ereignis (z.B. Schädelhirntrauma) an davorliegende Ereignisse zu erinnern.
retrograde amnesic

Amnesie, visuelle. Das Unvermögen, bereits gesehene Gegenstände und Objekte (auch Geschriebenes) wiederzuerkennen.
visual amnesia

Amnion. (Eihaut; Schafhaut). Durchgängige, die Fetalseite der Plazenta bedeckende Membran (innere → Eihaut), die die äußere Oberfläche der Nabelschnur bildet. (s.a. Chorion) - *adj.* amniotisch.
[*griech.:* amnos, Schafshaut]
amnion

Amnionfalte. Ein bei vielen Wirbeltieren, insbesondere bei Vögeln und Reptilien vorhandenes embryonales Wachstumsmerkmal; besteht aus Lappen aus → Ektoderm und → Mesoderm, die über den Embryorücken wachsen und das Amnion bilden.
amniotic fold

Amnionhöhle. Die mit → Fruchtwasser befüllte Höhle der den Fötus umgebenden Fruchtblase.
[*griech.:* amnion, Eihaut; *lat.:* cavum, Höhle]
amniotic cavity

Amnioninfusion. → Pflegeintervention der → NIC, die definiert wird als die Einleitung von Flüssigkeit in den Uterus während der Wehen zur Linderung einer Kompression der Nabelschnur und zur Verdünnung mekoniumhaltiger Flüssigkeiten.
Amnioinfusion

Amnionitis. Entzündung des → Amnions; kann durch einen vorzeitigen Riss der Fetalmembranen entstehen.
amnionnitis

Amnioskopie. (Fruchtwasserspiegelung). Betrachtung des → Fruchtwassers durch die intakte Fruchtblase mit einem durch den Gebärmutterhalskanal eingeführten Amnioskop. Hierbei kann z.B. ein Sauerstoffmangel (Hypoxie) des Feten anhand der Grünfärbung des Fruchtwassers erkannt werden.
amnioscopy

Amniotomie. Künstlich herbeigeführte, schmerzlose Ruptur der Eihäute; wird durchgeführt, um den Beginn der Wehen zu stimulieren bzw. zu beschleunigen.
amniotomy

Amniozentese. (Amnionpunktion). Maßnahme in der Geburtshilfe, bei der eine kleine Menge Fruchtwasser (Amnionflüssigkeit) zur Analyse entnommen wird. Eine A. wird normalerweise zur Diagnose fetaler Abnormitäten zwischen der 16. und 20. Schwangerschaftswoche durchgeführt.
[*griech.:* amnos, Eihaut; kentesis, stechen]
amniocentesis

Amöbe. Mikroskopisch kleiner, einzelliger, parasitärer Organismus. Verschiedene Species können als menschliche Parasiten

auftreten, z.B. *Entamoeba coli* und *E. histolytica*.
[*griech.*: amoibe, Veränderung]
ameba

Amöbenhepatitis. Eine durch eine Amöbeninfektion hervorgerufene Leberentzündung; tritt normalerweise als Folge einer Amöbenruhr auf.
amebic hepatitis

Amöbenruhr. (Amöbendysenterie). Darmentzündung verursacht durch *Entamoeba histolytica*; es kommt zur Ausscheidung von typischerweise häufig auftretendem und mit Blut und Schleim durchsetztem, dünnem Stuhlgang. (s.a. Amöbiasis)
amebic dysentery

Amöbiasis. Darm- oder Leberinfektion, die durch pathogene Amöbenarten hervorgerufen wird; insbesondere *Entamoeba histolytica*, die zusammen mit infizierten Nahrungsmitteln oder Wasser aufgenommen werden. Eine schwache A. kann asymptomatisch verlaufen, eine schwere Infektion verursacht eine starke Diarrhö, akute Bauchschmerzen, Ikterus, Anorexie und Gewichtsverlust.
amebiasis

Amöbizid. Eine Substanz, die → Amöben zerstört.
amebicide

Amok. Psychotische Raserei, die von dem Verlangen begleitet ist, alle angetroffenen Personen zu töten. Ein Amoklauf kann Phasen schwerer Depression folgen. (Verwendung meist in der Verbindung »Amok laufen«.)
[malay.: amoq, wütend]
amok

amorph. (formlos). 1. Inaktives Gen; ein mutantes Allel, das geringe bzw. gar keine Auswirkung auf den Ausdruck einer Eigenschaft hat. 2. Bezeichnung für einen Gegenstand, dem eine definierte, sichtbare Form oder Gestalt fehlt. 3. Chemische, nicht-kristalline Substanz.
[*griech.*: a, kein; morphef, Form]
amorph

Amoxiycillin. Ein semisynthetisches, oral einzunehmendes → Penicillin-→ Antibiotikum; wird zur Behandlung von Infektionen, die durch verschiedene gramnegative oder grampositive Mikroorganismen verursacht werden, eingesetzt.
amoxicillin

AMP. Abkürzung für **Adenosinmonophosphat.**
AMP

Ampere (A). Maßeinheit der elektrischen Stromstärke.
[A. M. Ampere, französischer Physiker, 1775–1836]
ampere (A)

Amphetamine. Gruppe von Stimulanzien des Nervensystems (Sympatikomimetika), einschließlich Amphetamin, Dextroamphetamin und Methamphetamin, die oft missbraucht werden, um Zustände der Wachsamkeit und Euphorie zu erzeugen. Der Abusus kann zu zwanghaftem Verhalten, Paranoia, Halluzinationen und suizidalem Verhalten führen. Die A. fallen unter das Betäubungsmittelgesetz. (→ Amphetaminsulfat)
amphetamines

Amphetaminsulfat. Farbloses, wasserlösliches Amphetaminsalz mit stimulierender Wirkung auf das Zentralnervensystem; wurde in der Vergangenheit zur Behandlung bestimmter Atembeschwerden eingesetzt, zur Reduzierung von Ermüdungserscheinungen, zur Behandlung von Narkolepsie sowie als Appetitzügler zur Behandlung von Fettleibigkeit. (→ Amphetamine)
amphetamine sulfate

Amphetaminvergiftung. Toxische Effekte einer Amphetaminüberdosis. Symptome sind Erregung, Tremor, Tachykardie, Halluzinationen, Delirium, Krämpfe und Kreislaufkollaps. Zu den Erste Hilfe Maßnahmen gehören Magenspülung mit Leitungswasser oder das Auslösen von Erbrechen. (→ Amphetamin)
amphetamine poisoning

amphoter. Bezeichnung für eine Substanz, die je nach den bestehenden Bedingungen

entweder eine positive, eine negative oder keine Ladung hat.
[*griech.:* amphoteros, sich auf beide beziehen]
amphoteric

Amphotericin B. → Antimykotikum, das zur äußerlichen oder systemischen Anwendung in der Behandlung von Pilzinfektionen eingesetzt wird.
amphotericin B

Ampicillin. Semisynthetisches Aminopenicillin (Breitbandantibiotikum) zur Behandlung von Infektionen, die von einem breiten Spektrum sensibilisierter, gramnegativer Mikroorganismen verursacht werden.
ampicillin

Amplitude. Schwingungsbreite bzw. -weite von Wellen oder Schwingungen, z.B. → Akkomodationsbreite oder → Konvergenzbreite.
[*lat.:* amplus, breit]
amplitude

Ampulla. Abgerundete, sackförmige Erweiterung eines Gangs, Kanals oder einer röhrenförmigen Körperstruktur, z.B. Tränengang (A. canaliculi lacrima), Eileiter (A. tubae uterinae) oder Samenleiter (A. ductus deferentis).
[*lat.:* Kolbenförmige Flasche.]
ampulla

Ampulla recti. Kolbenförmige Erweiterung am Ende des Rektums.
ampulla of rectum

Ampulle. Kleiner, steriler Glas- oder Plastikbehälter mit einer Einzeldosis einer Lösung.
[*franz.:* ampoule, Fläschchen]
ampule

Amputation. Operative Entfernung eines Körperteils, einer Extremität bzw. eines Teils einer Extremität; wird zur Behandlung rezidivierender Infektionen oder bei einer Gangrän bei peripheren Gefäßerkrankungen, zur Entfernung maligner Tumore sowie bei schweren Verletzungen durchgeführt. In Narkose wird das betroffene Körperteil entfernt und das Ende des Knochens mit einem Lappen aus Muskel- und Hautgewebe abgedeckt. Bei einer bestehenden Infektion wird zu Drainagezwecken ein kleiner Schnitt offen gelassen.
[*lat.:* amputare, abschneiden]
amputation

Amputation, kongenitale. Fehlen einer fötalen Extremität bzw. Teil einer Extremität bei Geburt.
congenital amputation

Amputation, Pflege bei. → Pflegeintervention der → NIC, die definiert wird als die Unterstützung der körperlichen und psychischen Heilung nach der Amputation eines Körperteils.
Amputation Care

Amputationsneurom. Form eines traumatischen Neuroms, das sich am Amputationsstumpf einer amputierten Extremität bilden kann.
amputation neuroma

Amyelie. Fehlen des Rückenmarks.
[*griech.:* myelos, Mark]
amyelia

Amygdalin. Natürlich vorkommendes zyanogenes Glykosid, das aus Bittermandel- und Aprikosenkernen gewonnen wird und Blausäure enthält.
[*griech.:* amygdale, Mandel]
amygdalin

Amylase. Enzym, das die Hydrolyse von Stärke in kleinere Kohlenwasserstoffmoleküle katalysiert. Alphaamylase, die in Speichel, Pakreassaft, Malz sowie in bestimmten Bakterien und Schimmelpilzen zu finden ist, katalysiert die Hydrolyse von Stärke zu Dextrinen, Maltose und Maltotriose. Betaamylase, die in Getreide, Gemüse und Malz vorkommt, ist an der Hydrolyse von Stärke zu Malz beteiligt.
[*griech.:* amylon, Stärke]
amylase

Amyloid. Stärkeähnlicher Protein-Kohlenwasserstoff-Komplex, der während bestimmter chronischer Erkrankungen, z.B. bei Amyloidose, rheumatischer Arthritis, Tuberkulose sowie bei Alzheimer-Krank-

heit in manchen Gewebeschichten abgelagert wird.
[*griech.:* amylon, Stärke; eidos, Form]
amyloid

Amyloidose. Krankheit, bei der sich wachs- und stärkeähnliches (amyloides) Glykoprotein in Geweben und Organen ansammelt und deren Funktion behindert. Es gibt zwei Hauptformen dieser Krankheit: die primäre A. tritt normalerweise zusammen mit einem multiplen Myelom auf. Patienten mit einer sekundären A. leiden unter einer zusätzlichen, chronisch infektiösen bzw. entzündlichen Krankheit, z.B. Tuberkulose, Osteomyelitis, rheumatische Arthritis oder Morbus Crohn. Die Ursachen für beide A.-Formen sind unbekannt. Fast alle Organe können befallen werden. Bei der primären A. sind zumeist Herz, Lungen, Zunge und Darm betroffen; bei sekundärer A. Nieren, Leber und Milz. (→ Amyloid)
[*griech.:* amylon, Stärke; eidos, Form; osis, Zustand]
amyloidosis

Amylolyse. Verdauungsprozess, bei dem Stärke durch Hydrolyse oder enzymatische Aktivität in Zucker und Dextrine umgewandelt wird. (→ Amylase)
[*griech.:* amylon, Stärke; lysis, auflösen]
amylolysis

An- und Auskleiden. → Pflegeintervention der → NIC, die definiert wird als die Auswahl sowie das An- und Ausziehen der Kleidung von Personen, die dazu selbst nicht fähig sind.
Dressing

An- und Auskleiden / Sich pflegen, Unterstützung der Selbstpflege. → Pflegeintervention der → NIC, die definiert ist als die Unterstützung von Patienten beim An- und Auskleiden und beim Schminken.
Self-Care Assistance: Dressing / Grooming

ana-. Vorsilbe mit der Bedeutung »hinauf, auseinander, wieder, gegen, entsprechend«.
ana-

ANA. Abkürzung für **antinukleärer Antikörper.**
ANA

Anabolismus. (Aufbaustoffwechsel). Konstruktiver Stoffwechselkreislauf, bei dem einfache Substanzen zu komplexeren Verbindungen lebender Materie umgewandelt werden. (→ Metabolismus; Katabolismus (Abbaustoffwechsel)) – *adj.* anabolisch.
[*griech.:* anaballein, aufbauen]
anabolism

anaerob. 1. Zustand ohne Luft bzw. Sauerstoff. 2. Die Fähigkeit bezeichnend, ohne Luft bzw. Sauerstoff leben und funktionieren zu können. (s.a. aerob)
anaerobic

Anaerobier. Mikroorganismen, die ohne bzw. fast ohne Sauerstoff leben können, z.B. *Clostridium botulinum.* A. findet sich weitverbreitet in der Natur und im menschlichen Körper. (s.a. Aerobier)
[*griech.:* a. keine; aer, Luft; bios, Leben]
anaerobe

Anaklise. 1. Bezeichnung für den Zustand einer Person, die zu anderen Personen in emotionaler Abhängigkeit steht; ist bei Kindern normal, wird jedoch bei Erwachsenen als pathologisch eingestuft. 2. Bewusste oder unbewusste Wahl eines geliebten Gegenstandes aufgrund einer Ähnlichkeit mit der Mutter, dem Vater oder einer anderen Person, die während der frühen Kindheit die Rolle des Trostgebers und Beschützers innehatte. – *adj.* anaklitisch.
[*griech.:* anaklisein, anlehnen]
anaclisis

Anakrotie. Herzschlag mit einer Einkerbung im ansteigenden Ast der Pulskurve. – *adj.* anakrot.
[*griech.:* ana, hin; krotos, Schlag]
anacrotism

A

Anakusie. Totaler Gehörverlust.
[*griech.:* a, nicht; akouein, hören]
anacusis

anal. Den After (Anus) betreffend.
[*lat.:* After]
anal

Analerotik. Libidinöse Fixierung auf bzw. Regression in die Analphase der psychosexuellen Entwicklung; spiegelt sich oft in Eigenschaften wie Geiz, Sturheit und übertriebener Gewissenhaftigkeit wider.
anal eroticism

Analfissur. Schmerzhafter, linearer Einriss (Ulzeration bzw. Lazeration) der Haut am Afterrand.
anal fissure

Analfistel. Unphysiologische Öffnung in der kutanen Oberfläche nahe dem After; wird häufig durch einen lokalisierten Kryptenabszess oder Morbus-Crohn verursacht. Eine perianale Fistel kann, muss aber nicht mit dem Rektum verbunden sein.
anal fistula

Analgesie. (Analgie). Vermindertes bzw. fehlendes Schmerzgefühl.
[*griech.:* a, kein; algos, Schmerz]
analgesia

Analgetika. (Schmerzmittel). Schmerzlinderndes Mittel; narkotische, zentral wirksame Schmerzmittel (Opioidanalgetika) wirken auf das Zentralnervensystem und beeinflussen die Wahrnehmung des Patienten; diese Mittel werden bei schweren Schmerzen angewendet. Nicht-narkotische Schmerzmittel (Nichtopioidanalgetika) beeinflussen hauptsächlich die Peripherie, verursachen keine Abhängigkeit und haben keine Auswirkungen auf die Wahrnehmungsfähigkeit des Patienten; sie werden zur Bekämpfung von leichten bis mäßigen Schmerzen, zur Hemmung von Entzündungen und zur Senkung von Fieber eingesetzt.
[*griech.:* a, kein; algos, Schmerz]
analgesics

Analgetikaverabreichung. → Pflegeintervention der → NIC, die definiert wird als der Einsatz pharmakologischer Agenzien zur Linderung oder Beseitigung von Schmerzen.
Analgesic Administration

Analgetikaverabreichung, intraspinal. → Pflegeintervention der → NIC, die definiert wird als die Verabreichung von pharmakologischen Agenzien in den epiduralen oder intrathekalen Bereich zur Linderung oder Beseitigung von Schmerzen.
Analgetic Administration: Intraspinal

Analgie. Fehlen von Schmerzen. (→ Analgesie)
[*griech.:* a, kein; algos, Schmerz]
analgia

Analkanal. Ungefähr 4 cm langes Endstück des Verdauungskanals, das sich zwischen Mastdarm (Rektum) und After (Anus) befindet.
anal canal

Analphabet. Eine Person, die nicht lesen und schreiben kann.
illiterate

Analphase. (anale Phase). (Psychoanalyse) Psychosexuelle Entwicklungsphase nach der oralen und vor der genitalen Phase, die sich zwischen dem 1. und 3. Lebensjahr abspielt; die Stuhlausscheidung und das Erspüren der Afterregion werden dabei als wichtigste angenehme Reize empfunden.
anal stage

Analprolaps, Pflege bei. → Pflegeintervention der → NIC, die definiert wird als die Verhinderung und/oder die manuelle Verminderung eines Analprolapses.
Rectal Prolapse Management

Analreflex. Oberflächlicher neurologischer Reflex, der durch Streichen über die Haut bzw. Schleimhaut in der Afterregion ausgelöst wird; führt normalerweise zu einer Kontraktion des äußeren Schließmuskels.
anal reflex

Analyse. 1. Trennung von Substanzen in ihre Bestandteile und Bestimmung der Beschaffenheit, Eigenschaften und Zusammensetzung von Verbindungen. In der Chemie werden bei der **qualitativen Analyse** die Elemente einer Substanz bestimmt; bei der **quantitativen Analyse** dagegen die Elementmengen in einer Substanz. 2. Informeller Begriff für die analytische, tiefenpsychologisch orientierte **Psychotherapie**. – *adj.* analytisch.
[*griech.:* ana, hinein; lyein, lockern]
🇬🇧 analysis

Analyse, klinische. Auswertung von Labordaten, z.B. Ergebnisse von Blutuntersuchungen, Urinanalysen und mikroskopische Gewebeuntersuchungen zur Bestimmung einer Diagnose und eines Behandlungsplans.
🇬🇧 clinical analysis

Anämie. (Blutarmut). Verringerung des Hämoglobinspiegels im Blut auf Werte unterhalb des normalen Bereichs von 4,2 Mill./mm^3 bis 6,1 Mill./mm^3. Verursacht wird eine A. entweder durch eine Abnahme der Erythrozytenproduktion, eine gesteigerte Vernichtung von Erythrozyten oder durch Blutverlust. Je nach ihrer Ausprägung kann die A. von klinischen Symptomen begleitet werden, die auf einer verminderten Sauerstoffkapazität des Blutes beruhen. Anzeichen und Symptome einer A. sind Müdigkeit, Kurzatmigkeit bei Anstrengung, Schwindel, Kopfschmerzen, Schlaflosigkeit und Blässe. – *adj.* anämisch.
[*griech.:* a, ohne; haima, Blut]
🇬🇧 anemia

Anämie, aplastische. Defizit der blutbildenden Elemente, das durch eine Insuffizienz des Knochenmarks entsteht, neue Zellen zu bilden. Neoplastische Knochenmarkkrankheiten und die Zerstörung von Knochenmark durch toxische Chemikalien, radioaktive Strahlung oder bestimmte Antibiotika bzw. andere Medikamente sind häufig auftretende Ätiologien.
🇬🇧 aplastic anemia

Anämie, chronische. Abnahme der im Blutkreislauf befindlichen Erythrozyten als Folge einer chronischen entzündlichen Krankheit.
🇬🇧 anemia of chronic disease

Anämie, hämolytische. Bluterkrankung, die durch eine chronisch verfrühte Zerstörung der → Erythrozyten gekennzeichnet ist. Dabei kann die → Anämie nur minimal ausgeprägt sein oder sogar ganz fehlen, was für die Fähigkeit des Rückenmarks spricht, die Produktion der Erythrozyten bei Bedarf zu erhöhen.
🇬🇧 hemolytic anemia

Anämie, hypochrome. 1. Gruppe von → Anämien, die durch eine verminderte Hämoglobinkonzentration in den Erythrozyten gekennzeichnet sind. 2. Eine Form der Anämie, bei der das Hämoglobin nicht der Größe der Erythrozyten entspricht oder bei der einzelne Erythrozyten eine übermäßige Kapazität aufweist, Hämoglobin zu binden. (→ hypochrom)
🇬🇧 hypochromic anemia

Anämie, leukoerythroblastische. Bluterkrankung mit einer großen Anzahl unreifer weißer und roter Blutzellen (→ Leukozyten und → Erythrozyten); charakteristische Form einiger Anämien, die infolge der Schädigung des Knochenmarks durch maligne Tumore auftritt.
🇬🇧 leukoerythroblastic anemia

Anämie, megaloblastäre. Bluterkrankung, die durch die Produktion und periphere Vermehrung unreifer großer dysfunktionaler Erythrozyten (→ Megalozyten) gekennzeichnet ist. Die Megaloblasten stehen meist in Verbindung mit einer schweren perniziösen Anämie oder einer Folsäuremangelanämie.
🇬🇧 megaloblastic anemia

Anämie, perniziöse. Progressive megaloblastische und makrozytäre → Anämie, die durch den Mangel von → Intrinsic factor verursacht wird, der für die Absorption von Vitamin B_{12} wichtig ist. Die Reifung der Erythrozyten im Knochenmark wird dadurch verhindert, die hinteren und seitlichen Säulen des Rückenmarks ver-

schlechtern sich, die Leukozyten sind im Differenzialblutbild vermindert und die polymorphkernigen Leukozyten erhalten viele Auswüchse. Es kann zu extremer Schwäche, Taubheit oder Kribbeln in den Extremitäten, Fieber, Blässe, Appetitlosigkeit (Anorexie) und Gewichtsverlust kommen. Unbehandelt führt die p.A. zum Tod.
[*lat.:* perniciosus, destruktiv; *griech.:* a, kein; haima, Blut]
pernicious anemia

Anamnese. Datensammlung über einen Patienten und seinen Hintergrund, einschließlich Familie, frühere Lebensumgebung, Erfahrungen und insbesondere Erinnerungen, die bei der Analyse des Gesundheitszustandes des Patienten verwendet werden können. (s.a. Pflegeanamnese)
[*griech.:* anamimneskein, sich erinnern]
anamnesis

Anamnese, klinische. Bewertung der körperlichen Verfassung eines Patienten und Erstellung einer Prognose, basierend auf Informationen und Daten aus Untersuchungen und Laboranalysen.
clinical assessment

Anamnese, medizinische. Wesentlicher Bestandteil der → Gesundheitsanamnese eines Klienten oder Patienten, die vom Arzt erstellt wird und aus einem schriftlichen oder transkribierten Bericht über die verschiedenen Erkrankungen oder Verletzungen besteht, die medizinischer Versorgung bedürfen. Dazu gehören z.B. Allergien, Prognosen, Informationen über Eltern und Geschwister uvm.
medical record

anamnestisch. 1. Die → Anamnese betreffend. 2. (»A.e Reaktion«) Das Immungedächtnis und die Immunreaktion eines Antigens betreffend, das immunkompetenten Zellen exponiert war.
anamnestic

Anaphase. Dritte der vier Phasen der Kernteilung bei der → Mitose und bei den zwei Teilungen der Meiose. Bei der Mitose und der zweiten meiotischen Teilung teilen sich die Zentromeren sowie die zwei Chromatiden, die sich auf der Äquatorialebene der Spindel befinden; sie wandern zu den entgegengesetzten Zellpolen und bilden die Tochterchromosomen. Bei der ersten meiotischen Teilung trennen sich die Paare der homologen Chromosomen voneinander und wandern als Einheit zu den entgegengesetzten Zellpolen der Spindel.
[*griech.:* ana, ohne; phainein, erscheinen]
anaphase

Anaphorese. Prinzip der → Elektrophorese; Wanderung von Anionen in einer Lösung bzw. Suspension zur Anode.
anaphoresis

anaphylaktisch. Die → Anaphylaxie betreffend.
[*griech.:* ana, ohne; phylaxis, Schutz]
anaphylactic

Anaphylatoxin. Ein von einem Komplement abgeleitetes Polypeptid; vermittelt Veränderungen in den Mastzellen und führt zur Freisetzung von Histamin bzw. anderen immunreaktiven oder entzündlich reaktiven Substanzen.
anaphylatoxin

Anaphylaxie. Übermäßige, lebensbedrohliche → Überempfindlichkeitsreaktion auf ein bereits vorhandenes Antigen. Die von Antikörpern der Immunglobulinklasse (Ig)E oder IgG vermittelte Reaktion veranlasst die Freisetzung chemischer Mediatorsubstanzen von den Mastzellen. Die Reaktion kann sich in lokal auftretenden Quaddeln oder einem generalisierten Juckreiz, Hyperämie, angioneurotischem Ödem sowie in schweren Fällen in Kreislaufkollaps, Bronchospasmen und Schockzuständen äußern. Die Ausprägung der Symptome hängt von der ursprünglichen sensibilisierenden Antigendosis, der Menge und Verteilung der Antikörper sowie dem Eintrittspfad und der Menge der Antigendosis ab, die die A. auslöst.
[*griech.:* ana, ohne; phylaxis, Schutz]
anaphylaxis

Anaphylaxie, aktive. Überempfindlichkeitsreaktion, die durch die Aktivierung des körpereigenen → Immunsystems nach In-

jektion eines Fremdproteins ausgelöst wird. (→ Anaphylaxie; Allergie)
[*griech.:* ana, hinauf; phylaxis, Schutz]
active anaphylaxis

Anaphylaxie, kutane. Lokalisierte Überempfindlichkeitsreaktion, die durch ein in die Haut einer sensibilisierten Person injiziertes Antigen verursacht wird. Diese Methode wird eingesetzt, um die Empfindlichkeit (Sensibilität) für verschiedenen Allergene zu testen.
cutaneous anaphylaxis

Anaplasie. Änderung in Struktur und Orientierung der Zellen, die von einem Differenzierungsverlust und Rückfall in einen primitiveren Zustand gekennzeichnet ist. Die A. ist ein Kennzeichen einer malignen Erkrankung. – *adj.* anaplastisch.
[*griech.:* ana, ohne; plassein, formen]
anaplasia

Anarthrie. Verlust der Kontrolle über die Sprechmuskeln; führt zur Unfähigkeit, Worte zu artikulieren. Die A. wird normalerweise durch die Beschädigung eines zentralen oder peripheren motorischen Nervs verursacht. (s.a. Aphasie)
[*griech.:* a, hinein; arthron, Gelenk]
anarthria

Anasarka. Ausgeprägtes, generalisiertes Ödem im Unterhautbindegewebe. A. kann oft bei Ödemen im Zusammenhang mit Nierenkrankheiten beobachtet werden, wenn über einen längeren Zeitraum eine Wasserretention besteht.
[*griech.:* ana, hinein; sarx, Fleisch]
anasarca

Anästhesie. Fehlen der normalen Empfindungsfähigkeit, insbesondere der Schmerzempfindlichkeit; kann durch ein Betäubungsmittel, durch Hypnose oder durch eine traumatisch bedingte bzw. pathophysiologische Beschädigung von Nervengewebe induziert werden. Für medizinische oder chirurgische Zwecke kann eine Narkose oberflächlich, lokal oder als Regional- oder Vollnarkose eingeleitet werden. Die Bezeichnung der Narkoseart richtet sich nach dem verwendeten Betäubungsmittel, der jeweiligen Methode oder Prozedur oder dem narkotisierten Bereich bzw. Organ.
[*griech.:* a, kein; esthesia, Gefühl]
anesthesia

Anästhesie, dissoziative. Narkosemethode mit Analgesie und Amnesie, jedoch ohne Unterbrechung der Atemfunktion. Der anästhesierte Patient scheint unter Narkose zu stehen, ohne jedoch von seiner Umgebung »dissoziiert« (abgekoppelt) zu sein. Diese Form der Anästhesie kann für kurze, oberflächliche operative Eingriffe bzw. diagnostische Maßnahmen eingesetzt werden.
dissociated anesthesia

Anästhesie, taktile. Verlust des Tastsinns in den Fingern, z.B. infolge einer Verletzung oder Krankheit. Dadurch kann sich die betroffene Person schwere Verbrennungen zuziehen, sich schneiden, quetschen oder schürfen.
tactile anesthesia

Anästhesie, traumatische. Vollständiger Ausfall der Sinneswahrnehmung in einem Körperbereich infolge von Verletzung, Zerstörung der Nerven oder Unterbrechung der Nervenbahnen.
traumatic anesthesia

Anästhesie, zentrale. (allgemeine Empfindungslosigkeit). Verlust von Gefühlen bzw. Empfindungen aufgrund einer Läsion im zentralen Nervensystem.
central anesthesia

anästhesieren. (narkotisieren). Einen Zustand der → Anästhesie einleiten.
[*griech.:* a, kein, esthesia, Gefühl]
anesthetize

Anästhesiologie. Wissenschaftliches Fachgebiet der → Anästhesie, das sich mit den Grundlagen der → Anästhesie, Schmerztherapie, Intensiv- und Notfallmedizin beschäftigt.
anesthesiology

Anästhesist. Facharzt der → Anästhesiologie. Aufgaben des A.s sind die präoperative Untersuchung des Patienten, Auswahl, Durchführung und Überwachung des

A

Narkoseverfahrens, Überwachung des frischoperierten Patienten (auch auf der Intensivstation); Durchführung von Notfallmaßnahmen vital bedrohter Patienten. A.en leiten häufig auch Anästhesieabteilungen oder Intensivpflegestationen.
anesthesiologist

Anästhetika. Medikament oder Substanz, die einen vollständigen bzw. teilweisen Verlust der Schmerzleitung und -empfindung (Anästhesie) verursachen und zur → Narkose eingesetzt werden; man unterscheidet allgemeine A. (Hypnotika, Narkotika) und lokale A. zur oberflächlichen Anwendung.
anesthetics

Anästhetikaverabreichung. → Pflegeintervention der → NIC, die definiert wird als die Vorbereitung und Verabreichung von anästhetischen Agenzien und Überwachung der Reaktionsfähigkeit der Patienten während der Verabreichung.
Anesthesia Administration

Anastomose. 1. Verbindung zwischen zwei Gefäßen. 2. Chirurgische Verbindung zweier Blutgefäße oder Darmsegmente, wodurch ein Durchgang von einem zum anderen Teil ermöglicht wird. Eine vaskuläre A. kann beispielsweise durchgeführt werden, um einen Aneurysma-Bypass zu legen oder einen arteriellen bzw. vaskulären Verschluss zu umgehen.
[*griech.:* anastomoein, eine Mündung bereitstellen; osis, Zustand]
anastomosis

Anastomose, arteriovenöse. Verbindung zwischen einer → Arterie und einer → Vene, entweder durch eine angeborene (kongenitale) Anomalie oder als chirurgische Verbindung zwischen zwei Gefäßen.
arteriovenous anastomosis

anastomosieren. Einen Durchgang zwischen zwei, normalerweise voneinander getrennten Gefäßen oder Höhlen öffnen.
[*griech.:* anastomoein, eine Einmündung bereitstellen]
anastomose

Anastomosis, cruralis. → Anastomose des Oberschenkels, die zwischen dem ersten perforierenden Ast der tiefen Oberschenkelarterie, der unteren Gesäßarterie sowie den seitlichen und mittleren Kranzarterien gebildet wird.
[*griech.:* anastomoein, einen Mund herstellen.]
crucial anastomosis

Anatomie. 1. Erforschung, Klassifizierung und Beschreibung von Körperstrukturen und Körperorganen. 2. Die Struktur eines Organismus.
[*griech.:* ana, hinein; temnein, schneiden]
anatomy

Anatomie, angewandte. Wissenschaft von Körperstrukturen und Körperorganen und deren Bedeutung für die Diagnose und Behandlung einer Krankheit.
applied anatomy

Anatomie, topographische. (Topographie). Anatomische Darstellung der einzelnen Körperbereiche sowie die Lagebeziehungen der einzelnen Organe untereinander und zwischen einem einzelnen Organ und dem gesamten Organismus.
topographic anatomy

anatomisch. Die → Anatomie oder den Bau des Körpers betreffend.
[*griech.:* ana, hinein; temnein, schneiden]
anatomic

Androgene. Sammelbegriff für männliche Sexualhormone; alle Steroidhormone, die männliche Merkmale verstärken. Natürlich vorkommende Hormone, z.B. → Testosteron, verwandte Ester und Analogstoffe werden hauptsächlich in der Substitutionstherapie während des Klimakterium des Mannes verwendet.
[*griech.:* andros, Mann; genein, produzieren]
androgens

androgyn. Sowohl Männer oder Frauen betreffend; die Merkmale beider Geschlechter aufweisend; z.B. bei → Hermaphroditismus.
androgynous

android. Etwas typisch Maskulines oder Männliches betreffend, z.B. ein androides Becken.
[*griech.:* andros, Mann; eidos, Form]
android

Andrologie. Männerheilkunde; bezieht sich insbesondere auf die männlichen Geschlechtsorgane und ihre Funktionen bzw. Störungen.
[*griech.:* andros, Mann; logos, Wissenschaft]
andrology

Andropause. Tiefgreifende Veränderung im Leben von Männern, die sich durch einen Berufswechsel, Scheidung, oder durch Umstrukturierung des eigenen Lebens ausdrücken kann; steht in Verbindung mit einer Abnahme des Androgenspiegels, die bei Männern im 4. oder 5. Lebensjahrzehnt beobachtet wird.
andropause

Androsteron. Männliches Sexualhormon, das ursprünglich als wichtigstes Geschlechtshormon eingestuft wurde. Die größere Potenz anderer männlicher Geschlechtshormone führte dazu, dass Androsteron heute weitgehend nur noch von historischem biochemischem Interesse ist.
[*griech.:* andros, Mann; stereos, fest]
androsterone

Anenzephalie. (Froschkopf; Krötenkopf). Kongenitales Fehlen wichtiger Teile des Gehirns und Fehlfunktion des Hirnstammes. Der Schädel ist nicht zugewachsen und der Wirbelkanal gleicht einer Rinne. Die A. beruht auf einem genetischen Defekt und stellt einen nicht-lebensfähigen Zustand dar.
[*griech.:* a, ohne; enkephalos, Gehirn]
anencephaly

Anergie. 1. Zustand der Lethargie bzw. des Fehlens körperlicher Aktivität. 2. Immunmangel, bei dem eine Reaktion auf ein Antigen bzw. eine Gruppe von Antigenen völlig fehlt oder nur vermindert auftritt; kann bei fortgeschrittener Tuberkulose und anderen schweren Infektionskrankheiten, bei AIDS sowie bei Malignität beobachtet werden. – *adj.* anergisch.
anergia

Anetodermie. Idiopathische klinische Veränderung, die durch eine herdförmige Beschädigung der Elastinfasern gekennzeichnet ist und zu Hautschlaffheit führt.
[*griech.:* anetos, entspannt; derma, Haut]
anetoderma

aneuploid. 1. Individuum, Organismus, Stamm oder Zelle mit einer Chromosomenzahl, die nicht dem genauen Vielfachen der normalen → haploiden, für die jeweilige Art typischen Chromosomenzahl entspricht. 2. Bezeichnung für ein solches Individuum, einen solchen Organismus, Stamm oder eine solche Zelle.
[*griech.:* a, nicht; eu, gut; ploos, Falte; eidos, Form]
aneuploid

Aneuploidie. Variationen des Chromosomensatzes, die einzelne Chromosomen und nicht ganze Chromosomensätze betreffen. Entweder können weniger Chromosomen, z.B. bei Turner-Syndrom (bei dem nur ein Chromosom betroffen ist) oder zuviele Chromosomen auftreten, z.B. bei Down-Syndrom (Trisomie 21).
aneuploidy

Aneurysma. Lokale Erweiterung einer Blutgefäßwand; wird normalerweise von Atherosklerose und Hypertonie, in selteneren Fällen auch durch Trauma, Infektionen oder eine kongenitale Schwäche der Gefäßwände verursacht. Ein A. betrifft häufig die Aorta, aber auch die peripheren Gefäße. Bei älteren Leuten treten sie oft in den unteren Extremitäten auf, insbesondere in den Kniekehlen (popliteal). Anzeichen eines arteriellen A.s ist eine pulsierende Schwellung, die bei Auskultation ein blasendes Geräusch hervorruft. Ein A. kann aufbrechen und eine starke Blutung (Hämorrhagie) verursachen. Es können sich Thromben in den erweiterten, sackförmigen Ausweitung bilden, die möglicherweise eine Embolie kleinerer Gefäße nach sich ziehen.
[*griech.:* aneurysma, Ausweitung]
aneurysm

Aneurysma, arteriovenöses. Erweiterung (Dilatation) von Gefäßen, die sowohl eine Arterie als auch eine Vene betrifft, häufig eine unphysiologische Verbindung zwischen Vene und Arterie.
areteriovenous aneurysma

Aneurysma, dissecans. Lokalisierte Erweiterung einer Arterie, insbesondere der Aorta, mit typischer Längszergliederung zwischen den äußeren und mittleren Gefäßwandschichten. Blut, das in einen Riss der Gefäßintimaschicht eindringt, führt zu einer Trennung geschwächter elastischer und fibromuskulärer Elemente in der Mittelschicht und verursacht die Bildung zystischer, mit Grundsubstanz gefüllter Räume. Ein aufbrechendes dissezierendes Aneurysma kann innerhalb von einer Stunde zum Tod führen.
[*lat.:* dissecare, auseinanderschneiden; *griech.:* aneurysma, Öffnung.]
dissecting aneurysm

Aneurysma, intrakranielles. Krankhafte Erweiterung (→ Aneurysma) einer Hirnarterie. Charakteristische Symptome sind starke Kopfschmerzen, Nackensteifigkeit, Übelkeit, Erbrechen und manchmal Bewusstlosigkeit.
intracranial aneurysm

Aneurysma, ventrikuläres. Erweiterung bzw. sackartige Ausbuchtung in der Herzkammerwand, die sehr häufig nach einem Herzinfarkt auftritt. Infolge der entzündungsbedingten Veränderungen durch den Infarkt bildet sich Narbengewebe, das die Herzmuskulatur schwächt und eine Ausbuchtung bei Kontraktion der Herzkammer begünstigt.
ventricular aneurysm

Aneurysmenschwirren. (Aneurysmenton). Schwingung, die bei der Untersuchung eines → Aneurysmas gefühlt werden kann. Bei arteriellen Aneurysmen wird die Vibration nur in der Systole empfunden, bei arteriovenösen Aneurysmen ist die Schwingung sowohl in der Systole als auch der Diastole präsent.
aneurysmal thrill

Anfall. Eine plötzliche, unvermittelte Episode im Verlauf einer Erkrankung, die meist durch akute und unangenehme Symptome charakterisiert ist.
attack

Anfall, akinetischer. Krampfartige, bei Kindern auftretende Störung; kurzer Krampfanfall, bei dem das Kind plötzlich zu Boden fällt.
akinetic seizure

Anfall, tonisch-klonischer. Epileptischer Anfall, gekennzeichnet durch generalisierte unwillkürliche Muskelkontraktionen und eine Unterbrechung der Atmung, gefolgt von tonisch-klonischen Muskelspasmen. Die Atmung ist erschwert und geräuschvoll und die Zähne sind meist verkrampft zusammen gebissen. Der betroffene Patient kann sich auf die Zunge beißen und die Kontrolle über Harnblase und Darm verlieren. Nach Ablauf dieser Krampfphase schläft der Patient oft ein oder ist verwirrt. Beim Aufwachen kann er sich nicht mehr an den Vorfall erinnern. Einem t.-k. A. kann ein Warnsignal oder eine sogenannte »epileptische Aura« vorangehen. (→ tonisch; klonisch) (s.a. Aura)
tonic-clonic seizures

Angiitis. Entzündung eines Gefäßes, hauptsächlich eines Blut- oder Lymphgefäßes.
[*griech.:* angeion, Gefäß; itis, Entzündung.]
angiitis

Angina. 1. Beschreibung von Erkrankungen in Verbindung mit einer Einengung; z.B. Angina tonsillaris. 2. Ausdruck, der zumeist zur Beschreibung von Herzschmerzen verwendet wird, die durch einen Sauerstoffmangel im Herzmuskel (Anoxie) verursacht werden; → Angina pectoris. 3. Beschreibung für Symptome, die bei verschiedenen Krankheiten auftreten, die mit Würge- und Erstickungsgefühlen oder erheblichen Druck- und Schmerzgefühlen assoziiert sind. – *adj.* anginös.
[*lat.:* angor, strangulieren]
angina

Angina, intestinale. (Angina abdominalis). Chronische Gefäßinsuffizienz der Mesenterialarterie, die durch Atherosklerose verursacht wird und zur Ischämie der glatten Muskeln des Dünndarms führt.
intestinal angina

Angina, pectoris. Paroxysmale (anfallsweise), thorakale, zumeist durch einen Sauerstoffmangel im Herzmuskel verursachte Schmerzen, die durch eine Artherosklerose bzw. einen Krampf der Koronararterien bedingt sind. Der Schmerz strahlt normalerweise an der Innenseite des linken Arms aus und wird häufig von einem Erstickungsgefühl und Todesangst begleitet. A. p.-Anfälle sind oft mit Überanstrengung, emotionalem Stress sowie der Exposition gegenüber Kälte verbunden. (s.a. Herzinfarkt)
angina pectoris

Angioblastom. Tumor der Blutgefäße, der häufig das Gehirn befällt; Formen von A.en sind **angioblastöses Meningiom** und **zerebellares A.**
[*griech.:* angeion, Gefäß; blastos, Samen, oma, Tumor]
angioblastoma

Angiochondrom. Knorpelartige Geschwulst mit übermäßiger Blutgefäßbildung.
[*griech.:* angeion, Gefäß; chondros, Knorpel; oma, Tumor]
angiochondroma

Angiofibrom. → Angiom mit fibrösem Gewebe.
[*griech.:* angeion, Gefäß; *lat.:* fibra, Faser; *griech.:* oma, Tumor]
angiofibroma

Angiogenese. Die Fähigkeit, die Blutgefäßbildung anzuregen; häufige Eigenschaft von bösartigem Gewebe. Das Auftreten einer A. im Brustgewebe gilt als Vorstufe eines histologischen Beweises für Brustkrebs.
[*griech.:* angeion, Gefäß; genesis, Ursprung]
angiogenesis

Angiogramm. Röntgenaufnahme eines Blutgefäßes, in das ein Kontrastmittel injiziert wurde.
[*griech.:* angeion, Gefäß; gramma, schreibend]
angiogram

Angiographie. Röntgenologische Darstellung der inneren Anatomie des Herzens und der Blutgefäße nach Injektion eines Kontrastmittels in die Gefäße. – *adj.* angiographisch.
[*griech.:* angeion, Gefäß; graphein, aufzeichnen]
angiography

Angiographie, selektive. Röntgenographische Darstellung ausgewählter Gefäße, wie z.B. der Aorta oder der wichtigsten Arterien, mit Hilfe eines Kontrastmittels, das durch einen Katheter in das Gefäß injiziert wurde. – *adj.* angiographisch.
selective angiography

Angiographie, zerebrale. Radiographische Methode, bei der das Hirngefäßsystem mit Hilfe eines Kontrastmittels sichtbar gemacht wird.
[*griech.:* angeion, Gefäß, graphein, berichten]
cerebral angiography

Angiokardiogramm. Reihe von Röntgenbildern des Herzens, die in schneller Folge während und unmittelbar nach Injektion eines Kontrastmittels in die Koronargefäße aufgenommen werden.
angiocardiogram

Angiokardiographie. Untersuchung, bei der eine Röntgendarstellung des Herzens und der großen Herzgefäße vorgenommen wird; dabei wird ein Kontrastmittel durch einen Katheter direkt in das Herz injiziert.
[*griech.:* angeion, Gefäß; kardia, Herz; graphein, aufschreiben]
angiocardiography

Angiokardiopathie. Erkrankung der Blutgefäße des Herz- und Kreislaufsystems.
[*griech.:* angeion, Gefäß; kardia, Herz; pathos, Krankheit]
angiocardiopathy

A

Angiokarditis. Entzündung des Herzens und der großen Blutgefäße.
angiocarditis

Angiokatheter. Hohler, biegsamer Schlauch, der in ein Blutgefäß eingeführt wird, um Flüssigkeiten zu entnehmen oder zu injizieren.
angiocatheter

Angiokeratom. Vaskuläres, horniges Neoplasma der Haut, das aus erweiterten Blutgefäßen und Blutwarzen besteht. Gleichzeitig tritt eine Verdickung der Epidermis auf, insbesondere an den Hoden und den dorsalen Seiten von Fingern und Zehen.
[*griech.:* angeion, Gefäß; keras, Horn; oma, Tumor]
angiokeratoma

Angiolipom. Gutartiger Tumor, der aus Blutgefäßen und Fettgewebe besteht.
[*griech.:* angeion, Gefäß; lipos, Fett; oma, Tumor]
angiolipoma

Angiom. Gutartiger Tumor mit Gefäßsprossung (→ Hämangiom) oder Lymphsprossung (→ Lymphangiom). Die meisten A.e sind kongenital; manche, z.B. die kavernösen Hämangiome, können sich spontan zurückbilden.
[*griech.:* angeion, Gefäß; oma, Tumor]
angioma

Angioma, arteriale racemosum. Vaskuläres Neoplasma mit erweiterten Blutgefäßen, die ein Knäuel aus kleinen, neu entstandenen, erweiterten Gefäßen bilden.
[*griech.:* angeion, Gefäß; oma, Tumor; *lat.:* arteria, Luftröhre; racemus, Traube]
angioma arteriale racemosum

Angioma, cutis. → Nävus, der aus einem Netzwerk erweiterter Blutgefäße besteht.
angioma cutis

Angioma, serpiginosum. Hauterkrankung, die durch in Ringen liegende, winzige, vaskuläre Punkte gekennzeichnet ist, die als rote Tüpfelchen erscheinen.
[*griech.:* angeion, Gefäß; oma, Tumor; *lat.:* serpere, kriechen]
angioma serpiginosum

Angiomatose. Erkrankung mit zahlreichen vaskulären Tumoren.
angiomatosis

Angiomatose, bazilläre. Erkrankung mit zahlreichen → Angiomen, die durch *Bartonella*-Infektionen verursacht werden. Die b. A. manifestiert sich z.B. bei HIV-Patienten in Form von kleinen hämangiomähnlichen Läsionen der Haut, kann aber auch die Lymphknoten und die Eingeweide (Viszera) befallen. Die Hautläsionen werden häufig fälschlicherweise als → Kaposi-Sarkom diagnostiziert.
bacillary angiomatosis

Angiomyom. Geschwulst, das aus vaskulärem und muskulärem Gewebe besteht.
[*griech.:* angeion, Geföß; mys, Muskel; oma, Tumor]
angiomyoma

Angiomyosarkom. Aus vaskulärem und muskulärem Gewebe sowie aus Bindegewebe bestehende maligne Geschwulst.
[*griech.:* angeion, Gefäß; mys, Muskel; sarx, Fleisch; oma, Tumor]
angiomyosarcoma

Angioödem. (Quincke-Ödem). Akute, schmerzhafte, dermale, subkutane bzw. submuköse kurzzeitige Schwellung v.a. im Gesichtsbereich. Betroffen sind das subkutane Gewebe sowie ggf. Schleimhäute in Mund, Rachen, Kehlkopf und Gastrointestinaltrakt, wodurch lebensbedrohliche Situationen entstehen können. Weitere Symptome sind Unterbauchschmerzen und Urtikaria (Nesselsucht). Ursache kann eine Nahrungsmittel- oder Arzneimittelallergie, eine Infektion, emotionaler Stress oder erbliche Faktoren sein.
angioedema

Angiopathie. Bezeichnung für Gefäßkrankheiten.
[*griech.:* angeion, Gefäß; pathos, Krankheit]
angiopathy

Angioplastie. Rekonstruktion von Blutgefäßen, die durch Krankheit oder Verletzung beschädigt worden sind.
[*griech.:* angeion, Gefäß; plassein, formen]
angioplasty

Angioplastie, perkutane transluminale (PTA). Maßnahme zur Dilatation von Blutgefäßen bei einer Behandlung von peripheren Arterienerkrankungen. Ein Ballonkatheter wird unter Röntgenkontrolle in die stenosierte Arterie eingeführt und der Ballon aufgeblasen. Dadurch soll die Arterie erweitert und gedehnt oder eine Ansammlung von → Plaque flacher werden.
percutaneous transluminal angioplasty (PTA)

Angiosarkom. Seltene, bösartige Geschwulst, die aus Endothel- und Fibroblastengewebe besteht, das sich ausbreitet und nach und nach die Gefäße umschließt.
angiosarcoma

Angiosklerose. Verdickung und Verhärtung der Gefäßwände.
[*griech.:* angeion, Gefäß; skleros, hart; osis, Zustand]
angiosclerosis

Angioskop. Spezialmikroskop zur visuellen Beurteilung der Kapillargefäße.
angioscope

Angiospasmus. Plötzliche, vorübergehende Verengung (Konstriktion) eines Blutgefäßes.
angiospasm

Angiotensin. Polypeptid im Blut, das eine Gefäßverengung, Hypertonie und eine Aldosteronfreisetzung durch die Nebennierenrinde (NNR) verursacht. A. entsteht aus der Reaktion zwischen Renin und Angiotensinogen, einem alpha-2-Globulin, das in der Leber produziert wird und ständig im Blut zirkuliert.
[*griech.:* angeion, Gefäß; *lat.:* tendere, dehnen]
angiotensin

Angiotensinkonversionsenzym (ACE). Ein Protein (Dipeptidyl-Carboxypeptidase), das die Umwandlung von Angiotensin I zu Angiotensin II katalysiert, indem es zwei terminale Aminosäuren aufbricht.
angiotensin-converting enzyme (ACE)

Angiotensinogen. In der Leber gebildetes Serumglobulin, Vorläufer von → Angiotensin; tritt erhöht bei Schwangerschaft, Hypertonie und Einnahme von Kontrazeptiva und erniedrigt bei Lebererkrankungen auf.
angiotensinogen

Angst. 1. Anerkannte → NANDA-→ Pflegediagnose; vages, unsicheres Gefühl, dessen Ursache häufig unspezifisch und/oder unbekannt ist. Die kennzeichnenden Merkmale können subjektiv oder objektiv sein. Zu den subjektiven Kennzeichen zählen Spannung, Besorgnis, zunehmende Hilfslosigkeit und Gefühle der Unsicherheit, Furcht, Stress und eines bevorstehenden Schicksals. Objektive Charakteristika sind erhöhte Herzfrequenz, erweiterte Pupillen, Unruhe, mangelnder Augenkontakt, Zittern, beschleunigte Atmung und der Ausdruck von Sorgen bezüglich der Lebensereignisse. 2. Vorahnung von aufkommender Gefahr und Furcht begleitet von Symptomen der Unruhe, Anspannung, Tachykardie und Atemschwierigkeiten, die nicht mit einem offensichtlichen Stimulus verbunden sind.
anxiety

Angst, Linderung von. → Pflegeintervention der → NIC, die definiert wird als Minimierung von Befürchtungen, Ängsten, Vorahnungen und Unbehagen aufgrund von nicht definierbaren Ursachen für eine als Bedrohung empfundene Gefahr.
Anxiety Reduction

Angstattacke. Akute, psychobiologische Reaktion, die sich in intensiven Angstzuständen und Panik äußert. Die Symptome unterscheiden sich von Person zu Person und je nach Intensität des Anfalls; dazu gehören zumeist Herzklopfen, Atemnot, Schwindel, Ohnmacht, Schweißausbrüche, Gesichtsblässe, Magenbeschwerden

sowie das vage Gefühl eines bevorstehenden Unheils oder des Todes.
anxiety attack

Angsthysterie. Ein von Angst- und Hysteriesymptomen begleiteter Zustand. (→ Hysterie; Angst)
[*lat.*: anxietas, Angst; *griech.*: hysteria, Gebärmutter]
anxiety hysteria

Angstreaktion. Klinisches Merkmal, bei dem → Angst das vorrangige Merkmal ist oder eine Person, die mit einer gefürchteten Situation konfrontiert wird, eine solche Angst empfindet, dass sie reaktionsunfähig wird. Die Reaktion kann sich in Panik, Phobie oder Zwangsneurosen äußern.
[*lat.*: anxietas, Angst; re, wieder; agere, handeln]
anxiety reaction

Angström (A). Frühere Maßeinheit von 0,1 Millimikrometer (1/10.000.000 Meter) bzw. 10^{-10} Meter.
[A. J. Angström, schwedischer Physiker, 1814–1870]
angstrom

Angststörung. (Angstneurose). Beschwerde, bei der Angst als Symptom im Vordergrund steht. Die Begleitsymptome reichen von milder bis chronischer Verspannung mit Schüchternheit, Ermüdung, Furcht und Unentschlossenheit bis zu intensiveren Zuständen der Unruhe und Reizbarkeit, die zu aggressiven Handlungen, andauernder Hilflosigkeit oder Rückzugsverhalten führen können.
anxiety disorder

Angsttraum. Ein von Unruhe und sich nach und nach beschleunigendem Pulsschlag begleiteter Traum. (→ Alptraum)
anxiety dream

Angstzustand. Mentale oder emotionale Reaktion, die von Furcht, Unsicherheit sowie irrationaler → Angst begleitet wird. Ein A. kann physiologische Veränderungen hervorrufen, z.B. Tachykardie, erweiterte Pupillen und einen trockenen Mund.
anxiety state

Anhidrose. Fehlende bzw. ungenügende Schweißsekretion.
[*griech.*: a, kein; hidros, Schweiß]
anhidrosis

Anhydrase. Enzym, das bei bestimmten Verbindungen die Abspaltung von Wassermolekülen katalysiert; z.B. dehydriert die kohlensaure A. Kohlensäure und steuert somit die Kohlendioxidmenge in Blut und Lungen.
[*griech.*: a, kein; hydor, Wasser]
anhydrase

Anhydrid. Chemische Verbindungen, insbesondere Säuren, die durch Wasserentzug aus einer Substanz entstehen. – *adj.* anhydrisch.
[*griech.*: a, kein; hydor, Wasser]
anhydride

Anilin. Ölige, giftige, stark riechende, brennend schmeckende Flüssigkeit; wurde früher aus der Indigopflanze extrahiert; wird heute synthetisch aus Nitrobenzen hergestellt und zur Produktion von Anilinfarbstoffen verwendet.
[*arab.*: alnil, indigoblau]
aniline

Anilinvergiftung. (Anilismus). Vergiftung durch Anilinverbindungen. Zu den Symptomen gehören im Allgemeinen Zyanose, Schwäche, kalter Schweiß, unregelmäßiger Puls, Atembeschwerden, Koma, Krämpfe und plötzliches Herzversagen. Die Behandlung besteht aus Magenspülung und dem Auslösen von Erbrechen. (→ Anilin)
[*arab.*: alnil, indigoblau]
anilism

Anima. 1. (Analytische Psychologie nach C.G. Jung) Das wahre, innere, unbewusste Wesen oder die Persönlichkeit, Triebe sowie die irrationalen Komponenten eines Menschen, die sich von der nach außen gezeigten Persönlichkeit, oder → Persona, unterschiedet. 2. Weibliche Komponente der männlichen Persönlichkeit.
[*lat.*: Seele]
anima

Anion. 1. Negativ geladenes Elektron, das bei der Elektrolyse zur positiven Elektro-

de (Anode) wandert. 2. Negativ geladenes Atom, Molekül oder Radikal. – *adj.* anionisch.
[*griech.:* ana, nach; ion, rückwärts gehen]
anion

Anionenaustauschharz. Einfache organische Polymere mit hohem Molekulargewicht, die Ionen mit anderen gelösten Anionen austauschen. A.e werden als Antazide bei der Behandlung von Magenulzera verwendet.
anion exchange resin

Anis. Frucht der *Pimpinella anisum* Pflanze. Anisextrakte werden bei der Zubereitung von → Karminativa und → Expektoranzien verwendet.
anise

Aniseikonie. Augenerkrankung, bei der jedes Auge das gleiche Bild in verschiedener Form und Größe wahrnimmt.
[*griech.:* anisos, ungleich; eikon, Bild]
aniseikonia

Anisogamet. → Gamet, dessen Morphologie sich erheblich von Größe und Struktur eines anderen Gameten unterscheidet, mit dem er sich vereint, z.B. die Makrogameten und Mikrogameten bestimmter Sporozoen.
[*griech.:* anisos, ungleich; gamos, Hochzeit]
anisogamete

Anisokaryose. Deutliche Unterschiede in der Zellkerngröße von Zellen derselben Art. – *adj.* anisokaryotisch.
anisokaryosis

Anisokorie. Seitendifferente Größe der Pupillen (Pupillendifferenz größer 1 mm). Kann angeboren vorkommen (ca. 4% aller Menschen) oder durch parasympatische Störungen bei einer Okkulomotoriuslähmung; sympatische Störung bei Horner-Syndrom oder bei ophthalmologischen oder neurologischen Erkrankungen (z.B. Raumforderung im Gehirn).
[*griech.:* anisos, ungleich; kore, Pupille]
anisocoria

Anisozytose. Bluterkrankung mit übermäßig hoher Zahl von Erythrozyten in verschiedenen abnormen Größen.
[*griech.:* anisos, ungleich; kytos, Zelle]
anisocytosis

Ankyloglossie. Orale Missbildung mit einem abnorm kurzen Zungenbändchen, das Zungenbewegung und Sprechen behindert; kann operativ (durch Frenulotomie bzw. → Frenektomie) korrigiert werden.
[*griech.:* agkylos, schief; glossa, Zunge]
ankyloglossia

Ankylose. 1. Gelenkversteifung, häufig in einer abnormen Haltung; tritt infolge der Zerstörung der Gelenkknorpel und der subchondralen Knochen auf, z.B. bei rheumatischer Arthritis. 2.**Arthrodese:** chirurgisch bedingte Versteifung eines Gelenks, um Schmerzen zu lindern oder Halt zu bieten. (s.a. Kontraktur)
[*griech.:* ankylosis, Verkrümmung]
ankylosis

Ankylose, echte. Bindegewebige oder knöcherne Versteifung zweier Gelenkknochen.
[*griech.:* ánkylos, gekrümmt]
true ankylosis

ankylosiert. (versteift). Bezeichnung für die durch pathologische Veränderung verursachte Versteifung eines Gelenks.
ankylosed

Ankylostomiasis. → Hakenwurmkrankheit, die von *Ancylostoma duodenale, A. braziliense*, oder *A. caninum* verursacht wird und besonders bei Bergleuten und in den Tropen und Suptropen vorkommt. Es kommt zu Juckreiz, Bronchitis und Anämien.
ancylostomiasis

Anlage. Begriff aus der Embryologie; undifferenzierte Zellschicht, aus der sich ein bestimmtes Organ, Gewebe oder eine Körperstruktur entwickelt; primordiales Rudiment.
anlage

A

Anleitung, vorausschauende. → Pflegeintervention der → NIC, die definiert wird als die Vorbereitung von Patienten auf eine vorhersehbare Entwicklung und/ oder situative Krise.
Anticipatory Guidance

Anleitung: Angestellte. → Pflegeintervention der → NIC, die definiert wird als die Hilfe und Unterstützung eines neuen oder versetzten Angestellten durch strukturierte Einarbeitung in einen spezifischen klinischen Bereich.
Preceptor: Employee

Anleitung: Schüler/Student. → Pflegeintervention der → NIC, die definiert wird als die Hilfe und Unterstützung der Lernerfahrungen von Schülern/Studenten.
Preceptor: Student

ANLL. Abkürzung für **akute nicht-lymphatische Leukämie.**
ANLL

annulär. Bezeichnung für eine ringförmige Läsion, die eine normale, nicht beschädigte Hautzone umgibt.
[*lat.:* annulus, Ring]
annular

Anode. Positive Elektrode, die Elektronen und → Anionen (neg. geladene Teilchen) anzieht.
anode

Anodontie. Kongenitaler Defekt mit teilweiser oder völliger Zahnlosigkeit.
[*griech.:* a, kein; odous, Zahn]
anodontia

Anomalie. (Abnormität). 1. Abweichung von der Norm. 2. Kongenitale Missbildung, z.B. das Fehlen einer Extremität oder das Vorhandensein eines zusätzlichen Fingers. – *adj.* anomal.
[*griech.:* anomalos, unregelmäßig]
anomaly

Anomalie, kongenitale. Strukturelle → Anomalie bei Geburt, die entweder vererbt, während der Schwangerschaft erworben oder während der Geburt zugefügt wird.
congenital anomaly

Anonyme Alkoholiker (A.A.). Internationale, gemeinnützige Selbsthilfeorganisation, die 1935 gegründet wurde. Gruppenmitglieder sind abstinente → Alkoholiker, die dauerhaft das Trinken eingestellt haben und andere Alkoholiker bei der Genesung von einer Alkoholkrankheit mit einem Zwölf-Punkte-Programm unterstützen. Das Therapiekonzept beinhaltet Gruppenhilfe, das gemeinsame Teilen von Erlebnissen sowie den Glauben an eine höhere Macht.
Alcoholics Anonymous (AA)

Anopsie. (Anopie). Ausfall der Sehfähigkeit aufgrund eines Defekts bzw. durch das Fehlen eines oder beider Augen.
[*griech.:* a, kein; ops, Auge]
anopia

Anorchie. Kongenitales Fehlen eines oder beider Hoden.
[*griech.:* a, kein; orchis, Hoden]
anorchia

Anordnungen, Transkription von. → Pflegeintervention der → NIC, die definiert wird als die Informationsübertragung von Verordnungsbögen auf Pflegepläne und Dokumentationssysteme.
Order Transcription

anorektal. Den analen und rektalen Bereich des Dickdarms betreffend.
[*lat.:* anus, After; rectus, gerade]
anorectal

anorektisch. (appetitzügelnd). 1. Magersucht (Anorexia nervosa) betreffend. 2. Fehlenden Appetit verursachend oder Appetitlosigkeit verursachend, wie z.B. ein Appetitzügler.
anorectic

Anorexia. (Appetitlosigkeit). Fehlen oder Verlust des Appetits, führt zur Unfähigkeit Nahrung aufzunehmen.
[*griech.:* a, kein; orexis, Appetit]
anorexia

Anorexia, nervosa. (Magersucht). Essstörung mit lang anhaltender Verweigerung der Nahrungsaufnahme (vor allem bei Mädchen und jungen Frauen), die zu Auszehrung, Amenorrhö, zu einer emotional ver-

zerrten Körperwahrnehmung sowie zur Angst führt, zu dick zu sein.
anorexia nervosa

anorganisch. Chemische Verbindung, die keine Kohlenstoffe oder entsprechende Derivate enthält.
inorganic

Anorgasmie. Ausbleiben des → Orgasmus beim Geschlechtsverkehr.
anorgasmy

Anoskopie. (Rektoskopie). Methode, bei der ein → Endoskop zur direkten Untersuchung von Anus, Rektum und Sigmoiddarm verwendet wird. (→ Endoskopie)
anosigmoidoscopy

Anosmia, gustatoria. Die Unfähigkeit, Essensgerüche zu riechen.
anosmia gustatoria

Anosmie. Verlust bzw. Beeinträchtigung des Geruchsvermögens; normalerweise in Verbindung mit einer vorübergehenden Erkältung bzw. einer Infektion der Atemwege, oder wenn Gerüche aufgrund intranasaler Schwellungen bzw. sonstiger Behinderungen nicht bis zum Riechzentrum dringen können. Die A. kann zu einem dauerhaften Zustand werden, wenn Riechepithel oder ein anderer Teil des Riechnervs zerstört sind. – *adj.* anosmisch.
[*griech.:* a, kein; osme, Geruch]
anosmia

Anosognosie. Ableugnen, Nichtwahrnehmen-wollen oder Unfähigkeit zur Wahrnehmung eigener neurologischer Defekte, insbesondere bei halbseitigen Körperlähmungen.
[*griech.:* a, kein; nosos, Krankheit; gnosis, Wissen]
anosognosia

Anotie. Angeborenes Fehlen eines oder beider Ohren.
[*griech.:* a, kein: ous, Ohr]
anotia

anovaginal. Den perinealen Bereich von Anus und Vagina betreffend.
[*lat.:* anus, After; vagina, Scheide]
anovaginal

anovesikal. Anus und Blase betreffend.
[*lat.:* anus, After; vesicula, kleine Blase]
anovesical

Anovulation. Insuffizienz der Eierstöcke (Ovarien), Eier zu produzieren, reifen zu lassen und auszustoßen; kann bei unreifen bzw. überreifen Eierstöcken, bei funktionellen Veränderungen der Eierstöcke, z.B. bei Schwangerschaft und während der Stillzeit, bei einer primären Fehlfunktion der Eierstöcke, z.B. bei Eierstockdysgenesie, oder bei einem stress- oder krankheitsbedingt gestörten Zusammenwirken zwischen Hypothalamus, Hypophyse und Eierstöcken auftreten. – *adj.* anovulatorisch.
anovulation

anovulatorisch. Eine Menstruationsblutung betreffend, bei der kein Ei produziert oder ausgestoßen wird.
[*griech.:* a, kein; ovulum, Ei]
anovular

Anoxämie. Sauerstoffmangel im Blut.
[*griech.:* a, kein; oxys, sauer; haima, Blut]
anoxemia

Anoxie. Fehlen von Sauerstoff. Eine A. kann lokal auftreten oder den gesamten Organismus betreffen. Ursachen sind eine unzureichende Sauerstoffversorgung des Respirationssystems, die Unfähigkeit, Sauerstoff durch das Blut zu den Geweben zu transportieren (z.B. bei der anämischen A.), oder die Unfähigkeit des Gewebes, den mit dem Blut transportierten Sauerstoff aufzunehmen. – *adj.* anoxisch.
[*griech.:* a, kein; oxys, sauer]
anoxia

Anoxie, anämische. Erkrankung, die durch einen Sauerstoffmangel im Körpergewebe gekennzeichnet ist und zu einer Abnahme der Erythrozytenzahl im Blut bzw. einer Reduzierung der Hämoglobinmenge führt.
anemic anoxia

Anoxie, zerebrale. Sauerstoffmangel im Hirngewebe. Falls der Sauerstoffmangel länger als vier bis sechs Minuten andau-

ert, kommt es zu irreversiblen Hirnschäden.
cerebral anoxia

Anpassung, beeinträchtigte. Anerkannte → NANDA-→ Pflegediagnose; Zustand, bei dem eine Person unfähig ist, ihr Verhalten oder ihre Lebensweise so zu verändern, dass sie mit dem veränderten Gesundheitszustand übereinstimmen. Kennzeichnenden Merkmale sind eine verbalisierte Ablehnung der Gesundheitsveränderungen, fehlende oder eingeschränkte Fähigkeit zur Problemlösung oder für Zielsetzungen, fehlende Bewegung zur Selbstständigkeit, fehlendes zukunftsgerichtetes Denken und ausgedehnte Phasen von Schock, Ungläubigkeit oder Wut in Verbindung mit dem Gesundheitszustand.
adjustment, impaired

Anpassungsfähigkeit, beeinträchtigte: intrakraniell. Anerkannte → NANDA-→ Pflegediagnose; klinischer Zustand, bei dem die intrakraniellen Mechanismen der Flüssigkeitsdynamik, die normalerweise einen Anstieg des Hirndrucks kompensieren, beeinträchtigt sind, was zu einer wiederholten disproportionalen Erhöhung des Hirndrucks infolge von verschiedenen schädigenden oder nicht schädigenden Stimuli führt. Definierende Merkmale sind ein wiederholter Hirndruck-Anstieg um mehr als 10 mm Hg länger als 5 Minuten lang nach einem beliebigen externen Reiz.
adaptive capacity, decreased: intracranial

Anpassungsstörung. Vorübergehende, unterschiedlich ausgeprägte Beschwerden einer Person, die als akute Reaktion auf übermäßigen Stress in allen Altersstufen bei Personen auftreten, die keine offensichtlichen mentalen Störungen aufweisen. Zu den Symptomen gehören Angstzustände, Rückzugsverhalten, Depressionen, Nachdenklichkeit, impulsive Ausbrüche, Weinkrämpfe, Verhaltensweisen, die die Aufmerksamkeit anderer auf sich zu ziehen versuchen, Enuresis, Appetitverlust, Schmerzen und Muskelkrämpfe.
adjustment disorder

Anpassungssyndrom, allgemeines. (Adaptationssyndrom). Verteidigungsmechanismus des Körpers oder der Psyche bei Verletzungen oder längerfristigem Stress (beschrieben von H. Selye, 1907–1982). Das A. beginnt mit einer anfänglichen Phase des Schocks oder einer Alarmreaktion und wird von einer Phase zunehmenden Widerstandes oder einer Anpassung gefolgt. Danach kommt es entweder mit Hilfe verschiedener körperlicher oder psychischer Mechanismen zur Heilung oder zu einem Erschöpfungsstadium.
general adaptation syndrome (GAS)

Ansa. (Schlinge; Schleife). Schleifen- oder schlingenförmige Körperstruktur, die dem gebogenem Griff einer Vase gleicht. [*lat.*: Griff]
ansa

Ansatz, deduktiver. Denksystem, das von einem bekannten Prinzip auf ein unbekanntes und vom Allgemeinen auf das Spezielle schließt. Mithilfe von abstrakten theoretischen Beziehungen werden spezifische Fragen oder Hypothesen abgeleitet. (→ induktiver Ansatz)
deductive approach

Ansatz, induktiver. Vorgehensweise in der Datenanalyse und bei der Untersuchung von Praxisproblemen, bei der innerhalb eines bestimmten Kontextes eine Reihe von Angaben miteinander verknüpft werden. Beobachtung und Analyse der einzelnen Ereignisse bilden die Basis allgemeiner theoretischer Aussagen. (→ deduktiver Ansatz)
inductive approach

Anspannung. Psychologische und physiologische Reaktion auf Stresssituationen. Körperlich drückt sich dies aus durch einen generellen Anstieg des Muskeltonus, Zunahme der Herz- und Atemfrequenz und der Wachsamkeit, psychisch durch

das Gefühl der Überanstrengung, Unwohlsein, Reizbarkeit und Furcht.
tension

Antagonismus. 1. Hemmende Wirkung bei zwei physiologischen Vorgängen, wie z.B. bei der Betätigung von Muskeln. 2. Gegensätzliche Wirkungen von Arzneimitteln.
[*griech.:* antagonisma, Streit]
antagonism

Antagonist. 1. Konkurrent oder Gegenspieler. 2. Vorgang bei dem zwei Substanzen, Muskeln o.ä. gegensätzliche Wirkungen aufeinander ausüben bzw. um dieselben Rezeptoren konkurrieren. 3. Pharmakologischer Hemmstoff (→ Inhibitor); hemmt die Wirkung eines → Agonisten, hat jedoch selbst keine Wirkung. – *adj.* antagonistisch.
[*griech.:* antagonisma, Streit]
antagonist

Antazida. 1. Säureneutralisierende Substanz. 2. Arzneimittel bzw. Nahrungsmittel, das die Magensäure puffert, neutralisiert oder absorbiert. Die A. sind meist in Aluminium- und Magnesiumverbindungen enthalten, können jedoch mit anderen Arzneimitteln interagieren. A. werden 1 bis 2 Stunden nach dem Essen und nicht mit anderen Medikamenten zusammen verabreicht.
[*griech.:* anti, gegen; acidus, sauer]
antacids

ante-. Vorsilbe mit der Bedeutung »vor, nach vorn«.
ante-

ante mortem. (ante finem). Zeitpunkt direkt vor dem Tod.
[*lat.:* ante, vor; mors, Tod]
ante mortem

Anteflexio uteri. Nach vorne gerichtete, natürliche Haltung der Gebärmutter, wobei die Abknickung im unteren Uterinsegment zwischen Gebärmutterkörper und Gebärmutterhals liegt. (s.a. Retroflexio uteri)
uterine anteflexion

Anteflexion. Unphysiologische Position eines Organs, das scharf nach vorne gebeugt und abgeknickt oder in sich selbst gefaltet ist.
[*lat.:* ante, nach vor; flectare, biegen]
anteflexion

antegrad. Sich vorwärts bewegen oder nach vorne gehend. (s.a. retrograd)
[*lat.:* ante, vor; gredi, gehen]
antegrade

Antekurvation. Leichte Beugung bzw. Verbiegung nach vorne.
antecurvature

antepartal. Die Phase zwischen Empfängnis und Geburtswehen.
[*lat.:* ante, vor; parturire, Geburtswehen haben]
antepartal

antepyretisch. Vor Fieberbeginn.
[*lat.:* ante, vor; *griech.:* pyretos, Fieber]
antepyretic

anterior. (vordere; vorderer). 1. Vorderseite einer Körperstruktur. 2. Die Oberfläche oder den Teil betreffend, der zur Vorderseite hin gelegen ist bzw. nach vorne zeigt. (s.a. posterior)
[*lat.:* ante, vor; prior, erster]
anterior

anteroinferior. Auf der Vorderseite, aber auf einem niedrigeren Level befindlich, z.B. der a.e Dorn des Darmbeins (Spina iliaca anterior inferior). (s.a. anterosuperior)
anteroinferior

anterolateral. Auf der Vorderseite und an beiden Seiten eines Körperteils oder einer Struktur liegend.
anterolateral

anteroposterior. Von der Körpervorderseite zur Körperrückseite verlaufend. Dieser Begriff wird zumeist im Zusammenhang mit der Richtung eines Röntgenstrahls verwendet.
[*lat.:* ante, vor; prior, erster; posterus, nachkommen]
anteroposterior (AP)

A

anterosuperior. Auf der Vorderseite, aber auf einer höheren Ebene befindlich, z.B. der a.e Darmbeinwirbel. (s.a. anteroinferior)
🇬🇧 anterosuperior

Anteversion. 1. Unphysiologische Organlage, bei der das Organ auf seiner eigenen Achse nach vorne, von der Mittellinie weg geneigt ist. 2. Begriff aus der Zahnheilkunde; abnorm nach vorne geneigte Zähne bzw. andere mandibuläre Komponenten. – *adj.* antevertiert.
🇬🇧 anteversion

Anthrakose. (Staublungenerkrankung). Chronische Lungenkrankheit, die durch die Ablagerung von Kohlenstaub in den Lungen und die Bildung schwarzer Kohlenstaubknoten verursacht wird und zu herdförmigen Emphysemen führen.
[*griech.:* anthrax, Kohle; osis, Zustand]
🇬🇧 anthracosis

Anthrax. (Milzbrand). Durch den *Bacillus anthracis* ausgelöste (meldepflichtige) Erkrankung bei Nutztieren (Kühe, Ziegen, Schweine, Schafe und Pferde). Für Tiere hat A. normalerweise tödliche Folgen. Die Krankheit kann auf den Menschen durch direkten Kontakt mit infizierten Tieren und deren Häuten übertragen werden. Durch Einatmen der Bakteriensporen kann beim Menschen auch ein Lungenmilzbrand ausgelöst werden.
[*griech.:* anthrax, Kohle]
🇬🇧 anthrax

anthropoid. Bezeichnung für menschenähnliche Affen oder Primaten; auch Bezeichnung für eine bestimmte Beckenform (anthropoides Becken).
[*griech.:* anthropos, menschlich; eidos, Form]
🇬🇧 anthropoid

Anthropologie. Wissenschaft vom Menschen, die die Erforschung von tierähnlichen Eigenschaften bis hin zu sozialen Aspekten sowie die Einflüsse der Umwelt umfasst.
🇬🇧 anthropolgy

Anthropometrie. Wissenschaft der Vermessung des menschlichen Körpers hinsichtlich seiner Höhe, seines Gewichts und der Größe verschiedener Körperteile, einschließlich Hautfalten. Die A. erforscht und vergleicht die relativen Körperproportionen unter normalen und unphysiologischen Verhältnissen.
[*griech.:* anthropos, menschlich; metron, Maß]
🇬🇧 anthropometry

anti-. Vorsilbe mit der Bedeutung »gegen, entgegen, gegenüber«.
🇬🇧 anti-

Anti-Antikörper. → Immunoglobulin, das sich als Reaktion auf einen → Antikörper bildet, der immunogen wirkt. Der A.-A. reagiert anschließend mit dem Antikörper.
🇬🇧 antiantibody

Anti-Antitoxin. Ein → Anti-Antikörper, der sich während einer Impfung im Körper bildet und die Wirkung des zugeführten → Antitoxins blockiert bzw. eine Gegenwirkung entwickelt.
[*griech.:* anti, gegen; toxikon, Gift]
🇬🇧 antiantitoxin

Anti-D-Immunglobulin. → Immunglobulin, das rh-negativen Frauen nach Abort, Fehlgeburt, extrauteriner Schwangerschaft oder normaler Geburt eines Rh-positiven Kindes als Prophylaxe einer Rhesus-Sensibilisierung verabreicht wird.
🇬🇧 Rho (D) immune globulin

Anti-Rabies-Gammaglobulin. (→ Tollwut-Immunglobulin)
🇬🇧 rabies immune globulin (RIG)

Anti-Rh-Agglutinin. → Antikörper des Rh-Antigens der Rh+ Erythrozyten, der die Verklumpung (Gerinnung) dieser Zellen verursacht. Dieser Antikörper wird von Rh-negativen Personen produziert, die Kontakt mit Rh-positiven Erythrozyten hatten, z.B. wenn eine Rh-negative Mutter mit einem Rh-positiven Fötus schwanger ist.
🇬🇧 anti-Rh agglutinin

Anti-Trendelenburg-Lage. Hochlagerung des Oberkörpers und des Kopfes zur Narkoseeinleitung, besonders bei Aspirati-

onsgefahr z.B. bei Schwangeren und nüchternen Patienten. Dadurch wird das Aufsteigen von Magensäure in den Rachenraum verhindert.
[F. Trendelenburg, dt. Chirurg, 1844–1925]
reverse Trendelenburg

Antiadrenergika. (Sympatholytikum). 1. Die Hemmung von Impulsen betreffend, die von den adrenergischen, postganglionären Fasern des Sympathikus übertragen werden. 2. Antiadrenergische Substanz, die die Reaktion mit Noradrenalin, das mit Alpharezeptoren verbunden ist, blockiert und den Tonus der glatten Muskeln peripherer Blutgefäße reduziert, was zu einer Erhöhung des peripheren Blutkreislaufes und zu einer Senkung des Blutdrucks führt.
[*griech.:* anti, gegen; *lat.:* ad, zu; ren, Niere]
antiadrenergics

Antiagglutinin. Spezifischer → Antikörper, der der Wirkung des → Agglutins entgegenwirkt.
[*griech.:* anti, gegen; *lat.:* agglutinare, kleben]
antiagglutinin

antianabolisch. Die Wirkung von Medikamenten oder anderen Substanzen betreffend, die anabolische Vorgänge blockieren oder verlangsamen, z.B. Zellteilung und die Bildung neuen Gewebes durch Proteinsynthese. (→ Steroidanabolika)
antianabolic

antianämisch. Eine Substanz oder einen Vorgang betreffend, der einem Mangel an Erythrozyten entgegenwirkt bzw. diesen vermeidet.
antianemic

Antianaphylaxie. Maßnahme zur Verhinderung anaphylaktischer Reaktionen. Der Patient erhält dabei Injektionen kleiner Antigen-Desensibilisierungsdosen. (s.a. Anaphylaxie)
[*griech.:* anti, gegen; a, ohne; haima, Blut]
antianaphylaxis

Antiarrhythmika. 1. Einen Vorgang oder eine Substanz betreffend, die einen abnormen Herzrhythmus vermeidet, lindert oder korrigiert. 2. Mittel zur Behandlung einer → Herzarrhythmie. Ein Defibrillator, der einen präkordialen Elektroschock abgibt, wird oft verwendet, um schnelle, unregelmäßige Vorhof- oder Ventrikelkontraktionen in einen normalen Rhythmus umzuwandeln. Zur Behandlung eines extrem niedrigen Herzschlags oder einer anderen Form der Arrhythmie dient die Implantation eines Schrittmachers. Die zwei wichtigsten A. sind Lidocain, zur Erhöhung des elektrischen Schwellenreizes in den Ventrikeln während der Diastole, sowie eine Kombination von Disopyrimid, Procainamid und Chinidin zur Verminderung der Erregbarkeit des Myokards und zur Verlängerung der Refraktärphase. Der betaadrenergische Blocker Propranolol kann ebenfalls zur Behandlung von Arrhythmien eingesetzt werden. Verapamil und andere Kalziumblocker kontrollieren Arrhythmien, indem sie den Einstrom von Kalziumionen durch die Zellmembran des Herzmuskels hemmen. A. können ZNS-Störungen bewirken; bei ihrer Einnahme muss regelmäßig Puls, Blutdruck, Atmung, allgemeine Leistungsfähigkeit kontrolliert werden.
[*griech.:* anti, gegen; rhythmos, Rhythmus]
antiarrthythmics

antibakteriell. (bakterizid). 1. Eigenschaft einer Substanz, die Bakterien tötet bzw. deren Wachstum oder Vermehrung hemmt. 2. Eigenschaft und Wirkung von bakteriziden bzw. bakteriostatischen, chemisch synthetisierten oder von verschiedenen Mikroorganismen abgeleiteten → Antibiotika, die die Produktion der bakteriellen Zellwand, die Synthese von Proteinen und Nukleinsäuren oder die Integrität der Zellmembran beeinträchtigen oder die wesentlichen Phasen der bakteriellen Biosynthese hemmen. (→ Bakteriostatikum)
[*griech.:* anti, gegen; bakterion, kleiner Stab]
antibacterial

Antibiotika. Ein aus mikrobiellen Kulturen bestehendes oder halbsynthetisch hergestelltes antimikrobielles Mittel zur Behandlung von Infektionen. Die Gruppe

der Penizilline, die von einer Pilzart, *Penicillium*, abgeleitet bzw. halbsynthetisch hergestellt werden, bestehen aus einem zu einem Betalactam-Ring verschmolzenen Thiazolidinring mit Seitenketten. Diese Mittel hemmen die Mukopeptidsynthese in den bakteriellen Zellwänden während der bakteriellen Vermehrung. Penicillin G und V werden oft zur Behandlung von grampositiven Kokkeninfektionen eingesetzt, aber durch das von den Staphylokokkenstämmen produzierte Enzym Penicillinase inaktiviert. Cloxacillin, Dicloxacillin, Methicillin, Nafcillin sowie Oxacillin gehören zu den penicillinaseresistenten Penizillinen. Zu den Breitbandpenizillinen mit Wirkung auf gramnegative Bakterien gehören Ampicillin, Carbenicillin und Hetacillin. Aminoglykosid-A., die aus durch Glykosidbindungen verbundenen Aminzuckern bestehen, beeinträchtigen die bakterielle Proteinsynthese und werden hauptsächlich zur Behandlung von Infektionen eingesetzt, die durch gramnegative Mikroorganismen ausgelöst werden. Zu den Aminoglykosiden gehören Gentamicin, ein Derivat von *Micromonospora*, sowie die semisynthetisch hergestellten Amikacin, Kanamycin, Neomycin, Streptomycin und Thrombamycin. Makrolidantibiotika, die einen großen Laktonring und einen Desoxyaminzucker besitzen, hemmen die Proteinsynthese anfälliger Bakterien während der Vermehrung, ohne die Nukleinsäuresynthese zu beeinträchtigen. Polypeptidantibiotika, die Derivate von verschiedenen *Streptomyces*-Arten bzw. von bestimmten Bodenbakterien sind, haben verschiedene Wirkungsspektren. Die Polypeptide Bacitracin und Vanomycin werden zur Behandlung schwerer Staphylokokkeninfektionen verwendet. Capreomycin und Vancomycin sind Antituberkulostatika, Gramicidin ist in Salben für topische Infektionen enthalten. Von den Polypeptidantibiotika, die gegen gramnegative Bakterien wirken, werden Colistin und Neomycin bei durch *Escherichia coli* verursachter Diarrhö eingesetzt. Die Tetrazykline Chlortetrazyklin, Demeclozyklin, Doxyzyklin, Minozyklin, Oxytetrazyklin, einschließlich einem von *Streptomyces* abgeleiteten Prototypen, wirken auf viele grampositive und gramnegative Mikroben sowie verschiedene Rickettsien. Die A. dieser Gruppe haben hauptsächlich bakteriostatische Wirkung, die wahrscheinlich durch eine Hemmung der Proteinsynthese hervorgerufen wird. Die Cepahlosporine, die entweder aus dem Bodenpilz *Cephalosporium* gewonnen oder halbsynthetisch hergestellt werden, hemmen die bakterielle Zellwandsynthese und sind penicillinaseresistent. Sie werden zur Behandlung von Atemwegs- und Harnwegsinfekten, bei Mittelohr- und Knochenentzündungen sowie bei einer von verschiedenen grampositiven und gramnegativen Bakterien verursachten Blutvergiftung eingesetzt. Zu dieser Gruppe gehören Cefadroxil, Cefamandol, Cefazolin, Cephalexin, Cephaloglycin, Cephaloridin, Cephalothin, Cephapirin und Cephradin. Chloramphenicol. Ein Breitbandantibiotikum, das ursprünglich aus *Streptomyces venezuelae* gewonnen wurde, hemmt die bakterielle Proteinsynthese. Bei der Verabreichung von A. muss die Dosierung und das Intervall zwischen den Gaben genau eingehalten werden. Auf Allergien, Entzündungen, Diarrhö oder Ausfluss aus dem Genitalbereich ist zu achten. Eine zu häufige A.-Therapie kann zur Resistenz bestimmter Erreger führen, jedoch darf eine Therapie nicht zu früh beendet werden.
[*griech.:* anti , gegen; bios, Leben]
antibiotics

Antibiotika, penicillinaseresistente (pl.). (penicillinasefeste Antibiotika). Antimikrobielle Substanz (→ Antibiotikum), die nicht durch → Penicillinase inaktiviert wird, einem Enzym, das von bestimmten Bakterien, insbesondere Staphylokokken, produziert wird. Die halbsynthetischen Penicilline widersetzen sich der Wirkung der Penicillinase und werden deshalb zur Behandlung jener Infektionen verwendet, die durch Staphylokokken verursacht werden.
penicillinase-resistant antibiotic

Antibiotika-Sensibilitätstest. (Antibiogramm). Labormethode zur Bestimmung der

→ Antibiotika-Empfindlichkeit bestimmter Bakterien bei einer Therapie.
antibiotic sensitivity test

antibiotikaresistent. Bezeichnung für Mikroorganismen, die entweder eine Resistenz gegenüber → Antibiotika entwickeln haben oder niemals für ein Medikament sensibilisiert wurden.
antibiotic resistant

Antibiotikum, zytostatisch wirksames. Arzneimittel mit antibiotischer und zytostatischer Wirkung, z.B. Bleomycin, Dactinomycin, Daunorubicin sowie Mitomycin.
antibiotic anticancer agents

Anticholinergika. (Parasymphatolytika). Anticholinergisches Mittel, dessen Wirkung darauf beruht, dass es mit dem Neurotransmitter → Acetylcholin um die zur Verfügung stehenden Rezeptorstellen an den Synapsen konkurriert. A. werden zur Behandlung spastischer Störungen des Magen-Darm-Traktes, zur Verminderung der Speichel- und Bronchialsekretionen vor Operationen oder zur Pupillenerweiterung eingesetzt. Viele anticholinergische Mittel lindern die Symptome der Parkinson-Krankheit. – *adj.* anticholinergisch.
[*griech.:* anti, gegen; chole, Galle; ergein, arbeiten]
anticholinergics

Antidepressiva. (Thympoleptika). Arzneimittel gegen Depressionen; trizyklische A. blockieren die Wiederaufnahme von Aminneurotransmittern. Der genaue antidepressive Wirkmechanismus dieser Mittel ist nicht bekannt, sie können jedoch stimmungsaufhellend, antriebssteigernd, dämpfend und angstlösend wirken. Monoaminoxidase-Hemmer erhöhen die Konzentration von Adrenalin, Noradrenalin und Serotonin in den Nervensystemspeichern. Als Nebenwirkungen kann es zu Obstipation oder Diarrhö, Sehstörungen, Müdigkeit oder Schlaflosigkeit, Mundtrockenheit und Elektrolytstörungen kommen; die Serumelektrolyte, Kreatininwerte und Nierenfunktion müssen regelmäßig überwacht werden. (s.a. Psychopharmaka) – *adj.* antidepressiv.
antidepressants

Antidiabetika. Arzneimittel, die die Symptome des → Diabetes mellitus verhindern bzw. lindern. Es gibt zwei Arten von Antidiabetika: → Insulin zur Injektion bei Diabetes mellitus Typ I sowie orale A. bei Diabetes Typ II. – *adj.* antidiabetisch.
antidiabetics

Antidiarrhoika. Arzneimittel oder andere Mittel zur Linderung der mit einer → Diarrhö verbundenen Symptome. A. absorbieren Wasser aus dem Verdauungstrakt (Adsorbenzien), hemmen die Darmmotilität und den Elektrolyttransport und adsorbieren Toxine oder Mikroorganismen. – *adj.* antidiarrhoisch.
antidiarrheals

Antidiuretika. Die Urinausscheidung hemmende Wirkstoffe. Das im Hypothalamus produzierte und im Hypophysenhinterlappen gespeicherte → Adiuretin (Vasopressin) unterdrückt die Urinbildung, indem es die Resorption von Wasser in den distalen Tubuli und den Sammelkanälen der Nieren stimuliert. Bei der Einnahme von A. muss der Blutdruck regelmäßig kontrolliert und die Ein- und Ausfuhr von Flüssigkeiten genau bilanziert werden. (s.a. Diuretikum) – *adj.* antidiuretisch.
[*griech.:* anti, gegen; dia, durch; ourein, urinieren]
antidiuretics

Antidot. Mittel oder Substanz zur Aufhebung der Wirkung eines Giftes.
[*griech.:* anti, gegen; dotos, das gegeben wird]
antidote

Antidot, chemisches. Substanz, die mit einem Giftstoff chemisch reagiert und eine unschädliche Verbindung bildet.
[*griech.:* chemeia + anti, gegen; dotos, was gegeben wird.]
chemical antidote

Antiemetika. Arzneimittel gegen Erbrechen (Vomitus) oder Übelkeit (Nausea); Belladonnaderivate, Bromide, → Barbitura-

te und andere → Sedativa sowie Substanzen, die die Magenschleimhaut schützen, z.B. Zitronenwasser oder milde Magenadstringenzen, besitzen schwache antiemetische Eigenschaften. Chlorpromazin und andere Phenothiazine können als wirksame A. eingesetzt werden. Zur Linderung von Reisekrankheit werden Scopolamine und Antihistamine verwendet. – *adj.* antiemetisch.
[*griech.:* anti, gegen; emesis, Erbrechen]
antiemetics

Antiepileptika-Embryofetopathie. Geburtsfehler infolge pränataler Einnahme von Antiepileptika durch die Mutter (z.B. Hydantoin). Als Symptome treten u.a. Mikrozephalie, Hypoplasie, fehlende Finger- oder Zehennägel, fehlgebildete Gesichtsform, mentale und körperliche Behinderung und Herzfehler auf.
fetal hydantoin syndrome (FHS)

Antifibrillanzien. Arzneimittel oder andere Mittel, die die Erregbarkeit des Herzen herabsetzen. (→ Antiarrhythmika)
antifibrillants

antigalaktisch. Die Milchsekretion bei Müttern von Neugeborenen verhindernd oder reduziernd.
antigalactic

Antigen. Eine Substanz, normalerweise ein Protein, die die Bildung eines spezifischen → Antikörpers bedingt, der mit diesem A. reagiert. (→ Immunantwort) – *adj.* antigenisch.
[*griech.:* anti, gegen; genein, produzieren]
antigen

Antigen, carzino-embryonales. (CEA). Bei Erwachsenen in sehr geringen Mengen vorkommendes Antigen. Eine übermäßig hohe Konzentration kann ein Anzeichen für eine Krebserkrankung sein. (→ Tumormarker)
[*griech.:* karkinos, Krebs, en, hinein, bryein, wachsen, anti, gegen, genein, erzeugen.]
carcinoembrryonic antigen (CEA)

Antigen, tumor-spezifisches. Ein von einem bestimmten Tumortyp produziertes Antigen, das auf gesunden Zellen des Gewebes, in dem sich der Tumor gebildet hat, nicht vorhanden ist.
tumor-specific antigen

Antigen-Antikörper-Reaktion (AAR). Antwort des Immunsystems, bei der die mit Immunglobulin umhüllten B-Zellen einen Fremdkörper bzw. ein → Antigen erkennen und die Produktion von → Antikörpern stimulieren. Die T-Zellen unterstützen die AAR, wobei die B-Zellen die Schlüsselrolle spielen. Die AARen aktivieren das körpereigene Komplementsystem, indem sie die humorale → Immunantwort der B-Zellen verstärken und die Lyse der Antigenzellen verursachen. AARen beinhalten das Binden von Antigenen an Antikörpern sowie die Bildung von Antigen-Antikörper-Komplexen, die toxische Antigene inaktivieren, Antigene auf den Oberflächen von Mikroorganismen agglutinieren oder das Komplementsystem aktivieren, indem sie die Komplementbindungsstellen den Antikörpermolekülen exponieren. Im Normalfall lösen AARen eine → Immunität aus, sie können jedoch auch zu Allergien, Autoimmunität sowie einer Blutunverträglichkeit von Mutter und Fötus führen.
antigen-antibody reaction

Antigendeterminante. Kleiner Bereich auf der Oberfläche eines Antigenmoleküls, der sich mit einem Antikörpermolekül verbinden kann und das → Antigen bei der Bildung eines Antigen-Antikörper-Komplexes bindet. A.n bestehen normalerweise aus einer Aminosäurensequenz, die die Form dieser Reaktionsbereiche bestimmt.
antigen determinant

Antigendrift. Allmähliche Veränderung der genetischen Informationen von Viren oder anderen Mikroorganismen und die daraus resultierende Entstehung eines mutierten → Antigens. Ein A. macht neue → Antikörper und Impfstoffe nötig, um die mutierten Antigene bekämpfen zu können.
[*griech.:* anti, gegen; genein, produzieren]
antigenic drift

Antigenität. Fähigkeit der Antikörperproduktion. Das Maß der A. hängt vom Typ und der Menge der jeweiligen Substanz ab, sowie vom Sensibilisierungsgrad des Wirtes hinsichtlich des → Antigens und seiner Fähigkeit, → Antikörper zu erzeugen.
antigenicity

Antiglobulin. Natürlich vorkommender oder künstlich hergestellter → Antikörper, der gegen fremdes Serumglobulin wirksam ist. Spezifische A.e werden zur Bestimmung von spezifischen Antikörpern verwendet, z.B. bei der Blutgruppenbestimmung.
[*griech.:* anti, gegen; *lat.:* globulus, kleiner Ball]
antiglobulin

Antihämophiliefaktor (AHF). (antihämophiles Globulin). Faktor VIII der → Blutgerinnung; systemisches Hämostatikum zur Behandlung von Hämophilie A, einer Faktor VIII-Mangelerscheinung.
[*griech.:* anti, gegen; haima, Blut; philein, lieben; *lat.:* facere, machen]
antihemophilic factor (AHF)

Antihämorrhagika. Arzneimittel zur Verhinderung bzw. Kontrolle von Blutungen, z.B. → Thromboplastin oder → Thrombin, die die → Blutgerinnung vermitteln. – *adj.* antihämorrhagisch.
antihemorrhagics

Antihelminthika (pl.). (Wurmmittel). Arzneimittel gegen Wurmbefall, z.B. gegen Band- oder Saugwürmer. Als Nebenwirkungen kann es zu Bauch- und Kopfschmerzen, Übelkeit, Diarrhö und Hautausschlägen kommen.
[*griech.:* anti, gegen; helmins, Wurm]
antihelminthics

Antihidrotika. Mittel gegen übermäßige Schweißproduktion. – *adj.* antihidrotisch.
[*griech.:* anti, gegen; hidros, Schweiß]
antihidrotics

Antihistaminika. Arzneimittel, die die physiologischen und pharmakologischen Wirkungen von → Histamin reduzieren. Zu dieser Gruppe gehören viele verschiedene Substanzen, die die Histaminrezeptoren blockieren. Viele dieser nicht-rezeptpflichtigen Medikamente werden gegen Allergien eingesetzt. Sie hemmen nicht die Freisetzung von Histaminen, die Wirkungsweisen der Antihistamine auf das Zentralnervensystem sind jedoch noch nicht völlig aufgeklärt. A. werden gemäß den von ihnen verhinderten Histaminreaktionen in Histamin H_1 (gegen Allergien) und H_2-Rezeptorenblocker (gegen Magen-Darm-Geschwüre) unterteilt. – *adj.* antihistaminisch.
[*griech.:* anti, gegen; histos, Gewebe; amine, Salmiakverbindung]
antihistamines

Antihistaminvergiftung. Unerwünschte Reaktion auf eine übermäßige Histamineinnahme. Zu den Symptomen gehören Müdigkeit, Lethargie, Delirium, Halluzinationen, Verlust der willkürlichen Muskelkontrolle, Hyperreflexie, Tachykardie, erweiterte Pupillen sowie in schwerwiegenden Fällen Koma. Die Sofortmaßnahmen können die Einnahme von Aktivkohle, Magenspülung bzw. Erbrechen, Sauerstoffzufuhr sowie künstliche Beatmung umfassen. (→ Histamin)
antihistamine poisoning

Antihypertonika. (Antihypertensiva). Arzneimittel zur Senkung des Bluthochdrucks. Die antihypertonische Wirkung verschiedener Mittel beruht auf der Entleerung peripherer Katecholamin-Gewebespeicher, der Stimulation der Pressorezeptoren von Karotissinus und Herz, der Hemmung autonomer, gefäßverengender Nervenimpulse, der Stimulation zentraler, inhibitorischer alphaadrenergischer Rezeptoren oder auf der direkten Gefäßerweiterung. Thiazide und Diuretika verringern den Blutdruck, indem sie das Blutvolumen vermindern. Weitere A. sind z.B. Sympatholytika, Kalziumantagonisten und ACE-Hemmer. Patienten, die A. einnehmen, müssen langsam mobilisiert und ihre Vitalzeichen regelmäßig kontrolliert werden. – *adj.* antihypertonisch.
antihypertensives

Antihypotonika. (Sympathomimetika). Arzneimitteln bzw. anderen Mitteln zur Blutdruckerhöhung.
antihypotensives

Antiinfektiva. Mittel zur Vermeidung bzw. Behandlung von Infektionen, z.B. Antibiotika, Antimykotika, Chemotherapeutika.
[*griech.:* anti, gegen; lat .: inficere, färben]
antiinfectious

antikarzinogen. Bezeichnung für eine Substanz, die die Auswirkungen einer krebserzeugenden Substanz neutralisiert.
[*griech.:* anti, gegen; karkinos, Krebs; oma, Tumor; genein, produzieren]
anticarcinogenic

Antikoagulanzien. Blutgerinnungshemmende Substanzen und Vitamin-K-Antagonisten; Heparin, das aus der Leber und den Lungen von Tieren gewonnen wird, ist ein starkes Antikoagulans, das die Thromboplastinbildung, die Umwandlung von Prothrombin zu Thrombin sowie die Bildung von Fibrin aus Fibrinogen beeinträchtigt. Bei der Einnahme von A. besteht die Gefahr für verstärkte Blutungen und die Blutgerinnung muss regelmäßig kontrolliert werden. (→ Blutgerinnung) – *adj.* koagulationshemmend.
[*griech.:* anti, gegen; coagulare, gerinnen]
anticoagulants

Antikoagulanzientherapie. Anwendung von Arzneimitteln zur Reduzierung der → Blutgerinnung und zur gleichzeitigen Verringerung eines Thromboserisikos. (→ Antikoagulanzien)
[*griech.:* anti, gegen; *lat.:* coagulare, gerinnen; *griech.:* therapeia, Behandlung]
anticoagulant therapy

Antikodon. Eine aus drei Nukleotiden bestehende Sequenz der Transfer-Ribonukleinsäure (RNA). Während der Proteinsynthese formt das A. ein komplementäres Paar mit einem spezifischen Kodon der Boten-RNS und bestimmt somit eine bestimmte Aminosäure der Polypeptidkette.
[*griech.:* anti + caudex, Buch.]
anticodon

Antikonvulsiva. (Krampfmittel). Krampflösende bzw. -verhindernde Arzneimittel. Die antikonvulsive Wirkung von Hydantoinderivaten, insbesondere von Phenytoin, liegt offenbar darin begründet, dass die Zellmembran stabilisiert und die intrazellulären Natriumkonzentrationen verringert werden. Dies führt dazu, dass die Erregbarkeit des Krampfherdes reduziert wird. Phenacemid und Primidon werden auch zur Behandlung von epileptischen Grand-mal-Anfällen eingesetzt. Succinsäurederivate, Valpronsäure, Paramethadion und verschiedene Barbiturate gehören zu den Mitteln, die zur Einschränkung bzw. Vermeidung von Petit-mal-Anfällen verschrieben werden. – *adj.* antikonvulsiv.
[*griech.:* anti, gegen; *lat.:* convellere, schütteln]
anticonvulsants

Antikörper (Ak). Ein von den Lymphozyten produziertes → Immunglobulin, das infolge des Kontaktes mit Bakterien, Viren oder anderen antigenen Substanzen hergestellt wird. Jeder A. ist antigenspezifisch. Jede Antikörperklasse wird nach ihrer Wirkungsweise benannt. Zu den A.n gehören Agglutinine, Bakteriolysine, Opsonine sowie die Präzipitine. (→ Antigen) (s.a. Immunantwort)
antibody (Ab)

Antikörper, antimitochondrialer. → Antikörper mit spezifischer Wirkung gegen Mitochondrien. Im Blut gesunder Menschen sind diese A. normalerweise nicht zu finden. Eine Laboranalyse zur Untersuchung auf A. im Blut ist ein wertvolles diagnostisches Hilfsmittel zur Erkennung von Lebererkrankungen.
antimitochondrial antibody

Antikörper, antinukleärer (ANA). Gegen verschiedene Bestandteile des Zellkerns wirksamer Auto-Antikörper; findet sich im Blutserum von Patienten mit rheumatischer Arthritis, systemischem Lupus erythematodes, Sjörgen-Syndrom, Polymyositis und verschiedenen nicht-rheumatischen Störungen.
antinuclear antibody (ANA)

Antikörper, bivalenter. Ein → Antikörper, der zwei oder mehr Bindungsstellen besitzt, mit deren Hilfe durch Überkreuzung Bindungen mit Antigenen hergestellt werden können.
🇬🇧 bivalent antibody

Antikörper, blockierende. (inkomplette Antikörper). Antikörper, die bewirken, dass es zu keiner Bindung an ein Antigen kommt, was in der Folge zur → Agglutination führt.
🇬🇧 blocking antibody

Antikörper, heterozytotroper. Ein → Antikörper der Immunglobulin-E-Klasse, der eine größere Affinität für → Antigene besitzt, wenn er an Mastzellen einer anderen Species gebunden ist, statt an jene, in denen er produziert worden ist.
🇬🇧 heterocytotropic antibody

Antikörper, kreuzreagierender. Antikörper, der mit Antigenen reagiert, die ähnlich aber verschieden von den spezifischen Antigenen sind, auf die der Antikörper ursprünglich reagiert hat.
🇬🇧 cross-reacting antibody

Antikörper, monoklonale. → Immunglobulin, das künstlich hergestellt wird, um einzelne B-Lymphozyten zu isolieren und zu klonen, was zur Produktion eines reinen (d.h. → monoklonalen) → Antikörpers führt.
🇬🇧 monoclonal antibody

Antikörper, natürliche. (reguläre Antikörper). → Antikörper, die ohne erkennbaren Kontakt mit spezifischen Antigenen im Serum zu finden sind.
🇬🇧 natural antibody

Antikörperabsorption. Vorgang, bei dem unerwünschte Antikörper von einem Antiserumreagens entfernt bzw. inaktiviert werden, indem eine Reaktion mit unerwünschten Antigenen provoziert wird.
🇬🇧 antibody absorption

Antikörpertheorie. Theorie, die besagt, dass jeder Kontakt mit einem → Antigen zur Produktion eines neuen → Antikörpers führt, z.B. wenn Zelle B Kontakt mit einem Antigen hat, werden in der Folge Plasmazellen und Gedächtniszellen hergestellt.
🇬🇧 antibody instructive theory

Antikörpertherapie. Parenterale Gabe von → Immunglobulinen zur Behandlung von Patienten mit Immundefekten.
🇬🇧 antibody therapy

Antikörpertiter. Die Menge der im Blutstrom zirkulierenden → Antikörper. Ein erhöhter Titer deutet im Normalfall auf eine Antigenreaktion und eine beginnende oder überstandene Infektion hin.
🇬🇧 antibody titer

Antilipidämika. Arzneimittel zur Senkung des Lipidspiegels im Serum. – *adj.* antilipidämisch.
[*griech.:* anti, gegen; lipos, Fett; haima, Blut]
🇬🇧 antilipidemics

Antilymphozytenserum (ALS). Ein als Immunsuppressivum verschriebenes Serum, das zur Reduzierung einer Transplantabstoßungsreaktion und als Adjuvans in der Chemotherapie zur Bekämpfung maligner Neoplasmen eingesetzt wird.
🇬🇧 antilymphocyte serum (ALS)

Antimetabolit. Arzneimittel oder andere Substanz mit antagonistischer Wirkung bzw. mit Ähnlichkeit zu einem normalen menschlichen Metaboliten, die dessen Funktion beeinträchtigt, indem sie mit dem Metaboliten um Rezeptoren bzw. Enzyme konkurriert und so Stoffwechselprozesse blockiert oder verändert.
[*griech.:* anti, gegen; metabole, Wechsel]
🇬🇧 antimetabolite

Antimitotika. Mittel zur Hemmung der Zellteilung.
🇬🇧 antimitotics

Antimon (Sb). Bläuliches, kristallines Metall, das in der freien Natur sowohl in seiner ursprünglichen Form sowie als Salz vorkommt. Verschiedene Antimonverbindungen werden bei der Behandlung von Infektionskrankheiten, wie Filariose, Leishmaniase, Schistosomiasis, Trypano-

A

somiasis, bei Lymphogranulom sowie als Antiemetika eingesetzt.
antimony (Sb)

Antimonvergiftung. Vergiftung nach Einnahme oder Einatmung von → Antimon oder Antimonverbindungen. Begleitsymptome sind Erbrechen, Schweißausbrüche, Diarrhö und metallener Geschmack im Mund; äußerlicher Kontakt kann zu Haut- bzw. Schleimhautreizungen führen. Schwere A.en sind Arsenvergiftungen sehr ähnlich.
antimony poisoning

Antimutagen. Substanzen, die die Rate spontaner → Mutationen verringern bzw. unterdrücken oder die Wirkung eines Mutagens umkehren können.
[*griech.:* anti, gegen; *lat.:* mutare, wechseln, ändern; *griech.:* genein, produzieren]
antimutagen

Antimykotika. Arzneimittel gegen Pilzerkrankungen (Mykosen) mit pilzabtötender (fungizider) bzw. wachstums- oder vermehrungshemmender (fungiostatischer) Wirkung; antimykotische, antibiotische Mittel. Amphotericin B und Ketoconazol, die zur Bekämpfung verschiedener Pilzinfektionen angewendet werden, verbinden sich anscheinend mit Sterolen in der Pilzzellmembran und bedingen dadurch eine Veränderung der Membrandurchlässigkeit. Griseofulvin, ein weiteres Breitbandantimykotikum, verbindet sich mit dem neu gebildeten Keratin des Wirtes und macht es gegen weitere Pilzinfektionen resistent. Miconazol hemmt das Wachstum der Dermatophyten, einschließlich *Candida albicans*. Nystatin ist ein wirksames Mittel gegen Hefen und hefeähnliche Pilze. – *adj.* antimykotisch.
antifungal

Antiodontalgika. Zahnschmerzmittel.
antiodontalgics

Antionkogen. Ein Gen, das das Wachstum eines Tumors hemmt und dessen Wirkungsweise auf der Kontrolle des zellulären Wachstums beruht. Wenn ein A. deaktiviert wird, beginnt die zelluläre Tumorwucherung und die Tumoraktivität beschleunigt sich.
antioncogene

Antiöstrogen. Produkte auf Hormonbasis, die hauptsächlich in der Krebsbehandlung in Verbindung mit einer Chemotherapie verwendet werden.
antiestrogen drug

Antioxidanzien. Chemische Verbindung oder anderes Mittel, das die → Oxidation einer Substanz hemmt oder verlangsamt, z.B. Bromhydroxyanisol und Bromhydroxytoluen. Diese Substanzen werden fett- oder ölhaltigen Nahrungsmitteln zugesetzt, um die Verbindung zwischen Sauerstoff und fetthaltigen Molekülen zu verhindern und somit die Nährstoffe zu konservieren und vor dem Ranzigwerden zu schützen.
antioxidants

Antioxidation. Verhinderung der Oxidation.
antioxidation

Antiparasitenmittel. Arzneimittel, das Parasiten abtötet bzw. deren Wachstum hemmt, z.B. Amöbizid, Wurmmittel, Schistosomizid, Trichomonazid, Trypanosomizid oder Malariamittel. – *adj.* antiparasitär.
[*griech.:* anti, gegen; parasitos, Gast]
antiparasitics

Antipathie. Ein starkes Gefühl der Abneigung oder Antagonismus gegenüber bestimmten Gegenständen, Situationen oder Personen. – *adj.* antipathisch.
[*griech.:* anti, gegen; pathos, Leiden]
antipathy

Antiperistaltik. Eine Kontraktionsbewegung entgegen der physiologischen Richtung; z.B. in Richtung des oralen Endes des Verdauungstraktes; führt im Duodenum, Magen oder Ösophagus zum Rückfluss des Magen-Darm-Inhaltes (Regurgitation).
[*griech.:* anti, gegen; peristellein, um etwas herumwickeln]
antiperistalsis

Antiphlogistika. Arzneimittel zur Bekämpfung einer Entzündung. Die Ursache der entzündungshemmenden Wirkungsweisen der Salicylate und nicht-steroidaler Entzündungshemmer, z.B. Ibuprofen, Phenylbutazon sowie Indomethacin, beruht wahrscheinlich auf der Hemmung der Prostaglandin-Biosynthese. Bei der Einnahme von A. muss auf Magen-Darm-Beschwerden und Anzeichen für Ulzera geachtet werden. - *adj.* antiphlogistisch, entzündungshemmend.
antiinflammatory

Antiprothrombin. Eine Substanz, die die Umwandlung von → Prothrombin zu → Thrombin hemmt.
antiprothrombin

Antipruriginosa. Arzneimittel, das Juckreiz (→ Pruritus) lindert oder verhindert. Topische Anästhetika, Kortikosteroide und Antihistamine werden als antipruritische Mittel eingesetzt. - *adj.* antipruriginös.
[*griech.:* anti, gegen; *lat.:* prurire, jucken]
antipruritics

Antipsychotika. (Neuroleptika). Arzneimittel, das die Symptome einer → Psychose lindert. Phenothiazinderivate sind die am häufigsten verschriebenen antipsychotischen Mittel zur Behandlung von Schizophrenie oder anderen Psychosen. (s.a. Psychopharmaka) - *adj.* antipsychotisch.
[*griech.:* anti, gegen; psyche, Geist; osis, Zustand]
antipsychotics

Antipyrese. Behandlung zur Reduzierung und Linderung von Fieber.
[*griech.:* anti, gegen; pyretos, Fieber]
antipyresis

Antipyretika. Arzneimittel mit fiebersenkender Wirkung (z.B. → Acetylsalicylsäure und → Paracetamol). Solche Arzneimittel senken normalerweise den thermalen Einstellwert des Steuerungszentrums im Hypothalamus, was zu Gefäßerweiterung (Vasodilatation) und Schwitzen führt. Abreiben mit lauwarmen Alkohol bzw. ein Bad mit lauwarmem Wasser kann eine gesteigerte Körpertemperatur senken. Patienten mit längerfristig erhöhtem Fieber werden manchmal mit Kühldecken bedeckt, um eine → Hypothermie herbeizuführen. - *adj.* antipyretisch.
[*griech.:* anti, gegen; pyretos, Fieber]
antipyretics

Antirachitika. Arzneimittel zur Behandlung von → Rachitis.
antirachitics

Antirheumatika. Bezeichnung für Arzneimittel gegen rheumatische Erkrankungen und zur Linderung von Symptomen bzw. schmerzhaften oder immobilisierenden Erkrankungen des Bewegungsapparates. (→ Rheuma) - *adj.* antirheumatisch.
[*griech.:* anti, gegen; rheumatismos, etwas, das fließt]
antirheumatics

Antirheumatika, nichtsteroidale (NSAR) (pl.). (nichtsteroidale Antiphlogistika). Sammelbezeichnung für Arzneimittel, die fiebersenkende (antipyretische), schmerzstillende (analgetische) und entzündungshemmende (antiphlogistische) Wirkung haben. Sie wirken gegen Entzündungen oder lindern sie, indem die Prostaglandinsynthese gehemmt (inhibiert) wird. NSAR´s können zur Behandlung von leichten bis mäßigen Schmerzen, rheumatischer Arthritis, Gicht, Osteoarthritis, Fieber, nichtrheumatischen Entzündungen und Dysmenorrhö eingesetzt werden. Beispiele für n. A. sind Acetylsalicylsäure, Ibuprofen, Ketoprofen und Indometacin. Als Nebenwirkungen kommt es zu Magen-Darm-Störungen und Hautausschlägen mit Juckreiz. N.A. sollten zusammen mit den Mahlzeiten eingenommen werden; bei längerer Verwendung muss der Stuhl auf okkultes Blut überprüft werden. (→ Antiphlogistika)
nonsteroidal antiinflammatory (NSAID)

Antischockhosen. Kleidungsstück, mit dessen Hilfe Druck auf die unteren Extremitäten ausgeübt wird, wodurch eine übermäßige Ansammlung von Blut in den Beinen und im Abdomen verhindert wird. Die Hose wird eingesetzt, um einem Schock vorzubeugen, Frakturen zu

A

stabilisieren, die Hämostase zu fördern, den peripheren Gefäßwiderstand zu erhöhen und eine Autotransfusion mit kleinen Blutmengen zu ermöglichen.
medical antishock trousers (MAST)

Antiseborrhoika. Arzneimittel oder ein anderes Mittel, welches auf die Haut aufgetragen wird, um eine → Seborrhö oder seborrhoische Dermatitis unter Kontrolle zu halten. – *adj.* antiseborrhoisch.
antiseborrheics

Antisepsis. Hemmung bzw. Vernichtung von pathogenen Mikroorganismen. (s.a. Asepsis)
[*griech.:* anti, gegen; sepein, Vereiterung]
antisepsis

Antiseptika. Mittel, die das Wachstum und die Vermehrung von Mikroorganismen hemmen und auf Haut und Schleimhäute aufgetragen werden können. Bei der Verwendung von A. muss auf die Einwirkzeit, Anwendungsart, Konzentration und Wirkungsspektrum geachtet werden. Alkoholhaltige A. trocknen die Haut aus. (s.a. Desinfektionsmittel) – *adj.* antiseptisch.
antiseptics

Antiserum. Tierisches oder menschliches Serum, das → Antikörper gegen eine spezifische Krankheit enthält, die eine passive Immunität übertragen kann. Ein A. produziert keine Antikörper. Es gibt zwei Arten von Antiseren: → Antitoxine neutralisieren die von spezifischen Bakterien hergestellten Toxine, ohne jedoch die Bakterien zu töten; antimikrobielle Seren vernichten Bakterien, indem diese für den Angriff von Leukozyten sensibilisiert werden.
antiserum

Antiserum-Anaphylaxie. Übermäßige Reaktion bei einer Person nach Injektion von Serum von einer anderen, sensibilisierten Person.
antiserum anaphylaxis

Antistreptolysin-O-Test. Streptokokken-Antikörpertest zur Feststellung von Serum-Antikörpern gegen Streptolysin-O, einem Exotoxin, das von den meisten Streptokokken der Gruppe A- und manchen Gruppe C- und G- Streptokokken erzeugt wird. Der Test wird oft als diagnostische Maßnahme zur Erkennung von rheumatischem Fieber eingesetzt.
antistreptolysin-O test (ASOT, ASO, ASLT)

Antithrombin. Physiologischer Bestandteil des Serums, der → Thrombin inaktiviert und gerinnungshemmend wirkt.
antithrombin

Antithrombotika. Arzneimittel, die die Bildung von Thromben bzw. die Blutgerinnung verhindern bzw. stören, z.B. → Antikoagulanzien oder Thrombozytenaggregations-Hemmer. – *adj.* antitrombotisch.
antithrombotics

Antitoxin. Eine Untergruppe von Antiseren, die normalerweise aus dem Serum von Pferden gewonnen werden, das gegen bestimmte toxinproduzierende Organismen immunisiert wurde, wie z.B. das Botulismus-A., das zur Bekämpfung von Botulismus und Tetanus verwendet wird, oder das Diphtherie-A., das prophylaktisch zur Verhinderung entsprechender Infektionen gegeben wird.
[*griech.:* anti, gegen; toxikon, Gift]
antitoxin

Antitrypsin. (Trypsininhibitor). Ein in der Leber hergestelltes Protein, das die Wirkung von → Trypsin und anderen proteolytischen Enzymen hemmt.
antitrypsin

Antitumor-Antikörper. Natürlich vorhandene Substanzen, die die weitere Replikation der Desoxyribonukleinsäure (DNS) sowie die Transkription der Ribonukleinsäure (RNS) verhindern.
antitumor antibodies

Antitussivum. Arzneimittel gegen Husten; Gruppe von teils narkotisch (Opioide, die auch als Ersatzdroge verwendet werden können), teils nicht-narkotisch wirkenden Medikamenten, die auf das zentrale und periphere Nervensystem wirken und den Hustenreflex unterdrücken. Hustenhemmende Medikamente sollten nicht bei einem Husten mit Auswurf gegeben wer-

den, da der Hustenreflex benötigt wird, um Verschleimungen der oberen Atemwege zu lösen. Nebenwirkungen können Konzentrationsschwäche, Atemdepression und Verstopfung sein; Patienten sind nur beschränkt fahrtüchtig. – *adj.* antitussiv.
[*griech.:* anti, gegen; *lat.:* tussire, husten]
🇬🇧 antitussive

Antivenenum. (Schlangenserum). Eine aus dem Serum von immunisierten Pferden hergestellte Suspension mit → Antikörpern, die Gifte neutralisieren. Das A. verleiht eine passive Immunität und wird bei verschiedenen Schlangen- und Insektenbissen als Erste-Hilfe-Maßnahme gegeben.
🇬🇧 antivenin

antiviral. Bezeichnung für eine virenvernichtende Wirkung. (→ Viren)
🇬🇧 antiviral

Antivitamin. (Vitamin-Antagonist). Substanz, die ein → Vitamin inaktiviert.
[*griech.:* anti, gegen; *lat.:* vita, Leben; amine, Ammoniak]
🇬🇧 antivitamin

Antrektomie. Operatives Herausschneiden des pylorischen Teils des Magens (→ Antrum). (s.a. Gastrektomie)
🇬🇧 antrectomy

Antrum. Ein normalerweise von Knochen umgebener Hohlraum. Das A. des Mageneingangs (Kardia) ist eine Erweiterung der Speiseröhre (Ösophagus); die mit Flüssigkeit gefüllte Höhle eines reifen Graaf-Follikels wird ebenfalls als A. bezeichnet.
[*griech.:* antron, Höhle]
🇬🇧 antrum

Antrum cardiacum. Verengte Passage von der Speiseröhre (Ösophagus) zum Magen, unmittelbar im Inneren der vom Kardiaschließmuskel gebildeten Öffnung.
🇬🇧 antrum cardiacum

Anulus. (Ring). Ringförmige Körperstruktur, z.B. der Außenrand einer Bandscheibe oder der weiße Tympanusring um das Perimeter des Trommelfells.
[*lat.:* Ring]
🇬🇧 annulus

Anulus, conjunctivae. Schmaler Ring an der Kreuzung zwischen Bindehaut (Konjunktiva) und der Hornhautperipherie.
🇬🇧 conjunctival ring

Anurie. Rückgang der Harnausscheidung unter 100 ml pro Tag. Die A. kann Folge einer Niereninsuffizienz bzw. einer Nierendysfunktion sein oder durch einen Blutdruckabfall unterhalb des Wertes, der für den Erhalt des Filterdrucks der Niere benötigt wird, oder durch eine Obstruktion der Harnwege ausgelöst werden. Eine schnelle Verminderung der Harnausscheidung, die schließlich zu A. und → Urämie führt, kann bei akutem Nierenversagen beobachtet werden. – *adj.* anurisch.
[*griech.:* a, kein; ouron, Urin]
🇬🇧 anuria

Anus. (After). Öffnung am Ende des Analkanals, durch die Stuhl ausgeschieden wird.
🇬🇧 anus

Anus praeternaturalis. (künstlicher Darmausgang/Anus präter). Chirurgisch angelegte Öffnung des Darms, etwa in Form einer → Kolostomie, zur Stuhlentleerung in eine Auffangvorrichtung (z.B. bei Ileus, Darmresektion). (→ Darmfistel)
🇬🇧 artificial anus

Anwendungseffizienz. Die tatsächliche Wirksamkeit eines Medikaments, eines mechanischen Mittels oder einer Methode zur Verhütung einer Schwangerschaft.
🇬🇧 use effectiveness

Anxietas. Zustand der Angst, der nervösen Unruhe oder Besorgnis, der häufig von einem Gefühl der Enge im Oberbauch (Epigastrium) begleitet wird; Formen der A. sind **A. presenilis** und **Restless legs Syndrom.**
🇬🇧 anxietas

Anxiolytika. (angstlösend/angstlösendes Mittel). Beruhigungsmittel (→ Sedativa) oder schwache → Tranquilizer, hauptsächlich zur Behandlung von → Angstzuständen.

Zu den Anxiolytika gehören Barbiturate, Benzodiazepine, Chlormezanon, Hydroxyzin, Meprobamat sowie Tybamat. Bei der Einnahme von A. kann zur Entwicklung einer Abhängigkeit kommen. – *adj.* anxiolytisch.
anxiolytics

Anzeichen, objektives. Klinische Beobachtung, die gesehen, gehört, gemessen oder anderweitig durch einen untersuchenden Arzt, einen Pflegenden oder andere Personen nachgewiesen werden kann.
objective sign

Aorta. Der wichtigste Stamm des systemischen arteriellen Blutkreislaufs. Die A. besteht aus vier Abschnitten: die aufsteigende A., der Aortenbogen, der thorakale Teil der absteigenden A. sowie der abdominale Teil der absteigenden A. Die A. hat ihren Ursprung in der linken Herzkammer, steigt kurz an, führt um die linke Lungenwurzel, fällt in den Brustkorb links der Wirbelsäule ab und verläuft durch den Aortenhiatus des Zwerchfells in die Bauchhöhle. – *adj.* aortisch.
[*griech.:* aerein, sich erheben]
aorta

Aorta abdominalis. (Bauchaorta). Teil der absteigenden → Aorta; reicht vom Zwerchfell bis ins → Abdomen; die A.a. versorgt mit ihren Ästen die Bauchorgane (Hoden, bzw. Eierstöcke, Nieren und Magen), Truncus coeliacus, obere und untere Mesenterialarterien (A. mesenterica superior und inferior), mittlere suprarenale Arterie (A. suprarenalis), Nierenarterie (A. renalis), Testikular- und Ovarialarterien (A. testicularis und ovarica), untere Zwerchfellarterie (A. phrenica), Lumbalarterien (Ae. lumbales), mittlere Sakralarterie (A. sacralis), Darmbeinarterien (Ae. illiacae). (→ Aorta)
abdominal aorta

Aorta ascendens. Aufsteigende → Aorta; einer der vier Hauptabschnitte der Aorta, der sich in die rechten und linken → Koronararterien verzweigt.
[*lat.:* ascendere, aufsteigen]
ascending aorta

Aorta descendens. Hauptstrang der → Aorta, bestehend aus Brustaorta und Bauchaorta, die vom Aortenbogen bis in den Rumpf reicht. Die absteigende Aorta versorgt viele Körperstrukturen, einschließlich Ösophagus, Lymphknoten, Thorax, Magen, Leber, Darm, Nieren, Milz sowie die Fortpflanzungsorgane.
[*lat.:* descendere, herabsteigen; *griech.:* aerein, aufsteigen.]
descending aorta

Aorta thoracica. (Brustschlagader). Brustschlagader; oberer Abschnitt der absteigenden Aorta, beginnend an der unteren Grenze der vier Brustwirbel. Die A. t. teilt sich in sieben Zweige auf und versorgt zahlreiche Körperorgane, wie z.B. Herz, Rippen, Brustmuskeln und Magen.
thoracic aorta

Aortenaneurysma. Lokal auftretende Ausweitung der Aortenwand, die durch Arteriosklerose, Hypertonie oder, in seltenen Fällen, durch Syphilis verursacht wird. Die Läsion kann als sackartige Ausdehnung, als spindelförmige bzw. zylindrische Schwellung entlang eines Blutgefäßes oder als längliche Austrennung zwischen äußerer und mittlerer Gefäßwandschicht auftreten. (→ Aorta; Aneurysma)
aortic aneurysm

Aortenbogen. Einer der vier Teile der → Aorta, aus dem die drei arteriellen Äste, der Truncus brachiocephalicus, die linke Arteria carotis communis und die rechte Arteria subclavia abgehen.
arch of the aorta

Aortenbogensyndrom. Verschlusskrankheiten des Aortenbogens, die verschiedene, mit Obstruktionen der großen Arterienzweige einhergehende Symptome hervorrufen. Bestimmte Erkrankungen, wie z.B. Arteriosklerose, Takayasu-Krankheit und Syphilis können ein A. verursachen. Krankheitsmerkmale sind Synkopen, zeitweilige Erblindung, Hemiplegie, Aphasie sowie Gedächtnisverlust.
aortic arch syndrome

Aortengeflecht. Netzwerk autonomer Nervenfasern, das sich nahe am Herz befindet.
🇬🇧 coronary plexus

Aorteninsuffizienz-Geräusch. Hochfrequentes, frühdiastolisches → Herzgeräusch, das eine Aorteninsuffizienz anzeigt. Eine → Aortenklappeninsuffizienz, die sich darin manifestiert, dass die Aortenklappe sich während der ventrikulären Diastole nur unvollständig schließt, führt zum Blutrückfluss in die linke Herzkammer.
🇬🇧 aortic regurgitant murmur

Aortenisthmusstenose. (Coarctation aortae). Angeborene, lokale Verengung der → Aorta. Folge ist ein Druckanstieg proximal der Verengung und ein Druckabfall an der distalen Seite der Verengung. Die Begleitsymptome stehen direkt in Verbindung mit den von der Stenose erzeugten Druckveränderungen. Klinische Anzeichen sind Schwindel, Kopfschmerzen, Ohnmacht, Nasenbluten, schwacher bzw. fehlender Femoralispuls und Beinkrämpfe bei körperlicher Anstrengung aufgrund der Gewebeanoxie.
🇬🇧 coarctation of the aorta

Aortenklappe. (Valva aortae). Herzklappe zwischen der linken Herzkammer und der Aorta; besteht aus drei halbmondförmigen Segeln, die sich während der Diastole schließen und den Blutrückfluss von der Aorta in die linke Herzkammer verhindern.
🇬🇧 aortic valve

Aortenklappeninsuffizienz. Mangelhaftes Schließen der → Aortenklappe, das dazu führt, dass während der Systole Blut aus der Aorta zurück in die linke Herzkammer fließt und damit zu einer Volumenbelastung, Dilatation und Hypertrophie führt.
🇬🇧 aortic regurgitation

Aortenschlitz. (→ Hiatus aorticus)
🇬🇧 hiatus aorticus

Aortenschwirren. Fühlbare Brustvibration, die durch eine → Aortenstenose oder ein → Aortenaneurysma verursacht wird; kann normalerweise während der Systole im zweiten Zwischenrippenraum rechts des Sternums mit der flachen Hand oder den Fingerspitzen gefühlt werden.
🇬🇧 aortic thrill

Aortenstenose. Mit einer Verengung oder Striktur an der Aortenklappe oder Aortenabganges von der linken Herzkammer einhergehende Herzanomalie; ist durch kongentiale Fehlbildung oder Verwachsungen der Klappentaschen verursacht, z.B. infolge von rheumatischem Fieber. Eine A. behindert den Blutfluss von der linken Herzkammer in die Aorta und führt zu einem verminderten Herzminutenvolumen sowie einer pulmonal-vaskulären Stauung.
[*griech.:* aeirein, sich erheben; stenos, eng, osis, Zustand]
🇬🇧 aortic stenose (AS)

Aortenverkalkung. Ablagerung kleiner Kalkmengen in der Aorta.
🇬🇧 calcific aortic disease

Aortenverschluss. Blockade oder Hindernis, die den Blutfluss in der → Aorta unterbrechen, z.B. nach einer Thrombose.
🇬🇧 aortic obstruction

Aortitis. Entzündung der → Aorta. Kommt am häufigsten bei tertiärer Syphilis und bisweilen in Verbindung mit rheumatischem Fieber vor.
🇬🇧 aortitis

Aortogramm. Röntgenaufnahme der → Aorta nach Injektion eines Kontrastmittels.
[*griech.:* aeirein, sich erheben; gramma, aufzeichnen]
🇬🇧 aortogram

Aortographie. Röntgenmethode, bei der die → Aorta und ihre Äste mit Hilfe eines Kontrastmittels sichtbar dargestellt werden.
[*griech.:* aeirein, sich erheben; graphein, aufzeichnen]
🇬🇧 aortography

Aortographie, abdominale. Darstellung der → Aorta abdominalis durch eine Röntgen-

untersuchung mit Kontrastmittel. (→ Angiographie)
abdominal aortography

aortokoronar. → Aorta und → Koronararterie betreffend.
[*griech.:* aeirein, sich erheben; *lat.:* corona, Krone]
aortocoronary

Apathie. Fehlen bzw. Unterdrückung von Emotionen, Gefühlen oder Leidenschaft; Gleichgültigkeit und Teilnahmslosigkeit gegenüber normalerweise erregenden oder aufwühlenden Reizen. – *adj.* apathisch.
[*griech.:* a, kein; pathos, Leiden]
apathy

Apatit. In Knochen und Zähnen vorkommendes anorganisches Mineral aus Kalzium und Phosphat.
[*griech.:* apate, Einbildung]
apatite

Apepsie. Versagen der Verdauungsfunktionen.
[*griech.:* a, ohne; pepsis, Verdauung]
apepsia

Aperistaltik. Versagen der normalen muskulären Kontraktions- und Entspannungswellen, mit denen der Mageninhalt durch das Verdauungssystem befördert wird.
[*griech.:* a, ohne; peristellein, umklammern]
aperistalsis

Apertur. Öffnung oder Loch in einem Gegenstand oder einer anatomischen Körperstruktur.
[*lat.:* apertura, Öffnung]
aperture

Apex. (Spitze). Gipfel, Ende oder Spitze einer Körperstruktur, wie z.B. die Herzspitze oder die Wurzelspitzen der Zähne.
apex

Apex cordis. (Herzspitze). Die spitz zulaufende, nach unten, vorne und links zeigende untere Herzabgrenzung, die sich auf Höhe des fünften Zwischenrippenraumes befindet.
[*lat.:* apex, Gipfel; cordis, vom Herzen]
apex cordis

Apex pulmonis. (Lungenspitze). Höchste, während der Lungenausdehnung bis zur ersten Rippe am Nackenansatz und der Schlüsselbeingrube reichende Lungenabgrenzung.
apex of the lung

Apexgeräusch. Ein an der Herzspitze am besten zu hörendes → Herzgeräusch.
[*lat.:* apex, Gipfel]
apex murmur

Apexkardiogramm. Graphische Darstellung der auf die Brustwand übertragenen Schwingungen des Herzens an der Stelle des maximalen Herzspitzenstoßes.
apexcardiogram (ACG)

Apexkardiographie. Aufzeichnung von Herzschwingungen des Herzspitzenstoßes.
apexcardiography (ACG)

APGAR-Schema. Bewertungsschema für die Diagnostik des Zustands eines Neugeborenen, das eine, fünf und zehn Minuten nach der Geburt durchgeführt wird. Fünf Faktoren, die die Anpassungsfähigkeit des Neugeborenen an ein Leben außerhalb der Gebärmutter beschreiben, werden dabei bewertet: Puls, Atmung, Muskeltonus, Reflexe und Hautfarbe erhalten Werte von 0 (Minimalwert) bis 2 (Normalwert). Die fünf Werte werden addiert und die Gesamtpunktzahl für Minute eins, fünf und zehn werden notiert. Apgarwert 9/10/10 bedeutet z.B. 9 Punkte für Minute eins und 10 Punkte für Minuten fünf und zehn. (s.a. Asphyxie)
[V. Apgar, amerikanische Anästhesistin, 1909–1974]
Apgar score

Aphagie. Unvermögen, infolge organischer oder psychologischer Ursachen zu schlucken.
[*griech.:* a, nicht; phagein, essen]
aphagia

Aphagie, schmerzhafte. Weigerung, Nahrung zu sich zu nehmen oder zu schlucken, da diese Vorgänge mit Schmerzen verbunden sind.
🇬🇧 aphagia algera

Aphakie. Teilweises oder völliges Fehlen der Linse des Auges nach Verletzungen oder Operationen, z.B. bei Katarakt.
– *adj.* aphakisch.
[*griech.:* a, kein; phakos, Linse]
🇬🇧 aphakia

Aphasie. (Aphemie). Neurologisch bedingte Sprachstörung bzw. Sprachunfähigkeit aufgrund einer Verletzung bestimmter Bereiche der Hirnrinde. Die Störung kann sensorisch oder rezeptiv sein, mit der Folge, dass die Sprache nicht verstanden wird, oder sie ist expressiv bzw. motorisch, d.h. Wörter können nicht gebildet bzw. nicht richtig ausgedrückt werden. (s.a. Agnosie; Agraphie; Alexie; Apraxie)
– *adj.* aphasisch.
[*griech.:* a, keine; phasis, Sprache]
🇬🇧 aphasia

Aphasie, amnestische. Unfähigkeit, sich an zuvor Gesprochenes oder an die Bezeichnungen von Gegenständen, Umständen oder charakteristischen Merkmalen zu erinnern. (→ Aphasie)
[*griech.:* amnasthai, vergessen; a, ohne; phasis, Sprache]
🇬🇧 amnesic aphasia

Aphasie, motorische. Unfähigkeit, konkrete Worte auszusprechen, was durch Hirnläsionen im vorderen Stirngyrus (Broca-Zentrum der motorischen Sprache) oder in der linken Hirnhälfte (Hemisphäre) verursacht wird. Die m. A. tritt am häufigsten nach einem → Schlaganfall auf. Der Patient weiß, was er sagen möchte, kann die Worte aber nicht artikulieren. (→ Aphasie)
🇬🇧 motor aphasia

Aphasie, rezeptive. Eine Form der sensorischen → Aphasie, die durch Beeinträchtigung des Sprachverständnisses gekennzeichnet ist.
[*griech.:* aphasía, Sprachlosigkeit]
🇬🇧 receptive aphasia

Aphasie, syntaktische. Unfähigkeit, Wörter in ihrer logischen Reihenfolge aneinander zu reihen, mit der Folge, dass der Sprecher nicht verstanden wird.
🇬🇧 syntactic aphasia

Aphasie, visuelle. Das Unvermögen, geschriebene Information zu verstehen, aufgrund einer Verletzung in der linken Sehrinde und der Verbindung zwischen der rechten Sehrinde und der linken Hemisphäre.
🇬🇧 visual aphasia

Aphonia, paralytische. Stimmlosigkeit aufgrund einer Lähmung oder einer Erkrankung der Kehlkopfnerven.
🇬🇧 aphonia paralytica

Aphonia, paranoica. Nicht organisch bedingte, für manche Formen der Geisteskrankheit typische Sprechunfähigkeit.
🇬🇧 aphonia paranoica

Aphonie. Verlust der Fähigkeit, normale Sprachlaute zu erzeugen, aufgrund einer Überbeanspruchung der Stimmbänder, einer Organkrankheit oder psychologischer Ursachen, z.B. bei Angstzuständen.
– *adj.* aphonisch.
[*griech.:* a, ohne; phone, Stimme]
🇬🇧 aphonia

Aphrasie. Form der → Aphasie, bei der die betroffene Person einzelne Wörter sprechen oder verstehen, sich aber nicht in sinnvollen Sätzen ausdrücken kann.
🇬🇧 aphrasia

Aphronie. Unfähigkeit, vernünftige Entscheidungen zu treffen.
[*griech.:* a, nicht: phronein, verstehen]
🇬🇧 aphronia

Aphthen. Häufig anzutreffende oberflächliche, schmerzhafte Erosionen der Mundschleimhaut. A. können bisweilen auch andere Körpergewebe, z.B. den Magen-Darm-Trakt sowie die externen Genitalien befallen.
[*griech.:* aphtha, Ausbruch]
🇬🇧 aphthae

apikal. Den Gipfel oder die Spitze betreffend, zur Spitze gerichtet.
[*lat.:* apex, Spitze]
apical

Apikotomie. (Wurzelspitzenamputation). Operative Inzision in die Spitze eines Körperteils, z.B. Entfernung der Wurzelspitze eines Zahns in Verbindung mit einer apikalen Kürettage oder Wurzelbehandlung.
[*lat.:* apex, Spitze; *griech.:* ektome, Ausschneiden]
apicotomy

Aplasie. 1. Ausbleibende Entwicklung von Organen oder Geweben. 2. Begriff aus der Hämatologie; das Ausbleiben einer normalen Zellgeneration und -entwicklung.
[*griech.:* a, nicht; plassein, bilden]
aplasia

aplastisch. 1. Die fehlende bzw. defekte Entwicklung eines Gewebes oder Organs betreffend. 2. Fehlende mitotische Bildung von Tochterzellen betreffend.
[*griech.:* a, nicht; plassein, bilden]
aplastic

Apnoe. Atemstillstand, z.B. infolge toxischer, traumatischer oder entzündlicher Schädigung des Atemzentrums oder durch Lähmung der Atemmuskulatur nach der Gabe von Muskelrelaxanzien. Folgen der A. sind Sauerstoffmangel (Hypoxie) und die Blaufärbung der Haut (Zyanose). – *adj.* apnoisch.
[*griech.:* , Windstille, Atemlosigkeit]
respiratory arrest; apnea

Apnoe, reflektorische. Unwillkürlicher Atemstillstand infolge Reizung, schädlicher Dämpfe oder Gase.
reflex apnea

Apnoe-Monitoring. Enge Überwachung der Atemtätigkeit von Personen, insbesondere von Neugeborenen. Verschiedene elektronische Geräte überwachen Veränderungen in thorakalen oder abdominalen Bewegungen sowie Veränderungen der Herzfrequenz. Falls es zu einem Atemstillstand kommt, ertönt ein Alarmsignal.
apnea monitoring

Apnoezentrum. Nervengewebe im unteren Teil der Brücke (Pons), das die Phase des Einatmen steuert.
apneustic center

apo-. Vorsilbe mit der Bedeutung »von, weg, ausgehend von, entfernt von«.
apo-

apokrin. Drüsen betreffend, die einen Teil ihrer Sekrete durch Ausscheidung absondern; z.B. die Schweißdrüsen, die in großer Zahl in der Achsel und Leiste vorkommen.
[*griech.:* apo, von: krinein, trennen]
apocrine

Apolipoprotein. Proteinkomponente der → Lipoproteine.
[*griech.:* apo, von; lipos, Fett; protos, zuerst]
apolipoprotein

Aponeurose. Flächenhaftes, straffes, faseriges Bindegewebe, das Sehnen zur Befestigung von Muskeln und Knochen oder Faszien zur Verbindung von Muskeln enthält.
[*griech.:* apo, von; neuron, Nerv]
aponeurosis

Apophyse. Kleiner Vorsprung oder Auswuchs an einem Knochen, der Ansatzpunkt für Muskeln und Bänder ist, z.B. der Dornfortsatz.
[*griech.:* weg wachsen]
apophysis

Apophysenlösung. (Apophyseolyse). Trennung eines Knochenvorsprungs (→ Apophyse) vom Hauptknochenkern an der Stelle einer starken, sehnigen Verbindung.
apophyseal fracture

Apophysitis. Entzündung oder Schwellung eines knochigen, nicht von einem Knochen getrennten Vorsprungs oder Auswuchses.
apophysitis

Apoplex. (→ Schlaganfall)
apoplectic stroke

Apparat, juxtaglomerulärer. Ansammlung von Zellen, die neben jedem Nierenglomerulus zu finden sind. Der j. A. ist bei der Sekretion von Renin infolge von Blut-

druckschwankungen beteiligt und für die selbstständige Regulation bestimmter Nierenfunktionen von Bedeutung.
juxtaglomerular apparatus

Appendektomie. Operative Entfernung des Wurmfortsatzes (→ Appendix) durch einen Einschnitt in den rechten unteren Abdomenquadranten; wird bei akuter → Appendizitis durchgeführt, um einen entzündeten Wurmfortsatz zu entfernen, bevor es zu einer Ruptur kommen kann. Die A. wird unkorrekt als Blinddarmoperation bezeichnet.
[*lat.:* appendere, an etwas hängen; *griech.:* ektome, ausschneiden]
appendectomy

Appendix. (Anhang). Zu einer Hauptkomponente dazugehöriges Teil, Anhängsel.
[*lat.:* Anhang]
appendix

Appendix, epididymidis. Eine auf dem Nebenhodenkopf verwachsene Zyste; Überbleibsel des Mesonephrons.
appendix epididymidis

Appendix vermiformis. Wurmfortsatz des Blinddarms, der zwischen 7 und 15 cm lang und ca. 1 cm dick ist.
vermiform appendix

Appendixdyspepsie. Mit einer chronischen → Appendizitis in Verbindung stehende Verdauungsstörung.
[*lat.:* appendere, an etwas hängen; *griech.:* dys, schwer; peptein, verdauen]
appendix dyspepsia

Appendixreflex. Extreme Empfindlichkeit am abdominalen → McBurney-Punkt; diagnostisches Zeichen für eine → Appendizitis (Entzündung des Wurmfortsatzes).
appendical reflex

Appendizitis. Eine in den meisten Fällen akute Entzündung des Wurmfortsatzes (Appendix vermiformis), die bei Nichtbeachtung schnell zu einer Perforation und einer Bauchfellentzündung (Peritonitis) führen kann. Das häufigste Anzeichen sind andauernde, im mittleren Bauch beginnende Schmerzen im rechten Unterbauch um den → McBurney-Punkt. Zur Schmerzlinderung werden die Knie häufig angewinkelt, um die Spannung der abdominalen Muskeln zu vermindern. Weitere Begleitsymptome sind Erbrechen, leichtes Fieber, erhöhte Leukozytenzahl, Loslassschmerz, ein bretthartes Bauch sowie abgeschwächte oder fehlende Darmgeräusche. Die A. tritt am häufigsten bei Jugendlichen und jungen Erwachsenen auf, wobei Männer öfters betroffen sind als Frauen.
appendicitis

Appendizitis, chronische. Form der Appendizitis (Wurmfortsatzentzündung), bei der sich der wurmförmige Blinddarmfortsatz verdickt und vernarbt. Ursache ist eine vorhergehende Blinddarmentzündung.
chronic appendicitis

Appendizitisschmerz. Starke, sich rasch entwickelnde Bauchschmerzen, die im rechten Unterbauch auftreten; sie werden von einer extremen Empfindlichkeit oberhalb des rechten Rektusmuskels und von Loslassschmerz am → McBurney-Punkt begleitet. In seltenen Fällen kann der Schmerz auch auf der linken Bauchseite auftreten.
[*lat.:* appendere, an etwas hängen]
appendicitis pain

Apperzeption. (Wahrnehmung). 1. Mentale Wahrnehmung oder Erkennung. 2. Bewusstes Verstehen oder Wahrnehmen vor dem Hintergrund von zuvor erworbenem Wissen, Erfahrungen, Emotionen und Erinnerungen. – *adj.* apperzeptiv.
[*lat.:* ad, zu; percipere, wahrnehmen]
apperception

Appetit. Natürliches, instinktives Bedürfnis nach Nahrung (meist in Verbindung mit konkreten Nahrungsmitteln).
[*lat.:* appetere, sich nach etwas sehnen]
appetite

Appetitzügler. (Anorektikum). Mittel zur Unterdrückung des Appetits oder Reduktion des Hungergefühls, z.B. Amphetamine. Die A. können durch ihre zentralerregende Wirkung zur Abhängigkeit und zum Arzneimittelmissbrauch führen und sind

A

deshalb rezeptpflichtig. Außerdem können sie eine Blutdrucksteigerung bewirken (Übergewichtige leiden ohnehin schon oft an Hypertonie), deshalb sollte der Blutdruck regelmäßig kontrolliert werden.
anorexiant

Applikation. (Anwendung). Verabreichung eines Arzneimittels oder Durchführung von therapeutischen Maßnahmen.
application

Applikator. Längliches, stabförmiges Instrument, häufig mit einem Stück Watte an einem Ende; wird zum lokalen Auftragen oder Einführen von Medikamenten o.ä. in bestimmte Bereiche (z.B. Darm, Vagina) eingesetzt.
applicator

Apposition. Anlagerung von Objekten, z.B. Schichtung von Gewebezellen oder das Nebeneinanderstellen von sich gegenüberliegenden Flächen.
[*lat.:* apponere, hinzufügen]
apposition

Appositionswachstum. Vergrößerung durch Anlagerung von neuem Gewebe oder ähnlichem Material an der Peripherie eines bestimmten Teils oder einer bestimmten Struktur, z.B. das Hinzufügen neuer Schichten bei der Bildung von Knochen und Zähnen.
appositional growth

Apraxie. Unfähigkeit, gezielte Handlungen durchzuführen oder aufgrund einer fehlenden bzw. verlorenen motorischen Empfindung bzw. Koordination sinnvoll zu handeln. Die **ideatorische A.** beruht auf einem Wahrnehmungsverlust der sinnvollen Verwendung eines Gegenstandes. Ein Patient mit **motorischer A.** ist unfähig, einen Gegenstand anzuwenden oder eine Aufgabe auszuführen, obwohl die Aufgabe verstanden wird. Die **amnestische A.** ist die Unfähigkeit, eine Handlung auszuführen, weil der ursprüngliche Beweggrund für die Handlung vergessen werden. Eine **Sprechapraxie** ist eine durch Schädigungen des Gehirns verursachte Ausdrucksstörung, die dazu führt, dass der Patient die Lage der Sprechmuskeln und die Abfolge der für ein verständliches Sprechen erforderlichen Muskelbewegungen nicht programmieren kann.
[*griech.:* a, nicht; prassein, handeln]
apraxia

Apraxie, akinetische. Die Unfähigkeit, eine spontane Bewegung auszuführen. (→ Apraxie)
akinetic apraxia

Apraxie, amnestische. Unfähigkeit, eine bestimmte Bewegung als Reaktion auf eine Forderung auszuführen, da man sich nicht mehr an die Aufforderung erinnern kann. (→ Apraxie)
amnesic apraxia

Apraxie, ideatorische. Erkrankung, bei der konzeptuelle Prozesse gestört sind; Ursache ist häufig eine Läsion im → Gyrus des parietalen Hirnlappens. Der Betreffende kann keine Vorhaben konkretisieren und Gegenstände nicht richtig benutzen, da er den Zweck der Anwendung nicht versteht. Es besteht keine Beeinträchtigung der motorischen Bewegung. (→ Apraxie)
[*griech.:* idea, Form; a, nicht; prassein, tun]
ideational apraxia

Apraxie, ideomotorische. Die Unfähigkeit, Vorstellungen in Bewegungen umzusetzen, was durch eine Störung der Weiterleitung angemessener Impulse vom Gehirn zu den motorischen Zentren verursacht wird. Dabei besteht keine Unfähigkeit, eine automatisierte Handlung durchzuführen, z.B. die Schnürsenkel zu binden, sondern die Handlung kann lediglich nicht auf eine Aufforderung hin durchgeführt werden. (→ Apraxie)
[*griech.:* idea, Form; *lat.:* motare, bewegen; *griech.:* a, nicht; prassein, tun]
ideomotor apraxia

Apraxie, konstruktive. Form der → Apraxie, die von der Unfähigkeit gekennzeichnet ist, Bilder nachzuzeichnen oder Gegenstände so zu manipulieren, dass be-

stimmte Muster entstehen. Ursache ist eine Läsion der rechten Hirnhälfte.
[*lat.:* construere, erbauen.]
constructional apraxia

Apraxie, motorische. Unfähigkeit, geplante Bewegungen auszuführen oder mit kleinen Gegenständen umzugehen, obwohl die richtige Benutzung des Objektes bekannt ist. Die m. A. entsteht durch eine Läsion der prämotorischen vorderen Hirnrinde (Kortex) auf der der betroffenen Extremität gegenüberliegenden Seite. (→ Apraxie)
motor apraxia

Apyrexie. Zustand ohne Fieber bzw. Nachlassen des Fiebers.
[*griech.:* a, ohne; pyrexis, Fieber]
apyrexia

Aqua. Lateinisches Wort für Wasser.
aqua

Aquädukt. Kanäle oder Passagen, die durch oder zwischen Körperteilen verlaufen und Flüssigkeit enthalten, wie z.B. der zerebrale Aquädukt im Gehirn (Aquaeductus cerebri).
[*lat.:* aqua, Wasser; ductus, Leitung]
aqueduct

Aquaphobie. Angst vor Wasser.
[*lat.:* aqua, Wasser; *griech.:* phobos, Angst]
aquaphobia

Äquilibrieren. Angleichen und Integration neuer Erfahrungen mit alten Erfahrungen in der psychologischen Entwicklung einer Persönlichkeit.
[*lat.:* aequus, gleich, libra, Waage.]
equilibration

Äquilibrium. 1. Zustand der Ruhe bzw. des Gleichgewichts infolge identischer Aktivität verschiedener Substanzen, z.B. Kalzium und Posphat. 2. Zustand emotionaler bzw. mentaler Ausgeglichenheit. 3. Bezeichnung für den Punkt, an dem die Produktionsrate eines Tochterelements der Zerfallsrate des Elternelements gleicht und die Aktivitäten der Elemente im Gleichgewicht stehen.
equilibrium

Äquivalenz. Gleichwertiger Zustand.
equivalence

Äquivalenzgewicht. 1. Masse eines Elements, das einer Wasserstoffeinheit gleicht bzw. eine Wasserstoffeinheit ersetzt. 2. Masse einer Säure oder Base, aus der 1,008 Gramm eines Wasserstoffions entsteht. 3. Masse eines Oxidations- bzw. Reduktionsmittels, die bei einer chemischen Reaktion ein Elektron abgibt oder annimmt.
equivalent weight

Ar. Chemisches Symbol für das Element → Argon.
Ar

Arachidonsäure. Vierfach ungesättigte, für den Menschen wichtigste essenzielle Fettsäure (in Leber, Drüsen und Fett zu finden); Bestandteil von Lezithin und Grundbestandteil in der Biosynthese verschiedener Prostaglandine.
[lat:: arachos, Gemüse]
arachidonic acid

Arachnida. Bezeichnung für die Klasse der Gliederfüßer, z.B. Spinnen, Skorpione, Milben und Zecken.
[*griech.:* arachne, Spinne]
arachnid

Arachnitis. Entzündung der Spinngewebshaut (→ Arachnoidea), einer Bindegewebsmembran, die die Windungen und Furchen des Gehirns und des Rückenmarks bedeckt.
arachnitis

Arachnodaktylie. (Spinnenfingrigkeit). Genetisch bedingte Fehlbildung, bei der Finger und Zehen länglich, dünn und spinnenförmig sind; kann in Verbindung mit dem Marfan-Syndrom beobachtet werden.
[*griech.:* arachne, Spinne; dactylos, Finger]
arachnodactyly

arachnoid. Spinnen oder einem Spinnennetz gleichend, z.B. die → Arachnoidea.
[*griech.:* arachne, Spinne; eidos, Form]
arachnoid

A

Arachnoidea. (Spinngewebshaut). Bindegewebige dünne, empfindliche Membran, die sich über Gehirn und Rückenmark, zwischen weicher und harter Hirnhaut (Pia mater und Dura mater) hinwegzieht.
arachnoid membran

Arachnoidealzotte. (Spinngewebszotte). Fibröse Gewebeverlängerungen der → Arachnoidea.
arachnoidal villi

Arachnoidismus. Durch den Biss einer giftigen Spinne erzeugter Zustand.
[*griech.:* arachne, Spinne; eidos, Form]
arachnoidism

Arachnophobie. Krankhafte Angst vor Spinnen.
arachnophobia

Aran-Duchenne-Muskelatrophie. Form der amyotrophischen Lateralsklerose, die zuerst Hände, Arme, Schultern und Beine befällt und sich danach über den gesamten Körper ausbreitet.
[A. Aran, französischer Arzt, 1817–1861; G. B. A. Duchenne, französischer Neurologe, 1806–1875]
Aran-Duchenne muscular atrophy

Arbeitshygiene. Gesundheitsrelevante Fragen im Zusammenhang mit dem Arbeitsplatz, z.B. Exposition gegenüber Asbest oder Strahlen, sowie Stäube im Bergbau und in Mühlen, Metall- oder Säuredämpfe und ergonomische Faktoren.
industrial health

Arbeitspsychologie. Anwendung von psychologischen Prinzipien und Techniken im Umgang mit Geschäfts- und Arbeitsproblemen; dazu gehören Auswahl des Personals, Motivation der Mitarbeiter und Entwicklung von Ausbildungsprogrammen.
industrial psychology

Arbeitstherapie. Therapie bei der sich der Patient mit sinnvollen Tätigkeiten beschäftigt bzw. einen Beruf oder eine Tätigkeit erlernt. (s.a. Beschäftigungstherapie)
work therapy

Arboviren. Viren, die sich in blutsaugenden Arthropoden (Gliederfüßer, z.B. Zecken) vermehren; es sind mehr als 300 Arten bekannt. Beim Menschen verursachen diese Viren folgende Symptome: Fieber, Hautausschlag, Enzephalitis, Hämorrhagien im Magen-Darm-Trakt oder in der Haut. Denguefieber, Gelbfieber und Pferdeenzephalitis gehören zu den am häufigsten auftretenden arboviralen Infektionskrankheiten.
arbovirus

ARC. Abkürzung für AIDS-related complex, AIDS-bezogene Krankheitszustände. Man spricht von ARC, wenn mindestens 2 Symptome und 2 Laborveränderungen vorliegen, ohne dass eine AIDS-definierte Erkrankung vorliegt. (s.a. AIDS-Wasting-Syndrom)
ARC

Archetyp. 1. Urbild; ursprüngliches Modell oder Muster, von dem ausgehend ein Gegenstand bzw. eine Gruppe von Dingen gestaltet wird bzw. sich entwickelt. 2. (Psychoanalyse nach C.G.Jung) Vererbte, primordiale Idee oder Denkhaltung, die aus den Erfahrungen der menschlichen Rasse stammt und in jeder Person unbewusst in Form von Trieben, Stimmungen und Vorstellungen verinnerlicht ist. – *adj.* archetypisch.
[*griech.:* arche, Anfang; typos, Typ]
archetype

Arcus senilis. (Greisenbogen). Ringförmige, grauweiße Trübung der Hornhautperipherie; wird durch Fettablagerungen in der Hornhaut oder durch Hyalinabbau verursacht und kommt hauptsächlich bei älteren Menschen vor.
arcus senilis

ARDS. Abkürzung für (engl.) Adult Respiratory Distress Syndrome, → Atemnotsyndrom.
ARDS

Areflexie. Anerkannte → NANDA-→ Pflegediagnose; Rückenmarkverletzung in der Höhe der Brustwirbelsäule (Th7) oder darüber oder Risiko für eine lebensbedrohliche ungehemmte Sympati-

kusreaktion des Nervensystems auf schädliche Stimuli. Zu den kennzeichnenden Merkmalen gehören paroxysmale Hypertonie, Bradykardie oder Tachykardie, Diaphorese oberhalb der Läsion, rote Hautflecken oberhalb der Läsion, Blässe unterhalb der Läsion, diffuse Kopfschmerzen, Frösteln, Anschwellung der Augenbindehaut, verschwommenes Sehvermögen, Thoraxschmerzen, Metallgeschmack im Mund, Verstopfung der Nase und pilomotorische Reflexe.
dysreflexia

Areflexie. Fehlen von Reflexen.
areflexia

Areflexie, Pflege bei. → Pflegeintervention der → NIC, die definiert wird als die Vorbeugung und Beseitigung der ursächlichen Reize für hyperaktive Reflexe und unangemessene autonome Reaktionen bei Patienten mit Rückenmarkläsionen im Hals- oder Thoraxbereich.
Dysreflexia Management

Arenaviren. Familie von Viren, die auf den Menschen durch die Exkrete wild lebender Nagetiere übertragen wird. Die einzelnen A. werden nach den geographischen Gebieten benannt, in denen sie auftreten, z.B. **Bolivianisches-Blutfieber, Lassa-Fieber** sowie **Argentinisches-Blutfieber**. Von A. verursachte Infektionen haben einen langsamen Beginn und werden von Fieber, Muskelschmerzen, Petechien, Hämorrhagie, Delirium, Hypotonie und Mundulzera begleitet.
[*lat.:* arena, Sand]
Arenavirus

Areola. 1. Kleiner Raum oder Kavität in einem Gewebe. 2. Runder Bereich mit einer anderen Färbung, der eine zentrale Struktur umgibt, z.B. die Verfärbung um eine Pustel oder ein Bläschen. 3. Der Teil der Iris, der die Pupille umgibt.
areola

Areola mammae. (Warzenhof). Gerunzelte, pigmentierte Umgebung der Brustwarze.
areola mammae

Areolitis. Entzündung des Brustwarzenvorhofs.
areolitis

Arg. Abkürzung für die Aminosäure → Arginin.
Arg

Argentaffinzelle. Zellen mit Körnchen, die gut mit Silber und Chrom angefärbt werden können. Solche Zellen sind in den meisten Bereichen des Verdauungstrakts zu finden.
[*lat.:* argentum, Silber; affinitas, Affinität]
argentaffin cell

Argentum. (→ Silber)
silver (Ag)

Arginase. Enzym des Harnstoffzyklus, das die Hydrolyse von → Arginin zu Harnstoff und Ornithin katalysiert.
arginase

Arginin (Arg). Aminosäure, die bei der Verdauung bzw. Hydrolyse von Proteinen entsteht, welche im Harnstoffzyklus durch den Transfer eines Stickstoffatoms von → Asparagin zu Citrullin gebildet werden.
arginine (Arg)

Argon (Ar). Farbloses, geruchloses, chemisch inertes Spurengas der Atmosphäre. Atommasse: 39,95; Ordnungszahl: 18. Edelgas, das keine Verbindungen bildet.
[*griech.:* argos, inaktiv]
argon (Ar)

Argyll-Robertson-Zeichen. Verengung der Pupille bei einer → Akkomodation, die jedoch nicht als Reaktion auf Licht erfolgt; tritt oft mit Miosis und bei fortgeschrittener Neurosyphilis auf.
[D. Argyll Robertson, schottischer Augenarzt, 1837–1909]
Argyll Robertson pupil

Argyrie. Blaue oder graue Verfärbung der Haut, der Bindehaut und der inneren Organe infolge eines längeren Kontakts mit Silbersalzen.
[*griech.:* argyros, Silber]
argyria

argyrophil. Bezeichnung für eine Zelle oder eine andere Substanz, die leicht mit Silber gefärbt werden kann.
[*griech.:* argyros, Silber; philein, lieben]
argyrophil

Ariboflavinose. Durch Mangel an → Riboflavin (Vitamin B_2) ausgelöste Stoffwechselkrankheit. Symptome sind Läsionen an den Mundwinkeln, den Lippen sowie um Nase und Augen, seborrhoische Dermatitis sowie verschiedene Sehstörungen.
[*griech.:* a, kein; *lat.:* flavus, gelb; *griech.:* osis, Zustand]
ariboflavinosis

Aricatherapie. Von Oscar Ichazo eingeführte alternative mentale Therapieform, bei der geistige Kräfte durch Bewusstseinsveränderungen verstärkt werden sollen.
Arica therapy

Armbeuger. (→ Musculus brachialis)
brachialis

Armplexus. (→ Plexus brachialis)
brachial plexus

Armplexusanästhesie. Anästhetische Blockade der oberen Extremitäten, die durch Injektion eines Lokalanästhetikums in der Nähe des → Plexus brachialis erreicht wird, der aus den letzten vier zervikalen und den ersten beiden thorakalen Nerven besteht.
brachial plexus anesthesia

Armplexuslähmung. (→ Brachialislähmung)
brachial paralysis

Armschlinge, einfache. Die A. wird angebracht während der Patient auf dem Rücken liegt oder sitzt und den betroffenen Arm angewinkelt vor der Brust hält. Die offene Schlinge sollte unter dem Arm hindurch und über die Brust zur Schulter des unverletzten Arms reichen. Die Bandage wird nun über das Schulterblatt und über Brust und Arm heruntergeführt und in Form einer acht überlappend mehrmals gewickelt.
simple figure-of-eight roller arm sling

Arnold-Chiari-Syndrom. Vererbte Hernienbildung des Hirnstammes und Kleinhirns (Cerebellum), bei dem die Hernie durch das Foramen magnum in den Spinalkanal reicht.
[J. Arnold, deutscher Pathologe, 1835–1915; H. Chiari, französischer Pathologe, 1851–1916]
Arnold-Chiari malformation

Aromabad. Medizinisches Bad mit aromatischen Substanzen oder ätherischen Ölen, das anregende oder beruhigende Wirkung haben kann.
aromatic bath

Aromastoffe. Wohlriechende, angenehme Düfte, insbesondere in Verbindung mit Essen, Getränken, Gewürzen oder Medikamenten.
[*griech.:* aroma, Gewürz]
aroma

Aromat. Organische Verbindungen, die Benzol, Naphthalin oder analoge Ringe enthalten. Viele dieser Verbindungen haben angenehme Gerüche.
aromatic compounds

Arrhenoblastom. Ovarialneoplasma, dessen Zellen die Zellen von Hodentubuli imitieren und männliche Geschlechtshormone ausscheiden, was zu einer Virilisierung bei Frauen führt.
[*griech.:* arrhen, männlich; blastos, Keim; oma, Tumor]
arrhenoblastoma

arrhenogen. Nur männliche Nachkommen erzeugend.
arrhenogenic

Arrhythmie. Unregelmäßiger Herzschlag. (s.a. Herzrhythmusstörungen) – *adj.* arrhythmisch.
[*griech.:* a, ohne; rhythmos, Rhythmus]
arrhythmia

Arrhythmien, Pflege bei. → Pflegeintervention der → NIC, die definiert wird als die Vorbeugung, Erkennung und Unterstützung der Behandlung von Herzarrhythmien.
Dysrhythmia Managemenet

Arsen (As). Element, das in der Erdkruste als Metallarsenid, Arsenidsulfid und Arsenidoxid vorhanden ist. Ordnungszahl: 33 und Atommasse: 74,92. Dieses Element wird schon seit Jahrzehnten als Therapeutikum und als Gift verwendet und findet immer noch in einigen Medikamenten gegen die Schlafkrankheit Anwendung. (s.a. Karzinogene)
🇬🇧 arsenic (As)

Arsenvergiftung. Toxische Wirkung infolge der Einnahme oder der Inhalation von → Arsen oder arsenhaltiger Substanzen, die Bestandteile einiger Pestizide, Herbizide, Farbstoffe und medizinischer Lösungen sind. Werden geringe Mengen über längere Zeit aufgenommen, kommt es zu einer chronischen Vergiftung, die mit Symptomen wie Übelkeit, Kopfschmerzen, Verfärbung und Abschuppung der Haut, Hyperkeratose, Anorexie sowie weißen Linien in den Fingernägeln einhergeht. Die Aufnahme großer Mengen Arsen führt zu starken gastrointestinalen Schmerzen, Diarrhö, Erbrechen und Schwellung der Extremitäten.
🇬🇧 arsenic poisoning

Artefakt. Eine externe, irrelevante oder unerwünschte Komponente, etwa einer Substanz, einer Struktur oder einer Information.
[*lat.:* ars, Kunst; facere, machen]
🇬🇧 artifact

Arterenol. (→ Noradrenalin)
🇬🇧 norepinephrine

Arteria axillaris. (Achselschlagader). Eine der beiden Fortführungen der → A. subclavia, die am äußeren Rand der ersten Rippe beginnen und sich distal in die → A. brachialis fortsetzen.
[*lat.:* axilla, Flügel]
🇬🇧 axillary artery

Arteria basilaris. (Grundschlagader). Einzelner hinterer (posteriorer) Arterienast, der die Verbindung der beiden vertebralen Arterien des Schädels bildet; erstreckt sich von den unteren (inferioren) zu den oberen (superioren) Begrenzungen der Brücke (Pons), bevor sie sich in die linke und rechte hintere Hirnschlagader (Arteria cerebri posterior) verzweigt. Die A.b. versorgt u.a. das Kleinhirn und das Innenohr.
🇬🇧 basilar artery

Arteria brachialis. (Oberarmschlagader). Wichtigste Arterie des Oberarms in der Verlängerung der Achselarterie (A. axialis). Die A.b. besteht aus drei Ästen und endet an der Verzweigung des Hauptastes in die Radialarterie (A. radialis) und in die Ulnararterie (A. ulnaris).
🇬🇧 brachial artery

Arteria carotis interna. (Innere Kopfschlagader). Die innere der beiden Kopfarterien, die aus der gemeinsamen Kopfschlagader (A. carotis communis) entsteht und Gehirn und Augen versorgt.
🇬🇧 internal carotoid artery

Arteria facialis. (Gesichtsschlagader). Verästelte Arterie, die von der äußeren Karotisarterie abzweigt und sich in vier Hals- und fünf Gesichtszweige unterteilt und verschiedene Kopforgane und -gewebe mit Blut versorgt.
🇬🇧 facial artery

Arteria femoralis. (Oberschenkelschlagader). Verlängerung der äußeren Beckenarterie in die unteren Extremitäten. Die Femoralis beginnt unmittelbar distal zum Leistenband und endet im unteren Drittel des Oberschenkels.
🇬🇧 femoral artery

Arteria iliaca interna. (Innere Hüftschlagader). Ast der Hüftschlagader (A. iliaca communis), der das Becken, die Viszera, die Genitalien und Teile des Oberschenkels mit Blut versorgt.
🇬🇧 internal iliac artery

Arteria maxillaris. (Oberkieferschlagader). Eine von zwei großen Endästen der äußeren Kopfschlagader (Arteria carotis externa), die am Unterkiefer in der Nähe der Ohrspeicheldrüse entspringen und sich in drei Äste teilen; sie versorgen die tiefen Strukturen des Gesichts, z.B. Ohrgang, Paukenhöhle, Kinn, Kaumuskeln, Oberlip-

pe, Oberkiefer, Gaumen, Tonsillen und Nasenhöhle.
maxillary artery

Arteria mesenterica inferior. (Untere Gekröseschlagader). Viszeraler Abschnitt der abdominalen Aorta, der die linke Hälfte des querverlaufenden Kolons (Colon transversum), des absteigenden Kolons, des Sigmoid und den Großteil des Rektums mit arteriellem Blut versorgt.
inferior mesenteric artery

Arteria occipitalis. (Hinterhauptschlagader). Zwei Äste der Arteria carotis externa, die sich weiter in sechs Zweige aufteilen und Kopf, Hinterhaupt, Hirnhäute und Schläfenbein sowie die Kopfhaut mit sauerstoffhaltigem Blut versorgen.
occipital artery

Arteria ovarica. (Eierstockschlagader). Ast der abdominalen Aorta, der kaudal der Nierenarterien entspringt und die Eierstöcke (Ovarien) mit sauerstoffhaltigem Blut versorgt.
ovarian artery

Arteria poplitea. Fortsetzung der → Arteria femoralis, die durch die Kniekehle verläuft, sich in acht Äste teilt und zahlreiche Muskeln des Ober- und Unterschenkels, der Kniekehle und des Fußes versorgt.
popliteal artery

Arteria pulmonalis. (Lungenschlagader). Eine von zwei Schlagadern (rechts oder links), die venöses Blut zur rechten bzw. linken Lunge führen. Die Verzweigungen der Äste zu den einzelnen Lungenlappen werden nach dem jeweiligen Lappen benannt.
pulmonary artery

Arteria radialis. Speichen-Arterie, die am Gabelungsast der → Arteria brachialis beginnt und sich in 12 Ästen vom Unterarm bis zur Handwurzel erstreckt.
radial artery

Arteria renalis. Einer der großen, paarweise angelegten Äste der Bauchschlagader (Arteria abdominalis). Die A.e r. versorgen die Nieren, die suprarenalen Drüsen und die Ureteren (Harnleiter). (→ Niere)
renal artery

Arteria temporalis. Schläfenschlagader, von der auf jeder Kopfseite drei verlaufen.
temporal artery

Arteria thoracica interna. (Innere Brustkorbschlagader). Schlagader, die vom ersten Ast der Schlüsselbeinarterie (A. subclavia) abgeht und an den Rand des Brustbeins (Sternum) führt. Die A. t. i. versorgt die Brustkorbmuskeln, die weiblichen Brüste, Herzbeutel (Perikard) und Bauchmuskeln.
internal thoracic artery

Arteria ulnaris. Große Arterie, die von der Armschlagader (A. brachialis) abzweigt und Muskeln in Unterarm, Handgelenk und Hand versorgt. Sie entspringt nahe dem Ellbogen und führt schräg distal in die Handfläche.
ulnar artery

Arteria vertebralis. (Wirbelschlagader). Paarweise vorliegender Ast der Schlüsselbeinarterie (A. subclavia), der tief im Hals von dieser abzweigt. Jede A. v. teilt sich in zwei Hals- und fünf Kopfäste auf und versorgt so die tiefliegenden Halsmuskeln, das Rückenmark mit den Rückenmarkshäuten und das Kleinhirn.
vertebral artery

Arterie. (Schlagader). Großes Blutgefäß, das sauerstoffreiches (arterielles) Blut vom Herzen wegtransportiert. (s.a. Vene)
[*griech.:* arteria, Schlagader]
artery

Arteriektomie. Chirurgische Entfernung eines Arteriensegmentes. (→ Arterie)
arterectomy

arteriell. Zu einer Schlagader (→ Arterie) gehörend. (s.a. venös)
[*griech.:* arteria, Schlagader]
arterial

Arterienwand. Die fibröse und muskuläre Wand der Gefäße, die sauerstoffreiches Blut vom Herzen in andere Körperbereiche transportieren, sowie der Pulmonalarterien, die sauerstoffarmes Blut vom Herzen in die Lunge befördern. Die Wände einer → Arterie bestehen aus drei Schichten: der Tunica intima (inneren Schicht), Tunica media (mittleren

Schicht) sowie der Tunica adventitia (äußeren Schicht).
arterial wall

Arteriitis. Entzündung der inneren (Tunica intima) oder äußeren Schicht (Tunica adventitia) einer oder mehrerer Arterien; kann als klinische Erkrankung oder in Verbindung mit anderen Störungen auftreten, z.B. rheumatische Arthritis, rheumatisches Fieber, Polymyositis oder systemischer Lupus erythematodes.
arteritis

Arteriofibrose. Entzündliche, fibröse Verdickung der Wände von → Arterien und → Arteriolen, die zu einer Verengung des Gefäßlumens führt.
arteriofibrose

Arteriogramm. Röntgenaufnahme einer → Arterie, in die zuvor ein Kontrastmittel injiziert wurde. (→ Arteriographie)
arteriogram

Arteriographie. Methode der radiologischen Visualisierung der → Arterien mit Hilfe eines Kontrastmittels, das durch eine Injektion oder einen Katheter in den Blutstrom oder in ein spezielles Blutgefäß eingebracht wird.
arteriography

Arteriole. Die kleinste Form der → Arterien. Das Blut wird vom Herzen durch die Arterien zu den A.n, dann durch die Kapillaren in die Venen und zurück zum Herzen gepumpt. Die muskuläre Wand der A.n kann sich sowohl infolge von örtlichen Faktoren wie auch durch neurochemische Stimuli zusammenziehen oder erweitern; somit spielen die A.n eine wichtige Rolle bei der Regulierung des peripheren Gefäßwiderstandes und des Blutdrucks.
[*lat.:* artiola, kleine Arterie]
arteriole

Arteriolosklerose. Pathologische Verdickung, Verhärtung und Elastizitätsverlust der Wände der → Arteriolen. (→ Arteriosklerose)
arteriolosclerosis

Arteriopathie. Erkrankung einer → Arterie.
[*griech.:* arteria, Schlagader; pathos, Krankheit]
arteriopathy

Arterioplastik. Eingriff der plastischen Chirurgie an einer → Arterie; wird häufig zur Korrektur eines Aneurysmas durchgeführt.
[*griech.:* arteria, Schlagader; plassein, formen]
arterioplasty

Arteriosklerose. (Arterienverkalkung). Weitverbreitete arterielle Erkrankung, die durch Verdickung, Elastizitätsverlust und Verkalkung der → Arterienwände gekennzeichnet ist; führt zur verminderten Blutversorgung, insbesondere des Gehirns und der unteren Extremitäten. Die Erkrankung entwickelt sich häufig mit zunehmendem Alter und bei bestehender Hypertonie, Nephrosklerose, Sklerodermie, Diabetes mellitus und Hyperlipidämie. Typische Anzeichen und Symptome sind intermittierendes Hinken, Veränderungen der Hauttemperatur und -farbe, veränderte periphere Pulse, Geräusche über der betroffenen Arterie, Kopfschmerzen, Schwindelgefühl und Gedächtnisschwäche. – *adj.* arteriosklerotisch.
[*griech.:* arteria, Schlagader; sklerosis, Verhärtung]
arteriosclerosis

Arteriosklerose obliterans. Allmähliche Verengung der → Arterien mit Degeneration der inneren Wandschicht (Intima) und Thrombosierung; kann zum vollständigen Verschluss einer Arterie und anschließender Gangrän führen. (→ Arteriosklerose)
[*griech.:* arteria, Schlagader; sklerosis, Verhärtung; *lat.:* oblinere, verstopfen]
arteriosclerosis obliterans

Arteriospasmus. Krampf (→ Spasmus) der Schlagadern (→ Arterien).
[*griech.:* arteria, Schlagader; spasmos, Krampf]
arteriospasm

Arteriostenose. Verengung einer Schlagader (→ Arterie).
[*griech.:* arteria, Schlagader; stenos, eng; osis, Zustand]
arteriostenosis

Arteriotomie. Chirurgische Eröffnung einer Schlagader (→ Arterie).
arteriotomy

arteriovenös. Zu den → Arterien und den → Venen gehörend.
arteriovenous

Arthralgie. Gelenkschmerzen. – *adj.* athralgisch.
[*griech.:* arthron, Gelenk; algos, Schmerz]
arthralgia

Arthritis. Entzündlicher Zustand der Gelenke, der durch Schmerzen, Schwellung, starke Wärme, Rötung und Bewegungseinschränkung gekennzeichnet ist.
[*griech.:* arthron, Gelenk; itis, Entzündung]
arthritis

Arthritis, akute pyogene. Akute bakterielle Infektion eines bzw. mehrerer Gelenke, die durch Trauma oder eine perforierte Wunde verursacht wird; tritt meist bei Kindern auf. Typische Merkmale sind Schmerzen, Rötung und Schwellung der betroffenen Gelenke, Muskelkrämpfe, Frösteln, Fieber, Diaphorese sowie Leukozytose.
acute pyogenic arthritis

Arthritis, akute rheumatoide. → Arthritis, die in der akuten Phase von → rheumatischem Fieber auftritt.
acute rheumatic arthritis

Arthritis, tuberkulose. Gelenkentzündung infolge einer Anlagerung von Tuberkelbakterien, die von einem Primärherd, meist in der Brust, in das Gelenk gewandert sind.
tuberculous arthritis

Arthritis allergica. Auftreten von Arthritissymptomen, z.B. geschwollene Gelenke, nach Einnahme bestimmter Nahrungsmittel oder Arzneimittel mit allergener Wirkung. (→ Arthritis)
allergic arthritis

arthro-. Vorsilbe mit der Bedeutung »Gelenk«.
arthro-

Arthrogramm. Röntgenaufnahme eines Gelenks nach der Injektion eines Kontrastmittels.
arthrogram

Arthrographie. Methode der röntgenologischen Visualisierung des Innenraums eines Gelenks.
arthrography

Arthropathie. Krankheit oder unphysiologischer Zustand eines Gelenks.
[*griech.:* arthron, Gelenk; pathos, Krankheit]
arthropathy

Arthroplastik. (Gelenkersatz). Chirurgische Rekonstruktion oder Ersatz eines schmerzhaften, degenerierten Gelenks zur Wiederherstellung der Mobilität bei Osteoarthritis oder rheumatischer Arthritis oder zur Korrektur eines angeborenen (kongenitalen) Defekts. Dabei werden entweder die Knochen der Gelenke neu geformt und das weiche Gewebe oder eine Metallplatte mit diesen Gelenkenden verbunden oder aber alle Teile des Gelenks durch eine Metall- oder Plastikprothese ersetzt.
[*griech.:* arthron, Gelenk; plassein, formen]
arthroplasty

Arthroplastik, des Hüftgelenks. Operativer Einsatz einer Metall- oder Plastikmulde auf den Oberschenkelknochenkopf zur Linderung von Schmerzen und zur Verbesserung des Bewegungsradius bei Arthritis oder Hüftgelenkfehlbildungen. Der beschädigte bzw. kranke Knochen wird entfernt und Hüftgelenkspfanne und Oberschenkelknochenkopf werden neu geformt. Zwischen den beiden Knochenflächen wird eine Mulde geschaffen, die die Gelenkfläche des Oberschenkels bildet. Nach der Operation wird das operierte Bein auf ein Abduktionskissen gelegt, um es in abduzierter und gestreckter Lage sowie in innerer Rotation zu halten, damit die in der Hüftgelenkspfanne einge-

baute Scheibe in der richtigen Position verbleibt.
[*griech.:* arthron, Gelenk, plassein, formen.]
cup arthroplasty of the hip joint

Arthroskop. Ein → Endoskop zur Untersuchung der Gelenke. (→ Arthroskopie)
[*griech.:* arthron, Gelenk; skopein, beobachten]
arthroscope

Arthroskopie. Die Untersuchung des Innenraums eines Gelenks nach Einführung eines speziellen → Endoskops (Arthroskop) durch eine kleine Inzisionsstelle. Dieses Verfahren wird bei Kniebeschwerden eingesetzt und ermöglicht eine Biopsie des Knorpelgewebes oder die Entnahme von Gelenkflüssigkeit und bei Bedarf die Entfernung von frei im Gelenkraum befindlichen Substanzen.
[*griech.:* arthron, Gelenk; skopein, beobachten]
arthroskopy

Articulatio humeri. (→ Schultergelenk)
shoulder-joint

Articulatio temporomandibularis. Gelenk, das den Unterkiefer mit dem Schläfenbein des Schädels verbindet. Es ist ein kombiniertes Gelenk, mit dem Hebung und Senkung, Vor- und Rückbewegungen sowie seitliche Verschiebungen möglich sind.
temporomandibular joint (TMJ)

artifiziell. Künstlich geschaffen.
[*lat.:* artificium, nicht natürlich]
artificial

artikulär. Zu einem → Gelenk gehörend, Gelenke betreffend.
[*lat.:* articulare, in einzelne Teile unterteilen]
articular

artikulieren. 1. Ein Gelenk bilden. 2. Anwenden einer deutlichen, gegliederten Sprache.
[*lat.:* articulare, in einzelne Teile unterteilen]
articulate

Arzneimittel. Bezeichnung für oral einzunehmende, in Muskelgewebe, Hautgewebe, Blutgefäße oder Körperhohlräume injizierte bzw. oberflächlich anwendbare Substanzen, die zur Behandlung bzw. Vermeidung von Krankheiten verabreicht werden.
drug

Arzneimittel, adrenerge. (→ Sympathikomimetikum)
adrenergic drug

Arzneimittel- und Drogensucht. Krankhafter Suchtzustand, der von dem überwältigenden Verlangen nach Einnahme einer Droge bzw. eines Arzneimittels geprägt ist, an das man sich durch wiederholte Einnahme gewöhnt hat und welches eine bestimmte Wirkung, häufig einen veränderten Geisteszustand, hervorruft. Suchtverhalten wird von Symptomen wie starkem Verlangen nach der Droge, immer höheren Dosierungen, psychologischer bzw. physischer Abhängigkeit sowie von gesundheitlichen Schäden begleitet.
drug addiction

Arzneimittel- und Drogenmissbrauch. Überdosierung von Arzneimitteln bzw. Drogen für nicht-therapeutische Zwecke. Zu den am häufigsten missbräuchlich verwendeten Drogen zählen Alkohol, Amphetamine, Barbiturate, Kokain, Methaqualon, Narkotika, Opiumalkaloide und Tranquilizer. Ein Drogen- und Arzneimittelmissbrauch kann zu Organschäden, Abhängigkeit und Verhaltensstörungen führen.
drug abuse

Arzneimittelallergie. Überempfindlichkeitsreaktion, die durch die Einnahme eines pharmakologischen Mittels ausgelöst wird. Je nach individueller Empfindlichkeit, dem jeweiligen Allergen und der Arzneimitteldosis reichen die Symptome einer Arzneimittelallergie von einem schwachen Hautausschlag bis zum → anaphylaktischen Schock.
drug allergy

Arzneimittelexanthem. Allergischer Hautausschlag, der durch ein bestimmtes Arzneimittel verursacht wird. Ein A., das auf einer Überempfindlichkeitsreaktion be-

ruht, tritt erst bei wiederholter Einnahme des Arzneimittels auf.
drug rash

Arzneimittelpsychose. Durch übermäßigen Konsum bestimmter therapeutisch angewendeter Arzneimittel bzw. durch Drogenmissbrauch induzierter psychotischer Zustand. Zu den Arzneimitteln, die psychotische Auswirkungen haben können, zählen Belladonna, Chloralhydrat, Paraldehyd, Steroide sowie Isoniazid.
drug psychosis

Arzneimittelreaktion. Sammelbegriff für unerwünschte Nebenwirkungen von Arzneimitteln, Drogen oder die Wechselwirkung zweier oder mehrerer pharmakologisch aktiver Mittel innerhalb einer kurzen Zeitspanne. Zu den Arzneimitteln und Drogen, die unerwünschte Nebenwirkungen hervorrufen, zählen Hypnotika, Stimulanzien des Zentralnervensystems, Antidepressiva, Tranquilizer und Muskelrelaxanzien.
drug reaction

Arzneimittelresistenz. Bezeichnung für die Fähigkeit von Krankheitserregern, bestimmte Arzneimittelwirkungen zu neutralisieren, die vormals toxisch auf die Erreger wirkten. Die bakterielle Resistenz auf ein bestimmtes Antibiotikum kann durch Mutation eines Bakterienstammes verursacht werden, der mit dem Antibiotikum oder einem ähnlichen Mittel in Berührung gekommen ist. Eine solche erworbene Resistenz kann auf eine chromosomale Störung bzw. auf die Einbeziehung eines DNS-Fragments in ein resistentes Plasmid zurückzuführen sein. Veränderungen und die Deaktivierung eines Antibiotikums sind die häufigsten Mechanismen, die eine Arzneimittelresistenz verursachen. Eine erworbene Resistenz für beta-Lactam-Antibiotika kann festgestellt werden, indem man Enzyme erfasst, die das Antibiotikum deaktivieren. Eine weitere Ursache für die Resistenz ist eine Änderung in der Zielstruktur, auf die das Antibiotikum wirkt.
drug resistance

Arzneimitteltoleranz. Zelluläre Anpassung an pharmakologisch aktive Substanzen, die dazu führt, dass zunehmend größere Dosierungen benötigt werden, um denselben physiologischen oder psychologischen Effekt zu erzielen, der zuvor mit einer kleineren Dosis erreicht wurde.
drug tolerance

Arzneimittelüberdosis. Unbeabsichtigt bzw. beabsichtigt eingenommene Dosis eines Arzneimittels, die groß genug ist, um schwere Nebenwirkungen zu verursachen.
drug overdose (O.D.)

Arzt, Unterstützung des. → Pflegeintervention der → NIC, die definiert wird als die Zusammenarbeit mit Ärzten zur Gewährleistung einer qualitativ hochwertigen Patientenpflege.
Physician Support

As. Chemisches Symbol für Arsen.
As

Asbest. Sammelbezeichnung für faserige, unreine Magnesiumsilikatmineralien. Das Inhalieren dieser Fasern kann zur Lungenfibrose führen, wenn sie sich in den Bronchiolenenden ansammeln. Eine dauerhafte Exposition kann Lungenkrebs verursachen.
[*griech.:* asbestos, unauslöschlich]
asbestos

Asbestose. (Asbeststaublunge). Chronische Lungenerkrankung, die durch die Inhalation von Asbestfasern verursacht wird und zur Entwicklung einer alveolaren, interstitiellen und pleuralen Fibrose führt. Die A. tritt bei Personen auf, die dauerhaft → Asbest exponiert sind.
asbestosis

Ascorbinsäure. (Vitamin C). Wasserlösliches, weißes kristallines → Vitamin, das besonders in Zitrusfrüchten, Tomaten, Beeren, Kartoffeln und frischem Blattgemüse vorhanden ist. A. ist für die Bildung von Kollagen und fibrösem Gewebe normaler interzellulärer Strukturen in Zähnen, Knochen, Knorpel, Bindegewebe und in der Haut sowie für die strukturelle Integrität

der Kapillarwände verantwortlich. Ein Ascorbinmangel führt zu → Skorbut.
[*griech.:* a, kein; germ, Keim; scurf, Skorbut]
🇬🇧 ascorbic acid

ASD. Abkürzung für Atriumseptumdefekt.
🇬🇧 ASD

Asepsis. Keimfreiheit zur Verhinderung einer Infektion oder Kontamination durch Verminderung der Anzahl von Mikroorganismen, indem ihre Vermehrung verhindert wird. (s.a. Antisepsis) – *adj.* aseptisch.
[*griech.:* a, kein; sepsis, Fäule]
🇬🇧 asepsis

asexuell. Ungeschlechtlich; zu einem Organismus gehörend, der keine Geschlechtsorgane aufweist.
[*griech.:* a, kein; *lat.:* sexus, männlich oder weiblich]
🇬🇧 asexual

Askariasis. Infektion durch den Parasiten *Ascaris lumbricoides*, einen Spulwurm, der im Larvenstadium in die Lungen wandert. Dessen Eier werden durch die Fäzes ausgeschieden und können durch Kontamination über Gegenstände, Hände, Wasser, Nahrungsmittel oder den Boden über den oralen Weg übertragen werden. Nachdem die Larven die Darmwände durchbohrt haben, gelangen sie über die Lymph- oder Blutbahnen in die Lunge.
🇬🇧 ascariasis

Askaris. Gattung großer, parasitärer Spulwürmer, z.B. *A. lumbricoides*, die → Askariasis auslösen und in warmen und tropischen Gegenden vorkommen.
🇬🇧 Ascaris

Asklepios. (Äskulap). Griechischer Gott der Heilkunde. Asklepios sah Schlangen als heilige Tiere an. Die moderne Medizin wird mit einem Stab, um den eine Schlange gewunden ist, symbolisch dargestellt.
🇬🇧 Aesculapius

asozial. Übertrieben zurückgezogenes oder teilnahmsloses Verhalten beim Kontakt mit anderen Menschen; abwertende Verwendung bei der Beschreibung von Personen, die sich nicht in das Gemeinwesen einfügen.
[*griech.:* a, kein; *lat.:* socius, Kamerad]
🇬🇧 asocial

Asparagin (Asn). Nicht-essentielle → Aminosäure, die in zahlreichen Proteinen des Körpers vorhanden ist; kommt darüber hinaus besonders im Spargel vor.
[*griech.:* asparagos, Spargel]
🇬🇧 asparagine

Asparaginase. Enzym, das die Hydrolyse (d.h. die Spaltung durch Wasser) von → Asparagin zu → Asparaginsäure und → Ammoniak katalysiert; wird als → Zytostatikum eingesetzt.
[*griech.:* asparagos, Spargel]
🇬🇧 asparaginase

Asparaginsäure (Asp). Nicht-essentielle → Aminosäure in Zuckerrohr, Mais- und Milchprodukten; Abbauprodukt zahlreicher Proteine.
🇬🇧 asparatic acid

Asparatamino-Transferase (AST). (Glutamat-Oxalacetat-Transaminase (GOT)). → Enzym, das im Blutserum und bestimmten Körpergeweben physiologisch vorliegt, insbesondere im Herz und in der Leber. Die A. bewirkt den Transfer der Aminogruppen von Asparat auf Ketosäuren und löst die Bildung von L-Glutamat und Oxalacetat aus.
🇬🇧 asparate aminotransferase

Aspartam. Weißes, fast geruchloses kristallines Pulver, das als synthetischer Süßstoff dient (A. ist 200mal süßer als Glukose).
🇬🇧 aspartame

Aspergillose. Infektion, die durch einen Pilz der Gattung *Aspergillus* verursacht wird und zu entzündlichen granulösen Läsionen auf oder in einem Organ, z.B. Lunge, ZNS oder Magen-Darm-Trakt, führen kann.
[*lat.:* aspergere, streuen; *griech.:* osis, Zustand]
🇬🇧 aspergillosis

Aspergillose, allergische bronchopulmonale. Form der → Aspergillose, die bei Asthma-

A

tikern zu beobachten ist. Eine → Überempfindlichkeitsreaktion wird dabei durch den im Bronchiallumen wachsenden Pilz *Aspergillus fumigatus* ausgelöst. Die Merkmale gleichen Asthmasymptomen, einschließlich Dyspnoe und pfeifender Atmung. (→ Asthma)
allergic bronchopulmonary aspergillosis

Aspergillus. Gattung von Pilzen, die im Krankenhaus häufig auftreten und für Nosokomialinfektionen (Krankenhausinfektionen) verantwortlich sind. (→ Aspergillose)
Aspergillus

Aspermie. Das Fehlen von Samenzellen oder Ausbleiben der Ejakulation trotz Orgasmus.
[*griech.:* a, kein; sperma, Samen]
aspermia

Asphyxia neonatorum. (Neugeborenenasphyxie). Zustand, bei dem ein Neugeborenes nicht spontan atmet. Die A.n. kann sich vor oder während der Wehen oder unmittelbar nach der Entbindung entwickeln. (→ Asphyxie)
asphyxia neonatorum

Asphyxie. Schwerer Sauerstoffmangel (Hypoxie) und Kohlensäureüberschuss (Hyperkapnie); Verlust des Bewusstseins mit Todesfolge, falls keine Behandlung erfolgt. Zu den häufigsten Ursachen einer A. gehören Ertrinken, Elektroschock, Aspiration von Erbrochenem, Fremdkörper in der Lunge, Inhalation von toxischen Gasen oder Rauch und Vergiftung.
[*griech.:* a, kein; sphyxis, Puls]
asphyxia

Asphyxie, fetale. Im Uterus auftretende arterielle Hypoxie, Hyperkapnie und respiratorische bzw. metabolische Azidose. (→ Asphyxie)
fetal asphyxia

Aspiration. 1. Absaugen von Flüssigkeiten, z.B. Schleim oder Blut, aus dem Körper mit Hilfe einer Absaugvorrichtung. 2. Eindringen von Fremdkörpern in die Atemwege während der Einatmung bei fehlendem Hustenreflex.
aspiration

Aspiration, Risiko der. Anerkannte → NANDA-→ Pflegediagnose; Zustand, bei dem ein Patient dafür gefährdet ist, dass gastrische oder oropharyngeale Sekretionen oder Nahrung und Flüssigkeiten in die Trachea und Bronchien gelangen, weil eine Dysfunktion besteht oder normale Schutzmechanismen fehlen. Zu den Risikofaktoren zählen ein reduzierter Bewusstseinszustand, verminderter Husten- und Schluckreflex, vorhandener, zu stark aufgeblasener oder falsch aufgeblasener Tracheotomie- oder Endotrachealtubus-Cuff, Magensonde, Bolus von Sondenkost oder die Verabreichung von Arzneimitteln.
aspiration, risk of

Aspiration, Vorsichtsmaßnahmen gegen. → Pflegeintervention der → NIC, die definiert wird als die Vorbeugung oder Minimierung der Risikofaktoren bei aspirationsgefährdeten Patienten.
Aspiration Precautions

Aspirationsbiopsie. Entnahme von lebendem Gewebe zur mikroskopischen Untersuchung mit Hilfe einer feinen Nadel, die an einer Spritze befestigt ist. Dieses Verfahren wird vorwiegend genutzt, um Zellen aus einer flüssigkeitshaltigen Läsion oder einer serösen Körperhöhle zu erhalten, z.B. Feinnadelbiopsie, Knochenmarkbiopsie. (→ Aspiration/Biopsie)
aspiration biopsy

Aspirationspneumonie. Entzündung der Lunge (→ Pneumonie) und der Bronchien durch die Inhalation fremden Materials, z.B. erbrochener Mageninhalt. (→ Aspiration)
aspiration pneumonia

Aspirationspneumonie, kongenitale. Durch während der Geburt aspirierte Flüssigkeit

oder Kindspech (Mekonium) verursachte neonatale Lungenentzündung.
[*lat.:* congenitus, geboren mit, aspirare, einhauchen; *griech.:* pneumon, Lunge.]
congenital aspiration pneumonia

aspirieren. 1. Entnahme von Flüssigkeit oder Luft aus einer Körperhöhle; dies erfolgt meist mit Hilfe einer Spritze oder Absaugvorrichtung. 2. Eindringen von Fremdkörpern in die Atemwege.
[*lat.:* aspirare, einatmen]
aspirate

Asplenie. Zustand, der durch das Fehlen der Milz gekennzeichnet ist; dieser Zustand kann angeboren (kongenital) sein oder nach einer chirurgischen Entfernung der Milz vorliegen.
[*griech.:* a, ohne; splen, Milz]
asplenia

Assessment. (Einschätzung). Einer der fünf Schritte des → Pflegeprozesses, der das Kommunizieren, Sammeln und Prüfen von Informationen über einen Patienten/Klienten umfasst. Der/die Pflegende sammelt die Daten durch die verbale Interaktion mit dem Patienten, seiner Familie oder wichtigen Bezugspersonen, überprüft die Standardquellen für Informationen, überwacht systematisch die Anzeichen und Symptome einer Erkrankung, bestimmt die Fähigkeiten des Patienten zur Durchführung seiner Selbstpflege, schätzt die Umgebung des Patienten ein und beurteilt die Reaktionen des multidisziplinären Teams gegenüber dem Patienten, seinen Angehörigen und wichtigen Bezugspersonen.
assessment

Assimilation. 1. Prozess der Aufnahme von Nährstoffen in den Organismus; Endstadium des Ernährungsprozesses, entweder nach der Verdauung und → Absorption oder gleichzeitig mit der Absorption. 2. Eingliederung neuer Erfahrungen in die Bewusstseinsebene eines Menschen. 3. Prozess, bei dem eine Person oder Gruppe einer fremden ethnischen Herkunft in eine neue Kultur eingegliedert wird.
[*lat.:* assimilare, gleich machen]
assimilation

Assoziation. 1. Die Verbindung, Vereinheitlichung, Zusammenfügung einer bestimmten Anzahl von Dingen. 2. Die Verknüpfung gefühlsbezogener Erinnerungen, Emotionen, Empfindungen, Gedanken oder Wahrnehmungen mit bestimmten Personen, Dingen oder Ideen.
[*lat.:* associare, verbinden]
association

Assoziation, kontrollierte. 1. Die direkte, durch einen bestimmten Stimulus hervorgerufene Verknüpfung relevanter Ideen. 2. Bewusstmachen unterdrückter Gedanken als Reaktion auf die Ausführungen eines Psychoanalytikers.
controlled association

Assoziationsfelder. Die Bereiche der Hirnrinde (Cortex), die an der Integration von sensorischen Informationen beteiligt sind.
association areas

Assoziationsversuch. Eine Technik in der psychiatrischen Diagnostik und der erzieherischen sowie psychologischen → Evaluation, bei der eine Person gebeten wird, auf ein Reizwort mit dem ersten Wort, das ihr dazu einfällt (freie → Assoziation), oder aber mit einem gegensätzlichen Begriff (kontrollierte Assoziation) zu antworten.
association test

AST. 1. Abkürzung für → Asparat-Amino-Transferase. 2. Abkürzung für → Antistreptolysintiter.
AST

Astasie. Mangelhafte motorische Koordination, die durch die Unfähigkeit, zu stehen oder ohne Hilfe zu sitzen, gekennzeichnet ist.
astasia

Asteatose. Trockene Haut aufgrund mangelnder oder fehlender Talgabsonderung

aus den Drüsen; kann zu Schuppenbildung und Fissuren führen.
[*griech.:* a, ohne; stear, Talg; osis, Zustand]
asteatosis

Asthenie. Mangel oder Fehlen von Kraft oder Energie (auch psychisch).
[*griech.:* a, ohne; sthenos, Kraft]
asthenia

Astheniker. Person mit einer Körperkonstitution, die durch einen schlanken, hohen Körperbau mit langen Extremitäten und knochigem Aussehen gekennzeichnet ist.
asthenic habitus

Asthenopie. Sehstörung durch eine Schwächung der Augen- oder Ziliarmuskeln, die mit Schmerzen im Augenbereich, Kopfschmerzen, verschwommenem Sehvermögen, Schwindel und leichter Übelkeit einhergeht.
[*griech.:* a, kein; sthenos, Kraft; ops, Auge]
asthenopia

Asthma. Atemerkrankung, die durch rezidivierende Anfälle mit Atemnot (paroxysmale Dyspnoe), Rasselgeräusche bei der Ein- und Ausatmung aufgrund einer Verengung (Konstriktion) der Bronchien sowie Husten und Auswurf von schleimigem Bronchialsekret gekennzeichnet ist; kann durch Einatmen von Allergenen oder durch Infektionen, kalte Luft, körperliche Anstrengung oder emotionalen Stress ausgelöst werden.
[*griech.:* Atemnot]
asthma

Asthma, allergisches. Form von → Asthma, die durch den Kontakt von eingeatmeten, aus der Luft stammenden → Antigenen mit den Bronchialschleimhäuten entsteht. Das → Allergen führt zur Produktion von Antikörpern, die sich mit den Mastzellen im Bronchialbaum verbinden. Die Mastzellen setzen Histamine frei, wodurch eine Kontraktion des glatten Muskelgewebes der Bronchien ausgelöst wird und ein Schleimhautödem entsteht. Psychologische Faktoren können bei Personen mit bereits sensibilisierten Bronchien Asthmaanfälle auslösen.
allergic asthma

Asthma, bei Kindern. Chronische Entzündung der Atemwege, die Symptome einer Verengung des Luftstroms (Obstruktion) auslöst und durch rezidivierende Anfälle einer paroxysmalen Dyspnoe, Atemgeräusche, verlängerte Ausatmungszeit sowie Reizhusten gekennzeichnet ist. Diese Erkrankung tritt häufig auf, meist im Alter zwischen 3 und 8 Jahren. Asthmaanfälle werden durch Verengung der kleinen und großen Atemwege aufgrund von Spasmen der Bronchialmuskulatur, Ödemen, Entzündungen der Bronchialwände oder übermäßiger Schleimproduktion ausgelöst. A. ist eine komplexe Störung, die biochemische, immunologische, infektiöse, endokrinologische und psychologische Faktoren beinhaltet. Früher wurden Asthmaanfälle als extrinsisch und intrinsisch bedingt klassifiziert. Die meisten Anfälle stehen bei Kindern in Verbindung mit einer allergischen Hypersensibilität gegenüber bestimmten Substanzen wie Pollen, Hausstaub, bestimmten Nahrungsmitteln, Rauch, verschiedenen Chemikalien und Arzneimittel.
asthma in children

Astigmatismus. (Stabsichtigkeit). Sehstörung, bei der die Lichtstrahlen nicht exakt auf einen Brennpunkt der Netzhaut (Retina) fokussiert werden können, da die Hornhaut (Cornea) nicht überall gleichmäßig gewölbt ist. Die Sicht ist typischerweise verschwommen, was im Allgemeinen mit Kontaktlinsen oder einer Brille ausgeglichen werden kann.
[*griech.:* a, ohne; stigma, Punkt]
astigmatism

Astroblastom. Malignes Neoplasma des Gehirns oder des Rückenmarks. Die Zellen des A.s sind um Blutgefäße oder um Bindegewebewände angeordnet.
[*griech.:* aster, Stern; blastos, Keim; oma, Tumor]
astroblastoma

Astrozyt. Große, sternförmige Zellen, die sich in bestimmten Geweben des Nervensystems finden. (→ Neuroglia)
[*griech.:* aster, Stern; kytos, Zelle]
astrocyte

Astrozytom. Primärtumor des Gehirns, der aus → Astrozyten besteht und durch langsames Wachstum, Zystenbildung, Invasion der umgebenden Strukturen und oft durch die Entwicklung höchst maligner → Glioblastome innerhalb der Tumormasse gekennzeichnet ist.
[*griech.:* aster, Stern; kytos, Zelle; oma, Tumor]
astrocytoma

asymptomatisch. Ohne Symptome, symptomfrei.
[*griech.:* a, ohne; symptoma, Ereignis]
asymptomatic

Asynergie. Zustand, der durch eine fehlerhafte Koordination von Organ- oder Muskelgruppen gekennzeichnet ist, die normalerweise harmonisch funktionieren.
[*griech.:* a, nicht; syn, zusammen; ergein, funktionieren]
asynergy

Asynklitismus. Haltung des kindlichen Kopfes beim Eintritt in den Beckeneingang, wobei die Sagittalnaht quer zum mütterlichen Becken verläuft, jedoch nicht in der Führungslinie liegt. Man unterscheidet die physiologische Naegele-Obliquität (Vorderscheitelbeineinstellung) und die pathologische Litzmann-Obliquität (Hinterscheitelbeineinstellung).
[*griech.:* a, nicht; syn, zusammen; kleisis, liegen]
asynclitism

Asystolie. Lebensbedrohlicher Herz-Kreislauf-Stillstand, der durch das Fehlen einer elektrischen und mechanischen Aktivität im Herzen gekennzeichnet ist. Klinische Zeichen sind fehlende Pulse und Stillstand der Atmung. – *adj.* asystolisch.
[*griech.:* a, keine; systole, Kontraktion]
asystole

Aszites. (Bauchwassersucht). Unphysiologische Flüssigkeitsansammlung (→ Aszitesflüssigkeit) in der freien Bauchhöhle (Peritoneum), die große Mengen an Proteinen und Elektrolyten enthält. A. kann mit einer allgemeinen abdominalen Schwellung, Hämodilution, Ödemen oder einer verminderten Urinausscheidung einhergehen und Komplikation einer Zirrhose, kongestiver Herzinsuffizienz, Nephrose, malignem Neoplasma, Peritonitis oder verschiedener Pilz- und Parasitenerkrankungen sein.
[*griech.:* askos, Tasche]
ascites

Aszites, transsudative. Abnorme Ansammlung einer Flüssigkeit in der Bauchhöhle, die typischerweise geringe Mengen an Proteinen und Zellen enthält.
transudative ascites

Aszitesflüssigkeit. Wässrige Flüssigkeit, die Eiweiß (Albumin), Glukose und Elektrolyte enthält und sich in der freien Bauchhöhle (Peritoneum) ansammelt; steht in Verbindung mit bestimmten Erkrankungen wie Leber- oder Herzinsuffizienz. Die Flüssigkeit tritt aus den Venen und Lymphgefäßen als Extravasat in den Bauchraum aus. (→ Aszites)
ascitic fluid

Ataraktika. (Tranquilizer). Arzneimittel oder andere Substanzen, die die Wirkung eines → Tranquilizers oder → Sedativums aufweisen.
[*griech.:* ataraktos, ruhig]
ataractics

Ataraxie. Zustand der mentalen Ruhe, Gemütsruhe.
[*griech.:* a, kein; tarakos, Störung]
ataraxia

Atavismus. Aussehen, Eigenschaften oder Charakteristika von Personen, die den Großeltern oder früheren Vorfahren mehr ähneln als den Eltern. Atavistische Daten können Hinweise auf erbliche Faktoren geben. – *adj.* atavistisch.
[*lat.:* atavus, Ahne]
atavism

Ataxie. Beeinträchtigte Fähigkeit, Bewegungen zu koordinieren. Ein schwankender Gang und Haltungsstörungen werden

A

durch Läsionen im Rückenmark oder Kleinhirn (Cerebellum) verursacht. – *adj.* ataktisch.
🇬🇧 ataxia

Ataxie, alkoholische. Koordinationsverlust bei willkürlichen Bewegungen verbunden mit einer peripheren Nervenentzündung; Folge eines bestehenden → Alkoholismus. Eine ähnliche Form der → Ataxie kann durch eine von anderen Substanzen ausgelösten Neuritis entstehen.
[*arab.:* al-kuhl, feine Essenz; *griech.:* ataxia, Störung]
🇬🇧 alcoholic ataxia

Ataxie, choreatische. Form der → Ataxie; dabei ist die Muskelkoordination des Patienten gestört und die Bewegungen werden von unwillkürlichen, abrupten Zukkungen unterbrochen.
[*griech.:* choreia, Tanz, ataxia, Störung.]
🇬🇧 choreic ataxia

Ataxie, motorische. Unfähigkeit, koordinierte Bewegungen durchzuführen. (→ Ataxie)
🇬🇧 motor ataxia

Atelektase. Atemstörung mit Kollaps der → Alveolen, durch die der respiratorische Austausch von Sauerstoff und Kohlendioxid verhindert wird; Symptome sind verminderte Atemgeräusche, Verschiebung des Mittelfells (Mediastinum) zur Seite des Kollapses, Fieber und zunehmende Atemnot (Dyspnoe).
[*griech.:* ateles, unvollständig; ektasis, Ausdehnung]
🇬🇧 atelektasis

Atemarbeit. Die für Atembewegungen erforderliche Energie; kumulatives Ergebnis des momentanen Drucks, der durch die Atemmuskeln und das bewegte Luftvolumen entsteht.
🇬🇧 breathing work

Atemdepression. Langsame oder schwache Atmung mit weniger als 12 Atemzügen pro Minute, wobei die Lunge nicht ausreichend belüftet wird.
🇬🇧 respiratory depression

Atemfrequenz. Die Anzahl der Einatmungen bzw. Atemzüge pro Minute. Beim Säugling beträgt die A. ca. 40–50, bei Kindern ca. 20–25 und bei Jugendlichen und Erwachsenen ca. 12–20. 25 Atemzüge/min. werden beim Erwachsenen als beschleunigte A. (Tachypnoe), weniger als 12 Atemzüge/min hingegen als verlangsamte A. (Bradypnoe) bezeichnet. Die A. wird durch die Wasserstoff-Ionen-Konzentration im Liquor (Gehirn- und Rückenmarksflüssigkeit) gesteuert. Die A. ist u. a. erhöht bei Fieber, akuter Lungenentzündung, Gasbrand, Linksherzinsuffizienz, Schilddrüsenüberfunktion oder Spannungszuständen und erniedrigt bei Kopfverletzungen, Koma oder einer Überdosis an Narkotika.
🇬🇧 respiratory rate

Atemfunktion, Überwachung der. → Pflegeintervention der → NIC, die definiert wird als das Erfassen und Analysieren von Patientendaten, um die Durchgängigkeit der Luftwege und einen einwandfreien Gasaustausch zu gewährleisten.
🇬🇧 Respiratory Monitoring

Atemgeruch. Geruch der ausgeatmeten Luft, der durch bestimmte Substanzen oder Erkrankungen in der Lunge oder im Mund verursacht wird. Einige Gerüche stehen in Verbindung mit speziellen Krankheiten, z.B. mit Diabetes mellitus, Leberinsuffizienz, Urämie oder Lungenabszess.
🇬🇧 breathing odor

Atemgymnastik. (→ Atemtherapie)
🇬🇧 respiratory therapy (RT)

Ateminsuffizienz. Unfähigkeit des Atemsystems, eine angemessene Belüftung (Ventilation) und Perfusion (Durchströmung) der Lunge aufrecht zu erhalten.
🇬🇧 respiratory insufficiency

Ateminsuffizienz, akute. Plötzliche Unfähigkeit der Lungen, die normalen Atemfunktionen aufrecht zu erhalten; kann durch eine Atemwegsobstruktion oder

durch eine Lungeninsuffizienz verursacht werden.
[*lat.:* acutus, scharf; respirare, atmen; fallere, enttäuschen]
acute respiratory failure (ARF)

Atemmuskulatur. Muskeln, die zum Vorgang der Ein- und Ausatmung benötigt werden, z.B. um das Volumen im Brustkorb zu erhöhen, wodurch Luft in die Lungen gezogen wird; hierbei sind Diaphragma und externe interkostale Muskeln beteiligt. Die Atmung wird außerdem durch die M. levatores costarum, M. sternocleidomastoideus, M. pectoralis major und M. serratus superior und posterior unterstützt. Zur Ausatmung gehören M. obliquus externus und internus, M. rectus abdominis und M. transversus abdominis. Bei verstärkter Atmung sind die Atemhilfsmuskel M. scaleni, Mm. sternocleidomastoideus, Mm. pectorales (Einatmung) sowie die äußeren Bauchmuskeln (Ausatmung) beteiligt..
respiratory muscles

Atemnotsyndrom des Erwachsenen. Respiratorische Erkrankung, die durch eine respiratorische Insuffizienz und Hypoxämie gekennzeichnet ist; kann durch Aspiration eines Fremdkörpers, eine kardiopulmonale Bypass-Operation, gramnegative Sepsis, multiple Bluttransfusionen, Sauerstofftoxizität, Trauma, Pneumonie oder durch andere Atemwegsinfekte verursacht werden. Zu den Anzeichen und Symptomen eines Atemnotsyndroms gehören Kurzatmigkeit, Tachypnoe, Hypoxämie und eine verminderte → Lungen-Compliance.
adult respiratory distress syndrome

Atemnotsyndrom des Neugeborenen (RDS). Abk. für respiratory distress sysdrome. Akute Lungenfunktionsstörung des Neugeborenen, gekennzeichnet durch luftleere Lungenalveolen, unelastische Lungen, Nasenflügel, interkostale und subkostale Einziehungen, Stöhnen beim Ausatmen und periphere Ödeme. Ursache für das RDS ist ein → Surfactant-Mangel, der zum Kollaps der Lungenalveolen und nachfolgend bei mechanischer Beatmung zur Überdehnung der Alveolen und ggf. zur Bildung von → hyalinen Membranen, alveolären Blutungen, schwerem → Rechts-Links-Shunt, erhöhtem Lungenwiderstand, verminderter Herzleistung und schließlich zu schwerer Hypoxie führt.
respiratory distress syndrome of the newborn (RDS)

Atemsedativum. Ein Medikament oder eine Substanz, das die normale Atemfunktion beeinträchtigt. Die meisten A., wie z.B. Alkohol oder Opiate, verursachen eine Dämpfung des Zentralnervensystems.
respiratory depressant

Atemstillstand. (→ Apnoe)
respiratory standstill

Atemstimulierende Einreibung. Form der Einreibung zur Regulierung der Atmung des Patienten. Sie fördert eine gleichmäßige, ruhige und tiefe Atmung und die Körperwahrnehmung. Beide Hände werden in Schulterblatthöhe neben die Wirbelsäule gelegt und bewegen sich kreisförmig nach unten, wobei die Aufwärtsbewegung während der Eintatmung erfolgt, die Abwärtsbewegung während der Ausatmung; gleichzeitig ist darauf zu achten, dass der Atemrhythmus langsamer wird.
breathing stimulating embrocation

Atemstörungen. Unzureichender Gasaustausch in den Lungen. Die A. können sich als Störung der Sauerstoffzufuhr (Oxygenation) oder als Hyperkapnie darstellen. Eine Störung der Oxygenation ist bei Hyperventilation gegeben und tritt bei Krankheiten auf, die die Lungenalveolen oder das Interstitium der Lungenflügel betreffen, wie z.B. alveoläre Ödeme, Emphysem, Pilzinfektionen, Leukämie, Lappenpneumonie oder Tuberkulose. Eine Störung der Lungenbelüftung, gekennzeichnet durch erhöhten arteriellen Blutdruck, tritt bei akuten Zuständen auf, wobei zurückgehaltene Lungensekrete den Widerstand in den Luftwegen erhöhen und die Dehnbarkeit der Lunge verrin-

A

gern, wie z.B. bei Bronchitis oder Emphysem.
respiratory failures

Atemtherapie. (Atemgymnastik). Jede Behandlung, welche die Belüftungsfunktion des → Respirationstraktes aufrecht erhält bzw. verbessert.
respiratory therapy (RT)

Atemunterstützung. → Pflegeintervention der → NIC, die definiert ist als die Unterstützung optimaler spontaner Atemmuster zur Maximierung des Sauerstoff- und Kohlendioxidaustauschs in den Lungen.
Ventilation Assistance

Atemwege, Erhaltung der. → Pflegeintervention der → NIC, die definiert wird als die Verbesserung der Durchgängigkeit der Atemwege.
Airway Management

Atemwege, obere. Der obere Teil des Respirationstrakts; dazu gehören Nase, Nasenhöhlen, Siebbeinzellen, Stirnhöhlen, Keilbeinhöhlen, Kiefernhöhle, Kehlkopf und Luftröhre. Die o.n A. leiten die Luft bei der Einatmung zur Lunge und bei der Ausatmung aus der Lunge nach außen. Bei der Einatmung wird die Luft gefiltert, befeuchtet und angewärmt.
upper respiratory tract (URT)

Atemwege, ungenügende Selbstreinigungsfunktion. Anerkannte → NANDA-→ Pflegediagnose; Unfähigkeit, Sekretionen oder Obstruktionen aus den Atemwegen zu entfernen; dazu gehören als kennzeichnende Merkmale abnorme Atemgeräusche (Rasseln, Glucksen, Giemen), ineffektives oder fehlendes Husten, Bericht über Schwierigkeiten beim Abhusten von Sputum oder über eine Anschoppung in der Lunge.
airway clearance, ineffective

Atemwegsdruck, kontinuierlich negativer. Negativer Druck, der während des gesamten Atemvorgangs auf die Brustwand ausgeübt wird und den transpulmonalen Druck erhöht.
continuous negative chest wall pressure

Atemwegsinfektion. Jede Erkrankung der oberen bzw. unteren Atemwege durch Eindringen von Mikroorganismen. Zu den Infektionen der oberen Atemwege zählen Erkältung, Laryngitis (Rachenentzündung), Pharyngitis (Kehlkopf-), Rhinitis (Nasenschleimhaut-), Sinusitis (Nasennebenhöhlen-), und Tonsillitis (Mandelentzündung). Zu den Infektion der unteren Atemwege zählen Bronchitis, Bronchiolitis, Pneumonie (Lungenentzündung) und Tracheitis (Entzündung der Luftröhre).
respiratory tract infection

Atemwegsleitfähigkeit. Unmittelbare, volumetrische Gasströmungsrate in den Luftwegen pro Einheit Druckunterschied zwischen Mund, Nase oder anderen Atemwegsöffnungen sowie den Alveolen; die A. ist reziprok zum → Atemwegswiderstand (Resistance).
airway conductance

Atemwegsobstruktion. Unphysiologscher Zustand des Atemsystems, der durch eine mechanische Behinderung (Einengung oder Verschluss) der Sauerstoffversorgung bzw. ungenügende Sauerstoffabsorption in den Lungen gekennzeichnet ist.
airway obstruction

Atemwegsobstruktion, chronische. Erkrankung der Atemwege, bei der der Patient in Ruhe eine normale Atemfrequenz, jedoch eine verlängerte Ausatmungsphase mit eingezogenen Lippen aufweist.
chronic airway obstruction

Atemwegswiderstand. (Resistance). Das Verhältnis des Druckunterschieds zwischen Mund, Nase oder anderen Öffnungen der Atemwege sowie den Alveolen und der gleichzeitig gemessenen volumetrischen Gasströmungsrate; der A ist reziprok zur → Atemwegsleitfähigkeit.
airway resistance

Atemzentrum. Eine Gruppe von Nervenzellen im Pons und der Medulla cerebri, die

den Atemrhythmus steuern, indem sie auf Veränderungen des O_2- und CO_2-Gehalts in Blut und Liquor reagieren. Eine Veränderung der Sauerstoff-, Kohlendioxid- oder Wasserstoff-Ionen-Konzentration im arteriellen Blutkreislauf bzw. im Liquor aktiviert zentrale und periphere Chemorezeptoren, die daraufhin Impulse an das Atemzentrum senden und die Atemfrequenz entsprechend erhöhen oder reduzieren.
respiratory center

Atemzugvolumen (AZV). (Tidalvolumen). Die Luftmenge, die bei normaler Belüftung ein- und ausgeatmet wird. Inspiratorisches Reservevolumen, exspiratorisches Reservevolumen und das A. ergeben zusammen die → Vitalkapazität (VK).
tidal volume (TV)

Athelie. Fehlen der Brustwarzen.
[*griech.:* a, keine; thele, Brustwarze]
athelia

Atherom. Epidermiszyste; unphysiologische Fett- oder Lipidmasse in einer Talgzyste oder -ablagerung an einer Arterienwand. – *adj.* atheromatös.
[*griech.:* athere, essen; oma, Tumor]
atheroma

Atherom, embolisiertes. Bezeichnung für einen Fettpartikel, der sich in einem Blutgefäß festgesetzt hat.
embolized atheroma

Atherosklerose. (Sonderform der → Arteriosklerose, die sich durch eine Kombination von degenerativen und produktiven Vorgängen äußert; wird jedoch meist gleichbedeutend verwendet.) Erkrankung der Arterien, die durch gelbliche Ablagerungen aus Cholesterin, Lipiden und Zellabfällen an der inneren Gefäßwandschicht der großen und mittleren Arterien gekennzeichnet ist; beginnt mit fetthaltigen Streifen und bildet sich in fibröse Ablagerungen oder atheromatöse Läsionen um. Die Gefäßwände werden dick, fibrosieren und verkalken; das Lumen verengt sich, wodurch die Blutversorgung der Organe über die Arterien reduziert ist. Atheromatöse Läsionen sind die wichtigste Ursache für koronare Herzkrankheiten, Angina pectoris, Myokardinfarkt und andere Herzerkrankungen. Die A. schreitet mit zunehmendem Alter fort und steht häufig in Verbindung mit Nikotinkonsum, Fettleibigkeit, Hypertonie, erhöhtem Cholesterinspiegel im Blut und Diabetes mellitus.
[*griech.:* athere, essen; sklerosis, Verhärtung]
atherosclerosis

Athetose. Neuromuskuläre Erkrankung, die durch langsame, gekrümmte, unaufhörliche und unwillkürliche Bewegungen der Extremitäten gekennzeichnet ist; tritt bei einigen Formen von zerebralen Lähmungen und motorischen Störungen infolge von Läsionen der Basalganglien, bei Tabes dorsalis u.a., auf. – *adj.* athetotisch.
[*griech.:* athetos, nicht fixiert]
athetosis

Äthinylestradiol. Östrogen zur Behandlung von klimakterischem Brustkrebs, Zyklusstörungen, Prostatakrebs, Hypogonadismus sowie zur Linderung klimakterischer Durchblutungsstörungen.
ethinyl estradiol

Athlet. Person mit einer Körperkonstitution, die von einem wohlproportionierten muskulösen Körper mit breiten Schultern, starkem Nacken, breitem Brustkorb und flachem Abdomen gekennzeichnet ist.
athletic habitus

Äthylen. Farbloses, brennbares Gas, das leichter als Luft ist und einen süßlichen Geschmack hat; wird als Narkotikum eingesetzt.
[*griech.:* aither, Luft, hyle, Stoff.]
ethylene

Äthylendiamin. Klare, dickflüssige Flüssigkeit, die als Lösungsmittel, Emulgator und Stabilisator eingesetzt wird. (→ EDTA)
ethylenediamine

Äthylenoxid. Leicht brennbares Gas, das bei der Sterilisation von chirurgischen Instrumenten eingesetzt wird.
ethylene oxide

Ätiologie. 1. Erforschung aller Faktoren, die zur Entwicklung einer Krankheit beitragen, einschließlich der Empfindsamkeit des Patienten, der Beschaffenheit des Krankheitserregers und der Art und Weise, wie der Patient den Krankheitserreger aufnimmt. 2. Krankheitsursache. – *adj.* ätiologisch.
[*griech.:* aitia, Ursache, logos, Wissenschaft.]
🇬🇧 etiology

ATL (Aktivitäten des täglichen Lebens). Pflegekonzept von Schweizer Ordensschwester Liliane Juchli, in dem die menschlichen Grundbedürfnissen in 12 Aktivitäten des täglichen Lebens kategoriert sind. 1. wach sein und schlafen; 2. sich bewegen; 3. sich waschen und kleiden; 4. essen und trinken; 5. ausscheiden; 6. Körpertemperatur regulieren; 7. atmen; 8. sich sicher fühlen; 9. Raum und Zeit gestalten; 10. kommunizieren; 11. sich als Kind, Frau, Mann fühlen; 12. Sinn finden. Die ATL bieten eine Grundlage, Pflegemaßnahmen patientenorientiert zu erstellen und sollten im Sinne der Ganzheitlichkeit immer miteinander betrachtet werden, nie isoliert.

Atlas. Erster und oberster Halswirbel, der mit dem Schädelknochen verbunden ist.
[*griech.:* Atlas, mythischer Riese, der auf seinen Schultern die Erde getragen haben soll]
🇬🇧 atlas

Atmen, bronchiales. (Röhrenatmen). Physiologisches Atmungsgeräusch, das mit dem Stethoskop über den großen Luftwegen, d.h. Luftröhre (Trachea) und Brustbein (Sternum), zu hören ist. Die Ausatmung und die Einatmung produzieren Geräusche gleicher Länge, die wie der Durchtritt von Luft durch eine hohle Röhre klingen.
🇬🇧 bronchial breath sound

Atmung, äußere. (Lungenatmung). Der Teil des Atmungsprozesses, bei dem ein Austausch der Gase in den Lungenalveolen stattfindet.
🇬🇧 external respiration

Atmung, flache. Atemmuster, gekennzeichnet durch langsames, flaches und meist ineffektives Ein- und Ausatmen. Eine f. A. wird häufig durch Medikamente verursacht und ist ein Hinweis auf eine Dämpfung des Atemzentrums in der Medulla oblongata (verlängertes Mark).
🇬🇧 shallow breathing

Atmung, paradoxe. Zustand, bei dem ein Teil der Lunge während der Einatmung (Inspiration) Luft abgibt (Einwärtsbewegung) und sich bei der Ausatmung (Exspiration) aufbläht (Auswärtsbewegung). Dieser Zustand steht häufig in Verbindung mit einer Thoraxverletzung, z.B. bei offenen Brustwunden oder Rippenbrüchen. Solche Fällen der p.n A., die spontan auftreten, werden als interne p. A. bezeichnet. Eine externe p. A kann während einer tiefen allgemeinen Anästhesie beobachtet werden.
🇬🇧 paradoxic breathing

Atmungsapparat. (→ Respirationstrakt)
🇬🇧 respiratory tract

Atmungsbeurteilung. Die Beurteilung von Zustand und Funktion des Respirationstrakts eines Patienten. Dabei achtet der Untersuchende auf Anzeichen von Verwirrung, Angst, Unruhe, Nasenflügeln, zyanotische Lippen, Gaumen, Ohrläppchen oder Nägel, Fieber, Anorexie sowie auf die Tendenz, aufrecht zu sitzen. Der Arzt bzw. das Pflegepersonal beobachtet die Atmung des Patienten aufmerksam und klopft den Thorax ab, um Resonanz, Hyperresonanz, Tympanie sowie dumpfe oder flache Geräusche zu identifizieren. Rasselgeräusche, pfeifendes Atmen, Reibegeräusche, das Übertragen der Stimme durch die Brustwand und verminderte oder fehlende Atemgeräusche ermittelt er/sie durch Abhören (Auskultation). Notwendige Hintergrundinformationen zur A. beinhalten Allergien, kurz zurückliegende Infektionen, Immunisierung, Belastung mit Reizstoffen aus der Umwelt, frühere Atemstörungen oder Operationen, chronische Leiden, aktuelle Medikation, Rauchgewohnheiten sowie die Familienanamnese. Die genaue und gründliche A.

ist ein wichtiger Bestandteil der körperlichen Untersuchung und trägt entscheidend zur Diagnose oder Therapie einer Erkrankung der Atemwege bei.
respiratory assessment

Atmungsgeräusch. Das Geräusch der Luft, die in und aus den Lungen strömt und mit einem Stethoskop abgehört werden kann, z.B. Rasselgeräusche bei Sekretanschoppung.
breathing sound

Atom. Kleinster Baustein eines Elementes, der alle Eigenschaften und Charakteristika des Elementes enthält; besteht aus Neutronen, Elektronen und Protonen. Die Anzahl der Protonen im Atomkern jedes Elementes entspricht seiner Ordnungszahl.
[*griech.:* atmos, unteilbar]
atom

Atommasse. Die relative Masse des spezifischen Isotops eines Elementes im Vergleich zu einem Kohlenstoff-Atomisotop mit der standardisierten Atommasse 12. (→ Massenzahl)
atomic weight

Atonie. Schwäche, Schlaffheit, fehlender Muskeltonus. – *adj.* atonisch.
[*griech.:* a, kein; tonos, Spannung]
atonia

Atopie. Angeborene Neigung zu allergischen Reaktionen, wie z.B. Asthma, atopische Dermatitis oder vasomotorische Rhinitis aufgrund der Präsenz eines Antikörpers (atopisches Reagin) in der Haut und manchmal auch im Blut. (→ Idiosynkrasie) – *adj.* atopisch.
[*griech.:* atopos, Ungewöhnlichkeit]
atopia

ATP. Abkürzung für → Adenosintriphosphat.
ATP

ATPase. Abkürzung für → Adenosintriphosphatase.
ATPase

Atresie. Fehlen einer physiologischen Körperöffnung, eines Ganges oder Kanals, z.B. Anus, Vagina oder der externe Ohrengang.
[*griech.:* a, keine; tresis, Öffnung]
atresia

Atrichie. Fehlen der Körperhaare.
[*griech.:* a, keine; thrix, Haare]
atrichia

Atrioventrikularbündel. (AV-Bündel; His-Bündel). Band aus atypischen Muskelfasern mit einigen kontraktionsfähigen Elementen; geht vom distalen Teil des → AV-Knotens ab und erstreckt sich über die Kreuzfurche (Sulcus coronarius) bis zum oberen Teil des Kammerseptums, wo es sich in die einzelnen Äste aufteilt. (→ Erregungsleitungssystem)
atrioventricular bundle

atrioventrikulär (= AV). Zu einer verbindenden Leitungsaktivität oder anatomischen Struktur zwischen Vorhof (Atrium) und Kammer (Ventrikel) im Herzen gehörend.
atrioventricular

Atrioventrikularklappe. Herzklappe, durch die das Blut von den Vorhöfen zu den Kammern fließt. Die zweizipflige Klappe zwischen linkem Vorhof und linker Kammer heißt → Mitralklappe, die dreizipflige rechte A. wird als → Trikuspidalklappe bezeichnet.
atrioventricular valve

Atrioventrikularknoten. (AV-Knoten). Bereich eines spezialisierten Herzmuskels, der Impulse vom → Sinus-Knoten erhält und diese über → AV-Bündel und zu den → Purkinje-Fasern sowie zu den Kammerwänden weiterleitet. Der AV-K. befindet sich in der Septumwand zwischen rechtem und linkem Vorhof. (→ Erregungsleitungssystem)
atrioventricular node

Atrium. Eine Kammer oder Körperhöhle, wie z.B. der linke und rechte Herzvorhof (Atrium cordis sinistrum und dextrum) oder die Nasenhöhle (Atrium meatus medii).
[*lat.:* Halle]
atrium

A

Atrophie. Rückbildung oder Verminderung der Größe oder der physiologischen Aktivität eines Körperteils aufgrund einer allgemeinen Mangelernährung oder spezieller Krankheitszustände. Die Skelettmuskulatur kann durch fehlende körperliche Aktivität oder durch neurologische bzw. skelettmuskuläre Erkrankungen atrophieren. Im Alter atrophieren teilweise die Zellen des Gehirns und des Zentralnervensystems wegen einer reduzierten Blutversorgung dieser Bereiche. – *adj.* athrophisch/athrophiert.
[*griech.:* a, ohne; trophe, Ernährung]
atrophia

Atrophie, vaginale. Gewebeschwund in der Scheide infolge allmählich abnehmender Gewebeaktivität der weiblichen Fortpflanzungsorgane nach den Wechseljahren (die Inhibin- und Östrogenausschüttung wird eingestellt). Weitere Folgen des Östrogenmangels sind Juckreiz am Scheideneingang, Schmerzen beim Geschlechtsverkehr, Harnblasen- und Harnröhrenentzündung und Gebärmuttervorfall.
vaginal atrophy

Atrophodermie. Schwinden oder Dünnerwerden der Haut, entweder den gesamten Körper oder nur einen begrenzten Bereich betreffend. (→ Atrophie)
[*griech.:* a, ohne; trophe, Ernährung; derma, Haut]
atrophodermia

Atropin. Alkaloid der Pflanzen *Atropa belladonna* (Tollkirsche) und *Datura stramonium* (Stechapfel); wirkt als Antagonist des Azetylcholins und bewirkt eine Erweiterung der Pupillen, Steigerung des Augeninnendrucks, Hemmung der Speichel und Schweißsekretion sowie der Magen-Darm-Peristaltik und wirkt auf den Harntrakt sowie den Darm krampflösend (spasmolytisch).
[Atropa, die Parze (Schicksalsgöttin), die den Lebensfaden abschneidet]
atropine

Atropinsulfat. Antispasmolytikum und → Anticholinergikum, das zur Behandlung von gastrointestinaler Hypermotilität, Entzündungen der Augen, Herzarrhythmien und bestimmter Vergiftungen sowie als Adjuvans zur Narkose verabreicht wird.
atropine sulfate

Atropinvergiftung. Toxische Wirkung einer Überdosis → Atropinsulfat, das manchmal in der Anästhesie als Adjuvans verabreicht wird. Symptome sind Tachykardie, heiße und trockene Haut, trockener Mund, Durst, Unruhe, Erregungszustände, Urinretention, Obstipation und brennende Schmerzen in der Kehle. Zur Behandlung gehören Magenspülung, die Verabreichung von → Barbituraten sowie Physostigmin, wenn die Augen betroffen sind.
atropine sulfate poisoning

Atypie. Von der Norm abweichender, nicht regelkonformer oder nicht dem Standard entsprechender Zustand. – *adj.* atypisch.
atypia

ätzend. Scharf bzw. stechend, bitter und unangenehm riechend bzw. schmeckend.
acrid

Ätzgastritis. Akute Magenentzündung, verursacht durch Einnahme von Säuren, Laugen oder anderen Ätzmitteln, die zu einer Beschädigung der Magenschleimhaut führen.
corrosive gastritis

Ätzvergiftung. Versehentliche Einnahme einer starken Säure oder Base, die Verbrennungen und Gewebeschäden in Mund, Speiseröhre und Magen nach sich zieht. Es treten sofortige Schmerzen, Schwellungen und Ödeme, die u.U. die Luftwege versperren, auf, der Puls wird schwach und beschleunigt und die Atmung flach. Komplikationen, wie Schock, Perforation der Speiseröhre und Rachenödem mit → Asphyxie können tödliche Folgen haben. Das Vergiftungsopfer sollte sich sofort in ärztliche Behandlung begeben. Substanzen mit »neutralisierender« Wirkung sollten nicht zugeführt werden, um das Risiko einer mit einer chemischen Reaktion verbundenen Wärmeentstehung zu vermeiden.
caustic poisoning

Au. Chemisches Symbol für → Gold (Aurum).
🇬🇧 Au

audi-. Vorsilbe mit der Bedeutung »hören«.
🇬🇧 audi-

Audiogramm. Graphische Darstellung des Hörvermögens bei Geräuschen unterschiedlicher Frequenzen von 125 bis 8000 → Hz.
[*lat.:* audire, hören; *griech.:* gramma, berichten]
🇬🇧 audiogram

Audiologie. Bereich der Forschung und klinischen Praxis, der sich mit der Untersuchung von Hörstörungen, der Einschätzung und Erhaltung des Hörvermögens sowie mit der Rehabilitation in diesem Zusammenhang befasst.
[*lat.:* audire, hören; *griech.:* logos, Wissenschaft]
🇬🇧 audiology

Audiometrie. Überprüfung der Leistungsfähigkeit und Empfindlichkeit des Hörvermögens; dabei wird die unterste Schwelle bestimmt, bei der jemand noch Reize wahrnehmen (→ Hörschwelle) und verschiedene Sprechgeräusche unterscheiden kann.
🇬🇧 audiometry

audiovisuell. Eine Kommunikation betreffend, die sowohl sichtbare als auch hörbare Mitteilungen verwendet.
🇬🇧 audiovisual

auditiv. Zum Gehör und den Hörorganen gehörend.
[*lat.:* audire, hören]
🇬🇧 auditory

Auer-Stäbchen. Unphysiologische stäbchenförmige oder runde Einschlüsse im Zytoplasma von Myeloblasten und Promyelozyten bei einer akuten myeloischen oder myelomonozytären Leukämie, die Enzyme beinhalten, z.B. Peroxidase oder Esterase.
[J. Auer, amerikanischer Arzt, 1875–1948]
🇬🇧 Auer rod

Auerbach-Plexus. (Plexus myenterius). Gruppe von autonomen Nervenfasern und -ganglien im Muskelgewebe des Magen-Darm-Traktes.
[L. Auerbach, deutscher Anatom und Physiologe, 1828–1897]
🇬🇧 Auerbach´s plexus

Auflage. (Kompresse). Im Gegensatz zum Wickel wird bei der Auflage nur ein Tuch auf die entsprechende Körperstelle gelegt. Zusätze sind wie beim → Wickel möglich.
🇬🇧 pad

Aufmerksamkeit. Ein Element der kognitiven Funktionen, bei dem sich der mentale Fokus längerfristig auf ein spezielles Thema, ein Objekt oder eine Aktivität richtet.
🇬🇧 attention

Aufmerksamkeitsdefizitsyndrom. Syndrom bei Kindern, Jugendlichen und Erwachsenen, das durch eine sehr kurze Aufmerksamkeitsfähigkeit, Hyperaktivität und Konzentrationsschwäche gekennzeichnet ist. Die Symptome können unterschiedlich stark ausgeprägt sein und stehen in Verbindung mit funktionalen Abweichungen des Zentralnervensystems, ohne Anzeichen von größeren neurologischen oder psychiatrischen Störungen aufzuzeigen.
🇬🇧 attention deficit disorder

Aufnahme, Versorgung bei der. → Pflegeintervention der → NIC, die definiert wird die Erleichterung der Aufnahme eines Patienten in eine Gesundheitspflegeeinrichtung.
🇬🇧 Admission Care

Aufwachraum. An den OP-Bereich angrenzender Raum, in dem frisch operierte Patienten während der Aufwachphase aus der Narkose intensiv überwacht werden. Bevor sie auf die Station zurückgebracht werden, müssen die Patienten erst wieder das volle Bewusstsein erreicht haben, sämtliche Schutzreflexe müssen vorhanden und die vitalen Funktionen stabil sein.
🇬🇧 recovery room (RR, R.R.)

A

Auge. Sehorgan, das sich an der Schädelvorderseite in einer knochigen Augenhöhle befindet und von vier Schädelnerven, dem Sehnerv, dem Okulomotorius, dem Trochlearis und dem Abduzens innerviert wird. Das A. hat verschiedene Zusatzstrukturen, wie die Augenmuskeln, die Faszien, Augenbrauen, Augenlider, Bindehaut und die Tränendrüse. Der Augapfel besteht aus zwei sphärischen Segmenten mit nahezu parallelen Achsen, die eine äußere Hüllschicht und eine von drei fibrösen Schichten bilden, welche zwei, durch Kristalllinsen getrennte innere Hohlräume umgeben. Der kleinere Hohlraum, der sich vor der Linse befindet, wird durch die Regenbogenhaut in zwei Kammern unterteilt. Beide dieser Kammern enthalten Kammerwasser. Der Hohlraum hinter der Linse ist größer als der vordere und enthält den gallertartigen Glaskörper, der durch den Cloquet-Kanal unterteilt wird. Die Vorderseite der äußeren Augapfelschicht wird von der transparenten Hornhaut (Kornea) gebildet; die rückwärtige Seite des Augapfels ist von der lichtundurchlässigen Lederhaut (Sklera) bedeckt. Die mittlere, pigmentierte Augenhaut besteht aus Aderhaut (Choroid), Ziliarkörper und Regenbogenhaut (Iris). Die innere Augenhaut setzt sich aus dem Pigmentepithel und der Netzhaut (Retina) zusammen. Lichtwellen, die durch die Linse passieren, treffen auf lichtempfindliche Schichten, die Stäbchen und Zapfen der Retina, in denen Impulse erzeugt werden, die via Sehnerv an das Gehirn weitergeleitet werden. Die Augenbewegungen werden von sechs Muskelgruppen kontrolliert: den M. obliquus superior und inferior sowie den M. rectus superior, inferior, medialis und lateralis.
eye

Augenabweichung, konjugierte. (assoziierte Blicklähmung). Bezeichnung für Augenbewegungen, bei denen die Augenachse der beiden Augen parallel gestellt sind. Ursache sind defekte Augenmuskeln, die es den Augen bei Ruhestellung nur ermöglichen, nach derselben Seite abzuweichen.
conjugate deviation

Augenbraue. 1. Supraorbitaler Bogen des Stirnbeins, der Augenhöhle und Stirn voneinander trennt. 2. Bezeichnung für die Härchen, die entlang des Knochenrückens wachsen, an dem der supraorbitale Bogen und das Stirnbein aufeinander treffen.
eyebrow

Augenhintergrund. (Augenfundus). Bezeichnung für die innere Oberfläche des Augapfels.
eye ground

Augenhöhle. (→ Orbita)
orbit

Augeninnendruck. (intraokularer Druck). Druck, der im Augeninneren vorhanden ist und durch den Widerstand des Kammerwassers durch ein feines Netzwerk (Trabekelsystem) reguliert wird. Die Kontraktion oder Entspannung der länglichen Muskeln des Ziliarkörpers wirkt auf die Größe der Öffnung im Netzwerk. Der A. hält die Form des Auges aufrecht und reguliert metabolische Vorgänge im Auge; er ist bei Patienten mit einem → Glaukom erhöht.
intraocular pressure

Augenkammer, vordere. Teil der vorderen Augenhöhle an der Irisvorderseite, der das → Kammerwasser enthält.
anterior chamber

Augenlid. Bewegliche, dünne Hautfalte, die das Auge schützt und an der sich Augenwimpern sowie Moll-Drüsen und Meibom-Drüsen befinden. Der Musculus orbikularis und der Okulomotorius-Nerv steuern das Öffnen und Schließen der Augenlider.
eyelid

Augenmuskellähmung. (→ Ophthalmoplegie)
ophthalmoplegia

Augenmuskeln, äußere. Sechs Muskelgruppen, die die Bewegungen des Augapfels steuern. Der Musculus rectus superior und M. rectus inferior bewegen das Auge nach oben und unten; M. rectus medialis und Rectus lateralis sind für die seitlichen

Augenbewegungen zuständig; M. obliquus superior obliquus und obliquus inferior kontrollieren die Auswärtsbewegungen des Auges.
🇬🇧 extraocular muscles (EOM)

Augennerv. (→ Nervus ophthalmicus)
🇬🇧 ophthalmic nerve

Augenpflege. → Pflegeintervention der → NIC, die definiert wird als die Vorbeugung oder Minimierung von Gefahren für die Augen oder die visuelle Integrität.
🇬🇧 Eye Care

Augenprothese. (Glasauge). Gläserne Prothese, die dem natürlichen Auge nachgebildet ist und in die Augenhöhle eingesetzt wird, aus der zuvor das Auge entfernt worden ist.
🇬🇧 artificial eye

Augentropfen. Flüssiges steriles Arzneimittel, das mit einer Dosiervorrichtung auf die Bindehaut (Konjunktiva) geträufelt wird.
🇬🇧 eyedrops

Augenwimper. Haare, die in Zweier- oder Dreierreihen entlang der Augenlider vor den Moll-Drüsen wachsen, welche sich vor den Meibom-Drüsen befinden.
🇬🇧 eyelash

Aura. 1. Empfindung, z.B. von Helligkeit oder Wärme, die einem Migräne- oder Epilepsieanfall vorausgeht. 2. Abstrahlung (Emanation) von Licht oder Farbe, die eine Person umgibt und auf einer Kirlian-Photographie sichtbar wird.
🇬🇧 aura

aural. Zum Ohr oder Hörvermögen gehörend.
🇬🇧 aural

Auricula. Äußeres Ohr, Ohrmuschel. (→ Ohr) – *adj.* aurikular.
🇬🇧 auricle

aurikulokranial. Zum äußeren Ohr (Auricula) und zum Schädel (Cranium) gehörend.
🇬🇧 auriculocranial

aurikulotemporal. Das äußere Ohr (Auricula) und die Schläfe (Tempora) betreffend.
🇬🇧 auriculotemporal

Auris dextra. Lat. für rechtes Ohr.
🇬🇧 auris dextra (a.d.)

Auris externa. Äußeres Ohr, bestehend aus Ohrmuschel und äußerem Gehörgang.
🇬🇧 external ear

Auris sinistra. Lat. für linkes Ohr.
🇬🇧 auris sinistra (a.s.)

ausfällen. (präzipitieren). Isolieren einer Substanz aus einer Lösung mit anderen Substanzen; die isolierte Substanz setzt sich auf dem Boden ab.
🇬🇧 precipitate

Ausfluss. Eine vom Körper freigesetzte Substanz, z.B. aus der Harnröhre oder der Vagina.
🇬🇧 discharge

Ausfluss, blutiger. Dünner, blutig-eitriger Ausfluss aus einer Wunde oder einem Geschwür.
🇬🇧 sanies

Ausfluss, vaginaler. Absonderung von Sekret aus der Scheide, wobei klare oder helle weißliche Flüssigkeit normal ist. Der A. setzt sich aus Sekreten der Drüsen im Gebärmutterhals zusammen. Bei Entzündungen der Scheide oder des Gebärmutterhalses (Zervix) vermehrt sich der A. meist, nimmt einen üblen Geruch an und erzeugt Juckreiz in der Scheide oder am äußeren Genital.
🇬🇧 vaginal discharge

Ausführungsgang. Der Gang, durch den eine Drüse Sekretionen absondert.
🇬🇧 efferent duct

Auskultation. Abhören von Geräuschen im Körper, um den Zustand von Herz, Blutgefäßen, Lunge, Pleura, Magen-Darm-Trakt oder anderen Organen zu untersuchen oder fötale Herzgeräusche festzustellen. Die A. kann direkt ohne Hörhilfe erfolgen, üblicherweise wird jedoch ein → Stethoskop verwendet, um

A

Häufigkeit, Intensität, Dauer und Qualität der Geräusche zu bestimmen.
[*lat.:* auscultare, abhören]
auscultation

ausräuchern. Desinfektion durch Exposition eines Gegenstandes oder Objektes mit Pestizidrauch.
fumigate

Ausreißen, Vorsichtsmaßnahmen gegen. → Pflegeintervention der → NIC, die definiert wird als die Minimierung des Risikos, dass ein Patient eine Behandlungseinrichtung ohne Erlaubnis verlässt, wenn dies eine Bedrohung für die Sicherheit des Patienten oder anderer Personen darstellt.
Elopement Precautions

Ausrichtung. Platzierung bzw. Erhaltung von Körperstrukturen in ihren normalen anatomischen Positionen, wie z.B. Ausrichtung eines Knochenbruchs.
alignment

Aussackung, kleine. (Säckchen; Sacculus). Kleine Tasche oder Sack, wie z.B. die Lufttaschen der Lungen. – *adj.* sacciformis.
saccule

Ausscheiden, Selbstpflegedefizit. Anerkannte NANDA-Pflegediagnose, die den Zustand eines Patienten beschreibt, der nicht in der Lage ist, alleine auf die Toilette zu gehen. Ausschlaggebende Merkmale für dieses S. sind die Unfähigkeit des Patienten, die Toilette oder den Nachtstuhl zu erreichen, die Unfähigkeit, sich zu setzen bzw. aufzustehen, die Unfähigkeit, die notwendigen Kleidungsstücke aus- und anzuziehen sowie die Unfähigkeit, sich nach der Toilette angemessen zu reinigen. Darüber hinaus ist der Patient möglicherweise nicht in der Lage, die Toilettenspülung zu betätigen bzw. den Nachtstuhl zu leeren.
self-care deficit, toileting

Ausscheider. Person, die keine Anzeichen bzw. Symptome einer ansteckenden Krankheit hat, aber Viren bzw. Bakterien ausscheidet. (→ Dauerausscheider)
active carrier

Ausscheidung, Unterstützung der Selbstpflege. → Pflegeintervention der → NIC, die definiert ist als die Unterstützung einer Person bei der Ausscheidung.
Self-Care Assistance: Toileting

Ausscheidungsstoffe. Verbleibende Stoffwechselprodukte, nachdem Sauerstoff und Nährstoffe an die Zellen im Körper abgegeben wurden. Zu den A.n zählen hauptsächlich Kohlendioxid (CO_2) und Wasser (H_2O) sowie Natriumchlorid (NaCl) und lösliche, stickstoffhaltige Salze, die mit Stuhl, Urin und ausgeatmeter Luft abgegeben werden.
waste products

Außenrotation. Auswärtsdrehung, von der Körpermittellinie weg, z.B. wenn ein Fuß nach außen gedreht wird.
external rotation

Ausspülung. Verdrängung bzw. Ausstoßung eines Gases oder flüchtigen Anästhetikums durch die Einleitung eines anderen.
[*engl.:* wash out, auswaschen, ausspülen]
washout

Austauschtransfusion, des Neugeborenen. Austauschen von 75 bis 85% des zirkulierenden Blutes eines Neugeborenen mit gleichen Mengen von Blutkonserven zur Unterstützung der Sauerstoffkapazität des Blutes bei Eryhtroblastose neonatorum. Durch die Transfusion werden Rh- und AB Null-Antikörper, sensibilisierte, hämolysierende Erythrozyten sowie angesammeltes Bilirubin entfernt.
exchange transfusion in the newborn

Australia-Antigen. Frühere Bezeichnung für das Hepatitis-B-Oberflächen-(surface)-Antigen HBsAg. Pflegende müssen besondere Vorsichtsmaßnahmen ergreifen, um eine → Autoinokulation in Dialyseabteilungen, Blutbanken und Labors zu verhindern.
Australia antigen

Austreibungsphase. Zweite Geburtsphase, bei der die Gebärmutterkontraktionen von dem Press-Reflex begleitet werden. Diese Phase beginnt, nachdem die Zervix vollständig dilatiert ist und endet mit der Geburt des Kindes.
expulsive stage of labor

Auswurf. (→ Sputum)
sputum

Auszehrung. (Kräftezerfall). Zustand, gekennzeichnet durch starken Gewichtsverlust, chronisches Fieber und Durchfall (Diarrhö). Dabei kann der Patient innerhalb eines Monats bis zu 10% seines normalen Gewichts verlieren. Bei einer Aids-Erkrankung verschlimmert der schlechte Ernährungszustand die Situation zusätzlich.
wasting syndrome

aut(o)-. Vorsilbe mit der Bedeutung »selbst, unmittelbar«.
[*griech.:* autos, selbst]
aut(o)-

Autismus. Mentale Störung, die durch ein extremes Rückzugsverhalten und abnorme Versunkenheit in Fantasien in Verbindung mit Wahnvorstellungen, Halluzinationen und die Unfähigkeit charakterisiert ist, mit andern zu kommunizieren oder zu interagieren. – *adj.* autistisch.
[*griech.:* autos, selbst]
autism

Autismus, infantiler. Umfassende Entwicklungsstörung, die durch die unphysiologische emotionale, soziale und sprachliche Entwicklung eines Kleinkindes gekennzeichnet ist. Die Symptome äußern sich in einem gestörten Bezugsverhalten gegenüber Personen, Gegenständen und Situationen. Der i. A. kann als Folge einer organischen Hirndysfunktion auftreten, die vor dem dritten Lebensjahr ausbricht.
infantile autism

Autoagglutination. Die Verklumpung (Agglutination) von roten Blutzellen (Erythrozyten) durch das körpereigene Serum einer Person oder durch bestimmte Antigene, wie etwa Bakterien.
[*griech.:* autos, selbst; *lat.:* agglutinare, verkleben]
autoagglutination

Autoantigen. Endogener Körperbaustein, der die Produktion von → Autoantikörpern stimuliert und dadurch eine Autoimmunreaktion bewirkt.
[*griech.:* autos, selbst; anti, gegen; genein, produzieren]
autoantigen

Autoantikörper. Ein → Immunglobulin, das aufgrund einer fehlerhaften Erkennung gegen körpereigenes Gewebe reagiert. Normale Körperproteine können durch Chemikalien, infektiöse Organismen oder therapeutische Medikamente zu → Autoantigenen umgebildet werden. A. werden z.B. gegen gastrische Zellen bei perniziöser Anämie, gegen Blutplättchen (Thrombozyten) bei einer Autoimmunthrombozytopenie und gegen Antigene auf der Oberfläche von Erythrozyten bei einer hämolytischen Autoimmunanämie gebildet.
[*griech.:* autos, selbst; anti, gegen]
autoantibody

autochton. 1. Zu einer Krankheit (oder einem Zustand) gehörend, die offensichtlich auf den Körperteil beschränkt bleibt, wo sie zuerst aufgetreten sind. 2. Beschreibung für ein plötzliches Auftreten von Wahnvorstellungen.
[*griech.:* autos, selbst; chthon, Erde]
autochthonous

Autodigestion. Zustand, bei dem der Magensaft die Bauchspeicheldrüse (Pankreas) oder das körpereigene Gewebe des Magens auflöst und verdaut.
autodigestion

Autoerotismus. 1. Sinnliche sexuelle Selbstbefriedigung, die gewöhnlich durch Stimulation des eigenen Körpers ohne die Teilnahme eines Partners erfolgt. 2. Sexuelle Gefühle oder Wünsche, die ohne einen externen Reiz auftreten. 3. (In der Freudschen Psychoanalyse) Frühe Phase der psychosexuellen Entwicklung, die in

der oralen und analen Phase auftritt. (s.a. Narzissmus) – *adj.* autoerotisch.
[*griech.:* autos, selbst; eros, Liebe]
autoeroticism

autogen. 1. Selbsttätig. 2. Aus dem eigenen Organismus (Individuum) stammend, z.B. ein Toxin, Impfstoff oder autogenes Transplantat.
[*griech.:* autos, selbst; genein, produzieren]
autogenous

Autogenes Training. → Pflegeintervention der → NIC, die definiert wird als die Unterstützung bei der Selbstsuggestion von Gefühlen der Schwere und Wärme zum Zweck der Entspannung.
Autogenic Training

Autohämolyse. Zerstörung der Erythrozyten durch hämolytische Agenzien, die im körpereigenen Blut vorhanden sind.
[*griech.:* autos, selbst; haima, Blut; lysein, auflösen]
autohemolysis

Autohypnose. Selbsteinleitung einer → Hypnose durch eine Person, die dadurch eine Veränderung ihres Bewusstseinszustandes erzielt; kann auch bei Personen auftreten, die schon mehrmals hypnotisiert wurden und für diesen Prozess sensibilisiert sind.
[*griech.:* autos, selbst; hypnos, Schlaf]
autohypnosis

Autoimmunisierung. (Autosensibilisierung). Ein Prozess, bei dem das → Immunsystem einer Person → Antikörper gegen ein oder mehrere körpereigene Gewebe entwickelt.
autoimmunization

Autoimmunität. Unphysiologisches Merkmal oder Zustand, bei dem der Körper Reaktionen gegen Bestandteile des eigenes Gewebes entwickelt; die A. kann zu → Hypersensibilität und → Autoimmunkrankheiten führen.
autoimmunity

Autoimmunkrankheit. Gruppe von Erkrankungen, die durch die Beeinträchtigung oder Veränderung der Funktionen des → Immunsystems gekennzeichnet sind, was zur Produktion von → Antikörpern gegen körpereigene Zellen führt. Die normalerweise in den Zellen vorhandenen → Autoantigene stimulieren die Entwicklung von Autoantikörpern, welche wiederum die Antigene der körpereigenen Zellen nicht von denen externer Antigene unterscheiden können und in der Folge gegen die Körperzellen agieren und dadurch lokalisierte sowie systemische Reaktionen verursachen. Diese Reaktionen betreffen das Epithel- und Bindegewebe des Körpers und lösen verschiedene Krankheiten aus. Man unterscheidet bekannte oder vermutete hämatologische, rheumatologische, neurologische und endokrine Störungen im Zusammenhang mit der → Autoimmunität.
autoimmune disease

Autoimmuntoleranz. Das Fehlen einer Immunreaktion gegen körpereigene Antigene. (s.a. Autoimmunreaktion)
self-tolerance

Autoinfektion. Infektion durch einen Krankheitserreger, der bereits in einem anderen Körperteil im Körper vorhanden war und dann zur Infektionsstelle gelangt ist.
autoinfection

Autoinfusion. Technik, bei der das Blut durch Einschnüren der Extremitäten mit Hilfe von Bandagen den zentralen Organen zugeführt wird; kann zur Kontrolle einer Blutung in der Chirurgie eingestezt werden oder dazu dienen, einen relativ blutarmen chirurgischen Bereich zu schaffen.
autoinfusion

Autoinokulation. Die unbeabsichtigte Übertragung eines krankheitserregenden Mikroorganismus (→ Inokulation), der durch den Kontakt mit einer Läsion des eigenen Körpers entstanden ist und eine Sekundärinfektion bewirkt.
autoinoculation

Autointoxikation. Vergiftung, die durch körpereigene Substanzen verursacht wird,

z.B. durch → Toxine einer Stoffwechselstörung.
[*griech.:* autos, selbst; *lat.:* in, hinein; *griech.:* toxikon, Gift]
autointoxication

Autointoxikation, intestinale. Selbstvergiftung infolge einer Absorption von giftigen oder schädlichen Substanzen aus dem Darm (Intestinum).
scatemia

Autoklav. Gerät zur Hochdrucksterilisation von medizinischen Instrumenten oder anderen Gegenständen.
autoclave

Autolyse. Spontane Zerstörung von Gewebe durch intrazelluläre Enzyme; tritt im Allgemeinen nach dem Tod auf.
autolysis

Automatie. Eigenschaft eines spezialisierten Gewebes, die eine Selbstaktivierung durch spontane Entwicklung eines Aktionspotentials ermöglicht, z.B. bei den Schrittmacherzellen im Herzen.
automaticity

Automatismus. 1. Unwillkürliche Funktion eines Organsystems, das von einem sichtbaren externen Stimulus unabhängig ist, z.B. der Herzschlag, oder das zwar von einem externen Reiz abhängig ist, aber nicht bewusst kontrolliert werden kann, z.B. die Dilatation der Pupillen. 2. Theorie, nach der der Körper als Maschine agiert, und der Geist, dessen Aktivitäten ausschließlich aus Hirntätigkeiten bestehen, ein nicht kontrollierbarer Anhang des Körpers ist. 3. Mechanisches, wiederholtes und zielloses Verhalten, das nicht bewusst kontrolliert wird, z.B. bei einer psychomotorischen Epilepsie, Hysterie oder beim Schlafwandeln.
[*griech.:* automatismos, Eigenwirkung]
automatism

autonom. (selbstständig/unabhängig). 1. Über die Eigenschaft verfügend, unabhängig, ohne äußere Einwirkungen funktionieren zu können. 2. Zum autonomen Nervensystem gehörend.
[*griech.:* nach eigenen Gesetzen]
autonomic

Autonomie. Die Fähigkeit oder Neigung, selbstständig zu funktionieren. – *adj.* autonom.
[*griech.:* autos, selbst; nomos, Gesetz]
autonomy

Autoplastik. Verfahren in der plastischen Chirurgie, bei dem körpereigene Gewebe übertragen (transplantiert) werden, um durch Krankheiten oder Verletzungen geschädigte Körperstellen zu ersetzen.
autoplasty

Autopolyploidie. Zustand mit mehr als zwei identischen oder fast identischen Chromosomensätzen pro Zellkern. – *adj.* autopolyploid.
autopolyploidy

Autopsie. Ärztliche Untersuchung nach dem Tod eines Menschen, um seine Todesursache zu bestätigen oder zu bestimmen. (s.a. Sektion) – *adj.* autoptisch.
[*griech.:* autos, selbst; opsis, Sicht]
autopsy

Autoregulation. Fähigkeit von Körpergeweben, den eigenen Blutfluss oder metabolische Aktivitäten zu regulieren. Die A. des Blutflusses wird durch die selbst-erregbaren kontraktionsfähigen Fortsätze der glatten Muskulatur ermöglicht, wodurch Gefäße verengt und erweitert werden können. Dies erlaubt dem organischen System, trotz Variationen des systemischen arteriellen Drucks einen konstanten Blutfluss zu gewährleisten; dies ist ein wichtiger Mechanismus, um die metabolischen Bedürfnissen eines Organs zu erfüllen.
[*griech.:* autos, selbst; *lat.:* regula, Regel]
autoregulation

Autoregulierung. Ein Plan für Patienten, der ihnen hilft, gesundheitsgefährdende Verhaltensweisen abzubauen. Dazu gehören Selbstüberwachung, Selbstbeurteilung und Selbstbestätigung.
self-regulation

Autorität. Beziehung zwischen zwei oder mehreren Personen oder Gruppen, die durch einen erkennbaren Einfluss charakterisiert wird, den eine Person mittels Ide-

en, Befehlen, Vorschlägen oder Anleitungen auf die anderen ausübt.
authority

Autosensibilisierung. (→ Autoimmunisierung)
autoimmunization

Autosom. Jedes Chromosom, das kein Geschlechtschromosom (Heterosom) ist; die A.en treten als homologe Paare in somatischen Zellen auf. Der Mensch hat 22 Paare von A.en, die bei der Übermittlung aller genetischen Merkmale und Faktoren beteiligt sind, welche nicht geschlechtsbezogen sind.
autosom

Autosplenektomie. Progressives Schrumpfen der Milz, das bei einer Sichelzellenanämie auftritt. Die Milz wird durch fibröses Gewebe ersetzt und damit funktionsuntüchtig.
[*griech.:* autos, selbst; splen, Milz; ektome, herausschneiden]
autosplenectomy

Autosuggestion. Vorstellung, Gedanke, Einstellung oder Überzeugung einer Person in der Art einer Formel oder Beschwörung, um damit das eigenen Verhalten zu beeinflussen und zu kontrollieren.
[*griech.:* autos, selbst; *lat.:* suggere, vorschlagen]
autosuggestion

Autotransfusion. → Pflegeintervention der → NIC, die definiert wird als das Auffangen und Reinfundieren von während einer Operation oder postoperativ aus einer sauberen Wunde verlorenem Blut.
Autotransfusion

Autotransfusion. (Eigenblutübertragung). Die Sammlung, Behandlung mit Gerinnungsstoffen (Antikoagulation), Filtration und Wiederzuführung (Reinfusion) von Blut, das zuvor von derselben Person gewonnen wurde (z.B. präoperativ oder intraoperativ aus dem Wundgebiet). Die A. kann bei größeren Verletzungen, während ausgedehnten Operationen angewandt werden, wenn das Blut aus einer sterilen Blutungsstelle oder präoperativ aus einer Vene aufgefangen wurde.
autotransfusion

AV. 1. Abkürzung für atrioventrikulär. 2. Abkürzung für arteriovenös.
AV

AV-Block. Abkürzung für → atrioventrikulärer Block.
atrioventricular block; AVB

AV-Intervall. (AV-Überleitungszeit; atrioventrikuläre Überleitungszeit). Zeit zwischen Erregungsanfang von Vorhof und Kammern; entspricht der PQ-Zeit im → EKG.
A-V intervall

AV-Knoten. (→ Atrioventrikuarknoten)
atrioventricular node

Aversionstherapie. Form der Verhaltenstherapie, bei der Bestrafungen oder unerfreuliche bzw. schmerzhafte Reize, etwa ein Elektroschock oder Übelkeit auslösende Medikamente, genutzt werden, um unerwünschte Verhaltensweisen zu unterdrücken.
[*lat.:* aversus, abgewandt]
aversion therapy

Avidin. Glykoprotein aus rohem Eiweiß, das mit → Biotin reagiert und dessen Wirkung im Körper verhindert; durch hohe Temperaturen (z.B. Kochen) wird A. zerstört.
avidin

avirulent. Nicht aktiv, nicht ansteckend, nicht pathogen.
[*griech.:* a, nicht; *lat.:* virus, Gift]
avirulent

Avitaminose. (Vitaminmangelkrankheit). Schwerer Vitaminmangel; Erkrankung, die durch ein Defizit in der Ernährung oder einen Absorptionsmangel eines oder mehrerer Vitamine verursacht wird. Beispiele sind → Skorbut (Vitamin-C-Mangel) oder → Beriberi (Vitamin B_1-Mangel).
avitaminosis

axial. Auf der Achse einer Körperstruktur oder eines Körperteils oder in Richtung der Achse liegend bzw. dazu gehörend.
axial

Axilla. (Achsel/Schultergewölbe). Pyramidenförmig gebildete Höhle unterhalb der Schulter zwischen Oberarm und Thoraxseite.
[*lat.:* Flügel]
axilla

Axillarknoten. Eine der Lymphdrüsen der Achselhöhle, die vor Infektionen im Thoraxraum, in den Armen und im Nacken schützen und Lymphflüssigkeit aus diesen Bereichen ableiten. Die 20 bis 30 Axillarknoten werden in eine laterale, eine anteriore, eine posteriore, eine zentrale und eine mediale Gruppe unterteilt.
axillary node

Axillarlinie. Vertikale Orientierungslinie auf der Brustwand, die zwischen der anterioren und der posterioren Falte der Achsel verläuft.
axillary line

Axillarlinie, vordere. (Linea axillaris anterior). Imaginäre, senkrechte Linie entlang der Körperwand, die die Fortsetzung der Linie zwischen der vorderen Axillarfalte und dem Oberarm bildet.
anterior axillary line (AAL)

Axillartemperatur. Die Körpertemperatur, die mit Hilfe eines Thermometers in der Achselhöhle gemessen wird. Die Ergebnisse liegen im Allgemeinen um 0,5 bis 1°C unter der oralen Temperatur (d.h. im Mund gemessen).
axillary temperature

Axis. (Achse). 1. Eine Linie, die durch das Körperzentrum oder durch einen bestimmten Körperbereich verläuft, z.B. A. frontalis, A. binauricularis, A. basifacial. 2. Der zweite Halswirbel, auf dem der → Atlas sitzt und der die Drehung, Streckung und Beugung des Kopfes ermöglicht.
[*griech.:* axon, Achse]
axis

Axon. (Achsenzylinder/Neuroaxon). Im Allgemeinen ein langer, schmaler Fortsatz einer Nervenzelle (→ Neuron), der Aktionspotentiale oder sich selbst fortpflanzende Nervenimpulse weiterleitet. (→ Nerv/Nervenfaser)
axon

Axonotmesis. Unterbrechung der Kontinuität eines → Axons durch Nervenverletzung mit nachfolgender Degeneration des distalen Nervenwandsegments.
[*griech.:* axon, Achse; temnein, schneiden]
axonotmesis

Axonreflex. Ein neuronaler Reflex, bei dem sich ein afferenter Impuls entlang einer → Nervenfaser von einem Zellkörper entfernt, bis er eine Verzweigung erreicht, an der er zu einem Endorgan gelenkt wird, ohne in den Zellkörper einzudringen. Ein A. ist kein komplexer Reflexbogen, deshalb kein richtiger Reflex.
axon reflex

Axoplasma. Zellplasma (Zytoplasma) eines → Axons.
axoplasm

Azathioprin. → Immunsuppressivum, das nach einer Transplantation verabreicht wird, um die Abstoßung des betreffenden Organs zu verhindern, bzw. um Lupus erythematodes und andere systemisch entzündliche Erkrankungen zu behandeln. Während der Verabreichung müssen die Leberwerte regelmäßig kontrolliert werden.
azathioprine

Azidität. (Säuregehalt). »Stärke« einer → Säure; Schärfe eines Geschmacks; Fähigkeit einer chemischen Substanz, Wasserstoffionen in einer wässrigen Lösung abzugeben; angegeben in → pH.
[*lat.:* acidus, sauer]
acidity

azidophil. (→ oxyphil)
acidophil

Azidose. Abnorme Steigerung der Wasserstoffionen-Konzentration im Körper aufgrund der Akkumulation einer → Säure bzw. des Verlustes einer → Base. Die verschiedenen Formen der A. werden nach ihren Ursachen benannt, sind also entweder → respiratorisch oder → metabolisch. Die Behandlung zielt auf eine Wiederher-

stellung des Gleichgewichts ab. (s.a. Alkalose)
[*lat.:* acidus, sauer; *griech.:* osis, Zustand]
acidosis

Azidose, diabetische. Azidose, die zusammen mit einem Diabetes mellitus infolge einer übermäßigen Ketonkörperproduktion bei der Oxidation von Fettsäuren auftritt.
[*griech.:* diabainein, hindurchgehen; *lat.:* acidus, Säure; *griech.:* osis, Zustand.]
diabetic acidosis

Azidose, hyperkapnische. Exzessive Übersäuerung der Körperflüssigkeiten, die durch eine Erhöhung von Kohlendioxid im Blut verursacht wird. Eine h. A. kann sekundär nach einer Lungeninsuffizienz auftreten. Wenn Kohlendioxid im Blut akkumuliert, nimmt die → Azidose zu.
[*griech.:* hyper, darüber; kapnos, Dampf; *lat.:* acidus, sauer; osis, Erkrankung]
hypercapnic acidosis

Azidose, kompensierte. Aufrechterhaltung des normalen Blut pH-Werts (Erwachsener/Kind: 7,35–7,45) trotz verringerter Bikarbonatkonzentrationen im Blut bzw. eines erhöhten PCO_2.
[*lat.:* compensare, ausgleichen, acidus, sauer; *griech.:* osis, Zustand.]
compensated acidosis

Azidose, metabolische. → Azidose, bei der überschüssige Säuren den Körperflüssigkeiten zugeführt werden und → Bikarbonat verloren geht. Bei Mangelernährung und einem unkontrollierten Diabetes mellitus ist keine Glukose für die Oxidation zur Ernährung der Zellen vorhanden. Die Plasmabikarbonatreserven des Körpers werden verwendet, um die entstehenden Ketonkörper zu neutralisieren, was zu einem Abbau der Körperfette zur Aufrechterhaltung der Energieversorgung führt; dadurch kann ein Mangel an Glukose kompensiert werden. Die m. A. tritt auch auf, wenn eine Oxidation ohne ausreichende Sauerstoffmenge stattfindet, z.B. bei Herzinsuffizienz oder Schock. In der Folge kommt es zu starken Durchfällen, Nierenversagen und Laktatazidose. (→ Azidose, respiratorische) (s.a. Alkalose, metabolische)
metabolic acidosis

Azidose, renal-tubuläre, distale. Nierenerkrankung, die von einer übermäßigen Säureakkumulation und Bikarbonatausscheidung geprägt ist. Krankheitsursache ist ein Versagen der distalen Nierentubuli in Bezug auf die Sekretion von Wasserstoffionen, was zu einer verringerten Ausscheidung von titrierbaren Säuren und Ammonium sowie zu einer Erhöhung der mit dem Harn ausgeschiedenen Kalium- und Bikarbonatmengen führt. Diese Form der Azidose findet sich hauptsächlich bei Frauen, Heranwachsenden sowie bei Kindern. Eine sekundäre renal-tubuläre Azidose tritt im Zusammenhang mit zahlreichen anderen Störungen auf, wie z.B. bei Leberzirrhose, Unterernährung, Auszehrung und verschiedenen genetischen Störungen.
distal renal tubular acidosis (distal RTA)

Azidose, renale tubuläre. Nierenstörung, einhergehend mit andauernder Dehydratation (Wasserentzug), metabolischer → Azidose, Hypokaliämie, Hyperchlorämie und → Nephrokalzinose, infolge einer Unfähigkeit der Niere, Bikarbonat im Körper zurückzuhalten und den Urin angemessen zu versäuern. Typische Anzeichen und Symptome einer r.t.A. sind, vor allem bei Kindern, Appetitlosigkeit (Anorexie), Erbrechen, Obstipation, vermindertes Wachstum, übermäßige Harnproduktion, Nephrokalzinose und Rachitis. Darüber hinaus können bei Erwachsenen und Kindern Infektionen des Harntrakts sowie Pyelonephritis auftreten.
[*lat.:* acidus, sauer]
renal tubular acidosis (RTA)

Azidose, respiratorische. → Azidose infolge unzureichender CO_2-Abatmung, gekennzeichnet durch erhöhten pCO_2, Kohlensäureüberschuss und erhöhter H-Ionen-Konzentration im Plasma. Ursachen können eine verminderte Lungenbelüftung durch Obstruktion oder eine Unterdrückung der Atemreflexe durch Narkotika,

Sedativa, Hypnotika oder Anästhetika sein. Die verminderte Belüftung der Lunge (Hypoventilation) verhindert die Ausscheidung von Kohlendioxid, welches sich als Folge im Körper mit Wasser zu Kohlensäure verbindet und den pH-Wert des Blutes herabsetzt. Typische Symptome einer r. A. sind Kopfschmerzen, Dyspnoe, Zittern der Hände und Füße, Tachykardie, Hypertonie und Gefäßerweiterung (Vasodilatation). Die falsche Therapie einer akuten r. A. kann zu Koma und zum Tod führen. (s.a. Azidose, metabolische; Alkalose, respiratorische) – *adj.* azidotisch.
[*lat.:* acidus, sauer]
respiratory acidosis

Azidurie. Übermäßige Ausscheidung von → Säure im Urin; kann durch eine Ernährung mit viel tierischem Eiweiß bzw. bestimmten Früchten ausgelöst werden; ferner kann die A. verursacht werden durch die Einnahme bestimmter Arzneimittel zur Behandlung von Harnwegserkrankungen, durch eine angeborene Stoffwechselstörung oder durch eine → Ketoazidose.
[*lat.:* acidus, sauer; *griech.:* ouron, Urin]
aciduria

Azithromycin. → Antibiotikum, das die Proteinbildung durch Bakterien unterdrückt, das bakterielle Wachstum verhindert oder Mikroorganismen abtötet. A. wird zur Behandlung leichter Infektionen eingesetzt, z.B. bei Atemwegsinfektionen, Hauterkrankungen und Geschlechtskrankheiten.
azithromycin

Azofarbstoffe. Stickstoffhaltige Substanzen, die zum Färben z.B. von Geweben verwendet werden; einige Formen der A. sind potentiell karzinogen. (→ Karzinogen)
azo dye

Azoospermie. Völliges Fehlen von → Spermatozoen im Sperma; Ursachen können Fehlfunktionen der Hoden (Testikel), Kombinations-Chemotherapien oder eine Blockade der Nebenhoden (Epididymis) sein.
[*griech.:* a, kein; zoon, Tier; sperma, Samen]
azoospermia

Azotämie. Auftreten von exzessiven Mengen an Stickstoffverbindungen im Blut. Dieser toxische Zustand wird dadurch verursacht, dass die Nieren keinen Harnstoff aus dem Blut entfernen können; Charakteristikum einer → Urämie.
[*franz.:* azote, Stickstoff; *griech.:* haima, Blut]
azotemia

Azoturie. Übermäßige Ausscheidung von Stickstoff in Verbindung mit Harnstoff im Urin.
[*franz.:* azote, Stickstoff; *griech.:* ouron, Urin]
azoturia

Azur. Gruppe von Methylthionin- oder Phenothiazin-Farbstoffen, die zur Anfärbung von Blutzellen und Zellkernen verwendet werden.
azure

azyanotisch. Das Fehlen eines bläulichen Aussehens von Haut und Schleimhäuten betreffend.
[*griech.:* a, nicht; kyanos, blau]
acyanotic

B

B. Chemisches Symbol für Bor.
🇬🇧 B

B-Komplex-Vitamine. Große Gruppe wasserlöslicher → Vitamine, zu der Thiamin (Vitamin B_1), Cobalamin (Vitamin B_{12}), Niacin (Vitamin B_3), Pyridoxin (Vitamin B_6), Riboflavin (Vitamin B_2), Biotin, Folsäure und Pantothensäure gehören. Die Vitamine des B-Komplexes sind für die Umwandlung von Kohlenhydraten, z.B. Glukose, in Energie sowie für den Stoffwechsel von Fetten und Eiweißen, die normalen Funktionen des Nervensystems, die Erhaltung des Muskeltonus im Gastrointestinaltrakt und die Integrität von Haut, Haaren, Augen, Mund und Leber wichtig.
🇬🇧 B complex vitamins

B-Zelle. → Lymphozyt, der im Knochenmark gebildet wird. Als Vorläufer der Plasmazellen spielen die B-Z.n (B-Lymphozyten) eine wichtige Rolle bei den → Immunreaktionen des Körpers.
🇬🇧 B cell

B-Zellen-Wachstumsfaktor. Substanzen, wie z.B. die → Interleukine IL-4, IL-5 und IL-6, die aus T-Zellkulturen stammen und für die Differenzierung, das Wachstum sowie den Reifungsprozess von Plasmazellen und B-Gedächtniszellen erforderlich sind.
🇬🇧 B cell growth factors

Ba. Chemisches Symbol für → Barium.
🇬🇧 Ba

Babesiose. Infektion, verursacht durch Protozoen der Gattung *Babesia*. Der Parasit gelangt durch einen Biss der Zeckenart *Oxodes dammini* in den Wirt und infiziert die roten Blutzellen.
[V. Babes, rumänischer Bakteriologe, 1854–1932]
🇬🇧 babesiosis

Babinski-Reflex. Beugung des großen Fußzehs zum Fußrücken (Dorsalflexion) mit fächerförmiger Spreizung der anderen Zehen, die durch festes Streichen über den seitlichen (lateralen) Rand der Fußsohle ausgelöst wird. Dieser Reflex ist bei Neugeborenen normal, bei Kindern und Erwachsenen jedoch unphysiologisch.
[J. Babinski, französischer Neurologe, 1857–1932]
🇬🇧 Babinski's reflex

Babinski-Zeichen. (Pyramidenbahnzeichen). Eine Reihe von Einzelreaktionen (→ Pyramidenbahnzeichen), die Anzeichen für verschiedene Ausprägungen motorisch-neurologischer Krankheiten sind; dazu gehören 1. fehlender Achillessehnenreflex im Ischias, 2. Fußsohlenreaktion mit Streckung des großen Fußzehs und Abspreizung der anderen Zehen, 3. verstärkte Kontraktion des flachen Halsmuskels (Platysma) beim Blasen und Pfeifen, 4. Einwärtsdrehung (Pronation), die bei einer Armlähmung auftritt, wenn der Arm auswärtsgedreht wird (Supination), und 5. der Bewegungsablauf, wenn ein Patient in Rückenlage mit über der Brust verschränkten Armen versucht, zum Sitzen zu kommen; dabei wird der Oberschenkel der betroffenen Seite gebeugt und die Ferse angehoben, während das

Bein der nicht betroffenen Seite flach liegen bleibt.
[J. Babinski]
🇬🇧 Babinski's sign

Bacampillin. Halbsynthetisches → Penicillin (→ Breitbandantibiotikum) zur Behandlung von Atemwegs-, Harnwegs- und Hautinfektionen sowie durch → Gonokokken verursachte Infektionen.
🇬🇧 bacampillin

Bacillaceae. Eine Familie der Spaltpilze (Schizomyzeten) der Ordnung Eubacteriales, die aus grampositiven, sporenbildenden Zellen bestehen (z.B. Clostidium), welche zylindrische, ellipsenförmige oder runde, im Zellinneren enstehende Sporen (Endosporen) bilden können; einige sind Parasiten und wirken pathogen.
🇬🇧 Bacillaceae

Bacille-Calmette-Guérin (BCG). Abgeschwächter Stamm von → Tuberkelbakterien, die häufig als Lebendimpfstoff gegen → Tuberkulose in die Haut (intradermal) injiziert werden. BCG scheint schwere Tuberkuloseinfektionen zu verhindern und Schutz in solchen Regionen zu bieten, in denen die Tuberkulose weitverbreitet ist.
[L.C.A. Calmette, französischer Bakteriologe, 1863–1933; C. Guérin, französischer Bakteriologe, 1872–1961]
🇬🇧 bacille Calmette-Guérin (BCG)

Bacillus. Gattung aerober grampositiver sporenbildender Bakterien der Familie Bacillaceae oder Eubacteriae; dazu gehören 48 Species, von denen drei pathogen sind; der Rest wird von saprophytären Formen gebildet, die im Boden zu finden sind.
🇬🇧 Bacillus

Bacillus anthracis. Species eines grampositiven, fakultativ anaeroben → Bazillus, der → Anthrax (Milzbrand) verursacht.
🇬🇧 Bacillus anthracis

Bacillus cereus. Species eines → Bazillus, der im Erdboden zu finden ist; führt durch die Bildung eines Enterotoxins in Nahrungsmitteln zu Lebensmittelvergiftungen (mit Erbrechen und Diarrhö). Der B.c. kann verschiedene Formen von Infektionen auslösen.
🇬🇧 Bacillus cereus

Bacitracin. → Antibiotikum, das gegen Hautinfektionen eingesetzt wird. B. weist eine stark nierenschädigende Wirkung auf und wird deshalb nicht i.v. verabreicht.
🇬🇧 bacitracin

Baclofen. Krampflösendes Arzneimittel zur Linderung von Spastiken und zur Behandlung der → Multiplen Sklerose; es bewirkt eine Senkung des Muskeltonus.
🇬🇧 baclofen

Bacteroides. Gattung anaerober → Bazillen, die normalerweise im Darm, Mund sowie im Genitalbereich und oberen Atemtrakt zu finden sind. Schwere Infektionen können durch das Eindringen des Bazillus durch eine Läsion der Schleimhaut erfolgen.
🇬🇧 Bacteroides

Bad. Maßnahme zur Körperreinigung, die außerdem zur Vorbeugung gegen Infektionen, Erhaltung einer intakten Haut, Stimulierung der Durchblutung, Unterstützung der Sauerstoffaufnahme, Erhaltung des Muskeltonus und der Gelenkmobilität sowie zur Gewährleistung von Wohlbehagen durchgeführt wird.
🇬🇧 bath

Bahn, afferente. Verlauf bzw. Pfad einer Neuronenverbindung von der Körperperipherie in Richtung Körpermitte.
[*lat.:* ad, hin; ferre, tragen]
🇬🇧 afferent pathway

Bahn, efferente. 1. Bezeichnung für den Pfad, auf dem Nervenfasern Impulse von einem Nervenzentrum wegleiten. 2. Blutgefäße, die Blut von einem Körperteil wegleiten.
🇬🇧 efferent path

Bahn, motorische. Weg eines motorischen Nervenimpulses vom → Zentralnervensystem zu einem Muskel oder einer Drüse.
🇬🇧 motor pathway

Bahn, sensorische. Der Weg, den der Reiz eines Sinnesnervs vom Sinnesorgan zum Reflexzentrum im Gehirn oder im Rükkenmark verfolgt.
sensory pathway

Baker-Zyste. (Poplitealzyste). → Zyste, die sich im Kniegelenk bildet und meist nur erkennbar wird, wenn das Bein gestreckt ist. Die B.-Z. tritt häufig in Verbindung mit rheumatischer Arthritis auf.
[W.M. Baker, britischer Chirurg, 1839–1896]
Baker´s cyst

Bakteriämie. Auftreten von → Bakterien im Blut in großer Anzahl, meist nach therapeutischen oder diagnostischen Eingriffen. (→ Sepsis)
[*griech.:* bakterion, kleiner Stab; haima, Blut]
bacteriemia

Bakterien (pl.). Kleine, einzellige Mikroorganismen der Klasse Schizomyzeten. Die einzelnen Gattungen unterscheiden sich morphologisch und werden folgendermaßen klassifiziert: runde B. (Kokken), stäbchenförmige B. (Bazillen), spiralige B. (Spirochäten) und längliche, schraubenförmige B. (Vibrionen).
[*griech.:* bakterion, kleiner Stab]
bacteria

Bakterienvakzine. Salinische Suspension aus abgeschwächten oder getöteten Bakterien, die als Injektionslösung zur Stimulierung einer aktiven → Immunität gegen den jeweiligen Bakterienstamm verabreicht wird. (→ Impfstoffe)
bacterial vaccine

Bakteriologie. Lehre von den → Bakterien. – *adj.* bakteriologisch.
[*griech.:* bakterion; kleiner Stab; logos, Wissenschaft]
bacteriology

Bakteriolyse. Die intrazelluläre oder extrazelluläre Auflösung (→ Lyse) von → Bakterien. – *adj.* bakteriolytisch.
bacteriolysis

Bakteriolysin. → Antikörper, der die Auflösung (Lyse) einer bestimmten Species bakterieller Zellen bewirkt.
[*griech.:* bakterion, kleiner Stab; lysein, auflösen]
bacteriolysin

Bakteriophagen. (Bakterienviren). Viren, die die Auflösung (Lyse) von Wirtsbakterien verursachen. B. ähneln anderen Viren, da sie gleichermaßen entweder eine Ribonukleinsäure (RNS) oder eine Desoxyribonukleinsäure (DNS) enthalten.
[*griech.:* bakterion, kleiner Stab; phagein, essen]
bacteriophage

Bakteriostatika. Bezeichnung für Substanzen, die das Wachstum oder die Vermehrung von Mikroorganismen hemmen. (s.a. Bakterizid) – *adj.* bakteriostatisch.
[*griech.:* anti, gegen; mikros, klein; bios, Leben]
antimicrobials

bakteriostatisch. Das Wachstum und/oder die Vermehrung von → Bakterien verhindernd oder hemmend (Bakteriostase). (s.a. bakterizid)
[*griech.:* bakterion, kleiner Stab; stasis, Stillstand]
bacteriostasis

Bakterium, residentes. → Bakterium, das sich in einem bestimmten Körperbereich angesiedelt hat.
resident bacteria

Bakteriurie. Ausscheidung von → Bakterien im Urin.
bacteriuria

bakterizid. Bakterien zerstörend, keimtötend. (→ Bakterizide) (s.a. bakteriostatisch)
bactericidal

Bakterizide (pl.). (Antiseptikum). Arzneimittel oder andere Substanzen, die → Bakterien abtöten. (→ Desinfektionsmittel)
[*griech.:* bakterion, kleiner Stab; *lat.:* caedere, töten]
bactericides

BAL. Abkürzung für bronchoalveolare Lavage → Bronchiallavage.
BAL

Balanitis. Entzündung der Eichel (Glans penis).
[*griech.:* balanos, Eichel; itis, Entzündung]
balanitis

Balantidiose. (Balantidiasis). Infektion durch das Protozoon *Balantidium coli*. In vielen Fällen ist dieser Mikroorganismus im Dickdarm unschädlich; eine Infektion mit *B. coli* führt jedoch häufig zu starker Diarrhö.
balantidiasis

Balantidium coli. Die größte und einzige Protozoenspecies mit Zilien, die für den Menschen pathogen sind und → Balantidiose verursachen.
[*griech.:* balantidion, Täschchen; kolon, Darm]
Balantidium coli

Balint-Syndrom. Sehstörungen mit Aufmerksamkeits- und Wahrnehmungsstörungen (Agnosie) und optischer Ataxie (Danebengreifen).
[R. Balint, ungarischer Neurologe, 1874–1929]
Balint´s syndrome

Balkan-Nephropathie. Chronische Nierenerkrankung mit Niereninsuffizienz, Proteinurie, tubulointestinale Nephritis und Anämie. Diese Krankheit tritt auf dem Balkan → endemisch auf, ist jedoch nicht erblich.
Balkan tubointerstitial nephritis

Balkanfieber. (→ Q-Fieber)
Q fever

Balkangrippe. (→ Q-Fieber)
Q fever

Ballaststoffe. Allgemeine Bezeichnung für unverdauliche Kohlenhydrate, die in den Pflanzenzellwänden und umliegendem Zellmaterial vorhanden sind und unterschiedliche Auswirkungen auf die verschiedenen Magen-Darm-Funktionen, wie z.B. Kolon-Transportzeit, Wasserabsorption und Fettstoffwechsel, haben. Die wichtigsten Ballaststoffe sind Zellulose, Lignin, Hemizellulose, Pektin und Gummi.
dietary fiber

Ballismus. Neuromuskuläre Erkrankung, bei der es zu unkoordinierten Schleuderbewegungen und Zuckungen der Extremitäten kommt.
[*griech.:* ballismo, tanzen]
ballism

Ballonkatheter. 1. Ein Katheter mit einem nicht-porösen, aufblasbaren Ballon an der Spitze. Nach Einführung und Positionierung des Katheters wird der Ballon mit Luft oder sterilem Wasser durch einen am anderen Ende des B.s befindlichen Port befüllt; z.B. Pulmonaliskatheter oder Blasenkatheter. 2. Form eines Blasenkatheters mit doppeltem Lumen. Durch den einen Kanal fließt der Urin aus der Harnblase in einen Sammelbeutel ab; der andere Kanal ist am Blasenende mit einem aufblasbaren Ballon und am anderen Ende mit einem Anschluss zum Blocken des Katheters ausgestattet. Zur Arretierung des Katheters in der Harnblase werden durch den Anschluss ca. 8–10 ml Aqua destillata injiziert, wodurch sich der Ballon aufweitet.
balloon-tip catheter; self-retaining catheter

Ballontamponade. Einführung eines flexiblen, aufblasbaren → Ballonkatheters in einen Körpergang, mit dem eine Blockade des Blutflusses oder eine Stenose aufgelöst werden kann.
balloon tamponade

Ballottement. (Ballottieren). Technik des Befühlens (Palpation) eines Organs oder einer flüssigen Struktur, indem mit der Haut eine flottierende Bewegung verursacht wird; z.B. des kindlichen Kopfes in der Gebärmutter, der Kniescheibe bei einem Kniegelenkerguss (»tanzende Patella«) oder der Niere bei vorliegendem Nierentumor.
[fr.: ballotter, schaukeln]
ballottement

Balneologie. Bereich der Medizin, der sich mit der chemischen Zusammensetzung der verschiedenen Mineralwässer und ihren heilenden Charakteristika beschäftigt, insbesondere in Heilbädern. - *adj.* balneologisch.
[*lat.:* balneum, Bad; *griech.:* logos, Wissenschaft]
🇬🇧 balneology

Balneotherapie. Einsatz von Bädern zur Behandlung zahlreicher Erkrankungen und Störungen.
🇬🇧 balneotherapy

Balsam. Verschiedene harzige Pflanzensäfte, die häufig aus immergrünen Pflanzen gewonnen werden und Benzoe- oder Zimtsäure enthalten. B. kann mit unterschiedlichen Inhaltsstoffen als äußerliches Arzneimittel aufgetragen werden.
🇬🇧 balsam

Band. (→ Ligament)
🇬🇧 band

Bandage. Streifen oder Rolle aus Stoff oder einem anderen Material, das auf verschiedene Weise um ein Körperteil gewickelt werden kann, um einen Verband zu fixieren, Druck auszuüben oder eine Extremität bzw. ein anderes Körperteil zu immobilisieren.
🇬🇧 bandage

Bänderriss. Vollständiger oder teilweiser Riss einer Bänderstruktur, die die Knochen eines Gelenks verbindet und umgibt. Ursache ist meist eine Gelenksverletzung durch eine plötzliche Drehbewegung oder einen starken Schlag. B.e können an jedem Gelenk auftreten, meist ist jedoch das Kniegelenk betroffen.
🇬🇧 ligemental tear

Bandscheibe. (Discus intervertebralis). Knorpelverbindung zwischen zwei Wirbelkörpern, außer zwischen dem ersten und zweiten Halswirbel (Atlas und Axis). Die B.n variieren in Größe, Form, Dicke und Anzahl in Abhängigkeit von ihrer Lage in der Wirbelsäule und von den Wirbeln, die sie trennen.
🇬🇧 intervertebral disk

Bandscheibensyndrom, zervikales. Quetschung bzw. Reizung der zervikalen Nervenwurzeln in oder nahe den Zwischenwirbellöchern, vor der Verzweigung der Nervenwurzeln in vordere und hintere Nervenäste. Bei gebrochenen Bandscheiben, degenerativen Bandscheibenerkrankungen oder Nackenverletzungen kann es zu unterschiedlich schwerwiegenden Fehlstellungen und einer Quetschung der Nervenwurzeln kommen. Meist wird ein z. B. durch Überdehnungen verursacht. Stechender Schmerz strahlt von der Nackengegend bis in Arme und Finger aus und wird durch Halsbewegungen zusätzlich verstärkt. Weitere Symptome sind Parästhesien, Kopfschmerz, Sehstörungen, eingeschränkte Beweglichkeit und abgeschwächte Greiffähigkeit der Hand. Als Begleitsymptome können Muskelatrophie, sensorische Störungen und Reflexschwächen beobachtet werden.
🇬🇧 cervical disk syndrome

Bandscheibenvorfall. Schädigung des Knorpelgewebes, das die → Bandscheiben umschließt, wodurch es den Gallertkern freigibt, der die Wirbel nach oben und unten abfedert. Der dadurch entstehende Druck auf die Rückenmarksnervenwurzeln kann erhebliche Schmerzen und Nervenschädigungen verursachen. Ein B. tritt häufig in der Lendengegend auf; er kann durch Bettruhe, Physiotherapie, Schmerztherapie oder Operation behandelt werden.
🇬🇧 herniated disk

Bandwurm. Parasit, der im menschlichen Darm lebt. Er besteht aus Kopf und einem bandförmigen Körper aus mehreren Segmenten, die kettenförmig aneinander gereiht sind. Der Mensch steckt sich meist durch rohes oder unzureichend gekochtes Fleisch an, das von infizierten Tieren stammt, die als Zwischenwirt dienen.
🇬🇧 tapeworm

Bandwurminfektion. Befall des menschlichen Darmes mit Parasiten, die über rohes oder unzureichend gekochtes Fleisch von infizierten Tieren dorthin gelangen. Bandwürmer leben als Larven in verschie-

denen Zwischenwirten und wachsen im Darm des Menschen heran. Symptome einer B. wie Durchfall, Magenschmerzen und Gewichtsverlust treten meist nur in leichter Form auf.
tapeworm infection

Bang-Krankheit. (Abortus brucellae). Form der → Brucellose, die endemisch in Nordamerika auftritt und durch *Brucella abortus* verursacht wird; Infektionen beim Menschen resultieren aus dem Kontakt mit der Milch von Kühen, die mit *Brucella abortus* infiziert sind. Es kommt zu Fieber und einem spontanen (oder induzierten) Schwangerschaftsabbruch, wenn der Fötus infiziert ist. Die Behandlung umfasst eine Antibiotikatherapie und möglicherweise eine Entfernung des Uterus.
[B. Bang, dänischer Arzt und Tierarzt, 1848–1932]
abortus fever; infected abortion

Banti-Syndrom. Progressiv fortschreitende Erkrankung mehrerer Organe, die mit Hypertonie der Pfortader, Splenomegalie, Anämie, Leukopenie, Magen-Darm-Blutungen und Leberzirrhose einhergeht.
[G. Banti, italienischer Pathologe, 1852–1925]
banti´s syndrome

BAO. Abkürzung für (engl.) Basal Acid Output (dt. Basalsäuresekretion des Magens).
BAO

Bar. Einheit des Luftdrucks; 1 bar = 10^5 → Pascal.
bar

Barbiturate (pl.). Barbitursäurederivate, die sedierend wirken. Diese Derivate reduzieren die Atemfrequenz, den Blutdruck, die Körpertemperatur und die Aktivität des Zentralnervensystems. Wegen der Gefahr der Abhängigkeit werden B. meist nur zur Narkose und bei epileptischen Anfällen verabreicht; sie sollten nicht als → Sedativa oder Schlafmittel eingesetzt werden. Zu den Nebenwirkungen gehören Sedierung, Amnesie, Übelkeit, Erbrechen, Übererregbarkeit, Angstzustände sowie Atem- und Herzstillstand.
barbiturate

Barium (Ba). Hellgelbes metallisches Element, das zu den Erdalkalimetallen gehört. Ordnungszahl: 56, Atommasse: 137,36. B. wird in Form von rektalen Einläufen oder einem Brei zum Schlucken als Röntgenkontrastmittel eingesetzt, um den Magen-Darm-Trakt auf Ulzera, Fisteln, Tumore o.ä. zu untersuchen.
[*griech.:* barys, schwer]
barium

Bariumvergiftung. Starke, sehr schnelle Abnahme des Kaliumspiegels im Blut und in den Zellen infolge der Einnahme von löslichen Bariumsalzen; es kommt zu Übelkeit, Erbrechen, Magenkrämpfen, blutiger Diarrhö, Schwindel, Ohrensausen sowie in schweren Fällen zu Ateminsuffizienz und Herzstillstand.
barium poisoning

Barlow-Syndrom. Herzerkrankung mit einem apikalen systolischen Geräusch; im → EKG sind Anzeichen einer → Ischämie zu erkennen. (→ Herzgeräusche)
[J.B. Barlow, südafrikanischer Kardiologe]
Barlow´s syndrome

Barograph. Instrument zur kontinuierlichen Aufzeichnung des barometrischen Drucks und seiner Veränderungen.
[*griech.:* baros, Gewicht; graphein, schreiben]
barograph

Barorezeptor. Druckempfindliche Nervenenden in der Kammerwand des Herzens, im Aortenbogen und im Karotissinus. Die B.en stimulieren den zentralen Reflexmechanismus, der die physiologische Anpassung und Adaptation an Veränderungen des Blutdrucks über Veränderungen der Herzfrequenz, sowie durch Vasodilatation oder Vasokonstriktion ermöglicht.
[*griech.:* baros, Gewicht; *lat.:* recipere, empfangen]
baroreceptor

Barotrauma. (Druckkrankheit/Taucherkrankheit). Körperliche Verletzung infolge einer Exposition gegenüber stark erhöhtem oder

erniedrigtem Luftdruck, z.B. Trommelfellruptur oder Lungenschädigung (Aerosinusitis); kann bei Tauchern oder Bergarbeitern auftreten.
🇬🇧 barotrauma

Barthel-Index (BI). Skala zur Einschätzung der Selbstpflegefähigkeiten eines Patienten, die sich speziell auf die → Aktivitäten des täglichen Lebens (ATLs) beziehen. Der Patient wird je nach seiner Hilfsbedürftigkeit mit Werten von 0 bis 15 Punkten in verschiedene Kategorien eingestuft.
[D.W. Barthel, amerikanischer Psychiater des 20. Jahrhunderts]
🇬🇧 Barthel Index (BI)

Bartholin-Drüse. Zwei schleimproduzierende (muköse) Drüsen, die sich im hinteren inneren Bereich der kleinen Schamlippen (Labien) befinden.
[C.T. Bartholin, dänischer Anatom, 1655–1738]
🇬🇧 Bartholin´s gland

Bartholin-Zyste. → Zyste, die sich in den Scheidenvorhofdrüsen (Glandulae vestibulares) oder ihren Ausführungsgängen bildet und mit einer klaren Flüssigkeit gefüllt ist, welche aber bei einer chronischen Entzündung durch ein eitriges Exsudat ersetzt wird.
[C.T. Bartholin]
🇬🇧 Bartholin´s cyst

Bartholinitis. Entzündung einer oder beider → Bartholin-Drüsen durch eine bakterielle Infektion, die sich durch die Schwellung einer oder beider Drüsen, Schmerzen und die Entwicklung von Abszessen in den infizierten Drüsen manifestiert.
[C.T. Bartholin, dänischer Anatom, 1655–1738; *griech.:* itis, Entzündung]
🇬🇧 bartholinitis

Bartonella. Gattung kleiner gramnegativer Kokken-Bazillen, die als interzelluläre Parasiten die roten Blut- sowie die Epithelzellen der Lymphknoten, Leber und Milz infizieren; die Infektion erfolgt durch den Stich einer Fliege der Gattung *Phlebotomus.*
[A. Barton, peruanischer Bakteriologe, 1871–1950]
🇬🇧 Bartonella

Bartonellose. Akute Infektion durch *Bartonella bacilliformis*, die durch Insektenstiche übertragen wird. Symptome sind Fieber, schwere Anämie und Knochenschmerzen; mehrere Wochen nach der Erstinfektion treten zahlreiche Knoten oder warzenartige Hautläsionen auf.
🇬🇧 bartonellosis

basal. Zum Fundament oder zur Basis gehörend, grundlegend.
[*griech.:* basis, Grundlage]
🇬🇧 basal

Basalganglien (pl.). Die Inseln der → grauen Substanz des Gehirns, die weitgehend aus Zellkörpern bestehen und in jeder Hirnhälfte (Hemisphäre) zu finden sind. Die wichtigsten B. sind der Nucleus caudatus, das Putamen und das Pallidum cerebri.
[*griech.:* basis, Grundlage; ganglion, Knoten]
🇬🇧 basal ganglia

Basalmembran. Dünne, nicht aus Zellen bestehende Schicht, die das darüberliegende Epithel vom darunterliegenden Bindegewebe trennt.
🇬🇧 basement membrane

Basaltemperatur. Orale oder rektale Messung der Körpertemperatur bei Frauen, und zwar am Morgen nach mindestens 8 Stunden Schlaf, bevor die Patientin irgendeine Tätigkeit ausführt, einschließlich aufstehen, rauchen, umhergehen, sprechen, essen oder trinken. Die Messung der B. wird als natürliche Methode der Familienplanung genutzt, die sich auf die Bestimmung der fruchtbaren Phase im Menstruationszyklus verlässt, indem der Temperatursprung bestimmt wird, der mit dem Eisprung (Ovulation) auftritt. Der durch das Progesteron ausgelöste Temperaturanstieg beträgt 0,3 bis 0,5 °C. Die Temperaturkurve unterscheidet sich von Frau zu Frau und kann selbst von

Zyklus zu Zyklus variieren. Man geht davon aus, dass die fruchtbare Phase vorliegt, wenn die Temperatur fünf Tage lang über dem vorherigen Wert liegt; der Anstieg kann langsam oder sprunghaft erfolgen und dauert 3 bis 4 Tage an. Die Tage nach dieser Phase werden als die »sicheren«, unfruchtbaren Tage bezeichnet.
basal body temperature

Basalzelle. Zelle in der tiefsten Schicht des Plattenepithels.
basal cell

Basalzellkarzinom. Maligner Epithelzelltumor, der als Papel beginnt, sich peripher vergrößert und einen zentralen Krater entwickelt, der erodiert, verkrustet und blutet. Eine der bekannten Ursachen für diese Krebsform ist eine exzessive Exposition gegenüber Sonne oder anderen Strahlungen.
[*griech.:* basis, Grundlage; *lat.:* cella, Lager; *griech.:* karkinos, Krebs; oma, Tumor]
basal cell carcinoma

Base. (Lauge). Chemische Komponente, die die Konzentration von Wasserstoffionen in einer wässrigen Lösung erhöht. B.n bilden mit → Säuren basische, neutrale oder saure Salze; dabei entsteht Wasser. Rotes Lackmuspapier färbt sich durch eine B. blau.
[*griech.:* basis, Grundlage]
base

Basedow-Krankheit. (Grave´s disease). Erkrankung, die durch eine beträchtliche → Hyperthyreose mit vergrößerter Schilddrüse (→ Struma) und → Exophthalmus (abnormes Hervorstehen der Augen) gekennzeichnet ist. Die Ursache ist weitgehend unbekannt, die Krankheit tritt jedoch familiär gehäuft auf und ist möglicherweise eine Autoimmunreaktion. Bei mehr als 60% der Patienten finden sich Antikörper auf Thyreoglobulin. Typische Anzeichen sind Nervosität, leichter Tremor der Hände, Gewichtsverlust, Kurzatmigkeit, Herzrasen (Palpitationen) und verstärkte Hitzeintoleranz sowie Erhöhung des Metabolismus und der gastrointestinalen Motilität. Ein vergrößerter Thymus, generalisierte Hyperplasie der Lymphknoten, verschwommenes Sehen oder Doppeltsehen, Vorhofarrhythmien und Osteoporose sind weitere mögliche Symptome. Bei Patienten mit unzureichend behandelten Krankheiten, Infektionen oder Stress kann es zu einer lebensbedrohlichen Thyreoidstörung kommen.
Grave´s disease

Basedow-Krise. Plötzliche Verschlechterung der Symptome einer Schilddrüsenüberfunktion, gekennzeichnet durch Fieber, Schwitzen, Tachykardie, übermäßige nervöse Reizbarkeit und Lungenödem. Kommt meist bei Patienten vor, deren Schilddrüsen-Funktionsstörung unzureichend behandelt wird. Der plötzliche Anfall kann durch eine belastende Infektion oder Verletzung hervorgerufen werden; bei Nichtbehandlung der Symptome kann die Krise tödlich enden.
thyroid crisis

Basedow-Struma. Vergrößerung der Schilddrüse, die durch eine Hypersekretion von Schilddrüsenhormonen nach einer Iodtherapie gekennzeichnet ist. Es kann zu einer → Struma und einer → Ophthalmopathie kommen. (→ Basedow-Krankheit/ Hyperthyreose)
[K.A. von Basedow, deutscher Arzt, 1799–1854]
Basedow´s goiter

Basenabweichung. Basenkonzentration in der extrazellulären Flüssigkeit; Maß für eine → metabolische Alkalose oder → metabolische Azidose (negativer Wert). (→ Säure-Basen-Haushalt)
base excess

Basenanaloga (pl.). Chemische, den Purin- oder Pyrimidinbasen ähnliche Verbindungen, die normalerweise in Ribonukleinsäuren (RNS) oder Desoxyribonukleinsäuren (DNS) zu finden sind.
base analog

Basenüberschuss. (→ Basenabweichung)
base excess

Basilarmembran. (Lamina basilaris). Zellstruktur, die die Basis der Innenohrschnecke bildet, von knochigen bzw. fi-

brösen Vorsprüngen der Wand unterstützt wird und das → Corti-Organ trägt.
🇬🇧 basilar membrane

Basis. Der untere Bereich eines Organs oder einer anderen Struktur, der eine Grundfläche bildet, z.B. die Schädelbasis.
🇬🇧 basis

basophil. Die Fähigkeit der weißen Blutkörperchen (Leukozyten), ihre Protoplasmakörnchen in Verbindung mit basischen Farbstoffen blau anzufärben; die b.en Zellen entsprechen 1% oder weniger der gesamten Menge an weißen Blutkörperchen.
[*griech.:* basis, Grundlage; philein, lieben]
🇬🇧 basophil

Basophilenleukämie. Akutes oder chronisches Neoplasma des blutbildenden Gewebes, das durch eine große Anzahl unreifer → basophiler Granulozyten im peripheren Blutkreislauf und im Gewebe gekennzeichnet ist.
[*griech.:* basis, Grundlage; philein, lieben; leukos, weiß; haima, Blut]
🇬🇧 basophilic leukemia

Bauchatmung. (Zwerchfellatmung; Abdominalatmung). Form der Ein- und Ausatmung, bei der die meiste Atemarbeit über das Zwerchfell und die Bauchmuskeln erfolgt, wodurch sich der Bauch sichtbar wölbt. Säuglinge und Männer zeigen physiologisch häufiger eine B. als Frauen. Bei Brustkorbverletzungen oder Operationen hingegen gilt die B. als Schonatmung und ist pathologisch.
🇬🇧 abdominal breathing

Bauchbinde. Verband oder elastischer Umschlag, der um den unteren Teil des Abdomens angelegt wird, um das Bauchgewebe zu stützen; Anwendung nach Bauchoperationen, um Schmerzen zu lindern, damit die Mobilisation zu erleichtern und die Wundheilung zu fördern; wichtig vor allem bei ädiposen Patienten.
🇬🇧 abdominal binder

Bauchchirurgie. Bauchchirurgische Eingriffe sind Operationen, die die Bauchregion betreffen; erfolgt normalerweise unter Vollnarkose. Zu den Bauchoperationen gehören u.a. → Appendektomie, → Cholezystektomie, → Kolostomie, → Gastrektomie, → Herniotomie und → Laparotomie. (→ Laparoskopie)
🇬🇧 abdominal surgery

Bauchdeckenfistel. Unphysiologische Verbindung eines Bauchorganes zur Körperoberfläche. Ursachen können Entzündungen, Tumore, Anlage eines Stoma, o.ä. sein. (→ Fistel; Stoma)
🇬🇧 abdominal fistula

Bauchganglion. Gruppen von Nervenzellen, die sich beiderseits des Zwerchfellschenkels befinden und mit dem Plexus coeliacus verbunden sind.
🇬🇧 celiac ganglion

Bauchhautreflex. (kutaner Bauchdeckenreflex; BHR). Physiologischer Fremdreflex, der durch Streichen über die Bauchhaut ausgelöst wird. Führt zu einer raschen Kontraktion der Bauchmuskeln, wobei sich der Bauchnabel in die Richtung der Stimulation bewegt. Der B. geht bei Erkrankungen der → Pyramidenbahn verloren. (→ Fremdreflex; Eigenreflex)
🇬🇧 abdominal reflex

Bauchhöhle. (Cavitas abdominalis). Raum zwischen Zwerchfell und Beckenbereich sowie Bauchwand und Retroperitonealraum; beinhaltet Leber, Magen, Darm, Milz, Gallenblase, Nieren sowie entsprechende Gewebe und Gefäße und ist vom → Peritoneum ausgekleidet.
🇬🇧 abdominal cavity

Bauchhöhlenschwangerschaft. Das befruchtete Ei entwickelt sich in der Bauchhöhle außerhalb der Gebärmutter, nachdem es aus dem Eileiter ausgestoßen wurde, z.B. aufgrund eines Eileiter- oder Gebärmutterdefekts. Die Plazenta kann mit dem abdominalen oder viszeralen Peritoneum verbunden sein. Der Verdacht auf eine B. kann bestehen, wenn der Bauchumfang vergrößert und die Gebärmutter für die Schwangerschaftsdauer jedoch vergleichsweise klein geblieben ist. B.en machen etwa 2% aller Extrauteringraviditäten und ungefähr 0,01% der Gesamtzahl aller

Schwangerschaften aus. Meistens tritt der perinatale Tod des Fötus ein, die Anzahl der Todesfälle bei den Müttern beträgt ca. 6%. Da B.en selten auftreten, werden sie häufig nicht vermutet und nur verspätet diagnostiziert. Ein operatives Entfernen von Plazenta, Fruchtblase sowie Embryo bzw. Fötus ist erforderlich, wenn eine Verbindung zum posterioren Teil von Tuben, Ovarien, Mutterbändern und Uterus besteht. (→ ektopische Schwangerschaft; Extrauteringravidität)
🇬🇧 abdominal pregnancy

Bauchpunktion. (Abdominozentese). Punktion der Bauchhöhle zur Entnahme von Flüssigkeit als diagnostische oder therapeutische Maßnahme, z.B. bei Aszites. Die Punktionsstelle liegt meistens im linken Mittel- oder Unterbauch, wird vorher desinfiziert und ggf. eine Lokalanästhesie gesetzt.
[*lat.:* abdominis, Bauch; *griech.:* para, nahe; kentesis, Punktion]
🇬🇧 abdominal paracentesis

Bauchregionen. (anatomische Bauchregionen). Die neun Unterteilungen des Abdomens, die von vier Linien gebildet werden, welche kreuzweise über die vordere Bauchfläche gezogen werden. Die obere horizontale Linie wird entlang der Ebene der neun Rippenknorpel angelegt, die untere horizontale Linie am Beckenkamm. Die beiden vertikalen Linien erstrecken sich auf jeder Körperseite vom achten Rippenknorpel bis zur Mitte des Leistenbands. Die Linien unterteilen das Abdomen in drei obere, drei mittlere und drei untere Zonen; obere Zonen: rechtes Hypochondrium, Epigastrium und linkes Hypochondrium; mittlere Zonen: rechte laterale Region, Umbilikalregion und linke laterale Region; untere Zonen: rechte Leistenregion, Hypogastrium und linke Leistenregion.
🇬🇧 abdominal regions

Bauchschmerzen. (Abdominalschmerz). Akuter oder chronischer, lokaler bzw. diffuser Schmerz in Bereich des Bauches. B. sind ein ernstzunehmendes Symptom, da die Ursachen einen sofortigen operativen Eingriff erfordern können. Die häufigsten Ursachen von B. sind Entzündungen, Perforation einer starken intraabdominalen Struktur, Durchblutungsstörungen, Darm- oder Harnleiterverschluss oder Ruptur eines Bauchorgans. Krankheitsbilder mit dem Symptom Bauchschmerzen sind z.B. Appendizitis, perforiertes Magenulkus, Brucheinklemmung, Thrombose der oberen Mesenterialarterie sowie Dünn- oder Dickdarmileus oder Karzinome, akute und chronische Cholezystitis, Cholelithiasis, akute Pankreatitis, Perforation eines Magenulkus, abdominale Aortenaneurysmen sowie Traumata abdominaler Organe, Ruptur einer Ovarialzyste sowie Extrauteringravidität. B. während einer Schwangerschaft können durch folgende Ursachen hervorgerufen werden: Gewicht der vergrößerten Gebärmutter, eine Rotation, Dehnung oder Kompression des runden Mutterbandes oder durch eine Quetschung bzw. Verlagerung des Darms. Chronische B. können funktionell bedingt oder die Folge von Verdauungsstörungen, übermäßiger Nahrungsaufnahme oder Aerophagie (Schlucken von Luft) sein. Indizierte pflegerische Maßnahmen können je nach Ursache eine medikamentöse Therapie, die Lagerung des Patienten in einer Schonhaltung oder leichter Druck auf den Bauch sein, sowie die Anwendung von Wärme oder Kälte.
🇬🇧 abdominal pain

Bauchtyphus. (→ Typhus abdominalis)
🇬🇧 typhoid fever

Bauchumfang. Umfang des Bauches, der normalerweise in Höhe des Nabels gemessen wird. Die Messung muss stets in der gleichen Position erfolgen und der Messpunkt mit wasserabweisender Farbe gekennzeichnet sein. Indikation: → Aszites, Herzinsuffizienz, Bauchtumore, ggf. postoperativ nach Baucheingriffen.
🇬🇧 abdominal girth

Bauchwandhernie. (Hernia abdominalis; Bauchhernie). → Hernie, bei der Eingeweide sich durch eine Schwachstelle in der weichen

B

Bauchdecke wölben; oftmals an der Stelle einer alten Operationsnarbe.
abdominal hernia

Bauchwassersucht. (→ Aszites)
ascites

Bazillämie. (Bakteriämie). Auftreten von Bakterien im zirkulierenden Blut.
bacillemia

Bazillen. Umgangsprachlich für Bakterien. (→ Bazillus)

Bazillurie. Ausscheidung von → Bazillen im Urin.
bacilluria

Bazillus (pl. Bazillen). Bezeichnung für stäbchenförmige → Bakterien; grampositive aerobe oder fakultativ anaerobe, sporenbildende Mikroorganismen der Familie → Bacillaceae.
[*lat.*: Stäbchen]
bacilli

BCG. Abkürzung für → Bacille-Calmette-Guérin.
BCG

BCG-Impfstoff. Aktiver Impfstoff zur Schutzimpfung gegen → Tuberkulose. (→ Bacille-Calmette-Guérin)
BCG vaccine

Be. Chemisches Symbol für → Beryllium.
Be

Beatmung, assistierte. Anwendung von mechanischen oder anderen unterstützenden Beatmungsvorrichtungen, um die Atemtätigkeit eines Patienten aufrechtzuerhalten, z.B. die Verabreichung von Sauerstoff mit positivem Druck.
assisted ventilation

Beatmung, Entwöhnung von der mechanischen. → Pflegeintervention der → NIC, die definiert wird als die Unterstützung von Patienten beim Atmen ohne Hilfe eines mechanischen Beatmungsgerätes.
Mechanical Ventilatory Weaning

Beatmung, intermittierend assistierte. Beatmungsverfahren, bei dem obligatorische unterstützende Atemstöße eines Beatmungsgerätes mit der Spontanatmung des Patienten kombiniert werden.
intermittend assisted ventilation (IAV)

Beatmung, intermittierend mandatorische. Beatmungsverfahren, bei dem ein Patient unabhängig atmen kann, aber in bestimmten vorgeschriebenen Intervallen vom Beatmungsgerät entweder einen Atemstoß unter positivem Druck oder ein konkretes Sauerstoffvolumen erhält.
intermittend mandatory ventilation (IMV)

Beatmung, kontrollierte. Intermittierende Anwendung eines positiven Atemdrucks durch ein Beatmungsgerät als Ersatz für spontane Atmung.
controlled ventilation

Beatmung, künstliche. Unterstützung der Atmung durch manuelle oder mechanische Mittel (assistiert oder kontrolliert), wenn die normale Atemtätigkeit unzureichend ist oder gar nicht funktioniert. Eine effektive Sauerstoffversorgung der Lungen kann durch Obstruktion der Bronchien, durch Schwellungen, Fremdkörper, verstärkte Sekretion, neuromuskuläre Schwäche, Status asthmaticus, Atemdepressionen infolge bestimmter Arzneimittel oder ein Trauma im Thoraxbereich behindert werden. Vor der k.n B. müssen die Atemwege überprüft und vorhandene Fremdkörper entfernt werden.
artificial ventilation

Beatmung, mechanische. → Pflegeintervention der → NIC, die definiert wird als der Einsatz eines mechanischen Gerätes zur Unterstützung der Atemtätigkeit eines Patienten.
Mechanical Ventilation

Beatmung, synchronisierte intermittierende mandatorische. Mechanisch unterstützte, periodische Atemzüge in festgelegten Abständen. Der Respirator registriert einen Einatmungsversuch des Patienten und reagiert mit dem Belüftungsvorgang. Zwischen den mechanisch unterstützten

Atemzügen kann der Patient spontan atmen.
🇬🇧 synchronized intermittent mandatory ventilation (SIMV)

Beatmungsbeutel. (Nichtrückatmungsbeutel). Flexibler, mit einer Maske verbundener Beutel, der zur vorübergehenden Beatmung bei Notfällen oder während der Narkoseeinleitung oder -ausleitung des Patienten verwendet wird. Zur Beatmung wird je nach Größe und Alter des Patienten der Beutel vorsichtig mit zusammengedrückt.
🇬🇧 rebreathing bag; reservoir bag

Beatmungsinhalation. (IPPB (intermittent positive pressure breathing)). Gerät, das bei der Atemtherapie eingesetzt wird, um die Atmung des Patienten aktiv zu unterstützen und einen positiven Atmungsdruck zu erzeugen. Durch den Atemsog des Patienten wird der Atemzug des Gerätes ausgelöst, das diesen vollendet. Wird ein bestimmter Druck in den Lungen erreicht schaltet das Gerät ab und der Patient kann ausatmen. Ziel ist eine Vergrößerung des Lungenvolumens, Sekretmobilisierung und Unterstützung des Abhustens.
🇬🇧 ventilator

Beau-Reil-Querfurchen. Furchen, die als weiße Linien auf den Fingernägeln zu sehen sind; bei Säuglingen physiologisch, ansonsten Anzeichen einer akuten schweren Krankheit wie Mangelernährung, systemische Krankheiten, Trauma oder Verschluss der Herzkranzgefäße.
[J.H.S. Beau, französischer Arzt, 1806–1865; J.Ch. Reil, deutscher Anatom, 1759–1813]
🇬🇧 Beau´s lines

Becherzelle. Spezialisierte Epithelzelle, die Schleim absondert und die Drüsen des Magen- und Darm- sowie Teile des Lungenepithels bildet.
🇬🇧 goblet cell

Beck-Trias. Kombination von drei Symptomen, die für eine → Herztamponade charakteristisch sind: hoher zentraler Venendruck (ZVD), niedriger arterieller Druck und ein kleines Herz mit leisen Herztönen.
[C.S. Beck, amerikanischer Chirurg, 1894–1971]
🇬🇧 Beck´s triad

Becken. (→ Pelvis)
🇬🇧 pelvis

Becken, androides. Becken mit typisch männlichem Bau; kann auch bei Frauen auftreten. Die Knochen sind dick und schwer, die Beckenöffnung ist herzförmig.
🇬🇧 android pelvis

Becken, anthropoides. Beckenform mit ovalem Beckeneingang. Der Durchmesser von vorn nach hinten ist viele größer als der Querdurchmesser. Bei einem normalen Becken ist der hintere Beckenraum viel größer als der vordere Teil.
[*griech.:* anthropos, menschlich; eidos, Form]
🇬🇧 anthropoid pelvis

Becken, großes. (Pelvis major). Beckenbereich oberhalb einer Ebene durch die Linea terminalis.
🇬🇧 false pelvis

Beckenausgang. Der Raum, der von den Knochen des unteren Teils des kleinen Beckens umgeben ist. Größe und Form des Beckens (Pelvis) sind sehr unterschiedlich und für eine Entbindung sehr wichtig. Die verschiedenen Dimensionen werden nach ihrem Durchmesser klassifiziert und anhand der Knochenstärke miteinander verglichen.
🇬🇧 pelvic outlet

Beckenboden. Weiches muskulöses Gewebe, das den Beckenausgang umgibt.
🇬🇧 pelvic floor

Beckenbodengymnastik. → Pflegeintervention der → NIC, die definiert wird als die Stärkung der Muskulatur im Scham- und Steißbeinbereich durch bewusste wiederholte Kontraktionen als Vorbeugung gegen eine Stress- oder Dranginkontinenz.
🇬🇧 Pelvic Floor Exercise

B

Beckendurchmesser. 1. Entfernung vom Lumbosakralwinkel bis zur Schamfuge am Rand des Beckens. 2. Entfernung von der Spitze des Steißbeins bis zum unteren Rand der Schamfuge am Beckenausgang.
🇬🇧 pelvic diameter

Beckeneingang. Eingang in das kleine Becken, das vom Vorgebirge (Promotorium) des Kreuzbeins (Os sacrum), dem horizontalen Ramus des Schambeins (Os pubis) und dem oberen Teil der Schamfuge begrenzt wird. Weil ein Kind bei einer vaginalen Entbindung durch das Becken gelangen muss, sind anterior-posteriore (von vorn nach hinten), querverlaufende und schräge Durchmesser des B.s wichtige Maße, die im Rahmen einer Einschätzung des Beckens (Pelvis) während der Schwangerschaft bestimmt werden.
🇬🇧 pelvic inlet

Beckeneintritt. Eintreten des vorangehenden Teils eines Kindes (meist der Kopf) in das mütterliche kleine Becken. Der Kopf ist nicht mehr oder nur schwer beweglich.
🇬🇧 engagement

Beckenendlage. (Steißlage). Lage eines Fötus in der Gebärmutter (Uterus), bei der das Gesäß oder die Füße nach unten weisen; tritt bei ca. 3% der Entbindungen auf.
🇬🇧 breech presentation; pelvic presentation

Beckengürtel. Ring aus Knochen, der von den Hüftknochen, dem Kreuzbein (Os sacrum) und dem Steißbein (Os coccygis) gebildet wird.
🇬🇧 pelvic girdle

Beckenhöhle, abdominale. (Cavitas pelvis abdominalis). Raum zwischen Zwerchfell und Leistengegend. Eine strukturell eindeutige Abgrenzung zwischen Bauch- und Beckenregion fehlt.
🇬🇧 abdominopelvic cavity

Beckenknochen. Knochenstruktur aus Darmbein (Os ilium), Sitzbein (Os ischium) und Schambein (Os pubis).
🇬🇧 pelvic bones

Becquerel (Bq). SI-Einheit der Radioaktivität, die einem Zerfall pro Sekunde entspricht. Die frühere Bezeichnung lautete Curie.
[H. A. Becquerel, französischer Physiker, 1852–1908]
🇬🇧 Becquerel (Bq)

Bedürfnis, emotionales. Bezeichnung für psychologische bzw. mentale Erfordernisse, die einen intrapsychischen Ursprung haben. Ein emotionales Bedürfnis konzentriert sich auf fundamentale Gefühlsregungen wie Liebe, Angst, Wut, Trauer, Frustration sowie Depression und stützt sich auf gegenseitiges Verstehen und Mitgefühl. Jeder Mensch hat emotionale Bedürfnisse, die zu Zeiten des übermäßigen Stresses, während mentaler und körperlicher Krankheiten sowie in verschiedenen Lebensphasen noch zunehmen. Wenn diese Bedürfnisse nicht durch entsprechende, von der Gesellschaft akzeptierte Mittel erfüllt werden, können sich psychopathologische Erkrankungen entwickeln.
🇬🇧 emotional need

Bedürfnispyramide. (→ Maslows Bedürfnispyramide)
🇬🇧 Maslow´s hierarchy of needs

Befehlsautomatie. Bezeichnung für unphysiologische mechanische Reaktionen auf bestimmte Befehle ohne Durchführung einer vorhergehenden kritischen Bewertung der gestellten Befehle. Kann bei der Hypnose sowie bei bestimmten Psychosen beobachtet werden.
🇬🇧 command automatism

Befehlshalluzination. Wahrnehmung von Stimmen, die psychisch Kranke zur Durchführung bestimmter Tätigkeiten veranlassen.
🇬🇧 command hallucination

Befruchtung. (→ Fertilisation; Insemination)
[*lat.:* fecundare, befruchten.]
🇬🇧 fecundation; semination

Befruchtung, künstliche. Die Einbringung von Samen (Spermatozoen) in die Vagina oder den Uterus mit mechanischen oder instrumentellen Hilfsmitteln statt durch

Geschlechtsverkehr. Diese Maßnahme wird zum erwarteten Zeitpunkt des Eisprungs (Ovulation) durchgeführt, damit es zur Befruchtung (Fertilisation) des Eies (Ovum) kommen kann. Die k. B. kann mit dem Samen des Partners einer Frau durchgeführt werden, wenn eine Impotenz des Mannes, eine zu niedrige Spermienzahl oder vaginale Störungen bei der Frau vorliegen, oder aber, wenn der Mann aufgrund bestimmter körperlichen Ursachen nicht zum Geschlechtsverkehr fähig ist. Eine Befruchtung mit Fremdsamen wird durchgeführt, wenn der Partner unfruchtbar ist.
artificial insemination (AI)

Befund. Aufgrund von Untersuchung und Laborergebnissen gemachte Beobachtungen über eine bestimmte Krankheit.
finding

Begabung. (Lernfähigkeit). Natürliche Aufnahmefähigkeit, Talent oder Fähigkeit, etwas zu lernen, zu verstehen oder eine Fertigkeit zu erwerben; geistige Aufmerksamkeit.
aptitude

Begleitschielen. (Strabismus concomitans). Schielen, bei dem der Schielwinkel in alle Blickrichtungen gleich bleibt. (→ Strabismus)
concomitant strabismus

Begleitsymptom. Symptom, das zusätzlich zu einem primären Krankheitssymptom auftritt.
concomitant symptom

Behandlung. Pflege und Unterstützung eines Patienten bei der Bekämpfung, Linderung oder Verhütung einer Krankheit, Störung oder Verletzung. Dabei gibt es heilende, lindernde und vorbeugende Maßnahmen. Eine kausale B. zielt auf die Ursache, eine symptomatische auf die Krankheitszeichen ab. Die B. kann mit Hilfe von Medikamenten, Kuren, Krankengymnastik oder operativen Eingriffen erfolgen.
treatment

Behandlungsempfehlung: individuell, erfolgreiche Handhabung. Anerkannte → NANDA-→ Pflegediagnose; Strukturen der Regulierung und Integration eines Behandlungsprogramms sowie seiner Auswirkungen in das tägliche Leben, die zur Erfüllung spezifischer Gesundheitsziele zufriedenstellend sind.
management of therapeutic regimen, individual: effective

Behandlungsempfehlung: individuell, unwirksame Handhabung. Anerkannte → NANDA-→ Pflegediagnose; Strukturen der Regulierung und Integration eines Behandlungsprogramms sowie seiner Auswirkungen in das tägliche Leben, die zur Erfüllung spezifischer Gesundheitsziele unzureichend sind.
management of therapeutic regimen, individual: ineffective

Behandlungsempfehlungen: Familie, unwirksame Handhabung. Anerkannte → NANDA-→ Pflegediagnose; Strukturen der Regulierung und Integration eines Behandlungsprogramms sowie seiner Auswirkungen in die Familienprozesse, die zur Erfüllung spezifischer Gesundheitsziele unzureichend sind.
management of therapeutic regimen, families: ineffective

Behandlungsempfehlungen: Gemeinde, unwirksame Handhabung. Anerkannte → NANDA-→ Pflegediagnose; Strukturen der Regulierung und Integration eines Behandlungsprogramms sowie seiner Auswirkungen in die Gemeindeprozesse, die zur Erfüllung spezifischer Gesundheitsziele unzureichend sind.
management of therapeutic regimen, community: ineffective

Behandlungsplan. Zeitplan, in dem die Termine und die verschiedenen Maßnahmen zur Behandlung eines Patienten festgehalten werden. Der B. enthält Vor- und Nachteile, Kosten, Alternativen und notwendige Nachbehandlungen und muss sowohl dem Patienten als auch seiner Kranken-

kasse vor Beginn der Behandlung zur Zustimmung vorgelegt werden.
treatment plan

Behandlungsraum. Raum in einer medizinischen Einrichtung (Arztpraxis, Krankenhaus etc.), in dem verschiedene Behandlungen und Maßnahmen, die spezielle Instrumente oder Geräte erfordern, vorgenommen werden.
treatment room

Behandlungsverweigerung. Das Recht eines Patienten, eine Behandlung abzulehnen, nachdem ihn der Arzt über Diagnose, Prognose, verfügbare Alternativen, Risiken und Vorteile dieser Alternativen sowie Risiken und eventuelle Folgen bei der Unterlassung jeglicher Intervention aufgeklärt hat.
refusal of treatment

Behaviorismus. Richtung in der → Psychologie, die von John B. Watson begründet wurde und Verhaltensweisen durch objektive Beobachtung der messbaren Reaktionen auf Reize untersucht und interpretiert, die keinen Bezug zum Bewusstsein, zum mentalen Zustand oder den subjektiven Phänomenen, wie etwa Ideen und Emotionen, haben.
behaviorism

Behinderte (pl.). Bezeichnung für Personen, die unter einem angeborenen (kongenitalen) oder erworbenen mentalen oder körperlichen Defekt leiden, der die normalen Funktionen des Körpersystems oder die Fähigkeit zur Selbstständigkeit in der modernen Gesellschaft in unterschiedlichem Maße beeinträchtigt.
handicapped

Behinderung, geistige. Geistiger Defekt, der aus einer angeborenen Störung, traumatischen Verletzung oder Erkrankung resultiert, welche die normalen intellektuellen Funktionen beeinträchtigen und dazu führen, dass der Betroffene nicht an Aktivitäten teilnehmen kann, die für seine jeweilige Altersgruppe angemessen sind.
mental handicap

Beißreflex. Schnelles unwillkürliches Zubeißen durch eine Stimulation der Mundhöhle.
bite reflex

Beißring. Ring aus Kunststoff oder Gummi, auf den ein Kleinkind beim Zahnen beißen kann.
teether

Belastungselektrokardiogramm. → Elektrokardiogramm, das aufgezeichnet wird, während der Patient unter körperlicher Belastung steht.
exercise electrocardiogram (exercise ECG)

Belastungskopfschmerz. Akuter Kopfschmerz, der bei körperlicher Anstrengung auftritt und nachlässt, wenn die Anstrengung beendet ist oder ein Schmerzmittel eingenommen wird.
exertional headache

Belegzellen. (Parietalzellen). Zellen in der Peripherie der Magendrüsen, die auf der Basismembran neben den Hauptzellen liegen und Salzsäure ausscheiden.
parietal cells

Bell-Phänomen. Anzeichen einer peripheren Gesichtslähmung, die sich durch eine nach außen gerichtete Aufwärtsbewegung des Augapfels manifestiert, wenn der Patient versucht, die Augen zu schließen. (→ Fazialislähmung)
[C. Bell, schottischer Chirurg, 1774–1842]
Bell´s phenomenon

Bell-Regel. Axiom, das besagt, dass die hinteren Wurzeln der Spinalnerven motorisch und die vorderen Wurzeln sensorisch sind.
[C. Bell, schottischer Chirurg, 1774–1842]
Bell´s law

Belladonna. Kurzbezeichnung für *Atropa belladonna*. Die getrockneten Blätter, Wurzeln, und Früchte der B., eines weitverbreiteten Nachtschattengewächses, enthalten u.a. die Alkaloide → Atropin und Scopolamin. Atropin blockiert die Wirkung von Acetylcholin in Nervenendorganen, die von den postganglionären, cholinergen Nerven versorgt werden, und

wirkt in zu hohen Konzentrationen giftig; A. wird als Arzneimittel in der Ophthalmologie (zur Weitstellung der Pupillen) und als → Spasmolytikum verwendet.
[*ital.:* bella donna, schöne Frau]
belladonna

benigne. (benignus). Gutartiger Zustand, der nicht krebsartig (kanzerös) ist und deshalb keine direkte Gefahr darstellt; kann jedoch aus gesundheitlichen oder kosmetischen Gründen trotzdem eine Behandlung erfordern. (s.a. maligne)
[*lat.:* benignus, lieb]
benign

Benner, Patricia. Pflegetheoretikerin, die sich mit den Stufen des Kompetenzerwerbs in ihrem Werk »From novice to expert: excellence and power in clinical nursing practice« (1984) (dt. Stufen zur Pflegekompetenz, 1994) beschäftigt hat. Sie führt eine systematische Beschreibung in fünf Stadien auf: der Neuling, der fortgeschrittene Anfänger, der kompetente Pflegende, der erfahrene Pflegende und der Pflegeexperte. B.s Arbeit beschreibt die professionelle Pflegepraxis in dem Kontext, was professionelle Pflege tatsächlich konkret ist und aus welchen Handlungen sie besteht, und geht damit von den kontextfreien Theoriebeschreibungen ab.

Bennett-Luxationsfraktur. Knochenbruch, der schräg durch die Basis des ersten Mittelhandknochens bis ins Gelenk verläuft und bei dem ein großer Teil des Knochens abgetrennt wird.
[E.H. Bennett, irischer Chirurg, 1837–1907]
Bennett´s fracture

Bentonittest. Ausflockungstest, mit dem Rheumafaktoren im Blut nachgewiesen werden können. Nachdem zuvor dem Serum sensibilisierte Bentonitpartikel beigesetzt wurden, spricht man hinsichtlich einer rheumatischen Arthritis von einem positiven Ergebnis, wenn 50% der Partikel adsorbiert werden.
bentonite test

Benzodiazepinderivate (pl.). Gruppe von psychotropen Substanzen, zu der die → Tranquilizer Chlordiazepoxid, Diazepam, Oxazepam, Lorazepam und Chlorazepat gehören. B. werden zur Behandlung von Angstzuständen eingesetzt, die Hypnotika Flurazepam und Nitrazepam gegen Schlaflosigkeit verabreicht. B. können auch als → Muskelrelaxanzien und → Antikonvulsiva verwendet werden. Bei längerer Einnahme besteht Suchtgefahr. Patienten müssen darüber aufgeklärt werden, dass ihre Fahrtüchtigkeit schon bei relativ geringen Dosen, insbesondere in Verbindung mit Alkohol, eingeschränkt sein kann. Die B. sollten möglichst nur abends verabreicht werden.
benzodiazepine derivate

Benzoesäure. Substanz, die als Konservierungsmittel (bei Lebensmitteln) und in Verbindung mit Salizylsäure als → Antiseptikum gegen Hautinfektionen eingesetzt wird.
benzoic acid

Benzol. Farblose, leicht entflammbare Flüssigkeit (C_6H_6), die bei der Destillation von Steinkohlenteer entsteht. Die prototypische aromatische Substanz wird bei der Herstellung verschiedener organischer Verbindungen sowie von Arzneimitteln eingesetzt.
benzene

Benzolvergiftung. Toxischer Zustand nach der Einnahme von → Benzol, dem Einatmen von Benzoldämpfen oder der Exposition gegenüber benzolähnlichen Produkten, wie z.B. Xylen. Die B. zeigt sich durch Übelkeit, Kopfschmerzen, Schwindel und Koordinationsstörungen. In akuten Fällen kommt es zu Ateminsuffizienz oder Kammerflattern mit Herzstillstand.
benzene poisoning

Benzylalkohol. Klare, farblose, ölige Flüssigkeit, die aus Balsam hergestellt und als äußerliches Anästhetikum und in Lösung als bakteriostatisches Agens (→ Antiseptikum) zur Injektion verwendet wird.
benzyl alcohol

B

Beratung. → Pflegeintervention der → NIC, die definiert wird als der Einsatz eines interaktiven Hilfsprozesses mit Konzentration auf die Bedürfnisse, Probleme und Gefühle von Patienten und wichtigen Bezugspersonen, um ihr Coping-Verhalten sowie ihre Fähigkeiten zur Problemlösung und zu zwischenmenschlichen Beziehungen zu verbessern und zu unterstützen.
Counseling

Beratung, genetische. Prozess, bei dem das Auftreten oder das Risiko genetischer Krankheiten innerhalb einer Familie bestimmt wird und angemessene Informationen sowie Ratschläge für konkrete Vorgehensweisen, über die Versorgung eines betroffenen Kindes, pränatale Diagnostik, Schwangerschaftsabbruch, Sterilisation oder künstliche Befruchtung gegeben werden.
genetic counseling

Beratung, genetische. → Pflegeintervention der → NIC, die definiert wird als der Einsatz eines interaktiven Hilfsprozesses, der sich auf die Vorbeugung genetischer Störungen oder auf die Fähigkeit richtet, mit genetischen Erkrankung bei einem Familienangehörigen umzugehen.
Genetic Counseling

Bergkrankheit. (Höhenkrankheit). Syndrom, das im Zusammenhang mit dem relativ geringen Partialdruck (reduzierter barometrischer Druck) von Sauerstoff (Hypoxie) in großen Höhen, beim Bergsteigen oder in einem Flugzeug ohne Druckausgleich, auftritt. Akute Symptome sind Schwindelanfälle, Kopfschmerzen, Reizbarkeit, Atemnot sowie Euphorie.
altitude sickness

Bergkrankheit, chronische. (Höhenkrankheit). Form der Höhenkrankheit, bei der die gesteigerte Produktion roter Blutzellen zu Polyzythämie führt. Bestimmte Krankheitssymptome, wie Kopfschmerzen, Schwäche und Gliederschmerzen, können sowohl bei einheimischen Bergbewohnern als auch bei akklimatisierten Personen beobachtet werden.
chronic mountain sickness

Beriberi. Erkrankung der peripheren Nerven, die durch einen Mangel (oder Absorptionsstörung) an → Thiamin (Vitamin B_1) verursacht wird; tritt häufig bei überwiegender Ernährung mit geschältem, poliertem Reis auf. Symptome sind Müdigkeit, Diarrhö, Appetit- und Gewichtsverlust, Nervenfunktionsstörungen, die zu einer Lähmung und Schwächung der Extremitäten führen können; es kann auch zu Ödemen und Herzinsuffizienz kommen.
[singhal.: beri, Schwäche]
beriberi

Berkelium (Bk). Künstliches radioaktives transuranisches Element; Ordnungszahl: 97 und Atommasse: 247.
berkelium

Berloque-Dermatitis. Kurzzeitige Hautverfärbung, die sich in → Hyperpigmentierung und Hautläsionen manifestiert; entsteht durch Sonneneinwirkung auf der Haut, die zuvor mit Parfümen, Kölnischwasser, Pomaden, z.B. Bergamottöl, eingerieben wurde. (→ Lichtdermatosen)
[*franz.:* breloque, Uhrgehänge]
berlock dermatitis

Berufsdermatosen. Hauterkrankungen in Verbindung mit der Exposition gegenüber Chemikalien oder anderen Substanzen am Arbeitsplatz. In etwa 80% der Fälle einer Kontaktdermatose ist die Ursache ein chemischer Reizstoff. Häufige ursächliche Agenzien der B. am Arbeitsplatz sind Glasfasern, chemische Farbstoffe und Polyhalogen-Aromaverbindungen wie Phenol, Naphtalin und Anilinherbizide. Zu den Faktoren, die die Entwicklung der Dermatosen beeinflussen, zählen Hautverdickung, Hautpermeabilität, betroffene Körperstelle, Konzentration der Chemikalie, Stelle und Umfang der Exposition und Art der Substanz, in der die toxische Chemikalie gelöst oder gemischt sein kann.
occupational dermatoses

Berufskrankheit. Erkrankung, die infolge eines bestimmten Arbeits- oder Angestelltenverhältnisses entstanden ist, meist aufgrund einer Langzeitexposition gegenüber speziellen Substanzen oder durch kontinuierliche oder sich wiederholende körperliche Anstrengungen.
occupational disease

Berufsunfähigkeit. Eine B. (BU) besteht nach dem Rentenversicherungsgesetz, wenn die Erwerbsfähigkeit einer Person durch eine Erkrankung, → Berufskrankheit, → Berufsunfall oder Behinderung auf weniger als die Hälfte der Erwerbsfähigkeit einer vergleichbaren gesunden Person reduziert ist. Bei vorliegender BU besteht ein Anspruch auf eine Berufsunfähigkeitsrente.
occupational disability

Berufsunfall. Verletzung eines Arbeiters oder Angestellten, die am Arbeitsplatz erfolgt. Berufsunfälle sind Ursache für über 95% der Fälle von → Berufsunfähigkeit.
occupational accident

Beruhigungstechniken. → Pflegeintervention der → NIC, die definiert wird als die Linderung der Beschwerden bei Patienten mit akuten Angstzuständen.
Calming Techniques

Berührung. → Pflegeintervention der → NIC, die definiert ist als die Gewährleistung von Wohlbefinden und Kommunikation durch zweckdienliche taktile Kontakte.
Touch

Berührung, therapeutische. → Pflegeintervention der → NIC, die definiert ist als das Leiten der eigenen inneren Energie durch die Hände, um anderen Personen zu helfen oder sie zu heilen.
Therapeutic Touch

Berührungsrezeptoren. Spezialisierte Nervenendigungen, die sensibel auf Berührungsreize reagieren.
touch receptors

Berylliose. Vergiftung durch das Einatmen von Dämpfen oder Stäuben, die → Beryllium oder Berylliumverbindungen enthalten. Es kommt zu Granulomen im ganzen Körper und einer diffusen Lungenfibrose, die sich in trockenem Husten, Kurzatmigkeit und Thoraxschmerzen äußert.
berylliosis

Beryllium (Be). Stahlgraues, leichtes Metall mit der Ordnungszahl: 4 und Atommasse: 9,012. B. wird in metallischen Legierungen und in der Keramikindustrie eingesetzt.
beryllium (Be)

Beschäftigungsdefizit. Anerkannte → NANDA-→ Pflegediagnose; Zustand, bei der der Betreffende eine verminderte Stimulation, Interesse oder Engagement bezüglich Erholung und Freizeitaktivitäten erlebt. Kennzeichnende Merkmale sind Langeweile, der Wunsch nach Aktivitäten und die Unfähigkeit, an den gewohnten Hobbys teilzunehmen.
diversional acitivity deficit

Beschäftigungstherapeut/in. (Arbeitstherapeut/in). Mitarbeiter einer ergänzenden Gesundheitsprofession, der → Beschäftigungstherapie praktiziert und lizenziert oder registriert sein muss. Der B. befasst sich mit der Evaluation, Diagnose und/ oder Behandlung von Menschen aller Altersstufen, deren Fähigkeit, mit den Aktivitäten des täglichen Lebens fertig zu werden, durch körperliche Verletzungen, Erkrankungen, emotionale Störungen, angeborene oder entwicklungsbedingte Behinderungen oder den Alterungsprozess gestört ist. Zu den Dienstleistungen gehören Entwurf, Herstellung und Anwendung von → Orthesen, Anleitung in der Auswahl und Anwendung angepasster Hilfsmittel, therapeutische Aktivitäten zur Verbesserung funktionaler Leistungen, berufsvorbereitende Evaluation und Training sowie Beratung bezüglich einer Anpassung der äußeren Umgebung für behinderte Menschen.
occupational therapist (OT)

Beschäftigungstherapie. Profession der Gesundheitsrehabilitation, die Personen aller Altersstufen mit körperlichen, ent-

wicklungsbedingten, sozialen oder emotionalen Defiziten helfen soll, Fähigkeiten wiederzuerlangen oder aufzubauen, die für die Gesundheit und das Wohlbefinden wichtig sind.
occupational therapy

Beschneidung. (Zirkumzision). 1. Chirurgische, ringförmige Beschneidung (Zirkumzision) der zu engen oder zu langen Vorhaut des männlichen Gliedes aus therapeutischen und hygienischen Gründen. 2. Rituelle Resektion der Vorhaut des männlichen Gliedes oder der weiblichen Klitoris und/oder der kleinen Schamlippen in jüdischen, muslimischen oder afrikanischen Gemeinden. Verbreitung in Afrika, Vorderasien, Indonesien, Australien, Ozeanien und auch in Amerika. Im Judentum gilt die B. der Jungen als Zeichen des Bundes mit Gott.
[*lat.:* circumcidere, rings umschneiden]
(ritual) circumcision

Bestrahlung. Exposition gegenüber einer strahlenden Energiequelle, z.B. Wärme, Licht oder Röntgenstrahlen. Radioaktive Quellen der Strahlungsenergie, z.B. Röntgenstrahlen, Iodisotope oder Kobald, werden zu diagnostischen Zwecken verwendet, um innere Körperstrukturen zu untersuchen. Ähnliche Quellen der Radioaktivität werden in größeren Dosierungen genutzt, um Mikroorganismen oder Gewebezellen zu zerstören, die zu Krebsgeschwüren entartet sind. Ultraviolettstrahlen werden eingesetzt, um bestimmte Bakterien und toxische Schimmelpilze zu identifizieren.
irradiation

Bestrahlungstherapie. Eine → Pflegeintervention der → NIC, die definiert wird als Unterstützung der Patienten, Stahlenbehandlungen zu verstehen und ihre Nebenwirkungen zu reduzieren.
Radiation Therapy Management

Besuchen, Unterstützung von. → Pflegeintervention der → NIC, die definiert ist als die Unterstützung gesundheitsförderlicher Besuche durch Familienangehörige und Freunde.
Visitation Facilitation

beta. Zweiter Buchstabe des griechischen Alphabets, der in der wissenschaftlichen Schreibweise verwendet wird, um die Position eine Kohlenstoffatoms, die Art einer Proteinkonfiguration oder die Identifikation einer Aktivitätsform zu bezeichnen, z.B. → Betablocker, → Betastrahlen, Betateilchen oder Betarhythmus. In Statistiken wird hiermit ein Fehler in der Interpretation der Studienergebnisse ausgedrückt.
beta

Betablocker. (Betarezeptorenblocker). Bezeichnung für betaadrenerge Substanzen, mit denen die Wirkung der Transmitter des Sympathikus (Adrenalin und Noradrenalin) auf die → Betarezeptoren blockiert werden kann. Die B. führen zur Verminderung der Herzaktivität und werden bei Hypertonie, koronarer Herzkrankheit (KHK) und Herzrhythmusstörungen eingesetzt. Zu Beginn einer Therapie mit B.n muss aufgrund der Gefahr einer abfallenden Herzfrequenz häufig der Puls kontrolliert werden. (→ Antiadrenergikum)
beta-blocker

Betacaroten. Vorform des → Vitamin A, das zur Verbesserung der Photosensibilität bei Patienten mit einer erythropoetischen Protoporphyrie (Störung der Biosynthese von Häm) eingesetzt wird.
beta-caroten

Betamethason. → Glukokortikoid und → Antiphlogistikum, das als entzündungshemmendes Mittel zur äußerlichen Anwendung eingesetzt wird.
betamethasone

Betaoxidation. Katabolischer Prozess, bei dem → Fettsäuren des Körpers als Energiequelle verwendet werden.
beta-oxidation

Betarezeptor. Adrenerge Komponenten eines Rezeptorgewebes, die auf Epinephrin und Substanzen mit hemmender Wirkung, etwa Propranolol, reagieren. Die Aktivierung der B.en führt zu verschiede-

nen physiologischen Reaktionen, z.B. Entspannung der Bronchialmuskulatur und Steigerung von Frequenz und Stärke der Herzkontraktionen.
beta receptor

Betastrahlen. Strom von Betateilchen (positiv oder negativ geladene Teilchen, die beim radioaktiven Zerfall eines Atoms freigesetzt werden); wenn das Element mehr Neutronen als Protonen besitzt, ist das Betateilchen ein Elektron, besitzt es mehr Protonen als Neutronen, ist das Betateilchen ein Positron.
beta rays

Betäubung, örtliche. Oberflächliche Aufhebung der Schmerzempfindung (Analgesie) durch Auftragen eines lokalen Schmerzmittels auf die Haut oder Schleimhaut, in Form einer Lösung, Salbe oder eines Gels oder Sprays.
topical anesthesia

Betäubungsmittel, Kontrolle von. → Pflegeintervention der → NIC die definiert wird als die Verbesserung einer angemessenen Anwendung und sicheren Aufbewahrung von Betäubungsmitteln.
Controlled Substance Checking

Betäubungsmittel (BTM). Sammelbezeichnung für Arzneimittel, die eine bewusstseins- bzw. stimmungsverändernde Wirkung haben und z.B. Euphorie oder Halluzinationen auslösen können. BTM können zur → Sucht und zum Arzneimittelmissbrauch führen. Unter BTM fallen sowohl illegale Drogen (Heroin, LSD, Cannabis) als auch therapeutisch verwendete Substanzen (Opioide, Morphin, Kokain). Diese werden als → Analgetika und teilweise als → Anästhetika eingesetzt. BTM müssen von anderen Arzneimitteln getrennt aufbewahrt und sicher verschlossen werden. Jede Entnahme eines BTM aus dem BTM-Schrank muss von einer verantwortlichen Person sorgfältig dokumentiert werden. Die Verabreichung von BTM ist durch das Betäubungsmittelgesetz geregelt. (→ Narkotika)
narcotics; anaesthetics

Betawelle. Eine von vier Arten von Hirnwellen, die durch eine relativ niedrige Voltmenge und mehr als 13 Hz gekennzeichnet ist. B.n sind die »aktiven Wellen« des Hirns und werden mit Hilfe einer → Elektroenzephalographie der vorderen und zentralen Bereiche des Kleinhirns aufgezeichnet, während der Patient wach ist und die Augen geöffnet hat.
beta wave

Betazellen. 1. Insulinproduzierende Zellen in den → Langerhans-Inseln; ihre Funktion ist es, Glukose, Aminosäuren und Fettsäuren schneller aus dem Blut in das zelluläre Zytoplasma zu befördern. 2. Die basophilen Zellen des Hypophysenvorderlappens.
beta cells

Betreuungsperson, Unterstützung der. → Pflegeintervention der → NIC, die definiert wird als die Gewährleistung der zur Verbesserung der primären Pflege von Patienten erforderlichen Informationen, Fürsprache und Unterstützung für Personen, die nicht in der professionellen Pflege tätig sind.
Caregiver Support

Bettenbelegung. Verhältnis der durchschnittlichen Zahl an Krankenhauspatienten zu der Anzahl der verfügbaren Betten während eines festgelegten Zeitabschnitts.
occupancy

Bettgalgen. (→ Patientenaufrichter)
trapeze bar

Bettnässen. (→ Einnässen)
enuresis

Bettpfanne. (Steckbecken/Bettschüssel/Schieber/"Topf"). Flaches Gefäß aus Metall oder Plastik, das zum Auffangen von Stuhl und Urin bei bettlägerigen Patienten verwendet wird.
bed pan

Bettruhe. Vorschrift für einen Patienten, aufgrund einer Erkrankung oder Verletzung im Bett zu bleiben und nicht aufzustehen.
bed rest

B

Bettruhe, Pflege bei. → Pflegeintervention der → NIC, die definiert wird als die Förderung von Wohlbefinden und Sicherheit sowie Vorbeugung gegen Komplikationen bei bettlägerigen Patienten.
Bed Rest Care

Beulenpest. (Bubonenpest). Die häufigste Form der Pest, bei der schmerzhafte Bubonen (Sgl. → Bubo) in der Achsel, Leiste oder am Hals auftreten; es kommt zu hohem Fieber (41°C), Tachykardie, Hypotonie, Delirium und Hautblutungen aus den oberflächlichen Gefäßen. Die Symptome werden durch ein Endotoxin verursacht, das von einem Bazillus, dem *Yersinia pestis*, stammt, der durch den Biss von infizierten Flöhen oder bestimmten Nagern (z.B. Ratten) übertragen wird.
bubonic plague

Beurlaubung, Erleichterung der. → Pflegeintervention der → NIC, die definiert wird als die Planung einer zeitweiligen Beurlaubung von Patienten aus einer Gesundheitspflegeeinrichtung.
Pass Facilitation

Bevölkerungsstatistik. Informationen über Geburten, Geburtenzahlen, Todesfälle, Sterberate, Heiratszahlen, Gesundheit und Krankheiten sowie die Erkrankungsrate.
vital statistics

Bewegungspielraumübung. Jede Körperbewegung, die Muskeln, Gelenke und natürliche Bewegungsabläufe wie Beugen, Strecken und Drehen beinhaltet. Solche Übungen werden entweder aktiv oder passiv zur Prophylaxe und Therapie von Knochenverformungen, zur Beurteilung von Verletzungen und Fehlstellungen und von Profisportlern eingesetzt.
range-of-motion exercise

Bewegungsstörung. Gestörte Muskelfunktion, die auf eine Infektion, Verletzung oder kongenitale Fehlbildung zurückzuführen ist, wie z.B. Ataxie, unwillkürliche Muskelzuckungen oder Chorea.
disorder of movement

Bewegungsübung, aktive. Wiederholtes Bewegen eines Körperteils durch bewusste selbständige Muskelkontraktion und -entspannung.
active exercise

bewusstlos. Zustand, in dem ein Mensch seine Umgebung nicht wahrnimmt, nichts fühlt und auf Reize nicht reagiert.
unconscious

Bewusstlosigkeit. Zustand, in dem ein Mensch seine Umwelt nicht oder nur teilweise wahrnimmt, nicht ansprechbar ist und auf Reize nicht antworten kann. B. kann durch Sauerstoffmangel, Schock, Medikamente, Gifte, Störungen im Elektrolythaushalt, Stoffwechselentgleisungen, schwere Traumata, Krämpfe, Kopfverletzungen, Hirntumoren oder Infektionen ausgelöst werden. Es gibt verschiedene Schweregrade der B., die von Bewusstseinstrübung über Starrsucht und Tiefschlaf- bzw. Traumphasen bis zum Koma reichen.
unconsciousness

Bewusstsein. Zustand, in dessen Mittelpunkt das Selbst und die Umgebung steht und bei dem sich die Aufmerksamkeit auf unmittelbare Angelegenheiten konzentriert.
consciousness

Bewusstseinstrübung. Mentaler Zustand, bei dem der Patient verwirrt bzw. sich seiner unmittelbaren Umgebung nicht völlig bewusst ist.
clouding of consciousness

Bewusstseinszustand, veränderter. Jeder Bewusstseinszustand, der von dem normalen Zustand einer Person, die voll bei Bewusstsein ist, abweicht. Einige Menschen, insbesondere aus den östlichen Kulturkreisen, erreichen veränderte Bewusstseinszustände unter Zuhilfenahme verschiedener Techniken, z.B. langes Fasten, tiefes Atmen, ekstatische Tänze sowie Gesang.
altered state of consciousness (ASC)

Beziehungen, Aufbau komplexer. → Pflegeintervention der → NIC, die definiert wird

als die Entwicklung einer therapeutischen Beziehung zu Patienten, die Interaktionsschwierigkeiten mit anderen Personen haben.
🇬🇧 Complex Relationship Building

Bezoarstein. (Gastrolith/Magenstein). Harte Zusammenballungen von Haaren oder pflanzlichen Fasern, die selten im Magen von Menschen, sehr häufig jedoch bei Wiederkäuern zu finden sind.
[*arab.:* bazahr, Schutz gegen Gift]
🇬🇧 bezoar

Bezugsgruppe. Eine Gruppe, mit der sich der Patient identifiziert oder zu der er gerne gehören würde.
🇬🇧 reference group

bi-. Vorsilbe mit der Bedeutung »zwei, doppelt«.
[*lat.:* bis, zwei]
🇬🇧 bi-

Bi. Chemisches Symbol für Bismut bzw. → Wismut.
🇬🇧 Bi

Bias. (Statistik) Verfälschung von statistischen Ergebnissen, indem bei Forschungsstudien eine Stichprobe durchgeführt wird, bei der die Faktoren oder Teilnehmer nicht ausgewogen oder objektiv ausgewählt worden sind.
[*engl.:* schräg]
🇬🇧 bias

Bibliotherapie. 1. → Pflegeintervention der → NIC, die definiert wird als der Einsatz von Literatur zur Verbesserung des Ausdrucks von Gefühlen und zum Erwerb bestimmter Kenntnisse. 2. Form der Gruppentherapie, bei der gemeinsam Bücher, Gedichte und Zeitungsartikel gelesen werden, um Überlegungen über Ereignisse in der realen Welt anzuregen und die Beziehungen zwischen den Gruppenmitgliedern zu fördern.
🇬🇧 Bibliotherapy

bicornis. Zwei Hörner oder Fortsätze aufweisend; z.B. Uterus bicornis.
[*lat.:* bis, zwei; cornu, Horn]
🇬🇧 bicornate

Bidet. Vorrichtung, die einer Toilettenschüssel ähnelt; der Rand ist als Sitzfläche konzipiert, ein Wasseranschluss dient der Reinigung des Genital- und Analbereichs.
[franz.]
🇬🇧 bidet

Biegungsfraktur. Vollständige Fraktur eines Knochens, bei der ein Biegungskeil durch den Biegemoments aufgrund indirekter und direkter Gewalteinwirkung auf einen langen Röhrenknochen entsteht.
🇬🇧 bending fracture

bifokal. 1. Zwei Fokusse aufweisend. 2. (Linse) Zwei Bereiche verschiedener Fokuslängen aufweisend, z.B. eine Kontaktlinse oder Brille, die sowohl die Nah- als auch die Fernsicht korrigiert.
[*lat.:* bis, zwei; focus, Kern]
🇬🇧 bifocal

Bifurkation. (Gabelung). In zwei Äste unterteilt, z.B. die Luftröhre (Trachea), deren beide Äste in die rechten und linken Bronchien führen.
[*lat.:* bis, zwei; furca, Gabel]
🇬🇧 bifurcation

Bigeminie. Herzarrhythmie, die durch paarweise auftretende Herzschläge gekennzeichnet ist, wobei jedem normalen Herzschlag eine → Extrasystole folgt.
🇬🇧 bigeminy

bigeminus. Zwei Dinge oder Ereignisse bezeichnend, zweimal oder doppelt, z.B. → Bigeminus-Rhythmus.
🇬🇧 bigeminal

Bigeminus-Rhythmus. Doppelter Herzschlag mit ektopischen Schlägen des Vorhofs und der Kammer, die sich mit einem Sinusschlag abwechseln und präzise paarweise oder bei einer ventrikulären Tachykardie mit einem 3:2-Block auftreten.
🇬🇧 bigeminal rhythm

Bikarbonat. (Hydrogenkarbonat/doppelkohlensaures Salz). Ion der Kohlensäure, bei dem ein Wasserstoffatom durch ein Metall oder Radikal ersetzt worden ist, z.B. Natriumbikarbonat ($NaHCO_3$); dadurch entstehen

saure, wasserlösliche Salze der Kohlensäure.
[*lat.:* bi, zwei; carbo, Kohle]
bicarbonate

bikuspidal. Zwei Zipfel, Spitzen oder Höcker aufweisend; z.B. Bikuspidalklappe (Valva bicuspidalis).
bicuspid

bilateral. 1. Zwei Seiten betreffend. 2. Auf zwei Seiten auftretend; bei einer bilateralen Hörstörung kann ein teilweiser oder vollständiger Hörverlust in beiden Ohren auftreten. 3. Zwei Schichten aufweisend.
[*lat.:* bis, zwei; lateralis, Seite]
bilateral

Bilharziose. (→ Schistosomiase)
schistosomiasis

biliär. Galle, Gallenblase oder Gallengang betreffend.
biliary

biliös. 1. Zur Galle(nflüssigkeit) gehörend. 2. Durch eine exzessive Sekretion von Galle charakterisiert. 3. Eine Störung der Galle betreffend.
bilous

Bilirubin. Braun-gelbliches Gallenpigment, das durch den Abbau von → Hämoglobin entsteht, wenn dieses nicht mehr funktionsfähig ist. Ein gesunder Mensch produziert 250 mg B. täglich. Das meiste B. wird im Stuhl ausgeschieden. Ein → Ikterus (Gelbverfärbung der Haut) entsteht durch die Akkumulation von B. im Blut und im Gewebe der Haut.
[*lat.:* bilis, Galle; ruber, rot]
bilirubin

Bilirubinämie. Präsenz von → Bilirubin im Blut.
[*lat.:* bilis, Galle; ruber, rot; *griech.:* haima, Blut]
bilirubinemia

Bilirubinurie. Ausscheidung von → Bilirubin im Urin, z.B. bei Verschlussikterus oder Hepatitis.
bilirubinuria

Biliverdin. Grünlicher Gallenfarbstoff, der durch den Abbau von → Hämoglobin bei der Umformung in → Bilirubin entsteht.
biliverdin

Billings-Ovulationsmethode. Natürliche Methode der Empfängnisverhütung, bei der die fruchtbare Zeit des Eisprungs (Ovulation) durch die Beobachtung von Veränderungen des Zervixschleims bestimmt wird, die im Verlauf des Menstruationszyklus üblicherweise auftreten.
Billings method

Billroth-I-Operation. (Magenresektion/Gastrektomie). Chirurgische Entfernung des Magenausgangs (Pylorus) zur Behandlung eines Magenulkus oder Magenkarzinoms. Das proximale Ende des Zwölffingerdarms (Duodenum) wird durch eine → Anastomose mit dem Magen verbunden.
[Ch.T. Billroth, österr. Chirurg, 1829–1894]
Billroth´s operation I

Billroth-II-Operation. Chirurgische Entfernung von Magenausgang (Pylorus) und Zwölffingerdarm (Duodenum). Das Magenende wird durch eine → Anastomose mit dem Darm verbunden. (→ Billroth-I-Operation)
Billroth´s operation II

bilokulär. Zwei Zellen oder Kammern enthaltend, bzw. in zwei Fächer geteilt.
bilocular

bimanuell. Zur Funktion beider Hände gehörend; mit zwei Händen ausgeführt.
bimanual

Binde, elastische. Aus dehnbarem Material hergestellte Binde, die einen Körperteil stützt und bessere Bewegungsmöglichkeiten bietet.
elastic bandage

Bindegewebe. Gewebe, das andere Körpergewebe und Körperteile stützt und verbindet. Das dichte, vielzellige, aus interzellulärem Material bestehende Bindegewebe entwickelt sich aus dem embryonalen Mesoderm. Das interzelluläre Material enthält eine Fasermatrix, die flüssig, gal-

lertartig oder fest sein kann. Die verschiedenen Bindegewebsarten sind Knochen, Knorpel, Fasern und loses Bindegewebe.
connective tissue

Bindegewebe, elastisches. Bindegewebe mit elastischen Fasern. Elastisches Bindegewebe befindet sich in den Bändern der Wirbelsäule, der Knorpelmasse des Außenohrs sowie in den Wänden einiger großer Blutgefäße.
elastic tissue

Bindegewebsknorpel. Zwischen vielen Gelenken, insbesondere zwischen den beschränkt bewegungsfähigen Rückenmarkswirbels vorhandene Faserknorpelscheiben. Eine Scheibe besteht aus konzentrischen Ringen fibrösen Gewebes, das durch Knorpelschichten getrennt ist.
connecting fibrocartilage

Bindehautkatarrh. Einfache Bindehautentzündung, normalerweise in Verbindung mit einer Infektion, Allergie, Kontakt mit Luftverschmutzung oder physischer Reizung, z.B. durch eine im Auge schwimmende Augenwimper. Wird von Ausfluss begleitet.
catarrhal conjunctivitis

Bindehautverätzung. Durch Chemikalien verursachte Verätzungen der Bindehaut. Bei einer Bindehautverätzung sollte das betroffene Auge mindestens 30 Minuten lang gründlich mit viel Wasser ausgespült werden und ärztliche Hilfe in Anspruch genommen werden.
conjunctival burns

Bindung. Verhaltensweisen, die sich in den Beziehungen zwischen zwei Personen (insbesondere zwischen Mutter und Kind) ausdrücken. Dabei kann es sich um Gefühle der Zuneigung oder Loyalität, aber auch um Abhängigkeitsbeziehungen handeln.
attachment

Bindung, chemische. Starke, verbindende Kraft zwischen den Atomen einer Substanz.
bond

Bindung, kovalente. Chemische Bindung, die sich zwischen zwei Atomen bildet und die zwei, vier oder sechs Elektronen teilen.
covalent bond

Bindung, persönliche. Prozess, der zwischen einem Säugling und seinen Eltern, insbesondere seiner Mutter, stattfindet und der für die Bildung affektiver Bindungen wichtig sind, die später sowohl die körperliche als auch die psychische Entwicklung des Kindes beeinflussen. Die wahrscheinlich nachhaltigste Maßnahme zum Aufbau einer positiven Eltern-Kind-Bindung ist der direkte Augenkontakt und enger Körperkontakt mit dem Säugling.
bonding

Bindungsstellen. 1. Konkave Ausbuchtungen in Antikörpermolekülen zur Anlagerung von Antigenen. Aufgrund möglicher Variationen in Aminosäuresequenzen und Molekülkonfigurationen der Antikörper hat jeder Antikörper Bindungsstellen für ein bestimmtes Antigen. 2. Bindungsstellen auf Proteinmolekülen, an die Arzneimittel oder andere Stoffe durch elektrochemische Anziehungkräfte angelagert werden.
combining sites

binokular. Zu beiden Augen gehörend, insbesondere auf das Sehvermögen bezogen.
binocular

bio-. Vorsilbe mit der Bedeutung »Leben«.
bio-

Bioäquivalent. Bezeichnung für ein Arzneimittel, das die gleiche therapeutische Wirkung und die gleiche Bioverfügbarkeit (→ Bioavailability) hat wie ein anderes, das in seiner chemischen Zusammensetzung fast identisch ist.
bioequivalent

Bioavailability. (Bioverfügbarkeit). Biologische Wirksamkeit; das Ausmaß einer Aktivität oder die Menge eines verordneten Medikaments oder eines anderen Wirkstoffs, die in Abhängigkeit von der Darreichungsform (z.B. Tablette, Injektion) und von der speziellen Dauer bis zur Wirkung

im Zielgewebe für eine Aktivität zur Verfügung gestellt wird.
bioavailability

Biochemie. Wissenschaft der chemischen Faktoren in lebenden Organismen und Lebensprozessen.
biochemistry

Bioenergetik. System von Bewegungen und Übungen, das auf dem Konzept beruht, dass eine natürliche Heilung unterstützt wird, wenn der Körperrhythmus des Patienten mit seiner natürlichen Umgebung harmonisch verbunden wird.
bioenergetics

Biofeedback. 1. → Pflegeintervention der → NIC, die definiert wird als die Unterstützung von Patienten bei der Veränderung von Körperfunktionen unter Anwendung eines Instrumentations-Feedbacks. 2. Prozess (meist im Rahmen einer Psychotherapie), bei dem eine Person eine visuelle oder auditive Information über die autonomen physiologischen Funktionen ihres Körpers erhält, z.B. Blutdruck, Muskelspannung und Hirnwellenaktivität; meist erfolgt das B. mit Hilfe verschiedener Instrumente, z.B. EKG, EEG. Ziel ist die Förderung des Körperbewusstseins und die Fähigkeit, Einfluss auf die Körperfunktionen zu nehmen. Indikation z.B. bei Migräne, Verspannungszuständen, Hypertonie.
Biofeedback

Bioflavonoid. (Vitamin P). Sammelbezeichnung für eine Gruppe farbiger Flavone, die in vielen Früchten vorhanden sind. B.e werden heute als nicht-essentielle Nährstoffe betrachtet.
[*griech.:* bios, Leben; *lat.:* flavus, gelb; *griech.:* eidos, Form]
bioflavonoid

Biogenese. 1. Lehrmeinung, nach der Leben nur von zuvor vorhandenem Leben abstammen kann, also nicht von einer leblosen Substanz. 2. Ursprung des Lebens und lebender Organismen; → Ontogenese und → Phylogenese. – *adj.* biogenetisch.
[*griech.:* bios, Leben; genein, produzieren]
biogenesis

Bioklimatologie. Studium der Beziehungen zwischen dem Klima und lebenden Organismen sowie ihren Interaktionen.
bioclimatology

Biologie. Wissenschaftliches Studium von Pflanzen, Tieren und anderen Lebensformen. Beispiele für einige Bereiche der B. sind Biometrie, Ökologie, Evolution, Genetik, Molekular- und Zellbiologie, Physiologie und Paläontologie. – *adj.* biologisch.
biology

Biometrie. Anwendung statistischer Methoden bei der Analyse von Daten, die aus der biologischen oder anthropologischen Forschung stammen.
biometry

Biomonitoring. 1. Prozess der Überwachung des Wirkstoffspiegels verschiedener physiologischer Substanzen, Arzneimittel oder Metaboliten bei einem Patienten während der Diagnostik oder Therapie. 2. Messung toxischer Substanzen in der Umgebung und Bestimmung der Gesundheitsrisiken für die allgemeine Bevölkerung.
biologic monitoring

Bionik. Wissenschaft der Anwendung elektronischer Prinzipien und Vorrichtungen, z.B. von Computern oder kleinen Apparaturen zur Behandlung medizinischer Probleme, etwa einem Herzschrittmacher, der zur Korrektur eines unphysiologischen Herzrhythmus eingesetzt wird.
[Kurzwort aus Biologie und Technik]
bionics

Biopharmazie. Studium der chemischen und physikalischen Eigenschaften von Arzneimitteln sowie ihren Komponenten und Aktivitäten im lebenden Organismus.
biopharmaceutics

Biopsie. Entnahme eines kleinen Gewebestücks aus einem Organ oder einem anderen Körpergewebe zur mikroskopischen

Untersuchung, um eine Diagnose zu bestätigen oder festzulegen, eine Prognose aufzustellen oder einen Krankheitsverlauf zu verfolgen. Methoden der B. sind z.B. Aspirations-, Nadel-, Saug- oder Stanzbiopsie.
[*griech.:* bios, Leben; opsis, sehen]
🇬🇧 biopsy

biopsychisch. Die Verbindung mentaler Faktoren mit dem lebenden Organismus betreffend.
🇬🇧 biopsychic

biopsychosozial. Zum Komplex der biologischen, psychologischen und sozialen Aspekte des Lebens gehörend.
🇬🇧 biopsychosocial

Biorhythmus. Periodisches Auftreten bestimmter zyklischer biologischer Phänomene, wie z.B. der → zirkadiane, der Tag-Nacht-Rhythmus oder der Menstruationszyklus.
[*griech.:* bios, Leben; rhythmos, Rhythmus]
🇬🇧 biorhythm

Biostatistik. Numerische Datensammlung über Geburten, Todesfälle, Erkrankungen, Verletzungen und andere Faktoren, die die allgemeine Gesundheit und andere Kriterien menschlicher Populationen betreffen.
🇬🇧 biostatistics

Biosynthese. Vielzahl von chemischen Reaktionen, die kontinuierlich im Körper stattfinden, wobei jeweils bestimmte komplexere Biomoleküle gebildet werden. – *adj.* biosynthetisch.
[*griech.:* bios, Leben; synthesis, zusammensetzen]
🇬🇧 biosynthese

Biot-Atmung. Unphysiologischer Atemtyp, der durch eine unregelmäßige periodische Atmung mit Atempausen (→ Apnoe) charakterisiert ist; tritt z.B. bei Meningitis auf.
[C. Biot, französischer Arzt, 1774–1862]
🇬🇧 Biot´s respiration

Biotechnologie. 1. Studium der Beziehungen zwischen Menschen oder anderen lebenden Organismen und Maschinen, wie etwa die gesundheitlichen Auswirkungen einer Computerausstattung auf Büroangestellte. 2. Industrielle Anwendung von Ergebnissen aus der biologischen Forschung, insbesondere in Bereichen der Genetik.
🇬🇧 biotechnology

Biotelemetrie. Übertragung von physiologischen Daten, z.B. EKG- oder EEG-Ergebnisse, Herzfrequenz und Körpertemperatur auf entfernte Apparaturen über Radio- oder Telephonsysteme.
🇬🇧 biotelemetry

Biotherapie. System der biologischen Krebsbehandlung, das die Wirkung der Alpha- und Beta-Interferone und körpereigene statt chemische Substanzen verwendet.
🇬🇧 biotherapy

Biotin. Farbloses, kristallines, wasserlösliches Vitamin des H-Komplexes, das bei der Fettsäureproduktion und bei der Oxidation von Fettsäuren und Kohlehydraten als Koenzym fungiert.
[*griech.:* bios, Leben]
🇬🇧 biotin

Biotinmangelsyndrom. Erkrankung, die durch einen Mangel an → Biotin verursacht wird. Das B. äußert sich durch Dermatitis, Hyperästhesien, Muskelschmerzen, Anorexie, leichte Anämie und EKG-Veränderungen.
🇬🇧 biotin deficiency syndrome

Biotop. Spezifischer biologischer Lebensraum.
[*griech.:* bios, Leben; topos, Platz]
🇬🇧 biotope

Biotransformation. Chemische Veränderungen, denen sich eine Substanz im Körper unterziehen muss, z.B. durch die Wirkung der Enzyme.
[*griech.:* bios, Leben; *lat.:* trans, über; formare, bilden]
🇬🇧 biotransformation

Bioverfügbarkeit. (→ Bioavailability)
🇬🇧 bioavailability

biparietal. Zu den beiden Scheitelbeinen gehörend, z.B. biparietaler Durchmesser

(der Kopfdurchmesser, der zwischen beiden Scheitelbeinen gemessen wird).
[*lat.:* bis, zwei; paries, Wand]
🇬🇧 biparietal

bipartit. Zwei Teile aufweisend.
🇬🇧 bipartite

biphasisch. Zwei Phasen, Teile, Aspekte oder Stadien aufweisend.
🇬🇧 biphasic

bipolar. 1. Zwei Pole aufweisend, z.B. bei bestimmten elektrotherapeutischen Behandlungen, in denen zwei Pole verwendet werden, oder bei bestimmten Arten von bakteriellen Färbungen, die nur die zwei Pole der jeweiligen Mikroorganismen betreffen. 2. (Bei einem Nerv) Einen zuführenden (afferenten) und einen wegführenden (efferenten) Fortsatz aufweisend.
🇬🇧 bipolar

Bisacodyl. Abführmittel (→ Laxans) zur Behandlung einer akuten oder chronischen Verstopfung (Obstipation) oder zur Stuhlentleerung vor einer Operation bzw. vor anderen diagnostischen Maßnahmen.
🇬🇧 bisacodyl

Bisexualität. Gleichzeitiges Vorhandensein von heterosexuellen und homosexuellen Neigungen bei einem Menschen. – *adj.* bisexuell.
🇬🇧 bisexuality

Bitot-Flecke. Weiße oder graue Ablagerungen auf der Bindehaut (Conjunctiva) am seitlichen Rand der Hornhaut (Cornea); Anzeichen eines Vitamin-A-Mangels.
[P. Bitot, französischer Chirurg, 1822–1888]
🇬🇧 Bitot´s spots

Biurettest. Methode zur Bestimmung von Harnstoff und löslichen Proteinen im Serum.
[*lat.:* bis, zwei; *griech.:* ouron, Urin]
🇬🇧 biuret test

bivalent. 1. Zwei Bindungen besitzend. 2. In der Genetik Bezeichnung für zwei Synapsen homologer Chromosomen, die jeweils in der ersten meiotischen Prophase der → Gametogenese durch Überkreuzungen (Chiasmen) aneinander gebunden werden.
[*lat.:* bis, zwei; valere, stark sein]
🇬🇧 bivalent

Bizeps. (→ Musculus biceps brachii)
🇬🇧 biceps brachii

Bizepssehnenreflex. Kontraktion des Bizepsmuskels (→ Musculus biceps brachii), der ausgelöst wird, wenn man auf die tiefe Bizepssehne schlägt.
🇬🇧 biceps reflex

Bk. Chemisches Symbol für → Berkelium.
🇬🇧 Bk

Blackout. Kurzzeitiger Verlust des Sehvermögens oder des Bewusstseins. (→ Amnesie)
🇬🇧 black out

Blackout, alkoholbedingter. Form von → Amnesie, bei der die betroffene Person kein Erinnerungsvermögen an Geschehnisse hat, die sich während einer Periode des Alkoholmissbrauchs abgespielt haben.
🇬🇧 alcoholic blackout

bland. Mild verlaufend, nicht infektiös, eine lindernde Wirkung aufweisend; z.B. b.e Diät (= leichtverdaulich) oder b.e Entzündung (= mild verlaufend).
[*lat.:* blandus, freundlich, schmeichelnd]
🇬🇧 blande

Blase. 1. Aus einer Membran bestehender Beutel, der Sekretionen enthält, z.B. Gallenblase, Blase am Fuß. 2. Kurzbezeichnung für Harnblase.
[germ.: blaedre]
🇬🇧 bladder; blister

Blasenekstrophie. (→ Schistocystis)
🇬🇧 schistocystis

Blasenfistel. Abnorme Verbindung zwischen der Harnblase und einem Nachbarorgan bzw. der Körperoberfläche.
🇬🇧 vesical fistula

Blasenhernie. Ausstülpung der Harnblase durch eine Öffnung in der Abdominalwand.
🇬🇧 bladder hernia

Blasenkarzinom. Häufigste maligne Erkrankung des Harntrakts, die durch multiple Wucherungen gekennzeichnet ist, welche dazu neigen, in aggressiverer Form zu rezidivieren. B.e treten bei Männern 2,3 mal häufiger als bei Frauen auf und sind in städtischen Gebieten weiter verbreitet als auf dem Land. Das Risiko für die Entwicklung eines B.s ist bei Personen erhöht, die rauchen oder Anilinfarbstoffen, Betanaphthylamin, Mischungen aromatischer Kohlenwasserstoffe oder Benzidin und seinen Salzen ausgesetzt sind. Zu den Symptomen gehören Hämaturie, häufiges Urinlassen, Dysurie und Zystitis. Zur Diagnostik werden Urinanalyse, Urographie, Zystoskopie oder transurethrale Biopsie durchgeführt. Die meisten B.e sind papilläre Karzinome; Plattenepithel- oder Adenokarzinome sind seltener.
bladder cancer

Blasenkatheter. (→ Ballonkatheter)
urinary catheter

Blasenreflex. Durch Hirnzentren regulierter Reflex, der zur Entleerung der Harnblase führt, wenn diese mäßig gefüllt ist.
vesical reflex

Blasensphinkter. Zirkulärer Muskel, der den Ausgang der Harnblase in den Harnleiter (Urethra) umschließt.
bladder sphincter

Blasenspülung. → Pflegeintervention der 1. → NIC, die definiert wird als die Instillation einer Lösung in die Blase zum Zweck der Reinigung oder zum Verabreichen von Arzneimitteln. 2. Reinigung der Harnblase durch eine kontinuierliche oder intermittierende Spülung mit Kochsalz- oder Speziallösungen, z.B. nach Operationen, um Blutkoagel zu vermeiden. Die Blase kann auch durch die verstärkte orale Zufuhr von Flüssigkeiten gespült werden.
Bladder Irrigation

Blasentraining. Systematische Therapie einer Urininkontinenz, bei der ein Patient in bestimmten Intervallen den Urin einhalten muss, z.B. beginnend mit einer Stunde mit darauffolgendem kontinuierlichem Aufbau über mindestens 10 Tage, wobei eine normale Flüssigkeitszufuhr erhalten bleibt. Der Patient lernt dabei, das Bedürfnis der Urinausscheidung zu erkennen und bewusst darauf zu reagieren.
bladder retraining

Blasentraining. → Pflegeintervention der → NIC, die definiert ist als die Verbesserung der Blasenfunktion bei Patienten mit einer Dranginkontinenz durch Verbesserung der Fähigkeit des Urinhaltens und der Unterdrückung der Urinausscheidung.
Urinary Bladder Training

Blastem. 1. Lebendes Protoplasma, das zum Wachstum und zur Differenzierung fähig ist, insbesondere das ursprüngliche undifferenzierte Zellmaterial, aus dem sich ein bestimmtes Organ oder Gewebe entwickelt. 2. Bei bestimmten Tieren eine Gruppe von Zellen, die eine verlorene oder verletzte Komponente regenerieren oder durch asexuelle Reproduktion einen vollständigen Organismus bilden können.
[*griech.:* blastos, Keim]
blastema

Blastoderm. Die Zellschicht, die in der frühe Phase der embryonalen Entwicklung bei Säugetieren die Wand einer → Blastozyste bildet. Das B. entsteht durch eine Furchung des befruchteten Eies und bildet die primären Keimschichten, nämlich das → Ektoderm, → Mesoderm und → Entoderm, aus denen der Embryo mit all seinen Strukturen entsteht.
[*griech.:* blastos, Keim; derma, Haut]
blastoderm

Blastogenese. (Keimentwicklung). 1. Asexuelle Vermehrung durch Knospung und Sprossung. 2. Die Theorie der Weitergabe von Erbmerkmalen durch das Keimplasma, im Gegensatz zur → Pangenese. 3. Die frühe Entwicklung eines Embryos während der Zellteilung und der Bildung der Keimschichten. 4. Prozess der Umformung kleiner Lymphozyten in den Gewe-

bekulturen in größere keimförmige Zellen; führt zur → Mitose. – *adj.* blastogen.
[*griech.:* blastos, Keim; genein, produzieren]
blastogenesis

Blastom. Neoplasma (echte Geschwulst) von embryonalem Gewebe, das sich aus dem → Blastem eines Organs oder Gewebes entwickelt.
[*griech.:* blastos, Keim; oma, Tumor]
blastoma

Blastomatose. Entwicklung zahlreicher Tumore aus embryonalem Gewebe. (→ Blastom)
[*griech.:* blastos, Keim; oma, Tumor; osis, Erkrankung]
blastomatosis

Blastomere (pl.). Alle Zellen, die sich bei der ersten mitotischen Teilung (Furchung) eines befruchteten Eies (Zygote) bilden. Die B. teilen sich weiter und bilden während der ersten Tage einer Schwangerschaft die multizelluläre → Morula.
[*griech.:* blastos, Keim; meros, Teil]
blastomere

Blastomyces. Gattung hefeartiger Pilze, einschließlich *B. dermatitidis*, der die Nordamerikanische → Blastomykose verursacht, und *Paracoccidioides brasiliensis*, der die Südamerikanische Blastomykose auslöst.
Blastomyces

Blastomykose. Infektiöse Erkrankung, die durch den hefeähnlichen Pilz *Blastomyces dermatitidis* verursacht wird; betrifft meist nur die Haut, kann aber auch die Lungen, die Nieren, das Zentralnervensystem und die Knochen befallen. Die Hautinfektionen beginnen häufig als kleine Papeln an den Händen, am Hals oder an anderen exponierten Stellen, wo zuvor ein Schnitt, eine Quetschung oder andere Verletzung vorlag. Die Infektion kann sich allmählich und unregelmäßig auf die umliegenden Bereiche ausbreiten. Sind die Lungen befallen, ähnelt der Röntgenbefund häufig einer Lungenkrebserkrankung.
[*griech.:* blastos, Keim; mykes, Pilz; osis, Zustand]
blastomycosis

Blastozyste. Keimhülle, die sich aus der → Morula bei der Entwicklung eines Menschen bildet. Die Einnistung in der Uteruswand erfolgt im allgemeinen in diesem Stadium, etwa am 8. Tag nach der Befruchtung (Fertilisation).
[*griech.:* blastos, Keim; kystis, Tasche]
blastocyst

Blastzelle. Unreife Zelle, wie etwa Erythroblast, Lymphoblast oder Neuroblast.
[*griech.:* blastos, Keim]
blast cell

Blausucht. (→ Blue baby)
blue baby

Blei (Pb). Weiches graublaues Schwermetall mit der Ordnungszahl 82 und der Atommasse 207,19. In seiner metallischen Form dient B. als Schutz gegen Röntgenstrahlen. B. ist giftig und wird deshalb immer seltener in Farbstoffen oder Tinte verwendet. (→ Bleivergiftung)
lead (Pb)

Bleivergiftung. Toxischer Zustand, der durch die Einnahme oder das Einatmen von → Blei oder Bleiverbindungen verursacht wird. Bei Kindern kann es durch den Verzehr von bleihaltiger Farbe zur B. kommen; Ursachen können aber auch bleihaltige Wasserleitungen, Bleisalze in bestimmten Nahrungsmitteln oder in Wein, Töpfe mit Bleibeschichtung o.ä. sein. Die akute Vergiftung zeigt sich durch ein brennendes Gefühl im Mund und in der Speiseröhre, Dunkelfärbung des Zahnfleisches (Bleisaum), Koliken, Verstopfung oder Diarrhö, Verwirrtheit und Lähmungserscheinungen in den Extremitäten; in schweren Fällen können auch Krämpfe oder ein muskulärer Kollaps eintreten. Bei einer chronischen B. treten Appetitlosigkeit (Anorexie), Anämie und schnelle Gereiztheit auf; dies kann sich zu einer akuten B. fortentwickeln.
lead poisoning

Blennorrhö. Übermäßige Schleimabsonderung, z.B. B. neonatorum, eine eitrig-schleimige Sekretion aus den Augen von Neugeborenen.
[*griech.:* blennos, Schleim; rhoia, Fluß]
blennorrhea

Bleomycin. Antineoplastisches → Antibiotikum zur Behandlung verschiedener Neoplasmen. Bei der Anwendung dieses → Zytostatikums kann es zur Umbildung von Lungengewebe kommen, deshalb sollte die Lungenfunktion kontrolliert und eine Röntgen-Thorax-Untersuchung durchgeführt werden.
bleomycon sulfate

blephar-. Vorsilbe mit der Bedeutung »Augenlid«.
[*griech.:* blepharon, Augenlid]
blepharal

Blepharitis. Entzündung der Lidränder und der Meibom-Drüsen des Augenlids, die durch Schwellung, Rötung und Krusten aus trockenem Schleim auf den Lidern gekennzeichnet ist.
[*griech.:* blepharon, Augenlid; itis, Entzündung]
blepharitis

Blepharoklonus. Muskelspasmen der Augenlider.
blepharoclonus

Blepharoplastik. Wiederherstellung oder Korrektur einer gestörten Funktion von Augenlidern und Augenbrauen mit Hilfe der plastischen Chirurgie.
[*griech.:* blepharon, Augenlid; plassein, formen]
blepharoplasty

Blepharoplegie. Lähmung (Paralyse) der Muskeln des Augenlids.
[*griech.:* blepharon, Augenlid; plege, Schlag]
blepharoplegia

Blepharospasmus. (Blepharoklonus). Unwillkürliche Kontraktion der Muskeln des Augenlids.
[*griech.:* blepharon, Augenlid; spasmos, Krampf]
blepharospasm

Blickfeld. Bereich, in dem Gegenstände sichtbar sind, wenn ein Auge fixiert und das Gesicht gedreht wird, um die Begrenzungen von Augenhöhlen und Nase auszublenden.
field of vision

Blickkrampf. (→ okulogyre Krise)
oculogyric crisis

Blicklähmung. Lähmung der konjugierten seitlichen und vertikalen Augenbewegungen; kein Zusammenhang zum Doppeltsehen. Ursache ist eine Läsion eines Hirnnervs.
conjugate paralysis

Blindheit. Fehlendes Sehvermögen; dies kann sich auf einen vollständigen Verlust des Sehvermögens beziehen, oder in einer modifizierten Form bestimmte Seheinschränkungen beschreiben, z.B. Farbenblindheit (Tritanopie) oder Wortblindheit (Dyslexie).
blindness

Blinzelreflex. Automatisches Schließen der Augenlider als Reaktion auf einen entsprechenden Reiz.
wink reflex; blink reflex

Blitz(-Nick-Salaam)-Krämpfe. (BNS-Krämpfe). Anfallsartige Muskelkrämpfe bei Säuglingen und Kleinkindern, wobei Arme und Beine plötzlich nach vorne geschleudert werden (Blitz), der Kopf nickende Bewegungen ausführt (Nick) und Rumpf und Extremitäten langsam gebeugt werden (Salaam). Geht oft einher mit zunehmendem geistigem Verfall.
salaam convulsions

Block. 1. Unterbrechung oder Obstruktion, z.B. bei der Weiterleitung eines Nervenimpulses, wie etwa der Alpha-B. eines Impulses gegenüber einem alphaadrenergen Rezeptor, oder der Beta-B. eines Impulses gegenüber einem betaadrenergen Rezeptor. 2. Unterbrechung der Nervenleitung in der Anästhesie in einem lokalen Bereich, z.B. Spinalblock oder Mandibularblock.
block

Block, atrioventrikulärer. (AV-Block). Störung der Weiterleitung von Herzimpulsen aufgrund einer verlängerten, intermittierenden oder fehlenden Erregungsleitung zwischen Vorhof (Atrium) und Kammer (Ventrikel); tritt normalerweise am → AV-Knoten oder am → His-Bündel auf.
atrioventricular block

Block, intraventrikulärer. Erregungsleitungsstörung, bei der es zu einer eingeschränkten Weiterleitung der Herzimpulse in den Kammern (Ventrikeln) kommt. Der i. B. kann als rechter oder linker Schenkelblock oder als anteriorer oder posteriorer → AV-Block auftreten; er kann im EKG bestimmt werden, wenn der QRS-Komplex breiter als üblich ist.
intraventricular block

Block, sinuatrialer. (→ Sinusblock)
sinoatrial Block

Blockade. Störung oder Behinderung spezifischer Aktionen in einem Organ oder Gewebe durch bestimmte Substanzen, z.B. eine cholinerge B., die die Weiterleitung von azetylcholinstimulierten Nervenimpulsen entlang den Fasern des autonomen Nervensystems blockiert.
blockade

Blockierung. 1. Unterbrechung des spontanen Sprech- oder Gedankenflusses. 2. Hemmung, Sperre oder Unterdrückung von Ideen oder Emotionen, um zu verhindern, dass sie ins Bewusstsein gelangen.
blocking

Blue baby. (Blausucht). Säugling, der mit einer → Zyanose geboren wird, die durch eine angeborene (kongenitale) Herzläsion verursacht ist, z.B. Fallot-Tetralogie; Ursache kann auch eine unvollständige Ausdehnung der Lunge sein (kongenitale Atelektasen).
blue baby

Blumberg-Zeichen. (→ Loslassschmerz)
rebound tenderness

Blut. Körperflüssigkeit, die das Herz durch alle Arterien, Kapillaren und Venen pumpt. Das B. besteht aus einer klaren gelblichen Flüssigkeit, dem Plasma (das Proteine enthält, und zwar Albumine, Globuline und Fibrinoge), festen Elementen (Erythrozyten, Leukozyten und Thrombozyten) und einer Reihe von anderen Zellarten mit verschiedenen Funktionen. Die wesentliche Funktion des B.es ist es, Sauerstoff und Nährstoffe zu den Zellen zu transportieren und Kohlendioxid sowie andere Abfallprodukte von den Zellen zur Entgiftung und Ausscheidung abzutransportieren. Das B. wird durch → Hämoglobin rot gefärbt.
blood

Blut, lackfarbenes. Blut, das infolge einer Hämolyse der Erythrozyten klar, leuchtend rot und homogen ist; kann bei Vergiftungen und schweren, ausgedehnten Verbrennungen auftreten.
laked blood

Blut, okkultes. Blut, das nicht offensichtlich zu erkennen ist und im Allgemeinen aus einer unbestimmten Quelle mit unklaren Anzeichen und Symptomen stammt; es kann durch chemische Tests oder mit Hilfe einer mikroskopischen oder spektroskopischen Untersuchung entdeckt werden.
occult blood

Blut, venöses. Dunkelrotes sauerstoffarmes Blut, das in den Venen zurück zum rechten Vorhof des Herzens fließt, nachdem es vorher auf seinem Weg von der linken Herzkammer in den Körperkreislauf als arterielles Blut an die verschiedenen Organe und Gewebe Sauerstoff transportiert hat.
venous blood

Blut-Hirn-Schranke. Anatomisch-physiologische Struktur des Gehirns, die aus den Kapillarwänden im Zentralnervensystem und den Gliastrukturen besteht. Die B.-H.-S. verhindert oder verlangsamt die Passage bestimmter Arzneimittel oder anderer chemischer Verbindungen, radioaktiver Ionen und krankheitserregender Organismen, wie Viren, die aus dem Blut in das Zentralnervensystem gelangen.
blood-brain barrier (BBB)

Blutagar. Nährboden aus Blut und → Agar-Agar zur Züchtung bestimmter Mikroorganismen, z.B. *Staphylococcus epidermis, Diplococcus pneumoniae* und *Clostridium perfringens.*
blood agar

Blutausstrich. Kleine Blutprobe, die für eine mikroskopische Untersuchung auf einem Glasträger ausgestrichen wird.
blood smear

Blutbank. (Blutzentrale). Organisierte Stelle zur Sammlung, Verarbeitung und Lagerung von Blut und Blutprodukten zur Transfusion und für andere Zwecke.
blood bank

Blutbild, großes. Bestimmung der Anzahl der roten und weißen Blutkörperchen in einem cmm^3 Blut. Die meisten Labors benützen für diesen Zweck elektronische Zählvorrichtungen. Blutplättchen sind schwierig automatisch zu zählen, und sie werden daher oft noch manuell gezählt. Viele elektronische Blutzählapparaturen bestimmten auch Hämoglobin oder Hämatokritkonzentrationen.
complete blood count (CBC)

Blutdruck. Der Druck, der vom zirkulierenden Blut auf die Wände von Arterien und Venen sowie auf die Herzkammern ausgeübt wird. Der B. wird durch komplexe Interaktionen homöostatischer Körpermechanismen aufrechterhalten und durch das Blutvolumen, das Lumen von Arterien und Arteriolen sowie der Kraft der Herzkontraktion beeinflusst. Der Druck in der Aorta und in den großen Arterien beträgt während der → Systole bei einem gesunden jungen Erwachsenen 120 mmHg und 70 mmHg in der → Diastole. Der → Pulsdruck liegt bei etwa 5 mmHg.
blood pressure

Blutdruck, arterieller. Der Druck des Blutes im arteriellen System, der vom Herzminutenvolumen, von der Herzauswurfleistung, vom Widerstand der arteriellen Wände, von der Blutmenge sowie der Blutviskosität abhängig ist. Der a.B. ist Indikator für die Durchblutung der inneren Organe. (→ Blutdruck)
arterial blood pressure (ABP)

Blutdruck, arterieller mittlerer. Arithmetischer Mittelwert des Blutdrucks im arteriellen Teil des Kreislaufsystems.
mean arterial pressure (MAP)

Blutdruck, diastolischer. Der zwischen den Kontraktionen des Herzmuskels gemessene niedrigste Blutdruck. Der diastolische Druck ist individuell verschieden und kann durch Lebensalter, Geschlecht, Körpergewicht, Gefühlszustand und andere Faktoren beeinflusst werden.
diastolic blodd pressure

Blutdruck, enddiastolischer. Der in den Herzkammern am Ende der → Diastole und unmittelbar vor Beginn der nächsten ventrikulären Systole gemessene Blutdruck.
[*griech.:* dia, durch; stellein, festlegen.]
end-diastolic pressure

Blutdruckmessung, indirekte. (→ Riva-Rocci-Methode)
blood pressure taking, indirect

Blutdruckmonitor. Gerät zur automatischen Messung des Blutdrucks und zur Aufzeichnung kontinuierlicher Informationen. Das automatische Monitoring des Blutdrucks wird bei Operationen und in der Intensivpflege häufig eingesetzt.
blood pressure monitor

Blutegeln, Therapie mit. → Pflegeintervention der → NIC, die definiert wird als das Ansetzen von Blutegeln zur medizinischen Unterstützung der Ableitung von Blut aus verpflanztem oder transplantiertem, mit venösem Blut gefülltem Gewebe.
Leech Therapy

Bluter. Umgangssprachliche Bezeichnung für eine Person, die unter einer → Hämophilie oder anderen hämatologischen Erkrankungen leidet, die zu Blutungen (Hämorrhagien) neigen.
bleeder

Blutersatz. Substanz, die als Ersatz oder → Volumenexpander für das zirkulierende Blut verwendet wird. Plasma, Humanserum, Albumin, Konzentrate aus Erythrozyten, Leukozyten oder Thrombozyten bzw. aus Gerinnungsfaktoren werden oft bei der Behandlung verschiedener Erkrankungen anstelle von Vollbluttransfusionen verabreicht. Zu den Substituten, die manchmal verwendet werden, gehören Dextran oder Albuminlösungen.
blood substitute

Blutgasanalyse, arterielle (BGA). Messung des → Partialdrucks sowie des Sauerstoff- und Kohlendioxidspiegels im arteriellen Blut mit Hilfe verschiedener Methoden, um die Angemessenheit der Belüftung (Ventilation) und der Sauerstoffaufnahme (Oxygenation) sowie des Säure-Basen-Haushalts zu überprüfen.
arterial blood gas (ABG)

Blutgasanalyse (BGA). Bestimmung des → pH-Wertes im Blut und der Konzentration sowie des → Partialdrucks der Sauerstoff-, Kohlendioxid- und Wasserstoffionen im Blut. Eine BGA wird im Notfall durchgeführt, um den Säure-Basen-Haushalt und den respiratorischen Status zu bestimmen.
blood gas analysis

Blutgase. Im flüssigen Teil des Blutes gelöste Gase, z.B. Sauerstoff, Kohlendioxid und Stickstoff.
blood gas

Blutgase, venöse. Sauerstoff- und Kohlendioxidgehalt (O_2 und CO_2) des venösen Blutes, die mit verschiedenen Methoden gemessen werden, um die Sättigung des Gewebes mit Sauerstoff (Oxygenation) und die Belüftung (Ventilation) zu beurteilen sowie den Säure-Basen-Status zu bestimmen. Die Sauerstoffspannung des venösen Bluts (PO_2) beträgt normalerweise ca. 40 mmHg, der gelöste Sauerstoff ca. 0,1 Vol.%, der Gesamtsauerstoffgehalt 15,2% und die Sauerstoffsättigung des venösen Hämoglobins 75%. Die Normalwerte für Kohlendioxid sind: PCO_2 = 46 mmHg, gelöstes CO_2 = 2,9 Vol.%, Gesamt-CO_2-Gehalt = 50%. Der durchschnittliche pH des venösen Blutes beträgt 7,37.
venous blood gas

Blutgefäße (pl.). Netzwerk aus muskulären Kanälen, die Blut transportieren; dazu gehören Arterien, Arteriolen, Kapillaren, Venula und Venen.
blood vessels

Blutgerinnsel. (Blutkoagel/Koagulum). Halbfeste, gelatinöse Masse, die das Endprodukt des Gerinnungsprozesses im Blut darstellt. Erythrozyten, Leukozyten und Thrombozyten werden zu einem stabilen Fibrinnetzwerk verwoben. (→ Blutgerinnung)
blood clot

Blutgerinnselretraktion. Zusammenschrumpfen einer halbfesten Masse von geronnenem Blut, Lymphe oder einer anderen Körperflüssigkeit. Die Retraktionsrate eines normalen, immobilen Blutgerinnsels beträgt ungefähr 24 Stunden und hängt unter anderem von der Anzahl der Thrombozyten im Gerinnsel ab.
clot retraction

Blutgerinnung. Umbildung des Blutes aus seinem flüssigen Zustand in ein halbfesten gelartigen Zustand. Der komplexe in mehreren Phasen ablaufende Vorgang verläuft entweder über das endogene oder exogene System. Das endogene System wird aufgrund eines Endotheldefektes, der wiederum den Plättchenfaktor 3 freisetzt, aktiviert; das exogene System wird durch Freisetzung von Gewebethromboplastin aufgrund einer Gewebeverletzung aktiviert. Innerhalb weniger Sekunden nach der Verletzung der Gefäßwand verklumpen die Blutplättchen an der Verletzungsstelle. Bei Vorhandensein normaler Mengen an Kalzium, Thrombozyten und Gewebefaktoren wird Prothrombin in → Thrombin umgeformt. Thrombin fungiert als Katalysator für die Umbildung von Fibrinogen zu stabilem, unlöslichem → Fibrin, in dem alle Bestandteile immobilisiert werden. (→ Blutgerinnungsfaktoren)
blood coagulation, blood clotting

Blutgerinnungsfaktoren. Faktoren, deren Wechselwirkungen die Gerinnung von Blut bewirken. Die verschiedenen Faktoren entsprechen folgenden Substanzen: Faktor I = Fibrinogen; Faktor II = Prothrombin; Faktor III = Gewebs-Thromboplastin; Faktor IV = Kalziumionen; Faktoren V und VI = Proakzelerin bzw. labiler Faktor; Faktor VII = Prokonvertin bzw. stabiler Faktor; Faktor VIII = antihämophiles Globulin; Faktor IX = Christmas-Faktor; Faktor X = Stuart-Power-Faktor; Faktor XI = Plasma Thromboplastin Antecedent; Faktor XII = Hageman-Faktor und Faktor XIII = fibrinstabilisierender Faktor bzw. Laki-Lorand-Faktor. (→ Blutgerinnung)
coagulation factor

Blutgerinnungszeit. Zeit, die Blut benötigt, um ein Gerinnsel zu bilden (→ Fibrin-Bildung). Die Gerinnungszeit wird festgestellt, indem 4 ml Blut in einem Reagenzglas aufgenommen werden und die Gerinnungsbildung beobachtet wird (Normalbereich: bis zu 10 Minuten).
clotting time

Blutgruppe. Klassifikation des Blutes, basierend auf der Präsenz oder dem Fehlen von genetisch bestimmten → Antigenen auf der Oberfläche der Erythrozyten. Man unterscheidet verschiedene Klassifikationssysteme der B.n, z.B. → ABNull, Duffy, Kell, Kidd, Lewis, Lutheran, MNS, → Rhesus und Xg.
blood group

Blutharnstoff. Nicht-proteinische Stickstoffverbindung, die im Blut in den höchsten Konzentrationen vorhanden ist. Der Harnstoff, der in der Leber als Endprodukt aus dem Proteinstoffwechsel gebildet wird, zirkuliert im Blut und wird über die Niere mit dem Urin ausgeschieden. Der B. steht in direktem Zusammenhang mit der metabolischen Funktion der Leber und der exkretorischen Funktion der Niere.
blood urea nitrogen

Blutkapillaren (pl.). Dünne Gefäße, die das Blut zwischen den → Arteriolen und → Venula transportieren und so die innere Atmung und Ernährung des Gewebes sicherstellen.
blood capillaries

Blutkoagel. (→ Blutgerinnsel)
blood clot

Blutkonservenpumpe, aufschiebbare. Gitterhülle aus Kunststoff mit Druckkolben, Gummischläuchen und Manometer, die zur schnelleren Transfusion großer Blutmengen angewandt wird. Das Kunststoffgitter wird über die Blutkonserve geschoben und durch Zusammendrücken des Kolbens wird Druck auf die Konserve ausgeübt.
slip-on blood pump

Blutkörperchensenkungsgeschwindigkeit (BSG). (Blutsenkungsreaktion (BSR); Blutsenkung). Gibt an, wie schnell sich rote Blutkörperchen in einer mit zitrathaltigem Blut gefüllten, senkrecht aufgestellten Glassäule absetzen. Die BSG wird zur Diagnose und Überwachung von Infektionen oder bösartigen Erkrankungen herangezogen und hilft bei der Diagnose von okkulten Krankheiten, wie z.B. Tuberkulose.
sedimentation rate (SR); erythrocyte sedimentation rate (ESR)

Blutkreislauf. System von Gefäßen zur Versorgung des Organismus, durch das das Blut durch den Körper vom Herzen über die Arterien, Arteriolen und Kapillaren und zurück über die Venula und Venen zum Herzen strömt.
blood circulation; circulatory system

Blutosmolarität. Der → osmotische Druck des Blutes; die Normalwerte im Serum betragen 280 bis 295 mOsm/L. (→ Osmolarität)
blood osmolarity

Blutpigment. Roter Farbstoff eines → Erythrozyten, der durch die Präsenz von → Hämoglobin gebildet wird.
hematogenous pigment

Blutplasma. Der flüssige Anteil des Blutes ohne feste Elemente und Partikel. Das Plasma stellt etwa 50% des gesamten Blutvolumens dar und enthält Glukose, Proteine, Aminosäuren und andere Nährstof-

fe, Harnstoff und weitere Abfallprodukte sowie Hormone, Enzyme, Vitamine und Mineralien.
blood plasma

Blutpräparate, Verabreichung von. → Pflegeintervention der → NIC, die definiert wird als die Verabreichung von Blut oder Blutpräparaten sowie die Überwachung der Reaktionen des Patienten.
Blood Products Administration

Blutpuffer. Puffersystem, das primär aus gelöstem Kohlendioxid und Bikarbonationen besteht und im Wesentlichen dazu dient, den pH-Wert des Blutes zu erhalten.
blood buffers

Blutpumpe. 1. Gerät zur Regulierung des Blutflusses in ein Blutgefäß während einer Transfusion. 2. Teil einer Herz-Lungen-Maschine oder eines Dialysegeräts, das das Blut zur Oxygenation in die Maschine pumpt, um es anschließend in das periphere Kreislaufsystem des Körpers zurückzubefördern.
blood pump

Blutschatten. Rote Blutzelle (→ Erythrozyt), die kein Hämoglobin mehr besitzt, so dass unter dem Mikroskop nur ihre Plasmamembran zu sehen ist.
ghost cells

Blutsenkung. (→ Blutkörperchen-Senkungsgeschwindigkeit)
sedimentation rate (SR)

Blutsenkungsreaktion. (→ Blutkörperchen-Senkungsgeschwindigkeit)
sedimentation rate (SR)

Blutspiegel. Konzentration eines Arzneimittels oder einer anderen Substanz in einer bestimmten Menge Plasma, Serum oder Vollblut.
blood level

Blutstammzelle. (→ Stammzelle)
stem cell

Blutsverwandtschaft. Personen, die aufgrund gleicher Vorfahren das gleiche genetische Material besitzen. Jeder Mann und jede Frau sind in bezug auf sechs bis acht → Allele → heterozygot, was dazu führen kann, dass ein gemeinsames Kind unter einer genetisch vorbestimmten Krankheit erkranken wird. In einer Partnerschaft von Verwandten ersten Grades werden 1:8 Gene geteilt und das Risiko einer Erbkrankheit beim Kind liegt zwischen 3 und 5%, im Vergleich zu 2% bei Partnern, die nicht blutsverwandt sind.
blood relative

Bluttransfusion. Verabreichung von Vollblut oder einer bestimmten Blutkomponente, z.B. Erythrozytenkonzentrat, um einen Blutverlust auszugleichen, der durch Verletzung, Operation oder Erkrankung entstanden ist. Blut für Transfusionen erhält man von gesunden Spendern, deren ABNull-Blutgruppe und Antigenuntergruppen denen des Empfängers entsprechen; Spender müssen einen normalen Hämoglobinwert haben (über 13,5 g/100 ml bei Männern und über 12,5 g/100 ml bei Frauen). Eine Blutkonserve zur Transfusion wird in Beuteln zu 500 ml aufbewahrt und mit Zitratdextrose oder Zitratphosphat versetzt. Eine Konserve kann im Kühlschrank nur 3 Wochen aufbewahrt werden; dann sind jedoch die Leukozyten, die Thrombozyten und 20 bis 30% der Erythrozyten nicht mehr lebensfähig und die Gerinnungsfaktoren V und VIII nur noch in geringer Menge vorhanden.
blood transfusion

Blutung, arterielle. Blutverlust aus einer → Arterie, der normalerweise dadurch gekennzeichnet ist, dass das Blut hellrot ist und aus dem verletzten Gefäß pulssynchron herausspritzt.
arterial bleeding

Blutung, gastrointestinale. Blutung im Magen-Darm-Trakt, deren häufigste Ursachen Magenulkus, Mallory-Weiss-Syndrom, Ösophagusvarizen, Divertikulose, Colitis ulcerosa oder Karzinome im Magen oder Darm sind. Das Erbrechen von hellrotem Blut oder kaffeesatzartiges Erbrechen spricht für eine Blutung im oberen Gastrointestinaltrakt, meist in der

Speiseröhre (Ösophagus), im Magen oder im oberen Zwölffingerdarm (Duodenum).
🇬🇧 gastrointestinal bleeding

Blutung, intrazerebrale. (Apoplex/Apoplexie). → Schlaganfall, bei dem es zu einer direkten Blutung ins Gehirn kommt. Die häufigste Ursache ist Bluthochdruck (Hypertonie), der zu einem erhöhten Hirndruck führt. Die i. B. tritt meist in den Basalganglien, Thalamus, Brücke (Pons) und in der weißen Substanz von Kleinhirn (Cerebellum) und Großhirn (Cerebrum) auf.
🇬🇧 intracerebral hemorrhage (ICH)

Blutung, okkulte. Austritt von Blut aus einem verletzten Gefäß in innere Organe oder Hohlräume.
🇬🇧 concealed hemorrhage

Blutung, uterine. Blutung aus der Gebärmutter mit verschiedenen Ursachen. Die B. kann außerhalb der Menstruationsblutung, nach der Menopause, in einer Schwangerschaft oder nach der Geburt auftreten. Bei einer u. B. während einer Schwangerschaft kann es sich um mütterliches Blut (Kapillaren der Zervix bei Wehen, Polypen) oder um kindliches und mütterliches (fetomaternales) aus der Plazenta handeln.
🇬🇧 uterine hemorrhage

Blutung, vaginale. Blutung aus der Scheide außerhalb der Menstruation oder in der Schwangerschaft, die durch Fehlbildung bzw. Störungen in der Gebärmutter oder im Gebärmutterhals hervorgerufen wird. Zur Beschreibung der Menge werden die Adjektive »stark, mäßig und leicht« verwendet, sowie »Schmierblutung« bei sehr leichter B.
🇬🇧 vaginal bleeding

Blutung, Verminderung einer. → Pflegeintervention der → NIC, die definiert wird als die Begrenzung des Blutverlustes während akuter Blutungen.
🇬🇧 Bleeding Reduction

Blutung, Verminderung einer: gastrointestinal. → Pflegeintervention der → NIC, die definiert wird als die Begrenzung des Blutverlustes aus dem unteren und oberen Gastrointestinaltrakt sowie der damit einhergehenden Komplikationen.
🇬🇧 Bleeding Reduction: Gastrointestinal

Blutung, Verminderung einer: nasal. → Pflegeintervention der → NIC, die definiert wird als die Begrenzung des Blutverlustes aus der Nasenhöhle.
🇬🇧 Bleeding Reduction: Nasal

Blutung, Verminderung einer: Uterus nach der Entbindung. → Pflegeintervention der → NIC, die definiert wird als die Begrenzung des Blutverlustes aufgrund einer Uterusblutung nach der Entbindung.
🇬🇧 Bleeding Reduction: Postpartum Uterus

Blutung, Verminderung einer: Uterus vor der Entbindung. → Pflegeintervention der → NIC, die definiert wird als die Begrenzung des Blutverlustes bei einer Uterusblutung im dritten Trimester einer Schwangerschaft.
🇬🇧 Bleeding Reduction: Antepartum Uterus

Blutung, Verminderung einer: Wunde. → Pflegeintervention der → NIC, die definiert wird als die Begrenzung des Blutverlustes infolge von Verletzungen, Inzisionen oder der Einführung eines Tubus oder Katheters.
🇬🇧 Bleeding Reduction: Wound

Blutungen, Vorsichtsmaßnahmen gegen. → Pflegeintervention der → NIC, die definiert wird als die Reduzierung von Reizen, die bei gefährdeten Patienten Blutungen oder Hämorrhagien auslösen.
🇬🇧 Bleeding Precautions

Blutungsstillung. Begrenzung des Blutstromes aus einem Riss in der Wand eines Blutgefäßes. Es gibt unterschiedliche Methoden, um eine Blutung zu kontrollieren: direkter Druck, Anwendung einer Staubinde oder Ausüben von Druck auf Druckpunkte nahe der Wunde. Ein direkter Druck wird mit einer dicken Kompresse so ausgeübt, dass die Wundränder zusammengezogen werden. Eine Stau-

B

binde wird nur im äußersten Notfall eingesetzt, da die Abschnürung zu Gewebeanoxie führen und eine Amputation des betroffenen Gliedes erforderlich machen kann. In den meisten Fällen genügt es, mit der Hand auf einen Druckpunkt oberhalb der betroffenen Hauptarterie zu drücken. Stellen, an denen der Puls gefühlt werden kann, können dabei als Druckpunkte verwendet werden.
control of hemorrhage

Blutungszeit (BZ). Die Zeit, die erforderlich ist, um eine Blutung aus einer kleinen Stichwunde zu stoppen. (→ Blutgerinnung)
bleeding time

Blutvergiftung. (→ Sepsis/Septikämie)
blood poisoning

Blutzellen (pl.). Feste Bestandteile des → Blutes, bestehend aus roten Zellen (→ Erythrozyten), weißen Zellen (→ Leukozyten) und Blutplättchen (→ Thrombozyten). Die B. machen etwa 50% des gesamten Blutvolumens aus.
blood cell

Blutzirkulation, systemische. Hauptblutkreislauf des Körpers ohne den Lungenkreislauf.
systemic circulation

Blutzirkulation, venöse. Transport des sauerstoffarmen Blutes von den Venolen über die beiden Hohlvenen (Venae cavae inferior und superior) in den rechten Vorhof und die rechte Herzkammer und von dort in den Lungenkreislauf, wo das Blut wieder mit Sauerstoff angereichert wird.
venous circulation

Blutzucker. Gruppe von chemisch ähnlichen Substanzen, wie → Glukose, Fruktose und Galaktose, die normale Bestandteile des Blutes und für den Stoffwechsel essentiell sind. Die B.-Konzentration wird in Milligramm pro Deziliter gemessen.
blood sugar

Blutzucker-Test, selbst durchgeführter. Mit Hilfe eines Blutzucker-Messgerätes können Diabetes-mellitus-Patienten Blutzuckerschwankungen in ihrem Blut feststellen und mit entsprechender Insulingabe oder Nahrungsaufnahme darauf reagieren. Die meisten Überwachungssysteme orientieren sich bei der Messung an der chemischen Reaktion zwischen Glukoseoxidase und Glukose. Einige Geräte messen auch anhand von Wasserstoffperoxid, das aus derselben Reaktion hervorgeht.
self-monitoring of blood glucose (SMBG)

Blutzuckerspiegel. Die Menge → Glukose, die sich im Blut befindet; normal liegen die Nüchternwerte bei 70 bis 120 mg/dl. Erhöhte Werte können ein Anzeichen für verschiedene Erkrankungen sein, z.B. → Diabetes mellitus oder Pankreaskarzinom.
blood level of glucose

BMR. Abkürzung für (engl.) Basal Metabolic Rate (→ Grundumsatz).
BMR

BNS-Krämpfe. (→ Blitz-Nick-Salaam-Krämpfe)
salaam convulsions

Body-Mass-Index (BMI). (Körpermassenzahl). Formel zur Beurteilung des Körpergewichts und zur Bestimmung von Fettleibigkeit; wird berechnet, indem das Gewicht einer Person in Kilogramm durch die Körpergröße in m^2 geteilt wird.
body mass index

Boerhaave-Syndrom. Erkrankung mit spontaner Ruptur der Speiseröhre (Ösophagus), die zu einer Mediastinitis und Pleuraerguss führt. Klinisches Symptom ist ein plötzliches explosionsartiges Erbrechen; der Patient muss sofort operiert werden.
[H. Boerhaave, danischer Arzt, 1668–1738]
Boerhaave´s syndrom

Bogengang, häutiger. (Ductus semicircularis). Bezeichnung für eine der drei häutigen Schleifen im Labyrinth des Innenohres. Der h.B. ist ein Teil des Gleichgewichtsorgans.
semicircular duct

Bogengang, knöcherner. (Canalis semicircularis ossei). Bezeichnung für eine der drei knöchernen, flüssigkeitsgefüllten Schleifen

im Labyrinth des Innenohres. Der k.B. ist ein Teil des Gleichgewichtsorgans.
🇬🇧 semicircular canal

Bohr-Effekt. Die Auswirkung von CO_2 und H^+ auf die Affinität von Hämoglobin für molekulares O_2. Ein fallender PCO_2- und H^+-Spiegel führt zur Steigerung der Oxihämoglobinsättigung, während steigende Werte den gegenteiligen Effekt erzielen.
[Ch. Bohr, dänischer Physiologe, 1855–1911]
🇬🇧 Bohr´s effect

Bolus. 1. Runde Masse, z.B. ein Bissen zerkautes Essen, der zum Schlucken vorbereitet ist. 2. Große Tablette eines Arzneimittels zur oralen Einnahme, die meist weich und nicht einzeln verpackt ist. 3. Dosis einer Medikation oder einer anderen pharmazeutischen Präparation, die auf einmal intravenös verabreicht wird.
[*griech.:* bolos, Klumpen]
🇬🇧 bolus

Booster-Impfung. (Auffrischungsimpfung). Verabreichung eines → Antigens, z.B. eines Impfstoffs oder Toxoids, in geringerer Menge als bei der ersten → Immunisierung. Die B.-I. wird eingesetzt, um die → Immunantwort auf einem angemessenen Level zu erhalten.
🇬🇧 booster immunization

Borborygmus. Deutlich hörbares Geräusch im Bauchraum, das durch eine Hyperaktivität der Darmperistaltik verursacht wird. Zu den Geräuschen gehören Kullern, Gurren und Plätschern, die bei einer → Auskultation zu hören sind.
[*griech.:* Bauchkullern]
🇬🇧 borborygmos

Borderline. Bezeichnung für einen Gesundheitszustand, bei dem ein Patient zwar gewisse Anzeichen und Symptome einer Krankheit aufweist, die allerdings noch nicht stark genug ausgeprägt sind, um eine definitive Diagnose zu rechtfertigen.
🇬🇧 borderline

Borderline-Persönlichkeit. Persönlichkeitsstörung mit ausgeprägten Mustern einer Instabilität des Selbstbildes, der zwischenmenschlichen Beziehungen und der Stimmungslage.
🇬🇧 borderline personality

Bordetella. Gattung gramnegativer Kugelbakterien, von denen einige für den Respirationstrakt des Menschen pathogen sind, z.B. *B. bronchiseptica, B. parapertussis* und *B. pertussis.*
[J. Bordet, belgischer Bakteriologe, 1870–1961]
🇬🇧 Bordetella

Borrelia. Gattung großer, uneinheitlich geformter schraubenförmiger → Spirochäten, von denen einige Species Zecken- und Läuseborreliosen verursachen. Zahlreiche Tiere dienen als Reservoir und Wirt der B. (→ Lyme-Borreliose)
[A. Borrel, französischer Bakteriologe, 1867–1936]
🇬🇧 Borrelia

Borsäure. Weißes, farbloses Pulver oder kristalline Substanz, die als → Puffer verwendet wird; früher setzte man die B. als äußerliches → Antiseptikum und Pflegepräparat für die Augen ein.
🇬🇧 boric acid

Borsäurevergiftung. Vergiftungsreaktion auf die Einnahme oder die Absorption von → Borsäure durch die Haut. Borsäure ist ein schwaches, doch potentiell toxisches und letales → Antiseptikum. Zu den Symptomen gehören Übelkeit, Erbrechen, Diarrhö, Krämpfe und Schock. Bei den Erste-Hilfe-Maßnahmen versucht man, den Patienten mit Ipekak zum Erbrechen zu bringen, und verabreicht ihm große Mengen Flüssigkeit. In schweren Fällen kann auch eine Dialyse erforderlich werden. Die Absorption von Borsäure aus Windeln stellt für Säuglinge eine Gefahr dar.
🇬🇧 boric acid poisoning

Botulinus-Toxin. Gruppe potenter Bakteriengifte (→ Toxine), die durch verschiedene Stämme von *Clostridium botulinum* gebildet werden. Die Stämme werden

auch mit den Buchstaben A, B oder C klassifiziert. (→ Botulismus)
botulinus toxin

Botulismus. Häufig tödlich verlaufende Form der Lebensmittelvergiftung, die durch ein Endotoxin verursacht wird, das vom Bazillus *Clostridium botulinum* produziert wird. Das Toxin wird mit Nahrungsmitteln aufgenommen, die mit C. botulinum verseucht sind, wobei der lebende Bazillus nicht mehr erforderlich ist, wenn das Toxin gebildet ist. In seltenen Fällen kann das Toxin auch durch kontaminierte Wunden in den Körper gelangen. B. unterscheidet sich von den meisten anderen Formen einer Lebensmittelvergiftung, weil er sich ohne Magen-Darm-Störungen entwickelt und noch 18 Stunden bis zu einer Woche nach der Aufnahme der Toxine entstehen kann. B. äußert sich in Schwäche, Müdigkeit und Sehstörungen, z.B. Doppeltsehen, Problemen bei der Fokussierung der Augen und der Unfähigkeit der Pupillen, sich an Licht anzupassen. Es kommt zu Muskelschwäche und häufig entwickeln sich Schluckbeschwerden (Dysphagie).
[*lat.:* botulus, Wurst]
botulism

Bougie. (Dehnsonde). Dünnes zylindrisches Instrument aus Gummi, gewachster Seide oder anderem flexiblem Material, das in Körperkanäle oder Hohlorgane eingeführt wird, um sie zu weiten, zu untersuchen oder auszumessen.
[*franz.:* Kerze]
bougie

Bovine spongioforme Enzephalopathie (BSE). ("Rinderwahnsinn"). Virusinfektion, die beim Rind auftritt (endemisches Vorkommen in Großbritannien, vor allem seit 1985) und durch Schlachtprodukte vom Rind, insbesondere Hirn und Innereien (selten auch Rindfleisch), übertragen wird und beim Menschen möglicherweise eine schwammartige Erweichung des Gehirns verursacht (→ Creutzfeldt-Jakob-Krankheit).
bovine spongiform encephalopathy

Bowman-Drüsen. (Glandulae olfactoriae). Drüsen in der Nasenschleimhaut.
[W. Bowman, englischer Anatom, 1816–1892]
Bowman's glands

Bowman-Kapsel. Becherförmiges Ende eines Nierenkanälchens (Tubulus renalis), das einen Glomerulus enthält. Zusammen mit dem Glomerulus bildet sie die Infiltrationsstelle in die Niere. (→ Malpighi-Körperchen)
[W. Bowman, englischer Anatom, 1816–1892]
Bowman's capsule

Bowman-Membran. Harte Membran hinter dem Hornhautepithel des Auges.
Bowman's lamina

BPH. Abkürzung für → benigne Prostatahyperplasie.
BPH

Bq. Abkürzung für → Becquerel.
Bq

Br. Chemisches Symbol für → Brom.
Br

Brace. Orthopädisches Stützkorsett, das dafür sorgt, dass bestimmte Körperteile in ihrer richtigen Position unterstützt und gehalten werden, um eine Funktion zu ermöglichen; z.B. am Bein, um stehen und gehen zu können. (→ Orthese)
brace

brachi-. Vorsilbe mit der Bedeutung »Arm«.
brachy-

brachial. Zum Arm gehörend.
[*lat.:* bracchium, Arm]
brachial

Brachialgie. Starke Schmerzen im Arm, die häufig durch Erkrankungen des → Plexus brachialis ausgelöst werden.
[*lat.:* bracchium, Arm; *griech.:* algos, Schmerz]
brachialgia

Brachialislähmung. (Armplexuslähmung). Lähmung (Paralyse) eines Arms oder einer Hand.
[*lat.:* bracchium, Arm; *griech.:* paralyein, gelähmt sein]
🇬🇧 brachial paralysis

brachiozephal. (brachiocephalicus). Den Oberarm und den Kopf betreffend.
🇬🇧 brachiocephalic

brachy-. Vorsilbe mit der Bedeutung »kurz, klein«.
🇬🇧 brachy-

Brachybasie. (Trippelgang). Abnormal langsamer Gang mit kurzen, trippelnden Schritten; steht häufig in Verbindung mit einer zerebralen Hämorrhagie oder einer Erkrankung der → Pyramidenbahn, z.B. Parkinson-Krankheit.
🇬🇧 brachybasia

Brachydaktylie. Angeborene (kongenitale) Missbildung mit abnorm kurzen Fingern oder Fußzehen. – *adj.* brachydaktil.
🇬🇧 brachydactyly

Brachyzephalie. (Kurzköpfigkeit/Rundköpfigkeit). Angeborene (kongenitale) Missbildung des Schädels, bei der ein verfrühter Verschluss der Kranznaht zu einem übermäßigen seitlichen Wachstum des Kopfes führt, was ihm ein kurzes, breites Aussehen verleiht. – *adj.* brachyzephal.
[*griech.:* brachys, kurz; kephale, Kopf]
🇬🇧 brachycephaly

brady-. Vorsilbe mit der Bedeutung »langsam, verzögert«.
🇬🇧 brady-

Bradyarrhythmie. (arrhythmische Bradykardie). Abnormal langsamer Herzrhythmus (weniger als 60 Schläge pro Minute) bei → Vorhofflimmern oder → Vorhofflattern mit → AV-Block. (→ Bradykardie/Arrhythmie)
[*griech.:* bradys, langsam; a + rhythmos, ohne Rhythmus]
🇬🇧 bradyarrhythmia

Bradykardie. (Brachykardie). Herzrhythmusstörung, bei der die Herzfrequenz weniger als 60 Schläge/min beträgt. Die B. tritt in Form von Sinusbradykardie, Sinusarrhythmie und AV-Block II. oder III. Grades auf. Eine Sinusbradykardie ist relativ harmlos; eine pathologische B. kann Symptom eines Hirntumors, Herzblocks oder einer Vagotonie sowie einer Digitalisintoxikation sein.
[*griech.:* bradys, langsam; kardia, Herz]
🇬🇧 bradycardia

Bradykardie, fetale. Ungewöhnlich langsame Herzfrequenz eines Fötus (weniger als 100 Schläge/Minute).
🇬🇧 fetal bradycardia

Bradykardie-Tachykardie-Syndrom. (Bradytachykardie). Herzrhythmusstörung, die durch eine Herzfrequenz charakterisiert ist, die zwischen einem abnormal langsamen und abnormal schnellen Rhythmus abwechselt; tritt bei → Sick-Sinus-Syndrom auf.
[*griech.:* bradys, langsam; kardia, Herz; tachys, schnell; syn, zusammen; dromos, Verlauf]
🇬🇧 bradykardia-tachykardia syndrome

Bradykinesie. Verlangsamung aller willkürlichen Bewegungen und der Sprache, die z.B. durch Parkinson-Krankheit, andere extrapyramidale Störungen und bestimmte Tranquilizer verursacht wird.
[*griech.:* bradys, langsam; kinesis, Bewegung]
🇬🇧 bradykinesia

Bradykinin. Peptidhormon nicht-proteinischer Herkunft, das aus neun Aminosäuren besteht; es wird durch Kallikrein aus Alpha-2-Globulin hergestellt und ist ein wirksamer → Vasodilatator. B. bewirkt eine verlangsamte Kontraktion der glatten Muskulatur, Senkung des Blutdrucks und Steigerung der Kapillardurchlässigkeit.
[*griech.:* bradys, langsam; kinesis, Bewegung]
🇬🇧 bradykinin

Bradypnoe. Unphysiologisch langsame Atemfrequenz.
[*griech.:* bradys, langsam; pnein, atmen]
🇬🇧 bradypnoea

Bradyurie. Stark verzögerte Urinausscheidung.
🇬🇧 bradyuria

Braxton-Hicks-Kontraktionen. Physiologische Wehen während der Schwangerschaft in unregelmäßigen Intervallen, die gegen Ende der Schwangerschaft häufiger werden und die Gebärmutter trainieren.
[J. Braxton Hicks, englischer Arzt, 1823–1897]
Braxton Hicks contractions

Brechungsfehler. (→ Refraktionsfehler)
refractive error

Brechungswinkel. (Refraktionswinkel). Der Winkel, der von einem gebrochenen Lichtstrahl und einer zur Brechungsoberfläche senkrechten, durch den Brechungspunkt führenden Linie gebildet wird.
angle of refraction

Brechwurzsirup. Brechreiz auslösender Saft aus Brechwurzextrakt, Glyzerin und Zuckerlösung, der bei bestimmten Vergiftungen und Drogenüberdosis gegeben wird.
syrup of ipecac

Bregma. (Vorderkopf). Verbindung zwischen Kranz- und Pfeilnaht auf dem Schädeldach.
bregma

Breitbandantibiotikum. → Antibiotikum, das gegen eine Vielzahl von infektiösen Mikroorganismen wirksam ist, z.B. → Chloramphenicol und → Tetrazyklin.
broad-spectrum antibiotic

Broca-Aphasie. (motorische Aphasie). Eine Form der → Aphasie, die durch eine verlangsamte, zögernde Sprechweise gekennzeichnet ist; verursacht wird die B.-A. durch eine Läsion, die sich vom Vorderhaupt bis zur Rolando-Furche erstreckt. Die grammatikalisch falsche Sprache weist viele Substantive und Verben auf, jedoch wenige Artikel und Präpositionen. Die betroffenen Patienten haben ein nur leicht eingeschränktes Sprachverständnis. (→ motorische Aphasie)
[P.P. Broca, französischer Anthropologe und Chirurg, 1824–1880]
Broca´s aphasia

Broca-Zentrum. Bereich, der an der Sprachproduktion beteiligt ist und im vorderen (frontalen) unteren (inferioren) → Gyrus in der dominierenden Gehirnhälfte liegt.
[P.P. Broca]
Broca´s area

Brodmann-Areale. 47 verschiedene Bereiche der Großhirnrinde (zerebraler Kortex), die in Verbindung mit bestimmten neurologischen Funktionen stehen und durch spezifische zelluläre Komponenten unterschieden werden.
[K. Brodmann, deutscher Anatom, 1868–1918]
Brodmann´s areas

Brom (Br). Toxisches rötlich-braunes flüssiges Element der Halogengruppe. Ordnungszahl: 35, Atommasse: 79,904. B. gibt rötliche Gase ab, die an den Augen und in den Atemwegen extreme Reizungen verursachen. Bromsalze (Bromide) wurden früher als Sedativa verwendet, werden heute jedoch von Benzodiazepinen abgelöst. Zu den Nebenwirkungen der Aufnahme von B. gehören Übelkeit, Erbrechen, akneähnliche Hautausschläge, undeutliche Sprache, Koordinationsstörung der Muskelbewegungen (Ataxie), psychotisches Verhalten und Koma.
[*griech.:* bromos, Gestank]
bromine

Bromhidrose. Unphysiologischer Zustand, bei dem der Schweiß der apokrinen Drüsen einen unangenehmen Geruch aufweist.
[*griech.:* bromos, Gestank; hidros, Schweiß]
bromhidrosis

Bromocriptin. → Dopaminrezeptorantagonist, der zur Behandlung von Amenorrhö und Galaktorrhö in Verbindung mit einer Hyperprolaktinämie, sowie bei weiblicher Unfruchtbarkeit und Parkinson-Krankheit eingesetzt wird.
bromocriptine mesylate

Bromoderma tuberosum. Akneähnlicher blasen- oder knotenförmiger Hautausschlag, der als Hypersensitivitätsreaktion

nach der Aufnahme von Bromsalzen auftritt.
bromoderma

bronchi-. Vorsilbe mit der Bedeutung »Luftröhre«.
bronchi-

bronchial. Zu den → Bronchien oder → Bronchiolen gehörend.
[*griech.:* bronchos, Luftröhre]
bronchial

Bronchialbaum. Anatomischer Komplex, der aus Verästelungen von der Luftröhre (Trachea) bis zu den → Bronchien besteht.
bronchial tree

Bronchialfremitus. Vibration, die auf der Brustwand über einem Bronchus getastet (palpiert) oder gehört (auskultiert) werden kann. Ursache sind Ansammlungen von Sekretionen, die ein rasselndes Geräusch verursachen, wenn Luft während der Atmung ein- und ausströmt.
bronchial fremitus

Bronchialkarzinom. (→ Lungenkarzinom)
lung cancer

Bronchiallavage. Spülung der Bronchien und Bronchiolen mit physiologischer Kochsalzlösung zur Reinigung und zur Entnahme von Sekretproben für Laboranalysen.
bronchial washing

Bronchialsekret. Substanz, die in den Bronchialästen gebildet wird und aus dem Schleim der Bronchialdrüsen, Proteinsalzen, Plasmaflüssigkeit und Proteinen, z.B. Fibrinogen, besteht. Durch das B. wird das Bronchialsystem gereinigt und die Bronchialschleimhaut vor dem Austrocknen geschützt.
bronchial secretion

Bronchialtoilette. Spezielle Pflege, die Patienten mit einem → Tracheostoma und Atemproblemen erhalten und die eine Stimulation des Hustens, tiefes Ein- und Ausatmen sowie Absaugen des Respirationstraktes umfasst.
bronchial toilet

Bronchiektase. Unphysiologischer Zustand des Bronchialbaums mit irreversibler Ausweitung (Dilatation) und Zerstörung der Bronchialwände. B.n können angeboren (kongenital bedingt) sein, oder als Folge von Bronchialinfektionen, Obstruktionen durch Tumore oder durch Aspiration eines Fremdkörpers verursacht werden. Zu den Symptomen gehören häufiger Husten mit starker Sekretproduktion, Hämoptysen, chronische Sinusitis, Trommelschlegelfinger und feuchtes Rasseln.
[*griech.:* bronchos, Luftröhre; ektasis, Ausdehnung]
bronchiektasis

Bronchien. (→ Bronchus)
bronchi (sing. Bronchus)

Bronchiole. Kleine Verzweigung des respiratorischen Systems, die sich von den → Bronchien bis in die Lungenlappen erstreckt. Man unterteilt die B.n in terminale und respiratorische B.n. – *adj.* bronchiolar.
[*lat.:* bronchiolus, kleine Luftröhre]
bronchioles

Bronchiolenkollaps. Zustand, bei dem die → Bronchiolen durch den Druck der umgebenden Strukturen und einen Mangel an einströmender Luft zusammengedrückt werden. Diese Luft wird dazu benötigt, die Bronchiolen in einem aufgeblasenen Zustand zu erhalten; tritt bei Erkrankungen wie Emphysem und Bronchiektasen auf.
[*lat.:* bronchiolus, kleine Luftröhre; collabi, fallen]
bronchiolar collapse

Bronchiolitis. Akute virale Entzündung des unteren respiratorischen Traktes, die vor allem bei Kindern unter 18 Monaten auftritt. Die B. äußert sich durch ein exspiratorisches Giemen, Ateminsuffizienz, Entzündung und Obstruktion auf dem Niveau der → Bronchiolen. Die häufigsten ursächlichen Agenzien sind Parainfluenza-Viren. *Mycoplasma pneumoniae*, Rhinoviren, Enteroviren und Masernviren treten weniger häufig auf. Die Erkrankung wird durch die Übertragung von aerogenen Partikeln oder durch Kontakt mit infizier-

ten Sekretionen verursacht. Die Diagnose kann bei Anzeichen einer übermäßigen Lungenaufblähung durch Abklopfen (Perkussion) oder Röntgenuntersuchungen gestellt werden. Bei der B. obliterans wird kein Exsudat abgehustet, was die Bronchialgänge verstopfen und zu einem Kollaps des betroffenen Lungenabschnitts führen kann (→ Bronchiolenkollaps).
[*lat.:* bronchiolus, kleine Luftröhre; *griech.:* itis, Entzündung]
bronchiolitis

Bronchitis. Akute oder chronische Entzündung der Schleimhaut der Luftröhre (→ Trachea) und des → Bronchialbaums. Die **akute B.** ist durch Husten mit Auswurf, Fieber, Hypertrophie der schleimproduzierenden Strukturen und Rückenschmerzen gekennzeichnet. Sie wird durch virale Infektionen des oberen Respirationstraktes in den → Bronchien ausgelöst und kann häufig bei Kinderkrankheiten wie Masern, Keuchhusten, Diphterie und Typhus beobachtet werden. Davon unterscheidet sich die **chronische B.** durch eine exzessive Schleimabsonderung in den Bronchien mit Auswurf; sie tritt jeweils für eine Dauer von mindestens 3 aufeinanderfolgenden Monaten mehrmals innerhalb von zwei Jahren auf. Zusätzliche Symptome sind häufige Infektionen im Thoraxraum, Zyanose, Hypoxämie, Hyperkapnie und eine deutliche Neigung zur Entwicklung eines Cor pulmonale und Ateminsuffizienz.
[*griech.:* bronchos, Luftröhre; itis, Entzündung]
bronchitis

Bronchitis, asthmatische. Entzündung und Schwellung der Schleimhäute der → Bronchien von Asthmapatienten. (→ Asthma/ Bronchitis)
asthmatic bronchitis

Bronchitis, chronische. Häufig auftretende Atemwegserkrankung mit deutlich gesteigerter Schleimproduktion der Tracheal- und Bronchialdrüsen sowie Husten mit Auswurf; die chronische Bronchitits zieht sich über mindestens 3 Monate pro Jahr in mehr als 2 aufeinanderfolgenden Jahren.
chronic bronchitis

bronchoalveolär. Zu den terminalen → Alveolarsäckchen und den Enden der → Bronchiolen gehörend.
[*griech.:* bronchos, Luftröhre; *lat.:* alveolus, kleine Vertiefung]
bronchoalveolar

Bronchodilatation. Vergrößerung des Durchmessers der → Bronchien, wodurch ein verstärkter Luftstrom in und aus den Lungen möglich wird.
[*griech.:* bronchos, Luftröhre; *lat.:* dilatare, erweitern]
bronchodilation

Bronchodilatatoren (pl.). Substanzen, insbesondere Arzneimittel, die zur Entspannung von Kontraktionen der glatten Bronchialmuskeln (Bronchospasmolytika) und so zur Verbesserung der Atmung führen. Pharmakologische B. werden eingesetzt, um bei Asthma, Bronchiektasen, Bronchitis und Emphysemen die Belüftung zu verbessern.
bronchodilators

Bronchographie. Röntgenuntersuchung der → Bronchien, nachdem zuvor ein Kontrastmittel in den Bronchialbaum eingebracht wurde.
bronchography

Broncholytika (pl.). Arzneimittel, die den Bronchialschleim lösen und dadurch ein besseres Abhusten (→ Expektoration) ermöglichen.
[*griech.:* bronchos, Luftröhre; lysein, auflösen]
broncholytics

Bronchophonie. Gesteigerte Intensität und Klarheit der Stimmresonanz, die dadurch entstehen kann, dass die Dichte des Lungengewebes zunimmmt, z.B. bei einer Pneumonie.
[*griech.:* bronchos, Luftröre; phone, Stimme]
bronchophony

Bronchopneumonie. Akute Entzündung der → Lungen und → Bronchiolen, die sich in

Schüttelfrost, Fieber, Tachykardie, hoher Atemfrequenz, Husten mit blutigem Auswurf, starken Thoraxschmerzen und Aufblähung des Magens äußert. Diese Erkrankung folgt häufig der Ausweitung einer bakteriellen Infektion vom oberen in den unteren Respirationstrakt; kann nach Pleuraerguss, Empyem, Lungenabszess, peripherer Thrombophlebitis, Ateminsuffizienz, kongestiver Herzinsuffizienz und Ikterus auftreten. (→ Pneumonie)
[*griech.:* bronchos, Luftröhre; pneumon, Lunge]
bronchopneumonia

bronchopulmonal. Zu den → Bronchien und → Lungen gehörend.
bronchopulmonary

Bronchoskop. Gebogenes, flexibles Rohr zur visuellen Untersuchung der → Bronchien, das ein optisches System enthält, mit dessen Hilfe die Bronchien vergrößert dargestellt werden können. (→ Bronchoskopie)
bronchoscope

Bronchoskopie. Visuelle Untersuchung der Trachea und des Bronchialsystems mit Hilfe eines → Bronchoskops. Diese Maßnahme kann auch zum Absaugen, zur Durchführung einer Biopsie und zur Entfernung von Flüssigkeit oder Fremdkörpern eingesetzt werden. (→ Endoskopie)
bronchoscopy

Bronchospasmolytika. Medikament mit entspannender Wirkung auf die glatten Muskelzellen der Bronchien.
adrenergic bronchodilator

Bronchospasmus. Unphysiologische Kontraktion der glatten Muskulatur der → Bronchien nach einer akuten Verengung und Obstruktion der Luftwege. Husten mit einer ziehenden Einatmung sind Indikatoren eines B.
bronchospasm

Bronchospirometrie. Untersuchung der Ventilation und des Gasaustauschs jeder einzelnen Lunge, bei der ein Katheter entweder in den linken oder rechten Hauptbronchus eingeführt wird.
bronchospirometry

Bronchus (pl. Bronchien). Hauptast der Luftröhre (Trachea) in der Lunge, durch den ein- und ausgeatmete Luft strömt. Jeder B. besteht aus einer Wand mit drei Schichten. Die äußerste Schicht setzt sich aus dichtem fibrösem Gewebe zusammen und ist mit Knorpelmasse verstärkt. Die mittlere Schicht ist ein Netzwerk aus glatter Muskulatur; die innere Schicht besteht aus einer Schleimhaut mit Flimmerepithel. – *adj.* bronchial.
[*griech.:* bronchos, Luftröhre]
bronchus

Brown-Molekularbewegung. Zufällige Bewegung mikroskopischer Partikel, die in einer Flüssigkeit oder einem Gas fein verteilt (suspendiert) sind. Diese Bewegung entsteht durch eine natürliche kinetische (→ Kinetik) Aktivität der Flüssigkeitsmoleküle, die mit anderen Partikeln zusammenstoßen.
[R. Brown, schottischer Botaniker, 1773–1858]
brownian movement

Brown-Séquard-Syndrom. Traumatische neurologische Störung infolge der Kompression einer Seite des Rückenmarks oberhalb des 10. Thorakalwirbels, die sich in einer spastischen Lähmung (Paralyse) auf der verletzten Körperseite sowie in dem Verlust der Haltefähigkeit und der Schmerz- und Wärmeempfindung auf der anderen Körperseite äußert.
[C. Brown-Séquard, französischer Physiologe, 1817–1894]
Brown-Séquard´s syndrome

Brucellose. Erkrankung (meldepflichtig), die durch verschiedene Species gramnegativer *Brucella* verursacht wird. Die B. ist vorwiegend eine Krankheit bei Tieren (Katzen, Schweine oder Ziegen); beim Menschen wird sie durch die Aufnahme von kontaminierter Milch oder Milchprodukten oder über Hautläsionen ausgelöst. Zu den Symptomen gehören Fieber, Schüttelfrost, Schwitzen, Unwohlsein und Schwäche. Obwohl die B. selten tödlich endet, ist eine Behandlung wegen der schweren Komplikationen wichtig, die

sich entwickeln können, z.B. Pneumonie, Meningitis und Enzephalitis.
[D. Bruce, englischer Pathologe, 1855–1931]
🇬🇧 brucellosis

Bruch, einfacher. (→ Fraktur)
🇬🇧 simple fracture

Bruchband. Angelegtes Hilfsmittel, das davor schützt, dass der Darm oder andere Eingeweide durch eine Hernie aus dem Körper heraus treten.
🇬🇧 truss

Brudzinski-Nackenzeichen. Unwillkürliche Beugung von Armen, Hüfte und Knien, wenn der Hals passiv nach vorn gebeugt wird; tritt bei → Meningitis auf.
[J. Brudzinski, polnischer Arzt, 1874–1917]
🇬🇧 Brudzinski´s sign

Brushfield-Flecken. Winzige weiße oder hellgelbe Flecken auf der Regenbogenhaut (Iris) bei Kindern mit einem → Down-Syndrom.
[T. Brushfield, englischer Arzt, 1858–1937]
🇬🇧 Brushfield´s spots

Brust, Selbstuntersuchung der. Vorgang, bei dem die Frau selbst ihre Brüste und angrenzende Bereiche (Achselhöhlen) auf Veränderungen untersucht, die auf bösartige Geschwülste hinweisen können. Die S. sollte 1 Woche bis 10 Tage nach dem ersten Tag des Zyklus durchgeführt werden, wenn die Brüste am kleinsten und hormonbedingte Vergrößerungen der Brustdrüsen am wenigsten tastbar sind. Die Untersuchungstechnik ist dieselbe, die auch der Gynäkologe anwendet: Strecken Sie den Arm auf der Seite der zu untersuchenden Brust nach oben und tasten Sie mit der anderen Hand die Brust ringsherum ab. Vergessen Sie die Achselhöhlen nicht.
🇬🇧 self-breast examination (SBE)

Brustbein. (→ Sternum)
🇬🇧 sternum

Brustfell. (→ Pleura)
🇬🇧 pleura

Brusthöhle. Umfasst den Raum, der von den Rippen eingeschlossen ist, den Brustabschnitt der Wirbelsäule, das Brustbein (Sternum), das Zwerchfell und die dazugehörige Muskulatur.
🇬🇧 thoracic cavity

Brustimplantat. Chirurgisches Einpflanzen eines prothetischen Materials in die Brust, um entweder das Volumen der Brust zu vergrößern oder nach einer Brustentfernung (→ Mastektomie) eine Rekonstruktion durchzuführen.
🇬🇧 breast implant

Brustkorb. Knochensystem, das die Organe und Gewebe des Brustraums umschließt. Er besteht aus 12 Brustwirbeln, 12 Rippenpaaren und dem Brustbein (Sternum).
🇬🇧 thoracic cage

Brustkorbschlagader, innere. (→ Arteria thoracica interna)
🇬🇧 internal thoracic artery

Brustkorbvene, innere. (→ Vena thoracica interna)
🇬🇧 internal thoracic vein

Brustkrebs. (→ Mammakarzinom)
🇬🇧 breast cancer

Brustlymphknoten. Regionaler Lymphknoten, der mit dem Brustabschnitt des lymphatischen Systems verbunden ist. Dieser Abschnitt ist für Thymusdrüse, Herzbeutel (Perikard), Speiseröhre (Ösophagus), Luftröhre (Trachea), Lunge und Bronchien zuständig.
🇬🇧 thoracic visceral node

Brustmuskel, großer. (→ Musculus pectoralis major)
🇬🇧 pectoralis major

Brustnerven. (→ Thorakalnerven)
🇬🇧 thoracic nerves

Brustregionen. Topographische Bereiche bzw. Unterteilungen des Brustraums: Brustbeingegend, Brustwarzengegend, unterer Bereich und Achselbereich.
🇬🇧 chest regions

Brustschlagader. (→ Aorta thoracica)
🇬🇧 thoracic aorta

Brustsuchen, reflektorisches. Normale Reaktion eines Neugeborenen, wenn es seitlich des Mundes an der Wange berührt oder gestreichelt wird, den Kopf in die entsprechende Richtung zu drehen und zu saugen.
rooting reflex; breast seeking reflex

Brustwandableitung. Elektrokardiographische Ableitung, deren positive Elektrode an Brust oder Praecordium angelegt wird. Für eine Brust-Rücken-Ableitung wird die passive Elektrode am Rücken des Patienten angelegt, für eine Brustwandableitung auf die Brustvorderseite, für eine linke Brustableitung an den linken Arm und für eine rechte Brustableitung an den rechten Arm.
chest lead

Brustwandflattern. Thoraxinstabilität und Ateminsuffizienz infolge mehrerer Rippenfrakturen. (→ paradoxe Atmung)
flail chest

Brustwarze. Kleine zylindrische pigmentierte Struktur, die sich im Zentrum jeder Brust erhebt. An der Spitze der B. befinden sich etwa 20 kleine Öffnungen der Milchgänge. Die B. wird von einer etwas heller pigmentierten Haut, dem Warzenvorhof (Areola mammae) umgeben. Die Intensität der Pigmentierung kann von rosa bis braun variieren, je nach dem Teint einer Person. Die B.n gehören zu den erogenen Zonen der Frau.
nipple

Brustwarzen, überzählige. Mehr als zwei B., wobei die zusätzlichen meist kein Drüsengewebe aufweisen. Diese funktionslosen B. können nur als kleine rosafarbene Punkte oder aber als normal große B. ausgebildet sein.
supernumerary nipples

Brustwirbel. Einer der insgesamt 12 Knochensegmente des oberen Wirbelsäulenabschnitts. Sie werden der Reihe nach T1 bis T12 benannt. T1 folgt auf den letzten → Halswirbel (C7) und T12 liegt über dem ersten → Lendenwirbel (L1). Der Brustabschnitt der Wirbelsäule ist sehr biegsam und hat nach ventral eine konkave Krümmung.
thoracic vertebra

Bruxismus. (Zähneknirschen). Zwanghaftes, unbewusstes Knirschen und/oder Zusammenbeißen der Zähne, insbesondere beim Schlafen oder während der Wachphasen als Mechanismus zum Abbau von Spannungen in extremen Stresssituationen. In der Folge kann es zu Schädigungen der Zähne und des Kiefers kommen.
[*griech.:* brychein, mit den Zähnen knirschen]
bruxism

BSE. Abkürzung für → Bovine spongioforme Enzephalopathie.
BSE

BSG. Abkürzung für → Blutkörperchen-Senkungsgeschwindigkeit.
BSG

BSN. Abkürzung für »Bachelor of Science in Nursing«.
BSN

BT. Abkürzung für → Basaltemperatur.
BT

BTM. Abkürzung für → Betäubungsmittel.
BTM

BU. Abkürzung für → Berufsunfähigkeit.
BU

Bubo (pl. Bubonen). Vergrößerter, weicher, entzündeter Lymphknoten in der Leiste, der in Verbindung mit Erkrankungen wie Lymphogranuloma venerum und Syphilis steht.
[*griech.:* boubon, Leiste]
bubo

Bubonenpest. (→ Beulenpest)
bubonic plague

Bucca. Wange, Backe.
bucca

Budesonid. → Glukokortikoid, das zur äußerlichen Behandlung von saisonalen oder chronischen Entzündungen der Nasenschleimhäute eingesetzt wird.
budesonid

bukkal. (buccal). Zur Innenseite der Wange oder dem Zahnfleisch gehörend.
buccal

bulbär. Zum verlängerten Mark (Medulla oblongata) des Gehirns und der kranialen Nerven gehörend, z.B. → Bulbärparalyse.
bulbar

Bulbärparalyse. Degenerative neurologische Erkrankungen, die durch eine Schädigung der motorischen Hirnnervenkerne gekennzeichnet ist und die sich durch Muskelschwund und Muskelschwäche der Kehlkopf- und Rachenmuskulatur sowie der Zungen- und Gesichtsmuskulatur äußert. Folgen des Muskelschwunds sind Sprachstörungen (Dysarthrie) und Schluckstörungen (Dysphagie), es kann auch zu einer Schädigung des Pyramidentrakts kommen.
bulbarparalysis

Bulbus (pl. Bulben, Bulbi). Runde, zwiebelförmige Körperstruktur, z.B. bestimmte sensorische Nervenenden, B. aortae (Erweiterung der Aorta an ihrem Ursprung), B. oculi (Augapfel), B. pili (Haarwurzel) und B. duodeni (verdickter Ansatz des Zwölffingerdarms).
[*lat.:* Zwiebel]
bulb

Bulbus duodeni. Zwiebelförmiger Teil des oberen Zwölffingerdarms.
duodenal bulb

Bulimia nervosa. (Ess-Brechsucht). Psychogene Essstörung, die sich in einem unstillbaren Verlangen nach Essen äußert, was häufige Phasen ständigen Essens mit anschließendem Erbrechen, Depressionen und Fasten beinhaltet. (s.a. Anorexia nervosa) – *adj.* bulimisch.
[*griech.:* Heißhunger]
bulimia

Bulla. Dünnwandige, erhabene Blase auf der Haut oder Schleimhaut, die mehr als 1 cm Durchmesser hat und eine klare, seröse Flüssigkeit enthält. – *adj.* bullös.
[*lat.:* Blase]
bulla

Bupivacain. → Lokalanästhetikum zur epiduralen, peripheren oder sympathischen Blockierung.
bupivacaine hydrochloride

Buprenorphin. Parenterales → Analgetikum zur Linderung mäßiger oder starker Schmerzen, z.B. Temgesic. B. unterliegt als → Opioid dem Betäubungsmittelgesetz. Als Nebenwirkungen können Müdigkeit, Schwindel, Übelkeit und Hypotonie auftreten.
buprenorphine hydrochloride

Burkitt-Lymphom. Malignes Neoplasma, das aus undifferenzierten Zellen besteht und große knochenauflösende (osteolytische) Läsionen im Kinn oder bei Kindern im Abdomen verursacht. Der Tumor, der in Zentralafrika → endemisch auftritt, ist durch eine grauweiße Masse gekennzeichnet, die häufig Blut oder Nekrosen enthält.
[D. Burkitt, englischer Chirurg in Afrika, geb. 1911]
Burkitt´s lymphoma

Burn-out. Allgemeine Bezeichnung für eine mentale oder physischen Energieauszehrung nach einer Phase von chronischem berufsbedingtem Stress, was in manchen Fällen sogar körperliche Krankheiten zur Folge haben kann.
burnout

Burning-feet-Syndrom. Neurologische Erkrankung, zu deren Symptomen die Empfindung einer Verbrennung an der Fußsohle gehört; dieses Gefühl scheint nachts stärker zu werden und kann auch die Hände befallen. (→ Parästhesie)
burning-feet-syndrome

Bursa. Tasche, Beutel; z.B. die B. synovialis, eine fibröse Tasche zwischen manchen Sehnen und Knochen. Die B. ist mit einer Knorpelmembran überzogen, die Gelenkflüssigkeit absondert; dadurch fungiert die B. als eine Art »Kissen«, das der Sehne erlaubt, sich bei Spannung und Entspannung problemlos über einem Knochen zu bewegen.
bursa

Bursitis. Entzündung der → Bursa, der Bindegewebestruktur um ein Gelenk. Die B.

kann durch Arthritis, Infektionen, Verletzungen oder exzessive traumatische Köperaktivitäten oder -anstrengungen verursacht werden. Das Hauptsymptom sind starke Schmerzen des betroffenen Gelenks, insbesondere bei Bewegungen.
bursitis

Busulfan. → Zytostatikum zur Behandlung einer chronisch myeloischen Leukämie.
busulfan

Buttersäure. Fettsäure, die in ranziger Butter, Fäzes, Urin, Schweiß und geringfügig in der Milz und im Blut vorhanden ist. B. wird zur Herstellung von Geschmacksstoffen, Emulgatoren und Pharmazeutika verwendet.
butyric acid

Butylalkohol. (Butanol). Klare, toxische Flüssigkeit, die als organisches Lösungsmittel verwendet wird.
butyl alcohol

Butyrophenone (pl.). Gruppe von → Neuroleptika und → Tranquilizern, die zur Behandlung von Psychosen eingesetzt werden, oder um die Symptome einer Chorea-Huntington, Gesichtszucken u.a. zu lindern. (→ Psychopharmaka)
butyrophenone

Bypass. Chirurgischer Eingriff, bei dem der Blutstrom oder der Fluss anderer natürlicher Flüssigkeiten um den normalen anatomischen Verlauf herumgeleitet wird; dies kann vorübergehend oder permanent sein. Eine B.-Operation wird häufig zur Behandlung von Herz- oder Magen-Darm-Erkrankungen durchgeführt.
[*engl.:* Umgehung]
bypass

Bypass, aortokoronarer. Operative Methode zur Behandlung von → Angina pectoris oder koronaren Herzkrankheiten. Bei diesem Eingriff wird zur Umgehung einer Durchblutungsbehinderung (Obstruktion) mit einer Wadenvene, einer Brustarterie oder einem anderen Blutgefäß bzw. aus einem synthetischen Transplantat ein → Shunt von der Aorta zu einer der Koronararterien gelegt.
aortocoronary bypass

Bypass, kardiopulmonaler. Maßnahme in der Herzchirurgie, bei der das Blut mit Hilfe einer Herz-Lungenmaschine oberhalb von Herz und Lunge abgeleitet und direkt wieder der Aorta zugeführt wird. (→ Herz-Lungenmaschine)
cardiopulmonary bypass

Bypass, koronarer. Chirurgischer Eingriff am offenen Herzen, bei dem eine Prothese bzw. ein Abschnitt eines Blutgefäßes auf eine Koronararterie verpflanzt wird, um eine verengte bzw. verschlossene Koronararterie zu umgehen. Die Operation wird bei → koronarer Herzkrankheit zur Verbesserung der Durchblutung des Herzmuskels und zur Linderung von Angina pectoris-Schmerzen durchgeführt.
coronary bypass

Byssinosis. Berufserkrankung, die sich in Kurzatmigkeit, Husten und Giemen äußert. Die B. ist eine allergische Reaktion auf das Einatmen von Stäuben oder Pilzen in Baumwolle, Flachs oder Hanffasern.
byssinosis

C

C. 1. Chemisches Symbol für → Kohlenstoff. 2. Abkürzung für Grad → Celsius.
C

C-Peptid. (Proinsulin). Biologisch inaktiver Rückstand, der bei der Insulinbildung in den Betazellen der Bauchspeicheldrüse entsteht.
C peptide

C-reaktives Protein (CRP). Protein, das unter normalen Umständen nicht im Serum vorhanden ist, aber bei vielen akuten Entzündungen und bei Nekrose auftritt. CRP liegt im Serum vor, bevor die Sedimentierungsrate der roten Blutkörperchen zunimmt, oft innerhalb von 24 bis 48 Stunden nach Entzündungsbeginn. Nach einem Myokardinfarkt tritt das CRP innerhalb von 24 Stunden auf. Bei Abklingen des Entzündungsprozesses mit Hilfe einer Medikation aus Salizylaten oder Steroiden oder beiden verschwindet das CRP rasch.
C-reactive protein (CRP)

CO_2. Chemische Formel für → Kohlendioxid.
CO_2

C_2H_2. Chemische Formel von Azetylen.
C_2H_2

C_2H_4. Chemische Formel für Äthylen.
C_2H_4

C_6H_6. Chemische Formel für Benzol.
C_6H_6

Ca. Chemisches Symbol für Kalzium.
Ca

$CaCO_3$. Chemische Formel für Kalziumkarbonat.
$CaCO_3$

CaC_2O_4. Chemische Formel für Kalziumoxalat.
CaC_2O_4

$CaCl_2$. Chemische Formel für Kalziumchlorid.
$CaCl_2$

$Ca(OH)_2$. Chemische Formel für Kalziumhydroxid.
$Ca(OH)_2$

$CaSO_4$. Chemische Formel für Kalziumsulfat.
$CaSO_4$

Caecum. (Blinddarm). Sackförmige Struktur an der Einmündung des Dickdarms.
[*lat.:* ceacus, blind.]
cecum

Caesium (Cs). Alkalimetall; Ordnungszahl 55, Atomgewicht 132,9.
[*lat.:* caesius, blauer Himmel.]
cesium (Cs)

Caesium-137. Radioaktives Isotop des Cäsiums mit einer Halbwertszeit von 30,2 Jahren; wird in Kurztherapien bei Bestrahlungen zur Bekämpfung bösartiger Tumore eingesetzt.
cesium 137

Cafe-au-lait-Fleck. Blasser, milchkaffeebrauner Hautfleck. Das simultane Entstehen mehrerer Cafe-au-lait-Flecken ist ein Zeichen von Neurofibromatose; vereinzelt auftretende Flecken sind jedoch harmlos.
[*franz.:* Milchkaffee.]
cafe-au-lait spot

Caffey-Syndrom. Kindesmisshandlungssyndrom; zuerst beschrieben von John Caffey im Jahre 1946.
[John Caffey, amerikanischer Kinderarzt, 1895–1978.]
Caffey's syndrome

CAH. 1. Abkürzung für chronisch aktive Hepatitis. 2. Abkürzung für kongenitale adrenale Hyperplasie.
CAH

Calcar, avis. Am Hinterhorn des Hirnseitenventrikels vorspringende Wulst; seitliche Verlängerung der Kalkarinfissur.
[*lat.:* calcar, Sporn, avis, Vogel.]
calcar avis

Calcifediol. Physiologische Form des Vitamin D; wird zur Behandlung von metabolischen Knochenerkrankungen verschrieben, die mit chronischem Nierenversagen in Verbindung stehen.
calcifediol

Calciferol. (Vitamin D2). Fettlösender, kristalliner, ungesättigter Alkohol, der bei UV-Bestrahlung von Ergosterol entsteht. Verwendet als Ernährungszusatzstoff zur Prophylaxe und Behandlung von Rachitis, Osteomalazie und anderen hypokalzämischen Störungen. Natürliche Quellen von Calciferol sind Milch und Lebertran.
[*lat.:* calx, Kalk, ferre, tragen.]
calciferol

Calcitonin. In den Schilddrüsenzellen produziertes Hormon, das den Kalziumblutspiegel steuert und die Knochenmineralisation stimuliert. Als synthetisch hergestelltes Hormon wird es bei der Behandlung bestimmter Knochenkrankheiten eingesetzt.
[*lat.:* calx + *griech.:* tonos, Tonus.]
calcitonin

Calcitriol. Aktive Form des Vitamin D, regulierendes Hormon des Kalziumstoffwechsels. Wird Patienten mit einer Hypokalzämie verabreicht, die sich einer chronischen Nierendialyse unterziehen müssen.
calcitriol

Calendula officinalis. (→ Ringelblume)
calendula officinalis

Caliper. (Tasterzirkel). Gerät mit zwei an Scharnieren hängenden, verstellbaren, gebogenen Tastern; verwendet zur Messung der Dicke bzw. des Durchmessers eines konvexen bzw. festen Körpers.
[*franz.:* calibre, Gewehrlauf.]
caliper

Calix renalis. (→ Nierenkelch)
renal calyx

Calvaria. (Schädeldecke). Oberer Teil des Schädels; die Form der Schädeldecke ist individuell erheblich verschieden. Die Fontanellen im Schädel eines Neugeborenen befinden sich auf der Oberfläche der Schädeldecke.
calvaria

cAMP. (Cyclo-AMP). Abkürzung für zyklisches Adenosinmonophosphat. (→ zyklisches Adenosinmonophosphat)
cAMP

Canalis semicircularis ossei. (→ Knöcherner Bogengang)
semicircular canal

Canalis vertebralis. (→ Wirbelkanal)
spinal canal

Candidiasis. (Candidose). Von *Candida*, insbesondere *Candida albicans* verursachte Pilzinfektionen. Symptome sind Juckreiz, Bildung eines weißen Exsudats, Hautschuppung und schnelles Bluten. Windelausschlag, Intertrigo, Vaginitis und Soor sind typische Erscheinungsformen der Candidiasis.
[*lat.:* candidus, weiß, *griech.:* osis, Beschwerde.]
candidiasis

Cannabis. (Haschisch; Marihuana). Kraut mit psychoaktiver Wirkung, gewonnen aus den Blütenspitzen von Hanfpflanzen. Hat z. Zt. keine anerkannte klinische Verwendung, ist aber schon erfolgreich bei der Behandlung von Glaukomen, als Antiemetikum bei Krebspatienten und zur Unterbindung der bei Chemotherapien auftretenden Übelkeit und Erbrechen eingesetzt

C

worden. Alle Pflanzenteile enthalten psychoaktive Substanzen.
[*griech.:* kannabis, Hanf.]
🇬🇧 cannabis

Cannabismus. (Haschischvergiftung; Hanfvergiftung). Folge von übermäßigem bzw. lange anhaltendem Konsum von Cannabis (Marihuana). Suchtsymptome sind Angstzustände, Desorientierung, Halluzinationen, Gedächtnisstörungen und Paranoia.
🇬🇧 cannabism

Canthus. Der von den medialen und seitlichen Rändern der Augenlider gebildete Winkel.
[*griech.:* kanthus, Augenwinkel.]
🇬🇧 canthus

Cantor-Sonde. Einlumige Magensonde aus Gummi. Ein endständiger Ballon wird vor dem Einführen mit Luft gefüllt. Die Cantor-Sonde wird zur Beseitigung von Dünndarmobstruktionen und zum Absaugen von Darminhalt verwendet.
[Meyer O. Cantor, amerikanischer Arzt, geb, 1907.]
🇬🇧 Cantor tube

CaO. Chemische Formel für Kalziumoxid.
🇬🇧 CaO

Capillus. Körperhaar; insbesondere ein Haar der Kopfhaut.
[*lat.:* capillus, Faden.]
🇬🇧 capillus

Capreomycin. Tuberkulostatikum; Antibiotikum zur Behandlung pulmonaler, durch Capreomycin-empfindliche Stämme des *Myobacterium tuberculosis* verursachte Infektionen. Capreomycin wird eingesetzt, wenn Primärtherapeutika nicht wirken bzw. nicht angewendet werden können.
🇬🇧 capreomycin

Capsula adiposa. Fettkapsel um die Niere, die deren Schutz dient.
🇬🇧 renal capsule

Caput. (Kopf). 1. Der Kopf. 2. Vergrößerte bzw. hervorstehende Extremität eines Organs oder eines Körperteils.
[*lat.:* caput, Kopf.]
🇬🇧 caput

Caput femoris. Kopf des Oberschenkelknochens (Femur), ist mit der Hüftgelenkspfanne verbunden.
🇬🇧 caput femoris

Caput fibulae. Kopf des Wadenbeins (Fibula); stellt eine Verbindung mit dem seitlichen Gelenkkopf des Schienbeins (Tibia) her.
🇬🇧 caput fibulae

Caput humeri. Kopf des Oberarmknochens (Humerus); stellt eine Verbindung mit der Schultergelenkspfanne des Schulterblattes her.
🇬🇧 caput humeri

Caput medusae. (Medusenhaupt). Erweiterte, strahlenförmig angeordnete Bauchdeckenvenen in der Nabelregion eines Neugeborenen; kann auch bei Leberzirrhose auftreten.
[*lat.:* Haupt der Medusa (eine der Gorgonen, Fabelwesen mit Schlangenhaaren).]
🇬🇧 caput medusae

Carbamat. Gruppe von Anticholinesterase-Enzymen, die eine reversible Hemmung der Cholinesterase verursachen. C.e werden in bestimmten Medikationen und Insektiziden eingesetzt. Manche C.e sind giftig und können bei Einnahme oder bei Aufnahme durch die Haut zu schweren Krämpfen und sogar zum Tod führen. Als Antidot wird Atropin empfohlen.
🇬🇧 carbamate

Carbamazepin. → Antikonvulsivum und Analgetikum mit spezieller Anwendung bei Trigeminusneuralgie und bestimmten Krampfanfällen.
🇬🇧 carbamazepine

Carboxyhämoglobin (CO-Hb). Verbindung, die durch Reaktion von Hämoglobin und Kohlenmonoxid entsteht.
[*lat.:* carbo + *griech.:* oxys, scharf, haima, Blut; *lat.:* globus, Ball.]
🇬🇧 carboxyhemoglobin

Carboxyl. Monovalentes COOH-Radikal, das für organische Säuren charakteristisch ist. Das Wasserstoffatom kann

durch Metalle ersetzt werden und Salze bilden.
carboxyl

Cardia. (Kardia). 1. Öffnung zwischen Speiseröhre und Magenfundus. 2. Teil des Magens, der die ösophagogastrische Übergangszone umgibt.
[*griech.:* kardia, Herz.]
cardia

Carnitin. Substanz, die in Skelett- und Herzmuskeln sowie in anderen Geweben vorhanden ist und als Träger von Fettsäuren durch die Membranen der Mitochondrien fungiert; wird zur Behandlung von Angina und bestimmten Mangelkrankheiten eingesetzt und hat Eigenschaften, die denen der Aminosäuren und der B-Vitaminen gleichen.
carnitine

Catgut. Chirurgisches Nahtmaterial aus Darmsaiten von Säugetieren, das während der Wundheilung resorbiert wird.
catgut

Cauda, equina. (Pferdeschweif). Unteres Ende der Wirbelsäule; Region des ersten Lendenwirbels und dem Bündel der lumbalen, sakralen und kokzygealen Nervenwurzeln, die aus der Wirbelsäule austreten und durch den Wirbelkanal von Kreuzbein und Steißbein abwärts führen.
[*lat.:* cauda, Schwanz, equus, Pferd.]
cauda equina

cc. Abkürzung für (engl.) cubic centimeter (Kubikzentimeter).
cc

CCK. Abkürzung für Cholezystokinin.
CCK

Cd. Chemisches Symbol für Kadmium.
Cd

CD4. Symbol für ein auf der Oberfläche der meisten Thymozyten und mancher Lymphozyten, einschließlich der T-Zellen, vorkommendes Glykoprotein. Das menschliche CD4 ist der Rezeptor, der als Ankoppelungsstelle für den Immundefektvirus an bestimmte Lymphozytenzellen dient.
CD4

CD8. Bezeichnung für periphere, lymphozytische T-Zellen, die große Mengen von Gammainterferon absondern, einem Lymphokin, das die körpereigene Abwehr gegen Viren unterstützt. CD8-Zellen verhindern eine überflüssige Bildung von Antikörpern.
CD8

CDC. Abkürzung für (amerik.) Centers for Disease Control and Prevention (Zentrum für die Kontrolle und Vorbeugung von Krankheiten).
CDC

CDE. Symbole im Nomenklatursystem der Rhesus-Blutgruppen; D ist gleichbedeutend mit RhNull, dem Bestimmungsfaktor einer Rh-positiven Blutgruppe.
CDE

Ce. Chemisches Symbol für Cerium.
Ce

CEA. Abkürzung für carcino-embryonales Antigen. (→ Tumormarker)
CEA

Celsius (C). Temperaturskala; der Gefrierpunkt von Wasser liegt bei 0 °C und der Siedepunkt bei 100 °C.
[Anders Celsius, schwedischer Wissenschaftler, 1701–1744.]
Celsius (C)

Cephalosporin. (Breitband-Antibiotikum). Ursprünglich aus *Cephalosporium falciforme (Acremonium kiliense)* gewonnenes, halbsynthetisches Antibiotikumderivat. C.e (z.B. Cephaclor, Cefalexin, Cefadroxil, Cefixim, Cephoxitin, Cephapirin) haben eine ähnliche Struktur wie Penizilline.
[*griech.:* kephale + sporos, Samen.]
cephalosporin

Cerclage. 1. Orthopädische Maßnahme, bei der die Enden von schräg gebrochenen Knochen bzw. die Splitter einer gebrochenen Kniescheibe mit Hilfe eines Metalldrahtes oder eines Metallbandes zusammengefügt und fixiert werden. 2. Anbringen eines Siliziumbandes um die Sklera zur Wiederherstellung des Kontaktes zwischen einer losgelösten Netzhaut und der Aderhaut. 3. Verschluss des Zervikalka-

nals während der Schwangerschaft bei Zervikalinsuffizienz zur Verhinderung eines spontanen Aborts.
[*franz.:* Umreifung.]
cerclage

Cerium (Ce). Selten vorkommendes, dehnbares, graues Erdelement. Ordnungszahl 58 und Atommasse 140,13. Eine Ceriumverbindung, nämlich Ceriumoxalat, wird aufgrund seiner sedierenden, antiemetischen und hustenstillenden Wirkung eingesetzt.
[*lat.:* Ceres, römische Göttin des Ackerbaus.]
cerium (Ce)

Ceriumnitrat. Antiseptikum zur äußerlichen Anwendung, das bei der Behandlung von Verbrennungen zur Kontrolle von bakteriellen und viralen Infektionen eingesetzt wird.
cerium nitrate

Cetylalkohol. Fetthaltiger, aus Walrat gewonnener Alkohol, der in Cremes und Salben als Emulgator und Härtungsmittel verwendet wird.
[*lat.:* cetus, Wal; arab, alkohl, Essenz.]
cetyl alcohol

Cf. Chemisches Symbol für Californium.
Cf

Chaddock-Reflex. Reflexstörung; ausgelöst durch festes Streichen über die ellenseitige Fläche des Unterarms. Der Reflex besteht aus einer Beugung des Handgelenks und Streckung der Finger in fächerartiger Weise.
[Charles G. Chaddock, amerikanischer Neurologe, 1861–1936.]
Chaddock reflex

Chaddock-Zeichen. Variation des Babinski-Reflexes; ausgelöst durch festes Streichen der Fußseite, die sich distal zum seitlichen Fußknöchel befindet. Der große Zeh streckt sich und die anderen Zehen strecken sich fächerartig.
[Charles G. Chaddock, amerikanischer Neurologe, 1861–1936.]
Chaddock's sign

Chagas-Krankheit. Durch *Trypanosoma cruzi* hervorgerufene parasitäre Infektionskrankheit, die durch den Biss blutsaugender Insekten auf den Menschen übertragen wird. Bei der akuten Form entwickelt sich eine Läsion an der Bisswunde, begleitet von Fieber, Schwäche, vergrößerter Milz und Lymphknoten, Ödemen in Gesicht und an Beinen sowie Tachykardie. Bei der chronischen Form kann sich eine Kardiomyopathie oder eine Erweiterung von Speiseröhre oder Darm entwickeln.
[Carlos Chagas, brasilianischer Arzt, 1879–1934.]
Chagas' disease

Chalasie. Entspannung des Kardiasphinkters des Magens; führt zu einem Rückfluss des Mageninhalts in die Speiseröhre mit nachfolgendem Erbrechen.
[*griech.:* chalasis, Nachlassen.]
chalasia

Chalazion. (Hagelkorn). Kleine, lokalisierte Schwellung des Augenlids aufgrund eines Verschlusses und einer Sekretstauung der Meibom-Drüsen.
[*griech.:* Hagelkorn.]
chalazion

Chalon. (Mitosehemmstoffe). Einer der zahlreichen Polypeptidhemmer, die in körpereigenen Geweben hergestellt werden und wie Hormone auf spezifische Zielorgane wirken.
[*griech.:* chalan, entspannen.]
chalone

Charakter. Integrierte Struktur von Eigenschaften und Verhaltensmustern, die es einer Person ermöglichen, auf gesellschaftliche Sitten und Moralvorstellungen in relativ gleichbleibender Weise zu reagieren.
[*griech.:* charassein, eingravieren.]
character

Charakter, analer. Bezeichnung für eine Persönlichkeit, die Verhaltensmuster aus der kindlichen Analphase zeigt; Kennzeichen eines analen Charakters sind übermäßige Ordnungsliebe, Starrsinn, Perfektionismus, Reinlichkeit, Pünktlichkeit

und Geiz oder ihre jeweils extrem gegensätzlichen Eigenschaften.
🇬🇧 anal character

Charrièr (Charr). Maßeinheit für die Größe bzw. die Dicke von Kathetern oder Tuben, Kanülen und Führungsdrähten. 1Charr=1/3 mm Durchmesser.
[Joseph F. Ch., Instrumentenmacher, Paris 1805–1876]
🇬🇧 Charrièr

Check up. Gründliche systematische Untersuchung des Gesundheitszustandes einer Person.
🇬🇧 checkup

Cheilitis. (Lippenentzündung). Entzündete und rissige Lippen.
[*griech.:* cheilos, Lippe, itis, Entzündung.]
🇬🇧 cheilitis

Cheilosis. Schuppenbildung und Fissuren an Lippen und Mund; Folge von Riboflavinmangel (→ Vitamin B2).
🇬🇧 cheilosis

Cheiromegalie. Tatzenhand; ungewöhnlich große Hände.
[*griech.:* cheir, Hand, megas, groß.]
🇬🇧 cheiromegaly

Chelat. Stabile Komplexe von Metallen mit ringförmigen Bindungen, die hauptsächlich als Chemotherapeutika und bei Metallvergiftungen eingesetzt werden.
[*griech.:* chele, Klaue.]
🇬🇧 chelate

Chelatbildner. Substanz, die eine Chelatbildung fördert. Chelatbildner werden bei der Behandlung von Metallvergiftungen eingesetzt.
🇬🇧 chelating agent

Chelatbildung. Chemische Reaktion, bei der ein Metallion mit anderen Molekülen einen ringförmigen Komplex bildet, in den das Metallion fest eingebunden wird.
🇬🇧 chelation

Chemie. Wissenschaft von den chemischen Elementen und Verbindungen sowie der molekularen Strukturen und Interaktionen von Materie.
[*griech.:* chemeia, Alchemie.]
🇬🇧 chemistry

Chemie, organische. Bereich der Chemie, der sich mit der Zusammensetzung, den Eigenschaften und den Reaktionen chemischer Verbindungen beschäftigt, die Kohlenstoff enthalten.
🇬🇧 organic chemistry

Chemodifferenzierung. Embryonale Entwicklungsphase, in der die Spezialisierung und Differenzierung von Zellen in rudimentäre Organe gesteuert wird.
🇬🇧 chemodifferentiation

Chemoprophylaxe. Anwendung antimikrobieller Mittel zur Vermeidung einer Ansteckung in einem endemischen Bereich bzw. zur Vermeidung einer Ansteckung zwischen mehreren Personen.
[*griech.:* chemeia + prophylax, Schutz.]
🇬🇧 chemoprophylaxis

Chemoreflex. Durch stimulierte Chemorezeptoren ausgelöste Reflexe, z.B. die Karotis- und Aortendrüsen, die auf veränderte Kohlendioxid-, Wasserstoffionen- und Sauerstoffkonzentrationen im Blut reagieren.
🇬🇧 chemoreflex

Chemoresistenz. 1. Spezifische Resistenz von Zellbestandteilen auf chemische Substanzen. 2. Widerstandskraft von Bakterien oder Krebszellen gegen eine chemische Substanz, mit der eine Erkrankung behandelt wird.
🇬🇧 chemoresistance

Chemorezeptor. Sensorische Nervenzellen, die durch einen chemischen Reiz aktiviert werden. Der Chemorezeptor in der Halsschlagader ist z.B. für den Blut-PCO_2-Spiegel sensitiviert und signalisiert dem Atemzentrum im Gehirn gegebenenfalls, die Atmung entweder zu verstärken oder zu vermindern.
[*griech.:* chemeia + *lat.:* recipere, erhalten.]
🇬🇧 chemoreceptor

Chemotherapeutikum. Medikamente zur Behandlung bestimmter Krankheiten. Der Begriff bezieht sich im Allgemeinen auf Medikamente zur Behandlung von malignen Tumorerkrankungen, die das Wachstum entarteter Zellen hemmen.
chemotherapeutic agent

Chemotherapeutikum, antineoplastisches. Substanz, Methode oder Maßnahme, die die Vermehrung bösartiger Zellen unterbinden; chemotherapeutisches Mittel, das Krebszellen kontrolliert bzw. abtötet. Arzneimittel, die bei der Krebsbehandlung eingesetzt werden sind zytotoxisch, wobei sich teilende Zellen mehr beschädigt werden als ruhende Zellen. Zyklusspezifische, antineoplastische Mittel können wuchernde Zellen wirksamer abtöten als ruhende Zellen; phasenspezifische Mittel haben ihre größte Wirkung in spezifischen Phasen des Zellzykluses. Die meisten Chemotherapeutika verhindern die Vermehrung von Zellen, indem sie die Synthese der Desoxyribonukleinsäure (DNS) hemmen.
[*griech.:* anti, gegen; neos, neu; plasma, etwas Geformtes]
antineoplastic

Chemotherapie. Behandlung von Infektionskrankheiten und anderen Krankheiten mit chemischen Agenzien. In der langen Geschichte der Medizin wurde der Begriff für verschiedene Therapien verwendet, einschließlich für Kräuterbehandlungen gegen Malaria und Quecksilbertherapie bei Syphilis. Heute ist der Begriff gleichbedeutend mit der Anwendung chemischer Mittel zur selektiven Bekämpfung von Krebszellen. Die zytotoxischen Agenzien, die bei Krebsbehandlungen eingesetzt werden, haben dieselben Auswirkungen wie Bestrahlungen: Krebszellen werden nicht direkt abgetötet, sondern ihre Vermehrung wird unterdrückt. Um synergistische Effekte zu erzielen, werden chemotherapeutische Mittel und Strahlentherapie oft zusammen angewendet.
chemotherapy

Chemotherapie, adjuvante. Anwendung von Medikamenten nach oder während einer anderen Form der Krebsbehandlung, z.B. nach der operativen Entfernung eines Krebsgeschwürs. Die Methode wird in solchen Fällen angewendet, bei denen weiterhin ein hohes Risiko von nicht erkannten Tumorzellen besteht.
adjuvant chemotherapy

Chemotherapie, kombinierte. Gleichzeitige Anwendung zweier bzw. mehrerer antineoplastischer Mittel.
combination chemotherapy

Chemotherapie, Pflege bei. → Pflegeintervention der → NIC, die definiert wird als die Unterstützung von Patienten und ihren Familienangehörigen beim Verständnis der Wirkung von antineoplastischen Agenzien und bei der Minimierung ihrer Nebenwirkungen.
Chemotherapy Management

Cherubismus. Hereditäre, fortschreitende, bilaterale Schwellungen der Unterkieferwinkel, insbesondere bei Kindern.
[hebr, kerubh, Engel.]
cherubism

Cheyne-Stokes-Atmung. Unphysiologische Atemform, die durch periodische Phasen der Apnoe und der tiefen, schnellen Atmung gekennzeichnet ist. Der Atmungszyklus beginnt mit langsamem, flachem Atmen, das sich langsam zu einer abnormen Tiefe und Schnelligkeit steigert. Danach nimmt die Atemfrequenz langsam wieder ab und wird flacher, bis die Atmung für 10 bis 20 Sekunden völlig aussetzt. Dann wiederholt sich der beschriebene Atmungskreislauf.
[John Cheyne, schottischer Arzt, 1777–1836.; William Stokes, irischer Arzt, 1804–1878.]
Cheyne-Stokes respiration

chi. 22. Buchstabe des griechischen Alphabets; wissenschaftliche Schreibweise für den 22. Platz einer Reihe.
chi

Chi-Quadrat. (Statistik) Statischer Test, mit dem beobachtete Daten mit erwarteten Datenhäufigkeiten verglichen werden. Das Ergebnis drückt die Wahrscheinlich-

keit aus, dass eine beobachtete Datenverteilung zufällig entstanden ist.
chi square

Chiari-Frommel-Syndrom. Hormonbedingte Verlängerung der Laktationsperiode nach dem Abstillen.
[Johann B. Chiari, deutscher Arzt, 1817–1916; Richard Frommel, deutscher Gynäkologe, 1854–1912.]
Chiari-Frommel syndrome

Chiasma. 1. Kreuzung zweier Leitungen oder Kanäle, z.B. das Kreuzen der Sehnerven. 2. (Genetik) Kreuzung zweier Chromatiden in der Prophase der Meiose.
[*griech.:* chiasma, sich kreuzende Linien.]
chiasm

China-Restaurant-Syndrom. Mit dem Verzehr von chinesischen, mit Mononatriumglutamat zubereiteten Speisen verbundene, vorübergehend auftretende Symptome, wie Hautbrennen, Schädeldruck, Kopf- und Thoraxschmerzen.
Chinese restaurant syndrome

Chinin. Weißes, bitteres Alkaloid aus der Chinarinde. Wird bei Malaria, fiebrigen Infektionskrankheiten und Herzrhythmusstörungen angewandt.
[peruan.: quina, Chinarindenbaum]
quinine

Chiralgie. Handschmerz, der nicht die Folge einer Nervenkrankheit oder einer anderen Erkrankung ist.
chiralgia

Chiropraktik. Therapieform, die auf der Theorie basiert, dass das Nervensystem das Wohlbefinden einer Person beeinflusst. Eine chiropraktische Behandlung (durch einen Chiropraktiker) konzentriert sich zumeist auf die mechanische, manuelle Manipulation der Wirbelsäule; manche chiropraktische Therapien werden durch diagnostische Radiologie, Physiotherapie und gezielte Ernährung abgerundet. Arzneimittel und operative Eingriffe, die primären Methoden der allgemeinen Medizin, finden jedoch keine Anwendung. Die Chiropraktik ist nach bestehender medizinischer Lehrmeinung nur bedingt empfehlenswert.
[*griech.:* cheir, Hand, praktikos, wirksam.]
chiropractic

Chirurg. Arzt, der sich auf die Heilung von Krankheiten und Verletzungen durch operative Eingriffe spezialisiert hat; Facharzt für → Chirurgie.
[*griech.:* cheirourgós, (der mit der Hand arbeitende) Wundarzt]
surgeon

Chirurgie. Fachbereich der Medizin, der sich mit der operativen Behandlung krankhafter Störungen, Veränderungen und Verletzungen des Organismus beschäftigt. Früher wurden sämtliche Operationen von einem Chirurgen vorgenommen, heute haben sich innerhalb der C. viele verschiedene Fachbereiche herausgebildet, z.B. Herzchirugie, Kopfchirurgie, orthopädische C. etc. – *adj.* chirurgisch.
[*griech.:* cheirourgía]
surgery

Chirurgie, plastische. Veränderung, Ersatz oder Wiederherstellung von (meist) sichtbaren Körperteilen, die durchgeführt wird, um einen strukturellen oder kosmetischen Defekt zu korrigieren. Bei der korrektiven p.n Ch. kann der Chirurg Gewebe vom Patienten oder von anderen Personen oder auch lebloses Material verwenden, das jedoch der jeweiligen Konsistenz entsprechen und in Größe und Form stabil sein muss.
plastic surgery

Chirurgische Assistenz. → Pflegeintervention der → NIC, die definiert ist als die Unterstützung eines Chirurgen/Zahnarztes bei operativen Eingriffen und Versorgung von chirurgischen Patienten.
Surgical Assistance

Chloasma. Braune Pigmentflecken, die bei Schwangerschaft oder bei Anwendung oraler Verhütungsmittel insbesondere an Stirn, Wangen und Nase auftreten.
[*griech.:* chloazein, grün sein.]
chloasma

Chlor (Cl). Gelblich grünes, gasförmiges Element der Halogengruppe. Ordnungszahl 17, Atommasse 35,453. Chlor hat einen starkenen, typischen Geruch, reizt die Atemwege und ist bei Einnahme oder Einatmung giftig. Natürlicherweise kommt Chlor hauptsächlich als Bestandteil von Natriumchlorid in Meerwasser und Salzablagerungen vor; es wird als Bleichmittel und Desinfektionsmittel zur Reinigung von Trinkwasser oder Badewasser verwendet.
chlorine (Cl)

Chlorakne. Hautkrankheit mit kleinen, schwarzen follikulären Knoten und Bläschen auf exponierten Hautstellen, insbesondere an Armen, Gesicht und Nacken. Besonders betroffen sind Personen, die häufigen Kontakt mit chlorhaltigen Verbindungen haben.
[*griech.:* chloros, grün, akme, Punkt.]
chloracne

Chloralhydrat. Sedativum und Hypnotikum, das zur Behandlung von Schlaflosigkeit, Angst- und Spannungszuständen verabreicht wird.
chloral hydrate

Chloralhydratvergiftung. Toxische Reaktion auf die Einnahme von Trichlorethylidenglykol, auch → Chloralhydrat genannt, einer Substanz, die aufgrund ihrer depressiven Wirkung auf das Zentralnervensystem bisweilen als Hypnotikum eingesetzt wird. Vergiftungssymptome sind Magen-Darm-Reizungen, Erbrechen, Atemdepression, Schock, Verwirrtheit sowie Leber- und Nierenschäden.
chloral hydrate poisoning

Chlorambucil. Alkylierende Substanz, die zur Behandlung verschiedener neoplastischer Erkrankungen, einschließlich lymphatischer Leukämie und Hodgkin-Krankheit, eingesetzt wird.
chlorambucil

Chloramphenicol. Antibiotikum und Mittel gegen Rickettsiosen; wird zur Behandlung verschiedener schwerer Infektionskrankheiten eingesetzt.
chloramphenicol

Chloräthyl. Örtliches (veraltetes) Betäubungsmittel zur Behandlung von Hautreizungen; kann auch bei kleineren Hautoperationen eingesetzt werden.
ethyl chloride

Chlordiazepoxid. Tranquilizer zur Behandlung von Angstzuständen, nervösen Spannungszuständen und Symptomen bei Alkoholentzug.
chlordiazepoxide

Chlorhexidin. Bakteriostatikum, das als Händedesinfektionsmittel und topisches Antiseptikum verwendet wird.
chlorhexidine

Chlorid. Chloranion (Cl^-). Metallchloride sind Salze von Salzsäure; Natriumchlorid (Speisesalz) ist das am häufigsten vorkommende Chloridsalz.
[*griech.:* chloros, grün.]
chloride

Chloridverschiebung. (Hamburger-Phänomen). Austausch von Chloridionen in den Erythrozyten des peripheren Gewebes als Reaktion auf Veränderungen des PCO_2 im Blut. In der Lunge wird die Verschiebung umgekehrt.
chloride shift

chloriert. Bezeichnung von Materialien, die Chlor enthalten bzw. mit Chlor behandelt wurden.
[*griech.:* chloros, grün.]
chlorinated

Chlormezanon. Pharmazeutisches Mittel zur Behandlung von Angst-und Spannungszuständen.
chlormezanone

Chlorochin. Mittel zur Behandlung von Malaria, extraintestinaler Amöbiasis, rheumatoider Arthritis, verschiedenen Formen von Lupus erythematodes und photoallergischen Reaktionen.
chloroquine

Chloroform. Nicht-entzündliche, volatile Flüssigkeit, die früher als Inhalationsnarkotikum gebraucht wurde. Heute ist der Gebrauch von C. aufgrund seiner gesund-

heitsschädigenden und giftigen Nebenwirkungen untersagt.
[*griech.:* chloros, grün; *lat.:* formica, Ameise.]
chloroform

Chloroleukämie. (Chlorom). Form der myeloischen bzw. granulozytären Leukämie, bei der spezifische Tumore bei einer Autopsie nicht erkennbar sind, Körperflüssigkeit und Organe jedoch grün gefärbt sind.
[*griech.:* chloros, grün, leukos, weiß, haima, Blut.]
chloroleukemia

Chlorolymphosarkom. Aus myeloidem Gewebe bestehendes, grünliches Neoplasma bei Patienten mit myeloischer Leukämie. Es wird angenommen, dass die im peripheren Blut vorkommenden mononukleären Zellen Lymphozyten und keine Myeloblasten sind, wie sie z.B. bei Chloroleukämie gefunden werden.
[*griech.:* chloros, grün, *lat.:* lympha, Wasser; *griech.:* sarx, Fleisch, oma, Tumor.]
chlorolymphosarcoma

Chlorophyll. Pflanzliches Pigment, das Licht absorbiert und in Energie umwandelt, die während der Photosynthese für die Oxidation und Reduktion von Kohlenwasserstoffen benötigt wird.
[*griech.:* chloros, grün, phyllos, Blatt.]
chlorophyll

Chlorothiazid. Diuretisches und blutdrucksenkendes Mittel zur Behandlung von Hypertonie und Ödemen.
chlorothiazide

Chlorotrianisen. Östrogen zur Behandlung von postpartaler Brustschwellung, verschiedenen, im Zusammenhang mit der Menopause auftretenden Symptomen und Prostatakrebs.
chlorotrianisene

Chlorpheniraminmaleat. → Antihistaminikum zur Behandlung von Überempfindlichkeitsreaktionen, einschließlich Nasenschleimhautentzündung, Hautausschlag und Juckreiz.
chlorpheniramine maleate

Chlorpromazin. Tranquilizer und Antiemetikum zur Behandlung von Psychosen, Übelkeit und Erbrechen sowie hartnäckigem Schluckauf.
chlorpromazine

Chlorpropamid. Oral einnehmbares Antidiabetikum zur Behandlung von nicht-insulinpflichtigem Diabetes mellitus.
chlorpropamide

Chlorprothixen. Antipsychotikum zur Behandlung von Psychosen.
chlorprothixene

Chlortalidon. Diuretisches, blutdrucksenkendes Mittel zur Behandlung von Hypertonie und Ödemen.
chlorthalidone

Chlortetracyclin. Antibiotikum zur Behandlung von Infektionen.
chlortetracycline hydrochloride

Chlorung. Desinfektion oder Behandlung von Wasser oder anderen Substanzen mit freiem Chlor.
[*griech.:* chloros, grün.]
chlorination

Chlorzoxazon. → Muskelrelaxans zur Linderung von Muskelkrämpfen.
chlorzoxazone

Choana. Hintere Nasenöffnung.
[*lat.:* Trichter]
choana

Choanalatresie. Angeborener knöcherner oder membranöser Verschluss der Nasenöffnung zwischen Nase und Rachen, der zu starker Atemnot führen kann.
[*griech.:* choane, Trichter, a + tresis, ohne Loch.]
choanal atresia

Chokes. In Verbindung mit Druckluftkrankheit vorkommende Atemstörung mit Atemnot, infrasternalem Schmerz und unproduktivem, anfallartigem Husten, der durch Gasblasen in den Lungenblutgefäßen verursacht wird.
chokes

C

Cholagogum. Arzneimittel, das den Gallenfluss simuliert.
[*griech.:* chole, Galle, agogein, hervorziehen.]
cholagogue

Cholangioektasie. (Gallengangserweiterung). Erweiterung des Gallengangs.
cholangiectasis

Cholangiogramm. Mit Hilfe eines röntgenpositiven Kontrastmittels erzeugte Röntgenaufnahme der Gallenwege.
cholangiogram

Cholangiographie. Radiologische Untersuchung der Gallenwege mit Hilfe eines intravenös bzw. direkt injizierten, röntgenpositiven Kontrastmittels.
cholangiography

Cholangiographie, endoskopische retrograde (ERC). Diagnostische Methode zur Untersuchung des Gallengangs, bei der ein biegsames, fiberoptisches → Duodenoskop in den Gallengang eingeführt wird.
endoscopic retrograde cholangiography

Cholangiographie, perkutane transhepatische (PTC). Röntgenologische Untersuchung der Struktur des Gallengangs (Ductus hepaticus); hierzu wird eine Nadel von außen durch die Haut direkt in den Gallengang eingeführt und ein Kontrastmittel injiziert.
percutaneous transhepatic cholangiography (PTC)

Cholangiohepatom. Primäres Leberkarzinom, das sich im Gallengang entwickelt.
cholangiohepatoma

Cholangiolitis. Entzündung der Gallenwegstubuli; kann zu cholangiolitischen Zirrhose führen.
cholangiolitis

Cholangiom. (Gallengangstumor). Neoplasma der Gallenwege.
cholangioma

Cholangioskopie. Direkte Untersuchung der Gallenwege mit Hilfe eines Endoskops.
cholangioscopy

Cholangiostomie. Operativer Eingriff zur Öffnung eines Gallengangs.
[*griech.:* chole, Galle, angeion, kleines Gefäß, stoma, Mund.]
cholangiostomy

Cholangitis. Entzündung des Gallengangs, die durch Bakterien oder eine Obstruktion des Gallengangs durch Konkremente bzw. Tumore verursacht wird. Begleitsymptome sind heftige Oberbauchschmerzen, Ikterus (im Falle einer Obstruktion) und intermittierende Fieberanfälle.
cholangitis

Cholat. Salz oder Ester der Gallensäure.
cholate

choledochal. Den Choledochus (Gallengang) betreffend.
[*griech.:* chole, Galle, dochus, enthalten sein.]
choledochal

Choledochojejunostomie. Chirurgischer Eingriff zur Verbindung von Gallengang und Leerdarm.
[chole, Galle, dochus, etwas enthalten; *lat.:* jejunus, leer; *griech.:* stoma, Mund.]
choledochojejunostomy

Choledocholith. Gallenstein im Choledochus (Gallengang).
choledocholith

Choledocholithotomie. Chirurgische Inzision in den Choledochus (Gallengang) zur Entfernung eines Gallensteins.
[*griech.:* chole, Galle, dochus, etwas enthalten, lithos, Stein, temnein, schneiden.]
choledocholithotomy

Choledocholithotripsie. Zertrümmerung von Gallensteinen im Choldedochus (Gallengang).
choledocholithotripsy

Choledocholitis. Entzündung des Choledochus (Gallengang).
choledocholitis

Cholelithiasis. (Gallensteinleiden). Gallensteine in der Gallenblase; etwa 20% der Bevölkerung über 40 Jahren leidet unter einer C., wobei Frauen und Patienten mit Leberzirrhose besonders betroffen sind.

Begleitsymptome sind Bauchschmerzen, Aufstoßen und Unverträglichkeit bestimmter Speisen.
[*griech.:* chole + lithos, Stein, osis, Zustand.]
cholelithiasis

Cholelithotomie. (Gallensteinentfernung). Operatives Entfernen von Gallensteinen durch eine Inzision in die Gallenblase.
cholelithotomy

Cholera. Akute, bakterielle Infektionskrankheit des Dünndarms (meldepflichtig), begleitet von heftiger Diarrhö, Erbrechen, Muskelkrämpfen, Dehydration und Elektrolytmangel. Die Symptome werden durch toxische Substanzen des Infektionserregers, *Vibrio cholerae*, verursacht. Die heftige, wässrige Diarrhö, die eine Menge von bis zu einem Liter pro Stunde erreichen kann; erschöpft körpereigene Flüssigkeiten und Mineralien.
[*griech.:* chole, Galle, rhein, fließen.]
cholera

Cholera, sicca. Form der → Cholera, bei der der Patient an einer Toxämie stirbt, bevor sich die typischen Cholerasymptome (Erbrechen und Diarrhö) entwickeln.
cholera sicca

Cholerese. (Gallensekretion). Absonderung von Gallenflüssigkeit durch die Leber.
choleresis

Choleretikum. Arzneimittel, das die Produktion von Gallensäure anregt.
choleretic

cholerisch. Aufbrausend und leicht reizbar sein.
choleric

Cholestase. Unterbrechung des Gallenflusses durch das Gallensystem, das sich von der Leber bis zum Zwölffingerdarm (Duodenum) erstreckt. Wichtig zu diagnostischen Zwecken, um zu unterschieden, ob eine Erkrankung intrahepatischer oder extrahepatischer Genese ist. – *adj.* cholostatisch.
[*griech.:* chole, Galle, stasis, Stillstand.]
cholestasis

Cholesteatom. Aus Epithelzellen und Cholesterin bestehende zystische Masse im Mittelohr; entweder angeboren oder als Folge einer schweren chronischen Mittelohrentzündung. Die Masse kann das Mittelohr verschließen bzw. von dem Cholesteatom hergestellte Enzyme können die benachbarten Knochen, einschließlich der Gehörknöchelchen, zerstören. Ein Cholesteatom muss operativ entfernt werden.
[*griech.:* chole, Galle, stear, Fett, oma, Tumor.]
cholesteatoma

Cholesterase. (Cholinesterase). Im Blut und Gewebe vorhandenes Enzym, das aus der Hydrolyse von Cholesterinestern Cholesterin und Fettsäuren herstellt.
[*griech.:* chole, Galle, aither, Luft.]
cholesterase

Cholesterin. Ausschließlich in tierischen Geweben vorkommende, wachsartige Fettsubstanz. C. gehört zu einer Gruppe von Fetten, den Sterolen, und ist im gesamten Körper zu finden. Es ermöglicht den Transport und die Absorption von Fettsäuren und ist Vorläufer für die Synthese von Vitamin D auf der Hautoberfläche, von verschiedenen Steroidhormonen und Sexualhormonen. In der Gallenblase kann C. zu Gallensteinen kristallisieren. Vermutlich steht eine erhöhte Konzentrationen von Lipoproteincholesterin mit geringer Dichte mit einer Arteriosklerose in Verbindung.
[*griech.:* chole, Galle, steros, fest.]
cholesterol

Cholesterinmetabolismus. Summe aller anabolischen und katabolischen Prozesse während Cholesterinsynthese und -abbau im Körper. Aufgenommenes → Cholesterin führt zu einer raschen Erhöhung der Cholesterinkonzentrationen und wird schnell absorbiert. Cholesterin wird auch in der Leber und vielen anderen Körpergeweben synthetisiert.
cholesterol metabolism

Cholesterose. Unphysiologische Cholesterinablagerungen in großen Makrophagen in den Gallenblasenzotten.
🇬🇧 cholesterolosis

Cholestyramin. Substanz, die auf die Gallensäuren der Leber wirkt. C. unterbricht den Gallensäurenkreislauf und steigert die Aufnahmefähigkeit von Rezeptoren für Lipoproteine mit geringer Dichte, wodurch die Zellaufnahme von → Cholesterin gesteigert und die Blutcholesterinkonzentration gesenkt werden.
🇬🇧 cholestyramine

Cholestyraminharz. Ionenaustauscherharz zur Behandlung einer Hyperlipoproteinämie und Juckreiz aufgrund teilweiser Gallenverstopfung.
🇬🇧 cholestyramine resin

Choleszintigraphie. (Gallenwegsszintigraphie). Untersuchung von Gallenblase und Gallengang mit Hilfe eines Radionuklid-Scanners.
🇬🇧 cholescintigraphy

Cholezystagogum. Arzneimittel, das die Entleerung der Gallenblase stimuliert.
🇬🇧 cholecystagogue

Cholezystektomie. (Gallenblasenentfernung). Operatives Entfernen der Gallenblase zur Behandlung von Gallensteinleiden und Gallenblasenentzündungen. Die Gallenblase wird ausgeschnitten und der Gallenblasengang abgebunden. Der Choledochus wird nach Gallensteinen untersucht und alle vorhandenen Gallensteine werden entfernt. Die C. kann auch per Bauchspiegelung (Laparoskopie) durchgeführt werden.
[*griech.:* chole, Galle, kystis, Tasche, ektome, ausschneiden.]
🇬🇧 cholecystectomy

cholezystisch. Die Gallenblase betreffend.
🇬🇧 cholecystic

Cholezystitis. (Gallenblasenentzündung). Akute oder chronisch verlaufende Entzündung der Gallenblase. Eine akute Cholezystitis wird normalerweise durch einen Gallenstein verursacht, der den Gallengang blockiert. Begleitsymptome sind Schmerzen im rechten Oberbauch, Übelkeit, Erbrechen, Aufstoßen und Blähungen. Eine chronische Cholezystitis beginnt dagegen schleichend. Nach fettem Essen treten häufig nachts Schmerzen auf. Komplikationen einer chronischen Cholezystitis sind Gallensteine, Pankreatitis und Gallenblasenkarzinom.
[*griech.:* chole, Galle, kystis, Tasche, itis, Entzündung.]
🇬🇧 cholecystitis

Cholezystogramm. Nach Einnahme bzw. Injektion eines röntgenpositiven, jodhaltigen Kontrastmittels durchgeführte Röntgenaufnahme der Gallenblase.
🇬🇧 cholecystogram

Cholezystographie. Röntgenologische Untersuchung der Gallenblase. Mindestens 12 Stunden vor der Untersuchung nimmt der Patient eine fettfreie Mahlzeit sowie ein jodhaltiges Kontrastmittel ein. Das röntgenpositive Jod wird von der Leber in die Galle der Gallenblase ausgeschüttet. Nach der Untersuchung nimmt der Patient fetthaltiges Essen oder Cholezystokinin zu sich, was die Gallenblasenkontraktion anregt, wodurch zusammen mit dem Kontrastmedium Galle in den Gallengang ausgeschieden wird.
🇬🇧 cholecystography

Cholezystoileostomie. (Gallenblase-Ileum-Fistel). Operativ hergestellte → Anastomose zwischen Gallenblase und Ileum.
[*griech.:* chole, Galle, kystis, Tasche, eilein, drehen, stoma, Mund.]
🇬🇧 cholecystoileostomy

Cholezystokinin. In der Schleimhaut des oberen Darms gebildetes Hormon, das die Kontraktion der Gallenblase und die Ausscheidung von Enzymen der Bauchspeicheldrüse stimuliert.
[*griech.:* chole, Galle, kystis, Tasche, kinein, bewegen.]
🇬🇧 cholecystokinin

Cholezystolithiasis. Gallensteine in der Gallenblase.
🇬🇧 cholecystolithiasis

Cholezystolithotripsie. Zertrümmerung von Gallensteinen in Gallenblase oder Choledochus (Gallengang).
cholecystolithotripsy

Cholezystosonographie. Untersuchung der Gallenblase unter Verwendung von Ultraschall.
cholecystosonography

Cholin. Lipotrope Substanz; für den Fettmetabolismus unbedingt erforderlicher Bestandteil des Vitamin B-Komplex. C. ist primärer Bestandteil des Neurotransmitters Acetylcholin und bildet zusammen mit Inosit einen Grundbaustein von Lezithin. C. verhindert Fettablagerungen in der Leber und ermöglicht den Transport von Fetten in die Zellen.
[*griech.:* chole, Galle.]
choline

cholinerg. 1. Zu den Nervenfasern gehörend, die an den myoneuralen Verbindungen → Acetylcholin freisetzen. 2. Stimulierende Wirkung auf die Freisetzung von Acetylcholin habend.
[*griech.:* chole, Galle, ergon, arbeiten.]
cholinergic

Cholinester. Gruppe von Cholinergika, die in Körperregionen wirken, in denen der Neurotransmitter → Acetylcholin vorkommt. Zu den C.n gehören Bethanechol, Carbachol und Methacholin.
choline esters

Cholinesterase. Enzym, das die Hydrolyse von Acetylcholin zu Cholin und Acetat (Essigsäure) katalysiert.
cholinesterase

Cholinesterase-Hemmer. Mittel zur Hemmung bzw. Inaktivierung der → Acetylcholinesterase. Arzneimittel dieser Klasse führen zu einer Anhäufung von → Acetylcholin an den Verbindungen verschiedener cholinergischer Nervenfasern und deren Effektorstellen bzw. in bestimmten Organen und bewirken eine potenziell dauerhafte Stimulation cholinergischer Fasern im gesamten zentralen und peripheren Nervensystem.
anticholinesterase

Cholinrezeptoren. Spezialisierte sensorische Nervenenden, die auf Stimulation durch Acetylcholin reagieren.
[*griech.:* chole, Galle, ergein, arbeiten; *lat.:* recipere, empfangen.]
cholinergic receptor

Cholinrezeptorenblocker. Arzneimittel, das die Tätigkeit von → Acetylcholin und ähnlichen Substanzen hemmt. Die Wirkung dieser Mittel besteht in der Hemmung cholinerger Nervenfasersynapsen, die durch die Freisetzung von Acetylcholin Impulse übertragen.
cholinergic blocking agent

Cholsäure. In der Leber aus → Cholesterin synthetisierte Gallensäure.
cholic acid

chondral. Knorpel betreffend.
chondral

Chondralgie. (Knorpelschmerz). Schmerzen, die vom Knorpelgewebe auszugehen scheinen.
chondralgia

Chondrektomie. Operatives Entfernen von Knorpelgewebe.
chondrectomy

Chondritis. (Knorpelentzündung). Entzündung des Knorpelgewebes.
chondritis

Chondroangiom. (Angiochondrom). Gutartiger Mesenchymtumor mit vaskulären und knorpeligen Elementen.
[*griech.:* chondros, Knorpel, angeion, Gefäß, oma, Tumor.]
chondroangioma

Chondroblast. Knorpelbildende → Mesenchymzelle.
[*griech.:* chondros, Knorpel, blastos, Keim.]
chondroblast

Chondroblastom. Gutartiger Tumor aus den Vorformen von Knorpelzellen; entsteht häufig in den Epiphysen von Oberschenkel- (Femur) und Oberarmknochen (Humerus).
chondroblastoma

Chondrodysplasie. (Chondrodystrophie). Erbkrankheit, bei der die Knochenenden, insbesondere die der langen Arm- und Beinknochen, eine ungewöhnliche Größe aufweisen (Minderwuchs).
[*griech.:* chondros, Knorpel, dys, schlecht, plassein, bilden.]
chondrodysplasia

Chondroendotheliom. Gutartiger Mesenchymtumor mit knorpeligen und endothelialen Komponenten.
[*griech.:* chondros, Knorpel, endon, innerhalb, thele, Brustwarze, oma, Tumor.]
chondroendothelioma

Chondrofibrom. Aus Knorpelgewebe bestehende, fibröse Geschwulst.
chondrofibroma

Chondrogenese. (Knorpelbildung). Entwicklung von Knorpelgewebe. – *adj.* chondrogen.
chondrogenesis

chondroid. Ähnlichkeit mit Knorpel aufweisend.
chondroid

Chondrokalzinose. Arthritiserkrankung mit Kalziumablagerungen in den peripheren Gelenken. Die Symptome gleichen der Gicht und treten hauptsächlich bei Patienten auf, die das 50. Lebensjahr überschritten haben und an Osteoarthritis oder Diabetes mellitus leiden.
[*griech.:* chondros, Knorpel, *lat.:* calyx, Kalk; *griech.:* osis, Zustand.]
chondrocalcinosis

Chondrokarzinom. Maligner Epitheltumor mit knorpeliger Metaplasie.
[*griech.:* chondros, Knorpel, karkinos, Krebs, oma, Tumor.]
chondrocarcinoma

Chondroklast. Knorpelfressende, multinukleäre Riesenzelle.
[*griech.:* chondros, Knorpel, klasis, zerbrechen.]
chondroclast

Chondrolipom. Gutartiger Mesenchymtumor mit fetthaltigen und knorpeligen Komponenten.
chondrolipoma

Chondrom. (Knorpelgeschwulst). Gutartiger, häufig auftretender, gutartiger Knorpelzellentumor, der entweder langsam im Knorpelgewebe (Enchondrom) oder an der Oberfläche entsteht (Ekchondrom).
chondroma

Chondromalazie. (Knorpelerweichung). Knorpelerweichung. Als Chondromalacia fetalis wird die tödliche, kongenitale Form bezeichnet, bei der die Gliedmaßen des totgeborenen Babys weich und biegsam sind. Chondromalacia patella betrifft Jugendliche bzw. junge Erwachsene; Krankheitssymptome sind Schwellungen, Schmerzen und degenerative Veränderungen an den Knorpeln, die im Röntgenbild sichtbar sind.
[*griech.:* chondros, Knorpel, malakia, Weichheit.]
chondromalacia

Chondromatose. Multiple Knorpeltumorbildung. Eine bestimmte Form ist die synoviale Chondromatose.
chondromatosis

Chondromyom. Gutartiger Mesenchymtumor der aus myomatösem und knorpeligem Gewebe besteht.
[*griech.:* chondros, Knorpel, mys, Muskel, oma, Tumor.]
chondromyoma

Chondromyxofibrom. Gutartiger Tumor, der aus knorpelbildendem Bindegewebe entsteht. Die typischen, aus einer festen, grau-weißlichen Masse bestehenden Läsionen treten im Kniegelenk und den Fußknochen auf.
[*griech.:* chondros, Knorpel, myxa, Mukus; *lat.:* fibra, Faser, oma, Tumor.]
chondromyxofibroma

Chondrophyt. Krankhafte Knorpelmasse.
[*griech.:* chondros, Knorpel, phyton, Wachstum.]
chondrophyte

Chondroplasie. Knorpelbildung.
[*griech.:* chondros, Knorpel, plassein, bilden.]
chondroplasia

Chondroplastik. Operativer Eingriff zur Korrektur von Knorpelgewebe. (→ Knorpelplastik)
[*griech.:* chondros, Knorpel, plassein, bilden.]
chondroplasty

Chondrosarkom. (Knorpelsarkom). Bösartiges, aus Knorpelzellen bzw. aus knorpelbildendem Material bestehendes Neoplasma, das häufig in den langen Knochen, am Beckengürtel und Schulterblatt entsteht.
[*griech.:* chondros, Knorpel, sarx, Fleisch, oma, Tumor.]
chondrosarcoma

Chondrosarkomatose. Entstehung multipler, bösartiger, knorpeliger Tumore.
chondrosarcomatosis

Chondrotomie. (Knorpeldurchtrennung). Chirurgischer Eingriff zur Durchtrennung von Knorpelgewebe.
chondrotomy

Chondrozyt. (Knorpelzelle). Die verschiedenen polymorphen Zellen, die das Knorpelgewebe des Körpers bilden.
[*griech.:* chondros, Knorpel, kytos, Zelle.]
chondrocyte

Chorda. (Strang; Band). Bandförmiges Filament, wie z.B. ein Nerv oder eine Sehne.
chorda

Chorditis. 1. Entzündung des Samenstrangs. 2. Entzündung der Stimmbänder.
chorditis

Chordotomie. Chirurgischer Eingriff, bei dem die anterolateralen Rückenmarksbahnen zur Schmerzlinderung getrennt werden.
[*griech.:* chorde + temnein, schneiden.]
chordotomy

Chorea. (Veitstanz). Unwillkürliche, ziellose, schnelle Bewegungen; z.B. Beugen und Strecken der Finger, Anheben und Absenken von Schultern bzw. Schneiden von Grimassen.
[*griech.:* choreia, Tanz.]
chorea

Chorea, gravidarum. Während der frühen Schwangerschaftsmonaten einsetzende Chorea minor; steht möglicherweise im Zusammenhang mit früheren rheumatischen Erkrankungen.
chorea gravidarum

Chorea-Huntington. Seltene Erbkrankheit, die sich in einer chronischen progressiven → Chorea (Veitstanz) mit Muskelzuckungen (Hyperkinesen), extrapyramidalen Bewegungsstörungen, Hypotonie der Muskulatur und einer Verschlechterung des mentalen Zustands äußert, was zur → Demenz führen kann. Erste Krankheitszeichen treten meist in den ersten 4 Jahrzehnten des Lebens auf; erkrankte Patienten sterben häufig innerhalb von 15 Jahren.
[G.S. Huntington, amerikanischer Arzt, 1851–1916; *griech.:* choreia, Tanz]
Huntington´s chorea

Chorea minor. Form der → Chorea infolge eines rheumatischen Fiebers, das meist in der Kindheit auftritt. Ursache ist eine Streptokokkeninfektion bestimmter Gehirnbereiche, die mit schnellen, blitzartigen Bewegungen, ausgeprägter Muskelhypertonie und psychischen Veränderungen einhergeht. Die Symptome verstärken sich während der ersten 2 Wochen, erreichen ihren Höhepunkt und lassen dann innerhalb weniger Wochen wieder nach.
[T. Sydenham, engl. Arzt, 1624–1689]
Sydenham's chorea

Chorioadenom. Epithelzellentumor an der äußersten Eihaut als Zwischenstufe einer malignen Entwicklung eines Chorionkarzinoms.
[*griech.:* chorion, Haut, aden, Drüse, oma, Tumor.]
chorioadenoma

Chorioamnionitis. Durch im Fruchtwasser lebende Bakterien bzw. Viren verursachte Fruchtblasenentzündung.
[*griech.:* chorion, Haut, amnion, Eihaut, itis, Entzündung.]
chorioamnionitis

chorioamniotisch. Zottenhaut und Amnion betreffend.
chorioamnionic

C

Choriogenese. Entwicklung der Zottenhaut (Chorion) während des ersten Schwangerschaftsmonats.
choriogenesis

Choriomeningitis, lymphozytäre. (Armstrong-Krankheit). Infektion der Hirnhäute (→ Meningen) und der → Zerebrospinalflüssigkeit (Liquor) mit einem Arenavirus. Zu den Symptomen zählen Fieber, Kopfschmerzen und Nackensteifigkeit.
[*lat.:* lympha, Wasser; *griech.:* kytos, Zelle; chorion, Haut; meninx, Membran; itis, Entzündung]
lymphocytic choriomeningitis

Chorion. (Zottenhaut). Bezeichnung für die äußere, aus Trophoblast und Mesoderm bestehende → Eihaut. Die Zotten bilden sich etwa 2 Wochen nach der Befruchtung; eine Woche später wird das C. von Gefäßen durchblutet. Aus dem C. entwickelt sich die Plazenta; die Zottenhaut bleibt bis zur Geburt bestehen und bildet während der Schwangerschaft die äußere der beiden Eihäute, die das Fruchtwasser und den Fötus enthält.
[*griech.:* chorion, Haut.]
chorion

Choriongonadotropin (HCG). Chemische Substanz im Urin schwangerer Frauen. Dieses Glykoproteinhormon wird von den Trophoblastenzellen der Plazenta ausgeschüttet und besteht aus zwei Untereinheiten, den humanen alpha- und beta-Choriongonadotropinen. Die alpha-Untereinheit ist nahezu identisch mit Substrukturen der follikelstimulierenden, luteinisierenden, schilddrüsenstimulierenden Hormone. Die hormonellen Wirkungen von C. werden durch dem beta-Teil aktiviert. C. hat stimulierende Wirkung auf den Gelbkörper (Corpus luteum); es regt die Sekretion von Östrogen und Progesteron an und senkt die Lymphozytentätigkeit.
[*griech.:* chorion, Haut, gone, Samen, trophe, Ernährung.]
chorionic gonadotropin (CG)

Chorionkarzinom. (malignes Chorionepitheliom). Aus fötalen Zellen entstehende, bösartige Epithelgeschwulst, die sich aus chorionalen Bestandteilen entwickelt. Der Primärtumor erscheint in der Gebärmutter als eine weiche, dunkle, rote, krümelige Masse, die in die Gebärmutterwand eindringen und diese zerstören und über das Lymphgewebe bzw. die Blutgefäße metastasieren kann.
choriocarcinoma

Chorionsack. Aus der Blastozystenwand entstehende, sackartige Membran, die den Embryo umgibt.
[*griech.:* chorion, Haut, sakkos, Sack.]
chorionic sac

Chorionzotten. Winzige, vaskuläre Fibrillen auf der Chorionoberfläche, die in das mütterliche Endometrium wachsen und die Plazentabildung unterstützen.
[*griech.:* chorion, Haut.]
chorionic villi

Chorioretinitis. Durch bakterielle bzw. parasitäre Infektion hervorgerufene Entzündung von Aderhaut (Choroidea) und Netzhaut (Retina). Begleitsymptome sind Sehstörungen, Photophobie und verzerrte Wahrnehmung.
chorioretinitis

Chorioretinopathie. Ein die Ader- und Netzhaut (Choroidea und Retina) des Auges betreffender, nicht entzündlicher Prozess.
[*griech.:* chorion, Haut, *lat.:* rete, Netz; *griech.:* pathos, Krankheit.]
chorioretinopathy

Choroidea. (Aderhaut). Dünne, stark durchblutete Schicht zwischen Netzhaut (Retina) und Sklera.
[*griech.:* chorion, Haut, eidos, Form.]
choroid

Choroideamelanom, malignes. Aderhauttumor, der in den Glaskörper des Auges wächst und die darüberliegende Netzhaut ablöst und zerstört.
[*griech.:* chorion, Haut, eidos, Form, melas, schwarz, oma, Tumor.]
choroidal malignant melanoma

Choroiditis. Entzündung der Aderhaut.
choroiditis

Choroidopathie. Nicht entzündliche Aderhautdegeneration.
choroidopathy

Choroidozyklitis. Entzündung der Aderhaut und Ziliarfortsätze.
[*griech.:* chorion, Haut, eidos, Form, kyklos, Kreis, itis, Entzündung.]
choroidocyclitis

Chrom (Cr). Hartes, sprödes, metallisches Element mit Ordnungszahl 24 und Atommasse 51,99. Kommt nicht in reiner Form, sondern in Verbindung mit Eisen und Sauerstoff als Chromit vor. Spuren von C. finden sich in Pflanzen und bei Tieren. Vermutlich ist C. ein wichtiger Faktor der menschlichen Ernährung, insbesondere in Bezug auf den Kohlehydratmetabolismus. Das Chrom-51 Isotop wird für Blutuntersuchungen verwendet.
[*griech.:* chroma, Farbe.]
chromium (Cr)

Chromalaun. Chemische Verbindung, die zur Fixierung bzw. Härtung einer Röntgenemulsion verwendet wird.
chromium alum

Chromatid. Eines der beiden identischen, fadenartigen Filamente eines Chromosoms.
[*griech.:* chroma, Farbe.]
chromatid

Chromatin. Zellkernmaterial, aus dem die → Chromosomen gebildet werden. Besteht aus feinen DNS Fäden, die an ein Protein, meist Histon, gebunden sind. Während der Zellteilung verdichtet sich das C. und wickelt sich spiralenförmig auf, um die Chromosomen zu bilden.
[*griech.:* chroma, Farbe.]
chromatin

Chromatin-negativ. Bezeichnung für Zellen, denen Geschlechtschromatin fehlt; alle gesunden Männer sind Chromatin-negativ. Kann auch bei manchen chromosomalen Krankheiten beobachtet werden.
chromatin-negative

Chromatin-positiv. Bezeichnung für Zellen, die Geschlechtschromatin enthalten; alle gesunden Frauen sind Chromatin-positiv. Kann auch bei manchen chromosomalen Krankheiten beobachtet werden.
chromatin-positive

chromatisch. 1. Eine bestimmte Farbe betreffend. 2. Die Farbe eines Farbstoffs annehmen. 3. Die Eigenschaft von → Chromatin betreffend.
[*griech.:* chroma, Farbe.]
chromatic

Chromatogramm. 1. → Chromatische Dokumentation, die durch die Trennung von Gasen bzw. gelösten chemischen Substanzen, die durch eine mit einem absorbierenden Medium ausgestattete Säule fließen, erzeugt wird. Bei dem Trennungsprozess werden die verschiedene Stoffschichten herausgefiltert. 2. Mit Hilfe einer chromatischen Methode erzeugte graphische Aufzeichnung.
chromatogram

Chromatographie. Bezeichnung für Methoden und Techniken zur Trennung und Analyse verschiedener gasförmiger bzw. gelöster chemischer Substanzen je nach ihrer Absorbanz und Pigmentierung.
chromatography

Chromatopsie. 1. Sehstörung, bei der farblose Gegenstände in einer bestimmten Farbe erscheinen. 2. Form der Farbenblindheit, bei der verschiedene Farben nur unzureichend wahrgenommen werden. Ursachen können entweder defekte Netzhautzapfen oder defekte Nervenbahnen sein, die die Farbimpulse an die Hirnrinde weitergeben. Die häufigste Sehstörung ist die Rot-Grün-Blindheit.
[*griech.:* chroma, Farbe, opsis, Sehvermögen.]
chromatopsia

Chromatose. Abnorme Pigmentierung der Haut.
chromatosis

Chromaturie. Abnorme Urinfärbung.
[*griech.:* chroma, Farbe, ouron, Urin.]
chromaturia

C

Chromhidrose. Seltene funktionelle Störung, bei der die apokrinen Schweißdrüsen farbigen Schweiß absondern.
[*griech.:* chroma, Farbe, hidros, Schweiß.]
chromhidrosis

chromogen. Bezeichnung für eine Substanz, die Licht absorbiert und Farbe produziert.
chromogen

chromophil. Bezeichnung für eine Zelle, Gewebe bzw. für Mikroorganismen, die leicht gefärbt werden können, insbesondere bestimmte Leukozyten.
[*griech.:* chroma, Farbe, philein, lieben.]
chromophilic

chromophob. Bezeichnung für Zellen, Gewebe bzw. Mikroorganismen, die nicht gefärbt werden können.
chromophobic

Chromosom. Fadenartige Nukleoproteine im Zellkern, die die genetische Informationen tragen. Jedes Chromosom besteht aus einer DNS-Doppelhelix, die mit einer Proteinbase, normalerweise einem Histon, verbunden ist. Die Gene, die die genetische Information enthalten, welche die Vererbung von Eigenschaften steuert, sind linear, entlang jedes einzelnen DNS-Strangs angeordnet. Die Körperzellen verschiedener Spezies weisen eine charakteristische Anzahl von Chromosomen auf; der Mensch hat 46 Chromosome; darin enthalten sind 22 homologe Autosomenpaare und 1 Paar Geschlechtschromosome, von denen je ein Chromosom von einem Elternteil erworben wird.
[*griech.:* chroma, Farbe, soma, Körper.]
chromosome

Chromosomen, homologe. Jedes Chromosomenpaar in einem diploiden Satz einer somatischen Zelle, das in Größe, Form und Genlokus mit den anderen Chromosomen identisch ist. Menschen besitzen 22 Paare h. C. und ein Paar Geschlechtschromosomen.
[*griech.:* homoios, ähnlich; chroma, Farbe; soma, Körper]
homologous chromosomes

Chromosomen-Aberration. Veränderungen in der chromosomalen Struktur bzw. der Anzahl der Chromosomen. Die Folge sind verschieden stark ausgeprägte Anomalien. Zahlreiche körperliche Behinderungen und Erkrankungen stehen in Verbindung mit autosomalen Chromosomenstörungen sowie defekten Geschlechtschromosomen, z.B. Down-, Turner- und Klinefelter-Syndrom.
[*griech.:* chroma, Farbe, soma, Körper; *lat.:* aberrare, irren.]
chromosomal aberration

Chromosomen-Nomenklatur. Standardisierte Nomenklatur zur Identifizierung von Chromosomensätzen anhand der Chromosomenzahl, des Geschlechts, der Deletion bzw. der Duplikation eines spezifischen Chromosoms bzw. Teil eines Chromosoms. Der Chromosomensatz einer normalen weiblichen Person wird mit 46 XX-Chromosomenpaaren bezeichnet; der einer normalen männlichen Person mit 46 XY-Chromosomenpaaren. Chromosomen-Aberrationen werden unter Angabe der Chromosomenzahl, des chromosomalen Geschlechts und der Gruppe des spezifischen Chromosoms, in dem die Duplikation bzw. die Chromosomendeletion vorkommt, klassifiziert. Der kurze Chromosomenarm wird als p, der lange Chromosomenarm als q und eine Translokation als t bezeichnet.
chromosomal nomenclature

Chromosomenkarte. Die graphische Darstellung der linearen Anordnung der → Gene eines Chromosoms und der linearen Distanz zwischen den Genen.
genetic map

Chromosomenkarte, zytologische. Graphische Darstellung der Gene auf einem Chromosom, basierend auf der Auswertung von genetischen Rekombinationsergebnissen und der strukturellen Chromosomenanalyse.
[*griech.:* kytos, Zelle, logos, Wissenschaft.]
cytologic map

Chromosomenkonjugation. (Synapsis). Die Paarung homologer → Chromosomen in

der frühen meiotischen Prophase (→ Meiose) der → Gametogenese zur Bildung eines doppelten oder zweiwertigen Chromosomensatzes.
synapsis (pl. synapses)

Chromosomenmarker. Ein spezifisches → Gen, das ein leicht erkennbares genetisches Merkmal produziert, auf welches in Studien über Familien oder Populationen oder bei speziellen Analysen zurückgegriffen werden kann.
genetic marker

Chromosomensatz. Normale Anzahl von Chromosomen in den Körperzellen einer bestimmten Spezies. Der Mensch hat einen Chromosomensatz von 46, mit 22 Paaren homologer Autosome und einem Paar Geschlechtschromosomen.
chromosome complement

Chromotherapie. Form der Krankheitsbehandlung, bei der farbiges Licht aus spezifischen Bereichen des Lichtspektrums eingesetzt wird.
chromotherapy

Chromozystoskopie. Blasenuntersuchung, bei der ein Farbstoff in die Blase injiziert wird, um die Nierenfunktion und den Zustand des Harnsystems zu untersuchen.
cystochromoscopy

Chronaxie. (Kennzeit). (Elektroneuromyographie) Kürzeste Dauer eines elektrischen Reizes, mit dem Nerven bzw. Muskelgewebe innerviert werden können.
[*griech.:* chronos, Zeit, axia, Wert.]
chronaxy

chronisch. Bezeichnung für eine sich langsam entwickelnde und über eine lange Zeit andauernde Krankheit.
[*griech.:* chronos, Zeit.]
chronic

Chronotropismus. Vorgang bzw. Prozess, der die Regelmäßigkeit einer periodisch wiederkehrenden Funktion beeinflusst, z.B. die Herzfrequenz.
[*griech.:* chronos, Zeit, trepein, drehen.]
chronotropism

Chrysiasis. Durch eine Goldtherapie verursachte Erkrankung, bei der sich Goldablagerungen im Körpergewebe bilden.
[*griech.:* chrysos, Gold, osis, Zustand.]
chrysiasis

Chrysotherapie. Behandlung einer Krankheit mit goldhaltigen Salzen.
[*griech.:* chrysos, Gold, therapeia, Behandlung.]
chrysotherapy

Chvostek-Zeichen. Unphysiologische Verkrampfung der Gesichtsmuskulatur bei Patienten mit einer Hypokalzämie, die durch leichtes Schlagen auf die Wange ausgelöst wird. Anzeichen für eine → Tetanie.
[Franz Chvostek, österr. Chirurg, 1835–1884.]
Chvostek's sign

Chyloaszites. Abnorme Ansammlung von → Chylus in der Bauchfellhöhle (Peritonealhöhle).
chylous ascites

chyloid. Ähnlichkeit mit → Chylus besitzend, mit dem die Lymphkapillare des Dünndarms während der Verdauung fetthaltiger Speisen gefüllt werden.
chyloid

Chylomediastinum. Eindringen von → Chylus in das Mittelfeld (Mediastinum).
[*griech.:* chylos, Saft; *lat.:* mediastinus, halbwegs.]
chylomediastinum

Chylomikron. Winzige Lipoproteintröpfchen mit Durchmessern von weniger als 0,5 µm. C.e bestehen zu etwa 90% aus Triglyzeriden sowie kleinen Mengen Cholesterin, Phospholipiden und Proteinen. C.e werden im Verdauungssystem synthetisiert und transportieren Glyzeride von der Darmschleimhaut über den thorakalen Lymphkanal in das Blutplasma.
[*griech.:* chylos, Saft, mikron, klein.]
chylomicron

chylös. Zum → Chylus gehörend bzw. wie Chylus aussehend, d.h. milchig getrübt.
chylous

Chylothorax. Chylusausfluss vom Brustmilchausgang in die Pleurahöhle.
[*griech.:* chylos, Saft, thorax, Brust.]
chylothorax

Chylurie. Durch → Chylus verursachter milchiger Urin.
[*griech.:* chylos, Saft, ouron, Urin.]
chyluria

Chylus. (Milchsaft). Trübe, aus dem Verdauungsvorgang stammende, fetthaltige Flüssigkeitsprodukte, die vom Dünndarm aufgenommen werden. Der hauptsächlich aus emulgierten Fetten bestehende C. wird in die venöse Blutbahn geleitet.
[*griech.:* chylos, Saft.]
chyle

Chymotrypsin. 1. Im Pankreas produziertes, proteolytisches Verdauungsenzym, das Proteine abbaut und die Hydrolyse von Casein und Gelatine katalysiert. 2. Aus Ochsenpankreas gewonnenes gelbes, kristallines Pulver, das zur Behandlung von Verdauungsstörungen eingesetzt wird.
[*griech.:* chymos, Saft, tryein, reiben, pepsin, Verdauung.]
chymotrypsin

Chymotrypsinogen. Im Pankreas hergestellte Substanz, die eine Vorform des Enzyms → Chymotrypsin ist. Wird von Trypsin in Chymotrypsin umgewandelt.
chymotrypsinogen

Chymus. (Speisebrei). Visköser, zähflüssiger Mageninhalt, der sich während des Verdauungsvorgangs bildet. Der Speisebrei gelangt durch den Magenausgang (Pylorus) in den Zwölffingerdarm (Duodenum); dort findet die weitere Verdauung statt.
[*griech.:* chymos, Saft.]
chyme

Ci. Abkürzung für → Curie.
Ci

Ciliata. (Wimperntierchen). Mit Zilien ausgestattete, zum Stamm der Ciliphora gehörende Protozoen.
Ciliata

Cimetidin. Histamin H_2-Rezeptorantagonist, der zur Hemmung der Säureproduktion und Säuresekretion im Magen bei Zwölffingerdarmgeschwür, Pankreatitis sowie hypersekretorischen Erkrankungen eingesetzt wird. (→ Antihistaminikum; Histamin)
cimetidine

Cisplatin. Antineoplastikum zur Behandlung von Neoplasmen, z.B. bei metastatischen Hoden-, Prostata- sowie Ovarialtumoren.
cisplatin

Cistron. DNS-Fragment, das den Code für ein bestimmtes Polypeptid trägt. Ein C. ist die kleinste funktionelle Einheit zur Übertragung genetischer Information. In der modernen Molekulargenetik wird das C. weitgehend als Synonym für ein → Gen benutzt.
[*lat.:* cis, diesseitig, trans, gegenüber.]
cistron

Cl. Chemisches Symbol für Chlor.
Cl

Claudikation. (intermittierendes Hinken; „Schaufensterkrankheit"). Krampfartige Wadenschmerzen, verursacht durch unzureichende Blutversorgung der Beinmuskeln bei Anstrengung. Häufig assoziiert mit Arteriosklerose.
[*lat.:* claudicatio, Hinken.]
claudication

Clavicula. (Schlüsselbein). Langer, geschwungener Horizontalknochen direkt oberhalb der ersten Rippe, der den ventralen Teil des Schultergürtels bildet. Verbindet sich in der Mitte mit dem Brustbein und seitlich mit dem Akromion des Schulterblatts und dient der Befestigung zahlreicher Muskeln.
[*lat.:* clavicula, kleiner Schlüssel.]
clavicle

Clearance. Ausscheidung einer Substanz aus dem Blut mit Hilfe der Nieren. Die Nierenfunktion wird untersucht, indem die Menge einer bestimmten Substanz gemessen wird, die mit dem Urin über eine

bestimmte Zeitperiode ausgeschieden wird.
[*lat.:* clarus, klar.]
clearance

Clindamycin. Antibiotikum zur Behandlung bestimmter schwerer Infektionskrankheiten (einschließlich Infektionskrankheiten, die durch anaerobe sowie bestimmte grampositive Mikroorganismen verursacht werden).
clindamycin hydrochloride

CLL. Abkürzung für chronisch-lymphatische Leukämie.
CLL

Clofibrat. Antihyperlipoproteinämikum zur Behandlung von hohen Blutkonzentrationen von Cholesterin und Triglyzeriden.
clofibrate

Clomiphen. Nicht-steroidales Antiöstrogen zur Eisprungstimulation. Dient hauptsächlich der Behandlung einer Anovulation und Oligoovulation.
clomiphene citrate

Clomiphen-Stimulationstest. Test zur Bewertung der Gonadenfunktion bei Männern, die unphysiologische pubertäre Entwicklungssymptome aufweisen. Clomiphen, ein nicht-steroidales Analog zu Östrogen, regt die Funktion von Hypothalamus und Hypophyse an und steigert die Blutkonzentrationen des Follikelreifungshormons sowie des Luteinisierungshormons.
clomiphene stimulation test

Clonorchiasis. Leberegelbefall.
clonorchiasis

Clotrimazol. Breitband-Antimykotikum der Imidazolgruppe zur topischen Anwendung gegen Pilz- und Hefeinfektionen.
clotrimazole

Cloxacillin. Antibiotikum zur Behandlung schwerer Infektionskrankheiten, insbesondere solcher Krankheiten, die von penizillin-resistenten Staphylokokken verursacht werden.
cloxacillin sodium

Cluster-Analyse. Statistische Methode zur Datenanalyse, bei der numerische Werte benützt werden, um Cluster (Gruppen) von Variablen zu erzeugen, die miteinander in Beziehung stehen.
cluster analysis

Cluster-Kopfschmerz. (Histaminkopfschmerz; Horton-Syndrom). Migräneähnliche Beschwerden mit starken, einseitigen Schmerzanfällen (teilweise in Verbindung mit der Freisetzung von Histamin). Der Schmerz tritt zumeist über Auge und Stirn auf und wird von Hitzewallungen und wässrigem Augen- und Nasenausfluss begleitet. Die Anfälle erstrecken sich über mehrere Stunden.
cluster headache

cm. Abkürzung für Zentimeter.
cm

cm^2. Abkürzung für Quadratzentimeter.
cm^2

cm^3. Abkürzung für Kubikzentimeter.
cm^3

CML. Abkürzung für → chronisch-myeloische Leukämie.
CML

cmm, mm^3. Abkürzungen für Kubikmillimeter.
cmm, mm^3

CMV. Abkürzung für → Zytomegalo-Virus.
CMV

Coca. Südamerikanische Strauchart. Natürliche Herkunftsquelle von Kokain.
coca

Coccyx. (Steißbein). Mit dem Kreuzbein am Ende der Wirbelsäule durch eine Faserknorpelscheibe verbundener, schnabelförmiger Knochen. Entsteht aus der Verbindung von drei bis fünf rudimentären Wirbeln.
[*griech.:* kokkyx, Schnabel eines Kuckucks.]
coccyx

Cochlea. (Innenohrschnecke). Konisch geformter Innenohrknochen mit zahlreichen Öffnungen, durch die der Akustikusnerv verläuft. Die C. ist Teil des knöcher-

nen Labyrinths und hat die Form eines gewundenen, etwa 30 mm langen Tunnels, der dem Gehäuse einer kleinen Schnecke gleicht.
🇬🇧 cochlea

Code, genetischer. Die Information, die die → DNS (Desoxyribonukleinsäure) trägt und die eine spezifische Aminosäure sowie ihre Zusammensetzung in einer Polypeptidkette eines von der Zelle produzierten Proteins festlegt. Jede Veränderung des g. C.s führt zu einer falschen Zusammensetzung der Aminosäuren in dem Protein und löst eine → Mutation aus.
🇬🇧 genetic code

Codein. Narkotisches Schmerz- und Hustenmittel zur Behandlung leichter bis moderater Schmerzen, Diarrhö und Husten.
[*griech.:* kodeia, Blüte der Mohnblume.]
🇬🇧 codeine

Colchicin. Arzneimittel zur Behandlung von akuter Gicht und zur Prophylaxe rezidivierender Gichtarthritis.
🇬🇧 colchicine

COLD. Abkürzung für → chronisch-obstruktive Lungenkrankheit.
🇬🇧 COLD

Colistin. Antibiotikum zur äußerlichen Anwendung bei Außenohrinfektionen sowie zur systemischen Behandlung schwerer, gramnegativer, durch *Escherichia coli* verursachter Infektionskrankheiten und Gastroenteritis.
🇬🇧 colistin sulfate

Colitis ulcerosa. Chronische, episodenhaft auftretende Entzündungskrankheit des gesamten Dickdarms mit Geschwürbildung, gekennzeichnet durch ausgiebige wässrige Durchfälle, die teilweise mit Blut, Schleim und Eiter durchsetzt sind. Zu den zahlreichen systemischen Komplikationen, die sich bei C. u. entwickeln können, zählen Arthritis, Nieren- und Lebererkrankungen sowie Entzündungen der Haut, der Augen und des Mundes. Bei sehr schwerer Erkrankung kann sich ein toxisches Megakolon entwickeln, eine gefährliche Komplikation, die zu Darmdurchbruch, Sepsis und schließlich zum Tod führen kann. Die Durchfallattacken werden von schmerzhaftem Stuhldrang, starken Bauchschmerzen, Fieber, Schüttelfrost, Anämie und Gewichtsverlust begleitet. Menschen, die unter C. u. leiden, können häufig aufgrund der Schwächung des Körpers Aktivitäten des alltäglichen Lebens nicht mehr ausführen.
🇬🇧 ulcerative collitis

Colles-Fraktur. (distale Radiusfraktur). Fraktur an der Epiphyse der Speiche (Radius) nahe dem Handgelenk; führt zu einer dorsalen oder lateralen Fehlstellung der Hand.
[Abraham Colles, irischer Chirurg, 1773–1843.]
🇬🇧 Colles' fracture

Collum. (Hals). Anatomische Bezeichnung für den Körperteil zwischen Kopf und Schultern.
🇬🇧 collum

Colon ascendens. Der Teil des Dickdarms (Colon), der vom Blinddarm (Zäkum) im rechten unteren Bereich des Abdomens bis zum querverlaufenden Darm (Colon transversus) aufsteigt.
[*lat.:* ascendere, aufsteigen]
🇬🇧 ascending colon

Colon descendens. Absteigender Teil des Dickdarmes, der in den Colon sigmoideum mündet.
🇬🇧 descending colon

Colon sigmoideum. S-förmiger Teil des Grimmdarms, der sich vom Ende des → Colon descendens bis zum Rektum erstreckt.
[*griech.:* kolon, Darm]
🇬🇧 sigmoid colon

Colon transversum. Quer verlaufender Teil des Grimmdarms, der sich auf der rechten Seite an den aufsteigenden Darm (C. ascendens) anschließt und auf der linken Seite in den absteigenen Teil mündet (C. descendens).
🇬🇧 transverse colon

Columna vertebralis. (→ Wirbelsäule)
🇬🇧 vertebral column

Commotio, cerebri. (→ Gehirnerschütterung)
brain concussion

Compliance. 1. Bereitschaft des Patienten, die vorgeschriebene Behandlung einzuhalten. 2. Maß für die volumenabhängige Dehnbarkeit, z.B. der Lunge oder Blase.
compliance

Computer-Tomographie (CT). Radiographische Methode zur Erfassung detaillierter Querschnitte von Gewebestrukturen. Ein CTG ist schmerzlos, nicht-invasiv und bedarf keiner speziellen Vorbereitung des Patienten. Aufgrund der feststehenden Röntgenröhren bildet sich kein Hitzestau, und vielschichtige Bilder können in sehr kurzer Zeit erzeugt werden.
computed tomography (CT)

Concanavalin A. Aus der Jack-Bohne gewonnenes Hämaglutinin, das mit Polymeren im Blut von Säugetieren reagiert und Blutgerinnung verursacht. (→ Globulin)
concanavalin A

Concha. (Muschel). Muschelförmiger Körperteil, z.B. die Außenohrmuschel, die den äußeren Gehörgang umgibt.
concha

Conchitis. Entzündung der Ohr- oder Nasenmuschel.
conchitis

Conjugata, externa. (äußerer Beckendurchmesser). Distanz zwischen der Vertiefung unterhalb des untersten Beckenwirbels bis zur oberen Grenze der vorderen Knorpelfuge (normale Distanz beträgt etwa 21 cm).
external conjugate

Conn-Syndrom. Primärer Hyperaldosteronismus mit vermehrter Produktion von → Aldosteron, begleitet von Kopfschmerz, Müdigkeit, Nykturie und gesteigertem Harndrang. Weitere Krankheitssymptome sind Hypertonie, hypokalzämische Alkalose, Hypokaliämie und Hypervolämie. [Jerome W. Conn, amerikanischer Arzt, geb. 1907.]
Conn's syndrome

Continuous positive airway pressure (CPAP). (Kontinuierlich positiver Atemwegsdruck) Nicht-invasive Methode der Beatmung, bei der ein Luftstrom mit gleichbleibendem Druck während des Atmungsvorgangs unterstützt wird; wird bei Patienten eingesetzt, die selber spontan atmen können, aber nur mit Hilfe einer künstlichen Beatmung ausreichende arterielle Sauerstoffkonzentrationen aufrechterhalten können. Der CPAP kann mit Hilfe eines Beatmungsgerätes und eines endotrachealen Tubus, durch eine nasale Kanüle oder über eine Gesichtsmaske verabreicht werden.
continuous positive airway pressure (CPAP)

Coping. (Bewältigung). Bezeichnung für Methoden zur Behebung von Stresssituationen, zur Lösung von Problemen und zur Entscheidungsfindung. Der Bewältigungsprozess hat eine kognitive und eine nicht-kognitive Komponente. Die kognitive Komponente beinhaltet den gedanklichen Prozess und den Lernprozess, die zur Identifikation der Stressursache benötigt werden.
coping

Coping, defensives. Anerkannte → NANDA-→ Pflegediagnose; positive Fehleinschätzung auf der Grundlage von Selbstschutzmechanismen, die gegen wahrgenommene Bedrohungen eingesetzt werden. Zu den kennzeichnenden Merkmalen gehören das Leugnen offensichtlicher Probleme, Projektion von Schuldgefühlen, Rationalisierung von Fehlern, Überempfindlichkeit für Beleidigungen oder Kritik, überhebliche Haltung anderen gegenüber, Schwierigkeiten bei der Herstellung oder Erhaltung von Beziehungen, Auslachen oder Lächerlichmachen anderer Personen, Probleme bei realitätsbezogenen Wahrnehmungen und mangelhafte Fähigkeit, eine Behandlung oder Therapie zu verfolgen oder daran teilzunehmen.
coping, defensive

C

Coping, der Familie, Entwicklungspotential. Anerkannte → NANDA-→ Pflegediagnose; effektiver Umgang mit adaptiven Aufgaben von Familienangehörigen, die bei der Versorgung eines Klienten beteiligt sind und die den Wunsch und die Bereitschaft bezüglich einer verbesserten Gesundheit und Wachstum der eigenen Person und des Patienten zeigen.
coping, family: potential for growth

Coping, der Familie: behinderndes. Anerkannte → NANDA-→ Pflegediagnose; nachteilige Einstellungen und Verhaltensweisen einer Familie, eines Familienangehörigen oder einer anderen wichtigen Bezugsperson des Patienten. Die Ursache des Problems liegt häufig in einer Behinderung der Bezugsperson(en) durch Trauer, Angst, Schuldgefühle, Feindseligkeit oder Verzweiflung. Zu den kennzeichnenden Merkmalen zählen Vernachlässigung der Versorgung des Klienten, Intoleranz, Ablehnung oder Verlassen des Klienten, Annahme der Symptome des Klienten, Missachtung der Bedürfnisse des Klienten und beträchtliche Realitätsverschiebung bezüglich des Gesundheitsproblems des Klienten.
coping, ineffective family: disabling

Coping, der Familie: eingeschränktes. Anerkannte → NANDA-→ Pflegediagnose; mangelhafte oder fehlende emotionale und psychologische Unterstützung eines Klienten, die normalerweise von einem Familienangehörigen oder einer anderen Unterstützungsperson verfügbar wäre; Defizit, das beim Klienten zu weiteren Schwierigkeiten in der Bewältigung des aktuellen Gesundheitsproblems führt. Zu den kennzeichnenden Merkmalen zählen Äußerungen des Klienten bezüglich einer fehlenden Unterstützung oder der Unterstützungsperson, dass Angst, vorweggenommene Trauer oder andere Reaktionen ihre Fähigkeiten behindern, eine Unterstützung zu gewährleisten.
coping, ineffective family: compromised

Coping, des Einzelnen, unwirksames. Anerkannte → NANDA-→ Pflegediagnose; Störung der adaptiven Verhaltensweisen und Problemlösungsfähigkeiten des Einzelnen bezüglich der Erfüllung der Anforderungen und Rollen des Lebens. Das Problem kann aus einer situativen, reife- oder entwicklungsbezogenen Krise oder infolge einer persönlichen Verletzlichkeit entstehen. Zu den kennzeichnenden Merkmalen gehören die Unfähigkeit zur Erfüllung der Rollenerwartungen oder der eigenen Grundbedürfnisse oder eine Veränderung der Fähigkeit zur Teilnahme an gesellschaftlichen Aktivitäten. Die wesentlichen kennzeichnenden Merkmale, die für die Diagnose vorhanden sein müssen, sind eine Unfähigkeit, um Hilfe zu bitten oder Probleme zu lösen und eine Verbalisation der Unfähigkeit, Probleme zu bewältigen.
coping, ineffective individual

Coping, von Gemeinschaften, Entwicklungspotential des. Anerkannte → NANDA-→ Pflegediagnose; Strukturen von gemeinschaftlichen Aktivitäten zur Anpassung und Problemlösung, die zur Erfüllung der Anforderungen und Bedürfnisse einer Gemeinschaft ausreichend sind, aber bezüglich des Umgangs mit aktuellen und zukünftigen Problemen/Stressoren noch verbessert werden können. Zu den wichtigsten kennzeichnenden Merkmalen gehören Defizite bezüglich eines oder mehrerer Merkmale, die für ein effektives Coping-Verhalten sprechen.
community coping, potential for enhanced

Coping, von Gemeinschaften, unwirksames. Anerkannte → NANDA-→ Pflegediagnose; Strukturen von gemeinschaftlichen Aktivitäten zur Anpassung und Problemlösung, die zur Erfüllung der Anforderungen und Bedürfnisse einer Gemeinschaft nicht ausreichend sind. Kennzeichnende Merkmale sind die Unfähigkeit der Gemeinschaft, die eigenen Erwartungen zu erfüllen, Defizite bei der Beteiligung, Mängel der Kommunikationsmethoden,

exzessive gemeinschaftsbezogene Konflikte sowie Stressoren, die als exzessiv wahrgenommen werden.
community coping, ineffective

Coping-Verhalten, Verbesserung des. → Pflegeintervention der → NIC, die definiert wird als die Unterstützung von Patienten bei der Anpassung an bekannte Stressoren, Veränderungen oder Bedrohungen, die die Erfüllung der Lebensanforderungen und -rollen behindern.
Coping Enhancement

Cor. Anatomische Bezeichnung für Herz.
cor

Cor pulmonale. Durch eine primäre Lungenkrankheit verursachte Vergrößerung der rechten Herzkammer. Die Folge kann eine Kammerhypertrophie und schließlich die Insuffizienz der rechten Herzkammer sein. Die mit der Erkrankung einhergehende Hypertonie im Lungenkreislauf wird durch Erkrankungen des Lungenparenchyms bzw. der Lungengefäße zwischen der linken Lungenschlagader und dem Eintritt der Lungenvenen in die rechte Herzkammer verursacht. Ein chronisches C. p. führt zu einer Vergrößerung der rechten Herzkammer, die eine Drucksteigerung weniger gut kompensieren kann als die linke Herzkammer. Manchmal kann jedoch auch eine Vergrößerung der linken Herzkammer beobachtet werden.
[*lat.:* cor, Herz, pulmoneus, Lunge.]
cor pulmonale

Cori-Zyklus. Physiologischer Mechanismus, in dessen Verlauf Laktat, das in kontrahierenden Muskeln während der Glykolyse von Glukose gebildet wird, in der Leber zu Glukose zurückgebildet und durch den Blutkreislauf zu den Muskeln zurücktransportiert wird.
[Carl F. Cori, amerikanischer Arzt, 1896–1984; Gerty T. Cori, amerikanische Biochemikerin, 1896–1957, Nobelpreisträgerin von 1947.]
Cori cycle

Cornu. Hornförmige anatomische Struktur. (→ Horn)
cornua

Corona. (Krone). 1. Höchster Punkt eines Organs oder eines Körperteils, z.B. der Scheitel des Kopfs. 2. Mit Zahnschmelz bedeckter Teil des menschlichen Zahns.
[*lat.:* corona, Krone]
crown; corona

Coronaviren. Familie einsträngiger RNS-Viren mit verschiedenen tier- bzw. menschenpathogener Viren. Beim Menschen verursachen Coronaviren Erkrankungen der oberen Atemwege.
Coronaviridae

Corpus albicans. Blasser weißer Fleck auf einem Eierstock, der sich bei Nicht-Befruchtung aus dem → Corpus luteum entwickelt.
corpus albicans

Corpus callosum. (Balken). Schräger Nervenfaserstrang, der die zwei Hirnhälften (Hemisphären) miteinander verbindet. Befindet sich unterhalb der Fissura longitudinalis cerebralis zwischen den beiden Hirnhälften und wird vom Gyrus cinguli bedeckt.
corpus callosum

Corpus cavernosum. (Schwellkörper). Schwammiges, schwellfähiges Gewebe in Penis bzw. Klitoris. Bei sexueller Erregung füllen sich die Schwellkörper mit Blut.
corpus cavernosum

Corpus luteum. (Gelbkörper). Anatomische Struktur auf der Oberfläche eines Eierstocks; besteht aus kugelförmigem, gelblichem Gewebe, hat einen Durchmesser von 1 bis 2 cm und wächst nach dem Eisprung im Inneren des aufgebrochenen Ovarialfollikels. In der fortpflanzungsfähigen Phase einer Frau bildet sich nach jedem Eisprung ein C. l. Die Gelbkörper fungieren als kurzlebiges endokrines Organ, das Progesteron ausschüttet. Progesteron dient dem Erhalt des stark durchbluteten Uterusendometriums und ermöglicht so die Einnistung des befruchteten Eis und eine Schwangerschaft. Im

Falle einer Befruchtung wächst das C. l. und sondert hohe Progesteronmengen ab. [*lat.:* corpus, Körper, luteus, gelb.]
corpus luteum

Corpus spongiosum. Zylinderförmiges, schwammiges Gewebe, welches zusammen mit den Schwellkörpern den Penis bildet.
corpus spongiosum

Corpus pineale. (Zirbeldrüse). Konusförmige Struktur im Zwischenhirn, die sich am Dach des 3. Ventrikels befindet und Produktionsort von → Melatonin ist, das eine Rolle bei der Regulierung der → Zirkadianrhythmen spielt.
[*lat.:* pinea, Fichtenzapfen]
pineal body

Corrigan-Puls. (Pulsus celer et altus). Heftiger Pulsschlag, gefolgt von einem plötzlichen und vollständigen Fehlen des Pulsschlags; kann bei Erregungszuständen sowie in Verbindung mit verschiedenen Herzkrankheiten und als Folge einer systemischen Arteriosklerose oder Aortenklappeninsuffizienz auftreten. [Dominic J. Corrigan, irischer Arzt, 1802–1880.]
Corrigan's pulse

Cortex renis. (→ Nierenrinde)
renal cortex

Corti-Organ. Das eigentliche Hörorgan, eine spiralige Struktur innerhalb der Schnecke (Cochlea) des Innenohrs, die Hörzellen (Haarzellen) enthält, welche durch Geräuschvibrationen stimuliert werden. Die Haarzellen bilden die Vibrationen in Nervenimpulse um, die über den Vestibulocochlearnerv zum Gehirn übermittelt werden. [A. Corti, italienischer Anatom, 1822–1876]
organ of Corti

Corticotropin-releasing Factor (CRF). Vom Hypothalamus in den Blutkreislauf ausgeschüttetes Polypeptid, das die Freisetzung von Adrenokortikotropin (→ ACTH) aus der Hirnanhangsdrüse steuert.
corticotropin-releasing factor (CRF)

Costa. Lat. Bezeichnung für Rippe.
costa, Rippe

Cotton-Wool-Herde. Netzhautexsudat, das bei Patienten mit bestimmten systemischen Erkrankungen auftritt, wie z.B. AIDS, Hypertonie und Lupus; auch Begleitsymptom von Netzhautinfektionen.
cotton-wool exudate

Couvelaire-Syndrom. Hämorrhagischer Vorgang in der Gebärmuttermuskulatur, der bei dem es zu einer Plazentaablösung kommen kann. Extravasalblut tritt zwischen den Muskelfibrillen und unter dem Uterusperitoneum aus. Der Uterus verfärbt sich violett und kontrahiert sich nur unzureichend.
[Alexandre Couvelaire, französischer Geburtshelfer, 1873–1948.]
Couvelaire uterus

Cowden-Syndrom. Autosomal-dominante Erbkrankheit, begleitet von Hypertrichose, Fibromatose des Zahnfleischs, Papula im Gesicht, Hämangiomen und postpubertärer, fibroadenomatöser Brustzunahme.
Cowden's disease

Cowper-Drüse. In den Harnröhrensphinkter des Mannes eingebettete, runde, erbsengroße, paarige Drüsen.
[William Cowper, englischer Chirurg, 1666–1709.]
Cowper's gland

Coxa. (Hüfte). Hüftgelenk; Kopf des Oberschenkelknochens (Femur) und der Hüftgelenkspfanne des Hüftbeins.
coxa

Coxa magna. Abnorme Erweiterung von Oberschenkelkopf und -hals.
coxa magna

Coxa valga. Hüftfehlbildung, bei der der Winkel zwischen der Achse von Oberschenkelkopf und -hals und der Achse des Oberschenkelschafts deutlich vergrößert ist.
coxa valga

Coxa vara. Hüftfehlbildung, bei der der Winkel zwischen der Achse von Oberschenkelkopf und -hals und der Achse des Oberschenkelschafts verkleinert ist.
coxa vara

Coxsackie-Viren. Gruppe von 30 serologisch verschiedenen Enteroviren, die hauptsächlich bei Kindern verschiedene Infektionskrankheiten verursachen, u.a. Herpangina, Hand-Fuß-Syndrom, epidemische Pleurodynie, Herzmuskelentzündung (Myokarditis), Herzbeutelentzündung (Perikaditis), aseptische Gehirnhautentzündung (Meningitis) sowie Exantheme.
[Coxsackie, Stadt im amerikanischen Bundesstaat New York; *lat.:* virus, Gift.]
coxsackievirus

CPAP. Abkürzung für → Continuous positive airway pressure, kontinuierlich positiver Atemwegdruck.
CPAP

CPK. Abkürzung für Kreatin-Phosphokinase, häufig auch als CK abgekürzt.
CPK

CPK-Isoenzym-Fraktion. Ein bei Herzmuskelnekrosen ins Blut freigesetztes Enzym. Das Isoenzym von Kreatin-Phosphokinase (CPK od. CK) wird als MB-Isomer bezeichnet und ist ein diagnostisches Zeichen für eine Herzkrankheit.
CPK isoenzyme fraction

CPPV. Abkürzung für Continuous positive pressure ventilation, → kontinuierliche Überdruckbeatmung.
CPPV

Cr. Chemisches Symbol für Chrom.
Cr

Crack. Rauschmittel, das aus der chemischen Umwandlung von Kokainhydrochlorid gewonnen wird. Crack wird geraucht und weist ein sehr hohes Suchtpotenzial auf.
crack

Crack-Baby. Baby, das in utero durch den mütterlichen Konsum von → Crack den Auswirkungen dieser Droge ausgeliefert war.
crack baby

Credé-Handgriff. Technik zur Plazentalösung. Nach Entleeren der Blase und Anregen einer Wehe durch Massage der Gebärmutter bringt man diese in die Körpermitte, umfasst sie mit einer Hand und schiebt sie in Führungslinie beckenwärts. Dadurch kann die Plazenta herausgedrückt werden.
[Karl S. Crede, deutscher Arzt, 1819–1892.]
Crede's maneuver

Credé-Methode. Handgriff zur Unterstützung der Urinausscheidung. Durch manuellen Druck auf die untere Bauchwand wird die Blase komprimiert.
[Karl S. Crede, deutscher Arzt, 1819–1892.]
Crede's method

Credé-Prophylaxe. Eintropfen einer 1%igen Silbernitratlösung in den Bindehautsack von Neugeborenen zur vorbeugenden Behandlung von Gonoblenorrhö.
[Karl S. Crede, deutscher Arzt, 1819–1892.]
Crede's prophylaxis

Creme. Flüssigkeitshaltige Mischung von dicker Konsistenz, die auf die Haut aufgetragen wird; oft als Träger für Arzneimittel verwendet.
cream

Crescendo-Angina. → Angina pectoris-Beschwerden, die sich in ischämischen elektrokardiographischen Veränderungen und einer erhöhten Herzfrequenz manifestieren und in verkürzten Abständen auftreten.
[*lat.:* crescere, wachsen.]
crescendo angina

Crescendogeräusch. Ständig anschwellendes Geräusch, das zu einem abrupten Ende kommt.
crescendo murmur

Creutzfeld-Jakob-Krankheit. Selten auftretende Form der Enzephalopathie, die durch einen unbekannten Virus verursacht wird und tödliche Folgen hat. Im Anfangsstadium der Krankheit werden progrediente Demenzsymptome, Dysarthrie, Muskelschwund und verschiedene Muskelspasmen, wie Myoklonus und Athetose beobachtet.
[Hans G. Creutzfeldt, deutscher Neurologe, 1885–1964; Alfons M. Jakob, deutscher Neurologe, 1884–1931.]
Creutzfeldt-Jakob disease

C

CRF. Abkürzung für → Corticotropin-releasing Factor.
CRF

Crigler-Najjar-Syndrom. Autosomal vererbter Mangel bzw. völliges Fehlen von Glukuronyltransferase. Typische Begleitsymptome sind nichthämolytische Gelbsucht, Ansammlung von Bilirubin im Blut und schwere Störungen des Zentralnervensystems.
[John F. Crigler, Jr., amerikanischer Kinderarzt, geb. 1919; Victor A. Najjar, amerikanischer Mikrobiologe, geb. 1914.]
Crigler-Najjar syndrome

Crista. Kamm, Leiste; schmale, langgestreckte Erhöhung, z.B. Darmbeinkamm.
crest

Crossing-over. (Faktorenaustausch; Chiasmabildung). Austauschen von Chromatidsektionen homologer Chromosomenpaare während der Prophase der ersten meiotischen Teilung.
crossing over

CRP. Abkürzung für C-reaktives Protein.
CRP

CRST-Syndrom. Abkürzung für Calcinosis cutis, Raynaud-Phänomen, ösophagealer Dysfunktion, Sklerodaktylie und Telenangiektasien; Form der progressiven systemischen Sklerodermie.
CREST syndrome

Crus cerebri. (Hirnschenkel). Vorderteil des Großhirnstiels, bestehend aus absteigenden Faserkanälen der Großhirnrinde (Pyramidenbahn), die die Längsstränge der Brücke (Pons cerebri) bilden.
Crus cerebri

Crush-Syndrom. Schweres, lebensbedrohliches Quetschtrauma mit Zerstörung von Knochen- und Muskelgewebe, Blutungen und Flüssigkeitsverlust, der zu hypovolämischem Schock, Hämaturie, Niereninsuffizienz und Koma führen kann.
crush syndrome

Crutchfield-Zange. Chirurgisches Instrument zur Überstreckung der Kopf- und Nackenpartie von Patienten mit gebrochenen Halswirbeln. Die Zange wird in kleinen Löcher in der Scheitelregion befestigt, die umliegende Haut wird vernäht und mit einem Verband bedeckt. Ein mit der Zange über einen Seilzug verbundener Draht wird mit einem Gewicht beschwert, um den Zug aufrecht zu erhalten.
[William G. Crutchfield, amerikanischer Neurochirurg, geb. 1900.]
Crutchfield tongs

Cruveilhier-Baumgarten-Sydrom. Offene Nabelvene, die direkt in die Pfortader mündet. Krankheitssymptome sind Leberzirrhose, portale Hypertonie und Milzschwellung.
[Jean Cruveilhier, französischer Pathologe, 1791–1874; Paul Baumgarten, deutscher Pathologe, 1848–1928.]
Cruveilhier-Baumgarten syndrome

Cs. Chemisches Symbol für das Element → Caesium.
Cs

CSF. 1. Abkürzung für (engl.) cerebrospinal fluid, Rückenmarksflüssigkeit. 2. Abkürzung für (engl.) colony stimulating factor, koloniestimulierender Faktor.
CSF

CT. Abkürzung für → Computer-Tomographie.
CT

Cu. Chemisches Symbol für → Kupfer.
Cu

Cullen-Phänomen. Schwach ausgeprägte, unregelmäßige hämorrhagische Hautflecken in der Nabelgegend, die 1 bis 2 Tage nach Beginn einer Anorexie, zusammen mit heftigen, diffusen Bauchschmerzen auftreten.
[Thomas S. Cullen, amerikanischer Gynäkologe, 1868–1953.]
Cullen's sign

Cumarin. Anit-Gerinnungsmittel (Antikoagulans) zur Prophylaxe und Behandlung von Thrombose und Embolie.
coumarin

Cuneus. Keilförmige Region der Großhirnrinde zwischen Sulcus parieto-occipitalis und Sulcus postcalcaris.
cuneus

Cunnilingus. Orale Stimulation der weiblichen Genitalien.
🇬🇧 cunnilingus

Cupula. Kuppelförmige Struktur, z.B. das obere Teil des Lymphknotens im Dünndarm.
🇬🇧 cupula

Curare. Ein aus tropischen Pflanzen der Gattung *Strychnos* gewonnene Substanz. C. ist ein wirksamer neuromuskulärer Hemmer, der die Übertragung von Nervenimpulsen über die myoneurale Kreuzungen unterbindet. Eine starke Dosis kann eine völlige Lähmung hervorrufen. Die Wirkung kann jedoch durch Anticholinergika wieder rückgängig gemacht werden.
🇬🇧 curare

Curie (Ci). Radioaktive Maßeinheit, die vor Einführung des Becquerel (Bq) verwendet wurde. 1 Ci gleicht 3,70 x 10^{10} Bq.
[Marie S. Curie, in Polen geborene Chemikerin und Physikerin, 1867–1934; Pierre Curie, französicher Chemiker und Physiker, 1859–1906; beide Forscher waren Nobelpreisträger.]
🇬🇧 curie (c, Ci)

Curium (Cm). Radioaktives metallisches Element; Ordnungszahl: 96 und Massenzahl: 247.
[Marie S. Curie; Pierre Curie.]
🇬🇧 curium (Cm)

Curschmann-Spiralen. Schleimige Faserspulen, die gelegentlich im Sputum von Personen mit Bronchialasthma zu finden sind.
[Heinrich Curschmann, deutscher Arzt, 1846–1910; griech speira, Spule.]
🇬🇧 Curschmann' spiral

Cushing-Krankheit. Stoffwechselkrankheit, die durch eine krankhaft erhöhte Ausscheidung von Adrenokortikosteroiden gekennzeichnet ist. Ursache ist eine gesteigerte Konzentration von Nebennierenrindenhormon (→ ACTH), was sich wiederum auf eine Hypophysenfehlfunktion, z.B. auf ein Hypophysenadenom, zurückführen lässt. Die überschüssigen Nebennierenrindenhormone führen zu Fettablagerungen im Brustbereich, Nacken und Gesicht, Ödemen, Hyperglykämie, gesteigerter Glukoneogenesis, Muskelschwäche, blaurote Striae, Immunschwäche, Osteoporose mit Hang zu Frakturen, Akne sowie Gesichtshaarwuchs bei Frauen.
[Harvey W. Cushing, amerikanischer Chirurg, 1869–1939.]
🇬🇧 Cushing's disease

Cushing-Syndrom. Stoffwechselkrankheit, die durch eine chronische und übermäßige Kortisolproduktion der Nebennierenrinde bzw. durch die Verabreichung hoher Dosen von Glukokortikoiden über einen längeren Zeitraum verursacht wird. Ein spontanes Auftreten der Krankheit lässt auf ein Versagen der Regulierung der Sekretion von → Kortisol bzw. Nebennierenrindenhormon (→ ACTH) schließen. Normalerweise wird Kortisol nur als Reaktion auf ACTH produziert, ACTH wird bei erhöhten Kortisolkonzentrationen nicht ausgeschüttet. Häufig lässt sich das C-S. auf einen Hypophysentumor zurückführen, der zu einer gesteigerten ACTH-Sekretion führt. Klinische Symptome sind verringerte Glukosetoleranz, Stammfettsucht, Vollmondgesicht, supraklavikuläre Fettpolster, hängende, von Striae gezeichnete Fettpolster auf Brust und Bauch, Büffelhöcker, stark verkürzte Monatszyklen bzw. gesenkte Testosteronkonzentrationen, Muskelatrophie, Ödem und Hypokalämie.
[Harvey W. Cushing, amerikanischer Chirurg, 1869–1939.]
🇬🇧 Cushing's syndrome

Cuspis. 1. Markanter Vorsprung bzw. abgerundeter Höcker auf der Kaufläche eines Zahns, wie z.B. die zwei Pyramidenhöcker der vorderen Backenzähne. 2. Kleine Zipfel an den Herzklappen, wie z.B. die mit der rechten Atrioventrikularklappe verbundenen ventralen, dorsalen und medialen Klappensegel.
[*lat.:* cuspis, Punkt.]
🇬🇧 cusp

Cutis. (→ Haut)
🇬🇧 skin

Cutis laxa-Syndrom. Abnorm schlaffe Haut aufgrund fehlender elastischer Hautfasern.
[*lat.:* cutis, Haut, laxus, schlaff.]
cutis laxa

Cyanocobalamin. (Cobalamin; Vitamin B_{12}). Rote, kristalline, wasserlösliche Substanz, die in Form von Vitamin B_{12} erhältlich ist. C. ist am Stoffwechsel von Proteinen, Fetten und Kohlenhydraten beteiligt, sowie an der Blutbildung und verschiedenen Nervenfunktionen. Mangelerscheinungen werden durch Fehlen des → Intrinsic-Faktors verursacht, der für die Resorption von C. aus dem Magen-Darm-Trakt benötigt wird. Vitamin B_{12}-Mangel führt zu → perniziöser Anämie und Hirnschäden. Die mit einem Vitamin B_{12}-Mangel einhergehenden Symptome sind Nervosität, Neuritis, Taubheit und Kribbeln in Händen und Füßen, fehlende Muskelkoordination, unangenehmer Körpergeruch und Menstruationsstörungen.
[*griech.:* kyanos, blau.]
cyanocobalamin

Cyclacillin. Penizillin zur Behandlung bestimmter bakterieller Infektionskrankheiten.
cyclacillin

Cyclamat. Künstlicher Süßstoff ohne Nährwert, der früher in Form von Kalzium- oder Natriumsalzen verwendet wurde.
cyclamate

Cyclophosphamid. Zytostatikum; Alkylanz, das zur Behandlung von Neoplasmen und als Immunosuppressivum bei Organtransplantationen eingesetzt wird.
cyclophosphamide

Cycloserin. Antibiotikum und Tuberkulostatikum, das bei aktiver und extrapulmonaler Lungentuberkulose eingesetzt wird.
cycloserine

Cyclosporin. Gruppe biologisch aktiver Stoffwechselprodukte von *Tolypocladium inflatum Gams* und bestimmten anderen Pilzarten. Die Hauptformen sind Cyclosporin A und C. Bei diesen Substanzen handelt es sich um zyklische Oligopeptide mit immunosuppressiver, antimykotischer und antipyretischer Wirkung. Die primäre immunosuppressive Wirkung von C. besteht in den Auswirkungen auf T-Zellen Lymphozyten.
cyclosporin

Cys. Abkürzung für → Cystein.
Cys

Cysteamin. Mittel zur Behandlung von Nierenkrankheit sowie vererbter Aminosäuren-Stoffwechselkrankheit.
cysteamine bitartrate

Cystein (Cys). Nicht essenzielle → Aminosäure, die Bestandteil vieler körpereigener Proteine, einschließlich Keratin, ist. C. ist ein metabolischer Vorläufer von → Cystin sowie eine wichtige, für verschiedene Körperfunktionen benötigte Schwefelquelle.
cysteine (Cys)

Cystin. Nicht-essenzielle Aminosäure, die in vielen körpereigenen Proteinen, einschließlich Keratin und Insulin, zu finden ist. C. ist das Produkt der Oxidation zweier Cysteinmoleküle.
cystine

Cytochrom. 1. Klasse von Hämoproteinen, die Elektronen durch die Zellmembran transportieren und die Wertigkeit von Eisenverbindungen ändern können. 2. Proteine, die am mitochondrialen Elektronentransportsystem beteiligt sind, das mit der ATP-Erzeugung assoziiert ist.
[*griech.:* kytos, Zelle, chroma, Farbe.]
cytochrome

Cytosin. Pyrimidinbase von Nukleotiden und Grundbestandteil von Desoxyribonukleinsäure (DNS) und Ribonukleinsäure (RNS). Die meisten Zellen enthalten Spuren von freiem und ungebundenem C.
cytosine

D

d. Abkürzung für den Dezimalvorsatz Deka- (10^{-1}).
d

Dakryoadenitis. (Tränendrüsenentzündung). Entzündung der Tränendrüsen.
dacryoadenitis

Dakryostenose. Abnorme Verengung des Tränengangs; entweder kongenital bedingt oder aufgrund einer Infektion bzw. eines Traumas.
[*griech.:* dakryon, Träne + stenos, eng, osis, Zustand.]
dacryostenosis

Dakryozystitis. (Tränensackentzündung). Durch eine Obstruktion des Tränengangs verursachte Tränensackentzündung; Begleitsymptome sind tränende Augen und Augenausfluss.
dacryocystitis

Daktyl-. Finger oder Zehen betreffend.
[*griech.:* daktylos, Finger.]
dactyl

Daktylitis. Schmerzhafte Finger- bzw. Zehenentzündung; tritt in Verbindung mit bestimmten Krankheiten, wie z.B. Sichelzellenanämie oder bei Infektionskrankheiten, insbesondere bei Syphilis oder Tuberkulose auf.
dactylitis

Daltonismus. Form der Rot-Grün-Blindheit; wird als geschlechtsspezifische, autosomal rezessive Eigenschaft vererbt.
[John Dalton, britischer Chemiker und Mathematiker, 1766–1844.]
daltonism

Damm. (→ Perineum)
perineum

Dämmerungssehen. (Nachtsehen). Die Fähigkeit des Auges, sich auf Dunkelheit oder Dämmerlicht einzustellen.
scotopic vision

Dämmerzustand. Bewusstseinsstörung, bei der der Patient visuelle oder auditive Halluzinationen hat und auf diese mit irrationalem Verhalten reagiert. Der Patient nimmt seine Umgebung in diesem Zustand nicht wahr und erinnert sich später meist nicht mehr an seine Halluzinationen, höchstens an einen Traum in diesem Zusammenhang.
twilight state

Dammriss. Zerreißen des Gewebes zwischen Vulva und Anus infolge einer Überdehnung der Vagina bei der Geburt eines Kindes.
tears of the perineum

Dampfsterilisation. Das Zerstören von Bakterien auf einem Objekt, wobei das Objekt bei 49,5°C für 15 Minuten feuchter Wärme ausgesetzt wird.
steam sterilization

Danazol. Synthetisch hergestelltes Androgen, das die Sekretion von Gonadotropinen aus der Hypophyse unterdrückt; wird zur Behandlung von Endometriose eingesetzt.
danazol

Dandy-Walker-Syndrom. Zystische Fehlbildung am vierten Hirnventrikel infolge eines Wasserkopfs (Hydrozephalus).
[Walter E. Dandy, amerikanischer Neurochirurg, 1886–1946; Arthur E. Walker, amerikanischer Chirurg, geb. 1907.]
Dandy-Walker cyst

Darier-Zeichen. Brennen und Juckreiz, das durch leichtes Berühren von Hautläsionen bei Nesselsucht auftritt.
[Jean F. Darier, französischer Dermatologe, 1856–1938.]
Darier's sign

Darmatresie. Pathologischer Verschluss (Obstruktion) des Lumens eines Darmabschnitts, der durch einen Entwicklungsdefekt im Embryonalstadium verursacht wird.
intestinal atresia

Darmausgang, künstlicher. (→ Anus praeter naturalis)
artificial anus

Darmbeinfaszie. (Fascia iliaca). Der Abschnitt der abdominalen Faszie, die am Darmbeinkamm befestigt ist und unter dem Leistenband bis zum Oberschenkel verläuft.
iliac fascia

Darmbeinmuskel. (→ Musculus iliacus)
iliacus

Darmfistel. Unphysiologische Passage vom Darm zu einer Öffnung in der Abdominalwand oder zu einem Stoma, die meist chirurgisch hergestellt wird, um den Stuhl abzuleiten, nachdem ein malignes oder stark ulzeriertes Darmsegment entfernt worden ist.
intestinal fistula

Darmflora. Natürliche Bakterienbesiedlung der Darmwände im gesamten Verdauungstrakt.
intestinal flora

Darmgas. Gas im Verdauungstrakt, das aus drei Quellen stammt: geschluckte Luft, vom Verdauungtrakt selbst produziertes Gas und Blutgase, die in das Darmlumen gelangen. Die wesentlichen vom Darm produzierten und aus dem Blut diffundierten Gase sind Wasserstoff (H_2), der zum Großteil ein bakterielles Gärungsprodukt von verdauten Kohlenhydraten ist, Kohlendioxid (CO_2) und Methan (CH_4).
intestinal gas

Darmgrippe. Virale → Gastroenteritis, die meist durch Infektionen mit einem → Enterovirus verursacht wird; es kommt typischerweise zu Magen-Darm-Krämpfen, Diarrhö, Übelkeit und Erbrechen.
intestinal flu

Darmkolik. Krampfartige Schmerzen bei Darmerkrankungen.
intestinal colic

Darmobstruktion. Jeder Verschluss, der dazu führt, dass Darminhalt das Darmlumen nicht mehr passieren kann. Die häufigste Ursache ist eine mechanische Blockierung, infolge von Adhäsionen, Stuhlverstopfung, Darmtumor, Hernien oder Strikturen bei einer entzündlichen Darmerkrankung. Die Obstruktion des Dünndarms kann starke Schmerzen, das Erbrechen von Stuhl, Dehydratation und möglicherweise einen Blutdruckabfall verursachen. Die Obstruktion des Dickdarms führt zu weniger starken Schmerzen, aber zu beträchtlicher Spannung des Abdomens und zu Verstopfung.
intestinal obstruction

Darmperforation. Entweichen von Darminhalt in die freie Bauchhöhle (Peritonealhöhle), das durch ein Trauma oder eine Entzündung verursacht wird, z.B. durch einen perforierten Appendix oder ein perforiertes Ulkus. Die D. führt zu einer → Peritonitis.
[*lat.:* intestinum, Darm; perforare, durchbohren]
intestinal perforation

Darmsaft. Sekretionen der Drüsen, die sich in der Darmschleimhaut, vor allem im Dünndarm, befinden. (s.a. Magensaft)
intestinal juice

Darmspülung. → Pflegeintervention der → NIC, die definiert wird als die Instillation von Flüssigkeiten in den unteren Gastrointestinaltrakt.
Bowel Irrigation

Darmspülung. Ausgiebige Reinigung des Dickdarmes mit bis zu 5 Liter Spülflüssigkeit. Das System hat dabei einen Zuflussschlauch und einen Abfluss-

schlauch. Die eingefüllte Menge wird wieder abgelassen bis das zurückfließende Wasser annähernd klar ist. Eine Darmspülung ist kein Einlauf, sondern eher eine Methode zur Entfernung von Stuhlresten, die sich in den oberen Dickdarmabschnitten befinden.
colonic irrigation

Darmtraining. 1. → Pflegeintervention der → NIC, die definiert wird als die Unterstützung von Patienten beim Training einer Stuhlausscheidung in bestimmten Abständen. 2. Methode zum Erreichen einer regelmäßigen Ausscheidung durch Reflexkonditionierung, die bei der Behandlung von Stuhlinkontinenz, Obstipation, chronischer Diarrhö und autonomer Hyperreflexie eingesetzt wird. Bei Patienten mit einer autonomen Hyperreflexie führt die Überdehnung von Rektum und Blase zu paroxysmaler Hypertonie, Ruhelosigkeit, Schüttelfrost, Diaphorese, Kopfschmerzen, erhöhter Körpertemperatur und Bradykardie.
Bowel Training

Darmtrakt. Die Abschnitte des Dünn- und Dickdarms, die zwischen Magenausgang (Pylorus) und Mastdarm (Rektum) liegen; der D. ist ein Teil des Verdauungstraktes.
intestinal tract

Darwin-Höckerchen. Ohrmuschel, deren oberer Rand flach nach oben gebogen ist. [Charles R. Darwin, englischer Naturforscher, 1809–1882.]
darwinian ear

Darwinismus. Die von Charles Darwin formulierte Hypothese, welche besagt, dass die Evolution organischer Lebensformen auf natürlicher Selektion beruht, wobei die am besten an ihre natürliche Umgebung angepassten Pflanzen und Tiere überleben. (→ Selektion)
[Charles R. Darwin, englischer Naturforscher, 1809–1882.]
darwinian theory

Daten, weiche. Vorwiegend subjektive Informationen über den Gesundheitszustand eines Patienten durch den Patienten selbst oder durch Familienangehörige. Zu den w.D. zählen die Angabe von Schmerzen oder anderen Empfindungen, Lebensgewohnheiten und die Familienanamnese.
soft data

Datenanalyse. Die Phase einer Studie, in der Informationen geordnet, verschlüsselt und tabellarisch dargestellt werden, um die Durchführung quantitativer und qualitativer Analysen zu ermöglichen.
data analysis

Datenvalidierung. Prüfvorgang, in dessen Verlauf bestimmt wird, ob gesammelte Daten vollständig und akkurat sind.
data validation

Daueranästhesie. Aufrechterhaltung einer begrenzten Nervenblockade bei Operationen oder bei einer Geburt, wobei das Betäubungsmittel (Anästhetikum) entweder in Intervallen oder als Dauerinfusion mit einer niedrigen Fließgeschwindigkeit zugeführt wird. Die Bezeichnung des jeweiligen Vorgangs leitet sich von der betroffenen Körperstelle ab: Dauerepiduralanästhesie, Dauerkaudalanästhesie, Dauerspinalanästhesie oder Plexus brachialis Blockade.
continuous anesthesia

Dauerausscheider. Person, die längere Zeit pathogene Keime ausscheidet, ohne selbst Krankheitssymptome aufzuweisen.
chronic carrier

Dauerkatheter. (→ Selbsthaltender Katheter)
self-retaining catheter

Dauertropfinfusion. Langsame, kontinuierliche Infusion von Flüssigkeit in den Körper, wie z.B. in Magen oder eine Vene.
drip

Daumen. Erster und kürzester Finger der Hand, der von manchen Anatomen als Finger bezeichnet wird, da seine Mittelhandknochen auf dieselbe Weise wie die der Fingerglieder verknöchern. Andere Anatomen ordnen den D. gesondert ein, da die Gelenkverbindung (Sattelgelenk) zu den Mittelhandknochen anders gestal-

tet ist und er nur aus zwei Gliedern besteht.
thumb

Daumenlutschen. Gewohnheitsmäßiges Saugen am Daumen zur oralen Befriedigung. Bei Säuglingen und Kleinkindern ist D. zur Beruhigung normal, insbesondere wenn das Kind hungrig oder müde ist. Die Gewohnheit erreicht nach ca. 18 bis 20 Lebensmonaten ihren Höhepunkt und lässt dann mit der weiteren Entwicklung langsam nach.
thumbsucking

Daumenzeichen. Beugung des Daumenendgliedes in Richtung des gebeugten Zeigefingers; wird beobachtet bei Patienten, die den Daumen infolge einer Verletzung der Elle nicht anwinkeln können.
thumb sign

Daunorubicin. Antibiotikum und Antineoplastikum, das zur Behandlung von Krebs, insbesondere bei Leukämie und Neuroblastomen, eingesetzt wird.
daunorubicin hydrochloride

dB. Abkürzung für Dezibel.
dB

ddC. Abkürzung für → Dideoxycytidin, ein Arzneimittel zur Behandlung von → AIDS. Chemisch verwandt mit DDI (Dideoxyinosin).
ddC

ddI. Abkürzung für → Dideoxyinosin.
DDI

DDT. Abkürzung für Dichlor-diphenyl-trichloräthan; nicht-abbaubarer, wasserunlöslicher Chlorkohlenwasserstoff, der weltweit als Insektizid eingesetzt wurde. Neuere Erkenntnisse über die umweltschädlichen Auswirkungen von DDT haben dazu geführt, dass die Verwendung eingeschränkt wurde.
DDT (dichlorodiphenyltrichlorethane)

Deafferenzierung. Eliminierung bzw. Unterbrechung afferenter Nervenimpulse (z.B. durch Operation oder Medikamente).
[*lat.:* de, von, ad + ferre, tragen.]
deafferentation

Debridement, enzymatisches. Entfernung abgestorbener Gewebeteile einer Wunde mit Hilfe von nicht reizenden, ungiftigen Enzymen.
enzymatic debridement

Decussatio. (Kreuzung). Von Nervenfasern gebildete Kreuzung im Gehirn, wobei Nervenfasern von einer Hirnhälfte in die andere Hirnhälfte überkreuzen.
[*lat.:* decussare, kreuzigen.]
decussation

Defäkation. (Stuhlentleerung). Eliminierung von Stuhl (Fäces) aus dem Verdauungstrakt durch das Rektum.
[*lat.:* defaecere, reinigen.]
defecation

deferens. Ableitend, hinabführend.
deferens

Deferveszenz. Entfieberung, Fiebersenkung.
[*lat.:* defervescere, abkühlen.]
defervescence

Defibrillation. Methode zur Beendigung von Kammerflimmern (unwillkürliche, wiederholte Kontraktionen des Herzen) durch Gabe eines Elektroschocks in der Präkordialregion.
defibrillation

Defibrillator. Gerät, mit dessen Hilfe dem Herzmuskel durch die Brustwand ein Elektroschock von bestimmter Stärke versetzt wird. Defibrillatoren werden eingesetzt, um den normalen Herzrhythmus wiederherzustellen, wenn der Herzschlag aussetzt oder Kammerflimmern beobachtet wird.
defibrillator

Defibrillator, externer, halbautomatischer. Tragbarer Apparat, mit dem ein Herz durch Stromstöße wieder zum Schlagen angeregt werden kann. Er analysiert den Herzrhythmus automatisch und zeigt dem Arzt an, wann eine → Defibrillation erfolgen muss.
semiautomatic external defibrillator

Defibrinierung. Entfernen von Fibrin aus einer Körperflüssigkeit, z.B. Defibrinie-

rung des Blutes, um die Blutgerinnung zu verhindern.
🇬🇧 defibrination

Defizienz. (Mangel). Fehlen bzw. Defizit einer Substanz bzw. eines Stoffs.
🇬🇧 deficiency

Defizit. Mangel bzw. Abweichung vom normalen Zustand, wie z.B. Sauerstoffmangel aufgrund einer Hypoxie.
🇬🇧 deficit

Defloration. ("Entjungferung"). Zerreißen des Jungfernhäutchens (Hymens). Eine Entjungferung kann beim Geschlechtsverkehr, einer gynäkologischen Untersuchung, durch die Verwendung von Tampons, durch sportliche Aktivitäten oder bei einer Operation stattfinden, mit der eine Obstruktion der Menstruationsblutung behoben wird.
🇬🇧 defloration

Deformität. Missbildung, Verformung, Verunstaltung oder Entstellung eines Körperteils bzw. des gesamten Körpers infolge einer Krankheit, Verletzung oder eines Geburtdefekts.
[*lat.:* deformis, missgestaltet.]
🇬🇧 deformity

Degeneration. (Entartung). Allmählicher Verfall normaler Zell- und Körperfunktionen.
[*lat.:* degenerare, sich verändern.]
🇬🇧 degeneration

Degeneration, fettige. (Verfettung). Abnorme Fettablagerungen in Zellen und das Eindringen von Fettgeweben in Organe.
🇬🇧 fatty degeneration

Degradierung. Reduktion einer chemischen Verbindung zu einem einfacheren Komplex; normalerweise durch Abtrennung einer bzw. mehrerer atomarer Gruppen bzw. Untergruppen, wie z.B. bei der → Desaminierung.
[*lat.:* de, von, ab + gradu, Schritt.]
🇬🇧 degradation

Degranulierung. Freisetzung von Tröpfchen bzw. Körnchen aus Mastzellen oder basophilen Zellen.
🇬🇧 degranulation

Dehiszenz. (Klaffen). Auseinanderweichen einer operativen Inzision bzw. das Platzen einer Wunde.
[*lat.:* dehiscere, auseinander klaffen.]
🇬🇧 dehiscence

Dehnung. Traumatische Verletzung der Bänder und Sehnen eines Gelenks, gekennzeichnet durch Schmerzen, Schwellung und Hautverfärbung im Gelenksbereich. Dauer und Stärke der Symptome hängen vom Verletzungsausmaß ab.
🇬🇧 sprain

Dehydratation. (Dehydration). 1. Übermäßiger Wasserverlust aus Körpergeweben mit gleichzeitiger Störung des Elektrolytgleichgewichts, insbesondere von Natrium, Kalium und Chlorid. Anzeichen einer Dehydration sind schlechter Hautturgor (kein verlässliches Zeichen bei älteren Menschen), gerötete, trockene Haut, belegte Zunge, trockene Schleimhäute, Oligurie, Reizbarkeit und Verwirrtheit. 2. Methode, mit der einer Substanz Wasser entzogen wird. (→ Exsikkose)
🇬🇧 dehydration

Dehydrationsfieber. Bei Neugeborenen häufig beobachtetes Fieber, das wahrscheinlich im Zusammenhang mit einer Dehydration steht.
🇬🇧 dehydration fever

dehydrieren. 1. Einer Substanz Wasser entziehen. 2. Übermäßiges Wasserverlieren des Körpers.
[*lat.:* de, von, ab + *griech.:* hydor, Wasser.]
🇬🇧 dehydrate

dehydrogenieren. Wasserstoffatome entziehen, wie z.B. bei Oxidationsprozessen.
🇬🇧 dehydrogenate

Déjà-vu-Erlebnis. Erinnerungsverfälschung, bei der jemand glaubt, etwas gerade Erlebtes schon zuvor in gleicher Weise gesehen oder erlebt zu haben. Das Phänomen kann auf unbewusste emotionale Verknüpfungen mit dem gerade Erlebten zurückgeführt werden; häufig bei → Psychosen.
[*franz.:* déjà vu, zuvor gesehen.]
🇬🇧 deja vu

D

dekantieren. Die Trennung flüssiger und fester Sedimente durch Abgießen der oberen Flüssigkeitsschicht.
decant

Dekapitation. Abtrennung eines Knochenkopfes oder des Kopfes eines Fötus, um eine Entbindung zu ermöglichen.
decapitation

dekodieren. (entschlüsseln). Kodierte Daten in lesbare Form umwandeln.
decode

Dekokt. (Absud). Aus einem wasserlöslichen Extrakt hergestellte flüssige Medizin. Pflanzliche Arzneimittel werden häufig als Dekokte hergestellt.
[*lat.:* de, von + coquere, kochen.]
decoction

Dekompensation. Systemversagen, wie z.B. kardiale Dekompensation bei Herzversagen.
[*lat.:* de, von + compensare, balancieren.]
decompensation

Dekompression. (Druckabfall). 1. Methode, die eingesetzt wird, um eine Person, die höheren Drücken, wie z.B. beim Tauchen, ausgesetzt war, wieder an den atmosphärischen Druck anzupassen. 2. Durch Gas oder eine Flüssigkeit verursachte Druckentlastung in einem Körperhohlraum, wie z.B. dem Magen oder dem Verdauungstrakt.
[*lat.:* de, von + comprimere, zusammendrücken.]
decompression

Dekompressionskrankheit. (Druckfallkrankheit; Taucherkrankheit). Schmerzhaftes, zuweilen tödliches Syndrom, hervorgerufen durch die Ansammlung von Stickstoffbläschen im Körpergewebe von Tauchern bzw. von Personen, die sich zu schnell aus einer Umgebung mit hohem Druck in eine Umgebung mit niedrigerem atmosphärischen Druck begeben. Gasförmiger Stickstoff sammelt sich in den Gelenkräumen und im peripheren Blutkreislauf an und behindert die Sauerstoffzufuhr zu den verschiedenen Körpergeweben. Desorientiertheit, heftiger Schmerz und Synkopen können folgen. Die Behandlung sieht eine rasche Verlagerung des Patienten in eine Hochdruckumgebung vor (Überdrucktherapie) sowie eine schrittweise Dekompression.
decompression sickness

Dekongestionsmittel. 1. Bezeichnung für einen Stoff bzw. einen Prozess, der Stauungen bzw. Schwellungen reduziert bzw. eliminiert. 2. Abschwellendes Mittel. Sympathomimetika, wie z.B. Ephedrine, Pseudoephedrine und Phenylpropanolamin, die vasokonstriktiv auf die Nasenschleimhaut wirken, werden als Dekongestionsmittel eingesetzt.
[*lat.:* de, von, ab + congerere, anhäufen.]
decongestant

Dekontamination. (Entgiftung). Beseitigung von Fremdstoffen, wie z.B. Blut, Körperflüssigkeiten oder Radioaktivität. Mikroorganismen werden dabei nicht beseitigt; die Dekontamation ist ein notwendiger Schritt, der vor einer Desinfektion und Sterilisation ausgeführt werden sollte. (s.a. Kontamination)
decontamination

Dekortikation. (Rindenentfernung). Entfernung des Rindengewebes eines Organs, wie z.B. der Niere, des Gehirns oder der Lunge.
[*lat.:* de, von, ab + cortex, Rinde.]
decortication

Dekrement. (Intensitätsabnahme). Abnahme oder Senkung, z.B. Abnahme der Heftigkeit von Wehen, Abklingen von Symptomen.
[*lat.:* de, von, ab + crescere, wachsen.]
decrement

Dekrementleitung. Übertragung, die zusammen mit der Wirksamkeit des weitergeleiteten Muskelimpulses kontinuierlich nachlässt.
decremental conduction

Dekubitus. (→ Druckulkus)
pressure ulcer

Dekubitusprophylaxe. (→ Pflege bei Druckulzera)
pressure ulcer prophylaxis

Delegieren. → Pflegeintervention der → NIC, die definiert wird als die Übertragung von Verantwortung für die Durchführung der Patientenpflege unter Beibehaltung der Verantwortlichkeit für das Ergebnis.
Delegation

deletär. Gesundheitsschädigend, zerstörend.
[*griech.:* deleterios, Zerstörer.]
deleterious

Deletion. Verlust eines Chromosomenstücks, das sich von dem übrigen genetischen Material getrennt hat. (→ Mutation)
[*lat.:* delere, auslöschen, vernichten.]
deletion (del)

Deletion-Syndrom. Verschiedene kongenitale, autosomale Anomalien, die auf den Verlust von genetischer Information bei der Zellteilung zurückgeführt werden können; z.B. das Katzenschreisyndrom, das durch das Fehlen eines Stückes von Chromosom 5 verursacht wird.
deletion syndrome

Delirium. (Delir). 1. Zustand der Unruhe bzw. des übermäßigen Enthusiasmus. 2. Akute, organische Psychose mit Bewusstseins- und Orientierungsstörungen, Unruhe, Angst- und Erregungszuständen, → Halluzinationen und Wahnvorstellungen; dies ist auf Störungen der Hirnfunktionen infolge verschiedener Stoffwechselkrankheiten zurückzuführen, einschließlich Ernährungsmangel und endokriner Störungen durch postpartalen bzw. postoperativen Stress, die Einnahme toxischer Substanzen, wie z.B. verschiedene Gase, Metalle oder Drogen, einschließlich Alkohol sowie infolge körperlicher oder mentaler Schockzustände bzw. Überanstrengung. (s.a. Delirium tremens)
[*lat.:* delirare, verrückt sein.]
delirium

Delirium, chronisches. Form des Deliriums, bei der der Patient Anzeichen einer Psychose vorweist, jedoch afebril ist. Tritt manchmal zusammen mit Erschöpfung, Unterernährung und Kräfteschwund auf.
[*griech.:* chronos, Zeit; *lat.:* delirare, phantasieren.]
chronic delirium

Delirium, Pflege bei. → Pflegeintervention der → NIC, die definiert wird als die Gewährleistung einer sicheren und therapeutischen Umgebung für Patienten mit akuten Verwirrtheitszuständen.
Delirium Management

Delirium tremens. Akute, bisweilen tödliche Psychose, die bei chronischen Alkoholikern beim Alkoholentzug eintritt. Anfängliche Symptome sind Appetitlosigkeit, Schlaflosigkeit und allgemeine Unruhe. Im fortgeschrittenen Stadium treten Erregung, Desorientiertheit, Verwirrtheit, lebhafte und oft beängstigende Halluzinationen, akute Angstzustände, Illusionen und Wahnvorstellungen, heftiger Tremor an Füßen, Händen und Zunge, Fieber, Tachykardie, Schwitzen, gastrointestinale Beschwerden und Thoraxschmerzen auf.
delirium tremens (DTs)

Delta. Vierter Buchstabe des griechischen Alphabets.
delta

Delta-Welle. 1. Auch als Deltarhythmus bezeichnet. Die langsamste der vier Formen von Hirnwellen, mit einer Frequenz von 4 Hz und einer relativ hohen Spannung. Delta-Wellen sind »Tiefschlafwellen«, die mit dem traumlosen Tiefschlaf assoziiert sind. 2. Verzerrung des QRS-Komplexes eines Elektrokardiogramms (EKGs), verursacht durch eine Präexzitation. (s.a. Elektroenzephalogramm)
delta wave

deltaförmig. Dreieckig.
deltoid

Demand-Herzschrittmacher. (Abrufschrittmacher). Herzschrittmacher, mit dem das Herz elektrisch stimuliert wird, wenn die herzeigenen Impulse unzureichend sind. Der Schrittmacher erfasst die Intervalle zwischen den herzeigenen Schlägen und

gibt in vorprogrammierten Zeitabständen elektrische Impulse ab.
[*lat.:* demandere, beauftragen.]
demand pacemaker

Demarkation. (Abgrenzung). Prozess zur Festlegung von Grenzen und Begrenzungen, z.B. zwischen krankem und gesundem Gewebe.
[*lat.:* de, von, ab, marcare, markieren.]
demarcation

dement. Eine mentale Störung betreffend, bei der kognitive Funktionen beeinträchtigt sind.
[*lat.:* de, von, ab, mens, Verstand.]
demented

Demenz. (Dementia). Fortschreitende organische, mentale Störung mit chronischen Veränderungen der Persönlichkeitsstruktur, Verwirrtheit, Dersorientiertheit, Stupor, Verlust früher kognitiv erworbener und intellektueller Fähigkeiten und Funktionen sowie Gedächtnisverlust, Beeinträchtigung der Urteilsfähigkeit und Impulskontrolle. Der Prozess kann über Monate oder auch über Jahre andauern. Beispiele: Alzheimer-Krankheit, Creutzfeld-Jakob-Krankheit, Parkinson-Synrom, aber auch bei Gefäßsklerosen, Traumen, Psychosen, Intoxikationen, Schizophrenie.
[*lat.:* de, von, ab, mens, Verstand.]
dementia

Demenz, epileptische. Verlust kognitiver und intellektueller Funktionen bei unkontrollierter Epilepsie. Symptome sind verlangsamtes Sprechen und verringerte Aufmerksamkeitsspanne.
[*griech.:* epilepsia, Anfall; *lat.:* de, von + mens, Sinn, Geist.]
epileptic dementia

Demenz, Pflege bei. → Pflegeintervention der → NIC, die definiert wird als die Gewährleistung einer für Patienten mit chronischen Verwirrtheitszuständen angepassten Umgebung.
Dementia Management

Demineralisation. Verringerung der Konzentration von Mineralien und anorganischen Salzen im Gewebe, z.B. infolge von Krankheiten.
[*lat.:* de, von, ab + minera, Mine.]
demineralization

Demographie. Studium menschlicher Bevölkerungen, insbesondere in Bezug auf die Größe, Verteilung und Eigenschaften der Mitglieder verschiedener Populationsgruppen.
[*griech.:* demos, Leute, graphein, aufzeichnen.]
demography

Demulcens. Ölige Substanz zur Linderung gereizter Hautoberflächen.
[*lat.:* demulcere, abschlagen.]
demulcent

Demyelinisation. (Entmarkung). Zerstörung bzw. Entfernen der Myelinscheide eines Nervs bzw. einer Nervenfaser, z.B. bei multipler Sklerose.
[*lat.:* de, von, ab + *griech.:* myelos, Mark.]
demyelination

Denaturierung. 1. Veränderung oder Zerstörung der grundlegenden Natur bzw. Struktur einer Substanz. 2. Methode, mit der Nahrungsmittel verändert und für den menschlichen Verzehr ungenießbar gemacht werden, jedoch noch für andere Zwecke, z.B. als Lösungsmittel, verwendet werden können.
[*lat.:* de, von, ab; natura, Natur]
denaturation

Dendrit. Verzweigter Fortsatz, der die Verlängerung des Zellkörpers einer Nervenzelle (Neurons) bildet und von Neurotransmittern stimuliert werden kann.
[*griech.:* dendron, Baum.]
dendrite

dendritisch. 1. Baumförmig, mit Verästelungen, die sich in benachbarte Gewebe verzweigen 2. Einen Dendriten betreffend.
dendritic

Denervierung. (Enervierung). Unterbrechung einer Nervenimpulsbahn, z.B. durch einen chirurgischen Eingriff oder die Verabreichung eines Medikamentes, das die Nervenbahn blockiert. Das Ergebnis ist eine

Impulsabnahme bzw. vollständige Unterbrechung der Impulsübertragung über die betreffende Bahn.
[*lat.:* de, von, ab + nervus, Nerv.]
denervation

Dengue-Fieber. Akute arbovirale Infektionskrankheit, die in tropischen und subtropischen Regionen vorkommt und von *Aedes*-Stechmücken auf den Menschen übertragen wird. Infektionssymptome sind Fieber, Hautausschlag und heftige Kopf-, Rücken- und Muskelschmerzen. Das Dengue-Fieber hat eine gute Prognose, obwohl die Genesung mehrere Wochen dauern kann.
dengue fever

Dengue-Hämorrhagisches Fieber. Komplikation des → Dengue-Fiebers. Der Patient leidet unter einem Schock, der zu einem Kreislaufkollaps führen kann. Neben den normalen Symptomen werden kalte Extremitäten, ein schwacher Puls sowie Atembeschwerden beobachtet. Zusätzlich können Blutungen, blaue Flecken, kleine rote Punkte, die auf Blutungen in den Hautkapillaren weisen, blutiges Erbrechen sowie Blut im Urin und Stuhl auftreten.
dengue hemorrhagic fever shock syndrome (DHFS)

Denitrogenation. Ausscheidung von Stickstoff aus der Lunge und Körpergeweben durch längeres Einatmen von reinem Sauerstoff.
denitrogenation

Denken, abstraktes. Letzte, komplexe Phase in der Entwicklung des kognitiven Denkens. Das abstrakte Denken ist durch Anpassungsfähigkeit, Flexibilität sowie dem Gebrauch von Konzepten und Verallgemeinerungen gekennzeichnet. Die Fähigkeit zur Problemlösung wird durch logische Schlussfolgerungen aus einer Reihe von Beobachtungen begleitet, z.B. durch Formulieren von Hypothesen und ihre Überprüfung.
[*lat.:* abstrahere, zurückhalten]
abstract thinking

Denken, dereistisches. (autistisches Denken). Phantastiegelenktes Denken, das weder von Logik, dem persönlichen Erfahrungsschatz oder der Realität modifiziert wird; schizophrene Denkform.
[*lat.:* de, von, ab + res, Ding.]
dereistic thought

Denken, kombiniertes. Phase in der Entwicklung des kognitiven Denkprozesses eines Kindes. Während dieser Phase basiert das Denken nur auf Wahrgenommenem und Erlebtem. Das Kind kann noch nicht über das Beobachtete hinaus verallgemeinern oder ableiten.
syncretic thinking

Denken, konkretes. Phase der kognitiven Entwicklung eines Kindes. Während dieser Phase wird das kindliche Denken zunehmend logisch und zusammenhängend; das Kind kann Klassifizierungen vornehmen, Gedanken und Fakten sortieren und ordnen, ist aber noch unfähig, Verallgemeinerungen oder Abstraktionen vorzunehmen.
concrete thinking

Denkprozess, veränderter. Anerkannte → NANDA-Pflegediagnose, die den Zustand eines Patienten beschreibt, bei dem kognitive Abläufe und Wahrnehmungen gestört sind. Kennzeichnende Merkmale sind eine ungenaue Interpretation der Umwelt, kognitive Störungen (beeinträchtigte Fähigkeit, Gedanken nachzuvollziehen, Probleme zu lösen, rational zu denken, abstrakt oder begrifflich zu denken), Ablenkbarkeit, Gedächtnisprobleme, Ich-Bezogenheit und erhöhte oder verminderte Wachsamkeit.
thought processes, altered

Dens. 1. Zahn bzw. zahnförmige Struktur oder Fortsatz. 2. Konusförmiger, zahnähnlicher (odontoider) Achsenfortsatz bzw. Bezeichnung für den zweiten Halswirbel.
[*lat.:* dens, Zahn]
dens

dental. Die Zähne betreffend.
[*lat.:* dens, Zahn.]
dental

Dentalgie. Zahnschmerzen.
[*lat.:* dens, Zahn, *griech.:* algos, Schmerz.]
dentalgia

Dentikel. Kalzifizierter Körper in der Pulpakammer eines Zahnes.
denticle

Dentin. (Zahnbein). Wichtigstes Zahnmaterial, das die Zahnpulpa umgibt und von Schmelz und Zahnzement umgeben ist. Dentin ist härter und dichter als Knochen und besteht aus einem festen organischen, mit Kalksalzen infiltrierten Substrat.
[*lat.:* dens, Zahn.]
dentin

Dentition. (Dentifikation; Zahnung). 1. Entwicklung und Erscheinen von Zähnen. 2. Anordnung, Zahl und Art der Zähne in einer Zahnreihe. 3. Besonders geformte und angeordnete Zähne eines Individuums oder einer Spezies.
[*lat.:* dentire, zahnen.]
dentition

Dentitionszyste. Eine von drei Arten von Follikelzysten, die aus einem mit Epithelgewebe ausgekleideten Sack besteht, der mit Flüssigkeit oder viskösem Material gefüllt ist und die Krone eines noch nicht zum Vorschein gekommenen Zahnes umgibt.
dentigerous cyst

dentofazial. Bezeichnung für die Mund- oder Kieferstruktur.
dentofacial

Denudation. (Freimachen). 1. Der Vorgang des Entkleidens. 2. Verlust einer Außenschicht, z.B. des Epithelialgewebes.
[*lat.:* denudare, entblößen.]
denudation

Denver-Klassifikation. System der Kennzeichnung und Klassifikation menschlicher Chromosomen, beruhend auf den Kriterien, die auf Konferenzen der Zytogenetik in Denver (1960), London (1963) und Chicago (1966) festgelegt wurden. Das System basiert auf der Chromosomengröße und der Position des Zentromers während der mitotischen Metaphase. Die Chromosomen werden in sieben, mit den Buchstaben A bis G bezeichnete Hauptgruppen unterteilt, die absteigende Chromosomenlängen reflektieren.
Denver classification

Deodorant. (Deo; Desodorant). Substanz, die bestimmte Gerüche verhindert bzw. überdeckt. Ein Deodorant für die Achseln enthält ein Antiperspiranz, wie z.B. Aluminiumchlorid, das die Schweißkanäle mit Hydroxidgel blockiert. Intimsprays (Vaginale Deosprays) enthalten emolliente Fettester, Duftstoffe sowie antimikrobielle Bestandteile. Die Verwendung dieser Sprays kann allergische Reaktionen auslösen. Raum- und Atemdeodoranzien enthalten verschiedene Duftstoffe, wie z.B. Minze und Thymian. Deodorants sind als Rollstifte, Sprays, Puder oder Seifen erhältlich.
[*lat.:* de, von, ab + odor, Geruch.]
deodorant

Depersonalisation. Entfremdung von der eigenen Person (vom Ich-Erlebnis); häufig infolge von Angstzuständen oder Überanstrengung.
[*lat.:* de, von, ab + persona, Maske.]
depersonalization

Depigmentierung. Fehlen bzw. Verlust der normalen Hautpigmentierung; kann kongenital bedingt sein, wie z.B. bei → Albinismus, oder infolge einer Krankheit, wie z.B. → Psoriasis, auftreten.
[*griech.:* a, keine; chroma, Farbe]
achromia

Depilation. (Enthaarung). Entfernung oder Ausreißen von Körperhaaren. Eine vorübergehende Enthaarung wird mechanisch oder chemisch, dauerhafte Enthaarung wird mit Hilfe einer Elektrolyse durchgeführt. Bei der Elektrolyse werden die Haarfollikel zerstört.
[*lat.:* de, von, ab + pilum, Haar.]
depilation

Depilationsmethoden. Methoden zur Entfernung unerwünschter Körperhaare, z.B. durch Ausreißen, durch Anwendung von chemischen Mitteln, Elektrolyse oder Auftragen von geschmolzenem Wachs.
depilatory techniques

Depilatorium. Enthaarungsmittel.
🇬🇧 depilatory

Depolarisation. Reduktion eines Membranpotenzials zu einem weniger negativen Wert.
🇬🇧 depolarization

Depot. (Ablagerung). 1. Körperbereich, in dem Arzneimittel oder andere Substanzen, wie z.B. Fette, gelagert werden und von dort verteilt werden. 2. Injiziertes oder implantiertes Arzneimittel, das langsam im Blutkreislauf aufgenommen wird, z.B. Insulin.
[*franz.:* depot, Speicher.]
🇬🇧 depot

Depot-Insulin. Form des Insulines, welches sich durch eine Verzögerung der Wirkungsdauer von 10 bis 24 Stunden auszeichnet.

Depression. 1. Vertiefung, Mulde oder Graben; Verschiebung nach unten bzw. nach innen. 2. Herabsetzung lebenswichtiger Funktionen. 3. Stimmungsschwankungen mit Gefühlen der Traurigkeit, Verzweiflung und Mutlosigkeit, die im direkten Verhältnis zu einem persönlichen Verlust oder einer Tragödie stehen. 4. Abnormer emotionaler Zustand mit unangemessenen und realitätsfernen Gefühlen der Traurigkeit, Melancholie, Antriebslosigkeit, Leere, geringem Selbstwertgefühl und Hoffnungslosigkeit.
[*lat.:* deprimere, herunterdrücken.]
🇬🇧 depression

Depression, agitierte. Form der endogenen Depression mit schweren Angstzuständen, die von steter körperlicher Unruhe und häufig auch von körperlichen Beschwerden begleitet wird.
🇬🇧 agitated depression

Depression, anaklitische. Syndrom bei Kleinkindern, das normalerweise in Verbindung mit einer plötzlichen Trennung von der Mutter steht. Zu den Symptomen gehören Ängstlichkeit, Zurückgezogenheit, ständiges Weinen, Nahrungsverweigerung, Schlafstörungen und möglicherweise eine Regungslosigkeit (Stupor), die die körperliche, soziale und intellektuelle Entwicklung des Kindes ernsthaft beeinträchtigen kann.
🇬🇧 anaclitic depression

Depression, reaktive. (→ Reaktion, depressive)
🇬🇧 reactive Depression

Depressivum. Arzneimittel, das die Funktion oder Aktivität eines Körpersystems herabsetzt, z.B. Depressiva für die Herzmuskeln, das Zentralnervensystem oder das Atemsystem.
[*lat.:* deprimere, herabdrücken]
🇬🇧 depressant

Depressivum, des Zentralnervensystems. Substanzen, die die Funktion des ZNS vermindern bzw. herabsetzen, wie z.B. Alkohol, Tranquilizer, Barbiturate und Hypnotika. Diese Substanzen dämpfen erregbares Gewebe des ZNS, indem die Neuronmembranen stabilisiert, die von Nervenimpulsen freigesetzten Transmittersubstanzen verringert und postsynaptische Reaktionen sowie Ionenbewegungen unterdrückt werden. Die Depressiva erhöhen die Anfallschwelle und können nach einer relativ kurzen Zeit zu körperlicher Abhängigkeit führen. Ein plötzlicher Entzug länger eingenommener, hochdosierter ZNS-Depressiva kann tödliche Folgen haben.
🇬🇧 central nervous system depressant

Depressivum, zerebrales. Arzneimittel bzw. Substanz mit sedierender Wirkung auf das Gehirn; reduziert die zerebrale Aktivität und Wachsamkeit und kann sogar in manchen Fällen zur Bewusstlosigkeit führen.
[*lat.:* cerebrum, deprimere, niederdrücken]
🇬🇧 cerebral depressant

Depressor. Substanz, die die Aktivität von Nerven und Muskeln herabsetzt.
[*lat.:* deprimere, herunterdrücken.]
🇬🇧 depressor

Depressorreflex. Reflexartige Gefäßerweiterung (Vasodilatation) bzw. Abfall des arteriellen Blutdrucks (Hypotonie) die

durch eine Stimulation des Karotissinus ausgelöst werden.
[*lat.:* deprimere, herunterdrücken, reflectere, zurückbeugen.]
depressor reflex

deprimiert. (depressiv). 1. Einen Körperteil betreffend, der unter die Oberfläche umliegender Teile gedrückt wurde, z.B. bei einem Knochenbruch. 2. Die Hemmung einer Körperfunktion betreffend, z.B. verringerte Urinabgabe bei Dehydration. 3. Einen emotionalen Zustand betreffend, der mit Niedergeschlagenheit, Antriebslosigkeit, Teilnahmslosigkeit, Appetitlosigkeit und Konzentrationsschwäche einhergeht.
[*lat.:* deprimere, herabdrücken]
depressed

Deprivation. Entbehrung oder Mangel.
[*lat.:* deprivare, berauben.]
deprivation

Derivat. (Abkömmling). Aus einer anderen Substanz oder einem anderen Objekt erzeugte Strukturen, wie z.B. Organe und Gewebe, die Derivate primordialer Keimzellen sind.
[*lat.:* derivare, abwenden.]
derivative

Dermabrasion. (Hautabschürfung). Entfernung oberflächlicher Hautvernarbungen mit Hilfe von Drahtbürsten oder Sandpapier, z.B. bei Akne vulgaris, Windpocken. Zur Kühlung der Haut wird ein Kühlspray verwendet.
[*lat.:* abrado, abkratzen]
dermabrasion

dermal. Die Haut betreffend.
[*griech.:* derma, Haut.]
dermal

Dermatitis. (Hautentzündung). Entzündlicher Zustand der Haut, der von verschiedenen Hautausschlägen begleitet ist, die im Zusammenhang mit bestimmten Allergen, bestimmten Krankheiten oder Infektionen stehen.
[*griech.:* derma, Haut + itis, Entzündung.]
dermatitis

Dermatitis, allergische. Zellvermittelte Entzündungsreaktion der Haut, nachdem ein Körperbereich Kontakt mit einem → Allergen hatte, auf das der Patient überempfindlich reagiert.
[*griech.:* derma, Haut; itis, Entzündung]
allergic dermatitis

Dermatitis exfoliativa neonatorum. (→ Ritter-Krankheit)
staphylococcal scalded skin syndrome (SSSS)

Dermatitis herpetiformis. (Duhring-Krankheit). Von starkem Juckreiz begleitete chronische Hautkrankheit mit symmetrisch angeordneten Gruppen roter papulovesikulärer, vesikulärer, bullöser oder urtikarieller Läsionen.
dermatitis herpetiformis

Dermatitis seborrhoides. Weit verbreitete, chronisch entzündliche Hautkrankheit, gekennzeichnet durch trockene oder feucht-fettige Hautschuppen mit gelber Kruste. Kommt vor allem vor an Kopf, Augenlidern, Gesicht, äußerem Ohr, Achseln, Brust, Lende und in den Glutealfalten. Im akuten Stadium kann die Haut an diesen Stellen nässen, es kommt zu Infektionen mit anschließender Furunkelbildung. Bei manchen Menschen tritt die D. s. im Zusammenhang mit Diabetes mellitus, Störungen der Nährstoffaufnahme, Epilepsie oder bei allergischen Reaktionen auf Gold oder Arsen auf.
seborrheic dermatitis

Dermatofibrom. Schmerzloser, runder, fester, hautfarbener bis tiefbrauner Hauttumor, der häufig an den Extremitäten auftritt.
[*griech.:* derma, Haut + *lat.:* fibra, Faser, oma, Tumor.]
dermatofibroma

Dermatofibrosarkom. Spezielle Form eines fibrösen Hauttumors.
[*griech.:* derma, Haut; *lat.:* fibra, Faser; *griech.:* sarx, Fleisch, oma, Tumor.]
dermatofibrosarcoma

Dermatoglyphen. (Hautleisten). Hautleisten auf Fingern, Zehen, den Handinnenflächen sowie den Fußsohlen. Die Muster

werden zur Identifizierung eingesetzt und haben aufgrund der Verknüpfungen bestimmter Muster mit verschiedenen Chromosomenanomalien auch einen gewissen diagnostischen Wert.
[*griech.:* derma, Haut + glyphe, Einkerbung.]
dermatoglyphics

Dermatologe. (Hautarzt). Ein auf die Behandlung von Hautkrankheiten spezialisierter Arzt.
dermatologist

Dermatologie. Wissenschaftliche Erforschung der Haut, einschließlich ihrer anatomischen, physiologischen und pathologischen Eigenschaften, und Lehre von der Diagnose und Behandlung von Hautkrankheiten.
[*griech.:* derma, Haut + logos, Wissenschaft.]
dermatology

Dermatom. 1. Hauttumor. 2. Bereich mit abnorm verdickter Haut. 3. Mesodermale Schicht in der frühen Entwicklung des Embryos, aus der die dermalen Hautschichten entstehen. 4. Zum Schneiden dünner Hautlappen vewendetes chirurgisches Instrument. 5. Bereich auf der Körperoberfläche, der von afferenten Fasern der Rückenmarkswurzeln innerviert wird.
dermatoma

Dermatomykose. Oberflächliche Pilzinfektion der Haut, die insbesondere auf feuchten und geschützten Hautpartien zu finden ist, wie z.B. der Leistengegend oder den Füßen; wird durch Dermatophyten verursacht.
[*griech.:* derma, Haut + mykes, Pilz, osis, Beschwerde.]
dermatomycosis

Dermatomyositis. Bindegewebekrankheit mit juckender oder ekzematöser Entzündung der Haut, Schmerzhaftigkeit der Haut sowie Muskelschwäche. Das Muskelgewebe wird zerstört und der Muskelschwund kann so dramatisch sein, dass der Patient nicht mehr laufen bzw. einfachste Aufgaben ausführen kann.
[*griech.:* derma, Haut + mys, Muskel, itis, Entzündung.]
dermatomyositis

Dermatopathie. Hautleiden, Hauterkrankung.
dermatopathy

Dermatophyt. (Hautpilz). Pilzart, die parasitäre Pilzkrankheiten beim Menschen verursacht.
dermatophyte

Dermatophytie. Sammelbezeichnung für oberflächliche Pilzinfektionen der Haut, die durch *Microsporum, Epidermophyton* oder *Trichophyton*-Dermatophytenarten verursacht werden. Am Rumpf und an den oberen Extremitäten bilden sich runde bzw. ovale, schuppige Flecken mit leicht erhöhten Begrenzungen und klaren Zentren (umgangssprachlich auch als »Flechte« bezeichnet). An den Füßen treten kleine Bläschen auf, die aufplatzen, jucken und Schuppen bilden und häufig sekundäre bakterielle Infektionen nach sich ziehen. Diese Fußinfektionen werden auch als »Fußpilz« bezeichnet.
[*griech.:* derma, Haut + phyton, Pflanze, osis, Beschwerde.]
dermatophytosis

Dermatose. (Hauterkrankung). Sammelbezeichnung für Hautkrankheiten, insbesondere für entzündliche Hautkrankheiten.
[*griech.:* derma, Haut + osis, Beschwerde.]
dermatosis

Dermatosklerose. Hautkrankheit mit fibröser Hautverdickung. (→ Varizen)
[*griech.:* derma, Haut + sklerosis, Verhärtung.]
dermatosclerosis

Dermis. (Lederhaut; Korium). Hautschicht direkt unterhalb der Oberhaut (Epidermis). Besteht aus Papillar- und Geflechtschichten und enthält Blut- und Lymphgefäße, Nerven und Nervenenden, Drüsen und Haarfollikel.
dermis

D

Dermographismus. (Hautschrift). Hautkrankheit, verursacht durch Nachzeichnen der Hautlinien mit einem Fingernagel bzw. einem stumpfen Gegenstand.
[*griech.:* derma, Haut + graphein, aufzeichnen.]
dermatographia

Dermoid. Hautzyste oder → Dermoidzyste.
[*griech.:* derma, Haut + eidos, Form.]
dermoid

dermoid, dermatoid. Die Haut betreffend.
dermoid

Dermoidzyste. Tumor aus embryonalem Gewebe mit fibröser Wand, der mit Epithelgewebe ausgekleidet ist. Dermoidzysten enthalten Hohlräume, in denen sich Fett, Haare, Zähne, Knochenteile und Knorpelmaterial befinden können.
dermoid cyst

Derotationsschiene. Individuell angepasste Orthese zur Stabilisierung des Kniegelenks. Besteht aus einer Schiene mit einem einfachen Scharnier auf der einen Seite und einer rotierenden Wählscheibe auf der entgegengesetzten Seite.
derotation brace

Desaminase. Unterklasse von Enzymen, die die Hydrolyse von NH_2-Bindungen in Aminoverbindungen katalysieren. Die Enzyme werden nach ihren jeweiligen Substraten benannt, z.B. Adenosindeaminase, Guanindeaminase oder Guanosindeaminase.
[*lat.:* de, weg, amine, Ammoniak; *franz.:* diastase, Enzym.]
deaminase

Desaminierung. Abspaltung des NH_2-Radikals von einer Aminoverbindung.
deamination

Desault-Verband. Verband zur Ruhigstellung des Schultergelenks und Oberarms mit einem Schlauchverband oder - seltener - mit elastischen Binden. Der Oberarm wird dabei rechtwinklig abgewinkelt vor dem Körper anliegend fixiert.
Desault's bandage

descendens. Absteigend.
descendens

desensibilisieren. 1. Für verschiedene Antigene unempfindlich machen. 2. Eine emotional gestörte Person mit Hilfe von Gesprächstherapie von Phobien und Neurosen befreien. 3. Die Schmerzempfindlichkeit von Dentin auf reizende Substanzen und Temperaturwechsel reduzieren.
[*lat.:* de, von, ab + sentire, fühlen.]
desensitize

Desensibilisierung, systemische. Bestimmte Technik in der Verhaltenstherapie, mit der mit Phobien verbundene Ängste behandelt werden. Dabei bildet der Patient eine Hierarchie der Angst auslösenden Faktoren, die ihm dann solange präsentiert werden, bis sie keine Angst mehr auslösen.
systemic desensitization

Designerdrogen. Synthetisch hergestellte organische Verbindungen mit berauschender bzw. betäubender Wirkung.
[*lat.:* de, von, ab + signare, markieren.]
designer drugs

Desinfektion. (Entseuchung/Entkeimung). Bezeichnung für den Vorgang, bei dem pathogene Organismen abgetötet bzw. in einen statischen Zustand gebracht werden.
disinfection

Desinfektionsmittel. Flüssiges chemisches Mittel, das zur Abtötung vieler bzw. aller pathogenen Mikroorganismen auf Gegenstände aufgetragen wird. (s.a. Bakteriostatika)
disinfectant

Desinfestation. (Entwesung). Beseitigung eines Seuchenrisikos, das durch Würmer, Parasiten, Nager, Läuse oder andere Schädlinge übertragen werden kann.
[*lat.:* dis, auseinander, infestare, verseuchen.]
disinfestation

desinfizieren. (keimfrei machen). Viele bzw. alle pathogenen Mikroorganismen mit Ausnahme von Bakteriensporen abtöten.
[*lat.:* dis, auseinander, inficere, infizieren.]
disinfect

Desmoid. Fibröser, fester, gummiartiger Tumor, der Kopf, Nacken, Oberarm, Ab-

domen oder die unteren Extremitäten befallen kann.
[*griech.:* desmos, Band, eidos, Form.]
desmoid tumor

Desmosom. (Haftplatte). Kleiner Rundkörper in der interzellulären Brücke, an der bestimmte Epithelzellen, insbesondere das Schichtepithel der Epidermis befestigt sind.
[*griech.:* desmos, Band, soma, Körper.]
desmosome

Desorientiertheit. Zustand der geistigen Verwirrung mit typischen Wahrnehmungsstörungen in Bezug auf Raum, Zeit oder Identität. Zu den Ursachen zählen Exsikkose, Demenz, Hirnerkrankungen u.a.
[*lat.:* dis, auseinander + orienter, herrühren von.]
disorientation

Desoxydation. (Sauerstoffentzug). Entnahme von Sauerstoff aus einer chemischen Verbindung.
deoxygenation

Desoxykortikosteron (DOC). Mineralokortikoidhormon (Vorstufe des → Aldosteron), das bei der Substitutionstherapie, bei kongenitaler Nebennierenhyperplasie sowie bei chronischer Nebennierenrindeninsuffizienz zur Verhinderung eines übermäßigen Salzverlusts (z.B. Natrium, Chlor) angewendet wird.
desoxicorticosterone acetate

Desoxyribonukleinsäure (DNS/DNA). Großes, doppelsträngiges, als Helix angeordnetes Nukleinsäuremolekül, das sich in den Chromosomen von Zellkernen befindet und die genetischen Informationen enthält. Die Kodierung der genetischen Information richtet sich nach der Reihenfolge der Nukleotiden im DNA-Molekül.
deoxyribonucleic acid (DNA)

Desquamation. Normale Abschuppung der obersten Hornhautschicht.
[*lat.:* desquamare, abschuppen.]
desquamation

Destillation. Verdampfen einer Flüssigkeit und nachfolgende Kondensierung durch Abkühlen.
[*lat.:* distillare, heruntertropfen.]
distillation

Deszensus. (Prolaps). Vorfall bzw. Senkung. (→ Prolaps)
descensus

Detergens. 1. Reinigungsmittel, z.B Seifen, 2. Befeuchtungsmittel zur Entfernung von Atemwegssekretionen von den Lungenwänden.
[*lat.:* detergere, reinigen.]
detergent

Detoxikation. (Entgiftung). Eine giftige Substanz ungiftig machen oder die Wirkung von Gift neutralisieren. (s.a. Toxizität; Antidot)
[*lat.:* de, von, ab; *griech.:* toxicon, Gift.]
detoxification

Deuterium (^2H). Stabiles Isotop des Wasserstoffatoms.
deuterium (^2H)

Devaskularisation. (Gefäßausschluss). Blutentzug aus einem Körperteil bzw. Unterbrechung des Blutflusses zu dem Körperteil.
[*lat.:* de, von, ab, vasculum, kleines Gefäß.]
devascularization

Devianz. (Abweichung). Verhaltensweisen, die von den allgemein anerkannten Normen einer Gemeinschaft oder Kultur abweichen. – *adj.* deviant.
[*lat.:* deviare, abwenden.]
deviance

devitalisieren. Gewebe mit verringerter Sauerstoff- und Blutmenge versorgen, abtöten, z.B. der Nerv eines Zahns.
devitalize

Dexamethason. Glukokortikoid, das zur Behandlung von Entzündungen eingesetzt wird.
dexamethasone

dexter. Rechts, rechte Seite.
[*lat.:* dexter, rechts.]
dexter

Dextranlösung. Lösungen, die Polysaccharide, Wasser und Elektrolyte enthalten. Dextranlösungen werden bei Hypovolämie infolge von Blutungen, Dehydration und anderen Ursachen als Plasmaexpander eingesetzt.
dextran preparation

Dextrin. Glukosepolymer, der bei der Hydrolyse von Stärke gebildet wird; farb- und geschmacklose, gummiartige Substanz, die wasserlöslich ist. Dextrin entsteht als Zwischenprodukt bei der Umwandlung von Stärke in Monosaccharide, wie z.B. Glukose.
dextrin

Dextrokardie. Fehlstellung des Herzen in der rechten Thoraxhälfte, entweder als Folge einer krankhaften Verlagerung oder aufgrund eines Geburtsfehlers.
dextrocardia

Dextromethorphan. Hustenstillendes Mittel (Antitussivum) auf der Grundlage von Morphium, jedoch ohne narkotische Wirkungen; wird zur Unterdrückung unproduktiver Hustenanfälle verschrieben.
dextromethorphan hydrobromide

Dextrose. (Traubenzucker; Glukose). → Glukose, die in Form verschiedener, intravenös anwendbarer Lösungen erhältlich ist; wird zum Ausgleich eines kalorischen Defizits, bei Hypoglykämie sowie bei Flüssigkeitsmangel verabreicht.
[*lat.:* dexter, rechts.]
dextrose

Dezeleration. (Verlangsamung). Verringerung der Geschwindigkeit eines Gegenstands oder einer Reaktion (z.B. im Zusammenhang mit Wehen).
[*lat.:* de, weg + accelerare, beschleunigen.]
deceleration

Dezelerationsphase. Schlussphase der aktiven Geburtswehen; geprägt von zurückgehender Dilatation der Zervix.
deceleration phase

Dezerebration. (Dezerebrierung). Entfernen des Gehirns bzw. Abtrennung des Hirnstammes; führt zur Eliminierung der Gehirnfunktionen. (→ apallisches Syndrom)
[*lat.:* de, von, cerebrum, Gehirn.]
decerebration

Dezerebrationsstarre. (Enthirnungsstarre). Körperhaltung eines komatösen Patienten, dessen Arme überstreckt und nach innen gedreht und dessen Füße nach vorn gestreckt sind; ist häufig bei Patienten mit traumatischer Einklemmung des Hirnstammes zu finden.
[*lat.:* de, weg + cerebrum, Gehirn, ponere, platzieren.]
decerebrate posture

Dezibel. Maßeinheit für den Schalldruck. Ein Dezibel ist ein Zehntel von 1 bel (B). Basierend auf einem Schall-Druck-Referenzniveau von 20 Mikropascal wird eine Schallsteigerung von 1 B als 10-fache Steigerung der Lautstärke empfunden.
[*lat.:* decimus, ein Zehntel, bel, Alexander G. Bell, kanadischer Erfinder, 1847–1922.]
decibel (dB)

Dezidua. (Schwangerschaftendometrium). Epithelgewebe des Gebärmutterendometriums. Die Dezidua umhüllt das befruchtete Ei während der Befruchtungsperiode und wird entweder im Wochenbett bzw. während der Monatsblutung ausgeschieden.
[*lat.:* decidere, abfallen.]
decidua

Deziduom. Gutartiger oder bösartiger Tumor des Endometriumgewebes. Ein Deziduom kann sich nach einer Schwangerschaft entwickeln und mit Hilfe eines Papanicolaou-Abstrichs erkannt werden.
deciduoma

Dezigramm. Metrisches Gewichtsmaß, das 100 Milligramm bzw. 1/10 Gramm entspricht.
decigram

Deziliter. Metrisches Hohlmaß, das 100 Millilitern bzw. 1/10 Liter entspricht.
deciliter

Dezimeter. Metrisches Längenmaß, das 10 Zentimetern bzw. 1/10 Meter entspricht.
decimeter

Diabetes. Störung der Diurese mit übermäßiger Urinausscheidung, die durch einen Mangel des antidiuretischen Hormons (ADH) verursacht wird, z.B. bei Diabetes insipidus, oder durch Polyurie infolge einer Hyperglykämie, wie bei Diabetes mellitus.
[*griech.:* diabainein, hindurchgehen.]
🇬🇧 diabetes

Diabetes insipidus. (Wasserharnruhr). Durch Verletzung des Neurohypophysensystems verursachte Stoffwechselkrankheit. Typische Symptome sind übermäßige Urinausscheidung mit niedrigem spezifischen Gewicht und starker Durst aufgrund der mangelnden Produktion bzw. Sekretion des → Adiuretins (ADH) oder der Unfähigkeit der Nierentubuli, auf ADH zu reagieren. In seltenen Fällen werden die Symptome durch übermäßige Wasseraufnahme verursacht. Die Störung kann erworben, familiär bedingt, idiopathisch, neurogen bzw. nephrogen sein.
🇬🇧 diabetes insipidus

Diabetes mellitus. (Zuckerkrankheit). Störung des Kohlenhydrat-, Fett- und Proteinstoffwechsels, die in den meisten Fällen durch mangelnde bzw. fehlende Insulinsekretion durch die Beta-Zellen der Bauchspeicheldrüse (Pankreas) oder durch defekte Insulinrezeptoren hervorgerufen wird. Dadurch treten Blutzuckerwerte über dem Normalwert von 120 mg/dl (nüchtern) und über 200 mg/dl bei einer Glukosebelastung auf. Die Krankheit ist vererbbar, kann aber auch als Folge der übermäßigen Einnahme von Glukokortikoiden erworben werden, wie z.B. beim Cushing-Syndrom. Die verschiedenen Diabetesformen werden in verschiedene Kategorien eingeteilt. Typ I betrifft Patienten, die → Insulin benötigen, um eine Ketoazidose zu verhindern. Diese Kategorie wird auch als insulinabhängiger Diabetes mellitus (IDDM = insulin-dependent diabetes mellitus) bezeichnet. Bei Patienten mit Typ II bzw. nicht insulinabhängigem Diabetes mellitus (NIDDM = noninsulin-dependent diabetes mellitus) tritt die Krankheit im Erwachsenenalter bzw. erst im höheren Lebensalter auf. Diese Form des Diabetes mellitus ist Ketoazidose-resistent und stabil. Frauen mit einem Schwangerschaftsdiabetes entwickeln während der Schwangerschaft eine Glukosetoleranz. Der sekundäre Diabetes tritt in Verbindung mit Erkrankungen der Bauchspeicheldrüse sowie mit hormonellen Veränderungen, mit unerwünschten Arzneimittelreaktionen bzw. bei genetischen oder anderen Anomalien auf. Eine weitere Untergruppe, die Gruppe mit verminderter Glukosetoleranz, betrifft Personen mit abnormen Blutglukosekonzentrationen, die jedoch noch im Normalbereich liegen und nicht als diabetisch relevant eingestuft werden. Bei allen Formen des Diabetes mellitus muss eine → Diabeteskost eingehalten werden, Insulin wird in Abhängigkeit vom Diabetestyp oral oder subkutan zugeführt. Faktoren, die zum Entstehen einer Zuckerkrankheit beitragen sind genetische Anlagen, Übergewicht, ein inaktiver Lebensstil, fetthaltige, ballaststoffarme Ernährung, Bluthochdruck sowie der Alterungsprozess. – *adj.* diabetisch.
🇬🇧 diabetes mellitus (DM)

Diabetes mellitus, insulinabhängiger. → Diabetes mellitus Typ I; aufgrund eines absoluten Insulinmangels können keine Kohlenhydrate abgebaut werden. Diese Form der Krankheit tritt vor allem bei Kindern und jungen Erwachsenen auf (juveniler Diabetes). Symptome sind übermäßiger Durst, Gewichtsverlust, Schwäche und ausgeprägte Gereiztheit. Diese Patienten reagieren sehr empfindlich auf zugeführtes → Insulin, körperliche Aktivität und sie sind für eine → Ketoazidose anfällig.
🇬🇧 insulin-dependent diabetes mellitus (IDDM)

Diabetes mellitus, nicht-insulinpflichtiger. (Altersdiabetes). Typ des → Diabetes mellitus, bei dem die Patienten kein → Insulin spritzen müssen und nicht für eine → Ketose anfällig sind, wobei sie jedoch zur Korrektur einer symptomatischen oder dauerhaften → Hyperglykämie Insulin zuführen können. Dies erfolgt meist in Form von Tabletten, die die Insulinproduktion der Langerhans-Inseln anregen. Unter bestimmten Umständen, wie Stress oder In-

D

fektionen, kann es trotzdem zu einer Ketose kommen. Diese Erkankung beginnt meist nach dem 40. Lebensjahr, kann aber auch in jedem anderen Alter auftreten. Etwa 60 bis 90% dieser Patienten leiden unter einer Fettleibigkeit (Adipositas) und häufig kann schon eine Gewichtsreduzierung die Glukosetoleranz solcher Patienten verbessern. Einige Patienten leiden unter Hyperinsulinämie und Insulinresistenz. (→ insulinpflichtiger Diabetes mellitus)
noninsulin-dependent diabetes mellitus

Diabeteskost. Diät, die zur Behandlung eines → Diabetes mellitus verschrieben wird. Die Diabeteskost enthält begrenzte Mengen einfacher Zucker bzw. leichtverdaulicher Kohlenhydrate sowie größere Mengen an Proteinen, komplexen Kohlenhydraten und ungesättigten Fetten. Die Steuerung der Nahrungsaufnahme hängt von der Stärke der Erkrankung sowie der Häufigkeit der Insulingaben ab.
diabetic diet

Diabetestherapie. Behandlung eines Diabetes mellitus mit Hilfe einer kontrollierten Kohlenhydratkost, Insulininjektionen (Typ I oder IDDM), Überwachung von Blutzuckerkonzentrationen oder Anwendung oraler hypoglykämischer Mittel (Typ II oder NIDDM), wie z.B. Chlorpropamid, Azetohexamid, Tolbutamid und Tolazamid. Zur Diabetestherapie gehört ebenfalls eine ausreichende Körperaktivität.
diabetic treatment

Diabetiker. Eine an Diabetes mellitus erkrankte Person.
diabetic

Diadochokinese. Fähigkeit, antagonistische (gegenläufige) Bewegungen auszuführen, z.B. ein Bein wird gebeugt, das andere gestreckt.
[*griech.:* diadochos, Nachfolger, kinesis, Bewegung.]
diadochokinesia

Diagnose. 1. Identifizierung einer Krankheit auf Grundlage der wissenschaftlichen Auswertung physischer Krankheitssymptome und -anzeichen, der Krankheitsgeschichte (Anamnese), Laborergebnisse und Untersuchungen. Es gibt verschiedene Arten der Diagnose: die klinische Diagnose, die Differenzialdiagnose, die Labordiagnose, die Pflegediagnose sowie die physikalische Diagnose. 2. Wissenschaft der Bezeichnung einer Krankheit oder einer gesundheitlichen Störung. – *adj.* diagnostisch.
[*griech.:* dia, durch + gnosis, Kenntnis.]
diagnosis

Diagnose, klinische. Diagnose, die ausschließlich auf der Kenntnis der Krankenanamnese und körperlichen Untersuchungen beruht und nicht auf Auswertung von Laborergebnissen oder Röntgenaufnahmen.
clinical diagnosis

Diagnose, medizinische. Bestimmung der Ursache einer Krankkeit oder des Leidens eines Patienten, indem die ärztliche Untersuchung, Befragung des Patienten, Laboranalysen, Durchsicht der Anamnese des Patienten, Wissen über die beobachteten Anzeichen und Symptome und die differenzierte Ausschaltung von ähnlich gelagerten Ursachen kombiniert werden.
medical diagnosis

Dialysat. Eine Lösung, die einer → Dialyse unterzogen wird.
dialysate

Dialysator. 1. Gerät für die → Dialyse. 2. Halbdurchlässige Membran bzw. poröses Diaphragma in einem Dialysegerät.
dialyzer

Dialyse. (künstliche Niere). 1. Trennung gelöster Kolloide und kristalliner Substanzen durch eine semipermeable Membran, unter Zuhilfenahme unterschiedlicher Diffusionsraten. 2. Medizinische Maßnahme, bei der bestimmte Stoffwechselprodukte aus dem Blut bzw. der Lymphflüssigkeit unter Ausnützung der unterschiedlichen Diffusionsraten bestimmter Substanzen über eine externe semipermeable Membran entfernt werden. Bei der → Peritonealdialyse, erfolgt die Entfernung uner-

wünschter Substanzen über das Peritoneum. (→ Hämodialyse)
[*griech.:* dia, durch + lysis, Auflösung, Lockerung.]
🇬🇧 dialysis

Dialyse-Verfahren. (Nierendialyse). Blutreinigungsverfahren, bei dem das Blut durch eine → semipermeable Membran fließt, wodurch harnpflichtige Stoffwechselprodukte entsorgt werden, die eine funktionsfähige Niere normalerweise elliminieren würde. Dazu gehören Medikamente, Harnstoff, Harnsäure und Kreatinin. Durch das D. kann der → Elektrolythaushalt und der → Säure-Basen-Haushalt wieder hergestellt werden.
[*griech.:* diálysis, Auflösung, Trennung]
🇬🇧 renal dialysis

Dialyseshunt. Äußerliche, künstliche Verbindung zwischen einer peripheren Arterie und einer Vene. Ein Dialyseshunt wird an Arm oder Bein operativ angelegt und bei der Hämodialyse verwendet.
🇬🇧 dialysis shunt

Diapedese. (Wanderung/Emigration). Wanderung roter oder weißer Blutkörperchen durch die Wände der Gefäße, in denen sich die Blutkörperchen befinden, ohne Beschädigung der Gefäße.
[*griech.:* dia, durch + pedesis, wandern.]
🇬🇧 diapedesis

Diaphanoskopie. Untersuchung einer inneren Struktur mit Hilfe eines Diaphanoskops, ein Instrument zur Durchleuchtung von Körpergewebe; wird manchmal bei der Diagnose von Brustkrebs eingesetzt.
🇬🇧 diaphanoscopy

Diaphorese. (Schweißsekretion). Starkes Schwitzen bei erhöhter Körpertemperatur, körperlicher Anstrengung, äußerer Hitzeeinwirkung und mentalem bzw. emotionalem Stress.
[*griech.:* dia, durch + pherein, tragen.]
🇬🇧 diaphoresis

Diaphragma. 1. Zwerchfell; kuppelförmige, aus Muskeln und Fasergewebe bestehende Trennwand zwischen Brustkorb und Bauchhöhle. Die konvexe Oberfläche des Zwerchfells bildet den Brustkorbboden. Die konkav geformte Fläche bildet das Dach des Bauchraums. Das Zwerchfell hat mehrere Öffnungen für Aorta, Speiseröhre und Vena cava. 2. Scheidendiaphragma zur Verhütung. 3. Öffnung zur Steuerung der Lichtmenge, die in ein optisches Netzwerk fällt. 4. Dünne, membranartige Blende, die z.B. bei der Dialyse verwendet wird. 5. Mit einer kleinen Öffnung versehene Metallscheibe zur Begrenzung eines Röntgenstrahls.
[*griech.:* diaphragma, Trennwand.]
🇬🇧 diaphragm

Diaphragma (Scheidendiaphragma). Mechanisches Verhütungsmittel, das aus einem halbkugelförmigen, dünnen Kunststoffring besteht, der zusammen mit einem Spermizid in die Vagina eingeführt wird und das Eindringen von Spermien in die Gebärmutter und somit eine Empfängnis verhindert.
🇬🇧 contraceptive diaphragm

Diaphragma pelvis. Ansicht der Körperwand von unten, die sich wie eine Hängematte über der Beckenhöhle erstreckt und den Beckenbodenhebemuskel (Musculus levator ani) und den Steißbeinmuskel (Musculus coccygeus) enthält, die die Beckeneingeweide stützen; durchbrochen wird das D.p. von dem Analkanal, der Harnröhre und der Vagina.
🇬🇧 pelvic diaphragm

Diaphyse. (Knochenschaft). Schaft eines langen Knochens, bestehend aus einer kompakten, den Markraum umgebenden Knochenröhre.
[*griech.:* dia, durch + phyein, wachsen.]
🇬🇧 diaphysis

Diarrhö. 1. Anerkannte → NANDA-→ Pflegediagnose; Zustand, zu dessen Ursachen Stress und Angst, Nahrungsaufnahme, Nebenwirkungen von Arzneimitteln, Entzündung, Reizbarkeit oder Absorptionsstörungen des Darms sowie die Wirkung von Toxinen oder Strahlungen gehören. Zu den typischen Symptomen zählen abdominelle Schmerzen, Krämpfe, häufigere Darmentleerungen, ver-

stärkte Darmgeräusche, lockerer und flüssiger Stuhl, Defäkationsdrang und Farbveränderungen der Fäzes. 2. Häufige Ausscheidung von lockerem, wässrigem Stuhl, der Schleim, Eiter, Blut oder übermäßige Mengen an Fett enthalten kann. Die Diarrhö ist häufig eine Begleiterscheinung einer anderen Erkrankung. Zu den Krankheiten, bei denen Diarrhö als markantes Symptom auftritt, gehören bakterielle Krankheiten, Malabsorptionssyndrom, Laktoseintoleranz, Darmreizung, Magen-Darm-Tumore sowie entzündliche Darmerkrankungen. Neben der häufigen Stuhlausscheidung können die Patienten auch unter Bauchkrämpfen und allgemeiner Schwäche leiden. Bei Nichtbehandlung kann die Diarrhö schnell zur Dehydration und Elektrolytstörungen führen.
[*griech.:* dia, durch + rhein, fließen.]
diarrhea

Diarrhö, Pflege bei. → Pflegeintervention der → NIC, die definiert wird als die Vorbeugung und Linderung einer Diarrhö.
Diarrhea Management

Diastase. Gewaltsame Trennung zweier normalerweise miteinander verbundener Teile, wie z.B. die Trennung eines Knochens an einer Epiphyse oder die Trennung zweier Knochen, die kein echtes Gelenk haben.
[*griech.:* Auseinanderstehen.]
diastasis

Diastema. (Zahnlücke). Abnorm große, angeborene Spalte zwischen zwei Zähnen. In den meisten Fällen sind die zentralen Schneidezähne des Oberkiefers betroffen.
[*griech.:* Zwischenraum.]
diastema

Diastole. Phase zwischen den Kontraktionen der Herzkammern, während der Blut aus dem systemischen Kreislauf und den Lungen in die erschlafften Herzkammern eintritt. Die Herzkammerdiastole beginnt mit dem zweiten Herzton und endet mit dem ersten Herzton. – *adj.* diastolisch.
[*griech.:* dia + stellein, setzen.]
diastole

Diät. Kost, deren Art und Menge für therapeutische und andere Zwecke verschrieben bzw. kontrolliert wird, z.B. → Diabeteskost. – *adj.* diätetisch.
[*griech.:* diaita, Lebensart.]
diet

Diät, blande. Ernährungsform, die den Magen-Darm-Trakt mechanisch, chemisch, physiologisch und von der Temperatur her nicht reizt; wird oft bei der Behandlung von Magenulzera, Colitis ulcerosa, Gallenblasenerkrankungen, Divertikulitis, Gastritis, idiopathisch spastischer Obstipation sowie nach Bauchoperationen verordnet. Früher wurde diese Kost »weiße« Diät genannt; heute wird sie jedoch als »liberale b. D.« bezeichnet, in der alle Nahrungsmittel erlaubt sind, außer Koffein, Alkohol, schwarzer Pfeffer, Gewürze und andere als Reizstoffe zu bezeichnende Speisen. (→ bland)
[*lat.:* blandus, freundlich, schmeichelnd]
blande diet

Diät, kalorienreduzierte. Diät, bei der die Kalorienmenge der Nahrung eingeschränkt ist, meist um das Körpergewicht zu reduzieren. Eine k. D. enthält normalerweise etwa 800 bis 1000 Kalorien.
low-caloric diet

Diät, salzarme. Diät, bei der höchstens 500 mg NaCl täglich erlaubt sind. Zur Gewährleistung, dass die tägliche Menge nicht überschritten wird, muss der Kochsalzgehalt sämtlicher Nahrungsmittel inklusive der angeordneten Medikation eines Patienten dokumentiert werden. Eine s. D. wird z.B. bei Hypertonie, Ödemen und einigen Nieren- und Lebererkrankungen angeordnet.
salt-poor diet

Diathermie. (Hochfrequenz-Wärmetherapie). Therapeutische Wärmeerzeugung im Körpergewebe durch einen Hochfrequenzstrom, der zu schwach ist, um Gewebe zu zerstören bzw. die Funktionsfähigkeit von Körpergewebe zu beeinträchtigen. Die Diathermie wird zur Behandlung von chronischer Arthritis, bei Schleimbeutelentzündung (Bursitis), zur Heilung von Knochenbrüchen, bei gynä-

kologischen Krankheiten, bei Sinusitis und anderen Krankheiten eingesetzt.
[*griech.:* dia + therme, Wärme.]
🇬🇧 diathermy

Diathese. Vererbte körperliche Konstitution, die eine Disposition für bestimmte Krankheiten oder Störungen bildet. Viele dieser Störungen sind wahrscheinlich mit dem Y-Chromosom assoziiert, da Männer empfindlicher für diese Erkrankungen sind als Frauen.
[*griech.:* Neigung]
🇬🇧 diathesis

Diathese, hämorrhagische. (Blutungsneigung). Neigung (Disposition) für zahlreiche Störungen, die durch eine übermäßige Blutungsneigung gekennzeichnet sind. Ursachen können entweder angeboren (primär) oder erworben (sekundär) sein; folgende Formen werden unterschieden. 1. Plasmatisch bedingt, z.B. bei Koagulopathien, sowie Gabe von Antikoagulanzien 2. Thrombozytär bedingt 3. Vaskulär bedingt, z.B. Vasopathie. (→ Diathese)
🇬🇧 hemorrhagic diathesis

Diazepam. Beruhigungsmittel auf Benzodiazepinbasis, das zur Behandlung von Angstneurosen, bei nervösen Spannungen oder Muskelspasmen sowie als Antikonvulsivum verschrieben wird.
🇬🇧 diazepam

Diazoxid. Gefäßerweiterndes Mittel, das als Antihypertonikum verwendet wird; wird zur schnellen Senkung des Blutdrucks bei starker Hypertonie sowie bei Hypoglykämie verabreicht.
🇬🇧 diazoxide

DIC. Abkürzung für (engl.) disseminated intravascular coagulation; → Verbrauchskoagulopathie.
🇬🇧 DIC

Dichotomie. Teilung bzw. Trennung in zwei gleiche Teile.
[*griech.:* dicha, zweigeteilt, temnein, schneiden.]
🇬🇧 dichotomy

Dichromasie. Form der Farbblindheit, bei der lediglich zwei der drei Primärfarben wahrgenommen werden.
[*griech.:* di, zweifach, chroma, Farbe.]
🇬🇧 dichromatic vision

Dick-Read-Methode. (Read-Methode). Besondere Art der Geburtsvorbereitung durch den englischen Geburtshelfer Dick-Read. Read ging davon aus, dass Wehen- und Geburtsschmerzen psychologischen Ursprung haben (Angst-Verspannungs-Schmerz-Syndrom). Er klärte daher die Frauen über die physiologischen Vorgänge bei der Geburt auf und vermittelte ihnen eine positive Einstellung zur Geburt. Aufgrund der Information versprach er ihnen eine schmerzärmere Entbindung. Zu seiner Geburtsvorbereitung gehörten darüber hinaus Schwangerengymnastik, Entspannungsübungen und verschiedene Atemtechniken.
[G. Dick-Read, englischer Geburtshelfer, 1890–1959]
🇬🇧 Read method

Dickdarm. Der Abschnitt des Grimmdarms, der aus Blinddarm (Zäkum), Wurmfortsatz (Appendix), Dickdarm (Colon ascendens, transversum und descendens), Sigmaschleife und Mastdarm (Rektum) besteht.
🇬🇧 large intestine

Dicloxacillin. Penicillinaseresistentes Penizillin zur Behandlung von Streptokokkeninfektionen, insbesondere von Infektionen, die von Penicillinase-produzierenden Streptokokkenstämmen verursacht werden.
🇬🇧 dicloxacillin

Dicumarol. Synthetisch hergestelltes Antigerinnungsmittel (Antikoagulanz) zur Prophylaxe und Behandlung von Thrombose und Embolien.
🇬🇧 dicumarol

didaktisch. Lehren bzw. Anweisungen betreffend.
[*griech.:* didaskein, lehren.]
🇬🇧 didactic

Dideoxycytidin (DDC). Mittel zur Eindämmung des HIV-Virus. Chemisch verwandt mit Didesoxyinosin (DDI).
🇬🇧 dideoxycytidine (ddC)

Dideoxyinosin (DDI). Mittel zur Behandlung von HIV-Infektionen. DDI hemmt die reverse Transkriptase und schränkt die Virusvermehrung ein. Im Körper wird DDI zuerst in Dideoxyadenosin umgewandelt. Dideoxyadenosin wird in die DNA-Säurekette eingebettet, unterbricht die normale DNA-Sequenz und macht die Vermehrung des Virus unmöglich.
🇬🇧 dideoxyinosine (DDI)

Didymitis. (Orchitis). Hodenentzündung.
🇬🇧 didymitis

Didymus. 1. Hoden, Testis. 2. Zwilling.
🇬🇧 didymus

Dienstübergabe. In der Pflege, die Weitergabe sämtlicher dienstlicher Informationen durch das Pflegepersonal von der einen auf die nächste Schicht. Die D. erfolgt beim Schichtwechsel.
🇬🇧 report

Dienzephalon. (Zwischenhirn). Teil des Gehirns, das sich zwischen Großhirn und Mittelhirn befindet. Das Zwischenhirn besteht aus Hypothalamus, Thalamus, Metathalamus und Epithalamus und umfasst den Großteil des dritten Hirnventrikels.
[*griech.:* die + enkephalon, Gehirn.]
🇬🇧 diencephalon

Differentialblutbild. (→ Hämogramm)
🇬🇧 hemogram

Differenz, arteriovenöse. Arterieller Sauerstoffgehalt abzüglich des Wertes des zentralvenösen Sauerstoffgehalts.
🇬🇧 arteriovenous oxygen difference

Differenzialblutbild. Untersuchung und Zählung der Leukozyten in einem gefärbten Blutabstrich. Die verschiedenen Arten weißer Blutkörperchen werden gezählt und als Prozentanteil der Gesamtzahl ausgedrückt.
🇬🇧 differential white blood cell count

Differenzialdiagnose. Unterscheidung zwischen zwei oder mehreren Krankheiten mit ähnlichen Symptomen durch systematisches Vergleichen von Krankheitszeichen und -symptomen.
🇬🇧 differential diagnosis

Differenzierung. 1. Embryologischer Entwicklungsprozess, in dessen Verlauf unspezifische Zellen systematisch modifiziert und geändert werden und spezifische und charakteristische Körperteile bilden sowie physiologische Funktionen und chemische Eigenschaften erhalten. 2. Fortlaufende Unterscheidung, die zu einer immer größeren Komplexität führt. 3. Erwerb von neuen Funktionen und Formen, die sich von den ursprünglichen unterscheiden. 4. Differenzieren verschiedener Krankheiten, wie z.B. bei der Differenzialdiagnose. 5. (Psychologie) Trennung von Verstand und Gefühl, damit man sich von Ängsten oder dem emotionalen System einer Familie oder Gruppe abgrenzen kann.
[*lat.:* differentia, Unterschied.]
🇬🇧 differentiation

Diffraktion. Beugung und Streuung von Licht- oder anderen Strahlungswellen, wie z.B. eine Strahlung, die Hindernisse im Strahlungsweg umgeht. Die Diffraktion von Röntgenstrahlen wird zur Erforschung interner Zellstrukturen eingesetzt. Röntgenstrahlen werden durch Zellelemente in bestimmter Weise gestreut, so dass die chemischen und physikalischen Strukturen dieser Elemente abgeleitet werden können.
[*lat.:* dis, gegenüberligend, frangere, brechen.]
🇬🇧 diffraction

diffus. Zerstreut werden, z.B. durch eine Membran oder eine Flüssigkeit; unscharf sein.
[*lat.:* diffunder, ausbreiten.]
🇬🇧 diffuse

Diffusion. Bezeichnung für den Vorgang, bei dem Flüssigkeitspartikel aus einem Bereich mit einer höheren Konzentration in eine Region mit geringerer Konzentration fließen und damit zu einer gleichmä-

ßigen Partikelverteilung in der Flüssigkeit führen.
[*lat.:* diffundere, sich ausbreiten.]
diffusion

Diffusionskapazität. Geschwindigkeit, mit der Gas durch eine Einheit einer durchlässigen Membran bei einer festgelegten Gasdruckdifferenz auf die andere Seite der Membran diffundiert. Die Diffusionskapazität wird von spezifischen chemischen Reaktionen beeinflusst, die im Blut stattfinden.
diffusing capacity

Diffusionskapazität, pulmonale. Gasmenge in Milliliter, die pro Minute aus den Lungen durch die alveokapillare Membran in den Blutstrom diffundiert.
diffusing capacity of lungs ($D_{L/}$)

Diffusionskonstante. Mathematische Konstante zur Beschreibung der Ausbreitungsfähigkeit einer Substanz.
diffusion constant

Diffusionsstörung. Behinderung der alveokapillaren Diffusion durch krankhafte Veränderung der Strukturen der alveokapillaren Membran, die bewirken, dass weniger Sauerstoffmoleküle die Membran durchqueren.
diffusion defect

Digestion. (Verdauung). Umwandlung von Nährstoffen in absorbierbare Substanzen im Magen-Darm-Trakt. Bei der Verdauung werden Nährstoffe mechanisch sowie chemisch von Drüsen, die sich sowohl innerhalb und außerhalb des Darms befinden, in kleinere, verdaubare Moleküle zerlegt. – *adj.* digestiv.
[*lat.:* digerere, trennen.]
digestion

Digestivum. Verdauungsfördernde Substanz, wie z.B. Pepsin, die der Nahrung hinzugefügt wird.
digestant

digital. 1. Einen Digitus, d.h. einen Finger oder einen Zeh, betreffend. 2. Ähnlichkeit mit einem Finger oder einem Zeh haben. 3. Darstellung eines gemessenen Signals als eine Reihe von Ziffern anstelle eines ständig veränderbaren Wertes.
[*lat.:* digitus, Finger.]
digital

Digitalis. Sammelbezeichnung für → Herzglykoside, die zur Behandlung einer dekompensierten Herzinsuffizienz und bei bestimmten Herzrhythmusstörungen eingesetzt werden, da sie die Kontraktionskraft der Herzmuskulatur verstärken. Die Herzglykoside haben eine geringe therapeutische Breite, weshalb deren Spiegel regelmäßig kontrolliert werden muss. Typische Symptome ein Überdosierung sind Farbensehen und eine Bradykardie.
digitalis

Digitalis-Vergiftung. Toxische Wirkungen von → Digitalismedikamenten, die bei Herzerkrankungen, wie z.B. Herzinsuffizienz und Vorhofflimmern, eingesetzt werden. Die Giftigkeit ergibt sich entweder aus einem kumulativen Arzneimitteleffekt oder aus einer Hypokalämie. Vergiftungssymptome sind Erbrechen, Kopfschmerz, Bradyarrhythmien und Sehstörungen (typisches Farbensehen) .
digitalis poisoning

Digitalisierung. Verabreichung von → Digitalis in ausreichend großen Dosierungen, die einen pharmakologischen Effekt haben, jedoch keine toxischen Symptome auslösen. – *adj.* digitalisiert.
digitalization

Digitalistherapie. Behandlung von Herzpatienten mit Digitalispräparaten. → Digitalis verstärkt die Herzmuskelkontraktionskraft, erzeugt eine verlangsamte, regelmäßigere Herzfrequenz und verlangsamt die Weiterleitung von Impulsen über das Erregungsleitungssystem. Digitalis wird zur Behandlung zahlreicher Herzerkrankungen eingesetzt, wie z.B. Vorhofflimmern, Atriumseptumdefekt, Aortenisthmusstenose, kongenitalem Herzblock, dekompensierter Herzinsuffizienz, Endokard-Fibroelastose, Trikuspidalklappenfehlbildung, Myocarditis, paroxysmaler Vorhoftachykardie und persistierendem Ductus-Botalli.
digitalis therapy

Digitoxin. → Herzglykosid, das aus den Blättern von *Digitalis purpurea* gewonnen und zur Behandlung einer dekompensierten Herzinsuffizienz sowie bei bestimmten Herzrhythmusstörungen eingesetzt wird.
digitoxin

Diglyzerid. Chemische Verbindung bestehend aus einem Glyzerolester, bei dem die Wasserstoffatome in zwei Hydroxylgruppen durch ein Acyl-Radikal ersetzt sind.
diglyceride

Digoxin. → Herzglykosid, das aus den Blättern von *Digitalis lanata* gewonnen und zur Behandlung einer dekompensierten Herzinsuffizienz sowie bei bestimmten Herzrhythmusstörungen eingesetzt wird.
digoxin

Dihydro-Tachysterin. Rasch wirkende Form des Vitamin D, die zur Behandlung von Hypokalzämie aufgrund einer Nebenschilddrüseninsuffizienz und Pseudohypoparathyreoidismus eingesetzt wird.
dihydrotachysterol

Dilatation. (Erweiterung). 1. Dilatiert bzw. ausgedehnt sein. 2. Vorgang, bei dem eine physiologische Vergrößerung des Umfangs einer Körperöffnung, eines Blutgefäßes oder eines Körpergangs verursacht wird.
[*lat.:* dilatare, ausweiten.]
dilation

Dilatator. 1. Instrument zur Ausdehnung einer Körperöffnung bzw. einer Kavität. 2. Erweiterter Muskel.
[*lat.:* dilatare, ausdehnen.]
dilator

dilatieren. Eine physiologische Vergrößerung des Umfangs einer Körperöffnung, eines Blutgefäßes oder eines Gangs verursachen.
dilate

Diluens. (Verdünnungsmittel). Substanz, die die Konzentration oder die Viskosität einer Lösung bzw. einer Mischung verschiedener Substanzen verringert bzw. die Lösung verflüssigt.
[*lat.:* diluere, waschen.]
diluent

dilutiert. Bezeichnung für eine Lösung, die im Verhältnis zum Lösungsmittel eine relativ kleine Menge gelöster Substanzen enthält.
dilute

Dimer. Eine aus der Vereinigung zweier Radikale bzw. zweier Moleküle einer einfacheren Verbindung gebildete chemische Verbindung, wie z.B. ein aus zwei oder mehreren Molekülen eines Monomers geformtes → Polymer.
[*griech.:* di, zweifach, meros, Teile.]
dimer

dimorph. Bezeichnung für einen Organismus bzw. eine Substanz, die zwei unterschiedliche Formen vorweist.
[*griech.:* die, zweifach, morphe, Form.]
dimorphous

Dinitrochlorbenzol (DNCB). Substanz zur äußeren Anwendung, mit der verzögerte Überempfindlichkeitsreaktionen getestet werden. DNCB wird auch zur Immuntherapie bei Hauttumoren eingesetzt.
dinitrochlorobenzene (DNCB)

Dioptrie. Maß der Brechungskraft einer Linse. Eine Dioptrie gleicht dem Umkehrwert der Brennweite der Linse, ausgedrückt in Metern. Eine Linse mit Brennweite 0,5 m hat z.B. einen Dioptriewert von 2,0 (1/0,5). Mit einer Brille, die eine Dioptriestärke von 0,5 hat, sollte man einen Gegenstand am deutlichsten sehen können, wenn dieser sich in einem Abstand von 0,5 m vom Auge befindet.
[*griech.:* dioptra, optisches Messgerät.]
diopter

Dioxid. Eine Oxidverbindung mit zwei Sauerstoffatomen.
[*griech.:* die, zweifach, oxys, scharf, genein, erzeugen.]
dioxide

Dioxin. Substanz, die bei der industriellen Herstellung des Herbizids 2,4,5-Trichlorphenoxyäthansäure (2,4,5-T) entstehen

kann. Dioxin verursacht schwere Hautschäden (Chlorakne) und hat leberschädigende sowie vermutlich auch krebserregende Wirkungen. Dioxine befanden sich im während des Vietnamkrieges eingesetzten Entlaubungsmittel »Agent Orange« sowie im »Seveso-Gift«.
dioxin

Dipeptid. Organische Verbindung, die durch die Vereinigung zweier Aminosäuren gebildet wird. Die Verbindung entsteht, indem sich die Karboxylgruppe eines Moleküls mit der Amingruppe des anderen Moleküls verbindet. (→ Aminosäuren; Eiweißkörper)
dipeptide

Dipeptidasen. Die bei der Verdauung wirksamen Enzyme am Ende der Proteinenzymkette. Dipeptidasen zerlegen Dipeptide mit zwei Aminosäuren in einzelne Aminosäuren.
dipeptidases

Diphtherie. Durch das Bakterium *Corynebacterium diphtheriae* verursachte akute, ansteckende Infektionskrankheit (meldepflichtig). Dabei kommt es zur Bildung eines systemischen Toxins und einer Pseudomembran im Rachenbereich. Das Diphtherietoxin hat besonders schädigende Auswirkungen auf das Herzgewebe sowie das Zentralnervensystem. Die Pseudomembran im Hals kann zu Schluck- und Atembeschwerden führen. Wenn die Krankheit unbehandelt bleibt, kann es häufig zu Herz- und Nierenversagen kommen.
[*griech.:* diphthera, Ledermembran.]
diphtheria

Diplegia. Beidseitige Lähmung gleicher Körperteile bzw. gegenüberliegender Körperteile. Eine Form der Diplegie ist z.B. Diplegia facialis, die Lähmung beider Gesichtshälften.
[*griech.:* di, zweifach, plege, Schlag.]
diplegia

Diplococcus. (Diplokokkus). Paarweise auftretende Kugelbakterien aus der Familie der Coccaceae. Viele Parasiten oder Saprophyten gehören zu den Diplokokken.
[*griech.:* diploos, doppelt, kokkos, Beere.]
diplococcus

Diploe. Mit rotem Knochenmark gefülltes poröses Gewebe, das sich zwischen den Knochenplatten der Schädelknochen befindet.
diploë

diploid. Bezeichnung für ein Individuum, einen Organismus, einen Stamm oder eine Zelle mit zwei vollständigen homologen → Chromosomensätzen. (s.a. haploid)
[*griech.:* diploos, doppelt + eidos, Form.]
diploid

Diplopie. (Doppeltsehen). Doppeltes Sehen, verursacht durch defekte äußere Augenmuskeln bzw. durch eine Störung der Nerven, die diese Muskeln innervieren.
[*griech.:* diploos, doppelt + opsis, Sehen.]
diplopia

Dipol. 1. Molekül mit gegensätzlichen partiellen Ladungen an den Molekülenden. 2. Ein Molekül, das Bereiche unterschiedlicher elektrischer Ladungen aufweist. Beispielsweise Chlorwasserstoff, bei dem die Elektronen mit dem Chloratom assoziiert sind und die positive elektrische Ladung sich auf der Seite des Wasserstoffs befindet.
dipole

Dipsomanie. Unkontrollierbare, periodisch auftretende Trunksucht mit zwischenzeitlichen Phasen der vollständigen Abstinenz (→ Alkoholismus).
[*griech.:* dipsa, Durst, mania, Wahnsinn.]
dipsomania

Dipyridamol. Vasodilatator der Koronargefäße zur langfristigen Behandlung von koronaren Herzerkrankungen.
dipyridamole

Disaccharid. Allgemeinbezeichnung für einfache Kohlenhydrate, die aus der Verbindung zweier Monosaccharid-Moleküle entstehen.
[*griech.:* di, zweifach, sakcharon, Zucker.]
disaccharide

D

Disgerminom. Selten vorkommender, bei jungen Frauen auftretender, maligner Eierstocktumor, der wahrscheinlich aus undifferenzierten Keimzellen der embryonalen Keimdrüse entsteht.
[*griech.:* dys, Fehl- + *lat.:* germen, Samen; *griech.:* oma, Tumor.]
dysgerminoma

Disinhibition. Enthemmung.
[*lat.:* dis, auseinander, inhibere, zurückhalten.]
disinhibition

Disjunktion. Bezeichnung für die Trennung gepaarter, homologer Chromosomen während der Anaphase der ersten meiotischen Teilung bzw. für die Trennung der Chromatiden eines Chromosoms während der mitotischen Anaphase und der zweiten meiotischen Teilung.
[*lat.:* disjungere, zergliedern.]
disjunction

Diskographie. Radiologische Untersuchung einzelner Bandscheiben. Bei einer Diskographie wird eine geringe Menge wasserlöslichen, jodhaltigen Mediums in das Bandscheibenzentrum injiziert.
diskography

diskoidal. Scheibenförmig.
[*griech.:* diskos, flache Platte, eidos, Form.]
discoid

Diskordanz. Ausdruck einer oder mehrerer spezifischer genetischer Eigenschaften bei nur einer Person eines Zwillingspaars.
[*lat.:* discordare, anderer Meinung sein.]
discordance

Diskrimination. Unterscheidung bzw. Differenzierung. Die Fähigkeit, Berührungen an zwei nahe beieinander gelegenen Punkten auf der Körperoberfläche zu unterscheiden, wird als Reizdiskrimination bezeichnet.
[*lat.:* discriminare, trennen.]
discrimination

Diskus. (Discus). 1. Flache, runde, tellerförmige Struktur, z.B. eine Gelenkzwischenscheibe oder eine Sehnervenpapille. 2. Bezeichnung für die Bandscheibe.
[*griech.:* diskos, Scheibe.]
disk

Dislokation. Verlagerung eines Körperteils aus der normalen Position, insbesondere die Verlagerung eines Knochens aus der normalen Gelenkposition.
[*lat.:* dis, auseinander + locare, platzieren.]
dislocation

dispensieren. Arzneimittel zubereiten und ausgeben.
[*lat.:* dis, auseinander, pensare, wiegen.]
dispense

Dispersion. Verteilung bzw. Auflösung von Substanzen in einem Medium, z.B. die Verteilung von Teilchen in einem bestimmten Flüssigkeitsvolumen.
dispersion

Dispersion, chromatische. Die Brechung von Licht in seine verschiedenen Wellenlängen und Frequenzen, z.B. mit einem Prisma.
[*griech.:* chroma + *lat.:* dis, auseinander, spargere, verteilen.]
chromatic dispersion

Dispersionsmittel. Chemischer Zusatzstoff für Pharmazeutika, mit dessen Hilfe die Aktivstoffe im Produkt verteilt werden, wie z.B. dermatologische Emulsionen, die sowohl Öl und Wasser enthalten.
[*lat.:* dis, auseinander + spargere, verstreuen, agere, machen.]
dispersing agent

disseminiert. In einem Organ bzw. dem ganzen Körper verbreitet bzw. verstreut.
disseminated

Dissolution. (Auflösung). 1. Auftrennung von komplexen chemischen Verbindungen in einfachere Moleküle. 2. Bezeichnung für das Auflösen chemischer Substanzen in einer homologen Lösung. 3. Verlust geistiger Kräfte.
dissolution

Dissoziation. 1. Etwas in Teile oder Unterteilungen trennen. 2. Unbewusst ablaufender Abwehrmechanismus, bei dem

Ideen, Gedanken, Emotionen oder andere mentale Vorgänge aus dem Bewusstsein gelöst werden und somit an emotionaler Bedeutung verlieren.
[*lat.:* dis, auseinander + sociare, vereinigen.]
dissociation

distal. 1. Von einem Ausgangspunkt bzw. einem Befestigungspunkt (am weitesten) entfernt sein. 2. Von der Mittellinie oder einem zentralen Punkt (am weitesten) entfernt sein. (s.a. proximal)
[*lat.:* distare, entfernt sein.]
distal

Distorsion. 1. → Zerrung oder Verstauchung von Bändern oder Kapseln infolge einer Überdehnung. 2. Bezeichnung für das psychologische Verschieben von Erfahrungen innerhalb des Wahrnehmungsvermögens. Distorsionen betreffen Vorstellungen von Wahrheit, Wertigkeit sowie von Recht und Unrecht. 3. Artefakte in Röntgenbildern, die durch Schwankungen in Größe, Form oder Lage der untersuchten Struktur verursacht werden.
[*lat.:* dis, auseinander + torquere, drehen.]
distorsion; strain

Distraktion. 1. → Ablenkung; Methode zur Schmerzlinderung bzw. Schmerzprävention durch fokussieren der Aufmerksamkeit auf schmerzfreie Empfindungen. 2. Methode zur Ausrichtung der Wirbelsäule durch Ausüben axialer Zugkräfte an den Gelenkflächen.
[*lat.:* dis, auseinander + trahere, auseinanderziehen.]
distraction

Disulfiram. (Antabus). Mittel zur Behandlung von chronischem Alkoholismus. Bei Alkoholeinnahme verursacht Disulfiram heftige Darmkrämpfe, Schwitzen und Übelkeit.
disulfiram

Diurese. Gesteigerte Harnausscheidung. Eine Diurese tritt im Zusammenhang mit Krankheiten wie Diabetes mellitus, Diabetes insipidus sowie bei akutem Nierenversagen auf.
[*griech.:* dia, durch, ouron, Urin.]
diuresis

Diurese, osmotische. Harnausscheidung (→ Diurese), die durch die Präsenz bestimmter, nicht absorbierbarer Substanzen in den Nierentubuli verursacht wird, z.B. Mannitol, Harnstoff oder Glukose.
osmotic diurese

Diuretikum. Arzneimittel oder andere Substanzen, die Harnbildung und Harnausscheidung stimulieren. Die verschiedenen harntreibenden (diuretischen) Arzneimittel werden nach ihren chemischen Strukturen und pharmakologischen Wirksamkeiten in verschiedene Gruppen eingeteilt: Aldosteron-Antagonisten, Carboanhydrasehemmer, Schleifendiuretika, Quecksilberpräparate, osmotische Diuretika, kaliumsparende Diuretika und Thiazide. Ein einzelnes Diuretikum kann Wirkstoffe aus einer bzw. mehreren der oben aufgeführten Gruppen beinhalten.
diuretic

diurnal. Während des Tages ablaufende Vorgänge, wie z.B. Essen.
[*lat.:* diurnalis, täglich.]
diurnal

Divergenz. Trennen bzw. Auseinanderbewegen von Dingen, wie z.B. das simultane Bewegen von Augen nach außen aufgrund defekter Augenmuskel. (s.a. Konvergenz)
[*lat.:* di, auseinander + vergere, lehnen.]
divergence

Divergenzluxation. Temporäre Verschiebung zweier Knochen, wie z.B. von Speiche (Radius) und Elle (Ulna).
divergent dislocation

Divertikel. Sackartige Ausstülpung (Herniation) der muskulären Wand eines röhrenförmigen Organs. Divertikel können im Magen und Dünndarm, meist jedoch im Kolon auftreten.
[*lat.:* diverticulare, abwenden.]
diverticulum

Divertikel, falsches. (Pseudodivertikel). Schleimhautvorwölbung infolge eines

D

Muskeldefekts in einem Organ, z.B. Ösophagus oder Magen.
[*lat.:* diverticulare, abwenden.]
false diverticulum

Divertikelhernie. Hervortreten (Protrusion) einer kongenitalen Darmausstülpung (Darmdivertikels) durch eine Öffnung in der Bauchhöhle.
diverticular hernia

Divertikelresektion. Operatives Entfernen eines Divertikels.
diverticulectomy

Divertikulitis. Entzündung eines bzw. mehrerer Divertikel. Fäces, die die dünnwandigen Divertikel penetrieren, führen zu Entzündungen und Abszessbildung im Darmgewebe. Bei rezidivierenden Entzündungen kann es zur Verengung und Verstopfung des Darmlumens kommen. Während der Entzündungsphasen leidet der Patient an krampfartigen Schmerzen, insbesondere oberhalb des Sigmoids sowie an Fieber und Leukozytose.
[*lat.:* diverticulare, abwenden; *griech.:* itis, Entzündung.]
diverticulitis

Divertikulose. Bezeichnung für die Bildung sackartiger Ausstülpungen (Herniationen) im Darmmuskelgewebe, insbesondere in der Sigmaschleife (Colon sigmoideum). In den meisten Fällen leiden Patienten unter gelegentlichen rektalen Blutungen.
[*lat.:* diverticulare, abwenden, *griech.:* osis, Zustand.]
diverticulosis

dizygot. Zweieiig.
[*griech.:* di, zweifach, zygotos, Joch.]
dizygotic

DNA. Abkürzung für deoxyribonucleic acid, → Desoxyribonukleinsäure (DNS).
DNA

DNA-Fingerabdruck. Molekularbiologische Technik zur Bestimmung von Nukleotidmustern aus DNA-Fragmenten. DNA von verschiedenen Genomen wird dabei mit Restriktionsenzymen gespaltet. Die Schwankungen zwischen den Wiederholungssequenzen menschlicher Chromosome sind enorm; statistisch gesehen gibt es nur eine Möglichkeit in 30 Milliarden, dass zwei Personen identische DNA-Fingerprintabdrücke vorweisen. Aufgrund dieser hohen Spezifizität wird die Methode auch in der Rechtsmedizin und der Kriminalistik eingesetzt.
DNA fingerprinting

DNA-Polymerase. Enzym, das die Synthese von Desoxyribonukleinsäure katalysiert. Eine einzelsträngige DNA dient dabei als Matrize.
DNA polymerase

Dobutamin. Sympatikomimetikum; betaadrenerges Stimulanzmittel, das bei einer chronischen Stauungsinsuffizienz eingesetzt wird, um eine Erhöhung des Herzminutenvolumens zu erreichen; dient als Adjuvans bei Herzoperationen.
dobutamine hydrochloride

Döderlein-Stäbchen. Grampositive Bakterien, die in gesunden Vaginalsekretionen gefunden werden.
[Albert S. Döderlein, deutscher Arzt, 1860–1941.]
Döderlein's bacillus

Döhle-Körperchen. Blaue Einschlüsse im Zytoplasma mancher Leukozyten bei May-Hegglin-Anomalie sowie in Blutabstrichen von Patienten mit akuten Virusinfektionen.
[Karl G.P. Döhle, deutscher Pathologe, 1855–1928.]
Döhle's inclusion bodies

Dokumentation. → Pflegeintervention der → NIC, die definiert wird als die Aufzeichnung relevanter Patientendaten in einem klinischen Bericht.
Documentation

Dominanz. Genetisches Grundprinzip, nach dem nicht alle Gene, die eine bestimmte Eigenschaft bestimmen, gleich stark ausgedrückt werden. Zwei Gene, die sich am selben Genlokus befinden, kon-

kurrieren miteinander. Das Gen, das letztendlich manifestiert wird, ist dominant.
[*lat.*: dominari, herrschen.]
dominance

Dopa. Durch Oxidation von Tyrosin erzeugte Aminosäure. Dopa ist eine Vorläufersubstanz von Dopaminen, Adrenalin und Noradrenalin.
dopa

Dopamin. Biogener Neurotransmitter des sympathischen Nervensystems. Vorstufe des Noradrenalin, die in der Substantia nigra produziert und zu Putamen und Schweifkern weitergeleitet wird. Dopamin hemmt die Bewegungsfähigkeit. Ein Dopaminmangel erzeugt typische Parkinson-Krankheitssymptome wie Rigidität, unkontrolliertes Zittern und Bewegungsverlangsamung. (s.a. Katecholamin) – *adj.* dopaminerg.
dopamine

Dopaminrezeptor. Auf der Zelloberfläche bestimmter Zellen befindliches Protein, das eine spezifische Verbindung mit dem Neurotransmitter → Dopamin bildet. Mit Dopamin stimulierte Dopaminrezeptoren auf Gefäßepithelzellen verursachen eine Dilatation der Nieren-, Herzkranz- und Zerebralgefäße, wodurch der Blutfluss erhöht wird.
dopaminergic receptor

Doppelblindversuch. Untersuchung zur Überprüfung der Wirksamkeit einer Behandlungsmethode bzw. eines bestimmten Arzneimittels. Bei einem Doppelblindversuch gibt es Versuchsgruppen und Kontrollgruppen und weder Probanden noch Ärzte wissen, welche Behandlung bzw. welches Arzneimittel welcher Gruppe verabreicht wird.
[*lat.*: duplus]
double-blind study

Doppelkontrastarthrographie. Radiographische Darstellung eines Gelenks, bei der zwei Kontrastmittel in die Gelenkkapsel injiziert werden; wird häufig zur radiographischen Darstellung von Kniegelenken eingesetzt.
double-contrast arthrography

Doppelmissbildung. (Siamesische Zwillinge). Zwei Föten, die sich aus demselben Ei entwickelt haben und die bei Geburt körperlich miteinander verbunden sind. Eine Doppelmissbildung ist das Ergebnis einer verspäteten, unvollkommenen Blastomertrennung im frühen embryonalen Entwicklungsstadium.
conjoined twins

Doppler-Effekt. Bezeichnung für die Änderung der Frequenz einer Schall- oder Lichtwelle durch die relative Bewegung von Schallwelle und Empfänger. Die Frequenz erhöht sich, wenn sich die Schallwelle zum Empfänger hin bewegt und verringert sich, wenn sich die Schallwelle vom Empfänger weg bewegt.
[Christian J. Doppler, österr. Arzt und Mathematiker, 1803–1853.]
Doppler effect

Doppler-Ultraschall. Diagnostiktechnik zur Untersuchung der Blutfließbewegung. Mit Hilfe der Doppler-Sonographie lassen sich charakteristische Veränderungen im Blutfluss erfassen, die von Gefäßverengungen hervorgerufen werden. Die Doppler-Verschiebung, also die Differenz zwischen Sende- und Empfangsfrequenz, kann akustisch dargestellt werden. Verschiedene Bewegungsgeschwindigkeiten im Körperinneren werden in Schallwellen umgewandelt und ermöglichen Rückschlüsse auf bestimmte Körperstrukturen. Mit der Doppler-Sonographie können auch fötale Herztöne überwacht, die Plazenta lokalisiert und Herzfunktionen dargestellt werden.
[Christian J. Doppler, österr. Arzt und Mathematiker, 1803–1853.]
Doppler ultrasonography

dorsal. Zum Rücken gehörig, rückseitig. (→ Dorsum)
[*lat.*: dorsum, Rücken.]
dorsal

dorsalflektieren. Nach hinten beugen oder biegen, z.B. beim Aufwärtsbeugen der Finger, des Handgelenks, der Füße oder Zehen.
[*lat.*: dorsum, Rücken + flectere, beugen.]
dorsiflect

D

Dorsalflexion. Von den Muskeln unterstützte, nach hinten gerichtete Beugung.
dorsiflexion

Dorsalgie. Rückenschmerz, insbesondere in den Muskeln der oberen Rückenregion.
dorsodynia

dorsolateral. Rücken und beide Körperseiten betreffend.
dorsolateral

dorsolumbar. Rücken und Lendenbereich betreffend.
dorsolumbar

dorsosakral. Rücken und Kreuzbein (Sacrum) betreffend.
dorsosacral

dorsoventral. Bezeichnung für die Körperachse, die sich durch Rücken und Bauch zieht.
dorsoventral

Dorsum. Rücken des Körpers; Rückseite bzw. Oberseite eines Körperteils.
[*lat.:* dorsum, Rücken.]
dorsum

Dosierung. Menge, Häufigkeit und Anzahl eines verabreichten Arzneimittels.
[*griech.:* didonai, Gabe.]
dosage

Dosimeter. Instrument zur Erfassung und Messung der Strahlungsbelastung.
[*griech.:* dosis, Gabe, metron, Maß.]
dosimeter

Dosimetrie. 1. Erfassung der von einer radioaktiven Quelle ausgehenden Strahlungsmenge, -leistung und -verbreitung. 2. Genaue Festsetzung einer medizinischen Dosis auf der Basis von Körpergröße, Geschlecht, Lebensalter sowie anderen Faktoren.
[*griech.:* dosis, Gabe, metron, Maß.]
dosimetry

Dosis. Die zu einer gegebenen Zeit verabreichte Menge eines Arzneimittels.
[*griech.:* didonai, Gabe.]
dose

Dosis, absorbierte. (Energiedosis). Energie, die auf eine ausgewählte Stelle durch ionisierende Strahlung pro Masseneinheit ionisiertes Material übertragen wird. Die SI-Einheit) einer Energiedosis ist Gray; 1Gy = 1Joule/kg = 100 rad.
absorbed dose

Dosis, höchstzulässige. Die höchste Dosis einer ionisierenden Strahlung, der eine Person, die mit radioaktiven Materialien oder Röntgenstrahlen arbeitet, nach den radiologischen Schutzvorschriften ausgesetzt sein darf; sie beträgt 5 rem pro Jahr oder eine lebenslange Akkumulation von 1 rem pro Lebensjahr.
maximum permissible dose (MPD)

Dosis, kumulative. Strahlendosis, die sich aus häufiger Bestrahlung bzw. als Folge der Exposition radiopharmazeutischer Produkte ergibt.
cumulative dose

Dosis, minimale infektiöse. Geringste Menge einer infektiösen Substanz, die zu einer → Infektion führt.
minimal infecting dose

Dosis, therapeutische. Minimale Dosis, die für die Erzeugung einer erwünschten Wirkung notwendig ist.
therapeutic dose

Dosis, toxische. Die Menge einer Substanz, die ggf. eine giftige Wirkung hervorruft.
toxic dose (TD)

Dosis-Wirkung. Bezeichnung für den Bereich einer Arzneimittelwirkung zwischen der Minimaldosis, die benötigt wird, um eine Schwellenkonzentration zu überschreiten, die eine Wirkung auslöst, und einer toxischen Überdosis, die zu negativen Nebenwirkungen führt.
dose response

Dosis-Wirkungs-Beziehung (DWB). Mathematische Beziehung zwischen Strahlungsdosis und der hervorgerufenen körperlichen Reaktion. Bei einer linear verlaufenden Kurve steht die Wirkung in einem proportionalen Verhältnis zur Dosis.
dose-response relationship

Dosisleistung. Abgegebene Strahlungsmenge, die in einer bestimmten Zeiteinheit absorbiert werden kann.
🇬🇧 dose rate

Dottersack. Nabelbläschen im Inneren der Zellmasse eines menschlichen Embryos, das bis zum 2. Embryonalmonat als Nahrungsvorrat dient. Es ist durch den Dottergang mit dem Mitteldarm verbunden. Nach der 7./8. Woche verschwindet der D. wieder.
🇬🇧 yolk sac

Douglas-Raum. Aus einer Falte des Bauchfells gebildeter rektouteriner Beutel zwischen Rektum und Uterus.
[James Douglas, schottischer Anatom, 1675–1742.]
🇬🇧 Douglas' cul-de-sac

Douglaspunktion. (Kuldozentese). Entfernen von intraperitonealer Flüssigkeit, z.B. Eiter, mit Hilfe einer Nadel durch eine Punktion durch die Vagina.
🇬🇧 culdocentesis

Douglasskop. Endoskop mit Lichtquelle, das zur Untersuchung der Bauchhöhle durch die hintere Vaginalwand eingeführt wird.
🇬🇧 culdoscope

Down-Syndrom. (Trisomie 21). Kongenitale Krankheit (→ Chromosomen-Aberration) mit unterschiedlichem Ausmaß geistiger Behinderungen (Retardation) und multipler Defekte. Das Down-Syndrom wird meist entweder durch ein zusätzliches Chromosom in der G-Gruppe oder, in seltenen Fällen, durch eine Translokation der Chromosomen 14 oder 15 in der D-Gruppe bzw. der Chromosomen 21 oder 22 verursacht. Typische Merkmale sind Kleinwüchsigkeit und Muskelhypotonie, Fehlbildung innerer Organe, Mikrozephalie, Brachyzephalie, flacher Okziput sowie typische Gesichtszüge: mongoloid geformte Augen, breite Nasenwurzel, tiefsitzende Ohren und eine große, hervorstehende Zunge ohne Zentralfurche. Die Hände sind kurz und breit und weisen querlaufende Handfurchen bzw. Vierfingerfurchen auf. Die Finger sind kurz und einwärtsgekrümmt (Klinodaktylie). Die Füße sind breit und keilförmig und haben einen deutlichen Zwischenraum zwischen erstem und zweitem Zeh sowie eine klar ausgebildete Furche. Die mit Down-Syndrom einhergehende geistige Behinderung variiert von Fall zu Fall. Der durchschnittliche IQ liegt im Bereich von 50 bis 60. Im frühen Kindesalter ist die Sterblichkeitsrate hoch, insbesondere bei Kindern mit Herzfehlern.
[John L. Down, englischer Arzt, 1828–1896.]
🇬🇧 Down syndrome

Downey-Zellen. Bezeichnung für Lymphozyten in den Blutzellen von Patienten mit infektiöser Mononukleose und Hepatitis. Die Zellen werden als Downey I, II oder III Lymphozyten eingestuft.
[Hal Downey, amerikanischer Hämatologe, 1877–1959.]
🇬🇧 Downey cells

Doxycyclin. Tetrazyklin; Antibiotikum zur Behandlung von Infektionskrankheiten.
🇬🇧 doxycycline

DPT-Impfstoff. Kombinationsimpfstoff gegen Diphtherie, Keuchhusten (Pertussis) und Tetanus.
🇬🇧 DPT vaccine

Drain. Tubus oder anderer Schlauch, mit dem Luft oder Flüssigkeit aus einer Körperkavität bzw. einer Wunde abgeleitet wird. Der Drain kann in ein geschlossenes System mit vollständigem Schutz gegen Kontamination integriert sein oder Teil eines offenen Systems sein, dessen Substanzen fortlaufend ausgetauscht werden.
🇬🇧 drain

Drainage. Methode zur Entfernung von Körperflüssigkeiten aus Hohlräumen, Wunden oder anderen Sekretquellen. Eine geschlossene Drainage ist ein System, das aus Schläuchen und anderen Apparaten besteht, die mit dem Körper verbunden werden, um Flüssigkeit in einem luftdichten Kreislauf zu entfernen und gleichzeitig eine weitere Kontamination der Wunde bzw. des Hohlraums zu

D

vermeiden. Bei einer offenen Drainage wird Sekret durch einen nach außen offenen Schlauch abgeleitet. Bei der Saugdrainage wird eine Flüssigkeit mit Hilfe einer Pumpe o.ä. entfernt. Die Spüldrainage ist eine Methode zur Reinigung eines Körperbereichs durch abwechselndes Spülen und Entleeren; wird beispielsweise bei der Behandlung von Harnwegserkrankungen eingesetzt.
drainage

Drainage, doppellumige. Instrument zur Drainage, das aus zwei Schläuchen besteht. Durch den einen Schlauch kann Flüssigkeit aus der Körperhöhle abfließen, durch den anderen gelangt Luft in die Körperhöhle und ersetzt die Flüssigkeit. Die D. kann an ein Absauggerät angeschlossen werden.
sump drain

Drakunkulose. (Medinawurminfektion; Guineawurminfektion). Durch den Nematoden *Dracunculus medinensis* verursachte Parasiteninfektion mit eitrigen Läsionen an Beinen und Händen, die entlang der Wanderroute des weiblichen Wurms entstehen. Ansteckung durch kontaminiertes Trinkwasser.
[*griech.:* drakontion, kleiner Drachen, osis, Beschwerde.]
dracunculiasis

Dranginkontinenz. Anerkannte → NANDA-→ Pflegediagnose; Zustand, bei dem ein Patient unter einem unwillkürlichen Urinabgang unmittelbar nach einem starken Harndrang leidet. Zu den kennzeichnenden Merkmalen zählen Harndrang, häufiges Harnlassen (häufiger als zweistündlich), Blasenkontraktionen/-krämpfe, Nykturie (häufiger als zweimal pro Nacht), Ausscheidung von kleinen (weniger als 100 ml) oder von großen Urinmengen (500 ml) und die Unfähigkeit, die Toilette rechtzeitig zu erreichen.
incontinence, urge

Drehungsbruch. (→ Torsionsfraktur)
torsion fracture

Dreieckstuch. Dreieckiges Tuch, das als Armschlinge, Abdeckung oder dick zusammengefaltet als Hilfsmittel zur Blutstillung verwendet werden kann. Ein D. muss in jedem Verbandskasten vorhanden sein.
triangular bandage

Dreifachreaktion. Drei Phänomene, die nach der subkutanen Injektion von Histaminen nacheinander auftreten. Zunächst entwickelt sich ein kleiner roter Fleck, der sich innerhalb einer Minute zu seiner maximalen Größe von einigen Millimetern ausbreitet und dann bläulich verfärbt. Anschließend bildet sich um den ursprünglichen roten Fleck langsam ein unregelmäßiger hellroter Bezirk und schließlich entsteht eine mit Flüssigkeit gefüllte Hautblase über dem ursprünglichen roten Fleck.
triple response

Dreifarbentheorie. Annahme, dass alle Farbwahrnehmungen mit Hilfe von drei verschiedenen Zapfentypen in der Netzhaut des Auges weitergeleitet werden, die empfindlich auf die drei Grundfarben rot, grün und blau reagieren. Durch die individuelle und die Zusammenarbeit der Zapfen ist es möglich, alle Farbschattierungen wahrzunehmen.
[T. Young, engl. Physiker, 1773–1829 u. L. von Helmholtz, dt. Physiker u. Physiologe, 1821–1894]
Young-Helmholtz theory of color vision

Drepanozytenanämie. → Sichelzellanämie.
[*griech.:* drepane, Sichel, kytos, Zelle.]
drepanocytic anemia

Dressler-Syndrom. Autoimmunerkrankung, die im Zusammenhang mit einem akuten Koronarinfarkt auftreten kann. Krankheitssymptome sind Fieber, Herzbeutelentzündung (Perikarditis), Brustfellentzündung (Pleuritis), Pleuraerguss und Gelenkschmerzen. Verursacht wird eine Dressler-Myokarditis durch körpereigene Immunreaktionen auf Beschädi-

gungen des Herzmuskels (Myokards) und des Herzbeutels (Perikards).
[William Dressler, amerikanischer Arzt, 1890–1969.]
🇬🇧 Dressler's syndrome

Drift. Allmähliche Fortbewegung aus der ursprünglichen Lage.
🇬🇧 drift

Drift, genetische. Zufällige Fluktuation der Genhäufigkeit innerhalb einer Population. Je kleiner eine Population, desto größer die Tendenz für Variationen innerhalb jeder Generation, wodurch sich die Nachkommen genetisch beträchtlich von ihren Vorfahren unterscheiden können.
🇬🇧 genetic drift

Drogen- bzw. Arzneimittelabhängigkeit. Verlangen, Gewöhnung, Missbrauch bzw. physiologisches Vertrauen in Bezug auf eine chemische Substanz.
🇬🇧 drug dependence

Drogenentzug, Behandlung eines Substanzabusus. → Pflegeintervention der → NIC, die definiert ist als die Pflege eines Patienten während einer Drogenentgiftung.
🇬🇧 Substance Use Treatment: Drug Withdrawal

dromotrop. Bezeichnung für eine Substanz, die die Weiterleitung elektrischer Impulse beeinflusst. Ein positiv dromotropes Mittel fördert die Leitung elektrischer Impulse zum Herz.
🇬🇧 dromotropic

Drop-Anfall. Form einer transitorischen ischämischen Attacke (TIA), bei der eine kurze Unterbrechung des zerebralen Blutflusses den Gleichgewichtssinn oder den Tonus der Beinmuskulatur beeinträchtigt. Die betroffene Person kann stürzen, wird jedoch nicht ohnmächtig.
🇬🇧 drop attack

Druck. Kraft oder Belastung, die durch eine Flüssigkeit oder ein Objekt auf eine Fläche ausgeübt wird; dies wird normalerweise in Einheiten pro Masse pro Bereich gemessen.
🇬🇧 pressure

Druck, arterieller. Die Belastung, die durch das zirkulierende Blut auf die Arterienwände ausgeübt wird; der a.D. wird durch das Herzminutenvolumen und den systemischen Gefäßwiderstand beeinflusst.
🇬🇧 arterial pressure

Druck, atmosphärischer. Druck in einer bestimmten Umgebung, der in Bezug auf einen Referenzwert von Null (0) cm H_2O ausgedrückt wird.
🇬🇧 ambient pressure

Druck, kritischer. Der von Dampf in einem geschlossenem System ausgeübte Druck beim Erreichen der kritischen Temperatur.
🇬🇧 critical pressure

Druck, onkotischer. → Osmotischer Druck, der durch in Körperflüssigkeiten (Blut, interstitielle Flüssigkeit) gelöste Kolloide (Proteine) hervorgerufen wird, z.B. wenn im Plasma auf einer Seite einer Zellmembran eine höhere Konzentration eines Proteins als in der benachbarten interstitiellen Flüssigkeit vorliegt.
[*griech.:* onkos, Geschwulst]
🇬🇧 oncotic pressure

Druck, osmotischer. Druck, der auf eine halbdurchlässige (semipermeable) Membran ausgeübt wird, die zwei Lösungen mit unterschiedlich hoher Konzentration an gelösten Substanzen voneinander trennt. Die Membran ist nur für das Lösungsmittel in der Lösung durchlässig, nicht aber für die gelösten Stoffe.
🇬🇧 osmotic pressure

Druckentlastung. → Pflegeintervention der → NIC, die definiert wird als die Minimierung der Druckausübung auf Körperteile.
🇬🇧 Pressure Management

Druckpunkt. 1. Punktueller Bereich über einer Arterie, an der der Puls gefühlt werden kann. Ein Druck auf diesen Punkt kann helfen, den Blutfluss distal einer Wunde zu stoppen. 2. Stelle, die auf Druck extrem empfindlich reagiert, z.B. der McBurney-Punkt bei Appendizitis.
🇬🇧 pressure point

Druckrezeptor. (→ Mechanorezeptor)
mechanoreceptor

Druckulkus (pl. Druckulzera). (Dekubitus). Entzündung, Geschwür oder Ulzera auf der Haut, meist über einem vorstehenden Knochen. Ursache ist eine ischämische Hypoxie des Gewebes, die durch einen längere Zeit auf diesen Punkt wirkenden Druck entstanden ist. Ein D. tritt häufig bei älteren, behinderten, immobilen oder sehr dünnen (kachektischen) Patienten auf. Die Geschwüre werden in Schweregrade unterteilt. Die Vorbeugung gegen D. ist ein wesentlicher Aspekt der Pflege; die spezielle Behandlung erfolgt je nach Lokalisation und Ausdehnung. (→ Pflege bei Druckulzera)
pressure ulcer

Druckulzera, Pflege bei. → Pflegeintervention der → NIC, die definiert wird als die Unterstützung der Heilung von Druckgeschwüren.
Pressure Ulcer Care

Druckulzera, Vorbeugung gegen. → Pflegeintervention der → NIC, die definiert wird als die Vorbeugung gegen Druckulzera bei diesbezüglich gefährdeten Patienten.
Pressure Ulcer Prevention

Druckverband. Bandage oder Material aus Stoff, das so fest um einen Körperteil angelegt wird, dass Druck ausgeübt und damit Blutungen gestoppt, Ödemen vorgebeugt und varikösen Venen eine Stabilisierung gewährleistet wird.
pressure dressing

Drüse. (Glandula). Organe, die aus spezialisierten Epithelzellen bestehen und Substanzen ausscheiden, die nicht im Zusammenhang mit ihrem ursprünglichen Metabolismus stehen. Einige D.n scheiden ein schleimiges, muköses Sekret aus, andere, wie etwa die Hypophysendrüsen, produzieren Hormone; die blutbildenden (hämatopoetischen) D.n, z.B. die Milz und einige Lymphknoten, sind bei der Produktion von Blutkomponenten beteiligt. → Exokrine D.n geben ihre Sekretionen in Drüsengänge ab, die → endokrinen D.n dagegen besitzen keine Ausführungsgänge und scheiden ihre Sekretionsprodukte direkt ins Blut oder in die interstitielle Flüssigkeit aus.
gland

Drüse, ekkrine. Eine von zwei Arten von Schweißdrüsen, die im Hautgewebe liegen. Ekkrine Drüsen sind unverzweigt, gewunden und röhrenförmig und sind über die gesamte Hautfläche des Körpers verteilt. Die Absonderung von Schweiß führt über die Verdunstungskälte zur Kühlung der Hautoberfläche. (s.a. Schweißdrüse, apokrine)
eccrine gland

Drüse, endokrine. Eine ganglose Drüse, die Hormone ins Blut bzw. in die Lymphknoten abgibt. Diese Hormone haben entscheidende Auswirkungen auf bestimmte Zielgewebe im gesamten Körper. Zu den endokrinen Drüsen gehören die Hirnanhangsdrüse (Hypophyse), die Zirbeldrüse, der Hypothalamus, der Thymus, die Schilddrüse, die Nebenschilddrüse, die Nebennierenrinde, die Langerhans-Inseln sowie die Keimdrüsen. Bestimmte Zellen anderer Körpergewebe, wie z.B. die gastrointestinale Schleimhaut und die Plazenta, haben ebenfalls endokrine Funktionen.
endocrine gland

Drüsen, exokrine. Drüsen, die Sekretionen auf die Hautoberfläche absondern, wie z.B. die Schweißdrüsen und die Talgdrüsen. (s.a. Drüsen, endokrine)
exocrine gland

Drüsen, sublinguale. Kleine Speicheldrüsen, die in der Mundschleimhaut unter der Zunge sitzen. Die D. sind mandelförmig und sezernieren von den Drüsenalveolen gebildeten Schleim in den Mund.
sublingual gland

Drüsen, submandibuläre. Walnussgroße, paarig angelegte Speicheldrüsen (Unterkieferdrüse), die unter dem Unterkiefer liegen. Die D. sezernieren Schleim und se-

röse Flüssigkeit, die zum Verdauungsprozess beiträgt.
[*lat.:* sub + madibula, unter + Kinnbacke]
submandibular glands

DSA, tomographische. Abkürzung für Digitale Subtraktionsangiographie. Dreidimensionale Darstellung der Blutgefäße im Körper.
tomographic DSA

DSM. Abkürzung für »Diagnostic and Statistic Manual« der American Psychiatric Association (Diagnostisches und statistisches Manual psychischer Störungen).
DSM

DTP-Impfstoff. Intramuskulär gespritzter Kombinationsimpfstoff bestehend aus Diphtherie- und Tetanus-Anatoxinen sowie abgeschwächtem Pertussis-Impfstoff.
DTP vaccine

Dubin-Johnson-Syndrom. Erbliche, chronische Hyperbilirubinämie. Begleitsymptome sind nicht-hämolytischer Ikterus, krankhafte Leberpigmentation und Störung der Gallenblasenfunktion.
[Isidore N. Dubin, amerikanischer Pathologe, 1913–1980; Frank B. Johnson, amerikanischer Pathologe, geb. 1919.]
Dubin-Johnson syndrome

Dubois-Formel. Logarithmische Rechenmethode zur Bestimmung der Körperoberfläche. Die Berechnung basiert auf der Körpergröße in cm, dem Körpergewicht in kg sowie einer Konstanten, die einen Wert von 0,007184 hat.
DuBois formula

Dubowitz-Schema. Erfassungssystem zur Bestimmung der Schwangerschaftsreife eines Neugeborenen unter Berücksichtigung von Faktoren wie Körperhaltung, Dorsalflexion der Knöchel sowie Arm- und Beinwiderstand.
[Victor Dubowitz, südafrikanischer Kinderarzt, geb. 1931.]
Dubowitz assessment

Duchenne-Aran-Syndrom. (spinale progressive Muskelatrophie). Durch die Degeneration der vorderen Hornzellen des Rückenmarks hervorgerufener Muskelschwund (Atrophie), der hauptsächlich die oberen Gliedmaßen betrifft. Der chronische Muskelschwund und die Muskelschwäche befallen zuerst die Hände und breiten sich über Arme und Schultern bis in die Beine sowie andere Körperregionen aus.
[Guillaume B.A. Duchenne, französischer Neurologe, 1806–1875; Francois A. Aran, französische Arzt, 1817–1861.]
Duchenne-Aran disease

Duchenne-Krankheit. (→ Bulbärparalyse)
Duchenne's paralysis

Duchenne-Muskeldystrophie. Rezessive, mit dem Geschlechtschromosom verbundene Erbkrankheit mit progressivem, symmetrisch verlaufendem Muskelschwund an Beinen und Beckenregion. In den meisten Fällen tritt die Krankheit zwischen dem 3. und 5. Lebensjahr auf; über Bein- und Beckenmuskulatur geht der Muskelschwund auf die unwillkürliche Muskulatur über. Charakteristische Merkmale sind ein schleppender Gang und eine deutlich ausgeprägte konvexe Verbiegung der Wirbelsäule (Lordose). Muskeln werden schnell abgebaut, die Wadenmuskulatur wird fest und vergrößert sich infolge fetthaltiger Ablagerungen. Erkrankte Kinder leiden unter Kontrakturen, haben Probleme beim Treppensteigen, stolpern und fallen oft hin und haben flügelartig abstehende Schulterblätter (Scapula alata).
[Guillaume B.A. Duchenne, französischer Neurologe, 1806–1875.]
Duchenne's muscular dystrophy

Duchenne-Syndrom. In drei Stufen verlaufende neurologische Erkrankung: Rückenmarksmuskelschwund (Atrophie), Bulbärparalyse und Rückenmarksschwindsucht (Tabes dorsalis).
[Guillaume B.A. Duchenne, französischer Neurologe, 1806–1875.]
Duchenne's disease

Ductus. Enge, schlauchartige Struktur, die zur Sekretion bzw. Ausscheidung (Exkretion) von Materialien und Substanzen dient.
[*lat.:* ducere, führen.]
duct

Ductus arteriosus. Fötaler Gefäßkanal, der die Pulmonalarterie direkt mit der absteigenden Aorta verbindet.
ductus arteriosus

Ductus arteriosus apertus. (Ductus Botalli). Unphysiologische Öffnung zwischen der → Pulmonalarterie und der → Aorta, die dadurch entsteht, dass sich der Ductus arteriosus beim Fötus nach der Geburt nicht schließt; dies tritt häufig bei zu früh geborenen Kindern auf. Durch diesen Defekt kann Blut aus der Aorta in die Pulmonalarterie und wieder in die Lungen fließen, wo es erneut mit Sauerstoff gesättigt wird und erneut in den linken Vorhof und in die linke Kammer gelangt. Dadurch entsteht eine erhöhte Arbeitslast des linken Herzens, eine Stauung und ein erhöhter Widerstand der Lungengefäße.
patent ductus arteriosus (PDA)

Ductus Botalli. (Ducuts arteriosus). Physiologischer Kurzschluss zwischen Aortenbogen und Truncus pulmonalis zur Umgehung der noch funktionsunfähigen Lunge beim Embryo und Fetus. Verschluss erfolgt nach der Geburt mit Einsetzen der Atmung (innerhalb 10–15 Std.).

Ductus choledochus. (Gallengang). Kanal, der aus der Kreuzung zwischen Gallenblasengang und Leberausführungsgang gebildet wird.
common bile duct

Ductus cochlearis. (Schneckengang). Knochiger, spiralförmiger Tunnel in der Innenohrschnecke. Eine Öffnung steht in Verbindung mit der Paukenhöhle, eine zweite Öffnung ist mit dem Vorhof verbunden und eine dritte Öffnung kommuniziert mit einer schmalen Passage, die zur Unterfläche des Schläfenbeins führt.
[*lat.:* cochlea, Schneckengehäuse + canalis, Kanal.]
cochlear canal

Ductus cysticus. Gallenblasengang, durch den die Galle aus der Gallenblase in den Ducutus choledochus fließt.
cystic duct

Ductus epididymidis. Nebenhodengang, in den die efferenten Hodengänge münden.
ductus epididymidis

Ductus lymphaticus dexter. (→ rechter Hauptlymphgang)
right lymphatic duct

Ductus semicircularis. (→ Häutiger Bogengang)
semicircular duct

Ductus venosus. (Arantius-Kanal). Vaskuläre Verbindung des Fötus zwischen Leber und Nabelvene sowie unterer Hohlvene (Vena cava inferior).
ductus venosus

Dukes-Klassifikation. System zur Einstufung kolorektaler Karzinome unter Berücksichtigung des Ausmaßes des Gewebebefalls und der Metastasen. Dukes-A-Tumore betreffen lediglich Schleimhaut und Submukosa. Typ-B-Tumore sind Muskeltumore ohne Beeinträchtigung des Lymphsystems. C-Tumore bilden Metastasen in den Lymphknoten. Typ-D-Tumore sind Karzinome, die bereits in weiter entfernte Organe vorgedrungen sind.
Duke's classification

Dumping-Syndrom. Bezeichnung für Symptome wie Schwitzen, Übelkeit, Schwindel und Schwäche, unter denen Patienten nach Durchführung einer Magenresektion leiden. Die Symptome treten bald nach Essenseinnahme auf, wenn der Mageninhalt zu schnell in den Zwölffingerdarm entleert wird.
dumping syndrome

Duncan-Mechanismus. Plazentalösung, wobei sich die unteren Teile der Plazenta zuerst lösen.
[James M. Duncan, britischer Geburtshelfer, 1826–1890.]
Duncan's mechanism

Dunkeladaptation. Physiologische Erhöhung der Empfindlichkeit der Stäbchenzellen in den Augen, um vorhandenes Licht in einer schlecht beleuchteten Umgebung zu erkennen; gleichzeitig erwei-

tern sich die Pupillen, damit mehr Licht in die Augen eindringen kann.
🇬🇧 dark adaptation

Dunkelfelduntersuchung. Untersuchung eines Untersuchungsmaterials mit Hilfe eines Dunkelfeldmikroskops. Das Material wird dabei von einer peripheren Lichtquelle beleuchtet. Das untersuchte Material scheint gegen den dunklen Hintergrund zu leuchten.
🇬🇧 darkfield microscopy

Dünndarmtumore, maligne. Neoplasmabildung in Duodenum, Jejunum oder Ileum. Die Krankheitssymptome unterscheiden sich je nach Art des Geschwürs und betroffener Stelle. Es können Bauchschmerzen, Erbrechen, Gewichtsverlust, Diarrhö, intermittierende Obstipation, Magen-Darm-Blutungen oder die Bildung einer Gewebemasse im rechten Abdomen beobachtet werden. Adenokarzinome, die am häufigsten auftretenden Tumore, entstehen entweder im Duodenum oder im oberen Jejunum und bilden polypoide oder ringförmige Geschwüre. Die hauptsächlich im unteren Dünndarm auftretenden Lymphome können die Darmmotilität beeinträchtigen, indem sie die Nerven befallen und sind bisweilen mit dem Malabsorptionssyndrom assoziiert. Adenokarzinome werden meist operativ entfernt, wobei oftmals eine umfassende Resektion der Mesenteriallymphknoten durchgeführt wird.
🇬🇧 cancer of the small intestine

duodenal. Den Zwölffingerdarm (Duodenum) betreffend.
[*lat.:* duodeni, 12 Finger.]
🇬🇧 duodenal

Duodenalulkus. Zwölffingerdarmgeschwür; häufigste Form gastrointestinaler Ulzera.
🇬🇧 duodenal ulcer

Duodenalverdauung. Verdauungsvorgang, der im ersten Darmsegment nach dem Magenausgang (Pylorus) stattfindet. Leber- und Bauchspeicheldrüsensekrete sammeln sich hier und werden mit dem teilweise verdauten Speisebrei aus dem Magen vermischt. Es bilden sich Darmlymphe (Chylus), Fette werden emulgiert, Stärke wird hydrolisiert und proteolytische Enzyme beginnen mit dem Proteinabbau.
🇬🇧 duodenal digestion

Duodenektomie. (Zwölffingerdarmresektion). Chirurgische Entfernung des gesamten bzw. eines Teils des Zwölffingerdarms.
[*lat.:* duodeni, 12 Finger; *griech.:* ektome, Exzision.]
🇬🇧 duodenectomy

Duodenitis. Entzündung des Zwölffingerdarms (Duodenum).
[*lat.:* duodeni, 12 Finger; *griech.:* itis, Entzündung.]
🇬🇧 duodenitis

Duodenographie. Röntgenologische Darstellung des Zwölffingerdarms (Duodenum) und der Bauchspeicheldrüse (Pankreas).
[*lat.:* duodeni, 12 Finger; *griech.:* graphein, aufzeichnen.]
🇬🇧 duodenography

Duodenoskop. → Endoskop, das zur Untersuchung des Zwölffingerdarms (Duodenum) durch den Mund eingeführt wird.
🇬🇧 duodenoscope

Duodenoskopie. Visuelle Untersuchung des Zwölffingerdarms (Duodenum) mit Hilfe eines Endoskops.
🇬🇧 duodenoscopy

Duodenostomie. Chirurgische Eröffnung des Zwölffingerdarms (Duodenum) durch die Bauchwand, so dass eine Fistel entsteht.
[*lat.:* duodeni, 12 Finger; *griech.:* stoma, Mund.]
🇬🇧 duodenostomy

Duodenum. (Zwölffingerdarm). Kürzester und breitester Teil des Dünndarms, der ausgehend vom Magenausgang (Pylorus) eine fast kreisförmige Bahn beschreibt, so dass Anfang und Ende des Duodenums nahe beieinander liegen. Der Zwölffingerdarm hat eine Länge von ca. 25 cm und unterteilt sich in einen oberen, einen absteigen-

den, einen horizontalen und einen aufsteigenden Teil.
[*lat.:* duodeni, 12 Finger.]
duodenum

Dupuytren-Kontraktur. Progressive, schmerzfreie Verdickung und Verspannung des subkutanen Handgewebes, das zu einer Einwärtskrümmung des vierten und fünften Fingers führt. Sehnen und Nerven werden jedoch nicht beeinträchtigt. Die Störung geht von einer Hand auf die andere über.
[Guillaume Dupuytren, französischer Chirurg, 1777–1835.; *lat.:* contractura, zusammenziehen.]
Dupuytren's contracture

Dura mater. Äußerste der drei das Gehirn und das Rückenmark umgebenden Membrane. Die Dura mater encephali bedeckt das Hirn, die Dura mater spinalis bedeckt das Rückenmark.
[*lat.:* durus, hart, mater, Mutter,.]
dura mater

Duralsack. Blind endender Sack am unteren Ende der Dura mater, auf gleicher Höhe mit dem zweiten Sakralsegment.
dural sac

Durascheide. Den Sehnerv und die Rückenmarksnervenwurzeln bedeckende Erweiterung der Dura mater.
dural sheath

Durchblutungsstörung, Risiko einer peripheren. Anerkannte → NANDA-→ Pflegediagnose; Vorliegen von Risikofaktoren für eine Durchblutungs-, Empfindungs- oder Bewegungsstörung einer Extremität. Zu den Risikofaktoren zählen Frakturen, mechanische Kompression (z.B. Staumanschette, Gips, Verband oder Fixierungen), orthopädische Operationen, Verletzungen, Immobilität, Verbrennungen und Gefäßverschlüsse.
peripheral neurovascular dysfunction

Durchbruchblutung. Abgang von uterinem Blut zwischen den Menstruationsblutungen. D.en sind eine mögliche Nebenwirkung bei der Einnahme von oralen Empfängnisverhütungsmitteln (→ Kontrazeptiva). (→ Schmierblutung)
breakthrough bleeding

Durchlaufdrainage. Methode zur Spülung eines Körperorgans. Dabei werden zwei Katheter eingeführt; durch den einen fließt die Spülflüssigkeit hinein, durch den anderen wird sie wieder abgesaugt.
through-and-through drainage

Durchsetzungskraft, Training der. → Pflegeintervention der → NIC, die definiert wird als die Unterstützung beim effektiven Ausdruck von Gefühlen, Bedürfnissen und Vorstellungen unter Berücksichtigung der Rechte anderer Personen.
Assertiveness Training

Duroziez-Doppelgeräusch. Systolisches Geräusch, das bei Arterienkompression über die Oberschenkelarterie vernommen werden kann. Das Phänomen steht im Zusammenhang mit hohem arteriellen Pulsdruck bzw. Aortenklappeninsuffizienz. Ein diastolisches Geräusch kann zusätzlich gehört werden, wenn der Druck auf die Arterie distal vom Stethoskop erhöht wird.
[Paul L. Duroziez, französischer Arzt, 1826–1897.]
Duroziez' murmur

Durstfieber. Vor allem bei Säuglingen auftretende erhöhte Körpertemperatur infolge mangelnder Flüssigkeitszufuhr.
salt fever

dynamisch. 1. Etwas verändern bzw. Veränderungen begünstigen. 2. Begriff aus der Atemtherapie zur Beschreibung eines veränderten Atemvolumens.
dynamic

Dynamometer. Messinstrument zur Messung des für die Kontraktion bestimmter Muskelgruppen benötigten Kraftaufwands. Mit einem Handdynamometer kann man beispielsweise die Griffstärke der Handmuskeln messen.
[*griech.:* dynamis, Kraft, metron, Maß.]
dynamometer

Dysakusis. Bezeichnung für die Erzeugung von Schmerzen oder körperlichen Be-

schwerden durch laute Geräusche. Eine Hörempfindlichkeit wird oft durch eine Beschädigung der Innenohrschnecke verursacht.
[*griech.*: dys, schwierig, akouein, hören.]
dysacusis

Dysarthrie. (Artikulationsstörung). Sprechstörung infolge einer Störung der an der Sprechmotorik beteiligten muskulären Strukturen, insbesondere eines zentralen oder peripheren motorischen Nervs.
[*griech.*: dys, Fehl- + arthroun, artikulieren.]
dysarthria

Dysarthrose. Gelenkfehlbildung infolge einer Krankheit, Dislokation oder Missbildung, die zu einer Bewegungshinderung führt.
[*griech.*: dys, Fehl-, athron, Gelenk.]
dysarthrosis

Dysästhesie. Sensibilitätsstörung mit schmerzhafter Empfindung von Berührungsreizen; bei Rückenmarksverletzungen treten häufig Gefühle der Taubheit, des Kribbelns oder brennender Schmerzen unterhalb der Läsion auf.
dysesthesia

Dysautonomie. (Riley-Day-Syndrom). Störung des vegetativen Nervensystems, die oftmals ein klinisches Merkmal von Diabetes, Parkinson-Krankheit, Adie-Syndrom, Shy-Drager-Syndrom oder Riley-Day-Syndrom sein kann. Ein typisches Symptom ist orthostatische Hypotonie begleitet von Synkopen und Drop-Anfällen.
[griech., dys, Fehl- + autonomia, selbständig.]
dysautonomia

Dysbasie. Gehschwierigkeiten infolge von neurologischen Störungen und Lähmungen bei Atherosklerose.
dysbasia

Dyscholie. Gallenerkrankung, bei der entweder zu wenig Galle abgesondert wird, oder eine Störung in Bezug auf die Galleninhaltsstoffe vorliegt.
[*griech.*: dys, Fehl- + chole, Galle.]
dyscholia

Dysdiadochokinesie. Bezeichnung für die Unfähigkeit schnell wechselnde Bewegungen, wie z.B. rhythmisches Fingerklopfen, auszuführen. Ursachen sind Kleinhirnläsionen und → Dysmetrie.
[*griech.*: dys, Fehl- + diadochos, abwechselnd funktionierend, kinesis, Bewegung.]
dysdiadochokinesia

Dysenterie. (Ruhr). Darmentzündung (meldepflichtig), die insbesondere den Kolon betrifft und durch chemische Reizstoffe, Bakterien, Protozoen oder Parasiten verursacht werden kann. Begleitsymptome sind häufiger, blutiger Stuhl, Bauchschmerzen und schmerzhafter Stuhl- und Harndrang (Tenesmus).
[*griech.*: dys, Fehl- + enteron, Darm.]
dysentery

Dysfunktion. Gestörte, unphysiologische Funktionsfähigkeit eines Organs o.ä.
malfunction

Dysgenese. 1. Bezeichnung für die Fehl- bzw. Missbildung eines Organs, insbesondere während der embryonalen Entwicklungsphase. 2. Verlust der Fortpflanzungsfähigkeit. Eine Form von Dysgenesie ist die Gonadendysgenesie. – *adj.* dysgenetisch.
[*griech.*: dys, Fehl- + genein, erzeugen.]
dysgenesis

Dysgenik. Erforschung von Faktoren bzw. Situationen, die genetische Negativauswirkungen auf eine Rasse oder Spezies haben.
dysgenics

Dysgenitalismus. Bezeichnung für fehl- bzw. missgebildete Geschlechtsorgane.
[*griech.*: dys, Fehl- + *lat.*: genitalis, angeboren.]
dysgenitalism

Dysgnathie. Fehlstellung von Oberkiefer oder Unterkiefer bzw. beider Kiefer.
[*griech.*: dys, Fehl + gnathos, Kiefer.]
dysgnathic anomaly

Dysgraphie. (Legasthenie). Schreibstörung mit pathologischer Ursache. (s.a. Agraphie)
[*griech.:* dys, Fehl + graphein, schreiben.]
dysgraphia

Dyskeratose. Krankhafte oder vorzeitige Verhornung von Epithelzellen.
[*griech.:* dys, Fehl + keras, Horn, osis, Beschwerde.]
dyskeratosis

Dyskinesie. Motorische Fehlfunktion.
[*griech.:* dys, Fehl- + kinesis, Bewegung.]
dyskinesia

Dyskrasie. Blut- und Rückenmarkserkrankungen, wie z.B. Leukämie, aplastische Anämie oder pränatale Rh-Unverträglichkeit.
[*griech.:* dys, Fehl- + krasis, Vermischung.]
dyscrasia

Dyslalie. (→ Stammeln)
stammering

Dyslexie. Durch Störungen des Zentralnervensystems ausgelöste Leseschwäche (Legasthenie). Legastheniker vertauschen Buchstaben und Wörter, können Buchstabenfolgen nicht erkennen und nur mit Mühe rechts und links unterscheiden.
[*griech.:* dys, Fehl- + lexis, Wort.]
dyslexia

Dysmaturität. 1. Mangelentwicklung; der Organismus zeigt nur mangelnde Entwicklung und reift nicht zu voller Struktur oder Funktion. 2. Bezeichnung für einen Fötus bzw. ein Neugeborenes mit abnormer Körpergröße für die jeweilige Schwangerschaftsphase.
[*griech.:* dys, Fehl- + *lat.:* maturare, reifen.]
dysmaturity

Dysmegalopsie. Die Unfähigkeit, die Größe oder das Maß eines Gegenstandes richtig abzuschätzen.
[*griech.:* dys, Fehl- + megas, groß, opsis, Erscheinen.]
dysmegalopsia

Dysmelie. Kongenitales, mit einer Rückenmarksstörung assoziiertes Fehlen bzw. Verkürzungen der Extremitäten. Die Dysmelie lässt sich auf Stoffwechselstörungen während der embryonalen Entwicklungsphase zurückführen.
[*griech.:* dys, Fehl- + melos, Gliedmaß.]
dysmelia

Dysmenorrhö. Schmerzhafte Menstruationsbeschwerden. Eine primäre Dysmenorrhö wird durch bestimmte Faktoren des Uterus und den Menstruationsprozess bedingt. Fast jede Frau leidet von Zeit zu Zeit unter Dysmenorrhö. Wenn die Menstruationsschmerzen leicht und von kurzer Dauer sind, handelt es sich um eine normale funktionelle Störung, die keiner Behandlung bedarf. Ungefähr 10% aller Frauen leiden unter einer schweren Dysmenorrhö. Schubweise, krampfartige Schmerzen treten typischerweise im Unterleib und Rücken auf, offenbar im Zusammenhang mit Uteruskontraktionen und Zervixdilatation. Der Schmerz beginnt unmittelbar vor oder zu Beginn der Regelblutung und kann ein paar Stunden bis zu einem Tag und länger dauern. Weitere Symptome sind Übelkeit, Erbrechen, häufiger Stuhlgang mit Darmkrämpfen, Schwindel, Ohnmachtsanfälle und Blässe. Bei der sekundären Dysmenorrhö werden Menstruationsschmerzen infolge spezifischer Beckenfehlbildungen, wie z.B. Endometriose, Adenomyose, chronischer Beckeninfektion oder degenerativer fibroider Tumore beobachtet.
[*griech.:* dys, Fehl- + men, Monat, rhein, fließen.]
dysmenorrhea

Dysmetrie. Fehlerhaftes Einschätzen von Entfernungen und Abständen beim Ausführen von willkürlichen Bewegungen; durch Läsionen im Gehirn verursacht.
[*griech.:* dys, Fehl- + metron, Maß.]
dysmetria

Dysorexie. Mit emotionalen oder psychologischen Störungen einhergehende Essstörung, Verlust des Appetits.
dysorexia

Dysostose. Mangelnde, fehlerhafte Knochenbildung, insbesondere hinsichtlich der Verknöcherung der fötalen Knorpel-

strukturen. Verschiedene Formen der Dysostose sind Dysostosis cleidocranialis, Dysostosis craniofacialis, Dysostosis mandibulofacialis sowie Dysostosis acrofacialis.
[*griech.:* dys, Fehl- + osteon, Knochen, osis, Beschwerde.]
🇬🇧 dysostosis

Dysostosis, cranio-facialis. Erbkrankheit mit typischen Symptomen wie Turmschädel, Exophthalmos, Hypertelorismus, Strabismus, Papageiennase und hypoplastischem Oberkiefer.
[*griech.:* kranion, Schädel + *lat.:* facies, Gesicht; *griech.:* dys, schlecht, osteon, Knochen.]
🇬🇧 craniofacial dysostosis

Dyspareunie. Sammelbezeichnung für Schmerzen während des Geschlechtsverkehrs. Ursachen können fehlgebildete Geschlechtsteile, eine mit dem Koitus verbundene psychophysiologische gestörte Reaktion, gezwungener Koitus oder fehlende sexuelle Erregung sein.
[*griech.:* dys, Fehl- + pareunos, Lagergenosse.]
🇬🇧 dyspareunia

Dyspepsie. Nach dem Essen auftretende Verdauungsbeschwerden, begleitet von Völlegefühl, Sodbrennen, Blähungen und Übelkeit.
[*griech.:* dys, Fehl- + peptein, verdauen.]
🇬🇧 dyspepsia

Dyspepsie, cholelithische. Plötzlich auftretende Verdauungsstörungen, die von Gallenblasenbeschwerden begleitet werden.
[*griech.:* chole + lithos, Stein, dys, schlecht, peptein, verdauen.]
🇬🇧 cholelithic dyspepsia

Dyspepsie, funktionelle. Verdauungsschwierigkeiten infolge von atonischen bzw. neurologischen Störungen. (→ Dyspepsie)
🇬🇧 functional dyspepsia

Dysphagie. Schluckstörung infolge einer Speiseröhrenobstruktion bzw. infolge motorischer Schluckstörungen. Patienten mit obstruktiven Störungen, wie z.B. Speiseröhrentumor, können keine fest Nahrung sondern nur Flüssigkeiten schlucken. Patienten, die unter motorischen Störungen, wie z.B. → Achalasie, leiden, können weder feste noch flüssige Nahrung schlucken.
[*griech.:* dys, Fehl- + phagein, schlucken.]
🇬🇧 dysphagia

Dysphasie. Sprachstörung infolge einer Verletzung des Sprechzentrums der Hirnrinde. (s.a. Aphasie)
[*griech.:* dys, Fehl- + phasis, Sprechen.]
🇬🇧 dysphasia

Dysphonie. Stimmstörung, wie z.B. Heiserkeit. (s.a. Aphonie)
[*griech.:* dys, Fehl- + phone, Stimme.]
🇬🇧 dysphonia

Dysphorie. Verstimmungszustand, wie z.B. Depression und Angst.
🇬🇧 dysphoria

Dysplasie. Sammelbegriff für fehl- bzw. missgebildete Organe oder Gewebe.
[*griech.:* dys, Fehl- + plassein, bilden.]
🇬🇧 dysplasia

Dysplasie, bronchopulmonale. Chronische Lungenerkrankung mit Vernarbung des Lungengewebes, Verdickung der Wände der Pulmonalarterien und einem Missverhältnis zwischen Lungenventilation und -perfusion.
🇬🇧 bronchopulmonary dysplasia (BPD)

Dysplasie, fibromuskuläre. Arterielle Erkrankung, die bei Hypertonie in Verbindung mit Schlaganfall oder transitorischen ischämischen Attacken auftritt. Es bilden sich intraluminale Falten aus fibrösem Endothelgewebe; betroffen sind vor allem die Nierenarterien.
🇬🇧 fibromuscular dysplasia (FMD)

Dysplasie, kraniometaphysäre. Vererbte Knochenkrankheit. Typische Krankheitssymptome sind paranasale Wucherungen, Schädel- und Kieferverdickungen und Einschluss von Hirnnerven. Patienten leiden unter Atemwegsinfekten, die durch die Verknöcherung der Nasenhöhlen verursacht werden, sowie unter Kieferfehlstellungen.
🇬🇧 craniometaphyseal dysplasia

Dysplasie, zervikale. Krankhafte Gewebebildung am Gebärmutterhals, die aus atypischem Deckgewebe besteht, das sich mit der Zeit zu einem Karzinom entwickeln kann.
cervical dysplasia

Dyspnoe. Durch Herzkrankheiten, anstrengende körperliche Betätigung oder durch Angstneurosen verursachte Atemnot.
[*griech.:* dys, Fehl- + pnoia, Atmen.]
dyspnea

Dyspnoe, inspiratorische. Atemstörung, die durch eine Obstruktion im Kehlkopf (Larynx), in der Luftröhre (Trachea) oder in den Bronchien verursacht wird. Der Patient versucht, das dadurch eingetretene Defizit an Luft durch lange tiefe Atemzüge zu kompensieren.
[*lat.:* inspirare, einatmen; *griech.:* dys, ohne; pnoia, Atem]
inspiratory dyspnea

Dyspnoe, kardiale. Bei Herzerkrankung auftretende Atemschwierigkeiten; häufig die Folge einer Lungenstauung.
[*griech.:* dys, schwierig, pnoia, Atem.]
cardiac dyspnea

Dyspraxie. Teilweiser Verlust der Fähigkeit, gezielte, koordinierte Bewegungen auszuführen, ohne Vorliegen motorischer bzw. sensorischer Funktionsstörungen. (s.a. Apraxie)
[*griech.:* dys, Fehl- + prassein, tun, machen.]
dyspraxia

Dysproteinämie. Abnormer Proteingehalt im Blut, meist im Zusammenhang mit den Immunglobulinen.
[*griech.:* dys, Fehl- + protos, erst, haima, Blut.]
dysproteinemia

Dysrhaphie. Unvollständig verwachsene Naht, wie z.B. beim unvollständigen Verwachsen eines Neuralrohrs.
[*griech.:* dys, Fehl- + raphe, Naht.]
dysraphia

Dysrhaphiesyndrom. Das Rückenmark betreffende Entwicklungsstörungen, wie z.B. Enzephalozele oder Myelomeningozele.
dysrhaphic syndrome

Dyssynergie. (Dyskinese). Sammelbegriff für muskuläre Koordinationsstörungen, wie z.B. Ataxie.
[*griech.:* dys, Fehl- + syn, zusammen, ergein, arbeiten.]
dyssynergia

Dystaxia. Partielle → Ataxie, wie z.B. Dystaxia agitans, bei der eine Rückenmarksreizung Zittern, jedoch keine Lähmung verursacht.
[*griech.:* dys, Fehl- + taxis, Ordnung]
dystaxia

Dysthymie. Form einer chronischen, monopolaren Depression, von der vor allem ältere Menschen betroffen sind, die unter schweren körperlichen Gebrechen, chronischen Eheproblemen oder persönlichen Schicksalsschlägen leiden. Mehrere, aufeinanderfolgende depressive Episoden können zu unterschwelligen, chronischen Depressionen führen.
[*griech.:* dys, Fehl- + thymos, Seele.]
dysthymia

Dystokie. Gestörter oder erschwerter Geburtsverlauf, dessen Ursachen eine Obstruktion bzw. Konstriktion des Geburtkanals oder die ungewöhnliche Größe, Form, Lage oder ein schlechter Gesundheitszustand des Fötus sind.
[*griech.:* dys, Fehl- + tokos, Geburt.]
dystocia

Dystonie. (Tonusstörung). Störungen des Muskeltonus. Am häufigsten sind von einer Dystonie Kopf, Nacken und Zunge betroffen. Ursache ist oftmals eine unerwünschte Arzneimittelreaktion.
[*griech.:* dys, Fehl- + tonos, Tonus.]
dystonia

dystonisch. Muskuläre Tonusstörungen betreffend. Wenn die Muskeln aktiviert werden, tritt eine Tonuserhöhung ein; wenn sich die Muskel in Ruhestellung befinden, tritt eine Tonusverminderung ein. Die Folge dystonischer Störungen sind Haltungsschäden.
dystonic

Dystrophia, adiposogenitalis. Eine bei pubertierenden Jungen auftretende Fettsucht (Adipositas), bei der eine angeborene Hypoplasie und weibliche Sekundärgeschlechtsmerkmale auftreten; es kommt zur weiblichen Verteilung von Körperfett. Die a. D. wird durch eine Fehlfunktion des Hypothalamus oder durch einen Tumor im Hypophysenvorderlappen verursacht.
[*lat.:* adeps, Fett; genitalis, Geschlechtorgan]
adiposogenital dystrophy

Dystrophie. Durch Fehlernährung verursachte Störungen bzw. Krankheiten. Dystrophien werden oft von muskulären Veränderungen begleitet, die ohne Beteiligung des Nervensystems stattfinden, wie z.B. Muskeldegeneration durch Überfettung. (s.a. Atrophie)
[*griech.:* dys, Fehl- + trophe, Ernährung.]
dystrophy

Dystrophin. Protein der Muskelfasermembran. Fehlendes Dystrophin führt zu abnormer Zellpermeabilität und letztendlich Zellzerstörung. Die Folge ist Muskeldystrophie, Typ Duchenne.
dystrophin

Dysurie. Schmerzhaftes Harnlassen (Miktion) infolge einer bakteriellen Infektion oder einer Blasenobstruktion. Das Harnlassen wird von einem brennenden Schmerz begleitet. Bei einer Laboranalyse können Blut, Bakterien oder weiße Blutkörperchen im Urin nachgewiesen werden.
[*griech.:* dys, Fehl- + ouron, Urin.]
dysuria

E

Eaton agent. Alternative Bezeichnung für *Mycoplasma pneumoniae*, einem häufig vorkommenden Erreger atypischer Pneumonie.
Eaton agent

Ebner-Drüsen. Seröse Drüsen, die sich in die Gräben der Papillae vallatae der Zunge öffnen.
[Victor von Ebner, österr. Histologe, 1842 - 1925.]
Ebner's glands

Ebola-Virus. Durch ein RNA-Virus, das zu der Gattung *Filovirus* gehört, verursachte Infektionskrankheit. Die Krankheit nimmt normalerweise einen tödlichen Verlauf und geht mit Blutungen und schwerem Fieber einher. Zur Zeit gibt es keine wirksame Behandlung. In fast 90% der Fälle tritt der Tod innerhalb einer Woche ein. Das Ebola-Virus ist mit dem Marburg-Virus verwandt.
[Ebola, Flusslandschaft in Zaire.]
Ebola virus

Ebstein-Anomalie. (Ebstein-Syndrom). Kongenitaler Herzfehler, bei dem sich die Trikuspidalklappe in der rechten Herzkammer befindet. Die Ebstein-Anomalie ist häufig mit einem von rechts nach links verlaufenden Vorhofshunt sowie dem Wolff-Parkinson-White-Syndrom assoziiert.
[Wilhelm Ebstein, deutscher Arzt, 1836 - 1912; *griech.:* anomalia, Unregelmäßigkeit.]
Ebstein's anomaly

EBV. Abkürzung für Ebstein-Barr-Virus. (→ Herpesviren)
EBV

Echinokokkose. Infektion der Leber durch die Larven eines Bandwurms der Gattung *Echinococcus.* Die Larveneier befinden sich häufig im Kot infizierter Hunde. Klinische Symptome und Prognose variieren, je nachdem, welches Gewebe betroffen ist und wie weit die Infektion fortgeschritten ist.
[*griech.:* echinos, stachelige Hülle, kokkos, Beere, osis, Erkrankung.]
echinococcosis

Echo. Umgangssprachlich für → Echokardiographie.
echo

ECHO-Virus. Abkürzung für (engl.) »enteric cytopathogenic human orphan«-Viren, aus der Familie der Picornaviridae stammende Viren, die mit vielen verschiedenen klinischen Syndromen, aber keiner spezifischen Krankheit assoziiert sind. Bakterielle und virale Erkrankungen können durch Infektion mit ECHO-Viren zusätzlich kompliziert werden, wie z.B. aseptische Meningitis, die mit schweren bakteriellen und viralen Infektionen einhergeht.
ECHO virus

Echoenzephalogramm. Mit einem Echoenzephalographen dargestellte Untersuchung der Hirnstrukturen.
[*griech.:* echo + enkephalos, Gehirn, gramma, Aufzeichnung.]
echoencephalogram

Echoenzephalographie. Untersuchung der intrakranialen Hirnstrukturen mit Hilfe von Ultraschall.
echoencephalography

Echogramm. Aufzeichnung von Ultraschall-Echomuster einer Körperstruktur, wie z.B. einem schwangeren Uterus.
[*griech.:* echo, Schall, gramma, Aufzeichnung.]
🇬🇧 echogram

Echokardiogramm. Graphische Aufzeichnung von Herzmuskelschwingungen mit Hilfe von Ultraschallwellen, die diese Strukturen aufzeichnen.
[*griech.:* echo, Geräusch, kardia, Herz, gramma, Aufzeichnung.]
🇬🇧 echocardiogram

Echokardiographie. Diagnostische Methode zur Erforschung der Herzstruktur und Herzbewegung. Auf das Herz gerichtete Ultraschallwellen werden absorbiert und reflektiert, wenn sie durch verschiedene Gewebearten passieren.
[*griech.:* echo + kardia, herz, graphein, aufzeichnen.]
🇬🇧 echocardiography

Echolalie. 1. Automatisches und sinnloses Wiederholen von Wörtern und Sätzen, die eine andere Person von sich gibt. Wird häufig bei Schizophrenie beobachtet. 2. Normales Nachahmen und Nachsprechen von Tönen oder Wörtern bei Kleinkindern.
[*griech.:* echo + lalein, plappern.]
🇬🇧 echolalia

Echopraxie. Nachahmung der Körperbewegungen anderer Personen. Kann häufig bei schizophrenen Patienten beobachtet werden.
[*griech.:* echo + prassein, praktizieren.]
🇬🇧 echopraxia

Eck-Fistel. Künstliche Passage zwischen dem Ende der hepatischen Pfortader und der Seite der unteren Vena cava. Wird zur Behandlung von Ösophagusvarizen bei einer portalen Hypertonie angelegt.
[Nikoli V. Eck, russischer Physiologe, 1849–1917.]
🇬🇧 Eck's fistula

Eckzahn. Vier Zähne, je zwei pro Kiefer, die unmittelbar seitlich neben den vorderen Schneidezähnen situiert sind. Eckzähne sind größer und kräftiger als Schneidezähne und haben Merkmale sowohl von vorderen als auch von hinteren Zähnen. Die Wurzeln der Eckzähne sind tief in den Knochen verankert und bilden deutliche Vorsprünge in den Alveolarbögen. Etwa 16 bis 20 Monate nach Geburt brechen die Eckzähne als Milchzähne hervor. Bleibende Eckzähne bilden sich während dem elften oder zwölften Lebensjahr.
🇬🇧 canine tooth

ECMO. Abkürzung für engl. extracorporal membrane oxygenation, maschinelle extrakorporale Sauerstoffbeladung des Bluts im Membranoxygenator.
🇬🇧 ECMO

ED. 1. Abkürzung für Erhaltungsdosis. 2. Abkürzung für Einzeldosis. 3. Abkürzung für Effektivdosis. 4. Abkürzung für Einfalldosis.
🇬🇧 ED

ED_{50}. Bezeichnung für Dosis effectiva 50; die pharmakologische Dosis, bei der 50% der maximalen Wirkung auftritt oder 50% der Probanden oder Versuchstiere eine bestimmte Wirkung zeigen.
🇬🇧 ED_{50}

Edelgas. Gruppe von chemisch inaktiven gasförmigen Elementen, zu denen Helium, Neon, Argon, Krypton, Xenon und Radon gehören. E.e sind träge, weil ihre äußerste Elektronenschale voll mit Elektronen besetzt ist.
🇬🇧 inert gas; rare gas

Edetate (EDTA). Äthylendiamintetraessigsäure (Ethylen diamine tetraacetate); Bezeichnung für eine Gruppe von Salzen, die von Edetinsäure abgeleitet werden und als Chelatbildner bei der Behandlung von Schwermetallvergiftungen eingesetzt werden; führt zur Hemmung der Blutgerinnung.
🇬🇧 edetate (EDTA)

Edetinsäure (EDTA). Chelatbildner.
🇬🇧 edetic acid (EDTA)

Edwards-Syndrom. (→ Trisomie 18)
🇬🇧 trisomy 18

EEG. Abkürzung für → Elektroenzephalogramm bzw. → Elektroenzephalographie.
EEG

Effekt. Die Auswirkung einer Ursache oder eines Mittels.
effect

Effekt, zytopathogener. Morphologische Veränderungen in einer Zellkultur aufgrund eines → zytopathischen Schadens.
cytopathogenic effect

Effektivdosis (ED). Therapeutisch wirksame Dosis; Dosierung eines eingenommenen Arzneimittels, die eine bestimmte erwünschte Wirkung hervorruft.
effective dose (ED)

Effektivität. (Wirksamkeit). Maximale Wirkung eines Arzneimittels bzw. einer Behandlung bei jeder Dosierung ein bestimmtes Resultat hervorzurufen.
efficacy

Effektivität, kontrazeptive. Wirksamkeit einer empfängnisverhütenden Methode; wird oft als Prozentzahl ausgedrückt. Eine genauere Darstellung der Wirksamkeit ist die Anzahl von Schwangerschaftsfällen pro 100 Frauenjahre. Ein Verhütungsmittel mit einer Schwangerschaftsrate von weniger als 10 Schwangerschaftsfällen pro 100 Frauenjahre wird als sehr wirksam eingestuft.
contraceptive effectiveness

Effektor. 1. Bezeichnung für ein Organ, das einen bestimmten Effekt verursacht, wie z.B. durch Stimulierung bestimmter Nerven ausgelöste Drüsensekretionen. 2. Bezeichnung für ein Molekül, wie z.B. ein → Enzym, das eine chemische Reaktion auslösen bzw. zum Stillstand bringen kann.
[*lat.:* efficer, erreichen.]
effector

Effektorzelle. 1. Bezeichnung für Leukozyten, die mehrere spezifische Funktionen besitzen. 2. Bezeichnung für Muskel- oder Drüsenzelle.
effector cell

effeminiert. Weibliche körperliche bzw. mentale Eigenschaften vorweisend, ungeachtet des biologischen Geschlechts.
effeminate

efferent. Von einem Zentrum wegführend, wie z.B. bestimmte Arterien, Venen, Nerven und Lymphgefäße. (s.a. afferent)
[*lat.:* effere, hinaustragen.]
efferent

Effizienz. (Leistungsfähigkeit). 1. Das Erreichen bestimmter Ergebnisse mit einem Minimalaufwand an Zeit und Kraft. 2. Die Menge des Erreichten im Vergleich mit der aufgebrachten Mühe.
efficiency

Effleurage. (Streichmassage). Massagetechnik, bei der Wirbelsäule und Rücken mit sanftem oder kräftigem, lang anhaltendem Streicheln bearbeitet wird.
effleurage

Effloreszenzen (pl.). ("Hautblüten"). Pathologische Hautveränderungen, die in primäre und sekundäre E. unterteilt werden. Die primären E. werden durch eine Erkrankung verursacht, z.B. Flecken (Macula), Knötchen (Papula), Knoten (Nodus), Quaddeln (Urtica), Bläschen (Vesicula), Blasen (Bulla), Geschwulst (Tumor) oder Zysten (Cystis). Sekundäre E. entstehen aus einer primären Hautveränderung, z.B. Abschürfung (Erosion), Schuppe (Squama), Geschwür (Ulcus), Kruste (Crusta), Narben oder Hautatrophie.
[*lat.:* efflorescere, erblühen]
skin lesions

Effluvium. Ausfluss, z.B. von übelriechenden, toxischen Gasen bzw. Dämpfen, oder aber das Ausfallen der Haare.
[*lat.:* effluvium, Erguss.]
effluvium

Effort-Syndrom. (Soldatenherz; neurozirkulatorische Asthenie; Da-Costa-Syndrom). Bezeichnung für eine krankhafte Störung, bei der Thoraxschmerz, Schwindel, Müdigkeit und Herzklopfen auftreten. Kann oft bei Soldaten beobachtet werden, die sich im Gefecht befinden. Die Symptome des Effort-Syndroms gleichen denen von Angi-

na pectoris, sind jedoch mehr mit Angstzuständen assoziiert.
effort syndrome

Egel. Parasitärer Plattwurm aus der Gattung der *Trematoden.*
fluke

Egoismus. 1. Selbstsucht; Überbewertung des eigenen Ich, ausgedrückt als das Verlangen, einen Vorteil auf Kosten anderer zu erreichen. 2. Geisteshaltung, die das individuelle Selbstinteresse das Grundmotiv für alle bewussten Verhaltensmuster darstellt. – *adj.* egoistisch.
egoism

Egoist. 1. Selbstsüchtige Person, die ihre Interessen auf Kosten anderer durchsetzt. 2. Bezeichnung für eine Person, deren Handlungen sich nach dem Konzept richten, dass alle bewusst ausgeführten Handlungen durch Selbstinteresse ausreichend begründet werden können.
egoist

Egotismus. Philosophisch begründete Form der Eitelkeit und Selbstüberhebung der eigenen Wichtigkeit und Unterbewertung und Verachtung der Bedeutung anderer Personen.
egotism

egozentrisch. Das eigene Ich als Mittelpunkt und Norm für alle Erfahrungen erleben und wenig Rücksicht auf die Bedürfnisse, Interessen, Ideen und Einstellungen anderer nehmen.
[*griech.:* ego, Ich + kentron, Zentrum.]
egocentric

Ehlers-Danlos-Syndrom. Erbliche Bindegewebserkrankung, die von Hyperelastizität der Haut, Gewebebrüchigkeit und übermäßiger Gelenkbeweglichkeit charakterisiert ist.
[Edward Ehlers, dänischer Arzt, 1863–1937; Henri A. Danlos, französischer Arzt, 1844–1912.]
Ehlers-Danlos syndrome

Ehrlichiose. Bezeichnung für eine bisweilen tödlich verlaufende Infektionskrankheit, die durch Zecken auf den Menschen übertragen wird und ähnliche, aber heftigere Symptome als die → Lyme-Krankheit aufweist. Die Krankheit beginnt etwa 10 Tage nach einem Zeckenbiss; es sind jedoch auch Fälle bekannt, bei denen die Krankheit innerhalb weniger Stunden ausbricht und von Grippe-ähnlichen Symptomen, wie schmerzhafte Muskelkrämpfe, Kopfschmerzen, Fieber und Schüttelfrost, Appetitlosigkeit und verringerten Werten der Blutauszählung, begleitet wird. Die Diagnose wird oftmals aufgrund der Ähnlichkeit mit Lyme-Krankheit und der Möglichkeit, dass beide Bakterienarten gleichzeitig auftreten können, erschwert. Außerdem hat einer der Mikroorganismen, die mit Ehrlichiosis assoziiert sind, *Ehrlichia equi*, große Ähnlichkeit mit dem bakteriellen Erreger von Pferdefieber.
ehrlichiosis

Eid des Hippokrates. Eid, der → Hippokrates gewidmet ist, und als ethische Richtlinie für die medizinische Profession dient; er wird traditionellerweise bei den Zeremonien nach Abschluss des Medizinstudiums abgelegt.
Hippocratic oath

eidetisch. Bezeichnung für die Fähigkeit, zuvor gesehene bzw. bereits geschehene Gegenstände oder Ereignisse zu visualisieren und zu reproduzieren.
[*griech.:* eidos, Form.]
eidetic

Eierstock. (→ Ovarium)
ovary

Eierstockarterie. (→ Arteria ovarica)
ovarian artery

Eierstockvene. (→ Vena ovarica)
ovarian vein

Eigenblutbehandlung. Behandlung einer infektiösen Krankheit, bei der eine → Inokulation mit dem eigenen Blut des Patienten erfolgt.
autoserous treatment

Eigenblutübertragung. (→ Autotransfusion)
autotransfusion

Eihäute. (Fruchtblase). Sammelbezeichnung für die Körperstrukturen, die Embryo

und Fötus schützen und ernähren, wie z.B. der Eisack, embryonaler Harnsack (Allantois), innere Eihülle (→ Amnion), Zottenhaut (→ Chorion), → Plazenta und Nabelschnur.
fetal membranes

Eileiter. Einer von zwei Gängen, dessen eines Ende in den Uterus und dessen anderes Ende in die Bauchhöhle, oberhalb eines Eierstocks mündet. Die Eier wandern durch den Fazialiskanal in die Gebärmutter; außerdem dient der Kanal der Passage der Spermien in Richtung Eierstöcke.
fallopian tube

Eileiterschwangerschaft. (Tubargravidität). Ektopische Schwangerschaft, bei der sich die befruchtete Eizelle im Eileiter ansiedelt. Begünstigende Faktoren für eine E. sind Verletzungen des Eileiters, Beckenentzündungen, Vernarbungen in der Gebärmutter oder Komplikationen mit einer Spirale (Intrauterinpessar), wodurch die Beweglichkeit der Eileiter eingeschränkt wird. Der Transport der befruchteten Eizelle im Eileiter verlangsamt sich und das Ei nistet sich ein, bevor es die Gebärmutterhöhle erreicht hat.
tubal pregnancy

Eileiterschwangerschaft, ampulläre. Form einer Extrauterinschwangerschaft, bei der sich das Ei in der Ampulle eines Eileiters implantiert. (→ ektopische Schwangerschaft)
ampullary tubal pregnancy

Einbalsamierung. Auftragen von antiseptischen Mitteln und Konservierungsstoffen auf eine Leiche, um die natürlichen Zersetzungsvorgänge zu verlangsamen.
embalming

Einfallswinkel. Der Winkel, in dem ein Ultraschallstrahl auf die Grenzschicht zwischen zwei verschiedenen Gewebearten auftrifft, z.B. auf die aneinanderliegenden Oberflächen von Knochen und Muskeln.
angle of incidence

Eingeweidelymphknoten. Kleines ovales Organ, das die → Lymphe filtert, die in den Lymphgefäßen der Brust-, Bauch- und Beckenorgane fließt.
visceral lymph node

Eingeweideschmerzen. Bauchschmerzen infolge einer Störung der Eingeweideorgane. E. sind oft sehr stark, ohne feste Begrenzung und schwer zu lokalisieren.
visceral pain

Einheit. Quantitativ festgelegte und standardisierte Messgröße zur Angabe einer Menge. Seit 1978 gelten in der Medizin die gesetzlich vorgeschriebenen → SI-Einheiten.
unit (U)

Einheit, motorische. Funktionale Struktur, die aus einem motorischen → Neuron und der Muskelfaser besteht, die von ihm innerviert wird.
motor unit

Einnässen, sekundäres. (Bettnässen; Enuresis). Das unbeabsichtige Wasserlassen eines mindestens 3-jährigen Kindes, das vorher bereits über ein Jahr die Blasenentleerung (Miktion) unter Kontrolle hatte. Dies ist häufig ein Anzeichen für psychologischen Stress (Gefühl der Benachteiligung oder Eifersucht auf ein jüngeres Geschwister), kann aber auch ein frühes Symptom für eine organische Störung, z.B. Diabetes mellitus sein.
[*griech.:* enourein, hineinpissen]
secondary enuresis

Einnistung. (→ Nidation)
nidation

Einsamkeit, Risiko für. Anerkannte → NANDA- → Pflegediagnose; subjektiver Zustand, bei dem ein Patient für das Empfinden eines vagen Unbehagens gefährdet ist. Zu den Risikofaktoren zählen emotionale Störungen, äußerliche Isolation, psychiatrische Erkrankungen und soziale Isolation.
loneliness, risk of

Einschätzung. (→ Assessment)
assessment

Einschneiden. Phase am Ende der Geburtswehen, in der der fötale Kopf im Eingang

der Vagina sichtbar wird. Unmittelbar vor der Geburt sind die Schamlippen kronenförmig um den fötalen Kopf gespannt.
crowning

Einsicht. 1. Die Fähigkeit, die wahre Natur einer Situation zu verstehen oder eine verborgene Wahrheit zu ergründen. 2. Eine Art von Selbstverständnis, das sowohl ein intellektuelles wie auch ein emotionales Bewusstsein der Natur, den Ursprüngen und den Mechanismen der eigenen Einstellungen, Gefühle und Verhaltensweisen beinhaltet.
insight

Einsteinium (Es). Synthetisches chemisches Metallelement mit der Atomzahl 99 und der Massenzahl 254.
[Albert Einstein, Physiker und Nobelpreisträger, 1879–1955.]
einsteinium (Es)

Einstellung. Eine der wesentlichen integrativen Komponenten in der Entwicklung der Persönlichkeit, die dem Verhalten des Einzelnen Konsistenz verleiht.
attitude

Einthoven-Dreieck. Gleichschenkliges Dreieck, das von den Achsen der drei EKG-Ableitungen I, II und III gebildet wird. Die Summe der Spannungen ergibt Null. Das Null-Potenzial befindet sich im Zentrum des Dreiecks und wird als Referenzpunkt für die einpoligen EKG-Ableitungen eingesetzt.
[Willem Einthoven, niederländischer Physiologe, Wissenschaftler und Nobelpreisträger, 1860–1927.]
Einthoven's triangle

Einthoven-Formel. Summe der Spannungen der Ableitungen I und III in einem EKG minus der Ableitung II. Diese Formel wird aus der mathematischen Eigenschaft abgeleitet, die besagt, dass die Summe der Spannungen eines geschlossenen Stromkreises, wie z.B. dem Einthoven-Dreieck, gleich Null ist.
[Willem Einthoven, niederländischer Physiologe, Wissenschaftler und Nobelpreisträger, 1860–1927.]
Einthoven's formula

Einwilligung. Zustimmung, Einverständnis oder Erlaubnis geben, z.B. zur Durchführung bestimmter Maßnahmen. Vor der E. des Patienten zu bestimmten Tests, invasiven Eingriffen oder der Teilnahme an Forschungsstudien muss er hinreichend informiert und aufgeklärt werden.
consent, informed consent

Eisen (Fe). (Ferrum). Häufig vorkommendes metallisches Element, das ein essenzielles Spurenelement und für die Synthese von → Hämoglobin wichtig ist. Ordnungszahl: 26, Atommasse 55,85. E. wird in Form seiner Salze und Komplexe als Mittel zur Erhöhung des Hämoglobingehalts verwendet. Zu den Funktionen des E.s gehören die Unterstützung des Sauerstofftransports in den Erythrozyten, sowie Energiemetabolismus und Zellwachstum. Ein E.-Mangel führt zur → Eisenmangelanämie.
iron (Fe)

Eisenmangelanämie. Mikrozytäre hypochrome → Anämie, die durch eine unzureichende Menge → Eisen verursacht wird, das zur Synthese von → Hämoglobin benötigt wird. Zu den Symptomen gehören Blässe, Müdigkeit, Schwäche und Mundwinkelrhagaden. Der Eisenmangel kann die Folge einer unzureichenden Aufnahme von Eisen durch die Nahrung, einer mangelhaften Eisenabsorption im Magen-Darm-Trakt oder einer chronischen Blutung sein.
iron deficiency anemia

Eisenmenger-Komplex. Angeborene Herzkrankheit mit einem defekten Kammerseptum, einer fehlgestellten Aortenwurzel, die über das Interventrikularseptum führt, und einer krankhaft erweiterten Pulmonalarterie.
[Victor eisenmenger, deutscher Arzt, 1864–1932.]
Eisenmenger's complex

Eisenstoffwechsel. Eine Reihe von Prozessen, die beim Eintritt von → Eisen in den Körper und bei Absorption, Transport, Lagerung und Bildung sowie Ausscheidung von Hämoglobin ablaufen. Eisen wird normalerweise durch das Epithel der Dünndarmschleimhaut aufgenommen

und von zwei- zu dreiwertigem Eisen (d.h. aus der Ferroform in Ferritin) oxidiert. Wenn das Eisen in den Blutkreislauf gelangt, bewegt es sich zwischen dem Plasma und dem retikuloendothelialen oder erythropoetischen System. Für die Hämoglobinsynthese wird Plasmaeisen zu den Normoblasten befördert, wo es bis zu 4 Monate verbleibt, d.h. im Hämoglobinmolekül eines reifen → Erythrozyten. Die alten Erythrozyten werden mit der Zeit abgebaut und das Eisen aus dem retikuloendothelialen System freigesetzt, um wieder in den Eisenpool des Blutes aufgenommen zu werden.
iron metabolism

Eisessig. Klare, farblose, flüssige oder kristalline Substanz mit durchdringendem Geruch, die als Lösungs- und Färbemittel verwendet wird.
glacial acetic acid

Eisprung. (→ Ovulation)
ovulation

Eiter. (Pus). Visköses dickflüssiges Exsudat, das aus der Flüssigkeit von einschmelzenden Gewebenekrosen entsteht. E. kann hellgelb bis hellgrün sein und besteht im wesentlichen aus unzähligen polymorphonuklearen Leukozyten. Die häufigsten Ursachen für eine Eiterbildung sind bakterielle Infektionen.
pus

Eiterflechte. (→ Impetigo)
impetigo

eitern. Sich entzünden und → Eiter bilden.
fester

Eiweiß. (→ Protein)
protein

Eiweiß im Urin. Pathologisches Vorkommen von Eiweißmolekülen im Urin. Normalerweise enthält der Urin kaum Eiweiß, da die Moleküle aufgrund ihrer Größe die Niere nicht passieren können. Bei Schädigung der Niere kann sich die Glomerulummembran jedoch aufweiten und Eiweiße durchlassen, die dann im Urin auftreten. Der normale Eiweißgehalt des Urins liegt bei 0 - 8 mg/dl in einer Urinprobe; 50 - 80 mg im 24-Stunden-Urin bei Ruhe oder normaler Tätigkeit; unter 250 mg im 24-Stunden-Urin nach anstrengender körperlicher Tätigkeit.
urinary albumin

Ejaculatio praecox. Vorzeitiger Samenerguss beim Geschlechtsverkehr. Tritt häufig bei jüngeren Männern auf.
premature ejaculation

Ejaculatio retarda. Die ungewollte, übermäßige Verzögerung des Samenergusses beim Geschlechtsverkehr. Tritt vor allem im Alter auf. (s.a. Ejaculatio praecox)
[*lat.:* eiaculare, hinauswerfen]
retarded ejaculation

Ejakulat. (Sperma). Die bei einem Samenerguss ausgeworfene Samenflüssigkeit.
[*lat.:* eiaculare, hinausschleudern]
ejaculate

Ejakulation. Der plötzliche Austritt von Samenflüssigkeit aus der Harnröhre des Mannes während des Geschlechtsverkehrs, Masturbation oder nächtlicher, unwillkürlicher Ejakulation; Reflexhandlung, die auch als → Orgasmus bezeichnet wird.
ejaculation

Ejakulation, retrograde. Rückwärts gerichteter Samenerguss, meist in die Harnblase, gelegentlich als Folge einer Prostataoperation oder auch als angeborene Anomalie. Bewirkt Impotenz.
retrograde ejaculation

Ejektion. Kraftvolles Ausstoßen, wie z.B. das Austreten von Blut aus einer Herzkammer.
[*lat.:* eiicere, auswerfen]
ejection

Ejektions-Klick. (Austreibungston). Unphysiologisches, deutlich hörbares, klickendes Herzgeräusch der Herzmuskulatur in der Austreibungsphase; kann durch plötzliches Anschwellen einer Pulmonalarterie, abrupte Dilatation der Aorta oder durch plötzliches Öffnen der Herzklappenzipfel verursacht werden.
ejection click

Ejektionsfraktion. (Auswurffraktion). Herzauswurfleistung: das Verhältnis zwischen dem Blutvolumen, das bei jeder Kontraktion der Herzkammer ausgestoßen wird, und dem gesamten Kammervolumen.
🇬🇧 ejection fraction (EF)

Ejektionsphase. Zweite Phase einer Kammersystole. Während dieser Phase sind die halbmondförmigen Klappen geöffnet und das Blut wird in die Aorta und die Pulmonalarterien gepumpt.
🇬🇧 ejection period

Ekchondrom. Benigner Tumor, der sich auf der Knorpeloberfläche bzw. unter der äußeren Knochenhaut bildet.
[*griech.:* ek, außerhalb + chondros, Knorpel, oma, Tumor.]
🇬🇧 ecchondroma

Ekchymose. Bläuliche Verfärbung der Haut bzw. der Schleimhaut, verursacht durch den Austritt von Blut in subkutanes Gewebe infolge eines Traumas der Blutgefäße bzw. aufgrund einer Brüchigkeit der Gefäßwände.
[*griech.:* ek, außerhalb + chymos, Saft.]
🇬🇧 ecchymosis

EKG. Abkürzung für → Elektrokardiogramm.
🇬🇧 ECG (electrocardiogramm, electrocardiograph)

ekkrin. Bezeichnung für eine Schweißdrüse, die Körpersekrete durch einen Gang auf die Hautoberfläche absondert. (→ ekkrine Drüse)
[*griech.:* ekkrinein, absondern.]
🇬🇧 eccrine

Eklampsie. Schwerste Form einer schwangerschaftinduzierten Hypertonie. Begleiterscheinungen sind Grand-mal-Anfälle, Koma, Hypertonie, Proteinurie sowie Ödeme. Ein bevorstehender Anfall wird oft von Fieber, Angstzuständen, epigastrischen Schmerzen, heftigen Kopfschmerzen und Sehstörungen begleitet. Solche Anfälle können vermieden werden, indem die Patientin in einen ruhigen, schwach beleuchteten Raum gelegt wird und parenterale Gaben von Magnesiumsulfat und blutdrucksenkende Mitteln erhält. (→ Spätgestosen)
[*griech.:* ek, außerhalb, lampein, hervorleuchten.]
🇬🇧 eclampsia

Ekstase. Emotionaler Zustand, begleitet von übergroßer Freude und Aufregung. – *adj.* ekstatisch.
[*griech.:* ekstasis, Verzückung.]
🇬🇧 ecstasy; raptus

Ekstrophie. Kongenitale Fehlbildung eines Organs, dessen Wand nach außen gestülpt ist.
[*griech.:* ekstrephein, nach außen kehren.]
🇬🇧 exstrophy

Ekthyma. Eiterausschlag mit großflächigen Pusteln, Verkrustungen und Ulzerationen, die von Erythemen umgeben sind. Ursache ist eine Streptokokken-Infektion.
[*griech.:* ek, außerhalb, thyein, rasen.]
🇬🇧 ecthyma

Ektoderm. (äußeres Keimblatt; Eltoblast). Äußerste der primären embryonalen Zellschichten. Aus dem Ektoderm entsteht das Nervensystem, die spezialisierten Sinnesorgane, wie Augen und Ohren, die Epidermis und das Epidermisgewebe, wie z.B. Fingernägel, Haare und Hautdrüsen sowie die Schleimhäute von Mund und Anus.
[*griech.:* ektos, außerhalb, derma, Haut.]
🇬🇧 ectoderm

Ektoparasit. Parasit, der auf der äußeren Körperoberfläche des Wirts lebt, z.B. eine Laus.
[*griech.:* ektos, außen + parasitos, Gast.]
🇬🇧 ectoparasite

Ektopie. Ein Zustand, bei dem sich ein Körperteil oder ein Organ nicht an der normalen Stelle befindet, wie z.B. eine ektopische Schwangerschaft außerhalb der Gebärmutter oder ein ektoper Herzschlag.
[*griech.:* ek, außerhalb, topos, Ort, Platz.]
🇬🇧 ectopy

ektopisch. (ektop). 1. Bezeichnung für ein Körperorgan, das sich an einem ursprungsfernen, ungewöhnlichen Ort befindet, z.B. eine ektopische Schwanger-

schaft, die außerhalb der Gebärmutter stattfindet. 2. Zu falscher Zeit stattfindend, z.B. ein verfrühter Herzschlag oder eine verfrühte Kontraktion der Herzkammer.
[*griech.:* ektos, außen + topos, Platz, Ort.]
ectopic

Ektoplasma. Kompakter, peripherer Teil des Zellzytoplasmas.
ectoplasm

Ektrodaktylie. Kongenitale Missbildung, bei der Teile eines bzw. mehrerer Finger oder Zehen fehlen.
[*griech.:* ektrosis, Fehlgeburt, daktylos, Finger.]
ectrodactyly

Ektromelie. Angeborene Fehlbildung bzw. unvollständige Entwicklung der langen Knochen bzw. einer oder mehrerer Extremitäten.
[*griech.:* ektrosis, Fehlgeburt + melos, Gliedmaß.]
ectromelia

Ekzem. An der Hautoberfläche auftretende Dermatitis, teilweise unbekannter Ursache. Im Anfangsstadium können Ekzeme eitrig, erythematös, papulovesikulär, ödematös und nässend sein. In der späteren Phase verkrusten sie, die Oberfläche verschuppt und verdickt sich und wird flechtenartig.
[*griech.:* ekzein, überkochen.]
eczema

Eczema herpeticatum. Generalisierter, vesikulopustulärer Hautausschlag, der durch das Herpes-simplex-Virus oder eine Vaccinia-Virusinfektion eines bereits bestehenden Ausschlags, wie z.B. einer atopischen Dermatitis, verursacht wird.
eczema herpeticum

Elastance. Reziprokwert der → Compliance.
elastance

Elastase. (Pankreatopeptidase). Enzym der Bauchspeicheldrüse (Pankreas), das Verbindungen neutraler Aminosäuren in Elastin umwandelt.
elastase

Elastin. Protein, das die Hauptsubstanz gelber, elastischer Gewebefasern bildet.
[*griech.:* elaunein, antreiben.]
elastin

Elastizität. 1. Bezeichnung für die Fähigkeit eines Gegenstandes, seine ursprüngliche Form wieder anzunehmen, nachdem der auf den Gegenstand angewendete Druck entfernt wird. 2. Der Grad, zu dem ein mit Luft oder Flüssigkeit gefülltes Organ, wie z.B. die Lunge, Blase oder ein Blutgefäß, seine ursprüngliche Dimension wieder annimmt, nachdem eine dehnende bzw. komprimierende Kraft entfernt wird. 3. Maß für die zur Dehnung eines Stoffes oder Gewebes benötigte Kraft.
[*griech.:* elaunein, antreiben.]
elastance

Eleidin. (Keratohyalin). Transparente Proteinsubstanz, die dem Keratin gleicht und in der äußeren Epidermisschicht zu finden ist.
[*griech.:* elaia, Olivenbaum.]
eleidin

Elektrakomplex. Triebhaftes Verlangen einer Tochter nach ihrem Vater. (s.a. Ödipuskomplex)
[Elektra, Tochter des Agamemnon]
electra complex

Elektrizität. Form der Energie, die durch die Aktivität von Elektronen und anderen, beweglichen, subatomaren Partikeln zustande kommt. Formen der Elektrizität sind die dynamische Elektrizität (bewegliche Partikel) und die statische Elektrizität (bewegliche Partikel). Elektrizität kann durch Hitze erzeugt werden, in einer galvanischen Zelle, durch Induktion, durch Aneinanderreiben von Nicht-Leitern und trockenen Materialien sowie durch chemische Aktivität. Bei Elektronenüberschuss ist die Elektrizität negativ, wenn zuviele Protonen bzw. zu wenige Elektronen vorhanden sind, ist sie positiv.
[*griech.:* elektron, Glut.]
electricity

Elektroanalgesie. Verwendung von elektrischem Strom zur Schmerzbehandlung.
electroanalgesia

Elektroanästhesie. Einsatz von elektrischem Strom zur Erzeugung einer örtlichen Narkose bzw. einer Vollnarkose.
🇬🇧 electroanesthesia

Elektrochirurgie. Operationsmethode, bei der verschiedene elektrische Instrumente verwendet werden, die mit Hochfrequenzstrom betrieben werden, z.B. → Elektrokoagulation.
[*griech.:* elektron, Glut + cheiourgos, Chirurg.]
🇬🇧 electrosurgery

Elektrode. 1. Kontaktfläche für die Induktion bzw. Erfassung elektrischer Aktivität. 2. Medium, über das elektrischer Strom vom Körper zu verschiedenen physiologischen Überwachungsgeräten geleitet wird.
[*griech.:* elektron, Glut + hodos, Weg.]
🇬🇧 electrode

Elektrodiagnostik. Diagnostizieren einer Krankheit oder Verletzung durch elektrisches Stimulieren bestimmter Nerven und Muskeln.
[*griech.:* elektron, Glut + dia, zweimal, gnosis, Kenntnis.]
🇬🇧 electrodiagnosis

Elektroenzephalogramm (EEG). Graphische Aufzeichnung des elektrischen Potenzials der Gehirnzellen durch das Anlegen von Elektroden an den Kopf. Die resultierenden Hirnwellen werden je nach Frequenz als Alpha-, Beta-, Delta- oder Theta-Rhythmen bezeichnet.
[*griech.:* elektron, Glut + enkephalos, Gehirn, gramma, Aufzeichnung.]
🇬🇧 electroencephalogram (EEG)

Elektroenzephalographie (EEG). Aufzeichnung der Gehirnwellen unter Zuhilfenahme von Elektroden, die am Kopf des Patienten angebracht werden. Während eines neurochirurgischen Eingriffs können die Elektroden direkt an die Gehirnoberfläche (interkranielle Elektroenzephalographie) oder im Gehirngewebe angelegt werden (Tiefen-Elektroenzephalographie), um Läsionen oder Tumore zu erkennen.
🇬🇧 electroencephalography (EEG)

Elektrogramm. Ein- bzw. zweipolige Aufzeichnung der elektrischen Herzaktivität, die von Elektroden aufgezeichnet wird, die sich im Inneren der Herzkammern befinden.
[*griech.:* elektron, Glut + gramma, Aufzeichnung.]
🇬🇧 electrogram

Elektrokardiogramm. Darstellung der elektrischen Vorgänge (Aktionsströme und Spannungen) während der Herzaktivität und Erfassung der Impulse bei der Übertragung. Ein EKG besteht aus P-Zacke (Phase vor der elektrischen Erregung der Vorhöfe), PQ-Intervall (atrioventrikuläre Überleitungszeit), QRS-Komplex (elektrische Erregung der Ventrikel, Phase vor der Kammerkontraktion), ST-Strecke (Depolarisation beider Kammern), T-Zacke (Erregungsrückbildung der Kammern), QT-Dauer (gesamte elektrische Kammersystole) und U-Welle.
[*griech.:* elekton, Glut + kardia, herz, gramma, Aufzeichnung.]
🇬🇧 electrocardiogram

Elektrokardiographie (EKG). Aufzeichnungen der elektrischen Herzmuskelaktivität.
[*griech.:* elektron, Glut + kardia, herz, graphein, aufzeichnen.]
🇬🇧 electrocardiography

Elektrokatalyse. Chemische Zersetzung von Gewebe durch Anwendung von elektrischem Strom.
🇬🇧 electrocatalysis

Elektrokauterisation. Zerstörung von Gewebebezirken durch Nadeln, die mit Hilfe von elektrischem Strom erhitzt werden. Die Elektrokauterisation wird z.B. zur Entfernung von Warzen und Polypen eingesetzt, sowie zur Blutstillung bei Operationen.
[*griech.:* elektron, Glut + kauterion, Brandeisen.]
🇬🇧 electrocautery

Elektrokoagulation. (Kaltkaustik). Therapeutische Elektrochirurgie, bei der Gewebe

durch Anwendung eines Hochfrequenzstroms gehärtet wird.
[*griech.:* elektron, Glut + *lat.:* coagulare, gerinnen.]
electrocoagulation

Elektrolyse. Bezeichnung eines Vorgangs, bei dem es durch die Übertragung elektrischer Energie zur chemischen Umwandlung in einem leitfähigen Medium kommt. Bei dem Medium handelt es sich häufig um eine Lösung oder eine geschmolzene Substanz.
[*griech.:* elektron, Glut + lysis, Lockerung.]
electrolysis

Elektrolyt. Element oder Verbindung (Säuren, Basen, Salze), die im gelösten Zustand in Ionen dissoziieren und die Fähigkeit besitzt, elektrischen Strom zu leiten. Elektrolyte kommen in verschiedenen Konzentrationen im Blutplasma, der interstitiellen Flüssigkeit sowie der Zellflüssigkeit vor und beeinflussen den Austausch von Substanzen dieser Komponenten. Genau abgestimmte Elektrolytmengen und ein Elektrolytgleichgewicht sind wesentliche Voraussetzungen für einen normalen Stoffwechsel (Metabolismus).
[*griech.:* elektron, Glut + lytos, löslich.]
electrolyte

Elektrolyt-Monitoring. → Pflegeintervention der → NIC, die definiert wird als die Erfassung und Analyse von Patientendaten zur Regulierung des Elektrolytgleichgewichts.
Electrolyte Monitoring

Elektrolytgleichgewicht. Gleichgewicht zwischen verschiedenen Elektrolyten im menschlichen Körper.
electrolyte balance

Elektrolythaushalt. → Pflegeintervention der → NIC, die definiert wird als die Förderung des Elektrolytgleichgewichts und Vorbeugung gegen Komplikationen aufgrund eines abnormalen oder unerwünschten Serumelektrolytspiegels.
Electrolyte Management

Elektrolythaushalt: Hyperkaliämie. → Pflegeintervention der → NIC, die definiert wird als die Förderung des Kaliumgleichgewichts und Vorbeugung gegen Komplikationen aufgrund eines höher als erwünschten Serumkaliumspiegels.
Electrolyte Management: Hyperkalemia

Elektrolythaushalt: Hyperkalzämie. → Pflegeintervention der → NIC, die definiert wird als die Förderung des Kalziumgleichgewichts und Vorbeugung gegen Komplikationen aufgrund eines höher als erwünschten Serumkalziumspiegels.
Electrolyte Management: Hypercalcemia

Elektrolythaushalt: Hypermagnesiämie. → Pflegeintervention der → NIC, die definiert wird als die Förderung des Magnesiumgleichgewichts und Vorbeugung gegen Komplikationen aufgrund eines höher als erwünschten Serummagnesiumspiegels.
Electrolyte Management: Hypermagnesemia

Elektrolythaushalt: Hypernatriämie. → Pflegeintervention der → NIC, die definiert wird als die Förderung des Natriumgleichgewichts und Vorbeugung gegen Komplikationen aufgrund eines höher als erwünschten Serumnatriumspiegels.
Electrolyte Management: Hypernatremia

Elektrolythaushalt: Hyperphosphatämie. → Pflegeintervention der → NIC, die definiert wird als die Förderung eines Phosphatgleichgewichts und Vorbeugung gegen Komplikationen aufgrund eines höher als erwünschten Serumphosphatspiegels.
Electrolyte Management: Hyperphosphatemia

Elektrolythaushalt: Hypokaliämie. → Pflegeintervention der → NIC, die definiert wird als die Förderung des Kaliumgleichgewichts und Vorbeugung gegen

Komplikationen aufgrund eines niedriger als erwünschten Serumkaliumspiegels.
🇬🇧 Electrolyte Management: Hypokalemia

Elektrolythaushalt: Hypokalzämie. → Pflegeintervention der → NIC, die definiert wird als die Förderung des Kalziumgleichgewichts und Vorbeugung gegen Komplikationen aufgrund eines niedriger als erwünschten Serumkalziumspiegels.
🇬🇧 Electrolyte Management: Hypocalcemia

Elektrolythaushalt: Hypomagnesiämie. → Pflegeintervention der → NIC, die definiert wird als die Förderung des Magnesiumgleichgewichts und Vorbeugung gegen Komplikationen aufgrund eines niedriger als erwünschten Serummagnesiumspiegels.
🇬🇧 Electrolyte Management: Hypomagnesemia

Elektrolythaushalt: Hyponatriämie. → Pflegeintervention der → NIC, die definiert wird als die Förderung des Natriumgleichgewichts und Vorbeugung gegen Komplikationen aufgrund eines niedriger als erwünschten Serumnatriumspiegels.
🇬🇧 Electrolyte Management: Hyponatremia

Elektrolythaushalt: Hypophosphatämie. → Pflegeintervention der → NIC, die definiert wird als die Förderung des Phosphatgleichgewichts und Vorbeugung gegen Komplikationen aufgrund eines niedriger als erwünschten Serumphosphatspiegels.
🇬🇧 Electrolyte Management: Hypophosphatemia

Elektrolytlösung. Lösung zur oralen, parenteralen oder rektalen Verabreichung, die Elektrolyte enthält, um die für die Homöostase benötigten Ionen zu ersetzen bzw. zu ergänzen. Elektrolytlösungen mit Kalzium-, Natrium-, Phosphat-, Chlorid- oder Magnesiumionen können zur Behandlung eines gestörten Säure-Basen-Gleichgewichts zugeführt werden.
🇬🇧 electrolyte solution

elektromagnetisch. Bezeichnung für die durch elektrische Energie induzierte Form des Magnetismus.
[*griech.:* elektron, Glut, Magnesia, Magnetithaltiges Gestein.]
🇬🇧 electromagnetic

Elektromyogramm (EMG). Aufzeichnung der intrinsischen elektrischen Aktivität eines Skelettmuskels. Solche Daten werden bei der Diagnose neuromuskulärer Probleme eingesetzt und werden mit Hilfe von Oberflächenelektroden bzw. durch Einführen von Nadelelektroden in bestimmte Muskelgruppen erzeugt.
🇬🇧 electromyogram (EMG)

Elektromyographie (EMG). Technik, bei der das Aktionspotenzial eines Muskels elektrisch aufgezeichnet wird.
🇬🇧 electromyography (EMG)

Elektron. 1. Negativ geladenes Teilchen mit einer bestimmten Ladung, Masse und Eigendrehung. Die Zahl der Elektronen, die mit einem Atomkern assoziiert sind, gleicht der Atomzahl der Substanz. 2. Negativ geladenes Beta-Teilchen, das von einer radioaktiven Substanz abgegeben wird.
[*griech.:* elektron, Glut.]
🇬🇧 electron

Elektronenmikroskop. Elektronisches Gerät, das Zell- und Gewebesektionen mit Hilfe eines Elektronenstrahls abtastet.
🇬🇧 electron microscope

Elektronenmikroskopie. Fokussierung eines Elektronenstrahls mit Hilfe einer elektromagnetischen Linse auf einer äußerst dünnschichtigen Probe.
🇬🇧 electron microscopy

Elektroneuromyographie. Methode zum Testen und Aufzeichnen der neuromuskulären Aktivität elektrisch stimulierter Muskeln. Die Methode wird eingesetzt, um die neuromuskuläre Leitfähigkeit, das

Ausmaß einer Nervenläsion sowie Reflexreaktionen zu messen.
[*griech.:* elektron, Glut + neuron, Nerv, mys, Muskel, graphein, aufzeichnen.]
electroneuromyography

Elektronisches Monitoring eines Fötus, vor der Entbindung. → Pflegeintervention der → NIC, die definiert wird als die elektronische Evaluation der Reaktionen fötaler Herzfrequenzen auf Bewegungen, externe Reize oder Uteruskontraktionen während der Untersuchung vor einer Entbindung.
Electronic Fetal Monitoring: Antepartum

Elektronisches Monitoring eines Fötus, während der Entbindung. → Pflegeintervention der → NIC, die definiert wird als die elektronische Evaluation der Reaktionen fötaler Herzfrequenzen auf die Uteruskontraktionen während einer Entbindung.
Electronic Fetal Monitoring: Intrapartum

Elektronystagmographie (ENG). Methode zur Erfassung und Aufzeichnung der Augenbewegungen durch Messen der elektrischen Aktivität der extraokulären Muskeln.
[*griech.:* elektron, Glut + nystagmos, Nikken, graphein, aufzeichnen.]
electronystagmography

Elektrophorese. Bewegung geladener, suspendierter Teilchen durch ein flüssiges Medium als Reaktion auf Veränderungen im elektrischen Feld. Ein Migrationsmuster kann auf einem Elektropherogramm aufgezeichnet werden. Die Technik wird oft eingesetzt, um Serumproteine und andere Substanzen zu isolieren und zu identifizieren.
[*griech.:* elektron, Glut + pherein, ertragen.]
electrophoresis

Elektroresektion. Operationstechnik zur Exzision, insbesondere von Blasentumoren mit Hilfe eines elektrischen Drahts, der durch die Harnröhre eingeführt wird.
[*griech.:* elektron, Glut + *lat.:* re, wieder, secare, schneiden.]
electroresection

Elektroschlaftherapie. (Elektroheilschlaf). Technik, die verwendet wird, um Patienten, insbesondere psychiatrische Patienten, in einen Schlafzustand zu versetzen, indem schwacher Strom an das Gehirn angelegt wird. Die Kathode wird supraorbital und die Anode oberhalb des Warzenfortsatzes angelegt. Der elektrische Strom, der für eine Dauer von 15 bis 20 Minuten angelegt wird, verursacht ein Prickeln und ruft nicht immer den gewünschten Schlafzustand hervor.
electrosleep therapy

Elektroschock. Traumatischer Zustand, der durch die Passage elektrischen Stroms durch den Körper verursacht wird. Der durch den Elektroschock verursachte Schaden hängt von der Intensität des elektrischen Stroms, der Stromart sowie der Dauer und Häufigkeit des Schocks ab. Ein schwerer Elektroschock verursacht Verbrennungen, Bewusstlosigkeit, Atemlähmung, Muskelkontraktionen, Knochenbrüche und Herzstörungen.
electric shock

Elektroschocktherapie. Anwendung eines elektrischen Stromstoßes am Gehirn zur Behandlung affektiver Störungen, insbesondere bei solchen Patienten, die resistent gegen psychotrope Substanzen sind. Eine Elektroschocktherapie wird eingesetzt, wenn eine schnelle Reaktion entweder aus medizinischen oder psychiatrischen Gründen erwünscht ist; z.B. bei einem Patienten, der extrem selbstmordgefährdet ist, oder wenn die Risiken anderer Behandlungsformen, das Risiko eines Elektroschocks übertreffen.
electroconvulsive therapy (ECT)

Elektrostimulation. Anwendung von elektrischem Strom, um Knochen- oder Muskelgewebe für therapeutische Zwecke, wie z.B. Muskelaktivierung und Muskelstärkung, zu stimulieren.
electrostimulation

Element. Bezeichnung für eine von über 100 Substanzen, die mit chemischen Mitteln in keine andere Substanzen zerlegt werden können. Die Atome eines bestimmten Elements enthalten eine bestimmte Anzahl von Protonen im Atomkern und eine gleiche Zahl von Elektronen außerhalb des Zellkerns. Der Zellkern enthält eine nicht festgelegte Anzahl von Neutronen.
[*lat.:* elementum, erstes Prinzip.]
element

Elementarteilchen. Subatomare Teilchen, wie z.B. Elektronen, Neutronen oder Protonen.
elementary particle

Elephantiasis. Endstadium der Filariose, mit Symptomen wie übermäßiges Anschwellen der Genitalien und Beine. Die Haut der betroffenen Körperpartien verfärbt sich dunkel, verdickt und verhärtet sich.
[*griech.:* elephas, Elefant, osis, Erkrankung.]
elephantiasis

ELISA. Abkürzung für (engl.) enzyme-linked immunosorbent assay, heterogener Enzym-Immunoassay. Labortechnik zur Isolierung spezifischer Antigene und Antikörper unter Zuhilfenahme von Anlagerungsreaktionen von enzymmarkierten Immunreagenzien an feste Trägersubstanzen. ELISA hat eine ähnlich hohe Sensitivität wie ein Radioimmunoassay und wird häufig zur Diagnose von AIDS-Infektionen eingesetzt.
ELISA

Elixier. Klare Flüssigkeit, die Wasser, Alkohol, Süßstoffe bzw. Geschmacksstoffe enthält und als Träger für orale Arzneistoffe verwendet wird.
elixir

Ellbogen. Bezeichnung für das Gelenk, das Oberarm und Unterarm verbindet.
elbow

Elle. (→ Ulna)
ulna

Ellenbogengelenk. Scharniergelenk, das Oberarm (Humerus), Elle (Ulna) und Speiche (Radius) miteinander verbindet. Das Ellenbogengelenk ermöglicht die Beugung und Streckung des Unterarms sowie des Radio-Ulnar-Gelenks.
elbow joint

Elliot-Lagerung. Rückenlage eines Patienten auf dem Operationstisch. Unter den unteren Rippenbereich wird ein Stützpolster gelegt, so dass die Brust des Patienten erhöht wird. Die Elliot-Lagerung wird insbesondere bei Gallenblasenoperationen eingesetzt.
[John W. Elliot, amerikanischer Chirurg, 1852–1925.]
Elliot's position

Ellipse. Vernachlässigen wichtiger Gedanken und Ideen durch den Patienten während der Therapie.
ellipsis

ellipsoid. Bezeichnung eines Gegenstandes mit einer spindel- bzw. ellipsenförmigen Form.
ellipsoidal

Ellipsoidgelenk. Gelenk, bei dem sich der Gelenkkopf in einer elliptisch geformten Pfanne befindet, z.B. das Handgelenk. Ein Ellipsoidgelenk ermöglicht Beugung, Streckung, Adduktion, Abduktion und Kreisbewegungen, aber keine Achsenrotation.
condyloid joint

Elliptozyt. (Ovalozyt). Ovales rotes Blutkörperchen.
[*griech.:* elleipsis, Ellipse, kytos, Zelle.]
elliptocyte

Elliptozytose. (Ovalozytose). Bluterkrankung, bei der erhöhte Elliptozyten-Konzentrationen auftreten. (s.a. Sichelzellenanämie)
elliptocytosis

Elongation. Zustand der Verlängerung bzw. Erweiterung oder Ausdehnung.
elongation

Elterliche Fürsoge, veränderte. Anerkannte → NANDA-→ Pflegediagnose; Veränderung der Fähigkeit von Erziehungsberechtigten, eine für die optimale Entwicklung und das Wachstum eines Kindes förderliche Umgebung zu schaffen. Kennzeichnende Merkmale sind Unzufriedenheit mit dem Geschlecht oder Aussehen des Kindes, verbalisierte Selbsteinschätzung als schlechte Eltern, Abneigung gegen die Körperfunktionen des Kindes, Nichteinhalten von Terminen zur Gesundheitsfürsorge für das Kind, verlangsamtes Wachstum und Entwicklung des Kindes, erkennbares Bedürfnis der Eltern, von anderen Bestätigung zu erhalten. Mindestens eines der folgenden Merkmale muss vorliegen: fehlende Zuneigungsbezeugung gegenüber dem Kind, Unaufmerksamkeit für die Bedürfnisse des Kindes, unangemessenes pflegerisches Verhalten (insbesondere in Bezug auf Ausscheidung, Schlaf und Ernährung), Vorgeschichte einer Abhängigkeit oder Verlassen von Kindern.

parenting, altered

Elterliche Fürsorge, Risiko einer veränderten. Anerkannte → NANDA-→ Pflegediagnose; bestehende Möglichkeit einer Unfähigkeit von Erziehungsberechtigten, eine für die optimale Entwicklung und ein angemessenes Wachstum des Kindes förderliche Umgebung zu schaffen. Zu den Risikofaktoren zählen fehlendes Zuneigungsverhalten der Eltern, unzureichende visuelle, taktile oder auditive Stimulation, negative Identifikation oder Verständnis für die Merkmale des Kindes, Ausdruck der Enttäuschung oder Abneigung gegenüber dem Kind, Nichteinhalten von Terminen der Gesundheitsfürsorge, unangemessene fürsorgliche Verhaltensweisen, Vorgeschichte eines Kindesmissbrauchs oder Verlassen von Kindern, zahlreiche Betreuungspersonen ohne Berücksichtigung der Bedürfnisse des Kindes.

parenting, altered, risk of

Eltern. Weiblicher und männlicher Erzeuger eines Nachkommens.

parents

Eltern, Ausbildung der: Familien mit Nachwuchs. → Pflegeintervention der → NIC, die definiert wird als die Vorbereitung von Personen, ihre neue Rolle als Eltern zu übernehmen.

Parent Education: Childbearing Family

Eltern, Ausbildung der: Jugendliche. → Pflegeintervention der → NIC, die definiert wird als die Unterstützung von Eltern, ihre jugendlichen Kinder zu verstehen und ihnen zu helfen.

Parent Education: Adolescent

Eltern, Ausbildung der: Kindererziehung. → Pflegeintervention der → NIC, die definiert wird als die Unterstützung von Eltern beim besseren Verständnis und bei der Förderung der physischen, psychischen und sozialen Entwicklung ihrer Klein-, Vorschul- oder Schulkinder.

Parent Education: Childrearing Family

Eltern-Kind-Bindung, Gefahr der veränderten. Anerkannte → NANDA-→ Pflegediagnose; Unterbrechung der Interaktionsprozesse zwischen Eltern/wichtigen Bezugspersonen und einem Kind, welche die Entwicklung von beschützenden und fürsorglichen wechselseitigen Beziehungen fördern. Risikofaktoren sind die Unfähigkeit der Eltern, ihre eigenen Bedürfnisse zu befriedigen, Angst in Verbindung mit der Elternrolle, Drogenabhängigkeit, Frühgeburt des Kindes, Unfähigkeit eines kranken Kindes, aufgrund von Verhaltensstörungen Kontakt zu den Eltern herzustellen, Trennung von den Eltern, äußerliche Barrieren und fehlende Privatsphäre.

parent/infant/child attachment, altered: risk of

Elterngeneration. (→ Parentalgeneration)

parental generation

Elternrollenkonflikt. Anerkannte → NANDA-→ Pflegediagnose; Zustand, bei dem Eltern eine Rollenkonfusion und Rollenkonflikte infolge einer Krise erleben. Kennzeichnende Merkmale sind ein Aus-

druck von Sorge oder Gefühle der unangemessenen Versorgung der körperlichen und emotionalen Bedürfnisse der Kinder während eines Krankenhausaufenthaltes oder zu Hause, Sorge über einen empfundenen Kontrollverlust bei Entscheidungen bezüglich des Kindes oder Abneigung bei der Teilnahme an pflegerischen Aktivitäten trotz Ermutigung und Unterstützung. Die Eltern äußern darüber hinaus Schuldgefühle, Wut, Angst, Furcht und Frustration über die Auswirkungen der Krankheit des Kindes auf die innerfamiliären Prozesse.
parental role conflict

Eluat. Bezeichnung für eine Lösung oder einen Stoff, die aus einer → Elution resultieren.
[*lat.:* eluere, auswaschen.]
eluate

Elution. Ausspülen eines Stoffes, der sich an poröses Material angelagert hat, mit Hilfe eines Flüssigkeits- oder Gasstromes bzw. durch Wärmeanwendung. Der Ausdruck wird ebenfalls gebraucht, um das Entfernen von Antikörpern oder radioaktiven Tracersubstanzen von Erythrozyten zu beschreiben.
elution

Emaskulation. (Entmannung). Verlust von Hoden oder Penis.
emasculation

Embolektomie. Operative Inzision in eine Arterie mit dem Ziel, einen Embolus oder Blutkoagel zu entfernen. Die Operation wird als Notfallbehandlung bei arterieller Embolie durchgeführt.
[*griech.:* embolos, Propfen, ektome, ausschneiden.]
embolectomy

Embolie. Kreislaufstörung, bei der ein Fremdkörper durch den Blutstrom migriert und meist in einem arteriellen Blutgefäß steckenbleibt. Die Krankheitssymptome variieren je nach dem Schweregrad des Verschlusses, den Eigenschaften des Embolus sowie der Größe und Stelle des verstopften Blutgefäßes.
embolism

Embolien, Pflege bei peripheren. → Pflegeintervention der → NIC, die definiert wird als die Begrenzung von Komplikationen bei Patienten mit einem Verschluss der peripheren Zirkulation oder bei diesbezüglich gefährdeten Patienten.
Embolus Care: Peripheral

Embolien, Pflege bei pulmonalen. → Pflegeintervention der → NIC, die definiert wird als die Begrenzung von Komplikationen bei Patienten mit einem Verschluss der Lungenzirkulation oder bei diesbezüglich gefährdeten Patienten.
Embolus Care: Pulmonary

Embolien, Vorsichtsmaßnahmen gegen. → Pflegeintervention der → NIC, die definiert wird als die Reduzierung eines Embolierisikos bei Patienten mit vorhandenen Thromben oder bei Patienten, die für eine Thrombusbildung gefährdet sind.
Embolus Precautions

Embolus. Sammelbezeichnung für Fremdkörper, Luft- oder Gasansammlungen, Gewebe- oder Tumorfragmente oder Teile eines Thrombus, die im Blutkreislauf zirkulieren und sich schließlich in einem Gefäß festsetzen und dieses ggf. verschließen.
[*griech.:* embolos, Propfen.]
embolus

Embryektomie. Operatives Entfernen eines Embryos, z.B. bei einer ektopischen Schwangerschaft.
[*griech.:* bryein, wachsen, ektome, ausschneiden.]
embryectomy

Embryo. 1. Bezeichnung für einen Organismus im frühen Entwicklungsstadium. 2. Beim Menschen verwendet man den Begriff Embryo für die Entwicklungsphase beginnend mit dem Zeitpunkt der Implantation des befruchteten Eis etwa 2 Wochen nach Empfängnis bis zum Ende der siebten oder achten Schwangerschaftswoche. – *adj.* embryonal.
[*griech.:* en, innen, bryein, wachsen.]
embryo

Embryogenese. Prozess der sexuellen Fortpflanzung, bei dem sich ein Embryo aus einem befruchteten Ei bildet.
[*griech.:* ein, innen + bryein, wachsen + genein, erzeugen.]
🇬🇧 embryogenesis

Embryologie. Wissenschaft vom Ursprung, Wachstum, Entwicklung und Funktion eines Organismus von der Befruchtung bis zur Geburt.
[*griech.:* en, innen, bryein, wachsen + logos, Wissenschaft.]
🇬🇧 embryology

Embryom. Ein sich in Furchungszellen bildender Tumor.
[*griech.:* en, innen, bryein, wachsen + oma, Tumor.]
🇬🇧 embryoma

Embryonalperiode. Zeitintervall vom Ende der Keimphase vom 10. Tag der Schwangerschaft bis zur achten Schwangerschaftswoche.
🇬🇧 embryonic stage

Embryonentransfer. Implantation eines befruchteten Ovums in eine Gebärmutter. (→ In-vitro-Fertilisation)
🇬🇧 embryo transfer

Embryopathie. Missbildung eines Embryos bzw. Fötus infolge einer Störung der normalen intrauterinen Entwicklung.
[*griech.:* en, innen + bryein, wachsen + pathos, Krankheit.]
🇬🇧 embryopathy

Embryotomie. 1. Entgliederung bzw. Verstümmelung eines Fötus zum Zwecke der Entfernung aus der Gebärmutter, wenn eine normale Entbindung unmöglich ist. 2. Sezierung eines Embryos für analytische Zwecke.
[*griech.:* en, innen + bryein, wachsen + temnein, schneiden.]
🇬🇧 embryotomy

Embryotrophe. Bezeichnung für die flüssigen Nährstoffe, die sich in der Gebärmutter befinden. Embryotrophe bestehen aus Drüsensekretionen und degenerierten Gewebeteilen und dienen der Ernährung des Embryos, bis der Nährstoffkreislauf über die Plazenta etabliert ist.
[*griech.:* en, innen + bryein, wachsen + trophe, Ernährung.]
🇬🇧 embryotroph

Emergence. Der Punkt im Erholungsprozess aus einer Vollnarkose, an dem die Spontanatmung, die Atemwegsreflexe und das Bewusstsein wieder eintreten.
[*lat.:* emergere, entstehen.]
🇬🇧 emergence

Emesis. (Erbrechen/Vomitus). → Erbrechen in Verbindung mit Magenerkrankungen, z.B. Magenkarzinom, Magenulkus oder schwere Gastritis.
🇬🇧 gastric emesis

Emesis, gravidarum. (Schwangerschafterbrechen). tritt bei vielen Frauen im ersten Drittel der Schwangerschaft meist morgens auf und kann sich zu einem unstillbaren Erbrechen ausweiten (→ Hyperemesis gravidarum).
🇬🇧 emesis gravidarum

Emetikum. 1. Bezeichnung für eine Substanz, die Erbrechen verursacht. 2. Ein Brechmittel, wie z.B. Ipecacsirup.
🇬🇧 emetic

EMG. 1. Abkürzung für Elektromyogramm. 2. Abkürzung für Elektromyographie.
🇬🇧 EMG

EMG-Syndrom. Exomphalo-Makroglossie-Gigantismus; Erbkrankheit, die als autosomal rezessive Eigenschaft vererbt wird. Zu den klinischen Symptomen gehören Exophtalmus, Makroglossie und Gigantismus mit zusätzlichen Begleiterscheinungen wie Viszeromegalie, Dysplasie des Nierenmarks und Vergrößerung der Nierenrindenzellen.
🇬🇧 EMG syndrome

Emission. Absonderung bzw. Ausscheidung, z.B. einer körpereigenen Flüssigkeit oder Strahlen beim radioaktiven Zerfall.
[*lat.:* emittere, wegschicken.]
🇬🇧 emission

Emmet-Operation. Chirurgischer Eingriff zur Wiederherstellung eines lazerierten

Damms (Perineum) oder eines eingerissenen Gebärmutterhalses (Zervix).
Emmet's operation

Emmetropie. Normalsichtigkeit, bei der die Lichtbrechung des Augapfels und die axiale Länge des Augapfels in einem korrekten Verhältnis zueinander stehen. Diese Korrelation ermöglicht, dass Lichtstrahlen, die parallel zur optischen Achse in das Auge einfallen, genau auf der Netzhaut fokussiert werden.
[*griech.:* emmetros, proportional, opsis, Sehstärke.]
emmetropia

Emolliens. Substanz, die zur Gewebeerweichung eingesetzt wird, insbesondere für Haut- und Schleimhautgewebe, z.B. Öle, Fette, Seifen.
[*lat.:* emolliere, erweichen.]
emollient

Emotion. Nach außen gerichteter Gefühlsausdruck oder Bezeichnung des affektiven Aspekts des Bewusstseins.
[*lat.:* emovere, erschüttern.]
emotion

Emotionale Unterstützung. → Pflegeintervention der → NIC, die definiert wird als die Gewährleistung von Beruhigung, Akzeptanz und Ermutigung in Stresssituationen.
Emotional Support

Empathie. (Einfühlungsvermögen). Die Fähigkeit, sich unter Wahrung einer objektiven Haltung in die Erlebniswelt anderer Personen einzufühlen und die Bedeutung und Signifikanz der Verhaltensmuster anderer Personen zu verstehen. Empathie ist eine Grundvoraussetzung für eine wirksame Psychotherapie. – *adj.* empathisch.
[*griech.:* en, innen, pathos, Gefühl.]
empathy

Empfängnisverhütung. (Kontrazeption; Antikonzeption). Maßnahme zur Verhinderung einer Schwangerschaft durch pharmakologische oder mechanische Mittel bzw. durch Methoden, die einen Fortpflanzungsakt so blockieren oder verändern, dass der Geschlechtsverkehr durchgeführt werden kann, ohne zu einer Schwangerschaft zu führen. Zu den verschiedenen Mitteln und Methoden der Empfängnisverhütung gehören Zervixkappen, Kondome, Diaphragmen, Spiralen, natürliche Familienplanung, Antibaby-Pillen, Spermizide und Sterilisation.
contraception

Empfindungsschwelle. Die geringste Stärke eines Sinnesreizes, die gerade ausreicht, um eine bewusste Empfindung auszulösen.
threshold of consciousness

Emphysem. Aufblähung und Zerstörung der Alveolarwände des Pulmonalsystems, wodurch die Lungenelastizität und die Gasaufnahme verringert wird. Man unterscheidet zwischen einem angeborenen Emphysem, das sich auf einen Mangel an Alpha-1-Antitrypsin zurückführen lässt, wodurch die Leukozytenenzyme Kollagenase und Elastase deaktiviert werden, und dem akuten Emphysem, das beim Zerreißen der Alveolen entsteht, wie z.B. bei akuter Bronchopneumonie, bei Erstickung und Keuchhusten sowie in manchen Fällen während der Geburtswehen. Patienten mit einem chronischen Emphysem können auch unter chronischer Bronchitis leiden. Emphyseme treten auch im Zusammenhang mit Asthma oder Tuberkulose auf. Bei diesen Erkrankungen werden die Lungen so stark überdehnt, dass die elastischen Fasern der Alveolarwände zerstört werden. Bei älteren Menschen können die Alveolarmembranen atrophieren und kollabieren, wodurch große, mit Luft gefüllte Räume entstehen und die Gesamtoberfläche der Pulmonalmembranen abnimmt. – *adj.* emphysematös.
[*griech.:* en, innen + physema, blasen.]
emphysema

Emphysem, subkutanes. Luftansammlung im Unterhautgewebe. Die Luft stammt aus einem rupturierten Lungenbläschen und wandert unter dem Brustfell (Pleura) in den Mittelraum des Brustkorbs (Mediastinum) und weiter in den Hals. Gesicht, Hals und Brustkorb erscheinen geschwollen, die Haut schmerzt und kann durch

die wandernden Luftblasen knackende oder blubbernde Geräusche erzeugen. Der Patient leidet ggf. an Atemnot und sieht bei einer größeren Ruptur zyanotisch aus.
subcutaneous emphysema

Emphysemthorax. (→ Fassthorax)
barrel chest

Empirie. Bezeichnung für eine Behandlungsmethode, die auf Beobachtungen und Erfahrungen beruht, ohne dass die Krankheitsursache oder der Krankheitsmechanismus bzw. die Art und Weise, wie therapeutische Mittel die Heilung beeinflussen, vollständig verstanden werden. Die empirische Behandlung einer neuen Krankheit kann auf Beobachtungen und Erfahrungen beruhen, die bei der Behandlung ähnlicher Erkrankungen gemacht wurden. – *adj.* empirisch.
[*griech.:* empeirikos, experimental.]
empiricism

Empyem. Durch eine bakterielle Infektion, wie z.B. Pleuritis oder Tuberkulose, verursachte Ansammlung von Eiter in einem Körperhohlraum, insbesondere im Pleuralraum.
[*griech.:* en, innen + ipyon, Eiter.]
empyema

Emulgator. Eine Substanz, wie z.B. Eigelb oder Gummi arabicum, die ölhaltige Stoffe in Wasser suspendieren kann und dadurch die Bildung einer → Emulsion fördert und ihre Stabilität verbessert.
[*lat.:* emulgere, ausschöpfen.]
emulsifier

emulgieren. Eine Flüssigkeit in einer anderen Flüssigkeit dispergieren, um eine kolloidale Lösung herzustellen. Seife und Waschmittel (Detergenzien) emulgieren, indem sie sich an kleine Fetttröpfchen anlagern und diese so am Absetzen hindern. Die Gallenflüssigkeit fungiert im Verdauungstrakt als → Emulgator, indem verdaute Fettstoffe in kleine Tröpfchen gelöst werden.
[*lat.:* emulgere, ausschöpfen.]
emulsify

Emulsion. Eine aus zwei oder mehr miteinander nicht mischbaren Flüssigkeiten bestehende Substanz, wobei eine der Flüssigkeiten in den anderen in Form kleiner Tröpfchen gelöst wird.
[*lat.:* emulgere, melken.]
emulsion

Enanthem. Ausschlag an der Schleimhautoberfläche.
[*griech.:* en, innen + anthema, blühen.]
enanthema

Enchondrom. Gutartiger, langsam wachsender, aus Knorpelzellen bestehender Tumor, der am Ende der Röhrenknochen in Händen oder Füßen auftreten kann.
[*griech.:* en, innen + chondros, Knorpel, oma, Tumor.]
enchondroma

Encounter-Gruppe. Interaktion zwischen Patient und Psychotherapeut bzw. zwischen mehreren Mitgliedern einer kleinen Gruppe, wie z.B. einer Selbsterfahrungsgruppe. Bei dieser Form der Selbsterfahrung werden Veränderungen der Gefühlswelt und der Persönlichkeit durch den Ausdruck starker Gefühle beeinflusst.
encounter

Endarterie. Bezeichnung für eine Arterie, die mit keinem anderen Gefäß verbunden ist.
end artery

Endarteriektomie. Operatives Entfernen der Intimaschicht einer Arterie. Durch den Eingriff soll eine Hauptarterie, in der sich Ablagerungen angesammelt haben, wieder durchgängig gemacht werden. Bei der desobliterativen Endarteriektomie wird ein ganzes Arteriensegment ausgeschabt und nur die Arterienwände bleiben erhalten. Bei der Gas-Endarteriektomie wird Kohlendioxid zwischen die Intima- und Mittelschicht der Arterienwand eingespritzt, wodurch es zu einer Trennung der Schichten kommt und die innere Schicht abgelöst werden kann.
[*griech.:* endon, innerhalb, arteria, Luftröhre, ektome, ausschneiden.]
endarterectomy

Endarteriitis. Entzündung der inneren Schicht einer oder mehrerer Arterien, die zu einem partiellen oder vollständigen Verschluss führt.
[*griech.:* endon, innerhalb, arteria, Luftröhre + itis, Entzündung.]
endarteritis

Endarteriitis obliterans. Entzündung der Schichten der Arterienwände, in denen es zu Wucherungen der Intimaschicht kommt, das Gefäßlumen verengt und kleinere Gefäße verschlossen werden.
endarteritis obliterans

endemisch. Örtlich begrenzt auftretend, in einem bestimmten Bereich verbreitet.
[*griech.:* endemos, ursprünglich.]
endemic

Endknötchen. (Nervenendknospe). Aus undifferenzierten Zellen bestehende Zellmasse, die aus den Überresten des Urknoten und des Urstreifens am kaudalen Ende des sich entwickelnden Embryos entsteht, nachdem die Bildung der Somiten abgeschlossen ist.
end bud

Endoarteritis, chronische. Entzündung der Tunica intima einer Arterienwand. Wird von degenerativer Verfettung des Arteriengewebes und der Ablagerung von Kalzium begleitet.
[*griech.:* chronos, Zeit, endon, innerhalb, arteria, Luftröhre, itis, Entzündung.]
chronic endoarteritis

Endobronchitis. Entzündung der kleinen Bronchien, die häufig durch eine Infektion der Bronchialschleimhaut verursacht wird.
endobronchitis

endochondral. Das Knorpelinnere betreffend.
[griechm endon, innerhalb, chondros, Knorpel.]
endochondral

endogen. 1. Im Körper entstanden, nicht von außen zugeführt. 2. Durch innere Ursachen erzeugt, wie z.B. eine Krankheit, die durch strukturelles bzw. funktionelles Versagen eines Organs oder Systems entsteht. (s.a. exogen)
[*griech.:* endon, innerhalb + genein, erzeugen.]
endogenous

Endointoxikation. Durch ein im Körper produziertes → Toxin hervorgerufene Vergiftung, z.B. bei einer Gangrän.
endointoxication

Endokard. Die Schicht, die die Herzkammern innen auskleidet. Das Endokard enthält kleine Blutgefäße und wenige Bündel glatter Muskeln; es geht in die Endothelschicht der großen Blutgefäße über.
endocardium

Endokardfibroelastose. Herzerkrankung, bei der es zu einer fibroelastischen Verdickung des Endokards kommt, die zum Versagen der Herzpumpfunktion führen kann.
[*griech.:* endon + kardia, Herz; *lat.:* fibra, Faser; *griech.:* elaunein, anteiben, osis, Störung.]
endocardial fibroelastosis

endokardial. Die Herzinnenwand (das Endokard) betreffend.
endocardial

Endokarditis. Die Herzinnenwand (das Endokard) und die Herzklappen betreffende entzündliche Herzerkrankung, bei der das Herz verschiedene Läsionen aufweist. Es gibt mehrere Formen der Endokarditis, wie z.B. bakterielle Endokarditis, nichtbakterielle thrombotische Endokarditis und die Libman-Sacks-Endokarditis. Im unbehandelten Zustand führen alle Endokarditisformen schnell zum Tod.
[*griech.:* endon, innerhalb, kardia, Herz, itis, Entzündung.]
endocarditis

Endokarditis, bakterielle. Akute oder subakute bakterielle Infektion der Herzinnenhaut (Endokard), der Herzklappen oder beider Bereiche, die durch Herzgeräusche, hartnäckiges Fieber, Bakteriämie, Splenomegalie und embolische Phänomene gekennzeichnet ist.
bacterial endocarditis

Endokarditis, chronische. Entzündung des Endokards des Herzen, nach einem akuten Endokarditisanfall, Syphilis bzw. einem Atherom. In vielen Fällen kommt es zu einer Herzklappeninsuffizienz.
[*griech.:* chronos, Zeit, endon, innerhalb, kardia, Herz, itis, Entzündung.]
chronic endocarditis

Endokarditis, subakute bakterielle. Chronische bakterielle Infektion der Herzklappen, gekennzeichnet durch langsames Einsetzen mit Fieber, Herzgeräuschen, Milzvergrößerung und Wucherungen rund um eine künstliche Prothese im Herzen bzw. an den Klappensegeln. Meist entsteht die Krankheit infolge einer Infektion mit Streptokokken.
subacute bacterial endocarditis (SBE)

Endokardkissen. Bezeichnung für ein Paar verdickter Gewebebereiche im embryonalen Vorhofkanal.
endocardial cushions

endokrin. Bezeichnung für die Vorgänge, bei denen Zellen bestimmte Substanzen (z.B. Blut) in das Blut bzw. in die Lymphflüssigkeit abgeben, was bestimmte Auswirkungen auf Gewebe in anderen Körperteilen hat.
[*griech.:* endon, innerhalb + krinein, absondern.]
endocrine

Endokrinologie. Wissenschaft von den anatomischen, physiologischen und pathologischen Eigenschaften des endokrinen Systems und der Hormone sowie der Behandlung endokriner Krankheiten.
[*griech.:* endon, innerhalb + krinein, absondern, logos, Wissenschaft,]
endocrinology

Endokrinopathie. Sammelbegriff für Störungen und Erkrankungen der endokrinen Drüsen, die zur Minderung der Qualität bzw. Quantität der endokrinen Ausscheidungen führen.
[*griech.:* endon, innerhalb, krinein, absondern, pathos, Krankheit.]
endocrinopathy

Endolymphe. Flüssigkeit im häutigen Labyrinth des Innenohrs.
[*griech.:* endon, innerhalb + lympha, Wasser.]
endolymph

endometrial. 1. Die Schleimhaut der Gebärmutter (das Endometrium) betreffend. 2. Die Gebärmutter betreffend.
[*griech.:* endon, innerhalb + metra, Gebärmutter.]
endometrial

Endometriom. Bezeichnung für einen Tumor bzw. für ektopisches Endometriumgewebe, das keine Funktion in Uterus vorweist.
[*griech.:* endon, innerhalb, metra, Gebärmutter, oma, Tumor.]
endometrioma

Endometriose. Gynäkologische Erkrankung mit ektopischem Wuchs und unphysiologischer Funktion des Endometriumgewebes. Die genaue Krankheitsursache ist unbekannt, aber viele Frauen, die sich einer Beckenlaparotomie unterziehen, können auch eine Endometriose entwickeln. Man nimmt an, dass eine Schwangerschaft die Krankheit verhindert bzw. abmildert.
[*griech.:* endon, innerhalb + metra, Gebärmutter, osis, Erkrankung.]
endometriosis

Endometritis. Entzündung der Gebärmutterschleimhaut (Endometrium), die häufig durch eine bakterielle Infektion, wie z.B. durch Gonokokken oder hämolytische Streptokokken, verursacht wird. Begleitsymptome sind Fieber, Bauchschmerzen, übelriechender Ausfluss und Uterusvergrößerung. Eine Endometritis tritt oft nach einer Entbindung oder einem Abort auf und steht im Zusammenhang mit der Anwendung intrauteriner Kontrazeptiva.
[*griech.:* endon, innerhalb + metra, Gebärmutter, itis, Entzündung.]
endometritis

Endometrium. Gebärmutterschleimhaut, bestehend aus Stratum compactum, Stratum spongiosum und Stratum basalis. Die Dicke und Struktur des Endometri-

ums verändert sich während des Menstruationszykluses.
[*griech.:* endon, innerhalb + metra, Gebärmutter.]
🇬🇧 endometrium

Endometriumhyperplasie. Krankhafte Endometriumwucherung infolge dauerhafter Östrogenstimulierung (entweder endogenen oder exogenen Ursprungs), ohne gleichzeitige Progesteronstimulierung. Östrogen agiert als Wachstumshormon für das → Endometrium. Die Endometriumhyperplasie führt oft zu krankhaften Blutungen, insbesondere bei älteren Frauen. Zur histopathologischen Diagnose wird eine Biopsie oder eine Kürettage durchgeführt.
🇬🇧 endometrial hyperplasy

Endometriumkrebs. Sammelbezeichnung für Adenokarzinome der Gebärmutterschleimhaut (Endometrium). Endometriumkrebs ist die am häufigsten auftretende Form maligner Geschwüre und tritt in den meisten Fällen im fünften oder sechsten Lebensjahrzehnt auf. Obwohl die Ursache nicht bekannt ist, ist diese Neoplasmaform mit verschiedenen Risikofaktoren assoziiert, wie z.B. Unfruchtbarkeit, Anovulation, spät einsetzendem Klimakterium (nach dem 52. Lebensjahr), exogene Gabe von Östrogen, Gebärmutterpolypen und einer Kombination aus Diabetes mellitus, Hypertonie und Fettsucht. Das Hauptsyndrom sind abnorme vaginale Blutungen, begleitet von Bauchkrämpfen und Rückenschmerzen. Ein krankhaft erweiterter Uterus kann auf eine fortgeschrittene Erkrankung weisen.
🇬🇧 endometrial cancer

Endometriumzyste. 1. Endometriumtumor. 2. Ovarialzyste, die sich aus einer erweiterten Endometrialdrüse bildet.
[*griech.:* endon, innerhalb, metra, Gebärmutter, kystis, Hohlraum.]
🇬🇧 endometrial cyst

Endomyokarditis. Kombinierte Entzündung der Herzinnenwand (Endokard) und der muskulären Wand des Herzen (Mykard).
[*griech.:* endon, innerhalb, mys, Muskel, kardia, Herz, itis, Entzündung.]
🇬🇧 endomyocarditis

Endoparasit. Bezeichnung für einen Organismus, der im Körper eines Wirts lebt, wie z.B. ein Bandwurm.
[*griech.:* endon, innerhalb + parasitos, Gast.]
🇬🇧 endoparasite

endophytisch. Bezeichnung für ein nach innen gerichtetes Wachstum, wie z.B. ein Tumor, der in die Wand eines hohlen Organs hineinwächst.
[*griech.:* endon, innerhalb + phyton, Pflanze.]
🇬🇧 endophytic

Endoplasma. Bezeichnung für das innere Zytoplasma.
[*griech.:* endon, innerhalb, plasma, Plasma.]
🇬🇧 endoplasm

Endoprothese. Prothese im Körperinneren, wie z.B. Hüftgelenk, Zahnersatz oder Herzschrittmacher.
[*griech.:* endon, innerhalb + protsthesis, Addition.]
🇬🇧 endoprosthesis

Endorgan. Nervenende, in dem die Nervenendfasern eingekapselt sind.
🇬🇧 end-organ

Endorphin. Sammelbezeichnung für körpereigene Neuropeptide, die verschiedene Aminosäuren enthalten, in der Hypophyse hergestellt werden und Schmerzen des Zentralnervensystems und des peripheren Nervensystems bekämpfen. Zu den Endorphinen zählen die chemisch hergestellten Alpha-, Beta- und Gamma-Endorphine, die ähnliche pharmakologische Wirkungen haben wie Opioide.
[*griech.:* endon, innerhalb + morphe, Form.]
🇬🇧 endorphin

Endoskop. Optisches Gerät mit Lichtquelle, mit dem das Innere eines Körperhohlraumes oder eines Organs (z.B. Speiseröh-

re, Magen, Darm oder Harnblase) betrachtet werden kann. Ein Endoskop wird entweder durch eine natürliche Körperöffnung oder durch eine Inzision eingeführt.
[*griech.:* endon, innerhalb, skopein, betrachten.]
endoscope

E

Endoskopie. Spiegelung von Organen und Körperhohlräumen mit Hilfe eines → Endoskops.
endoscopy

Endothel. Die Schicht der → Epithelzellen, die das Herz, die Blut- und Lymphgefäße sowie die serösen Körperhohlräume auskleiden.
[*griech.:* endon, innerhalb + thele, Brustwarze.]
endothelium

Endothelzelle. Auskleidende Deckzellen eines Körperhohlraumes bzw. des kardiovaskulären Systems. (s.a. Epithelzellen)
[*griech.:* endon, innerhalb, thele, Brustwarze; *lat.:* cella, Lagerraum.]
endothelial cell

Endotoxin. Gift in den Zellwänden bestimmter Mikroorganismen, insbesondere gramnegativer Bakterien, das frei wird, wenn das Bakterium abstirbt und im Körperinneren zersetzt wird.
[*griech.:* endon, innerhalb + toxikon, Gift.]
endotoxin

Endotoxinschock. → Septischer Schock als Reaktion auf die Abgabe von → Endotoxinen, die von gramnegativen Bakterien erzeugt werden. Die Toxine werden beim Absterben der bakteriellen Zellen freigesetzt.
[*griech.:* endon, innerhalb + toxikon, Gift.]
endotoxin shock

endotracheal. Innerhalb der Luftröhre (Trachea).
endotracheal

Endotracheale Extubation. → Pflegeintervention der → NIC, die definiert wird als die geplante Entfernung eines Endotrachealtubus aus den naso- oder oropharyngealen Atemwegen.
Endotracheal Extubation

Endotrachealnarkose. Inhalation von Narkosegas bzw. eines Gasgemisches durch die Luftröhre in die Lungen, wo das Gas in den Blutkreislauf absorbiert wird.
endotracheal anesthesia

Endotrachealtubus. Beatmungstubus, der durch Mund oder Nase in die Luftröhre (Trachea) bis oberhalb der Luftröhrengabelung eingeführt wird und durch den Sauerstoff unter Druck zugeführt wird, wenn eine kontrollierte Atmung erforderlich ist. Die Größenangaben werden entweder anhand des Innendurchmesser in mm angegeben oder anhand des Außendurchmessers in Ch (→ Charrière).
endotracheal tube

endozervikal. Die Innenseiten von Zervix und Gebärmutter betreffend.
[*griech.:* endon, innerhalb + *lat.:* cervix, Hals.]
endocervical

Endozervix. 1. Bezeichnung für die Membran, die den Gebärmutterhals auskleidet. 2. Öffnung des Zervix in die Gebärmutterhöhle.
endocervix

Endphalanx. (Endglied). Bezeichnung für die kurzen, distalen Knochenglieder der dritten Phalanxreihe in Händen oder Füßen (bzw. die zweite Phalanx des Daumens und des großen Zehs). Die Endglieder der Zehen sind kleiner und abgeflachter als die Fingerendglieder.
distal phalanx

Endplatte. Die in der Endmembran eines Nervenaxons und der Membran des angrenzenden Muskelgewebes befindliche → motorische Endplatte.
endplate

Endplatte, motorische. Große spezialisierte synaptische Kontaktstelle zwischen den motorischen → Axonen und den Fasern der Skelettmuskulatur. Jede Nervenfaser

bildet eine m. E., die Reize an die quer gestreiften Muskeln überträgt. (→ Synapse)
motor end plate

Endstellungs-Nystagmus. Horizontal rhythmisches Augenflackern bei extremer Augenseitstellung. Kann beim gesunden Auge beobachtet werden, wenn sich die Fixierung außerhalb des beidäugigen Blickfeldes befindet. (→ Nystagmus)
end-positional nystagmus

Endurance. (Ausdauer). Die Fähigkeit, eine Anstrengung trotz zunehmendem physischem und psychischem Stress durchzuhalten. Untrainierte Muskeln haben eine geringere Ausdauerkraft als trainierte, kräftige Muskeln.
endurance

Endwirt. Lebewesen, in denen sich fortpflanzungsfähige Parasiten entwickeln. Die weibliche *Anopheles*-Mücke ist der Endwirt für Malariaerreger. Menschen sind Endwirte für Madenwürmer, Schistisome und Bandwürmer.
definitive host

Energie. Bezeichnung für die Fähigkeit eines Systems, Arbeit zu verrichten oder eine Aktivität auszuüben. Energie kann in Form von Wärme, Licht, Bewegung, Schall oder Strahlung auftreten. Menschliche Energie wird normalerweise in Muskelkontraktion und Wärmeerzeugung umgesetzt. Bei einer chemischen Reaktion, wie z.B. beim Verdauen von Nahrung, wird chemische Energie freigesetzt. – *adj.* energetisch.
[*griech.:* energia, Tätigkeit, Wirksamkeit.]
energy

Energiedosis, integrale. Gesamtmenge der Energie, die von einem Patienten oder einem Gegenstand während einer Strahlenbehandlung absorbiert wird.
integral dose

Energiefeldstörung. Anerkannte → NANDA-→ Pflegediagnose; Unterbrechung des Energieflusses, der eine Person umgibt; dies führt zu einer Disharmonie des Körpers, des Geistes oder der Seele. Zu den kennzeichnenden Merkmalen zählen Veränderungen der Temperatur (Wärme oder Kälte) visuelle Veränderungen (Bilder oder Farben), sowie Störungen des Feldes (freie oder besetzte Stellen/Spitzen/Wölbungen), der Bewegungen (Wellen/Spitzen/Dichte/Fluss) und der Geräusche (Töne oder Wörter).
energy field disturbance

Energien, Umgang mit. → Pflegeintervention der → NIC, die definiert wird als die Regulierung des Energieeinsatzes zur Behandlung oder Verhinderung von Müdigkeit und zur Optimierung der Funktionsfähigkeit.
Energy Management

Enervierung. (Denervierung). 1. Reduktion bzw. Mangel an nervöser Energie durch Überbelastung; Schwäche, Entkräftung. 2. Chirurgisches Entfernen eines ganzen Nervs bzw. eines Teil eines Nervs.
[*lat.:* enervare, schwächen.]
enervation

Enfluran. (Ethrane). Nicht entflammbares → Inhalationsnarkotikum (Narkosegas) aus der Ätherfamilie. Wird bei der Vollnarkose eingesetzt.
enflurane

Engramm. (Gedächtnisspur). 1. Hypothetische, neurophysiologische Speichereinheit im Gehirn (Zerebrum), in der eine bestimmte Erinnerung gespeichert wird. 2. Interneuronaler Schaltkreis, der verschiedene Neuronen und Muskelfasern enthält, die bei richtiger Koordination bestimmte motorische Aktivitäten ausführen können. 3. Bezeichnung für die dauerhafte Spur, die ein Stimulus im Nervengewebe hinterlässt. (s.a. Gedächtnis)
engram

Enkephalin. Zu den → Endorphinen gehörende, im Körper produzierte Pentapeptide, die der Schmerzlinderung dienen. Enkephaline befinden sich in der Hypophyse, im Gehirn sowie im Verdauungstrakt. (s.a. Neurotransmitter)
[*griech.:* enkepalos, Gehirn, in, innerhalb.]
enkephalin

Enkopresis. Einkoten, Stuhlinkontinenz.
encopresis

Enophthalmus. Zurücksinken des Auges in die Augenhöhle (Orbita) infolge eines Traumas bzw. einer Fehlbildung.
[*griech.:* en, in, ophthalmos, Auge.]
enophthalmos

Entbindung. Die Leitung einer Geburt (Partus); i.w.S. die Geburt eines Kindes.
delivery

Entbindung, Vorbereitung zur. → Pflegeintervention der → NIC, die definiert wird als die Gewährleistung von Information und Unterstützung, um Entbindungen zu erleichtern und die Fähigkeit zur Entwicklung und Ausübung der Elternrolle zu verbessern.
Childbirth Preparation

enteral. Den Darm betreffend.
[*griech.:* enteron, Darm.]
enteral

Enterektomie. (Darmresektion). Chirurgischer Eingriff zum Entfernen eines Teils des Darms.
[*griech.:* enteron, Darm, ektome, ausschneiden.]
enterectomy

Enteritis. Entzündung der Dünndarmschleimhaut infolge bakterieller, viraler und funktioneller Störungen. Zu den Symptomen gehören Diarrhö, Übelkeit, Erbrechen und Fieber.
enteritis

Enteritis, nekrotisierende. Akute Entzündung des Dünn- und Dickdarms durch das Bakterium *Clostridium perfringens*, die durch starke Bauchschmerzen, blutige Durchfälle und Erbrechen gekennzeichnet ist. (→ Enteritis)
[*griech.:* nekros, tot; izein, verursachen; enteron, Darm; itis, Entzündung]
necrotizing enteritis

Enteritis regionalis Crohn. (Morbus Crohn; Crohn-Krankheit). Chronische Darmentzündung mit unbekannter Ursache, die Ileum, Kolon oder andere Teile des gastrointestinalen Trakts befällt; dabei treten krankhafte und gesunde Darmsegmente gleichzeitig auf. Symptome des Morbus-Crohn sind häufige Diarrhö-Anfälle, heftige Bauchschmerzen, Übelkeit, Fieber, Frösteln, Schwäche, Gewichtsverlust und Anorexie.
[Burrill B. Crohn, amerikanischer Arzt, 1884–1983.]
Crohn's disease

Enteroanastomose. Chirurgischer Eingriff, bei dem eine künstliche Verbindung zwischen zwei Darmsegmenten hergestellt wird.
enteroenterostomy

Enterobacteriaceae. Sammelbezeichnung für die Familien aerober und anaerober Bakterien, zu denen sowohl pathogene als auch nicht-pathogene Mikroorganismen gehören. Die wichtigsten Gattungen sind *Escherichia, Klebsellia, Proteus* und *Salmonella*.
[*griech.:* enteron, Darm + bakterion, kleiner Gegenstand.]
Enterobacteriaceae

Enterobiasis. Durch Parasitenbefall mit *Enterobius vermicularis*, einer Madenwurmart, verursachte Dickdarminfektion. Die weiblichen Madenwürmer legen ihre Eier in der Perianalgegend, wodurch Juckreiz entstehen kann.
[*griech.:* enteron, Darm + bios, Leben, osis, Erkrankung.]
enterobiasis

Enteroglukagon. Gruppe von glukagonähnlichen, hyperglykämischen Peptiden, die von den Schleimhautzellen der oberen Darmabschnitte bei der Verdauung abgegeben werden und die Produktion und Erneuerung von Darmepithelzellen stimulieren.
enteroglucagon

Enterohepatischer Kreislauf. Pfad, über den die in der Leber produzierte Gallenflüssigkeit in den Darm eintritt, von der Leber wieder absorbiert wird und anschließend in den Darm zurückgeführt wird. Der Rest der Gallenflüssigkeit wird im Kot ausgeschieden.
enterohepatic circulation

Enterokinase. Enzym in der Darmflüssigkeit, das das proteolytische Enzym des Bauchspeichelsekretes beim Eintritt in den Zwölffingerdarm (Duodenum) aktiviert.
[*griech.:* enteron, Darm + kinesis, Bewegung, ase, Enzym.]
enterokinase

Enterokokken. *Streptococcus*-Arten im Verdauungstrakt.
[*griech.:* enteron, Darm + kokkos, Beere.]
enterococcus

Enterokolitis. Entzündung von Dick- und Dünndarm, meist durch Staphylokokken verursacht; Symptome sind Diarrhö, Erbrechen, Exsikkose und Schock.
[*griech.:* enteron, Darm + kolon, Darm, itis, Entzündung.]
enterocolitis

Enterolith. (Kotstein). Ein aus verdautem Material bestehender Stein, der sich im Darm bildet.
[*griech.:* enteron, Darm + lithos, Stein.]
enterolith

Enterolithiasis. Vorkommen von Kotsteinen in den Eingeweiden.
enterolithiasis

Enteropathie. Sammelbegriff für Erkrankungen des Dünn- oder Dickdarms.
enteropathy

Enteropathie, exsudative. (Eiweißverlustsyndrom). Durchfallerkrankungen mit gleichzeitiger Entzündung bzw. Zerstörung der Magenschleimhäute, die mit starker Exsudation von Albumin und Globulin einhergehen.
exudative enteropathy

Enterostomie. (Anus praeter). Chirurgischer Eingriff, bei dem ein künstlicher Anus bzw. eine künstliche Darmfistel durch einen Einschnitt in die Bauchwand hergestellt wird.
[*griech.:* enteron, Darm + stoma, Mund.]
enterostomy

enterotoxigen. Bezeichnung für einen Organismus oder eine Substanz, die ein bestimmtes Toxin erzeugen, welches nachteilig auf die Zellen der Darmschleimhaut wirkt. Es gibt beispielsweise bestimmte Bakterien, die → Enterotoxine erzeugen und Darmreaktionen wie Erbrechen, Diarrhö und Symptome einer Lebensmittelvergiftung hervorrufen.
enterotoxigenic

Enterotoxin. Substanz, die toxisch auf die Zellen der Darmschleimhäute wirkt und von bestimmten Bakterienarten, wie z.B. *Staphylococcus* produziert wird.
enterotoxin

Enterovirus. Virus, das sich hauptsächlich im Verdauungstrakt vermehrt. Zu den Enteroviren gehörten die Coxsackieviren, die ECHO-Viren sowie das Poliomyelitisvirus.
[*griech.:* enteron, Darm + *lat.:* virus, Gift.]
enterovirus

Enterozele. 1. → Hernie mit Darm als Bruchinhalt. 2. Hintere Vaginalhernie.
enterocele

entfremden. Einen Rückzug, eine Affektionsübertragung oder eine Loslösung verursachen.
alienate

Entfremdung. 1. Psychologischer Trennungseffekt, der eintritt, wenn eine Mutter sich von ihrem neugeborenen Kind aufgrund einer Erkrankung trennen muss und die normale Mutter-Kind-Bindung gestört wird. 2. Empfindung, dass Gegenstände in der Umgebung fremd und unwirklich sind aufgrund einer mangelnden Besetzung der Ich-Abgrenzung. (→ Depersonalisation)
estrangement; alienation

Entkalkung. Verlust von Kalziumsalzen in Zähnen und Knochen infolge von Unterernährung, Malabsorption oder anderen Faktoren. Eine Malabsorption wird durch zu niedrige Konzentrationen von Vitamin D, durch überschüssiges Fett oder durch Oxalsäure, die sich mit Kalzium verbindet, oder durch einen relativen Säuremangel im Verdauungstrakt verursacht. Eine Entkalkung kann auch auf eine Insuffizienz der Nebenschilddrüsen zurückzuführen sein, die die Steuerung der Kalziumkonzentration im Blut, das Verhältnis von

Kalzium und Phosphor im Blut sowie die relative Aktivität der Osteoblasten, die Kalzium in den Knochen und Zähnen ablagern und absorbieren, beeinträchtigt.
decalcification

Entladung. 1. Eine elektrische Ladung freisetzen, z.B. in Form eines Funken oder eines Stromstoßes von einer Batterie, einem Kondensator oder einer anderen elektrischen Quelle. 2. Einen Stromstoß aus oder durch ein Neuron freisetzen. 3. Freisetzung von Emotionen, häufig begleitet von willkürlichen bzw. unwillürlichen Reflexen, Weinen, Wut oder anderen emotionalen Ausbrüchen.
discharge

Entlastungsregion. Das Gewebe unter einer Prothese, von dem Druck entlastet oder vollständig aufgehoben wird.
relief area

Entlausung. Eine Person bzw. einen Gegenstand von Läusen befreien.
delousing

entmyelinisieren. (entmarken). Zerstörung der Markscheide, die die Axone der Nervenzellen umgibt.
demyelinate

Entoderm. (inneres Keimblatt). Innere Zellschicht, die sich aus der embryonalen Keimscheibe der inneren Zellmasse einer → Blastozyste entwickelt. Aus dem E. entstehen später die Membranen der Körperhöhlen und die Därme sowie das äußerste Epithel fast aller innerer Organe, z.B. des Respirationstraktes, sowie das Parenchym von Schilddrüsen, Leber, Bauchspeicheldrüse u.a. (s.a. Blastoderm; Ektoderm; Mesoderm)
[*griech.:* endon, innen; derma, Haut]
endoderm

Entropium. Einwärts- bzw. Auswärtskehren der Augenlider, meist der Unterlider. Entropion cicatriceum kann aus einem Narbenzug nach einer Verletzung resultieren. Entropion spasticum entsteht durch eine Entzündung, die den Tonus des Augengewebes beeinträchtigt. Eine Entzündung des Augenlids kann sich auf eine Infektionserkrankung bzw. auf eine Reizung durch Augenwimpern zurückführen lassen.
[*griech.:* en, innerhalb + tropos, wenden.]
entropion

Entscheidungen, Unterstützung bei. → Pflegeintervention der → NIC, die definiert wird als die Gewährleistung von Informationen und Unterstützung bei Entscheidungen von Patienten bezüglich ihrer Gesundheitspflege.
Decision-Making Support

Entscheidungskonflikt. Anerkannte → NANDA- → Pflegediagnose; Zustand der Unsicherheit über den Verlauf eines Ereignisses, wenn die Wahl zwischen konkurrierenden Handlungen zu Risiken, Verlusten oder einer Herausforderung an die Lebenswerte des Betreffenden führt. Die Diagnose sollte auf den Fokus des Konfliktes spezifiziert werden, z.B. Gesundheit, familiäre Beziehungen, Beruf oder Finanzen. Zu den kennzeichnenden Merkmalen gehören ein verbalisiertes Gefühl eines Problems mit einer Unsicherheit bezüglich der Auswahl, Spezifikation unerwünschter Folgen alternativer Handlungen, verzögerte Entscheidung und körperliche Anzeichen von Beschwerden oder Anspannung, z.B. erhöhte Herzfrequenz, verstärkte Muskelspannung und Unruhe.
decisional conflict

Entspannung, progressive. Technik zum bewussten Abbau von Spannungs- und Angstzuständen, indem verschiedene Muskelgruppen systematisch angespannt und wieder entspannt werden.
progressive relaxation

Entspannungstherapie. Therapieform, bei der die Patienten bestimmte Atem- und Entspannungsübungen sowie das Konzentrieren auf angenehme Situationen erlernen. Manche Patienten lernen durch die E. bei Bedarf angespannte Muskeln zu entspannen, Migräneattacken abzuwenden oder ihren Blutdruck zu reduzieren. (s.a. Autogenes Training)
relaxation therapy

Entspannungstherapie, einfache. → Pflegeintervention der → NIC, die definiert ist als der Einsatz geeigneter Techniken zur Förderung oder Gewährleistung von Entspannung mit dem Ziel, unerwünschte Anzeichen und Symptome wie Schmerzen, Muskelverspannung oder Angst zu vermindern.
Simple Relaxation Therapy

Entwicklung. 1. Allmählicher Wechsel und Differenzierung von einem einfachen zu einem komplexeren Niveau. 2. Vorgänge und Ereignisse, die sich in einem Organismus in der Zeit zwischen Befruchtung eines Eis und dem Erreichen des Erwachsenenalters abspielen.
development

Entwicklung, kindliche. Die verschiedenen Phasen der körperlichen, sozialen und psychologischen Entwicklung, die sich zwischen Geburt und frühem Erwachsenenalter abspielen.
child development

Entwicklung, kognitive. Entwicklungsprozess, in dem sich ein Kleinkind zu einer intelligenten Person entwickelt, Wissen ansammelt und die Fähigkeit des eigenständigen Denkens, Lernens, logischen Denkens und der Abstraktion erlangt.
cognitive development

Entwicklung, pränatale. Gesamter Prozess des Wachstums, der Reifung, Differenzierung und Entwicklung, der zwischen Empfängnis und Geburt stattfindet. Etwa am 14. Tag vor der nächsten erwarteten Menstruationsperiode kommt es normalerweise zum Eisprung (Ovulation). Wenn das Ei (Ovum) befruchtet wird, beginnt sofort der Prozess der fötalen Reifung bis zur Geburt. Während der ersten 14 Tage unterzieht sich das befruchtete Ei mehrerer Zellteilungen, bevor es zur Morula und zur Blastozyste wird, die sich in der Uteruswand einnisten kann. Vom Beginn der 3. bis zum Ende der 7. Woche der embryonalen Entwicklung vertieft und vervollständigt sich die Einnistung (Implantation). Bis zum Ende der 7. Woche sind alle wichtigen Systeme vorhanden. Die Phase ab der 8. Woche bis zur Geburt wird als fötale Phase bezeichnet. Von der 14. bis zur 17. Woche wachsen Arme, Beine und Rumpf sehr schnell und der Fötus ist bereits aktiv. Das Knochenskelett verkalkt und kann durch Röntgenstrahlen dargestellt werden. Zwischen der 17. und 20. Schwangerschaftswoche fühlt die Mutter normalerweise die ersten Bewegungen des Babys. Der Fötus sieht zu dieser Zeit bereits wie ein kleines Baby aus. Zur 28. Woche bilden sich das subkutane Fettgewebe, Finger- und Fußnägel aus, die Augenlider werden getrennt und die Augen können sich öffnen. Das Kopfhaar wird entwickelt und bei Jungen entwickeln sich im Leistenring die Hoden. Ab der 32. Woche sind die Haare fein und wollig, die Nägel sind über die Finger- und Zehenkuppen gewachsen und es gibt zwei Falten auf den Fußsohlen. Ab der 36. Woche werden Körper und Extremitäten voller und runder und die Haut dicker und weniger durchscheinend. Wenn der Fötus voll ausgereift ist, zwischen der 38. und 42. Woche, nimmt die Käseschmiere ab und die Ohrknorpel sind voll entwickelt. Bei Jungen liegen die Hoden im Hodensack, bei Mädchen weisen die großen Schamlippen auf die Mittellinie des Körpers und bedecken die kleinen Schamlippen und die Klitoris. In der 40. Woche wiegt ein Fötus durchschnittlich 3,5 bis 4 kg und ist etwa 50 cm lang. Die p.E. kann durch verschiedene Faktoren negativ beeinflusst werden: zwischen der 2. und 14. Woche sind es ionisierende Strahlen und bestimmte Medikamente, die starke Wirkung auf die funktionale Entwicklung haben. Ab der 14. Woche, wenn alle Organsysteme entwickelt sind und sich die Körperteile gebildet haben, sind die negativen Effekte eher funktionaler Art; es kommt nicht mehr zu wesentlichen morphologischen Schädigungen.
prenatal development

Entwicklung, psychomotorische. Fähigkeiten eines Kindes, zu denen sowohl mentale als auch muskuläre Aktivitäten gehören, z.B. sich drehen, sitzen oder krabbeln zu können, oder beim Kleinkind gehen,

sprechen, die Blasen- und Darmfunktion kontrollieren zu lernen und anzufangen, kognitive Probleme zu lösen. Die folgenden psychomotorischen Funktionen und Fähigkeiten sollten zu dem jeweils genannten Lebensalter durchgeführt werden können: 12. Wo. - auf die eigenen Hände schauen; 20. Wo. - nach Gegenständen greifen; 24. Wo. - sich gezielt drehen; 11. Mo. - auf dem Bauch krabbeln und Sprechgeräusche imitieren; 15. Mo. - ohne Hilfe gehen; 24. Mo. - Vokabular von 300 Worten und Benutzung von Pronomen; 30. Mo. - Dreirad fahren und selbstständig essen; 4. Ja. - hüpfen und auf einem Fuß stehen, Ball spielen, selbstständig sein, schwatzen und angeben; 5 Ja. - Schnürsenkel binden, mit der Schere umgehen, Freude machen wollen, Interesse für die Umwelt, zu den Eltern ein bewusstes Verhältnis entwickeln. (→ Psychomotorik)
psychomotor development

Entwicklung, psychosoziale. Beschreibung, die Erik Erikson als normalen Ablauf kindlicher Entwicklung mit folgenden Begriffen bezeichnet hat: Vertrauen, Autonomie, Initiative, Fleiß, Vertrautheit, Großzügigkeit und Integrität. Die Entwicklung beginnt im Säuglingsalter und schreitet fort, indem das kindliche Ego mit seiner Umgebung interagiert. Damit ein Kind eine neue Phase erfolgreich erreichen kann, müssen die Aufgaben der vorherigen Phase bewältigt sein.
psychosocial development

Entwicklung, Unterstützung der. → Pflegeintervention der → NIC, die definiert wird als die Unterstützung oder Unterrichtung von Eltern/Betreuungspersonen mit dem Ziel, das grob- und feinmotorische, sprachliche, kognitive, soziale und emotionale Wachstum von Vorschul- und Schulkindern zu optimieren.
Developmental Enhancement

Entwicklungsalter. Bezeichnung für den kindlichen Reifungsprozess, der anhand standardisierter Messungen, z.B. Körpergröße und -ausmaße, sozialer und psychologischer Funktionen, motorischer und geistiger Fähigkeiten bestimmt wird.
developmental age (DA)

Entwicklungsanomalie. Kongenitaler Defekt infolge einer Störung des normalen Wachstums und der normalen Differenzierung eines Fötus. Solche Störungen können in allen fötalen Entwicklungsphasen auftreten und variieren in Form und Heftigkeit. Die verschiedenen Ursachen sind genetische Mutationen, chromosomale Aberrationen, teratogene Substanzen und Umweltfaktoren.
developmental anomaly

Entwicklungsstillstand. Vorzeitiger, zu kongenitalen Anomalien führender Abbruch einer oder mehrerer Phasen des Entwicklungsprozesses im uterinen Stadium.
arrested development

Entwicklungsstörungen, kindliche. Störungen der Denkfähigkeit und des Gefühlslebens sowie im zwischenmenschlichen und eigenen Verhalten, die in der Zeit zwischen 30 Monaten und dem 12. Lebensjahr auftreten, z.B. Autismus.
childhood-onset pervasive developmental disorders

Entwöhnung vom Respirator, gestörte Reaktion. Anerkannte → NANDA-Pflegediagnose, die definiert ist als ein Zustand, bei dem sich der Patient nicht an das erniedrigte Leistungsniveau der künstlichen Beatmung anpassen kann, was den Entwöhnungsprozess stört und hinauszögert. Die verschiedenen Stufen werden als geringfügig, mäßig oder ausgeprägt klassifiziert. Bei einer geringfügigen Störung reagiert der Patient bei Entwöhnung vom Respirator hauptsächlich mit Unruhe und einer leicht erhöhten Atemfrequenz im Vergleich zur Ausgangsfrequenz. Bei einer mäßigen Störung ist das Hauptmerkmal eine leichte Blutdrucksteigerung (> 20 mmHg), eine leicht erhöhte Pulsfrequenz (> 20/min) und eine leicht erhöhte Atemfrequenz (> 5/min) im Vergleich zu den Ausgangswerten. Bei einer ausgeprägten Störung bei der Entwöhnung vom Respirator sind

die Hauptsymptome Erregung, Verschlechterung der arteriellen Blutgase im Vergleich zu den Ausgangswerten, Blutdruckerhöhung > 20 mmHg, Pulsfrequenzerhöhung > 20/min und eine deutliche Erhöhung der Atemfrequenz.
🇬🇧 ventilatory weaning process, dysfunctional (DVWR)

Entwöhnungsphase. Das Abtrainieren (Entwöhnen) von einem Beatmungsgerät. Der Patient benötigt eine bestimmte Zeit (Stunden bis wenige Tage), um die eigene spontane Atmung wieder zu erlernen.
🇬🇧 weaning

Entzugs-Symptome. Unangenehme, manchmal sogar lebensbedrohliche physiologische Veränderungen, die nach Absetzen von bestimmten Medikamenten oder Drogen nach langer regelmäßiger Einnahme hervorgerufen werden.
🇬🇧 withdrawal symptoms

Entzugs-Syndrom. Körperliche und geistige Reaktion nach Absetzen bzw. starker Einschränkung der Einnahme bestimmter Substanzen, wie z.B. Alkohol oder Opiate, nachdem diese regelmäßig über einen längeren Zeitraum zur Schmerzlinderung und rauschartigen Stimmungssteigerung eingenommen wurden. Der Körper ist abhängig von der regelmäßigen Wirkung der Substanzen und reagiert auf eine Unterbrechung mit organischen Veränderungen, die sich in Angst, Unruhe, Schlaflosigkeit, Reizbarkeit, verminderter Aufmerksamkeit und häufig sogar körperlichen Krankheitssymptomen äußern können.
🇬🇧 withdrawal syndrome

Entzugsblutung. Blutung aus der Gebärmutterschleimhaut aufgrund der Beendigung einer Hormontherapie. Das durch die Hormone aufgebaute Endometrium schrumpft und wird ausgestoßen.
🇬🇧 withdrawal bleeding

Entzündung. (Inflammatio). Schutzreaktion des Körpergewebes auf Reizungen oder Verletzungen. Eine E. kann akut oder chronisch sein; Kardinalsymptome sind Rötung (Rubor), Überwärmung (Calor), Schwellung (Tumor) und Schmerz (Dolor), häufig einhergehend mit einer Funktionsstörung. Histamine, Kinine und verschiedene andere Substanzen sind am Entzündungsprozess beteiligt. – *adj.* entzündlich.
🇬🇧 inflammation

Entzündung, exsudative. Entzündung eines serösen Hohlraums mit flüssigen Absonderungen.
🇬🇧 exudative inflammation

Entzündung, purulente. Entzündung, die von der Bildung von → Eiter begleitet ist.
[*lat.:* purulentus, eitrig]
🇬🇧 purulent inflammation

Entzündung, reaktive. Entzündung, die sich als Reaktion auf ein → Antigen entwickelt.
🇬🇧 reactive inflammation

Enukleation. 1. Entfernung eines Organs oder eines Tumors in einem Stück. 2. Entfernen eines Augapfels aufgrund eines bösartigen Geschwürs, einer schweren Infektion, eines Traumas oder zur Schmerzkontrolle bei Glaukom.
[*lat.:* e, ohne, nucleus, Kern.]
🇬🇧 enucleation

Enuresis. (→ Einnässen)
🇬🇧 enuresis

Enuresis nocturna. Unwillkürlicher Abgang von Urin (Bettnässen) während des Schlafens in der Nacht.
🇬🇧 nocturnal enuresis

Enzephalitis. Gehirnentzündung, die durch eine arbovirale Infektion, aber auch durch Bleivergiftung bzw. durch Hirnblutungen verursacht wird. Die postinfektöse Enzephalitis tritt als Komplikation von Infektionskrankheiten wie z.B. bei Windpocken, Masern oder Grippe auf. Begleitsymptome sind Kopfschmerzen, Nackenschmerzen, Fieber, Übelkeit und Erbrechen. Eine schwere Entzündung mit Zerstörung von Nervengeweben kann zu epileptischen Anfällen, dem Verlust eines Sinnes oder anderen dauerhaften, neuro-

logischen Problemen oder auch zum Tod führen. Von der Entzündung sind in den meisten Fällen das Rückenmark und das Gehirn betroffen. (→ Enzephalomyelitis)
[*griech.:* enkephalos, Gehirn, itis, Entzündung.]
🇬🇧 encephalitis

Enzephalitis, equine. Arbovirale Infektionskrankheit, bei der das Nervengewebe des Gehirns und Rückenmarks entzündet ist. Folgende Krankheitssymptome treten auf: hohes Fieber, Kopfschmerzen, Übelkeit, Erbrechen, Muskelschmerzen und neurologische Symptome, wie Sehstörungen, Zittern, Lethargie und Verwirrtheit. Das Virus wird durch den Biss infizierter Mücken übertragen.
🇬🇧 equine encephalitis

Enzephalographie. Radiographische Darstellung der Hirnstrukturen. Bei dieser Methode wird die Rückenmarksflüssigkeit entfernt und durch verschiedene Gase, wie etwa Helium oder Sauersotf, ersetzt.
🇬🇧 encephalography

Enzephalomeningitis. Entzündung des Gehirns und der Hirnhaut.
[*griech.:* enkephalos, Gehirn, meninx, Membran, itis, Entzündung.]
🇬🇧 encephalomeningitis

Enzephalomyelitis. Entzündung von Gehirn und Rückenmark mit Begleitsymptomen wie Fieber, Kopfschmerzen, Nackensteifigkeit, Rückenschmerzen und Erbrechen. Je nach Krankheitsursache, Alter und Gesundheitszustand sowie dem Ausmaß der Entzündung und der Reizung des Zentralnervensystems kann es zu Krampfanfällen, Lähmungen, Persönlichkeitsveränderungen, Bewusstseinsstörungen, Koma oder sogar zum Tod kommen.
[*griech.:* enkephalos, Gehirn + myelos, Knochenmark, itis, Entzündung.]
🇬🇧 encephalomyelitis

Enzephalomyokarditis. Entzündung des Zentralnervensystems sowie des Herzgewebes, die durch bestimmte RNA-Picornaviren hervorgerufen wird. Die Symptome gleichen denen einer → Poliomyelitis.
[*griech.:* enkephalos, Gehirn + mys, Muskel, kardia, herz, itis, Entzündung.]
🇬🇧 encephalomyocarditis

Enzephalon. Das Gehirn (Zerebrum) einschließlich Kleinhirn (Zerebellum), Pons (Brücke) und verlängertes Mark (Medulla oblangata).
[*griech.:* enkephalos, Gehirn.]
🇬🇧 encephalon

Enzephalopathie. Sammelbegriff für krankhafte Störungen der Hirnstruktur bzw. Hirnfunktion, insbesondere für chronische, destruktive oder degenerative Erkrankungen, wie z.B. Wernicke-Enzephalopathie oder Schilder-Krankheit.
[*griech.:* enkephalos, Gehirn + pathos, Krankheit.]
🇬🇧 encephalopathy

Enzephalozele. Hervortreten (Protusion) des Gehirns durch den Schädel infolge einer angeborenen Missbildung; Hirnherie.
[*griech.:* enkephalos, Gehirn + koilia, Hohlraum.]
🇬🇧 encephalocele

Enzym. (Ferment). Komplexe Proteinverbindung, die von lebenden Zellen produziert wird und chemische Reaktionen katalysiert. Die meisten Enzyme werden in sehr geringen Mengen hergestellt und katalysieren Reaktionen, die im Zellinneren stattfinden.
[*griech.:* en, in, zyme, Vergärung.]
🇬🇧 enzyme

Enzyminduktion. Steigerung der Syntheserate eines spezifischen Enzyms vom Basislinienniveau bis zur maximalen Synthese. Die Steigerung wird durch die Präsenz eines Substrats bzw. eines Substratanalogs ausgelöst. Bei dem Induktor kann es sich um einen Stoff handeln, der einen Repressor in der Zelle deaktiviert.
[*griech.:* en, in + zyme, Vergärung; lat. inducere, hineinführen.]
🇬🇧 enzyme induction

Enzymolyse. Zerstörung bzw. Änderung einer Substanz infolge von enzymatischer Wirkung.
[*griech.:* en, in, zyme, Sauerteig, lysis, Lockerung.]
enzymolysis

Enzymopenie. Enzymmangel.
enzymopenia

enzystieren. Eine Zyste oder Kapsel bilden.
encyst

Eosin. Gruppe roter, saurer Xanthinfarbstoffe, die in Kombination mit basischen, blau-lila Farbstoffen zur Färbung von Gewebeproben eingesetzt werden.
eosin

Eosinopenie. Abnorm geringe Anzahl von eosinophilen Leukozyten im Blut.
eosinopenia

eosinophil. 1. Affinität von Geweben zu sauren Eosinfarbstoffen. 2. Einen → eosinophilen Leukozyten betreffend.
eosinophilic

Eosinophilen-Leukämie. Bösartiges Neoplasma der blutbildenden Gewebe, das vor allem aus eosinophilen Zellen besteht.
eosinophilic leukemia

Eosinophilie. Vermehrung der → eosinophilen Leukozyten im Blut bei Entzündungskrankheiten. Ein außergewöhnlich hoher Anstieg lässt auf allergische Reaktionen schließen.
eosinophilia

Eosinophilie, asthmatische. Form der → eosinophilen Pneumonie, die durch allergische Bronchospasmen, Auswurf von Bronchialsekret, das Eosinophile und Pilzgeflechte enthält, Husten und Fieber gekennzeichnet ist; tritt meist im vierten und fünften Lebensjahrzehnt auf, doppelt so häufig bei Frauen wie bei Männern. Die a.E. wird durch eine Hypersensibilität auf *Aspergillus fumigatus* oder *Candida albicans* verursacht.
asthmatic eosinophilia

Ependym. Aus Flimmerepithelzellen bestehende Schicht, die den Zentralkanal des Rückenmarks und der Hirnventrikel auskleidet.
ependyma

Ependymom. Aus differenzierten Ependymzellen bestehender Hirntumor.
[*griech.:* ependyma, Bekleidung, oma, Tumor.]
ependymoma

Ephedrin. Adrenergischer Bronchodilatator, der bei Asthma und Bronchitis eingesetzt und äußerlich zum Abschellen der Nasenschleimhaut (Dekongestionsmittel) angewendet wird. (s.a. Sympathomimetikum)
ephedrine

ephemer. Bezeichnung für eine Erkrankung mit kurzer Dauer, wie z.B. Fieber.
[*griech.:* epi, über, hemera, Tag.]
ephemeral

Epidemie. Bezeichnung für eine Krankheit, die sich in einer zeitlich und räumlich definierten Begrenzung rasch in einem demographischen Segment der Bevölkerung verbreitet.
epidemic

Epidemiologie. Erforschung der Ursachen, Verbreitung und Bekämpfung von Krankheiten in bestimmten Bevölkerungsgruppen.
[*griech.:* epi, oberhalb + demos, Leute, logos, Wissenschaft.]
epidemiology

epidemisch. Eine große Anzahl von Menschen zugleich betreffend.
epidemic

Epidermis. Bezeichnung für die oberflächliche, gefäßlose Hautschicht, die aus einer äußeren, abgestorbenen und verhornten sowie aus einer tiefer gelegenen, lebenden Zellschicht besteht.
[*griech.:* epi, oberhalb + derma, Haut.]
epidermis

Epidermoid. Häufig auftretende gutartige Zyste in der Epidermis, die mit Hornhaut ausgekleidet und mit käseartigem Material gefüllt ist, das aus Talg und Epitheldebris besteht.
epidermoid cyst

Epidermolysis bullosa. Selten auftretende, erbliche Hautkrankheit, in deren Verlauf sich Bläschen und Blasen bilden, vor allem an verletzten Hautpartien.
[*griech.:* epi, oberhalb + derma, Haut + lysis, Lockerung.]
epidermolysis bullosa

Epidermophytie. Oberflächliche Pilzinfektion der Haut.
epidermophytosis

Epididymis. (Nebenhoden). Einer von zwei langen, engspiraligen Gängen, die das Sperma von den Hodenkanälchen zu den Samenleitern befördern.
[*griech.:* epi, oberhalb + didymos, Paar.]
epididymus

Epididymitis. Akute oder chronische Nebenhodenentzündung infolge von Geschlechtserkrankung, Blaseninfektion, Prostataentzündung, Prostatektomie oder eines liegenden Dauerkatheters. Krankheitssymptome sind Fieber und Schüttelfrost, Leistenschmerzen und empfindliche, geschwollene Nebenhoden (Epididymis).
[*griech.:* epi, oberhalb + didymos, Paar, itis, Entzündung.]
epididymitis

Epididymoorchitis. Entzündung von Hoden und Nebenhoden.
[*griech.:* epi, oberhalb + didymos, Paar + orchis, Hoden, Entzündung.]
epididymoorchitis

epidural. Außerhalb bzw. oberhalb der harten Hirnhaut (Dura mater).
[*griech.:* epi, oberhalb + dura, Hart.]
epidural

Epiduralabszess. (Rückenmarkabszess). Eiterbildung zwischen der harten Hirnhaut (Dura mater) des Gehirns und des Schädels bzw. zwischen der Dura mater des Rückenmarks und des Wirbelkanals.
epidural abscess

Epiduralanästhesie. (→ Peridualanästhesie)
epidural anesthesia

Epiduralblutung. Blutung, die zu einer Blutansammlung außerhalb der harten Hirnhaut (Dura mater) bzw. Rückenmarks führt.
epidural hemorrhage

Epiduralraum. (→ Periduralraum)
epidural space

epigastrisch. Das Epigastrium, den Bereich oberhalb des Magens, betreffend.
[*griech.:* epi, oberhalb, gaster, Magen.]
epigastric

Epiglottis. (Kehldeckel). Knorpeliger Lappen, der den Kehlkopfeingang verschließt und beim Schlucken das Eindringen von Essen in Kehlkopf (Larynx) und Luftröhre (Trachea) verhindert.
[*griech.:* epi, oberhalb + glossa, Zunge.]
epiglottis

Epiglottitis. Kehlkopfdeckelentzündung. Die akute Epiglottitis tritt vor allem bei Kindern auf und weist Symptome wie Fieber, Halsschmerzen, Stridor, Krupphusten und eine erythematöse, geschwollene Epiglottis auf. Es kann zur Zyanose kommen und ein Luftröhrenschnitt (Tracheotomie) erforderlich werden, um die Atmung aufrecht zu erhalten.
[*griech.:* epi, oberhalb + glossa, Zunge, itis, Entzündung.]
epiglottitis

Epikanthus. (Mongolenfalte). Sichelförmige Hautfalte am inneren Rand des oberen Augenlids. Ist eine erbliche Eigenschaft bei Menschen asiatischer Herkunft und ohne klinische Bedeutung; kann jedoch auch bei Kleinkindern mit Down-Syndrom beobachtet werden.
[*griech.:* epi, oberhalb, kanthos, Gefäßrand.]
epicanthus

Epikard. Eine der drei Schichten, die die Herzwand bilden. Das Epikard ist der viszerale Teil des serösen inneren Perikards. (s.a. Myokard; Perikard)
[*griech.:* oberhalb, kardia, Herz.]
epicardium

Epikardia. Teil der Speiseröhre, der sich oberhalb der Ösophaguseinmündung von Magen und Zwerchfell befindet.
[*griech.:* oberhalb, kardia, Herz.]
🇬🇧 epicardia

Epikondylitis. Schmerzhafte Entzündung der Ellenbogenmuskulatur und des umliegenden Ellenbogengewebes infolge einer Überbeanspruchung des Unterarms im Bereich der Oberarmknochenepikondyle.
🇬🇧 epicondylitis

Epikondylus. Gelenkhöcker, Knochenfortsatz.
[*griech.:* epi, oberhalb + kondylos, Knöchel.]
🇬🇧 epicondyle

Epikranium. (Kopfschwarte). Bezeichnung für die gesamte Kopfhaut, einschließlich Muskelschichten und Kopfhautaponeurosen.
[*griech.:* epi, oberhalb + kranion, Schädel.]
🇬🇧 epicranium

Epilepsie. ("Fallsucht"). Neurologische Erkrankung mit rezidivierenden Episoden krampfartiger Anfälle, sensorischer Störungen, Verhaltensstörungen und Bewusstseinsveränderungen. Bei allen epileptischen Erkrankungen werden unkontrollierte Impulse beobachtet, die von den Nervenzellen der Hirnrinde ausgehen. Die meisten epileptischen Erkrankungen weisen keine bekannte Ursache auf, treten jedoch manchmal im Zusammenhang mit Hirntrauma, intrakraniellen Infektionen, Hirntumor, Kreislaufstörungen, Vergiftungen oder Störungen des chemischen Gleichgewichts auf. – *adj.* epileptisch.
[*griech.:* epilepsia, Anfall]
🇬🇧 epilepsy

epileptogen. Epileptische Anfälle verursachend.
🇬🇧 epiletogenic

Epimysium. Fibröse Scheide, die einen Muskel umgibt und sich zwischen den Muskelfaserbündeln erstreckt.
[*griech.:* epi, oberhalb + mys, Muskel.]
🇬🇧 epimysium

epiphysär. Einer → Epiphyse gleichen bzw. eine Epiphyse betreffend.
[*griech.:* epi, oberhalb, phyein, wachsen.]
🇬🇧 epiphyseal

Epiphyse. Bezeichnung für die proximal und distal gelegenen Endstücke der langen Röhrenknochen.
[*griech.:* epi, oberhalb, phyein, wachsen.]
🇬🇧 epiphysis

Epiphysenfuge. Dünne Knorpelschicht zwischen der → Epiphyse, einem sekundären, knochenbildenden Zentrum und dem Knochenschaft. Neues Knochengewebe bildet sich entlang der Wachstumszone.
🇬🇧 epiphyseal plate

Epiploon. (→ Omentum)
🇬🇧 omentum

Episiotomie. ((Scheiden-)Dammschnitt). Chirurgischer Einschnitt in den Damm (Perineum) zur Erweiterung der Scheidenöffnung bei einer Geburt. Eine Episiotomie wird durchgeführt, um ein Reißen des Perineums zu verhindern, den Geburtsvorgang zu erleichtern oder um ein Überdehnen der Dammuskulatur und des Bindegewebes zu verhindern.
[*griech.:* episeion, Schamgegend, temnein, schneiden.]
🇬🇧 episiotomy

Episkleritis. Entzündung der äußersten Skleraschichten und der Gewebe, die den hinteren Teil der Sklera bedecken.
🇬🇧 episcleritis

Episode. Bezeichnung für einen ungewöhnlichen Vorfall oder ein außergewöhnliches Ereignis, wie z.B. eine Krankheitsepisode oder ein traumatischer Vorfall während der kindlichen Entwicklung. – *adj.* episodisch.
[*griech.:* Dazwischenkommen.]
🇬🇧 episode

Epispadie. Kongenitale Fehlbildung der Harnröhre an der Oberseite des dorsal gekrümmten Penis nahe der Eichel (Glans).
[*griech.:* epi, oberhalb + spadon, Riss, Spalte.]
🇬🇧 epispadias

Epistase. Interaktion zwischen Genen, die sich an verschiedenen Chromosomenorten befinden und sich gegenseitig unterdrücken, bzw. überdecken können.
epistasis

Epistaxis. (Nasenbluten). Durch eine lokale Reizung der Nasenschleimhäute, einen Niesanfall, Brüchigkeit der Nasenschleimhäute bzw. der arteriellen Wände, chronische Infektion, Trauma, Hypertonie, Leukämie, Vitamin-K-Mangel oder Nasenbohren verursachtes Nasenbluten.
[*griech.:* Tropfen.]
epistaxis

Epithalamus. Region im Zwischenhirn; besteht aus Epiphyse, Habenula und Trigonum habenulae.
[*griech.:* epi, oberhalb + thalamos, Kammer.]
epithalamus

Epithel. Bezeichnung für die Deckschicht der inneren und äußeren Körperorgane und der Blutgefäße, Körperhohlräume, Drüsen und Organe. Das Epithel besteht aus verschiedenen Zellen, die miteinander verbunden sind. Das mehrschichtige Plattenepithel der Hornhaut umfasst fünf verschiedene Zellschichten.
[*griech.:* oberhalb, thele, Brustwarze.]
epithelium

Epithel, mehrschichtiges. Dicht aneinander liegende, in Schichten angeordnete Hautzellen, welche die äußere Schicht der Haut bilden und auch zahlreiche Hohlorgane des Körpers auskleiden. Die Schichten können verschiedene andere Zelltypen und -schichten beinhalten, z.B. Plattenepithel-, Zylinderepithel- oder Flimmerepithelzellen.
stratified epithelium

Epithelgewebe. Dichte, ein- bzw. mehrschichtige Deckzellschicht, die mit Ausnahme der Blut- und Lymphgefäße den gesamten Körper und seine Hohlräume umkleidet.
epithelial tissue

epithelial. Zur äußersten Hautschicht gehörend.
[*griech.:* epi, oberhalb, thele, Brustwarze.]
epithelial

Epithelialisierung. Überwachsen einer Wunde mit Epithelzellen.
epithelialization

Epitheliom. Ein aus Epithelzellen bestehendes Neoplasma.
[*griech.:* epi, oberhalb + thele, Brustwarze + oma, Tumor.]
epithelioma

Epitheliom, selbstheilendes, squamöses. Vererbte Hautgeschwulst am Kopf, die sich nach wenigen Monaten meist spontan zurückbildet und dabei tiefe, pockenähnliche Narben hinterlässt. Die Geschwulst ähnelt einem → squamösen Karzinom oder einem selbstheilenden Stachelzellkarzinom.
self-healing squamous epithelioma

Epithelzellen. In einer oder mehreren Schichten angeordneter Zellverband, der die Deckschicht einer Körperoberfläche bildet. Die Zellen sind an ihren Rändern und Oberflächen miteinander verbunden.
epithelial cells

Epitympanum. Teil des Mittelohrs, das die Gehörknöchelchen, Hammer, Amboss und Steigbügel enthält.
epitympanic recess

Epstein-Barr-Virus (EBV). Herpesvirus, das als Erreger der Mononukleose gilt und in Burkitt-Tumor sowie anderen Lympherkrankungen nachgewiesen werden kann.
[Michael A. Epstein, geb. 1921, britischer Pathologe; Yvonne M. Barr, geb. 1908, kanadische Virologin; *lat.:* virus, Gift.]
Epstein-Barr virus (EBV)

Epulis. Tumor oder Geschwür am Zahnfleisch.
[*griech.:* epi, oberhalb, oulon, Zahnfleisch.]
epulis

Erb-Lähmung. Lähmung infolge einer traumatischen Verletzung des oberen Brachialplexus, die sich in den meisten Fällen auf einen Zug bei der Geburt und eine

daraus entstandene Verletzung mehrerer zervikaler Nervenwurzeln zurückführen lässt.
[Wilhelm H. Erb, deutscher Neurologe, 1840–1921.]
Erb palsy

Erb-Punkt. Bestimmter Punkt im Brachialplexus des oberen Rumpfes, der sich etwa 2,5 cm oberhalb des Schlüsselbeins (Clavicula) auf gleicher Höhe mit dem sechsten Halswirbel befindet.
[Wilhelm H. Erb, deutscher Neurologe, 1840–1921.]
Erb's point

Erbe. (Vererbung). 1. Erwerb oder Ausdruck von Eigenschaften oder Bedingungen durch die Übertragung von genetischem Material von Eltern auf ihre Nachkommen. 2. Die Summe der genetischen Qualitäten oder Eigenschaften, die Eltern auf ihre Nachkommen übertragen.
inheritance

Erbrechen, kaffeesatzartiges. Dunkelbrauner Vomitus, mit der Farbe und Beschaffenheit von Kaffeesatz; bestehend aus Magensäften und Blut. Anzeichen für Blutungen im oberen Magen-Darm-Trakt.
coffee-ground vomitus

Erdbeerzunge. (→ Himbeerzunge)
rasperry tongue

erektil. (erektionsfähig). Bezeichnung für die Fähigkeit, in eine aufrechte Position eregiert werden zu können, wie z.B. die Schwellkörper von Penis oder Klitoris, die fest und erigiert werden, wenn sie mit Blut gefüllt werden.
[*lat.:* erigere, aufrichten.]
erectile

Erektion. Schwellung und Aufrichtung von Organen durch Kontraktion und Durchblutungssteigerung von Muskeln, insbesondere Versteifung des Penis und in geringerem Maße auch der Klitoris infolge sexueller Erregung, körperlicher Stimulierung oder während der Tiefschlafphase. Der Penis muss erigiert sein, um in die Scheide eindringen und Samen ergießen zu können.
[*lat.:* erigere, aufrichten.]
erection

Erfrierung. (Frostgangrän). Kältetrauma, das Haut und subkutanes Gewebe betrifft. Betroffen sind vor allem exponierte Körperpartien, wie z.B. Nase, Ohren, Finger und Zehen. Bei einer Erfrierung tritt eine Verengung der Blutgefäße auf, die die örtliche Blutversorgung stört und zu einem Sauerstoffmangel führt. Es bilden sich Ödeme, Bläschen und Nekrosen. Die Erste Hilfe Maßnahme besteht im vorsichtigen Wärmen der betroffenen Körperpartien.
frostbite

Ergastoplasma. Netzwerk zytoplasmatischer Strukturen mit Affinität für basophile Farbstoffe; wird auch als rauhes → endoplasmatisches Retikulum bezeichnet.
[*griech.:* ergaster, Arbeiter, plassein, formen.]
ergastoplasm

Ergometrie. Studium und Analyse körperlicher Aktivitäten, einschließlich der durch spezifische Muskeln oder Muskelgruppen ausgeführten Arbeit und erbrachten Leistungen. Ergometrische Untersuchungen werden mit Hilfe von bestimmten Testgeräten, wie Standfahrräder oder Rudermaschinen, durchgeführt und dienen der Prüfung von Herz-Kreislauf-Funktionen unter Belastung.
ergometry

Ergonomie. Wissenschaft von der Erforschung und Analyse der menschlichen Arbeit und der individuellen anatomischen, psychologischen und anderen menschlichen Eigenschaften, die die Ausführung von Arbeit beeinflussen.
[*griech.:* ergon, Arbeit, nomos, Gesetz.]
ergonomics

Ergosterin. Ungesättigter Kohlenwasserstoff aus der Vitamin-D-Gruppe, der in Hefe, Pilzen, Mutterkorn und anderen Pilzen zu finden ist. Mit Hilfe ultravioletter

Strahlung wird Ergosterol in Vitamin D_2 umgewandelt.
ergosterol

Ergotamin. Gefäßverengendes Mittel (Vasokonstriktor) und Wehenmittel zur Behandlung von Migräne und postpartaler Gebärmutteratonie.
ergotamine tartrate

Ergotherapie. (Beschäftigungstherapie). Behandlung einer Krankheit durch Einsatz bestimmter Körperübungen und -aktivitäten. Durch die Maßnahmen wird die Blutversorgung zu einem verletzten Körperteil erhöht und der Heilungsprozess unterstützt.
[*griech.*: ergon, Arbeit, therapeia, Behandlung.]
ergotherapy

Ergotismus. 1. Akute oder chronische Erkrankung, die durch überhöhte Einnahmen von → Mutterkornalkaloiden verursacht wird. Dabei können verschiedene zerebrospinale Symptome, wie z.B. Krämpfe, Muskelspasmen oder trockene Gangrän, auftreten. 2. Chronische Erkrankung, die durch die Einnahme von Getreideprodukten verursacht wird, die von Mutterkornpilz befallen sind.
[*lat.*: argota, Getriedepilz.]
ergotism

ergotrop. 1. Eine Aktivität bzw. Arbeit betreffend, die somatische Muskeln, das sympathische Nervensystem und die kortikale Alpha-Rhythmus-Aktivität umfasst. 2. Bezeichnung für Medikamente zur Steigerung der Blutversorgung und der körpereigenen Abwehrkräfte.
ergotropic

Erguss. 1. Austritt von Körperflüssigkeiten aus Blutgefäßen in eine Kavität infolge eines Gefäßrisses. Ergüsse treten häufig bei Kreislauf- oder Nierenstörungen auf und können ein frühes Warnzeichen einer Stauungsinsuffizienz sein. 2. Verbreitung bakteriellen Wachstums nach außen.
effusion

Erhaltung der Energie. Physikalisches Gesetz, welches besagt, dass die Gesamtmenge der Energie in einem geschlossenen System konstant bleibt.
conservation of energy

Erhaltung der Materie. Physikalisches Gesetz, welches besagt, dass Materie weder erschaffen noch zerstört werden kann und dass die Menge der Materie im Universum begrenzt ist.
conservation of matter

Erhaltungsdosis. Die Menge eines Arzneimittels, die erforderlich ist, um in einem Körpergewebe eine vorhandene Konzentration aufrechtzuerhalten.
maintenance dose

Erholungstherapie. → Pflegeintervention der → NIC, die definiert wird als die zweckmäßige Nutzung der Freizeit zur Förderung von Entspannung und zur Verbesserung sozialer Fähigkeiten.
Recreation Therapy

Erinnerungstherapie. → Pflegeintervention der → NIC, bei der Erinnerungen an vergangene Ereignisse, Gefühle und Gedanken zur Unterstützung für die Anpassung an aktuelle Gegebenheiten eingesetzt werden.
Reminiscence Therapy

Erkältung. Ansteckende Virusinfektion der oberen Atemwege; verursacht durch einen Rhinovirenstamm. Begleitsymptome sind Nasenschleimhautentzündung, tränende Augen, niedriges Fieber und Unwohlsein. Die Behandlung ist symptomatisch und besteht aus Ruhe, schwachen Analgetika und abschwellenden Mitteln sowie Erhöhung der Flüssigkeitsaufnahme.
cold

Erkrankung. 1. Abnormer Zustand einer Körperstruktur, eines Körperteils oder des gesamten Organismus. 2. Spezifische Krankheit oder Störung, die von erkennbaren Symptomen und Krankheitsanzeichen begleitet wird und auf Vererbung, Ansteckung, Ernährung oder Umwelteinflüsse zurückgeführt werden kann.
disease

Erkrankung, chronische. Langanhaltende Krankheit mit Symptomen, die im Vergleich zu der akuten Form derselben Krankheit meist abgeschwächt auftreten.
chronic disease

Erkrankung, funktionelle. 1. Eine die körperliche Funktion oder Leistungskraft betreffende Erkrankung. 2. Ein von Anzeichen organischer Störungen begleitetes Leiden ohne Hinweise auf physiologische oder strukturelle Erkrankungen. Als Symptome einer funktionellen Erkrankung können Kopfschmerzen, Impotenz, Herzgeräusche oder Obstipation auftreten.
functional disease

Erkrankung, katabolische. Krankheiten, die von Gewichtsverlust und Verringerung der Muskelmasse und des Körperfettes gekennzeichnet ist. Ursachen sind Infektionen, Verletzung, Organsysteminsuffizienz, Chemotherapie, nicht eingestellter Diabetes mellitus, insbesondere vom Typ I.
catabolic illness

Ermüdung. 1. Erschöpfungszustand bzw. Abschwächung der Körperkräfte oder Verlust des Ausdauervermögens als Folge anstrengender körperlicher Aktivität. 2. Verlust der Fähigkeit bestimmter Gewebe, auf Reize zu reagieren, die normalerweise Muskelkontraktionen oder andere motorische Aktivitäten auslösen. 3. Bei extremem und langanhaltendem psychischem Druck auftretender Gemütszustand.
fatigue

Ermüdungsfraktur. Knochenbruch infolge übermäßiger körperlicher Anstrengung; kann oft in den Mittelfußknochen von Läufern beobachtet werden.
fatigue fracture

Ernährung. → Pflegeintervention der → NIC, die definiert wird als die Unterstützung oder Gewährleistung einer ausgewogenen Nahrungs- und Flüssigkeitszufuhr.
Nutrition Management

Ernährung. Die Summe der Prozesse, die an der Aufnahme von → Nährstoffen, ihrem Abbau (Assimilation) und ihrer Verwertung für körperrelevante Funktionen und dadurch an der Erhaltung von Gesundheit beteiligt sind.
nutrition; alimentation

Ernährung, enterale. Direkte Nahrungszufuhr in den gastroenteralen Trakt über eine Magensonde; wird eingesetzt, wenn der Patient Nahrung nicht kauen oder schlucken kann.
enteral feeding

Ernährung, parenterale. Verabreichung von Nährstoffen unter Umgehung des Verdauungstraktes, z.B. subkutan, intravenös, intramuskulär oder intradermal. Parenterale Infusionen bestehen im allgemeinen aus physiologischer Kochsalzlösung mit Glukose, Aminosäuren, Elektrolyten, Vitaminen und Arzneimitteln. Sie sind ernährungsbezogen nicht vollständig, ergänzen jedoch das Flüssigkeits- und Elektrolytgleichgewicht während der unmittelbaren postoperativen Phase und bei anderen Bedingungen, z.B. Schock, Koma, Unterernährung und chronischer Nieren- bzw. Leberinsuffizienz.
parenteral nutrition

Ernährungsberatung. → Pflegeintervention der → NIC, die definiert wird als der Einsatz eines interaktiven Hilfsprozesses durch Konzentration auf die Notwendigkeit einer Ernährungsumstellung.
Nutritional Counseling

Ernährungsempfehlungen. Die für eine gesunde Lebensweise täglich aufzunehmende Menge an Nährstoffen; wird von der Gesellschaft für Ernährung ermittelt und veröffentlicht.
recommended dietary allowances (RDAs)

Ernährungstherapie. → Pflegeintervention der → NIC, die definiert wird als die Verabreichung von Nahrung und Flüssigkeit zur Unterstützung der metabolischen Prozesse bei Patienten mit einer Mangelernährung oder bei diesbezüglich gefährdeten Patienten.
Nutrition Therapy

Ernährungsüberwachung. → Pflegeintervention der → NIC, die definiert wird als die Sammlung und Analyse von Patientendaten zur Verhinderung oder Einschränkung einer Mangelernährung.
Nutritional Monitoring

Ernährungswissenschaft. Wissenschaftlicher Bereich, der sich mit den Prozessen der → Ernährung beschäftigt.
nutritional science

Erntekrätze. Befall mit Milben der Gattung → Trombicula, wovon einige Überträger des Tsutsugamushi-Fiebers sind. Die E. ist ein stark juckender Hautausschlag, der in den Erntemonaten teilweise endemisch auftritt.
trombiculosis

Eröffnungsphase. Acht- bis zwölfstündige Anfangsphase einer Geburt mit dem Beginn gleichmäßiger Wehen (Gebärmutterkontraktionen), vollständiger Eröffnung des Gebärmutterhalses (Zervixdilatation) und dem Ausfluss einer kleinen Menge blutigen Schleims. Komplikationen, die während der E. auftreten können, sind übermäßige Blutungen, abnormaler fetaler Herzschlag sowie abnorme Fötuslage.
first stage of labor

erogen. Erotische Empfindungen und sexuelle Erregung auslösend.
[*griech.:* eros, Liebe, genein, erzeugen.]
erogenous

Erosion. Allmähliches Abtragen bzw. Zerstörung einer Oberfläche. Schleimhäute oder Epidermis können infolge von Entzündungen, Verletzungen oder anderer Ursachen erodieren.
[*lat.:* erodere, verbrauchen.]
erosion

Erotik. (Erotismus). 1. Sexueller Impuls oder sexuelles Verlangen. 2. Erregung des Sexualinstinkts durch verschiedene Mittel (z.B. Phantasien, Symbolik).
[*griech.:* erotikos, geschlechtliche Liebe.]
eroticism

erratisch. Von der Norm abweichend, ohne ein offensichtliches Ziel zu haben.
[*lat.:* arratcus, umherwandernd.]
erratic

Erregung. Pathologischer Zustand, begleitet von emotionaler Erregbarkeit, impulsiven Verhaltensweisen, hoher Erwartungshaltung und Reizbarkeit. Bei einem schizophrenen Patienten lassen sich Erregungszustände oftmals auf Kommunikationsschwierigkeiten und feindselige Gefühle gegenüber der Umwelt zurückführen.
excitement

Erregungsbildung, ektope. Gestörter Herzrhythmus, der durch einen Impuls verursacht wird, der sich außerhalb des Reizbildungszentrums befindet. Eine ektope Erregungsbildung kann Schutzfunktion haben, z.B. wenn der Sinusknoten aussetzt oder geschwächt ist, oder kann auf eine Störung hinweisen.
[*griech.:* ektos, außerhalb + topos, Ort, Platz.]
ectopic rhythm

Erregungsfortleitung, synaptische. Übertragung eines Nervenimpulses von einer Nervenfaser auf die andere über eine → Synapse mit Hilfe von chemischen Substanzen (Neurotransmittern).
synaptic transmission

Erregungsleitung, saltatorische. Die Fortleitung der Erregung einer Nervenzelle, die springend von einem → Ranvier-Schnürring zum anderen erfolgt.
saltatory conduction

Erregungsleitungsstörung, kardiale. (Rhythmusstörungen). Störung der elektrischen Reizleitung und der speziellen Muskelfasern, die Impulse weiterleiten und Vorhof- und Herzkammerkontraktionen auslösen.
cardiac conduction defect

Erregungsleitungssystem. Aus hochspezialisierten Muskelfasern bestehendes Netzwerk, das die für den Herzschlag benötigten elektrischen Impulse überträgt. Das Erregungsleitungssystem besteht aus dem Sinusknoten, dem Atrioventrikular- (AV-) Knoten, dem His-Bündel, den linken und

rechten Tawara-Schenkeln sowie den Purkinje-Fasern.
conduction system of the heart

Erregungszustand. Energieniveau eines Systems, welches höher als der Grundzustand ist. Beim Zurückfallen auf den Grundzustand gibt das System die Energiedifferenz in Form von Photonen an die Umgebung ab.
excited state

Erregungszustand, katatoner. Zustand übermäßiger Erregung, der eine → katatone Immobilität ablöst.
catatonic exitement

Erröten. Kurzfristiges diffuses → Erythem von Gesicht und Hals, im allgemeinen infolge der Erweiterung der oberflächlichen Blutgefäße durch Hitze oder plötzliche Emotionen.
blushing

Ersatzrhythmus. Langanhaltender Herzschlag, der dann stattfindet, wenn der AV-Knoten oder das His-Bündel die Kontrolle über den Herzschlag übernehmen und die Schlagfrequenz des Sinus- bzw. des AV-Knotens verringert oder blockiert sind.
escape rhythm

Erschöpfung. Anerkannte → NANDA-→ Pflegediagnose; übermächtiges Gefühl der Ermattung und verminderten Leistungsfähigkeit für körperliche oder geistige Arbeit, unabhängig von einem angemessenen Schlaf. Kennzeichnende Merkmale sind der verbalisierte Ausdruck von Müdigkeit oder fehlender Energie, Unfähigkeit zur Weiterführung der normalen Routinen, wahrgenommenes Bedürfnis nach zusätzlicher Energie zur Bewältigung von Routineaufgaben, zunehmende körperliche Beschwerden, Konzentrationsschwäche, verminderte Leistungsfähigkeit und reduzierte Libido.
fatigue

Erschöpfung. (Exhaustion). Zustand extremer Ermüdung und Entkräftung infolge körperlicher bzw. seelischer Anstrengung oder Krankheit.
exhaustion

Erschöpfungspsychose. Unphysiologischer seelischer Zustand aufgrund körperlicher Überanstrengung. Hauptsymptom ist ein deliröser Zustand; findet sich z.B. bei Bergsteigern oder → terminal kranken Patienten.
exhaustion psychosis

Erste Hilfe. 1. → Pflegeintervention der → NIC, die definiert wird als die Gewährleistung einer Erstversorgung bei Verletzungen. 2. Medizinische Hilfe, die einem Unfallopfer sofort am Unfallort bzw. einer kranken Person vor Eintreffen des medizinischen Hilfsdienstes gegeben wird. Zu den Erstmaßmaßnahmen zählen Freihalten der Luftwege, Stillung von Blutungen und Überprüfung der Herzfunktion.
First Aid

Erstickung. Durch Halseinschnürung, Obstruktion der Luftröhre oder Kehlkopfschwellung hervorgerufene Atemblockade; bei der E. können nur noch geringe Luftmengen durch die Luftwege strömen, plötzlicher Husten setzt ein und das Gesicht wird rot und zyanotisch. Die betreffende Person ringt um Luft und umklammert ihren Hals.
choking

Erstickung, hohes Risiko. Anerkannte → NANDA-Pflegediagnose, die ein erhöhtes Risiko einer Erstickung durch unzureichende Luftzufuhr beschreibt. Die Risikofaktoren können sowohl innerlich (individuell) als auch äußerlich (umweltbedingt) bedingt sein. Die inneren Risikofaktoren beinhalten ein vermindertes Riechvermögen, verminderte motorische Fähigkeiten, mangelhafte Erziehung zum eigenen Schutz und mangelhafte Vorsichtsmaßnahmen, kognitive und emotionale Schwierigkeiten (z.B. veränderter Bewusstseinszustand) sowie Krankheit oder Verletzung. Zu den äußeren Faktoren zählen Kissen oder Fläschchen im Bett eines Säuglings, Schnuller,

die Säuglingen um den Hals gehängt werden, Kinder, die mit Plastiktüten spielen oder kleine Gegenstände in Mund oder Nase stecken, ausrangierte oder unbenutzte Kühlschränke/Tiefkühltruhen mit Türen, unbeaufsichtigte Kinder in Badewannen oder Schwimmbecken, laufender Fahrzeugmotor in einer geschlossenen Garage, Gaslecks in Wohnungen, Rauchen im Bett, Schlucken von übergroßen Bissen, Verwendung von Ölheizungen ohne Abzugseinrichtung und niedrig gespannte Wäscheleinen.
suffocation, risk of

Erstickungsanfall. Atemunterbrechung aufgrund der Kompression bzw. des Verschlusses von Kehlkopf oder Luftröhre.
choke

Eruktation. Ruktation, Aufstoßen, Rülpsen. Plötzlicher geräuschvoller Austritt von Luft aus dem Magen.
[*lat.:* eructare, aufstoßen, rülpsen.]
eructation

Eruption. Bildung sich rasch ausbreitender Hautläsionen, insbesondere viraler Exantheme oder eines Hautausschlags infolge einer Arzneimittelreaktion.
[*lat.:* eruptio, Ausbruch.]
eruption

Erwachsener. 1. Eine voll entwickelte und ausgereifte Person, die die intellektuelle Kapazität sowie die emotionale und psychologische Stabilität eines reifen Menschen erreicht hat.
adult

Erwartungsadaption. Vorweggenommene Anpassung an eine mit Schmerzen assoziierte Situation, z.B. der Versuch sich zu entspannen, bevor man die Ergebnisse einer medizinischen Untersuchung erfährt.
anticipatory adaptation

erworben. Nach der Geburt entstandene und weder durch erbliche noch entwicklungsbedingte Faktoren verursachte Merkmale, Beschwerden oder Erkrankungen, die durch eine Reaktion auf äußere Umwelteinflüsse ausgelöst werden.
acquired

Erysipel. (Wundrose). Hautinfektion mit Rötung, Schwellung, Bläschenbildung, Fieber, Schmerzen und Lymphknotenerkrankung. Krankheitserreger sind Beta-hämolytische Streptokokken.
[*griech.:* erythros, rot, pella, Haut.]
erysipelas

Erysipeloid. (Rotlauf; Schweinerotlauf). Infektion der Hände mit Bildung blau-roter Flecken und Erythemen. Krankheitserreger ist *Erysipelothrix insidiosa.*
[*griech.:* ertthros, rod, pella, Haut, eidos, Form.]
erysipeloid

Erythem. (Hautrötung). Rötung und Entzündung von Haut und Schleimhäuten infolge dilatierender oder minderdurchbluteter oberflächlicher Kapillargefäße. Beispiele für Erytheme sind die nervös bedingte Gesichtsrötung und Sonnenbrand. – *adj.* erythematös.
[*griech.:* erythros, rot.]
erythema

Erythema exsudativum multiforme. Akutes Exanthem mit typischen polymorphen Hautausschlägen und Schleimhautveränderungen; Flecken, Bläschen, Knoten und Läsionen können dabei auftreten.
erythema multiforme (EM)

Erythema infectiosum. (Morbus quintus; Ringelröteln). Akute Infektionskrankheit, die vor allem Kinder betrifft. Begleitsymptome sind Fieber und ein erythematöser Hautausschlag, der sich vom Gesicht auf Arme, Oberschenkel, Gesäß und Rumpf ausbreitet.
erythema infectiosum

Erythema migrans. Hautläsion, die als kleine Pustel beginnt und sich peripher verbreitet. Die Läsion hat erhöhte Ränder und einen klaren Mittelpunkt. (s.a. Lyme-Borreliose)
erythema migrans (EM)

Erythema nodosum. (Knotenrose). Allergische Überempfindlichkeitsreaktion, bei der gerötete, empfindliche subkutane Knötchen an beiden Schienbeinen sowie auch manchmal an anderen Körperteilen entstehen. Die Knötchen bleiben mehrere

Tage lang sichtbar und werden von schwachem Fieber, Unwohlsein sowie Muskel- und Gelenkschmerzen begleitet.
erythema nodosum

Erythralgie. Hautkrankheit mit schmerzhaftem Hautbrennen, erhöhter Hauttemperatur und Rötung der unteren Extremitäten.
[*griech.:* erythros, rot, algos, Schmerz.]
erythralgia

Erythrämie. Starke Erhöhung der Anzahl der im Blut zirkulierenden Erythrozyten aufgrund einer gestörten Erythropoese.
[*griech.:* erythros, rot + kytos, Zelle + haima, Blut.]
erythrocythemia; Erythremia

Erythrasma. Bakterielle Hautinfektion der Achsel- und Leistengegend mit rötlichbraunen Flecken.
[*griech.:* erythros, rot.]
erythrasma

Erythroblast. Vorläufer einer roten Blutzelle; ist normalerweise im Knochenmark vorhanden und enthält Hämoglobin.
erythroblast

Erythroblastose, fetale. Hämolytische Anämie bei Neugeborenen infolge einer Inkompatibilität der mütterlichen und fötalen Blutgruppen. Die Erkrankung wird durch eine → Antigen-Antikörper-Reaktion im fötalen Blutkreislauf verursacht, wobei die Mutter Antikörper gegen die inkompatiblen fötalen Antigene bildet und diese durch die Plazenta übertragen werden. Bei einer Rhesusfaktor-Inkompatibilität findet eine hämolytische Reaktion statt, wenn die Mutter Rh-negativ und das Kind Rh-positiv ist. Mit jeder neuen Schwangerschaft erhöht sich das Risiko dieses Autoimmunisierungsprozesses.
[*griech.:* erythros, red + blastos, Samen, osis, Erkrankung; *lat.:* fetus, hervorbringen.]
erythroblastosis fetalis

Erythrochromie. 1. Rotfärbung. 2. Rote Pigmentierung der Rückenmarksflüssigkeit durch die Präsenz von Blut.
erythrochromia

Erythrodermie. (Eryhtrodermatitis). Abnorme Hautrötung.
[*griech.:* erythros, rot + derma, Haut.]
erythroderma

Erythrogenese. Bildung roter Blutkörperchen.
erythrogenesis

Erythroleukämie. Maligne Blutkrankheit mit einer Proliferation der im Knochenmark enthaltenen erythropoetischen Elemente, mit einer Anhäufung von Erythroblasten mit bizarr gelappten Zellkernen sowie abnormen Myeloblasten im peripheren Blut. Die Erythroleukämie kann einen akuten oder chronischen Krankheitsverlauf haben.
[*griech.:* erythros, rot + leukos, weiß, haima, Blut.]
erythroleukemia

Erythroleukose. Krankhafte Steigerung der Granulozyten und roten Blutkörperchen.
erythroleukosis

Erythromycin. Antibiotikum zur Behandlung verschiedener bakterieller und mykoplasmischer Infektionen, insbesondere solcher Erkrankungen, die nicht mit Penizillin behandelt werden können.
erythromycin

Erythron. Gesamtmasse der zirkulierenden roten Blutkörperchen (Erythrozyten) und der Gewebe, die Erythrozyten bilden.
erythron

Erythropathie. Sammelbezeichnung für Krankheiten, die die roten Blutkörperchen (Erythrozyten) betreffen.
erythropathy

Erythropenie. (Erythrozytenmangel). Mangel bzw. Senkung der Anzahl der Erythrozyten im Blut.
[*griech.:* erythros, rot + kytos, Zelle + penes, arm.]
erythrocytopenia

E

Erythrophage. → Makrophagen, die rote Blutkörperchen (Erythrozyten) oder Blutpigmente aufnimmt und abbauen.
🇬🇧 erythrophage

Erythropoese. (Erythrozytenbildung). Bezeichnung für die verschiedenen Phasen der Erythrozytenbildung von der Reifung einer mit einem Nukleus ausgestatteten Vorläuferzelle bis zu einem mit Hämoglobin gefüllten → Erythrozyten ohne Zellkern, dessen Steuerung über das in der Niere produzierte Hormon → Erythropoetin erfolgt.
[*griech.:* erythros, rot + poiein, erschaffen.]
🇬🇧 erythropoiesis

Erythropoetin. Ein aus Glykoproteinen bestehendes Hormon, das in der Niere hergestellt wird und bei Anorexie in den Blutkreislauf ausgeschüttet wird.
[*griech.:* erythros, rot + poiein, herstellen.]
🇬🇧 erythropoietin (EPO)

Erythrozyt. (rotes Blutkörperchen). Bezeichnung für eine voll ausgereifte rote Blutzelle. Ein Erythrozyt hat die Form einer bikonkaven Scheibe mit einem Durchmesser von etwa 7 µm und enthält im Zellinneren Hämoglobin, das von einer lipoiden Membran umgeben ist. Erythrozyten sind die Hauptbestandteile des zirkulierenden Blutes. Ihre primäre Funktion besteht im Transport von Sauerstoff. Sie stammen aus dem Knochenmark der langen Röhrenknochen; dort entwickeln sie sich aus einer Stammzelle in einen Pronormoblasten zum Normoblasten und schließlich zu einem ausgereiften Erythrozyten.
[*griech.:* erythros, rot + kytos, Zelle.]
🇬🇧 erythrocyte

Erythrozytenzählung. Zählung der Erythrozyten pro Volumeneinheit einer Vollblutprobe mit Hilfe eines elektronischen Zählgerätes. Wird angegeben in Tera/Liter bzw. in 10^6/mm³. Die normale Erythrozyten-Konzentration im Vollblut beträgt bei Männern 4,6 - 6,2 T/l , bei Frauen 4,2 - 5,4 T/l.
🇬🇧 red blood cell count

Erythrozytose. (Polyglobulie; Erythrämie). Unphysiologische Erhöhung der Anzahl der im Blut zirkulierenden Erythrozyten.
[*griech.:* erythros, rot + kytos, Zelle + osis, Erkrankung.]
🇬🇧 erythrocytosis

Es. (Psychoanalyse nach Freud) Jener Teil der Psyche, der im Unterbewusstsein funktioniert und Quelle für instinktive Energien, Impulse und Triebe ist.
🇬🇧 id

Escherichia coli, enterohämorrhagische. Stamm von *E. coli* Bakterien, die Darmblutungen verursachen. Die Bakterien produzieren Toxine, die Darmgewebe beschädigen und zu einer Darmischämie und Kolonnekrose führen. Die Infektion wird über kontaminiertes Rindfleisch auf den Menschen übertragen. Die Behandlung besteht in der Gabe von Antibiotika sowie des Ausgleiches des Elektrolythaushaltes und ausreichender Flüssigkeitszufuhr vor.
🇬🇧 enterohemorrhagic *Escherichia coli*

Escherichia coli, enterotoxigene. Stamm von *E. coli*-Bakterien, die Durchfall verursachen.
🇬🇧 enterotoxigenic *E. coli*

Esmarch-Blutleere. Breiter, elastischer Verband, der um eine Körperextremität angelegt wird, um die Blutzufuhr zu dem betroffenen Körperglied zu unterbinden. Die Esmarch-Binde wird vor Operationen angewendet, um eine blutleere Region zu schaffen.
[Johann F. A. von Esmarch, deutscher Chirurg, 1823–1908.]
🇬🇧 Esmarch's bandage

Esmarch-Heiberg-Handgriff. Methode zur Gewährleistung einer maximalen Öffnung der Luftwege bei bewusstlosen Patienten. Der Patient muss auf dem Rücken liegen, die Stirn wird dabei mit einer Hand nach unten gedrückt, wodurch der Kopf nach hinten bewegt wird; mit der anderen Hand wird der Unterkiefer in Richtung Brust gedrückt. Durch diese Technik öffnen sich die Atemwege, indem die Zunge vom Hintergrund des Rachens wegbewegt

wird und die Epiglottis die Öffnung der Luftröhre (Trachea) freigibt. Der E.-H.-H. sollte nicht angewandt werden, wenn eine Rückenmarksverletzung zu vermuten ist.
head-tilt, chin-lift airway technique, Heiberg-Esmarch-maneuver

Esophorie. (Schielauge). Latente Abweichung der Blickachse eines Auges nach innen und in Richtung des anderen Auges bei fehlendem Sehstimulus.
[*griech.:* eso, einwärts, pherein, tragen.]
esophoria

Esotropie. (trabismus convergens). Einwärtsschielen eines Auges im Verhältnis zum anderen, feststehenden Auge.
[*griech.:* eso, einwärts + tropos, drehen.]
esotropia

Ess-Brechsucht. (→ Bulimia nervosa)
bulimia

Essen, Hilfe beim. → Pflegeintervention der → NIC, die definiert wird als die Verabreichung von Nahrung an Patienten, die zum selbstständigen Essen nicht fähig sind.
Feeding

Essen, Selbstfürsorgedefizit. Anerkannte NANDA-Pflegediagnose, die den Zustand eines Patienten beschreibt, der nicht alleine essen kann. Das Hauptmerkmal dieses S. ist die Unfähigkeit des Patienten, Nahrungsmittel aus einem Gefäß in den Mund zu führen.
self-care deficit, feeding

Essen, Unterstützung der Selbstpflege. → Pflegeintervention der → NIC, die definiert ist als die Unterstützung einer Person beim Essen.
Self-Care Assistance: Feeding

Essen auf Rädern. Organisiertes Programm, das die Aufgabe hat, älteren oder körperlich behinderten Menschen, aber auch Personen, denen es an Ressourcen fehlt, sich täglich selbst eine ausgewogene warme Mahlzeit zuzubereiten, ein vollwertiges Essen zu liefern.
Meals on Wheels

essenziell. Lebensnotwendig, wesentlich, unentbehrlich.
essential

essigsauer. Zu den Substanzen, die die sauren Eigenschaften von Essig bzw. → Essigsäure aufweisen, gehörend; chemische Verbindungen mit dem Radikal CH_3CO-.
acetic

Essigsäure. (CH_3COOH) Klare, farblose, stechend riechende Flüssigkeit, die mit Wasser, Alkohol, Glyzerin sowie mit Äther vermischbar ist; enthält 3% bis 5% Essig. E. ist ein Zwischenprodukt des Stoffwechsels.
acetic acid

Essstörung. Durch emotionale Konflikte hervorgerufenes Fehlverhalten mit gestörter Nahrungsaufnahme. Zu den Erkrankungen gehören z.B. Anorexia nervosa und Bulimie.
eating disorders

Essstörungen, Umgang mit. → Pflegeintervention der → NIC, die definiert wird als die Vorbeugung und Behandlung von starken Ernährungseinschränkungen, übermäßiger körperlicher Aktivität oder Aufnahme von extremen Nahrungsmittel- oder Flüssigkeitsmengen mit anschließendem Erbrechen.
Eating Disorders Management

Ester. Klasse chemischer Verbindungen, die ein Alkoholmolekül sowie eine oder mehrere organische oder anorganische Säuren enthalten.
ester

Esterase. Enzyme, die Esterbindungen in Alkohol und Säuren spalten.
esterase

Estramustin. → Antineoplastikum zur Behandlung von progressivem Prostatakarzinom.
estramustine phosphate sodium

Etacrynsäure. Schleifendiuretikum zur Linderung von stark ausgeprägten Ödemen und Hypertonie.
ethacrynic acid

Ethambutol. Tuberkulostatikum zur Behandlung pulmonaler Tuberkulose.
🇬🇧 ethambutol hydrochloride

Ethanol. (Äthanol). Äthylalkohol.
🇬🇧 ethanol

Ether. (Äther). 1. Klasse organischer Verbindungen mit zwei Kohlenwasserstoffgruppen und einem Sauerstoffatom. 2. Nichthalogenisierte, leicht flüchtige Flüssigkeit, die früher als Betäubungsmittel eingesetzt wurde.
[*griech.:* aither, Luft.]
🇬🇧 ether

Ethik. Wissenschaft und Studium moralischer Werte und Prinzipien, einschließlich der Ideale von Autonomie, Wohltätigkeit und Gerechtigkeit.
[*griech.:* ethikos, moralische Verpflichtung.]
🇬🇧 ethics

Ethionamid. Tuberkulostatikum zur Behandlung bakterieller Tuberkulose.
🇬🇧 ethionamide

Ethologie. (Verhaltensforschung). 1. Wissenschaftliche Erforschung tierischer Verhaltensmuster in natürlichen Lebensräumen. 2. Empirisches Studium menschlicher Verhaltensweisen im sozialen Zusammenhang.
[*griech.:* ethos, Charakter, logos, Wissenschaft.]
🇬🇧 ethology

EU. (EUG; Ektopische Schwangerschaft). Abkürzung für Extrauteringravidität. Schwangerschaft, bei der sich das befruchtete Ei außerhalb der Gebärmutter einnistet, z.B. → Eileiterschwangerschaft, → Bauchhöhlenschwangerschaft.
🇬🇧 ectopic pregnancy

Eubiotik. Wissenschaft des gesunden Lebens.
[*griech.:* eu, wahr, bios, Leben.]
🇬🇧 eubiotics

Euchromatin. Teil eines Chromosoms, das während der Zellteilung aktiv ist. Euchromatin lässt sich am besten während der Mitose färben.
[*griech.:* eu, wahr, chroma, Farbe.]
🇬🇧 euchromatin

Eugenik. Erforschung von Methoden zur Steuerung der Fortpflanzung in der Bevölkerung, um Erbschäden und die Verbreitung von Erbkrankheiten zu vermeiden.
[*griech.:* eu, wahr + genein, erzeugen.]
🇬🇧 eugenics

Euglobulin. Die Fraktion des Serumglobulins, die in destilliertem Wasser unlöslich und in Salzlösung löslich ist. Die Löslichkeit ist eine mehrerer Eigenschaften, die zur Klassifizierung von → Proteinen eingesetzt werden.
[*griech.:* eu, wahr + *lat.:* globulus, Kügelchen.]
🇬🇧 euglobulin

Eukaryont. 1. Komplexer Zellkern, der von einer Kernmembran vom Zytoplasma abgetrennt ist und genetisches Material (Chromosomen) enthält; Merkmal höher entwickelter Organismen. 2. Bezeichnung für einen Organismus, der einen solchen Zellkern enthält.
[*griech.:* eu, wahr, karyon, Nusskern.]
🇬🇧 eukaryon

Eunuchismus. Auswirkungen eines Fehlens von testikulärem → Androgen infolge von → Agonadismus oder → Kastration.
🇬🇧 eunuchism

Eunuchoidismus. Mangelnde Bildung von männlichen Hormonen oder testikuläre Fehlbildung; führt zur Sterilität und Hochwuchs, kleinen Hoden und unterentwickelten sekundären Geschlechtsmerkmalen.
🇬🇧 eunuchoidism

Eunuchoidismus, fertiler. Hypogonadotrope Hormonstörung bei Männern, die Konzentrationen von Testosteron und follikelstimulierendem Hormon vorweisen, die für die Samenzellbildung (Spermatogenese) und die Entwicklung sekundärer Geschlechtsmerkmale unzureichend sind.
🇬🇧 fertile eunuch syndrome

Euphorie. 1. Zustand des Glücksgefühls und der Hochstimmung. 2. Übertriebenes emotionales Glücksgefühl, das vorgetäuscht, motivationslos und unangemessen ist.
[*griech.:* eu, wahr, pherein, tragen.]
euphoria

Euphorikum. Rauschmittel oder Wirkstoff, der Glücksgefühle und Hochstimmung verursacht. Zu den euphorieauslösenden Substanzen gehören Marihuana und andere Halluzinogene.
[*griech.:* eu, wahr + pherein, tragen.]
euphoretic

Euploidie. Eine Chromosomenzahl vorweisen, die ein genaues Vielfaches des normalen, → haploiden Chromosomensatzes ist. – *adj.* euploid.
euploidy

Eupnoe. Normale, freie Atmung.
[*griech.:* eu, wahr, pnein, atmen.]
eupnea

Eustachi-Röhre. Eine mit Schleimhaut ausgekleidete Röhre, die den Nasenrachenraum mit dem Mittelohr verbindet. Die Eustachi-Röhre ist normalerweise geschlossen, sie öffnet sich jedoch beim Gähnen, Kauen und Schlucken, um den Mittelohrdruck und den atmosphärischen Druck auszugleichen.
[Bartolomeo Eustachio, italienischer Anatom, 1524–1574.]
eustachian tube

Euthanasie. (Sterbehilfe). Bewusstes Herbeiführen des Todes für eine unheilbare kranke Person. Euthanasie kann aktiv ausgeübt werden, indem z.B. eine tödliche Injektion verabreicht wird, oder sie kann auf passive Art und Weise erfolgen, indem die benötigte Behandlung nicht erbracht wird.
[*griech.:* eu, wahr + thanatos, Tod.]
euthanasia

Euthymie. Zustand entspannter Gelassenheit.
euthymia

euthyreot. Die gesunde Schilddrüse betreffend.
[*griech.:* eu, wahr, thyreos, Schild.]
euthyroid

evakuieren. Eine Substanz aus einem Hohlraum, Organ oder Körpergang absaugen.
[*lat.:* evacuare, entleeren.]
evacuate

Evaluation. Schritt aus dem → Pflegeprozess; Bewertung, inwieweit die zuvor festgelegten Pflegeziele umgesetzt und dokumentiert worden sind. Dazu beurteilt der Pflegende das Ausmaß des Erfolges bei der Erfüllung der Pflegeziele, bewertet die Durchführung (→ Implementation) der Pflegemaßnahmen, untersucht die Teilnahme und Übereinstimmung des Klienten mit der Therapie und dokumentiert die Reaktionen auf die Therapie. Der Pflegende evaluiert die Auswirkungen der eingesetzten Maßnahmen, die Notwendigkeit für Veränderungen in der Zielsetzung, Genauigkeit der Durchführung der pflegerischen Maßnahmen und das Bedürfnis für Veränderungen des Umfeldes des Patienten oder der eingesetzten Ausrüstung oder Maßnahmen.
evaluating

Evaporation. (Verdampfung). Umwandlung einer flüssigen Substanz in ein Gas. Die Verdampfung wird herbeigeführt, indem die Temperatur erhöht und der atmosphärische Druck verringert werden.
evaporation

Eventration. (Eingeweidevorfall). Vorfall (Protrusion) der Eingeweide aus dem Bauchraum.
eventration

Eversion. Ein- oder Auswärtsdrehung, z.B. Verdrehung des Fußes am Knöchelgelenk.
eversion

Eviszeration. 1. Chirurgischer Eingriff zur Entfernung der Eingeweide (Viszera) aus dem Bauchraum. 2. Entfernen des Inhalts eines Organs bzw. des gesamten Organs aus einem Körperhohlraum. 3. Vorfall

(Protrusion) eines inneren Organs durch eine Wunde oder einen chirurgischen Einschnitt.
[*lat.:* ex, aus + viscera, Eingeweide.]
evisceration

Evolution. 1. Allmählicher, geordneter und fortlaufender Entwicklungsprozess. 2. Theorie (nach Darwin und Wallace) vom Ursprung und der Verbreitung aller Pflanzen- und Tierarten (einschließlich des Menschen) und deren Entwicklung von einfacheren zu komplexeren Formen infolge der natürlichen Selektion von Varianten, die durch genetische Mutationen, Hybridisierung und Inzucht erzeugt wurden.
[*lat.:* evolvere, entwickeln.]
evolution

Ewing-Sarkom. Maligner Tumor, der im Knochenmark der langen Röhrenknochen oder den Beckenknochen entsteht. Krankheitssymptome sind Schmerzen, Schwellungen, Fieber und Leukozytose.
[James Ewing, amerikanischer Pathologe, 1866–1943.]
Ewing's sarcoma

Exanthem. Multipler Hautausschlag aus → Effloreszenzen mit spezifischen Anzeichen einer Infektionserkrankung, z.B. bei Windpocken, Masern und Röteln. – *adj.* exanthematös.
[*griech.:* exanthem, Aufblühen.]
exanthem; rash

Exartikulation. Absetzen eines Gelenks ohne Brechen eines Knochens.
[*lat.:* articulare, in Gelenke unterteilen.]
disarticulation

Exazerbation. Verschlimmerung einer Erkrankung, gekennzeichnet von einer Zunahme der Symptomintensität.
[*lat.:* exacerbare, provozieren.]
exacerbation

Exfoliation. Abblättern und Abstoßung von Gewebezellen; ein natürlicher Prozess, der durch Hautkrankheiten oder Sonnenbrand verstärkt werden kann.
[*lat.:* ex, aus + folium, Blatt.]
exfoliation

Exfoliativzytologie. Mikroskopische Untersuchung desquamativer Zellen für diagnostische Zwecke (Krebsdiagnostik). Die untersuchten Zellen werden aus Läsionen, Sputum, Sekretionen, Urin oder von anderen Materialien isoliert.
exfoliative cytology

Exhärese. (Exzision; Resektion). Chirurgisches Entfernen eines Körperteils oder Organs.
[*griech.:* ex + eresis, entfernen.]
exeresis

Exhibitionismus. 1. Übertriebenes Zurschaustellen der eigenen Fähigkeiten mit dem Ziel, die Aufmerksamkeit anderer auf sich zu lenken. 2. Zwanghaftes Zurschaustellen der Geschlechtsorgane vor fremden Personen ohne deren Einverständnis mit dem Ziel sexueller Befriedigung.
[*lat.:* exhibere, ausstellen.]
exhibitionism

Exkoriation. (Hautabschürfung). Oberflächliche Hautverletzung infolge von Kratz- oder Schürfverletzungen, Verbrennungen oder chemischen Verätzungen.
[*lat.:* excoriare, häuten.]
excoriation

Exkrement. Ausscheidungsprodukt des Körpers.
excrement

Exkretion. (Ausscheidung). Bezeichnung für einen Vorgang, der Bestandteil der natürlichen Stoffwechseltätigkeit des Körpers ist und in dessen Verlauf Stoffe von Körperorganen bzw. Körpergeweben ausgeschieden werden. Die Exkretion beginnt auf Zellniveau.
excretion

Exkretionsorgan. Organ, dessen primäre Funktion die Herstellung und Ausscheidung von körpereigenen Abfallprodukten ist.
excretory organ

exkretorisch. Den Vorgang der → Exkretion betreffend.
[*lat.:* excernere, trennen.]
excretory

exogen. 1. Außerhalb des Körpers. 2. Außerhalb des Körpers oder eines Körperorgans entstehend, wie z.B. eine Krankheit, die durch körperfremde bakterielle oder virale Erreger verursacht wird. (s.a. endogen)
[*griech.:* exo, außerhalb + genein, erzeugen.]
exogenous

exokrin. Bezeichnung für einen Prozess, bei dem Sekretionen durch einen Gang an die Oberfläche eines Organs oder Gewebes oder in ein Blutgefäß abgegeben werden. (s.a. endokrin)
[*griech.:* exo, außerhalb, krinein, absondern.]
exocrine

Exophorie. Latentes Auswärtsschielen eines Auges, das bei fehlendem Fusionsstimulus beobachtet werden kann.
[*griech.:* exo, außerhalb + pherein, ertragen.]
exophoria

Exophthalmometer. Instrument zur Bestimmung des Grades eines → Exophthalmus.
[*griech.:* exo, außerhalb + ophthalmos, Auge, metron, Maß.]
exophthalmometer

Exophthalmus. Hervortreten des Augapfels aus der Augenhöhle (Orbita) mit Bewegungseinschränkung; kann durch einen Orbitaltumor, Schwellungen infolge zerebraler, intraokulärer bzw. intraorbitaler Ödeme oder Blutung, Lähmung oder Verletzung der äußeren Augenmuskeln oder durch eine Sinusthrombose verursacht werden. Auch endokrine Störungen, wie z.B. Schilddrüsenüberfunktion oder Basedow-Krankheit, können zum Exophthalmus führen.
[*griech.:* exo, außerhalb + ophthalmos, Auge.]
exophthalmia

exophytisch. Bezeichnung für ein nach außen wachsendes Geschwür, wie z.B. ein Tumor, der nicht in die Wand eines Organs, sondern in das Organlumen hineinwächst.
[*griech.:* exo, außerhalb + phyton, Pflanze.]
exophytic

Exostose. Gutartiges Geschwür an der Knochenoberfläche.
[*griech.:* exo, außerhalb + osteon, Knochen.]
exostosis

exotherm. Bezeichnung für eine chemische Reaktion, bei der Energie in Form von Wärme freigesetzt wird.
exothermic

Exotoxin. Von Mikroorganismen ausgeschiedene toxische Substanz.
[*griech.:* exo, außerhalb + toxikon, Gift.]
exotoxin

Expektorans. Schleimlösendes, auswurfförderndes Mittel.
[*lat.:* ex, aus, heraus, pectus, Brust.]
expectorant

Expektoration. (Auswurf). Auswurf von Schleim, Sputum oder Flüssigkeiten aus der Luftröhre und Lunge mittels Husten oder Spucken.
expectoration

Experiment. Wissenschaftlicher Versuch unter kontrollierten Bedingungen, bei dem die Effekte verschiedener Faktoren studiert werden.
experiment

Expertise. Spezialkenntnisse, die eine Person durch spezielles Lernen, Ausbildung oder Erfahrung erwirbt.
[*lat.:* experiri, versuchen.]
expertise

explorativ. Eine Untersuchung oder Erforschung betreffend.
[*lat.:* explorare, aussuchen.]
exploratory

Explosion. 1. Plötzliche, heftige Aufspaltung einer chemischen Verbindung. 2. Plötzlicher, unerwarteter Ausbruch.
explosion

Exponent. Potenz einer Zahl, die angibt, wie oft eine Zahl mit sich selbst multipli-

ziert werden soll. In der medizinischen bzw. wissenschaftlichen Schreibweise werden häufig Zehnerpotenzen eingesetzt, um sehr große bzw. sehr kleine Zahlen auszudrücken.
exponent

Exposition. Maß der durch Röntgenstrahlung erzeugten Strahlenbelastung, ausgedrückt als Coulomb pro Kilogramm Luft.
[*lat.:* exponere, auslegen.]
exposure

Expression. (Ausdruck). Untermalung von physischen oder emotionalen Zuständen durch Veränderung der Mimik bzw. durch verschiedene stimmliche Betonungen.
expression

Expressivität. Ausdrucksschwankungen, denen die erblichen Grundlagen in Bezug auf die Auswirkungen eines bestimmten Gens bei Individuen mit demselben Genotyp unterliegen.
expressivity

Exsanguination. Blutverlust, Ausbluten.
[*lat.:* ex, heraus, sanguis, Blut.]
exsanguination

Exspiration, aktive. Forciertes Ausatmen mit Hilfe der Muskeln von Bauchwand, Interkostalraum und Zwerchfell.
[*lat.:* expirare, ausatmen]
active expiration

Exspirationszentrum. Der Bereich der Medulla, der die Atmung steuert.
[*lat.:* expirare, ausatmen; *griech.:* kentron, Zentrum.]
expiratory center

exspiratorisch. Das Ausatmen von Luft aus der Lunge betreffend.
[*lat.:* expirare, ausatmen.]
expiratory

Exstirpation. Vollständige Entfernung eines erkrankten Organs oder Körperteils.
[*lat.:* extirpare, entwurzeln.]
extirpation

Exsudat. Körperflüssigkeit, Zellen oder andere körpereigene Substanzen, die von den Zellen bzw. Blutgefäßen langsam durch kleine Poren oder Risse in den Zellmembranen abgesondert werden.
[*lat.:* exudare, herausschwitzen.]
exudate

Exsudation. Austreten bzw. Ausschwitzen eines → Exsudats, wie z.B. Eiter oder Blutserum. Exsudate können auch fibröse oder geronnene Materialien enthalten.
[*lat.:* exudare, herausschwitzen.]
exudation

Extension. Behandlungsmethode in der Orthopädie, bei der mit Hilfe von Gewichten und Rollen Zug auf Gliedmaßen, Knochen oder Muskeln ausgeübt wird, um Druck von diesen zu nehmen, sie auszurichten oder ruhigzustellen.
traction

Extension. (Ausdehnung). Dehnbewegung bestimmter Gelenke zur Erweiterung des Winkels zwischen zwei angrenzenden Knochen, wie z.B. das Strecken des Beines, wodurch der hintere Winkel zwischen Oberschenkelknochen (Femur) und Schienbein (Tibia) erweitert wird.
[*lat.:* extendere, ausdehnen.]
extension

Extensionen, Pflege bei. → Pflegeintervention der → NIC, die definiert ist als die Pflege von Patienten mit einer Extension und/oder einer Stabilisierungsvorrichtung zur Immobilisierung bzw. Stabilisierung eines Körperteils.
Traction/Immobilisation Care

Extensor. (Streckmuskel). Bezeichnung für einen Muskel, der die Dehnung und Streckung eines Körperteils bewirkt, wie z.B. der Extensor indicis, der den Zeigefinger streckt.
[*lat.:* extendere, ausstrecken.]
extensor

Extensor carpi radialis brevis. Kurzer Unterarmmuskel, der der Handstreckung dient.
[*lat.:* extendere, ausstrecken + *griech.:* karpos, Handgelenk; *lat.:* radius, Strahl, brevis, kurz.]
extensor carpi radialis brevis

Extensor carpi radialis longus. Einer von sieben Oberflächenmuskeln des Unter-

arms, der zur Streckung und zur radialen Dehnung der Hand dient.
extensor carpi radialis longus

Extensor carpi ulnaris. Unterarmmuskel, der zur Dehnung und Adduktion der Hand dient.
extensor carpi ulnaris

Extensor digiti minimi. (Kleinfingerstrecker). Streckmuskel im Unterarm, der der Streckung der kleinen Finger dient.
extensor digiti minimi

Extensor digitorum longus. Muskel an der Seite des Unterschenkels; dient zur Streckung der vier kleinen Zehen sowie der dorsalen Fußdehnung.
extensor digitorum longus

Extensor digitorum manus. Wichtigster Muskel für die Streckung der Fingerglieder und des Handgelenks.
extensor digitorum

extern. 1. Sich an der Außenseite des Körpers oder eines Organs befindend. 2. Von außen wirkend, wie z.B. ein exogener Faktor. 3. Das äußere Erscheinungsbild betreffend. (s.a. intern)
[*lat.:* externus, äußerlich.]
external

exterozeptiv. Bezeichnung für einen Stimulus, der außerhalb des Körpers entsteht und die Sinnesrezeptoren aktiviert.
[*lat.:* externus, außen, recipere, empfangen.]
exteroceptive

Exterozeptor. Sensorische Nervenenden, die sich in der Haut bzw. den Schleimhäuten befinden und auf äußere Reize, wie z.B. Berührung oder Geräusche, reagieren.
[*lat.:* externus, außen, recipere, erhalten.]
exteroceptor

Extinktion. Erlöschen, Löschung.
extinction

extrakorporal. Bezeichnung für Vorgänge, die außerhalb des Körpers stattfinden, wie z.B. der extrakorporale Kreislauf, bei dem venöses Blut in eine Herz-Lungen-Maschine geleitet und in den Körper durch die Oberschenkelarterie bzw. eine andere Arterie zurückgführt wird.
[*lat.:* extra, außerhalb + corpus, Körper.]
extracorporeal

extrakraniell. Außerhalb des Schädels.
[*lat.:* extra, außerhalb; *griech.:* kranion, Schädel.]
extracranial

Extrakt. Biologisch aktive Substanz einer Pflanze oder eines tierischen Körpers, die unter Verwendung von Lösungsmitteln und verschiedenen Evaporationstechniken von dem Muttersubstrat getrennt (extrahiert) wird.
[*lat.:* ex, aus, heraus, trahere, ziehen.]
extract

extramedullär. Außerhalb des Knochenmarks.
[*lat.:* extra, außerhalb + medulla, Knochenmark.]
extramedullary

extraokulär. Außerhalb des Auges.
[*lat.:* extra, außerhalb + oculus, Auge.]
extraocular

extraperitoneal. Außerhalb des Bauchfells im Bauchraum gelegen (Peritoneums).
[*lat.:* extra, außerhalb + *griech.:* peri, nahe, tenein, dehnen.]
extraperitoneal

extrapleural. Außerhalb der Pleurahöhle.
extrapleural

extrapulmonal. Außerhalb der Lungen.
extrapulmonary

extrapyramidal. 1. Bezeichnung für Gewebe und Körperstrukturen, die sich außerhalb der zerebrospinalen Pyramidenbahn des Gehirns befinden und mit verschiedenen Körperbewegungen assoziiert sind. Motoneurone, Motokortex sowie kortikobulbäre Bahn zählen nicht zu den extrapyramidalen Geweben. 2. Die Funktion dieser Gewebe und Strukturen betreffend.
[*lat.:* extra, außerhalb + griech. pyramis, Pyramide.]
extrapyramidal

Extrasystole. Zusätzlicher Herzschlag, der nach einem Intervall auftritt, das dieselbe

Länge bzw. eine längere Dauer wie ein normaler Herzschlagzyklus hat. Die Ersatzsystole hat eine Schutzfunktion, die eine längere Herzschlagpause verhindern soll. Herzschlagpausen, in denen Ersatzsystolen stattfinden können, werden durch einen → sinusatrialen Block, einen → atrioventrikulären Block oder durch Sinusbradykardie verursacht.
escape beat

Extrasystole (ES). Zusätzliche unphysiologische Herzmuskelkontraktion infolge einer Depolarisation durch einen ektopischen Impuls.
extrasystole

extrauterin. Außerhalb der Gebärmutter stattfinden, z.B. eine extrauterine Schwangerschaft.
[*lat.:* extra, außerhalb + uterus, Gebärmutter.]
extrauterine

Extravasation. 1. Austritt von Körperflüssigkeiten (Blut, Serum oder Lymphflüssigkeit) in das Gewebe. 2. Austritt antineoplastischer Mittel in das Gewebe, verbunden mit plötzlich auftretenden lokalen Schmerzen, plötzlicher Hautrötung bzw. extremer Blässe am Injektionsort.
[*lat.:* extra, außerhalb + vas, Gefäß.]
extravasation

extrazellulär. Bezeichnung für Vorgänge, die außerhalb der Zellen bzw. der Zellgewebe oder in Hohlräumen zwischen Zellschichten bzw. Zellgruppen stattfinden. (s.a. intrazellulär)
[*lat.:* extra, außerhalb + cella, Lagerraum.]
extracellular

Extrazellularflüssigkeit (EZF). Bezeichnung der Körperflüssigkeit, die sich im → interstitiellen Raum und im → Blutplasma befindet. Ein Erwachsener hat ungefähr 11,2 l interstitieller Flüssigkeiten, die etwa 16% des Körpergewichts ausmachen, sowie 2,8 l Blutplasma, was etwa 4% des Körpergewichts entspricht.
extracellular fluid (ECF)

Extremität. Gliedmaßen, Arme oder Beine. Arme werden auch als obere Extremitäten, Beine als untere Extremitäten bezeichnet.
extremity

extrinsisch. Außerhalb eines Organs, Körperteils oder des Organismus gelegen.
[*lat.:* extrinsecus, außen.]
extrinsic

Extroversion. 1. Seine Interessen und Energie auf Dinge lenken, die sich außerhalb des eigenen Ich befinden. 2. Sich ausschließlich mit Dingen befassen, die sich außerhalb des eigenen Ich befinden. (s.a. Introversion)
[*lat.:* extra, außerhalb + vertere, drehen.]
extroversion

extrovertiert. Bezeichnung für eine Person, deren Interessen sich von dem eigenen Ich abwenden und die sich hauptsächlich mit der äußeren Umgebung und nicht mit inneren Gefühlen und Gedanken befasst. (→ Extroversion) (s.a. Introversion)
extrovert

Extubation. Einen Tubus aus dem Mundraum oder einem Körperhohlraum entfernen.
[*lat.:* ex, heraus, tuba, Schlauch.]
extubation

exzidieren. Etwas vollständig herausschneiden, z.B. die chirurgische Exzision der Rachenmandeln (Tonsillen).
[*lat.:* ex, heraus + caedere, schneiden.]
excise

Exzision. 1. Chirurgisches exzidieren und amputieren von Körperteilen. 2. Bezeichnung für den Vorgang, bei dem eine genetische Komponente eines DNA-Stranges entfernt wird.
excision

Exzitabilität. (Reizbarkeit). Zelleigenschaft, die eine Reaktion auf einen Reiz oder Stimulus herbeiführt, wie z.B. die Reaktion eines Nervs oder einer Herzmuskelzelle auf einen spezifischen Reiz.
[*lat.:* excitare, erregen.]
excitability

Exzitans. (Reizmittel). Mittel oder Wirkstoff, der das Zentralnervensystem bzw. ein an-

deres körpereigenes System auf bestimmte Weise stimuliert, z.B. Koffein oder visuelle bzw. auditive Reize.
excitant

Exzitation. (Reizung/Erregung). Zustand der mentalen oder körperlichen Erregung; die Auslösung einer Nerven- oder Muskelaktivität durch einen Impuls.
[*lat.:* excitare, erregen.]
excitation

EZR. Abkürzung für Extrazellulärraum.
EC space

F

F. 1. Kurzzeichen für → Farad (physik.). 2. Chemisches Symbol für Fluor.
🇬🇧 F

F-Faktor. (Fertilitätsfaktor). Fertilitätsfaktor bestimmter Bakterien.
🇬🇧 F factor

Face-Lifting. (Gesichtsstraffung). Methode der kosmetischen Chirurgie zur Entfernung von Falten und gealterter Gesichtshaut.
🇬🇧 face lift

Facies. 1. Gesicht. 2. Vorderseite eines Körperteils oder Organs. 3. Gesichtsausdruck, Miene.
[*lat.:* facies, Gesicht.]
🇬🇧 facies

Fähigkeitstraining. Das Lehren bestimmter verbaler und nonverbaler Verhaltensformen sowie das praktische Ausführen und Üben dieser Verhaltensformen durch den Patienten.
🇬🇧 skills training

Fahrenheit (F). Vor allem in den USA angewandte Temperaturskala, bei der der Siedepunkt von Wasser 212 Grad und der Gefrierpunkt von Wasser 32 Grad beträgt.
[Daniel G. Fahrenheit, deutscher Physiker, 1686–1736.]
🇬🇧 Fahrenheit (F)

Faktor I. → Fibrinogen. (→ Blutgerinnung)
🇬🇧 factor I

Faktor II. → Prothrombin. (→ Blutgerinnung)
🇬🇧 factor II

Faktor III. → Thromboplastin. (→ Blutgerinnung)
🇬🇧 factor III

Faktor IV. Bezeichnung für → Kalzium, das zur → Blutgerinnung beiträgt.
🇬🇧 factor IV

Faktor V. Proakzelerin; instabile Gerinnungssubstanz, die zur raschen Umwandlung von Prothrombin in Thrombin benötigt wird. (→ Blutgerinnung)
🇬🇧 factor V

Faktor VI. Akzelerin; hypothetisches chemisches Zwischenprodukt, das bei der → Blutgerinnung aus Proakzelerin gebildet wird.
🇬🇧 factor VI

Faktor VII. Prokonvertin; Blutkoagulans, das in der Leber hergestellt wird und zu dessen Herstellung Vitamin K benötigt wird. (→ Blutgerinnung)
🇬🇧 factor VII

Faktor VIII. Antihämophiler Faktor A; Koagulationssubstanz, die normalerweise vorhanden ist, aber im Blutplasma von Personen fehlt, die an Hamöphilie A leiden. (→ Blutgerinnung)
🇬🇧 factor VIII

Faktor IX. Christmas-Faktor; antihämophiler Faktor B; Blutkoagulans, das im normalen Blutplasma gefunden werden kann und bei Personen mit Hämophilie B fehlt. (→ Blutgerinnung)
🇬🇧 factor IX

Faktor IX-Komplex. Blutstillendes Mittel, das die Faktoren II, VII, IX und X enthält; wird zur Behandlung von Hämophilie B eingesetzt. (→ Blutgerinnung)
🇬🇧 factor IX complex

Faktor X. Stuart-Faktor; Koagulans, das im normalen Blutplasma vorkommt, aber bei

verschiedenen vererbten Blutkrankheiten fehlt. (→ Blutgerinnung)
🇬🇧 factor X

Faktor XI. Rosenthal-Faktor; Koagulans, dessen Fehlen Hämophilie C verursacht. (→ Blutgerinnung)
🇬🇧 factor XI

Faktor XII. Hagemann-Faktor; Koagulationsfaktor im normalen Blutplasma, der die Bildung von Bradykinin und assoziierten Enzymreaktionen verursacht. (→ Blutgerinnung)
🇬🇧 factor XII

Faktor XIII. Fibrinstabilisierender Faktor; Koagulationsfaktor, der zusammen mit Kalzium unlösliche Fibringerinnsel bildet. (→ Blutgerinnung)
🇬🇧 factor XIII

fakultativ. (freiwillig; gelegentlich). Nicht-obligatorisch; die Fähigkeit haben, sich an verschiedene Lebensbedingungen anpassen zu können, wie z.B. fakultativ anaerobe Bakterien.
[*lat.:* facultus, Fähigkeit.]
🇬🇧 facultative

Fallhand. (Kusshand). Abnormer Zustand der durch Lähmung der Finger- und Handstreckmuskeln oder durch Verletzung des Speichennervs (Nervus radialis) hervorgerufen wird. Die Hand fällt dadurch im Handgelenk nach unten.
🇬🇧 wrist drop

Fallot-Trilogie. Angeborene Herzmissbildung mit Verengung der Lungenarterie, Defekt in der Vorhofscheidewand und extremer Vergrößerung der rechten Herzkammer.
[E. Fallot, fr. Arzt, 1850–1911]
🇬🇧 trilogy of Fallot

Fallstudie, kontrollierte. Wissenschaftliche Untersuchungsform. Eine Patientengruppe mit einer bestimmten Krankheit oder Störung, z.B. mit Myokardinfarkt, wird mit einer Kontrollgruppe gesunder Testpersonen verglichen.
🇬🇧 case-control study

falschnegativ. Beschreibung von Untersuchungsergebnissen, bei denen trotz Vorhandensein einer grundlegenden pathologischen Änderung der Befund negativ ist.
🇬🇧 false negative

falschpositiv. Beschreibung von Testergebnissen, bei denen der Befund positiv ist, obwohl keine pathologischen Veränderungen aufgetreten sind.
🇬🇧 false positive

Falx. Sichelförmige Struktur.
[*lat.:* falx, Sichel.]
🇬🇧 falx

Falx, cerebelli. (Kleinhirnsichel). Kleiner, sichelförmiger Fortsatz der harten Hirnhaut (Dura mater), der mit dem Hinterhauptsbein verbunden ist und bis in die hintere Incisura des Kleinhirns zwischen den beiden Hirnhemisphären reicht.
🇬🇧 falx cerebelli

Falx, cerebri. (Großhirnsichel). Sichelförmiger Fortsatz der harten Hirnhaut (Dura mater), der entlang der Längsspalte der beiden Hirnhemisphären verläuft.
🇬🇧 falx cerebri

Famciclovir. Antivirales Medikament; wird zur Behandlung von akutem Herpes zoster eingesetzt. (→ Virostatikum)
🇬🇧 famciclovir

familiär. Bezeichnung für bestimmte Krankheiten oder genetische Störungen, die in bestimmten Familien gehäuft auftreten.
[*lat.:* familia, Haushalt.]
🇬🇧 familial

Familie. 1. Personengruppe, die genetisch miteinander verwandt ist, wie z.B. Eltern, Kinder und Geschwister. Der Ausdruck schließt oft auch Personen mit ein, die durch Heirat verbunden sind bzw. die im selben Haushalt wohnen und emotional miteinander verbunden sind, regelmäßigen Kontakt haben und sich um die Entwicklung und das Wohlergehen der gesamten Gruppe sowie einzelner Gruppenmitglieder sorgen. 2. Personengruppe, die einen gemeinsamen Nachnamen haben. 3. Tier- oder Pflanzenarten, die in der taxonomischen Einstufung zwischen Ordnung und Gattung eingestuft werden.

Menschen gehören zur Gattung *Homo sapiens*; diese Gattung gehört zur Familie der Hominiden, die wiederum eine Untergruppe der Ordnung der Primaten und Säugetiere ist. – *adj.* familiär.
[*lat.:* familia, Haushalt.]
family

F

Familie, Engagament der. → Pflegeintervention der → NIC, die definiert wird als die Unterstützung der Beteiligung von Familienangehörigen an der emotionalen und körperlichen Versorgung eines Patienten.
Family Involvement

Familie, Mobilisierung der. → Pflegeintervention der → NIC, die definiert wird als der Einsatz der Stärken einer Familie zum Zweck einer positiven Einflussnahme auf die Gesundheit des Patienten.
Family Mobilization

Familie, Unterstützung der. → Pflegeintervention der → NIC, die definiert wird als die Unterstützung der Wertvorstellungen, Interessen und Ziele einer Familie.
Family Support

Familien mit Nachwuchs, Risikobestimmung. → Pflegeintervention der → NIC, definiert als das Einschätzen von Personen oder Familien auf mögliche Schwierigkeiten bezüglich ihrer Elternschaft und Ordnen der Strategien nach Prioritäten, um diese Probleme zu vermeiden.
Risk Identification: Childbearing Family

Familienberatung. Professionell geleitetes Beratungsprogramm, das Familienmitglieder bei der Bewältigung bestimmter Gesundheitsprobleme informiert und Hilfestellung leistet.
family counseling

Familiendynamik. Kräfteverhältnisse und Situationen innerhalb einer Familie, die zu bestimmten Verhaltensmustern oder Symptomen führen.
family dynamcis

Familienintegrität, Förderung der. → Pflegeintervention der → NIC, die definiert wird als die Unterstützung des Zusammenhalts und der Einheit einer Familie.
Family Integrity Promotion

Familienintegrität, Förderung der: Familien mit Nachwuchs. → Pflegeintervention der → NIC, die definiert wird als die Unterstützung von Einzelpersonen oder Familien, deren Familieneinheit durch die Geburt eines Säuglings vergrößert wird.
Family Integrity Promotion: Childbearing Family

Familienplanung, natürliche. Verschiedene Methoden der Empfängnisverhütung, die nicht im Zusammenhang mit einem entsprechenden Arzneimittel oder einer physikalischen Vorrichtung stehen. Manchmal werden die Methoden der n.n F. auch angewandt, um den Zeitpunkt des Eisprungs (Ovulation) zu bestimmen und damit die Chancen der Befruchtung, z.B. bei einer In-vitro-Fertilisation, zu erhöhen. Zu den Formen der n.n F. gehören die Messung der basalen Körpertemperatur, die Kalendermethode oder die → Ovulationsmethode.
natural family plannung method

Familienplanung: Empfängnisverhütung. → Pflegeintervention der → NIC, die definiert wird als die Verbesserung der Empfängnisverhütung durch Gewährleistung von Informationen über die Physiologie der Fortpflanzung und die Methoden der Empfängniskontrolle.
Family Planning: Contraception

Familienplanung: Unfruchtbarkeit. → Pflegeintervention der → NIC, die definiert wird als Umgang, Ausbildung und Unterstützung eines Patienten und einer wichtigen Bezugsperson während der Evaluation und Behandlung einer Unfruchtbarkeit (Infertilität).
Family Planning: Infertility

Familienplanung: Ungeplante Schwangerschaft. → Pflegeintervention der → NIC, die definiert wird als die Unterstützung

einer Entscheidung bezüglich des Ergebnisses einer Schwangerschaft.
🇬🇧 Family Planning: Unplanned Pregnancy

Familienprozesse, alkoholbedingt veränderte. Anerkannte → NANDA-→ Pflegediagnose; Zustand, bei dem die psychosozialen, spirituellen und physiologischen Funktionen einer Familieneinheit chronisch desorganisiert sind, was zu Konflikten, Leugnen von Problemen, Widerstand gegen Veränderungen, ineffektive Problemlösungen und einer Reihe von immer wiederkehrenden Krisen führt. Zu den kennzeichnenden Merkmalen gehört ein breites Spektrum von Gefühlen, Rollen, Beziehungen und Verhaltensweisen. Zu den Gefühlen zählen vermindertes Selbstwertgefühl, Wut, Frustration, Ohnmacht, Angst, Stress, Unsicherheit, Verantwortung für die alkoholbedingten Verhaltensweisen, Schmerz, Scham oder Verlegenheit. Zu den Rollen und Beziehungen gehören gestörte Familiendynamik, ineffektive Kommunikation zwischen Ehepartnern, veränderte Rollenfunktionen, nicht angemessene Ausübung der Elternrolle, Leugnen der Familie, Dysfunktionen in intimen Bereichen und chronische Familienprobleme. Verhaltensweisen sind unangemessener Ausdruck von Wut, Schwierigkeiten in intimen Beziehungen, Kontrollverlust beim Trinken, ineffektive Problemlösungsfähigkeiten, Unterstützung des Trinkverhaltens, Manipulation, Abhängigkeit, Kritik sowie unangemessenes Verständnis oder Wissen bezüglich des Alkoholismus.
🇬🇧 family processes, altered: alcoholism

Familienprozesse, veränderte. Anerkannte → NANDA-→ Pflegediagnose; Dysfunktion einer normalerweise effektiv funktionierenden Familie. Zu den kennzeichnenden Merkmalen gehören eine Unfähigkeit des Familiensystems, die körperlichen, emotionalen, spirituellen oder sicherheitsrelevanten Bedürfnisse der Familienangehörigen zu erfüllen, unzureichende Kommunikationsfähigkeit der Familienmitglieder, unzureichender Ausdruck oder Akzeptanz eines größeren Gefühlsspektrums, Unfähigkeit, sich zwecks gegenseitigem Wachstum und Reife aufeinander zu beziehen, ineffektive Entscheidungsprozesse, unangemessene oder schlecht kommunizierte Familienrituale, -regeln oder -symbole und nicht hinterfragte Familienmythen.
🇬🇧 family processes, altered

Familientherapie. 1. → Pflegeintervention der → NIC, die definiert wird als die Unterstützung von Familienangehörigen bei der Entwicklung konstruktiverer Lebensformen in der Familie. 2. Psychotherapieform, bei der die Mitglieder einer Familie mit in die Behandlung des psychisch Erkrankten einbezogen werden und damit die Analyse der Beziehungsprobleme untereinander möglich ist. Dabei werden emotionale Probleme in dem Kontext behandelt, in dem sie auftreten.
🇬🇧 Family Therapy

Familientherapie, erweiterte. Das Zusammenführen von Patient, Familie und anderen Kontaktpersonen zum Zweck der Problemlösung.
🇬🇧 social network therapy

Famotidin. Ulkustherapeutikum zur oralen und parenteralen Gabe; wird zur Behandlung von Zwölffingerdarmgeschwür und pathologischen hypersekretorischen Erkrankungen, wie z.B. Zollinger-Ellison-Syndrom, verabreicht.
🇬🇧 famotidine

Fanconi-Anämie. Selten auftretende, autosomal rezessive Erbkrankheit. Im Kindesalter bzw. im frühen Erwachsenenalter treten aplastische Anämie, Knochenverformungen, Chromatinbrüche und Entwicklungsstörungen auf.
[Guido Fanconi, Schweizer Kinderarzt, 1892–1979.]
🇬🇧 Fanconi's anemia

Fanconi-Syndrom. Sammelbezeichnung für Krankheitsbilder, die von gestörter Nierenkanalfunktion, Glykosurie, Phospha-

turie und Bikarbonatschwund gekennzeichnet sind. Häufige Begleitsymptome sind Osteomalazie, Azidose, Rachitis und Hypokalämie. Das idiopathische Fanconi-Syndrom wird zusammen mit anderen genetischen Störungen, wie z.B. Wilson-Syndrom, vererbt. Ein erworbenes Fanconi-Syndrom ist Folge verschiedener Vergiftungen, einschließlich der Einnahme verfallener Tetracyclin-Produkte.
[Guido Fanconi, Schweizer Kinderarzt, 1892–1979.]
Fanconi's syndrome

Fango. Mineralschlamm aus Thermalquellen, der als Packung oder in Bädern zur Behandlung von Gicht und rheumatischen Krankheiten eingesetzt wird.
[*ital.:* fango, Schlamm.]
fango

Farad (F). Einheit der elektrischen Kapazität; die Kapazität, die benötigt wird, um das elektrische Potenzial zwischen den Platten eines Kondensators um 1 Volt mit einer Ladung von 1 Coulomb zu erhöhen.
[Micahel Faraday, englischer Wissenschaftler, 1791–1871.]
farad (F)

Färbeindex. Standardisierung aller industriell hergestellten Pigmente und Farbstoffe gemäß einer fünfstelligen Zahl, die die jeweiligen chemischen Materialien beschreibt.
color index

Farbenblindheit. Unfähigkeit, die Spektralfarben richtig zu unterscheiden. In den meisten Fällen handelt es sich nicht um eine Blindheit des Farbensehens, sondern um eine Form der abgeschwächten Wahrnehmungsfähigkeit. Man unterscheidet zwei Arten von Farbenblindheit: → Daltonismus ist die Unfähigkeit, zwischen rot und grün zu unterscheiden. Bei dieser häufiger anzutreffenden Form der Farbenblindheit handelt es sich um eine geschlechtsgebundene Vererbung. Bei der Totalen Farbenblindheit oder Achromatopsie können überhaupt keine Farben wahrgenommen werden, sondern nur weiß, grau und schwarz gesehen werden. Eine Achromatopsie ist auf beschädigte bzw. fehlende Zapfenschicht der Netzhaut (Retina) zurückzuführen.
color blindness

Farbensehen. Erkennung von Farben durch Veränderung der Pigmente in der Zapfenschicht der Netzhaut (Retina), die auf verschiedene Stärken von rotem, grünem und blauem Licht reagieren.
color vision

Farbstoff. Chemische Verbindung, mit der eine andere Substanz eingefärbt werden kann. In der Medizin werden verschiedene Farbstoffe zum Anfärben von Geweben, in Testreagenzien, in therapeutisch verwendeten Mitteln sowie zum Färben pharmazeutischer Mittel verwendet.
dye

Farmerlunge. (Drescherkrankheit). Atemwegserkrankung infolge von Inhalation von Actinomyces bzw. anderen organischen Staubpartikeln aus verfaultem Heu; dabei handelt es sich um eine Form der hypersensitiven Lungenentzündung.
farmer's lung

Farnkrauttest. Methode zur Bestimmung der Östrogenkonzentrationen im Zervixschleim der Gebärmutter. Der Farnkrauttest wird häufig eingesetzt, um eine erfolgte Ovulation festzustellen. Hohe Östrogenkonzentrationen führen dazu, dass der Zervixschleim auf einer Glasplatte in einem Farnkrautmuster trocknet.
ferning test

Faser. 1. Lange, fadenförmige, azelluläre Struktur in pflanzlichen und tierischen Geweben. Pflanzenfasern bestehen vor allem aus strukturellen Kohlenhydraten, wie z.B. Zellulose. Tierische Fasern enthalten das Protein Kollagen, das elastische Bindegewebsfäden in Haut und Organen bildet. 2. Bezeichnung für eine Skelettmuskelzelle. 3. Axon einer Nervenzelle.
fiber

Fasergewebe, dichtes. Aus kompakten, starken, unelastischen Bündeln parallel verlaufender, weißer Kollagenfasern bestehendes fibröses Bindegewebe.
dense fibrous tissue

Faserknorpel. Aus dichten, weißen Kollagenfasern bestehendes Knorpelgewebe.
fibrocartilage

Fasern, adrenerge. Nervenfasern des autonomen Nervensystems, die die Neurotransmitter → Noradrenalin und, in verschiedenen Bereichen, auch → Dopamin freisetzen. Die meisten postganglionären sympathischen Nervenfasern gehören zu diesem Typ.
adrenergic fibers

Fasern, cholinerge. Nervenfasern des autonomen Nervensystems, die den Neurotransmitter Acetylcholin freisetzen. Zu den cholinergen Fasern zählen alle präganglionären und postganglionären sympathischen, zu den Schweißdrüsen führenden Fasern sowie efferente Fasern, die die Skelettmuskeln innervieren.
[*griech.:* chole, Galle, ergon, Arbeit; *lat.:* fibra, Faser.]
cholinergic fibers

Fassthorax. (Emphysemthorax). Großer, runder Brustkorb (Thorax), der bei stämmigen Menschen oder bei Personen, die in großer Höhe leben und eine entsprechend erhöhte Vitalkapazität aufweisen, als normal zu betrachten ist; kann aber auch Anzeichen für ein → Pulmonalemphysem sein.
barrel chest

fasten. Abstinenzhaltung gegenüber bestimmten bzw. allen Nahrungsmitteln; Ziel ist eine Gewichtsabnahme oder beim Heilfasten bzw. religiösem Fasten auch die körperliche und seelische Reinigung des Körpers.
fast

Fastigium. 1. Höhepunkt eines Fiebers bzw. einer Krankheit. 2. Winkel auf dem Dach des vierten Hirnventrikels.
fastigium

Faszie. Hülle einzelner Organe oder Muskeln; fibröses Bindegewebe, das im Körper zusammen mit Sehnen, Aponeurosen und Bändern vorkommt. Faszien variieren in ihrer Dicke und Dichte und weisen ein verschiedenes Maß an Fetten, Kollagenfasern, elastischen Fasern und Gewebeflüssigkeiten auf.
[*lat.:* fascia, Band.]
fascia

Faszie, endothorakale. Bindegewebeschicht im Brustkorb, die die Parietalpleura von der Brustwand und dem Zwerchfell (Diaphragma) trennt.
endothoracic fascia

Faszie, subkutane. Fortlaufende Bindegewebsschicht, die sich zwischen der Haut und den häutigen Umhüllungen der einzelnen Körperstrukturen (z.B. der Muskeln) über den ganzen Körper erstreckt. Sie besteht aus zwei Schichten, wobei die äußere eine Fettschicht, die innere sehr dünn und elastisch ist.
subcutaneous fascia

Fasziitis. (Faszienentzündung). 1. Entzündung des Bindegewebes, verursacht durch eine Streptokokkeninfektion, eine Verletzung oder eine Autoimmunreaktion. 2. Tumorartiges, gutartiges Geschwür (*Pseudosarcomatous fasciitis*), das sich im subkutanen Gewebe des Mundes, vor allem an der Wange, bildet.
fasciitis

Faszikel. (Fasciculus). Kleines, aus Muskeln, Sehnen oder Nervenfasern bestehendes Bündel.
[*lat.:* kleines Bündel.]
fasciculus

faszikulär. Bezeichnung für Strukturen, die als Bündel angeordnet sind, z.B. Gruppen von Nerven- oder Muskelfasern.
[*lat.:* fasciculus, kleines Bündel.]
fascicular

Faszikulation. Lokal auftretendes, unkontrollierbares Zucken einer einzelnen Muskelgruppe, die von einer einzelnen motorischen Nervenfaser innerviert wird. Diese Kontraktion kann abgetastet und unter der Haut gesehen werden. Faszikulation des Herzmuskels wird auch als → Fibrillation bezeichnet.
[*lat.:* fasciculus, kleines Bündel.]
fasciculation

Faszioliasis. (Leberegelkrankheit). Infektion mit dem Leberegel *Fasciola hepatica*. Infektionssymptome sind epigastrische Schmerzen, Fieber, Ikterus, Eosinophilie, Urtikaria und Diarrhö. Eine längere Infektion kann zu Leberfibrose führen.
[*lat.:* fasciola, kleines Band; *griech.:* osis, Erkrankung.]
🇬🇧 fascioliasis

Fasziolopsiasis. (Darmegelkrankheit). In Asien weitverbreitete Darmerkrankung, die durch den Leberegel *Fasciolopsis buski* verursacht wird. Typische Krankheitssymptome sind Bauchschmerzen, Diarrhö, Obstipation, Eosinophilie, Aszites und Ödembildung.
[*lat.:* fasciola, kleines Band; *griech.:* opsis, Erscheinungsbild, osis, Erkrankung.]
🇬🇧 fasciolopsiasis

Fauces. (Schlund). Übergang der Mundöffnung in den Rachen. Die vorderen Pfeilerzellen der Fauces bilden den vorderen Gaumenbogen, die hinteren Säulen bilden den hinteren Gaumenbogen.
[*lat.:* faux, Rachen.]
🇬🇧 fauces

Fäulnis. (→ Putrefaktion)
🇬🇧 putrefaction

Favismus. (Bohnenkrankheit). Akute hämolytische Anämie infolge des Verzehrs von Bohnen bzw. durch Inhalation des *Vicia faba*-Pollens. Krankheitssymptome sind Schwindel, Kopfschmerzen, Erbrechen, Fieber, Ikterus, Eosinophilie und häufig auch Diarrhö.
[*ital.:* fava, Bohne.]
🇬🇧 favism

Favus. (Erbgrind; Kopfgrind). Pilzinfektion der Kopfhaut, Haut oder Finger- bzw. Zehennägel, mit dicken, eitrigen Verkrustungen, die später vernarben und zu Haarausfall führen können; tritt vor allem bei Kindern auf. Auslöser ist der *Trichophyton*-Pilz.
[*lat.:* favus, Honigwabe.]
🇬🇧 favus

Fäzes. (Kot). Ausscheidungsprodukte aus dem Verdauungstrakt, die durch das Rektum abgesondert werden. Fäzes oder Stuhl besteht aus Wasser, Speiseresten, Bakterien und Sekretionen aus den Därmen und der Leber. – *adj.* fäkal.
[*lat.:* faex, Abfall.]
🇬🇧 feces

Fazialiskanal. Bezeichnung für den Gang im Felsenbein, durch den die Gesichtsnerven passieren.
🇬🇧 fallopian canal

Fazialiskrampf. (Gesichtszucken; Gesichtstic). Rezidivierende krampfartige, unwillkürliche Kontraktion verschiedener Gruppen von Gesichtsmuskeln.
[*lat.:* facies, Gesicht.]
🇬🇧 facial tic

Fazialislähmung. (Fazialisparese). Verlust der willkürlichen Kontrolle über die Gesichtsmuskeln. Fazialislähmungen treten vor allem einseitig auf.
🇬🇧 facial nerve paralysis

faziolingual. Gesicht und Zunge betreffend.
🇬🇧 faciolingual

Fe. Chemisches Symbol für → Eisen.
🇬🇧 Fe

febril. (fieberhaft). Bezeichnung für eine erhöhte Körpertemperatur.
[*lat.:* febris, Fieber.]
🇬🇧 febrile

Feedback. Rückkopplung; Information, die ein Empfänger produziert und ein Sender wahrnimmt, welche den Sender über die Reaktion des Empfängers auf eine zuvorige Nachricht informiert.
🇬🇧 feedback

Feedback, negatives. 1. Funktionsminderung infolge eines Stimulus; z.B. die Sekretion des follikelstimulierenden Hormons, die sich gleichmäßig vermindert, wenn die Menge des zirkulierenden Östrogens ansteigt. 2. Kritische und abfällige oder in anderer Form negative Reaktion einer Person darauf, was eine andere durch ihre Kommunikation vermitteln möchte.
🇬🇧 negative feedback

Feedback, positives. 1. Funktionssteigerung als Reaktion auf einen Reiz; z.B. nimmt der Harnfluss zu, wenn der Vorgang des Urinlassens erst einmal begonnen hat. 2. Unterstützende, günstige oder anderweitig positive Reaktion einer Person auf die Mitteilungen einer anderen Person während einer Kommunikation.
positive feedback

Fehlwirt. Ein Wirt, in dem ein Parasit seinen Lebenszyklus nicht fortsetzen kann. Menschen sind Fehlendwirte für Trichonosis. Die parasitären Larven bilden Zysten in Muskel- und Fleischgewebe und können nicht auf andere, für diese Parasiten anfällige Tiere übertragen werden.
dead-end host

Feinnadelaspiration. (Feinnadelbiopsie). Diagnosetechnik, bei der unter Zuhilfenahme einer sehr dünnen Nadel und leichtem Saugdruck Gewebeproben entnommen werden.
fine-needle aspiration

Feldenkrais-Therapie. Alternative Therapieform, bei der durch Bewusstsein und Korrektur von Körperbewegungen ein verbessertes Selbstverständnis gebildet wird.
Feldenkrais therapy

Feldfieber. (Erntefieber). Form der Leptospirose, die durch *Leptospira grippotyphosa* verursacht wird. Betroffen sind vor allem Feldarbeiter. Zu den Krankheitssymptomen gehören Fieber, Bauchschmerzen, Diarrhö, Erbrechen, Stupor und Bindehautentzündung (Konjunktivitis).
field fever

Fellatio. Orale Stimulierung der männlichen Genitalien.
fellatio

Felty-Syndrom. Milzvergrößerung (Hypersplenie) bei rheumatoider Arthritis. Krankheitssymptome sind Splenomegalie, Leukopenie und häufige Infektionen.
[Augustus R. Felty, amerikanischer Arzt, 1895–1963.]
Felty's syndrome

Feminisierung. 1. Physiologische Entwicklung weiblicher sekundärer Geschlechtsmerkmale. 2. Induktion weiblicher Geschlechtsmerkmale in einem genotypisch männlichen Organismus. Die testikuläre Feminisierung kann durch fehlendes Ansprechen bestimmter Zielgewebe auf endogenes Androgen verursacht werden.
[*lat.:* femina, Frau.]
feminization

femoral. Den Oberschenkel (Femur) betreffend.
[*lat.:* femur, Oberschenkel.]
femoral

Femoralispuls. Puls der Oberschenkelschlagader; kann in der Leiste getastet werden.
femoral pulse

Femoralisreflex. Streckreflex des Knies und plantare Flexion der Zehen bei Stimulierung der Haut des oberen Drittels des Oberschenkels.
[*lat.:* femur, Oberschenkel, reflectere, beugen.]
femoral reflex

Femur. (Oberschenkelknochen). Oberschenkelknochen, der vom Becken bis zum Knie reicht. Der Femur hat eine zylindrische Form und ist der längste und dickste Knochen des menschlichen Körpers. Bei aufrechter Körperhaltung neigt er sich nach innen, wodurch das Kniegelenk in die Körperschwerpunktebene gebracht wird.
[*lat.:* femur, Oberschenkel.]
femur

Femurepiphyse. (Oberschenkelkopfepiphyse). Sekundäres, knochenbildendes Zentrum des Femurs, das während der Knochenreifung durch Knorpelgewebe vom Femurknochen getrennt ist.
femoral epiphysis

Fenestration. 1. Operative Fensterung, um Zugang in ein Organ bzw. zu einem Knochen zu erlangen. 2. Chirurgische Öffnung in einen Knochen oder ein Organ. 3. Zahnärztliche Methode zur Freilegung

einer Zahnwurzel, um Exsudate abzuleiten.
[*lat.:* fenestra, Fenster.]
fenestration

Fenfluramin. Appetitsenkendes Sympathikomimetikum, das bei exogener Fettsucht eingesetzt wird.
fenfluramine hydrochloride

Fenoterol. Beta-Adrenergikum zur Behandlung von Atemwegserkrankungen.
fenoterol

Fenster. 1. Künstlich erzeugte Öffnung in der Oberfläche einer Struktur bzw. eine natürliche Öffnung oder Verbindung zwischen zwei Kammern einer Struktur (z.B. in der Herzscheidewand). 2. Öffnung in einem Verband bzw. Gipsverband zur Linderung von Druckschmerzen oder zur Durchführung von Hautpflege. 3. Mikroskopische Öffnung in bestimmten Filterkapillaren, wie z.B. den glomulären Nierenkapillaren. 4. Begrenzter Zeitraum, in dem ein Phänomen beobachtet, eine Reaktion aufgezeichnet oder ein Vorgang eingeleitet werden kann.
[*lat.:* fenestra, Fenster.]
fenestra; window

Fentanyl. Starkes Schmerzmittel mit narkotischer Wirkung; wird als Adjuvans von Droperidol bei Narkose eingesetzt. (→ Opioide)
fentanyl

Fermentierung. (Gärung). Durch Enzyme und Mikroorganismen verursachte chemische Veränderungen einer Substanz, die ohne Sauerstoff bzw. in einer sauerstoffarmen Umgebung ablaufen.
fermentation

Fernpunkt. 1. Größte Entfernung, auf die ein Gegenstand von einem Auge in Ruhestellung klar gesehen werden kann. 2. Kreuzungspunkt, an dem sich die Sehachsen beider Augen treffen, wenn die Augen in Ruhestellung sind.
far point

Fernsicht. Bezeichnung für die Fähigkeit, Gegenstände aus einer Entfernung von über 6 m klar und deutlich sehen zu können.
distance vision

Ferritin. Im Darm gebildete Eisenverbindung, die in Leber, Milz und Knochenmark zwischengespeichert und schließlich in Hämoglobinmoleküle eingebaut wird. Ferritinkonzentrationen im Blutserum können als Indikator für die körpereigenen Eisenreserven verwendet werden.
[*lat.:* ferum, Eisen.]
ferritin

Ferse. Hinterer Teil des Fußes, der aus dem größten Fußwurzelknochen (Tarsus) und dem Fersenbein (Kalkaneus) besteht.
heel

Fersenpunktion. Methode der Blutentnahme bei Neu- oder Frühgeborenen, bei der der seitliche oder mittlere Bereich der Fußsohle punktiert wird.
heel puncture

fertil. (fortpflanzungsfähig; fruchtbar). 1. Sich fortpflanzen können und Nachkommen erzeugen können. 2. Keimzelle, die befruchtet werden kann.
[*lat.:* fertilis, fruchtbar.]
fertile

Fertilisation. (Befruchtung). Vereinigung männlicher und weiblicher Gameten und Bildung einer Zygote, aus der sich ein Embryo entwickelt. Der Befruchtungsvorgang findet normalerweise im Eileiter der Frau statt, wenn eine männliche Samenzelle, die beim Geschlechtsverkehr im Sperma ausgestoßen wird, sich dem Ei (Ovum) nähert und es penetriert.
[*lat.:* fertilis, fruchtbar.]
fertilization

Fertilität. Fruchtbarkeit.
fertility

Fetal distress. (fetale Notsituation). Fetale Herzrhythmusstörungen bzw. abnorme Herzmuskelkontraktionen während des Geburtsvorgangs.
fetal distress

fetoplazentar. Fötus und Plazenta betreffend.
[*lat.:* fetus, fruchtbar + placenta, Fladenkuchen.]
fetoplacental

Fetoskop. Endoskop zur Untersuchung des Fötus mittels Stich durch die Bauchdecke.
[*lat.:* fetus, fruchtbar + *griech.:* skopein, betrachten.]
fetoscope

Fetoskopie. Methode zur direkten Untersuchung eines Fötus in utero. Dabei wird ein Fetoskop unter örtlicher Betäubung durch eine kleine Bauchinzision eingeführt.
fetoscopy

fetotoxisch. Bezeichnung für Substanzen und Stoffe, die giftige Auswirkungen auf einen Fötus haben.
[*lat.:* fetus, fruchtbar + *griech.:* toxikon, Gift.]
fetotoxic

Fett. 1. Aus Lipiden oder Fettsäuren bestehende Substanz, die in verschiedenen Konsistenzen, z.B. als Öl oder in der Form von Talg, vorkommt. 2. Aus Speicherzellen bestehendes Körpergewebe. Speicherfett; wird entweder als weißes Fett bezeichnet, das in großzelligen Vesikeln eingelagert wird, oder als braunes Fett, welches aus lipidhaltigen Tröpfchen besteht. Speicherfett enthält mehr als doppelt so viele Kalorien pro Gramm als Zucker; im Körper kann es als mobilisierbare Energiequelle schnell abgebaut werden.
fat

Fettdiarrhö. Exkretion fetthaltigen, übelriechenden Kots, der auf der Wasseroberfläche schwimmt; Begleiterscheinung der chronischen Bauchspeicheldrüsenentzündung (Pankreatitis) und anderer Malabsorptionserkrankungen.
fatty diarrhea

Fettdurchfall. (Stearrhö; Fettstuhl). Reichlich Fettstoffe enthaltender dünnflüssiger, übel riechender und schaumiger Stuhl infolge einer schlechten Fettabsorption im Dünndarm. Kommt bei Erkrankungen der Bauchspeicheldrüse und anderen Absorptionsstörungen vor.
steatorrhea

Fettembolie. Kreislauferkrankung, bei der eine Arterie durch eine Fettablagerung blockiert wird. Der Embolus tritt in den Blutkreislauf entweder im Zusammenhang mit einer Knochenfraktur, einer traumatischen Verletzung des Fettgewebes oder bei Fettleber ein. Die Embolie tritt innerhalb von 12 bis 36 Stunden nach der Verletzung auf; je nach der vom Embolus betroffenen Körperstelle kommt es zu heftigen Thoraxschmerzen, Atemnot (Dyspnoe), Tachykardie, Delirium, Erschöpfung und sogar Koma.
fat embolism

Fettgewebe. Ansammlung von Fettzellen (Adipozyten).
[*lat.:* adeps, Fett; *franz.:* tissu, Gewebe]
adipose tissue; fatty tissue

Fettgewebsnekrose. Verletzungs- oder infektionsbedingte Erkrankung, bei der neutrale Gewebefette zu Fettsäuren und Glyzerol abgebaut werden; diese Nekrosen finden vor allem im Brustgewebe und in den subkutanen Gewebeschichten statt, können aber auch in der Bauchhöhle, als Folge einer Bauchspeicheldrüsenentzündung (Pankreatitis), auftreten.
[*griech.:* nekros, tot, osis, Erkrankung.]
fat necrosis

Fettkörper. Dichte Masse von Fettzellen, die von fibrösen Gewebewänden umhüllt sind. Fettkörper finden sich vor allem bei Kapillaren und an Nervenenden.
fat pad

Fettleber. Triglyzeridansammlungen in der Leber infolge von Fettleibigkeit, Diabetes, übermäßigem Alkoholkonsum, langfristiger Einnahme von Triglyzeriden und Kortikosteroiden sowie Vergiftungen.
fatty liver

Fettleibigkeit. (→ Obesität)
obesity

Fettmetabolismus. Biochemischer Prozess, in dessen Verlauf Fette abgebaut und in die Körperzellen eingelagert werden. Fette

haben einen höheren Brennwert als Kohlenhydrate: der Metabolismus von 1 g Fett erzeugt 9 kcal Wärmeenergie; der Abbau von 1 g Kohlenhydraten erbringt lediglich 4,1 kcal. Bevor die Prozesskette des Fettmetabolismus ablaufen kann, müssen Fette erst zu Fettsäuren und Glyzerol hydrolysiert werden. Der Körper kann nur gesättigte Fettsäuren herstellen; essenzielle ungesättigte Fettsäuren müssen daher mit der Nahrung zugeführt werden. Der Fettstoffwechsel wird durch bestimmte Hormone, z.B. Insulin, Wachstumshormone, Adrenokortikotropine sowie Glukokortikoide gesteuert.
fat metabolism

Fettsäure. Durch die Hydrolyse neutraler Fette erzeugte organische Säuren. Essenzielle Fettsäuren sind ungesättigte Moleküle, die nicht vom Körper hergestellt werden können und daher mit der Nahrung zugeführt werden müssen.
fatty acid

Fettsäuren, essenzielle. Mehrfach ungesättigte Säuren, wie z.B. Linolensäure und Alpha-Linolensäure (Arachidonsäure), die lebensnotwendiger Bestandteil der Ernährung sind und Körperwachstum und Körperfunktionen aufrecht erhalten. Der Mangel an essenziellen Fettsäuren führt zu Veränderungen von Zellstrukturen und Enzymfunktionen, wodurch es zu Mangelwachstum und anderen Erkrankungen kommt. Krankheitssymptome sind brüchiges Haar und brüchige Fingernägel, Schuppenbildung, Allergien und Dermatosen.
essential fatty acid

Fettsäuren, gesättigte. Sammelbezeichnung für bestimmte, einbasische organische Säuren meist tierischer Herkunft. Dazu gehören z.B. Essig-, Butter-, Palmitin- und Stearinsäure. G.F. kommen in tierischen Produkten, wie beispielsweise Rind-, Schweine-, Lamm- und Kalbfleisch, Milchprodukten und einigen wenigen Pflanzenfetten wie Kakaobutter, Kokosöl und Palmöl vor. (s.a. Fettsäuren, ungesättigte; Fettsäuren essenzielle)
saturated fatty acids

Fettsäuren, ungesättigte. Glyceride bestimmter organischer Säuren, worin mehrere Atome eine zweifache oder dreifache Bindung mit Kohlenstoffatomen eingehen. Einfach u. F. haben pro Molekül nur eine Zweifach- oder Dreifachbindung und kommen in Nahrungsmitteln wie Geflügel, Mandeln, Cashew-Kernen, Erdnüssen und Olivenöl vor. Mehrfach u. F. haben pro Molekül mehrere Zweifach- oder Dreifachbindungen.
unsaturated fatty acid

Fettstuhl. (→ Fettdurchfall)
steatorrhea

Fettzirrhose. Leberzirrhose, die sich als Folge einer langfristig mangelhaften Ernährung entwickelt und zu Fettinfiltrationen der Leber führen.
[*griech.:* kirrhos, gelb, osis, Erkrankung.]
fatty cirrhosis

Feuchthaltemittel. Substanz, die in vielen Kosmetika enthalten ist und dafür sorgt, dass die Feuchtigkeit (z.B. in der Haut) erhalten bleibt.
humectant

Feuermal. (→ Naevus flammeus)
nevus flammeus

Feuerschutzmaßnahmen. → Pflegeintervention der → NIC, die definiert wird als die Verhinderung von brandstiftenden Verhaltensweisen.
Fire-Setting Precautions

FFA. Abkürzung für (engl.) free fatty acid; freie Fettsäure.
FFA

Fibrillation. Unwillkürliche, sich schnell wiederholende Kontraktion einer einzelnen Muskelfaser bzw. eines isolierten Nervenfaserbündels.
[*lat.:* fibrilla, kleine Faser, atio, Vorgang.]
fibrillation

Fibrille. Kleine, filamentförmige Strukturen, die Bestandteile vieler Zellen, z.B. mitotischer Spindeln, sind. Man kann zwischen Myofibrillen (im Muskelgewebe), Neurofibrillen (im Nervengewebe), Tonofibrillen (im Epithelgewebe) und kollage-

nen Fibrillen (im Knochengewebe) unterscheiden.
[*lat.:* fibrilla, kleine Faser.]
fibril

Fibrin. Faseriges, unlösliches Protein, das bei der → Blutgerinnung aus Thrombin und Fibrinogen gebildet wird.
[*lat.:* fibra, Faser.]
fibrin

Fibrinogen. Faktor I der → Blutgerinnung; Plasmaprotein, das mit Hilfe von Kalziumionen durch Thrombin in Fibrin umgewandelt wird.
[*lat.:* fibra, Faser; *griech.:* genein, erzeugen.]
fibrinogen

Fibrinogenopenie. (Hypofibrinogenämie). Fibrinogenmangel im Blut.
[*lat.:* fibra, Faser + *griech.:* genein, erzeugen, penia, Armut.]
fibrinogenopenia

Fibrinolyse. Der fortdauernde Prozess der Spaltung von Fibrin durch Plasmin (Fibrinolysin). Das Ergebnis ist der Abbau kleiner Fibringerinnsel im Blut.
fibrinolysis

Fibrinolytika. (Thrombolytika) Substanzen (z.B. Streptokinase, Urokinase), die therapeutisch eingesetzt, intravasale Thromben auflösen durch Aktivierung der körpereigenen Fibrinolyse.
fibrinolytics

Fibroadenom. Gutartiger, aus Epithelzellen und fibroblastischem Gewebe bestehender Tumor.
[*lat.:* fibra, Faser + *griech.:* aden, Drüse, oma, Tumor.]
fibroadenoma

Fibroblast. Flache, längliche undifferenzierte Bindegewebszelle, aus der verschiedene Vorläuferzellen, wie z.B. Chondroblasten, kollagenproduzierende Fibroblasten und Osteoblasten entstehen, die das fibröse Binde- und Stützgewebe des Körpers bilden.
[*lat.:* fibra, Faser + *griech.:* blastos, Keim.]
fibroblast

Fibrochondrom. Aus fibrösem Gewebe und Knorpelgewebe bestehender gutartiger Tumor.
fibrochondroma

Fibrodysplasie. Fibröse Überwucherung von Knochengewebe. Anfängliche Krankheitssymptome sind Hinken, Schmerzen oder eine Fraktur der betroffenen Stelle. Fibrodysplasien treten häufig bei pathologischen Frakturen auf.
fibrous dysplasia

fibroid. Fasern besitzend.
[*lat.:* fibra, Faser + *griech.:* eidos, Form.]
fibroid

Fibroidektomie. Operatives Entfernen eines fibrösen Tumors.
[*lat.:* fibra, Faseer; *griech.:* eidos, Form, ektome, Ausschneiden.]
fibroidectomy

Fibrolipom. Fibröser Tumor, der auch Fettablagerungen enthält.
fibrolipoma

Fibrom. (Fibroma). Gutartiges, aus fibrösem Gewebe und Bindegewebezellen bestehendes Neoplasma.
[*lat.:* fibra, Faser + *griech.:* oma, Tumor.]
fibroma

Fibrom, ameloblastisches. Gutartige Wucherung im Zahnbereich, in dem eine gleichzeitige Vermehrung von Mesenchym- und Epithelgeweben, ohne Bildung von Zahnbein oder Zahnschmelz, stattfindet.
ameloblastic fibroma

Fibrom, zystisches. Fibröser Tumor mit zystischer Degeneration.
cystic fibroma

Fibromyositis. Sammelbezeichnung für Erkrankungen, bei denen Muskelsteifheit, Gelenk- oder Muskelschmerzen, lokale Entzündungen des Muskelgewebes und des fibrösen Bindegewebes auftreten, wie z.B. Hexenschuss (Lumbago), Pleurodynie und Schiefhals (Torticollis).
[*lat.:* fibra, Faser + *griech.:* mys, Muskel, itis, Entzündung.]
fibromyositis

Fibroplasie. Narbenbildung im Verlauf der fibroplastischen Heilungsphase.
fibroplasia

Fibroplasie, retrolentale. Bildung fibrösen Gewebes hinter der Augenlinse infolge eines Über- oder Unterangebots an Sauerstoff bei Frühgeborenen. Kann zu Erblindung führen.
[*lat.:* fibra, Faser; *griech.:* plássein, bilden, formen]
retrolental fibroplasia

fibrös. Hauptsächlich aus Fasern bzw. faserigem Material bestehend, wie z.B. fibröses Bindegewebe.
[*lat.:* fibra, Faser.]
fibrous

Fibrosarkom. Ein aus fibrösem Bindegewebe bestehendes → Sarkom.
[*lat.:* fibra, Faser + *griech.:* sarx, Fleisch, oma, Tumor.]
fibrosarcoma

Fibrose. 1. Bezeichnung für wucherndes fibröses Bindegewebe. 2. Krankhafte Invasion der glatten Muskulatur bzw. gesunden Organgewebes durch fibröses Bindegewebe. Fibrosen entwickeln sich vor allem im Herz, der Lunge, dem Bauchraum und der Niere.
[*lat.:* fibra, Faser + *griech.:* osis, Erkrankung.]
fibrosis

Fibrothorax. Fibrosierung der Pleuramembran.
fibrothorax

Fibrozyste. 1. Zystische Läsion in fibrösem Bindegewebe. 2. Zystisches Fibrom.
fibrocyst

Fibula. (Wadenbein). Einer von zwei Unterschenkelknochen, der einen geringeren Durchmesser als das Schienbein (Tibia) hat. Im Verhältnis zur Knochenlänge ist die Fibula der schlankeste der langen Knochen und besitzt drei Abgrenzungen sowie drei Oberflächen für die Befestigung verschiedener Muskelgruppen.
fibula

Fick-Formel. Formel zur Berechnung des Herzminutenvolumens.
[Adolf E. Fick, deutscher Physiologe, 1829–1901.]
Fick's principle

Fick-Gesetz. 1. Chemisches und physikalisches Gesetz, welches besagt, dass die Diffusionsrate eines Stoffes im direkten Verhältnis zur Konzentration des Stoffes steht. 2. Gesetzmäßigkeit in der Medizin, nach der die Diffusionsgeschwindigkeit durch eine Membran im direkten Verhältnis zur Konzentration des Stoffes zu beiden Seiten der Membran und die Diffusionsgeschwindigkeit im umgekehrten Verhältnis zur Membrandicke steht.
[Adolf E. Fick, deutscher Physiologe, 1829–1901.]
Fick's law

Fieber. Krankheitsbedingte Erhöhung der Körpertemperatur über den Normalwert von 37°C. Fieber ist das Resultat einer unausgewogenen Wärmeabgabe der im Körper erzeugten Wärme. Bei gesunden Personen kann die Körpertemperatur durch körperliche Anstrengung, in Verbindung mit Angst (oder Stress), bei Dehydration (Wassermangel) oder bei starker Wärmeexposition (Sauna) ansteigen. Infektionskrankheiten, neurologische Erkrankungen, perniziöse Anämie, thromboembolische Störungen, paroxysmale Tachykardie, Stauungsinsuffizienz, Quetschungen, traumatische Verletzungen oder die Einnahme bestimmter Arzneimittel können ebenfalls Fieber auslösen. Bei Infektionskrankheiten hat das Fieber eine physiologische Funktion; es erhöht die Stoffwechseltätigkeit um 7% pro Grad Celsius, um immunkompetente Zellen zu aktivieren und Krankheitserreger gezielt zu bekämpfen. Folge ist ein erhöhter Kalorienbedarf. Der Fieberverlauf hängt von der jeweiligen Ursache sowie vom Allgemeinzustand des Patienten und der Behandlung ab. (s.a. Pflege bei Fieber)
[*lat.:* febris, Fieber.]
fever

Fieber, aseptisches. (Resorptionsfieber). → Fieber, das nicht in Verbindung mit einer In-

fektion steht. Ein mechanisches Trauma, z.B. bei einer Quetschung, kann Fieber auslösen, selbst wenn keine pathogenen Mikroorganismen vorhanden sind.
aseptic fever

Fieber, hämorrhagisches. Fieber in Verbindung mit verschiedenen Virusinfektionen der Lunge. Das h. F. ist durch Temperaturanstieg, Schüttelfrost, Kopfschmerzen, Unwohlsein, respiratorische und gastrointestinale Symptome sowie kapilläre → Hämorrhagien gekennzeichnet; bei schweren Infektionen kann es zu Oligurie, Niereninsuffizienz, Hypotonie und möglicherweise zum Tod kommen. Viele Formen des h. F.s treten in speziellen geographischen Regionen auf.
hemorrhagic fever

Fieber, idiopathisches. Fieber, dessen Ursache nicht bekannt ist.
essential fever

Fieber, intermittierendes. Fieber, das in Zyklen mit akuten Anfällen und Phasen eines deutlichen Temperaturabfalls (Remission) auftritt, z.B. bei Malaria.
intermittend fever

Fieber, kontinuierliches. (Febris continua). Ein über lange Zeit anhaltendes Fieber, dessen Tagesdifferenz nur 1°C aufweist.
continuous fever

Fieber, remittierendes. Täglich wechselnde, erhöhte Temperaturen mit Temperaturanstieg und -abfall, jedoch ohne Rückkehr zur Normaltemperatur. (s.a. Fieber)
remittent fever

Fieber, septisches. Erhöhung der Körpertemperatur über den Normalwert (37° bis 38°C rektal) infolge einer Infektion mit pathogenen Keimen oder als Reaktion auf ein durch Mikroorganismen ausgeschiedenes Toxin.
septic fever

Fieber, traumatisches. Erhöhung der Körpertemperatur nach einem mechanischen Trauma, insbesondere einer Quetschverletzung. Das Fieber unterstützt die Widerstandsfähigkeit gegenüber Infektionen und eine erhöhte Temperatur der Wunde beschleunigt die lokale Heilung.
traumatic fever

Fieberbehandlung. → Pflegeintervention der → NIC, die definiert wird als die Pflege von Patienten mit einer nicht durch Umgebungsfaktoren verursachten Hyperpyrexie bzw. Hyperthermie.
Fever Treatment

Fieberbläschen. Durch Herpes-Virus I oder II verursachte Bläschen, die sich im Anschluss an eine fiebrige Erkrankung oder eine Erkältung auf der Mund- und Nasenschleimhaut bilden können. (→ Herpes simplex)
fever blister; cold sore

Fieberdelirium. Störung der Funktionen des Zentralnervensystems bei akuten Fieberzuständen. Begleitsymptome sind Erregbarkeit, Unruhe und Desorientierung. [*lat.:* febris, Fieber, delirare, phantasieren.]
febrile delirium

FIGO. Abkürzung für (franz.) Fédération Internationale de Gynécologie et d'Obstétrique; gynäkologische Tumore werden mit Hilfe der sogenannten FIGO-Stadien beschrieben.
FIGO

Filament. Feine, fadenförmige Faser. Filamente kommen in fast allen Körpergeweben und Körperzellen vor und besitzen verschiedene morphologische und physiologische Funktionen.
[*lat.:* filare, weben.]
filament

Filariasis. Durch Filaria bzw. Microfilaria hervorgerufene Erkrankung. Filariawürmer sind rund, länglich und fadenförmig und werden in den meisten tropischen und subtropischen Regionen angetroffen. Die Würmer dringen in den menschlichen Körper als mikroskopisch kleine Larven ein und setzen sich im Lymphsystem fest. Krankheitssymptome sind Verschluss der Lymphgefäße sowie Schwel-

F

lungen und Schmerzen in den Extremitäten.
[*lat.:* filum, Faden; *griech.:* osis, Beschwerde.]
filariasis

Filialgeneration. F_1-Generation; Bezeichnung für Nachkommen aus einer sexuellen Verbindung bzw. aus einer genetischen Kreuzung.
[*lat.:* filius, Sohn, generare, bekommen.]
filial generation

Filmdosimeter. (Strahlenschutzplakette). Messgerät zur Aufzeichnung radioaktiver Strahlung. Personen, die mit Röntgenstrahlung und anderen radioaktiven Strahlungsquellen oft in Berührung kommen, tragen die Plakette am Körper, um sicherzustellen, dass eine bestimmte Strahlenhöchstdosis nicht überschritten wird.
film badge

Filter. 1. Gerät bzw. Material, durch das Gase oder Flüssigkeiten gesiebt werden, um unerwünschte Stoffe zurückzuhalten. 2. Vorrichtung, die an Röntgengeräte angebracht wird, damit niedrig-energetische Röntgenstrahlen nicht den Röntgenfilm erreichen.
[*franz.:* filtrer, sieben.]
filter

Filtrationsrate, glomeruläre. Nierenfunktionstest, bei dem die Menge des Ultrafiltrats, das aus Plasma besteht und durch die Nierenkörperchen (→ Glomeruli) fließt, bestimmt werden kann. Die Ergebnisse setzen sich aus Insulin- und Kreatinin-Clearance, Serumkreatinin und Blutharnstoff zusammen.
glomerular filtration rate (GFR)

Filum. Bezeichnung für eine fadenförmige Struktur.
filum

Filzlaus. (Schamlaus). Lausart, *Pthirus pubis*, die sich in menschlichen Schamhaaren festsetzt. Übertragung durch Geschlechtsverkehr mit einer infizierten Person.
crab louse

Fimbrie. Struktur, die eine Abgrenzung oder einen fransenähnlichen Rand bildet.
[*lat.:* fimbria, Franse.]
fimbria

Finger-Nase-Versuch. Koordinationstest, bei dem der Patient mit der Spitze des Zeigefingers zuerst mit geöffneten und dann mit geschlossenen Augen auf die Nase zeigen muss.
finger-nose test

Fingeragnosie. Neurologische Störung; Unfähigkeit, ohne visuelle Hilfe die verschiedenen Finger der Hand zu unterscheiden.
finger agnosia

Fingerbeugereflex. Fingerreflex, der ausgelöst wird, wenn man bei leicht gebeugten Fingern sanft auf die inneren Fingerendglieder schlägt.
digital reflex

Fingerhut. (Digitalis). Deutsche Bezeichnung für die Pflanze *Digitalis purpurea*, aus der → Digitalis gewonnen wird.
foxglove

Fingerluxation. Traumatische Gelenksverrenkung eines Fingers. Wenn keine gleichzeitige Fraktur vorliegt, kann der Finger vorsichtig wieder eingerenkt werden.
dislocation of finger

Fischbandwurminfektion. Durch den Bandwurm *Diphyllobothrium latum* verursachte Infektion, die durch den Verzehr von infiziertem, rohem bzw. zu wenig gekochtem Fisch auf den Menschen übertragen wird.
fish tapeworm infection

Fissur. 1. Spalte oder Furche auf einer Organoberfläche. Eine Fissur markiert die Teilung eines Organs, wie z.B. bei den Lungenflügeln. 2. Rissähnliche Hautspalte, wie z.B. eine Analfissur. 3. Lineare Furche in einer knochigen Oberfläche, die während der Entwicklung eines Körperteils entsteht.
[*lat.:* fissura, Spalte.]
fissure

Fissur(fraktur). Unvollständige Fraktur in Form eines Haarrisses.
fissure fracture

Fistel. (Fistula). Abnorme Passage von einem inneren Organ zur Körperoberfläche bzw. zwischen zwei Organen.
[*lat.:* fistula, Rohr.]
fistula

Fistel, arteriovenöse. Unphysiologische Verbindung zwischen → Arterie und → Vene; kann angeboren (kongenital) sein oder infolge eines Traumas, einer Infektion, eines arteriellen Aneurysmas oder einer malignen Erkrankung entstehen.
arteriovenous fistula

Fixateur. Eine aus Stangen und Bolzen bestehende Vorrichtung, die zur Stabilisierung eines Körperteils eingesetzt wird. In vielen Fällen wird ein F. direkt an einem Knochen befestigt. Man kann zwischen einem externen, von außen zugänglichen und einem internen, implantierten F. unterscheiden.
fixator

Fixierung. Innehalten in einer bestimmten Phase der psychosexuellen Entwicklung, z.B. anale Fixierung.
[*lat.:* figere, befestigen]
fixation

Flagellat. (Geißeltierchen). Mikroorganismus, der sich durch peitschenartige Bewegungen seiner am Körper befestigten Zilien oder Fasern fortbewegt.
[*lat.:* flagellum, Peitsche.]
flagellate

Flagellation. Durch Peitschen oder Geißeln des eigenen Körpers erlangte abartige, sexuelle Erregung (Form des → Sadomasochismus).
flagellation

Flammenemissionsphotometrie. Messung der Wellenlänge von Lichtstrahlen, die von energiereichen, metallischen Elektronen, die durch eine Flamme erwärmt werden, ausgehen. Flammenphotometrie wird verwendet, um klinische Proben von Körperflüssigkeit zu identifizieren.
[*lat.:* flagrare, brennen; *griech.:* phos, Licht, metron, Maß.]
flame photometry

Flattern. Rasches Vibrieren bzw. Pulsieren, das die normale Funktion beeinträchtigen kann.
flutter

Flatulenz. (Blähungen). Dehnung der Verdauungsorgane infolge einer exzessiven Luft- bzw. Gasansammlung im Darm, die manchmal sehr schmerzhaft sein kann; die Gase entweichen durch das Rektum.
[*lat.:* flatus, blasen.]
flatulence

Flatulenz, Linderung einer. → Pflegeintervention der → NIC, die definiert wird als die Vorbeugung gegen die Bildung von Flatulenz und Erleichterung der Passage einer übermäßigen Gasmenge.
Flatulence Reduction

Flatus. Luft- bzw. Gasmenge, die aus den Verdauungsorganen durch das Rektum ausgestoßen wird.
[*lat.:* flatus, blasen.]
flatus

Flecainid. Antiarrhythmikum zur Behandlung von Vorhofarrhythmie.
flecainide acetate

Fleck, blinder. 1. Physiologische Lücke im Gesichtsfeld, die auftritt, wenn ein Bild auf der Stelle der Netzhaut (Retina) fokussiert wird, auf der sich der Sehnerveintritt (Discus nervi optici) befindet. 2. Unphysiologische Lücke im Gesichtsfeld, die durch eine Läsion der Netzhaut (Retina) oder deren optische Bahnen, durch eine Hämorrhagie oder Chorioiditis verursacht werden kann und häufig als Lichtfleck oder Flackern wahrgenommen wird.
blind spot

Fleckfieber. Sammelbezeichnung für akute Infektionskrankheiten, die durch verschiedene → Rickettsien hervorgerufen und über infizierte Nagetiere auf Läuse, Milben, Fliegen oder Zecken und durch diese auf den Menschen übertragen wer-

F

den. Die Erkrankungen zeichnen sich alle durch Kopfschmerzen, Schüttelfrost, Fieber, allgemeines Unwohlsein und großfleckigen Hautausschlag aus.
typhus

Fleckfieber, afrikanisches. Von Zecken hervorgerufene Rickettsieninfektion, die von Fieber, fleckigem und knötchenförmigem Ausschlag und geschwollenen Lymphknoten begleitet wird.
African tick typhus

Fleckfieber, epidemisches. (Typhus exanthematicus). Akute Rickettsien-Infektion mit langanhaltendem, hohem Fieber, Kopfschmerzen und einem dunklen, makulopapulösem Ganzkörperausschlag. Der Krankheitserreger, *Rickettsia prowazekii*, der sich im Kot von Körperläusen befindet, wird durch das Aufkratzen von Läusebissen indirekt auf den Menschen übertragen.
epidemic typhus

Fleisch. Weiches Muskelgewebe von Schlachttieren.
flesh

Fleisch, wildes. Umgangssprachliche Bezeichnung für exzessiv wachsendes Granulationsgewebe.
proud flesh

Fletcher-Faktor. Blutgerinnungssubstanz, die sowohl mit Faktor XII als auch dem Fitzgerald-Faktor reagiert und die Thrombinbildung aktiviert und beschleunigt.
[Sir William Fletcher, Arzt, London, 1872–1938]
Fletcher factor

Flexion. (Beugung). Bewegung bestimmter Skelettgelenke, die die Verkleinerung des Winkels zwischen zwei benachbarten Knochen bewirkt, wie z.B. beim Beugen des Ellenbogens.
flexion

Flexionslage. Fötale Geburtslage, bei der der Kopf des Kindes zur Brust hin gebeugt ist.
flexion

Flexor. (Beugemuskel). Bezeichnung für einen Muskel, der die Beugung eines Gelenks bewirkt.
flexor

Flexur. Normale Biegung bzw. Krümmung eines Körperteils, wie z.B. die Flexur des Kolons oder die dorsale Flexur der Wirbelsäule.
flexure

Flimmerepithel. Mit Zilien besetztes Epithelgewebe, z.B. Teile des Epithels im Respirationstrakt.
[*griech.:* epi, auf, thele, Brustwarze.]
ciliated epithelium

Flockungsreaktion. Serologischer Test, bei dem der Ausflockungsgrad einer Probe untersucht wird.
flocculation test

Floh. Flügelloses, blutsaugendes Insekt der Gattung Siphonaptera. Manche Floharten übertragen arbovirale Infektionen auf den Menschen.
flea

Floppy-infant-Syndrom. Samelbegriff für juvenile Muskelatrophien; die Neugeborenen oder Kleinkinder leiden unter einer Verminderung des kontraktilen und reflektorischen Muskeltonus.
floppy infant syndrome

Flora. Bezeichnung für Mikroorganismen, die auf der Körperoberfläche oder im Körper leben, mit Krankheitserregern konkurrieren und ein natürliches Schutzschild gegen bestimmte Krankheiten bilden.
flora

florid. Stark entwickelt, blühend.
[*lat.:* floridus, Blume.]
florid

Flowmeter. (Durchflussströmungsmesser). Nadelventil in einem Narkosegerät, welches die Fließgeschwindigkeit von Gasen gemäß ihrer Viskosität und Dichte misst.
flowmeter

Fluchtreflex, konditionierter. Angelernte Reaktion, die bewusst oder unbewusst

ausgeführt wird, um einem unangenehmen Stimulus zu entgehen.
conditioned escape response

Flucytosin. Antimykotikum zur Behandlung schwerer Pilzinfektionen.
flucytosine

Fludroxycortid. Glukokortikoid zur äußerlichen Behandlung von Hautentzündungen.
flurandrenolide

Fluidum. (Flüssigkeit). 1. Eine Substanz, die fließfähig ist und aus Molekülen besteht, die ihre Positionen untereinander ändern können, ohne sich von der gesamten Masse abzutrennen. 2. Intrazelluläre bzw. extrazelluläre Körperflüssigkeit, die Elektrolyte und andere, lebenswichtige chemische Stoffe von und ins Zellgewebe transportiert.
fluid

Fluktuation. 1. Durch Schütteln ausgelöste wellenförmige Bewegungen einer Flüssigkeit in einem Körperhohlraum. 2. Abweichung eines festen Wertes oder einer festgelegten Menge.
[*lat.:* fluctuare, schwanken.]
fluctuation

fluktuierend. Wellenförmige Bewegungen, die beim Abtasten einer mit Flüssigkeit gefüllten Struktur gefühlt werden kann.
fluctuant

Flunisolid. Intranasal anwendbares, entzündungshemmendes Steroid, verschrieben bei saisonal auftretender bzw. chronisch allergischer Rhinitis mit Entzündungen der Nasenschleimhäute.
flunisolide

Fluocinolonacetonid. Äußerlich anwendbares Glukokortikoid zur Behandlung von Hautentzündungen.
fluocinolone acetonide

Fluocinonid. Synthetisches Kortikosteroid zur Behandlung von Hautentzündungen.
fluocinonide

Fluor (F). Element aus der Familie der Halogene. Fluor ist das reaktivste Nichtmetall. Ordnungszahl 9, Atommasse 19. Kleine Mengen von Fluor werden dem Trinkwasser vieler Gemeinden zugesetzt, um den Zahnschmelz der Bevölkerung zu härten und Zahnkrankheiten vorzubeugen. Zu hohe Konzentrationen von Fluor können jedoch den Zahnschmelz schädigen und Osteosklerose verursachen. Die versehentliche Einnahme von fluorhaltigen Insektiziden und Schädlingsbekämpfungsmitteln kann zu akuter Fluorvergiftung und sogar zum Tod führen.
[*lat.:* fluere, fließen.]
fluorine (F)

Fluor albus. (→ Leukorrhö)
leukorrhea

Fluoreszenz. Emission von Lichtenergie einer bestimmten Wellenlänge bei Kontakt mit anderen, kürzeren Wellenlängen.
[*lat.:* flux, Ausfluss.]
fluorescence

Fluorid. Fluoranion; Fluoridverbindungen werden ins Trinkwasser gegeben oder direkt auf die Zähne aufgetragen, um Zahnerkrankungen, z.B. Karies, vorzubeugen.
fluoride

Fluorose. Chronische Fluorvergiftung infolge langfristiger, exzessiver Fluoreinnahme. Folgeerscheinungen sind Osteosklerose und andere Knochen- und Gelenkerkrankungen.
[*lat.:* fluere, fließen + *griech.:* osis, Erkrankung.]
fluorosis

Fluorouracil. Antineoplastikum zur Behandlung maligner Krebserkrankungen der Haut und innerer Organe.
fluorouracil

Fluoxetin. Orales Antidepressivum zur selektiven Hemmung der Serotoninaufnahme.
fluoxetine hydrochloride

Fluphenazin. Beruhigungsmittel (Tranquilizer), eingesetzt bei der Behandlung von Psychosen.
fluphenazine hydrochloride

F

Fluprednisolon. Glukokortikoid mit entzündungshemmender Wirkung und Nebenwirkungen ähnlich wie Cortisol.
fluprednisolone

Flurazepam. Tranquilizer auf der Basis von Benzodiazepin zur Behandlung von Schlaflosigkeit.
flurazepam hydrochloride

Flüssigkeit, extravasale. Körperflüssigkeiten, die sich außerhalb der Blutgefäße befinden, z.B. Lymphflüssigkeit und Hirnflüssigkeit.
[*lat.:* extra, außerhalb, vasculum, kleines Gefäß, fluere, fließen.]
extravascular fluid

Flüssigkeit, interstitielle. Extrazelluläre Flüssigkeit, die den Raum zwischen den meisten Körperzellen ausfüllt und einen wesentlichen Teil der Körperflüssigkeit ausmacht. Sie entsteht durch Filtration aus den Blutkapillaren und wird von den Lymphen abtransportiert.
interstitial fluid

Flüssigkeit, Notfallverabreichung von. → Pflegeintervention der → NIC, die definiert wird als die schnelle Verabreichung einer verordneten intravenösen Flüssigkeit.
Fluid Resuscitation

Flüssigkeits-/Elektrolythaushalt. → Pflegeintervention der → NIC, die definiert wird als die Vermeidung und/oder Regulierung von Komplikationen eines unphysiologischen Flüssigkeits- und/oder Elektrolytstatus.
Fluid/Electrolyte Management

Flüssigkeitsdefizit. Anerkannte → NANDA-→ Pflegediagnose; Zustand einer intravasalen, interstitiellen und/oder intrazellulären Dehydratation, die sich auf einen Wasserverlust ohne Serumnatriumausgleich bezieht. Zu den kennzeichnenden Merkmalen zählen verminderte Urinausscheidung, erhöhte Urinkonzentration, plötzlicher Gewichtsverlust, reduzierte Venenfüllung, erhöhter Hämatokrit, verminderter Haut-/Zungenturgor, verminderter Blutdruck und trockene Haut/Schleimhäute.
fluid volume deficit

Flüssigkeitsdefizit, Risiko eines. Anerkannte → NANDA-→ Pflegediagnose; Risiko für das Entstehen einer vaskulären, zellulären oder intrazellulären Dehydratation. Risikofaktoren sind hohes Alter, Übergewicht, extremer Flüssigkeitsverlust auf natürlichem Weg, z.B. Diarrhö, oder über künstliche Wege, z.B. Verweilkatheter, mangelhafte Flüssigkeitszufuhr, z.B. bei körperlicher Immobilität, verstärkter Flüssigkeitsbedarf bei hypermetabolischen Zuständen, und Einnahme von Diuretika oder anderen Medikationen, welche die Retention oder Ausscheidung von Körperflüssigkeiten beeinflussen.
fluid volume deficit, risk of

Flüssigkeitsgleichgewicht. Zustand, bei dem die vom Körper aufgenommenen Flüssigkeiten sowie die im Urin, Kot, Schweiß und bei der Atmung ausgeschiedenen Flüssigkeiten ausgewogen sind.
fluid balance

Flüssigkeitshaushalt. → Pflegeintervention der → NIC, die definiert wird als die Unterstützung des Flüssigkeitsgleichgewichts und Vorbeugung gegen Komplikationen aufgrund eines abnormalen oder unerwünschten Flüssigkeitsstatus.
Fluid Management

Flüssigkeitshaushalt, Monitoring des. → Pflegeintervention der → NIC, die definiert wird als die Erfassung und Analyse von Patientendaten zur Regulierung des Flüssigkeitsgleichgewichts.
Fluid Monitoring

Flüssigkeitsretention. Zurückhalten überschüssiger Körperflüssigkeiten aufgrund einer Nieren-, Herz-Kreislauf- oder Stoffwechselstörung.
fluid retention

Flüssigkeitsüberschuss. Anerkannte → NANDA-→ Pflegediagnose; Zustand mit verstärkter isotonischer Flüssigkeits-

retention. Kennzeichnende Merkmale sind Ödeme, Ergüsse, Anasarka, Gewichtszunahme, Kurzatmigkeit, Flüssigkeitsaufnahme höher als Flüssigkeitsabgabe, unphysiologische Atemgeräusche (Rasseln), reduzierte Hämoglobin- und Hämatokritwerte, erhöhter ZVD, Jugularisvenenstauung und positiver hepatojugularer Reflex.
fluid volumen excess

Flutamid. Antineoplastisches Hormon zur Behandlung rezidivierender Krebserkrankungen, wie z.B. Brust-, Prostata- oder Nierenkrebs. Flutamid verhindert, dass Geschlechtshormone, die den Krebswuchs steigern könnten, mit dem Krebsgewebe in Kontakt kommt; kann auch in Kombination mit anderen Krebsmitteln eingesetzt werden.
flutamide

Fluvoxamin. Antidepressivum zur Behandlung zwanghafter Störungen.
fluvoxamine maleate

Fm. Chemisches Symbol für Fermium.
Fm

fokal. Einen Fokus betreffend.
[*lat.:* focus, Herd.]
focal

Fokus. Bezeichnung für einen bestimmten Bereich einer Infektion bzw. der Punkt, von dem ein elektrochemischer Impuls ausgeht.
[*lat.:* focus, Herd.]
focus

Foley-Katheter. (Ballonkatheter). Gummikatheter mit einer ballonartigen Spitze, in die sterile Flüssigkeit eingefüllt werden kann. Foley-Katheter werden beispielsweise bei Operationen als Dauerkatheter eingesetzt, bei denen ein kontinuierlicher Urinabfluss erwünscht ist.
[Frederick E.B. Foley, amerikanischer Arzt, 1891 - 1966.]
Foley catheter

Folgekrankheit. Jede Störung bzw. Erkrankung infolge einer vorangegangenen Krankheit, Therapie oder Verletzung, z.B. eine Paralyse (Lähmung) nach einer Erkrankung an Poliomyelitis.
sequela

Follikel. (Bläschen). 1. Bezeichnung für taschenförmige Ausformung, z.B. Haarfollikel in der Epidermis. 2. Mit Flüssigkeit bzw. Kolloiden gefüllte Zellen in bestimmten Drüsen, wie z.B. der Schilddrüse. 3. Zellhülle des gereiften Eis des Eierstocks.
[*lat.:* folliculus, kleine Tasche.]
follicle

Follikelreifung. Erster Teilabschnitt des Menstruationszykluses, in dem die Ovarfollikel heranreifen und sich auf den Eisprung vorbereiten.
follicular phase

Follikelstimulierendes Hormon. Hormon des Hypophysenvorderlappens, das bei der Frau das Wachstum des Tertiärfollikels und damit die Eireifung fördert. Regelt ebenso den Menstruationszyklus. Die Steuerung der Freisetzung wird auch über das FSH-RH geregelt.
follicle-stimulating hormone

Follikelstimulierendes-Hormon-Releasing-Hormon (FSHRH). Hormon zur Freisetzung von Gonadotropin.
follicle stimulating hormone releasing factor (FSH-RF)

Follikulitis. Entzündung der Haarfollikel, z.B. bei der Bartflechte.
folliculitis

Folsäure. Gelbliches, kristallines, wasserlösliches Vitamin aus dem Vitamin-B-Komplex. Folsäure ist ein für das Zellwachstum und die Zellbildung lebensnotwendiges Vitamin. Zusammen mit den Vitaminen B_{12} und C fungiert Folsäure als Coenzym beim Abbau von Proteinen und bei der Bildung von Nukleinsäuren und Hämoglobin. Folsäure ist appetitanregend und stimuliert die Produktion von Salzsäure bei der Verdauung; findet sich z.B. in Blattgemüse, Getreide und Leber.
folic acid

Folsäuremangelanämie. Form von megaloblastischer (makrozytischer) Anämie in-

F

folge eines Folsäuremangels in der Nahrung. (→ Folsäure)
🇬🇧 folic acid deficiency anemia

Fontanelle. Mit straffen Membranen bedeckte Zwischenräume in der Schädeldecke von Neugeborenen.
[*franz.:* fontaine, Brunnen.]
🇬🇧 fontanel

F

Fontanelle, große. Viereckiger Bereich zwischen Stirn- und Scheitelbein oberhalb der Stirn eines Kleinkinds, an der Stelle, wo Kranz- und Pfeilnaht zusammentreffen.
🇬🇧 anterior fontanel

Foramen. Bezeichnung für eine anatomische Öffnung in einer Membran oder einem Knochen.
[*lat.:* foramen, Loch.]
🇬🇧 foramen

Foramen magnum. (großes Hinterhauptloch). Öffnung im Okzipitalknochen, durch die das Rückenmark in die Wirbelsäule eintritt.
🇬🇧 foramen magnum

Foramen ovale. 1. Physiologische Öffnung in einem Septum zwischen der linken und rechten Kammer in einem Fötusherz. Durch die Öffnung kann Blut fließen, welches sonst in die Lungen des Fötus fließen würde. 2. Ovale Öffnung an der Seite des Keilbeinforamens.
🇬🇧 foramen ovale

Forbes-Albright-Syndrom. Stoffwechselerkrankung infolge eines Adenoms der vorderen Hypophyse. Krankheitssymptome sind Amenorrhö, Prolaktinämie sowie Galaktorrhö.
[Anne P. Forbes, amerikanische Ärztin, 1911–1992; Fuller Albright, amerikanischer Arzt, 1900–1969.]
🇬🇧 Forbes-Albright syndrome

forensisch. Ein öffentliches Gericht betreffend, gerichtlich.
[*lat.:* forum, Marktplatz.]
🇬🇧 forensic

Formaldehyd. Toxisches, übelriechendes, wasserlösliches Gas, das heute als Desinfektionsmittel, Fixiermittel oder Konservierungsmittel nur noch selten verwendet wird.
🇬🇧 formaldehyde

Formalin. Wässrige Formaldehydlösung; wird zur Fixierung und Konservierung biologischer Proben für pathologische und histologische Untersuchungen als 37%ige Formalinlösung eingesetzt. (→ Formaldehyd)
🇬🇧 formalin

Fornix. Bogenförmige Struktur oder Gewölbe.
[*lat.:* fornix, Bogen.]
🇬🇧 fornix

Fornix, cerebri. (Hirngewölbe). Gewölbeartiges Gebilde aus Nervenfasern unterhalb des Corpus callosum des Schädels, das als efferenter Pfad vom Hippocampus dient.
🇬🇧 fornix cerebri

Forschungsdaten, Erfassung von. → Pflegeintervention der → NIC, die definiert wird als die Unterstützung eines Forschers bei der Sammlung von Patientendaten.
🇬🇧 Research Data Collection

Fortpflanzung, zytogenetische. Bildung eines neuen Organismus aus einer einzelligen Samenzelle, entweder durch die Vereinigung von Gameten zu einer Zygote oder asexuell, durch Sporen.
🇬🇧 cytogenic reproduction

Fortpflanzungssystem. (→ Reproduktionssystem)
🇬🇧 reproductive system

Forzeps. "Zange"; speziell in der Geburtshilfe verwendetes Instrument mit zwei Griffen und gebogenen, stumpfen Greifarmen, die mittels eines Schlosses miteinander verbunden sind; wird zum Festhalten und Herausziehen des kindlichen Kopfes bzw. Steißes aus dem Mutterleib verwendet.
[*lat.:* forceps, Zange.]
🇬🇧 forceps

Fossa. Grube oder Mulde, insbesondere an einem Knochenende, wie z.B. der Fossa olecrani.
[*lat.:* fossa, Graben.]
fossa

Fossa coronoidea. Flache Vertiefung in der distalen Dorsalfläche des Oberarmknochens (Humerus), in die sich der Kronenfortsatz des Ellbogens (Processus coronoideus ulnae) bei der Beugung des Unterarms fügt.
[*lat.:* corona + *griech.:* eidos, Form; *lat.:* fossa, Graben.]
coronoid fossa

Fossa cubitalis. (Ellbogengrube). Vertiefung im vorderen Ellenbogenknochen, unmittelbar seitlich der Sehne des Bizepsmuskels.
cubital fossa

fötal. Zur letzten Entwicklungsphase eines Säugetierembryos gehörend. Beim Menschen dauert die fötale Phase vom Ende der achten Schwangerschaftswoche bis zur Geburt.
[*lat.:* fetus, fruchtbar.]
fetal

fötid. Übelriechend, stinkend.
[*lat.:* fetere, stinken.]
fetid

Fötus. (Fetus). Bezeichnung für einen ungeborenen Nachkommen eines Säugetieres, der die embryonale Entwicklung (Organogenese) abgeschlossen hat und bei dem bereits die wichtigsten strukturellen Merkmale der jeweiligen Spezies entwickelt sind. Beim Menschen dauert die fetale Phase von der achten Schwangerschaftswoche bis zur Entbindung. (s.a. Embryo)
[*lat.:* fetus, fruchtbar.]
fetus

Fournier-Gangrän. Durch anaerobe, hämolytische Streptokokken verursachte, infektiöse Gangrän an Hodensack oder Vulva.
[Jean A. Fournier, französicher Dermatologe, 1832–1914.]
Fournier's gangrene

Fowler-Lagerung. Halbsitzende Lage eines Patienten, wenn das Kopfteil des Bettes um 45 bis 60 Grad angehoben und die Knie leicht erhöht werden.
[George R. Fowler, amerikanischer Chirurg, 1848–1906.]
Fowler's position

Fr. Chemisches Symbol für Francium.
Fr

Fragiles-X-Syndrom. Genetische Erbkrankheit infolge eines fehlerhaften, brüchigen X-Chromosoms. Das fragile X-Syndrom ist die häufigste Ursache genetisch bedingter geistiger Behinderungen.
fragile X syndrome

Fraktionierung. 1. Im Wirbelbogen stattfindender Mechanismus, bei dem nur bestimmte efferente Muskelnerven auf einen Reiz reagieren, wodurch andere Neuronen auf zusätzliche Reize ansprechen können. 2. Chemische Auftrennung eines Stoffes in seine Grundkomponenten unter Zuhilfenahme von Destillation und Kristallisation. 3. Technik zur Isolierung einer bakteriellen Reinkultur. 4. Trennung verschiedener Komponenten lebender Zellen durch Zentrifugation. 5. Gabe kleinerer Strahlungsdosen über einen längeren Zeitraum zur Minimierung von Gewebeschäden.
[*lat.:* frangere, zerbrechen.]
fractionation

Fraktur. Traumatische Knochenverletzung mit Unterbrechung der Integrität des Knochengewebes. Eine Fraktur wird nach dem jeweiligen Knochen, dem jeweiligen Knochenteil sowie der Art der Fraktur klassifiziert.
[*lat.:* frangere, zerbrechen.]
fracture

Fraktur, direkte. Eine an einem spezifischen Verletzungspunkt auftretende Fraktur, die das direkte Resultat der Verletzung ist und z.B. durch Schlag, Stoß o.ä. verursacht wird.
direct fracture

Fraktur, dislozierte. Traumatischer Knochenbruch, bei dem die beiden Enden des gebrochenen Knochens voneinander ge-

trennt werden. Bei dislozierten Frakturen treten die gebrochenen Knochenenden häufig aus dem umgebenden Hautgewebe aus, wie bei einem offenen Bruch, oder befinden sich noch unter der Haut, wie bei einer geschlossenen Fraktur.
displaced fracture

Fraktur, geschlossene. (einfache Fraktur). Unkomplizierter geschlossener Bruch, bei dem die Knochen nicht durch die Haut stoßen.
closed fracture; simple fracture

Fraktur, komplizierte. (offener Bruch). Fraktur mit Verletzung der umliegenden Weichteile, wie z.B. der Nerven und Blutgefäße, oder bei der die Knochenenden aus der Haut heraustreten.
complicated fracture

Fraktur, nicht-dislozierte. Knochenbruch, bei dem die Verletzungen des Knochengewebes in verschiedene Richtungen ausstrahlen können, ohne dass die Bruchstücke ganz getrennt oder verschoben sind.
undisplaced fracture

Fraktur, unvollständige. Knochenbruch, bei dem die Unterbrechung des Knochengewebes nicht vollständig durch den betroffenen Knochen verläuft, der möglicherweise in einem oder mehreren Winkeln abstehen kann. Zu den u. F.en zählt man Fissuren, Infraktionen und Grünholzfrakturen.
incomplete fracture

Fraktur, vollständige. Knochenbruch, bei dem das Knochengewebe entlang der gesamten Breite des gebrochenen Knochens durchtrennt wurde.
complete fracture

Frakturreposition, geschlossene. Manuelles Einrichten einer Fraktur ohne chirurgischen Eingriff.
closed reduction of fractures

Francium (Fr). Metallisches Element aus der Alkaligruppe mit der Ordnungszahl 87 und der Atommasse 223.
francium (Fr)

Frank-Starling-Gesetz. Abhängigkeit der Auswurfleistung des Herzens (Herzminutenvolumen) vom Ventrikelvolumen zu Beginn der Herzmuskelkontraktion. Die Auswurfleistung des Herzens steht im direkten Zusammenhang mit der Länge bzw. Dehnfähigkeit der Herzmuskelfasern.
[Otto Frank, deutscher Physiologe, 1865–1944; Ernest H. Starling, englischer Physiologe, 1866–1927.]
Frank-Starling relationship

Frei-Hauttest. Diagnostischer Hauttest zur Erkennung von → Lymphogranuloma venereum.
[Wilhelm S. Frei, deutscher Dermatologe, 1885–1943.]
Frei's test

Freiberg-Köhler-Syndrom. Osteochondritis, die in aseptische Knochennekrose übergehen kann und vor allem den zweiten Mittelfußknochen befällt.
[Albert H. Freiberg, amerikanischer Chirurg, 1868–1940.]
Freiberg's infraction

Freizeitdroge. Jede Substanz mit pharmakologischer Wirkung, die freiwillig zum persönlichen Vergnügen oder zur Befriedigung und nicht aus medizinischen Gründen eingenommen wird. Der Begriff bezieht sich meist auf Alkohol, → Barbiturate, → Amphetamine, Cannabis, Kokain, und Heroin; es gehören jedoch auch Koffein in Kaffee und Coca Cola dazu.
recreational drug

Freizeittherapie. Neue Form der Zusatztherapie, in der Spiele und andere Gruppenaktivitäten herangezogen werden, um gruppenfeindliche Verhaltensweisen zu verändern, soziale Interessen zu wecken oder allgemeine soziale Fähigkeiten zu fördern.
recreational therapy

Fremdkörper. Stoff oder Gegenstand, der unter normalen Umständen nicht in einem bestimmten Organ oder Gewebe vorkommt, wie z.B. ein Staubkorn im Auge.
foreign body

Fremdkörpergranulom. Chronisch entzündliche Gewebemasse, die sich um einen Fremdkörper, z.B. einen Splitter, bildet.
foreign body granuloma

Fremitus. Tastbares Vibrieren der Brustwand.
[*lat.:* fremitus, Schwirren.]
fremitus

Frenektomie. Chirurgische Entfernung eines Bändchens, z.B. des Zungen-, Wangen oder Lippenbändchens von seiner Befestigung, z.B. zur Korrektur einer → Ankyloglossie.
[*lat.:* fraenum, Bändchen; *griech.:* ektome, herausschneiden]
frenectomy

Frenotomie. Chirurgischer Eingriff zur Wiederherstellung eines beschädigten (Bändchens) Frenulums, z.B. die Kürzung bzw. Verlängerung des Zungenbändchens bei Zungenverwachsung.
[*lat.:* fraenum, Zaum + *griech.:* temnein, schneiden.]
frenotomy

Frequenz. 1. Anzahl der Wiederholungen eines in einem bestimmten Zeitraum stattfindenden Phänomens; z.B. die Zahl der Herzschläge pro Minute. 2. Statistische Bezeichnung für Individuen einer Bevölkerung, die bestimmte Eigenschaften aufweisen. 3. Zahl der periodisch wiederkehrenden Zyklen einer elektrischen Richtgröße, wie z.B. bei Wechselstrom. Elektromagnetische Zyklen wurden früher in Zyklen pro Sekunde und werden heute in Hertz (Hz) ausgedrückt.
[*lat.:* frequens, häufig.]
frequency

Fresh frozen Plasma (FFP). Gefrorenes Frischplasma; gering konzentriertes Blutplasma, das bis auf Thrombozyten alle Gerinnungsfaktoren enthält. Wird bei Transfusionen bzw. bei Blutungsproblemen mit unbekannter Ursache eingesetzt, wenn Vollblut nicht erhältlich ist.
fresh frozen plasma

Freud, Sigmund. Österreichischer Neurologe (1856–1939), Begründer der → Psychoanalyse und einer komplexen, integrativen Theorie der psychologischen Ursachen von Geisteskrankheiten und körperlichen Symptomen. Zu den Grundpfeilern der freudschen Theorie gehören die Theorien, dass Menschen durch das Lustprinzip motiviert werden, dass sich innere Reize auf Geschlechts- und den Todesinstinkt zurückführen lassen, dass die menschliche Persönlichkeit in ein Ich, Über-Ich und Es unterteilt werden kann und dass alle geistige Aktivität eine unbewusste, eine vorgefasste und eine bewusste Ebene hat.
Als Zentraltrieb nahm F. den Geschlechtstrieb an. Da gerade die Entfaltung der geschlechtlichen Triebhaftigkeit des Menschen durch gesellschaftliche Regeln und Tabus unterdrückt wird, ergeben sich nach F. hieraus die Fehlentwicklungen, die zu Neurosen führen, denen man nur durch Sublimierung (Umsetzung eines Triebes in andere Leistungen) entweichen kann. F. weitete dementsprechend seine psychologische Theorie auf alle geistig-kulturellen, sozialen, mythologischen und religiösen Bereiche aus.
[(1856–1939), österr. Arzt und Psychologe]

Freudsche Fixierung. Unterentwickeltes psychosexuelles Bewusstsein, charakterisiert durch eine starke emotionale Bindung zu einer Person oder einem Gegenstand.
freudian fixation

Freudscher Versprecher. Ein in Sprache oder Handeln ausgedrückter Verhaltensfehler, der sich auf ein verborgenes Motiv im Unterbewusstsein zurückführen lässt.
freudian slip

Fricke-Dosimeter. Chemisches Strahlungsdosismessgerät, das die Veränderung der optischen Dichte bestrahlter Fe^{2}-Ionen photometrisch erfasst.
Fricke dosimeter

Friedländer-Bacillus. Bakterien der Spezies *Klebsiella pneumoniae*, die als Erreger

von Atemwegsinfektionen, insbesondere einer Lobärpneumonie, auftreten.
[Carl Friedländer, deutscher Pathologe, 1847–1887.]
Friedländer's bacillus

Friedländer-Pneumonie. Form der Bronchialpneumonie mit hoher Sterblichkeitsrate, insbesondere bei älteren Patienten. Die pneumonischen Flecken gehen ineinander über und können Lungenabszesse und Nekrose hervorrufen.
[Carl Friedländer, deutscher Pathologe, 1847–1887.]
Friedländer's pneumonia

Friedreich-Ataxie. Krankheitsbild, das von pathologischer Muskelschwäche, Verlust der motorischen Kontrolle, Schwächung der unteren Gliedmaßen und schleppendem Gang gekennzeichnet ist. Primäre Ursache ist eine fortgeschrittene Sklerose der hinteren Wirbel der Wirbelsäule mit möglicher Beeinträchtigung des Tractus spinocerebellaris anterior und der Pyramidenbahn.
[Nikolaus Friedreich, deutscher Arzt, 1825–1882.]
Friedreich's ataxia

Friedreich-Zeichen. Diastolischer Kollaps der Jugularisvenen mit Pulsabfall.
[Nikolaus Friedreich, deutscher Arzt, 1825–1882.]
Friedreich's sign

frigid. Veraltete Bezeichnung für eine Frau, die nicht auf sexuelle Reize reagiert, dem Geschlechtsverkehr gleichgültig gegenüber steht und keinen Orgasmus erfährt.
[*lat.:* frigidus, kalt.]
frigid

Friktion. 1. Aneinanderreiben zweier Objekte. 2. Form der Massage, bei der tiefer gelegene Körpergewebe durch kräftige, kreisförmige Handbewegungen massiert werden.
[*lat.:* fricare, reiben.]
friction

Fronatlebene. Vom Kopf bis zu den Füßen verlaufende, imaginäre vertikale Ebene, die den Körper in eine Vorder- und Rückseite unterteilt.
frontal plane

Frontallappen. Größter der fünf Hirnlappen. Der Frontallappen befindet sich direkt hinter dem Stirnbein und erstreckt sich über Teile der seitlichen, mittleren und unteren Hirnhälften. Rückwärtig reicht er bis zur Zentralfurche, nach unten bis zur Seitenspalte. Der Frontallappen steuert einen Großteil der Skelettmuskulatur und wird mit komplexen geistigen Aktivitäten, wie z.B. Vorausplanen, Beurteilen und abstraktem Denken in Verbindung gebracht.
frontal lobe

Frontzahn. Alle Schneide- und Eckzähne mit Zentral- und Seitenhöckern.
anterior tooth

Frostbeule. (Perniones). Durch Kälte verursachte Hautrötung und Hautschwellung. Ähnlich wie bei einer Verbrennung können Brennen, Juckreiz, Blasen- und Ulkusbildung auftreten.
chilblain

Frösteln. Ungewollte Muskelkontraktion vorwiegend der Hautmuskeln, als Reaktion auf Kälte bei niedrigen Temperaturen. F. kann auch bei beginnendem Fieber auftreten, als Ausdruck für einen gestörten Wärmehaushalt des Körpers.
shivering

Fruchtbarkeit. Die Fähigkeit, Nachkommen zu zeugen.
fecundity

Fruchtbarkeit (Fertilität), Erhaltung der. → Pflegeintervention der → NIC, die definiert wird als die Gewährleistung von Informationen, Beratungen und Behandlungen zur Unterstützung einer gesunden Fortpflanzungs- und Empfängnisfähigkeit.
Fertility Preservation

Fruchtblase. Dünnwandige Tasche, die sich während der Schwangerschaft bildet und Fötus und → Fruchtwasser enthält. Bei Schwangerschaftsende hat die Fruchtblase ein Fassungsvermögen von vier bis fünf

Litern. Die Wände der Blase bilden sich aus dem Rand der Plazenta. Amnion, Chorion und Dezidua, aus denen die Wand besteht, sind jeweils mehrere Zellschichten dick. Die intakte Fruchtblase und ihre Flüssigkeit sorgen für einen ausgeglichenen hydrostatischen Druck in der Gebärmutter. Während der Wehen werden die uterinen Kontraktionen gleichmäßig über die Fruchtblase an die sich dehnende Zervix weitergegeben.
amniotic sac

Fruchttod, intrauteriner. Tod eines Fötus, der mindestens 200 g wiegt bzw. mindestens bis in die 20. Schwangerschaftswoche gelebt hat, im Mutterleib.
fetal death

Fruchtwasser. Flüssigkeit, die von den Eihäuten und dem Fötus produziert wird. Das F. umgibt den Fötus während der gesamten Schwangerschaft, schützt ihn vor Verletzungen und Temperaturschwankungen, ermöglicht ihm Bewegungsfreiheit und hält den fetalen Sauerstoffvorrat aufrecht. Bei Schwangerschaftsende beträgt das Volumen etwa 1.000 ml. Das F. dient nicht nur dem Schutz des Fötus, sondern ist auch ein Medium, in dem ein aktiver chemischer Austausch stattfindet. Das F. ist klar und durchsichtig; abgeschuppte Fetalzellen und Fette verleihen ihm mit der Zeit ein trübes Aussehen.
amniotic fluid

Fruchtwasserembolie. (Amnioninfusionssyndrom). Geringe Menge von → Fruchtwasser, das während der Wehen bzw. der Entbindung in das mütterliche Blutsystem eindringt und sich in einem Gefäß festsetzt. Falls eine Lungenembolie entsteht, sind die Folgen für die Mutter in den meisten Fällen tödlich.
[*griech.:* amnion, Eihaut; *lat.:* fluere, fließen; *griech.:* embolos, Propfen]
amniotic fluid embolism

Frühchen. Begriff, der für Säuglinge benutzt wird, deren Gewicht bei der Geburt unter 1500g liegt und die noch deutlich unreif und unterentwickelt sind.
immature baby

Frühgeborenes. Neugeborener Säugling, der unabhängig von seinem Geburtsgewicht vor der 37. Schwangerschaftswoche geboren wird. Zu den prädisponierenden Faktoren für eine Frühgeburt gehören Mehrlingsschwangerschaften, Toxämie, chronische oder akute Infektionen, Sensibilisierung gegen Blutinkompatibilitäten, schwere Verletzungen, die die normale Entwicklung des Fötus behindern, Substanzabusus und Schwangerschaft im Jugendlichenalter. Ein F. ist normalerweise klein und dünn und hat einen im Vergleich zum Körper sehr großen Kopf; es wiegt weniger als 2500 kg. Die Haut ist dünn und durchscheinend, wobei die darunterliegenden Gefäße gut sichtbar sind. Die Arme und Beine sind gestreckt und nicht wie bei termingerecht geborenen Säuglingen gebeugt. Ein F. hat wenig subkutanes Fett, wenig Haare, wenige Falten auf den Fußsohlen und in den Handinnenflächen und schlecht entwickelte Ohrknorpel. Zu den häufigsten Problemen bei F. zählen Thermoregulation, Schüttelfrost, Atemstillstand (Apnoe), Atembeschwerden, Sepsis, schlechte Saug- und Schluckreflexe, kleine Magenkapazität, erniedrigte Toleranz des Magen-Darm-Traktes, die zu einer nekrotisierenden Enterokolitis führen kann, unausgereifte Nierenfunktionen, Leberinsuffizienz in Verbindung mit Hyperbilirubinämie, unvollständiges Enzymsystem und Empfindlichkeit für verschiedene Stoffwechselstörungen, wie Hypo- oder Hyperglykämie und Hypokalzämie.
premature infant

Frühjahrskonjunktivitis. Beidseitige chronische, wahrscheinlich allergische Bindehautentzündung, die vorwiegend bei jungen Männern unter 20 Jahren in den Frühjahrs- und Sommermonaten auftritt. Hauptsymptome sind starker Juckreiz und verkrustendes Sekret.
vernal conjunctivitis

Fruktokinase. Enzym, das den Transfer einer hochenergetischen Phosphatgruppe von Adenosintriphosphat zu D-Fruktose katalysiert.
fructokinase

Fruktosämie. Vorkommen hoher Fruktosekonzentrationen im Blut.
[*lat.:* fructus, Frucht; *griech.:* haima, Blut.]
fructosemia

Fruktose. (Fruchtzucker). Monosaccharid; gelblich weißer, kristalliner, wasserlöslicher Ketozucker, der in Honig und verschiedenen Früchten vorkommt und mit Glukose den Zweifachzucker Saccharose bildet.
fructose

Fruktoseintoleranz. Erblich bedingter Mangel an Enzymen, die zum Abbau von Fruktose benötigt werden. Krankheitssymptome sind Schweißausbrüche, geistige Verwirrung, Verdauungsprobleme, Erbrechen und Minderwachstum.
[*lat.:* fructus, Frucht, in + tolerare, ertragen.]
fructose intolerance

Fruktosurie. Stoffwechselanomalie mit hohem Fruktosegehalt im Urin.
fructosuria

Frustration. Erlebnis einer enttäuschten Erwartung infolge von Nichterfüllung eines Wunsches bzw. Nichterreichen eines gesteckten Zieles.
frustration

FSH. Abkürzung für → follikelstimulierendes Hormon.
FSH

FSH-RH. Abkürzung für → follikelstimulierendes-Hormon-Releasing-Hormon.
FSH-RF

Fugue. Dissoziative Störung begleitet von Gedächtnisverlust (→ Amnesie)und körperlicher Flucht aus einer bestimmten, unerträglichen Situation. Der Patient erscheint während einer Fugue normal und voll orientiert, kann sich aber nachher nicht mehr an das Geschehene erinnern.
[*lat.:* fuga, Flucht.]
fugue

Fukosidose. Erbliche Stoffwechselstörung infolge von Mangel an Enzymen (Fukosidase), die zum Abbau von Fukosiden benötigt werden. Die Fukosidose ist von geistigen Behinderungen, neurologischen Defekten und Hepatosplenomegalie gekennzeichnet.
fucosidosis

Fülldruck, diastolischer. Blutdruck in der Herzkammer während der Diastole.
diastolic filling pressure

Fundoplikation. Chirurgischer Eingriff, wobei eine Faltung (Plikation) im Magenfundus am unteren Ende des Ösophagus vorgenommen wird.
[*lat.:* fundus, Grund, plicare, falten.]
fundoplication

Fundus. 1. Boden bzw. tiefste Stelle eines Hohlorgans. 2. Der Teil eines Hohlorgans, der am weitesten von der Öffnung entfernt ist, z.B. F. uteri.
[*lat.:* fundus, Boden.]
fundus

Fünfling. Eine/Einer von fünf Zwillingen.
quintuplet

Fungämie. Einschwemmen von Pilzen in die Blutbahn.
[*lat.:* fungus, Pilz + *griech.:* haima, Blut.]
fungemia

Fungi. (Myzeten; Pilze). Sammelbezeichnung für eukaryotische, myzelbildende, kohlenstoffheterotrophe Organismen (echte Pilze), die weder Chlorophyll besitzen noch chemolithotrophe Eigenschaften aufweisen. Pilze können sich entweder saprophytisch oder parasitär ernähren. Parasitäre Pilzarten können unter anderem auch Menschen befallen. Niedrige Pilzarten pflanzen sich durch Knospenbildung fort, vielzellige Pilze bilden Sporen.
fungi

Fungistatikum. Bezeichnung für eine Substanz mit hemmender Wirkung auf das Pilzwachstum. (→ Antimykotikum)
fungistatic

Fungizide. Mittel, die Pilze abtöten. (→ Antimykotikum)
fungicide

Funiculus. (kleiner Gewebestrang). Unterteilung der weißen Rückenmarkssubstanz in Faszikel und Faserbündel.
[*lat.:* funiculus, kleiner Strang.]
funiculus

Funiculus spermaticus. (→ Samenstrang)
spermatic cord

Funikulitis. Entzündung eines Körperstrangs, wie z.B. des Samenstrangs.
funiculitis

Funktion, kognitive. Intellektueller Vorgang, in dessen Verlauf man bestimmte Ideen wahrnimmt oder versteht.
cognitive function

funktionell. 1. Eine Funktion betreffend. 2. Die Funktion, aber nicht die Struktur des Organismus bzw. eines Organs beeinflussend.
functional

Furche. Bezeichnung für eine Organfurche bzw. -rinne, wie z.B. die Herzkranzfurche, die Herzvorhof und Herzkammern voneinander trennt.
furrow

Furcht. Anerkannte → NANDA-→ Pflegediagnose; Gefühl der Bedrohung in Verbindung mit einer identifizierbaren Quelle, die der Klient bewerten kann. Kennzeichnendes Merkmal ist die Fähigkeit, die Quelle der Furcht zu benennen.
fear

Furchung. Während der Mitose auftretende, wiederholte Zellteilungen, die im befruchteten Ei stattfinden und eine Zellmasse bilden, durch die die einzellige Zygote in einen vielzelligen Embryo umgewandelt wird, der wachsen und sich differenzieren kann. In der anfänglichen Phase, während der die Größe der Zygote gleich bleibt, werden die Furchungszellen, auch Blastomere genannt, mit jeder Teilung kleiner.
cleavage

Furosemid. Schleifendiuretikum zur Behandlung von Herzinsuffizienz, Nierenversagen und Ödemen.
furosemide

Furunkel. (Eiterbeule). In einer Hautdrüse oder einem Haarfollikel auftretende, eitrige Staphylokokken-Infektion, die mit Schmerzen, Schwellung und Rötung einhergeht. Im Mittelpunkt der Entzündung bildet sich ein Kern aus totem Gewebe, der entweder ausgestoßen bzw. resorbiert wird oder chirurgisch entfernt werden muss.
[*lat.:* furunculus, gemeiner Dieb.]
furuncle

Furunkulose. Akute Hautkrankheit mit kontinuierlichem Auftreten einzelner oder mehrerer Furunkel, die durch Staphylokokken oder Streptokokken ausgelöst werden.
furunculosis

Fusion. 1. Verschmelzung in eine Einheit, wie z.B. bei der optischen Fusion. 2. Einen bzw. zwei Knochen eines Gelenks miteinander verbinden. 3. Operative Verbindung zweier oder mehrerer Wirbel, die durchgeführt wird, um ein verletztes Wirbelsäulensegment zu stabilisieren.
[*lat.:* fusio, ausgießen]
fusion

Fuß. Aus Fußwurzel (Tarsus), Mittelfuß (Metatarsus) und Zehen (Phalanx) bestehende distale Extremität des Beines.
foot

Fußballen. Der Teil des Fußes, der aus den Köpfen der Mittelfußknochen (Metatarsus) und dem sie umgebenden Fettgewebe besteht.
ball of the foot

Fußgewölbe. Knochenbögen des Fußrückens, einschließlich Längs- (anteroposterior) und Quergewölbe.
arches of the foot

Fußklonus. Unkontrollierbarer Sehnenreflex, der zum wiederholten Beugen und Strecken des Fußes führt.
ankle clonus

Fußlage. Intrauterine Lage des Kindes, bei der ein bzw. beide Beine unter dem Gesäß am Eingang zum bzw. im mütterlichen Becken liegen. (s.a. Beckenendlage)
footling breech

Fußpflege. → Pflegeintervention der → NIC, die definiert wird als die Reinigung und Beobachtung der Füße zum Zweck der Entspannung, Sauberkeit und Gesundheit der Haut.
Foot Care

Fußwarze. Schmerzhafte Läsion an der Fußsohle, meist an Druckpunkten, z.B. über dem Mittelfußköpfchen oder der Ferse. Verantwortlich sind normale Warzenviren, die einen zentralen Kern haben und von einem festen Ring umgeben sind, der wie Hornhaut aussieht.
plantar wart

Fußwurzelknochen. Sammelbezeichnung für 7 Knochen, die die Fußwurzel bilden. Dazu gehören Sprungbein, Fersenbein, Würfelbein, Kahnbein und drei Keilbeine.
tarsal bone

Füttern. Das Zuführen von Nährstoffen bei Kindern; z.B. durch Stillen oder das Füttern mit Fläschchen.
feeding

Füttern, mit der Flasche. → Pflegeintervention der → NIC, die definiert wird als die Zubereitung und Verabreichung von Flüssigkeiten für einen Säugling mit Hilfe eines Fläschchens.
Bottle Feeding

G

g. Abkürzung für »Gramm«.
g

Ga. Chemisches Symbol für → Gallium.
Ga

GABA. Abkürzung für (engl.) Gammaaminobutric acid (dt. Gammaaminobuttersäure).
GABA

galakt(o)-. Wortteil mit der Bedeutung »Milch«.
galact-

Galaktokinase. → Enzym, das beim Metabolismus des → Glykogens wirksam wird. Durch einen angeborenen (kongenitalen) Galaktokinasemangel kann es zu einem Katarakt kommen.
[*griech.:* gala, Milch; kinesis, Bewegung; *franz.:* diastase, Enzym]
galactokinase

Galaktorrhö. Milchfluss aus der Brustdrüse, der nicht in Verbindung mit einer Entbindung oder mit dem Stillen steht; kann Symptom eines Hypophysentumors sein.
[*griech.:* gala, Milch; rhoia, Fluß]
galactorrhea

Galaktosämie. Erbliche autosomal-rezidive Störung des → Galaktose-Metabolismus. Die G. äußert sich in einem Mangel von Galaktosetransferase. Kurz nach der Geburt kommt es zu einer Milchunverträglichkeit, die sich durch Appetitmangel (Anorexie), Übelkeit, Erbrechen und Diarrhö zeigt und Gedeihstörungen auslöst.
[*griech.:* gala, Milch; haima, Blut]
galactosemia

Galaktose. Einfacher Zucker, der sich u.a. in Milchzucker (→ Laktose), Nervenzellmembranen oder Zuckerrüben findet.
[*griech.:* gala, Milch; glykys, süß]
galactose

Galaktosetoleranztest. Untersuchung der Leberfunktion, → Galaktose im Blut abzubauen und in → Glykogen umzubilden. Beim G., mit dem auch eine Leberinsuffizienz festgestellt werden kann, wird der Umfang der Galaktoseausscheidung nach einer zuvor injizierten oder eingenommenen bestimmten Galaktosemenge gemessen.
galactose tolerance test

Galaktosurie. Verstärkte Ausscheidung von → Galaktose im Urin.
galactosuia

Galaktozele. → Zyste oder → Hydrozele, die durch Blockierung eines Milchdrüsengangs in der weiblichen Brust entsteht.
galactocele

Galakturie. Unphysiologischer Zustand, bei dem der Urin eine milchige Farbe aufweist, die durch die Präsenz des Monosaccharids → Galaktose im Urin verursacht wird.
[*griech.:* gala, Milch; ouron, Urin]
galacturia

Galanin. Neuropeptid im Dünndarm und im zentralen sowie peripheren Nervensystem, das bei der Darmmotilität, der Pankreasaktivität sowie bei der Freisetzung von Prolaktin und Wachstumshormonen eine wichtige Rolle spielt.
galanin

Galant-Reflex. Normaler Reflex von Neugeborenen, die Hüfte zur stimulierten Seite zu bewegen, wenn man auf dem Rücken seitlich entlang der Wirbelsäule streicht.
Galant reflex

Galeazzi-Fraktur. Fraktur des Speichenschafts (distaler Radius) in Verbindung mit einer Verrenkung (Luxation) des radioulnaren Gelenks.
[R. Galeazzi, italienischer Chirurg, 1866–1952]
Galeazzi-Fraktur

Galle. Bittere, gelblichgrüne Sekretion aus der Leber, die sich in der → Gallenblase befindet. Die G. erhält ihre Farbe durch das Gallenpigment → Bilirubin. G. fließt aus der Gallenblase durch den Gallengang, wenn der Zwölffingerdarm (Duodenum) bei der Aufnahme von fetten Speisen → Cholezystokinin produziert. Die G. teilt diese Fette in kleinere Partikel und verringert ihre Oberflächenspannung, wodurch sie für die weitere Verdauung und Absorption im Dünndarm vorbereitet werden.
bile; cystic bile

Gallen(gangs)atresie. Angeborenes (kongenitales) Fehlen oder Unterentwicklung einer oder mehrerer Strukturen des Gallentraktes, was zu einem → Ikterus und frühen Leberschädigungen führt.
biliary atresia

Gallenblase. (Vesica fellea). Birnenförmiges Sekretionsorgan in einer Grube der viszeralen Oberfläche des rechten Leberlappens; speichert und konzentriert die → Galle, die über den Lebergang transportiert und in der Leber produziert wird. Bei einem Erwachsenen kann die G. 50 ml Galle enthalten. Während der Verdauung von Fetten kontrahiert sich die G. und scheidet Galle über den Gallengang in den Zwölffingerdarm (Duadonum) aus.
gallbladder

Gallenblasenkarzinom. Malignes Neoplasma der → Gallenblase, das sich in Appetitlosigkeit (Anorexie), Übelkeit, Erbrechen, Gewichtsverlust, progressiv zunehmenden Schmerzen im rechten oberen Quadranten und in vielen Fällen in einem → Ikterus äußert. Tumore der Gallenblase sind vorwiegend → Adenokarzinome und stehen häufig in Verbindung mit Gallensteinen.
gallbladder carcinoma

Gallenfarbstoffe. (Gallenpigmente). Gruppe von Substanzen, die die Farbe der Galle bestimmen (gelblichgrün bis braun). Häufige G. sind das → Bilirubin und → Biliverdin.
bile pigments

Gallengänge. Einer von mehreren muskulären Gängen, durch die Galle von der Leber und Gallenblase in den Zwölffingerdarm (Duodenum) geleitet wird.
biliary ducts

Gallengangkarzinom. Seltenes vom Gallengangepithel ausgehendes Adenokarzinom, das häufig zum → Ikterus führt und mit den Symptomen Juckreiz und Gewichtsabnahme einhergeht. Die Läsion kann papillär oder flach sein oder ulzerieren.
biliary tract cancer; cholangiocarcinoma

Gallenkolik. Plötzliche krampfartige Muskelschmerzen, die entstehen, wenn sich ein Gallenstein durch die Gallengänge bewegt. (→ Cholelithiasis/Cholezystitis)
biliary colic

Gallensäure. Bestandteil der → Galle, die während des → Cholesterin-Metabolismus von den Leberzellen produziert wird. Bei der Hydrolyse wird die Steroidsäure der Gallenblase in Glycin und Choleinsäure aufgespalten.
bile acid

Gallenstein. Stein, der im Gallentrakt gebildet wird und aus → Cholesterin oder Gallenfarbstoffen sowie Kalziumsalzen besteht. G.e können zur Gelbfärbung der Haut (→ Ikterus), Schmerzen im rechten oberen Abdominalquadranten, Obstruktion und Entzündung der Gallenblase führen. Kleine G.e werden als Gallengrieß bezeichnet.
biliary calculus

Gallenwegdyskinesie. Erkrankung, die durch eine Dysfunktion des Oddi-Sphinkters verursacht wird und den Gallenfluss aus der Gallenblase behindert.
🇬🇧 biliary dyskinesia

Gallium (Ga). Metallisches Element mit der Ordnungszahl 31 und Atommasse 69,72. Der Schmelzpunkt von G. beträgt 29,8°C, der Siedepunkt 1983°C; deshalb wird es in Thermometern für hohe Temperaturen verwendet. Radioisotope des G.s werden bei der Szintigraphie eingesetzt.
🇬🇧 gallium (Ga)

Galopprhythmus. Herzrhythmus mit unphysiologischen drei statt zwei Schlägen pro Herzzyklus; erinnert an den Galopprhythmus eines Pferdes.
[*griech.:* rhythmos, Schlag.]
🇬🇧 cantering rhythm; gallop rhythm

Galopprhythmus, präsystolischer. Unphysiologischer Herzrhythmus mit einem zusätzlichen hohen Herzgeräusch am Ende jeder Diastole. (→ Galopprhythmus)
🇬🇧 atrial gallop

Galvanisation. Anwendung eines starken elektrischen Gleichstroms als Stimulation zur Behandlung von Muskelspasmen, Ödemen bei akuten Verletzungen, Schmerzen der Gesichtsmuskulatur und anderen Störungen.
[L. Galvani, italienischer Physiker, 1737–1798]
🇬🇧 galvanic electric stimulation

Gameten (pl.). Reife weibliche oder männliche → Keimzellen, die zur Befruchtung (Fertilisation) und Vereinigung fähig sind und einen → haploiden Chromosomensatz einer somatischen Zelle enthalten. Bei der Befruchtung entsteht eine → Zygote.
[*griech.:* Gatte]
🇬🇧 gamete

Gametentransfer. Künstliche Fortpflanzungstechnik, bei der männliche und weibliche → Gameten mit einem Laparoskop in den Eileiter der Frau eingebracht werden.
🇬🇧 gamete intrafallopian transfer

Gametogenese. Entstehung und Reifung von → Gameten, Prozesse, die während der → Meiose ablaufen.
[*griech.:* gamete, Gatte; genein, produzieren]
🇬🇧 gametogenesis

Gametozid. Substanz, die auf → Gameten oder → Gametozyten destruktiv wirkt, insbesondere auf die Gameten von Parasiten bei Malaria.
[*griech.:* gamete, Gatte; *lat.:* caedere, töten]
🇬🇧 gametocide

Gametozyt. Jede Zelle, die sich in einen → Gameten teilen kann oder im Prozess der Entwicklung von Gameten entsteht, entweder als Eizelle (Oozyt) oder als Samenzelle (Spermatozyt).
[*griech.:* gamete, Gatte; kytos, Zelle]
🇬🇧 gametozyt

gamma. Dritter Buchstabe des griechischen Alphabets; Symbol für die dritte Komponente in einer Reihe, z.B. bestimmter chemischer Gruppen.
🇬🇧 gamma

Gamma-GT. (→ Gammaglutamyltranspeptidase)
🇬🇧 gamma-glutamyl transpeptidase

Gammaglutamyltranspeptidase (GGT). (Gamma-GT/Gammaglutamyltransferase). → Enzym, das im Serum von Patienten mit bestimmten Leber- oder Gallenblasenerkrankungen vorhanden ist; hierzu gehören Leberschädigung durch Arzneimittel (Medikamentenhepatotoxizität), Gallengangsobstruktion und durch Alkohol bedingte Lebererkrankungen.
🇬🇧 gamma-glutamyl transpeptidase (GGT)

Gammastrahlen. Elektromagnetische Strahlen von kurzer Wellenlänge, die bei einer Zellreaktion vom Kern eines Atoms abgegeben werden. Die G. bestehen aus energiereichen Photonen, besitzen keine Masse oder elektrische Ladung und bewegen sich mit Lichtgeschwindigkeit.
🇬🇧 gamma ray

Gammastrahlung. Hochfrequente elektromagnetische Emission von Photonen bestimmter radioaktiver Elemente, die im Verlauf von nuklearen Umwandlungen oder Reaktionen entstehen. Die G. kann tiefer eindringen als die Alpha- und Betastrahlung, besitzt jedoch weniger ionisierende Kraft und wird in elektrischen oder magnetischen Feldern nicht abgelenkt. Die Wellenlänge der durch radioaktive Substanzen abgegebenen → Gammastrahlen ist charakteristisch für die beteiligten Radioisotope: Die Tiefe, wie weit die G. eindringen kann, hängt von ihrer Wellenlänge und Energie ab. G. sowie andere Formen von Strahlungen können Körperzellen und -gewebe verletzen, beeinträchtigen oder zerstören, besonders Zellkerne; eine kontrollierte G. kann jedoch bei der Diagnose und Behandlung verschiedener Krankheiten eingesetzt werden. Die G. durchdringt mehrere tausend Meter Luft und einige Zentimeter weichen Gewebes sowie Knochen.
gamma radiation

Gammopathie. Erkrankung, die durch einen stark erhöhten Gammaglobulin-Spiegel im Blut charakterisiert ist. Die monoklonale G. steht in Verbindung mit einer elektrophoretischen Struktur, die im Bereich der Gammaglobuline ein scharfes homogenes elektrophoretisches Band aufweist. Dies spricht für die Präsenz von exzessiven Mengen einer Art von → Immunglobulinen, die durch einen → Klon einer B-Zelle ausgeschieden werden. Bei der polyklonalen G. tritt eine diffuse Gammaglobulinämie auf, bei der alle Immunglobulinarten proportional erhöht sind.
gammopathy

Ganciclovir. → Virostatikum, das zur Vorbeugung gegen Erkrankungen mit Zytomegalieviren nach einer allogenen Knochenmarktransplantation und bei AIDS-Patienten eingesetzt wird. Als Nebenwirkung kann es zu Leukopenie, Fieber, ZNS-, Leber- und Nierenfunktionsstörungen kommen; deshalb muss auf Infekte, aber auch auf psychische Veränderungen geachtet werden.
gancyclovir

Ganglienblockade. Blockierung eines Nervenimpulses an den Synapsen der autonomen → Ganglien, meist durch die Verabreichung eines Arzneimittels. In der Folge kommt es zur Hypotonie, die bei chirurgischen Eingriffen oder in der Notfallbehandlung einer Hypertonie erforderlich ist.
ganglionic blockade

Ganglion, zerebrospinales. Mit einem bestimmten kraniellen bzw. spinalen Nerv verbundene Neuronengruppe. Diesen Neuronen fehlen Dendriten, und sie haben keine Synapsen an ihren Zellkörpern.
cerebrospinal ganglion

Ganglion (pl. Ganglien). 1. Knoten oder knotenähnliche Gewebemasse (Überbein). 2. Nervenzellkörper, die in Gruppen vorwiegend außerhalb des Zentralnervensystems auftreten. Die zwei Arten von Ganglien im Körper sind die **sensorischen Ganglien** auf den dorsalen Wurzeln der Spinalnerven und auf den sensorischen Wurzeln der Trigeminus-, Gesichts-, Glossopharyngeal- und Vagusnerven sowie die **autonomen Ganglien** des sympathischen und parasympathischen Systems.
[*griech.:* Knoten]
ganglion

Ganglioneurom. Tumor aus einer festen Masse aus → Ganglien und Nervenfasern; tritt im Allgemeinen im Abdominalgewebe, meist bei Kindern auf.
[*griech.:* ganglion, Knoten; neuron, Nerv; oma, Tumor]
ganglioneuroma

Ganglionitis. Entzündung eines Nervs oder Lymphganglions. (→ Ganglion)
ganglionitis

Gangliosid. → Glykolipid, das in den Ganglien von Gehirn und anderen Geweben des Nervensystems zu finden ist; eine Akkumulation von G.en durch erbliche Stoffwechselstörungen führt zu Gangliosidose und Tay-Sachs-Syndrom.
gangliosid

Gangliozytom. Tumor der → Ganglien-Zellen, der meist in der Hypophysendrüse entsteht. (→ Hirntumor)
gangliocytoma

Gangrän. Nekrose oder Gewebetod, meist infolge einer mangelnde Blutversorgung (→ Ischämie) oder eines bakteriellen Befalls mit nachfolgender Vereiterung. Häufig sind die Extremitäten betroffen. Eine **trockene G.** ist Spätfolge eines Diabetes mellitus, der bereits durch eine Arteriosklerose kompliziert worden sein kann; in der Folge wird die Haut der betroffenen Extremitäten kalt, trocken, runzlig und möglicherweise schwarz. Die meisten G.en entstehen durch eine Verletzung oder Obstruktion der Blutversorgung durch einen Embolus, zu enge Verbände oder Staumanschetten. Bei der **feuchten G.** verflüssigt sich das Gewebe durch Fäulnisbakterien und beginnt übel zu riechen.
[*griech.:* gangraina, fressendes Geschwür]
gangrene

Gangrän, angioneurotisches. Gewebetod und Verwesung durch eine Unterbrechung der Durchblutung aufgrund thrombotischer Arterien oder Venen.
[*griech.:* angeion, Gefäß; neuron, Nerv; gangraina, fressendes Geschwür]
angioneurotic gangrene

Gangrän, diabetische. Gangrän der unteren Extremitäten; sekundäres Krankheitssymptom bei peripherer Gefäßkrankheit, die zusammen mit einer Zuckerkrankheit (→ Diabetes mellitus) auftreten kann.
[*griech.:* diabainein, hindurchgehen, gangraina, fressendes Geschwür.]
diabetic gangrene

Gangrän, embolische. Absterben und Vereiterung von Körpergewebe aufgrund eines Embolus, der die Blutversorgung zu dem betroffenen Körperteil blockiert.
[*griech.:* embolus, Propfen, gangraina, fressendes Geschwür.]
embolic gangrene

Gangstörung. Unphysiologische Art zu Gehen, die meist durch neuromuskuläre, arthritische oder andere Körperschädigungen ausgelöst wird.
gait disorder

Ganzkörper-Plethysmographie. (Body-Plethysmographie). Verfahren zur Bestimmung des Alveolardrucks, des Lungenvolumens und des Atemwegswiderstands. Dabei sitzt oder liegt der Patient in einer luftdichten Kammer und atmet normal. Die Druckveränderungen in den Alveolen beeinflussen sich in der Druckkammer gegenseitig und werden automatisch aufgezeichnet.
[*griech.:* plethysein, vergrößern; graphein, aufschreiben]
body plethysmography

Gardner-Syndrom. Erbliche Polypenbildung (→ Polypose) im Dickdarm mit fibröser Fehlentwicklung (Dysplasie) des Schädels und des Unterkiefers, mit Osteomen, Fibromen und epidermalen Zysten.
[E.J. Gardner, amerikanisher Genetiker, geb. 1909]
Gardner´s syndrome

Gärung, alkoholische. Umwandlung von Kohlenhydraten zu Äthylalkohol.
alcoholic fermentation

Gasaustausch. Natürlicher Prozess, insbesondere bei der Atmung, bei dem Gasmoleküle aus einem Bereich hoher Gaskonzentration in einen Bereich geringerer Konzentration diffundieren.
diffusion of gases

Gasaustausch, gestörter. Anerkannte → NANDA-→ Pflegediagnose; Zustand, in dem ein Patient unter einem verminderten Sauerstoff- und/oder Kohlendioxidaustausch zwischen den Lungenalveolen und dem Gefäßsystem leidet. Die Ursache besteht in einer Störung der ventilatorischen Perfusion. Zu den kennzeichnenden Merkmalen gehören Verwirrtheit, Unruhe, Reizbarkeit, die Unfähigkeit, Sekrete abzuhusten, Hyperkapnie und Hypoxie.
gas exchange, impaired

Gasbrand. (Gasödemerkrankung). Nekrose in Verbindung mit Gasblasen im weichen Gewebe nach einer Operation oder Verlet-

zung. G. (meldepflichtig!) wird durch anaerobe Organismen verursacht, etwa verschiedene Species des *Clostridium*. Zu den Symptomen gehören Schmerzen, Schwellung, Empfindlichkeit eines Wundbereichs (mit knisterndem Geräusch bei Berührung), leichtes Fieber, Tachykardie und Hypotonie. Es kann auch zum toxischen Delirium kommen. Wenn G. nicht behandelt wird, kann er schnell zum Tod führen.
gas gangrene

Gasbrandbazillus. Species von → Bazillen, die als Nebenprodukt ihres Stoffwechsels Gas bilden; z.B. Escherichia coli, das Laktose und Glukose fermentiert, oder die Clostridien-Species, die → Gasbrand auslösen.
gas bacillus

Gasembolie. Verschluss eines oder mehrerer kleiner Gefäße, insbesondere in den Muskeln, Sehnen und Gelenken, der durch die Ausbreitung von Gasblasen entsteht. Eine G. kann Gewebe und Blutgefäße zerreißen, zur Dekompressionskrankheit und zum Tod führen. Dieses Phänomen trifft häufig Tiefseetaucher, die ohne angemessene Dekompression zu schnell wieder an die Wasseroberfläche zurückkehren. (→ Embolie/Luftembolie)
gas embolism

Gassterilisation. Anwendung von Gas, z.B. Äthylenoxid, zum Sterilisieren medizinischer Ausrüstungsgegenstände.
gas sterilization

Gastrektasie. (Magenerweiterung). Unphysiologische Erweiterung des Magens; kann von Schmerzen, Erbrechen, Tachykardie und niedriger Körpertemperatur begleitet sein. Zu den Ursachen gehören übermäßige Nahrungsaufnahme, Obstruktion des Pylorus oder Hernien.
[*griech.:* gaster, Magen; ektasis, dehnen]
gastrectasia

Gastrektomie. (Magenresektion). Chirurgische Entfernung des ganzen oder häufiger nur eines Teils des Magens; wird zur Entfernung eines chronischen Magenulkus, zur Beseitigung einer Hämorrhagie bei perforierendem Ulkus oder zur Entfernung von malignen Tumoren durchgeführt. Vor der Operation wird eine Magensonde gelegt.
gastrectomy

Gastric inhibitory polypeptide (GIP). Gastrointestinales Hormon, das in der Schleimhaut des Dünndarms vorhanden ist. Die Freisetzung dieses Hormons, die durch die Präsenz von Glukose oder Fettsäuren im Zwölffingerdarm (Duodenum) ausgelöst wird, löst eine Ausschüttung von → Insulin aus der Bauchspeicheldrüse (Pankreas) und eine Hemmung (Inhibition) der Sekretion von Magensäure aus.
gastric inhibitory polypeptide

Gastrin. Polypeptidhormon, das vom Pylorus ausgeschieden wird, die Bildung von Magensaft stimuliert und dadurch als Stimulus für die Sekretion von Gallen- und Pankreasenzymen fungiert.
gastrin

Gastrinom. Tumor in der Bauchspeicheldrüse (Pankreas) oder im Zwölffingerdarm (Duodenum).
gastrinoma

gastrisch. (gastral). Zum Magen gehörend.
[*griech.:* gaster, Magen]
gastric

Gastritis. Entzündung der Magenschleimhaut, die in akuter oder chronischer Form auftreten kann. Eine **akute G.** kann durch schwere Verätzungen, große Operationen, Aspirin oder andere entzündungshemmende Substanzen (NSAR´s), Kortikosteroide, Drogen, Nahrungsmittelallergene oder virale, bakterielle oder chemische Toxine ausgelöst werden. Die Symptome (Anorexie, Übelkeit, Erbrechen und Unwohlsein nach dem Essen) verschwinden meist, wenn das ursächliche Agens beseitigt worden ist. Die **chronische G.** ist meist Anzeichen für eine andere Erkrankung, z.B. Magenulkus, Magenkarzinom, Zollinger-Ellison-Syndrom oder perniziöse Anämie.
gastritis

Gastritis, atrophische. Chronische Entzündung des Magens mit Degeneration der

Magenschleimhaut; tritt häufig bei älteren Menschen und bei perniziöser Anämie auf. Die a.G. verursacht nur selten epigastrische Schmerzen. (→ Gastritis/Atrophie)
atrophic gastritis

Gastritis, erosive. Entzündliche → Erosion der Magenschleimhaut begleitet von Übelkeit, Erbrechen, Schmerzen und Magenblutungen.
erosive gastritis

gastroduodenal. Zum Magen und Zwölffingerdarm (Duodenum) gehörend.
[*griech.:* gaster, Magen; *lat.:* duodeni, 12 Finger]
gastroduodenal

Gastroduodenoskopie. Untersuchung des Magens und des Zwölffingerdarms (Duodenum) mit Hilfe eines → Gastroskops, das durch den Mund und den Ösophagus oder aber durch eine Inzision in die Bauchwand eingeführt wird. (→ Endoskopie)
gastroduodenoscopy

Gastroduodenostomie. Chirurgische Herstellung einer Verbindung (→ Anastomose) zwischen Magen und Zwölffingerdarm (Duodenum).
gastroduodenostomy

Gastroenteritis. Entzündung des Magens und Darms, die mit zahlreichen gastrointestinalen Beschwerden einhergeht. Zu den Symptomen gehören Anorexie, Übelkeit, Erbrechen, Fieber (je nach Ursache), Unwohlsein und Diarrhö. Ursache können bakterielle Enterotoxine sein, ein bakterieller oder viraler Befall, chemische Toxine oder Laktoseintoleranz.
[*griech.:* gaster, Magen; enteron, Darm; itis, Entzündung]
gastroenteritis

Gastroenterostomie. Chirurgische Verbindung einer künstlichen Öffnung zwischen Magen und Dünndarm, meist mit dem Leerdarm (Jejunum). Dabei wird auch eine → Gastrektomie vorgenommen, um Nahrung in den verbleibenden Magenteil und in den Dünndarm verabreichen zu können, oder aber um ein perforiertes Ulkus des Zwölffingerdarms (Duodenum) zu behandeln.
gastroenterostomy

gastrointestinal. Zu den Organen des Magen-Darm-Trakts gehörend, d.h. vom Mund bis zum Anus.
[*griech.:* gaster, Magen; intestinum, Darm]
gastrointestinal

Gastrokinetikum. Arzneimittel, das die Speichelsekretion stimuliert, einen zu niedrigen Druck des Schließmuskels der Speiseröhre (Ösophagus) erhöht und so die Ösophaguspassage nach unten verbessert.
gastrokinetic drugs

Gastrolith. (→ Bezoarstein)
bezoar

Gastromalazie. Unphysiologische Erweichung der Magenwände.
[*griech.:* gaster, Magen; malakia, Weichheit]
gastromalacia

Gastromegalie. Unphysiologische Vergrößerung des Magens oder des Bauchs (Abdomen).
[*griech.:* gaster, Magen; megas, groß]
gastromegaly

Gastroparese. (Magenatonie). Mangelhafte Fähigkeit des Magens, sich aufgrund einer verringerten gastrischen Motilität zu entleeren.
gastroparesis

Gastroplastik. Chirurgische Maßnahme zur Wiederherstellung oder Verbesserung eines Magendefekts oder einer Deformität.
[*griech.:* gaster, Magen; plassein, formen]
gastroplasty

Gastroskop. Glasfaserendoskop zur Untersuchung des Mageninneren. (→ Endoskopie)
[*griech.:* gaster, Magen; skopein, beobachten]
gastroscope

Gastroskopie. Visuelle Untersuchung des Mageninneren mit Hilfe eines → Gastro-

skops, das durch die Speiseröhre (Ösophagus) eingeführt wird.
gastroscopy

Gastrostomie. Chirurgische Maßnahme zur Herstellung einer künstlichen Öffnung des Magens durch die abdominale Wand. Eine G. wird durchgeführt, um Patienten mit Speiseröhrenkarzinom (Ösophaguskarzinom) oder Fisteln im Ösophagus oder in der Luftröhre (Trachea) zu ernähren, wenn sie längere Zeit bewusstlos sind oder infolge eines Schlaganfalls, Alzheimer-Krankheit oder anderer Störungen nicht mehr schlucken können.
[*griech.:* gaster, Magen; stoma, Mund]
gastrostomy

Gattung. Untergruppe einer Familie von Tieren oder Menschen. Eine G. besteht häufig aus mehreren eng verwandten Spezies; die Gattung *Homo* besitzt nur eine Species, den *Homo sapiens* (Mensch).
genus

Gaumen, harter. (Palatum durum). Der knochige Teil des Gaumens, der in den → weichen G. übergeht und vorn sowie seitlich mit den Alveolarbögen und dem Zahnfleisch verbunden ist.
hard palate

Gaumen, weicher. (→ Gaumensegel)
soft palate

Gaumensegel. (Palatum molle; Velum palatinum). Die aus Schleimhaut, Muskelfasern und Drüsen bestehende Platte, die die Fortsetzung des harten Gaumens und die obere Begrenzung des Mundes bildet. Beim Schlucken und Saugen hebt sich der »weiche Gaumen« und trennt damit Nasen- und Rachenraum von der Mundhöhle.
soft palate

Gaumenspalte. Kongenitale Fehlbildung im Bereich der Gaumenmittellinie; Folge einer fehlenden Verschmelzung der beiden Gaumenspalten während der embryonalen Entwicklung. Die Fissur kann entweder die harte oder weiche Gaumenplatte sowie die Nasenhöhle betreffen, wobei sie auch unvollständig ausgebildet sein kann.
cleft palate

Gaumentonsille. (Gaumenmandel). Eine von zwei mandelförmigen Strukturen aus lymphähnlichem Gewebe zwischen dem Gaumen-Zungen- und dem Gaumen-Rachen-Bogen auf jeder Seite des Rachens. Sie sind mit einer Schleimhaut überzogen und enthalten zahlreiche Lymphfollikel und verschiedene Einbuchtungen.
palatine tonsil

Gaumenzäpfchen. (Uvula). Kleine, zapfenförmige Gebilde, die in der Mitte des hinteren weichen Gaumens von oben frei herabhängen. Sie bilden die Abgrenzung vom Gaumen zum Rachen.
uvula

Gaze. Transparentes Gewebe unterschiedlicher Stärke, meist aus Baumwolle, das in der Chirurgie für Bandagen und Verbände benutzt wird. Die G. kann sterilisiert und mit einem → Antiseptikum oder einer Lotion getränkt werden.
gauze

Gaze, resorbierbare. Aus oxidierter Zellulose hergestelltes Verbandsmaterial, das vom Gewebe absorbiert werden kann; wird zur Blutstillung direkt auf blutendes Gewebe aufgelegt.
absorbable gauze

Gebären. → Pflegeintervention der → NIC, die definiert wird als die Geburt eines Babys.
Birthing

Gebärmutter. (→ Uterus)
uterus

Gebärmuttervorfall. (Uterusprolaps). Absinken, Vorfallen oder Vorrutschen der Gebärmutter aus der Schamspalte aufgrund einer Schwächung oder Verletzung des Beckenbodens oder der Gebärmutterbänder.
uterine prolapse

Geburt. Ausstoßen einer Frucht aus dem Mutterleib. Eine G. verläuft in drei Pha-

sen: die Eröffnungsphase mit Öffnung des Muttermundes, die Austreibungsphase und die Nachgeburt.
birth

Geburtenkontrolle. (→ Kontrazeption)
birth control

Geburtenrate, bereinigte. Der Anteil der Geburten bezogen auf die gesamte weibliche Bevölkerung während eines bestimmten Zeitraums, z.B. eines Jahres.
refined birth rate

Geburtenziffer. Das Verhältnis der Lebendgeburten in einem speziellen Bereich während eines bestimmten Zeitabschnitts im Vergleich zur Gesamtbevölkerung; wird üblicherweise als die Anzahl der Geburten pro 1000 Einwohner ausgedrückt.
birth rate

Geburtseinleitung. Verfahren in der Geburtshilfe, bei dem die Wehen künstlich mit Hilfe einer Fruchtblasensprengung (→ Amniotomie) oder durch die Verabreichung von → Oxytozin ausgelöst werden. Eine G. wird gezielt durchgeführt, wenn von Seiten des Fötus oder der Mutter ausreichende Indikationen vorliegen.
induction of labour

Geburtsgewicht. Das Körpergewicht eines Babys bei der Entbindung, normalerweise etwa 3500g. Babys, die weniger als 2500g wiegen, werden als untergewichtig bezeichnet, über 4500g spricht man von übergewichtigen Babys (häufig bei Müttern mit Diabetes mellitus).
birth weight

Geburtshilfe. Fachgebiet, in dem → Hebammen, die eine spezielle Ausbildung absolviert haben und entsprechende Erfahrungen aufweisen, Frauen bei der Entbindung helfen.
midwifery

Geburtshilfe. Bereich der Medizin, der sich mit Schwangerschaften und Entbindungen befasst; dazu gehören auch das Studium der physiologischen und pathologischen Funktionen des weiblichen Geschlechtstraktes, die Versorgung von Mutter und Fötus während der Schwangerschaft sowie Entbindung und die Phase unmittelbar nach der Geburt.
obstetrics

Geburtskanal. Passage, die sich vom kleinen Becken bis in die Vaginalöffnung erstreckt und durch die der Fötus während einer vaginalen Entbindung bewegt wird.
birth canal

Geburtslähmung. Verlust motorischer oder sensorischer Nervenfunktionen in bestimmten Körperteilen infolge einer Nervenverletzung während des Geburtsprozesses; z.B. Fazialislähmung.
birth palsy

Geburtsschäden. Verletzungen, die ein Baby während der Geburt erleidet; dazu gehören körperliche Schäden, wie Bell-Lähmung, Zerebralparese und Erb-Lähmung, oder ein möglicher psychischer Schock, den ein Säugling entsprechend einiger psychiatrischer Theorien während der Entbindung erleidet (Geburtstrauma).
birth injury

Gedächtnis. 1. Geistige Fähigkeit oder Kompetenz, die es ermöglicht, Informationen durch unbewusste assoziative Prozesse zu behalten und sich an sie zu erinnern; dabei kann es sich um in der Vergangenheit erlebte Empfindungen, Eindrücke, Ideen, Konzepte sowie alle Informationen handeln, die bewusst gelernt wurden. 2. Das Reservoir aller früherer Erfahrungen und Wissen, das bewusst wieder aufgerufen werden kann. 3. Erinnerung an zurückliegende Ereignisse, Vorstellungen, Empfindungen oder an früher erlerntes Wissen.
memory

Gedächtnis, affektives. Ein besonderes emotionales Gefühl, das immer dann auftritt, wenn ein bedeutendes Erlebnis ins Gedächtnis gerufen wird.
affective memory

Gedächtnis, anterogrades. Die Fähigkeit, sich an vor langer Zeit Geschehenes, aber nicht an kurz zurückliegende Ereignisse zu erinnern.
anterograde memory

G

Gedächtnis, beeinträchtigt. Anerkannte NANDA-Pflegediagnose; Unfähigkeit eines Patienten, sich an bestimmte Informationen oder Verhaltensweisen zu erinnern. Das b.e G. kann pathophysiologischen oder situativen Ursachen zugeschrieben werden und vorübergehend oder dauerhaft sein.
memory, impaired

Gedächtnistraining. → Pflegeintervention der → NIC, die definiert werden kann als die Schulung des Gedächtnisses.
Memory Training

G

Gefäß. Sammelbezeichnung für die im ganzen Körper vorhandenen rohrförmigen Strukturen, die Flüssigkeit - meist Blut oder Lymphe - transportieren. Die wichtigsten G.e sind → Arterien, → Venen und Lymphgefäße.
vessel

Gefäßerkrankung, periphere. Unphysiologischer Zustand der Blutgefäße außerhalb des Herzens und der Lymphgefäße. Die verschiedenen Formen und Ausprägungen einer p.n G. sind durch eine Vielzahl von Anzeichen und Symptomen gekennzeichnet, z.B. Taubheit, Schmerzen, Blässe, erhöhter Blutdruck und verlangsamter arterieller Puls. Zu den Ursachen zählen u.a. Fettleibigkeit (Obesität), Zigarettenrauch, sitzende Beschäftigung und anderweitige Gefäßerkrankungen. Bei einer p.n G. in Verbindung mit bakterieller Endokarditis kann es zu einer Embolie in den terminalen Arteriolen kommen, was an verschiedenen distalen Körperteilen zu einer Gangrän führen kann, z.B. an Nasenspitze, Ohrläppchen, Fingern und Zehen. Größere Embolien können periphere Gefäße verstopfen und eine atherosklerotische Verschlusskrankheit verursachen.
peripheral vascular disease (PVD)

Gefäßerkrankung, periphere arterielle. Systemische Form der → Atherosklerose, die Symptome im kardialen, zerebralen und renalen Gefäßsystem verursacht. Dies betrifft etwa 2% aller Personen zwischen 37 und 69 Jahren, und mehr als 10% der über 70jährigen, am häufigsten Männer mit Diabetes mellitus. Andere Risikofaktoren sind Fettleibigkeit (Obesität) und Stress. Der Blutfluss wird durch eine intraarterielle Ansammlung von weichen Ablagerungen aus Fetten und Fibrin beeinträchtigt, welche mit der Zeit verhärten, insbesondere in Kurven oder Abzweigungen der Arterienwände. Die Patienten werden sich im Allgemeinen der Veränderungen erst bewusst, wenn das Lumen etwa auf die Hälfte reduziert ist. Frühe Symptome sind rezidivierende Schmerzen, intermittierendes Hinken (Claudicatio intermittens) und ischämische Ruheschmerzen.
peripheral arterial disease (PAD)

Gefäßinsuffizienz. Verminderter peripherer Blutfluss infolge einer Gefäßverstopfung durch arteriosklerotische Ablagerungen (Plaque), festsitzende oder wandernde Blutpfropfen (Thromben bzw. Emboli), durch Krankheit geschädigte Gefäßwände, arteriovenöse Fisteln, verstärkte Blutgerinnung oder starkes Rauchen. Anzeichen einer G. sind blasse, zyanotische oder gefleckte Hautbezirke über dem betroffenen Bereich, Schwellung der Extremitäten, verminderter Tast- und Temperatursinn, Prickeln und Muskelschmerzen. Im fortgeschrittenen Stadium kommt es zu Muskelschwund (Atrophie) in den betroffenen Extremitäten.
vascular insufficiency

Gefäßwiderstand, systemischer. Widerstand, gegen den die ausgeworfene Blutmenge bei jeder Kontraktion der linken Herzkammer anströmen muss. Bei Verengung der peripheren Gefäße erhöht sich der s. G.
systemic vascular resistance (SVR)

gefenstert. Gipsverband mit einer Öffnung, insbesondere zur Druckverminderung und dadurch Vermeidung von Hautreizungen und -entzündungen.
windowed

Gefrierpunkt. Temperatur, bei der ein Stoff von einem flüssigen Zustand in einen Festzustand übergeht. Der Gefrierpunkt von Wasser ist 0° Celcius.
freezing point

Gefühl. 1. Gemütsregung. 2. Subjektives Erlebnis infolge einer Stimulierung sensorischer Nerven.
feeling

Gegenextension. Eine Kraft, die mechanischem Zug entgegenwirkt; z.B. die Kraft des Körpergewichts aufgrund von Schwerkraft.
countertraction

Gegenübertragung. Bewusste oder unbewusste emotionale Reaktionen eines Psychotherapeuten bzw. Psychoanalytikers auf einen Patienten.
countertransference

Gehgestell, starres. Sehr leichtes, höhenverstellbares Rahmengestell aus vier Aluminiumrohrstützen, das einen Patienten beim Laufen unterstützt. Der Patient hält sich am Gestell fest und macht einen Schritt nach vorne, dann setzt er das Gestell nach vorne. Während er sich fest hält, macht er den nächsten Schritt usw.
walker

Gehgips. Gips, mit dem der Patient laufen kann. An dem Gipsverband ist ein Belastungsbügel aus Gummi angebracht, auf dem der Patient beim Laufen abrollen kann. Der G. ermöglicht eine frühere Belastung bei Unterschenkel, Fuß- und Gelenksfrakturen.
walking cast

Gehirn. Der Teil des Zentralnervensystems (ZNS), der sich in der Schädeldecke (Cranium) befindet; er besteht aus Großhirn (Cerebrum), Kleinhirn (Cerebellum), Brücke (Pons), verlängertem Mark (Medulla oblongata) und Mittelhirn (Mesenzephalon).
brain

Gehirnerschütterung. (Commotio cerebri; Commotio). Quetschung des Hirngewebes, die durch eine heftige Erschütterung oder Schütteln, oder durch eine andere stumpfe, geschlossene Verletzung des Gehirns verursacht wird und zu plötzlichen Veränderungen der Hirnaktivität führt. Bei einer leichten G. kann eine kurze Phase der Bewusstlosigkeit mit anschließender Gedächtnislücke (Amnesie) auftreten, danach folgen häufig Kopfschmerzen und es kommt zum Erbrechen. Eine schwere G. kann zu einer längeren Bewusstlosigkeit sowie zur Unterbrechung der vitalen Funktionen des Hirnstamms führen, z.B. Atmung oder vasomotorische Stabilität. Die Patienten müssen Bettruhe einhalten, Puls, Blutdruck sowie Lichtreizreaktion der Pupillen regelmäßig überwacht werden, um rechtzeitig eine Gehirnschwellung zu erkennen.
brain concussion

Gehirnszintigraphie. (Gammaenzephalographie). Diagnostische Maßnahme, bei der mit Hilfe einer Kontrastmitteldarstellung die Hirnmasse sowie Gehirnläsionen, -tumore oder -infarkte lokalisiert und festgestellt werden können. Das Kontrastmittel wird intravenös injiziert und gelangt in das Hirngewebe, wo es in unphysiologischem Gewebe akkumuliert. Dies wird mit einem Szintigraphen oder Scanner aufgenommen, wodurch Größe und Lage der Störung bestimmt werden können.
brain scan

Gehörgang. 1. Röhrenförmiger Kanal des äußeren Ohrs vom Vorhof bis zur Paukenhöhle (Tympanum) des Mittelohrs. 2. Der kurze innere G. erstreckt sich vom Felsenbein des Schläfenknochens bis zum Boden des G.s (Fundus) in der Nähe des Labyrinthvorhofs (Vestibulum) und enthält den XIII. Hirnnerv.
auditory meatus

Gehörgang, innerer. Öffnung im Felsenbein des Tympanumkanals von der Spitze der Schläfenbeinpyramide zum Innenohr, durch die die Hör-, Fazial- und Vestibulocochlearnerven und die Labyrintharterie verlaufen.
internal acoustic meatus

Gehörknöchelchen. Drei kleine Knochen im Mittelohr, nämlich Hammer (Malleus), Amboss (Incus) und Steigbügel (Stapes), die miteinander verbunden sind. Wenn die Trommelfellmembran (Tympanum) vibriert, werden Schallwellen über die G. zur Ohrschnecke (Cochlea) übertragen.
auditory ossicles

G

G

Geist. 1. Der Teil des Gehirns, der Sitz der mentalen Aktivität ist und dafür sorgt, dass eine Person verstehen, wissen, sich erinnern, denken, fühlen, reagieren und sich an alle externen und internen Stimuli anpassen kann. 2. Die Gesamtheit aller bewussten und unbewussten Prozesse einer Person, die das psychische und physische Verhalten beeinflussen und lenken. 3. Fähigkeit des Intellekts oder Verstehens, im Gegensatz zu Gefühlen und Willen.
🇬🇧 mind

Geisteszustand. Ausmaß der Kompetenz, die eine Person in bezug auf intellektuelle, emotionale, psychologische und persönliche Funktionen zeigt und die durch entsprechende Tests in Verbindung mit statistischen Normen eingeschätzt werden kann.
🇬🇧 mental status

Gekröse. (→ Mesenterium)
🇬🇧 mesentery

Gekröseschlagader, untere. (→ Arteria mesenterica inferior)
🇬🇧 inferior mesenteric artery

Gekrösevene, untere. (→ Vena mesenterica inferior)
🇬🇧 inferior mesenteric vein

Gel. → Kolloid, das trotz großer Mengen Flüssigkeit halbfest ist; es wird in vielen Arzneimitteln als Weichmacher (Emolliens) oder Trägersubstanz für andere Substanzen, sowie als → Antazidum oder → Adstringens verwendet.
🇬🇧 gel

Gelbfieber. Akute tropische, durch Stechmücken übertragene Virusinfektionskrankheit, gekennzeichnet durch Kopfschmerzen, hohes Fieber, Schüttelfrost, Gelbsucht und Bluterbrechen. Die Krankheit endet häufig tödlich. Erholt sich der Patient jedoch, erlangt er eine lebenslange Immunität. Bei einer Reise in gefährdete Regionen wird eine Impfung angeraten.
🇬🇧 yellow fever

Gelbfieber-Vakzin. Impfstoff gewonnen aus lebenden, abgeschwächten Gelbfieberviren, die in Hühnerembryos gezüchtet werden können; wird zur Schutzimpfung gegen Gelbfieber verwendet. Der Impfschutz besteht ca. 6 Jahre.
🇬🇧 yellow fever vaccine

Gelenk. Verbindung zwischen Knochen. Die G.e werden in fibröse G.e (Syndesmosen), Knorpelgelenke (Synchondrosen) und Synovialgelenke (Diarthrosen) unterteilt. Die fibrösen G.e sind unbeweglich, Knorpelgelenke sind leicht beweglich und Synovialgelenke sind frei beweglich. Zu den typischen unbeweglichen G.en gehören die, die die meisten Knochen des Schädels verbinden, leicht beweglich sind die G.e der Wirbelsäule und der Beckenknochen.
🇬🇧 joint

Gelenkkapsel. Gewebehülle, die ein frei bewegliches Gelenk umgibt und aus einer externen Schicht weißen Bindegewebes sowie einer inneren Gelenkauskleidung (Synovialmembran) besteht.
🇬🇧 articular capsule; joint capsule

Gelenkknorpel. Eine Art durchsichtiges (hyalines) Bindegewebe, das die Knochenoberfläche innerhalb der Gelenke überzieht.
🇬🇧 articular cartilage

Gelenkkopf. Vorsprung eines Knochens, der in die Vertiefung eines anderen Knochens passt und mit diesem zusammen ein Gelenk bildet.
🇬🇧 articular head

Gelenkpfanne, künstliche, vierseitige. Prothesenfassung für Patienten, deren Bein oberhalb des Knies amputiert wurde. Der hintere Rand ist so geformt, dass er direkt neben dem Sitzbeinhöcker liegt, so dass die Patienten praktisch darauf sitzen.
🇬🇧 quadrilateral socket

Gelenkpunktion. Methode zur Entnahme von Gelenkflüssigkeit zu diagnostischen Zwecken mit Hilfe einer Hohlnadel (streng aseptisches Vorgehen erforderlich). (→ Arthroskopie)
🇬🇧 arthrocentesis

Gelenkrheumathismus, akuter. Häufig auftretende Form von → Rheumatismus bei Erwachsenen, möglicherweise in Verbindung mit einer eitrigen Gelenkinfektion. Symptome sind Fieber und Arthritis. (→ Polyarthritis)
[*griech.:* rheumatismos, fließend]
acute articular rheumatism

Gelenkscheibe. (Diskus). Scheibenförmiges, knorpeliges Ende bestimmter Knochen in beweglichen Gelenken, welche oft eng mit dem umgebenden Muskel- oder Knorpelgewebe verbunden sind.
articular disk

Gelenkschmiere. (→ Synovia)
synovia

Gemeindekrankenschwester/-pfleger. Ausgebildete Krankenschwester/-pfleger , die Patienten in einem festgelegten Bezirk z. T. täglich zuhause versorgt; dabei geht es vorwiegend um eine Versorgung in der Grundpflege, Anleitung und Betreuung der Angehörigen und ggf. Gabe von verordneten Medikamenten.
visiting nurse; home health nurse

Gemeindepflege. (Ambulante Krankenpflege). Gesundheitsdienstleistung, die am Wohnort eines Patienten zum Zweck der Förderung, Erhaltung oder Wiederherstellung seiner Gesundheit oder zur Minimierung der Auswirkungen von Krankheiten und Behinderung ausgeführt wird; dazu gehören ärztliche, zahnärztliche und pflegerische Versorgung, Sprach- und Physiotherapie, Haushaltshilfe und Gewährleistung von Krankentransporten.
home care

Gemelli. (Gemini). Zwillinge.
gemelli

Gemfibrozil. → Antihypertonikum, das bei einer Hyperlipidämie zur Senkung der Blutfette eingesetzt wird.
gemfibrozil

Gen. Die biologische Einheit, die das genetische Material und Erbgut trägt. Das G. entspricht einer bestimmten Nukleotidsequenz mit einem → DNS-Molekül (Desoxyribonukleinsäure-Molekül), das einen bestimmten Platz auf einem Chromosom besetzt und sich selbst durch Codierung einer spezifischen Polypeptidkette vermehren kann.
[*griech.:* genein, produzieren]
gen

-gen. Nachsilbe mit der Bedeutung »hervorbringend, verursachend, verursacht«; z.B. pathogen, Kollagen.
-gen

Gen, dominantes. Bezeichnung für ein → Gen, das einen phänotypischen Effekt hervorruft, ungeachtet, ob sein → Allel identisch ist oder sich unterscheidet.
[*lat.:* dominari, herrschen; *griech.:* genein, herstellen.]
dominant gene

Gen, rezessives. Teil eines Genpaares, dessen Merkmal sich bei gleichzeitig vorhandenem dominantem → Allel nicht ausprägen kann. Das Merkmal kann sich nur bei → homozygoter Konstellation ausprägen (z.B. negativer Rhesusfaktor, Hämophilie).
recessive gene

Generation. 1. Die jeweiligen Mitglieder einer Geschlechterfolge (Eltern, Kinder oder Enkel). 2. Alle innerhalb eines bestimmten Zeitraums geborenen Personen. 3. Die ungefähr festgelegte Lebensdauer eines Menschen.
[*griech.:* generare, zeugen]
generation

Generationswechsel. Eine Form der Fortpflanzung, bei der eine geschlechtlich erzeugte Generation abwechselnd mit einer oder mehreren, asexuell erzeugten Generationen auftritt; kann bei vielen Pflanzen und niederen Tierarten beobachtet werden.
alternate generation

generativ. Zu einer Aktivität gehörend, mit der neues körperliches oder mentales Wachstum entsteht, z.B. in Form von kreativen Problemlösungen.
[*lat.:* generare, zeugen]
generative

G

Generic name. Der offizielle, nicht geschützte Name eines Arzneimittels (Freiname); internationaler wissenschaftlicher Kurzname.
generic name

Generikum. Substanz, Produkt oder Arzneimittel, welches nicht durch ein Warenzeichen geschützt ist und unter seinem Freinamen in den Handel gelangt. (→ Generic name)
generic

Genese. (Genesis). Ursprung, Entstehung und entwicklungsbezogene Evolution.
genesis

Genetik. Wissenschaft, die sich mit den Prinzipien und Mechanismen der Vererbung beschäftigt, besonders unter Beachtung jener Eigenschaften, die Eltern an ihre Kinder weitergeben. Die G. befasst sich außerdem mit den Ursachen von Ähnlichkeiten und Unterschieden zwischen verwandten Organismen. – *adj.* genetisch.
genetics

Genetik, klinische. Genetikzweig, der sich mit Erbkrankheiten beschäftigt und die möglichen genetischen Faktoren untersucht, die den Ausbruch einer Krankheit beeinflussen.
clinical genetics

Genitalien (pl.). (Genitale). Die Geschlechts- oder Fortpflanzungsorgane. Bei der Frau gehören zu den äußeren G. die Vulva, der Schamhügel, die großen und kleinen Schamlippen, die Klitoris und der Scheidenvorhof; zu den inneren G. zählt man Eierstock, Eileiter, Gebärmutter und Scheide. Beim Mann gehören Penis und Hodensack zu den äußeren und Hoden, Nebenhoden, Samenleiter, Samenbläschen und Vorsteherdrüse zu den inneren G. – *adj.* genital.
genitals

Genmanipulation. (→ Gentechnik)
genetic engineering

Genom. Kompletter (→ haploider) Satz an → Genen in den Chromosomen jeder Zelle eines spezifischen Organismus.
genome

genotoxisch. Bezeichnung für die Fähigkeit, die DNS (Desoxyribonukleinsäure) zu verändern und dadurch Krebs oder Mutationen auszulösen.
genotoxic

Genotyp. 1. Die vollständige genetische Konstitution eines Organismus oder einer Gruppe, die durch bestimmte Kombinationen und Lokalisationen der Gene (Genlokus) auf den Chromosomen bestimmt wird. 2. Die → Allele, die auf einem oder mehreren homologen Chromosomen angeordnet sind. Die genetische Information, die jedes Allelepaar trägt, bestimmt ein spezifisches Charakteristikum oder Merkmal. 3. Gruppe oder Klasse von Organismen, die die gleiche genetische Darstellung aufweisen. (s.a. Phänotyp)
genotype

Genpool. Gesamte Anzahl der genetischen Merkmale einer Person oder auch einer ganzen Population.
gene pool

Gentamicin. Aminoglykosid-→ Antibiotikum, das zur Linderung starker Symptome bei Infektionen verabreicht wird. G. stört die Proteinbiosynthese zahlreicher Bakterien. Da G. im Darm schlecht resorbiert wird, muss es i.v. injiziert werden. Als Nebenwirkungen treten Nierentoxizität und mögliche Schäden der Gleichgewichts- und Hörorgane auf. (→ Breitbandantibiotikum)
gentamicin sulfate

Gentechnik. (Genmanipulation). Prozess der Produktion einer rekombinierten → DNS (Desoxyribonukleinsäure), wobei der → Genotyp und der → Phänotyp eines Organismus kontrolliert und verändert werden können. Mit Hilfe von Enzymen werden die DNS-Moleküle in Fragmente zerlegt, so dass Gene von anderen Organismen eingefügt und die Nukleotide in einer gewünschten neuen Reihenfolge arrangiert werden können.
genetic engineering

Gentherapie. (Genchirurgie). Maßnahme, bei der »gesunde Gene« in das Blut eines Patienten injiziert werden, um eine Erb-

krankheit oder vergleichbare Erkrankung zu behandeln. Zuvor wird dem Patienten Blut entnommen; die weißen Blutkörperchen (Leukozyten) werden getrennt und im Labor als Kultur gezüchtet. Danach werden sie in modifizierte Viren (die als Vektoren dienen) eingeführt. Normale Gene eines Spenders werden ebenfalls in die Viren eingebracht, die dann das normale Gen in die Chromosomen der weißen Zellen des Patienten transferieren. Die Leukozyten enthalten nun normale Gene und werden dem Patienten wieder injiziert.
gene therapy

Gentianaviolett. Bakterizides, antiinfektiöses, fungizides und wurmabtreibendes Mittel, das zur Behandlung von Madenwürmern, Haut- und Vaginalinfektionen eingesetzt wird.
gentian violet

Genu. Knie oder gebeugte Struktur, die einem Knie ähnelt; z.B. G. recurvatum (überstrecktes Knie), G.valgum (X-Bein) oder G. varum (O-Bein).
genu

Geotrichose. Erkrankung, die durch den Pilz *Geotrichum candidum* verursacht wird und orale, bronchiale, pharyngeale und intestinale Beschwerden auslösen kann; tritt meist bei immungeschwächten Personen auf und steht in Verbindung mit allergischen asthmatischen Reaktionen und intestinalen Erkrankungen, die sich in abdominalen Schmerzen, Diarrhö und rektalen Blutungen äußern.
[*griech.:* geo, Erde; thrix, Haar; osis, Erkrankung]
geotrichosis

Geräusch. (Bruit). Unphysiologischer pfeifender oder zischender Ton, der beim Abhören (Auskultation) der Karotisarterie, eines Organs oder einer Drüse zu hören ist, z.B. Leber oder Schilddrüse. Der spezifische Charakter, die Lokalisation und die Länge eines G.es sind von diagnostischer Bedeutung.
bruit

Geräusch, arterielles. Geräusch, das entsteht, wenn Blut durch eine → Arterie fließt.
arterial murmur

Geräusch, diastolisches. → Herzgeräusch, das durch den Blutfluss während der Entspannungsphase (→ Diastole) der Herzkammer verursacht wird. In den meisten Fällen ist ein d. G. die Folge einer organischen Herzkrankheit.
diastolic murmur

Geräusch, präsystolisches. → Herzgeräusch, das bei einer → Mitralklappenstenose direkt vor der → Systole auftritt.
presystolic murmur

Geriatrie. Teil der Medizin, der sich mit den physiologischen Erscheinungen des Alterungsprozesses sowie der Diagnose und Behandlung von Krankheiten befasst, unter denen ältere Menschen leiden.
geriatrics

Germanium (Ge). Metallisches Element mit einigen nicht-metallischen Halbleitereigenschaften; Ordnungszahl 32, Atommasse 72,61.
germanium (Ge)

Geroderma. (Greisenhaut). 1. Die → atrophierte Haut des alternden Menschen. 2. Dünne, faltige Haut bei einem Ernährungsdefizit. 3. Jeder Zustand, der sich in einer dünnen, schlaffen, welken Haut äußert und wie die Haut von älteren Menschen aussieht.
[*griech.:* geron, alter Mann; derma, Haut]
geroderma

Gerontologie. Studium aller Aspekte des Alterungsprozesses, einschließlich der klinischen, psychologischen, ökonomischen und soziologischen Fragen, die im Zusammenhang mit älteren Menschen stehen, sowie ihre Konsequenzen sowohl für den Einzelnen als auch für die Gesellschaft.
[*griech.:* geras, hohes Alter; logos, Wissenschaft]
gerontology

Gerontopsychiatrie. Untersuchung und Behandlung der psychiatrischen Erkrankun-

gen in Verbindung mit dem Alterungsprozess und den mentalen Störungen älterer Menschen.
[*griech.:* geras, hohes Alter; psyche, Geist]
geropsychiatry

Gerstenkorn. Eitrige Infektion einer Talgdrüse am Augenlid, häufig durch Streptokokken ausgelöst. (→ Hordeolum)
sty; hordeolum

Geruchsrezeptoren. Bipolare Nervenzellen, die im Nasenepithel lokalisiert sind. Die Axone dieser Zellen werden zu Rezeptoren des Riechnervs (→ Nervus olfactorius).
olfactory receptors

Gesamteisen. Die Konzentration des gesamten → Eisens im Blutserum; der Normwert liegt zwischen 50 und 150 µg/dl.
total iron

Gesamtkörperwasser (GKW). Die Summe des gesamten Wassers im Körper, zusammengesetzt aus Intra- und Extrazellulärwasser, dem Wasser im Magen-Darm-Trakt und im Harntrakt.
total body water

Gesamtmakroglobuline. Schwere Serumeiweiße, die bei bestimmten Krankheiten erhöht sind, z.B. bei Infektionen oder Krebs.
total macroglobulins

Gesamtnitrogen. Nitrogengehalt des Stuhls, der zur Diagnose verschiedener Stoffwechselkrankheiten gemessen wird, z.B. einer Unterfunktion der Bauchspeicheldrüse oder einer gestörten Eiweißverdauung. Die normale Menge in einer 24-Stunden-Stuhlprobe beträgt 10% der Nitrogenaufnahme bzw. 1–2 g.
total nitrogen

Gesäßmuskel. (→ Musculus glutaeus)
gluteus

Geschlecht. Zuordnung von Lebewesen in das weibliche oder männliche G. Die Bestimmung des G.s erfolgt beim Menschen bei der Befruchtung eines Eies (Oozyt), das ein X-Chromosom enthält, mit einer Samenzelle (Spermatozyt), die entweder ein X- oder ein Y-Chromosom enthält. Durch die Vereinigung entsteht entweder ein Mädchen mit zwei X-Chromosomen oder ein Junge, wenn es zur Verbindung eines X- mit einem Y-Chromosom kommt.
gender

Geschlecht, chromosomales. Das durch das Vorhandensein bzw. Fehlen eines Y-Chromosoms bestimmte Geschlecht eines Säugetiers.
chromosomal sex

Geschlechterrolle. 1. Die Erwartungen der Gesellschaft an das geschlechtsspezifische Verhalten von Männern und Frauen. 2. Ausdruck der Geschlechtsidentität einer Person, die sie sowohl sich selbst als auch anderen gegenüber auslebt und die zeigt, dass die Person entweder weiblich oder männlich ist.
sex role; gender role

Geschlechterverhältnis. (Sexualproportion). Das Zahlenverhältnis zwischen weiblichen und männlichen Individuen in einer Bevölkerungsgruppe; verändert sich in den verschiedenen Lebensabschnitten. Bei der Geburt fallen i. d. R. etwa 106 Jungen auf 100 Mädchen; im Alter überwiegen jedoch oft die Frauen, da sie gegenüber Männern eine höhere Lebenserwartung haben.
sex ratio

Geschlechtsbestimmung. (Geschlechtsdetermination). Die Untersuchung der zellulären Unterschiede zwischen dem männlichen und dem weiblichen Organismus, wobei sich beim Mann die Chromosomenkombination XY und bei der Frau die Kombination XX findet. Unterschiede in der gesamten Körperstruktur werden durch sekundäre geschlechtsspezifische Merkmale und durch das knöcherne Skelett dargelegt.
sex determination

Geschlechtschromosom. (→ Gonosom)
sex chromosome

Geschlechtsdetermination. (→ Geschlechtsbestimmung)
sex determination

Geschlechtshormone. (Sexualhormone). Sammelbezeichnung für Hormone, die von den weiblichen und männlichen Geschlechtsorganen bzw. der Nebennierenrinde produziert werden, zur Ausprägung der Geschlechtsmerkmale dienen und an der Fortpflanzung beteiligt sind. Zu den weiblichen G.n gehören Östrogene und Gestagene (v. a. Progesteron), zu den männlichen die Androgene (v. a. Testosteron).
sex hormones

Geschlechtskrankheiten. (→ Sexually transmitted Diseases STD)
sexually transmitted diseases (STD)

Geschlechtsumwandlung. Operative Veränderung der äußeren Geschlechtsmerkmale in diejenigen des anderen Geschlechts.
transsexual surgery

Geschmacksknospe. Sammelbezeichnung für die zahlreichen kleinen Geschmacksorgane, die über die Zunge und den Gaumen verteilt sind. Jede G. liegt in einer kugelförmigen Tasche (Papille), die sich im Epithelium ausweitet. Eine G. besteht aus fadenförmigen Geschmackszellen (= Sinneszellen) und aus spiralförmigen Stützzellen, die jeweils eine Öffnung nach außen und eine in die darunter liegende Zellschicht haben. (s.a. Geschmackspapillen)
taste bud; gustatory papilla

Geschmackspapillen. Schmale, warzenähnliche Erhebungen auf der Zunge, die kleine Sinnesorgane, die sogenannten → Geschmacksknospen, enthalten. Diese Geschmacksknospen nehmen je nach Lage auf der Zunge verschiedene Geschmäcker wahr.
taste papilla

Geschmackssinn. Sinnessystem, mit dem verschiedene Geschmäcker auf der Zunge wahrgenommen werden und das Nervenimpulse an die jeweiligen Geschmackszentren in der Hirnrinde und im Thalamus aussendet. Es gibt vier grundlegende Geschmacksrichtungen: süß, sauer, salzig und bitter. An der Zungenspitze schmeckt man salzig und süß, an der Seite sauer und im hinteren Bereich bitter. In der Mitte wird kein Geschmack wahrgenommen. Der G. ist eng mit dem Geruchssinn verbunden. (→ Geschmacksknospe)
taste; gustation

Geschwister, Unterstützung der. → Pflegeintervention der → NIC, die definiert ist als die Unterstützung von Geschwistern beim Umgang mit der Krankheit eines Bruders oder einer Schwester.
Sibling Support

Gesicht. Vorderseite des Kopfes von Kinn bis Augenbraue, einschließlich Haut und Muskeln sowie die Strukturen von Stirn, Nase, Mund, Wangen und Kiefer.
face

Gesichtsfeld. (Sehfeld). Der Bereich, der für das Auge in einer festen Position sichtbar ist. Das durchschnittliche G. des Menschen beträgt 65° nach oben, 75° nach unten, 60° nach innen und 90° nach außen.
visual field (VF)

Gesichtsfeldausfall. (Skotom). Sehstörung (Abdunkelung bzw. Ausfall) in einem bestimmten Bereich auf einem oder beiden Augen. Charakteristisches Anzeichen für einen beginnenden G. ist ein schimmernder Film, der als Fleck vor dem Auge auftaucht.
scotoma

Gesichtsknochen. Bezeichnung für 14 verschiedene Knochen, die die Gesichtsfläche des Schädels bilden.
facial bones

Gesichtslage. Fötale Geburtslage, bei der das Gesicht der vorliegende Körperteil ist.
face presentation

Gesichtsmuskulatur. Eine von fünf Gesichtsmuskelgruppen; dazu gehören die Kopfhautmuskeln, die extrinsischen Ohrmuskeln, die Nasenmuskeln, die Muskeln der Augenlider sowie die Mundmuskulatur.
facial muscle

Gesichtsneuralgie. Schmerzen im Mittelohr und Gehörkanal aufgrund einer Entzün-

dung des Ganglion oticum. (s.a. Trigeminusneuralgie)
facial neuralgia

Gesichtstic. (Fazialiskrampf). Zuckungen des Gesichtsnervs; verursacht unwillkürliche, krampfartige Kontraktionen der Gesichtsmuskeln, die von dem betroffenen Nerv innerviert werden, z.B. bei Tetanus.
convulsive tic

Gestagen. Gruppe von synthetischen oder natürlichen Steroidhormonen, die vom Gelbkörper (Corpus luteum), von der Plazenta und der Nebennierenrinde ausgeschüttet werden und ähnliche Wirkung wie → Progesteron haben, wozu die Vorbereitung des Endometriums auf die Einnistung (Implantation) der Blastozyste gehört.
progestin, gestagen

Gestalt. Eine einzelne körperliche, psychologische oder symbolische Konfiguration, Struktur oder Erfahrung, die aus mehreren Elementen besteht und deren Wirkung als Ganzes sich von jenem Effekt unterscheidet, der sich auf die Summe der einzelnen Komponenten bezieht.
Gestalt

Gestaltpsychologie. Schule der Psychologie (Ursprung in Deutschland), die davon ausgeht, dass ein psychologisches Phänomen als gesamte Konfiguration oder Struktur wahrgenommen wird und aus den wechselseitigen Beziehungen zwischen den einzelnen Elementen entsteht, anstatt aus verschiedenen Elementen, die jeweils eigene Eigenschaften aufweisen. (→ Gestalt/Gestalttherapie)
Gestalt psychology

Gestalttherapie. Form der → Psychotherapie (nach F. Perls), die die Einheit des Selbstbewusstseins, des Verhaltens und der Erfahrungen betont. (→ Gestalt/Gestaltpsychologie)
Gestalt therapy

Gestation. (Gravidität). Die Phase von der Befruchtung (Fertilisation) eines Eies (Ovum) bis zur Geburt. Die G. dauert bei jeder Species unterschiedlich lange; beim Menschen beträgt die mittlere Dauer 266 Tage (38 Wochen) oder etwa 280 Tage (40 Wochen) vom Beginn der letzten Menstruationsphase an gerechnet.
[*lat.:* gestare, gebären]
gestation

Gestationsalter. Das Alter eines Fötus oder Neugeborenen, das meist in Wochen vom ersten Tag des letzten Menstruationszyklus der Mutter an berechnet wird.
gestational age

Gestationspsychose. Jede mentale Erkrankung, die im Zusammenhang mit einer Schwangerschaft steht.
gestational psychosis

gesund. Bezeichnung für den Zustand des körperlichen, geistigen, und sozialen Wohlbefindens und des Fehlens von Krankheiten oder anderen unphysiologischen Zuständen. (→ Gesundheit)
healthy

Gesundheit. Zustand des körperlichen, geistigen und sozialen Wohlbefindens (WHO-Definition) und Fehlen von Krankheiten sowie anderen abnormen Bedingungen. Die G. ist kein statischer Zustand; konstante Veränderungen und Anpassungen an Stress beeinflussen die → Homöostase. (→ Krankheit)
health

Gesundheit, Erhaltung der oralen. → Pflegeintervention der → NIC, die definiert wird als die Erhaltung und Unterstützung der Mundhygiene und Gesundheit der Zähne bei Patienten, die zur Entwicklung von oralen und dentalen Läsionen neigen.
Oral Health Maintenance

Gesundheit, Förderung der oralen. → Pflegeintervention der → NIC, die definiert wird als die Unterstützung der Mundhygiene und Zahnpflege bei Patienten mit einem normalen Gesundheitszustand von Mund und Zähnen.
Oral Health Promotion

Gesundheit, ganzheitliche. Konzept der Gesundheitspflege, in dem man davon ausgeht, dass bei der Gesundheitserhaltung

der Mensch als ein einheitliches, ganzes System betrachtet werden muss, nicht als die Zusammensetzung einzelner Teile eines Systems.
wholistic health

Gesundheit, psychische. Relativer Geisteszustand, bei dem eine gesunde Person mit dem immer wieder auftretenden Stress des Alltagslebens auf eine akzeptable Weise zurechtkommt und sich daran anpassen kann. (→ Psychohygiene)
mental health

Gesundheit, Wiederherstellung der oralen. → Pflegeintervention der → NIC, die definiert wird als die Unterstützung der Heilung von Mundschleimhaut- oder Zahnläsionen.
Oral Health Restoration

Gesundheits-Assessment. Evaluation des Gesundheitszustandes einer Person mit Hilfe von körperlichen Untersuchungen, nachdem eine Anamnese erstellt worden ist. Verschiedene Labortests können darüber hinaus durchgeführt werden, um einen klinischen Eindruck zu bestätigen oder Dysfunktionen zu untersuchen.
health assessment

Gesundheits-Screening. 1. → Pflegeintervention der → NIC, die definiert wird als die Erkennung von Gesundheitsrisiken oder -problemen anhand einer Anamnese, Untersuchung oder anderer Maßnahmen. 2. Programm zur → Evaluation des Gesundheitszustandes und der Funktionen von Patienten. Das G.-S. kann eine persönliche oder familiäre → Anamnese beinhalten und die Durchführung einer körperlichen Untersuchung, Labortests oder Röntgenuntersuchungen einschließen.
Health Screening

Gesundheitsanamnese. (In der Pflege und in der Medizin) Sammlung von Informationen direkt vom Patienten oder aus anderen Quellen, die sich auf den körperlichen Zustand des Patienten und seine psychischen, sozialen und sexuellen Funktionen beziehen. Die → Anamnese bietet eine wichtige Datenbasis, auf der Diagnose, Behandlung, Pflege und Nachsorge aufgebaut werden können.
health history

Gesundheitserhaltung, veränderte. Anerkannte → NANDA-→ Pflegediagnose; Unfähigkeit, gesundheitsfördernde Maßnahmen zu erkennen, sie durchzuführen oder zur Erhaltung der Gesundheit Hilfe in Anspruch zu nehmen. Kennzeichnende Merkmale sind mangelhaftes Wissen in Verbindung mit grundlegenden Gesundheitspraktiken oder die Unfähigkeit, die Verantwortung für die Erfüllung bestehender Bedürfnisse zu tragen, Anpassungsunfähigkeit an innere oder äußere Umgebungsveränderungen, Mangel an finanziellen oder anderen Ressourcen oder Unterstützungssystemen, früher bereits bestehende Unfähigkeit, gesunderhaltende Maßnahmen zu ergreifen, oder ein vermindertes Interesse an der Verbesserung der eigenen Gesundheit.
health maintenance, altered

Gesundheitserziehung. 1. → Pflegeintervention der → NIC, die definiert wird als die Entwicklung und Gewährleistung von Anleitungen und Lernerfahrungen, um eine bewusste Anpassung des Verhaltens zu erleichtern und damit die Gesundheit von Einzelpersonen, Familien, Gruppen oder Gemeinschaften zu unterstützen. 2. Ausbildungsprogramm, das sich an die allgemeine Öffentlichkeit wendet und darauf ausgerichtet ist, die Gesundheit des Einzelnen zu verbessern, zu erhalten und zu schützen.
Health Education

Gesundheitsförderung, Verhaltensweisen zur. Anerkannte → NANDA-→ Pflegediagnose; Zustand, bei dem ein gesunder Mensch aktiv versucht, seine persönlichen Gesundheitsgewohnheiten und die Umgebung zu verändern, um einen optimalen Gesundheitszustand zu erreichen. Zu den kennzeichnenden Merkmalen zählen der ausgedrückte oder erkennbare Wunsch, einen besseren Gesundheitszustand zu erreichen, fehlende Vertraut-

heit mit Wellness-Ressourcen in der Gemeinde, mangelhaftes Wissen bezüglich gesundheitsförderlicher Maßnahmen, der Wunsch nach einer verstärkten Kontrolle der Gesundheitspraktiken und Sorge über die Umgebungbedingungen oder den Gesundheitszustand.
health-seeking behaviors

Gesundheitsfürsorge, tertiäre. Spezialisierte und hoch technisierte medizinische Versorgung, die Diagnose und Behandlung von Krankheiten und Störungen in großen, fortschrittlichen Forschungs- und Lehrkrankenhäusern beinhaltet. Die medizinische Versorgung ist stark zentralisiert und steht für die Bevölkerung großer Gebiete, in Einzelfällen sogar der ganzen Welt zur Verfügung.
tertiary health care

G

Gesundheitsinformationen, Austausch von. → Pflegeintervention der → NIC, die definiert wird als die Übermittlung von Informationen über die Pflege von Patienten an Gesundheitsfachleute anderer Einrichtungen.
Health Care Information Exchange

Gesundheitsökonomie. Sozialsystem, das das Angebot und die Nachfrage nach Gesundheitspflegeressourcen sowie die Auswirkungen der Dienstleistungen auf die Bevölkerung untersucht.
health economics

Gesundheitspflege, holistische. System der umfassenden oder vollständigen Patientenpflege, das sowohl die körperlichen, emotionalen, sozialen und ökonomischen als auch die spirituellen Bedürfnisse einer Person, ihre Reaktionen auf die Krankheit und die Auswirkungen der Krankheit auf die Fähigkeit zur Erfüllung von Selbstpflegeerfordernissen berücksichtigt. Die h. G. ist ein Konzept der modernen professionellen Pflege, das diese Philosophie in der Pflege bewusst umsetzt.
holistic health care

Gesundheitspflegesystem. Umfassendes Netzwerk von Agenturen, Einrichtungen und Anbietern von Gesundheitspflege in einem bestimmten geographischen Bereich.
health care system

Gesundheitspolitik, Kontrolle der. → Pflegeintervention der → NIC, die definiert wird als die Überwachung und Einflussnahme auf Regierungs- und Organisationsbeschlüsse, auf Bestimmungen und Standardrichtlinien für Pflegesysteme und -praktiken zur Qualitätssicherung der professionellen Pflege.
Health Policy Monitoring

Gesundheitsrisiken. Gefahren für die → Gesundheit infolge der Exposition gegenüber Umweltgiften, wie etwa Asbest oder radioaktiver Strahlung, oder negativen Einflüssen des Lebensstils, z.B. Rauchen oder Substanzabusus.
health hazards

Gesundheitssystem, Beratung des. → Pflegeintervention der → NIC, die definiert wird als die Verbesserung der Gesundheitssituation von Patienten und der Einsatz geeigneter Gesundheitsdienstleistungen.
Health System Guidance

Gesundheitsverhalten. Alle Handlungen, die zur Erhaltung, Herstellung oder Wiedererlangung einer guten → Gesundheit oder zur Vorbeugung gegen → Krankheiten ergriffen werden. Das G. spiegelt die gesundheitsrelevanten Überzeugungen jedes Menschen wider; dazu gehört, regelmäßig körperliche Aktivitäten durchzuführen, sich ausgewogen zu ernähren und die erforderlichen Impfungen durchzuführen.
health behavior

Gesundheitswesen. Komplex der präventiven, heilenden und therapeutischen Dienstleistungen, die in Krankenhäusern oder anderen Einrichtungen von Pflegenden, Ärzten, Zahnärzten, verschiedenen Therapeuten, staatlichen oder privaten Betreuungseinrichtungen, ehrenamtlichen Stellen, pharmazeutischen und medizinischen Ausrüstungsherstellern und

Gesundheitsversicherungen gewährleistet werden.
health care industry

Gesundheitszeugnis. Dokument, das ein Gesundheitspflegeanbieter ausstellt und das den Gesundheitszustand einer Person attestiert.
health certificate

Gewalttätigkeit gegen andere, hohes Risiko. Anerkannte → NANDA-Pflegediagnose, die definiert ist als der Zustand, bei dem ein Patient Verhaltensweisen zeigt, durch die er andere körperlich, seelisch und/oder sexuell verletzen kann. Die Risikofaktoren beinhalten vorangegangene Gewalt in Form von 1) Gewalt gegen andere, 2) gegen sich selbst, 3) Gewaltandrohungen, 4) soziale, 5) indirekte Gewaltanwendung. Darüber hinaus können noch viele andere Risikofaktoren vorhanden sein, darunter neurologische und Wahrnehmungsstörungen, Opfer von Kindesmissbrauch, Zeuge von Gewalt in der Familie, Grausamkeit gegenüber Tieren, Feuerlegen, prenatale Komplikationen und Komplikationen unter der Geburt, Drogen- und Alkoholmissbrauch sowie Vergiftungen.
violence, risk of: directed at others,

Gewalttätigkeit gegen sich selbst, hohes Risiko. Anerkannte → NANDA-Pflegediagnose, die definiert ist als der Zustand, bei dem ein Patient Verhaltensweisen zeigt, durch die er selbst körperlich, seelisch und/oder sexuell verletzt werden kann. Risikofaktoren sind u. a. das Alter, Familienstand, Arbeitsverhältnis bzw. Arbeitslosigkeit, zwischenmenschliche Beziehungen, familiärer Hintergrund, sexuelle Orientierung, körperlicher und geistiger Gesundheitszustand, Gemütszustand, Selbstmordphantasien und -absichten, Lethargie, persönliche und soziale Ressourcen, verbale Hinweise sowie Personen, die sich übermäßig häufig selbst befriedigen.
violence, risk of:self-directed

Gewebe. Verband ähnlicher Zellen mit gleicher Aufgabe, die gemeinsam eine bestimmte Funktion ausüben, z.B. Epithel-, Binde-, Muskel- und Nervengewebe.
tissue

Gewebe, adenoides. Lymphoides, die Rachenmandeln bildendes Gewebe.
adenoid tissue

Gewebe, interstitielles. Zwischengewebe; Binde- und Stützgewebe innerhalb und um die wesentlichen funktionalen Elemente eines Organs herum.
interstitial tissue

Gewebebank. Einrichtung zur Lagerung und Konservierung von menschlichen Gewebeproben, die für Transplantationen zu einem späteren Zeitpunkt bereit gehalten werden.
tissue bank

Gewebedurchblutung, veränderte, (renale, zerebrale, kardiopulmonare, gastrointestinale, periphere). Anerkannte → NANDA-Pflegediagnose, die definiert ist als der Zustand, bei dem ein Patient eine Abnahme der Nährstoff- und Sauerstoffversorgung auf zellulärer Ebene erlebt, bedingt durch ein Defizit der kapillären Blutversorgung. Kennzeichnende Merkmale sind z.B. kalte Extremitäten, blasse Extremitäten bei Hochlagerung, verminderter bzw. nicht tastbarer Puls, Veränderungen des Blutdrucks in den betroffenen Extremitäten; Hinken, Gangräne (Gewebszerstörung), brüchige Nägel, verzögerte Wundheilung, wächserne Haut und Haarausfall.
tissue perfusion, altered (renal, cerebral, cardiopulmonary, gastrointestinal, peripheral)

Gewebekultur. Gewebe- und Organproben, die im Labor in Reagenzgläsern unter künstlichen Bedingungen zum weiteren Wachstum aufbewahrt werden.
tissue culture

Gewebereaktion. Jede Reaktion bzw. Veränderung des lebenden Zellgewebes infolge von Krankheiten, Toxinen oder anderen äußeren Reizen, z.B. → Entzündung, → Nekrose oder → Immunreaktion.
tissue response

G

Gewebeschädigung. Anerkannte → NANDA-Pflegediagnose, bei der ein Patient unter einer Schädigung der äußeren Haut, einer Schleimhaut, der Hornhaut des Auges oder des subkutanen Gewebes leidet. Hauptmerkmal ist das verletzte oder zerstörte Gewebe. Mögliche Ursachen sind eine veränderte Durchblutung, ein Ernährungs- bzw. Flüssigkeitsdefizit oder -überschuss, eingeschränkte körperliche Mobilität, Reizstoffe, Strahlung, Infektion und chemische, thermische oder mechanische Faktoren.
tissue integrity, impaired

Gewebsplasminogenaktivator. Blutgerinnsel auflösende Substanz, die natürlich von Zellen der Gefäßwände produziert wird. G. aktiviert Plasminogen zur Auflösung von Blutgerinnseln; es wird bei einer Verstopfung der Herzkranzgefäße therapeutisch eingesetzt.
tissue plasminogen activator (TPA)

Gewichtsabnahme, Unterstützung bei der. → Pflegeintervention der → NIC, die definiert ist als die Unterstützung bei der Gewichts- und/oder Körperfettabnahme.
Weight Reduction Assistance

Gewichtszunahme, Unterstützung bei der. → Pflegeintervention der → NIC, die definiert ist als die Unterstützung bei der Zunahme von Körpergewicht.
Weight Gain Assistance

Gewissen. 1. Moralischer, selbstkristischer Sinn für das, was richtig und falsch ist. 2. Teil des → Über-Ichs, das Gedanken, Gefühle und Handlungen überwacht und mit verinnerlichten Werten und Normen vergleicht.
conscience

Gewohnheit. Alltägliche oder spezifische, sich wiederholende Praktiken, Vorgehens- oder Verhaltensweisen, z.B. die gewohnheitsmäßige Einnahme von Medikamenten.
habitus

GFR. Abkürzung für → glomeruläre Filtrationsrate.
GFR

Giardia. Häufig auftretende Gattung von Darmparasiten (Flagellatprotozoen). Viele Species der G. sind normalerweise im Dünndarm vorhanden und verursachen in Verbindung mit anderen Faktoren Entzündungen, die schnell zur Vermehrung des Organismus führen. (→ Giardiasis)
[A. Giard, französischer Biologe, 1846–1908]
Giardia

Giardiasis. Entzündung des Dünndarms, die durch die übermäßige Vermehrung der Darmparasiten *Giardia lamblia* verursacht wird. Die Infektionsquelle ist häufig Wasser, das nicht gereinigt wurde und mit *G. lamblia*-Zysten kontaminiert ist.
[A. Giard, französischer Biologe, 1846–1908; *griech.:* osis, Erkrankung]
giardiasis

Gibbus. Buckel oder Verkrümmung der Wirbelsäule. (→ Kyphose)
gibbus

Gicht. (Urikopathie). Erkrankung in Verbindung mit einer angeborenen Störung des Harnsäurestoffwechsels, bei der die Produktion von Harnsäure erhöht oder die Ausscheidung verhindert wird. Überschüssige Harnsäure wird in Natriumkristalle umgewandelt, die im Blut ausfällen und sich in den Gelenken und anderen Geweben ablagern. Die Erkrankung kann schmerzhafte Schwellungen in Verbindung mit Schüttelfrost und Fieber auslösen. G. kann die Beweglichkeit stark einschränken und unbehandelt zu destruktiven Gelenksveränderungen führen, z.B. Gichtknoten. – *adj.* gichtisch.
gout

Gicht, chronische. Persistierende Störung des Purinmetabolismus, die durch erhöhte Konzentrationen von Serumharnsäure und Arthritisanfälle sowie Ablagerungen von Harnsäuresalzen in den Gelenken gekennzeichnet ist. Die Beschwerden können vererbt sein und bei Nichtbehandlung zu Nierenversagen führen.
[*griech.:* chronos, Zeit]
chronic gout

Gicht mit Knotenbildung. (Harnsäuregicht). Gelenkerkrankung infolge von Störungen des Purinstoffwechsels, auf Grund dessen sich büschelartige Harnsäurekristalle (→ Gichtknoten) unter der Haut und nahe der Gelenke ablagern. Erfolgt keine Behandlung, können die Knoten die betreffenden Gelenke zerstören.
tophaceous gout

Gichtknoten. (Tophus). Bei bestehender → Gicht auftretender Knoten, der aus Harnsäurekristallen besteht, die sich in fibrösem Gewebe in gelenknahen Bezirken bilden.
tophus

Gierke-Krankheit. Stoffwechselkrankheit, bei der es durch vermehrte Speicherung von Glykogen in Leber und Nieren zu Zuckermangel im Blut (Hypoglykämie), Ketoazidose, vermehrtem Fettgehalt im Blut (Hyperlipämie) und schließlich zu Leber- und Nierenvergrößerung kommt.
[Edgar von Gierke, dt. Pathologe 1877–1945]
von Gierke's disease

GIFT. Abkürzung für (engl.) »Gamete Intrafallopian Transfer« (dt. Embryonentransfer in den Eileiter).
GIFT

Gift. Substanz, die gesundheitsschädlich ist oder bei (selbst geringer) Einnahme, Einatmung oder Absorption durch den Körper u.U. zum Tode führen kann.
poison

Gigantismus. (Riesenwuchs; Makrosomie). Unphysiologischer Zustand, der von übermäßiger Größe und Statur gekennzeichnet ist. Ursache ist meist eine Hypersekretion an Wachstumshormonen. G. kann auch in Verbindung mit Hypogonadismus und bei bestimmten Erbkrankheiten auftreten.
[*lat.:* gigas, Riese]
gigantism; somatomegaly

Gilles-de-la-Tourette-Syndrom. Erkrankung, die sich durch Gesichtsgrimassen, → Tics und unwillkürliche Arm- und Schulterbewegungen äußert. In der Pubertät kann sich die Krankheit verschlimmern; der Patient kann ungewollt grunzen, schnauben und Schreie ausstoßen.
[G. Gilles de la Tourette, französischer Neurologe, 1857–1917]
Gilles de la Tourette´s syndrome

Gingiva. Zahnfleisch des Mundes; eine Schleimhaut mit unterstützendem fibrösem Gewebe, das über den Kronen der Zähne liegt, die das Zahnfleisch noch nicht durchbrochen haben, oder aber die Hälse vorhandener Zähne umschließt.
[*lat.:* Zahnfleisch]
gingiva

Gingivahyperplasie. Wucherung des Zahnfleischgewebes (→ Gingiva), die häufig bei Patienten auftritt, die gegen epileptische Anfälle mit → Phenytoin behandelt werden.
gingival hyperplasia

Gingivektomie. Chirurgische Entfernung von infiziertem und erkranktem Zahnfleischgewebe (→ Gingiva), um das Fortschreiten von Krankheiten in der Mundhöhle zu unterbinden.
[*lat.:* gingiva, Zahnfleisch; *griech.:* ektome, herausschneiden]
gingivectomy

Gingivitis. Erkrankung, bei der die freien Zahnfleischränder (→ Gingiva) um die Zähne herum rot und geschwollen sind und leicht bluten. Die G. kann Folge einer schlechten Mundhygiene, aber auch ein Anzeichen für eine andere Erkrankung sein, z.B. Diabetes mellitus.
[*lat.:* gingiva, Zahnfleisch; *griech.:* itis, Entzündung]
gingivitis

Gingivostomatitis. Multiple schmerzhafte Ulzera im Zahnfleisch und in der Mundschleimhaut (→ Gingiva), die durch Herpesviren ausgelöst werden können oder toxisch bedingt sind (z.B. durch Arsen oder Quecksilber).
[*lat.:* gingiva, Zahnfleisch; *griech.:* stoma, Mund; itis, Entzündung]
gingivostomatitis

Ginseng. Volkstümliches Heilmittel aus der Wurzel einer Species der Gattung *Panax*; wird in einigen asiatischen Regionen

als Herztonikum, Aphrodisiakum und Stimulans verwendet; gilt als lebensverlängernd.
🇬🇧 ginseng

Gips. Mineralische Verbindung aus Kalziumsulfatdohydrat; wird bei → Gipsverbänden und Zahnabdrücken verwendet. Gipsstaub reizt die Schleimhäute des Atemtraktes und die Bindehaut des Auges.
🇬🇧 gypsum; plaster

G

Gipsverband. Steifer, fester aus → Gips oder einem anderen Material hergestellter Verband zur Ruhigstellung einer Extremität oder eines anderen Körperteils während des Heilungsprozesses. Dazu werden Gazerollen, die mit trockenem Gips imprägniert sind, in warmes Wasser getaucht und um das Körperteil gewickelt. Der Gips trocknet schnell und stellt einen stabilen Verband dar. Nach dem Anlegen müssen Durchblutung, Puls und Sensiblität der Extremität überprüft werden. Schmerzen, die der Patient äußert, müssen ernst genommen werden, da sie auf eine beginnenden Durchblutungsstörung aufgrund einer Schwellung der Extremität beruhen können. Prophylaktisch sollte die Extremität hoch gelagert werden. Ist der Gipgverband zu eng wird er ggf. gespalten oder gefenstert.
🇬🇧 cast; plaster cast

Gipsverband, Pflege bei. → Pflegeintervention der → NIC, die definiert wird als der Umgang mit einem Gipsverband nach der Trockenphase.
🇬🇧 Cast Care: Maintenance

Gipsverband, Pflege eines noch feuchten. → Pflegeintervention der → NIC, die definiert wird als der Umgang mit einem neuen Gipsverband während der Trockenphase.
🇬🇧 Cast Care: Wet

Glabella. Unbehaarte Stelle zwischen den Augenbrauen.
[*lat.:* glabrum, kahl]
🇬🇧 glabella

Glandula. (→ Drüse)
🇬🇧 gland

Glandula thyroidea. (→ Schilddrüse)
🇬🇧 thyroid gland

Glandulae, areolares (Mammae). (Montgomery-Drüsen). Talgdrüsen im Brustwarzenhof der weiblichen Brüste. Diese Drüsen sondern lipoide Flüssigkeiten zur Befeuchtung und zum Schutz der Brustwarzen ab.
🇬🇧 areolar gland

Glandulae salivariae. (→ Speicheldrüsen)
🇬🇧 salivary glands

Glans. → Erektiles Gewebe, das sich am Ende der Klitoris oder des Penis (Eichel) befindet.
[*lat.:* Eichel]
🇬🇧 glans

Glasauge. (→ Augenprothese)
🇬🇧 artificial eye

Glasfaseroptik. Technische Methode, die bei der Untersuchung eines inneren Organs oder eines Körperhohlraums angewendet wird. Dabei wird eine lichtdurchlässige Glas- oder Plastikfaser in den Körper eingeführt und das erzeugte Bild auf einem Bildschirm vergrößert.
🇬🇧 fiberoptics

Glasgow coma scale. Bewertungssystem zur schnellen und für die Praxis standardisierten Einschätzung des Ausmaßes einer Bewusstseinsstörung bei schwerkranken Patienten, sowie zur Prognose der Dauer und Folgen eines Komas, besonders bei Patienten mit Kopfverletzungen. Das System umfasst drei Komponenten, nämlich Augenöffnen, sowie die verbale und motorische Reaktion, die unabhängig voneinander in einer Messskala bewertet werden, woraus sich die Tiefe der Bewusstlosigkeit und das Ausmaß der Funktionsstörung ergibt.
🇬🇧 Glasgow Coma Scale

Glaskörper. Durchsichtige, gallertartige, von einer dünnen Glaskörpermembran umhüllte Substanz, die den Hohlraum hinter der Augenlinse ausfüllt.
🇬🇧 vitreous humor

Glaskörperraum. Hohlraum hinter der Augenlinse, der den → Glaskörper und die Glaskörpermembran enthält und durch den die rudimentären Überreste der Glaskörperarterie verlaufen.
vitreous cavity; vitreous chamber

Glaubersalz. (→ Natriumsulfat)
sodium sulfate

Glaukom. (grüner Star). Häufig auftretende Augenerkrankung mit erhöhtem Augeninnendruck, der durch eine Obstruktion des Ausflussgangs für das Kammerwasser verursacht wird. G.e sind die häufigste Erblindungsursache bei Erwachsenen. Ein akutes G. (**Winkelblockglaukom**) tritt auf, wenn die Pupille eines Auges in einem engen Winkel zwischen Regenbogenhaut (Iris) und Hornhaut (Kornea) beträchtlich geweitet wird, was dazu führt, dass die Iris den Abfluss des Kammerwassers blockiert. Ein chronisches G. (Glaucoma simplex) tritt wesentlich häufiger auf, meist auf beiden Seiten; es entwickelt sich langsam und ist genetisch vorbestimmt, z.B. das **Weitwinkelglaukom**.
glaucoma

Gleichgewicht. Normaler Zustand einer physiologischen Ausgewogenheit; auch ausgeglichener mentaler oder emotionaler Zustand.
balance

Gleichgewicht, metabolisches. Ausgewogenes Verhältnis zwischen der Aufnahme von Nährstoffen und ihrem Verbrauch durch Absorption oder Ausscheidung. Bei einem positiven Gleichgewicht übersteigt die Aufnahme eines Nährstoffes seine Verwertung; beim negativen Gleichgewicht wird ein Nährstoff schneller abgebaut oder ausgeschieden als er mit der Nahrung wieder aufgenommen wird.
metabolic balance

Gleichgewichtsnerv. (→ Nervus vestibulocochlearis)
auditory nerve

Gleichgewichtsorgan. Strukturen im Innenohr, die für das Gleichgewicht und die Orientierung verantwortlich sind. Dazu zählen der Vorhof des knöchernen Labyrinths (Vestibulum auris) und die knöchernen Bogengänge (Canales semicirculares) im Innenohr.
vestibular apparatus

Gleichgewichtssinn. Vermögen zur Wahrnehmung und Beurteilung der Körperstellung bzw. -lage in Bezug auf die Schwerkraftrichtung. Verantwortlich für den G. sind Sinneszellen im Innenohrlabyrinth, die sogenannten »Gleichgewichtszellen«.
static sense

Gleitmittel. Arzneimittel zur Senkung der Oberflächenspannung der Fäces. Verdauungssäfte können folglich den Stuhl durchdringen und erweichen. (s.a. Lubrikanzien)
fecal softener

Gliazelle. (Neuroglia). Nervenzellen, die ein Bindegewebe bilden, das das Zentralnervensystem stützt. Beispiele sind Astrozyten, Mikroglia und Oligodendroglia.
[*griech.*: glia, Leim]
glia cell

Glioblastom, multiformes. Maligner, schnellwachsender, weicher oder zystischer Tumor des Kleinhirns (Cerebrum) oder der Wirbelsäule.
glioblastoma multiforme

Gliom. Sammelbezeichnung für alle primären Hirntumoren, die aus malignen → Gliazellen bestehen.
[*griech.*: glia; Leim; oma, Tumor]
glioma

Gliose. Vermehrung der → Astrozyten, die als Zeichen der Heilung nach einer Verletzung des Zentralnervensystems auftreten kann.
gliosis

Glisson-Kapsel. Bindegewebekapsel um die Leberläppchen.
[F. Glisson, englischer Arzt, 1597–1677]
Glisson´s capsule

Globin. Eine Gruppe von vier Globulinproteinmolekülen, die vom Eisen im Hämoglobin gebunden werden und als farblose Proteinkomponente fungieren.
[*lat.*: globus, Ball]
globin

G

Globulin. Große Kategorie einfacher Proteine, die entsprechend ihrer Löslichkeit, elektrophoretischen Mobilität und Größe klassifiziert werden (Alpha-, Beta- und Gammaglobuline). G.e transportieren wasserunlösliche Stoffe, Hormone und Enzyme und sind für Immunität, Gerinnung und pH-Regulierung zuständig. Sie dienen als Energielieferant und sorgen für den onkotischen Druck und die Hämostase.
globulin

Globulinurie. Ausscheidung von → Globulinen im Urin.
[*lat.:* globulus, kleiner Ball; *griech.:* ouron, Urin]
globulinuria

Globus. (Globussymptom). Auch Globus hystericus; vorübergehendes Gefühl eines Kloßes im Hals, der nicht geschluckt und nicht ausgehustet werden kann und häufig durch emotionale Konflikte oder akute Angst hervorgerufen wird.
globus hystericus

Glomangiom. Gutartiger Tumor, der sich aus einer Ansammlung von Blutzellen in der Haut entwickelt.
glomangioma

glomerulär. Zu einem Gefäßknäuel (→ Glomerulus) gehörend, insbesondere zu einem Nierenknäuelchen.
glomerular

Glomerulonephritis. Entzündung der Nierenkörperchen, die sich in Proteinurie, Hämaturie, verminderter Urinausscheidung und Ödemen äußert.
glomerulonephritis

Glomerulonephritis, chronische. Nicht-infektiöse Erkrankung der Nierenglomeruli mit Proteinurie, Hämaturie, Ödem und verminderter Urinproduktion.
chronic glomerulonephritis

Glomerulopathie. Sammelbezeichnung für Erkrankungen, bei denen die Nierenkörperchen (Glomeruli) betroffen sind. Je nach Krankheit kann es zu Hyperplasie, Atrophie, Nekrose oder Ablagerungen in den Glomeruli kommen.
glomerular disease

Glomerulosklerose. Schwere Nierenerkrankung, bei der die glomeruläre Funktion der Blutfiltration gestört ist, da die Glomeruli durch Narbengewebe ersetzt werden. Die Krankheit kann nach einer Infektion, bei Diabetes mellitus oder Arteriosklerose auftreten.
glomerulosclerosis

Glomerulus (pl. Glomeruli). (Knäuelchen). Anatomische Struktur, die sich aus Blutgefäßen oder Nervenfasern zusammensetzt, z.B. G. renis (Nierenknäuelchen od. Nierenkörperchen).
[*lat.:* kleiner Ball]
glomerulus

Glomerulusfiltration. Prozess in der Niere, bei dem die Flüssigkeit aus dem Blut über die Kapillaren der → Glomeruli in die Bowman-Kapsel und in den Urin filtriert wird.
glomerular filtration

Glomus (pl. Glomera). (Knäuel). Gruppe von → Arteriolen, die direkt mit den Venen verbunden sind und eine reiche Nervenversorgung aufweisen.
glomus

Glomustumor. Häufig auftretendes, schmerzhaftes, doch gutartiges Neoplasma, das arteriosklerotischen → Anastomosen der Haut ähnelt. (→ Glomus)
glomus tumor

Glossa. (Lingua). → Zunge.
[*griech.:* Zunge]
glossa

Glossektomie. Chirurgische Entfernung eines Teils oder der ganzen Zunge (Glossa).
glossectomy

Glossitis. Entzündung der Zunge (Glossa). Eine akute G. äußert sich in einer Schwellung und durch starke Schmerzen, die ins Ohr ausstrahlen können; es kommt zu starkem Speichelfluss, Fieber und Lymphknotenschwellung. Die G. kann sich während einer infektiösen Erkrankung oder

nach einer Verbrennung, einer Stich- oder anderen Verletzung entwickeln.
[*griech.:* glossa , Zunge; itis, Entzündung]
glossitis

Glossodynie. (Glossalgie). Schmerz in der Zunge (Glossa) durch eine akute oder chronische Entzündung, durch Abszess, Ulkus oder Verletzung.
[*griech.:* glossa, Zunge ; odyne, Schmerz]
glossodynia

glossoepiglotisch. Zur Zunge (Glossa) und dem Kehldeckel (Epiglottis) gehörend.
glossoepiglotic

glossopharyngal. Zur Zunge (Glossa) und zum Rachen (Pharynx) gehörend.
glossopharyngeal

Glossoptose. Zurückziehen oder Zurückfallen der Zunge (Glossa); dabei kann es zur Verlegung der Luftwege und zur Erstickung kommen.
glossoptosis

Glottis. Stimmapparat im Rachen (Larynx), der aus den Stimmbändern und der Stimmritze besteht.
glottis

Glukagon. (Glucagon). Polypeptidhormon, das in den Alphazellen der Langerhans-Inseln in der Bauchspeicheldrüse (Pankreas) gebildet wird und die Umbildung von → Glykogen in → Glukose in der Leber stimuliert. Die Ausscheidung von G. wird durch eine Hypoglykämie und durch Wachstumshormone aus dem Hypophysenvorderlappen stimuliert.
[*griech.:* glykys, süß; agaein, leiten]
glucagon

Glukokortikoide (pl.). Adrenokortikale → Steroidhormone, die in der Nebennierenrinde (NNR) gebildet werden. Die G. verstärken die → Glukoneogenese und beeinflussen viele Körperfunktionen. Das wichtigste der drei G. ist das **Cortisol** (Hydrokortison); **Corticosteron** ist weniger aktiv; **Cortison** ist solange inaktiv, bis es in Cortisol umgebildet wird. G. fördern die Freisetzung von Aminosäuren aus den Muskeln, mobilisieren Fettsäuren aus den Fettpolstern und verstärken die Fähigkeit der Skelettmuskulatur, kontraktionsfähig zu bleiben und Müdigkeit zu verhindern. G. können als Antiallergika, Antirheumatika, Immunsuppressiva und Antiphlogistika eingesetzt werden. Bei lang anhaltender pharmakologischer Einnahme von G.n kann es zum → Cushing-Syndrom, zu Magen-Darm-Ulzera, erhöhter Infektanfälligkeit und psychischen Veränderungen kommen; deshalb muss auf Teerstühle geachtet, regelmäßig die Temperatur gemessen und das Auftreten von Entzündungssymptomen beobachtet werden. Der Patient sollte stets einen Notfallausweis bei sich tragen, in dem Dosis und Dauer sowie Indikation der G.-Einnahme vermerkt ist. (s.a. Mineralokortikoide)
glukokortikoids

Glukoneogenese. Bildung von → Glykogen aus Fettsäuren und Proteinen anstatt aus Kohlenhydraten.
gluconeogenesis

Glukose. (Traubenzucker). Einfacher Zucker (→ Monosaccharid), der in vielen Nahrungsmitteln vorhanden ist (z.B. in Früchten) und der eine wesentliche Energiequelle für den Menschen darstellt; insbesondere das Gehirn bezieht fast seine ganze Energie aus G. Nach der Aufnahme von G. kommt es im Körper zur Ausschüttung von → Insulin, das G. spaltet bzw. in → Glykogen umbildet.
[*griech.:* glykys, süß]
glucose

Glukose-Toleranztest (GTT). Untersuchung der Fähigkeit des Körpers, Kohlenhydrate zu verstoffwechseln (metabolisieren), bei der zuerst ein Nüchternblutzucker gemessen wird; anschließend wird eine Standarddosis → Glukose verabreicht und in regelmäßigen Abständen danach der Blut- und Urinzuckerspiegel gemessen.
glucose tolerance test

Glukosurie. Unphysiologische Ausscheidung von → Glukose im Urin, entweder infolge der Aufnahme übermäßiger Mengen Kohlenhydrate, oder aufgrund von Nierenerkrankungen wie → Nephrose oder

Stoffwechselkrankheiten wie → Diabetes mellitus.
[*griech.:* glykys, süß; ouron, Urin]
glucosuria

glutäal(is). Zum Gesäß oder den Gesäßmuskeln gehörend.
[*griech.:* gloutos, Hinterbacke]
gluteal

Glutäalreflex. Kontraktion des Gesäßmuskels (Glutäusmuskels) beim Bestreichen der Gesäßhaut.
gluteal reflex

Glutamat. Salz der → Glutaminsäure, einer wichtigen exzitativen Aminosäure des Zentralnervensystems, die als → Neurotransmitter fungiert, aber auch als Geschmacksverstärker eingesetzt werden kann.
glutamate

Glutamat-Oxalacetat-Transaminase (GOT). (→ Asparataminotransferase)
asparate aminotransferase

Glutamin (Gln). Nicht-essentielle → Aminosäure, die im Saft zahlreicher Pflanzen und in vielen Proteinen des Körpers vorhanden ist. G. fungiert als Aminosäurenspender bei vielen Reaktionen, als Speichersubstanz im Stickstoffmetabolismus und als nicht-toxische Transportsubstanz für Ammoniak; kann also bei der Ammoniakentgiftung verwendet werden.
glutamine (Gln)

Glutaminsäure (Glu). Nicht-essentielle → Aminosäure, die in vielen Proteinen vorhanden ist und als Transportsubstanz im Stickstoffmetabolismus sowie als Transmitter im ZNS dient. G. kann in pharmakologischer Form als Injektionsnarkotikum eingesetzt werden.
glutamic acid (Glu)

Glutaraldehyd. Histologisches Fixierungs- und Desinfektionsmittel.
glutaraldehyde

Glutathion. Tripeptid aus Glutaminsäure, Cystein und Glycin, dessen Mangel häufig in Verbindung mit einer hämolytischen Anämie steht. G. kann als Antioxidationsmittel des Organismus und bei der Behandlung einer → Paracetamol-Vergiftung eingesetzt werden.
gluthatione

Gluten. (Klebereiweiß). Unlöslicher Proteinbestandteil von Weizen und anderen Getreidesorten.
gluten

Gly. Abkürzung für → Glycin.
Gly

Glycerol. (→ Glyzerin)
glycerin

Glycin (Gly). (Glycocoll). Nicht-essentielle → Aminosäure, die eine häufige Komponente von menschlichen, tierischen und pflanzlichen Eiweißen (Proteinen) ist. Wird als Neurotransmitter im Rückenmark und Hirnstamm aktiv und kontrolliert die Motorik.
glycine

Glykocholsäure. Substanz in der Gallenblase, die aus → Glycin und Cholinsäure besteht und für die Verdauung und Absorption von Fetten von Bedeutung ist. (→ Gallensäure/Galle)
glycocholic acid

Glykogen. (tierische Stärke). → Polysaccharid, das als wichtiges Kohlenhydratreservoir in den Zellen gespeichert wird. G. besteht aus mehreren Glukose-Bestandteilen und wird vorwiegend in der Leber, weniger häufig in den Muskelzellen gespeichert.
glycogen

Glykogenese. (Glykogensynthese). Die Synthese von → Glykogen aus → Glukose.
glycogenesis

Glykogenose Typ VII. (Tarui-Krankheit). Angeborene Stoffwechselkrankheit, bei der sich große Mengen → Glykogen in der Skelettmuskulatur anreichern. Typische Symptome sind Muskelkrämpfe bei körperlicher Betätigung (ohne erhöhte Laktatwerte im Blut) und Hämolyse.
Tarui's disease

Glykogenspeicherkrankheit. (Glykogenose). Gruppe von Erbkrankheiten, bei denen eine Störung des Glykogenstoffwechsels vorliegt. Ein Enzymmangel führt dazu,

dass sich → Glykogen in unphysiologisch hohen Konzentrationen in verschiedenen Körperteilen, in den Muskeln oder in der Leber ansammelt. Man unterscheidet mehrere Formen der G.: G. Typ I (Gierke-Krankheit), Typ Ib (Ansammlung von Glykogen in der Leber und den Leukozyten), Typ II (Pompe-Krankheit), Typ III (Cori-Krankheit), Typ IV (Andersen-Krankheit), Typ V (McArdle-Krankheit), Typ VI (Hers-Krankheit) und Typ VII (Tarui-Krankheit).
glycogen storgae disease

Glykolipid. Eine Substanz, die aus einem Lipid und einem Kohlenhydrat (meist → Galaktose) besteht und vorwiegend im Gewebe des Nervensystems zu finden ist. G.e sind Bestandteile aller Zellmembranen.
[*griech.:* glykys, süß; lipos, Fett]
glycolipid

Glykolyse. Eine Reihe von enzymatisch katalysierten Reaktionen, bei denen → Glukose und andere Zucker in → Milchsäure (anaerobe G.) oder Brenztraubensäure (aerobe G.) abgebaut werden; dadurch wird Energie in Form von → Adenosintriphosphat (ATP) frei.
[*griech.:* glykys, süß; lysis, auflösen]
glycolysis

Glykoprotein. Verbindung aus Eiweißen (Proteinen) und einem Kohlenhydratanteil.
glycoprotein

Glykosid. Kohlenhydrat, das mit Hilfe von Wasser (Hydrolyse) in einen Zucker (Monosaccharid) und einen Nicht-Kohlenhydratanteil (meist Alkohol) gespalten wird. G.e können in vielfacher Weise pharmakologisch eingesetzt werden, z.B. als Herzglykoside (Digoxin, Digitoxin), Flavonoide oder Antibiotika.
glycoside

Glykosurie. Unphysiologische Ausscheidung von Zucker, insbesondere → Glukose, im Urin; eine G. steht häufig in Verbindung mit → Diabetes mellitus.
glycosuria

Glyzerin. (Glycerol). Süße, farblose, ölige Flüssigkeit, die als Nebenprodukt der alkoholischen Gärung entsteht; wird als Feuchthaltemittel für trockene Haut, als Gleitmittel, als Zusatz in Suppositorien gegen Obstipation und als Süßstoff sowie als Träger für medikamentöse Präparationen verwendet.
[*griech.:* glykys, süß]
glycerin

Glyzeroltrinitrat. (→ Nitroglyzerin)
nitroglycerin

GMP. Abkürzung für → Guanosinmonophosphat.
GMP

GN. Abkürzung für (engl.) »Graduated Nurse«.
GN

Gnathion. Unterster Punkt des Unterkiefers; Referenzpunkt in der Diagnostik und Behandlung verschiedener Erkrankungen des Kauapparates.
[*lat.:* gnathos, Kinn]
gnathion

GnRH. Abkürzung für (engl.) Gonadotropin Releasing Hormone (dt. → follikelstimulierendes Hormon-Releasing-Hormon).
GnRH

Gold (Au). (Aurum). Gelbliches weiches Edelmetall, Ordnungszahl 79, Atommasse 196,97. Es wird als Füllmaterial für Zähne verwendet. Goldsalze werden in der Behandlung von Patienten mit rheumatischer Arthritis eingesetzt, verursachen jedoch bei etwa 10% der Patienten eine schwere Toxizität. Als Nebenwirkungen treten Haut- und Schleimhautveränderungen, Juckreiz, Metallgeschmack im Mund, Photosensibilität, Blutbildveränderungen, Nierenfunktionsstörungen und Diarrhö auf. Orale G.-Präparate sollten mit viel Wasser eingenommen werden; die Patienten müssen eine sorgfältige Zahnpflege durchführen und die Sonne meiden. Blutbild, Leberenzyme, Kreatinin und Urinstatus müssen regelmäßig kontrolliert werden.
gold (Au)

G

Gold 198. Radioaktives Goldisotop, das als → Zytostatikum zur Behandlung von Prostata-, Zervix- und Blasenkrebs sowie zur Reduzierung von Ödemen als Sekundärerscheinung einer Krebserkrankung eingesetzt wird.
gold 198

Golgi-Apparat. Kleine Membranstruktur, die in den meisten Zellen vorhanden ist und aus verschiedenen Elementen besteht. Der G.-A. ist eine Zellorganelle, die der Bildung von Kohlenhydratketten aus Glykoproteinen, Mukopolysacchariden und anderen Substanzen dient, für den Proteintransport verantwortlich ist sowie Sekrete kondensiert und umhüllt.
[C. Golgi, italienischer Histologe und Nobelpreisträger, 1844–1926]
Golgi´s apparatus

Golgi-Mazzoni-Körperchen. Druck-→ Rezeptoren; dünne Körperchen, die die Enden der Nervenfibrillen im subkutanen Gewebe der Finger und im Genitaltrakt umhüllen.
[C. Golgi, italienischer Histologe, 1844–1926; V. Mazzoni, italienischer Physiologe, 1880–1940.]
Golgi-Mazzoni corpuscles

Golgi-Zellen. Große Körnerzellen in der Kleinhirnrinde (zerebellarer Kortex).
Golgi´s cells

gonadal. Zu den → Gonaden gehörend, sie beeinflussend.
gonadotrophic

Gonaden (pl.). Geschlechtsdrüsen; → Gameten-produzierende Drüsen; dazu gehören die Eierstöcke (Ovarien) und die Hoden (Testis).
[*griech.:* gone, Samen]
gonad

Gonadenaplasie. Angeborener (kongenitaler) Zustand, bei dem eine mangelhafte oder fehlende Entwicklung des Keimgewebes der → Gonaden vorliegt.
gonadal aplasia

Gonadendosis. Die gemessene Dosis einer Strahlung, die die → Gonaden bei einer Röntgenuntersuchung absorbieren. Eine erhöhte G. kann Fertilitätsstörungen oder Schädigungen des Erbgutes auslösen.
gonadal dose

Gonadendysgenesie. Allgemeine Bezeichnung für eine Vielzahl von Fehlfunktionen der → Gonaden, einschließlich Entwicklungsanomalien, z.B. Turner-Syndrom, Hermaphroditismus und Gonadenaplasie.
gonadal dysgenesis

Gonadenschutz. Spezielle Schutzkleidung aus Bleigummi, die verwendet wird, um den Gonadenbereich eines Patienten bei Röntgenbehandlungen abzudecken. Ein G. muß bei allen Personen im fortpflanzungsfähigen Alter verwendet werden. (→ Gonaden)
gonadal shield

Gonadotropin. Hormonelle Substanz, die die Funktion der → Gonaden (Eierstöcke und Hoden) stimuliert. Dazu gehören das FSH (→ follikelstimulierendes Hormon) und das LH (→ luteinisierendes Hormon), die vom Hypophysenvorderlappen gebildet und ausgeschüttet werden. Die G.e regulieren die Reifung und Hormonausschüttung der Geschlechtsorgane.
gonadotropin

Gonadotropin-releasing-Hormon (GnRH). Hormon der Hypophyse, das im Hypothalamus gebildet wird; es stimuliert die Freisetzung von → Gonadotropin im Hypophysenvorderlappen sowie von LH (luteinisierendes Hormon) und FSH (follikelstimulierendes Hormon).
gonadotropin-releasing hormone (GnRH)

Gonioskopie. Untersuchung der vorderen Augenkammer und des Filtrationswinkels mit Hilfe eines Gonioskops (Kontaktglas mit Spiegel).
gonioscopy

Goniotomie. Operation zur Entfernung einer Obstruktion im Kammerwasserabfluss in der vorderen Augenkammer; eine G. wird häufig bei Patienten mit → Glaukom durchgeführt.
goniotomy

Gonokokkus. Gramnegativer intrazellulärer Diplokokkus der Species *Neisseria gonorrhoeae*, der eine → Gonorrhö auslöst.
[*griech.*: gone, Samen; kokkos, Beere]
🇬🇧 gonococcus

Gonorrhö. (Tripper). Häufige Geschlechtskrankheit, die meist den Urogenitaltrakt befällt, gelegentlich auch den Rachen (Pharynx), die Augenbindehaut (Konjunktiva) oder den Anus. Die Infektion wird durch Kontakt (Geschlechtsverkehr) mit infizierten Personen oder Sekretionen verursacht (Kontakt- oder Schmierinfektion), die den ursächlichen Organismus, *Neisseria gonorrhoeae*, enthalten. Die G. ist meldepflichtig! Zu den Symptomen gehören Probleme beim Harnlassen (Dysurie), eitrig grün-gelblicher urethraler oder vaginaler Ausfluss, geröteter oder ödematöser Harnröhrenausgang, Brennen, Schmerzen und Jucken um die Vaginal- oder Harnröhrenöffnung. Die Vagina ist stark geschwollen und gerötet, das Abdomen kann fest und gespannt sein. Die Behandlung der G. erfolgt durch Antibiotika. – *adj.* gonorrhoisch.
[*griech.*: gone, Samen; rhoia, Fluß]
🇬🇧 gonorrhea

Gonosom. (Geschlechtschromosom). Chromosom, das für die Geschlechtsbestimmung verantwortlich ist, da es Gene mit geschlechtsbestimmenden Merkmalen trägt. Menschen und Säugetiere besitzen zwei verschiedene G.e – das X- und das Y-Chromosom –, die jeweils paarweise auftreten, bei Frauen als XX-Kombination und bei Männern als XY-Kombination. (→ Heterochromosom)
🇬🇧 sex chromosome; gonosome

Gordon-Reflex. 1. (Gordon-Zehenzeichen) Unphysiologische Variante des → Babinski-Reflexes, bei dem durch ein Kneifen der Wadenmuskulatur der große Zeh nach oben bewegt wird (bei Pyramidenbahnläsionen). 2. (Gordon-Fingerzeichen) Unphysiologischer Reflex, bei dem durch Druck auf den Unterarm die Finger, der Daumen oder der Zeigefinger zum Handrücken hin abgespreizt werden (Zeichen von Erkrankungen des Pyramidentraktes). (→ Pyramidenbahn)
[A. Gordon, amerikanischer Neurologe, 1874–1953]
🇬🇧 Gordon´s reflex

GOT. Abkürzung für → Glutamat-Oxalacetat-Transaminase.
🇬🇧 GOT

GPT. Abkürzung für Glutamat-Pyruvat-Transaminase.
🇬🇧 GPT

Graaf-Follikel. Ein sprungreifer Follikel von etwa 10 bis 12 mm Durchmesser, der während des Eisprungs (Ovulation) platzt und das Ei (Ovum) freigibt. Viele Primärfollikel, von denen jedes ein unreifes Ei enthält, sind an der Oberfläche eines Eierstocks (Ovarium) eingenistet. Unter Einwirkung des FSH (follikelstimulierendes Hormon) aus der Adenohypophyse gelangt in jedem Menstruationszyklus ein Eifollikel in den G.-F. Die Hülle des Follikels fällt zusammen, wenn das Ei freigesetzt worden ist; die darin verbleibenden Follikelzellen vergrößern sich und bilden den Gelbkörper (Corpus luteum).
[R. d. Graaf, niederländischer Anatom, 1641–1673; *lat.*: folliculus, kleine Tasche]
🇬🇧 graafian follicle

Grad. Einteilung bzw. Intervall einer Messskala.
🇬🇧 degree (deg)

Gradient. Visuelle Darstellung einer Veränderungsrate von messbaren Phänomenen in einer Kurve; das Ausmaß der Zu- oder Abnahme von messbaren Phänomenen, wie etwa Temperatur oder Druck.
🇬🇧 gradient

Graft. (→ Transplantat)
🇬🇧 graft

Graft-versus-Host-Reaktion. Abstoßungsreaktion eines bestimmten Transplantats, insbesondere von Knochenmark. Dies impliziert infolge einer Störung in der Immunreaktion des Empfängers eine Inkompatibilität und steht häufig in Verbindung mit einer unzureichenden Gabe von → Immunsuppressiva. Zu den charakteristi-

schen Anzeichen gehören Ödeme, Erytheme, Ulzerationen, Hautabschuppung und Haarausfall.
graft-versus-host disease

Gram-Färbung. Methode der Anfärbung von Mikroorganismen unter Anwendung einer Karbolgentianaviolett-Lösung (Anilinfarbstoff) mit einer Iodlösung, einer anschließenden Entfärbung mit Alkohol und eine erneute Anfärbung mit einer Safraninlösung (Karbolfuchsin). Die Bildung einer roten oder blauen Farbe derart behandelter Mikroorganismen dient als primäres Mittel zur Identifizierung und Klassifizierung von Bakterien. (→ grampositiv/gramnegativ)
[H. Gram, dänischer Bakteriologe, 1853–1938]
Gram´s stain

Gramm (g). Maßeinheit der Masse in einem metrischen System, die einem Tausendstel (10^{-3}) Kilogramm entspricht.
gram (g, gr)

gramnegativ. Eine rote Färbung bei der → Gram-Färbung annehmend. Diese Eigenschaft dient dazu, mikrobiologische Organismen kenntlich zu machen. (s.a. grampositiv)
gram-negative

grampositiv. Eine blaue Färbung bei der → Gram-Färbung annehmend. (s.a. gramnegativ)
gram-positive

Grand mal-Anfall. (→ Tonisch-klonische Anfälle/Epilepsie)
grand mal seizure

granulär. 1. Makroskopisch wie Sand aussehend oder sich so anfühlend. 2. Mikroskopisch einige oder viele Partikel innerhalb oder auf einer Struktur aufweisend.
[*lat.:* granulum, kleines Korn]
granular

Granulationsgewebe. Weiche, rosafarbene, fleischige Wucherung, die sich während des Heilungsprozesses in einer Wunde entwickelt. Das G. besteht aus vielen Kapillaren, die von fibrösem Kollagen umgeben sind. Aus dem G. entsteht später Narbengewebe.
granulation tissue

Granulom. Chronisch entzündliche Läsion, die durch eine Akkumulation von Makrophagen, epitheloiden Makrophagen mit oder ohne Lymphozyten und Riesenzellen gekennzeichnet ist. G.e können spontan heilen, statisch bleiben, gangränös werden, sich ausbreiten oder einen Infektionsherd bilden.
[*lat.:* granulum, kleines Korn; *griech.:* oma, Tumor]
granuloma

Granuloma anulare. Chronische, gutartige Hauterkrankung unbekannter Herkunft, die sich in rötlichen Papeln und Knoten äußert, welche ringförmig angeordnet sind; tritt am häufigsten an den von der Körpermitte entfernten (distalen) Extremitäten von Kindern auf; es ist keine Behandlung erforderlich.
granuloma annulare

Granuloma glutaeale infantum. Hauterkrankung bei Neugeborenen, die sich durch erhabene, bläuliche oder rotbräunliche Knoten am Gesäß äußert; tritt häufig als Sekundärreaktion bei der längerfristigen Anwendung von starken Steroiddosierungen auf.
granuloma gluteale infantum

Granuloma inguinale. Geschlechtskrankheit, die durch Ulzera auf der Haut und im subkutanen Gewebe der Leiste und an den Genitalien gekennzeichnet ist. Ursache ist eine Infektion mit *Calymmatobacterium granulomatis*, einem kleinen gramnegativen runden Bazillus.
granuloma inguinale

Granulomatose. Zustand oder Krankheit, die durch die Entwicklung von → Granulomen gekennzeichnet ist, z.B. → Berylliose oder Wegener-Granulomatose. – *adj.* granulomatös.
[*lat.:* granulum, kleines Korn; *griech.:* oma, Tumor; osis, Zustand]
granulomatosis

Granulosazelltumor. Fleischiger Ovarialtumor (selten maligne) mit gelblichen Strei-

fen, die aus Zellen des Stratum granulosum im Follikelepithel des Graaf-Follikels stammen; diese Tumorart kann sehr groß werden.
granulosa cell tumor

Granulozyt. Eine Art von → Leukozyten, die durch zytoplasmatische Körnchen (→ Granulum) gekennzeichnet sind; man unterscheidet basophile, eosinophile und neutrophile G.en.
[*lat.:* granulum, kleines Korn; *griech.:* kytos, Zelle]
granulocyte

Granulozytopenie. Unphysiologische Verminderung der gesamten → Granulozyten-Anzahl; tritt meist bei → Leukopenie auf. (→ Agranulozytose)
[*lat.:* granulum, kleines Korn; *griech.:* kytos, Zelle; penia, Armut]
granulocytopenia

Granulozytose. Unphysiologische Vermehrung der gesamten → Granulozyten-Anzahl.
[*lat.:* granulum, kleines Korn, *griech.:* kytos, Zelle; osis, Zustand]
granulocytosis

Granulum (pl. Granula). 1. Körniger Partikel oder kleine trockene Masse, die frei beweglich ist. 2. Arzneikügelchen in Körnerform. 3. Mikroskopisch sichtbare körnige Strukturen einer Zelle. – *adj.* granulär.
[*lat.:* granulum, kleines Korn]
granule

Gravida. Schwangere Frau.
gravida

gravide. Schwanger, ein befruchtetes Ei oder einen Fötus tragend.
[*lat.:* gravidus, schwanger]
gravid

Gravidität. Schwangerschaft. (→ Gestation)
gravidity

Gray (Gy). Einheit der Energiedosis. Ein G. entspricht der Energie von 1 Joule/kg Masse oder 100 Rad.
gray (Gy)

Greifreflex. (Grasping). Pathologischer Reflex (physiologisch nur bei Neugeborenen), der durch Bestreichen der Handinnenfläche oder Fußsohle ausgelöst wird, mit dem Ergebnis, dass sich die Finger oder Fußzehen in einer greifenden Bewegung abspreizen. Dieser Reflex tritt bei Erkrankungen des Stirnhirns auf.
grasp reflex

Grenzensetzen. → Pflegeintervention der → NIC, die definiert wird als die Festlegung der Parameter eines erwünschten und akzeptablen Verhaltens von Patienten.
Limit Setting

Grippe. (Influenza). Akute endemisch, epidemisch oder pandemisch auftretende Infektionskrankheit der Atemwege. (→ Influenza)
flu

Griseofulvin. → Antimykotikum zur Behandlung bestimmter Haut-, Haar- und Nagelinfektionen.
griseofulvin

Grobmotorik. Anwendung großer Muskelgruppen zur Koordination aller Körperbewegungen, die im Alltagsleben benötigt werden, z.B. beim Gehen, Laufen, Hüpfen, Werfen und bei der Erhaltung des Gleichgewichtes.
gross motor skills

Größenwahn. (Megalomanie). Gestörter mentaler Zustand, der durch die Wahnvorstellung einer Person gekennzeichnet ist, ein wichtiger, mächtiger, berühmter oder reicher Mensch zu sein. Die G. kann bei Schizophrenie, Manie oder Psychosen auftreten.
delusion of grandeur

Großhirn. Größter und oberster Teil des Gehirns, der durch eine Längsspalte in die rechten und linken Hirnhemisphären unterteilt wird. Am Grund der Spalte sind die Hirnhemisphären durch den Balken (Corpus callosum) miteinander verbunden. Die inneren Strukturen der Hemisphären gehen in das Zwischenhirn über und stehen durch die Hirnstiele mit dem Hirn-

stamm in Verbindung. Das Großhirn hat sensorische und motorische Funktionen sowie schwer definierbare integrative Funktionen, die im Zusammenhang mit verschiedenen geistigen Aktivitäten stehen.
cerebrum

Großhirnhemisphäre. Eine der beiden Gehirnhälften, die durch tiefe Längsspalten voneinander getrennt und medial am Grund der Spalte durch den Balken (Corpus callosum) miteinander verbunden sind. Hervortretende Furchen unterteilen jede Hirnhälfte in vier Lappen. Die G.n bestehen außen aus grauer Substanz und innen aus weißer Substanz, die Inseln von grauer Substanz (Kerne) umgeben. [*griech.:* hemi, halb, sphaira, Ball.]
cerebral hemisphere

Großhirnrinde. (Hirnmantel; Cortex cerebralis). Aus Neuronen und Synapsen (graue Substanz) bestehende Schicht auf den Hirnhemisphären. Durch die Windungen (Gyri) werden ungefähr zwei Drittel der Hirnfläche in Furchen gefaltet. Die Großhirnrinde ist für die Integration der höheren geistigen Funktionen, für allgemeine Bewegungen, viszerale Funktionen, Wahrnehmung und Verhaltensreaktionen zuständig. Weit über 200 Bereiche unterschiedlich myelinierter Fasern und 47 separate, funktionelle Regionen mit unterschiedlichem Zellaufbau sind in der Forschung beschrieben worden.
cerebral cortex

Grundbedürfnisse. Alle Elemente, die für das Überleben und die normale geistige und körperliche Gesundheit und Entwicklung erforderlich sind, z.B. Nahrung, Wasser, Wohnung, Schutz vor Umweltgefahren und Liebe. (→ Maslows Bedürfnispyramide)
basic human needs

Grundgesetz, biogenetisches. (→ Rekapitulationstheorie)
recapitulation theory

Grundschlagader. (→ Arteria basilaris)
basilar artery

Grundumsatz (= GU). Die Menge an Energie, die in absolutem Ruhezustand zur Erhaltung der Vital- und Körperfunktionen (wie Atmung, Blutkreislauf, Temperatur, Peristaltik und Muskeltonus) in einem bestimmten Zeitraum benötigt wird. Der durch die Menge des verbrauchten Sauerstoffs bestimmte Wert wird in Kalorien ausgedrückt, die in einer Stunde pro m^2 Körperoberfläche oder pro kg Körpergewicht verbraucht werden. Der G. wird in einer warmen Umgebung 12–14 Stunden nach der letzten Mahlzeit gemessen und ist z.B. bei Schwangerschaft, Fieber oder Tumorerkrankungen erhöht.
basal metabolic rate (BMR)

Grünholzfraktur. Unvollständiger Knickbruch, bei der ein Knochen gebogen, doch nur an der äußeren Hülle gebrochen ist. Kinder sind besonders anfällig für G.en.
greenstick fracture; bent fracture

Gruppe. (Forschung) Jede Themen- oder Probandengruppe, die untersucht wird. Eine **Versuchsgruppe** wird untersucht, um die Auswirkungen eines Ereignisses, einer Substanz oder einer Technik zu studieren. Die **Kontrollgruppe** dient als Standard oder Referenzpunkt zum Vergleich mit der Versuchsgruppe. Die Versuchs- und die Kontrollgruppe müssen sich in bezug auf Anzahl und Übereinstimmung bestimmter Faktoren entsprechen, z.B. Geschlecht, Alter, Einkommen u.a.
group

Gruppendynamik. (Bereich der Sozialpsychologie nach K.Lewin) Interaktionen und Beziehungen, die zwischen einzelnen Gruppenmitgliedern sowie zwischen der Gruppe und der restlichen Gesellschaft vorhanden sind. Dazu gehören die gegenseitige Abhängigkeit der Gruppenmitglieder, kollektive Problemlösungsstrategien sowie gemeinsame Entscheidungen und Konformität der Gruppe.
group dynamics

Gruppenpflege. Dezentralisiertes System, in dem sich mehrere Mitglieder eines Teams die Pflege eines Patienten teilen, wobei alle koordiniert zusammenarbeiten. Die Stationsschwester überträgt einem als Krankenschwester oder -pfleger ausgebildeten Teamleiter sämtliche Autorität; dieser weist den Teammitgliedern deren Aufgaben zu, unterweist das Personal in allen Einzelheiten der Pflege und erstellt den Pflegeplan.
team nursing

Gruppentherapie. Anwendung von psychotherapeutischen Techniken innerhalb einer Gruppe von Menschen (bis zu 10 Personen), die ähnliche Schwierigkeiten erleben. Im Allgemeinen lenkt ein Gruppenleiter die Diskussion über bestimmte Probleme und versucht dabei, individuelle psychologische Entwicklungen und positive Persönlichkeitsveränderungen zu unterstützen. Die G. gilt als besonders effektiv bei der Behandlung verschiedener Suchterkrankungen.
group therapy

Gtt. Abkürzung für (lat.) *guttae*, Tropfen (Sgl. gt.-gutta).
gtt

Guajakharz. Holzharz, das häufig als Reagens in Labortests zur Untersuchung von okkultem Blut in den Fäzes und im Urin verwendet wird (Guajakprobe).
guaiac

Guanethidin. → Antihypertonikum zur Behandlung einer mäßigen bis schweren Hypertonie. Als Nebenwirkung kann es in Form einer Gegenreaktion zu einem starken Blutdruckabfall kommen.
guanethidine sulfat

Guanin (Gua). Wichtigste → Purinbase, die in Nukleotiden zu finden und wesentlicher Baustein der DNS (Desoxyribonukleinsäure) und RNS (Ribonukleinsäure) ist. In freier oder ungebundener Form tritt es in Spuren in den meisten Zellen auf und stammt häufig aus der enzymatischen Hydrolyse von Nukleinsäuren und Nukleotiden.
guanine

Guanosin (Guo). Verbindung aus einer Nukleinsäure, die aus → Guanin und einem Zucker, der D-Ribose, besteht. G. ist wesentlicher molekularer Bestandteil des Guanosinmonophosphats (GMP) und -triphosphats (GTP) sowie der DNS und der RNS. GTP ist an der → Glukoneogenese und an der Proteinbiosynthese beteiligt.
guanosine

Guanosinmonophosphat (cGMP), zyklisches. Mittlersubstanz für bestimmte Hormone, die dem zyklischen Adenosintriphophat gleicht.
cyclic guanosine monophosphate (cGMP)

Guedel-Schema. System zur Beschreibung der Phasen und Tiefen einer Anästhesie während eines operativen Eingriffs. Dieses System kann nur bei einer Ätheranästhesie angewendet werden und ist wenig aussagefähig, wenn die Narkose mit Kombinationsanästhetika durchgeführt wird.
[A. Guedel, amerikanischer Anästesiologe, 1883–1956]
Guedel´s signs

Guillain-Barré-Syndrom. Idiopathische periphere → Polyneuritis, die 1 bis 3 Wochen nach einer leichten Fieberepisode auftritt und in Verbindung mit einer Virusinfektion oder einer Impfung steht. Es kann zu symmetrischen Schmerzen und Schwäche der Extremitäten sowie zu einer Paralyse kommen. Die Neuritis kann sich ausdehnen, am Rumpf aufsteigen und Gesicht, Arme und Thoraxmuskel befallen.
[G. Guillain, französischer Neurologe, 1876–1951; J.Barré, französischer Neurologe, 1880–1967]
Guillain-Barré´s syndrome

Gummi. Kautschuk; dickflüssige Sekretion bestimmter Pflanzen. (→ Latex)
gum

Gummi arabicum. Getrocknete, gummiartige Absonderung des Akazienbaums (*Acacia senegal*), das in Arzneimitteln als Suspensionsmittel bzw. → Emulgator verwendet wird.
acacia gum

G

G

Gummiligatur. Therapieform bei Hämorrhoiden, wobei ein Gummiband fest um die Aussackung des Blutgefäßes gelegt wird. Der abgeschnürte Teil nekrotisiert nach ca. einer Woche und fällt ab.
rubber-band ligation

Gürtelgefühl. (Zonästhesie). Schmerzhaftes Umschnürungsgefühl meist um Taille oder Bauch, wie bei einem zu eng angelegten Gürtel; tritt z.B. bei Rückenmarksentzündung (Myelitis) auf.
zonesthesia

Gürtelrose. (Herpes zoster). (→ Zoster)
herpes zoster

Gussbehandlung. Therapieform, bei der der Körper bzw. ein bestimmter Körperteil mit kaltem Wasser bespritzt oder begossen wird; findet bei Fieber, zum Training der peripheren Durchblutung und bei anderen Erkrankungen Anwendung. (→ Hydrotherapie)
affusion

gustatorisch. Zum Geschmack, zum Schmecken oder zu den Geschmacksorganen gehörend.
gustatory

guttural. Zum Rachen (Pharynx) oder Kehlkopf (Larynx) und zur Stimme gehörend.
guttural

Gymnastik, therapeutische. Jede Übung, die darauf ausgerichtet ist, eine Verbesserung oder Beibehaltung bestimmter Körperfunktionen zu erreichen, z.B. die Erhaltung der Beweglichkeit, die Stärkung geschwächter Muskeln, die Erweiterung der Gelenkbeweglichkeit oder die Verbesserung der Atmungs- und Herzfunktionen.
therapeutic exercise

Gynäkographie. Röntgenuntersuchung der weiblichen Geschlechtsorgane mit Hilfe von eingeblasener Luft als Kontrastmittel.
gynecography

Gynäkologie. (Frauenheilkunde). Untersuchung und Studium der weiblichen Fortpflanzungsorgane, einschließlich der Brüste. Die G. umfasst im Gegensatz zu anderen medizinischen Fachbereichen sowohl chirurgische als auch nicht-chirurgische Behandlungsmethoden. Sie wird meist in Verbindung mit der Geburtshilfe betrachtet. – *adj.* gynäkologisch.
[*griech.:* gyne, Frau; logos, Wissenschaft]
gynecology

Gynäkomastie. Unphysiologische ein- oder beidseitige Vergrößerung der männlichen Brust; meist vorübergehend und gutartig. Gründe können hormonelle Schwankungen, Tumore der Hoden oder Hypophyse oder die Einnahme von Medikamenten sein, die Östrogene oder Steroide enthalten. Eine Leberinsuffizienz kann eine weitere Ursache für die G. sein, wenn zirkulierendes Östrogen nicht mehr inaktiviert wird, z.B. bei alkoholbedinger Zirrhose.
[*griech.:* gyne, Frau; mastos, Brust]
gynecomastia

Gynandrie. Personen, Mann oder Frau, die einige körperliche Merkmale des jeweils anderen Geschlechts aufweisen, z.B. weiblicher → Pseudohermaphroditismus.
[*griech.:* gyne, Frau; aner, Mann]
gynandry

Gyrase. → Enzym, das das Aufbrechen der geschlossenen zirkulären DNS-Helix von Bakterien unterstützt. G.-Hemmer sind Arzneimittel, die aufgrund ihrer Fähigkeit, die DNS (Desoxyribonukleinsäure) bestimmter Erreger zu zerstören, als → Antibiotika eingesetzt werden.
gyrase

Gyrus angularis. Gefaltete Windung des unteren Scheitelhirnlappens an der Stelle, an der der Scheitelhirnlappen mit dem Schläfenhirnlappen der Großhirnrinde verschmilzt.
[*lat.:* angulus, Winkel; *griech.:* Zirkel]
angular gyrus

Gyrus (pl. Gyri). Windungen auf der Oberfläche des Gehirns, die durch die Furchen (Sulci) voneinander getrennt sind. Die Gyri entstehen durch die Fältelung der Hirnrinde (Kortex).
[*griech.:* gyro, Kreis]
gyrus

H

h. Abkürzung für Stunde (lat. hora).
🇬🇧 h

H. Chemisches Symbol für Wasserstoff (→ Hydrogen).
🇬🇧 H

H-Kette. Kurzbezeichnung für schwere Ketten von → Polypeptiden mit hohem Molekulargewicht, die Teil eines Immunglobulinmoleküls sind. Die verschiedenen Arten von H-K.n charakterisieren die unterschiedlichen Kategorien von Immunglobulinen (Ig), z.B. IgG oder IgA.
🇬🇧 heavy chain

H_2O. Chemische Formel für Wasser.
🇬🇧 H_2O

Haar. Keratinfilament, das aus einer Wurzel und einem Schaft besteht, der in einem speziellen Follikel in der Epidermis gebildet wird. Man unterscheidet drei Phasen der Haarentwicklung: die anagene (aktive Wachstumsphase), die katagene (kurze Zwischenphase zwischen Wachstums- und Ruhephase) und die telogene Phase (Ruhephase vor dem Ausfall eines Haares). Kopfhaar wächst im Durchschnitt 1mm pro Tag, Körperhaare und Augenbrauen wachsen sehr viel langsamer.
🇬🇧 hair

Haarfollikel. (Haarwurzelscheide). Schmaler Schlauch von Epidermiszellen, der in der Körnerschicht der Haut liegt und die Wurzel des Haarschaftes enthält.
🇬🇧 hair follicle

Haarleukoplakie. Form der → Leukoplakie, bei der sich eine weiße Plaque auf der Mundschleimhaut befindet, die weich und nicht abstreifbar ist und an den Seitenrändern der Zunge auftritt; steht in Verbindung mit einer schweren Immunschwäche und kommt häufig bei HIV-infizierten Patienten vor (möglicherweise durch den Epstein-Barr-Virus verursacht).
🇬🇧 hairy leukoplakia

Haarpflege. → Pflegeintervention der → NIC, die definiert wird als die Erhaltung und Pflege sauberer, gesunder und attraktiver Haare.
🇬🇧 Hair Care

Haarzell-Leukämie. Seltenes Neoplasma des blutbildenden Gewebes, das durch einen Blutzellenschwund (Panzytopenie), Milzvergrößerung und viele kleine Fortsätze auf der Oberfläche der Retikulozyten im Blut und Knochenmark gekennzeichnet ist. Die H.-L. tritt bei Männern sechsmal häufiger als bei Frauen, meist im fünften Lebensjahrzehnt auf; die Krankheit bricht plötzlich aus und wird von einer Anämie, Thrombozytopenie und spontanen Blutungen begleitet.
🇬🇧 hairy-cell leukemia

Haarzellen. → Zilien; Zellen mit haarähnlichen Fortsätzen im → Corti-Organ, die als sensorische Rezeptoren fungieren.
🇬🇧 auditory hair

Haarzunge, schwarze. (Melanoglossie). Schwarz pigmentierte Wucherung der Zungenpapillen, die gutartig und häufig eine Nebenwirkung bestimmter Antibiotika ist.
🇬🇧 hairy tongue

Habitat. Die natürliche Umgebung, in der die Species einer Pflanzen- oder Tierart,

sowie auch Menschen bestehen, leben und normal wachsen können.
[*lat.:* habitare, wohnen]
habitat

Habituation. 1. Eine erworbene Toleranz, die durch wiederholte Konfrontation mit einem bestimmten Reiz entsteht. 2. Reduzierung und gegebenenfalls Ausschaltung einer konditionierten Reaktion durch häufige Wiederholung des konditionierten Reizes. 3. Psychologische und emotionale Abhängigkeit von Drogen, Medikamenten, Nikotin oder Alkohol, die zum wiederholten Konsum der Substanz führt, wobei jedoch ein suchtähnliches physiologisches Bedürfnis besteht, die Dosis immer weiter zu erhöhen. (→ Konditionierung/Alkoholabhängigkeit)
[*lat.:* habituare, sich gewöhnen]
habituation

Habitus. Äußere körperliche Erscheinung einer Person.
habitus

Haemophilus. Gattung gramnegativer pathogener Bakterien, die häufig im Atemtrakt von Menschen und Tieren auftreten, z.B. H. influenzae.
Haemophilus

Haemophilus influenzae. Kleines gramnegatives unbewegliches Bakterium, das als Parasit in verkapselter oder in nicht-verkapselter Form vorkommen kann und in sechs Typen unterteilt wird (a - f). Die meisten Infektionen (z.B. Atemwegsinfektionen oder Meningitis) werden von Organismen des Typ b verursacht.
Haemophilus influenzae

Haken. Instrument mit langem Griffstück zum Auseinanderhalten von Wundrändern oder Halten von Organen oder Gewebe.
tenaculum (pl. tenacula)

Hakenwurmkrankheit. Befall durch Rundwürmer, deren wichtigste intestinale Parasiten beim Menschen *Ancylostoma duodenale* und *Necator americanus* sind. Beide Krankheitserreger verursachen Bauchschmerzen und Eisenmangelanämie. Die Würmer gelangen im Larvenstadium in den menschlichen Körper, indem sie durch die Haut eindringen und über den Blutweg in die Lunge transportiert werden. Im Magen-Darm-Trakt beißt sich der Wurm in der Schleimhaut fest und lebt als Parasit vom Blut seines Wirtes.
hookworm disease

Halbmondkörper. 1. Große, blasse, halbmondförmige Zellen, die aus roten Blutkörperchen (Erythrozyten) bei der Herstellung von Blutausstrichen entstehen. 2. Große, runde Körper mit rosaroten, halbmondförmigen Rändern, die im Blut von Anämiepatienten gefunden werden können.
crescent bodies

Halbseitenblindheit. (→ Hemianopsie)
hemiopia

Halbwertschichtdicke. Die Schichtdicke einer Substanz, durch die die Dosis eines Röntgenstrahls auf die Hälfte ihres Ausgangswertes reduziert wird.
half-value layer

Halbwertszeit (HWZ). 1. Die Zeit, in der eine radioaktive Substanz 50% ihrer Aktivität durch Zerfall verliert. Jedes Radionuklid besitzt eine eigene H. 2. Die Zeit, in der ein Arzneimittelspiegel auf die Hälfte seines anfänglichen Wertes absinkt.
half-life

Halbwertzeit, effektive. Zeitdauer, die vergeht, bis ein radioaktives Element um 50 % abgebaut wird. Der Abbauprozess ist das Resultat von radioaktivem Verfall und biologischer Ausscheidung aus dem Organismus.
effective half-life (ehl)

Halisterese. Prozess der Knochenresorption, bei dem Knochensalze durch bestimmte Mechanismen entfernt und den Körpergewebsflüssigkeiten wieder zugeführt werden, wodurch eine entkalkte Knochenmatrix zurückbleibt.
[*griech.:* hals, Salz; steresis, Fehlen]
halisteresis

Halitose. Unangenehmer Atemgeruch, der durch schlechte Mundhygiene, Zahn- oder Mundinfektionen, Konsum be-

stimmter Nahrungsmittel wie Knoblauch, Alkohol oder Nikotin oder bestimmte systemische Erkrankungen bedingt sein kann, z.B. der Geruch von Azeton bei Diabetes mellitus oder Ammoniak bei Lebererkrankungen.
[*lat.:* halitus, Atem; *griech.:* osis, Zustand]
halitosis

Hallervorden-Spatz-Krankheit. Progressive neurologische Erkrankung bei Kindern mit Symptomen, die der → Parkinson-Krankheit ähneln; es kann zu Versteifung (Rigor), Spasmen, Bewegungsstörungen (→ Athetose) und Demenz kommen.
[J. Hallervorden, deutscher Neurologe, 1882–1965; H. Spatz, deutscher Neurologe, 1888–1969]
Hallervorden-Spatz´s syndrome

Hallux. Großer Fußzeh.
[*lat.:* hallex, großer Fußzeh]
hallux

Hallux rigidus. Schmerzhafte Deformität des großen Fußzehs, bei der das Grundgelenk eine eingeschränkte Bewegungsfähigkeit aufweist.
hallux rigidus

Hallux valgus. Deformität, bei der der große Fußzeh von der Mittellinie des Körpers aus in Richtung der anderen Zehen abgewinkelt ist; manchmal kann der große Zeh sogar über oder unter den anderen Zehen liegen.
hallux valgus

Hallux varus. Abknickung des großen Fußzehs von den anderen Zehen weg, d.h. nach innen.
hallux varus

Halluzination. Sensorische Wahrnehmung, die nicht durch einen externen Stimulus verursacht wird und im Wachzustand auftritt. H.en können jeden der Körpersinne betreffen und werden dementsprechend als auditive, geschmacksbezogene, olfaktorische, taktile und visuelle H.en klassifiziert.
[*lat.:* alucinari, gedankenlos sein]
hallucination

Halluzination, akustische. Subjektives Erlebnis, Stimmen oder andere Geräusche zu hören, obwohl in der Realität kein externer Reiz zur Bestätigung dieses Phänomens feststellbar ist. (→ Halluzination)
auditory hallucination

Halluzination, motorische. Subjektive Empfindung einer nicht vorhandenen Bewegung.
motor hallucination

Halluzination, olfaktorische. Zustand, bei dem eine Person eine nicht der Realität entsprechende Wahrnehmung von Gerüchen hat, die im Allgemeinen abstoßend oder negativ sind. Diese Art von → Halluzinationen steht manchmal in Verbindung mit unterschwelligen Schuldgefühlen.
[*lat.:* olfactus, Geruchssinn; alucinare, gedankenlos sein]
olfactory hallucination

Halluzinationen, Umgang mit. → Pflegeintervention der → NIC, die definiert wird als die Förderung der Gefühle von Sicherheit, Wohlbefinden und Realitätsorientierung bei Patienten mit Halluzinationen.
Hallucination Management

Halluzinationen, visuelle. Sinnestäuschung; subjektives Sehen von Gegenständen bzw. Objekten, die in der Realität nicht vorhanden sind. Solche H. treten meist im Zusammenhang mit akuten organischen Störungen, wie z.B. toxischen Psychosen, Delirium oder Schizophrenie auf. – *adj.* halluzinatorisch.
visual hallucinations

Halluzinogene (pl.). (Psychedelika). Substanzen, die eine Erregung des Zentralnervensystems verursachen, welche durch → Halluzinationen, Stimmungsschwankungen, Angst, sensorische Verzerrungen, Wahnvorstellungen und Depersonalisierung sowie Tachykardie, Erhöhung von Temperatur und Blutdruck sowie Erweiterung der Pupillen gekennzeichnet ist; z.B. LSD, Meskalin und Ecstasy. H. unterliegen dem

Betäubungsmittelgesetz, sie verursachen meist jedoch keine Abhängigkeit.
[*lat.:* alucinari, gedankenlos sein; *griech.:* genein, produzieren]
🇬🇧 hallucinogens

Halluzinogenese. Ursache oder Quelle von → Halluzinationen.
🇬🇧 hallucinogenesis

Halluzinose. Pathogener mentaler Zustand, bei dem sich die Aufmerksamkeit vorwiegend oder ausschließlich auf → Halluzinationen richtet, z.B. bei Durchgangssyndrom, Alkoholabhängigkeit oder Psychosen.
🇬🇧 hallocinosis

H

Halo-Verband. Orthopädischer Streckverband (Extension) mit Immobilisierung von Hals und Kopf; wird z.B. bei Skoliose und Wirbelfrakturen angelegt. Dabei wird häufig auch der Rumpf integriert, indem ein Schultergurt angelegt wird. Der H.-V. wird mit einem Zugsystem mit Hilfe von Nägeln an einen Ring um den Schädel herum befestigt.
🇬🇧 halo cast

Halogene (pl.). Substanzen, die ohne Sauerstoff mit Metallen Salze bilden (sog. Salzbildner); die H. bilden eine eigene Gruppe im Periodensystem: dazu gehören Fluor, Chlor, Brom, Iod und Astat.
🇬🇧 halogens

Halogenkohlenwasserstoff. Flüchtige Flüssigkeit, die als → Anästhetikum eingesetzt und in Kombination mit Sauerstoff oder Sauerstoff-Stickoxiden verabreicht wird. H. kann auch in Lösungs- und Reinigungsmitteln, Herbiziden und Pestiziden Anwendung finden.
🇬🇧 halogenated hydrocarbon

Halonävus. Gutartige Melanozytenansammlung, die als ein zentrales braunes Muttermal, umgeben von einem Kreis depigmentierter Haut, erscheint. (→ Melanozyt)
🇬🇧 halo nevus

Haloperidol. Butyrophenon-→ Tranquilizer, der zur Behandlung psychotischer Störungen und des Gilles-de-la-Tourette-Syndroms eingesetzt wird. H. wirkt angstlösend und erregungsdämpfend (→ Neuroleptikum); es kann jedoch zu einer späteren, stark ausgeprägten antipsychotischen Wirkung kommen. Weitere Nebenwirkungen sind extrapyramidal-motorische Störungen. (→ Neuroleptika)
🇬🇧 haloperidol

Halothan. → Inhalationsnarkotikum zur Einleitung und Erhaltung einer Vollnarkose. Es kann bei wiederholter Anwendung zu Leberschädigungen und Herz-Kreislaufstörungen bis zum Herzstillstand kommen (deshalb wird es immer seltener verwendet).
🇬🇧 halothane

Hals. Eingeschnittener Körperteil, wie z.B. der Teil des Körpers, der den Kopf mit dem Rumpf verbindet, oder der Schenkelhals des Oberschenkelknochens (Femur) oder der Gebärmutterhals (Zervix).
🇬🇧 neck

Halsentzündung, eitrige. Infektion des Rachens und der Mandeln, ausgelöst durch hämolytische Streptokokken der Gruppe A. Typische Symptome sind Halsschmerzen, Fieber, Schüttelfrost, geschwollene Lymphknoten im Nacken sowie gelegentlich Übelkeit und Erbrechen. Die Krankheitssymptome treten meist einige Tage nach der Ansteckung über Tröpfcheninfektion oder nach direktem Kontakt mit erkrankten Personen plötzlich auf. Der Rachenraum ist gerötet und die Mandeln sind häufig mit einem gelblichen oder weißen Belag überzogen.
🇬🇧 strep throat

Halsted-Zange. Kleine, an den Spitzen abgerundete Zange zum Abklemmen von Gefäßen.
[W. Halsted, amerikanischer Chirurg, 1852–1922]
🇬🇧 Halsted´s forceps

Halsvene. (→ Vena jugularis)
🇬🇧 jugular vein

Halsvene, innere. (innere Drosselvene). (→ Vena jugularis interna)
🇬🇧 internal jugular vein

Halswirbel. Eines der oberen sieben Segmente der Wirbelsäule. Die H. unterscheiden sich von Thorakal- und Lendenwirbeln durch eine vertikale Öffnung in jedem Querfortsatz. Der erste H. (Atlas) hat keinen Wirbelkörper; er unterstützt den Kopf und hat eine weiche, ovale Facette, die ein Gelenk mit dem Zahn des zweiten H.s bildet. Der siebte H. hat einen sehr langen, ausgeprägten Wirbelfortsatz, der nahezu horizontal verläuft und oftmals als tastbarer Referenzpunkt für die Lokalisation der anderen H. herangezogen wird.
cervical vertebra

häm- (hämo-, hämato-). Vorsilbe mit der Bedeutung »Blut«.
[*griech.:* haima, Blut]
hem-

Hämagglutination. Verklumpung (Koagulation) von roten Blutzellen (Erythrozyten). (→ Agglutination)
[*griech.:* haima, Blut; *lat.:* agglutinare, kleben]
hemagglutination

Hämagglutinin. Form von → Antikörpern, die Erythrozyten verkleben (agglutinieren). Sie werden je nach der Herkunft der agglutinierten Zellen als autologe H.e (vom gleichen Organismus), als homologe H.e (von einem Organismus der gleichen Species) oder als heterologe H.e (von einem Organismus einer anderen Species) bezeichnet.
hemagglutinin

Hämangioendotheliom. Tumor, der aus → Endothelzellen besteht und um eine Arterie oder Vene herumwächst. Diese Tumore werden selten bösartig.
hemangioendothelioma

Hämangiom. Gutartiger Tumor, der aus einer Masse von Blutgefäßen besteht.
hemangioma

Hämangiom, ameloblastisches. Gefäßtumor auf der Zahnpapille.
ameloblastic hemangioma

Hämangiom, kavernöses. Gutartiger, angeborener Tumor mit großen, blutgefüllten Zystenräumen; tritt meistens an Kopfhaut, Gesicht und Nacken auf und kann spontan heilen.
[*lat.:* caverna, Hohlraum; *griech.:* haima, Blut, oma, Tumor.]
cavernous hemangioma

Hämarthros. Ansammlung von Blut in einem Gelenk; Gelenkerguss.
hemarthros

Hämatemesis. Erbrechen von hellrotem Blut, was auf eine starke Blutung im oberen Gastrointestinaltrakt schließen lässt und häufig in Verbindung mit Ösophagusvarizen oder Magenulzera steht.
hematemesis

Hämatochezie. Ausscheidung von hellrotem Blut durch das Rektum. Ursache dafür ist meist eine Blutung im Darm oder Rektum, es kann sich jedoch auch um einen Blutverlust aus einem höheren Darmabschnitt handeln. Die Blutungen können durch Krebsgeschwüre, Colitis ulcerosa oder Ulzera ausgelöst werden.
hematochezia

Hämatogenese. Bildung von Blutzellen oder Steigerung der Produktion von Blutbestandteilen.
hematogenesis

Hämatokrit. Messung des konzentrierten Zellvolumens der Erythrozyten, die als prozentualer Anteil des gesamten Blutvolumens ausgedrückt wird. Der Normalwert liegt zwischen 43 und 49% bei Männern und zwischen 37 und 43% bei Frauen.
hematocrit

Hämatologie. Wissenschaftliche Untersuchung des Blutes und des blutbildenden Gewebes.
[*griech.:* haima, Blut; logos, Wissenschaft]
hematology

Hämatom. Ansammlung von Blut im Gewebe der Haut eines Organs, die durch eine Verletzung oder gestörte Hämostase nach einer Operation verursacht wird. Anfangs kommt es zu einer freien Blutansammlung im Gewebe; ist der Raum begrenzt, lässt der Druck nach; möglicher-

weise stellt sich auch die Blutung ein. Die Blutkoagel und Serumverklumpungen sind tastbar und für den Patienten meist schmerzhaft.
hematoma

Hämatom, intrazerebrales. Lokalisierte Ansammlung von Blut innerhalb des Großhirns (Cerebrum) in Verbindung mit Hirnlazerationen infolge einer Quetschung (Kontusion).
intracerebral hematoma

Hämatometra. Ansammlung von Menstruationsblut in der Uterushöhle.
hematometra

Hämatomyelie. Präsenz von freiem Blut in der Rückenmarksflüssigkeit (Liquor).
[*griech.:* haima, Blut; myelos, Mark]
hematomyelia

Hämatopoese. (Hämopoese/Hämatozytopoese). Bildung der Blutzellen.
hemapoiesis

Hämatospermie. Präsenz von Blut im Sperma. Zu den Ursachen gehören Gefäßverschlüsse, Infektionen der Samenstränge, Koitus interruptus, sexuelle Abstinenz oder sehr häufiger Koitus.
hematospermia

Hämatozyt. Bezeichnung für Blutzellen, meist → Erythrozyten.
hematocyte

Hämaturie. Unphysiologische Ausscheidung von Blut im Urin, die für viele Nierenerkrankungen und Störungen des Genital- oder Harntraktes charakteristisch ist. Bei einer H. muss eine mikroskopische Untersuchung des Urins sowie eine allgemeine Untersuchung des Patienten durchgeführt werden; meist werden darüber hinaus Urinkulturen angelegt.
hematuria

Hämaturie, renale. Das Vorkommen von Blut im Urin infolge einer Nierenkrankheit.
[*griech.:* háima, Blut; *lat.:* urina, Wasser]
renal hematuria

Hamburg-Wechsler-Intelligenztest, HAWI. Deutsche Bearbeitung des → Wechsler-Tests durch C. Bondy zur Intelligenzprüfung von Kindern (HAWIK) und Erwachsenen (HAWIE). Der Test wurde durch das Psychologische Institut der Universität Hamburg standardisiert und enthält Sprach- und Handlungsteile.
Hamburg-Wechsler Intelligence Scale

Hammer. (→ Malleus)
malleus

Hammerzeh. Fußzeh, der dauerhaft im Mittelgelenk gebeugt ist und wie eine Klaue aussieht. Diese Anomalie kann bei mehreren Zehen vorhanden sein, tritt jedoch meist am zweiten Fußzeh auf.
hammer toe

Hämochromatose. Erkrankung des Eisenmetabolismus, bei der sich übermäßig viel → Eisen im gesamten Körper, insbesondere in der Haut, ablagert. Dies äußert sich u.a. in einer braun-grauen Hautpigmentierung (→ Melanin).
[*griech.:* haima, Blut; chroma, Farbe; osis, Zustand]
hemochromatosis

Hämodialyse. Therapeutische Maßnahme, bei der Stoffwechselprodukte oder Metaboliten aus dem Blut entfernt werden. Die H. wird zur Behandlung von Nierenversagen und verschiedenen Vergiftungszuständen eingesetzt. Das Blut des Patienten wird zur → Diffusion und → Ultrafiltration durch ein Dialysegerät geleitet und dann wieder in den normalen Blutkreislauf zurückgeführt. Bei einer H. wird ein Zugang zum Blutstrom des Patienten, ein Transportmechanismus für das Blut zum und vom Dialysegerät und das Gerät selbst benötigt. Der Zugang kann durch einen externen → Shunt oder eine arteriovenöse Fistel geschaffen werden. Die H. dauert etwa 3 bis 8 Stunden und kann bei akuten Zuständen täglich erforderlich werden, oder bei chronischer Niereninsuffizienz zwei- bis dreimal in der Woche notwendig sein.
[*griech.:* haima, Blut; dia, weg; lysis, auflösen]
hemodialysis

Hämodialyse. → Pflegeintervention der → NIC, die definiert wird als der Umgang mit der extrakorporalen Passage von Blut durch ein Dialysegerät.
Hemodialysis Therapy

Hämodilution. (Blutverdünnung). Vorgang, bei dem die Konzentration der Erythrozyten oder anderer Blutbestandteile erniedrigt wird. Durch eine H. wird die Durchblutung verbessert (z.B. bei Hörsturz oder peripheren Durchblutungsstörungen), sie wird auch als Thromboseprophylaxe verwendet. Darüber hinaus dient sie als Plasmaersatz, so dass die Verabreichung von Fremdblut eingeschränkt werden kann.
hemodilution

Hämodynamik. Lehre von den physikalischen Aspekten der Blutzirkulation, einschließlich Herzfunktion und peripheren gefäßphysiologischen Charakteristika.
hemodynamics

Hämodynamische Regulation. → Pflegeintervention der → NIC, die definiert wird als die Optimierung von Herzfrequenz, Vorlast, Nachlast und Kontraktionskraft.
Hemodynamic Regulation

Hämofiltration. Form der → Hämodialyse, bei der Stoffwechselendprodukte mit Hilfe eines Lösungsmittels durch → Ultrafiltration über eine Membran abgeleitet werden.
hemofiltration

Hämoglobin, fetales. Hämoglobin F, das wichtigste Hämoglobin im Blut eines Fötus und Neugeborenen.
fetal hemoglobin

Hämoglobin (Hb). Komplexe Protein-Eisen-Verbindung im Blut, die Sauerstoff von der Lunge zu den Zellen transportiert und Kohlendioxid von den Zellen zur Lunge befördert. Jeder → Erythrozyt enthält 200 bis 300 H.-Moleküle, von denen jedes über mehrere → Häm-Moleküle verfügt, die jeweils ein Sauerstoffmolekül transportieren können. Ein H.-Molekül besitzt vier Peptidketten, die bei Erwachsenen als Alpha-, Beta-, Gamma- und Deltaketten bezeichnet werden. H. setzt zur Ausscheidung in der Lunge kohlenmonoxidhaltiges H. und weitere Sauerstoffmoleküle zum Transport zu den Zellen frei. [*griech.:* haima, Blut; *lat.:* globus, Ball]
hemoglobin (Hb)

Hämoglobin-A (Hb-A). Physiologisches → Hämoglobin.
hemoglobin A (HbA)

Hämoglobin-C (Hb-C). Unphysiologische Hämoglobinart, die durch den Austausch von Lysin durch Glutaminsäure gekennzeichnet ist. (→ Hämoglobin)
hemoglobin C (HbC)

Hämoglobin-C-Krankheit. Genetische Bluterkrankung, bei der eine leichte chronische hämolytische Anämie besteht und abnormes → Hämoglobin C vorhanden ist.
hemoglobin C disease

Hämoglobin-E-Krankheit. Schwache Anämieform, die durch eine genetische Abnormität des → Hämoglobin-Moleküls verursacht wird. Insgesamt die dritthäufigste Hämoglobinerkrankung, die vorwiegend in Südostasien bei Farbigen auftritt. (→ Anämie)
hemoglobin E disease

Hämoglobin-F (Hb-F). Das normale → Hämoglobin des Fötus. Der Großteil des Hb-F wird in den ersten Tagen nach der Geburt durch Hämoglobin A ersetzt. Hb F besitzt eine gesteigerte Fähigkeit, Sauerstoff zu transportieren, und findet sich verstärkt bei einigen Erkrankungen.
hemoglobin F (HbF)

Hämoglobin-M-Krankheit. (Methämoglobinämie). Anämieform, bei der ein Teil des → Hämoglobins → Eisen in einer Form enthält, die keinen Sauerstoff binden kann. Die Patienten leiden unter einer → Zyanose, jedoch nicht unter Leistungseinschränkungen, weil auch genügend normales Hämoglobin vorhanden ist. (→ Anämie)
hemoglobin M disease

Hämoglobin-S (Hb-S). Unphysiologische Form des → Hämoglobins, die durch einen Austausch der Amnisosäure Valin durch Glutaminsäure gekennzeichnet ist. Das

Hb-S bewegt sich nur langsam und ist viel weniger löslich als Hb-A.
hemoglobin-S (Hb S)

Hämoglobinämie. Präsenz von freiem → Hämoglobin im Blutplasma.
hemoglobinemia

Hämoglobingehalt, mittlerer (MCH). (Färbekoeffizient). Geschätzter Wert der Menge an → Hämoglobin in einem normalen → Erythrozyten, die sich aus dem Verhältnis zwischen der Menge an Hämoglobin und der Anzahl der vorhandenen Erythrozyten berechnet.
mean corpuscular hemoglobin (MCH)

H

Hämoglobinkonzentration, mittlere korpuskuläre (MCHC). Geschätzte Konzentration an → Hämoglobin (in Gramm) aller zellulären Bestandteile pro 100ml Blut, die sich aus dem Verhältnis von → Hämoglobin und Hämatokrit herleitet.
mean corpuscular hemoglobin concentration (MCHC)

Hämoglobinopathie. Gruppe von Erbkrankheiten, die durch strukturelle Veränderungen des Hämoglobinmoleküls gekennzeichnet sind. Die Störung tritt in → heterozygoter oder in → homozygoter Form auf. (→ Hämoglobin)
hemoglobinopathy

Hämoglobinsättigung. Die Menge an Sauerstoff, die an → Hämoglobin gebunden ist, im Verhältnis zu der Sauerstoffmenge, die das Hämoglobin insgesamt binden kann.
hemoglobin saturation

Hämoglobinurie. Unphysiologische Ausscheidung von → Hämoglobin, das nicht an Erythrozyten gebunden ist, mit dem Urin.
[*griech.:* haima, Blut; *lat.:* globus, Ball; *griech.:* ouron, Urin]
hemoglobinuria

Hämogramm. (Differentialblutbild). Schriftliche oder graphische Darstellung einer differenzierten Blutauszählung, welche Größe, Aussehen, besondere Merkmale und Anzahl der festen Bestandteile im Blut beschreibt.
hemogram

Hämolyse. Auflösung der → Erythrozyten und Freisetzung von → Hämoglobin, was am Lebensende einer roten Blutzelle ein physiologischer Vorgang ist. Die H. tritt aber auch bei Antigen-Antikörper-Reaktionen, bei metabolischen Schädigungen der roten Blutzellen, die für eine kurze Lebensdauer der Zellen sprechen, und bei mechanischen Verletzungen, z.B. bei Kardioprothesen, auf.
hemolysis

Hämolysin. Substanz, die Erythrozyten lysiert oder auflöst (eine → Hämolyse verursacht). H. wird von Bakterienstämmen, einschließlich Staphylokokken und Streptokokken, produziert und scheint die invasive Kraft der Bakterien zu verstärken.
hemolysin

Hämoperfusion. Extrakorporale Blutreinigung durch ein Adsorptionsmedium, z.B. Aktivkohle oder Harze, statt durch ein Dialysegerät. Die H. kann zur Behandlung einer Urämie oder Leberinsuffizienz sowie bei bestimmten Formen von Medikamentenvergiftungen eingesetzt werden.
hemoperfusion

Hämoperikard. (Herzbeuteltamponade). Ansammlung von Blut im Herzbeutel (Perikard), der das Herz umgibt.
hemopericardium

Hämophilie. Gruppe von Erbkrankheiten, die durch den Mangel eines Faktors gekennzeichnet sind, der zur Blutkoagulation erforderlich ist. Die beiden häufigsten Formen dieser Störung sind die → Hämophilie A und die → Hämophilie B. Größere Blutverluste, z.B. bei zahnmedizinischen Eingriffen, Nasenbluten (Epistaxis), Hämatomen oder Hämarthrose stellen häufig Probleme bei Patienten mit einer H. dar. Schwere nicht-chirurgische innere Blutungen und eine Hämaturie sind dagegen selten. (→ Blutgerinnung) – *adj.* hämophil.
hemophilia

Hämophilie A. Erbliche Blutgerinnungskrankheit, die X-chromosomal-rezessiv erblich ist und durch einen Mangel des Gerinnungs- → Faktors VIII verursacht wird.

Die H. A ist die klassische Form der → Hämophilie. (s.a. Blutgerinnung)
🇬🇧 hemophilia A

Hämophilie B. (Christmas-Krankheit). Erbliche Blutgerinnungskrankheit, die X-chromosomal-rezessiv erblich ist und durch einen Mangel des Gerinnungs-→ Faktors IX verursacht wird. (→ Hämophilie) (s.a. Blutgerinnung)
🇬🇧 hemophilia B

Hämophilie C. Erbliche Blutgerinnungskrankheit, die X-chromosomal-rezessiv erblich ist und durch einen Mangel des Gerinnungs-→ Faktors XI verursacht wird. (→ Hämophilie) (s.a. Blutgerinnung)
🇬🇧 hemophilia C

Hämoptoe. (→ Hömoptyse)
🇬🇧 hemoptysis

Hämoptyse. (Hämoptoe). Abhusten von Blut aus dem Respirationstrakt. Blutiges Sputum steht häufig in Verbindung mit einer Infektion des oberen Respirationstraktes oder einer Bronchitis. Eine größere Blutung kann auf eine Infektion mit *Aspergillus*, Lungenabszess, Tuberkulose oder Bronchialkarzinom hinweisen.
[*griech.:* haima, Blut; ptyein, spucken]
🇬🇧 hemoptysis

Hämorheologie. Studium der Auswirkungen des Fließverhaltens von Blut auf die zellulären Blutkomponenten und die Blutgefäßwände.
🇬🇧 hemorheology

Hämorraghie, verzögerte postpartale. Blutung nach der Entbindung, die später als 24 Stunden nach Geburt auftritt. Ursache sind zurückgehaltene Plazentareste, ein Riss am Gebärmutterhals (Zervix) bzw. der Scheide (Vagina), der nicht erkannt oder nur unzureichend genäht wurde, oder eine mangelhafte Kontraktion, insbesondere der Plazentahaftstelle.
🇬🇧 delayed postpartem hemorrhage

Hämorrhagie. (Blutung). Innerlicher oder äußerlicher Verlust größerer Mengen Blut in einer kurzen Zeitspanne. Eine H. kann arteriell, kapillär oder venös sein; zu den Symptomen gehören ein hypovolämischer Schock, schneller, schwacher Puls, Durst, kalte, feuchte Haut, seufzende Atmung, Schwindel, Synkopen, Blässe, Angstzustände, Unruhe und Hypotonie. Wenn die Blutung in eine Körperhöhle oder ein Gelenk erfolgt, kann es schnell zu Schmerzen kommen, da diese Strukturen durch das schnell zunehmende Blutvolumen stark gedehnt werden. – *adj.* hämorrhagisch.
🇬🇧 hemorrhage

Hämorrhagie, arterielle. Der Blutverlust aus einer → Arterie; steht häufig in Verbindung mit einem Gefäßtrauma oder mit der Entfernung eines großlumigen → arteriellen Katheters.
🇬🇧 arterial hemorrhage

Hämorrhagie, Kontrolle einer. → Pflegeintervention der → NIC, die definiert wird als die Reduzierung oder Behebung eines schnellen und exzessiven Blutverlustes.
🇬🇧 Hemorrhage Control

Hämorrhoidektomie. Chirurgischer Eingriff zur Entfernung von → Hämorrhoiden.
🇬🇧 hemorrhoidectomy

Hämorrhoiden (pl.). Krampfader- (Varizen-) Erkrankung im unteren Rektum oder Anus durch eine Stauung des Venengeflechtes. Innere H. bilden sich oberhalb des internen Anussphinkters. Wenn die H. groß genug werden, um Vorsprünge zu bilden, sorgen sie für Verengungen und werden schmerzhaft. Kleine innere H. können bei der Darmentleerung bluten. Sie sind normalerweise nicht schmerzhaft, und es kommt erst zu einer Blutung, wenn die Venen der H. platzen oder eine Thrombose entsteht. – *adj.* hämorrhoidal.
[*griech.:* haima, Blut; rhoia, Fluß]
🇬🇧 hemorrhoid

Hämosiderin. Eisenhaltiges Pigment, das durch die → Hämolyse von → Erythrozyten entsteht. → Eisen wird häufig in dieser Form gespeichert. (→ Hämosiderose)
🇬🇧 hemosiderin

Hämosiderose. Verstärkte Ablagerung von → Eisen in verschiedenen Geweben, häufig

in Form von → Hämosiderin, meist ohne Gewebeverletzung.
hemosiderosis

Hämostase. Stillung einer Blutung durch mechanische oder chemische Mittel oder durch den komplexen Gerinnungsprozess (Koagulation) des Körpers, der aus Vasokonstriktion, Thrombozytenaggregation sowie Thrombin- und Fibrinsynthese besteht.
[*griech.:* haima, Blut; stasis, Stillstand]
hemostasis

H

hämostatisch. Einen Vorgang, eine Vorrichtung oder eine Substanz betreffend, die eine Blutstillung (→ Hämostase) bewirkt. Direkter Druck, eine Staumanschette und chirurgische Klemmen sind mechanische h.e Mittel. Die Anwendung von Kälte, z.B. durch Eisbeutel auf den Bauch zur Stillung einer Uterusblutung oder eine Eisspülung des Magens zur Überprüfung einer Magenblutung, hat ebenfalls eine h.e Wirkung. Gelatinschwämme, Thrombinlösungen und mikrofibrilläres Kollagen, welche die Verklumpung der Thrombozyten und Bildung von Koageln auslösen, werden bei chirurgischen Eingriffen verwendet, um eine Blutung zum Stillstand zu bringen.
hemostatic

Hämothorax. Ansammlung von Blut und Flüssigkeit in der → Pleurahöhle zwischen parietalem und viszeralem Brustfell (Pleura), meist infolge einer Verletzung. Ein H. kann auch durch die Ruptur kleiner Blutgefäße infolge einer Entzündung entstehen.
hemothorax

Hand. Der am weitesten von der Körpermitte entfernte (d.h. distale) Teil des Unterarms; flexibelster Teil des Knochenskeletts mit Greif- und Haltefunktionen, der aus 27 Knochen besteht, von denen 8 die Handwurzel, 5 die Mittelhand und 14 die Finger bilden.
hand

Hand-Fuß-Mund-Krankheit. (Hand-Foot-Mouth-Disease). → Coxsackie-Virusinfektion, die durch das Auftreten schmerzhafter Ulzera und Vesikel auf den Mundschleimhäuten sowie auf Händen und Füßen gekennzeichnet ist. Die Krankheit ist höchst ansteckend und befällt vor allem Kinder.
hand-foot-and-mouth-disease

Händedesinfektion, chirurgische. Das gründliche Waschen der Fingernägel, Hände und Unterarme vor einer Operation mit chirurgischer Seife. Waschen müssen sich alle Personen, die direkt an der Operation beteiligt und steril gekleidet sind. Die c. H. erfolgt in 2 Schritten: 1) Hände und Unterarme ca. 2 Minuten mit einer Seifenlösung waschen; Fingernägel und Handinnenflächen ggf. mit einer sterilen Bürste reinigen. 2) Abtrocknen der Hände und Unterarme mit sterilen Stoff-Handtüchern, danach 5-minütiges Einreiben mit einer Hautdesinfektionslösung. Es sollten mindestens 2 Einreibevorgänge mit ca. 5 ml Desinfektionslösung stattfinden. Während der gesamten Prozedur muss darauf geachtet werden, dass sich Hände und Unterarme immer über dem Ellenbogengelenk befinden, damit Seifen- oder Desinfektionslösung nicht aus dem ungewaschenen Bereich über die gewaschenen Bezirke laufen kann. Nach der c. H. darf nichts mehr mit den Händen berührt werden.
surgical scrub

Hanf, indischer. → Halluzinogen, das aus getrockneten Blättern und jungen Stielen des wilden *Cannabis sativa* hergestellt wird, einer Pflanze, die in Indien beheimatet ist. H. fällt unter das Betäubungsmittelgesetz. Das Rauschmittel wird meist in Form von Haschisch oder Marihuana, als sogenannte »weiche« Droge durch Rauchen konsumiert. Es führt zu einer leichten Euphorie, hohe Dosierungen können auch Halluzinationen auslösen. H. kann auch als Mittel gegen Glaukom und bei der Schmerztherapie verabreicht werden.
bhang

Hangover. Bezeichnung für eine Reihe von Symptomen, z.B. Übelkeit, Durst, Müdigkeit, Kopfschmerzen und Reizbarkeit, die als Nachwirkung des Konsums von Alko-

hol, Arzneimitteln oder bestimmten Drogen ausgelöst werden.
hangover

Hantavirus. Virengattung der Familie *Bunyaviridae*. Hantaviren sind Ursache verschiedener Formen von hämorrhagischem Fieber, Nierenversagen und Schock.
Hantavirus

haploid. Nur einen kompletten, nicht-homologen → Chromosomensatz aufweisend. (s.a. diploid)
haploid

Hapten. Substanz, die als unvollständiges → Antigen fungiert, indem sie sich an bestimmten Stellen an → Antikörper bindet, dabei allerdings nicht deren Bildung auslösen kann. Werden H.e an Eiweiße gekoppelt, werden sie zu Vollantigenen.
hapten

Haptik. Wissenschaft, die sich mit der Erforschung des Berührungs- und Tastsinns beschäftigt. – *adj.* haptisch.
haptics

Haptoglobin. Plasmaprotein, dessen einzige bekannte Funktion darin besteht, freies → Hämoglobin zu binden. Die Menge des H.s ist bei bestimmten chronischen Erkrankungen und Entzündungen erhöht, bei einer hämolytischen Anämie ist der Spiegel verringert oder es ist gar kein H. vorhanden.
haptoglobin

Harlekin-Fötus. (Ichtyosis congenita). Säugling, dessen Haut bei der Geburt vollständig mit dicken, hornigen Schuppen bedeckt ist, die wie ein Panzer aussehen und durch tiefe rote Fissuren unterteilt sind; schwerste Form einer Abschilferung (Exfoliation) der Haut bei Neugeborenen.
harlequin fetus

Harnblase. (Vesica urinaria). Muskulöses Hohlorgan im Becken, in dem der Urin zur Ausscheidung aufbewahrt wird. In die H. münden von vorn oben die beiden Harnleiter (Ureteren), die den Urin aus der Niere in die H. leiten, und von hinten unten die Harnröhre (Urethra), die den Urin nach außen ableitet.
urinary bladder

Harninkontinenz. Unwillkürlicher Harnabgang infolge fehlender Kontrolle über die Schließmuskel der Harnblase oder Harnröhre.
urinary incontinence

Harninkontinenz, Pflege bei. → Pflegeintervention der → NIC, die definiert ist als die Unterstützung der Entwicklung einer Kontinenz und Erhaltung der perinealen Hautintegrität.
Urinary Incontinence Care

Harnleiter. (→ Ureter)
ureter

Harnorgane. Sämtliche Organe, die an der Produktion und Ausscheidung von Urin beteiligt sind. Dazu gehören Nieren, Harnleiter (Ureteren), Harnblase (Vesica urinaria) und Harnröhre (Urethra).
urinary system

Harnröhre. (→ Urethra)
urethra

Harnröhrenmündung. 1. Beim Mann die schlitzförmige Öffnung der Harnröhre in der Eichel. 2. Bei der Frau die Öffnung der Harnröhre in den Scheidenvorhof (Vestibulum vaginae). 3. Innere Öffnung der Harnröhre am unteren Blasendreieck.
urethral orifice

Harnsäure. Im Blut vorhandenes Endprodukt des Eiweißstoffwechsels, das in den Harn ausgeschieden wird.
uric acid

Harnsäuregicht. (→ Gicht mit Knotenbildung)
tophaceous gout

Harnstein. Stein, der sich in einem beliebigen Abschnitt des Harnsystems bildet. H.e können so groß sein, dass sie den Harnfluss behindern, oder so klein, dass sie mit dem Urin ausgeschieden werden.
urinary calculus

Harnstoff. (Urea). Wichtigste Stickstoffverbindung im Harn und Endprodukt des Ei-

weißstoffwechsels. Die Ausscheidung von H. erfolgt durch die Niere.
urea

Harnstoffzyklus. Eine durch Enzyme in Gang gesetzte Reaktionskette, durch die Ammoniak in der Leber entgiftet wird. Bei der Entgiftung der Ammoniakmoleküle, einem Abfallprodukt des Eiweißstoffwechsels, finden fünf enzymatische Reaktionen statt, wobei Ammoniakradikale mit Kohlenstoff- und Sauerstoffatomen gebunden werden und somit → Harnstoff bilden, der über die Niere ausgeschieden werden kann.
urea cycle

Harntrakt. Sämtliche Organe und Ausführungsgänge, die an der Produktion und Ausscheidung von Urin beteiligt sind.
urinary tract

Harnverhalten. (Urinretention). Anerkannte → NANDA-Pflegediagnose, die definiert ist als die unvollständige Blasenentleerung eines Patienten. Kennzeichnende Merkmale sind eine Überdehnung der Blase, häufiges Wasserlassen in kleinen Mengen oder fehlende Ausscheidung, Gefühl einer vollen Blase, Tröpfeln, Restharn über 150 ml, Schmerzen beim Wasserlassen und Inkontinenz durch eine sogenannte Überlaufblase.
urinary retention

Harnverhaltung. Die abnorme, ungewollte Ansammlung von Urin in der Harnblase infolge Verringerung des Muskeltonus der Harnblase, neurologischer Störung oder Schädigung der Harnblase, Blockierung der Harnröhre (Urethra) oder Verabreichung von Analgetika.
retention of urine

Harnvolumen. Die Gesamtmenge an Urin, die pro Tag ausgeschieden wird; liegt normalerweise zwischen 700 und 2000 ml. Verschiedene Stoffwechsel- und Nierenerkrankungen können die Harnproduktion und -ausscheidung beeinflussen.
urinary output

Harnwegsinfektion. Infektion einer oder mehrerer Strukturen des Harntrakts, die meistens durch gram-negative Bakterien hervorgerufen wird. Am häufigsten finden sich die Bakterienarten *Escherichia coli, Klebsiella, Proteus, Pseudomonas* oder *Enterobakter.* Gekennzeichnet ist eine H. meist durch häufiges Wasserlassen, Brennen und Schmerzen beim Wasserlassen und, bei starker Ausprägung, Beimengung von Blut und Eiter im Urin. Formen einer H. sind z.B. Blasenentzündung, Nierenbeckenentzündung und Harnröhrenentzündung.
urinary tract infection (UTI)

Harnzylinder. Im Harnsediment vorkommende Zellen bzw. Partikel, die wie Ausgüsse aus den Nierenkanälchen aussehen.
urinary casts

Harrison-Furche. Deformität des Brustkorbs (Thorax), die infolge eines Zugs des Zwerchfells (Diaphragma) auf die Rippen entsteht, welche durch Rachitis oder andere Kalziummangelerkrankungen geschwächt sind.
[E. Harrison, englischer Arzt, 1766–1838]
Harrison´s groove

Hasenauge. (→ Lagophtalmus)
lagophtalmos

Haupthistokompatibilitätskomplex (MHC). (Major Histocompatibility Complex). Gruppe von Proteinen auf der äußeren Membran einer Zelle, die dafür zuständig sind, eigene und fremde Zellen zu identifizieren. MHC-Klasse-I-Proteine unterstützen den Körper, zwischen gesunden Körperzellen und anderen Zellen zu unterscheiden, die präkanzerös oder durch einen Virus infiziert sind. MHC-Klasse-II-Moleküle erkennen normalerweise fremde Proteine und ähneln einem Protein auf der äußeren Membran des HIV-Virus; dadurch attackieren verwirrte T-Helferzellen die körpereigenen Zellen. Patienten mit einem Diabetes mellitus Typ I weisen einen niedrigen Spiegel von MHC-Klasse-I-Proteinen auf; ihr Immunsystem erkennt die eigenen Betazellen nicht.
major histocompatibility complex (MHC)

Hauptlymphgang, rechter. (Ductus lymphaticus dexter). Gefäß, das die Lymphe vom

rechten oberen Körperquadranten in die Blutbahn am Hals ableitet, an der Verbindungsstelle der Vena jugularis interna dextra und der Vena subclavia dextra.
🇬🇧 right lymphatic duct

Hauptzelle. 1. Eine zylindrische oder würfelförmige Epithelzellen, mit denen die Magendrüse beschichtet ist und die → Pepsinogen und → Intrinsic-Faktor ausscheiden, die zur Aufnahme von Vitamin B_{12} und für die Entwicklung der Erythrozyten benötigt werden. Ein Mangel des Intrinsic-Faktors kann eine Anämie verursachen. 2. Eine Epitheloidzelle mit schwach gefärbtem Zytoplasma und großem Zellkern mit deutlich sichtbarem Nukleolus. Die Stränge solcher Zellen sind die wichtigsten Substanzen der Pinealdrüsen. 3. Epithelzelle der Nebenschilddrüse mit blassem, klarem Zytoplasma und Vesikulärnukleus.
🇬🇧 chief cell

Hausmädchenknie. (Bursitis praepatellaris). Chronische Entzündung des Schleimbeutels im Knie (Bursa), die sich in einer Rötung und Schwellung zeigt; wird durch langanhaltenden und wiederholten Druck des Knies auf eine harte Unterlage verursacht.
🇬🇧 housemaid´s knee

Haut. (Cutis). Die feste, elastische Membran, die den gesamten Körper umgibt. Die H. ist mit einer Fläche von 1,5 - 2 m^2 und einem Gewicht von 3,5 - 10 kg das größte Organ des Menschen. Sie besteht aus drei Schichten: Oberhaut, Lederhaut und Unterhaut. Die äußerste Schicht, die Oberhaut bzw. Epidermis, besteht aus fünf Zellschichten, deren unterste Schicht, das sogenannte Stratum basale, die oberen Schichten zusammenhält und neue Zellen zum Ersatz der durch Abschilferung auf der obersten Schicht verlorengegangenen Zellen produziert. Unter der Oberhaut liegt die bindegewebige Lederhaut (Korium oder Dermis), die Berührungsrezeptoren, Blutgefäße, Fettgewebe, Haarfollikel, Nerven, Talg- und Schweißdrüsen enthält. Daran schließt sich die Unterhaut (Subcutis) an. Sie besteht aus lockerem Bindegewebe, das die Verschieblichkeit der H. auf dem darunterliegenden Gewebe gewährleistet. Das subkutane Fettgewebe dient als Stoßpuffer, Kälteschutz und Energiespeicher. Die Hautfarbe hängt von der vorhandenen Melaninmenge in der Epidermis ab, die genetisch bestimmt ist. - *adj.* kutan.
🇬🇧 skin

Haut, Selbstuntersuchung der. Die Begutachtung und Beurteilung der eigenen H. hinsichtlich erster Anzeichen von malignen oder prämalignen Tumoren. Eine amerikanische Studie belegt, dass Personen, die sich selbst untersuchen und Farb-, Form- oder Größenveränderungen von Leberflecken frühzeitig erkennen, einem weitaus geringeren Risiko ausgesetzt sind, an bösartigen Melanomen zu sterben als solche, die dies nicht tun.
🇬🇧 skin self-examination

Haut, trockene. Bezeichnung für eine Epidermis, der Feuchtigkeit oder Talg fehlt. Merkmale der t.n H. sind Falten, Schuppen und Juckreiz. Zu den Ursachen zählen häufiges Baden, geringe Luftfeuchtigkeit, zu geringe Flüssigkeitsaufnahme und verringerte Talgproduktion bei alternder Haut.
🇬🇧 dry skin

Haut, Überwachung der. → Pflegeintervention der → NIC, die definiert ist als die Erfassung und Analyse von Patientendaten zur Erhaltung der Unversehrtheit von Haut und Schleimhäuten.
🇬🇧 Skin Surveillance

Haut, Zipfelbildung der. Langsame Rückkehr einer Hautfalte in ihre ursprüngliche Lage, nachdem ein Stück Haut angehoben und gedrückt wurde; ein Zeichen von Dehydratation und/oder Alter.
🇬🇧 tenting of skin

Hautabsorption. Aufnahme von Substanzen durch die Haut.
🇬🇧 cutaneous absorption

Hautdefekt, bestehender. Anerkannte NANDA-Pflegediagnose, die den Zustand eines Patienten beschreibt, bei

H

dem die Haut beschädigt ist. Charakteristische Merkmale sind Verletzungen der Hautoberfläche, Schädigungen der verschiedenen Hautschichten und Schädigungen von Körperstrukturen in Form von Ulzerationen.
skin integrity, impaired

Hautdefekt, hohes Risiko. Anerkannte NANDA-Pflegediagnose, die den Zustand beschreibt, bei dem die Haut eines Patienten dem Risiko ausgesetzt ist, beschädigt zu werden. Risikofaktoren sind sowohl äußere (umweltbedingte) als auch innere (somatische) Faktoren. Äußere Faktoren sind z.B. Hypothermie bzw. Hyperthermie, chemische Substanzen, mechanische Faktoren (Scherkräfte, Druck, Zwangsruhigstellung), Bestrahlung, körperliche Immobilität, Ausscheidungen oder Sekrete auf der Haut und ungewöhnlich hohe Feuchtigkeit. Innere Faktoren beinhalten Reaktionen auf Medikamente, Adipositas oder extreme Abmagerung, Veränderungen des Stoffwechsels, der Durchblutung, der Sensibilität und der Pigmentierung, Knochenvorsprünge, entwicklungsbedingte Faktoren, Verminderung des Hautturgors, psychogene und immunologische Faktoren.
skin integrity, impaired, risk of

Hautdesinfektion. Die lokale antiseptische Reinigung der Haut vor operativen Eingriffen oder Injektionen zur Vermeidung von Infektionen. Dazu stehen verschiedene, meist alkoholhaltige Desinfektionsmittel zur Verfügung. Das Desinfektionsmittel wird mit einem Tupfer mit kreisenden Bewegungen auf die Haut aufgebracht.
skin prep

Hautfaltendickenmessung. Messung des subkutanen Fettgewebes durch Fassen einer Hautfalte mittels eines Kalipers zur indirekten Bestimmung des Körperfettanteils. Die Messung wird gewöhnlich an Oberarm, Oberschenkel und Oberbauch durchgeführt; die Messwerte werden anschließend mit Standardwerten verglichen.
skinfold thickness

Hautflechte. (→ Tinea)
tinea

Hauthorn. (Cornu cutaneum). Harter, hautfarbener Epidermishöcker, der häufig auf dem Kopf oder im Gesicht auftritt.
cutaneous horn

Hautkarzinom. (→ Hautkrebs)
skin cancer

Hautkrebs. (Hautkarzinom). Bösartige Hautgeschwulst infolge ionisierender Strahlung, bestimmter genetischer Störungen, chemischer kanzerogener Stoffe oder einer übermäßigen Sonnenexposition bzw. anderer ultravioletter Strahlung. H. hat eine gute Heilungschance, tritt jedoch häufig als sekundäre Krankheit bei Patienten mit anderen Krebsleiden auf. Risikofaktoren sind helle Hautfarbe, trockene, pigmentierte Haut, Vitiligo, altersbedingte Hornhautentzündung, Strahlendermatitis und erblich bedingtes Basalzellnävus-Syndrom. Die häufigsten Hautkrebsformen sind Basalzellkarzinome und Plattenepithelkarzinome.
skin cancer

Hautlappen. Gewebelappen, der für eine Transplantation, zur Abdeckung einer verletzten Stelle bzw. zur Untersuchung tiefer gelegener Gewebe chirurgisch abgetrennt wird.
flap

Hautnerv. Peripherer Nerv, der eine bestimmte Hautregion versorgt.
cutaneous nerve

Hautpapille. Winzige Erhebungen in der Lederhaut, wie z.B. die verlängerten Papillen, die bei Psoriasis auftreten.
dermal papilla

Hautpflege: äußerliche Behandlungen. → Pflegeintervention der → NIC, die definiert ist als die Anwendung von äußerlichen Substanzen oder die Manipulation von Vorrichtungen zur Förderung der

Unversehrtheit der Haut und zur Verminderung von Hautschäden.
Skin Care: Topical Treatments

Hautpigmentierung. Die durch Melaninablagerungen in Haut und Haaren bedingte, bei verschiedenen Rassen unterschiedliche natürliche Hautfarbe. Die H. kann sich durch bestimmte Substanzen im Blut, wie z.B. Blutpigmente, Gallenflüssigkeit oder Malariaerreger verändern.
skin pigmentation

Hautplastik. (Dermatoplastik). Transplantation von lebendem Hautgewebe, das Lederhaut enthält und somit in der Lage ist, sich zu regenerieren, Schweiß und Talg abzusondern sowie neuen Haarwuchs zu erzeugen.
dermal graft

Hauttest. Test, der die Reaktion des Körpers auf eine bestimmte Substanz ermittelt. Die Testsubstanz wird entweder unter die Haut injiziert oder auf die Haut aufgebracht. Hs. werden zur Ermittlung von Allergien, Immunität und zur Diagnose von Krankheiten eingesetzt.
skin test

Hauttransplantat. Hautstück, das an einer Stelle eingesetzt wird, die durch Verbrennungen oder Verletzungen stark geschädigt ist oder an der kranke Hautpartien operativ entfernt wurden. Um Abstoßungsreaktionen zu verhindern, wird das Transplantat entweder vom Patienten selbst an anderer Stelle entnommen oder, wenn möglich, von einem eineiigen Zwilling zur Verfügung gestellt. Hautstücke von anderen Personen oder Tieren können nur vorübergehend zur Abdeckung großer verbrannter Bezirke verwendet werden, um den Flüssigkeitsverlust des Patienten zu reduzieren.
skin graft

Hautturgor. Die Elastizität bzw. der Tonus der Haut; wird durch Kneifen oder Zusammendrücken kontrolliert . Die Geschwindigkeit, mit der die Haut nach Dehnen oder Zusammendrücken wieder ihr normales Aussehen annimmt, gibt Auskunft über die Flüssigkeitsversorgung der Haut. Bei älteren Menschen ist der Turgor herabgesetzt.
[*lat.:* turgere, strotzen, aufgeschwollen sein]
skin turgor

Hautzug, adhäsiver. (Pflasterzug). Verbandsmethode, bei der ein therapeutischer Druck und Zug auf die Haut durch selbstklebende Bänder ausgeübt wird, die auf die Haut des betroffenen Körperteils geklebt werden; wird insbesondere bei → Frakturen angewendet. Ein adhäsiver Pflasterzug wird nur angewendet, wenn ein andauernder Zug erforderlich ist, und eine Hautpflege für die betroffene Stelle möglich ist.
adhesive skin traction

HAV. Abkürzung für Hepatitis-A-Virus.
HAV

Haverhill-Fieber. (→ Rattenbisskrankheit)
rat-bite fever

Havers-Kanal. Dünne längliche Gefäßkanälchen im Knochengewebe. Jeder H.-K. enthält Blutgefäße, Bindegewebe, Nervenfilamente und gelegentlich Lymphgefäße.
[C. Havers, englischer Arzt, 1650–1702]
haversian canal

Hb. Abkürzung für → Hämoglobin.
Hb

HB. Abkürzung für → Hepatitis-B.
HB

Hb-A. Abkürzung für → Hämoglobin-A.
Hb A

HB-Ag. Abkürzung für Hepatitis-B-Antigen.
HBAg

Hb-C. Abkürzung für → Hämoglobin-C.
Hb C

Hb-F. Abkürzung für → Hämoglobin-F.
Hb F

Hb-S. Abkürzung für → Hämoglobin-S.
Hb S

HBsAG. Abkürzung für Hepatitis-B-surface-Antigen.
HBsAG

H

HBV. Abkürzung für Hepatitis-B-Virus.
HBV

HCG. Abkürzung für (engl.) Human Chorionic Gonadotropine (dt. menschliches → Choriongonadotropin).
HCG

HCl. Chemisches Symbol für → Salzsäure.
HCl

HCV. Abkürzung für Hepatitis-C-Virus.
HCV

HDL. Abkürzung für (engl.) high density lipoproteins (dt. Lipoproteine hoher Dichte). (s.a. High-Density-Lipoproteine)
HDL

HDV. Abkürzung für Hepatitis-D-Virus.
HDV

He. Chemisches Symbol für → Helium.
He

Hebamme/Entbindungspfleger. Qualifizierte Person, die bei Geburten hilft. Nach den professionellen Richtlinien der WHO »eine Person, die eine reguläre Ausbildung zur H./E. absolviert hat, welche in dem jeweiligen Land offiziell anerkannt ist, und die erfolgreich die vorgeschriebenen Kurse belegt und die erforderlichen Qualifikationen erworben hat, um registriert oder legal lizenziert zu werden«. Zu den Aufgaben der H./E. gehören Beratung von Schwangeren, Überwachung des Geburtsvorganges vom Beginn der Wehen an, Hilfe während der Geburt, Dokumentation des Geburtsverlaufs, Versorgung des Neugeborenen und die Überwachung des Wochenbettverlaufs bei Mutter und Kind. Nach der Ausbildungs- und Prüfungsordnung für H.n/E. besteht die Ausbildung in einer 3-jährigen theoretischen und praktischen Unterweisung, wobei im 3. Ausbildungsjahr bei mindestens 50 Geburten assistiert und bei 30 Geburten der Dammschutz selbstständig ausgeführt werden muss.
midwife

Hefepilz. Einzellige, meist ovale Pilze mit Kern, die sich durch Sprossung fortpflanzen. Einer der pathogenen Hefepilze ist z.B. *Candida albicans.*
yeast

Heftpflasterverband. Das Anbringen von überlappenden Heftpflasterstreifen an Gliedmaßen oder einer Körperregion. Mit Hilfe des H.s wird Druck auf den entsprechenden Bereich ausgeübt und eine bestimmte Struktur in ihrer normalen Stellung gehalten. Der H. wird zur Behandlung von Zerrungen, Verstauchungen, Verrenkungen und auch bei bestimmten Knochenbrüchen angewandt.
strapping

Hegar-Schwangerschaftszeichen. Erweichung der verengten Übergangsstelle (Isthmus) im Gebärmutterhals (Zervix), die in der frühen Schwangerschaft auftritt.
[A. Hegar, deutscher Gynäkologe, 1830–1914]
Hegar´s sign

Heilfieber. Erhöhte Körpertemperatur, die künstlich ausgelöst wird, z.B. durch die Injektion von Malariaparasiten oder eines Impfstoffs, der bekanntermaßen Fiebersymptome verursacht, oder aber durch die Anwendung von Wärme. H. kann bei Patienten in Fällen indiziert sein, wenn eine Krankheit zum Stillstand gebracht werden soll, die auf erhöhte Körpertemperaturen sensibel reagiert, oder um hitzeempfindliche pathogene Keime abzutöten.
artificial fever, induced fever

Heilung. Vorgang oder Prozess, bei dem die normalen Strukturen und funktionalen Charakteristika der → Gesundheit in Verbindung mit erkrankten, dysfunktionalen oder verletzten Geweben, Organen oder Körpersystemen wiederhergestellt werden.
healing

Heimlich-Handgriff. Notfallmaßnahme zur Entfernung eines Fremdkörpers aus der Luftröhre (Trachea), z.B. eines Nahrungsbolus oder anderer Obstruktionen, um eine Atemstörung (→ Asphyxie) zu verhin-

dern. Dabei greift man beim stehenden Patienten von hinten um ihn herum und legt die Hände übereinander direkt unter das Sternum. Dann wird ein plötzlicher starker Druck nach oben hin ausgeübt, damit die Obstruktion in der Trachea gelöst wird. Beim liegenden Patienten erfolgt dieser Druck in Rückenlage.
[H.J. Heimlich, amerikanischer Arzt, geb. 1920]
Heimlich maneuver

Heißluftsterilisation. Sterilisationsmethode, bei der Heißluft mit Temperaturen zwischen 160°C und 180°C für eine Dauer von 90 Minuten bis zu 3 Stunden verwendet wird.
dry heat sterilization

Helium (He). Farb- und geruchloses gasförmiges Element. Ordnungszahl 2 und Atomgewicht 4,00. H. ist ein seltenes Edelgas, das sich nicht mit anderen Elementen mischt. In der Medizin wird es vorwiegend in der Atemtherapie, zur Verhinderung einer Nitrogennarkose und zur Behandlung einer Taucherkrankheit in einer hyperbaren Umgebung verwendet.
helium (he)

Heliumtherapie. Anwendung eines → Helium-Sauerstoff-Gemischs zur Behandlung von Patienten mit einer Atemwegsverlegung (Obstruktion). Wegen seiner niedrigen Dichte kann durch das Helium eine Obstruktion leichter gelöst werden.
helium therapy

Helix. Gewundene, spiralförmige Struktur, die für viele organische Moleküle charakteristisch ist, z.B. für die Desoxyribonukleinsäure (DNS).
helix

Hellin-Regel. Allgemeine Formel zur Berechnung der Häufigkeit von Mehrlingsgeburten in der Bevölkerung.
Hellin´s law

HELLP-Syndrom. Gefährliche Erkrankung in der Spätschwangerschaft, gekennzeichnet durch die Symptomtrias *H*ämolyse, *e*rhöhte mütterliche *L*eberenzyme (elevated liver enzymes) und erniedrigte Thrombozytenzahl (engl. *l*ow *p*lathelat level). Das H.-S. kann entweder isoliert oder in Verbindung mit den bekannten Gestosezeichen Ödeme, Proteinurie und Hypertonie auftreten. Erste Anzeichen sind häufig Schmerzen im rechten Oberbauch, begleitet von Übelkeit und Erbrechen.
HELLP syndrome

Helminthes (pl.). Sammelbezeichnung für Wurmarten, insbesondere pathogene Parasiten der Untergruppe Metazoa, zu der Plattwürmer, Saugwürmer, Bandwürmer und Fadenwürmer gehören.
[*griech.:* helmins, Wurm]
helminth

Helminthiasis. Parasitärer Befall des Körpers durch → Helminthes, der die Haut, die Viszera oder den Darm betreffen kann. Zu den häufigen Formen der H. gehören → Askaridiasis, Bilharziose, Filariose und Trichinose.
helminthiasis

Hemeralopie. (Tagblindheit). Unphysiologische Sehstörung, bei der helles Licht zu Einschränkungen des Sehvermögens führt.
hemeralopia

hemi-. Vorsilbe mit der Bedeutung »halb«.
hemi-

Hemianästhesie. Verlust der Berührungsempfindung auf einer Körperseite, meist durch Schädigung der entgegengesetzten Hirnhälfte. (→ Sensibilitätsstörung)
hemianesthesia

Hemianopsie. (Halbseitenblindheit). Sehstörung, bei der eine Hälfte des Gesichtsfeldes ausfällt.
[*griech.:* hemi, halb; opsis, sehen]
hemiopia

Hemianopsie, bitemporale. Verlust einer Hälfte des Gesichtsfeldes auf beiden Seiten (Scheuklappensyndrom), meist infolge einer Läsion in der Sehnervenkreuzung (Chiasma opticum), etwa einem Hypophysentumor.
bitemporal hemianopsia

Hemiataxie. Verlust der Muskelkontrolle auf einer Körperseite, meist infolge eines → Schlaganfalls (Apoplexie) oder einer Verletzung des Kleinhirns (Cerebellum). (→ Ataxie)
🇬🇧 hemiataxia

Hemiblock. Störung der Weiterleitung von Impulsen am linken Schenkel des → His-Bündels. (→ Schenkelblock/Erregungsleitungsstörung)
🇬🇧 hemiblock

Hemigastrektomie. Chirurgische Entfernung der Hälfte des Magens.
🇬🇧 hemigastrectomy

hemilateral. Zu einer Körperseite gehörend.
🇬🇧 hemilateral

Hemiparese. Muskelschwäche oder Lähmung einer Körperhälfte; leichte Form einer → Hemiplegie.
🇬🇧 hemiparesis

Hemiplegie. Lähmung einer Körperhälfte durch einen Defekt der Pyramidenbahn. Bei der H. kann es zu Sensibilitätsstörungen, → Aphasie, → Apraxie, Harn- und Stuhlinkontinenz und Verwirrtheit kommen. Ein Defekt der linken Hirnhälfte führt zur Lähmung der rechten Körperseite und umgekehrt.
🇬🇧 hemiplegia

Hemiplegie, faziale. Einseitige Lähmung der Gesichtsmuskeln.
🇬🇧 facial hemiplegia

Hemiplegie, zerebrale. Durch Hirnläsion verursachte vollständige halbseitige Körperlähmung.
[*lat.:* cerebrum, Hirn, *griech.:* hemi, halb, plege, Schlag.]
🇬🇧 cerebral hemiplegia

Hemisphäre. Bezeichnung für eine Hälfte des Kleinhirns (Cerebellum) oder des Großhirns (Cerebrum). – *adj.* hemisphärisch.
[*griech.:* hemi, halb; sphaira, Kugel]
🇬🇧 hemisphere

hemizygot. Bezeichnung für Individuen, Organismen oder Zellen, die nur ein Allelenpaar für ein spezielles Merkmal aufweisen. (→ Allele) (s.a. homozygot)
🇬🇧 hemizygote

Hemmkonzentration, minimale (MIC). Geringste Konzentration eines → Antibiotikums im Blut, die gegen eine Infektion noch wirksam ist. Die MIC wird gemittelt, indem infiziertes venöses Blut in ein Kulturmedium injiziert wird, das verschiedene Konzentrationen des jeweiligen Antibiotikums enthält.
🇬🇧 minimal inhibitory concentration (MIC)

Hemmung. (Inhibition). 1. Unbewusste Einschränkung von Verhaltensprozessen, die meist durch das bestehende soziale oder kulturelle Umfeld bedingt wird. 2. Prozess, bei dem das → Über-Ich den bewussten Ausdruck eines unbewussten instinktiven Triebs, Gedankens oder Verlangens verhindert. 3. Zurückhaltung, Überprüfung oder Einstellung einer Organ- oder Zellaktivität oder die Reduzierung einer physiologischen Aktivität durch Stimulation eines → Antagonisten. 4. Die Einstellung oder Verlangsamung einer chemischen Reaktion.
🇬🇧 inhibition

Henderson, Virginia. Pflegetheoretikerin, die 1966 einen holistischen Ansatz in die Profession der professionellen Pflege eingeführt hat. Die Methode basiert auf dem Konzept, dass Körper und Geist untrennbar miteinander verbunden und alle Menschen verschieden sind und die Rolle der Pflegenden unabhängig von der des Arztes ist. Wichtige Werke von H. sind »Textbook of the Principles and Practice of Nursing Care« (1939) und »Basic Principles of Nursing Care« (1960).
[1897–1996]

Henle-Schleife. U-förmiger Abschnitt eines → Nierentubulus, der aus einem absteigenden und einem aufsteigenden Schenkel besteht.
[F.G.H. Henle, deutscher Anatom, 1809–1885]
🇬🇧 Henle´s loop

Hepar. Leber.
[*griech.:* Leber]
🇬🇧 hepar

Heparin. Natürlich vorhandenes → Polysaccharid, das im Körper als → Antithrombin fungiert und eine Verklumpung in den Gefäßen (Koagulation) verhindert. H. wird von den basophilen Zellen und von den Mastzellen produziert; es wirkt als → Antikoagulans und hemmt die → Blutgerinnung. Deshalb muss bei Patienten, die H. erhalten, auf Blutungen, auch okkultes Blut im Stuhl, geachtet werden; bei längerer Anwendung müssen die Blutgerinnungswerte regelmäßig kontrolliert werden.
🇬🇧 heparin

Hepatektomie. Chirurgischer Eingriff, bei dem ein Teil der → Leber (Hepar) entfernt wird.
🇬🇧 hepatectomy

Hepatikoduodenostomie. Chirurgische Verbindung zwischen dem Lebergang (Ductus hepaticus) und dem Zwölffingerdarm (Duodenum).
🇬🇧 hepaticoduodenostomy

Hepatikoenterostomie. Chirurgische Verbindung zwischen dem Lebergang (Ductus hepaticus) und dem Dünndarm (Enteron).
🇬🇧 hepaticoenterostomy

Hepatikolithotomie. Inzision in den Gallengang (Ductus hepaticus) zur Entfernung von Gallensteinen.
🇬🇧 hepaticolithitomy

Hepatikolithotripsie. Chirurgischer Eingriff zur Zertrümmerung von Gallensteinen mit einem Spezialinstrument.
🇬🇧 hepaticolithotripsy

Hepatisation. Umformung des Lungengewebes in eine feste Masse, die der Leber ähnelt; kann bei einer → Pneumonie auftreten.
🇬🇧 hepatization

hepatisch. Zur Leber gehörend.
🇬🇧 hepatic

Hepatitis. Entzündung der Leber, die durch → Ikterus, → Hepatomegalie, Appetitlosigkeit (Anorexie), Magen-Darm-Beschwerden, Leberinsuffizienz, Stuhlentfärbung und Dunkelfärbung des Urins gekennzeichnet ist. Die H. kann durch bakterielle oder virale Infektion, Parasitenbefall, Alkohol, Medikamente, Toxine oder Transfusion von inkompatiblem Blut bedingt sein. Eine schwere H. führt zur Leberzirrhose und zur chronischen Leberdysfunktion. Man unterscheidet zwischen akuter und chronischer H., sowie verschiedenen Formen: H. A bis E.
🇬🇧 hepatitis

Hepatitis, anikterische. Abgeschwächte Form der → Hepatitis, bei der keine Gelbsucht (→ Ikterus) auftritt. Symptome sind Anorexia, gastrointestinale Beschwerden sowie leichtes Fieber. Die Werte der Aspartataminotransferase und Alaninaminotransferase sind erhöht. Die Infektion kann für eine Grippe gehalten werden bzw. unbemerkt verlaufen.
🇬🇧 anicteric hepatitis

Hepatitis, cholestatische. Variante der viralen → Hepatitis. Symptome sind anhaltender Ikterus, Juckreiz sowie erhöhte alkaline Phosphatasekonzentrationen. Diese Symptome lassen mit Heilung der Hepatitis nach.
🇬🇧 cholestatic hepatitis

Hepatitis, chronisch-aktive. Potenziell tödliche Form der → Hepatitis mit Entzündung der Pfortader und Beteiligung des Parenchyms. Die progressive Zerstörung des Leberlappens, begleitet von Nekrose und Fibrose, führt zu Narbenbildungen und Zirrhose. Mögliche Ursachen sind Virusinfektionen, Drogenmissbrauch sowie Autoimmunreaktionen.
🇬🇧 chronic active hepatitis (CAH)

Hepatitis, chronische. Hepatitissymptome, die über mehrere Monate anhalten und deren Heftigkeit zunehmen kann. In manchen Fällen von Hepatitis B kann der Patient sein ganzes Leben lang Antigenträ-

ger sein und Anzeichen einer langanhaltenden Infektion zeigen.
[*griech.*:chronos, Zeit, hepar, Leber, itis, Entzündung.]
chronic hepatitis

Hepatitis, fulminante. Seltene Form einer akuten → Hepatitis B, die in den meisten Fällen tödlich endet. Der Gesundheitszustand des Patienten verschlechtert sich rasch; es kommt zu einer hepatischen Enzephalopathie, Nekrose des hepatischen Parenchyms, Störung der Blutgerinnung oder Nierenversagen und möglicherweise auch zum Koma.
fulminant hepatitis

Hepatitis A. Form einer infektiösen viralen → Hepatitis, die durch den Hepatitis A-Virus (HAV) verursacht wird und durch eine langsame Entwicklung der Symptome gekennzeichnet ist. Der Virus kann durch direkten Kontakt mit durch Fäzes kontaminiertem Wasser oder Nahrungsmitteln verbreitet werden.
hepatitis A

Hepatitis B. Form einer viralen → Hepatitis, die durch den Hepatitis B-Virus (HBV) verursacht wird. Der Virus wird in kontaminiertem Serum durch Bluttransfusionen, durch Geschlechtsverkehr mit einer infizierten Person oder durch kontaminierte Nadeln und Instrumente übertragen.
hepatitis B

Hepatitis-B-Immunglobulin. Passivimpfstoff, der zur Prophylaxe gegen Infektionen mit dem Hepatitis-B-Virus verabreicht wird.
hepatitis B immune globuline (HBIG)

Hepatitis-B-Impfung. Impfstoff, der aus Blutplasma von asymptomatischen Trägern des Hepatitis-B-Virus oder in Hefezellen durch eine technologische Behandlung der DNS hergestellt wird. Für eine vollständige Immunität sind drei Impfungen erforderlich.
hepatitis B vaccine

Hepatitis C. Form der → Hepatitis, die meistens durch Bluttransfusionen oder Ansteckung über die Haut (perkutan) übertragen wird, z.B. wenn Drogenabhängige gemeinsam dieselben Nadeln verwenden. Die Krankheit entwickelt sich bei bis zu 50% der akut infizierten Patienten zu einer chronischen Hepatitis.
hepatitis C

Hepatitis D. (Delta-Hepatitis). Form der → Hepatitis, die nur bei Patienten auftritt, die bereits mit Hepatitis B infiziert sind. Der Hepatitis-D-Virus ist von der Präsenz des Hepatitis-B-Virus abhängig und kann sich nicht selbstständig vermehren. Die Krankheit verläuft meist chronisch und wird durch Geschlechtsverkehr oder gemeinsam von Drogenabhängigen verwendete Nadeln übertragen.
hepatitis D

Hepatitis E. Besondere Form der → Hepatitis, die → endemisch nach Naturkatastrophen durch mit Fäkalien kontaminiertes Wasser oder Nahrungsmittel auftritt.
hepatitis E

Hepatoblastom. Krebsart der Leber, die häufig bei Kindern auftritt; kann in Verbindung mit einer vorzeitigen Pubertät (Pubertas praecox) stehen.
hepatoblastoma

Hepatogramm. Röntgenaufnahme der Leber.
hepatogram

Hepatographie. Darstellung der Leber mit Hilfe eines Röntgenbildes nach Kontrastmittelinjektion oder eines Isotopenszintigramms.
hepatography

Hepatolithiasis. Präsenz von Steinen in der → Leber.
hepatolithiasis

Hepatologie. Fachbereich der Inneren Medizin, der sich vorwiegend mit Lebererkrankungen befasst.
hepatology

Hepatom. Primär maligner Tumor der → Leber (Hepar), der durch Vergrößerung der Leber (Hepatomegalie), Schmerzen, Hypoglykämie, Gewichtsverlust, Appetitlosigkeit (Anorexie), Aszites sowie durch einen erhöhten Serumspiegel von Alpha-

fetoprotein, Hypertonie der Pfortader und Bilirubinämie gekennzeichnet ist.
[*griech.:* hepar, Leber; oma, Tumor]
hepatoma

Hepatomegalie. Unphysiologische Vergrößerung der Leber, die normalerweise als Symptom einer Krankheit auftritt. Die H. kann durch eine Hepatitis oder andere Infektionen, Fettinfiltrationen bei Alkoholismus, Gallenobstruktion oder maligne Erkrankungen auftreten.
[*griech.:* hepar, Leber; megas, groß]
hepatomegaly

hepatorenal. Zur Leber (Hepar) und zu den Nieren (Ren) gehörend.
hepatorenal

Hepatosplenomegalie. Vergrößerung von Leber (Hepar) und Milz (Splen).
[*griech.:* hepar, Leber; splen, Milz; megas, groß]
hepatosplenomegaly

hepatotoxisch. Potentiell schädlich (destruktiv) für Leberzellen.
hepatotoxic

Hepatotoxizität. Tendenz einer Substanz, z.B. eines Arzneimittels oder von Alkohol, einen schädlichen Effekt auf die Leber auszuüben.
hepatotoxicity

Herdsymptom. Störung einer Körperfunktion, die ein bestimmtes Körperteil betrifft.
focal symptom

Heredität. (Erblichkeit). 1. Prozess, durch den ein bestimmtes Merkmal genetisch von Eltern auf ihre Kinder vererbt wird und für die Ähnlichkeit verwandter Personen sorgt. 2. Gesamte genetische Konstitution einer Person; die Summe von Eigenschaften, die man von den Eltern erbt, und das Potential, diese weiterzuvererben. (→ genetische Beratung) – *adj.* hereditär.
heredity

Hermaphrodit, echter. (Zwitter). Mensch, der sowohl mit weiblichen als auch mit männlichen Geschlechtsanlagen geboren wurde.
[*griech.:* Hermaphroditos, Sohn des Hermes und der Aphrodite]
true hermaphrodite

Hermaphroditismus. (Zwitterbildung). Seltene Krankheit, bei der eine Person über Hoden- (testikuläres) und Eierstock- (ovariales) Gewebe gleichzeitig verfügt. Das Testikulargewebe enthält Samengänge oder Spermatozoen und das Ovarialgewebe Follikel.
[*griech.:* Hermaphroditas, Sohn des Hermes und der Aphrodite]
hermaphroditism

Hernia femoralis. (Schenkelhernie). Hernie, bei der eine Darmschleife durch den Canalis femoralis in die Leistengegend sinkt.
femoral hernia

Herniation. (Hernienbildung). Vorwölbung oder Durchbruch eines Körperorgans oder eines Teils des Organs durch eine unphysiologische Öffnung einer Membran, eines Muskels oder eines anderen Gewebes. (→ Hernie)
herniation

Hernie. Vorfall eines Gewebes durch eine unphysiologische Öffnung in der Muskelwand der Höhle, die es umgibt. Eine H. kann angeboren (kongenital) sein oder durch eine Insuffizienz einer bestimmten Struktur direkt nach der Geburt oder später infolge von Fettleibigkeit, Muskelschwäche, Operationen oder bestimmten Erkrankungen entstehen.
[*lat.:* hernia, Bruch]
hernia

Hernie, reponierbare. Eingeweidebruch, bei der das vorgefallene Gewebe in die normale Position zurückgebracht werden kann.
[lat. hernia, Bruch]
reducible hernia

Hernie, strangulierte. → Hernie, in der die Blutgefäße am Hals des Herniensacks eingeschnürt werden; kann zu Ischämie und ggf. zu Gangränen führen, wenn die Blut-

zirkulation nicht schnellstmöglich wiederhergestellt wird.
[*lat.:* hernia, Bruch; strangulare, erwürgen, erdrosseln]
strangulated hernia

Herniotomie. Chirurgischer Eingriff zur Behandlung einer → Hernie.
herniotomy

Heroin. Morphinähnliche Substanz, die in vielen Ländern (z.B. Deutschland) zur therapeutischen Anwendung verboten ist. H. fällt unter das Betäubungsmittelgesetz. Wie andere Opioide kann es zu Analgesie, Atemdepression, gastrointestinalen Spasmen und körperlicher Abhängigkeit führen. H. ist eines der stärksten bekannten Suchtmittel (→ Sucht), denn es kann bereits nach einmaliger Injektion zur → Abhängigkeit kommen. H. wird im Körper überwiegend zu → Morphin umgewandelt und führt bei Injektion zu einer stark euphorischen Wirkung; weitere Effekte beziehen sich auf das Zentralnervensystem und den Darm. Es kann zu Veränderungen des endokrinen und autonomen Nervensystems kommen. Nach längerem Missbrauch können körperliche und psychische Verfallserscheinungen auftreten. Zu den Nebenwirkungen gehören vor allem die Entzugserscheinungen, die zum Lebensinhalt werden können (Ersatzdrogen sind → Methadon und Dihydrocodein).
heroin

Herpangina. Virusinfektion, vor allem bei Kleinkindern, die sich durch Halsschmerzen, Kopfschmerzen, Anorexie und Schmerzen im Bauchraum, sowie im Hals und in den Extremitäten äußert. Es kann zu Fieberkrämpfen und Erbrechen kommen; im Hals, auf der Zunge, im Rachen oder auf den Mandeln können kleine Bläschen auftreten. Ursache ist häufig eine Infektion mit einem → Coxsackie-Virus.
herpangina

Herpes, traumatischer. → Herpes, der sich an einer Wunde ausbildet.
traumatic herpes

Herpes simplex. Rezidivierende Infektion, die durch den Herpes-simplex-Virus (HSV) verursacht wird, der eine Affinität für die Haut und das Nervensystem hat und meist zu kleinen, durchsichtigen, entzündlichen und manchmal schmerzhaften, mit Flüssigkeit gefüllten Blasen auf der Haut und Schleimhaut führt. Man unterscheidet die HSV-1-Infektionen (oraler Typ), die besonders im Mund und an den Lippen auftreten, und die HSV-2-Infektionen (genitaler Typ), die den Genitaltrakt befallen. Zu den anfänglichen Zeichen eines H. s. gehören Brennen, Jucken und Schmerzen im betroffenen Bereich, und zwar etwa 2 Wochen nach Kontakt mit einer infizierten Person. Kleine, mit Flüssigkeit gefüllte Fieberbläschen brechen anschließend aus; sie sorgen meist für Juckreiz, Schmerzen oder ähnlichen Beschwerden. H.s. heilt in der Regel ohne Folgen ab.
herpes simplex

Herpes zoster. (→ Zoster)
herpes zoster

Herpesviren. Gruppe von sieben verwandten Viren: Herpes-simplex-Virus 1 und 2, Varizellen-zoster-Virus, Epstein-Barr-Virus, Zytomegalovirus, HHV6 und HHV7.
herpesvirus

Hertz (Hz). Maßeinheit für die Schwingungsfrequenz elektromagnetischer Wellen pro Sekunde.
[H. Hertz, deutscher Physiker, 1857–1894]
hertz (Hz)

Herz. (Cor/(selten Kardia)). Muskuläres, konusförmiges Hohlorgan in der Größe einer geballten Faust, das Blut durch den Körper pumpt und normalerweise infolge von koordinierten Nervenimpulsen und Muskelkontraktionen ca. 70 mal pro Minute schlägt. Es ist vom Herzbeutel (Perikard) umschlossen, liegt auf dem Zwerchfell (Diaphragma) zwischen den unteren Rändern der Lunge in der Mitte des Mittelfells (Mediastinum). Es wird zum Bauch hin (ventral) vom Brustbein (Sternum) bedeckt und ist mit dem dritten der sechs Rippenknorpel verbunden. Die Schichten der Herzwand sind von außen

nach innen das dem Perikard aufliegende Blatt (Epikard), der Herzmuskel (Myokard) und die Herzinnenhaut (Endokard). Zum Herzen gehören zwei Kammern (Ventrikel) mit dicken Muskelwänden, die den unteren Teil des Organs ausmachen, sowie zwei Vorhöfe (Atrium) mit dünneren Muskelwänden. Eine Wand (Septum) trennt die Kammern und erstreckt sich bis in die Vorhöfe und trennt somit die linke von der rechten Herzseite. Das H. ist für die → Zirkulation des Blutes verantwortlich.
heart

Herz- und Kreislauferkrankung. Jede Erkrankung, bei der eine Dysfunktion des Herzens und der Blutgefäße besteht. Häufig auftretende H. K.en sind Atherosklerose, Kardiomyopathie, Herzklappenerkrankungen nach rheumatischem Fieber und systemische Hypertonie.
cardiovascular disease

Herz-Kreislauf-Stillstand. Plötzliches Aussetzen des effektiven Herzminutenvolumens und der Blutzirkulation. Ursachen können Kammerflimmern oder ventrikuläre Asystolie sein. Bei einem Herzstillstand werden Sauerstoffzufuhr und Kohlendioxidabtransport gestoppt, der Stoffwechsel der Gewebezellen wird anaerob, es kommt zu einer metabolischen und respiratorischen Azidose. Eine sofortige → kardiopulmonale Reanimation ist erforderlich, um Herz-, Lungen-, Nieren- und Hirnschäden zu verhindern.
cardiac arrest

Herz-Kreislaufsystem. (Kreislauf). Das aus Herz und Blutgefäßen bestehende anatomische Netzwerk, das Blut durch den Körper pumpt. Die Blutgefäße versorgen die Zellen mit Sauerstoff und Nährstoffen und transportieren Abfallprodukte zu den Ausscheidungsorganen.
cardiovascular system

Herz-Lungen-Maschine. Gerät, das aus einer Pumpe und einem Oxygenator besteht und vorübergehend die Funktionen von Herz und Lunge übernehmen kann, insbesondere während Operationen am offenen Herzen. Das Blut wird aus dem venösen System in den Oxygenator geleitet, dort mit Sauerstoff angereichert und zurück in der arteriellen Blutkreislauf gelenkt.
heart-lung machine

Herz-Lungengeräusch. Ein Geräusch, welches beim Atmen und während eines Herzschlages über dem Herzen liegt; wird durch die Schwingungen verursacht, die beim Schlagen des Herzen gegen das Lungengewebe entstehen.
[*griech.:* kardia, Herz; *lat.:* pulmo, Lunge.]
cardiopulmonary murmur

Herz(muskel)atrophie. Herzmuskelschwund, steht in Verbindung mit Kachexie, hohem Alter oder einem Mediastinaltumor.
cardiac atrophy

Herzapnoe. Abnormes, vorübergehendes Aussetzen der Atmung, wie z.B. bei → Cheyne-Stokes-Atmung. (→ Cheyne-Stokes-Atmung)
[*griech.:* kardia, Herz, a, nicht, pnein, atmen.]
cardiac apnea

Herzasthma. (Asthma cardiale). Asthmaanfall, der zusammen mit einer Herzerkrankung, z.B. Linksherzinsuffizienz, auftritt und mit Lungenstauung und Verengung der Bronchien einhergeht.
cardiac asthma

Herzbeuteltamponade. (→ Hämoperikard)
hemopericardium

Herzblock. Störung des Erregungsleitungssystems für elektrische Impulse, welche die Aktivität des Herzmuskels kontrollieren. Ein H. wird nach Lokalisation und nach Typ der Blockierung definiert. (→ Erregungsleitungsstörung)
heart block

Herzblock (AV-Block), totaler. Vollständige Unterbrechung aller Impulsüberleitungen von den Herzvorhöfen zu den Herzkammern.
complete heart block (CBH)

Herzchirurgie. Chirurgische Maßnahmen, die das Herz betreffen und zur Korrektur erworbener oder angeborener Defekte,

zum Ersatz erkrankter Herzklappen, zur Eröffnung oder für einen Bypass blockierter Gefäße oder zur Transplantation einer Prothese oder eines Spenderorgans vorgenommen werden. Man unterscheidet offene und geschlossene Herzoperationen. Bei einer geschlossenen Herzoperation erfolgt eine kleine Inzision ohne Verwendung einer → Herz-Lungen-Maschine, bei offenen Herzoperationen sind die Herzkammern offen und vollständig sichtbar; das Blut wird um das chirurgische Feld über eine Herz-Lungen-Maschine umgeleitet.
heart surgery

H

Herzdekompensation. Stauungsinsuffizienz, bei der das Herz seine normale Funktion nicht mehr erfüllt und nur mit zusätzlicher Unterstützung eine ausreichende zelluläre Durchblutung aller Körperteile erreicht werden kann. Eine Herzdekompensation kann durch einen Myokardinfarkt, Infektionen, Toxine oder defekte Herzklappen verursacht werden.
cardiac decompensation

Herzdilatation. Vergrößerung des Herzens aufgrund einer Ausdehnung des Herzmuskelgewebes durch die Schwächung des Herzmuskels. Die Erkrankung tritt bei einer akuten Lungenembolie und Herzinsuffizienz auf.
dilation of the heart

Herzdruckmassage. Wiederholte, rhythmische Kompression des Herzens. Die H. kann bei einer Operation direkt am offenen Herzen durchgeführt oder bei einem Herzstillstand als Notfallmaßnahme angewendet werden, um den Keislauf aufrecht zu erhalten. (→ Reanimation, kardiopulmonale)
cardiac massage

Herzerkrankungen, Pflege bei. → Pflegeintervention der → NIC, die definiert wird als die Einschränkung der Komplikationen infolge eines Ungleichgewichts zwischen Sauerstoffversorgung und Sauerstoffbedarf des Myokards bei Patienten mit Symptomen einer Herzinsuffizienz.
Cardiac Care

Herzerkrankungen, Pflege bei akuten. → Pflegeintervention der → NIC, die definiert wird als die Einschränkung der Komplikationen infolge eines akut auftretenden Ungleichgewichts zwischen Sauerstoffversorgung und Sauerstoffbedarf des Myokards bei Patienten mit einer Herzinsuffizienz.
Cardiac Care: Acute

Herzerkrankungen, Pflege bei: Rehabilitation. → Pflegeintervention der → NIC, die definiert wird als die Förderung eines maximal funktionalen Aktivitätslevels bei Patienten mit einer Herzinsuffizienz, die durch das Ungleichgewicht von Sauerstoffversorgung und Sauerstoffbedarf des Myokards verursacht wird.
Cardiac Care: Rehabilitative

Herzerkrankungen, Vorsichtsmaßnahmen bei. → Pflegeintervention der → NIC, die definiert wird als die Vorbeugung gegen akute Anfälle einer Herzinsuffizienz durch Minimierung des Sauerstoffverbrauchs oder durch Verbesserung der Sauerstoffversorgung des Myokards.
Cardiac Precautions

Herzfehlbildung, kongenitale. Angeborene strukturelle oder funktionelle Anomalie bzw. Defekt des Herzens oder der großen Gefäße. Neben Problemen, die mit Frühgeburten assoziiert sind, ist die k. H. einer der Hauptgründe für neonatale Komplikationen sowie die häufigste Todesursache bei Neugeborenen. Eine k. H. kann genetische oder umweltbedingte Ursachen haben, z.B. mütterliche Infektionskrankheiten oder Einwirkung von radioaktiver Strahlung oder Konsum toxischer Stoffe während der Schwangerschaft. In den meisten Fällen lässt sich die Herzfehlbildung wahrscheinlich auf das Zusammenwirken von genetischen Faktoren und schädlichen Umwelteinflüssen zurückführen. Die Einteilung k. H.en geschieht in relativ breiten Kategorien: die Folgen einer azyanotischen Blutzirkulation, bei der kein sauerstoffarmes Blut im Kreislauf gemischt wird, sowie die Folgen eines zyanotischen Kreislaufs, bei dem sauerstoff-

armes Blut in das System gelangt. Allgemeine Auswirkungen von Herzfehlbildungen sind erhöhte Herzbelastung, erhöhter Lungengefäßwiderstand, unzureichendes Herzminutenvolumen sowie eine verringerte Sauerstoffsättigung als Folge des direkt in das Kreislaufsystem eintretenden, sauerstoffarmen Blutes. Körperliche Begleitsymptome sind Wachstumsverzögerungen, geringe Toleranz für körperliche Anstrengung, rezidivierende Atemwegsinfektionen, Dyspnoe, Tachypnoe, Tachykardie, Zyanose, Gewebehypoxie und Herzgeräusche.
congenital cardiac anomaly

Herzfrequenz. Der → Puls, der durch Zählen der → QRS-Komplexe oder Kammerschläge während einer Minute errechnet wird. Bei Erwachsenen in Ruhe 60–80 Schläge pro Minute; bei Kindern 70–100 Schläge pro Minute; Kleinkinder im 1. Lebensjahr 100–140 Schläge pro Minute; Neugeborene 110–180 Schläge pro Minute.
heart rate

Herzgeflecht, vegetatives. Einer von mehreren Nervenkomplexen, die sich in der Nähe des Aortenbogen befinden. Das v. H. besteht aus sympathischen und parasympathischen Nervenfasern, die aus dem Herzgeflecht austreten und an der rechten und linken Koronararterie entlang bis in das Herz führen.
cardiac plexus

Herzgeräusch. Beim Abhören des Herzens auftretender abnormer Ton, der durch einen veränderten Blutstrom in eine Herzkammer bzw. durch eine Herzklappe verursacht wird. Je nach Zeitpunkt des Auftretens während des Herzzyklus, Dauer und Lautstärke werden H.e auf einer Skala von 1 bis 4 eingeteilt. → Herztöne halten im Gegensatz dazu zwischen den Herzschlägen länger an.
cardiac murmur

Herzgeräusch, funktionelles. → Herzgeräusch, das in Verbindung mit einer Funktionstörung ohne Zugrundeliegen einer strukturellen Herzstörung auftritt, wie z.B. ein Herzgeräusch infolge einer Anämie. (s.a. Herzton)
functional murmur

Herzgeräusch, kontinuierliches. Ununterbrochenes Herzgeräusch bzw. Halsvenengeräusch, das in der Systole beginnt und bis zum Ende der Diastole anhält.
continuous murmur

Herzglykosid. In bestimmten Pflanzen vorkommende Stoffe, die Wirkung auf die Herzmuskeltätigkeit haben, z.B. Steigerung der Kontraktionskraft, Erhöhung des Schlagvolumens, Senkung der Herzfrequenz. Folge ist eine Verbesserung der Herzleistung. (s.a. Digitalis)
cardiac glycosid

Herzhypertrophie. Krankhafte Vergrößerung des Herzmuskels; häufig eine Begleiterscheinung von über Jahre bestehender Hypertonie.
cardiac hypertrophy

Herzindex. Das pro Quadratmeter Körperoberfläche gemessene → Herzminutenvolumen. Für die Berechnung wird das Minutenvolumen (in Liter pro Minute) durch die Körperoberfläche dividiert (physiologisch sind Werte von 4,2 bis 3,3 l/m^2).
cardiac index

Herzinsuffizienz. Nicht ausreichende Pumpleistung des Herzens mit Verringerung des → Herzminutenvolumens. Die Herzinsuffizienz kann die rechte (→ Rechtsherzinsuffizienz) oder die linke (→ Linksherzinsuffizienz) oder beide Herzkammern betreffen (Globalinsuffizienz). Bei schweren Formen der Herzinsuffizienz treten bereits in Ruhe Symptome auf, leichtere Formen weisen erst bei körperlicher Belastung Beschwerden auf (Belastungsinsuffizienz). Zu den möglichen Ursachen gehören Herzklappenfehler, Myokardinfarkt, Rhythmusstörungen, Hypertonie, Myokarditis, Perikarderguss u.a. Die Rechtsherzinsuffizienz ist durch Zyanose, Halsvenenstauung, Stauungsleber, Aszites, Beinödeme und Anasarka gekennzeichnet, Symptome der Linksherz-

insuffizienz sind Orthopnoe, Lungenstauung, Pleuraerguss und Lungenödem.
🇬🇧 cardiac insufficiency; heart failure

Herzinsuffizienz, dekompensierte. (Stauungsherzinsuffizienz). Herzerkrankung mit einer reduzierten Herzleistung. Ursachen sind Myokardinfarkt, ischämische Herzkrankheit oder Kardiomyopathien. Die unzureichende Auswurfleistung der Herzkammer führt zu Volumenüberlastung, Kammererweiterung und erhöhtem intrakardialem Druck. Die retrograde Übertragung des erhöhten hydrostatischen Drucks von der linken Herzseite führt zum → Lungenödem. Ein erhöhter Druck der rechten Herzseite führt zur systemischen Venenstauung und peripheren Ödemen.
🇬🇧 congestive heart failure (CHF)

Herzkammer, linke. (linker Ventrikel). Dickwandige Herzkammer (Ventrikel), die über die Aortenklappe das Blut in die Aorta und die Körperarterien in den Kreislauf pumpt. Die Wände sind dreimal dicker als die des rechten Ventrikels; die Mitralklappe mit zwei Segeln kontrolliert den Blutfluss aus dem linken Vorhof (Atrium).
🇬🇧 left ventricle (LV)

Herzkammer, rechte. (rechter Ventrikel). Die relativ dünnwandige Herzkammer (Ventrikel), die aus dem rechten Vorhof (Atrium) kommendes Blut über die Pulmonalklappe in die Lungenarterien pumpt, wo es im Lungenkreislauf mit Sauerstoff angereichert (oxygeniert) wird. Der r. V. ist kürzer und runder als der lange, konische linke Ventrikel. Zwischen dem rechten Vorhof und der rechten Kammer liegt die Trikuspiudalklappe. (s.a. Herzkammer, linke)
[*lat.:* ventriculus, kleiner Bauch, Magen; Herzkammer]
🇬🇧 right ventricle

Herzkatheter. (Einschwemmkatheter). Katheter mit Röngtenkonstraststreifen, der zur Diagnostik und/oder Therapie durch ein venöses oder arterielles Blutgefäß in das Herz geschoben wird. Man unterscheidet je nach Lokalisation den Rechtsherzkatheter vom Linksherzkatheter. Beim Rechtsherzkatheter wird die Vena jugularis, subclavia oder femoralis punktiert und der H. bis in den rechten Vorhof vorgeschoben; danach wird der Ballon am Katheterende mit Luft gefüllt, so dass er in die Lungenarterie eingeschwemmt werden kann. Beim Linksherzkatheter wird die Arteria femoralis punktiert und der Katheter entsprechend in die linke Herzkammer geschoben. Mit Hilfe eines H.s werden Herzhöhlen und herznahe Gefäßabschnitte untersucht, sowie Herzdrücke, das Herzminutenvolumen, Shuntvolumina sowie andere hämodynamische Parameter gemessen.
🇬🇧 cardiac catheter

Herzklappe. Eine von vier Strukturen innerhalb des Herzens, die den Rückfluss des Blutes verhindern, indem sie sich bei jedem Herzschlag öffnen und wieder schließen. Zu den H.n gehören zwei halbmondförmige Klappen, sog. Taschenklappen, die Aorten- (zwischen linker Kammer und Aorta) und die Pulmonalklappe (zwischen rechter Kammer und Pulmonalarterie), sowie die sog. Segelklappen, Mitral- (zwischen linkem Vorhof und linker Kammer) und die Trikuspidalklappe (zwischen rechtem Vorhof und rechter Kammer). Durch die Klappen ist der Blutfluss nur in einer Richtung möglich.
🇬🇧 heart valve

Herzklappenerkrankung. Erworbene oder angeborene Fehlbildung von Herz- oder Gefäßklappen, gekennzeichnet durch Stenose und behinderten Blutfluss bzw. durch eine Rückbildung der Klappe und dadurch bedingten Rückfluss des Blutes. Am häufigsten sind Aortaklappen und Mitralklappen betroffen, deren Erkrankung entweder angeboren, oder durch bakterielle Entzündung der Herzinnenhaut (Endokarditis), Syphilis oder rheumatisches Fieber ausgelöst wird. Die Fehlfunktion der Klappen führt zu Veränderungen des Herzinnendrucks sowie des Lungen- und Körperkreislaufs und schließlich können Arrhythmien, Herzinsuffizienz und Kreislaufschock entstehen.
🇬🇧 valvular heart disease

Herzklappenstenose. Angeborene oder durch Krankheit erworbene Verengung einer Herzklappe, z.B. → Mitralklappenstenose, → Aortenstenose. Dies führt zum einen zu einer erhöhten Herzbelastung aufgrund des Widerstandes, gegen das das Herz pumpen muss, und zum anderen zum Blutstau mit Ödemen. (s.a. Herzklappeninsuffizienz)
valvular stenosis

Herzkrankheit, arteriosklerotische. Verdickung und Verhärtung der Wände der → Koronararterien.
arteriosclerotic heart disease (ASHD)

Herzkrankheit, ischämische. Erkrankung des Herzmuskels (Myokard), die durch eine Minderversorgung der Gewebezellen mit Sauerstoff verursacht wird.
ischemic heart disease

Herzkrankheit, koronare (KHK). Eine die Herzarterien betreffende Erkrankung mit verschiedenen pathologischen Folgen, insbesondere einer Verringerung der Sauerstoff- und Nährstoffzufuhr zum Herzmuskel. Jede KHK, z.B. Koronarsklerose, Koronararterienentzündung oder fibromuskuläre Hyperplasie der Herzkranzgefäße, kann die allgemein typischen Symptome von → Angina pectoris verursachen. Die häufigste, in der westlichen Welt vorkommende KHK mit tödlichem Ausgang ist die koronare Arteriosklerose. Besonders betroffen sind Personen, deren Ernährung kalorienreich und sehr fetthaltig ist und viel Cholesterin und Kohlenhydrate enthält. Andere Risikofaktoren sind Tabakkonsum, Hypertonie, hohe Blutfettwerte, übermäßiger Kaffeekonsum, Alkoholkonsum, Vitamin E und C Mangel, hartes Wasser, Sauerstoffmangel, Kohlenmonoxidvergiftung, Überbevölkerung, erbliche Prädisposition, bestimmte klimatische Bedingungen sowie Viruserkrankungen. Im Anfangsstadium der Koronarsklerose bilden sich fetthaltige fibröse Beläge, die das Lumen der Koronararterien allmählich verengen und schließlich zu einer Thrombose und einem → Myokardinfarkt führen können. Obwohl der ursächliche Krankheitsmechanismus der Koronarsklerose noch unbekannt ist, weiß man, dass die Entwicklung der Krankheit mit Plasmalipiden und den Lipoproteinen assoziiert ist, die die Plasmalipide zu den verschiedenen Geweben transportieren.
coronary artery disease

Herzkranzfistel. Kongenitale Krankheit, bei der eine abnorme Verbindung zwischen der Koronararterie und der rechten Herzseite bzw. der Lungenschlagader besteht.
coronary artery fistula

Herzleistung, verminderte. Anerkannte → NANDA-→ Pflegediagnose; Zustand, bei dem die Menge des vom Herzen gepumpten Blutes unzureichend ist, um die metabolischen Bedürfnisse der Körpergewebe zu decken. Zu den kennzeichnenden Merkmalen gehören schwankende Blutdruckwerte, Arrhythmien, Müdigkeit, Stauung der Jugularisvene, Veränderung der Hautfarbe, Rasselgeräusche, Oligurie, verminderte periphere Pulse, Atemnot (Dyspnoe), Unruhe und Thoraxschmerzen.
cardiac output, decreased

Herzminutenvolumen (HMV). (Herzzeitvolumen (HZV); Minutenvolumen). Das von den Herzkammern ausgestoßene Blutvolumen pro Minute. Das Minutenvolumen entspricht der mit jedem Herzschlag ausgestoßenen Blutmenge (Schlagvolumen), multipliziert mit der Herzfrequenz pro Minute (HMV=Schlagvolumen x Herzschläge pro Minute). Das Herz eines gesunden Erwachsenen stößt in Ruhestellung zwischen 4 und 8 Litern Blut aus. Das HMV kann mit Hilfe eine Pulmonaliskatheters gemessen werden.
cardiac output

Herzmuskel. Gestreifter Myokardmuskel mit dunklen Glanzstreifen an den Faserübergängen. Bei der unwillkürlichen Muskulatur nimmt der Herzmuskel eine Sonderstellung ein. Seine kontraktilen Fasern haben Ähnlichkeit mit der Skelettmuskulatur, haben aber nur ein Drittel ihres Durchmessers, weisen mehr Myoplas-

ma und zentrale statt periphere Zellkerne auf.
cardiac muscle

Herzrhythmus. Der regelmäßige Schlag des Herzens. (s.a. Herzfrequenz; Arrhythmie)
[*griech.:* rhythmos, Rhythmus.]
cardiac rhythm

Herzrhythmusstörung. (Rhythmusstörung). Unphysiologische Herzfrequenz bzw. Herzrhythmus. H.en sind entweder Folge eines defekten Sinusknotens (Erregungsbildungsstörung), der seine Schrittmacherfunktion nicht mehr ausführen kann, oder einer Störung im Erregungsleitungssystem. Formen der Arrhythmie sind → Bradykardie, → Tachykardie, → Extrasystole und → Herzblock.
[*griech.:* a, kein, rhythmos, Rhythmus]
cardiac arrhythmia

Herzschlag. Kompletter Zyklus einer Kontraktion und Entspannungsphase des Herzmuskels. (→ Puls)
heart beat

Herzschrittmacher, bedarfsgesteuerter. Künstlicher Herzschrittmacher, dessen Rhythmus je nach physischer Belastung angepasst werden kann.
rate-responsive pacer

Herzschrittmacher, externer. Apparat zur elektrischen Stimulierung des Herzmuskels durch die Abgabe von Impulsen durch die Brustwand. Ein e. H., dessen Impulsgenerator sich außerhalb des Körpers befindet, wird im Notfall bei Bradyarrhythmien eingesetzt.
external pacemaker

Herzschrittmacher, temporärer. Batteriebetriebenes elektronisches Gerät außerhalb des Körpers des Patienten, das mit einer transvenösen Elektrode, die in der rechten Herzkammer sitzt, verbunden ist. Der H. wird nur bei extrem niedriger Herzfrequenz zeitweilig eingesetzt.
temporary pacemaker

Herzschrittmacher, transthorakaler. Permanenter H., bei dem der Impulsgeber in der Bauchwand platziert ist und die Drähte zur Impulsübermittlung direkt am Herzen befestigt sind.
transthoracic pacemaker

Herzspitzenstoss. Pulsieren der linken Herzkammer, die im fünften Zwischenrippenraum gefühlt werden kann und manchmal auch sichtbar ist.
apex beat

Herzstenose. Durch eine Thrombose oder einen Tumor verursachte Obstruktion des Blutstroms durch die Herzkammern, die nicht in Verbindung mit den Herzklappen steht.
[*griech.:* stenos, eng, osis, Beschwerden.]
cardiac stenosis

Herzstillstand. Vollständiges Einstellen der Herzkammerkontraktionen und des Blutausstoßes durch das Herz. Beim H. ist eine sofortige kardiopulmonale Wiederbelebung (→ Reanimation) erforderlich.
cardiac standstill

Herzszintigraphie. Röntgenuntersuchung des Herzens nach Injektion eines Kontrastmittels (z.B. Thallium-201) in eine Vene. Durch eine H. können Größe, Form und Lage des Herzens bestimmt, eine Herzbeutelentzündung (Perikarditis) diagnostiziert und die Herzkammern sichtbar gemacht werden.
heart scan; cardiac radionuclide imaging

Herztamponade. (Herzbeuteltamponade). Durch Ansammlung von Blut im Herzbeutel (Perikard) verursachte Herzkompression. Begleitsymptome sind gestaute Halsvenen, Hypotonie, schwache Herztöne und Tachypnoe.
cardiac tamponade

Herzthrombose. An einer Herzklappe bzw. in einer Herzkammer befindliche Blutkoagel. Eine linksventrikuläre Thrombose folgt oft auf einen massiven Herzinfarkt.
[*griech.:* thrombos, Klumpen, osis, Beschwerden.]
cardiac thrombosis

Herzton. Physiologischer Ton, der innerhalb des Herzens während eines Herzzyklus entsteht und über der Herzgegend ge-

hört werden kann. Dadurch können auch Abnormitäten der Herzstruktur oder -funktion entdeckt werden (→ Herzgeräusche). Die kardiale → Auskultation wird systematisch von unten nach oben im Allgemeinen mit einem → Stethoskop durchgeführt. Der erste H. (S_1) ist dumpf und lang und tritt beim Schließen der Mitral- und Trikuspidalklappe auf; dadurch wird der Beginn der ventrikulären → Systole angezeigt. Der zweite H. (S_2) ist kurz und scharf und tritt beim Schließen der Aorten- und Pulmonalklappe zu Beginn der ventrikulären → Diastole auf. Der dritte H. (S_3) bezeichnet einen Kammerfüllungston, dieser ist bei Kindern physiologisch, zeigt beim Erwachsenen jedoch eine Herz- oder Mitralinsuffizienz an. Der vierte H. (S_4), ein Vorhofton, ist ebenso bei Kindern physiologisch, weist bei Erwachsenen jedoch auf eine Vorhofinsuffizienz hin.
heart sound

Herztransplantation. Chirurgische Entfernung eines Spenderherzens und Transfer des Organs in einen Empfänger. Normalerweise wird das Spenderorgan von einem gesunden Menschen entnommen, der kurz zuvor infolge eines Unfalls oder anderer, nicht mit Herzkrankheiten in Verbindung stehender Ursachen verstorben ist. Durch die H. kann ein schwer erkranktes Herz vollständig ersetzt werden. Die meisten Empfänger leben mit einem transplantierten Herzen länger als ein Jahr und drei Viertel von ihnen sind fähig, wieder arbeiten zu gehen. Die Zeitdauer zwischen der Organentnahme beim Spender und der Einpflanzung beim Empfänger darf nicht länger als 6 Stunden betragen.
heart transplantation

Herzvene, vordere. Eines der vielen kleinen Blutgefäße, die sauerstoffarmes Blut aus dem ventralen Teil des Herzmuskels (Myokards) von der rechten Kammer (Ventrikel) in den rechten Herzvorhof (Atrium) zurückführt.
anterior cardiac vein

Herzvenen, kleine. (Venae cardiacae parvae). Die fünf Venen des Herzens, welche die Koronararterien begleiten und das Blut aus dem Myokard abtransportieren. Sie leiten das Blut von der Hinterseite des rechten Vorhofs und der rechten Herzkammer ab.
small cardiac veins

Herzversagen, kompensiertes. Kompensation einer Herzinsuffizienz durch erhöhte adrenerge Herzstimulation, Flüssigkeitsretention mit erhöhtem venösem Blutrückfluss, gesteigertem, enddiastolischem Kammerfüllungsvolumen sowie Hypertrophie.
compensated heart failure

Herzvorhof, linker. Die obere Abteilung (Atrium) der linken Herzseite, die Blut aus der Pulmonalvene aufnimmt und durch die Mitralklappe in die linke Herzkammer (Ventrikel) weiterleitet.
left atrium (LA)

Herzzyklus. (Herzperiode). Vorgang, bei dem ein elektrischer Impuls durch spezielle Fasern vom Sinusknoten über den Atrioventrikularknoten zum His-Bündel und dessen Verzweigungen sowie den Purkinje-Fasern geleitet wird und Vorhofkontraktionen sowie nachfolgende Herzkammerkontraktionen auslöst; der H. ist eine vollständige Herzaktion aus einer Systole und Diastole. Sauerstoffarmes Blut tritt in den rechten Herzvorhof durch die untere und obere Vena cava ein und wird durch die Trikuspidalklappe in die rechte Herzkammer gepumpt. Von der rechten Herzkammer gelangt das Blut zur Sauerstoffaufnahme durch die Pulmonalklappe in die Pulmonalarterien und die Lungen. Die Kontraktionen des linken und rechten Vorhofs sind fast zeitgleich. Strukturelle, chemische oder elektrische Störungen können Anomalien in der elektrischen Reizleitung, der Muskelkontraktion und des zum Herzen gerichteten Blutstroms verursachen.
[*griech.:* kardia, Herz, kyklos, Kreislauf.]
cardiac cycle

H

hetero-. Vorsilbe mit der Bedeutung »anders, verschieden, ungleich, fremd«.
🇬🇧 hetero-

Heteroantigen. → Antigen, das von einer anderen Species stammt und für den Organismus körperfremd ist.
🇬🇧 heteroantigen

Heteroantikörper. (heterologer Antikörper). Ein → Antikörper, der speziell gegen ein körperfremdes → Antigen reagiert.
🇬🇧 heteroantibody

Heterochromatin. Teil eines Chromosoms, der bei der Genexpression inaktiv ist, doch bei der Kontrolle von metabolischen Aktivitäten, bei der Transkription und Zellteilung in Erscheinung treten kann.
🇬🇧 heterochromatin

Heterochromosom. (Gonosom). Geschlechtschromosom.
🇬🇧 heterochromosom

Heterogamie. 1. Sexuelle Reproduktion, bei der es zur Verschmelzung (Fusion) gleicher Keimzellen (→ Gameten) kommt, die sich in Größe und Struktur unterscheiden. 2. Reproduktion durch Wechsel von sexuellen und asexuellen Generationen. – *adj.* heterogam.
🇬🇧 heterogamy

heterogen. 1. Aus ungleichen Elementen oder Teilen bestehend; inkongruent. 2. Ungleiche Qualitäten aufweisend.
🇬🇧 heterogenous

Heterogenese. 1. Reproduktion bestimmter Species, die sich in aufeinanderfolgenden Generationen unterscheidet, z.B. durch Wechsel einer sexuellen und asexuellen Reproduktion, so dass die Nachkommen andere Merkmale als ihre Eltern aufweisen können. 2. Gestörte Gewebeentwicklung, die vom Normalfall abweicht.
🇬🇧 heterogenesis

Heteroimpfstoff. Impfstoff (Vakzine), der nicht aus dem körpereigenen Gewebe des Patienten gebildet wird, z.B. Tetanusimpfstoff vom Pferd.
🇬🇧 heterogenous vaccine

heteroploid. Zu einem Individuum, Organismus, Stamm oder Zelle gehörend, die eine andere Anzahl von Chromosomen aufweist, als es für diese Species typisch ist. (s.a. diploider Chromosomensatz)
🇬🇧 heteroploid

heterosexuell. Bezeichnung für Personen, deren sexuelle Wünsche und Vorlieben sich auf Personen des anderen Geschlechts richten. (s.a. homosexuell)
🇬🇧 heterosexuell

Heterotransplantation. Verpflanzung von Gewebe eines Spenders, der einer anderen Species als der Empfänger angehört. (→ Xenotransplantation) (s.a. Transplantation)
🇬🇧 heterotopic transplantation

heterozygot. Mischerbig; durch Artenkreuzung zwei verschiedene Gene aufweisend, die eine Stelle auf einem homologen Chromosom besetzen; z.B. Bildung einer rosa Blüte aus einer roten und einer weißen. (s.a. homozygot)
🇬🇧 heterozygous

Heuristik. Lehrmethode, die dazu anregt, durch selbstständiges Forschen und Untersuchen zu lernen.
[*griech.:* heuriskein, entdecken]
🇬🇧 heuristic

Heuschnupfen. (Heufieber). Akuter Schnupfen (Rhinitis), der durch Kontakt mit Allergenen (z.B. Pollen) ausgelöst wird, auf die eine Person überempfindlich reagiert. (s.a. Allergie)
🇬🇧 allergic coryza

Hexachlorophen. → Antiseptikum zur äußerlichen Anwendung.
🇬🇧 hexachlorophene

Hexamethonium. → Ganglienblocker, der zur Kontrolle von Blutungen und zur Behandlung von Magenulzera und Hypotonie eingesetzt wird.
🇬🇧 hexamethonium

Hexenmilch. Milchartige Substanz, die aus der Brust von Neugeborenen ausgeschieden wird. Die H. wird durch ein mütterli-

ches Hormon produziert, das im kindlichen Blutkreislauf zirkuliert.
witch's milk

Hexenschuss. (→ Lumbago)
lumbago

Hexokinase. Enzym, das im Muskelgewebe vorhanden ist und den Transfer einer Phosphatgruppe von → Adenosintriphosphat (ATP) zu Glukose katalysiert.
[*griech.:* hex, sechs; glykys, süß; kinein, bewegen; ase, Enzym]
hexokinase

Hexose. → Monosaccharid, das sechs Kohlenstoffatome pro Molekül enthält. → Glukose, → Maltose und → Fruktose sind die wichtigsten H.n, die in der Natur vorkommen.
[*griech.:* hex, sechs; glykys, süß]
hexose

Hg. Chemische Formel für → Quecksilber.
Hg

Hiatus. Meist physiologische Öffnung oder Spalt in einer Membran oder anderen Körperstruktur.
[*lat.:* hiare, offenstehen]
hiatus

Hiatus aorticus. (Aortenschlitz). Öffnung im Zwerchfell (Diaphragma), durch die die Aorta und der Milchbrustgang (Ductus thoracicus) treten.
[*lat.:* hiare, offenstehen; *griech.:* aerein, heben]
hiatus aorticus

Hiatus oesophageus. Spalt im Zwerchfell (Diaphragma), durch den die Speiseröhre (Ösophagus) und die Vagusnerven treten.
[*lat.:* hiare, offenstehen; *griech.:* oisophagos, Kehle]
hiatus esophagus

Hiatushernie. Ausstülpung eines Teils des Magens durch das Zwerchfell (Diaphragma). Zu den wesentlichen Symptomen gehört der gastroösophagealer → Reflux, also der Rückfluss von Mageninhalt in die Speiseröhre (Ösophagus).
hiatal hernia

Hib-Krankheit. Infektion, die durch *Haemophilus influenzae* Typ B (Hib) verursacht wird; betrifft vorwiegend Kinder in den ersten fünf Lebensjahren. Die H.-K. gehört zu den wichtigsten Ursachen für eine bakterielle Meningitis sowie für Pneumonie, Gelenk- und Knocheninfektionen und Halsentzündungen.
Hib disease

Hibernation. (Überwintern). Natürlicher, physiologischer Zustand oder Prozess, bei dem es zur allmählichen Verlangsamung des Stoffwechsels und anderer Körperfunktionen kommt, wodurch ein schläfriger (somnolenter) Zustand ausgelöst wird.
[*lat.:* hibernare, überwintern]
hibernation

Hidrose. Schweißproduktion und -sekretion (auch verstärkte Sekretion). – *adj.* hidrotisch.
[*griech.:* hidros, Schweiß]
hidrosis

High-density-Lipoproteine (HDL). → Plasmaproteine hoher Dichte, die in der Leber produziert werden und 50% Proteine (Apolipoproteine), → Cholesterin und Triglyzeride (Phospholipide) enthalten. Sie dienen dazu, → Low-density-Lipoproteine zu stabilisieren und sind beim Transport von Cholesterin und anderen Fetten zur Ablagerung in der Leber beteiligt.
[*engl.:* high, hoch; *lat.:* densus, dicht; *griech.:* lipos, Fett; proteios, Eiweiß]
high-density lipoproteins

Hilum. Physiologische Vertiefung oder Einbuchtung an der Oberfläche eines Organs, wo die Gefäße und Nerven aus- und eintreten.
[*lat.:* kleines Ding]
hilum

Himbeerzunge. (Erdbeerzunge). Dunkelrote Zunge mit weicher Oberfläche und hervorstehenden (prominenten) Geschmacksknospen (Papillen). Charakteristisches Zeichen bei Scharlach.
rasperry tongue

Hinterhauptbein. (→ Os occipitalis)
occipital bone

Hinterhauptschlagader. (→ Arteria occipitalis)
occipital artery

Hinterhorn. Bezeichnung für ein Paar schmaler, halbmondförmiger, aus grauer Substanz bestehender Projektionen im Rückenmark.
dorsal horn

Hinterkopf. (→ Okziput)
occiput

Hippocampus. Kurvenartige, gewölbte Erhebung am Unterhorn des Seitenventrikels im Gehirn.
[*griech.:* hippokampos, Seepferd]
hippocampus

Hippokrates. Griechischer Arzt, der etwa 460 v.Chr. auf der Insel Kos geboren wurde, wo der Gott Äskulap verehrt wurde. Als »Vater der Medizin« führte H. einen ersten wissenschaftlichen Ansatz des Heilens ein. (→ Eid des Hippokrates)
Hippocrates

Hirnabszess. Infektion in einem Teil des → Gehirns; entwickelt sich normalerweise durch eine Infektion, die von anderer Stelle weitergeleitet wird, z.B. den Nasennebenhöhlen oder anderen Strukturen des Kopfes. Die Infektion kann sich auch sekundär nach einer Krankheit der Knochen oder des Nervensystems außerhalb des Gehirns oder des Herzens entwickeln. (→ Abszess)
brain abscess

Hirnaneurysma. (intrakranielles Aneurysma). Krankhafte lokalisierte Erweiterung einer Hirnarterie; häufig die Folge einer angeborenen Schwäche der Media oder der Muskelschicht der Gefäßwand. Hirnaneurysmen können auch durch Infektionen, z.B. subakute bakterielle Endokarditis bzw. Syphilis, durch die Bildung von Neoplasmen, Arteriosklerose sowie Trauma verursacht werden. Hirnaneurysmen können entweder als eine gesamte Arterie beeinträchtigende Erweiterungen oder als sackförmige Ausbuchtungen an der Seite eines Gefäßes auftreten. Diese Aneurysmen können klein wie ein Stecknadelkopf sein oder die Größe einer Orange erreichen. (→ Aneurysma)
[*griech.:* aneurysma, Erweiterung.]
cerebral aneurysm

Hirnanhangsdrüse. (→ Hypophyse)
pituitary gland

Hirnblutung. (zerebrale Hämorrhagie). Blutung der Gehirngefäße. Hirnblutungen werden nach drei Kriterien klassifiziert: Lokalisation (subarachnoidal, extradural, subdural), beteiligte Blutgefäße (arteriell, venös, kapillär) sowie Ursache (traumatisch, degenerativ). Jede Form der H. hat charakteristische klinische Merkmale. Die meisten H.en treten in der Region der Basalganglien auf und werden durch eine Ruptur einer sklerotischen Arterie bei Hypertonie verursacht. Andere Ursachen sind angeborenes Aneurysma, zerebrovaskuläre Thrombose und Kopfverletzungen. (→ Apoplexie)
cerebral hemorrhage

Hirndruck. (intrakranieller Druck). Druck, der innerhalb des Schädels (Cranium) vorhanden ist.
intracranial pressure

Hirndruck-Monitoring. → Pflegeintervention der → NIC, die definiert wird als die Messung und Interpretation von Patientendaten zur Regulierung des Hirndrucks.
Intracranial Pressure (ICP) Monitoring

Hirndurchblutungsstörung. Durch Verschluss durch einen Embolus oder Thrombus bzw. durch zerebrovaskuläre Blutung verursachte Hirnstörung. Die Folge ist eine Ischämie des Hirngewebes.
cerebrovascular accident (CVA)

Hirnembolie. → Embolus, der die Durchblutung der Hirngefäße blockiert. Die Folge ist eine Gewebeischämie distal des Verschlusses.
[*lat.:* embolos, Propfen.]
cerebral embolism

Hirngrube. Stamm der seitlichen Hirnfurche, der die orbitale Hirnfläche von Stirnlappen und Schläfenlappen trennt.
🇬🇧 cerebral fossa

Hirninfarkt. Nekrotisierender Hirnbereich infolge der Unterbrechung der Blutversorgung, in Verbindung mit bzw. ohne Hirnblutung. Kann die Folge einer Thrombose, einer Embolie oder eines Gefäßspasmus sein.
[*lat.:* infarcire, vollstopfen.]
🇬🇧 cerebral infarction

Hirnnerven. 12 Nervenpaare, die aus der Schädelhöhle durch verschiedene Schädelöffnungen austreten. Die verschiedenen Nerven sind mit römischen Ziffern durchnumeriert und haben die folgenden Bezeichnungen: (I) N. olfactorius (Riechnerv), (II) N. opticus (Sehnerv), (III) N. oculomotorius (Augenmuskelnerv), (IV) N. trochlearis (Augenmuskelnerv), (V) N. trigeminus (Drillingsnerv), (VI) N. abducens (Augenmuskelnerv), (VII) N.f acialis (Gesichtsnerv), (VIII) N. vestibuolocholearis (Hör- und Gleichgewichtsnerv), (IX) N. glossopharyngeus (Zungen- und Rachennerv), (X) N. vagus (Eingeweidenerv), (XI) N. accessorius (Halsnerv), (XII) N. hypoglossus (Zungennerv). Die H. haben ihren Ursprung im Gehirn und steuern folgende Funktionen: Geruchssinn, Sehvermögen, Augenbewegungen, Pupillenkontraktion, Muskelsensibilität, allgemeine Sensibilität, Kauen, Gesichtsausdruck, Drüsenfunktion, Geschmackssinn, Hautempfindungen, Hörsinn, Gleichgewichtssinn, Schlucken, Sprechen, Zungen-, Kopf- und Schulterbewegungen.
🇬🇧 cranial nerves

Hirnödem. Ansammlung von Flüssigkeit im Hirngewebe. Ursachen sind Infektionen, Tumore, Traumata oder Kontakt mit bestimmten Toxinen. Anfängliche Symptome sind Bewusstseinsveränderungen und Trägheit, dann Pupillenerweiterung und ein allmählicher Verlust des Bewusstseins. Ein Hirnödem kann tödliche Folgen haben, da es zur Einklemmung eines Teils des Gehirns kommen kann.
[*griech.:* oidema, Schwellung]
🇬🇧 cerebral edema

Hirnödem, Pflege bei. → Pflegeintervention der → NIC, die definiert wird als die Einschränkung von sekundären Hirnschäden infolge einer Schwellung des Hirngewebes.
🇬🇧 Cerebral Edema Management

Hirnschlag. Bezeichnung für einen Schlaganfall (→ Apoplex).
🇬🇧 brain attack

Hirnstamm. Der Teil des Gehirns, der aus dem verlängerten Mark (Medulla oblongata), Brücke (Pons) und Mittelhirn (Mesenzephalon) besteht. Der H. führt motorische, sensorische und reflektorische Funktionen aus und enthält den kortikospinalen sowie den retikulospinalen Trakt. Die 12 Hirnnervenpaare entspringen zum großen Teil aus dem H.
🇬🇧 brainstem

Hirnstiel. Ein Paar zylindrisch geformter Ansammlungen von Nervenfasern am oberen Rand der Brücke, die in die linke und rechte Gehirnhemisphäre ragen. Besteht aus kortikopontinen und Pyramidenbahnfasern.
🇬🇧 cerebral peduncle

Hirnströme. Strukturen rhythmischer elektrischer Impulse, die von verschiedenen Teilen des Gehirns produziert werden; sie werden meist mit griechischen Buchstaben bezeichnet: Alpha-, Beta-, Delta-, Gamma-, Kappa- und Thetawellen. Sie sind bei gesunden Menschen sehr ähnlich und relativ stabil. Alphawellen werden produziert, wenn sich eine Person in einem wachen Ruhezustand befindet, Betawellen signalisieren eine aktive Phase der Hirnfunktionen und Deltawellen entstehen während einer Phase des Tiefschlafs. Die Kontrolle der H. sind bei der Diagnostik bestimmter neurologischer Störungen hilfreich, z.B. bei Epilepsie oder Hirntumoren.
🇬🇧 brain wave

Hirntod. Irreversible Form der Bewusstlosigkeit, die sich in einem vollständigen Verlust der Hirnfunktionen äußert, während das Herz weiter schlägt. Die juristische Definition dieses Zustandes kann von Land zu Land variieren. Zu den üblichen klinischen Kriterien eines H.es gehören das Fehlen einer Reflexaktivität, von Bewegungen und der spontanen Atmung. Die Pupillen sind erweitert und fixiert. Die Diagnose H. kann eine Evaluation und Bestätigung der fehlenden Hirnfunktionen erfordern; dazu muss 12 und 24 Stunden später jeweils ein Elektroenzephalogramm (EEG) durchgeführt werden.
brain death

Hirntumor. Invasives Neoplasma des intrakraniellen Teils des Zentralnervensystems (ZNS). H.e weisen eine beträchtliche Morbiditäts- bzw. Mortalitätsrate auf, können jedoch teilweise auch erfolgreich behandelt werden. Bei Erwachsenen sind 20 bis 40% der malignen Hirnerkrankungen metastatische Läsionen von Krebstumoren der Brust, der Lunge, des Magen-Darm-Trakts, der Niere oder maligner Melanome. Der Ursprung eines primären H.s ist nicht bekannt. Zu den Symptomen gehören häufig erhöhter intrakranieller Druck mit Kopfschmerzen, Übelkeit, Erbrechen, Lethargie und Verwirrtheit. Es kann zu Anzeichen kommen, die eine Lokalisation erleichtern, z.B. der Verlust des Sehvermögens auf der Seite eines Okzipitalneoplasmas. → Gliome, insbesondere Astrozytome, sind die häufigsten malignen H.e.
brain tumor

Hirnwäsche. Intensive psychologische Beeinflussung (Indoktrination) meist politischen oder religiösen Inhalts, die bei Menschen angewandt wird, um ihre Überzeugungen im Hinblick auf einen bestimmten Glauben oder eine gezielte Motivation zu entwickeln bzw. zu verändern.
brain washing

Hirsutismus. Exzessive Körperbehaarung des männlichen Behaarungstyps bei Frauen, die infolge von erblichen Dispositionen, hormonellen Dysfunktionen, Stoffwechselanomalien (→ Porphyrie) oder bestimmten Medikamenten auftritt. Die Behandlung der jeweiligen Ursache führt im Allgemeinen zur Heilung des H. (→ Virilismus)
[*lat.:* hirsutus, haarig]
hirsutism

His-Bündel. (→ Atrioventrikulärbündel)
bundle of His

His-Bündel-Elektrokardiogramm (HBE). Direkte Aufzeichnung der elektrischen Aktivität des → His-Bündels.
[W. His, deutscher Arzt, 1863–1934]
His bundle electrogram

His-Purkinje-System. Reizleitungssystem im Herzgewebe vom → His-Bündel zu den distalen → Purkinje-Fasern.
[W. His, deutscher Arzt, 1863–1934; J. Purkinje, tschechoslovakischer Physiologe, 1787–1869]
His-Purkinje system

Histamin. Komponente, die in allen Zellen als Abbauprodukt der Aminosäure → Histidin zu finden ist. H. wird bei entzündlichen Reaktionen freigesetzt und führt zur Erweiterung (Dilatation) der Kapillaren, Verminderung des Blutdrucks, Steigerung der Magensaftsekretion und Verengung der glatten Muskel von Bronchien und Uterus.
[*griech.:* histos, Gewebe; *lat.:* amine, Ammoniak]
histamine

Histaminantagonist. (Histaminblocker). Substanz, die die Stimulation der Zellen durch → Histamin blockiert. (→ Antihistaminika)
histamine blocking agent

Histaminase. Enzym im Weichteilgewebe, das die Abspaltung von → Histamin aus einer organischen Verbindung katalysiert (Desaminierung) und in inaktive Imidazolylessigsäure umwandelt.
histaminase

Histidin (His). → Aminosäure, die in vielen Proteinen zu finden und eine Vorform von → Histamin ist.
[*griech.:* histos, Gewebe]
histidine (His)

Histioblast. Gewebebildende Zelle.
histioblast

Histiozyt. → Makrophage des Bindegewebes, der im Immunsystem des Körpers eine wichtige Rolle spielt.
[*griech.:* histos, Gewebe; kytos, Zelle]
histocyte

Histiozytose, maligne. Autosomal rezessive Erbkrankheit, die mit einer Anämie, Granulozytopenie und Thrombozytopenie einhergeht. Die Phagozytose von Blutzellen und der Histozytenbefall von Knochenmark führen oftmals früh zum Tod.
[*griech.:* histion, Gewebe, kytos, Zelle.]
familial histiocytic reticulosis

histo-. Vorsilbe mit der Bedeutung »Gewebe«.
histo-

Histogramm. Graphische Darstellung der Häufigkeitswerte einer oder mehrerer Variablen in Abhängigkeit von der Zeit und Häufigkeit ihres Auftretens.
histogram

Histographie. Prozess der Beschreibung und Visualisierung von Geweben und Zellen.
histography

Histokompatibilität. Maß der Übereinstimmung der Antigene eines Spenders und eines Empfängers von Transplantationsgewebe. – *adj.* histokompatibel.
[*griech.:* histos, Gewebe; *lat.:* compatibilis, übereinstimmen]
histocompatibility

Histokompatibilitätsantigen. Gruppe genetisch festgelegter → Antigene, die sich auf der Oberfläche zahlreicher Zellen befinden. Sie sind die häufigste Ursache für Transplantatabstoßungen.
histocompatibility antigen

Histokompatibilitätsgen. Gen, das die → Histokompatibilität des Transplantationsgewebes eines Spenders mit dem vorgesehenen Empfänger bestimmt.
histocompatibility gen

Histologie. 1. Wissenschaftszweig, der sich mit der mikroskopischen Identifizierung von Zellen und Geweben beschäftigt. 2. Struktur eines Organgewebes, einschließlich der Zusammensetzung von Zellen und ihrer Organisation in verschiedenen Körpergeweben. – *adj.* histologisch.
histology

Histolyse. Zerstörung oder Auflösung von lebendem organischem Gewebe. – *adj.* histolytisch.
[*griech.:* histos, Gewebe; lysis, Lösung]
histolysis

Histon. Bestandteil einer Gruppe streng basischer (Eiweiße) Proteine mit niedrigem Molekulargewicht, die wasserlöslich, jedoch in Ammoniak unlöslich sind und mit Nukleinsäuren Nukleoproteine (→ Eiweißsynthese) bilden. H.e finden sich im Zellkern.
[*griech.:* histos, Gewebe]
histone

Histopathologie. Studium aller Erkrankungen, die Gewebezellen betreffen.
histopathology

Histoplasma capsulatum. Dimorpher Pilzorganismus, der bei Körpertemperatur hefeähnlich und bei Raumtemperatur schimmelähnlich ist; ursächlicher Organismus der → Histoplasmose.
Histoplasma capslulatum

Histoplasmose. Infektion, die durch Inhalation von Sporen des Pilzes → Histoplasma capsulatum verursacht wird. Eine primäre H. ist durch Fieber, Unwohlsein, Husten und Lymphadenopathie gekennzeichnet. Die progressive H., die manchmal tödlich enden kann, zeigt sich in ulzerierenden Geschwüren in Mund und Nase, Vergrößerung von Milz, Leber und Lymphknoten sowie stark ausgedehnte Infiltrationen in der Lunge.
histoplasmosis

H

H

Hitzeexposition, Behandlung nach einer. → Pflegeintervention der → NIC, die definiert wird als die Behandlung von Patienten zur Überwindung einer Überhitzung infolge einer exzessiven Hitzeexposition.
Heat Exposure Treatment

Hitzehyperpyrexie. Schwere, manchmal sogar tödlich verlaufende Störung aufgrund der Unfähigkeit des Körpers, die Temperatur zu regulieren; Ursache ist ein längerer Aufenthalt in der Sonne oder in heißen Temperaturen. Das Nachlassen oder Einstellen des Schwitzens ist manchmal ein frühes Symptom. Bei Körpertemperaturen über 40°C kann es zu Tachykardie, heißer, trockener Haut, Kopfschmerzen, veränderten Bewusstseinszuständen und Krämpfen kommen.
heat hyperpyrexia

Hitzekrampf. Krampf oder schmerzhafter Spasmus der motorischen Muskeln in Armen, Beinen oder Abdomen durch Wasser- und Salzentzug des Körpers. Ein H. tritt meist nach großen körperlichen Anstrengungen in extrem heißer Umgebung oder unter Bedingungen auf, die durch starkes Schwitzen einen erheblichen Flüssigkeits- und Elektrolytverlust verursachen.
heat cramp

Hitzschlag. Unphysiologischer Zustand, der durch Schwäche, Schwindel (Vertigo), Übelkeit, Muskelkrämpfe und eventuell sogar Bewusstlosigkeit gekennzeichnet ist und durch einen übermäßigen Flüssigkeits- und Elektrolytverlust des Körpers verursacht wird; Ursache ist ein Aufent halt in intensiver Hitze oder die Unfähigkeit, sich an die Umgebungswärme anzupassen. Die Körpertemperatur ist bei einem H. fast normal, der Blutdruck sinkt ab, normalisiert sich jedoch schnell, wenn die betroffene Person sich hinlegt. Die Haut ist kühl, feucht und blass.
heat exhaustion

HIV. Abkürzung für (engl.) → Human Immunodeficiency Virus.
HIV

HLA. Abkürzung für (engl.) → Human Leucocyte Antigen.
HLA

HLA-System. Human Leucocyte Antigen-Gruppe A, der wichtigste menschliche Histokompatibilitätskomplex, der Gewebe oder Proteine in »eigene« und »nicht eigene« unterscheidet. Dieser befindet sich an verschiedenen Stellen auf den kurzen Armen des Chromosoms 6 und wird durch Zahlen und Buchstaben bezeichnet, z.B HLA-B27, HLA-A-, -B- und -C-Zellen-surface-Antigene, die auf der Oberfläche aller Zellen mit Zellkern und Thrombozyten auftreten und bei Gewebetransplantationen wichtig sind. Wenn Spender- und Empfängerantigene nicht zusammenpassen, werden die »nicht-eigenen« Antigene erkannt und von den T-Killerzellen zerstört. (→ Histokompatibilität)
HLA-Komplex

HLA-Typing. Systematisierte Testreihe, in der die Gewebe von Spendern und Empfängern vor einer Transplantation auf deren Verträglichkeit untersucht werden.
tissue typing

HMV. Abkürzung für → Herzminutenvolumen.
HMV

HNO. Abkürzung für Hals, Nase, Ohren.
ENT

Hochfrequenzbeatmung. Technik zur ventilatorischen Unterstützung von Patienten, bei der eine Atemfrequenz von mindestens 60 Atemzügen pro Minute verabreicht wird. Man unterscheidet bei der H. die Hochfrequenz-Jet-Beatmung (HFJV) und die Hochfrequenz-Oszillationsbeatmung (HFO). Bei der HFJV wird eine Hochdruck-Gasquelle eingesetzt, die reguliert werden kann, um in kurzen Stößen Luft durch eine kleinlumige Kanüle in die Luftwege oberhalb der Carina zu pumpen (die Atemfrequenz beträgt 100 bis 400 Zyklen pro Minute). Bei der HFO werden kleine Gasmengen mit einer Frequenz von 400 bis 4000 pro Minute in die Lunge

befördert und die Luft bei jeder Ausatmung wieder abgesaugt.
high frequency ventilation (HFV)

Hochfrequenzwärmetherapie. Methode, mit der dem Körper in tiefe Regionen mit Hilfe von kurzwelligem elektrischem Strom Wärme zugeführt wird. Die H. wird zur Behandlung von chronischer Arthritis, Schleimbeutelentzündung (Bursitis), Nebenhöhlenentzündung (Sinusitis) und anderen Krankheiten angewandt.
short-wave diathermy

Hodenbruch. (→ Skrotalhernie)
scrotal hernia

Hodendystopie. Hoden, der sich in die Beckenregion, den Leistenkanal oder in eine andere Körperregion verschoben hat und nicht, wie im Normalfall, in den Hodensack deszendiert ist.
displaced testis

Hodenkanälchen. (Tubuli seminiferi). Lange schnurartige, in netzförmiges Gewebe gebettete Kanäle in den Hodenläppchen.
seminiferous tubules

Hodenkrebs. Bösartige Geschwulstbildung in den Hoden, oft mit Beteiligung eines nicht deszendierten Hodens. Häufig wird der Tumor nach einer Verletzung entdeckt, die allerdings nicht als Ursache für den Krebs angesehen wird. Patienten im Frühstadium zeigen oft keine Symptome, wobei sich jedoch bereits → Metastasen in Lymphknoten, Lunge und Leber gebildet haben können, bevor der erste Knoten getastet wird. In späteren Stadien kommt es zu Symptomen der Lunge, Blockierung der Harnleiter, Vergrößerung der Brustdrüse und Substanzanhäufungen im Unterbauch.
testicular cancer

Hodentorsion. Drehung des Samenleiters um die eigene Längsachse, wodurch die Blutzufuhr zu den Hoden und Nebenhoden unterbrochen wird. Eine sechs Stunden dauernde, totale Unterbrechung des Blutstroms kann zur Gewebszerstörung der Hoden führen, eine beeinträchtigte Zirkulation zur Atrophie (Organschwund).
torsion of the testis

Hodgkin-Krankheit. (Lymphogranulomatose). Maligne Erkrankung, die durch eine schmerzlose, progressive Vergrößerung des Lymphgewebes gekennzeichnet ist; erste Symptome sind im Allgemeinen die Vergrößerung der Milz (Splenomegalie) und die Präsenz von Sternberg-Reed-Riesenzellen, große atypische Makrophagen mit multiplen oder hyperlobulären Kernen und hervorstehenden Zellkernen. Weitere Symptome sind Anorexie, Gewichtsverlust, generalisierter Juckreiz, leichtes Fieber, nächtliches Schwitzen, Anämie und Leukozytose. Es besteht ein dreifach erhöhtes Risiko, an der H.-K. zu erkranken, wenn Verwandte ersten Grades daran leiden, was für einen bisher noch unbekannten genetischen Mechanismus spricht.
[T. Hodgkin, englischer Arzt, 1798–1866]
Hodgkin´s disease

Hoffnung, Vermitteln von. → Pflegeintervention der → NIC, die definiert wird als Unterstützung der Entwicklung einer positiven Einstellung in bestimmten Situationen.
Hope Instillation

Hoffnungslosigkeit. Anerkannte → NANDA-→ Pflegediagnose; Zustand, bei dem eine Person nur wenig oder keine Alternativen oder persönliche Wahlmöglichkeiten erkennt und unfähig ist, Energien zu ihren Gunsten zu mobilisieren. Kennzeichnende Merkmale sind: Passivität, verminderte verbale Äußerungen, fehlende Initiativen, verminderte Reaktion auf Reize, Abwenden oder Schulterzucken bei Ansprache, Schließen der Augen, verringerter Appetit, Schlafstörungen und mangelhafte Beteiligung bei der Selbstpflege.
hopelessness

Hohlfuß. (→ Pes cavus)
pes cavus

H

Hohlhandbogen. Die Stelle, an der die Arteria radialis endet und auf die Arteria ulnaris im Handteller trifft.
deep palmar arch

Hohlvene, untere. (→ Vena cava inferior)
inferior vena cava

Holismus. Philosophisches Konzept, nach dem eine Gesamtheit mehr als die Summe ihrer Einzelteile darstellt. In der Medizin wird mit einer holistischen Betrachtungsweise jener Ansatz bezeichnet, der sich bemüht, alle Faktoren einer Krankheit zu berücksichtigen.
[*griech.:* holos, ganz]
holismus

hologyn. 1. Bezeichnung für Gene, die ausschließlich auf dem X-Chromosom liegen. 2. Zu Merkmalen oder Bedingungen gehörend, die nur über die mütterliche Linie vererbt werden können.
[*griech.:* holos, ganz; gyne, Frau]
hologynic

holokrin. Zu einer Drüse gehörend, deren einzige Funktion darin besteht, Sekrete auszuscheiden, oder deren Sekretion aus aufgelösten Zellen der Drüse selbst bestehen.
[*griech.:* holos, ganz; krinein, ausscheiden]
holocrine

Homan-Zeichen. Schmerz in der Wade bei Streckung des Fußes nach oben (Dorsalflexion), was für eine Thrombophlebitis oder eine Thrombose spricht.
[J. Homan. amerikanischer Chirurg, 1877–1954]
Homan´s sign

homo-. Vorsilbe mit der Bedeutung »Mensch«.
homo-

hom(ö)o-. Vorsilbe mit der Bedeutung »ähnlich, gleich«.
[*griech.:* homoios, ähnlich]
homeo-

Homo sapiens. Wissenschaftliche Bezeichnung für die Gattung und Species Mensch.
[*lat.:* homo, Mensch; sapere, wissen]
Homo sapiens

homogen. 1. Aus ähnlichen Elementen oder Teilen bestehend. 2. Vollständig gleiche Qualitäten aufweisend. (s.a. heterogen)
[*griech.:* homos, Mensch; genos, Art]
homogenous

Homogenese. Reproduktion bei aufeinanderfolgenden Generationen durch den jeweils gleichen Prozess, so dass die Nachkommen ihren Eltern ähnlich sind.
[*griech.:* homos, Mensch; genesis, Ursprung]
homogenesis

homogenisiert. 1. Substanz, die einer Homogenisierung (Vermischung unterschiedlicher Flüssigkeiten oder Substanzen bis zur vollständigen Gleichartigkeit) unterzogen worden ist. 2. Eine vollständig einheitliche Struktur oder Konsistenz aufweisend.
homogenized

homolateral. Zur gleichen Körperseite gehörend.
homolateral

homolog. 1. Bezeichnung für Organe, die in Funktion, Ursprung und Struktur einem anderen Organ entsprechen, z.B. die Flosse eines Seehundes, die der menschlichen Hand ähnelt. 2. Eine von mehreren chemischen Komponenten, die durch den Zusatz eines gleichen Elementes gebildet werden; z.B. CO_2, das durch ein zusätzliches Sauerstoffatom aus Kohlenmonoxid entsteht.
[*griech.:* homoios, ähnlich]
homolog

homöomorph. Ein ähnliches Aussehen, doch unterschiedliche Zusammensetzung aufweisend.
homeomorphous

Homöopathie. Therapeutische Richtung, die auf der Theorie beruht, »Gleiches mit Gleichem zu heilen«. Diese Theorie wurde im späten 18. Jhrd. von Dr. Samuel Hahnemann eingeführt, der überzeugt war, dass große Mengen eines bestimmten Medikaments Symptome einer Krankheit verursachen und geringe Mengen die gleichen Symptome lindern können; somit

könnten einige Krankheitssymptome durch sehr geringe Mengen an Arzneimitteln geheilt werden. (s.a. Allopathie) – *adj.* homöopathisch.
[*griech.:* homoios, ähnlich; pathos, Krankheit]
homeopathy

Homöostase. Relative Konstanz im Inneren des Körpers, die normalerweise durch adaptive Reaktionen erzielt wird, welche ein gesundes Überleben sicherstellen. Verschiedene sensorische, Feedback- und Kontroll-Systeme dienen dazu, diesen ausgewogenen Zustand zu erhalten. Zu den Funktionen, die durch homöostatische Mechanismen kontrolliert werden, gehören Herzschlag, → Hämatopoese, Blutdruck, Körpertemperatur, Elektrolytgleichgewicht, Atmung und Drüsensekretion. – *adj.* homöostatisch.
[*griech.:* homoios, ähnlich; stasis, Stillstand]
homeostasis

homöotherm. Die Fähigkeit von Warmblütern bezeichnend, unabhängig von der Außentemperatur eine relativ stabile innere Temperatur zu erhalten. Diese Fähigkeit ist bei neugeborenen Säuglingen noch nicht vollständig entwickelt.
[*griech.:* homoios, ähnlich; therme, Wärme]
homioithermic

homosexuell. 1. Zum gleichen Geschlecht gehörend oder das gleiche Geschlecht bezeichnend. 2. Eine Person bezeichnend, deren sexuelle Wünsche und Begierden auf das gleiche Geschlecht gerichtet sind. (s.a. heterosexuell)
[*griech.:* homoios, ähnlich; *lat.:* sexus, Sex, Geschlecht]
homosexual

Homovanillinsäure. Säure, die beim normalen Dopaminmetabolismus produziert wird und bei Tumoren der Nebennierendrüse verstärkt im Urin ausgeschieden wird.
homovanillic acid

homozygot. Zu einem Organismus gehörend, dessen somatische Zellen identische Gene auf dem gleichen Genlokus jedes Chromosomenpaares aufweisen. (s.a. heterozygot)
homozygous

Homozystein. Konusförmige Struktur im Zwischenhirn, die sich am Dach des 3. Ventrikels befindet und Produktionsort von → Melatonin ist, das eine Rolle bei der Regulierung der Zirkadianrhythmen spielt.
homocysteine

Hordeolum. (Gerstenkorn). → Furunkel an den Rändern der Augenlider, das in der Talgdrüse (Meibom-Drüse) eines Augenlids entsteht.
[*lat.:* hordeum, Gerste]
hordeolum

Hörgerät. (Hörhilfe). Elektrisches bzw. elektronisches Gerät, das Töne verstärkt und von Menschen mit einem beeinträchtigten Hörvermögen (→ Schwerhörigkeit) benutzt wird. Das H. besteht aus einem Mikrophon, einer Batterie, einem Verstärker und einem Empfänger.
hearing aid

Hormon. Komplexe chemische Substanz, die in einem Teil oder Organ des Körpers gebildet wird und eine Aktivität in einem anderen Organ oder in einer anderen Zellgruppe anregt bzw. reguliert. H.e, die von den → endokrinen Drüsen ausgeschieden werden, werden mit dem Blutstrom zum Zielorgan befördert. – *adj.* hormonell.
[*griech.:* hormaein, in Gang setzen]
hormone

Hormon, adrenokortikales. Die von der → Nebennierenrinde ausgeschiedenen Hormone, einschließlich Glukokortikoide, Mineralokortikoide sowie Sexualhormone.
[*lat.:* ad, bei; ren, Niere; cortex, Rinde; *griech.:* hormaein, in Gang setzen]
adrenocortical hormone (ACH)

Hormon, adrenokortikotropes (ACTH). Hormon des Hypophysenvorderlappens, das das Wachstum der Nebennierenrinde und die Ausschüttung von Glokokortikoiden

und Kortikosteroiden stimuliert. Die von dem Kortikotropin-Releasing-Faktor des Hypothalamus gesteuerte ACTH-Ausschüttung erhöht sich infolge eines niedrigen Cortisol-Spiegels im Blut, sowie bei Stress, Fieber, akuter Hypoglykämie und größeren Operationen.
adrenocorticotropic hormone (ACTH)

Hormon, antidiuretisches. Abk.: ADH. (→ Adiuretin)
antidiuretic hormone

Hormon, antineoplastisches. Eine von einer endokrinen Drüse erzeugte bzw. von einem synthetischen Analogon der natürlich vorkommenden Verbindung abgeleitete chemische Substanz, die zur Kontrolle bestimmter Krebsarten eingesetzt wird. Die Hormontherapie soll der Wirkung der endogenen, für das Tumorwachstum benötigten Hormone entgegenwirken.
antineoplastic hormone

Hormon, follikelstimulierendes (FSH). Gonadotropin, das vom Körper ausgeschüttet wird, um Wachstum und Reifung der Graaf-Follikel bei der Frau zu stimulieren und die Spermatogenese beim Mann zu fördern.
follicle-stimulating hormone (FSH)

Hormon, somatotropes. (→ Wachstumshormon)
somatotropic hormone

Hormone, trophische. Vom Hypophysenvorderlappen produzierte Hormone, die bestimmte Organe stimulieren.
trophic hormones

Hormontherapie. Die Behandlung von Krankheiten mit → Hormonen aus den → endokrinen Drüsen oder mit Substanzen, die eine hormonelle Wirkung simulieren.
hormone therapy

Horn. Vorsprung oder Höcker (Protuberanz) auf einer Körperstruktur; z.B. das H. des Zungenbeins oder des Darmbeins.
horn

Horner-Syndrom. Neurologische Erkrankung, die sich in verengten (miotischen) Pupillen, Oberlidlähmung (Ptosis) und fehlender Schweißsekretion im Gesicht (faziale Anhidrose) äußert und durch Läsionen im Rückenmark infolge von Verletzungen des Zervikalnervs verursacht wird.
[J.F. Horner, schweizer Ophthalmologe, 1831–1886]
Horner´s syndrome

Hörnerv. Einer der Hauptzweige (Pars cochlearis) des VIII. Hirnnervs (N. vestibulocochlearis, Gleichgewichtsnerv), dessen Fasern in den spiralförmigen Ganglionzellen des Corti-Organs beginnen und in den ventralen und dorsalen Cochleariskernen des Hirnstamms enden.
cochlear nerve

Hornhautkörperchen. Befestigte, abgeflachte Bindegewebezellen zwischen den Korneaschichten.
corneal corpuscule

Hornhautläsion. (Hornhautabschabung). Abrieb der äußeren Korneaschichten.
corneal abrasion

Hornhauttransplantation. Transplantation von Hornhautgewebe beim menschlichen Auge. H.en werden durchgeführt, um ein vermindertes Sehvermögen aufgrund von Hornhautvernarbung oder -distortion zu verbessern oder um ein perforiertes Ulkus zu entfernen. Der betroffene Bereich wird mit Hilfe eines Mikroskops operativ ausgeschnitten, eine identische Sektion klarer Hornhaut (Kornea) aus dem Spenderauge entfernt und an der entsprechenden Stelle im Empfängerauge eingesetzt. Nach der Operation wird das Auge mit einem Metallschutz bedeckt. Der Patient sollte plötzliche Druckveränderungen, z.B. durch Husten, Niesen, Erbrechen, abrupte Bewegungen und das Heben von Gegenständen, vermeiden.
corneal grafting

Hörschwelle. Leiseste Lautstärke, die gerade noch wahrnehmbar ist.
auditory threshold

Hörvermögen. Der Körpersinn, der die Wahrnehmung von Geräuschen ermöglicht; wesentliche Funktion des → Ohres.
hearing

Hörzentrum. Bereich im Schläfenlappen (Temporallappen) des Großhirns, in dem die Wahrnehmung von Geräuschen stattfindet.
auditory area; acoustic center

Hospitalismus. 1. Körperliche oder mentale Auswirkungen eines Krankenhausaufenthaltes auf einen stationären Patienten, insbesondere Säuglinge und Kinder, bei denen sich sozialer Rückschritt, Persönlichkeitsstörungen und vermindertes Wachstum einstellen können. 2. Im Krankenhaus erworbene Schädigungen (→ Nosokomialinfektion).
hospitalism

Hospiz. System der familienzentrierten Pflege, das Familien terminal kranker Menschen helfen soll, sich mit dem Tod auseinanderzusetzen, und das dem Patienten ein zufriedenstellendes Leben während des Sterbeprozesses gewährleisten soll. Er erfährt in der Endphase seines Lebens in einer speziell dafür konzipierten Umgebung eine umfassende und ganzheitliche (holistische) Begleitung. Die Ziele der H.-Bewegung bestehen in der bestmöglichen Behandlung körperlicher Symptome, vor allem in der Schmerzlinderung, in der Betreuung des Sterbenden und seiner Angehörigen, wobei der Mensch und seine Lebensqualität im Vordergrund stehen, während die interdisziplinäre Zusammenarbeit aller beteiligten Berufsgruppen ohne Konkurrenzkampf und ohne Fragen um die Kostenregelung gewährleistet werden soll.
[*lat.:* hospitum, Gastfreundschaft]
hospice

HPL. Abkürzung für (engl.) Human Placental Lactogen (dt. → Plazentalaktogen).
HPL

HPV. Abkürzung für → Humanpapillomavirus.
HPV

HSV. Abkürzung für Herpes-simplex-Virus. (→ Herpes simplex)
HSV

HTLV. Abkürzung für (engl.) Human T-Cell Lymphotropic Virus (dt. → humane lymphotrope Retroviren).
HTLV

Hufeisenniere. Relativ häufige angeborene (kongenitale) Anomalie, die sich in einem Zusammenschluss (Isthmus) des Parenchymgewebes zeigt, das die beiden Nieren an den unteren Polen verbindet.
horseshoe kidney

Hüfte, schnappende. Vorgang, bei dem bei der Bewegung der Hüfte eine Sehne über den großen → Trochanter rutscht. Dies kann ein lautes schnappendes Geräusch verursachen.
snapping hip

Hüftendoprothese. Ersatz eines Hüftgelenks durch ein künstliches Kugelgelenk. Die H. wird bei einer chronisch schmerzhaften oder versteiften Hüfte, bei fortgeschrittener Osteoarthritis, schlecht verheilten Frakturen oder Gelenksdegenerationen durchgeführt. Vor der Operation wird eine Antibiotikatherapie begonnen und der Patient muss lernen, mit Krücken zu gehen. Bei der Operation werden Femoraliskopf sowie das komplette Hüftgelenk entfernt und die Konturen abgerundet. Eine Prothese aus hartem Metall oder rostfreiem Stahl wird so angepasst, dass sie dem Kopf des Oberschenkelknochens (Femur) entspricht, und anschließend eingesetzt.
hip replacement

Hüftgelenksluxation. Ausrenken des Hüftkopfes aus dem Hüftgelenk. Eine Hüftgelenksluxation geht einher mit heftigen Schmerzen, Hüftversteifung, Beinverkürzung und funktionellem Verlust. Die Luxation kann kongenital oder erworben sein und entweder als Obturatorluxation mit Verlagerung des Hüftkopfes in das Obturatorenloch (Foramen obturatorium), als Perinealluxation mit Verlagerung des Hüftkopfes in das Perineum, als Ischiasluxation mit Verlagerung des Hüftkopfes in den Ischiaseinschnitt (Incisura ischiadica) oder als subpubische Luxation

vorliegen, bei der sich der Hüftkopf nach vorne verschiebt.
dislocation of hip

Hüftlochmuskel. (→ Musculus obturatorius)
obturator muscle

Hüftnerv. (→ Nervus ischiadicus)
sciatic nerve

Hüftschlagader, innere. (→ Arteria iliaca interna)
internal iliac artery

Hüftvene, innere. (→ Vena iliaca interna)
internal iliac vein

H

Hühnerauge. (Clavus). Hornige Masse zusammengepresster Epithelzellen über einem vorstehenden Knochen. H.n werden durch chronische Reibung und steten Druck verursacht.
corn

Human Immunodeficiency Virus (HIV). → Retrovirus, der AIDS (→ Acquired Immunodeficiency Syndrome) verursacht. Retroviren produzieren das Enzym reverse Transkriptase, das RNS in DNS umschreiben kann und damit für die Virusvermehrung wichtig ist. HIV wird durch Kontakt mit Blut, Samen, Muttermilch, Vaginalsekretionen, Liquor oder Gelenksflüssigkeit infizierter Personen übertragen. HIV befällt die T-Helferzellen des Immunsystems und löst Infektionen aus, die eine durchschnittliche Inkubationszeit von 10 Jahren haben. Wenn das Immunsystem zerstört ist, entwickelt sich AIDS eventuell in Verbindung mit Karposi-Sarkom, *Pneumocystis carinii*-Pneumonie, Kandidiasis und Tuberkulose, welche Organsysteme im gesamten Körper befallen können. Ne ben einem ersten Antikörpertest, mit dem die Diagnose HIV gestellt werden kann, ist der wichtigste Labortest zur Überprüfung des Ausmaßes der Infektion der CD4-Lymphozytentest, mit dem die Prozentzahl der T-Lymphozyten bestimmt wird, die CD4-positiv sind.
Human Immunodeficiency Virus (HIV)

Human-Leucocyte-Antigen (HLA). Eines von vier wesentlichen genetischen Markern (→ Antigene), die als spezielle Genloki auf dem Chromosom 6 bestimmt werden können: HLA-A, HLA-B, HLA-C und HLA-D. Jeder Lokus besitzt mehrere genetisch bestimmte Allele; davon steht jede in Verbindung mit bestimmten Erkrankungen. Die in die Membran jeder Körperzelle integrierten HLA sind für die Gewebeverträglichkeit bei Transplantationen entscheidend.
Human leucocyte antigen (HLA)

Humanalbumin. Plasmavolumenexpander aus menschlichem Eiweiß, der zur Behandlung von Hypoproteinämie, Hyperbilirubinämie sowie hypovolämischem Schock und Verbrennungen intravenös verabreicht wird. Das H. bewirkt einen Flüssigkeitseinstrom aus den Zellzwischenräumen in die Gefäße, wodurch sich das Kreislaufvolumen erhöht.
albumin (human)

Humane lymphotrope Retroviren (pl.). Mehrere Onko-Viren vom Typ C mit einer Affinität für T-Zellen oder T-Helferzellen; Ursache für T-Zellenleukämie oder Lymphome, die chronische Infektionen auslösen und in Verbindung mit spastischen beidseitigen Lähmungen (Paraparesen) stehen.
human T-cell lymphotropic virus

Humaninsulin. Biosynthetisches oder semisynthetisch hergestelltes → Insulin. Vorteil des H.s ist, dass es weniger allergische Reaktionen als das tierische Insulin auslöst.
human insulin

Humanismus. Gedankensystem, das sich mit den Interessen und Bedürfnissen sowie dem Wohlergehen der Menschen und der Verwirklichung einer echten Menschlichkeit beschäftigt.
humanism

Humanpapillomavirus (HPV). → Virus, das Warzen auf Händen und Füßen sowie Läsionen der Schleimhaut auslöst. Das Virus kann durch Geschlechtsverkehr übertragen werden und ist eine Vorform von Kar-

zinomen des Gebärmutterhalses (Zervixkarzinom).
human papilloma virus (HMV)

Humerus. Oberarmknochen, der aus Körper, Kopf (Caput humeri) und Gelenkfortsatz (Condylus) besteht. Der fast runde Kopf ist mit der Gelenkhöhle des Schulterblattes (Scapula) verbunden; an dieser Stelle treten häufig Knochenbrüche auf. Die Kondyle am distalen Ende weist mehrere Einbuchtungen auf, an denen Elle (Ulna) und Speiche (Radius) befestigt sind. – *adj.* humeral.
humerus

Humor. 1. → Pflegeintervention der → NIC, die definiert wird als die Unterstützung der Wahrnehmung, der Wertschätzung und des Ausdrucks von lustigen, amüsanten oder grotesken Situationen durch die Patienten mit dem Ziel, Beziehungen herzustellen, Spannungen zu lösen, Ärger abzubauen, Lernvorgänge zu erleichtern oder mit schmerzhaften Gefühlen umzugehen. 2. Jede Körperflüssigkeit, wie z.B. Blut oder Lymphe. Meistens wird mit H. das Kammerwasser des Auges (H. aquaeus) bezeichnet. 3. Die Fähigkeit, über bestimmte Dinge zu lachen.
[*lat.:* humidus, feucht]
humor

humoral. Zu den Körperflüssigkeiten und dem Transport von bestimmten Substanzen (z.B. Hormone) durch das Blut oder die Lymphe gehörend.
humoral

Hunger. Körperliche Empfindung, die im Allgemeinen mit einem starken Verlangen nach Nahrung einhergeht. Möglicher Auslösemechanismus ist ein abgesunkener Glukosespiegel im Blut.
hunger

Hungerschmerz. Krämpfe im Oberbauch (Epigastrium), die häufig in Verbindung mit einem starken Verlangen nach Nahrung stehen.
hunger pain

Hürthle-Zelltumor. Neoplasma der Schilddrüse (Thyreoiddrüse), das aus großen Zellen mit granulärem, eosinophilem Zytoplasma (Hürthle-Zellen) besteht. Ein H.-Z. kann gutartig (Hürthle-Zelladenom) oder bösartig (Hürthle-Zellkarzinom) sein.
[K.W. Hürthle, deutscher Histologe, 1860–1945]
Hürthle cell tumor

Husten. Plötzlicher, hörbarer Luftaustritt aus den Lungen. Der Hustenvorgang läuft folgendermaßen ab: zuerst wird Luft eingesogen, die Glottis wird halb geschlossen und die zum Ausatmen benötigten Hilfsmuskeln ziehen sich zusammen, um die Luft ruckartig aus den Atemwegen auszustoßen. Husten ist ein essenzieller Schutzmechanismus, der Lungen, Bronchien und Luftröhre von Reizstoffen und Sekreten befreit bzw. die Aspiration von körperfremden Materialien in die Lungen verhindert; häufiges Begleitsymptom von Brust- und Kehlkopferkrankungen.
cough

Husten, Hilfe beim. → Pflegeintervention der → NIC, die definiert wird als die Unterstützung der tiefen Einatmung eines Patienten mit der Folge eines verstärkten intrathorakalen Drucks und einer Kompression des Parenchyms mit kraftvollem Ausstoßen der Atemluft.
Cough Enhancement

Husten, mit Auswurf. Plötzliches geräuschvolles Ausstoßen von Luft aus den Lungen, wodurch aus dem Respirationstrakt Sputum entfernt wird, die Luftwege gereinigt werden und Sauerstoff wieder leichter die Alveolen erreichen kann. Der H. wird durch Reizungen oder Entzündungen des Respirationstraktes stimuliert, was meist durch Infektionen verursacht wird. Tiefes Atmen in Verbindung mit den Kontraktionen des Diaphragmas und der interkostalen Muskeln und kräftiges Ausatmen fördern den H. m. A. bei Patienten mit Atemwegsinfektionen.
productive cough

Hustenfraktur. Durch heftigen Husten verursachte Rippenfraktur, z.B. bei Osteoporose. Meistens sind die zwischen der vierten und achten Rippe gelegenen Rippen betroffen.
🇬🇧 cough fracture

Hustensynkope. Zeitweise Bewusstlosigkeit, die durch eine von Husten hervorgerufene Unterbrechung der Hirndurchblutung verursacht wird.
🇬🇧 cough syncope

Hutchinson-Trias. Entzündung der Augenhornhaut (interstitielle Keratitis), Hutchinson-Zähne (fassförmige Schneidezähne mit Einkerbungen) und Taubheit als Charakteristika einer angeborenen (kongenitalen) → Syphilis.
[J. Hutchinson, englischer Chirurg, 1828–1913]
🇬🇧 Hutchinson´s triad

hyalin. Zu Substanzen gehörend, die klar oder glasähnlich sind.
[*griech.:* hyalos, Glas]
🇬🇧 hyaline

Hyalin. Kolloidaler Eiweißkörper, der in bestimmten Bindegeweben vorkommt und ein glasiges Aussehen aufweist.
[*griech.:* hyalos, Glas]
🇬🇧 hyaline

hyaloid. Zu → Hyalin gehörend oder wie Hyalin aussehend.
[*griech.:* hyalos, Glas; eidos, Form]
🇬🇧 hyaloid

Hyaloplasma. Grundsubstanz des → Zytoplasmas, die klarer und flüssiger als der granuläre oder retikuläre Anteil ist. (→ Protoplasma)
[*griech.:* hyalos, Glas; plasma, Bildung]
🇬🇧 hyaloplasm

Hyaluronidase. Enzym, das → Hyaluronsäure hydrolysiert; wird zur Verbesserung der Absorption und Dispersion von parenteralen Arzneimitteln sowie zur Unterstützung der Resorption von Kontrastmitteln eingesetzt.
🇬🇧 hyaluronidase

Hyaluronsäure. → Polysaccharid, das aus der Verbindung (Polymerisation) von Azetylglukosamin und Glukuronsäure entsteht. H. dient als Kittsubstanz des Gewebes, da es in den Interzellulärräumen ein Gel bildet; kommt in der Gelenksflüssigkeit, sowie in Knorpel, Haut, Knochen und im Glaskörper des Auges vor.
🇬🇧 hyaluronic acid

Hybridation. Erzeugung von Nachfahren, durch Begattung von Pflanzen oder Tieren verschiedener Arten, Stämme oder Spezies.
🇬🇧 crossbreeding

Hybride. (Bastard). Nachkomme, der durch Kreuzung zwischen verwandten Pflanzen oder Tieren verschiedener Spezies, Varietäten oder Genotypen entsteht. – *adj.* hybrid.
🇬🇧 hybrid

Hybridisierung. 1. Prozess der Züchtung von → Hybriden durch Kreuzung (Bastardisierung). 2. (Molekulargenetik) Kombination einsträngiger Nukleinsäuren, deren Basenzusammensetzung identisch ist, deren Basensequenzen sich jedoch unterscheidet, so dass stabile doppelsträngige Moleküle entstehen (Klonierung).
🇬🇧 hybridization

Hybridom. Hybridzelle, die durch die Verschmelzung einer Myelomzelle und einer antikörperproduzierenden Zelle entsteht. H.e werden zur Produktion von → monoklonalen Antikörpern eingesetzt.
🇬🇧 hybridoma

Hydantoine (pl.). Gruppe von → Antikonvulsiva; chemisch und pharmakologisch den Barbituraten ähnliche Substanzen, die die Krampfaktivität (Antiepileptika) und die Weiterleitung abnormer elektrischer Reize vom Krampffokus einschränken.
🇬🇧 hydantoin

Hydatide. → Zyste oder zystenähnliche Substanz, die meist mit Flüssigkeit gefüllt ist, insbesondere die H., die sich um den Hundebandwurm *Echinococcus granulosus* bildet.
[*griech.:* hydatis, Wassertropfen]
🇬🇧 hydatid

Hydralazin. → Vasodilatator, der zur Behandlung von Hypertonie eingesetzt wird.
🇬🇧 hydralazine

Hydramnion. Unphysiologische Vermehrung der Fruchtwassermenge während der Schwangerschaft, wenn bei der Geburt mehr als 2 l Fruchtwasser vorhanden sind. Es steht in Verbindung mit Erkrankungen der Mutter, z.B. Toxikämie und Diabetes mellitus.
[*griech.:* hydros, Wasser; amnos, Schafshaut]
🇬🇧 hydramnion

Hydranenzephalie. Neurologische Erkrankung, bei der die beiden Großhirnhälften fehlen, obwohl Kleinhirn (Cerebellum), Hirnstamm oder andere Gewebe des Zentralnervensystems intakt sein können. Ein Säugling mit H. weist normale neurologische Funktionen auf, entwickelt sich jedoch nicht.
🇬🇧 hydranencephaly

Hydratation. (Hydration). Chemischer Prozess, bei dem Wasser an ein Molekül gebunden wird, ohne dass dieses aufgebrochen wird.
[*griech.:* hydros, Wasser]
🇬🇧 hydration

Hydrocephalus communicans. Form von → Hydrozephalus mit einem Anstieg von Rückenmarksflüssigkeit im gesamten Ventrikelsystem und Subarachnoidalraum. Wird durch eine gestörte Flüssigkeitabsorption im Subarachnoidalraum verursacht.
[*lat.:* communicare, sich verständigen, *griech.:* hydor, Wasser, kephale, Kopf.]
🇬🇧 communicating hydrocephalus

Hydrochinon. Dermatologisches Bleichmittel, das zur Reduzierung der Hautpigmentierung bei bestimmten Erkrankungen eingesetzt wird, bei denen überschüssiges → Melanin zu einer Hyperpigmentation führt.
🇬🇧 hydroquinone

Hydrochlorthiazid. → Diuretikum und → Antihypertonikum zur Behandlung von Hypertonie und Ödemen.
🇬🇧 hydrochlorthiazide

Hydrocodon. Opioides → Antitussivum, das zur Behandlung von Husten eingesetzt wird. Wie alle anderen → Opioide kann H. zur → Sucht führen und unterliegt deshalb dem Betäubungsmittelgesetz.
🇬🇧 hydrocodone bitartrate

Hydrogel. Gel, dessen Lösungsmittel (dispergierendes Medium) Wasser ist.
🇬🇧 hydrogel

Hydrogenase. → Enzym, das die Reduktion von Molekülen durch Verbindung mit molekularem Wasserstoff katalysiert.
[*griech.:* hydros, Wasser; genein, produzieren; ase, Suffix für Enzyme]
🇬🇧 hydrogenase

Hydrokortison. (Cortisol). → Glukokortikoid der Nebennierenrinde (NNR), das zur äußerlichen Behandlung von Hauterkrankungen und -entzündungen eingesetzt wird.
🇬🇧 hydrocortisone

Hydrolase. → Enzym, das Esterbindungen durch den Zusatz von Wasser hydrolisiert.
🇬🇧 hydrolase

Hydrolyse. Chemische Veränderung oder Auflösung einer Verbindung mit Hilfe von Wasser. – *adj.* hydrolytisch.
[*griech.:* hydros, Wasser; lysis, lösen]
🇬🇧 hydrolysis

Hydromorphon. → Opioid, das zur Behandlung mäßiger bis starker Schmerzen eingesetzt wird; unterliegt dem Betäubungsmittelgesetz.
🇬🇧 hydromorphone hydrochloride

Hydronephrose. Erweiterung des Nierenbeckens und der Nierenkelche durch eine übermäßige Menge Urin, der aufgrund einer Verengung (Obstruktion) der Harnleiter nicht abfließen kann. Ursache kann ein Tumor, ein Nierenstein, eine Entzündung der Prostata oder ein Ödem sein, das durch Harnwegsinfektionen ausgelöst worden ist. Es kommt zu Schmerzen und manchmal zu Hämaturie, Pyurie und Hyperpyrexie.
[*griech.:* hydros, Wasser; nephros, Niere; osis, Krankheit]
🇬🇧 hydronephrosis

Hydropenie. Mangel an Wasser in den Körpergeweben.
🇬🇧 hydropenia

Hydroperikard. Exzessive Ansammlung von Flüssigkeit im Herzbeutel (Perikard). (→ Perikarderguss/Perikarditis)
🇬🇧 hydropericardium

Hydroperitoneum. (Aszites). Ansammlung von Flüssigkeit in der Bauchhöhle (Peritoneum).
🇬🇧 hydroperitoneum

H

hydrophil. 1. Bezeichnung für die Eigenschaft, Wassermoleküle anzuziehen, die bestimmte → Radikale oder Ionen besitzen. 2. Vorliebe bestimmter Pflanzen und Tiere für Wasser. (s.a. hydophob)
[*griech.:* hydros, Wasser; philein, lieben]
🇬🇧 hydrophilic

hydrophob. 1. Bezeichnung für die Eigenschaft, Wassermoleküle abzustoßen, die nicht-polare → Radikale oder Moleküle besitzen, die in organischen Lösungsmitteln besser löslich sind als in Wasser. 2. Angst vor Wasser, Wasser meidend (Symptom der Tollwut). (s.a. hydrophil)
[*griech.:* hydros, Wasser; phobos, Angst]
🇬🇧 hydrophobic

Hydrops. (Wassersucht). Unphysiologische Ansammlung von klarem Wasser oder seröser Flüssigkeit in einem Körpergewebe oder einer Körperhöhle, z.B. Gelenk, Graaf-Follikel, Eileiter, Abdomen, Mittelohr oder Gallenblase. (s.a. Aszites)
[*griech.:* Wassersucht]
🇬🇧 hydrops

Hydrops fetalis. Massives → Ödem eines Fötus oder Säuglings, meist in Verbindung mit einer schweren → Erythroblastose. Es kommt zur Anämie, Pleuraerguss und Aszites.
🇬🇧 hydrops fetalis

Hydrops gravidarum. → Ödem, das in der Schwangerschaft auftritt.
[*griech.:* hydros, Wasser; *lat.:* gravidus, schwanger]
🇬🇧 hydrops gravidarum

Hydrotherapie. Anwendung von Wasser bei der Behandlung verschiedener Erkrankungen und Störungen; dazu können Wannenbäder, Güsse, Dampfbäder, feuchte Packungen, Abreibungen, Duschen uvm. gehören.
[*griech.:* hydros, Wasser; therapeia, Behandlung]
🇬🇧 hydrotherapy

Hydrothorax. Nicht-entzündliche Ansammlung von seröser Flüssigkeit in einer oder beiden → Pleurahöhlen.
[*griech.:* hydros, Wasser; thorax, Brustkorb]
🇬🇧 hydrothorax

Hydrotropie. Eigenschaft wasserunlöslicher Stoffe, die durch die chemische Bindung mit anderen Stoffen wasserlöslich werden.
[*griech.:* hydros, Wasser; trope, drehen]
🇬🇧 hydrotropism

Hydroxid. Anorganische Verbindung mit einer oder mehreren funktionellen, abspaltbaren → Hydroxyl(OH)-Gruppen.
🇬🇧 hydroxide

Hydroxychloroquin. → Antirheumatikum und → Antiphlogistikum, das zur Behandlung von Lupus erythematodes und polymorphen Lichtdermatosen eingesetzt wird. H. wird auch bei Malaria und zur Behandlung akuter paroxysmaler Herzanfälle, extraintestinaler Amöbiasen und zur Linderung von Symptomen der rheumatischen Arthritis eingesetzt.
🇬🇧 hydroxychloroquine sulfate

Hydroxyharnstoff. → Zytostatikum, das zur Behandlung verschiedener Neoplasmen eingesetzt wird, da es die DNS-Synthese stört.
🇬🇧 hydroxyurea

Hydroxylgruppe (OH-Gruppe). Einwertiges → Radikal, das aus einem Sauerstoff- (O) und einem Wasserstoffatom (H) besteht.
🇬🇧 hdroxyl group

Hydroxyzin. Schwacher Tranquilizer und → Antihistaminikum, das zur Linderung von Angstzuständen, nervösen Spannungen, motorischen Reizzuständen (Hyper-

kinese), Juckreiz und Reisekrankheit eingesetzt wird.
🇬🇧 hydroxyzine hydrochloride

Hydrozele. (Wasserbruch). Ansammlung von Flüssigkeit in einer sackähnlichen Höhle oder in einem Gang, besonders in der serösen Haut, die Hoden und Nebenhoden unvollständig bedeckt (Tunica vaginalis testis) oder entlang des Samenstrangs. Eine H. entsteht durch Entzündung der Nebenhoden (Epididymis) oder des Hodens (Testis) oder durch eine venöse Verstopfung (Obstruktion).
[*griech.:* hydros, Wasser; kele, Bruch]
🇬🇧 hydrocele

Hydrozephalus. (Wasserkopf). Pathologischer Zustand, der sich in einer unphysiologischen Ansammlung von → Liquor in Verbindung mit einem erhöhten Hirndruck innerhalb des Schädeldachs mit nachfolgender Erweiterung der Hirnventrikel darstellt. Die Störungen des normalen Liquorflusses können infolge von Entwicklungsanomalien, Infektionen, Traumen oder Hirntumoren entstehen, die mit einer gesteigerten Liquorsekretion, einer Obstruktion des Ventrikelsystems oder einer gestörten Resorption aus dem zerebralen Subarachnoidalraum einhergehen.
[*griech.:* hydros, Wasser; kephale, Kopf]
🇬🇧 hydrocephalus

Hygiene. 1. Prinzipien und Wissenschaft der Gesundheitserhaltung und Krankheitsprävention. 2. Maßnahmen zur Sauberhaltung; Reinlichkeit.
[*griech.:* Hygiena, gr. Göttin der Gesundheit]
🇬🇧 hygiene

Hygienefachkraft. Examinierter Pflegender, der die Verantwortung für Überwachung, Anleitung und Kontrollaktivitäten im Zusammenhang mit dem → Infektionsschutz trägt.
🇬🇧 infection control nurse

Hygienekomission. Gruppe von spezialisierten Mitarbeitern (→ Hygienefachkräften), die Maßnahmen zur Gewährleistung eines → Infektionsschutzes planen und überwachen. Zu den Teilnehmern einer H. können Vertreter der Ärzte, Pflegende, Verwaltungsangehörige, Ernährungsberater und Reinigungskräfte gehören.
🇬🇧 infection control committee

Hymen. (Jungfernhäutchen). Falte aus Schleimhaut, Haut und Bindegewebe am Eingang der Vagina, die auch fehlen, klein oder dünn sein kann. Das H. ist selten starr und fest, kann in Ausnahmefällen jedoch auch den Vaginaeingang verschließen; Zeichen der Virginität (Jungfräulichkeit).
[*griech.:* Membran]
🇬🇧 hymen

Hymenolepis. Gattung von Dünndarmbandwürmern, die den Menschen befallen, z.B. *H. nana*, der sogenannte Zwergbandwurm, oder *H. diminuta*. Schwere Infektionen mit *H. nana* verursachen Bauchschmerzen, blutigen Stuhl und Störungen des Nervensystems, insbesondere bei Kindern. Die Erkrankung wird in kontaminierten Nahrungsmitteln verbreitet.
🇬🇧 Hymenolepis

hyoglossus. Zur Zunge (Glossa) und dem hufeisenförmigen Zungenbein (Os hyoideum) gehörend.
🇬🇧 hyoglossus

hyoid. Zum Zungenbein (Os hyoideum) gehörend.
🇬🇧 hyoid

Hyoscyamin. (Atropin). → Anticholinergikum zur Behandlung eines Reizzustandes (Hypermotilität) des Magen-Darm-Traktes und der Harnwege.
🇬🇧 hyoscyamine

Hypalgesie. Reduzierte Wahrnehmung eines schmerzhaften Reizes in einem Ausmaß, das beträchtlich vom normalen Empfinden des gleichen Reizes abweicht.
[*griech.:* hypo, darunter; algia, Schmerz]
🇬🇧 hypalgesia

hyper-. Vorsilbe mit der Bedeutung »über, darüber«.
🇬🇧 hyper-

Hyperaktivität. Unphysiologisch erhöhte motorische Aktivität oder Funktion, die entweder den gesamten Organismus oder

nur ein bestimmtes Organ betrifft, z.B. Herz oder Schilddrüse.
[*griech.:* hyper, darüber; *lat.:* activus, aktiv]
hyperactivity

Hyperalbuminämie. Exzessive Menge an → Albumin im Blut.
hyperalbuminemia

Hyperalgesie. Extreme Schmerzempfindlichkeit.
hyperalgia

H

Hyperalimentation. (Überernährung). Zufuhr, Konsum oder Verabreichung einer Nährstoffmenge, die die Anforderungen des Appetits und des Bedarfs übersteigt.
[*griech.:* hyper, darüber; *lat.:* alimentum, Nahrung]
hyperalimentation

Hyperämie. Präsenz einer unphysiologisch hohen Menge Blut in einem Körperteil oder Organ, die durch einen verstärkten Blutstrom, z.B. bei Entzündungen, entsteht oder durch die Entspannung der Arteriolen oder einen Verschluss des Blutausflusses aus dem betroffenen Bereich verursacht wird. Die Haut über einem hyperämischen Bereich ist meist gerötet und warm.
[*griech.:* hyper, darüber; haima, Blut]
hyperemia

Hyperammonämie. Unphysiologisch hoher Ammoniakspiegel im Blut. Unbehandelt führt dieser Zustand zur hepatischen Enzephalopathie, die sich durch Erbrechen, Lethargie und Koma äußert und möglicherweise zum Tod führt.
[*griech.:* hyper, darüber; ammonia, Ammoniak; haima, Blut]
hyperammonemia

Hyperästhesie. Extreme Sensibilität eines Sinnesorgans, z.B. der Schmerz- oder Tastrezeptoren der Haut.
hyperesthesia

Hyperästhesie, taktile. Gesteigerte Empfindlichkeit für Berührungsreize.
tactile hyperesthesia

Hyperazidität. Exzessive Menge einer Säure, die z.B. physiologisch im Magen vorhanden ist.
[*griech.:* hyper, darüber; *lat.:* acidus, sauer]
hyperacidity

Hyperazidität, reaktive. Hypersekretion von Magensäure, die nach einem anfänglichen Puffereffekt eines → Antazidums auftreten kann.
acid rebound

Hyperbilirubinämie. Unphysiologisch hoher Spiegel des Pigments → Bilirubin im Blut, der oft in Verbindung mit → Ikterus, Anorexie und Unwohlsein steht. Meist geht die H. mit einer Lebererkrankung oder Gallengangsobstruktion einher, tritt aber auch auf, wenn übermäßig viele Erythrozyten zerstört werden. Bei Neugeborenen kommt es häufig zur H. infolge einer physiologischen Unreife oder einer verstärkten Hämolyse, die durch eine Blutgruppen-Inkompatibilität verursacht sein kann.
[*griech.:* hyper, darüber; *lat.:* bilis, Galle; ruber, rot; *griech.:* haima, Blut]
hyperbilirubinemia

Hyperchlorämie. Unphysiologisch hoher Chloridspiegel im Blut, der eine → Azidose auslöst. (→ Chlorid)
[*griech.:* hyper, darüber; chloros, grün; haima, Blut]
hyperchloremia

Hyperchlorhydrie. Unphysiologisch starke Salzsäureproduktion der Magenschleimhaut.
[*griech.:* hyper, darüber; chloros, grün; hydro, Wasser]
hyperchlorhydria

Hypercholesterinämie. Unphysiologisch hoher Cholesterinspiegel im Blut. Eine längerfristig erhöhte Konzentration an → Cholesterin oder anderen Fetten kann zur Entwicklung einer → Arteriosklerose führen.
[*griech.:* hyper, darüber; chole, Galle; stereos, fest; haima, Blut]
hypercholesterolemia

Hypercholesterinämie, familiäre. Erbkrankheit mit hohen Cholesterinkonzentrationen im Serum, Sehnenxanthom und verfrühter Arteriosklerose der Herzkranzarterien. Betroffene Patienten haben ein um 3 bis 10 mal höheres Risiko, an ischämischen Herzleiden zu erkranken als die allgemeine Bevölkerung.
familial hypercholesterolemia

Hyperchromie. Erhöhter Hämoglobingehalt in den Erythrozyten. (→ Hämoglobin) – *adj.* hyperchrom.
[*griech.:* hyper, darüber; chroma, Farbe]
hyperchromia

Hyperemesis gravidarum. Unphysiologischer Zustand in der Schwangerschaft, bei dem es zu unstillbarem Erbrechen, Gewichtsverlust sowie Flüssigkeits- und Elektrolytstörungen kommt. In schweren Fällen treten starke, kaum zu behandelnde Hirnschäden, Leber- und Niereninsuffizienz mit möglicher Todesfolge auf. Trockene Schleimhäute sind Anzeichen für eine Dehydratation; andere Symptome sind verminderte Hautelastizität, Tachykardie und Hypotonie. Die Urinausscheidung lässt nach, der Hämatokritwert ist aufgrund der Hämokonzentration erhöht. Der Elektrolytverlust führt zu metabolischer Azidose mit Hypokaliämie, Hypochlorämie und Hyponatriämie. Sehr starkes Erbrechen kann zu Blutungen der Netzhaut und zu Sehstörungen sowie Einrissen in der Speiseröhre und im Magen mit anschließendem Bluterbrechen (Hämatemesis) und Teerstuhl führen.
[*griech.:* hyper, darüber; emesis, erbrechen; *lat.:* gravida, schwanger]
hyperemesis gravidarum

Hyperextension. Übermäßige Dehnbarkeit oder Überstreckung, z.B. eines Gelenks.
[*griech.:* hyper, darüber; *lat.:* extendere, ausdehnen]
hyperextension

Hypergenitalismus. Auftreten von unphysiologisch vergrößerten äußeren Geschlechtsorganen, etwa bei einer verfrühten Pubertät (Pubertas praecox).
hypergenitalism

Hyperglobulinämie. Unphysiologisch hoher Globulinspiegel im Blut, z.B. bei Entzündungen oder Infektionskrankheiten. (→ Globulin)
[*griech.:* hyper, darüber; *lat.:* globulus, kleiner Ball; *griech.:* haima, Blut]
hyperglobulinemia

Hyperglykämie. Unphysiologisch hoher Glukosespiegel im Blut. Die H. tritt meist in Verbindung mit → Diabetes mellitus auf, kann aber auch bei Neugeborenen nach Verabreichung von Glukokortikoidhormonen und bei übermäßiger intravenöser Gabe von Glukoselösungen vorkommen. (→ Glukose)
[*griech.:* hyper, darüber; glykys, süß; haima, Blut]
hyperglycemia

Hyperglykämie, Behandlung einer. → Pflegeintervention der → NIC, die definiert wird als die Vorbeugung oder Behandlung eines Blutzuckerspiegels über dem Normalwert.
Hyperglycemia Management

Hyperhidrose. Übermäßige Schweißproduktion, die durch extreme Hitze, Schilddrüsenüberfunktion, starke Emotionen, Menopause oder Infektionen verursacht werden kann. (→ Hidrose)
[*griech.:* hyper, darüber; hidros, Schweiß]
hyperhidroses

Hyperinsulinismus. Unphysiologisch hoher Insulinspiegel im Körper; eventuell Folge der Verabreichung von zu hohen Insulindosen. (→ Insulin)
[*griech.:* hyper, darüber; *lat.:* insula, Insel]
hyperinsulinismus

Hyperkaliämie. Unphysiologisch hoher Kaliumspiegel im Blut; tritt häufig bei akutem Nierenversagen, massiven Verletzungen, großflächigen Verbrennungen und Addison-Krankheit auf. Zu den frühen Symptomen gehören Übelkeit, Diarrhö und Muskelschwäche. (→ Kalium)
[*griech.:* hyper, darüber; *lat.:* kalium, Kalium; *griech.:* haima, Blut]
hyperkalemia; potassemia

H

Hyperkalzämie. Unphysiologisch hoher Kalziumspiegel im Blut, der häufig in Verbindung mit einer übermäßigen Knochenresorption und Freisetzung von → Kalzium steht, was bei Hyperparathyreoidismus, metastasierenden Knochentumoren, Paget-Krankheit und Osteoporose auftritt. Patienten mit einer H. weisen als klinische Symptome Verwirrtheit und Anorexie, Bauchschmerzen, Muskelschmerzen und Schwäche auf. – *adj.* hyperkalzämisch.
[*griech.:* hyper, darüber; *lat.:* calx, Kalk; *griech.:* haima, Blut]
hypercalcemia

Hyperkalzurie. Ausscheidung von unphysiologisch hohen Mengen → Kalzium im Urin; Ursache sind Erkrankungen wie Sarkome, Hyperparathyreoidismus oder bestimmte Formen der Arthritis, die durch eine verstärkte Knochenresorption gekennzeichnet sind. Hohe Kalziumkonzentrationen im Harntrakt können zur Bildung von Nierensteinen führen. – *adj.* hyperkalzurisch.
[*griech.:* hyper, darüber; *lat.:* calx, Kalk; *griech.:* ouron, Urin]
hypercalciuria

Hyperkapnie. Unphysiologisch hoher Kohlendioxidspiegel im Blut. (→ Kohlendioxid/hyperkapnische Azidose)
[*griech.:* hyper, darüber; kapnos, Dampf]
hypercapnia

Hyperkeratose. Unphysiologische Verdickung der Hornhautschicht von Handinnenflächen und Fußsohlen, durch die es zu Schwielen- und Warzenbildung kommen kann.
[*griech.:* hyper, darüber; keras, Horn; osis, Zustand]
hyperkeratinization

Hyperkoagulabilität. Tendenz des Blutes, schneller als normalerweise zu verklumpen (koagulieren); kann zur Thrombose oder Embolie führen.
[*griech.:* hyper, darüber; *lat.:* coagulare, gerinnen; habilis, fähig sein]
hypercoagulability

Hyperlipidämie. Unphysiologisch hoher Lipidspiegel im Blutplasma; dazu gehören Glykolipide, Lipoproteine und Phospholipide. (→ Lipide/Hyperlipoproteinämie)
[*griech.:* hyper, darüber; lipos, Fett; haima, Blut]
hyperlipidemia

Hyperlipoproteinämie. Große Gruppe angeborener oder erworbener Störungen im Fettstoffwechsel; dabei sind im Blut unphysiologisch hohe Mengen bestimmter proteingebundener Lipide und anderer Fettsubstanzen vorhanden; z.B. bei Diabetes mellitus, Adipositas, Pankreatitis oder durch hormonelle Empfängnisverhütungsmittel (Kontrazeptiva).
[*griech.:* hyper, darüber; lipos, Fett; proteios, erste Stelle; haima, Blut]
hyperlipoproteinemia

Hypermagnesiämie. Unphysiologisch hoher Magnesiumspiegel im Blut, der bei Niereninsuffizienz sowie bei der Einnahme von hohen Dosen kaliumhaltiger Medikamente auftritt, z.B. Antazida. Toxische Magnesiumkonzentrationen führen zu Herzarrhythmien und zur Unterdrückung des tiefen Sehnenreflexes sowie der Atmung. (→ Magnesium)
[*griech.:* hyper, darüber; magnesia, Magnesium; haima, Blut]
hypermagnesemia

Hypermetabolismus. Erhöhter Stoffwechsel (→ Metabolismus), der meist in Verbindung mit übermäßiger Körperwärme steht.
hypermetabolism

Hypermetrie. Unphysiologischer Zustand in Form einer → Dysmetrie, bei der die Fähigkeit beeinträchtigt ist, die Reichweite einer Muskelaktivität zu kontrollieren, was zu Bewegungen führt, die das gewollte Maß überschreiten. (→ Ataxie)
[*griech.:* hyper, darüber; metron, Maß]
hypermetria

Hypermnesie. Exzellent gutes Gedächtnis für bestimmte, manchmal völlig unwichtige Dinge. Es kommt zu lebhaften Träumen, in denen vergessen geglaubte Erinnerungen wieder wachgerufen werden.

Die H. tritt bei Psychosen, unter Hypnose und bei Hirnerkrankungen auf.
hypermnesia

Hypermotilität. Unphysiologisch gesteigerte Beweglichkeit der unwillkürlichen Muskulatur, insbesondere im Magen-Darm-Trakt.
hypermotiliy

Hypernatriämie. Unphysiologisch erhöhter Natriumspiegel im Blut durch erhöhten Wasser- oder Elektrolytverlust infolge von Polyurie, Diarrhö, exzessivem Schwitzen oder unzureichender Wasseraufnahme. Symptome der H. sind Verwirrtheit, Krämpfe, Kollaps und Koma. Der Flüssigkeitsausgleich muss langsam erfolgen, damit keine weiteren Elektrolytstörungen eintreten. (→ Natrium)
[*griech.:* hyper, darüber; *lat.:* natrium, Natrium]
hypernatremia

Hyperopie. (Hypermetropie/Weitsichtigkeit). Weitsichtigkeit oder Unfähigkeit des Auges, nahe Gegenstände scharf zu sehen. Die H. wird durch einen Brechungsfehler verursacht, bei dem das Licht, das ins Auge eindringt, erst hinter der Netzhaut (Retina) fokussiert wird.
[*griech.:* hyper, darüber; ops, Auge]
hyperopia

Hyperorchismus. Unphysiologisch erhöhte endokrine Aktivität der Hoden, bzw. Präsenz von mehr als zwei Hoden (Testes).
[*griech.:* hyper, darüber; orchis, Hoden]
hyperorchidism

Hyperosmie. Unphysiologisch gesteigerte Sensibilität des Geruchssinns, z.B. bei Epilepsie.
hyperosmia

Hyperosmolarität. Zustand oder Bedingung in Verbindung mit einer unphysiologisch gesteigerten → Osmolarität im Serum, z.B. bei Hyperglykämie.
[*griech.:* hyper, darüber; osmos, Impuls]
hyperosmolarity

Hyperostose. Übermäßiges Wachstum des Knochengewebes; kann in Form einer Knorpelwucherung, Knochenschwellung oder Knochengeschwulst (Osteom) auftreten.
[*griech.:* hyper, darüber; osteon, Knochen; osis, Erkrankung]
hyperostosis

Hyperoxämie. Erhöhter Sauerstoffgehalt im Blut.
[*griech.:* hyper, darüber; oxys, scharf; haima, Blut]
hyperoxemia

Hyperoxide. (→ Peroxide)
superoxides

Hyperoxie. Unphysiologisch erhöhter Sauerstoffpartialdruck im Blut; tritt durch das Einatmen erhöhter Sauerstoffkonzentrationen bei einer Überdrucktherapie (hyperbare Oxigenation) auf.
hyperoxia

Hyperparathyreoidismus. Endokrine Erkrankung, die sich in einer Überfunktion der vier Nebenschilddrüsen äußert, die große Mengen an → Parathormon produzieren. Es kommt zur verstärkten Resorption von Kalzium aus dem Knochensystem und zu einer erhöhten Aufnahme von Kalzium durch die Nieren und den Magen-Darm-Trakt. Der H. kann primär durch eine Erkankung einer oder mehrerer Nebenschilddrüsen bedingt sein (z.B. Adenom oder Hyperplasie der Nebenschilddrüsenzellen), oder sekundär infolge von Krankheiten in anderen Körperteilen verursacht werden, die eine kompensatorische Hyperaktivität der Nebenschilddrüsen auslösen.
[*griech.:* hyper, darüber; para, daneben; thyreos, Schutzschild; eidos, Form]
hyperparathyroidism

Hyperphosphorämie. Unphysiologisch hoher Phosphorspiegel im Blut. (→ Phosphor)
hyperphosphoremia

Hyperpigmentierung. Dunkle Verfärbung der Haut infolge von erblichen Faktoren, bestimmten Arzneimitteln (z.B. Zytostati-

ka), Sonnenexposition oder Nebenniereninsuffizienz. (→ Pigment)
[*griech.:* hyper, darüber; *lat.:* pigmentum, Farbe]
hyperpigmentation

Hyperpituitarismus. Überaktivität des Hypophysenvorderlappens, die zu → Akromegalie oder → Cushing-Syndrom führen kann.
hyperpituitarism

H

Hyperplasie. Unphysiologische Vermehrung der Körperzellen und Vergrößerung von Organen, was durch eine abnorm gesteigerte Zellteilungsrate verursacht wird. (s.a. Hypertrophie) – *adj.* hyperplastisch.
[*griech.:* hyper, darüber; plassein, formen]
hyperplasia

Hyperplasie, adenoide. Durch geschwollene Drüsen verursachte Behinderung der Nasenatmung, die insbesondere bei Kindern im Vorschulalter auftritt. Vergrößerte → Adenoiden, oft in Verbindung mit vergrößerten Mandeln, sind eine häufige Ursache für rezidivierende Mittelohrentzündungen, Sinusitis sowie Schallleitungsschwerhörigkeit. Die a.H. kann operativ behandelt werden.
adenoid hyperplasia

Hyperpnoe. Übermäßig tiefe, schnelle oder angestrengte Atmung. Eine H. tritt normalerweise bei körperlicher Anstrengung auf, ist jedoch unphysiologisch im Zusammenhang mit Aspirinüberdosierung, Schmerzen, Fieber, Hysterie oder anderen Zuständen mit einer unzureichenden Sauerstoffzufuhr, z.B. Herz- oder Lungenerkrankungen. (s.a. Hyperventilation)
[*griech.:* hyper, darüber; pnoe, Atmung]
hyperpnea

Hyperprolaktinämie. Unphysiologisch hoher Prolaktinspiegel im Blut. Ursache kann eine Hypothalamus- oder Hypophysendysfunktion sein. Bei Frauen steht die H. im allgemeinen in Verbindung mit einer Galaktorrhö oder sekundären Amenorrhö; bei Männern kann sie im Zusammenhang mit einer verminderten Libido oder Impotenz auftreten. (→ Prolaktin)
[*griech.:* hyper, darüber; *lat.:* pro, davor; lac, Milch; *griech.:* haima, Blut]
hyperprolactinemia

Hyperproteinämie. Unphysiologisch hoher Proteinspiegel im Blut. (→ Proteine)
hyperproteinemia

Hyperpyrexie. Stark erhöhte Körpertemperatur, die manchmal bei akuten Infektionskrankheiten, insbesondere bei kleinen Kindern, auftritt. Die maligne H. äußert sich in einem sehr schnellen Temperaturanstieg, Tachykardie, Tachypnoe, Schwitzen, Versteifung (Rigidität) und Zyanose und tritt gelegentlich bei einer Vollnarkose auf. (→ Hyperthermie)
[*griech.:* hyper, darüber; pyretos, Fieber]
hyperpyrexia

Hyperreflexie. Übersteigerte Reflexreaktionen infolge des Ausfalls von physiologischen Hemmungsmechanismen.
[*griech.:* hyper, darüber; *lat.:* reflectere, zurückbiegen]
hyperreflexia

Hypersensibilität. Gesteigerte Empfindlichkeit, z.B. gegenüber Schmerzen, Gerüchen, Geräuschen o.ä. Die H. kann auch in Form einer Allergie als → Überempfindlichkeitsreaktion auftreten.
hypersensibility

Hypersensibilität, anaphylaktische. Eine von einem Immunglobulin abhängige → Überempfindlichkeitsreaktion (Hypersensibilitätsreaktion) auf ein exogenes Antigen; bei einer empfindlichen Person kann eine → Anaphylaxie durch viele Substanzen ausgelöst werden.
anaphylactic hypersensitivity

Hypersensibilitätsreaktion. (→ Überempfindlichkeitsreaktion)
hypersensitivity reaction

Hypersomnie. 1. Extrem tiefer oder langer Schlaf, der eher in Verbindung mit psychologischen statt mit körperlichen Faktoren steht und beim Aufwachen durch einen Verwirrtheitszustand gekennzeichnet ist. 2. Extreme Schläfrigkeit, die häufig

von Lethargie begleitet ist. 3. Zustand, der sich in tiefen, langen Schlafphasen äußert. [*griech.:* hyper, darüber; *lat.:* somnus, Schlaf]
hypersomnia

Hypersplenismus. Syndrom, bei dem es zur → Splenomegalie und dem Mangel an einer oder mehreren Blutzellarten kommt. Zu den zahlreichen Ursachen dieser Erkrankung gehören Hypertonie der Pfortader, Lymphome, hämolytische Anämien, Malaria, Tuberkulose, verschiedene Bindegewebserkrankungen und Entzündungen. Meist treten abdominale Schmerzen auf der linken Seite und das Gefühl auf, bereits nach kleinen Mahlzeiten sehr satt zu sein, weil die stark vergrößerte Milz gegen den Magen drückt.
[*griech.:* hyper, darüber; splen, Milz]
hypersplenism

Hypertelorismus. Entwicklungsdefekt, der durch extrem weit voneinander entfernte Organe oder Körperteile gekennzeichnet ist, z.B. weit auseinanderstehende Augen.
[*griech.:* hyper, darüber; tele, weit; horizo, trennen]
hypertelorism

Hypertension, pulmonale. Unphysiologisch hoher Druck in der → Arteria pulmonalis.
pulmonary hypertension

Hyperthermie. 1. Anerkannte → NANDA-→ Pflegediagnose; Erhöhung der Körpertemperatur über die normalen Werte. Kennzeichnende Merkmale sind erhöhte Körpertemperatur, feuchte und warme Haut, erhöhte Atemfrequenz, Tachykardie, Krämpfe oder Anfälle. 2. Eine therapeutisch induzierte oder durch den Arzt ausgelöste starke Erhöhung der Körpertemperatur (lokal oder systemisch), wird z.B. in der Onkologie angewandt, um temperaturempfindliche Tumorzellen in ihrem Wachstum zu stoppen; meist in Verbindung mit Chemo- oder Strahlentherapie. 3. → Maligne Hyperthermie. (→ Hyperpyrexie)
[*griech.:* hyper, darüber; therma, Wärme]
hyperthermia

Hyperthermie, intraoperative. Besondere Wärmebehandlung, die als therapeutische Maßnahme zur Unterstützung der Heilung an Stellen eingesetzt wird, die zuvor operiert worden sind. (→ Hyperthermie)
intraoperative hyperthermia

Hyperthermie, maligne. Stoffwechselerkrankung, bei der es zu einer fulminant erhöhten Körpertemperatur und Steifigkeit der Skelettmuskulatur kommt. Die m. H. tritt nach Gabe von bestimmten Anästhetika und Succinylcholin (Muskelrelaxans), insbesondere → Inhalationsanästhetika (Halothan, Enfluran, Isofluran, Desfluran, Sevofluran) auf. Aber auch Stress gehört zu den »Triggersubstanzen«. Der genaue Mechanismus ist unbekannt.
malignant hyperthermia (MH)

Hyperthermie, Vorsichtsmaßnahmen gegen eine maligne. → Pflegeintervention der → NIC, die definiert wird als Verhinderung oder Reduzierung einer hypermetabolischen Reaktion auf während einer Operation verwendete pharmakologische Agenzien.
Malignant Hyperthermia Precautions

H

Hyperthyreose. (Schilddrüsenüberfunktion). Erkrankung, die durch eine Überaktivität der Schilddrüse gekennzeichnet ist; dabei ist die Schilddrüse meist vergrößert und scheidet unphysiologisch große Mengen an Schilddrüsenhormonen (→ Tyroxin) aus; alle Stoffwechselprozesse des Körpers sind beschleunigt (Hypermetabolismus). Symptome sind Nervosität, → Exophthalmus, Zittern (Tremor), andauernder Hunger, Gewichtsverlust, Müdigkeit, Hitzeunverträglichkeit, Herzklopfen (Palpitationen) und Diarrhö. (→ Basedow-Krankheit)
[*griech.:* hyper, darüber; thyreos, Schutzschild; eidos, Form]
hyperthyroidism

Hypertonie. Sehr häufige, oft asymptomatische Störung, die durch einen dauerhaft erhöhten Blutdruck gekennzeichnet ist (über 140/90 mm Hg). Die H. hat meist keine einzelne identifizierbare Ursache; das Risiko dafür steigt jedoch durch Fettleibigkeit, erhöhten Serumnatriumspiegel,

Hypercholesterinämie und familiäre Prädisposition. Zu den bekannten Ursachen gehören außerdem Nebennierenerkrankungen wie Aldosteronismus, Cushing-Syndrom, Thyreotoxikose, Präeklampsie und chronische Glomerulonephritis. Patienten mit einer leichten oder mäßigen H. sind asymptomatisch oder sie leiden unter leichten Kopfschmerzen, besonders beim Aufstehen, sowie unter Tinnitus, Schwindelgefühl, leichter Ermüdbarkeit und Herzklopfen (Palpitationen). Bei der malignen H. liegt der diastolische Blutdruck ständig höher als 120 mm Hg; es kommt zu starken Kopfschmerzen, Sehstörungen und Verwirrtheitszuständen; weitere schwere Komplikationen sind Urämie (mit möglicher Todesfolge), Herzinfarkt, Herzinsuffizienz oder Schlaganfall. – *adj.* hypertonisch.
[*griech.:* hyper, darüber; *lat.:* tonus, Spannung]
hypertension

Hypertonie, maligne. Form der → Hypertonie, die in sehr vielen Fällen tödlich endet; es kommt zu einem konstant stark erhöhten Blutdruck (Diastole über 120 mmHg), der die innere Schicht (Intima) kleiner Gefäße, des Gehirns, der Netzhaut des Auges (Retina) sowie des Herzens und der Nieren schädigt.
malignant hypertension

Hypertonie, portale. (Pfortaderhochdruck). Erhöhter venöser Blutdruck im Kreislauf der Pfortader, der durch Druck (Kompression) oder Verschluss (Okklusion) im portalen oder hepatischen Gefäßsystem verursacht wird. Dies führt zur Milzvergrößerung (Splenomegalie), großen Kollateralvenen, Aszites und in schweren Fällen zur systemischen Hypertonie und zu → Ösophagusvarizen.
portal hypertension

Hypertonie, renale. Bluthochdruck infolge einer Nierenkrankheit, inklusive chronischer Glomerulonephritis, chronischer Pyelonephritis, Nierenkarzinom und Nierensteinen. Weiterhin kann der Missbrauch von Schmerzmitteln und anderen Medikamenten zu einer r.n H. führen.
renal hypertension

Hypertonus. Erhöhte Muskelspannung bzw. erhöhter Druck. (Der Begriff H. wird im Allgemeinen gleichbedeutend mit → Hypertonie verwendet.)
hypertonus

Hypertrophie. Vergrößerung eines Organs, die sich aus einer Zunahme der Größe der Zellen statt ihrer Anzahl ergibt. (s.a. Hyperplasie) – *adj.* hyperthroph.
[*griech.:* hyper, darüber; trophe, Ernährung]
hypertrophy

Hypertrophie, adenoide. Vergrößerung der Rachenmandeln.
[*griech.:* aden, Drüse; eidos, Form; hyper, darüber; trophe, Ernährung]
adenoid hypertrophy

Hypertrophie, ventrikuläre. Abnorme Vergrößerung der Herzkammern, meist infolge von Bluthochdruck oder Herzklappenerkrankungen.
ventricular hypertrophy

Hypertyrosinämie. (Tyrosinämie). 1. Vorübergehend vermehrtes Auftreten der Aminosäure → Tyrosin im Blut und Urin von Neugeborenen, insbesondere Frühgeborenen. Die Störung wird durch eine Fehlfunktion des Aminosäurestoffwechsels hervorgerufen infolge der verzögerten Bildung von Enzymen, die zum Abbau von Tyrosin notwendig sind. 2. Erbliche Stoffwechselstörung, bei der Tyrosin infolge eines Enzymmangels unzureichend abgebaut wird und dadurch vermehrt im Blut auftritt. Dies kann zu Leberzirrhose, Nierenstörungen und geistiger Behinderung führen.
tyrosinemia

Hyperurikurie. Übermäßiges Auftreten von Harnsäure im Urin, meist im Zusammenhang mit Harnsteinen oder Gicht.
uricaciduria

Hyperventilation. Eine Atemfrequenz, die höher ist, als es für den metabolisch erforderlichen pulmonalen Gasaustausch nötig

ist. Die H. entsteht durch eine erhöhte Atemhäufigkeit, ein erhöhtes Atemvolumen oder eine Kombination davon und führt zu einer übermäßigen Aufnahme von Sauerstoff und einer entsprechenden Abgabe von Kohlendioxid. In der Folge kommt es zu einem verminderten Kohlensäuregehalt des Blutes (Hypokapnie) und zur respiratorischen Alkalose, was Schwindel, Ohnmachtsanfälle, Taubheit in den Fingern und Fußzehen mit Streckkrämpfen (→ Hyperventilationstetanie), Synkopen und psychomotorische Störungen auslöst. Patienten mit H. beruhigen und zum ruhigem Atmen anhalten; ggf. in eine Plastiktüte atmen lassen, damit Kohlendioxid zurück geatmet und der Kohlendioxidgehalt im Blut wieder steigt. (s.a. Hypoventilation)
[*griech.:* hyper, darüber; *lat.:* ventilare, belüften]
hyperventilation

Hyperventilation, zentral neurogene. Rasche, regelmäßige Atmung mit einer Frequenz von ungefähr 25 Atemzügen pro Minute. Eine Zunahme der Regelmäßigkeit und nicht der Atemfequenz ist ein wichtiges diagnostisches Zeichen, das auf ein zunehmende Komatiefe hindeutet.
[*griech.:* kentron, zentral, neuron, Nerv, genein, erzeugen.]
central neurogenic hyperventilation (CNHV)

Hyperventilationstetanie. Nervöse Erkrankung, die sich in Muskelzuckungen (Hypokinese), Krämpfen oder Spasmen äußert und durch einen unphysiologisch niedrigen CO_2-Spiegel infolge einer → Hyperventilation verursacht ist.
hyperventilation tetany

Hypervitaminose. Erkrankung, die durch Überdosierung eines oder mehrerer, meist der fettlöslichen Vitamine verursacht wird. Krankheitssymptome können durch Überdosis der fettlöslichen Vitamine A, D, E oder K entstehen, da diese gespeichtert werden; nachteilige Reaktionen infolge der Aufnahme der wasserlöslichen Vitamine B und C sind weniger wahrscheinlich, das sie über die Niere ausgeschieden werden.
hypervitaminosis; supervitaminosis

Hypervolämie. Übermäßige Zunahme der intravaskulären Flüssigkeit, insbesondere des Volumens des zirkulierenden Blutes oder seiner Bestandteile. – *adj.* hypervolämisch.
[*griech.:* hyper, darüber; *lat.:* volumen, Papierrolle, *griech.:* haima, Blut]
hypervolemia

Hypervolämie, Behandlung einer. → Pflegeintervention der → NIC, die definiert wird als die Reduzierung des extrazellulären und/oder intrazellulären Flüssigkeitsvolumens und Vorbeugung gegen Komplikationen bei Patienten mit einer Flüssigkeitsüberbelastung.
Hypervolemia Management

Hyphäma. Bluterguss (Hämatom) in der vorderen Augenkammer, meist in Verbindung mit einem stumpfen Trauma oder anderen Verletzungen. Infolge von rezidivierenden Blutungen kann ein → Glaukom entstehen.
[*griech.:* hypo, darunter; haima, Blut]
hyphema

Hyphen. Fadenähnliche Strukturen in Pilzzellen.
[*griech.:* hyphe, Netz]
hypha

Hypnagogum. Substanz oder Arzneimittel, das den Schlaf induziert oder ein Gefühl der traumartigen Schläfrigkeit auslöst, bevor man einschläft.
[*griech.:* hypnos, Schlaf; agogein, verursachen]
hypnagogue

hypno-. Vorsilbe mit der Bedeutung »Schlaf«.
hypno-

Hypnose. Passiver, tranceähnlicher Zustand, der dem normalen Schlaf ähnelt, wobei die Wahrnehmung und das Gedächtnis verändert sind und es zu einer verstärkten Empfänglichkeit für Suggestionen kommt. Dieser Zustand wird meist durch monotones Wiederholen von

Worten oder Gesten ausgelöst; die betreffende Person ist unter H. vollkommen entspannt.
[*griech.:* hypnos, Schlaf]
hypnose

Hypnose. → Pflegeintervention der → NIC, die definiert wird als die Unterstützung von Patienten bei der Induktion eines veränderten Bewusstseinszustandes, um akute Bewusstseinserfahrungen sowie die gelenkte Fokussierung dieser Erfahrung zu ermöglichen.
Hypnosis

Hypnotherapie. Anwendung von → Hypnose als Zusatzbehandlung zu anderen Techniken der Psychotherapie.
[*griech.:* hypnos, Schlaf; therapeia, Behandlung]
hypnotherapy

Hypnotika (pl.). Gruppe von Arzneimitteln, die häufig als → Sedativa und Schlafmittel eingesetzt werden. Bei längerer Anwendung kann es zur → Abhängigkeit kommen. Zu den H. gehören Benzodiazepine, Barbiturate, Bromverbindungen und Antihistaminika. Aufgrund des Risikos des Arzneimittelmissbrauchs unterliegen die H. dem Betäubungsmittelgesetz.
hypnotics

hypnotisieren. Eine Person in einen Zustand der → Hypnose versetzen.
hypnotize

hypo-. Vorsilbe mit der Bedeutung »unter, darunter«.
hypo-

Hypoalbuminämie. Zustand eines unphysiologisch niedrigen Albuminspiegels im Blut. (→ Albumin)
hypoalbuminemia

hypoallergen. Zu einem verminderten Potential gehörend, allergische Reaktionen auszulösen; verminderter Gehalt an → Allergenen.
[*griech.:* hypo, darunter; allos, andere; ergein, arbeiten]
hypoallergenic

Hypoazidität. Bestehendes Defizit an Säure.
hypoacitity

Hypochlorämie. Unphysiologisch niedriger Chlorspiegel im Blutserum, z.B. infolge von längerfristigem Absaugen des Magens. (→ Chlorid)
[*griech.:* hypo, darunter; chloros, grün; haima, Blut]
hypochloremia

Hypochlorhydrie. Mangel an → Salzsäure im → Magensaft.
[*griech.:* hypo, darunter; chloros, grün; hydro, Wasser]
hypochlorhydria

Hypochondrie. Chronisch abnorme Besorgnis um die eigene Gesundheit. Die H. ist durch extreme Angstzustände, Depressionen und unrealistische Interpretationen realer oder eingebildeter körperlicher Symptome gekennzeichnet, die von einem Hypochonder als Anzeichen einer ernsten Erkrankung oder Krankheit verstanden werden, trotz medizinischer Beweise, dass keine Störung vorliegt.
hypochondriasis

Hypochondrium. Der Bereich des oberen Abdomens seitlich unter den Rippen.
[*griech.:* hypo, darunter; chondros, Knorpel]
hypochondriac

hypochrom. Beschreibung einer Farbe, die weniger intensiv als eine Vergleichsfarbe ist. Als h. werden z.B. jene Blutzellen bezeichnet, die bei Anämien in Verbindung mit einer verminderten Hämoglobinsynthese charakteristischerweise vorhanden sind (hypochrome Anämie).
[*griech.:* hypo, darunter; chroma, Farbe]
hypochromic

Hypofibrinogenämie. Ein Defizit an → Fibrinogen, einem Blutgerinnungsfaktor, im Blut; kann z.B. als Komplikation einer Plazentaablösung auftreten.
[*griech.:* hypo, darunter; *lat.:* fibra, Faser; *griech.:* genein, produzieren; haima, Blut]
hypofibrinogenemia

Hypofunktion. Vermindertes oder unzureichendes Ausmaß der Aktivität eines Organsystems oder seiner Teile.
[*griech.:* hypo, darunter; *lat.:* functio, Leistung]
hypofunction

Hypogammaglobulinämie. Unphysiologisch niedriger Gammaglobulinspiegel im Blut, der meist infolge eines verstärkten Proteinkatabolismus oder einer Proteinausscheidung im Urin auftritt; dadurch kommt es zu einer verminderten Widerstandsfähigkeit gegen Infektionen. (→ Gammaglobulin)
[*griech.:* hypo, darunter; gamma, dritter Buchstabe des gr. Alphabets; *lat.:* globus, Kugel; *griech.:* haima, Blut]
hypogammaglobulinemia

hypogastrisch. Zum Unterleib (Hypogastrium) gehörend, d.h. zu dem Bereich unterhalb des Bauchnabels zwischen dem rechten und linken Darmbein (Iliakum); z.B. h.e Schmerzen.
[*griech.:* hypo, darunter; gaster, Magen]
hypogastric

Hypogenitalismus. Zustand der verzögerten sexuellen Entwicklung, der durch eine mangelhafte Produktion der männlichen oder weiblichen Hormone in den Hoden (Testes) oder Eierstöcken (Ovarien) verursacht wird.
[*griech.:* hypo, darunter; *lat.:* genitalis, fruchtbar]
hypogenitalism

hypoglossal. Zu den Nerven und den anderen Strukturen unter der Zunge (Glossa) gehörend.
[*griech.:* hypo, darunter; glossa, Zunge]
hypoglossal

Hypoglykämie. Unphysiologisch niedriger Blutzuckerspiegel, der meist durch die Verabreichung von zu viel → Insulin, exzessive Insulinausschüttung aus den Inselzellen des Pankreas oder eine mangelhafte Ernährung verursacht wird. Die H. kann Schwäche, Kopfschmerzen, Hunger, Sehstörungen, Ataxie, Angstzustände und Persönlichkeitsveränderungen auslösen und, wenn sie unbehandelt bleibt, zum Delirium, Koma und zum Tod führen. (→ Glukose) – *adj.* hypoglykämisch.
[*griech.:* hypo, darunter; glykys, süß; haima, Blut]
hypoglycemia

Hypoglykämie, Behandlung einer. → Pflegeintervention der → NIC, die definiert wird als Vorbeugung oder Behandlung eines Blutzuckerspiegels unter dem Normalwert.
Hypoglycemia Management

Hypoglykämie, reaktive. Stark herabgesetzte Glukosekonzentration (Zuckergehalt) im Blut (> 45 - 50 mg/dl) durch Aufnahme von Kohlehydraten. Kann mit erhöhter → Insulinsensibilität oder übermäßiger gegenregulatorischer → Hormonausschüttung zusammenhängen. Als Gegenmaßnahme sollte sofort Glukose oral oder intravenös zugeführt werden. (s.a. Hyperglykämie) – *adj.* hypoglykämisch.
reactive hypoglycemia

Hypogonadismus. Defizit der sekretorischen Aktivität der Eierstöcke (Ovarien) bzw. Hoden (Testes). Der H. kann primär vorliegen oder auch beim Mann durch eine Gonadendysfunktion unter Beteiligung der Leydig-Zellen verursacht werden, oder sekundär infolge einer Hypothalamus- oder Hypophysenstörung entstehen.
hypogonadism

Hypoinsulinismus. Defizit der Insulinsekretion aus den → Langerhans-Inseln der Bauchspeicheldrüse (Pankreas), die in Verbindung mit den Anzeichen und Symptomen des → Diabetes mellitus steht. (→ Insulin)
[*griech.:* hypo, darunter; *lat.:* insula, Insel (Langerhans-Insel)]
hypoinsulinism

Hypokaliämie. Unphysiologisch niedriger Kaliumspiegel im Blut. → Kalium ist das wichtigste intrazelluläre Kation; eine H. ist durch ein abnormes EKG, Schwäche, Verwirrtheit, Depression und leichte Lähmungserscheinungen gekennzeichnet. Als Ursachen können Mangelernährung, Behandlung einer diabetischen Azidose, Ne-

bennierentumor oder eine Diuretikatherapie verantwortlich sein. Ursache einer H. kann starkes Erbrechen oder eine Diarrhö sein.
[*griech.:* hypo, darunter; *lat.:* kalium, Kalium, *griech.:* haima, Blut]
hypokalemia; hypopotassemia

Hypokalzämie. Kalziummangel im Blut, der durch Hypoparathyreoidismus, Vitamin-D-Mangel, Niereninsuffizienz, akute Pankreatitis oder unzureichende Mengen von Magnesium und Proteinen im Blutplasma verursacht sein kann. Eine leichte H. verläuft asymptomatisch, bei schweren Formen kommt es zu Herzrhythmusstörungen, Tetanie mit Hyperparästhesien an Händen, Füßen, Lippe und Zunge. (→ Kalzium) – *adj.* hypokalzämisch.
[*griech.:* hypo, darunter; *lat.:* calx, Kalk; *griech.:* haima, Blut]
hypocalcemia

Hypokalzurie. Verminderte Kalziumausscheidung im Urin. (→ Kalzium)
[*griech.:* hypo, darunter; *lat.:* calx, Kalk; *griech.:* ouron, Urin]
hypocalcuria

Hypokapnie. (Hypokapnie). Verminderter Kohlendioxidgehalt im Blut, meist infolge einer → Hyperventilation.
[*griech.:* hyp, unter, unterhalb; kapnos, Gas]
acapnia; hypocapnia

Hypokinesie. Zustand einer unphysiologisch verminderten motorischen Aktivität, die von leichten Lähmungserscheinungen begleitet sein kann, z.B. bei → Parkinsonismus. – *adj.* hypokinetisch.
hypokinesia

Hypomagnesiämie. Unphysiologisch niedrige Magnesiumkonzentration im Blutplasma, die zu Übelkeit, Erbrechen, Muskelschwäche, Tremor, Tetanie und Lethargie führen kann. Eine leichte H. entsteht häufig durch eine unzureichende Magnesiumabsorption in den Nieren oder im Dünndarm. Schwere Fälle stehen in Verbindung mit einem Malabsorptions-Syndrom, Eiweißmangelernährung oder Erkrankungen der Nebenschilddrüse. (→ Magnesium)
hypomagnesemia

Hypomanie. Leichte Form einer → Manie, die durch beharrlichen Optimismus, Erregbarkeit, energisches, produktives Verhalten, beträchtliche Überaktivität und Gesprächigkeit, erhöhtes sexuelles Interesse, schnelle Wutausbrüche und Reizbarkeit sowie ein vermindertes Schlafbedürfnis gekennzeichnet ist.
[*griech.:* hypo, darunter; mania, Verrücktheit]
hypomania

Hypomotilität. Zustand einer verminderten → Motilität oder Verlust der Fähigkeit, sich zu bewegen.
[*griech.:* hypo, darunter; *lat.:* motare, sich häufig bewegen]
hypomotility

Hyponatriämie. Unphysiologisch niedriger Natriumspiegel im Blut, der durch eine unzureichende Wasserausscheidung oder durch eine exzessive Menge an zirkulierender Flüssigkeit im Blut gekennzeichnet ist. In schweren Fällen kommt es zur Flüssigkeitsintoxikation mit Symptomen der Verwirrtheit und Lethargie und in der Folge zu leichter Erregbarkeit der Muskeln, zu Krämpfen und zum Koma. (→ Natrium)
[*griech.:* hypo, darunter; *lat.:* natrium, Natrium; *griech.:* haima, Blut]
hyponatremia

Hypoparathyreoidismus. Unzureichende Sekretion von → Parathormon aus den Nebenschilddrüsen; kann durch eine primäre Dysfunktion der Nebenschilddrüsen oder durch einen erhöhten Kalziumserumspiegel bedingt sein.
[*griech.:* hypo, darunter; para, daneben; thyreos, Schutzschild; eidos, Form]
hypoparathyroidism

Hypopharynx. Unterer Bereich des Rachens (Pharynx) zwischen Kehldeckel (Epiglottis) und Kehlkopf (Larynx). Die Lage des H. ist von der Höhe der Epiglottis abhängig; er ist der Punkt, an dem

Nahrung und Flüssigkeiten von der Luft getrennt weitergeleitet werden.
hypopharynx

Hypophonie. Schwache oder flüsternde Stimme.
[*griech.:* hypo, darunter; phone, Stimme]
hypophonia

Hypophorie. Form des Schielens (→ Strabismus), bei dem keine Anzeichen einer Störung der Augenmuskeln zu erkennen sind, bis das betroffene Auge abgedeckt wird und es zu einer Abweichung nach unten kommt.
hypophoria

Hypophyse. Hirnanhangsdrüse, die auf der Hirnbasis aufliegt; die H. ist ein innersekretorisches Organ und reguliert die Funktion der übrigen Hormondrüsen. Der vordere Lappen (Hypophysenvorderlappen) der H. wird als → Adenohypophyse bezeichnet, der hintere (Hypophysenhinterlappen) als → Neurohypophyse.
hypophysis; pituitary gland

Hypophysektomie. Chirurgische Entfernung der Hirnanhangsdrüse (Hypophyse). Diese Operation kann notwendig werden, um das Wachstum zu verlangsamen oder maligne Tumore, z.B. einen Hypophysentumor, chirurgisch zu entfernen.
[*griech.:* hypo, darunter; phyein, wachsen; ektome, ausschneiden]
hypophysectomy

Hypophysenhormone. Hormone der Hirnanhangdrüse (→ Hypophyse), die in Verbindung mit dem Körperwachstum und körperlicher Aktivität stehen, z.B. das luteinisierende Hormon, das die Testosteronproduktion stimuliert und eine Muskelhypertrophie bewirkt. Die H. sind im wesentlichen Wachstumshormone und antidiuretische Hormone.
hypophyseal hormones

Hypophysenunterfunktion. (→ Panhypopituitarismus)
panhypopituitarism

Hypopituitarismus. Verminderte Aktivität der Hirnanhangsdrüse (Hypophyse) in Verbindung mit ausgeprägten Fettablagerungen; führt zu einer Verzögerung der Entwicklung des Aussehens eines Erwachsenen.
[*griech.:* hypo, darunter; *lat.:* pituita, Trägheit]
hypopituitarism

Hypoplasie. Unvollständige oder unterentwickelte Körperorgane oder -gewebe, die meist das Ergebnis einer verminderten Anzahl von Zellen sind. – *adj.* hypoplastisch.
[*griech.:* hypo, darunter; plassein, formen]
hypoplasia

Hypopnoe. Unphysiologisch flache und langsame Atmung. Bei durchtrainierten Sportlern ist diese Atmung normal und steht häufig in Kombination mit einer langsamen Pulsfrequenz. Ansonsten ist die H. Merkmal einer möglichen Hirnstammverletzung; zusammen mit einem schnellen schwachen Puls ist dies ein ernstzunehmendes Anzeichen.
[*griech.:* hypo, darunter; pnoe, atmen]
hypopnea

Hypoproteinämie. Erkrankung, die durch einen verminderten Proteinspiegel im Blut gekennzeichnet ist; begleitende Symptome sind Ödeme, Übelkeit, Erbrechen, Diarrhö und Bauchschmerzen. (→ Proteine)
[*griech.:* hypo, darunter; proteios, erste Stelle; haima, Blut]
hypoproteinemia

Hypoprothrombinämie. Unphysiologische Abnahme von → Prothrombin (Faktor II der → Blutgerinnung) im zirkulierenden Blut, was sich durch eine schlechte Gerinnungsfunktion, längere Blutungsdauer und mögliche Hämorrhagien äußert.
[*griech.:* hypo, darunter; *lat.:* pro, davor; *griech.:* thrombos, Klumpen; haima, Blut]
hypoprothrombinemia

Hypopyon. Ansammlung von Eiter in der vorderen Augenkammer, die als grauer Fleck zwischen der Hornhaut (Kornea) und der Regenbogenhaut (Iris) erscheint. Das H. kann als Komplikation einer Bindehautentzündung (Konjunktivitis), einer

herpetischen Keratitis oder von Hornhautulzerationen auftreten.
[*griech.:* hypo, darunter; pyon, Eiter]
hypopyon

hypostatisch. Bezeichnung für eine Ansammlung von Ablagerungen bestimmter Substanzen oder Stauungen in tieferliegenden Körperbereichen, die infolge einer mangelhaften Aktivität (z.B. bei Bettlägerigen) auftritt.
hypostatic

Hypothalamus. Teil des Zwischenhirns, der den Boden und seitlichen Teil der lateralen Wand des dritten Ventrikels bildet. Der H. aktiviert, kontrolliert und integriert das periphere autonome Nervensystem, endokrine Prozesse und viele somatische Funktionen, wie Körpertemperatur, Schlaf und Appetit.
[*griech.:* hypo, darunter; thalamos, Kammer]
hypothalamus

Hypothalamushormone. Gruppe von Hormonen, die vom → Hypothalamus (Teil des Zwischenhirns) gebildet werden; dazu gehören Vasopressin, Oxytozin sowie die Thyreotropin- und Gonadotropin-Releasing-Hormone.
hypothalamic hormones

Hypothermie. 1. Anerkannte → NANDA-→ Pflegediagnose; Abfall der Körpertemperatur unter die normalen Werte. Typische Symptome sind leichtes Zittern, kühle Haut, leichte Blässe, langsame kapilläre Auffüllung, Tachykardie, zyanotische Nägel, Hypertonie und Aufrichtung der Körperhaare. 2. Unphysiologischer und lebensbedrohlicher Zustand, bei dem die Körpertemperatur längere Zeit unter 35 °C liegt; meist ist die Ursache eine längerfristige Exposition gegenüber Kälte oder Feuchtigkeit. Die Atmung wird flach und verlangsamt und das Herz schlägt leise und langsam. Der Betreffende kann aussehen, als wäre er tot; das Aufwärmen muss unbedingt langsam erfolgen. 3. Die H. kann auch therapeutisch eingesetzt werden, indem die Körpertemperatur eines Patienten reduziert wird, um ein langanhaltendes Fieber bei Infektionen oder neurologischen Erkrankungen zu senken. Auch wird die H. als Zusatzmethode bei Herz- oder Hirnoperationen zur Senkung des Sauerstoffbedarfes und Schutz des Organismus eingesetzt. Bei der therapeutischen H. wird entweder Kälte in Form von Eis oder kaltem Wasser auf bzw. in den Körper gebracht oder extern gekühltes Eigenblut reinfundiert.
[*griech.:* hypo, darunter; therma, Wärme]
hypothermia

Hypothermie, Behandlung einer. → Pflegeintervention der → NIC, die definiert wird als Aufwärmung und Überwachung von Patienten mit einer Körperkerntemperatur unter 35°C.
Hypothermia Treatment

Hypothese. Aussage, die von einer Theorie abgeleitet ist und eine Beziehung zwischen verschiedenen Variablen entwickelt, zu denen Konzepte, Konstrukte oder Ereignisse gehören können.
hypothesis

Hypothyreose. (Schilddrüsenunterfunktion). Verminderte Aktivität der Schilddrüse; Ursache einer H. kann die Entfernung der gesamten oder von Teilen der Schilddrüse, eine Überdosierung von antithyreoidalen Arzneimitteln, die verminderte Wirkung von Thyreoid-Releasing-Hormonen aus dem Hypothalamus, die verminderte Sekretion des thyreoidstimulierenden Hormons durch die Hypophysen oder eine Atrophie der Schilddrüse selbst sein. Es kann zu Gewichtszunahme, mentaler und körperlicher Lethargie, Hauttrockenheit, Obstipation, Arthritis und Verlangsamung der Stoffwechselfunktionen kommen. Unbehandelt führt die H. zu Myxödem, Koma und zum Tod. (s.a. Hyperthyreose)
[*griech.:* hypo, darunter; thyreos, Schutzschild; eidos, Form]
hypothyroidism

Hypotonie. Unphysiologisch niedriger Blutdruck, der für eine normale Perfusion und Oxygenation der Gewebe nicht ausreichend ist (systolischer Wert unter 100 mmHg). Die Ursache kann ein erweitertes intravaskuläres Volumen oder ein vermindertes Herzminutenvolumen sein. Es kann dabei zu Kopfschmerzen oder Schwindel, besonders beim schnellen Aufrichten, bis hin zu Ohnmachtsanfällen kommen. – *adj.* hypotonisch.
[*griech.:* hypo, darunter; *lat.:* tension, Spannung]
hypotension

Hypotonie, kontrollierte. Anästhesiemethode, bei der ein schnellwirkendes, blutdrucksenkendes Mittel verabreicht wird, um den Blutdruck und somit Blutungen während einer Operation zu reduzieren.
deliberate hypotension

Hypotonie, orthostatische. Unphysiologisch niedriger Blutdruck, der auftritt, wenn eine Person einen Positionswechsel vom Liegen zum Stehen vornimmt.
orthostatic hypotension

Hypotonus. Zustand des reduzierten Tonus oder verminderte Spannung in einer Körperstruktur, z.B. bei einer Lähmung. (s.a. Hypertonus)
[*griech.:* hypo, darunter; *lat.:* tonus, Spannung]
hypotonia

Hypoventilation. Unphysiologischer Zustand des Respirationssystems, der durch Zyanose, Polyzythämie, erhöhte arterielle Kohlendioxidspannung und eine allgemein verminderte respiratorische Funktion gekennzeichnet ist. Eine H. kann durch ungleichmäßige Verteilung der eingeatmeten Luft (z.B. bei Bronchitis), Fettleibigkeit, neuromuskuläre Erkrankungen oder Knochenkrankheiten, die den Thoraxraum betreffen, eine verringerte Reaktion des Respirationszentrums auf Kohlendioxid, Verminderung des funktionalen Lungengewebes (z.B. bei Atelektasen), Emphysem oder Pleuraerguss verursacht werden. Als Folge kommt es zu Hypoxie, Hyperkapnie, pulmonaler Hypertonie mit Cor pulmonale und respiratorischer Azidose. (→ Hyperventilation)
[*griech.:* hypo, darunter; *lat.:* ventilare, belüften]
hypoventilation

Hypovolämie. Unphysiologisch niedriges Blutvolumen.
[*griech.:* hypo, darunter; *lat.:* volumen, Volumen; *griech.:* haima, Blut]
hypovolemia

Hypovolämie, Behandlung einer. → Pflegeintervention der → NIC, die definiert wird als die Erweiterung des intravaskulären Flüssigkeitsvolumens bei Patienten mit einem unphysiologisch niedrigen Volumen.
Hypovolemia Management

Hypoxämie. Unphysiologischer Sauerstoffmangel im arteriellen Blut. Zu den Symptomen gehören Zyanose, Unruhe, Stupor, Koma, Cheyne-Stokes-Atmung, Apnoe, Hypertonie, Tachykardie, anfänglich erhöhtes und später erniedrigtes Herzminutenvolumen, was Hypotonie, Kammerflimmern oder Asystolie auslösen kann. Die chronische H. stimuliert die Erythrozytenproduktion im Rückenmark und führt zu einer sekundären Polyzythämie.
[*griech.:* hypo, darunter; oxys, scharf; genein, produzieren; haima, Blut]
hypoxemia

Hypoxie. Unzureichende Sauerstoffversorgung der Zellen, die mit Tachykardie, Hypertonie, peripheren Vasokonstriktion, Schwindel und mentaler Verwirrtheit einhergeht. Die Gewebe, die am empfindlichsten auf eine H. reagieren, sind Gehirn, Herz, Lungengefäße und Leber.
[*griech.:* hypo, darunter; oxys, scharf]
hypoxia

Hypoxie, akute. Plötzlicher bzw. rascher Verlust von verfügbarem Sauerstoff im Gewebe, z.B. aufgrund von → Asphyxie, Luftwegsobstruktion, akuter → Hämorrhagie, Verschluss der Alveolen durch Ödem oder infektiöses Exsudat oder bei plötzlichem Herzkreislaufversagen. Zu den klinischen Symptomen gehören Hypo- bzw. Hyperventilation bis zum Lufthunger so-

wie neurologische Störungen, die von Kopfschmerzen bis zur Ohnmacht reichen. (→ Hypoxie)
acute hypoxia

Hypoxie, chronische. Schleichende Reduzierung der Sauerstoffversorgung des Körpergewebes aufgrund destruktiver bzw. fibrotischer Lungenkrankheiten, kongenitalen oder erworbenen Herzerkrankungen oder chronischem Blutverlust. Der Patient leidet unter andauernder mentaler bzw. körperlicher Ermüdung, verlangsamten geistigen Reaktionen und kann bestimmte körperliche Aufgaben nicht ausführen.
chronic hypoxia

Hysterektomie. Chirurgische Entfernung der Gebärmutter (Uterus). Diese Operation wird durchgeführt, um bindegewebige oder andere Tumore des Uterus zu entfernen oder eine chronische Beckenentzündung, schwere rezidivierende Endometriumhyperplasie, Uterusblutungen und präkanzeröse sowie kanzeröse Gewebe des Uterus zu behandeln. Bei der H. können Uterus und Gebärmutterhals (Zervix) oder Eierstöcke, Eileiter, Lymphknoten, Lymphgänge mit Uterus und Zervix entfernt werden. In beiden Fällen setzt anschließend die Menstruationsblutung aus.
[*griech.:* hystera, Gebärmutter; ektome, ausschneiden]
hysterectomy

Hysterektomie, abdominale. Operative Entfernung der Gebärmutter (Uterus) durch einen Bauchschnitt. (→ Hysterektomie)
abdominal hysterectomy

Hysterektomie, suprazervikale. Teilweise Entfernung der Gebärmutter, wobei der Gebärmutterhals (Zervix) erhalten bleibt.
[*lat.:* supra, oberhalb; cervix, Hals]
supracercival hysterectomy

Hysterektomie, vaginale. Operative Entfernung der Gebärmutter durch die Scheide (Vagina).
[*griech.:* hystéra, Gebärmutter; ektomé, herausschneiden]
vaginal hysterectomy

Hysterie. Allgemeiner Spannungszustand oder Erregung bei einer Person oder in einer Gruppe, die durch eine panische Angst und zeitweiligen Verlust der Kontrolle über die Gefühle gekennzeichnet ist. – *adj.* hysterisch.
hysteria

Hysterographie. Röntgenuntersuchung der Gebärmutter (Uterus) nach Injektion eines Kontrastmittels in die Uterushöhle.
[*griech.:* hystera, Gebärmutter; graphein, schreiben]
hysterography

Hysterolaparotomie. → Hysterektomie oder → Hysterotomie durch eine Inzision der Bauchwand.
[*griech.:* hystera, Gebärmutter; lapara, lang; temnein, schneiden]
hysterolaparotomy

Hysterosalpingographie. Röntgenologische Darstellung von Gebärmutter und Eileitern mit Hilfe eines Kontrastmittels, das über den Gebärmutterhals (Zervix) eingeführt wird, um die Uterushöhle und die Passage der Eileiter sichtbar zu machen.
[*griech.:* hystera, Gebärmutter; salpinx, Röhre; graphein, schreiben]
hysterosalpingography

Hysteroskopie. Direkte visuelle Untersuchung des Gebärmutterhalses (Zervix) und der Gebärmutterhöhle (Uterus) mit Hilfe eines speziellen → Endoskops (Hysteroskop). Eine H. wird durchgeführt, um das Endometrium zu untersuchen, Proben für Biopsien zu entnehmen, intrauterine Vorrichtungen oder Zervixpolypen zu entfernen.
[*griech.:* hystera, Gebärmutter; skopein, anschauen]
hysteroscopy

Hysterotomie. Chirurgische Inzision der Gebärmutter (Uterus) z.B. als Methode der Beendigung einer Schwangerschaft, die länger als drei Monate besteht.
[*griech.:* hystera, Gebärmutter; temnein, schneiden]
hysterotomy

Hysterotomie, abdominale. (Uterotomie). Chirurgische Eröffnung der Gebärmutter

(Uterus) durch einen Bauchschnitt. (→ Kaiserschnitt; Sectio ceasarea)
abdominohysterotomy

Hz. Abkürzung für → Hertz.
Hz

HZV. Abkürzung für → Herpes-zoster-Virus.
HZV

I

I. Chemisches Symbol für → Iod.
I

I-Streifen. Struktur der Muskelfaser bzw. des Sakromers, an der nur Aktinfilamente vorkommen. Bei Dehnung sind die I-Streifen breit, bei Kontraktion schmal.
I Band

I-Zell-Krankheit. Form der lysosomalen Erkrankung, die in den ersten 10 Lebensjahren eine progressive mentale Verschlechterung, Herzkrankheit und Lungeninsuffizienz bewirkt. Bei dieser Krankheit fehlen mehrere lysosomale Enzyme und in den Fibroblasten bilden sich Einschlüsse. (→ Lysosom)
I cell disease

i.m. Abkürzung für → intramuskulär.
IM

i.v. Abkürzung für → intravenös.
IV

IADL. Abkürzung für (engl.) Instrumental Activities of Daily Living, Skala zur Einschätzung der instrumentellen Selbstpflegefähigkeiten. (→ Barthel-Index/Aktivitäten des täglichen Lebens)
IADL

-iasis. Nachsilbe mit der Bedeutung »Krankheit«.
-iasis

-iater. (-iatr; -iatrie). Nachsilbe mit der Bedeutung »Arzt«, z.B. Psychiater.
-iater

iatrogen. Durch Behandlungen oder diagnostische Maßnahmen, d.h. durch ärztliche Mitwirkung verursacht.
[*griech.:* iatros, Arzt; genein, produzieren]
iatrogenic

Ibuprofen. Nichtsteroidales → Antiphlogistikum und → Analgetikum, das zur Behandlung der rheumatischen Arthritis und Osteoarthritis, von Muskelschmerzen und Menstruationskrämpfen sowie gegen Fieber eingesetzt wird. Zu den Kontraindikationen gehören Niereninsuffizienz, Erkrankung des Magen-Darm-Trakts, bekannte Überempfindlichkeit gegen den Wirkstoff, sowie die gleichzeitige Einnahme von Aspirin oder anderen Antiphlogistika. Als Nebenwirkungen kommt es zu Magen-Darm-Beschwerden, Magen-Darm-Ulzera, Schwindel, Hautausschlägen und Tinnitus. I. kann mit anderen Arzneimitteln interagieren.
ibuprofen

ICD. Abkürzung für (engl.) International Classification of Diseases (dt. → Internationale Klassifikation der Krankheiten).
ICD

Ich. (Ego). 1. Bezeichnung für das Bewusssein der eigenen Person; die Elemente einer Person, wie z.B. Denken, Fühlen und Wollen, die die individuellen persönlichen Eigenschaften bilden. 2. Der Teil der Psyche, der bewussten Kontakt zur Wirklichkeit aufrecht erhält und primitive Triebe des → Es sowie die Ansprüche des → Über-Ich unterdrückt und in Einklang

mit den sozialen und körperlichen Anforderungen der Gesellschaft bringt.
[*griech.*: das Ich, das Selbst.]
ego

Ich-Ideal. Selbstbildnis, das eine Person bewusst und unbewusst zu erreichen versucht und in dessen Rahmen man seine persönliche Leistungsfähigkeit misst.
ego ideal

Ich-Stärke. Die Fähigkeit, das »Ich« mit Hilfe mehrerer Eigenschaften zu erhalten und die geistige Gesundheit zu bewahren.
ego strength

Ichthyose. Schwere angeborene Hautkrankheit, bei der eine starke Hauttrockenheit und Hyperkeratose besteht, wodurch die Haut fischschuppenartig aussieht. Die I. tritt kurz nach der Geburt auf und kann Teil eines Syndroms sein.
[*griech.*: ichthys, Fisch; osis, Zustand]
ichthyosis

Ichthyosis vulgaris. Erbliche Hautkrankheit, die in Form von großen, trockenen, dunklen Schuppen auftritt und sich über Gesicht, Hals, Kopfhaut, Ohren, Rücken und die Streckseiten der Extremitäten ausbreitet.
[*griech.*: ichthys, Fisch; osis, Zustand; *lat.*: vulgaris, normal]
ichthyosis vulgaris

ICN. Abkürzung für (engl.) International Council of Nurses, Weltverband der professionell Pflegenden, der als Interessenvertretung für diese Berufsgruppe fungiert.
ICN

Icterus gravis neonatorum. Hämolytische Gelbverfärbung der Haut (→ Ikterus) beim Neugeborenen, die durch eine Inkompatibilität des Serums der Mutter und der Erythrozyten des Säuglings verursacht wird.
[*griech.*: ikteros, Gelbsucht; *lat.*: gravis, schwer; neonatus, neugeboren]
icterus gravis neonatorum

Idee. Alle Gedanken, Konzepte, Absichten oder Eindrücke, die im Geist als Ergebnis des Bewusstseins, des Verstehens oder anderer mentaler Aktivitäten entwickelt werden.
[*griech.*: Form]
idea

Ideenflucht. Denkstörung mit anhaltendem Gesprächsfluss, der von schnellen, übergangslosen und zusammenhangslosen Themenwechseln gekennzeichnet ist.
flight of ideas

Identifikation. Unbewusster Mechanismus, bei dem eine Person ihre eigene Persönlichkeit an der einer anderen Person orientiert und dabei deren Qualitäten, Charakteristika und Handlungen übernimmt. Dieser Prozess ist eine normale Funktion der Persönlichkeitsentwicklung und des Lernprozesses.
[*lat.*: idem, das gleiche; facere, machen]
identification

Identität. Komponente des Selbstkonzepts, die durch das Bewusstsein charakterisiert wird, ein eigenständiger Mensch zu sein, unabhängig von anderen zu existieren und sich von ihnen zu unterscheiden. Bei einer Identitätsstörung liegt eine mangelhafte Klarheit und Konsistenz im Selbstverständnis vor, was zu Angstzuständen führen kann.
[*lat.*: idem, das gleiche]
identity

Identität, Störung der persönlichen. Anerkannte → NANDA-→ Pflegediagnose; Unfähigkeit einer Person, zwischen sich selbst und anderen Personen oder Gegenständen zu unterscheiden.
personal identity disturbance

Identitätskrise. Phase der Verwirrtheit und Unklarheit bezüglich des Selbstverständnisses einer Person und ihrer Rolle in der Gesellschaft, die häufig beim Übergang von einem Entwicklungsstadium in das nächste auftritt. Die I. ist besonders durch Isolierung und Rückzug, negative Einstellungen, extreme Meinungen und rebellisches Verhalten gekennzeichnet.
[*lat.*: idem, das gleiche; *griech.*: krisis, Wendepunkt]
identity crisis

I

idio-. Vorsilbe mit der Bedeutung »eigen, eigentümlich, selbst, besonders«.
idio-

Idiopathie. Jede primäre Erkrankung, die ohne offensichtliche Ursache auftritt.
idiopathy

idiopathisch. Primär und selbstständig entstanden, z.B. eine i.e Krankheit im Gegensatz zu einer sekundären Krankheit. [*griech.:* idios, eigen; pathos, Krankheit]
idiopathic

Idiosynkrasie. Überempfindlichkeit einer Person gegenüber bestimmten Arzneimitteln, Speisen oder anderen Substanzen, die erblich bedingt oder durch Faktoren der Körperkonstitution verursacht wird. [*griech.:* idios, eigen; synkrasis, vermischen]
idiosyncrasy

Idiotypie. (Genotyp). Genetische Variantenbildung bestimmter Teile eines Immunglobulinmoleküls, die einzelne Merkmale bestimmen. (→ Immunglobulin/Genotyp)
idiotype

IDL. Abkürzung für (engl.) Intermediate-density-Lipoprotein.
IDL

Idoxuridin. Ophthalmologisches Virustatikum, das bei Herpes-simplex-Keratitis eingesetzt wird.
idoxuridine

IE. Abkürzung für → Internationale Einheit.
IU

Ig. Abkürzung für → Immunglobulin.
Ig

IgA-Mangel. Selektiver Mangel an → Immunglobulin A; häufigster Immunglobulinmangel. IgA ist der wichtigste Protein-Antikörper im Speichel und in den Schleimhäuten des Magen-Darm-Trakts sowie in den Bronchien, die gegen bakterielle und virale Infektionen schützen. Ein Mangel an IgA steht in Verbindung mit einer autosomal-dominanten oder autosomal-rezessiven Erbkrankheit oder mit Autoimmunerkrankungen. Der IgA-M. tritt häufig bei rheumatischer Arthritis und systemischem Lupus erythematodes auf. Meist kommt es zu respiratorischen Allergien und chronischen Infektionen des Respirationstrakts.
IgA deficiency

IgE. Abkürzung für → Immunglobulin E.
IgE

IgG. Abkürzung für → Immunglobulin G.
IgG

Ikterus. (Gelbsucht). Gelbliche Verfärbung der Haut, der Schleimhäute und der Lederhaut des Auges (Sklera), die durch einen unphysiologisch hohen Bilirubinspiegel im Blut verursacht wird. Begleitsymptome eines I. sind Übelkeit, Erbechen, Schmerzen im Magen-Darm-Trakt und die Ausscheidung von dunklem Urin sowie hellem Stuhl. Die Patienten leiden auch häufig unter Juckreiz, der z.B. mit Waschungen gemildert werden kann. Ein I. ist Symptom zahlreicher Erkrankungen, z.B. Leberkrankheiten, Gallengangsobstruktion und hämolytische Anämie. Ein physiologischer I. entsteht häufig bei Neugeborenen (→ Neugeborenenikterus) in den ersten Tagen nach der Geburt aufgrund der unreifen Leber. (→ Bilirubin) [*griech.:* Gelbsucht]
jaundice

Ikterus, cholestatische. Gelbfärbung der Haut durch Verdickung der Gallenflüssigkeit, Verstopfung des Gallengangs oder Störungen in der Funktion der Leberzellen.
cholestatic jaundice

Ikterus, hämolytischer. Gelbliche Färbung (→ Ikterus) der Haut, die durch eine Auflösung der → Erythrozyten verursacht wird, wodurch exzessive Mengen an → Bilirubin freigesetzt werden.
hemolytic jaundice

Ileitis. Entzündung des Krummdarms (Ileum).
ileitis

Ileokolitis. Entzündung des Krummdarms (Ileum) und des Dickdarms (Kolon).
ileocolitis

Ileostomie. Chirurgische Eröffnung des Krummdarms (Ileum) von der Oberfläche der Bauchwand aus; auf diese Weise können die Fäzes entfernt werden. Eine I. wird bei fortgeschrittener oder rezidivierender Colitis ulcerosa, Morbus-Crohn oder Dickdarmkrebs durchgeführt. Der Patient erhält Antibiotika und eine Magensonde. Der erkrankte Darmabschnitt wird entfernt und eine Verbindung zwischen dem Abdomen und dem Darm in Form eines Stomas gelegt. Nach der Operation muss der Patient Anus-präter-Beutel tragen, in denen die Fäzes aufgefangen werden. Wenn die Darmperistaltik wieder einsetzt, kann die Magensonde gezogen werden.
[*lat.:* ileum, Dünndarm; *griech.:* stoma, Mund; temnein, schneiden]
ileostomy

ileozäkal. Zum Krummdarms (Ileum) und zum Blinddarm (Zäkum) gehörend.
ileocecal

Ileozäkalklappe. Die Klappe zwischen dem Krummdarm (Ileum) und dem Blinddarm (Zäkum) vor dem Dickdarm (Kolon); sie besteht aus zwei Segeln, die in das Lumen des Dickdarms hineinreichen und direkt über dem Wurmfortsatz liegen.
ileocecal valve

Ileozäkalsyndrom. (→ Appendizitis)
ileocecal syndrome

Ileum. (Krummdarm). Unterer (distaler) Abschnitt des Dünndarms, der sich vom Leerdarm (Jejunum) bis zum Blinddarm (Zäkum) erstreckt.
[*lat.:* Darm]
ileum

Ileum-Conduit. Methode der Umleitung des Harntrakts durch das Darmgewebe. Die Harnleiter werden in einen Teil des eröffneten unteren Dünndarmabschnitts, d.h. in den Krummdarm (Ileum) implantiert. Dieser Bereich wird an einem Ende eng vernäht, das andere Ende wird durch die Bauchwand gezogen (rechter oberer Quadrant), um ein Stoma zu bilden. Der Patient muss den Urin in einem Auffangbeutel sammeln und von Zeit zu Zeit ablassen.
[*franz.:* conduire, leiten]
ileal conduit

Ileus. (Darmverschluss). Verschluss (Obstruktion) eines Darmabschnitts; man unterscheidet einen paralytischen I., der durch eine Immobilität des Darms verursacht wird (meist entzündlich oder metabolisch bedingt), und einen mechanischen I., der infolge der Blockierung des Darmpassage durch mechanische Ursachen (z.B. Tumor, Kotsteine) entsteht. Meist muss der I. operativ entfernt werden. Frühe Symptome eines I. sind Übelkeit und Erbrechen, Stuhl- und Windverhalten, starke kolikartige Bauchschmerzen, später kann es zum Koterbrechen (Miserere) kommen.
ileus

Ileus, paralytischer. Reduzierte oder fehlende Darmperistaltik; ein p. I. kann nach einer Bauchoperation oder Verletzung des Bauchfells (Peritoneum) entstehen oder in Verbindung mit einer schweren Pyelonephritis, Harnwegsteinen, Rippenbrüchen, Myokardinfarkt, ausgedehnten Darmulzerationen, schwere Metallvergiftung, → Porphyrie, retroperitonealen Hämatomen, insbesondere, wenn sie bei Brüchen der Wirbelsäule auftreten, oder mit jeder schweren Stoffwechselerkrankung entstehen. Letzteres ist der häufigste Grund für eine intestinale → Obstruktion. Der p. I. ist durch Bauchdeckenspannung, Aufblähung, fehlende Darmgeräusche, fehlenden Abgang von Gasen, Übelkeit und Erbrechen gekennzeichnet.
paralytic ileus

Ileus, postoperativer. Verschluss (Obstruktion) des Darms mit Unterbrechung der normalen Darmfunktionen, der durch die Einstellung der peristaltischen Muskelaktionen des Darms nach einer Operation verursacht wird.
postoperative ileus

Ileus, spastischer. Stillstand der Darmperistaltik mit gleichzeitigen rezidivierenden, anhaltenden Muskelkrämpfen.
dynamic ileus

iliacus. Zum Darmbein (Iliakum) gehörend.
🇬🇧 iliacus

iliosakral. (sakroiliakal). Betrifft oder gehört zu Kreuzbein (Os sacrum) und Darmbein (Os ilium).
🇬🇧 sacroiliac

Iliosakralgelenk. Relativ unbewegliches Gelenk zwischen Kreuzbein und Hüftbein, das durch kräftige Bänder gehalten und am Ende einer Schwangerschaft durch Hormone aufgelockert wird.
🇬🇧 sacroiliac articulation

Illusion. Falsche Interpretation eines externen sensorischen Stimulus, meist in Verbindung mit visuellen (optische I.) oder auditiven Reizen, z.B. eine Fata Morgana in der Wüste oder Stimmen im Wind.
[*lat.:* illudere, jemanden täuschen]
🇬🇧 illusion

Imagination. (Vorstellung/Einbildungskraft). 1. Die Fähigkeit, mentale Bilder oder bewusste Konzepte von Dingen zu erzeugen, die nicht unmittelbar für die Sinne vorhanden sind. 2. Die Fähigkeit, Bilder oder Vorstellungen durch Stimulation oder Suggestion solcher Ideen im Geist zu reproduzieren und im Gedächtnis zu behalten, z.B. die gelenkte I., die in der Schmerzbehandlung eingesetzt wird.
[*lat.:* imaginare, sich vorstellen]
🇬🇧 imagination

Imagination, gelenkte. Therapeutische Technik zur Linderung von Schmerzen oder anderen Beschwerden, bei der ein Patient aufgefordert wird, sich auf ein erfreuliches imaginäres Bild zu konzentrieren, das die Linderung der Schmerzen oder Beschwerden unterstützt.
🇬🇧 guided imagery

Imago. Unbewusstes, meist idealisiertes mentales Bild (»Urbild«) einer wichtigen Bezugsperson, z.B. der eigenen Mutter in ihrem Aussehen als junge Frau.
🇬🇧 imago

Imipenem. → Breitbandantibiotikum, das zur Behandlung von Infektionen der unteren Atemwege, des Harntrakts, der Haut, des Abdomens, der Geschlechtsorgane, sowie der Knochen und Gelenke eingesetzt wird. Es kann auch bei Endokarditis oder Septikämie Anwendung finden.
🇬🇧 imipenem

Imipramin. Trizyklisches → Antidepressivum, das zur langfristigen Behandlung von Depressionen eingesetzt wird. Bei der anfänglichen Einnahme kommt es als Nebenwirkung zur Sedierung, die als sehr unangenehm empfunden wird, was jedoch nach längerer Einnahme verschwindet. Danach tritt die stimmungsaufhellende, antidepressive Wirkung ein.
🇬🇧 imipramin

Immobilisation. 1. Fixierung und Ruhigstellung eines Körperteils, das während einer Operation oder nach einer Knochenreposition nicht bewegt werden darf. 2. Längerfristige Inaktivität einer Person.
🇬🇧 immobilization

immun. Bezeichnung für den Zustand, bei dem der Körper durch ein System von Antikörpermolekülen und damit zusammenhängenden Widerstandsfaktoren gegen infektiöse und allergische Krankheiten geschützt ist. (→ Immunität)
[*lat.:* immunis, frei von]
🇬🇧 immune

Immunantwort. Verteidigungsfunktion des Körpers, bei der → Antikörper produziert werden, um eindringende → Antigene und Schadstoffe zu zerstören. Die wesentlichen Komponenten des → Immunsystems und der I. sind → Immunglobuline, Lymphozyten, Phagozyten, Komplemente, Properdin und Interferon. Man unterscheidet die *humorale I.*, bei der die B Lymphozyten und B-Zellen beteiligt sind, und die **zellvermittelte I.**, zu der T-Lymphozyten und T-Zellen gehören. Die B- und T-Zellen stammen aus den hämopoetischen Stammzellen. Die Rezeptorstellen auf den Oberflächenmembranen der B-Zellen dienen als Bindungsstellen für Immunglobulinmoleküle. Die Klassen der Immunglobuline werden mit Buchstaben bezeichnet: M, G, A, E und D. Das → Immunglobulin M (IgM), der Antikörper, der unreife B-Zellen synthetisiert und in eine

Zytoplasmamembran einschließt, ist der wichtigste produzierte Antikörper. Die T-Zellen entwickeln sich in den Thymusdrüsen und vermehren sich mit den Antigenrezeptoren auf der Oberflächenmembran. Sie helfen bei der → Antigen-Antikörper-Reaktion der B-Zellen und kontrollieren die zellvermittelte Reaktion.
immune response

Immunantwort, zellvermittelte. Verspätet stattfindende, intravenöse Überempfindlichkeitsreaktion, die durch sensibilisierte T-Lymphozyten und nicht durch Antikörper hervorgerufen wird. Zellvermittelte Immunreaktionen wehren bestimmte bakterielle, virale und mykotische Krankheitserreger ab und vernichten bösartige Geschwüre, fremde Proteine und Gewebe.
cell-mediated immune response

Immunassay. Prüfung der → Immunität, bei der untersucht wird, welche Antigene nach einer Antigen-Antikörper-Reaktion vorhanden sind.
[*lat.:* immunis, frei von; *franz.:* essayer ausprobieren]
immunoassay

Immundefekte. (Immunopathien). Gruppe von Erkrankungen, die durch einen Defekt des → Immunsystems verursacht werden und allgemein im Zusammenhang mit Infektionen und chronischen Krankheiten stehen. Die I. werden allgemein als B-Zellen (Antikörper)-Defekte, T-Zellen (Zell)-Defekte, kombinierte B- und T-Zelldefekte, Defekte der Zellbewegung und Defekte der mikrobiellen Aktivität klassifiziert; z.B. Hypogammaglobulinämie oder AIDS.
immunodeficiency diseases

Immundiffusion. Technik der Identifizierung und Quantifizierung von → Immunglobulinen. Dabei wird auf eine Ausfällreaktion geachtet, die unter bestimmten Umständen von einer Antigen-Antikörper-Verbindung ausgelöst wird. Die Geldiffusion bewirkt eine Ausfällreaktion in einem klaren Gel. Die Elektro-I. ist eine Geldiffusion, die in einem elektrischen Feld angewendet wird, wodurch die Reaktion beschleunigt wird. Bei der Doppelgeldiffusion werden die Antikörper in gemischten Proben bestimmt.
[*lat.:* immunis, frei von; diffundere, sich verteilten]
immunodiffusion

Immunfluoreszenztest. Test, bei dem Antikörper mit einem fluoreszierenden Farbstoff gefärbt werden, um klinische Proben unter einem Fluoreszenzmikroskop identifizieren zu können.
fluorescent antibody test (FA test)

Immunglobulin. → Humorale → Antikörper (d.h. in den Körperflüssigkeiten vorhanden), die in fünf verschiedene strukturell und antigenspezifisch unterschiedliche Klassen unterteilt werden; sie sind im Serum und in den externen Sekretionen des Körpers vorhanden.
[*lat.:* immunis, frei von; globus, kleine Kugel]
immunoglobulin

Immunglobulin, spezifisches. Ein Spezialpräparat aus menschlichem Blut mit hohem Antikörperanteil gegen bestimmte Krankheiten, wie z.B. Varizellen-Zoster-Immunglobulin.
specific immune globulin

Immunglobulin A (IgA). Eine der fünf Klassen von humoralen Antikörpern, die vom Körper produziert werden und am häufigsten vorhanden ist. IgA findet sich in allen Sekretionen des Körpers und ist der wichtigste Antikörper in den Schleimhäuten des Magen-Darm-Trakts, in den Bronchien, im Speichel und in den Tränen. IgA wird an ein Protein in der Schleimhaut gebunden und verteidigt die Körperoberfläche gegen eindringende Mikroorganismen. (→ Immunglobulin)
immunoglobulin A (IgA)

Immunglobulin D (IgD). Eine der fünf Klassen von humoralen Antikörpern, die im Körper produziert werden. Es ist ein spezialisiertes Protein, das sich in geringen Mengen im Serum findet. Die genaue Funktion des IgD ist nicht bekannt, es ist jedoch bei allergischen Reaktionen auf Milch, Insulin, Penizillin und verschie-

dene Toxine in größerer Menge vorhanden. (→ Immunglobulin)
🇬🇧 immunoglobulin D (IgD)

Immunglobulin E (IgE). Eine der fünf Klassen von humoralen Antikörpern, die vom Körper produziert werden. IgE tritt in konzentrierter Form in der Lunge, in der Haut und in den Zellen der Schleimhäute auf und dient als primäre Verteidigungslinie gegen Antigene aus der Umgebung; es reagiert mit bestimmten Antigenen und setzt chemische Vermittler frei, die Überempfindlichkeitsreaktionen verursachen. (→ Immunglobulin)
🇬🇧 immunoglobulin E (IgE)

Immunglobulin G (IgG). Eine der fünf Klassen von humoralen Antikörpern, die vom Körper produziert werden. Es ist ein spezialisiertes Protein, das vom Körper als Reaktion auf das Eindringen von Bakterien, Pilzen und Viren synthetisiert wird. (→ Immunglobulin)
🇬🇧 immunoglobulin G (IgG)

Immunglobulin M (IgM). Eine der fünf Klassen von humoralen Antikörpern, die vom Körper produziert werden; das größte in seiner molekularen Struktur. Es ist das → Immunglobulin, das als Reaktion auf erstmals in den Körper eindringende Antigene produziert wird und findet sich in den zirkulierenden Flüssigkeiten. IgM ist der wichtigste Antikörper bei ABNull-Unverträglichkeiten.
🇬🇧 immunoglobulin M (IgM)

Immunisierung. Der Vorgang, durch den eine Resistenz oder → Immunität gegenüber infektiösen Krankheiten induziert oder verbessert wird. (→ Schutzimpfung)
[*lat.:* immunis, frei von]
🇬🇧 immunization

Immunität. Die Eigenschaft, gegen bestimmte pathogene Keime und Krankheiten oder Bedingungen unempfänglich zu sein oder davon nicht betroffen zu werden. Man unterscheidet die unspezifische I., die physikalisch durch Haut und Schleimhäute und biologisch durch bestimmte Schutzmechanismen (Phagozytose, Komplemente u.ä.) gewährleistet wird und die Resistenz einer Species darstellt; und die spezifische oder erworbene I., die durch spezielle Antikörper entsteht, die zu einer Immunreaktion fähig sind (durch eine Impfung oder passiv erworben). (→ Immunantwort) – *adj.* immun.
[*lat.:* immunis, frei von]
🇬🇧 immunity

Immunität, aktive. (adaptive Immunität). Dauerhafte, erworbene Immunität, durch die der Körper aufgrund der → Antikörper, die natürlicherweise nach einer Infektion bzw. auf künstliche Weise nach einer Impfung gebildet werden, vor neuen Infektionen geschützt wird. (→ Immunität)
🇬🇧 active immunity

Immunität, angeborene. Die durch die Antikörper der Mutter bei der Geburt vorhandene Immunität.
🇬🇧 congenital immunity

Immunität, erworbene. Jede Form der → Immunität, die nicht angeboren, sondern im Verlauf des Lebens entstanden ist; kann auf natürlichem oder künstlichem Wege aktiv bzw. passiv induziert werden. Die natürlich e. I. entwickelt sich durch → Antikörper infolge einer Infektionskrankheit bzw. aus der Übertragung von Antikörpern durch die mütterliche Plazenta auf den Fötus bzw. auf das Kleinkind durch Vormilch (Kolostrum). Die künstlich e. I. entsteht durch Impfungen oder durch Antiserumgaben. (→ Impfung)
🇬🇧 acquired immunity

Immunität, natürliche. Eine im Allgemeinen angeborene unspezifische Form der → Immunität gegenüber bestimmten Krankheiten.
🇬🇧 natural immunity

Immunität, passive. Form der erworbenen → Immunität, die von → Antikörpern stammt, die einem Fötus natürlicherweise über die Plazenta, einem Säugling über das Kolostrum oder künstlich durch Injektion eines Antiserums im Rahmen einer Behandlung oder als Prophylaxe übertragen werden.
🇬🇧 passive immunity

Immunität, rassenabhängige. Eine Art natürliche → Immunität, welche die meisten Mitglieder einer genetisch miteinander verbundenen Population besitzen.
[*lat.*: immunis, frei, unberührt, rein]
racial immunity

Immunkomplex. Multimolekularer Komplex, der gebildet wird, wenn sich ein → Antikörper an ein spezifisches → Antigen bindet. Der I. kann ein → Komplement aktivieren.
immune complex

Immunologie. Wissenschaft von den Reaktionen des → Immunsystems des Körpers auf eine Stimulation durch Antigene mit Hilfe von Antikörpern.
[*lat.*: immunis, frei von; *griech.*: logos, Wissenschaft]
Immunology

Immunstimulanzien. Substanzen, wie etwa der → Bacille-Calmette-Guérin-Impfstoff, die eine → Immunantwort auslösen und dadurch die körpereigene Abwehr stärken sollen. I. werden bei erhöhter Infektionsanfälligkeit und bei abwehrgeschwächten Personen eingesetzt. Beispiele für I. sind Interleukin und Interferon.
immunostimulants

Immunsuppression. Verabreichung von Substanzen (→ Immunsuppressiva), die die Fähigkeit des → Immunsystems, auf eine Antigen-Stimulation zu reagieren, beträchtlich beeinflusst, indem die zelluläre und humorale → Immunantwort gehemmt oder abgeschwächt wird. Die I. kann gezielt erfolgen, z.B. vor einer Knochenmarktransplantation, oder um zu verhindern, dass Spendergewebe vom Empfänger abgestoßen wird, oder sie tritt ungewollt auf, etwa infolge einer Chemotherapie zur Krebsbehandlung. – *adj.* immunsuppressiv.
[*lat.*: immunis, frei von; supprimere, unterdrücken]
immunosuppression

Immunsuppressiva. Substanzen, die eine → Immunantwort abschwächen oder verhindern. I., zu denen Glukokortikoide, Zytostatika u.a. gehören, werden eingesetzt, um z.B. einer Abstoßungsreaktion nach einer Transplantation vorzubeugen. Bei der Therapie mit I. muss man darauf achten, Patienten vor Infektionen zu schützen. Sorgfältige Prophylaxen, z.B. Pneumonie- oder Infektionsprophylaxe, müssen durchgeführt und auf Infektionsanzeichen geachtet werden.
immunosuppressives

Immunsystem. Ein biochemischer Komplex, der den Körper gegen pathogene Organismen oder andere Fremdkörper schützt. Zu dem System gehören die humorale → Immunantwort, bei der Antikörper produziert werden, die auf bestimmte Antigene reagieren sollen, und die zellvermittelte Immunantwort, bei der mit Hilfe der T-Zellen Gewebemakrophagen mobilisiert werden, wenn ein Fremdkörper eindringt.
immune system

Immunsystem, sekretorisches. Der Teil des → Immunsystems, der → Immunglobuline, vorwiegend Immunglobulin A, auf Schleimhautoberflächen absondert (sezerniert).
secretory immune system

Immuntherapie. Anwendung von immunologischem Wissen und entsprechenden Techniken, um Krankheiten vorzubeugen und sie zu verhindern; z.B. durch → Immunstimulanzien oder → Immunsuppressiva sowie den Transfer von immunkompetenten Zellen und Geweben von einer Person auf eine andere. Eine zunehmend bedeutende Rolle in der I. spielen die → Zytokine, z.B. Interferon, die wegen ihrer Eigenschaft, gegen Viren und Tumore wirksam zu sein, weitverbreitet Anwendung finden.
[*lat.*: immunis, frei von; *griech.*: therapeia, Behandlung]
immunotherapy

Immuntherapie, aktive, spezifische. Therapie bei Tumorerkrankungen, bei der bestrahlte Tumorzellen injiziert werden. Die injizierten Zellen stimulieren die Produktion von → Antikörpern, die die Tumorzellen bekämpfen.
active specific immunotherapy

Immuntoleranz. Das Ausbleiben einer → Immunantwort des Körpers auf die Gabe eines bestimmten → Antigens. Gegenüber anderen Antigenen zeigt der Körper jedoch weiterhin Reaktionen.
[*lat.:* tolerare, ertragen]
tolerance

impermeabel. (undurchlässig). Eigenschaft eines Gewebes, einer Membran oder eines Films, den Durchtritt einer Substanz zu verhinden.
[*lat.:* im, nicht; permeare, durchdringen]
impermeable

I

Impetigo. (Eiterflechte/Eitergrind). Eine Streptokokken-, Staphylokokken- oder kombinierte Hautinfektion, die als konzentriertes Erythem beginnt und sich als eitrige Bläschen, Erosionen und honigfarbene Krusten weiterentwickelt. Die Läsionen bilden sich meist zuerst im Gesicht und breiten sich von hier weiter aus. I. ist durch Kontakt mit dem Ausfluss der Läsionen höchst ansteckend.
[*lat.:* impetus, Attacke]
impetigo

Impfstoff. (Vakzin). Lösung abgeschwächter bzw. abgetöteter Mikroorganismen, die in die Haut (intrakutan), in den Muskel (intramuskulär), in den Mund (oral) oder unter die Haut (subkutan) appliziert wird, um eine aktive Immunität gegenüber Infektionskrankheiten zu erlangen.
vaccine

Impfstoff, autogener. Ein Impfstoff (→ Vakzine), der aus Kulturen von Mikroorganismen hergestellt wird, die aus der Wunde eines zu behandelnden Patienten entnommen wurden.
[*griech.:* autos, selbst; genein, produzieren]
autogenous vaccine

Impfung. (Vakzination). Das Einbringen von abgeschwächten oder abgetöteten Mikroorganismen (Viren, Bakterien, Rickettsien) in den Körper eines Patienten zu dessen → Immunisierung gegenüber einer bestimmten Erkrankung bzw. zur Abschwächung der Symptome von Infektionskrankheiten.
vaccination

Impfung, Verabreichung einer. → Pflegeintervention der → NIC, die definiert wird als die Durchführung von Impfungen zur Vorbeugung gegen ansteckende Krankheiten.
Immunization/Vaccination Administration

Implantat. Material, das in ein Organ oder in eine Körperstruktur operativ eingepflanzt wird. Das I. kann aus verschiedenen natürlichen Gewebearten bestehen, etwa ein Blutgefäßimplantat, oder sich aus künstlichem Material zusammensetzen, z.B. Hüftprothese, Herzschrittmacher oder Herzklappen.
[*lat.:* implantare, einpflanzen]
implant

Implantation. 1. → Nidation; der Prozess des Verschmelzens und Eindringens mit Einnistung der Keimblase (Blastozyste) in der Uteruswand während der frühen Phase der pränatalen Entwicklung. 2. Einpflanzung von körperfremdem Gewebe oder Organteilen (→ Implantat) in einen Organismus. (→ Transplantation)
implantation

Implementation. Schritt aus dem → Pflegeprozess; eine Kategorie pflegerischer Verhaltensweisen, in der Handlungen und Maßnahmen ergriffen und durchgeführt werden, die zur Umsetzung eines Pflegeplans erforderlich sind. Zur I. gehören die Ausführung der → Aktivitäten des täglichen Lebens oder die Unterstützung des Patienten bei den Selbstpflegeaktivitäten, die Beratung und Unterrichtung des Patienten und/oder seiner Angehörigen, zielgerichtetes Handeln bei der Umsetzung der therapeutischen Ziele und die Optimierung der Zielumsetzung, die Supervision und die Evaluation der Arbeit von Teammitarbeitern sowie Berichterstattung und Austausch von In-

formationen, die für eine kontinuierliche Patientenpflege relevant sind.
[*lat.:* implere, erfüllen]
implementation

Impotenz. Die Unfähigkeit des Mannes zur Peniserektion oder, weniger häufig, zur Ejakulation während einer Erektion. Eine funktionelle I. hat psychologische Ursachen. Die anatomische I. wird durch körperliche funktionsuntüchtige Genitalien verursacht; die atonische I. ist durch eine gestörte neuromuskuläre Funktion bedingt. – *adj.* impotent.
impotence

Impotenz, symptomatische. → Impotenz infolge von Medikamenteneinnahme oder eines schlechten Gesundheitszustands.
symptomatic impotence

Imprägnation. 1. Das Eindringen einer Samenzelle (Spermatozyt) in eine Eizelle (Oozyt) und die anschließende Befruchtung. 2. Vermischung von chemischen Substanzen zur Darstellung bestimmter histologischer Strukturen.
[*lat.:* impregnare, schwängern]
impregnation

Impression. 1. Eindruck; starke Empfindung oder Wirkung auf Geist, Intellekt oder Gefühle. 2. Im Zusammenhang mit Zahnprothesen der Abdruck eines Körperteils, von dem ein Ersatz oder eine Prothese hergestellt werden soll.
[*lat.:* imprimere, eindrücken]
impression

Impressionsfraktur. Schädelfraktur, bei der Schädelfragmente unter die normale Schädeloberfläche gedrückt werden.
depressed fracture

Impuls. 1. Plötzliche, unwiderstehliche, oft irrationale Neigung, Drang, Wunsch oder Aktion, die durch ein bestimmtes Gefühl oder einen mentalen Zustand ausgelöst werden. 2. Elektrochemischer Prozess, der bei der Übermittlung von Nervenreizen beteiligt ist.
[*lat.:* impellere, antreiben]
impulse

Impulskontrolle, Training der. → Pflegeintervention der → NIC, die definiert wird als die Unterstützung von Patienten im Umgang mit impulsiven Verhaltensweisen, indem Problemlösungsstrategien für soziale und zwischenmenschliche Situationen eingesetzt werden.
Impulse Control Training

IMV. Abkürzung für (engl.) Intermittent mandatory Ventilation (dt. → intermittierend mandatorische Beatmung).
IMV

in-. 1. Vorsilbe mit der Bedeutung »in, hinein«. 2. Vorsilbe mit der Bedeutung »nicht, ohne«.
in-

in situ. 1. Am natürlichen oder üblichen Ort. 2. Bezeichnung für einen Tumor, der nicht metastasiert und nicht in das umgebende Gewebe eingewachsen ist (Carcinoma in situ).
[*lat.:* in, innerhalb; situs, Position]
in situ

in utero. Innerhalb der Gebärmutter (Uterus).
in utero

in vitro. Bezeichnung für eine biologische Reaktion, die in einem Reagenzglas im Labor stattfindet, d.h. außerhalb des Körpers. (s.a. in vivo)
in vitro

In-vitro-Fertilisation (IVF). Methode der Befruchtung eines menschlichen Eies (Ovum) außerhalb des Körpers (extrakorporal), bei der ein reifes Ei entnommen und mit Sperma zusammengebracht wird. Nach der Inkubationszeit von 48 bis 72 Stunden wird das befruchtete Ei durch die Zervix in den Uterus eingebracht (Embryonentransfer). Die IVF dauert etwa 2 bis 3 Tage.
in vitro fertilization (IVF)

in vivo. Bezeichnung für eine biologische Reaktion, die in einem lebenden Organismus stattfindet. (s.a. in vitro)
in vivo

In-vivo-Fertilisation. Methode der Befruchtung eines Eies (Ovum) im Eileiter einer fruchtbaren Frau zur anschließenden Transplantation in eine unfruchtbare Empfängerin.
🇬🇧 in vivo fertilization

Inaktivierung. Reversible → Denaturierung eines Proteins.
[*lat.:* in, nicht; activus, aktiv]
🇬🇧 inactivation

Inaktivitätsatrophie. Degenerative physische und physiologische Veränderungen, die aus einem Nichtgebrauch von Teilen bzw. des gesamten Körpersystems resultieren. Inaktivitätsphänomene treten in Verbindung mit Bettlägrigkeit und Immobilität auf. Körperliche Veränderungen aufgrund von Bettlägrigkeit betreffen häufig Schlüsselbereiche des Körpers, wie z.B. die Haut, das Muskel-Knochengerüst, den Verdauungstrakt, das Herz-Kreislauf-System sowie das Atmungssystem. Die inaktiven Muskeln verlieren an Größe und Kraft; bei extremer Auszehrung können Muskeln ihre Stütz- und Kontraktionsfunktionen verlieren. → Kontrakturen werden durch Beugung verursacht, da bettlägerige Patienten oft Knie und Hüften beugen, um die Muskeln zu entspannen. Außerdem kann restriktive Kost und eingeschränkte Bewegungsfähigkeit zu Knochendemineralisation führen.
🇬🇧 disuse phenomena

Inaktivitätssyndrom, Gefahr eines. Anerkannte → NANDA- → Pflegediagnose; Zustand, der durch ein Potential zur Verschlechterung der Körpersysteme infolge einer verordneten oder unvermeidbaren Inaktivität charakterisiert ist. Zu den Risikofaktoren zählen Paralyse, mechanische oder verordnete Immobilität, starke Schmerzen und veränderter Bewusstseinszustand.
🇬🇧 disuse syndrome, risk of

Inanition. 1. Erschöpfungszustand, der durch Nahrungs- und Wassermangel oder einen Defekt der Nahrungsaufnahme bedingt ist; Hungerzustand. 2. Zustand der Lethargie, der durch einen Verlust der Vitalität oder Körperkraft in allen Aspekten des sozialen, moralischen und intellektuellen Lebens gekennzeichnet ist.
[*lat.:* inanis, leer]
🇬🇧 inanition

Incus. (Amboss). Einer der drei Gehörknöchelchen im Mittelohr, der die Vibration des Schalls über den Hammer (Malleus) zum Steigbügel (Stapes) überträgt.
🇬🇧 incus

Index, chemotherapeutischer. System zur Beurteilung der Sicherheit und Wirksamkeit eines Arzneimittels, ausgedrückt als Verhältnis zwischen der Maximaldosis (LD_{50}) pro Kilogramm Körpergewicht und der mittleren heilsamen Dosis (CD_{50}).
🇬🇧 chemotherapeutic index

Index, therapeutischer. Differenz zwischen der minimalen therapeutischen und der minimalen toxischen Konzentration eines Medikaments.
🇬🇧 therapeutic index

Index Medicus. Index und Literaturverzeichnis, das monatlich von der National Library of Medicine veröffentlicht wird und in dem Artikel aus medizinischer, pflegerischer und anderer gesundheitsrelevanter Literatur aufgelistet werden. Der Index führt Artikel aus der ganzen Welt nach Autoren und Themen geordnet auf.
🇬🇧 Index Medicus

Indigestion. Verdauungsstörung infolge fehlender oder mangelhafter Verdauungsaktivität.
🇬🇧 indigestion

Indikan. Kaliumsalz der Indoxylschwefelsäure, das vom Dünndarm beim Abbau von → Tryptophan produziert, von der Darmwand absorbiert und im Urin ausgeschieden wird.
[Kurzform aus Indigo und Kalium]
🇬🇧 indican

Indikation. Der Grund, warum ein Arzneimittel verordnet oder eine Behandlung durchgeführt wird. Eine bakterielle Infektion kann eine I. zur Verschreibung eines

speziellen Antibiotikums sein; eine Appendizitis ist I. für eine Appendektomie.
[*lat.:* indicare, anzeigen]
indication

Indikator. Substanz (Papierstreifen, Tablette o. a.), die verwendet wird, um eine bestimmte Reaktion zu überprüfen. Die Reaktion findet statt, wenn sich der I. in vorhersehbarer, sichtbarer Weise verändert, z.B. Lackmuspapier zur Messung des pH-Wertes.
indicator

Indikator, chemischer. Substanz, die einer chemischen Reaktion beigefügt wird und anhand eines Farbwechsels anzeigt, wenn der jeweilige Vorgang vollständig abgelaufen ist, z.B. ein Indikator für eine Säure-Basen-Titration.
chemical indicator

Individualpsychologie. Modifiziertes System der Psychoanalyse (von Alfred Adler entwickelt), das schlecht angepasstes Verhalten und Persönlichkeitsstörungen als das Ergebnis eines Konfliktes zwischen dem Wunsch, zu dominieren, und dem Gefühl, minderwertig zu sein, betrachtet.
individual psychology

indolent. (schmerzunempfindlich). Zu einer organischen Störung gehörend, die durch wenig oder keine Schmerzempfindung oder eine gleichgültige Reaktion auf Schmerzen gekennzeichnet ist.
[*lat.:* in, nicht; dolere, unter Schmerzen leiden]
indolent

Indometacin. Nichtsteroidales → Antiphlogistikum, das zur Behandlung von Arthritis, Gichtanfällen und bestimmten anderen Entzündungen eingesetzt wird. Nebenwirkungen sind teils ausgeprägte Schleimhautschäden im Magen-Darm-Bereich, Leberschäden, allergische Reaktionen, Kopfschmerzen und Ödeme.
Indometacin

Induktion. 1. Prozess der Stimulierung und Bestimmung der morphologischen Differenzierung bei einem sich entwickelnden Embryo mit Hilfe von chemischen Substanzen, die von einem Teil des Embryos auf einen anderen weitergeleitet werden. 2. Auslösung einer neuralen Hemmung durch die Erregung eines bestimmten Nervs. 3. Vom Einzelfall auf das Allgemeine oder Gesetzmäßige schließende wissenschaftliche Methode (→ Ansatz, induktiver). 4. Einleitung, z.B. einer Narkose oder der Wehen.
[*lat.:* inducere, hineinführen]
induction

Induktor. Gewebe oder Zellen, die eine chemische Substanz abgeben, welche in der Entwicklung eines Embryos eine morphogenetische Wirkung hat. (→ Morphogenese)
[*lat.:* inducere, hineinführen]
inductor

Induration. Verhärtung eines Gewebes, insbesondere der Haut, die durch Ödeme, Entzündungen oder Infiltrationen durch ein Neoplasma verursacht wird. – *adj.* induriert.
[*lat.:* indurare, verhärten]
induration

induzieren. Den Beginn einer Aktivität auslösen oder stimulieren, z.B. durch ein Enzym, das eine metabolische Aktivität in Gang setzt.
[*lat.:* inducere, hineinführen]
induce

inert. 1. Sich nicht bewegend oder nicht agierend. 2. Bezeichnung für chemische Substanzen, die nicht an chemischen Reaktionen teilnehmen. 3. Inaktive pharmakologische Substanz, die nur als Bindungs- oder Verdickungsmittel oder als Süssstoff dient.
[*lat.:* untätig]
inert

Inertie. (Reaktionsträgheit). 1. Die Tendenz eines ruhenden Körpers, unbeweglich zu bleiben, es sein denn, er wird von äußeren Kräften zur Bewegung gezwungen; oder die Neigung eines sich bewegenden Körpers, so lange die gleiche Richtung einzuhalten, bis er von äußeren Kräften zum Stillstand oder zum Richtungswechsel gezwungen wird. 2. Unphysiologischer Zu-

stand der Trägheit, z.B. Inertia uteri, primäre Wehenschwäche.
[*lat.:* untätig]
inertia

infantil. 1. Zu einem Säugling gehörend oder entsprechende Merkmale aufweisend. 2. Bezeichnung für das Fehlen von Reife, Differenziertheit und Vernunft. 3. Zum → Infantilismus gehörend. 4. In einer frühen Entwicklungsphase befindlich.
[*lat.:* infans, nicht sprechen können]
infantile

Infantilismus. 1. Zustand, bei dem verschiedene anatomische, physiologische und psychologische Merkmale der Kindheit im Erwachsenenalter weiter fortbestehen. 2. Zustand bei einem älteren Kind, der meist psychologische statt organische Ursachen hat und mit Sprach- und Sprechmustern einhergeht, die eher für kleine Kinder typisch sind.
infantilism

Infarkt. Lokalisierte → Nekrose in einem Gewebe, Gefäß, Organ oder Teil eines Organ, die durch eine Minderdurchblutung (Anoxie) des Gewebes verursacht wird, z.B. → Myokardinfarkt. Ursache ist eine Unterbrechung der Blutversorgung vor dem betroffenen Bereich oder in seltenen Fällen ein zirkulatorischer Stillstand durch den Verschluss einer Vene, die normalerweise das Blut abtransportiert. Ein I. ähnelt einer roten, geschwollenen Quetschung aufgrund der Blutung (Hämorrhagie) und der Ansammlung von Blut im betroffenen Bereich. Einige I.-Gewebe sind auch blass und weiß, was durch eine Minderdurchblutung bedingt ist.
[*lat.:* infarcire, hineinstopfen]
infarct

Infarzierung. Die Entwicklung und Bildung eines → Infarkts.
[*lat.:* infarcire, hineinstopfen]
infarction

Infektion. (Infekt). 1. Befall des Körpers durch pathogene Keime und Mikroorganismen (z.B. Bakterien, Viren, Pilze, Protozoen), die sich dort vermehren und infolge von lokalisierten Zellverletzungen, der Sekretion von Toxinen oder einer Antikörperreaktion beim Wirt Krankheiten auslösen. 2. Erkrankung durch den Befall des Körpers mit pathogenen Mikroorganismen. – *adj.* infektiös.
[*lat.:* inficere, beflecken]
infection

Infektion, abortive. Infektion, bei der einige bzw. alle Bestandteile eines Virus im Körper gebildet werden, ohne dass ein infektiöses Virus entsteht; es kommt nur zu leichten Krankheitssymptomen. (→ Infektion)
abortive infection

Infektion, anaerobe. Eine von einem → anaeroben Mikroorganismus verursachte Infektion; kommt zumeist in tiefen Stichwunden vor, die ohne Sauerstoffversorgung sind, oder in Gewebe mit vermindertem Sauerstoff-Reduktionspotenzial infolge von Verletzungen, Nekrosen oder übermäßiger bakterieller Vermehrung. Formen von a.n I.en sind z.B. **Gangrän** und **Tetanus**.
anaerobic infection

Infektion, endogene. Eine durch Reaktivierung bereits abgeschwächter Organismen ausgelöste Infektionserkrankung, wie z.B. Tuberkulose.
endogenous infection

Infektion, exogene. Infektion, deren bakterielle Erreger sich normalerweise außerhalb des Körpers befinden.
[*griech.:* exo, außerhalb, genein, erzeugen; *lat.:* inficere, infizieren.]
exogenous infection

Infektion, kryptogenetische. Infektionskrankheit, die von pathogenen Mikroorganismen unbekannten Ursprungs verursacht wird.
cryptogenic infection

Infektion, pyogene. Jede Infektion, die zur Eiterbildung führt. Zu den Mikroorganismen, die p. I.en verursachen, gehören Bazillen, Clostridien, Gonokokken, Meningokokken, Pseudomonas, Staphylokokken und Streptokokken.
pyogenic infection

Infektion, retrograde. Infektion, die sich in Gefäßen oder Leitern entgegen der normalen Fließrichtung von Körpersekreten ausbreitet, z.B. Harnleiterinfektion, Nierenbeckeninfektion.
retrograde infection

Infektion, subakute. Nicht chronischer Krankheitsverlauf mit schwächer ausgeprägten Symptomen als bei einer akuten Infektion.
subacute infection

Infektion, systemische. Infektion, bei der die krankmachenden (pathogenen) Keime nicht nur auf einen Körperbereich beschränkt, sondern über den ganzen Körper verteilt sind.
systemic infection

Infektionskontrolle. → Pflegeintervention der → NIC, die definiert wird als die Minimierung der Aufnahme und Übertragung von infektiösen Substanzen.
Infection Control

Infektionskontrolle, intraoperative. → Pflegeintervention der → NIC, die definiert wird als die Vorbeugung gegen Nosokomialinfektionen (Krankenhausinfektionen) im Operationssaal.
Infection Control: Intraoperative

Infektionskrankheit. Ansteckende Krankheit oder Erkrankung, die durch direkten oder indirekten Kontakt von einem Menschen auf einen anderen oder von einem Tier auf einen Menschen übertragen werden kann.
infectious disease

Infektionsrisiko. Anerkannte → NANDA-→ Pflegediagnose; Zustand, bei dem ein Patient verstärkt gefährdet ist, von pathogenen Organismen infiziert zu werden. Zu den Risikofaktoren zählen ungenügende primäre Abwehrmechanismen (z.B. Hautverletzungen), verminderte Bewegung von Flimmerhärchen, Veränderung des pH-Wertes, veränderte Peristaltik, unzureichende sekundäre Abwehrmechanismen (z.B. erniedrigtes Hämoglobin, unterdrückte Entzündungsreaktion oder Immunsuppression), ungenügende erworbene Immunität, Gewebezerstörung, umweltbedingte Gefährdung, chronische Krankheiten, invasive Eingriffe, Mangelernährung, pharmazeutische Wirkstoffe, Verletzungen und Ruptur der Fruchtblase.
infection, risk of

Infektionsschutz. Richtlinien und Maßnahmen eines Krankenhauses oder einer anderen Gesundheitseinrichtung, mit denen das Risiko der Verbreitung von → Nosokomialinfektionen oder anderen Infektionen für Patienten und Mitarbeiter minimiert werden soll.
infection control

Infektionsschutz. → Pflegeintervention der → NIC, die definiert wird als die Verhinderung und rechtzeitige Erkennung von Infektionen bei Risikopatienten.
Infection Protection

Infektionsträger. Totes Material, wie z.B. Bettlaken, über das Krankheitserreger übertragen werden können.
fomite

inferior. 1. Unter einem Referenzpunkt liegend; z.B. befinden sich die Füße i. zu den Beinen. 2. Eine schlechtere Qualität aufweisend. (s.a. superior)
[*lat.:* inferus, unterer]
inferior

Infertilität. (Unfruchtbarkeit). Unfähigkeit, eine Schwangerschaft auszutragen, obwohl eine Konzeption möglich ist. Die I. kann bei einem oder beiden Partnern bestehen, vorübergehend oder dauerhaft sein. Zu den Ursachen gehören körperliche, psychische und emotionale Probleme. Man unterscheidet zwischen der primären I., bei der überhaupt keine Schwangerschaft möglich ist, und der sekundären I., die nach einer oder mehreren Schwangerschaften auftritt. (s.a. Sterilität)
– *adj.* infertil.
[*lat.:* in, nicht; fertilis, fruchtbar]
infertility

Infiltration. Prozess, bei dem sich eine Flüssigkeit oder Zellen in einem Gewebe verteilen, z.B. bei der Verabreichung eines

Lokalanästhetikums (Infiltrationsanästhesie).
[*lat.:* in, hinein; filtrare, durchdringen]
infiltration

infizieren. Einen pathogenen Keim übertragen, der bei einer anderen Person zur Entwicklung einer → Infektionskrankheit führen kann.
[*lat.:* inficere, beflecken]
infect

Influenza. (Grippe). Höchst ansteckende Infektion des Respirationstraktes, die durch einen Myxovirus verursacht und durch Tröpfcheninfektion übertragen wird. Zu den Symptomen gehören Halsentzündung, Husten, Fieber, Muskelschmerzen und Schwäche. Die Inkubationszeit ist sehr kurz (1 bis 3 Tage); der Beginn der I. setzt rasch mit Schüttelfrost, Fieber und allgemeinem Unwohlsein ein. Fieber und konstitutionelle Symptome unterscheiden die I. von einer gewöhnlichen Erkältung. Man unterscheidet drei Hauptstämme von Grippeviren: Typ A, Typ B und Typ C. Neue Stämme von Viren entstehen in regelmäßigen Abständen und werden nach ihrer geografischen Herkunft benannt. Die asiatische I. ist eine Typ A-Grippe. Älteren Menschen, chronisch Kranken und Mitarbeitern in den Gesundheitsberufen wird eine jährliche Schutzimpfung (Influenza-Impfung) empfohlen.
influenza

Informationsvorbereitung, sensorische. → Pflegeintervention der → NIC, die definiert wird als die Beschreibung der subjektiven und objektiven körperlichen Empfindungen vor einer belastenden Maßnahme oder Behandlung.
Preparatory Sensory Information

inframaxillär. 1. Zum Unterkiefer gehörend. 2. Unter dem Kiefer liegend.
inframaxillary

infraorbital. Zu dem Bereich gehörend, der unterhalb der Augenhöhle liegt.
infraorbital

Infrarotstrahlung. Elektromagnetische Strahlung, bei der die Wellenlänge zwischen 10^{-5} m und 10^{-4} m liegt. Die Infrarotstrahlen sind länger als das sichtbare Licht und kürzer als Radiowellen. Auf der Haut wird die I. als Wärme wahrgenommen.
infrared radiation

Infrarottherapie. Behandlung, bei der der Patient verschiedenen Wellenlängen einer → Infrarotstrahlung ausgesetzt wird. Diese Behandlung wird zur Linderung von Schmerzen und zur Stimulierung des Blutkreislaufs durchgeführt.
infrared therapy

Infrarotthermographie. Schnelle und sehr genaue Messung der Körpertemperatur (mit Hilfe eines Infrarotthermometers), indem die Infrarotstrahlung bestimmt wird, die von einem erwärmten Gewebe abgestrahlt wird.
infrared thermography

Infundibulum. 1. Trichterförmige Struktur oder Passage, z.B. die Höhle, die im abdominalen Ende des Eileiters gebildet wird (I. tubae uterinae) oder der trichterförmige Stiel der Hypophyse (I. hypophysis). 2. Gemeinsamer Haar-Talgdrüsen-Ausführungsgang.
[*lat.:* Trichter]
infundibulum

Infusat. Flüssigkeit, die über einen bestimmten Zeitraum einem Patienten → parenteral verabreicht wird.
[*lat.:* in, hinein; fundere, gießen]
infusate

Infusion. 1. Einleitung einer Substanz, z.B. Flüssigkeit, Elektrolyte, Nährstoffe oder Medikamente direkt in eine Vene oder interstitiell mit Hilfe der Schwerkraft in den Körper. 2. Substanz, die in den Körper eingeleitet (infundiert) wird.
infusion

Infusion, intravenöse. Eine Lösung, die direkt in die Vene eingeleitet wird; dazu benötigt man ein Infusionssystem, eine Glas- oder Plastikflasche oder einen Beutel mit dem entsprechenden Infusat

und eine Kanüle, die mit dem Infusionsbesteck verbunden ist und in der Vene des Patienten liegt.
intravenous infusion

Infusionspumpe. (Infusomat). Eigentlich Infusionsapparat; energetisch betriebenes Gerät, das bestimmte Mengen eines Arzneimittels in flüssiger Form oder einer Flüssigkeit in einem konkreten Zeitraum intravenös verabreicht. I.n werden hauptsächlich für Infusionslösungen verwendet und können tropfengeregelt, volumengesteuert oder volumenberechnend arbeiten. Manche I.n können auch chirurgisch implantiert werden. Für die gezielte Verabreichung von Medikamenten oder Lösungen sollten nur Infusions**spritzen**pumpen verwendet werden, das sie wesentlich präziser sind.
infusion pump

Ingestion. Die orale Aufnahme von Substanzen; der Begriff bezieht sich auf Nahrungsmittel sowie auf Arzneimittel.
[*lat.:* ingerere, hineinbringen]
ingestion

inguinal. Zur Leiste oder Leistengegend gehörend.
[*lat.:* inguen, Leiste]
inguinal

Inhalat. (Inhalationsmittel). Substanz, die dem Körper durch Einatmen (Inhalation) zugeführt wird. Es kann sich dabei um ein Arzneimittel oder eine flüchtige chemische Substanz handeln. Viele Medikamente gegen Asthma oder Atemnot werden als I. per Aerosol-Therapie verabreicht.
inhalant

Inhalationsanästhetika. Gase bzw. Flüssigkeiten, die aufgrund ihres niedrigen Siedepunktes leicht flüchtig sind und mit Hilfe eines Narkosegerätes und einer Beatmungsmaske oder Endotrachealtubus zur Anästhesie eingeatmet werden. Über die Lunge werden diese in die Blutbahn aufgenommen und gelangen ins Gehirn. Sie dienen der Narkoseeinleitung und der Narkoseerhaltung. Zu den gängigen I. zählen Halothan, Isofluran, Enfluran, Desfluran, Sevoluran. Die meisten I. haben kreislaufdepressive Nebenwirkungen.
inhalation anaesthetics

Inhalationsgerät. Gerät zur Verabreichung von Arzneimitteln, die inhaliert werden, z.B. Dämpfe, feine Stäube oder flüchtige Substanzen. Ein I. kann auch dazu dienen, anästhetische Gase zu verabreichen.
inhaler

Inhalationsnarkose. → Narkose, die durch das Einatmen von anästhetischen Gasen oder Dämpfen erreicht wird. Vor der Inhalation von Anästhetika wird im Allgemeinen ein schnell wirkendes → Hypnotikum intravenös verabreicht; möglicherweise wird daraufhin eine endotracheale Intubation erforderlich.
inhalation anesthesia

Inhalationstherapie. Behandlung mit einer Substanz, die mit der eingeatmeten Luft in den Respirationstrakt gelangt. Mit Hilfe der I. können Sauerstoff, Wasser (→ Aerosole) oder verschiedene Arzneimittel (z.B. Broncholytika) verabreicht werden.
inhalation therapy

Inhibin. 1. Hormone der Hoden (Testes), die die Aktivität des follikelstimulierenden Hormons hemmen, das vom Hypophysenvorderlappen ausgeschieden wird. 2. Substanz, die im Speichel zu finden ist und bestimmte Bakterien hemmt.
inhibin

Inhibitor. (Hemmer). Arzneimittel oder andere Substanz, die eine bestimmte Wirkung verhindert oder einschränkt.
inhibitor

Initiator. Co-karzinogener Faktor, der irreversible genetische Mutationen bei normalen Zellen verursacht und für ein unkontrolliertes Wachstum prädisponiert; z.B. Strahlung, Aflatoxine, Urethan und Nitrosamine. (→ karzinogen)
initiator

Injektion. Relativ schnelle Verabreichung einer Flüssigkeit in den Körper mit Hilfe einer Kanüle und Spritze. I.en werden nach den jeweiligen anatomischen Einstichstellen benannt, z.B. intraarterielle

(in die Arterie), intradermale (in die Haut), intramuskuläre (in den Muskel), intravenöse (in die Vene) und subkutane (unter die Haut) I.en.
[*lat.:* inicere, hineinwerfen]
🇬🇧 injection

Injektion, intradermale. Einführung einer sehr feinen Nadel in die obere Hautschicht (Derma), um eine Substanz, z.B. Serum oder Impfstoff, zu injizieren.
🇬🇧 intradermal injection

Injektion, intramuskuläre. Einführung einer feinen, langen Nadel in einen Muskel, um ein Arzneimittel zu verabreichen. Meist erfolgt die i. I. in den Gesäßmuskel (Musculus glutaeus medius oder minimus) oder in den Oberschenkelmuskel (Musculus vastus lateralis). Die Aufnahme von Arzneimitteln erfolgt bei der i.n I. langsamer als bei der intravenösen und schneller als bei der subkutanen Injektion.
🇬🇧 intramuscular injection

Injektion, intrathekale. Einführung einer feinen Kanüle in den → Subarachnoidalraum, um eine Substanz zu injizieren, die sich im Liquorraum verteilen soll, z.B. zur Anästhesie.
🇬🇧 intrathecal injection

Injektion, intravenöse. Punktion einer Vene, um eine einzelne Dosis eines Medikaments oder ein Kontrastmittel zu verabreichen oder um eine Bluttransfusion oder Infusionslösung (mit Kochsalz, Nährlösung oder Medikamenten) anzuschließen.
🇬🇧 intravenous injection

Inkarzeration. Einschluss, Einklemmung oder Abschnürung z.B. einer Darmschleife bei einer → Hernie oder einem → Ileus.
[*lat.:* in, innen; carcerare, einsperren]
🇬🇧 incarceration

Inkohärenz. 1. Ungeordnete, unlogische Verbindung, Zusammenhanglosigkeit, Fehlen einer geordneten Kontinuität oder Relevanz. 2. Unfähigkeit, Gedanken oder Ideen geordnet auszudrücken; unverständliche Aussprache, meist infolge von emotionalem Stress.
[*lat.:* in, nicht; cohaerere, zusammenhalten]
🇬🇧 incoherence

Inkompatibilität. (Unverträglichkeit). Zustand, der durch die Unfähigkeit gekennzeichnet ist, harmonisch mit anderen Faktoren zusammen zu existieren; z.B. wenn Bluttransfusionen zu Unverträglichkeitsreaktionen führen, weil die Blutgruppen von Spender und Empfänger nicht übereinstimmen; wenn ein transplantiertes Gewebe abgestoßen wird, weil die Antikörperfaktoren von Spender und Empfänger nicht übereinstimmen; oder wenn mehrere verabreichte Arzneimittel miteinander in unbeabsichtigter Weise reagieren. – *adj.* inkompatibel.
[*lat.:* in, nicht; compatibulus, übereinstimmend]
🇬🇧 incompatibility

Inkontinenz. Unfähigkeit, die Urin- oder Stuhlausscheidung zu kontrollieren. Die Urin-I. kann durch Bewusstseinstrübung, Infektionen, Hirn- oder Rückenmarksläsionen, Verletzungen an den peripheren Nerven der Blase, des Sphinkters oder perinealer Strukturen, die manchmal während der Entbindung auftreten, verursacht werden. Eine Stressinkontinenz bei Husten, Anstrengung oder Heben schwerer Gegenstände tritt bei Frauen häufiger als bei Männern auf. Bei der Dranginkontinenz wird der Harndrang so stark, dass der Patient die Toilette nicht mehr rechtzeitig erreichen kann. Weitere Formen der Urin-I. sind Reflexinkontinenz (durch eine gestörte Verbindung zwischen Gehirn und den Rückenmarkszonen für die Blasenfunktion, z.B. bei Querschnittslähmung) und Überlaufinkontinenz (bei Verengung des Blasenausgangs, z.B. bei Prostatavergrößerung). Eine Stuhl-I. kann durch Erschlaffung des Analsphinkters, Störungen des Zentralnervensystems oder des Rückenmarks bedingt sein und ist durch → Darmtraining zu behandeln.
[*lat.:* in, nicht; continentia, Unterdrücken]
🇬🇧 incontinence

Inkontinenz, funktionelle. Anerkannte → NANDA- → Pflegediagnose; Zustand, bei dem ein Patient unter einem unwillkürlichen, unvorhersehbaren Urinabgang leidet. Zu den kennzeichnenden Merkmalen gehören Harndrang und Blasenkontraktionen, die so stark sind, dass es vor dem Erreichen eines geeigneten Auffangbehältnisses zu einem Urinabgang kommt.
incontinence, functional

Inkontinenz, vollständige. Anerkannte → NANDA- → Pflegediagnose; Zustand, bei dem ein Patient unter einem ständigen und nicht vorhersehbaren Urinabgang leidet. Kennzeichnende Merkmale sind konstanter Urinfluss, der unvorsehbar ohne Blasenfüllung oder ungehemmte Blasenkontraktionen/-krämpfe auftritt, erfolglose Inkontinenzbehandlung, häufiges nächtliches Urinlassen (Nykturie), fehlendes Bewusstsein für die Blase, die Blasenfüllung oder die Inkontinenz.
incontinence, total

Inkrustation. Verhärtetes Exsudat, Schuppe oder Kruste oder Mineralsalzablagerung im Gewebe.
incrustation

Inkubationszeit. 1. Die Zeit zwischen einer Exposition gegenüber pathogenen Organismen und dem Auftreten von Krankheitssymptomen. 2. Die Zeit, die erforderlich ist, um die Entwicklung eines Embryos in einem Ei auszulösen oder die Entwicklung und Vermehrung von Gewebezellen oder Mikroorganismen in einem Kulturmedium anzuregen. 3. Die Zeit, die erforderlich ist, damit chemische Reaktionen oder Prozesse ablaufen.
[*lat.:* incubare, brüten]
incubation period

Inkubator. Eine Apparatur, die dazu dient, eine kontrollierte Umgebung, insbesondere auf die Temperatur bezogen, zu schaffen. I.en werden als Wärmebetten und Brutkästen für Frühgeborene eingesetzt; dabei handelt es sich um abgeschlossene Kleinkammern, in denen die Wärme- und Sauerstoffzufuhr den individuellen Bedürfnissen angepasst werden kann. An der Seite des I.s befinden sich Durchgriffsöffnungen, damit der Säugling zur Durchführung von Pflegemaßnahmen nicht herausgenommen werden muss.
[*lat.:* incubare, brüten]
incubator

inkurabel. (unheilbar/incurabilis). Nicht auf medizinische oder chirurgische Behandlungen reagierend.
incurable

Innenohr. (Labyrinth). Komplexe innere Struktur des Ohrs, die die Rezeptoren für das Hörvermögen und das Gleichgewicht beinhaltet. Die Zellen des Corti-Organs wandeln Geräuschvibrationen in Impulse des Hörsinns um. Die Hörrezeptoren werden durch den Cochlearnerv innerviert.
internal ear

Innenohr-Implantat. Elektronisches Instrument, das operativ in die Innenohrschnecke eines tauben Patienten eingefügt wird. Entweder wird es in das Mittelohr, das Fenestra cochleae oder das Innenohr eingepflanzt. Obwohl Sprechgeräusche nicht klar übertragen werden, ermöglicht es dem Patienten Geräusche wahrzunehmen, die er sonst nicht hören könnte.
cochlear implant

Innenohrschwerhörigkeit. Form der Gehörschädigung, bei der der Schall normal durch das äußere Ohr und das Mittelohr geleitet wird, durch eine Störung des Innenohrs oder des Hörnerven jedoch das Hören sämtlicher Frequenzen erschwert wird.
sensorineural hearing loss

Innere Medizin. Zweig der Medizin, der sich mit dem Studium der physiologischen und pathologischen Merkmale der inneren Organe sowie mit der Diagnostik und Behandlung von Erkrankungen dieser Organe beschäftigt.
internal medicine

Innerfamiliäre Prozesse, Erhaltung von. → Pflegeintervention der → NIC, die definiert wird als die Minimierung störender

Auswirkungen bestimmter Familienprozesse.
Family Process Maintenance

Innervation. Die Verteilung von Nervenfasern oder Nervenimpulsen in einem Körperteil oder die Versorgung mit Nerven.
[*lat.:* in, darin; nervus, Nerv]
innervation

Inokulation. 1. Einbringen einer pathogenen Substanz (→ Inokulum) in den Körper in Form einer Impfung, um eine verstärkte → Immunität gegen bestimmte Erreger und die von ihnen ausgelösten Krankheiten zu erreichen (vorbeugende therapeutische Maßnahme). 2. Unbeabsichtigte Übertragung von pathogenen Keimen bei Infektionen oder Impfungen.
[*lat.:* inoculare, einpflanzen]
inoculation

Inokulum. Pathogene Substanz, die in den Körper injiziert wird, um die körpereigene → Immunität gegen bestimmte Krankheiten oder Zustände zu stärken. Das I. kann ein Toxin, ein lebender, abgeschwächter oder abgetöteter Virus, ein Immunserum sowie bestimmte Bakterien sein. (→ Inokulation)
inoculum

inoperabel. Bezeichnung für einen Zustand, der von einem chirurgischen Eingriff nicht profitiert oder bei dem die Risiken einer Operation den Nutzen übersteigen. (s.a. operabel)
[*lat.:* in, nicht; operari, funktionieren]
inoperable

inotrop. Zur Kraft oder Energie von Muskelkontraktionen gehörend, insbesondere des Herzmuskels. Positiv i.e Arzneimittel steigern diese Wirkung (z.B. Katecholamine, Herzglykoside), negativ i.e Arzneimittel setzen diese Wirkung herab (z.B. Betarezeptorenblocker).
[*griech.:* inos, Faser; trope, drehen]
inotropic

Input. Information oder Material, die in ein System eingebracht werden.
Input

Insektenstich. Stich oder Biss durch einen Parasiten oder giftige Gliederfüßer (Arthropoden), z.B. Wespen, Läuse, Flöhe, Milben, Zecken oder Spinnen. Viele Arthropoden injizieren Gifte, die zu toxischen Erscheinungen oder schweren lokalen Entzündungsreaktionen führen, denn ihr Speichel kann Viren oder Reizstoffe enthalten.
insect bite

Insektizid. Chemische Substanz, die Insekten abtötet.
insecticide

Insemination. Das natürliche oder künstliche Einbringen von Samenflüssigkeit in den weiblichen Genitaltrakt.
[*lat.:* inseminare, einsäen, befruchten]
insemination; semination

Insertion. Bindungs- oder Ansatzstelle, z.B. eines Muskels an einem Knochen, um diesen zu bewegen.
[*lat.:* inserere, einführen]
insertion

insipidus. Glanzlos, geschmack- oder leblos; z.B. → Diabetes insipidus (weil der Urin nicht den süßen Geschmack des bei Diabetes mellitus ausgeschiedenen Urins hat).
[*lat.:* in, nicht; sipidus, wohlschmeckend]
insipid

Insolation. (→ Sonnenstich)
sunstroke

Insomnia. (Schlaflosigkeit). Chronische Schlafstörung, die durch die Unfähigkeit, nachts zu schlafen, gekennzeichnet ist. Es kann sich um Einschlafstörungen, Durchschlafstörungen oder ein zu frühes Erwachen am Morgen handeln.
[*lat.:* in, nicht; somnium, Schlaf]
insomnia

Inspiration. (Einatmung). Physiologischer Vorgang, durch den Luft in die Lunge gelangt, um Sauerstoff gegen Kohlendioxid, das Endprodukt des Gewebestoffwechsels, auszutauschen. Der für die Einatmung wichtigste Muskel ist das → Diaphragma, dessen Kontraktion einen negativen Druck im Brustraum (Thorax) bewirkt

und so für eine Ausdehnung der Lunge sorgt, wodurch Luft aus der Umgebung nach innen gesogen wird. Das Volumen der Lungen beträgt beim Einatmen durchschnittlich 5500 bis 6000 ml Luft. – *adj.* inspiratorisch.
[*lat.:* inspirare, einatmen]
inspiration

Instillation. Vorgang, bei dem eine Flüssigkeit langsam und tropfenweise in eine Körperhöhle (Kavität) oder Körperpassage eingebracht wird und eine längere Zeit dort verbleibt, bis sie wieder abgeleitet oder abgezogen wird.
[*lat.:* instillare, einträufeln]
instillation

Instinkt. Angeborene psychologische Darstellung eine Bedürfnisses, z.B. der lebensnotwendigen I.e Hunger, Durst und Geschlechtstrieb, aber auch destruktive und aggressive I. des Tötens.
[*lat.:* instinctus, Impuls]
instinct

Institution. Einrichtung, die dem Wohl des einzelnen oder der Gesellschaft dient.
[*lat.:* Einrichtung]
institution

Instrument. Chirurgisches Gerät oder Hilfsmittel, das dazu dient, spezielle Funktionen auszuführen, z.B. Schneiden, Trennen, Halten, Nähen. Zu den I.en gehören Klemmen, Nadelhalter, Skalpell, Spekulum u.v.m.
[*lat.:* instrumentum, Werkzeug]
instrument

Instrumentierschwester, Instrumentierpfleger. (OP-Schwester; OP-Pfleger). Ausgebildete Krankenschwester bzw. -pfleger (2jährige Weiterbildung), die dem Operateur während einer Operation die Instrumente anreicht (instrumentiert).
scrub nurse

Insuffizienz. (Funktionsschwäche). Mangelhafte Leistungsfähigkeit, z.B. von Körperorganen, die nicht angemessen oder ausreichend funktionieren. – *adj.* insuffizient.
incompetence; insufficiency

Insuffizienz, arterielle. Unphysiologischer Blutfluss in den → Arterien; kann durch eine Embolie (oder okklusive arteriosklerotische Plaque), verletzte, erkrankte oder schwache Gefäße, arteriovenöse Fisteln, Aneurysmen, hyperkoagulative Erkrankungen oder hohen Nikotinkonsum verursacht werden. Zu den Anzeichen einer a.I. gehören blasse, zyanotische oder gefleckte Haut über dem betroffenen Bereich, fehlende oder verringerte Empfindungen, brennendes oder stechendes Gefühl, reduzierte Empfindungsfähigkeit für Temperatur, Muskelschmerzen, verminderte oder fehlende periphere Pulse und im fortgeschrittenen Stadium Muskelatrophie der betroffenen Extremitäten. Eine a.I. der unteren Extremitäten ist durch Verhärtung, Verdickung und Elastizitätsverlust der peripheren Arterienwände gekennzeichnet. Es kommt zu verminderter Durchblutung, Empfindungs- und Funktionsstörungen. Zu den Symptomen gehören stechende, krampfartige Schmerzen, Taubheit, Hautveränderungen, die von Blässe bis zu Ulzerationen reichen können. Die Fußpulse sind geschwächt oder fehlen ganz.
arterial insufficiency

Insufflation. Einblasen eines Gases oder Pulvers in eine Röhre, Körperhöhle oder ein Organ, um eine visuelle Darstellung zu ermöglichen, eine Obstruktion zu entfernen oder eine Medikation zu verabreichen.
[*lat.:* insufflare, einblasen]
insufflation

Insulin. 1. Natürlich vorhandenes Hormon, das von den Betazellen der → Langerhans-Inseln in der Bauchspeicheldrüse (Pankreas) als Reaktion auf einen Anstieg des Blutzuckerspiegels ausgeschieden wird. Das Hormon reguliert den Glukosestoffwechsel sowie die Prozesse, die für Zwischenstufen im Fett-, Kohlenhydrat- und Eiweißstoffwechsel erforderlich sind. I. senkt den Blutzuckerspiegel und fördert den Transport sowie das Eindringen von → Glukose in Muskelzellen und andere Gewebe. 2. Pharmakologische Form des Hormons, das zur Behandlung des → Dia-

betes mellitus verabreicht wird. Die verschiedenen Präparationen unterscheiden sich in Wirkungsbeginn, -dauer und -intensität. Es gibt langwirkendes Depotinsulin, kurzwirkendes Altinsulin und Zwischenformen.
[*lat.:* insula, Insel]
insulin

Insulin, kurzwirkendes. Ein reines Altinsulinpräparat mit sofortigem Wirkungseintritt (15 bis 30 Minuten), das seinen Wirkungshöhepunkt nach 2 bis 4 Stunden erreicht und etwa 6 bis 8 Stunden wirkt. Semilent-Insulin ist ein weiteres schnell-wirkendes Insulinpräparat; es enthält Zink-Mikrokristalle in einem Säurepuffer. Die Wirkung tritt nach etwa 1 Stunde ein, erreicht ihren Höhepunkt nach 4 bis 6 Stunden und hält 12 bis 16 Stunden an.
short-acting insulin

Insulin, synthetisches. Insulinsorte, die in einem Stamm nicht pathogener *Escherichia-coli*-Bakterien synthetisiert wird, bzw. in Hefezellen, die durch Zufügen von menschlichen, insulinproduzierenden Genen genetisch verändert wurden.
synthetic insulin

Insulinämie. Unphysiologisch hoher Insulinspiegel im Blut.
[*lat.:* insula, Insel; *griech.:* haima, Blut]
insulinemia

Insulinase. Enzym, das → Insulin inaktiviert und dadurch den Insulinabbau fördert.
insulinase

Insulinom. Adenom der insulinproduzierenden → Langerhans-Zellen, das in den meisten Fällen gutartig ist. Ein I. führt zu Hypoglykämien und Hyperinsulinismus. Eine chirurgische Entfernung des I.s ist möglich, um die Entwicklung einer Hypoglykämie einzuschränken.
[*lat.:* insula, Insel; *griech.:* oma, Tumor]
insulinoma

Insulinpumpe. (Insulininfusionssystem). Tragbares, batteriebetriebenes Instrument, das in der Bauchwand eingepflanzt ist, den jeweiligen Insulinbedarf misst und eine entsprechende Menge → Insulin abgibt. Es kann auch programmiert werden, verschiedene Dosierungen zu festgelegten Zeiten abzugeben.
insulin pump

Insulinresistenz. Komplikation eines → Diabetes mellitus, bei der ein Patient mehr als 200 IE → Insulin pro Tag benötigt, um eine Hyperglykämie und Ketose zu kontrollieren.
insulin resistance

Insulinschock. Zustand der → Hypoglykämie, die meist durch eine Überdosis → Insulin verursacht wird. Der I. zeigt sich durch extremes Schwitzen, Zittern, Schüttelfrost, Nervosität, Reizbarkeit, Hunger, Halluzinationen, Taubheit in den Fingern und Blässe; unbehandelt führt der I. zu Krämpfen, Koma und zum Tod. Als Behandlung ist eine sofortige Verabreichung von Glukose erforderlich.
insulin shock

Insulintoleranztest. Test zur Überprüfung der Körperfunktion, → Insulin zu verwerten. Dabei wird Insulin verabreicht und der Blutzuckerspiegel anschließend in regelmäßigen Abständen gemessen.
insulin tolerance test

Insulitis. Lymphozytäre Infiltration der Betazellen in den → Langerhans-Inseln.
insulitis

Integration. 1. Prozess des Zusammenfügens, Vereinigens und Eingliederns. 2. Organisation aller Elemente der Persönlichkeit in ein koordiniertes funktionierendes Ganzes, das im Einklang mit seiner Umgebung steht.
integration

Intellekt. (Verstand). Die Kompetenz und das Vermögen des Geistes, etwas zu wissen und zu verstehen und Erkenntnisse zu erlangen; der I. steht im Gegensatz zum Gefühl und zum Willen. – *adj.* intellektuell.
[*lat.:* intellectus, Wahrnehmung, Erkenntnis]
intellect

Intellektualisierung. 1. Verteidigungsmechanismus, bei dem der Verstand als Mit-

tel verwendet wird, die Konfrontation mit einem unbewussten Konflikt und dem damit verbundenen emotionalen Stress abzublocken. 2. Übermäßiger Einsatz von abstraktem Denken oder von Verallgemeinerungen, um schmerzhafte Gefühle zu kontrollieren oder zu minimieren.
intellectualization

Intelligenz. Die potenzielle Fähigkeit und das Vermögen, Erfahrungen, Wissen, Vernunft, Verständnis und Urteilskraft zu erwerben, zu erhalten und im Umgang mit neuen Erfahrungen sowie beim Lösen von Problemen einzusetzen.
intelligence

Intelligenzalter. Die Altersstufe, auf der eine Person intellektuell einem standardisierten Mittelwert entspricht, der durch Psycho- und Intelligenztests ermittelt wird.
mental age (MA)

Intelligenzquotient (IQ). Nummerischer Ausdruck für das intellektuelle Niveau einer Person, der mit dem statistischen Mittelwert der gleichen Altersstufe verglichen wird. Mit Hilfe mehrerer traditioneller Skalen kann die Berechnung durchgeführt werden, indem das geistige Alter (Intelligenzalter), das durch psychologische Untersuchungen (Intelligenztests) festgestellt wird, durch das chronologische Alter (Lebensalter) dividiert und anschließend mit 100 multipliziert wird. Der durchschnittliche IQ liegt bei 100. Der IQ kann zur Einschätzung von geistigen Behinderungen verwendet werden, ist jedoch umstritten, weil er zu einer zweifelhaften Einstufung von Menschen führen kann.
intelligence quotient (IQ)

Intelligenztest. Verschiedene standardisierte Tests, mit denen das geistige Alter (Intelligenzalter) einer Person durch Bewertung der relativen Fähigkeit bestimmt wird, Informationen zu verarbeiten und Probleme zu lösen.
intelligence test

Intensivpflege. Komplexe Gesundheitspflege und Versorgung, die bei verschiedenen akuten und lebensbedrohlichen Erkrankungen konstant gewährleistet werden muß, z.B. bei multiplen Traumata, schweren Verbrennungen, Herzinfarkt oder nach verschiedenen Operationen.
intensive care

Intensivpflege, kardiologische. Pflegeleistungen in der kardiologischen Abteilung eines Krankenhauses. Die k. I. setzt technisches Wissen, Urteilungsvermögen und Kenntnisse voraus sowie die Fähigkeit, Patienten und deren Familien während der akuten Phase einer Herzkrankheit emotional zu unterstützen.
coronary care nursing

Intensivstation. Krankenhausstation, in der lebensbedrohlich erkrankte Patienten eine enge Überwachung, Monitoring und eine intensivpflegerische Versorgung erhalten, die über das normale Maß einer medizinischen und pflegerischen Betreuung weit hinausgehen. Zu einer I. gehören hochtechnisierte Geräte und Ausrüstungen; das Personal hat meist eine zusätzliche Qualifikation zur adäquaten Ausübung der Intensivpflege absolviert (2jährige Fachweiterbildung).
intensive care unit (ICU); critical care unit (CCU)

Intention. 1. Absicht, zielgerichtete Bewegung. 2. Abheilen einer Wunde, die in verschiedene Phasen unterteilt werden kann: primäre Wundheilung, die allmähliche vollständige Abheilung ohne Granulationsgewebe. Bei der sekundären Wundheilung verschließt sich die Wunde, wobei die Wundränder jedoch getrennt bleiben und die Lücke mit Granulationsgewebe gefüllt wird; es kommt zur Narbenbildung. Die tertiäre Wundheilung verläuft als ein Wundverschluss, bei dem Granulationsgewebe die Lücke zwischen den Wundrändern füllt und Epithel über die Granulation wächst. Die Heilung erfolgt viel langsamer und führt zu einer größeren Narbe als bei der sekundären Wundheilung.
[*lat.:* intendere, beabsichtigen]
intention

Intentionstremor. Leichte, rhythmische, nicht zielgerichtete zitternde Bewegungen, die sich meist bei willkürlichen Bewegungen noch verstärken.
🇬🇧 intention tremor

inter-. Vorsilbe mit der Bedeutung »zwischen«.
🇬🇧 inter-

Interaktionsmodell. Therapiemodell, das die Familie als ein Kommunikationssystem versteht, das sich aus den miteinander in Verbindung stehenden Untersystemen der Familienangehörigen zusammensetzt. Eine familiäre Dysfunktion tritt auf, wenn die Regeln, die innerhalb der Familie bestehen, vage und zweideutig werden. Das therapeutische Ziel besteht darin, der Familie zu helfen, die Regeln zu klären, die ihre Beziehungen bestimmen.
[*lat.:* inter, zwischen; agere, tun]
🇬🇧 interactional model

Interaktionsprozesse. Komponente der Theorie einer effektiven Pflegepraxis. Die Prozesse bestehen aus einer Reihe von Interaktionen zwischen einem Pflegenden und einem Patienten. Die Reihe läuft in einer Aufeinanderfolge von Handlungen und Reaktionen ab, bis der Patient und der Pflegende gemeinsam verstanden haben, welche Verhaltensweisen oder Maßnahmen gewollt und erwünscht sind und ob so das Ziel erreicht werden kann.
🇬🇧 interaction processes

interferent. Bezeichnung für jedes chemische oder physikalische Phänomen, das eine Reaktion oder einen Prozess stören oder unterbrechen kann.
🇬🇧 interferent

Interferenz. 1. Überschneidung, Übertragung, Überlagerung. 2. Die Auswirkung einer Komponente auf die Genauigkeit einer Messung. 3. Hemmung der Virusreplikation. 4. Einschränkung bei der Verarbeitung und Wiedergabe von Lerninhalten.
[*lat.:* inter, zwischen; ferre, tragen]
🇬🇧 interference

Interferon (IFN). Natürliche Zellkomponente, die gebildet wird, wenn Zellen einem Virus oder einem anderen Fremdkörper für den Zellkern ausgesetzt sind. Dies führt zur Produktion eines Translation-Inhibition-Proteins (TIP) in einer nicht-infizierten Zelle (→ Immunantwort). Das TIP blockiert die Translation der viralen RNS und gewährleistet dadurch anderen Zellen Schutz gegen die bereits vorhandenen wie auch gegen weiter eindringende Viren. I. ist für jede Species spezifisch; es wirkt antiviral, schränkt die Virenvermehrung ein und kann die Immunität verändern. Als Arzneimittel werden I.e bei Virusinfektionen, z.B. Herpes, Hepatitis B, aber auch in der Krebstherapie eingesetzt. Sie haben jedoch zahlreiche Nebenwirkungen, z.B. Haarausfall, Magen-Darm-Störungen, Fieber, Muskelschmerzen und ZNS-Störungen.
🇬🇧 interferon

interkostal. Zu dem Bereich zwischen den Rippen gehörend.
[*lat.:* inter, zwischen; costa, Rippe]
🇬🇧 intercostal

Interkostalneuralgie. Schmerzen in den Zwischenrippenräumen des Brustkorbs (Thorax), bei denen die Interkostalnerven beteiligt sind.
🇬🇧 intercostal neuralgia

Interkostalraum (ICR). Die Bereiche zwischen den Rippen.
🇬🇧 intercostal space

interkurrent. Bezeichnung für eine Krankheit, die sich erst im Verlauf einer anderen entwickelt und deren Entwicklung verändern kann.
[*lat.:* intercurrere, dazwischentreten]
🇬🇧 intercurrent

Interleukine (pl.). Signalstoffe des Abwehrsystems; große Gruppe von → Zytokinen, die hauptsächlich von den T-Zellen oder in manchen Fällen von mononukleären Phagozyten oder anderen Zellen produziert werden. Die meisten I. lösen bei anderen Zellen eine Teilung oder Differenzierung aus; sie können auch Fieber, Entzündungsprozesse, Abgeschlagenheit und

die Aktivierung verschiedener Immunzellen bewirken.
interleukins

intermediär. Dazwischenliegend.
[*lat.:* inter, zwischen; medius, Mitte]
intermediate

intermenstruell. Zu der Zeit zwischen zwei Menstruationsperioden gehörend.
[*lat.:* inter, zwischen; menstruum, Monatsfluss]
intermenstrual

intermittierend. In bestimmten Abständen auftretend, zwischen Phasen der Aktivität und der Inaktivität wechselnd; z.B. bei rheumatischer Arthritis, die durch Phasen mit Anzeichen und Symptomen und anschließende Phasen der Erholung gekennzeichnet ist.
[*lat.:* inter, zwischen; mittere, senden]
intermittend

intern. Innen oder innerhalb. (s.a. extern)
internal

International Council of Nurses (ICN). Weltbund der professionell Pflegenden; die älteste internationale Gesundheitsorganisation. Das ICN ist ein Zusammenschluß von Verbänden von Pflegenden aus 112 Ländern und war eine der ersten Organisationen, die strenge Richtlinien zur Vermeidung einer Diskriminierung wegen Nationalität, Rasse, Glaube, Hautfarbe, politischer Einstellung, Geschlecht oder sozialem Status festgelegt hat. Zu den Zielen des ICN gehören die Unterstützung nationaler Verbände von Pflegenden, die Verbesserung von Pflegestandards und Pflegekompetenz, die Verbesserung des Status der Pflegenden in ihren Ländern und die Gewährleistung einer maßgeblichen internationalen Interessenvertretung für Pflegende.
International Council of Nurses (ICN)

Internationale Einheit (IE). Ein Maßeinheit des Internationalen Einheitensystems, die keine absolute Mengenangabe ist (wie etwa 1 Gramm), sondern sich auf ein Standard- oder Referenzpräparat bezieht. IE werden bei Vitaminpräparaten, Antibiotika und Insulin verwendet.
International Unit (IU)

Internationale Klassifikation der Krankheiten (ICD). Offizielle Liste aller Kategorien körperlicher und geistiger Krankheiten, Verletzungen und Todesursachen (mit fünfstelligem Schlüssel), die von der Weltgesundheitsorganisation (WHO) herausgegeben wird. Sie wird vorwiegend für statistische Zwecke zur Klassifikation der Morbidität und Mortalität verwendet.
International Classification of Diseases (ICD)

Internationales Einheitensystem (SI). International akzeptiertes wissenschaftliches System zum Ausdruck vom Längen-, Massen- und Zeiteinheiten (IE=→ Internationale Einheit) in Meter, Kilogramm und Sekunden, die das alte Zentimeter-Gramm-Sekunden-System ersetzt hat. Das SI-System enthält u.a. auch die Standardmaßeinheiten Ampere und Kelvin.
International System of Units (SI)

Internationales Komitee vom Roten Kreuz. Internationale humanitäre Organisation mit Sitz in Genf (Schweiz), die sich vor allem mit der menschlichen Behandlung und dem Wohlergehen von Kriegsopfern sowie mit der Neutralität von Krankenhäusern und dem medizinischen Personal in Kriegszeiten befaßt.
International Red Cross Society

Interneuron. Nervenzelle, deren Axone und Dendriten sich vollständig innerhalb des Zentralnervensystems (ZNS) befinden und deren Funktion darin besteht, Impulse innerhalb des ZNS weiterzuleiten.
interneuron

Internist. Facharzt im Bereich der → Inneren Medizin.
internist

interossär. Zu einem Bereich zwischen Knochen oder einer entsprechenden Struktur gehörend; z.B. ein Band (Ligament), das zwei Knochen verbindet.
interosseous

Interphase. Stoffwechselstadium im Zellzyklus, während dem sich die Zellen nicht teilen, die Chromosomen nicht voneinander unterscheidbar sind und solche biochemischen und physiologischen Aktivitäten ablaufen wie etwa die DNS-Synthese.
[*lat.:* inter, zwischen; *griech.:* phasis, Phase]
interphase

Interpleuralraum. Der Raum des mittleren Brustkorbs (Mediastinum) zwischen den beiden Pleurablättern.
interpleural space

Intersexualität. (Zwitter). Zustand, bei dem eine Person in unterschiedlichem Ausmaß sowohl männliche als auch weibliche anatomische Merkmale aufweist oder bei dem das Aussehen der äußeren Genitalien zweideutig ist oder sich von den Merkmalen des gonadalen oder genetischen Geschlechts unterscheiden.
[*lat.:* inter, zwischen; sexus, Mann oder Frau]
intersexuality

interspinal. Zu dem Raum zwischen den Dornfortsätzen gehörend.
interspinous

interstitiell. Zu dem Raum zwischen den Zellen oder zu einem Zwischenraum gehörend; z.B. i.e Flüssigkeit.
[*lat.:* inter, zwischen; sistere, stehen]
interstitial

Intertrigo. (Wolf). Wundsein; erythematöse Reizung von aneinanderliegenden Hautbereichen, die durch Reibung, Feuchtigkeit und Wärme entsteht; z.B. in den Achselhöhlen, unter den Brüsten und zwischen den Oberschenkeln. I. tritt vor allem bei Säuglingen, adipösen Menschen und Diabetikern auf.
intertrigo

Intervall. Raum zwischen bestimmten Punkten oder Ereignissen; Pause oder Unterbrechung in einem kontinuierlichen Fluss, z.B. symptomfreies I. bei einer Krankheit wie Malaria. (s.a. Latenzzeit)
[*lat.:* intervallum, Zwischenraum]
intervall

Intervention. Jede Maßnahme, die durchgeführt wird, um die Schädigung eines Patienten zu verhindern oder seine mentalen, emotionalen oder körperlichen Funktionen zu verbessern. Auf diese Weise kann ein körperlicher Prozess überwacht und gefördert, ein patholgischer Prozess kontrolliert oder zum Stillstand gebracht werden.
[*lat.:* inter, zwischen; venire, kommen]
intervention

interventrikulär. Zu dem Bereich zwischen den Herzkammern (Ventrikel) gehörend, z.B. die Herzscheidewand (Septum).
interventricular

intervertebral. Zu dem Raum zwischen den Wirbeln gehörend.
intervertebral

interzellulär. Zu dem Bereich zwischen den Zellen gehörend, zwischen den Zellen liegend.
[*lat.:* inter, zwischen; cella, Lagerraum]
intercellular

intestinal. Zum Darm (Intestinum) gehörend.
intestinal

Intestinum. (Darm). Der Teil des Verdauungskanals, der sich vom Magenausgang (Pylorusöffnung) bis zum Anus erstreckt; dazu gehören Dünn- und Dickdarm. – *adj.* intestinal.
[*lat.:* Darm]
intestine

Intima. Die innerste Schicht einer Struktur, z.B. die innere Membran von Arterien, Venen, Lymphgefäßen und Organen.
intima

Intimpflege. → Pflegeintervention der → NIC, die definiert wird als die Erhaltung der perinealen Hautintegrität und die Linderung perinealer Beschwerden.
Perineal Care

Intoleranz. Zustand, der durch die Unfähigkeit gekennzeichnet ist, einen Nährstoff oder ein Arzneimittel zu absorbieren oder zu metabolisieren. Die Konfrontation mit einer solchen Substanz kann zu ne-

gativen Folgen führen, z.B. zu einer Laktoseintoleranz. – *adj.* intolerant.
[*lat.:* in, nicht; tolerare, ertragen]
intolerance

Intoxikation. (Vergiftung). 1. Vergiftung durch ein Arzneimittel oder eine andere toxische Substanz. 2. Der Zustand, durch einen übermäßigen Alkoholkonsum berauscht zu sein.
[*lat.:* in, innerhalb; *griech.:* toxikon, Gift]
intoxication

intra-. Vorsilbe mit der Bedeutung »hinein, innerhalb«, z.B. intravenös.
intra-

intra partum. »Unter der Geburt«; Bezeichnung für die Zeit zwischen dem Wehenbeginn und der Beendigung der Geburt mit Ausstoßung der Plazenta.
[*lat.:* intra, innerhalb; partum, Geburt]
intra partum

intraabdominal. (intraabdominell). Zu dem Bereich innerhalb des Bauchraums gehörend.
intraabdominal

intraarteriell. Zu einer Struktur oder Wirkung innerhalb einer → Arterie gehörend.
intraarterial

intraartikulär. Innerhalb eines Gelenks gelegen.
[*lat.:* intra, hinein; articulus, Gelenk]
intraarticular

intradermal. Innerhalb der Lederhaut (Derma) gelegen; in die Haut erfolgend, z.B. eine i.e Injektion.
intradermal

intraduktal. Innerhalb eines Ganges (Ductus) gelegen.
intraductal

intrakanalikulär. Im Inneren eines Körperkanälchens (Canaliculus) liegend.
intracanalicular

intrakardial. Zum Inneren des Herzens gehörend.
intracardiac

intrakraniell. Zu dem Bereich innerhalb des Schädels (Cranium) gehörend.
intracranial

intrakutan. Innerhalb der Haut befindlich; in die Haut hinein.
[*lat.:* intra, innerhalb; cutis, Haut]
intracutaneous

Intrakutantest. Testverfahren, durch das vermutete → Allergene bestimmt werden sollen; beim I. werden den Patienten subkutan kleine Mengen von Extrakten mit den vermuteten Allergenen injiziert.
intradermal test

intramural. Zu den Vorgängen oder Strukturen innerhalb der Wände von Organen, Körperteilen oder -höhlen (Kavitäten) gehörend.
[*lat.:* intra, innerhalb; murus, Wand]
intramural

intramuskulär. Zum Inneren des Muskelgewebes gehörend.
[*lat.:* intra, innerhalb; musculus, Muskel]
intramuscular

intraokular. Zu den Strukturen oder Substanzen innerhalb des Auges gehörend (z.B. Tumore, Fremdkörper).
[*lat.:* intra, innerhalb; oculus, Auge]
intraocular

intraoperativ. Zur Phase während eines chirurgischen Eingriffs gehörend.
intraoperative

intraossär. Zum Inneren eines Knochens (Os) gehörend.
intraosseous

intrapleural. Zu dem Raum innerhalb des Brustfells (Pleurahöhle) gehörend.
[*lat.:* intra, innerhalb; *griech.:* pleura, Rippe]
intrapleural

intrapulmonal. Zum Inneren der → Lunge (Pulmo) gehörend.
[*lat.:* intra, innerhalb; pulmo, Lunge]
intrapulmonary

intrathekal. Zu den Strukturen, Prozessen oder Substanzen innerhalb des Liquorraums gehörend; z.B. i.e Injektion.
[*lat.:* intra, innerhalb; *griech.:* theca, Hülle]
🇬🇧 intrathecal

intrauterin. Zum Inneren der Gebärmutter (Uterus) gehörend.
[*lat.:* intra, innerhalb; uterus, Gebärmutter]
🇬🇧 intrauterine

Intrauteriner Fruchttod. (Dead-fetus-Syndrom). Bezeichnung für einen abgestorbenen Fötus, der über längere Zeit in der Gebärmutter bleibt. Bei Entbindung des toten Fötus können Gerinnungsstörungen und heftige Blutungen auftreten.
🇬🇧 dead fetus syndrome

Intrauterinpessar (IUP). (Spirale). Vorrichtung zur Empfängnisverhütung, die direkt in die Gebärmutter (Uterus) eingeführt wird und aus einer Kunststoffspirale besteht, die mit einem Kupferdraht umwikkelt ist. Die Verhütungszuverlässigkeit ist relativ hoch.
🇬🇧 intrauterine device (IUD)

intravaskulär. Zum Inneren eines Blutgefäßes (Vasculum) gehörend, sich darin befindend.
[*lat.:* intra, innerhalb; vasculum, kleines Gefäß]
🇬🇧 intravascular

intravenös (i.v.). Zum Inneren einer Vene gehörend, z.B. Thrombus, Injektion, Infusion oder Katheter.
[*lat.:* intra, innerhalb; vena, Vene]
🇬🇧 intravenous (IV)

Intravenöse Therapie. → Pflegeintervention der → NIC, die definiert wird als die intravenöse Verabreichung und Überwachung von Flüssigkeiten und Arzneimitteln.
🇬🇧 Intravenous (IV) Therapy

intraventrikulär. Zum Inneren der Herzkammer (Ventrikel) gehörend.
🇬🇧 intraventricular

intrazellulär. (intrazellular). Zum Inneren einer Zelle gehörend.
[*lat.:* intra, innerhalb; cella, Lagerraum]
🇬🇧 intracellular

Intrazellulärflüssigkeit (IZF). Flüssigkeit innerhalb der Zellmembranen (ca. 30% des Körpergewichts), die gelöste Substanzen enthält, welche für das Elektrolytgleichgewicht und für einen funktionierenden Stoffwechsel (Metabolismus) wichtig sind.
🇬🇧 intracellular fluid (ICF)

intrazerebral. Zum Bereich oder zur Substanz innerhalb des Großhirns (Cerebrum) gehörend.
🇬🇧 intracerebral

Intrinsic Factor. Substanz, die von der Magenschleimhaut ausgeschieden wird und für die Absorption von Vitamin B_{12} im Darm verantwortlich ist. Ein Mangel an I. F. führt zu einer → perniziösen Anämie.
🇬🇧 intrinsic factor

intrinsisch. 1. Bezeichnung für eine natürliche oder eigene Komponente oder Substanz oder eine entsprechende Qualität. 2. Aus einem Organ oder Gewebe stammend, bzw. darin befindlich.
🇬🇧 intrinsic

Introjektion. Selbstverteidigungsmechanismus, bei dem eine Person die Qualität der Verhaltens- und Denkstrukturen einer anderen Person unbewußt in die eigenen Verhaltensweisen übernimmt.
[*lat.:* intro, innen; iacere, werfen]
🇬🇧 introjection

Introversion. 1. (Nach C. G. Jung) Die Tendenz, die eigenen Interessen, Gedanken und Energien nach innen zu richten oder auf Vorgänge, die sich mit der eigenen Person befassen. 2. Der Zustand, vollkommen auf die eigenen psychischen Erlebnisse konzentriert zu sein. – *adj.* introvertiert.
[*lat.:* intro, innen; vertere, hindrehen]
🇬🇧 introversion

introvertiert. Bezeichnung für Personen, die sich vorwiegend mit nach inneren gerichteten Gedanken und Phantasien statt mit der äußeren Umwelt, ihren Personen

und Ereignissen beschäftigen; solche Personen sind häufig schüchtern, scheu, zurückgezogen, emotional reserviert und selbstvergessen. (s.a. extrovertiert)
🇬🇧 introvert

Intubation, blinde. Das Einführen eines Endotrachealtubus über den Mund oder die Nase in die Luftröhre (Trachea), um die Atmung sicherzustellen und den Patienten mit Sauerstoff oder Narkosegasen (oder beides) zu verabreichen. Bei der blinden I. wird der Tubus ohne → Laryngoskop eingeführt.
[*lat.:* in, innerhalb; tubus, Rohr; atio, Prozeß]
🇬🇧 intubation

Intubation. → Pflegeintervention der → NIC, die definiert wird als das Einführen oder Assistieren bei der Einführung und Stabilisation künstlicher Atemwege.
🇬🇧 Airway Insertion and Stabilization

Intubation, endotracheale. Einführen eines Beatmungstubus durch den Mund oder die Nase in die Luftröhre (Trachea), mit dem Ziel, die Atemwege zu sichern und den Patienten zu beatmen, eine Aspiration von Mageninhalt zu verhindern oder tracheobronchiale Sekretionen abzusaugen.
🇬🇧 endotreacheal intubation

Intubation, gastrointestinale. → Pflegeintervention der → NIC, die definiert wird als die Einführung eines Tubus in den gastrointestinalen Trakt.
🇬🇧 Gastrointestinal Intubation

Intubationsbesteck. Notwendiges Material für eine → Intubation: Laryngoskop, Spatel, Endotrachealtubus, Blockerspritze (10ml), ggf. Cuffdruckgerät, Klemme, ggf. Führungsdraht (zur Stabilisierung des Tubus), Guedeltubus oder Beißschutz, Magill-Zange. Vor der Anreichung muss das Zubör sorgfältig aus Funktionstüchtigkeit überprüft werden.
🇬🇧 material for intubation

Invagination. Zustand, bei dem sich ein Teil einer Struktur in eine andere schiebt, z.B. ein Teil des Darms bei der Peristaltik in einen anderen Darmabschnitt. Wenn die I. sehr ausgeprägt ist oder einen Tumor oder Polypen enthält, kann es zur Darmobstruktion kommen.
[*lat.:* in, innerhalb; vagina, Scheide]
🇬🇧 invagination

Invasion. 1. Befall; Eindringen von pathologischen Mikroorganismen. 2. Prozess, bei dem maligne Zellen durch eine Membran hindurchwachsen und Zugang zu Blutgefäßen und Lymphkanälen erhalten. Ein invasives Karzinom, das aus Epithelzellen besteht, zerstört das umliegende Gewebe. 3. Die überlagerte Aktivität von Aufnahme (Resorption) und Verteilung (Distribution) eines Arzneimittels. – *adj.* invasiv.
[*lat.:* in, hinein; vadere, gehen]
🇬🇧 invasion

Inversion. 1. Unphysiologischer Vorgang, bei dem sich ein Organ von innen nach außen umstülpt, z.B. eine Uterus-I. (Inversio uteri). 2. Chromosomendefekt, bei dem zwei oder mehrere Segmente eines Chromosoms wegbrechen, isoliert werden und in einer falschen Reihenfolge wieder an das Chromosom gebunden werden.
[*lat.:* invertere, umdrehen]
🇬🇧 inversion

Invertzucker. Mischung von → Glukose und → Fruktose, die durch die Hydrolyse von Rohrzucker (→ Saccharose) entsteht.
🇬🇧 invert sugar

Involution. Physiologischer Prozess, der durch eine Verringerung der Größe eines Organs gekennzeichet ist und dadurch entsteht, dass die Größe der Zellen verringert wird, z.B. die Rückbildung des Uterus nach einer Entbindung. Eine I. kann auch als normaler Alterungsprozess entstehen, z.B. als Involutionsosteoporose. (s.a. Atrophie)
🇬🇧 involution

Inzest. (Blutschande). Geschlechtsverkehr zwischen Mitgliedern derselben Familie, die eng miteinander verwandt sind. Wegen der Blutsverwandtschaft ist der I.

(→ Inzucht) verboten, die betreffenden Personen dürfen nicht heiraten.
[*lat.:* incestum, verunreinigt]
🇬🇧 incest

Inzidenz. Die Anzahl der neuen Krankheitsfälle in einer bestimmten Zeit. Die Inzidenzrate bezeichnet die Anzahl der neu aufgetretenen Fälle einer Erkrankung in einer bestimmten Population innerhalb eines definierten Zeitraums. (s.a. Prävalenz)
[*lat.:* incidere, geschehen]
🇬🇧 incidence

Inzision. Chirurgischer Schnitt in ein Körpergewebe mit einem scharfen Instrument, durch den eine Öffnung in einem Organ oder Körperbereich geschaffen wird, z.B. bei einem Abszess.
[*lat.:* incidere, einschneiden]
🇬🇧 incision

Inzisionsstelle, Pflege einer. → Pflegeintervention der → NIC, die definiert wird als die Säuberung, Beobachtung und Unterstützung der Heilung von Wunden, die mit Nähten, Klammern oder chirurgischen Heftern verschlossen worden sind.
🇬🇧 Incision Site Care

Inzisur. Kerbe oder Einschnitt auf einem Organ oder Körperteil.
🇬🇧 incisura

Inzucht. Produktion von Nachkommen durch die Verbindung eng verwandter Menschen, Tiere oder Pflanzen. Bei den Pflanzen und einigen niederen Tieren ist die extremste Form der I. die Selbstbefruchtung. Diese Praktik gewährt eine größere Chance dafür, dass rezessive Gene für erwünschte oder unerwünschte Merkmale homozygot werden und sich phänotypisch zeigen. (→ Inzest)
🇬🇧 inbreeding

Iod (I). Nicht-metallisches Element der Halogengruppe mit der Ordnungszahl 53 und der Atommasse 126,90. Es ist ein lebenswichtiges Spurenelement, das dem Körper zugeführt werden muss; fast 80% des im Körper vorhandenen I.s finden sich in der Schilddrüse, meist in Form des Hormons → Thyreoglobulin. Ein I.-Mangel kann zur Kropfbildung oder zu Kretinismus führen. I. ist in Fisch und Meeresfrüchten, Iodsalz und einigen Milchprodukten enthalten. In iodarmen Gegenden empfiehlt sich die Verwendung von iodiertem Speisesalz. I. wird auch als Kontrastmittel bei der Computerszintigraphie der Blutgefäße verwendet. Radioisotope des I.s werden bei Röntgenuntersuchungen und als palliative Behandlungsmaßnahme bei Schilddrüsenkarzinom eingesetzt.
[*griech.:* ioeides, violett]
🇬🇧 iodine (I)

Iodid. Anion des → Iods. Natrium- und Kaliumiodid sind die in der Medizin am häufigsten verwendeten Salze (z.B. als Thyreostatika).
🇬🇧 iodid

iodieren. Mit → Iod oder → Iodid behandeln oder imprägnieren.
🇬🇧 iodize

Iodismus. Vergiftungserscheinung durch eine übermäßige Aufnahme von → Iod im Körper, die sich in verstärkter Tränen- und Speichelproduktion, Nasenschleimhautentzündung, Schwäche und typischen Hautausschlägen zeigt.
🇬🇧 iodism

Iododerma. Hautausschlag, der durch eine Überempfindlichkeit (Hypersensibilität) gegenüber → Iod und → Iodid ausgelöst wird. Die Läsionen können in Form von Akne, Blasen oder als pilzförmige Wucherungen auftreten.
[*griech.:* ioeides, violett; derma, Haut]
🇬🇧 iododerma

Iodvergiftung. Toxische Wirkung infolge der übermäßigen Einnahme von → Iod. Zu den Symptomen gehören Brennen und Schmerzen im Mund und in der Speiseröhre (Ösophagus), abdominale Schmerzen, Erbrechen, Diarrhö, Schock, Nephritis, Larynxödem und Kreislaufkollaps.
🇬🇧 iodine poisoning

Ion. Atom oder Atomgruppe, die durch Abgabe oder Aufnahme eines oder mehre-

rer Elektronen eine elektrische Ladung erhalten hat. Positive I.en heißen Kationen, negative Anionen.
[*griech.:* ienai, gehen]
ion

Ionenbindung. Elektrostatische Kraft, die zwischen zwei → Ionen besteht.
inonic bonding

Ionisierung. Prozess, bei dem ein neutrales Atom oder Molekül Elektronen verliert oder dazu gewinnt und so eine positive oder negative elektrische Ladung erhält. Die I. kann zum Zelltod oder zur Mutation führen. (→ Ion; ionisierende Strahlung)
ionization

Ionophorese. (Iontophorese). Einführung der → Ionen von löslichen Salzen in ein Gewebe; dies geschieht mit Hilfe eines galvanischen Stroms.
ionophoresis

Ipekak. (Ipececuanha/Brechwurz). → Emetikum, das bei bestimmten Vergiftungsarten und bei Drogenüberdosierung verabreicht wird, um den Patienten zum Erbrechen zu bringen.
ipecac

IQ. Abkürzung für → Intelligenzquotient.
IQ

Ir. Chemisches Symbol für → Iridium.
Ir

Iridektomie. Chirurgische Entfernung eines Teils der Regenbogenhaut (→ Iris) des Auges. Dies erfolgt meist, um bei einem Glaukom den Abfluss von Kammerwasser wiederherzustellen oder um einen Fremdkörper oder malignen Tumor zu entfernen.
[*griech.:* iris, Regenbogen; ektome, herausschneiden]
iridectomy

Iridium (Ir). Silberblaues metallisches Element mit der Ordnungszahl 77 und der Atommasse 192,22.
iridium (Ir)

Iris. (Regenbogenhaut). Kreisförmige, kontraktionsfähige Scheibe im Kammerwasser zwischen Hornhaut (Cornea) und der kristallinen Linse des Auges, die die runde Pupille einschließt. Die Peripherie der I. ist eine Verlängerung des Ziliarkörpers und mit der Cornea und dem Balkenwerk des Kammerwinkels verbunden. Die I. teilt den Raum zwischen der Linse und der Cornea in eine vordere und eine hintere Kammer. Die dunklen Pigmentzellen unter dem durchsichtigen Gewebe der I. sind bei den einzelnen Menschen unterschiedlich angeordnet, so dass es zu verschiedenen »Augenfarben« kommt.
[*griech.:* Regenbogen]
iris

Irisdiagnose. Wissenschaftlicher Bereich, der sich mit der Beziehung zwischen konkreten Erkrankungen und der Größe, der Farbe und anderer individueller Merkmale der Regenbogenhaut (Iris) beschäftigt. Die I. ist umstritten, weil nicht unbedingt ein direkter Zusammenhang zwischen der Iris und einzelnen Organen nachgewiesen werden kann.
[*griech.:* iris, Regenbogen; logos, Wissenschaft]
iridology

irrational. Zu Ereignissen, Bedingungen oder Verhaltensweisen gehörend, die als unvernünftig bewertet werden können.
irrational

irreparabel. Nicht heilbar; Bezeichnung für Funktionen, die nicht wieder herstellbar sind.
irreparable

irreponibel. Bezeichnung für die Unmöglichkeit, etwas in seine normale Position zurückzuführen; z.B. eine irreponible Hernie mit eingeklemmten Bruchinhalten.
irreductible

irreversibel. Zu einer Situation oder einer Bedingung gehörend, die nicht rückgängig gemacht werden kann.
irreversible

Irrigation. Prozess des Auswaschens oder Ausspülens einer Körperhöhle oder eines Wundbereichs mit einer bestimmten Menge Wasser oder anderen Flüssigkei-

ten. Eine I. wird auch durchgeführt, um Tuben, Katheter oder Drainagen zu reinigen, z.B. Verweilkatheter.
irrigation

Irritanzien. Substanzen, die zu Entzündungen oder Reizungen der Haut führen. I. werden in niedriger Dosierung therapeutisch eingesetzt (als Rubefazienzien), indem sie auf die Haut aufgetragen werden und dort eine verstärkte Durchblutung bewirken (z.B. vor der Abnahme einer Blutgasanalyse aus dem Ohrläppchen). Eine Reihe von toxischen Substanzen in der Umgebung kann zu Schmerzen im Verdauungstrakt, Diarrhö, Erbrechen, Magen-Darm-Krämpfen und Harnwegsstörungen führen. Zu den I. gehören Ammoniak, Chlor, Phosgen, Schwefeldioxid, Schwefelwasserstoff und Stickstoffdioxid.
irritants

IRV. Abkürzung für → Inspiratorisches Reservevolumen.
IRV

Ischämie. Mangelhafte Versorgung eines Körperorgans oder Körperteils mit sauerstoffreichem Blut. Bei einer I. kommt es häufig zu Schmerzen und Organdysfunktionen, z.B. bei einer → ischämischen Herzkrankheit. – *adj.* ischämisch.
[*griech.:* ischein, zurückhalten; haima, Blut]
ischemia

ischiadicus. (ischiatisch). Den → Ischias-Nerv betreffend oder in der Nähe lokalisiert, wie z.B. Nervus ischiadicus oder Vena ischiadica.
sciatic

Ischialgie. (Ischiasbeschwerden; Ischiassyndrom). Entzündung oder Überdehnung des Nervus ischiadicus (Ischiasnerv), die mit ausstrahlenden Schmerzen von der Kreuzbeingegend über die Rückseite des Oberschenkels oft bis zur Wade einhergeht. Durch Schonhaltung des betreffenden Beines kann es zur Schwächung bzw. zum Schwund der Unterschenkelmuskulatur kommen.
[*griech.:* ischiás, Hüftschmerz]
sciatica

Ischiasbeschwerden. (→ Ischialgie)
sciatica

Ischiasnerv. (→ Nervus ischiadicus)
sciatic nerve

Ischiassyndrom. (→ Ischialgie)
sciatica

ischiatisch. (→ ischiadicus)
sciatic

Ischium. (Sitzbein). Einer der drei Teile des Hüftknochens, der mit dem Darmbein (Ilium) und dem Schambein (Pubis) die Hüftpfanne (Acetabulum) bildet.
[*lat.:* Hüftknochen]
ischium

Ishiahara-Farbtest. Test zur Untersuchung der Farbsichtigkeit, bei dem mehrere Farbtafeln verwendet werden, auf denen Punkte in verschiedenen Farben und Mustern aufgebracht sind. Personen mit einer normalen Farbsichtigkeit können auf den Tafeln bestimmte Zahlen oder Muster erkennen; die Unfähigkeit, die Zahlen und Muster wahrzunehmen, spricht für ein spezielles Defizit der Farbwahrnehmung.
[S. Ishiahara, japanischer Ophtalmologe, 1879–1963]
Ishiahara color test

iso-. Vorsilbe mit der Bedeutung »gleich«.
[*griech.:* isos, gleich]
iso-

Isoagglutination. Verklumpung von Erythrozyten durch → Agglutinine aus dem Blut eines anderen Individuums der gleichen Species.
[*griech.:* isos, gleich; *lat.:* agglutinare, kleben]
isoagglutination

Isoagglutinin. → Antikörper, der eine Verklumpung (→ Agglutination) von Erythrozyten in den Membranstrukturen eines anderen Individuums der gleichen Species verursacht, wenn diese ein → Isoagglutinogen auf ihren Erythrozyten tragen.
[*griech.:* isos, gleich; *lat.:* agglutinare, kleben]
isoagglutinin

Isoagglutinogen. → Antigen, das eine Verklumpung (→ Agglutination) der Erythrozyten anderer Individuen der gleichen Species bewirkt, die ein entsprechendes → Isoagglutinin in ihrem Serum haben.
[*griech.:* isos, gleich; *lat.:* agglutinare, kleben; *griech.:* genein, produzieren]
isoagglutinogen

Isoantigen. Substanz, die mit den → Isoantikörpern anderer Individuen der gleichen Species interagiert. (→ Antigen)
isoantigen

Isoantikörper. → Antikörper eines → Isoantigens, der sich bei einem Individuum der gleichen Species findet.
isoantibody

isobar. 1. Zu zwei Substanzen oder Lösungen gehörend, die das gleiche spezifische Gewicht besitzen. 2. Zu zwei Isotopen gehörend, die die gleiche Massenzahl, doch eine unterschiedliche Kernladung aufweisen. 3. Den gleichen barometrischen Druck aufweisend.
[*griech.:* isos, gleich; barrios, Gewicht]
isobaric

Isoenzym. Chemisch unterschiedliche Enzymformen, die in einer Blutuntersuchung zu diagnostischen Zwecken unterschieden werden können. I.e katalysieren die gleiche physiologische Reaktion, können jedoch in verschiedenen Species in unterschiedlicher Form auftreten.
[*griech.:* isos, gleich; en, in; syme, Ferment]
isoenzyme

Isogenese. Entwicklung aus einem gleichen Ursprung und nach ähnlichen Prozessen; z.B. Bezeichnung für Individuen mit identischen Erbanlagen (eineiige Zwillinge). – *adj.* isogen.
[*griech.:* isos, gleich; genein, produzieren]
isogenesis

Isolation. 1. (Isolierung) Trennung eines schwer kranken Patienten von anderen, um ihn vor Infektionen oder vor sonstigen Reizfaktoren in der Umgebung zu schützen. 2. Soziale I.: Distanzierung von anderen Personen durch Reduzierung der sozialen Kontakte auf ein Minimum. Es kann in der Folge zu Vereinsamung, Persönlichkeitsstörungen, Hospitalismus, Aggressionen und Depressionen kommen.
[*lat.:* insula, Insel]
isolation

Isolation, soziale. Abkapselung, Vereinzelung oder Vereinsamung, die durch sozial unakzeptable Verhaltensweisen ausgelöst werden.
behavioral isolation

Isoleucin (Ile). Aminosäure, die für das Wachstum von Säuglingen und den Stickstoffhaushalt von Erwachsenen lebensnotwendig ist.
[*griech.:* isos, gleich; leukos, weiß]
isoleucine (Ile)

Isolierstation. Raum oder Krankenhausabteilung, in denen bestimmte Kategorien von Patienten untergebracht werden, insbesondere Patienten mit infektiösen Erkrankungen, die nur minimalen Kontakt mit anderen Patienten und dem Personal haben dürfen.
isolation ward

Isolierung. (→ Quarantäne)
quarantine

Isomere. Moleküle, die die gleiche Massenzahl (Atomgewicht), doch unterschiedliche Strukturen aufweisen, was zu unterschiedlichen Eigenschaften führt.
isomers

isometrisch. Die gleiche Länge oder Dimension aufrechterhaltend; z.B. i.e Muskelkontraktion, bei der ein Muskel angespannt wird, jedoch seine Länge beibehält. (→ isometrische Übungen)
[*griech.:* isos, gleich; metron, Maß]
isometric

Isoniazid. → Tuberkulostatikum und → Bakteriostatikum, das zur Behandlung von Tuberkuloseformen verabreicht wird, die durch Mykobakterien ausgelöst werden; diese reagieren auf I. sensibel.
isoniazid

Isopropylalkohol. Klare, farblose, bitteraromatische Flüssigkeit, die mit Wasser, Äther, Chloroform und Äthylalkohol

mischbar ist. I. wird als Desinfektions- und Lösungsmittel verwendet, ist jedoch stark toxisch.
isopropyl alcohol

Isosorbiddinitrat. Arzneimittel, das als Vasodilatator zur Behandlung der Koronaren Herzkrankheit, Angina pectoris sowie Herzinsuffizienz verwendet wird.
isosorbide dinitrate

isoton. Die gleiche Konzentration gelöster Partikel und somit den gleichen osmotischen Druck wie eine andere Lösung aufweisend.
[*griech.:* isos, gleich; tonikos, strecken]
isotonic

Isotone. Atome mit der gleichen Neutronenanzahl, aber unterschiedlich vielen Protonen.
isotones

Isotop. Eine von zwei oder mehreren Formen eines chemischen Elements, die fast gleiche Eigenschaften haben; sie besitzen die gleiche Anzahl von Protonen in ihrem Atomkern und die gleiche Ordnungszahl, die Anzahl der Neutronen und ihre Atommasse sind jedoch unterschiedlich. Viele Formen von radioaktiven I.en werden zu diagnostischen und therapeutischen Zwecken verwendet.
[*griech.:* isos, gleich; topos, Platz]
isotop

Isotransplantation. (isologe/isogene/synerge/synergetische Transplantation). Chirurgische Transplantation eines histokompatiblen Gewebes, das von genetisch identischen Individuen stammt, z.B. von eineiigen Zwillingen. (→ Histokompatibilität)
isograft

Isovaleriansäure. Fettsäure mit unangenehmem Geruch und Geschmack, die in Baldrian und anderen pflanzlichen Produkten sowie in Käse zu finden ist. I. ist auch ein Metabolit der Aminosäure → Leucin und tritt im Schweiß und Urin von Patienten mit Pocken, Hepatitis und Typhus auf.
isovaleric acid

Isthmus. Verengte Verbindung zwischen zwei größeren Teilen, Organen oder Hohlräumen, z.B. I. glandulae thyreoideae, die enge Verbindung zwischen den beiden Schilddrüsenlappen.
[*griech.:* isthmos, Verengung, Verbindung, Passage oder Abschnürung]
isthmus

-itis. Nachsilbe mit der Bedeutung »Entzündung«.
-itis

IUP. Abkürzung für → Intrauterinpessar.
IUD

IVF. Abkürzung für → In-vitro-Fertilisation.
IVF

Ixodes. (Holzbock/Zecke). Gattung einer parasitären Schildzecke, die in Verbindung mit verschiedenen arboviralen Infektionen steht, z.B. Enzephalitis, Rocky-Mountain-Fleckfieber. (→ Arboviren)
[*griech.:* feucht]
Ixodes

J

J. Abkürzung für → Joule.
J

Jaktation. Zucken oder Verkrampfungen von Muskeln oder Muskelgruppen, wie die unruhigen Bewegungen von Patienten mit starkem Fieber.
[*lat.:* iactare, schütteln]
jactation

Jamais-vu. Das Gefühl, gegenüber bekannten Personen oder an einem vertrauten Ort ein Fremder zu sein; tritt als → Aura vor epileptischen Anfällen auf. (→ Epilepsie) (s.a. Déja-vu)
[*franz.:* nie gesehen]
jamais vu

Jarisch-Herxheimer-Reaktion. Akute → febrile Reaktion, die der Syphilistherapie folgen kann; steht häufig in Verbindung mit Kopf- und Muskelschmerzen und tritt oft in der frühen Phase einer Syphilis auf.
[A. Jarisch, österr. Dermatologe, 1850–1902; K. Herxheimer, deutscher Dermatologe, 1861–1944]
Jarisch-Herxheimer reaction

Jejunostomie. Chirurgischer Eingriff, bei dem eine künstliche Öffnung vom Leerdarm (→ Jejunum) zur Bauchwand geschaffen wird; kann vorübergehend oder dauerhaft angelegt werden.
jejunostomy

Jejunotomie. Chirurgische Inzision in den Leerdarm (→ Jejunum).
jejunotomy

Jejunum. (Leerdarm). Zwischenstück oder mittlerer Bereich der drei Bestandteile des Dünndarms, der proximal mit dem Zwölffingerdarm (Duodenum) und distal mit dem Krummdarm (Ileum) verbunden ist.
[*lat.:* ieiunus, leer]
jejunum

Jendrassik-Handgriff. Diagnostische Maßnahme, bei der der Patient die Arme bei ineinandergehakten Fingern kräftig auseinanderzuziehen versucht. Während diese Spannung aufrechterhalten wird, werden die Reflexe der unteren Extremitäten getestet, insbesondere der Patellareflex.
[E. Jendrassik, ungarischer Arzt, 1858–1921]
Jendrassik´s maneuver

Jet lag. Zustand, der durch Müdigkeit, Schlaflosigkeit und schwerfällige Muskelbewegungen gekennzeichnet ist; er entsteht durch die Unterbrechung des zirkadianen Rhythmus infolge der schnellen Überbrückung mehrerer Zeitzonen bei Flugreisen.
[*engl.:* jet, Flugzeug; lag, Verzögerung]
jet lag

Jochbein. (Os zygomaticum). Paariger Backenknochen des Gesichts, der zwischen Schläfen-, Stirnbein und Oberkiefer liegt.
zygomatic bone

Jochbogen. (Arcus zygomaticus). Knochenbogen, der durch die Knochenfortsätze des Schläfenbeins und des Jochbeins gebildet wird. Neben dem J. verläuft die Sehne des Schläfenmuskels.
zygomatic arch

Jodmangelstruma, endemische. (endemischer Kropf). Vergrößerung der Schilddrüse infolge einer nicht ausreichenden Jodaufnahme. Jodmangel führt zu verminderter

Hormonproduktion und -sekretion durch die Schilddrüse. Anfänglich ist die Struma diffus, später wird sie multinodulär. Jodmangelstruma betrifft manchmal Jugendliche, vor allem aber Bevölkerungsgruppen, die nur begrenzte Jodmengen aufnehmen. Eine große Struma kann Schluckstörungen (Dysphagie), Atemnot (Dyspnoe), Luftröhrenfehlstellungen sowie kosmetische Probleme verursachen.
endemic goiter

Johnson, Dorothy. J. begründete das Verhaltenssystemmodell (Der Behaviorismus als Modell für die Pflege, 1980), das sich mit der verhaltensbezogenen Funktion des Menschen beschäftigt. Grundlage für diese Theorie ist der Behaviorismus und die Systemtheorie. J. stellt das beobachtbare Verhalten des Menschen als ein offenes System in den Mittelpunkt pflegerischer Interventionen. Pflege hat nicht nur kompensierende Funktion, sonder greift aktiv, z.B. durch Anleitung und Beratung, in das Verhalten des Patienten ein.
[geb. 1919]

Joule. SI-Einheit der Energie, Wärme oder Arbeit im Meter-Kilogramm-Sekunden-System. Die Einheit J. löst die alte thermochemische Einheit → Kalorie ab.
[J. Joule, englischer Physiker, 1818–1889]
joule

Juckreiz. (→ Pruritus)
pruritus

jugular(is). Zur Drosselvene (→ Vena jugularis) oder der Drosselgrube an der Vorderseite des Halses gehörend.
jugular

Jugularispuls. Puls, der über der Drosselvene (Vena jugularis) getastet werden kann und durch Erkrankungen verursacht wird, die die diastolische Füllung der rechten Herzseite einschränken.
jugular pulse

Jugum. Eine Erhöhung, Joch oder Leiste.
[*lat.:* Joch]
jugum

Jungfernhäutchen. (→ Hymen)
hymen

Junktionsnävus. Haarloses flaches oder leicht erhobenes braunes Muttermal (→ Nävus), das aus Pigmentzellen an der epidermisch-dermischen Verbindung entsteht. Maligne Veränderungen zeigen sich durch Vergrößerung, Verhärtung, Verdunklung, Blutung oder eine Entfärbung um den Nävus herum.
junction nevus

Junktur. (Verbindungsstelle). Nahtstelle, an der Gewebe oder andere Strukturen zusammenlaufen.
junction

juvenil. Jugendlich, für junge Menschen charakteristisch.
[*lat.:* iuventus, Jugend]
juvenile

juxtaartikulär. In der Nähe eines Gelenks gelegen.
[*lat.:* juxta, nahe; articulus, Gelenk]
juxtaarticular

juxtaglomerulär. Zu dem Bereich zwischen den afferenten und efferenten Arteriolen eines Nierenglomerulus gehörend.
[*lat.:* juxta, nahe; glomerulus, kleiner Ball]
juxtaglomerular

K

k. Abkürzung für Kilo, 1000 oder 10^3, z.B. in Kilogramm, Kilometer.
🇬🇧 k

K. Chemisches Symbol für → Kalium.
🇬🇧 K

kachektisch. Bezeichnung für einen von Unterernährung und schlechter Gesundheit gekennzeichneten Allgemeinzustand. (→ Kachexie)
[*griech.:* kakos, schlecht, hexis, Zustand.]
🇬🇧 cachectic

Kachexie. Schlechter Allgemeinzustand, Auszehrung und Schwäche in Verbindung mit einer schweren Krankheit, z.B. Tuberkulose oder Krebs, auftretend. (→ kachektisch)
[*griech.:* kakos, schlecht, hexis, Zustand.]
🇬🇧 cachexia

Kadmium (Cd). Metallisches, zinnähnliches Element, Ordnungszahl 48, Atommasse 112,40. Früher wurde Kadmium für die Zubereitung verschiedener Medikationen verwendet. Heute werden diese toxischen Substanzen durch andere Komponenten ersetzt.
[*griech.:* kadmeia, Zinkerz.]
🇬🇧 cadmium (Cd)

Kadmiumvergiftung. Vergiftungserscheinungen durch Inhalation von Kadmiumdämpfen, die beim Schweißen, bei der Herstellung von Stahl sowie bei anderen industriellen Prozessen entstehen können. Das Schlucken von Kadmiumbromid kann schmerzhafte Magen-Darm-Beschwerden verursachen. Die Einnahme von säurehaltigen Nährstoffen, die in mit Kadmium ausgekleideten Behältnissen gelagert werden, wie z.B. Limonade in bestimmten Metalldosen, kann ebenfalls eine K. hervorrufen. Vergiftungssymptome sind Erbrechen, Dyspnoe, Kopfschmerzen, Lungenödem und möglicherweise als Spätfolge Krebs.
🇬🇧 cadmium poisoning

Kaffee. Getrocknete und geröstete Samen der Bäume *Coffea arabica, C. liberica* und *C. robusta*, die in fast allen tropischen Gegenden wachsen. Kaffee enthält das Alkaloid Koffein.
[*arab.:* qahwah.]
🇬🇧 coffee

Kahlheit. Fehlen von Haaren, insbesondere auf dem Schädel.
🇬🇧 baldness

Kaiserschnitt. (Sectio cesarea; Schnittentbindug). Geburtshilfliche Operation zur Entbindung eines Kindes, bei der der Bauch (Abdomen) und die Gebärmutter (Uterus) meist durch Querschnitt eröffnet werden. Mütterliche Indikationen für einen K. sind u.a. Placenta praevia, vorzeitige Plazentaablösung und enges Becken. Kindliche Indikationen sind z.B. abnorme Lage (Querlage oder Beckenendlage), fetale Notsituationen und ein Missverhältnis zwischen Größe des kindlichen Kopfes und des mütterlichen Beckens. Vorangegangene K. Entbindungen werden heute nicht mehr als absolute Indikation für einen K. bei nachfolgenden Geburten eingestuft. Der K. erfolgt entweder in Vollnarkose (Allgemeinanästhesie) oder in Peridualanästhesie.
[*lat.:* Caesar lex, Caesars Gesetz.]
🇬🇧 cesarean section

Kaiserschnitt, Pflege bei. → Pflegeintervention der → NIC, die definiert wird als die Vorbereitung und Unterstützung von Patientinnen bei Kaiserschnittentbindungen.
Cesarean Section Care

Kakao. Aus den aufbereiteten Früchten des Kakaobaumes (Theobroma) hergestelltes Pulver, das zu Schokolade weiterverarbeitet werden kann. Mit Milch oder Wasser ergibt sich ein schmackhaftes Getränk.
cacao

Kakosmie. Wahrnehmung eines nicht existierenden schlechten Geruchs oder Gestanks. Psychologisch Faktoren, z.B. olfaktorische Halluzinationen, spielen hierbei meist eine Rolle.
[*griech.:* kakos, schlecht, osme, Geruch.]
cacosmia

K

Kalibrierung. Eine Substanz oder einen Gegenstand in bezug auf einen feststehenden Standard, z.B. einen Deziliter oder ein Kilogramm, messen bzw. eichen.
[*franz.:* calibre, Gewehrlauf]
calibration

Kalium (K). Alkalimetall, das zu den häufigsten Elementen der Erdkruste zählt; Ordnungszahl 19 und Atommasse 39,1. Kaliumsalze sind für das Leben aller Pflanzen, Tiere und Menschen unentbehrlich. K. ist das wichtigste intrazelluläre Kation im Körper, das bei der Regulation der neuromuskulären Erregbarkeit und bei den Muskelkontraktionen beteiligt ist. Kaliummangel führt zu Störungen der Erregungsleitung und der Muskelkontraktion.
potassium (K)

Kaliumchlorid (KCl). Weißes kristallines Salz, das bei Patienten mit Herzerkrankungen als Ersatz für Tafelsalz, bei der Verabreichung von Kaliumionen und als Bestandteil der Ringer-Lösung verwendet wird. K. wird auch zur Behandlung einer Hypokaliämie infolge verschiedener Ursachen oder einer Digitalisintoxikation verabreicht. Die parenterale Verabreichung muss langsam erfolgen und gleichzeitig die Plasmakonzentration sowie das EKG kontrolliert werden.
potassium chloride (KCl)

Kaliumiodid. Iodersatz bei Struma sowie Bronchodilatator, der zur Behandlung von Bronchitis, Bronchiektasen, Asthma und verschiedenen Schilddrüsenstörungen verabreicht wird.
potassium iodide

Kaliurese. Ausscheidung von → Kalium im Urin.
kaliuresis

Kalk. Oxide und Hydroxide des → Kalziums.
lime

Kalkaneus. Fersenbein (Os calcaneus). Größter Fußwurzelknochen; ist proximal mit dem Talus und dorsal mit dem Würfelbein verbunden.
[*lat.:* calcaneum, Ferse.]
calcaneus

Kalkinmetastase. Ablagerung von kalziumhaltigen Salzen in den viszeralen Organen als Folge von Hyperparathyreoidismus, einer Absorptionskrankheit der Knochen, oder als Folge einer Hyperkalziämie insbesondere in Verbindung mit einer Hyperphosphatämie.
calcareous metastasis

Kalkstaublunge. (Chalikosis). Form der Fibrose, die auf das Einatmen von Kalkstäuben zurückzuführen ist. Die Atembeschwerden werden durch freies Silizium im Kalkstaub verursacht.
chalicosis

Kallikrein-Kinin-System (KKS). System der hormonellen Funktionen innerhalb der Niere, wobei das Enzym Kallikrein in der Nebennierenrinde die Produktion von → Bradykinin vermittelt, das als → Vasodilatator fungiert. Das KKS ist Bestandteil der physiologischen Blutdruckregelung, da es die Nierendurchblutung und die Salz- und Wasserausscheidung kontrolliert.
kallikrein-kinin- syndrome

Kallus. (Kornhaut; Schwiele). 1. Häufige, meist schmerzlose Verhärtung der Hornhaut an Stellen, die äußerem Druck bzw. Reibung

ausgesetzt sind. 2. Knochige Ablagerungen, die sich während des Heilungsprozesses zwischen und um die gebrochenen Enden eines frakturierten Knochens bilden.
[*lat.:* verhärtete Haut.]
callus

Kalorie. 1. Die erforderliche Wärmemenge, um bei normalem Luftdruck 1 g Wasser um 1 °C zu erhitzen. 2. Nicht mehr offiziell zugelassene, doch noch häufig verwendete Bezeichnung für eine Einheit, die den Wärmeverbrauch eines Organismus und den Brennwert eines Nahrungsmittels beschreibt; wird heute in Joule berechnet. (→ Joule)
[*lat.:* calor, Wärme.]
calorie

Kaloriemetrie. Messung von abgestrahlter und absorbierter Wärmemenge.
[*lat.:* calor, Wärme; *griech.:* metron, Maß.]
calorimetry

Kalorimeter. Gerät zur Messung der Wärmemenge, die durch Reibung, chemische Reaktionen oder vom menschlichen Körper erzeugt wird.
calorimeter

kalorisch. Wärme oder → Kalorien betreffend.
caloric

Kaltblüter. Bezeichnung für bestimmte Organismen (z.B. Fische, Reptilien und Amphibien), die ihre eigene Körpertemperatur nicht regulieren können. Die Körpertemperaturen der K. gleichen den äußeren Umgebungstemperaturen.
cold-blooded

Kälte-Druck-Test. Test zur Untersuchung der Neigung zur Entwicklung einer Hypertonie. Dabei wird eine Hand des Patienten 60 Sekunden lang in eisgekühltes Wasser getaucht. Eine deutliche Erhöhung des Blutdrucks bzw. eine erhebliche verspätete Wiederherstellung des normalen Blutdrucks, nachdem die Hand aus dem Wasser genommen wird, gilt als Zeichen dafür, dass der Patient zur Hypertonie neigt.
cold-pressor test

Kälteanästhesie (Kryoanästhesie). (Vereisung). Vereisen eines Körperteils zur Blockade des nervlichen Schmerzempfindens bei kleinen chirurgischen Eingriffen.
[*griech.:* kryos, kalt, aisthesis, Gefühl, Empfinden.]
cryoanesthesia

Kältewickel. Angefeuchtete zusammengelegte Tücher, die in kaltes Wasser getaucht, ausgewrungen und auf einen Körperteil gelegt werden, um Schmerzen zu lindern oder eine Entzündung zu reduzieren.
[*lat.:* comprimere, zusammendrücken.]
cold compress

Kalzinose. Abnorme Ablagerungen von Kalziumsalzen in verschiedenen Körpergeweben. Die Ablagerungen treten als Knötchen oder Flecken auf.
calcinosis

Kalzipenie. (Kalkmangel). Kalziummangel in Körpergeweben und -flüssigkeiten.
calcipenia

Kalzium (Ca). Alkalisches Erdmetall mit Ordnungszahl 20 und Atomgewicht (Atommasse) von 40,08. K. ist in seiner metallischen Form ein weißer, entzündlicher Feststoff, der etwas härter als Blei ist. Es ist das fünfhäufigste Element im menschlichen Körper und kommt hauptsächlich im Knochenmaterial vor. Der Körper benötigt Kalziumionen für die Übertragung von Nervenimpulsen, zur Durchführung von Muskelkontraktionen, für die Blutgerinnung, die Herzfunktion sowie für andere Funktionen. K. ist auch ein Bestandteil der extrazellulären Körperflüssigkeit und von Weichteilgewebe. Abnorm hohe Kalziumkonzentrationen in den extrazellulären Flüssigkeiten können Muskelschwäche, Lethargie und Koma hervorrufen. Eine relativ geringfügige Absenkung der normalen Kalziumkonzentrationen kann zu Tetanieanfällen führen.
[*lat.:* calx, Kalkstein.]
calcium (Ca)

Kalziumantagonist. (Ca-Blocker). Substanz, die den Strom von Kalziumionen durch

K

die Membranen der glatten Muskelzellen hemmt. Durch eine Absenkung des Kalziumstroms entspannt sich die glatte Muskulatur und das Risiko von Muskelkrämpfen sinkt. K.en werden hauptsächlich für die Behandlung von Herzerkrankungen eingesetzt, die mit Krämpfen der Koronararterien einhergehen.
calcium channel blocker

Kalziumchlorid ($CaCl_2$). Unangenehm schmeckendes, weißes Granulat. Konzentrierte Lösungen des Kalziumchloridsalzes werden eingesetzt, um den Kalziumgehalt im Blut zu ergänzen, bei hypokalzämischer Tetanie und als Antidot bei Blei- oder Magnesiumvergiftung bzw. bei Einnahme einer Überdosis von Magnesiumsulfat.
calcium chloride ($CaCl_2$)

Kalziumglukonat ($C_{12}H_{22}CaO_{14}$). Weißes, geruch- und geschmackloses Pulver bzw. Granulat, das dem Körper oral oder intravenös zugeführt wird, um die körpereigenen Kalziumspeicher wieder aufzufüllen, z.B. nach einer Bluttransfusion.
calcium gluconate ($C_{12}H_{22}CaO_{14}$)

Kalziumhydroxid ($Ca[OH]_2]$). Weißes, bitter schmeckendes Pulver, das in Medikamenten gegen Diarrhö bei Kleinkindern eingesetzt wird.
calcium hydroxide ($Ca[OH]_2]$)

Kalziumhydroxidlösung. (Kalkwasser). Klare, farblose Flüssigkeit, die als Alkali und Antidot eingesetzt wird.
calcium hydroxide solution

Kalziumkarbid (CaC_2). Schwarze, kristalline chemische Verbindung, die bei der Reaktion von Kalk und Koks entsteht. Mit Wasser gemischt, entsteht aus K. das als Anästhetikum eingesetzte Acetylengas (C_2H_2).
calcium carbide (CaC_2)

Kalziumkarbonat ($CaCO_3$). 1. Ausgefällte Kreide. 2. Weißes Pulver; Bestandteil mancher Antazida.
calcium carbonate ($CaCO_3$)

Kalziumoxalat (CaC_2O_4). Kleine, farblose Kristalle, die im Urin bzw. in Nierensteinen vorkommen können.
calcium oxalate (CaC_2O_4)

Kalziumoxid (CaO). (Kalk). Chemische Verbindung, die bei der Kalzination von Kreide oder Marmor entsteht und manchmal für die Zubereitung von Ätzmitteln verwendet wird.
calcium oxide (CaO)

Kalziumphosphat ($Ca_3[PO_4]_2$. Geruch- und geschmackloses weißes Pulver, das als Kalziumersatz, Laxans und Antazidum verwendet wird.
calcium phosphate ($Ca_3[PO_4]_2$

Kalziumpumpe. Energiefordernder Mechanismus zur Übertragung von Kalziumionen durch eine Plasmamembran von einer niedrigen zu einer höheren Kalziumionenkonzentration.
calcium pump

Kalziumsulfat ($CaSO_4$). Weißes Pulver, das Feuchtigkeit absorbieren kann; wird bei der Herstellung von Gipsverbänden eingesetzt.
calcium sulfate ($CaSO_4$)

Kammerflattern. Herzrhythmusstörung mit sehr schnellen Kammerkontraktionen. Im EKG ist ein schlecht ausgebildeter → QRS-Komplex mit einer Frequenz von 250/min und höher zu sehen. Wird das K. nicht behandelt, stirbt der Patient.
ventricular flutter

Kammerflimmern. Herzarrhythmie mit sehr schnellen und unkoordinierten Depolarisationen der Herzkammerwand. Die Störung ist gekennzeichnet durch das Ausbleiben einer geordneten Erregung des Herzens bei gleichzeitigen ungeordneten Kammerkontraktionen. Der Blutdruck fällt bis auf 0 ab, der Patient wird bewusstlos und innerhalb von 4 Minuten kann der Tod eintreten. Eine sofortige Herz-Lungen-Reanimation mit Hilfe eines → Defibrillators und reanimierenden Medikamenten gemäß eines Reanimationsprotokolls ist die einzige Chance, das Leben des Patienten zu retten.
ventricular fibrillation (VF)

Kammerkomplex. (→ QRS-Komplex)
QRS complex

Kammerscheidewand. (Septum interventriculare). Die Wand (Septum) zwischen den beiden Herzkammern (Ventrikel).
interventricular septum

Kammerstillstand. Einstellung der Reizleitung und mechanischen Kontraktion der Herzkammern.
ventricular standstill

Kammersystole. Kontraktion der Herzkammern, die mit dem ersten Herzton einhergeht.
ventricular systole

Kammerwasser. (Humor aquaeus). Die in den vorderen und hinteren Augenkammern zirkulierende klare, wässrige Flüssigkeit.
aqueous humor

Kammerwinkel. Winkel zwischen Hornhaut (Kornea) und Regenbogenhaut (Iris) an der Peripherie der vorderen Augenkammer. Normalerweise fließt wässrige Flüssigkeit (→ Kammerwasser) durch diesen Winkel ab, der bei einem → Glaukom blockiert sein kann.
angle of iris

Kampfer. Farblose bzw. weiße, kristalline Substanz mit durchdringendem Geruch und stechendem Geschmack. Kommt in manchen Pflanzen vor, insbesondere in *Cinnamomum camphora*.
camphor

Kampferbad. Dampfbad mit → Kampfer. Wird gegen Erkältungen und als Anregungsmittel für Herz und Atmung eingesetzt.
camphor bath

Kampferöl. Farblose bis gelbliche Flüssigkeit mit durchdringendem, stechendem Kampfergeruch. Wird aus etwa einem Dutzend verschiedener organischer chemischen Verbindungen gewonnen, u.a. Terpene und Acetaldehyd aus der Kampferpflanze. Wird zur Verbesserung der Hautdurchblutung, Einreibemittel und gegen Hautreizungen eingesetzt.
camphorated oil

Kanamycin. Aminoglykosid-→ Antibiotikum, das zur Behandlung schwerer Infektionen eingesetzt wird, die gegenüber anderen Antiobiotika resistent sind. K. weist allerdings eine geringe therapeutische Breite auf.
kanamycin sulfate

Kängurumethode, Pflege nach der. → Pflegeintervention der → NIC, die definiert wird als die Förderung körperlicher Nähe zwischen Eltern und physiologisch stabilen Frühgeborenen durch Vorbereitung der Eltern und Gewährleistung einer für Hautkontakte förderlichen Umgebung.
Kangeroo Care

Kanüle. Röhrchen oder Sonde, die in einen Durchgang oder einen Hohlraum eingeführt werden, um Medikamente zuzuführen oder Flüssigkeit abzuleiten. Größere K.n können mit Hilfe eines scharfen, spitzen Gegenstand, dem sogenannten Trokar geführt werden.
[*lat.:* cannula, Röhrchen.]
cannula

Kanülierung, arterielle. Arterielles Monitoring-Verfahren, bei dem in eine Arterie (meist in die Arteria radialis) ein Katheter eingeführt und mit einer Druckmessvorrichtung und einem Monitor verbunden wird. Diese Vorrichtung erlaubt eine kontinuierliche Blutdruckmessung, sowie einen direkten Zugang zur arteriellen Blutversorgung, falls entsprechende Blutproben zur Analyse entnommen werden müssen. (→ arterieller Katheter)
arterial line

kanzerös. (karzinomatös). Eine bösartige Tumorbildung betreffend bzw. diesem ähnelnd.
[*lat.:* cancer, Krebs, oma, Tumor.]
cancerous

Kaolin. Adsorbens, das zur innerlichen Behandlung einer Diarrhö (Antidiarrhoikum) häufig in Verbindung mit Pektin verwendet wird. K. kann in Salbenform auch äußerlich als Adsorbens sowie als

schützendes → Emolliens eingesetzt werden.
kaolin

Kapazitation. Der nach dem Auftreffen des Spermatozoons auf die Eileiterampulla einsetzende Reifungsprozess, der eine Befruchtung des Ovums durch das Spermatozoon ermöglicht.
capacitation

Kapillarauffüllung. Die auf eine kurze Unterbrechung des Blutstromes folgende erneute Füllung des Kapillarsystems. Wenn die K. länger als 3 Sekunden dauert, kann man auf eine verlangsamte Zirkulation schließen; 5 Sekunden oder mehr werden als abnorm eingestuft.
capillary refilling

Kapillardruck. Blutdruck in einer → Kapillare.
[*lat.:* capillaris, haarförmig.]
capillary pressure

Kapillare. Arteriolen und Venülen verbindende, mikroskopisch kleine (Durchmesser ca. 0,008 mm) Blutgefäße. Die Kapillarwände bestehen aus einer einzelligen Schicht von Plattenendothelzellen. Das Blut und die Körperflüssigkeiten tauschen verschiedenen Substanzen durch die Kapillarwände aus.
[*lat.:* capillaris, haarförmig.]
capillary

Kapillaren, arterielle. Mikroskopisch kleine Blutgefäße (→ Kapillaren), die sich an den Endigungen der → Arteriolen befinden.
arterial capillaries

Kapillarfissur. (Haarbruch). Feine, haarähnliche Knochenfraktur.
capillary fracture

Kapillarhämangiom. (Hämangioblastom). Ein mit Blut gefülltes Muttermal bzw. ein gutartiger Tumor, der aus eng verbundenden Blutgefäßen besteht. Entsteht und wächst im Kleinkindalter, verschwindet spontan in der frühen Kindheit ohne weitere Behandlung.
capillary hemangioma

Kapillarhämorrhagie. Blutung der Kapillaren.
capillary hemorrhage

Kapillarpermeabilität. Beschaffenheit der Kapillarwand, die ein Durchströmen von Blut und Abfallprodukten ermöglicht.
[*lat.:* capillaris, haarförmig, permeare, durchströmen.]
capillary permeability

Kapnometrie. Messung des Kohlendioxidanteils in einem Gasvolumen; wird im Allgemeinen mit Methoden der Infrarotabsorption bzw. der Massenspektrometrie durchgeführt.
capnometry

Kaposi-Sarkom. Malignes multiformes Neoplasma der retikuloendothelialen Zellen, das als weiche, bräunliche oder rötlich-bläuliche Papeln auf den Füßen beginnt, sich langsam über die Haut ausbreitet und in die Lymphknoten und Viszera metastasiert. Es tritt meist bei Männern auf und steht in Verbindung mit Diabetes mellitus, malignen Lymphomen, AIDS und anderen Erkrankungen.
[M.K. Kaposi, österr. Dermatologe, 1837–1902]
Kaposi´s sarcoma

Kaprinsäure. Weiße, kristalline Substanz mit ranzigem Geruch; Bestandteil natürlich vorkommender Öle.
[*lat.:* caper, Ziege.]
capric acid

Kapronsäure. In Milchfett und verschiedenen Pflanzenölen vorkommende Fettsäure; wird bei der Erzeugung von künstlichen Aromen verwendet.
caproic acid

Kapsel. 1. Kleine, aus Gelatine hergestellte Hülse, die eine oral einzunehmende Medizindosis enthält. 2. Membranartige Hülle, die bestimmte Mikroorganismen umgibt, z.B. die Hülle eines Pneumokokkusbakteriums. 3. Anatomische Körperstruktur, die ein Organ oder einen Teil eines Organs umhüllt, wie z.B. die Kapsel der Nebenniere.
[*lat.:* capsula, kleine Schachtel.]
capsule

Kapsel, fibröse. 1. Äußere Schicht einer Gelenkkapsel, die das Gelenk zweier nebeneinander liegender Knochen umgibt. 2. Äußere, zähe Membranhülle, die bestimmte viszerale Organe, wie z.B. die Leber, umhüllt.
fibrous capsule

Kapselstar. Durch eine Verdickung der Epithelzellen hervorgerufene Sehschwäche. K. ist zumeist eine altersbedingte Erkrankung, kann aber auch Folge einer Erkrankung des umliegenden Augengewebes sein.
capsular cataract

kapsulär. Eine kleine Kapsel betreffend bzw. einer kleinen Kapsel ähnlich sein.
[*lat.*: capsula, kleine Schachtel.]
capsular

Karayaring. Natürliches Material aus Naturharz (des tropischen Sterculia-urens-Baums) mit wasserbindenen Eigenschaften, das in Form eines Ringes um ein Stoma angelegt wird; daran wird ein Auffangbeutel für die Ausscheidungen befestigt. Karaya ist auch als Puder, Paste oder Platte erhältlich.
karaya gum ring

Karbid. Gruppe binärer Kohlenstoffverbindungen. Die Stabilität dieser Verbindungen reicht von explosivem Kupfer- oder Silberkarbiden bis zu schwer löslichen Verbindungen, wie z.B. Siliziumkarbid.
carbide

Karboanhydrase. In Erythrozyten vorkommendes, zinkhaltiges Enzym, das die in den Erythrozyten stattfindende Hydration von Kohlendioxid zu Kohlensäure unterstützt und den Kohlendioxidtransport vom Gewebe zu den Lungen ermöglicht.
carbonic anhydrase

Karboanhydrasehemmer. Substanz, die die Produktion von Kohlensäure und H^+-Ionen in der Niere hemmt und dadurch die Ausscheidung von gelösten Substanzen sowie die Harnausscheidung verstärkt.
carbonic anhydrase inhibitor

Karbolismus. Durch Phenol bzw. → Karbolsäure hervorgerufene Vergiftung.
carbolism

Karbolsäure. (Phenol). Giftige, farblose bis blassrosafarbene, kristalline Verbindung, die bei der Destillation von Steinkohleteer entsteht. Durch Zugabe von 10% Wasser kann K. in eine klare, stark riechende Flüssigkeit mit brennendem Geschmack umgewandelt werden; früher als Desinfektionsmittel eingesetzt.
[*lat.*: carbo, Kohle, acidus, sauer]
carbolic acid

Karbonat. Ein CO_3^- Anion. In Wasser befinden sich K.e im Gleichgewicht mit Bikarbonaten. Häufig treten K.e als unlösliche Salze auf, wie z.B. als Kalziumkarbonat.
carbonate

Karbunkel. Mehrere, nebeneinanderliegende → Furunkel, großflächige Staphylokokken-Infektion mit Eiterbildung in tiefliegenden, miteinander verbundenen, subkutanen Taschen. Meist tritt der Eiter durch Öffnungen auf die Hautoberfläche aus, ansonsten muss eine chirugische Inzision vorgenommen werden. K. entstehen häufig an Nacken und Rücken.
[*lat.*: carbunculus, kleine Kohle.]
carbuncle

Kardex. Markenname für ein Dokumentationssystem, das aus mehreren Kartensystemen besteht und einen schnellen Zugriff auf die spezifischen Aspekte des Krankenhausaufenthaltes eines Patienten bietet, z.B. Aspekte der Pflege, Krankheitsentwicklung u.ä.
Kardex

Kardiakum. (Herzmedikament). Pharmakologisches Agens zur Beschleunigung der Herztätigkeit. Kardiale Glykoside, wie z.B. Digitalis, Digitoxin, Digoxin, Deslanosid, Lanatosid, Acetyldigitoxin und g-Strophantin, verstärken die Herzmuskelkontraktionen und verringern die Herzfrequenz und Überleitungsgeschwindigkeit, wodurch die Herzkammern länger entspannen und mit Blut gefüllt werden. Glykoside werden bei der Behandlung

von Herzinsuffizienz, Vorhofflimmern und Vorhofflattern, paroxysmaler Vorhoftachykardie und kardiogenem Schock eingesetzt. Adrenalin, ein wirksames Vasopressivum und Herzstimulans, wird manchmal eingesetzt, um nach einem Herzstillstand den Herzrhythmus wieder zu etablieren. Isoproterenol wird zur Behandlung von Herzblock, Dobutamin und Dopamin für eine kurzzeitige Behandlung von Herzdekompensation eingesetzt.
cardiac stimulant

kardial. 1. Das Herz betreffend. 2. Bezeichnung für den proximalen Teil des Magens.
[*griech.:* kardia, Herz.]
cardiac

K

Kardiaresektion. 1. Chirurgische Entfernung des Herzen. 2. Entfernung des kardialen Magenbereichs.
cardiectomy

Kardioangiographie. Röntgenologische Untersuchung von Herz und Herzkranzgefäßen nach Injektion eines Kontrastmittels.
[*griech.:* kardia, Herz, angeion, Gefäß, graphein, aufzeichnen.]
cardiac angiography

kardiogen. Vom Herzmuskel ausgehend.
cardiogenic

Kardiogramm. Elektronische Aufzeichnung der Herztätigkeit. (→ EKG; Elektrokardiogramm)
cardiogram

Kardiographie. Die Technik zur graphischen Darstellung der Herzmuskelbewegungen mit Hilfe eines Kardiographs.
cardiography

Kardiologe. Auf Diagnose und Behandlung von Herzerkrankungen spezialisierter Arzt.
cardiologist

Kardiologie. Lehre vom Aufbau, den Funktionen und Erkrankungen des Herzen.
[*griech.:* kardia, Herz, logos, Wissenschaft.]
cardiology

Kardiomegalie. Übermäßige Vergrößerung des Herzens.
[*griech.:* kardia, Herz, megas, groß.]
cardiomegaly

Kardiomyopathie. Erkrankungen der Struktur und Funktion des Herzen, die akut, subakut oder chronisch sein können. Bei den Myopathien liegt weder eine Störung der koronaren Durchblutung, noch eine Erkrankung der Herzklappen vor; sie äußern sich in Symptomen der Herzinsuffizienz oder Rhythmusstörungen. (s.a. Kardiomyopathie, hyperthrophe)
[*griech.:* kardia, Herz, mys, Muskel, pathos, Krankheit.]
cardiomyopathy

Kardiomyopathie, alkoholbedingte. Eine mit einem → Alkoholmissbrauch einhergehende Herzkrankheit. Typische Merkmale sind ein vergrößertes Herz und ein verringertes Herzminutenvolumen.
[*arab.:* al-kuhl, feine Essenz; *griech.:* kardia, Herz: mys, Muskel; pathos, Krankheit]
alcoholic cardiomyopathy

Kardiomyopathie, hyperthrophe. Unphysiologische Struktur und Funktion des Herzmuskels (Myokard), die durch eine starke → Hypertrophie des Herzseptums und der freien linken Kammerwand gekennzeichnet ist. Eine ventrikuläre Ausflussobstruktion führt zu einer beeinträchtigten diastolischen Füllung und zu einem verminderten Herzminutenvolumen. Die Anzeichen und Symptome, wie Müdigkeit und Synkopen, treten oft bei körperlicher Anstrengung auf, wenn der Bedarf für eine erhöhte Herzauswurfleistung nicht erfüllt werden kann.
hypertrophic cardiomyopathy

Kardiomyopathie, obstruktive. Herzerkrankung mit Herzinsuffizienz und Vergrößerung der Herzmuskel.
[*lat.:* congerere, ansammeln; *griech.:* kardia, Herz, mys, Muskel, pathos, Krankheit.]
congestive cardiomyopathy

Kardiopathie. Herzerkrankung.
[*griech.:* kardia, Herz, pathos, Krankheit.]
cardiopathy

Kardioperikarditis. Entzündung des Herzens und des Perikards.
cardiopericarditis

Kardioplegie. 1. Herzlähmung. 2. Stillstand der Myokardkontraktionen infolge der Injektion von Pharmaka (heute eher selten), Hypothermie oder elektrischen Reizen (Defibrillation), um eine Herzoperation durchführen zu können.
[*griech.:* kardia, Herz, plege, Schlag.]
cardioplegia

kardiopulmonal. Herz und Lungen betreffend.
[*griech.:* kardia, Herz, *lat.:* pulmo, Lunge.]
cardiopulmonary

Kardiotomie. 1. Operation, bei der eine Inzission ins Herz erfolgt. 2. Operation, bei der eine Inzission des Magenfundus durchgeführt wird.
[*griech.:* kardia, Herz, temnein, schneiden.]
cardiotomy

kardiotoxisch. Giftige bzw. schädigende Wirkung auf das Herz besitzend.
[*griech.:* kardia, Herz, toxikon, Gift.]
cardiotoxic

kardiozirkulatorisch. Herz und Kreislauf betreffend.
[*griech.:* kardia, Herz; *lat.:* circulare, herumgehen.]
cardiocirculatory

kardiovaskulär. Herz und Blutgefäße betreffend.
[*griech.:* kardia, Herz, *lat.:* vasculum, kleines Gefäß.]
cardiovascular

Kardioversion. Wiederherstellung des normalen Sinusrhythmus des Herzens durch einen synchronisierten elektrischen Schock, der von zwei auf die Brust des Patienten gelegten Metallelektroden ausgelöst wird. Die Elektroden werden mit einer Schutzpaste bestrichen, damit es nicht zu Hautverbrennungen kommt (der Patient darf während der Kardioversion auf keinen Fall berührt werden!). Eine K. dient dazu, die Herzfrequenz zu verlangsamen oder einen normalen Sinusrhythmus wiederherzustellen, falls eine medikamentöse Therapie ineffektiv ist. (→ Defibrillation)
[*griech.:* kardia, Herz, *lat.:* vertere, wenden.]
cardioversion

kardiovertieren. Abgabe eines mit dem QRS-Komplex synchronisierten, elektrischen Stromstoßes zur Behandlung von Tachyarrhythmie. (→ Kardioversion)
cardiovert

Karditis. Durch eine Infektion verursachte Entzündung der Herzmuskeln, die zumeist mehrere Muskelschichten betrifft. Es können Thoraxschmerzen, Herzarrhythmien, Durchblutungsstörungen und eine Beschädigung der Herzstruktur auftreten. Zu den verschiedenen Formen der Karditis gehören → Endokarditis, → Myokarditis und → Perikarditis.
carditis

Karies. (Zahnkaries). Plaqueerkrankung, die durch die komplexen Interaktionen von Essensbestandteilen, insbesondere Stärke und Zucker, mit Bakterien, die den Zahnbelag bilden, verursacht wird. Der Zahnbelag (Plaque) lagert sich an den Zahnoberflächen ab und bietet ein ideales Wachstumsmilieu für Bakterien und die Produktion organischer Säuren, die den Zahnschmelz demineralisieren. Die von den Bakterien produzierten Enzyme attackieren die Proteinkomponente des Zahnes. Dieser Prozess führt, wenn er unbehandelt bleibt, zur Bildung tiefer Hohlräume in den Zähnen und verursacht die Infektion der Pulpakammer, in der sich Blutgefäße und Nerven befinden. Zu den Ursachen zählt man Erb- und Umwelteinflüsse, Beschaffenheit des Speichels, ungenügende Kautätigkeit und mangelnde Zahnpflege. Wichtig ist zur Kariesprophylaxe ein umfassende Zahnpflege.
[*lat.:* Verfall.]
caries; dental caries

Kariesklassifizierung. System zur Bestimmung von Zahnkaries. Kariesklasse I wird

definiert als kariöse Vertiefungen und Risse in den Okklusionsflächen der Oberkieferschneidezähne. In Kariesklasse II sind die proximalen Oberflächen kariös, aber noch nicht okklusal durchbrochen. → Karies der proximalen Oberflächen von Schneidezähnen und Eckzähnen, jedoch nicht der Schneidekanten, wird als Kariesklasse III eingestuft. Kariesklasse IV wird definiert als Karies der proximalen Oberflächen von Schneide- und Eckzähnen einschließlich Schneidekanten. Karies, der mindestens ein Drittel der zervikalen fazialen bzw. lingualen Oberflächen betrifft, wird als Kariesklasse V eingestuft.
[*lat.:* classis, Sammlung, facere, machen, caries, Verfall.]
classification of caries

K

Karmin. Roter Farbstoff, der zur Anfärbung histologischer Proben verwendet wird.
carmine dye

Karminativum. 1. Substanz zur Linderung von Flatulenz und Aufblähung von Magen oder Darm. 2. Mittel zur Linderung von Blähungen und Magenkrämpfen, die mit der Einnahme von Mahlzeiten in Verbindung stehen.
carminative

Karotin. Rot-oranger, organischer Bestandteil von Karotten, Süßkartoffeln, Milchfett, Eigelb und grünem Gemüse. Das Provitamin Beta-Karotin wird im Körper in Vitamin A umgewandelt.
[*lat.:* carota, Karotte]
carotene

Karotinoide. Gruppe roter, gelber oder oranger, ungesättigter Pigmente, die sich in verschiedenen Tiergeweben sowie in Nahrungsmitteln, wie Karotten und grünem Gemüse finden. Viele dieser Substanzen, wie z.B. → Karotin, werden zur Bildung von Vitamin A verwendet.
carotenoid

Karotis. (Halsschlagader). Eine der größten Arterien (Arteria carotis communis), die den Kopf mit Blut versorgt. Die Karotis unterteilt sich in eine externe (A. carotis externa) und eine interne Karotisarterie (A. carotis interna).
[*griech.:* karos, tiefer Schlaf.]
common carotid artery

Karotisgeräusch. Nebengeräusch der Halsschlagader (Karotis); Anzeichen einer arteriellen Verengung.
carotid bruit

Karotisplexus. Eines der drei, mit den Halsschlagadern verbundenen Nervengeflechte.
[*griech.:* karos, tiefer Schlag *lat.:* plexus, gefaltet.]
carotid plexus

Karotispuls. Puls der Halsschlagader (→ Karotis), der gefühlt werden kann, indem man einen Finger leicht zwischen Kehlkopf und den Musculus sternocleidomastoideus auflegt.
carotid pulse

Karotissinus. Aus sensorischen Nervenenden des Vagusnervs bestehende Erweiterung der Arterienwand an der Gabelung der Halsschlagader (A. carotis), der auf Veränderungen des Blutdrucks reagiert.
[*griech.:* karos, tiefer Schlag, *lat.:* sinus, Kurve.]
carotid sinus

Karotissinusreflex. (Karotissinus-Druckversuch). Durch Druck auf den Bereich der Karotisgabel ausgelöste Verminderung der Herzfrequenz und des Blutdrucks, was längerfristig zum Herzstillstand führen (→ Karotissinus-Syndrom) kann.
carotid sinus reflex

Karotissinus-Syndrom. (Sick-Sinus-Syndrom; Sinusknoten Syndrom). Vorübergehende Bewusstlosigkeit bei manchen Krampfanfällen; wird durch einen übermäßigen → Karotissinusreflex oder durch hohen Druck auf den Karotissinus verursacht, z.B. beim Rasieren oder zu engen Kragen. (→ Sick-Sinus-Syndrom)
carotis sinus syndrome

karpal. Den Carpus bzw. die Handwurzel betreffend.
[*griech.:* karpos, Handwurzel]
carpal

Karpaltunnel. Von den Handwurzelknochen und dem Canalis carpi gebildeter Tunnel für den Nervus medianus und die Beugesehnen.
[*griech.*:karpos,Handwurzel, *franz.*: tonnel, Tunnel.]
carpal tunnel

Karpaltunnel-Syndrom. (Medianuskompressions-Syndrom). Häufig auftretende schmerzhafte Beschwerden der Handwurzel und der Hand, die durch die Kompression des Nervus medianus zwischen dem starren Karpalband und anderen, im Karpaltunnel befindlichen Strukturen verusacht wird; wird oft als Folge eines massivem Handgelenktraumas betrachtet. Der Medianusnerv innerviert die Handinnenfläche und radiale Handseite; eine Kompression des Nervs verursacht eine Schwäche und Schmerzen der Daumenballenmuskulatur sowie Brennen und Kribbeln; die Schmerzen können sich manchmal bis in den Unterarm und das Schultergelenk ziehen.
carpal tunnel syndrome

karpopedal. Handwurzeln und Füße betreffend.
[*griech.*: karpos, Handwurzel; *lat.*: pes, Fuß.]
carpopedal

Karpopedalspasmus. Hand-, Daumen-, Fuß- oder Zehenkrämpfe, die bei Tetanien auftreten können.
[*griech.*: karpos, Handwurzel, *lat.*: pes, Fuß, giech, spasmos, Krampf.]
carpopedal spasm

karpoulnar. Zu Elle (Ulna) und Handwurzel (Carpus) gehörend bzw. diese betreffend.
ulnocarpal

Karpus. Handwurzel, bestehend aus acht in einer Reihe angeordneten Knochen.
[*griech.*: karpos, Handwurzel]
carpus

karyo-. Vorsilbe mit der Bedeutung »Zellkern«.
[*griech.*: karyon, Nuss]
karyo

Karyogamie. Verschmelzung von Zellkernen einer weiblichen und einer männlichen Geschlechtszelle (Gameten) bei der Befruchtung. – *adj.* karyogam.
[*griech.*: karyon, Nuss; gamos, Hochzeit]
karyogamy

Karyogenese. Bildung oder Entwicklung des Kerns einer Zelle. – *adj.* karyogenetisch.
[*griech.*: karyon, Nuss; genein, produzieren]
karyogenesis

Karyokinese. Teilung eines Zellkerns und gleichmäßige Verteilung des Materials während der Mitose und der Meiose.
[*griech.*: karyon, Nuss; kinesis, Bewegung]
karyokinesis

Karyolymphe. (Karyoplasma). Klare, normalerweise farblose Flüssigkeit im Zellkern. Die K. besteht vorwiegend aus proteinischem und kolloidalem Material, in dem Kernkörperchen (Nukleolen), Chromatin, Linin und verschiedene andere mikroskopische Partikel verteilt sind.
karyolymph

Karyolyse. Auflösung eines Zellkerns. Die K. tritt entweder in Form eines Gewebetodes (Nekrobiose) oder bei einzelnen Generationen neuer Zellen während der Meiose und Mitose auf.
[*griech.*: karyos, Nuss; lysis, auflösen]
karyolysis

Karyometrie. Histologische Untersuchung und Messung eines Zellkerns. – *adj.* karyometrisch.
karyometry

Karyon. Zellkern.
[*griech.*: Nuss]
karyon

Karyorrhexis. Fragmentierung und Verteilung des Chromatins im Zytoplasma infolge eines Zelltods.
[*griech.*: karyon, Nuss; rhexis, Riß]
karyorrhexis

K

Karyosom. Dichte, unregelmäßige Masse von Chromatinfilamenten (Binnenkörper) im Zellkern.
[*griech.:* karyon, Nuss; soma, Körper]
karyosome

Karyotyp. 1. Vollständige Übersicht über alle morphologischen Merkmale des somatischen Chromosomensatzes eines Individuums oder einer Species; diese werden in Bezug auf Anzahl, Form, Größe und Zusammensetzung innerhalb des Zellkerns beschrieben. 2. Darstellung des Chromosomensatzes eines Individuums oder einer Species als Diagramm, wobei dieser paarweise in absteigender Ordnung nach Größe und Position auf dem Zentromer angeordnet wird.
karyotype

Karyozyt. Normoblast oder sich entwickelnder Erythrozyt mit einem Zellkern, der homolog angefärbt ist; findet sich normalerweise im roten Knochenmark.
[*griech.:* karyon, Nuss; kytos, Zelle]
karyocyte

karzinogen. (kanzerogen). Eigenschaft einer Substanz oder eines Agens, welche die Entstehung von Krebs verursacht oder die Häufigkeit von Krebserkrankungen erhöhen.
[*griech.:* karkinos, Krebs, genein, erzeugen, herstellen.]
carcinogen

Karzinogenese. Der Prozess der Krebsentstehung.
carcinogenesis

Karzinoid. Kleiner, gelblicher Tumor, der sich aus Argentaffinzellen in der Magen-Darm-Schleimhaut bildet, die Serotonin und andere Katecholamine absondern.
[*griech.:*karkinos, Krebs, eidos, Form.]
carcinoid

Karzinoid-Syndrom. Systemische Auswirkungen karzinoider Tumore, die Serotonin ausschütten. Symptome sind rotblaue Verfärbung, Diarrhö, Krämpfe, Hautläsionen wie bei Pellagra, Atemnot, Herzklopfen und Herzklappenerkrankung, die insbesondere Trikuspidklappe und Pulmonalklappe beeinträchtigt.
carcinoid syndrome

Karzinolyse. Zerstörung von Krebszellen. (→ karzinolytisch)
[*griech.:* karkinos, Krebs, lysis, Auflösung.]
carcinolysis

Karzinom. (Krebsgeschwür). Bösartiges Epithelneoplasma, das sich auf das umliegendes Gewebe ausbreitet und in entfernte Körperregionen metastasiert. K.e entwickeln sich häufig in Dickdarm, Lungen, Magen, Prostata, Zervix, Brüsten und auf der Haut. Tumore haben unregelmäßige Formen, sind nodulär und grenzen sich deutlich vom gesunden Gewebe ab.
[*griech.:* karkinos, Krebs, oma, Tumor.]
carcinoma

Karzinom, adenozystisches. Malignes Neoplasma, das aus Strängen gleichförmiger, kleiner → Epithelzellen besteht, die siebartig um oftmals mit Schleim angefüllte, zystische Räume angeordnet sind. Der Tumor tritt am häufigsten in Speicheldrüsen, der Brust, Schleimdrüsen sowie den oberen und unteren Atemwegen, bisweilen in den vestibulären Drüsen der → Vulva auf.
adenocystic carcinoma

Karzinom, bronchogenes. Ein in mehr als 90% aller Fälle maligner Lungentumor, der in den → Bronchien entsteht. Läsionen, die häufig durch Zigarettenrauchen verursacht sind, können zu Husten, giemender Atmung, Müdigkeit, Brustenge und Gliederschmerzen führen. Im letzten Stadium kann es zu blutigem Sputum, Trommelschlegelfingern, Gewichtsabnahme und Pleuraerguss kommen.
bronchogenic carcinoma

Karzinom, embryonales. Bezeichnung für ein in einer Keimzelle entstehendes, bösartiges Neoplasma, das sich vor allem in den Gonaden, insbesondere in den Hoden (Testes) bildet.
embryonal carcinoma

Karzinom, kolorektales. Maligne Neoplasmabildung im Dickdarm mit dem Abgang

von bluthaltigem Stuhl (Teerstuhl). Kolorektale Karzinome werden vor allem ab dem 50. Lebensjahr beobachtet, etwas häufiger bei Frauen als bei Männern. Patienten mit chronischer Colitis ulcerosa, Zottenadenom und familiärer adenomatöser Dickdarmpolypose haben ein erhöhtes Risiko für Dickdarmkrebs. Fetthaltiges Essen, hoher Alkoholkonsum, geringe körperliche Aktivität, Tabakkonsum und das Einatmen von Asbestfasern sowie die Einwirkung radioaktiver Strahlung sind weitere Ursachen von Dickdarmkrebs.
[*griech.:* kolon, Dickdarm; *lat.:* rectus, gerade.]
colorectal cancer

Karzinom, präinvasives. (Carcinoma in situ; Oberflächenkarzinom). Prämalignes Neoplasma, das noch nicht in die Basalmembran eingedrungen ist, aber die zytologischen Eigenschaften von Krebs aufweist. Solche neoplastischen Veränderungen im stratifizierten Platten- bzw. Drüsenepithel kommen häufig am Gebärmutterhals, am Anus, in Bronchien, Mundschleimhaut, Speiseröhre, Augen, Lippen, Penis, Uterusendometrium und Vagina vor.
[*griech.:* karkinos, Krebs.]
carcinoma in situ

Karzinom, squamöses. (→ Plattenepithelkarzinom)
squamous cell carcinoma

Karzinom, zirrhöses. Harter, fibröser, stark invasiver Tumor, in dem die malignen Zellen einzeln oder als kleine Zellhaufen in dichtem Bindegewebe auftreten.
[*griech.:* skirrhos, hart]
scirrhous carcinoma

karzinomatoid. Ähnlichkeit mit einem → Karzinom haben.
carcinomatoid

karzinomatös. Ein → Karzinom betreffend.
carcinomatous

Karzinophilie. Affinität für die Entstehung von karzinomatösem Gewebe.
[*griech.:* karkinos, Krebs, philein, lieben.]
carcinophilia

Karzinosarkom. Malignes Neoplasma, bestehend aus karzinomatösen und sarkomatösen Zellen. Tumore dieser Art kommen hauptsächlich in der Speiseröhre, in der Schilddrüse und im Uterus vor.
[*griech.:* karkinos, Krebs, sarx, Fleisch, oma, Tumor.]
carcinosarcoma

Karzinose. Entstehung vieler → Karzinome im gesamten Körper.
carcinosis

karzinostatisch. Das Wachstum eines → Karzinoms verlangsamend bzw. einhaltend.
[*griech.:* karkinos, Krebs, statikos, Stillstand erzeugen.]
carcinostatic

Kasein. In Milch vorkommendes, weißes Eiweißpulver. Enthält Phosphor und Schwefel und gehört zu den »kompletten Proteinen«, da es alle essenziellen Aminosäuren enthält. Beim Sauerwerden von Milch wird K. ausgefällt.
[*lat.:* caseus, Käse]
casein

Käseschmiere. (Vernix caseosa). Helle, käseähnliche Substanz aus Talgdrüsensekret, Wollhaar (Lanugo) und abgestorbenen Hautzellen, die die Haut eines Feten und Neugeborenen überzieht. Sie dient als Schutz und bei der Geburt als Gleitmittel.
vernix caseosa

käsig. Käseartig; Bezeichnung für die Mischung aus Fett und Protein, die in bestimmten nekrotisierenden Körpergeweben vorkommt.
caseous

Kastration. Chirurgische Entfernung eines oder beider Hoden bzw. Eierstöcke; wird meist durchgeführt, um die Fortpflanzungsfähigkeit und die Ausschüttung bestimmter Hormone zu unterbinden, die die Vermehrung maligner Geschwüre fördern, z.B. bei Frauen mit Brustkrebs oder Männern mit Prostatakrebs.
[*lat.:* castrare, kastrieren.]
castration

K

K

Kastrationsangst. 1. Imaginäre Furcht vor Verletzung bzw. Verlust der Geschlechtsorgane; häufig als Reaktion auf unterdrückte Gefühle der Bestrafung in Verbindung mit verbotenen sexuellen Wünschen. 2. Allgemeine Bedrohung der Männlichkeit bzw. Weiblichkeit einer Person oder eine wirklichkeitsfremde Angst vor Verletzung oder Verlust der Kontrolle.
castration anxiety

Kasuistik. Erfassung und Erforschung von Krankheitsfällen einer bestimmten Krankheit.
[*lat.:* casus, Geschehnis.]
casuistics

Katabiose. Normale Zellalterung.
[*lat.:* kata, abwärts, biosis, Leben]
catabiosis

Katabolismus. (Abbaustoffwechsel). Stoffwechselvorgang, bei dem komplexe Substanzen von lebenden Zellen in einfache Bestandteile aufgespalten werden. (→ Anabolismus,)
[*griech.:* kata, abwärts, ballein, werfen.]
catabolism

Katabolismus, anaerober. Ohne Sauerstoff ablaufender Stoffwechselkreislauf, bei dem komplexere chemische Substanzen zu einfacheren Verbindungen abgebaut werden und Energie freigesetzt wird. (→ Katabolismus)
anaerobic catabolism

Katal (kat). SI-Einheit für die Aktivität von Enzymen (Mol pro Sekunde).
katal (K, kat)

Katalase. In fast allen lebenden Zellen vorkommendes Enzym, das den Abbau von Wasserstoffsuperoxid zu Wasser und Sauerstoff katalysiert.
[*griech.:* katalein, auflösen.]
catalase

Katalepsie. Von starrer Körperhaltung begleiteter, tranceartiger Bewusstseinszustand; kann bei der Hypnose auftreten, sowie bei bestimmten organischen und psychologischen Störungen, z.B. bei Schizophrenie, Epilepsie und Hysterie.
[*griech.:* kata, abwärts, lambanein, ergreifen.]
catalepsy

Katalysator. Substanz, die den Umfang einer chemischen Reaktion beeinflusst, ohne dabei dauerhaft geändert oder verbraucht zu werden. Die meisten K.en, einschließlich die in lebenden Organismen vorkommenden Enzyme, beschleunigen chemische Reaktionen; negative K.en verlangsamen Reaktionen.
[*griech.:* katalein, auflösen.]
catalyst

Katalyse. Erhöhung des Umfangs einer chemischen Reaktion durch eine Substanz (→ Katalysator), die bei der Reaktion weder dauerhafte Veränderungen erfährt, noch verbraucht wird. (→ katalysieren)
[*griech.:* katalein, auflösen.]
catalysis

katalysieren. → Katalyse hervorrufen, z.B. eine chemische Reaktion oder einen physikalischen Prozess beschleunigen.
catalyze

Katamnese. Krankengeschichte eines Patienten von Beginn einer bestimmten Krankheit an.
[*griech.:* kata, abwärts, men, Monat.]
catamnesis

Kataplexie. Plötzlich auftretende Muskelschwäche und Hypotonie; ausgelöst durch Emotionen wie Wut, Angst oder Überraschung, oftmals in Verbindung mit → Narkolepsie.
[*griech.:* kata, abwärts, plexis, Schlag.]
cataplexy

Katarakt. (Grauer Star). Fortschreitende Linsentrübung des Auges, mit Bildung einer grauweißen Trübung hinter der Pupille. Die meisten K.e werden durch degenerative, nach dem 50. Lebensjahr auftretende Veränderungen verursacht. Angeborene K.e sind meist vererbt, können aber auch durch einen Virusinfekt während des ersten Schwangerschaftstrimester ausgelöst werden. Eine unbehandelte K. führt zu Blindheit. Bei weniger komplizierten, im

hohen Lebensalter auftretenden K.en (Altersstar), wird die Linse operativ entfernt und eine künstliche, intraokuläre Linse eingefügt oder spezielle Kontaktlinsen oder Brillengläser verschrieben. Die weichen, bei Kindern oder jungen Erwachsenen auftretenden K.e (Linsenerweichung) können entweder operativ entfernt oder mit Ultraschallbehandlung fragmentiert werden.
[*griech.:* katarrhakies, Wasserfall.]
cataract

Katarrh. Entzündung der Schleimhäute in Verbindung mit Ausfluss und Entzündungen der Atemwege (Nase und Luftröhre). – *adj.* katarrhalisch.
[*griech.:* kata, abwärts, rhoia, Fluss.]
catarrh

Katarrh, trockener. Trockener Husten mit geringem Auswurf, der zusammen mit Asthma und Lungenemphysem auftritt.
dry catarrh

Katatonie. Psychologisch bedingter Zustand der Immobilität und Muskelstarre in Verbindung mit einer teilweise impulsiven Aktivität; Form der → katatone Schizophrenie.
[*griech.:* kata, abwärts, tonos, Spannung.]
catatonia

Katecholamin. Zu einer Gruppe sympathomimetischer Verbindungen gehörende Substanz (z.B. Adrenalin, Noradrenalin, Dopamin), die aus einem Katecholmolekül und dem alipathischen Teil eines Amins besteht. Verschiedene K.e werden vom Körper hergestellt und dienen als wichtige neurologische Substanzen.
catecholamine

Katharsis. 1. Reinigung bzw. Befreiung. 2. Therapeutische Freisetzung aufgestauter Gefühle und Emotionen durch Diskussion bestimmter Ideen und Gedanken. 3. Bezeichnung für den Vorgang, bei dem unterdrückte Gedanken und Gefühle durch freie Assoziation bewusst gemacht werden; häufig in Verbindung mit Hypnose und der Anwendung hypnotisch wirkender Medikamente. – *adj.* kathartisch.
catharsis

Kathartikum. Abführmittel zur Darmentleerung; stimuliert die Peristaltik, verflüssigt bzw. vergrößert den Darminhalt, erweicht den Stuhl und befeuchtet die Darmwände.
[*griech.:* catharsis, reinigend.]
cathartic

Katheter. Hohler, biegsamer Schlauch, der in ein Gefäß oder einen Hohlraum eingeführt wird, um dem Körper Flüssigkeiten abzuleiten bzw. zuzuführen, bestimmte Körperfunktionen zu überwachen oder ein Gefäß bzw. einen Hohlraum zu untersuchen.
[*griech.:* katheter, etwas absenken.]
catheter

Katheter, arterieller. (arterielle Kanüle). Feiner Schlauch, der in eine → Arterie eingeführt wird, um arterielles Blut (z.B. für eine Blutgasanalyse) abzunehmen oder den Blutdruck direkt zu messen. Meistens wird die Arteria radialis kanüliert. Vor dem Eingriff muß ein → Allen-Test durchgeführt werden. (→ arterielle Kanülierung/arterieller Blutdruck)
arterial catheter

Katheter, doppellumiger. 1. Katheter mit zwei Kanälen, eingesetzt zur Spülung eines im Körperinneren liegenden Hohlraums. Durch einen Kanal fließt Flüssigkeit in den Hohlraum, durch den anderen Kanal wird die Flüssigkeit aus dem Hohlraum abgeleitet. 2. Form eines zentralvenösen Katheters mit zwei Lumen (Schenkel), um nichtkompatible Infusionen bzw. Medikamente verabreichen zu können.
double-channel catheter; two-way catheter

Katheter, dreilumiger. → Katheter mit drei separaten Kanälen. Bei einem dreilumigen Urinkatheter ist ein Kanal zur Spülung, einer zur Drainage und der dritte zum Aufblasen des Ballons bestimmt.
triple lumen catheter

Katheter, intravenöser. → Katheter, der in eine Vene eingeführt wird, um Medikamente oder Infusionen direkt in den Blutstrom einzuleiten oder um z.B. zu diagno-

stischen Zwecken den Blutdruck zu messen.
🇬🇧 intravenous catheter

Katheter, selbsthaltender. (Ballonkatheter; Dauerkatheter). Ein Blasendauerkatheter mit doppeltem Lumen. Durch den einen Kanal fließt der Urin aus der Harnblase in einen Sammelbeutel ab; der andere Kanal ist am Blasenende mit einem aufblasbaren Ballon und am anderen Ende mit einem Anschluss zum Blocken des Katheters ausgestattet. Zur Arretierung des Katheters in der Harnblase werden durch den Anschluss ca. 8–10 ml Aqua destillata injiziert, wodurch sich der Ballon aufweitet.
🇬🇧 self-retaining catheter

K

Katheter, suprapubischer. → Katheter, der oberhalb des Schambeins durch die Haut in die Harnblase eingeführt wird; dient zur Blasenentleerung.
[*lat.:* supra + pubes, oberhalb + Schamgegend]
🇬🇧 suprapubic catheter

Katheterisierung. Einführung eines → Katheters in einen Körperhohlraum bzw. ein Organ, um Flüssigkeit zuzuführen bzw. zu entfernen.
🇬🇧 catheterization

Kathexis. Bewusstes oder unbewusstes Verbinden von Gefühlen mit bestimmten Ideen, Personen oder Gegenständen.
[*griech.:* kathexis, Zurückhaltung.]
🇬🇧 cathexis

Kathode. 1. Die Elektrode, an der ein chemischer Reduktionsprozess stattfindet, d.h. Elektronen austreten. 2. Austrittsstelle einer Röntgenröhre.
[*griech.:* kata, unten, hodos, Pfad.]
🇬🇧 cathode

Kathodenstrahl. Der von der negativen Elektrode eines Gasentladungsgeräts, z.B. einer Kathodenstrahlröhre oder einem Oszilloskop, abgestrahlte Elektronenstrahl, der bei der Bombardierung mit positiv geladenen Ionen entsteht. Der Elektonenstrahl wird mit Hilfe mehrerer Elektromagneten fokussiert. Richtung und Position des Strahls werden so auf einen mit einer Phosphorschicht bedeckten Bildschirm gelenkt, es entsteht ein sichtbares Bild.
🇬🇧 cathode ray

Kation. Ein positiv geladenes Ion.
[*griech.:* kata, unten, ion, gehend.]
🇬🇧 cation

Kationenaustauschharz. Verschiedene, nichtlösliche, organische Polymere mit einem hohen Molekulargewicht, die ihre → Kationen in Lösung gegen andere Ionen austauschen.
🇬🇧 cation-exchange resin

Katzenkratzkrankheit. Von einem Kratzer oder Biss einer gesunden Katze verursachte Erkrankung. An der betroffenen Stelle bilden sich Entzündungen und Pusteln, es kommt zu Lymphknotenschwellungen von Hals, Kopf, Leiste oder Achsel; die Symptome Fieber, Kopfschmerzen und Unwohlsein können viele Monate anhalten.
🇬🇧 cat scratch fever

kaudal. Schwanzwärts, fußabwärts, vom Kopf weg, zum distalen Körperende.
[*lat.:* cauda, Schwanz.]
🇬🇧 caudal

Kaumuskel. (→ Musculus masseter)
🇬🇧 masseter

Kausalgie. Empfindung eines brennenden Schmerzes, der häufig die Extremitäten betrifft und von lokal auftretenden Hauterythemen begleitet wird.
[*griech.:* kausis, brrennend, algos, Schmerz.]
🇬🇧 causalgia

Kausalität. Begriff aus der Forschung; Beziehung zwischen zwei Phänomenen bzw. Prozessen (A und B), wobei A zuerst stattfindet und B verursacht. Richtung bzw. Einfluss sowie Wirkung sind vorhersehbar und reproduzierbar und können empirisch beobachtet werden.
🇬🇧 causality

kaustisch. (ätzend). 1. Eine auf lebendes Gewebe zerstörerisch wirkende Substanz, z.B. Silbernitrat, Salpetersäure oder

Schwefelsäure. 2. Ätzende Wirkung besitzend.
[*griech.:* kaustikos, brennend.]
caustic

Kauterisation. (Kaustik). Gewebezerstörung durch Ätzmittel. (→ Elektrokoagulation)
[*griech.:* kauterion, Brenneisen.]
cauterization

kauterisieren. Gewebe durch Hitzeeinwirkung, z.B. durch Dampf, heißes Metall, Sonnenbestrahlung, Elektrizität oder Trockeneis verbrennen; wird normalerweise eingesetzt, um beschädigtes oder krankes Gewebe zu zerstören.
[*griech.:* kauterion, Brenneisen.]
cauterize

Kavernisierung. 1. Bildung von Körperhohlräumen, z.B. die während einer Tuberkulose in der Lunge geformten Hohlräume. 2. Hohlräume im Körper, z.B. die Pleurahöhle.
cavitation

kavernös. Krankhafte Hohlräume oder Kavernen aufweisend.
[*lat.:* caverna, Hohlraum]
cavernous

Kavernosussyndrom. Ödembildung an Bindehaut, oberem Augenlid und Nasenwurzel, begleitet von einer Lähmung des dritten, vierten und sechsten Hirnnervs sowie Reiz- und Ausfallerscheinungen; wird durch eine Thrombose des Sinus cavernosus verursacht.
cavernous sinus syndrome

Kavernosusthrombose. Sekundäres, zusammen mit Augen- oder Naseninfektionen auftretendes Syndrom, gekennzeichnet von Orbitalödem, Venenstauung am Auge und Nervenlähmung, die die extraokulären Augenmuskeln betrifft. Die Infektion kann sich auf die zerebrospinale Flüssigkeit sowie die Gehirnhaut ausweiten (Lebensgefahr!).
cavernous sinus thrombosis

Kavität. 1. Hohlraum im Innern einer größeren Struktur, z.B. die Peritonealhöhle oder der Mundraum. 2. Ein durch Karies entstandener Hohlraum in einem Zahn.
[*lat.:* cavus, hohl.]
cavity

Kavographie. Angiogramm der unteren und oberen → Vena cava.
[*lat,* cavus, hohl, *griech.:* gramma, Aufzeichnung.]
cavogram

kcal. Abkürzung für → Kilokalorie.
kcal

Kefir. Ein leicht schäumendes, säuerliches Getränk, das aus Kuh-, Schafs- oder Ziegenmilch hergestellt wird, die durch stärke- und laktobazillenhaltige Kefirkörner fermentiert ist.
[russ.: fermentierte Milch]
kefir

Kehlkopfdiphtherie. Durch das Klebs-Löffler-Bazillus (*Corynebacterium diphtheriae*) verursachte Kehlkopfentzündung (Laryngitis). Eine ernste Komplikation ist die Bildung einer → Pseudomembran.
diphtheric laryngitis

Kehlkopfkrebs. Maligne neoplastische Erkrankung, die durch einen Epitheltumor im Kehlkopf (→ Larynx) gekennzeichnet ist. Chronischer Alkoholismus und starker Nikotinkonsum steigern das Risiko für die Entwicklung von K. Fortdauernde Heiserheit zählt zu den ersten Anzeichen; fortgeschrittene Läsionen können Halsentzündungen, Luftnot (Dyspnoe), Schluckbeschwerden (Dysphagie) und Drüsenerkrankungen im Halsbereich verursachen.
laryngeal cancer

keilförmig. Anatomische Bezeichnung für keilähnlich geformte Gewebe, insbesondere für Zellen des Nervensystems.
cuneiform; cuneate

Keilresektion. Operative Entfernung eines Organteils, wie z.B. den eine Zyste enthaltenden Teil eines Eierstocks. Das entfernte Segment ist oft keilförmig.
wedge resection

Keim. 1. Mikroorganismus, der krankheitserregend (pathogen) wirkt. 2. Einheit

lebender Materie, die sich zu einer Samenzelle, einer Spore oder einer Eizelle entwickeln kann. 3. Das erste Stadium der Entwicklung, wie ein Spermium (Spermatozoon) oder eine andere Keimzelle.
🇬🇧 germ

Keimblatt. Eine der drei Zellschichten (Ektoderm, Entoderm und Mesoderm), die sich in der frühen embryonalen Entwicklung bilden und aus denen sich das gesamte Körpergewebe entwickelt.
🇬🇧 germ layer

Keimplasma. (Idioplasma). 1. Das Protoplasma der → Keimzellen, das das grundlegende Fortpflanzungs- und Erbmaterial enthält; die Gesamtheit der DNS (Desoxyribonukleinsäure), die in einer speziellen Zelle oder einem Organismus enthalten ist. 2. Keimzellen in jeder Entwicklungsphase, zusammen mit dem Gewebe, aus dem sie sich entwickeln.
🇬🇧 germ plasm

Keimschicht. Eine von drei embryonalen Zellschichten: dem Entoderm, dem Mesoderm und dem Ektoderm. Aus diesen verschiedenen Zellschichten entstehen alle Körperteile und Körperorgane.
🇬🇧 embryonic layer

Keimzelle. 1. Eine sexuell reproduktive Zelle in jedem Entwicklungsstadium, von der ersten embryonalen Form bis zum reifen → Gameten. 2. Eizelle (Ovum) oder Spermium (Spermatozoon) oder ihre Vorgängerformen. 3. Jede Zelle, die der → Gametogenese unterliegt.
🇬🇧 germ cell

-kele. (-zele; -cele). Nachsilbe mit der Bedeutung »Bruch, Geschwulst«.
🇬🇧 -kele; -cele; -zele

Keloid. (Wulstnarbe). Überschüssiges Wachstum eines kollagenen Narbengewebes an der Stelle einer Wunde auf der Haut, besonders nach Operationen und Verbrennungen. Das neue Gewebe ist erhaben, rund oder strangförmig und fest.
[*griech.:* kelis, Punkt; eidos, Form]
🇬🇧 keloid

Keloidakne. Eitriger Ausschlag in und um die Haar-Talg-Ausgänge, der zu einer keloiden Vernarbung führt. Farbige sind besonders anfällig für K. (→ Keloid; Akne)
🇬🇧 keoid acne

Kelvin-Skala (K). Eine absolute Temperaturskala, die von dem Punkt an in Celsius-Einheiten berechnet wird, an dem die Molekülbewegungen ein Minimum erreichen (absoluter Nullpunkt: -273,15°C). Zur Umrechnung von Celsius-Graden in Kelvin muß die Zahl 273,15 addiert werden.
[Lord Kelvin, britischer Physiker, 1824–1907]
🇬🇧 Kelvin scale

Kephalalgie. Kopfschmerzen.
🇬🇧 encephalalgia

Kephalhämatom. Durch subkutanes Bluten und angesammeltes Blut verursachte Schwellung.
🇬🇧 cephalhematoma

kephalo-. (-cephalo). Den Kopf betreffend.
🇬🇧 cephalic

Kephalometrie. (Schädelmessung). Kopfvermessung des Fötus, um den Umfang und Durchmesser des kindlichen Kopfes zu ermitteln; Index für das Schwangerschaftsalter. (→ kephalometrisch)
🇬🇧 cephalometry

Kephalozele. Durch eine Öffnung in der Schädeldecke hervortretendes Teil des Gehirns. Entweder aufgrund einer angeborenen Fehlbildung oder durch einen Unfall verursacht.
🇬🇧 cephalocele

Kephalozentese. Schädeleinstich mit einer hohlen Nadel, um Flüssigkeit abzuleiten oder einen Abszess zu drainieren.
🇬🇧 cephalocentesis

Keratin. Fibröses schwefelhaltiges Protein, das Hauptbestandteil der Haut (Epidermis), Haare, Finger- und Fußnägel, im Zahnschmelz und im Horngewebe von Tieren ist.
[*griech.:* keras, Horn]
🇬🇧 keratin

Keratinozyt. Epidermiszelle, die → Keratin, andere Proteine und Sterin synthetisiert. Diese Zellen machen 95% der Epidermis aus und werden von den undifferenzierten oder basalen Zellen an der dermisch-epidermischen Verbindung gebildet.
[*griech.:* keras, Horn; kytos, Zelle]
🇬🇧 keratinocyte

Keratitis. Entzündung der Hornhaut des Auges (→ Kornea).
🇬🇧 keratitis

Keratitis dentritica. Schwere Herpesvirus-Infektion der Augen. Auf der Hornhautoberfläche entsteht eine Ulzeration in Form eines verzweigten Baumes. Bleibt die K. d. unbehandelt, kann sie zu dauerhafter Hornhautvernarbung mit Sehbehinderung bzw. Blindheit führen.
🇬🇧 dendritic keratitis

kerato-. Vorsilbe mit der Bedeutung »Hornsubstanz, Hornhaut«.
[*griech.:* keras, Horn]
🇬🇧 kerato-

Keratoakanthom. Gutartige, schnellwachsende, fleischfarbene Papeln oder Knoten auf der Haut mit einem zentralen Hornpfropf (aus → Keratin). Die Läsion tritt meist im Gesicht oder auf Handrücken und Unterarmen und vorwiegend bei älteren Menschen auf.
[*griech.:* keras, Horn; akantha, Dorn; oma, Tumor]
🇬🇧 keratoacanthoma

Keratoglobus. Kongenitale Anomalie mit einer kugeligen Vorwölbung der Augenhornhaut oder des Augapfels.
🇬🇧 keratoglobus

Keratokonjunktivitis. Entzündung der Hornhaut (→ Kornea) und Bindehaut (→ Konjunctiva) des Auges. Man unterscheidet zahlreiche Formen der K., z.B. K. sicca, bei der zu wenig Tränenflüssigkeit auf die Hornhautoberfläche abgegeben wird, wodurch es zu einer Entzündung kommt.
[*griech.:* keras, Horn; *lat.:* conjunctivus, verbindend; *griech.:* itis, Entzündung]
🇬🇧 keratoconjunctivitis

Keratokonjunktivitis, epidemica. (Viruskeratitis). Durch Adenoviren übertragene Keratitis und Konjunktivitis. Diese extrem ansteckende Form der Keratokonjunktivitis befällt oftmals das Lymphsystem. Die Krankheit wird vor allem durch kontaminierte Gegenstände übertragen.
[*griech.:* oberhalb, demos, Leute, keras, Horn; *lat.:* conjunctivus, verbunden; *griech.:* itis, Entzündung.]
🇬🇧 epidemic keratoconjunctivitis (EKC)

Keratokonus. Nicht-entzündliche Vorwölbung der Hornhautmitte, die meist bei Frauen auftritt und eine beträchtliche Stabsichtigkeit (Astigmatismus) verursachen kann.
🇬🇧 keratokonus

Keratolyse. Ablösung und Abschuppung der äußersten Hornhautschicht, die normalerweise bei einer Abschilferung auftritt, oder aber durch toxische Substanzen verursacht werden oder eine kongenitale Störung sein können.
[*griech.:* keras, Horn; lysis, Auflösung]
🇬🇧 keratolysis

Keratom. Harte, verdickte Epidermiswucherung, die durch eine Hypertrophie der Hornhautschicht verursacht wird. (→ Kallus)
🇬🇧 keratoma

Keratomalazie. Augenkrankheit, die durch Trockenheit (Xerose) und Ulzerationen der Augenhornhaut gekennzeichnet ist und durch einen starken Vitamin-A-Mangel verursacht wird. Zu den ersten Symptomen gehören Nachtblindheit, Photophobie, Schwellung und Rötung der Augenlider sowie trockene, rauhe, schmerzhafte und erweichte Hornhaut (→ Kornea). Ohne Therapie erweicht die Hornhaut vollständig und perforiert, was zur Blindheit führt.
[*griech.:* keras, Horn; malakia, Erweichung]
🇬🇧 keratomalacia

Keratomykose. Pilzerkrankung der Augenhornhaut (→ Kornea).
🇬🇧 keratomycosis

K

Keratoplastik. Chirurgische Maßnahme in der Ophthalmologie, bei der der durchsichtige Teil der Hornhaut (→ Kornea) entfernt und durch eine Spenderhornhaut ersetzt.
keratoplasty

Keratose. (Verhornung). Hautläsionen mit Überwucherung und Verdickung des verhornten Epithels. (→ Hyperkeratose)
[*griech.:* keras, Horn; osis, Zustand]
keratosis

Kernig-Zeichen. Diagnostisches Zeichen für eine → Meningitis oder einen Bandscheibenschaden, was durch den Verlust der Fähigkeit gekennzeichnet ist, das Bein im Kniegelenk vollständig ausstrecken zu können, wenn es in der Hüfte gebeugt ist, oder aber bei gestreckten Knien die Hüfte zu beugen.
[W. Kernig, russischer Arzt, 1840–1917]
Kernig´s sign

Kernikterus. (Bilirubinenzephalopathie). Unphysiologische toxische Ansammlung von → Bilirubin im Gewebe des Zentralnervensystems von Neugeborenen, die durch eine → Hyperbilirubinämie verursacht wird.
[*griech.:* ikteros, Gelbsucht]
kernicterus

Kerntemperatur. Temperatur tiefliegender Körperstrukturen, z.B. der Leber.
core temperature

Ketamin. → Anästhetikum (kein Barbiturat), das parenteral verabreicht für eine dissoziative Anästhesie (Gefühl der Loslösung von der Welt) sorgt. K. ist ein gut wirksames Schlafmittel und Analgetikum und besonders für kurze und kleine chirurgische Eingriffe oder für die Einleitung einer Inhalationsnarkose geeignet.
ketamine hydrochloride

Ketoazidose. → Azidose, die durch eine Ansammlung (Akkumulation) von → Ketonen im Körper entsteht und durch einen übermäßigen Fettabbau oder gestörten Kohlenhydratstoffwechsel ausgelöst wird. Die K. tritt vorwiegend als Komplikation bei → Diabetes mellitus auf und ist durch einen fruchtigen Atemgeruch, Verwirrtheit, Dyspnoe, Übelkeit, Erbrechen, Dehydratation und Gewichtsverlust gekennzeichnet; führt unbehandelt zum Tod. Zur Notfallbehandlung gehört die Verabreichung von → Insulin und intravenösen Flüssigkeiten sowie die Analyse und Korrektur von Elektrolytstörungen.
[*griech.:* keton, Azeton; *lat.:* acidus, sauer; osis, Zustand]
ketoazidosis

Ketoazidose, alkoholische. Plötzlicher Abfall des pH-Wertes im Blut (→ Azidose), der manchmal bei Alkoholikern auftritt: Die a.K ist mit einem Anstieg von → Ketonkörpern (Aceton, beta-Hydroxybuttersäure und Acetessigsäure) im Serum verbunden.
alcoholic ketoacidosis

Ketoazidose, diabetische. → Diabetisches Koma; eine akute, lebensbedrohliche Komplikation eines unkontrollierten Diabetes mellitus. Wasserverlust durch die Urinausscheidung zusammen mit dem Verlust von Kalium, Ammonium und Natrium führen zu einer Hypovolämie, Elektrolytungleichgewicht, extrem hohen Blutglukosekonzentrationen sowie dem Abbau freier Fettsäuren. Dies führt zu einer Azidose und häufig zum Koma. Die betroffene Person hat warme, trockene Haut, ist unruhig, gereizt, schwitzt stark und hat einen fruchtigen Mundgeruch. Koma, Verwirrtheit und Übelkeit treten oft in diesem Zusammenhang auf.
diabetic ketoacidosis (DKA)

Keton. Organische chemische Verbindung, die dadurch charakterisiert ist, dass sie eine Kohlenstoff- oder Ketogruppe (=CO) enthält und an zwei Alkylgruppen gebunden ist. K. entsteht bei der Oxidation von sekundären Alkoholen, z.B Azeton.
[*franz.:* Aceton]
ketone

Ketonämie. (Acetonämie). Präsenz von → Ketonen, vorwiegend → Azeton, im Blut; äußert sich in dem fruchtigen Atemgeruch einer → Ketoazidose.
ketonemia

Ketonkörper. Stoffwechselprodukte, Betahydroxybuttersäure und Acetessigsäure, aus denen sich spontan → Azeton bilden kann. Beide Säuren entstehen als Produkte des Fettstoffabbaus (Lipolyse) in der Leber (Ketogenese) und werden in den Muskeln oxidiert.
ketone bodies

Ketoprofen. Nichtsteroidales → Antiphlogistikum mit analgetischer und fiebersenkender (antipyretischer) Wirkung. K. wird zur Behandlung von Rheuma, Osteoarthritis und ähnlichen Erkrankungen eingesetzt.
ketoprofen

Ketose. Chemische Form der → Monosaccharide, deren CO-Gruppe ein → Keton ist, z.B. → Fruktose.
ketose

Ketosis. Unphysiologische Ansammlung von → Ketonen im Körper infolge eines exzessiven Fettabbaus, der durch eine Insuffizienz oder den gestörten Abbau von Kohlenhydraten verursacht wird. Stattdessen werden Fettsäuren verstoffwechselt (metabolisiert) und ihre Endprodukte (die Ketone) beginnen, zu akkumulieren. Eine K. tritt bei Hungerzuständen, manchmal in der Schwangerschaft, wenn nur unzureichende Mengen an Proteinen und Kohlenhydraten aufgenommen werden, oder häufiger bei Diabetes mellitus auf. Es kommt zur Ausscheidung von Ketonen und Kalium im Urin und einem fruchtigen Atemgeruch.
ketosis

Ketosteroide. (17-Ketosteroid). Adrenale Steroide oder Ketosteroide, bei denen am 17. Kohlenstoffatom eine Ketongruppe befestigt ist. Sie können im Blut und Urin bei Cushing-Syndrom, Stress, endokrinen Problemen in Verbindung mit einer frühzeitigen Pubertät, Feminisierung beim Mann und exzessivem Haarwuchs festgestellt werden.
17-ketosteroid

Kette, geschlossene. Ausdruck aus der organischen Chemie; Verbindung, bei der die Kohlenstoffatome einen geschlossenen Ring bilden.
closed-chain

Kettenreaktion. 1. (Chemie) Reaktion, die eine Verbindung hervorbringt, die für den weiteren Verlauf der Reaktion benötigt wird. 2. (Physik) Reaktion, die sich selbst durch Kernspaltung und die Freisetzung atomarer Partikel aufrechterhält, die wiederum weitere Kernspaltungen bedingen.
chain reaction

Keuchhusten. (→ Pertussis)
whooping cough; pertussis

kg. Abkürzung für → Kilogramm.
kg

KHK. Abkürzung für → koronare Herzkrankheit.
CHD

Kiefer. Bezeichnung für den Unterkiefer- (Mandibula) und Oberkieferknochen (Maxilla) und das darüberliegende weiche Gewebe.
jaw

Kieferluxation. Ein- oder beidseitige Kieferverrenkung als Folge eines Schlages, eines Sturzes oder aufgrund von übermäßigem Gähnen. Der Unterkiefer bleibt in geöffneter Position und nur die hinteren Backenzähne berühren sich. Wenn der Unterkiefer auf eine Seite abgeschrägt erscheint, betrifft die Luxation nur eine Seite.
dislocation of jaw

Kieferorthopädie. (→ Orthodontie)
orthodontics

Kieferspalte. (Hasenscharte; Gnathoschisis). Fehlgebildete Kieferpartie; zurückzuführen auf eine unzureichende Verschmelzung des linken und rechten Unterkiefers während der embryonalen Entwicklung.
cleft jaw

Killer-T-Zellen. Antigenstimulierte T-Lymphozyten oder zytotoxische → T-Zellen, die fremde → Antigene direkt angreifen

K

und die Zellen zerstören, die solche Antigene tragen.
killer t cells

Killerzellen. Kleine sensibilisierte Lymphozyten ohne B- oder T-Zellen-Marker. Die K. schädigen die Zellsubstanz körperfremder Zellen, da sie Auslöser einer antikörperabhängigen zellvermittelten Zytotoxizität sind, Antikörper auf den Zielzellen erkennen und die Zellen, die kein Komplement aufweisen, durch eine Zelle-Zelle-Interaktion zerstören.
killer cells

Kilogramm (kg). SI-Einheit zur Messung der Masse in einem metrischen System. Ein K. entspricht 1000 Gramm.
kilogram (kg)

Kilokalorie (kcal). SI-Einheit der Wärme, die 1000 kleinen → Kalorien oder 4186 → Joule entspricht.
kilocalorie (kcal)

Kinase. 1. Enzym, das den Transfer einer Phosphatgruppe oder einer anderen energiereichen molekularen Gruppe zu einem Akzeptormolekül katalysiert und so deren Wirksamkeit steigert, z.B. Kreatinkinase. 2. Enzym, das ein Präenzym (Zymogen) aktiviert.
[*griech.:* kinesis, Bewegung; ase, Enzym]
kinase

Kinästhesie. Wahrnehmung der eigenen Körperteile, des Körpergewichts, der Körperbewegungen, des Muskelsinns und der Körperempfindungen.
[*griech.:* kinesis, Bewegung; aisthesis, Gefühl]
kinesthesia

Kinästhetik. Lehre von der Bewegungsempfindung (nach den Begründern L. Maietta und F. Hatch); K. in der Pflege beschreibt und analysiert die Aspekte von menschlicher Bewegung und menschlichen Funktionen. Ziel der K. in der Pflege ist es, Pflegebedürftigen bei der Gesundheitsförderung, bei der Entwicklung von Interaktionsfähigkeiten sowie bei der Entwicklung von Fähigkeiten zur Mobilisation zu unterstützen. Zu den kinästhetischen Grundkonzepten zählen: Interaktion (Sinne, Bewegungselemente, Interaktionsformen), Funktionale Anatomie (Knochen und Muskeln, Massen und Zwischenräume, Orientierung). menschliche Bewegung (Halte- und Transportbewegungen, parallele und spiralige Bewegungsmuster), menschliche Funktionen (einfache Funktionen: Grundpositionen; komplexe Fortbewegung: Bewegung am Ort, Fortbewegung), Anstrengung (Zug und Druck) und Umgebung.
kinesthetics

Kind. 1. Heranwachsendes Individuum in der Phase zwischen Geburt und Jugend. 2. Ungeborenes bzw. ein kürzlich geborenes menschliches Wesen; Fötus, Neugeborenes, Kleinkind. 3. Nachkomme; Sohn oder Tochter bzw. Mitglied eines bestimmten Stammes oder Familienclans. 4. Person mit kindlichem, unreifem Verhalten.
child

Kindbettfieber. (→ Puerperalfieber)
puerperal fever

Kinderlähmung, spinale. (→ Poliomyelitis)
poliomyelitis

Kindesmisshandlung. Körperliche, sexuelle oder emotionale Misshandlung eines Kindes. Die betroffenen Kinder sind zumeist Kleinkinder, die jünger als 3 Jahre sind. K. ist das Ergebnis komplexer, sowohl die Erziehungsberechtigten als auch die Kinder betreffenden Faktoren, die durch verschiedene, mehr oder weniger belastende Umwelteinflüsse, wie z.B. fehlende körperliche oder emotionale Zuneigung innerhalb einer Familie und wichtige Veränderungen bzw. Krisen, insbesondere Partnerschaftskrisen, verstärkt werden. Eltern, die zu K. neigen, haben oft eigene unerfüllte Bedürfnisse, Schwierigkeiten mit zwischenmenschlichen Beziehungen, unrealistische Erwartungen an das Kind sowie das Gefühl mangelnder Geborgenheit und wurden oft selber von ihren Eltern vernachlässigt oder misshandelt. Anzeichen einer Vernachlässigung oder

Misshandlung können sowohl körperlicher Natur, z.B. Verbrennungen, Schwellungen, blaue Flecken, als auch emotionaler Natur sein, z.B. Lustlosigkeit oder Teilnahmslosigkeit. In vielen Fällen muss das betroffene Kind geröntgt werden, um bereits verheilte oder neue Knochenbrüche zu erkennen, oder es muss untersucht werden, um einen möglichen sexuellen Abusus nachzuweisen.
child abuse

Kindesvernachlässigung. Versagen von Eltern oder Erziehungsberechtigten, die grundlegenden menschlichen Bedürfnisse des Kindes zu erfüllen, indem körperliche oder emotionale Bedürfnisse vernachlässigt werden; dies kann das normale kindliche Wachstum und die Entwicklung beeinträchtigen.
child neglect

Kindheit. Phase der menschlichen Entwicklung von Geburt bis zu Beginn der Pubertät.
childhood

Kindsbewegungen, erste. Die für die schwangere Frau ersten spürbaren Bewegungen ihres Kindes in der Gebärmutter; sie treten in der Regel zwischen der 16. und 20. Schwangerschaftswoche auf.
quickening, first fetal movements

Kindslage. Verhältnis zwischen fetaler und mütterlicher Körperlängsachse.
fetal lie

Kineangiogramm. Filmaufnahme eines Blutgefäßes oder eines Teils des Herz-Kreislauf-Systems. Der Patient erhält eine Injektion eines ungiftigen, röntgenpositiven Kontrastmittels. Anschließend wird der Transport dieses Kontrastmittels durch die Blutgefäße aufgenommen.
cineangiogram

Kineangiographie. Erfassung fluoreszierender Bilder des Herz-Kreislauf-Systems mit Hilfe einer Spezialkamera.
cineangiograph

Kineangiokardiogramm. Röntgenaufnahme des Herz-Kreislauf-Systems mit Hilfe von Spezialgeräten, die röntgenologische, fluoroskopische und fotografische Techniken integrieren.
cineangiocardiogram

Kineangiokardiographie. Erfassung fluoreszierender Bilder des Herz-Kreislauf-Systems mit Hilfe von fluoroskopischen, röntgenologischen und fotografischen Techniken.
[*griech.:* kinesis, Bewegung, angeion, Gefäß, kardia, Herz, graphein, aufzeichnen.]
cineangiocardiography

Kinesiologie. Wissenschaftliche Untersuchung und Studium der Anatomie und Physiologie der Bewegungsabläufe verschiedener Körperteile.
[*griech.:* kinesis, Bewegung; logos, Wissenschaft]
kinesiology

Kinesiotherapie. Fachbereich der Medizin, in dem Aktivitäten und Bewegungen als wichtige Form der Rehabilitation eingesetzt werden; typischerweise findet die K. bei der Behandlung von Patienten mit Amputationen bevorzugte Anwendung.
kinesiotherapy

Kinesis. Körperliche Bewegung oder Kraftausübung; insbesondere wenn sie durch einen Stimulus induziert wird.
[*griech.:* Bewegung]
kinesis

Kinetik. Bewegungslehre; Studium und Untersuchung der Kräfte, die Körperbewegungen produzieren, beibehalten oder verändern. Die Reaktionskräfte der Muskeln tragen zum Gleichgewicht und zur Bewegung des Körpers bei.
kinetics

Kinetose. Symptome wie Übelkeit, Schwindel, Erbrechen und Kopfschmerzen, die durch die Wahrnehmung einer Bewegung verursacht werden, z.B. Seekrankheit oder Reisekrankheit.
kinesia

King, Imogen. Pflegetheoretikerin, die in ihrem Werk »Toward a Theory of Nursing« (1971) (dt. Ansätze zur Entwicklung einer Pflegetheorie) die Theorie der Zielorientierung einführt. Ihr konzep-

tuelles Rahmenwerk spezifiziert drei interagierende Systeme: das personale, das interpersonale und das gesellschaftliche System. K. definiert Pflege als einen Prozess menschlicher Interaktionen zwischen den Pflegenden und den Klienten, die kommunizieren, um sich Ziele zu setzen, und sich dann einigen, um diese Ziele zu erfüllen.
[geb. 1923]

Kinine. Gruppe von Polypeptiden mit unterschiedlichen physiologischen Aktivitäten, z.B. die Kontraktion der viszeralen glatten Muskulatur (Gebärmutter, Darm), die Gefäßpermeabilität und die Vasodilatation.
kinin

K

Kinn. Von der Protuberantia mentalis gebildeter, abstehender, dreieckiger Vorsprung am Unterkiefer unterhalb der Unterlippe.
chin

klammern. Wundverschlussmethode, wobei das Gewebe mit u-förmigen Drahtstücken zusammen gehalten wird. Die Drahtenden werden in Richtung Mitte gebogen, um die Klammer zu schließen.
stapling

Klappenentzündung. (Valvulitis). Entzündung einer Klappe, insbesondere einer Herzklappe. Die entzündungsbedingten Veränderungen an Aorta-, Mitral- oder Segelklappen sind meist Folge eines rheumatischen Fiebers, seltener einer bakteriellen Endokarditis oder Syphilis. (s.a. Herzerkrankung, klappenbedingte)
valvulitis

klären. Chemische Bezeichnung für den Vorgang des Aufklarens einer trüben Flüssigkeit. Die Klärung der Flüssigkeit findet statt, indem die Flüssigkeitspartikel sich absetzen, durch Zugabe einer Substanz ausgefällt werden, oder indem die Flüssigkeit erwärmt wird.
clarify

Klärung. Psychologische Bezeichnung für eine Interventionsmethode, die es dem Patienten ermöglichen soll, Lücken und Unstimmigkeiten in seinen Behauptungen zu erkennen.
[*lat.:* clarus, klar.]
clarification

Klärung von Wertvorstellungen. → Pflegeintervention der → NIC, die definiert ist als die Unterstützung einer anderen Person bei der Klärung ihrer Wertvorstellungen und zur Verbesserung effektiver Entscheidungen.
Values Clarification

Klassifikation. Methode der Datenanalyse, bei der Daten gemäß bestimmten Eigenschaften eingruppiert werden.
[*lat.:* classis, Sammlung, facere, machen.]
classification

Klassifikation der Pflegeergebnisse (NOC). Umfassendes standardisiertes System zur Klassifizierung der Ergebnisse von → Pflegeinterventionen. Dies ist ein klinisches Instrument (tool), das von einem Forschungsteam an der Universitiy of Iowa (USA) entwickelt worden ist und eine Wissensbasis für Curricula darstellt, indem es die Praxis der professionellen Pflege beschreibt und definiert. Gegenwärtig enthält die NOC 190 Pflegeergebnisse zur Anwendung für den einzelnen Patienten oder die einzelnen Pflegepersonen von Patienten zu Hause. (→ NIC)
Nursing Outcomes Classification (NOC)

Klassifikation der Pflegeinterventionen (NIC). Umfassendes standardisiertes System zur Klassifizierung der Behandlungen, die Pflegende ausführen. Es ist ein klinisches Instrument (tool), das von einem Forschungsteam an der Universitiy of Iowa (USA) entwickelt worden ist und eine Wissensgrundlage für Curricula und die Praxis der professionellen Pflege bildet und definiert. Es gibt gegenwärtig über 430 → Pflegeinterventionen, in denen die Behandlungen beschrieben werden, die → professionell Pflegende durchführen. Jede Intervention ist klassifiziert, definiert und enthält eine Liste von entsprechenden Aktivitäten. Sämtliche Aktivitäten, die Pflegende zu Gunsten von

Patienten durchführen, sind in der NIC enthalten; dazu gehören selbstständige sowie kooperative, direkte und indirekte Pflegemaßnahmen. Eine Taxonomie hilft dem Pflegenden, herauszufinden, was für einen Spezialbereich am wichtigsten und relevant ist. Die NIC-Interventionen sind heute mit den NANDA-Diagnosen verknüpft worden. Dies wird als Bestandteil der klinischen Entscheidungen betrachtet, die Pflegende treffen, um über Pflegediagnosen, erwünschte Ergebnisse, die jeweiligen Interventionen und die erzielten Ergebnisse zu entscheiden und dies zu dokumentieren. Das NIC-System bietet dem Pflegenden eine Sprache zur Dokumentation seiner Interventionen. (→ NOC)
Nursing Interventions Classification (NIC)

Klaustrophobie. (Platzangst). Krankhafte Angst vor dem Aufenthalt in geschlossenen oder engen Räumen.
[*lat.:* claustrum, Einschluss; *griech.:* phobos, Angst.]
claustrophobia

Klavikulafraktur. Fraktur des Schlüsselbeins (Klavikula), die mit Schmerzen, Schwellung und einer Beule bzw. Mulde an der verletzten Stelle einhergeht. Die typische Schutzhaltung besteht im Anwinkeln des Ellenbogens.
[*lat.:* frangere, zerbrechen, clavicula, Schlüsselchen.]
fracture of clavicle

klavikular. Die → Clavikula betreffend.
clavicular

Klavikulardrüse. (→ Virchow-Drüse)
Virchow's node

Klavikularluxation. Ausrenkung des Schlüsselbeins (→ Clavicula) entweder an der Sternumseite oder am Schulterblatt (Acromion).
dislocation of clavicle

Klebereiweiß. (→ Gluten)
gluten

Klebsiella. Gattung von gramnegativen Diplokokkenbakterien, die als kleine, plumpe Stäbchen mit abgerundeten Enden erscheinen. Verschiedene Atemwegserkrankungen, einschließlich Bronchitis, Sinusitis und einigen Pneumonieformen, werden von der Species K. verursacht.
[T. Klebs, deutscher Bakteriologe, 1834–1913]
Klebsiella

Klebsiella pneumoniae. Species von Bakterien, die in der Erde, im Wasser, in Getreidekörnern und im Magen-Darm-Trakt des Menschen und bestimmter Tiere zu finden sind; sie stehen in Verbindung mit mehreren pathologischen Zuständen, z.B. Pneumonie.
[T. Klebs; *griech.:* pneumon, Lunge]
Klebsiella pneumoniae

Kleeblattschädeldeformität. Kongenitale Schädelfehlbildung; aufgrund des vorzeitigen Verschlusses zahlreicher Schädelnähte während der embryonalen Entwicklung bildet sich eine dreilappige Schädelform.
cloverleaf skull deformity

Kleiden / Pflegen der äußeren Erscheinung, Selbstfürsorgedefizit. Anerkannte NANDA-Pflegediagnose, die den Zustand eines Patienten beschreibt, der sich nicht ohne Hilfe kleiden oder pflegen kann. Merkmale dieses S. sind die Unfähigkeit, notwendige Kleidungsstücke an- oder auszuziehen, Kleidungsstücke zu schließen, an diese zu gelangen oder sie zu wechseln sowie ein angemessenes Erscheinungsbild zu wahren.
self-care deficit, dressing/grooming

Kleie. Die grobe Hülle eines Getreidekorns, z.B. von Weizen oder Roggen. Die K. wird von den Mehlbestandteilen des Korns getrennt. Sie dient als Ballaststoffquelle und enthält Vitamin B, Eisen, Magnesium und Zink. Als Zusatz in Badewasser kann die K. zur Linderung von Hautreizungen eingesetzt werden.
bran

Kleinhirn. (Cerebellum). Der in der hinteren Schädelgrube, hinter dem Hirnstamm befindliche Teil des Gehirns. Besteht aus zwei seitlichen Kleinhirnhemisphären

K

oder -lappen und einem mittlerem Teil, der als Kleinhirnwurm (Vermis) bezeichnet wird. Über drei Paare von Kleinhirnstielen steht das K. in Verbindung mit dem Hirnstamm. Die wichtigste Funktion des K.s ist die Koordination bewusster Muskeltätigkeiten.
cerebellum

Kleinhirnangioblastom. Aus einer Masse von Blutgefäßen bestehendes zystisches Kleinhirngeschwür. Tritt oft im Zusammenhang mit einem von Hippel-Lindau-Syndrom auf.
[*lat.:* cerebellum + *griech.:* angeoin, Gefäß, blastos, Keim, oma, Geschwür.]
cerebellar angioblastoma

Kleinhirnathropie. Abbau und Schwund von Kleinhirngewebe.
[*lat.:* cerebellum, Kleinhirn, *griech.:* a + trophe, ohne Nahrung.]
cerebellar atrophy

Kleinhirnrinde. Graue Substanz an der Oberfläche des → Kleinhirns, die die weiße Substanz des Gehirnmarks umhüllt. Die Kleinhirnrinde besteht aus einer äußeren, molekularen Schicht und einer inneren, granulären Zellschicht.
cerebellar cortex

Kleinhirntremor. Durch Läsionen im → Kleinhirn verursachtes Zittern bei bewussten Bewegungen.
cerebellar tremor

Kleinkind. Kind im Alter zwischen 12 und 36 Monaten. Während dieses Entwicklungszeitraums erwirbt das Kind einen gewissen Sinn für Eigenständigkeit und Unabhängigkeit, indem es verschiedene spezielle Funktionen und Aufgaben erlernt, wie z.B. die Steuerung der Körperfunktionen, die Verfeinerung der motorischen und sprachlichen Fähigkeiten und die Anwendung gesellschaftlich anerkannten Verhaltens.
toddler

Kleptomanie. Verhaltensstörung, die durch den abnormen, unkontrollierbaren und immer wieder auftretenden Drang gekennzeichnet ist, zu stehlen. Die gestohlenen Gegenstände werden nicht wegen ihres Geldwertes oder eines konkreten Bedarfs gestohlen, sondern aufgrund einer symbolischen Bedeutung, die meist mit unbewussten emotionalen Konflikten im Zusammenhang steht.
[*griech.:* kleptein, stehlen; mania, Wahnsinn]
kleptomania

Kletterfasern. Nervenfasern, die Nervenimpulse zu den → Purkinje-Zellen in der Kleinhirnrinde leiten.
climbing fibers

Klick. In der Systole auftretender, zusätzlicher → Herzton.
[*franz.:* cliquer, zusammenstoßen.]
click

Klient. 1. Person, die professionelle medizinisch-pflegerische Dienste in Anspruch nimmt. 2. Früher häufig in der Psychiatrie verwendete Bezeichnung für einen Patienten, setzt sich heute allgemein immer mehr durch, um die Rolle des Empfängers einer Dienstleistung zu verdeutlichen.
[*lat.:* clinare, sich lehnen.]
client

Klimax. Gipfel der Intensität, z.B. → Orgasmus während des Geschlechtsverkehrs oder der höchste Punkt eines Fiebers.
[*griech.:* klimax, Leiter.]
climax

Klinefelter-Syndrom. Gonadendefekt mit einem zusätzlichen X-Chromosom auf mindestens einer Zelllinie, der bei Männern nach der Pubertät auftritt. Charakteristische Symptome sind kleine, feste Hoden (Testes), lange Beine, Gynäkomastie, schlechte soziale Anpassung, mäßige Intelligenz, chronische Lungenerkrankungen und Krampfadern. Je mehr X-Chromosomen vorhanden sind, desto ausgeprägter ist die Erkrankung.
[H.F. Klinefelter, amerikanischer Arzt, geb. 1912]
Klinefelter´s syndrome

Klinik. Medizinisches Zentrum, das Raum, Ausstattung, Ausrüstung und Personal zur Verfügung stellt, das Dienstleistungen

für Patienten anbietet. In einer K. muss der Patient nicht unbedingt stationär aufgenommen werden. (→ Krankenhaus)
🇬🇧 hospital clinic

klinisch. 1. Eine → Klinik betreffend. 2. Die unmittelbare, direkte Patientenbetreuung betreffend. 3. Bezeichnung für Materialien und Geräte, die zur Krankenpflege benötigt werden.
[*griech.:* kline, Bett.]
🇬🇧 clinical

Klistier. (Klysma). Flüssigkeit, die zur Reinigung oder zu therapeutischen Zwecken in das Rektum eingeführt wird.
🇬🇧 enema

Klitoris. (Kitzler). Erektiler Teil am vorderen Ende der kleinen Schamlippen; entspricht den Corpora cavernosa des männlichen Penis. Die K. besteht aus zwei Schwellkörpern, die sich in einer dichten fibrösen Membranschicht befinden und entlang der inneren Flächen durch eine unterbrochene fibröse Scheidewand miteinander verbunden sind.
[*griech.:* cleitoris.]
🇬🇧 clitoris

Klitorisektomie. Aus rituellen, bzw. medizinischen Zwecken ausgeführte teilweise bzw. gänzliche Resektion von → Klitoris und Teilen der Schamlippen.
🇬🇧 clitoridectomy

Klitoritis. Entzündung der → Klitoris.
🇬🇧 clitoritis

Kloake. 1. Bezeichnung für das Ende des embryonalen Hinterdarms, vor der Unterteilung in Rektum, Blase und primitive Geschlechtsorgane. 2. Begriff aus der Pathologie; Öffnung der Gewebeschicht um einen nekrotischen Knochen.
[*lat.:* cloaca, Abfluss.]
🇬🇧 cloaca

Klon. Gruppe genetisch identischer Zellen bzw. Organismen, die von einer gemeinsamen Zelle oder von einem Organismus abstammen, der sich mitotisch geteilt hat.
[*griech.:* klon, Pflanzensteckling.]
🇬🇧 clone

Klonierung. Methode zur Herstellung mehrerer Kopien genetisch identischer Organismen bzw. einzelner Gene. Organismen können geklont werden, indem Blastozysten von einem Embryo in eine leere Zona pellucida bzw. Zellkerne von einem Individuum in entkernte Eizellen eines anderen Individuums verpflanzt werden. Gene können auch geklont werden, indem man sie aus dem Genom eines Organismus isoliert und in das Genom eines anderen, sich ungeschlechtlich fortpflanzenden Organismus, z.B. ein Bakterium oder eine Hefezelle, integriert.
🇬🇧 cloning

klonisch. Bezeichnung für eine gesteigerte Reflexaktivität; z.B. bei Läsionen der oberen Motoneuronen zu beobachten, wenn durch Dehnen der Muskeln wiederholte, rasch folgende Muskelkontraktionen und -entspannungen ausgelöst werden.
[*griech.:* klonos, Tumult.]
🇬🇧 clonic

Klonus. (klonischer Krampf). Unwillkürliche, abwechselnde Muskelkontraktion und Muskelentspannung.
🇬🇧 clonic spasm

Klopfschall, tympanischer. Trommelähnlicher bzw. hohler Klang, der über einer mit Luft gefüllten Körperregion hörbar ist, z.B. bei einem → Pneumothorax.
🇬🇧 tympanic resonance

Klumpfuß. Durch intrauterine Konstriktion verursachte, angeborene Fußdeformität, bei der die Mittelfußknochen des Vorfußes einseitig bzw. beidseitig verformt sind. 95% der Klumpfußdeformitäten fallen unter die Kategorie Pes equinovarus und weisen die typische mediale Abweichung und Plantarflexion des Vorfußes vor. Die als Hackenhohlfuß bezeichneten Deformitäten weisen seitliche Abweichungen und Dorsalflexionen auf.
🇬🇧 clubfoot

Knäueldrüse, tubulöse. Eine der zahlreichen, vielzelligen Drüsen, die gewickelte, knäuelförmige Ausscheidungsgänge haben, z.B. die kleinen Schweißdrüsen.
🇬🇧 coiled tubular gland

Knickbruch. (Infraktion). Unvollständiger Knochenbruch, der durch einen kleinen, röntgendurchlässigen Riss gekennzeichnet ist und meist in Verbindung mit einer Stoffwechselstörung steht.
infraction fracture

Knickfuß. (→ Pes valgus)
pes valgus

Knie. (Articulatio genu). Gelenkkomplex, der den Ober- mit dem Unterschenkel verbindet; das K. besteht aus drei Drehscharniergelenken, 12 Bändern (Ligamente), 13 Schleimbeuteln (Bursae) und der Kniescheibe (Patella).
knee

Knie-Ellbogen-Lage. Position, bei der ein Patient auf Knien und Ellbogen ruht und den Kopf auf die Hände legt; wird z.B. bei gynäkologischen Untersuchungen eingenommen.
knee-elbow position

Knie-Hacken-Versuch. Methode zur Einschätzung der Bewegungskoordination der Extremitäten; dabei liegt der Patient auf dem Rücken und soll zuerst mit geöffneten, dann mit geschlossenen Augen das Knie des einen Beins mit der Ferse des anderen berühren. Störungen weisen auf eine → Ataxie hin.
heel-knee-test

Kniegelenk. Komplexes Scharniergelenk des Knies, das drei Verbindungen in einer aufweist und aus einem Drehscharniergelenk, das den Oberschenkel (Femur) mit dem Unterschenkelknochen (Tibia) verbindet, und aus einem Kugelgelenk besteht, das die Kniescheibe (Patella) und den Femur verbindet. Das K. und seine Bänder (Ligamente) ermöglichen eine Beugung (Flexion), Streckung (Extension) und in bestimmten Positionen, medial und lateral, eine Drehung (Rotation). Am K. kommt es häufig zu Verstauchungen (Distorsionen) und Verrenkungen (Luxationen, Dislokationen).
knee joint

Knieluxation. Ausrenken eines Kniegelenkknochens. Als Erste-Hilfe-Maßnahme sollte das Kniegelenk geschient und immobilisiert werden.
dislocation of knee

Knisterrasseln. Unphysiologisches Atemgeräusch am Ende des Einatmungsvorgangs, das durch das Eindringen von Luft in kollabierte, mit fibrösem Exsudat gefüllte Lungenbläschen entsteht; Begleitsymptom von Pneumonie, Tuberkulose und Lungenödem.
[*lat.:* crepitans, knistern.]
crepitant crackle

Knöchel. (Malleolus). Runder Knochenvorsprung an beiden Seite eines Fußes.
malleolus

Knochen. (Os). Das dichte, harte und leicht flexible Bindegewebe, aus dem die einzelnen Elemente des menschlichen Skeletts bestehen, z.B. Rippe, Brustbein (Sternum) oder Oberschenkelknochen (Femur). Die K. bestehen aus kompaktem Bindegewebe, dem → Mesenchym. Sie stellen das am höchsten differenzierte Stützgewebe dar.
bone

Knochenalter. Stadium der Entwicklung oder des Abbaus des knöchernen Skeletts oder seiner Segmente, das im Röntgenbild zu erkennen ist. Im Vergleich mit den Knochenstrukturen von anderen Personen, deren chronologisches Alter bekannt ist, kann das Lebensalter bestimmt werden.
bone age

Knochenbruch, agenetischer. Spontaner, durch unzureichende Knochenbildung hervorgerufener Knochenbruch.
agenetic fracture

Knochenerweichung. (Osteomalazie). Erkrankung, gekennzeichnet durch Mangel an Mineralien (Kalk, Phosphat, Vitamin D, etc.) in den Knochen, wodurch die Knochenfestigkeit und -härte abnimmt. (s.a. Osteomalazie)
softening of bones

Knochenextension. (Streckbehandlung). Eine der konservativen Methoden in der Orthopädie zur Behandlung von Knochenbrüchen und zur Korrektur orthopädi-

scher Fehlstellungen. Dabei wird in den betroffenen Knochen ein Metallstift oder ein Draht eingebracht und mit einem Extensionsbügel verbunden. An diesen werden über einen Seilzug Gewichte angehängt, die kontinuierlichen Zug ausüben. Die K. wird vor allem dann angewandt, wenn ein gebrochener Knochen während des Heilungsprozesses durch kontinuierlichen Zug ruhig gestellt, repositioniert und ausgerichtet werden soll. Mögliche Komplikationen dabei sind Infektionen im Bereich des Metallstiftes.
[*lat.:* extendere, ausdehnen, ausstrecken]
skeletal traction

Knochenfixierung. Das Zusammenhalten einzelner Fragmente von gebrochenen Knochen mit Hilfe von Drähten, Schrauben, Platten oder Nägeln.
skeletal fixation

Knochengewebe. Hartes Bindegewebe, das aus → Osteozyten und einer verkalkten Interzellulärsubstanz besteht, die sich aus dünnen Platten zusammensetzt.
bone tissue

Knochenkarzinom. Maligne Erkrankung des Skelettsystems, die in Form eines → Sarkoms oder eines → Myeloms in einem bestimmten Bereich als schnell wachsende Wucherung oder als Metastase eines Neoplasmas an einer anderen Körperstelle auftritt. Primäre K.e sind selten; das Risiko ist im Jugendlichenalter am höchsten und lässt nach dem 35. Lebensjahr wieder nach. Bei Erwachsenen ist ein K. häufig an eine Exposition gegenüber ionisierender Strahlung gebunden. Bestimmte Erkrankungen, z.B. Paget-Krankheit, Hyperparathyreoidismus, chronische Osteomyelitis, ältere Knocheninfarkte und Frakturverhärtungen, erhöhen das Risiko zahlreicher K.e. Die meisten malignen Knochenerkrankungen sind metastatische Läsionen, die in der Wirbelsäule oder im Beckenbereich auftreten, weniger häufig an Körperstellen, die vom Rumpf entfernt liegen. K.e schreiten schnell voran, sind jedoch oft schwer zu erkennen.
[*griech.:* karkinos, Krebs]
bone cancer

Knochenlamelle. Dünne Platte aus Knochengrundsubstanz, die strukturelle Einheit eines reifen Knochens ist.
[*lat.:* lamella, Platte]
bone lamella

Knochenmark. Spezialisierte halbfeste Gewebeflüssigkeit, die die Zwischenräume der schwammartigen (spongiösen) Epiphysenknochen füllt. → Rotes K. findet sich in vielen Knochen von Säuglingen und Kindern und in den spongiösen Knochen der proximalen Epiphysen von Oberschenkelknochen (Femur), Oberarmknochen (Humerus) und Brustbein (Sternum), sowie in den Rippen und Wirbelkörpern des Erwachsenen. K. ist ein myeloisches Gewebe, das an der Bildung und Reifung der Erythrozyten, der meisten Leukozyten und der Thrombozyten beteiligt ist. Das fette gelbe Knochenmark ist in den Markhöhlen der meisten langen Röhrenknochen des Erwachsenen vorhanden.
bone marrow

Knochenmark, rotes. Rote Substanz aus Bindegewebe und Blutgefäßen, die primitive Blutzellen, Makrophagen, Knochenmarksriesenzellen und Fettzellen enthält. R. K. findet sich in den Hohlräumen vieler Knochen, darunter flache und kurze Knochen, Wirbelkörper, Brustbein (Sternum), Rippen und den Gelenkendigungen langer Röhrenknochen. Das r. K. produziert Leukozyten, Erythrozyten und Thrombozyten und sezerniert diese in die Blutbahn.
red marrow

Knochenmarktransplantation. Verpflanzung (→ Transplantation) von Knochenmark eines gesunden Spenders in einen Patienten, um bei diesem die Produktion der festen Blutzellen anzuregen. Das Knochenmark des Spenders wird durch → Aspiration entnommen und dem Empfänger intravenös verabreicht.
bone marrow transplant

Knochennekrose, aseptische. Knochen- und Gelenkverletzung, die bei Personen auftreten kann, die wiederholter Luftkompression ausgesetzt sind, z.B. beim Tauchen oder dem Bau eines Tunnels.
aseptic bone necrosis

Knochenschwund. (→ Osteopenie)
osteopenia

Knochentransplantation. Verpflanzung (→ Transplantation) eines Knochenstücks von einem Körperteil zu einem anderen, um Skelettdefekte zu beheben.
bone graft

Knochenzelle. (→ Osteozyt)
bone cell

Knochenzyste. Bildung eines Hohlraums im Knochen, die durch Zystenbildung und Verdrängung von Knochen- und Bindegewebe gekennzeichnet ist.
bone cyst

Knochenzyste, aneurysmatische. Zystische Läsion, die sich häufig im metaphysealen Bereich der langen Knochen, aber auch in anderen Knochen, einschließlich der Wirbelsäule, entwickeln kann; es kann zu Schmerzen und zu Schwellungen kommen.
aneurysmal bone cyst

Knorpel. Nicht-vaskuläres Bindestützgewebe, das aus Chondrozyten (wasserreiche Knorpelzellen) und verschiedenen Faserarten besteht. Wird hauptsächlich in Gelenken, im Thoraxraum und verschiedenen, starren Strukturen, wie Kehlkopf, Luftröhre, Nase und Ohr angetroffen. Temporäre Verknorpelungen, wie z.B. das Sesambein (im Knie) und die K., die das fötale Skelett bilden, werden später durch Knochen ersetzt. Dauerhafte K. verknöchern nur bei bestimmten Krankheiten und manchmal im hohen Alter.
cartilage

Knorpel, elastischer. Biegsamster Knorpeltyp, bestehend aus elastischen Fasern, die in eine flexible fibröse Matrix eingebettet sind. E. K. haben eine gelbliche Farbe und sind in verschiedenen Körpergegenden zu finden, wie z.B. Außenohr, Gehörgang und Epiglottis.
elastic cartilage

Knorpelgelenk. Wenig bewegliches Gelenk, dessen Knochenflächen mit → Knorpel bedeckt sind. Zwei Verbindungsformen von Knorpelgelenken sind die Synchondrose und die Symphyse.
cartilaginous joint

Knorpelknochen. Ein Knochen, der sich durch endochondrale Knochenbildung (Ossifikation) aus einer bereits bestehenden Knorpelmasse bildet.
cartilaginous bone

Knorpelskelett. Die aus Knorpelmasse bestehenden Skeletteile.
[*griech.:* skeletos, vertrocknet.]
cartilaginous skeleton

Knorpeltransplantation. Transplantation von Knorpelmasse; zur Korrektur angeborener Fehlbildungen von Nase und Ohren bei Kindern und zur Behandlung schwerer Verletzungen bei Erwachsenen.
cartilage graft

Knoten, subkutaner. Kleine, feste Stoffansammlung bzw. Knoten, der direkt unter der Haut liegt und mit den Fingern getastet werden kann.
subcutaneous nodule

Knotenstruma, hyperthyreote. Vergrößerte Schilddrüse mit zahlreichen separaten Knötchen und einer Überproduktion von Schilddrüsenhormonen. Meist zeigt der Patient die typischen Anzeichen einer Schilddrüsenüberfunktion mit Nervosität, unkontrolliertem Zittern, Schwäche, Müdigkeit, Gewichtsverlust und Reizbarkeit; ein Vortreten des Augapfels aus der Augenhöhle ist jedoch selten. Der Patient leidet häufig eher unter Appetitlosigkeit als unter übermäßigem Appetit und oft sind Herzrhythmusstörungen bzw. angeborene Herzfehler manifestiert.
toxic nodular goiter

Koagel. (→ Blutgerinnsel)
blood clot

Koagglutination. Verklumpen von Erythrozyten durch Zugabe von proteinhaltigen Antigen und deren Antiseren.
[*lat.:* agglutinare, kleben.]
coagglutination

Koagulabilität. Bezeichnung für die Fähigkeit, Gerinnsel bzw. Blutkoagel zu bilden.
[*lat.:* coagulare, gerinnen.]
coagulability

Koagulans. Substanz, die zur Bildung eines Koagels bzw. eines → Blutgerinnsels führt.
[*lat.:* coagulare, gerinnen.]
coagulant

Koagulase. Von Bakterien, insbesondere von *Staphylococcus aureus* hergestelltes Enzym, das die Umwandlung von Fibrinogen zu Fibrin und die Bildung von Thromben fördert.
[*lat.:* coagulare, gerinnen.]
coagulase

Koagulation. 1. Vorgang, bei dem eine Flüssigkeit, insbesondere Blut, in einen Feststoff umgewandelt wird. 2. Umwandlung einer flüssigen Dispersion in eine gelatinöse Masse. 3. Gewebehärtung mit Hilfe physikalischer Methoden; z.B. durch Elektrokoagulation oder Photokoagulation.
[*lat.:* coagulare, gerinnen.]
coagulation

Koagulation, disseminierte intravasale. Schwerwiegende Blutgerinnungsstörung (Koagulopathie), die aus der Überstimulation von krankheits- oder verletzungsbedingten Gerinnungs- und Anti-Gerinnungsprozessen resultiert und z.B. bei Septikämie, akuter Hypotonie, giftigen Schlangenbissen, Neoplasmen, Geburtskomplikationen, schwerem Trauma, großen chirurgischen Eingriffen und Hämorrhagien auftreten kann. Bei der Primärstörung wird eine generalisierte intravaskuläre Gerinnung ausgelöst, was wiederum zu einer Überstimulation der fibrinolytischen Mechanismen führt. Die anfängliche Hyperkoagulabilität geht in einen Mangelzustand an Gerinnungsfaktor, in eine Hypokoagulabilität und Hämorrhagie über.
[*lat.:* dis, auseinander, seminare, sähen, intra, innerhalb, vasculum, kleines Gefäß, coagulare, gerinnen.]
disseminated intravascular coagulation (DIC)

koagulieren. Einen chemischen Gerinnungsvorgang verursachen bzw. durchlaufen.
coagulate

Koagulopathie. Erkrankung, bei der die → Blutgerinnung gestört ist.
coagulopathy

Kobalt (Co). Metallisches Element, das in verschiedenen Mineralien vorkommt. Seine Ordnungszahl ist 27 und seine Massenzahl 58,9. K. ist ein Bestandteil von Vitamin B_{12}, ist in vielen Nährmitteln enthalten und wird im Magen-Darm-Trakt schnell absorbiert. Es ist nicht bekannt, welche Kobaltkonzentrationen für den menschlichen Bedarf benötigt werden, und es wurden noch keine Kobalt-Mangelkrankheiten entdeckt. Bestimmte Kobaltmengen regen die Produktion von Erythropoetin an; hohe Dosen unterdrükken jedoch die Erythrozytenproduktion.
cobalt (Co)

K

Kobalt-60 (^{60}Co). Radioaktives Isotop von Kobalt mit einem Atomgewicht von 60 und einer Halbwertszeit von 5,2 Jahren. ^{60}Co emittiert Gammastrahlen und ist das in der Radiotherapie meist verwendete Radioisotop.
cobalt-60 (^{60}Co)

Koch-Bazillus. Der Mikroorganismus *Mycobacterium tuberculosis*, der Erreger der → Tuberkulose ist.
[R. Koch, deutscher Bakteriologe, 1843–1910; *lat.:* bacillus, kleine Kugel]
Koch´s bacillus

Kocher-Klemme. Chirurgische Klemme, die überkreuzte Klemmbacken und ineinandergreifende Zähne hat und gerade oder abgerundet ist; mit der K.-K. werden Blutgefäße abgeklemmt.
[E. Kocher, schweizer Chirurg, 1841–1917]
Kocher´s forceps

Kochsalzlösung. Eine NaCl-haltige Lösung, die je nach Verwendung im Vergleich zur Körperflüssigkeit hypotonisch, isotonisch oder hypertonisch sein kann. (s.a. Kochsalzlösung, physiologische)
saline solution

Kochsalzlösung, hypotone. Kochsalzlösung, deren Konzentration an gelösten Substanzen niedriger als die einer isotonischen Lösung ist.
hypotonic saline

Kochsalzlösung, hypertone. Kochsalzlösung, die 1 bis 15 % Natriumchlorid enthält (im Vergleich zur physiologischen Kochsalzlösung mit 0,9%). Die h. K. wird zur Bronchiallavage benutzt, um die Sputumproduktion anzuregen und das Abhusten zu erleichtern.
hypertonic saline

Kochsalzlösung, physiologische. Sterile 0,9%ige Lösung (Gewicht einer gelösten Substanz pro Lösungsvolumen) von Natriumchlorid in Wasser, die mit Blut isotonisch ist und intravenös injiziert wird.
physiologic/normal saline solution

kodominant. Bezeichnung für die gleichzeitige Dominanz zweier Allelen bzw. Eigenschaften, die in einem Phänotyp ausgedrückt werden; z.B. wenn eine Person sowohl die A und B Gene der ABNull Blutgruppe erbt und eine AB-Blutgruppe hat.
[*lat.:* cum, zusammen mit, dominari, herrschen.]
codominant

Koenzym. Substanz, die sich mit einem Apoenzym verbindet und ein vollständiges Enzym, ein Holoenzym, bildet. Zu den K.en, die kleinere Moleküle aufweisen als die Enzyme) gehören verschiedene Vitamine, z.B. Vitamine B_1 und B_2.
[*lat.:* cum, zusammen mit, en, in, zyme, gären.]
coenzyme

Koenzym A (CoA). Wichtiges Stoffwechselprodukt des Zitronensäurezyklus. Obwohl K. A kein echtes Enzym ist, spielt es eine bedeutende Rolle beim Transfer von Acetylgruppen und beim Stoffwechsel von Säuren und Aminosäuren.
[*lat.:* cum, zusammen mit, en, hinein, zyme, gären.]
coenzyme A (CoA)

Koffein. Substanz mit stimulierender Wirkung auf das zentrale Nervensystem, das gegen Migräne, Schwindel und Müdigkeit eingesetzt wird. Koffein ist in den Samen der Kaffeepflanze und den Blättern des Teestrauchs, sowie im Kakao- und Kolabaum enthalten. Außer der Anregung der Großhirnrinde wirkt K. auf das Atem- und Gefäßzentrum und führt zu einer Tachykardie, Lösung von Spasmen und Diurese.
[arab, qahwah, Kaffee.]
caffeine

Koffeinvergiftung. Durch langfristige Einnahme übermäßiger Koffeinmengen hervorgerufene Vergiftungserscheinungen. → Koffein kommt in Kaffee, Tee, Colagetränken sowie in bestimmten Stimulanzien vor. Vergiftungssymptome sind Ruhelosigkeit, Angstzustände, Depressionen, Tachykardie, Tremor, Übelkeit, Diurese und Schlaflosigkeit.
[arab, qahwah, Kaffee.]
caffeine poisoning

Kognition. Mentale Vorgänge des Erkennens, Denkens, Lernens, Verstehens und Beurteilens.
cognition

kognitiv. Zu den mentalen Vorgängen des Begreifens, Beurteilens, Erinnerns und des logischen Denkens gehörend. Die k.e Wahrnehmung steht im Gegensatz zu den emotionalen und willkürlichen Vorgängen.
cognitive

Kognitive Restrukturierung. → Pflegeintervention der → NIC, die definiert wird als die Aufforderung an Patienten, gestörte Denkstrukturen zu verändern sowie zu einer realistischeren Wahrnehmung der eigenen Person und der Welt zu gelangen.
Cognitive Restructuring

Kognitive Stimulation. → Pflegeintervention der → NIC, die definiert wird als die Verbesserung von Bewusstsein und Verständnis der Umgebung durch die Anwendung geplanter zweckmäßiger Reize.
Cognitive Stimulation

Kohärenz. 1. Bezeichnung für die Eigenschaft des Verbundensein, z.B. Moleküle in einer Substanz. 2. Psychologische Bezeichnung für logisches Denken in der Ausdrucksweise einer gesunden Person.
coherence

Kohäsion. 1. Innerer Zusammenhalt der Moleküle eines Körpers durch die untereinander bestehenden Anziehungskräfte. 2. Psychologische Bezeichnung für die Anziehungskraft einer Gruppe auf die einzelnen Gruppenmitglieder.
[*lat.:* cohaerere, zusammenkleben.]
cohesiveness

Kohlendioxid. (CO_2). Farb- und geruchloses Gas, das bei der Oxidation von Kohlenstoff entsteht. K. wird als Produkt der Zellatmung vom Blut zu den Lungen transportiert und dort ausgeatmet; der Spiegel des K.s und der Karbonatverbindungen beeinflusst das Säure-Basen-Gleichgewicht von Körperflüssigkeiten und -geweben. In fester Form wird K. (Trockeneis) zur Behandlung bestimmter Hautkrankheiten verwendet.
[*lat.:* carbo, Kohle, *griech.:* dis, zweifach, oxys, scharf.]
carbon dioxide (CO_2)

Kohlendioxid, gebundenes. Ein Teil des im Blut als Karbonat vorhandenen → Kohlendioxids; wird berechnet als die Differenz zwischen der gesamten und der gelösten Kohlendioxidkonzentration.
combined carbon dioxide

Kohlendioxid-Inhalation. Verabreichung hoher Kohlendioxidkonzentrationen, um die Atmung eines Patienten zu stimulieren; wird manchmal als Teil eines Wiederbelebungsversuchs eingesetzt. Kohlendioxid regt die Chemorezeptoren an, die wiederum eine Steigerung der Atemfrequenz auslösen.
carbon dioxide inhalation

Kohlendioxid-Narkose. Schwere Hyperkapnie, begleitet von Symptomen der Verwirrtheit, Tremor und Krämpfen. Es kann zum Koma kommen, falls die Kohlendioxidkonzentration im Blut 70 mm Hg erreichen bzw. überschreitet.
carbon dioxide narcosis

Kohlendioxid-Reaktion. Reaktion des Atemsystems auf erhöhte Kohlendioxidkonzentrationen. Bis zu einer Konzentration von 8% bis 10% erhöht sich die Atemfrequenz in linearer Weise. Danach flacht die Kurve der Kohlendioxid-Reaktion leicht ab und fällt bei Konzentrationen um 20% stark ab. Bei Konzentrationen um 25% ist die Person zwar noch bei Bewusstsein, kann aber selbst einfache Aufgaben nicht mehr ausführen. Eine 30%ige Kohlendioxidkonzentration hat eine anästhesierende Wirkung.
carbon dioxide response

Kohlendioxid-Retention. Gesteigerter Partialdruck und Erhöhung der körpereigenen Kohlendioxidspeicher infolge einer gestörten Kohlendioxid-Ausscheidung; kann zu einer Atemazidose führen.
carbon dioxide retention

Kohlendioxid-Spannung. Der als PCO_2 bezeichnete Partialdruck des Kohlendioxidgases, der sich proportional zu seinem Prozentgehalt bzw. seiner relativen Konzentration in Blut oder Lungen verhält. Ein alveolärer PCO_2 reflektiert direkt einen ausreichenden pulmonalen Gasaustausch im Verhältnis zum Blutstrom. Eine erhöhte Atemfrequenz verringert den PCO_2; eine niedrigere Atemfrequenz hat eine Erhöhung der Kohlendioxid-Konzentrationen in den Alveolen und im Blut zur Folge.
carbon dioxide tension

Kohlendioxid-Speicher. Das im Körper als Gas und Kohlensäure, Karbonat, Bikarbonat und Carbaminohämoglobin vorhandene Kohlendioxid-Volumen. Bei gleichmäßiger Atemfrequenz entspricht das ausgeatmete → Kohlendioxid der Kohlendioxid-Produktionsrate und die Kohlen-

dioxidmenge in den Kohlendioxidspeicher bleibt konstant.
🇬🇧 carbon dioxide stores

Kohlendioxid-Therapie. Therapeutische Inhalation geringer Konzentrationen von Kohlendioxidgas, eingesetzt, um eine Erweiterung der Blutgefäße zu erzielen, die kardiovaskulären Hirnzentren und das zentrale Nervensystem zu stimulieren und um eine Hyperventilation zu kontrollieren.
🇬🇧 carbon dioxide therapy

Kohlendioxid-Vergiftung. Toxische Wirkung der Inhalation einer übermäßigen Kohlendioxidmenge. → Kohlendioxid ist ein Atemstimulans, aber auch ein Erstickungsmittel. Konzentrationen, die 10% überschreiten, können Bewusstlosigkeit und Tod aufgrund eines Atemversagens hervorrufen.
🇬🇧 carbon dioxide poisoning

Kohlendioxidpartialdruck im arteriellen Blut. ($paCO_2$) Anteil des gesamten Blutgasdrucks, den → Kohlendioxid ausübt. Der K. nimmt z.B. bei starker körperlicher Anstrengung oder bei einem unkontrollierten Diabetes mellitus ab; er steigt bei Thoraxverletzungen oder Lungenerkrankungen. Der normale Druck von CO_2 beträgt im arteriellen Blut 35 bis 45 mmHg und im venösen Blut 40 bis 45 mmHg. (→ Partialdruck)
🇬🇧 partial pressure of carbon dioxide in arterial blood

Kohlenhydrat. Gruppe organischer Verbindungen, zu denen so wichtige Verbindungen wie Saccharide, Stärke, Zellulose und Glykogen gehören. Gemäß ihrer molekularen Struktur werden diese Verbindungen als Mono-, Di-, Tri-, Poly- oder Heterosaccharide bezeichnet. K.e sind die Hauptenergiequelle für alle Körperfunktionen, insbesondere für die Hirnfunktionen, und werden für den Stoffwechsel anderer Nährstoffe benötigt. Alle grünen Pflanzen produzieren K.e; im menschlichen Körper werden sie entweder sofort absorbiert oder als Glykogen gespeichert. Körpereigene K.e können aus einigen Aminosäuren und dem Glyzerolanteil im Fett hergestellt werden. Kohlenhydratmangelerscheinungen sind Müdigkeit, Depression, Abbau essenzieller Körperproteine und Elektrolytstörungen.
[*lat.:* carbo, Kohle; *griech.:* hydor, Wasser.]
🇬🇧 carbohydrate

Kohlenhydratbelastung. Von Ausdauersportlern, wie z.B. Marathonläufern, eingesetzte Ernährungspraxis, die darauf abzielt, die Glykogenspeicher im Muskelgewebe zu steigern. Diese Strategie ist umstritten, da als Nebenwirkung die Muskulatur abmagern kann.
🇬🇧 carbohydrate loading

Kohlenhydratstoffwechsel. Summe der anabolischen und katabolischen Körperprozesse, die an der Synthese und dem Abbau von → Kohlenhydraten, insbesondere Galaktose, Fruktose und Glukose, beteiligt sind. Viele Stoffwechselreaktionen, die Kohlenhydrate benötigen, erzeugen energiereiche Phosphatverbindungen.
🇬🇧 carbohydrate metabolism

Kohlenmonoxid. (CO). Farb- und geruchloses giftiges Gas, das bei der sauerstoffarmen Verbrennung von Kohlenstoff bzw. organischen Brennstoffen entsteht. K. verbindet sich dauerhaft mit Hämoglobin, wodurch die Bildung von Oxyhämoglobin verhindert und die Sauerstoffversorgung zu den Körpergeweben reduziert wird.
[*lat.:* carbo, Kohle, *griech.:* monos, einzeln, oxys, scharf.]
🇬🇧 carbon monoxide

Kohlenmonoxid-Vergiftung. Durch Einatmen von Kohlenmonoxidgas verursachte Vergiftungserscheinungen. → Kohlenmonoxid verbindet sich mit Hämoglobinmolekülen, wodurch Sauerstoff von den Erythrozyten weggedrängt und die Sauerstoff-Transportkapazität des Blutes reduziert wird. Mit zunehmender Kohlenmonoxid-Konzentration im Blut treten Kopfschmerzen, Dyspnoe, Schwindel, Verwirrtheit, Hautrötung, Bewusstlosigkeit und Apnoe auf. Die häufigste Ursache für eine K.V. sind Autoabgase. Im Notfall muss das Vergiftungsopfer aus der toxischen Umgebung entfernt, eine Wiederbe-

lebung durchgeführt und hochkonzentrierter Sauerstoff zugeführt werden.
carbon monoxide poisoning

Kohlensäure. (H_2CO_3). Instabile, den Karbonaten zugeordnete Säure, die sich bildet, wenn → Kohlendioxid in Wasser gelöst wird. Grundsubstanz kohlensäurehaltiger Getränke.
carbonic acid (H_2CO_3)

Kohlenstoff. (C). Nicht-metallisches, zumeist tetravalent gebundenes Element mit Ordnungszahl 6 und Atomgewicht 12,011. Reiner K. kommt in Diamanten, Graphit und Walkerde vor und ist ein wichtiger Bestandteil aller lebenden Gewebe. Die organische Chemie beschäftigt sich vor allem mit den vielfältigen Kohlenstoffverbindungen. K. ist für die im Körper ablaufenden chemischen Mechanismen essenziell, da er an vielen Stoffwechselprozessen beteiligt und Bestandteil von Kohlenhydraten, Aminosäuren, Triglyzeriden, DNS und RNS sowie vieler anderer Verbindungen ist. Das während der Glykolyse produzierte → Kohlendioxid spielt eine wichtige Rolle beim Erhalt des Säure-Basen-Gleichgewichts und bei der Steuerung der Atemvorgänge.
carbon (C)

Kohlenstoffkreislauf. Die Summe der Schritte, durch die → Kohlenstoff der Atmosphäre als → Kohlendioxid entzogen und durch lebende Organismen wieder zugeführt wird. Der Prozess beginnt mit der photosynthetischen Produktion von Kohlenhydraten durch Pflanzen, setzt sich fort mit dem Verbrauch von Kohlenhydraten durch Mensch und Tier und endet mit der Ausatmung von Kohlendioxid durch diese Menschen und Tiere sowie mit der Freisetzung von Kohlendioxid bei der Zersetzung toter Lebewesen.
carbon cycle

Kohlenwasserstoff, aromatischer. Organische Verbindung mit einem Benzol- oder Chinoidinring, die in Ruß, Zigarettenrauch oder Dieselabgasen vorkommen kann und z.T. → karzinogen wirkt.
aromatic hydrocarbon

Kohlenwasserstoffe. Große Gruppe organischer Substanzen, deren Moleküle aus Wasserstoff und Kohlenstoff bestehen. Man kann gesättigte, ungesättigte, zyklische und aromatische K. unterscheiden.
hydrocarbons

Kohorte. Statistischer Ausdruck für die Sammlung bzw. die statistische Probennahme von Einzelpersonen, die gemeinsame Eigenschaften haben, die z.B. zur selben Alters- oder Geschlechtsgruppe gehören.
[*lat.:* cohortem, große Gruppe.]
cohort

Kohortenanalyse. Studie über bestimmte Untergruppen der Bevölkerung, bei der Entwicklungen und Veränderungen von Gruppen untersucht und verglichen werden, die dieselben zeitlichen Merkmale aufweisen.
cohort study

Koilonychie. (Löffelnägel). Hohlnägel, die dünn und konkav gewölbt sind; sie treten bei Eisenmangel, Durchblutungsstörungen und Vitaminmangel auf.
[*griech.:* koilos, Loch; onyx, Nagel]
koilonychia

Koitus. (Geschlechtsverkehr; Beischlaf). Sexuelle Vereinigung zweier meist verschieden geschlechtlicher Personen, in dessen Verlauf der Penis des Mannes in die weibliche Vagina eingeführt wird. Die Geschlechtspartner werden sexuell erregt und kommen zum → Orgasmus.
[*lat.:* coire, zusammentreffen.]
coitus; intercourse

Koitus interruptus. Verhütungsmethode bei der das Glied kurz vor dem Samenerguss aus der Scheide herausgezogen wird. Die Methode ist sehr unsicher, da bereits vor der Ejakulation eine geringe Menge an Samenflüssigkeit mit Spermien unbemerkt austreten kann.
withdrawal method

Kokain. Als lokales Betäubungsmittel eingesetztes weißes, kristallines Pulver. Wurde ursprünglich aus Blättern des Coca-Strauches gewonnen, kann aber mittlerweile auch synthetisch hergestellt werden.

K

In Arzneimittellösungen wird K. als topisches Betäubungsmittel für Schleimhäuten verwendet. Seine gefäßverengende Wirkung lindert Blutungen und senkt die Absorptionsrate. Anwendung über eine lange Zeit bzw. häufiger Gebrauch kann zu einer Beschädigung der Schleimhäute führen. K. hat darüber hinaus eine euphorisierende zentrale Wirkung, kann zu einer starken psychischen Abhängigkeit führen und unterliegt dem Betäubungsmittelgesetz.
cocaine hydrochloride

Kokainvergiftung. Toxische Wirkungen des farblosen, kristallinen, aus Cocablättern gewonnenen Alkaloids. Obwohl → Kokain seit dem letzten Jahrhundert als lokales Betäubungsmittel eingesetzt wird, ist es sehr giftig, hat leichte gefäßverengende Wirkung sowie massive psychotrope Effekte. Vergiftungserscheinungen sind nervöse Erregung, Unruhe, zusammenhangloses Sprechen, Fieber, Hypertonie und Herzarrhythmie; es kann zu Krampfanfällen, Kreislaufkollaps, Atemstillstand und zum Tod kommen. Die durch die Einnahme von Kokain hervorgerufene Euphorie hält etwa 30 Minuten lang an.
cocaine hydrochloride poisoning

Kokarzinogen. Substanz, die zusammen mit anderen Stoffen normale Zellen in Krebszellen umwandelt.
[*lat.:* cum, zusammen mit; *griech.:* karkinos, Krebs, genein, erzeugen.]
cocarcinogen

Kokkus. Bakteriensorten mit runden, sphärischen oder ovalen Formen, z.B. Gonokokkus, Pneumokokkus, Staphylokokkus oder Streptokokkus.
[*griech.:* kokkos, Beere.]
coccus

Kokzidien. Untergruppe parasitärer Protozoen, die den Menschen, andere Wirbeltiere und sogar bestimmte wirbellose Tiere befallen. Zu den für den Menschen pathogenen Spezies gehört *Cyclospora cyatanensis.*
Coccidia

Kokzidioidomykose. (Wüstenfieber). Mykotische Infektionskrankheit, verursacht durch Inhalation der Sporen des Bakteriums *Coccidiodes immitis.* Die Sporen werden zusammen mit Staubpartikeln aufgenommen. Tritt endemisch in heißen, trockenen Regionen der südwestlichen USA sowie in Zentral- und Südamerika auf. Wird in Verbindung mit einer HIV-Infektion pathogen. Eine primäre Infektion hat Symptome, die Erkältungs- bzw. Grippesymptomen gleichen. Die Sekundärinfektion, die nach einer Periode der Besserung eintritt, wird von leichtem Fieber, Anorexia und Gewichtsverlust, Zyanose, Dyspnoe, Bluthusten, Hautläsionen und arthritischen Schmerzen in Knochen und Gelenken begleitet.
[*griech.:* kokkos, Beere, eidos, Form, mykes, Pilz, osis, Zustand.]
coccidioidomycosis

Kokzidiose. Durch Einnahme von Eizellen der Protozoen *Isospora belli* oder *I. hominis* verursachte, parasitäre Erkrankung. Tritt in tropischen und subtropischen Regionen auf. Krankheitssymptome sind Fieber, Unwohlsein, Bauchweh und wässrige Diarrhö.
[*griech.:* kokkos, Beere, osis, Zustand.]
coccidiosis

Kolektomie. (Dickdarmresektion). Operatives Entfernen eines Teils bzw. des gesamten Dickdarms (→ Kolon); wird bei Darmkrebs, Divertikulitis oder bei schwerer, chronischer ulzeröser Kolitis durchgeführt.
[*griech.:* kolon, Darm, ektome, Exzision.]
colectomy

Kolik. Stechender, krampfartiger Schmerz in den Eingeweiden, verursacht durch Kontraktionen eines Hohlorgans, z.B. bei Darmverdrehung, Obstipation oder Verkrampfung der glatten Muskulatur eines hohlen bzw. tubulären Organs, wie z.B. des Harnleiters.
[*griech.:* kolikos, Darmschmerz.]
colic

Kolik, beim Säugling. Bezeichnung für eine mögliche Ursache von Magen-Darm-Störungen bei einem Neugeborenen; die kon-

kreten Ursachen und Mechanismen sind dabei nicht bekannt. Der typische Säugling, der unter Koliken leidet, isst und nimmt an Gewicht zu, kann aber auch extrem hungrig erscheinen. Das Schlucken von Luft, das durch das Weinen verursacht wird, führt zu Blähungen und einer Ausdehnung des Bauchs.
infantile colic

Kolitis. (Dickdarmentzündung). Entzündung des Dickdarms (→ Kolon). Begleiterscheinungen sind heftiger Diarrhö, Darmblutungen, Ulzerationen der Darmschleimhaut sowie starker Gewichtsverlust und heftige Schmerzen.
colitis

Kollagen. Aus Bündeln winziger Retikulinfasern bestehendes Protein, aus dem die weißen, glänzenden, unelastischen Fasern der Sehnen, Bänder und Faszien gebildet werden.
[*griech.:* kolla, Kleber, genein, erzeugen.]
collagen

Kollagenfasern. Zähe, weiße Proteinfasern, die einen Großteil der Zwischenzellsubstanz und des Bindegewebes bilden.
collagenous fiber

Kollageninjektion. Technik bei kosmetischen Operationen zum Vergrößerung bestimmter Körperteile (z.B. Lippen) oder zur Festigung eingefallener Gesichtshaut.
collagen injection

Kollagenose. (Kollagenkrankheit). Bindegewebserkrankung, die durch eine Entzündung und fibrinoide Degeneration gekennzeichnet ist. Zu den Kollagenkrankheiten zählen Polyarthritis, systemischer Lupus erythematodes sowie rheumatische Arthritis.
collagen disease

Kollaps. 1. Umgangssprachlicher Ausdruck für starke Depressionen oder völlige Erschöpfung aufgrund physischer bzw. psychosomatischer Probleme. 2. Schockzustand infolge des Versagens des peripheren Kreislaufs. 3. Absacken eines Organs bzw. die Zerstörung einer Organhöhle.
[lat. collabere, fallen.]
collapse

kollateral. 1. benachbart, auf derselben Körperseite befindlich. 2. Anatomische Verzweigung, z.B. die Arteriolen oder Venolen.
[*lat.:* cum, zusammen mit, lateralis, Seite.]
collateral

Kollateralgefäß. Zweig einer Arterie oder Vene, der ein zusätzliches Blutgefäß formt.
collateral vessel

Kollateralkreislauf. (Umgehungskreislauf). Zusätzliche Blutbahn, die sich durch die Erweiterung sekundärer Blutgefäße nach einer Obstruktion des Hauptgefäß bildet.
[*lat.:* cum, zusammen mit, lateralis, Seite, circulare, herumgehen.]
collateral circulation

Kollegen, Kontrolle von. → Pflegeintervention der → NIC, die definiert wird als die systematische Evaluation der Leistung eines Kollegen im Vergleich mit den professionellen Praxisstandards.
Peer Review

Kolliquation. (Einschmelzung; Verflüssigung). Degeneration von Körpergewebe in einen flüssigen Zustand, meist in Verbindung mit nekrotisiertem Gewebe.
[*lat.:* cum, zusammen mit, liquifacere, verflüssigen.]
colliquation

kolliquativ. Starker Ausfluss, z.B. bei eiternden Wunden oder infizierten Körperteilen.
colliquative

Kollodium. Klare, etwas trübe, sehr entzündliche Flüssigkeit, die aus Pyroxylin, Äther und Alkohol besteht. Trocknet zu einem widerstandfähigem, durchsichtigen Film und wird für chirurgische Verbände genutzt; z.B. Jodoform.
[*griech.:* kolla, Klebstoff, eidos, Form.]
collodion

K

Kolloid. Chemophysikalischer Zustand, bei dem große Moleküle bzw. Molekülaggregate (1 bis 100 nm Durchmesser) nicht ausgefällt, sondern in einem anderen Medium dispergiert werden.
[*griech.:* kolla, Klebstoff, eidos, Form.]
colloid

Kolloidbad. Medizinische Badelösung, die Kleie, Gelatine und Stärke enthält und der Linderung von Hautreizungen und Entzündungen dient.
colloid bath

Kolloidlösung. Lösung mit homogen dispergierten Teilchen, z.B. Polymermoleküle.
collodial solution

Kolloidsuspension. In einem flüssigen Medium dispergierte Feststoffe, deren Partikelgröße unter 100 nm liegt.
[*griech.:* kolla, Klebstoff, eidos, Form; *lat.:* suspendere, hängen.]
colloid suspension

Kolloidzyste. 1. Ein mit Sekret gefülltes Schilddrüsenfollikel. 2. Zyste im dritten Ventrikel; verursacht einen Wasserkopf (Hydrozephalus).
[*griech.:* kolla, Klebstoff, eidos, Form, kystis, Tasche.]
colloid cyst

Kolobom. Angeborener bzw. pathologischer Defekt des Augengewebes; beeinträchtigt sind Iris, Ziliarkörper oder Aderhaut, in denen sich eine nach inferior orientierte Spalte bildet. Angeborene K.e sind die Folge nicht vereinigter fötaler Fissuren.
[*griech.:* koloboma, beschädigt.]
coloboma

Kolon. Teil des Dickdarms, der sich vom Blinddarm (Zäkum) bis zum Mastdarm (Rektum) erstreckt; besteht aus den vier Segmenten: aufsteigender Teil (Colon ascendens), Querdarm (Colon transversum), absteigender Teil (Colon descens) und Colon sigmoideum.
colon

Kolon, absteigendes. (Colon descendens). Das Kolonsegment, das sich vom Ende des Querkolons (Colon transversum) entlang der Kolonflexur der linken Bauchseite bis zu dem, im Becken befindlichen Sigmaschleife (Colon sigmoideum) herunterzieht.
descending colon

Kolonfistel. Krankhafte Passage vom Dickdarm (Kolon) zur Körperoberfläche bzw. zu einem inneren Organ oder einem inneren Körperteil.
[*griech.:* kolon, Dickdarm, *lat.:* fistula, Rohr.]
colonic fistula

Kolonie. 1. Aus einer einzigen Zelle entstandene Masse von Mikroorganismen in einer Kultur. Die verschiedenen Kolonienformen werden gemäß ihrem Erscheinungsbild, als glatte, rauhe K. oder Zwergkolonien bezeichnet. 2. Kultivierte Zellmasse, z.B. eine Milzzellenkolonie.
colony

Kolonisierung. Besiedelung und Vermehrung von Mikroorganismen ohne Gewebeinvasion oder Gewebeschädigung.
colonization

Koloproktektomie. Operatives Entfernen von → Kolon und → Rektum.
coloproctectomy

Koloproktitis. Entzündung von → Kolon und → Rektum.
coloproctitis

Koloptose. Dickdarmsenkung.
[*griech.:* kolon, Dickdarm, ptosis, fallen.]
coloptosis

Kolorimetrie. 1. Messung zur Feststellung der Intensität einer Farbe in einer Flüssigkeit oder einem Feststoff. 2. Feststellen der Blutfarbe mit Hilfe eines Kolorimeters, mit dem Hämoglobinkonzentrationen bestimmt werden können.
colorimetry

Kolosigmoidoskopie. Direkte Untersuchung des Dickdarmsigmoids mit einem Sigmoidoskop.
[*griech.:* kolon, Dickdarm, sigma, S-förmig, eidos, Form, skopein, betrachten.]
colosigmoidoscopy

Koloskop. Langes, biegsames Fiberoptikendoskop, mit dem der Innenraum des Dickdarms untersucht werden kann (→ Koloskopie).
[*griech.:* kolon, Dickdarm, skopein, besichtigen.]
🇬🇧 colonoscope

Koloskopie. (Dickdarmspiegelung). Untersuchung der Dickdarmschleimhaut mit Hilfe eines → Koloskops.
🇬🇧 colonoscopy

Kolostomie. Operatives Anlegen eines künstlichen Ausgangs an der Bauchwand, indem ein Einschnitt in den Dickdarm (→ Kolon) gemacht und der Dickdarm zur Oberfläche gezogen wird; durchgeführt bei Dickdarmkrebs, gutartigen obstruktiven Tumoren und schweren Bauchwunden. K.n können entweder als einfache oder zweifache Öffnungen angelegt werden.
[*griech.:* kolon, Dickdarm, stoma, Mund.]
🇬🇧 colostomy

Kolostrum. (Vormilch). Dünne, gelbliche Flüssigkeit, die aus den weiblichen Brustwarzen während der Schwangerschaft und den ersten Tagen nach der Geburt abgesondert wird. Die Vormilch enthält Immunstoffe (mütterliche Antikörper), weiße Blutkörperchen, Wasser, Protein, Fette, Mineralien, Vitamine sowie Kohlenstoffe.
[*lat.:* colostrum, erste Milch nach Geburt.]
🇬🇧 colostrum

Kolotomie. Chirurgischer Einschnitt in den Dickdarm, im Allgemeinen durch die Abdominalwand.
🇬🇧 colotomy

kolovaginal. Zu → Kolon und → Vagina bzw. einer Verbindung beider Körperteile gehörig.
[*griech.:* kolon, Dickdarm; *lat.:* vagina, Scheide.]
🇬🇧 colovaginal

Kolpalgie. (Kolpodynie). Scheidenschmerz.
[*griech.:* kolpos, Vagina]
🇬🇧 colpalgia

Kolpektomie. Operatives Entfernen der → Vagina.
🇬🇧 colpectomy

Kolpitis. Entzündung der → Vagina.
🇬🇧 colpitis

Kolpohysterektomie. Vaginale Entfernung der Gebärmutter.
[*griech.:* kolpos, Vagina, hystera, Gebärmutter, ektome, Ausschneiden.]
🇬🇧 colpohysterectomy

Kolporrhaphie. Chirurgischer Eingriff, bei dem ein Teil der → Vagina vernäht wird, um eine Scheidenraffung zu erzielen.
[*griech.:* kolpos, Vagina, raphe, Naht.]
🇬🇧 colporrhaphy

Kolposkop. Instrument zur direkten optischen Untersuchung von → Vagina und → Zervix.
🇬🇧 colposcope

Kolposkopie. Untersuchung von → Vagina und → Zervix mit Hilfe eines optischen Vergrößerungsinstruments (Kolposkop).
[*griech.:* kolpos, Vagina, skopein, betrachten.]
🇬🇧 colposcopy

Kolpotomie. Chirurgischer Schnitt in die Scheidenwand.
[*griech.:* kolpos, Vagina, temnein, schneiden.]
🇬🇧 colpotomy

Kolpozystitis. Entzündung von Vagina und Harnblase.
🇬🇧 colpocystitis

Kolpozystozele. Prolapsus der Blase in die Vagina durch die vordere Scheidenwand.
🇬🇧 colpocystocele

Koma. Zustand der tiefen Bewusstlosigkeit, die durch fehlende Augenreflexe, fehlende Reaktionen auf Schmerzreize sowie fehlende Vokalisationen gekennzeichnet ist. Ein komatöser Patient kann nicht erweckt werden. K. kann die Folge eines Traumas, eines raumfordernden Gehirntumors bzw. Hirnhämatoms sein oder bei Stoffwechselvergiftung, akuten Infektionskrankheiten mit Enzephalitis, Gefäß-

K

erkrankungen oder Hirnischämie auftreten.
[*griech.:* koma, Tiefschlaf.]
coma

Koma, diabetisches. Lebensbedrohlicher Zustand bei Personen, die an → Diabetes mellitus leiden; wird durch eine falsche Behandlung, Nichteinnahme verschriebener Insulingaben, übermäßige Nahrungsaufnahme bzw. durch Infektionen, chirurgische Eingriffe, Trauma oder andere Stressfaktoren verursacht, die den körperlichen Insulinbedarf steigern. Ohne ausreichende Insulinkonzentrationen, die zum Abbau von Glukose benötigt werden, wird Energie aus Fetten gewonnen, was in einer Ansammlung von Ketonabfallprodukten und stoffwechselbedingter Azidose resultiert. Warnzeichen eines d. K.s sind Kopfschmerzen, Müdigkeit, unmäßiger Durst, epigastrische Schmerzen, Übelkeit, Erbrechen, trockene Lippen, gerötetes Gesicht und eingesunkene Augen. Die Körpertemperatur steigt zuerst und fällt anschließend, der systolische Blutdruck fällt ab und es kann zum Kreislaufkollaps kommen.
diabetic coma

Koma, hepatisches. (Coma hepaticum). Neuropsychiatrische Erscheinung einer ausgeprägten → Leberinsuffizienz, die durch eine chronische oder akute Lebererkrankung verursacht wird. Endogene oder exogene, für das Gehirn toxische Abfallprodukte werden in der Leber nicht neutralisiert, bevor sie zurück in den peripheren Blutkreislauf geleitet werden. Teilweise werden die Substanzen, die zur zerebralen Funktion erforderlich sind, nicht in der Leber synthetisiert. Der Zustand ist durch verschiedene Bewusstseinsstörungen gekennzeichnet, z.B. Lethargie, Stupor und Koma, es kommt außerdem zum Tremor der Hände, Persönlichkeitsveränderungen, Gedächtnisschwäche, Hyperreflexie und Hyperventilation. Eine respiratorische Alkalose und manische Krämpfe sind weitere Folgen, es kann auch zum Tod kommen.
hepatic coma

Koma, hyperglykämisches (hyperosmolar-non-ketonisches). → Diabetisches Koma, bei dem der Ketonspiegel normal ist, was durch eine Hyperosmolarität der extrazellulären Flüssigkeiten und eine dadurch verursachte Dehydratation der intrazellulären Flüssigkeit ausgelöst wird; das h. K. tritt häufig durch Überbehandlung mit hyperosmolaren Lösungen auf.
hyperglycemic-hyperosmolar nonketonic Koma

Koma, hypoglykämisches. Bewusstlosigkeit, die durch einen unphysiologisch niedrigen Blutzuckerspiegel ausgelöst wird. (→ Hypoglykämie/Koma)
[*griech.:* hypo, darunter; glykys, süß; koma, tiefer Schlaf]
hypoglycemic coma

Koma, urämisches. Form der Bewusstlosigkeit durch »Übersäuerung« des Blutes (→ Azidose) und der toxischen Wirkung einer → Urämie, wobei harnpflichtige Stoffwechselendprodukte im Blut zurückgehalten werden, die normalerweise über die Niere ausgeschieden werden.
uremic coma

Koma, vigiles. Deliriumähnlicher, komatöser Zustand, in dem der Patient wach erscheint, da er die Augen geöffnet hat und ggf. einzelne Wörter spricht.
vigil coma

Kombinationsimpfstoff. → Vakzine, die gegen mehr als eine Art von Pathogenen schützt, da dieser Impfstoff verschiedene → Antigene enthält; z.B. der DPT-Impfstoff, der gegen Diphtherie, Keuchhusten (Pertussis) und Tetanus wirkt, oder der Masern-, Mumps- und Röteln-Impfstoff.
mixed vaccine

Kombinationspräparat. Arzneimittel aus mehreren Präparaten, das bestimmte Mengen zweier oder mehrere medizinisch wirksamer Stoffe enthält.
fixed combination drug

Komedo (pl. Komedonen). Mitesser; eine der häufigsten Läsionen der → Akne, die durch die Ansammlung von Keratin und

Talg in der Öffnung eines Haarfollikels verursacht werden.
[*lat.:* comedere, verspeisen.]
comedo

Komedokarzinom. Malignes, intraduktales (in den Gängen) Neoplasma der Brustdrüse mit Degeneration der zentralen Zellen, die aus dem eröffneten Tumor leicht herausgedrückt werden können.
[*lat.:* comedere, verspeisen; *griech.:* karkinos, Krebs, oma, Tumor.]
comedocarcinoma

Kommensalismus. → Symbiose, bei der eine bzw. beide Spezies Vorteile durch das gemeinsame Zusammenleben haben.
commensalism

Komminutivfraktur. (Zertrümmerungsfraktur). Fraktur mit mehreren Brüchen im Knochen und zahlreichen Knochensplittern.
comminuted fracture

Kommissur. 1. Ein aus Nervenfasern oder anderem Gewebe bestehendes Band, das sich von einer Körperseite zur anderen erstreckt und zwei Körperteile bzw. Gewebemassen miteinander verbindet. 2. Verbindungsstelle zweier anatomischer Teile, z.B. Augenwinkel, Mundwinkel oder Schamlippen.
commissure

Kommissurotomie. Operative Trennung (Sprengung) eines fibrösen Bandes oder Rings, die zur Verbindung zweier entsprechender Strukturen eines Körperteils dienen, z.B. vordere oder hintere Kommisur der Mitral-, Aorten oder Trikuspidalklappen.
[*lat.:* commissura, Verbindung; *griech.:* temnein, schneiden.]
commissurotomy

Kommunikation. Vorgang der Übertragung einer informativen Botschaft von einer Person zur anderen unter Anwendung verschiedener Medien.
communication

Kommunikation, beeinträchtigte verbale. Anerkannte → NANDA-→ Pflegediagnose; Zustand, bei dem eine Person unter einer verminderten oder fehlenden Fähigkeit leidet, Sprache in menschlichen Interaktionen zu benutzen oder zu verstehen. Zu den kennzeichnenden Merkmalen gehören undeutliche verwaschene Aussprache, Stottern, Schwierigkeiten beim Bilden von Wörtern oder Sätzen, Probleme beim verbalen Ausdruck von Gedanken, unangemessene Verbalisationen, Atemnot (Dyspnoe) und Desorientierung. Die wesentlichen Merkmale, die vorhanden sein müssen, damit die Diagnose getroffen werden kann, sind die Unfähigkeit, die dominierende Sprache der eigenen Kultur zu sprechen, Schwierigkeiten beim Sprechen oder Verbalisieren oder das Fehlen der Sprechfähigkeit.
communication, impaired verbal

Kommunikation, kongruente. Kommunikationsmuster, bei dem eine Person die gleiche Botschaft auf verbaler und nicht-verbaler Ebene schickt.
congruent communication

Kommunikation, nonverbale. Übermittlung einer Nachricht ohne den Gebrauch von Worten; dazu können alle Sinne des Körpers eingesetzt werden.
nonverbal communication

Kommunikation, Verbesserung der: Hörbehinderung. → Pflegeintervention der → NIC, die definiert wird als die Unterstützung von Patienten, ein Leben mit einem verminderten Hörvermögen zu akzeptieren und veränderte Kommunikationsmethoden zu erlernen.
Communication Enhancement: Hearing Deficit

Kommunikation, Verbesserung der: Sehstörung. → Pflegeintervention der → NIC, die definiert wird als die Unterstützung von Patienten, ein Leben mit einem eingeschränkten Sehvermögen zu akzeptieren und veränderte Kommunikationsmethoden zu erlernen.
Communication Enhancement: Visual Deficit

Kommunikation, Verbesserung der: Sprachstörung. → Pflegeintervention der → NIC, die definiert wird als die Unterstützung

von Patienten, ein Leben mit einem gestörten Sprachvermögen zu akzeptieren und veränderte Kommunikationsmethoden zu erlernen.
Communication Enhancement: Speech Deficit

Kommunikationskanäle. (→ Kommunikationstheorie). Gesten, Handlungen, Geräusche, geschriebener Text oder visuelle Bilder, die zur Übertragung von Botschaften verwendet werden.
communication channels

Kommunikationstheorie. Hypothese, die das Modell eines Systems zur Übertragung von Informationen beschreibt. Das Modell besteht aus einer Informationsquelle (Sender), einem Überträger, einem Kommunikationskanal, einer Geräuschquelle (Interferenz/Störung), einem Empfänger und einem Zweck für die Botschaft.
communication theory

K

Kompatibilität. 1. Zustand des harmonischen Miteinanders; Kongruenz. 2. Ordentliche, wirkungsvolle Integration von Elementen eines Systems mit den Elementen eines anderen Systems. 3. Bildung eines stabilen chemischen bzw. biochemischen Systems, insbesondere hinsichtlich der Verabreichung von Medizin, so dass zwei oder mehrere Arzneimittel zur selben Zeit gegeben werden können, ohne dass unerwünschte Nebenwirkungen entstehen oder die verschiedenen Mittel unwirksam werden. 4. Der Grad, bis zu dem das körpereigene Abwehrsystem das Vorhandensein körperfremder Stoffe, wie z.B. transfundiertes Blut oder Gewebe- bzw. Organtransplantate toleriert, ohne eine Immunreaktion zu entwickeln. 5. Bezeichnung für fehlende Reaktionen zwischen Blutgruppen, so dass es zu keiner Agglutination kommt, wenn die Erythrozyten einer Probe mit dem Serum einer anderen gemischt werden. – *adj.* kompatibel.
[*lat.:* compatibilis, verträglich.]
compatibility

Kompensation. (Ausgleich). 1. Bezeichnung für einen Vorgang, mit dem eine beschädigte Körperstruktur bzw. eine defekte Körperfunktion ausgeglichen wird. 2. Aufrechterhaltung eines ausreichenden Blutstroms durch normale kardiale und zirkulatorische Mechanismen wie Tachykardie, Flüssigkeitsretention mit gesteigertem venösem Rückfluss und Hypertrophie. Kann ein entsprechendes Herzminutenvolumen nicht erreicht werden, ist dies ein Anzeichen für eine Herzmuskelerkrankung. 3. Komplexer Abwehrmechanismus, der es einer Person ermöglicht, unangenehme oder schmerzvolle emotionale Reize zu unterdrücken, die aus einem Gefühl der Minderwertigkeit entstehen.
[*lat.:* compensare, ausgleichen.]
compensation

Kompensationshypertrophie. (Arbeitshypertrophie). Vergrößerung bzw. Steigerung der Funktion eines Organs bzw. Teil eines Organs zur Gegensteuerung eines strukturellen oder funktionellen Mangels.
compensatory hypertrophy

Komplement. Eines von 11 komplexen, enzymatischen Serumproteinen. Bei einer Antigen-Antikörper-Reaktion ist das K. für die Auflösung (Lyse) des Fremdstoffes verantwortlich.
[*lat.:* complementum, etwas Ergänztes.]
complement

Komplementbindung. Immunreaktion, bei der sich ein Antigen mit einem Antikörper und dessen → Komplement verbindet und den Komplementfaktor inaktiviert bzw. bindet.
complement fixation

Komplementprotein. Proteinmoleküle, die die wichtigsten humoralen Vermittler von Antigen-Antikörper-Reaktionen im Immunsystem sind. Neun Komplementproteine, die als C_1 bis C_9bezeichnet werden, bilden den »klassischen Aktivierungsweg«, der in der Zerstörung von markierten Bakterien resultiert.
complement protein molecule

Komplex. 1. Gruppe einzelner Komponenten, z.B. chemischer Moleküle, die in Struktur und Funktion miteinander verwandt sind, wie z.B. die Eisen- und Pro-

teinkomponenten von Hämoglobin oder die Kobalt- und Proteinkomponenten von Vitamin B_{12}. 2. Gesamtheit der Anzeichen und Symptome einer Krankheit, die ein bestimmtes Syndrom bilden. 3. Miteinander assoziierte Ideen mit deutlichen emotionalen Übertönen, die die Geisteshaltung einer Person beeinflussen.
[*lat.:* complexus, Umarmung.]
complex

Komplikation. Erkrankung oder Verletzung, die sich während der Behandlung einer bereits bestehenden Störung bzw. Krankheit entwickelt. Zum Beispiel eine bakterielle Infektion bei einer Person, die bereits von einer viralen Infektionskrankheit geschwächt ist. Eine K. kann die Prognose beeinträchtigen.
[*lat.:* complicare, zusammenfalten.]
complication

Kompresse. Weiches (eventuell steriles) Stoffpolster, das auf die Körperoberfläche aufgelegt wird, um Wärme oder Kälte zuzuführen oder ein Medikament aufzutragen. Eine K. kann auch zur Stillung einer Blutung auf eine Wunde gelegt werden.
[*lat.:* comprimere, zusammendrücken.]
compress

Kompression. Druck auf ein Organ, Gewebe oder einen Körperteil, die entweder gequetsch- oder in einer anderen Form zusammengedrückt werden; z.B. eine → Kompressionsfraktur, bei der Knochenoberflächen gegeneinander gedrückt und gebrochen werden, oder eine → Kompressionslähmung, bei der durch Druck auf einen Nerv eine ganze Körperregion gelähmt wird.
[*lat.:* comprimere, zusammendrücken.]
compression

Kompression, zerebrale. Erhöhung des intrakraniellen Drucks aufgrund von Hämorrhagien, Abszessen oder Geschwüren. Eine unbehandelte K. zieht eine Zerstörung des Hirngewebes nach sich und verursacht Hernienbildung.
[*lat.:* cerebrum, Gehirn, comprimere, zusammendrücken]
cerebral compression

Kompressionsatelektasen. Verlust der Fähigkeit, Luft in Bereichen von → Atelektasen in die Lunge hinein bzw. aus der Lunge hinaus zu transportieren; dabei steigt der intrathorakale Druck und die Lungenalveolen werden komprimiert. Ursache kann eine Lungenembolie sein.
compressive atelectasis

Kompressionsfraktur. (Stauchungsbruch). Knochenbruch, bei dem Knochengewebe durch Quetschung oder Stauchung geschädigt wird und der betroffene Knochen kollabiert.
compression fracture

Kompressionslähmung. (Drucklähmung). Durch anhaltenden Druck auf einen peripheren Nerv verursachte Lähmung. Je nach Dauer und Intensität des ausgeübten Drucks kann eine K. vorübergehend oder dauerhaft sein.
compression paralysis

Komprette. Harte Tablette, bestehend aus ein oder mehreren pharmazeutischen Wirkstoffen und einem wohlschmeckenden Zuckerguss oder einer Substanz, die sich im Magen nicht auflöst (magensaftresistent), sondern das Medikament im Darm freisetzt.
coated tablet

Kondensation. 1. Verdichtung, z.B. von Wasserdampf zu flüssigem Wasser. 2. Während des Träumens auftretende Verschmelzung von zwei oder mehreren Konzepten zu einem einzigen Symbol.
[*lat.:* condensare, eindicken.]
condensation

Kondition. 1. Physische und geistige Verfassung. 2. Eine Bedingung, von der das Geschehen eines anderen Vorgangs abhängt. 3. Körperliche und geistige Leistungsfähigkeit oder Ausdauer, die durch bestimmte Übungen und wiederholten Kontakt mit bestimmten Gegenständen oder Dingen trainiert ist. 4. Einen Men-

K

schen bzw. ein Tier mit → Konditionierung oder assoziativem Lernen konfrontieren, so dass ein bestimmter Reiz immer eine bestimmte Reaktion erzeugt.
[*lat.:* condicere, etwas arrangieren.]
condition

Konditionierung. Form des Lernens, bei der eine bzw. mehrere Reaktionen auf einen oder mehrere bestimmte Reize erworben werden.
[*lat.:* condicere, etwas arrangieren.]
conditioning

Konditionierung, klassische. Form des Lernens (von → Pawlow beschrieben), bei dem ein vormals neutraler Reiz durch assoziatives Training eine bestimmte Reaktion auslöst.
classical conditioning

Konditionierung, operante. Form des Lernens in der Verhaltenstherapie, bei der die Person, die sich einer solchen Therapie unterzieht, für eine richtige Reaktion oder Antwort belohnt und für eine falsche entsprechend bestraft wird.
operant conditioning

Kondom. (Präservativ). Weiche, biegsame Latexhülle, die über den Penis gestreift wird, um den Samen beim Geschlechtsverkehr vom Eindringen in die Vagina abzuhalten. K.e werden auch zur Vermeidung der Übertragung von Infektionskrankheiten verwendet.
condom

Kondomkatheter. (Urinar). An eine kondomförmige Penishülle angebrachter Katheter, durch den Urin abgeleitet wird.
condom catheter

Kondylenfraktur. Fraktur des abgerundeten Endes eines Scharniergelenks. Die meisten K.en betreffen die distalen Enden des Oberarmknochens (Humerus) oder des Oberschenkelknochens (Femur), wobei ein kleines Knochenfragment, einschließlich dem Gelenkkopf, abgetrennt wird.
[*griech.:* kondylos, Knöchel.]
condylar fracture

kondyloid. Ähnlichkeit mit einem Knöchel besitzend.
[*griech.:* kondylos, Knöchel.]
condyloid

Kondylom. (Feigwarze). Warzenförmige, durch Geschlechtsverkehr übertragbare Wucherung an After, Schamgegend oder Peniseichel.
[*griech.:* kondyloma, Knopf.]
condyloma

Kondylus. (Gelenkkopf). Abgerundeter Fortsatz am Ende eines Knochens, an dem Muskelbänder befestigt sind und der mit benachbarten Knochen ein Gelenk bildet.
[*griech.:* kondylos, Knöchel.]
condyle

Konfabulation. Erfinden von Geschehnissen und Situationen, die oftmals detailliert und plausibel vorgetragen werden, um Gedächtnislücken zu überbrücken.
[*lat.:* con, mit, fabulare, sprechen.]
confabulation

Konflikt. 1. Mentaler Kampf, der entweder bewusst oder unbewusst abläuft und durch gleichzeitiges Vorhandensein gegensätzlicher bzw. inkompatibler Gedanken, Ideen, Zielsetzungen oder emotionaler Einflüsse, Impulse, Bedürfnisse und Triebe entsteht. 2. Schmerzvoller Bewusstseinszustand, verursacht durch den Einfluss gegensätzlicher Gedanken und Gefühle, und die Unfähigkeit, zu einer Lösung zu kommen. 3. Unbewusster emotionaler Kampf zwischen den Bedürfnissen des Es, des Ich und des Über-Ich bzw. zwischen den Bedürfnissen des Ich und den durch die Gesellschaft auferlegten Restriktionen.
[*lat.:* confictere, zusammenschlagen.]
conflict

Konfusion. (Desorientiertheit). Mentaler Zustand der Desorientiertheit in bezug auf Zeit, Ort, Personen oder Situationen; führt zu Verwirrung, Verblüffung, geistige Unklarheit sowie der Unfähigkeit, klare Entscheidungen zu treffen und die Aktivitäten des täglichen Lebens zu bewältigen.
[*lat.:* confundere, vermischen.]
confusion

kongenital. Angeboren, z.B. ein vererbter Defekt oder eine vererbte Fehlbildung.
[*lat.:* congenitus, geboren mit.]
congenital; inherent; innate

Königsvene. (→ Vena basilaris)
basilic vein

Konisation. Operatives Entfernen eines konisch geformten Gewebeteils, wie bei einer → Konusbiopsie.
conization

Konjugation. (Gametenvereinigung). Form der geschlechtlichen Fortpflanzung bei einzelligen Organismen. Ein Beispiel ist *Paramecium*: beide Partner tauschen mikronukleäres Material aus, so dass jeder Partner »männliche« Vorkerne in die »weibliche« Empfängerzelle überträgt. Das neue genetische Material wird aufgenommen, rekombiniert und durch Vermehrung an die Nachkommen weitergegeben.
conjugation

Konjunktiva. (Bindehaut). Bindehaut des Auges; Schleimhaut an den Innenseiten der Augenlider und dem vorderen Teil der Lederhaut. Die dicke, lichtundurchlässige und mit vielen Blutgefäßen besetzte Lidbindehaut (Tunica palpebralis) überzieht die Innenseiten der Augenlider. Die Augapfelbindehaut (Tunica bulbaris) ist dünn und durchsichtig und ist lose an der vorderen Lederhaut (Sklera) angebracht.
[*lat.:* conjunctivus, verbindend.]
conjunctiva

Konjunktivalreaktion. Methode zur Identifizierung von Allergenen, bei der verdünnte Lösungen von Allergenauszügen in das Auge geträufelt werden.
conjunctival test

Konjunktivalreflex. (Blinzelreflex). Schutzmechanismus des Auges, bei dem sich die Augenlider automatisch schließen, wenn die Bindehaut berührt wird.
conjunctival reflex

Konjunktivalsack. (Bindehautsack). Der von Bindehaut und Augenlidern umschlossene Raum.
conjunctival sac

Konjunktivis, akute hämorrhagische. (Augenbindehautentzündung). Sehr ansteckende Augenerkrankung, die normalerweise durch einen → Enterovirus verursacht wird. Tritt hauptsächlich in dicht bevölkerten, feuchtwarmen Gebieten, insbesondere in Entwicklungsländern bzw. an Orten mit einer hohen Einwanderer- bzw. Flüchtlingspopulation auf. Zu den klinischen Symptomen gehören plötzlich auftretende Augenschmerzen, -juckreiz, - rötung, Lichtempfindlichkeit, Augenlidödem sowie starker wässriger Ausfluss. (→ Konjunktivitis)
acute hemorrhagic conjunctivitis

Konjunktivitis. Augenbindehautentzündung; verursacht durch bakterielle oder virale Infektion, Allergien oder Umweltgifte. Typische Symptome sind rote, geschwollene Augen mit dickflüssigem Ausfluss und verklebten Augenlidern. Bindehautentzündungen sind im Allgemeinen schmerzlos.
conjunctivitis

Konjunktivitis, akute kontagiöse. Hochgradig ansteckende Krankheit, die von Enteroviren ausgelöst wird. Bei Krankheitsbeginn treten Augenschmerzen sowie geschwollene Augenlider und Bindehauthyperämie auf.
epidemic hemorrhagic conjunctivitis

Konjunktivitis, allergische. Durch eine Allergie verursachte Rötung (Hyperämie) der Augenbindehaut (Konjunktiva). Weitverbreitete Allergene sind Pollen, Gräser, äußerlich angewendete Arzneimittel, Luftverschmutzung, Reizstoffe am Arbeitsplatz und Rauch. Eine a. K. tritt beidseitig auf, setzt vor der Pubertät ein, ist saisonal bedingt und hat eine Dauer von ungefähr zehn Jahren. (→ Konjunktivitis)
allergic conjunctivitis

Konjunktivitis, des Neugeborenen. Eitriger Augenausfluss bei einem Neugeborenen während der ersten drei Lebenswochen. Häufige Ursachen sind mütterliche Gonokokken- und Chlamydieninfektionen. Nicht-behandelte Fälle können zu Blindheit führen.
conjunctivitis of newborn

K

konkav. Nach innen gewölbt. (→ konvex)
[*lat.:* concavare, aushöhlen.]
concave

Konkavität. Tief eingedrückte bzw. nach innen sich krümmende Oberfläche eines Organs bzw. eines Körperteils. (→ Konvexität)
concavity

Konkordanz. Manifestation einer bzw. mehrerer spezifischer Eigenschaften bei beiden Zwillingen.
[*lat.:* concordare, zustimmen.]
concordance

Konkrement. (Calculus). Durch die Ansammlung von Mineralsalzen gebildetes Steinchen, das in verschiedenen Körpergeweben auftreten kann. Am häufigsten bilden sich Calculi in der Galle und den Harnwegen.
[*lat.:* Steinchen.]
calculus

K

Konsanguinität. (Blutsverwandtschaft). → Blutsverwandtschaft zwischen Personen, die gemeinsame Eltern oder Vorfahren haben.
consanguinity

konsensuell. Übereinstimmend, z.B. im Zusammenhang mit Reflexen, bei denen die Stimulierung eines Körperteils zu einer Reaktion in einem andern Körperteil führt.
[*lat.:* con, mit, sentiere, fühlen.]
consensual

Konsequenzen. Vorgänge, die ein bestimmtes Verhalten fördern oder abschwächen. Sie können der Verstärkung oder der Bestrafung dienen.
consequences

Konservierungsmittel. Chemische oder andere Substanz, die als Zusatz die Zersetzungsrate einer anderen Substanz vermindert und dafür sorgt, dass diese in ihrem Zustand möglichst lange erhalten bleibt; z.B. K. in Lebensmitteln.
preservative

Konsolidierung. 1. Verbindung einzelner Teile zu einem Ganzen. 2. Zustand der Verfestigung oder des Stillstandes (z.B. eines Krankheitsprozesses). 3. Medizinischer Ausdruck für die Verknöcherung oder Verfestigung von Geweben, z.B. das sich neu bildende Gewebe bei Knochenbrüchen oder wenn die Lungen bei einer Pneumonie fest und unelastisch werden.
[*lat.:* consolidare, verfestigen.]
consolidation

Konstanz. Beständigkeit, Unveränderlichkeit, Fehlen von Variationen und Schwankungen in qualitativen Eigenschaften.
constancy

Konstitution. Allgemeine körperliche Verfassung einer Person; körperliche und mentale Eigenschaften, die es ermöglichen, unter ungünstigen Bedingungen angemessen zu reagieren. Man unterscheidet zwischen vier Konstitutionstypen, leptosomer Typ (mager, schlank, hochaufgeschossen), athletischer Typ (breite Schultern, grober Knochenbau, muskulös), pyknischer Typ (gedrungen, mittelgroß, dickleibig) und dysplastischer Typ (endokrin mangelhaft entwickelt, ohne nachweisbaren Soffwechselstörungen) (nach Kretschmer).
constitution

Konstitutionskrankheit. Eine mit angeborenen, anlagebedingten körperlichen Aspekten assoziierte Krankheit; z.B. eine Erbkrankheit.
constitutional disease

Konstitutionspsychologie. Studium der Beziehung zwischen den individuellen psychologischen Gegebenheiten und morphologischen Eigenschaften und Organfunktionen.
constitutional psychology

Konstriktion. Unphysiologische Einschnürung, Verengung oder Reduzierung der Größe einer Öffnung bzw. einer Körperpassage; z.B. bei der Vasokonstriktion von Blutgefäßen.
[*lat.:* constringere, zusammenziehen.]
constriction

Konstriktor. Muskel, der eine Öffnung verengt, z.B. die Ziliarkörperfasern, die die Pupillengröße regulieren.
constrictor

Konsultation. (Beratung). Inanspruchnahme der beratenden Unterstützung eines Spezialisten zur Lösung von Problemen im Umgang mit Patienten bzw. bei der Planung und Umsetzung von Gesundheitspflegeprogrammen.
[*lat.:* consultare, überlegen.]
consultation

Kontagion. (Ansteckung). Übertragung einer Krankheit durch direkten Kontakt mit einer infizierten Person bzw. durch indirekten Kontakt durch den Umgang mit kontaminierter Kleidung, Bettwäsche, Geschirr oder anderen Gegenständen.
[*lat.:* contingere, berühren.]
contagion

kontagiös. (ansteckend). Übertragbar bzw. ansteckend; z.B. eine Krankheit, die durch direkten oder indirekten Kontakt übertragen werden kann.
[*lat.:* contingere, berühren.]
contagious

Kontaktallergie. Überempfindlichkeitsreaktion auf einen Stoff, der eine Reaktion bei einem vorhergehenden Kontakt ausgelöst hat oder dessen Struktur einer Substanz gleicht, die eine solche Reaktion erzeugt hat.
contact allergy

Kontaktdermatitis. (Kontaktekzem). Durch den Kontakt mit einem Reizmittel oder einem sensibilisierendem Antigen verursachter Hautausschlag. Bei nicht allergischer K. verursacht ein primärer Reizstoff, z.B. ein alkalisches Waschmittel oder eine Säure, eine Läsion, die einer Verätzung gleicht. Bei der allergischen K. rufen sensibilisierende Antigene eine immunologische Veränderung in bestimmten Lymphozyten hervor. Der spätere Kontakt mit dem Allergen führt zur Freisetzung chemischer Reizstoffe durch die Lymphozyten und verursacht Entzündungen, Ödem und Bläschenbildung.
contact dermatitis

Kontaktdermatitis, phototoxische. Plötzlich auftretende, sonnenbrandähnliche Reaktion bestimmter Hautbereiche, die nach dem Kontakt mit einer photosensibilisierenden Substanz der Sonne ausgesetzt wurden. Eine Hyperpigmentation kann der akuten Reaktion folgen. Teerderivate, Bergamottöl (das häufig in Kosmetika und Getränken verwendet wird) und viele Pflanzen (Karotten, Senf, Schlüsselblume, Butterblume und Schafgarbe) sind bekannte photosensibilisierende Substanzen. (→ Photosensibilisierung)
phototoxic contact dermatitis

Kontaktlinse. Kleine, aus Kunststoff gefertigte Haftschalen, die der Krümmung des Augapfels angepasst werden, um einen Sehfehler zu beheben oder das äußere Erscheinungsbild zu verschönern. Hauptsächlich unterscheidet man zwischen harten, luftdurchlässigen und weichen K.n.
contact lens

Kontaktlinsen, harte. Eine starre, luftdurchlässige → Kontaktlinse aus hartem oder weichem Kunststoff oder aus Glas, die in ihrer Form nicht veränderlich ist.
hard contact lens

Kontaktlinsen, Pflege von. → Pflegeintervention der → NIC, die definiert wird als die Vorbeugung gegen Augenverletzungen und Linsenbeschädigungen durch den korrekten Umgang mit Kontaktlinsen.
Contact Lens Care

Kontamination. Kontakt mit mit schädlichen Substanzen verunreinigten, verseuchten oder vergifteten Substanzen, deren bestimmungsgemäßer Gebrauch dadurch unmöglich bzw. nur mit bestimmten Schutzvorkehrungen möglich ist.
[*lat.:* contaminare, verschmutzen.]
contamination

Kontamination, radioaktive. Der unerwünschte Kontakt von radioaktivem Material (auch Dämpfe oder Strahlung) mit dem Menschen oder der Umwelt. Die K. von Pflegepersonal mit Betastrahlung ist nur durch orale Aufnahme, Einatmen (Inhalation) oder Absorption der Strahlungsquelle möglich; so kann z.B. die Haut durch einen Betastrahler kontaminiert werden, der in absorbierbarer chemischer Form vorliegt. Instrumente, Ab-

decktücher, OP-Handschuhe und OP-Kleidung, die Kontakt hatten mit Körperflüssigkeiten wie Blut oder Urin von Beta- oder Gammastrahler tragenden Patienten, können daher kontaminiert sein. (s.a. Strahlenschutz)
radioactive contamination

Kontinenz. Bezeichnung für die Kontrolle über Blasen- und Stuhlfunktionen.
[*lat.:* continere, beinhalten.]
continence

Kontinuitätstheorie. Theorie, welche besagt, dass sich die Persönlichkeit einer Person mit fortschreitendem Alter nicht ändert und Verhaltensmuster vorhersagbar werden. Der Alterungsprozess ist umso erfolgreicher, je weniger Veränderungen im Lebensablauf stattfinden.
continuity theory

Kontraindikation. (Gegenanzeige). Faktoren oder Gegebenheiten, die die Anwendung eines bestimmten Arzneimittels oder die Durchführung einer bestimmten Methode oder Behandlungsweise bei der Versorgung eines bestimmten Patienten unmöglich machen.
[*lat.:* contra, gegen, indicare, bekannt machen.]
contraindication

kontraindizieren. Über das Auftreten einer Krankheit oder Störung berichten, die es unmöglich bzw. nicht wünschenswert macht, einen bestimmten Patienten in einer bestimmten Weise zu behandeln oder ihm Medikamente zu verschreiben, die normalerweise angewendet werden.
[*lat.:* contra, gegen, indicare, bekannt machen.]
contraindicate

kontraktil. Bezeichnung für die Fähigkeit, die Größe oder Länge zu reduzieren bzw. sich als Reaktion auf einen Reiz zusammenzuziehen.
[*lat.:* con, mit, trahere, ziehen.]
contractile

Kontraktilität. Eigenschaft von Muskelgewebe, insbesondere des Herzmuskelgewebes, die eine Kontraktion der Muskeln durch eine Verkürzung der Sarkomere ermöglicht.
contractility

Kontraktion. 1. Reduzierung der Größe, insbesondere der Größe von Muskelfasern. 2. Unphysiologische Schrumpfung. 3. Rhythmische Muskelanspannung im oberen Gebärmutterbereich, die zu Beginn einer Geburt als leichte Verspannung empfunden wird und im weiteren Geburtsverlauf immer schmerzhafter wird. Kann eine Minute dauern und in Abständen von zwei Minuten auftreten.
[*lat.:* con, mit, trahere, zusammenziehen.]
contraction

Kontraktion, konzentrische. Häufige Form der Muskelkontraktion; während sich die Muskelfasern bei gesteigerter Anspannung verkürzen, zieht sich der Muskel in rhythmischen Wellen zusammen.
concentric contraction

Kontraktur. Dauerhafte Gelenksfixation in einer unphysiologisch gebeugten oder gestreckten Position; wird durch Muskelatrophie, Verkürzung von Muskelfasern oder den Verlust der Dehnbarkeit der Haut verursacht, z.B. bei Vernarbung des Hautgewebes über einem Gelenk.
[*lat.:* contractura, zusammenziehen.]
contracture

Kontrakturenprophylaxe. Pflegemaßnahmen, um die Entwicklung von → Kontrakturen bei dafür gefährdeten Patienten zu verhindern. Zu den Maßnahmen gehören frühzeitige Mobilisation, Bewegungsübungen und passives Durchbewegen des Patienten sowie regelmäßiges Umlagern. Ein Spezialfall der K. ist die Prophylaxe gegen Spitzfuß (→ Pes equinus), der entstehen kann, wenn z.B. durch die Bettdecke Gewicht auf den Fuß ausgeübt wird und dieser in eine Streckposition gebracht wird.
contracture prophylaxis

kontralateral. Die Gegenseite eines Referenzpunktes betreffend bzw. davon ausgehend.
[*lat.:* contra, gegen, latus, Seite.]
contralateral

Kontrast. Maß für die unterschiedlich intensiv dargestellten Bereiche auf einem Röntgenbild zweier benachbarter Körperregionen. K.e werden durch verschiedene optische Dichten, unterschiedliche Strahlungsübertragung und andere Parameter verursacht.
[*lat.:* contra, gegen, stare, stehen.]
contrast

Kontrastmittel. Röntgenpositive Substanz, die in den Körper injiziert, über einen Katheter eingeführt oder geschluckt wird, um röntgenologische Untersuchungen von Körperstrukturen zu ermöglichen, die sonst auf dem Röntgenfilm nur schlecht zu erkennen wären.
contrast medium

Kontrastmittel, radioaktives. (→ Röntgenkontrastmittel)
radioactive contrast media

Kontrastmittel, wasserlösliches. Mit Jod behandeltes Kontrastmittel, das durch das Blut absorbiert und durch die Nieren wieder ausgeschieden wird. Der Vorteil eines w. K. ist, dass es nach der Untersuchung nicht wieder entfernt werden muss und dadurch die Untersuchungszeit verkürzt.
water-soluble contrast medium

Kontrazeptiva (pl.), orale. Hormonmedikation zur oralen Einnahme, die der Empfängnisverhütung dient. Die wichtigsten Hormone sind Gestagen und Östrogen. Diese Hormone bewirken eine Hemmung der Produktion des Gonadotropin-releasing-Hormons durch den Hypothalamus; dadurch scheidet die Hypophyse keine Gonadotropine aus, die den Eisprung (Ovulation) stimulieren. Dies führt dazu, dass das Endometrium im Uterus sehr dünn ist und der Zervixschleim in der Folge verdickt wird, was den Spermien das Eindringen verwehrt.
oral contraceptives

Kontrollgen. Gen, das die Transkription der Aminosäurensequenz im Strukturgen kontrolliert, indem es die Proteinsynthese einleitet oder unterdrückt.
control gene

Kontusion. (Quetschung). Verletzung, bei der die Integrität der Haut nicht beschädigt wird. Ursache ist oft ein Schlag, der Schwellungen, Verfärbungen und Schmerzen nach sich zieht; eine sofortige Kältebehandlung kann die Entwicklung einer K. eindämmen.
[*lat.:* contundere, verletzen.]
contusion

Konusbiopsie. Operatives Entfernen eines konusförmigen Gebärmutterhalssegments, einschließlich Epithel- und Endozervikalgewebe.
cone biopsy

Konvektion. Übertragung von Wärme durch die in einem Gas oder einer Flüssigkeit zirkulierenden erwärmten Teilchen.
[*lat.:* convehere, zusammenbringen.]
convection

Konvergenz. Bewegung zweier Objekte zu einem gemeinsamen Punkt, z.B. die nach innen gerichtete Bewegung der Augen, um ein nahe vor dem Gesicht befindlichen Gegenstand zu betrachten.
[*lat.:* convergere, zusammenbiegen.]
convergence

Konvergenzbreite. Energiedifferenz, die benötigt wird, um die Augen von einem weitsichtigen zu einem nahsichtigen Konvergenzpunkt zu bewegen. (→ Konvergenz)
amplitude of convergence

Konvergenznystagmus. Periodisch auftretende, krampfartige Augenbewegungen. Die Augen bewegen sich rhythmisch aufeinander zu und kehren dann langsam in die Ausgangsposition zurück. Ursache kann ein Tumor im vorderen Aquaeductus cerebri, im dritten Ventrikel oder im Mittelhirn sein.
convergent nystagmus

Konvergenzwinkel. Der Winkel, der zwischen der visuellen Achse eines Auges, das auf einen Gegenstand fokussiert ist, und einer Mittellinie entsteht.
angle of convergence

Konversion. 1. Sich von einer Form in eine andere wandeln, Transmutation. 2. Korrektur einer fötalen Fehlstellung während

K

der Geburt. 3. Unbewusster Abwehrmechanismus; emotionale, angsteinflößende Konflikte werden unterdrückt und in symbolische, körperliche Beschwerden, ohne organische Ursachen, umgewandelt.
[*lat.:* convertere, herumdrehen.]
conversion

Konversionsreaktion. Abwehrmechanismus, bei dem intrapsychische Konflikte symbolisch durch körperliche Symptome ausgedrückt werden.
conversion reaction

Konversionsstörung. Umwandlung unterdrückter emotionaler Konflikte in sensorische, motorische oder viszerale Symptome, die keine ursächlichen organischen Gründe haben, z.B. Blindheit, Unempfindlichkeit, Hypoästhesie, Hyperästhesien, Parästhesien, unwillkürliche Muskelzuckungen, Lähmung, Stimmverlust, Mutismus, Halluzinationen, Katalepsie, Erstickungsanfälle und Atembeschwerden.
conversion disorder

konvex. Eine nach außen gewölbte Oberfläche. (s.a. konkav)
[*lat.:* convextus, gewölbt.]
convex

Konvulsion. Krämpfe, klonische Zuckungen, z.B. bei epileptischen Anfällen.
convulsion

Konzentrationsgefälle. Durch eine Membran voneinander getrenntes Gefälle einer hochkonzentrierten und niedrig konzentrierten Ionenlösung.
concentration gradient

konzentrisch. Zwei oder mehrere Kreise mit einem gemeinsamen Mittelpunkt.
[*lat.:* con, mit, centrum, Zentrum.]
concentric

Konzept. Konstruktive bzw. abstrakte Idee oder Gedanke.
[*lat.:* concipere, erstellen.]
concept

Konzeption. 1. Schwangerschaftsbeginn; der Zeitpunkt, zu dem ein Spermatozoon in ein Ei eindringt und eine lebensfähige Zygote bildet; Empfängnis. 2. Der Befruchtungsvorgang. 3. Bezeichnung für den Vorgang, in dessen Mittelpunkt das Entstehen einer Idee steht. 4. Ein entstandener Gedanke; allgemeiner Eindruck, der aus der Interpretation eines bzw. mehrerer Symbole entsteht.
[*lat.:* concipere, erstellen.]
conception

Kooperationsbereitschaft, fehlende (Noncompliance). Anerkannte → NANDA-→ Pflegediagnose; Entscheidung eines Klienten/Patienten, therapeutische Empfehlungen nach eingehenden Informationen nicht zu befolgen (die Art der f.n K. muss spezifiziert werden, z.B. in Bezug auf die Einnahme von Medikamenten). Kennzeichnendes Merkmal für eine f. K. ist die Beobachtung, dass die therapeutische Empfehlung nicht befolgt wird, oder entsprechende Äußerungen des Patienten oder informierter Personen.
noncompliance

Koordination, motorische. Harmonisches Funktionieren aller Körperteile, die an Bewegungen beteiligt sind; dazu gehört die feinmotorische, grobmotorische und motorische Steuerung.
motor coordination

Kopf. (Caput). 1. Der oberste Körperteil, der aus Gehirn, speziellen Sinnesorganen, Augen, Ohren, Mund, Nase und damit zusammenhängenden Strukturen besteht. Die meisten Gewebe befinden sich im Schädel, der sich aus 22 Knochen zusammensetzt. 2. Abgerundeter, meist zur Körpermitte gelegener (proximaler) Teil einiger langer Knochen (Kopfbein).
head

Kopfbein. Einer der größten Handwurzelknochen in der Mitte des Handgelenks.
[*lat.:* caput, Kopf; AS, ban, Bein]
capitate bone

Kopfextension. Streckvorrichtung (→ Extension), die bei der Behandlung von Rückenmarksverletzungen am Kopf angebracht werden.
head traction

Kopflage. (Schädellage). Bezeichnung für die kindliche Lage im Mutterleib, wobei der Kopf unten, d.h. beckenwärts, liegt. Die K. wird durch die Angabe des vorangehenden Kopfteils näher beschrieben, z.B. Hinterhaupts-, Stirn- oder Gesichtslage. (→ Kindslage)
cephalic presentation

Kopfschlagader, innere. (→ Arteria carotis interna)
internal carotoid artery

Kopfschmerzen. (Zephalgie/Zephalalgie). Schmerzen im Kopfbereich aufgrund verschiedener Ursachen. Man kann K. in unterschiedliche Ätiologien einteilen: Migräne-K., Spannungs-K., organisch bedingte K., toxisch bedingte K., Zahnschmerzen und Neuralgien.
headache

Kopfschmerzen nach Lumbalpunktion. Kopfschmerzen, die nach einer Lumbalpunktion bzw. einer Spinalanästhesie auftreten, ausgelöst durch den Verlust von Rückenmarksflüssigkeit aus dem Subarachnoidalraum und nachfolgendem Zug der Hirnhäute an den empfindlichen intrakranialen Strukturen. Zu den starken K. treten oft auch verminderte Hör- und Sehfähigkeit auf. Die Reizung der Hirnhäute und damit verbundene Rückenschmerzen können mehrere Tage anhalten. Maßnahmen zur Linderung der Symptome, wie z.B. strenge Bettruhe in flacher Rückenlage, sind umstritten. Reichliche Flüssigkeitszufuhr, ggf. in Form von Infusionen bei gleichzeitiger Schmerzmittelgabe, ist auf jeden Fall sinnvoll.
spinal headache

Kopfschwarte. Haut, die den Kopf mit Ausnahme des Gesichts und der Ohren bedeckt.
scalp

Koprolalie. (Kotsprache). Ausschweifender Gebrauch obszöner Sprache.
[*griech.:* kopros, Dung, lalein, plappern.]
coprolalia

Koprolith. (Kotstein). Harte Kotmasse im Verdauungstrakt; wird durch eine übermäßige Absorption von Wasser aus dem Dickdarm verursacht.
[*griech.:* lithos, Stein]
coprolith

Koproporphyrin. Stickstoffhaltige, organische Substanzen, die im Kot ausgeschieden werden. K.e sind Abbauprodukte von Bilirubin aus der Hämoglobinzersetzung.
[*griech.:* kopros, Dung, porphyros, lila.]
coproporphyrin

Kornea. (Augenhornhaut). Konvex geformter, durchsichtiger vorderer Teil des Auges, der etwa ein Sechstel der äußeren Hülle des Augapfels bedeckt. Die K. ist dicht, hat eine einheitliche Dicke, besitzt keine Gefäße und besteht aus fünf fibrösen Schichten: das mit der Bindehaut verbundene äußere Hornhautepithel; die vordere Basalmembran (Bowman-Membran); die Substantia propria; die hintere Basalmembran (Descemet-Membran) sowie das Endothel der vorderen Kammer (Keratoderma).
[*lat.:* corneus, hornig.]
cornea

Kornealreflex. Schutzmechanismus des Auges, der darin besteht, dass sich die Augenlider bei Berührung der Hornhaut automatisch schließen.
corneal reflex

koronar. Bezeichnung für kranzförmige Körperstrukturen, z.B. die Herzkranzgefäße; das Herz betreffend.
[*lat.:* corona, Krone.]
coronary

Koronarangioplastie, perkutane transluminale (PTCA). Behandlung einer atherosklerotischen Koronarerkrankung und Angina pectoris, bei der die Gefäßplaque in den Herzarterien abgeflacht werden soll, was zu einer verbesserten Durchblutung führt. Dazu muss ein Ballonkatheter in das betroffene Gefäß eingeführt, mehrmals hintereinander mit Luft aufgefüllt und die Luft wieder entfernt werden; danach wird der Katheter wieder entfernt.

Diese Maßnahme wird unter Röntgen- oder Ultraschallkontrolle durchgeführt.
percutaneous transluminal coronary angioplasty (PTCA)

Koronararterie. (Herzkranzgefäß). Eine von zwei Herzkranzgefäßen, die rechts und links von der Aorta abzweigen und deren Gefäße und Zweige das Herz versorgen. Jede Dysfunktion oder Erkrankung der K.n kann ernste, bisweilen sogar tödliche Folgen haben. Die Zweige der K.n können von vielen verschiedenen Störungen und Krankheiten betroffen werden, z.B. von Embolien, Neoplasmen, Entzündungen sowie von nicht-entzündlichen Krankheiten.
coronary artery

Koronarthrombose. Entwicklung eines Thrombus, der die → Koronararterie blockiert und einen Myokardinfarkt mit tödlichem Ausgang verursachen kann. K.n entstehen in Arteriensegmenten, die arteriosklerotische Läsionen vorweisen.
coronary thrombosis

Koronarvene. Eine der Herzvenen, die Blut aus den Kapillarbetten des Herzmuskels durch den Sinus coronarius in den rechten Herzvorhof leiten.
coronary vein

Koronarverschluss. Verschluss (Obstruktion) einer Arterie, die das Herz versorgt. Ein vollständiger K. führt zum → Myokardinfarkt; im Zwischenstadium kann ein K. zu → Angina pectoris führen. Die pathophysiologischen Ursachen für einen K. sind arteriosklerotische Ablagerungen, die sich langsam aus Lipiden und Makrophagenkomplexen aufbauen. Blutungen in einer Ablagerung können häufig zu raschen Plaqueansammlungen führen. Wenn eine Plaque aufbricht, bilden sich Aggregate aus Thrombozyten und Fibrinablagerungen, es kommt zum Krampf und schließlich zur Thrombusbildung, die einen akuten Myokardinfarkt auslösen kann. Eine Behandlung erfordert eine sofortige intravenöse Thrombolyse und die Verabreichung von Heparin. Mit Hilfe einer primären perkutanen transvenösen Koronarangiographie kann eine schnelle Wiederdurchblutung erreicht werden.
coronary occlusion

Korotkow-Geräusch. Geräusche oder Töne, die während der Blutdruckmessung mit einem Stethoskop distal von der Manschette zu hören sind. Wenn die Luft aus der Manschette abgelassen wird, lässt der Druck auf die Oberarmschlagader (Arteria brachialis) nach und das Pulsieren des Blutes im Gefäß wird hörbar; Möglichkeit der indirekten Blutdruckmessung.
[N. Korotkow, russischer Arzt, 1874–1920]
Korotkoff sounds

Körper-Gewicht-Relation. Ein Verhältniswert, bei dem das Körpergewicht in Gramm in einem Verhältnis zur Körperhöhe in Zentimetern ausgedrückt wird.
body-weight ratio

Körperbewegung. Die Bewegungsmöglichkeiten des gesamten Körpers oder seiner Körperteile; dazu gehören Auswärtsbewegen (Abduktion), Heranziehen (Adduktion), Strecken (Extension), Beugen (Flexion) und Drehen (Rotation).
body movement

Körperbild. (Körperschema). Die Wahrnehmung der eigenen körperlichen Erscheinung eines Menschen. Dieses geistige Bild, das realistisch oder unrealistisch sein kann, entsteht durch Selbstbeobachtung, die Reaktionen anderer und die komplexen Interaktionen von Einstellungen, Emotionen, Erinnerungen und Fantasien, sowohl bewusst als auch unbewusst.
body image

Körperbild, Verbesserung des. → Pflegeintervention der → NIC, die definiert wird als die Verbesserung der bewussten oder unbewussten Wahrnehmung und der Einstellung von Patienten gegenüber ihrem Körper.
Body Image Enhancement

Körpergeruch. Unangenehmer Geruch in Verbindung mit altem Schweiß. Frisch ausgeschiedener Schweiß ist geruchlos; nach Exposition an der Luft und durch

die Aktivität bestimmter Bakterien auf der Haut lösen chemische Veränderungen jedoch einen unangenehmen Geruch aus.
body odor

Körpergewicht, Umgang mit dem. → Pflegeintervention der → NIC, die definiert ist als die Unterstützung bei der Erhaltung eines optimalen Körpergewichts und -fettanteils.
Weight Management

Körpergleichgewicht. Fähigkeit, die Haltungskontrolle des Rumpfes aufrecht zu erhalten, z.B. wenn das Gewicht auf eine Seite verlagert wird, um mit dem Arm nach etwas zu greifen bzw. etwas zu erlangen. Die Verlagerung des Gewichts kann dabei nach vorne, hinten, zur Seite oder diagonal erfolgen, Gleichgewichts- und Schutzmechanismen inbegriffen. Kopf- und Halssteuerung sind vom Schulter- und Beckengürtel des Rumpfes unabhängig.
trunk balance

Körperleitfähigkeit. Methode zur Messung der Körperzusammensetzung aus Fett-, Knochen- und Muskelgewebe mit Hilfe der unterschiedlichen Leitfähigkeit der verschiedenen Gewebearten. Die Methode wird zur klinischen Gewichtskontrolle herangezogen, da damit beurteilt werden kann, welche Gewebeart bei einem Gewichtsverlust abgebaut wurde.
total body electrical conductivity

Körpermassenzahl. (→ Body mass index)
body mass index

Körpermechanismen, Verbesserung von. → Pflegeintervention der → NIC, die definiert wird als die Verbesserung des Einsatzes von Körperhaltung und -bewegungen bei den täglichen Aktivitäten zur Vorbeugung gegen Müdigkeit und Beschwerden oder Verletzungen der Skelettmuskulatur.
Body Mechanics Promotion

Körpersprache. Vielzahl von nonverbalen Signalen, einschließlich Körperbewegungen, Haltungen, Gesten, räumliche Positionen und Mimik, die unterschiedliche körperliche, mentale und emotionale Zustände zum Ausdruck bringen können.
body language

Körpertemperatur. Maß der Wärme, die durch bestimmte Körperprozesse entsteht und erhalten wird. Variationen und Veränderungen der K. sind ein wichtiger Indikator für Erkrankungen und andere Störungen. Wärme entsteht im Körper durch den Metabolismus von Nährstoffen; sie wird durch Abstrahlung, Ableitung und Verdunstung durch Schwitzen abgegeben. Die Wärmeproduktion und -abgabe wird im Hypothalamus und im Hirnstamm reguliert und kontrolliert. Erkrankungen des Hypothalamus oder Störungen anderer regulatorischer Zentren können zu einer abnorm niedrigen K. führen. Die oral gemessene normale Temperatur eines gesunden Erwachsenen beträgt etwa 37° Celsius und kann je nach körperlichen Aktivitäten, Umgebungstemperatur und der individuell normalen Temperatur variieren. Die axillare Temperatur beträgt etwa 0,5° weniger als die orale Temperatur; die rektalen Werte liegen 0,3–0,5° höher als die oralen Meßwerte. Die K. kann im Tagesverlauf um 1° C schwanken, wobei sie morgens am niedrigsten und zwischen 18 und 22 Uhr abends am höchsten ist. (s.a. Rektaltemperatur)
body temperature

Körperzelle. Sämtliche Körpergewebszellen, die einen diploiden (doppelten) Chromosomensatz aufweisen; im Gegensatz zu den → Geschlechtszellen, die nur einen haploiden (einfachen) Chromosomensatz haben.
somatic cell

korpulent. Fettleibig.
corpulent

Korpulenz. Beleibtheit.
[*lat.:* corpus, Körper.]
corpulence

Korpuskel. Körperchen.
[*lat.:* corpusculum, Körperchen.]
corpuscle

Korrelation. Statistische Beziehung zwischen Variablen. Korrelationen können negativ (invers), positiv oder krummlinig sein.
[*lat.:* com, mit, relatio, Zusammenhang.]
🇬🇧 correlation

Korrespondenz. (Übereinstimmung). Beziehung zwischen identischen (korrespondierenden) Punkten auf der Netzhaut (Retina) jedes Auges. Die simultane Stimulation der Punkte führt zur Wahrnehmung eines einzelnen Gegenstandes.
🇬🇧 correspondence

Korrosion. Ergebnis einer Redoxreaktion bzw. Bezeichnung für die Zerstörung einer Substanz durch ein Ätzmittel.
🇬🇧 corrosion

Korsakow-Psychose. Form der → Amnesie, die häufig bei chronischen Alkoholikern auftritt und durch den Verlust des Kurzzeitgedächtnisses sowie die Unfähigkeit gekennzeichnet ist, neue Fähigkeiten zu erlernen. Die Patienten sind meistens desorientiert, es kann zum Delirium und zu Halluzinationen und der Neigung zu → Konfabulationen kommen.
[S. Korsakow, russischer Psychiater, 1854–1900]
🇬🇧 Korsakoff´s psychosis

Kortex. (Rinde). Außenschicht eines Körperteils oder einer anderen Struktur.
[*lat.:* cortex, Rinde.]
🇬🇧 cortex

Kortikosteroid. Natürlich vorkommende bzw. synthetisch hergestellte Hormone, die im Körper von der Nebenniere ausgeschüttet werden und wichtige Vorgänge im Körper regulieren, u.a. den Kohlenhydrat- und Proteinstoffwechsel, die Aufrechterhaltung von Glukose-, Elektrolyt- und Wasserkonzentrationen im Serum sowie die Funktionen des Herz-Kreislauf-Systems, der Skelettmuskulatur, der Nieren und anderer Organe. Zu den in den → Nebennierenrinde hergestellten K.en zählen auch die → Glukokortikoide und die → Mineralokortikoide. Die wichtigsten Glukokortikoide sind → Kortisol und Kortikosteron. Das einzige, für den Menschen physiologisch wichtige Mineralokortikoid ist → Aldosteron.
[*lat.:* cortex, Rinde, steros, fest.]
🇬🇧 corticosteroid

Kortisol. (Hydrocortison). Natürlich im Körper vorkommendes Steroidhormon, das auch synthetisch hergestellt wird und in entzündungshemmenden Präparaten verwendet wird.
🇬🇧 cortisol

Kortison. Von der Leber ausgeschüttetes → Glukokortikoid. Synthetisch hergestelltes K. wird in entzündungshemmenden Präparaten verwendet.
🇬🇧 cortisone

Korynebakterium. (→ Propionibakterium)
🇬🇧 corynebacterium

koscher. Bezeichnung für die Zubereitung und das Servieren von Nahrungsmitteln nach dem jüdischen Religionsgesetz. Vollständig k.e Nahrungsmittel sind Früchte, Gemüse und Getreide, sowie Tee und Kaffee. Zu den nicht k.en Speisen zählt man das Fleisch von Schweinen und Raubvögeln sowie Seetiere, die keine Flossen und Schuppen haben, z.B. Hummer und Aal. Die meisten Geflügel- und Fleischprodukte sind k., wenn sie richtig behandelt und zubereitet werden (d.h. nach ritueller Schlachtung und ordentlich ausgeblutet).
[hebr.: kasher, einwandfrei]
🇬🇧 kosher

Kost/Ernährung, purinfreie. Kostform, in der Nahrungsmittel weggelassen werden, die viel → Purine enthalten; dies sind Endprodukte der Verdauung bestimmter Proteine. Zu den purinhaltigen Nahrungsmitteln gehören Leber, Niere, sowie rotes Fleisch, Geflügel und Fisch. Diese Nahrungsmittel können durch Milch, Eier, Käse und einige pflanzliche Eiweißquellen ersetzt werden.
🇬🇧 purin-free diet

kostal. 1. Eine Rippe betreffend. 2. Sich in der Nähe einer Rippe bzw. auf einer den Rippen zugewendeten Seite befindend.
[*lat.:* costa, Rippe.]
🇬🇧 costal

Kostaufbau. → Pflegeintervention der → NIC, die definiert wird als die Einführung von erforderlichen Ernährungsrestriktionen mit anschließendem Aufbau der tolerierten Kost.
Diet Staging

Kosten-Nutzen-Analyse. Methode zur wirtschaftlichen Bewertung von Ausgaben für medizinische Dienste. Die K.N.A. vergleicht den monetären Nutzen verschiedener Pflegeinterventionen mit den Kosten für die einzelnen Interventionen.
cost-benefit analysis (CBA)

Kostenanalyse. Analyse der Ausgaben einer Institution, Abteilung, eines Programms oder einer bestimmten Tätigkeit im Vergleich zum jeweiligen Nutzen.
cost analysis

kostochondral. Rippe und Rippenknorpel betreffend.
[*lat.:* costa, Rippe, *griech.:* chondros, Knorpel.]
costochondral

kostoklavikulär. Rippen und Schlüsselbein betreffend.
[*lat.:* costa, Rippe, clavicula, kleiner Schlüssel.]
costoclavicular

kostovertebral. Rippe und Wirbelsäule betreffend.
costovertebral

Kostovertebralwinkel. Einer von zwei Winkeln, die den Raum oberhalb der Nieren begrenzen. Der Winkel wird von der seitlichen, abwärts gerichteten Kurve der untersten Rippe und der senkrechten Wirbelsäule gebildet.
costovertebral angle (CVA)

kostozervikal. Rippen und Nacken betreffend.
[*lat.:* costa, Rippe, cervix, Nacken.]
costocervical

Kotfistel. Unphysiologischer Gang vom Darm an die Körperoberfläche, über den Kot (Fäces) ausgeschieden wird.
fecal fistula

Kotstein. Harte, eingeklemmte Kotmasse im Darm.
fecalith

Kotyledon. (Zottenbüschel). Sichtbares Segment auf der mütterlichen Seite der Plazenta. Eine typische Plazenta kann zwischen 15 bis 28 Kotyledone besitzen, wobei jede aus fötalen Gefäßen, Chorionzotten und einem intervillösem Spalt besteht.
[*griech.:* kotyledon, tassenförmig.]
cotyledon

Krallenhand. (Klauenhand). Missbildung der Hand, die durch eine extreme Beugung der mittleren und distalen Fingerglieder und Überdehnung der Mittelhandgelenke gekennzeichnet ist.
clawhand

Krampfader. Verdrehte und aufgeweitete Vene mit schlecht oder nicht funktionierenden Klappen. K.n entstehen häufig infolge von angeborenen Klappeninsuffizienzen, Venenentzündungen, Schwangerschaft und starkem Übergewicht. Meist sind die Beinvenen von Frauen betroffen.
varicose vein

Krampfader, aneurysmatische. Variköse Vene, die sich aufgrund der Verbindung mit einer angrenzenden Arterie vergrößert.
aneurysmal varix

Krampfaderleiden. (→ Varikose)
varicosis

Krampfanfall. Übererregung bestimmter Nervenzellen im Gehirn, die zu einer plötzlichen, starken und ungewollten Serie von Kontraktionen bestimmter Muskelgruppen führt. Diese Kontraktionen können, wie bei einem Anfallsleiden, anfallsartig und wiederholt, oder nach einer Gehirnerschütterung oder Operationen aufgrund der Narbenbildung akut und vorübergehend auftreten. Ein Anfall kann klonisch oder tonisch, fokal, einseitig oder zweiseitig sein. (s.a. Epilepsie; Anfall, tonisch-klonisch)
seizure; convulsive seizure

Krampfanfälle, Umgang mit. → Pflegeintervention der → NIC, die definiert ist als die Pflege von Patienten während und nach

einem Krampfanfall. Während des Anfalles Patienten nicht festhalten, sondern durch Polsterung, z.B. mit Kissen gegen Verletzungen schützen.
Seizure Management

Krampfanfälle, Vorsichtsmaßnahmen bei. → Pflegeintervention der → NIC, die definiert ist als die Vorbeugung oder Minimierung potenzieller Verletzungen von Patienten mit bekannten Krampfanfällen.
Seizure Precautions

Kraniektomie. (Trepanation). Operatives Entfernen eines Teils des Schädelknochens.
[*griech.:* kranion, Schädel, ektome, Exzision.]
craniectomy

K

kraniofazial. Schädel und Gesicht betreffend.
[*griech.:* kranion, Schädel; *lat.:* facies, Gesicht.]
craniofacial

Kraniologie. Erforschung von Form, Größe, Proportionen und anderen Eigenschaften des menschlichen Schädels; zumeist im Zusammenhang mit anthropologischen Studien.
craniology

kraniopharyngeal. Schädel und Rachen betreffend.
[*griech.:* kranion, Schädel, pharynx, Hals.]
craniopharyngeal

Kraniopharyngiom. Kongenitaler Tumor der Hirnanhangsdrüse; tritt häufig bei Kinder und Jugendlichen auf und entsteht in Zellen, die aus der Rathke-Tasche bzw. dem Hypophysenstiel entstehen. Der Tumor kann die Funktion der Hypophyse, das Sehnervchiasma, die hypothalamische Steuerung des autonomen Nervensystems beeinträchtigen und zu einem Wasserkopf führen.
craniopharyngioma

Kraniostenose. Kongenitale Schädelmissbildung, die durch frühzeitiges Schließen der Schädelnähte verursacht wird.
[*griech.:* kranion, Schädel, stenos, eng, osis, Zustand.]
craniostenosis

Kraniostose. Vorzeitige Verknöcherung der Schädelnähte; tritt häufig zusammen mit anderen Skelettfehlbildungen auf. Die Schädelnähte schließen sich vor bzw. kurz nach der Geburt. Ohne operative Korrektur wird das Schädelwachstum eingeschränkt, es kommt zu Schädelmissbildungen und häufig zu Augen- und Hirnschäden.
[*griech.:* kranion, Schädel, osteon, Knochen, osis, Zustand.]
craniostosis

Kraniotabes. Vererbte Eindrückbarkeit des oberen und hinteren Schädelknochen bei Neugeborenen; ist auf ein zu schnelles Hirnwachstum im letzten Schwangerschaftsmonat zurückzuführen.
[*griech.:* kranion, Schädel, *lat.:* tabes, Schwund.]
craniotabes

Kraniotomie. Operatives Öffnen des Schädels; durchgeführt zur Linderung von Interkranialdruck, zur Stillung von Hirnblutungen oder zum Entfernen eines Hirntumors.
[*griech.:* kranion, Schädel, temnein, schneiden.]
craniotomy

kraniozervikal. Die Kreuzung von Schädel und Nacken, insbesondere das Foramen magnum, betreffend.
[*griech.:* kranion, Schädel, *lat.:* cervix, Nacken.]
craniocervical

Kranium. Schädelknochen, der das Gehirn umgibt. Der Schädel besteht aus acht Knochen: Stirnbein, Okzipitalknochen, Keilbein, Siebbein sowie den paarweisen Schläfen- und Scheitelbeinknochen. – *adj.* kranial.
[*griech.:* kranion, Schädel.]
cranium

Krankengeschichte. (Anamnese). Die gesamten medizinischen Aufzeichnungen eines Patienten vor Auftreten einer Krankheit oder Verletzung. Die K. beinhaltet alle Infektionskrankheiten, alle Impfungen, Krankenhausaufenthalte oder Behandlungen, Informationen über Todesfälle bzw. Krankheiten der nächsten Verwandten, über Allergien sowie über angeborene oder erworbene körperliche Defekte.
case history

Krankenhaus. Einrichtung der Gesundheitspflege, die stationäre Betten, kontinuierliche Pflegedienste und ein organisiertes Ärzteteam zur Verfügung stellt. Medizinischen und chirurgischen Patienten wird bei einer Vielzahl von Erkrankungen und Störungen im K. eine Diagnostik und Behandlung gewährleistet.
hospital

Krankheit. Unphysiologischer Vorgang, bei dem der körperliche, emotionale, soziale oder mentale Zustand oder entsprechende Funktionen einer Person im Vergleich zum vorherigen Befinden vermindert oder beeinträchtigt sind.
illness

Krankheit, ansteckende. → Krankheit, die von einer Person oder einem Tier auf eine andere Person bzw. ein anderes Tier übertragen wird; entweder durch direkten Kontakt mit infizierten Exkrementen oder anderen Körperflüssigkeiten, oder indirekt durch bestimmte Stoffe oder Gegenstände, wie z.B. kontaminierte Trinkgläser oder Wasser, oder durch bestimmte Vektoren, z.B. Fliegen, Stechmücken, Zecken und andere Insekten. Das Auftreten a. K.en muss dem Gesundheitsamt mitgeteilt werden.
communicable disease

Krankheit, degenerative. Durch → Degeneration eines Körperteils bzw. die funktionelle Abnutzung eines Gewebes verursachte Erkrankungen. Zu den d. K.en zählen Arteriosklerose, Krebs und Gelenksarthrose.
degenerative disease

Krankheit, latente. → Krankheit oder Störung ohne klinische Anzeichen oder Symptome.
silent disease

Krankheit, organische. Jede → Krankheit, die in Verbindung mit erkennbaren oder sichtbaren Veränderungen in einem oder mehreren Körperorganen steht; z.B. organische Psychose, bei der ein Verlust des Kontaktes mit der Realität durch eine Veränderung in der Funktion des Gehirngewebes verursacht wird.
organic disease

Krankheiten, meldepflichtige. Bestimmte Infektionskrankheiten, die ein Arzt aufgrund der Ansteckungsgefahr bei Auftreten oder Verdacht den öffentlichen Gesundheitsbehörden melden muss. Dazu gehören z.B. Malaria, Influenza, Poliomyelitis, Rückfallfieber, Typhus, Gelbfieber, Cholera, Beulenpest etc.
reportable diseases

Krankheitsgewinn, primärer. Vorteile und positive Begleiterscheinungen einer Krankheit und erste Linderung von emotionalen Konflikten sowie Abbau von Ängsten, was durch den (bewussten oder unbewussten) Einsatz eines Verteidigungsmechanismus oder anderer psychologischer Prozesse erreicht wird.
primary gain

Krankheitsprävention. Maßnahmen zum Schutz von Patienten oder anderen Mitgliedern der Bevölkerung vor bestehenden bzw. potenziellen Gesundheitsrisiken und deren negativen Gesundheitsfolgen, z.B. durch Impfung.
disease prevention

Kranznaht. Gezackte Quernaht zwischen Stirnbein und Scheitelbein auf beiden Schädelseiten.
coronal suture

Krater. Vertiefung, z.B. an der Stelle, an der ein Ulkus operativ entfernt wurde.
crater

Krätze. (→ Skabies)
scabies

Kratztest. (Scratch-Test). Allergietest, bei dem auf eine leicht aufgeraute Hautstelle eine Lösung mit dem verdächtigen → Allergen aufgetragen wird. Eine Allergie besteht dann, wenn sich innerhalb von 15 Minuten eine Quaddel bildet.
scratch test

Kraurose. (Craurosis). Verdickung, Schrumpfung und Atrophie der Haut oder Weichteile.
[*griech.:* krauros, trocken; osis, Zustand]
kraurosis

Krause-Endkolben. Zahlreich vorhandene sensorische Endorgane und sensible Rezeptoren für Kälte, die in der Bindehaut des Auges (Conjunctiva), in den Schleimhäuten von Lippen und Zunge, im Epineurium eines Nervenstamms, in Penis und Klitoris und in den Membranen bestimmter Gelenke vorkommen. Die K.-E. sind dünne, zylindrische, ovale Körperchen, die einen weichen, halbflüssigen Kern enthalten, in dem die Axone entweder in einer zwiebelförmigen Endung oder einer gewundenen Masse enden.
[W. Krause, deutscher Anatom, 1833–1910]
Krause´s corpuscles

Kreatin. Wichtige Stickstoffverbindung, die bei verschiedenen Stofwechselprozessen entsteht. Zusammen mit Phosphor bildet K. energiereiches Phosphat.
[*griech.:* kreas, Fleisch.]
creatine

Kreatinin. Stoffwechselprodukt von → Kreatin, das im Urin ausgeschieden und im Blut und Muskelgeweben zu finden ist.
creatinine

Kreatinin-Clearance. Diagnostischer Test zur Überprüfung der Nierenfunktion, bei dem das Ausmaß des Kreatininabbaus im Blut durch die Niere gemessen wird. Rechnerisch wird die K.C. als das Produkt des Urinvolumens (Milliliter pro Minute) und der in 24 mit dem Urin ausgeschiedenen Kreatininmenge (Milligramm pro Liter) ausgedrückt. Das Resultat wird durch die Serumkreatininmenge (Milligramm pro Deziliter) geteilt.
creatinine clearance test

Kreatinkinase (CK). Enzym der Transferasegruppe, das in Muskeln, im Gehirn und anderen Körpergeweben zu finden ist. K. katalysiert den Transfer der Phosphatgruppe von → Adenosintriphosphat (ATP) zu → Kreatin, wodurch → Adenosindiphosphat (ADP) und Phosphokreatin gebildet werden.
creatine kinase (CK)

Kreatinphosphat. Enzym, das bei Auftreten eines Muskelschadens, z.B. bei pseudohypertrophischer Muskeldystrophie, im Blut in erhöhter Menge vorhanden ist. (→ Kreatin)
[*griech.:* kreas, Fleisch.]
creatine phosphate

Krebs. (Karzinom). 1. Neoplasma mit unkontrolliert wuchernden anaplastischen Zellen, die in naheliegendes Gewebe eindringen und Metastasen in weit entfernten Körperregionen bilden können. 2. Maligne neoplastische Erkrankungen mit bösartigem Zellwachstum. Die verschiedenen Krebsformen werden eingeteilt nach Art, befallener Körperstelle oder den klinischen Verlauf der Läsion. Es wird vermutet, dass die Hauptursache für K. auf multiplen Veränderungen der DNS (Gene) beruht, doch geht man zusätzlich von vielen anderen möglichen Ursachen aus. Mehr als 80% aller Krebsfälle werden auf Rauchen, Kontakt mit karzinogenen Chemikalien, radioaktive Strahlung und UV-Strahlung zurückgeführt. Viele Viren verursachen bösartige Tumore bei Tieren. Bei manchen menschlichen Krebserkrankungen ist ein infektöser Verlauf möglich; der *Heliobacter pylori* verursacht wahrscheinlich Magenkrebs. Die Entstehung zahlreicher maligner Geschwüre bei Empfängern von Organtransplantationen nach einer immunosuppressiven Therapie lässt darauf schließen, dass das Immunsystem eine wichtige Rolle bei der Kontrolle der Wucherung anaplastischer Zellen spielt. Die Häufigkeit der verschiedenen Krebsformen ist abhängig von Geschlecht, Alter, ethnischer Gruppe und geographischer Lage. K. ist die zweitwichtigste Todesursache nach Herzerkrankungen und steht bei Kindern zwischen 3 und 14 Jah-

ren sogar an erster Stelle. Häufigste Stellen für die Entwicklung von malignen Tumoren sind Haut, Lunge, Prostata, Brust und Darm. Operative Eingriffe sind immer noch die wirksamste Form der Krebsbehandlung; Bestrahlungen werden häufig präoperativ, postoperativ oder auch als Primärtherapie eingesetzt. Eine weitere, oft sehr wirksame Behandlungsmethode ist die Chemotherapie, bei der einzelne oder mehrere Mittel gegen Neoplasmabildung Anwendung finden. Viele bösartige Läsionen können bei zeitiger Entdeckung geheilt werden.
cancer

Krebs im Spätstadium. Fortgeschrittenes Stadium der bösartigen Geschwulsterkrankung, das unausweichlich auf den Tod hinaus läuft.
terminal cancer

Kreislauf, arterieller. Die Bewegung des Blutes durch die → Arterien vom Herzen zum Gewebe; im Gegensatz zum venösen Kreislauf, bei dem das Blut vom Gewebe zum Herzen befördert wird.
arterial circulation

Kreislauf, fetaler. Blutkreislauf eines Feten im Mutterleib. Sauerstoffreiches Blut aus der Plazenta gelangt durch die Nabelvene zum Herz des Fötus. Das Blut tritt in den rechten Herzvorhof ein und wird durch das → Foramen ovale direkt in den linken Vorhof gepumpt. Von dort versorgt das Blut die linke Herzkammer, den Kopf sowie die oberen Extremitäten. Sauerstoffarmes Blut fließt durch die Nabelarterie zur Plazenta zurück.
fetal circulation

Kreislaufüberbelastung. Auswirkungen eines erhöhten Blutvolumens (z.B. nach einer Bluttransfusion) und dem dadurch verursachten erhöhten Blutdruck. Kann zu Herzversagen oder Lungenödem führen.
circulatory overload

Kreislaufunterstützende Pflege. → Pflegeintervention der → NIC, die definiert wird als die Unterstützung der arteriellen und venösen Zirkulation.
Circulatory Care

Kreislaufunterstützende Pflege, mechanische Hilfsvorrichtungen. → Pflegeintervention der → NIC, die definiert wird als die vorübergehende Unterstützung der Zirkulation durch Einsatz von mechanischen Hilfsvorrichtungen oder Pumpen.
Circulatory Care: Mechanical Assist Devise

Kreislaufunterstützende Vorsichtsmaßnahmen. → Pflegeintervention der → NIC, die definiert wird als der Schutz eines lokalisierten Bereiches mit eingeschränkter Perfusion.
Circulatory Precautions

Kreislaufversagen. (vaskuläre Insuffizienz). Unfähigkeit des Kreislaufsystems, die Körperzellen durch das Blut mit ausreichenden Mengen von Sauerstoff zu versorgen, um die metabolischen Bedürfnisse zu erfüllen.
circulatory failure

Kreislaufversagen, akutes. Lebensbedrohlicher Abfall des → Herzminutenvolumens aufgrund kardialer oder anderer Ursachen, der zu einer Gewebehypoxie führt. Falls keine sofortige Behandlung erfolgt, droht ein tödliches Herz-Kreislaufversagen. (→ Schock)
acute circulatory failure

Kreislaufzeit, normale. Zeit, die das Blut benötigt, um von einem Körperteil zu einem anderen zu fließen. Zur Bestimmung der K. wird ein Farbstoff bzw. ein Isotop in eine Vene eingespritzt, und es wird gemessen, wie lange der Farbstoff benötigt, um wieder zu der Arterie am Injektionspunkt zu gelangen.
circulation time, normal

Kreislaufzentrum. (Vasomotorenzentrum). Ansammlung von Zellkörpern in der → Medulla oblongata des Gehirns, die den Blutdruck und die Herzfunktion primär über das vegetative Nervensystem regulieren.
vasomotor center

K

K

Kreißsaal. Krankenhausabteilung, in der Entbindungen stattfinden und Notfalltherapien für Neugeborene durchgeführt werden.
delivery room

Kremasterreflex. Oberflächlicher Nervenreflex, ausgelöst durch Bestreichen der Haut der Oberschenkelinnenseite beim Mann. Der Reflex führt zu einem raschen Zurückziehen der Hoden auf der stimulierten Seite.
cremasteric reflex

Krematorium. Einrichtung zur Verbrennung von Leichen.
crematorium

Kreosol. Ölige Flüssigkeit; einer der Wirkstoffe (Phenol) von → Kreosot (nicht mit Kresol zu verwechseln!).
creosol

Kreosot. Entzündliche, ölige Flüssigkeit mit rauchigem Geruch; wird oft als Holzschutzmittel verwendet; hat verschiedene gesundheitsschädigende Auswirkungen, ist karzinogen, kann Augenschäden sowie Krampfanfälle verursachen.
creosote

Krepitation. Geräusch bzw. Empfindung in Verbindung mit dem Knistern bei Gasbrand, mit dem Aneinanderreiben von Knochenfragmenten oder mit dem Rasseln der Lunge bei Pneumonie.
[*lat.:* crepitans, knistern.]
crepitus

krepitierend. (knisternd; knarrend). Bezeichnung für knisternde, rasselnde Geräusche bzw. für Geräusche, die beim Aneinanderreiben rauher Oberflächen entstehen. (→ Krepitation)
[*lat.:* crepitans, knistern.]
crepitant

Kresol. Mischung aus drei verschiedenen Isomeren in einer Flüssigkeit mit phenolartigem Geruch; wird aus Steinkohlenteer gewonnen und in synthetischen Harzen und Desinfektionsmitteln verwendet. K. ist ein protoplasmatischer Giftstoff, der durch die Haut aufgenommen wird und potenziell tödliche Folgen hat. Symptome einer chronischen Vergiftung sind Hautausschläge, Verdauungsstörungen, Urämie, Ikterus, Störungen des Nervensystems, Schwindel und mentale Veränderungen.
cresol

Kretinismus. Kongenitale Erkrankung mit starker Schilddrüsenunterfunktion und anderen endokrinen Störungen. Typische Anzeichen des K. sind Zwergwuchs, geistige Behinderung, aufgedunsene Gesichtsformen, trockene Haut, dicke Zunge, Nabelbruch und fehlende Muskelkoordination. Kretinismus ist mit Jodmangel und Gicht assoziiert.
[*franz.:* cretin, Idiot.]
cretinism

Kreuzband. Kreuzförmiges Band aus weißem, fibrösem Gewebe, das Knochen miteinander verbindet und Gelenkkapseln bildet.
cruciform ligament

kreuzförmig. Die Form eines Kreuzes besitzend.
cruciform

Kreuzinfektion. Übertragung einer Infektion von einem Krankenhauspatienten auf einen anderen.
cross infection

Kreuzprobe. Verträglichkeitsprüfung von Spender- und Empfängerblut, um die Transfusion von inkompatiblen Blutgruppen zu vermeiden; dabei wird (1) die Kompatibilität der Spendererythrozyten mit dem Empfängerserum und (2) der Empfängererythrozyten mit dem Spenderserum getestet. (→ Bluttransfusion) (s.a. Transfusionszwischenfall)
blood crossmatching

Kreuzreflex. Nervenreflex, bei dem die Stimulierung einer Körperseite eine Reaktion auf der anderen Körperseite auslöst, z.B. der konsensuelle Reflex.
crossed reflex

Kreuzresistenz. Resistenz auf ein bestimmtes Antibiotikum, das auch auf ein anderes Antibiotikum ausgedehnt wird, mit

dem die Krankheitserreger noch keinen Kontakt hatten.
cross resistance

Kreuzschmerzen. Lokaler oder weitergeleiteter Schmerz im unteren Teil der Wirbelsäule, der durch Verstauchungen (Distorsion), Überanstrengung, Osteoarthritis, Neoplasmen oder einen Bandscheibenvorfall verursacht wird. K. treten häufig auf und können in Verbindung mit schlechter Körperhaltung, Fettleibigkeit, zu langem Sitzen oder unphysiologischen Körpermechanismen stehen. Der Schmerz kann lokalisiert und statisch sein, mit Muskelschwäche und Spasmen einhergehen oder in ein oder beide Beine ausstrahlen, z.B. bei Ischiasbeschwerden. K. können durch Husten, Niesen, Aufstehen, Heben, Dehnen, Beugen oder Drehen ausgelöst oder verschlimmert werden. (→ Lumbago)
low back pain (LBP)

Kreuzsensibilität. Empfindlichkeit für einen Stoff, der eine Sensibilität für andere Stoffe verursacht, die ähnliche chemische Strukturen aufweisen.
cross sensitivity

Kreuztoleranz. Toleranz für andere Drogen, die sich nach Konsum einer einzigen Droge entwickelt, z.B. die Kreuztoleranz zwischen Alkohol und Barbituraten.
cross-tolerance

Kreuzung. Bezeichnung für genetische Methoden der Hybridisierung bzw. Bezeichnung für ein Individuum, einen Organismus oder Stamm, der durch Hybridisierung entstanden ist. (→ Hybridation)
[*lat.:* crux, Kreuz.]
cross

kribriform. Bezeichnung für eine morphologische Struktur mit vielen Perforationen bzw. Löchern, z.B. die Siebbeinplatte.
[*lat.:* cribum, Sieb.]
cribriform

krikoid. Bezeichnung für eine ringförmige Form; z.B. ringförmiger Krikoidknorpel, der Schildknorpel und das Ligamentum cricothyroideum auf Höhe des sechsten Halswirbels miteinander verbindet.
[*griech.:* krikos, Ring, eidos, Form.]
cricoid

Krikoidektomie. Operatives Entfernen des Krikoidknorpels.
[*griech.:* krikos, Ring, eidos, Form, ektome, Exzision.]
cricoidectomy

krikopharyngeal. Krikoidknorpel und Rachen betreffend.
[*griech.:* krikos, Ring, pharynx, Rachen.]
cricopharyngeal

Krikothyroidotomie. Notfallkehlkopfschnitt zur Öffnung der Atemwege einer erstickenden Person. Unterhalb des Adamapfels und oberhalb des Krikoidknorpels wird ein kurzer senkrechter Schnitt gemacht, der durch einen Querschnitt durch die Membrana cricovocalis erweitert wird. Die Öffnung wird mit Hilfe eines beiderseits offenen Tubus offen gehalten, damit Luft ein- und ausströmen kann. (s.a. Tracheotomie)
[*griech.:* krikos, Ring, thyreos, Schild, eidos, Form, temnein, schneiden.]
cricothyrotomy

Kriminalpsychologie. Erforschung geistiger Prozesse, Motivationsmuster und Verhaltensweisen von Verbrechern.
criminal psychology

Krise. 1. Entscheidender Zeitpunkt im Krankheitsverlauf, der von einer deutlichen Veränderung der Intensität der Symptome und Krankheitsanzeichen zum Guten oder zum Schlechten gekennzeichnet ist. 2. Zeitpunkt, der den emotionalen Zustand einer Person entscheidend prägt, z.B. ein Tod in der Familie oder eine Scheidung.
[*griech.:* krisis, Wendepunkt.]
crisis

Krise, cholinerge. Durch erhöhte Acetylcholinkonzentrationen verursachte ausgeprägte Muskelschwäche und Atemlähmung; betrifft häufig Patienten die aufgrund einer Überdosis Anticholinergika

an Myasthenia gravis pseudoparalytica leiden.
🇬🇧 cholinergic crisis

Krise, hypertensive. Plötzlicher, starker Blutdruckanstieg auf Werte über 200/120 mmHg; tritt meist bei Personen mit einer unbehandelten → Hypertonie auf oder bei Patienten, die verordnete → Antihypertonika nicht einnehmen. Zu den charakteristischen Symptomen gehören starke Kopfschmerzen, Schwindel (Vertigo), Doppeltsehen, Tinnitus, Nasenbluten, Muskelzucken, Tachykardie oder andere Herzrhythmusstörungen, gestaute Halsvenen, niedriger Pulsdruck, Übelkeit und Erbrechen. Die Patienten können verwirrt, reizbar oder benommen sein; es kann in der Folge zu Krämpfen, Koma, Myokardinfarkt, Niereninsuffizienz, Herzstillstand oder Schlaganfällen kommen.
[*griech.:* hyper, darüber; *lat.:* tonus, Spannung; *griech.:* crisis, Wendepunkt]
🇬🇧 hypertensive crisis

K

Krise, okulogyre. (Blickkrampf/Schaukrampf). Krampf, bei dem die Augen in einer starren Position verharren, meist seitlich nach oben gerichtet; dies kann Minuten bis mehrere Stunden andauern und tritt häufig bei Patienten nach einer Enzephalitis mit Anzeichen eines Parkinsonismus auf.
🇬🇧 oculogyric crisis

Krisenbewältigung. Entwickeln wirksamer Adaptions- oder Coping-Mechanismen, die zur Bewältigung einer Krise eingesetzt werden können.
🇬🇧 crisis resolution

Krisenintervention. 1. → Pflegeintervention der → NIC, die definiert wird als der Einsatz einer kurzfristigen Beratung, um Patienten im Umgang mit einer Krise und bei der Wiederherstellung eines vergleichbaren oder besseren Funktionslevels als vor der Krise zu unterstützen. 2. Intensive ambulante oder stationäre Psychotherapie von kurzer Dauer, wobei sich der Patient mit der Situation identifiziert, die ein bestimmtes emotionales Trauma ausgelöst hat. Der Therapieschwerpunkt liegt dabei auf der Unterstützung während einer psychischen Krise, z.B. nach Suizidversuch.
🇬🇧 Crisis Intervention

Krisentheorie. Konzeptionelles Rahmenwerk, welches Phänomene definiert und erklärt, die in Erscheinung treten, wenn eine Person mit einem unlösbar scheinenden Problem konfrontiert ist.
🇬🇧 crisis theory

Kristall. Aus anorganischen Stoffen bestehender Feststoff, dessen Atome bzw. Moleküle in gleichmäßigen, dreidimensionalen Mustern festgelegt sind. (→ kristallin)
🇬🇧 crystal

kristallin. Bezeichnung für Materialien mit gleichmäßigen, geometrischen Formen. K.e Stoffe haben einen sehr geringen Schmelzpunkt. (→ Kristall)
🇬🇧 crystalline

Kristallisation. Bildung von → Kristallen, entweder durch Kühlen einer Flüssigkeit oder eines Gases zu einem Feststoff oder durch Kühlen einer Lösung, bis die gelösten Stoffe als kristalline Ablagerungen ausfällen.
🇬🇧 crystallisation

Kristalloid. Gelöste Substanz, die durch eine semipermeable Membran diffundieren kann und kristallisierbar ist.
[*griech.:* krystallos, Kristall, eidos, Form.]
🇬🇧 crystalloid

Kriterium. Standard oder Regel, gemäß der etwas beurteilt wird, wie z.B. der Gesundheitszustand eines Patienten oder eine erstellte Diagnose.
[*griech.:* kriterion, Möglichkeit der Beurteilung.]
🇬🇧 criterion

Kropf. (→ Struma)
🇬🇧 goiter

Kropf, adenomatöser. Vergrößerung der Schilddrüse aufgrund eines Adenoms bzw. zahlreicher Kolloidknoten.
🇬🇧 adenomatous goiter

Krücke. Gehstütze aus Holz oder Metall, die vom Boden bis unter die Achseln reicht.
crutch

Krukenberg-Tumor. Neoplasma der Eierstöcke (Ovarien), das als Metastase einer gastrointestinalen malignen Erkrankung entsteht, meist eines Magenkarzinoms.
[F. Krukenberg, deutscher Pathologe, 1871–1946]
Krukenberg´s tumor

Krümmung, anatomische. Biegung der verschiedenen Wirbelsäulensegmente. In der seitlichen Rückenkontur erscheinen die zervikalen und lumbalen K.en als konkave Wölbungen, die thorakalen und sakralen K.en als konvexe Wölbungen.
anatomic curve

Krümmungsmyopie. Form der Kurzsichtigkeit, die durch Fehler in der Lichtbrechung aufgrund einer übermäßigen Hornhautkrümmung verursacht wird.
curvature myopia

Kruor. (Cruor sanguinis). Aus roten Blutkörperchen bestehender Blutklumpen.
cruor

Krupp. Akute Virusinfektion der oberen und unteren Atemwege, die hauptsächlich Kleinkinder im Lebensalter von 3 Monaten bis 3 Jahren betrifft. Typische Symptome sind extreme Heiserkeit, Reizbarkeit, Fieber, heiserer, bellender Husten, kontinuierlicher Stridor beim Einatmen sowie Atemnot (Dyspnoe) bzw. beschleunigte Atmung (Tachypnoe) aufgrund einer Kehlkopfobstruktion. Erreger sind zumeist Parainfluenza-Viren, insbesondere Typ 1, sowie Synzytio-Viren und Influenza A und B Viren. (s.a. Diphtherie)
[schottisch, croup, krächzen.]
Croup

Kruppkatarrh. Schwere Kehlkopfentzündung mit kruppartigem Husten.
catarrhal croup

krural. Das Bein, insbesondere den Unterschenkel betreffend.
crural

Kruste. (Grind; Schorf). Verhärtete Schicht, die sich auf der Hautoberfläche aus ausgetrockneten Körperexsudaten bildet. Schorf bildet sich bei verschiedenen Hautkrankheiten, wie z.B. Ekzem, Eiterflechte (Impetigus), Seborrhö und Erbgrind (Favus) sowie während des Heilungsprozesses von Verbrennungen und Läsionen.
[*lat.:* crusta, Schale.]
crust

Kryochirurgie. Anwendung von niedrigen Temperaturen zur Zerstörung von Geweben. Die K. wird beispielsweise für die Zerstörung des Thalamus-Nervenzellenganglions bei Parkinson-Patienten, zur Zerstörung der Hypophysendrüse bei verschiedenen metastasierenden Krebserkrankungen sowie für die Behandlung von Hautkrebs eingesetzt. Kryotechniken werden auch in der Ophthalmologie angewendet, z.B. um den Heilungsprozess einer gelösten Netzhaut voranzutreiben oder um Katarakte zu entfernen.
[*griech.:* kryos, kalt, cheirourgos, Chirurg.]
cryosurgery

kryogen. Bezeichnung für zum Vereisen von erkranktem Gewebe eingesetzte chemische Substanzen. Der Gewebe- bzw. Zelltod wird dabei durch Dehydration der verletzten Zellmembranen hervorgerufen.
[*griech.:* kryos, kalt, genein, erzeugen.]
cryogen

Kryoglobulin. (Kälteglobulin). Unphysiologisches Plasmaprotein, das bei niedrigen Temperaturen ausfällt und eine Gerinnung verursacht und bei normalen Körpertemperaturen dispergiert.
[*griech.:* kryos, kalt; *lat.:* globulus, Kügelchen.]
cryoglobulin

Kryoglobulinämie. Vorkommen von → Kryoglobulinen im Blut.
[*griech.:* kryos, kalt; *lat.:* globulus, Kügelchen; *griech.:* haima, Blut.]
cryoglobulinemia

Kryokauter. Anwendung von Stoffen, z.B. festem Kohlendioxid oder Kohlensäure-

schnee, die Gewebe durch Vereisung zerstören.
[*griech.:* kryos, kalt, kauterion, Brenneisen.]
cryocautery

Kryopräservation. Methode zur Erhaltung und Aufbewahrung von Geweben und Organen unter Einsatz extrem tiefer Temperaturen.
cryopreservation

Kryotherapie. (Eisbehandlung). Behandlungsmethode, bei der Kälte als destruktives Medium eingesetzt wird. Die für die Kältetherapie verwendeten Substanzen sind festes Kohlendioxid oder flüssiger Stickstoff.
[*griech.:* kryos, kalt, therapeia, Behandlung.]
cryotherapy

Krypte. Verborgene Grube oder Röhre auf einer Oberfläche; Beispiele anatomischer K.n sind die Analkrypten, Zahnkrypten und Synovialkrypten.
[*griech.:* kryptos, verborgen.]
crypt

kryptogenetisch. 1. Bezeichnung für eine Krankheit mit ungewisser Ursache. 2. Parasitärer Organismus, der im Inneren eines anderen Organismus lebt.
[*griech.:* kryptos, verborgen, genein, erzeugen.]
cryptogenic

Kryptokokkose. Infektionskrankheit, die durch den Pilz *Cryptococcus neoformans* verursacht wird. Der Pilz befällt zuerst die Lunge und breitet sich im weiteren Krankheitsverlauf auf das Gehirn und das Zentralnervensystem, die Haut, das Skelettsystem und das Harnsystem aus. Im viszeralen und im subkutanen Gewebe bilden sich Knötchen oder Tumore, die mit gallertartiger Masse gefüllt sind. Typische Symtome sind zu Beginn der Erkrankung Husten oder andere Atemwegsbeschwerden. Wenn der Pilz in die Hirnhaut vordringt, können verschiedene neurologische Störungen, einschließlich Kopfschmerzen, Seh- und Sprachbehinderungen auftreten.
cryptococcosis

Kryptomennorrhö. Unphysiologischer Rückstau von Menstruationsblut in der Scheide aufgrund eines nicht-perforierten Hymens oder seltener in der Gebärmutter aufgrund eines verschlossenen Zervixkanals.
[*griech.:* kryptos, verborgen; *lat.:* mens, Monat; *griech.:* rhoia, Strom.]
cryptomenorrhea

Kryptophthalmus. Fehlentwicklung mit vollständiger Verschmelzung der Augenlider und unvollständig entwickelten oder völlig fehlenden Augen.
[*griech.:* kryptos, verborgen, ophthalmos, Auge.]
cryptophthalmos

Kryptorchismus. Entwicklungsdefekt, bei dem die Wanderung eines bzw. beider Hoden in das Skrotum ausbleibt und die Hoden im Bauchraum bzw. im Leistenkanal zurückgehalten werden.
[*griech.:* kryptos, verborgen, orchis, Hoden.]
cryptorchidism

Kryptosporidiose. Durch im Gewässern lebende, parasitäre Protozoa, *Cryptosporidium parvum* verursachte Erkrankung des Verdauungstrakts. Zusätzliche Infektionsquellen sind rohe oder halbgekochte, mit *Cryptosoridium* Oozysten infizierte Nahrungsmittel sowie direkter Kontakt mit infizierten Menschen oder Tieren. 2 bis 10 Tage nach Infektion treten wäßrige Diarrhö, Bauchkrämpfe, Übelkeit, Erbrechen und schwaches Fieber auf.
cryptosporidiosis

kubital. Den Ellenbogen oder Unterarm betreffend.
cubital

Kuboid. (Würfelbein). Würfelförmiger Fußwurzelknochen an der Fußseite, neben dem vierten und fünften Mittelfußknochen.
[*griech.:* kybos, Würfel, eidos, Form.]
cuboid bone

Kugelgelenk. (Articulatio sphaeroidea). Eine Gelenkverbindung, bei der der runde Kopf eines Knochens in einer schalenförmigen Höhle liegt, wodurch sich der distale Knochen in verschiedenen Achsen um das Zentrum drehen kann, z.B. Hüft- oder Schultergelenk.
ball-and-socket-joint

Kugellinse, konkave. Linse mit gekrümmten, eingedrückten Oberflächen, durch die Lichtstrahlen abgelenkt werden, wird bei Kurzsichtigkeit (Myopie) eingesetzt.
concave spherical lens

Kugelzellanämie. (→ Sphärozytose)
spherocytic anemia

Kuhpocken. Milde Infektionserkrankung mit Bläschenausschlag; verursacht durch Übertragung des Vaccinia-Virus von infizierten Kühen. Aufgrund der Ähnlichkeit des Variola-Virus mit dem Vaccinia-Virus führt eine Kuhpockeninfektion zur Immunität gegen Pocken.
cowpox

Kultur. 1. Kultivierung von Mikroorganismen oder Zellen auf speziellen Nährböden. 2. Erlernte Werte, Glaubensauffassungen, Sitten und Verhaltensmuster, die von einer Gruppe interagierender Individuen geteilt werden.
[*lat.:* colere, kultivieren.]
culture

kulturbedingt. Bezeichnung für gesundheitliche Beeinträchtigungen, die mit einer spezifischen Kultur assoziiert sind, z.B. der Glaube an Auswirkungen eines bestimmten Gebets oder die Folgen des »bösen Blicks«.
culture-bound

Kulturschock. Psychologische Auswirkungen einer drastischen Veränderung in der kulturellen Umgebung einer Person. Der Versuch, sich der anderen Kulturgruppe mit ihren unterschiedlichen Praktiken, Werten und Überzeugungen anzupassen, erzeugt Gefühle von Hilflosigkeit, Unwohlsein und Desorientierung.
culture shock

Kulturvermittlung. → Pflegeintervention der → NIC, die definiert wird als die Überbrückung, Diskussion oder Verbindung orthodoxer Gesundheitspflegesysteme mit kulturfremden Patienten und ihren Familienangehörigen.
Cultural Brokerage

kumulativ. Allmähliche Steigerung, bei der das schließlich erreichte Gesamtergebnis das erwartete Ergebnis übertreffen kann.
[*lat.:* cumulare, anhäufen.]
cumulative

Kunstfehler. Professionelle Nachlässigkeit, die unmittelbare Ursache für eine Verletzung oder Schädigung eines Patienten ist und infolge von mangelhaftem professionellem Wissen, Erfahrung oder Kompetenz auftritt, welche in der jeweiligen Profession eigentlich erwartet werden kann.
malpractice

Kunstherz. (künstliches Herz). Mechanische Vorrichtung aus Polyurethan, die aus zwei Kammern besteht, in den Körper implantiert und über ein externes Pumpsystem betrieben wird. Das erste K. wurde 1982 eingesetzt.
artificial heart

Künstliche Luftwege, Pflege bei. → Pflegeintervention der → NIC, die definiert wird als die Versorgung von Endotracheal- und Treacheotomietuben und Vorbeugung gegen Komplikationen bei ihrer Anwendung.
Artificial Airway Management

Kunsttherapie. 1. → Pflegeintervention der → NIC, die definiert wird als die Verbesserung der Kommunikation mit Hilfe von Zeichnungen oder anderen Kunstformen.
Art Therapy

Kunsttherapie. Ergänzende Behandlungsmethode, bei der Patienten ermutigt werden, ihre Gefühle mit Hilfe bestimmter künstlerischer Tätigkeiten (z.B. Malen, Basteln) auszudrücken.
art therapy

K

Küntscher-Nagelung. Chirurgisches Verfahren in der Orthopädie, bei dem rostfreie Stahlnägel zur Fixierung von Frakturen der langen Knochen, besonders des Oberschenkelknochens (Femur), verwendet werden; das Knochenmark wird dabei chirurgisch eröffnet (Marknagelung).
[G. Küntscher, deutscher Chirurg, 1902–1972]
Küntscher-nailing

Kupfer (Cu). Formbares, rötlich braunes Metall mit Atomzahl 29 und einer Massenzahl von 63,55. K. ist Bestandteil verschiedener wichtiger Enzyme des menschlichen Körpers und ist unabdingbar für die Gesundheit. Kupfermangel ist sehr selten, da schon 2 bis 5 mg K. ausreichen, um den täglichen Bedarf abzudekken. Patienten, die unter Wilson-Krankheit, primärer Gallenzirrhose und chronischer extrahepatischer Gallengangsobstruktion leiden, weisen oft krankhaft hohe Kupferkonzentrationen auf.
[*lat.:* cuprum, Kupfer.]
copper (Cu)

K

Kupffer-Sternzellen. Spezialisierte, sternförmige Zellen des Endothels, die die Kapillaren der Leber auskleiden. K.-S. filtern Bakterien und andere kleine Fremdkörper aus dem Blut.
[K.W. von Kupffer, deutscher Anatom, 1829–1902]
Kupffer´s cells

Kürettage. (Ausschabung). Aus- bzw. Abkratzen bestimmter Materialien bzw. Gewebe von der Wand eines Hohlraums oder sonstiger Flächen; z.B. des Uterus. Die Methode wird durchgeführt, um Tumore oder andere krankhafte Gewebe zu entfernen oder um Gewebeproben für mikroskopische Untersuchungen zu erhalten. Auch unerwünschte Materialien aus Fisteln und chronischen Infektionsherden werden durch Ausschaben entfernt.
[*franz.:* curette, Schaber.]
curettage

Kürette. (scharfer Löffel). Chirurgisches Instrument in Form eines Löffels oder Schabers, das zum Ausschaben und Entfernen von Material oder Gewebe aus einem Organ, einem Hohlraum oder einer Oberfläche eingesetzt wird.
[franz. curette, Schaber.]
curet

Kurvatur. Krümmung oder Wölbung einer ansonsten geraden Linie.
curvature

Kurzpsychotherapie. Behandlung, die sich auf die aktive Lösung von Persönlichkeits- oder Verhaltensstörungen konzentriert, statt auf die spekulative Analyse des Unterbewusstseins.
brief psychotherapy

kurzwirkend. Kennzeichnet oder beschreibt einen Wirkstoff bzw. ein Medikament mit kurzer Wirkungsdauer, wobei die Wirkung meist kurz nach Verabreichung der Substanz einsetzt.
short-acting

Kusshand. (→ Fallhand)
wrist drop

Kußmaul-Atmung. Unphysiologisch tiefe Atmung bei fast normaler Frequenz (stark erhöhtes Atemzugvolumen, → Hyperventilation), die z.B. ein Merkmal der diabetischen → Ketoazidose ist.
[A. Kußmaul, deutscher Arzt, 1822–1902]
Kußmaul breathing

Kußmaul-Koma. Diabetisches Koma, das durch eine Azidose und tiefe Atmung (→ Kußmaul-Atmung) oder eine extreme Hyperpnoe gekennzeichnet ist.
[A. Kußmaul; *griech.:* koma, tiefer Schlaf]
Kußmaul´s coma

kutan. Die Haut betreffend.
[*lat.:* cutis, Haut.]
cutaneous

Kutane Stimulation. → Pflegeintervention der → NIC, die definiert wird als die Stimulation der Haut und des darunterliegenden Gewebes, um Anzeichen und Symptome, wie z.B. Schmerzen, Muskelkrämpfe oder Entzündungen, zu lindern.
Cutaneous Stimulation

Kutikula. 1. Die Epidermis. 2. Hülle eines Haarfollikels. 3. Dünner Rand aus verhorntem Epithel an der Nagelbasis.
[*lat.:* cuticula, häutchen.]
cuticle

Küvette. Kleines, durchsichtiges Teströhrchen mit speziellen optischen Eigenschaften. Wird bei verschiedenen Methoden und Laboranalysen eingesetzt, wie z.B. bei photometrischen Auswertungen, kolorimetrischen Bestimmungen und Messungen des Trübungsgrades.
[*franz.:* cuve, Wanne.]
cuvette

Kwashiorkor. Ernährungsstörung, meist bei Kindern in tropischen und subtropischen Gebieten, die durch einen schweren Eiweißmangel verursacht wird, der normalerweise auftritt, wenn die Kinder zu früh abgestillt werden. Es kann zu folgenden Symptomen kommen: Wachstumsverzögerungen, Veränderungen der Haut- und Haarpigmentierung, Diarrhö, Appetitverlust, nervöse Reizbarkeit, Lethargie, Ödeme, Anämie, Leberdegeneration, Nekrose, Dermatose und Fibrose häufig in Verbindung mit Infektionen und Vitaminmangelkrankheiten. (→ Marasmus)
[afrik.]
kwashiorkor

Kybernetik. Lehre von der Steuerung und Kommunikation in lebenden und leblosen Systemen, wie z.B. in Vergleichsstudien über elektronische Intelligenz und menschliche Gehirne.
cybernetics

Kyphose. Unphysiologische Verkrümmung der Wirbelsäule, die durch eine verstärkte Konvexität der Brustwirbelsäule nach hinten (dorsal) gekennzeichnet ist; kann durch Rachitis oder Tuberkulose ausgelöst werden. (→ Scheuermann-Krankheit)
[*griech.:* kyphos, Buckel; osis, Zustand]
kyphosis

Kyphoskoliose. Unphysiologische (anterior-posteriore) Buckelbildung und gleichzeitige seitliche (laterale) Verkrümmung der Wirbelsäule. (→ Skoliose)
[*griech.:* kyphos, Buckel; skolios, Kurve; osis, Zustand]
kyphoscoliosis

L

L-Ketten. (leichte Ketten). Untereinheit eines Immunglobulinmoleküls, die aus einer Polypeptidkette mit einer Atommasse von 22.000 besteht. (→ Immunglobulin)
light chains

Labeling. 1. Gewährleistung von Informationen über Arznei- oder Nahrungsmittel, Geräte und Kosmetika für den Käufer oder Benutzer. Für das L. stehen offizielle Regulierungen zur Verfügung. 2. Klassifizierung eines Patienten in eine diagnostische Kategorie. Dieses L. kann irreführend sein, da nicht alle Patienten die definierten Merkmale der standardisierten diagnostischen Kategorien aufweisen.
labeling

Labia. (Labien). 1. Lippen; fleischige Ränder eines Organs oder Gewebes, z.B. des Mundes. 2. Die Hautfalten an der Öffnung der Vagina (→ Schamlippen).
[*lat.:* Lippe]
labia

labial. Zu den Lippen (Labia) gehörend; z.B. Glandulae labialis.
labial

labil. 1. Unstabil; durch eine Tendenz zur Veränderung oder Modifizierung charakterisiert. 2. Emotional unstabil; Bezeichnung für schnell veränderliche oder wechselnde Gefühle, die für bestimmte Formen der → Schizophrenie charakteristisch sind.
[*lat.:* labilis, abgleiten]
labile

labiodental. Zu den Lippen (Labia) und den Zähnen (Dentes) gehörend.
labiodental

Laborergebnisse, Interpretation von. → Pflegeintervention der → NIC, die definiert wird als die kritische Analyse der Laborwerte von Patienten zur Unterstützung von klinischen Entscheidungen.
Laboratory Data Interpretation

Laboruntersuchungen, am Patientenbett. → Pflegeintervention der → NIC, die definiert wird als die Durchführung von Laboruntersuchungen am Bett oder am Ort der Pflege.
Bedside Laboratory Testing

Labyrinth. Innenohr; Sinnesorgan des Ohres, das aus der knöchernen Labyrinthkapsel und dem häutigen L., dem Vorhof (Vestibulum), den Bogengängen und der Schnecke (einschließlich Corti-Organ) besteht. Im L. werden Vibrationen als Reaktion auf Lageveränderungen vom Mittelohr zum VIII. Hirnnerv (N. vestibulocochlearis) übermittelt. – *adj.* labyrinthär.
[*griech.:* labyrinthos , vielfach verschlungener Irrgang]
labyrinth; static labyrinth

Labyrinthitis. Entzündung der Kanäle des Innenohrs (→ Labyrinth), was zu Schwindel (Vertigo), Erbrechen, Augenzittern (Nystagmus) und Schwerhörigkeit führen kann.
[*griech.:* labyrinthos, Irrgang; itis, Entzündung]
labyrinthitis

Lachgas. Bezeichnung für Stickoxidul (N_2O); farbloses → Inhalationsanästhetikum, das als Nebenwirkung Halluzinationen und rauschhaft-euphorische Zustände auslöst (nur selten jedoch Lachen oder Kichern), wenn es in Mengen verabreicht

wird, die noch keine Narkose induzieren. L. wird zur Narkoseeinleitung und zur Narkoseaufrechterhaltung verwendet.
🇬🇧 nitrous oxide; laughing gas

Lackmuspapier. Absorbierendes Papier, das mit Lackmus, einem blauen Farbstoff, überzogen ist und das zur Bestimmung des → pH-Wertes verwendet wird. Säuren färben blaues L. rot, alkalische Substanzen verursachen dagegen keine Farbveränderung, das L. bleibt blau.
🇬🇧 litmus paper

Lacrima. Träne. – *adj.* lacrimalis.
[*lat.:* Träne]
🇬🇧 lacrima

Lactobacillus. Kleine Gruppe nicht pathogener grampositiver stäbchenförmiger Bakterien, die aus Kohlenhydraten → Milchsäure herstellen.
🇬🇧 lactobacillus

Laennec-Zirrhose. Bindegewebige (fibröse) Form der Leberzirrhose, die durch Alkoholabusus ausgelöst wird.
[R. Laennec, französischer Arzt, 1781–1826; *griech.:* kirrhos, gelb; osis, Zustand]
🇬🇧 Laennec´s cirrhosis

Lagerungsdrainage. Einsatz einer entsprechenden Lagerung, durch die Sekretionen aus bestimmten Abschnitten der Bronchien und der Lunge in die Luftröhre (Trachea) abgeleitet werden können. Durch Husten werden die Sekretionen dann normalerweise ausgeschieden. Zur Lagerung können Kissen oder verstellbare Betten benutzt werden, wobei sich der Kopf des Patienten anfangs leicht erniedrigt in einer Trendelenburg-Lagerung befindet. Dann muss der Patient durch die Nase ein- und durch den Mund ausatmen. Gleichzeitig können mit einem Vibrator über dem betreffenden Lungenbereich die Sekretionen gelöst werden. Danach wird der Patient aufgesetzt und sollte mindestens dreimal tief atmen und mehrmals husten. (→ A-Lagerung; V-Lagerung)
🇬🇧 postural drainage

Lagerung. → Pflegeintervention der → NIC, die definiert wird als die Bewegung eines Patienten oder eines Körperteils zur Gewährleistung von Wohlbefinden, zur Reduzierung des Risikos für Hautverletzungen, zur Förderung der Hautintegrität und/oder zur Unterstützung der Heilung.
🇬🇧 Positioning

Lagerung. Stellung oder Haltung des Körpers, in die der Patient gebracht wird. Zu den L.en gehören u.a. die anatomische L., Dekubitus-, → Fowler-, → Trendelenburg-, Rücken- oder → Bauchlagerung. Bei bettlägerigen Patienten dient die regelmäßige Umlagerung zur Dekubitus-, und Pneumonieprophylaxye. Zusätzlich werden zur L. bestimmte Lagerungshilfsmittel wie Kissen, Sandsäcke oder Keile verwendet.
🇬🇧 body position

Lagerung: intraoperativ. → Pflegeintervention der → NIC, die definiert wird als die Bewegung eines Patienten oder eines Körperteils zur Förderung des chirurgischen Zugangs, um das Risiko von Beschwerden und Komplikationen zu reduzieren.
🇬🇧 Positioning: Intraoperative

Lagerung: neurologisch. → Pflegeintervention der → NIC, die definiert wird als die Gewährleistung einer optimalen, angemessenen Körperhaltung bei Patienten mit Rückenmarkverletzungen oder Wirbelsäulenschäden oder bei diesbezüglich gefährdeten Patienten.
🇬🇧 Positioning: Neurologic

Lagerung: Rollstuhl. → Pflegeintervention der → NIC, die definiert wird als die Positionierung eines Patienten in einem geeigneten Rollstuhl zur Förderung von Wohlbefinden, Hautintegrität und Selbstständigkeit.
🇬🇧 Positioning: Wheelchair

Lagerungshilfsmittel. Hilfsmittel zur Lagerung des Patienten, die nach nach dem Bedarf, Hygiene (desinfizierbar)

L

und Wunsch des Patienten ausgewählt werden, z.B. Kissen, Keile, Gelkissen, Sandsäcke, Decken u.ä.

Lagophthalmus. (Hasenauge). Zustand, bei dem ein Auge aufgrund einer neurologischen oder muskulären Störung nicht vollständig geschlossen werden kann.
[*griech.:* lagos, Hase; ophthalmos, Auge]
lagophthalmos

Lähmung, schlaffe. Schwächung (Parese) bzw. Verlust (Paralyse, Plegie) des Muskeltonus infolge von Krankheit. (s.a. Spastik)
flaccid paralysis

Lähmung, vollständige. Lähmung mit komplettem Verlust aller motorischen Funktionen.
complete paralysis

L

Lähmung, zentrale. Durch eine Läsion im Zentralnervensystem verursachte Lähmung.
central paralysis

Laktalbumin. Einfaches Eiweiß mit hohem Nährwert, das in Milch (z.B. → Muttermilch) vorhanden ist; es ähnelt dem Serumalbumin.
[*lat.:* lac, Milch; albus, weiß]
lactalbumin

Laktase. Enzym, das die Spaltung (Hydrolyse) von Milchzucker (→ Laktose) zu → Glukose und → Galaktose katalysiert.
[*lat.:* lac, Milch; ase, Enzym]
lactase

Laktasemangel. (Kohlenhydratmalabsorption). Angeborene Störung, bei der das Verdauungsenzym → Laktase in unzureichender Menge vorhanden ist, was dazu führt, dass die Verdauung von Milchzucker (→ Laktose) nicht möglich ist (→ Laktoseintoleranz).
lactase deficiency

Laktat. Salz der → Milchsäure, welches ein Endprodukt der → Glykolyse ist und besonders bei körperlicher Anstrengung sowie im Zusammenhang mit einer Hypoxie ansteigt.
lactate

Laktatazidose. Erkrankung, die durch eine unphysiologische Ansammlung von Milchsäure im Blut charakterisiert ist und den pH-Wert in den Muskeln und im Serum senkt. Die L. tritt meist in hypoxischem Gewebe auf. Zu den Symptomen gehören Übelkeit, Bauchschmerzen und Hyperventilation.
lactic acidosis

Laktatdehydrogenase (LDH). Enzym der → Glykolyse, das sich im Zellplasma fast aller Körpergewebe findet, wo seine Hauptfunktion darin besteht, die Oxidation von L-Laktat in Pyruvat zu katalysieren. Die L. steht im Zusammenhang mit dem anaeroben Kohlenhydratstoffwechsel und dient im Serum als ein möglicher Indikator für einen Myokardinfarkt, Muskeldystrophien, Lebererkrankungen oder Tumore.
lactate dehydrogenase (LDH)

Laktation. Der Prozess der Synthese und Sekretion von Milch aus der weiblichen Brust zur Ernährung eines Säuglings.
[*lat.:* lac, Milch; atio, Prozess]
lactation

laktifer. Zu einer Struktur gehörend, die Milch produziert oder weiterleitet, z.B. die Milchgänge in der weiblichen Brust.
lactiferous

Laktose. → Disaccharid, das in der Milch aller Säugetiere zu finden ist. Bei der Spaltung (Hydrolyse) der L. entstehen die Monosaccharide → Glukose und → Galaktose.
lactose

Laktoseintoleranz. Unverträglichkeit von Milchzucker (→ Laktose) in Verbindung mit der Unfähigkeit, Laktose zu verdauen, weil das Enzym → Laktase nicht in ausreichender Menge vorhanden ist oder Fehlfunktionen aufweist. Zu den Symptomen einer L. gehören Völlegefühl, Flatulenz, Übelkeit, Diarrhö und Bauchkrämpfe.
lactose intolerance

Laktovegeratier. Person, deren Kost vorwiegend aus Milch und Milchprodukten (z.B. Käse) sowie Nahrungsmitteln pflanzlicher Herkunft besteht und die keine tie-

rischen Produkte wie Fleisch, Fisch oder Eier enthält.
lacto-vegetarian

Laktulose. Nicht-absorbierbares synthetisches Disaccharid, das im Darm von Bakterien zu → Milchsäure abgebaut (hydrolysiert) wird.
lactulose

lakunär. Zu Strukturen wie Gruben, Vertiefungen, Höhlen oder Buchten (→ Lakunen) gehörend.
lacunar

Lakune. 1. Kleine Höhle innerhalb einer Struktur, insbesondere in Knochengewebe. 2. Lücke, z.B. im Gesichtsfeld oder im Gefäßgewebe.
[*lat.*: Grube]
lacuna

Lallen. 1. Undeutliche und unverständliche Sprachäußerungen, z.B. eines Säuglings, oder die gemurmelte Sprache von schizophrenen Patienten, Alkoholikern oder geistig stark behinderten Menschen. 2. Sprechstörung, bei der alle Worte falsch ausgesprochen werden, die ein »l« enthalten, oder ein »l« statt einem »r« gesprochen wird. (s.a. Lambdazismus)
lallation

Lalophobie. Starke Angst vor dem Sprechen, die durch die Befürchtung ausgelöst wird, beim Sprechen zu stammeln oder zu stottern.
[*griech.*: lalia, Sprache; phobos, Angst]
lalophobia

Lambda. 1. Elfter Buchstabe des griechischen Alphabets. 2. Schädelfontanelle, an der die Nähte vom Hinterhauptbein und den beiden Scheitelbeinen zusammenlaufen (→ Lambdanaht).
lambda

Lambdanaht. (Sutura lambdoidea). Verbindung zwischen dem Hinterhauptbein und beiden Scheitelbeinen.
lambdoidal suture

Lambdazismus. Sprechstörung, die durch eine falsche Aussprache von Wörtern gekennzeichnet ist, die ein »l« enthalten; statt des »l« wird ein »r« ausgesprochen.
[*griech.*: lambda; ismos, Praktik]
lambdacism

Lamelle. Dünnes Blatt oder Plättchen, z.B. Weichteil- oder Knochenlamellen.
[*lat.*: kleine Platte]
lamella

Lamina. Dünne, flache Schicht einer Membran oder eines dickeren Gewebes; kann strukturlos oder Teil einer Struktur sein, z.B. der flache Abschnitt des Wirbelbogens (L. arcus vertebrae).
[*lat.*: Blatt]
lamina

Laminar Airflow. System von zirkulierender gefilterter Luft durch Belüftungsvorrichtungen in Krankenhäusern, besonders im Operationssaal und in der Intensivstation. Dieses System reduziert das Risiko einer bakteriellen Kontamination oder der Exposition gegenüber chemischen Agenzien.
laminar air flow (laf)

Laminektomie. Chirurgische Entfernung des Dornfortsatzes eines oder mehrerer Wirbelbögen. Die L. wird durchgeführt, um die Kompression des Rückenmarks zu lindern, die durch einen dislozierten Knochen nach einer Verletzung oder durch Degeneration eines Wirbelkörpers entstanden ist.
[*lat.*: lamina, Blatt; *griech.*: ektome, herausschneiden]
laminectomy

Langerhans-Inseln. Zusammenschluss von Zellen (→ Langerhans-Zellen) in der Bauchspeicheldrüse (Pankreas), die Insulin, Glukagon und Pankreaspolypeptide produzieren. Sie bilden den endokrinen Teil des Pankreas; ihre normale hormonelle Sekretion, die in den Blutstrom freigesetzt wird, ist ein wichtiger Ausgleichsmechanismus für den Kohlenhydratstoffwechsel.
[P. Langerhans, deutscher Pathologe, 1847–1888]
islands of Langerhans

Langerhans-Zellen. Sternförmige (dendritische Zellen), die meist in der Stachelzel-

lenschicht (Stratum spinosum) in der Oberhaut (Epidermis) zu finden sind.
[P. Langerhans, deutscher Pathologe, 1847–1888]
Langerhans´ cells

Längslage. Normale Lage des Fötus im Mutterleib, bei der die Längsachse des Kindes parallel zu der der Mutter verläuft.
longitudinal presentation

Langzeitgedächtnis. Die Fähigkeit, Empfindungen, Ereignisse, Vorstellungen und andere Informationen längere Zeit mühelos in Erinnerung zu behalten. Das L. besteht aus einem Tätigkeitsgedächtnis (z.B. Abläufe des Fahrradfahrens, Tennsispielens usw.) und einem Faktengedächtnis (Namen, Daten, Ereignisse). Der Sitz des L.ses liegt vor allem im Kleinhirn und im motorischen Kortex des Großhirns.
long-term memory

L

Langzeitinsulin. Insulinpräparat, das mit Zink versetzt eine längere Wirkung als unbehandeltes → Insulin hat. Der Wirkungsbeginn des L.s setzt innerhalb von 8 Stunden ein, erreicht seinen Höhepunkt nach 16 bis 24 Stunden und kann eine Wirkungsdauer bis zu 36 Stunden aufweisen. (s.a. Altinsulin)
long-acting insulin

Langzeitpflege. Gewährleistung von pflegerischen, medizinischen, sozialen und persönlichen Leistungen, die Personen mit chronischen körperlichen oder geistigen Erkrankungen auf wiederholter und dauerhafter Basis erhalten.
long-term care

Lanolin. Fettähnliche Substanz aus der Wolle von Schafen; L. enthält 25 % Wasser wie eine Wasser-in-Öl-Emulsion und wird als Grundlage für Salben und Emollienzien für die Haut verwendet.
[*lat.:* lana, Wolle; oleum, Öl]
lanolin

Lanugo. 1. Das weiche flaumige Haar, das einen Fötus ab dem fünften Monat bedeckt und das bei der Geburt im neunten Monat fast vollständig ausgefallen ist. 2. Das feine, weiche Haar, das alle Körperstellen außer den Handinnenflächen und Fußsohlen sowie den Stellen bedeckt, die normalerweise mit anderen Arten von Haaren bedeckt sind.
lanugo

Lanzette. Kleines, spitzes, zweischneidiges Messer, mit dem zur Blutentnahme ein Einschnitt in die Haut vorgenommen wird.
lancet

lanzinierend. Scharf, heftig und plötzlich auftretend, z.B. l. e Schmerzen.
lancinating

laparo-. Vorsilbe mit der Bedeutung »Bauch, Bauchraum«.
[*griech.:* Lende]
laparo-

Laparoenterotomie. Chirurgischer Einschnitt in den Darm (Intestinum) durch die Bauchwand.
[*griech.:* laparo, Lende; enteron, Darm; temnein, schneiden]
laparoenterotomy

Laparohysterotomie. Entfernung der Gebärmutter (→ Hysterektomie), die mit Hilfe eines Schnittes in die Bauchwand durchgeführt wird.
[*griech.:* laparo, Lende; hystera, Gebärmutter; ektome, ausschneiden]
laparohysterectomy

Laparoskop. Form eines → Endoskops, das mit einem Beleuchtungssystem ausgestattet ist und zur Untersuchung in die Bauchhöhle eingeführt wird.
[*griech.:* laparo, Lende; skopein, schauen]
laparoscope

Laparoskopie. (Bauchspiegelung). → Endoskopie der → Bauchhöhle, zur Diagnosestellung oder operativen Behandlung von Erkrankungen der Bauch- und Beckenorgane. (s.a. Endoskopie; Endoskop)
[*lat.:* abdomen, Bauch; *griech.:* skopein, betrachten]
abdominoscopy; laparoscopy

Laparotomie. Chirurgischer Einschnitt in die Bauchhöhle, die meist unter allgemeiner oder lokaler Narkose häufig zu Untersuchungszwecken durchgeführt wird; For-

men der L. sind z.B. Appendektomie, Cholezystektomie und Kolostomie.
[*griech.:* laparo, Lende; temnein, schneiden]
laparotomy (lap)

Lapis. Jede Substanz, die nicht ohne weiteres in einen gasförmigen Zustand umgewandelt werden kann, z.B. ein Ätzstift (L. causticus).
[*lat.:* Stein]
lapis

Larva migrans cutanea. (Hautmaulwurf). Durch den Hakenwurm, *Ancylostoma braziliense* verursachte Hautläsionen mit typischen, unregelmäßigen, umherwandernden rötlichen Linien. Die Eier dieser Würmer, die als Parasiten in Hunden und Katzen leben, werden zusammen mit dem Kot infizierter Tiere ausgeschieden. Als Larven können sie in die Haut des Menschen eindringen. Während die Larven durch die Epidermis wandern, hinterlassen sie Entzündungspfade und verursachen heftigen Juckreiz. Das Kratzen der Wunden führt oft zu Sekundärinfektionen.
cutaneous larva migrans; creeping eruption

laryngeal. Zum Kehlkopf (→ Larynx) gehörend.
laryngeal

Laryngektomie. Chirurgische Entfernung des Kehlkopfes (→ Larynx), die zur Behandlung von → Kehlkopfkrebs durchgeführt wird.
[*griech.:* larynx, Kehlkopf; ektome, herausschneiden]
laryngectomy

Laryngismus. Krampf (Spasmus) des Kehlkopfes (→ Larynx) mit pfeifender Atmung, der sich plötzlich entwickelt und in Verbindung mit krächzenden Atemgeräuschen infolge einer Kehlkopfentzündung (→ Laryngitis) auftreten kann.
laryngismus

Laryngitis. Entzündung der Schleimhaut, die den Kehlkopf (→ Larynx) auskleidet und mit einem Ödem der Stimmbänder einhergeht; es kommt zur Heiserkeit oder zum Verlust der Stimme. Eine L. tritt als akute Erkrankung bei Erkältungen, Exposition gegenüber Reizgasen, plötzlichen Temperaturschwankungen oder als chronische Krankheit bei übermäßiger Anstrengung der Stimme oder durch starkes Rauchen auf. Bei der akuten L. kommt es zu Husten; der Hals kratzt und ist schmerzhaft.
[*griech.:* larynx, Kehlkopf; itis, Entzündung]
laryngitis

Laryngologie. Richtung der Medizin, die in der Untersuchung der Ursachen und in der Behandlung von Kehlkopferkrankungen spezialisiert ist.
[*griech.:* larynx, Kehlkopf; logos, Wissenschaft]
laryngology

laryngopharyngeal. Zum Kehlkopf (→ Larynx) und Rachen (→ Pharynx) gehörend.
laryngopharyngeal

Laryngoskop. → Endoskop, das zur Untersuchung des Kehlkopfes (→ Larynx) eingesetzt wird.
[*griech.:* larynx, Kehlkopf; skopein, schauen]
laryngoscope

Laryngoskopie. Untersuchung des Kehlkopfes (→ Larynx) mit Hilfe eines → Laryngoskops.
laryngoscopy

Laryngotomie. Chirurgischer Einschnitt in den Kehlkopf (→ Larynx), der meist als Notfallmaßnahme durchgeführt wird, wenn eine → Tracheotomie nicht möglich ist.
[*griech.:* larynx, Kehlkopf; temnein, schneiden]
laryngotomy

laryngotracheal. Zum Kehlkopf (Larynx) und zur Luftröhre (Trachea) gehörend.
tracheolaryngeal

Larynx. Stimmorgan, das Teil der Luftwege ist und den Rachen (→ Pharynx) mit der Luftröhre (→ Trachea) verbindet. Der L. bildet den unteren Teil der vorderen Pharynxwand und ist mit einer Schleimhaut

L

überzogen, die sich weiter in den Pharynx und die Trachea fortsetzt. Der L. besteht aus drei einzelnen und drei paarigen Knorpeln, die durch Bänder miteinander verbunden sind und durch verschiedene Muskeln bewegt werden. – *adj.* laryngeal.
[*griech.:* Kehlkopf]
🇬🇧 larynx

Larynxmaske. Hilfsmittel zur Beatmung von Patienten, das aus einem Beatmungstubus mit integrierter Maske besteht, die bis in den Kehlkopf (Larynx) vorgeschoben wird, jedoch nicht wie ein Tubus in der Luftröhre (Trachea) liegt. Über eine L. kann ein Patient manuell oder maschinell beatmet werden.
🇬🇧 laryngeal mask

Laser. Quelle einer intensiven monochromatischen Strahlung des sichtbaren ultravioletten oder infraroten Spektralbereichs. L. werden in der Chirurgie verwendet, um Verklebungen (Adhäsionen) zu trennen oder aber zu bilden oder um Gewebe zu zerstören oder zu fixieren; z.B. Laserangioplastie (Öffnung einer verschlossenen Arterie).
[Abkürzung für Light Amplification by Stimulated Emission of Radiation (Lichtverstärkung durch stimulierte Strahlungsemission)]
🇬🇧 laser

Laserbehandlungen, Vorsichtsmaßnahmen bei. → Pflegeintervention der → NIC, die definiert wird als die Einschränkung des Verletzungsrisikos für Patienten in Verbindung mit einer Lasertherapie.
🇬🇧 Laser Precautions

Läsion. 1. Wunde, Verletzung oder pathologische Veränderung eines Körpergewebes. 2. Jede sichtbare, lokale Störung des Hautgewebes, z.B. Wunde, Geschwür, Ausschlag oder Abszess. Eine L. kann gutartig, kanzerös, geschwollen, okkult oder primär sein.
🇬🇧 lesion

Lassa-Fieber. Höchst ansteckende selbstlimitierende Infektion, die durch einen virulenten Arenavirus verursacht wird. Symptome sind Fieber, Halsentzündung (Pharyngitis), Schluckbeschwerden (Dysphagie) und flächenhafte Blutergüsse (Ekchymosen); daran schließen sich häufig Pleuraergüsse, Ödeme, Niereninsuffizienz, geistige Verwirrtheit und Herzversagen mit Todesfolge an.
🇬🇧 Lassa fever

latent. Ruhend, verborgen, potentiell bestehend; z.B. kann eine Tuberkulose für lange Zeit l. sein, bevor sie unter bestimmten Umständen aktiviert wird.
[*lat.:* latere, verborgen sein]
🇬🇧 latent

Latenzphase. 1. → Latenzzeit. 2. Frühe Phase der Wehen, die sich durch unregelmäßige, nur gelegentliche und schwache Kontraktionen zeigt; der Gebärmutterhals (Zervix) ist noch nicht geöffnet und der Fötus hat sich noch nicht gesenkt.
🇬🇧 latent phase

Latenzstadium. (Psychoanalyse) Phase der psychosexuellen Entwicklung, die zwischen der frühen Kindheit und der Pubertät liegt und in der sexuelle Motivationen und Empfindungen unterdrückt oder umgeleitet werden; dies erfolgt durch Abwehrmechanismen (Sublimierung) in Form von Gefühlen und Verhaltensweisen, die als für das Alter typisch erwartet werden.
🇬🇧 latency stage

Latenzzeit. 1. Die Zeitspanne zwischen dem Kontakt mit einem pathogenen Keim und der Entwicklung von Symptomen, in der sich eine Krankheit noch in einem Ruhestadium befindet. 2. Die Zeit zwischen einem Stimulus und einer dadurch verursachten Reaktion. 3. Zeitphase zwischen der frühen Kindheit und der Pubertät, in der wenig Interesse für das andere Geschlecht vorhanden ist (→ Latenzstadium). (s.a. Inkubationszeit)
🇬🇧 latency period

lateral. (lateralis). 1. Seitlich, zu einer Seite gehörend. 2. Von der Mitte entfernt gelegen. 3. Rechts oder links von einer Mittellinie. (s.a. medial)
🇬🇧 lateral

Lateralisation. (Lateralität). Die Tendenz bestimmter Prozesse, auf einer Seite des Gehirns stärker ausgeprägt oder entwickelt zu sein als auf der anderen; z.B. ist bei den meisten Menschen die Entwicklung räumlicher und musikalischer Fähigkeiten in der rechten und verbaler und logischer Prozesse in der linken Hirnhälfte angesiedelt.
lateralization

Lateralsklerose, amyotrophische. Degenerative Erkrankung der Motoneuronen, die durch Muskelschwäche und -atrophie in Händen, Unterarmen sowie Beinen gekennzeichnet ist. Die Krankheit, die im mittleren Lebensalter beginnt, breitet sich schnell über den gesamten Körper und das Gesicht aus und führt innerhalb von zwei bis fünf Jahren zum Tod.
[*griech.:* a, kein; mys, Muskel; trophe, Ernährung]
amyotrophic lateral sclerosis (ALS)

Latex. (Kautschuk). Emulsionsartiger oder flüssiger Milchsaft, der in speziellen Zellen oder Gefäßen bestimmter Pflanzen produziert wird. L. enthält Harze, Proteine und andere Substanzen und wird zur Herstellung von → Gummi verwendet. Es kann in manchen Fällen allergische Reaktionen auslösen.
[*lat.:* Flüssigkeit]
latex

Latexprodukte, Vorsichtsmaßnahmen gegen. → Pflegeintervention der → NIC, die definiert wird als die Reduzierung des Risikos systemischer Reaktionen auf Latexprodukte.
Latex Precautions

LATS. Abkürzung für (engl.) long-acting thyroid stimulator.
LATS

Laufgürtel. Leder- oder Nylongürtel mit Griffen, der um die Taille des Patienten gelegt wird. Mit Hilfe der Griffe kann die Pflegeperson den Patienten festhalten und ihn beim Laufen unterstützen.
walking belt

Lauge. (→ Base)
lye

Laugenverätzung. Gewebeschaden, der durch den Kontakt mit einer alkalischen Verbindung, wie z.B. einer Lauge, verursacht wird. Falls ein schwerer Gewebeschaden entstanden ist, sollte das Opfer sofort in medizinische Behandlung gebracht werden.
alkali burn

Laugenvergiftung. Toxische Wirkung durch die Einnahme einer stark alkalischen Lauge, z.B. Ätznatron oder Natriumhydroxid. Wenn die Lauge einen pH-Wert über 11,5 hat, sind die Verätzungen im Mund und Kehlkopf meist irreversibel. Eine alkalische Vergiftung kann schlimmer sein als eine Säureverätzung, weil Säuren normalerweise durch den Kontakt mit Körpergeweben neutralisiert werden.
lye poisoning

Läuse. Kleine flügellose Insekten der Ordnung Anoplura. L. sind Parasiten von Vögeln und Säugetieren und können ihr ganzes Leben auf einem einzigen Wirt verbringen und dort ihre Eier in die Haare oder Federn legen. Sie werden auf den Menschen durch direkten Kontakt übertragen; man unterscheidet Kopfläuse (Pediculus humanus capitis), Kleider- oder Körperläuse (P. h. corporis) und Filzläuse (Phthirus pubis). L. können bestimmte Krankheiten übertragen, z.B. Borreliose oder Fleckfieber.
lice

Lavage. Vorgang des Auswaschens eines Hohlorgans, meist Blase, Darm, Nasennebenhöhlen oder Magen, zu therapeutischen Zwecken.
[*franz.:* Waschen]
lavage

Laxanzien (pl.). (Abführmittel). Arzneimittel, die abführend wirken, indem sie das Stuhlvolumen vergrößern (Quell- oder Füllmittel, z.B. Leinsamen, Lactulose), den Stuhl erweichen (Osmolaxanzien, z.B. Sorbit) oder die Darmwände ausschmieren (Gleitmittel, z.B. Glyzerin). Bei der Anwendung von L. ist darauf zu ach-

ten, dass der Patient eine ausreichende Flüssigkeitsmenge aufnimmt; L. sollten nicht zu oft und möglichst nur kurzzeitig verabreicht werden, da es zu Gewöhnungseffekten im Darm kommt. (s.a. Obstipation)
laxatives; purgative

Lazeration. Riß oder Einriß von Geweben, Rißwunde; z.B. Laceratio cervicis: das Einreißen des Gebärmutterhalses (Zervix) während der Entbindung.
[*lat.:* lacerare, zerreisen]
laceration

LBBB. Abkürzung für (engl.) left bundle branch block, Linksschenkelblock.
LBBB

LCAT. Abkürzung für → Lezithin-Cholesterin-Acyl-Transferase.
LCAT

L

LD. Abkürzung für → Letaldosis.
LD

LDH. Abkürzung für → Laktatdehydrogenase.
LDH

LDL. Abkürzung für (engl.) low density lipoproteins, (dtsch. Lipoproteine niedriger Dichte). (s.a. Low-densitiy-Lipoproteine)
LDL

LE. Abkürzung für → Lupus erythematodes.
LE

Leben. Energie, die dazu befähigt, dass ein Organismus wächst, sich fortpflanzt, Nährstoffe absorbiert und verwertet, eine Mobilität erlangt, ein Bewusstsein äußert und eine gezielte Benutzung der Körpersinne gewährleistet.
life

Lebendgeburt. Geburt eines Säuglings unabhängig von der Schwangerschaftsdauer, bei der das Kind eindeutige Lebenszeichen wie Atmung, Herzschlag, Pulsieren der Nabelschnur oder eine Bewegung der willkürlichen Muskeln gezeigt hat. (s.a. Totgeburt)
live birth

Lebendimpfstoff. Impfstoff (→ Vakzine), der aus lebenden Mikroorganismen oder funktionalen Viren hergestellt wird, deren krankheitsverursachende Wirksamkeit abgeschwächt (attenuiert) wurde, wobei ihre immunogenen Eigenschaften jedoch erhalten bleiben.
live attenuated vaccine

Lebensalter. Das erreichte, nach physikalischen und Labornormen gemessene Entwicklungsstadium, welches für einen Menschen normal ist, der eine bestimmte chronologische Zeitspanne gelebt hat.
age

Lebensbedarf, Unterhaltung des. → Pflegeintervention der → NIC, die definiert ist als die Unterstützung bedürftiger Personen/Familien bei der Beschaffung von Nahrung, Kleidung oder Unterkunft.
Sustenance Support

Lebenserwartung. Die wahrscheinliche Anzahl von Jahren, die eine Person ab einem bestimmten Alter noch zu leben hat; wird durch die → Mortalität in einem bestimmten geographischen Bereich ermittelt. Dies kann individuell durch den Gesundheitszustand, die Rasse, das Geschlecht, das Alter oder andere demographische Faktoren konkretisiert werden.
life expectancy

Lebensmittelvergiftung. Vergiftungserscheinungen infolge einer Einnahme von Nahrungsmitteln, die mit toxischen Substanzen belastet sind bzw. Bakterien enthalten, die Giftstoffe produzieren.
food poisoning

Lebensmittelvergiftung, bakterielle. Toxischer Zustand, der durch den Verzehr von Nahrungsmitteln verursacht wird, die durch Bakterien kontaminiert sind. Die akute infektiöse → Gastroenteritis wird von verschiedenen Species der *Salmonellae* verursacht und löst innerhalb von 8 bis 48 Stunden Fieber, Schüttelfrost, Übelkeit, Erbrechen, Diarrhö sowie allgemeines Unwohlsein aus und kann mehrere Tage andauern. Eine b. L. durch das Neurotoxin *Clostridium botulinum* zeigt sich durch gastrointestinale Symptome, Sehstörungen, Schwäche oder Lähmung der

Muskeln oder in schweren Fällen durch Ateminsuffizienz.
bacterial food poisoning

Lebensqualität. Zur Ermittlung der L. wird die größtmögliche Energie bzw. Kraft gemessen, die einen Menschen mit der Stärke ausstattet, sämtliche Herausforderungen des täglichen Lebens erfolgreich zu meistern. Der Begriff wird für alle Menschen angewandt - auch kranke oder behinderte - und zwar sowohl bei der Arbeit als auch zuhause und in der Freizeit. Methoden zur Steigerung der L. beinhalten Aktivitäten, welche die Langeweile verringern und die größtmögliche Freiheit bei der Wahl und Ausführung verschiedener Aufgaben bieten.
quality of life

Lebenszyklus. 1. Zeitintervall, das den Ablauf der Lebensereignisse von der Befruchtung und der Geburt über Wachstum und Reife bis zum natürlichen Tod abdeckt. 2. Abfolge von Phasen ab einem bestimmten Stadium einer Generation bis zum gleichen Stadium der nächsten Generation.
life cycle

Leber. (Hepar). Größte Körperdrüse und eines der komplexesten Körperorgane, das für mehr als 500 bekannte Funktionen verantwortlich ist. Die L. ist in vier Lappen unterteilt, die jeweils bis zu 100.000 Leberläppchen enthalten. Die Leberarterie (Arteria hepatica) transportiert sauerstoffhaltiges Blut zum Magen und Darm; die Pfortader sammelt nährstoffreiches Blut aus dem Magen-Darm-Trakt. Zu den wichtigsten Funktionen der L. gehören die Produktion von → Galle durch die Leberzellen, die Sekretion von Glukose, Proteinen, Vitaminen, Fetten und vielen anderen, für den Körper wichtigen Substanzen, die Verarbeitung von Hämoglobin und seinen Eisenkomponenten sowie die Umbildung des giftigen Ammoniaks in Harnstoff.
liver

Leberabszess. (intrahepatischer Abszess). → Abszess in der Leber, der durch eine Amöbeninfektion, eine bakterielle Infektion oder ein Trauma verursacht werden kann. Zu den Symptomen gehören Schweißausbrüche und Frösteln, Schmerzen, Übelkeit und Erbrechen.
[*lat.*: abscedere, weggehen]
abscess of liver

Leberbiopsie. Diagnostische Maßnahme, bei der eine Spezialkanüle unter örtlicher Betäubung in die Leber eingeführt wird, um eine Gewebeprobe (→ Biopsie) zur Untersuchung und Diagnostik zu entnehmen.
liver biopsy

Leberegel. Parasiten der Klasse Trematoda mit sechs verschiedenen Gattungen, die die → Leber befallen. Die wichtigste Species, die besonders in den industrialisierten Ländern für den Menschen gefährlich sind, ist *Clonorchis sinensis*, die normalerweise als Larve beim Verzehr von Süßwasserfischen aufgenommen wird. Der Befall entsteht durch den Konsum von rohen, getrockneten, gesalzenen oder eingelegten Fischen; durch Kochen wird der Parasit abgetötet.
liver fluke

Leberfleck. Bezeichnung für → Lentigo, → Nävus oder aktinische → Keratose. Der L. ist durch eine bräunliche Verfärbung einer kleinen Hautstelle gekennzeichnet.
liver spot

Leberfunktionstest. Untersuchungsmethode, die zur Evaluation der verschiedenen Leberfunktionen angewendet wird; z.B. Stoffwechsel, Speicherung, Filtration und Ausscheidung. L.s sind z.B. der Quick-Test, Serumbilirubin u.a.
liver function test (LFT)

Leberinsuffizienz. Zustand, bei dem die → Leber ihre normalen Funktionen nicht mehr ausführen kann oder die Anforderungen nicht bewältigt, die an sie gestellt werden. Appetitlosigkeit (Anorexie), Müdigkeit und Schwäche sind häufige Symptome einer Leberzelleninsuffizienz, während ein → Ikterus für eine Gallengangsobstruktion steht; Fieber kann virale oder alkoholbedingte Lebererkrankungen be-

gleiten. In schweren Fällen kommt es zum → hepatischen Koma.
liver failure; hepatic insufficiency

Leberkarzinom. Maligne neoplastische Erkrankung der → Leber, die meist in Form von → Metastasen einer anderen malignen Erkrankung auftritt. Zu den Risikofaktoren zählen → Hämochromatose, → Hepatitis, Wurmerkrankungen (Schistosomiasis), Exposition gegenüber Vinylchlorid oder Arsen und Ernährungsstörungen. Alkoholismus kann ein prädisponierender Faktor sein, wobei allerdings eine nichtalkoholbedingte → Zirrhose ein größeres Risiko darstellt als eine alkoholische Zirrhose. → Aflatoxine in verschimmelten Körnern und Erdnüssen scheinen mit einer erhöhten Rate von Leberzellkarzinomen in Verbindung zu stehen. Zu den Symptomen des L.s gehören Völlegefühl, Appetitlosigkeit (Anorexie), Schwäche, dumpfe Oberbauchschmerzen, → Aszites, leichte Gelbsucht (→ Ikterus) und eine vergrößerte Leber; in einigen Fällen sind Tumorknoten auf der Leberoberfläche tastbar.
liver cancer

L

Leberlappen. Die grobe Unterteilung der → Leber in Segmente: kaudal (schwanzwärts), mittig, rechts, links.
hepatic lobes

Lebertran. Blass-gelbliches, fetthaltiges Öl, das aus der frischen Leber des Kabeljau gewonnen wird und reich an den fettlöslichen Vitaminen A und D ist.
cod-liver oil

Lebertransplantation. Behandlung einer Lebererkrankung im Endstadium, bei der eine in Bezug auf Größe und Blutgruppe geeignete Spenderleber einem Empfänger eingepflanzt (transplantiert) wird. Das transplantierte Organ kann als Zusatzorgan oder als totaler Ersatz eingesetzt werden. Für die Operation sind fünf Anastomosen und zahlreiche Bluttransfusionen erforderlich. Bei Kindern werden aufgrund der beengten Platzverhältnisse nur Segmente einer erwachsenen Leber (auch als Lebendspende) transplantiert. (→ Leber/Transplantation)
liver transplantation

Lebervenen (pl.). (→ Venae hepaticae)
hepatic veins

Leberzirrhose. Chronisch degenerative Erkrankung der → Leber, bei der die Leberlappen mit fibrösem Gewebe bedeckt werden, das Parenchym degeneriert und eine Verfettung der Leberlappen eintritt. In der Folge kommt es zu einer Verschlechterung von Glukoneogenese, Entgiftungsfunktionen, Bilirubinstoffwechsel, Vitaminaufnahme, gastrointestinalen Funktionen, Hormonstoffwechsel sowie anderen Leberfunktionen, z.B. der Blutgerinnung. Ursache für eine L. ist in vielen Fällen ein chronischer Alkoholabusus, aber auch Auszehrung, Hepatitis, Herzprobleme oder andere Krankheiten können zu einer Zirrhose führen. Begleitsymptome sind: Übelkeit, Ermüdung, Anorexia, Gewichtsabnahme, Aszites, Varizenbildung und Sternnävus.
[*griech.:* kirrhos, gelblich, osis, Zustand.]
cirrhosis

Leberzysten. Kleine, einzelne, wässrige Zysten, die als sekundäre Symptome verschiedener Krankheiten, z.B. im Zusammenhang mit zystischer Nierenkrankheit, auftreten.
cysts of liver

Lederhaut. (→ Sklera)
sclera

Legierung. Mischung, die aus zwei oder mehreren Metallen bzw. Substanzen mit metallischen Eigenschaften besteht. Verschiedene L.en finden medizinische Verwendung, z.B. bei Prothesen und in Zahnamalgam.
alloy

Legionärskrankheit. Akute bakterielle Lungenentzündung (→ Pneumonie), die durch eine Infektion mit dem Bazillus *Legionella pneumophila* verursacht wird. Es kommt zu grippeähnlichen Symptomen, denen innerhalb einer Woche hohes Fieber, Schüttelfrost, Muskel- und Kopfschmerzen folgen. Die Symptome können sich zu

einem trockenen Husten, Pleuraerguss und manchmal zur Diarrhö weiterentwickeln. Die L. ist nicht infektiös; die Sterblichkeitsziffer beträgt in manchen Gegenden 15 bis 20%. Kontaminierte Luft aus Kühltürmen und ruhendes Wasser, z.B. auch Vernebler, können eine Quelle für den pathogenen Organismus sein.
Legionnaires´ disease

Legionella pneumophila. Kleines gramnegatives stäbchenförmiges Bakterium, das die → Legionärskrankheit verursacht.
Legionella pneumophila

Lehrkrankenhaus. An eine Universität angegliedertes Krankenhaus, das anerkannte Programme in verschiedenen Bereichen der praktischen Medizin anbietet.
teaching hospital

Leiche. (Leichnam). Toter menschlicher Körper, der keine Lebenszeichen mehr aufweist.
corpse

Leichengift. (→ Ptomain)
ptomaine

Leichenhalle. Abteilung in einem Krankenhaus, in der die Leichen aufbewahrt und zur Beerdigung oder Verbrennung vorbereitet, aber auch → Autopsien durchgeführt werden.
morgue; mortuary

Leichenschau. Juristisch vorgeschriebene äußerliche Untersuchung von Ursache, Art und Umständen eines plötzlichen, unerwarteten oder gewaltsamen Todes eines Menschen. (s.a. Obduktion)
inquest

Leihmutterschaft. Künstliche Befruchtung einer fruchtbaren Frau mit dem Samen eines Mannes dessen Frau unfruchtbar ist; oder die In-vitro-Befruchtung des Eies einer Frau, die keine Gebärmutter mehr hat mit dem Samen ihres Mannes und das Einsetzen der befruchteten Eizelle in die Gebärmutter der Leihmutter, die die Schwangerschaft austrägt. Die Frau willigt ein, das Kind nach der Geburt an die richtigen Eltern zurückzugeben. Meistens erhält sie eine finanzielle Entschädigung für das Austragen der Schwangerschaft.
surrogate parenting

Leininger, Madeleine. Pflegetheoretikerin, die durch Forschung, Unterricht und Praxis in der transkulturellen Pflege zur Begründerin dieses Bereichs der professionelle Pflege geworden ist. Die vollständigste Darstellung der transkulturellen Pflegetheorie findet sich in ihrem Werk »Care: The Essence of Nursing and Health« (1984) (dt. Fürsorge: Kern der Pflege und Gesundheit). Zu den wesentlichen Konzepten gehören Fürsorge, Kultur, kulturelle Werte und kulturelle Variationen. Die Grundaussage von L.s Theorie lautet, dass Menschen von ihrem kulturellem Hintergrund und ihrer sozialen Struktur nicht getrennt werden können.

Leiomyom. Gutartiger Tumor der glatten Muskulatur, der meist im Uterus, Magen, Speiseröhre oder Dünndarm auftritt.
[*griech.:* leios, glatt; mys, Muskel]
leiomyoma

Leiomyosarkom. Bösartiger Tumor der glatten Muskulatur, der große Spindelzellen enthält.
[*griech.:* leios, glatt; mys, Muskel; sarx, Fleisch; oma, Tumor]
leiomyosarcoma

Leishmania. Parasitäre Gattung der → Protozoen, die durch mehrere Species von Sandmücken auf den Menschen übertragen werden und eine → Leishmaniose auslösen können.
[W. Leishman, britischer Pathologe, 1865–1926]
Leishmania

Leishmaniose. Infektion mit einer Protozoenspecies der Gattung *Leishmania.* Die durch diesen Parasiten verursachte Erkrankung kann die Haut (→ Orientbeule) oder die Schleimhäute betreffen, dann kommt es zu Espundia, oder aber die Eingeweide (Viszera) befallen und Kalar-Azar auslösen. Eine typische Infektion beginnt mit einem Hautgeschwür und entwickelt sich zu Ulzerationen in Mund,

L

Gaumen oder Nase. In einigen Fällen kommt es zu einer fiebrigen Erkrankung.
leishmaniasis

Leiste. (Regio inguinalis). Bereich der rechten und linken Körpervorderseite, wo sich Bauch und Oberschenkel miteinander verbinden.
groin

Leistenbruch. (→ Leistenhernie)
inguinal hernia

Leistenhernie. (Leistenbruch). Eine → Hernie, bei der eine Darmschlinge durch den → Leistenkanal dringt; beim Mann ist in einer L. manchmal der Hodensack enthalten.
inguinal hernia

Leistenkanal. Röhrenförmige Passage durch die unteren Muskelschichten der Bauchwand, die beim Mann die Samenleiter und bei der Frau das Mutterband enthält. Der L. ist eine häufige Stelle für → Leistenhernien.
inguinal canal

Leistenring. Eine von zwei Öffnungen im Leistenkanal: ein innerer L., der sich in die Bauchwand, und ein äußerer L., der sich in die Sehnenhaut (Aponeurose) des Musculus obliquus externus öffnet.
inguinal ring

Leiter. Stoff mit guter Leitfähigkeit (freiem Elektronenfluss).
conductor

Leitfähigkeit. Bezeichnung für die Fähigkeit eines elektrischen bzw. anderen Systems, Ton, Wärme, Licht oder elektromagnetische Energie zu übertragen.
conductivity

Leitung. 1. Physikalischer Vorgang, bei dem Wärme aufgrund eines Temperaturgefälles von einer Substanz zu einer anderen geleitet wird; Vorgang der Energieübertragung durch Leitmaterial. 2. Bezeichnung für den Übertragungsvorgang eines Nervenimpulses.
conduction

Leitungsanästhesie. Verlust von körperlichem Empfinden, insbesondere des Schmerzempfindens, in einer Körperregion durch Injektion eines Lokalanästhetikums entlang eines Nervenstrangs (=Nervenblockade). Das Anästhetikum hemmt die Übertragung von Impulsen zu und von der betroffenen Körperregion. Es werden periphere (z.B. → Pudendusanästhesie) von zentralen Nervenblockaden (auch rückenmarksnahe Anästhesie, z.B. → Periduralanästhesie) unterschieden.
conduction anesthesia

Leitungsaphasie. Dissoziatives Sprachphänomen, bei dem der Patient alle gelesenen bzw. gehörten Worte versteht und nicht unter → Dysarthrie leidet, aber dennoch Probleme mit dem sprachlichem Ausdruck hat. Er kann ähnlich klingende Worte und Wortbedeutungen richtig ersetzen, aber weder diktierte Worte nachsprechen, buchstabieren noch laut vorlesen.
conduction aphasia

Leitungsbahn. Der Pfad, entlang dem Nervenimpulse über synaptisch verbundene Neuronen geleitet werden.
conduction pathway

Leitungsgeschwindigkeit. Geschwindigkeit, mit der ein elektrischer Impuls durch erregbares Gewebe geleitet werden kann; z.B. die Übertragung eines Aktionspotenzials durch His-Bündel und Purkinje-Fasern des Herzens.
conduction velocity

Lektin. Eiweißsubstanz, die im Samen und anderen Teilen bestimmter Pflanzen vorkommt und sich mit Glykoproteinen und Glykolipiden auf der Oberfläche bestimmter Zellen verbindet und dadurch zur → Agglutination führt.
lectin

Lemniscus. (Schleife). Schleifenförmiges Band oder Bahn von Fasern des → Zentralnervensystems in den aufsteigenden Axonen der sekundären sensorischen → Neuronen, die zum Thalamus führen (L. medialis).
[*griech.:* lemniskos, Band].
lemniscus

Lende. Körperbereich auf jeder Seite der Wirbelsäule zwischen den unteren Rippen und den Hüftknochen.
loin

Lendenmuskel, großer. (→ Musculus psoas major)
psoas major

Lendenwirbel. (Lumbalwirbel). Eines der fünf größten Segmente des beweglichen Teils der Wirbelsäule, bei denen kein Foramen im Querfortsatz vorhanden ist und die Wirbelkörper keine abgeschrägte Fläche (Facette) aufweisen. Die L.-Körper sind flach oder nach oben und unten leicht konkav gewölbt und an den Seiten tief eingeschnitten.
lumbar vertebra

lentiform. Linsenförmig.
lentiform

Lentigo. (Leberfleck; Muttermal; Schönheitsfleck). Gutartiger bräunlicher Fleck auf der Haut in der Form einer Linse, der u.a. durch Sonneneinwirkung meist im mittleren oder höheren Alter auftritt.
[*lat.*: Fleck]
lentigo

Lentigo maligna. Bösartiges Neoplasma, das sich auf dem Gesicht oder anderen exponierten Stellen meist bei älteren Menschen aus einem Leberfleck (→ Lentigo) entwickeln kann. Die L. m. ist asymptomatisch, flach und bräunlich, mit unregelmäßigen dunkleren Flecken und häufig auch helleren Stellen (Hypopigmentation). Die L. m. ist eine der am häufigsten vorkommenden Formen des → Melanoms.
lentigo maligna melanom

Leopold-Handgriffe. Manuelle, äußerliche Untersuchung des Bauches einer schwangeren Frau, um die Position und Lage (Präsentation) des Fötus und die Gebärmuttergröße zu bestimmen.
[C. Leopold, deutscher Gynäkologe, 1846–1911]
Leopold´s maneuvres

Lepra. Chronische Infektionskrankheit (meldepflichtig), die durch das Bakterium *Mycobacterium leprae* verursacht wird und je nach Ausmaß der Immunität des Wirtes zwei Formen annehmen kann: die tuberkuloide Form, die bei Personen mit einer höheren Resistenz auftritt und sich in einer Verdickung der Nerven im Hautgewebe und empfindungslosen tellerförmigen Hautläsionen zeigt. Die zweite, lepromatöse Form tritt bei einer geringeren Resistenz auf und kann zahlreiche Körpersysteme befallen; es kommt zu verbreiteten Flecken und Knoten in der Haut, Augenentzündungen, Zerstörung der Knorpel und Knochen der Nase, Hodenatrophie, peripheren Ödemen und der Beteiligung des retikuloendothelialen Systems. Als Spätfolge kann es zur Erblindung kommen. – *adj.* leprös.
leprosy

Leprosorium. Krankenhaus für Leprakranke. (→ Lepra)
leprosarium

-lepsie. Nachsilbe mit der Bedeutung »Anfall«.
-lepsia

Leptin. Menschliches Gen, das mit Fettsucht (→ Obesität) in Verbindung steht. Das Gen übermittelt Anleitungen für die Produktion eines großen Eiweißrezeptors, der die Signale an das Gehirn verzögert, die bewirken, das Essen einzustellen, weniger zu essen oder die Kalorien schneller zu verbrennen. L. kann deshalb zur Behandlung von Übergewicht eingesetzt werden.
leptin

Leptomeningitis. Entzündung der Spinnwebenhaut (→ Arachnoidea) und der weichen Hirnhaut (→ Pia mater), d.h. der → Leptomeninx. (→ Meningitis)
leptomeningitis

Leptomeninx. Zusammenfassende Bezeichnung für die Spinnwebenhaut (→ Arachnoidea) und die weiche Hirnhaut (→ Pia mater), zwei der drei Schichten (→ Meningen), die Gehirn und Rückenmark bedecken.
leptomeninges

Leptospira. Gattung der Familie Treponemataceae der Ordnung der Spirochäten;

leicht gewundene Mikroorganismen mit Spiralen an den hakenförmigen Enden. Diese Spirochäten sind für den Menschen pathogen und verursachen → Leptospirose, Hepatitis, Gelbsucht (Ikterus), Hautblutungen, Fieber, Niereninsuffizienz, Veränderungen des mentalen Status und muskuläre Erkrankungen.
[*griech.:* leptos, dünn; speira, Spirale]
🇬🇧 Leptospira

Leptospirose. Akute Infektionskrankheit (meldepflichtig), die durch verschiedene Spirochäten der Gattung *Leptospira* mit dem Urin von Tieren übertragen wird, insbesondere von Ratten und Hunden. Die Infektion erfolgt beim Menschen direkt durch Kontakt mit dem Urin oder Gewebe eines infizierten Tieres oder indirekt durch kontaminiertes Wasser oder Erde. Zu den klinischen Symptomen gehören Hepatitis, Gelbsucht (Ikterus), Hautblutungen, Fieber, Schüttelfrost, Niereninsuffizienz, Meningitis, Veränderungen des mentalen Status und Muskelschmerzen. Die ernsthafteste Form der L. ist die Weil-Krankheit.
[*griech.:* leptos, dünn; speira, Spirale; osis, Zustand]
🇬🇧 leptospirosis

Lernbereitschaft, Unterstützung der. → Pflegeintervention der → NIC, die definiert wird als die Überprüfung der Fähigkeit und Bereitschaft zur Aufnahme von Informationen.
🇬🇧 Learning Readiness Enhancement

Lernen. 1. Der Vorgang der Aneignung von Wissen oder bestimmten Fähigkeiten durch Forschen, Praktizieren oder das Sammeln von Erfahrungen. 2. Veränderung von Verhaltensweisen durch Praktizieren, Erfahrung oder Training.
🇬🇧 learning

Lernen, kognitives. 1. Art des Lernens, in dessen Vordergrund die Aneignung von Problemlösungsfähigkeiten unter Zuhilfenahme intelligenter und bewusster Vorgehensweisen steht. 2. Eine Theorie, die Lernen als eine Verhaltensänderung definiert, die auf dem Erwerb von umweltrelevanten Informationen basiert.
🇬🇧 cognitive learning

Lernkurve. Graphische Darstellung der Auswirkungen einer spezifizierten Methode des Unterrichtens oder Trainierens auf die Lernfähigkeit einer Person, die sich in einer verbesserten Leistung bei der Bewältigung einer bestimmten Aufgabe äußert.
🇬🇧 learning curve

Lernprozess, Erleichterung des. → Pflegeintervention der → NIC, die definiert wird als die Unterstützung der Fähigkeit zur Verarbeitung und zum Verständnis von Informationen.
🇬🇧 Learning Facilitation

Lernstörung. (Lernschwäche). Unphysiologischer Zustand, der manchmal bei Kindern mit einer normalen oder überdurchschnittlichen Intelligenz zu finden ist und durch die Schwierigkeit charakterisiert ist, grundlegende Fähigkeiten wie Lesen, Schreiben und Rechnen zu erlernen.
🇬🇧 learning disability

Lerntheorie. Gruppe von Konzepten und Prinzipien, mit denen versucht wird, den Lernprozess zu erklären; z.B. das Konzept der Konditionierung (nach Guthrie), das besagt, dass jede Reaktion direkt von einem gleichzeitig stattfindenden Stimulus abhängig ist, so dass eher eine Aneinanderreihung und nicht eine Verstärkung Grundlage des Lernprozesses ist.
🇬🇧 learning theory

lesbisch. 1. Form der weiblichen Homosexualität. 2. Zu den sexuellen Vorlieben und Wünschen einer Frau gehörend, die auf eine andere Frau gerichtet sind. (→ homosexuell)
[Wortbildung nach der griechischen Insel Lesbos, wo die Dichterin Sappho in ihren Liedern junge Mädchen leidenschaftlich besang]
🇬🇧 lesbian

Leseschwäche. Artikulationsstörung, bei der die Lesefähigkeit erheblich unter den allgemeinen intellektuellen Fähigkeiten

liegt. Tests zeigen, dass die Störung weder eine geistige Behinderung oder falsche Schulung beinhaltet noch ein bestimmtes Alter betrifft, sondern dass sie durch falsches lautes Vorlesen, langsames Lesen und vermindertes Verstehen gekennzeichnet ist.
🇬🇧 reading disorder

Leseunfähigkeit. (Alexie). Das Unvermögen, geschriebene Sprache zu verstehen; eine Form der rezeptiven → Aphasie infolge von Verletzungen in bestimmten Bereichen des Gehirns. Die Störung kann angeboren oder infolge einer Krankheit oder Verletzung erworben sein.
🇬🇧 word blindness

Letaldosis (LD). (tödliche Dosis). Die Menge einer toxischen Substanz, die bei allen Mitgliedern einer Species innerhalb eines bestimmten Zeitraums zum Tod führt. Bei der mittleren L. (LD_{50}) handelt es sich um die Menge der gleichen Substanz, die ausreichend ist, um die Hälfte der Testpersonen zu töten.
🇬🇧 lethal dose (LD)

Letalfaktor. Gen, das einen → phänotypischen Effekt aufweist, der in bestimmten Entwicklungsphasen nach der Befruchtung eines Eies (Fertilisation) bis zu dessen Ausreifung zum Tod der befruchteten Eizelle (Zygote) führen kann. Das Gen kann dominant, halb-dominant oder rezessiv sein. (s.a. Mutation)
🇬🇧 lethal gene

Letalität. Die Anzahl der mit einer bestimmten Krankheit in Verbindung stehenden, registrierten Todesfälle, ausgedrückt als Prozentsatz aller an der jeweiligen Krankheit erkrankten Personen (Tödlichkeit). Nicht zu verwechseln mit → Mortalität (Sterblichkeit).
🇬🇧 case fatality rate

Lethargie. Zustand oder Qualität von Vergesslichkeit, Trägheit, Gleichgültigkeit, Interesselosigkeit, Schläfrigkeit oder ausgeprägte Somnolenz mit Bewusstseinsstörungen. – *adj.* lethargisch.
[*griech.:* lethargos, schläfrig]
🇬🇧 lethargy

Leucin (Leu). Weiße, kristalline → Aminosäure, die für ein optimales Wachstum bei Säuglingen und für den Stickstoffhaushalt bei Erwachsenen wesentlich ist. L. kann nicht vom Körper hergestellt werden und wird durch Hydrolyse von Nahrungseiweiß bei der enzymatischen Verdauung in der Bauchspeicheldrüse (Pankreas) produziert.
[*griech.:* leukos, weiß]
🇬🇧 leucine (Leu)

Leucinose. Erkrankung, die durch eine Störung des Leucinabbaus verursacht wird und zu einer Ansammlung (Akkumulation) der Aminosäure → Leucin im Körpergewebe führt. (→ Ahornsirupkrankheit)
[*griech.:* leukos, weiß; osis, Zustand]
🇬🇧 leucinosis

L

Leukämie. Allgemeine Bezeichnung für eine Gruppe von bösartigen Erkrankungen, die durch eine diffuse Störung des Knochenmarks mit starker Vermehrung unreifer weißer Blutzellen (→ Leukozyten) gekennzeichnet ist. Eine unphysiologische Anzahl und unterschiedliche Formen von unreifen Leukozyten gelangen ins Blut und können zu Infiltrationen in Lymphknoten, Milz und Leber führen. Der Ursprung der L. ist noch nicht geklärt; sie kann möglicherweise durch eine genetische Prädisposition bedingt sein oder in Verbindung mit der Exposition gegenüber ionisierenden Strahlen, Benzol oder anderen, für das Knochenmark toxischen Substanzen führen. Die Klassifikation der L. ist zunehmend komplexer, differenzierter und wichtiger geworden, da die Bestimmung der Unterformen therapeutische und prognostische Auswirkungen hat. Jede L. wird gemäß der jeweils dominierenden wuchernden Zellen klassifiziert. Die akute L. beginnt plötzlich und schreitet schnell von den anfänglichen Anzeichen wie Müdigkeit, Blässe, Gewichtsverlust, Fieberanfälligkeit, Blutungsneigung, extreme Schwäche, Knochen- und Gelenkschmerzen zu rezidivierenden Infektionen fort. Die chronische L. entwickelt sich langsam; die Symptome ähneln denen der

akuten Erkrankung, treten aber in vielen Fällen erst Jahre später auf.
[*griech.:* leukos, weiß; haima, Blut]
leukemia

Leukämie, akute bei Kindern. Fortschreitende, bösartige Erkrankung des blutbildenden Gewebes, bei der eine unkontrollierte Vermehrung unausgereifter → Leukozyten und deren Vorläufer, insbesondere im Knochenmark, der Milz sowie den Lymphknoten auftritt. Dies ist die am häufigsten bei Kindern anzutreffende Krebsart, wobei die meisten Erkrankungen im Alter zwischen 2 und 5 Jahren ausbrechen. Die a. L. wird nach Zelltypen klassifiziert: zur akuten lymphatischen Leukämie (ALL) gehören lymphatische, lymphozytäre, lymphoblastische und lymphoblastoide Typen; zur → akuten nonlymphatischen Leukämie (ANLL) gehören granulozytische, myelozytische, monozytische, myelogene, monoblastische sowie monomyeloblastische Typen (die myeloischen und monozytischen Formen werden → AML abgekürzt). Die ALL tritt hauptsächlich im Kindesalter auf, während die AML und ANLL in allen Altersgruppen beobachtet werden. Die genaue Ursache dieser Krankheit ist unbekannt, wobei verschiedene Faktoren vermutet werden, einschließlich genetischer Defekte, Immunstörungen, Viruserkrankungen sowie karzinogene Umweltfaktoren, hauptsächlich ionisierende Strahlung. (→ Leukämie)
acute childhood leukemia

Leukämie, akute lymphatische (ALL). Progressiv verlaufende, maligne Erkrankung, die durch eine große Anzahl unreifer Zellen im Blutkreislauf, in den Lymphknoten, Milz, Leber und anderen Organen gekennzeichnet ist, welche große Ähnlichkeit mit den Lymphoblasten des Knochenmarks haben. Die Anzahl der normalen Blutzellen ist im Allgemeinen reduziert. Diese Erkrankung tritt am häufigsten bei Kindern im Alter zwischen zwei und fünf Jahren auf. Das Risiko, an dieser Krankheit zu erkranken, ist bei Patienten mit einem Down-Syndrom und bei den Geschwistern dieser Patienten erhöht.
acute lymphocytic leukemia (ALL)

Leukämie, akute myeloische (AML). Bösartiger Tumor des blutbbildenden Systems mit unkontrollierter Vermehrung unreifer Leukozyten, deren Zytoplasmen in der Regel azurophile Auer-Stäbchen aufweisen. Typische Symptome sind Zahnfleischbluten, Anämie, Müdigkeit, Fieber, Dyspnoe, moderate Milzvergrößerung, Gelenk- und Knochenschmerzen sowie rezidivierende Infektionen. Die AML kann in allen Altersgruppen auftreten, wird jedoch am häufigsten bei Jugendlichen und jungen Erwachsenen beobachtet, insbesondere, wenn sie radioaktiver Strahlung ausgesetzt waren.
acute myelocytic leukemia (AML)

Leukämie, akute promyelozytäre (AProL). Tumorerkrankung des blutbildenden Systems, durch eine Vermehrung von → Promyelozyten gekennzeichnet; mit starken Blutungen, Hämatomen, niedrigem Fibrinogenspiegel und niedriger Thrombozytenzahl verbunden.
acute promyeolocytic leukemia (AProL)

Leukämie, aleukämische. Eine Form der Leukämie, bei der die Gesamtzahl der → Leukozyten innerhalb normaler Grenzen bleibt und nur wenige abnorme Zellformen im peripheren Blut zu finden sind.
aleukemic leukemia

Leukämie (CLL), chronische-lymphatische. Neoplasma des blutbildenden Gewebes mit Wucherung kleiner, langlebiger Lymphozyten, d.h. der B Zellen, im Knochenmark, Blut, in der Leber und den lymphoiden Organen. Die Krankheit beginnt schleichend; im weiteren Verlauf treten folgende Symptome auf: Unwohlsein, Ermüdung, Anorexie, Gewichtsabnahme, nächtliche Schweißausbrüche, Lymphadenopathie und Hepatosplenomegalie.
[*griech.:* chronos, Zeit; *lat.:* lympha, Wasser; *griech.:* kytos, Zelle, leukos, weiß, haima, Blut.]
chronic lymphocytic leukemia (CLL)

Leukämie (CML), chronische-myeloische. Malignes Neoplasma, welches das blutbildende Gewebe betrifft, durch die Proliferation granulärer Leukozyten und Knochenmarkriesenzellen (Megakaryozyten) gekennzeichnet und in allen myeloischen Zellen nachweisbar ist. Die Krankheit beginnt schleichend und betrifft meist Erwachsene. Während des Krankheitsverlaufs treten folgende Symptome auf: Unwohlsein, Ermüdung, Wärmeunverträglichkeit, Zahnfleischbluten, Purpura, Hautläsionen, Gewichtsverlust, Hyperurikämie, Bauchschmerzen und Milzvergrößerung.
chronic myelocytic leukemia (CML)

Leukämie inhibierender Faktor. Zellprodukt (Zytokin), das das spontane Wachstum der lymphoiden Stammzellen (Leukämiezellen) unterdrücken kann.
leukemia inhibitory factor (LIF)

Leukoblast. Unreife weiße Blutzelle; Vorstufe der → Leukozyten.
leukoblast

Leukoderma. Lokalisierter Verlust von Hautpigment aufgrund verschiedener Ursachen, der zu ovalen oder runden weißen Flecken auf der Haut führt, z.B. bei Psoriasis oder Syphilis.
[*griech.:* leukos, weiß; derma, Haut]
leukoderma

Leukodystrophie. Erkrankung der weißen Hirnsubstanz, die sich in einer Degeneration der Marksubstanz (Demyelinisation) äußert.
leukodystrophy

Leukodystrophie, metachromatische. (Sufatidlipidose). Erbliche Fettstoffwechselstörung bei Kindern, die durch einen Mangel an Zerebrosidsulfatase ausgelöst wird. In der Folge kommt es zu einer Anhäufung bestimmter Fette in der grauen und weißen Hirnsubstanz, der Leber, Milz und anderen Organen und dadurch zu geistigem Verfall, Lähmungserscheinungen und schließlich dem Tod. Häufig werden die Kinder höchstens 10 Jahre alt.
sulfatide lipidosis

Leukonychie. Gutartige Veränderung des Finger- oder Fußnagels, bei der es zu weißen Flecken oder Streifen kommt. Zu den Ursachen zählen Infektionen, Verletzungen u.a.
[*griech.:* leukos, weiß; onyx, Nagel]
leukonychia

Leukopenie. Unphysiologische Abnahme der Anzahl weißer Blutzellen (→ Leukozyten) unter 5000 pro mm³ Blut. Die L. kann durch Medikamentenreaktionen, Strahlungen, Vergiftungen oder bestimmte Erkrankungen verursacht werden; dabei können eine oder alle Formen der Leukozyten betroffen sein. Die zwei häufigsten Formen der L. sind die neutrophile und die lymphozytische L.
[*griech.:* leukos, weiß; penes, arm]
leukopenia

Leukoplakie. Präkanzeröse, sich langsam entwickelnde Veränderung der Schleimhaut mit verdickten, weißen, fest verwachsenen Flecken, die leicht erhaben und scharf umgrenzt sind.
[*griech.:* leukos, weiß; plakos, Platte]
leukoplakia

Leukopoese. Prozess der Bildung und Entwicklung der weißen Blutzellen (→ Leukozyten). Dabei können verschiedene Formen unterschieden werden; neutrophile, basophile und eosinophile Zellen werden im Knochenmark gebildet; Lymphozyten und Monozyten entstehen normalerweise aus den Hämozytoblasten im Lymphgewebe.
[*griech.:* leukos, weiß; poiein, machen]
leukopoiesis

Leukorrhö. (Weißfluss/Fluor albus). Weißlicher Ausfluss aus der Vagina. Physiologischerweise kommt es im Verlauf des Menstruationszyklus in unterschiedlicher Menge und Konsistenz zu einem vaginalen Ausfluss. Er tritt in der Schwangerschaft verstärkt auf, nimmt jedoch nach der Entbindung, in der Stillphase und nach der Menopause ab.
leukorrhea

Leukotoxin. Substanz (Bakteriengift), die weiße Blutzellen (→ Leukozyten) inaktivieren oder zerstören kann.
leukotoxin

Leukotrien. Klasse biologisch aktiver Hormone, die physiologischerweise in weißen Blutzellen (→ Leukozyten) vorkommen und allergische sowie entzündliche Reaktionen vermitteln können; diese sind mit denen vergleichbar, die durch → Histamin bedingt sind. L.e sind möglicherweise bei der Entwicklung von allergischen und autoallergischen Erkankungen wie Asthma und rheumatischer Arthritis beteiligt. Sie beeinflussen die Thrombozytenaggregation und den Tonus der glatten Muskeln.
leukotriene

Leukozyt. Weiße Blutzelle, die eines der festen Elemente des zirkulierenden Blutsystems darstellt. Man klassifiziert fünf Arten von L.en je nach Vorhandensein oder Fehlen von Körnchen im Zellplasma der Zelle. Agranulozyten (ohne Körnchen) sind → Lymphozyten und → Monozyten; zu den Granulozyten zählen → neutrophile, → basophile und eosinophile Zellen. – *adj.* leukozytär.
leukocyte

Leukozyten, eosinophile. Granulozytischer, zweilappiger → Leukozyt, der etwas größer als ein Neutrophil ist und eine große Anzahl grober, zytoplasmischer Körnchen besitzt, die mit dem sauren Farbstoff Eosin gefärbt werden können. (→ Leukozyten)
[*griech.:* eos, Morgendämmerung, philein, lieben.]
eosinophil

Leukozytose. Unphysiologische Vermehrung der zirkulierenden weißen Blutzellen (→ Leukozyten), die häufig in Verbindung mit bakteriellen (nicht viralen) Infektionen steht. Die normale Anzahl der Leukozyten beträgt 5000 bis 10000 pro mm^3 Blut. Formen der L. sind die basophile, eosinophile und neutrophile L.
[*griech.:* leukos, weiß; kytos, Zelle; osis, Zustand]
leukocytosis

Leukozyturie. Ausscheidung von weißen Blutzellen (→ Leukozyten) im Urin; die L. kann Anzeichen einer Harnwegsinfektion oder eines Tumors sein.
leukocyturia

Levator. (Heber/Musculus levator). Muskel, der eine Struktur des Körpers anhebt; z.B. Musculus levator ani, der Teile des Zwerchfells (Diaphragmas) anhebt.
[*lat.:* levare, heben]
levator

Levine, Myra E. L. begründete einen strikt biologisch-physiologischen Ansatz, der sich auf die Person und ihr soziales Handeln bezieht. Nach L. ist das Ziel allen menschlichen Verhaltens die Erhaltung des Lebens. Pflegerisches Handeln ist stets auf die Körperlichkeit des Menschen bezogen. Die Anpassung an Umwelteinflüsse ist Kern des menschlichen Strebens nach Ganzheitlichkeit, unter der die Summe der bio-psycho-sozialen Existenz des Menschen zu verstehen ist. Die rein naturwissenschaftliche Orientierung unterscheidet die Theorie L.s von den holistischen Ansätzen, die davon ausgehen, dass das Ganze mehr ist als die Summe seiner Teile.
[geb. 1920]

Levodopa. Kurzform L-Dopa; Parkinsonmittel, das zur Behandlung der Parkinson-Krankheit, juveniler Huntington-Krankheit und chronischer Manganvergiftung verabreicht wird. L. ist eine Vorstufe in der Dopaminsynthese.
levodopa

Levothyroxin-Natrium. Schilddrüsenhormon, das zur Behandlung einer Schilddrüsenunterfunktion verabreicht wird.
levothyroxine sodium

Lewis-Blutgruppensystem. Blutgruppensystem, das sich auf die → Antigene bezieht, die in löslicher Form im Blut und in den Körperausscheidungen vorhanden sind. Antigene werden aus dem Plasma an die rote Zellmembran angelagert. Der jeweilige Lewis-Phänotyp hängt davon ab, ob der Patient das Lewis-Genprodukt ausscheidet oder nicht.
Lewis Blood Group System

Leydig-Zellen. Zellen des interstitiellen Gewebes der Hoden (Testes), die → Testosteron ausscheiden.
[F.v. Leydig, deutscher Anatom, 1821–1908]
Leydig cells

Leydig-Zelltumor. Meist gutartiges Neoplasma der interstitiellen Zellen eines Hoden, das bei Erwachsenen zu einer → Gynäkomastie und vor der Pupertät zu einer frühzeitigen sexuellen Entwicklung führt.
Leydig cell tumor

Lezithin. Gruppe von Phospholipiden, die in den Zellmembranen von Pflanzen, Tieren und Menschen häufig zu finden sind; diese sind für den Fettstoffwechsel wichtig und werden bei der Verarbeitung von Nahrungsmitteln, Arzneimitteln, Kosmetika und Tinte verwendet.
[*griech.:* lekithos, Eigelb]
lecithine

Lezithin-Cholesterin-Acyl-Transferase (LCAT)-Mangel. Autosomal-rezessive Erbkrankheit, die sich durch die Ansammlung von Cholesterinestern im Gewebe, Hornhautdurchlässigkeit des Auges, hämolytische Anämie, Proteinurie, Niereninsuffizienz und verfrühte Artherosklerose zeigt. (→ Lezithin)
lecithin-cholesterol acetyltransferase (LCAT) deficiency

LH. Abkürzung für → Luteinisierendes Hormon.
LH

Li. Chemisches Symbol für → Lithium.
Li

Libido. 1. Sexualtrieb; psychische Energie oder Instinkt in Verbindung mit sexuellen Wünschen, Freude oder Kreativität. 2. (Psychoanalyse nach Freud) Instinktive Triebe des Es. 3. Lustorientierte Wünsche oder Triebe. – *adj.* libidinös.
libido

Lichen. Hautflechte mit Erythem und kleinen roten Knötchen (Papeln).
lichen

Lichen ruber planus. (flache Knötchenflechte). Chronische gutartige Hauterkrankung unbekannter Ursache, die durch kleine flache rötliche Knötchen (Papeln) oder Hautflächen mit feinen grauen Linien und Juckreiz (Pruritus) gekennzeichnet ist.
lichen planus

Lichen sclerosus et atrophicus. Chronische Hautkrankheit, die durch weiße flache Papeln mit schwarzen harten Pfropfen und durch Juckreiz (Pruritus) gekennzeichnet ist. Im fortgeschrittenen Stadium wachsen die Papeln zu großen weißen Flächen mit dünner Haut zusammen.
lichen sclerosis et atrophicus

Lichen simplex chronicus. Form einer chronischen Dermatitis, die durch flächig zusammenwachsende Knötchen (Papeln) mit Juckreiz (Pruritus) gekennzeichnet ist.
lichen simplex chronicus

Lichenifikation. Flächenhafte Verdickung und Verhärtung der Haut mit flachen Knötchen (Papeln), die häufig infolge von Hautreizungen durch wiederholtes Kratzen an vereiterten Läsionen und Ekzemen entsteht. (→ Lichen)
lichenification

Licht. 1. Elektromagnetische Strahlung einer Wellenlänge und Frequenz, die die visuellen Rezeptorzellen auf der Netzhaut des Auges (Retina) stimuliert, wodurch Nervenimpulse entstehen, die als Sehvermögen wahrgenommen werden. 2. Elektromagnetische Strahlung mit einer Wellenlänge, die kürzer als die des ultravioletten L.s und länger als die des Infrarotlichts ist. Die Reichweite des sichtbaren L.s liegt im Allgemeinen zwischen 400 und 800 nm.
light

Licht, sichtbares. Strahlungsenergie im elektromagnetischen Spektrum, die für das menschliche Auge sichtbar ist. Die Wellenlängen liegen etwa im Bereich von 390 bis 780 nm.
visible light

Lichtkegel. 1. Dreiecke Lichtreflektion, die bei einer Ohrenuntersuchung beobachtet werden kann, wenn das Otoskoplicht auf

den Hammer gerichtet wird. 2. Die in die Augenpupille eindringenden Lichtstrahlen, die ein Bild auf der Netzhaut formen.
cone of light

Lichtreflex, konsensueller. Normaler gekreuzter Reflex, bei dem Licht, das in ein Auge fällt, eine Pupillenkontraktion im anderen Auge auslöst. Bei einseitiger Blindheit reagiert die Pupille des blinden Auges unwillkürlich auf die Stimulierung des gesunden Auges. Die Stimulierung des blinden Auges resultiert jedoch nicht in einer Pupillenverengung, weder im gesunden noch im blinden Auge.
consensual light reflex

Lichttherapie. Exposition des Körpers gegenüber den elektromagnetischen Wellen des infraroten, ultravioletten oder sichtbaren Lichtspektrums zu therapeutischen Zwecken (z.B. Lichtbad, Sonnenbad, Höhensonne oder Infrarotlicht). In den Wintermonaten kann die L. z.B. zur Behandlung depressiver Störungen eingesetzt werden.
light therapy

L

Lidocain. → Lokalanästhetikum, das zur lokalen Narkose auf die Haut oder Schleimhäute äußerlich aufgetragen wird. L. kann auch parenteral als → Antiarrhythmikum verwendet werden. Bei Überdosierung können Krämpfe, Unruhe bis zum Herzstillstand auftreten. L. wird auch als Antidot gegen eine Überdosis von Herzglykosiden eingesetzt.
lidocain hydrochloride

Lieberkühn-Drüsen. (Glandulae intestinales). Röhrenförmige Drüsen zwischen den Darmzotten des Dünndarms und auf der Oberfläche des Dickdarmepithels.
[J. Lieberkühn, deutscher Anatom, 1711–1756]
Lieberkühn's glands

Lien. (Milz). (→ Milz) – *adj.* lienal.
[*lat.:* lien, Milz]
spleen

LIF. Abkürzung für → Leukämie inhibierender Faktor.
LIF

Life island. Steriles Plastikzelt, in dem sich ein Bett befindet und das verwendet wird, um für Patienten mit bestimmten Immunschwächen eine keimfreie Umgebung zu schaffen.
[*engl.:* life, Leben; island, Insel]
life island

Ligament. 1. Eines der meist weißen, glänzenden Bänder aus Bindegewebe, die die Gelenke sowie Knochen und Knorpel miteinander verbinden. 2. Schicht einer serösen Membran, die wenig oder gar nicht gespannt sein kann und sich von einem Organ im Bauchraum zu einem anderen erstreckt, z.B. das L. des Bauchfells (Peritoneum).
[*lat.:* ligare, anbinden]
ligament

Ligament, rektovaginales. Eines der vier Hauptstützbänder des Uterus (Gebärmutter). Es hält den Uterus in seiner Position, indem es Zug auf die Zervix (Gebärmutterhals) ausübt.
[*lat.:* ligamentum, Band]
rectovaginal ligament

Ligamentum cruciforme atlantis. Kreuzband, das den Atlas mit dem Okzipitalknochen und dem posterioren Bereich des Körpers verbindet.
[*lat.:* crux, Kruez, ligare, verbinden.]
cruciate ligament of the atlas

Ligamentum fundiforme penis. Aus elastischen Fasern bestehendes Band, das den Penis umgibt und sich von der Linea alba oberhalb der Schambeinfuge bis zu den Penisfaszien erstreckt.
fundiform ligament of penis

Ligamentum latum uteri. (Mutterband). Gefaltetes Band des Bauchfells (Peritoneum), das sich über die Eileiter, den Uterus und die Eierstöcke (Ovarien) zieht.
broad ligament

Ligamentum teres. 1. L.t. hepatis: Der Rest der Nabelvene, der sich als fibröses rundes Band vom Nabel bis zum vorderen Teil der Leber zieht. 2. L.t. uteri: Das runde Mutterband, das sich von der Vorderseite der Gebärmutter durch den Leistenkanal

bis zum Bindegewebe der großen Schamlippen zieht.
[*lat.:* ligamentum, Band, Binde]
round ligament

Ligand. 1. Molekül, Ion oder Gruppe von Substanzen, die an das zentrale Atom einer chemischen Verbindung gebunden sind, z.B. das Sauerstoffmolekül beim Hämoglobin, das an das zentrale Eisenatom gebunden ist. 2. Organisches Molekül, das an eine spezifische Stelle an der Zelloberfläche oder an einen Markierungsstoff (Tracer) gebunden ist.
[*lat.:* ligare, anbinden]
ligand

Ligasen. Gruppe von Enzymen, die die Bindung zwischen Substratmolekülen in Verbindung mit der Abspaltung einer energiereichen Pyrophosphatbindung in → ATP oder ein ähnliches Molekül katalysieren.
ligases

Ligatur. Abbinden eines Blutgefäßes oder eines anatomischen Ganges mit einer Schlinge oder durch eine Naht. Damit kann eine Blutung während einer Operation behoben oder verhindert oder eine spontane oder traumatische Hämorrhagie behandelt werden; durch eine L. können auch die Passage einer Substanz durch einen Körpergang verhindert und Krampfadererkrankungen (→ Varikosen) behandelt werden.
ligation

Lignin. Polysaccharid, das zusammen mit Zellulose den wichtigsten Baustein der pflanzlichen Zellwände ausmacht. L. kann als unverdauliche Substanz bei bestimmten Diäten als Füllstoff verwendet werden. (s.a. Ballaststoffe)
[*lat.:* lignum, Holz]
lignin

Limbus. Rand oder Saum; z.B. der L. cornea am Rand der Hornhaut (Cornea), der auf die Lederhaut des Auges (Sklera) übergeht.
limbus

Lincomycin. → Antibiotikum, das die Proteinsynthese von Bakterien hemmt und zur Behandlung bestimmter Infektionen eingesetzt wird.
lincomycin hydrochloride

Lindan. Hexachlorid, das zur Behandlung von Läusebefall (Pedikulose) und Krätze (Skabies) benutzt wird. Bei Überdosierung kann es zu Vergiftungserscheinungen wie Krämpfen oder Koma (mit möglicher Todesfolge) kommen.
lindan

Linea. Linie, die eine anatomische Struktur definiert.
[*lat.:* Linie]
linea

Linea alba. Streifen der abdominalen Sehnenhaut (Aponeurose) auf der Mittellinie des Abdomens, der von der Schambeinfuge bis zum Schwertfortsatz des Brustbeins verläuft. Auf der L. a. liegt der Bauchnabel.
[*lat.:* linea, Linie; albus, weiß]
linea alba

Linea fusca. Längliche dunkle Verfärbung der → Linea alba auf dem Bauch einer schwangeren Frau in den letzten Wochen der Schwangerschaft vom Schambeinhügel bis zum Bauchnabel.
linea nigra

linear. Zu einer oder mehreren Linien gehörend, insbesondere geraden Linien.
linear

Lingua. (→ Zunge)
[*lat.:* Zunge]
tongue; lingua

Linia parasternalis. Imaginäre vertikale Linie zwischen Brustbein- und Medioklavikularlinie.
costoclavicular line

Liniment. Flüssige Salbe, die meist Alkohol, Öl oder Seife enthält und auf die Haut aufgetragen wird.
liniment

Linitis. Entzündung des zellulären Magengewebes, die häufig in Verbindung mit einem Adenokarzinom des Magens auftritt;

z.B. L. plastica (entzündlicher Schrumpfmagen).
[*griech.:* linon, Netz; itis, Entzündung]
linitis

Links-rechts-Shunt. Umleitung des Blutes von der linken Seite des Herzens zur rechten Seite, z.B. bei einem Septumdefekt, oder Umleitung des Blutes aus dem systemischen in den pulmonalen Kreislauf, z.B. bei einem offenen Ductus Botalli.
left-to-right shunt

Linkshändigkeit. Natürliche Tendenz bei manchen Personen, zur Ausführung bestimmter Tätigkeiten lieber die linke Hand zu benutzen.
left-handedness

Linksherzinsuffizienz. Herzerkrankung, bei der das Herz nicht genug Kraft hat, um ein normales Herzminutenvolumen und eine angemessene periphere Durchströmung (Perfusion) aufrechtzuerhalten. Diese Erkrankung des linken Herzens ist durch einen erhöhten Druck und Stauung der Pulmonalvenen und -kapillaren gekennzeichnet; es kommt zu Luftnot (Dyspnoe), Blässe, Schwitzen, Zyanose, Lungenödem, Tachykardie und peripherer Vasokonstriktion. Die L. kann in Folge einer → Rechtsherzinsuffizienz entstehen, da beide Herzseiten zum Kreislauf gehören und die Insuffizienz der einen Seite meistens auch die andere Seite beschädigt. (→ Herzinsuffizienz)
left-heart failure; left ventricular failure

Linksverschiebung. Vermehrtes Auftreten unreifer Leukozyten im → Differenzialblutbild. Der Begriff entwickelte sich aus der graphischen Darstellung der Blutkomponenten, in der unreife Zellanhäufungen auf der linken Seite der Graphik erscheinen. (s.a. Rechtsverschiebung)
shift to the left

Linolensäure. Dreifach ungesättigte → essentielle Fettsäure, die für die gesunde Ernährung benötigt wird. L. findet sich hauptsächlich in Leinöl und anderen pflanzlichen Ölen.
linolenic acid

Linolsäure. Farblose, zweifach ungesättigte → essentielle Fettsäure, die u.a. in Leinöl und zahlreichen anderen pflanzlichen und tierischen Fetten zu finden ist.
linoleic acid

Linse. 1. Runder durchsichtiger Körper aus Plastik oder Glas, der entsprechend geschliffen oder geformt ist, um Licht in einer bestimmten Form zu brechen; z.B. in Brillengläsern, Kontaktlinsen, Mikroskopen oder Kameras. 2. Körper im Auge, der mit Hilfe eines Muskels durch Änderung der Krümmung das Sehorgan auf verschiedene Entfernungen einstellt.
lens

Linse, des Auges. Transparenter, in eine Kapsel eingeschlossener Teil des Auges, der sich zwischen Regenbogenhaut (Iris) und Glaskörper befindet und dessen Ränder von den Ziliarfortsätzen überlappt werden. Die Linse bricht einfallendes Licht und fokussiert Bilder auf die Netzhaut (Retina). Die hintere Fläche der bikonvexen Linse ist mehr gewölbt als die Vorderseite. Die Linse besteht aus weichem Rindenmaterial, einem festen Kern und konzentrisch verlaufenden Blättchen.
crystalline lens

Linsenimplantat. Künstliche Linse, die meist nach einer Kataraktextraktion eingesetzt wird, aber auch Patienten mit einer extremen Kurzsichtigkeit (Myopie), Doppeltsichtigkeit (Diplopie), → Albinismus und einigen anderen Störungen implantiert werden kann.
lens implant

Liothyronin. Synthetisches Schilddrüsenhormon, das zur Behandlung einer primären Schilddrüsenunterfunktion (Hypothyreose), Myxödem, Kropf, Kretinismus und sekundärer Hypothyreose verabreicht wird.
liothyronine sodium

lip(o)-. Vorsilbe mit der Bedeutung »Fett«.
lip(o)-

Lipämie. Stark erhöhte Menge an Fett im Blut, was nach einem fetthaltigen Essen normal ist. Bei bestimmten Erkrankungen

ist die L. pathologisch (z.B. Hyperlipoproteinämie).
🇬🇧 lipemia

Lipase. Enzym, das von den Organen des Verdauungssystems produziert wird und den Fettabbau durch Aufspaltung (Hydrolyse) der Verbindungen zwischen Fettsäuren und Glycerol in Triglyceride und Phospholipide katalysiert. L. findet sich in der Galle, in der Pankreassekretion, im Darm und im Fettgewebe.
🇬🇧 lipase

Lipathrophie. Abbau des subkutanen Fettgewebes an der Stelle einer Insulininjektion; tritt meist nach mehreren Injektionen in die gleiche Stelle auf.
🇬🇧 lipoatrophy

Lipide. Freie Fettsäurefraktionen im Blut. L. werden im Blut gespeichert und dienen als Energiereserve; sie sind bei verschiedenen Erkrankungen, z.B. Atherosklerose, erhöht. Zu den L.n zählen Cholesterin, Fettsäuren, neutrale Fette, Phospholipide und Triglyceride.
🇬🇧 lipids

Lipidose. Allgemeine Bezeichnung für schwere vererbliche Fettstoffwechselstörungen. Das Hauptmerkmal dieser Erkrankungen ist die Ansammlung unphysiologisch hoher Mengen an → Lipiden im Körper.
🇬🇧 lipidosis

Lipochrome (pl.). Natürlich vorhandene Pigmente, die Lipide enthalten und den Fetten ihre gelbliche Farbe verleihen, z.B. → Karotin.
🇬🇧 lipochrome

Lipodystrophie. Jede Störung im Stoffwechsel (Metabolismus) oder bei der Speicherung von Fetten.
[*griech.:* lipos, Fett; dys, schlecht; trophe, Ernährung]
🇬🇧 lipodystrophy

Lipofuszin. Fetthaltiges Alterspigment, das meist aus oxidierten Fetten besteht, die reichlich in den Zellen eines älteren Menschen vorhanden sind.
🇬🇧 lipofuscin

lipoid. Einem Fett (→ Lipid) ähnelnd.
🇬🇧 lipoid

Lipoide (pl.). Fettähnliche Substanzen, die in sämtlichen Zellen zu finden sind (veraltete Bezeichnung).
🇬🇧 lipoids

Lipolyse. Abbau und Spaltung von Fetten (→ Lipiden) in freie Fettsäuren und Glycerin.
🇬🇧 lipolysis

Lipom. Gutartiger Tumor, der aus reifen Fettzellen besteht, z.B. L.a arborescens (in einer Gelenkkapsel). – *adj.* lipomtös.
🇬🇧 lipoma

Lipomatose. Erkrankung mit unphysiologischen tumorähnlichen Fettansammlungen im Unterhautkörpergewebe, z.B. am Hals, Nacken oder Oberarm.
[*griech.:* lipos, Fett; oma, Tumor; osis, Zustand]
🇬🇧 lipomatosis

lipophil. Neigung, Fette anzuziehen oder zu absorbieren; Fettlöslichkeit.
🇬🇧 lipophil

Lipophilie. 1. Neigung zu übermäßigem Fettansatz. 2. Bindung von Fetten im Körpergewebe; Fettlöslichkeit.
🇬🇧 lipophilia

Lipoproteine (pl.). Eiweiße, in denen Fette (→ Lipide) einen integralen Teil der Moleküle ausmachen. Sie werden primär in der Leber synthetisiert, enthalten verschiedene Mengen an Triglyzeriden, Cholesterin, Phospholipiden und Eiweißen und werden entprechend ihrer Zusammensetzung und Dichte klassifiziert; z.B.→ High-densitiy-Lipoproteine (L.e hoher Dichte) oder → Low-densitiy-Lipoproteine(L.e niedriger Dichte).
🇬🇧 lipoproteins

Liposom. Vielschichtiger runder Fettpartikel im wässrigen Milieu einer Zelle.
🇬🇧 liposome

Lippe. Die beiden fleischigen Strukturen, die die Mundhöhle umgeben.
🇬🇧 lip

L

Lippenbändchen. (Frenulum labil). Eine aus Schleimhaut bestehende Hautfalte, die vom Zahnfleisch bis zu den Lippen und der Zunge reicht. Das Unterlippenbändchen wird als Frenulum labii inferioris, das Oberlippenbändchen als Frenulum labii superioris bezeichnet.
frenulum of lips

Lippenlesen. Verständigungsmethode, bei der ein tauber oder nahezu tauber Kommunikationsteilnehmer von den Lippen des Sprechenden abliest sowie seine Mimik, Gestik und Körpersprache beobachtet.
speech reading

Lippenspalte. (Hasenscharte). Vererbte Missbildung mit einer bzw. mehreren Spalten in der Oberlippe. Ursache ist eine embryonale Fehlentwicklung.
cleft lip

L

Lipurie. Ausscheidung von Fettkörpern (→ Lipiden) im Urin.
lipiduria

Liquor. Flüssigkeit, z.B. Liquor cerebrospinalis (Gehirn- und Rückenmarkflüssigkeit). (→ Zerebrospinalflüssigkeit)
[*lat.*: liquor, Flüssigkeit]
liquor

Liquorblockade. (Ventrikelblockade). Behinderung der Liquorzirkulation z.B. infolge einer Blutung, Entzündung oder eines Tumors. Dadurch kommt es durch die Ansammlung von Hirnflüssigkeit zu einer Ausdehnung der Hirnventrikel.
ventricular block

Liquordruck. Der Druck der im Zentralnervensystem befindlichen Zerebrospinalflüssigkeit. Normalerweise schwankt der Druck zwischen 100 und 150 mm H_2O. Gemessen wird der L. mit Hilfe eines Manometers, das an das Ende einer Nadel befestigt wird, nachdem diese durch eine Lumbalpunktion in den Subarchnoidalraum eingeführt wird.
cerebrospinal pressure

Lispeln. Fehlerhafte Aussprache von einem oder mehreren Zischlauten, z.B. wenn »s« als »z« ausgesprochen wird.
lisping

Listeria monocytogenes. Häufig vorkommende Species eines grampositiven beweglichen Bakteriums, das → Listeriose verursacht.
[J. Lister, schottischer Chirurg, 1827–1912]
Listeria monocytogenes

Listeriose. Infektionskrankheit (meldepflichtig), die von einer Gattung eines grampositiven beweglichen Bakteriums (Listeria monocytogenes) verursacht wird. Die Übertragung erfolgt durch direkten Kontakt eines infizierten Tieres mit dem Menschen, durch Verzehr von kontaminiertem Fleisch und Milchprodukten oder durch Tröpfcheninfektion. Zu den Symptomen zählen Kreislaufkollaps, Schock, Endokarditis, Hepatosplenomegalie, ein dunkelroter Hautausschlag am Rumpf und an den Beinen, Fieber, Bakteriämie, Unwohlsein und Lethargie. Eine L. ist in der Schwangerschaft besonders gefährlich, insbesondere für den Fötus.
[J. Lister, schottischer Chirurg, 1827–1912; osis, Zustand]
listeriosis

Lithiasis. (Steinleiden). Erkrankung mit Bildung von Steinen oder → Konkrementen in Hohlorganen oder Körpergängen. Die Steine bestehen aus Mineralsalzen und können in dem Organ, in dem sie sich bilden oder in dem sie liegen, für Reizungen, Entzündungen oder Obstruktionen sorgen. Die L. tritt meist in der Gallenblase, den Nieren und dem unteren Harntrakt auf; sie kann asymptomatisch verlaufen, ist jedoch meist mit starken Schmerzen verbunden.
[*griech.*: lithos, Stein; osis, Zustand]
lithiasis

Lithium (Li). Silberweißes Alkalimetall, das in verschiedenen Verbindungen zu finden ist; Ordnungszahl 3 und Atommasse 6,94. L. ist das leichteste bekannte Metall. Lithiumsalze werden zur Behandlung von

manisch-depressiven Erkrankungen als → Antidepressiva eingesetzt.
[*griech.:* lithos, Stein]
🇬🇧 lithium (Li)

litho-. Vorsilbe mit der Bedeutung »Stein«.
🇬🇧 litho-

Lithogenese. Bildung von Steinen und → Konkrementen.
[*griech.:* lithos, Stein; genein, produzieren]
🇬🇧 lithogenesis

Lithotomie. Chirurgische Entfernung eines Steins (Calculus), insbesondere aus dem Harntrakt.
[*griech.:* lithos, Stein; temnein, schneiden]
🇬🇧 lithotomia

Lithotripsie. Entfernung eines Steins (Calculus) aus Nierenbecken, Harnleiter (Ureter), Harnblase oder Gallenblase. Dabei werden die Steine entweder durch einen chirurgischen Eingriff zertrümmert oder durch non-invasive Methoden, wie Laserbehandlung oder Ultraschall, zerstört. Die dabei entstehenden Bruchstücke werden ausgeschieden oder ausgespült.
[*griech.:* lithos, Stein; tribein, zerreiben]
🇬🇧 lithotripsy

Livedo. Blaue oder rötlichblaue Flecken auf der Haut, die sich bei Kälte verstärken und möglicherweise durch Spasmen der → Arteriolen verursacht werden.
[*lat.:* liveo, blaue Verfärbung]
🇬🇧 livedo

Lividität. Bläuliche oder rötlichblaue Gewebeverfärbung, die durch venöse Stauungen, z.B. durch Quetschungen, verursacht wird. – *adj.* livide.
[*lat.:* lividus, bläulich]
🇬🇧 lividity

Lobärpneumonie. Schwere Infektion eines oder mehrerer großer Lungenlappen, die unbehandelt zur Verdichtung des Lungengewebes führen kann. Die Erkrankung zeigt sich mit Fieber, Schüttelfrost, Husten, rötlichem Sputum, schneller Atmung (Tachypnoe), Zyanose, Übelkeit, Erbrechen und Brustfellentzündung (Pleuritis). Ursache der L. ist meist der Erreger *Streptokokkus pneumoniae.* Zu den Komplikationen zählen Lungenabszesse, Atelektasen, Eiterbildung (Empyem), Herzbeutelentzündung (Perikarditis) und Pleuraerguss.
🇬🇧 lobar pneumonia

Lobektomie. Chirurgische Entfernung (Exzision) eines Organlappens, z.B. der Lunge. Eine Lungen-L. wird durchgeführt, um bösartige Tumore zu entfernen oder unkontrollierte → Bronchiektasen, Traumata mit Hämorrhagien oder eine mit anderen Mitteln nicht zu therapierende Tuberkulose zu behandeln.
[*griech.:* lobos, Lappen; ektome, herausschneiden]
🇬🇧 lobectomy

Lobotomie. (Leukotomie). Neurochirurgische Maßnahme, bei der Nervenfaserbündel weißer Substanz im Vorderlappen des Gehirns durchtrennt werden, um die Übermittlung verschiedener affektiver Reaktionen zu unterbrechen. Schwere unbehandelbare Depressionen und Schmerzen gehören zu den Indikationen für diese Operation; sie wird nur sehr selten durchgeführt, weil viele unvorhersehbare und unerwünschte Auswirkungen auftreten können.
[*griech.:* lobos, Lappen; temnein, schneiden]
🇬🇧 lobotomy

Lobulus. Kleiner Lappen (→ Lobus), z.B. Leberläppchen oder Nierenläppchen.
🇬🇧 lobule

Lobus. (Lappen). 1. Runder Vorsprung einer Struktur. 2. Teil eines Organs, das durch eine Rinne (Sulcus), Fissur oder Bindegewebe abgegrenzt ist, z.B. die Lappen des Gehirns, der Leber und der Lunge. – *adj.* lobär.
[*griech.:* lobos, Lappen]
🇬🇧 lobe

Lobus parietalis. (Scheitellappen). Großhirnlappen in jeder Hirnhälfte, der die seitlichen und mittleren Oberflächen bedeckt, welche von dem Scheitelknochen (Os parietale) bedeckt sind. Auf der seitlichen Oberfläche der Hirnhälfte (Hemisphäre)

ist der L.p. vom Vorderlappen (L. frontalis) durch die Furche (Sulcus centralis) und vom Schläfenlappen (L.temporalis) durch eine imaginäre Linie getrennt, die sich vom hinteren Ast des seitlichen Sulcus in Richtung Okziput erstreckt. Im L.p. werden die Sprachmechanismen und allgemeine sensorische Funktionen lokalisiert.
parietal lobe

Lochien. (Wochenfluss). Ausscheidungen aus der Vagina einer Wöchnerin nach der Geburt. In den ersten 2 bis 4 Tagen nach der Geburt sind die L. rötlich bis bräunlich (Lochia rubra oder cruenta); sie bestehen aus Blut, Schleimhautteilen, Flaumhaar des Fötus, Käseschmiere und manchmal Mekonium; dieser Ausfluss hat einen fleischigen Geruch. Ab dem dritten Tag nimmt die Blutmenge ab. Die L. bestehen nun aus seröser Substanz, Erythrozyten, Lymphe, Zervixschleim und Mikroorganismen von der obersten Gebärmutterschicht (Lochia serosa). In den nächsten 10 bis 14 Tagen können in großen Mengen Bakterien zusammen mit schleimigen Bestandteilen der Schleimhaut (Decidua) und Epithelzellen auftreten, wodurch die L. weiß-gelblich erscheinen (Lochia alba). Dieser Ausfluss kann weitere bis zu 6 Wochen nach der Entbindung andauern.
[*griech.:* lochos, Geburt]
lochia

Locus. Spezifischer Ort oder Position, z.B. der L. eines bestimmten Gens auf einem Chromosom oder der L. caeruleus, eine stark pigmentierte Gruppe von mehreren Tausend Neuronen auf dem Boden des IV. Hirnventrikels.
locus

-log(ie). Nachsilbe mit der Bedeutung »Lehre, Wissenschaft«.
-log(ia)

Logotherapie. Behandlungsform, die auf der Anwendung der humanistischen und existentiellen Psychologie beruht, um Patienten zu helfen, in ihrem Leben Sinn zu finden und einzigartige Lebenserfahrungen zu machen; insbesondere bei der Behandlung von Psychosen.
[*griech.:* logos, Wort; therapeia, Behandlung]
logotherapy

lokal. (örtlich). 1. Zu einem kleinen umgrenzten Körperbereich gehörend. 2. Behandlungen oder Arzneimittel betreffend, die örtlich angewandt werden.
local

Lokalanästhesie. (Regionalanästhesie/örtliche Betäubung). Verabreichung eines → Lokalanästhetikums in ein Körpergewebe, um in einem kleinen, abgegrenzten Bereich eine Empfindungs- und Schmerzlosigkeit zu bewirken. Kurze chirurgische oder zahnärztliche Eingriffe sind Indikationen für eine L. Das Anästhetikum kann äußerlich aufgetragen oder subkutan injiziert werden. Man unterscheidet die Oberflächen-, Infiltrations- und Leitungsanästhesie.
local anesthesia

Lokalanästhetika. Arzneimittel, die die Weiterleitung von Impulsen über die Nerven verhindern und somit Empfindungen ausschalten, z.B. Schmerzen in einem Körperbereich. Die Arzneimittel für eine → Lokalanästhesie werden in Ester (kurze Wirkung) und Amide (längere Wirkung) unterteilt. L. werden meist mit einem Vasokonstriktivum kombiniert (z.B. Adrenalin), um den Blutfluss und damit den Abfluss der L. zu reduzieren. Bei einer Überdosierung kommt es zu Krämpfen, Atem- und Herzstillstand. Patienten müssen in bezug auf Nebenwirkungen wie Erbrechen, Krämpfe, Bradykardie, Unruhe und Angst überwacht werden.
local anesthetics

Lokalinfektion. → Infektion mit Bakterien, die an einem bestimmten Punkt in den Körper gelangen, dort verbleiben, sich vermehren und hier auch wieder ausgeschieden werden.
local infection

Lokalisation. 1. Bestimmung oder Einschränkung der Stelle einer Läsion oder einer Organfunktion. 2. Bestimmung der

Position eines Objektes (z.B. eines Tumors) durch Röntgenstrahlen.
[*lat.:* locus, Ort]
localization

Lokalisation, taktile. Fähigkeit, mit geschlossenen Augen den genauen Punkt am Körper anzugeben, an dem eine Berührung stattfindet. Der Lokalisationstest wird bei der Beurteilung der Sinneswahrnehmung von Patienten eingesetzt.
tactile localization

lokomotorisch. Die Fortbewegung betreffend.
locomotive

longitudinal. Längsgerichtet; zur Richtung der langen Achse eines Objektes, Körpers oder Organs gehörend.
[*lat.:* longitudo, Länge]
longitudinal

Loperamid. → Antidiarrhoikum zur Behandlung von Durchfallerkrankungen (Diarrhöe). L. ist ein → Opioid, das jedoch wegen fehlender zentraler Wirkung nicht zur Sucht führt. Bei der Verabreichung von L. muß auf Anzeichen einer → Obstipation geachtet werden; nicht für Kinder unter 2 Jahren geeignet.
loperamide hydrochloride

Lorazepam. Benzodiazepin- → Tranquilizer, der als → Hypnotikum zur Behandlung von Angstzuständen, nervöser Spannung und Schlaflosigkeit verabreicht wird.
lorazepam

Lordose. Unphysiologische konvexe Vorwärtskrümmung der Lendenwirbelsäule. (s.a. Kyphose)
[*griech.:* lordos, nach vorn gebeugt; osis, Zustand]
lordosis

Lordoskoliose. Kombination einer → Lordose mit einer → Skoliose.
lordoscoliosis

Loslassschmerz. (Blumberg-Zeichen). Zeichen für eine Entzündung des Peritoneums bzw. des Blinddarms. Der Schmerz entsteht bei plötzlichem Loslassen, nachdem mit der Hand auf den linken Unterbauch Druck ausgeübt wurde. (→ Appendizitis)
rebound tenderness

Loslasstherapie. Besondere Form der pädiatrischen Psychotherapie. Sie wird bei Kindern eingesetzt, die im Zusammenhang mit einem vorangegangenen Ereignis Stresssymptome und Angst entwickeln.
release therapy

Lösung. Eine Mischung aus einer oder mehreren Substanzen, aufgelöst in einer anderen Substanz. Die Moleküle jeder einzelnen Substanz verteilen sich dabei homogen und erfahren keine chemische Veränderung. Eine Lösung kann gasförmig, flüssig oder fest sein.
solution

Lösung, gesättigte. Lösung, die das Maximum an gelösten Stoffen enthält, die sie aufnehmen kann.
saturated solution

Lösung, hypertone. Lösung, die den → osmotischen Druck auf eine semipermeable Membran erhöht.
hypertonic solution

Lösung, hypotone. Eine Lösung, die eine niedrigere Konzentration an gelösten Stoffen als eine andere und somit einen niedrigeren osmotischen Druck als die andere Lösung aufweist.
hypotonic solution

Lösung, isotonische. Lösung, deren osmotischer Druck dem einer anderen Flüssigkeit entspricht.
isotonic solution

Lösung, sklerosierende. Lösung, die entzündungsauslösende Substanzen enthält und Gewebsfibrosen verursacht. Kann zur Verätzung von Geschwüren, zur Blutungsstillung und zur Behandlung von Hämangiomen verwendet werden.
sclerosing solution

Lösung, wässrige. Homogene, flüssige Zubereitung einer in Wasser gelösten Substanz.
aqueous solution

L

Lösungsmittel. Jede Flüssigkeit, in der eine andere Substanz aufgelöst werden kann.
solvent

Lotion. (Lotio). Flüssige Substanz, die äußerlich zum Schutz der Haut oder zur Behandlung dermatologischer Erkrankungen aufgetragen wird (meist Öl-in-Wasser-Emulsionen).
[*lat.:* lotio, Waschen]
lotion

Low-density-Lipoproteine (LDL). (Lipoproteine geringer Dichte). Plasmaproteine, die relativ gesehen mehr → Cholesterin und → Triglyzeride enthalten als Proteine. Sie entstehen teilweise oder vollständig durch den intravasalen Abbau von Lipoproteinen mit sehr geringer Dichte. Die L.D.L. dienen dazu, Cholesterin zu transportieren.
low-density lipoproteins (LDL)

L

Low-dose-Therapie. Behandlung mit der geringsten wirksamen Dosis eines Arzneimittels, z.B. Low-dose-Heparinisierung, die zur Vorbeugung gegen eine Thrombose oder Embolie verabreicht wird.
low-dose therapy

LSD. (Lysergsäurediäthylamid) Psychomimetisches, halbsynthetisches Derivat des Mutterkornpilzes, das an zahlreichen Stellen des Zentralnervensystems von der Hirnrinde (Kortex) bis zum Rückenmark wirkt. Dieses → Halluzinogen kann zu Pupillenerweiterung, Hypertonie, Hyperreflexie, Tremor, Muskelschwäche, Aufrichtung der Körperhärchen (Piloerektion) und zu erhöhter Körpertemperatur führen. Höhere Dosierungen können darüber hinaus Schwindel, Müdigkeit, Parästhesien, Glücksgefühl (Euphorie) oder nervöse Unruhe (Dysphorie) und Synästhesien auslösen, d.h. Empfindungen in einem Sinnesorgan bei Reizung eines anderen, z.B. werden Farben gehört und Geräusche gesehen. Die Zeit scheint nur sehr langsam zu vergehen. LSD unterliegt dem Betäubungsmittelgesetz, führt jedoch zu keiner körperlichen oder psychischen Abhängigkeit. Kommt es zu einem ekstatischen Rauschzustand, spricht man von einem Trip, bei beängstigenden Alpträumen handelt es sich dagegen um einen Horror-Trip, der zur Psychose führen kann. Patienten, die LSD eingenommen haben, sollten genau beobachtet werden, weil es zu panischen Reaktionen und zur Selbstüberschätzung kommen kann.
LSD

Lubrikanzien. (Gleitmittel). Flüssigkeit, Salbe oder andere Substanz, die die Reibung verringern und eine Oberfläche gleitfähig machen; z.B. → Laxanzien, die dafür sorgen, dass der Darminhalt gleitfähiger und schneller ausgeschieden wird.
[*lat.:* lubricus, schlüpfrig]
lubricants

Luer-Lock-Spritze. Glas- oder Plastikspritze zur Injektion, deren Konus einen einfachen Mechanismus mit Schraubverschluss aufweist, in den eine Kanüle fest eingeschraubt werden kann.
[W. Luer, deutscher Instrumentenhersteller]
Luer-Lok syringe

Lues. (→ Syphilis)
syphilis

Luft. Farb- und geruchloses, gasförmiges, die Erdatmosphäre bildendes Gemisch. Besteht aus 78% Stickstoff, 20% Sauerstoff, etwa 1% Argon, geringen Mengen Kohlendioxid, Wasserstoff und Ozon, Spuren von Helium, Krypton, Neon und Xenon sowie veränderlichen Anteilen von Wasserdampf.
air

Luftembolie. Unphysiologische Präsenz von Luft im venösen oder arteriellen Herz-Kreislauf-System, die zu einer Obstruktion des Blutflusses durch die Gefäße führen kann (ist bei größeren Mengen tödlich). Luft kann ungewollt durch eine Injektion, während intravenöser Behandlungen, bei einer Operation bzw. traumabedingt, z.B. durch eine Stichwunde, in den Körper gelangen. Gefährdet sind Eröffnungen bzw. Verletzungen von Venen oberhalb der Herzens, da es hierbei zu einem »Ansaugen« der Luft in das Gefäßsystem kommt.
air embolism

Luftfeuchtigkeit, absolute. Wasserdampfgehalt der Luft; Angabe in Gramm pro Kubikmeter Luft.
absolute humidity

Lufthunger. Form der Atemnot, die in Verbindung mit einer schweren, keuchenden Atmung bzw. Kurzatmigkeit steht.
air hunger

Luftkissen-Bett. Bett mit einer Matratze, die eine Vielzahl Mikroglaskugeln enthält, welche mit temperaturgeregelter Druckluft aufgewirbelt werden. Das Laken besteht aus wasserabweisendem, aber luftdurchlässigem Material, damit Wundsekrete abfließen können und keine feuchten Kammern entstehen. Durch das Druckluftgebläse bilden die Kügelchen die Körperform des Patienten nach und der Druck auf das Gewebe des Patienten wird verringert. Wird häufig auf Intensivstationen eingesetzt bei Patienten mit erhöhter Dekubitutsgefahr.
air-fluidized bed

Luftkrankheit. Form der Reisekrankheit; wird zumeist durch Fliegen verursacht sowie in manchen Fällen durch Überlandreisen in großen Höhen. Zu den Symptomen gehören im allgemeinen Übelkeit und Erbrechen, die manchmal von Kopfschmerzen oder Schläfrigkeit begleitet werden.
air sickness

Lufträume. Die Alveolargänge, Alveolarsäckchen und Alveolen des respiratorischen Systems.
air spaces

Luftretention, akute. Bronchiolarkollaps, der plötzlich auftritt. Das Atmungssystem des Patienten wird in einer Position der partiellen Ausatmung immobilisiert; der Patient kann weder ein- noch ausatmen und möglicherweise panisch reagieren und eine Zyanose entwickeln. Er kann jedoch lernen, die Atmung durch Atmen mit geschlossenen Lippen zu kontrollieren.
acute air trapping

Luftschiene. Vorrichtung für die zeitweilige Immobilisierung gebrochener bzw. verletzter Extremitäten; besteht aus einem aufblasbaren Zylinder, der an beiden Enden geschlossen werden kann und sich beim Befüllen mit Druckluft versteift.
air splint

Luftschlucken. (Aerophagie). Aufnahme von Luft in das Verdauungssystem; geschieht normalerweise unbeabsichtigt während der Nahrungsaufnahme, beim Trinken oder beim Kauen von Kaugummi. L. kann auch in Verbindung mit Angst auftreten. L. wird häufig bei Neugeborenen als Folge einer falschen Fütterungsmethode beobachtet.
air swallowing

Luftverunreinigung. Verschmutzung der Luft durch ätzende Dämpfe, Gerüche oder giftige Chemikalien, die Auswirkungen auf die Atemwege haben kann.
[*lat.:* polluere, verschmutzen]
air pollution

Luftwege. (Atemwege). 1. Röhrenförmige Passage für die aus Lunge, Luftröhre, Bronchien und Bronchiolen ein- und ausgeatmete Luft. L. mit einem Durchmesser von mehr als 2 mm werden als große oder zentrale L. definiert; bei weniger als 2 mm Durchmesser spricht man von kleinen oder peripheren L.n. Man unterscheidet weiter zwischen den oberen (Nase, Nasennebenhöhlen, Mund, Rachen, Kehlkopf) und den unteren L.n (Trachea, Bronchien, Alveolarraum). 2. Bezeichnung für eine bei der Narkose verwendete Vorrichtung oder einen Oropharyngealschlauch zur Mund-zu-Mund-Beatmung.
airway

Luftwegs-Clearance, ineffektive. Unfähigkeit einer Person, die im Atemtrakt angesammelten Sekrete oder Obstruktionen zu beseitigen. Merkmale sind abnorme Atemgeräusche (Knattern, Gurgeln, pfeifender Atem), produktiver bzw. unproduktiver Husten, Sputum, Lungenstauungen.
airway clearance, ineffective

L

Lumbago. (Hexenschuss). Schmerzen im Bereich der Lendenwirbelsäule, die durch Muskelüberanstrengung, rheumatische Arthritis, Osteoarthritis oder eine Bandscheibenvorfall verursacht werden können. Die ischämische L. ist durch Schmerzen in der Kreuz- und Gesäßgegend gekennzeichnet und kann durch eine Gefäßinsuffizienz ausgelöst werden.
lumbago

lumbal. Zu der Körperregion zwischen Brustkorb (Thorax) und Becken (Pelvis) gehörend; die Lenden betreffend.
[*lat.:* lumbus, Lende]
lumbar

Lumbalnerv. (→ Nervus lumbalis)
lumbar nerv

Lumbalpunktion. Einführung einer Hohlnadel mit Hilfe eines → Mandrins in den Subarachnoidalraum des Spinalkanals im Lendenbereich. Unter Anwendung einer streng aseptischen Technik wird die L. aus verschiedenen therapeutischen und diagnostischen Gründen durchgeführt. Dabei erfolgt die Punktion beim sitzenden oder seitlich liegenden Patienten zwischen dem 3. und 4. Dornfortsatz. Zu den diagnostischen Indikationen zählen Druckmessung der → Zerebrospinalflüssigkeit (Liquor), Abnahme von Liquor zur Laboranalyse, Untersuchung des Spinalkanals auf die Präsenz eines Tumors, Injektion von Luft, Sauerstoff oder eines Kontrastmittels für Röntgenuntersuchungen bestimmter Strukturen; dazu zählen z.B. das Nervensystem des Rückenmarks, die Hirnhäute (Meningen) und das Gehirn. Zu den therapeutischen Indikationen gehören die Entfernung von Blut oder Eiter aus dem Subarachnoidalraum, Injektion von Seren oder Arzneimitteln, Abnahme von Liquor zur Senkung des Hirndrucks oder die Verabreichung eines Spinalanästhetikums.
lumbar puncture (LP)

lumbokostal. Zur Lendengegend (Lumbus) und zu den Rippen (Costa) gehörend.
lumbocostal

lumbosakral. Zur Lendengegend (Lumbus) und zum Kreuzbein (Sacrum) gehörend.
lumbosacral

Lumen. 1. Durchmesser einer röhrenförmigen Höhle oder eines Kanals innerhalb eines Organs oder einer Körperstruktur. 2. Einheit des Lichtstroms.
[*lat.:* Licht]
lumen

Lumineszenz. 1. Die Emission von Licht durch ein Material nach einer Stimulation. 2. Emission von Licht durch einen Verstärkungsbildschirm nach Interaktionen mit Röntgenstrahlen.
[*lat.:* lumen, Licht; escens, Anfang]
luminescence

Lunarmonat. Phase von 4 Wochen oder 28 Tagen; die Zeit, die der Mond etwa benötigt, um sich einmal um die Erde zu bewegen. Die Schwangerschaftsdauer wird z.B. in L.en berechnet, nämlich 10 L.e vom ersten Tag der letzten Regelblutung.
lunar month

Lunge. Paariges leichtes, schwammiges Organ im Brustkorb (Thorax), das die wichtigste Komponente des Atmungssystems darstellt (äußere Atmung). Die beiden höchst elastischen L.n stellen im Körper den Hauptmechanismus für die Einatmung (Inhalation) von Luft, aus der dem arteriellen Blutsystem Sauerstoff zugeführt wird, und für die Ausatmung (Exhalation) von Kohlendioxid dar, das aus dem venösen System entfernt wird. Die rechte L. ist in drei und die linke in zwei Lappen unterteilt. Jede L. besteht aus einer äußeren serösen Schicht, einer subserösen Schicht mit Netzgewebe und Parenchym. Die seröse Schicht wird von dem dünnen viszeralen Brustfell (Pleura visceralis) gebildet; das subseröse Netzgewebe besteht aus vielen elastischen Fasern und bedeckt die gesamte Oberfläche des Organs. Das Parenchym besteht aus zahlreichen Lungenläppchen, sogenannte Sekundärläppchen, die sich in Primärläppchen unterteilen, die jeweils aus Blutgefäßen, lymphatischen, nervalen und alveolaren Gängen

bestehen und in Verbindung mit den Lufträumen steht.
lung

Lungenalveolen (pl.). (Lungenbläschen). Zahlreich vorhandene terminale Luftsäckchen in den Lungen, in denen der Sauerstoff- und Kohlendioxidaustausch stattfindet.
pulmonary alveolus

Lungenbläschen. (→ Lungenalveolen)
pulmonary alveolus

Lungencompliance. Messung der Ausdehnungsfähigkeit der Lunge und des Brustkorbs (Thorax). Die L. wird durch das Lungenvolumen und die Lungenelastizität bestimmt, wobei eine höhere Compliance für eine reduzierte Fähigkeit der Lungen zum elastischen Zusammenziehen spricht, was im Alter oder bei einer Luftansammlung (Emphysem) auftritt. Eine verminderte L. tritt bei Erkrankungen auf, bei denen für den Gasaustausch ein größerer Druck erforderlich ist, etwa bei Atelektasen, Lungenödem, Fibrose oder Pneumonie.
lung compliance

Lungencompliance, dynamische. Während des Atemvorgangs mit Hilfe der Plethysmographie gemessene Dehnbarkeit der Lungen, Druckdifferenz des Atemzugvolumens zu Beginn und beim Erreichen des höchsten Volumens.
dynamic compliance

Lungenembolie. Blockierung einer Pulmonalarterie durch einen »Fremdkörper«; dies kann Fett, Luft, Tumorgewebe oder ein Thrombus sein, der meist aus einer peripheren Vene stammt. Zu den prädisponierenden Faktoren zählen eine Veränderung der Blutbestandteile mit gesteigerter Gerinnungsneigung, Verletzung von Blutgefäßwänden oder Immobilität, z.B. im Zusammenhang mit einer Entbindung, dekompensierte Herzinsuffizienz, Polycythämia vera oder nach Operationen. Eine L. ist oft nur schwer von einem Herzinfarkt oder einer Pneumonie zu unterscheiden und durch Atemnot (Dyspnoe), plötzliche Thoraxschmerzen, Schock und Zyanose gekennzeichnet.
pulmonary embolism (PE)

Lungenemphysem. Chronisch obstruktive Lungenerkrankung, die durch eine Überblähung der → Lungenalveolen und der daraus folgenden Zerstörung der unterstützenden alveolaren Strukturen charakterisiert ist.
pulmonary emphysema

Lungenentzündung. (→ Pneumonie)
pneumonia

Lungenfibrose, idiopathische. Schwere Lungenfibrose, die von Atemnot (Dyspnoe) und Sauerstoffmangel (Hypoxie) gekennzeichnet ist. Tritt bei fortgeschrittener rheumatoider Arthritis und anderen Autoimmunerkrankungen auf. (→ Alveolitis)
fibrosing alveolitis

Lungenfistel, kongenitale arteriovenöse. Angeborene Direktverbindung in der Lunge zwischen dem arteriellen und venösen Blutkreislauf. Ursache ist ein rechts-links-Shunt, durch den sauerstoffarmes Blut in die systemische Zirkulation gelangen kann. Die Fisteln können einzeln oder multipel in der gesamten Lunge auftreten.
congenital pulmonary arteriovenous fistula

Lungenfunktionsprüfung. Verfahren zur Bestimmung der Lungenkapazität und der Effizienz des Sauerstoff- und Kohlendioxidaustauschs. Es gibt zwei relevante Methoden von L.en. Bei der einen wird die Ventilation oder die Fähigkeit der Blasebalgwirkung des Thorax und der Lungen gemessen, durch die Gas in die und aus den Alveolen befördert wird. Die andere Methode misst die Gasdiffusion durch die alveolare Kapillarmembran und die Blutperfusion der Lunge. Ein effizienter Gasaustausch in den Lungen erfordert ein ausgewogenes Verhältnis von Ventilation und Perfusion, wobei die Bereiche, in denen die Ventilation stattfindet, gut perfundiert und die Bereiche, in die der

Blutfluss gelangt, zur Ventilation fähig sein müssen.
🇬🇧 pulmonary function test (PFT)

Lungeninfarkt. Obstruktion eines Astes der → Arteria pulmonalis durch einen Thrombus, der aus einer Bein- oder Beckenvene stammt. Nach seiner Freisetzung in den Blutstrom wird der Thrombus durch den Blutkreislauf in eine der Lungen transportiert, wo er durch das pulmonale Gefäßsystem befördert wird, bis die Gefäße zu klein werden, er sich festsetzt und damit das Gefäß blockiert. (s.a. Lungenembolie)
🇬🇧 pulmonary infarction (PI)

Lungenkarzinom. (Lungenkrebs/Bronchialkarzinom). Bösartige neoplastische Lungenerkrankung, die durch Tabakrauch verursacht werden kann; andere prädisponierende Faktoren sind die Exposition gegenüber Arsen, Asbest, Beryllium, Chrom, Kohleprodukten, ionisierender Strahlung, Senfgas, Nickel, Petroleum, Uran und Vinylchlorid. Ein L. entwickelt sich meist in vernarbtem oder chronisch krankem Lungengewebe und ist häufig schon in einem fortgeschrittenen Stadium, wenn es entdeckt wird. Zu den Symptomen gehören dauerhafter Husten, Atemnot (Dyspnoe), eitriges oder blutiges Sputum, Schmerzen im Brustbereich, rezidivierende Bronchitis oder Pneumonie. Plattenepithel- und Adenokarzinome machen etwa 30% der Lungentumore aus, 25% sind kleinzellige Karzinome und 15% anaplastische großzellige Tumore.
🇬🇧 lung cancer

Lungenkollaps. Verringerung des Lungenvolumens und der sich darin befindlichen Luft; Folge eines erhöhten intrapleuralen Drucks aufgrund einer Ansammlung von Luft bzw. Flüssigkeit in der Pleurahöhle oder aufgrund des Verlusts des Innendrucks und der Lungenelastizität.
🇬🇧 collapse of the lung

Lungenkrankheit, chronisch-obstruktive (COLD). (Emphysembronchitis). Progressive, irreversible Erkrankung, die durch eine verminderte Lungenkapazität gekennzeichnet ist. Der Patient leidet unter Belastungsdyspnoe, Problemen beim tiefen Ein- und Ausatmen und manchmal chronischem Husten.
🇬🇧 chronic obstructive pulmonary disease (COPD)

Lungenkrebs. (→ Lungenkarzinom)
🇬🇧 lung cancer

Lungenkreislauf. Blutfluss durch ein Netzwerk von Gefäßen zwischen dem Herzen und den Lungen, wo das Blut mit Sauerstoff angereichert (oxygenisiert) und Kohlendioxid entfernt wird.
🇬🇧 pulmonary circulation

Lungenödem. Ansammlung von Flüssigkeit in den Lungenalveolen oder im Lungeninterstitium infolge einer Erhöhung des Lungenkapillardrucks (z.B. bei Linksherzinsuffizienz), einer Steigerung der Kapillardurchlässigkeit (z.B. bei Infektionen, Gift- oder Reizstoffen) oder bei einer zu schnellen Verabreichung von Vollblut, Plasma, Serum, Albumin oder anderen intravenösen Flüssigkeiten. Zu den Anzeichen und Symptomen eines L.s gehören Tachypnoe, angestrengte flache Atmung, Unruhe, Angst, Lufthunger, Zyanose und bluthaltiges schaumiges Sputum. Meistens sind die peripheren Venen und die Halsvenen gestaut, Blutdruck und Herzfrequenz erhöht, der Puls voll und pochend oder aber schwach und fadenförmig. Patienten müssen mit erhöhtem Oberkörper gelagert werden, dabei zur Herzentlastung die Beine tiefer gelagert werden.
🇬🇧 pulmonary edema; wet lung

Lungenperfusionsszintigraphie. Röntgenologische Untersuchung der Lungen und ihrer Funktion nach intravenöser Injektion eines Kontrastmittels; diese Maßnahme kann die Diagnose einer Lungenembolie erleichtern.
🇬🇧 perfusion lung scan

Lungenschlagader. (→ Arteria pulmonalis)
🇬🇧 pulmonary artery

Lungentransplantation. Einpflanzung einer oder beider → Lungen eines Spenders zum Ersatz einer unheilbar erkrankten Lunge. Die L. kann auch als kombinierte kardio-

pulmonale → Transplantation durchgeführt werden.
🇬🇧 lung transplantation

Lungenvene. (→ Vena pulmonalis)
🇬🇧 pulmonary vein

Lunula. Halbmondförmige Struktur, wie etwa der weißliche Bereich im Bett eines Finger- oder Fußnagels.
[*lat.:* luna, Mond]
🇬🇧 lunula

Lupus. Abgekürzte Bezeichnung für → Lupus erythematodes.
[*lat.:* Wolf]
🇬🇧 lupus

Lupus erythematodes. (Schmetterlingsflechte/Zehrrose). → Autoimmunerkrankung, die die Haut und verschiedene Organe befallen kann. Auf der Haut kommt es zu klar abgegrenzten bläulich-roten Flecken, die sehr schmerzhaft sind und meist an lichtexponierten Stellen auftreten. Beim systemischen L. e. werden → Autoantikörper und → Immunkomplexe gebildet, die Arthritis, Hauterscheinungen (Schmetterlingserythem), Nephritis, Pleuritis, Perikarditis sowie neurologische Erkrankungen auslösen können.
🇬🇧 lupus erythematosus

Lupus erythematodes chronicus discoides. Chronisch rezividierende Hauterkrankung mit schuppigen, follikelbildenden Läsionen. Die Läsionen sind normalerweise über das Gesicht verteilt, können aber auch in anderen Körperregionen auftreten. Die Krankheitsursache ist unklar, es wird jedoch angenommen, dass es sich um eine Erkrankung des Autoimmunsystems handelt. Die Krankheit kann auch durch die Einnahme bestimmter Arzneimittel ausgelöst werden.
[*griech.:* diskos, Scheibe, eidos, Form; *lat.:* lupus, Wolf; *griech.:* erythema, Rötung, osis, Zustand.]
🇬🇧 discoid lupus erythematosus (DLE)

Lupus erythematodes disseminatus (LED). (→ Lupus erythematodes)
🇬🇧 systemic lupus erythematosus (SLE)

Lupus erythematodes visceralis. (→ Lupus erythematodes)
🇬🇧 systemic lupus erythematosus (SLE)

Lupus vulgaris. Kutane Form der → Tuberkulose, bei der zahlreiche Hautstellen ulzerieren, nur langsam heilen und ein tief vernarbtes Gewebe hinterlassen. Der L. v. steht nicht in Verbindung mit Lupus erythematodes.
🇬🇧 lupus vulgaris

Lutein. Gelbrötliches kristallines karotinoides Pigment, das in Pflanzen mit Karotin und Chlorophyll und in tierischen Fetten, Eigelb, dem Gelbkörper der Frau (→ Corpus luteum) oder in Lipochromen zu finden ist.
[*lat.:* luteus, gelb]
🇬🇧 lutein

Luteinisierendes Hormon (LH). Glykoproteinhormon, das vom Hypophysenvorderlappen produziert wird; es stimuliert die Sekretion von Sexualhormonen durch die Eierstöcke (Ovarien) und Hoden (Testes) und ist bei der Reifung der Spermien und der Eier beteiligt. Beim Mann verursacht das l. H. die Sekretion von → Testosteron aus den interstitiellen Zellen der Hoden; bei der Frau arbeitet es zusammen mit dem → follikelstimulierenden Hormon und regt das wachsende Follikel in den Ovarien an, → Östrogen auszuscheiden.
[*lat.:* luteus, gelb; *griech.:* izein, verursachen; hormein, aktivieren]
🇬🇧 luteinizing hormon (LH)

Luxation. Verrenkung. (→ Dislokation)
🇬🇧 luxation

Luxation, habituelle. Gelenkausrenkung (→ Luxation), die nach einer Wiedereinrichtung (Reposition) oder bei angeborener Gelenkinstabilität immer wieder auftritt.
🇬🇧 habitual dislocation

Luxation, unvollständige. (Subluxation/unvollständige Verrenkung). Die teilweise Abtrennung einer Gelenkfläche von einem Gelenk.
🇬🇧 incomplete dislocation

Luxationsfraktur. (Verrenkungsbruch). Fraktur eines Gelenks mit gleichzeitiger Verrenkung (Dislokation) des betroffenen Gelenks.
fracture-dislocation

luzid. 1. Bezeichnung für einen Zustand klaren Bewusstseins und der Fähigkeit zum rationalen Verständnis. 2. Bezeichnung für helle durchscheinende Substanzen, z.B. Stratum lucidum.
[*lat.:* lucidus, hell]
lucid

Luzidität. Klarheit des Bewusstseins, der Wahrnehmung oder der Verständlichkeit.
[*lat.:* lucidus, hell]
lucidity

LWK. Abkürzung für Lendenwirbelkörper.
LVB

L

LWS. Abkürzung für Lendenwirbelsäule.
LV

Lyasen. Gruppe von → Enzymen, die reversibel ohne Hydrolyse oder Sauerstoffreduktion Kohlenstoffbindungen spalten, die Kohlenstoff, Stickstoff und Sauerstoff enthalten.
lyases

Lyme-Borreliose. (Zeckenborreliose). Akute rezidivierende Infektion, die durch eine von Zecken übertragene Spirochäte, *Burgelia burgdorferi*, verursacht wird. Diese Erkrankung wurde erstmals in der Gemeinde Lyme in Connecticut (USA) beschrieben. Die L.-B. wird durch zwei Species von Zecken übertragen, nämlich *Ixodes dammini* und *I. pacificus*. Erstes Anzeichen ist das Auftreten eines roten Flecks an der Stelle des Bisses. Von hier aus breitet sich die Entzündung in konzentrischen Kreisen aus. Meist sind die Knie, andere große Gelenke und die Schläfenkiefergelenke beteiligt, an denen es zu lokalen Entzündungen und Schwellungen kommt. Schüttelfrost, Fieber, Kopfschmerzen, Unwohlsein sowie ein Initialerythem (Erythema chronicum migrans) und Ringerytheme folgen häufig der Gelenkmanifestation. Gelegentlich kommt es zu Herzleitungsstörungen, aseptischer Meningitis und Bell-Lähmung. Behandelt wird die L.-B. mit Antibiotika.
Lyme disease

Lymphadenitis. Entzündung der → Lymphknoten, meist infolge einer systemischen neoplastischen Erkrankung, bakteriellen Infektion oder anderer entzündlicher Zustände. Die Lymphknoten können vergrößert, hart oder weich, unregelmäßig, rot und heiß sein.
[*lat.:* lympha, Wasser; *griech.:* aden, Drüse; itis, Entzündung]
lymphadenitis

Lymphadenopathie. Erkrankung, die durch eine lokalisiert oder generalisierte Vergrößerung der → Lymphknoten oder → Lymphgefäße gekennzeichnet ist.
lymphadenopathy

Lymphangiektasie. Unphysiologische Erweiterung der kleinen lymphatischen Gefäße, die meist durch einen Verschluss (Obstruktion) von größeren Gefäßen verursacht wird.
[*lat.:* lympha, Wasser; *griech.:* angeion, Gefäß; ektasis, Dehnung]
lymphangiectasia

Lymphangiogramm. Röntgenologische Darstellung eines bestimmten Abschnitts des lymphatischen Systems.
lymphangiogramm

Lymphangiographie. Röntgenuntersuchung der → Lymphknoten und → Lymphgefäße nach Injektion eines Kontrastmittels. Die L. wird heute weitgehend durch die → Lymphoszintigraphie ersetzt.
lymphangiography

Lymphangiom. Gutartiger gelblichbrauner Tumor auf der Haut, der aus einer Masse erweiterter Lymphgefäße besteht; z.B. Lymphangioma cavernosum, L. circumscriptum oder L. simplex.
[*lat.:* lympha, Wasser; *griech.:* angeion, Gefäß; oma, Tumor]
lymphangioma

Lymphangitis. Entzündung eines oder mehrerer → Lymphgefäße, meist infolge einer akuten Streptokokkeninfektion in einer Extremität. Die L. ist durch feine

rote Streifen gekennzeichnet (»Blutvergiftung«), die vom infizierten Bereich zur Achsel oder zur Leiste verlaufen; es kommt zu Fieber, Schüttelfrost, Kopfschmerzen und Muskelschmerzen (Myalgie). Die Infektion kann sich über das Blut ausbreiten.
[*lat.*: lympha, Wasser; *griech.*: angeion, Gefäß, itis, Entzündung]
🇬🇧 lymphangitis

lymphatisch. Zum → lymphatischen System des Körpers gehörend, das aus einem ausgedehnten Netzwerk von Gefäßen besteht und die → Lymphe transportiert.
🇬🇧 lymphatic

lymphatischer Rachenring. (→ Waldeyer-Rachenring)
🇬🇧 Waldeyer's throat ring

Lymphbahnklappen. Kleine, halbmondförmige Strukturen in den Lymphbahnen und -gefäßen, die den Flüssigkeitsstrom der → Lymphe regulieren und das Eindringen von venösem Blut in das Lymphsystem verhindern. L. sind zahlreich in den Sammelgefäßen vorhanden; die Lymphkapillaren enthalten keine Klappen.
🇬🇧 valves of lymphatics

Lymphe. Wässrige Flüssigkeit aus Körperorganen und -geweben, die durch die → Lymphgefäße zirkuliert und von den → Lymphknoten filtriert wird. Die L. gelangt an der Verbindung der Vena jugularis und V. subclavia in den Blutstrom. L. besteht aus Lymphplasma (→ Chylus), Erythrozyten und Leukozyten, die meistens Lymphozyten sind. Die L. dient dem Stoffaustausch zwischen den Körpergeweben und besitzt eine Schutzfunktion.
[*lat.*: lympha, Wasser]
🇬🇧 lymph

Lymphgefäß. Transportkanälchen mit Klappen, die sich in den meisten Körpergeweben finden. Sie können leicht durch ihr perlenschnurartiges Aussehen unterschieden werden, das durch ein unregelmäßiges Lumen entsteht. Die Äste, die zum Sammeln der → Lymphe dienen, bilden zwei Systeme, von denen eines mit den oberflächlichen Venen zusammen und das andere unter der tiefen Faszie verläuft. Sie erreichen nach dem Ductus thoracicus und dem rechten lymphatischen Gang das venöse System des Halses.
🇬🇧 lymphatic vessel

Lymphknötchen. Kleiner dichter runder Knoten oder Ansammlung von → Lymphozyten, die in das retikuläre Netzwerk des → lymphatischen Systems eingebunden ist, insbesondere in den Gaumenmandeln (Tonsillen), Milz und Thymus.
🇬🇧 lymph nodule

Lymphknoten. Zahlreiche kleine ovale Strukturen, die → Lymphe filtern und → Infektionen bekämpfen und in denen Lymphozyten, Monozyten und Plasmazellen gebildet werden. Die L. sind unterschiedlich groß, einige so klein wie ein Stecknadelkopf, andere so groß wie eine Bohne. Jeder L. ist von einer Kapsel umgeben und besteht aus einem hellen Rindenabschnitt und einem dunkleren Mark sowie aus eng gepackten Lymphozyten, netzförmigem Bindegewebe und drei Lymphkanälchen. Die Lymphe fließt durch die afferenten Lymphgefäße in die L., die meist in bestimmten Bereichen gehäuft auftreten, z.B. Mund, Nacken, Oberarm, Achsel und Leiste.
🇬🇧 lymph node

Lymphknoten, sakraler. Lymphknoten in einer der sieben Lymphknotengruppen des Bauch- und Beckenraums. Sie s. L. liegen im Kreuzbein.
🇬🇧 sacral node

Lymphoblast. Große unreife Zelle, die nach Konfrontation mit einem → Antigen oder nach der → Mitose zu einem → Lymphozyt wird.
🇬🇧 lymphoblast

Lymphödem. Primäre oder sekundäre Erkrankung, die durch eine Ansammlung von Lymphflüssigkeit im weichen Gewebe gekennzeichnet ist und zu einer Schwellung führt, die durch Entzündung, Verschluss (Obstruktion) oder die Entfernung von Lymphkanälen ausgelöst wird. Ein kongenitales L. (Milroy-Krankheit)

ist eine Erbkrankheit, die sich in einer chronischen lymphatischen Obstruktion zeigt. Ein L. präcox tritt im Jugendlichenalter hauptsächlich bei Mädchen auf und führt zur Schwellung der Beine. Ein sekundäres L. kann nach der chirurgischen Entfernung der Lymphkanäle bei einer Mastektomie, nach einer Obstruktion der Lymphdrainage durch Tumore oder nach dem Befall der Lymphgefäße durch Parasiten entstehen.
[*lat.:* lympha, Wasser; *griech.:* oidema, Schwellung]
🇬🇧 lymphedema

lymphogen. Auf den Lymphwegen entstanden oder von ihnen weitergeleitet.
🇬🇧 lymphogenic

Lymphogranulomatose. (Hodgkin-Lymphom/ Morbus Hodgkin). Malignes → Granulom des lymphatischen Systems. Der Begriff L. wird im Zusammenhang mit entzündlichen, granulomatösen oder sarkomatösen Erkrankungen wie Morbus Hodgkin, Sarkoidose und Lymphadenom verwendet. (→ Hodgkin-Krankheit) (s.a. Lymphom)
[*lat.:* lympha, Wasser; granulum, Körnchen; *griech.:* oma, Tumor; osis, Zustand]
🇬🇧 lymphogranulomatosis

lymphoid. Den → Lymphen gleichend, lymphähnlich.
🇬🇧 lymphoid

Lymphokin. Substanz, die von den T-Lymphozyten produziert und freigesetzt wird und dafür sorgt, dass Makrophagen an die Stelle einer Infektion oder Entzündung gelangen und eine Immunreaktion auslösen.
[*lat.:* lympha, Wasser; *griech.:* kinesis, Bewegung]
🇬🇧 lymphokine

Lymphom. Neoplasma des Lymphgewebes, das sich im retikuloendothelialen oder lymphatischen System bildet und meist bösartig (maligne) ist. Man unterscheidet zwei Arten von Lymphomen: Morbus Hodgkin und non-Hodgkin-Lymphom. Die verschiedenen L.e unterscheiden sich durch ihr Ausmaß der Differenzierung und ihren Inhalt, die Erscheinungsform ist jedoch ähnlich. Charakteristischerweise folgt dem Auftreten von schmerzlosen vergrößerten Lymphknoten eine allgemeine Schwäche, Fieber, Gewichtsverlust und Anämie. Aufgrund der Erkrankung des des lymphatischen Gewebes kommt es zur Vergrößerung von Milz und Leber. Es kann in der Folge zu Magen-Darm-Beschwerden, → Malabsorption und Knochenläsionen kommen.
[*lat.:* lympha, Wasser; *griech.:* oma, Tumor]
🇬🇧 lymphoma

Lymphopoese. Bildung der → Lymphe oder → Lymphozyten. – *adj.* lymphopoetisch.
[*lat.:* lympha, Wasser; *griech.:* poiein, machen]
🇬🇧 lymphopoesis

Lymphorrhagie. (Lymphorrhö). Austritt von → Lymphe aus einem verletzten Lymphgefäß.
🇬🇧 lymphorrhagia

Lymphorrhö. (→ Lymphorrhagie)
🇬🇧 lymphorrhea

Lymphoszintigraphie. Diagnostische Technik mit Hilfe eines Kontrastmittels zur noninvasiven Untersuchung eines primären oder sekundären Lymphödems, maligner Tumore oder einer Lymphogranulomatose. Das Kontrastmittel wird subkutan zwischen die Finger oder Zehen injiziert.
🇬🇧 lymphoscintigraphy

Lymphozyt. Kleiner kernloser → Leukozyt, der aus einer fötalen Stammzelle stammt und sich im Knochenmark entwickelt. L.en bilden normalerweise 25% des Gesamtbestandes an weißen Blutzellen, bei Entzündungen nimmt ihre Anzahl weiter zu. Man unterscheidet zwei Formen von L.en: die → B-Zellen und die → T-Zellen. Beide vermehren sich durch Mitose, wobei jeder Klon die gleichen Antikörper auf der Oberflächenmembran aufweist. Wenn eine unreife B-Zelle mit einem spezifischen Antigen konfrontiert wird, wird die Zelle aktiviert, gelangt in die Milz oder in die Lymphknoten, unterzieht sich einer Differenzierung und produziert sehr

schnell sowohl Plasmazellen als auch Gedächtniszellen (memory cells). T-Zellen sind L.en, die durch die Thymusdrüse zirkuliert sind und sich dort zu Thymozyten differenziert haben.
[*lat.:* lympha, Wasser; *griech.:* kytos, Zelle]
lymphocyte

Lymphozytopenie. Verminderte Anzahl von → Lymphozyten im peripheren Kreislauf, die als primäre hämatologische Erkrankung in Verbindung mit einer Mangelernährung, malignen Erkrankung oder infektiöser Mononukleose auftritt.
[*lat.:* lympha, Wasser; *griech.:* kytos, Zelle; penes, arm]
lymphocytopenia

Lymphozytose. Vermehrung der → Lymphozyten, die bei bestimmten chronischen Erkrankungen und bei der Genesung (Konvaleszenz) nach einer akuten Infektion erfolgt.
lymphocytosis

lyophilisieren. Gefriertrocknen einer Substanz in einem Vakuum, wodurch es zum Entzug von Wasser kommt.
lyophilize

Lyse. 1. Zerstörung oder Auflösung von Zellen oder Molekülen, z.B. von Bakterien (Bakteriolyse) oder Blutzellen (Hämolyse), durch die Wirkung spezieller Substanzen. 2. Allmähliches Nachlassen der Symptome einer Krankheit. 3. Auflösung einer Abflussbehinderung, z.B. → Thrombolyse.
[*griech.:* lysein, auflösen]
lysis

Lysin (Lys). Essentielle → Aminosäure, die zum Wachstum von Kindern und bei Erwachsenen zur Erhaltung des Stickstoffgleichgewichts benötigt wird.
lysine (Lys)

Lysogenie. Eigenschaft eines Bakteriums, → Lysine oder → Antikörper zu bilden, die eine teilweise oder vollständige Auflösung einer Zielzelle verursachen.
[*griech.:* lysein, auflösen; genein, produzieren]
lysogenesis

Lysosom. Zytoplasmatischer membrangebundener Partikel, der hydrolytische Enzyme enthält, die bei intrazellulären Verdauungsprozessen beteiligt sind. Wenn die hydrolytischen Enzyme in das Zytoplasma freigesetzt werden, bewirken sie die Selbstverdauung der Zelle; dies bedeutet, dass L.e bei bestimmten destruktiven Krankheiten eine große Rolle spielen, die durch die Auflösung von Gewebe, wie bei einer Muskeldystrophie, gekennzeichnet sind.
[*griech.:* lysein, auflösen; soma, Körper]
lysosome

Lysozym. Enzym mit bakterizider und antiseptischer Wirkung, das fremde Organismen zerstören kann. L.e finden sich in granulozytischen und monozytischen Blutzellen und sind physiologischerweise in Speichel, Schweiß, Muttermilch und Tränen vorhanden.
[*griech.:* lysein, auflösen; zyme, Ferment]
lysozyme

L

M

m. 1. Abkürzung für Meter. 2. Abkürzung für Milli-.
m

M. abducens. (→ Musculus abducens)
abducens muscle

m-RNS. Abkürzung für → Messenger-RNS.
mRNA

M.A. Abkürzung für den akademischen Grad »Master of Arts«.
M.A.

M.S. Abkürzung für den akademischen Grad »Master of Science«.
M.S.

Macula. (Makula). Kleiner pigmentierter Bereich oder Fleck auf der Haut, der vom umgebenden Gewebe getrennt erscheint oder sich von diesem unterscheidet.
[*lat.:* Fleck]
macula

Macula lutea. (gelber Fleck). Ovaler gelblicher Fleck im optischen »Zentrum« der Netzhaut des Auges (Retina), 2 mm vom Sehnerv entfernt. Er enthält eine Vertiefung, keine Blutgefäße und die Fovea centralis. Bilder werden am schärfsten wahrgenommen, wenn sie direkt auf der M. l. fokussiert werden.
macula lutea

Magaldrat. → Antazidum, das eine Kombination von Magnesium- und Aluminiumverbindungen enthält. Es wird zur Behandlung einer Überempfindlichkeit des Magens in Verbindung mit Sodbrennen, Magenübersäuerung und der Einnahme von Säuren verabreicht.
magaldrate

Magen. Nahrungsreservoir und erster wichtiger Verdauungsort. Der M. liegt direkt unter dem Zwerchfell und ist in Körper und Pylorus (Schließmuskel am Magenausgang) unterteilt. Über den Mund und die Speiseröhre wird dem M. teilweise verdaute Nahrung zugeführt.
stomach

Magen-Darm-Spülung. Methode zur Behandlung von Vergiftungen; dabei wird der Magen-Darm-Trakt mit großen Flüssigkeitsmengen durchgespült.
whole bowel irrigation

Magenatonie. (→ Gastroparese)
gastroparesis

Magenazidität. Intensität der Magensäure im → Magensaft. Die Azidität variiert während einer 24-Stunden-Phase, hat jedoch einen durchschnittlichen pH-Wert zwischen 0,9 und 1,5. Die Azidität des Magens wird hauptsächlich durch → Salzsäure reguliert, die von den Magendrüsen abgesondert wird.
acidity of the stomach

Magenfistel. Unphysiologische Passage aus dem Magen, die meist mit einer Öffnung in der äußeren Bauchwand verbunden ist. Eine M. kann chirugisch angelegt werden, um Patienten mit schweren Ösophaguserkrankungen Sondenkost zu verabreichen.
gastric fistula

Magenfundus. (Fundus ventriculi). Abgeschlossener Magenteil, der sich oberhalb der Ösophaguseinmündung (Kardia) befindet.
fundus of stomach

Magengeschwür. (→ Ulcus ventriculi)
peptic ulcer

Magenkarzinom. Malignes Neoplasma des Magens mit Symptomen wie unklare Oberbauchbeschwerden (epigastrische Beschwerden), Schluckbeschwerden (Dysphagie), Appetitlosigkeit (Anorexie), Gewichtsverlust und unerklärbare Eisenmangelanämie. In vielen Fällen verläuft die erste Phase asymptomatisch und oftmals verursachen erst Metastasen die ersten Symptome.
gastric cancer

Magenperforation. Zustand, bei dem eine Erkrankung oder Verletzung dazu führt, dass der Verdauungstrakt durch eine unphysiologische Öffnung mit der freien Bauchhöhle verbunden ist. Häufige Ursache ist ein perforierter Appendix oder ein perforiertes Magengeschwür. Ein sofortiger chirurgischer Eingriff ist erforderlich, um eine → Peritonitis zu vermeiden.
perforation of stomach

Magenpförtner. (→ Pylorus)
pylorus

Magenpumpe. Pumpe, mit der Mageninhalt entfernt werden kann. Die M. ist an einen Schlauch angeschlossen, der durch den Mund oder die Nase in den Magen eingeführt wird.
stomach pump

Magenresektion. (→ Gastrektomie/Billroth-Operation)
gastrectomy

Magensaft. Verdauungssaft, der aus den Magendrüsen stammt und außer Wasser im wesentlichen aus → Pepsin, → Salzsäure, Fermenten und → Muzin (Schleimstoffen) besteht; der pH-Wert des M.es ist stark sauer (0,9 bis 1,5).
gastric juice

Magensaftuntersuchung. Untersuchung des Mageninhalts zur Bestimmung der Menge an vorhandener Säure; gelegentlich auch, um die Präsenz von Blut, Galle, Bakterien und unphysiologischen Zellen zu bestimmen.
gastric analysis

Magenschleimhautentzündung. (→ Gastritis)
gastritis

Magensonde. Dünner Schlauch, der über den Mund oder die Nase in den Magen vorgeschoben wird. Entweder zur Ernährung des Patienten oder zur Entlastung des Magens durch Ableiten von Magensaft. Nach Operationen, oder wenn ein Patient Nahrung zwar verdauen, aber nicht essen kann, bleibt die Magensonde längere Zeit liege.
stomach tube

Magensonde, Ernährung über. → Pflegeintervention der → NIC, die definiert wird als die Verabreichung von Nahrung und Flüssigkeit über einen gastrointestinalen Tubus.
Enteral Tube Feeding

Magensonde, Pflege bei liegender. Bei nasal liegender Sonde regelmäßige Nasenpflege und Fixation nicht zu fest, um Dekubitus an der Nase zu vermeiden. Vor jeder Verabreichung von Nahrung, Flüssigkeit oder Medikamente Durchgängigkeit der Sonde überprüfen und korrekte Lage (Markierung) überprüfen. Magensonde nur nach Anordnung und unter regelmäßiger Beobachtung abklemmen. Ablaufbeutel täglich wechseln und Ablaufmenge täglich dokumentieren. Auf freien Ablauf achten.

Magenspülung. Reinigung und Spülung des Magens mit Wasser oder einer Kochsalzlösung. Indikationen sind beabsichtigte große Einnahme von Medikamenten oder unbeabsichtigetem Verschlucken von gesundheitsschädigenden Substanzen. Unangenehmer Vorgang für den Patienten, da der Schlauch relativ dick ist und die Spülmenge relativ hoch.
gastric lavage

Magill-Zange. Intubationszange, mit der ein → Trachealtubus über den Kehlkopf (→ Larynx) in die Trachea eingeführt wird ; wird auch während der Narkosevorbereitung zum Legen bzw. Vorschieben der Magensonde verwendet. Bei Verwendung

ist darauf zu achten, dass die Enden durch Gummi geschützt sind, damit das Metall nicht den Tubus beschädigt und damit dieser undicht wird.
Magill forceps

Magnesiämie. Präsenz von → Magnesium im Blut.
magnasemia

Magnesium (Mg). Silberweißes mineralisches Element mit der Ordnungszahl 12 und der Atommasse 24,32. M. ist das zweithäufigste Kation der intrazellulären Körperflüssigkeiten. Es ist für viele Enzymaktivitäten sowie für die neurochemische Übertragung und die muskuläre Erregung wichtig. Überschüssiges M. im Körper (→ Hypermagnesiämie) kann den Herzschlag verlangsamen und zu einer Vasodilatation führen, da es eine direkte Wirkung auf die Blutgefäße und die Ganglionblockade hat; es kann zu einem narkoseähnlichen Zustand mit peripheren und zentralen Lähmungen kommen. Ein M.-Mangel (Hypomagnesiämie) führt zu Wadenkrämpfen, Verwirrung, Durchblutungs- und Herzstörungen.
magnesium (Mg)

Magnetresonanz (MR). 1. Phänomen, bei dem der Atomkern bestimmter Materialien in ein starkes magnetisches Feld gebracht wird und Radiowellen absorbiert, die von einer Quelle mit einer bestimmten Frequenz zur Verfügung gestellt werden. 2. Spektrum, das von Phosphor in das Körpergewebe ausgestrahlt wird und durch spezielle Instrumente abgebildet werden kann.
magnetic resonance (MR)

Mahaim-Bündel. Leitungsbahn im Herzgewebe, die zwischen dem Atrioventrikularknoten (AV-Knoten) oder His-Bündel und dem Muskel des Kammerseptums verläuft; sie leitet frühe Erregungsimpulse weiter.
[I. Mahaim, französischer Arzt, 20.Jhd.]
Mahaim fibers

makro-. Vorsilbe mit der Bedeutung »groß, lang«.
[*griech.:* groß]
macro-

Makrobiose. 1. Langlebigkeit eines Organismus. 2. Fähigkeit, das Leben zu verlängern.
[*griech.:* makros, groß; bios, Leben]
macrobiosis

Makroelement. Chemische Elemente, die in relativ großen Mengen für die normalen physiologischen Prozesse des Körpers benötigt werden und deshalb dem Organismus zugeführt werden müssen. Zu den M.en gehören Kohlenstoff, Wasserstoff, Sauerstoff, Stickstoff, Kalium, Natrium, Kalzium, Chlorid, Magnesium, Phosphor und Schwefel.
macroelement

Makroglobulinämie. Form einer Stoffwechselstörung, bei der ein → Immunglobulin (IgM) durch Klone einer Plasma-B-Zelle als Reaktion auf das Signal eines Antigens übermäßig produziert wird. Es kommt zum Auftreten von Globulinen mit hohem Molekulargewicht (Makroglobuline), was zu Lymphknotenschwellung sowie Leber- und Milzvergrößerung führt.
[*griech.:* makros, groß; *lat.:* globulus, Kügelchen; *griech.:* haima, Blut]
macroglobulinemia

Makroglossie. Unphysiologisch vergrößerte Zunge (Glossa), was bei angeborenen (kongenitalen) Defekten wie z.B. Down-Syndrom auftritt.
[*griech.:* makros, groß; glossa, Zunge]
macroglossia

Makrolidantibiotika. Gruppe von → Antibiotika, die von Aktinomyzeten produziert werden; dazu gehört z.B. Erythromycin. M. werden im Allgemeinen gegen grampositive Bakterien und bei Patienten eingesetzt, die auf Penizillin allergisch reagieren.
macrolide

Makromolekül. Molekül der Größe eines Kolloids, z.B. Eiweiße (Proteine), Nukleinsäuren oder Polysaccharide.
macromolecule

Makrophagen. Fresszellen (→ Phagozyten) des Immunsystems, z.B. Kupffer-Zellen in der Leber und Milz oder Histiozyten im lockeren Bindegewebe oder Langerhans-Zellen.
[*griech.:* makros, groß; phagein, essen]
macrophages

Makrophagen, alveoläre. In der Lunge lokalisierte → Makrophagen, die Fremdsubstanzen, welche in die Alveolen eingeatmet wurden, umfließen und abbauen.
alveolar macrophages

Makropsie. Sehstörung, bei der Gegenstände größer erscheinen als sie tatsächlich sind.
[*griech.:* makros, groß; opsis, Sehvermögen]
macropsia

makroskopisch. Bezeichnung für eine Größe, die noch mit bloßem Auge (ohne optische Hilfsmittel) zu sehen ist. (s.a. mikroskopisch)
[*griech.:* makros, groß; skopein, sehen]
macroscopic

Makrosomie. (→ Gigantismus)
somatomegaly

Makrozephalie. Kongenitale Anomalie, die durch eine unphysiologische Vergrößerung des Kopfes und des Gehirns in Relation zum Rest des Körpers gekennzeichnet ist. Die M. führt häufig zu einer mentalen und wachstumsbezogenen Retardation.
[*griech.:* makros, groß; kephale, Kopf]
macroencephaly

Makrozyt. Physiologisch vergrößerter, unreifer → Erythrozyt, der bei einer → megaloblastären (od. makrozytären) Anämie auftritt. – *adj.* makrozytär.
[*griech.:* makros, groß; kytos, Zelle]
macrocyte

Makuladegeneration. Progressive Verschlechterung des gelben Flecks (Macula lutea) und der Aderhaut (Chorioidea) des Auges. Die M. kann infolge verschiedener Erkrankungen auftreten, z.B. einer Netzhautentzündung (Retinitis).
[*lat.:* macula, Fleck; degenerare, abweichen]
macular degeneration

Makuladystrophie. Verschiedene Augenerkrankungen, bei denen der zentrale Bereich (Macula lutea) der Netzhaut (Retina), d.h. der gelbe Fleck, geschädigt ist; sie können in Verbindung mit Genmutationen stehen, die bei älteren Menschen auftreten.
macular dystrophia

mal-. Vorsilbe mit der Bedeutung »schlecht, bösartig«.
mal-

Malabsorption. Beeinträchtige Aufnahme von Nährstoffen aus dem Gastrointestinaltrakt. Die M. tritt bei Vitaminmangelkrankheiten, Magen-Darm-Erkrankungen, Sprue, Ruhr (Dysenterie), Diarrhö, entzündlichen Darmerkrankungen und anderen Störungen auf. (→ Malabsorptionssyndrom)
[*lat.:* malus, schlecht; absorbere, schlukken]
malabsorption

Malabsorptionssyndrom. Komplex von Symptomen, die durch Störungen der intestinalen Absorption von Nährstoffen verursacht werden und durch Appetitlosigkeit (Anorexie), Gewichtsverlust, Blähungen, Muskelkrämpfe, Knochenschmerzen und Fettstuhl (Stearrhö) gekennzeichnet sind. Es kann zu Anämie, Schwäche und Müdigkeit kommen, weil Eisen, Folsäure und Vitamin B_{12} nicht in ausreichenden Mengen aufgenommen werden. (→ Malabsorption)
malabsorption syndrome

Malaria. Schwere Infektionskrankheit, die von einer oder mehreren der mindestens vier Species des Protozoengattung *Plasmodium* verursacht wird. Die Erkrankung wird durch den Stich einer infizierten Anopheles-Mücke übertragen. Malariainfektionen können auch durch Bluttransfusionen von einem infizierten Patienten oder durch die Benutzung einer infizierten Ka-

M

nüle übertragen werden. Symptome der M. sind Schüttelfrost, Fieber, Anämie, vergrößerte Milz und eine Tendenz zu rezidivierenden Krankheiten. Die *Plasmodium*-Parasiten dringen in die Erythrozyten des menschlichen Wirtes ein, wo sie reifen, sich vermehren und regelmäßig ausbrechen.
[*lat.:* malus, schlecht; aria, Luft]
malaria

Malazie. Krankhafte Erweichung oder schwammartige Veränderung eines Körperteils oder -gewebes; z.B. → Osteomalazie.
[*griech.:* malakia, Weichheit]
malacia

Maldigestion. Beeinträchtigter Abbau von Nährstoffen infolge eines Mangels an Verdauungsenzymen.
maldigestion

M

maligne. (bösartig). 1. Bezeichnung für eine Tendenz, sich zu verschlechtern und zum Tode zu führen. 2. Beschreibung eines Karzinoms, das anaplastisch (d.h. weniger differenzierte Tochterzellen bildend) ist, invasiv wächst und metastasiert.
[*lat.:* malignus, bösartig]
malignant

Malleus. (Hammer). Eines der drei Knöchelchen im Mittelohr, dessen Form einem Hammer ähnelt und das Kopf, Hals sowie drei Fortsätze aufweist. Es ist mit der Tympanummembran verbunden und übermittelt Geräuschvibrationen an den Amboss (→ Incus).
[*lat.:* Hammer]
malleus

Mallory-Körperchen. Eosiner Zellplasmaeinschluss aus alkoholischem Hyalin, der in Leberzellen vorkommt und typischerweise, aber nicht immer, mit einer akuten alkoholbedingten Lebererkrankung in Verbindung steht.
[F. Mallory, amerikanischer Pathologe, 1862–1941]
Mallory body

Mallory-Weiss-Syndrom. Erkrankung, die durch eine massive Blutung nach einer Schleimhautruptur an der Verbindung (Kardia) zwischen Speiseröhre (Ösophagus) und Magen gekennzeichnet ist. Die Verletzung wird meist durch längerfristiges Erbrechen verursacht, das häufig bei Alkoholikern oder bei einem Verschluss des Magenausgangs (Pylorus) auftritt.
[G. Mallory, amerikanischer Pathologe, geb. 1926; S. Weiss, amerikanischer Arzt, 1899–1942]
Mallory-Weiss´ syndrome

Malnutrition. Störung oder Mangel in der Ernährung, was durch eine unausgewogene, unzureichende oder exzessive Kost oder aber durch Funktionsstörungen bei Absorption, Aufbau (Assimilation) von Nährstoffen oder Abbau von Nahrungsmitteln verursacht wird.
[*lat.:* malus, schlecht; nutrire, ernähren]
malnutrition

Malpighi-Körperchen. Zahlreiche kleine, runde dunkelrote Körperchen in der Rinde der Niere, die aus Bowman-Kapsel und einem eingestülpten Kapillarknäuel bestehen und jeweils mit einem Nierentubulus verbunden sind. Die M.-K. sind Teil eines Filtrationssystems, durch das die Komponenten des Blutplasmas, die keine Eiweiße sind, über die Nierentubuli zur Ausscheidung durch den Harn gelangen.
[M. Malpighi, italienischer Anatom, 1628–1694]
malpighian corpuscle

Malz. Substanz, die aus gekeimten Körnern, z.B. Gerste, gewonnen wird und teilweise abgebaute Stärke und Eiweiße mit nährenden und verdauungsfördernden Eigenschaften enthält.
malt

Mamma. (Brustdrüse; Milchdrüse). Milchführende Drüse innerhalb der weiblichen Brust. Das Drüsengewebe bildet einen Ring von Läppchen, die Alveolen enthalten, wobei jeder Lappen aus einem System von Gängen besteht, durch die Milch von den Alveolen zu den Brustwarzen geleitet wird. Der zentrale Teil der Brust ist mit Drüsengewebe gefüllt.
mamma

mamma-. Vorsilbe mit der Bedeutung »weibliche Brust, Brustdrüse«.
mamma-

Mammakarzinom. (Brustkrebs). Maligne, neoplastische Erkrankung des Brustgewebes, die die häufigste Tumorart bei Frauen darstellt. Mit zunehmendem Alter kommt es häufiger zu M.en, mit der größten Häufigkeit im Alter von etwa 65 Jahren. Zu den Risikofaktoren gehören bestimmte genetische Störungen, familiäre Prädisposition, Kinderlosigkeit, Exposition gegenüber ionisierenden Strahlen, frühe Menarche, späte Menopause, Fettleibigkeit, Diabetes mellitus, Hypertonie, chronisch zystische Erkrankungen der Brust und möglicherweise eine Östrogenbehandlung nach der Menopause. Frauen, die nach dem 40. Lebensjahr ihr erstes Kind entbinden, oder Frauen, die bereits an anderen Stellen unter malignen Erkrankungen leiden, besitzen ebenfalls ein erhöhtes Risiko für die Entwicklung eines M.s. Zu den anfänglichen Symptomen, die meist durch Selbstuntersuchung entdeckt werden, gehören kleine Knötchen, eine dünne oder verdickte Haut oder die Einziehung der Brustwarze. Im fortgeschrittenen Stadium kann es zu Absonderungen aus der Brustwarze, Schmerzen, Ulzerationen und vergrößerten Achseldrüsen kommen. Die Diagnose wird durch sorgfältige Untersuchung, → Mammographie und zytologische Bestimmung von Tumorzellen gestellt, die durch eine Biopsie entnommen werden.
breast cancer

Mammaplastik. Chirurgische plastische Gestaltung einer weiblichen Brust, um große, hängende Brüste zu reduzieren oder zu liften, um kleine Brüste zu vergrößern oder um eine Brust nach Entfernung wegen eines Tumors zu rekonstruieren.
[*lat.:* mamma, weibliche Brust; *griech.:* plassein, formen]
mammoplasty

Mammographie. Röntgenuntersuchung des weichen Gewebes der weiblichen Brust (Mamma), um gutartige (benigne) oder bösartige (maligne) neoplastische Prozesse zu diagnostizieren.
mammography

Managed Care. System der Gesundheitspflege, bei dem eine administrative Kontrolle über primäre Dienstleistungen der Pflege in einer Gruppenpraxis gewährleistet wird. Überflüssige Leistungen werden gestrichen und somit die Kosten gesenkt.
managed care

Mandelöl. Öl aus Kernen der Früchte des Süßmandelbaums *Prunus amygdalus*, das als Linderungsmittel und mildes Abführmittel verwendet wird. Bittermandelöl ist eine flüchtiges Öl, das die tödliche Blausäure enthält.
almond oil

Mandibula. (Unterkiefer). Großer Knochen, der den Unterkiefer bildet. Er enthält die unteren Zähne und besteht aus einem horizontalen Teil, einem Körper und zwei senkrechten Ästen, die fast rechtwinklig am Körper befestigt sind. Der Körper der M. ist kurvenförmig gekrümmt, hat zwei Oberflächen und zwei Ränder. – *adj.* mandibulär.
[*lat.:* mandere, kauen]
mandibula

mandibulotemporal. Betrifft oder gehört zum Gelenk zwischen Schläfenbein (Os temporalis) und Unterkiefer (Mandibula).
temporomandibular

Führungsmandrin. Dünne flexible Sonde aus Metall oder Kunststoff, die in eine Nadel, einen Katheter oder einen Tubus (hier dann sog. Führungsdraht) zu dessen Verstärkung bzw. als Einführhilfe eingeführt werden kann.
stylet, mandrel

Mangan (Mn). Metallisches Element, das in Spuren im Körpergewebe vorhanden ist (Spurenelement), wo es die Funktionen verschiedener Enzyme unterstützt. Ordnungszahl 25 und Atommasse 54,938.
manganese (Mn)

Mangelkrankheit. Krankheit infolge des Fehlens eines bzw. mehrerer essenzieller Nährstoffe, infolge einer Stoffwechselstö-

M

rung, Verdauungs- oder Absorptionsstörungen, übermäßiger Ausscheidung oder verstärkten biologischen Anforderungen.
deficiency disease

Manie. Gemütsstimmung, die durch einen instabilen, erregten Gefühlszustand gekennzeichnet ist; dies zeigt sich in extremer Erregbarkeit, Hyperaktivität, Ideenflucht, gesteigerter psychomotorischer Aktivität, gestörter Aufmerksamkeit und manchmal gewaltsamem, destruktivem und selbstzerstörerischem Verhalten. Eine M. kann in Verbindung mit einer → Depression auftreten.
[*griech.:* Verrücktheit]
mania

Manipulation. Kompetente Benutzung der Hände bei therapeutischen oder diagnostischen Maßnahmen, z.B. Palpation, Behebung einer Dislokation, Drehen eines Fötus im Mutterleib oder verschiedene Handgriffe im Rahmen einer Physiotherapie.
[*lat.:* manipulare, mit den Händen arbeiten]
manipulation

Mannitol. (Mannit). Metabolisierter Zucker, der als osmotisches → Diuretikum und für Nierenfunktionstests Verwendung findet. M. wird auch als Diabetikersüße und als → Laxans eingesetzt; es fördert die Diurese, erhöht den intraokularen und intrakraniellen Druck, fördert die Ausscheidung von Giftstoffen und anderen toxischen Abfallprodukten; außerdem kann M. bei der Evaluation der Nierenfunktion Anwendung finden.
mannitol

Manometer. Gerät zur Messung des Drucks von Flüssigkeiten oder Gasen, das aus einem Tubus mit Messleiste besteht und eine relativ stabile (nicht komprimierbare) Flüssigkeit enthält, z.B. Quecksilber. Der Level der Flüssigkeit in dem Tubus schwankt mit dem Druck der zu messenden Flüssigkeit.
[*griech.:* manos, flüssig; metron, Maß]
manometer

Manometrie. 1. Studium der Druckbewegungen von Flüssigkeiten oder Gasen. 2. Technik zur Messung von Veränderungen eines Gas- oder Flüssigkeitsdrucks, die durch biologische oder chemische Einwirkungen verursacht werden.
manometry

Manschette. Aufblasbarer, elastischer Schlauch, der zur Messung des Blutdrucks um den Oberarm gewickelt und mit Luft gefüllt wird.
cuff

Manubrium. Bezeichnung für eine anatomische Struktur, die einem Handgriff ähnelt; z.B. M. sterni, der oberste der drei Sternumknochen.
[*lat.:* Stiel]
manubrium

Manuelle Extraktion. (Ganze Extraktion). Maßnahme zur Geburtsbeendigung, bei der ein Kind aus → Beckenendlage durch Zug entwickelt wird, bevor der Steiß geboren ist. Die m. E. ist für das Kind die gefährlichste geburtshilfliche Operation und wird heute kaum noch angewandt.
[*lat.:* ex, aus; trahere, ziehen]
breech extraction

Manus. Hand.
[*lat.:* Hand]
manus

MAO. Abkürzung für → Monoaminoxidase.
MAO

MAO-Hemmer. Abkürzung für → Monoaminoxidasehemmer.
MAOI

MAP. Abkürzung für (engl.) mean arterial pressure, → mittlerer arterieller Blutdruck.
MAP

Mapping. Prozess der Vermessung von Organen oder Organteilen oder Lokalisation von Genen auf einem Chromosom mit Hilfe einer Analyse der genetischen Rekombination.
mapping

Maprotilin. Tetrazyklisches → Antidepressivum, das zur Behandlung von Depressionen eingesetzt wird.
maprotiline hydrochloride

Marasmus. (Protein-Energie-Mangelsyndrom). Zustand der extremen Mangelernährung und Auszehrung, der meist bei kleinen Kindern auftritt und durch einen progressiven Schwund von subkutanem Gewebe sowie Muskelgewebe gekennzeichnet ist. M. entsteht durch mangelhafte Kalorien- oder Eiweißaufnahme und tritt bei Kindern mit Gedeihstörungen oder bei anhaltenden Hungerzuständen auf. Im Gegensatz zum M.-→ Kwashiorkor treten keine Ödeme auf.
[*griech.:* marasmos, Schwachwerden]
marasmus

Marburg-Viruskrankheit. (Marburg-Fieber). Schwere fiebrige Krankheit, die durch Ekzeme, Hepatitis, Pankreatitis und gastrointestinale Blutungen (Hämorrhagien) gekennzeichnet ist. Übertragen wird die Krankheit durch den Marburg-Virus, zu dessen Familie (Filioviridae) auch der → Ebola-Virus gehört. Eine Epidemie in Marburg 1967 wurde scheinbar durch aus Afrika importierte grüne Meerkatzen verursacht. Auch Krankenhauspersonal kann den Virus durch falschen Umgang mit kontaminierten Nadeln oder über hämorrhagische Läsionen von Patienten übertragen.
Marburg virus disease

Marfan-Syndrom. Erbkrankheit, die sich durch eine Verlängerung der Knochen zeigt und häufig mit Störungen der Augen und des kardiovaskulären Systems verbunden ist. Es kommt zu wesentlichen pathologischen skelettmuskulatorischen Störungen, wie z.B. mangelhafte Entwicklung der Muskeln, Schlaffheit der Bänder, übermäßige Beweglichkeit der Gelenke und Knochenverlängerung. Pathologische Veränderungen des kardiovaskulären Systems scheinen zu einer Fragmentierung der elastischen Fasern in der mittleren Wandschicht (Media) der Aorta zu führen, was ein Aneurysma bedingen kann. Zu den Augensymptomen gehört u.a. die Dislokation der Linse. Die Extremitäten sind sehr lang und spinnenbeinartig mit großen Händen (Madonnenhände), Füßen und Fingern.
[A. B. Marfan, französischer Pädiater, 1858–1942]
Marfan´s syndrome

marginal. Randständig, zum Rand gehörend, z.B. Marginalsinus (Randknoten).
marginal

Marker. Substanz, die bei bestimmten Erkrankungen im Körper vorhanden und nachweisbar ist; z.B. → Tumormarker oder Zellmarker.
marker

marklos. (→ myelinfrei)
unmyelinated

Marschfraktur. (Ermüdungsbruch). Unphysiologischer Zustand des Fußes, der durch exzessive Überlastungen verursacht wird, z.B. durch sehr lange Fußmärsche. Der vordere Teil des Fußes ist geschwollen und schmerzhaft; ein oder mehrere Knochen des Mittelfußes können gebrochen sein.
march foot

Masern. Akute, höchst ansteckende Viruserkrankung, die die Atemwege betrifft und durch einen Hautausschlag mit großen Knötchen (Papeln) gekennzeichnet ist. M. befallen meist kleine Kinder, die noch nicht geimpft sind, sowie Jugendliche und Erwachsene, die keinen ausreichenden Impfschutz haben. Die Erkrankung wird durch einen Paramyxovirus verursacht und durch direkten Kontakt über Tröpfcheninfektion durch Nase, Hals und Mund einer infizierten Person übertragen; Inkubationszeit etwa 10 Tage. Typische Symptome der M. sind Fieber, Unwohlsein, Nasenschleimhautentzündung (Koryza), Husten, Bindehautentzündung (Konjunktivitis), Lichtscheu (Photophobie), Appetitlosigkeit (Anorexie) und kennzeichnende (pathognomonische) Koplik-Flecken, die 1 bis 2 Tage vor Ausbruch des Exanthems auftreten. Es kann zur Rachenentzündung (Pharyngitis) und Entzündung der Schleimhaut im Hals und

M

im Tracheobronchialast kommen, die Temperatur steigt bis auf 40° C. Innerhalb von 3 bis 5 Tagen lässt das Fieber nach, die Läsionen werden flacher und heilen ab, wobei sie einen feinen Schuppenfilm hinterlassen, insbesondere über stark betroffenen Stellen.
measles

Masern-Mumps-Röteln-Impfung (MMR). Aktiver Lebendimpfstoff, der zur gleichzeitigen → Immunisierung gegen → Masern, → Mumps und → Röteln verabreicht wird.
measles, mumps and rubella virus vaccine live (MMR)

Masern-Röteln-Impfung. Aktiver Lebendimpfstoff, der zur → Immunisierung gegen → Masern und → Röteln verabreicht wird.
measles and rubella virus vaccine live

Maskengesicht. Unbeweglicher Gesichtsausdruck mit starren Augen und leicht geöffnetem Mund, der z.B. für die → Parkinson-Krankheit typisch ist.
masklike facies; parkinsonian facies

maskulin. Männliche Merkmale aufweisend.
[*lat.:* masculinus, männlich]
masculine

Maskulinisierung. (Virilisierung). 1. Die normale Entwicklung oder Entstehung von männlichen Geschlechtsmerkmalen, die z. T. verfrüht eintreten kann (Pubertas präcox). 2. Bezeichnung für eine Vermännlichung bei der Frau (→ Pseudohermaphroditismus, → Androgynie).
[*lat.:* masculinus, männlich; *griech.:* izein, verursachen]
masculinization

Maslows Bedürfnispyramide. Hierarchische Kategorisierung der Grundbedürfnisse des Menschen. Als wichtigste Basisbedürfnisse treten in der Skala die physiologischen und biologischen Erfordernisse nach Luft, Nahrung und Wasser, Wärme, Sexualität, Wohnung, Kleidung, Schlaf, Bewegung, Ruhe, Entspannung und Schmerzfreiheit auf. In der zweiten Reihe folgen die Sicherheitsbedürfnisse wie Schutz, Geborgenheit, Vorsorge, Zuverlässigkeit und das Vermeiden von Gefahren. Danach werden in der hierarchischen Ordnung die sozialen Bedürfnisse aufgeführt, z.B. zu lieben und geliebt zu werden, Freunde zu haben sowie Zuwendung, Lob, Vertrauen und Gemeinsamkeit und schließlich die Bedürfnisse nach Wertschätzung, Unabhängigkeit, Anerkennung, Selbstvertrauen und Kompetenz. Zum Schluss schließen sich die Bedürfnisse nach Selbstentfaltung an, zu denen Religion, Sinnfindung, Harmonie, Bewunderung, Forschungsdrang und Selbstverwirklichung gehören.
[A. Maslow, amerikanischer Psychiater, 1908–1970]
Maslow´s hierarchy of needs

Masochismus. Sexuelle Erregung und Befriedigung, die durch eigenes körperliches, geistiges oder emotionales Leiden verursacht werden. (s.a. Sadismus)
[Nach dem österr. Autor L. v. Sacher-Masoch, 1835–1895]
masochism

Masochist. Person, die durch masochistische Handlungen oder Missbrauch sexuelle Erregung und Befriedigung erlebt. (→ Masochismus)
masochist

Massage. Die Manipulation von weichem Gewebe durch Streichen, Reiben, Kneten oder Klopfen, um die Durchblutung zu fördern, den Muskeltonus zu verbessern und den Patient zu entspannen. Die M. wird entweder mit bloßen Händen oder auch mit mechanischen Hilfsmitteln, wie z.B. einem Vibrator, durchgeführt.
[*franz.:* masser, streicheln]
massage

Massage, einfache. → Pflegeintervention der → NIC, die definiert ist als die Stimulation der Haut und der darunterliegenden Gewebe mit unterschiedlich starkem Druck der Hände, um Schmerzen zu reduzieren, Entspannung herbeizuführen und die Durchblutung zu verbessern.
Simple Massage

Massenzahl. Summe der Anzahl von Protonen und Neutronen im Kern eines Atoms oder Isotops. Die M. ist fast identisch mit der relativen → Atommasse.
mass number

Masseterreflex. Unphysiologischer Reflex, der ausgelöst wird, während der Mund leicht geöffnet und der Unterkiefer entspannt ist. Durch einen leichten Schlag auf den Finger eines Untersuchenden, der unterhalb der Lippe auf dem Unterkiefer liegt, wird der Mund geschlossen; dies spricht für eine Verletzung des Hirnrindenbereichs, der die motorischen Aktivitäten des V. Hirnnervs (N. trigeminus) lenkt.
jaw reflex

Mastalgie. (Mastodynie). Schmerzen in der weiblichen Brust, die durch eine Verstopfung oder Verklumpung der Milchgänge während des Stillens, durch Infektionen, fibrozytische Erkrankungen, während und vor der Menstruation oder bei fortgeschrittenem Krebsleiden auftreten können.
[*griech.:* mastos, Brust; algos, Schmerz]
mastaglia

Mastdarm-Scheiden-Fistel. (→ Rektovaginalfistel)
rectovaginal fistula

Mastektomie. (Mammaamputation). Chirurgische Entfernung einer oder beider Brüste, die meist zur Behandlung von malignen Tumoren durchgeführt wird. Bei einer einfachen M. wird nur Brustgewebe entfernt; bei einer radikalen M. werden darüber hinaus Teile der Muskeln im Brustbereich zusammen mit Lymphknoten in den Achseln herausoperiert. Bei einer modifizierten radikalen M. bleiben die großen Muskeln, die den Arm bewegen, erhalten.
[*griech.:* mastos, Brust; ektome, herausschneiden]
mastectomy

Mastektomie, subkutane. Operativer Eingriff, bei dem das Brustgewebe einer oder beider Brüste entfernt, Haut, Brustwarze und Warzenhof jedoch intakt belassen werden. Die angrenzenden Lymphknoten im Brustbereich bleiben ebenfalls erhalten. Der Eingriff kann bei Frauen durchgeführt werden, die einem hohen Krebsrisiko ausgesetzt sind.
subcutaneous mastectomy

Mastitis. Entzündung der weiblichen Brust, die meist durch eine Streptokokken- oder Staphylokokkeninfektion verursacht wird. Eine akute M., die häufig in den ersten zwei Monaten beim Stillen auftreten kann, zeigt sich durch Schmerzen, Schwellung, Rötung, Lymphknotenschwellung, Fieber und Unwohlsein. Eine chronische tuberkulöse M. ist selten; dabei kommt es zur Ausdehnung der Tuberkulose über die Lungen und Rippen.
[*griech.:* mastos, Brust; itis, Entzündung]
mastitis

mastoid. Warzenförmig; zum Warzenfortsatz (Processus mastoideus) des Schläfenknochens gehörend.
[*griech.:* mastos, Brust; eidos, Form]
mastoid

Mastoiditis. Infektion eines der Schläfenknochen (→ Processus mastoideus), meist als Ausdehnung einer Mittelohrentzündung. Charakteristische Symptome sind Ohrenschmerzen, Fieber, Kopfschmerzen und Unwohlsein. Nach der Infektion kann ein teilweiser Gehörverlust bestehen bleiben.
[*griech.:* mastos, Brust; eidos, Form; itis, Entzündung]
mastoiditis

Mastopathie. Erkrankung der Brustdrüse.
mastopathy

Mastopathie, fibrozystische. Zysten, die im Brustgewebe ertastet werden können; sie sind gutartig und treten häufig auf, ihr Wachstum sowie mögliche Veränderungen müssen jedoch beobachtet werden, da sie ein Potenzial zur Entartung besitzen.
fibrocystic disease of the breast

Mastozytose. Lokale oder systemische Überproduktion von → Mastzellen, die in seltenen Fällen Leber, Milz, Knochen, Ga-

strointestinaltrakt und Haut infiltrieren können.
[*griech.:* kytos, Zelle; osis, Zustand]
mastocytosis

Masturbation. (Onanie). Sexuelle Aktivität, bei der Penis oder Klitoris bis zum Orgasmus durch andere Methoden als einen Koitus stimuliert werden.
masturbation

Mastzelle. Bestandteil des Bindegewebes; besteht aus großen basophilen Kernen, die Heparin, Serotonin, Bradykinin und Histamin enthalten. M.n gehören zum → Immunsystem und binden → IgE.
mast cell

Mastzellenleukämie. Malignes Neoplasma der → Leukozyten, das aus Bindegewebsmastzellen besteht, die im Blut zirkulieren.
mast cell leukemia

Materialien, Umgang mit. → Pflegeintervention der → NIC, die definiert ist als die Sicherstellung der Anschaffung und Instandhaltung geeigneter Hilfsmittel zur Gewährleistung einer Patientenpflege.
Supply Management

Maternität. Mutterschaft; Charakter und Qualität des Mutterseins. – *adj.* maternus, matern.
[lat: maternus, mütterlich]
maternity

Matrix. 1. Interzelluläre Substanz. 2. Grundsubstanz, aus der sich ein spezifisches Organ oder eine Gewebeart entwickelt (Keimschicht).
[*lat.:* Erzeugerin]
matrix

Maturation. 1. Prozess oder Bedingung für die Erlangung einer vollständigen Entwicklung. Beim Menschen bezieht sich die M. auf die Entfaltung der vollständigen körperlichen, emotionalen und intellektuellen Fähigkeiten, die es ihm ermöglichen, in seiner Umgebung besser zurechtzukommen und sich ihr anzupassen. 2. Letztes Stadium der Meiose von Keimzellen, in dem in jeder Zelle die Anzahl der Chromosomen auf die haploide Anzahl reduziert wird, die für die jeweilige Species charakteristisch ist.
[*lat.:* maturare, reifen]
maturation

Maxilla. (Oberkieferbein). Paarige Knochen (die meist als ein Knochen bezeichnet werden), die den Oberkiefer bilden, der aus einem Mittelkörper und vier Fortsätzen besteht, nämlich Stirn-, Joch-, Zahn- und Gaumenfortsatz. – *adj.* maxillar.
maxilla

maxillomandibular. Zum Oberkiefer (Maxilla) und Unterkiefer (Mandibula) gehörend.
maxillomandibular

Mazeration. 1. Aufweichung der Haut durch längerfristigen Kontakt mit Feuchtigkeit. 2. Mikroskopisches Präparationsverfahren zur Isolierung von Gewebeanteilen unter Erhaltung der Zellstruktur. 3. Gewinnung von Drogenextrakten, indem man Pflanzenteile in Wasser oder Alkohol ziehen lässt. – *adj.* mazeriert.
[*lat.:* macerare, einweichen]
maceration

McBurney-Punkt. Stelle der extremsten Empfindlichkeit bei einer akuten → Appendizitis, der normalerweise im Bereich des Wurmfortsatzes (Appendix) zwischen dem Nabel und dem rechten vorderen oberen Darmbeinstachel liegt.
[C. McBurney, amerikanischer Chirurg, 1845–1913]
McBurney´s point

MCH. Abkürzung für (engl.) mean corpuscular hemoglobin, → mittlerer Hämoglobingehalt (des einzelnen Erythrozyten) oder Färbekoeffizient.
MCH

MCHC. Abkürzung für (engl.) mean corpuscular hemoglobin concentration, → mittlere korpuskuläre Hämoglobinkonzentration.
MCHC

MCV. Abkürzung für (engl.) mean corpuscular volume, → mittleres Zellvolumen des einzelnen Erythrozyten.
MCV

Me-too-Präparate. Arzneimittel, das einem anderen Medikament ähnlich, identisch oder eng verwandt ist und für das ein Hersteller eine neue Applikation erhalten hat. Da man davon ausgehen kann, dass das neue Arzneimittel bereits als sicher und effektiv bewertet ist, sind die üblichen klinischen Versuche, die der Originalhersteller durchführen musste, nicht mehr erforderlich, es werden jedoch Informationen über die Herstellung, Bioverfügbarkeit und Bezeichnung des Produkts benötigt.
me-too drugs

Meatus. Öffnung oder Tunnel durch einen Bereich des Körpers, z.B. der äußere Gehörgang, M. acusticus externus, der vom äußeren Ohr zur Tympanummembran führt.
[*lat.:* Gang]
meatus

Mebendazol. Mittel gegen Eingeweidewürmer (Anthelminthikum), das zur Behandlung eines Befalls durch Rundwürmer, Madenwürmer und Hakenwürmer eingesetzt wird.
mebendazole

Mechanorezeptor. (Druckrezeptor/Pressorezeptor). Sensorische Nervenendigung, die auf mechanische Reize reagiert, z.B. auf Berührung, Druck, Geräusch und Muskelkontraktionen. M.en finden sich vorwiegend in der Haut, in Muskeln, Sehnen und Gelenken sowie in Lunge, Herz, Gefäßen, Intestinaltrakt und Harnblase sowie im Innenohr (Hörrezeptoren).
[*griech.:* mechane, Maschine; *lat.:* recipere, empfangen]
mechanoreceptor

Meckel-Divertikel. Unphysiologische Aussackung der Wand des Krummdarms (Ileum), die angeboren ist und aus einem unvollständigen Verschluss des Dottergangs resultiert. Als Symptome können Darmblutungen, Beschwerden im Magen-Darm-Trakt, Übelkeit und Erbrechen auftreten.
[J.F. Meckel, deutscher Anatom, 1781–1833]
Meckel's diverticulum

MED. 1. Abkürzung für maximale Einzeldosis. 2. Abkürzung für minimale Erythemdosis.
MED

medial. (medialis). Zur Mittelebene des Körpers gehörend, darauf befindlich oder darauf gerichtet.
[*lat.:* medius, der mittlere]
medial; medialis

Median. (Mittelwert). (Statistik) Die Zahl, die dem Mittelwert aller Ergebnisse einer Stichprobe entspricht. Bei einer ungeraden Zahl von Werten, die in absteigender Ordnung angegeben sind, ist der M. der Mittelwert; bei einer geraden Zahl ist es der Mittelwert der zwei zentralen Ergebniswerte.
[*lat.:* medius, der mittlere]
median

mediastinal. Zur Mittellinie einer Scheidewand (Septum) von Organen oder zum Mittelfell (Mediastinum) im Innenraum des Brustkorbs gehörend.
[*lat.:* medius, der mittlere]
mediastinal

Mediastinitis. Entzündung des Mittelfells (→ Mediastinum).
mediastinitis

Mediastinoskopie. Untersuchung des Mittelfells (→ Mediastinum) durch einen Einschnitt unterhalb des Brustbeins (Sternum), durch den ein → Endoskop mit Licht und Linse eingeführt wird.
[*lat.:* medius, der mittlere; *griech.:* skopein, anschauen]
mediastinoscopy

Mediastinum. (Mittelfell(raum)). Teil der Höhle in der Mitte des Brustkorbs (Thorax) zwischen den Pleurasäcken, der die beiden Lungen enthält. Das M. erstreckt sich vom Brustbein (Sternum) bis zur Wirbelsäule und enthält alle Eingeweide (Viszera) des Thorax, außer den Lungen; es ist

in eine dicke Erweiterung der Thoraxfaszie eingeschlossen.
[*lat.:* medius, der mittlere]
🇬🇧 mediastinum

Mediastinum, vorderes. (Mittelfell). Kaudaler Teil (steißwärts) des → Mediastinums in der Brustraummitte, der ventral vom Brustbein (Sternum) und Teilen der vierten bis siebten Rippe und dorsal von der Hinterwand des Herzbeutels (Perikard) begrenzt wird; nach unten reicht es bis zum Zwerchfell (Diaphragma).
🇬🇧 anterior mediastinum

Medikament, systemisches. Arznei, die oral, parenteral oder rektal gegeben und von den Schleimhäuten absorbiert wird. Dabei kann eine lokale Wirkung eintreten; Ziel ist es jedoch, den ganzen Körper zu behandeln.
🇬🇧 systemic remedy

M

Medikament, ulzerogenes. Medikament, das peptische Ulzera (→ Ulcus ventriculi hervorrufen bzw. fördern kann, wie z.B. Aspirin oder nichtsteroidale Antirheumatika.
🇬🇧 ulcerogenic drug

Medikamente, Umgang mit. → Pflegeintervention der → NIC, die definiert wird als die Unterstützung einer sicheren und effektiven Einnahme von verschreibungspflichtigen und frei verkäuflichen Arzneimitteln.
🇬🇧 Medication Management

Medikamentenverabreichung. → Pflegeintervention der → NIC, die definiert wird als die Vorbereitung, Verabreichung und Evaluation der Effektivität von verschreibungspflichtigen und/oder frei verkäuflichen Arzneimitteln.
🇬🇧 Medication Administration

Medikamentenverabreichung, enteral. → Pflegeintervention der → NIC, die definiert wird als die Verabreichung von Arzneimitteln über eine Magensonde.
🇬🇧 Medication Administration: Enteral

Medikamentenverabreichung, in den Hirnventrikel. → Pflegeintervention der → NIC, die definiert wird als die Verabreichung und Überwachung von Arzneimitteln über einen im Seitenventrikel liegenden Katheter.
🇬🇧 Medication Administration: Ventricular Reservoir

Medikamentenverabreichung, interpleural. → Pflegeintervention der → NIC, die definiert wird als die Verabreichung einer Schmerzmedikation über einen interpleuralen Katheter.
🇬🇧 Medication Administration: Interpleural

Medikamentenverabreichung, intraossär. → Pflegeintervention der → NIC, die definiert wird als die Einführung einer Kanüle durch das Periost in die Markhöhle zum Zweck einer kurzfristigen, notfallmäßigen Verabreichung von Flüssigkeiten, Blut oder Arzneimitteln.
🇬🇧 Medication Administration: Intraossous

Medikamentenverabreichung, oral. → Pflegeintervention der → NIC, die definiert wird als die Vorbereitung und orale Verabreichung von Arzneimitteln und die Beobachtung der Patientenreaktionen.
🇬🇧 Medication Administration: Oral

Medikamentenverabreichung, parenteral. → Pflegeintervention der → NIC, die definiert wird als die Vorbereitung und Verabreichung von Arzneimitteln auf intravenösem, intramuskulärem, intradermalem und/oder subkutanem Weg.
🇬🇧 Medication Administration: Parenteral

Medikamentenverabreichung, topisch. → Pflegeintervention der → NIC, die definiert wird als die Vorbereitung und Verabreichung von Arzneimitteln über die Haut oder die Schleimhäute.
🇬🇧 Medication Administration: Topical

Medikamentenverordnung. → Pflegeintervention der → NIC, die definiert wird als

die Verordnung von Arzneimitteln bei Gesundheitsproblemen.
Medication Prescribing

medikamentös. Zu einem Arzneimittel (Medikament) gehörend, insbesondere zu einer Nebenwirkung, die durch ein Medikament verursacht wird.
medicamentous

Medikation, rektale. Das Einbringen von Medikamenten (Suppositorien, Cremes oder Gel) in den Enddarm (Rektum). Mit der r.n M. werden z.B. Beschwerden wie Obstipation, Pruritus Ani oder Hämorrhiden behandelt. Gelegentlich wird auch ein Medikament in einem Einlauf verabreicht.
rectal instillation of medication

Medioklavikularlinie. Theoretische Linie, die von der Mitte des Schlüsselbeins (Clavicula) nach unten zeigt und die Brust in zwei Bereiche unterteilt.
midclavicular line

Meditation. 1. → Pflegeintervention der → NIC, die definiert wird als die Veränderung des Bewusstseinszustandes von Patienten durch spezifische Konzentration auf ein Bild oder auf einen Gedanken. 2. Bewusstseinszustand, bei dem eine Person Umweltreize soweit aus ihrem Bewusstsein ausschaltet, dass der Geist nur noch auf einen einzigen Punkt fokussiert ist, was zu einem Zustand der Entspannung und Stressminderung führt.
[*lat.:* meditari, überlegen]
Meditation

Meditationstherapie. Methode zur Gewährleistung von Entspannung durch bewusste Fokussierung auf ein Mantra (magische Formel) oder Schlüsselwort, Geräusch oder Bild, während äußere Reize aus dem Bewusstsein ausgeschaltet werden.
meditation therapy

Medium. Substanz, mit der etwas bewegt wird oder durch die eine Reaktion erfolgt. Ein Kontrastmedium (→ Kontrastmittel) weist eine Dichte auf, die sich von der anderer Körpergewebe unterscheidet und einen visuellen Vergleich der Strukturen erlaubt, wenn es beim Röntgen verwendet wird. Ein Nährmedium (Kulturboden, Nährboden) dient als nährende Umgebung für das Wachstum von Mikroorganismen oder Zellen. Ein Dispersionsmedium (Dispersionsmittel) ist eine Substanz, in der ein Kolloid dispergiert wird. Ein Refraktionsmedium ist das durchsichtige Gewebe und die Tränenflüssigkeit des Auges, die das Licht brechen.
[*lat.:* medius, der mittlere]
medium

medizieren. Eine Erkrankung durch die Verabreichung von Arzneimitteln (Medikamenten) heilen.
[*lat.:* medicare, heilen]
medicate

Medizin. 1. Die Kunst und Wissenschaft der Diagnostik, Behandlung und Vorbeugung von → Krankheiten und der Erhaltung der → Gesundheit. 2. Umgangssprachliche Bezeichnung für → Arzneimittel.
[*lat.:* medicina, die Kunst des Heilens]
medicine

Medizin, experimentelle. Medizinzweig zur Erforschung der Sicherheit neuer Medikamente oder Behandlungsmethoden im Rahmen klinischer Tier- oder Menschenversuche.
experimental medicine

Medizin, forensische. Zweig der Medizin, der sich mit den rechtlichen Aspekten der Gesundheitsversorgung beschäftigt.
[*lat.:* forum, Marktplatz, medicinus, Arzt.]
forensic medicine

Medizin, klinische. Auf direkter Beobachtung und Kommunikation mit dem Patienten bestehendes System der Gesundheitserhaltung.
clinical medicine

Medizin, psychosomatische. (ganzheitliche Medizin). Bereich der Medizin, der sich mit den wechselseitigen Beziehungen zwischen mentalen und somatischen Prozessen beschäftigt, insbesondere mit der Art,

M

wie intrapsychische Konflikte körperliche Symptome beeinflussen.
🇬🇧 psychosomatic medicine

MEDLARS. Abkürzung für (engl.) Medical Literature Analysis and Retrieval System, ein computerisierter Literaturrecherchendienst der National Library of Medicine in Maryland, USA. Unter anderem werden der → Index Medicus, → MEDLINE u.a. darüber verwaltet.
🇬🇧 MEDLARS

MEDLINE. Datenbank der → MEDLARS für Online-Recherchen, in der etwa 600.000 Referenzen von Zeitschriftenartikeln gespeichert sind, die im laufenden und in den jeweils zwei zurückliegenden Jahren veröffentlicht worden sind.
🇬🇧 MEDLINE

Medroxyprogesteronacetat. → Gestagen, das zur Behandlung von Menstruationsbeschwerden eingesetzt wird, die durch Hormonschwankungen verursacht werden. M. ist auch Bestandteil mancher oraler → Kontrazeptiva.
🇬🇧 medroxyprogesterone acetate

M

Medulla. (Mark/Marksubstanz). 1. Innerster Teil einer Struktur oder eines Organs, z.B. → Medulla renalis (Marksubstanz der Niere). 2. Abkürzung für → Medulla oblongata.
[*lat.:* Mark]
🇬🇧 medulla

Medulla oblongata. (Nachhirn). Zwiebelförmige Fortsetzung des Rückenmarks direkt über dem großen Hinterhauptloch (Foramen magnum), das von der Brücke (Pons) durch eine horizontale Furche getrennt ist. Die M. o. ist ein Teil des Hirnstamms und enthält die kardialen, vasomotorischen und respiratorischen Zentren des Gehirns.
🇬🇧 medulla oblongata

Medulla renalis. (Nierenmark). Teil des Nierenparenchyms, der neben der Nierenrinde (Cortex) liegt und die Nierenpyramiden und Nierensäulen (Bertin-Säulen) einschließt. Die innere Schicht enthält die Papille und die äußere Schicht den dicken aufsteigenden Teil der Henle-Schleife.
🇬🇧 medulla of the kidney

medullär. 1. Zum Mark des Gehirns gehörend. 2. Zum Knochenmark gehörend. 3. Zum Rückenmark gehörend.
[*lat.:* medulla, Mark]
🇬🇧 medullary

Medullarkarzinom. (Markschwamm/medulläres Karzinom). Weiches malignes Neoplasma des Epithels, das wenig oder kein Fasergewebe enthält.
🇬🇧 medullary carcinoma

Medulloblastom. Wenig differenziertes malignes Neoplasma, das aus dichten Zellen einer schwammförmigen und nervenartigen Verbindung besteht. Der Tumor entsteht meist im Kleinhirn (Cerebellum) oder in der Brücke (Pons), ist extrem röntgenpositiv und wächst sehr schnell.
[*lat.:* medulla, Mark; *griech.:* blastos, Keim; oma, Tumor]
🇬🇧 medulloblastoma

Mefenaminsäure. Nichtsteroidales → Antiphlogistikum und → Analgetikum, das zur Behandlung von leichten bis mäßigen Schmerzen geeignet ist.
🇬🇧 mefenamic acid

Mefloquin. → Chemotherapeutikum und Malariamittel, das zur Prophylaxe und Behandlung einer Chloroquin-resistenten Malariaerkrankung eingesetzt werden kann.
🇬🇧 mefloquine

mega(lo)-. Vorsilbe mit der Bedeutung »groß, lang, weit«.
🇬🇧 mega(lo)-

Megakaryozyt. Extrem große Knochenmarkzelle, die einen Kern mit zahlreichen verschiedenen Strukturen besitzt. M.en sind bei der Produktion und Vermehrung der → Thrombozyten im Knochenmark wichtig und normalerweise nicht im zirkulierenden Blut vorhanden.
[*griech.:* megas, groß; karyon, Nuss; kytos, Zelle]
🇬🇧 megakaryocyte

Megakaryozytenleukämie. Bösartige Erkrankung des blutbildenden Gewebes, bei der sich → Megakaryozyten im Knochenmark stark vermehren und in großer Anzahl im Blut zirkulieren.
megakaryocytic leukemia

Megakolon. Unphysiologisch starke Erweiterung des Darms (Kolon), die angeboren, toxisch bedingt oder erworben sein kann. Ein kongenitales M. (Hirschsprung-Krankheit) wird durch das Fehlen von autonomen Ganglien in der glatten Darmmuskulatur verursacht. Ein toxisch bedingtes M. ist die schwere Komplikation einer Colitis ulcerosa und kann zur Perforation des Darms, Septikämie und zum Tod führen. Das erworbene M. ist die Folge einer chronischen Kotverhaltung und tritt meist bei psychotischen Zuständen und bei geistig behinderten Kindern auf. Der Darm wird durch die ständige Ansammlung der Fäzes erweitert.
[*griech.:* megas, groß; kolon, Darm]
megacolon

Megakolon, akutes / toxisches. Krankhafte Erweiterung des Querdarms infolge einer Darmentzündung durch Geschwüre, Amöbenruhr oder andere Darmkrankheiten. Die Symptome beinhalten u. a. Darmkrämpfe, Fieber, beschleunigten Herzschlag und geistige Verwirrung.
[*griech.:* mega, groß; kolon, Darm]
toxic dilation of colon

Megaloblast. Unphysiologisch großer unreifer → Megalozyt, der sich in großer Anzahl im Knochenmark entwickelt und bei Anämien in Verbindung mit einem Mangel an Vitamin-B_{12}, Folsäure oder Intrinsic Factor in großer Anzahl im Blut zirkuliert.
[*griech.:* megas, groß; blastos, Keim]
megaloblast

Megalomanie. (→ Größenwahn)
[*griech.:* megas, groß; mania, Verrücktheit]
megalomania

Megalozyt. Unphysiologisch vergrößerter → Erythrozyt.
megalocyte

Megaösophagus. Unphysiologische Erweiterung des unteren Abschnitts der Speiseröhre (Ösophagus), die dadurch verursacht wird, dass der Schließmuskel sich nicht mehr entspannen und die aufgenommene Nahrung nicht in den Magen gelangen kann.
megaesophagus

Megaureter. Unphysiologische beträchtliche Erweiterung eines oder beider Harnleiter (Ureter), die durch eine dysfunktionale Peristaltik der glatten Muskeln der Ureter verursacht wird.
megaloureter

Megazystis. Unphysiologisch vergrößerte dünnwandige Harnblase.
[*griech.:* megas, groß; kystis, Tasche]
megacystis

Meibom-Drüse. Eine von mehreren Talgdrüsen, die Talg (Sebum) aus ihren Gängen an den freien Lidrändern ausscheiden.
[H. Meibom, deutscher Arzt, 1638–1700]
meibomian gland

Meiose. (Reduktionsteilung/Reifeteilung). Teilung eines Geschlechtschromosoms bei seiner Reifung in zwei und anschließend vier → haploide Zellen. Der Kern jeder Zelle erhält die Hälfte der in den somatischen Zellen jeder Species vorhandenen Chromosomenzahl. (s.a. Mitose) – *adj.* meiotisch.
[*griech.:* kleiner werden]
meiosis

Meißner-Plexus. (Plexus submucosus). Kleine Ansammlung von Ganglionzellen, die sich in der Scheimhaut (Mukosa) des Dünndarms befinden und diese innervieren.
Meissner´s plexus

Meißner-Tastkörperchen. (Corpuscula tactus). Kleine spezialisierte, drucksensible, sensorische Endorgane (Druckrezeptoren) mit einer Bindegewebekapsel und dünnen Platten in der Lederhaut (Corium) von Händen und Füßen, an der Oberseite der Unterarme, in der Haut der Lippen und

M

Schleimhautmembran der Zunge sowie in der Haut der Brustwarze.
[G. Meißner, deutscher Anatom, 1829–1905]
Meissner´s corpuscle

Mekonium. (Kindspech). Substanz, die sich im Darm eines Fötus ansammelt und aus dem die ersten Stühle eines Neugeborenen bestehen. Das M. ist zähflüssig, meist grünlich bis schwarz, und besteht aus Sekreten der Drüsen im Darm, Fruchtwasser und intrauterinen Abfällen, z.B. Gallenpigmente (Biliverdin), Fettsäuren, Epithelzellen, Schleim, Lanugo und Blut.
[*griech.:* mekon, Mohnsaft]
meconium

Mekoniumileus. Verschluss (Obstruktion) des Dünndarms eines Neugeborenen, der durch eine Verstopfung mit dickem, trockenem, zähem → Mekonium entsteht, meist in der Nähe der Ileozäkalklappe. Zu den Symptomen zählen Aufblähung des Magens, Erbrechen, die Unfähigkeit, in den ersten 24 bis 48 Stunden nach der Geburt Mekonium auszuscheiden, und eine schnelle Dehydratation in Verbindung mit Elektrolytstörungen.
meconium ileus

Meläna. (Blutstuhl/Teerstuhl). Unphysiologische Ausscheidung von schwarzgefärbtem Stuhl, der Blut enthält. Ursache ist meist eine Blutung im oberen Magen-Darm-Trakt; das M. kann Anzeichen eines Magengeschwürs oder einer Erkrankung des Dünndarms sein.
[*griech.:* melas, schwarz]
melena

Melancholie. (Schwermut). Schwere Form der endogenen → Depression. – *adj.* melancholisch.
[*griech.:* melas, schwarz; chole, Galle]
melancholia

Melancholie, affektive. Form einer schweren Depression, die von Interesselosigkeit an normalerweise angenehmen Aktivitäten gekennzeichnet ist. (→ Psychose)
[*lat.:* affectus, Einfluss; *griech.:* melas, schwarz; chole, Galle]
affective melancholia

Melanin. Schwarzer oder dunkelbrauner Farbstoff (Pigment), der natürlicherweise in Haaren, Haut, Iris und Aderhaut (Chorioidea) des Auges vorhanden ist. M. wird bei intensiver UV-Bestrahlung gebildet und stellt einen Strahlenschutz dar. Die Biosynthese des M.s erfolgt durch die → Melanozyten.
[*griech.:* melas, schwarz]
melanin

Melanintest, qualitativer. Test zur Bestimmung von → Melanin im Urin bei Patienten mit malignem Melanom. (s.a. Melanurie)
qualitative melanin test

melano-. Vorsilbe mit der Bedeutung »dunkel, schwarz«.
melano-

Melanoblastom. (malignes Melanom). Tumor aus wenig differenzierten → Melanin-produzierenden Zellen. (→ Melanom)
melanoblastoma

Melanoglossie. (→ schwarze Haarzunge)
hairy tongue

Melanom. Form eines malignen Neoplasmas, das sich in der Haut entwickelt und aus → Melanozyten besteht. Ein melanozytischer Nävus kann erworben oder kongenital sein. Der kongenitale Melanozytennävus entwickelt sich eher zu einem malignen M., vorwiegend aufgrund seiner Größe. Kleinere M.e neigen dazu, sich über Monate und Jahre aus einem pigmentierten → Nävus zu entwickeln. Sie können sporadisch auftreten und sind bei hellhäutigen Personen mit hellen Augen häufiger anzutreffen. Wiederholte Sonnenbrände erhöhen das Risiko für die Entwicklung eines M.s. Jeder schwarze oder braune Fleck, der eine unregelmäßige Begrenzung aufweist, Pigmente, die über die Grenze eines Flecks hinausgehen, rötlich, schwarze oder bläuliche Verfärbungen oder eine knotenförmige Oberfläche können für ein M. sprechen und werden im Allgemeinen zwecks Biopsie entfernt. Ein M. kann metastasieren und ist die bösartigste aller Hautkrebsformen. Die Diagnose hängt von der Art des M.s.,

seiner Größe, Tiefe und Lokalisation ab, sowie vom Alter und Zustand des Patienten.
[*griech.:* melas, schwarz; oma, Tumor]
melanoma

Melanom, benignes juveniles. (Spitz-Tumor). Nicht krebsartige (kanzeröse), hell- oder dunkelrote erhobene → Papel mit glatter oder warziger Oberfläche; tritt meist bei Kindern im Alter zwischen 9 und 13 Jahren auf und kann fälschlicherweise als malignes Melanom diagnostiziert werden.
benign juvenile melanoma

Melanosom. Ovales pigmentiertes Körnchen innerhalb eines → Melanozyten, das → Melanin synthetisiert.
melanosome

Melanozyt. Körperzelle, die → Melanin produzieren kann. M.en sind über die gesamte Basalzellschicht der Epidermis verteilt und bilden das Pigment Melanin aus Tyrosin und Aminosäuren. Die M.en von hellhäutigen Personen sind weniger aktiv als die von dunkelhäutigen Typen.
[*griech.:* melano, schwarz; kytos, Zelle]
melanocyte

Melanurie. Ausscheidung von dunkelgefärbtem Urin; die Farbe wird durch die Präsenz von → Melanin und anderen Pigmenten verursacht. Die M. kann bei einem malignen Melanom oder bei Malaria (Schwarzwasserfieber) auftreten.
melanuria

Melasma gravidarum. (Chloasma). Stark pigmentierte oder entfärbte Hautstelle bei schwangeren Frauen. (→ Chloasma)
[*griech.:* melas, schwarz; *lat.:* gravidus, schwanger]
melasma gravidarum

Melatonin. Das einzige Hormon, das von der Zirbeldrüse (→ Epiphyse) ins Blut ausgeschieden wird. Das Hormon scheint zahlreiche endokrine Funktionen zu hemmen, z.B. die des gonadotropen Hormons, und die Hautpigmentierung herabzusetzen. Bei einer Injektion von M. kommt es zu Somnolenz; es kann auch einen Einfluss auf die Stimmung und Libido haben.
melatonin

meldepflichtig. Bestimmte Bedingungen, Erkrankungen und Ereignisse betreffend, die per Gesetz (z.B. Bundesseuchengesetz) einer zuständigen Stelle gemeldet werden müssen (z.B. Geburten, Todesfälle, Pocken und zahlreiche andere Infektionskrankheiten).
notifiable; certifiable

Melioidose. (Nasenrotz). Infektion durch den gramnegativen Bazillus *Malleomyces pseudomallei.* Eine akute M. verläuft fulminant und äußert sich durch Pneumonie, Empyem, Lungenabszess und Septikämie unter Beteiligung von Leber und Milz. Eine chronische M. steht in Verbindung mit Osteomyelitis und Abszessen der inneren Organe sowie Fisteln, die sich aus den Abszessen entwickeln. Die M. wird durch direkten Kontakt mit infizierten Tieren übertragen, tritt jedoch beim Menschen selten auf.
melioidose

Melphalan. → Zytostatikum, das zur Behandlung von malignen Erkrankungen eingesetzt wird, z.B. Myelomen.
melphalan

Membran. Dünne Gewebeschicht, die aus Epithelzellen und Bindegewebe besteht und eine Oberfläche überzieht, eine Körperhöhle auskleidet oder bestimmte Körperbereiche voneinander trennt.
[*lat.:* membrana, dünne Haut]
membrane

Membran, alveokapilläre. Gewebeschicht in der Lunge, trennt die Lungenblässchen von dem sie umspülenden Kapillarblut; durch diese Membran wandern Sauerstoff und Kohlendioxid während des Atmungsprozesses.
alveolar-capillary membrane

Membran, semipermeable. Dünne Haut, durch die nur Substanzen bis zu einer bestimmten Größe passieren können.
semipermeable membrane

Membran, seröse. Eine der zahlreichen dünnen Häute, die bestimmte Körperhöhlen auskleiden und Flüssigkeit abgeben. So kleidet z.B. die Pleura den Thorax aus, das Peritoneum die Bauchhöhle und das

M

Perikard den das Herz umschließenden Herzbeutel. Die von der Membran produzierte Flüssigkeit reduziert die Reibung zwischen aneinanderliegenden Strukturen, z.B. zwischen Lunge und Brustwand.
serous membrane

Membrana tympani. (→ Trommelfell)
tympanic membrane

Membranoxygenation, extrakorporale. Methode, bei der das Blut eines Patienten mit einer lebensbedrohlichen Lungeninsuffizienz künstlich über einen Membranoxigenator außerhalb des Körpers mit Sauerstoff angereichert wird.
extracorporeal membrane oxygenation

Membranpotential. Differenz der elektrischen Ladung (Polarisation) zwischen den beiden Seiten einer Membran oder Zellwand.
membrane potential

MEN. Abkürzung für → multiple endokrine Neoplasie.
MEN

MEN-Syndrom. (Multiple endokrine Neoplasien). Erbliche hormonelle Störungen, die in autosomal dominanten Mustern auftreten. Die endokrinen Neoplasmen können sich als Hyperplasien, Adenome oder Karzinome manifestieren und sich synchron oder zu verschiedenen Zeiten (metachron) entwickeln.
multiple endocrine neoplasia (MEN)

Menadion. Synthetische Form von Vitamin K_3.
menadione

Menarche. Erste Menstruationsblutung und damit Beginn der zyklischen menstruellen Funktion, die meist im Alter zwischen 9 und 17 Jahren einsetzt. (s.a. Menopause)
[*griech.:* men, Monat; archaios, Anfang]
menarche

Mendel-Gesetze. Grundlegende Gesetzmäßigkeiten der Vererbung, die auf Experimenten mit Erbsen basieren. Meist werden hiermit zwei Gesetze bezeichnet, nämlich die Spaltungsregel und die Unabhängigkeitsregel (Regel der Neukombination der Gene). Gemäß der ersten Regel ist jedes Merkmal einer Species in den Somazellen in Form eines Genpaares vorhanden, die sich während der → Meiose trennen, so dass jeder → Gamet nur ein Gen von jedem Merkmal erhält. Nach der Unabhängigkeitsregel trennen sich die Genpaare verschiedener Chromosomen unabhängig von anderen Paaren während der Meiose, so dass die Gamenten alle möglichen Kombinationen von Faktoren aufweisen. Eine weitere Regel, die Uniformitätsregel besagt, dass Personen der ersten Generation an Nachkommen reinrassiger Eltern → genotypisch und → phänotypisch gleich sind.
[G. Mendel, österr. Augustinerabt und Vererbungsforscher, 1822–1884]
Mendel´s laws

Mendelson-Syndrom. (Aspirationspneumonie). Atembeschwerden, die durch eine → Pneumonie verursacht werden; diese entsteht durch → Aspiration von Mageninhalt in die Lunge. Das M.-S. tritt meist auf, wenn ein Betrunkener sich erbricht, oder bei Patienten, die nach einer Anästhesie noch nicht bei Bewusstsein oder benommen sind, auch bei Krämpfen.
[C. Mendelson, amerikanischer Anästhesist, geb. 1913]
Mendelson´s syndrome

Menière-Krankheit. Chronische Erkrankung des Innenohrs, die sich durch eine typische Symptomtrias zeigt: rezidivierende Schwindelanfälle, progressiver sensorisch-neuraler Hörverlust, der ein- oder beidseitig auftreten kann, und einseitiger → Tinnitus. Die Ursache der M.-K. ist unbekannt, obwohl die Krankheit gelegentlich nach einer Mittelohrentzündung oder Kopfverletzung auftritt. Es kann zu Übelkeit und Erbrechen sowie Schweißausbrüchen kommen. Die Anfälle dauern einige Minuten bis zu mehreren Stunden.
[P. Menière, französischer Arzt, 1799–1862]
Menière´s disease

Meningen (pl.). (Meninges/Hirnhäute). Die drei Membranen, die das Gehirn und das

Rückenmark umschließen und aus der harten Hirnhaut (Dura mater), der weichen Hirnhaut (Pia mater) sowie der Spinnenwebenhaut (Arachnoidea) bestehen.
[*griech.:* menigx, Membran]
meninges

Meningeom. (Meningiom). Langsam wachsender, gutartiger fibroblastischer Tumor der Membranen, die das Hirn und Rückenmark (→ Meningen) umschließen. Der Tumor kann knotenförmig, schollenartig oder diffus sein und in das Gehirn eindringen, was zu Knochenerosionen und der Kompression von Hirngewebe führt. Ein M. kann auch maligne entarten.
[*griech.:* menigx, Membran; oma, Tumor]
meningioma

Meningiom, angioblastöses. Blutgefäßtumor der Hirnhäute (Meningen), die Rückenmark und Gehirn überziehen.
angioblastic meningioma

Meningismus. Erkrankung, bei der Symptome einer → Meningitis auftreten, z.B. Reizung des Gehirns und des Rückenmarks, aber keine pathologischen Veränderungen oder Entzündungen der → Meningen nachweisbar sind. Der M. kann bei kleinen Kindern in Verbindung mit eine Pneumonie stehen.
[*griech.:* menigx, Membran; ismos, Prozess]
meningism; meningismus

Meningitis. (Hirnhautentzündung). Infektion oder Entzündung (meldepflichtig) der Häute (Membranen), die das Gehirn und das Rückenmark bedecken (→ Meningen). Die Krankheit kann eitrig (purulent) verlaufen und befällt die Flüssigkeit des Subarachnoidalraumes (Liquor). Die häufigste Ursache ist bei Erwachsenen eine bakterielle Infektion mit *Streptococcus pneumoniae*, *Neisseria meningitidis* oder *Haemophilus influenzae*. Eine aseptische M. kann durch nicht-bakterielle Agenzien bedingt sein. Symptome der M. sind starke Kopfschmerzen, Nackensteifigkeit, Krämpfe, Reizbarkeit, Unwohlsein und Unruhe. Übelkeit, Erbrechen, Delirium und eine vollständige Desorientierung können schnell entstehen. Es kommt zur Erhöhung der Temperatur, der Herzfrequenz und der Atmung.
[*griech.:* menigx, Membran; itis, Entzündung]
meningitis

Meningitis, aseptische. Nicht-eitrige (nicht-purulente) Entzündung der Hirnhäute (Meninges), die durch verschiedene Viren ausgelöst werden kann, z.B. Coxsackie-Virus, nonparalytischer Poliovirus, Echovirus und Mumpsvirus. (→ Meningitis)
aseptic meningitis

Meningitis, traumatische. Entzündung der Hirn- und Rückenmarkshäute infolge einer Verletzung des Schädels oder der Wirbelsäule.
traumatic meningitis

Meningoenzephalitis. Entzündung sowohl des Gehirns als auch der Hirnhäute (→ Meningen), die im Allgemeinen durch eine bakterielle Infektion verursacht wird. Die Symptome ähneln der → Enzephalitis.
[*griech.:* menigx, Membran; enkephalos, Gehirn; itis, Entzündung]
meningoencephalitis

Meningoenzephalomyelitis. Kombinierte Entzündung des Gehirns, des Rückenmarks und der Hirnhäute (→ Meningen).
meningoencephalomyelitis

Meningoenzephalopathie. Nicht-entzündliche Erkrankung des Gehirns und der Hirnhäute (→ Meningen).
meningoencephalopathy

Meningokokken. Bakterien der Gattung *Neisseria meningitidis*, unbewegliche gramnegative Diplokokken, die häufig im Nasen-Rachen-Raum von symptomfreien Trägern zu finden sind. Diese Erreger können eine Blutvergiftung (→ Sepsis) oder Hirnhautentzündung (→ Meningitis cerebrospinalis epidemica) verursachen.
[*griech.:* menigx, Membran; kokkos, Beere]
meningococcus

M

Meningomyelitis. Entzündung des Rückenmarks und der umgebenden Membranen (→ Meningen). (→ Meningitis)
[*griech.:* menigx, Membran; myelos, Mark; itis, Entzündung]
meningomyelitis

Meningozele. Sackförmige → Hernie der zerebralen oder spinalen → Meningen durch einen angeborenen Defekt im Schädel oder in der Wirbelsäule. Es bildet sich eine Hernienzyste, die mit → Zerebrospinalflüssigkeit (Liquor) gefüllt ist, aber kein Nervengewebe enthält. Man spricht je nach Lokalisation des Defektes von einer kranialen oder spinalen M.
[*griech.:* menigx, Membran; kele, Bruch]
meningocele

Meniskektomie. Chirurgische Entfernung einer halbmondförmigen Knorpelscheibe (→ Meniskus) des Kniegelenks, die durchgeführt wird, wenn ein gerissener Meniskus chronische Schmerzen verursacht oder das Knie instabil oder unbeweglich ist.
[*griech.:* meniskos, Halbmond; ektome, ausschneiden]
meniscectomy

Meniskus. 1. Linse mit sowohl konvexer als auch konkaver Fläche. 2. Halbmondförmig gebogener Knorpel im Kniegelenk und in anderen Gelenken.
[*griech.:* meniskos, Halbmond]
meniscus

Meniskus, diskoider. Fehlbildung des Meniskusknorpels des Knies. Anstelle der Halbmondform ist der Meniskus scheibenförmig. Häufig auftretende Beschwerden sind ein Klicken im Kniegelenk sowie das Einknicken des Kniegelenks. Die Beschwerden können im Zusammenhang mit einer Knieverletzung stehen, können jedoch auch ohne Einfluss eines Traumas entstehen.
discoid meniscus

Menometrorrhagie. Starke Uterusblutung, die über die Phase der → Menstruation hinausgeht.
[*lat.:* mensis, Monat; *griech.:* metra, Gebärmutter; rhegnyai, ausbrechen]
menometrorrhagia

Menopause. Einstellung der Menstruationsblutungen, die häufig auch als die Phase des weiblichen Klimakteriums bezeichnet wird. Die → Menses wird natürlicherweise mit der Abnahme der Hormonproduktion eingestellt; dies erfolgt etwa im Alter zwischen 35 und 60 Jahren, kann aber infolge von Krankheiten oder der chirurgischen Entfernung der Gebärmutter (Uterus) oder beider Eierstöcke (Ovarien) auch früher auftreten. Wenn die Produktion von → Östrogen aus den Ovarien und → Gonadotropin durch die Hypophyse nachlässt, kommt es seltener zum Eisprung (Ovulation) und zur Menstruation, bis sie gar nicht mehr stattfinden. Durch die Reduzierung dieser Hormone kommt es zu Fluktuationen im Blut. → Wallungen sind ein häufiges Symptom der M.; gelegentlich treten auch unregelmäßige Blutungen, meist in Verbindung mit Myomen oder anderen Uteruserkrankungen auf. Bei Mann kommt es im mittleren Alter ebenfalls zu einer M., die sich mehr in psychogenen Faktoren zeigt, wenn es aufgrund nachlassender Potenz, verstärkter Müdigkeit, Dünner- und Grauwerden der Haare und anderer Anzeichen des Alterns zu Ängsten kommt. (s.a. Menarche)
[*lat.:* mensis, Monat; *griech.:* pausis, aufhören]
menopause

Menorrhagie. Unphysiologisch starke und lange Menstruationsperiode, die gelegentlich während der Jahre einer Frau auftritt, in denen sie fortpflanzungsfähig ist. Wird die M. chronisch, können infolge der wiederholten exzessiven Blutungen Anämien entstehen. Abnorme Blutungen nach der Menopause müssen stets untersucht werden, um eine maligne Erkrankung auszuschließen.
[*lat.:* mensis, Monat; *griech.:* rhegnyai, ausbrechen]
menorrhagia

Menorrhö. Normaler Abgang von Blut und Gewebeteilen aus der Gebärmutter (Uterus).
[*lat.:* mensis, Monat; *griech.:* rhoia, Fluß]
menorrhea

Menostase. Unphysiologischer Zustand, bei dem die Produkte der Menstruation nicht aus der Gebärmutter (Uterus) oder der Vagina austreten können; Ursachen können eine Stenose, Verschluss des Gebärmutterhalses (Zervix) oder des Vaginaeingangs sein.
[*lat.:* mensis, Monat; *griech.:* stasis, stillstehen]
menostasis

Menses. (Menstruation). Physiologische Ausscheidung von Blut und Schleimhaut (Dezidua) aus der Gebärmutter, die während der → Menstruation auftritt. Der erste Tag der M. entspricht dem ersten Tag des Menstruationszyklus.
[*lat.:* men, Monat]
menses

Menstruation. Periodische Ausscheidung einer blutigen Sekretion mit Gewebeanteilen aus der Vagina, die durch das Ablösen der Gebärmutterschleimhaut (Endometrium) in einem nicht-schwangeren Uterus entsteht. Die durchschnittliche Dauer der M. beträgt 4 bis 5 Tage und tritt in Abständen von etwa 28 Tagen in der fortpflanzungsfähigen Phase des Lebens einer nicht-schwangeren Frau auf.
menstruation

Menstruation, anovulatorische. Eine ohne Eisprung stattfindende Menstruationsblutung.
[*griech.:* a, kein; ovulum, Ei]
anovular menstruation

Menstruation, vikariierende. Haut- oder Schleimhautblutung, die nicht aus der Gebärmutter stammt, und anstelle der erwarteten Periode auftritt. Die Blutung wird meist durch die erhöhte Durchlässigkeit der Kapillaren zur Zeit der Menstruation verursacht.
[*lat.:* vicarius, stellvertretend]
vicarious menstruation

Menstruationskrämpfe. Schmerzen im Unterleib, die von einem kolikähnlichen Gefühl bis zum dumpfen Schmerz variieren können. Der Schmerz kann sich ins Kreuz und in die Beine fortsetzen. M. treten meist am Beginn der → Menses auf.
menstrual cramps

Menstruationszyklus. Sich wiederholtender Zyklus mit Veränderungen in der Gebärmutterschleimhaut (Endometrium), bei dem die äußere Schicht (Dezidua) abgestoßen wird, wieder nachwächst, mehrere Tage erhalten bleibt und bei der nächsten → Menstruation erneut abgestoßen wird. Die Länge des M. dauert vom ersten Tag eines Zyklus bis zum ersten Tag des nächsten im Durchschnitt 28 Tage. Dauer und Merkmale können stark variieren. Der M. beginnt mit der → Menarche und endet mit der → Menopause. Die uterinen Phasen des M. werden als proliferative, sekretorische und menstruelle Phasen bezeichnet.
menstrual cycle

mental. 1. Zu den Merkmalen des Geistes oder der Psyche gehörend; im Geist existierend, auf Überlegungen basierend. 2. Zum Kinn (Mentum) gehörend.
[1. *lat.:* mens, Geist 2. *lat.:* mentum, Kinn]
mental

Mentalität. 1. Funktionale Kraft und Fähigkeit des Geistes. 2. Intellektueller Charakter und Art des Denkens und Fühlens.
[*lat.:* mens, Geist]
mentality

Menthol. Riechstoff aus Pfefferminze; Mittel zur äußerlichen Anwendung, das aufgrund seiner kühlenden Wirkung gegen Juckreiz (Pruritus) eingesetzt wird. M. ist in vielen Cremes und Salben enthalten.
[*lat.:* menta, Minze]
menthol

Mentum. Kinn.
[*lat.:* mentum, Kinn]
menton

Meperidin. Narkotisches → Analgetikum, das zur Behandlung mäßiger bis starker Schmerzen und zur Linderung von

Schmerzen und Angst vor Operationen eingesetzt wird.
meperidine hydrochloride

Meprobamat. → Sedativum, das zur Behandlung von Angst- und Spannungszuständen sowie als → Muskelrelaxans eingesetzt wird. Bei der Einnahme von M. besteht die Gefahr der → Abhängigkeit und der Intoxikation.
meprobamate

Meralgia paraesthetica. Zustand, der durch Schmerzen (Neuralgien), → Parästhesien und Taubheit an der seitlichen Außenfläche des Oberschenkels in der Region gekennzeichnet ist, die durch die kutanen Femoralisnerven versorgt wird. Ursache dieser Erkankung ist eine Ischämie des Nervs, der im Leistenband verborgen ist.
meralgia paresthetica

Mercaptopurin. → Zytostatikum und → Immunsuppressivum, das zur Behandlung von malignen Neoplasmen, z.B. lymphozytäre Leukämie, verabreicht wird. Als Nebenwirkungen treten Übelkeit, Leberschäden und Appetitlosigkeit (Anorexie) auf.
mercaptopurine

Merkel-Zellkarzinom. Schnell wachsender maligner Hauttumor, der sich besonders auf sonnenexponierten Hautpartien von älteren Menschen entwickelt.
[F. Merkel, deutscher Anatom und Physiologe, 1845–1919]
Merkel cell carcinoma

Merkmal, dominantes. Vererbte Eigenschaft, wie z.B. Augenfarbe, die bei einem Kind ausgedrückt wird, obwohl nur ein Elternteil diese Eigenschaft vorweist.
dominant trait

Merkmal, rezessives. Eine genetisch bedingte Eigenschaft, die sich nur bei → homozygoter Konstellation ausprägen kann. (s.a. Hämophilie; Rhesusfaktor)
recessive trait

mero-. Vorsilbe mit der Bedeutung »teilweise«.
mero-

merokrin. Bezeichnung für Drüsen, deren sekretproduzierende Zellen intakt bleiben, obwohl sie einen Teil ihres Zellinhaltes als Sekretionsprodukt ausscheiden. (s.a. holokrin)
merocrine

Mesangium. Zelluläres Netzwerk in den → Glomeruli der Niere, das die Kapillarschleifen unterstützt.
mesangium

Mesenchym. Diffuses Gewebenetzwerk, das sich aus dem → Mesoderm des Embryos entwickelt. Das M. besteht aus Stelatzellen, die in die galertartige Grundsubstanz mit retikulären Fasern eingebettet ist. Das M. ist nur beim Embryo vorhanden; aus ihnen entwickeln sich Binde- und Stützgewebe, Muskelgewebe, Organteile und das blutbildende System.
[*griech.:* mesos, mittlerer; enchyma, Infusion]
mesenchyme

mesenterisch. Zum Gekröse (→ Mesenterium) gehörend.
mesenteric

Mesenterium. (Gekröse). Breite Epithelauskleidung des Bauchfells (→ Peritoneum), an dem der Leerdarm (Jejunum) und der Krummdarm (Ileum) an der dorsalen Wand des Abdomens aufgehängt sind. Die Wurzeln des M.s sind mit bestimmten Strukturen ventral der Wirbelsäule verbunden. Der innere Teil des M.s grenzt die Därme ab, der kraniale Teil ist mit verschiedenen Nerven und Arterien verbunden.
[*griech.:* mesos, mittlerer; enteron, Darm]
mesentery

Mesenzephalon. (Mittelhirn). Einer von drei Teilen des Gehirns, der zwischen dem Zwischenhirn (Dienzephalon) und dem Hinterhirn (Metenzephalon) unterhalb des Kleinhirns (Cerebellum) und direkt über der Brücke (Pons) liegt. Das M. besteht vorwiegend aus weißer Substanz mit etwas grauer Substanz im Aquädukt des Gehirns und verbindet den III. mit

dem IV. Ventrikel. Im M. liegen u.a. die Schaltstellen der Höhrbahnen.
[*griech.:* mesos, mittlerer; enkephalos, Gehirn]
🇬🇧 mesencephalon

Meshgraft. Dünnes netzartiges Hauttransplantat, das zahlreiche Ritzen aufweist. Dadurch kann das Transplantat auf ein Mehrfaches seiner ursprünglichen Größe ausgedehnt werden und beim Empfänger einen größeren Bereich überdecken.
🇬🇧 mesh graft

Meskalin. → Halluzinogen und psychoaktives giftiges Alkaloid, das von einem farblosen alkalischen Öl aus den Blüten der Kaktee *Lophophora williamsii* gewonnen wird. M. ist chemisch eng mit Epinephrin verwandt; es verursacht Herzklopfen (Palpitationen), starke Schweißentwicklung (Diaphorese), Pupillenerweiterung und Angstzustände.
🇬🇧 mescaline

meso-. Vorsilbe mit der Bedeutung »zwischen, mittlerer«.
🇬🇧 meso-

Mesoderm. (mittleres Keimblatt). Mittlere von drei Hautschichten des sich entwickelnden Embryos. Das M. liegt zwischen → Ektoderm und → Entoderm. Knochen, Bindegewebe, Muskelgewebe, das Blutsystem, die Gefäße und das lymphatische Gewebe sowie die Pleura des Perikards und Peritoneums entstehen aus dem M.
[*griech.:* mesos, mittlerer; derma, Haut]
🇬🇧 mesoderm

Mesonephros. (Urniere). Frühe Entwicklungsform eines Sekretionsorgans, das sich im Embryo entwickelt; es besteht aus einer Reihe von Röhrchen, die den Glomerulus bilden und sich mit dem Ausscheidungsgang verbinden.
🇬🇧 mesonephros

Mesothel. Zellschicht, die die Körperhöhlen, z.B. Brustfell (Pleura) oder Bauchfell (Peritoneum), des Embryos auskleidet und sich beim Erwachsenen als eine Schicht von schuppigen Epithelzellen entwickelt, die die serösen Membranen überziehen.
[*griech.:* mesos, mittlerer; thele, Brustwarze]
🇬🇧 mesothelium

Mesotheliom. Maligner Tumor der serösen Haut (→ Mesothel) des Brustfells (Pleura) und des Bauchfells (Peritoneum), der z.B. durch den Kontakt mit → Asbest entstehen kann.
[*griech.:* mesos, mittlerer; thele, Brustwarze; oma, Tumor]
🇬🇧 mesothelioma

Messenger-RNS. (Boten-RNS/Matrizen-RNS). → RNS-Abschnitt, der Informationen der Desoxyribonukleinsäuren (DNS) zu den proteinsynthetisierenden Ribosomen der Zellen überträgt.
🇬🇧 messenger RNA (mRNA)

Messfühler. (Sensor). Technisches Gerät, das auf physikalische Reize, wie z.B. Temperatur, Licht, Bewegung reagiert.
🇬🇧 sensor

Messwandler. Handgerät, das Schallwellensignale aussenden und empfangen kann; wird z.B. im Ultraschall verwendet.
🇬🇧 transducer

Mestranol. → Östrogen, das in Kombinationspräparaten mit Gestagen als orales → Kontrazeptivum verabreicht wird.
🇬🇧 mestranol

met(a)-. Vorsilbe mit der Bedeutung »zwischen, nach, hinten«.
🇬🇧 met(a)-

Metabiose. 1. Zustand, bei dem Wachstum und Stoffwechsel (Metabolismus) eines Organimus die Umgebung wechseln, um das Wachstum eines anderen Organismus zu ermöglichen. 2. Parasitäre Abhängigkeit der Existenz eines Organismus von der eines anderen.
🇬🇧 metabiosis

metabolisieren. Verstoffwechseln; Vorgang und Prozess des → Metabolismus, Abbau und Umwandlung von Kohlenhydraten, Proteinen und Fetten in kleinere Substanzen; Reorganisation von gewebebildenden Verbindungen oder Energiequellen; Aus-

M

scheidung von Abfallprodukten der Stoffwechselprozesse.
[*griech.:* metabole, verändern]
metabolize

Metabolismus. (Stoffwechsel). Alle biochemischen Prozesse, die in lebenden Organismen stattfinden und zu Wachstum, Energieproduktion, Ausscheidung von Abfallprodukten sowie zu anderen Körperfunktionen beitragen, die in Verbindung mit der Verteilung der Nährstoffe im Blut nach ihrer Aufnahme stehen. Der M. erfolgt in zwei Schritten: der Aufbaustoffwechsel (→ Anabolismus), bei dem kleinere Moleküle (z.B. Aminosäuren) in größere Moleküle (z.B. Proteine) umgeformt werden, und der Abbaustoffwechsel (→ Katabolismus), einer destruktiven Phase, in der größere Moleküle (z.B. Glykogen) in kleinere Moleküle (z.B. Brenztraubensäure) umgeformt werden. Die im Verlauf des M. freigesetzte Wärme (in → Kalorien) wird als metabolische Rate bezeichnet. – *adj.* metabolisch.
[*griech.:* metabolos, veränderlich; ismos, Prozess]
metabolism

Metabolit. Substanz, die durch einen metabolischen Vorgang produziert wird, für einen metabolischen Prozess erforderlich ist oder die ein Zwischenprodukt im Zwischenstoffwechsel darstellt. Ein essentieller M. wird für vitale metabolische Prozesse benötigt. (→ Metabolismus)
[*griech.:* metabolos, veränderlich]
metabolite

Metacarpus. (Mittelhand). Mittlerer Teil der Hand, der aus 5 dünnen Knochen besteht, die sich zwischen der Handwurzel und den Fingern befinden.
[*griech.:* meta, hinter; karpos, Faust]
metacarpus

Metachromasie. Phänomen der Färbung von Körpergeweben, bei dem die zu untersuchenden Zellen eine andere Farbe als die des Farbstoffs annehmen. Knorpelzellen sehen z.B. rot aus, nachdem sie mit einem blauen Farbstoff angefärbt wurden. Die Ursache dafür liegt in einer Interaktion zwischen den Molekülen des Farbstoffs und den Säureradikalen der Gewebezellen. – *adj.* metachromatisch.
[*griech.:* meta, hinter; chroma, Farbe]
metachromasia

Metagenese. Regelmäßiges Abwechseln von sexuellen und asexuellen Methoden der Fortpflanzung innerhalb einer Species (Generationswechsel), z.B. beim Hundebandwurm.
[*griech.:* meta, hinter; genein, produzieren]
metagenesis

Metakommunikation. → Kommunikation über die Kommunikation selbst; dabei wird eine Aussage darüber getroffen, wie eine Information zu verstehen ist; die M. kann auch genutzt werden, um die verbale Kommunikation zu unterstützen oder sie zu widerlegen.
[*griech.:* meta, hinter; *lat.:* communicare, informieren]
metacommunication

Metall. Jedes Element, das Hitze und Elektrizität leiten kann, formbar und dehnbar ist und positiv geladene Ionen (Kationen) bildet.
metal

Metalldampffieber. Berufskrankheit, die durch die Inhalation der Dämpfe von Metalloxiden verursacht wird; die Symptome ähneln denen einer Grippe (→ Influenza).
metal fume fever

Metamorphopsie. Sehstörung, bei der Gegenstände in ihrer Form verändert (vergrößert, verkleinert, näher gerückt, verzerrt oder räumlich verstellt) wahrgenommen werden. Ursache kann u.a. eine Erkrankung der Netzhaut (Retina) sein.
[*griech.:* meta, hinter; morphe, Form; opsis, Sicht]
metamorphopsia

Metamorphose. Veränderung einer Größe oder Struktur, insbesondere beim Übergang von einem Entwicklungsstadium zu einem anderen; z.B. der Übergang von einer Larve zu einem ausgewachsenen Insekt.
[*griech.:* meta, hinter; morphe, Form]
metamorphosis

Metanephros. Dritte und endgültige Form eines Ausscheidungsorgans beim Embryo. Der M. besteht aus einer komplexen Struktur von Tubuli mit Sekretions- und Sammelfunktionen, aus denen sich die Nieren entwickeln.
[*griech.:* meta, hinter; nephros, Niere]
metanephros

Metaphase. Zweite von vier Phasen der Zellteilung in der → Mitose und jede der beiden Teilungen in der → Meiose, in deren Verlauf die Chromosomen auf der Äquatorialebene der Spindel angeordnet werden, wobei die Zentromere als Vorbereitung der Teilung auf den Spindelfasern angebracht sind.
[*griech.:* meta, hinter; phasis, Erscheinung]
metaphase

Metaphyse. Wachstumsregion eines Röhrenknochens, die zwischen dem Mittelstück (→ Diaphyse) und den Endstücken (→ Epiphysen) liegt.
[*griech.:* meta, hinter; phyein, wachsen]
metaphysis

Metaplasie. (Gewebeumbildung). Reversible Umbildung einer normalen Gewebezelle in einen anderen, weniger differenzierten Zelltyp infolge von chronischem Stress oder einer Verletzung.
metaplasia

Metastase. Tumorzellen, die an entfernt gelegenen Körperstellen auftreten. Da maligne Tumore keine umschließende Kapsel aufweisen, können Zellen entweichen, einen Embolus bilden und durch das Lymphsystem oder den Blutstrom transportiert werden und sich in Lymphknoten oder anderen Organen einnisten, die vom Primärtumor mehr oder weniger weit entfernt sind.
[*griech.:* meta, hinter; stasis, stehen]
metastasis

Metatarsus. (Mittelfuß). Teil des Fußes, der aus fünf Knochen besteht, die von innen nach außen mit I bis V bezeichnet werden. Jeder Knochen weist einen langen, schlanken Körper, ein konvexes proximales Ende und flache Seiten zur Befestigung der Bänder auf.
[*griech.:* meta, hinter; tarsos, Fläche]
metatarsus

Metatarsus valgus. Angeborene Deformität des Fußes, bei der der vordere Teil von der Mittellinie des Körpers weg nach außen gedreht ist und die Ferse gerade bleibt.
metatarsus valgus

Metatarsus varus. (Klumpfußstellung). Angeborene Deformität des Fußes, bei der der vordere Teil nach innen zur Mittellinie des Körpers gedreht ist und die Ferse gerade bleibt.
metatarsus varus

Meteorismus. (Blähsucht). Ansammlung von Gasen und Luft im Abdomen oder in den Därmen, die meist mit einer Aufblähung einhergeht; z.B. bei Verdauungsstörungen oder Lebererkrankungen.
[*griech.:* meteorizein, in der Luft schweben]
meteorismus

Metformin. Orales → Antidiabetikum, das zur Behandlung eines Diabetes mellitus Typ II (nicht insulinpflichtig) bei Erwachsenen eingesetzt wird. Da M. die Entstehung von Milchsäure bewirkt (Laktazidose) und zu einer starken Ansäuerung des Blutes führt, sollte es nur in speziellen Fällen verwendet werden.
metformin hydrochloride

Methacholintest. Methode zur Messung der Aktivität der Atemwege, bei der als Kontrollagens ein salinisches Aerosol inhaliert wird; danach werden immer höhere Konzentrationen von Methacholin, einem Cholinergikum, verabreicht. Dadurch kann die Diagnose Asthma bei vorhandenen Symptomen bestätigt werden.
methacholine challenge

Methadon. Synthetisches → Opioid-→ Analgetikum, das zur Entgiftung und in Behandlungsprogrammen von Opioid-abhängigen Patienten (→ Morphium) verabreicht wird. M. weist eine längere Halbwertzeit als Morphium auf. In den M.-Programmen für Drogenabhängige wird M. eingesetzt, weil die Süchtigen eine Opi-

oid-Wirkung haben, jedoch keine Entzugserscheinungen auftreten. Die Betreffenden müssen nicht mehr auf dem Schwarzmarkt teure Substanzen mit unsicherer Reinheit erwerben, wodurch man sich einen Rückgang der Drogenkriminalität erhofft. Nach Absetzen der M.-Gabe kommt es häufig zu Rückfällen.
methadone

Methämoglobin (Met-Hb). Oxidationsform des → Hämoglobins, bei der die Eisenkomponente von zweiwertigem zu dreiwertigem Eisen umgebildet worden ist. M. kann keinen Sauerstoff transportieren.
methemoglobin

Methämoglobinämie. Unphysiologische Präsenz von → Methämoglobin im Blut. Leitsymptom der M. ist eine Zyanose, es kann jedoch auch zu Kopfschmerzen, Übelkeit, Tachykardie, Atemnot und Unruhe kommen.
methemoglobinemia

Methämoglobinurie. Unphysiologische Ausscheidung von → Methämoglobin im Urin.
methemoglobinuria

Methanol. Chemisch einfachster Alkohol (Methylalkohol); klare, farblose, toxische Flüssigkeit, die aus Holz destilliert wird und mit Wasser, anderen Alkoholen und Äther mischbar ist. Es wird häufig als Lösungsmittel und bei der Herstellung von Formaldehyd verwendet. M. wird manchmal auch als Zusatz in billigen alkoholischen Getränken (»Fusel«) eingesetzt. M. wirkt stärker als Äthanol, da beim Abbau in der Leber toxische Substanzen entstehen.
methanol

Methanolvergiftung. Toxische Wirkung durch orale Einnahme, Inhalation oder Absorption von → Methanol (Methylalkohol), die das Zentralnervensystem schädigen kann, eine starke Azidose, Kopfschmerzen, Übelkeit, Krämpfe, Erblindung und Schock verursachen und zum Tod führen kann. Als → Antidot kann Äthanol verabreicht werden.
methanol poisoning

Methimazol. (Thiamazol). Oral verabreichtes → Thyreostatikum, das zur Behandlung einer Schilddrüsenüberfunktion (→ Hyperthyreose) verabreicht wird.
methimazole

Methocarbomol. → Muskelrelaxans, das zur Behandlung von Muskelkrämpfen Anwendung findet.
methocarbomol

Methodologie. 1. System von Prinzipien oder Methoden über bestimmte Vorgehensweisen in einer Disziplin, z.B. Erziehung, Forschung, Diagnostik oder Behandlung. 2. Abschnitt eines Forschungsvorschlags, in dem die eingesetzten Methoden beschrieben werden.
[*griech.:* meta, hinter; hodos, Weg; logos, Wissenschaft]
methodology

Methotrexat. (Amethopterin). → Zytostatikum und Antimetabolit, das zur Behandlung einer schweren Psoriasis und verschiedenen neoplasmischen Erkrankungen, z.B. einer akuten Leukämie, eingesetzt wird.
methotrexate

Methyldopa. → Antihypertonikum zur Senkung eines zu hohen Blutdrucks.
methyldopa

Methylergometrin. Synthetisches Alkaloid, das verschrieben wird, um eine Uterusatonie und Blutungen zu verhindern und nach einer Entbindung die Uterusrückbildung zu unterstützen.
methylergonovine maleate

3-Methylfentanyl. Starkes Heroin-Ersatzmittel und sogenannte Designerdroge. 3-M. wirkt wie → Fentanyl.
3-methyl fentanyl

Methylphenidat. Stimulans des Zentralnervensystems (unterliegt dem Betäubungsmittelgesetz), das zur Behandlung von Konzentrationsschwäche bei Kindern und Narkolepsie bei Erwachsenen eingesetzt wird. Bei längerer Anwendung kann es zu Wachstumsverzögerungen und Halluzinationen kommen.
methylphenidate hydrochloride

Metoclopramid. Gastrointestinales Stimulans, das zur Anregung der Motilität und zur Steigerung des Kontraktionstonus des oberen Magen-Darm-Traktes und gegen Erbrechen (→ Antiemetikum) Anwendung findet. M. ist für Kinder und Säuglinge ungeeignet.
metoclopramide hydrochloride

Metoprolol. → Antiadrenergikum (→ Betablocker), das zur Behandlung einer Hypertonie eingesetzt wird.
metoprolol tartrate

-metrie/-meter. Nachsilbe mit der Bedeutung »Prüfung, Messung, Maß«.
-metrie/-meter

Metritis. (Myometritis). Entzündung der Gebärmutterwände (Uterus), z.B. Endometritis, oder die Entzündung des Beckenbindegewebes (Parametritis).
[*griech.:* metra, Gebärmutter; itis, Entzündung]
metritis

Metrokarzinom. Krebserkrankung der Gebärmutter (Uterus).
[*griech.:* metra, Gebärmutter; karkinos, Krebs; oma, Tumor]
metrocarcinoma

Metronidazol. → Bakteriostatikum und → Zytostatikum, das zur Behandlung von Amöbiasen, Trichomoniasen und bestimmten bakteriellen Infektionen Anwendung findet. Als Nebenwirkung können Störungen des Zentralnervensystems oder Reizungen der Gefäße auftreten.
metronidazole

Metrorrhagie. Uterusblutung, die nicht durch die Menstruation verursacht wird. Die M. kann durch Uterusläsionen verursacht werden oder Anzeichen einer malignen Erkrankung sein.
[*griech.:* metra, Gebärmutter; rhegnynai, ausbrechen]
metrorrhagia

Metyrapon. Diagnostisches Untersuchungsmedikament, z.B. zur Überprüfung der Hypothalamus- oder Hypophysenfunktion.
metyrapone

Mexiletin. Orales → Antiarrhythmikum, das zur Behandlung der Symptome einer ventrikulären Arrythmie verwendet wird.
mexiletine hydrochloride

Mezlocillin. Halbsynthetisches → Penicillin-→ Antibiotikum, das gegen Infektionen des unteren respiratorischen Traktes, des Magen-Darm- sowie Harntraktes, der Haut sowie gegen gynäkologische Infektionen verwendet wird und auch bei einer bakteriellen Septikämie eingesetzt werden kann, die durch penicillinempfindliche Stämme zahlreicher Mikroorganismen verursacht werden.
mezlocillin sodium

Mg. Chemisches Symbol für → Magnesium.
Mg

mg. Abkürzung für → Milligramm.
mg

MHC. Abkürzung für (engl.) major histocompatibility complex, → Haupthistokompatibilitätskomplex.
MHC

MI. Abkürzung für → Myokardinfarkt.
MI

MIC. Abkürzung für (eng.) minimal inhibitory concentration, → minimale Hemmkonzentration.
MIC

Mifepriston. Arzneimittel, das eine Abtreibung einleitet, wenn es in den ersten 7 Wochen einer Schwangerschaft eingenommen wird. Zwei Tage nach der Einnahme treten starke Uteruskontraktionen auf, die zur Austreibung des Fötus führen.
mifepristone

Migräne. Rezidivierende Kopfschmerzen, die durch eine vorausgehende Aura, überwiegend einseitiges Auftreten und starke Schmerzen, Lichtempfindlichkeit (Photophobie) sowie in der akuten Phase durch autonome Störungen gekennzeichnet sind, die Stunden oder Tage andauern können. Diese Kopfschmerzen stehen in Verbindung mit einer Erweiterung der extrakraniellen Blutgefäße, die eine Folge von chemischen Veränderungen sein kön-

M

nen, welche Spasmen der intrakraniellen Gefäße auslösen. Die Anfälle folgen häufig einer Entspannungsphase nach körperlichem oder psychischem Stress. Eine bevorstehende M. kann durch Sehstörungen, wie z.B. Lichtblitze oder Wellenlinien, oder eine beeinträchtigte Geruchs- oder Geschmacksempfindung, Taubheit der Extremitäten, Kribbeln, Schwindel (Vertigo), Tinnitus oder das Gefühl angekündigt werden, dass ein Teil des Körpers in seiner Größe oder Form verändert ist. In der akuten Phase kann es zu Übelkeit, Erbrechen, Schüttelfrost, häufigem Harnlassen (Polyurie), Schwitzen, Gesichtsödem, Reizbarkeit und extremer Müdigkeit kommen.
[*griech.:* hemi, halb; kranion, Schädel]
migraine

Migration. 1. Wanderung von Zellen oder anderen Strukturen, z.B. die Passage des Eies (Ovum) vom Eierstock (Ovarium) in den Eileiter und dann in die Gebärmutter (Uterus). 2. Wanderung von Personen oder Populationen (z.B. Auswanderung). – *adj.* migrans.
[*lat.:* migrare, wandern]
migration

M

mikr(o)-. Vorsilbe mit der Bedeutung »klein, wenig«.
micr(o)-

mikroaerophil. Bezeichnung für die Eigenschaft bestimmter Mikroorganismen, freien Sauerstoff für ihr Wachstum zu benötigen.
[*griech.:* mikros, klein; aer, Luft; philein, lieben]
microaerophile

Mikroalbuminurie. Ausscheidung von kleinen Mengen → Albumin im Urin, die so gering sind, dass sie mit einem normalen Urinstick nicht bestimmt werden können. Die M. ist ein frühes Anzeichen für eine veränderte Durchlässigkeit (Permeabilität) der → Glomeruli bei → Diabetes mellitus.
microalbuminuria

Mikroangiopathie. Erkrankung der kleinen Blutgefäße; z.B. diabetische M., bei der sich die Membran der Kapillaren verdickt; oder thrombotische M., bei der es zur Bildung von Thromben in der Arteriolen und Kapillaren kommt.
[*griech.:* mikros, klein; angeion, Gefäß; pathos, Krankheit]
microangiopathy

Mikrobe. → Mikroorganismus.
microbe

Mikrobiologie. Bereich der Biologie, der sich mit dem Studium von → Mikroorganismen befasst; dazu gehören Algen, Bakterien, Viren, Einzeller (Protisten), Pilze und Rickettsien.
[*griech.:* mikros, klein; bios, Leben; logos, Wissenschaft]
microbiology

mikrobizid. Bezeichnung für die Wirkung eines Arzneimittels, einer Chemikalie oder einer anderen Substanz, → Mikroorganismen abzutöten.
[*griech.:* mikros, klein; bios, Leben; *lat.:* caedere, töten]
microbicide

Mikrochirurgie. Operation, bei der sehr kleine Gewebestrukturen unter einem → Mikroskop seziert und bearbeitet werden.
microsurgery

Mikrogamet. Kleine bewegliche männliche Keimzelle (Gamet) bestimmter Thallophyten und Sporozoen, insbesondere des Malariaparasits *Plasmodium.* Ein M. entspricht dem Spermium eines höher entwickelten Tieres.
microgamete

Mikroglia. Kleine, bewegliche interstitielle Zelle, die einen Teil des Zentralnervensystems bildet. M. fungieren als → Phagozyten, die Abfallprodukte des Nervengewebes des Körpers aufnehmen. (→ Neuroglia)
[*griech.:* mikros, klein; glia, Leim]
microglia

Mikrogyrie. Entwicklungsdefekt des Gehirns, bei dem die Hirnwindungen (→ Gyrus) unphysiologisch klein sind (→ Mikrogyrus), was zu strukturellen Fehlbildungen der Hirnrinde (Kortex) führt. Meist

kommt es in Verbindung mit einer M. zur geistigen Retardierung und körperlichen Defekten.
[*griech.:* mikros, klein; gyros, Windung]
microgyria

Mikrogyrus. Unterentwickelte, missgebildete Hirnwindung (→ Gyrus). (→ Mikrogyrie)
microgyrus

Mikrolithiasis, alveoläre. Erkrankung, bei der Kalziumphosphatablagerungen in den Alveolarsäckchen und -gängen auftreten; ungefähr die Hälfte aller Fälle sind familiären Ursprungs.
alveolar microlithiasis

Mikroorganismus. (Mikroben). Kleine, meist mikroskopische Lebewesen, die eigene Lebensprozesse durchlaufen; zu ihnen gehören Bakterien, Pilze, Protozoen und Viren.
[*griech.:* mikros, klein; organon, Instrument]
microorganism

Mikrophage. (Fresszelle). Neutrophiler oder eosinophiler → Leukozyt, der kleine Substanzen, z.B. Bakterien, verdauen kann. Der M. gehört zur körpereigenen Abwehr. (→ Phagozyten)
[*griech.:* mikros, klein; phagein, essen]
microphage

Mikrophtalmus. Entwicklungsanomalie, die durch unphysiologisch kleine Augen gekennzeichnet ist.
[*griech.:* mikros, klein; ophtalmos, Auge]
microphtamos

Mikropsie. Sehstörung, bei der Gegenstände kleiner wahrgenommen werden, als sie tatsächlich sind.
[*griech.:* mikros, klein; opsis, Sicht]
micropsia

Mikroskop. Instrument mit einer Linse zur Sichtbarmachung sehr kleiner Objekte. Ein Elektronenmikroskop verwendet einen Elektronenstrahl statt sichtbarem Licht.
[*griech.:* mikros, klein; skopein, sehen]
microscope

Mikroskopie. Technik zur Beobachtung sehr kleiner Objekte durch ein → Mikroskop, z.B. Elektronenmikroskop, Ultraviolettmikroskop.
microscopy

mikroskopisch. 1. Zu einem → Mikroskop gehörend. 2. Sehr klein; nur sichtbar, wenn durch ein Mikroskop vergrößert und beleuchtet. (s.a. makroskopisch)
microscopic

Mikrotrauma. Sehr kleine Verletzung oder Läsion, die durch äußere (z.B. Schlag) oder innere Gewaltausübung (z.B. Muskelzug) verursacht wird.
microtrauma

Mikrotubuli. Hohle zylindrische Strukturen, die häufig in pflanzlichen und tierischen Zellen zu finden sind. M. vervielfältigen sich während der Zellteilung.
microtubules

Mikrovilli. Kleine haarähnliche Fortsätze an der Plasmamembran, die von der Oberfläche vieler absorbierender oder sekretorischer Zellen ausgehen. Durch die M. wird eine beträchtliche Oberflächenvergrößerung erreicht. M. finden sich z.B. an der Oberfläche des Dünndarmepithels, wo sie eine wichtige Rolle bei der Resorption spielen.
[*griech.:* mikros, klein; villus, Zotte]
microvilli

Mikrowellen. Elektromagnetische Strahlung im Frequenzbereich von 300 bis 2450 Megahertz oder einer Wellenlänge von 1 mm bis 100 cm.
microwaves

Mikrowellenthermographie. Messung der Körpertemperatur durch die Bestimmung der Mikrowellenstrahlung, die von einem erwärmten Gewebe ausgeht.
microwave thermography

Mikrozephalie. Angeborene (kongenitale) Anomalie, die durch eine in Relation zum restlichen Körper unphysiologisch kleine Kopfform sowie durch eine Minderentwicklung des Gehirns gekennzeichnet ist, was meist zu einer geistigen Retardierung führt. Die Kopfgröße liegt in bezug auf Al-

ter, Geschlecht, Rasse und Schwangerschaftsdauer mehr als zwei Standardabweichungen unter dem durchschnittlichen Umfang. Die Gesichtszüge sind im Allgemeinen normal.
[*griech.:* mikros, klein; kephale, Kopf]
microcephaly

Mikrozirkulation. Blutstrom durch das System der kleinen Gefäße des Körpers, d.h. durch die → Kapillaren, → Arteriolen und → Venolen.
microcirculation

Mikrozyt. Unphysiologisch kleine → Erythrozyten, die oft bei → Eisenmangelanämien vorkommen. – *adj.* mikrozytär.
[*griech.:* mikros, klein; kytos, Zelle]
microcyte

Mikrozytose. Zustand des Blutes, bei dem die → Erythrozyten kleiner als normal sind; tritt z.B. bei → Eisenmangelanämie auf. (→ Mikrozyt)
[*griech.:* mikros, klein; kytos, Zelle; osis, Zustand]
microcytosis

Miktionsreflex. Physiologische Reaktion, die durch einen starken Druck in der Blase entsteht, zur Kontraktion der Blasenwand und zur Entspannung des Harnröhrensphinkters führt. Eine bewusste Unterdrückung des M.es verhindert eine Inkontinenz; die Urinausscheidung erfolgt, wenn der M. nicht mehr unterdrückt wird.
micturition reflex

Milben. Kleine Spinnentiere mit einem flachen, fast farblosen Körper und vier Beinpaaren. Viele Species dieser den Zecken und Spinnen verwandten Tiere sind Parasiten, z.B. Räudemilbe, Hausstaubmilbe und *Sarcoptes scabiei* (verursacht Krätze/Skabies), und lösen einen lokalisierten Juckreiz (Pruritus) und Entzündungen aus.
mites

Milbenlarve. Larve einer *Trombicula* Milbe, die sich in hohem Gras und Unkraut findet. Klebt an der Haut und verursacht Hautreiz und Juckreiz.
chigger

Milch. Flüssigkeit, die durch die Brustdrüsen oder Euter von Menschen und Säugetieren ausgeschieden wird und mit der der Nachwuchs ernährt wird. M. ist ein Grundnahrungsmittel und enthält Kohlenhydrate (in Form von Laktose); Proteine (vorwiegend in Form von Kasein und geringen Mengen Laktalbumin und Laktoglobulin), suspendiertes Fett, die Mineralien Kalzium und Phosphor sowie die Vitamine A, B_2 (Riboflavin), B_1 (Thiamin), D, wenn die M. gestärkt ist, und Niacin. M. ist ein wertvoller Nährstoff auch für Erwachsene und ein vollständiges Nahrungsmittel für Säuglinge, insbesondere → Muttermilch.
milk

Milchbrustgang. Ductus thoracicus; Gang des Lymphsystems, der in der Brusthöhle verläuft und die → Lymphe der gesamten unteren und linken oberen Körperhälfte sammelt.
alimentary duct

Milchdrüse. (Glandula lactifera). Drüsen, die Milch ausscheiden, z.B. die Brustdrüsen (Mamma).
lactiferous glands

Milchfieber. (Laktationsfieber). Anstieg der Körpertemperatur im Wochenbett, der mit dem «Einschießen» der Milch auftritt und nach einem Tag meist spontan wieder zurückgeht. Die Temperatur der Mutter steigt selten über 38° C; kontinuierlich hohe Temperaturen sprechen für eine Infektion.
milk fever

Milchflussreflex. Empfindung in den Brüsten stillender Frauen, die wahrgenommen werden kann, wenn Milch in die Milchgänge fließt. Der M. kann erfolgen, wenn der Säugling zu saugen beginnt, wenn die Mutter ihr Baby weinen hört oder wenn sie nur daran denkt, das Kind zu stillen.
let-down

Milchgang. (Ductus lactiferi). Einer von zahlreichen Kanälen, die Milch von den Drü-

senlappen jeder Brust zur Brustwarze transportieren.
lactiferous duct

Milchpumpe. Mechanisches oder elektrisches Gerät, mit dem Milch aus der weiblichen Brust abgepumpt werden kann.
breast pump

Milchsäure. Organische Säure, die bei der anaeroben Atmung produziert wird. Man unterscheidet drei Formen: L-M. im Blut und in den Muskeln ist ein Produkt des Glukose- und Glykogenstoffwechsels; D-M. entsteht in einem Gärungsvorgang durch einen Mikrokokkus-Species aus Dextrose; DL-M. ist eine Mischung beider Formen, die sich im Magen, in saurer Milch und in bestimmten anderen Nahrungsmitteln findet und durch bakterielle Gärungsprozesse entsteht.
lactic acid

Milchschorf. Häufig auftretende seborrhoische Kopfhautdermatitis bei Neugeborenen. Die festen, gelblich fettigen Schuppen können mit Hilfe von Öl oder Haarwaschmittel entfernt werden.
cradle cap

Milchzahn. Einer von 20 Zähnen, die sich im Kleinkindalter entwickeln. Zu den Milchzähnen gehören vier Schneidezähne, zwei Eckzähne sowie vier Backenzähne pro Kiefer. Die Entwicklung der Milchzähne beginnt etwa in der sechsten Schwangerschaftswoche. Etwa 6 Monate nach Geburt stoßen die ersten Milchzähne durch das Zahnfleisch. Danach erscheinen jeden Monat weitere Milchzähne, bis alle 20 Zähne zum Vorschein gekommen sind. Die Milchzähne fallen normalerweise zwischen dem 6. und 13. Lebensjahr aus.
deciduous tooth

Miliaria. (Friesel). Winzige Bläschen (Vesikula) und Knötchen (Papeln), die häufig von einem Erythem umgeben sind und durch den Verschluss der Schweißdrüsen bei gleichzeitiger Hitzeexposition und bestehender hoher Luftfeuchtigkeit verursacht werden. – *adj.* miliar.
miliaria

Miliartuberkulose. Exzessive Ausbreitung (Dissemination) von Tuberkelbazillen über das Blut. Bei Kindern kommt es zu hohem Fieber, nächtlichen Schweißausbrüchen und häufig zu Meningitis, Pleuraerguss oder Peritonitis. Bei Erwachsenen verläuft der Beginn weniger rasant und es treten gelegentlich innerhalb von Wochen oder Monaten unspezifische Symptome wie Gewichtsverlust, Schwäche und niedriges Fieber auf. Zahlreiche Schatten, die Hirsekörnern ähneln, können auf dem Röntgenbild beobachtet werden. (→ Tuberkulose)
miliary tuberculosis

Milie. (Hautgrieß). Kleine weiße Zyste in der Oberhaut (Epidermis), die durch die Verstopfung (Obstruktion) eines Haarfollikels oder einer ekkrinen Schweißdrüse verursacht wird. Eine Form der M.n tritt bei Neugeborenen auf und verschwindet innerhalb weniger Wochen wieder. Ein anderer Typ findet sich im Gesicht, manchmal auch an Genitalien, vorwiegend bei Mädchen und Frauen.
[*lat.:* milium, Hirsekorn]
milium

Milieu. Umgebung oder Umwelt. Als inneres M. bezeichnet man alle grundlegenden Prozesse, die zur Erhaltung und für das Fortbestehen von Gewebeelementen erforderlich sind, und die von der Stabilität und dem Gleichgewicht einer entsprechenden Umgebung abhängen.
milieu

Milieutherapie. 1. → Pflegeintervention der → NIC, die definiert werden kann als der Einsatz von Personen, Ressourcen und Ereignissen in der unmittelbaren Umgebung von Patienten zur Förderung optimaler psychosozialer Funktionen. 2. Form der Psychotherapie, bei der das gesamte Umfeld des Patienten einbezogen wird, um geistige und verhaltensbezogene Störungen zu behandeln. Die M. erfolgt vorwiegend in einem Krankenhaus oder anderen Institution, wobei die gesamte Einrichtung als therapeutische Gemeinschaft fungiert.
Milieu Therapy

M

M

milli-. Vorsilbe vor physikalischen Einheiten zur Bezeichnung eines Tausendstel einer Maßeinheit.
milli-

Milligramm (mg). Metrische Gewichtseinheit, die einem Tausendstel (10^{-3}) eines Gramms entspricht.
milligram (mg)

Milliliter (ml). Metrische Volumeneinheit, die einem Tausendstel (10^{-3}) eines Liters entspricht.
milliliter (ml)

Millimeter (mm). Metrische Längeneinheit, die einem Tausendstel (10^{-3}) eines Meters entspricht.
millimeter (mm)

Milz. (Lien). Weiches, stark durchblutetes eiförmiges Organ von unterschiedlicher Größe und braunroter Farbe. Die M. liegt im linken Oberbauch zwischen Magen und Zwerchfell, enthält Lymphknoten und zählt damit zum lymphatischen System. Darüber hinaus dient sie als Blutspeicher und Abwehrorgan. Bei starken Blutungen kann sich die M. innerhalb einer Minute sehr stark zusammenziehen und damit das Blutvolumen im Körper von 350 ml auf 550 ml erhöhen.
spleen

Milzbrand. (→ Anthrax)
anthrax

Milzvene. (→ Vena lienalis)
lienal vein

Mimikry. 1. Bemühung eine Species oder eines Organismus, einem anderen zu ähneln, um einen offensiven oder defensiven Vorteil zu erlangen. 2. Phänomen des autonomen Nervensystems, bei dem der Gesichtsausdruck unwillkürlich und weitgehend ungewollt die eigenen Gefühle und Vorstellungen verrät.
[*griech.:* mimetikos, Nachahmung]
mimicry

Minderwertigkeitskomplex. 1. Ein persönliches Gefühl, wertlos und ungenügend zu sein, das weitgehend unbewusst vorhanden ist und Einstellungen sowie Verhaltensweisen beeinflusst. 2. Ein Komplex, der durch das Streben nach unrealistischen Zielen charakterisiert und durch einen Ödipuskomplex motiviert ist.
inferiority complex

Minderwuchs. (Nanismus; Nanosomie). Bezeichnung für einen unterentwickelten, extrem kleinen Körperwuchs. Der Minderwuchs kann mehrere Ursachen haben, z.B. genetische Defekte, endokrine Fehlfunktionen der Hypophysendrüse bzw. der Schilddrüse oder chronische Erkrankungen, wie Rachitis, Malabsorption sowie psychosozialer Stress.
dwarfism; nanism

Mineral. 1. Anorganische Substanz, die in der Erdkruste natürlicherweise vorhanden ist und eine charakteristische chemische Zusammensetzung und eine (meist) kristalline Struktur aufweist. 2. Nicht-organische Substanz, die eine wichtige Rolle bei der Regulierung vieler Körperfunktionen und beim Stoffwechsel spielt (z.B. Eisen oder Phosphat).
mineral

Mineralokortikoide. Hormone, die von der → Nebennierenrinde (NNR) ausgeschieden werden; sie erhalten das normale Blutvolumen, fördern die Natrium- und Wasserretention und verstärken die Ausscheidung von Kalium und Wasserstoffionen im Urin. → Aldosteron, eines der wirksamsten M. für das Elektrolytgleichgewicht, das gleichzeitig → Glukokortikoid und M. ist, wirkt auf die distalen Tubuli der Nieren und fördert die Resorption von Natrium in das Blutplasma.
[*lat.:* minera, Mine; cortex, Rinde; *griech.:* eidos, Form]
mineralocorticoids

Mini mental state test (MMST). Kurzer psychologischer Test, mit dessen Hilfe eine Unterscheidung zwischen einer Demenz, einer Psychose und affektiven Störungen getroffen werden kann. Dazu kann z.B. die Aufgabe gehören, zwischen Gegenständen wie einem Stift und einer Uhr zu unterscheiden, einen Satz aufzuschreiben, einfache Wörter rückwärts zu buchstabieren, oder die eigene Orientierung zu beweisen, indem man das Datum, den

Wohnort und das Land nennt, in dem man lebt.
🇬🇧 Mini-Mental State Examination (MMS)

Minimaldosis. Geringste Menge eines Arzneimittels oder einer anderen Substanz, die erforderlich ist, um eine erwünschte oder spezifizierte Wirkung zu erzielen. Wegen der individuellen Unterschiede der Reaktionen auf die Wirkung eines Arzneimittels kann die M. für manche Personen zu hoch, bei anderen aber unwirksam sein.
🇬🇧 minimum dose

Minimale bakterizide Konzentration (MBK). Die niedrigste Konzentration eines Arzneimittels (z.B. → Antibiotikums), die zu einer 99,9%igen Reduzierung der vorhandenen Bakteriendichte führt.
🇬🇧 minimal bactericidal concentration

Minimale hämolytische Dosis (MHD). Geringste Menge eines Reagens, die zu einer vollständigen Auflösung (Lyse) einer spezifizierten Menge Erythrozyten führt.
🇬🇧 minimal hemolytic dose (MHD)

Minimale letale Dosis (MLD). (Dosis letalis minima). Geringste Dosis eines Arzneimittels, die in Relation zum Körpergewicht zum Tode führt. Die MLD kann zwischen den verschiedenen Species variieren.
🇬🇧 minimal lethal dose (MLD)

Minioxidil. → Vasodilatator, der zur Behandlung einer schweren refraktorischen Hypertonie eingesetzt wird. Aufgrund der Nebenwirkung, starken Haarwuchs auszulösen, wird M. auch äußerlich als Mittel gegen Haarausfall (Alopezie) verwendet.
🇬🇧 minioxidil

Minocyclin. Tetrazyklin-→ Antibiotikum, das gegen Bakterien, Rickettsien und andere Organismen wirksam ist. Es wird zur Behandlung von Infektionen eingesetzt. Als Nebenwirkung kann es zu zentralnervösen Störungen, wie Müdigkeit und erhöhtem Hirndruck, kommen.
🇬🇧 minocycline hydrochloride

Minutenventilation. Das gesamte Atemvolumen pro Minute (Ergebnis aus Atemzugvolumen und Atemfrequenz), das mit Hilfe der Sammlung der ausgeatmeten Luft in einem Zeitraum von 1 bis 3 Minuten gemessen wird.
🇬🇧 minute ventilation

Miose. (Miosis). 1. Kontraktion des Sphinktermuskels der Regenbogenhaut (Iris), die dazu führt, dass die Pupille kleiner wird. Nach einem Lichteinfall kommt es physiologischerweise zur M. 2. Unphysiologischer Zustand, bei dem der Sphinktermuskel der Iris extrem zusammengezogen wird und zu sehr kleinen, auf Stecknadelkopfgröße verengten Pupillen führt; tritt z.B. im höheren Alter, durch Lähmungen, Tumore, Verletzungen, Morphinvergiftungen o.a. auf. – *adj.* miotisch.
[*griech.:* meiosis, sich verringern]
🇬🇧 miosis

Mischinfektion. → Infektion, die durch mehrere → Mikroorganismen verursacht wird, z.B. bei manchen Abszessen, Lungenentzündung (Pneumonie) und Wundinfektionen. Dabei können multiple Kombinationen von Bakterien, Viren und Pilzen auftreten.
🇬🇧 mixed infection

Mischkultur. Im Labor angelegte Kultur, die aus zwei oder mehreren verschiedenen Stämmen von Organismen besteht.
🇬🇧 mixed culture

Mischtumor. Neoplastisches Wachstum, das aus mehr als einer Gewebeart besteht.
🇬🇧 mixed tumor

Miserere. Koterbrechen bei einem bestehenden → Ileus.
[*lat.:* misereri, sich erbarmen]
🇬🇧 copremesis

Misogynie. Krankhafte Abneigung gegenüber Frauen.
[*griech.:* misein, hassen; gyne, Frau.]
🇬🇧 misogyny

Misopädie. Krankhafter Hass gegenüber Kindern.
[*griech.:* misein, hassen; pais, Kinder]
🇬🇧 misopedia

Mitochondrien. Kleine stabförmige, fadenähnliche oder kornförmige Organellen in-

M

nerhalb des Zytoplasmas, die beim zellulären Metabolismus und bei der Atmung beteiligt sind und in allen lebenden Zellen in unterschiedlicher Anzahl auftreten können, außer in Bakterien, Viren, Algen und reifen Erythrozyten. Die M. stellen die wichtigste Quelle der zellulären Energiegewinnung dar, weil hier die oxidative Phosphorylierung und die Adenosintriphosphat- (ATP-) Synthese stattfindet. Sie enthalten darüber hinaus Enzyme, die in der Atmungskette, beim Elektronentransport, beim Zitronensäurezyklus sowie beim Fettsäureabbau beteiligt sind.
[*griech.:* mitos, Faden; chondros, Knorpel]
mitochondria

mitogen. Eine → Mitose auslösend.
[*griech.:* mitos, Faden; genein, produzieren]
mitogenetic

M

Mitomycin. → Antibiotikum, das als → Zytostatikum zur Behandlung maligner Neoplasmen eingesetzt wird.
mitomycin

Mitose. Form der Zellteilung, die in somatischen Zellen stattfindet und zur Bildung von zwei genetisch identischen Tochterzellen führt (durch DNS-Reduplikation), welche einen → diploiden Satz von Chromosomen enthalten, der für die jeweilige Species charakteristisch ist. Die M. ist der Prozess, durch den der Körper neue Zellen für das Körperwachstum und als Ersatz von verletztem Gewebe bildet. (s.a. Meiose) – *adj.* mitotisch.
[*griech.:* mitos, Faden]
mitosis

Mitoseindex. (Zellteilungsindex). Anzahl der Zellen pro Einheit (meist 100), die sich zu einem bestimmten Zeitpunkt einer → Mitose unterziehen. Dieses Verhältnis wird vorwiegend bestimmt, um das Ausmaß des Gewebewachstums einzuschätzen.
mitotic index

Mitralinsuffizienz. Unphysiologischer Rückfluss von Blut aus der linken Herzkammer (Ventrikel) in den linken Vorhof (Atrium) durch eine erkrankte → Mitralklappe. Die M. kann als angeborene Klappenanomalie auftreten oder durch rheumatisches Fieber, Mitralklappenprolaps, Endokardfibroelastose, Erweiterung der linken Kammer sowie infolge von schweren Anämien, Myokarditis oder Myokardiopathien auftreten. Zu den Symptomen gehören Atemnot (Dyspnoe), Müdigkeit, Leistungsschwäche und Herzklopfen (Palpitation). Infolge einer M. kann eine Herzinsuffizienz entstehen.
[*lat.:* mitra, Haube]
mitral insufficiency; mitral regurgitation

Mitralklappe. Zweizipfelige Klappe, die zwischen der linken Herzkammer (Ventrikel) und dem linken Herzvorhof (Atrium) liegt; sie ist die einzige Klappe, die zwei statt drei Segel hat. Durch die M. fließt Blut vom linken Atrium in den linken Ventrikel, es kann jedoch kein Blut wieder zurückfließen. Ventrikuläre Kontraktionen während der → Systole pressen das Blut gegen die Klappe, schließen die zwei Segel und gewährleisten, dass das Blut aus dem Ventrikel in die Aorta gelangt. (s.a. Trikuspidalklappe)
mitral valve

Mitralklappenprolaps. Vorfall (→ Prolaps) eines oder beider Segel der → Mitralklappe in den linken Herzvorhof (Atrium) während der ventrikulären → Systole; dabei kann es zu Arrhythmien und Synkopen kommen.
mitral valve prolaps (MVP)

Mitralklappenprolaps-Syndrom. Herzerkrankung, bei der die Mitral- bzw. Trikuspidalklappen während des Schließens der linken Vorhofsystole wegrutschen.
floppy-valve syndrome

Mitralklappenstenose. (Mitralstenose). Einengende Läsion der → Mitralklappe, die durch Verklebungen oder Verwachsungen (Adhäsionen) der Klappensegel verursacht wird, was meist die Folge rezidivierender Episoden einer rheumatischen Endokarditis oder altersbedingter Verkalkung der Klappensegel ist. Es kommt in der Folge zur Vergrößerung (Hypertrophie) des linken Herzvorhofs (Atrium)

und möglicherweise zur Rechtsherzinsuffizienz mit Lungenödem (Cor pulmonale).
mitral valve stenosis

Mittelarmnerv. (→ Nervus medianus)
median nerve

Mittelohr. (Auris media). Paukenhöhle (Tympanum) in den Gehörknöchelchen; das M. wird durch das Trommelfell vom äußeren Ohr und durch das ovale Fenster vom Innenohr getrennt. Die Ohrtrompete befördert Luft von Nasen-Rachen-Raum (Nasopharynx) zum M.
middle ear

Mittelohrentzündung. (→ Otitis media)
otitis media

Mittelschmerz. (Intermenstrualschmerz). Bauchschmerzen im Bereich der Eierstöcke (Ovarien) während des Eisprungs (Ovulation), die meist in der Mitte des → Menstruationszyklus auftreten; gelegentlich kommt es zu geringen Blutungen (Zwischenblutungen). Der M. ist bei vielen Frauen vorhanden, wodurch die Ovulation und damit die fruchtbare Zeit des Zyklus bestimmt werden kann.
mittelschmerz; intermenstrual pain

Mittelstrahlurin. Form der Urinprobe, um eine möglichst sterile Urinprobe zu erhalten. Idealerweise wird des M. durch einen Einmalkatheter gewonnen. Ansonsten wird die Harnröhrenöffnung sorgfältig gereinigt, dann eine erste Urinportion abgelassen, der mittlere Urinstrom gesammelt und der Restharn verworfen. Ist jedoch gerade für ältere Patienten schwierig.
midstream catch urine specimen

Mixtur. 1. Substanz, die aus Bestandteilen zusammengesetzt ist, die chemisch nicht miteinander verbunden sind und die nicht notwendigerweise in einer festgelegten Konzentration auftreten müssen. 2. Flüssiges Arzneimittel, das aus einer oder mehreren Medikationen in einer Suspension besteht. Die Anteile der jeweiligen Bestandteile sind für jede M. spezifisch.
[*lat.:* miscere, mischen]
mixture

ml. Abkürzung für → Milliliter.
ml

mm. Abkürzung für → Millimeter.
mm

mMol. Abkürzung für Millimol.
mmol

Mnemonik. System des Gedächtnistrainings, das ein neues Konzept oder Bild mit bereits im Gedächtnis vorhandenen verbindet; z.B. die Assoziation der Zahlenkombination eines Schlosses mit einem Geburtstag oder einer Telefonnummer.
[*griech.:* mnemonikos, Gedächtnis]
mnemonics

-mnesie. Nachsilbe mit der Bedeutung »Erinnerung, Gedächtnis«.
-mnesia

Mobilität. Die Beweglichkeit von Partikeln, Ionen oder auch Personen durch gesteuerte Bewegungsabläufe. – *adj.* mobil.
[*lat.:* mobilis, beweglich]
mobility

Mobilität, beeinträchtigte körperliche. Anerkannte → NANDA-→ Pflegediagnose; Unfähigkeit eines Patienten, sich selbstständig zu bewegen.
mobility, impaired physical

Mobitz-Herzblock. M.-H. I: → Atrioventrikularblock, bei dem das PR-Intervall allmählich zunimmt, bis keine Vorhofimpulse mehr an die Kammern weitergeleitet werden.
M.-H. II: Plötzliche Unterbrechung der Weiterleitung von Vorhofimpulsen und ein phasenweise verlangsamter Herzschlag (Bradykardie) ohne vorherige Verlängerung des PR-Intervalls; dies kann durch Myokardinfarkt, Myokarditis, Medikamententoxizität, Elektrolytstörungen, rheumatische Knoten und verschiedene

M

degenerative Krankheiten ausgelöst werden.
[W. Mobitz, deutscher Arzt, geb. 1889]
Mobitz heart block

Modelllernen. Technik, die in der Verhaltenstherapie benutzt wird, bei der eine Person eine erwünschte Reaktion durch Beobachten und Imitieren der jeweiligen Verhaltensweise erlernen soll.
modeling

Modifikation. 1. Prozess, bei dem eine Substanz von einer Form in eine andere umgebildet wird. 2. Veränderung in einem Organismus, die erworben oder erlernt, aber nicht vererbt ist.
modification

Mol. Standardeinheit (in Gramm), die zur Messung der Menge einer Substanz verwendet wird. Ein M. einer Substanz entspricht der Menge, die die gleiche Anzahl von elementaren Partikeln (z.B. Atome, Elektronen, Ionen oder Moleküle) enthält, wie Atome in 12g des Kohlenstoffisotops ^{12}C enthalten sind.
[*lat.:* molecula, kleine Masse]
mole

M

Molalität. Die Anzahl der → Mole einer gelösten Substanz pro Kilogramm eines Lösungsmittels (z.B. Wasser). Die M. bezieht sich auf das Gewicht des Lösungsmittels. (s.a. Molarität)
[*lat.:* moles, Masse]
molality

Molar. (Dens molaris). Backenzahn oder Mahlzahn; das Gebiss enthält 12 M.en, wobei sich 6 auf jedem Zahnbogen befinden, jeweils 3 rechts und 3 links.
molar

Molarität. Die Anzahl der → Mole einer gelösten Substanz pro Liter eines Lösungsmittels. Die M. bezieht sich auf das Volumen des Lösungsmittels. (s.a. Molalität)
[*lat.:* moles, Masse]
molarity

Molekül. Kleinste Einheit, die die Eigenschaften eines Elements oder einer Verbindung aufweist. Ein M. besteht aus zwei oder mehreren → Atomen, die eine Bindung eingegangen sind.
molecule

Molekularbiologie. Bereich der → Biologie, der sich mit den physikalischen und chemischen Interaktionen von Molekülen beschäftigt, die an allen Lebensfunktionen beteiligt sind.
[*lat.:* molecula, kleine Masse; *griech.:* bios, Leben; logos, Wissenschaft]
molecular biology

Molekulargenetik. Bereich der → Genetik, der sich auf die chemischen Strukturen und Funktionen, Replikationen und Reifungsprozesse von Molekülen konzentriert, die bei der Übertragung (Transmission) von genetischen Informationen beteiligt sind, z.B. Desoxyribonukleinsäure (DNS) und Ribonukleinsäure (RNS).
[*lat.:* molecula, kleine Masse; *griech.:* genesis, Ursprung]
molecular genetics

Molekulargewicht (MG). Das relative Gewicht des Moleküls einer Substanz in Relation zum Gewicht eines Atoms des Kohlenstoffisotops ^{12}C verglichen wird. Das M. entspricht der Summe der Gewichte der einzelnen Atome und ist dimensionslos. Der Begriff relative Molekularmasse ist heute dem Begriff M. vorzuziehen.
molecular weight (mol wt)

Molekularkrankheit. Erbkrankheit, die auf Chromosomenmutationen zurückzuführen ist.
molecular pathology

Molekularmasse. Die Masse eines Moleküls, die sich aus der Summe der Atommassen der einzelnen Komponenten eines Moleküls errechnet. Das dimensionslose Äquivalent ist das → Molekulargewicht. Der Begriff relative M. wird heute der M. vorgezogen.
molecular mass

Molluscum. Bezeichnung für jede Hautkrankheit, die aus einer weichen runden schwammartigen Masse oder Knötchen besteht; z.B. **M. contagiosum**, eine Hauterkankung, die durch einen Poxvirus verursacht wird. Dabei kommt es zur Bildung

von weißlichen Knötchen (Papeln) mit Eindellungen. Betroffen sind vorwiegend Kinder und Personen mit einem Immundefekt. Die Übertragung erfolgt durch direkten oder indirekten Kontakt (Schmierinfektion).
[*lat.:* molluscus, weich]
molluscum

mon(o)-. Vorsilbe mit der Bedeutung »allein, einzeln, einzig«.
mon(o)-

Mönckeberg-Sklerose. Form der → Arteriosklerose, bei der sich starke Kalkablagerungen an der mittleren Schicht (Tunica media) der Arterien finden, wobei das Gefäßlumen nur wenig verengt ist.
[J.G. Mönckeberg, deutscher Pathologe, 1877–1925]
Mönckeberg´s arteriosclerosis

Mondbein. (→ Os lunatum)
lunate bone

Mondgesicht. (Facies lunata). Rundes aufgedunsenes Gesicht, das nach langfristiger Einnahme von Kortikosteroiden auftreten kann, z.B. bei chronischem Asthma, rheumatischer Arthritis oder akuter Leukämie im Kindesalter. Dieses Begleitsymptom verschwindet im Allgemeinen, wenn die Medikation abgesetzt wird.
moon face

Monitor. Mechanisches Gerät, das sichtbare und hörbare Signale aussendet und einen graphischen Bericht über bestimmte Körperfunktionen anlegt, die eng und kontinuierlich überwacht werden sollen, z.B. Herzmonitor, Fötalmonitor.
[*lat.:* monere, warnen]
monitor

Monitoring, der Herzfunktion. Ständige Überwachung der Herzfunktionen mit einem elektronischen Gerät, das eine elektrokardiographische Aufzeichnung erzeugt.
cardiac monitoring

Monitoring, invasives hämodynamisches. → Pflegeintervention der → NIC, die definiert wird als die Messung und Interpretation invasiver hämodyanamischer Parameter, um die kardiovaskuläre Funktion zu bestimmen und die Therapie zu regulieren.
Invasive Hemodynamic Monitoring

Monoaminoxidase (MAO). → Enzym, das die Oxidation von Aminen auslöst (katalysiert). Die M. bewirkt den Abbau der Neurotransmitter Noradrenalin, Dopamin und Serotonin.
monoamin oxidase (MAO)

Monoaminoxidasehemmer (MAOH). Chemisch heterogene Gruppe von Arzneimitteln, die vorwiegend zur Behandlung von Depressionen eingesetzt werden (→ Antidepressiva). Es kommt zu einem angstlösenden Effekt, insbesondere bei Angstzuständen in Verbindung mit einer Phobie. Die Wirkung der M. unterscheidet sich von Patient zu Patient und ihre genaue Wirkungsweise ist nicht bekannt. Zu den häufigsten Nebenwirkungen gehören Schwindel, Mundtrockenheit, orthostatische Hypotonie und Verstopfungen (Obstipation). M. interagieren mit zahlreichen anderen Medikamenten und mit Nahrungsmitteln, die Aminosäuretyramin enthalten; es kann in diesem Zusammenhang zu einer starken Hypertonie in Verbindung mit Kopfschmerzen, Herzklopfen (Palpitation) und Übelkeit kommen.
monoamine oxidase (MAO) inhibitor

Monoarthritis. Form der → Arthritis, von der nur ein Gelenk betroffen ist.
[*griech.:* monos, einzeln; arthron, Gelenk; itis, Entzündung]
monoarthritis

monoartikulär. Zu einem einzelnen Gelenk gehörend.
[*griech.:* monos, einzeln; *lat.:* articulus, Gelenk]
monoarticular

monochromatisch. 1. Zu einer einzelnen Farbe oder zu einer einzelnen Wellenlänge von Licht gehörend. 2. Bezeichnung für eine Person, die vollständig farbenblind ist. 3. Zu einer Substanz gehörend, die

nur eine Farbe aufweist oder nur mit einer Farbe anzufärben ist.
monochromatic

Monogamie. 1. Ehe oder Zusammenleben mit einer einzigen Person (im Gegensatz zur Polygamie). 2. Verhalten von Tieren, sich nur mit einem Partner zu paaren.
monogamy

monoklonal. Zu einer Gruppe von identischen Zellen oder Organismen (→ Klon) gehörend, die von einer einzelnen Zelle abstammen. (s.a. Antikörper, monoklonale)
monoclonal

monokular. Ein einzelnes Auge betreffend.
monocular

Monomer. Molekül, das mehrmals vorhanden ist und ein → Polymer bildet, z.B. das Fibrinmonomer, das sich während des Gerinnungsprozesses polymerisiert und zu → Fibrin wird.
monomer

Mononeuropathie. Krankheit oder Störung, die nur einen einzelnen Nervenast betrifft. Ursachen für eine M. können elektrische Schocks, Strahlung oder Knochenfrakturen sein, die eine einzelne Nervenfaser zusammendrücken oder verletzen. Gipsverbände und Staumanschetten, die zu eng sind, können ebenfalls durch Druck oder Ischämie zu einer Nervenverletzung führen.
[*griech.:* monos, einzeln; neuron, Nerv; pathos, Krankheit]
mononeuropathy

Mononucleosis infectiosa. (Pfeiffer-Drüsenfieber). Akute Herpesinfektion, die durch den → Epstein-Barr-Virus verursacht wird. Die M. i. äußert sich in Fieber, Halsentzündung, geschwollenen Lymphdrüsen, atypischen Lymphozyten, Splenomegalie, Hepatomegalie, Leberfunktionsstörungen und Hämatomen.
[*lat.:* inficere, beflecken; *griech.:* monos, einfach; *lat.:* nucleus, Kern; *griech.:* osis, Zustand]
infectious mononucleosis

mononukleär. Zu einem einzigen Kern gehörend oder nur einen Kern aufweisend, z.B. ein → Monozyt.
mononuclear

Mononukleose. Unphysiologische Erhöhung der Anzahl an → mononukleären → Leukozyten im Blut. Beispiel ist die → Mononucleosis infectiosa (Pfeiffer-Drüsenfieber). Die M. infectiosa ist eine Viruserkrankung (durch den Epstein-Barr-Virus verursacht), die einer Angina ähnelt; es kommt zu Lymphknotenschwellungen und Mandelentzündung. Im Blutbild treten typischerweise zahlreiche mononukleäre Zellformen auf.
mononucleosis

Monorchie. Angeborenes Fehlen eines Hodens (Orchis) oder Zustand, bei dem sich nur ein Hoden in den Hodensack (Skrotum) abgesenkt hat.
monorchism

Monosaccharid. Einfachstes Kohlenhydrat, z.B. → Glukose, das ein Baustein von Oligo- oder → Polysacchariden ist. Je nach der Anzahl der Kohlenstoff (C)- bzw. Sauerstoff (O)- Atome unterscheidet man Triosen, Tetrosen, Pentosen, Hexosen und Heptosen. Zu den Hexosen gehören z.B. Fruktose, Glukose, Mannose und Galaktose.
[*griech.:* monos, einzeln; sakcharon, Zukker]
monosaccharide

Monosomie. Fehlbildung eines → Chromosoms (Aberration), bei der nur ein Chromosom eines normalerweise → diploiden Chromosomensatzes vorhanden ist (Genmutation). – *adj.* monosom.
monosomy

monovalent. (→ univalent)
univalent

monozygot. (eineiig). Zu einem einzigen befruchteten Ei (Zygote) gehörend oder daraus hervorgehend, z.B. eineiige Zwillingen.
monozygotic

Monozyt. Größter → Leukozyt mit einem einzigen ovalen oder nierenförmigen Kern, der → Chromatin enthält.
[*griech.:* monos, einzeln; kytos, Zelle]
monocyte

Monozytenleukämie. Maligne Erkrankung des blutbildenden Gewebes, bei der die dominierenden Zellen → Monozyten sind. Die M. beginnt mit plötzlichem Unwohlsein, Müdigkeit, Fieber, Appetitlosigkeit (Anorexie), Gewichtsverlust, Vergrößerung der Milz (Splenomegalie), Zahnfleischbluten, Anämie und unzureichender Reaktion auf andere Therapien.
monocytic leukemia

Monozytopenie. Unphysiologisch niedriger Monozytenspiegel im peripheren Blut. (→ Monozyt)
monocystopenia

Monozytose. Unphysiologisch erhöhter Anteil an → Monozyten im zirkulierenden Blut, der z.B. bei chronischen Infektionskrankheiten wie Tuberkulose oder Malaria auftreten kann.
monocytosis

Mons. Vorwölbung, Erhebung; z.B. M. pubis oder veneris (Schamberg).
[*lat.:* Berg]
mons

Monteggia-Fraktur. Knochenbruch der Elle (Ulna) in Verbindung mit einer Speichenausrenkung (Radiusdislokation) oder einem Bänderriss in diesem Bereich, was zu einer Abwinklung oder Überlagerung der gebrochenen Einzelteile der Ulna führen kann.
[G. Monteggia, italienischer Chirurg, 1762–1815]
Monteggia´s fracture

Montgomery-Knötchen. Kleine Drüsen an der Brustwarze und im Warzenhof der Frau, die eine fettige Flüssigkeit absondern und so die Brustwarze gleitfähig machen und vor Rissen schützen.
[W. Montgomery, ir. Gynäkologe, 1797–1859]
tubercles of Montgomery

morbide. Zu einem krankhaften oder pathologischen Zustand gehörend.
[*lat.:* morbidus, erkrankt]
morbid

Morbidität. 1. Krankheit oder unphysiologische Bedingung oder Qualität. 2. (Statistik) Krankheitshäufigkeit; Ziffer, die ausdrückt, wie häufig eine Krankheit oder Abnormität auftritt; sie wird berechnet, indem die Anzahl der Personen, die innerhalb einer festgelegten Gruppe betroffen sind, durch die Gesamtanzahl der Personen in dieser Gruppe geteilt wird. 3. Die Rate der Erkrankungen, die in einem bestimmten Bereich oder einer Population in einem gewissen Zeitraum auftritt. (s.a. Mortalität; Letalität)
[*lat.:* morbidus, erkrankt]
morbidity

morbilliform. (masernförmig). Beschreibung für einen Hautzustand, der dem erythematösen knötchenförmigen (papulösen) Ausschlag von Masern ähnelt.
[*lat.:* morbilli, kleine Krankheit; forma, Form]
morbilliform

Morbus. Krankheit oder Krankheitsbezeichnung, z.B. Morbus Crohn.
morbus

Morbus Scheuermann. (→ Scheuermann-Krankheit)
Scheuermann's disease

Morgensteifigkeit. Phase der muskulären Steifheit nach dem Aufwachen am Morgen; eine häufige Beschwerde von Patienten mit Arthritis oder ähnlichen skelettmuskulatorischen Erkrankungen.
morning stiffness

moribund. Bezeichnung für die Phase kurz vor dem Tod oder für das Sterben selbst.
[*lat.:* moribundus, sterbend]
moribund

Morning-after-Pille. ("Pille danach"). Hohe Dosis → Östrogen, die eine Frau innerhalb von 24 bis 72 Stunden nach einem Geschlechtsverkehr erhält, um eine Schwangerschaft zu verhindern; wird häufig not-

fallmäßig nach einer Vergewaltigung oder Inzest verabreicht.
🇬🇧 morning after pill

Moro-Reflex. Physiologischer Reflex bei Säuglingen (3 bis 4 Monate), der durch ein plötzliches lautes Geräusch ausgelöst wird, indem man z.B. direkt neben dem Kind auf die Unterlage schlägt oder den Kopf leicht anhebt und dann wieder zurückfallen lässt. Die normale Reaktion besteht in einer Beugung (Flexion) der Beine, einer Umklammerungshaltung mit den Armen und einem kurzen Schrei.
[E. Moro, deutscher Pädiater, 1874–1951]
🇬🇧 Moro reflex

morph(o)-. Vor- oder Nachsilbe mit der Bedeutung »Form, Gestalt«.
🇬🇧 morph(o)-

Morphin. (Morphium). Weißes kristallines Alkaloid, das aus Schlafmohn (Papaver somniferum) gewonnen wird, der die wesentliche pharmakologische Wirkung ausmacht. M. wirkt auf das Zentralnervensystem, wobei es sowohl zur Depression als auch zu einer euphorischen Stimulation führt. Es wirkt auf den motorischen Kortex depressiv und stimuliert das Rückenmark. Selbst in kleinen Mengen kommt es zur Depression des respiratorischen Systems. M. weist eine beträchtliche analgetische Wirkung auf, sein vorrangiger therapeutischer Wert liegt deshalb in der Schmerzlinderung (→ Opioid-→ Analgetikum). M. führt selten zur vollständigen Schmerzfreiheit, doch lindert es in den meisten Fällen das Leiden beträchtlich. M. stimuliert den dritten Hirnnerv, was zur Zusammenziehung der Pupillen führt (Miosis). Eine wiederholte Anwendung führt zur körperlichen → Abhängigkeit (Morphinismus, Morphin-Hunger); M. unterliegt deshalb dem Betäubungsmittelgesetz. Zu den Nebenwirkungen gehören Müdigkeit, Konzentrationsschwäche, Unruhe, psychotische Zustände, Verstopfung und Erbrechen. (→ Morphinvergiftung)
[*griech.:* Morpheus, Gott des Schlafes]
🇬🇧 morphine

Morphinismus. (Morphin-Hunger; Morphin-Sucht). Pathologischer Zustand, der durch eine → Abhängigkeit von → Morphin verursacht wird.
🇬🇧 morphinism

Morphinvergiftung. Negative Wirkung nach einer Injektion oder der oralen Aufnahme von → Opioid-Narkotika, zu deren Symptome die Verengung der Pupillen (Miosis), Müdigkeit (bis Koma) und flache Atmung (bis zur Atemdepression) gehören. Zur Notfallbehandlung zählen außer der Verabreichung des Antidots Naloxon eine Magenspülung, die Verabreichung von Kohle und Beatmung. (→ Morphin)
🇬🇧 morphine poisoning

Morphogenese. Entwicklung und Differenzierung der Strukturen und Formen eines Organismus, insbesondere aller Veränderungen, die während des embryonalen Stadiums in den Zellen und Geweben ablaufen. – *adj.* morphogenetisch.
[*griech.:* morphe, Form; genein, produzieren]
🇬🇧 morphogenesis

Morphologie. Studium und Untersuchung der physikalischen Formen und Strukturen von Menschen, Tieren und Pflanzen. – *adj.* morphologisch.
[*griech.:* morphe, Form; logos, Wissenschaft]
🇬🇧 morphology

Mörser. Schalenförmiges Behältnis, in dem Materialien (z.B. Tabletten) mit Hilfe eines Stößels zerkleinert werden.
🇬🇧 mortar

Mortalität. (Sterblichkeit; Sterbe- bzw. Mortalitätsziffer). Todesrate, d.h. Anzahl der Todesfälle pro Bevölkerungseinheit, und zwar bezüglich einer geographischen Region, Altersgruppe, Erkrankung oder nach anderen Klassifikationen anzeigt; wird im Allgemeinen als Sterbefälle pro 1000, 10 000 oder 100 000 Personen ausgedrückt. (s.a. Morbidität; Letalität)
[*lat.:* mortalis, sterblich]
🇬🇧 mortality

Morula. Feste, runde Ansammlung von Zellen, die aus der Furchung des befruchteten Eies (Ovum) im frühen Stadium der embryonalen Entwicklung entsteht.
[*lat.:* morum, Maulbeere]
morula

Mosaik. 1. Individuum oder Organismus, der sich aus einer einzelnen Zygote entwickelt, aber zwei oder mehrere Arten von genetisch unterschiedlichen Zellpopulationen aufweist. Dies ist Resultat einer Mutation, Crossing over oder (beim Menschen häufig) einer fehlenden Verbindung von Chromosomen während der frühen Embryogenese, was zu einer Variation der Chromosomenanzahl in der Zelle führt. 2. Befruchtetes Ei (Ovum), das die Furchung beendet hat.
mosaic

Moskitobiss. Biss eines blutsaugenden Arthropoden der Familie Culicideae, der bei hypersensiblen Personen zu einer systemischen allergischen Reaktion, zu einer Infektion und häufig zu eitrigen Quaddeln führen kann.
mosquito bite

Motilin. Peptidhormon, das von den Gewebezellen des Magen-Darm-Traktes gebildet wird und die gastrointestinale → Motilität und die Pepsinsekretion steuert. (→ Pepsin)
motilin

Motilität. Bezeichung für den Ablauf von spontanen, unbewussten oder unwillkürlichen (reflektorisch gesteuerten) Bewegungen. – *adj.* motil.
[*lat.:* motare, sich hin und her bewegen]
motility

Motilität, gastrische. Spontane, peristaltische Bewegungen des Magens zur Unterstützung der Verdauung; diese Bewegungen befördern die Nahrung durch den Magen und den Magenausgang (Pylorus) in den Zwölffingerdarm (Duodenum).
gastric motility

Motivation. Bewusste oder unbewusste Bedürfnisse, Interessen, Belohnungen oder andere Anreize, die ganz bestimmte Verhaltensweisen auslösen, lenken oder erhalten. Bei einem Motivationskonflikt existieren zwei oder mehr Motive, die auf verschiedene Zielsetzungen gerichtet sind.
[*lat.:* motio, Bewegung]
motivation

Motivationsgruppe. Eine zur Weckung von Interesse, Aufmerksamkeit und Kommunikationswillen zusammengestellte Therapiegruppe für zurückgezogen lebende und unter Motivationslosigkeit leidende Patienten in geschlossenen psychiatrischen Einrichtungen.
remotivation group

Motoneuron. Motorischer Nerv, der eine Muskelkontraktion (der quergestreiften Muskulatur) auslöst.
[*lat.:* motio, Bewegung; *griech.:* neuron, Nerv]
motoneuron

motorisch. 1. Zur willkürlichen Bewegung gehörend; Bezeichnung für den Körperapparat, der für alle Bewegungen zuständig ist, oder die Hirnfunktion, die zweckmäßige Aktivitäten veranlasst und steuert. 2. Zu den Muskeln, Nerven oder dem Hirnzentrum gehörend, die für körperliche Bewegungen zuständig sind.
motor

MRSA. Abkürzung für »Methicillin-resistenter Staphylokokkus aureus«.
MRSA

MS. Abkürzung für → Multiple Sklerose.
MS

MTA. Abkürzung für die Berufsbezeichnung Medizinisch- technischer Angestellter.
M.T.

Mückensehen. (Mouches volantes). Durch Zelltrümmer verursachte Netzhautschatten, die vom Auge als bewegliche Flecken wahrgenommen werden. Die meisten Flecken sind gutartige Überreste von Blutgefäßen des pränatalen Glaskörpers. Ein plötzliches Auftauchen der Flecken kann Indikation für eine ernsthafte Krankheit sein.
floaters

M

Mucosa. (Mukosa). Schleimhaut.
🇬🇧 mucosa

Müdigkeitssyndrom, chronisches. Krankhafte Ermüdung, begleitet von Muskelschmerzen, Gelenkschmerzen ohne Schwellung, schmerzhafter zervikaler bzw. axillarer Adenopathie, Halsentzündung, Kopfschmerz, Gedächtnis- bzw. Konzentrationsstörungen und schlechtem Schlaf. Die Störung kann jahrelang persistieren; eine spontane Besserung tritt in weniger als 40% der Fälle ein.
🇬🇧 chronic fatigue syndrome (CFS)

muko-/muco-. Vorsilbe mit der Bedeutung »Schleim«.
🇬🇧 muco-

Mukolipidose. Gruppe von Stoffwechselerkrankungen, die sich durch eine Ansammlung (Akkumulation) von → Mukopolysacchariden und Fetten (→ Lipiden) in den Geweben äußert, wobei es nicht zu einer übermäßigen Ausscheidung der Mukopolysaccharide im Urin kommt.
🇬🇧 mucolipidosis

Mukolytika. Substanzen oder Arzneimittel, die Schleim (Mukus) auflösen oder zerstören, insbesondere in den oberen Atemwegen. M. bewirken, dass die Sekrete dünnflüssiger werden und leichter abgehustet werden können. – *adj.* mukolytisch.
🇬🇧 mucolytics

Mukopolysaccharid. → Polysaccharid, das Hexosamin enthält und in der Verbindung mit Proteinen als → Muzin zu finden ist.
[*lat.:* mucus, Schleim; *griech.:* polys, viele; sackcharon, Zucker]
🇬🇧 mucopolysaccaride

Mukopolysaccharid-Speicherkrankheit. Gruppe von genetischen Störungen, die durch unphysiologisch hohe Ansammlungen (Akkumulationen) von → Mukopolysacchariden in den Geweben gekennzeichnet sind und weitere für den jeweiligen Typ der Erkrankung spezifische Symptome aufweisen. Bei allen Typen kommt es zu beträchtlichen Knochendeformitäten (insbesondere im Gesicht), mentaler und physischer Spätentwicklung (Retardierung) und einer verminderten Lebenserwartung.
🇬🇧 mucopolysaccharidosis (MPS)

Mukoviszidose. (zystische Fibrose). Vererbte, autosomal rezessive Störung der exokrinen Drüsen. Die Drüsen sondern abnorm viskösen Schleim aus, es kommt zur erhöhten Ausscheidung von Elektrolyten durch Schweiß sowie organischer und enzymatischer Bestandteile durch Speichel sowie zur Hyperaktivität des autonomen Nervensystems. Am häufigsten betroffen sind die Drüsen von Pankreas, der Atemwege und Schweißdrüsen. Mukoviszidose tritt schon im Kleinkindalter bzw. im Kindesalter auf. Erste Krankheitssymptome sind Mekoniumileus und Dünndarmobstruktion verursacht durch viskösen Stuhl. Weitere Anzeichen sind chronischer Husten, häufiger, übelriechender Stuhl und persistierende Infektionen der oberen Atemwege. Der zuverlässigste diagnostische Test ist jedoch die Schweißuntersuchung, bei der erhöhte Konzentrationen von Natrium und Chlorid nachgewiesen werden.
🇬🇧 cystic fibrosis

Mukus. (Schleim). Visköse, schleimige Sekretion der → Schleimhäute und Drüsen, die → Muzin, weiße Blutzellen (Leukozyten), anorganische Salze und abgeschilferte Zellen enthält. – *adj.* mukös.
[*lat.:* Schleim]
🇬🇧 mucus

Müller-Gang. Einer von zwei Gängen beim Embryo, die sich bei der Frau zu Eileiter, Uterus und Vagina entwickeln und beim Mann atrophieren.
[J. P. Müller, deutscher Physiologe, 1801–1858]
🇬🇧 müllerian duct

Müller-Handgriff. Handgriff bei einer Beckenendlage, durch den die Schultern und Arme des Fötus gelöst werden.
[J. P. Müller]
🇬🇧 Müller´s maneuver

multi-. Vorsilbe mit der Bedeutung »viel«.
🇬🇧 multi-

multiform. Ein Organ, Gewebe oder jedes andere Objekt, das in mehr als einer Erscheinungsform vorkommt.
[*lat.:* multus, viel; forma, Form]
multiform

Multigravida. (Plurigravida). Bezeichnung für eine Frau, die mehr als einmal schwanger war.
[*lat.:* multus, viel; gravida, die Schwangere]
multigravida

Multiinfarktdemenz. Form einer organischen Hirnerkrankung, die durch eine rasche Verschlechterung der intellektuellen Leistung gekennzeichnet ist, was durch Gefäßerkrankungen verursacht wird. Zu den Symptomen gehören emotionale Labilität, Abfall der Gedächtnisleistung, des abstrakten Denkens, der Urteilsfähigkeit und der Impulskontrolle. Es kommt außerdem zu neurologischen Störungen, z.B. Gangabnormitäten und Parästhesien.
multiinfarct dementia

Multipara. (Pluripara). Bezeichnung für eine Frau, die mehr als ein lebensfähiges Kind geboren hat.
multipara

Multiple Sklerose (MS). Progressive Erkrankung, die durch eine streuende Entmarkung (Demyelinisation) der Nervenfasern von Gehirn und Rückenmark gekennzeichnet ist. Die ersten Anzeichen sind unphysiologische Körperempfindungen (Parästhesien) oder abnorme Wahrnehmungen in den Extremitäten oder in einer Gesichtshälfte. Zu weiteren Frühsymptomen zählen Muskelschwäche, Schwindel (Vertigo) und Sehstörungen. Im weiteren Verlauf der Erkrankung stellen sich eine extreme emotionale Labilität, Störungen der Muskelbewegungen (Ataxie), abnorme Reflexe und Schwierigkeiten beim Harnlassen ein.
[*lat.:* multus, viel; *griech.:* sklerosis, Verhärtung]
multiple sclerosis (MS)

multisynaptisch. Zu einem Nervenprozess oder einem System von Nervenzellen gehörend, die eine Vielzahl von Synapsen benötigen oder aufweisen.
[*lat.:* multus, viel; *griech.:* synaptein, verbinden]
multisynaptic

multivalent. 1. Bezeichnung für die Fähigkeit eines Elements, sich mit drei oder mehr univalenten Atomen zu verbinden. 2. Bezeichnung für die Fähigkeit, gegen mehr als einen Stamm von Organismen zu wirken; z.B. m.er Impfstoff, der aus mehreren Antigentypen einer Species besteht.
multivalent

multizellulär. Aus mehr als einer Zelle oder Zellform bestehend.
multicellular

Mumifikation. Austrocknung von Gewebe, z.B. eine trockene Gangrän oder ein toter Fötus im Uterus.
[pers.: mum, Wachs; *lat.:* facere, machen]
mummification

Mumps. (Parotitis epidemica/Ziegenpeter). Akute Viruserkrankung (meldepflichtig), die durch eine Schwellung der Ohrspeicheldrüse (Parotis) gekennzeichnet ist und durch ein Paramyxovirus verursacht wird. Inkubationszeit 15 bis 22 Tage. M. tritt am häufigsten bei Kindern im Alter zwischen 5 und 15 Jahren, teilweise auch noch später auf. Im Erwachsenenalter hat die Infektion einen schweren Verlauf. Der Mumps-Paramyxovirus lebt im Speichel infizierter Personen und wird durch Tröpfcheninfektion übertragen. Zu den Symptomen zählen Appetitlosigkeit (Anorexie), Kopfschmerzen, Unwohlsein und leichtes Fieber. Später folgen häufig Ohrenschmerzen, Schwellung der Ohrspeicheldrüse und Temperaturen von 38 bis 40° C. Die Patienten leiden beim Trinken von säuerlichen Flüssigkeiten oder beim Kauen unter Schmerzen. Die Prognose von M. ist gut, manchmal entstehen jedoch Komplikationen wie Arthritis, Pankreatitis, Myokarditis, Eierstockentzündung (Oophoritis) und Nephritis. Über die Hälfte der Männer mit einer durch Mumps ausgelösten Hodenentzündung (Orchitis) erleiden eine Atrophie

M

der Hoden (Testikel); da dies aber meist nur einseitig auftritt, kommt es selten zur Sterilität.
mumps

Mumps-Vakzin. Lebendimpfstoff, der zur aktiven Immunisierung gegen Mumps verabreicht wird.
mumps virus vaccine live

Münchhausen-Syndrom. (Traumatophilia). Ungewöhnlicher Zustand, der durch den gewohnheitsmäßigen Wunsch nach ärztlicher Behandlung und Krankenhauseinweisung wegen einer zwar symptomatischen, aber nur eingebildeten akuten Erkrankung gekennzeichnet ist. Der Betroffene kann üblicherweise die Symptome und den Verlauf einer realen Erkrankung logisch und überzeugend darstellen.
[Baron v. Münchhausen, deutscher Abenteurer und Geschichtenerzähler, 1720–1797]
Münchhausen´s syndrome

Mund. 1. Die fast ovale orale Höhle, die das obere (distale) Ende des Verdauungstraktes darstellt und (anterior) durch die Lippen begrenzt ist. Der M. enthält die Zunge und die Zähne; er besteht aus einem Vorhof (Vestibulum) und der eigentlichen Mundhöhle. Das Vestibulum befindet sich vor den Zähnen und ist nach außen durch die Lippen und die Wangen begrenzt. Die eigentliche Mundhöhle ist von den Alveolarbögen und den Zähnen umgeben und steht in Verbindung mit dem Rachen (Pharynx). Der M. ist vom weichen und vom harten Gaumen überwölbt. Die Zunge bildet einen großen Teil des Bodens der Höhle. 2. Eine Körperhöhle.
mouth

Mund-zu-Mund-Beatmung. Maßnahme bei der künstlichen Wiederbelebung (Reanimation), die meist in Verbindung mit einer Herzdruckmassage ausgeführt wird. Die Nase des Opfers wird verschlossen, indem die Nasenflügel zugehalten werden und der Kopf nach hinten überstreckt wird. Der Retter bläst Luft durch den Mund in die Lunge des Opfers und muss darauf achten, beim Luftholen den Kopf zur Seite zu halten, damit er nicht die verbraucht Luft des Opfers wieder einatmet.
mouth-to-mouth resuscitation

Mundfäule. (→ Stomatitis ulcerosa)
ulcerative stomatitis

Mundhygiene. Zustand oder Praxis der Erhaltung von Gewebe und Strukturen des Mundes. Zur M. gehören das Zähneputzen, um Essensreste, Bakterien und Plaque zu beseitigen, sowie die Massage des Zahnfleischs mit Zahnbürste, Zahnseide oder Spülungen, um die Durchblutung anzuregen und Fremdkörper zu entfernen.
oral hygiene

Mundschleimhaut. Schleimhaut der Mundhöhle und des Zahnfleischs.
oral mucosa

Mundschleimhaut, veränderte. Anerkannte → NANDA-→ Pflegediagnose; Zustand, bei dem eine Person unter einer Schädigung von Gewebeschichten in der Mundhöhle leidet. Zu den kennzeichnenden Merkmalen gehören Schmerzen oder Beschwerden im Mund, belegte Zunge, trockener Mund (Xerostomie), Stomatitis, Läsionen oder Ulzera im Mund, fehlende oder verminderte Speichelproduktion, Leukoplakie, Ödeme, Hyperämie, Beläge oder Abschilferungen im Mund, Bläschen, hämorrhagische Gingivitis, Karies und Mundgeruch.
oral mucous membrane, altered

Mundschutz. Weiche, exakt angepasste Plastikform, die in den Mund eingeführt wird und alle gefährdeten Flächen und den Gaumen bedeckt. Ein M. wird bei Kontaktsportarten, wie etwa beim Boxen, getragen, um Gewebeverletzungen von Mund, Lippen und anderen oralen Flächen einzuschränken.
mouth guard

Mundsoor. Pilzinfektion der Mund- und Zungenschleimhaut, gekennzeichnet durch cremige weiße Flecken auf einer entzündeten Zunge oder in den Wangentaschen. Bei Kleinkindern ist ein gelegent-

lich auftretender M. nicht bedenklich, bei Erwachsenen kann er jedoch Anzeichen einer HIV-Infektion sein.
🇬🇧 thrush

Mundwasser. Medizinische Flüssigkeit, die zur Reinigung der Mundhöhle und zur Behandlung der Mundschleimhaut benutzt wird. Viele Mundwässer enthalten Alkohol, der dafür sorgt, dass die Oberfläche erweicht und Verhärtungen an den Zähnen und andere Abfallstoffe entfernt werden.
🇬🇧 mouthwash

Murphy-Zeichen. Test zur Feststellung einer Gallenblasenerkrankung, bei der der Patient tief einatmen muss, während der Arzt seine Finger unterhalb der Rippen auf den unteren Leberrand legt. Bei der Einatmung wird die Gallenblase bis zu den Fingern angehoben, was Schmerzen auslöst, wenn die Gallenblase entzündet ist.
🇬🇧 Murphy´s sign

Musculus abducens. (Musculus rectus lateralis). Der M. abducens bewegt den Augapfel nach außen.
[lat:. abducere, wegführen]
🇬🇧 abducens muscle

Musculus adductor brevis. (kurzer Schenkelanzieher). Einer der fünf mittleren Oberschenkelmuskeln; hat die Funktion, den Oberschenkel zu adduzieren und zur Mitte zu rotieren sowie das Bein zu strecken.
🇬🇧 adductor brevis

Musculus adductor longus. (langer Schenkelanzieher). Der oberflächlichste Muskel der drei Adduktorenmuskeln des Oberschenkels; gehört zu den fünf mittleren femoralen Muskeln; adduziert und beugt den Oberschenkel.
🇬🇧 adductor longus

Musculus adductor magnus. (großer Schenkelanzieher). Langer, dreieckiger Muskel des Oberschenkels; dient der → Adduktion des Oberschenkels. Der proximale Teil rotiert den Oberschenkel zur Mitte und beugt ihn zur Hüfte. Der distale Teil streckt den Oberschenkel und dient der seitlichen Rotation.
🇬🇧 adductor magnus

Musculus biceps brachii. (Bizeps). Langer zweiköpfiger Muskel des Oberarms auf der Vorderseite des Oberarmknochens (Humerus), der am Schulterblatt (Scapula) ansetzt. Er beugt den Ober- und Unterarm (Flexion) im Ellbogengelenk und dreht die Hand nach außen (Supination).
[*lat.:* bis, zwei: caput, Kopf: brachii, Arme]
🇬🇧 biceps brachii

Musculus biceps femoris. Zweiköpfiger hinterer Femoralismuskel, der das Bein im Kniegelenk beugt und seitlich dreht, sowie den Oberschenkel (Femur) streckt und seitlich dreht.
[*lat.:* bis, zwei; caput, Kopf; femoris, Oberschenkel.]
🇬🇧 biceps femoris

Musculus brachialis. (Armbeuger). Muskel des Oberarms, der den vorderen Teil des Ellbogengelenks und die distale Seite des Oberarmknochens (Humerus) bedeckt; dient der Beugung des Ellbogengelenks.
🇬🇧 brachialis

Musculus brachioradialis. (Oberarmspeichenmuskel). Der am weitesten oben liegende Muskel der radialen Seite des Unterarms; dient der Beugung des Ellbogengelenks.
🇬🇧 brachioradialis

Musculus coracobrachialis. Muskel, der am Schulterblatt (Scapula) beginnt und bis zur Innenseite des Oberarmknochens (Humerus) reicht; adduziert die Schulter.
🇬🇧 coracobrachialis

Musculus corrugator supercilii. Einer der drei Muskeln des Augenlids, der das Augenlid nach unten oder nach innen bewegt.
[*lat.:* corrugare, verknittern, super, über, cilium, Augenlid.]
🇬🇧 corrugator supercilii

Musculus cremaster. Dünne Muskelschicht, die sich über den Samenstrang schleifenförmig ausbreitet. Der Kremaster ist die Verlängerung des Musculus internus abdominis und zieht die Hoden bei Kälte

M

oder nervlicher Stimulation nach oben, in Richtung des oberflächlichen Leistenrings.
[*griech.:* kremastos, hängend.]
cremaster

Musculus deltoideus. (Deltamuskel). Der große, dreieckige Muskel, der das Schultergelenk bedeckt. Wichtigster Muskel für Armabduktion; ist bei der Beugung, Streckung und Kreisbewegung des Armes beteiligt.
deltoid

Musculus flexor carpi radialis. Schmaler, oberflächlicher Unterarmmuskel an der ulnaren Seite des Pronator teres. Dient der Flexion und Abduktion der Hand.
flexor carpi radialis

Musculus flexor carpi ulnaris. Oberflächenmuskel auf der ulnaren Unterarmseite. Dient zur Beugung und Adduktion der Hand.
flexor carpi ulnaris

M

Musculus flexor digitorum superficialis. Größter oberflächlicher Unterarmmuskel, der sich auf der ulnaren Seite unterhalb des Palmaris longus befindet. Mit Hilfe des Muskels werden die zweiten Fingerglieder sowie indirekt die Hand gebeugt.
flexor digitorum superficialis

Musculus gastrocnemius. (Wadenmuskel). Oberflächlichster Wadenmuskel, der eine Beugung des Fußes zur Fußsohle hin (Plantarflexion) bewirkt.
[*griech.:* gastroknemia, Wade]
gastrocnemius

Musculus glutaeus. Gesäßmuskel, der aus drei Muskeln besteht: der Musculus glutaeus maximus streckt den Oberschenkel, der M. g. medius dient der Außenbewegung (Abduktion) und Drehung (Rotation) des Beines und der M.g. minimus bewegt den Oberschenkel nach außen (Abduktion) oder neigt das Becken seitwärts.
gluteus

Musculus iliacus. (Darmbeinmuskel). Flacher, dreieckiger Muskel, der zu den vorderen Hüftmuskeln gehört und die Beugung des Hüftgelenks sowie die Kreisbewegung des Oberschenkels nach außen ermöglicht.
iliacus

Musculus latissimus dorsi. (breiter Rückenmuskel). Einer von zwei großen rechteckigen Muskeln im Brust- und Lendenbereich des Rückens; er dehnt, beugt (Adduktion) und dreht den Arm seitlich (Innenrotation), zieht die Schulter zurück und nach unten und den Körper beim Klettern nach oben.
latissimus dorsi

Musculus masseter. (Kaumuskel). Dicker rechteckiger Muskel zwischen Jochbein und Kieferwinkel, der beim Kauen den Unterkiefer aufwärts und nach vorn zieht.
masseter

Musculus obturatorius. (Hüftlochmuskel). Oberschenkelmuskel, der sich in einen inneren und äußeren Muskel teilt (M. obturatorius externus und internus). Der M. o. externus beugt und dreht den Oberschenkel nach außen und der M. o. internus zieht den Oberschenkel an und dreht ihn ebenfalls nach außen.
obturator muscle

Musculus pectoralis major. (großer Brustmuskel). Großer Muskel der oberen Brustwand, der sich von Schlüsselbein, Brustbein und Bauchfaszie zum Oberarm zieht und das Schultergelenk beugt, hochzieht und den Arm nach innen dreht.
pectoralis major

Musculus psoas major. (großer Lendenmuskel). Großer Muskel, der an den Querfortsätzen der Lendenwirbelsäule ansetzt und den Oberschenkel im Hüftgelenk beugt und nach vorn dreht und den Unterkörper nach außen dreht.
psoas major

Musculus quadriceps femoris. Großer vierköpfige Muskel auf der Vorderseite des Oberschenkels mit der Funktion, das Bein zu strecken. Er setzt sich zusammen aus M. rectus femoris, M. vastus lateralis, M.v. medialis und M.v. intermedius.
[*lat.:* quadriceps, vierköpfig; femur, Oberschenkel]
quadriceps femoris

Musculus rectus abdominis. Gerader Bauchmuskel, der sich vom Brustbein auf beiden Seiten der Medianlinie bis zum oberen Symphysenrand erstreckt. Er bewirkt die Beugung der Wirbelsäule, strafft die vordere Bauchwand und hält die Bauchorgane in Position.
rectus abdominis

Musculus rectus femoris. Gerader Oberschenkelmuskel, der sich als Teil des → Musculus quadriceps femoris von der → Spina iliaca anterior inferior bis zur Kniescheibe erstreckt. Er bewirkt die Streckung des Beines.
rectus femoris

Musculus sartorius. ("Schneidermuskel"). Längster Muskel im Körper, der sich vom vorderen, oberen Darmbeinstachel bis zum Schienbein zieht. Er dient zur Außenrotation und Beugung des Oberschenkels und zur Innenrotation und Beugung des Unterschenkels.
[*lat.:* sartor, Schneider]
sartorius

Musculus semitendinosus. Halbsehniger Muskel, der sich vom Sitzbeinhöcker zum Schienbein zieht und zur Beugung, Innenrotation und Streckung des Beines dient.
semitendinous

Musculus serratus anterior. Schmaler Brustwandmuskel (»Sägemuskel«), der sich von den Rippen (1.-9.) zum Schulterblatt zieht. Er ist für die Rotation des Schulterblattes und das Anheben der Schulter verantwortlich und dient als Atemhilfsmuskel.
[*lat.:* serra, Säge, Zahn; anterior, vorn, nach vorn]
serratus anterior

Musculus sphincter ani. Doppelreihiger, ringförmiger Muskel, der den Anus verschließt. Der M.s.a. internus besteht aus einem ringförmigen Wulst in der glatten Muskulatur des Mastdarms, der M.s.a. externus ist ein flacher, quergestreifter Muskel, der den willkürlichen Verschluss des Afters ermöglicht.
sphincter ani

Musculus sphincter urethrae. Ringförmiger Schließmuskel am Übergang der Harnblase zur Harnröhre, der willkürlich angespannt und entspannt werden kann. Zum Wasserlassen muss der Muskel entspannt werden.
urethral sphincter

Musculus temporalis. »Schläfenmuskel«; einer der vier Kaumuskeln. Der M. t. zieht sich fächerförmig über die Seiten des Kopfes und ist für die Bewegung des Unterkiefers verantwortlich.
temporalis

Musculus tibialis anterior. Vorderer Schienbeinmuskel, seitlich der Tibia (Schienbein); verantwortlich für die Rückwärtsbeugung und Außendrehung des Fußes.
tibialis anterior

Musculus transversus abdominis. Paariger, quer verlaufender Bauchmuskel, der direkt unter dem inneren schrägen Bauchmuskel (Obliquus internus) liegt, und zum Einziehen des Bauches dient. Durch das Zusammendrücken der inneren Organe unterstützt er das Wasser lassen (Miktion), Stuhlgang, Erbrechen, Gebären und das forcierte Ausatmen.
transversus abdominis

Musculus trapezius. Großer, flacher dreieckiger Muskel, der sich über die Schulter und den oberen Teil des Rückens zieht. Durch ihn kann man das Schulterblatt drehen, die Schulter heben und den Arm heranziehen und beugen.
trapezius

Musculus triceps brachii. Großer dreiköpfiger Muskel, der sich über die gesamte Länge des Oberarms erstreckt. Er streckt den Unterarm im Ellenbogengelenk und zieht den Arm an den Körper heran.
triceps brachii

Musculus vastus intermedius. Mittlerer Oberschenkelmuskel, der einen Teil des → Musculus quadriceps femoris bildet und sich vom mittleren Oberschenkelbein bis zur Kniescheibe zieht. Er bewirkt zusammen mit den anderen drei Muskeln die Streckung des Beins.
vastus intermedius

M

Musculus vastus lateralis. Äußerer Schenkelmuskel; größter Muskelstrang des → M. quadriceps femoris, der sich seitlich am Oberschenkel bis zur Kniescheibe erstreckt. Er ist zusammen mit den anderen drei Oberschenkelmuskeln für die Streckung des Beins verantwortlich.
vastus lateralis

Musculus vastus medialis. Innerer Schenkelmuskel, der zusammen mit den anderen drei Oberschenkelmuskeln den → M. quadriceps femoris bildet und für die Streckung des Beins mit verantwortlich ist.
vastus medialis

Musculus zygomaticus major. Großer Jochbeinmuskel und einer der 12 Mundmuskeln. Er verläuft vom Jochbein zum Mundwinkel und zieht die Mundwinkel zum Lächeln und Lachen nach oben und seitwärts.
zygomaticus major

Musculus zygomaticus minor. Kleiner Jochbeinmuskel und einer der 12 Mundmuskeln. Er ist der vom Jochbein ausgehende Teil des M. levator labii superioris, der die Oberlippe nach oben zieht.
zygomaticus minor

Musiktherapie. 1. → Pflegeintervention der → NIC, die definiert wird als der Einsatz von Musik mit dem Ziel spezifischer Veränderungen von Verhaltensweisen oder Gefühlen. 2. Form einer ergänzenden Psychotherapie, bei der Musik als Mittel der Entspannung und Kommunikation eingesetzt wird, insbesondere bei autistischen Kindern, sowie als Medium zur Evaluation der Stimmung von depressiven und psychotischen Patienten.
Music Therapy

Muskarin. Ein dem Cholin verwandtes Alkaloid, das sich in dem giftigen Fliegenpilz (Amanita muscaria) findet. Es ist pharmakologisch dem → Acetylcholin verwandt, obwohl es keine therapeutische Anwendung findet. M. bewirkt eine Verengung der Pupillen, Erweiterung der Gefäße und Senkung des Blutdrucks; es ist ein Gegenspieler des → Atropins. Muskarinerge Rezeptoren sind die ersten Schaltstellen des Sympathikus und des Parasympathikus.
muscarine

Muskel. Gewebeart, die aus Fasern oder Zellen besteht, welche sich zusammenziehen (kontrahieren) können und dadurch die Bewegungen von Körperteilen und Organen ermöglichen. Muskelfasern enthalten reichlich Gefäße, sind leicht erregbar, leitend und elastisch. Man unterscheidet zwei Hauptarten: die quer gestreiften M.n und die glatten M.n. Die quer gestreiften M.n, die alle Skelettmuskeln außer dem Herzmuskel (Myokard) bilden, sind lang und funktionieren willkürlich; sie reagieren sehr schnell auf eine Stimulation und werden durch Unterbrechung der Innervation gelähmt. Die glatte Muskulatur, die alle Eingeweidemuskeln ausmachen, sind kurz und funktionieren unwillkürlich; sie reagieren langsam auf einen Reiz und verlieren ihren Tonus nicht vollständig, wenn die Innervation unterbrochen wird. Das Myokard wird manchmal als dritte Form von M. bezeichnet, es ist jedoch im wesentlichen auch ein quer gestreifter M., der allerdings nicht so schnell wie die quer gestreiften M.n des restlichen Körpers reagiert.
muscle

Muskel, extrinsischer. 1. Muskel, der sich außerhalb des Organs befindet, welches er kontrolliert, z.B. die äußeren Augenmuskeln, die die Augenbewegungen kontrollieren. 2. Bezeichnung für einen Muskel, der eine Extremität mit dem Rumpf verbindet.
extrinsic muscle (em)

Muskelatrophie. (Muskelschwund). Zustand der Dysfunktion von motorischen Einheiten, die im Allgemeinen Folge eines Ausfalls der efferenten Innervation sind. Durch Inaktivität oder degenerative Veränderungen kommt es zum fortschreitenden Schwund eines oder mehrerer Muskeln. (→ Atrophie)
muscular atrophy

Muskelbiopsie. Untersuchung eines chirurgisch entfernten Muskelgewebes zu diagnostischen Zwecken.
[*lat.:* musculus, Muskel; *griech.:* bios, Leben; opsis, ansehen]
muscle biopsy

Muskeldystrophie. Gruppe von Erbkrankheiten, die durch eine progressive → Atrophie der symmetrischen Gruppen der Skelettmuskeln charakterisiert sind, ohne dass es Anzeichen für die Beteiligung oder Degeneration von Nervengewebe gibt. Bei jeder Form der M. kommt es zu einem Verlust der Körperkraft mit zunehmender Behinderung und Deformierung, wobei die jeweils betroffenen Muskeln, der Beginn, die Rate der Progression und die Art der genetischen Vererbung variieren. Die wichtigste Form dieser Krankheit ist der Duchenne-Typ.
[*lat.:* musculus; Muskeln; *griech.:* dys, schlecht; trophe, Ernährung]
muscular dystrophy (MD)

Muskelkrampf. Plötzlicher intermittierender Schmerz, der in fast jedem Körperteil auftreten kann. Dabei handelt es sich meist um eine unwillkürliche Kontraktion von unterschiedlicher Dauer, die mit einem Spasmus verbunden ist. Krämpfe können sich in den quer gestreiften Muskeln infolge einer übermäßigen Belastung, hoher Temperaturen oder eines exzessiven Verlusts von Natrium, Kalium und Magnesium durch Schwitzen entwickeln; sie können auch mit arthritischen Zuständen und einer Kälteexposition in Zusammenhang stehen.
muscle cramp

Muskelkrampf, tetanischer. 1. Allgemeine tonische Muskelkontraktion. 2. Verlängerte, heftige und ungewollte Muskelkontraktion.
tetanic convulsion

Muskelrelaxanzien (pl.). Chemotherapeutische Substanzen, die die Kontraktionsfähigkeit der Muskelfasern reduzieren. Man unterscheidet periphere und zentrale M. Peripher wirken Curare-Derivate, die mit Acetylcholin konkurrieren und die neurale Übermittlung an den Verbindungen zwischen Muskeln und Nerven blockieren. Zentrale M. sind z.B. Benzodiazepine. Diese Arzneimittel werden während einer Anästhesie, bei der Behandlung von Patienten, die mechanisch beatmet werden, und in der Schocktherapie eingesetzt, um die Muskelkontraktionen bei pharmakologisch oder elektrisch induzierten Krämpfen zu reduzieren.
muscle relaxant

Muskelrelaxanzien für glatte Muskulatur. Wirkstoffe, die den Tonus der glatten Muskulatur dämpfen, wie z.B. Bronchospasmolytika und Vasodilatatoren.
smooth muscle relaxant

Muskelrelaxation, progressive. → Pflegeintervention der → NIC, die definiert wird als die Anleitung zu abwechselnder Spannung und Entspannung verschiedener Muskelgruppen mit Konzentration auf die unterschiedlichen Empfindungen.
Progressive Muscle Relaxation

Muskelspannung. Spannung, die durch muskuläre Kontraktionen entsteht. Die innere Spannung wird durch die ineinander greifende Aktivität zwischen Aktin- und Myosinfilamenten innerhalb der Muskelfasern verursacht. Die Kraft, die durch diese kontraktilen Elemente geschaffen wird, wird über die Sehnen und das Bindegewebe zu den Knochen weitergeleitet. Die Knochen bewegen sich und bewirken eine äußere Spannung. (→ Aktin/Myosin)
muscular tension

Muskelsystem. Alle Muskeln des Körpers, einschließlich der glatten und quer gestreiften sowie der Herzmuskeln, die als eine untereinander in Verbindung stehende körperliche Struktur zu betrachten sind.
muscle system

Muskeltonus. Normaler Zustand einer ausgeglichenen → Muskelspannung in Ruhe.
muscle tone

Muskelzerrung. Plötzliche Schmerzen und Versteifungen in Quadrizeps oder ischiokruralen Muskeln infolge einer Überan-

strengung, Muskelverletzung oder eines Muskelrisses.
charley horse

muskulär. 1. Zu einem → Muskel gehörend. 2. Charakteristikum einer gut entwickelten Muskulatur.
muscular

Muskulatur. Die Zusammensetzung und das Gefüge aller Muskeln eines Körpers.
musculature

Muskulatur, glatte. Aus langen, spindelförmigen Zellen bestehendes, nicht dem Willen unterworfenes Muskelgewebe, wie z.B. die g.M. des Darmes, des Magens, des Uterus und anderer Eingeweide. Die kernhaltigen Zellen der g.M. sind parallel zueinander und auf der Längsachse des Muskels, den sie bilden, angeordnet. Glatte Muskelfasern sind kürzer als quergestreifte Muskelfasern und besitzen nur einen Zellkern pro Faser.
smooth muscles

M

Muskulatur, quergestreifte. Sammelbezeichnung für Muskeln, deren Muskelfasern durch Überlappung der dicken und der dünnen Myofilamente quergestreift erscheint; dazu gehört die gesamte Skelettmuskulatur. Kontraktionen der q. M. sind willkürlich, einzige Ausnahme bildet der Herzmuskel, der zwar quergestreift ist, jedoch nicht willkürlich beeinflusst werden kann.
striated muscles

Mutagen. Chemisches oder physikalisches Agens aus der Umgebung, das zu genetischen → Mutationen oder zur Steigerung der Mutationsrate führt. – *adj.* mutagen.
[*lat.:* mutare, verändern; *griech.:* genein, produzieren]
mutagen

Mutagenese. Einleitung oder Auftreten einer genetischen → Mutation.
mutagenesis

Mutant. Individuum oder Organismus, dessen genetisches Material einer → Mutation unterzogen wurde.
mutant

Mutation. Abnorme Veränderung des genetischen Materials, die spontan oder induziert erfolgt. Dadurch wird die ursprüngliche Genexpression geändert. Gene sind normalerweise stabile Einheiten, doch wenn es zu einer M. kommt, werden diese Änderungen häufig an spätere Generationen weitergegeben.
[*lat.:* mutare, verändern]
mutation

Mutismus. Unfähigkeit, aufgrund eines physikalischen Defekts oder eines emotionalen Problems zu sprechen.
[*lat.:* mutus, stumm]
mutism

Mutismus, akinetischer. Zustand der Stummheit und Bewegungslosigkeit. Die betroffene Person weigert sich, Bewegungen durchzuführen oder Laute von sich zu geben; Folge einer neurologischen oder psychologischen Störung.
akinetic mutism

Mutter-Kind-Bindung. Der komplexe Prozess der Beziehung einer Mutter zu ihrem neugeborenen Kind. In den ersten Minuten und Stunden nach der Geburt findet eine Phase statt, in der das Baby und die Mutter durch Verhaltensweisen und Reize eng miteinander zu tun haben, die komplementär sind und weitere Interaktionen hervorrufen. Die Mutter berührt das Baby und hält es so, dass Augenkontakt zustande kommt. Der Säugling erwidert den Augenkontakt. Mutter und Baby wenden sich zur Stimme und den Geräuschen des jeweils anderen hin. Die Bewegungen des Säuglings stellen eine Reaktion auf die Stimme der Mutter dar und sie wird dadurch ermutigt, den Prozess weiterzuführen.
maternal-infant bonding

Mutterband. (→ Ligamentum latum uteri)
broad ligamentum

Mutterfixierung. Stillstand in der psychosexuellen Entwicklung, der sich durch eine abnorm dauerhafte, enge und häufig lähmende emotionale Bindung an die eigene Mutter äußert.
mother fixation

Mutterkorn. (Secale cornutum). Speicherkörper der Pilzart *Claviceps purpurea*, die Roggen und andere Getreidesorten befällt und Alkaloide enthält.
ergot

Mutterkornalkaloid. Aus dem Pilz *Claviceps purpurea* isolierte Alkaloide, zu denen Aminosäurealkaloide, z.B. Ergotamin, dihydrogenierte Aminosäurenalkaloide, z.B. Dihydroergotamin, und Aminoalkaloide, z.B. Ergometrin, zählen. (→ Mutterkorn)
ergot alkaloid

Mutterkuchen. (→ Plazenta)
placenta

Muttermal. (Nävus). Angeborene Verfärbung eines Hautbereichs, wie z.B. ein kavernöses Hämangiom. (→ Nävus)
cutaneous nevus

Muttermilch. (Frauenmilch/Brustmilch). Sekretion aus der weiblichen Brustdrüse, mit der Säuglinge ernährt werden. Die M. enthält alle Nährstoffe, Wachstumsfaktoren und Immunglobuline, die ein Säugling benötigt.
breast milk

Muttermilchikterus. → Ikterus und → Hyperbilirubinämie bei Säuglingen, die gestillt werden; der M. tritt in den ersten Lebenswochen infolge eines Metaboliten in der Muttermilch auf und beeinträchtigt die Fähigkeit des Säuglings, Bilirubin zur Ausscheidung an ein Glukoronid zu binden.
breast milk jaundice

Muzilago. (Pflanzenschleim). 1. Klebrige Mischung aus Kohlenhydraten, die Pflanzen durch ihre Zellaktivität produzieren. 2. Dickflüssige wässrige Lösung eines Gummis, die zur Suspension unlöslicher Substanzen und zur Steigerung der Viskosität verwendet wird.
[*lat.:* mucus, Schleim]
mucilago

Muzin. Mukopolysaccharid, das Hauptbestandteil im Schleim (→ Mukus) ist. M. ist in den meisten Drüsen vorhanden, die Mukus absondern, und ist ein Gleitmittel (Lubrikans), das Körperoberflächen vor Reibung oder Erosion schützt.
[*lat.:* mucus, Schleim]
mucin

Muzin, gastrisches. (Schleimstoff). Visköse Sekretion von Glykoproteinen, die in der den Magen auskleidenden Schleimhaut gebildet wird; M. wurde früher zur Behandlung von Magengeschwüren eingesetzt.
gastric mucin

my(o)-. Vorsilbe mit der Bedeutung »Muskel«.
my(o)-

Myalgie. Diffuser Muskelschmerz, der meist in Verbindung mit Unwohlsein steht.
[*griech.:* mys, Muskel; algos, Schmerz]
myalgia

Myasthenia gravis. Unphysiologischer Zustand, der sich durch eine chronische Müdigkeit und Muskelschwäche äußert, insbesondere im Gesicht und Kehlkopf. Ursache ist ein Defekt der Weiterleitung von Nervenimpulsen an der Muskel-Nerven-Verbindung. Die Symptome setzen allmählich ein, es kommt zum Herabsinken des Augenlides (Ptosis), Doppeltsehen (Diplopie) und einer generellen Schwäche der Gesichtsmuskeln. Die Schwäche kann sich auch auf andere Muskeln ausdehnen, die durch die Hirnnerven innerviert werden, z.B. die Atemmuskulatur. Muskuläre Anstrengung verschlimmert die Symptome.
myasthenia gravis

Myasthenie. Zustand, der durch eine unphysiologische Schwäche eines Muskels oder einer Muskelgruppe charakterisiert ist und die Folge einer systemischen Nerven- oder Muskelerkrankung sein kann; z.B. → Myasthenia gravis oder M. laryngitis, bei der die Sprechmuskeln beteiligt sind.
[*griech.:* mys, Muskel; a, ohne; sthenos, Stärke]
myasthenia

Mydriase. Erweiterung (Dilatation) der Pupillen des Auges, die durch eine Kontrak-

M

tion des dilatatorischen Muskels der Regenbogenhaut (Iris) verursacht wird, einer Muskelscheide, die wie die Speichen eines Rades vom Zentrum der Iris strahlenförmig abgeht. Physiologisch ist die M. bei Angst, Schmerzen oder Schreck. Unphysiologisch tritt sie als Herdzeichen nach einer Schädel-Hirn-Verletzung auf.
[*griech.:* mydros, heiße Masse]
mydriasis

Mydriasis, alternans. Sehstörung mit unphysiologischer Erweiterung der Pupillen; linkes und rechtes Auge sind abwechselnd betroffen.
alternating mydriasis

Mydriatika. Arzneimittel in der Augenheilkunde, die zur Erweiterung der Pupillen und zur Lähmung des Akkomodationsmuskels eingesetzt werden. M. stimulieren die sympathischen Nervenfasern oder blockieren die parasympathischen Nervenfasern des Auges und lähmen vorübergehend den Schließmuskel der Iris. M. werden zur Diagnostik bei der Untersuchung des Auges, vor und nach Augenoperationen, bei der Untersuchung eines Glaukoms und bei der Behandlung bestimmter Augenentzündungen eingesetzt.
mydriatics

myel(o)-. Vorsilbe mit der Bedeutung »Knochenmark, Rückenmark, Nerven betreffend«.
myel(o)-

Myelenzephalon. (Nachhirn). Der untere Teil des Hinterhirns eines Embryos, aus dem sich die → Medulla oblongata entwickelt.
myelencephalon

Myelin. Substanz, aus der die Markscheiden verschiedener Nervenfasern im gesamten Körper bestehen; sie setzt sich aus Phospholipiden und Proteinen zusammen, was den Fasern eine weiße Farbe verleiht.
[*griech.:* myelos, Mark]
myelin

myelinfrei. (marklos). Beschreibt Nervenfasern, die nicht in eine Myelinscheide eingehüllt sind. M.e bzw. marklose Nervenfasern erscheinen als graue Masse im Gehirn.
unmyelinated

Myelinscheide. Segmentierte fette Schichtbildung, die aus → Myelin besteht und die Axone zahlreicher Nerven im Körper umhüllt. Die übliche Dicke der M.n beträgt zwischen 200 und 800 µm. Verschiedene Erkrankungen, z.B. Multiple Sklerose, können die Myelin-Umhüllungen zerstören.
myelin sheath

Myelitis. Entzündung des Rückenmarks in Verbindung mit motorischen oder sensorischen Dysfunktionen, z.B. Querschnittmyelitis (transverse M.), Leukomyelitis oder Poliomyelitis.
myelitis

Myelitis deszendens. Form der Myelitis, bei der pathologische Veränderungen im absteigenden Rückenmark stattfinden.
[*lat.:* descendere, herabsteigen; *griech.:* myelos, Mark, itis, Entzündung.]
descending myelitis

Myelitis transversa, akute. (Querschnittsmyelitis). Entzündung des gesamten Wirbelsäulenumfangs; beeinträchtigt sowohl die sensorischen als auch die motorischen Nerven; destruktivste Form der Myelitis. Die a.t. M. kann sich schnell entwickeln und ist von Nekrosen sowie neurologischen Störungen gekennzeichnet, die meist auch nach der Genesung fortbestehen. Patienten mit spastischen Reflexen bei Erkrankungsbeginn haben eine größere Aussicht auf Genesung. Es gibt verschiedene Ursachen für diese Krankheit, z.B. akute multiple Sklerose, Masern, Pneumonie sowie die Einnahme bestimmter toxischer Substanzen, wie Kohlenmonoxid, Blei oder Arsen.
acute transverse myelitis

Myeloblast. Einer der frühesten Vorläufer der granulozytischen Leukozyten. Das Zytoplasma der M.en sieht im Blutausstrich durch das Mikroskop bläulich und kernlos aus.
[*griech.:* myelos, Mark; blastos, Keim]
myeloblast

Myeloblastenleukämie. Malignes Neoplasma des blutbildenden Gewebes, das durch zahlreiche → Myeloblasten im zirkulierenden Blut und im Gewebe gekennzeichnet ist.
myeloblastic leukemia

Myelogenese. 1. Bildung und Differenzierung des → Nervensystems, insbesondere des Gehirns und des Rückenmarks während der pränatalen Entwicklung. 2. Entwicklung einer → Myelinscheide um eine Nervenfaser. – *adj.* myelogen.
[*griech.:* myelos, Mark; genein, produzieren]
myelogenesis

Myelogramm. 1. Röntgenaufnahme, die nach Injektion eines Kontrastmittels in den Subarachnoidalraum durchgeführt wird, um Erkrankungen des Rückenmarks, der Spinalnervenwurzeln und des Subarachnoidalraums zu diagnostizieren. 2. Graphische Darstellung einer Auszählung der verschiedenen Zellformen in einer angefärbten Knochenmarksprobe.
myelogram

Myelographie. Röntgenologischer Prozess, bei dem das Rückenmark und der Subarachnoidalraum nach Injektion eines Kontrastmittels dargestellt werden.
[*griech.:* myelos, Mark; graphein, berichten]
myelographia

myeloisch. 1. Zum Knochenmark gehörend. 2. Zum Rückenmark gehörend. 3. Zu myelozytischen Strukturen gehörend, die nicht aus dem Knochenmark stammen.
myeliod

Myelom. Osteolytisches Neoplasma, das aus einem Überschuss an Zellen besteht, die für das Rückenmark typisch sind; dieses kann sich an vielen Stellen entwickeln und eine extensive Zerstörung der Knochen bewirken. Dabei treten häufig Schmerzen und spontane Frakturen auf.
[*griech.:* myelos, Mark; oma, Tumor]
myeloma

Myelomalazie. Unphysiologische Erweichung des Rückenmarks, die vorwiegend durch eine unzureichende Blutversorgung bedingt ist.
[*griech.:* myelos, Mark; malakia, Erweichung]
mylomalacia

Myelomeningozele. (Meningomyelozele). Entwicklungsdefekt des Zentralnervensystems, bei dem sich ein Teil des Rückenmarks, der Meningen und der Zerebrospinalflüssigkeit durch eine angeborene Spalte in der Wirbelsäule vorwölben. Dieser Defekt entsteht vorwiegend dadurch, dass sich die Nerventuben bei der embryonalen Entwicklung nicht richtig schließen, wobei in einigen Fällen die Ursache auch in der Wiedereröffnung eines Tubus infolge einer unphysiologischen Zunahme des Drucks der Zerebrospinalflüssigkeit liegen kann.
[*griech.:* myelos, Mark; meninx, Membran; kele, Hernie]
myelomeningocele

M

Myelopathie. 1. Erkrankung des Rückenmarks. 2. Erkrankung des myelopoetischen Gewebes, d.h. des Knochenmarks.
myelopathy

Myelopoese. Bildung und Entwicklung des Knochenmarks oder der Zellen, die sich darin entwickeln.
[*griech.:* myelos, Mark; poein, bilden]
myelopoiesis

myeloproliferativ. Die Vermehrung der Knochenmarkzellen betreffend.
myeloproliferative

Myelose, funikuläre. (funikuläre Spinalerkrankung). Durch einen Vitamin B_{12}-Mangel verursachte Nervenerkrankung, die zu einer perniziösen Anämie und Degeneration der Rückenmarksnerven sowie der peripheren Nerven führt. Begleitsymtome sind Gangstörungen, Vibrationsgefühl in den Beinen sowie Verlust des Positionssinnes.
combined system disease

Myelozele. Sackähnliche Vorwölbung des Rückenmarks aufgrund eines angebore-

nen Defekts in der Wirbelsäule, z.B. bei Spina bifida.
[*griech.:* myelos, Mark; kele, Bruch]
myelocele

Myelozystozele. Vorwölbung eines zystischen Tumors, der Flüssigkeit aus dem Rückenmark (Liquor) enthält. Ursache der M. ist ein Defekt der Wirbelsäule, z.B. bei Spina bifida.
[*griech.:* myelos, Mark; kystis, Zyste; kele, Bruch]
myelocystocele

Myelozyt. Erste Reifephase der granulozytischen → Leukozyten, die physiologischerweise im Knochenmark zu finden sind. Im Zytoplasma sind Kerne zu erkennen; das Kernmaterial der M.en ist dichter als das eines → Myeloblasten, besitzt jedoch noch keine definierbare Membran. Die Zelle ist flach und enthält bei fortschreitender Reifung (Maturation) eine zunehmende Anzahl von Kernen.
[*griech.:* myelos, Mark; kytos, Zelle]
myelocyte

M

Myiase. (Madenkrankheit). Infektion oder Befall des Körpers mit den Maden bestimmter Fliegen, im Allgemeinen in einer Wunde oder einem Ulkus, selten jedoch in der intakten Haut.
[*griech.:* myia, Fliege; osis, Zustand]
myiasis

myk(o)-. Vorsilbe mit der Bedeutung »Pilz«.
myc(o)-

Mykobakteriose. Tuberkuloseähnliche Erkrankung, die durch ein anderes → Mykobakterium verursacht wird als das Mykobacterium tuberculosis.
[*griech.:* mys, Muskel; bakterion, Bakterium; osis, Zustand]
mycobacteriosis

Mykobakterium. Gattung von stäbchenförmigen, säurefesten, grampositiven unbeweglichen Bakterien, deren zwei wichtigste pathogene Species das Mycobacterium leprae (das Lepra verursacht) und M. tuberculosis (das Tuberkulose auslöst) sind.
mycobacterium

Mykologie. Studium der (niederen pathogenen) Pilze und Pilzerkrankungen.
[*griech.:* mykes, Pilze; logos, Wissenschaft]
mycology

Mykoplasma. Gattung von ultramikroskopischen Organismen, die keine festen Zellwände haben und als die kleinsten lebenden Organismen betrachtet werden. Einige sind Saprophyten, manche sind Parasiten, viele sind pathogen; z.B. M. pneumoniae, das bei Kindern und jungen Erwachsenen zu einer ansteckenden Lungenentzündung führt.
[*griech.:* mykes, Pilze; plassein, schimmeln]
mycoplasma

Mykose. (Pilzerkrankung). Jede Erkrankung, die durch einen → Pilz (Fungus) ausgelöst wird, z.B. Fußpilz oder Kandidose. – *adj.* mykotisch.
[*griech.:* mykes, Pilze; osis, Zustand]
mycosis

Mykotoxikose. Systemische Vergiftung, die durch Toxine (Mykotoxine) verursacht wird, die beim Stoffwechsel der Pilze freigesetzt werden.
[*griech.:* mykes, Pilze; toxikon, Gift; osis, Zustand]
mycotoxicosis

Myödem. Ödembildung im Muskelgewebe.
myoedema

myofaszial. Zu einem Muskel und seiner Faszie gehörend.
myofascial

Myofibrille. Schmaler gestreifter Strang innerhalb der Skelett- und Herzmuskelfasern, der aus Bündeln von Myofilamenten besteht.
myofibril

Myogelose. Zustand, bei dem es innerhalb der Muskeln zu verhärteten Bereichen und Knoten kommt, insbesondere im Gesäßmuskel (Musculus glutaeus).
[*griech.:* mys, Muskel; *lat.:* gelare, einfrieren; *griech.:* osis, Zustand]
myogelosis

myogen. Zu den Muskeln gehörend, insbesondere zum Herzmuskel und zu den glatten Muskeln, die keine Nerven benötigen, um eine Kontraktion auszulösen oder aufrechtzuerhalten.
[*griech.:* mys, Muskel; genesis, Ursprung]
myogenic

Myoglobin. Eisenhaltiger Globinkomplex, der aus einem Häm-Molekül besteht, welches ein Eisenmolekül aufweist, das an eine einzelne Globinkette gebunden ist. M. ist für die rote Farbe der Muskeln und für ihre Fähigkeit verantwortlich, Sauerstoff zu speichern.
[*griech.:* mys, Muskel; *lat.:* globus, Ball]
myoglobin

Myoglobinurie. Unphysiologische Ausscheidung von → Myoglobin, einem respiratorischen Pigment des Muskelgewebes, im Urin, der dadurch eine rote Farbe erhält.
[*griech.:* mys, Muskel; *lat.:* globus, Kugel; *griech.:* ouron, Urin]
myoglobinuria

Myokard. (Herzmuskel). Dicke kontraktionsfähige Mittelschicht der Muskelzellen, die den Hauptteil der Herzwand bilden. Das M. enthält ein Minimum an anderen Geweben, außer Blutgefäßen, und ist im Inneren mit der Herzinnenhaut (Endokard) ausgekleidet. Das kontraktionsfähige Gewebe des M.s besteht aus Fasern mit einer charakteristischen Querstreifung. Die Fasern sind etwa dreimal so dick wie die der Skelettmuskulatur und enthalten mehr Plasma (Sarkoplasma). Sie verzweigen sich häufig und verbinden sich untereinander, um so ein kontinuierliches Netzwerk zu bilden. Ausnahmen sind die Stellen, an denen die Ansätze der Bündel und der Lamina befestigt sind und die das fibröse Dreieck des Herzens bilden. Die meisten Myokardfasern dienen der Herzkontraktion.
[*griech.:* mys, Muskel; kardia, Herz]
myocardium

Myokardinfarkt, stummer. Unterbrechung des Blutflusses zu einer oder mehreren → Koronararterien ohne die typischen Symptome eines Myokardinfarktes, d. h. ohne subjektive Beschwerden wie Schmerzen, Engegefühl, Unruhe und Todesangst und ohne Veränderungen im EKG. S. M.e kommen bei Diabetikern und älteren Menschen vor.
silent myocardial infarction

Myokardinfarkt (MI). → Nekrose eines Teils des Herzmuskels (→ Myokard) durch einen Verschluss einer → Koronararterie entweder infolge einer Atherosklerose, eines Thrombus oder eines Spasmus. Zu Beginn eines M.s treten drückende, beengende Schmerzen auf, die in den linken Arm, den Hals oder den Magen ausstrahlen können und manchmal dem Gefühl einer akuten Verdauungsstörung oder Gallenblasenerkrankung ähneln können. Der Patient wird meist grau, feuchtkalt, kurzatmig, blass, ängstlich und hat Todesangst. Typische Symptome sind Tachykardie, kaum tastbare Pulse, niedriger Blutdruck (Hypotonie), leicht erhöhte Temperatur, Arrhythmie und Anzeichen einer Erhöhung der ST-Strecke sowie der Q-Welle im EKG. Potentielle Komplikationen des M. sind pulmonale oder systemische Embolien, Lungenödem, Schock, ventrikuläre Tachykardie, Kammerflimmern und Herzstillstand.
[*griech.:* mys, Muskel; kardia, Herz; *lat.:* infarcire, verstopfen]
myocardial infarction (MI)

Myokardiopathie. (Kardiomyopathie). Erkrankung des Herzmuskels (Myokard).
[*griech.:* mys, Muskel; kardia, Herz; pathos, Krankheit]
myocardiopathy

Myokardischämie. Zustand der verminderten Blutversorgung des Herzmuskels über die Koronararterien, was häufig zu Thoraxschmerzen (→ Angina pectoris) führt.
myocardial ischemia

Myokarditis. Entzündung des Herzmuskels (→ Myokard), die durch eine Infektion mit Viren, Bakterien oder Pilzen verursacht werden kann. Weitere Ursachen sind Erkrankungen des Blutserums, rheumatisches Fieber, chemische Agenzien oder Kollagenerkrankungen. Die M. tritt meist in einer akuten viralen Form auf und ist

M

selbstlimitierend, kann jedoch zu einer akuten Herzinsuffizienz führen.
[*griech.:* mys, Muskel; kardia, Herz; itis, Entzündung]
🇬🇧 myocarditis

Myokarditis, akute sekundäre. Plötzlich auftretende Entzündung des Herzmuskels (Myokard) infolge einer Erkrankung der Herzinnenhaut (Endokards), des Herzbeutels (Perikard) bzw. einer allgemeinen Infektion.
🇬🇧 acute secondary myocarditis

Myokarditis, akute septische. Schwere Entzündung des Herzmuskels (→ Myokard) in Verbindung mit Eiterbildung, Nekrose und Abszessbildung.
[*griech.:* septikos, stinkend; mys, Muskel; kardia, Herz; itis, Entzündung]
🇬🇧 acute septic myocarditis

M

Myokarditis, chronische. Nach einer akuten bakteriellen Entzündung weiter fortbestehender entzündlicher Prozess des Herzmuskels (Myokards). Die c. M. wird von der Degeneration von Muskelgewebe und Fibrose bzw. der Infiltration von interstitiellen Gewebe begleitet.
[*griech.:* chronos, Zeit, mys, Muskel, kardia, Herz, itis, Entzündung.]
🇬🇧 chronic myocarditis

Myoklonie. Schüttelkrampf; kurzer Spasmus eines Muskels oder einer Muskelgruppe; tritt häufig bei Störungen des Zentralnervensystems auf.
[*griech.:* mys, Muskel; klonos, Kontraktion]
🇬🇧 myoklonus

Myom. Häufiger gutartiger fibröser Tumor der Muskulatur des Uterus. Symptome wie Menorrhagie, Rückenschmerzen und Verstopfung (Obstipation) entwickeln sich je nach Größe, Lokalisation und Wachstumsrate des Tumors.
[*griech.:* mys, Muskel; oma, Tumor]
🇬🇧 myoma

Myometrium. Die muskuläre Schicht der Uteruswand. Die glatten Muskelfasern des M.s verlaufen horizontal, vertikal und diagonal um den Uterus.
[*griech.:* mys, Muskel; metra, Gebärmutter]
🇬🇧 myometrium

Myopathie. Unphysiologischer Zustand der Skelettmuskulatur, der durch Muskelschwäche und -schwund sowie histologische Veränderungen innerhalb des Muskelgewebes gekennzeichnet ist, was bei vielen Muskeldystrophien auftritt. Eine M. unterscheidet sich von einer Muskelerkrankung, die durch eine Nervendysfunktion verursacht wird.
[*griech.:* mys, Muskel; pathos, Krankheit]
🇬🇧 myopathy

Myopie. Kurzsichtigkeit, die durch eine Verlängerung des Augapfels oder einen Brechungsfehler verursacht wird, wobei die parallel einfallenden Strahlen schon vor der Netzhaut (Retina) fokussiert werden.
[*griech.:* myops, kurzsichtig]
🇬🇧 myopia

Myopie, vorübergehende. Zeitweilige Störung der → Akkomodation des Auges infolge von Verletzung, hohem Blutzuckerspiegel, Sulfonamidtherapie etc.
🇬🇧 transient myopia

Myosarkom. Maligner Tumor des Muskelgewebes.
[*griech.:* mys, Muskel; sarx, Fleisch; oma, Tumor]
🇬🇧 myosarcoma

Myosin. Herz- und Skelettmuskelprotein, das die Hälfte der Proteine ausmacht, die im Muskelgewebe zu finden sind. Die Interaktion von M. und → Aktin ist für die Muskelkontraktion wichtig.
[*griech.:* mys, Muskel; in, innerhalb]
🇬🇧 myosin

Myositis. Entzündung des Muskelgewebes, meist der willkürlichen Muskulatur. Zu den Ursachen zählen Infektionen, Traumata und Befall mit Parasiten; z.B. M. fibrosa (abnorme Bildung von Bindegewe-

be), M. ossificans (Ersatz von Muskel- durch Knochengewebe).
[*griech.:* mys, Muskel; itis, Entzündung]
🇬🇧 myositis

Myotomie. Chirurgische Durchtrennung eines Muskels, um Zugang zu darunterliegenden Geweben zu erlangen oder eine Sphinkterverengung zu beheben, z.B. bei einer schweren Ösophagitis oder Pylorusstenose.
[*griech.:* mys, Muskel; temnein, schneiden]
🇬🇧 myotomy

Myotonie. Erhöhter Muskeltonus, bei dem ein Muskel oder eine Muskelgruppe sich nach einer Kontraktion nicht wieder entspannt und verkrampft bleibt. – *adj.* myotonisch.
[*griech.:* mys, Muskel; tonos, Spannung]
🇬🇧 myotonia

Myozyt. Muskelzelle.
🇬🇧 myocyt

Myringektomie. Chirurgische Entfernung des Trommelfells (Membrana tympani).
[*lat.:* myringa, Trommelfell; *griech.:* ektome, ausschneiden]
🇬🇧 myringectomy

Myringitis. Entzündung oder Infektion des Trommelfells (Membrana tympani).
[*lat.:* myringa, Trommelfell; *griech.:* itis, Entzündung]
🇬🇧 myringitis

Myringoplastik. Chirurgische Wiederherstellung einer Perforation des Trommelfells mit Hilfe eines Gewebetransplantats. Die Öffnungen im Trommelfell werden erweitert und das Transplantat darüber genäht.
[*lat.:* myringa, Trommelfell; *griech.:* plassein, formen]
🇬🇧 myringoplasty

Mysophobie. Angstzustand, der sich in einer Überreaktion auf die geringste Beschmutzung oder einer irrationalen Furcht vor Schmutz, Kontamination oder Verunreinigungen äußert.
[*griech.:* mysos, Besudelung; phobos, Angst]
🇬🇧 mysophobia

Myxödem. Schwerste Form der Schilddrüsenunterfunktion (Hypothyreose), die durch Schwellungen der Hände, des Gesichts, der Füße und der Augenhöhle gekennzeichnet ist. Es kann außerdem zu einer Verlangsamung der körperlichen und geistigen Funktionen kommen.
[*griech.:* myxa, Schleim; oidema, Schwellung]
🇬🇧 myxedema

Myxödem, kindliches. Juvenile Form der Hypothyreose mit Schilddrüsenatropie als Folge einer schweren Drüseninfektion.
[*griech.:* myxa, Schleim, oidema, Schwellung.]
🇬🇧 childhood myxedema

Myxom. Neoplasma aus Binde- und Schleimgewebe, das charakteristischerweise aus sternförmigen Zellen in einer lockeren schleimigen Matrix besteht. Ein solcher Tumor kann enorm groß werden und unter der Haut, aber auch in den Knochen, im Genital- und Harntrakt sowie im Peritonealbereich auftreten.
[*griech.:* myxa, Schleim; oma, Tumor]
🇬🇧 myxoma

Myxosarkom. → Sarkom, das einen Teil Schleimgewebe enthält.
[*griech.:* myxa, Schleim; sarx, Fleisch; oma, Tumor]
🇬🇧 myxosarcoma

Myxovirus. Gruppe von mittelgroßen Ribonukleinsäure-Viren, die sich weiter in Orthomyxoviren und Paramyxoviren aufteilen. Myxoviren können z.B. Influenza und Mumps verursachen.
[*griech.:* myxa, Schleim; *lat.:* virus, Gift]
🇬🇧 myxovirus

Myzelium. (Myzel). Masse von miteinander verwobenen und verästelten fadenähnli-

M

chen Filamenten, aus denen die meisten Pilze bestehen.
[*griech.:* mykes, Pilz; helos, Nagel]
mycelium

Myzetom. Schwere Pilzinfektion, die Haut, subkutanes Gewebe, Faszien und die Knochen befällt.
[*griech.:* mykes, Pilz; oma, Tumor]
mycetoma

N

N. 1. Chemisches Symbol für → Stickstoff (Nitrogenium). 2. Abkürzung für Nervus (→ Nerv).
N

Na. Chemisches Symbol für → Natrium.
Na

Nabel. (Umbilicus; Omphalos). Vernarbte Stelle im Unterbauch, an der die Nabelschnur ansetzte, die einen Feten in der Gebärmutter mit der Plazenta verbindet. Bei den meisten Erwachsenen stellt der N. eine kleine Einbuchtung in der Haut dar, bei manchen ist er leicht vorgewölbt.
umbilicus

Nabel(schnur)arterien. Zwei Blutgefäße in der Nabelschnur, die verbrauchtes (venöses) Blut des Feten zur Plazenta zurückführen. (s.a. Kreislauf, fetaler)
umbilical arteries

Nabel(schnur)bruch. (→ Omphalozele)
omphalozele

Nabel(schnur)vene. Großlumiges Gefäß in der Nabelschnur, das dem Feten O_2-angereichertes (arterielles) Blut aus der Plazenta zuführt. (s.a. Kreislauf, fetaler)
umbilical vein

Nabelbruch. (Nabelhernie). Angeborene weiche, mit Haut bedeckte Vorwölbung des Darms und des Bauchnetzes durch eine schwache Stelle der Bauchdecke um den Nabel. In dem meisten Fällen bildet sich der Bruch innerhalb von 1 bis 2 Jahren spontan zurück.
umbilical hernia

Nabelhernie. (→ Nabelbruch)
umbilical hernia

Nabelschnur. Flexibler, meist spiralig gewundener Strang aus gallertartigem Material (sogenannte Wharton-Sulze), der drei Nabelschnurgefäße enthält - zwei Arterien und eine Vene. Die N. verbindet den Feten mit der Plazenta an der Gebärmutterwand; sie ist durchschnittlich 50 cm lang; die Länge kann jedoch zwischen 20 und 150 cm schwanken. (s.a. Nabel(schnur)arterie; Nabel(schnur)vene)
umbilical cord

Nabelschnur-Katheterisierung. Einführen eines Katheters durch die Nabelvene in den Körper eines Neugeborenen, um diesem Flüssigkeit oder Medikamente zuzuführen bzw. Blutproben zu entnehmen oder im Notfall eine Bluttransfusion durchzuführen.
umbilical catheterization

Nabelschnurblut. Blut, das aus der kindlichen Nabelschnurvene bzw. Nabelschnurarterie entnommen wird. Ähnlich wie das Rückenmark enthält N. hohe Konzentrationen peripherer Blutstammzellen. N. kann für eine spätere Transfusion eingefroren werden.
cord blood

Nachbehandlung. (Nachsorge). Pflege, die ein Patienten nach der Entlassung aus einem Krankenhaus oder einer anderen Pflegeeinrichtung erhält.
aftercare

Nachbild. Visuelle Empfindung, die weiterbesteht, nachdem der Stimulus abgeebt ist. Das Bild kann die gleichen Farben wie das Objekt haben (positives N.), oder

komplimentär zu den mit dem Stimulus aufgetretenden Farben sein (negatives N.).
afterimage

Nachblutung. Blutung, die frühestens 24 Stunden nach einer Verletzung oder Operation, bei der die Wunde sachgerecht versorgt wurde, auftritt. N.en können u. a. durch Infektionen ausgelöst werden.
secondary hemorrhage

Nachempfindung. Offensichtliche Wahrnehmung eines Reizes, nachdem er nicht mehr besteht.
afterperception

Nachgeburt. Plazenta, Nabelschnur und Eihäute (Amnion und Chorion), die nach der Geburt des Kindes ausgestoßen werden.
secundines; afterbirth

Nachgeburtssperiode. Ausstoßung der Plazenta, der Eihäute und einer gewissen Menge Blut und Fruchtwasser, ca. 5 bis 30 Minuten nach der Geburt des Kindes. Die N. ist der gefährlichste Abschnitt der Geburt, da es in dieser Zeit zu starken Blutungen aus der Gebärmutter kommen kann, die oft schwer zu stillen sind.
third stage of labor

Nachladetechnik. (After-Loading-Verfahren). Technik, bei der ein leerer Applikator bzw. eine leere Kanüle während einer Operation bei einem Patienten eingeführt und zu einem späterem Zeitpunkt mit radioaktivem Material befüllt wird. Das Befüllen muss kontrolliert erfolgen, damit das Pflegepersonal gegen Strahlungsbelastung geschützt ist.
afterloading

Nachlast. (Nachbelastung; Afterload). Die Last bzw. der Widerstand, gegen den die linke Herzkammer (Ventrikel) Blut bei einer Herzmuskelkontraktion ausstoßen muss. (s.a. Vorlast)
afterload

Nachsorge. Aufrechterhaltung des Kontakts zu einem Patienten mit dem Ziel, bereits erstellte Diagnosen nachzubehandeln.
follow-up

Nachtangst. Schlafstörung während der Phasen 3 und 4 des NonREM-Schlafes, gekennzeichnet durch abruptes Erwachen, meist mit einem Angstschrei. Der Patient fürchtet sich, ist verwirrt, unruhig, desorientiert, nicht ansprechbar, führt bestimmte Bewegungen aus und kann sich am Morgen nicht mehr an das Ereignis erinnern. N. tritt meist bei Kindern auf.
sleep terror disorder

Nachtblindheit. (→ Nyktalopie)
night-blindness

Nachtschweiß. Schweißausbruch, der während eines nächtlichen Fieberanfalls auftritt, z.B. bei zehrenden Erkrankungen wie einer Lungentuberkulose.
night sweat

Nachtsehen. (→ Dämmerungssehen)
scotopic vision

Nachtsichtigkeit. Fähigkeit, auch bei dämmrigem Licht Gegenstände erkennen zu können. Dies ist die Folge eines chemischen und physikalischen Phänomens in Verbindung mit den Stäbchen auf der Netzhaut (Retina). Die Stäbchen enthalten die stark lichtempfindliche chemische Substanz Rhodopsin oder Sehpurpur, die für die Weiterleitung von optischen Impulsen bei gedämpftem Licht wichtig ist. Die N. ist aufgrund der Konzentration der Stäbchen am Rand der Retina am schärfsten.
night vision

Nachtwandeln. (Schlafwandeln; Somnambulismus). Zustand während des Schlafes nicht in einer REM-Phase (rapid eye movement), in dem der Betroffene herumläuft, als ob er wach wäre, sich jedoch am Morgen an nichts mehr erinnern kann. Das N. kann wenige Minuten oder eine Stunde und länger andauern. Am nächsten Tag hat er keinerlei Erinnerung an das Ereignis.
somnambulism; nightwalking

Nachwehen. Gebärmutterkontraktionen, die oft während der ersten Tage nach einer Entbindung auftreten. Die stärksten N. werden bei stillenden Müttern, Mehrgebärenden sowie bei einer Überdehnung der

Gebärmutter beobachtet. Normalerweise lassen N. spontan nach; eine Behandlung mit Analgetika kann erforderlich sein.
afterpains

Nackenreflex, tonischer. Normale Reaktion eines Neugeborenen. Wird der Kopf des auf dem Rücken liegenden Säuglings schnell auf eine Seite gedreht, streckt er Arm und Bein dieser Seite aus und zieht die Extremitäten der gegenüber liegenden Seite an. Dieser Reflex verhindert das Vornüberrollen des Kindes, bis die entsprechenden neurologischen und motorischen Funktionen ausgebildet sind.
tonic neck reflex

Nackensteifigkeit. Widerstand des Halses gegen den Versuch, ihn zu beugen. Die N. ist Symptom einer → Meningitis.
nuchal rigidity

NAD. Abkürzung für Nikotinamid-Adenin-Dinukleotid (in reduzierter Form NADH).
NAD

Nadelbiopsie. Entnahme eines zylindrischen Gewebestücks zur mikroskopischen Untersuchung, indem eine Hohlnadel durch die Haut oder äußere Oberflächen eines Organs oder Tumors eingeführt und in den darunterliegenden Zellschichten gedreht wird. Anschließend wird der Gewebezylinder durch → Aspiration entnommen.
needle biopsy

Nadelhalter. Chirurgische Zange, die dazu dient, beim Nähen eines Gewebes eine Nadel zu halten.
needle holder

Nadolol. → Betablocker, der zur Langzeitbehandlung von Angina pectoris, bei Hypertonie und nach Myokardinfarkt eingesetzt wird.
nadolol

Naevus flammeus. (Feuermal). Flaches kapilläres → Hämangiom, das angeboren ist und in der Farbe von leichtem bis zu dunklem Rot variieren kann. Meist kommt es im Gesicht zu solchen Läsionen. Die Tiefe der Farbe hängt davon ab, ob oberflächliche, mittlere oder tiefe Hautschichten betroffen sind. (→ Nävus)
nevus flammeus

Nagel. 1. Flache elastische Struktur aus hornartiger Substanz am Ende eines Fingers oder Fußzehs. Jeder N. besteht aus Wurzel, Nagelkörper und freiem Rand am Ende jeder Extremität. Die Wurzel verbindet den N. mit den Fingern oder Zehen, der Nagelfalz schließt an die seitlichen Nagelränder an. Das Nagelbett liegt unter der Nagelplatte; es bildet eine feste Verbindung zwischen dem Nagelkörper und dem darunterliegenden Bindegewebe. Der weißliche Halbmond (Lunula) nahe der Wurzel enthält unregelmäßig angeordnete Papillen, die weniger fest mit dem Bindegewebe verbunden sind als der Rest des Nagelbettes. Das Nagelhäutchen (Cuticula) befindet sich an der Oberfläche des N.s über der Wurzel. 2. Verschiedene Formen von metallischen Stiften, die in der Orthopädie verwendet werden, um gebrochene Knochen und Knochenstücke zu stabilisieren.
nail

Nagelbett. Die Lederhaut (Corium) unter dem → Nagel, die durch den transparenten Nagel wie eine Reihe von länglichen Wellen erscheint.
nailbed

Nägele-Regel. Methode zur Berechnung des voraussichtlichen Geburtstermins basierend auf der durchschnittlichen Schwangerschaftsdauer von 280 Tagen: vom ersten Tag der letzten Menstruation werden drei Monate abgezogen und ein Jahr plus 7 Tage hinzugezählt.
[F. Nägele, deutscher Geburtshelfer, 1778–1851]
Nägele´s rule

Nagelfalz. Flache seitliche Einbuchtung zwischen Nagelbett und Nagelwand. (→ Nagel)
nail groove

Nägelkauen. Die nervöse Angewohnheit, immer wieder an den eigenen Fingernägeln und der Haut, die die Nägel umgibt,

zu beißen und zu kauen. Dies kann manchmal zu Hautverletzungen führen. Dieses Verhalten steht im Allgemeinen in Verbindung mit Reaktionen ängstlicher Kinder, kann aber auch eine Form der motorischen Entladung innerer Spannungen sein.
nail biting

Nagelmykose. Durch Pilzarten der Gattung *Tricophyton* hervorgerufene Infektion der Hornplatten der dorsalen Finger- und Zehenspitzen.
fungal infection of nail

Nagelpflege. → Pflegeintervention der → NIC, die definiert wird als die Förderung sauberer, gepflegter und attraktiver Nägel sowie Vorbeugung gegen Hautläsionen aufgrund unsachgemäßer Nagelpflege.
Nail Care

Nagelplatte. Der harte gewölbte Teil des → Nagels; eine starre äußere Bedeckung, die sich etwa 8 mm unter die Nagelwurzel schiebt und aus dem Nagelbett entsteht.
nail plate

Nähen von Wunden. → Pflegeintervention der → NIC, die definiert ist als die Annäherung von Wundrändern mit Hilfe sterilen Nahtmaterials und entsprechender Nadeln.
Suturing

Nährstoff. Biochemische Substanz, die der → Ernährung dient und die auf die ernährungsspezifischen (nutritiven) und stoffwechselbezogenen (metabolischen) Prozesse des Körpers wirkt.
nutrient

Nahrung, eisenhaltige. Nahrungsmittel, die relativ große Mengen Eisen enthalten. Die beste Quelle für Eisen aus der Nahrung ist Leber, aber auch in Austern, Muscheln, Herz, Niere, magerem Fleisch, Meeresfrüchten und Fischen ist viel Eisen enthalten.
iron-rich food

Nahrungmittel. Aus Kohlenhydraten, Proteinen, Fetten und zusätzlichen Elementen, wie Mineralien und Vitaminen bestehende Stoffe pflanzlicher oder tierischer Herkunft, die vom Körper aufgenommen und assimiliert werden und Energie zuführen, damit das Körperwachstum sowie die lebenswichtigen Funktionen aufrechterhalten werden können.
food

Nahrungskette. Ökologische Sequenz verschiedener Organismen einer Gemeinschaft, wobei die höheren Lebewesen sich von den niedrigeren Organismen ernähren. Jede Stufe in der N. spielt eine fundamentale Rolle und die Zerstörung oder Ausrottung eines Mitglieds der N. hat negative Auswirkungen auf alle anderen Lebewesen.
food chain

Nahrungsmittelallergie. Überempfindlichkeitsreaktion infolge der Einnahme eines bestimmten Nahrungsmittelallergens; auf bestimmte Lebensmittel können folgende allergische Symptome auftreten: allergische Rhinitis, Bronchialasthma, Urtikaria, Dermatitis, Pruritus, Kopfschmerzen, Innenohrentzündung, Bindehautentzündung, Übelkeit, Erbrechen, Diarrhö, Pylorospasmus, Kolik, Verstopfung, muköse Kolitis sowie perianales Ekzem. Bei den Nahrungsmittelallergenen handelt es sich zumeist um Proteine.
food allergy

Naht. 1. Grenze bzw. Verbindung zwischen zwei Knochen, z.B. zwischen den einzelnen Schädelknochen. 2. Ergebnis des Zusammennähens von Wundrändern mit speziellem Nahtmaterial. 3. Spezielles Material, das zum Nähen von Gewebe geeignet ist, wie z.B. absorbierbare und nicht absorbierbare Seide, Catgut, Draht oder synthetisches Material.
suture

Naht, fortlaufende. Naht einer Wunde, die ohne Unterbrechung von einer Seite zur anderen durchgeführt wird (im Gegensatz zur Knopfnaht).
uninterrupted suture

Nahtabszess. Geschwür, das sich um eine Naht bildet.
stitch abscess

Nahtklammer. Ein u-förmiger Metalldraht aus rostfreiem Edelstahl, mit dem chirurgische Wunden verschlossen werden können. Die N. werden mit einem speziellen Klammerapparat in das Gewebe gebracht.
staple

Nahtmaterial, resorbierbares. Nahtmaterial, welches vom Körper durch → Hydrolyse vollständig abgebaut werden kann. Im Gegensatz zu nicht resorbierbarem N. brauchen sie nicht entfernt zu werden.
[*lat.:* resorbere, zurückschlürfen]
absorbable surgical suture

Nalidixinsäure. → Chemotherapeutikum und → Bakteriostatikum, das zur Behandlung bestimmter Harnwegsinfekte Anwendung findet.
nalidixic acid

Naloxon. → Opioid-→ Antagonist, der zur Umkehrung einer Opioid-Depression (d.h. als → Antidot) oder gegen eine akute Opioid-Intoxikation verwendet wird.
naloxone hydrochloride

Naltrexon. Oraler → Opioid-→ Antagonist, der als Antidot gegen Opioid-Analgetika, z.B. Heroin, Morphin und Methadon, bei Patienten eingesetzt wird, die opioidabhängig sind.
naltrexone hydrochloride

NANDA. Abkürzung für (engl.) North American Nursing Diagnosis Association (Nordamerikanische Pflegediagnosevereinigung). Die NANDA (Gründung 1982) beschäftigt sich mit der Formulierung, Entwicklung und Prüfung von → Pflegediagnosen.
NANDA

Nanismus. (Minderwuchs). Unphysiologisch kleine Körpergestalt oder Unterentwicklung des Körpers.
nanism

nano-. Vorsilbe, die den Faktor 10^{-9} einer Einheit kennzeichnet.
nano-

Nanogramm (ng). Ein milliardstel (10^{-9}) Gramm.
nanogramm (ng)

Nanometer (nm). Längeneinheit, die einem milliardstel (10^{-9}) Meter entspricht.
nanometer (nm)

Naphazolin. Adrenerger → Vasokonstriktor, der gegen Nasenverstopfung und Nasenbluten sowie als Augentropfen zur Engstellung der Pupille eingesetzt wird. Bei Daueranwendung kann es zu Schäden an den Schleimhäuten kommen.
naphazoline hydrochloride

Naproxen. Nichtsteroidales → Antiphlogistikum, das zur Linderung von entzündlichen Symptomen einer Arthritis Anwendung findet.
naproxen

Narbe. (Cicatrix). Gefäßloses, blasses, hartes und geschrumpftes Narbengewebe, das nach der Wundheilung, die im Frühstadium durch rotes und geschwollenes Gewebe gekennzeichnet ist, entsteht. (→ Keloid)
cicatrix

Narkolepsie. Syndrom, das sich in plötzlichen Schlafanfällen, Schrecklähmung, Schlaflähmung sowie durch visuelle oder auditive Halluzinationen zu Beginn des Schlafes äußert. Die Betroffenen leiden unter einem unkontrollierbaren Schlafbedürfnis, manchmal mehrmals täglich. Die Anfälle können einige wenige Minuten bis zu mehreren Stunden andauern. Es kann zu einem momentanen Verlust des Muskeltonus während der Wachstunden (Kataplexie) oder auch beim Schlafen kommen. – *adj.* narkoleptisch.
[*griech.:* narke, Lähmung; lambanein, Krampf]
narcolepsy

Narkose. (Allgemeinnarkose/Allgemeinanästhesie). Empfindungs- und Bewusstlosigkeit, die von unterschiedlichen anästhetischen Agenzien (→ Narkotika) ausgelöst wird, welche als Inhalation oder intravenöse Injektion verabreicht werden. Die Komponenten einer N. sind Analgesie, Amnesie, Muskelrelaxation und Bewusstlosigkeit.

Die Art der jeweiligen Anästhesie sowie die Dosis und Darreichungsform hängen vom körperlichen Zustand eines Patienten ab.
[*griech.:* narkosis, Taubheit]
🇬🇧 narcosis; general anesthesia

Narkoseeinleitung. Alle Schritte eines anästhetischen Vorgangs, die als Vorbereitung zur → Narkose zählen, bis die erwünschte Tiefe der Anästhesie erreicht ist.
🇬🇧 induction of anesthesia

Narkosegerät. Gerät zur Beatmung und gleichzeitigen Verabreichung von Narkosegase zur Narkose. (s.a. Beatmung)
🇬🇧 anesthesia machine

Narkotika (pl.). Narkotische Arzneimittel; → Analgetika, die → Opioid-Derivate sind oder synthetisch hergestellt werden und die Schmerzwahrnehmung reduzieren. Sie lösen Euphorie, Stimmungsänderungen, mentale Bewölkung und tiefen Schlaf aus. Es kommt zu einer eingeschränkten Atmung und einem verminderten Hustenreflex, die Pupillen verengen sich. N. können Spasmen der glatten Muskeln, eine verminderte Peristaltik, Erbrechen und Übelkeit bewirken. Die wiederholte Anwendung von N. kann zu einer körperlichen und psychischen → Abhängigkeit führen. N. werden in Inhalations- und Injektionsnarkotika unterteilt. (→ Narkose)
🇬🇧 narcotics

Narzissmus. 1. Abnormes Interesse an der eigenen Person, insbesondere am eigenen Körper und seinen sexuellen Merkmalen; Selbstliebe. 2. (Psychoanalyse) Sexuelles Selbstinteresse, das ein normales Charakteristikum der phallischen Phase der psychosexuellen Entwicklung ist und auftritt, wenn das kindliche Ego seine → Libido entwickelt. (→ narzisstische Persönlichkeitsstörung)
[*griech.:* Narcissus, mythischer schöner Jüngling, der in sich selbst verliebt war]
🇬🇧 narcissism

nasal. Zur → Nase und zur → Nasenhöhle gehörend.
🇬🇧 nasal

Nase. Anatomische Struktur, die den vordersten Teil des Gesichts darstellt und als Passage für die Atemluft zu und aus den Lungen dient. Die N. filtert die Luft, wärmt und feuchtet sie an und kontrolliert sie auf chemische Unreinheiten, die die Schleimhäute reizen könnten, welche den Respirationstrakt auskleiden. Die N. enthält darüber hinaus Rezeptorzellen für den Geruchssinn und spielt eine wichtige Rolle beim Vorgang des Sprechens. Der äußerste Teil ist deutlich breiter als der innere, der direkt über dem Mund liegt. Die hohlen inneren Bereiche werden durch eine Scheidewand (Septum) in eine rechte und eine linke Höhle unterteilt. Jede Nasenhöhle wird durch die Fortsätze der Nasenmuschel (Conchae) in einen oberen, mittleren und unteren Nasengang (Meatus) getrennt.
🇬🇧 nose

Nasenbluten. (Epistaxis). Unphysiologische Blutung (Hämorrhagie) aus der Nase. Als Notfallmaßnahme bei N. sollte der Patient aufrecht mit nach vorn gebeugtem Kopf hingesetzt werden, damit er kein Blut schluckt. Druck mit den Daumen oder anderen Hilfsmitteln direkt unter den Nasenflügeln und über den Lippen kann die Hauptarterie komprimieren, die die Nase versorgt. Alternativ kann auch mit beiden Zeigefingern auf beide Naselflügel gedrückt werden, wodurch die Blutung verlangsamt wird, weil so die Hauptarterien und ihre Äste blockiert werden. Bei einer fortdauernden Blutung sollte eine Tamponade aus einem absorbierenden Material in die Nase eingeführt werden. Kälte, die auf Nase, Lippen, Stirn und Nacken aufgelegt wird, kann ebenfalls die Kontrolle der Blutung unterstützen.
🇬🇧 nosebleed

Nasenflügel. (Ala nasi). Die äußere, dehnbare Knorpelwand an jedem Nasenloch.
🇬🇧 ala nasi

Nasenhöhle. Eine von zwei Körperöffnungen, die vom Gesicht durch ovale Nasenlöcher ausgehen und nach innen mit dem Rachen (Pharynx) verbunden sind. Die

N.n sind durch eine Scheidewand (Nasenseptum) voneinander getrennt. Jede Höhle besteht aus einer Region zum Riechen (olfaktorischer Bereich) und einer Region für die Atmung (respiratorischer Bereich). In der N. wird die Atemluft angefeuchtet, erwärmt und gefiltert.
nasal cavity

Nasenhöhlenspiegelung. (→ Rhinoskopie)
rhinoscopy

Nasennebenhöhlen. Mehrere Höhlen innerhalb der Schädelknochen, die mit einer mit Zilien besetzten Schleimhaut ausgekleidet sind und sich in die Nasenhöhle fortsetzen. Die N.n werden in Stirnhöhle (Sinus frontalis), Keilbeinhöhle (Sinus sphenoidalis) und Kieferhöhle (Sinus maxillaris) und die Siebbeinzellen unterteilt.
nasal sinus, paranasal sinus

Nasenpolyp. Rundes, gestieltes, weiches, festgewachsenes Stück Schleimhaut, das in die Nasenhöhle hineinragt. (→ Polyp)
nasal polyp

Nasenseptum. (Nasenscheidewand). Trennwand zwischen den Nasenhöhlen, die aus Knochen und Knorpeln besteht und von einer Schleimhaut überzogen ist.
nasal septum

Nasentropfen. Verabreichungsform von Arzneimitteln in die Nase durch Instillation einer entsprechenden Flüssigkeit in die Nasenlöcher oder durch ein Nasenspray. Der Kopf des Patienten muss bei der Verabreichung überstreckt sein und der Mund sollte geöffnet bleiben. N. wirken meist vasokonstringierend gegen Schnupfen o.ä., z.B. Ephedrin.
nasal drops

nasogastrisch. Zur Nase und zum Magen (Gaster) gehörend.
nasogastric

nasolabial. Zur → Nase und den → Lippen gehörend.
nasolabial

nasopharyngal. Zur → Nasenhöhle und den nasalen Bereichen des Rachens (→ Pharynx) gehörend.
nasopharyngeal

Nasopharynx. (Nasenrachenraum). Der obere der drei Abschnitte des Rachens (→ Pharynx), der hinter der Nasenhöhle beginnt und sich vom hinteren Teil der Nasenlöcher bis zum weichen Gaumen erstreckt. An der hinteren Wand des Pharynx befinden sich die Rachenmandeln (Tonsillen).
nasopharynx

nasotracheal. Zur Nase und zur Luftröhre (Trachea) gehörend.
nasotracheal

Nasotrachealtubus. Tubus, der durch die Nasenhöhle und den Rachen (Pharynx) in die Luftröhre (Trachea) eingeführt wird. Meist ist ein N. an ein Beatmungsgerät oder einen Ambubeutel zur Verabreichung von Sauerstoff angeschlossen.
nasotracheal tube

naszierend. 1. Gerade geboren werdend, zu leben beginnend. 2. Frei werdend, zu einer Substanz (z.B. Sauerstoff) gehörend, die während einer chemischen Reaktion freigesetzt wird; diese weist eine höhere Reaktionsfähigkeit auf, weil sie ungebunden ist.
[*lat.:* nasci, geboren sein]
nascent

Natis. Gesäßbacke.
natis

Natriämie. Unphysiologisch hohe Konzentration von → Natrium im Blut.
[*lat.:* natrium, Natrium; *griech.:* haima, Blut]
natremia

Natrium (Na). Weiches, graufarbiges Leichtmetall-Element mit der Ordnungszahl 11 und einem Atomgewicht von 22,99. N. ist eines der wichtigsten Elemente im Körper; Natriumionen sind z.B. für den Säure-Basen-Haushalt, den Wasserhaushalt, die Weiterleitung von Nervenimpulsen und die Muskelkontraktion verantwortlich. Als Hauptbestandteil der extrazellulären Flüssigkeit kommt N. eine

bedeutende Rolle bei den Wechselwirkungen mit Kalium, dem wichtigsten intrazellulären Elektrolyt zu. Ein Natrium-Mangelzustand kann durch Blutverlust, übermäßiges Schwitzen oder Nebennierenrindeninsuffizienz entstehen. (s.a. Kalium; Natrium-Pumpe)
sodium (Na)

Natrium-Kalium-Pumpe. (→ Natriumpumpe)
sodium pump

Natriumbikarbonat. Ein Antazidum (Magensäure bindendes Mittel), Elektrolyt und Urin alkalisierendes Mittel, das bei Azidose, Magenübersäuerung, Ulcus pepticum und Verdauungsbeschwerden verordnet wird.
sodium bicarbonate

Natriumchlorid (NaCl). Kochsalz, das in Form einer isotonen Kochsalzlösung als Volumenersatz, als Basislösung für Medikamente, als Spüllösung und als Einlauf verwendet wird.
sodium chloride

N

Natriumjodid. Jodpräparat, das zur Behandlung von Schilddrüsenstörungen, z.B. bei neonataler Schilddrüsenüberfunktion und vor Operationen der Schilddrüse verwendet wird.
sodium iodide

Natriumpumpe. (Natrium-Kalium-Pumpe). Physiologischer, aktiver Mechanismus im Körper, bei dem unter Energieverbrauch Natriumionen, die während eines → Aktionspotentials in die Zelle eingeströmt sind, gegen ein Konzentrationsgefälle aus dem Zellinneren in den Extrazellulärraum transportiert werden. Gleichzeitig werden Kaliumionen in das Zellinnere gepumpt. Die benötigte Energie für diesen Vorgang wird durch die Hydrolyse von Adenosintriphosphat (ATP) mit Hilfe spezieller Enzyme bereitgestellt.
sodium pump

Natriumsulfat. (Glaubersalz). Salinisches Abführmittel bei chronischer Obstipation infolge mangelnder Peristaltik. Es kann entweder zur sofortigen Darmentleerung oder, in niedrigerer Dosierung, als mildes Laxans eingesetzt werden.
sodium sulfate

Natriurie. Ausscheidung von unphysiologisch hohen Mengen → Natrium mit dem Urin, z.B. infolge der Verabreichung von Diuretika, die eine Ausscheidung von Natrium bewirken, oder aufgrund verschiedener metabolischer oder endokriner Störungen.
[*lat.:* natrium, Natrium; *griech.:* ouron, Urin]
natriuresis

Naturheilkunde. System von therapeutischen Maßnahmen, das auf natürlichen Nahrungsmitteln, Licht, Wärme, Massage, frischer Luft, regelmäßiger körperlicher Aktivität und der Vermeidung von Arzneimitteln beruht. Befürworter der N. sind überzeugt, dass die meisten Krankheiten durch natürliche Körperprozesse geheilt werden können.
naturopathy

Nausea. (Übelkeit). Empfindung, die von dem Gefühl begleitet wird, sich erbrechen zu müssen, was jedoch nicht notwendigerweise folgen muss. Zu den häufigsten Ursachen gehören Seekrankheit und andere Reisekrankheiten, die frühe Phase der Schwangerschaft, starke Schmerzen, emotionaler Stress, Gallenblasenerkrankungen, Migräne, Nahrungsmittelvergiftung und verschiedene Enteroviren. (→ Erbrechen)
[*griech.:* nausia, Seekrankheit]
nausea

Nävus. (Muttermal). Pigmentierte angeborene, meist gutartige Hautfehlbildung, die auch kanzerös entarten kann. Jede Farb-, Größen- oder Strukturveränderung, Blutungen oder Juckreiz eines N. bedürfen einer Untersuchung.
[*lat.:* naevus, Muttermal]
nevus

Nävus Unna. Häufige Hauterscheinung bei Neugeborenen, gekennzeichnet durch Hautflecke, die durch Erweiterung kleinster Kapillaren rot bis violett erscheinen. Am häufigsten tritt der N. im Nacken

(sog. Storchenbiss), am Hinterkopf, an den Augenlidern, der Oberlippe und der Nasenwurzel auf. In den ersten Lebensmonaten oder -jahren bildet sich das Mal meist spontan wieder zurück oder es verblasst durch zunehmendes Unterhautfettgewebe.
[*lat.:* naevus, Mal, Muttermal]
🇬🇧 telangiectatic nevus

Ne. Chemisches Symbol für → Neon.
🇬🇧 Ne

Nebenniere. (Glandula suprarenalis). Paarige endokrine Drüse; sitzt auf den Nierenpolen; eine N. besteht aus Rinde (Cortex) und Mark (Medulla). Als Reaktion auf die vom Hypophysenvorderlappen ausgeschiedenen adrenokortikotropen Hormone schüttet die Rinde Glukokortikoide (z.B. Cortisol) und Sexualhormone (z.B. Androgene) aus. Die adrenalen Androgene sind Vorformen, die in der Leber in Testosteron und Östrogen umgewandelt werden. Das von der Niere abgesonderte Renin steuert die kortikale Produktion von Aldosteron. Das Mark produziert die Katecholamine Adrenalin und Noradrenalin.
🇬🇧 adrenal gland

Nebennierenhyperplasie, kongenitale. Durch Enzymschäden hervorgerufene Krankheiten mit typisch niedrigen Hydrokortisonkonzentrationen und erhöhter Ausscheidung des Hormons Kortikotropin. Während der intrauterinen Entwicklungsphase führt die Krankheit bei Mädchen zu Pseudohermaphroditismus und zu Makrogenitosomie bei Jungen.
🇬🇧 congenital adrenal hyperplasia

Nebenniereninsuffizienz. Erkrankung, bei der die → Nebenniere keine ausreichenden Mengen kortikaler Hormone herstellen kann.
[*lat.:* ad, bei; ren, Niere; in, nicht; sufficere, genügen]
🇬🇧 adrenal insufficiency

Nebenniereninsuffizienz, akute. Plötzliches Versagen der Nebenniere, erfordert eine sofortige Behandlung; wird von Glukokortikoid-Mangelerscheinungen, einem Abfall des extrazellulären Flüssigkeitsvolumen sowie Kaliummangel im Serum begleitet. Typischerweise kommt es zum Schock bzw. Koma, Hypotonie, allgemeiner Schwäche und einem Blutdruckabfall; u. U. lebensbedrohlicher Verlauf, sog. Addison-Krise. (→ Addison-Krise)
🇬🇧 adrenal crisis

Nebennierenmark (NNM). Innerer Teil der Nebenniere; bildet die → Katecholamine Adrenalin, Noradrenalin und Dopamin.
🇬🇧 adrenal medulla

Nebennierenrinde (NNR). (Cortex glandulae suprarenalis). Der äußere und größere, mit dem Mark verbundene Teil der → Nebenniere. Die N. produziert Mineralokortikoide, Sexualhormone (z.B. Androgene) sowie Glukokortikoide, wichtige Hormone für die Homöostase.
🇬🇧 adrenal cortex

Nebennierenrindenkarzinom. Bösartiger Tumor der → Nebennierenrinde,er kann durch Hormonproduktion ein adrenogenitales Syndrom bzw. → Cushing-Syndrom auslösen. Diese Tumore können in verschiedenen Größen und in jedem Lebensalter auftreten. Metastasen werden häufig in den Lungen, der Leber sowie anderen Organen beobachtet.
🇬🇧 adrenal cortical carcinoma

Nebenschilddrüse. Mehrere Strukturen (meist 4), die an der hinteren (dorsalen) Oberfläche des seitlichen Lappens der → Schilddrüse anliegen. Die N.n schütten → Parathormon aus, das für die Erhaltung der Blutkalziumkonzentration eine wichtige Rolle spielt und das die normale neuromuskuläre Erregung, Blutgerinnung und Permeabilität der Zellmembranen gewährleistet.
🇬🇧 parathyroid gland

Nebenwirkung. Jede nicht beabsichtigte und meist unerwünschte Reaktion bzw. Folge einer Medikation oder Behandlung. N. können sich z.B. äußern in Form von Übelkeit, trockenem Mund, Schwindel, verschwommener Sicht, verfärbtem Urin, Tinnitus etc.
🇬🇧 side effect

N

Nebenwirkungen, unerwünschte. Gesundheitsschädigende, unbeabsichtigte Reaktion, die durch ein normal dosiertes Arzneimittel hervorgerufen wird.
adverse drug effect

NEEP. Abkürzung für (engl.) Negative End-Expiratory Pressure (→ negativer endexpiratorischer Druck).
NEEP

negativ. 1. (Bei einer Laboruntersuchung) Nachweis, dass eine Substanz oder Reaktion nicht vorhanden ist. 2. Körperliche Untersuchung ohne Befund, was meist bedeutet, dass keine pathologischen Veränderungen vorliegen. 3. Bezeichnung für eine Substanz, die keine positive chemische Ladung trägt. (s.a. positiv)
negative

Negativ endexpiratorischer Druck (NEEP). Beatmungstechnik, mit der einem Anstieg des durchschnittlichen intrathorakalen Drucks entgegengewirkt werden soll, der durch eine intermittierende positive Druckbeatmung entsteht. Damit soll die Wiederherstellung eines negativen Drucks erreicht werden, damit Blut in den rechten Vorhof (Atrium) fließen kann.
negative end-expiratory pressure

Negativismus. Verhaltensbezogene Einstellung, die durch Opposition, Widerstand und Ablehnung gekennzeichnet ist, selbst bei den vernünftigsten Vorgängen zu kooperieren, oder die Neigung, auf gegensätzliche und konträre Weise zu reagieren.
[*lat.:* negare, beharrlich verneinen]
negativism

Neglect. (Vernachlässigung). 1. Zustand, der auftritt, wenn Eltern oder ein gesetzlicher Vormund Kindern oder Schutzbefohlenen keinerlei körperliche und emotionale Fürsorge gewährleisten. 2. Halbseitige Vernachlässigung des Körpers oder der Umgebung, z.B. bei Schlaganfällen.
neglect

Negri-Körperchen. Einschlusskörperchen innerhalb des Zytoplasmas, die sich im Gehirn und im Zentralnervensystem von Menschen oder Tieren finden, die an Tollwut leiden.
[A. Negri, italienischer Arzt, 1876–1912]
Negri bodies

Neisseria. Gattung aerober oder fakultativ aerober Bakterien der Familie Neisseriaceae. Die gramnegativen Kokken, die paarweise auftreten (Diplokokken), gehören zur normalen Flora des Genital-, Harn- und Respirationstraktes. Pathogene Species sind N. gonorrhoeae, die Gonorrhoe verursachen, und N. meningitidis, die eine Meningitis auslösen können.
[A. Neisser, polnischer Dermatologe, 1855–1916]
Neisseria

nekro-. Vorsilbe mit der Bedeutung »tot«.
necro-

Nekrobiose. (Gewebetod). 1. Absterben eines kleines Bereichs an Zellen innerhalb eines größeren Abschnitts lebenden Gewebes. 2. Der normale Tod von Gewebezellen als Resultat von Veränderungen im Rahmen der normalen Entwicklung und Alterung, oder auch bei Atrophie und Degeneration.
[*griech.:* nekros, tot; bios, Leben; osis, Zustand]
necrobiosis

Nekrologie. Untersuchung und Studium der Ursachen des Todes, einschließlich der Erfassung und Interpretation von Sterblichkeitsstatistiken.
[*griech.:* nekros, tot; logos, Wissenschaft]
necrology

Nekrophilie. 1. Morbide Liebe für das Zusammensein mit Leichen. 2. Abartiger Wunsch, sexuellen Kontakt mit einer Leiche zu haben; tritt im Allgemeinen bei Männern auf, indem sie sexuelle Handlungen an einer toten Frau vornehmen (Leichenschändung).
[*griech.:* nekros, tot; philein, lieben]
necrophilia

Nekrophobie. Krankhafte Angst vor dem Tod und vor Leichen.
[*griech.:* nekros, tot; phobos, Angst]
necrophobia

Nekrose. Lokaler Gewebetod, der in bestimmten Zellgruppen infolge von Erkrankungen oder Verletzungen auftritt. Bei einer Koagulationsnekrose blockieren Blutkoagel den Blutfluss und führen auf der distalen Seite des Koagels zu einer Gewebeischämie. Bei einer gangränösen N. führen die → Ischämie in Kombination mit bakteriellen Einflüssen zur Verwesung und zum Gewebetod. – *adj.* nekrotisch.
[*griech.:* nekros, tot; osis, Zustand]
🇬🇧 necrosis

Nekrose, akute tubuläre. Plötzlich auftretende → Niereninsuffizienz; wird häufig durch eine unterbrochene Blutversorgung der Tubuli verursacht und kann zu einer Ischämie führen.
[*lat.:* tubulus, Röhrchen; *griech.:* nekros, tot; osis, Zustand]
🇬🇧 acute tubular necrosis (ATN)

Nekrose, aseptische. Zystisch und sklerotisch degenerative Gewebeveränderungen, die einer Verletzung ohne Infektion folgen können.
[*griech.:* a, kein; sepsis, Fäule; nekros, tot; osis, Zustand]
🇬🇧 aseptic necrosis

Nekrose, embolische. Bezeichnung für ein aufgrund eines Embolusinfarktes abgestorbenes Körpergewebe.
🇬🇧 embolic necrosis

Nekrose, verkäsende. Form der → Nekrose mit Ausbildung einer trockenen, käseartigen Gewebemasse. Tritt hauptsächlich bei Tuberkulose auf.
[*lat.:* caseus, Käse; *griech.:* nekros, tot, osis, Zustand.]
🇬🇧 caseation necrosis

nekrotisieren. Den Tod von Geweben oder Organismen verursachen.
🇬🇧 necrotizing

Nematoden (pl.). Multizellulärer Parasit der Gruppe der Faden- oder Schlauchwürmer, die beim Menschen zu verschiedenen Infektionen führen können.
[*griech.:* nema, Faden; eidos, Form]
🇬🇧 nematodes

Nematozid. Chemisches Agens (→ Pestizid), das Nematodenwürmer in den Eingeweiden abtöten kann. (→ Nematoden)
🇬🇧 nematocide

neo-. Vorsilbe mit der Bedeutung »neu«.
🇬🇧 neo-

neoadjuvant. Bezeichnung für eine Therapie, die vorwiegend bei der Behandlung von Karzinomen eingesetzt wird; z.B. Chemotherapie oder Bestrahlung, die im Allgemeinen einer anderen Behandlungsphase vorausgehen.
🇬🇧 neoadjuvant

Neocerebellum. Die Teile des Kleinhirns (Cerebellum), die entwicklungsgeschichtlich jüngere Bereiche des Gehirns darstellen und über die Hirnrinde (Kortex) und die Brücke (Pons) ihren Input erhalten.
🇬🇧 neocerebellum

Neogenese. Prozess der Gewebeneubildung.
🇬🇧 neogenesis

Neokortex. Der entwicklungsgeschichtlich jüngere Teil des menschlichen Gehirns. Beim Menschen umfasst der N. die gesamte Großhirnrinde (Kortex).
🇬🇧 neocortex

Neologismus. 1. Worte oder Begriffe, die neu gebildet worden sind und eine eigene Bedeutung aufweisen. 2. Begriff, den ein psychotischer oder deliranter Patient gebildet hat und der nur für diesen eine Bedeutung hat.
🇬🇧 neologism

Necmycin. Aminoglykosid-→ Antibiotikum, das zur Behandlung von Darmentzündungen, Leberkoma sowie äußerlich gegen Hautinfektionen eingesetzt wird.
🇬🇧 neomycin sulfat

Neon (Ne). Farb- und geruchloses Edelgas; Ordnungszahl 10 und Atommasse 20.18. N. geht keine Verbindungen ein und ist in geringen Mengen in der Erdatmosphäre vorhanden.
[*griech.:* neos, neu]
🇬🇧 neon (Ne)

N

neonatal. Bezeichnung für die Lebensphase der ersten 4 Wochen nach der Geburt.
[*griech.:* neos, neu; *lat.:* natus, geboren]
neonatal

Neonatologie. Bereich der Medizin, der sich auf die Versorgung von neugeborenen Säuglingen konzentriert und auf die Diagnostik und Behandlung der Erkrankungen und Störungen von Neugeborenen spezialisiert ist.
[*griech.:* neos, neu; *lat.:* natus, geboren; *griech.:* logos, Wissenschaft]
neonatology

Neonatus. Säugling von der Geburt bis zum Alter von 28 Tagen.
neonatus

Neoplasie. (Neoplasma). Unphysiologische Neuentwicklung von Zellen, die gutartig (benigne) oder bösartig (maligne) sein können. – *adj.* neoplastisch.
[*griech.:* neos, neu; plasein, bilden]
neoplasia

Neoplasma. (Neoplasie). Unphysiologisches Wachstum von neuem Gewebe, das gutartig (benigne) oder bösartig (maligne) sein kann. (s.a. Tumor; Hypertrophie) – *adj.* neoplastisch.
[*griech.:* neos, neu; plasma, Bildung]
neoplasm

Neoplasma, benignes. Lokalisierter gutartiger Tumor, der eine fibröse Kapsel besitzt, ein begrenztes Potential zum Wachstum aufweist, abgegrenzt ist und aus differenzierten Zellen besteht. Ein b. N. wächst nicht in das umgebende Gewebe ein und kann nicht metastasieren. Beispiele sind → Adenome, → Fibrome, → Hämangiome und → Lipome.
[*lat.:* benignare, segnen; *griech.:* neos, neu; plasma, Bildung]
benign neoplasm

Neoplasma, malignes. Tumor, der eine Tendenz zum Wachstum, zur Invasion des umgebenden Gewebes und zur Metastasierung aufweist. Er ist meist unregelmäßig begrenzt und besteht aus weniger differenzierten Zellen. Ohne Behandlung kann ein m. N. zum Tode führen.
malignant neoplasma

Neostigmin. → Parasympathikomimetika und → Acetylcholinesterase-Hemmer, der bei der Behandlung einer krankhaften Muskelschwäche (Myasthenia gravis) sowie bei Darm- und Blasenatonie Anwendung findet. Bei einer Überdosierung kann als Antidot → Atropin eingesetzt werden.
neostigmine bromide

nephr(o)-. Vorsilbe mit der Bedeutung »Niere«.
nephr(o)-

Nephrektomie. Chirurgische Entfernung einer → Niere, die wegen der Präsenz eines Tumors oder einer anderen Nierenerkrankung durchgeführt wird.
[*griech.:* nephros, Niere; ektome, ausschneiden]
nephrectomy

Nephrektomie, abdominale. Operative Entfernung einer Niere durch einen Bauchschnitt. (→ Nephrektomie)
[*lat.:* abdominis, Bauch; *griech.:* nephros, Niere; ektome, ausschneiden]
abdominal nephrectomy

Nephritis. Erkrankung der → Niere, die durch eine Entzündung und Funktionsstörung gekennzeichnet ist; z.B. Pyelonephritis oder interstitielle N. – *adj.* nephritisch.
[*griech.:* nephros, Niere; itis, Entzündung]
nephritis

Nephritis, akute. Plötzliche Entzündung der Niere, die durch Albuminurie und Hämaturie gekennzeichnet ist; es kommt nicht zu Ödemen oder Urinretention; wird meist bei Kindern beobachtet und betrifft nur wenige Glomeruli.
acute nephritis

Nephritis, chronische. Form von Nierenentzündung, die sekundär zu einer anderen Krankheit, wie z.B. bei chronischer Pyelonephritis, auftritt. Bei der chronisch interstitiellen Nephritis verkleinern sich die Nieren zu einer granulären Masse, mit

verdickten Arterien und Arteriolen und einer Proliferation des interstitiellen Gewebes. Gleichzeitig können funktionelle Störungen, wie Harnretention, Hämaturie und Harnzylinder auftreten.
[*griech.:* chronos, Zeit, nephros, Niere, itis, Entzündung.]
chronic nephritis

Nephritis, interstitielle. Entzündung des → interstitiellen Gewebes der Niere, einschließlich der Nierenkanälchen. Eine akute i. N. ist eine immunologische Reaktion auf bestimmte Arzneimittel, insbesondere auf Sulfonamide oder Methicillin; charakteristische Symptome sind akute Niereninsuffizienz, Fieber, Hautausschläge und Proteinurie. Die chronisch-i. N. ist ein Syndrom mit Entzündungen und strukturellen Veränderungen, das manchmal bei Harnwegsobstruktionen, Pyelonephritis, Exposition der Niere gegenüber Toxinen, Abstoßung eines Transplantats oder bestimmten systemischen Erkrankungen auftritt; Symptome sind Nierenversagen, Erbrechen, Übelkeit, Gewichtsverlust, Müdigkeit und Anämie.
interstitial nephritis

nephrogen. 1. Nierengewebe bildend. 2. Aus den → Nieren stammend, zur Bildung und Entwicklung der Nieren gehörend.
[*griech.:* nephros, Niere; genein, produzieren]
nephrogenic

Nephrographie. Röntgendarstellung der → Nieren nach intravenöser Injektion eines Kontrastmittels.
nephrography

Nephrokalzinose. Unphysiologischer Zustand der → Nieren mit Ablagerungen von Kalksalzen im Organgewebe (Parenchym) an der Stelle einer früheren Entzündung oder degenerativen Veränderung.
[*griech.:* nephros, Niere; *lat.:* calx, Kalk; *griech.:* osis, Zustand]
nephrocalcinosis

Nephrolith. (→ Nierenstein)
renal calculus

Nephrolithiasis. (Nierensteinleiden). Nierenerkankung, die durch die Präsenz von Nierensteinen und Nierengrieß in den Nierentubuli, im Nierenbecken und in den ableitenden Harnwegen gekennzeichnet ist. Zu den Symptomen einer N. gehören kolikartige Schmerzen, Erbrechen, Bauchdeckenspannung (Abwehrspannung), möglicherweise auch ein Ileus und Anurie oder Blutungen und Niereninsuffizienz.
nephrolithiasis

Nephrologie. Lehre der Anatomie, Physiologie und Pathologie der → Nieren. – *adj.* nephrologisch.
[*griech.:* nephros, Niere; logos, Wissenschaft]
nephrology

nephrolytisch. Eine Zerstörung der Struktur und Funktion einer → Niere verursachend.
[*griech.:* nephros, Niere; lysis, Auflösung]
nephrolytic

Nephron. Kleinste strukturelle und funktionelle Einheit der → Niere, die aus einem mikroskopischen Trichter mit einem langen Haupt- und Mittelstück und zwei gewundenen Ausscheidungskanälchen besteht. Jede Niere enthält etwa eine Million N.en, die jeweils aus Nierenkörperchen, Henle-Schleife und Nierentubuli bestehen. Die N.en in der Nähe des Marks verfügen über eine Henle-Schleife, die N.en der Rinde (Kortex) jedoch nicht. Jedes Nierenkörperchen besteht aus einem Glomerulus von Nierenkapillaren, die in der Bowman-Kapsel eingeschlossen sind. Die N.en bereiten den Harn durch glomeruläre Filtration, tubuläre Resorption und tubuläre Sekretion auf; die so entstehende Flüssigkeit ist der Endharn.
nephron

Nephropathie. Sammelbezeichnung für Nierenerkrankungen, zu denen entzündliche, degenerative und sklerotische Krankheiten gehören.
[*griech.:* nephros, Niere; pathos, Krankheit]
nephropathy

Nephropathie, analgetische. Nierenschädigung infolge einer übermäßigen Einnahme von Aspirin oder ähnlichen Schmerzmitteln.
[*griech.:* a, kein: algos, Schmerz; nephros, Niere; pathos, Krankheit]
analgesic nephropathy

Nephropathie, chronische. Nierenstörung mit generalisierter oder lokaler Schädigung der tubulointerstitiellen Nierenregionen. Häufig liegen mehrere Ursachen vor, wie z.B. Diabetes mellitus und bakterielle Infektionen. Krankheitssymptome sind Polyurie, Nierenazidose, Ödembildung, Proteinurie und Hämaturie.
chronic nephropathy

Nephropathie, hyperkalzämische. Progressiv fortschreitende Erkrankung der Nieren, die durch einen abnorm hohen Kalziumspiegel im Blut verursacht ist. Das → Kalzium löst zunehmende (kumulative) funktionelle und histologische Störungen aus, die zu einer verminderten glomerulären Filtrationsrate und Niereninsuffizienz führen.
[*griech.:* hyper, darüber; *lat.:* calx, Kalk; *griech.:* haima, Blut; nephros, Niere; pathos, Krankheit]
hypercalcemic nephropathy

Nephroptose. (Senkniere/Wanderniere). Verlagerung der → Niere nach unten oder abnorme Beweglichkeit der Niere infolge einer Schwäche des Halteapparates.
[*griech.:* nephros, Niere; ptosis, Fall]
nephroptosis

Nephrosklerose. → Nekrose der Nierenarteriolen in Verbindung mit einer Hypertonie. Zu den frühen Anzeichen zählen Kopfschmerzen, Sehstörungen und ein diastolischer Blutdruck über 120 mmHg. Bei der Untersuchung der Netzhaut (Retina) können Blutungen (Hämorrhagien), Absonderungen aus den Gefäßen und Papillenödeme festgestellt werden. Das Herz ist häufig vergrößert, insbesondere der linke Ventrikel. Im Urin sind Erythrozyten und Proteine nachzuweisen.
[*griech.:* nephros, Niere; skleros, hart; osis, Zustand]
nephro(angio)sclerosis

Nephrosklerose, arterielle. → Arteriosklerose der Nierenarterien, die zur Minderversorgung des Nierengewebes mit arteriellem Blut und in der Folge zur Zerstörung des Gewebes führt.
[*griech.:* arteria, Schlagader; nephros, Niere; sklera, hart; osis, Zustand]
arterial nephrosclerosis

Nephrosklerose, benigne. Gutartige Nierenerkrankung, die sich durch arteriosklerotische Verhärtungen (hauptsächlich die Arteriolen betreffend) in den Nieren manifestiert; die b. N. steht in Verbindung mit einer Hypertonie.
benign nephrosclerosis

Nephrostomie. Chirurgischer Eingriff mit Inzision des Nierengewebes, bei dem eine Fistel angelegt und ein Katheter zum Zweck der Harnableitung in das Nierenbecken geschoben wird. (→ Pyelostomie)
nephrostomy

Nephrotomie. Chirurgisches Verfahren, bei dem durch eine Inzision die Niere eröffnet wird.
[*griech.:* nephros, Niere; temnein, schneiden]
nephrotomy

nephrotoxisch. Für die Niere giftig (toxisch) oder zerstörerisch (destruktiv). Die schädigenden Substanzen werden als Nephrotoxine bezeichnet.
[*griech.:* nephros, Niere; toxikon, Gift]
nephrotoxic

Nerv. Ein oder mehrere Bündel von Fasern, die Impulse weiterleiten können und die Gehirn und Rückenmark mit den anderen Körperteilen verbinden. N.en übermitteln afferente Impulse von einem Rezeptororgan zum Gehirn oder Rückenmark und efferente Impulse peripher zu den Effektororganen. Jeder Nervenstrang besteht aus einer Hülle (Epineurium), die die → Nervenfasern enthält, die jeweils von einer eigenen Bindegewebsscheide umgeben sind.
nerve

Nerv, autonomer. Nerv des → autonomen Nervensystems, zu dem sowohl das sympathische als auch das parasympathische

Nervensystem gehört. Diese Nerven können selbstständig und spontan reagieren, wenn dies für die Erhaltung eines optimalen Status von Körperaktivitäten erforderlich ist.
🇬🇧 autonomic nerve

Nerv, cholinerger. Nerv, an dessen Synapse der Neurotransmitter Acetylcholin freigesetzt wird. Zu den cholinergen Nerven zählen alle präganglionären sympathischen und präganglionären parasympathischen Nerven, die postganglionären parasympathischen Nerven, die somatischen motorischen Nerven der Skelettmuskulatur sowie mehrere Nerven, die Schweißdrüsen und bestimmte Blutgefäße innervieren.
🇬🇧 cholinergic nerve

Nerv, efferenter. Bezeichnung für einen Nerv, der Impulse von einem Nervenzentrum wegleitet, wie z.B. das Rückenmark. Efferente Nerven verursachen im Allgemeinen Muskelkontraktionen und Drüsensekretionen.
🇬🇧 efferent nerve

Nerv, gemischter. → Nerv, der sowohl aus sensorischen als auch aus motorischen Fasern besteht.
🇬🇧 mixed nerve

Nerv, motorischer. Efferenter Nerv, der Impulse zu den → motorischen Endplatten oder anderen Nervenendigungen überträgt und im Wesentlichen für die Stimulation von Muskeln und Drüsen zuständig ist.
🇬🇧 motor nerv

Nerven, afferente. Nervenfasern, die Impulse von der Peripherie zum zentralen Nervensystem übertragen.
[*lat.:* ad, hin; ferre, tragen; nervus, Nerv]
🇬🇧 afferent nerves

Nervenbahn, zentrale. Nervenstrang im Gehirn oder Rückenmark.
🇬🇧 central pathway

Nervenendigung, freie. Ende eines Rezeptornervs, das nicht von einer Kapsel umgeben ist; hierbei handelt es sich um Rezeptoren für die Wahrnehmung von Schmerzen sowie für die Aufnahme von thermischen, mechanischen und chemischen Reizen.
🇬🇧 free nerve ending

Nervenfaser. Weicher Fortsatz, Axon einer Nervenzelle (Neuron). N.n können markhaltig oder marklos sein. Die markhaltigen N.n werden als A- oder B-Fasern bezeichnet; C-Fasern sind marklos. A- und B-Fasern können zuführend (afferent) und wegführend (efferent) sein und dienen vorwiegend der Innervierung der Eingeweide (Viszera). Die C-Fasern unterteilen sich in autonome efferente Fasern sowie afferente Fasern, die Impulse von langanhaltenden Schmerzen aus der Bauchregion und der Peripherie weiterleiten.
🇬🇧 nerve fiber

Nervenkompressionssyndrom. (Nervenquetschung). Verletzung oder Entzündung einzelner Nerven infolge eines zu hohen Drucks durch umliegende Gewebe, wie z.B. Bänder und Faszien.
🇬🇧 entrapment neuropathy

Nervenschmerz. (→ Neuralgie)
🇬🇧 neuralgia

Nervenstimulation, transkutane elektrische (TENS). → Pflegeintervention der → NIC, die definiert ist als die Stimulation der Haut und der darunterliegenden Gewebe mit einer kontrollierten, niedrig dosierten elektrischen Vibration über Elektroden. (s.a. transkutane elektrische Nervenstimulation)
🇬🇧 Transcutaneous Electrical Nerve Stimulation (TENS)

Nervensystem, autonomes. (vegetatives Nervensystem). Der Teil des Nervensystems, der die unwillkürlichen Funktionen reguliert; dazu gehören die Aktivitäten der Herzmuskel, der glatten Muskulatur und der Drüsen. Man unterscheidet zwei Bereiche: das sympathische Nervensystem, das die Herzfrequenz erhöht, die Blutgefäße zusammenzieht und damit den Blutdruck erhöht, sowie das parasympathische Nervensystem, zu dessen Funktionen die Verlangsamung der Herzfrequenz, die

Steuerung der Magen-Darm-Peristaltik und der Drüsenfunktionen sowie die Entspannung des Sphinktertonus gehören.
autonomic nervous system

Nervensystem, peripheres. Motorische und sensorische → Nerven und → Ganglien außerhalb des Gehirns und des Rückenmarks. Das System besteht aus 12 Paaren von Hirnnerven, 31 Paaren von Spinalnerven und ihren verschiedenen Verzweigungen in die Körperorgane. Die sensorischen (oder afferenten) peripheren Nerven übermitteln Informationen an das → zentrale Nervensystem; die motorischen (oder efferenten) peripheren Nerven leiten die Impulse vom Gehirn weg, trennen sich auf dem Niveau des Rückenmarks in eine hintere (posteriore) sensorische Wurzel und eine vordere (anteriore) motorische Wurzel. Die Fasern, die die Körperwände innervieren, werden als somatisch bezeichnet, jene, die die inneren Organe versorgen, als viszeral. Zum → autonomen Nervensystem gehören die peripheren Nerven, die bei der Regulierung kardiovaskulärer, endokriner und anderer automatischer Körperfunktionen beteiligt sind. Die Nerven der sympathischen oder thorakolumbalen Teilung des autonomen Systems scheiden Noradrenalin aus und verursachen ein peripheres Zusammenziehen der Gefäße (Vasokonstriktion), Beschleunigung der Herztätigkeit, Erweiterung der Koronararterien und der Bronchien sowie eine Hemmung (Inhibition) der Peristaltik. Die parasympathischen Nerven, welche die kraniosakrale Teilung des autonomen Systems darstellen, schütten Acetylcholin aus und lösen eine periphere Erweiterung der Gefäße (Vasodilatation), Verengung der Koronartieren, Zusammenziehen der Bronchien und Stimulation der Peristaltik aus.
peripheral nervous system

Nervensystem, vegetatives. (→ autonomes Nervensystem)
vegetative nervous system

Nerventransplantation. → Transplantation eines ganzen → Nervs oder eines Teils davon. Die N. wird in Fällen durchgeführt, in denen das Fragment eines abgetrennten Nervs zu lang ist, um allein durch eine Naht repariert werden zu können. Das Transplantat bietet eine Bahn, die das erneute Wachstum eines abgetrennten Nervs aus dem zentralen Stumpf eines verletzten Nervs ermöglicht. Das Spendermaterial kann heterolog (von einer anderen Species), homolog (genetisch unterschiedliche Personen derselben Species) oder autolog (Empfänger und Spender identisch) sein.
nerve graft

Nervenwachstumsfaktor. Protein, das dem → Insulin ähnelt und dessen hormonähnliche Wirkung die Differenzierung, das Wachstum und die Erhaltung der → Neuronen beeinflusst.
nerve growth factor (NGF)

Nervi sacrales. (→ Sakralnerven)
sacral nerves

Nervus abducens. (Abducens). VI. → Hirnnerv; innerviert → musculus abducens, welcher das Auge seitwärts bewegt.
[*lat.:* abducere, wegführen]
abducens nerve

Nervus acusticus. (Hörnerv; Nervus vestibulocochlearis; Akustikus). Entspricht dem VII. Hirnnerv vestibulochochlrearis, der aus Fasern des Nervus chochlearis und des Nervus vestibularis im Innenohr besteht, die für die Impulsvermittlung des Hör- und Gleichgewichtsinnes zuständig sind. (→ VIII. Hirnnerv)
acoustic nerve

Nervus axillaris. (Achselnerv). Einer der letzten beiden Äste des hinteren (posterioren) Strangs des → Plexus brachialis, bevor dieser zum → Nervus radialis wird.
axillary nerve

Nervus facialis. (Fazialisnerv). Sensomotorischer Hirnnerv, der von der Basis der Pons im Hirnstamm ausgeht und sich an der Ohrvorderseite in sechs Zweige unterteilt; mit Hilfe des Fazialisnervs werden Kopfhaut, Stirn, Augenlider, Gesichtsmuskeln sowie die Backen- und Kiefermuskulatur innerviert.
facial nerve

Nervus femoralis. Größter der sieben Nerven des Lendenplexus; Hauptnerv des vorderen Oberschenkels.
femoral nerve

Nervus ischiadicus. (Ischiasnerv; Hüftnerv). Größter Nervenstrang des Körpers, der im Nervengeflecht des Kreuzbeins entspringt und sich mit zahlreichen Verzweigungen über die Rückseite des gesamten Beines bis zum Knöchel zieht.
sciatic nerve

Nervus lumbalis. (Lumbalnerv). Ein von fünf Spinalnervenpaaren (L_1- L_5), die in der Lendengegend der Wirbelsäule entspringen. Je weiter unten sie ansetzen (kaudal), desto länger werden sie und verlaufen seitlich (lateral) unter dem großen Lendenmuskel (Psoas) und bilden einen Teil des Lumbalplexus.
lumbar nerv

Nervus medianus. (Mittelarmnerv). Einer der terminalen Äste des Armplexus, die sich entlang der Speiche (Radius) an Unterarm und Hand ausbreiten und verschiedene Muskeln sowie die Haut dieser Bereiche versorgen.
median nerve

Nervus olfactorius. (Riechnerv). Einer von zwei Nerven, die für den Geruchssinn verantwortlich sind. Der Bereich, in dem die olfaktorischen Nerven entspringen, liegt im obersten Teil der Schleimhaut, die die obere Nasenmuschel (Concha) überzieht. Die olfaktorischen sensorischen Endigungen sind veränderte Epithelzellen und von allen Sinnesorganen die am wenigsten spezialisierten. Der N. o. ist mit dem Bulbus olfactorius und mit den Riechbahnen verbunden, die Komponenten des für den Geruchssinn zuständigen Hirnbereichs sind. Der N. o. wird als I. Hirnnerv bezeichnet.
olfactory nerve

Nervus ophthalmicus. (Augennerv). Erster Ast des Trigeminusnervs (V. Hirnnerv), der Augapfel, Stirn, Kopfhaut, Tränendrüsen, Teile der Nase und die harte Hirnhaut (Dura mater) versorgt.
ophthalmic nerve

Nervus opticus. (Sehnerv). Einer von zwei Hirnnerven, die visuelle Impulse übertragen. Der N. o. besteht vorwiegend aus markhaltigen Fasern, die in den Ganglionschichten der Netzhaut (Retina) entstehen, den Thalamus durchqueren und sich mit der Sehrinde verbinden. Die Sehrinde spielt eine wesentliche Rolle für die Wahrnehmung von Licht, Schatten und Gegenständen. Die Fasern des Sehnervs entsprechen einer Faserbahn im Gehirn.
optic nerve

Nervus phrenicus. (Phrenikus/Zwerchfellnerv). Einer von zwei Ästen des Zervikalgeflechtes, das aus den ersten 4 Zervikalnerven entsteht. Der N.p. enthält sowohl sensorische als auch motorische Fasern und gilt im Allgemeinen als der motorische Nerv des → Diaphragmas, obwohl auch die unteren Thoraxnerven das Diaphragma innervieren können.
phrenic nerve

Nervus pudendus. (Schamnerv). Ast des Nervengeflechts im Schambereich (Plexus pudendus), der aus dem 2., 3. und 4. Sakralnerv entspringt, neben dem Steißbein verläuft und die äußeren Geschlechtsorgane, After und Damm versorgt.
pudendal nerve

Nervus radialis. Speichennerv; der größte Nervenstrang aus dem → Plexus brachialis, der den dorsalen Bereich der Haut sowie die Streckmuskeln an Ober- und Unterarm versorgt.
radial nerve

Nervus saphenus. Der größte und längste Zweig des Oberschenkelnervs (Nervus femoralis), der die Haut auf der medialen Seite des Oberschenkels und die Vorderseite von der Patella (Kniescheibe) bis zum Unterschenkel versorgt.
saphenous nerve

Nervus trigeminus. Einer der größten Hirnnervenstränge, der für das Kauen, die allgemeine Sensibilität des Gesichts und die muskuläre Sensibilität des oberen schrä-

gen Kopfmuskels (M. obliquus superior) verantwortlich ist.
🇬🇧 trigeminal nerve

Nervus trochlearis. Eines der kleinsten Nervenpaare der Hirnnerven, das für die Bewegung der Augen und die Sensibilität der Augenmuskeln verantwortlich ist.
🇬🇧 trochlear nerve

Nervus ulnaris. Ellennerv; motorischer und sensibler Nervenast, der aus dem Nervengeflecht am Schlüsselbein (Plexus brachialis) entspringt und Muskeln und Haut auf der Ellenseite an Unterarm und Hand versorgt. Der N. u. ist der sogenannte »Musikantenknochen« im Ellbogen.
🇬🇧 ulnar nerve

Nervus vagus. (→ Vagusnerv)
🇬🇧 vagus nerve

N

Nesselsucht. Feine Eruption von Quaddeln, die einer → Urtikaria ähnelt; die N. wird durch Hautkontakt mit Brennnesseln verursacht, einem allgegenwärtigen Wildkraut, das → Histamin enthält. Es kommt zu Stechen und Brennen, was wenige Minuten bis mehrere Stunden andauern kann.
🇬🇧 nettle rash; urticaria

Networking. (Netzwerk-Bildung). 1. Der Prozess der Entwicklung und Anwendung von Interaktionen zwischen professionellen Kollegen und Einrichtungen. 2. (Psychiatrische Pflege) Prozess der Entwicklung eines Verbundes von Einrichtungen und professionellem Personal, die ein Kommunikations- und Unterstützungssystem für psychiatrische Patienten schaffen sollen, meist für solche, die erst vor kurzem aus einer psychiatrischen Einrichtung entlassen worden sind.
🇬🇧 networking

Netz, großes. (Omentum majus). Transparente Ausdehnung des Bauchfells (Peritoneum), die den querverlaufenden Darmabschnitt (Colon transversum) und Teile der Dünndarmschlingen überzieht; das g. N. ist an der größeren Krümmung des Magens und dem ersten Abschnitt des Zwölffingerdarms (Duodenum) befestigt.
🇬🇧 great omentum

Netzhautablösung. (→ Ablatio retinae)
🇬🇧 retinal detachment

Neugeborenen-Monitoring. → Pflegeintervention der → NIC, die definiert wird als die Messung und Interpretation des physiologischen Zustandes von Neugeborenen innerhalb der ersten 24 Stunden nach der Entbindung.
🇬🇧 Newborn Monitoring

Neugeborenen-Screening. Skala zur Evaluation und Einschätzung (Assessment) der Wachheit, motorischen Reife, Reizbarkeit und Interaktion eines Neugeborenen mit anderen Personen. Das N.-S. besteht aus zahlreichen Tests, die z.B. die Reaktion auf leblose Gegenstände, Nadelstiche, Licht und Geräusche untersuchen (U1 und U2).
🇬🇧 Neonatal Assessment Scale

Neugeborenenasphyxie. (→ Asphyxia neonatorum)
🇬🇧 asphyxia neonatorum

Neugeborenenikterus. → Hyperbilirubinämie.
🇬🇧 newborn jaundice

Neugeborenenpflege. → Pflegeintervention der → NIC, die definiert wird als der Umgang mit einem Neugeborenen während des Übergangs in das extrauterine Leben und in der darauffolgenden Phase der Stabilisation.
🇬🇧 Newborn Care

Neugeborenes, hypotrophes. Neugeborenes, dessen Gewicht und Größe bei der Geburt unter der 10. Perzentile eutropher Neugeborener liegt, unabhängig davon, ob es am Termin, vor dem Entbindungstermin oder danach geboren ist. Ursache für die Wachstums- und Gewichtsretardierung können, neben genetischen Störungen, Minderversorgung infolge einer Plazentainsuffizienz, Infektionen, z.B. mit dem Zytomegalievirus, dem Rötelnvirus oder Toxoplasma gondii sein. Weiterhin

können Nikotinkonsum der Mutter während der Schwangerschaft, Alkohol- oder Drogenabhängigkeit oder eine Methadon-Behandlung für die Hypotrophie verantwortlich sein.
small for gestational age (SGA) infant

Neugeborenes, termingerechtes. Jedes Neugeborene, ungeachtet seines Gewichts, das nach Ende der 37. und vor Beginn der 43. Schwangerschaftswoche geboren wird.
term infant

Neuman, Betty. Pflegetheoretikerin, die das nach ihr benannte »Systemmodell« entwickelt hat, das 1972 erstmals veröffentlicht wurde. Ihr Modell ist durch die Gestalttheorie beeinflusst, die besagt, dass ein homöostatischer Prozess sich dadurch auszeichnet, dass Organismen ihr Gleichgewicht beibehalten. Zu ihren wesentlichen Konzepten gehören der Ansatz des Holismus, offene Systeme, Widerstands- und Abwehrmechanismen, Interventionen, Level der Prävention und Rekonstruktion. Eine spirituelle Variable wurde ihrem Modell später beigefügt, in der eine strukturierte Umgebung der Typologie beigefügt wurde.

neur(o)-. Vorsilbe mit der Bedeutung »Nerv«.
neur(o)-

neural. Zu den Nervenzellen und ihren Fortsätzen gehörend.
[*griech.:* neuron, Nerv]
neural

Neuralgie. (Nervenschmerz). Unphysiologischer Zustand, der durch starke stechende Schmerzen gekennzeichnet ist, die durch eine Vielzahl von Störungen des Nervensystems verursacht werden können, z.B. Trigeminusneuralgie.
[*griech.:* neuron, Nerv; algos, Schmerz]
neuralgia

Neuralgie, symptomatische. Nervenschmerzen, die als Folge einer Krankheit oder Störung auftreten.
symptomatic neuralgia

Neuralplatte. Dicke Schicht aus Ektodermgewebe, das entlang der zentralen länglichen Körperachse im frühen embryonalen Entwicklungsstadium verläuft und aus dem das Neuralrohr und anschließend das Gehirn, das Rückenmark und andere Bestandteile des Zentralnervensystems entstehen.
neural plate

Neuralrohr. (Medullarrohr). Längliche Röhre entlang der zentralen Körperachse im frühen embryonalen Entwicklungsstadium, aus der das Gehirn, das Rückenmark und andere Nervengewebe des Zentralnervensystems entstehen.
neural tube

Neurapraxie. Unterbrechung einer Nervenleitung durch leichte Verletzungen, jedoch ohne Verlust der Kontinuität des betroffenen Axons.
neurapraxia

Neurasthenie. 1. Unphysiologischer Zustand, der durch nervöse Erschöpfung und vage funktionale Müdigkeit gekennzeichnet ist und oft von einer Depression gefolgt wird. 2. Stadium der Genesung von einer schizophrenen Erkrankung, in dessen Verlauf der Patient teilnahmslos und anscheinend unfähig ist, mit den alltäglichen Aktivitäten und Beziehungen zurechtzukommen. – *adj.* neurasthenisch.
[*griech.:* neuron, Nerv; a, ohne; sthenos, Stärke]
neurasthenia

Neurektomie. Chirurgische Entfernung eines Nervensegmentes.
[*griech.:* neuron, Nerv; ektome, ausschneiden]
neurectomy

Neurilemm. Zellschicht aus einer oder mehreren Schwann-Zellen, aus der die segmentierten markhaltigen Scheiden der peripheren Nervenfasern bestehen. Das N. ist zur Regeneration von verletzten peripheren Nerven erforderlich.
[*griech.:* neuron, Nerv; lemma, Scheide]
neurilemma

Neurinom. 1. Tumor der Nervenscheide, der meist gutartig ist, jedoch manchmal

auch maligne entarten kann, z.B. Akustikusneurinom. 2. → Neurom.
[*griech.*: neuron, Nerv; oma, Tumor]
neurinoma

Neuritis. Entzündung eines Nervs; zu den Symptomen gehören Nervenschmerzen (Neuralgie), Überempfindlichkeit (Hyperästhesie), Empfindungslosigkeit, Lähmung (Paralyse), Muskelatrophie und Reflexdefekte.
[*griech.*: neuron, Nerv; itis, Entzündung]
neuritis

Neuritis, aszendierende. Nervenentzündung (→ Neuritis), die an einem peripheren Nerv beginnt und sich an einem Nervenstrang aufsteigend fortsetzt.
[*lat.*: ascendere, aufsteigen; *griech.*: neuron, Nerv; itis, Entzündung]
ascending neuritis

Neuritis, degenerative. Durch degenerative Veränderungen des Nervengewebes hervorgerufene Entzündung.
degenerative neuritis

N

Neuroblast. Noch unreife embryonale Zelle, die sich zu einer funktionalen Nervenzelle entwickelt. – *adj.* neuroblastisch.
[*griech.*: neuron, Nerv; blastos, Keim]
neuroblast

Neuroblastom. Höchst maligner Tumor, der aus primitiven Ektodermzellen besteht, welche aus der Neuralplatte während der embryonalen Phase stammen. Der Tumor kann in jedem Teil des sympathischen Nervensystems entstehen, meist jedoch in der adrenalen Medulla. N.e metastasieren früh und häufig in die Lymphknoten, Leber, Lunge und Knochen. Zu den Symptomen gehören eine tastbare ab dominale Masse, Atemnot und Anämien. Die hormonell aktiven Adrenalläsionen können Reizbarkeit, Hitzewallungen, Schwitzen, Hypertonie und Tachykardie verursachen.
[*griech.*: neuron, Nerv; blastos, Keim; oma, Tumor]
neuroblastoma

Neurochirurgie. Bezeichnung für Operationen, die das Gehirn, das Rückenmark oder die peripheren Nerven betreffen. Hirnoperationen werden durchgeführt, um Tumore oder Fremdkörper zu entfernen, einen erhöhten Druck nach Hirnblutungen zu lindern, Abszesse auszuschneiden, Parkinsonismus zu behandeln oder Schmerzen zu lindern; z.B. Kraniotomie, → Lobotomie und Hypophysektomie. Bei Operationen des Rückenmarks werden Defekte korrigiert, Tumore entfernt oder eine erkrankte Bandscheibe behandelt; z.B. → Laminektomie. Operationen der peripheren Nerven werden durchgeführt, um Tumore zu entfernen, Schmerzen zu lindern oder abgetrennte Nerven wieder zu verbinden; z.B. Sympathektomie.
neurosurgery

Neurodermitis. (Juckflechte). Unspezifische Hauterkrankung mit Juckreiz (Pruritus) und Ekzembildung, die häufig bei ängstlichen und nervösen Menschen auftritt. Auf den leicht zugänglichen, exponierten Stellen des Körpers, wie Unterarme, Nacken, Hals und Gelenkbeugen, kommt es zu Abschürfungen (Exkoriation) mit Hautfelderung und -verdickung (→ Lichenifikation).
[*griech.*: neuron, Nerv; derma, Haut; itis, Entzündung]
neurodermitis

neuroendokrin. Zu den Wirkungen gehörend oder ihnen ähnelnd, die von → endokrinen Drüsen ausgelöst werden und eng mit dem Nervensystem verbunden sind.
[*griech.*: neuron, Nerv; endon, innerhalb; krinein, ausscheiden]
neuroendocrine

Neuroepitheliom. Seltenes Neoplasma des Neuroepithels eines sensorischen Nervs; z.B. am Auge oder im Gehirn.
[*griech.*: neuron, Nerv; epi, auf; thele, Warze; oma, Tumor]
neuroepithelioma

Neurofibrille. Fadenähnliche Struktur, die im Zytoplasma einer Nervenzelle (Neuron) vorhanden ist.
neurofibril

Neurofibrom. Fibröser gutartiger Tumor des Nervengewebes, der durch eine unphysiologische Vermehrung der Schwann-Zellen verursacht wird. Oft ste-

hen diese aus Bindegewebe bestehenden Wachstumsstellen in Verbindung mit anderen Gewebestörungen. Symptome sind Schmerzen und neurologische Ausfälle.
[*griech.:* neuron, Nerv; *lat.:* fibra, Faser; *griech.:* oma, Tumor]
neurofibroma

Neurofibromatose. (→ Recklinghausen-Krankheit)
Recklinghausen's tumor

Neurogenese. Entwicklung des Gewebes des Nervensystems. – *adj.* neurogen.
[*griech.:* neuron, Nerv; genesis, Ursprung]
neurogen

Neuroglia. (Gliazelle). Stützende Bindegewebszellen des Zentralnervensystems; dazu zählen z.B. → Astrozyten und → Mikroglia. Zu den Aufgaben der N. gehören Stützfunktion, Stofftransport, Isolierung und Verschluss von Defekten.
[*griech.:* neuron, Nerv; glia, Leim]
neuroglia

Neurographie. 1. Untersuchung des Aktionspotentials oder der Leitgeschwindigkeit der Nerven. 2. Technik zur Visualisierung der peripheren Nervenaktivität durch graphische Darstellung der Daten, die man durch ein Kontrastmittel oder durch elektrische Messdaten aufgezeichnet hat.
neurographia

Neurohormon. Hormon, das in den neurosekretorischen Zellen produziert wird, z.B. im Hypothalamus, und in den Blutstrom, in die Zerebrospinalflüssigkeit oder die interzellulären Räume des Nervensystems freigesetzt wird und die Reizweiterleitung steuert. Das Produkt kann ein echtes systemisches Hormon sein, wie z.B. Adrenalin. Ist es nur eine hormonähnliche Substanz, kann es sich um ein Zellprodukt handeln, das die Freisetzung eines Hormons auslöst, welches wiederum eine endokrine Drüse stimuliert, die dann systemische Hormone ausschüttet.
neurohormone

Neurohypophyse. (Hypophysenhinterlappen). Hinterer Lappen der → Hypophyse, der das → Adiuretin (ADH), → Vasopressin und → Oxytozin ausschüttet. Die Nervenstimulation des → Hypothalamus kontrolliert die Freisetzung dieser Substanzen ins Blut. Die N. setzt ADH frei, wenn sie durch den Hypothalamus stimuliert wird, und zwar dann, wenn eine Steigerung des osmotischen Drucks der extrazellulären Flüssigkeit stattfindet.
[gr.. neuron, Nerv; hypo, darunter; phyein, wachsen]
neurohypophysis

Neurohypophysenhormon. Hormon, das vom Hypophysenhinterlappen ausgeschüttet wird; z.B. → Oxytozin und → Vasopressin.
neurohypophyseal hormone

Neurolemm. (→ Schwann-Scheide)
sheath of Schwann

Neurolepsie. Mentaler Zustand, der durch die Blockierung der autonomen Reflexe gekennzeichnet ist, z.B. bei einer Hypnose oder bei Störungen, die durch Antipsychotika induziert werden. Die N. stellt sich in einem lethargischen Zustand, reduzierter motorischer Aktivität, verminderter Angst und Gleichgültigkeit (Indifferenz) gegenüber der Umgebung dar. Der Betreffende ist bei Bewusstsein und kann auf Befehle reagieren. (→ Neuroleptika)
[*griech.:* neuron, Nerv; lepsis, Krampf]
neurolepsy

Neuroleptanalgesie. Form der → Analgesie, die durch die gleichzeitige Verabreichung eines → Neuroleptikums und eines → Analgetikums erzielt wird. Angst, motorische Aktivitäten und die Empfindlichkeit für Schmerzreize werden reduziert; der Betreffende ist ruhig und gegenüber seiner Umgebung und den anwesenden Personen gleichgültig eingestellt. Es kann zum Schlaf kommen oder nicht; der Patient ist jedoch bei Bewusstsein und kann auf Befehle reagieren. Die N. wird bei starken Schmerzzuständen durchgeführt; es kann dabei jedoch leicht zu einer Atemdepres-

sion kommen, die eine künstliche Beatmung erforderlich macht.
[*griech.:* neuron, Nerv; lepsis, Krampf; a, ohne; algos, Schmerz]
neuroleptanalgesia

Neuroleptanästhesie. Form der → Anästhesie, die durch die Verabreichung eines → Neuroleptikums, eines Opioid-→ Analgetikums und Lachgas mit Sauerstoff erreicht wird. Die Induktion der Narkose erfolgt langsam; nachdem die Inhalation von Stickoxid beendet wird, kehrt jedoch das Bewusstsein schnell wieder zurück.
[*griech.:* neuron, Nerv; lepsis, Krampf; anaisthesia, Gefühllosigkeit]
neuroleptanesthesia

Neuroleptika (pl.). (Antipsychotika). Substanzen, die die Wirkung eines → Sedativums oder eines → Tranquilizers haben und zu einer psychomotorischen Dämpfung führen, z.B. Butyrophenon, Droperidol und Phenothiazin. N. werden bei akuten Psychosen, Schizophrenie und zur Neuroleptanalgesie eingesetzt. Es kann als Nebenwirkung zu Übererregbarkeit, Blässe, Dyskinesie, Hyperthermie, Inkontinenz, Blutdruckschwankungen und Lungenödemen kommen (malignes neuroleptisches Syndrom). N. müssen regelmäßig eingenommen werden; Vitalzeichen, Blutbild und Leberwerte sollten deshalb kontinuierlich kontrolliert werden. (→ Psychopharmaka)
neuroleptic drugs

Neurologe. Facharzt, der sich auf das Nervensystem und seine Erkrankungen spezialisiert hat.
neurologist

Neurologie. Bereich der Medizin, der sich mit dem Nervensystem und seinen Störungen und Erkrankungen beschäftigt.
[*griech.:* neuron, Nerv; logos, Wissenschaft]
neurology (neurol.)

Neurologisches Monitoring. → Pflegeintervention der → NIC, die definiert wird als die Sammlung und Analyse von Patientendaten zur Verhinderung oder Einschränkung von neurologischen Komplikationen.
Neurologic Monitoring

Neurom. Gutartiges Neoplasma von Nervenzellen (Neuronen) und Nervenfasern, die im Allgemeinen aus dem Nervengewebe entstehen. Die Schmerzen, die von der Läsion in die Peripherie des betroffenen Nervs ausstrahlen, sind meist intermittierend, können jedoch stärker und chronisch werden.
[*griech.:* neuron, Nerv; oma, Tumor]
neuroma

neuromuskulär. Zu den Nerven und Muskeln gehörend.
[*griech.:* neuron, Nerv; *lat.:* musculus, Muskel]
neuromuscular

Neuromyelitis. Unphysiologischer Zustand, der durch eine Entzündung des Rückenmarks und der peripheren Nerven gekennzeichnet ist.
[*griech.:* neuron, Nerv; myelos, Mark; itis, Entzündung]
neuromyelitis

Neuron. Nervenzelle des Nervensystems, die einen Kern innerhalb eines Zellkörpers enthält und einen oder mehrere Fortsätze (Neuriten, Dentriten) aufweist. N.en nehmen Informationen auf und verarbeiten und vermitteln sie im Nervensystem. Sie können nach der Richtung klassifiziert werden, in die sie Impulse weiterleiten, oder nach der Anzahl ihrer Fortsätze, die sie besitzen. Sensorische N.en übermitteln Nervenimpulse zum Rückenmark und zum Gehirn. Motorische Neuronen leiten die Impulse von Gehirn und Rückenmark zu den Muskeln und zum Drüsengewebe. Multipolare, bipolare und unipolare N.en werden nach den Fortsätzen klassifiziert, mit denen sie untereinander verbunden sind. – *adj.* neuronal.
[*griech.:* Nerv]
neuron

Neuron, enkephalinerges. Nervenzelle, die den Neurotransmitter → Enkephalin freisetzt.
enkephalinergic neuron

Neuron, motorisches. Eine von verschiedenen efferenten Nervenzellen, die Impulse vom Gehirn und Rückenmark an das Muskel- und Drüsengewebe weiterleiten.
motor neuron

Neuronitis. Entzündung eines Nervs oder einer Nervenzelle (→ Neuron), insbesondere der Zellen und Wurzeln der Spinalnerven.
[*griech.:* neuron, Nerv; itis, Entzündung]
neuronitis

Neuronitis vestibularis. Plötzlicher, schwerer Schwindelanfall ohne Anzeichen von Hörschäden oder Tinnitus. Die Störung kommt häufig bei Erwachsenen bis ins mittlere Alter nach Infektionen der oberen Atemwege vor und geht spontan vorüber.
vestibular neuronitis

Neuropathie. Erkrankung, Entzündung oder Degeneration der peripheren Nerven, die z.B. in Verbindung mit einer Bleivergiftung stehen kann. Beispiele für N.n sind eine neuropathische Gelenkerkrankung oder ein neuropathisches Schmerzsyndrom. – *adj.* neuropathisch.
[*griech.:* neuron, Nerv; pathos, Krankheit]
neuropathy

Neuropathie, diabetische. Nicht-entzündliche Krankheit, die im Zusammenhang mit einem → Diabetes mellitus auftreten kann. Es kommt zu sensorischen und/oder motorischen Störungen des peripheren Nervensystems und häufig zur Degeneration der sensorischen Nerven und Nervenbahnen. Frühe Symptome, wie Schmerzen und Reflexverluste in den Beinen, können bei Patienten mit einer schwachen Hyperglykämie beobachtet werden. Diabetes ist die Ursache vieler Nervenerkrankungen (Neuropathien), einschließlich Mononeuritis multiplex, Kompressionsmononeuropathie, Hirnneuropathien sowie autonomer und Faserneuropathien. Die Differenzialdiagnose sind schwer zu treffen, da nicht alle sensomotorischen Neuropathien durch eine Zuckerkrankheit verursacht werden.
diabetic neuropathy

Neuropsychiatrie. Bereich der Medizin, der sich mit den psychiatrischen Problemen beschäftigt, die im Zusammenhang mit der Neurophysiologie der Hirnfunktionen stehen.
neuropsychiatry

Neuroradiographie, stereotaktische. Radiographisches Verfahren, das hauptsächlich in der Neurochirurgie angewandt wird. Dabei wird das Einführen einer Nadel in bestimmte Bereiche des Gehirns während einer Operation überwacht.
stereotaxic neuroradiography

Neurose. Mentale Störung, die nicht auf einer Erkrankung des Nervensystems beruht. Bei N.n treten Angstzustände auf, ein Realitätsbezug bleibt jedoch im Gegensatz zu → Psychosen erhalten. Nach der Psychoanalyse beruhen N.n häufig auf ungelösten Konflikten aus der Kindheit. – *adj.* neurotisch.
[*griech.:* neuron, Nerv; osis, Zustand]
neurosis

Neurosyphilis. Infektion des Zentralnervensystems, die durch *Treponema pallidum*, den Verursacher der → Syphilis ausgelöst wird; die Infektion kann die → Meningen und das zerebrovaskuläre System befallen.
[*griech.:* neuron, Nerv; sys, Schwein; philein, lieben]
neurosyphilis

Neurotensin. Neurotransmitter, der in verschiedenen Teilen des Gehirns zu finden ist. N spielt eine Rolle bei der Vasodilatation, Hypotonie, Schmerzwahrnehmung, gastrointestinalen Motilität sowie Säureproduktion im Magen und in der Bauchspeicheldrüse (Pankreas).
neurotensin

neurotisch. 1. Zu einer → Neurose oder neurotischen Störung gehörend. 2. Zu den Nerven gehörend. 3. Bezeichnung für eine Person, die unter einer Neurose leidet (Neurotiker). 4. Umgangssprachliche Bezeichnung für eine emotional labile Person. (→ neurotische Persönlichkeit)
neurotic

Neurotmesis. Periphere Nervenverletzung, bei der ein Nerv durch Einriss (Lazeration) oder Zug vollständig durchtrennt worden ist.
[*griech.:* neuron, Nerv; tmesis, schneiden]
neurotmesis

Neurotomie. Chirurgische Durchtrennung eines oder mehrerer Nerven.
neurotomy

Neurotoxin. (Nervengift). → Toxin, das direkt auf das Gewebe des Zentralnervensystems einwirkt und an den Achsenzylindern entlang zu den motorischen Nerven des Gehirns wandert. Das Toxin kann im Gift bestimmter Mücken, in den Stacheln von Muscheln oder im Fleisch von Fischen oder Schalentieren enthalten sein; es kann durch bestimmte Bakterien produziert werden oder durch zelluläre Auflösung bestimmter Bakterien entstehen.
[*griech.:* neuron, Nerv; toxikon, Gift]
neurotoxin

Neurotoxizität. Die Eigenschaft eines Arzneimittels oder anderen Agens (→ Neurotoxin), Nervengewebe zu zerstören oder zu schädigen. – *adj.* neurotoxisch.
[*griech.:* neuron, Nerv; toxikon, Gift]
neurotoxicity

Neurotransmitter. Bezeichnung für zahlreiche chemische Substanzen, die die Übertragung von Nervenimpulsen zwischen den Synapsen beeinflussen oder auslösen. N. werden aus den synaptischen Endknöpfchen in den synaptischen Spalt abgegeben und überbrücken die Lücke zwischen den präsynaptischen und postsynaptischen Neuronen. Wenn ein Nervenimpuls ein Endknöpfchen erreicht, werden tausende von N.-Molekülen in die synaptische Spalte abgegeben, die sich an den spezifischen Rezeptor binden. Dieser Fluss erlaubt eine Diffusion von Kalium- und Natriumionen, die ein Aktionspotential auslösen. Beispiele für N. sind Dopamin, Serotonin und Noradrenalin.
[*griech.:* neuron, Nerv; *lat.:* transmittere, übertragen]
neurotransmitter

Neurotripsie. Chirurgische Zerquetschung eines Nervs. Eine N. kann auch durch Unfälle oder falsche Lagerung entstehen.
neurotripsy

neurotrop. 1. Nervenzellen ernährend oder auf sie einwirkend. 2. Eine Affinität für Nerven und Nervengewebe besitzend.
neurotropic

Neurozytom. (Gangliozytom). Tumor, der aus undifferenzierten Nervenzellen besteht, die meist zu einem Nervenknoten (Ganglion) gehören.
[*griech.:* neuron, Nerv; kytos, Zelle; oma, Tumor]
neurocytoma

neutral. Ausgeglichener Zustand zwischen zwei gegensätzlichen Werten, Qualitäten oder Eigenschaften. In der Elektrizität ist ein n.er Zustand vorhanden, wenn weder eine positive noch eine negative Ladung vorliegt; in der Chemie spricht man vom n.en Zustand, wenn eine Substanz weder sauer noch alkalisch ist. Ein n.er pH-Wert beträgt 7. (s.a. positiv; negativ)
neutral

Neutralisation. Interaktion zwischen einer Säure und einer Base, die bewirkt, dass die Lösung weder sauer noch basisch ist. Die normalen Produkte einer N. sind Salze und Wasser.
neutralization

Neutron. Elementarteilchen, das Bestandteil der Atomkerne aller Elemente ist, keine elektrische Ladung aufweist und etwa die Größe eines Protons hat.
neutron

Neutropenie. Unphysiologische Abnahme der Anzahl der neutrophilen weißen Blutkörperchen (Granulozyten) im Blut, die relativ oder absolut sein kann. Die N. steht in Verbindung mit einer akuten Leukämie, Infektionen, rheumatischer Arthritis, Vitamin B_{12}-Mangel und chronischer Splenomegalie.
[*lat.:* neuter, keines von beiden; *griech.:* penia, Armut]
neutropenia

Neutrophile (pl.). Polymorpher granulärer Leukozyt, der mit neutralen Farbstoffen leicht anzufärben ist. Der Kern enthält drei bis fünf Körnchen, die durch feine Chromatinfäden miteinander verbunden sind. Das Zytoplasma weist kleine unauffällige Kerne auf. N. sind die zirkulierenden weißen Blutzellen, die für die → Phagozytose und die Eiweißverdauung (→ Proteolyse) erforderlich sind, durch die bakterielle und zelluläre Abfälle sowie feste Partikel zerstört und entfernt werden.
[*lat.:* neuter, keiner von beiden; *griech.:* philein, lieben]
neutrophil

Neutrophilie. Erhöhte Anzahl von → Neutrophilen im Blut, was häufig Ursache für eine → Leukozytose ist.
neutrophilia

Newman, Margaret A. N. versteht Gesundheit als Bewusstseinserweiterung, deren zugrundliegende Energie die Entwicklung und Erweiterung des Bewusstseins ist. Wesentliche Determinanten sind Bewegung, Raum und Zeit, mit denen die Intensität und Art der Interaktionen des Menschen erfasst werden. Gesundheit ist die Gesamtheit der Lebensprozesse und Lebensmuster, in die auch Krankheit als produktiver Faktor eingeschlossen ist. Aufgabe der Pflege ist es, Menschen zu helfen, mit Krisen umzugehen, also ihr Bewusstsein zu erweitern und ihre Gesundheit zu fördern; dabei sind Pflegehandlungen primär beratender Art.
[geb. 1933]

Newton. SI-Einheit der Kraft, die der Beschleunigung von einem kg Masse um 1 Meter pro Sekunde in einer Sekunde entspricht.
[Sir I. Newton, englischer Physiker, 1643–1727]
Newton

Ni. Symbol für das chemische Element → Nickel.
Ni

Niacin. Weißes kristallines wasserlösliches Vitamin des B-Komplexes, das normalerweise in allen Pflanzen und Tieren sowie beim Mensch in Form von Nicotinamid oder Nicotinsäure vorhanden ist. Es fungiert als → Koenzym, das für den Abbau und Verwendung aller wichtigen Nährstoffe benötigt wird, und ist Voraussetzung für eine gesunde Haut, normale Funktionen des Gastrointestinaltraktes, Erhaltung des Nervensystems und Synthese von Sexualhormonen. N. kann auch bei der Verbesserung der Durchblutung und Reduzierung des Blutcholesterinspiegels eine Rolle spielen. Zu den Symptomen eines Mangelzustandes zählen Schwäche, allgemeine Müdigkeit, Appetitverlust, verschiedene Hauterscheinungen, Körpergeruch (Halitose), Zahnfleischentzündungen (Stomatitis), Schlafstörungen, Reizbarkeit, Übelkeit, Erbrechen, rezidivierende Kopfschmerzen, Anspannung und Depression. Bei einem schweren Niacinmangel kommt es zu → Pellagra. N. ist in Vollkorngetreide, Kaffee, Innereien und Fisch enthalten.
niacin

NIC. Abkürzung für (eng.) Nursing Intervention Classification, → Klassifikation der Pflegeinterventionen.
NIC

Nicardipin. → Kalziumantagonist und → Vasodilatator, der zur Behandlung von Hypertonie und Angina pectoris eingesetzt wird.
nicardipine

Nickel (Ni). Silberweißes metallisches Element mit der Ordnungszahl 28 und Atommasse 58,71. Viele Menschen sind gegenüber N. allergisch (→ Nickeldermatitis); es kann u.U. sogar zu Lungenerkrankungen oder Krebsbildung als Reaktion auf bestimmte Nickelverbindungen kommen.
nickel (Ni)

Nickeldermatitis. Allergische → Kontaktdermatitis, die durch das Metall → Nickel verursacht wird. Die Exposition erfolgt häufig durch Schmuck, Armbanduhren, Metallspangen oder Münzen. Durch Schwit-

zen wird das Ausmaß des Ausschlags noch verstärkt. (→ Dermatitis)
nickel dermatitis

Niclosamid. → Anthelmintikum, das gegen einen Befall mit Rinder- oder Fischbandwürmern Anwendung findet.
niclosamide

Nidation. (Implantation/Einnistung). Der Prozess der Einnistung eines Embryos in die Schleimhaut (Endometrium) der Gebärmutter (Uterus). (→ Implantation)
[*lat.:* nidus, Nest]
nidation

NIDDM. Abkürzung für (engl.) noninsulindependent diabetes mellitus (nicht-insulinpflichtiger Diabetes mellitus).
NIDDM

Niederkunft. (Geburt). Endphase der Schwangerschaft, während der die Wehen einsetzen und der Geburtsvorgang abläuft.
confinement

Niemann-Pick-Krankheit. Erbkrankheit, bei der es im Fettstoffwechsel zur Ansammlung von bestimmten Lipiden (Sphingomyelin) im Knochenmark, der Milz und den Lymphknoten kommt. Die Krankheit ist durch eine Vergrößerung von Leber und Milz (Splenomegalie), Anämie, Lymphadenopathie und eine progressive mentale und körperliche Verschlechterung gekennzeichnet.
[A. Niemann, deutscher Pädiater, 1880–1921; L. Pick, deutscher Pädiater, 1868–1935]
Niemann-Pick´s disease

Niere. Paariges gebogenes Organ des Harntrakts, das auf jeder Seite der Wirbelsäule zwischen dem zwölften Thorax- und dem dritten Lumbalwirbel angebracht ist. Bei den meisten Menschen liegt die rechte N. etwas tiefer als die linke. Jede N. ist etwa 11 cm lang, 6 cm breit und 2,5 cm dick. Die N.n filtern das Blut und sorgen für eine Ausscheidung der harnpflichtigen Abfallprodukte durch den Urin über ein komplexes Netzwerk und Resorptionssystem, das mehr als 2 Millionen → Nephronen enthält. Die Nephronen bestehen aus Glomeruli und Nierentubuli, die das Blut unter hohem Druck filtrieren, Harnstoff, Salze und andere lösliche Abfallprodukte entfernen und das gereinigte Filtrat wieder dem Blut zuführen. Weitere Funktionen der N. sind die Regulierung des Wasser- und Elektrolythaushalts sowie des Säure-Basen-Gleichgewichts und die Produktion von renalen Hormonen (z.B. Prostaglandin, Erythropoetin und Kinin).
kidney

Niere, künstliche. Gerät zum Herausfiltern von Abfallprodukten, die im Blut zirkulieren und normalerweise von der Niere ausgeschieden werden. Bei dieser Form der → extrakorporalen Dialyse wird das Blut über Tuben oder Katheter durch eine Dialyseflüssigkeit geleitet, in der die Abfallprodukte durch → Osmose und → Diffusion entfernt werden. (→ Dialyse)
artificial kidney

Nierenbecken. Eine trichterförmige Erweiterung, durch die der Urin von den Nieren in die Harnleiter abgeleitet wird.
[*lat.:* pelvis, Schüssel, Becken]
renal pelvis

Nierendiät. Diät, die bei chronischer Niereninsuffizienz angeordnet wird. Sie reguliert und steuert die Aufnahme von Proteinen, Kalium, Natrium, Phosphor und Flüssigkeit, je nach den individuellen Bedürfnissen des Patienten. Die grundlegende Energiequelle stellen Kohlehydrate und Fette dar. Die Eiweißzufuhr ist begrenzt, wobei die jeweilige Menge durch den Zustand des Patienten festgelegt wird.
renal diet

Nierenerkrankungen. Große Gruppe von infektiösen, entzündlichen, obstruktiven, vaskulären und neoplastischen Krankheiten der Niere. Zu den charakteristischen Symptomen von N. zählen Hämaturie, anhaltende Proteinurie, Eiterausscheidung im Urin (Pyurie), Ödeme, Schmerzen beim Urinlassen (Dysurie) und Flankenschmerz. Je nach Krankheit treten spezifische Symptome auf: starke, kolikartige Schmerzen mit Hämaturie sprechen für Nierensteine, Hämaturie ohne Schmerzen für Karzinome, Proteinurie ist meist ein

Anzeichen für eine Glomeruluserkrankung, Pyurie für infektiöse Erkrankungen und Ödeme sind charakteristisch für ein nephrotisches Syndrom.
🇬🇧 kidney disease

Niereninsuffizienz. Die Unfähigkeit der Niere, Stoffwechselprodukte auszuscheiden, den Urin zu konzentrieren und die Elektrolyte im Körper zurückzubehalten. Der Zustand kann entweder akut als Nierenversagen oder chronisch auftreten. Ein akutes Nierenversagen ist durch → Oligurie sowie durch die schnelle Anhäufung harnpflichtiger Substanzen im Blut gekennzeichnet (→ Azotämie) und kann durch Blutungen, Verletzungen, Verbrennungen, toxischer Schädigung der Nieren, akute Pyelonephritis bzw. Glomerulonephritis oder durch Obstruktion des unteren Harntraktes eintreten.
Eine chronische N. kann durch viele Krankheiten hervorgerufen werden. Frühe Anzeichen sind z.B. Trägheit, Müdigkeit und geistige Benommenheit. Später treten ggf. Anurie, Krämpfe, gastrointestinale Blutungen, Zeichen von Unterernährung und verschiedene Neuropathien auf. Die Haut kann sich gelb-braun verfärben. Darüber hinaus sind eine kompensierte Herzinsuffizienz sowie Bluthochdruck infolge einer Hypervolämie häufige Komplikationen.
🇬🇧 renal failure; renal insufficiency

Nierenkanälchen. (→ Tubuli renales)
🇬🇧 renal tubules

Nierenkarzinom. Malignes Neoplasma des Nierenparenchyms oder Nierenbeckens. Zu den Faktoren, die im Zusammenhang mit dem Auftreten von N.en stehen, zählt die Exposition gegenüber aromatischen Kohlenwasserstoffen, Tabakrauch und Arzneimitteln, die Phenacetin enthalten. Charakteristische Symptome sind Hämaturie, Druckschmerz in der Nierengegend, Anämien und Fieber.
🇬🇧 kidney cancer

Nierenkelch. (Calix renalis). Der erste Abschnitt im Leitungssystem der Nieren, der den Urin von den Nierenpyramiden (Pyramides renales) des Nierenmarks (Medulla) zum Nierenbecken (Pelvis renalis) befördert, wo er durch die Harnleiter (Ureteren) ausgeschieden wird.
🇬🇧 renal calyx

Nierenkolik. Starker, stechender Schmerz im Nierenbereich, der sich zur Leiste hin ausbreitet. Eine N. entsteht meist durch die gewaltsame Erweiterung und den anschließenden Spasmus (Krampf) eines Harnleiters (ureter), verursacht durch einen Nierenstein, der durch den Harnleiter wandert oder sich dort angesiedelt hat.
🇬🇧 renal colic

Nierenpyramiden. Konisch geformte Strukturen, die das → Nierenmark bilden. Die Pyramidenbasen sitzten auf der → Nierenrinde, die Spitzen ragen in die → Nierenkelche. Die N. bestehen aus → Henle-Schleifen und den Sammelrohren.
🇬🇧 renal pyramids

Nierenrinde. (Cortex renis). Die stark durchblutete, körnige äußere Rinde der Niere. Sie enthält ca. 1,25 Millionen → Glomeruli sowie spiralförmige → Tubuli, die körpereigene Abfallprodukte aus dem Blut filtern, wertvolle Produkte zurückhalten und den Rest als Urin ausscheiden.
🇬🇧 renal cortex

Nierenschale. Nierenförmige Schale, die zum Auffangen von Erbrochenem und als Abwurfbehälter z.B. beim Verbandswechsel benutzt wird.
🇬🇧 emesis basin

Nierenstein. (Nephrolith). Festes, meist aus Mineralsalzen bestehendes Gebilde (Konkrement) in den Nieren. (s.a. Harnstein)
🇬🇧 renal calculus

Nierentransplantation. Die Übertragung einer Spenderniere in den Körper des Empfängers mittels einer chirurgischen Operation.
[*lat.:* transplantare, verpflanzen]
🇬🇧 renal transplantation

Nierentubuli, gewundene. Bezeichnung für den gewundenen Teil des Nephrons, der vom Glomerulus bis zu den Verbindungskanälen reicht. Die proximalen und distalen Abschnitte sind spiralförmig gewun-

den, die aufsteigenden und absteigenden Äste der Henle-Schleife sind jedoch relativ gerade.
convoluted kidney tubules

Niesen. Das plötzliche, explosionsartige, ungewollte Ausstoßen von Luft durch Nase und Mund infolge einer Reizung der Schleimhäute der oberen Atemwege, z.B. durch Staub, Pollen, Pfeffer oder durch eine virale Infektion.
sneeze

Nifedipin. → Kalziumantagonist, der zur Behandlung von Gefäßspasmen, Belastungsangina und Hypertonie eingesetzt wird.
nifedipine

Nightingale, Florence. »Begründerin« der modernen Krankenpflege. Nach einer kurzen Ausbildung in Deutschland und Paris übernahm sie 1853 eine leitende Stellung in einem Londoner Krankenhaus. Ihr Erfolg in der Umstrukturierung des Krankenhauses brachte die Regierung dazu, ihr eine Mission auf der Insel Krim zu übertragen, wo Großbritannien im Krieg mit Russland lag. Nach ihrer Rückkehr nach England 1856 schrieb sie ihr Werk »Notizen über Krankenhäuser« (Notes on Hospitals) und »Notizen über die Krankenpflege« (Notes on Nursing) und gründete eine Schule für Krankenschwestern im St. Thomas-Krankenhaus. Ihre Absolventinnen wurden Oberschwestern in allen wichtigen Krankenhäusern in England und erhöhten die pflegerischen Standards in der ganzen Welt. Obwohl F.N. damals bereits zum Großteil bettlägerig war, arbeitete sie weiter an ihrer Gesundheits- und Hygienereform für Indien, führt eine Studie über die Geburtshilfe durch, half, gemeindepflegerische Dienstleistungen zu etablieren, und arbeitete an einer Reform für das Armengesetz, in der sie getrennte Institutionen für Kranke, Unheilbare und Kinder vorschlug. Nachdem Longfellow das Werk »Santa Filomena« schrieb, wurde sie als die »Lady mit der Lampe« bekannt. Die Nightingale-Verpflichtung verkörpert ihre Ideen und hat tausende junge Krankenschwestern und -pfleger inspiriert.
[1820–1910]

Nightingale-Station. Krankenhausstation, die von → Florence Nightingale entworfen wurde und die die Konzeption der Krankenhäuser revolutioniert hat. Eine bestimmte Anzahl an Betten in einer Station einer konkreten Größe soll angemessene Belüftung und allgemeine Sauberkeit sowie Wohlbefinden für die Patienten gewährleisten. Auf drei Seiten einer solchen Station sind Fenster vorhanden, durch die Licht und frische Luft einströmen können.
Nightingale ward

Nightingalismus. Ideologie, die eine Selbstaufopferung vonseiten einer Krankenschwester betont, deren vordergründige Sorge das Wohlbefinden des Patienten ist, während nur eine minimale Aufmerksamkeit den persönlichen Bedürfnissen der Schwester gewidmet wird. (→ Florence Nightingale)
nightingalism

Nikotin. Farblose, schnell wirkende toxische Substanz (Alkaloid) der Tabakpflanze, die im Wesentlichen zu den negativen Wirkungen des Rauchens beiträgt; es kommt relativ rasch zur Entwicklung einer Abhängigkeit. N. wird in der Landwirtschaft als Insektizid eingesetzt und in der Tierheilkunde als Mittel gegen Parasiten. Die Einnahme großer Mengen N. führt zu starker Speichelbildung (Salivation), Übelkeit, Erbrechen, Diarrhö, Kopfschmerzen, Schwindel (Vertigo), Bradykardie und in akuten Fällen zur Paralyse der Atemmuskulatur. Durch chronische Aufnahme von N. (Suchtrauchen) kann es zu verschiedenen Krankheitsbildern, z.B. Durchblutungsstörungen (Raucherbein), Lungen- und Kehlkopfkarzinom kommen. [J. Nicot, französischer Diplomat in Portugal, 1530–1600]
nicotine

Nikotinentzugssyndrom. Körperliche und psychische Wirkung einer Nikotinabhängigkeit, die es für einen abhängigen Rau-

cher schwer macht, dieses toxische Alkaloid abzusetzen. Die Entzugssymptome können vermindert werden, wenn Nikotinkaugummi oder Nikotinpflaster als Ersatz für Zigaretten verwendet werden, um den Nikotinspiegel langsam zu senken. (→ Nikotin/Entzugssyndrom)
nicotine withdrawal syndrome

Nikotinvergiftung. Vergiftungserscheinung durch die Aufnahme von → Nikotin, die sich als Stimulation des zentralen und autonomen Nervensystems darstellt. Als Symptome treten Kopfschmerzen, Schwindel (Vertigo), Diarrhö, Herz- und Kreislaufstörungen auf. Danach folgt eine Depression des Nervensystems. In schweren Fällen kommt es zum Tod durch Versagen des Atemsystems. Als Behandlung einer N. können Magenspülung, künstliche Beatmung und Krampflösung durchgeführt werden.
nicotine poisoning

Nisoldipin. → Kalziumantagonist, der bei der Behandlung einer Hypertonie eingesetzt wird, um die Arteriolen zu erweitern und den peripheren Gefäßwiderstand zu vermindern.
nisoldipine

Nissen. Die Eier von parasitären Insekten, insbesondere von Läusen. Sie können an den Haaren von Menschen oder Tieren oder an Kleiderfasern anhaften.
nits

Nitrat. Salz der → Salpetersäure (HNO_3). N.e werden pharmakologisch zur Behandlung von Herzkrankheiten eingesetzt.
nitrate

Nitrit. Ester oder Salz der → Salpetersäure, das als Mittel zur Erweiterung der Gefäße (→ Vasodilatator) und zur Linderung von Krämpfen (→ Spasmolytikum) Anwendung findet. Zu den am häufigsten eingesetzten N.en gehören Amyl, Äthyl, Kalium- und Natriumnitrit.
nitrit

Nitrobenzol. Hellgelbe, ölige, stark toxische Flüssigkeit, die als Lösungsmittel und bei der Herstellung von Anilin, Farbstoffen, Seifen, Parfümen und Aromastoffen verwendet wird. Die Aufnahme von N. (insbesondere durch Inhalieren oder über die Haut) verursacht Kopfschmerzen, Schläfrigkeit (Somnolenz), Übelkeit, Koordinationsstörungen der Muskeln (Ataxie), Zyanose und in extremen Fällen eine Ateminsuffizienz.
nitrobenzene

Nitrofurantoin. → Chemotherapeutikum, das zur Behandlung bestimmter Harnwegsinfektionen Anwendung findet; es kommt häufig zu Nebenwirkungen wie Allergien, Fieber und Lungenstörungen.
nitrofurantoin

Nitrofurazon. → Chemotherapeutikum und → Antiseptikum, das zur Prophylaxe und Behandlung von Infektionen, Verbrennungen zweiten und dritten Grades sowie Haut- und Schleimhautinfektionen eingesetzt wird.
nitrofurazone

Nitroglyzerin. (Glyzeroltrinitrat). → Vasodilatator der Herzkranzgefäße, der zur Vorbeugung oder Linderung einer → Angina pectoris eingesetzt wird. N. wird im Mund resorbiert, deshalb werden bei Angina pectoris-Anfällen Kapseln zum Zerbeißen oder Ärosolsprays verabreicht. Die Wirkung erfolgt rasch, und zwar nach 1 bis 5 Minuten. N. kann auch als Pflaster auf die Haut angebracht werden. Nebenwirkungen der Einnahme von N. sind Kopfschmerzen und Blutdruckabfall; deshalb sollte nach der Verabreichung der Blutdruck regelmäßig kontrolliert werden.
nitroglycerin (nitr)

Nitrosamine. Potentiell → karzinogene Verbindungen, die durch die Reaktion von → Nitriten mit → Aminen oder → Amiden entstehen, welche normalerweise im Körper vorhanden sind. Nitrite werden durch Bakterien im Speichel und in den Därmen aus Nitraten gebildet, die in Gemüse, nitrathaltigem Fisch, Huhn und Fleisch enthalten sind. N. können auch durch Tabakrauch aufgenommen werden. Vitamin C bewirkt eine Hemmung der N.-Bildung.
nitrosamines

N

NLN. Abkürzung für »National League for Nursing«.
NLN

nm. Abkürzung für »Nanometer«.
nm

Nn. Abkürzung für »Nervi«, Plural von → Nervus. (→ Nerv)
Nn

NNM. Abkürzung für »Nebennierenmark«. (→ Nebenniere)
adrenal medulla

NNR. Abkürzung für »Nebennierenrinde«. (→ Nebenniere)
adrenal cortex

NO. Abkürzung für → Stickoxid.
NO

NOC. Abkürzung für (engl.) Nursing Outcomes Classifikation, → Klassifikation der Pflegeergebnisse.
NOC

noct. Abkürzung für »nocturnus« (nächtlich).
noct.

Nodulus. (Knötchen). 1. Kleiner Knoten (→ Nodus). 2. Kleine knotenähnliche Struktur.
[*lat.:* Knötchen]
nodule

Nodus. (Knoten). 1. Eine kleine Gewebeverdickung. 2. → Lymphknoten. – *adj.* nodosus, nodös.
[*lat.:* Knoten]
node

Nodus sinuatrialis. (→ Sinusknoten)
sinus node

Nomenklatur. Allgemeingültige systematische Methode der Benennung, die in wissenschaftlichen Disziplinen üblich ist, um Klassifizierungen zu schaffen und Doppeldeutigkeiten von Namen zu vermeiden; z.B. die binominale N. in der Biologie und die chemische N. in der Chemie.
[*lat.:* nomen, Name; clamare, rufen]
nomenclature

Nomogramm. 1. Graphische Darstellung eines beliebigen Systems oder einer nummerischen Beziehung. 2. Schaubild, in dem die Zahlen von Variablen so dargestellt werden, dass die Werte einer abhängigen Variablen auf einer Linie abgelesen werden können, wenn die Werte einer anderen Variablen bekannt sind (z.B. Körpergewicht und Lebensalter).
[*griech.:* nomos, Gesetz; gramma, Bericht]
nomogram

Non-Disjunction. Fehlverhalten von homologen Chromosomenpaaren, die sich während der ersten Teilung der → Meiose nicht trennen, oder von zwei Chromatiden eines Chromosoms, sich in der Anaphase der → Mitose oder während der zweiten Teilung der Meiose nicht trennen. In der Folge kommt es zu einer abnormalen Chromosomenanzahl in der Tochterzelle.
[*lat.:* non, nicht; disjungere, trennen]
nondisjunction

Non-Hodgkin-Lymphom (NHL). Heterogene Gruppe von malignen Tumoren, die sich im Lymphgewebe bilden, jedoch keine Hodgkin-Lymphome sind. NHL´s unterscheiden sich sowohl histologisch, immunologisch und in ihren klinischen Eigenschaften als auch in ihrer Prognose und Therapie. (s.a. Hodgkin-Krankheit)
non-Hodgkin´s lymphoma (NHL)

Noonan-Syndrom. Hypergonadotrope Störung unbekannter Herkunft, die nur bei Männern auftritt, die eine kleine Statur und häufig Herzfehlbildungen aufweisen. Die Hodenfunktion kann normal sein, doch ist die Fruchtbarkeit häufig vermindert. Die Anzahl und die Morphologie der Chromosomen sind normal.
[J. Noonan, amerikanische Kardiologin, geb. 1928]
Noonan´s syndrome

Nootropika (pl.). Substanzen, die den Gehirnstoffwechsel und die Hirnleistung (z.B. Gedächtnis, Merkfähigkeit und Sprache) verbessern sollen. Die Wirksamkeit dieser Arzneimittel ist nicht abschließend

gesichert (Plazeboeffekt). – *adj.* nootropisch.
🇬🇧 nootropics

Noradrenalin. (Norepinephrin/Arterenol). Adrenerges Hormon (→ Katecholamin) und → Neurotransmitter, der eine Erhöhung des Blutdrucks durch Verengung der Gefäße (Vasokonstriktion) bewirkt, das Herzminutenvolumen dabei aber nicht beeinflusst. Es wird physiologischerweise im Nebennierenmark gebildet. Als Arzneimittel (z.B. Levarterenol) dient es der Aufrechterhaltung des Blutdrucks bei einer akuten Hypotonie in Folge einer Verletzung, Herzerkrankung oder eines Gefäßkollaps oder Schocks.
🇬🇧 norepinephrine

Nordamerikanische Pflegediagnosenvereinigung (NANDA). Professionelle Organisation von Pflegenden, die 1982 gegründet wurde. Das Ziel der Organisation ist es, »eine taxonomische Terminologie der Pflegediagnosen zur allgemeinen Anwendung durch die professionell Pflegenden zu entwickeln, zu verbessern und zu fördern«.
🇬🇧 North American Nursing Diagnosis Association (NANDA)

Norepinephrin. (→ Noradrenalin)
🇬🇧 norepinephrine

Norethisteron. → Gestagen, das zur Behandlung unphysiologischer Uterusblutungen und Endometriose eingesetzt wird; N. ist Bestandteil von oralen → Kontrazeptiva.
🇬🇧 norethindrone

Norfloxacin. Orales → Antibiotikum, das zur Behandlung von Harnwegsinfektionen verwendet wird.
🇬🇧 norfloxacin

Norgestrel. Synthetisches → Gestagen, das alleine oder mit → Östrogen als → Kontrazeptivum verabreicht wird.
🇬🇧 borgestrel

Norm. 1. Maß eines Phänomens, das allgemein als ideale Standardleistung akzeptiert wird und mit dem andere Werte des betreffenden Phänomens verglichen werden; Durchschnittswert; Richtlinie. 2. Abkürzung für normal.
[*lat.:* norma, Regel]
🇬🇧 norm

norm(o)-. Vorsilbe mit der Bedeutung »normal«.
🇬🇧 norm(o)-

Normalität, Förderung der. → Pflegeintervention der → NIC, die definiert wird als die Unterstützung der Eltern und anderer Familienangehöriger von Kindern mit chronischen Erkrankungen oder Behinderungen zur Gewährleistung normaler Lebenserwartungen für die Kinder und ihre Familien.
🇬🇧 Normalization Promotion

Normallösung. Lösung, die das Grammäquivalent eines Reagens in einem Liter gelöst enthält. Sie wird mit N/l oder N dargestellt.
🇬🇧 normal solution

Normalverteilung. (Statistik) Theoretische Häufigkeitsverteilung variabler Daten, die im Allgemeinen graphisch durch eine glockenförmige Kurve dargestellt wird, die im Mittelwert ihren Höhepunkt erreicht.
🇬🇧 normal distribution

Normoblast. Kernhaltige Zellvorform eines erwachsenen zirkulierenden Erythrozyten im Knochenmark. Nach der Ausstoßung des Zellkerns eines N.en wird die Zelle zu einem Erythrozyten, der auch als Retikulozyt bezeichnet wird und in den Blutkreislauf gelangt.
🇬🇧 normoblast

normochrom. Zu einer Blutzelle gehörend, die eine normale Farbe aufweist, welche durch die Präsenz einer angemessenen Hämoglobinmenge gewährleistet wird.
[*lat.:* norma, Regel; *griech.:* chroma, Farbe]
🇬🇧 normochromic

Normoglykämie. Normaler Blutzuckerspiegel (4,2 bis 5,3 mMol/l). – *adj.* normoglykämisch.
🇬🇧 normoglykemia

N

normoton. Bezeichnung für normalen Tonus, normale Spannung oder normalen Druck (z.B. Blutdruck).
normotensive

Normozyt. Normale, gesunde, erwachsene rote Blutzelle (→ Erythrozyt).
normocyte

Normwerte, chemische. Konzentrationen verschiedener chemischer Substanzen im gesunden Körper. Standardwerte werden als Konzentrationsbereiche ausgedrückt und variieren zwischen verschiedenen Altersgruppen sowie von Labor zu Labor.
chemistry, normal values

Nortriptylin. Trizyklisches → Antidepressivum, das zur Behandlung mentaler Depressionen Anwendung findet.
nortriptyline hydrochloride

nosokomial. Zu einem Krankenhaus gehörend.
[*griech.:* nosokomeion, Krankenhaus]
nosocomial

N

Nosokomialinfektion. (Krankenhausinfektion). Infektion, die innerhalb von 72 Stunden nach einer Krankenhauseinweisung erworben und häufig durch Candida albicans, Escherichia coli, Hepatitisviren, Herpes-zoster-Viren, Pseudomonas oder Staphylokokken verursacht wird. Um N.en zu verhindern, müssen alle erforderlichen Maßnahmen der Hygiene, Aseptik und Antiseptik eingehalten, organisatorische Maßnahmen ergriffen (z.B. Isolierung infektiöser Patienten), Chemotherapeutika und Antibiotika kritisch und gezielt verabreicht und entsprechende administrative Regulationen entwickelt und eingehalten werden. (s.a. Hospitalismus)
nosocomial infection

Nosologie. Wissenschaft der Klassifizierung von Krankheiten.
nosology

Notaufnahme. Spezieller Krankenhausbereich, der ausgelegt ist, um Patienten, die unter einem Trauma oder sonstigen, plötzlich aufgetauchten medizinischen Problemen leiden, aufzunehmen und zu behandeln.
emergency room (ER)

Notfall. Bezeichnung für eine plötzlich entstehende, gefährliche Situation, die das Leben bzw. die Gesundheit einer Person bzw. einer Personengruppe beeinträchtigt.
emergency

Notfallambulanz. Abteilung in einem Krankenhaus, die mit besonders geschultem Personal ausgestattet ist, um eine rasche Notfallversorgung durchführen zu können, insbesondere für Personen, die von einer plötzlichen und akuten Krankheit befallen sind oder die Opfer eines schweren Traumas sind.
emergency department (ED)

Notfallmedizin. Zweig der Medizin, der sich mit der Diagnose und Behandlung von Patienten beschäftigt, die ein Trauma erlitten haben oder von einer plötzliche, lebensbedrohlichen Krankheit bedroht sind.
emergency medicine

Notfallpflege. → Pflegeintervention der → NIC, die definiert wird als die Gewährleistung von lebensrettenden Maßnahmen in lebensbedrohlichen Situationen.
Emergency Care

Notfallwagen, Kontrolle des. → Pflegeintervention der → NIC, die definiert wird als die systematische Überprüfung der Ausstattung eines Notfallwagens in regelmäßigen Abständen.
Emergency Cart Checking

Notzucht. (→ Vergewaltigung)
rape

Noxe. (Krankheitsursache). Schädliche, verletzende oder nachteilig auf die Gesundheit wirkende Substanz oder Bedingung.
[*lat.:* noxa, Schaden]
noxa

nozizeptiv. Eigenschaft von Nervenrezeptoren, die Schmerzreize vermitteln.
[*lat.:* nocere, schaden; capere, erhalten]
nociceptive

Nozizeptor. (Schmerzrezeptoren). Somatische und viszerale freie Nervenendigung von dünnen markhaltigen oder marklosen Fasern, die im Allgemeinen auf Gewebeverletzungen reagieren, aber auch durch endogene chemische Substanzen erregt werden können. N.en sind für die Wahrnehmung von Schmerzreizen verantwortlich.
nociceptor

NSAR. Abkürzung für → nichtsteroidale Antirheumatika.
NSAID

Nucha. Nacken.
nucha

Nucleus pulposus. Zentraler Teil jedes Wirbelkörpers der Wirbelsäule (Zwischenwirbelscheibe), der aus einer gallertartigen elastischen Substanz besteht, die mit zunehmendem Alter an Elastizität verliert.
nucleus pulposus

nukl-. Vorsilbe mit der Bedeutung »Kern, Zellkern, Atomkern«.
nucl-

nuklear. 1. Den Atomkern betreffend. 2. Den Zellkern betreffend.
[*lat.:* nucleus, Kern]
nuclear

Nuklearmedizin. Medizinische Disziplin, die in der Diagnostik und Behandlung von Krankheiten radioaktive Isotope in Form von Radiopharmaka, Kernstrahlungsmesstechniken oder Radionuklidtherapien einsetzt. Zu den wichtigsten Bereichen der N. gehören physiologische Funktionsstudien, Röntgendarstellungen und therapeutische Techniken.
nuclear medicine

Nukleinsäure. Polymerverbindung mit hohem Molekulargewicht, die aus → Nukleotiden gebildet wird, die jeweils aus einer Purin- oder Pyrimidinbase, sowie aus Ribose oder Desoxyribosezucker und einer Phosphatgruppe bestehen. N.en sind bei der Energiespeicherung und -freisetzung sowie bei der Bestimmung und Übertragung von genetischen Merkmalen beteiligt. Zu den N.en zählt man die → Desoxyribonukleinsäure (DNS) und die → Ribonukleinsäure (RNS).
nucleic acid

Nukleolus (pl. Nukleoli). Sammelbegriff für kleine dichte Strukturen, die weitgehend aus → Ribonukleinsäure (RNS) bestehen und innerhalb des Zytoplasmas einer Zelle zu finden sind. Nukleoli spielen bei der Bildung der → Ribosomen eine wesentliche Rolle, die die Zellproteine synthetisieren. Die Nukleoli lösen sich bei der Zellteilung auf.
[*lat.:* Kernchen]
nucleolus

Nukleon. Sammelbegriff für → Protonen und → Neutronen innerhalb eines Atomkerns.
nucleon

Nukleosid. Komponente und Abbauprodukt eines → Nukleotids, das aus einer Stickstoffbase in Verbindung mit einem Einfachzucker (→ Pentose) besteht.
nucleoside

Nukleosom. Sich wiederholende Einheiten von Nukleoproteinen (Grundeinheit des → Chromatins), die aus → Histonen bestehen und mit Desoxyribonukleinsäure einen Komplex bilden, der einer Perlenschnur ähnelt und sich in bestimmten Abständen über das Chromosom verteilt wiederholt.
nucleosome

Nukleotid. Verbindung, die einen Baustein der → Nukleinsäuren bildet und die durch die Wirkung eines Enzyms (Nuklease) aufgespalten wird. Ein N. besteht aus einer Phosphatgruppe, einem Einfachzucker (→ Pentose) und einer Stickstoffbase. Ketten solcher Strukturen bilden die → Desoxyribonukleinsäure (DNS) und/oder die → Ribonukleinsäure (RNS), welche lebenswichtige Substanzen sind.
nucleotide

Nukleus (pl. Nuklei). 1. Zentrales kontrollierendes Körperchen innerhalb einer lebenden Zelle, die meist als runde Einheit in eine Membran eingeschlossen ist und den genetischen Code zur Erhaltung lebender Systeme von Organismen sowie

zur Aussendung von Befehlen für Wachstum und Vermehrung enthält. 2. Eine Gruppe von Nervenzellen im Zentralnervensystem, die gemeinsame Funktionen haben, z.B. die Unterstützung des Gehör- oder Geruchssinns. 3. Zentrum eines Atoms, um das sich die Elektronen bewegen. 4. Zentrales Element einer organischen chemischen Verbindung oder Gruppe von Verbindungen.
[*lat.:* Kern]
nucleus

Nuklid. Spezieller Atomkern (Nukleus), der durch eine bestimmte Anzahl an Protonen und Neutronen gekennzeichnet ist.
nuclide

Nullipara. Frau, die noch kein Kind geboren hat.
nonparous

Nullpunkt, absoluter. Temperatur, bei der alle molekularen Bewegungen zum Stillstand kommen. Es handelt sich um den theoretisch niedrigsten Wert, der aus Berechnungen und Prognosen aus Experimenten über das Verhalten von Gasen bei extrem niedrigen Temperaturen abgeleitet wird. Der absolute Nullpunkt wird mit 0 Kelvin = -273° Celsius angegeben.
absolute zero

N

Nummerierungssystem, allgemein gültiges. Allgemein anerkanntes System zur Identifizierung und Benennung der Zähne. Die Milchzähne werden mit den Buchstaben A bis T bzw. mit den Zahlen 1 bis 20 und dem Buchstaben d benannt. Den Zähnen des permanenten Gebisses werden die Zahlen 1 bis 32 zugeordnet.
universal numbering system

Nursing Minimum Data Set (NMDS). Informationsreihe, die in Kurzform Definitionen und Kategorien im Zusammenhang mit spezifischen Dimensionen der Pflege so vereinheitlicht, dass sie das Informationsbedürfnis der zahlreichen Anwender der Daten im Gesundheitssystem erfüllt. Dies ist der erste Versuch, alle wesentlichen pflegerischen Daten zu standardisieren.
nursing minimum data set (NMDS)

Nursing Research. Zeitschrift, die zweimonatlich erscheint und fachspezifische Aufsätze (Papers) sowie andere Informationen über die Pflegeforschung veröffentlicht. Ziel der Zeitschrift ist es, die Forschung in der professionellen Pflege anzuregen und Ergebnisse der Forschung zu verbreiten und allgemein zugänglich zu machen.
Nursing Research

nutritiv. Zur Nahrung oder zum Essverhalten gehörend, die die → Ernährung der Körpergewebe durch Abbau von Nahrungsmitteln gewährleistet.
[*lat.:* nutrire, ernähren]
nutritional

Nyktalopie. (Nachtblindheit). Schlechtes Sehvermögen in der Nacht oder im Dämmerlicht, das durch eine verminderte Synthese von Rhodopsin, Vitamin-A-Mangel, Degeneration der Netzhaut (Retina) oder eine angeborenene Störung (z.B. Ausfall der Stäbchen) verursacht wird.
[*griech.:* nyx, Nacht; alaos, blind; ops, Auge]
nyctalopia; night-blindness

Nyktophobie. Angstreaktion, die durch eine obsessive, irrationale Angst vor der Dunkelheit gekennzeichnet ist.
[*griech.:* nyx, Nacht; phobos, Angst]
nyctophobia

Nymphomanie. Psychosexuelle Störung bei Frauen, die durch ein unersättliches Bedürfnis nach sexueller Befriedigung gekennzeichnet ist. Die N. steht häufig im Zusammenhang mit unterbewussten Konflikten bezüglich des persönlichen Selbstwertgefühls. – *adj.* nymphoman.
[*griech.:* nymphe, Mädchen; mania, Verrücktheit]
nymphomania

Nystagmus. (Augenzittern). Unfreiwillige rhythmische Bewegung der Augen. Der Ausschlag kann horizontal, vertikal, rotierend oder in alle Richtungen verlaufen. Ein *Rucknystagmus* ist durch schnellere Bewegungen in die eine als in die andere Richtung gekennzeichnet. Ein *Pendelnystagmus* weist einen Ausschlag auf, der etwa in beide Richtungen gleich ist. Der *Labyrinth-* oder *Vestibularisnystagmus* ist häufig rotierend und wird oft von Schwindel (Vertigo) und Übelkeit begleitet. Ein Vertikalnystagmus ist kennzeichnend für Krankheiten des Hirnstamms. Ein *wippender Nystagmus*, bei dem das eine Auge nach oben, das andere nach unten wandert, kann bei einer bilateralen → Hemianopsie beobachtet werden.

[*griech.*: nystagmos, nicken]
nystagmus

Nystatin. → Antimykotikum und → Antibiotikum, das zur Behandlung von Pilzinfektionen des Gastrointestinaltraktes, der Vagina und der Haut eingesetzt wird.
nystatin

O

O. Symbol für das chemische Element → Sauerstoff (O_2 = Sauerstoffmolekül).
O

Oat-Zell-Karzinom. Malignes Epithelneoplasma, das meist in den Bronchien auftritt und aus kleinen kompakten, runden, ovalen oder spindelförmigen Epithelzellen besteht, die dunkel gefärbt sind und neurosekretorische Körnchen sowie wenig oder kein Zellplasma enthalten. Tumore, die durch solche Zellen gebildet werden, bilden keine uniforme Masse, sondern verbreiten sich entlang den Lymphbahnen der Schleimhäute. Viele maligne Lungentumore sind O.-Z.-K.e.
oat cell carcinoma

ob-. Vorsilbe mit der Bedeutung »gegenüber, entgegen«.
ob-

Obduktion. Gerichtlich angeordnete (forensische) medizinische → Autopsie.
[*lat.:* obducere, darüber ziehen]
obduction; postmortem examination

Oberarmschlagader. (→ Arteria brachialis)
brachial artery

Oberarmspeichenmuskel. (→ Musculus brachioradialis)
brachioradialis

Oberarmvene. (→ Vena brachialis)
brachial vein

Oberflächenbiopsie. Das Entnehmen von Gewebeproben zur mikroskopischen Untersuchung durch Abschaben von einer Wundoberfläche.
surface biopsy

Oberflächenthermometer. Instrument, das die Oberflächentemperatur von beliebigen Körperteilen misst und anzeigt.
surface thermometer

Oberkieferhöhle. (Sinus maxillaris). Eine von zwei großen Luftzellen, die eine pyramidenförmige Höhle im Oberkiefer bilden.
maxillary sinus

Oberkieferschlagader. (→ Arteria maxillaris)
maxillary artery

Oberkiefervene. (→ Vena maxillaris)
maxillary vein

Obesität. (Fettleibigkeit). Unphysiologische Zunahme des Anteils an Fettzellen, vorwiegend in den Eingeweiden (Viszera) und im subkutanen Gewebe des Körpers. Die O. kann exogen oder endogen bedingt sein. Eine hyperplastische O. wird durch die übermäßige Vermehrung von Fettzellen in einer zunehmend adipösen Gewebemasse verursacht. Die hypertrophe O. resultiert aus einem Wachstum der Fettzellen in eine zunehmend adipösen Fettmasse. Wiegt eine Person mehr als 20% ihres erwünschten Körpergewichts (entsprechend Alter, Geschlecht, Größe und Konstitution), spricht man von einer O. Da ein »normaler« Mensch zu 25% aus Fett besteht, kann dieser Anteil bei einer Person mit O. verdoppelt werden. (→ Adipositas)
[*lat.:* obesitas, Fettsucht]
obesity

Obex. Kleine rechteckige Membran, die sich im unteren (kaudalen) Winkel der Rautengrube oder im vierten Hirnventrikel findet.
obex

objektiv. Zu Phänomenen oder klinischen Ergebnissen gehörend, die nachweisbar sind und nicht aus einer subjektiven Einschätzung resultieren. Ein o.es Ergebnis wird in der Gesundheitspflege häufig als ein Anzeichen beschrieben, das sich von einem Symptom unterscheidet, das nur subjektiv wahrgenommen wird.
objective

obligat. Bezeichnung für die Eigenschaft, nur unter bestimmten Umgebungsbedingungen überleben zu können, z.B. o.e Parasiten, o.e Aerobier, die ohne Sauerstoff nicht überleben können, oder o.e Anaerobier, die bei Vorhandensein von Sauerstoff nicht überleben können (z.B. Clostridium tetani).
[*lat.:* obligare, binden]
obligate

obliquus. (schräg). Schräge Richtung oder eine entsprechende Abweichung von einer senkrechten oder horizontalen Linie, z.B. Schrägbruch oder → Schräglage.
[*lat.:* obliquus, schräg]
oblique

Obliteration. Entfernung oder Verlust der Funktion eines Körperteils durch Operation, Erkrankung oder Degeneration; Verstopfung oder Verödung, z.B. von Gefäßen.
[*lat.:* oblinere, verstopfen]
obliteration

Obsession. Dauerhaft zwanghaft vorhandener Gedanke oder Zwangsvorstellung, mit denen ein Betroffener kontinuierlich und unfreiwillig beschäftigt ist und die nicht mit Logik oder Vernunft beendet werden können. Beispiele für eine O. sind Waschzwang oder Platzangst. – *adj.* obszessiv.
[*lat.:* obsessio, Besetztsein]
obsession

obsolet. Veraltet; aufgrund des Alters oder eines Funktionsverlustes nicht mehr gebräuchlich; nutzlos.
obsolete

Obstipation. (Stuhlverstopfung). Anerkannte → NANDA-→ Pflegediagnose; Zustand, zu dessen Ursachen die unzureichende Zufuhr von Flüssigkeit und Ballaststoffen, körperliche Inaktivität, Nebenwirkungen von Arzneimitteln, chronische Einnahme von Abführmitteln und Klysmen, gastrointestinale obstruktive Läsionen, neuromuskuläre oder skelettmuskulatorische Störungen und eine schwache abdominelle Muskulatur gehören. Zu den kennzeichnenden Merkmalen zählen verminderte Ausscheidungshäufigkeit, harter Stuhl, tastbare Masse im Rektum, verminderte Darmgeräusche und der Bericht über ein abdominelles oder rektales Druck- oder Völlegefühl. (→ Obstipationsprophylaxe)
[*lat.:* constipare, zusammendrängen.]
constipation

Obstipation. Bezeichnung für Schwierigkeiten beim Stuhlgang bzw. für zu wenig oder unregelmäßigen, harten Stuhlgang. Organische Ursachen sind Obstruktionen des Darmes, Divertikulitis und Tumore. Bei älteren oder bettlägerigen Patienten können funktionelle Darmstörungen auftreten, die durch eine Unterdrückung der Darmentleerung ausgelöst werden.
[*lat.:* ob, gegen; stipare, stopfen]
obstipation

Obstipation, Kolon. Anerkannte → NANDA-→ Pflegediagnose; Zustand, bei dem die individuellen Ausscheidungsmuster durch harten trockenen Stuhl gekennzeichnet sind, die zu einer verzögerten Passage der Nahrungsrückstände führt. Zu den kennzeichnenden Merkmalen zählen verminderte Ausscheidungshäufigkeit, harter, trockener Stuhl, schmerzhafte Defäkation, abdominelle Aufblähung und eine tastbare Masse im Kolon.
constipation, colonic

Obstipation, rektal. Anerkannte → NANDA-→ Pflegediagnose; Zustand, bei dem die individuellen Ausscheidungsgewohnheiten durch Stuhlretention, normale Stuhlkonsistenz und eine verzögerte Ausscheidung gekennzeichnet sind, die durch biopsychosoziale Störungen verursacht werden. Es kann zu abdo-

O

minellen Beschwerden, rektalem Völlegefühl und einer Veränderung der abgehenden Winde kommen.
constipation, rectal

Obstipation, subjektive. Anerkannte → NANDA-→ Pflegediagnose; Selbstdiagnose einer Obstipation und Gewährleistung der täglichen Stuhlausscheidung durch die Verwendung von Laxanzien, Klysmen und Suppositorien. Kennzeichnendes Merkmal ist die Erwartung des täglichen Stuhlgangs (möglicherweise zur gleichen Uhrzeit jeden Tag), wobei es zur übermäßigen Anwendung von Laxanzien, Klysmen und Suppositorien kommt.
constipation, perceived

Obstipation/Stuhlverhaltung, Pflege bei. → Pflegeintervention der → NIC, die definiert wird als die Vorbeugung und Linderung einer Obstipation oder Stuhlverhaltung. (→ Obstipationsprophylaxe)
Constipation/Impaction Management

Obstipationsprophylaxe. Pflegemaßnahmen, um die Entwicklung einer → Obstipation bei dafür gefährdeten Patienten zu verhindern. Zu den Maßnahmen zählt eine ausreichende Verabreichung von Getränken, frühzeitige Mobilisation, Verabreichung von balaststoffreichem Essen (z.B. Joghurt, Vollkornbrot, Salate, Gemüse, Sauerkraut), Vermeiden von stopfenden Nahrungsmitteln (z.B. Schokolade, Bananen, Weißbrot), Darmtraining durch Erhaltung des Tagesrhythmus, Massieren des Darms, um die Peristaltik anzuregen.
constipation prophylaxis

Obstruktion. (Obstipation). Verschluss, Verlegung oder Verstopfung eines Körperkanals oder -gefäßes.
[*lat.:* obstruere, verbauen]
obstruction

Obturation. Verlegung oder Verstopfung einer Körperöffnung, eines → Lumens oder eines Hohlraums, z.B. bei einer Magen-Darm-Blockade.
[*lat.:* obturare, verstopfen]
obturation

Obturationsatelektase. Schwere Lungenstauung mit diffuser Verletzung der Alveolarkapillarmembranen; führt zu hämorrhagischem Ödem, Lungenrigidität, Atemschwierigkeiten und Ateminsuffizienz. (→ Atelektase)
[*lat.:* congerere, ansammeln; *griech.:* ateles, unvollständig, ektasis, dehnen.]
congestive atelectasis

Obturator. Vorrichtung, die eine Passage oder einen Kanal blockiert oder einen Raum ausfüllt, z.B. Verschlussmandrin oder eine Prothese, die implantiert wird, um eine Lücke im Gaumen bei einer Gaumenspalte zu verschließen.
obturator

Ochronose. Angeborene Störung des Proteinstoffwechsels, die durch eine Ansammlung (Akkumulation) von Homogentisinsäure gekennzeichnet ist, was zu bräunlich-schwarzen Pigmentablagerungen in der Bindehaut und im Knorpelgewebe sowie zu einer degenerativen Arthritis führt.
ochronosis

Oddi-Sphinkter. (Sphinkter Oddi). Schließmuskel aus zirkulären Muskelfasern um den unteren Teil des gemeinsamen Gallengangs und um den Pankreasgang vor dem Eintritt in den Zwölffingerdarm (Duodenum).
[R. Oddi, italienischer Chirurg, 1864–1913; *griech.:* sphingein, verbinden]
Oddi's sphincter

Ödem. Unphysiologische Ansammlung von Flüssigkeit im interstitiellen Geweberaum, wie z.B. Herzbeutel (Perikard), Intrapleuralraum, Bauchhöhle (Peritoneum) oder Gelenkkapseln. – *adj.* ödematös.
[*griech.:* oidema, Schwellung.]
edema

ödematogen. Ödeme verursachend.
edematogenic

Ödipuskomplex. 1. (Psychoanalyse) Wunsch eines Kindes nach einer sexuellen Beziehung mit dem Elternteil des jeweils anderen Geschlechts, im Allgemeinen mit starken negativen Gefühlen für das gleichgeschlechtliche Elternteil. 2. Wunsch eines Sohnes nach einer sexuellen Beziehung zu seiner Mutter.
[Ödipus, König der griechischen Mythologie, der seinen Vater erschlagen und seine Mutter geheiratet hat]
Oedipus complex

odont-. Vorsilbe mit der Bedeutung »Zahn«.
odont-

Odontalgie. Zahnschmerzen.
[*griech.:* odous, Zahn; algos, Schmerz]
odontalgia

Odontoblasten (pl.). (Zahnbeinbildner). Bindegewebszellen der Peripherie der Zahnpulpa, die sich zum primären und sekundären → Dentin entwickeln.
[*griech.:* odous, Zahn; blastos, Keim]
odontoblasts

Odontogenese. Ursprung und Bildung der sich entwickelnden Zähne. – *adj.* odontogen.
[*griech.:* odous, Zahn; genein, produzieren]
odontogenesis

Odontologie. Wissenschaftliches Studium der Anatomie und Physiologie der Zähne und der sie umgebenden Strukturen in der Mundhöhle.
[*griech.:* odous, Zahn; logos, Wissenschaft]
odontology

Odontom. Anomalie im Mund, die einem harten Tumor gleicht; z.B. knoten- oder zahnbeinähnliche Gebilde aus → Dentin, Zahnschmelz oder Zahnzement.
[*griech.:* odous, Zahn; oma, Tumor]
odontoma

Odontom, ameloblastisches. Tumor im Zahnbereich mit einem → Ameloblastom im Inneren einer Zahngeschwulst (Odontom).
ameloblastic odontoma

Odor. Geruch oder Duft; der Geruchssinn wird aktiviert, wenn Moleküle aus der Luft die Rezeptoren des I. Hirnnervs stimulieren.
[*lat.:* Geruch]
odor

-(o)dynie. Nachsilbe mit der Bedeutung »Schmerz«.
-(o)dynia

Odynophagie. Intensive Empfindung eines brennenden drückenden Schmerzes beim Schlucken, der durch eine Reizung oder Erkrankung der Schleimhaut der Speiseröhre (Ösophagus) verursacht wird; z.B. durch gastroösophagischen Reflux, Bakterien- oder Pilzinfektion, Tumor, Achalasie oder chemische Reizung.
[*griech.:* odyne, Schmerz; phagein, schlucken]
odynophagia

Öffnungsdruck. Der Druck, der mit Hilfe eines Manometers zu Beginn eines gemessenen Flusses aufgezeichnet wird, z.B. nachdem eine Spinalnadel in den Subarachnoidalraum eingeführt worden ist.
opening pressure

OH. Symbol für Hydroxyl.
OH

Ohm. Maßeinheit für den elektrischen Widerstand. Ein O. entspricht dem Widerstand eines Leiters, bei dem ein elektrisches Potential von 1 Volt einen Strom von 1 Ampere produziert.
[G. Ohm, deutscher Physiker, 1787–1854]
ohm

Ohm-Gesetz. Prinzip, das besagt, dass die Stärke oder Intensität eines unveränderlichen elektrischen Stroms sich direkt proportional zur elektromotorischen Kraft und indirekt proportional zum Widerstand des Stroms verhält.
[G. Ohm]
Ohm´s law

Ohnmacht. Anerkannte → NANDA-→ Pflegediagnose; Wahrnehmung eines Kontrollverlustes über eine aktuelle Situation oder ein Problem oder Gefühl, dass keine

O

der möglichen Handlungen das Ergebnis einer gegebenen Situation beeinflussen wird. Ein starkes Ohnmachtsgefühl umfasst die Äußerung des Klienten, keine Kontrolle oder keinen Einfluss über die Selbstpflege, eine bestimmte Situation oder mögliche Ergebnisse zu haben, Depressionen im Zusammenhang mit einer körperlichen Verschlechterung trotz Befolgung der Verordnungen. Mäßige Ohnmachtsgefühle äußern sich in einer Nichtteilnahme oder Interesselosigkeit des Klienten an der Pflege, an Entscheidungen bezüglich der Verordnungen, verbaler Ausdruck von Unzufriedenheit und Frustration bezüglich der Unfähigkeit, frühere Aktivitäten ausführen zu können, Zurückhaltung im Ausdruck wahrer Gefühle, Entfremdung von anderen, allgemeine Reizbarkeit oder Passivität, Ausdruck von Wut, Schuld oder Zweifel bezüglich der Rollenausübung. Zu den passiven Merkmalen gehören der Ausdruck einer Unsicherheit bezüglich veränderlicher Energielevels.
powerlessness

Ohnmacht. Vorübergehender Verlust des Bewusstseins, wie z.B. bei einem synkopischen Anfall. (→ Synkope)
faint

Ohr. Mit Hör- und Gleichgewichtssinn ausgestattetes Sinnesorgan. Besteht aus Außen-, Mittel- und Innenohr. Das Außenohr umfasst die mit Haut bedeckte, knorpelige Ohrmuschel sowie den externen Hörkanal, der sich außerhalb des Schädels befindet. Das Mittelohr besteht aus drei winzigen Knochenteilen, nämlich Hammer, Amboss und Steigbügel, die Schwingungen von Schallwellen übertragen, die zum Trommelfell im ovalen Vorhofsfenster des Innenohr vordringen. Das Innenohr besteht aus zwei Organen: dem Vestibularapparat, der für das Gleichgewicht verantwortlich ist, und dem Corti-Organ, das die aus dem Mittelohr kommenden Schwingungen in Nervenimpulse umwandelt, die vom Gehirn als Geräusche interpretiert werden.
ear

Ohrenpflege. → Pflegeintervention der → NIC, die definiert wird als die Vorbeugung oder Minimierung von Schädigungen der Ohren bzw. des Hörvermögens.
Ear Care

Ohrenschmerz. Schmerz im Ohr, der scharf, pochend, brennend, vorübergehend oder dauerhaft sein kann. Die Ursache ist nicht unbedingt eine Ohrkrankheit, da oftmals Infektionen und andere Erkrankungen von Nase, Mundhöhle, Rachen und Unterkiefergelenk O.en hervorrufen können.
earache

Ohrentropfen. Topisch anwendbare, flüssige Arzneiform für die lokale Behandlung verschiedener Ohrerkrankungen, wie z.B. gegen Entzündungen bzw. Infektionen des äußeren Ohrkanals oder bei Zeruminalpropf.
eardrops

Ohrspeicheldrüse. (→ Parotis)
parotid gland

Okklusion. (Verschluss). 1. Blockade in einem Kanal, einem Gefäß oder einer Körperpassage. 2. Endstellung beim Zusammenbeißen der Schneide- und Mahlzähne von Ober- und Unterkiefer.
[*lat.:* occludere, verschließen]
occlusion

okklusiv. (verschließend/obturierend). Zu einem Verschluss (→ Okklusion) gehörend; z.B. die Endstellung beim Zusammenbeißen der Zähne von Ober- und Unterkiefer oder ein → Okklusivverband.
occlusal, occlusive

Okklusivverband. Verband, der verhindert, dass Luft an eine Wunde oder Läsion gelangt, und der Feuchtigkeit, Körperwärme und -flüssigkeiten sowie Medikationen zurückhält. Ein O. kann aus dünnem Plastik bestehen, das mit einem transparenten Pflaster befestigt wird.
occlusive dressing

okkult. Verborgen oder nur schwer erkennbar, z.B. o.es Blut.
[*lat.*: occultare, verbergen]
occult

Ökologie. Erforschung der Beziehungen zwischen lebenden Organismen und deren natürlichen Umgebung.
[*griech.*: oekos, Haus, logos, Wissenschaft.]
ecology

Ökosystem. Summe aller lebenden und nicht lebenden Organismen und Objekte, die das Leben in einem bestimmten Bereich beeinflussen.
ecosystem

okular. Zum Auge gehörend.
ocular

okulo-. Vorsilbe mit der Bedeutung »Auge«.
oculo-

okulomotorisch. Zu den Bewegungen des Augapfels gehörend; z.B. der okulomotorische Nerv, der für die Augenbewegungen verantwortlich ist und bestimmte extrinsische und intrinsische Augenmuskeln versorgt.
oculomotor

okzipital. 1. Zum Hinterkopf (→ Okziput) gehörend. 2. Nahe dem Hinterhauptbein (Os occipitale) gelegen, z.B. der Hinterhauptlappen.
occipital

Okzipitallappen. (Hinterhauptlappen). Einer von 5 Lappen jeder Hirnhälfte (Hemisphäre) im Großhirn, die einen relativ kleinen Teil der Pyramide des Hinterhaupts besetzen. Der O. liegt neben dem Hinterhauptbein (Os occipitale) und weist eine mediale, laterale und obere Oberfläche auf.
occipital lobe

okzipitofrontal. Die Linie zwischen Hinterhauptbein (→ Os occipitale) und Stirnknochen des Schädels betreffend.
[*lat.*: occiput, Hinterkopf; frons, Stirn]
occipitofrontal

Okziput. (Hinterhaupt). Hinterer Teil des Kopfes.
occiput

Öl. Sammelbezeichnung für eine große Anzahl von fetten flüssigen Substanzen, die nicht mit Wasser mischbar sind. Ö. kann fixiert werden oder flüchtig sein und besteht aus tierischen, pflanzlichen oder mineralischen Substanzen. In der Pharmakologie werden z.B. leichtflüchtige Ö.e in der Aromatherapie und ätherische Ö.e als Expektoranzien verwendet.
[*lat.*: oleum, Öl]
oil

Olekranon. Körpernaher (proximaler) Vorsprung der Elle (Ulna), der die Spitze des Ellbogens bildet und sich bei gestrecktem Arm in die Fossa olecrani des Oberarmknochens (Humerus) einfügt. Das O. ist bei gebeugtem Ellbogengelenk gut sicht- und tastbar.
[*griech.*: olekranon, Ellbogen]
olecranon

Olekranonfraktur. Fraktur des knöchernen Vorsprungs der Elle (Ulna) am Ellenbogengelenk (Olekranon). Je nach den betroffenen Gelenkflächen und zusätzlichen Radiusverrenkungen unterscheidet man verschiedene Arten von O.en. Als Folge der Verletzung kann der Trizepsmuskel, der normalerweise der Streckung des Ellenbogens dient, spastisch werden.
[*lat.*: frangere, zerbrechen; *griech.*: olekranon, Ellenbogen]
fracture of olecranon

Oleom. Bezeichnung für Lipogranulome oder Schwellungen, die durch subkutane Injektion von Öl verursacht werden.
eleoma

olfaktorisch. Zum Geruchssinn gehörend.
olfactory

Oligämie. Zustand einer → Hypovolämie oder eines reduzierten intravaskulären Blutvolumens.
[*griech.*: oligos, wenig; haima, Blut]
oligemia

olig(o)-. Vorsilbe mit der Bedeutung »wenig«.
olig(o)-

Oligodaktylie. Angeborene Anomalie, die durch das Fehlen eines oder mehrerer Finger gekennzeichnet ist.
[gr.. oligos, wenig; dactylos, Finger]
oligodactyly

Oligodendroglia. Zelle des Zentralnervensystems, die → Myelin produziert und Bestandteil der → Neuroglia ist.
oligodendroglia

Oligodendrogliom. Hirntumor, der aus neuronalen ektodermalen Zellen (→ Oligodendroglia) besteht, die einen Teil des unterstützenden Bindegewebes für die Nervenzellen bilden.
[*griech.:* oligos, wenig; dendron, Baum; glia, Leim; oma, Tumor]
oligodendroglioma

Oligohydramnion. Unphysiologisch geringe Menge oder völliges Fehlen von Fruchtwasser.
[*griech.:* oligos, wenig; hydor, Wasser; amnion, Haut des Fötus]
oligohydramnios

Oligomenorrhö. Verlängertes Zyklusintervall der Menstruation mit einer teilweise unphysiologisch geringen Blutungsmenge.
[*griech.:* oligos, wenig; *lat.:* mensis, Monat; rhoia, Fluss]
oligomenorrhea

Oligosaccharid. Verbindung eines Kohlenhydrats, die aus einer geringen Anzahl von → Monosacchariden besteht (z.B. Rohrzucker).
oligosaccharide

Oligospermie. Unzureichende Menge an Spermien (→ Spermatozoen) im Samen.
[*griech.:* oligos, wenig; sperma, Samen]
oligospermia

Oligurie. Verminderte Fähigkeit, Urin zu bilden und auszuscheiden, d.h. weniger als 500 ml in 24 Stunden, wodurch die Endprodukte des Stoffwechsels (Metabolismus) nicht hinreichend ausgeschieden werden können. Eine O. kann zu einer → Urämie führen. – *adj.* oligurisch.
[*griech.:* oligos, wenig; ouron, Urin]
oliguria

olivopontocerebellar. Zum verlängerten Mark (Olive), Brücke (Pons) und Kleinhirn (Cerebellum) gehörend; z.B. o.e Atrophie.
olivopontocerebellar

Ölsäure. (Acidum oleinicum). Farblose, flüssige, einfach ungesättigte Fettsäure, die in den meisten natürlichen Fetten vorhanden ist.
oleic acid

-om(a). Nachsilbe mit der Bedeutung »Geschwulst, Tumor«.
-om(a)

Omarthritis. Entzündung des Schultergelenks.
omarthritis

Omentum. (Epiploon). Duplikatur und Ausdehnung des Bauchfells (Peritoneum), welche ein oder mehrere Organe einhüllt, die in der Umgebung des Magens gelegen sind. Man unterscheidet das kleine und das große O. (O. majus und O. minus). (→ großes Netz) – *adj.* omental.
[*lat.:* Fetthaut]
omentum

omni-. Vorsilbe mit der Bedeutung »alle, ganz, jeder«.
omni-

Omnipotenz. 1. Kindliche Wahrnehmung, dass die äußere Welt Teil eines Organismus ist, was zu einem primitiven Gefühl der Allmacht führen kann. 2.Fähigkeit einer Zelle, insbesondere einer Geschlechtszelle, sich zu irgend einer Spezialzelle zu entwickeln und dadurch einen neuen Organismus bzw. ein bestimmtes Körperteil zu bilden. – *adj.* omnipotent.
[*lat.:* omnipotens, allmächtig]
omnipotence; totipotency

Omphalitis. Entzündung des Nabelstumpfes bei Neugeborenen mit beträchtlicher

Rötung und Schwellung und in schweren Fällen mit eitrigem Exsudat.
[*griech.:* omphalos, Nabel; itis, Entzündung]
🇬🇧 omphalitis

Omphalos. (→ Nabel)
[*griech.:* ómphalós, Nabel]
🇬🇧 umbilicus

Omphalozele. (Nabel(schnur)bruch). Angeborene Hernienbildung der intraabdominalen Eingeweide (Viszera) durch einen Defekt in der Bauchwand um den Nabel herum.
[*griech.:* omphalos, Nabel; kele, Hernie]
🇬🇧 omphalozele

Onanie. Sexuelle Selbstbefriedigung durch manuelle Erregung der Geschlechtsorgane. (→ Masturbation)
🇬🇧 onania

onko-. Vorsilbe mit der Bedeutung »Geschwulst, Krebs«.
🇬🇧 onco-

Onkogen. Potentiell krebsauslösendes (→ karzinogenes) Gen. Unter normalen Umständen spielen solche Gene eine Rolle beim Wachstum und bei der Vermehrung von Zellen. Wenn sie jedoch in einer bestimmten Weise durch ein karzinogenes Agens (z.B. Strahlung, Chemikalien oder onkogene Viren) verändert werden, können sie dazu führen, dass die Zellen maligne entarten.
🇬🇧 oncogen

Onkogenese. Prozess der Initiierung und Unterstützung der Entwicklung einer malignen Geschwulst (Neoplasma) als Folge der Einwirkung von biologischen, chemischen oder physikalischen Agenzien. – *adj.* onkogenetisch.
[*griech.:* onkos, Geschwulst; genesis, Ursprung]
🇬🇧 oncogenesis

Onkologe. Facharzt, der auf die Untersuchung und Behandlung von neoplastischen Erkrankungen, insbesondere Krebserkrankungen, spezialisiert ist.
🇬🇧 oncologist

Onkologie. Fachbereich der Medizin, der sich mit der Untersuchung und Behandlung von malignen und kanzerösen Erkrankungen beschäftigt.
[*griech.:* onkos, Geschwulst; logos, Wissenschaft]
🇬🇧 oncology

Onkolyse. 1. Zerstörung oder Entfernung von neoplastischen Zellen durch Auflösung. 2. Reduzierung einer Schwellung oder Geschwulst. – *adj.* onkolytisch.
🇬🇧 onkolysis

Onkovirus. (→ onkogener Virus)
🇬🇧 oncogenic virus

Ontogenese. Entwicklungsgeschichte eines Organismus von einer einzelligen befruchteten → Zygote über den Zeitpunkt der Geburt, einschließlich aller Prozesse der Differenzierung und des Wachstums, bis zum Tod. – *adj.* ontogenetisch.
[*griech.:* ontos, Wesen; genein, produzieren]
🇬🇧 ontogeny

Onychie. Entzündung des Nagelbettes.
[*griech.:* onyx, Nagel]
🇬🇧 onychia

Onychodystrophie. Zustand fehlgebildeter oder entfärbter Finger- oder Fußnägel; Wachtumsstörung der Nägel durch einen Mangel an → Zystin.
[*griech.:* onyx, Nagel; dys, schlecht; trophe, Ernährung]
🇬🇧 onychodystrophy

Onycholyse. Abtrennung eines Nagels von seinem Nagelbett, die am freien Ende beginnt. Dies kann in Verbindung mit Psoriasis, Dermatitis, Pilz- oder Pseudomonas-Infektionen oder vielen anderen Zuständen stehen.
[*griech.:* onyx, Nagel; lysein, auflösen]
🇬🇧 onycholysis

Onychomykose. Pilzerkrankung eines Finger- oder Fußnagels durch Dermatophyten u.a. Durchblutungsstörungen, starke Fußschweißbildung oder das Tragen von

zu engen Schuhen fördern die Entstehung einer O.
[*griech.:* onyx, Nagel; mykes, Pilz; osis, Zustand]
onychomycosis

Onychose. Allgemeine Erkrankung oder Deformität (z.B. Atrophie oder Dystrophie) eines Nagels, die durch eine Dermatose oder Pilzerkrankungen verursacht werden kann.
[*griech.:* onyx, Nagel; osis, Zustand]
onychosis

Oo-. Vorsilbe mit der Bedeutung »Ei«.
Oo-

Oogamie. Sexuelle Vermehrung (Reproduktion) durch Befruchtung (Fertilisation) einer großen, nicht beweglichen weiblichen Keimzelle (→ Gamet) durch einen kleinen, aktiv beweglichen männlichen Gameten.
[*griech.:* oon, Ei; gamos, Hochzeit]
oogamy

Oogenese. (Ovogenese). Prozess der Entwicklung, des Wachstums und der Reifung (Maturation) einer weiblichen Keimzelle (→ Gamet) bzw. einer Eizelle.
[*griech.:* oon, Ei; genesis, Ursprung]
oogenesis

Oophorektomie. (Ovarektomie). Chirurgische Entfernung eines oder beider Eierstöcke (Ovarien), um eine Zyste, einen Tumor oder Abszesse zu entfernen, eine Endometriose zu behandeln oder bei Brustkrebs die Östrogenquelle auszuschalten, die einige Krebsformen stimuliert. Werden beide Eierstöcke entfernt, kommt es zur Sterilität und zur Menopause; bei Frauen vor der Menopause wird ein Eierstock oder ein Teil davon belassen, falls keine maligne Erkrankung vorliegt. Bei Frauen in oder nach der Menopause wird die O. routinemäßig in Verbindung mit einer → Hysterektomie durchgeführt.
[*griech.:* oophoron, Eierstock; ektome, ausschneiden]
oophorectomy

Oophoritis. Entzündung eines oder beider Eierstöcke (Ovarien), die häufig im Zusammenhang mit einer Eileiterentzündung (Salpingitis) oder anderen Infektionen auftritt.
oophoritis

Oophorosalpingitis. Entzündung beider Eierstöcke (Ovarien) und des Eileiters.
oophorosalpingitis

Oozyt. (Ovozyt). Ursprüngliche oder unvollständig entwickelte Eizelle (Ovum).
[*griech.:* oon, Ei; kytos, Zelle]
oocyte

OP. 1. Abkürzung für → Operation. 2. Abkürzung für Operationssaal.
OP/O.R.

OP-Bereich. Mehrere Operationssäle und dazugehörende Einrichtungen wie OP-Schleuse, Vorbereitungsraum, Waschraum, Sterilisationsraum und Aufwachraum.
surgical suite

OP-Schwester. (→ Instrumentierschwester)
scrub nurse

OP-Springer. Ausgebildete Person, die den Operationssaal vorbereitet, sterile Instrumente, Geräte und weiteres Zubehör auswählt, öffnet und bereitstellt. Darüber hinaus kontrolliert sie sämtliche unsterile Ausrüstung, die für die Operation benötigt wird, auf Funktionsfähigkeit, kümmert sich um Licht, betätigt Absauggeräte etc. Der OP-S. ist für die Aufrechterhaltung des sterilen Bereichs verantwortlich.
surgical technician

OP-Team, unsteriles. Mitglieder des OP-Teams, wie z.B. Anästhesist, Anästhesieschwester, OP-Springer etc., die OP-Kleidung tragen, aber keine sterilen Kittel oder Handschuhe und das sterile OP-Feld nicht betreten dürfen.
unscrubbed team members

opak. (undurchsichtig). 1. Zu einer Substanz oder Oberfläche gehörend, die die Passage von Licht weder übermitteln noch erlauben. 2. Weder durchsichtig (transparent) noch durchscheinend.
opaque

operabel. (operierbar). Für chirurgische Eingriffe zugänglich, z.B. eine Erkrankung oder Verletzung, mit einer Aussicht auf Besserung oder Heilung. (s.a. inoperabel)
[*lat.:* operare, arbeiten]
operable

operant. Aktion oder Reaktion, die ohne einen erkennbaren Stimulus erfolgt. Das jeweilige Ergebnis bestimmt, ob die Aktion oder Reaktion wiederholt wird; z.B. o.e Konditionierung.
[*lat.:* operare, arbeiten]
operant

Operation. Bezeichnung für jeden chirurgischen Eingriff, z.B. Appendektomie oder Hysterektomie. O.en werden aus diagnostischen oder therapeutischen Gründen durchgeführt.
operation

Operationen, Vorbereitungsmaßnahmen für. → Pflegeintervention der → NIC, die definiert ist als die Gewährleistung der Patientenpflege unmittelbar vor einer Operation, Überprüfung der erforderlichen Maßnahmen/Untersuchungen und Dokumentation sämtlicher Informationen in der Patientenkurve.
Surgical Preparation

Operationen, Vorsichtsmaßnahmen bei. → Pflegeintervention der → NIC, die definiert ist als die Minimierung des Potentials für iatrogene Verletzungen der Patienten bei chirurgischen Eingriffen.
Surgical Precautions

Operationsmikroskop. Binokulares → Mikroskop, das bei schwierigen Operationen, insbesondere an Augen oder Ohren, verwendet wird. Mit Hilfe von verschiedenen Linsen können z.B. bei der → Mikrochirurgie unterschiedliche Vergrößerungen erzielt werden.
operating microscope

Operon. (Molekularbiologie) Segment einer Desoxyribonukleinsäure (DNS), das aus einem Operatorgen oder mehreren Strukturgenen mit zusammenhängenden Funktionen besteht, welche durch das Operatorgen in Verbindung mit einem Regulatorgen kontrolliert werden. Auf diese Weise wird die genetische Transkription gesteuert.
operon

ophthalm(o)-. Vorsilbe mit der Bedeutung »Auge«.
ophthalm(o)-

Ophthalmie. Starke Entzündung der Bindehaut (Konjunktiva) und von tieferliegenden Teilen des Auges.
[*griech.:* ophthalmos, Auge]
ophthalmia

Ophthalmie, katarrhalische. Katarrhalische Bindehautentzündung mit Ausfluss.
[*griech.:* kata, nach unten; rhoia, Fluss; ophthalmos, Auge.]
catarrhal ophthalmia

Ophthalmie, sympathische. Infektiöse Entzündung eines Auges, die auf das andere übergreift.
sympathetic ophthalmia

Ophthalmika (pl.). Arzneimittel, die in der Augenheilkunde verwendet und direkt ins Auge verabreicht werden. Dies kann durch Instillation einer Creme, Salbe oder Flüssigkeit auf die Bindehaut (Konjunktiva) erfolgen. Zu den O. gehören Antibiotika, Vitamine, Filmbildner oder Glukokortikoide. Dazu sollte der Patient bequem mit überstrecktem Kopf sitzen oder liegen. Durch leichten Zug wird das untere Augenlid nach unten gezogen und das Ophthalmikum direkt auf die Bindehaut appliziert. Der Patient sollte dabei nach oben blicken. Das Medikament sollte nicht direkt das Auge berühren und nicht auf die Hornhaut (Kornea) aufgebracht werden. Anschließend wird das Augenlid vorsichtig losgelassen und der Patient aufgefordert, die Augen mehrmals zu schließen und nach oben und unten zu schauen.
ophthalmics

Ophthalmologe. Facharzt, der im Bereich der Augenheilkunde (Ophthalmologie) spezialisiert ist.
ophthalmologist

Ophthalmologie. Fachbereich der Medizin, der sich mit der Physiologie, Anatomie und Pathologie des Auges sowie mit der Diagnose und Behandlung von Augenerkrankungen beschäftigt. – *adj.* ophthalmologisch.
[*griech.:* ophthalmos, Auge; logos, Wissenschaft]
🇬🇧 ophthalmology

Ophthalmoplegie. (Augenmuskellähmung). Unphysiologischer Zustand, der durch eine Lähmung (Paralyse) des motorischen Augennervs gekennzeichnet ist. Eine beidseitige O. mit schnellem Fortschreiten steht häufig in Verbindung mit einer Myasthenie, Thiaminmangel, Botulismus oder einer akuten entzündlichen Hirnpolyneuropathie. Diese Erkrankungen sind potentiell sehr destruktiv und erfordern eine sofortige Behandlung.
[*griech.:* ophthalmos, Auge; plege, Schlag]
🇬🇧 ophthalmoplegia

Ophthalmoskop. Instrument zur Untersuchung des Augeninneren; es enthält eine Lichtquelle, einen Spiegel mit einer Öffnung und verschiedene Linsen unterschiedlicher Stärke. Mit Hilfe der Linsen kann die Augenstruktur in beliebiger Tiefe klar visuell dargestellt werden.
[*griech.:* ophthalmos, Auge; skopein, schauen]
🇬🇧 ophthalmoscope

Ophthalmoskopie. Technik zur Untersuchung des Auges mit Hilfe eines → Ophthalmoskops.
🇬🇧 ophthalmoscopy

Opiat. 1. Narkotisches Arzneimittel, das → Opium enthält oder ein Opiumderivat ist, sowie alle halbsynthetischen und synthetischen Arzneimittel mit einer opiumähnlichen Wirkung. 2. Substanz, die Schlaf oder Schmerzlinderung induziert. → Morphin und verwandte O.e können als Nebenwirkungen Übelkeit, Erbrechen, Schwindel und Verstopfung auslösen. (→ Opiatvergiftung/Opioide)
🇬🇧 opiate

Opiatrezeptor. (Opioidrezeptor). Gruppe von Hirnzellen, an die sich die körpereigenen → Opioide binden, z.B. → Morphin, → Endorphine und → Enkephaline. Einige Rezeptoren für Schmerzreaktionen sind am Sylvius-Aquädukt und im medianen Zentrum identifiziert worden; andere sind im Striatum gelegen.
🇬🇧 opiate receptor

Opiatvergiftung. Toxische Wirkung eines potenten → Opioids (Narkotikums), bis hin zur Depression von Hirnzentren, die zur Bewusstlosigkeit führen können. Eine akute Vergiftung äußert sich in Euphorie, Hitzegefühl und Juckreiz, gefolgt von einer verlangsamten Atmung, Hypotonie, erniedrigter Körpertemperatur und unphysiologisch langsamem Herzschlag (Bradykardie). Ein Opiat-Entzugssyndrom zeigt sich meist durch eine der O. entgegengesetzte Wirkung, je nach Dosis und Dauer der Abhängigkeit.
🇬🇧 opiate poisoning

opioid. Zu natürlichen oder synthetischen chemischen Substanzen gehörend, die eine opiumähnliche Wirkung haben, obwohl sie keine Opiumabkömmlinge sind. Beispiele hierfür sind Endorphine oder Enkephaline, die im Körpergewebe produziert werden, oder synthetisches Methadon. (→ Opium)
🇬🇧 opiod

Opioidantagonist. Arzneimittel, das vorwiegend zur Behandlung einer durch → Opioide induzierten Atemdepression verwendt wird; als O.en werden z.B. Nalorphin und Naloxon (meist parenteral) verabreicht.
🇬🇧 narcotic antagonist

Opioide (pl.). Synthetische oder körpereigene (z.B. Endorphine) Substanzen mit morphinartiger Wirkung. O. werden als Analgetika, Hustenmittel (Antitussiva) und zur Neuroleptanalgesie eingesetzt. Nebenwirkungen der O. sind vor allem Übelkeit und Erbrechen, Obstipation, Atemdepression, Pupillenverengung (Miosis) und Harnverhalten. O. (z.B Heroin) unterliegen wegen der hohen Suchtgefahr dem Betäubungsmittelgesetz. (→ Opiate/Morphin)
🇬🇧 opioids

Opioidvergiftung. Toxische Wirkung eines → Opioids, die bestimmte Hirnzentren dämpft und zu Bewusstseinsstörungen, Bewusstlosigkeit, Übelkeit, Pupillenverengung, Lungenödem oder Koma führen kann. Opioide stammen häufig von → Opium ab; andere Drogen, einschließlich Alkohol, können die gleichen Effekte haben.
narcotic poisoning

Opium. Milchiges Exsudat aus der Samenkapsel des Papaver somniferum und des Papaver album, das 9,5% Morphin enthält. O. ist ein narkotisches Analgetikum, Hypnotikum und Adstringens; es enthält verschiedene Alkaloide, z.B. Codein, Morphin und Papaverin. O. unterliegt dem Betäubungsmittelgesetz. (→ Opioide/Opiumalkaloid)
opium

Opiumalkaloid. Eines von mehreren → Alkaloiden, die aus dem milchigen Exsudat der Samenkapseln von Papaver somniferum, einer Schlafmohnpflanze aus dem Nahen Osten, isoliert werden können. Drei der Alkaloide, nämlich Codein, Papaverin und Morphin, werden klinisch zur Linderung von Schmerzen eingesetzt; ihre Anwendung birgt jedoch die Gefahr der körperlichen und psychischen Abhängigkeit. Morphin dient als Standard, mit dem die analgetische Wirkung neuerer Schmerzmittel verglichen wird. O.e und ihre halbsynthetischen Abkömmlinge, einschließlich Heroin, wirken auf das Zentralnervensystem und führen zu Analgesie, Stimmungsveränderungen, Müdigkeit (Somnolenz) und mentaler Verlangsamung. (→ Opium)
opium alkaloid

opportunistisch. Nur unter bestimmten Bedingungen pathogen wirkend, z.B. eine o.e Infektion, die durch normalerweise nicht pathogene Organismen ausgelöst wird, weil die körpereigene Resistenz durch bestimmte Erkrankungen (Diabetes mellitus, AIDS oder Krebs) vermindert worden ist. Ein o.er Erreger ist ein Organismus, der in harmloser Form als Teil der normalen Körperumgebung vorhanden ist und nur dann pathogen wird, wenn das Immunsystem versagt.
opportunistic

Opsonin. Antikörper- oder Komplement-Spaltprodukt, das bei Konfrontation mit fremden Materialien, Mikroorganismen oder Antigenen die → Phagozytose dieser Substanzen durch Leukozyten und andere Makrophagen verbessert.
opsonin

Optik. 1. Wissenschaft, die sich mit den elektromagnetischen Strahlen der Wellenlängen beschäftigt, die kürzer als Radiowellen und länger als Röntgenstrahlen sind. 2. Studienbereich, der sich mit dem Sehvermögen und den Prozessen beschäftigt, die im Zusammenhang mit den Augen und den entsprechenden Bereichen des Gehirns stehen und die bei der Wahrnehmung von Formen, Mustern, Bewegungen, räumlichen Beziehungen und Farben beteiligt sind.
optics

Optikusatrophie. Schwund der Sehnervenpapille infolge der Degeneration der Fasern des Sehnervs und der Sehbahn. Eine O. kann durch einen angeborenen Defekt, sowie durch Entzündung oder Verschluss der zentralen Arterie der Netzhaut oder der interen Karotisarterie verursacht werden. Weitere Ursachen sind Alkohol, Arsen, Blei, Tabak oder andere toxische Substanzen. Die Degeneration der Papille kann die Begleiterscheinung von Arteriosklerose, Diabetes mellitus, Glaukom, Hydrozephalus, perniziöser Anämie und anderen neurologischen Störungen sein.
optic atrophy

Optikusgliom. Langsam wachsender Tumor auf dem Sehnerv oder auf der Sehnervenkreuzung (Chiasma opticum), der aus Gliazellen besteht. Zu den Symptomen zählen Sehverlust, sekundäres Schielen (Strabismus), → Exophthalmus und Augenlähmung.
optic glioma

Optikusneuritis. Entzündliche Degeneration oder Schwund des Marks eines Sehnervs, was durch verschiedene Erkran-

kungen verursacht sein kann. Das Hauptsymptom einer O. ist der Sehverlust.
optic neuritis

Optikusneuropathie. Erkrankung des Auges, die im Allgemeinen nicht entzündlich, jedoch durch eine Dysfunktion oder die Zerstörung des Sehnervengewebes gekennzeichnet ist. Zu den Ursachen zählen eine Unterbrechung der Blutversorgung, Kompression durch einen Tumor oder ein Aneurysma, Ernährungsmangel oder die toxische Wirkung einer chemischen Substanz. Die Erkrankung, die zur Blindheit führen kann, betrifft meist nur ein Auge.
optic neuropathy

optisch. Zu den Augen oder dem Sehvermögen gehörend.
[*griech.:* optikos, Sicht]
optic

Optometrie. Bestimmung der Sehkraft der Augen mit Hilfe eines Optometers.
[*griech.:* optikos, Sicht; metron, Maß]
optometry

oral. Zum Mund gehörend.
[*lat.:* oralis, Mund]
oral

Oralerotik. (Psychoanalyse) Libidinöse Fixierung oder Regression in die orale Phase der psychosexuellen Entwicklung, die häufig Persönlichkeitszüge wie Passivität, Unsicherheit und übermäßige Sensibilität widerspiegelt.
oral eroticism

Orangenschalenhaut. (Peau d´orange). Grübchenbildung der Haut, die der Schale einer Orange ähnelt. Die O. tritt häufig bei adipösen Frauen im Gesäß- oder Oberschenkelbereich oder in Form einer runzlig eingezogenen Haut bei fortgeschrittenem Brustkrebs auf. (s.a. Zellulitis)
peau d´orange

orbikular. (kreisrund). Zu einer Kreisform gehörend, kreisförmig.
[*lat.:* orbiculus, kleiner Kreis]
orbicular

Orbita. (Augenhöhle). Eine von zwei konischen Höhlen im vorderen Teil des Schädelknochens, die jeweils einen Augapfel und die damit verbundenen Strukturen enthalten, z.B. Muskeln, Nerven und Blutgefäße des Auges. – *adj.* orbital.
orbit

Orbitographie. Einsatz der → Radiologie zur Untersuchung der Knochenhöhle, die den Augapfel enthält.
orbitography

orch(i)-. Vorsilbe mit der Bedeutung »Hoden«.
orch(i)-

Orchi(d)ektomie. Chirurgische Maßnahme zur Entfernung eines oder beider Hoden. Die O. wird bei schweren Erkrankungen oder Verletzungen der Hoden, zur Kontrolle von Prostatakrebs oder zur Beseitigung der Quelle von Androgenhormonen durchgeführt.
[*griech.:* orchis, Hoden; ektome, ausschneiden]
orchidectomy

Orchis. Hoden.
orchis

Orchitis. Entzündung eines oder beider Hoden, die durch Anschwellung und Schmerzen gekennzeichnet ist. Eine O. wird häufig durch Mumps, Syphilis oder Tuberkulose verursacht.
[*griech.:* orchis, Hoden; itis, Entzündung]
orchitis

Ordnungszahl. Die Anzahl der Protonen oder der positiven Ladung im Atomkern eines bestimmten Elementes. In einem neutralen Atom entspricht die O. der Anzahl der Elektronen, deren Anzahl und Zusammensetzung die chemischen Eigenschaften des Atoms bestimmen (mit Ausnahme von Atommasse und Radioaktivität).
atomic number

Orem, Dorothea. Autorin des Selbstpflegemodells, einer Pflegetheorie, die 1959 gegründet wurde. Die Theorie O.s beschreibt die Rolle der Pflegenden als Hilfe für Personen, die ihre Selbstpflege nicht ausführen können. Das Ziel von O.s System besteht darin, den Selbstpflegebedarf eines Patienten zu erfüllen, bis seine Familie fähig ist, die Pflege zu übernehmen. Dieser Prozess wird in drei Kategorien unterteilt: allgemeine Selbstpflegeerfordernisse, die aus der Selbstpflege zur Erfüllung von physiologischen und psychosozialen Bedürfnissen besteht; entwicklungsbedingte Selbstpflegeerfordernisse, die Selbstpflege, die im Verlauf bestimmter Entwicklungsphasen benötigt wird; und die gesundheitsbedingten Selbstpflegeerfordernisse, die Selbstpflege, die erforderlich wird, wenn eine Abweichung von eine gesunden Zustand vorhanden ist.

Organ. Struktureller Teil eines Körpersystems, der aus Geweben und Zellen besteht, die es ermöglichen, alle für den Körper wesentlichen Funktionen durchzuführen, z.B. Leber, Milz, Verdauungsorgane, Fortpflanzungsorgane oder verschiedene Sinnesorgane.
[*griech.:* organon, Instrument]
organ

Organe, lymphatische. Körperstrukturen, die aus Lymphgewebe bestehen, z.B. Thymus, Milz, Gaumenmandeln (Tonsillen) und → Lymphknoten.
lymphatic organs

Organellen (pl.). 1. Verschiedene makromolekulare Strukturen, die innerhalb der meisten Zellen vorliegen; z.B. Mitochondrien, Golgi-Apparat, endoplasmatisches Retikulum, Lysosomen und Zentriole. 2. Hauchdünne Strukturen von Protozoen, die in Verbindung mit Fortbewegung, Stoffwechsel und anderen Prozessen stehen.
[*griech.:* organon, Instrument]
organelles

organisch. 1. Zu einem → Organ gehörend. 2. Zu einer chemischen Verbindung gehörend, die → Kohlenstoff enthält; o.e Chemie.
organic

Organismen, fakultativ aerobe. Bezeichnung für Organismen, die sich am besten unter aeroben Bedingungen entwickeln, aber auch unter anaeroben Lebensbedingungen überleben können.
facultative aerobe

Organismen, fakultativ anaerobe. Bezeichnung für Organismen, die sich am besten unter anaeroben Bedingungen entwikkeln, aber auch unter aeroben Lebensbedingungen überleben können.
facultative anaerobe

Organismus. Individuelles Lebewesen (Pflanze, Tier oder Mensch), das Lebensfunktionen mit Hilfe von gegenseitig voneinander abhängigen Systemen und Organen ausführen kann.
[*griech.:* organon, Instrument]
organism

Organkrise, tabische. Verschlimmerung der Schmerzen bei der durch Syphilis ausgelösten → Tabes dorsalis.
tabetic crisis

Organogenese. Die Bildung und Differenzierung von → Organen und Organsystemen während der embryonalen Entwicklung. Beim Menschen erstreckt sich diese Phase etwa vom Ende der 2. bis zur 12. Schwangerschaftswoche.
[*griech.:* organon, Instrument; genesis, Ursprung]
organogenesis

organoid. Bezeichnung für eine Struktur, die in ihrem Aussehen oder ihrer Funktion einem → Organ ähnelt; insbesondere versteht man darunter eine abnorme Tumormasse (o.es Neoplasma).
[*griech.:* organon, Instrument; eidos, Form]
organoid

Organophosphate (pl.). Klasse von Anticholinesterasen, die in bestimmten Pestiziden (z.B. E 605) und Arzneimitteln Verwendung finden. Sie bewirken eine irreversible Hemmung (Inhibition) der → Cholinesterase. Dadurch kommt es zu einer sehr starken Wirkung des Transmitters → Acetylcholin.
organophosphates

Organophosphatvergiftung. Toxische Reaktion auf das Pestizid (Insektizid) → Orga-

nophosphat, z.B. Malathion, Chlorothion oder Nervengas. Zu den Symptomen zählen Übelkeit, Erbrechen, Bauchkrämpfe, Kopfschmerzen, Sehstörungen und extremer Speichelfluss. Als Notfallmaßnahme muss die Kleidung entfernt und der Körper abgewaschen, der Magen entleert, eine Dehydratation korrigiert und die Atmung unterstützt werden.
organophosphate poisoning

Organspende. → Pflegeintervention der → NIC, die definiert wird als die Betreuung von Familien während des Prozesses der Organspende von einem Angehörigen, um die rechtzeitige Entnahme lebenswichtiger Organe oder Gewebe zur Transplantation zu gewährleisten.
Organ Procurement

Organspenderausweis. Dokument, mit dem sich eine Person einverstanden erklärt, nach ihrem Ableben die eigenen Organe für Organtransplantationen zu spenden.
donor card

Orgasmus. Sexueller Höhepunkt (Klimax), der mit unwillkürlichen Muskelkontraktionen der Genitalien einhergeht, beim Mann zusätzlich zur → Ejakulation von Samen führt und als extrem lustvoll erlebt wird. Der O. wird durch eine sexuelle Erregung mit höchster Intensität ausgelöst. – *adj.* orgastisch.
[*griech.:* orgein, Lust empfinden]
orgasm

Orientbeule. Hauterkrankung, die durch den Biss einer Sandfliege ausgelöst wird, die den Parasiten *Leishmania tropicana* auf den Menschen überträgt. Diese Form der → Leishmaniose ist durch ulzeröse Läsionen charakterisiert, die keine systemischen Symptome verursachen. Die Geschwüre sind jedoch für Sekundärinfektionen anfällig.
oriental sore

Orientierung. 1. Einführung eines Fragments genetischen Materials in einen Vektor, wobei die Platzierung des Fragments in der gleichen Richtung wie die genetische Karte des Vektors (die n-O.) oder in der entgegengesetzten Richtung (die u-O.) erfolgt. 2. Realistisches Bewusstsein bezüglich der physikalischen Umgebung hinsichtlich Zeit und Ort sowie der Identität von Personen.
orientation

Orientierungsreaktion, konditionierte. Audiometrische Reaktion, die bei der Auswertung von Hörprüfungen von Kleinkindern herangezogen wird. Nach Abspielen eines Prüftons bewegt sich ein auf einem Lautsprecher montiertes Spielzeug. Falls das Kind später weitere Prüfgeräusche wahrnehmen kann, wird es jedesmal das Spielzeug ansehen, nachdem es einen Ton vernommen hat.
conditioned orientation response (COR)

Orientierungsstörung. Anerkannte → NANDA-→ Pflegediagnose; mangelhafte Orientierung bezüglich Personen, Ort, Zeit und Lebensumstände über mehr als 3 bis 6 Monate, die eine schützende Umgebung erforderlich macht. Kennzeichnende Merkmale sind anhaltende Orientierungslosigkeit in bekannten oder unbekannten Umgebungen, chronische Verwirrtheit, Verlust des Arbeitsplatzes oder sozialer Funktionen, was zu einer Verminderung der Gedächtnisleistung führt, Unfähigkeit, einfachen Anweisungen oder Anleitungen zu folgen, Unfähigkeit zum Nachdenken, Konzentrationsschwäche und verlangsamte Reaktionen auf Fragen.
environmental interpretation syndrome

Orificium. (Ostium). Ein- oder Ausgang einer Körperhöhle.
[*lat.:* Öffnung]
orifice

Orlando (Pelletier), Ida Jean. Pflegetheoretikerin, die ihre Theorie über den Pflegeprozess in ihrem Werk »The Dynamic Nurse-Patient Relationship« (1972) (dt. Die lebendige Beziehung zwischen Pflegenden und Patienten, 1996) beschreibt. In ihrer Theorie wird die wechselseitige Beziehung zwischen dem Pflegenden und dem Patienten betont. Sie verwendet den Pflegeprozess, um die Bedürfnisse des Patienten zu erfüllen und damit Beschwerden zu lindern. Drei Elemente - das Verhalten des Patienten, Reaktion des Pflegenden und Handlungen des Pflegenden - sind in einer Pflegesituation vorhanden. O.s Beitrag als Theoretikerin hat die professionelle Pflege von persönlichen und automatischen zu disziplinären und professionellen praktischen Reaktionen weiterentwickelt.

Ornithin. → Aminosäure, die kein Bestandteil von Proteinen ist und als wichtige Zwischensubstanz im Harnstoffzyklus produziert wird.
ornithine

orofazial. Zum Mund und zum Gesicht gehörend.
orofacial

oropharyngeal. Zum Mund und zum Rachen (Pharynx) gehörend.
oropharyngeal

Oropharynx. Eine der drei Unterteilungen des Rachens (Pharynx). Der O. erstreckt sich hinter dem Mund vom weichen Gaumen nach oben bis zum Level des Zungenbeins und enthält den Gaumen (Palatum) und die Zungentonsillen.
[*lat.:* oris, Mund; *griech.:* pharynx, Rachen]
oropharynx

Orotsäure. → Pyrimidin, das in den Zellen aus Kohlenstoffphosphat und Asparaginsäure durch Kondensation, Dehydratation und Oxidation synthetisiert wird.
orotic acid

Orthese. Stützapparat zur Kontrolle, Korrektur und Kompensierung einer Knochendeformität. O.n können auch bei fehlenden oder falsch funktionierenden Körperkräften im Bereich der Gelenke und der Wirbelsäule eingesetzt werden. – *adj.* orthetisch.
[*griech.:* orthos, gerade]
orthosis

ortho-. Vorsilbe mit der Bedeutung »gerade, richtig«.
ortho-

Orthodontie. (Kieferorthopädie). Spezialbereich der Zahnheilkunde, der sich mit der Diagnose und Behandlung von Fehlstellungen und Anomalien der Zähne und des Kiefers beschäftigt.
orthodontics

orthodrom. Verlauf einer Nervenreizleitung in die physiologische Richtung, ausgehend von einer synaptischen Verbindung oder einem Rezeptor entlang einem Axon bis zu seinen Endigungen, wo es zu einer Depolarisation kommt.
orthodromic

Orthogenese. Theorie, die besagt, dass die Evolution als Resultat der natürlichen Selektion und anderer Umweltbedingungen durch innere (intrinsische) Faktoren eines Organismus kontrolliert wird und nach einem vorbestimmten Verlauf fortschreitet, nicht jedoch in beliebige unterschiedliche Richtungen.
[*griech.:* orthos, gerade; genesis, Ursprung]
orthogenesis

Orthopäde. Facharzt, der sich in der → Orthopädie spezialisiert hat.
orthopedist

Orthopädie. Fachbereich der Medizin, der sich mit der Verhinderung und Korrektur von Störungen des Bewegungsapparates des Körpers beschäftigt, einschließlich Knochen, Muskeln, Gelenke und damit zusammenhängende Gewebe.
[*griech.:* orthos, gerade; pais, Kind]
orthopedics

Orthopnoe. Unphysiologischer Zustand extremer Atemnot, bei dem ein Patient sitzen oder stehen muss, um ausreichend tief atmen zu können. Die O. tritt bei vielen Herz- und Lungenerkrankungen auf, z.B. bei Asthma, Lungenödem, Emphysem, Lungenentzündung und Angina pectoris. Dem Patienten fällt bei einer O. die Atmung am leichtesten, wenn er sich leicht nach vorn beugt und die Arme auf einem Tisch oder einer Stuhllehne abstützt. (→ Dyspnoe)
[*griech.:* orthos, gerade; pnoia, Atem]
orthopnea

O

Orthopsychiatrie. Bereich der → Psychiatrie, der in der Korrektur von anfänglichen und grenzwertigen mentalen oder verhaltensbezogenen Störungen spezialisiert ist, insbesondere bei Kindern. Weitere Bereiche umfassen die Entwicklung von Präventivtechniken zur Förderung der mentalen Gesundheit und einer angemessenen emotionalen Entwicklung.
orthopsychiatry

orthoptisch. 1. Zu einem normalen zweiseitigen (binokularen) Sehvermögen gehörend. 2. Eine Maßnahme oder Technik betreffend, mit der eine visuelle Augenachse korrigiert wird, die für das Binokularsehen eine unzureichende Koordination aufweist.
[*griech.:* orthos, gerade; ops, Auge]
orthoptic

Orthoptist. Helfer eines Augenarztes, der unter Supervision des Ophtalmologen Augenmuskelprüfungen und bestimmte Messungen durchführt und Übungsprogramme zur Korrektur von Koordinationsdefekten unterrichtet.
orthoptist

O

Orthostase. Aufrechte Körperhaltung; bei bestimmten medizinischen Untersuchungen muss der Patient längere Zeit eine O. einhalten, um einen Anstieg der Aldosteronkonzentration zu provozieren.
orthostasis

Orthotonus. Starre, steife Haltung des Körpers, die durch einen tetanischen Krampf verursacht wird; dieser kann Folge einer Strychninvergiftung oder einer Tetanusinfektion sein. Der Nacken und alle anderen Körperteile befinden sich dabei in einer gestreckten Position. (→ Tetanus)
[*griech.:* orthos, gerade; tonos, Spannung]
orthotonos

Os. Knochen.
[*lat.:* Knochen]
os

Os ethmoidale. (Siebbein). Sehr leichter, schwammiger Knochen an der Schädelbasis, der auch die Decke und einen Großteil der Wände der Nasenhöhle bildet.
ethmoid bone

Os ilium. (Darmbein). Der oberste der drei Knochen, aus denen die Hüfte besteht. Hier setzen verschiedene Muskeln an, z.B. M. obturatorius internus, M. glutaeus, M. iliacus und M. sartorius.
ilium

Os lunatum. (Mondbein). Handwurzelknochen in der Mitte der proximalen Reihe.
lunate bone

Os occipitale. (Hinterhauptbein). Tellerförmiger Knochen auf der Rückseite des Schädels in der Schädelbasis und am Schädeldach, der eine große Öffnung aufweist (Foramen magnum), an der sich die Verbindung zur Wirbelsäule befindet.
occipital bone

Os parietale. (Scheitelbein). Einer von zwei Knochen, die die Seiten des Schädels bilden, mit jeweils 2 Oberflächen, 4 Rändern und 4 Winkeln; jedes der beiden Scheitelbeine ist mit 5 Knochen verbunden, dem gegenüberliegenden Os parietale sowie dem Os occipitale, frontale, temporale und sphenoidale.
parietal bone

Os pubis. (Schambein). Einer von zwei Schambeinknochen, die zusammen mit dem Sitzbein (Os ischii) und dem Darmbein (Os ilium) das Hüftbein bilden; beide Schambeinknochen sind über die → Scham(bein)fuge miteinander verbunden. Das Schambein bildet etwa ein Fünftel der Hüftgelenkpfanne (Azetabulum) und wird in Corpus, Ramus inferior und Ramus superior unterteilt.
pubis

Os temporalis. Schläfenbein; Paarig auftretender großer Schädelknochen, der die Grundfläche und die Seitenwände des Schädels bildet. Er enthält einige Höhlen und Ausbuchtungen, z.B. für das Ohr und den Gehörgang.
[*lat.:* os, Knochen; tempus, Schläfe]
temporal bone

Osler-Knötchen. Schmerzhafte rötliche oder bläuliche subkutane Knötchen des weichen Gewebes an Finger- oder Zehenkuppen, die bei einer subakuten bakteriellen Endokarditis auftreten und im Allge-

meinen nur 1 bis 2 Tage andauern. Die Knoten stellen bakterielle Mikroembolien, ausgehend von der infizierten Herzklappe, dar.
[W. Osler, amerikanisch-britischer Arzt, 1849–1919]
🇬🇧 Osler´s nodes

Osmol. Die Quantität einer Substanz in Lösung in Form von Molekülen, Ionen oder beidem (wird im Allgemeinen in Gramm ausgedrückt), die den gleichen → osmotischen Druck wie ein Mol eines idealen Nicht-Elektrolyts aufweist.
[*griech.:* osmos, Impuls; *lat.:* moles, schwere Masse]
🇬🇧 osmole

Osmolalität. Der → osmotische Druck einer Lösung, der in → Osmol oder Milliosmol pro Gewicht (kg Wasser) ausgedrückt wird.
🇬🇧 osmolality

osmolar. Zu den osmotischen Eigenschaften einer Lösung mit einer oder mehreren molekularen Substanzen, mit ionischen Substanzen oder mit beidem gehörend, die in → Osmol oder Milliosmol ausgedrückt werden.
🇬🇧 osmolar

Osmolarität. Der → osmotische Druck einer Lösung, der in → Osmol oder Milliosmol pro Volumen (Liter) einer Lösung ausgedrückt wird.
🇬🇧 osmolarity

Osmologie. 1. Lehre vom Geruchssinn und dem Entstehen und der Zusammensetzung von Gerüchen. 2. Wissenschaftlicher Bereich, der sich mit der → Osmose befasst.
[*griech.:* osmos, Impuls/osme, Geruch; logos, Wissenschaft]
🇬🇧 osmology

Osmometrie. Wissenschaftlicher Bereich, der sich mit dem Phänomen der → Osmose und der Messung von osmotischen Kräften beschäftigt.
[*griech.:* osmos, Impuls; metron, Maß]
🇬🇧 osmometry

Osmorezeptor. 1. Zellareal im Hypothalamus, das auf die relative Konzentration von Körperflüssigkeiten oder gelösten Substanzen im Blutplasma, d.h. auf den → osmotischen Druck, sensibel reagiert und die Sekretion des antidiuretischen Hormons (→ ADH) reguliert. 2. Rezeptor für Geruchsreize. (→ Osmolarität)
🇬🇧 osmoreceptors

Osmose. Die Bewegung eines reinen Lösungsmittels, z.B. Wasser, durch eine halbdurchlässige (semipermeable) Membran, die zwei Lösungen voneinander trennt. Der Übergang findet immer in Richtung der Lösung statt, die eine höhere Konzentration an gelösten Substanzen aufweist. Die Bewegung durch die Membran setzt sich so lange fort, bis sich die Konzentration beider Lösungen ausgeglichen hat. (s.a. Diffusion)
[*griech.:* osmos, Impuls; osis, Zustand]
🇬🇧 osmosis

Ösophagektomie. Chirurgisches Entfernen eines Teils der Speiseröhre (Ösophagus) bzw. der gesamten Speiseröhre; kann bei rezidivierend blutenden Ösophagusvarizen oder bei Speiseröhrenkrebs erforderlich sein.
[*griech.:* oisophagos, Kehle; ektome, ausschneiden.]
🇬🇧 esophagectomy

Ösophagitis. Entzündung der Speiseröhrenschleimhaut infolge von Infektion, Reizung durch eine Nasensonde oder Rückfluss von Magensaft.
[*griech.:* oisophagos, Kehle; itis, Entzündung.]
🇬🇧 esophagitis

Ösophagogastroskopie. Untersuchung der Speiseröhre (Ösophagus) und des Magens (Gaster) mit Hilfe eines Endoskops.
[*griech.:* oisophagos, Kehle, gaster, Magen, skopein, betrachten.]
🇬🇧 esophagogastroscopy

Ösophagogastrostomie. (Speiseröhren-Magen-Fistel). Künstliche → Anastomose von der Speiseröhre (Ösophagus) in den Magen (Gaster).
🇬🇧 esophagogastrostomy

O

Ösophagojejunostomie. (Ösophagus-Jejunum-Fistel). Chirurgische Bildung einer direkten Passage von der Speiseröhre (Ösophagus) in das Jejunum unter Umgehung des Magens; wird nach einer Magenresektion durchgeführt.
[*griech.:* oisophagos, Kehle; *lat.:* jejunum, leer, stoma, Mund.]
esophagojejunostomy

Ösophagoskopie. (Speiseröhrenspiegelung). Untersuchung der Speiseröhre (Ösophagus) mit Hilfe eines Endoskops.
[*griech.:* oisophagos, Kehle; skopein, betrachten.]
esophagoscopy

Ösophagospasmus. (Speiseröhrenkrampf). Spasmische Verkrampfung der Speiseröhrenwände.
[*griech.:* oisophagos, Kehle, spasmos, Krampf.]
esophagospasm

Ösophagostomie. (Speiseröhrenschnitt). Chirurgischer Eingriff, bei dem eine künstliche Öffnung der Speiseröhre hergestellt wird, um einen Patienten enteral zu ernähren.
esophagostomy

Ösophagozele. (Ösophagusdivertikel). Schleimhauthernie infolge einer Schwachstelle in der Speiseröhrenwand.
esophagocele

Ösophagus. Muskulöser Schlauch, der sich vom Rachen (Pharynx) bis in den Magen (Gaster) erstreckt und eine Länge von ca. 24 cm hat. Der Ösophagus beginnt im Nacken an der unteren Grenze des Ringknorpels und reicht bis zum Kardiasphinkter des Magens. Die Wände der Speiseröhre bestehen aus einer fibrösen, muskulären Schicht und einer Submukosa; der Innenraum der Speiseröhre ist mit Schleimhaut ausgekleidet.
[*griech.:* oisophagos, Kehle.]
esophagus

Ösophagus-Trachea-Fistel. Angeborene Missbildung, bei der zwischen Speiseröhre (Ösophagus) und Luftröhre (Trachea) eine röhrenförmige Öffnung besteht.
tracheoesophageal fistula

Ösophagus-Trachea-Shunt. Operativ geschaffene Verbindung zwischen Luft- und Speiseröhre, mit deren Hilfe ein Patient nach einer Kehlkopfentfernung sprechen kann. Der Shunt ermöglicht es dem Patienten bei normaler Atmung in der Speiseröhre Töne zu erzeugen; anderenfalls müsste die benötigte Luft zur Tonerzeugung durch Aufstoßen herbeigeführt werden.
tracheoesophageal shunt

Ösophagusatresie. Abnorm geformte Speiseröhre (Ösophagus), die blind endet bzw. sich zu einem dünnen Schlauch verengt und nicht zum Magen führt.
[*griech.:* oisophagos, Kehle.]
esophageal atresia

Ösophagussprache. Sprechgeräusche, die erzeugt werden, indem Luft in die Speiseröhre (Ösophagus) hinein- und wieder herausgepresst wird und die Speiseröhre dadurch zum Vibrieren gebracht wird; dient Patienten mit einer Kehlkopfentfernung als Mittel zur Artikulation.
esophageal speech

Ösophagusvarizen. Netzwerk langgestreckter, gewundener Venen am unteren Ende der Speiseröhre, die sich infolge einer Hypertonie der Pfortader vergrößern und anschwellen.
esophageal varices

osseus. Knochig; zu einem Knochen (Os) gehörend oder ihm ähnelnd.
osseous

Ossiculum. Kleines Knöchelchen, z.B. Hammer (Malleus), Amboss (Incus) und Steigbügel (Stapes), die zu den Gehörknöchelchen zählen.
[*lat.:* Knöchelchen]
ossicle

Ossifikation. 1. Entwicklung der Knochen; die intramembranöse O. erfolgt aus einer Membran, z.B. die initiale Bildung des Schädeldachs und der Seiten des Schädels. Die im Knorpel erfolgende (endochondrale) O. entwickelt sich aus den Stäbchen der Knorpel, z.B. jenen, die die Knochen der Extremitäten bilden. 2. Unphysiologische Knochenbildung aus einem anderen

Gewebe, z.B. Knorpelgewebe. (→ Osteogenese)
[*lat.:* os, Knochen; facere, machen]
ossification

Ostealgie. Schmerzen, die in Verbindung mit den Knochen stehen, z.B. bei → Osteomyelitis.
[*griech.:* osteon, Knochen; algos, Schmerz]
ostealgia

Osteitis. Entzündung der Knochen, die durch Infektion, Degeneration oder Trauma verursacht wird. Zu den Symptomen gehören Schwellungen, Empfindlichkeit, dumpfe Schmerzen und Rötung der Haut über dem betroffenen Knochen.
[*griech.:* osteon, Knochen; itis, Entzündung]
osteitis

osteo-. Vorsilbe mit der Bedeutung »Knochen«.
osteo-

Osteoarthritis. Entzündliche Form der → Arthritis, bei der ein oder mehrere Gelenke degenerativen Veränderungen unterliegen, z.B. Knochensklerose, Verlust von Gelenkknorpel oder Wucherung von Knochenzacken und Knorpelgewebe im Gelenk. Die Entzündung der Gelenkmembran ist ein spätes Symptom einer solchen Erkrankung. Obwohl dies die häufigste Form der Arthritis ist, sind die Ursachen weitgehend unbekannt; chemische, mechanische, genetische, metabolische und endokrine Faktoren könnten eine Rolle spielen. Emotionaler Stress verschlimmert den Zustand, der meist mit Schmerzen nach Anstrengung oder Gebrauch des betroffenen Gelenks beginnt. Steifigkeit, Berührungsempfindlichkeit, Knistergeräusche (Krepitation) und eine Vergrößerung des Gelenks folgen; danach kann es möglicherweise zur Deformität, Teilverrenkung (Subluxation) und Gelenkerguss kommen. Die Beteiligung von Hüften, Knien oder Wirbelsäule stellt meist eine stärkere Behinderung als eine O. an anderer Stelle dar.
[*griech.:* osteon, Knochen; arthron, Gelenk; itis, Entzündung]
osteoarthritis

Osteoarthrose. Zustand einer chronischen → Arthritis, die im Allgemeinen mechanisch bedingt ist und ohne Entzündung auftritt.
osteoarthrosis

osteoartikulär. Die Knochen und Gelenke betreffend.
osteoarticular

Osteoblast. Zelle, die aus dem embryonalen Mesenchym stammt und während der frühen embryonalen Entwicklung der Knochen aus einer Bindegewebezelle (Fibroblast) entsteht und eine Rolle bei der Bildung des Knochengewebes spielt. O.en werden später zu Osteozyten.
[*griech.:* osteon, Knochen; blastos, Keim]
osteoblast

Osteoblastom. Kleiner gutartiger, kaum Gefäße enthaltender Tumor aus → Osteoblasten und schlecht geformtem Knochen- und Bindegewebe, der am häufigsten an der Wirbelsäule, Oberschenkelknochen (Femur), Schienbein (Tibia) oder bei Kindern und jungen Erwachsenen an den oberen Extremitäten auftritt. Der Tumor verursacht Schmerzen, Erosionen und die Resorption der ursprünglichen Knochen.
osteoblastoma

Osteochondritis. Erkrankung der Epiphyse oder des knochenbildenden Zentrums des Skeletts, die mit einer Nekrose und dem Zerfall (Fragmentation) des Gewebes in Bruchstücke einhergeht, dem üblicherweise eine Neubildung und Regeneration folgt.
[*griech.:* osteon, Knochen; chondros, Knorpel; itis, Entzündung]
osteochondritis

Osteochondrom. Gutartiger Tumor, der aus Knochen- und Knorpelgewebe besteht.
[*griech.:* osteon, Knochen; chondros, Knorpel; oma, Tumor]
osteochondroma

Osteochondropathie. Erkrankung sowohl des Knochen- als auch des Knorpelgewebes, die durch eine unphysiologische, im Knorpel stattfindende Verknöcherung (→ Ossifikation) gekennzeichnet ist.
osteochondropathy

Osteochondrosarkom. Bösartiger Tumor in Knochen und Knorpel.
[*griech.:* osteon, Knochen; chondros, Knorpel; karkinos, Krebs; oma, Tumor]
🇬🇧 osteochondrosarcoma

Osteochondrose. Erkrankung, die meist bei Kindern die knochenbildenden Zentren der Knochen sowie die Knorpel befällt. Dies zeigt sich zuerst durch eine (nichtentzündliche) Degeneration und Nekrose, gefolgt von einer Regeneration und Wiederverkalkung (Rekalzifikation).
[*griech.:* osteon, Knochen; chondros, Knorpel; osis, Zustand]
🇬🇧 osteochondrosis

Osteodensitometer. Gerät zur Messung der Knochendichte.
[*griech.:* osteon, Knochen; *lat.:* densus, dick; *griech.:* metron, Messung]
🇬🇧 osteodensitometer

Osteodensitometrie. (Messung der Knochendichte). Methode zur Bestimmung des Verlustes der Knochenmasse durch Messung der Strahlenabsorption der Knochen. Dabei wird meist die Knochendichte von Unterarm und Unterschenkel, Wirbelsäule und Becken gemessen.
🇬🇧 bone densiometry

Osteodystrophie. Bezeichnung für generalisierte Defekte bei der Knochenentwicklung, die meist in Verbindung mit Störungen des Kalzium- und Phosphorstoffwechsels sowie mit einer Niereninsuffizienz stehen, z.B. bei einer renalen O. Folge der O. kann eine Knochendeformierung sein.
[gr.. osteon, Knochen; dys, schlecht; trophe, Ernährung]
🇬🇧 osteodystrophia

Osteofibrom. Tumor, der sowohl aus Knochen- als auch aus Bindegewebe besteht.
[*griech.:* osteon, Knochen; *lat.:* fibra, Faser; *griech.:* oma, Tumor]
🇬🇧 osteofibroma

Osteogenese. Entstehung und Entwicklung von Knochengewebe. (→ Ossifikation)
[*griech.:* osteon, Knochen; genesis, Ursprung]
🇬🇧 osteogenesis

Osteogenesis imperfecta. Angeborene Erbkrankheit mit einem Entwicklungsdefekt des Bindegewebes, der sich durch unphysiologisch spröde und zerbrechliche Knochen äußert, die bei der leichtesten Verletzung zerbrechen. In der schwersten Form kann die Erkrankung bei der Geburt bereits vorliegen (O.i. congenita); das Neugeborene weist bereits zahlreiche Frakturen auf, die im Uterus entstanden sind, und ist im Allgemeinen aufgrund einer mangelhaften Entwicklung und Mineralisation der Knochen stark missgebildet. Setzt die Krankheit später ein, handelt es sich um eine O.i. tarda, die meist einen leichteren Verlauf hat. Die Symptome treten auf, wenn das Kind zu laufen beginnt, können sich allerdings mit zunehmenden Alter verbessern, die Tendenz zur Frakturierung kann abnehmen und nach der Pubertät sogar ganz aufhören.
🇬🇧 osteogenesis imperfecta

osteoid. Zu einem Knochen gehörend oder einem Knochen ähnelnd.
[*griech.:* osteon, Knochen; eidos, Form]
🇬🇧 osteoid

Osteokarzinom. Knochenkrebs.
🇬🇧 osteocarcinoma

Osteoklasie. 1. Zerstörung und Absorption des Knochengewebes durch → Osteoklasten, z.B. während des Wachstums oder der Heilung von Knochenbrüchen. 2. Degeneration eines Knochens durch bestimmte Erkrankungen.
[*griech.:* osteon, Knochen; klasis, Zerbrechen]
🇬🇧 osteoclasia

Osteoklast. 1. Große vielkernige Knochenzelle, die bei der Entwicklung und in den Phasen des Wachstums oder der Genesung eine Rolle spielt, z.B. beim Abbau und bei der Resorption von Knochengewebe. Während der Knochenheilung von Frakturen oder bei bestimmten Krankheitsprozessen höhlen die O.en durch enzymatische Wirkung Gänge in dem umgebenden Gewebe aus. 2. Chirurgisches Instrument, das bei der Frakturierung oder Refrakturierung von Knochen aus thera-

peutischen Gründen verwendet wird, z.B. zur Korrektur von Deformitäten.
[*griech.:* osteon, Knochen; klasis, Zerbrechen]
osteoclast

Osteologie. Bereich der Medizin, der sich mit den Entwicklungen und der Erkrankung des Knochengewebes beschäftigt.
[*griech.:* osteon, Knochen; logos, Wissenschaft]
osteology

Osteolyse. Degeneration und Auflösung der Knochen, die durch Krankheit, Infektion oder Ischämie verursacht werden kann. Die O. betrifft meist die Knochenenden von Händen und Füßen.
[*griech.:* osteon, Knochen; lysis, auflösen]
osteolysis

Osteom. Gutartiger Tumor oder Geschwulst des Knochengewebes.
osteom

Osteomalazie. Unphysiologischer Zustand der Knochen, der durch eine nachlassende Kalzifikation der Knochenmatrix gekennzeichnet ist, was zu einer Erweichung der Knochen und anschließend zu Schwäche, Frakturen, Schmerzen, Appetitlosigkeit (Anorexie) und Gewichtsverlust führen kann. Die O. ist das Resultat einer für die Mineralisation der Knochen unzureichenden Menge an Phosphor und Kalzium im Blut. Dieses Defizit kann durch eine Diät, bei der diese Mineralien oder Vitamin D fehlen, oder durch eine unzureichende Sonnenexposition und der dadurch ausgelösten Unfähigkeit zur Vitamin-D-Synthese verursacht werden. Eine weitere mögliche Ursache ist eine metabolische Störung, die zur → Malabsorption führt.
[*griech.:* osteon, Knochen; malakia, Erweichung]
osteomalacia

Osteomyelitis. Lokale oder generalisierte Infektion der Knochen oder des Knochenmarks. Die O. wird im Allgemeinen durch Bakterien verursacht, die durch eine Verletzung oder Operation oder durch direkte Ausbreitung einer nahen Infektion in den Blutstrom gelangen. Staphylokokken sind die häufigsten ursächlichen Agenzien; die Röhrenknochen von Kindern und bei Erwachsenen die Wirbelsäule sind aufgrund der hämatogenen Ausbreitung die häufigsten Infektionsstellen der O. Dauerhafte, starke und zunehmende Knochenschmerzen, Empfindlichkeit, übermäßige Vorsicht bei Bewegungen, örtliche Muskelspasmen und Fieber sind Hinweise auf diese Erkrankung.
[*griech.:* osteon, Knochen; myelos, Mark; itis, Entzündung]
osteomyelitis; softening of bones

Osteomyelodysplasie. Verlust von Knochengewebe durch Absorption von Mineralien. Dieser Zustand steht meist in Verbindung mit einer → Leukopenie, manchmal tritt auch Fieber auf. Ursache kann ein Überschuss an Nebenschilddrüsenhormonen (→ Parathormone) sein.
[*griech.:* osteon, Knochen; myelos, Mark; dys, schlecht; plassein, formen]
osteomyelodysplasia

Osteon. Grundlegende Struktureinheit eines kompakten Knochens, der aus dem Havers-Knochenkanal und konzentrisch angeordneten Ringen von 4 bis 20 Lamellen besteht.
osteon

Osteonekrose. Zerstörung und Absterben von Knochengewebe infolge einer Ischämie, Infektion, malignen neoplastischen Erkrankungen oder Verletzungen.
[*griech.:* osteon, Knochen; nekros, tot; osis, Zustand]
osteonecrosis

Osteopathie. 1. Allgemeinbezeichnung für Knochenkrankheiten. 2. Therapeutischer Ansatz einer medizinischen Richtung, die alle Formen der medizinischen Diagnose und Therapie einsetzt, d.h. Arzneimittel, Operationen und Bestrahlungen, jedoch dem Einfluss der Beziehung zwischen Organen und den skelettmuskulatorischen Systemen eine größere Bedeutung beimisst als den traditionellen medizinischen Tätigkeiten. Osteopathische Ärzte erkennen und korrigieren strukturelle Probleme, indem sie sie manipulieren

(Hand anlegen). Dieser Prozess ist sowohl bei der Diagnose als auch bei der Behandlung bestimmter Gesundheitsprobleme wichtig.
[*griech.:* osteon, Knochen; pathos, Krankheit]
osteopathy

Osteopenie. (Knochenschwund). Zustand unphysiologisch mineralisierter Knochen, die meist infolge einer unzureichenden Knochenmatrixsynthese auftritt, die das Ausmaß der Knochenlyse nicht kompensieren kann.
[*griech.:* osteon, Knochen; penes, Armut]
osteopenia

Osteophlebitis. Entzündung der Venen, die Teil des vaskulären Knochensystems sind.
osteophlebitis

Osteophyt. Überschüssiges Knochenwachstum, das sich normalerweise um ein Gelenk herum bildet; kann Symptom einer → Arthrose sein.
osteophyte

O

Osteoplastik. Plastische Chirurgie, die am Knochengewebe durchgeführt wird.
osteoplasty

Osteoporose. Erkrankung, die durch eine unphysiologische Abnahme der Knochendichte gekennzeichnet ist. Die O. tritt häufig bei Frauen in der Postmenopause, bei Menschen mit einer sitzenden Beschäftigung, bei immobilisierten Patienten oder nach einer langfristigen Steroidtherapie auf. Die Erkrankung verursacht Schmerzen, insbesondere im Kreuzbereich, pathologische Frakturen, Beeinträchtigung der Körperstatur und verschiedene Deformitäten. Die O. kann eine bekannte Ursache haben oder nach anderen Störungen auftreten, z.B. einer Thyreotoxikose oder Knochendemineralisation infolge einer Schilddrüsenüberfunktion (Hyperparathyreoidismus). – *adj.* osteoporotisch.
[*griech.:* osteon, Knochen; poros, Passage; osis, Zustand]
osteoporosis

Osteosarkom. Maligner Tumor eines Knochens, der aus anaplastischen Zellen besteht, die aus dem Mesenchym stammen.
[*griech.:* osteon, Knochen; sarx, Fleisch; oma, Tumor]
osteosarcoma

Osteosklerose. Unphysiologische Zunahme der Knochendichte; dies kann bei vielen verschiedenen Krankheitszuständen auftreten, z.B. bei Ischämie, chronischer Infektion und Tumorbildungen, aber auch durch eine unphysiologische Knochenresorption verursacht werden, die infolge bestimmter Abnormitäten auftritt, z.B. → Osteoklasie.
[*griech.:* osteon, Knochen; skleros, hart; osis, Zustand]
osteosclerosis

Osteosynthese. Chirurgische Fixierung eines Knochens mit Hilfe einer internen mechanischen Vorrichtung; dies wird zur Behandlung von Frakturen durchgeführt.
osteosynthesis

Osteotomie. Chirurgisches Durchtrennen oder Durchschneiden eines Knochens mit einer Säge oder einem anderen Instrument; dabei können Teile des Knochens oder die Knochenenden entfernt werden, um gewichttragende Problemzonen mit Hilfe der O. zu entlasten.
[*griech.:* osteon, Knochen; temnein, schneiden]
osteotomy

Osteozyt. Knochenzelle; ein reifer O. ist in die Knochenmatrix eingebettet. Er besetzt eine kleine Aushöhlung und streckt protoplasmatische Fortsätze aus, die sich mit denen anderer O.en verbinden (anastomosieren) und ein System kleinster Kanälchen innerhalb der Knochenmatrix bilden.
[*griech.:* osteon, Knochen; kytos, Zelle]
osteocyte

Ostium. (→ Orificium)
ostium

Östriol. In hoher Konzentration im Urin vorkommendes, schwach wirksames, natürliches → Östrogen.
estriol

Östrogen. Gruppe hormoneller Steroidverbindungen, die die Entwicklung sekundärer weiblicher Geschlechtsmerkmale unterstützen. In den Eierstöcken, der Nebennierenrinde, den Testikeln und in der fetoplazentaren Einheit finden sich erhöhte Östrogenkonzentrationen. Während des Menstruationszykluses bereitet Ö. die weiblichen Geschlechtsorgane auf die Befruchtung, das Einnisten und die Ernährung eines Embryos vor. Zu den Ö.en zählen Östradiol, Östriol und Östron.
[*griech.*: oistros, Viehbremse, genein, herstellen.]
estrogen

Östron. → Östrogen, das zur Behandlung von Zyklusstörungen, Prostatakrebs und klimakterischen Durchblutungsstörungen eingesetzt wird.
estron

Oszillation. 1. Schwingende Bewegung in verschiedene Richtungen. 2. Vibration oder Auswirkung eines mechanischen oder elektrischen Stromgenerators.
[*lat.*: oscillare, schwingen]
oscillation

Oszilloskop. Instrument, das eine direkte visuelle Darstellung der elektrischen Vibrationen auf einem fluoreszierenden Bildschirm ermöglicht. Die graphische Darstellung (z.B. EKG, EEG oder Pulsfrequenz) erfolgt durch einen Elektronenstrahl auf dem Schirm.
oscilloscope

ot(o)-. Vorsilbe mit der Bedeutung »Ohr«.
ot(o)-

OTA. = Operationstechnische(r) Assistent/in.

Otalgie. Ohrenschmerzen.
otalgia

oticus. Zum Ohr gehörend.
[*griech.*: ous, Ohr]
otic

Otitis. Entzündung oder Infektion des Ohres.
[*griech.*: ous, Ohr; itis, Entzündung]
otitis

Otitis externa. Entzündung oder Infektion des äußeren Kanals oder der Ohrmuschel (Aurikula) des äußeren Ohrgangs. Zu den wichtigsten Ursachen zählen Allergien, Bakterien, Pilze, Viren und Verletzungen. Nickel- und Chromallergien, ausgelöst durch Ohrringe oder chemische Substanzen in Haarsprays, Kosmetika, Hörhilfen oder Medikamenten, insbesondere Sulfonamide und Neomycin, treten häufig auf. Die wesentlichen bakteriellen Ursachen sind Staphylococcus aureus, Pseudomonas aeruginosa, Streptococcus pyogenes, Herpes simplex und Herpes zoster sowie Ekzeme, Psoriasis und seborrhoische Dermatitis.
otitis externa

Otitis media. (Mittelohrentzündung). Entzündung oder Infektion des Mittelohres, die häufig bei kleinen Kindern auftritt. Eine akute O. m. wird häufig durch Haemophilus influenzae oder Streptococcus pneumoniae verursacht. Eine chronische O. m. wird meist durch gramnegative Bakterien wie Proteus, Klebsiella und Pseudomonas ausgelöst. Allergien, Mykoplasmen und verschiedene Viren können ebenso ursächliche Faktoren sein. Eine O. m. entwickelt sich häufig nach einer Infektion der oberen Atemwege. Die Organismen gelangen über die Eustachi-Röhre in das Mittelohr; der geringe Durchmesser und die horizontale Lage der Röhre bei Kleinkindern prädisponiert diese für die Infektion. Ein Verschluss der Eustachi-Röhre und eine Ansammlung von Exsudat kann den Druck im Mittelohr erhöhen und eine Infektion im Warzenfortsatz oder einen Riss im Trommelfell forcieren. Zu den Symptomen einer O.m. gehören das Gefühl eines »vollen Ohres«, verminderte Hörleistung, Schmerzen und Fieber. Meist ist nur ein Ohr betroffen. Nach dem Riss des Trommelfells kann ein schwammiges Epithel im Mittelohr wachsen; es kann in der Folge zu einem → Cholesteatom und Hörverlust kommen, wenn rezidivierende Infektionen dazu führen, dass die Öffnung bestehen bleibt. Eine Pneumokokken-Otitis kann auf die Hirnhäute (Meningen) übergreifen. Eine chronische O. m. kann

zum Hörverlust und zur Verzögerungen der Sprachentwicklung führen.
otitis media

Otolaryngologie. Bereich der Medizin, der sich mit der Diagnose und Behandlung von Krankheiten und Störungen von Ohren, Nase, Rachen und den angrenzenden Strukturen von Kopf und Hals befasst.
[*griech.:* ous, Ohr; larynx, Rachen; logos, Wissenschaft]
otolaryngology

Otolith. 1. Steinbildung im Mittelohr. 2. Kristalle aus Kalziumkarbonat, die in den Haarzellen des Innenohres als Rezeptoren für die Schwerkraftorientierung zu finden sind.
[*griech.:* ous, Ohr; lithos, Stein]
otolith

Otologe. Facharzt, der sich mit der Diagnose und Behandlung von Erkrankungen und anderen Störungen des Ohres befasst.
otologist

O

Otologie. Wissenschaftliches Studium der Diagnose und Behandlung von Erkrankungen und Störungen des Ohres.
[gr.. ous, Ohr; logos, Wissenschaft]
otology

Otologika (pl.). Arzneimittel zur Behandlung von Entzündungen des äußeren Ohrkanals oder zur Entfernung von überschüssigem Ohrenschmalz (→ Zerumen).
otics

Otomykose. Läsion des äußeren Gehörgangs, die durch eine Pilzinfektion verursacht wird.
otomycosis

Otorrhö. Bezeichnung für jede Absonderung aus dem äußeren Gehörgang; diese kann serös, blutig oder eitrig sein oder Hirnflüssigkeit enthalten.
[*griech.:* ous, Ohr; rhoia, Fluss]
otorrhea

Otosklerose. Erbkrankheit unbekannter Ursache, bei der es zu einer unregelmäßigen Verknöcherung der Gehörknöchelchen im Mittelohr kommt, insbesondere des Steigbügels (Stapes), was eine Schwerhörigkeit nach sich zieht. Dieser Zustand kann sich während einer Schwangerschaft verschlimmern.
[gr.. ous, Ohr; skleros, hart; osis, Zustand]
otosclerosis

Otoskop. Instrument zur Untersuchung des äußeren Gehörgangs und des Trommelfells durch die Paukenhöhle und die Hörknöchelchen des Mittelohres. Das O. besteht aus einer Lichtquelle, einer Vergrößerungslinse, einem Spekulum und manchmal einer Vorrichtung zum Aufblasen.
[*griech.:* ous, Ohr; skopein, anschauen]
otoscope

Otoskopie. Untersuchung des Trommelfells und anderer Teile des äußeren Gehörgangs mit Hilfe eines → Otoskops.
[*griech.:* ous, Ohr; skopein, anschauen]
otoscopy

ototoxisch. Eigenschaft einer Substanz, die eine schädigende Wirkung auf den VIII. Hirnnerv oder die Hör- und Gleichgewichtsorgane hat. Zu den häufigsten o.en Arzneimitteln gehören Aminoglykosid-Antibiotika, Aspirin, Furosemid und Quinin.
ototoxic

ov(o)-. Vorsilbe mit der Bedeutung »Ei«.
ov(o)-

Ovalozyt. Längliche oder eiförmige Blutzelle (Erythrozyt) mit einem blassen Zentrum, die gelegentlich bei Patienten mit hämolytischer Anämie, Thalassämie oder erblicher Elliptozytose auftreten. Genetische Faktoren können für die Präsenz dieser unphysiologischen Blutzellen verantwortlich sein.
[*lat.:* ovalis, eiförmig; *griech.:* kytos, Zelle]
ovalocyte

Ovarektomie. (→ Oophorektomie)
ovariectomy

ovarial. Zu den Eierstöcken (→ Ovarien) gehörend.
[*lat.:* ovum, Ei]
ovarian

Ovarialgravidität. Seltene Form einer Extrauteringravidität, bei der sich das be-

fruchtete Ei in den Eierstöcken (Ovarien) einnistet. (→ ektopische Schwangerschaft)
ovarian pregnancy

Ovarialkarzinom. Malignes Neoplasma der Eierstöcke (→ Ovarien), das selten in der frühen Entwicklungsphase entdeckt wird, sondern häufig erst im fortgeschrittenen Stadium diagnostiziert wird. Es tritt meist im 5. Lebensjahrzehnt auf. Zu den Risikofaktoren zählen Unfruchtbarkeit (Infertilität), Kinderlosigkeit oder geringe Kinderzahl, späte Schwangerschaften, wiederholte spontane Fehlgeburten, Endometriose, Blutgruppe A, frühere Bestrahlung der Beckenorgane und Exposition gegenüber chemischen Karzinogenen, z.B. Asbest und Talkum. Nach einem schleichenden Beginn und einer asymptomatischen Phase kann der Tumor, der in Verbindung mit einer unregelmäßigen oder exzessiven Menses oder Blutungen in der Postmenopause stehen kann, als tastbares Gebilde im Bauch- oder Beckenbereich bemerkt werden. Im fortgeschrittenen Stadium kommt es zu Aszites, Beinödemen und Schmerzen im Bauchbereich und in den Beinen. Merkmale eines fortschreitenden O.s sind Schwellungen im Bauchraum, Unbehagen, abnorme vaginale Blutungen, Gewichtsverlust, Dysurie oder ungewöhnlich häufiges Harnlassen, Verstopfung und eine tastbare Schwellung in den Ovarien, insbesondere nach der Menopause. Die meisten O.e sind papillär und serös, enthalten Schleim, Endometriumgewebe oder sind undifferenziert. In vielen Fällen verbreitet sich der Krebs über die Oberfläche des Endometriums und metastasiert schon früh in die Lymphbahnen unterhalb des Diaphragmas und in die Lymphknoten im Bereich der Aorta. Viele Tumorarten entstehen in den Ovarien.
ovarian carcinoma

Ovarialzyste. Ansammlung von Flüssigkeiten oder halbfestem Gewebematerial in einem oder beiden Eierstöcken (Ovarien), die vorübergehend und physiologisch oder aber pathologisch sein kann. Zu den O.n zählt man Schokoladenzysten, Corpus-luteum-Zysten und Dermoidzysten.
ovarian cyst

Ovarium (pl. Ovarien). (Ovar/Eierstock). Eine von zwei der weiblichen Geschlechtsdrüsen (Gonaden), die sich auf jeder Seite des unteren Abdomens neben der Gebärmutter (Uterus) in einer Falte des breiten Mutterbandes (Ligamentum latum uteri) befinden. Beim Eisprung (Ovulation) wird ein Ei (Ovum) aus dem Follikel an die Oberfläche eines O.s ausgestoßen, wenn gonadotrophe, follikelstimulierende (FSH) und luteinisierende Hormone (LH) eine stimulierende Wirkung ausüben. Der Follikel (Corpus luteum/Gelbkörper) schüttet Östrogen und Gestagen aus, zwei Hormone, die den menstruellen Zyklus durch ein negatives Feedback-System regulieren, bei dem eine Zunahme des Östrogens die Sekretion von FSH durch die Hypophyse vermindert und eine Erhöhung des Gestagens die Ausscheidung von LH reduziert. Jedes O. ähnelt in der Größe und Form einer Pflaume. Die Ovarien sind mit den Hoden (Testes) des Mannes vergleichbar.
[*lat.:* ovum, Ei]
ovary

Overhang. Nachwirkung von Arzneimitteln (z.B. Hypnotika), die eine lange Halbwertzeit haben. Dies äußert sich durch Konzentrationsschwäche, Unlust und Müdigkeit.
overhang

Overload. (Überlastung). 1. Belastung eines Systems, die größer ist als seine Fähigkeit, damit umzugehen, wenn z.B. ein geschwächtes Herz mehr Blut zu transportieren hat als es bewältigen kann. 2. Faktor oder Symptom, die darauf hinweisen, dass der Körper seine normalen Grenzen überschritten hat und die Gesundheit gefährdet sein kann.
overload

Ovotestis. Geschlechtsdrüse (Gonade), die sowohl ovariales als auch testikuläres Gewebe enthält und bei → Hermaphroditismus auftreten kann.
[*lat.:* ovum, Ei; testis, Hoden]
ovotestis

Ovulation. (Eisprung). Ausstoß eines Eies (Ovum) aus den Eierstöcken (Ovarien)

nach dem spontanen Sprung eines Follikels infolge der zyklischen Ovarial- und der endokrinen Hypophysenfunktion. Die O. erfolgt meist um den 11. bis 14. Tag vor der nächsten Menstruationsblutung und kann kurze, stechende Schmerzen im Unterleib auf der betreffenden Seite der O. verursachen. – *adj.* ovulatorisch.
[*lat.:* ovum, Ei; atio, Prozess]
ovulation

Ovulationsmethode. (→ Billings-Methode) Methode der natürlichen Familienplanung, die exakte Beobachtungen der Merkmale und Quantität des Zervikalschleims zur Bestimmung des Eisprungs (→ Ovulation) während des menstruellen Zyklus nutzt. Da es nach der Befruchtung eines Eies (Ovum), das bei der Ovulation aus den Eierstöcken (Ovarien) ausgestoßen wurde, zu einer Schwangerschaft kommt, kann die O. die Chance einer Frau, schwanger zu werden, steigern oder verringern, je nachdem ob sie schwanger werden möchte oder nicht. In der fruchtbaren Phase der Ovulation müssen Mittel zur Empfängnisverhütung eingesetzt werden, wenn eine Schwangerschaft vermieden werden soll. Der Zervixschleim muss bei der O. selbst nach mehreren Zyklen täglich genau beobachtet werden, weil die Ovulation von Zyklus zu Zyklus und von Frau zu Frau unterschiedlich verläuft.
ovulation method (of family planning)

Ovum (pl. Ova). (Ei). Bezeichnung für die von den Eierstöcken (Ovarien) beim Eisprung (Ovulation) ausgestoßene sekundäre Eizelle (Oozyte).
[*lat.:* Ei]
ovum

ox(y)-. Vorsilbe mit der Bedeutung »Sauerstoff«.
ox(y)

Oxacillin. Penicillinaseresistentes → Penicillin-→ Antibiotikum, das zur Behandlung schwerer Infektionen eingesetzt wird, die von Staphylokokken verursacht werden, die das Enzym → Penicillinase produzieren.
oxacillin sodium

Oxalämie. Erhöhter Oxalatspiegel im Blut. (→ Oxalat)
oxalemia

Oxalat. Salz und Anion der → Oxalsäure.
oxalate

Oxalatblut. (Zitratblut). Blut, dem ein löslicher Ester der → Oxalsäure zugesetzt wurde, um eine → Koagulation zu verhindern.
oxalated blood

Oxalsäure. Form der zweibasischen Säuren, die in vielen Pflanzen vorkommen. O. ist ein wichtiges Reagens, das zum Bleichen und Trocknen eingesetzt wird. Für den Menschen ist O. in reiner Form giftig, in der Tiermedizin wird es jedoch als → Hämostatikum eingesetzt. Nach dem Verzehr bestimmter Nahrungsmittel geht die O. eine Verbindung mit Kalzium ein und ist manchmal in Nierensteinen und im Urin von Patienten mit einer Hyperoxalurie vorhanden. (→ Oxalat)
oxalic acid

Oxazepam. Benzodiazepin-→ Tranquilizer, der zur Linderung von Angstzuständen (Anxiolytikum) und nervösen Spannungen (Sedativum) eingesetzt wird.
oxazepam

Oxid. Verbindung von → Sauerstoff und einem anderen Element oder → Radikal. (→ Oxidation)
oxide

Oxidase. → Enzym, das eine biologische → Oxidation verursacht, indem es den → Sauerstoff in sauerstoffhaltigen Molekülen, z.B. Wasserperoxid, aktiviert.
[*griech.:* oxys, scharf]
oxidase

Oxidation. 1. Prozess, bei dem der Sauerstoffgehalt einer Verbindung erhöht wird. 2. Reaktion, bei der sich die positive Wertigkeit (Valenz) einer Verbindung oder eines → Radikals aufgrund des Verlustes von Elektronen erhöht.
[*griech.:* oxys, scharf; atio, Prozess]
oxidation

Oxidationsmittel. Agens, das eine → Oxidation bewirkt.
[*griech.:* oxys, scharf]
oxidant

Oxidationswasser. Wasser, das durch die → Oxidation der Moleküle von Nährstoffen produziert wird, z.B. die Umbildung von Glukose in Wasser und Kohlendioxid.
oxidative water

oxidieren. Eine Verbindung mit Sauerstoff verursachen, die zur Entfernung von Wasserstoff (H) oder zur Erhöhung der Wertigkeit (Valenz) eines Elements durch den Verlust von Elektronen führt. (→ Oxidation)
oxidize

Oxidoreduktase. → Enzym, das eine Reaktion katalysiert, bei der eine Substanz oxidiert wird, während eine andere reduziert wird; z.B. Alkoholdehydrogenase. (→ Oxidation/Reduktion)
oxidoreductase

Oxygenation. 1. Prozess der Verbindung oder Sättigung mit → Sauerstoff. 2. Sättigung des Gewebes mit Sauerstoff, z.B. Sättigung von venöses Blut mit Sauerstoff.
oxigenation

Oxyhämoglobin. Produkt der Verbindung von → Hämoglobin mit → Sauerstoff. Dieser locker gebundene Komplex löst sich leicht wieder auf, wenn sich die Sauerstoffkonzentration reduziert, wodurch die Zellatmung ermöglicht wird.
[*griech.:* oxys, scharf; genein, produzieren; haima, Blut]
oxyhemoglobin

Oxyhämoglobinsättigung. Die Menge an → Sauerstoff, die aktuell an das → Hämoglobin gebunden ist; dies wird als prozentualer Anteil der → Sauerstoffkapazität des Hämoglobins ausgedrückt.
oxyhemoglobin saturation

Oxymeter. Vorrichtung zur Messung des Sauerstoffgehaltes im Blut.
oximeter

oxyphil. (azidophil). Bezeichnung für die Fähigkeit von Zellen oder Geweben, mit sauren Farbstoffen angefärbt werden zu können.
oxyphil

Oxytetrazyklin. Tetrazyklin-→ Antibiotikum, das zur Behandlung von Infektionen mit Bakterien und Rickettsien Verwendung findet.
oxytetracycline

Oxytozin. Arzneimittel, das zur Stimulierung der Wehentätigkeit bei einer induzierten oder verlangsamten Entbindung oder als Anregung der Uteruskontraktionen zur Kontrolle von Blutungen nach einer Entbindung verabreicht wird. O. ist ein Hormon der Hypophyse, das in der Neurohypophyse gespeichert wird. Da O. Hypertonie, Präeklampsie, Eklampsie oder Diabetes mellitus verursachen kann, müssen während der Verabreichung die Vitalzeichen von Mutter und Kind eng überwacht werden.
oxytocin

Oxytozinbelastungstest. Belastungstest zur Untersuchung der intrauterinen Funktion des Fötus und der Plazenta. Dieser Test wird durchgeführt, um die Fähigkeit des Fötus einzuschätzen, eine Fortführung der Schwangerschaft zu tolerieren, oder um die Belastung durch die Wehen und Entbindung zu prognostizieren. Nach der Infusion von → Oxytozin wird die Uterusaktivität und die Herzfrequenz des Fötus mit einem Ultraschallgerät überwacht. Eine Beschleunigung der Herzfrequenz in bestimmten rezidivierenden Mustern kann für eine fötale Insuffizienz sprechen.
oxytocin challenge test

Ozäna. (Stinknase). Erkrankung der Nase, die durch eine Atrophie der Nasenmuschel (Concha) und der Nasenschleimhäute gekennzeichnet ist. Zu den Symptomen zählen Schorfbildung von Nasensekretionen, Ausfluss und ein sehr unangenehmer Geruch. Die O. kann infolge einer chronischen Entzündung der Nasenschleimhaut entstehen.
ozena

Ozon. Form eines Sauerstoffmoleküls, das aus drei Atomen (O_3) besteht. O. entsteht,

wenn Sauerstoff bei einer elektrischen Entladung vorhanden ist, z.B. bei einem Gewitter, aber auch durch Sonneneinstrahlung in verunreinigter Luft (z.B. durch Autoabgase). O. wird als Bleich- und Reinigungsmittel und als Oxidationsagens verwendet und hat einen stark chlorähnlichen Geruch. Die Nebenwirkungen einer zu hohen Aufnahme von O. sind Kopfschmerzen, Atemwegsreizungen, Schwindel und Leistungsschwäche. Werden die Ozonkonzentrationen in der Luft überschritten, wird heute ein sogenannter »Ozonalarm« ausgelöst und von der Benutzung des PKW abgeraten.
[*griech.:* ozein, riechen]
ozone

Ozonloch. Saisonal bedingte Verminderung der ständig vorhandenen Ozonkonzentration in der Stratosphäre, insbesondere über der Antarktis. (→ Ozon)
ozone hole

P

P. 1. Symbol für das Element → Phosphor. 2. Symbol für → Partialdruck. 3. Abkürzung für → Puls. 4. Abkürzung für → Perzentile.
🇬🇧 P

p-a. Abkürzung für → posterior- → anterior (Richtung von hinten nach vorn).
🇬🇧 p-a

P-R-Intervall. (Elektrokardiographie) Das Intervall, das von Beginn der P-Welle des QPR-Komplexes gemessen wird und die atrioventrikuläre Leitungszeit darstellt; diese beträgt zwischen 0,12 und 0,20 Sekunden. (→ Elektrokardiogramm)
🇬🇧 P-R interval

P-Welle. Komponente des Herzzyklus, die sich im EKG als eine umgekehrte U-förmige Kurve nach der T-Welle und vor dem QRS-Komplex zeigt; sie stellt die Kammerdepolarisation dar. (→ Elektrokardiogramm)
🇬🇧 P-wave

P1. 1. Symbol für die erste Elterngeneration (Parentalgeneration). 2. Symbol für den 1. Pulmonalton.
🇬🇧 P1

p17. Symbol für ein Protein, das sich im Inneren eines → HIV-Virus befindet.
🇬🇧 p17

P2. Symbol für den 2. Pulmonalton.
🇬🇧 P2

p24. Symbol für ein Protein, das die Ribonukleinsäure (RNS) umgibt und die reverse Transkriptase des → HIV-Virus umschreibt.
🇬🇧 p24

P50. → Partialdruck des → Sauerstoffs, bei dem → Hämoglobin zur Hälfte mit gebundenem Sauerstoff gesättigt ist.
🇬🇧 P50

Pa. 1. Symbol für Pascal. 2. Symbol für das Element Proactinium. – *adj.* +.
🇬🇧 Pa

PA. Abkürzung für → Pulmonalarterie. – *adj.* +.
🇬🇧 PA

PA-Katheter. Intravenöser Katheter, der durch eine große Vene (z.B. Vena subclavia) in die → Pulmonalarterie geschoben wird.
🇬🇧 PA catheter

Paartherapie. Form der gemeinsamen Psychotherapie für zusammenlebende Paare.
🇬🇧 couples therapy

PAB. Abkürzung für Para-Aminobenzoesäure, ein Sonnenschutzmittel zur äußerlichen Anwendung.
🇬🇧 PABA

pachy-. Vorsilbe mit der Bedeutung »dick«.
🇬🇧 pachy-

Pachyakrie. (Pachydaktylie). Unphysiologische Verdickung der Finger oder Zehen. [*griech.:* pachy, dick; akron, Spitze]
🇬🇧 pachydactyly

Pachydermie. Übermäßiges Wachstum oder Verdickung der Haut und des subkutanen Gewebes. (→ Elephantiasis)
🇬🇧 pachyderma

Pachydermoperiostose. Syndrom, das durch eine Verdickung und Faltenbildung der Gesichtshaut, Trommelschlegelfinger

und die Bildung von Knochenhaut über den Enden der Röhrenknochen gekennzeichnet ist.
[*griech.:* pachy, dick; derma, Haut; osteon, Knochen; osis, Zustand]
pachydermoperiostosis

Pachyglossie. (Makroglossie). Unphysiologische Verdickung der Zunge. (→ Akromegalie)
[*griech.:* pachy, dick; glossa, Zunge]
pachyglossia

Pachymeningitis. Entzündung der harten Hirnhaut (Dura mater).
[*griech.:* pachy, dick; meninx, Hirnhaut; itis, Entzündung]
pachymeningitis

Pachyonychie. Unphysiologische Verdickung der Finger- oder Fußnägel.
[*griech.:* pachy, dick; onychos, Nagel]
pachyonychia

Pachyzephalie. Unphysiologische Verdickung des Schädels, z.B. bei → Akromegalie.
[*griech.:* pachy, dick; kephale, Kopf]
pachycephaly

P

Pacing. (Frequenzstimulation). Elektrische Stimulation des Herzens als physiologische Funktion des → Sinusknotens oder die künstliche elektrische Stimulation des Herzrhythmus.
pacing

Pacini-Körperchen. (Vater-Pacini-Lamellenkörperchen). Spezielles sensorisches Endorgan, das wie ein weißes Bläschen aussieht und sich am Ende jeder einzelnen Nervenfaser im subkutanen Bindegewebe sowie in den Schleimhäuten vieler Körperteile befindet; insbesondere in den Handinnenflächen und Fußsohlen sowie in den Genitalorganen, Gelenken und in der Bauchspeicheldrüse (Pankreas). Die P.-K. sind druckempfindlich und ähneln im Längsschnitt einer Zwiebel.
[F. Pacini, italienischer Anatom, 1812–1883]
Pacini´s corpuscles

Packung. (Wickel). Pflegerische Maßnahme, bei der der gesamte Körper oder einzelne Körperteile aus unterschiedlichen therapeutischen Zielsetzungen in trockene oder feuchte (warme oder kalte) Tücher oder in Eis eingewickelt werden. Kalte P.en dienen dazu, die Körpertemperatur zu senken und Schwellungen zu lindern oder auch vor bestimmten Operationen, insbesondere vor Herzoperationen und Organtransplantationen, eine Hypothermie zu induzieren.
pack; package

Packungsbeilage. (Beipackzettel). Faltblatt, das jeder Packung eines Arzneimittels beiliegen muss; darin muss der Hersteller das Medikament beschreiben, den generischen Namen angeben, die Indikationen, Nebenwirkungen, Warnhinweise, Vorsichtsmaßnahmen, Wechselwirkungen, Formen, Dosierungen und Verabreichungsformen anführen.
package insert

$PaCO_2$. Symbol für den Kohlendioxid-→ Partialdruck im arteriellen Blut.
$PaCO_2$

Pädagogik. Kunst und Wissenschaft des Unterrichtens von Kindern, die auf der Überzeugung beruht, dass ein maßgeblicher Zweck der Erziehung darin liegt, Wissen zu vermitteln.
[*griech.:* pais, Kind; ogogos, Führer]
pedagogy

Pädiater. Facharzt, der in der Entwicklung und Versorgung von Säuglingen und Kindern sowie in der Behandlung ihrer Erkrankungen spezialisiert ist.
[*griech.:* pais, Kind; iatreia, Behandlung]
pediatrician

Pädiatrie. Bereich der Medizin, der sich mit der Entwicklung und Versorgung von Säuglingen und Kindern sowie mit den Spezialbereichen von Kinderkrankheiten, ihrer Behandlung und Vorbeugung beschäftigt.
pediatrics

pädiatrisch. Zur Präventiv- und Primärversorgung und der Behandlung von Kin-

dern sowie zum Studium der Kinderkrankheiten gehörend.
[*griech.:* pais, Kind; iatreia, Behandlung]
pediatric

Pädodontie. Bereich der Zahnmedizin, der sich speziell mit der Diagnose und Behandlung von Zahnerkrankungen bei Kindern beschäftigt.
[*griech.:* pais, Kind; odius, Zahn]
pedodontics

Pädophilie. 1. Abnormes Interesse für Kinder. 2. Psychosexuelle Störung, bei der sich die Fantasien oder Vorlieben sexueller Aktivitäten auf präpubertäre Kinder konzentrieren oder kleine Kinder als ausschließliches Mittel für eine sexuelle Befriedigung dienen. – *adj.* pädophil.
[*griech.:* pais, Kind; philein, lieben]
pedophilia

Paget-Krankheit. (Osteodystrophia deformans). Häufige, nicht-stoffwechselbezogene Erkrankung der Knochen, die im mittleren und höheren Alter auftritt und durch eine exzessive Knochenzerstörung und unorganisierte Knochenheilung gekennzeichnet ist. Die meisten Fälle verlaufen asymptomatisch oder leicht, wobei das erste Symptom Knochenschmerzen sein können. Verformte Schienbeine, Kyphose und häufige Frakturen werden durch die unphysiologisch weichen Knochen verursacht. Eine Vergrößerung des Kopfes, Kopfschmerzen und Erwärmung der betroffenen Bereiche infolge der verstärkten Gefäßdurchblutung sind zusätzliche Merkmale. Zu den Komplikationen gehören spontane Frakturen, Nierensteine, wenn der Patient immobilisiert ist, Herzinsuffizienz sowie Taubheit oder Blindheit infolge des Drucks, den das überschüssige Knochenwachstum und ein Osteosarkom auslösen.
[J. Paget, englischer Chirurg, 1814–1899]
Paget´s disease

Paläocerebellum. Phylogenetisch und entwicklungsgeschichtlich ältester Teil des Kleinhirns (Cerebellum).
paleocerebellum

Paläokortex. Phylogenetisch und entwicklungsgeschichtlich ältester Teil der Hirnrinde (zerebraler Kortex), z.B. Hippocampus.
paleocortex

palatinus. Zum Gaumen (→ Palatum) gehörend.
palatal; palatine

palatoglossus. Zum Gaumen (Palatum) und zur Zunge (Glossa) gehörend.
palatoglossal

palatopharyngeus. Zum Gaumen (Palatum) und zum Rachen (Pharynx) gehörend.
palatopharyngeal

Palatoplastik. Plastische Operation am Gaumen (Palatum); z.B. Verschluß einer → Gaumenspalte.
palatoplasty

Palatoschisis. → Gaumenspalte.
palatoschisis

Palatum. (Gaumen). Anatomische Struktur, die das obere Gewölbe des Mundes bildet; sie wird in den harten und den weichen Gaumen unterteilt.
palate

Palatum molle. (→ Gaumensegel)
soft palate

Palilalie. Unphysiologischer Zustand, der durch eine immer schnellere Wiederholung des gleichen Wortes oder eines kurzen Satzes gekennzeichnet ist, meist am Ende eines Satzes; z.B. bei Parkinsonismus, Demenz, extrapyramidalen Erkrankungen.
[*griech.:* palin, wieder; lalein, stammeln]
palilalia

Pallanästhesie. Unfähigkeit, Vibrationsreize zu spüren.
pallanesthesia

Pallästhesie. (Vibrationsempfindung). Physiologische Sensibilität für Vibrationsreize, z.B. durch eine Stimmgabel auf einem Knochenvorsprung verursachte Vibrationen.
pallesthesia

P

Palliativbehandlung. Therapie, die die Intensität unangenehmer Symptome lindern oder reduzieren soll, jedoch nicht zur Heilung führt. Bei einigen Formen der P. werden z.B. Opioide zur Schmerzbehandlung bei Patienten mit fortgeschrittenem Krebsleiden verwendet, ein Kolostoma angelegt, um eine inoperable obstruktive Läsion des Darms zu umgehen, oder eine Wundtoilette des nekreotischen Gewebes bei Patienten mit metastasierenden malignen Erkrankungen durchgeführt. – *adj.* palliativ.
palliative treatmen

pallidus. Ohne Farbe, blass.
[*lat.:* blass]
pallid

Palma. Die Handinnenfläche zwischen dem Handgelenk und dem Ansatz der Finger.
palm

palmar. (→ volar)
volar

Palmaraponeurose. Sehnenscheidenplatte unter der Haut der Handinnenfläche (Palma) und den umgebenden Muskeln.
palmar aponeurosis

Palmarerythem. Entzündliche Rötung der Handinnenfläche (Palma).
palmar erythema

Palmarreflex. Greifreflex mit Beugung der Finger, der durch eine Stimulation der Handinnenfläche und der Hand verursacht wird. Dieser Reflex ist von Geburt an vorhanden und verschwindet meist nach 6 Monaten.
palmar reflex

Palmitinsäure. Gesättigte nichtessentielle Fettsäure, die häufig in tierischen oder pflanzlichen Fetten und Ölen vorhanden ist; wird zur Herstellung von Seifen und Kerzen verwendet.
palmitic acid

palpabel. Tastbar; durch Berührung wahrnehmbar.
palpable

Palpation. Technik der körperlichen Untersuchung, bei der der Untersuchende die Beschaffenheit, Größe, Konsistenz und Lokalisation bestimmter Körperteile oder -strukturen mit den Händen fühlt. – *adj.* palpatorisch.
[*lat.:* palpare, sanft berühren]
palpation

Palpebra. Augenlid.
palpebra

Palpitation. (Herzrasen/Herzklopfen). Hämmern oder Rasen des Herzens, das in Verbindung mit physiologischen emotionalen Reaktionen oder mit Herzerkrankungen stehen kann.
[*lat.:* palpitare, flattern]
palpitation

pan-. Vorsilbe mit der Bedeutung »alle, ganz, völlig«.
pan-

Panagglutination. Fähigkeit der roten Blutzellen (Erythrozyten), im Serum aller Blutgruppen der gleichen Species zu agglutinieren, was zu falschen Ergebnissen bei der Bestimmung von Blutgruppen führen kann. (→ Agglutination)
panagglutination

Panaritium. Eitriger Abszess ein einem distalen Fingerglied.
felon

Panarteriitis. Entzündung, die alle Gewebeschichten einer Arterie betrifft.
[*griech.:* pan, alle; arteria, Schlagader; itis, Entzündung]
panarteriitis

Panarthritis. Entzündung zahlreicher Körpergelenke oder aller Bestandteile eines Gelenks.
[*griech.:* pan, alle; arthron, Gelenk; itis, Entzündung]
panarthritis

Pandemie. Krankheitsepidemie, die sich über die Bevölkerung ganzer Länder oder Kontinente ausbreitet; z.B. → Influenza. – *adj.* pandemisch.
[*griech.:* pan, alle; demos, Volk]
pandemia

Panenzephalitis. Entzündung des gesamten Gehirns (der grauen und der weißen Substanz), die häufig durch ein Virus verursacht wird und durch einen schleichenden Beginn und eine progressive Verschlechterung der motorischen und mentalen Funktionen gekennzeichnet ist. Die subakute sklerosierende P. ist eine seltene Kinderkrankheit, die während der Genesung von einer vorhergehenden Infektion durch ein »langsames« latentes Masernvirus verursacht wird. Diese Erkrankung führt zu Bewegungsstörungen (Ataxie), Schüttelkrämpfen (Myoklonie), Atrophie, Blindheit und Verschlechterung der Hirnleistung.
[*griech.:* pan, alle; enkephale, Gehirn; itis, Entzündung]
🇬🇧 panencephalitis

Paneth-Körnerzellen. Große, granuläre Epithelzellen in den Darmdrüsen, die Verdauungsenzyme und bakterizide Lysozyme absondern.
[Josef Paneth, österr. Physiologe, 1857–1890.]
🇬🇧 cells of Paneth

Panhypopituitarismus. (Hypophysenunterfunktion). Generalisierte Insuffizienz bei der Produktion von Hypophysenhormonen, die durch eine Verletzung oder Erkrankung der → Hypophyse bedingt ist. Häufig kommt es zum → Diabetes insipidus, zur Halbseitenblindheit (Hemianopsie) oder vollständigen Erblindung. Die Haut ist gelblich verfärbt und faltig, jedoch besteht keine mentale Störung.
🇬🇧 panhypopituitarism

Panik. Intensives, plötzliches und exzessives Angstgefühl, das Entsetzen auslöst und zu sofortigen körperlichen Veränderungen führt, die eine lähmende Immobilität oder sinnloses hysterisches Fluchtverhalten nach sich ziehen können.
🇬🇧 panic

Panikattacke. Anfall akuter Angstzustände, der unvorhersehbar mit Gefühlen des intensiven Entsetzens auftritt und von Atemnot (Dyspnoe), Schwindel, Schwitzen, Zittern und Thoraxschmerzen oder Herzrasen (Palpitationen) begleitet wird. Der Anfall kann mehrere Minuten dauern und in bestimmten Situationen immer wieder auftreten.
🇬🇧 panic attack

Pankarditis. Entzündung aller drei Herzschichten, also Herzinnenhaut (Endokard), Herzmuskel (Myokard) und Herzbeutel (Perikard).
[*griech.:* pan, alle; kardia, Herz; itis, Entzündung]
🇬🇧 pancarditis

Pankreas. (Bauchspeicheldrüse). Längliche gräuliche knotenförmige Drüse, die quer hinter der abdominalen Wand im seitlichen Oberbauchbereich (Epigastrium) unterhalb des Thorax (Hypochondrium) liegt und verschiedene Substanzen wie Verdauungsenzyme, → Insulin und → Glukagon ausscheidet; Organ aus sowohl exokrinem als auch endokrinem Drüsengewebe. Das P. besitzt einen Hauptgang, der entlang des gesamten Organs verläuft, ableitende kleinere Gänge und einen Ausführungsgang in den Zwölffingerdarm (Duodenum).
[*griech.:* Bauchspeicheldrüse]
🇬🇧 pancreas

Pankreasabszess. Infektion, die durch eine Ansammlung von Eiter in oder an der Bauchspeicheldrüse (→ Pankreas) gekennzeichnet ist.
🇬🇧 pancreatic abscess

Pankreasdiabetes. → Diabetes mellitus, der infolge der mangelhaften Insulinproduktion durch die Inselzellen des → Pankreas verursacht wird. (→ Insulin)
🇬🇧 pancreatic diabetes

Pankreasenzym. → Enzym, das während des Verdauungsprozesses von der Bauchspeicheldrüse (→ Pankreas) ausgeschieden wird; hierzu gehören z.B. Trypsin, Chymotrypsin, Amylase, Lipase und Cholinesterase.
🇬🇧 pancreatic enzyme

Pankreashormone. Verschiedene chemische Verbindungen, die von der Bauchspeicheldrüse (→ Pankreas) ausgeschieden werden und in Verbindung mit der Regulation des Zellstoffwechsels stehen. Zu den

wichtigsten → Hormonen zählen → Insulin und → Glukagon.
pancreatic hormones

Pankreasinsuffizienz. Zustand, der durch eine unzureichende Produktion und Ausscheidung von → Pankreashormonen oder → Pankreasenzymen gekennzeichnet ist. Die P. tritt meist sekundär nach einem destruktiven Krankheitsprozess des Pankreasgewebes auf. Eine mangelhafte Absorption der Nährstoffe, Appetitlosigkeit (Anorexie), diffuse Schmerzen im Ober- oder Unterbauch, Unwohlsein und starker Gewichtsverlust sind häufige Symptome. Eine alkoholinduzierte Pankreatitis ist die häufigste Form der P.
pancreatic insufficiency

Pankreaskarzinom. Maligne neoplastische Erkrankung der Bauchspeicheldrüse (→ Pankreas), die sich durch Appetitlosigkeit (Anorexie), Blähungen (Flatulenz), Schwäche, dramatischen Gewichtsverlust, epigastrische Schmerzen, Rückenschmerzen, Gelbsucht (Ikterus), Juckreiz (Pruritus), akute Entstehung eines Diabetes mellitus und Gallengangsobstruktionen äußert. Über 90% der Pankreastumore sind Adenokarzinome, zwei Drittel davon wiederum entstehen im Pankreaskopf. Bestrahlung oder Chemotherapie können eine vorübergehende Linderung schaffen, doch hat ein P. im allgemeinen eine schlechte Prognose. Starke Raucher (10 bis 20 Zigaretten am Tag) oder Diabetiker tragen ein erhöhtes Risiko für die Entwicklung eines P.s.
pancreatic cancer

Pankreasresektion. Chirurgische Entfernung der gesamten oder eines Teils der Bauchspeicheldrüse (→ Pankreas), die zur Beseitigung von Zysten oder Tumoren, zur Behandlung einer Pankreatitis oder einer Verletzung durchgeführt wird. Eine häufige Komplikation besteht in der Bildung von Fisteln im Pankreas-Gallen-Gang, die es den Verdauungsenzymen ermöglicht, mit den benachbarten Geweben zu reagieren.
pancreatectomy

Pankreassaft. (Bauchspeichel). Flüssige Sekretion der Bauchspeicheldrüse (Pankreas), die durch die Stimulation der im Zwölffingerdarm (Duodenum) befindlichen Nahrung produziert wird. Der P. enthält Wasser, Proteine, anorganische Salze und Enzyme; er ist wichtig beim Abbau von Proteinen in ihre Aminosäurenbestandteile, bei der Aufspaltung von Fetten aus der Nahrung in Glyzerol und Fettsäuren und bei der Umformung von Stärke in Einfachzucker.
pancreatic juice

Pankreasszintigraphie. Röntgenologische Untersuchung der Bauchspeicheldrüse (→ Pankreas) nach intravenöser Injektion eines Kontrastmittels, die u.a. zur Diagnostik von Tumoren, Zysten und Infektionen durchgeführt wird.
pancreas scan

Pankreatin. Konzentrat von Pankreasenzymen, das bei einer zystischen Fibrose oder nach einer Pankreasresektion als Arzneimittel verschrieben wird, um fehlende endogene Pankreasenzyme, die für die Verdauung erforderlich sind, zu ersetzen.
pancreatin

Pankreatitis. Entzündung der Bauchspeicheldrüse (→ Pankreas), die akut oder chronisch sein kann. Eine akute P. wird im allgemeinen durch eine Schädigung des Gallengangs, z.B. durch Alkohol, Verletzung, Infektion oder Medikamente, verursacht. Sie äußert sich durch starke abdominale Schmerzen (meist im linken Oberbauch), die in den Rücken ausstrahlen, Fieber, Appetitlosigkeit (Anorexie), Übelkeit und Erbrechen. Es kann zur Gelbsucht (→ Ikterus) kommen, wenn der gemeinsame Gallengang nicht mehr durchgängig ist. Die Ursachen einer chronischen P. entsprechen denen eines akuten Verlaufs. Bei Alkoholabusus kann es zur Verkalkung und Vernarbung der kleinen Gallengänge kommen. Die Folge sind abdominale Schmerzen, Übelkeit und Erbrechen und aufgrund der verminderten Ausscheidung von Pankreasenzymen kommt es zur Ausscheidung von Fettstuhl (Stearrhö) und von unverdauten Fleisch-

fasern (Kreatorrhö). Die Produktion von Insulin kann reduziert sein, wodurch sich bei einigen Patienten ein Diabetes mellitus entwickelt.
[*griech.:* pancreas, Bauchspeicheldrüse; itis, Entzündung]
pancreatitis

Pankreatitis, akute. Entzündung des → Pankreas; es kommt zur Selbstverdauung (Autolyse) des Pankreas durch Austritt von Pankreasenzymen in das Gewebe; eine a. P. zeigt die Symptomatik des → akuten Abdomens; die a. P. steht häufig in Verbindung mit Gallenerkrankungen oder Alkoholismus.
[*griech.:* pan, alle; kreas, Fleisch; itis, Entzündung]
acute pancreatitis

Pankreatitis, chronische. Chronische Entzündung der Bauchspeicheldrüse (Pankreas) mit gleichzeitiger Fibrose und Drüsenverkalkung. Folge von wiederholten akuten Pankreatitisanfällen; kann zu einem Diabetes mellitus führen.
[*griech.:* chronos, Zeit, pan, alle, kreas, Fleisch, itis, Entzündung.]
chronic pancreatitis

pankreatogen. Aus der Bauchspeicheldrüse (→ Pankreas) hervorgehend.
pancreatogenic

Pankreatographie. Visuelle Darstellung der Bauchspeicheldrüse (→ Pankreas) oder ihrer Gänge durch Injektion eines Kontrastmittels in die Gänge während einer Operation, durch ein Endoskop oder durch Ultraschall, die mit Hilfe einer Tomographie oder eines Röntgenbildes aufgenommen werden kann.
pancreatography

Pankreolithiasis. Präsenz von Steinen in der Bauchspeicheldrüse (→ Pankreas) oder in den Pankreasgängen.
pancreatolithiasis

Panmyelose. Pathologischer Zustand, der durch eine maligne Vermehrung von Knochenmarkzellen aller Art gekennzeichnet ist.
panmyelosis

Panniculus (adiposus). Unterhautfettgewebe, das viele verschiedene Strukturen des Körpers überzieht.
[*lat.:* Läppchen]
panniculus

Pannikulitis. Chronische Entzündung des subkutanen Fettgewebes, bei der die Haut, insbesondere über dem Abdomen und dem Thorax, verhärtet ist. Kleine subkutane Knoten aus hartem Gewebe finden sich überall in den betroffenen Bereichen.
panniculitis

Pannus. Unphysiologischer Zustand der Hornhaut des Auges (Kornea), die direkt an der Oberfläche von gefäßhaltigem Bindegewebe überzogen und infiltriert wird. Ein P. kann sich nach der Entzündungsphase eines Trachoms oder nach einer Ablösung der Netzhaut (Retina), bei einem Glaukom, einer Entzündung der Regenbogenhaut (Iris) und des Ziliarkörpers (Iridozyklitis) oder bei anderen degenerativen Augenerkrankungen entwickeln.
[*lat.:* Lappen]
pannus

Panophthalmitis. Eitrige Entzündung des gesamten Auges, die meist durch virulente pyogene Organismen verursacht wird, z.B. Stämme von Meningokokken, Pneumokokken, Streptokokken, Anthrax-Bazillen und Clostridien. Zu den anfänglichen Symptomen gehören Fieber, Augenschmerzen, Kopfschmerzen, Schläfrigkeit, Ödeme und Schwellungen. Bei fortschreitender Infektion färbt sich die Regenbogenhaut (Iris) grau, die Tränenflüssigkeit wird trübe und es bilden sich Flocken auf dem Hintergrund der Hornhaut (Kornea).
[*griech.:* pan, alle; ophthalmos, Auge; itis, Entzündung]
panophthalmitis

Panotitis. Generalisierte Entzündung des Ohres, einschließlich des Mittel- und Innenohres.
panotitis

Panplegie. Vollständige allgemeine Lähmung (Paralyse) der Muskulatur.
panplegia

P

Panthenol. (Pantothenol). 1. Ein Alkohol, der im Körper zu → Pantothensäure, einem Vitamin aus dem B-Komplex, umgebildet wird. 2. Visköse Flüssigkeit, die sich von der Pantothensäure ableitet und zur Vitamin B_{12}-Gruppe gehört.
🇬🇧 panthenol

Pantomographie. Panoramaartige Röntgendarstellung des Ober- und Unterkiefers und der damit zusammenhängenden Strukturen.
🇬🇧 pantomography

Pantothensäure. Substanz des Vitamin-B-Komplexes, die in pflanzlichen und tierischen Geweben häufig vorhanden und wichtiges Element der menschlichen Ernährung ist. Die P. ist für die Gewebebildung und den Metabolismus der Gewebe, insbesondere der Haut, erforderlich.
🇬🇧 pantothenic acid

Panzytopenie. Deutliche Verminderung der Anzahl an roten Blutzellen (Erythrozyten), weißen Blutzellen (Leukozyten) und Blutplättchen (Thrombozyten).
[*griech.:* pan, alle; kytos, Zelle; penia, Armut]
🇬🇧 pancytopenia

PaO_2. Symbol für den Sauerstoff-→ Partialdruck im arteriellen Blut.
🇬🇧 PaO_2

Papageienkrankheit. (→ Psittakose)
🇬🇧 psittacosis

Papain. → Enzym aus dem Milchsaft der Papayafrucht, einem tropischen Melonenbaum. P. dient zur enzymatischen Wundreinigung und zur Förderung der Heilung.
🇬🇧 papain

Papanicolaou-Test. Einfacher Schleimhautabstrich, der es ermöglicht, Gebärmutterhalskrebs (Zervixkarzinom) zu erkennen, jedoch auch für Gewebeproben aus anderen Organen angewendet werden kann. Der Abstrich wird normalerweise bei den jährlichen Routineuntersuchungen der Krebsvorsorge abgenommen, die bei Frauen bereits mit dem 18. Lebensjahr beginnen. Diese Technik erlaubt eine frühe Diagnose von Krebs und ist wesentlich dafür verantwortlich, dass die Todesrate bei Zervikalkrebs gesunken ist. Die Ergebnisse werden normalerweise folgendermaßen klassifiziert: Klasse I = nur normale Zellen; Klasse II = atypische Zellen, die einer Entzündung entsprechen; Klasse III = leichte Dysplasie; Klasse IV = schwere Dysplasie, verdächtige Zellen; Klasse V = Karzinomzellen.
[G. Papanicolaou, griechischer Arzt in den USA, 1883–1962]
🇬🇧 Papanicolaou test

Papel. (Papula). Kleine oberflächliche Erhebung der Haut; Hautknötchen.
🇬🇧 papula; papule

Papillarmuskel. (Musculus papillares). Runder oder konischer Muskelvorsprung, der an der Innenwand der Herzkammern befestigt ist. Die P.n variieren in ihrer Anzahl. Die zwei Hauptmuskeln sind der vordere und der hintere P. Die P.n stehen in Verbindung mit den Atrioventrikularklappen, die sie öffnen und schließen helfen.
🇬🇧 papillary muscle

Papille. 1. Kleine warzenförmige Erhebung, z.B. die kegelförmigen P.n der Zunge (Papillae conicae) oder die P.n der Lederhaut (Corium), die von den Kollagenfasern, Kapillarblutgefäßen und manchmal von den Nerven der Haut abgehen. 2. Die optische P. (Papilla nervi optici), ein runder weißer Fleck im Augenhintergrund (Fundus oculi), wo der Sehnerv aus der Netzhaut tritt. – *adj.* papillär.
[*lat.:* Brustwarze]
🇬🇧 papilla

Papillenödem. Schwellung der optischen → Papille, die bei einer Untersuchung des Augenhintergrundes sichtbar wird und durch einen erhöhten Hirndruck verursacht wird. Die Hirnhauthüllen, die den von der optischen Papille ausgehenden Sehnerv umgeben, stellen eine kontinuierliche Verbindung zu den Hirnhäuten (Meningen) dar. Ein erhöhter Hirndruck wird vom Gehirn zur optischen Papille übertragen und verursacht im Auge eine Schwellung (Ödem).
🇬🇧 papilledema

Papillitis. 1. Entzündung einer → Papille, z.B. der Tränenpapille oder der Analpapillen. 2. Entzündung des Sehnerveintritts (optische Papille).
[*lat.*: papilla, Brustwarze; *griech.*: itis, Entzündung]
papillitis

Papillom. Gutartige Geschwulst vom Oberflächengewebe ausgehend mit viel Bindegewebe, die durch eine verzweigte oder lappenförmige Struktur gekennzeichnet ist, z.B. auf der Mundschleimhau, Harnwege, Milchgänge.
[*lat.*: papilla, Brustwarze; *griech.*: oma, Tumor]
papilloma

Papillomatose. Unphysiologischer Zustand, der durch die verbreitete Entwicklung warzenförmiger Auswüchse (→ Papillome) gekennzeichnet ist.
[*lat.*: papilla, Brustwarze; *griech.*: oma, Tumor; osis, Zustand]
papillomatosis

Papillomavirus. Virus, das beim Menschen die Bildung von Warzen auslöst.
[*lat.*: papilla, Brustwarze; *griech.*: oma, Tumor; *lat.*: virus, Gift]
papillomavirus

Papulose. Über den gesamten Körper verbreitetes Auftreten von Hautknötchen (→ Papeln).
papulosis

para-. Vorsilbe mit der Bedeutung »neben, abweichend«.
para-

Paraballismus. Unwillkürliche Schleuderbewegungen oder Zuckungen der Extremitäten auf beiden Körperseiten. (→ Ballismus)
paraballism

Parabiose. Verschmelzung von zwei Eiern oder Embryonen, die sich zu miteinander verwachsenen Zwillingen entwickeln.
parabiosis

Paracelsus-Methode. Anwendung von chemischen Agenzien, wie Schwefel, Eisen, Blei und Arsen, zur Behandlung von Krankheiten. Paracelsus bekämpfte die Schulmedizin und strebte eine grundlegende medizinische Reform an. Er sah den Menschen (Mikrokosmos) als Abbild des Makrokosmos an. Paracelsus formulierte die Regel: nur die Dosis macht eine Substanz zum Gift.
[P. Paracelsus, schweizer Alchimist und Arzt, 1493–1541]
paracelsian method

Paracetamol. Analgetikum, Antipyretikum und Antiphlogistikum, das bei gemäßigten Schmerzen und Fieber verabreicht wird; nach der Verabreichung muss auf allergische Hautreaktionen geachtet werden. P. ist nicht für suizidgefährdete Patienten geeignet, da eine Überdosis lethal sein kann.
acetaminophen

Paracetamol-Vergiftung. Toxische Reaktion infolge der Einnahme einer übermäßigen → Paracetamol-Dosis. Bei Erwachsenen können Dosierungen von mehr als 10 bis 15 g zu Leberversagen führen; Dosierungen über 25 g können tödliche Folgen haben. Große Mengen von P.-Abbauprodukten können den Entgiftungsmechanismus der Leber überfordern und innerhalb von 5 Tagen zu einer fortschreitenden Lebernekrose führen. Der Beginn der Symptome kann sich in Übelkeit und Erbrechen sowie übermäßigem Schwitzen, Blässe und → Oligurie äußern.
acetaminophen poisoning

Paradigma. Muster oder Struktur, die als Modell oder Beispiel fungieren können.
paradigm

paradox. Person, Situationen, Aussagen oder Handlungen betreffend, die eine inkonsequente oder widersprüchliche Qualität aufweisen, oder die wahr sein können, obwohl sie absurd oder unglaublich erscheinen. (s.a. Atmung, paradoxe)
paradoxic

Paraffin. Gruppe von Kohlenwasserstoffen oder Kohlenwasserstoffverbindungen, z.B. Methangas, Kerosin und Paraffinwachs. P.e können zur Herstellung von

Salben, Emulsionen, Sprays und Tropfen verwendet werden.
paraffin

Paraffinom. (Oleom). Tumor, der durch die therapeutische Injektion von → Paraffin in die Haut verursacht wird.
paraffinoma

Paraganglion (pl. Paraganglien). Kleine Gruppe chromaffiner Nervenzellen, die in Verbindung mit den → Ganglien der sympathischen Nervenstämme stehen, außerhalb der adrenalen Medulla liegen und üblicherweise neben den sympathischen Ganglien entlang der Aorta und ihren Ästen verlaufen. Die Paraganglien scheiden die Hormone → Adrenalin und → Noradrenalin aus.
[*griech.:* para, neben; ganglion, Knoten]
paraganglion

Paragraphie. Kommunikationsstörung, die durch Auslassungen und Verdrehungen von Buchstaben oder die Verwendung von falschen Buchstaben oder Wörtern beim Schreiben und Sprechen gekennzeichnet ist. (→ Agraphie)
paragraphia

P

Parainfluenzavirus. Myxovirus mit vier Serotypen, die bei Säuglingen und Kleinkindern, weniger häufig jedoch auch bei Erwachsenen Atemwegsinfektionen verursachen. Die Typen 1 und 2 können eine Bronchitis mit Rachen- und Luftröhreninfektion oder Krupp auslösen, Typ 3 stellt eine Ursache für Krupp, Tracheobronchitis, Bronchiolitis und Bronchopneumonie bei Kindern dar; die Typen 1, 3 und 4 stehen in Verbindung mit Pharyngitis und gewöhnlichen Erkältungen.
parainfluenza virus

Parakinese. Unphysiologische Bewegungskoordination, die durch Nervenstörungen in einem Muskel verursacht wird, z.B. Unregelmäßigkeit der Bewegungen eines Augenmuskels.
[*griech.:* para, neben; kinesis, Bewegung]
parakinesia

Parakolpium. (Paracolpium). Bindegewebe und andere Gewebe um den Vaginalbereich.
paracolpium

parakrin. Endokrine Funktion, bei der die Wirkungen eines Hormons direkt in den umgebenden Zellen einsetzen; die hormonelle Wirkung wird dabei nicht über die Blutbahnen weitergeleitet.
paracrine

Paralyse. (Lähmung). Verlust der Muskelfunktionen und/oder der Empfindungsfähigkeit; eine P. kann durch verschiedene Ursachen bedingt sein, z.B. Verletzung, Erkrankung oder Vergiftung. P.n werden nach Ursache, Muskeltonus, Ausdehnung oder den betroffenen Körperteilen klassifiziert. – *adj.* paralytisch.
[*griech.:* paralyein, gelähmt sein]
paralysis

Paramedizin. Medizinische Methoden, die von der Schulmedizin abweichen und Auffassungen bezüglich Diagnostik und Behandlung von Krankheiten vertreten, die nicht der gängigen naturwissenschaftlichen Medizin entsprechen; z.B. Irisdiagnose und Frischzellentherapie.
[*griech.:* para, neben; *lat.:* medicina, Heilkunst]
paramedicine

paramedizinisch. Bezeichnung für Personen und Berufsgruppen, die keine Ärzte, Zahnärzte oder Pflegenden sind, sondern eine Spezialausbildung in einer ergänzenden Gesundheitsprofession absolviert haben; z.B. Audiologe, Röntgenassistent, medizinischer Techniker o.a..
paramedic

Parameter. (Messgrösse). Messgröße oder Konstante, die zur Beschreibung oder Bewertung einer Datenreihe verwendet wird und die eine physiologische Funktion oder ein System darstellt, z.B. die Bestimmung der Säure-Basen-Werte des Blutes als P. für die Evaluation der Atemfunktion.
[*griech.:* para, neben; metron, Maß]
parameter

Paramethason. → Glukokortikoid zur Behandlung von Entzündungen und Allergien.
paramethasone acetate

Parametritis. Entzündung der Gewebestrukturen um die Gebärmutter (Uterus), d.h. des → Parametriums.
[*griech.:* para, neben; metra, Gebärmutter; itis, Entzündung]
parametritis

Parametrium. Die seitliche Ausdehnung des subserösen Bindegewebes der Gebärmutter (Uterus) in das breite Mutterband (Ligamentum latum uteri). Dieses Beckenbindegewebe stützt den Uterus.
[*griech.:* para, neben; metra, Gebärmutter]
parametrium

Paramnesie. 1. Fehlfunktion des Gedächtnisses, bei der sich eine Person an Ereignisse und Umstände erinnert, die niemals wirklich stattgefunden haben. 2. Zustand, bei dem sich eine Person an Worte erinnert und sie benutzt, ohne ihre Bedeutung verstanden zu haben. Die P. kommt z.B. bei Psychosen oder Schizophrenie vor.
[*griech.:* para, neben; amnesis, Erinnerung]
paramnesia

Paramyxovirus. Mitglied einer Virenfamilie, die den → Myxoviren ähnelt; zu ihnen gehören Organismen, die Parainfluenza, Mumps und andere respiratorische Infektionen verursachen.
[*griech.:* para, neben; myxa, Schleim; *lat.:* virus, Gift]
paramyxovirus

paranasal. Zu dem Bereich neben oder entlang der Nase gehörend, z.B. die Position der Nasennebenhöhle.
[*griech.:* para, neben; *lat.:* nasus, Nase]
paranasal

Paranoia. Zustand, der durch ein komplexes, übermäßig misstrauisches Gedankensystem gekennzeichnet ist. Dazu gehören häufig Wahnvorstellungen, Verfolgungswahn und Größenwahn; die Gedanken konzentrieren sich meist auf isolierte Themen, z.B. finanzielle Fragen, die Situation am Arbeitsplatz, Untreue des Ehegatten oder andere Probleme, etwa vom Geheimdienst oder von Außerirdischen verfolgt und überwacht zu werden. Eine P. tritt häufig in Verbindung mit → Schizophrenie auf.
[*griech.:* Wahnsinn]
paranoia

paranoid. 1. Zu einer → Paranoia gehörend, ihr ähnelnd. 2. Bezeichnung für ein Verhalten, das durch ein extremes Misstrauen oder Verfolgungswahn gekennzeichnet ist.
[*griech.:* paranoia, Wahnsinn; eidos, Form]
paranoid

Paraparese. Teilweise, unvollständige Lähmung (→ Parese), die im allgemeinen gleichmäßig beide unteren Extremitäten betrifft.
[*griech.:* para, neben; paresis, Lähmung]
paraparesis

Paraphasie. 1. Zustand, bei dem eine Person Worte hört und versteht, aber nicht richtig aussprechen kann; dadurch werden falsche Wörter statt der beabsichtigten Begriffe verwendet. 2. Inkohärente, unverständliche und anscheinend sinnlose Sprache, die jedoch einen Sinn erhalten kann, wenn sie von einem Psychotherapeuten sorgfältig interpretiert wird. (→ Aphasie)
[*griech.:* para, neben; phasein, sprechen]
paraphasia

Paraphilie. Sexuelle Perversion oder zwanghaftes Verhalten; dabei äußert sich der sexuelle Instinkt in gesellschaftlich verbotener oder unerwünschter Weise, z.B. in anstößigen Äußerungen oder sexuellen Beziehungen zu einem Partner, der dies nicht wünscht. Zu den Formen der P. zählen u.a. Exhibitionismus, Fetischismus, Pädophilie, Transvestismus oder Voyeurismus.
[*griech.:* para, neben; philein, lieben]
paraphilia

Paraphimose. ("spanischer Kragen"). Zustand, bei dem die Vorhaut des Penis nicht mehr in ihre normale Position gebracht werden

P

kann, nachdem sie zurückgezogen worden ist. Ursache ist eine verengte oder entzündete Vorhaut, was in schweren Fällen zu einer → Gangrän führen kann.
[*griech.:* para, neben; phimoein, verengen]
🇬🇧 paraphimosis

Paraphrenie. Psychiatrische Erkrankung, die primär nach einer affektiven oder organischen mentalen Störung auftritt; es kommt nicht zu wesentlichen Beeinträchtigungen des Affekts, der Willenskraft und der Funktionsfähigkeit, was ein Charakteristikum der → Schizophrenie wäre; jedoch können paranoide Wahnvorstellungen und Halluzinationen auftreten.
🇬🇧 paraphrenia

Paraplegie. Lähmung (→ Paralyse), die durch einen vollständigen sensorischen und motorischen Verlust meist in den unteren Extremitäten und im Unterkörper gekennzeichnet ist. Die Anzeichen und Symptome der P. können sich sofort nach einer Verletzung entwickeln und zum Verlust von Empfindung, Motorik und Reflexen unterhalb der Läsion führen. Je nach Höhe der Läsion und einer Mitbeteiligung des Rückenmarks (vollständig oder unvollständig) kann der Patient die Kontrolle über die Blase und den Darm verlieren; es können sich sexuelle Dysfunktionen entwickeln. Eine P. tritt seltener nach Läsionen auf, die nicht im Zusammenhang mit Verletzungen stehen, z.B. Skoliose, Spina bifida oder Neoplasmen. – *adj.* paraplegisch.
[*griech.:* para, neben; plege, Schlag]
🇬🇧 paraplegia

P

Parapraxie. 1. Unangemessene Ausführung von gezielten Handlungen, z.B. in Form einer nicht beabsichtigten Bewegung. 2. Vergesslichkeit mit einer Neigung, Dinge an den falschen Ort zu stellen. (→ Apraxie)
[*griech.:* para, neben; praxis, Tun]
🇬🇧 parapraxia

Paraprotein. Unvollständiges monoklonales → Immunoglobulin, das bei Störungen der Plasmazellen gebildet wird. Die P.e besitzen meist keine spezielle Antikörperfunktion; sie sind unwirksame Antikörperglobuline.
🇬🇧 paraprotein

Parapsychologie. Bereich der → Psychologie, der sich mit dem Studium von angeblichen psychischen, übersinnlichen (okkulten) Phänomenen beschäftigt, z.B. Hellsehen, extrasensorische Wahrnehmung und Telepathie.
[*griech.:* para, neben; psyche, Geist; logos, Wissenschaft]
🇬🇧 parapsychology

Paraquatvergiftung. Toxischer Zustand, der durch die Einnahme von Paraquat, einem höchst giftigen → Pestizid, verursacht wird. Charakteristischerweise entwickeln sich mehrere Tage nach der Aufnahme eine progressive Lungenfibrose und Schäden an Speiseröhre (Ösophagus), Nieren und Leber; nach dem Auftreten der Fibrose erfolgt der Tod innerhalb von 3 Wochen.
🇬🇧 paraquat poisoning

Parasit. (Schmarotzer). Organismus, der auf oder in einem anderen lebt und sich von dessen Körpersubstanz ernährt. Ein fakultativer P. kann auf einem Wirt leben, ist aber auch zu einem selbstständigen Leben fähig. Ein obligater P. ist zum Überleben vollständig von seinem Wirt abhängig. – *adj.* parasitär.
[*griech.:* parasitos, Mitesser]
🇬🇧 parasite

Parasitämie. Präsenz von → Parasiten im Blut.
[*griech.:* parasitos, Mitesser; haima, Blut]
🇬🇧 parasitemia

Parästhesie. Bezeichnung für subjektive Empfindungen, die als Taubheit, Brennen, Kribbeln oder das Gefühl von »stechenden Nadeln« wahrgenommen werden. P.n variieren stark in Abhängigkeit von ihren Einflussfaktoren, zu denen Haltung, Aktivität, Ruhe, Ödeme, Stauungen oder zugrundeliegende Krankheiten zählen.
[*griech.:* para, neben; erethizein, erregen]
🇬🇧 paresthesia

Parasympathikus. Teil des vegetativen Nervensystems, der eine dem Sympathikus

entgegengesetzte Wirkung hat und aus den Nerven für die Augenmotorik, das Gesicht, den Zungen-Rachen-Raum und den Beckenbereich sowie aus dem Vagusnerv besteht. Die Wirkung des P.s wird durch Freisetzung von → Acetylcholin vermittelt und ist vorwiegend für den Schutz, die Erhaltung und die Wiederherstellung von Körperressourcen verantwortlich. Die Reaktionen auf eine parasympathische Stimulation sind lokalisiert und scheinen den adrenergen Wirkungen der sympathischen Nerven entgegenzuwirken. Die parasympathischen Fasern verlangsamen den Herzschlag, stimulieren die Peristaltik, fördern die Sekretion der Tränen-, Speichel- und Verdauungsdrüsen, lösen die Freisetzung von Galle und Insulin aus, erweitern die peripheren und viszeralen Blutgefäße, verengen die Pupillen, den Ösophagus und die Bronchiolen und entspannen den Sphinkter während der Harn- und Stuhlausscheidung. Die postganglionären parasympathischen Fasern erstrecken sich bei der Frau über Uterus, Vagina, Eileiter und Eierstöcke und beim Mann über Prostata, Samenbläschen und äußere Genitalien und regen die Blutgefäße der Beckenorgane bei beiden Geschlechtern an. Die Stimulation dieser Nerven verursacht eine Vasodilatation in der Klitoris und den kleinen Schamlippen und eine Erektion des Penis. – *adj.* parasympathisch.
[*griech.:* para, neben; sympathein, mitfühlen]
parasympathetic

Parasympathomimetika (pl.). Pharmakologische Substanzen, deren Wirkung eine von den parasympathischen Nerven ausgehende Stimulation imitiert, insbesondere, wenn diese durch → Acetylcholin verursacht wird. Teilweise werden die P. als Genuss- oder Rauschmittel verwendet, z.B. Nikotin und Muskarin. (→ Parasympathikus)
parasympathomimetic

Parasystole. Form einer → Arrhythmie; selbstständiger ektopischer Rhythmus, bei dem ein Sinusrhythmus und ein Kammerrhythmus nebeneinander auftreten.
[*griech.:* para, neben; systole, Kontraktion]
parasystole

Parathionvergiftung. Toxischer Zustand, der durch Einnahme, Inhalation oder Absorption (durch die Haut) des höchst giftigen Insektizids Parathion verursacht wird; Symptome sind Übelkeit, Erbrechen, Bauchkrämpfe, Verwirrtheit, Kopfschmerzen, fehlende Muskelkontrolle, Krämpfe und Atemnot (Dyspnoe).
parathion poisoning

Parathormon (PTH). (Parathyrin). → Hormon, das von den → Nebenschilddrüsen ausgeschüttet wird und eine konstante Kalziumkonzentration in der extrazellulären Flüssigkeit aufrechterhält. Das Hormon reguliert die Absorption des Kalziums aus dem Gastrointestinaltrakt, die Ausschwemmung von Kalzium aus den Knochen und die erneute Einlagerung von Kalzium in die Knochen sowie die Ausscheidung von Kalzium in Muttermilch, Fäzes, Schweiß und Urin. Bei einer Insuffizienz der Nebenschilddrüse und einer zu geringen Sekretion von P. kann eine → Tetanie auftreten.
parathyroid hormone (PH); parathormone

Paratyphus. Bakterielle Infektion, die durch verschiedene → Salmonellen-Species verursacht wird, welche jedoch keine Salmonella typhi sind; diese lösen Symptome aus, die dem → Typhus ähneln, allerdings schwächer sind.
paratyphoid fever

paravenös. Neben einer Vene liegend, z.B. eine p.e Injektion, die neben und nicht in eine Vene erfolgt.
paravenous

paravertebral. Zu dem Bereich entlang des Rückenmarks gehörend oder in der Nähe der Wirbelsäule liegend.
[*griech.:* para, neben; *lat.:* vertebra, Gelenk]
paravertebral

Paravertebralblockade. 1. Blockierung der Weiterleitung von somatischen Impulsen über die Spinalnerven durch Injektion eines Lokalanästhetikums in der Nähe des Austritts der betreffenden Nerven. 2. Blockade der paravertebralen sympathischen Nervenkette anterolateral zu den Wirbelkörpern.
paravertebral block

Parazentese. Maßnahme, mit der Flüssigkeit aus einer Körperhöhle entnommen wird; nach einer Inzision in die Haut erfolgt die Einführung eines hohlen Trokars, einer Kanüle oder eines Katheters, damit die Flüssigkeit in einen Sammelbehälter abfließen kann. Die P. wird meist durchgeführt, um durch einen Stich ins Trommelfell für den Abfluss von Eiter zu sorgen.
[*griech.:* para, neben; kentein, stechen]
paracentesis

parazentral. Eng am Zentrum gelegen, z.B. neben den Zentralwindungen des Gehirns; Bezeichnung für einen zentralen Bestandteil.
paracentral

Parazervikalblockade (PZB). Form der Regionalanästhesie, bei der ein Lokalanästhetikum in beide Seiten des Gebärmutterhalses (Zervix) injiziert wird, der einen Nervenplexus enthält, welcher die Zervix innerviert. Die P. stellt nicht die Anästhesie der Wahl bei Wehen und einer Entbindung dar, da es häufig zu Schädigungen des Fötus kommt, aber sie kann bei einer Abtreibung und anderen gynäkologischen Maßnahmen eingesetzt werden.
paracervical block

Parenchym. Spezifisches Gewebe eines Organs, das dessen Funktion bedingt und vom Unterstützungs- oder Bindegewebe zu unterscheiden ist. – *adj.* parenchymatös.
[*griech.:* para, neben; enchyma, Aufguss]
parenchyma

Parenchymzelle. Zelle, die ein funktionales Element eines Organs ist, z.B. eine Leberzelle. (→ Parenchym)
parenchymal cell

Parentalgeneration (P1). (Elterngeneration). Initiale Kreuzung zwischen zwei Individuen in einer genetischen Folge; die Eltern jedes Individuums, jedes Organismus und auch jeder Pflanze gehören zur P. (P1).
parental generation (P1)

parenteral. Unter Umgehung des Verdauungstraktes; Bezeichnung für eine Behandlung, bei der der Verdauungstrakt nicht beteiligt ist, z.B. → parenterale Ernährung.
[*griech.:* para, neben; enteron, Darm]
parenteral

parenterale Ernährung, vollständige. Gabe einer hypertonen Infusionslösung mit entsprechenden Nährstoffen über einen intravenösen Dauerkatheter in der Vena cava superior. Die Infusionslösung enthält Glukose, Minerale, Proteine und Vitamine. Eine p. E. erfolgt z.B. bei langem Koma, schwerer Malabsorption, großflächigen Verbrennungen, Magen-Darm-Fisteln und anderen Störungen, die eine normale Nahrungsaufnahme und -verarbeitung über den Mund nicht zulassen.
total parenteral nutrition (TPN)

parenteralen Ernährung, Verabreichung einer rein. → Pflegeintervention der → NIC, die definiert ist als die Vorbereitung und intravenöse Verabreichung von Nährstoffen und Überwachung der Patientenreaktionen.
Total Parenteral Nutrition (TPN) Administration

Parese. Motorische Schwäche oder unvollständige Lähmung (→ Paralyse), oft in Verbindung mit einer lokalen Neuritis. – *adj.* paretisch.
[*griech.:* paralyein, gelähmt sein]
paresis

Paries (pl. Parietes). Wand eines Organs oder einer Körperhöhle.
paries

parietal. 1. Zur äußeren Wand eines Organs oder einer Körperhöhle gehörend. 2. Zum Scheitelbein (→ Os parietale) des Schädels oder dem Scheitellappen (→ Lo-

bus parietalis) des Kleinhirns (Cerebellum) gehörend.
[*lat.:* paries, Wand]
parietal

Parkinson-Krankheit. (Paralysis agitans). Progressiv degenerative neurologische Erkrankung, die durch Ruhetremor, »pillendrehende« Bewegungen der Finger, maskenhafte Gesichtszüge, schlurfenden Gang, Vorwärtsbeugung des Oberkörpers, Verlust der Haltungsreflexe und Muskelsteifigkeit sowie allgemeine Schwäche gekennzeichnet ist. Die P.-K. ist eine → idiopathische Erkrankung und tritt meist ab dem 60. Lebensjahr auf. Zu den typischen pathologischen Veränderungen zählen die Zerstörung der Neuronen in den Basalganglien, der Verlust von pigmentierten Zellen in der schwarzen Substanz und ein Mangel an → Dopamin in bestimmten Strukturen der Basalganglien des Großhirns (Nucleus caudatus, Putamen und Pallidum), die normalerweise hohe Dosierungen des Neurotransmitters Dopamin enthalten. Anzeichen und Symptome der P.-K., zu denen Ruhetremor, verlangsamter Bewegungsablauf (Bradykinesie), Sabbern, verstärkter Appetit, Hitzeunverträglichkeit, fettige Haut, emotionale Instabilität und gestörte Urteilsfähigkeit gehören, werden durch Müdigkeit, Erregung und Frustration noch verstärkt. Levodopa, ein Dopamin-Vorläufer, der die Blut-Hirn-Schranke überwinden kann, kann als Arzneimittel eingesetzt werden, jedoch kommt es häufig zu Nebenwirkungen wie Übelkeit, Erbrechen, Schlaflosigkeit, orthostatischer Hypotonie und mentaler Verwirrtheit.
[J. Parkinson, englischer Arzt, 1755–1824]
Parkinson´s disease

Parkinson-Tremor. Leichter Dauertremor mit langsamen regelmäßigen Ausschlägen, die 3 bis 6 mal pro Sekunde auftreten können und durch Müdigkeit, Kälte oder Emotionen verstärkt werden. Der → Tremor lässt bei willkürlichen Bewegungen der betroffenen Körperteile und beim Schlafen meist nach.
[J. Parkinson, englischer Arzt, 1755–1824]
parkinsonian tremor

Parkinsonismus. Allgemeine Bezeichnung für neurologische Störungen, die durch Tremor, Muskelsteifigkeit, Hypokinese, langsamen schlurfenden Gang und Schwierigkeiten beim Kauen, Schlucken und Sprechen gekennzeichnet sind, was durch verschiedene Läsionen des extrapyramidalen motorischen Systems verursacht wird. Die Anzeichen und Symptome des P. ähneln denen der idiopathischen → Parkinson-Krankheit und können sich während oder nach einer akuten Enzephalitis sowie Syphilis, Malaria, Poliomyelitis und Kohlenmonoxidvergiftung entwickeln.
[J. Parkinson]
parkinsonism

Parkinsonmittel. Arzneimittel zur Behandlung der → Parkinson-Krankheit. Es gibt zwei Arten von Arzneimitteln zur Bekämpfung dieser Nervenkrankheit: Mittel, die das Fehlen von Dopamin im Corpus striatum des Parkinson-Patienten kompensieren, sowie → Anticholinergika, die die Aktivität von zu viel Acetylcholin im Striatum neutralisieren.
antiparkinsonian

Paralympics. Internationaler Wettbewerb (Olympiade) für Behinderte, die meist in Verbindung mit den offiziellen, alle vier Jahre stattfindenden Olympischen Spielen durchgeführt werden.
Paralympics

Paromomycin. Orales Aminoglykosid-→ Antibiotikum, das zur Behandlung eines intestinalen Befalls mit Amöben verabreicht wird.
paromomycin sulfate

Paronychie. Infektion der Hautfalte um die Nagelränder. (→ Panaritium)
[*griech.:* para, neben; onyx, Nagel]
paronychia

Parosmie. Dysfunktion oder krankhafte Abweichung des Geruchssinns; Geruchstäuschung, die z.B. in der Schwangerschaft oder bei Hirntumoren auftreten kann.
[*griech.:* para, neben; osme, Geruch]
parosmia

Parostose. Entwicklung eines Knochens in einer unphysiologischen Lokalisation, z.B. im Bereich des Periosts oder in der Haut.
parosteosis

Parotidektomie. Chirurgische Entfernung der Ohrspeicheldrüse (→ Parotis).
[*griech.:* para, neben; ous, Ohr; ektome, ausschneiden]
parotidectomy

Parotis. (Glandula parotis/Ohrspeicheldrüse). Größtes Paar der Speicheldrüsen, das seitlich vom Mundbereich unterhalb und vor dem äußeren Gehörgang liegt.
parotid gland

Parotitis. Entzündung oder Infektion einer oder beider Ohrspeicheldrüsen.
[*griech.:* para, neben; ous, Ohr; itis, Entzündung]
parotitis

Parotitisprophylaxe. Pflegemaßnahmen, um die Entwicklung einer Ohrspeicheldrüsenentzündung (→ Parotitis) zu verhindern. Bei einer Nahrungskarenz oder bei einem Flüssigkeitsmangel besteht die Gefahr der Parotitis, weil der normalerweise durch das Essen angeregte Speichelfluss deutlich vermindert ist; dadurch können sich Bakterien in der → Parotis ansiedeln. Als prophylaktische Maßnahme soll der Patient Kaugummi oder Brotrinde kauen oder Zitronenscheiben lutschen, um den Speichelfluss wieder anzuregen. Die Mundhöhle kann bei bewusstlosen Patienten auch mit Glyzerinstäbchen ausgewischt werden.
parotitis prophylaxis

Paroxetin. Stimmungsförderndes Arzneimittel und → Antidepressivum, das die Aufnahme von Serotonin verhindert und zur Behandlung von mentalen Depressionen und panischen Störungen eingesetzt wird.
paroxetine

Paroxysmus. 1. Markante, meist anfallartig auftretende Verstärkung von Krankheitssymptomen. 2. Krampf, Anfall oder Spasmus. – *adj.* paroxysmal.
[*griech.:* paroxynein, stimulieren]
paroxysm

Pars (pl. Partes). Teil eines Organs, z.B. P. abdominalis ösophagi, der untere Abschnitt der Speiseröhre.
[*lat.:* Teil]
pars

Parse, Rosemarie Rizzo. Pflegetheoretikerin, die in ihrem Werk »Man-Living-Health: A Theory of Nursing« (1981) (dt. Mensch-Leben-Gesundheit: Eine Theorie der Pflege) die Prinzipien und Konzepte von Martha E. → Rogers (Die Lehre vom Menschen als ein einheitliches Ganzes) und die Werke von Existential-Phänomenologen synthetisiert. P.s Verständnis der Pflege beruht auf dem Humanismus im Gegensatz zum Positivismus. Ihre Theorie spricht die Einheit der gelebten Erfahrung des Menschen und die gelebte Erfahrung der Gesundheit an. P. unterstützt die Pflege als eine menschliche/humanistische Wissenschaft und lehnt die traditionellen Ansichten der Krankenpflege, die aus den Naturwissenschaften entstehen, ab.

Parthenogenese. (Jungfernzeugung). Form der asexuellen Vermehrung (Reproduktion), bei der sich ein Organismus aus einem unbefruchteten Ei (Ovum) entwickelt; die P. tritt bei vielen einfachen Tieren auf. Die Entwicklung und Befruchtung des unbefruchteten Ovums kann durch mechanische oder chemische Stimulation künstlich induziert werden.
[*griech.:* parthenos, Jungfrau; genesis, Ursprung]
parthenogenesis

partial. Teilweise, anteilig.
partial

Partialdruck. Teildruck, der von einem Gas in einer Mischung von Gasen oder Flüssigkeiten ausgeübt wird, wobei der Druck direkt in Verbindung zur Konzentration des Gases und in Relation zum Gesamtdruck der Mischung steht. Die Sauerstoffkonzentration in der Erdatmosphäre stellt

etwa 21% des gesamten atmosphärischen Drucks dar, was unter Standardbedingungen bei 760 mm Hg errechnet wird. Deshalb beträgt der P. von atmosphärischem Sauerstoff 160 mmHg (760 mal 0,21).
partial pressure

Partikel. Fundamentale Einheit einer Substanz; kleinstes Fragment.
[*lat.:* particula, kleiner Teil]
particle

Partus. Entbindung, Geburt.
parturition

Parvoviren (pl.). Kleine einsträngige DNS-Viren, die in Verbindung mit bestimmten Krankheiten stehen, z.B. Erythema infectiosum und aplastische Krise bei chronisch hämolytischer Anämie.
human parvovirus (HPV)

Parvovirus B19. Kleines einstämmiges Desoxyribonukleinsäure-Virus der Familie Parvovirida, die beim Menschen Infektionen auslösen, Erytheme verursachen und zu einer aplastischen Krise einer hämolytischen Anämie führen.
parvovirus B19

Pascal (Pa). SI-Einheit des Drucks und der mechanischen Spannung.
[B. Pascal, französischer Physiker, 1623–1662]
Pascal

Passage. 1. Öffnung, Kanal, Weg oder Gang, z.B. die Magen-Darm-P. 2. Übertragung von Bakterienkulturen von einem Nährboden auf einen anderen (Überimpfung).
passage

Passionsblume. Kletterpflanze, deren Blüten und Früchte als Arzneimittel dienen; sie finden Verwendung als Spasmolytika und Sedativa sowie zur Behandlung von Verbrennungen, Dysmenorrhö, Hämorrhoiden und Schlafstörungen.
passiflora

Passivrauchen. Von Nichtrauchern eingeatmeter Zigarettenrauch, entweder direkt von der brennenden Zigarette oder in verrauchten Lokalen. Nach US-amerikanischen Schätzungen ist das Passivrauchen jährlich für etwa 3.000 Todesfälle bei Nichtrauchern infolge von Lungenkrebs sowie für 45.000 Todesfälle infolge von Herz- und Lungenerkrankungen verantwortlich.
secondhand smoke

Paste. Halbflüssige Substanz zur äußerlichen Anwendung, die pharmakologisch aktive Wirkstoffe enthält. Die Grundlage einer P. sind Fette oder eine Mischung aus Stärke und Petroleum, wobei die Wirkstoffe in einer → Suspension der Fettstoffteilchen gelöst sind; z.B. Zahnpasta.
paste

Pasteur, Louis. Erfinder der »Keimtheorie« von Infektionen und Entwickler der → Pasteurisation zum Abtöten von pathogenen Organismen in Milch. P. hat darüber hinaus verschiedene Impfstoffe (Vakzine) entwickelt und war ein Pionier in der Entwicklung der Stereochemie, indem er spiegelbildliche Isomere trennte.
[Französischer Chemiker, 1822–1895]

Pasteur-Effekt. Hemmende (inhibierende) Wirkung von Sauerstoff auf den Kohlenhydratabbau in lebenden Zellen.
[L. Pasteur, französischer Chemiker, 1822–1895]
Pasteur effect

Pasteurella. Gattung gramnegativer Bakterien oder Kokken-Bazillen, die zum Teil für Menschen und Haustiere pathogen sind. P.-Infektionen können durch den Biss eines Tieres auf den Menschen übertragen werden. P. können Wundinfektionen, Meningitis, Hirnabszesse oder Infektionen des Respirationstraktes verursachen.
[L. Pasteur]
Pasteurella

Pasteurisation. Prozess der schonenden Anwendung von Hitze (bis max. 85 °C) meist bei Milch und Käse, um sie haltbarer zu machen, indem die Entwicklung pathogener Bakterien verhindert oder verzögert wird.
pasteurization

Pastille. Kleine ovale, runde oder längliche Tablette, die einen medizinischen Wirk-

P

stoff enthält. Die Hülle besteht aus einer süßen, aromatisierten Schicht auf Fruchtbasis, die im Mund zergeht und damit den Wirkstoff freisetzt.
troche

Patch. (Flicken). Lappen aus Hautgewebe oder Kunststoff (Filz uvm.), der bei Defekten von Weichteilen o.ä. zum Abdecken verwendet werden kann.
patch

Patella. (Kniescheibe). Flacher dreieckiger Knochen auf der Vorderseite des Kniegelenks, der eine punktförmige Spitze (Apex) hat, an der die Bänder für seine Befestigung angebracht sind. – *adj.* patellar.
[*lat.:* flache Platte]
patella

Patella, gleitende. Patelle (Kniescheibe), die häufig aus ihrer normalen Position springt.
[*lat.:* patella, Schüssel, Platte]
slipping patella

Patella, tanzende. Patellasehne, die sich infolge eines Ergusses vom Oberschenkelchondylus abgelöst und in das Kniegelenk verschoben hat.
[*lat.:* patella, kleine Pfanne.]
floating patella

P

Patellafraktur. Knochenbruch der Kniescheibe (Patella). Komplikationen können auftreten, wenn die Knochenfragmente der Kniescheibe durch den Reflex des Musculus quadriceps femoris auseinandergeschoben werden.
fracture of patella

Patellarreflex. Tiefer Sehnenreflex, der durch einen scharfen Schlag auf die Sehne unterhalb (distal) der → Patella ausgelöst wird; normalerweise kommt es zur Kontraktion des Musculus quadriceps femoris und zu einer Streckung des Kniegelenks.
patellar reflex

Paterson, Josephine G. P. hat zusammen mit L.T. Zderad eine phänomenologische Annäherung an die Pflege unter dem Titel »Humanistic Nursing« (1976) (dt. Humanistische Pflege) entwickelt. Darin wird die Pflege als Phänomen betrachtet; die Aufmerksamkeit der Pflege und der Pflegewissenschaft soll auf die subjektive Welt als Korrelat zu Bewusstseinszuständen und den sinnhaften Aufbau subjektiver Welten gerichtet werden. Wesentlicher Bestandteil der Pflege und der Pflege-Patient-Interaktionen ist das »Mitsein« mit dem Patienten.

path(o)-. Vorsilbe mit der Bedeutung »krank, Krankheit«.
path(o)-

path. Abkürzung für → pathologisch oder → Pathologie.
path.

-pathie. Nachsilbe mit der Bedeutung »Krankheit«.
-pathy

pathogen. Krankheitserregend, z.B. p.er Mikroorganismus, der eine Krankheit verursacht.
[*griech.:* pathos, Krankheit; genein, produzieren]
pathogen

Pathogenese. Quelle oder Ursache einer Erkrankung oder Entstehung und Entwicklung eines unphysiologischen Zustandes. (s.a. Ätiologie)
[*griech.:* pathos, Krankheit; genesis, Ursprung]
pathogenesis

Pathogenität. Fähigkeit eines → pathogenen Agens, eine Krankheit zu verursachen.
pathogenicity

pathognomonisch. Bezeichnung für ein Anzeichen oder Symptom, das für eine Krankheit oder einen Zustand spezifisch ist; z.B. Koplik-Flecken auf der Mundschleimhaut und Zunge, die kennzeichnend für Masern sind.
[*griech.:* pathos, Krankheit; gnomon, Norm]
pathognomonic

Pathologe. Arzt, der sich auf die Untersuchung von Krankheiten spezialisiert hat

und dazu u.a. Autopsien oder Obduktionen durchführt.
🇬🇧 pathologist

Pathologie. Studium der Merkmale, Ursachen und Auswirkungen von Krankheiten, die anhand der Strukturen und Funktionen des Körpers beobachtet werden. Die zelluläre P. konzentriert sich z.B. auf die Untersuchung der zellulären Veränderungen in Verbindung mit einer Krankheit. Die klinische P. befasst sich dagegen mit den Hintergründen von Krankheiten durch Anwendung von Labortests und bestimmten Methoden. – *adj.* pathologisch.
[*griech.:* pathos, Krankheit; logos, Wissenschaft]
🇬🇧 pathology

Pathologie, chirurgische. Die Erforschung von Krankheiten durch die Analyse von Gewebeproben, die während einer Operation entnommen wurden. Dabei kann eine laufende Operation je nach Ergebnis der Analysen modifiziert oder planmäßig beendet werden. Mehrere Techniken stehen der c. P. zur Verfügung. Zunächst wird das Aussehen der Gewebeprobe beurteilt. Dann schneidet der Pathologe die Probe in Scheiben, präpariert sie mit Paraffinöl oder fertigt einen sogenannten Gefrierschnitt an. Danach wird das präparierte Material mikroskopisch untersucht.
🇬🇧 surgical pathology

pathologisch. (krankhaft). Zu einem Zustand gehörend, der durch einen Krankheitsprozess verursacht wird oder ihn beinhaltet. (s.a. physiologisch)
🇬🇧 pathologic

Pathophysiologie. Studium der biologischen und physischen Erscheinungen von Erkrankungen und deren Wechselbeziehungen zu den jeweils zugrundeliegenden Anomalien und physiologischen Störungen. – *adj.* pathophysiologisch.
[*griech.:* pathos, Krankheit; physis, Natur; logos, Wissenschaft]
🇬🇧 pathophysiology

Patient. 1. Empfänger von Dienstleistungen der Gesundheitspflege. 2. Empfänger von Gesundheitspflege, der krank ist oder ins Krankenhaus eingewiesen wurde. 3. Klient in einer Gesundheitspflegeeinrichtung.
[*lat.:* patiens, erduldend]
🇬🇧 patient

Patientenaufrichter. (Bettgalgen; Bettbügel; Haltegriff). Dreieckiger Metallbügel, der am Kopfteil von Krankenhausbetten an einer Stange angebracht ist. Der Patient kann sich zum Aufrichten oder bei der Umlagerung dort festhalten und die Pflegeperson unterstützen.
🇬🇧 trapeze bar

Patientenkontrollierte Analgesie (PCA). Methode der Gewährleistung von → Analgetika, bei der eine individuell festgelegte Dosis freigesetzt wird, wenn der Patient selbst die Verabreichung eines Bolus veranlasst (z.B. durch Knopfdruck o.ä.).
🇬🇧 patient-controlled analgesia (PCA)

Patientenkontrollierte Analgesie (PCA), Unterstützung bei. → Pflegeintervention der → NIC, die definiert wird als die Verbesserung einer Kontrolle bei der Verabreichung und Dosierung von Analgetika durch den Patienten selbst.
🇬🇧 Patient-Controlled Analgesia (PCA) Assistance

Patientenrechte, Schutz der. → Pflegeintervention der → NIC, die definiert wird als der Schutz der Rechte von Patienten im Zusammenhang mit der Gesundheitspflege, besonders bei minderjährigen, behinderten oder nicht entscheidungsfähigen Patienten.
🇬🇧 Patient Rights Protection

Pause, kompensatorische. Ein auf einem Elektrokardiogramm aufgezeichneter Abstand zwischen einer pathologischen vorzeitigen Extrasystole und der nächsten regulären Herzkontraktion.
🇬🇧 compensatory pause

Pavor. Reaktion auf einen angstauslösenden Stimulus, die durch ein exzessives panisches Erschrecken gekennzeichnet ist.
[*lat.:* Zittern]
🇬🇧 pavor

P

Pavor nocturnus. Schlafstörung, die nachts bei Kindern auftritt, indem sie verängstigt schreiend in Furcht und Panik aufwachen.
pavor nocturnus

Pawlow, Ivan Petrovich. Russischer Physiologe (1849–1936), der die Muster des konditionierten Reiz-Reflex-Lernens entdeckt hat, bei dem die physiologischen Mechanismen der Verdauung durch das Nervensystem kontrolliert werden. Er stellte darüber hinaus eine Theorie über die Ursachen und Behandlungsmöglichkeiten von Neurosen beim Menschen auf.

Pb. Symbol für das chemische Element → Blei.
Pb

PDL. Abkürzung für Pflegedienstleitung.
PDL

Peak. Spitzenwert eines Kurvenverlaufs, z.B. die Menge eines Arzneimittels im Blut, die im Verabreichungsverlauf der höchsten Dosis entspricht.
peak

P

Pearl-Index (PI). Aussage über die Zuverlässigkeit von empfängnisverhütenden Maßnahmen, die berechnet wird, indem die Anzahl der ungewollten Schwangerschaften in 100 Frauenjahren je nach Verhütungsmethode gezählt wird.
[R. Pearl, amerikanischer Biologe, 1879–1940]
Pearl-Index

Pecten (pl. Pectines). Kammgebilde, das sich z.B. auf der Kante des oberen Schambeinastes erhebt (Schambeinkamm od. P. ossis pubis).
pecten

Pectus. Brust.
[*lat.:* Brust]
pectus

Pediculus humanus capitis. Species von Kopfläusen.
Pediculus humanus capitis

Pediculus humanus corporis. Species von Körperläusen.
Pediculus humanus corporis

Pedikulose. Befall mit blutsaugenden Läusen, der die Kopfhaut (Pediculosis capitis) oder den Körper (P. corporis) oder aber die Augenlider und Wimpern oder das Schamhaar betreffen kann. Ein Läusebefall verursacht intensiven Juckreiz, was häufig zu Hautabschürfungen und einer sekundären bakteriellen Infektion führt.
[*lat.:* pediculus, Füßchen; osis, Zustand]
pediculosis

Pedunculus. Stiel oder stielähnliche anatomische Struktur; z.B. P. cerebri (Großhirnstiel).
[*lat.:* pes, Fuß]
pedunculus; peduncle

PEEP. Abkürzung für (engl.) Positive End Expiratory Pressure, → positiv endexspiratorischer Druck.
PEEP

Peergroup. Bezeichnung für eine Gruppe von Personen, die in Bezug auf bestimmte Faktoren als gleichwertig betrachtet werden können; z.B. Jugendliche, die etwa gleich alt sind und gleiche Interessen vertreten.
peer group

Peitschenwurmbefall. (Trichuriasis). Befall des Dickdarms mit *Trichuris trichiura*, dem Peitschenwurm. Bei massivem Auftreten kommt es zu Bauchschmerzen, Durchfall und Anämie.
trichuriasis

Pektin. Gelanitöse Kohlenhydratsubstanz, die in Früchten und saftigem Gemüse vorhanden ist und als Geliermittel in Marmeladen und Konfitüren sowie als Emulgator und Stabilisator in vielen Nahrungsmitteln verwendet wird. P. wird auch Diäten als Ballaststoff zugesetzt, um eine angemessene gastrointestinale Funktion sicherzustellen.
[*griech.:* pektos, geronnen]
pectin

pektoral. Zur Brust (Thorax) gehörend.
pectoral

Pel-Ebstein-Fieber. Rezidivierendes Fieber mit wellenförmigen Schwankungen, das in Zyklen von mehreren Tagen oder Wo-

chen auftritt und Symptom der Hodgkin-Krankheit oder eines malignen Lymphoms ist.
[P. Pel, dänischer Arzt, 1852–1919; W. Ebstein, deutscher Arzt, 1836–1912]
🇬🇧 Pel-Ebstein fever

Pellagra. Erkrankung, die durch einen Mangel an → Niacin, Vitamin-B_2 oder → Tryptophan oder einen Stoffwechseldefekt ausgelöst wird, bei dem die Umbildung der Vorform Tryptophan in Niacin nicht funktioniert. Charakteristisch sind eine schuppige Haut, insbesondere an sonnenexponierten Stellen, Glossitis, Entzündung der Schleimhäute, Diarrhö sowie mentale Störungen, z.B. Depressionen, Verwirrtheit, Desorientierung, Halluzinationen und Delirium.
[*ital.:* pelle, Haut; agra, rauh]
🇬🇧 pellagra

Pellet. Sehr kleine Pille, Kügelchen oder Granulat.
[*engl.:* Kügelchen]
🇬🇧 pellet

Pelvis. (Becken). Unterer Teil des Rumpfes, der aus 4 Knochen besteht, den zwei Hüftknochen seitlich (lateral) und vorn (ventral), dem Kreuzbein (Os sacrum) und dem Steißbein (Os coccygis). Die P. wird durch eine schräge Linie, die durch das Kreuzbein und die Schamfuge verläuft, in das große und das kleine Becken unterteilt. Das große Becken ist ein ausgedehnter Höhlenbereich, der bis zum oberen Beckenrand reicht. Das kleine Becken liegt distal zum Beckenrand und besitzt vollständigere Knochenwände als das große. Beckenein- und -ausgang haben drei wichtige Durchmesser: von vorn nach hinten (anterior-posterior), schräg- und querverlaufend. Das Becken einer Frau ist normalerweise weniger massiv, dafür breiter und runder als das eines Mannes.
🇬🇧 pelvis

Pemphigoid. Hauterkrankung, bei der Blasen auftreten, welche einem → Pemphigus ähneln, bei der jedoch dickwandigere Blasen (Bullae) mit erythematösen Flecken (Makula) oder einem Ausschlag in Form einer Urtikaria entstehen.
[*griech.:* pemphix, Blase; eidos, Form]
🇬🇧 pemphigoid

Pemphigus. Seltene schwere Erkrankung der Haut und Schleimhäute, die durch dünnwandige Blasen (Bullae) gekennzeichnet ist, welche auf einer scheinbar gesunden Haut oder Schleimhaut entstehen. Die Blasen können leicht platzen und hinterlassen wunde Stellen; es kann zu Gewichtsverlust, Schwäche und größeren Infektionen kommen.
[*griech.:* pemphix, Blase]
🇬🇧 pemphigus

Pemphigus chronicus benignus familiaris. Erbliche Hautkrankheit, die sich im frühen Stadium durch Blasen zeigt, die später aufbrechen und rote, erodierte Stellen mit Krustenbildung hinterlassen.
🇬🇧 benign familial chronic pemphigus

Penetration. 1. Das Durchstoßen oder Eindringen, z.B. von Geschwüren in umliegendes Gewebe. 2. Stadium der Manifestierung einer Virusinfektion, bei der das genetische Material eines Virus durch Verschmelzung, Phagozytose oder Injektion in die Wirtszelle gelangt. 3. Eindringen des Penis in die Vagina.
🇬🇧 penetration

penetrieren. 1. Eindringen oder eine Barriere überwinden. 2. Die Reichweite betreffend, inwieweit Röntgenstrahlen eine Masse durchdringen.
[*lat.:* penetrare, eindringen]
🇬🇧 penetrate

Penicillamin. Chelatbildner, der als Antidot eingesetzt wird, um bei der Behandlung einer Schwermetallvergiftung (z.B. mit Blei), bei Zystinurie oder Wilson-Krankheit die Metalle im Blut zu binden oder zu entfernen. P. wird auch palliativ zur Behandlung von Sklerose und rheumatischer Arthritis eingesetzt, wenn andere Medikationen nicht wirken.
🇬🇧 penicillamine

Penicillin. Gruppe von → Antibiotika, die von Kulturen der Pilz-Species → Penicillium stammen oder halbsynthetisch herge-

stellt werden. Die verschiedenen P.e werden oral oder parenteral zur Behandlung bakterieller Infektionen eingesetzt, da sie eine antimikrobielle Wirkung ausüben, indem sie die Biosynthese der Zellwände während der aktiven Vermehrung der Organismen hemmen; dies führt zum Zelltod der Bakterien. P.e weisen eine sehr kurze Halbwertzeit auf und müssen deshalb relativ hoch dosiert verabreicht werden; die Einnahme der entsprechenden Dosis muss genau eingehalten werden. Zu den Nebenwirkungen zählen Allergien, Diarrhö und anaphylaktischer Schock.
[*lat.:* penicillus, Pinsel]
🇬🇧 penicillin

Penicillin, penicillinaseresistentes. (penicillinasefestes Penicillin). Halbsynthetisches → Penicillin, das aus dem Schimmelpilz Penicillium gewonnen wird; dazu zählen z.B. Dicloxacillin und Oxacillin.
🇬🇧 penicillinase-resistant penicillin

Penicillin G. → Antibiotikum und langwirkendes Depotpenicillin; es wird zur Behandlung einer Pharyngitis oder Pyodermie durch Streptokokken der Gruppe A und von Syphilisinfektionen außerhalb des Zentralnervensystems eingesetzt. P.-G muß tief intramuskulär verabreicht werden, um eine gleichmäßige Konzentration im Plasma zu erreichen; die langsame systemische Absorption aus dem Muskel erfolgt über eine Zeit von 12 Stunden bis zu mehreren Tagen. Es kann zu Allergien, Fieber, Exanthemen und einer Anaphylaxie kommen. (→ Penicillin)
🇬🇧 penicillin G benzathine

Penicillin V. → Antibiotikum, das zur Behandlung vieler Infektionen der Atemwege und der Haut sowie gegen Scharlach, Lymphangitis, rheumatisches Fieber u.a. oral eingenommen wird. (→ Penicillin)
🇬🇧 penicillin V

Penicillinase. → Enzym, das durch bestimmte Bakterien gebildet wird, einschließlich vieler Stämme der Staphylokokken, die → Penicillin inaktivieren und dadurch zu einer → Resistenz gegen ein solches → Antibiotikum führen. Eine reine Form der P. wird zur Behandlung der Nebenwirkungen von Penicillin eingesetzt.
🇬🇧 penicillinase

Penicillium. Gattung eines Pilzes, von dem einige Formen gegen Erkrankungen beim Menschen eingesetzt werden können. P. chrysogenum und P. notatum bilden das Antibiotikum → Penicillin.
[*lat.:* penicillus, Pinsel]
🇬🇧 Penicillium

penil. Zum → Penis gehörend.
[*lat.:* penis, männliches Glied]
🇬🇧 penile

Penis. (Phallus; Gemächt; *vulg.:* Schwanz, Nudel, Pimmel). Äußeres Geschlechtsorgan des Mannes, das mit der → Klitoris der Frau vergleichbar ist. Der P. ist vorn und seitlich mit Bändern am Schamhügel/Sitzbein befestigt und besteht aus drei zylindrischen Strukturen aus kavernösem Gewebe, das mit Haut überzogen ist. Die Schwellkörper (Corpora cavernosa) umgeben ein mittleres Gewebe, das als Corpus spongiosus bezeichnet wird und den größeren Teil der Harnröhre enthält.
[*lat.:* männliches Glied]
🇬🇧 penis

Peniskarzinom. Seltene maligne Erkrankung des Penis, die im allgemeinen eher bei nicht beschnittenen Männern auftritt und oft in Verbindung mit einer genitalen Herpesinfektion oder schlechter Hygiene steht. Leukoplakie oder flache Papeln einer Balanitis können Vorformen der malignen Läsionen sein; z.B. stellt die Erythroplasie Queyrat ein schmerzhaftes schuppenartiges Zellkarzinom in situ dar. Das P. tritt üblicherweis als lokalisierte Masse oder blutendes Ulkus auf und metastasiert sehr früh.
🇬🇧 penile cancer

Penisneid. Neid der Frau auf den → Penis des Mannes; Wunsch einer Frau nach männlichen Eigenschaften, beruflichen Positionen und Vorteilen. Einige Psychologen halten den P. für einen wesentlichen Faktor der weiblichen Persönlichkeitsent-

wicklung; diese These ist jedoch umstritten.
penis envy

Pentachlorphenolvergiftung. Toxische Wirkung der Absorption von Pentachlorphenol (PCP), einem Schädlingsbekämpfungsmittel, das manchmal auch als Waschsubstanz verwendet wird. Bei Neugeborenen hat eine P. meist schwere Folgen mit Fieber und Schweißausbrüchen und kann durch den Kontakt mit Windeln oder bestimmten Waschmitteln ausgelöst werden.
pentachlorophenol poisoning

Pentaerithrityltetranitrat. Koronarer → Vasodilatator, der zur Linderung einer Angina pectoris eingesetzt wird.
pentaerythritol tetranitrate

Pentazocin. → Opioid-→ Analgetikum (Agonist/Antagonist), das zur Behandlung von mäßigen bis starken Schmerzzuständen eingesetzt wird. P. fällt unter das Betäubungsmittelgesetz, obwohl das Risiko einer Suchtentwicklung gering ist. Nebenwirkungen sind Übelkeit und Erbrechen, selten auch Halluzinationen.
pentazocine hydrochloride

Pentobarbital. → Sedativum und → Hypnotikum, das zu den → Barbituraten gehört und präoperativ, zur Behandlung von Schlafstörungen sowie zur Kontrolle akuter Krampfanfälle verabreicht wird.
pentobarbital

Pentose. → Monosaccharid, das aus Kohlenhydratmolekülen besteht, die jeweils 5 Kohlenstoffatome enthalten. P. wird vom Körper produziert und ist nach dem Verzehr bestimmter Früchte, wie Pflaumen oder Kirschen, oder bei bestimmten Krankheiten erhöht.
pentose

Pentoxifyllin. Oral einzunehmendes Mittel zur Förderung der Gefäßdurchblutung, das z.B. zur Behandlung von zeitweiligem Hinken (»Schaufensterkrankheit«, Claudicatio intermittens) in Verbindung mit chronischen arteriellen Verschlusskrankheiten verabreicht wird. P. verbessert die Fließeigenschaft des Blutes, indem seine Viskosität gesenkt wird.
pentoxifylline

Peplau, Hildegard, E. Pionierin der Entwicklung der Pflegetheorie und Verfechterin des Konzeptes, dass die Pflege ein zwischenmenschlicher (interpersonaler) Prozess ist. In einem Werk »International relations in nursing« (1952) (dt. Interpersonale Beziehungen in der Pflege, 1995) schrieb P., dass die Beziehung zwischen Pflegenden und Patienten in den Phasen stattfindet, in denen der Pflegende als Ressource, Berater und »Leihmutter« fungiert. Die vier Phasen des Prozesses lauten: Orientierung, Identifikation, Nutzung und Lösung. Der Pflegende unterstützt den Patienten bei der Orientierung; die Identifikation versichert dem Patienten, dass der Pflegende seine Situation verstanden hat. Die Erforschung beginnt, wenn der Patient die verfügbaren Dienstleistungen nutzt. Die Lösung wird dadurch gekennzeichnet, dass alte Bedürfnisse erfüllt werden und neue entstehen.

P

Pepsin. → Enzym, das mit dem Magensaft ausgeschüttet wird und die Hydrolyse von Eiweißen (Proteinen) katalysiert. P. aus Schweine- oder Rindermägen wird manchmal als Verdauungshilfsmittel verwendet.
[*griech.:* pepsis, Verdauung]
pepsin

Pepsinogen. Substanz, die von den pylorischen und gastrischen Hauptzellen ausgeschieden wird und in einer sauren Umgebung, z.B. bei Präsenz der vom Magen produzierten Salzsäure, zu dem Enzym → Pepsin umgewandelt wird.
[*griech.:* pepsis, Verdauung; genein, produzieren]
pepsinogen

Peptid. Molekulare Kette, die aus zwei oder mehr → Aminosäuren (Di-, Oligo- oder Polypeptiden) besteht und durch

Peptidbindungen zusammengehalten wird; Spaltprodukt des Proteinabbaus.
[*griech.:* peptein, verdauen]
🇬🇧 peptid

Peptidase. Eiweißspaltendes Enzym, das Peptide zu Aminosäuren abbaut; es kommt natürlicherweise in Pflanzen, Hefe, bestimmten Mikroorganismen und im Magensaft vor.
🇬🇧 peptidase

peptisch. Zur Verdauung oder zu den Enzymen gehörend, die wesentliche Verdauungssekrete sind.
🇬🇧 peptic

Peptostreptokokkus. Gattung grampositiver anaerober Bakterien; potentiell pathogene Organismen, die sich im normalen oder im pathologischen Genitaltrakt der Frau sowie im Magen-Darm- und Respirationstrakt von gesunden Menschen finden; durch diese Organismen kann es zu verschiedenen Störungen kommen, von Appendizitis bis zu eiternden Wunden.
🇬🇧 Peptostreptococcus

per-. Vorsilbe mit der Bedeutung »durch, während, völlig«.
🇬🇧 per-

per. Beziehungswort mit der Bedeutung »durch, mittels, mit«.
[*lat.:* durch]
🇬🇧 per

per os. (peroral). Durch den Mund, oral.
🇬🇧 per os

per se. An sich, von selbst.
🇬🇧 per se

Perduralanästhesie. (Epiduralanästhesie). Narkoseform, bei der ein Lokalanästhetikum in den → Periduralraum, der die Duramembran umgibt und Liquor sowie Rückenmarksnerven enthält, injiziert wird. In den meisten Fällen erfolgt die Injektion in der Lumbalregion, da hier der Raum am größten und damit am besten zu punktieren ist. Die P. wird aufgrund ihrer hohen Sicherheit und der verschiedenen Anwendungsmöglichkeiten häufig angewendet und kann auf jeden Körperbereich von den unteren Gliedmaßen bis zum Oberbauch abgestimmt werden. Zur Punktion werden spezielle Nadeln verwendet.
🇬🇧 peridural anaesthesia

Perfektionismus. Subjektiver Zustand, bei dem eine Person einen extrem hohen Leistungsstandard anstrebt und an sich und andere sehr hohe Ansprüche stellt. Werden die gesteckten Ziele nicht erreicht, kann es zum Gefühl des Versagens oder zu anderen negativen psychischen Folgen kommen.
[*lat.:* perficere, vervollkommnen]
🇬🇧 perfectionism

perforans. Durchdringend; der Begriff kann sich auf Nerven, Muskeln oder andere anatomische Strukturen beziehen, die durch Körpergewebe dringen.
[*lat.:* perforare, durchbohren]
🇬🇧 perforans

Perforation. Ein Loch oder eine Öffnung, die durch die gesamte Wand einer Membran oder eines anderen Gewebes oder Materials reicht; z.B. → Magenperforation.
[*lat.:* perforare, durchbohren]
🇬🇧 perforation

perforieren. Durchstechen, durchbrechen, punktieren oder durchlöchern.
[*lat.:* perforare, durchbohren]
🇬🇧 perforate

Perfusion. 1. Passage einer Flüssigkeit durch ein einzelnes Organ oder einen Bereich des Körpers. 2. Therapeutische Maßnahme, bei der ein Medikament, das an einen bestimmten Körperteil gelangen soll, in den Blutstrom eingeleitet wird.
[*lat.:* perfundere, überlaufen]
🇬🇧 perfusion

Perfusion, Förderung der zerebralen. → Pflegeintervention der → NIC, die definiert wird als die Förderung einer angemessenen Perfusion und Einschränkung von Komplikationen bei Patienten mit einer unzureichenden zerebralen Perfusion oder bei dafür gefährdeten Patienten.
🇬🇧 Cerebral Perfusion Promotion

Perfusor. Gerät (verschiedener Ausführung), in dem eine Kolbenspritze in einer kontrollierten Rate automatisch komprimiert wird. Mit einem P. können Medikamente, Nährstoffe oder Elektrolyte intravenös, intraarteriell oder subkutan in exakten Dosierungen verabreicht werden; sie sind besonders nützlich bei der Behandlung von Kindern und bei mobilen Patienten, da die Geräte mit Batterie betrieben werden können.
🇬🇧 intravenous syringe pump

peri-. Vorsilbe mit der Bedeutung »um, herum, über«.
🇬🇧 peri-

Periadenitis. Entzündung des Gewebes um eine Drüse.
🇬🇧 periadenitis

perianal. Zu dem Bereich um den After (Anus) gehörend.
[*griech.:* peri, um; *lat.:* anus, After]
🇬🇧 paerianal

periapikal. Zu den Geweben um die Spitze der Zahnwurzel gehörend, einschließlich der Zahnwurzelhaut (Periodontium) und der Zahnfächer (Alveoli dentales).
🇬🇧 periapical

periarteriell. Zum Bereich um eine → Arterie gehörend.
[*griech.:* peri, um; arteria, Schlagader]
🇬🇧 periarterial

Periarteriitis. Entzündlicher Zustand der äußeren Wandschicht einer oder mehrerer Arterien und des das Gefäß umschließenden Gewebes.
[*griech.:* peri, um; arteria, Schlagader; itis, Entzündung]
🇬🇧 periarteritis

Periarthritis. Entzündung des Gewebes um ein Gelenk.
🇬🇧 periarthritis

periartikulär. Zu dem Bereich um ein Gelenk gehörend.
[*griech.:* peri, um; *lat.:* articulus, Gelenk]
🇬🇧 periarticular

Pericholangitis. Entzündlicher Zustand der Gewebe, die den Gallengang in der Leber umgeben; dies ist eine Komplikation einer Colitis ulcerosa oder einer Hypertonie der Pfortader.
[*griech.:* peri, um; chole, Galle; angeion, Gefäß; itis, Entzündung]
🇬🇧 pericholangitis

Perichondrium. (Knorpelhaut). Fibröse Bindegewebescheide und Membran, die sowohl die hyalinen als auch die elastischen Knorpel umgibt.
🇬🇧 perichondrium

Periduralraum. (Epiduralraum). Bezeichnung für den Raum zwischen der Dura mater des Rückenmarkes und den Knochen und Bändern des Spinalkanales. Er erstreckt sich vom Foramen magnum der Schädelbasis bis zum Ligamentum sacrococygeum zwischen Steiß- und Kreuzbein. Im P. enthalten sind Binde- und Fettgewebe, Arterien- und Venenplexus, Lymphgefäße sowie Spinalnervenwurzeln. (s.a. Periduralanästhesie)
🇬🇧 peridural space

perifokal. Zu den Geweben gehörend, die sich um einen Infektionsherd befinden.
🇬🇧 perifocal

Perifollikulitis. Entzündung des Gewebes um einen Haarfollikel, insbesondere auf der behaarten Kopfhaut.
[*griech.:* peri, um; *lat.:* folliculus, Täschchen; *griech.:* itis, Entzündung]
🇬🇧 perifolliculitis

Perikard. (Herzbeutel). Fibröse Umhüllung des Herzens und der Wurzeln großer Gefäße, die aus einem serösen und einem fibrösen Blatt besteht. Das seröse P. verfügt über zwei Schichten (parietal und viszeral). Zwischen beiden Schichten befindet sich der Perikardraum, in dem ein Film seröser Flüssigkeit vorhanden ist, der die aneinanderliegenden Oberflächen gleitfähig hält und dem Herz während der Kontraktion seine Beweglichkeit ermöglicht. Das fibröse P., das die äußere Umhüllung bildet und aus stabilem weißem Bindegewebe besteht, umschließt das Herz locker und ist mit den großen Blutgefäßen verbunden, die oben vom Herzen abgehen;

diese Membran hat jedoch keine Verbindung zum Herzen selbst.
[*griech.:* peri, um ; kardia, Herz]
🇬🇧 pericardium

Perikarderguss. Ansammlung von Blut oder anderen Flüssigkeiten im Herzbeutel (→ Perikard).
🇬🇧 pericardial effusion

perikardial. 1. Zum → Perikard gehörend. 2. Zum Bereich um das Herz gehörend.
[*griech.:* peri, um; kardia, Herz]
🇬🇧 pericardiac

Perikardiotomie. Chirurgische Eröffnung des Herzbeutels (→ Perikard).
🇬🇧 pericardiotomy

Perikarditis. (Herzbeutelentzündung). Entzündung des Herzbeutels (→ Perikard) in Verbindung mit einer Verletzung, malignem Neoplasma, Infektion, Urämie, Myokardinfarkt, Kollagenerkrankung oder idiopathischen Ursachen. Zwei Phasen können beobachtet werden, wenn eine initiale Behandlung erfolglos ist und die Erkrankung fortschreitet. Die erste Phase äußert sich durch Fieber, Thoraxschmerzen, die in Schulter oder Hals ausstrahlen, Atemnot (Dyspnoe) und einen trockenen, unproduktiven Husten. Bei der Untersuchung werden schneller, harter Puls, Reibegeräusche und ein gedämpfter Herzschlag über der Herzspitze (Apex) deutlich. In der zweiten Phase einer P. entwickelt sich ein seröser Erguss innerhalb des Perikards, der die Herzaktivität einschränkt; die Herzgeräusche werden schwächer und klingen bei der Auskultation gedämpft. Wird der Erguss infolge einer bakteriellen Infektion eitrig (purulent), treten hohes Fieber, Schweißausbrüche, Schüttelfrost und Erschöpfungszustände (Prostration) auf.
[*griech.:* peri, um; kardia, Herz; itis, Entzündung]
🇬🇧 pericarditis

Perikarditis, adhäsive. (adhäsive Herzbeutelentzündung). Herzbeutelentzündung mit → Adhäsionen zwischen den viszeralen und den parietalen Herzbeutel- (Perikard-) Schichten bzw. zwischen Perikard und Mittelfell (Mediastinum), Zwerchfell oder Brustwand.
🇬🇧 adhesive pericarditis

Perikarditis, fibrinosa. (Perikarditis sicca). Ansammlung und Gerinnung von Lymphexsudaten im Perikard. Das geronnene Exsudat hat eine butterähnliche Konsistenz.
[*lat.:* fibra, Faser; *griech.:* peri, nahe, kardia, Herz, itis, Entzündung.]
🇬🇧 fibrinous pericarditis

Perikarditis, konstriktive. Durch fortschreitende Vernarbung oder Membranfibrose verursachte fibröse Verdickung des Herzbeutels (Perikard). Der Herzbeutel versteift sich nach und nach zu einer festen Membran, und die Herzkammern können sich während der normalen Füllungsphasen des Herzzyklus nicht mehr richtig ausdehnen.
🇬🇧 constrictive pericarditis

Perikardpunktion. (Perikard(io)zentese). Maßnahme zur Entfernung von Flüssigkeiten, die sich zwischen den serösen Membranen des Herzbeutels (→ Perikard) angesammelt haben, mit Hilfe von → Punktion und → Aspiration.
🇬🇧 pericardiocentesis

Perikolitis. Entzündung des Bindegewebes um dem Dickdarm (Kolon).
🇬🇧 pericolitis

Perikranium. Bindegewebemembran, die das Schädeldach umgibt.
🇬🇧 pericranium

Perilymphe. Klare Flüssigkeit, die das knöcherne von dem häutigen Labyrinth im Innenohr trennt.
[*griech.:* peri, um; *lat.:* lympha, Wasser]
🇬🇧 perilymph

Perimenopause. Zeitspanne von 4 bis 6 Jahren, die der → Menopause vorausgeht, wenn die Menstruationszyklen und der Blutfluss unregelmäßig werden. Wenn der Östrogenspiegel sinkt, kann es zu Osteoporose oder Depressionen kommen.
🇬🇧 perimenopause

Perimeter. Instrument zur Messung des Gesichtsfeldumfangs.
[*griech.:* peri, um; metron, Maß]
perimeter

Perimetrium. Seröse Membran des Bauchfells (Peritoneum), die die Gebärmutter (Uterus) umgibt.
[*griech.:* peri, um; metra, Gebärmutter]
perimetrium

perinatal. Zu dem Zeitraum (zwischen 28. Schwangerschaftswoche und 10. Lebenstag eines Neugeborenen) und dem Prozess des Gebärens oder Geborenwerdens gehörend.
[*griech.:* peri, um; *lat.:* natus, Geburt]
perinatal

Perinatologie. Fachbereich der Medizin, der sich mit dem Studium der anatomischen und physiologischen Charakteristika einer Mutter und ihres ungeborenen bzw. neugeborenen Kindes sowie mit der Diagnose und Behandlung von Störungen beschäftigt, die während der Schwangerschaft, Entbindung und des Wochenbettes auftreten können. – *adj.* perinatologisch.
[*griech.:* peri, um; *lat.:* natus. Geburt; *griech.:* logos, Wissenschaft]
perinatology

perineal. Zum Damm (→ Perineum) gehörend.
[*griech.:* perineos, Damm]
perineal

Perineum. (Damm). Der Bereich des Körpers, der zwischen dem After und den äußeren Geschlechtsorganen liegt; dorsal zum Schamhügel, ventral zur Spitze des Steißbeins und lateral zum inneren Ramus der Bänder von Schambein, Sitzbein und Kreuzbein. Das P. umgibt und unterstützt die distalen Regionen des urogenitalen und des gastrointestinalen Bereichs.
[*lat.:* Damm]
perineum

Periode. 1. Zeitintervall. 2. Eine der Phasen einer Krankheit. 3. Dauer eines einzelnen Zyklus einer → periodischen Welle oder eines entsprechenden Ereignisses. 4. (Umgangssprachlich) Menses.
[*griech.:* peri, um; hodos, Weg]
period

Periodensystem (der Elemente). Systematische Anordnung der chemischen Elemente. Eine erste Version wurde 1869 von Dimitry Ivanovich Mendeleyev (russischer Chemiker, 1834–1907) entwickelt. Durch die Anordnung der Elemente nach ihrer Ordnungszahl konnte er bestimmte Beziehungen, z.B. die Wertigkeit, die in regelmäßigen Intervallen auftritt, aufzeigen und Eigenschaften von Elementen vorhersagen, die im 19. Jahrhundert noch gar nicht erforscht waren.
periodic table

periodisch. Bezeichnung für Ereignisse oder Phänomene, die sich in regelmäßigen oder auch unregelmäßigen Abständen wiederholen.
periodic

periodontal. Zum Bereich um einen Zahn gehörend, z.B. zur Zahnwurzelhaut (Periodontium).
[*griech.:* peri, um; odous, Zahn]
periodontal

Periodontitis. Entzündung der Zahnwurzelhaut (Periodontium).
periodontitis

Periodontium. (Zahnwurzelhaut). Wurzelhaut (→ Periost), die die Zahnwurzel in der Alveole umgibt.
periodontium

perioperativ. Zum Zeitraum vor und nach einer Operation gehörend.
[*griech.:* peri, um; *lat.:* operari, arbeiten]
perioperative

Periost. (Knochenhaut). Fibröse, gefäßreiche Membran, die die Knochen (außer an ihren Enden) bedeckt. Das P. besteht aus einer äußeren Schicht aus Kollagengewebe, das auch einige Fettzellen enthält, und einer inneren Schicht aus feinen elastischen Fasern. Das P. ist von Nerven und Blutgefäßen durchzogen, die die von ihnen umhüllten Knochen innervieren und ernähren. Die Membran ist dick und über jun-

P

gen Knochen stark, über älteren jedoch weniger stark mit Gefäßen durchzogen. – *adj.* periostal.
[*griech.:* peri, um; osteon, Knochen]
periostum

Periostitis. Entzündung der Knochenhaut (→ Periost); sie kann durch chronische oder durch akute Infektionen oder Verletzungen verursacht werden und äußert sich in Empfindlichkeit und Anschwellung der betroffenen Knochen, Schmerzen, Fieber und Schüttelfrost.
[*griech.:* peri, um; osteon, Knochen; itis, Entzündung]
periostitis

peripher. Zur äußeren Seite, Oberfläche oder Umgebung eines Organs, einer anderen Körperstruktur oder des Gesichtsfeldes gehörend. (s.a. zentral)
[*griech.:* periphereia, Umfang]
peripheral

Periphere Empfindungen, Umgang mit. → Pflegeintervention der → NIC, die definiert wird als die Verhinderung oder Einschränkung von Verletzungen oder Beschwerden bei Patienten mit einer veränderten Empfindungsfähigkeit.
Peripheral Sensation Management

P

perirektal. Zum Bereich um den Mastdarm (→ Rektum) gehörend.
[*griech.:* peri, um; *lat.:* rectus, gerade]
perirectal

Peristaltik. Koordinierte rhythmische, gleichmäßig fortschreitende Kontraktion der glatten Muskulatur, die die Nahrung durch den Verdauungstrakt, die Galle durch den Gallengang und den Urin durch die Harnleiter bewegt. – *adj.* peristaltisch.
[*griech.:* peri, um; stalsis, Kontraktion]
peristalsis

peritoneal. Zum Bauchfell (→ Peritoneum) gehörend.
[*griech.:* peri, um; tenein, spannen]
peritoneal

Peritonealdialyse. → Pflegeintervention der → NIC, die definiert wird als die Verabreichung und Überwachung einer Dialyselösung in und aus der Peritonealhöhle.
Peritoneal Dialysis Therapy

Peritonealdialyse. → Dialyse, die durchgeführt wird, um eine Störung des Flüssigkeits- oder Elektrolytgleichgewichts im Blut zu korrigieren oder um Toxine, Arzneimittel und andere Abfallprodukte, die normalerweise von der Niere ausgeschieden werden, zu entfernen. Das Bauchfell (→ Peritoneum) wird dabei als Diffusionsmembran verwendet. Unter Lokalanästhesie wird ein Katheter in das Peritoneum eingeführt und dort angenäht. Der Katheter wird mit einem Y-Stück zur Verbindung von einfließender und ausfließender Flüssigkeit versehen. Das → Dialysat wird in die Bauchhöhle eingeleitet; durch Osmose, Diffusion und Filtration gelangen die benötigten Elektrolyte über das vaskuläre Peritoneum und die Blutgefäße der Bauchwand in den Blutstrom; die Abfallprodukte strömen aus den Blutgefäßen über das vaskuläre Peritoneum in das Dialysat. Die Flüssigkeit mit den Giftstoffen fließt mit Hilfe der Schwerkraft aus der Bauchhöhle heraus.
peritoneal dialysis

Peritoneallavage, diagnostische. Methode zur Erfassung intraabdominaler Blutungen bzw. der Perforation von Eingeweiden nach einem abdominalen Trauma. Bei der offenen oder operativen Methode kann das Peritoneum direkt bei der Einführung des Katheters untersucht werden. Vor Durchführung einer Peritoneallavage muss zuerst eine Gallen- und Blasendekompression durchgeführt werden.
diagnostic peritoneal lavage (DPL)

Peritoneoskopie. Untersuchung des Bauchfells (→ Peritoneum) durch das Einführen eines → Endoskops über einen Einschnitt in der Bauchwand.
[*griech.:* peri, um; tenein, spannen; skopein, anschauen]
peritoneoscopy

Peritoneum. (Bauchfell). Ausgedehnte seröse Membran, die die gesamte abdominale Wand des Körpers überzieht und sich

über die Eingeweide (Viszera) spannt. Man unterteilt das parietale und das viszerale P. Bei Männern ist das P. eine geschlossene Membranhülle, bei Frauen wird es von den freien Enden der Eileiter durchtrennt. Die Oberfläche des P.s besteht aus einem weichen Mesothel, das mit einer serösen Flüssigkeit überzogen ist, die der Viszera erlaubt, leicht über die abdominale Wand zu gleiten und sich gegenseitig zu verschieben. Die Gekröseschlagader (Arteria mesenterica) des P.s breitet sich fächerförmig von der Hauptmembran aus und versorgt den Dünndarm. Weitere Bestandteile des P.s sind das Dickdarmgekröse (Mesokolon), sowie das große und das kleine Netz (Omentum majus und minus).
[*griech.:* peri, um; tenein, spannen]
🇬🇧 peritoneum

Peritoneum viscerale. Innere Schicht der größten serösen Körpermembran, die die Eingeweide umhüllt (Bauchfell). Die Innenfläche des P.v. ist glatt und weich und produziert eine seröse Flüssigkeit, die als Gleitmittel zwischen der Membran und den Eingeweideorganen sowie den Organen untereinander dient. (s.a. Peritoneum; Peritoneum parietale)
🇬🇧 visceral peritoneum

Peritonitis. Entzündung des Bauchfells (→ Peritoneum), die durch Bakterien oder Reizstoffe verursacht wird, welche durch offene Wunden oder aufgrund der Perforation eines Organs in den gastrointestinalen Trakt oder über die Geschlechtsorgane in die freie Bauchhöhle gelangen. Die häufigste Ursache ist eine Blinddarmruptur, die P. tritt aber auch nach der Perforation von Divertikeln, Magengeschwüren, Gallenblasengangrän, gangränöser Obstruktion des Dünndarms, inkarzerierter Hernie sowie nach einer Ruptur von Milz, Leber oder Eierstockzysten, insbesondere nach einer Extrauteringravidität, auf. Charakteristische Anzeichen und Symptome einer P. sind Bauchdeckenspannung, Steifigkeit, Schmerzen, Abwehrspannung, verminderte oder fehlende Darmgeräusche, Übelkeit, Erbrechen und Tachykardie. Der Patient hat Schüttelfrost und Fieber und atmet schnell und flach, er ist ängstlich, dehydriert und kann keinen Stuhl ausscheiden, möglicherweise werden Fäzes erbrochen (→ Miserere). Normalerweise sind eine Leukozytose, Elektrolytstörungen und Hypovolämie nachweisbar, es kann zum Schock und zur Herzinsuffizienz kommen.
[*griech.:* peri, um; tenein, spannen; itis, Entzündung]
🇬🇧 peritonitis

Peritonitis, adhäsive. Entzündung des Bauchfells mit → Adhäsion der aneinandergrenzenden Oberflächen.
🇬🇧 adhesive peritonitis

Peritonitis, aseptische. → Peritonitis, bei der die Entzündung des Bauchfells (Peritoneum) durch Chemikalien, Verstrahlung oder Verletzung, statt durch infektiöse Substanzen verursacht wird.
[*griech.:* a, kein; sepsis, Fäule; peri, nahe; teinein, ausdehnen; itis, Entzündung]
🇬🇧 aseptic peritonitis

Peritonitis, chronische. Form der Peritonitis, bei der sich das Bauchfell (Peritoneum) verdickt und Aszites auftritt; steht normalerweise in Verbindung mit anderen Krankheiten, wie z.B. Perikarditis oder Polyserositis.
[*griech.:* chronos, Zeit, peri, nahe, tenein, dehnen, itis, Entzündung.]
🇬🇧 chronic peritonitis

Peritonitis, tuberkulöse. Bauchfellentzündung infolge einer Infektion der Eingeweide mit Tuberkelbakterien.
🇬🇧 tuberculous peritonitis

peritonsillär. Zum Bereich um die Mandeln (→ Tonsillen) gehörend.
🇬🇧 peritonsillar

Peritonsillarabszess. Infektion des Gewebes zwischen Mandeln (→ Tonsillen) und Rachen (Pharynx), die meist nach einer akuten follikularen Tonsillitis auftritt. Zu den Symptomen gehören Schluckbeschwerden (Dysphagie), Schmerzen, die ins Ohr ausstrahlen, und Fieber. Meistens kommt es zur Rötung und Schwellung der Tonsillen und des weichen Gaumens.
🇬🇧 peritonsillar abscess

periumbilikal. Zum Bereich um den Nabel (Umbilicus) gehörend.
[*griech.:* peri, um; *lat.:* umbilicus, Nabel]
periumbilical

periungual. Zum Bereich um die Finger- oder Fußnägel gehörend.
[*griech.:* peri, um; *lat.:* unguis, Nagel]
periungual

perivaskulär. Zur Umgebung der Gefäße gehörend.
perivascular

Perkussion. Technik der körperlichen Untersuchung, bei der mit den Fingerspitzen oder der Faust auf bestimmte Körperbereiche geklopft wird, um Größe, Grenzen und Konsistenz von inneren Organen zu evaluieren oder Präsenz und Menge von Flüssigkeiten in einer Körperhöhle zu bestimmen. Bei der direkten (unmittelbaren) P. beklopfen die Finger direkt die Körperoberfläche; bei der indirekten (mittelbaren) P. wird eine Hand über das betreffende Organ gelegt und die Finger der anderen Hand klopfen auf den Rücken der flachen Hand.
[*lat.:* percutere, hart zuschlagen]
percussion

P

Perkussion, palpatorische. Technik der körperlichen Untersuchung, bei der die Vibrationen, die durch Beklopfen (→ Perkussion) einer Körperoberfläche ausgelöst werden, mit Hilfe eines leichten Drucks der flachen Hand des Untersuchenden evaluiert werden.
palpatory percussion

Perkussionshammer. Abklopfinstrument mit Gummikopf, mit dem Sehnen, Nerven oder Muskeln zur Auslösung von Reflexen beklopft werden.
reflex hammer

perkutan. Durch die Haut geführt; z.B. eine Biopsie oder die Aspiration einer Flüssigkeit aus einem Bereich unter der Haut mit Hilfe einer Nadel, eines Katheters oder einer Spritze, aber auch die Instillation einer Flüssigkeit in eine Körperhöhle durch ähnliche Hilfsmittel.
percutaneous

perlingual. Bezeichnung für eine Verabreichungsform von Arzneimitteln, bei der Medikamente durch die Zunge aufgenommen werden, über die die Wirkstoffe resorbiert werden.
perlingual

permanent. Dauerhaft, fortdauernd.
[*lat.:* permanere, bleiben]
permanent

permeabel. Zustand, der es Flüssigkeiten oder anderen Substanzen erlaubt, durch ein anderes Medium zu dringen, z.B. durch eine Membran. (s.a. semipermeabel)
permeable

Permeabilität. (Durchlässigkeit). Das Ausmaß, in dem eine Substanz einer anderen erlaubt, sie zu durchdringen.
[*lat.:* permeare, durchdringen]
permeability

perniziös. Potentiell gefährlich, destruktiv oder schädlich, wenn keine Behandlung erfolgt, z.B. perniziöse Anämie.
[*lat.:* perniciosus, destruktiv]
pernicious

pero-. Vorsilbe mit der Bedeutung »verstümmelt«.
pero-

Perodaktylie. Angeborene Missbildung mit Deformität der Finger und Fingerspitzen, wobei auch ein oder mehrere Finger oder Zehen fehlen können.
[*griech.:* peros, verstümmelt; daktylos, Finger]
perodactyly

Peromelie. Angeborene Anomalie, die durch die Missbildung einer oder mehrerer Extremitäten gekennzeichnet ist.
[*griech.:* peros, verstümmelt; melos, Gliedmaße]
peromelia

peronäal. Zum äußeren Teil des Beins, zum Wadenbein (Fibula) und zum oberflächlichen Wadenbeinnerv (Nervus peronaeus) gehörend.
[*griech.:* perone, Speiche]
peroneal

Peronäusmuskelatrophie. Symmetrische Schwächung oder Atrophie der Muskeln des Fußes und der Knöchel mit der Folge der Entwicklung von Hammerzehen; es kommt zu hohen Fußwölbungen und infolge der Schwächung der Knöchelmuskeln zu einem ungelenken Gang.
peroneal muscular atrophy

Peroxide (pl.). (Superoxide; Hyperoxide). Verbindungen eines Sauerstoffmoleküls mit einem einwertigen Element, v. a. Metalle oder Radikale. Peroxid-Radikale sind starke Oxidationsmittel und können bestimmte biologische Substanzen schädigen, z.B. Fette, Proteine und Nukleinsäuren.
superoxides

Perphenazin. Antipsychotikum, das zur Behandlung von psychotischen Störungen sowie zur Kontrolle einer schweren Übelkeit und Erbrechen bei Erwachsenen eingesetzt wird.
perphenazine

Perseveration. Unwillkürliches und pathologisches Festhalten an den immer gleichen verbalen Äußerungen oder motorischen Aktivitäten unabhängig von einem Stimulus oder seiner Dauer.
[*lat.:* perseverare, beharren]
perseveration

persistierend. (persistent). Bestehen bleibend, anhaltend.
[*lat.:* persistere, verharren]
persistend

Persona. (Analytische Psychologie nach C.G. Jung) Die Persönlichkeitsfassade oder Rolle, die eine Person annimmt und in der sie sich der äußeren Welt präsentiert, um den Anforderungen der Umgebung oder der Gesellschaft gerecht zu werden oder um einen intrapsychischen Konflikt auszudrücken. (s.a. Anima)
persona

persönliche Veränderungen, Unterstützung bei. → Pflegeintervention der → NIC, die definiert ist als die Bestärkung in selbstbestimmten Veränderungen, die Patienten ergreifen, um persönlich wichtige Ziele umzusetzen.
Self-Modification Assistance

Persönlichkeit. 1. Synthese von Verhaltens- und Einstellungmerkmalen, die bei einer Person zu erkennen sind. 2. Verhaltensmuster, die eine Person bewusst oder unbewusst entwickelt, z.B. durch die Anpassung an eine bestimmte Umgebung oder an kulturelle, ethnische, nationale oder regionale Standards.
personality

Persönlichkeit, antisoziale. Person, deren Einstellungen und Verhaltensweisen den Sitten, Normen und den von einer Gesellschaft akzeptierten moralischen Prinzipien widersprechen.
[*griech.:* anti, gegen; *lat.:* socius, Kamerad]
antisocial personality

Persönlichkeit, multiple. Zerfall einer Persönlichkeit in Bruchstücke (Fragmentation), bei der zwei oder mehrere unterschiedliche und untergeordnete Persönlichkeiten im Widerstreit stehen.
multiple personality

Persönlichkeit, neurotische. Disposition, die durch Charakterzüge und Neigungen gekennzeichnet ist, die die Wahrscheinlichkeit für ein spezifisches neurotisches Verhalten erhöhen. Extrem ordentliche, vorsichtige und saubere Personen können z.B. für die Entwicklung einer obsessiv-zwanghaften Störung anfällig sein. (→ neurotisch)
neurotic personality

Persönlichkeit, schizoide. Person, die zwar mit dem Leben einigermaßen zurecht kommt, jedoch äußerst scheu, übersensibel und introvertiert ist, sich gerne ausschließt und enge persönliche Kontakte meidet.
schizoid personality

Persönlichkeit, zwanghafte. Charakter, der von chronischem und zwanghaftem Festhalten an starren Verhaltensregeln geprägt ist. Eine Person mit einer zwanghaften Persönlichkeit ist übertrieben gewissen-

haft und verklemmt, äußerst unflexibel, hat eine außergewöhnliche Arbeitsfähigkeit und kann sich nicht im normalen Maß entspannen und normale Beziehungen mit anderen Personen unterhalten.
🇬🇧 compulsive personality

Persönlichkeitsstörung. Psychiatrische Erkrankung, die sich durch Abweichungen in der Persönlichkeitsentwicklung oder bestimmter Verhaltensweisen von der Norm darstellt; sie kann sich in zahlreichen mentalen Störungen zeigen, etwa durch steife, unflexible und schlecht angepasste Verhaltensmuster und Eigenschaften, welche die Fähigkeit einer Person einschränken, in der Gesellschaft zu funktionieren, weil das Anpassungspotential erheblich eingeengt ist.
🇬🇧 personality disorder

Persönlichkeitsstörung, antisoziale. (dissoziale Persönlichkeitsstörung). Immer wieder auftretende Verhaltensmuster, die den gewohnten moralischen und ethischen Normen widersprechen und eine Person in ständigem Konflikt mit der Gesellschaft leben lassen. Begleitsymptome sind Aggressivität, Gefühlskälte, Impulsivität, Verantwortungslosigkeit, Feindseligkeit, niedrige Frustrationsschwelle, beträchliche emotionale Unreife sowie schlechte Urteilsfähigkeit.
🇬🇧 antisocial personality disorder

Persönlichkeitsstörung, narzisstische. Psychiatrische Diagnose, die ein übertriebenes Gefühl für die Wichtigkeit und Einzigartigkeit der eigenen Person bezeichnet, wobei der Betreffende ein abnormes Bedürfnis nach Aufmerksamkeit und Bewunderung entwickelt und sich in grandiosen Phantasien über die eigene Person verliert; es kommt zu Störungen der zwischenmenschlichen Beziehungen, bei denen häufig andere Personen ausgenutzt werden und eine mangelhafte Empathie vorhanden ist. (→ Narzissmus)
🇬🇧 narcissistic personality disorder

Persönlichkeitsstörung, schizoide. Persönlichkeitsstörung, gekennzeichnet durch die Unfähigkeit zwischenmenschliche Beziehungen zu knüpfen und zu unterhalten. Diese Unfähigkeit zeigt sich vor allem durch Gefühlskälte und Unnahbarkeit, Zurückhaltung und Scheu sowie einer Gleichgültigkeit gegenüber Lob, Kritik und den Gefühlen anderer.
🇬🇧 schizoid personality disorder

Persönlichkeitsstörung, schizotypische. Anerkannte psychiatrische Störung, gekennzeichnet durch seltsame Gedanken, Wahrnehmung, Sprache oder Verhalten, die jedoch für die Diagnose »Schizophrenie« nicht stark genug ausgeprägt sind. Typische Symptome sind z.B. magische Vorstellungen wie Aberglaube, der Glaube an Hellseherei und Telepathie, bizarre Fantasien, wiederkehrende Illusionen wie das Fühlen einer anwesenden Person oder Kraft, die nicht wirklich anwesend ist, soziale Isolation, eigenartige Sprachmuster inklusive vage ausgedrückter Ideen oder missverständlicher Worte sowie eine übertriebene Angst oder Hypersensibilität gegenüber tatsächlicher oder angenommener Kritik.
🇬🇧 schizotypal personality disorder

Persönlichkeitsstörung, zwanghafte. Störung von alltäglichen Funktionen und normalen Verhaltensmustern, die von der irrationalen Sorge um Ordnung, Regeln, Rituale und Details geprägt ist.
🇬🇧 compulsive personality disorder

Persönlichkeitstest. Verschiedene standardisierte Tests, die zur Evaluation oder Einschätzung (Assessment) der verschiedenen Facetten der Persönlichkeitsstruktur, des emotionalen Status und der Verhaltensmerkmale eingesetzt werden können.
🇬🇧 personality test

Perspiratio insensibilis. Verlust von Körperflüssigkeit durch die weitgehend unmerkliche Wasserabgabe bei der Atmung, über die Haut und die Schleimhäute.
[*lat.:* in, nicht; sentire, fühlen; per, durch; spirare, atmen]
🇬🇧 insensible perspiration

Perspiration. (Hautatmung/Perspiratio insensibilis). Ausscheidung von Körperflüssigkeit durch die Hautporen und über die Schleimhäute (Atmung). Die Flüssigkeit

besteht aus Wasser, in dem Natriumchlorid, Phosphat, Harnstoff, Ammoniak und andere Abfallprodukte gelöst sind. Die P. dient dem Körper als Mechanismus zur Ausscheidung und zur Regulierung der Körpertemperatur. (s.a. Transpiration) – *adj.* perspiratorisch.
[*lat.:* per, durch; spirare, atmen]
perspiration

Pertussis. (Keuchhusten). Akute, höchst ansteckende Infektion der Luftwege (meldepflichtig), die durch einen anfallartigen Husten charakterisiert ist, der mit einem lauten, keuchenden Einatmen endet. P. tritt am häufigsten bei Säuglingen und Kindern bis zum 4. Lebensjahr auf, die nicht geimpft worden sind. Der ursächliche Erreger, Bordetella pertussis, ist ein kleiner, unbeweglicher gramnegativer Kokkenbazillus. (→ Pertussisschutzimpfung)
[*lat.:* per, durch; tussis, Husten]
pertussis

Pertussisschutzimpfung. Aktive Impfung zur Immunisierung gegen → Pertussis, die auch alleine durchgeführt wird, wenn die sonst übliche kombinierte Schutzimpfung gegen Diphterie, Keuchhusten und Tetanus kontraindiziert ist.
pertussis vaccination

Perversion. 1. Jede Abweichung davon, was als normal und natürlich betrachtet wird. 2. Aktive Handlung, die die Veränderung eines normalen oder natürlichen Zustandes bewirkt. 3. Verschiedene Sexualpraktiken, die als abweichend von einem normalen erwachsenen Verhalten bewertet werden, z.B. Fetischismus oder sadomasochistische Praktiken.
[*lat.:* pervertere, umdrehen]
perversion

Perzentile. Der 100. Teil einer statistischen Verteilung. Ein P.n-Wert von 80 besagt z.B., dass 20% der Gesamtzahl aller Fälle über und 80% unter den jeweils untersuchten Faktoren liegen.
percentile

Pes. Fuß oder fußähnliche Struktur.
[*lat.:* Fuß]
pes

Pes equinus. Gehstörung infolge eines Spitzfußes, wobei der Betroffene auf Zehenspitzen geht; auch bei Klumpfuß.
equinus

Pes cavus. (Hohlfuß). Deformität des Fußes, die durch eine ausgeprägte Hohlwölbung des Mittelfußes (Metatarsus) mit übermäßiger Streckung der Zehen am Gelenk, Beugung der Gelenke zwischen den Zehengliedern und Verkürzung der Achillessehne charakterisiert ist. Dies kann bereits bei der Geburt vorhanden sein oder später infolge von Kontrakturen oder einer Unausgewogenheit der Fußmuskulatur entstehen, z.B. bei neuromuskulären Erkrankungen oder Muskelatrophie.
pes cavus

Pes equinus. (Spitzfuß). Deformität des Fußes, bei der die Zehen extrem gebeugt sind und Gehen nur mit der vorderen Fläche des Fußes möglich ist; die Ferse berührt den Boden nicht.
pes equinus

Pes planus. (Plattfuß). Unphysiologische, jedoch relativ häufige Deformität des Fußes, die durch eine Abflachung des Fußgewölbes gekennzeichnet ist.
pes planus

Pes valgus. (Knickfuß). Abknickung des Fußes in der Höhe des Knöchels nach außen.
pes valgus

Pessar. Mechanisches Hilfsmittel in Form eines Ringes oder einer Schale, das in die Vagina geschoben und um den äußeren Muttermund gelegt wird, um einen Uterusprolaps, eine Uterusretroversion oder eine Zervixinsuffizienz zu behandeln. Dies wird bei Frauen eingesetzt, deren Zustand eine chirurgische Behandlung nicht erlaubt. P.e werden auch von jüngeren Frauen zur Evaluation einer Uterusretroversion und zur Behandlung einer Zervixinsuffizienz während einer Schwangerschaft benutzt. Das P. muss täglich entnommen und gereinigt werden. P.e können aus Gummi oder Kunststoff sein. Be-

P

stimmte P.e werden zur Empfängnisverhütung eingesetzt (→ Diaphragma). (s.a. Intrauterinpessar)
pessar

Pessimismus. Neigung, bei jeder Handlung und in jeder Situation die schlimmstmöglichen Folgen zu erwarten oder immer nur stärkste Bedenken zu betonen, selbst wenn vernünftigerweise ein Fortschritt oder Gewinn erwartet werden kann. – *adj.* pessimistisch.
[*lat.:* pessimus, am schlechtesten]
pessimism

Pest. Infektionskrankheit, die durch einen Biss des Flohs eines Nagetiers verursacht wird, der mit dem Bazillus Yersinia pestis befallen ist. Die P. ist vorwiegend eine Krankheit von Ratten. Der Rattenfloh geht nur auf den Menschen, wenn sein bevorzugter Wirt (meist Ratten) infolge einer Rattendermatose durch die P. getötet worden ist. Deshalb kommt es nur zu Epidemien, wenn vorher Ratten befallen waren. Man unterscheidet die Beulenpest (Bubonenpest, die die Leisten befällt), die Lungenpest und die Pestsepsis.
plague

Pestizid. Chemisches Mittel, das zur Vernichtung von tierischen oder pflanzlichen Schädlingen eingesetzt wird.
pesticid

Pestvakzine. Aktive immunisierende Substanz, die aus getöteten Pestbazillen gewonnen wird; die P. wird zur Immunisierung gegen Pest eingesetzt, meist nach einer möglichen Exposition oder als Schutz für Reisende in den endemischen Bereichen.
plague vaccine

Petechien (pl.). Kleine violette oder rote Flecken, die infolge von kleinsten Blutungen (Hämorrhagien) in der dermalen Schicht oder der Submukosa auf der Haut erscheinen. – *adj.* petechial.
petechiae

Petri-Schale. Flache runde Glasschale mit Deckel, die für die Züchtung von Bakterienkulturen verwendet wird.
[J. Petri, deutscher Bakteriologe, 1852–1921]
Petri dish

Petrifikation. Der Prozess des Verkalkens oder der steinartigen Umbildung.
petrification

Petrissage. Massagetechnik, bei der die Haut sanft angehoben und zusammengedrückt wird; auf diese Weise werden die Durchblutung gefördert und die Muskeln entspannt.
[*franz.:* petrir, kneten]
petrissage

Petrolatum. Gereinigte Mischung halbfester Kohlenwasserstoffe, die aus Petroleum hergestellt und häufig als Grundlage für Salben oder → Emollienzien verwendet wird.
[*lat.:* petra, Fels; oleum, Öl]
petrolatum

Petting. Wechselseitige manuelle Reizung der erogenen Zonen und Geschlechtsteile bis zum → Orgasmus, wobei es nicht zum Geschlechtsverkehr (→ Koitus) kommt.
[*engl.:* to pet, streicheln]
petting

Peyer-Plaques (pl.). Gruppe von → Lymphknoten, die in der Schleimhaut des Krummdarms (Ileum) gegenüber der mesenterischen Verbindung eine einzelne Schicht bilden. Bei den meisten Menschen befinden sie sich im distalen Teil des Ileums, können jedoch auch im Leerdarm (Jejunum) vorkommen. Die P.-P. spielen eine wichtige Rolle im körpereigenen Immunsystem und schwellen bei → Typhus geschwürartig an.
Peyer´s patches

Pfefferminz. Getrocknete Blätter und Blüten des Krautes Mentha piperita. Es ist Quelle für ein flüchtiges Öl, das als → Karminativum und → Antiiemetikum verwendet wird. P. wirkt schmerzstillend, krampflösend, beruhigend und kühlend bzw. fiebersenkend und wird meist in Form von Tee getrunken oder als Zusatz

zum Waschwasser verwendet. 30g getrocknetes oder 75g frisches Kraut mit 1l Wasser, das nicht mehr kocht, aufgießen und 10 Minuten ziehen lassen, abseihen, erkalten lassen. Mit 4l Wasser, unter 10°C der aktuellen Körpertemperatur, verdünnen. Aktivierend mit mäßig feuchten Waschlappen waschen. Anschließend Patienten nicht abtrocknen, nur leicht zudecken. Alternativ 3–5 Tropfen Pfefferminzöl ins Wasser geben; nicht an Schleimhäute bringen, da es brennt!
peppermint

Pfeiffer-Drüsenfieber. (→ Mononucleosis infectiosa)
infectious mononucleosis

Pflege, bei Druckulzera. Vorbeugung und Behandlung eines → Druckulkus, das meist an Sakrum, Ellbogen, Fersen, äußeren Knöcheln, Knieinnenseite, Hüfte, Schulterblatt und Ohren von immobilen Patienten auftritt, insbesondere, wenn diese dick oder alt sind oder unter Infektionen, Verletzungen oder einem schlechten Ernährungszustand leiden. Druckulzera können weitgehend verhindert werden, wenn immobile Patienten mindestens 2stündlich gelagert werden, wenn die Haut trocken gehalten wird und die potenziellen Druckbereiche alle 4 bis 6 Stunden auf Anzeichen einer Rötung untersucht werden. Betttücher müssen trocken und faltenfrei gehalten werden. Mit Hilfe eines Tragetuchs oder einer mechanischen Vorrichtung kann der Patient gehoben werden, wenn er z.B. nicht mehr als 30 Minuten auf einer Stelle liegen oder sitzen soll. Eine prophylaktische Maßnahme ist die tägliche Hautpflege, bei der alle Bereiche gewaschen, abgespült und sorgfältig getrocknet und die Knochenvorsprünge vorsichtig eingecremt werden. Wichtig ist bei der P. b. D. ein häufiger Lagewechsel, Trockenheit und Sauberkeit der Haut und ein guter Ernährungszustand.
pressure ulcer care

Pflege, bei der Entbindung. → Pflegeintervention der → NIC, die definiert wird als Überwachung und Versorgung in der ersten und zweiten Phase eines Geburtsvorgangs.
Intrapartal Care

Pflege, bei der Entbindung: Risikoentbindung. → Pflegeintervention der → NIC, die definiert wird als die Unterstützung einer vaginalen Geburt von Zwillingen oder einem ungünstig liegenden Kind.
Intrapartal Care: High-Risk Delivery

Pflege, bei Fieber. Aufgrund des gesteigerten Stoffwechsels muss bei der Pflege des Fiebernden auf eine ausreichende, leicht verdauliche und eiweißreiche Ernährung sowie auf ausreichende Flüssigkeitszufuhr in Form von Tee oder elektrolythaltigen Getränken geachtet werden, um den Wasser- und Elektrolytverlust als Folge von starkem Schwitzen auszugleichen. Des Weiteren sollte gerade bei Bettlägerigen die Pneumonie-, Dekubitus- und Obstipationsprophylaxe durchgeführt werden. Stark schwitzenden Patienten regelmäßig Teilwäsche und Wäschewechsel anbieten. Zur pflegerischen Fiebersenkung eignen sich Waschungen mit Pfefferminzzusätzen.

Pflege, bei einem Harnverhalten. → Pflegeintervention der → NIC, die definiert ist als die Unterstützung bei der Behandlung einer Blasenausdehnung.
Urinary Retention Care

Pflege, postoperative. Umgang und Versorgung eines Patienten nach einer Operation. Vor der Verlegung aus dem OP werden alle dort verwendeten Hilfsmittel entfernt und gegebenenfalls ein steriler Verband auf die Inzisionsstelle angelegt. Durchgängigkeit und Verbindungen aller Drainagen sowie die Flussrate der Infusionen werden überprüft. Sauberkeit und Trockenheit der Haut des Patienten müssen gewährleistet werden. Danach wird der Patient vorsichtig wieder in sein Bett gelegt; möglicherweise müssen orale oder nasale Tuben gelegt oder ein Endotrachealkatheter abgesaugt werden. Eventuell muss die Atmung mechanisch unterstützt werden. Blutdruck, Puls und

P

Atemfrequenz müssen alle 15 Minuten oder nach Anordnung überprüft werden. In gleichen Abständen erfolgt die Überprüfung von Bewusstsein, Reflexen und Bewegungen der Extremitäten. Der Patient darf noch nichts oral zu sich nehmen; er erhält Arzneimittel, Blut oder Blutkomponenten nach Anordnung. Eine Ein- und Ausfuhrkontrolle sollten durchgeführt und Schmerzen durch die Verabreichung von Analgetika kontrolliert werden.
postoperative care

Pflege, postpartale. Versorgung einer Mutter und ihres Neugeborenen während der ersten Tage des Wochenbettes (Puerperium); dabei müssen die körperlichen und physiologischen Rückbildungsabläufe bei der Mutter auf Abweichungen von der Norm beobachtet werden; z.B. die Rückbildung (Verkleinerung) des Uterus nach der Geburt. Der Wochenfluss (→ Lochien) verändert während der ersten Tage seine Farbe und Konsistenz; zuerst ist er blutigrot (2 bis 4 Tage lang), danach rosabräunlich und schließlich klar und klebrig. Die Bauchdecke ist weich, der Muskeltonus kann jedoch mit der Zeit durch gymnastische Übungen wiederhergestellt werden. Am dritten Tag beginnt sich die Brust normalerweise mit Milch zu füllen (Milcheinschuss).
postpartal care

Pflege, präoperative. Vorbereitung und Versorgung eines Patienten vor einer Operation; Ernährungszustand, Hygiene, medizinische und chirurgische Anamnese, Allergien, gegenwärtige Medikation, körperliche Behinderungen, Anzeichen einer Infektion und die Ausscheidungsgewohnheiten werden bestimmt und dokumentiert. Danach sollte das Verständnis des Patienten bezüglich der operativen, präoperativen und postoperativen Maßnahmen festgestellt werden; seine Fähigkeit, Ängste zu verbalisieren, und das Wissen der Familie über die bevorstehende Operation werden beurteilt. Die Einverständniserklärung des Patienten und die Akzeptanz des Einsatzes von Blutkonserven werden bei Bedarf überprüft. Die Vitalzeichen müssen gemessen und Abweichungen dem Arzt mitgeteilt werden. Der Arzt wird auch über unphysiologische Ergebnisse bei EKG, Thoraxröntgen oder Laboruntersuchungen informiert. Die Anzahl der eventuell benötigten Blutkonserven wird festgelegt. Auf Anordnung werden ein Klysma verabreicht, Magensonde oder Blasenkatheter gelegt und parenterale Flüssigkeiten verabreicht. Vor einer OP darf der Patient einige Stunden nichts mehr oral zu sich nehmen. Nach der Verabreichung der Prämedikation werden die Seitengitter des Bettes hochgestellt. Vor dem Transport des Patienten in den OP (mit den vollständigen Unterlagen) sollte er nochmals Urin lassen, Zahnprothesen, Kontaktlinsen u.ä. entfernen und seine Wertsachen sicher verwahren.
preoperative care

Pflege, professionelle. 1. Die praktische Tätigkeit, bei der ein → professionell Pflegender »einer gesunden oder kranken Person bei der Ausführung von Tätigkeiten hilft, die seiner Gesundheit oder Genesung (oder einem friedvollen Tod) zuträglich sind, die der Betreffende ohne Hilfe bewältigen könnte, wenn er die erforderliche Kraft, den Willen oder das Wissen hätte. Auf diese Weise soll ihm geholfen werden, sich so schnell wie möglich wieder selbst versorgen zu können«. (Virginia Henderson) 2. »Die Diagnose und Behandlung der menschlichen Reaktionen auf akute oder potenzielle Gesundheitsprobleme« (American Nurses Association). Man unterscheidet 4 wesentliche Komponenten zur genaueren Definition von P.: Phänomen der Sorge Pflegender; Anwendung von Theorien zur Beobachtung der jeweiligen Bedürfnisse für Pflegeinterventionen und Planung von Pflegehandlungen; die ergriffenen Pflegehandlungen und eine Evaluation der Auswirkungen der Handlungen in Bezug auf das betreffende Phänomen. 3. Professionelle Praxis eines professionell Pflegenden.
nursing

Pflege, bei Schwangerschaftsabbruch. → Pflegeintervention der → NIC, die definiert wird als der Umgang mit körperlichen und psychischen Bedürfnissen von Frauen mit einem spontanen oder geplanten Abort.
Pregnancy Termination Care

Pflege, bei der Urininkontinenz: Enuresis. → Pflegeintervention der → NIC, die definiert ist als die Förderung der Urinkontinenz bei Kindern.
Urinary Incontinence Care: Enuresis

Pflege, von Drainagen: Thorax. → Pflegeintervention der → NIC, die definiert ist als die Pflege von Patienten mit einer externen Drainage mit Wasserkammer aus der Thoraxhöhle.
Tube Care: Thorax

Pflege, von Drainagen: Ventrikulostomie-/Lumbaldrainagen. → Pflegeintervention der → NIC, die definiert ist als die Pflege von Patienten mit einem externen Liquordrainagesystem.
Tube Care: Ventriculostomy/Lumbar Drain

Pflege, von Kathetern: Nabelschnur. → Pflegeintervention der → NIC, die definiert ist als die Pflege von Neugeborenen mit einem Nabelschnurkatheter.
Tube Care: Umbilical Line

Pflege, von Kathetern: Urin. → Pflegeintervention der → NIC, die definiert ist als die Pflege von Patienten mit einem Urinkatheter.
Tube Care: Urinary

Pflege, von Sonden: gastrointestinal. → Pflegeintervention der → NIC, die definiert ist als die Pflege von Patienten mit einer gastrointestinalen Sonde.
Tube Care: Gastrointestinal

Pflegeanamnese. Bestimmung der Bedürfnisse, Präferenzen und Fähigkeiten eines Patienten durch einen professionell Pflegenden. Bei der Pflege-Anamnese führt die Pflegende ein Interview mit dem Patienten, der dabei aufmerksam beobachtet wird, um alle Symptome und Anzeichen seines Zustandes, seine verbale und nonverbale Kommunikation, die medizinische und soziale Anamnese und jede andere verfügbare Information berücksichtigen zu können. Zu den physikalischen Aspekten, die beim P.-A. eingeschätzt werden, gehören Vitalzeichen, Hautfarbe und -zustand, motorische und sensorische Nervenfunktion, Ernährungszustand, Ruhe, Schlaf, Aktivität, Ausscheidung und Bewusstseinszustand.
nursing assessment

Pflegediagnose. Aussage über ein akutes Gesundheitsproblem oder über ein potenzielles Problem im Gesundheitszustand eines Klienten/Patienten, für das ein professionell Pflegender zuständig ist, der für eine entsprechende Behandlung kompetent ist. Für die Formulierung einer P. sind 4 Schritte erforderlich. Durch Sammlung von Informationen aus allen verfügbaren Quellen wird eine Datenbank erstellt, dazu gehören Interviews mit dem Klienten und seinen Angehörigen, ein Überblick über vorhandene Berichte über die Gesundheit des Klienten, die Beobachtung seiner Reaktion auf mögliche Veränderungen seines Gesundheitsstatus, körperliches Assessment sowie Konferenz oder Beratung mit anderen Professionellen, die ebenfalls mit der Pflege des Klienten betraut sind. Diese Datenbasis muss kontinuierlich aktualisiert werden. Zum zweiten Schritt gehören die Analyse der Reaktionen des Klienten auf die Probleme in Verbindung mit seinem Gesundheitszustand oder seiner Krankheit, die Klassifikation seiner Reaktionen in die Kategorien psychologisch, physiologisch, spirituell oder soziologisch. Als dritter Schritt folgt die Organisation der Daten, so dass eine vorübergehende versuchsweise diagnostische Aussage getroffen werden kann, welche die Merkmale der erkannten Probleme zusammenfasst. Der letzte Schritt schließlich besteht in der Bestätigung, ob die Datenbasis ausreichend und genau genug ist, indem die Übereinstimmung der Diagnose mit der

P

Pflegeintervention evaluiert und bestätigt wird, dass die meisten qualifizierten Pflegenden bei den gleichen Informationen die gleiche P. formuliert hätte. Praktisch betrachtet besteht jede diagnostische Kategorie aus drei Elementen: ein Begriff, der das Problem genau beschreibt, mögliche Ursachen des Problems und definierende Charakteristika des Problems. Eine Reihe von P.n sind von der → NANDA (Nordamerikanische Pflegediagnosenvereinigung) identifiziert und als akzeptiert aufgelistet worden; sie werden regelmäßig bei Treffen der Gruppe aktualisiert und optimiert.
nursing diagnosis

Pflegeethik. Die Wertvorstellungen und moralischen Prinzipien, welche die Beziehungen zwischen professionell Pflegenden und den Patienten, den Angehörigen des Patienten, den anderen Mitarbeitern der Gesundheitsprofessionen sowie dem allgemeinen Publikum lenken.
nursing ethics

Pflegeforschung. Detailliertes systematisches Studium eines Problems aus dem Bereich und Feld der → professionellen Pflege. Die P. ist praxis- oder disziplinorientiert und für die Entwicklung einer wissenschaftlichen Grundlage der professionellen Pflegepraxis wesentlich.
nursing research

Pflegeintention. Allgemeines Ziel der professionellen Pflege, das auch Aktivitäten beinhaltet, die zwar erwünscht, aber schwierig zu bewerten sind, z.B. Selbstpflege, guter Ernährungszustand und Entspannung.
nursing goal

Pflegeintervention. Jede Maßnahme und Handlung eines professionell Pflegenden, mit denen der → Pflegeplan umgesetzt oder auf ein spezielles Ziel dieses Plans hingearbeitet wird; z.B. einen komatösen Patienten regelmäßig lagern, um die Entwicklung von Druckulzera zu verhindern, oder einen Patienten mit Diabetes mellitus in einer Injektionstechnik unterrichten, bevor er aus dem Krankenhaus entlassen wird. Patienten können z.B. Interventionen in Form von Unterstützung, Einschränkung, Medikation oder Behandlung eines akuten Zustandes oder Hilfe zur Abwendung von weiterem Stress benötigen.
nursing intervention

Pflegekonferenz, multidisziplinäre. → Pflegeintervention der → NIC, die definiert wird als die Planung und Evaluation der Patientenpflege mit Gesundheitsfachleuten verschiedener Disziplinen.
Multidisciplinary Care Conference

Pflegender, professionell. Examinierte Krankenschwester oder -pfleger, Altenpflegerin oder -pfleger oder Kinderkrankenschwester oder -pfleger, die eine Spezialausbildung absolviert haben, die sich mit der Diagnose und Behandlung der menschlichen Reaktionen auf akute oder potenzielle Gesundheitsprobleme befasst. Zur Praxis p. P. gehört die Sammlung von Patientendaten, Diagnose, Planung, Behandlung und Evaluation im Rahmen des pflegerischen Tätigkeitsbereichs unter besonderer Beachtung der Reaktion von Patienten auf ein gegebenes Problem statt der Konzentration auf das Problem selbst. Der Rahmen der p. P. ist somit breiter gefasst und weniger konkret wie die traditionellen Tätigkeiten der Ärzte. Ein p. P. kann in der allgemeinen Krankenpflege arbeiten oder sich spezialisieren und ist ethisch sowie gesetzlich für die Ausführung seiner Tätigkeiten verantwortlich. Weiterbildungen können in folgenden Fächern absolviert werden: Stations- oder Pflegedienstleitung, Unterrichtstätigkeit in einer Krankenpflegeschule, Anästhesie und Intensivpflege, Endoskopie, Gemeindekrankenpflege, Onkologie, Operationsdienst und Psychiatrie.
nurse

Pflegepersonal, Überwachung und Leitung des. → Pflegeintervention der → NIC, die definiert ist als das Bereitstellen einer

qualitativ hochwertigen Patientenpflege durch andere Personen.
Staff Supervision

Pflegeplan. Plan, der auf der → Pflegeanamnese und einer → Pflegediagnose beruht und von einem → professionell Pflegenden ausgeführt wird. Der P. besteht aus 4 wesentlichen Komponenten: Bestimmung des Pflegeproblems und Formulierung eines Pflegeansatzes zur Lösung dieser Probleme; Formulierung der erwarteten Ergebnisse für den Patienten; Formulierung der speziellen Maßnahmen des Pflegenden, die den Pflegeansatz und die angestrebten Ziele widerspiegeln; und schließlich die Evaluation der Reaktionen des Patienten auf die Pflege sowie gegebenenfalls Anpassung der bisherigen Pflege.
nursing care plan

Pflegepläne, standardisierte. Schriftliche Auflistung von Regeln, Grundsätzen, Maßnahmen, Regelungen und Anweisungen zur Pflege bei bestimmten klinischen Situationen. In den P. ist normalerweise die klinische Situation benannt und die erforderlichen Maßnahmen zur Patientenpflege sind darunter aufgelistet. Dazu gehören Dosierung und Darreichungsform der Medikamente sowie ein Zeitplan für die Anwendung von therapeutischen Maßnahmen.
standing orders

Pflegeplanung. Einer der 5 Schritte des → Pflegeprozesses; Kategorie der Tätigkeiten professionell Pflegender, deren Strategie darin besteht, die Pflegeziele für jeden einzelnen Patienten festzulegen, nachdem sie in der Einschätzung (Anamnese) und Analyse bestimmt worden sind. Zur P. gehören die Entwicklung und ständige Anpassung eines Plans, der alle für die Patienten erforderlichen Pflegehandlungen beinhaltet, wobei eine Kooperation mit anderen Pflegenden stattfindet und alle relevanten Informationen dokumentiert werden.
planning

Pflegeprozess. Prozess, der als organisierendes Rahmenwerk für die Praxis der professionellen Pflege dient. Er umfasst alle (fünf) Schritte, die ein Pflegender bei der Pflege/Versorgung eines Patienten/Klienten ergreift: → Pflegeanamnese, → Pflegediagnose, → Pflegeplanung, Durchführung (→ Implementation) und → Evaluation.
nursing process

Pflegestandards. Richtlinien zur Leistung qualitativ guter Krankenpflege sowie Kriterien für deren Beurteilung. Solche Richtlinien bieten bei juristischen Auseinandersetzungen eine wesentliche Grundlage für die Beurteilung der geleisteten Pflege.
standards of nursing practice

Pflegetheoretiker. Person, die Konzepte oder Rahmenwerke über die Rollen, Funktionen, Ziele und Aktivitäten der professionellen Pflege und über die Aktivitäten sowie Beziehungen zu Klienten und die Rolle anderer Professioneller im Gesundheitssystem entwickelt.
nursing theorist

Pflegetheorie. Organisiertes Rahmenwerk von Konzepten und Zielsetzungen, welche die Praxis der → professionellen Pflege lenken sollen.
nursing theory

Pflegeziel. Spezielle und konkrete Zielsetzung eines professionell Pflegenden, mit der die Probleme oder Beschwerden eines Patienten/Klienten gelindert und seine Fähigkeit zur Anpassung verbessert werden soll. Ein P. kann körperliche, emotionale, soziale oder kulturelle Komponenten enthalten und die Angehörigen und Freunde des Patienten oder andere Patienten integrieren. Das P. ist der Zweck jeder spezifischen Pflegeanordnung oder Pflegeintervention.
nursing objective

Pfortader. (→ Vena portae)
portal vein

Pfortaderhochdruck. (→ portale Hypertonie)
portal hypertension

PG. Abkürzung für → Prostaglandin.
PG

Ph. Symbol für → Phenyl. – *adj.* +.
Ph

pH. (Abkürzung für potentia hydrogenii) Skala, die die relative Säurehaltigkeit (oder Alkalität) einer Lösung darstellt, auf der 7,0 neutral, unter 7 sauer und über 7 alkalisch bedeutet. Der numerische pH-Wert entspricht dem negativen Logarithmus der Wasserstoffionenkonzentration, die in Mol pro Liter ausgedrückt wird. – *adj.* +.
pH

pH des Urins. Wasserstoff-Ionen-Konzentration des Urins bzw. dessen Säuregrad oder Alkalität. Der normale ph des Urins liegt zwischen 4,6 und 8,0.
urine pH

pH-Wert, arterieller. Die Wasserstoff- (Hydrogen-) Ionenkonzentration des arteriellen Blutes. Der Normalwert liegt zwischen 7,35 und 7,45. Dieser Wert entspricht einem Verhältnis von 20:1 der Bikarbonat-Ionen zu dem im Blut gelösten Kohlendioxid. (→ pH-Wert)
arterial pH

pH-Wert, im Blut. Die Wasserstoffionenkonzentration im Blut; Maß für die Blutazidität oder -alkalität. Der normale pH-Wert des arteriellen Vollblutes beträgt 7,35 bis 7,45; für venöses Vollblut 7,36 bis 7,41 und für venöses Serum oder Plasma 7,35 bis 7,45. (→ Azidität/Alkalität)
blood pH

Ph.D. Abkürzung für »Doctor of Philosophy«.
Ph.D.

Phagozyt. (Fresszelle). Zelle, die Mikroorganismen oder Zellabfälle umschließen, verschlingen und verdauen kann. Die unbeweglichen P.en bestehen aus fest verankerten → Makrophagen und dem retikuloendothelialen System. Frei zirkulierende P.en sind → Leukozyten. (→ Phagozytose)
[*griech.:* phagein, essen; kytos, Zelle]
phagocyte

Phagozytose. Prozess, bei dem bestimmte Zellen (→ Phagozyten) Mikroorganismen oder Zellabfälle umschlingen und zerstören.
[*griech.:* phagein, essen; kytos, Zelle; osis, Zustand]
phagocytosis

Phakomatose. Sammelbezeichnung für erblich bedingte benigne tumorähnliche Knoten an den Augen, auf der Haut und im Gehirn; dazu gehören z.B. Neurofibromatose und tuberöse Sklerose.
[*griech.:* phako, Linse; oma, Tumor; osis, Zustand]
phakomatosis

Phalanx (pl. Phalangen). Einer von 14 Knochen, aus denen die Finger jeder Hand und die Zehen jedes Fußes bestehen. Sie sind in drei Reihen am distalen Ende der Mittelhand (Metacarpus) und des Mittelfußes (Metatarsus) angebracht. Die Finger und die vier kleinen Fußzehen besitzen jeweils 3 Phalangen, der Daumen und der große Fußzeh jeweils 2.
phalanx

Phallus. Penis, männliches Glied. – *adj.* phallisch.
[*griech.:* phallos, Penis]
phallus

Phänomen. Ein spezifisches Merkmal, das häufig in Verbindung mit bestimmten Krankheiten oder Zuständen auftritt und deshalb diagnostisch wichtig ist.
[*griech.:* phainomenon, Erscheinung]
phenomenon

Phänotyp. 1. Die sichtbaren Merkmale eines Organismus oder einer Gruppe von Organismen, einschließlich der anatomischen, physiologischen, biochemischen und verhaltensbezogenen Merkmale, die durch Interaktionen zwischen den genetischen und umweltbedingten Faktoren bestimmt werden. 2. Gruppe von Organis-

men, die sich in ihrem Erscheinungsbild ähneln. – *adj.* phänotypisch.
[*griech.:* phainein, erscheinen; typos, Marke]
phenotyp

Phantasie, gezielt ausgerichtete. → Pflegeintervention der → NIC, die definiert ist als die sinnvolle Anwendung der Phantasie zur Entspannung bzw. zur Ablenkung der Aufmerksamkeit von unerwünschten Empfindungen.
Simple Guided Imagery

Phantasma (pl. Phantasmen). Trugbild; optische Wahrnehmung von etwas, was nicht existiert, z.B. Illusion, Halluzination.
[*griech.:* Vision]
phantasm

Phantomschmerz. (Phantomglied). Phänomen, das häufig nach Amputationen auftritt und dadurch gekennzeichnet ist, dass in einer nicht mehr vorhandenen (amputierten) Extremität Beschwerden oder Schmerzen wahrgenommen werden.
phantom limb syndrome

Pharmakodynamik. Studienbereich, der sich mit der Wirkungsweise von Arzneimitteln im lebenden Organismus beschäftigt, einschließlich der pharmakologischen Reaktionen, die in Abhängigkeit von bestimmten Medikamentenkonzentration an der Wirkungsstelle im Organismus beobachtet werden können.
[*griech.:* pharmakon, Medikament; dynamis, Kraft]
pharmacodynamics

Pharmakokinetik. Studienbereich, der sich mit der Wirkungsweise von Arzneimitteln innerhalb des Körpers beschäftigt, einschließlich der Absorptionswege und -mechanismen, Verteilung, Ausscheidung und Stoffwechsel, Wirkungsbeginn, Wirkungsdauer, Biotransformation sowie Wirkungen und Wege der Ausscheidung der Stoffwechselprodukte von Arzneimitteln.
[*griech.:* pharmakon, Medikament; kinesis, Bewegung]
pharmacokinetics

Pharmakologe. Spezialist im Zusammenhang mit der Vorbereitung und Herstellung von Arzneimitteln sowie mit den erforderlichen Kenntnissen über deren Eigenschaften, Anwendungsmethoden und Wirkungen.
pharmacologist

Pharmakologie. Studium der Herstellung und Zubereitung sowie der Eigenschaften, Anwendungsmethoden und Wirkungen von Arzneimitteln.
[*griech.:* pharmakon, Medikament; logos, Wissenschaft]
pharmacology

Pharmakopöe. Offizielles Arzneibuch, das Regelungen und Informationen zu Beschreibungen, Rezepten, Dosierungen, Reinheitsstandards, Aufbewahrung und Dosierungsformen von Arzneimitteln enthält.
[*griech.:* pharmakon, Medikament; poiein, machen]
pharmacopoeia

pharmazeutisch. Zu Arzneimitteln oder ihrer Herstellung gehörend.
[*griech.:* pharmakeuein, Medikamente verabreichen]
pharmaceutic

Pharmazie. 1. Lehre von der Herstellung und Prüfung von Arzneimitteln. 2. Ort zur Herstellung und zum Vertrieb von Arzneimitteln.
[*griech.:* pharmakon, Medikament]
pharmacy

Pharyngitis. (Rachenkatarrh). Entzündung oder Infektion des Rachens (Pharynx), die als allgemeine Symptome Kratzen und Schmerzen im Hals auslöst. Zu den Ursachen einer P. zählen Diphtherie, Herpes-simplex-Infektion, infektiöse Mononukleose und Streptokokkeninfektion.
[*griech.:* pharynx, Rachen; itis, Entzündung]
pharyngitis

P

P

Pharyngitis, chronische. Halsentzündung, mit lymphoiden Körnchen in der Rachenschleimhaut.
[*griech.:* chronos, Zeit, pharynx, Rachen, itis, Entzündung.]
🇬🇧 chronic pharyngitis

Pharyngoskop. Spezielles → Endoskop, das zur Untersuchung des Rachens (Pharynx) eingesetzt wird. (→ Pharyngoskopie)
[*griech.:* pharynx, Rachen; skopein, anschauen]
🇬🇧 pharyngoscope

Pharyngoskopie. Untersuchung des Rachens (Pharynx) mit Hilfe eines → Pharyngoskops.
[*griech.:* pharynx, Rachen; skopein, anschauen]
🇬🇧 pharyngoscopy

Pharynx (pl. Pharyngen). (Rachen/Schlund). Eine schlauchförmige Struktur, die sich von der Basis des Schädels bis zur Speiseröhre (Ösophagus) erstreckt und direkt vor der Halswirbelsäule liegt. Der P. dient als gemeinsame Passage des Atem- und Verdauungstraktes und ist Ort der Stimmbildung, da er durch Formveränderung verschiedene Vokallaute bilden kann. Der P. besitzt eine muskuläre Struktur, ist mit einer Schleimhaut ausgekleidet und unterteilt sich in den Nasenrachenraum (Nasopharynx), den Mundrachenraum (Oropharynx) und den Kehlkopf (Laropharynx). Er enthält Öffnungen für das rechte und das linke Ohr, die beiden hinteren Nasenlöcher, für den Rachen, den Larynx und den Ösophagus; darüber hinaus sind im P. jeweils 2 Rachenmandeln (Pharynxtonsillen), Gaumenmandeln (Tonsillae palatina) und Zungenmandeln (Tonsillae lingualis) angebracht.
[*griech.:* Rachen]
🇬🇧 pharynx

Pharynxtonsille. (→ Rachenmandel)
🇬🇧 pharyngeal tonsil

Phase. 1. Periodische Funktion, wie z.B. sinusförmige Bewegungen. 2. Entwicklungsstufe in der Entwicklungspsychologie. 3. Bestimmter zeitlicher Abschnitt einer Krankheit.
[*griech.:* phasis, Erscheinung]
🇬🇧 phase

Phase, (späte) genitale. (Psychoanalyse) Die letzte Phase in der psychosexuellen Entwicklung (nach Freud), die mit der Pubertät beginnt und das gesamte Erwachsenenalter anhält, wobei die Genitalien eine wesentliche Quelle der lustvollen Stimulation sind.
🇬🇧 genital stage

Phase, gebärfähige. Phase im Leben einer Frau, in der sie sich fortpflanzen kann; die Zeit von der Pubertät bis zur Menopause, während der eine Frau physiologisch fähig ist, Kinder zu gebären.
🇬🇧 childbearing period

Phase, kontinuierliche. Phase einer Kolloidlösung, die dem Lösemittel einer echten Lösung entspricht. (→ wässrige Phase)
🇬🇧 continuous phase

Phase, orale. (Psychoanalyse nach Freud) Erste Phase der psychosexuellen Entwicklung, die zwischen dem 12. und 18. Lebensmonat auftritt, wenn die Stillerfahrung und andere mit dem Mund durchgeführte Aktivitäten die vorwiegende Quelle einer lustvollen Stimulation sind.
🇬🇧 oral stage

Phase, phallische. (Psychoanalyse) Phase der psychosexuellen Entwicklung, die etwa zwischen dem 3. und 6. Lebensjahr auftritt, wenn sich das Bewusstsein und der Umgang mit den eigenen Genitalien entwickeln und zu einer wichtigen Quelle lustvoller Erfahrungen werden.
🇬🇧 phallic stage

Phase, wässrige. Flüssiger Zustand einer Substanz, die auch in anderen Formen existieren kann, z.B. Wasser kann in einer flüssigen Form oder fest als Eis oder in gasförmiger Form als Wasserdampf vorkommen. (s.a. kontinuierliche Phase)
🇬🇧 aqueous phase

Phenazetin. → Analgetikum und → Antipyretikum, das aufgrund seiner Toxizität bei

längerer Anwendung nur noch selten eingesetzt wird.
phenacetin

Phenazopyridin. → Analgetikum, das zur Linderung von Schmerzen einer Blasenentzündung (Zystitis) oder bei anderen Harnwegsinfekten eingesetzt wird.
phenazophyridine hdrochloride

Phencyclidin. Piperidin-Derivat, das parenteral verabreicht wird, um eine neuroleptische Anästhesie zu erreichen. Wegen seiner stark halluzinogenen Wirkung wird P. nicht mehr als Analgetikum eingesetzt, es findet jedoch missbräuchliche Anwendung als Droge und kann Depressionen, Schizophrenie und Horrorvisionen verursachen.
phencyclidine hydrochloride (PCP)

Pheniramin. → Antihistaminikum, das bei der Behandlung von Überempfindlichkeitsreaktionen Verwendung findet, einschließlich Rhinitis, Hautausschlägen und Juckreiz (Pruritus).
pheniramine maleate

Phenobarbital. → Barbiturat-Antikonvulsivum, → Sedativum und → Hypnotikum, das zur Behandlung von Krampfanfällen (als Antiepileptikum) und als langwirkendes Sedativum eingesetzt wird.
phenobarbital

Phenol. 1. Stark giftige, ätzende, kristalline chemische Substanz, die aus Steinkohlenteer gewonnen oder synthetisch hergestellt wird. P. hat einen durchdringenden unangenehmen Geruch und ist in Lösung ein wirkungsvolles Desinfektionsmittel, das als Karbolsäure bezeichnet wird, jedoch wegen seiner hohen Toxizität kaum noch in Gebrauch ist. 2. Sammelbezeichnung für eine große Anzahl und Vielfalt von chemischen Produkten, die in ihrer Struktur dem Alkohol stark ähneln (da sie eine OH-Gruppe an einem Benzolring enthalten).
[*griech.:* phainein, erscheinen; *lat.:* oleum, Öl]
phenol

Phenolvergiftung. Vergiftung, die durch Einnahme oder Einatmen von Verbindungen verursacht wird, die das stark ätzende → Phenol enthalten, z.B. Karbol, Kresol oder Naphtol. Typische Merkmale einer P. sind Verätzungen der Schleimhäute, Schwäche, Blässe, Lungenödem, Krampfanfälle, Erbrechen, Schwindel sowie Atem-, Kreislauf-, Herz- und Niereninsuffizienz.
phenol poisoning

Phenothiazin. Grüngelbliche kristalline Verbindung, die in Farbstoffen sowie in der Veterinärmedizin häufig Anwendung findet. Für den Menschen ist P. sehr giftig, seine Derivate werden jedoch als → Tranquilizer und → Antihistaminika verwendet. Weitere Anwendungsmöglichkeiten der P.-Derivate sind Antipsychotika, Zusätze zur Allgemeinnarkose und Antiemetika.
phenothiazine

Phenoxybenzamin. Hypotonikum, das zur Kontrolle einer Hypertonie und gegen Schweißausbrüche verwendet werden kann. Wenn eine Tachykardie stark ausgeprägt ist, kann eine zusätzliche Verabreichung von Propranolol erforderlich werden.
phenoxybenzamine hydrochloride

Phentolamin. → Antiadrenergikum, das in Form von Tabletten oder Injektionen verabreicht werden kann. P. wird zur Kontrolle einer Hypertonie und als Betablocker eingesetzt, es hat jedoch zahlreiche Nebenwirkungen wie Herzrasen (Palpitationen), Rhythmusstörungen und Magen-Darm-Störungen.
phentolamine

Phenyl (Ph). Einwertiges organisches Radikal (C_6H_5), das von Benzol abgeleitet und Bestandteil vieler aromatischer Verbindungen ist.
phenyl (Ph)

Phenylalanin (Phe). Essenzielle Aminosäure, die für das normale Wachstum und die Entwicklung von Säuglingen und Kindern sowie für den Eiweißstoffwechsel in allen Altersstufen wichtig ist.
phenylalanine (Phe)

Phenylbutazon. Nichtsteroidales → Antiphlogistikum, das zur Behandlung der

schweren Symptome von Arthritis, Bursitis und anderer Entzündungen verwendet wird.
phenylbutazone

Phenylephrin. Alpha-adrenerges Arzneimittel zur Stabilisierung des Blutdrucks, das heute jedoch aufgrund seiner gefäßverengenden Wirkung vorwiegend nur lokal in der Nase und an den Augen eingesetzt wird.
phenylephrine hydrochloride

Phenylketonurie (PKU). (Fölling-Krankheit). Unphysiologische Ausscheidung von Phenylbrenztraubensäure und anderen Stoffwechselprodukten im Urin, die für eine angeborene Stoffwechselerkrankung typisch ist, welche durch den Mangel oder das Fehlen von Phenylalaninhydroxylase verursacht wird; dies ist ein Enzym, das für die Umbildung der Aminosäure → Phenylalanin in Tyrosin benötigt wird. Eine Ansammlung von Phenylalanin ist für das Hirngewebe schädlich; ohne Behandlung kommt es zur Ausbleichung der Haare, Ekzemen und einer progressiven mentalen Retardierung.
phenylketonuria (PKU)

P

Phenytoin. → Antikonvulsivum, das bei Grand-mal und psychomotorischen Krampfanfällen sowie als → Antiarrhythmikum, insbesondere gegen digitalisinduzierte Arrhythmien, eingesetzt wird.
phenytoin

Pheromon. (Soziohormon). Hormonelle Substanz, die von einem Organismus ausgeschüttet wird und eine bestimmte Reaktion eines Individuums der gleichen Species, im allgemeinen des jeweils anderen Geschlechts, auslöst (Erkennungs- bzw. Sexuallockstoffe).
[*griech.:* pherein, tragen; hormaein, stimulieren]
pheromome

Phimose. Verengung der → Vorhaut (Präputium) des Penis, wodurch die Vorhaut nicht über die Eichel zurückgeschoben werden kann. Die P. ist im allgemeinen angeboren oder die Folge einer Infektion.
[*griech.:* Verengung]
phimosis

Phiole. Glasbehälter, der mit einem Gummistopfen und Metallring verschlossen ist.
vial

phleb(o)-. Vorsilbe mit der Bedeutung »Vene«.
phleb(o)-

Phlebektomie. Chirurgische Entfernung einer Vene oder eines Teils einer Vene.
[*griech.:* phleps, Vene; ektome, ausschneiden]
phlebectomy

Phlebographie. Röntgenologische Darstellung der Venen mit Hilfe eines injizierten Kontrastmittels.
[*griech.:* phleps, Vene; graphein, berichten]
phlebography

Phlebothrombose. Venenerkrankung, bei der sich innerhalb einer Vene Blutklumpen (Koagel) festgesetzt haben. Ursache ist häufig eine Hämostase, übermäßige Gerinnungstätigkeit oder ein Verschluss. Im Gegensatz zur → Thrombophlebitis sind die Gefäßwände der Vene nicht entzündet.
[*griech.:* phleps, Vene; thrombos, Klumpen; osis, Zustand]
phlebothrombosis

Phlebotomie. (Venae sectio/Aderlass). Chirurgische Eröffnung (Inzision) einer Vene, z.B. zur Entnahme von Blut für eine Blutspende. Die P. ist eine wichtige Behandlungsmaßnahme bei → Polyzythämie vera, die alle 6 Monate oder häufiger durchgeführt werden kann.
[*griech.:* phleps, Vene; temnein, schneiden]
phlebotomy

Phlebotomie: arterielle Blutentnahme. → Pflegeintervention der → NIC, die definiert wird als die Abnahme einer Blutprobe aus einer Arterie ohne Verweilkanüle zur Messung des Sauerstoff- und

Kohlendioxidspiegels sowie des Säure-Basen-Gleichgewichts.
Phlebotomy: Arterial Blood Sample

Phlebotomie: Blutspende. → Pflegeintervention der → NIC, die definiert wird als die Abnahme von Blut und Blutprodukten von einem Spender.
Phlebotomy: Blood Unit Acquisition

Phlebotomie: venöse Blutentnahme. → Pflegeintervention der → NIC, die definiert wird als die Abnahme einer Blutprobe aus einer Vene ohne Verweilkanüle.
Phlebotomy: Venous Blood Sample

Phlegmasia alba dolens. → Thrombophlebitis der Oberschenkelvene (Vena femoralis), die zu Ödemen und Schmerzen in den Beinen führt und häufig nach einer Entbindung oder nach schweren Fiebererkrankungen auftritt.
phlegmasia alba dolens

phlegmatisch. Bezeichnung für einen Menschen, der schwerfällig, apathisch, extrem ruhig oder gelassen ist.
phlegmatic

-phob. Nachsilbe mit der Bedeutung »Angst«.
-phob

Phobie. Obsessive, irrationale und exzessive Furcht vor einem bestimmten Gegenstand, z.B. einem Tier oder Schmutz, vor einer konkreten Aktivität, z.B. das Haus zu verlassen, oder von einer bestimmten Situation, z.B. einem Blick in die Tiefe. Typische Erscheinungsformen sind Ohnmacht, Müdigkeit, Herzrasen (Palpitation), Schwitzen, Übelkeit, Zittern (Tremor) und Panik. – *adj.* phobisch.
[*griech.:* phobos, Angst]
phobia

Phokomelie. (Robbengliedrigkeit). Entwicklungsstörung, die durch das Fehlen des oberen Teils einer oder mehrerer Extremitäten gekennzeichnet ist, so dass Füße oder Hände oder beides direkt am Rumpf ansetzen und wie kurze Stümpfe oder die Flossen von Robben wirken. (s.a. Dysmelie)
phocomelia

phon(o)-. Vorsilbe mit der Bedeutung »Ton, Stimme«.
phon(o)-

Phonation. Stimm- und Lautbildung; Produktion von Sprechgeräuschen durch die Vibrationen der Stimmritze im Kehlkopf (Larynx).
[*griech.:* phone, Stimme; *lat.:* atio, Prozess]
phonation

Phonetik. Teilgebiet der Sprachwissenschaft; Lehre der Stimmbildung und Sprechgeräusche.
phonetics

Phoniatrie. (Stimmheilkunde). Lehre von Stimm-, Sprech- und Sprachstörungen und den entsprechenden Behandlungsmethoden.
laliatry

Phonokardiographie. Aufzeichnung der Herzgeräusche durch ein elektromechanisches Gerät (Phonokardiograph).
phonocardiography

Phonologie. Studium der Sprechgeräusche, insbesondere der Regeln, die die Art und Weise bestimmen, wie diese Geräusche in einer bestimmten Sprache eingesetzt werden.
phonology

Phosphatase, alkalische. Enzym, das in Knochen, Nieren, Darm, Plasma und den Zähnen zu finden ist; kann bei verschiedenen Knochen- und Lebererkrankungen in erhöhten Mengen im Serum vorliegen.
alkaline phosphatase

Phosphat. Salz der Phosphorsäure, das für lebende Zellen extrem wichtig ist, insbesondere für die Speicherung und Nutzung von Energie sowie für die Vermittlung von genetischen Informationen. (→ Phosphor)
phosphate

Phosphatämie. Unphysiologisch hoher Phosphatspiegel im Blut. (→ Phosphat)
phosphatemia

P

Phosphatase. → Enzym, das als Katalysator in chemischen Reaktionen fungiert, an denen → Phosphor beteiligt ist; es ist wichtig für die Kalkbildung der Knochen.
phosphatase

Phosphatase, saure. Enzym vorkommend in Nieren, Serum, Sperma und Prostata; erhöhte Serumwerte treten auf bei Prostatatumoren und -verletzungen.
acid phosphatase

Phosphaturie. Ausscheidung einer unphysiologisch hohen Menge an → Phosphat durch den Urin.
phosphaturia

Phospholipase. Gruppe von → Enzymen, die die Hydrolyse von → Phospholipiden katalysieren. Die verschiedenen P.n verdauen die Zellmembranen, unterstützen die Synthese der Prostaglandine und helfen bei der Produktion von Arachidonsäure, einer essenziellen Fettsäure.
phospholipase

Phospholipid. Substanz einer Gruppe von Verbindungen, die in lebenden Zellen häufig vorkommen, insbesondere in Leberzellen; sie enthalten Phosphorsäure, Fettsäuren und eine Stickstoffbase. Zwei spezielle Formen der P.e sind → Lezithin und Sphingomyelin.
[*griech.:* phos, Licht; pherein, tragen; lipos, Fett]
phospholipid

P

Phosphor (P). Nicht-metallisches chemisches Element, das in der Natur als eine Komponente des → Phosphats häufig zu finden ist; Ordnungszahl 15, Atommasse 30,975. P. ist wichtig für den Metabolismus von Eiweißen (Proteinen), Kalzium und Glukose. Darüber hinaus spielt es eine Rolle bei der Produktion von Adenosintriphosphat (ATP) und im Prozess der Glykolyse. Eine mangelhafte Aufnahme von P. mit der Nahrung führt zu Gewichtsverlust, Anämie und Wachstumsstörungen.
phosphorus (P)

Phosphorvergiftung. Toxischer Zustand, der durch die Einnahme von weißem oder gelbem → Phosphor verursacht wird, der manchmal in Rattengift, Dünger oder in Feuerwerkskörpern enthalten ist. Die Vergiftung äußert sich anfänglich durch Übelkeit, Kehlkopf- und Magenschmerzen, Erbrechen, Diarrhö und einen knoblauchartigen Atemgeruch, später auch durch Lebernekrosen, Störungen des Zentralnervensystems und Koma.
phosphorus poisoning

Phosphorylierung. Der Prozess der Bindung von Phosphatgruppen an ein Eiweiß, einen Zucker oder eine andere Verbindung. Bei der P. findet eine Synthese von → ATP statt, das aus ADP und anorganischem Phosphat entsteht. (→ Phosphat)
phosphorylation

phot(o)-. Vorsilbe mit der Bedeutung »Licht«.
phot(o)-

Photoallergie. Empfindlichkeit für Licht bzw. Strahlen, die allergische Reaktionen verursachen. – *adj.* photoallergisch.
[*griech.:* phos, Licht; allos, andere; ergein, arbeiten]
photoallergy

Photochemotherapie. Art der → Chemotherapie, bei der die Wirksamkeit der Chemotherapeutika dadurch unterstützt wird, dass der Patient einer Lichtquelle ausgesetzt wird.
photochemotherapy

Photodermatitis. Hautreaktion (Lichtdermatose) mit Papeln, Bläschen, Ekzemen oder einer Exsudation, die 24 bis 48 Stunden nach Lichtexposition einer zuvor sensibilisierten Person erfolgt. Die sensibilisierende Substanz ist in konzentrierter Form in der Haut vorhanden und wird durch Licht chemisch in ein aktives Antigen umgewandelt. Zu den Substanzen, die als Photosensibilisatoren fungieren, gehören Phenothiazine, Hexachlorophen, orale Antidiabetika und Sulfonamide.
photoallergic contact dermatitis

Photometer. Instrument, mit dem die Lichtintensität gemessen werden kann.
[*griech.:* phos, Licht; metron, Maß]
photometer

Photon. Kleinste Menge der elektromagnetischen Energie, die keine Masse und keine Ladung hat und sich mit Lichtgeschwindigkeit bewegt. P.en können in Form von Röntgenstrahlen, Gammastrahlen oder Lichtquanten auftreten.
[*griech.:* phos, Licht]
photon

Photophobie. 1. Unphysiologische Empfindlichkeit gegenüber Licht, insbesondere der Augen. Dieser Zustand herrscht bei Albinismus und verschiedenen Erkrankungen der Bindehaut (Konjunktiva) oder der Hornhaut (Kornea) vor und kann ein Symptom von Masern, Enzephalitis, Migräne o.a. sein. 2. Morbide Angst vor Licht mit einem irrationalen Drang, helle Plätze zu meiden.
[*griech.:* phos, Licht; phobos, Angst]
photophobia

Photorezeptor. Nervenzelle, die durch Lichtimpulse erregt wird; z.B. Stäbchen und Zapfen der Netzhaut (Retina).
[*griech.:* phos, Licht; *lat.:* recipere, empfangen]
photoreceptor

photosensibel. (lichtempfindlich). Eine verstärkte Reaktion der Haut auf Sonnenlicht betreffend, was durch Erkrankungen wie → Albinismus oder → Porphyrie, noch häufiger jedoch durch die Einnahme bestimmter Arzneimittel verursacht wird. Bereits eine relativ kurze Zeit in der Sonne oder unter einer UV-Lampe kann bei Personen mit einer endogenen oder erworbenen → Photosensibilität zu Ödemen, Papeln, Urtikaria oder akuten Verbrennungen führen.
photosensitive

Photosensibilisierung. Prozess, durch den ein Organismus für die Auswirkungen bestimmter Lichtstrahlen sensibilisiert wird; dadurch wird die Lichtreizschwelle herabgesetzt.
photosensitization

Photosensibilität. Unphysiologische Reaktion auf einen Aufenthalt in der Sonne, insbesondere Hautreaktionen, die ein sensibilisierendes Agens und eine Exposition gegenüber Sonnenlicht oder entsprechenden Strahlungen voraussetzen. (→ photosensibel)
photosensitivity

Photosynthese. Prozess, durch den grüne Pflanzen, die → Chlorophyll enthalten, chemische Substanzen aus Kohlendioxid und Wasser der Umgebung synthetisieren, im wesentlichen Kohlenhydrate, und mit Hilfe von Licht als Energiequelle Sauerstoff freisetzen.
[*griech.:* phos, Licht; synthesis, verbinden]
photosynthesis

Phototherapie. Behandlung bestimmter Krankheiten durch die Anwendung von Licht, insbesondere ultraviolettem Licht, das vor allem gegen Akne, Druckulzera und schmerzunempfindliche Geschwüre, Psoriasis und Hyperbilirubinämie eingesetzt wird.
[*griech.:* phos, Licht; therapeia, Behandlung]
phototherapy

Phototherapie: Neugeborenes. → Pflegeintervention der → NIC, die definiert wird als der Einsatz von «Blaulicht» (Wellenlänge 410-530 nm) als Therapie zur Senkung des Bilirubinspiegels bei Neugeborenen.
Phototherapy: Neonate

phototoxisch. Bezeichnung für eine sich schnell entwickelnde, nicht immunologische Reaktion der Haut, wenn sie einer photosensibilisierenden Substanz und Licht ausgesetzt wird. (→ Photosensibilisierung)
phototoxic

Phrenes (pl.). Zwerchfell (→ Diaphragma).
phren

Phrenologie. Lehre von der Schädelbeschaffenheit, basierend auf der falschen Annahme, dass mentale Fähigkeiten an bestimmten Stellen der Hirnoberfläche lokalisiert seien; Intelligenz und andere Kompetenzen eines Menschen werden nach der Lehrmeinung der P. durch die

Wölbungen des Schädels über der betreffenden Stelle des Gehirns widergespiegelt.
[*griech.:* phren, Geist]
🇬🇧 phrenology

Phthirus. Gattung blutsaugender Läuse, zu denen auch P. pubis gehört, die auch als Filzlaus oder Schamlaus bekannt ist.
[*griech.:* phtheir, Laus]
🇬🇧 Phthirus

Phthisis. Schwund oder Schrumpfung; zehrender Zustand, der einen Teil oder den gesamten Körper betreffen kann, z.B. bei Lungentuberkulose.
[*griech.:* phthisis, Schrumpfung]
🇬🇧 phthisis

Phylogenese. (Phylogenie). Stammesgeschichte von Lebewesen in Bezug auf die Entwicklung (Evolution) der Strukturen einer bestimmten Rasse oder Species. – *adj.* phylogenetisch.
[*griech.:* phylon, Stamm; genesis, Ursprung]
🇬🇧 phylogeny

Physiatrik. Spezialbereich der Physiotherapie und Rehabilitation; dazu gehören Diagnose und Behandlung von Krankheiten durch physikalische Mittel wie Wärme, Kälte, Licht, Wasser, Elektrizität und mechanische Hilfsmittel.
[*griech.:* physis, Natur; iatrikos, Behandlung]
🇬🇧 physiatrics

P

Physik. Naturwissenschaft, deren Ziel es ist, möglichst weitreichende Modelle von der Beschaffenheit der Welt zu gewinnen, von mikroskopischen Dimensionen bis zu den Grenzen des Universums. Das Standardmodell beschreibt experimentell zugängliche Naturphänomene mit Hilfe von Wechselwirkungen elementarer Teilchen über 4 fundamentale Kräfte (u.a. elektrische Kraft, Gravitationskraft). Spezialfälle dieser grundlegenden Theorien bilden selbstständige Fachbereiche (z.B. Kernphysik, Astrophysik).
[*griech.:* physikos, natürlich]
🇬🇧 physics

Physiognomie. Methode der Beurteilung von Persönlichkeit und anderen Charakteristika eines Klienten/Patienten durch die Untersuchung des Gesichts und der allgemeinen Körperhaltung.
[*griech.:* physis, Natur; gnosis, Wissen]
🇬🇧 physiognomy

Physiologie. 1. Studium der Prozesse und Funktionen des menschlichen Körpers. 2. Studium der physikalischen und chemischen Prozesse, die beim Funktionieren lebender Organismen und ihrer Bestandteile beteiligt sind.
[*griech.:* physis, Natur; logos, Wissenschaft]
🇬🇧 physiology

physiologisch. Zur → Physiologie und den natürlichen, gesunden Funktionen gehörend, im Gegensatz zu → pathologisch.
[*griech.:* physis, Natur; logos, Wissenschaft]
🇬🇧 physiologic

Physiotherapeut/in. (Krankengymnast/in). Therapeut, der in der Untersuchung, Beurteilung und Behandlung von körperlichen Erkrankungen ausgebildet ist. Er wendet spezielle Übungen, Wärme, Kälte oder andere physikalische Modalitäten an. Die Hauptaufgaben des P.en bestehen in der Hilfe zur Entwicklung, zum Erhalt oder zur Wiederherstellung aller Funktionen im körperlichen und psychischen Bereich sowie in der Schulung von Ersatzfunktionen bei nicht rückbildungsfähigen Körperbehinderungen.
🇬🇧 physical therapist

Physiotherapie. Behandlung von Störungen und Erkrankungen durch physikalische Mittel und Methoden, z.B. Massage, therapeutische Übungen, Kälte, Wärme (einschließlich Kurzwellen- und Mikrowellendiathermie und Ultraschallwärme), Hydrotherapie, elektrische Stimulation und Licht als Unterstützung von Patienten in der Gesundheitserhaltung und Rehabilitation sowie bei der Wiederherstellung ihrer Funktionen nach Krankheiten oder Verletzungen.
🇬🇧 physiotherapy

physisch. 1. Körperlich. 2. In der Natur begründet, natürlich.
🇬🇧 physical

Phytogenese. Ursprung und Entwicklung (Evolution) von pflanzlichen Organismen. – *adj.* phytogen.
[*griech.:* phyton, Pflanze; genein, produzieren]
🇬🇧 phytogenesis

Phytohämagglutinin (PHA). Ein → Hämagglutinin, das von einer Pflanze stammt, insbesondere → Lektin, das aus roten Bohnen gewonnen wird. Die P.e führen zur → Agglutination menschlicher Erythrozyten.
[*griech.:* phyton, Pflanze; haima, Blut; *lat.:* agglutinare, kleben]
🇬🇧 phytohemagglutinin (PHA)

Pia mater. (weiche Hirnhaut). Innerste der drei Hirnhäute (→ Meningen), die das Gehirn und das Rückenmark überziehen. Die P.m. ist eng mit diesen beiden Strukturen verbunden und besitzt zahlreiche Gefäße, die das Nervengewebe ernähren. Die P.m. des Gehirns bedeckt die gesamte Oberfläche des Gehirns und reicht bis in die Fissuren und Sulki beider Hirnhälften (Hemisphären) hinein. Die P.m. des Rückenmarks ist dicker, fester und weniger mit Gefäßen durchzogen.
[*lat.:* pia, fromm; mater, Mutter]
🇬🇧 pia mater

Pick-Krankheit. Form der → Demenz, die im mittleren Alter auftritt. Die Erkrankung betrifft vorwiegend die vorderen und seitlichen Lappen des Gehirns und führt charakteristischerweise zu neurotischem Verhalten, langsamem Verfall des Intellekts, der Persönlichkeit und der Emotionen sowie zur Degeneration kognitiver Fähigkeiten.
[A. Pick, tschechischer Neurologe, 1851–1924]
🇬🇧 Pick´s disease

Pickwick-Syndrom. Unphysiologischer Zustand, der durch Fettleibigkeit (→ Obesität), verminderte Lungenfunktion, Somnolenz und Polyzythämie gekennzeichnet ist. Die Therapie besteht in einer deutlichen Gewichtsreduzierung.
[Nach dem Roman "Die Pickwickier" von C. Dickens]
🇬🇧 pickwickian syndrome

Piebaldismus. Weiße Haut- oder Haarflecken, die durch das Fehlen von Melanozyten in unpigmentierten Hautbereichen verursacht wird. (s.a. Albinismus)
[*engl.:* piebald, buntscheckig]
🇬🇧 piebald

Piedra. Pilzerkrankung der Haare, die durch kleine weiße oder schwarze Knoten in den Haaren gekennzeichnet ist. Die schwarze P. wird von Piedraia-Arten verursacht, die weiße (Trichosporose) von Trichosporen.
[span.: Stein]
🇬🇧 piedra

Pigment. Jedes organische, färbende Material, das im Körper produziert wird, z.B. Melanin und Bilirubin. P.e können auch von außen in den Körper gelangen, z.B. Kohle. – *adj.* pigmentiert.
[*lat.:* pigmentum, Farbe]
🇬🇧 pigment

Pilocarpin. Cholinerges Derivat der Blätter des Jaborandi-Baums; es wird vorwiegend als → Miotikum zur Verengung der Pupillen bei einem Glaukom eingesetzt. P. verstärkt nach Injektion auch die Sekretion der Speichel-, Magen- und Darmdrüsen, reduziert den Herzschlag und verengt die Bronchiolen.
🇬🇧 pilocarpine hydrochloride

Pilus (pl. Pili). 1. Haar oder haarähnliche Struktur. 2. Feine filamentähnliche Anhänge, die bei bestimmten Bakterien zu finden sind und einer Geißel ähneln, wobei sie allerdings kürzer und gerader und häufiger vorhanden sind.
[*lat.:* Haar]
🇬🇧 pilus

Pilze. Fruchtkörper des Fungus (Klasse Basidiomycetes), insbesondere die essbaren P. der Ordnung Agaricales, die als Feld- oder Wiesenpilze bekannt sind. P.

P

bestehen vorwiegend aus Wasser und besitzen nur einen beschränkten Nährwert.
🇬🇧 mushrooms

Pilzinfektion. Durch Pilzerreger verursachte entzündliche Erkrankung. Die meisten Pilzinfektionen sind oberflächlich und leicht, sind aber sehr dauerhaft und nur schwer zu behandeln. Zu den Pilzinfektionen zählen Krankheiten wie Aspergillose, Blastomykose, Candidamykose, Wüstenfieber und Histoplasmose.
🇬🇧 fungal infection

Pilzvergiftung. Toxischer Zustand, der durch den Verzehr bestimmter Pilze verursacht wird, insbesondere des Fliegenpilzes (Amanita muscaria). Das Muskarin im Fliegenpilz führt innerhalb von 2 Stunden zur Vergiftung mit folgenden Symptomen: gesteigerter Tränen- und Speichelfluss, Schwitzen, Erbrechen, mühsames Atmen, Bauchkrämpfe, Diarrhö und in schweren Fällen Krämpfe, Koma und Herzversagen. Eine andere Substanz im Amanita phalloides, das Phalloin, wirkt langsamer, hat aber stärkere Wirkung; es verursacht ähnliche Symptome und Leberschädigungen, Niereninsuffizienz mit Todesfolge in 30 bis 50% der Fälle.
🇬🇧 mushroom poisoning

Pindolol. → Betablocker mit sympathomimetischer Wirkung. P. wird zur Behandlung einer Hypertonie alleine oder in Kombination mit Diuretika verabreicht.
🇬🇧 pindolol

Pinealom. Seltenes Neoplasma des Gehirns (der Epiphyse), das sich durch Hydrozephalus, Pupillenveränderungen, Gehstörungen, Kopfschmerzen, Übelkeit und Erbrechen äußert.
[*lat.:* pinea, Fichtenzapfen; oma, Tumor]
🇬🇧 pinealoma

Pinozytose. Prozess, bei dem extrazelluläre Flüssigkeit in die Zellen, insbesondere in die Leukozyten, aufgenommen wird. Die Plasmamembran entwickelt eine Aussackungen, die mit Extrazellulärflüssigkeit gefüllt wird, die danach umschlossen wird und innerhalb der Zelle ein Vesikel oder eine Vakuole mit Flüssigkeit bildet.
[*griech.:* pinein, trinken; kytos, Zelle; osis, Zustand]
🇬🇧 pinocytosis

Pinta. Hautinfektion, die durch Treponema carateum verursacht wird, einen in Süd- und Zentralamerika verbreiteten Organismus. Das Bakterium gelangt durch Hautverletzungen in den Körper. Die Primärläsion ist ein langsam wachsendes Hautknötchen (Papel) mit gleichzeitiger Vergrößerung der lokalen Lymphknoten; innerhalb von 1 bis 12 Monaten folgt ein generalisierter rot-bläulicher, fleckiger Ausschlag (Makula).
[span.: Fleck]
🇬🇧 pinta

Pinzette. Instrument, mit dem weiches Gewebe gefasst werden kann, insbesondere beim Nähen von Wunden.
🇬🇧 thumb forceps

Pipette. Kalibriertes durchsichtiges, offenes Röhrchen aus Glas oder Plastik, das zum Abmessen und Transferieren kleiner Mengen Flüssigkeit oder Gas verwendet wird.
🇬🇧 pipette

Pituitarismus. Zustand, der durch einen Defekt oder eine Insuffizienz der Hypophyse und eine Überproduktion an Hormonen gekennzeichnet ist.
[*lat.:* pituita, Schleim]
🇬🇧 pituitarism

Pityriasis. Hauterkrankung, deren Läsionen wie Haarschuppen aussehen, ohne offensichtliche Anzeichen einer Entzündung; z.B. P. alba, eine idiopathische Dermatose mit runden oder ovalen, wenig pigmentierten Schuppen auf den Wangen, oder P. rosea mit rosafarbigem fleckigem Ausschlag am Rumpf und an Stellen, die nicht dem Licht ausgesetzt sind.
[*griech.:* pityron, Kleie]
🇬🇧 pityriasis

Pivot-Transfer. (Dreh-Gleit-Transfer). Beförderung einer Person, die auf einer Körperseite keine Kontrolle mehr über ihren

Körper hat oder immobil ist, von einer Stelle zu einer anderen, z.B. vom Bett in einen Rollstuhl. Man hilft dem Patienten über die intakte starke Körperseite, mit beiden Füßen auf den Boden zu gelangen; über diese Seite gleitet der Körper langsam in den Rollstuhl.
pivot transfer

Placebo. Scheinmedikament; inaktive Substanz, z.B. Kochsalzlösung, destilliertes Wasser oder Zucker oder die geringe Dosis einer harmlosen Substanz, die schwächer dosiert ist, als für eine effektive Wirkung erforderlich wäre. P.s werden Patienten verabreicht, denen kein Medikament gegeben werden darf oder die nach dem Urteil des Pflegenden oder des Arztes keine Medikation benötigen. P.s können auch zu Kontrollzwecken verwendet werden, um sie in ihrer Wirkung mit echten Arzneimitteln zu vergleichen (Doppelblindstudie). (→ Placeboeffekt)
[*lat.*: ich werde gefallen]
placebo

Placeboeffekt. Körperliche oder emotionale Veränderung, die eintritt, nachdem eine Substanz (z.B. ein → Placebo) verabreicht wurde, die jedoch nicht das Ergebnis der spezifischen Eigenschaften dieser Substanz sein kann. Die Veränderung kann durchaus positiv sein und die Erwartungen eines Patienten erfüllen.
placebo effect

Placenta adhaerens. Eine Plazenta, die über die normale Zeit hinaus nach Geburt des Kindes aufgrund funktioneller Störung des Lösungsmechanismus noch an der Gebärmutterwand haftet.
adherent placenta

Plankton. Fast mikroskopisch kleine, schwebende oder schwimmende Organismen (sowohl Pflanzen als auch Tiere), die in Seen und Meeren zu finden sind und die die erste Stufe in der Nahrungskette von Meeres- und Seetieren bilden.
[*griech.*: planktos, wandernd]
plankton

plantar. Zur Fußsohle gehörend.
[*lat.*: planta, Sohle]
plantar

Plantarflexion. Bewegung des Fußes im Knöchelgelenk, bei der die Fußzehen zur Fußsohle hin gebeugt werden. Dies wird in Grad gemessen, wobei die 0-Grad-Position dem Fuß in stehender Position in Ruhe entspricht.
plantar flexion

Plantarreflex. Reflex, der durch eine Beugung der Fußzehen gekennzeichnet ist, wenn sanft über die Fußsohle gestrichen wird. Der P. ist bei Babys nach der Geburt vorhanden, sollte jedoch nach etwa 6 Wochen wieder verschwinden.
plantar reflex

Plaque. 1. Flacher, oft leicht erhabener Fleck auf der Haut oder einem anderen Körperorgan. 2. Fleck der → Atherosklerose. 3. Zahnbelag; meist dünner Film über den Zähnen, der aus Muzin und kolloidalem Material besteht, das sich im Speichel befindet und oft sekundär mit Bakterien befallen ist (→ bakterielle P.).
[*franz.*: Fleck]
plaque

Plaque, bakterielle. Film aus Mikroorganismen, der an den Zähnen haftet und Zahnkaries sowie Zahnfleischentzündungen verursacht. → Muzin, das von der Speicheldrüse abgesondert wird, ist ebenso Bestandteil der P.; zur Vermeidung ist eine angemessene Zahnpflege erforderlich.
bacterial plaque

Plasma. Wässriger hellgelber Flüssigkeitsanteil der Lymphe und des Blutes, in dem sich Leukozyten, Erythrozyten und Thrombozyten befinden. P. besteht aus Wasser, Elektrolyten, Proteinen, Glukose, Fetten, Bilirubin und Gasen und ist wichtig für den Transport der zellulären Elemente des Blutes durch den Blutkreislauf, den Transport von Nährstoffen, die Erhaltung des Säure-Basen-Gleichgewichts und

P

den Abtransport von Abfallprodukten des Körpers.
[*griech.:* das Geformte]
plasma

Plasmaexpander. (Plasmaersatzstoffe). Kolloidale Substanz, meist hochmolekulares Dextran oder Eiweiß, die intravenös verabreicht wird, um den → onkotischen Druck eines Patienten zu erhöhen. Es kommt zu einem Flüssigkeitseinstrom aus den Zellzwischenräumen in das Gefäßsystem, wodurch sich das Kreislaufvolumen erhöht. Mit P. kann ein Schock behandelt werden, der durch einen starken Blutverlust verursacht ist.
plasma expander

Plasmamembran. Äußere Schicht einer Zelle, die häufig Mikrovilli als Fortsätze aufweist und zelluläres Zytoplasma enthält. Die P. ist so dünn und zart, dass sie mit einem Lichtmikroskop nicht zu erkennen ist und detailliert nur mit einem Elektronenmikroskop untersucht werden kann. Die P. kontrolliert den Austausch von Materialien zwischen der Zelle und ihrer Umgebung durch verschiedene Prozesse, z.B. Osmose, Phagozytose, Pinozytose und Ausscheidung (Sekretion).
plasma membrane

P

Plasmapherese. Entfernung von Plasma aus einer zuvor entnommenen Blutprobe durch Zentrifugieren, Wiederherstellung der zellulären Elemente in einer isotonischen Lösung und Reinfusion dieser Lösung an den Spender oder eine andere Person, die eher Erythrozyten statt Vollblut benötigt.
plasmapheresis

Plasmaprotein. Eiweiße des Blutplasmas, die vorwiegend in der Leber synthetisiert werden und zu denen Albumin, Fibrinogen, Prothrombin und Gammaglobulin gehören. Diese Substanzen helfen, den Wasserhaushalt aufrechtzuerhalten, der den osmotischen Druck beeinflusst, die Blutviskosität erhöht und den Blutdruck stabilisiert.
plasma protein

Plasmavolumen. Gesamtvolumen des Plasmas im Körper, das bei Erkrankungen der Leber und der Milz sowie bei Vitamin-C-Mangel erhöht ist, bei Addison-Krankheit, Dehydratation und Schock jedoch abnimmt.
plasma volume

Plasmazelle. Lymphoide oder lymphozytenähnliche Zelle, die sich im Knochenmark, im Bindegewebe und gelegentlich auch im Blut befindet. P.n sind bei immunologischen Mechanismen beteiligt; indem sie → Immunglobuline produzieren, sind sie Träger der → humoralen → Immunität.
plasma cell

Plasmid. (Bakteriologie) Jede Art intrazellulärer Einschlüsse, bei denen man davon ausgehen kann, dass sie eine genetische Funktion haben, insbesondere ein Molekül der Desoxyribonukleinsäure (DNS), das von seinem bakteriellen Chromosom getrennt ist, welches Merkmale bestimmt, die zwar für das Überleben des Organismus nicht wesentlich sind, jedoch Einfluss auf seine Anpassungsfähigkeit nehmen.
plasmid

Plasmin. (Fibrinolysin). Proteolytisches Enzym, das → Fibrin spaltet; wird im Plasma aus Plasminogen gebildet. (→ Blutgerinnung)
plasmin

Plasmodium. Protozoen-Gattung, deren verschiedene Species → Malaria verursachen, die auf den Menschen durch den Biss einer infizierten Anopheles-Mücke übertragen wird.
Plasmodium

Plasmozytom. (Plasmazellentumor). Herdförmiges Neoplasma, das → Plasmazellen enthält, die sich innerhalb des Knochenmarks (wie bei multiplen Myelomen) oder außerhalb des Knochenmarks (wie bei Tumoren der Eingeweide) und in der Schleimhaut von Nase, Mund und Nasenrachenraum entwickeln können.
plasmacytoma

-plastik. Nachsilbe mit der Bedeutung »Wiederherstellung«.
🇬🇧 -plastik

Plathelminthes (pl.). (Plattwürmer). Parasiten, zu denen Bandwürmer und Saugwürmer, z.B. Trematodes oder Cestodes, gehören.
[*griech.:* platys, flach; helmins, Wurm]
🇬🇧 Platyhelminthes

Platin (Pt). Silberweißes, weiches, metallisches Element; Ordnungszahl 78, Atommasse 195,09. P. wird in der Zahnheilkunde verwendet und ist ein guter Katalysator für verschiedene chemische Reaktionen.
🇬🇧 platinum (Pl)

Plätschergeräusch. Geräusch, das beim Schütteln einer Person entsteht, bei der sich in Hohlorganen oder in Körperhöhlen Flüssigkeits-, Luft- oder Gasansammlungen gebildet haben. Abgesehen von dem physiologischen Magengeräusch kann das Plätschern bei einem Hydropneumothorax, bei großen Hiatushernien oder bei Dünndarm- bzw. Pylorusblockaden auftreten.
🇬🇧 succussion splash

Plattenepithelkarzinom. Langsam wachsendes, bösartiges Geschwür im Plattenepithel, das sich vorwiegend in der Lunge und der Haut, aber auch in Anus, Zervix, Rachen, Nase und Harnblase findet. Die neoplastischen Zellen ähneln Stachelzellen der Haut und bilden Keratinperlen.
[*griech.:* epi, oberhalb + derma, Haut + eidos, Form.]
🇬🇧 epidermoid carcinoma

Plattfuß. (→ Pes planus)
🇬🇧 pes planus

Plattwürmer. (→ Plathelminthes)
🇬🇧 Platyhelminthes

Platysma. Einer von zwei Muskeln auf jeder Seite des Halses, der dazu dient, die untere Lippe und die Mundecken nach unten zu ziehen. Wenn das P. vollständig kontrahiert, wird die Haut über dem Schlüsselbein (Clavikula) in Richtung des Unterkiefers gezogen, wodurch der Umfang des Halses vergrößert wird.
[*griech.:* platys, flach]
🇬🇧 platysma

Plazenta. (Mutterkuchen). Stark durchblutetes Organ, das den fötalen Organismus mit dem mütterlichen Blutsystem verbindet. Über die P. findet die Diffusion von Sauerstoff, Kohlendioxid, Nährstoffen und anderen Substanzen statt. Sie beginnt sich etwa am 8. Tag der Schwangerschaft zu bilden, wenn der Blastozyt die Uteruswand berührt und sich dort einnistet. Bei der Geburt beträgt das Gewicht der P. etwa 400-700 g. Die mütterliche Seite der P. besteht aus sog. Kotyledonen, abgegrenzte Felder mit einem dunkelroten, rauhen und leberartigen Aussehen. Die fötale Fläche ist weich und durchscheinend, mit den Eihäuten (Amnion, Chorion und Decidua) überzogen und durch große Blutgefäße gekennzeichnet, die fächerförmig von der Nabelschnur abgehen. – *adj.* plazentar.
[*lat.:* Kuchen]
🇬🇧 placenta

Plazenta praevia. Zustand in der Schwangerschaft, bei dem die → Plazenta unphysiologisch, also nicht im Fundus des Uterus platziert ist. Sie sitzt im unteren Uterinsegment und bedeckt den inneren Muttermund teilweise oder vollständig. Dies ist die häufigste Ursache für schmerzlose Blutungen im 3. Schwangerschaftstrimester. Selbst die geringste Dehnung des inneren Muttermundes kann eine örtliche Lösung einer abnormal plazierten Plazenta verursachen, was zu gefährlichen Blutungen führt.
🇬🇧 placenta previa

Plazentahormon. Hormone, die die → Plazenta produziert; hierzu gehören Plazentalaktogen, Choriongonadotropin, Östrogen, Progesteron und ein thyreotropinähnliches Hormon.
🇬🇧 placental hormone

Plazentainfarkt. Lokalisierter ischämischer Bereich auf der fötalen oder der mütterli-

chen Seite der → Plazenta. Nach einem P. kann es zum Tod des Fötus kommen.
placental inferct

Plazentainsuffizienz. Unphysiologischer Zustand in der Schwangerschaft, der sich klinisch durch ein verzögertes Wachstum des Fötus und des Uterus äußert. Zu den Ursachen, die zu einer P. führen können, gehören eine beeinträchtigte Diffusion und/oder Perfusion oder eine abnormale Platzierung der → Plazenta, zahlreiche Schwangerschaften, unphysiologische Befestigung der Nabelschnur und Störungen der Plazentamembran.
placental insufficiency

Plazentalaktogen (HPL). Plazentahormon, das während der Schwangerschaft gebildet wird. Es reguliert den Kohlenhydrat- und Proteinstoffwechsel der Mutter und regt die Milchproduktion an. Bei bestimmten Schwangerschaftsstörungen kann es zum P.-Mangel kommen.
human placental lactogen (HPL); human chorionic somatomammotropin

Plazentalösung, vorzeitige. (Ablatio placentae). Ablösung einer normal sitzenden Plazenta nach der 20. Schwangerschaftswoche oder später bzw. während des Geburtvorgangs vor Geburt des Kindes; tritt ungefähr einmal pro 200 Geburten auf, kann zu starken Blutungen führen und ist eine bedeutende Ursache für Todesfälle bei Kind und Mutter. In schweren Fällen kann es binnen weniger Minuten zu einem Schock und Todesfall kommen. Ein Kaiserschnitt muss sofort und schnell durchgeführt werden. Im späten Stadium einer Schwangerschaft können die Wehen ggf. zugelassen bzw. durch eine Amnionpunktion eingeleitet werden. In der frühen Schwangerschaft muss die Mutter eng überwacht werden und Bettruhe einhalten.
[*lat.:* ab, weg; rumpere, brechen]
abruptio placentae

Plazentathrombose. Intravaskuläre Koagulation (→ Thrombose), die in der → Plazenta oder in den Venen der Gebärmutter (Uterus) auftreten kann.
placental thrombosis

Plethysmographie. Messung der Veränderung des Volumens und der Größe von Körperorganen und -teilen; z.B. Lungenfunktionsprüfung oder Venenverschluss-P.
plethysmography

Pleura (pl. Pleuren). (Brustfell). Feine seröse Membran, die die Lungen umschließt und die Wände des Brustkorbs auskleidet und aus einer einzigen Schicht von flachen Mesothelzellen besteht, die auf einer feinen Bindegewebemembran aufliegen. Die P. unterteilt sich in die viszerale P., die die Lungen bedeckt und in die Fissuren zwischen den Lungenlappen reicht, und die parietale P. über der Brustwand, die das Diaphragma überzieht und sich über die Strukturen des Mittelfells (Mediastinum) erstreckt. – *adj.* pleural.
[*griech.:* Rippe]
pleura

Pleuraerguss. Unphysiologische Ansammlung von Flüssigkeit in der → Pleurahöhle, die sich durch Fieber, Thoraxschmerzen, Atemnot (Dyspnoe) und trockenen Husten äußert. Diese Flüssigkeit ist ein Exsudat oder Transsudat einer entzündeten Pleura (→ Pleuritis).
pleural effusion

Pleurahöhle. Raum innerhalb des Brustkorbs (Thorax), in dem sich die Lungen befinden. Zwischen den Rippen und den Lungen liegen die viszerale und die parietale → Pleura. Der Bereich zwischen den beiden Pleuren wird als P. bezeichnet. Zwischen beiden Pleuren befindet sich eine geringe Flüssigkeitsmenge, die es ihnen ermöglicht, sich reibungslos übereinander bewegen zu können, wenn sich die Lungen bei der Atmung ausdehnen und wieder zusammenziehen.
pleural cavitiy

Pleurapunktion. Entnahme von Flüssigkeit aus dem → Pleuraraum zu diagnostischen oder therapeutischen Zwecken. Dabei punktiert der Arzt die Brustwand in Höhe des 5.-8. ICR am oberen Rippenrand in die → Pleurahöhle.
thoracentesis

Pleurareiben. Reibendes, kratzendes Geräusch, das bei einer → Pleuritis auftritt, wenn beim Atmen eine Schicht der Pleuramembran über die andere gleitet.
🇬🇧 pleural friction rub

Pleuritis. Entzündung des Brustfells (→ Pleura), die sich mit Atembeschwerden (Dyspnoe) und stechenden Schmerzen äußert und zur Einschränkung der normalen Atmung führt, oft von Spasmen auf der betroffenen Seite begleitet. Bei der Auskultation ist ein → Pleurareiben zu hören. Zu den häufigsten Ursachen zählen Bronchialkarzinom, Lungen- oder Brustwandabszess, Pneumonie, Lungenembolie und Tuberkulose.
[*griech.:* pleura, Rippe; itis, Entzündung]
🇬🇧 pleurisy

Pleuritis, adhäsive. (adhäsive Brustfellentzündung). Form der Brustfellentzündung bei der es zu → Adhäsion von Brustfellschichten, Lunge und Brustwand kommt.
🇬🇧 adhesive pleurisy

Pleuritis, trockene. (fibröse Pleuritis). Rippenfellentzündung ohne Serumerguss; kann ein Hinweis für eine lokalisierte Verletzung oder für Tuberkulose sein.
🇬🇧 dry pleurisy

Pleurodynie. Akute Entzündung der Interkostalmuskeln und der muskulären Befestigung des Diaphragmas an der Brustwand. Es kommt zu plötzlichen starken Schmerzen und Empfindlichkeit, Fieber, Kopfschmerzen und Appetitlosigkeit (Anorexie). Diese Symptome werden durch Bewegungen und das Ein- und Ausatmen noch verschlimmert.
[*griech.:* pleura, Rippe; odyne, Schmerz]
🇬🇧 pleurodynia

Pleurodynie, epidemica. (Bornholmer-Krankheit). Durch Coxsackieviren verursachte Infektion, von der vor allem Kinder betroffen sind. Krankheitssymptome sind starke intermittierende Schmerzen in Bauchgegend und Brustraum, Fieber, Kopf- und Halsschmerzen, Unwohlsein und extreme Muskelschmerzen.
🇬🇧 epidemic pleurodynia

Pleuropneumonie. Kombination einer → Pleuritis und einer → Pneumonie.
[*griech.:* pleura, Rippe; pneumon, Lunge]
🇬🇧 pleurapneumonia

Plexus. (Geflecht). Netzwerk von miteinander verbundenen Nerven, Blut- oder Lymphgefäßen.
[*lat.:* Geflecht]
🇬🇧 plexus

Plexus brachialis. (Armplexus). Netzwerk von Nerven im Hals, die sich unter dem Schlüsselbein (Clavicula) in die Achsel fortsetzen und aus dem V., VI., VII. und VIII. Hirnnerv sowie den ersten beiden Spinalnerven hervorgehen; innerviert die Muskeln und die Haut von Thorax, Schultern und Armen.
🇬🇧 brachial plexus

Plexus cervicalis. (Halsgeflecht). Durch die ventrale Unterteilung der ersten vier Halsnerven gebildetes Nervennetzwerk, das sich gegenüber der Schädelansicht der obersten vier Halswirbel befindet. Der Plexus cervicalis steht mit bestimmten Schädelnerven sowie zahlreichen muskulären und kutanen Verzweigungen in Verbindung.
🇬🇧 cervical plexus

Plexus choroideus. Bezeichnung für die winzigen, verflochtenen Blutgefäße im dritten lateralen und vierten Hirnventrikel, die → Liquor produzieren.
[*griech.:* chorion + eidos + *lat.:* plexus, gefaltet.]
🇬🇧 choroid plexus

Plexus coeliacus. (Plexus solaris; Sonnengeflecht). Ein dichtes Netzwerk aus Nervenfasern und Ganglien beiderseits der Brustwirbelsäule auf der Höhe des ersten Lendenwirbels. Es ist das stärkste Gangliengeflecht des vegetativen Nervensystems.
🇬🇧 solar plexus

Plexus lumbalis. (Lumbalplexus). Netzwerk von Nerven, das aus der ersten Teilung der ersten drei und dem größten Teil des vierten Spinalnervs (Nervus lumbalis) gebildet wird und innerhalb der Abdominalwand liegt, sowohl dorsal am Lendenmus-

P

kel (Psoas) als auch ventral zu den Querfortsätzen der Wirbelsäule.
lumbar plexus

Plexus solaris. (→ Plexus coeliacus)
solar plexus

Plica (pl. Plicae). Gewebefalte innerhalb des Körpers, z.B. die quer verlaufenden Schleimhautfalten (P.e transversales) des Rektums oder die halbmondförmigen Falten des Dünndarms (P.e circulares).
[*lat.:* plicare, falten]
plica

plötzlicher Kindstod. (→ Sudden infant death syndrome)
sudden infant death syndrome (SIDS)

Pluripara. Bezeichnung für eine Frau, die mehrere Kinder geboren hat.
[*lat.:* plus, mehr; parere, gebären]
pluripara

Plutonium (Pu). Synthetisches radioaktives metallisches Element (Transuran); Ordnungszahl 94; Atommasse 244. P. ist ein höchst giftiges Abfallprodukt, das zur Herstellung von Atomwaffen verwendet wird.
[Namensgebung nach dem Planet Pluto]
plutonium (Pu)

P

PMS. Abkürzung für → prämenstruelles Syndrom.
PMS

Pneumatozele. (Pneumozele). 1. Dünnwandige Aushöhlung im Lungenparenchym, die durch eine teilweise Luftwegsobstruktion verursacht wird. 2. Hernienartiger Vorfall von Lungengewebe. 3. Tumor oder Ausstülpung, die Gas enthält, insbesondere im Hoden (Skrotum).
pneumatocele

Pneumektomie. Teilweise oder völlige Entfernung einer Lunge.
[*griech.:* pneumon, Lunge; ectome, ausschneiden]
pneumonectomy

Pneumenzephalographie. Verfahren der röntgenologischen Darstellung der Hirnkammern, der basalen Zisterne und des Subarachnoidalraums, der über den zerebralen Hirnhälften liegt. Luft, Helium oder Sauerstoff wird in den lumbalen Subarachnoidalraum injiziert, nachdem zuvor durch eine Lumbalpunktion intermittierend Zerebrospinalflüssigkeit (Liquor) entnommen worden ist. Die P. wird heute im Allgemeinen durch die Computertomographie ersetzt.
[*griech.:* pneuma, Luft; enkephalos, Gehirn; graphein, berichten]
pneumoencephalography

pneumo-/pneuma(to). Vorsilbe mit der Bedeutung »Luft, Atem«.
pneum-/pneuma(to)-

Pneumocystis-carinii-Pneumonie. Form einer interstitiellen Plasmazellenpneumonie, bei der die Alveolen mit azidophilem Material wabenförmig verändert werden. Die Patienten entwickeln gelegentlich Fieber, Schwäche, Atemnot (Dyspnoe) und eine Zyanose.
pneumocystis pneumonia

Pneumokokkus (pl. Pneumokokken). Grampositives Diplokokken-Bakterium der Species Streptococcus pneumoniae, das die häufigste Ursache für eine bakterielle Pneumonie ist.
[*griech.:* pneumon, Lunge; kokkos, Beere]
pneumococcus

Pneumokoniose. (Staublunge). Sammelbezeichnung für Erkrankungen der Lunge, die durch chronisches Einatmen von Stäuben verursacht werden, meist Mineralstäube infolge einer berufs- oder umgebungsbedingten Exposition; z.B. Anthrakose, Asbestose und Silikose. Die P.n zählen häufig zu den Berufskrankheiten.
[*griech.:* pneumon, Lunge; konis, Staub; osis, Zustand]
pneumoconiosis

Pneumomediastinum. Vorhandensein von Luft oder Gasen im Bindegewebe des Mittelfells (Mediastinum) infolge von Bronchitis, akutem Asthma, Keuchhusten, zystischer Fibrose oder Bronchialruptur durch starken Husten oder Verletzungen.
[*griech.:* pneuma, Luft; *lat.:* mediastinus, Mittelweg]
pneumomediastinum

Pneumonie. (Lungenentzündung). Akute Entzündung der Lunge, die häufig durch Einatmen von Mikroorganismen der Species Streptococcus pneumoniae verursacht wird. Die Alveolen und Bronchiolen verkleben mit einem fibrösen Exsudat. Die P. kann auch durch andere Bakterien, durch Viren, Rickettsien oder durch Pilze bedingt sein. Man unterscheidet Aspirationspneumonie, Bronchopneumonie, eosinophile, interstitielle, lobäre, mykoplasmatische oder virale Pneumonie. Zu den Symptomen einer P. gehören Schüttelfrost, Fieber, Schmerzen, Tachykardie, Tachypnoe, Zyanose und Husten mit Auswurf.
[*griech.:* pneumon, Lunge]
pneumonia

Pneumonie, atypische. → Pneumonie mit relativ schwachen Symptomen wie Schüttelfrost, Kopfschmerzen, leichtem Fieber und Husten ohne Hinweis auf eine bakterielle Infektion.
atypical pneumonia

Pneumonie, doppelseitige. Beide Lungenhälften betreffende, akute Lobärpneumonie.
double pneumonia

Pneumonie, interstitielle. Diffuse chronische Entzündung der Lunge oberhalb der terminalen Bronchiolen, die durch Fibrose und Kollagenbildung in den Wänden der Alveolen und durch die Präsenz großer, einkerniger Zellen in den Alveolarräumen gekennzeichnet ist. Zu den Symptomen gehören zunehmende Dyspnoe, Trommelschlegelfinger, Zyanose und Fieber. Die i. P. kann infolge einer Überempfindlichkeitsreaktion auf Busulfan, Chlorambucil o.a. auftreten; sie kann sich auch als Autoimmunreaktion entwickeln oder in Verbindung mit rheumatischer Arthritis oder systemischer Sklerose etc. entstehen.
interstitial pneumonia

Pneumonie, tuberkulöse. Bei einer → Tuberkulose auftretende Komplikation, wobei verkästes Material in die Bronchen eingeatmet wird, das zu einer Entzündung der Bronchen oder der Lungenlappen führt.
tuberculous pneumonia

Pneumonieprophylaxe. Pflegemaßnahme, um die Entwicklung einer → Pneumonie bei gefährdeten Patienten zu verhindern. Zu den Maßnahmen gehören frühzeitige Mobilisation, atemstimulierende Einreibungen, atemunterstützende Lagerung, Atemübungen und Atemgymnastik, evtl. Sauerstoffverabreichung, regelmäßige und ausreichende Flüssigkeitszufuhr, sekretlösende Maßnahme (z.B. schleimlösende Tees, Unterstützung beim Abhusten) und bei Risikopatienten Absaugen der Atemwege.
pneumonia prophylaxis

Pneumonitis. Entzündung der Lunge, die nicht durch Erreger, sondern durch chemische oder organische Stäube, Schimmel, Strahlen oder Rheumatismus verursacht wird. Die Entzündung ist meist interstitiell, granulomatös und fibrosierend und betrifft vorwiegend die Bronchiolen und Alveolen. Häufiges Symptom ist trockener Husten.
pneumonitis

Pneumoperikard. Ansammlung von Luft oder Gas im Herzbeutel (Perikard).
pneumopericardium

Pneumoperitoneum. Vorhandensein von Luft oder Gas im Bauchfellraum (Peritonealraum) des Abdomens. Das P. kann spontan auftreten, z.B. nach der Ruptur eines gashaltigen Hohlorgans, oder zu diagnostischen oder therapeutischen Zwecken induziert werden.
[*griech.:* pneuma, Luft; peri, herum; teinein, erstrecken]
pneumoperitoneum

Pneumothorax. Ansammlung von Luft oder Gas in der → Pleurahöhle, was zu einem Kollaps des betroffenen Lungensegments führt. Ursache kann eine offene Brustverletzung sein, durch die Luft in den Thoraxraum eindringen kann, ein Riss emphysemartiger Bläschen (Vesikel) auf der Lungenoberfläche oder ein schwerer Hustenanfall; ein P. kann auch spontan

ohne erkennbare Ursache auftreten. Ein Hauptsymptom sind plötzliche stechende Thoraxschmerzen mit einer erschwerten, schnellen Atmung. Auf der betroffenen Seite sind die normalen Brustbewegungen eingeschränkt; es können Tachykardie, schwacher Puls, Hypotonie, starkes Schwitzen (Diaphorese), Fieber, Blässe, Schwindel und Angstzustände entstehen.
[gr: pneuma, Luft; thorax, Brust]
pneumothorax

-pnoe. Nachsilbe mit der Bedeutung »Luft, Atem«.
-pnea

Pocken. Hochgradig ansteckende Infektionskrankheit, gekennzeichnet durch Fieber, extreme Erschöpfung und bläschenartiges Hautexanthem, hervorgerufen durch eines der beiden Pockenviren, Variola minor oder Variola major. Da der Mensch der einzige Wirt für das Pockenvirus ist, konnte die Krankheit durch weltweite Impfung mit dem verwandten Kuhpockenvirus ausgerottet werden.
smallpox

Poikilodermie. Hautveränderungen, die infolge verschiedener Hauterkrankungen auftreten, z.B. Psoriasis. Es kommt zu unregelmäßigen fleckigen Veränderungen der Haut (Hypo- oder Hyperpigmentierung).
[*griech.:* poikilos, Variation; derma, Haut]
poikiloderma

Poikilozytose. Unphysiologische Variationen der Form der Erythrozyten im Blut.
[*griech.:* poikilos, Variation; kytos, Zelle; osis, Zustand]
poikilocytosis

Polarisation. (Polarisierung). 1. Konzentration von Interessen, Überzeugungen und Bindungen der Mitglieder einer Population oder Gruppe in zwei gegensätzliche Positionen. 2. Bildung einer Gegenspannung. 3. Umbildung von natürlichem Licht in Licht mit einer einzigen Schwingungsebene.
[*lat.:* polus, Pol; *griech.:* izein, verursachen]
polarization

Polarität. 1. Bestehen oder Auftreten von gegensätzlichen Qualitäten, Tendenzen oder Emotionen, z.B. Freude und Schmerz, Liebe und Hass, Stärke und Schwäche, Abhängigkeit und Unabhängigkeit, Männlichkeit und Weiblichkeit. 2. Unterscheidung zwischen einer negativen und positiven elektrischen Ladung.
[*lat.:* polus, Pol]
polarity

Polioenzephalitis. Entzündung der grauen Substanz des Gehirns, die durch eine Infektion oder durch ein → Poliovirus verursacht ist.
[*griech.:* polios, grau; enkephalos, Gehirn; itis, Entzündung]
polioencephalitis

Polioenzephalopathie. Bezeichnung für Erkrankungen der grauen Substanz des Gehirns, z.B. → Creutzfeld-Jakob-Krankheit.
[*griech.:* polios, grau; enkephalos, Gehirn; pathos, Erkrankung]
polioencephalopathy

Poliomyelitis. (spinale Kinderlähmung). Infektion (meldepflichtig), die durch ein der drei verschiedenen → Polioviren verursacht wird und entweder als asymptomatische leichte Form oder als Lähmung (Paralyse) auftritt. Die P. wird von Mensch zu Mensch durch fäkale Kontamination oder über Sekretionen des Nasenrachenraums (Schmierinfektion) übertragen. Eine abortive P. (Initialstadium) dauert nur wenige Stunden und zeigt sich mit leichten Krankheitssymptomen wie Fieber, Unwohlsein, Kopfschmerzen, Übelkeit, Erbrechen und leichten Magen-Darm-Beschwerden. Die nicht-paralytische P. dauert dagegen länger und ist neben den Anzeichen einer abortiven P. durch Reizungen der Hirnhäute (Meningen) sowie Schmerzen und Steifigkeit im Rücken gekennzeichnet. Nach dem Abklingen der leichten Anzeichen der abortiven P. lassen die Symptome wieder nach; danach kommt es jedoch erneut zu Unwohlsein, Kopfschmerzen, Fieber, Schmerzen, Schwäche und Lähmungserscheinungen. Bei der spinalen P. findet die Virusvermehrung in den Vorderhornzellen des

Rückenmarks statt und führt zu Entzündungen, Schwellungen und häufig zur Zerstörung der Neuronen. Meist sind die großen proximalen Muskeln der Extremitäten betroffen. Eine bulbäre P. entsteht durch eine Virusvermehrung im Hirnstamm und tritt häufig zusammen mit einer spinalen P. auf.
[*griech.:* polios, grau; myelos, Mark; itis, Entzündung]
🇬🇧 poliomyelitis

Poliomyelitis, chronische anteriore. Entzündung der grauen Rückenmarkssubstanz; führt zu Muskelathrophie der oberen Extremitäten und des Nackens. Die Krankheit wird von langen Phasen vorübergehender Besserung unterbrochen.
🇬🇧 chronic anterior poliomyelitis

Poliose. Pigmentverlust der Haare von Kopfhaut, Augenbrauen, Wimpern, Bart und Körper; dieser kann vererbt und generalisiert oder erworben und in Flecken lokalisiert sein. Eine lokalisierte P. tritt häufig bei einer → Alopecia areata auf.
[*griech.:* polios, grau; osis, Zustand]
🇬🇧 poliosis

Poliovirus. Verursachender Organismus einer → Poliomyelitis. Dieses sehr kleine Ribonukleinsäurevirus (RNS-Virus) tritt in drei serologisch unterschiedlichen Arten auf. Eine Infektion mit oder Impfung gegen nur einen Typ schützt nicht gegen die anderen Formen.
[*griech.:* polios, grau; *lat.:* virus, Gift]
🇬🇧 poliovirus

Poliovirusvakzine. Impfstoff (Vakzin), der aus → Polioviren hergestellt wird und eine Immunität gegen diese Viren vermittelt. Die orale Aufnahme des dreiwertigen Lebendimpfstoffs (Polio-Sabrin-RIT) wird für alle Kinder unter 18 Jahren empfohlen, bei denen keine Kontraindikationen bestehen. Die inaktivierte Vakzine wird Säuglingen und Kindern, die eine Immunschwäche haben (z.B. AIDS), sowie noch nicht geimpften Erwachsenen subkutan verabreicht.
🇬🇧 poliovirus vaccine

Pollakisurie. Unphysiologischer Zustand, der durch ungewöhnlich häufiges Urinlassen mit jeweils kleinen Harnmengen gekennzeichnet ist.
[*griech.:* pollakis, häufig; ouron, Urin]
🇬🇧 pollakiuria

Pollen. Blütenstaub, der durch Insekten oder den Wind verbreitet wird. P. können Allergien auslösen.
[*lat.:* Staub]
🇬🇧 pollen

Pollex (pl. Pollices). Daumen.
🇬🇧 pollex

poly-. Vorsilbe mit der Bedeutung »viel«.
🇬🇧 poly-

Polyarthritis. Entzündung mehrerer Gelenke, die von einem auf das nächste Gelenk übertragen werden kann. Eine P. kann akut oder chronisch sein. (→ Arthritis)
🇬🇧 polyarthritis

Polyarthritis, progressiv-chronische. (→ Rheumatoidarthritis)
🇬🇧 rheumatoid arthritis

Polyarthritis rheumatica acuta. (→ Rheumatisches Fieber)
🇬🇧 rheumatic fever

Polychromasie. Unterschiedliche Anfärbbarkeit von Zellen, insbesondere von Blutkörperchen.
🇬🇧 polychromasia

Polycythaemia rubra vera. Erkrankung unbekannter Herkunft, die durch eine beträchtliche Zunahme des Gesamtvolumens an Erythrozyten, Hämatokrit, Hämoglobin, Leukozyten und Thrombozyten gekennzeichnet ist. Haut und Schleimhäute nehmen eine rötlichblaue Farbe an; es kann zu Hepatomegalie, Splenomegalie, Hypertonie und neurologischen Symptomen kommen. Diese Erkrankung steht möglicherweise in Verbindung mit einem Chromosomendefekt.
🇬🇧 polycythemia rubra vera (PV)

Polydaktylie. Angeborene Anomalie, bei der mehr als die normale Anzahl an Fingern oder Fußzehen vorhanden ist. Die P.

kann normalerweise kurz nach der Geburt chirurgisch korrigiert werden.
[*griech.:* polys, viel; daktylos, Finger]
polydactyly

Polydipsie. Exzessives Durstgefühl, das bei verschiedenen Erkrankungen auftritt, z.B. bei Diabetes mellitus. In diesem Fall veranlasst eine übermäßige Zuckerkonzentration im Blut osmotisch die Ausscheidung von Flüssigkeit über eine verstärkte Urinausscheidung, was zu Hypovolämie und Durst führt. Eine P. kann auch bei Diabetes insipidus, Hirntumoren und bestimmten psychiatrischen Erkrankungen auftreten.
[*griech.:* polys, viel; dipsa, Durst]
polydipsia

Polymenorrhö. Unphysiologisch häufiges Auftreten des Menstruationszyklus, z.B. bei Ovarialinsuffizienz.
polymenorrhea

Polymer. Verbindung, die durch die Kombination einer bestimmten Anzahl von → Monomeren oder kleinen Molekülen gebildet wird. Ein P. kann aus unterschiedlichen Monomeren oder aus vielen Einheiten des gleichen Monomers bestehen; z.B. Proteine, Nukleinsäuren, Glykogen.
[*griech.:* polys, viel; meros, Teil]
polymer

Polymerase. → Enzym, das → Polymere spaltet.
polymerase

Polymorphismus. (Vielgestaltigkeit/Polymorphie). 1. Zustand oder Qualität in Abhängigkeit von dem Bestehen oder Auftreten mehrerer unterschiedlicher Formen. 2. Zustand oder Qualität in Abhängigkeit von dem Erscheinen verschiedener Formen in unterschiedlichen Entwicklungsphasen. – *adj.* polymorph.
[*griech.:* polys, viel; morphe, Form]
polymorphism

Polymorphismus, chromosomaler. Das Auftreten von zwei oder mehreren genetischen Varianten eines speziellen Merkmals innerhalb einer Population in einer Ausprägung, die nicht durch einfache Mutation ausgelöst sein kann, betrifft z.B. Sichelzellen, Rh-Faktoren und Blutgruppen.
genetic polymorphism

Polymyalgia rheumatica. Chronische, anfallsweise auftretende Entzündung der großen Arterien, die meist bei Patienten ab dem 60. Lebensjahr vorkommt und vor allem die Muskeln betrifft. Es treten Rückensteifigkeit und Schmerzen in den Schultern, im Hals oder im Rücken auf, die morgens meist am stärksten sind. Es kann auch zu Kopfschmerzen im Bereich der Temporal- und Okziputalarterien kommen, was starke klopfende Schmerzen auslöst.
[*griech.:* polys, viel; mys, Muskel; algos, Schmerz; rheuma, Fluss]
polymyalgia rheumatica

Polymyositis. Entzündung zahlreicher Muskeln, die meist in Verbindung mit Deformitäten, Ödemen, Schlaflosigkeit, Schmerzen, Schwitzen und Verspannungen steht. Einige Formen der P. sind maligne Erkrankungen.
[*griech.:* polys, viel; mys, Muskel; itis, Entzündung]
polymyositis

Polymyxin. → Antibiotikum, das äußerlich und systemisch zur Behandlung von Infektionen mit gramnegativen Bakterien verwendet wird, z.B. bei Meningitis, Hornhautulzerationen und Mittelohrentzündung.
polymyxin

Polyneuritis. Entzündung, von der viele Nerven betroffen sind.
[*griech.:* polys, viel; neuron, Nerv; itis, Entzündung]
polyneuritis

Polyneuritis, diabetische. Folgekrankheit des Diabetes mellitus, von der viele Nervensysteme des Körpers betroffen werden.
diabetic polyneuritis

Polyneuropathie. Zustand, bei dem viele periphere Nerven erkrankt, jedoch nicht entzündet sind. Es kann zu Sensibilitätsstörungen, Parästhesien, Lähmungen,

P

Atrophie und Störungen des vegetativen Nervensystems kommen.
[*griech.:* polys, viel; neuron, Nerv; pathos, Erkrankung]
polyneuropathy

Polyneuropathie, diabetische. Folgeerkrankung des Diabetes mellitus, bei der mehrere Nervensysteme, wie das Zentralnervensystem, autonome und periphere Nerven gleichzeitig betroffen sind. Neuropathische Geschwüre entwickeln sich häufig an den Füßen.
diabetic polyneuropathy

polynukleär. Viele Kerne aufweisend.
polynuclear

Polyopie. Sehstörung, bei der ein Gegenstand mehrmals (zwei-, dreimal) wahrgenommen wird; dies kann ein oder beide Augen betreffen und Symptom eines beginnenden grauen Stars (Katarakt) sein.
[*griech.:* polys, viel; ops, Auge]
polyopia

Polyp. Kleines tumorähnliches Gewächs, das aus der Oberfläche einer Schleimhaut herauswächst und in das Lumen eines Hohlorgans hineinragt. Polypen können gut- oder bösartig sein.
[*griech.:* polys, viel; pous, Fuß]
polyp

Polyp, adenomatöser. Tumorartiges Gewächs, das sich in Drüsengewebe entwickelt. Tumorartige, aus Drüsengewebe bestehende Schleimhautvorwölbung in ein Hohlorgan.
[*griech.:* aden, Drüse; oma, Tumro; polys, viele; pous, Fuß]
adenomatous polyp

Polypeptid. Kette von → Aminosäuren, die durch eine Peptidbindung miteinander verbunden sind. Ein P. hat ein größeres Molekulargewicht als ein → Peptid, jedoch ein geringeres als ein → Protein.
polypeptide

Polyploidie. Zustand, bei dem mehr als zwei vollständige homologe Chromosomensätze vorhanden sind; Vervielfachung des Chromosomensatzes. – *adj.* polyploid.
[*griech.:* polys, viel; plous, Male]
polyploidy

Polypose. Unphysiologischer Zustand, der durch die Präsenz zahlreicher → Polypen in einem bestimmten Körperbereich (z.B. Verdauungstrakt) gekennzeichnet ist.
[*griech.:* polys, viel; pous, Fuß; osis, Zustand]
polyposis

Polypose, familiäre. Bildung zahlreicher Polypen in Darm und Rektum. Die familiäre Polypose wird vererbt und weist eine hohe Malignität auf. Das → Gardner-Syndrom ist eine Form der familiären Polypose.
familial polyposis

Polyposis intestinalis, adenomatöse. (Kolonpolypose/Dickdarmpolypose). Erbliche Störung mit der Entwicklung zahlreicher Polypen im Kolon; beginnt in der späten Pubertät bzw. im frühen Erwachsenenalter, führt unbehandelt zum Kolonkarzinom.
adenomatous polyposis coli (APC)

Polypragmasie. Einnahme von zahlreichen Arzneimitteln durch einen Patienten, der mehr als ein Gesundheitsproblem hat.
polypharmacy

Polysaccharid. Kohlenhydrat, das drei oder mehr einfache Kohlenhydratmoleküle (→ Monosaccharide) enthält, z.B. Dextrin, Stärke und Glykogen.
[*griech.:* polys, viel; sakcharon, Zucker]
polysaccaride

Polysomie. Präsenz eines Chromosoms in mindestens dreifacher Form in einer ansonsten diploiden Zelle infolge einer fehlerhaften Verbindung von Chromosomen während der meiotischen Zellteilung bei der Gametenreifung. Das Chromosom kann dreimal (Trisomie), viermal (Tetrasomie) oder häufiger dupliziert sein.
polysomy

Polythiazid. → Diuretikum und → Antihypertonikum, das zur Behandlung von Hypertonie und Ödemen eingesetzt wird.
polythiazide

P

Polyurie. Ausscheidung von unphysiologisch großen Urinmengen. Zu den Ursachen zählen u.a. Diabetes insipidus und Diabetes mellitus, die Einnahme von Diuretika, übermäßige Flüssigkeitszufuhr und Hyperkalzämie. – *adj.* polyurisch.
[*griech.:* polys, viel; ouron, Urin]
polyuria

Polyvinylchlorid (PVC). Häufig verwendetes synthetisches thermoplastisches Material, das beim Verbrennen Hydrochlorsäure freisetzt und Karzinogene enthalten kann.
polyvinyl chloride (PVC)

Polyzythämie. Unphysiologische Vermehrung der Anzahl der Erythrozyten, manchmal auch der Leukozyten und Thrombozyten im Blut, die primär oder sekundär in Verbindung mit einer Lungen- oder Herzerkrankung oder einem längerfristigen Aufenthalt in großen Höhen entsteht.
[*griech.:* polys, viel; kytos, Zelle; haima, Blut]
polycythemia

Pons. (Brücke). Vorsprung auf der ventralen Oberfläche des Hirnstamms zwischen dem verlängerten Rückenmark (Medulla oblongata) und dem Mittelhirn (Mesenzephalon). Der P. besteht aus weißer Substanz mit wenigen Kernen und wird in einen ventralen und einen dorsalen Abschnitt unterteilt. Der ventrale Teil besteht aus querverlaufenden Fasern, die durch längliche Bündel und kleine Kerne getrennt werden. Zum dorsalen Teil gehört das Tegmentum, das eine Fortsetzung des retikulären Aufbaus der Medulla ist. Der P. dient der Umschaltung zwischen Klein- und Großhirn, d.h. ist Schaltstation der Bahnen, die die Großhirnrinde mit der Kleinhirnrinde verbinden. – *adj.* pontin.
[*lat.:* Brücke]
pons

popliteal. Zum Bereich hinter dem Knie, d.h. zur Kniekehle gehörend.
popliteal

Population. 1. Gesamtheit von Personen, Organismen oder Pflanzen, die über mehrere Generationen durch eine genetische Kontinuität gekennzeichnet sind. 2. Gruppe von Individuen, die kollektiv eine bestimmte geographische Region besetzen. 3. Gruppe, die durch ein bestimmtes Merkmal oder eine bestimmte Situation gekennzeichnet ist. 4. Gruppe, die unter dem Aspekt spezifischer Merkmale betrachtet wird, um daraus Stichproben für statistische Zwecke entnehmen zu können.
[*lat.:* populus, Volk]
population

Poriomanie. Zielloses Umherwandern bzw. Durchführung mechanischer Handlungen, ohne dass man sich seines Verhaltens bewusst ist; tritt bei Depressionen und Epilepsie auf.
ambulatory automatism

porös. (löcherig). Zu einer Struktur, z.B. Knochen, mit Poren oder Öffnungen gehörend.
[*griech.:* poros, Passage]
porous

Porose. 1. Zustand der Verdünnung und zunehmender Durchlässigkeit von Knochengewebe, insbesondere von stabilisierendem Bindegewebe, z.B. → Osteoporose. 2. Bildung von Aushöhlungen in Organen.
[*griech.:* poros, Passage]
porosis

Porphobilinogen. Farbstoffbildende (chromogene) Substanz, die ein Zwischenprodukt bei der Biosynthese des → Häms und der → Porphyrine ist; bei einer → Porphyrie wird P. im Urin ausgeschieden.
porphobilinogen

Porphyrie. Gruppe von angeborenen Stoffwechselerkrankungen, bei denen es zur unphysiologisch erhöhten Produktion von → Porphyrinen kommt. Man unterscheidet die erythropoetische P., bei der große Mengen von Porphyrinen im blutbildenden Gewebe des Knochenmarks produziert werden, und die hepatische P., bei der die Porphyrine in der Leber gebildet werden. Beide Formen weisen als

Symptome Photosensibilität, Bauchschmerzen und Neuropathien auf.
[*griech.:* porphyros, Purpur]
🇬🇧 porphyria

Porphyrie, akut-intermittierende. Erbliche Stoffwechselstörung mit akuten Anfällen neurologischer Dysfunktionen, die entweder durch Umwelteinflüsse oder durch endogene Faktoren ausgelöst werden können; tritt öfter bei Frauen als bei Männern auf. Die Anfälle werden oftmals durch Nahrungsentzug bzw. rigorose Diäten, bakterielle oder virale Infekte sowie viele verschiedene Medikamente ausgelöst. Alle Bereiche des Nervensystems können betroffen sein, es kommt zu leichten bis heftigen Bauchschmerzen in Verbindung mit einer autonomen Neuropathie.
🇬🇧 acute intermittent porphyria (AIP)

Porphyrin. Eisen- oder magnesiumfreies Pyrrolderivat, das in vielen menschlichen, tierischen und pflanzlichen Geweben zu finden ist. P.e sind Farbstoffe, die eine Photosensibilisierung des Organismus bewirken.
🇬🇧 porphyrin

portal. Zur Pfortader (Vena portae) gehörend.
🇬🇧 portal

Portioerosion. Abgang des zervikalen Plattenepithels als Folge einer durch Infektion oder Trauma verursachten Reizung, z.B. bei einer Geburt. Das Plattenepithel wird dabei durch Zylinderepithel ersetzt.
🇬🇧 cervical erosion

Portiokappe. Objekt zur mechanischen Schwangerschaftsverhütung. Eine Portiokappe ist eine kleine Gummikappe, die über den Gebärmutterhals gestülpt wird und den Samenfäden den Zutritt in den Zervikalkanal versperrt.
🇬🇧 cervical cap

Position, anatomische. Standardisierte, neutrale Körperhaltung, die verwendet wird, um verschiedene Stellen bzw. Bewegungen einzelner Körperteile zu beschreiben. Eine anatomische Körperhaltung wird wie folgt definiert: aufrechtes Stehen, Ausrichtung direkt nach vorn, nach vorne gerichtete, leicht gespreizte Füße, Arme an den Seiten hängend mit nach vorne zeigenden Handflächen.
🇬🇧 anatomic position

positiv. 1. (Labortestergebnisse) Nachweis, dass eine Substanz oder eine Reaktion vorhanden ist. 2. (Diagnostik) Feststellung bei einer körperlichen Untersuchung, dass Symptome für den Verdacht auf pathologische Veränderungen gegeben sind. 3. (Substanz) Keine → negative Ladung tragend.
🇬🇧 positive

Positiv endexspiratorischer Druck (PEEP). (Positive endexpiratory pressure). Hinzufügen eines positiven Atemdrucks am Ende einer Ausatmungsphase während einer künstlichen Beatmung, um den Alveolenkollaps am Ende der Ausatmung zu verhindern. Damit wird die funktionelle Residualkapazität und damit der Gasaustausch verbessert. Gesteuert wird dies durch ein Ventil im Exspirationsschenkel des Beatmungsgerätes, das den Druckabfall verhindert. Der PEEP wird zur Verbesserung der Ventilation als sekundäre Folge von Frühgeburten, Pankreatitis, Schock, Lungenödem, Verletzung oder anderen Bedingungen eingesetzt, bei denen die Spontanatmung und die arteriellen Sauerstoffwerte unzureichend sind. (s.a. NEEP)
🇬🇧 positive end expiratory pressure (PEEP)

Positron. Positives → Elektron oder positiv geladenes Teilchen, das aus einem radioaktiven Kern abgegeben wird, der zu wenig → Neutronen aufweist.
🇬🇧 positron

Positronenemissionstomographie. Computergestützte radiographische Technik zur Untersuchung der Stoffwechselaktivität verschiedener Körperstrukturen, bei der radioaktive Substanzen eingesetzt werden. Der Patient inhaliert oder bekommt eine biochemische Substanz injiziert, z.B. Glukose, die eine radioaktive Substanz trägt, welche positiv geladene Partikel (→ Positronen) abstrahlt. Wenn sich diese Positronen mit den negativ geladenen Elektronen verbinden, die normalerweise

im Körper vorhanden sind, werden Gammastrahlen abgegeben. Diese können entdeckt und in farbkodierte Bilder übertragen werden, welche die Intensität der metabolischen Aktivität des betreffenden Organs anzeigen.
positron emission tomography (PET)

post-. Vorsilbe mit der Bedeutung »nach, hinter«.
post-

Postanästhestische Pflege. → Pflegeintervention der → NIC, die definiert wird als die Überwachung und der Umgang mit Patienten direkt nach einer Allgemein- oder Regionalnarkose.
Postanesthesia Care

posterior. 1. Auf der rückwärtigen Seite einer Struktur befindlich. 2. Die Hinterseite einer Struktur. 3. Zur Rückseite hin gerichtet.
[*lat.:* dahinter]
posterior

posterior-anterior (p-a). Die Richtung von hinten nach vorn bezeichnend.
[*lat.:* posterior, dahinter; anterior, davor]
posterioranterior

posteriorinferior. Zu einer Position gehörend, die sowohl unter als auch hinter einer anderen liegt.
[*lat.:* posterior, dahinter; inferior, darunter]
posteriorinferior

posterolateral. Zu einer Position gehörend, die hinter und seitlich einer anderen liegt.
[*lat.:* posterior, dahinter; latus, seitlich]
posterolateral

postganglionär. Nach einem → Ganglion, d.h. distal dazu, gelegen.
[*lat.:* post, hinter; *griech.:* ganglion, Knoten]
postganglionic

postiktal. Nach einem (epileptischen) Anfall auftretend.
[*lat.:* post, nach; ictus, Schlag]
postictal

postkoital. Nach dem Geschlechtsverkehr auftretend.
[*lat.:* post, nach; coire, zusammenkommen]
postcoital

postmortal. Nach dem Tode auftretend.
postmortem

Postmortem Pflege. → Pflegeintervention der → NIC, die definiert wird als die Versorgung des Leichnams eines verstorbenen Patienten und Unterstützung der Familie beim Anblick des Leichnams.
Postmortem Care

Postmyokardinfarkt-Syndrom. Zustand, der Tage oder Wochen nach einem akuten → Myokardinfarkt auftritt und durch Thoraxschmerzen, Fieber, Perikarditis mit Reibegeräusch, Pleuritis, Pleuraerguss, Gelenkschmerzen, erhöhte Leukozytenwerte und eine verstärkte Sedimentierungsrate gekennzeichnet ist. Das P. tritt oft rezidivierend auf und löst schwere Angstzustände, Depressionen und die Befürchtung aus, dass ein weiterer Herzinfarkt entstehen könnte.
postmyocardial infarction syndrome

postoperativ. Zur Phase direkt nach einer Operation gehörend; sie beginnt mit dem Aufwachen aus der Narkose und hält so lange an, bis die akuten Wirkungen der anästhetischen und chirurgischen Maßnahmen nachlassen. (s.a. präoperativ)
[*lat.:* post, nach; operari, arbeiten]
postoperative

postpartal. Nach einer Entbindung auftretend.
postpartum

Postpartale Pflege. → Pflegeintervention der → NIC, die definiert wird als die Überwachung und Versorgung von Patientinnen direkt nach der Entbindung.
Postpartal Care

postprandial. Nach den Mahlzeiten auftretend.
postprandial

postpuberal. Die Zeit nach der → Pubertät bezeichnend.
postpuberal

postrenal. Hinter den → Nieren liegend oder auftretend.
postrenal

postsynaptisch. Hinter einer → Synapse gelegen.
postsynaptic

posttraumatisch. Zu den emotionalen, mentalen oder physischen Folgen einer größeren Erkrankung oder Verletzung gehörend.
[*lat.:* post, nach; *griech.:* trauma, Wunde]
posttraumatic

Posttraumatische Reaktion. Anerkannte → NANDA-→ Pflegediagnose; schmerzhafte Reaktion auf überwältigende traumatische Ereignisse. Das wesentliche Merkmal ist das Wiedererleben des traumatischen Ereignisses, was als kognitive, affektive oder sensorisch-motorische Aktivität wiedererkannt wird (Rückblenden, sich aufdrängende Gedanken, wiederholte Träume, Alpträume, exzessive Erzählungen über das Ereignis, Schuldgefühl bezüglich des Überlebens).
posttrauma response

Postulat. Hypothese, die ohne Beweis oder Argumentationsgrundlage als Wahrheit ausgegeben wird.
postulate

postvakzinal. Nach einer Impfung auftretend.
postvaccinal

Potenz. 1. Leistungsfähigkeit. 2. Fähigkeit eines Mannes, den Koitus zu vollziehen (Potentia coeundi). 3. Wirksamkeit von Arzneimitteln. 4. Ausmaß der Verdünnung eines homöopathischen Mittels. (s.a. Impotenz) – *adj.* potent.
[*lat.:* potentia, Kraft]
potency

Potenzial. Maß der Energie, die bei der Übertragung einer Einheit einer elektrischen Ladung beteiligt ist.
potential

Potenzial (EP), evoziertes. Ein durch einen bestimmten Stimulus ausgelöster elektrischer Impuls im Hirnstamm bzw. in der Hirnrinde. Der Stimulus kann auf dem visuellen, auditiven oder sensorischen Pfad weitergeleitet werden und charakteristische Gehirnwellen erzeugen.
[*lat.:* evocare, ausrufen, potentia, Kraft.]
evoked potential (EP)

potenzieren. Die Stärke oder das Ausmaß der Wirkung einer Substanz erhöhen, z.B. eines Arzneimittels.
potentiate

Pouch. Kleiner taschenförmiger Anhang oder Beutel, z.B. ileoanaler P.; ein vorgeschaltetes Dünndarmreservoir, das die Funktion der Rektumampulle übernimmt.
pouch

Poxvirus. Mitglied der DNS- Virenfamilie, zu der die Organismen gehören, die Dellwarzen, Pocken (Variola) und Kuhpocken auslösen.
poxvirus

prä-. Vorsilbe mit der Bedeutung »vor«.
pre-

prädisponierend. Vorher bestimmend, empfänglich machend.
[*lat.:* prae, vor; disponere, ordnen]
predisposing

Prädisposition. Zustand, in dem eine Person besonders empfindlich und anfällig für etwas ist, z.B. für die Entwicklung einer bestimmten Krankheit.
[*lat.:* prae, vor; disponere, ordnen]
predisposition

praecox. Zu etwas gehörend, das in einem verfrühten Lebens- oder Entwicklungsstadium auftritt; z.B. → Pubertas praecox.
[*lat.:* frühreif]
praecox

Präeklampsie. Unphysiologischer Zustand in der Schwangerschaft, der durch den plötzlichen Beginn einer akuten Hypertonie nach der 24. Schwangerschaftswoche gekennzeichnet ist. Zur klassischen Trias der P. gehören Hypertonie, Proteinurie und Ödeme. Eine P. kann schwer oder schwach verlaufen und verursacht unphy-

P

siologische metabolische Abläufe, z.B. ein negatives Stickstoffgleichgewicht, verstärkte Reizbarkeit des Zentralnervensystems, eingeschränkte Nierenfunktion, Blutkonzentration und Veränderungen des Flüssigkeits- und Elektrolythaushalts. Zu den möglichen Komplikationen gehören die vorzeitige Plazentalösung, Hypofibrinogenämie, Hämolyse, zerebrale Hämorrhagie, Augenschädigungen, Lungenödem, Veränderungen der Leberzellen, Mangelernährung des Fötus und ein niedriges Geburtsgewicht. Als schwerste Komplikation einer P. kann es zum Tod von Mutter und Fötus kommen.
🇬🇧 preeclampsia

Präexzitation. (Antesystolie). Vorzeitige Aktivierung eines Teils des ventrikulären Herzmuskels (Myokard), wenn der aktivierende Impuls über die normalen Bahnen verläuft und eine normale Verzögerung im → Atrioventrikularknoten (AV-Knoten) erfährt. Das Ausmaß der P. wird durch die Geschwindigkeit bestimmt, mit der ein Impuls durch das Vorhofgewebe und die anschließenden Bahnen oder den AV-Knoten läuft.
[*lat.:* prae, vor; excitare, antreiben]
🇬🇧 preexcitation

P

Pragmatismus. Philosophie, die sich auf problemorientierte praktische Handlungen und realitätsbezogene praktische Ergebnisse im Gegensatz zu Theorien und Spekulationen stützt. – *adj.* pragmatisch.
[*griech.:* pragma, Tat]
🇬🇧 pragmatism

präkanzerös. (präkarzinomatös). Zum Stadium eines abnormen Gewebewachstums gehörend, aus dem sich möglicherweise ein maligner Tumor entwickeln kann.
🇬🇧 precancerous

Präkardialschmerz. Schmerz in der Thoraxwand im Bereich vor dem Herzen.
🇬🇧 precordial pain

präklinisch. Phase einer Krankheit, in der aufgrund fehlender oder noch nicht ausreichend entwickelter Anzeichen und Symptome noch keine definitive Diagnose getroffen werden kann.
🇬🇧 preclinical

präkordial. Zum → Präkordium gehörend, das den Bereich vor dem Herzen und den unteren Teil des Brustkorbs bildet.
[*lat.:* prae, vor; cor, Herz]
🇬🇧 precordial

Präkordium. Bereich der vorderen Thoraxwand, der vor dem Herzen und über dem Oberbauch (Epigastrium) liegt.
[*lat.:* prae, vor; cor, Herz]
🇬🇧 precardium

prämaligne. Noch nicht bösartig entartet.
🇬🇧 premalignant

Prämaturität. Ereignis, das vor der normalen oder erwarteten Zeit auftritt, z.B. Frühgeburt; dabei hat sich noch keine vollständige Entwicklung oder Reifung vollzogen. – *adj.* prämatur.
[*lat.:* praematurus, zu früh]
🇬🇧 prematurity

Prämedikation. 1. Sedativa, Tranquilizer, Hypnotika oder Anticholinergika, die vor einer Narkose verabreicht werden. Die Wahl der Arzneimittel hängt u.a. vom Alter und körperlichen Zustand eines Patienten und der jeweiligen operativen Maßnahme ab. Durch die P. kann der Bedarf an Anästhetika während der Operation gesenkt werden. 2. Verabreichung der genannten Medikation.
[*lat.:* prae, vor; medicare, heilen]
🇬🇧 premedication

prämenopausal. Vor dem Beginn der › Menopause auftretend.
[*lat.:* prae, vor; mensis, Monat; *griech.:* pauein, aufhören]
🇬🇧 premenopausal

prämenstruell. Vor Beginn der monatlichen → Menstruation auftretend.
[*lat.:* prae, vor; menstrualis, monatlich]
🇬🇧 premenstrual

prämortal. Vor dem Tod auftretend.
[*lat.:* prae, vor; mors, Tod]
🇬🇧 premortal

pränatal. Vor der Geburt auftretend oder bestehend. Der Begriff bezieht sich sowohl auf die Pflege der Frau während der Schwangerschaft als auch auf Wachstum und Entwicklung des Fötus. (→ pränatale Entwicklung)
[*lat.:* prae, vor; natus, Geburt]
prenatal

Pränataldiagnostik. Diagnostische Techniken, mit denen bestimmt werden kann, ob ein sich in der Gebärmutter entwickelnder Fötus genetische Störungen oder andere Abnormitäten aufweist. Zu den Maßnahmen gehören Röntgen und Ultraschall, mit denen das fötale Wachstum und strukturelle Fehlentwicklungen entdeckt werden können. Mit einer Fruchtwasseruntersuchung (Amniozentese) wird Fruchtwasser zur biochemischen Untersuchung auf metabolische Störungen und für eine Chromosomenanalyse entnommen. Eine Fetoskopie ermöglicht die Entnahme von Fötalblut aus einem Blutgefäß der Plazenta; damit können Störungen wie Thalassämie, Sichelzellenanämie und Duchenne-Muskelatrophie festgestellt werden.
prenatal diagnosis

Pränatale Pflege. → Pflegeintervention der → NIC, die definiert wird als die Überwachung und der Umgang mit Patientinnen während der Schwangerschaft zur Vorbeugung gegen Schwangerschaftskomplikationen und zur Förderung eines gesundes Resultats für Mutter und Säugling.
Prenatal Care

prandial. Zu einer Mahlzeit gehörend, z.B. davor (präprandial) oder danach (postprandial) stattfindend.
[*lat.:* prandium , Mahlzeit]
prandial

präoperativ. Zu der Phase vor einer Operation gehörend; normalerweise beginnt die p.e Phase mit den ersten Vorbereitungen des Patienten auf eine bevorstehende Operation, z.B. mit der Einstellung der Nahrungsaufnahme mehrere Stunden vorher. Diese Phase endet mit der Einleitung der Narkose im Operationssaal. (s.a. postoperativ)
[*lat.:* prae, vor; operari, arbeiten]
preoperative

Präoperative Koordination. → Pflegeintervention der → NIC, die definiert wird als die Unterstützung der diagnostischen Untersuchung und Vorbereitung von chirurgischen Patienten vor einer Operation.
Preoperative Coordination

präparieren. Auftrennung von Gewebeschichten zur visuellen bzw. mikroskopischen Erforschung des Gewebes.
[*lat.:* dissecare, auseinanderschneiden.]
dissect

präpartal. Vor einer Entbindung oder Geburt stattfindend.
prepartum

präpatellar. Zum Bereich vor der Kniescheibe (→ Patella) gehörend.
[*lat.:* prae, vor; patella, kleine Scheibe]
prepattelar

präprandial. Vor einer Mahlzeit stattfindend.
[*lat.:* prae, vor; prandium, Mahlzeit]
preprandial

Präpubertät. Die Zeit direkt vor der → Pubertät, die etwa 2 Jahre andauert; sie ist durch vorbereitende körperliche Veränderungen gekennzeichnet, z.B. durch verstärktes Wachstum und Erscheinen der sekundären Geschlechtsmerkmale, die zur Geschlechtsreife führen. – *adj.* präpuberal.
[*lat.:* prae, vor; pubertas, Reife]
prepuberty

Präputium. (→ Vorhaut)
prepuce

prärenal. 1. Zum Bereich vor den Nieren gehörend. 2. Zu den Ereignissen gehörend, die vor der Niere auftreten.
[*lat.:* prae. vor; ren, Niere]
prerenal

P

präsenil. Zu der Zeit vor dem Greisenalter (Senium) gehörend.
[*lat.:* prae, vor; senex, alt]
presenile

Präsenz. → Pflegeintervention der → NIC, die definiert wird als das Zusammensein mit anderen Personen, wenn diese es brauchen.
Presence

präsynaptisch. In der Nähe oder vor einer → Synapse liegend.
[*lat.:* prae, vor; *griech.:* synaptein, verknüpfen]
presynaptic

Präsystole. Intervall eines Herzzyklus direkt vor der → Systole. – *adj.* präsystolisch.
[*lat.:* prae, vor; *griech.:* systole, Kontraktion]
presystole

Prausnitz-Küstner-Versuch. Hauttest, mit dem die Präsenz von Immunoglobulin E nachgewiesen werden kann. Wegen des Risikos der Übertragung von Hepatitis oder AIDS, weil bei seiner Anwendung einem Probanden das Blut eines Patienten mit einer Allergie eingespritzt wird, verzichtet man heute auf die Durchführung dieses Tests.
[C. Prausnitz, deutscher Hygieniker, 1876–1963; H. Küstner, deutscher Gynäkologe, 1897–1963.]
Prausnitz-Küstner (PK) test

P

Prävalenz. (Epidemiologie) Anzahl aller neuen und bekannten Fälle einer Erkrankung oder Häufigkeit bestimmter Merkmale zu einem bestimmten Zeitpunkt oder während einer festgelegten Phase. (s.a. Inzidenz)
[*lat.:* praevalentia, starke Kraft]
prevalence

Prävention. Maßnahmen, die darauf gerichtet sind, eine Krankheit zu verhindern und die Gesundheit zu fördern, um den Bedarf an sekundärer und tertiärer Gesundheitspflege zu minimieren. Dazu gehören die frühe Diagnose von Krankheiten, die Bestimmung von Personen, die besonders gefährdet sind, bestimmte Probleme zu entwickeln, Beratung und andere erforderliche Interventionen, um vor einem Gesundheitsproblem zu warnen, Ermutigung zu Veränderungen des Lebensstils und Verhinderung der weiteren Verschlechterung bestehender Einschränkungen. Zu den präventiven Behandlungen zählen darüber hinaus Impfungen, Hygienemaßnahmen, das Einstellen des Rauchens, regelmäßiger Sport, angemessener Schlaf, die Korrektur angeborener Anomalien und Vorsorgeuntersuchungen zur Entdeckung von präklinischen Anzeichen bestimmter Störungen. – *adj.* präventiv.
[*lat.:* praevenire, zuvorkommen]
prevention

Prävention, tertiäre. Ebene der vorbeugenden Medizin, auf der man sich mit der Rehabilitation eines Patienten befasst. Dabei soll der Patient seine ursprüngliche maximale Leistung bei minimalem Rückfallrisiko in die körperliche oder geistige Erkrankung erlangen.
tertiary prevention

Prazepam. Arzneimittel, das als → Anxiolytikum und → Tranquilizer eingesetzt wird und ein Derivat der → Benzodiazepine ist. P. wird zur Behandlung oder kurzfristigen Linderung von Angstzuständen eingesetzt.
prazepam

Präzipitation. (Sedimentation). Prozess, bei dem feste Partikel einer Lösung ausgefällt werden, so dass sie von den anderen, ungelösten Substanzen isoliert werden können.
precipitation

präzipitieren. (→ ausfällen)
precipitate

Präzipitin. → Antikörper, der die Bildung eines unlöslichen Komplexes verursacht, wenn er mit einem spezifischen löslichen Antigen kombiniert wird.
precipitin

Prazosin. → Antihypertonikum und Alpharezeptorenblocker, der zur Behandlung

von Hypertonie oder zur Senkung der Nachlast bei Cor pulmonale verabreicht wird. Es kann zu akuten Blutdruckabfällen, Tachykardie und Wasser- oder Elektrolytstörungen kommen; deshalb müssen bei der Verabreichung Blutdruck und Puls regelmäßig kontrolliert und eine Ein- und Ausfuhrkontrolle vorgenommen werden.
prazosin hydrochlorid

Prednisolon. → Glukokortikoid, das zur Behandlung von Entzündungen der Haut, der Bindehaut (Konjunktiva) und der Hornhaut (Kornea) sowie zur Immunsuppression eingesetzt werden kann.
prednisolone

Prednison. → Glukokortikoid, das gegen schwere Entzündungen und zur Immunsuppression eingesetzt wird. P. ist viermal wirksamer als → Kortison, ohne den Elektrolyt- und Wasserhaushalt wesentlich zu beeinflussen.
prednison

Presbyakusis. (Altersschwerhörigkeit). Hörschwäche oder Hörverlust in Abhängigkeit vom Alterungsprozess.
[*griech.:* presbys, alt; acousis, Hören]
presbyacusis

Presbykardie. (Altersherz). Unphysiologischer Zustand des Herzens, der insbesondere ältere Menschen betrifft und in Verbindung mit Herzinsuffizienz kombiniert mit anderen Komplikationen steht, z.B. Fieber, Anämie, leichte Schilddrüsenüberfunktion und überschüssige Flüssigkeitszufuhr. Eine P. kann mit einer verminderten Elastizität der Herzmuskulatur und leichten fibrösen Veränderungen der Herzklappen einhergehen, die eigentliche Ursache für diese Veränderungen ist jedoch nicht bekannt.
[*griech.:* presbys, alt; kardia, Herz]
presbycardia

Presbyopie. (Alterssichtigkeit). Entwicklung einer Weitsichtigkeit, die durch einen Elastizitätsverlust der Linsen des Auges verursacht wird; die P. tritt häufig während des Alterungsprozesses auf.
[*griech.:* presbys, alt; ops, Auge]
presbyopia

Pressorezeptor. (→ Mechanorezeptor)
mechanoreceptor

Presswehen. Die Wehen in der zweiten Phase der Geburt (Austreibungsphase), mit deren Hilfe unter Mitwirkung der Bauchpresse der Kopf des Kindes herausgepresst wird.
bearing down pains

Priapismus. Unphysiologischer Zustand der verlängerten oder konstanten Peniserektion, die oft schmerzhaft ist und selten in Verbindung mit sexueller Erregung steht. Ursache kann ein Stein in den Harnwegen oder eine Läsion innerhalb des Penis oder des Zentralnervensystems sein.
[*griech.:* Priapos, altgr. Fruchtbarkeitsgott; auch: männliches Glied]
priapism

Prilocain. → Lokalanästhetikum aus der Familie der Amide, das für Nervenblockaden sowie für Epidural- und Regionalanästhesien verwendet wird; P. wird nicht für eine spinale oder äußerliche Lokalanästhesie benutzt.
prilocaine hydrochloride

Primaquin. → Chemotherapeutikum, das zur Behandlung von Malaria und zur Vorbeugung gegen Rückfälle während der Genesung von einer Malaria verabreicht wird.
primaguine phosphate

primär. 1. Erste Position einer Zeit, eines Ortes, einer Entwicklung oder Relevanz. 2. Nicht von einer anderen Quelle oder Ursache abstammend, insbesondere die ursprünglichen Bedingungen und Symptome eines Krankheitsprozesses, z.B. Primärinfektion oder Primärtumor. 3. Die erste und einfachste Verbindung einer verwandten Reihe, die durch den Ersatz von einem oder mehreren Atomen oder einer Gruppe in einem Molekül gebildet wird.
[*lat.:* primus, erster]
primary

Primäraffekt. Geschwür oder Wunde, die sich am Ort der Inokulation einer Erkrankung entwickelt, insbesondere bei Syphilis.
primary lesion

Primärprävention. Programm von Aktivitäten, das auf die Verbesserung des allgemeinen Wohlbefindens gerichtet ist, wozu auch ein spezieller Schutz gegenüber bestimmten Krankheiten gehört, z.B. Impfung gegen Masern.
primary prevention

Primärprozess. (Primärvorgang). (Psychoanalyse nach Freud) Unbewusste Prozesse, die vom ES stammen und Gesetzen gehorchen, die sich von denen des ICH unterscheiden. Diese Prozesse treten in der am wenigsten verhüllten Form in der frühen Kindheit und in den Träumen von Erwachsenen auf.
primary process

Primärsymptom. Vom Patienten gemachte, subjektive Beschreibung der hauptsächlichen bzw. schwersten Krankheitssymptome bzw. Anzeichen einer bestimmten Krankheit oder Dysfunktion.
chief complaint (CC)

P

Primärtherapie. (Urschreitherapie). Richtung der Psychotherapie, die von Arthur Janov entwickelt worden ist und sich auf den unterdrückten und verdrängten Schmerz aus dem Kleinkindalter oder während der Kindheit konzentriert. Ziel der Therapie ist es, dass Patienten dazu bewegt werden, sich ihren Angstabwehrmechanismen zu stellen und »frei« zu werden.
primal scream therapy

Primärtuberkulose. Form der → Tuberkulose, die in der Kindheit auftritt und meist die Lungen, die hinteren Rachenräume, selten auch die Haut befällt. Säuglinge besitzen nur wenig Resistenz gegen diese Krankheit, werden leicht infiziert und sind besonders anfällig für die schnelle und ausgedehnte Verbreitung der Infektion über den ganzen Körper. In der Kindheit verläuft diese Erkrankung meist kurz, ist gutartig und zeigt sich mit einer regionalen Lymphadenopathie, Verkalkung der Tuberkel und einer bleibenden Immunität.
primary tuberculosis

Primärtumor. Neoplasma (Erstgeschwulst), das an einer bestimmten Stelle erstmalig auftritt. (s.a. Metastase)
primary tumor

Primary nursing. System der professionellen Pflege, bei dem ein Patient für die gesamten 24 Stunden eines Tages von einem verantwortlichen Pflegenden betreut wird, der die versorgenden Pflegenden anweist und koordiniert. Die Primary nurse plant den zeitlichen Ablauf aller Untersuchungen, Maßnahmen und täglichen Aktivitäten und pflegt den Patienten persönlich, wenn sie im Dienst ist. In akuten Fällen (Intensivstation) ist die Primary nurse nur für einen einzigen Patienten zuständig, in weniger akuten Fällen (Allgemeinstation) können ihr drei oder mehr Patienten zugewiesen werden.
primary nursing

Primat. Mitglied der biologischen Ordnung von Tieren der Klasse der Wirbeltiere. Zu den P.en gehören Halbaffen, Affen und Menschen. Die P.en haben üblicherweise ein großes Gehirn, zweiseitiges (binokulares) Sehvermögen, sowie Hände und Füße, die zum Greifen entwickelt sind.
[*lat.:* primus, erster]
primate

Primidon. → Antikonvulsivum, das zur Behandlung von Krampfanfällen eingesetzt wird, einschließlich Grand mal, psychomotorischen und fokalen epilepsieartigen Anfällen.
primidone

Primipara. (Erstgebärende). Frau, die ihr erstes Kind zur Welt bringt.
[*lat.:* primus, erster; parere, gebären]
primipara

primitiv. 1. Unentwickelt, undifferenziert, rudimentär, wenig oder keine Evolution aufzeigend. 2. Embryonal, im frühen Sta-

dium der Entwicklung, in einer frühen oder einfachen Form existierend.
primitive

Primitivreflex. Normaler Reflex beim Säugling oder Fötus; tritt jedoch beim Erwachsenen ein P. auf, spricht dies für eine schwere neurologische Erkrankung. Zu den P.en gehören Greifreflex, Moro-Reflex und Saugreflex.
primitive reflex

primordial. 1. Merkmal eines stark unentwickelten oder primitiven Zustandes, insbesondere von Zellen und Geweben, wie sie in den frühen Phasen der embryonalen Entwicklung existieren. 2. Erstes oder ursprüngliches Merkmal.
[*lat.:* primordium, Ursprung]
primordial

Primordialfollikel. Ursprüngliche Erscheinungsform einer Eizelle in der Keimschicht des Eierstocks (Ovarium).
primordial follicle

Prinzip. 1. Leitgedanke, allgemeine Wahrheit oder etablierte Handlungsregel. 2. Ursprüngliche Quelle oder Element, von dem eine Entwicklung ausgeht. 3. Gesetz, auf dem andere gründen oder von dem andere abgeleitet werden.
[*lat.:* principium, Grundlage]
principe

Prion. Verschiedene Formen von Eiweißpartikeln, die für ansteckende neurodegenerative Krankheiten verantwortlich sind, z.B. Creutzfeldt-Jakob-Krankheit. Da den P.en eine erkennbare Nukleinsäure fehlt, werden sie nicht durch die üblichen Vorgänge bei der Zerstörung von Viren inaktiviert; sie lösen auch keine Immunreaktion aus.
prion

Prisma. 1. Kristallfläche, die nur zwei Achsen schneidet und zur dritten parallel verläuft. 2. Körper mit paralleler, kongruenter Grund- und Deckfläche, der von ebenen Flächen begrenzt ist. 3. Zahnschmelzprisma, das aus kleinen dichten, zur Zahnoberfläche senkrecht stehenden Fasern besteht.
prism

Privatsphäre. Kulturspezifisches Konzept, das das Ausmaß der persönlichen Verantwortung gegenüber anderen Personen bei der Regulation von Verhaltensweisen definiert, die als aufdringlich angesehen werden. Solche, die P. regulierende Mechanismen sind äußerliche Abgrenzungen (z.B. geschlossene Türen oder zugezogene Vorhänge um ein Krankenbett) oder zwischenmenschlicher Art (leises Sprechen und Unterlassen des Rauchens).
privacy

PRL. Abkürzung für → Prolaktin.
PRL

Pro-Drug. Inaktives oder nur teilweise aktives Arzneimittel, das erst im Körper metabolisch in ein aktives Medikament umgewandelt wird.
prodrug

Proben. (→ Untersuchungsmaterial)
specimen

Problem. Jeder Zustand des Gesundheitszustandes, der eine diagnostische, therapeutische oder erzieherische Handlung erfordert. Ein aktives P. erfordert eine unmittelbare Aktion, während ein inaktives P. in der Vergangenheit aufgetreten ist. Ein subjektives P. wird vom Patienten berichtet, während ein von einem neutralen Beobachter beobachtetes P. als objektiv bewertet wird.
problem

Problemlösungsansatz, der patientenzentrierten Pflege. Konzeptuelles Rahmenwerk, das die offensichtlichen körperlichen Bedürfnisse eines Patienten mit den verdeckten psychischen, emotionalen und sozialen Bedürfnissen verbindet. Dadurch entsteht ein ganzheitliches Modell der Pflege für den Menschen als Individuum und nicht als Beispiel einer medizinischen Diagnose. Die professionelle Pflege wird innerhalb dieses Modells als Problemlösungsprozess betrachtet.
problem-solving approach to patient-centered care

Procain. → Lokalanästhetikum aus der Familie der Ester, das durch Infiltration und Injektion und bei kaudalen, epiduralen und anderen regionalanästhetischen Maßnahmen verabreicht wird. P. wird nicht zur äußerlichen Anästhesie verwendet.
procaine hydrochloride

Procarbazin. → Zytostatikum, das zur Behandlung verschiedener Neoplasmen eingesetzt wird, einschließlich Hodgkin-Krankheit und Lymphomen.
procarbazine hydrochloride

Processus coronoideus mandibulae. Kronenfortsatz des Unterkiefers; Vorwölbung auf der vorderen Seite des Unterkieferastes, mit der die Schläfenmuskeln verbunden sind.
coronoid process of mandible

Processus coronoideus ulnae. Kronenfortsatz der Elle, breiter Vorsprung am proximalen Ende der Elle (Ulna).
coronoid process of ulna

Processus mastoideus. (Warzenfortsatz). Konischer Fortsatz des hinteren unteren Teils des Schläfenknochens, der als Ansatz verschiedener Muskeln dient, z.B. Musculus sternocleidomastoideus, M. splenius capitis und M. longissimus capitis.
mastoid process

Processus xiphoideus. (→ Schwertforsatz)
xiphoid process

Procyclidin. → Anticholinergikum, das zur Behandlung der Parkinson-Krankheit, extrapyramidaler Dysfunktionen und von verstärktem Speichelfluss verwendet wird, der oft Nebenwirkung anderer Medikamente ist.
procyclidine hydrochloride

prodromal. Zu den frühen Symptomen gehörend, die den Beginn einer Krankheit kennzeichnen.
[*lat.:* pro, vor; dromos, Lauf]
prodromal

Prodromalphase. Eindeutige Funktionsverschlechterung vor der aktiven Phase einer mentalen Störung, die nicht auf Stimmungsschwankungen oder psychoaktive Substanzen zurückzuführen ist. (→ prodromal)
prodromal phase

Prodromalsymptom. (Prodrom). Frühsymptom, das das erste Anzeichen des Beginns einer Krankheit sein kann, oder erste Phase in der Entwicklung einer Erkrankung. (→ prodromal)
prodromal symptom

Produktevaluation. → Pflegeintervention der → NIC, die definiert wird als die Bewertung der Effektivität neuer Produkte oder Materialien.
Product Evaluation

Profil. Kurze Darstellung, Diagramm oder Zusammenfassung bestimmter Werte über einen konkreten Zeitraum, z.B. Blutzuckerprofil.
profile

profund(us). Bezeichnung für die Lage von Strukturen, häufig Blutgefäße, die tief im Gewebe liegen.
[*lat.:* tief]
profunda

Progerie. Unphysiologischer angeborener Zustand, der durch eine verfrühte Vergreisung gekennzeichnet ist, die bereits im Kindesalter dazu führt, dass es zu grauen Haaren und runzliger Haut kommt; die betroffenen Patienten sind von kleiner Statur, besitzen kein Scham- oder Barthaar und weisen die Haltung und den Habitus eines Greises auf; es kommt meist früh zum Tod.
[*griech.:* pro, vor; geras, Greisenalter]
progeria

Progesteron. Natürliches, prämenstruell vorhandenes Hormon, das zur Behandlung verschiedener Menstruationsstörungen, von Unfruchtbarkeit in Verbindung mit einer Dysfunktion der Gelbkörperphase und nach wiederholten spontanen Aborten verabreicht wird. P. gehört zu den → Gestagenen, wird im Gelbkörper (Corpus luteum), in der Plazenta und in der Nebennierenrinde gebildet, reguliert die Schwangerschaftsvorgänge und bildet

die Uterusschleimhaut (Endometrium) um.
progesterone

Proglottid. Geschlechtsglied des erwachsenen Bandwurms, das sowohl männliche als auch weibliche Geschlechtsorgane enthält.
[*lat.:* pro, vor; glossa, Zunge]
proglottid

Prognathie. Deutliches Vorstehen des Oberkiefers gegenüber dem Unterkiefer. Diese Bissanomalie kann angeboren sein, durch Daumenlutschen entstehen oder durch einen Engstand der Zähne verursacht werden.
[*griech.:* pro, vor; gnathos, Kiefer]
prognathism

Prognose. Vorhersage des möglichen Ergebnisses einer Erkrankung basierend auf den persönlichen Voraussetzungen eines Patienten und dem üblichen Verlauf dieser Krankheit, der in ähnlichen Situationen beobachtet wurde. – *adj.* prognostisch.
[*griech.:* pro, vor; gnosis, Wissen]
prognosis

prognostizieren. Aus vorliegenden Tatsachen, Anzeichen und Symptomen vorhersagen, welchen Verlauf eine Krankheit nehmen und welches abschließende Ergebnis eintreten könnte.
prognosticate

Programmieren, neurolinguistisches. Kommunikationsansatz, der auf der Konzeptualisierung bestimmter Erfahrungspotenziale von Personen in den unterschiedlichen Bewusstseinsstufen beruht. Dazu gehören verbale und nonverbale Mitteilungen, sensorische Erfahrungen und das Bewusstsein oder die Wahrnehmung von Verhaltensmustern, die beobachtet und erkannt werden können.
neurolinguistic programing

progredient. (→ progressiv)
progressive

Progression. Fortschreitender Prozess einer Erkrankung; z.B. ein karzinogener Prozess, bei dem Zellen genetisch verändert werden, indem die ursprünglichen Zellen einer sekundären (nicht genetischen) Zellvermehrung unterzogen werden, was zu einem unkontrollierten Wachstum führt.
progression

progressiv. (progredient). Eigenschaft eines Krankheitsverlaufs, bei dem die charakteristischen Anzeichen und Symptome immer mehr hervortreten und stärker werden, z.B. bei einer p.en Muskelatrophie.
[*lat.:* progredi, fortschreiten]
progressive

Proinsulin. Einkettiges Eiweißmolekül, das eine Vorform des → Insulins ist.
proinsulin

Projektion. 1. Vorsprung, der nach außen stößt oder herausragt. 2. Wahrnehmung einer Idee oder eines Gedankens als objektive Realität. 3. Unbewusster Verteidigungsmechanismus, der darin besteht, eigene unakzeptable Merkmale, Vorstellungen oder Impulse auf andere Personen zu verlagern. 4. Weiterleitung eines Nervenimpulses.
[*lat.:* proicere, hinauswerfen]
projection

Prokaryont. Kategorie von Lebewesen, die über eine einfache Zellorganisation ohne echten Zellkern verfügen; dazu gehören Bakterien und Blaualgen, deren Kernplasma kein Basisprotein aufweist und nicht von einer Kernmembran umgeben ist. Die P.en können als selbstständige Lebensform gegenüber den → Eukaryonten (Pflanzen und Tiere) angesehen werden.
[*griech.:* protos, zuerst; *lat.:* karyon, Fruchtkern]
prokaryote

Proktalgie. Neurologische Schmerzen im oder um den After und im unteren Rektum.
[*griech.:* proktos, Mastdarm; algos, Schmerz]
proctalgia; proctodynia

Proktitis. Entzündung des Rektums und des Anus, die durch Infektion, Verletzung, Medikamente, Allergien oder Bestrahlungen verursacht wird. Eine P. kann akut

oder chronisch sein und äußert sich durch ein Unwohlsein im rektalen Bereich sowie durch ein häufiges Bedürfnis, Stuhl auszuscheiden, was jedoch nicht möglich ist. Im Stuhl können Eiter, Blut oder Schleim vorhanden sein; es entsteht ein ständiger Stuhldrang (Tenesmus).
[*griech.:* proktos, Mastdarm; itis, Entzündung]
proctitis

Proktokolektomie. Chirurgische Maßnahmen, bei der der Anus, das Rektum und das Kolon entfernt werden. Zur Ausscheidung der Abfallprodukte aus dem Verdauungstrakt wird ein Ileostoma angelegt. Die P. wird z.B. bei einer schweren, unbehandelbaren Colitis ulcerosa durchgeführt.
proctocolectomy

Proktologe. Facharzt, der im Bereich der → Proktologie spezialisiert ist.
proctologist

Proktologie. Bereich der Medizin, der sich mit der Behandlung von Erkrankungen des Kolons, des Rektums und des Anus beschäftigt.
[*griech.:* proktos, Mastdarm; logos, Wissenschaft]
proctology

P

Proktoskop. (Rektoskop). Endoskop, das zur Untersuchung des Rektums und des distalen Teils des Kolons verwendet wird; es besitzt eine Lichtquelle, die auf einem Rohr oder Spekulum angebracht ist.
[*griech.:* proktos, Mastdarm; skopein, anschauen]
proctoscope

Proktoskopie. Untersuchung des Rektums mit einem Endoskop (→ Proktoskop), das durch den Anus eingeführt wird.
proctoscopy

Prolaktin (PRL). Hormon, das im Hypophysenvorderlappen gebildet und ins Blut ausgeschüttet wird. P. wirkt in Verbindung mit Östrogen, Progesteron, Thyroxin, Insulin, Wachstumshormonen, Glukokortikoiden und Plazentalaktogen und stimuliert die Entwicklung und das Wachstum der Milchdrüsen. Nach der Entbindung ist P. zusammen mit den Glukokortikoiden wichtig für die Initiierung und Erhaltung der Milchproduktion.
[*lat.:* pro, vor; lac, Milch]
prolactin (PRL)

Prolaps. (Vorfall). Abfallen, Absinken oder Abgleiten eines Organs aus seiner normalen Position oder Lage im Körper, wobei es zum Hervortreten der Organe aus einer physiologischen Körperöffnung kommen kann, z.B. Uterusprolaps. Ursache eines P.es kann eine Bindegewebeschwäche sein.
[*lat.:* prolapsus, vorgefallen]
prolaps

Proliferation. Reproduktion oder Vermehrung verwandter Formen. Der Begriff wird meist auf die Wucherung von Zellen oder Zysten bezogen. Eine P. kann physiologisch sein, z.B. im Endometrium, oder unphysiologisch etwa im Zusammenhang mit Entzündungen und Geschwüren. – *adj.* proliferativ.
[*lat.:* proles, Nachkommen; ferre, tragen]
proliferation

Proliferationsphase. Phase des → Menstruationszyklus nach der Menstruation. Unter dem Einfluss des follikelstimulierenden Hormons (FSH) aus der Hypophyse produzieren die Eierstöcke (Ovarien) zunehmende Mengen an Östrogen, was dazu führt, dass die Uterusschleimhaut dichter und stärker mit Gefäßen durchzogen wird; gleichzeitig reift im Eierstock ein neuer Follikel.
proliferative phase

proliferieren. Durch Vermehrung von Zellen verstärkt wachsen oder wuchern.
[*lat.:* proles, Nachkommen; ferre, tragen]
proliferate

Promethazin. → Phenothiazin- → Antiemetikum, → Antihistaminikum, → Sedativum, und → Neuroleptikum, das zur Behandlung von Reisekrankheit, Übelkeit, Rhinitis, Juckreiz und Hautausschlägen sowie als Zusatz zur Anästhesie verwendet wird.
promethazine hydrochloride

prominent. Hervorspringend, vorragend.
[*lat.:* prominere, herausragen]
🇬🇧 prominent

Promotor. 1. (Molekulargenetik) Desoxyribonukleinsäure-(DNS)-Sequenz, die die Ribonukleinsäure-(RNS)-→ Transkription dem genetischen Code entsprechend initiiert. 2. Karzinogener Faktor, der Zellen, die durch Initiatoren verändert worden sind, anregt, sich schneller als normal zu vermehren, was die Wahrscheinlichkeit einer malignen Entartung erhöht.
[*lat.:* promovere, vorwärtsbewegen]
🇬🇧 promotor

Promyelozyt. Große, mononukleare Blutzelle, die einen einzelnen regulären, symmetrischen Kern und wenige undifferenzierte zytoplasmatische Körnchen enthält.
🇬🇧 promyelocyte

Pronation. Drehung einer Extremität um ihre Längsachse einwärts oder nach innen. (s.a. Supination)
[*lat.:* pronare, vorwärts neigen]
🇬🇧 pronation

Pronephros. Vorform der Niere bei einem sich entwickelnden Embryo.
[*griech.:* pro, vor; nephros, Niere]
🇬🇧 pronephros

pronieren. Eine Extremität nach innen drehen. (s.a. supinieren)
[*lat.:* pronare, vorwärts neigen]
🇬🇧 pronate

Propagation. Der Prozess des Ausbreitens oder des Verursachens einer Ausbreitung, z.B. P. von Erregern.
[*lat.:* propagare, ausbreiten]
🇬🇧 propagation

Propansäure. (→ Propionsäure)
🇬🇧 propionic acid

Prophase. Erste von vier Phasen der Zellteilung bei einer Mitose und bei jeder Phase der beiden Teilungen einer Meiose.
[*griech.:* pro, vor; phasis, Erscheinung]
🇬🇧 prophase

prophylaktisch. Die Entstehung oder Ausbreitung einer Erkrankung verhindernd, indem vorbeugende Maßnahmen ergriffen werden.
[*griech.:* prophylax, vorbeugender Schutz]
🇬🇧 prophylactic

Prophylaxe. Prävention oder Schutz vor einer Krankheit, wozu häufig der Einsatz von biologischen, chemischen oder mechanischen Hilfsmitteln gehört, mit denen das Eindringen infektiöser Organismen verhindert oder diese zerstört werden. In der Pflege spielen P.n eine wesentliche Rolle, um mögliche Komplikationen oder Zusatzerkrankungen zu verhindern, indem Vorsorge getroffen und Gesundes erhalten wird; z.B. → Pneumonieprophylaxe, → Dekubitusprophylaxe oder → Thromboseprophylaxe.
🇬🇧 prophylaxis

Propionazidämie. Erbliche Stoffwechselerkrankung, die dadurch entsteht, dass der Körper die Aminosäuren Threonin, Isoleucin und Methionin nicht verstoffwechseln kann. Es kommt zu Lethargie sowie mentaler und körperlicher Retardation; eine Azidose entsteht infolge der Akkumulation von → Propionsäure im Körper.
🇬🇧 propionicacidemia

Propionibakterium. (Korynebakterium). Gattung unbeweglicher, anaerober grampositiver Bakterien, die sich auf der Haut und im Magen-Darm-Trakt des Menschen sowie im Darm von Tieren und in Milchprodukten finden; z.B. P. acnes in Aknepusteln.
🇬🇧 Propionibacterium

Propionsäure. (Propansäure). Gesättigte Fettsäure, Methylazetatsäure, chemische Komponente des Schweißes. Die P. kann von verschiedenen Bakterienspecies fermentiert werden, z.B. von Propionibakterien. P. kann auch als Konservierungsmittel verwendet werden.
🇬🇧 propionic acid

proportional. In der Beziehung zwischen zwei Mengen ausdrückend, dass die Zu- oder Abnahme der einen Menge immer der der anderen entspricht.
🇬🇧 proportional

und ein potenzieller Hemmstoff für die Thrombozytenaggregation ist.
🇬🇧 prostacyclin

Prostration. Zustand der extremen Erschöpfung und der Unfähigkeit zu anstrengenden körperlichen Aktivitäten.
[*lat.:* prosternere, niederwerfen]
🇬🇧 prostration

Protaminsulfat. → Heparin-→ Antagonist, der aus Fischsperma hergestellt wird. P. vermindert den Antikoagulationseffekt von Heparin oder kehrt ihn um, insbesondere bei einer Heparinüberdosierung.
🇬🇧 protamine sulfate

Protease. → Enzym, das als Katalysator beim Abbau von Peptidbindungen fungiert, welche die Aminosäuren in einem Protein zusammenhalten.
🇬🇧 protease

Protein. (Eiweiß). Große Gruppe natürlich vorhandener organischer Stickstoffverbindungen, die aus langen Kombinationen von → Aminosäuren bestehen, die Kohlenstoff, Wasserstoff, Stickstoff, Sauerstoff und gelegentlich Schwefel, Phosphor, Eisen, Iod oder andere essenzielle Bestandteile lebender Zellen enthalten. Man hat inzwischen 22 für das Wachstum, sowie für Entwicklung und Erhaltung der Gesundheit wesentliche Aminosäuren bestimmen können. Der Körper kann 13 davon synthetisieren (nicht-essenzielle Aminosäuren), während 9 mit der Nahrung aufgenommen werden müssen und als essenziell bezeichnet werden. P.e sind die wichtigste Quelle an Baumaterial für Muskeln, Blut, Haut, Haare, Nägel und die inneren Organe. Sie sind auch Voraussetzung für die Bildung von Hormonen, Enzymen und Antikörpern, können als Wärme- und Energiequelle fungieren und sind ein wesentliches Element bei der Ausscheidung von Abfallprodukten. Eine zu große Zufuhr von P.en kann gelegentlich zu Störungen des Flüssigkeitshaushalts führen. Ein gesunder Erwachsener hat ein Gesamtblutproteinvolumen von 6 bis 8 g/dl.
[*griech.:* proteios, erste Stelle]
🇬🇧 protein

P

Protein, denaturiertes. Protein, dessen ursprüngliche Eigenschaften infolge verschiedener Veränderungen verloren gegangen sind. Proteine können durch Bestrahlung, Hitze, starke Säuren oder Alkohol denaturiert werden.
[*lat.:* de, von, ab, natura, Natur, proteios, erste Stelle.]
🇬🇧 denatured protein

Protein, einfaches. Eiweiß, das bei der Hydrolyse als einziges Produkt Aminosäuren produziert. E. P. sind z.B. Albumine, Globuline, Gluteline, alkohollösliche Proteine, Albuminoide, Histone und Protamine.
🇬🇧 simple protein

Protein C. → Antikoagulans, das die Gerinnungs-Cofaktoren 5 und 8c inaktiviert und die Auflösung (Lyse) einer Verklumpung von Blutzellen (Koagel) durch den Gewebe-Plasminogenaktivator auslöst. (→ Blutgerinnung)
🇬🇧 human protein C

Protein-Energie-Malnutrition. Ernährungsmangelkrankheit, die durch eine zu geringe Aufnahme an Proteinen und/oder Kalorien verursacht wird. Diese Mangelerscheinungen zusammen mit einer Auszehrung sind ein wesentliches Problem der Kinder in der Dritten Welt. (→ Marasmus)
🇬🇧 protein-energy malnutrition (PEM)

Proteinämie. Unphysiologisch hoher Proteinspiegel im Blut. (→ Protein)
🇬🇧 proteinemia

Proteine, komplexe. Proteine mit einem einfachen Protein und mindestens einem Molekül eines anderen Stoffes, z.B. Glykoproteine, Lipoproteine, Nukleoproteine oder Hämoglobin.
🇬🇧 complex protein

Proteinkinase. Enzym, das den Transfer einer Phosphatgruppe von Adenosintriphosphat (ATP) katalysiert und ein Phosphorprotein produziert.
🇬🇧 protein kinase

Proteinose, alveoläre. (Alveolarproteinose). Seltene Lungenkrankheit mit Ansammlung von eiweißhaltiger Flüssigkeit (Plas-

maproteine, Lipoproteine und anderen Blutkomponenten) in den Lungenalveolen.
alveolar proteinosis

Proteinstoffwechsel. Der Prozess, bei dem die Eiweiße (→ Proteine) aus der Nahrung vom Körper genutzt werden, um Gewebeproteine zu bilden; dazu gehören auch die Abbauprozesse von Gewebeproteinen bei der Produktion von Energie. Nahrungseiweiß wird zuerst in Aminosäuren umgewandelt, dann ins Blut absorbiert und anschließend von den Körperzellen verwendet, um neue Proteine zu bilden. Über den Körperbedarf hinaus vorhandene Aminosäuren können von den Leberenzymen in Ketonsäure und Harnstoff umgebildet werden.
protein metabolism

Proteinurie. Ausscheidung von unphysiologisch hohen Mengen an → Proteinen über den Urin, meist in Form von Albumin. Gesunde Erwachsene scheiden weniger als 150 mg Protein täglich aus. Eine dauerhafte P. ist meist ein Anzeichen für eine Nierenerkrankung oder für renale Komplikationen anderer Krankheiten.
proteinuria

protektiv. Andere Personen vor Gefahren oder Verletzungen bewahrend, indem eine sichere Umgebung geschaffen wird.
[*lat.:* protegere, schützen]
protective

Proteolyse. Eiweißverdauung und -abbau; Prozess, bei dem Wasser, das in Berührung mit Peptidbindungen kommt, die Proteinmoleküle in einfachere Substanzen (Aminosäuren) abbaut. Zahlreiche Enzyme oder Bakterien können diesen Prozess katalysieren. – *adj.* proteolytisch.
[*griech.:* proteios, erste Stelle; lysis, Auflösung]
proteolysis

Proteus. Gattung gramnegativer Bazillen, die häufig Verursacher von Krankenhausinfektionen (Nosokomialinfektionen) sind und in Fäzes, Wasser und Schmutz zu finden sind. P. kann Harnwegsinfektionen, Pyelonephritis, Wundinfektionen, Diarrhö, Bakteriämie und einen endotoxischen Schock verursachen.
[*griech.:* Proteus, mythischer Meeresgott, der viele Gestalten annehmen konnte]
Proteus

Prothese. 1. Künstlicher Ersatz eines fehlenden Körperteils, z.B. einer Extremität oder eines Gelenks. 2. Hilfsmittel, das eine Funktionsverbesserung herbeiführen soll, z.B. eine Hörhilfe.
prosthesis

Prothesenpflege. → Pflegeintervention der → NIC, die definiert wird als die Pflege einer vom Patienten getragenen Prothese und Vorbeugung gegen Komplikationen infolge ihrer Anwendung.
Prosthesis Care

Prothrombin. Plasmaprotein, das eine Vorform von → Thrombin ist; es wird in der Leber synthetisiert, wenn ausreichend Vitamin K vorhanden ist. (→ Blutgerinnung)
[*lat.:* pro, vor; *griech.:* thrombos, Klumpen]
prothrombin

Prothrombinzeit. (Thromboplastinzeit (TPZ)). Untersuchung zur Bestimmung von Plasmagerinnungsstörungen des exogenen Systems, die durch einen Mangel der Faktoren II, V, VII oder X verursacht werden. Thromboplastin und Kalzium werden der Plasmaprobe eines Patienten und einer Kontrollperson zugesetzt. Dann wird die Zeit gemessen, bis beide Blutproben geronnen sind, und beide Werte verglichen. (s.a. Quick-Test)
prothrombin time (PT)

Proton. Positiv geladenes Teilchen, das eine grundlegende Komponente der Kerne aller Atome ist. Die Anzahl der P.en in einem Atomkern entspricht der Ordnungszahl des Elements. (s.a. Elektron)
proton

Protoplasma. Lebende Substanz einer Zelle, die im Allgemeinen aus vielzähligen Wassermolekülen, Mineralien und organi-

schen Verbindungen besteht. – *adj.* protoplasmatisch.
[*griech.:* protos, zuerst; plasma, Gebilde]
protoplasm

Protoporphyrin. Form des → Porphyrins, die mit Eisen und Proteinen kombiniert verschiedene wichtige organische Moleküle bildet, z.B. Katalase, Hämoglobin und Myoglobin.
[*griech.:* protos, zuerst; porphyros, purpur]
protoporphyrin

Protozoen (pl.). Einzellige Mikroorganismen; P. sind die niederste Form tierischen Lebens (Urtierchen), jedoch komplexer als Bakterien; sie bilden Organellen aus, die solche Funktionen wie Ernährung, Ausscheidung, Atmung und Verankerung an anderen Objekten oder Organismen ausführen. Etwa 30 P.-Arten sind für den Menschen pathogen und verursachen z.B. Kala-Azar, Malaria und Trichomoniasis.
[*griech.:* protos, zuerst; zoon, Tier]
protozoa

Protrusion. Hervortreten, Vortreibung oder Verlagerung nach außen.
[*lat.:* protrudere, nach vorn drücken]
protrusion

Protuberanz. Knochenvorsprung; anatomische Begrenzung, die als → Projektion oder Schwellung erscheint, z.B. Kinn, Gesäß oder die Wölbung des Stirnknochens über der Augenbraue.
[*lat.:* pro, vor; tuberare, anschwellen]
protuberance

Provitamin. Vorform eines Vitamins. Substanz in bestimmten Nahrungsmitteln, die im Körper in ein → Vitamin umgebildet werden kann, z.B. Betakarotin in Vitamin A.
provitamin

proximal. Näher als andere Körperteile zu einem Referenzpunkt, meist zur Körpermitte, gelegen. (s.a. distal)
proximal

Prozess. 1. Serie von zusammenhängenden Ereignissen, die ausgehend von einem bestimmten Zustand oder einer Bedingung bis zum Abschluss oder zur Lösung in einer kontinuierlichen Reihenfolge stattfinden. 2. Natürlicher Auswuchs, der von einem Knochen zu einem anderen Körperteil reicht. 3. Durchlaufen einer bestimmten Reihe von gegenseitig abhängigen Schritten, z.B. bei der Zubereitung einer chemischen Verbindung.
[*lat.:* processus, Fortgang]
process

Prüfung, kalorische. (Thermische Prüfung). Untersuchungsmethode, bei der der Gehörgang abwechselnd mit warmem Wasser bzw. warmer Luft und kaltem Wasser bzw. kalter Luft gespült wird. Die warme Spülung löst einen rotatorischen Nystagmus in Richtung der gespülten Seite aus. Eine kalte Spülung löst einen rotatorischen Nystagmus in Richtung der nichtgespülten Seite aus. Falls das Vestibulum des Ohres gesund ist, erzeugen sowohl warme als auch kalte Spülungen einen in etwa gleich starken Nystagmus. Falls eine Störung vorliegt, kann die Nystagmusreaktion in abgeschwächter Form auftreten.
caloric test

Prurigo. Gruppe von chronisch entzündlichen Hauterkrankungen, die durch starken Juckreiz und multiple dornförmige kleine Papeln gekennzeichnet sind, die von dünnen Bläschen überzogen werden. Später (meist durch wiederholtes Kratzen) kann es zur Krustenbildung und → Lichenifikation kommen. Zu den Ursachen einer P. zählen Allergien, bestimmte Arzneimittel, endokrine Störungen, maligne Erkrankungen und Parasiten. – *adj.* pruriginös.
prurigo

Pruritus. (Juckreiz). Unangenehme Empfindung, die von einem starken Bedürfnis nach Kratzen begleitet wird. Das Kratzen führt häufig zu Sekundärinfektionen. Zu den Ursachen zählen Allergie, Infektion, Gelbsucht (Ikterus), chronische Nierenerkrankung, Lymphom und Hautreizungen.
[*lat.:* prurire, jucken]
pruritus

Pruritus ani. Meist chronisch vorhandener Juckreiz der Haut um den Anusbereich,

der z.B. durch Candida-Pilze, Kontaktdermatitis, externe Hämorrhoiden, Madenwürmer, Psoriasis und psychogene Krankheiten verursacht wird.
🇬🇧 pruritus ani

Pruritus vulvae. Starker Juckreiz an den äußeren Genitalien der Frau. Dies kann chronisch werden und zu → Lichenifikation, Atrophie und gelegentlich maligner Entartung führen. Zu den Ursachen gehören u.a. Kontaktdermatitis, Lichen sclerosus et atrophicus, psychogener Juckreiz, Trichomoniasis und Kandidiasis.
🇬🇧 pruritus vulvae

pseud(o)-. Vorsilbe mit der Bedeutung »scheinbar, falsch«.
🇬🇧 pseud(o)-

Pseudoarthrose. (Falschgelenk). Gelenk, das sich an der Stelle eines ausgeheilten Knochenbruchs bildet.
🇬🇧 false joint

Pseudobulbärparalyse. Zustand, der einer progressiven → Bulbärparalyse ähnelt, da auch hier eine Sprachstörung (Dysarthrie) und Schluckbeschwerden (Dysphagie) auftreten; die Schwäche der Bulbärmuskeln betrifft bei der P. jedoch die oberen motorischen Neuronen. Ursache können multiple zweiseitige Infarkte der Großhirnrinde (Zerebralkortex) sein. Als Symptome treten u.a. Lähmungen der Gesichts-, Zungen-, Mund- und Rachenmuskulatur auf.
🇬🇧 pseudobulbar paralysis

Pseudodemenz. Syndrom, bei dem jemand eine → Demenz vortäuscht; dies muss sehr sorgfältig von einer Depression oder einer Hysterie differenziert werden.
🇬🇧 pseudodementia

Pseudoencephalitis haemorrhagica. (Wernicke-Syndrom). Nicht-entzündliche, mit Blutung einhergehende Stammhirnerkrankung bei chronischem Alkoholismus und Vitamin B_1-Mangel. Typische Symptome sind Doppeltsehen, unwillkürliche und schnelle Augenbewegungen, verminderte Muskelkoordination und nachlassende geistige Fähigkeiten.
[Karl Wernicke, dt. Psychiater u. Neurologe, 1848–1905]
🇬🇧 Wernicke's encephalopathy

Pseudogravidität. (Scheinschwangerschaft). Zustand, in dem eine Frau überzeugt ist, schwanger zu sein, was jedoch nicht der Realität entspricht. Die Ursache kann psychogener Art, ein Tumor oder eine endokrine Dysfunktion sein.
🇬🇧 pseudocyesis; pseudogravidity

Pseudohermaphroditismus. Zustand, bei dem eine Person die Gonaden des einen Geschlechts trägt und die körperlichen sekundären Charakteristika des anderen besitzt, wobei jedoch das gonadale und das chromosomale Geschlecht übereinstimmen. (→ Hermaphroditismus)
[*griech.:* pseudes, falsch; Hermaphroditos, Sohn des Hermes und der Aphrodite]
🇬🇧 pseudohermaphroditism

Pseudohermaphroditismus, feminius. Kongenitale Gonadenfehlbildung. Ungeachtet der sekundären Geschlechtsmerkmale verfügt die betroffene Patientin über voll ausgebildete Eierstöcke. (→ Pseudohermaphroditismus)
🇬🇧 female pseudohermaphroditism

Pseudohyperparathyreoidismus. Anzeichen einer Hyperkalzämie bei Krebspatienten, obwohl keine primäre Schilddrüsenüberfunktion (→ Hyperparathyreoidismus) oder Knochenmetastasen nachweisbar sind.
🇬🇧 pseudohyperparathyroidism

Pseudoileus. 1. Zustand, der einer intestinalen Obstruktion ähnelt, die durch Lähmung (Paralyse) eines Teils der Darmwand verursacht wird. 2. Adynamische Stuhlverhaltung. (→ Ileus)
🇬🇧 pseudoileus

Pseudokruppatmung. Heiseres Geräusch, das beim Einatmen hörbar ist und durch eine akute Kehlkopfobstruktion verursacht wird.
🇬🇧 crowing inspiration

Pseudolymphom. Gutartige Störung der lymphoiden Zellen oder Histiozyten, ob-

P

wohl sie die klinischen Anzeichen eines malignen → Lymphoms aufweisen.
🇬🇧 pseudolymphoma

Pseudomembran. Membran, die aus koaguliertem Fibrin, Bakterien und Leukozyten besteht und sich als Häutchen im Rachen von Diphtherie-Patienten bildet.
🇬🇧 pseudomembrane

Pseudomembran, diphtherische. Aus koagulierten Fasern, Bakterien und Leukozyten bestehende weiße bzw. gelbgraue Membran mit genau definierten Randregionen. (→ Kehlkopfdiphterie) (s.a. Diphtherie)
🇬🇧 diphtheric membrane

Pseudomenstruation. Blutung aus der Gebärmutter (Uterus), die der Menstruationsblutung ähnelt, aber nicht im Zusammenhang mit den gewöhnlichen Veränderungen im Gewebe des Endometriums steht.
🇬🇧 pseudomenstruation

Pseudomnesie. Gedächtnisstörung, bei der sich eine Person an Ereignisse erinnert, die nicht wirklich stattgefunden haben. (→ Amnesie)
🇬🇧 pseudomnesia

P

Pseudomonas. Gattung gramnegativer Bakterien, zu denen verschiedene freilebende Species in der Erde und im Wasser sowie opportunistische Erreger gehören. P. sind bekannt für ihre fluoreszierenden Pigmente und ihre Widerstandsfähigkeit gegenüber Desinfektionsmitteln und Antibiotika.
[*griech.:* pseudes, falsch; monas, Einheit]
🇬🇧 Pseudomonas

Pseudomyxom. Schleimhaltiges tumorähnliches Gewächs in der Bauchhöhle.
🇬🇧 pseudomyxoma

Pseudoparalyse. Zustand, bei dem eine Person unfähig zu sein scheint, ihre Arme oder Beine zu bewegen, wobei es sich jedoch nicht um eine »echte« Lähmung (→ Paralyse) handelt. Bei Kindern kann dies durch Schmerzen in den Gelenken infolge einer Rickettsienerkrankung oder Skorbut verursacht werden. – *adj.* pseudoparalytisch.
🇬🇧 pseudoparalysis

Pseudopubertät. Erscheinen von somatischen und funktionellen Veränderungen der äußeren Geschlechtsorgane bei einem Kind vor dem tatsächlichen Beginn der → Pubertät.
🇬🇧 pseudopuberty

Pseudostrabismus. Scheinbares Schielen (→ Strabismus), das durch eine Hautfalte über dem unteren Augenlid verursacht wird, was die Sichtweite der Lederhaut (Sklera) auf die Mitte der Regenbogenhaut (Iris) beschränkt.
🇬🇧 pseudostrabismus

Pseudotuberkel. Knötchen, das einem Tuberkulosegranulum ähnelt, aber durch einen anderen Mikroorganismus als das Mycobacterium tuberculosis verursacht wird. (→ Pseudotuberkulose)
🇬🇧 pseudotubercle

Pseudotuberkulose. Lungenerkrankung, deren Symptome einer → Tuberkulose ähneln, jedoch nicht durch das Mycobacterium tuberculosis verursacht werden.
🇬🇧 pseudotuberculosis

Pseudotumor. Scheingeschwulst, die durch eine Schwellung verursacht wird, die aber kein echtes Gewächs mit Gewebeneubildung ist.
🇬🇧 pseudotumor

Pseudozyste. Raum oder Höhle, die Gas oder Flüssigkeiten enthält, wobei keine auskleidende Membran vorhanden ist. P.n treten häufig nach einer Bauchspeicheldrüsenentzündung (Pankreatitis) auf, wenn der Verdauungssaft die normalen Gänge des Pankreas durchbricht und sich in Räumen sammelt, die mit Fibroblasten ausgekleidet sind und an der Oberfläche der angrenzenden Organe liegen. (→ Zyste)
[*griech.:* pseudes, falsch; kystis, Tasche]
🇬🇧 pseudocyst

Psilocybin. Psychedelisches Mittel und aktiver halluzinogener Wirkstoff verschiedener mexikanischer Pilze der Gattung *Psi-*

locybe mexicana. P. kann zu Stimmungs- und Bewusstseinsstörungen führen, die der Wirkung von LSD ähneln. Die Toxizität von P. ist gering, es fällt trotzdem unter das Betäubungsmittelgesetz.
psilocybin

Psittakose. (Papageienkrankheit). Infektionskrankheit, die durch das Bakterium *Chlamydia psittaci* verursacht wird. Es entstehen Symptome, die einer Lungenentzündung ähneln. Die P. wird durch infizierte Vögel, insbesondere Papageien oder Wellensittiche, übertragen. Die klinische Manifestation ist extrem variabel und ähnelt vielen Infektionskrankheiten, wobei fast immer Fieber, Husten, Appetitlosigkeit (Anorexie) und starke Kopfschmerzen vorhanden sind. Unerkannt führt diese Erkrankung zum Tode.
[*griech.:* psittakos, Pagagei; osis, Zustand]
psittacosis

Psoralene (pl.). Pflanzliche Substanzen, die UV-Licht absorbieren und photosensibilisierend wirken. P. können die Zellteilung hemmen und werden vorwiegend bei der Behandlung der → Psoriasis eingesetzt.
psoralens

Psoriasis. (Schuppenflechte). Verbreitete chronische Hauterkrankung, die durch klar abgegrenzte rote Flecken gekennzeichnet ist, die mit dicken, trockenen, silberweißen, anhängenden Schuppen bedeckt sind; nach dem Ablösen der Schuppen kommt es zu punktförmigen Blutungen (sog. blutiger Tau). Die Schuppen entstehen durch eine exzessive Entwicklung von Epithelzellen. Gelegentliche Schübe und Rezidive sind typisch. Die Läsionen können überall auftreten, sind jedoch meist an den Streckseiten der Extremitäten, knochigen Vorsprüngen, Kopfhaut, Ohren, Genitalien und dem perianalen Bereich lokalisiert. Begleitend kann eine Arthritis, insbesondere der distalen kleinen Gelenke, auftreten. – *adj.* psoriatisch.
psoriasis

psych(o)-. Vorsilbe mit der Bedeutung »Seele, Gemüt«.
psych(o)-

Psyche. 1. Der Aspekt der mentalen Fähigkeiten, der bewusste und unbewusste Prozesse umfasst. 2. Die vitale, mentale oder spirituelle Gesamtheit eines Individuums im Gegensatz zu Körper (oder Soma). 3. (Psychoanalyse) Die gesamten Komponenten des Es, Ich und Über-Ich, die alle bewussten und unbewussten Aspekte beinhalten. – *adj.* psychisch.
[*griech.:* Seele]
psyche

psychedelisch. Beschreibung eines mentalen Zustandes, der durch eine veränderte sensorische Wahrnehmung und Halluzinationen in Verbindung mit Euphorie und Angst gekennzeichnet ist und meist durch die bewusste Einnahme von Drogen oder ähnlichen Substanzen (sog. Psychedelika, die unter das Betäubungsmittelgesetz fallen), die bekannterweise diesen Effekt auslösen, z.B. → Meskalin, verursacht wird. (→ Halluzinogene)
psychedelic

Psychiater. Facharzt für → Psychiatrie mit zusätzlicher, medizinisch qualifizierter Ausbildung und Erfahrung in der Diagnose, Vorbeugung und Behandlung von mentalen Störungen.
[*griech.:* psyche, Seele; iatreia, Behandlung]
psychiatrist

Psychiatrie. Bereich der Medizin, der sich mit den Ursachen, Behandlungen und der Vorbeugung von mentalen, emotionalen und verhaltensbezogenen Erkrankungen beschäftigt.
[*griech.:* psyche, Seele; iatreia, Behandlung]
psychiatry

Psychiatrie, biologische. Psychiatrische Richtung, die die physikalischen, chemischen und neurologischen Ursachen und die entsprechenden Behandlungen mentaler und emotionaler Erkrankungen betont.
biologic psychiatry

psychiatrisch. Zur → Psychiatrie und entsprechenden Erkrankungen gehörend.
psychiatric

Psychoanalyse. Bereich der Psychiatrie, der von Sigmund Freud begründet wurde und sich dem Studium der Psychologie der menschlichen Entwicklung und Verhaltensweisen widmet. Aus den systematischen Untersuchungsmethoden von geistigen Prozessen entstand ein System der Psychotherapie, basierend auf dem Konzept des dynamischen Unterbewussten. Die P. unterteilt die Psyche in die Instanzen Ich, Es und Über-Ich, und die Bewusstseinsschichten in bewusst, unbewusst und vorbewusst (d.h. durch Reflexion ins Bewusstsein zu rufen). Mit Hilfe von Techniken wie der freien Assoziation, Traumdeutung und der Analyse von Verteidigungsmechanismen werden Emotionen und Verhaltensweisen auf den Einfluss von unterdrückten instinktiven Trieben im Unterbewusstsein zurückverfolgt. – *adj.* psychoanalystisch.
[*griech.:* psyche, Seele; analyein, in Teile trennen]
psychoanalysis

Psychochirurgie. Chirurgische Durchtrennung bestimmter Nervenbahnen im Gehirn, die durchgeführt wird, um besondere Fälle von chronischen, nicht nachlassenden Angst- oder Unruhezuständen oder obsessiven Neurosen zu behandeln. Psychochirurgische Maßnahmen (z.B. → Lobotomie) werden ausgeführt, wenn Störungen sehr stark ausgeprägt sind und alternative Behandlungsmethoden, wie Psychotherapie, Arzneimittel und Elektroschock sich als ineffektiv erwiesen haben.
psychosurgery

Psychodiagnose. Studium der Persönlichkeit durch Beobachtung von Verhaltensweisen und Angewohnheiten in Kombination mit verschiedenen psychologischen Tests.
psychodiagnosis

Psychodrama. Form der Gruppentherapie (nach J.L. Moreno), bei der Menschen ihre emotionalen Probleme durch improvisatorische Dramatisierungen ausleben.
psychodrama

Psychodynamik. Studium der Kräfte, die das Verhalten motivieren.
psychodynamics

Psychogenie. 1. Entwicklung des Geistes (der Seele), einer mentalen Funktion oder eines mentalen Prozesses. 2. Entwicklung oder Produktion eines körperlichen Symptoms oder einer Krankheit, die einen mentalen oder psychischen Ursprung statt einer organischen Ursache hat. 3. Entwicklung eines emotionalen Zustandes (normal oder unnormal) aus der Interaktion von bewussten und unbewussten psychischen Kräften; z.B. psychogene Schmerzen, die keine erkennbare organische Ursache haben. – *adj.* psychogen.
[*griech.:* psyche, Seele; genesis, Ursprung]
psychogenesis

Psychohygiene. Bestimmung der auslösenden Faktoren seelisch-geistiger Störungen, Untersuchung der Ursachen und Vorbeugung gegen psychische Erkrankungen oder Fehlanpassungen. Eine Maßnahme der P. kann eine Supervision sein.
psychohygiene; mental health

Psychologe. Wissenschaftler, der sich in der Erforschung der Strukturen und Funktionen des Gehirns und der damit zusammenhängenden mentalen Prozesse spezialisiert hat. Ein klinischer P. hat ein Psychologiestudium und eine Ausbildung in klinischer → Psychologie absolviert und führt Untersuchungen und Beratungen für Patienten mit mentalen und emotionalen Problemen durch.
psychologist

Psychologie. 1. Studium des Verhaltens und der bewussten und unbewussten Funktionen und Prozesse des Geistes, insbesondere in Verbindung mit der sozialen und physikalischen Umgebung. 2. Bereich, der die praktische Anwendung von Wissen, Fähigkeiten und Techniken im Zusammenhang mit Verständnis, Prävention oder Lösung von individuellen oder sozialen Problemen umfasst, insbesondere bezüglich der Interaktion zwischen Individuen und ihrer physikalischen und sozialen Umgebung. 3. Mentale, motivations- und verhaltensbezogene Merkmale

und Einstellungen eines Individuums oder einer Gruppe von Individuen. – *adj.* psychologisch.
[*griech.:* psyche, Seele; logos, Wissenschaft]
psychology

Psychologie, analytische. 1. Analyse- und Klassifizierungssystem für Empfindungen und Gefühle, bei dem introspektive Methoden anstelle von experimentellen Methoden angewendet werden. 2. System der Psychoanalyse nach den von C. G. Jung entwickelten Konzepten; es unterscheidet sich von der Psychoanalyse Sigmund Freuds durch ein »kollektives Unterbewusstsein«, dem mystischen, religiösen, die Entwicklung des persönlichen Unterbewusstseins beeinflussenden Faktor. Die Rolle des sexuellen Einflusses auf die frühe emotionale und psychologische Entwicklung ist gering.
analytic psychology

Psychologie, angewandte. 1. Interpretation historischer, literarischer, medizinischer oder anderer Daten gemäß psychologischen Prinzipien. 2. Ein Zweig der Psychologie, der praktische Vorgehensweisen und Methoden erforscht, z.B. klinische Psychologie, Kinderpsychologie und Erziehungspsychologie.
applied psychology

Psychologie der Abnormität. Die Erforschung geistiger Störungen und nichtkonformer Verhaltensweisen, einschließlich → Neurosen oder → Psychosen, sowie normaler Phänomene, die nicht gänzlich verstanden werden, wie z.B. Träume und veränderte Bewusstseinszustände.
abnormal psychology

Psychologie, klinische. Zweig der Psychologie, der sich mit der Diagnose, Behandlung und Verhinderung zahlreicher Persönlichkeits- und Verhaltensstörungen beschäftigt.
clinical psychology

Psychometrie. Entwicklung, Durchführung und Interpretation von psychologischen Tests oder Intelligenztests.
[*griech.:* psyche, Seele; metron, Maß]
psychometrics

Psychomotorik. Willkürliche Bewegungen und körperlich-seelische Bewegungsabläufe, die in Verbindung mit dem physiologischen oder unphysiologischen Geisteszustand eines Menschen stehen. In der P. spiegelt sich die nonverbale Kommunikation wider. (→ psychomotorische Entwicklung) – *adj.* psychomotorisch.
[*griech.:* psyche, Seele; *lat.:* motare, sich bewegen]
psychomotoricity

Psychoneuroimmunologie. Disziplin, die sich mit den gegenseitigen Beziehungen zwischen psychischen Faktoren und Immunreaktionen beschäftigt.
psychoneuroimmunology

Psychoonkologie. Psychische Auswirkungen einer Krebserkrankung, insbesondere der psychosozialen Bedürfnisse des betroffenen Patienten und seiner Angehörigen.
psychooncology

P

Psychopath. Veraltete Bezeichnung für eine Person, die unter Persönlichkeitsstörungen und Anpassungsschwierigkeiten leidet. – *adj.* psychopathisch.
psychopath

Psychopathie. Mentale Erkrankung, die angeboren oder erworben sein kann und nicht notwendigerweise mit einer geringen Intelligenz gleichzusetzen ist, sich jedoch durch von der Norm abweichende Verhaltensweisen darstellt. (→ Persönlichkeitsstörung)
psychopathy

Psychopathologie. 1. Studium der Ursachen, Verläufe und Erscheinungsformen von mentalen Störungen. 2. Verhaltensbezogene Manifestation von mentalen Störungen. – *adj.* psychopathologisch.
psychopathology

Psychopharmaka (pl.). (psychotrope Substanzen). Arzneimittel oder andere Substan-

zen, die eine Wirkung auf das Zentralnervensystem ausüben; z.B. Antidepressiva, Neuroleptika, Tranquilizer, Hypnotika, Psychostimulanzien oder Barbiturate. Der Umgang mit P. muss zurückhaltend erfolgen, da sie in die Psyche eines Patienten eingreifen und Stimmungen, Affektivität und Emotionen beeinflussen.
psychotropic drugs; psychopharmaceutical

Psychopharmakologie. Wissenschaftliche Lehre von der Wirkung psychoaktiver (z.B. dämpfender, stimulierender oder beruhigender) Arzneimittel auf das Verhalten und die normalen oder pathologischen mentalen Funktionen. (→ Psychopharmaka) – *adj.* psychopharmazeutisch.
psychopharmacology

Psychophysik. Bereich der Psychologie, der sich mit den Zusammenhängen zwischen physischen Reizen und sensorischen Reaktionen beschäftigt.
psychophysics

Psychophysiologie. 1. Studium der Physiologie in Verbindung mit den verschiedensten Aspekten der psychologischen oder verhaltensbezogenen Funktionen. 2. Studium der mentalen Aktivitäten durch körperliche Untersuchung und Beobachtung.
psychophysiolgy

Psychoprophylaxe. Form der Psychotherapie, die sich auf die Vorbeugung gegen emotionale Störungen richtet; die P. wird z.B. bei der Vorbereitung einer Entbindung genutzt, um die Ängste einer Frau vor Schmerzen oder einer Erkrankung des Kindes zu verringern.
psychoprophylaxis

Psychose. Mentale Erkrankung organischen oder emotionalen Ursprungs, die durch gravierende Störungen des Realitätsbezugs gekennzeichnet ist. Der Patient wertet den Inhalt seiner Wahrnehmungen und Gedanken falsch aus und stellt falsche Bezüge zur äußeren Realität her, selbst wenn es eindeutige Gegenbeweise gibt. Eine P. geht häufig mit regressivem Verhalten, unangemessenen Stimmungen und Affekten und einer verminderten Impulskontrolle einher. (s.a. Neurose) – *adj.* psychotisch.
[*griech.:* psyche, Seele; osis, Zustand]
psychosis

Psychose, akute. Störung, bei der die Wahrnehmung des Ich entweder verringert oder beeinträchtigt ist; dabei ist die Fähigkeit zur realitätsbezogenen Informationsverarbeitung vermindert oder gestört. Ursächlich kann eine somatische (organbezogen) oder psychische Erkrankung des Patienten sein.
acute psychosis

Psychose, schizoaffektive. Syndrom mit schizoiden Anzeichen und Stimmungsstörungen, das jedoch die → DSM-Kriterien für die eine oder andere Diagnose nicht erfüllt.
schizoaffective disorder

Psychose, traumatische. Psychische Störung infolge einer Kopfverletzung mit Symptomen, die auf ein Hirntrauma hindeuten. Die t. P. wird von einem psychischen Trauma unterschieden, bei dem die Persönlichkeitsschädigung auf ein schlimmes Erlebnis, meist eine Vergewaltigung, zurückgeführt werden kann.
traumatic psychosis

psychosomatisch. Zur Interaktion von Geist oder Psyche und Körper gehörend, hierdurch gekennzeichnet oder daraus resultierend; z.B. p.e Schmerzen, die zum Teil durch psychische Faktoren ausgelöst werden. (→ psychosomatische Medizin)
[*griech.:* psyche, Seele; soma, Körper]
psychosomatic

Psychotherapeut. Spezialist, der eine → Psychotherapie durchführt, z.B. Psychiater, Psychologe, Psychiatriepflegende, psychiatrische Sozialarbeiter und Personen, die eine Ausbildung in psychotherapeutischer Beratung haben.
psychotherapist

Psychotherapie. Bezeichnung für zahlreiche Methoden zur Behandlung von mentalen oder emotionalen Störungen, und zwar mit Hilfe von psychologischen Techniken statt durch physikalische Hilfsmit-

tel; z.B. Suggestion, Hypnose, Psychoanalyse, Gestalttherapie, Musiktherapie, Verhaltenstherapie und Transaktionsanalyse.
[*griech.:* psyche, Seele; therapeia, Behandlung]
🇬🇧 psychotherapy

Psychotherapie, begleitende. Eine Form der Psychotherapie, die sich auf die Verbesserung des allgemeinen seelischen und körperlichen Wohlbefindens konzentiert, ohne fundamentale emotionale Probleme lösen zu wollen. Formen der begleitenden Psychotherapie sind **Musiktherapie**, **Beschäftigungstherapie**, **Physiotherapie** und **Entspannungstherapie**.
🇬🇧 adjunctive psychotherapy

Psychotherapie, unterstützende. Form der Psychotherapie, die sich auf die Förderung von wirksamen Kommunikationsmitteln für Patienten mit Gemütsleiden konzentriert, und weniger auf die psychologische Erforschung des zugrundeliegenden Konflikts.
🇬🇧 supportive psychotherapy

psychotisch. 1. Zu einer → Psychose gehörend. 2. Zum Verhalten einer Person mit den Charakteristika einer Psychose gehörend.
[*griech.:* psyche, Seele; osis, Zustand]
🇬🇧 psychotic

Psychotomimetika (pl.). Arzneimittel oder andere Substanzen, deren Wirkung die Symptome einer Psychose hervorruft, z.B. Halluzinationen. (→ Halluzinogene)
🇬🇧 psychotomimetics

Pt. Symbol für → Platin.
🇬🇧 Pt

PTA. 1. Abkürzung für pharmazeutisch-technischer Assistent. 2. Abkürzung für → perkutane transluminale Angioplastie.
🇬🇧 PTA

PTCA. Abkürzung für → perkutane transluminale koronare Angioplastie.
🇬🇧 PTCA

Pterygium. (Flügelfell). Unphysiologische Hautfalte oder Hautmembran, die sich z.B. als dickes, dreieckiges, blasses Gewebestück von der nasalen Begrenzung der Hornhaut (Kornea) zum inneren Augenwinkel (Kanthus) ziehen kann.
[*griech.:* pterygion, Flügel]
🇬🇧 pterygium

PTH. Abkürzung für → Parathormon.
🇬🇧 PTH

Ptomain. (Leichengift). Unpräziser Begriff, der eine Gruppe von Stickstoffverbindungen bezeichnet, die sich in verwesenden Leichen (Eiweißfäulnis) finden; z.B. → Putrescin.
[*griech.:* ptoma, Leiche]
🇬🇧 ptomaine

Ptose. (Ptosis). Unphysiologischer Zustand, bei dem ein Augenlid aufgrund einer angeborenen oder erworbenen Schwäche des Hebemuskels oder der Lähmung des III. Hirnnervs herabhängt. – *adj.* ptotisch.
[*griech.:* Fall]
🇬🇧 ptosis

Ptyalin. Stärkeverdauendes → Enzym (Alphaamylase), das im Speichel vorhanden ist; es hydrolysiert Stärke und Glykogen.
[*griech.:* ptyalon, Speichel]
🇬🇧 ptyalin

Ptyalismus. Übermäßiger Speichelfluss, der z.B. in den ersten Monaten einer Schwangerschaft oder bei Parkinson auftreten kann oder klinisches Anzeichen einer Quecksilbervergiftung ist.
[*griech.:* ptyalon, Speichel]
🇬🇧 ptyalism

Pu. Symbol für → Plutonium.
🇬🇧 Pu

Pubarche. Beginn der → Pubertät, der durch die Entwicklung von sekundären Geschlechtsmerkmalen gekennzeichnet ist.
[*lat.:* pubes, Schamgegend; *griech.:* arche, Beginn]
🇬🇧 pubarche

Pubertas praecox. (Frühreife). Unphysiologisch frühe Entwicklung der geschlechtlichen Reife, die sich bei Mädchen mit der Entwicklung der Brüste und einem Eisprung bereits vor dem 8. Lebensjahr und bei Jungen mit der Produktion von

P

reifen Spermien vor dem 10. Lebensjahr äußert.
precocious puberty

Pubertät. Die Lebensphase, in der sich die Fortpflanzungsfähigkeit entwickelt. Die inneren Genitalien reifen und die äußeren Geschlechtsmerkmale werden ausgebildet. Die P. beginnt bei Mädchen normalerweise zwischen dem 9. und 13. Lebensjahr in der Phase der → Menarche. Bei Jungen tritt die P. zwischen dem 12. und 14. Lebensjahr auf und ist durch die Fähigkeit zur Ejakulation von Sperma gekennzeichnet. – *adj.* puberal.
[*lat.:* pubertas, Geschlechtsreife]
puberty

Pubes. Scham, Schamgegend, Schambehaarung.
[*lat.:* Schamgegend]
pubis

Public Health. Bereich der Medizin, der sich mit der physischen und psychischen Gesundheit der Bevölkerung beschäftigt, insbesondere mit der Wasserversorgung, Abfallentsorgung und Luftverschmutzung sowie den Sicherheitsbestimmungen für Lebensmittel.
public health

P

Pudendum. Äußere Genitalien, insbesondere der Frau, die den Schamberg, die großen Schamlippen, den Vorhof der Vagina und die vestibularen Drüsen umfassen; beim Mann gehören Penis, Hoden und Hodensack dazu.
[*lat.:* pudere, sich schämen]
pudendum

Pudendusanästhesie. Form der Leitungsanästhesie (in den → Nervus pudendus), um eine Narkose des Perineums zu erreichen, was besonders für die Austreibung in der zweiten Phase einer Entbindung hilfreich ist. Durch eine P. werden Perineum, Vulva, Klitoris, große Schamlippen und der perirektale Bereich betäubt, ohne dass die Muskelkontraktionen des Uterus hierdurch beeinflusst werden.
pudendal block

Puerilismus. Infantiles Verhalten, insbesondere von Erwachsenen, was bei Psychosen oder Schizophrenie u.ä. Erkrankungen auftreten kann. – *adj.* pueril.
[*lat.:* puerilis, kindisch]
puerilism

Puerpera. (Wöchnerin). Frau kurz nach der Entbindung. – *adj.* puerperal.
[*lat.:* puerperium, Entbindung]
puerpera

Puerperalfieber. (Wochenbettfieber/Kindbettfieber). Syndrom in Verbindung mit einer systemischen bakteriellen Infektion und Septikämie, die nach der Entbindung auftritt und meist eine Folge von unsauberen Techniken in der Geburtshilfe ist. Es kann zu Endometritis, Fieber, Tachykardie, Schmerzen im Uterusbereich und übelriechenden → Lochien kommen. Ohne Behandlung kann das P. zur Niereninsuffizienz oder zum bakteriämischen Schock mit Todesfolge fortschreiten. Die ursächlichen Organismen sind meist hämolytische Streptokokken.
puerperal fever

Puerperalsepsis. (Wochenbettsepsis). Infektion, die im Wochenbett (→ Puerperium) auftritt. (→ Puerperalfieber)
puerperal sepsis

Puerperium. (Wochenbett). Die Zeit nach der Entbindung, die etwa 6 Wochen andauert und in der die anatomischen und physiologischen Veränderungen, die eine Schwangerschaft mit sich gebracht hat, zurückgebildet werden und die Wöchnerin sich normalerweise an die neuen oder erweiterten Verantwortlichkeiten der Mutterschaft anpasst.
puerperium

Puffer. Substanz oder Gruppe von Substanzen, die dazu neigen, die Wasserstoffionen-Konzentration in einer Lösung zu steuern, indem sie mit den Wasserstoffionen (Hydrogen-Ionen) eine Bindung eingehen, wenn eine → Säure dem System zugesetzt wird; sie können auch Wasserstoffionen freisetzen, falls eine → Base hinzugefügt wird. P. minimieren größere pH-Wert-Schwankungen in chemischen Systemen. Zu den Funktionen von Puffersystemen gehören die Erhaltung des Säure-

Basen-Gleichgewichts im Blut und ein angemessener → pH-Wert, z.B. in den Nierentubuli. Man unterscheidet Pufferanionen (Bikarbonat-, Protein- und Phosphat-Ionen) und Pufferkationen (Natrium, Kalzium, Kalium und Magnesium).
🇬🇧 buffer

Pulex. Gattung von Menschen- oder Tierflöhen, die u.a. Infektionen wie Pest oder epidemischen Typhus übertragen.
🇬🇧 Pulex

pulmo-. Vorsilbe mit der Bedeutung »Lunge«.
🇬🇧 pulmo-

pulmonal. Zu den Lungen und dem Atemsystem gehörend.
🇬🇧 pulmonary

Pulmonal(klappen)insuffizienz. Unfähigkeit einer Pulmonalklappe, sich richtig zu schließen. Eine P. kann u.a. nach → Endokarditis oder → pulmonaler Hypertension auftreten.
🇬🇧 pulmonary insufficiency

Pulmonalatresie. Angeborener Herzfehler der hinausführenden Gefäße der rechten Kammer (Ventrikel). Eine Form ist eine Verbindung innerhalb der Vorhöfe bei intaktem Ventrikelseptum und bestehendem offenen Ductus arteriosus. Als eine extremere Form stellt sich die → Fallot-Tetralogie dar.
[*lat.:* pulmo, Lunge; *griech.:* a, ohne; tresis, Perforation]
🇬🇧 pulmonary atresia

Pulmonaliskatheter. (→ Swan-Ganz-Katheter)
🇬🇧 Swan-Ganz catheter

Pulmonalklappe. Herzstruktur, die aus drei halbmondförmigen Segeln besteht, die sich während jedes Herzschlags schließen, um zu verhindern, dass Blut aus den Lungengefäßen zurück in die rechte Kammer (Ventrikel) fließt. Die Segel sind durch Öffnungen getrennt, die kleinen Schaufeln ähneln, wenn sie geschlossen und mit Blut gefüllt sind. Diese Segel wachsen aus der Auskleidung des Pulmonalastes hervor.
🇬🇧 pulmonary valve

Pulmonalstenose. Herzerkrankung, die im allgemeinen durch eine konzentrische Hypertrophie der rechten Kammer (Ventrikel) mit einem relativ geringen Anstieg des diastolischen Volumens gekennzeichnet ist. Wenn das Kammerseptum intakt ist, kann die Ursache in einer Klappenstenose und/oder Infundibulumstenose liegen. Es kommt zu einer Druckdifferenz in der Systole zwischen der rechten Kammer und der Pulmonalarterie.
🇬🇧 pulmonary stenosis

Pulpitis. Infektion oder Entzündung des Zahnmarks (→ Zahnpulpa).
[*lat.:* pulpa, Fleisch; *griech.:* itis, Entzündung]
🇬🇧 pulpitis

Puls. 1. Rhythmischer Schlag oder vibrierende Bewegung. 2. Kurze elektromagnetische Welle. 3. Regelmäßige Ausdehnung und Kontraktion einer Arterie, die durch die Druckwellen entstehen, die bei jeder Herzkontraktion durch den Blutausstoß aus der linken Herzkammer verursacht werden. Dieses Phänomen kann leicht auf den oberflächlichen Arterien gefühlt werden, z.B. der Arteria radialis oder carotis, und entspricht jedem einzelnen Herzschlag. Die normale Pulsfrequenz beträgt bei einem Erwachsenen etwa 60 bis 80 Schläge pro Minute, wobei im Verlauf von Anstrengungen, Verletzungen, Krankheiten und emotionalen Reaktionen Fluktuationen entstehen können. – *adj.* pulsierend.
[*lat.:* pulsare, schlagen]
🇬🇧 pulse

Puls, dikroter. (Dikrotie). Puls mit zwei separaten Wellen, wobei die zweite Welle etwas schwächer als die erste Welle ist.
🇬🇧 dicrotic pulse

Puls, fadenförmiger. Schwacher, schwierig zu tastender und häufig sehr schneller Puls. Die Pulsschlagader fühlt sich nicht gut gefüllt an und dies bereitet Schwierigkeiten bei der Auszählung des Pulses.
🇬🇧 thready pulse

Puls, langsamer. Pulsschlag unter 60 Schlägen pro Minute. Ein l. P. ist normal bei äl-

P

teren Menschen, trainierten Sportlern und Patienten, die → Betablocker einnehmen.
slow pulse

Puls, quadrigemischer. Puls, bei dem nach jedem vierten Pulsschlag eine Pause entsteht. (s.a. Herzrhythmusstörung)
quadrigeminal pulse

Puls, trikroter. Abnormer Puls, der bei der Pulsschreibung drei Spitzen aufweist. Die erste Spitze repräsentiert die Druckwelle vom Herzen in der Systole; danach folgen zwei Druckwellen in der Diastole.
tricrotic pulse

Pulsdefizit. Zustand, der auftritt, wenn ein peripherer Puls niedriger als die ventrikuläre Frequenz ist, die bei der Auskultation über der Herzspitze oder im Elektrokardiogramm gemessen worden ist. Dies spricht für einen Mangel an peripherer Perfusion.
pulse deficit

Pulsdruck. Differenz zwischen den systolischen und diastolischen Drücken, die normalerweise 30 bis 40 mmHg beträgt.
pulse pressure

P

Pulsfrequenz. Anzahl der Herzschläge pro Minute, die über der Arteria radialis, carotis, femoralis und pedalis gemessen werden. Normalerweise entspricht die P. dem Herzschlag, der Puls kann jedoch in den verschiedenen Körperbereichen leicht differieren.
pulse rate

pulsieren. Rhythmisch pochen oder vibrieren, z.B. dem Ausdehnungs- und Kontraktionsrhythmus des Herzens entsprechend.
[*lat.:* pulsare, schlagen]
pulsate

Pulsmessung. Palpation (Tasten) des Pulses zum Zählen des Pulses. Die P. dient der Kontrolle des Kreislaufes; wird durch Auflegen vom Zeige- und Mittelfinger an Körperstellen vorgenommen, an denen größere Arterien dicht unter der Hautoberfläche verlaufen; in der Regel an der A. radialis oder auch an der A. femoralis; im Schock bei Zentralisation des Patienten an der A. carotis. Weitere Möglichkeiten: A. temporalis, A. brachialis, A. poplitea, A. tibialis posterior, A. dorsalis pedis.
taking the pulse

Pulsus alternans. → Puls, der durch einen regelmäßigen Wechsel zwischen schwachen und starken Schlägen ohne Veränderung der Zykluslänge charakterisiert ist. Ein P. a. tritt bei Herzmuskelschwäche und dekompensierter Hypertonie auf.
[*lat.:* pulsare, schlagen; alternare, sich abwechseln]
pulsus alternans

Pulsus bigeminus. Unphysiologischer Puls, bei dem zwei Schläge schnell aufeinander folgen, mit einer anschließenden Pause, in der kein Puls zu fühlen ist.
bigeminal pulse

Pulsus celer. (schnellender Puls). Puls, der sich voll und hüpfend anfühlt; wird durch eine verstärkte Herzkontraktion oder ein erhöhtes Volumen des innerhalb der elastischen Strukturen des Gefäßsystems zirkulierenden Blutes verursacht.
bounding pulse

Pulsus paradoxus. Unphysiologische Abnahme des systolischen Drucks und der Pulswellenamplitude während der Einatmung (Inspiration). Bei der Ausatmung wird der Puls dagegen wieder stärker.
pulsus paradoxus

Pulsus parvus et tardus. Schwacher Puls mit niedrigem Druck, der langsam und schleichend zu- und abnimmt; tritt bei einer Aortenstenose auf.
[*lat.:* pulsus, Schlag; parvus, klein; tardus, langsam]
pulsus parvus et tardus

Pulsus tardus. Puls mit einem graduellen Anstieg und Abfall der Amplitude, die langgestreckt und flach ist.
pulsus tardus

Pulver. Arzneimittel, das in einer gleichmäßigen Mischung fein zerstäubt vorliegt.
powder

Punkt, kritischer. Temperatur und Druckverhältnisse, bei denen die Dichte der

flüssigen und gasförmigen Phase einer Substanz, die sich in einem abgeschlossenem System befindet, identisch sind und beide Phasen offensichtlich nicht voneinander getrennt sind.
🇬🇧 critical point

punktieren. Flüssigkeit aus einer kleinen Öffnung absaugen.
🇬🇧 tap

Punktion. Durchstechen der Außenhaut mit einer Nadel oder einem Skalpell, um eine Körperflüssigkeit aus einem Organ oder einer Körperhöhle zu entnehmen, z.B. → Pleurapunktion.
🇬🇧 puncture

Punktion, subdurale. Das Eindringen mit einer Nadel in den Bereich zwischen der → Dura mater und der → Arachnoidea, um entweder diagnostische oder therapeutische Medikamente zu injizieren bzw. Blut oder andere Flüssigkeit zu entnehmen.
🇬🇧 subdural puncture

Pupille. Zirkuläre Öffnung der Regenbogenhaut (Iris) des Auges, die etwas seitlich zum Zentrum der Iris liegt. Die P. befindet sich hinter der Hornhaut (Kornea) und der vorderen Augenkammer und vor der Linse. Ihr Durchmesser variiert mit der Kontraktion und Entspannung der Muskelfasern der Iris, wenn sich das Auge an Lichtveränderungen anpasst, sowie im Zusammenhang mit emotionalen Zuständen und autonomen Stimulationen. – *adj.* pupillar.
[*lat.:* pupilla, Augapfel]
🇬🇧 pupil

Pupillenreflex, retrobulbärer. Abnorme Reaktion der Pupille auf Licht. Nach anfänglicher Verengung der Pupille erweitert sich diese wieder bei anhaltendem Reiz. Dies ist ein Zeichen einer retrobulbären Neuritis.
[*lat.:* retro + bulbus oculi, hinter dem Augapfel gelegen]
🇬🇧 retrobulbar pupillary reflex

Pupillenstarre. (Pupillenstarre). Augenerkrankung, bei der sich die Pupille bei Stimulation weder erweitert (dilatiert) noch zusammenzieht (kontrahiert). Ursache sind Adhäsionen, die zu einer Verklebung von Netzhaut und Linse bzw. zu einer Beeinträchtigung der Netzhautnerven infolge von akutem Glaukom führen.
🇬🇧 fixed pupil

Purin. Substanz einer großen Gruppe von Stickstoffverbindungen. P.e sind Bausteine der → Purinbasen und werden als Endprodukte der Verdauung bestimmter Eiweiße in der Nahrung produziert oder in einigen Fällen vom Körper synthetisiert; sie sind darüber hinaus in vielen Medikationen und anderen Substanzen enthalten, z.B. in Coffein, Theophyllin und verschiedenen Diuretika, Muskelrelaxanzien und Myokardstimulanzien.
[*lat.:* purus, rein; urina, Urin]
🇬🇧 purine

Purinbase. Purinderivat, das am Aufbau von Nukleinsäuren beteiligt und in Ausscheidungsprodukten enthalten ist; dazu gehören Adenin, Guanin, → Purin, Hypoxanthin, Xanthin und Harnsäure.
🇬🇧 purine base

Purkinje-Fasern. Fasern des Herzmuskels (Myokard), die die Endaufzweigung der → Tawara-Schenkel bilden und an der Erregungsleitung beteiligt sind.
[J.E. Purkinje, tschechischer Physiologe, 1787–1869]
🇬🇧 Purkinje´s fibers

Purkinje-Zellen. Große Nervenzellen (→ Neuronen), die als die einzigen → efferenten Fasern die Kleinhirnrinde (zerebellarer Kortex) verlassen, nachdem der Kortex sensorische und motorische Impulse aus dem restlichen Nervensystem weitergeleitet hat.
🇬🇧 Purkinje´s cells

Purpura. Blutungsstörungen infolge von Blutgerinnungsproblemen, die durch Blutungen (Hämorrhagien) in das Gewebe gekennzeichnet sind, insbesondere in Haut oder Schleimhäute, und flächenhafte Blutergüsse (Ekchymosen) oder punktförmige Blutungen (Petechien) bilden.
[*lat.:* purpur]
🇬🇧 purpura

P

Purpura allergica. Chronische Hauterkrankung mit Urtikaria, Erythem, Asthma sowie Gelenkrheumatismus. Im Gegensatz zu anderen → Purpura-Formen sind die Thrombozytenzahl, Blutungszeit und Blutgerinnung normal.
[*griech.:* allos, anderer; ergein, arbeiten; *lat.:* purpura, violett]
allergic purpura

Purpura senilis. Hautzustand älterer Menschen, der durch brüchige Gefäßwände gekennzeichnet ist, die bei der geringsten Verletzung reißen und Blutungen verursachen. (→ Purpura)
purpura senile

purulent. Eiter produzierend oder enthaltend.
[*lat.:* purulentus, eitrig]
purulant

Purulenz. Produktion oder Absonderung von → Eiter.
[*lat.:* purulentus, eitrig]
purulence

Pus (pl. Pura). (→ Eiter)
pus

Pustel. (Pustula). Kleine, klar begrenzte Erhebung der Haut, die eine purulente Flüssigkeit (→ Eiter) enthält. – *adj.* pustulär.
pustule

Putamen. (Schalenkern). Basalganglion in der grauen Hirnsubstanz; äußere Hülle des Linsenkerns (Nucleus lentiformis), der seitlich des Pallidum (Globus pallidus) zu finden ist. Das P. gehört zum Streifenkörper (Corpus striatum) und ist mit den Suppressionszentren des Kortex verbunden und bewirkt dadurch eine Hemmung der Bewegung.
[*lat.:* Hülse]
putamen

Putrefaktion. (Putreszenz/Fäulnis). Zerfall von Enzymen, insbesondere Proteinen, die faulig riechende Verbindungen produzieren, z.B. Ammoniak, Hydrogensulfid und Mercaptan.
[*lat.:* putrescere, verfaulen]
putrefaction

Putrescin. Faulig riechendes Leichengift (→ Ptomain), das durch die Zersetzung der Aminosäure Ornithin während der Verwesung von tierischem oder menschlichem Gewebe, Bazillenkulturen oder fäkalen Bakterien entsteht.
putrescine

putrid. Verwesend und faulig riechend.
[*lat.:* putridus, faulig]
putrid

PVC. Abkürzung für »Polyvinylchlorid«.
PVC

py(o)-. Vorsilbe mit der Bedeutung »Eiter«.
py(o)-

pyel(o)-. Vorsilbe mit der Bedeutung »Nierenbecken«.
pyel(o)-

Pyelogramm. Radiographische Aufnahme des Nierenbeckens, der Nieren und der Harnleiter (Ureteren). Ein intravenöses P. zeigt nach der Injektion eines Kontrastmittels die Größe und Lokalisation der Nieren, die Form der Harnleiter und der Blase, die Füllung des Nierenbeckens und die Durchgängigkeit des Harntraktes sowie Zysten oder Tumore im Nierenbereich.
[*griech.:* pyelos, Becken; gramma, Bericht]
pyelogram

Pyelographie, intravenöse. Technik zur Untersuchung der Strukturen und Auswertung der Funktionen des Harnwegesystems. Bei der i.n P. wird ein Kontrastmittel intravenös injiziert und anschließend eine Reihe von Röntgenbildern aufgenommen, um die Passage des Kontrastmittels während der glomerulären Filtration darzustellen. Auf diese Weise können Nierensteine, Nierenbecken, Harnwege und Harnblase abgebildet werden.
intravenous pyelography (IVP)

Pyelonephritis. Diffuse pyogene Infektion des Nierenbeckens und -parenchyms. Eine akute P. ist meist die Folge einer Infektion, die vom unteren Harntrakt zu den Nieren aufsteigt. Der Beginn einer akuten P. verläuft rasch und zeigt sich mit Fieber, Schüttelfrost, Flankenschmerz,

Übelkeit und häufigem Harnlassen (Pollakisurie). Eine chronische P. entwickelt sich schleichend nach einer bakteriellen Infektion der Nieren und kann bis zur Niereninsuffizienz fortschreiten. In den meisten Fällen treten Obstruktionen in Form von Steinen oder Harnleiterstrikturen auf.
[*griech.:* pyelos, Becken; nephros, Niere; itis, Entzündung]
🇬🇧 pyelonephritis

Pyelostomie. (Nephrostomie). Chirurgisches Anlegen einer Fistel von der Niere oder vom Nierenbecken zur Bauchdecke, um Harn nach außen abzuleiten (z.B. bei Harnstauung).
🇬🇧 pyelostomy

Pygmalianismus. Psychosexuelle Abnormität, bei der die erotischen Fantasien einer Person auf einen Gegenstand gerichtet sind, den sie selbst geschaffen hat.
[Pygmalion, Bildhauer der griechischen Mythologie, der sich in seine eigene Statue verliebt hatte]
🇬🇧 pygmalianism

pyknisch. Beschreibung für eine Körperstruktur, die durch einen gedrungenen Körperbau, kurze runde Glieder, ein rundes Gesicht, einen kurzen Hals und eine Neigung zur Fettleibigkeit gekennzeichnet ist.
🇬🇧 pyknic

Pyknose. Degenerative Kondensierung von Kernmaterial in eine feste, dunkel anfärbbare Masse in einer Zelle.
🇬🇧 pyknosis

Pylorospasmus. Krampf (Spasmus) des → Pylorussphinkters am Magenausgang, der bei einer → Pylorusstenose auftreten kann.
[*griech.:* pyle, Tor; ouros, Schutz; spasmos, Krampf]
🇬🇧 pylorospasm

Pylorotomie. (Sphinkterspaltung). Chirurgische Inzision in den → Pylorus, die meist durchgeführt wird, um Obstruktionen zu beheben.
[*griech.:* pyle, Tor; ouros, Schutz; temnein, schneiden]
🇬🇧 pylorotomy

Pylorus (pl. Pylori). (Magenpförtner). Verengter tubulärer Teil des Magens, der rechtwinklig vom Magen in Richtung Zwölffingerdarm (Duodenum) abgeht. Der P. dient als Schließmuskel des Magens. – *adj.* pylorisch.
[*griech.:* pyle, Tor; ouros, Schutz]
🇬🇧 pylorus

Pylorussphinkter. Verdickter muskulärer Ring am Magenausgang, der den Magenpförtner (→ Pylorus) vom Zwölffingerdarm (Duodenum) trennt.
🇬🇧 pyloric sphincter

Pylorusstenose. Verengung des → Pylorussphinkters am Magenausgang, die zu einer Obstruktion führt, welche den Abfluss der Nahrung in den Zwölffingerdarm (Duodenum) behindert. Ursachen können u.a. Narben, Magengeschwüre oder Tumore sein.
🇬🇧 pyloric stenosis

Pyodermie. Eitrige Hauterkrankung, z.B. → Impetigo.
[*griech.:* pyon, Eiter; derma, Haut]
🇬🇧 pyoderma

pyogen. Eiterproduzierend, z.B. pyogene Infektion.
[*griech.:* pyon, Eiter; genein, produzieren]
🇬🇧 pyogenic

Pyonephrolithiasis. Ansammlung von Eiter und Steinen (Konkrementen) in den Nieren.
🇬🇧 pyonephrolithiasis

Pyorrhö. Eitriger (purulenter) Ausfluss.
[*griech.:* pyon, Eiter; rhoia, Fluss]
🇬🇧 pyorrhea

Pyospermie. Komplikation einer chronischen Prostataentzündung (Prostatitis), die durch die Präsenz von Eiter in der Samenflüssigkeit gekennzeichnet ist.
🇬🇧 pyospermia

P

Pyothorax. 1. Ansammlung von Eiter in der → Pleurahöhle. 2. Eitrige (purulente) → Pleuritis.
pyothorax

Pyramide. 1. Gewebestruktur mit pyramidenähnlicher Form, z.B. Nierenpyramiden, kegelförmige Haarkanalbündel im Nierenmark. 2. Pyramidenförmige Erhebung am verlängerten Rückenmark, die durch die Nervenfasern der → Pyramidenbahn gebildet wird. Durch die P.n verlaufen die Fasern der Leitungsbahnen für die Willkürmotorik (→ Pyramidenbahn). – *adj.* pyramidal.
pyramid

Pyramidenbahn. (Tractus corticospinalis). Bahn, die aus Gruppen von Nervenfasern in der weißen Substanz des Rückenmarks besteht, über die motorische Impulse zu den Vorderhornzellen von der jeweils entgegengesetzten Seite des Gehirns geleitet werden. Diese zu den Vorderhornzellen absteigenden Fasern regulieren die willkürliche und reflektorische Aktivität der Muskeln. (→ Pyramidenbahnzeichen)
pyramidal tract

Pyramidenbahnzeichen. Pathologische Reflexe, die infolge von Verletzungen der → Pyramidenbahn entstehen, z.B. Babinski-Reflex.
pyramidal sign

Pyramidenkreuzung. Kreuzung von Nervenfasern der kortikospinalen Bahn auf der Vorderseite der Medulla oblangata.
decussation of pyramids

Pyramidenzelle. Nervenzelle (→ Neuron) mit pyamidenförmigem Zellkörper in der grauen Substanz der Großhirnrinde.
pyramidal cell

Pyrantel. Anthelmintikum, das zur Behandlung eine Befalls mit Rund- oder Madenwürmern verwendet wird.
pyrantel pamoate

Pyrazinamid. Antimykotisches → Antibiotikum, das in Kombination mit einer Chemotherapie zur Behandlung von Tuberkulose bei Patienten verabreicht wird, bei denen andere Arzneimittel versagt haben.
pyrazinamide

Pyretika (pl.). Fiebererzeugende Arzneimittel und Substanzen, die zur Reizkörperbehandlung eingesetzt werden. (→ Fieber)
pyretics

Pyretikum. Bezeichnung für ein fiebererregendes Mittel.
febrifacient

pyretisch. → Fieber erzeugend, zum Fieber gehörend oder durch Fieber gekennzeichnet.
pyretic

Pyridostigmin. → Parasympathikomimetika (Acetylcholinesterase-Hemmer), das u.a. zur Behandlung einer Myasthenia gravis und als Antagonist für nichtdepolarisierende Muskelrelaxanzien, etwa Curare, Anwendung findet.
pyridostigmine bromide

Pyridoxin. Wasserlösliches weißes kristallines Vitamin, das zum Vitamin-B-Komplex gehört (Vitamin B_6). P. fungiert als Coenzym, das zur Synthese und zum Abbau von Aminosäuren, zur Umbildung von Tryptophan zu Niacin, zum Abbau von Glukose-1-phosphat, zur Produktion von Antikörpern, zur Bildung des Häm im Hämoglobin sowie von Hormonen, die für die Hirnfunktionen wichtig sind, zur Absorption von Vitamin B_{12}, zur Produktion von Magensäure und zur Erhaltung des Natrium- und Kaliumhaushaltes wesentlich ist und die Funktionen des nervösen und skelettmuskulatorischen Systems reguliert. P. ist z.B. in Fleisch, Fisch, Gemüse, Brot und Getreide enthalten. Zu den Mangelerscheinungen zählen Dermatitis, Entzündungen im Mund- und Augenbereich, Schlaflosigkeit, Nervosität oder Krämpfe.
pyridoxine

Pyrimethamin. Arzneimittel, das zur Behandlung von Malaria und Toxoplasmose eingesetzt wird.
pyrimethamine

Pyrimidin. Organische Verbindung von heterozyklischem Stickstoff, der in Nukleinsäuren (Purinbasen, Pyrimidinbasen) und in vielen Arzneimitteln enthalten ist, z.B. in Aciclovir.
🇬🇧 pyrimidine

Pyrogen. Substanz oder Agens, die einen Anstieg der Körpertemperatur verursachen, z.B. bakterielle Toxine. – *adj.* pyrogen.
[*griech.:* pyr, Feuer; genein, produzieren]
🇬🇧 pyrogen

Pyromanie. Impulskontroll-Störung, die durch einen unkontrollierbaren Drang gekennzeichnet ist, Feuer zu legen. – *adj.* pyromanisch.
[*griech.:* pyr, Feuer; mania, Verrücktheit]
🇬🇧 pyromania

Pyrosis. (→ Sodbrennen)
🇬🇧 pyrosis

Pyruvatkinase. → Enzym, das für die anaerobe → Glykolyse von Erythrozyten wichtig ist. Es katalysiert den Transfer einer Phosphatgruppe von Adenosintriphosphat (ATP) zu Adenosindiphosphat (ADP).
🇬🇧 pyruvate kinase

Pyurie. Ausscheidung von Leukozyten und Eiter mit oder ohne Bakterien im Urin als Anzeichen einer Harnwegsinfektion.
🇬🇧 pyuria

Q

Q-Fieber. (Queenslandfieber; Balkanfieber; Balkangrippe). Eine akute, fiebrige Infektionskrankheit, die in der Regel die Atmungsorgane betrifft und durch die → Rickettsien *Coxiella burneti* ausgelöst wird. Die Krankheit wird verbreitet durch Kontakt mit infizierten Haustieren, durch Einatmen der Rickettsien aus deren Fell, durch Trinken der kontaminierten Milch oder durch Zecken, die Träger des Bakteriums sind.
[Q = Abk. für engl. query - Zweifel, Fragezeichen]
Q fever

Q-Zacke. Die erste negative Welle des → QRS-Komplexes, die der R-Zacke vorangeht. Eine Vergrößerung der Zacke deutet auf einen Herzmuskelinfarkt (Myokardinfarkt) hin. (→ QRS-Komplex)
Q wave

QF. Abkürzung für → Querfingerbreite.
FB

Qi. Chinesisches Konzept der grundlegenden Lebensenergie, die in geordneten Bahnen entlang von Meridianen bzw. Kanälen im Körper fließt.
ch'i

Qigong. Traditionelle chinesische Heilkunde bei der das geistige und körperliche Wohlbefinden durch eine Kräftigung der individuellen Lebensenergie angestrebt wird. Die Krankheitsdiagnose erfolgt durch Inspektion, Riechen, Hören, Anamnese und Pulsfühlen. Zur Therapie werden die Akupunktur, pflanzliche Präparate, Wärmereize und die konzentrative Bewegungstherapie eingesetzt.
Qi Gong

QRS-Komplex. (Kammerkomplex). Ein Wellenkomplex im → Elektrokardiogramm (EKG), der die Herzkammererregung (ventrikuläre → Depolarisation) darstellt. Der Begriff »QRS-Komplex« steht sowohl für eine normale als auch für eine abnormale Kammererregung. Jeder einzelnen Zacke wird ein Buchstabe zugeordnet, wobei Q für die erste negative, R die erste positive und S die zweite negative Zacke stehen. Großbuchstaben kennzeichnen große Amplituden, Kleinbuchstaben kleine Amplituden.
QRS complex

Quaddelbildung, allergische. Hautausschlag infolge einer Verletzung oder Injektion von Antigenen, gekennzeichnet durch Rötung und Schwellung der Haut aufgrund der Freisetzung von Histaminen. Die Reaktion verläuft meist in drei Stufen: Zunächst tritt um die verletzte Stelle eine leichte Hautrötung auf, die sich dann in eine großflächigere flammende Rötung verwandelt. Schließlich entsteht eine Quaddel an der betroffenen Stelle, da Flüssigkeit aus den umliegenden Kapillaren unter die Haut dringt.
wheal-and-flare reaction

quadr-. (tetra). Vorsilbe mit der Bedeutung »vier«, »vierfach«.
quadr-

Quadrant. 1. Ein Viertel eines Kreises. 2. Anatomische Bereiche werden zur genaueren Orientierung durch je eine gedachte horizontale und vertikale Linie in vier Quadranten aufgeteilt.
[*lat.*: quadrans, Vierter, vierter Teil]
quadrant

Quadrantenhemianopsie. Sehverlust in einem Gesichtsfeldquadranten auf einem bzw. beiden Augen (Quadrantenanopsie). Die Ursache hängt von dem betroffenen Quadranten ab. (→ Gesichtsfeld)
quadrant hemianopsia

quadrigeminus. 1. In vier Teilen. 2. Vierfache Vergrößerung oder Erhöhung. 3. Aus vier symmetrischen Teilen bestehend.
[*lat.:* vierfach]
quadrigeminal

Quadriplegie. (Tetraplegie). Lähmung der Arme, Beine und des Rumpfes unterhalb einer Verletzung der Wirbelsäule. Die Funktionsstörung wird in der Regel hervorgerufen durch Verletzung der Wirbelsäule, insbesondere zwischen dem fünften und dem siebten Halswirbel. Häufigste Ursache sind Auto- und Sportunfälle. Zu den Symptomen zählen Schlaffheit der Arme und Beine sowie Kraft- und Sensibilitätsverlust unterhalb der Verletzungshöhe. Darüber hinaus Durchblutungsstörungen, niedrige Körpertemperatur, Bradykardie, verminderte Kontraktion der glatten Darmmuskulatur (Peristaltik) und autonome Reflexstörungen. (s.a. Hemiplegie)
[*griech.:* plége, Schlag, Hieb, Stoß]
quadriplegia

qualitativ. Die Qualität, den Wert oder die Eigenschaft von etwas betreffend.
[*lat.:* qualitas, Beschaffenheit, Eigenschaft]
qualitative

Qualitätskontrolle. (Qualitätsüberwachung). Die regelmäßige Überprüfung der eingesetzten Materialien sowie die Kontrolle sämtlicher Parameter zur Gewährleistung optimaler Ergebnisse. (s.a. Qualitätssicherung)
quality control

Qualitätsmanagement. 1. Pflege: Jede Beurteilung der Pflegeleistungen und deren Ergebnisse im Vergleich mit den allgemein anerkannten Standards. In einer Form der Qualitätssicherung werden verschiedene Komponenten der Pflegeleistungen, wie z.B. Kosten, Ort, Zugangsmöglichkeit, Behandlung und Wirkung in einem Zweiphasen-Prozess beurteilt. 2. Ein System zur Überprüfung der klinischen medizinischen/pflegerischen Dokumentation durch Ärzte und Pflegepersonal, mit dem Ziel die Qualität und Wirksamkeit der medizinischen/pflegerischen Maßnahmen in Verbindung mit allgemein anerkannten Standards zu beurteilen. (s.a. Qualitätssicherung)
quality management

Qualitätssicherung. 1. Pflege: Die systematische Beurteilung der allgemeinen Pflegemuster und -programme. Darunter fallen z.B. die Beurteilung der klinischen Maßnahmen und deren Dokumentation durch eine übergeordnete Stelle. 2. Hygiene: Die Grundsätze der Q. sind für Krankenhäuser und Praxen im Sozialgesetzbuch (SGB) V 1/21/2 70 und 135ff., und für Pflegemaßnahmen im SGB XI 1/2 80 festgelegt. (s.a. Qualitätskontrolle)
quality assessment measures

Qualitätssicherung. → Pflegeintervention der → NIC, die definiert wird als die systematische Erfassung und Analyse von Qualitätsindikatoren einer Gesundheitseinrichtung zum Zweck der Verbesserung der Patientenpflege.
Quality Monitoring

Qualitätsüberwachung. (→ Qualitätskontrolle)
quality control

quantitativ. Die Menge betreffend.
[*lat.:* quantus, wieviel]
quantitative

Quarantäne. (Isolierung). 1. Die Isolierung von Personen mit ansteckenden Infektionskrankheiten oder solchen, die während der ansteckenden Phase mit verdächtigen Personen Kontakt hatten. Die Verbreitung der Krankheit soll dadurch verhindert werden. 2. Reisende oder Schiffe, die aus Seuchengebieten kamen, wurden früher 40 Tage lang zurückgehal-

Q

ten, um die Personen zu untersuchen bzw. das Schiff zu desinfizieren.
[frz.: quarantaine, Anzahl von 40 Tagen]
quarantine

Queckenstedt-Test. (Queckenstedt-Zeichen). Test, der auf eine Blockade im Rückenmarkskanal hinweist; dabei werden die rechte und die linke Halsvene abwechselnd komprimiert. Normalerweise bewirkt eine Kompression der Halsvenen einen sofortigen Anstieg des Liquordrucks. Ist der Wirbelsäulenkanal jedoch blockiert, bleibt die Drucksteigerung aus.
[H.G. Queckenstedt, deutscher Neurologe, 1876–1918]
Queckenstedt's test

Queckenstedt-Zeichen. (→ Queckenstedt-Test)
Queckenstedt's test

Quecksilber (Hg). Metallisches Element mit der Ordnungszahl 80 und der Atommasse 200,59. Q. ist das einzige Metall, das bei Raumtemperatur flüssig ist; es findet in Amalgam, Thermometern, Barometern und anderen Messinstrumenten Verwendung. Q. bildet zahlreiche giftige Verbindungen.
mercury (Hg)

Q

Quecksilberthermometer. Thermometer, in dem der ausdehnungsfähige Indikator → Quecksilber ist.
mercury thermometer

Quecksilbervergiftung. Toxischer Zustand, der durch die orale Aufnahme oder Inhalation von → Quecksilber oder Quecksilberverbindungen verursacht wird. Die chronische Form der Q. entsteht durch Inhalation der Dämpfe und Stäube von Quecksilberverbindungen oder durch die wiederholte Aufnahme sehr kleiner Mengen Quecksilber. Zu den Symptomen zählen Reizbarkeit, überschüssige Speichelproduktion, Lockerung der Zähne, Zahnfleischbeschwerden, verwaschene Sprache, Tremor und schwankender Gang. Die Symptome einer akuten Q. zeigen sich innerhalb von wenigen Minuten bis zu einer halben Stunde; dazu gehören metallischer Geschmack im Mund, Durst, Übelkeit, Erbrechen, starke Bauchschmerzen, blutige Durchfälle und Niereninsuffizienz, die zum Tod führen kann.
mercury poisoning

Queenslandfieber. (→ Q-Fieber)
Q fever

Quengelstützverband. Zweiteiliger hängender orthopädischer Stütz- oder Gipsverband (Quengelgipsverband) , der den Unterschenkel (vom Knöchel bis unterhalb des Knies) und den Oberschenkel (bis kurz oberhalb des Knies) ruhig stellt. Beide Teile des Verbands werden durch spezielle Aufhängevorrichtungen in Kniehöhe verbunden. Durch diese Methode kann eine eingeschränkte Gelenkbeweglichkeit mit allmählich zunehmendem Dauerzug und -druck beseitigt werden.
[mitteldt.: quengen, zwängen, drücken]
Quengle cast

Querfinger(breite). (= QF). Maßeinheit, z.B. zur Höhenstandsdiagnose der Gebärmutter (Uterus) in der Schwangerschaft und im Wochenbett.
finger breadth

Querlage. Geburtsunmögliche Lage eines Feten in der Gebärmutter. Die Körperlängsachse des Feten liegt dabei quer zur Körperlängsachse der Mutter.
transverse lie

Querulantenwahn. Eine Form der → Paranoia, gekennzeichnet durch extreme Unzufriedenheit und ständiges Klagen, in der Regel über angebliche Kränkung durch Andere.
[*lat.:* queri, klagen, wehklagen, sich beklagen;]
querulous paranoia

Quetschwunde. Verletzung der äußeren Körpergewebe durch Gewalteinwirkung; innere Körperteile können ohne Anzeichen äußerer Blutungen gequetscht werden.
crushing wound

Quick-Test. (Thromboplastinzeit). 1. Test zum Nachweis einer Gelbsucht. Der Patient trinkt eine bestimmte Menge Natriumbenzoat, das in der Leber mit Glycin kon-

jugiert wird und Hippursäure bildet. Die mit dem Urin ausgeschiedene Menge an Hippursäure ist umgekehrt proportional zum Grad eines Leberschadens. 2. Hämophilietest. Zitratblut wird mit Thrombokinase und Kalzium versetzt, wodurch die Gerinnung in Gang gesetzt wird. Die Dauer bis zur Bildung eines festen Blutgerinnsels ist umgekehrt proportional zur Prothrombinmenge im Plasma. Angabe erfolgt in Prozent der Gerinnungszeit verglichen mit derjenigen eines Normalplasmas. (s.a. Blutgerinnung;Thromboplastinzeit)
[A. Quick, amerik. Arzt und Biochemiker, 1894–1978]
Quick's test

Quincke-Ödem. (→ Angioödem)
[H.I. Quinke, deutscher Internist, 1842–1922]
Quinke's disease

R

r. 1. Abk. für rechts, rechtsdrehend.
r

R. 1. Kurzzeichen für Röntgen. 2. Abkürzung für Ramus, Radix.
R

R-R-Intervall. Das im EKG sichtbare Intervall von der Spitze eines → QRS-Komplexes bis zur Spitze des folgenden QRS-Komplexes.
R-R interval

Ra. Symbol für das chemische Element → Radium.
Ra

Rabies. (→ Tollwut)
rabies

Rachendiphtherie. Durch das Klebs-Löffler-Bazillus (*Corynebacterium diphtheriae*) hervorgerufene Rachenentzündung (Pharyngitis). Häufiges Symptom ist die Bildung einer → Pseudomembran.
diphtheric pharyngitis

Rachenmandel. (Pharynxtonsille). Eine von zwei Strukturen aus lymphatischem Gewebe, die auf der Rückseite des Nasenrachenraums hinter der Nasenöffnung im Rachen (Pharynx) liegen. Außer den 2 Rachenmandeln gibt es 2 Gaumenmandeln und 2 Zungenmandeln.
pharyngeal tonsil

rachi(o)-. (rhachi-). Vorsilbe mit der Bedeutung »Wirbelsäule«.
[*griech.:* rhachis, Rücken, Rückgrat]
rachi(o)-

Rachitis. 1. Vitamin-D-Mangel-Krankheit besonders bei Säuglingen und Kleinkindern, wodurch es zu einer Erweichung und typischen Verformung der Knochen kommt. Zu Vitamin-D-Mangel kommt es bei Säuglingen vor allem im Winter durch unzureichende UV-Licht-Exposition, wodurch die D_3-Bildung im Organismus gestört ist. 2. Entzündung der Wirbelsäule. (s.a. Rachitisprophylaxe)
[*griech.:* rhachis + itis, Rückgrat + Entzündung]
rachitis; rickets

rachitisch. 1. Betrifft die → Rachitis; steht mit der R. in Zusammenhang. 2. Beschreibt eine Person, die an R. leidet.
rachitic

Rachitisprophylaxe. Zur Vorbeugung gegen → Rachitis erhalten Säuglinge ab der 2. Lebenswoche täglich eine orale Gabe von 400 - 1000 IE Vitamin D_3.
prophylaxis against rachitis

radial(is). 1. Strahlenförmig 2. Gehört zur Speiche (Radius); auf der Speichenseite des Unterarms, z.B. Arteria radialis.
[*lat.:* radius, Stab, Speiche]
radial

Radialislähmung. (Radialisparese; -paralyse). Motorische und sensorische Störung der Unterarm-, Gelenk-, und Fingermuskulatur durch Schädigung des → Nervus radialis. Eine Verletzung des Nervs kann durch übermäßigen bzw. wiederholten Druck oder durch Zerreißen (z.B. bei Unterarmfrakturen) erfolgen.
radial nerve palsy

Radialisparalyse. (→ Radialislähmung)
radial nerve palsy

Radialisparese. (→ Radialislähmung)
radial nerve palsy

Radialispuls. Peripherer Puls der → Arteria radialis, der am Handgelenk unterhalb des Daumenballens getastet wird. Diese Art der Pulsmessung wird am häufigsten angewandt, da man die A. radialis leicht tasten kann. (s.a. Pulsmessung)
radial pulse

Radiatio. (→ Strahlung)
radiation

Radiation. (→ Bestrahlung)
radiation

radikal. Kennzeichnet eine drastische Therapie, wie z.B. das chirurgische Entfernen eines Organs, einer Gliedmaße oder eines anderen Körperteils (z.B. radikale → Hysterektomie).
[*lat.:* radix, Wurzel, Ursprung, Stamm]
radical

Radikal. Atom oder Atomgruppe mit mindestens einem ungepaarten Elektron. Ein Radikal kann in der Natur nicht isoliert existieren.
radical

Radikal, freies. Chemische Verbindung mit einem ungepaarten Elektron. Freie Radikale sind instabil und reagieren leicht mit anderen Molekülen.
free radical

Radikaloperation. Ausgedehnte und komplexe Operationsmethode, die dazu dient schwere Krankheiten zu heilen. In der Tumorbehandlung wird dabei das betroffene Organ sowie die regionalen Lymphknoten entfernt. Gegensatz zur R. ist die Palliativoperation. (s.a. Palliativbehandlung)
radical surgery

radikulär, radicularis. Betrifft eine Wurzel oder geht davon aus, z.B. die Spinalnervenwurzel.
[*lat.:* radicula, kleine Wurzel]
radicular

Radikulitis. (Wurzelentzündung). Schmerzhafte Entzündung einer Spinalnervenwurzel, die mit Überempfindlichkeit einhergeht. (→ Wurzelneuritis)
[*lat.:* radix + itis, Wurzel + Bezeichnung für Entzündung]
radiculitis

Radioaktivität. Das Aussenden elektromagnetischer oder ionisierender Strahlung (Korpuskularstrahlung) als Folge von spontanem Zerfall von Atomkernen. – *adj.* radioaktiv.
[*lat.:* radio, Stab, Strahl]
radioactivity

Radioallergosorbenttest, RAST. Test zum Nachweis von Immunglobulinantikörpern IgE im Serum bei → Allergie, wobei das Patientenserum mit 45 verschiedenen → Allergenen gemischt wird.
[*griech.:* állos, anderer + érgon, Tätigkeit = Fremdeinwirkung; *lat.:* sorbere, hinunterschlucken]
radioallergosorbent test (RAST)

Radiobiologie. (Strahlenbiologie). Spezialgebiet der Biologie, das sich mit der Wirkung radioaktiver Strahlung auf Organismen befasst. – *adj.* radiobiologisch.
radiobiology

Radiochemie. Spezialgebiet der Chemie, das sich mit den Eigenschaften und dem Verhalten radioaktiver Materialien sowie der Anwendung von Radionukleiden bei der Erforschung chemischer und biologischer Probleme befasst.
radiochemistry

Radiographie. (→ Röntgenographie)
radiography

Radioisotop. (→ Radiojod)
radioiodine

Radiojod. (Radioisotop). Ein radioaktives → Isotop des Jods, das in der Nuklearmedizin und der Strahlentherapie verwendet wird.
radioiodine

Radiologe. (Röntgenologe). Facharzt für → Radiologie und → Strahlentherapie.
radiologist

Radiologie. (Strahlenkunde). Spezialgebiet der Medizin, das sich mit radioaktiven

Substanzen und radioaktiver Strahlung und deren Verwendung in der Krankheitsdiagnostik und -therapie befasst. Die R. wird in drei Zweige aufgeteilt: Die **diagnostische R.** befasst sich mit bildgebenden Verfahren mittels externer radioaktiver Strahlung; die **Nuklearmedizin** beschäftigt sich mit der Darstellung radioaktiver Materialien, die in Körperorgane eingebracht werden; die **Strahlentherapie** befasst sich mit der Krebstherapie mittels radioaktiver Bestrahlung.
radiology

Radiopharmaka, diagnostische. Radioaktive Mittel, die als Leitmittel verabreicht werden, um zwischen normalen und abnormen anatomischen Strukturen bzw. zwischen biochemischen und physiologischen Funktionen zu unterscheiden. Die meisten diagnostischen Radiopharmaka zeigen ihre Position im Körper durch Abgabe von Gammastrahlen an. Die Emissionen werden mit einem externen Gammastrahlen-Detektor überwacht, wodurch die Markerkonzentrationen in den verschiedenen Organen festgestellt werden können und Organabbildungen mit schwacher Auflösung erzeugt werden.
diagnostic radiopharmaceutical

Radiotherapie. (Strahlentherapie). Die Behandlung von malignen Tumorkrankheiten mit Röntgen- oder Gammastrahlen. Dabei soll das Wachstum bösartiger (maligner) Zellen durch Verringern der Zellteilungsrate (Mitoserate) bzw. durch Verhindern der DNS-Synthese eingeschränkt werden. – *adj.* radiotherapeutisch.
[*griech.:* therapeía, Dienen, Behandlung]
radiotherapy

radioulnar. (→ ulnoradial)
ulnoradial

Radium (Ra). Ein radioaktives chemisches Element mit der → Ordnungszahl 88, das frei in der Natur vorkommt. R. zählt zu den Schwermetallen.
radium (Ra)

Radius (pl. Radii). Einer der Unterarmknochen (Speiche), parallel zur Elle (Ulna). Das schmale proximale Ende bildet einen Teil des Ellbogengelenks; das dicke distale Ende ist Teil des Handgelenks. (s.a. Ulna) – *adj.* radialis.
[*lat.:* radius, Speiche]
radius (pl. radii)

Radius(periost)reflex (RPR). Reflektorische Beugung des Unterarms nach leichtem Schlag auf das untere Ende der Speiche. (s.a. Reflex; Eigenreflex)
radial reflex

Radon (Rn). Radioaktives chemisches Element mit der → Ordnungszahl 86; zählt zu den Edelgasen. R. wird bei der Bestrahlung von Krebspatienten verwendet.
radon (Rn)

Ramus, pl. Rami. Eine kleine astähnliche Struktur, die von einem größeren Ast abzweigt oder sich in zwei oder mehrere Äste verzweigt, wie z.B. der Ast eines Nervs oder einer Arterie.
[*lat.:* ramus, Ast, Zweig]
ramus (pl. rami)

Randomisierung. Anhand statistischer Kriterien zufällige Auswahl von Versuchspersonen oder -objekten zu Studienzwecken. Dadurch wird die Verfälschung von Stichproben verhindert.
randomization

Randsehen. (peripheres Sehen). Fähigkeit, Gegenstände außerhalb des Sichtfeldes wahrzunehmen, was durch die Reflexion von Lichtwellen ermöglicht wird, die auf Bereiche der Netzhaut (Retina) fallen, die vom gelben Fleck (Macula lutea) entfernt sind.
peripheral vision

Ranitidin. H_2-Blocker, der die Säureproduktion des Magens hemmt. Wird meist bei Magen- oder Zwölffingerdarmgeschwüren sowie bei übermäßiger Säureproduktion verschrieben. (s.a. Antihistaminika)
ranitidine

Ranvier-Schnürring. Einschnürung der Markscheide einer markhaltigen → Nervenfaser in regelmäßigen Abständen.
[A. Ranvier, französischer Pathologe, 1835–1922]
Ranvier's node

Raptus. (1. Ekstase). 1. Starker emotionaler oder mentaler Erregungszustand, oft gekennzeichnet durch unkontrolliertes Verhalten, das einem unwiderstehlichen Impuls entspringt. 2. Plötzliche oder gewaltsame Attacke oder Anfall.
[*lat.:* raptus, Krampf, das Fortreißen]
raptus

Rasse. 1. Vager, nicht-wissenschaftlicher Begriff für eine Gruppe von genetisch verbundenen Menschen, die gewisse physische Eigenschaften gemeinsam haben. 2. Ethnische Gruppe, gekennzeichnet durch bestimmte Merkmale, die an die Nachfahren weitergegeben werden.
race

Rasselgeräusch. (Rasseln). Abnorme Nebengeräusche, die bei Auskultation (Abhören) der Lungen bei einigen Lungenerkrankungen hörbar sind. Die Geräusche werden erzeugt durch die Bewegung von Schleim oder durch den Luftstrom, der aneinanderliegende Wände in den Bronchien voneinander trennt.
rattle

Rasselgeräusch (RG). (Rasseln; Ronchi). Häufig auftretendes, unphysiologisches Atemgeräusch mit ab und zu auftretenden, sprudelnden Geräuschen, die beim Abhören der Brust beim Einatmen gehört werden.
crackle

Rasseln. (→ Rasselgeräusch)
rattle

Rasseln, trockenes. Krankhaftes Brustgeräusch, das entsteht, wenn Luft durch verengte Bronchien ein- bzw. ausgeatmet wird, z.B. Pfeifen, Giemen, Schnurren.
dry crackle

Rasterelektronenmikroskop. Einem Elektronenmikroskop ähnliches Gerät, in dem Elektronenstrahlen anstelle von sichtbarem Licht zum Abtasten der Untersuchungsobjekte verwendet werden. Das entstehende Bild ist nicht so stark vergrößert wie das eines Elektronenmikroskops, erscheint jedoch dreidimensional und dadurch wirklichkeitsgetreuer. (s.a. Elektronenmikroskop)
scanning electron microscope

Rationalisierung. In der Psychoanalyse einer der gängigsten → Abwehrmechanismen, bei dem die Person die eigenen Ideen, Taten oder Gefühle mit scheinbar akzeptierbaren Gründen oder Erklärungen rechtfertigt. Dieser Mechanismus wird oft eingesetzt, um den Respekt vor sich selbst zu erhalten, Schuldgefühle zu verringern oder soziale Anerkennung zu erlangen.
[*lat.:* ratio, Vernunft, Berechnung]
rationalization

Rattenbisskrankheit. (Haverhill-Fieber; Sodoku). Durch den Biss von Ratten oder Mäusen übertragbare Infektionskrankheit. Typische Symptome sind Fieber, Kopfschmerzen, Unwohlsein, Übelkeit, Erbrechen und → Exantheme.
rat-bite fever

Rauchen, Unterstützung beim Einstellen des. → Pflegeintervention der → NIC, die definiert ist als die Unterstützung von Patienten beim Einstellen des Rauchens.
Smoking Cessation Assistance

Rauchinhalation. Das Einatmen schädigender Dämpfe bzw. reizender Partikel, die schwere Lungenschäden hervorrufen können. Verbrennungen der Atemwege sind schwer von einfacher R. zu unterscheiden. Es können chemische Pneumonitis, Asphyxie und physische Verletzungen der Atemwege auftreten. Typische Symptome sind eine Reizung der oberen Atemwege, versengte Nasenhärchen, Dyspnö, Hypoxie, graues Sputum, Rhonchi, Unruhe, Angstgefühle, Husten und Heiserkeit. Bis zu 48 Stunden nach der Exposition kann sich ein Lungenödem entwickeln.
smoke inhalation

Rauwolfia-Alkaloid. (Reserpin). Eines der über 20 Alkaloide aus der Wurzel der in Indien heimischen Kletterpflanze *Rauwolfia serpentina* (Schlangenwurzel). Wurde

R

früher als Antipsychosemittel (Neuroleptikum) eingesetzt und kommt heute vorwiegend bei der Behandlung der Hypertonie zur Anwendung. (s.a. Reserpin)
[L. Rauwolf, deutscher Arzt, 1540–1596]
rauwolfia alkaloid

Raynaud-Phänomen. Durchblutungsstörungen der Extremitäten, insbesondere der Finger, Zehen, Ohren und der Nase, durch intermittierende → Vasospasmen, die durch Kälte oder durch emotionale Auslöser hervorgerufen werden. Die Anfälle sind durch extreme Farbveränderungen der Extremitäten gekennzeichnet (Blässe - Zyanose - Rötung) und gehen meist mit Taubheit, Kribbeln, Brennen und Schmerzen einher. Halten diese Symptome ohne Verschlimmerung 2 Jahre lang an und gibt es keinen Hinweis auf die Ursache, spricht man von der Raynaud-Krankheit.
[M. Raynaud, französischer Internist, 1834–1881]
Raynaud's phenomenon

RDS. Abkürzung für *respiratory distress syndrome* (→ Atemnotsyndrom).
RDS

Reabsorption. (Rückresorption). Vorgang der erneuten → Absorption, z.B. die Aufnahme von Kalzium aus den Knochen zurück ins Blut.
[*lat.:* absorbere, verschlucken , aufsaugen]
reabsorption

Read-Methode. (→ Dick-Read-Methode)
Read method

Reagens, pl. Reagenzien, Reagentia. Chemische Substanz, die auf eine bestimmte Art reagiert. Man verwendet ein R., um mit Hilfe einer chemischen Reaktion eine andere Substanz nachzuweisen oder zu synthetisieren.
reagent

Reagenzglas. Dünnes Glasröhrchen mit einem offenen und einem geschlossenen Ende, das im Labor für verschiedenste Untersuchungen verwendet wird.
test tube

Reagin. → Antikörper der IgE-Klasse, der bei überempfindlichen (hypersensiblen) Personen erhöht ist.
reaginic antibody

Reaktion. 1. Physiologie: Antwort des Körpers auf eine Substanz, Behandlung oder einen anderen Reiz, wie z.B. die → Antigen-Antikörper-Reaktion des Immunsystems, eine hypersensible Reaktion bei → Allergie oder eine unerwartete schädigende Nebenwirkung bei Medikamenten. 2. Psychologie: Begriff in der Lernpsychologie, der festgelegte Verhaltensweisen bezeichnet, die bei bestimmten Reizen ausgelöst werden. 3. Chemie: Die Umwandlung chemischer Verbindungen oder Elemente in andere Verbindungen oder Elemente.
[*lat.:* re + agere, wieder + handeln]
reaction

Reaktion, allergische. Reaktion auf ein → Allergen, dem der Organismus zuvor ausgesetzt war und gegen das er → Antikörper entwickelt hat. Folgekontakte setzen chemische Mittlersubstanzen frei und lösen eine Reihe von Symptomen, einschließlich Urtikaria, Ekzem und Bronchospasmus, aus. A. R.en können in zwei Kategorien unterteilt werden: Soforttyp und verzögerter Typ (Spättyp), je nach Zeitdauer zwischen Allergen- bzw. Antigenkontakt und dem Auftreten der Symptome.
allergic reaction

Reaktion, anaphylaktische. (Arzneimittelallergie). Akute allergische Reaktionen unter Beteiligung einer IgE-vermittelten, antigenstimulierten Mastzellenaktivierung. Der Kontakt mit dem Antigen kann zu Dyspnoe, Atemwegsstörungen, Schock, Urtikaria und in manchen Fällen zum Tode führen.
[*griech.:* ana, ohne; phylaxis, Schutz; *lat.:* re, wieder; agere, handeln]
anaphylactic reactions

Reaktion, chemische. Vorgang bei dem natürlich vorkommende Elemente und Verbindungen miteinander reagieren und eine chemische Veränderung oder eine

neue Verbindung herbeiführen, z.B. Wasserstoff und Sauerstoff bilden Wasser.
🇬🇧 chemical action

Reaktion, depressive. (reaktive Depression). Gefühlszustand, gekennzeichnet durch akute Niedergeschlagenheit, Traurigkeit und depressive Misslaunigkeit mit variabler Intensität und Dauer. Der Zustand wird durch ein bestimmtes Ereignis oder durch Stress ausgelöst und verbessert sich meist wenn der Konflikt verstanden oder gelöst bzw. die äußeren Bedingungen verändert werden.
🇬🇧 reactive depression

Reaktion, konditionierte. Automatische, durch Training erworbene Reaktion auf einen Reiz. Konditionierte Reaktionen können physischer oder psychologischer Natur sein und werden erzeugt, indem eine bestimmte physiologische Funktion oder ein bestimmtes Verhaltensmuster mit einem nicht verwandten Reiz oder Vorgang immer wieder assoziiert werden.
🇬🇧 conditioned response

Reaktion, konsensuelle. Durch Stimulierung der kontralateralen Netzhaut (Retina) ausgelöste, reflexartige Pupillenkontraktion.
🇬🇧 consensual reaction

Reaktion, paranoide. Psychopathologischer Zustand im Zusammenhang mit dem Alterungsprozess, der durch eine allmähliche Bildung von Wahnvorstellungen gekennzeichnet ist, im allgemeinen Verfolgungswahn, und häufig in Verbindung mit Halluzinationen steht. Andere Erscheinungen einer senilen Degeneration, z.B. Gedächtnisverlust und Verwirrtheit, gehören nicht zu den p.n R.en, denn bei ihnen bleibt die Orientierung für Zeit, Raum und Personen erhalten.
🇬🇧 paranoid reaction

Reaktion, unbedingte. Normale, instinktive und nicht erlernte Reaktion auf einen Reiz, die natürlich auftritt und nicht durch Assoziation oder Training erworben wurde. (s.a. Reaktion, konditionierte)
🇬🇧 unconditioned response

Reaktionsbildung. Unbewusster → Abwehrmechanismus, bei dem die Person gegenüber einer anderen Person oder Situation Gefühle, Einstellungen oder Verhaltensweisen zeigt, die das Gegenteil der erwarteten Reaktion ausdrücken.
🇬🇧 reaction formation

Reaktionszeit. Der Zeitraum zwischen der Reizauslösung und der darauf folgenden Antwort.
🇬🇧 reaction time

Realitätsorientierung. → Pflegeintervention der → NIC, die definiert wird als Förderung des Bewusstseins von Patienten bezüglich ihrer persönlichen Identität, Zeit und Umgebung.
🇬🇧 Reality Orientation

Realitätsprinzip. Die Wahrnehmung der äußeren Anforderungen und die Notwendigkeit, sein Verhalten dahingehend zu ändern, diesen Anforderungen gerecht zu werden. Dies drückt sich vornehmlich dadurch aus, dass auf die sofortige Befriedigung instinktiver Freuden verzichtet wird, um langfristige zukünftige Ziele zu erreichen.
🇬🇧 reality principle

Realitätstherapie. Eine von William Glassner entwickelte Form der Psychotherapie. Ziel der Therapie ist es, Hilfestellung zu geben bei der Definition von grundlegenden Werten anhand einer bestimmten Situation sowie das aktuelle Verhalten des Patienten und dessen Zukunftspläne in Bezug auf die definierten Werte zu beurteilen.
🇬🇧 reality therapy

Reanimation. → Pflegeintervention der → NIC, die definiert wird als die Koordination von Notfallmaßnahmen zur Lebenserhaltung.
🇬🇧 Code Management

Reanimation. Das Wiederherstellen der vitalen Funktionen eines Menschen bei → respiratorischem oder → kardiologischem Stillstand. Geschieht durch künstliche Beatmung und Herzmassage, Wiederherstellen des Säure-Basen-Haushaltes sowie der

Behandlung der Ursache für die Störung. (→ Reanimation, kardiopulmonale)
resuscitation

Reanimation, kardiopulmonale. ("Wiederbelebungsmaßnahmen"). Lebensrettende Notfallmaßnahme, bestehend aus einer künstlichen Beatmung und manuellen externen Herzmassage. Wird zur Wiederherstellung der Durchblutung und Beatmung bei einem Herzstillstand eingesetzt, um irreversible Hirnschäden durch Anoxie zu verhindern. Die Maßnahmen müssen unverzüglich erfolgen: Atemwege freimachen, Kopf überstrecken; Wenn keine Atmung: Beatmen (Mund zu Mund, Mund zu Nase, mit Atembeutel oder mit Tubus); wenn Puls fehlt: Zirculation im Sinne einer externen Herzmassage ca. 80–100/min. Bei 1 Helfer 2 langsame Beatmungen, 15 Kompressionen; bei 2 Helfern: nach jeder 5. Kompression 2 Atemzüge. Durch die externe Herzmassage wird das Herz zwischen unterem Brustbein und Brustwirbelsäule komprimiert und das Blut in den systemischen und pulmonalen Kreislauf gepresst. Sobald die Kompression aufgehoben wird füllt sich das Herz mit venösem Blut. Ist ein Arzt vor Ort, erfolgt eine medikamentöse und Infusionstherapie mit Adrenalin (0,5–1mg i.v.); ggf. Na-Bikarbonat. EKG, um Ursache wie Kammerflimmern, Asystolie zu erkennen und adäquat behandeln zu können. Flimmern: Bei Kammerflimmern ist eine externe → Defibrillation notwendig.
cardiopulmonary resuscitation (CPR)

Reanimation: Fötus. → Pflegeintervention der → NIC, die definiert wird als die Gewährleistung von Notfallmaßnahmen zur Verbesserung der Plazentaperfusion oder zur Wiederherstellung eines angemessenen Säure-Basen-Gleichgewichtes beim Fötus.
Resuscitation: Fetal

Reanimation: Neugeborenes. → Pflegeintervention der → NIC, definiert als die Gewährleistung von Notfallmaßnahmen zur Unterstützung der Anpassung eines Neugeborenen an das extrauterine Leben.
Resuscitation: Neonate

Reanimator. Medizinisches Gerät, mit dem Luft in die Lungen gepumpt wird. Es besteht aus einer Maske, die dicht über Mund und Nase gelegt wird, einem Luftreservoir und einer manuell oder elektrisch betriebenen Pumpe.
resuscitator

Rebound-Effekt. 1. Rückpralleffekt: Eine überschießende Stimulation nach vorübergehender Hemmung (z.B. stark vermehrte Magensäuresekretion nach Gabe von Antazida). 2. Rückstoßphänomen: Ein Reflex wird erneut ausgelöst, nachdem der die ursprüngliche Aktion hervorrufende Auslöser entfällt (z.B. ein Arm wird gegen den Willen des Patienten gestreckt. Bei plötzlichem Loslassen schnellt der Arm aufgrund des fehlenden Antagonistenreflexes in die Beugestellung zurück.
rebound phenomenon

Receiver. Empfangsteil inklusive Verstärker eines elektronischen Gerätes, das elektrische Signale z.B. in akustische Signale umwandelt (Hörgerät, CTG-Gerät).
[*engl.:* receiver, Empfänger]
receiver

Rechts-Links-Shunt. Die Beimischung venösen Blutes in die arterielle Blutbahn unter Umgehung des Lungenkreislaufs, wie z.B. bei einem angeborenen Herzfehler. (s.a. Links-Rechts-Shunt)
[*engl.:* shunt, Nebenanschluss, Nebenleitung]
right-to-left shunt

Rechtsherzinsuffizienz. Erkrankung des Herzens, gekennzeichnet durch eine verminderte Leistung der rechten Herzkammer sowie Stauung und Druckerhöhung in den Venen und Kapillaren. Die R. ist oft mit einer → Linksherzinsuffizienz verbunden, da beide Herzseiten zu einem Kreislauf gehören und sich somit gegenseitig beeinflussen. (s.a. Herzinsuffizienz)
right-heart failure

Rechtsverschiebung. Vermehrtes Auftreten reifer, segmentkörniger Granulozyten im → Differenzialblutbild; ein Anzeichen für eine verminderte Blutbildung. (s.a. Linksverschiebung)
🇬🇧 shift to the right

Recklinghausen-Kanäle. Schmale Lymphgänge im Bindegewebe des Körpers.
[F.D.Recklinghausen, deutscher Pathologe, 1833–1910]
🇬🇧 Recklinghausen's canals

Recklinghausen-Krankheit. (Neurofibromatose). Dominant erbliche Krankheit mit über den ganzen Körper verteilten, in der Haut sitzenden schmerzhaften Knoten (Neurofibromen) und Pigmentflecken.
[F.D.Recklinghausen, deutscher Pathologe, 1833–1910]
🇬🇧 Recklingshausen's tumor

rectovesikal(is). Betrifft oder gehört zu Rektum (Mastdarm) und Vesica urinaria (Harnblase).
[*lat.:* vesica, Blase]
🇬🇧 rectovesical

Reduktion. 1. Zuführen von Wasserstoff zu oder Wegnahme von Sauerstoff von einer Substanz. 2. Valenzminderung des elektronegativen Teils einer Zusammensetzung. 3. Zugabe eines oder mehrerer Elektronen zu einem Molekül oder Atom einer Substanz. 4. Verminderung der Chromosomenzahl bei der sog. Reduktionsteilung. 5. Korrektur eines Bruchs, einer Hernie oder einer Luxation (Verrenkung). 6. Verkleinerung eines Organs.
[*lat.:* reducere, zurückführen, zurückziehen]
🇬🇧 reduction

Reduktionsdiät. Kalorienarme Ernährung zur Verminderung des Körpergewichts. Die Kost muss weniger Kalorien enthalten als der Körper täglich verbraucht, dabei aber alle lebensnotwendigen Nährstoffe für die Erhaltung der Gesundheit beinhalten.
🇬🇧 reduction diet

Reflex. Unbewusste Aktion oder Bewegung auf einen Reiz. – *adj.* reflektorisch.
[*lat.:* reflectere, zurückbiegen]
🇬🇧 reflex

Reflex, bedingter. (koordinierter Reflex). Ein durch ständiges Training entwickelter Reflex in Verbindung mit einem speziellen, wiederkehrenden, äußeren Reiz.
🇬🇧 conditioned reflex

Reflex, direkter. Reflex, der auf derselben Körperseite ausgelöst wird, auf der der Stimulus auftritt.
🇬🇧 direct reflex

Reflex, einfacher. → Reflex eines motorischen Nervs, der nur einen Muskel betrifft.
🇬🇧 simple reflex

Reflex, koordinierter. Zweckmäßige, geordnete Abfolge von Muskelbewegungen, z.B. der Schluckvorgang.
[*lat.:* coordinare, anordnen.]
🇬🇧 coordinated reflex

Reflex, pilomotorischer. Aufrichtung der Härchen auf der Haut, die durch Kontraktion der kleinen unwillkürlichen Aufrichtemuskeln (Musculi arrectores pilorum) als Reaktion auf eine kühle Umgebung, emotionale Stimuli oder Hautreizungen verursacht wird.
🇬🇧 pilomotor reflex

Reflex, rektaler. Die normale Antwort auf eine Ansammlung von Stuhl im Enddarm (Rektum), z.B. Stuhlentleerung.
🇬🇧 rectal reflex

Reflex, vasomotorischer. Jede Reaktion des Kreislaufs auf eine Stimulation der gefäßerweiternden bzw. gefäßverengenden Nerven (Vasodilatatoren bzw. Vasokonstriktoren).
🇬🇧 vasomotor reflex

Reflex, vasovagaler. Stimulation des → Vagusnervs durch einen Reflex, wobei durch Reizung des Kehlkopfes oder der Luftröhre eine Verlangsamung des Pulses herbeigeführt wird.
🇬🇧 vasovagal reflex

Reflex, ziliospinaler. Physiologischer Hirnstammreflex, der durch Kratzen bzw. Zwicken der Nacken- bzw. Gesichtshaut ausgelöst wird und eine Pupillenerweiterung auslöst.
[*lat.:* cilia + spina, Rückgrat, reflectere, zurückbeugen.]
ciliospinal reflex

Reflexbogen. Einfache neurologische Einheit einer Sinnesnervenzelle, die einen Reiz zum Rückenmark leitet. Dort erfolgt der Kontakt mit einer motorischen Nervenzelle, die den Refleximpuls wieder zurück an den entsprechenden Muskel oder die entsprechende Drüse leitet.
reflex arc

Reflexe, antagonistische. Zwei oder mehrere Reflexe, die zur selben Zeit ausgelöst werden und gegensätzliche Wirkungen hervorrufen. Die am besten adaptierte bzw. die hartnäckigere Reaktion setzt sich durch.
[*griech.:* antagonisma, Streit; *lat.:* reflectere, zurückbiegen]
antagonistic reflexes

Reflexhandlung. Die unwillkürliche Funktion oder Bewegung eines Organs bzw. Muskels als Antwort auf einen bestimmten Reiz (z.B. → Pawlow-Reflex).
reflex action

R

Reflexinkontinenz. Anerkannte → NANDA-→ Pflegediagnose; Zustand, bei dem ein Patient unter einem unwillkürlichen Urinabgang in einigermaßen vorhersehbaren Abständen leidet, wenn eine bestimmte Blasenfüllung erreicht ist. Hauptsymptome sind eine fehlende Wahrnehmung der Blasenfüllung, fehlendes Gefühl für den Harndrang oder die Blasenfüllung oder ungehemmte Blasenkontraktionen/-spasmen in regelmäßigen Abständen.
reflex incontinence

Reflextherapie. Beeinflussung innerer Organe durch die Behandlung von Reflexzonen mittels Akupunktur oder Reflexzonenmassage. (s.a. Reflexzonenmassage)
reflexotherapy

Reflexzentrum. Jede Struktur im Nervensystem, in der afferente Nervenimpulse in efferente Nervenimpulse umgewandelt werden und damit zu einer Veränderung in einem Muskel oder einer Drüse führen. (s.a. Reflexbogen)
reflex center

Reflexzonenmassage. Massage bestimmter Körperregionen (Reflexzonen), mit dem Ziel, Störungen bestimmter Organe, die dieser Region zugeordnet sind, zu beheben. Zahlreiche Reflexzonen konzentrieren sich z.B. in der Fußsohle. (s.a. Reflextherapie)
reflexology

Reflux. Transport einer Flüssigkeit innerhalb eines Hohlorgans entgegen der normalen Fließrichtung, z.B. Rückfluss von Speisebrei vom Magen über die Speiseröhre in den Mund (gastroösophagealer R.).
[*lat.:* refluere, zurückfließen]
reflux

Reflux, gastroösophagealer. Rückfluss von Mageninhalt in die Speiseröhre (Ösophagus), häufig aufgrund einer Dysfunktion des unteren Ösophagusschließmuskels (Ö.-Sphinkter). Magensaft ist sauer und führt deshalb zu einem brennenden Schmerz im Ösophagus. Wiederholte Episoden können zu einer Ösophagitis führen. Ein Magendruck, der größer als der ösophageale Druck ist, Hiatushernien sowie eine Insuffizienz des unteren Ösophagussphinkters können einen Reflux verursachen.
gastroesophageal reflux

Reflux, vesikoureteraler. Abnormer Harnrückfluss von der Blase in den Harnleiter infolge eines angeborenen Defekts, eines Verschlusses des Blasenausgangs oder einer Infektion der unteren Harnwege. Der R. erhöht den hydrostatischen Druck in den Harnleitern und den Nieren. Die Störung ist gekennzeichnet durch Schmerzen im Unterbauch oder Nierenbereich, Bettnässen, eitrigen Urin (Pyurie), blutigen Urin (Hämaturie), Eiweiß im Urin (Proteinurie) und Bakterien im Urin (Bakteri-

urie) bei gleichzeitiger oder wiederkehrender Infektion der unteren Harnwege.
vesicoureteral reflux

Refluxgastritis. Magenschleimhautentzündung, die durch Rückfluss von Speisebrei aus dem Zwölffingerdarm (Duodenum) entstehen soll. (s.a. Gastritis)
reflux gastritis

Refluxlaryngitis. Brennen im Kehlkopf- und Rachenraum durch nächtlichen → Reflux aus dem Magen. Betrifft häufig ältere Menschen, die in Rückenlage schlafen.
reflux laryngitis

Refluxösophagitis. Reizung und Entzündung der Speiseröhrenschleimhaut (Ösophagusschleimhaut) infolge eines Speisebreirückflusses aus dem Magen in den Ösophagus.
[*griech.:* oisophágos, zu: oísein, tragen, phágema, Speise]
reflux esophagitis

Refraktärperiode. (→ Refraktärphase)
refractory period

Refraktärphase. (Refraktärperiode). An einer erregbaren Membran der Zeitraum, der unmittelbar auf eine Erregung folgt und während diesem die Membran nicht erregbar ist. Die R. wird in eine absolute (völlig unerregbar) und eine relative (höhere Reizschwelle) R. eingeteilt. Als kardiale R. bezeichnet man den Zeitraum, in dem eine Herzzelle auf ein Eingangssignal mit bestimmter Amplitude nicht reagiert.
refractory period

Refraktion. 1. Richtungsänderung der Energie, die von einem Medium in ein anderes mit veränderter Dichte übergeht (z.B. Brechung von Lichtwellen). 2. Untersuchung der Augen, wobei ein Brechungsfehler ermittelt und korrigiert wird.
[*lat.:* refringere, zerbrechen, (Strahlen) brechend zurückwerfen]
refraction

Refraktion des Auges. Die Brechung des Lichtes auf dem Weg durch die verschiedenen Schichten des Auges (Hornhaut, Linse, Kammerwasser und Glaskörper).
refraction of eye

Refraktionsanomalie. (→ Refraktionsfehler)
refractive error

Refraktionsfehler. (Brechungsfehler; Refraktionsanomalie). → Anomalie der Augenlinse. Das Auge kann in bestimmten Abständen kein scharfes Bild erzeugen, z.B. bei Kurz- oder Weitsichtigkeit (Myopie oder Hyperopie). (s.a. Myopie; Hyperopie)
refractive error

Regeneration. 1. (med.) Heilungsvorgang 2. (biol.) Wiederherstellung, → Reproduktion oder → Substitution verlorengegangener oder beschädigter Zellen, Gewebeteile oder Organe.
[*lat.:* regenerare, von neuem hervorbringen]
regeneration

Regime. (Therapieplan). Vom Arzt streng verordnetes therapeutisches Programm, evtl. mit Diät und bestimmten Übungen, zur Behandlung von Krankheiten.
[*lat.:* regimen, Regierung]
regime

regional(is). (regionär). Betrifft eine oder gehört zu einer bestimmten Körperregion, z.B. → Regionalanästhesie.
[lat. regio, Richtung, Gegend, Gebiet]
regional

Regionalanästhesie. (Leitungsanästhesie). → Anästhesie einer speziellen Körperregion durch Injektion eines → Lokalanästhetikums, das eine bestimmte Gruppe sensorischer Nervenfasern blockiert und dadurch den Schmerz ausschaltet, z.B. → Periduralanästhesie.
regional anesthesia

regionär. (→ regionalis)
regional

Regression. 1. Rückschritt, Rückbildung bestimmter Konditionen, Zeichen oder Symptome. 2. Rückkehr zu früheren, primitiveren (kindlichen) Verhaltensweisen in akuten Konfliktsituationen. 3. Der Verlust eines Transplantats, wobei die charakteristischen Zellen zugrunde gehen.
regression

Regurgitation. Strömung entgegen der normalen Fließrichtung, z.B. 1. der Rück-

fluss von Flüssigkeit von der Speiseröhre in den Mund; 2. der Rückfluss von Blut durch eine defekte Herzklappe. (s.a. Reflux)
[*lat.:* re + gurges, wieder, zurück + Strudel]
regurgitation

Rehabilitation (Reha). Hilfemaßnahmen zur Wiederherstellung der Gesundheit eines Menschen bzw. zur Wiedererlangung der normalen oder beinahe normalen Funktion eines Körperteils nach schwerer Krankheit, Abhängigkeit, Verletzung, Behinderung, oder Einklemmung und damit der Wiedereingliederung in das Berufs- und Privatleben.
[*lat.:* re + habilitare, wieder + geeignet, fähig machen]
rehabilitation (rehab)

Rehabilitationszentrum. Einrichtung, die Therapie- und Trainingsmaßnahmen für eine → Rehabilitation zur Verfügung stellt. Dazu gehören u. a. Ergo- und Physiotherapie, Fortbildungsmaßnahmen sowie spezielle Therapieformen, wie z.B. Sprachtraining.
rehabilitation center

Rehydratation. (Rehydrierung). Das Wiederherstellen des normalen Wasserhaushalts eines Patienten durch enterale oder parenterale (als Getränk bzw. Infusion) Gabe von Wasser oder Salzlösungen.
rehydration

Rehydrierung. (→ Rehydratation)
rehydration

Reiben. Trockenes, reibendes Geräusch, das beim Abhören mit einem Stethoskop im Bereich von Leber und Milz vernommen werden kann.
friction rub

Reiki-Therapie. Ergänzende Therapie, bei der eine speziell ausgebildete Person ihre Hände auf oder über bestimmte Körperregionen hält und dadurch auf den Patienten die sogenannte »universelle Lebensenergie« überträgt. Diese Energie soll dem Patienten die für die Behandlung von Krankheiten und Störungen notwendige »Kraft, Harmonie und Ausgeglichenheit« verleihen. Die R. entstand aus einer alten buddhistischen Heilmethode und beinhaltet 15 Handstellungen, die sämtliche Körperorgane abdecken.
Reiki therapy

Reinfektion. Nach Abklingen der Erstinfektion bzw. noch während dieser eine erneute Ansteckung mit demselben Erreger.
reinfection

Reinigungseinlauf. Einlauf zur Reinigung des Darmes mit ca. 2 Liter Spüllösung, z.B. vor Operationen. Patient liegt hierbei auf der linken Seite; sollen auch obere Abschnitte gereinigt werden, so dreht es sich nach der Hälfte der Spüllösung auf die rechte Seite, damit sich das Wasser verteilen kann. (s.a. Darmspülung)
cleansing enema

Reisdiät. Salzlose Diät, bestehend aus Reis, Früchten, Fruchtsäften und Zucker, angereichert mit Vitaminen und Eisen. Sie wird angeordnet bei Hypertonie, chronischen Nierenleiden und Fettleibigkeit. Schwangere mit starken Ödemen können ebenfalls hin und wieder einen Reistag einlegen.
rice diet

Reisedurchfall. Verschiedene Durchfallerkrankungen, die bei Personen beobachtet werden, die Fernziele bereisen. Häufigste Ursache sind *Escherichia coli*-Bakterien, die ein starkes Bakteriengift produzieren; darüber hinaus auch *Salmonellen*- und *Shigellen*-Arten. Typische Symptome sind Magenkrämpfe, Übelkeit, Erbrechen, leichtes Fieber und wässrige Stühle. Die Symptome halten meist einige Tage an.
traveler's diarrhea

Reisekrankheit. Zustand, der durch unberechenbare, schwankende oder rhythmische Bewegungen in einer wechselnden Kombination von Richtungen verursacht wird, z.B. auf einem Schiff oder in einem Auto. In schweren Fällen kommt es zu Übelkeit, Erbrechen, Schwindel (Vertigo) und Kopfschmerzen; leichtere Fälle drücken sich durch Kopfschmerzen und allgemeines Unwohlsein aus.
motion sickness

Reiz. (Stimulus). Bezeichnung für die Auslösung einer Funktion, Antwort bzw. Reaktion.
🇬🇧 stimulus

Reiz, konditionierter. Stimulus, der einen durch Training oder Lernen erworbenen Reflex oder eine konditionierte Reaktion hervorruft.
🇬🇧 conditioned stimulus

Reizblase. Zustand, der durch ein fast ununterbrochenes Bedürfnis zur Urinausscheidung gekennzeichnet ist, ohne dass Anzeichen für eine Ursache (z.B. Entzündung, Nierensteine) erkennbar sind.
🇬🇧 irritable bladder

Reizelektrode. (Entladungselektrode; differente Elektrode). Elektrode, die bei der Elektrotherapie an einem bestimmten Punkt zur Stimulation dieses Bereichs eingesetzt wird.
[*griech.:* electron, Bernstein; hodos, Weg]
🇬🇧 active electrode

Reizhusten. (Trockener Husten). Kurzer, schwacher, häufig auftretender Husten, der oft durch Reizungen des Rachenraums verursacht ist und bei dem kein Sputum abgehustet wird.
🇬🇧 hacking cough; dry cough

Reizkolon. Unphysiologisch erhöhte Motilität von Dünn- und Dickdarm, die meist in Verbindung mit emotionalem Stress steht. Meist sind Jugendliche oder junge Erwachsene betroffen, die unter Diarrhö und gelegentlichen Unterleibschmerzen leiden. Der Schmerz läßt mit dem Abgang von Winden (Flatulenz) oder Stuhl im allgemeinen nach. Bei der Diagnose eines R.s müssen ernstere Komplikationen wie Dysenterie, Laktoseintoleranz und entzündliche Darmerkrankungen ausgeschlossen werden.
🇬🇧 irritable bowel syndrome

Reizleitungssystem. Spezielles Nervengewebe, das elektrische Impulse leitet, z.B. → Tawara-Schenkel und → Purkinje-Fasern.
🇬🇧 conduction system

Reizschwelle. Der Punkt, an dem ein stärker werdender Reiz einen afferenten Nervenimpuls auslöst. Die absolute R. ist der niedrigste Punkt, an dem eine Antwort auf den Reiz wahrnehmbar ist.
🇬🇧 sensory threshold

Reizüberflutung. Technik zur Reduzierung von Angstzuständen aufgrund von Phobien. Der Patient wird reizüberflutet und wird somit auf Reize, die normalerweise eine Angstneurose auslösen, desensibilisiert. Angstgefühle und Neurosen können dadurch abgebaut werden. (→ Implosion)
🇬🇧 flooding

Rekapitulationstheorie. (biogenetisches Grundgesetz). Theorie des deutschen Zoologen E.H. Häckel, die besagt, dass ein Organismus während seiner Embryonalphase sämtliche Entwicklungsstadien von der niedrigen Lebensform zur höheren Lebensform durchwandert. Zusammengefasst wird die Theorie in dem biogenetischen Grundgesetz: Die Ontogenese ist eine vereinfachte Wiederholung der Phylogenese.
[E.H. Häckel, deutscher Zoologe, 1834–1919]
🇬🇧 recapitulation theory

Rekonvaleszenz. (Genesung). Erholungsphase nach einer Krankheit, Verletzung oder Operation.
[*lat.:* convalescere, stark werden.]
🇬🇧 convalescence

Rekrudeszenz. Wiederkehren der Krankheitssymptome bzw. Verschlimmerung der Krankheit während der Erhohlungsphase.
[*lat.:* recrudescere, wieder schlimmer werden]
🇬🇧 recrudescence

Rektalnarkose. Allgemeine Narkose durch Einlegen, Injektion oder Infusion eines Narkosemittels in den Enddarm (Rektum). Die R. wird manchmal bei Kindern angewendet, da sie weniger schmerzhaft ist als das Legen einer intravenösen Kanüle.
🇬🇧 rectal anesthesia

Rektaltemperatur. Im Enddarm (Rektum) gemessene Körpertemperatur. Normal-

wert: 36,5 - 37,4°C. Die R. ist um 0,3 - 0,4 °C höher als die oral gemessene Temperatur. Das Thermometer wird mit einer Schutzhülle umgeben und ggf. angefeuchtet, bevor es in den After eingeführt wird. (s.a. Körpertemperatur)
rectal temperature

rektosigmoid. Gehört zum oberen Abschnitt des Mastdarms (→ Rektum) und zum unteren Teil des Grimmdarms (→ Colon sigmoideum).
[*lat.:* rectus, gerade + *griech.:* sigma, s-förmig]
rectosigmoid

Rektosigmoidoskopie. Die Untersuchung des Mastdarms (→ Rektum) und des Grimmdarms (→ Colon sigmoideum) mit Hilfe eines → Sigmoidoskops.
rectosigmoidoscopy

Rektovaginalfistel. (Mastdarm-Scheiden-Fistel). Eine abnorme Öffnung oder Passage zwischen Mastdarm (Rektum) und Scheide (Vagina).
rectovaginal fistula

Rektozele. Vorfall des Mastdarms und der hinteren Vaginalwand in die Vagina (Scheide). Eine R. entsteht durch Erschlaffen der Vaginal- und Beckenbodenmuskulatur infolge von Geburten, Alter oder Operationen, kann jedoch auch auf einer angeborenen Schwäche der Mastdarmwand beruhen.
rectocele

Rektum. Der ca. 12 cm lange Teil des Dickdarms (Mast- oder Enddarm) als Fortsetzung des Colon sigmoideum, der bis zum After reicht.
[lat. rectus, gerade]
rectum

Rektumprolaps. Hervortreten der Schleimhaut des unteren Teils des → Rektums aus der Analöffnung.
prolaps of rectum

Rektusscheide. Die gemeinsamen Sehnen von Schräg- und Längsmuskeln der Bauchwand.
abdominal aponeurosis

Relaxans. Medikament oder Substanz, das Muskelspannungen oder psychische Spannungen reduziert. - *adj.* relaxierend.
[*lat.:* relaxare, erweitern; schlaff, locker machen]
relaxant

Relaxation. Erschlaffung bzw. Entspannung der Muskeln, z.B. zwischen zwei Kontraktionen. - *adj.* relaxierend.
[*lat.:* relaxare, erweitern; schlaff, locker machen]
relaxation

Releasingfaktor. (→ Releasinghormon)
releasing hormone (RH)

Releasinghormon. (Releasingfaktor; RF). Ein im → Hypothalamus gebildetes Neuropeptid, das über eine Vene direkt in den Hypophysenvorderlappen freigesetzt wird. Jedes einzelne R. stimuliert die Hypophyse zur Freisetzung spezifischer tropischer → Hormone, so wird z.B. Adrenocorticotropin durch das Corticotropin-Releasinghormon freigesetzt.
releasing hormone (RH)

REM. Abkürzung für *rapid eye movements* (schnelle Augenbewegungen).
REM

rem. Abkürzung für *roentgen equivalent man.* Maßeinheit für die Dosis ionisierender Strahlung, die im Menschen dieselbe Wirkung erzielt wie 1 R (= Röntgen) Gammastrahlung. Die neuere Bezeichnung hierfür lautet → Sievert.
rem

REM-Schlaf. (→ Traumschlaf)
rapid eye movement sleep

Remission. Das teilweise oder vollständige Verschwinden klinischer und subjektiver Symptome einer chronischen oder malignen (bösartigen) Krankheit. Die R. kann spontan oder als Folge einer Therapie auftreten. - *adj.* remittierend.
[*lat.:* remittere, zurückgehen lassen; nachlassen]
remission

renal. Die Niere betreffend oder zu ihr gehörend.
[*lat.:* ren, Niere]
🇬🇧 renal

renaler Blutfluss, gesamter. Gesamtes Blutvolumen, das durch die Nierenarterien fließt. Der durchschnittliche r. B. beim Erwachsenen beträgt 1200 ml in der Minute.
🇬🇧 total renal blood flow

Renin. Ein proteolytisches Enzym, das im → juxtaglomerulären Apparat produziert und gespeichert wird. R. beeinflusst den Blutdruck durch die Umwandlung von Angiotensinogen zu → Angiotensin.
[*lat.:* ren, Niere]
🇬🇧 renin

Rennin. Ein die Milch koagulierendes Ferment, das im Magensaft von Säuglingen und im Labmagen von Kälbern und anderen Wiederkäuern enthalten ist. R. verwandelt Casein in Paracasein.
🇬🇧 rennin

Reovirus. Kunstwort, zusammengesetzt aus **r**e*spiratory* **e***nteric* **o***rphan* + Virus. Das R. ist ein Erreger, der bei gesunden und kranken Menschen im Respirations- und Verdauungstrakt vorkommt. Es ist gelegentlich für Infektionen der oberen Atemwege und für Gastroenteritis bei Kindern verantwortlich.
[*lat.:* virus, Schleim, Saft, Gift]
🇬🇧 reovirus

Reperfusion. Vorgang, bei dem durch einen → Thrombus verschlossene Blutgefäße zur Wiederherstellung des Blutflusses wieder durchgängig gemacht werden. Dies kann entweder medikamentös oder instrumentell durch Aufdehnung der Blutgefäße (Angioplastie) erfolgen.
[*lat.:* re + perfundere, wieder + durch und durch bespülen]
🇬🇧 reperfusion

Replikation. 1. Vorgang der Verdopplung, Wiederholung oder des Kopierens; wörtlich, das Zurückklappen eines Teils, um ein exaktes Duplikat anzufertigen. 2. In der *Forschung* die exakte Wiederholung eines Experiments, um die ursprünglichen Erkenntnisse zu bestätigen. 3. In der *Genetik* die Verdopplung der DNS-Stränge bzw. die Neusynthese der Desoxyribonukleinsäure (DNS).
[*lat.:* replicare, wieder aufrollen, wiederholen]
🇬🇧 replication

Reponieren. Zurückbringen eines Organs oder Körperteils in seine natürliche Position, z.B. das Zurückstülpen einer Inversio uteri oder das Einrenken des Kiefers.
[*lat.:* reponere, zurücklegen, zurückbringen]
🇬🇧 repositioning

Repression. 1. Das Zurückhalten, Hemmen oder Unterdrücken einer Aktion. 2. In der *Psychoanalyse* das Verdrängen unakzeptabler Gedanken, Gefühle, Ideen, Impulse oder Erinnerungen, besonders solcher, die mit traumatischen Erlebnissen in der Vergangenheit verbunden sind. Das Verdrängte ruht dort, hat jedoch Auswirkungen auf das Bewusstsein.
[*lat.:* reprimere, zurückdrängen, hemmen]
🇬🇧 repression

Reproduktion. 1. Die Fortpflanzung. 2. Das Hervorbringen einer ähnlichen Struktur, Situation oder Phänomens. 3. In der *Psychologie* das Erinnern an frühere Vorstellungen und Eindrücke oder früher Gelerntes. – *adj.* reproduktiv.
[*lat.:* re + producere, wieder + fortführen, hervorbringen]
🇬🇧 reproduction

Reproduktionssystem. (Fortpflanzungsapparat). Sämtliche weibliche und männliche Strukturen, die der Fortpflanzung dienen, inklusive der Gonaden (Geschlechtsdrüsen), der dazugehörigen Kanäle und Drüsen sowie der inneren und äußeren Geschlechtsorgane. Bei der Frau gehören dazu die Eierstöcke, Eileiter, Gebärmutter, Vagina, Klitoris und die Vulva. Beim Mann umfasst es die Testes (Hoden), Nebenhoden, Samenleiter, Samenblasen, Ejakulationsgang, Prostata und Penis.
🇬🇧 reproductive system

Reproduktionstechnologien, Umgang mit. → Pflegeintervention der → NIC, die definiert wird als Unterstützung von Patienten während verschiedener Phasen einer komplexen Infertilitätsbehandlung.
Reproductive Technology Management

Resektion. Das operative Entfernen bestimmter Körper- oder Organteile, wobei diese entweder teilweise oder vollständig entfernt werden können.
[*lat.:* resecare, abschneiden]
resection

Reserpin. Antihypertonikum, das bei Bluthochdruck und bestimmten neuropsychiatrischen Störungen verabreicht wird. (s.a. Rauwolfia-Alkaloid)
reserpine

Reserve. (Residual-). Eine bei Bedarf zur Verfügung stehende Kapazität, die durch Anpassung an die jeweilige Situation dem Körper hilft, lebenswichtige Funktionen aufrechtzuerhalten, z.B. die Reservekraft des Herzens oder der Lunge.
[*lat.:* reservare, aufsparen]
reserve

Reservekapazität. (Reservevolumen; Reserveluft). Das Luftvolumen, das nach normaler Ausatmung (Exspiration) noch in der Lunge verbleibt.
reserve capacity

Reservekraft, kardiale. (Kompensation). Bezeichnung für die potenzielle Kapazität des Herzens, über sein übliches Niveau hinaus auf veränderte physiologische Bedürfnisse durch Muskelzunahme zu reagieren.
cardiac reserve

Reserveluft. (→ Reservekapazität)
reserve capacity

Reservevolumen. (→ Reservekapazität)
reserve capacity

Reservevolumen, exspiratorisches (ERV). Maximales Luftvolumen, das nach einer Ruheexhalation noch zusätzlich ausgeatmet werden kann.
expiratory reserve volume (ERV)

Reservevolumen, inspiratorisches. Maximales Luftvolumen, das nach einer normalen Einatmung noch zusätzlich eingeatmet werden kann.
inspiratory reserve volume

resezieren. (weg- od. ausschneiden; operativ entfernen). Operatives Entfernen von Gewebe aus dem Körper.
[*lat.:* resecare, abschneiden]
resect

residual. (Reserve-). Gehört zu oder betrifft einen Teil, der als Reserve zurückbleibt, nachdem der Großteil entfernt wurde, z.B. → Residualharn oder → Residualluft.
[*lat.:* residuus, zurückbleibend]
residual

Residualharn. (Restharn). Die Harnmenge, die nach dem Wasserlassen in der Harnblase zurückbleibt.
residual urine

Residualkapazität, funktionelle (FRK). Die am Ende einer Atemvolumenexhalation in den Lungen verbleibende Luft. Die funktionelle Residualkapazität ist die Summe des Residualvolumens (RV) und des exspiratorischen Reservevolumens (ERV).
functional residual capacity

Residualluft. (→ Reservekapazität)
residual volume

Residualvolumen. (→ Reservekapazität)
residual volume

Resistenz. 1. Die angeborene Widerstandsfähigkeit eines Organismus gegenüber Krankheitserregern. 2. Die Widerstandsfähigkeit von Krankheitserregern gegenüber Antibiotika oder Chemotherapeutika. 3. Der Widerstand eines Organs gegen das Betasten, z.B. die Bauchdeckenspannung als Tumor-Resistenz. – *adj.* resistent.
[*lat.:* resistere, stehen bleiben, sich widersetzen]
resistance

Resistenz, bakterielle. Die Fähigkeit bestimmter Bakterienstämme, eine Toleranz

gegen spezifische → Antibiotika zu entwickeln.
bacterial resistance

Resistenz, konstitutive. Genetisch vorprogrammierte, bakterielle Resistenz gegen Antibiotika. Die Eigenschaft kann durch Zellteilung an Tochterzellen weitergegeben werden.
constitutive resistance

Resolution. Der allmähliche Rückgang einer Krankheitserscheinung durch Auflösung, Abbau und Resorption.
[*lat.*: resolvere, wieder auflösen]
resolution

resorbieren. Etwas erneut → absorbieren.
[*lat.*: re + sorbere, wieder + hineinschlürfen]
resorb

Resorption. Im Deutschen üblichere Bezeichnung für »→ Absorption«.
resorption

Resorptionsfieber. (→ aseptisches Fieber)
aseptic fever

Resorzin. Antiseptische Substanz, die als → keratolytisches Mittel zur äußeren Anwendung bei → Dermatosen angewendet wird.
resorcinol

Resozialisierung. Die Wiedereingliederung eines Patienten in die Familie bzw. Gemeinschaft nach einem langen oder kritischen Krankenhausaufenthalt sowie nach Drogenentzug.
resocialization

Respiration. Bezeichnung für die äußere Atmung, die im Wechsel zwischen Einatmung (Inspiration) und Ausatmung (Exspiration) durch die Atmungsorgane erfolgt. Dabei findet ein ständiger Gasaustausch im Gewebe statt, wobei O_2-Moleküle aufgenommen und CO_2-Moleküle abgegeben werden. Spezielle rhythmische und arhythmische Atemmuster sind z.B. die → Cheyne-Stokes-Atmung und die → Kußmaul-Atmung. – *adj.* respiratorisch.
[*lat.*: respirare, zurückblasen, ausatmen, Atem holen]
respiration

Respirationstrakt. (Atmungsapparat). Umfasst sämtliche Organe und Strukturen, die für die Belüftung der Lungen und den Austausch von Sauerstoff und Kohlendioxid zwischen der Umgebungsluft und dem zirkulierenden Blut mit Hilfe der Lungen verantwortlich sind. Dazu zählen der Nasen-Rachen-Raum, der Kehlkopf, die Luftröhre und die Luftröhrenäste. Im R. wird die eintretende Luft angewärmt und dem Kehlkopf und den Stimmbändern zur Unterstützung der Sprache zur Verfügung gestellt.
respiratory tract

Respirator. Automatisches Beatmungsgerät, mit dem die Luft zum Einatmen aufbereitet, bzw. die Lungenbelüftung (pulmonale Ventilation) verbessert wird. Kommt bei unzureichender Spontanatmung und bei Narkosen zum Einsatz. (s.a. Narkosegerät)
respirator

Respirometer. Gerät, mit dem die Atemqualität eines Patienten analysiert werden kann.
respirometer

Restharn. (→ Residualharn)
residual urine

Restless-Leg-Syndrom. Zustand ungeklärter Herkunft, gekennzeichnet durch störende Unruhe-, Müdigkeits- und Juckgefühle in den tiefen Muskelschichten der Beine, insbesondere der Unterschenkel. Geht darüber hinaus mit Zucken und ggf. mit Schmerzen einher. Die einzige Erleichterung wird durch Bewegung der Beine erzielt.
[engl.]
restless legs syndrome

Restriktionen, körperliche. → Pflegeintervention der → NIC, die definiert wird als das Anbringen, Überwachen und Entfernen von mechanischen restriktiven Vorrichtungen und manuellen Fixierungen zur Einschränkung oder Unterbindung der körperlichen Mobilität von Patienten.
Physical Restraint

Restriktionen, räumliche. → Pflegeintervention der → NIC, die definiert wird als die Beschränkung der Mobilität von Patienten auf einen bestimmten Bereich zum Zweck der Sicherheit oder des besseren Umgangs mit ihrem Verhalten.
Area Restriction

Restrukturierung, kognitive. Veränderung von Geisteshaltungen, Wertvorstellungen oder Überzeugungen, die die Entfaltung einer Person behindern. Eine Umstrukturierung erfolgt durch Einsicht oder erfolgreiches Verhalten.
cognitive restructuring

Reststickstoff. (Rest-N). Der Stickstoffanteil (Rest-N) im Blut, der nicht an Proteine gebunden ist, z.B. Stickstoff in einer Verbindung mit Harnstoff, Harnsäure, Kreatinin oder Polypeptiden. Bei eiweißreicher Kost oder bei bestimmten Nierenerkrankungen kommt es zur Erhöhung des R.s.
nonprotein nitrogen (NPN)

Retardierung. Die Verlangsamung jeglicher körperlicher oder geistiger Aktivitäten bzw. der verlangsamte Verlauf der körperlichen oder geistigen Entwicklung, wie z.B. die mentale R. oder eine psychomotorische R. bei Depression. – *adj.* retardiert.
[*lat.:* retardare, verzögern, zurückhalten]
retardation

R

Retardierung, geistige. Störung, die durch einen intellektuellen Level gekennzeichnet ist, der unter dem Durchschnitt liegt; es kommt zu Defiziten oder Störungen der Lernfähigkeit und der sozialen Anpassung. Die Ursachen können genetischer, biologischer, psychosozialer oder soziokultureller Art sein.
mental retardation

Retention. Das Zurückhalten oder Verhalten. 1. Die Fähigkeit des Verdauungssystems, Nahrung und Flüssigkeit zurückzuhalten. 2. Die Unfähigkeit des Körpers, Stoffe auszuscheiden (besonders Urin und Stuhl).
[*lat.:* retinere, zurückhalten]
retention

Retentionseinlauf. Ein medizinischer oder nährstoffhaltiger → Einlauf, der im Darm zurückgehalten werden soll. Er darf die Nervenendigungen nicht stimulieren, da dies die Darmentleerung zur Folge hätte.
retention enema

reticularis. (retikulär). Netzförmiges Muster oder Struktur eines Gewebes oder einer Oberfläche, z.B. Formatio reticularis (retikuläres System).
reticular

retikulär. (→ reticularis)
reticular

retikuloendotheliales System (RES). Körpersystem aus Endothel- und Retikulumzellen, das hauptsächlich für die Infektionsabwehr und die Ausscheidung von körpereigenen Abfallprodukten verantwortlich ist.
reticuloendothelial system (RES)

Retikulozyt. Unreifer → Erythrozyt mit netzförmiger, anfärbbarer Innenstruktur. Tritt bei reger Blutbildung auf.
[*lat.:* reticulum, kleines Netz; *griech.:* kytos, Höhlung, Wölbung]
reticulocyte

Retikulum, endoplasmatisches. Weitläufiges Netzwerk aus membranumhüllten Tubuli im Zellzytoplasma. Die Funktionen des endoplasmatischen Retikulums sind die Synthese von Proteinen und Lipiden und der Transport dieser Metaboliten zu den Zellen.
[*griech.:* endon, innerhalb + plassein, formen.]
endoplasmic reticulum

Retina. Netzhaut des Auges, bestehend aus mehrschichtigem Nervengewebe, das sich an den Nervus opticus anschließt. Der lichtempfindliche Teil der R. empfängt Bilder von außen und leitet diese als visuelle Reize über den N. opticus an das Gehirn weiter. Die weiche halbtransparente R. besteht aus einer äußeren Pigmentschicht und der eigentlichen neun-schichtigen Netzhaut. Diese umfasst von innen nach außen die innere Grenzschicht, die Optikusfaserschicht, die Ganglienzellschicht, die innere Geflechtschicht, die in-

nere Körnerschicht, die äußere Geflechtschicht, die äußere Körnerschicht, die äußere Grenzschicht und die Stäbchen- und Zapfenschicht. Die äußerste Schicht der R. grenzt an die Aderhaut (Choroidea), die innerste an den Glaskörper (Corpus virtreum). – *adj.* retinal.
[*lat.:* rete, Netz]
retina

Retinitis. Entzündung der Netzhaut des Auges, z.B. Retinitis diabetica; Netzhautentzündung als Begleiterscheinung bei → Diabetes mellitus.
[*lat.:* rete, Netz, *griech.:* -itis, Entzündung]
retinitis

Retinoblastom. Erbliche, bösartige Netzhautgeschwulst. Typische Symptome sind eine eingeschränkte Sehfähigkeit, Strabismus, Netzhautablösung und ein abnormer Pupillenreflex. Der schnell wachsende Tumor kann in das Gehirn eindringen und an entfernten Stellen metastasieren.
retinoblastoma

Retinopathie. Nichtentzündliche Netzhauterkrankung infolge von Veränderungen der retinalen Blutgefäße. Als Begleiterscheinung der Zuckerkrankheit kann es beispielsweise zu einer Retinopathia diabetica kommen, wobei minimale Blutungen in der Netzhaut auftreten.
[*lat.:* rete + *griech.:* pathos, Netz + Krankheit]
retinopathy

Retinopathie, diabetische. Störung der Blutgefäße der Netzhaut (Retina). Zu den Symptomen gehören kapilläre Mikroneurysmen, Blutungen, Exsudate sowie die Bildung neuer Gefäße und neuen Bindegewebes; tritt zumeist bei Patienten auf, die unter → Diabetes mellitus leiden und deren Blutzuckerwerte nur unzureichend eingestellt sind. Wiederkehrende Blutungen können zur Verschattung des Glaskörpers und schließlich zur Blindheit führen.
diabetic retinopathy

Retinopathie, hypertone. Erkrankung, bei der es zu Veränderungen der Netzhaut (Retina) in Verbindung mit einer arteriellen → Hypertonie kommt; es können Veränderungen der Blutgefäße, Hämorrhagien, Ausfluss aus den Augen und Netzhautödeme entstehen.
[*griech.:* hyper, darüber; *lat.:* tendere, spannen; retin, Netz; *griech.:* pathos, Krankheit]
hypertensive retinopathia

Retinoskopie. Untersuchung des Auges auf mögliche Refraktionsstörungen mittels eines Retinoskops. Der untersuchende Arzt leuchtet dabei direkt in den Augapfel und beobachtet die Reflexbewegungen, ausgehend vom Augapfelfundus. Die Reflexe geben ihm Hinweise auf die notwendigen Linsen zur Korrektur der Refraktionsstörung.
[*griech.:* scopéin, sehen]
retinoscopy

Retortenbaby. Volkstümliche Bezeichnung für ein Kind, das im Reagenzglas gezeugt wurde. Nach der Befruchtung wird die befruchtete Eizelle wieder in die Gebärmutter der Frau eingesetzt und der Fetus entwickelt sich unter normalen Bedingungen.
test tube baby

retro-. Vorsilbe mit der Bedeutung »hinter, nach hinten, zurück, rückwärts«. (s.a. ante-)
[*lat.:* retro-, rückwärts, nach hinten, zurück]
retro-

retroauricularis. (retroaurikulär). Hinter der Ohrmuschel gelegen.
[*lat.:* auricula, äußeres Ohr, Ohrläppchen]
retroauricular

retroaurikulär. (→ retroauricularis)
retroauricular

Retroflexio uteri. Nach hinten (dorsal) gerichtete Abknickung der Gebärmutter im unteren Uterinsegment, zwischen Gebärmutterkörper und -hals. Treten dabei keine Verwachsungen auf, ist dieser Zustand ohne klinische Bedeutung; bei vorhandenen Verwachsungen kann es jedoch zu Beschwerden kommen.
uterine retroflexion

R

Retroflexion. Abnorme Lage eines Organs, wobei das Organ nach hinten abgeknickt ist, z.B. Retroflexio uteri, die rückwärtige Abknickung der Gebärmutter gegen den Gebärmutterhals. – *adj.* retroflektiert.
[*lat.:* retro + flectere, biegen, beugen]
🇬🇧 retroflexion

retrograd. 1. Sich nach rückwärts, entgegen der normalen Richtung bewegend. 2. Rückläufig, degenerierend; sich in ein früheres Stadium oder eine schlechteren Zustand entwickelnd, z.B. r. → Amnesie.
[*lat.:* retro + gradi, schreiten]
🇬🇧 retrograde

retroperitoneal. Hinter dem rückenseitigen Bauchfell (Peritoneum) gelegen und teilweise davon bedeckt.
🇬🇧 retroperitoneal

Retrovirus. Kurzwort aus *reverse Transkriptase* und *Virus*. Das R. gehört zur Familie der Ribonukleinsäureviren und enthält Enzyme und reverse Transkriptase, mittels der es die Virusribonukleinsäure in Desoxyribonukleinsäure der Wirtszelle übersetzt. Das HI-Virus ist ein R.
🇬🇧 retrovirus

Revaskularisation. 1. Die Einsprossung von Kapillaren in Binde- bzw. Narbengewebe. 2. Die Wiederherstellung oder Verbesserung des Blutflusses zu einem Organ oder Gewebe mittels einer Bypass-Operation.
[*lat.:* vasculum, kleines Gefäß]
🇬🇧 revasclularization

R

Reverse Transkriptase. Enzym, das in → Retroviren vorkommt und für die Rückübersetzung der Virusribonukleinsäure verantwortlich ist, welche die Erbinformation enthält.
🇬🇧 reverse transcriptase (RT)

reversibel. = umkehrbar (chemische Reaktion), heilbar.
[*lat.:* revertere, umkehren]
🇬🇧 reversible

rezeptfrei. Bezeichnung für Arzneimittel, die ohne Rezept eines Arztes frei im Handel erhältlich sind.
🇬🇧 over the counter

Rezeptor. 1. Chemische Struktur meist aus Eiweiß und Kohlehydraten auf der Oberfläche von Zellen, die z.B. → Antigene bindet und einen bestimmten Immunkomplex bildet. 2. Sensorische Nervenendigung, die auf bestimmte Stimulationsarten reagiert. 3. Spezifisches Zellprotein (Eiweiß), das sich erst mit einem Hormon binden muss, bevor eine zelluläre Antwort ausgelöst werden kann. – *adj.* rezeptorisch.
[*engl.:* receptor, Reizempfänger, Rezeptor]
🇬🇧 receptor

Rezeptor, adrenerger. Ein auf eine → adrenerge Stimulation reagierender → Rezeptor. Man unterscheidet zwei Arten a. R.en: **alphaadrenerge** und **betaadrenerge**. Generell führt eine Stimulation der Alpharezeptoren zu einer Anregung des betroffenen Organs bzw. Gewebes; die Reizung der Betarezeptoren führt zu einer hemmenden Wirkung.
[*lat.:* ad, bei; ren, Niere; *griech.:* ergon, Arbeit; *lat.:* recipere, erhalten]
🇬🇧 adrenergic receptor

Rezeptor, sensorischer. Spezialisierte Nervenendigung, die bei Reizung einen afferenten bzw. sensorischen Nervenimpuls aussendet.
🇬🇧 sensory receptor

Rezeptortheorie der Drogenwirkung. Theorie, dass bestimmte Drogen speziell auf Rezeptoren auf der Zelloberfläche, in der Zellmembran oder im Inneren der Zelle wirken.
🇬🇧 receptor theory of drug action

rezessiv. Beschreibt oder gehört zu einem Gen, dessen Wirkung durch ein am selben Ort vorhandenes dominantes Gen zurückgedrängt oder verborgen wird.
[*lat.:* recedere, zurücktreten, zurückweichen]
🇬🇧 recessive

Rezidiv. (Rückfall). Wiederaufleben einer soeben überstandenen Krankheit; meist im

Zusammenhang mit einer malignen Tumorerkrankung. – *adj.* rezidiv.
[*lat.:* recidere, zurückfallen, wiederkehren]
🇬🇧 recidivism (recid)

reziprok. wechselseitig; sich aufeinander beziehend.
[*lat.:* reciprocus, auf dem selben Weg zurückkehrend]
🇬🇧 reciprocal

rh. Abkürzung für Rhesusfaktor negativ.
🇬🇧 rh

Rh. 1. Abkürzung für Rhesusfaktor positiv. 2. Chemisches Zeichen für **Rhodium.**
🇬🇧 Rh

Rh-Erythroblastose. Vermehrung unreifer, kernhaltiger Erythrozyten im Blut infolge einer → Rh-Inkompatibilität; kann angeboren (Morbus hämolyticus neonatorum) oder durch Transfusion falschen Blutes erworben werden.
🇬🇧 rh-erythroblastosis

Rh-Faktor. (→ Rhesusfaktor)
🇬🇧 Rh factor

Rh-Inkompatibilität. (Rhesus-Inkompatibilität). Blutgruppenunverträglichkeit aufgrund unterschiedlicher Antigene des Rh-Blutgruppensystems. In der Blutgruppe Rh-positiv ist der Rhesusfaktor D vorhanden, in der Blutgruppe rh-negativ jedoch nicht. Zu einer Rh-I. kann es beim zweiten Rh-positiven Kind einer rh-negativen Mutter kommen, nachdem in der ersten Schwangerschaft oder bei der Geburt des ersten Kindes fetale Erythrozyten in den Blutkreislauf der Mutter eingedrungen sind und diese sensibilisiert, d. h. zur Antikörperbildung angeregt haben. In der zweiten Schwangerschaft genügt dann der Übertritt weniger Rh-positiver Erythrozyten des Feten in den Blutkreislauf der Mutter. Diese reagiert mit einer gesteigerten Antikörperbildung, die Antikörper treten transplazentar auf den Feten über und zerstören seine Erythrozyten.
🇬🇧 Rh incompatibility

Rh(esus)-Antiserum. → Serum, das Rhesus-→ Antikörper enthält.
🇬🇧 Rh antiserum

Rh(esus)-Sensibilisierung. Das Einbringen (Transfusion) bzw. Eindringen (diaplazentare Einschwemmung) von Rh-positiven Blutkörperchen (Erythrozyten) in eine rh-negative Person und die dadurch ausgelöste Bildung von Rhesus-Antikörpern.
🇬🇧 rh(esus) sensitization

rhachi-. (→ rachio)
🇬🇧 rachi(o)-

Rhagaden. Risse oder Schrunden in der Haut infolge Elastizitätsverlust, insbesondere um den Mund und an den Händen.
🇬🇧 rhagades

Rheologie. Die Lehre von der Mechanik flüssiger Stoffe (Fließen und Verformen). – *adj.* rheologisch.
[*griech.:* rhéos + lógos, das Fließen + Rede, Wort, Vernunft, Lehre]
🇬🇧 rheology

Rheometrie. Technik zur Messung der Blutflussgeschwindigkeit.
[*griech.:* rhéos + métron, das Fließen + Maß]
🇬🇧 rheometry

R

Rhesusfaktor. (Rh-Faktor). Dominant erbliche Eigenschaft der roten Blutkörperchen (Erythrozyten), die 85% aller Menschen besitzen; diese Menschen sind Rh-positiv. Die restlichen 15% haben diese Eigenschaft nicht und werden als rh-negativ bezeichnet. Erhält eine rh-negative Person Rh-positives Blut, setzt eine Antikörperreaktion ein, die zu Hämolyse und Anämie führen kann. Rh-positive Föten einer rh-negativen Mutter können, sofern die Mutter sensibilisiert (Rh-Sensibilisierung) ist, mit Rh-Antikörpern in Kontakt kommen. Dies führt zur Zerstörung der roten Blutzellen und zu einer → Rh-Erythroblastose. Die Blutgruppenbestimmung und die sogenannte → Kreuzprobe, z.B. vor einer Bluttransfusion, basieren auf dem Rh- und dem → ABNull-Blutgruppensystem. Der Rh-

Faktor wurde zuerst bei Rhesus-Affen gefunden.
🇬🇧 Rh factor

Rheuma. (→ Rheumatismus)
🇬🇧 rheumatism

Rheuma, chronisches. Chronische, unspezifische Schmerzen in der Skelettmuskulatur; dazu zählen auch die Arthritisformen, die nicht die Gelenke befallen.
[*griech.:* chronos, Zeit, rheumatismos, etwas Fließendes.]
🇬🇧 chronic rheumatism

Rheumafaktoren. → Autoantikörper gegen Gammaglobuline, die häufig im Serum von Patienten gefunden werden, die an → Rheumatoidarthritis leiden. R. können darüber hinaus bei anderen Krankheiten, wie z.B. Tuberkulose, Parasiteninfektion, Leukämie und Erkrankungen des Bindegewebes vorkommen.
🇬🇧 rheumatoid factors (RF)

Rheumatisches Fieber. (Polyarthritis rheumatica acuta). Entzündungskrankheit, die sich aus einer falsch therapierten Infektion der oberen Atemwege mit β-hämolysierenden Streptokokken der Gruppe A entwickeln kann. Die Krankheit tritt meist bei Kindern auf und kann sich auf Gehirn, Herz, Gelenke, Haut oder Unterhautgewebe auswirken. Das r. F. tritt sehr plötzlich auf, häufig nach 1 bis 5 symptomfreien Wochen, nachdem sich der Patient von einer Halsentzündung oder von Scharlach erholt hat. Frühe Anzeichen sind Fieber, Gelenkschmerzen, Nasenbluten, Bauchschmerzen und Erbrechen. Die Krankheit manifestiert sich mit Schwellungen vieler Gelenke, Herzentzündung, Brustschmerzen und bei schweren Fällen sogar Herzversagen.
🇬🇧 rheumatic fever

Rheumatismus. (Rheuma). Sammelbezeichnung für eine Reihe von Erkrankungen, die mit entzündlichen Veränderungen der Schleimbeutel, Gelenke, Bänder oder Muskeln einhergehen, gekennzeichnet durch fließende, ziehende Schmerzen, Bewegungseinschränkung und Degeneration einzelner oder mehrerer Muskel- oder Knochenpartien. – *adj.* rheumatisch; rheumatoid.
[*griech.:* rheumatismós , das Fließen]
🇬🇧 rheumatism

Rheumatoidarthritis. (progressiv-chronische Polyarthritis). Wahrscheinlich durch Autoimmunvorgänge ausgelöste Systemerkrankung des Bindegewebes, gekennzeichnet durch chronische, entzündliche und destruktive Verformungsprozesse großer und kleiner Gelenke. Die Krankheit ist erblich und die Verformungen können bis zur schwersten Verkrüppelung fortschreiten.
🇬🇧 rheumatoid arthritis

Rheumatologie. Die Lehre von der Entstehung der Krankheiten, die durch entzündliche und degenerative Prozesse des Bindegewebes, der Gelenke und der Muskeln gekennzeichnet sind sowie deren Behandlung und Prophylaxe.
🇬🇧 rheumatology

Rhinalgie. Nasenschmerzen.
[*griech.:* rhinós + álgos, Nase + Schmerz]
🇬🇧 rhinalgia

Rhinitis. (Schnupfen). Entzündung der Nasenschleimhaut, meist begleitet von Schwellung der Schleimhaut und Absonderung von wässrigen Sekreten.
🇬🇧 rhinitis

Rhinitis atrophicans. Atrophische Erkrankung der Nasenschleimhaut, die zur Fehlfunktion der Nasenhärchen und dem Austrocknen und Verkrusten der Schleimhaut führt; dies kann auch die Geruchsempfindung verändern. (→ Rhinitis; Atrophie)
[*griech.:* a, ohne; trophe, Ernährung; rhis, Nase; itis, Entzündung]
🇬🇧 atrophic rhinitis

Rhinitis, chronisch hypertrophische. Chronische Entzündung und Anschwellung der Nasenschleimhäute.
[*griech.:* chronos, Zeit, hyper, über, trophe, Ernährung, rhis, Nase, itis, Entzündung.]
🇬🇧 chronic hypertrophic rhinitis

Rhinitis allergica. Allergischer Schnupfen. Entzündung der Nasenwege, die sich nor-

malerweise mit wässrigem Ausfluss und Juckreiz in Nase und Augen äußert; wird durch eine lokalisierte Überempfindlichkeitsreaktion auf Hausstaub oder Tierfell oder durch ein Antigen, oftmals gegen Pollen, verursacht und kann saisonal, wie bei Heuschnupfen, oder ganzjährig, wie bei einer Staub- oder Tierallergie auftreten.
🇬🇧 allergic rhinitis

Rhinitis atrophicans. Atrophische Erkrankung der Nasenschleimhaut, die zur Fehlfunktion der Nasenhärchen und dem Austrocknen und Verkrusten der Schleimhaut führt; dies kann auch die Geruchsempfindung verändern. (→ Rhinitis/Atrophie)
[*griech.:* a, ohne; trophe, Ernährung; rhis, Nase; itis, Entzündung]
🇬🇧 atrophic rhinitis

Rhinits, chronische hyperplastische. Chronische Entzündung der Nasenschleimhäute, begleitet von Polypenbildung.
[*griech.:* chronos, Zeit, hyper, Übermaß, plassein, bilden, rhis, Nase, itis, Entzündung.]
🇬🇧 chronic hyperplastic rhinitis

Rhinologie. Fachgebiet der Medizin, das sich mit der Diagnose und Behandlung von Nasenerkrankungen beschäftigt.
🇬🇧 rhinology

Rhinopathie. Sammelbezeichnung für alle Erkrankungen im Bereich der Nase.
🇬🇧 rhinopathy

Rhinorragie. = starkes → Nasenbluten.
🇬🇧 rhinorrhagia

Rhinoskopie. (Nasenhöhlenspiegelung). Untersuchung der Nasenlöcher mittels eines Rhinoskops, mit dem Ziel, Schleimhautentzündungen, -missbildungen oder Asymmetrien, wie z.B. eine Nasenscheidewandabweichung zu entdecken.
🇬🇧 rhinoscopy

Rhinovirus. Eines der ca. 100 serologisch verschiedenen, kleinen Ribonukleinsäureviren, die für ca. 40% der akuten Atemwegserkrankungen verantwortlich sind. Die Ansteckung erfolgt über Tröpfcheninfektion; typische Anzeichen für eine Infektion sind ein trockener, rauher Hals, Blockierung der Nase, allgemeines Unwohlsein und Kopfschmerzen. Die Temperatur ist nur wenig erhöht.
🇬🇧 rhinovirus

Rhonchus, pl. Rhonchi. Abnormes Rasselgeräusch, das man beim Abhören (Auskultieren) der Lungen hört und das durch blockierte Luftwege oder Bronchien meistens durch zähflüssigen Schleim, Muskelspasmen, Neoplasmen oder äußeren Druck verursacht wird. Das Geräusch ist meist ununterbrochen bei der Ausatmung (Exspiration) hörbar und verschwindet oft durch Husten oder Räuspern.
[*griech.:* rhónchos, das Schnarchen]
🇬🇧 rhonchus (pl. Rhonchi)

Rhythmus, infradianer. Biorhythmus, der sich in Phasen wiederholt, die länger als 24 Stunden dauern.
[lat.. infra, unter; dies, Tag; *griech.:* rhythmos, Rhythmus]
🇬🇧 infradian rhythm

Rhythmus, zirkadianer. (Zirkadianrhythmus). Typische tagesrhythmische Schwankungen bestimmter Funktionen und deren Parameter, z.B. Cortisolausschüttung, Puls, Blutdruck. Wird von äußeren Faktoren, z.B. Tag-Nacht-Wechsel, beeinflusst, bleibt aber auch bei Isolierung aufrecht erhalten.
[*lat.:* circa, ungefähr, dies, Tag; *griech.:* rhythmos.]
🇬🇧 circadian rhythm

Rhythmusstörung, zirkadiane. (Jetlag-Syndrom). Biologische und psychologische Stresseffekte im Zusammenhang mit Jetlag oder schnellen Flugreisen durch mehrere Zeitzonen. Zusätzlich zu den Verschiebungen normaler Essens- und Schlafmuster, kann es auch zu Unterbrechungen der Medikationseinnahme sowie anderen Behandlungen kommen.
[*lat.:* circa, ungefähr, dies, Tag; *griech.:* rhythmos.]
🇬🇧 circadian dysrhythmia

Riboflavin. Gelbes, wasserlösliches und hitzebeständiges Vitamin des Vitamin-B-Komplexes (Vitamin B_2), das in Milch,

Fleisch- und Vollkornprodukten, Eiern und Blattgemüsen vorkommt. Es fördert als Coenzym Oxidations- und Reduktionsprozesse im Körper. Bei Mangel kann es zu Sehstörungen (Katarakte), Störung der Eisenresorption und Erkrankungen an den Schleimhäuten im Kopfbereich kommen. Personengruppen mit unsicherer Bedarfsdeckung sind ältere Menschen, junge Frauen und Alkoholabhängige.
[Ribose + *lat.:* flavus, gelb]
riboflavin

Ribonukleinsäure (RNS). → Nukleinsäure, die sowohl im Zellkern als auch im Zellplasma vorkommt und für die Übertragung der Erbinformation aus dem Kern in das Plasma verantwortlich ist. Im Zellplasma unterstützt RNS die Synthese von Proteinen.
[Ribose + *lat.:* nucleus, Kern]
ribonucleic acid (RNA)

Ribose. Ein Einfachzucker mit fünf C-Atomen, der als Kohlehydratbestandteil der → Ribonukleinsäuren vorkommt.
ribose

Ribosom. Organelle im Zellplasma, insbesondere im → endoplasmatischen Retikulum, die hauptsächlich aus Ribonukleinsäure und Proteinen besteht und an der Eiweißsynthese beteiligt ist. R.en wirken auf die Boten-RNS und übermitteln RNS, um Aminosäuren entsprechend der im genetischen Code festgelegten Sequenz in Polypeptidketten zusammenzufügen.
ribosome

Rickettsien. (Rickettsia). Vielgestaltige gramnegative, unbewegliche Mikroorganismen, die als Parasiten nur in lebenden Zellen existieren können, z.B. im Verdauungstrakt von Läusen, Milben, Zecken und Flöhen, und für eine Reihe von Infektionskrankheiten verantwortlich sind, z.B. Fleckfieber, Fünftagefieber, Balkangrippe. (s.a. Rickettsiosen)
[H.T. Ricketts, amerik. Pathologe, 1871–1910]
Rickettsia

Rickettsiosen. Sammelbezeichnung für Infektionskrankheiten, die durch → Rickettsien hervorgerufen werden, z.B. Fleckfieber, Zeckenbissfieber, Fünftage-Fieber, Q-Fieber.
rickettsiosis

Riechnerv. (→ Nervus olfactorius)
olfactory nerve

Riechzentrum. Teil des Gehirns, der für die subjektive Wahrnehmung und Einschätzung von Gerüchen verantwortlich ist. Das R. besteht aus einer komplexen Gruppe von Neuronen, die nahe der Verbindung von Schläfen- und Scheitelbeinlappen lokalisiert sind.
olfactory center

Riehl-Sisca, Joan. Pflegewissenschaftlerin, die ihre Pflegetheorien in ihrem Buch *Conceptual Models for Nursing*, von Riel and Sister Callista Roy 1980 veröffentlichte. Das Riehl'sche Interaktionsmodell bezieht den Pflegevorgang in die Krankenpflege ein. Bei der symbolischen Interaktionstheorie interpretieren die Personen die Handlungen des anderen mit Hilfe der Bedeutung, die der Handlung beigemessen ist, bevor sie darauf reagieren. Es handelt sich um einen Interpretationsvorgang zwischen Reiz und Antwort. Riehls Schwerpunkt liegt auf der Beurteilung und Interpretation der Handlungen der Patienten durch die Pflegeperson, die daraufhin das Verhalten des Patienten voraussagen kann.
Riehl-Sisca, Joan

Riesenwuchs. (→ Gigantismus)
somatomegaly; gigantism

Riesenzelle. Unphysiologisch große Gewebezelle, die häufig mehr als einen Zellkern enthält und als Fusion mehrerer normaler Zellen erscheinen kann.
giant cell

Riesenzellkarzinom. Malignes Epithelneoplasma, das viele große anaplastische Zellen (→ Riesenzellen) enthält.
giant cell carcinoma

Rigidität. Zustand der Härte, Starre, Versteifung, besonders von Muskeln. – *adj.* rigide.
[*lat.:* rigere, starr sein, steif sein]
rigidity

Rigor. Steifheit, Starre von Körpergeweben, wie z.B. bei der → Rigor mortis.
[*lat.:* rigidus, starr, steif]
rigor

Rigor mortis. (Totenstarre). Erstarrung der gesamten Muskulatur ca. 2–3 Stunden nach Eintreten des Todes. Die Totenstarre ist nach etwa 6–9 Stunden voll entwickelt und lässt nach 1–2 Tagen wieder nach.
[*lat.:* mors, Tod]
rigor mortis

Rima. Spalte, Ritze; z.B. Rima glottidis = Stimmritze.
[*lat.:* rima, Spalt, Ritze]
rima

Rindenblindheit. Sehverlust aufgrund einer Läsion im Sehzentrum der Großhirnrinde.
cortical blindness

Rinderwahnsinn. (→ Bovine spongioforme Enzephalopathie)
BSE

Ring abnehmen, bei geschwollenen Fingern. Technik, mit deren Hilfe fest sitzende Ringe abgenommen werden können. Die Pflegeperson wickelt das Ende eines dünnen Fadens mehrmals um den Ring, während sie den Ring in Richtung Hand drückt. Dann wickelt sie das längere Fadenende mehrmals um den geschwollenen Finger, löst das kurze Ende wieder vom Ring und schiebt diesen langsam in Richtung Fingerspitze.
ring removal from swollen finger

Ringelblume. (Calendula officinalis). Die R. gehört zu den Korbblütlern und blüht von Juni bis Oktober, vor allem im Mittelmeergebiet und in Vorderasien. Zur Drogengewinnung werden die getrockneten Blütenköpfe verwendet; Hauptwirkstoffe sind ätherische Öle und Karotinoide. Die R. hat wundheilungs- und granulationsfördernde und entzündungshemmende Wirkung und wird als Salbe, Tinktur oder Tee eingesetzt. Nebenwirkungen sind keine bekannt.
calendula officinalis

Ringer-Laktat-Lösung. Isotonische Salzlösung aus Natriumchlorid, Kaliumchlorid, Kalziumchlorid, Magnesiumchlorid, Natriumlaktat und Aqua destilata zum Auffüllen des extrazellulären Flüssigkeitsvolumens; wird i.v. verabreicht.
[S. Ringer, engl. Arzt, 1835–1910]
Ringer's lactate solution

Rippe. (Costa). Eine der 12 paarigen Knochenbögen, die den Großteil des knöchernen Brustkorbs bilden. Die ersten sieben Rippenpaare werden als echte Rippen bezeichnet, da sie direkt mit dem Brustbein (Sternum) und der Wirbelsäule (Vertebra) verbunden sind. Die restlichen fünf Rippenpaare heißen falsche Rippen, wobei die ersten drei ventral mit den darüberliegenden Rippen verbunden sind, die beiden letzten jedoch bauchseitig keine Verbindung haben und daher auch als schwimmende Rippen bezeichnet werden.
rib

Rippen-Zwerchfell-Winkel. Von Zwerchfell und Brustwand gebildeter Winkel unterhalb der Lunge.
costophrenic (CP) angle

Rippenfraktur. Bruch einer oder mehrerer Knochen des Brustkorbs (Thorax) infolge eines Stoßes, Schlages oder einer Quetschung, wobei i. d. R. die mittleren Rippen brechen (4. bis 8.). Handelt es sich um einen Splitterbruch oder werden die gebrochenen Rippen verschoben, besteht die Gefahr, dass sich spitze Teile in die Lunge bohren und einen Hämothorax oder einen Pneumothorax verursachen. Gebrochenen Rippen sind sehr schmerzhaft, besonders bei der Einatmung; daher atmen die Patienten meist schnell und flach. Die Bruchstelle ist sehr druckempfindlich; aneinander reibende Knochenteile kann man bei der Auskultation gut hören.
rib fracture

R

Rippenfurche. Einfurchung neben dem Rippenknorpel auf der zum Brustbein gerichteten Seite.
costal notch

Rippenknorpel. Knorpelmasse, die sich am vorderen Ende einer jeden Rippe befindet.
costal cartilage

Rippenresektion. Operatives Entfernen von Rippen.
costectomy

Rippenrütteln. Physiotherapeutische Maßnahme, bei der ein konstanter Druck fußwärts mittels intermittierender Schüttelbewegungen der Hände auf den Brustkorb über dem Drainagebereich ausgeübt wird. Die Bewegungen werden über dem Lungenflügel, der drainiert werden soll, mit der Innenseite der flachen Hand ausgeführt.
rib shaking

Rippenvibration. Physiotherapeutische Maßnahme ähnlich der des → Rippenrüttelns. Bei der R. wird während der Ausatmung (Exspiration) ein vibrierender Druck nach unten mit den flachen Händen ausgeführt.
rib vibration

R

Risiko, relatives. Das Erkrankungsrisiko in einer Bevölkerungsgruppe, die einem bestimmten Faktor ausgesetzt ist, im Gegensatz zu einer ähnlichen Bevölkerungsgruppe, die diesem Faktor nicht ausgesetzt ist.
relative risk

Risiko-Management. Die Verwaltungsfunktion eines Krankenhauses oder einer Gesundheitseinrichtung, die sich mit der Erkennung, Beurteilung und Abwendung potenzieller Risiken hinsichtlich der Verletzung von Patienten, Personal und Besuchern beschäftigt.
risk management

Risikobestimmung. → Pflegeintervention der → NIC, definiert als das Analysieren potenzieller Risikofaktoren, Bestimmen von Gesundheitsrisiken und Ordnen der zur Risikoreduzierung bei Einzelpersonen oder Gruppen geplanten Strategien nach Prioritäten.
Risk Identification

Risikofaktor. Der Faktor, der eine Person oder eine Personengruppe besonders empfänglich macht für ein ungewolltes, unangenehmes oder ungesundes Ereignis, wie z.B. die Immunsuppression, welche die Möglichkeit an einer Infektion zu erkranken bzw. die Schwere der Infektion erhöht.
risk factor

Risikofaktoren, für Herzerkrankungen. Erbliche oder umweltbedingte Einflussfaktoren oder Verhaltensweisen des Lebensstils, die die Wahrscheinlichkeit einer Herzerkrankung erhöhen. Dazu gehören z.B. Rauchen, Bluthochdruck, Diabetes mellitus, Fettleibigkeit, erhöhter Cholesterinspiegel, mangelnde Bewegung und erbliche Faktoren.
heart disease risk factors

Risikoschwangerschaft, Pflege bei. → Pflegeintervention der → NIC, die definiert wird als Einschätzung und Umgang mit Risikoschwangerschaften zur Förderung gesunder Ergebnisse für Mutter und Baby.
High-Risk Pregnancy Care

Ritter-Dermatitis. (→ Ritter-Krankheit)
staphylococcal scalded skin syndrome (SSSS)

Ritter-Krankheit. (Dermatitis exfoliativa neonatorum; Ritter-Dermatitis). Infektion bzw. Kolonisation der Schleimhäute mit *Staphylococcus aureus.* Die Krankheit ist gekennzeichnet durch Hautrötung, Abschuppung und Nekrosen, wodurch die Haut wie verbrüht aussieht. Die R. befällt vorrangig Säuglinge zwischen 1 und 3 Monaten, kann aber auch bei Kindern und Erwachsenen auftreten. Ein geschwächtes Immunsystem und Niereninsuffizienz begünstigen die Krankheit, wodurch sich das verstärkte Auftreten bei Säuglingen erklärt; deren Immun- und Nierensystem

ist in den ersten Lebensmonaten noch nicht voll ausgereift.
[G. Ritter v. Rittersheim, dt. Kinderarzt, 1820–1883]
staphylococcal scalded skin syndrome (SSSS)

Riva-Rocci-Methode. (Blutdruckmessung, indirekte). Unblutige, indirekte Blutdruckmessung, die auf den italienischen Kinderarzt Riva Rocci zurückgeht (daher die Abkürzung RR). Eine aufblasbare Gummimanschette mit angeschlossenem Manometer wird faltenfrei um den Oberarm gelegt und aufgepumpt, bis der Druck der Manschette größer ist als der systolische Blutdruck. Dies ist dann gegeben, wenn an der A. brachialis kein Puls mehr tastbar ist oder mit dem Stethoskop keine Strömungsgeräusche mehr hörbar sind. Nach Aufsetzen des Stethoskops über der A. brachialis lässt man den Manschettendruck mittels eines Ventils langsam ab (höchstens 3 mmHg/Sek.). Ist der Manschettendruck gleich groß wie der systolische Blutdruck, strömt zum ersten Mal wieder Blut durch die Arterie. Das Blut fließt jedoch nicht kontinuierlich und die Arterie kollabiert immer wieder. Dies ist mit dem Stethoskop als sogenanntes Strömungsgeräusch hörbar. Der erste hörbare Ton ergibt den systolischen Blutdruck (abgelesen auf dem Manometer in mmHg). Die Luft strömt weiter langsam aus der Manschette, bis der Manschettendruck den diastolischen Blutdruck erreicht hat; d. h. das Blut fließt wieder ungehindert und die Strömungsgeräusche verschwinden oder werden deutlich leiser. Der Blutdruck sollte immer im Sitzen oder Liegen und erst nach einer Ruhepause von ca. 15 min gemessen werden. (→ Systole; Diastole) (s.a. Blutdruckmessung, direkte)
[S. Riva Rocci, ital. Arzt, 1863–1959]
Riva-Rocci-method

Rivus lacrimalis. (→ Tränenkanal)
rivus lacrimalis

Rizinusöl. Aus *Ricinus communis* gewonnene Öl, das als stimulierendes Abführmittel eingesetzt wird. Verschrieben bei Verstopfung und zur Reinigung von Darm und Dickdarm vor einer Untersuchung.
castor oil

Rn. Symbol für das chemische Element → Radon.
Rn

RNS. Abkürzung für → Ribonukleinsäure.
RNA

RNS-Viren. Sammelbezeichnung für eine Virengruppe, die ein Genom als Kernstück der makromolekularen Ribonukleinsäure besitzen. Zu den RNS-Viren zählen z.B. die *Arenaviren, Coronaviren, Orthomyxoviren, Picornaviren, Rhabdoviren* und die *Togaviren.*
RNA viruses

Rogers, Martha. Pflegetheoretikerin, die die »Wissenschaft vom unitären Menschen« erarbeitete und 1970 veröffentlichte. Roger's Theorie knüpft eng an die allgemeine Systemtheorie mit Elementen eines Entwicklungsmodells an. Dabei werden vier Blöcke berücksichtigt: Energiefelder, die Welt der offenen Systeme, Grundmuster und Organisation und Vierdimensionalität.
Rogers, Martha

Röhrenatmen. (→ bronchiales Atmen)
bronchial breath sound

Röhrenknochen. Die Knochen, die Größe und Länge einer Extremität bestimmen, insbesondere von Armen und Beinen. Ein R. besteht aus zwei Gelenkenden (Epiphysen) und einem Schaft (Diaphyse). Die Epiphsen sind mit hyalinem Knorpel, die Knochen von einer Knochenhaut (Periost) überzogen. Im Inneren der Epiphyse finden sich Knochenbälkchen aus Lamellenknochen (Spongiosa). In der Markhöhle und in den Spongiosabälkchen befindet sich Knochenmark. Das Knochenmark des Erwachsenen ist nicht mehr blutbildend (rotes Knochenmark), sondern es ist in Fettmark umgebaut worden (gelbes Fettmark).
long bones

Rollbinde. Langes, fest gewickeltes Verbandmaterial unterschiedlicher Breite.

Die R. wird i. d. R. als Wickelverband um die Extremitäten oder den Rumpf angebracht.
roller bandage

Rolle. Ein von einer Gesellschaft erwartetes Verhaltensmuster, das mit der Funktion der einzelnen Person in den verschiedenen sozialen Gruppen in Zusammenhang steht. Rollen stellen ein Instrument zur Teilnahme an einer Gesellschaftsgruppe dar und sie bieten die Möglichkeit zu testen, inwieweit Einigkeit unter den Teilnehmern darüber besteht, ob das einzelne Individuum anerkannt wird oder nicht.
role

Rollenausübung, Verbesserung der. → Pflegeintervention der → NIC, die definiert ist als die Unterstützung von Patienten, wichtigen Bezugspersonen und/oder Familienangehörigen zur Verbesserung ihrer Beziehungen, indem spezifische Rollenverhalten geklärt und ergänzt werden.
Role Enhancement

Rollenbelastung. Stress im Zusammenhang mit einer erwarteten Rolle oder Position, der als Frustration empfunden wird. Es gibt verschiedene Formen der R., z.B. die *Rollenambiguität*. Diese entsteht, wenn Rollen unter mehreren Personen aufgeteilt, die genauen Aufgaben jedoch unzureichend und unvollständig definiert werden. Eine *Rolleninkongruenz* entsteht, wenn eine Person neue Rollen übernimmt, die entscheidende Veränderungen der eigenen Haltung und Werte verlangt. Die *Rollenüberqualifikation* stellt ebenfalls eine R. dar, da die Person nicht alle ihre Fähigkeiten in ihre Rolle einbringen kann.
role strain

Rollenbelastung, pflegender Angehöriger. Anerkannte → NANDA-→ Pflegediagnose; Zustand, bei dem jemand Schwierigkeiten bei der Ausübung seiner familiären Rolle als Pflegeperson empfindet. Zu den kennzeichnenden Merkmalen zählen der Bericht der Pflegeperson über Schwierigkeiten bei der Gewährleistung spezifischer pflegerischer Aktivitäten, unzureichende Ressourcen für die Gewährleistung der erforderlichen Pflege, das Gefühl, dass die Pflege andere wichtige Rollen im Leben der Pflegeperson beeinträchtigt, Empfindungen des Verlustes, familiärer Konflikte, Stress und Depressionen.
caregiver role strain

Rollenbelastung, pflegender Angehöriger, Gefahr der. Anerkannte → NANDA-→ Pflegediagnose; Zustand der Verletzlichkeit, bei dem Schwierigkeiten bei der Ausübung der familiären Rolle als Pflegeperson empfunden werden. Risikofaktoren können physiologischer (z.B. der Schweregrad der Erkrankung des Pflegeempfängers), entwicklungsbezogener (z.B. die entwicklungsbedingte Unfähigkeit, die Rolle der Pflegeperson auszuüben), psychosozialer (psychologische oder kognitive Probleme des Pflegeempfängers) oder situativer Art sein (Druck durch Abusus oder Gewalt).
caregiver role strain, risk of

Rollenerfüllung, gestörte. Anerkannte NANDA-Pflegediagnose . Die g. R. beschreibt die beeinträchtigte Wahrnehmung einer Person hinsichtlich ihrer Rollenerfüllung. Charakteristische Merkmale sind ein verändertes eigenes Rollenverständnis, verändertes Rollenverständnis Anderer hinsichtlich der eigenen Rolle, Verleugnen der Rolle, Rollenkonflikte, veränderte körperliche Fähigkeiten, um seine Rolle wieder aufzunehmen, mangelnde Kenntnis über die Rolle und eine Veränderung in der Wahrnehmung der gewohnten Verpflichtungen.
role performance, altered

Rollenspiel. Psychotherapeutische Übung, bei der eine Person eine reale oder gestellte Situation nachspielt, um die eigenen psychischen Konflikte besser zu verstehen.
role playing

Rollentausch. Das Annehmen einer Rolle eines anderen Menschen, um seine Ge-

fühle, Wahrnehmungen und Verhaltensweisen ihm oder anderen gegenüber besser zu verstehen.
🇬🇧 role reversal

Röntgen (Rö). Maßeinheit für die Menge der Röntgen- oder Gammastrahlung, die eine elektrostatische Ioneneinheit in 1 ml Luft bei 0° C und 760 mmHg Luftdruck erzeugt. In der Radiotherapie oder -diagnose ist Röntgen die Maßeinheit für die abgegebene Strahlungsdosis.
[W. Röntgen, dt. Physiker, 1845–1923]
🇬🇧 roentgen (R)

Röntgenkinematographie. Filmische Erfassung von Körperstrukturen, die nach Injektion eines ungiftigen, röntgenpositiven Kontrastmittels auf einem fluoreszierendem Bildschirm erscheinen.
[*griech.:* kinesis, Bewegung; *lat.:* radiere, glänzen; *griech.:* graphein, aufzeichnen.]
🇬🇧 cineradiography

Röntgenkontrastmittel. (Röntgenkontrastmittel). Lösung oder Kolloid, die Elemente mit hoher Ordnungszahl enthält, wodurch Röntgenstrahlen entweder geringer oder stärker als vom umliegenden Gewebe absorbiert werden. Wird in der Röntgendiagnostik zur besseren Darstellung von Gewebe verwendet.
🇬🇧 radioactive contrast media

Röntgenographie. (Radiographie; Röntgenuntersuchung). Die fotographische Darstellung von Körperteilen auf Platten oder Filme mittels → Röntgenstrahlen.
[*lat.:* radio + *griech.:* graphéin, schreiben]
🇬🇧 radiography

Röntgenologe. (→ Radiologe)
🇬🇧 radiologist

Röntgenstrahlen. Elektromagnetische Strahlen mit sehr kurzer Wellenlänge, die außerhalb des sichtbaren Lichts liegen. R. werden produziert, wenn Elektronen mit sehr hoher Geschwindigkeit auf bestimmte Materialien treffen, insbesondere Schwermetalle wie z.B. Wolfram. Sie dringen durch die meisten Substanzen und werden daher eingesetzt um Strukturen zu untersuchen, um krankes Gewebe gezielt zu zerstören und um Bilder zu diagnostischen Zwecken zu erstellen, wie z.B. in der Röntgenographie.
🇬🇧 x-rays

Röntgenuntersuchung. (→ Röntgenographie)
🇬🇧 radiography

Rooming-in. Angebot eines Krankenhauses an die Mutter, ihr neugeborenes Baby mit in ihr Zimmer zu nehmen. Somit werden Mutter und Kind nach der Geburt nicht mehr getrennt, wodurch die Mutter-Kind-Beziehung gefördert wird. Die Mutter ist selbst für ihr Kind verantwortlich und holt sich bei Bedarf medizinischen und pflegerischen Rat beim Pflegepersonal.
🇬🇧 rooming-in

Roseola infantum. Gutartige, sehr infektiöse Viruserkrankung bei Säuglingen und Kleinkindern mit ungeklärter Ätiologie, gekennzeichnet durch plötzliches hohes, anhaltendes oder intermittierendes Fieber, leichter Pharyngitis und Lymphknotenschwellung. Gelegentlich können Fieberkrämpfe auftreten. Nach etwa 4 bis 5 Tagen fällt das Fieber plötzlich auf normale Temperatur ab und es entwickelt sich ein rosafarbiger, fleckiger Hautausschlag mit Papelbildung an Hals, Rumpf und Oberschenkeln, der zwischen wenigen Stunden und 2 Tagen anhält.
[*lat.:* roseus, rosenfarbig, rosig]
🇬🇧 roseola infantum

Rotation. 1. Eine der vier Grundbewegungen, die dem Körper durch die Gelenke ermöglicht werden. Die R. beschreibt die Drehung oder Drehbewegung eines Körpers um seine eigene Achse. 2. In der *Geburtshilfe* die Drehung des kindlichen Kopfes bei der Passage durch das mütterliche Becken. (s.a. Torsion)
[*lat.:* rotare, kreisförmig herumdrehen]
🇬🇧 rotation

Rotationsbruch. (→ Torsionsfraktur)
🇬🇧 torsion fracture

Rotator. Kurzbezeichnung für: Musculus rotator. Die Musculi rotatores sind eine Sammelbezeichnung für die Drehmuskeln des Halses, der Brust und der Lenden; sie

sind für die Drehbewegung des Kopfes und des Körpers sowie die Aufrechthaltung der Wirbelsäule mit verantwortlich.
rotator

Rotavirus. Doppelsträngiges Ribonukleinsäuremolekül in Form eines kleines Rades mit Speichenstruktur im Inneren. Das R. ruft die meisten akuten Magen-Darm-Infektionen mit Diarrhö (Durchfall) bei Kindern hervor.
[*lat.:* rota, Rad]
rotavirus

Röteln. (Rubella; Rubeola). Durch das Rötelnvirus verursachte ansteckende Infektionskrankheit, gekennzeichnet durch Fieber, Katarrh der oberen Atemwege, Lymphknotenschwellung, Gelenkschmerzen und einem masernähnlichen Hautausschlag. R. hinterlassen eine lebenslange Immunität und treten meist bei Kindern oder Jugendlichen auf. Die Verbreitung des Virus erfolgt durch Tröpfchen- oder Kontaktinfektion, die Inkubationszeit beträgt 12 bis 23 Tage. Die Krankheitssymptome dauern i. d. R. 2 bis 3 Tage an, mit Ausnahme der Gelenkschmerzen, die länger anhalten oder erneut auftreten können. Steckt sich eine Frau im ersten Schwangerschaftsdrittel mit R. an, können schwere Schädigungen des Kindes daraus resultieren, z.B. Herzmissbildungen, Katarakte, Innenohrtaubheit und geistige Retardierung. Ein Fetus, der im Mutterleib zu irgend einem Zeitpunkt Rötelnviren ausgesetzt war, kann das Virus bis zu 30 Monate nach der Geburt verbreiten und muss daher isoliert werden. Gegen R. gibt es eine Schutzimpfung. (s.a. Rötelnembryopathie)
rubella

Röteln-Mumps-Vakzin. Kombinierter Lebendimpfstoff aus abgeschwächten Röteln- und Mumpsviren zur Schutzimpfung gegen Röteln und Mumps.
rubella and mumps virus vaccine

Röteln-Titer. Serologischer Test, der den Immunstatus eines Patienten gegenüber Röteln bestimmt, also die Anzahl der vorhandenen Antikörper. (s.a. Titer)
rubella titer

Röteln-Vakzine. (Röteln-Impfstoff). Lebendimpfstoff aus abgeschwächten Rötelnviren zur Rötelnschutzimpfung. Der Impfschutz hält etwa 8–15 Jahre an.
rubella virus vaccine

Rötelnembryopathie. Sammelbezeichnung für schwere, angeborene Missbildungen und Abnormitäten eines Feten bzw. Säuglings infolge einer Rötelnerkrankung der Mutter im ersten Schwangerschaftsdrittel. Dazu gehören z.B. Herzmissbildungen, Katarakte, Innenohrtaubheit und geistige Retardierung. (s.a. Röteln)
rubella embryopathy

Rothals-Syndrom. Allergische Reaktion auf eine Schnellinfusion → Vancomycin, charakterisiert durch Hitzewallung, Juckreiz und Hautrötung des Kopfes und des Oberkörpers infolge Histaminausschüttung. (→ Allergie)
red neck syndrome

Rotorest-Bett. Ein mit einer automatischen Drehvorrichtung ausgestattetes Spezialbett, auf dem der Patient mit Polstern und Gurten fest fixiert ist und um die Längsachse von 90 bis 270 Grad gedreht werden kann. Das Bett dient z.B. zur Dekubitusprophylaxe, zur Lagerung bei Verbrennungen und Querschnittslähmung oder zur Lagerung bei Thoraxtraumen zur besseren Ventilation (Belüftung) und Perfusion (Durchströmung) der Lunge bei Atemnotsyndrom.
Rotokinetic treatment table

Rovsing-Zeichen. Anzeichen einer akuten Appendizitis (Blinddarmentzündung), wobei der Patient bei Druck auf den linken Unterbauch den Schmerz im rechten Unterbauch empfindet.
[T. Rovsing, dän. Chirurg, 1862–1927]
Rovsing's sign

Roy, Sister Callista. Pflegetheoretikerin, die 1970 das »Adaptationsmodell der Pflege« als begrifflichen Rahmen für Lehrpläne in der Pflegetheorie, -praxis und -forschung vorlegte. Im Roy-Modell wird der Mensch als anpassungsfähiges System gesehen, in dem Veränderugen als Reaktion auf bestimmte Reize erfol-

gen. Fördert eine Veränderung die Integrität des Einzelnen, so handelt es sich um eine adaptive Reaktion. Im entgegengesetzten Fall spricht sie von einer desintegrierenden Reaktion.
🇬🇧 Roy, Sister Callista

RR. Symbol für den gemessenen Blutdruck mit einem → Riva-Rocci-Apparat.
🇬🇧 RR

RS-Virus. Bezeichnung für das **R**espiratory **S**yncytial Virus aus der Familie der Paramyxoviridae. Das Virus wächst in Gewebekulturen und bildet dort Riesenzellen oder Zellmassen. Es ist häufig Erreger von akuten Erkältungskrankheiten, insbesondere bei Kleinkindern; bei Erwachsenen ruft es gelegentlich Bronchitis oder leichte Infektionen der oberen Atemwege hervor. Zu den Symptomen zählen Fieber, Husten und starkes Unwohlsein.
🇬🇧 respiratory syncytial virus (RS virus)

Rubella. (→ Röteln)
🇬🇧 rubella

Rubeola. (→ Röteln)
🇬🇧 rubella

ruber. Lateinisch, mit der Bedeutung »rot«.
[*lat.:* ruber, rot]
🇬🇧 ruber

Rubor. Rötung der Haut, insbesondere infolge einer Entzündung.
[*lat.:* ruber, rot]
🇬🇧 rubor

Rückatmung. Das Atmen in ein geschlossenes System. Die ausgeatmeten Gase mischen sich mit den Gasen in dem System und werden wieder eingeatmet. Bei der R. wird der Sauerstoffgehalt der eingeatmeten Luft zunehmend verringert, während der Kohlendioxidgehalt zunehmend erhöht wird. Wirkungsvolle Maßnahme bei → Hyperventilation.
🇬🇧 rebreathing

Rücken. (Dorsum). Der posteriore oder dorsale Bereich des Rumpfes zwischen Nacken und Becken. Der R. wird durch eine Mittelfurche geteilt, die entlang der Wirbelsäule verläuft. Zum knochigen Teil des R.s gehören die thorakalen und lumbalen Wirbel (Vertebrae) sowie beide Schulterblätter (Skapulae). Die Nerven, die die Rückenmuskeln innervieren, entspringen den einzelnen Rückenmarksabschnitten der Spinalnerven.
🇬🇧 back

Rückenmark. Lange, zylinderähnliche Struktur im Wirbelkanal, die sich vom → Foramen magnum (großes Hinterhauptsloch) an der Schädelbasis bis zum oberen Segment der Lumbarwirbel erstreckt. Das R. - die Verlängerung der → Medulla oblongata und Hauptbestandteil des zentralen Nervensystems - hat beim Erwachsenen einen Durchmesser von ca. 1 cm, ist 42 bis 45 cm lang und wiegt ungefähr 30 g. Es leitet sensorische und motorische Nervenimpulse vom und zum Gehirn weiter und steuert viele Reflexe. 31 Nervenwurzelpaare entspringen im R.: 8 im Hals-, 12 im Brust-, 5 im Lenden-, 5 im Kreuzbein- und 1 im Steißbeinbereich. Die innere graue Substanz besteht hauptsächlich aus Nervenzellkörpern; das gesamte Mark ist mit drei schützenden Häuten (Meningen) umgeben: Dura mater (harte Rückenmarkshaut), Arachnoidea (Spinngewebshaut) und Pia mater (weiche Rückenmarkshaut).
🇬🇧 spinal cord

Rückenmarksbahnen. Die zum Gehirn aufsteigenden (sensorischen) und vom Gehirn absteigenden (motorischen) 21 verschiedenen Bahnen für Nervenimpulse in Seiten-, Hinter- und Vorderstrang der weißen Rückenmarkssubstanz. Zu den sensorischen, zum Gehirn geleiteten Nervenimpulsen zählen Berührungs-, Druck-, Tiefensensibilitäts-, Temperatur- und Schmerzreize. Zu den motorischen, vom Gehirn und Hirnstamm ausgehenden Reizen zählen Reflexe und willkürlich ausgeführte Bewegungen.
🇬🇧 spinal tracts

Rückenmarkskompression. Abnorme, oft kritische Situation infolge unnatürlichen Drucks auf das Rückenmark. Die Symptome reichen von vorübergehender

Taubheit der Extremitäten bis zu Quadriplegie (Lähmung beider Arme und Beine), je nach Ursache, Intensität und Ort des ausgeübten Drucks. Mögliche Ursachen sind Wirbelsäulenfraktur, Wirbelluxation, Tumoren, Blutungen und Ödeme, z.B. infolge von Prellungen. (s.a. Rückenmarksverletzung)
spinal cord compression

Rückenmarksreflex. → Reflex, der durch das Rückenmark und nicht durch das Gehirn ausgelöst wird.
spinal reflex

Rückenmarksverletzung. Sammelbezeichnung für traumatische Brüche des Rückenmarks, meist in Verbindung mit schweren Muskel- und Knochenverletzungen. Häufige R. sind z.B. Wirbelfrakturen und -luxationen bei Auto-, Flugzeug- und anderen schweren Aufprallunfällen. Infolge solcher Verletzungen kann es zu Lähmungen verschiedenster Stärke kommen, wobei Verletzungen unterhalb des ersten Brustwirbels beidseitige Lähmungen zur Folge haben können. Verletzungen oberhalb des ersten Brustwirbels ziehen möglicherweise die Lähmung aller vier Extremitäten nach sich. Die totale Durchtrennung des Rückenmarks bewirkt den generellen Verlust derjenigen motorischen und sensorischen Funktionen, die durch unterhalb der Verletzung liegenden Neuronen aktiviert werden. (s.a. Rückenmarkskompression)
spinal cord injury

Rückenmuskel, breiter. (→ Musculus latissimus dorsi)
latissimus dorsi

Rückenschmerzen. Schmerzen im lumbalen, lumbosakralen oder zervikalen Bereich des Rückens in unterschiedlicher Stärke und Qualität. Zu den Ursachen können Muskelverletzungen oder andere muskuläre Störungen oder Druck auf die Nervenwurzeln, z.B. den Ischias, gehören, was wiederum von verschiedenen Faktoren abhängen kann, etwa von einem Bandscheibenvorfall. Die Behandlung umfasst die Anwendung von Wärme, Ultraschall und verschiedene Vorrichtungen zur Unterstützung des betroffenen Bereichs oder physiotherapeutische Maßnahmen zur Stärkung der Muskulatur.
backache

Rückfall. (Relaps). Der Patient zeigt erneut Symptome einer Krankheit, von der er scheinbar völlig genesen war. Bei einer Infektionskrankheit hat nach Abheilung der Krankheit eine erneute Infektion mit demselben Erreger stattgefunden.
relapse

Rückfallfieber. Meldepflichtige Infektionskrankheit, die durch wiederkehrende Fieberschübe infolge einer Infektion mit → Borrelia gekennzeichnet ist. Die Krankheit wird durch Läuse und Zecken übertragen und ist vor allem in Kriegs- und Hungerszeiten weit verbreitet. In der ersten Phase bekommt der Patient meist plötzliches hohes Fieber (40–40,56°C) bei gleichzeitigem Schüttelfrost, Kopfschmerzen, Muskel- und Nervenschmerzen sowie Übelkeit. Später treten Hautausschläge an Rumpf und Extremitäten auf und in der späten Phase leidet der Patient oft unter Gelbsucht. Jede Attacke dauert 2–3 Tage und erreicht ihren Höhepunkt in einer Fieberkrise mit starkem Schwitzen und einer Erhöhung der Puls- und Atemfrequenz. Anschließend folgt ein plötzlicher Temperaturabfall und der Blutdruck normalisiert sich wieder. Der Rückfall erfolgt normalerweise nach 7–10 Tagen bis schließlich die Heilung eintritt.
relapsing fever

Rückresorption. (→ Reabsorption)
reabsorption

Rucksackverband. Ein Rucksackverband wird zur Ruhigstellung der Schulter, insbesondere nach einer Klavikulafraktur (Schlüsselbeinbruch) angelegt. Man benötigt dazu Schlauchmull (ca. drei- bis vierfache Schulterbreite) und Polsterwatte. Die Polsterwatte wird mit dem Schlauchmull überzogen und das Gebilde von hinten um den Hals gelegt, unter den Achseln von vorne nach hinten durchgeführt und am Rücken mit der Halsschlinge verknotet. Unter den Kno-

ten wird ein Rückenpolster gelegt. Der R. muss anfangs täglich nachgespannt werden, wobei das Pflegepersonal auf Durchblutungsstörungen im Armbereich (Hautfarbe, Radialispuls) achtet.
figure of eight dressing

Rückstoßverletzung. (Contre-coup-Verletzung). Hirntrauma, bei dem sich der Gewebeschaden auf der dem Trauma gegenüberliegenden Seite befindet; z.B. wenn ein Schlag auf die linke Schädelseite zu einem Hirnschaden auf der rechten Seite führt.
[*lat.:* contra, gegen; *franz.:* coup, Schlag; *lat.:* injuria, Verletzung.]
contrecoup injury

Rückstrom, kardialer. Rückwärts gerichteter Blutstrom durch eine bzw. mehrere defekte Herzklappen.
cardiac regurgitation

Rudiment. Organ oder Gewebe, das nicht mehr vollständig ausgebildet, verkümmert bzw. nicht funktionsfähig ist. – *adj.* rudimentär.
[*lat.:* rudimentum, erster Anfang]
rudiment

Ruffini-Körperchen. Oval-förmige Nervenendigungen in der Leder- und Unterhaut, die der Wärmeempfindung dienen.
[A. Ruffini, ital. Anatom, 1864–1929]
Ruffini's corpuscles

Ruga, pl. Rugae. Runzel oder Hautfalte, wie z.B. die großen Falten der Magenschleimhaut, die querverlaufenden Falten der Vaginalschleimhaut (R. vaginales) oder die Falten der Darmschleimhaut. – *adj.* rugosus.
[*lat.:* ruga, Runzel, Hautfalte, Schleimhautfalte]
ruga (pl. rugae)

Ruhepotenzial. Elektrisches Potenzial, das an einer Zellmembran anliegt, bevor der Reiz zur Entladung erfolgt. Das R. eines Neurons liegt zwischen 50 und 100 mV, bei einem Überschuss an negativ geladenen Ionen in der Zellmembran.
[*lat.:* potentia, Kraft]
resting potential

Ruhetremor. Ungewolltes Zittern der Hände in Ruhestellung. Ein Zeichen der Parkinson-Krankheit.
resting tremor

Ruptur. Das traumatische Zerreißen (spontan oder bei operativen Eingriffen) eines Gefäßes oder Gewebes, wodurch Flüssigkeit oder anderes Gewebe durch die Öffnung austreten kann, z.B. Muskel-, Milz-, Aorten-, Hymen- oder Uterusruptur.
[*lat.:* rumpere, zerbrechen, zerreißen]
rupture

rupturieren. Lateinisch für zerreißen, einreißen.
rupture

RV. Abkürzung für Residualvolumen bzw. Restvolumen. (→ Residualluft)
RV

S

s. 1. Abkürzung für »Sekunde«. 2. Abkürzung für lateinisch *sinister*, »links«.
s

S. Chemisches Zeichen für → Schwefel.
S

S1-S5. Abkürzung für die Segmente 1 - 5 im Sakralbereich des Rückenmarks (Nerven bzw. Wirbel). (→ Sakrum)
S1-S5

SA-Block. (→ Sinusblock)
sinuatrial block

SA-Knoten. (→ Sinusknoten)
SA node

Saccharide. Gruppenbezeichnung für Kohlenhydrate, inklusive Zucker und Stärke.
saccharides

Saccharin. Synthetischer Süßstoff mit ca. 500-facher Süßkraft im Vergleich zu Zucker, jedoch ohne Nährwert.
saccharin

Saccharose. Zucker, der aus Zuckerrohr, Zuckerrüben oder Sorgho gewonnen wird.
sucrose

Sacculus. (→ Kleine Aussackung)
saccule

Säckchen. (→ Kleine Aussackung)
saccule

Sadismus. Sexuelle Erregung und Befriedigung, die durch körperliches, geistiges oder emotionales Leiden eines anderen Menschen verursacht werden. (s.a. Masochismus)
sadism

Safer Sex. Sexualverhalten, bei dem das Risiko einer Ansteckung mit sexuell übertragbaren Krankheiten, z.B. → Aids, durch das Verwenden von Kondomen oder durch Treue zu einem nicht-infizierten Partner erheblich verringert wird. Ein absoluter Schutz ist jedoch ohne Abstinenz nie gegeben.
safe sex

sagittal. (sagittalis). Betrifft eine imaginäre Linie, die den Körper bzw. einzelne Körperteile in der Mitte in zwei gleichgroße Hälften teilt und zwar von ventral nach dorsal.
[*lat.:* sagitta, Pfeil]
sagittal

Sagittalebene. Jede gedachte Ebene, die parallel zur Körpermittelebene verläuft und den Körper von vorn nach hinten teilt.
sagittal plane

Sakralnerven. (Nervi sacrales). Sammelbezeichnung für die fünf motorischen und sensiblen Kreuznerven des Rückenmarks.
sacral nerves

sakroiliakal. (→ iliosakral)
sacroiliac

Sakrum. Kurzbezeichnung für »Os sacrum« (Kreuzbein). Als S. wird der große, dreieckige, dorsale Knochen des Beckens bezeichnet, der wie ein Keil zwischen die beiden Hüftknochen eingelassen ist. Die Basis des S. ist mit dem letzten Lumbalwirbel, die Spitze ist mit dem Steißbein verbunden. – *adj.* sakral.
sacrum

Salbe. Halbflüssige Präparation zur äußerlichen Anwendung, die im allgemeinen ein Arzneimittel enthält. Die verschiedenen S.n werden als Lokalanästhetika, Analgetika, Bakteriostatika, Adstringenzien, Depigmentierungsagenzien, Irritanzien und keratolytische Agenzien verwendet. Salben können auf verschiedenen Grundlagen basieren, z.B. Vaseline, tierische Öle oder Fette. Bei einer Haut mit verminderter Talgproduktion eignet sich besonders eine Wasser-in-Öl-Emulsion, bei verstärktem Talgfluss dagegen Öl-in-Wasser-Emulsionen. Zur Quellung von Hornhaut werden Fettsalben eingesetzt.
ointment

Salicylsäure. 1. Chemische Substanz, die zur äußerlichen Behandlung von übermäßiger Hornhaut sowie von Pilzinfektionen der Haut eingesetzt wird. 2. Ein pharmazeutischer Wirkstoff, der zur Fiebersenkung, Schmerzlinderung und Entzündungshemmung verwendet wird.
[*lat.:* salix, Weide, Weidebaum]
salicylic acid

salinisch. Salzartig oder salzhaltig.
[*lat.:* sal, Salz]
saline

Saliva. (→ Speichel)
saliva

Salmonella. Eine Gattung von beweglichen, gram-negativen Stäbchenbakterien, die u. a. Typhus, Paratyphus und einige Magen-Darm-Infektionen hervorrufen können.
[D. E. Salmon, amerik. Pathologe, 1850–1914]
Samonella

Salmonella enteritidis. Erreger der akuten Magen-Darm-Infektion beim Menschen.
Salmonella enteritidis

Salmonellose. Form der Gastroenteritis (Magen-Darm-Infektion), hervorgerufen durch die Aufnahme von mit → Salmonella verunreinigten Nahrungsmitteln. Die Inkubationszeit beträgt 6 - 48 Stunden, danach treten kolikartige Bauchschmerzen, ähnlich der bei einer akuten Blinddarm- oder einer Gallenblasenentzündung, Fieber und blutige, wässrige Diarrhö auf. Weitere typische Anzeichen sind Übelkeit und Erbrechen. Die Symptome dauern meist 2 - 5 Tage, Durchfall und Fieber können jedoch bis zu 2 Wochen anhalten, wobei es leicht zu einer Dehydration (Mangel an Körperwasser) kommen kann. Die Ausscheidung von Salmonellen ist auch ohne Krankheitssymptome meldepflichtig.
salmonellosis

Salpetersäure. Farblose, stark ätzende Flüssigkeit, die bei Kontakt mit der Luft das braune giftige Gas Stickstoffdioxid (NO_2) freisetzt. Spuren von S. finden sich während eines Gewitters im Regenwasser. S. ist ein wirkungsvolles oxidierendes Agens, das bei der Herstellung von Arzneimitteln und teilweise zur → Kauterisation von Warzen eingesetzt wird.
nitric acid

Salpingektomie. Operative Entfernung eines oder beider Eileiter (Tuben) unter Erhaltung des Eierstocks (Ovar). Die Entfernung wird aufgrund einer Zyste, eines Tumors, eines Abszesses oder, bei beidseitiger Entfernung, zur Sterilisation durchgeführt.
[*griech.:* sálpigx, trompetenähnliches Instrument der griechischen Antike]
salpingectomy

Salpingitis. Entzündung der Eileiter, meist aus der Gebärmutter aufsteigend.
salpingitis

salpingo-. Vorsilbe, mit der Bedeutung »Eileiter«.
salpingo-

Salpingo-oophoritis. Gleichzeitige Entzündung von Eileiter und Eierstock.
salpingo-oophoritis

Salpingographie. Radiologische Untersuchung der Eileiter nach der Injektion eines → Kontrastmittels.
salpingography

S

Salpingoophorektomie. Operative Entfernung von Eileiter und Eierstock.
[*griech.:* sálpigx + óophorós + ektomé, Eier tragend + herausschneiden]
salpingo-oophorectomy

Salpinx (pl. Salpinges). Unüblichere Bezeichnung für 1. Tuba uterina (Eileiter): der mit Schleimhaut ausgekleidete Gang, der vom Eierstock in die Gebärmutter führt. 2. Tuba auditiva (Ohrtrompete): die mit Schleimhaut ausgekleidete Verbindung zwischen dem Ohr und dem Rachenraum. Dient zum Druckausgleich.
[*lat.:* sálpigx, trompetenähnliches Instrument in der griechischen Antike]
salpinx (pl. salpinges)

Salz, saures. → Salz, welches durch den teilweisen Ersatz von Wasserstoffionen einer → Säure entsteht. Das entstandene Salz behält eine gewisse Azidität, z.B. → Natriumbikarbonat.
acid salt

Salzmangel. (→ Salzverlust)
salt depletion

Salzsäure. Wässrige Lösung aus Wasserstoff und Chlor. S. wird im Magen ausgeschieden und ist wesentlicher Bestandteil des → Magensaftes; sie wirkt → bakterizid und → bakteriostatisch und aktiviert → Pepsin.
hydrochloric acid

S

Salzverlust. (Salzmangel). Zu S. kommt es infolge einer übermäßigen Ausscheidung von Körperflüssigkeit durch Schwitzen, Durchfall, Erbrechen oder Wasserlassen, ohne dass die Flüssigkeitsmenge entsprechend ersetzt wird. Dadurch entsteht ein Ungleichgewicht des → Elektrolythaushalts.
salt depletion

Samenausführungsgang. Bezeichnung für die anatomische Passage, durch die Samenflüssigkeit in die Harnröhre eintritt.
ejaculatory duct

Samenbank. Einrichtung zur Lagerung von männlichem Samen, der für die künstliche Befruchtung zur Verfügung steht.
sperm bank

Samenbläschen. Paarig vorhandener, sackartiger Drüsenschlauch, der am unteren seitlichen Ende der männlichen Harnblase sitzt und einen Teil der Fortpflanzungsorgane darstellt. Die S. produzieren eine Flüssigkeit, die zusammen mit dem Sekret der Hoden und anderer Drüsen die Samenflüssigkeit bildet.
seminal vesicle

Samenflüssigkeit. (→ Sperma)
semen

Samenstrang. (Funiculus spermaticus). Bis zu 20 cm lange Struktur beim Mann, die vom inneren Leistenring zu den Hoden führt und in die Harnröhre mündet. Enthält den Samenleiter sowie Blut- und Lymphgefäße.
spermatic cord

Samenstrangentzündung. Krankhafte Entzündung des Samenstranges. Begleitsymptome sind Hodenschmerz, der oft durch eine Harnröhreninfektion oder einen Tumor verursacht wird, Wasserbruch (Hydrozele) oder Krampfaderbruch (Varikozele).
corditis

Sandbad. Das Abdecken von Körperregionen bzw. des ganzen Körpers mit trockenem oder feucht-warmem Sand für etwa 30 - 60 Minuten, z.B. bei Psoriasis (Schuppenflechte) oder chronischen Dermatosen.
sand bath

sanguinisch. Mit roter Gesichtsfarbe, blutvoll und mit lebhaftem Temperament.
sanguine

sanguino-. Vorsilbe mit der Bedeutung »Blut«, »blutig«, »Blut enthaltend«.
[*lat.:* sanguis, Blut]
sanguineous

Sanitation. Die Lehre und die Maßnahmen zur Schaffung und Erhaltung einer gesunden, krankheitsfreien und gefahrenfreien Umwelt durch den Einsatz von bakteriziden Zusätzen in Seifen, Reinigungsmitteln, Wandanstrichen und der Luft in Krankenhäusern.
sanitation

Sapo. Seife und seifenähnliche Produkte. [*lat.:* sapo, Seife]
sapo

Saquinavir. Proteinase-Hemmer zur Behandlung von → AIDS.
saquinavir

sarko-. Vorsilbe mit der Bedeutung »Fleisch«, »Muskel«.
sarko

Sarkoidose. Chronische, aber gutartige Erkrankung unbekannten Ursprungs, gekennzeichnet durch knotige und teigige Schwellungen in Lunge, Leber, Milz, Haut, Schleimhäuten und den Tränendrüsen, Speicheldrüsen und Lymphknoten. Die Veränderungen verschwinden oft im Laufe von Monaten oder Jahren, gehen dann jedoch über in ausgedehnte Entzündungen und Fibrosen.
sarcoidosis

Sarkokarzinom. Mischtumor, der Anzeichen eines → Sarkoms und eines → Karzinoms aufweist.
sarcocarcinoma

Sarkom. Bösartige Bindegewebsgeschwulst, die zunächst als schmerzlose Schwellung in Fett-, Muskel-, Gelenk-, Gefäß- oder Nervengewebe entsteht. Der Tumor besteht aus Bindegewebszellen und ist stark metastasierend. Obwohl S. häufig in Verbrennungs- oder Verstrahlungsnarben entstehen, sind Verletzungen wahrscheinlich nicht ursächlich für deren Entwicklung verantwortlich.
sarcoma

Sarkom, ameloblastisches. Bösartiger Tumor im Zahnbereich mit Wucherung von Epithel- und Mesenchymgewebe ohne Bildung von Zahnbein oder Zahnschmelz.
ameloblastic sarcoma

Sarkomer. Kleinste, funktionelle Einheit einer → Myofibrille. S. liegen in der Längsrichtung zwischen zwei Z-Streifen an der Myofibrille an.
sarcomere

Sarkoplasma. Halbflüssiges Zytoplasma der Muskelfasern und Muskelzellen. – *adj.* sarkoplasmatisch.
sarcoplasm

Sartorius. Kurzbezeichnung für »→ Musculus sartorius«.
sartorius

Sattelgelenk. Gelenkform mit zwei sattelförmigen Gegenflächen, z.B. das Daumengrundgelenk. Ein S. erlaubt keine Rotation entlang der Längsachse, jedoch Flexion (Beugung), Extension (Streckung), Adduktion (Heranziehen zum Körper) und Abduktion (Wegbewegen vom Körper).
saddle joint

Sattheit. Zufriedenheitsgefühl, nachdem Hunger und Durst durch Essen und Trinken gestillt wurden. – *adj.* satt.
satiety

Sättigung. 1. Zustand einer Lösung, in der die maximale Menge an löslichen Stoffen in gelöster Form existiert. 2. Maßeinheit, die den Grad der Bindung von Sauerstoff an Hämoglobin in Prozent angibt. 3. Chemische Verbindung, bei der sämtliche kovalenten Bindungen besetzt sind. – *adj.* gesättigt.
saturation

Sättigungszentrum. Nervengewebe im Nucleus ventromedialis des Hypothalamus, das den Appetit reguliert.
satiety center

Sauberkeitserziehung. Das Lehren eines Kindes, seine Blasen- und Darmfunktion zu kontrollieren. Das Training beginnt meist um den 24. Lebensmonat, wenn die willentliche Kontrolle über den Schließmuskel von After und Harnblase bei den meisten Kindern ausgeprägt ist. Die nächtliche Kontrolle der Harnblase kann bis zum 4. oder 5. Lebensjahr dauern.
toilet training

säuern. (sauer machen; ansäuern). 1. Eine Substanz sauer machen, wie z.B. durch Zugabe einer → Säure. 2. Sauer werden einer Substanz.
acidify

Sauerstoff, gebundener. Der in Form von Oxyhämoglobin (HbO_2) an das Hämoglobin gebundene Sauerstoff. Ein Gramm Sauerstoff kann sich mit 16,700 g Hämoglobin verbinden und je ein Gramm Hämoglobin kann 1,34 ml Sauerstoff binden.
combined oxygen

Sauerstoff, transtrachealer. Methode zur Sauerstoffgabe an einen Patienten mit Hilfe eines direkt in die Luftröhre gelegten Katheters. Die Methode wird manchmal der konventionellen Sauerstoffgabe über die Nase vorgezogen.
transtracheal oxygen

Sauerstoff (O). Geschmack-, geruch- und farbloses Gas, das für die Atmung des Menschen wesentlich ist; Ordnungszahl 8 und Atommasse 15,999. In der Erdatmosphäre sind etwa 21% S. enthalten. S. kann sich mit allen Elementen außer Edelgasen verbinden. In der Anästhesie fungiert S. als Trägergas für die Verabreichung von anästhetischen Agenzien zum Körpergewebe. In der Atemtherapie wird S. verabreicht, um die Menge des zirkulierenden S.s im Blut zu erhöhen. Eine Überdosierung mit S. kann bei Patienten mit Lungenerkrankungen zu irreversiblen Schäden führen, insbesondere, wenn dies durch eine chronische Kohlendioxidretention kompliziert wird. Eine längerfristige Verabreichung hoher Konzentrationen an S. kann bleibende Schäden an den Augen von Säuglingen zur Folge haben. Unter UV-Bestrahlung kann S. in → Ozon übergehen. S. dient als Antidot gegen Kohlenmonoxidvergiftungen. (→ Oxidation)
oxygen (O)

Sauerstoff-Überdrucktherapie. Verabreichung von Sauerstoff bei einem Druck, der höher als der atmosphärische Druck ist. Dies geschieht in speziellen Kammern (→ Überdruckkammern), die die Verabreichung von 100%igem Sauerstoff bei einem Druck erlauben, der dreimal höher als der Normalwert ist. Mit Hilfe dieser Technik soll die natürliche Grenze der Sauerstofflöslichkeit im Blut überwunden werden, die bei 0,3 ml Sauerstoff pro 100 ml Blut liegt. Die S.-Ü. wird zur Behandlung von Kohlenmonoxidvergiftungen, Luftembolien, Caisson- oder Taucherkrankheit, Myonekrosen und bestimmten Fällen von Anämien eingesetzt, bei denen ein verminderter Sauerstofftransport ein Hämoglobindefizit teilweise kompensieren kann.
hyperbaric oxygenation

Sauerstoff/Kohlendioxid-Überwachung, transkutane. Methode zur Messung des O_2/CO_2-Gehalts im Blut mittels auf der Haut angebrachter Elektroden. Der O_2-Gehalt wird normalerweise mit Hilfe eines Oximeters mit Heizspiralen gemessen. Diese Heizspiralen erhöhen die Hauttemperatur und damit den Blutfluss an der Oberfläche. Transkutane CO_2-Elektroden sind ähnlich wie Blutgaselektroden aufgebaut.
transcutaneous oxygen/carbon dioxide monitoring

Sauerstoffaufnahme. Die Menge an → Sauerstoff, die ein Organismus aus der Umgebung aufnimmt; dazu gehört die Menge, die die Lunge aus der umgebenden Luft einatmet, die Menge, die das Blut aus der Alveolarluft der Lunge entfernt, oder die Sauerstoffmenge, die ein Organ oder Gewebe aus dem Blut aufnimmt.
oxygen uptake

Sauerstoffkapazität. Maximale Menge an → Sauerstoff, die chemisch in einer bestimmten Menge Blut mit → Hämoglobin gebunden ist, abzüglich des physikalisch gelösten Sauerstoffs.
oxygen capacity

Sauerstoffmaske. Vorrichtung, mit der einem Patienten → Sauerstoff verabreicht werden kann. Die S. passt genau über Mund und Nase und kann fixiert oder mit der Hand festgehalten werden. Die Maske hat inspiratorische und exspiratorische Klappen, damit der Sauerstoff eingeatmet oder in den Respirationstrakt gepumpt und Kohlendioxid abgeatmet werden kann.
oxygen mask

Sauerstoffpartialdruck im arteriellen Blut. (PaO_2) Anteil des gesamten Blutgasdrucks, den → Sauerstoff ausübt. Der S. ist bei Patienten mit Asthma, obstruktiven Lungenkrankheiten oder bestimmten Bluterkrankungen erniedrigt. Der normale → Partialdruck von Sauerstoff beträgt im arteriellen Blut 95 bis 100 mmHg.
partial pressure of oxygen in arterial blood

Sauerstoffsättigung. Der Anteil des → Oxyhämoglobins am gesamten Hämoglobingehalt (ca. 95–97% im arteriellen und 73% im venösen Blut).
oxygen saturation

Sauerstoffschuld. Die Menge des Sauerstoffs, die die Lunge in der Erholungsphase nach einer Anstrengung oder Apnoe aufnimmt, um den fehlenden Sauerstoff wieder zu ersetzen, der während der Anstrengung zusätzlich für den Stoffwechsel benötigt worden ist.
oxygen debt

Sauerstofftherapie. 1. → Pflegeintervention der → NIC, die definiert wird als die Verabreichung von Sauerstoff und die Überwachung seiner Effektivität. 2. Verabreichung von → Sauerstoff an Patienten, um eine → Hypoxie zu behandeln. Obwohl es verschiedene Hypoxieformen gibt, haben sie stets eine → Hypoxämie zur Folge. Die Sauerstoffgabe kann die Symptome der Hypotonie, Herzarrhythmien, Tachypnoe, Kopfschmerzen, Verwirrtheit, Übelkeit und Erregung lindern; des Weiteren verbessert sie die Fähigkeit der Zellen zur Regeneration, um ihre normalen metabolischen Funktionen wieder zu erfüllen.
Oxygen Therapy

Sauerstofftherapie, kontrollierte. Gabe von Sauerstoff unter Berücksichtigung der Patientenreaktion. Der Sauerstoff wird dabei als Medikament eingesetzt und es wird versucht, eine bestimmte therapeutische Wirkung mit der kleinstmöglichen Sauerstoffmenge zu erreichen.
controlled oxygen therapy

Sauerstofftoxikose. Zustand der Sauerstoffüberdosierung, die zu pathologischen Gewebeveränderungen führen kann, z.B. Retinopathie oder bronchopulmonale Dysplasie.
oxygen toxicity

Sauerstoffverbrauch, systemischer. Sauerstoffmenge, die das Körpergewebe in einer Minute verbraucht.
systemic oxygen consumption

Saugbiopsie. Vorgang, bei dem mit Hilfe eines Trokars oder einer Kanüle durch Aspiration Gewebe- oder Flüssigkeitsproben aus einem Lymphknoten bzw. aus tiefen Wunden entnommen wird.
suction biopsy

Saugen, nichternährungsrelevantes. → Pflegeintervention der → NIC, die definiert wird als die Gewährleistung von Gelegenheiten zum Saugen für Säuglinge, die über eine Magensonde ernährt werden oder oral keine Nahrung aufnehmen dürfen.
Nonnutritive Sucking

Saugkürettage. (Vakuumkürettage). Entfernen von Gewebe aus der Gebärmutter zur Diagnostik, Schwangerschaftsabbruch oder nach einem Abort mittels eines an eine Saugpumpe angeschlossenen Absaugschlauches.
vacuum aspiration; suction curettage

Säugling. Ein Kind von der frühesten Phase des extrauterinen Lebens bis zur Vollendung des ersten Lebensjahres.
infant; suckling

Säugling, übertragener. Säugling, der nach Ablauf der 42. Schwangerschaftswoche geboren wird und die körperlichen Anzeichen einer Plazentainsuffizienz aufweist. Charakteristischerweise haben diese Babys eine trockene, schuppige Haut, lange Finger- und Fußnägel, Hautfalten auf dem Oberschenkel und manchmal an Armen und Gesäß. Häufig kommt es bei ihnen zu Hypoglykämie und Hypokaliämie. Ein ü. S. sieht aus, als hätte er im Uterus an Gewicht verloren.
postmature infant

Säuglings- und Kindervorsorge. Regelmäßige Untersuchungen von Säuglingen und Kindern durch den Kinderarzt, die eine bestmögliche körperliche, geistige und seelische Entwicklung gewährleisten sollen. Zu den Vorsorgeuntersuchungen gehören Impfungen zur Vermeidung von Infektionskrankheiten, Screenings zur Früherkennung und Heilung von Krankheiten sowie Information und Anleitung der Eltern zur richtigen Ernährung, Pflege und Unfallverhütung.
well baby care

Säuglingspflege. → Pflegeintervention der → NIC, die definiert wird als die Gewährleistung einer entwicklungsbezogen angemessenen, familienorientierten Versorgung von Kindern im ersten Lebensjahr.
Infant Care

Säuglingssterblichkeit. (Neonatalsterblichkeit). Statistische Zahl der Todesfälle von Säuglingen, die in den ersten 28 Tagen nach der Geburt erfolgen, z.B. die Zahl der Todesfälle pro 1000 Lebendgeburten in einem bestimmten geographischen Bereich oder in einer Institution während einer bestimmten Zeit.
neonatal mortality; infant mortality

Saugpölsterchen. Kleine weiße, blasse Polster auf der Ober- und Unterlippe von Säuglingen, die wie Blasen aussehen. Durch die S. scheint die Abdichtung rund um die Brustwarze bzw. den Flaschensauger verbessert zu werden. Einige Babies haben bereits in der Gebärmutter am eigenen Finger oder Arm gesaugt und werden mit den S. geboren.
sucking blisters

Saugreflex. Unwillkürliche Saugbewegung bei Neugeborenen und Säuglingen, die bei Berührung an den Lippen oder an der Wange ausgelöst wird. Der Reflex bleibt ungefähr bis zum Ende des ersten Lebensjahres erhalten und wird oft auch ohne Reiz, z.B. im Schlaf ausgelöst.
sucking reflex

Säure. Anorganische oder organische Verbindung, die bei Lösung in Wasser Wasserstoffionen abgibt (→ Dissoziation). Säuren färben blaues Lackmuspapier rot, haben einen sauren Geschmack und bilden bei einer Reaktion mit Basen Salze; sie haben weitgehend gegensätzliche chemische Eigenschaften gegenüber → Basen.
[*lat.:* acidus, sauer]
acid

Säure, alipathische. Säure einer nicht-aromatischen Kohlenwasserstoffverbindung.
aliphatic acid

Säure-Basen-Haushalt-Management. → Pflegeintervention der → NIC, die definiert wird als die Regulation des Säure-Basen-Gleichgewichts und Vorbeugung gegen Komplikationen infolge von Störungen des Säure-Basen-Haushaltes.
Acid-Base Management

Säure-Basen-Haushalt. Der S. beschreibt die Vorgänge zur Aufrechterhaltung eines optimalen Gleichgewichtes von Säuren und Basen im Blut. Störungen des S. führen zu → Azidose oder → Alkalose und sind u.U. lebensgefährlich. (→ Puffer) (s.a. Azidose; Alkalose)
acid-base balance

Säure-Basen-Haushalt, metabolische Alkalose. → Pflegeintervention der → NIC, die definiert wird als die Regulation des Säure-Basen-Gleichgewichts und Vorbeugung gegen Komplikationen infolge eines zu hohen HCO_3-Serumspiegels.
Acid-Base Management: Metabolic Alkalosis

Säure-Basen-Haushalt, metabolische Azidose. → Pflegeintervention der → NIC, die definiert wird als die Regulation des Säure-Basen-Gleichgewichts und Vorbeugung gegen Komplikationen infolge eines zu niedrigen HCO_3-Serumspiegels.
Acid-Base Management: Metabolic Acidosis

Säure-Basen-Haushalt, respiratorische Alkalose. → Pflegeintervention der → NIC, die definiert wird als die Regulation des Säure-Basen-Gleichgewichts und Vor-

beugung gegen Komplikationen infolge eines zu niedrigen pCO_2-Serumspiegels.
Acid-Base Management: Respiratory Alkalosis

Säure-Basen-Haushalt, respiratorische Azidose. → Pflegeintervention der → NIC, die definiert wird als die Regulation des Säure-Basen-Gleichgewichts und Vorbeugung gegen Komplikationen infolge eines zu hohen pCO_2-Serumspiegels.
Acid-Base Management: Respiratory Acidosis

Säure-Basen-Monitoring. → Pflegeintervention der → NIC, die definiert wird als die Erfassung und Analyse von Patientendaten zur Regulierung des Säure-Basen-Gleichgewichts.
Acid-Base Monitoring

Säureverätzung. Gewebeschaden, hervorgerufen durch Kontakt mit einer starken → Säure; die Ausprägung der Verätzung hängt von der Säureart und der Expositionsdauer ab. Medizinische Erstmaßnahme ist das Spülen der verätzten Stelle mit reichlich Wasser.
acid burn

Säurevergiftung. Vergiftungszustand, der durch die Einnahme von (→ Säuren) verursacht wird, wie z.B. Salzsäure, Salpetersäure, Phosphor- oder Schwefelsäure; teilweise sind diese Säuren in Reinigungsmitteln zu finden. Medizinische Erstmaßnahme ist die Zufuhr von großen Mengen Wasser, Milch oder geschlagenen Eiern, um eine Verdünnung der Säurekonzentration zu erreichen. Zur Behandlung der S. dürfen auf keinen Fall Erbrechen ausgelöst oder schwache basische Lösungen verabreicht werden.
acid poisoning

Schädel. Das Knochengerüst des Kopfes, bestehend aus dem Cranium cerebrale (Schädelbasis und Schädeldach) und dem Cranium viscerale (Gesichtsschädel). Das Cranium cerebrale enthält und schützt das Gehirn und besteht aus acht Knochen. Das Cranium viscerale besteht aus 14 Knochen.
skull

Schädelbasis. Bereich des Schädels, der aus der vorderen (anterioren), mittleren und hinteren (posterioren) Schädelgrube (Fossa) und zahlreichen Öffnungen (Foramina) besteht, z.B. aus dem Foramen opticum, F. ovale, F. lacerum und F. magnum.
base of the skull

Schädelbein. (Schädelknochen). Schädelknochen, insbesondere der Teil des Schädels, der das Gehirn umgibt.
[*griech.:* kranion, Schädel.]
cranial bones

Schädelfraktur. Fraktur eines oder mehrerer Schädelknochen. Ein Knochenbruch des Schädeldachs kann durch Beschädigungen des Hirngewebes kompliziert werden, insbesondere wenn Knochensplitter in das Gehirn eingetreten sind.
fracture of skull

Schädelhöhle. Schädelhöhle, in deren Inneren sich Gehirn und andere Gewebe befinden.
cranial cavity

Schädelnaht, echte. (Sutura). Unbewegliche, fibröse Knochennaht, bei der die Knochenränder der Schädelknochen ineinander verzahnt sind.
true suture

Schädelnähte. Ineinandergreifende Verbindungslinien der Schädelknochen. Mit fortschreitendem Alter werden die Schädelnähte immer weniger sichtbar.
cranial sutures

Schädigung, systemische. Pathologische Störung, die mehrere Gewebestrukturen mit gemeinsamer Funktion betrifft.
systemic lesion

Schadstoff. Substanz, die Verunreinigungen, Verschmutzung oder Verderben verursacht; z.B. Schimmelsporen, die Nahrungsmittel ungenießbar machen.
contaminant

Schafsfell. Matratzenauflage; bei immobilen Patienten zur Unterstützung der De-

kubitusprophylaxe; bei Säuglingen als Maßnahme zur konstanten Wärmeregulierung.
shearling

Schalenkern. (→ Putamen)
putamen

Schalleitungsschwerhörigkeit. Form des Gehörverlusts, bei der Geräusche und Töne fehlerhaft durch das Außen- bzw. Mittelohr zum Schallempfindungszentrum des Innenohr geleitet werden. Die Schallempfindlichkeit ist vermindert, aber die Klarheit (Geräuschinterpretation) ist nicht beeinträchtigt, solange Geräusch oder Ton laut genug sind.
conductive heraing loss

Schalltrauma. (Schallempfindungsschwerhörigkeit; Schallleitungsschwerhörigkeit). Verminderung des Hörvermögens durch über lange Zeit einwirkende laute Geräusche, bzw. plötzlicher teilweiser oder völliger Hörverlust durch eine Explosion, einen heftigen Schlag auf den Kopf oder ein anderes Trauma. Der Hörverlust kann vorübergehend oder dauerhaft sein.
acoustic trauma

Scham(bein)fuge. (→ Symphysis pubica)
pubic symphysis

Schambein. (→ Os pubis)
pubis

Schamhaar. Behaarung des Schambereichs, die mit der → Pubertät beginnt.
pubic hair

Schamlippen, große. (Labia majora). Zwei längliche lippenförmige Hautfalten auf jeder Seite der Vaginalöffnung außerhalb der kleinen Schamlippen. Die g.n S. begrenzen die Schamspalte.
labia majora

Schamlippen, kleine. Zwei Hautfalten zwischen den großen S., die von der → Klitoris ausgehend auf beiden Seiten der Vaginalöffnung verlaufen und den Scheidenvorhof begrenzen.
labia minora

Schamnerv. (→ Nervus pudendus)
pudendal nerve

Schanker. 1. Hautläsion, normalerweise Zeichen einer primären Syphilis. Beginnt als Bläschen am Infektionsherd und entwickelt sich zu einem roten, blutleeren, schmerzlosen Geschwür. Der Schanker enthält *Treponema pallidum* Spirochäten und ist äußerst ansteckend. 2. Papulöse Läsion bzw. ulzeröser Bereich; Anzeichen für einen Infektionsherd, z.B. bei Tuberkulose. Man unterscheidet zwischen hartem Schanker (→ Syphilis) und → Weichem Schanker.
[ranz, chancre, Schanker.]
chancre

Schanker, harter. Primärläsion bei → Syphilis, die sich an der Infektionsstelle entwickelt. Die Läsion beginnt mit kleinen roten Papeln, die sich allmählich verhärten und zu extrem ansteckenden Ulzera entwickeln (erodieren). Die aus den Geschwüren ausgeschiedenen Sekretionen enthalten *Treponema pallidum*, Organismen, die beim Menschen Syphilis verursachen. (→ Schanker/weicher Schanker)
hard chancre

Schanker, weicher. Äußerst ansteckende Geschlechtskrankheit; verursacht durch Infektion mit dem Bazillus *Haemophilus ducreyi*. Ausgangspunkt ist eine Papel an der Haut der äußeren Genitalien. Die Papel wächst und ulzeriert, danach bilden sich weitere Papeln, der Bazillus breitet sich aus und es entstehen Lymphknotenschwellungen in der gesamten Leistengegend.
[*franz.:* chancre, Schanker; *griech.:* eidos, Form.]
chancroid

Scharlach. Durch betahämolysierende Streptokokken der Gruppe A hervorgerufene akute, meldepflichtige Infektionskrankheit, die v. a. Kinder befällt. S. ist gekennzeichnet durch starke Rachenrötung, Halsschmerzen und Schluckbeschwerden, Angina (Himbeerzunge), hohes Fieber, Lymphknotenvergrößerung am Hals, starke Erschöpfung und hellrotem, diffusem Exanthem, das sich nach ca. 1 Woche abschuppt. Die Ansteckung erfolgt über Tröpfcheninfektion; die Inkubationszeit

beträgt 3–6 Tage. S. neigt zu Rezidiven und Spätkomplikationen, wie z.B. rheumatische Erkrankungen, Endokarditis, Myokarditis, Nephritis etc.
scarlet fever

Scharniergelenk. Gelenk, das eine Verbindung enthält, in der die Gelenkflächen eng miteinander verbunden sind und eine extensive Bewegung nur in einer Achse möglich ist, z.B. Fingerzwischengelenke.
hinge joint

Schaumbad. Bad in Wasser, welches Saponine enthält, die die Flüssigkeitsoberfläche bedecken und durch die Luft bzw. Sauerstoff aufgeblasen werden und Schaum bilden.
foam bath

Scheckhaut. (→ Vitiligo)
vitiligo

Scheide. Röhrenförmige Struktur, die ein Organ oder ein anderes Körperteil umschließt, z.B. Sehnenscheide.
sheath

Scheidenvorhofdrüse. Beidseitig des Scheideneingangs gelegene Drüsen (zwei auf jeder Seite), die Flüssigkeit absondern und den Scheideneingang gleitfähig machen.
vestibular gland

Scheinschwangerschaft. (→ Pseudogravidität)
pseudogravidity

Scheitel-Fersen-Länge. Körperlänge eines Embryos, eines Fötus oder eines Neugeborenen, die vom Scheitel des Kopfes bis zur Ferse gemessen wird; entspricht der Größenmessung einer älteren Person.
crown-heel length

Scheitel-Steiß-Länge. Körpergröße eines Embryos, Fötus oder Neugeborenen, gemessen vom Scheitel des Kopfes zur Wölbung des Gesäßes.
crown-rump length

Scheitelbein. (→ Os parietale)
parietal bone

Scheitellappen. (→ Lobus parietalis)
parietal lobe

Schenkelband. Aus fibrösem Gewebe bestehendes Band, das die Lücke zwischen der oberen Spina iliaca und den Schambeinhöckern überbrückt.
crural ligament

Schenkelblock. Unfähigkeit, Herzimpulse entlang der → Tawara-Schenkel weiterzuleiten, was zu einem abnormen und verbreiterten QRS-Komplex führt. Ein S. tritt bei schweren akuten Vorderwandinfarkten auf und kann durch eine Ischämie oder Nekrose der Tawara-Schenkel, Traumata (bei chirurgischen Manipulationen) oder mechanische Kompression durch Tumor verursacht werden. Zur Behandlung kann ein Schrittmacher gelegt werden, falls eine weitere Verschlechterung zu erwarten ist.
bundle branch block (BBB)

Schenkelhals. Verbindender Röhrenknochen zwischen dem Kopf des Oberschenkels (Femur) und dem großen und kleinen Trochanter. Am S. kommt es häufig zu Knochenfrakturen, insbesondere bei älteren Menschen.
neck of femur

Schenkelhernie. Durch die hintere Schicht der Oberschenkelscheide (Femoralisscheide) hervortretende Hernie.
crural hernia

Scherengang. Gangstörung, gekennzeichnet durch überkreuzte Beine, die häufig bei spastischer → Paraplegie auftritt.
scissor gait

Scheuermann-Krankheit. (Morbus Scheuermann). Deformierung der Wirbelsäule, gekennzeichnet durch eine fixierte → Kyphose, die sich meist in der Pubertät infolge einer Schädigung der Bandscheiben entwickelt. Die Krankheit beginnt meist schleichend, hauptsächlich durch Überlastung der Wirbelsäule. Typische Symptome sind eine schlechte Körperhaltung bei gleichzeitigem Schmerz und Ermüdungserscheinungen in der betroffenen Region.
[H.W. Scheuermann, dän. Orthopäde, 1877–1960]
Scheuermann's disease

Schicht. In der Pflege, die Früh-, Spät- oder Nachtstunden, zu denen das Pflegepersonal Dienst tut.
shift

Schichtaufnahme. Röntgenaufnahme zur exakten Darstellung einer bestimmten Körperebene. (→ Tomographie)
body-section radiography

Schichtbericht. → Pflegeintervention der → NIC, die definiert ist als die Weitergabe aller wesentlichen Informationen über den Stand der Patientenpflege beim Schichtwechsel an die anderen Pflegeteammitglieder.
Shift Report

Schick-Probe. Intrakutane Injektion von Diphterietoxin zur Bestimmung einer Diphterie-Immunität. Eine positive Reaktion, die sich durch Hautrötung und Schwellung der Injektionsstelle zeigt, weist darauf hin, dass kein Diphterieantitoxin im Körper vorhanden und damit auch keine Immunität gegeben ist.
[B. Schick, ung.-amer. Pädiater, 1877–1967]
Schick test

Schiefhals. (Tortikollis). Abnormer Zustand, bei dem der Kopf aufgrund einseitiger spastischer Muskelkontraktionen im Hals- und Nackenbereich auf eine Seite geneigt ist. Ein S. kann angeboren oder erworben sein.
torticollis

Schielauge. (Esophorie). Das von der normalen Parallelstellung abweichende Auge bei einer Person, die an → Strabismus leidet.
cross-eye; squinting eye

Schielen. Abweichung der Blickrichtung eines Auges von den normalen, parallelen Blicklinien, z.B. beim Strabismus.
cast

Schiene. Orthopädisches Instrument zur Ruhigstellung, Bewegungseinschränkung oder Unterstützung eines Körperteils; kann entweder starr (aus Metall, Gips oder Holz) oder beweglich (aus Fell oder Leder) sein.
splint

Schienen. → Pflegeintervention der → NIC, die definiert ist als die Stabilisierung, Immobilisierung bzw. das Schützen eines verletzten Körperteils mit Hilfe einer Unterstützungsvorrichtung.
Splinting

Schilddrüse. (Glandula thyroidea). Im Hals gelegenes, stark durchblutetes Organ, das aus zwei in der Mitte verbundenen Lappen besteht und ca. 30 g wiegt. Bei Frauen ist die S. etwas größer als bei Männern und sie vergrößert sich außerdem in der Schwangerschaft. Hauptprodukt der S. ist das → Thyroxin, daneben produziert sie auch das Hormon Kalzitonin. Beide Hormone werden direkt ins Blut ausgeschüttet; d. h. die S. gehört zum endokrinen System der Drüsen ohne Ausführungsgang. Das Organ ist lebenswichtig für das normale Körperwachstum bei Kindern. Wird die S. später aus verschiedenen Gründen entfernt, wird der Stoffwechsel des Körpers herabgesetzt, mit den typischen Symptomen der S.-Unterfunktion.
thyroid gland

Schilddrüsen-Funktionstest. Sammelbezeichnung für verschiedene Labortests, welche die Funktion der Schilddrüse beurteilen. Dabei werden z.B. die verschiedenen Hormone, die von der Schilddrüse produziert werden, untersucht.
thyroid function test

Schilddrüsenentzündung. (Thyroiditis). Eine akute S. durch Staphylokokken-, Streptokokken- oder andere Infektionen ist gekennzeichnet durch Eiter- und Abszessbildung und kann zu einer subakuten, diffusen Erkrankung des Organs führen. Bei der subakuten Erkrankung treten Fieber, Schwäche, Halsschmerzen und eine schmerzhafte Vergrößerung der Drüse auf. Eine chronische S., gekennzeichnet durch Infiltration der Drüse mit Lymphozyten und Plasmazellen und durch eine diffuse Vergrößerung, wird scheinbar dominant vererbt und kann mit einigen Autoimmunerkrankungen zusammenhängen.
thyroiditis

Schilddrüsenhormone. Jod enthaltende Hormone, hauptsächlich Thyroxin (T_4) und in geringerem Maß Trijodthyronin (T_3), die von der Schilddrüse produziert werden. Diese Hormone erhöhen die Stoffwechselrate des Körpers, beeinflussen die Körpertemperatur, regulieren den Eiweiß-, Fett- und Kohlehydrat-Abbaustoffwechsel in sämtlichen Zellen, sind verantwortlich für die Ausschüttung von Wachstumshormonen, Knochenwachstum, Herzfrequenz, Herzschlagvolumen und Herzleistung, fördern die Entwicklung des ZNS, stimulieren die Synthese zahlreicher Enzyme und sind wichtig für Muskeltonus und -kraft.
🇬🇧 thyroid hormones

Schilddrüsenkrebs. Bösartige Geschwulst der Schilddrüse, die langsam wächst und dadurch auch einen langsamen und verlängerten klinischen Verlauf als andere bösartige Erkrankungen nimmt. Erste Anzeichen von Krebs können sein, Vergrößerung der Schilddrüse, tastbarer Knoten, Heiserkeit, Schluck- und Atembeschwerden oder Druckempfindlichkeit.
🇬🇧 thyroid cancer

Schilddrüsenüberfunktion. (→ Hyperthyreose)
🇬🇧 hyperthyroidism

Schilddrüsenunterfunktion. (→ Hypothyreose)
🇬🇧 hypothyroidism

Schildknorpel. Größter Knorpel des Kehlkopfes, der aus zwei in spitzem Winkel zusammengefügten Platten besteht. Er liegt mittig auf der Vorderseite des Halses und bildet den sogenannten Adamsapfel.
🇬🇧 thyroid cartilage

Schimäre. Organismus mit Zellen von zwei oder mehreren Zygoten derselben oder einer anderen Spezies; z.B. Knochenmarkstransplantation.
[*griech.:* khimaros, feuerspeiendes Untier.]
🇬🇧 chimera

Schimmelpilz. → Saprophyten, die organische Substrate mit einem weißen sporenbildenden Pilzgeflecht überziehen (z.B. Brotschimmel).
🇬🇧 mo(u)ld

Schistocoelia. Angeborene Bauchspalte.
🇬🇧 schistocelia

Schistocystis. (Blasenekstrophie). Angeborene Harnblasenspalte, oft als Teilmissbildung einer → Schistocoelia.
🇬🇧 schistocystis

Schistosomiase. (Bilharziose). Durch Schistosoma-Arten hervorgerufene Wurmerkrankung, die vorwiegend Leber, Darm, Blase und Geschlechtsorgane befällt. Die Infektion erfolgt meist durch Trinken von verseuchtem Wasser. So dringt der Wurm durch die Schleimhaut in den Körper ein, legt regelmäßig Eier und kann bis zu 20 Jahre im Körper überleben. Die Eier reizen die Schleimhäute und rufen Schwellungen und Papillome hervor. Die individuellen Symptome hängen vom befallenen Organ ab.
🇬🇧 schistosomiasis

Schistothorax. Angeborene Spalte im Brustkorb.
🇬🇧 schistothorax

schizoid. 1. Die Symptome einer (leichten) → Schizophrenie zeigend. 2. Beschreibung einer Person, die nicht zwingend schizophren ist, jedoch Merkmale einer schizoiden Persönlichkeit zeigt.
🇬🇧 schizoid

Schizophrenie. Sammelbezeichnung für eine Reihe von psychischen Störungen, gekennzeichnet durch eine massive Verdrehung der Realität, Sprach- und Kommunikationsstörungen, Rückzug aus der Gesellschaft, schlechtes und lückenhaftes Gedächtnis, gestörte Wahrnehmung und emotionale Reaktionen. Weiterhin treten häufig auf Apathie und Verwirrung, Wahnvorstellungen und Halluzinationen, weitschweifige oder stilisierte Sprachmuster wie Ausweichen, Zusammenhanglosigkeit und Nachsprechen von Wörtern und Sätzen, Zurückgezogenheit sowie regressive und eigenartige Verhaltensmuster. Die Ätiologie der Krankheit ist nicht bekannt; meist spielen genetische,

S

biochemische, psychologische, zwischenmenschliche und soziokulturelle Faktoren eine Rolle. – *adj.* schizophren.
[*griech.:* schízein + phrén, spalten + Geist, Gemüt]
🇬🇧 schizophrenia

Schizophrenie, akute. Form der → Schizophrenie, die durch einen plötzlichen Beginn von → Persönlichkeitsstörungen gekennzeichnet ist. Symptome sind Verwirrtheit, Störungen von Gefühlszustand, Stimmungen sowie Verhaltensweisen. Die kurzzeitigen Episoden treten bei Personen plötzlich auf, deren früheres Verhalten relativ normal war, und sind meist nur von kurzer Dauer.
🇬🇧 acute schizophrenia

Schizophrenie, hebephrene. Schizophrenieform, deren besondere Eigenschaften ein früherer Krankheitsbeginn (Pubertät) und ein schwerwiegenderer Persönlichkeitszerfall sind, als er bei anderen Schizophrenieformen angetroffen wird. Wesentliche Symptome sind Inkohärenz, Assoziationsstörungen, massive Verhaltensstörungen sowie fehlgeleitete Erregungszustände.
🇬🇧 disorganized schizophrenia

Schizophrenie, katatone. Form der Schizophrenie mit Phasen des extremen Rückzugs und Phasen größter Erregbarkeit. Während der Phase des Zurückziehens werden Stupor, Muskelstarre, Stummheit, Abblocken, Negativismus und Katalepsie beobachtet; während der Erregungsphase kommt es zu zielloser und impulsiver Agitation bzw. gewaltsamen Handlungen.
[*griech.:* kata + tonos + schizein, spalten, phren, Geist.]
🇬🇧 catatonic schizophrenia

Schizophrenie, paranoide. Form der → Schizophrenie, die durch eine andauernde Beschäftigung mit unlogischen, absurden und sprunghaften Wahnvorstellungen charakterisiert ist und die im allgemeinen in Verbindung mit Verfolgungswahn, Größenwahn oder Eifersucht und eventuell mit Halluzinationen auftritt. Zu den Symptomen zählen extreme Angst, übermäßiges Misstrauen, Aggressivität, Wut, Streitsucht, Feindseligkeit und Gewalt. Diese Störung tritt meist im mittleren Alter auf.
🇬🇧 paranoid schizophrenia

Schlaf. Zustand, gekennzeichnet durch vermindertes Bewusstsein, reduzierte Aktivität der Skelettmuskulatur und verringerten Stoffwechsel. Normalerweise wird der S. in vier aufeinanderfolgende, sich unterscheidende Phasen unterteilt. In Phase 1, der Einschlafphase, setzen muskuläre Entspannung und leichte Augenbewegungen ein, in Phase 2, dem leichten Schlaf, treten sog. Schlafspindeln auf, in Phase 3, dem mittleren Schlaf und Phase 4, dem Tiefschlaf erkennt man typische EEG-Veränderungen. Diese vier Phasen werden als NonREM-Schlaf bezeichnet. Sie dauern meist etwa 90 Minuten. Die verbleibende Zeit des Schlafes wird als REM-Schlaf bezeichnet, gekennzeichnet durch schnelle Augenbewegungen (rapid eye movements). Die REM-Schlafphasen können wenige Minuten bis zu einer halben Stunde dauern und sie lösen sich mit NonREM-Schlafphasen ab. Geträumt wird während des REM-Schlafes.
🇬🇧 sleep

Schlafapnoe, zentrale. Form der Schlafapnoe (Apnoephasen während des Schlafs), mit verringerter Tätigkeit des Atemzentrums.
🇬🇧 central sleep apnea

Schlafapnoe-(syndrom). Schlafstörung mit kurzzeitigem, wiederholtem Atemstillstand, wodurch Sauerstoffmangelzustände, Blutdruckerhöhung und auch Herzrhythmusstörungen hervorgerufen werden. Tritt häufig im Zusammenhang mit starkem Schnarchen und vorwiegend bei übergewichtigen Männern auf.
🇬🇧 sleep apnea (syndrome)

Schlafentzug. Störung des fundamentalen physiologischen Schlafbedürfnisses, das wahrscheinlich durch Schlafzentren im Hypothalamus und das aufsteigende retikuläre aktivierende System gesteuert wird. 30 bis 60 Stunden Schlafentzug führen zu progressiven mentalen Aberrationen, als langweilig empfundene Aufgaben werden unerträglich, das Sprechen ver-

wäscht sich und die Leistungskraft nimmt zunehmend ab. Nach einer ganzen Woche Schlafentzug können Symptome einer Psychose beobachtet werden.
🇬🇧 deprivation of sleep effects

Schlafförderung. → Pflegeintervention der → NIC, die definiert ist als die Unterstützung von regelmäßigen Schlaf-/Wachphasen.
🇬🇧 Sleep Enhancement

Schlafgewohnheiten, gestörte. Anerkannte NANDA-Pflegediagnose, die den Zustand eines Patienten beschreibt, der an Schlafstörungen leidet, die ihm Missbehagen bereiten oder die seine erwünschte Lebensweise beeinträchtigen. Hauptmerkmale, von denen für die Diagnose mindestens eines gegeben sein muss, sind Einschlafstörungen, früheres Erwachen als erwünscht, Durchschlafstörungen oder Äußerungen über das Gefühl, nach dem Schlafen nicht ausgeruht zu sein. Weitere Kennzeichen sind Veränderungen im Verhalten und in der Leistung, darunter erhöhte Reizbarkeit, Unruhe, Desorientierung, Lethargie und Gleichgültigkeit. Körperliche Anzeichen sind z.B. leichter Nystagmus, leichtes Zittern der Hände, Herabhängen des Augenlids und ausdrucksloses Gesicht, mühevolles Sprechen mit schlechter Artikulation und falscher Wortwahl, dunkle Augenringe, häufiges Gähnen und Veränderungen der Körperhaltung.
🇬🇧 sleep pattern disturbance

Schlafkrankheit, afrikanische. (afrikanische Trypanosomniasis). Krankheit, die durch die Parasiten *Trypanosoma brucei gambiense* oder *T. brucei rhodesiense* verursacht wird. Die Übertragung auf den Menschen erfolgt durch die Tsetsefliege. Symptome sind u.a. Fieber, Kopfschmerz, Schlafstörungen, Schläfrigkeit.
🇬🇧 African trypanosomiasis

Schlafstörung. Pathologischer Zustand, der normale Schlafmuster beeinträchtigt, wie z.B. Schlafapnoe, Verschiebung der Schlafzyklen (z.B. durch Schichtarbeit), Alkohol- und Drogenmissbrauch, übermäßiges Schlafbedürfnis, Schlafwandeln, Alpträume, Schlaflähmung sowie Narkolepsie.
🇬🇧 disorder of sleep

Schlafwandeln. (→ Nachtwandeln)
🇬🇧 somnambulism

Schlaganfall. (Gehirnschlag; Schlaganfall; Apoplex; intrakranielle Blutung). Durch → intrazerebrale Blutung oder thrombotischen Verschluss verursachte Hirnischämie. Symptome sind abhängig von Ausdehnung und Lokalisation der betroffenen Hirnregion bzw. betroffenen Gefäße und gehen meist einher mit Lähmungen und Sprachstörungen. Risikofaktoren sind v.a arterielle Hypertonie, KHK, Diabetes mellitus. Therapie besteht in der Stabilisierung des Kreislaufes und Atmung, ggf. Behandlung bzw. Prophylaxe eines Hirnödems und frühzeitiger Beginn rehabilitativer Maßnahmen. (s.a. Lagerung, neurologisch)
🇬🇧 (apoplectic) stroke

Schlaganfallneigung. Schema, mit dem anhand eines Risikofaktoren-Katalogs die Neigung einer Person zu einem Schlaganfall beurteilt werden kann. Zu den Risikofaktoren gehören fortgeschrittenes Alter, Bluthochdruck, gelegentliche Durchblutungsstörungen, Rauchen, Herzbeschwerden, früherer Schlaganfall, Einnahme oraler Verhütungsmittel, Diabetes mellitus, Mangel an körperlicher Bewegung und Fettleibigkeit (Adipositas).
🇬🇧 stroke prone profile

Schlagvolumen. Blutmenge, die bei einer Kontraktion der Herzkammern ausgestoßen wird, ca. 70ml bei einem erwachsenen Mann in Ruhe. (s.a. Herzminutenvolumen)
🇬🇧 stroke volume

Schlammbad. (Moorkur). Behandlung bestimmter Erkrankungen mit Bädern oder Packungen aus heißem Schlamm oder Erde, die auf bestimmte Körperbereiche oder den gesamten Körper aufgetragen werden.
🇬🇧 pelotherapy

Schlangengift. Gift, das bestimmte Schlangen in ihren Drüsen bilden und durch die Giftzähne in das Fleisch des Opfers inji-

zieren. Die Zusammensetzung der verschiedenen S. unterscheidet sich je nach Schlangenart; meist besteht das Gift jedoch aus einer Mischung aus Neurotoxinen, proteolytischen Enzymen und Phosphatasen. Ungefähr 20 der über 100 verschiedenen Schlangenarten in Nordamerika sind giftig. Der Biss einer giftigen Schlange ist ein medizinischer Notfall.
snake venom

Schleimbeutel. Geschlossene, mit Gelenkschmiere gefüllte Beutel, die im Bindegewebe zwischen Muskeln, Sehnen, Bändern und Knochen liegen.
synovial bursa

Schleimfäden. Schimmernde Schleimfilamente im Urin, die auf eine Entzündung des Harntraktes hinweisen.
shreds

Schleimhaut. Eine der vier natürlicherweise vorhandenen Formen dünner Gewebeschichten, die verschiedene Teile des Körpers bedecken oder überziehen. Die S. kleidet Körperhöhlen oder -kanäle aus, die nach außen geöffnet sind, z.B. Mund, Verdauungstrakt, Atemwege, Genital- und Harntrakt. Sie besteht aus einer Oberflächenschicht von Epithelgewebe, das eine tiefere Bindegewebeschicht überzieht und die darunterliegenden Strukturen schützt, sondert Schleim (→ Mukus) ab und absorbiert Wasser, Salz und andere gelöste Substanzen.
mucous membrane

S

Schleimhautcandidose, chronische. Seltene Form der Candidose mit infektiösen Haut- und Schleimhautläsionen sowie Läsionen im Magen-Darm-Trakt und den Atemwegen. Die Krankheit befällt insbesondere Neugeborene, doch können auch Erwachsene betroffen sein. In manchen Fällen ist die Schleimhautcandidose auf einen vererbten Defekt im zellvermittelten Immunsystem zurückzuführen, wobei Autoantikörper gegen bestimmte, körpereigene Zielorgane gerichtet werden. Das humorale Immunsystem ist nicht beeinträchtigt. Die mit der Krankheit assoziierten Infektionen können bisweilen vor einer Endokrinopathie auftreten.
chronic mucocutaneous candidiasis

Schlemm-Kanal. Winzige Vene im Winkel der vorderen Augenkammer, die mit den Zotten verbunden ist und das Kammerwasser drainiert und in den Blutstrom ableitet.
[Friedrich Schlemm, deutscher Anatom, 1795–1858.]
canal of Schlemm

Schleudertrauma. Verletzung der Halswirbel bzw. der stützenden Bänder und Muskeln meist infolge einer plötzlichen Beschleunigung oder Abbremsung, wie z.B. bei einem Auffahrunfall, durch den der Kopf schnell nach vorn und wieder zurück geschleudert wird. Das S. verursacht Schmerzen und Nackensteifheit, die häufig erst einige Stunden nach dem Unfall auftreten.
whiplash injury

Schlinge. Bandage oder Vorrichtung zur Unterstützung eines verletzten Körperteils, meist des Unterarms.
sling

Schluckauf. (Singultus). Charakteristisches Geräusch, das durch eine unwillkürliche Kontraktion des Zwerchfells (Diaphragma) verursacht wird, nach der sich die Stimmritze (Glottis) schnell schließt. S. kann verschiedene Ursachen haben: Verdauungsstörungen, zu schnelles Essen, Folgeerscheinung bestimmter Operationen und Enzephalitis.
hiccup

Schluckbeschwerden, Therapie bei. → Pflegeintervention der → NIC, die definiert ist als die Verbesserung der Schluckfähigkeit und Vorbeugung gegen Komplikationen aufgrund von Schluckstörungen.
Swallowing Therapy

Schlucken. Vorgang, bei dem Nahrung vom Mund über die Speiseröhre in den Magen gelangt. Dabei müssen zahlreiche Muskeln von der Zunge bis zum Schließ-

muskel der Speiseröhre koordiniert werden.
swallowing

Schlucken, beeinträchtigtes. Anerkannte → NANDA-Pflegediagnose, die den Zustand eines Patienten beschreibt, der Schwierigkeiten hat, Flüssigkeiten und/oder feste Nahrungsmittel willentlich vom Mund in den Magen zu befördern. Typische Symptome sind offensichtliche Schluckschwierigkeiten, wie z.B. Nahrungsmittelansammlung in der Mundhöhle, Husten oder Würgen, Schleimansammlungen und Anzeichen von Aspiration.
swallowing, impaired

Schluckreflex. Reflexabfolge, die einsetzt, wenn ein Bissen Nahrung von der Zunge oder anderen Muskeln in der Mundhöhle an den Gaumen oder den Rachen gebracht werden.
swallowing reflex

Schlupfwarze. Nach innen eingezogene Brustwarze infolge von Krebs oder Adhäsionen unter der Haut. Während einer Schwangerschaft oder nach der Geburt kann eine S. auch spontan auftreten.
retracted nipple

Schmelzpunkt. Charakteristische Temperatur, bei der die festen und flüssigen Formen einer Substanz ausgewogen vorliegen. Der S. von Eis liegt bei 0° C.
melting point (mp)

Schmerz. 1. Anerkannte → NANDA-→ Pflegediagnose; unangenehme Empfindung und emotionale Erfahrung, die durch vorliegende oder potentielle Gewebeverletzungen bedingt sind. Die Schmerzen entstehen plötzlich oder allmählich und lassen in vorhersehbarer Zeit oder in weniger als 6 Monaten wieder nach. Zu den wesentlichen kennzeichnenden Merkmalen gehören Klagen über Schmerzen oder dementsprechende sichtbare Anzeichen, Schonhaltung oder schützende Verhaltensweisen, maskenhafte Mimik (»gerädertes Aussehen«), Schlafstörungen. Es kommt zur autonomen Veränderung des Muskeltonus, zerstreuten Bewegungen, Ablenkungsverhalten, autonomen Reaktionen (Diaphorese, Veränderung von Blutdruck, Atmung, Puls oder Pupillenweite), expressivem Verhalten (Unruhe, Reizbarkeit, Weinen, Stöhnen, Rastlosigkeit) sowie Veränderungen des Appetits und des Essverhaltens. 2. Unangenehme Empfindung, die durch eine Stimulation der sensorischen Nervenendigungen verursacht wird. Dies ist ein subjektives Gefühl und eine individuelle Reaktion auf die jeweilige Ursache. S. ist Kardinalsymptom einer Entzündung und wichtig für die Diagnose vieler Störungen und Krankheitsbilder. Der S. kann leicht oder stark, chronisch oder akut, stechend, brennend, dumpf oder scharf, präzise oder diffus lokalisiert oder weitergeleitet sein.
pain

Schmerz, akuter. Starke, plötzliche Beschwerden, z.B. nach einer Operation bzw. Trauma, in Verbindung mit einem Herzinfarkt oder mit anderen Zuständen und Krankheiten. Akut auftretende Schmerzen in den ersten 24 bis 48 Stunden nach einer Operation können oft selbst mit Medikamenten nur schwer gelindert werden. Akute Schmerzen werden bei Patienten mit orthopädischen Beschwerden durch das Periost, von Gelenkoberflächen sowie den Wänden der Arterien ausgelöst. Muskelschmerzen in Verbindung mit Knochenoperationen entstehen durch Muskelischämien und nicht durch Muskelverspannungen. Akute → Bauchschmerzen zwingen den Betroffenen oftmals, in Fötallage mit angezogenen Beinen auf der Seite zu liegen. (→ Schmerzbehandlung) (s.a. Schmerz, chronischer)
acute pain

Schmerz, chronischer. Anerkannte → NANDA-→ Pflegediagnose; unangenehme Empfindung und emotionale Erfahrung, die durch eine aktuelle oder potenzielle Gewebeverletzung bedingt sind. Die Schmerzen entstehen plötzlich oder allmählich und können leicht bis stark sein;

sie halten länger als 6 Monate an. Zu den kennzeichnenden Merkmalen zählen verbale Klagen über Schmerzen oder entsprechende sichtbare Anzeichen, Schonhaltung oder schützende Verhaltensweisen, maskenhafte Gesichtsmimik, Reizbarkeit, In-sich-gekehrt-sein, Unruhe, Depression, Atrophie der beteiligten Muskeln, veränderte Schlafgewohnheiten, Gewichtsveränderungen, Müdigkeit, Angst vor erneuten Verletzungen, verminderte Interaktion mit Menschen, veränderte Fähigkeit, frühere Aktivitäten fortzusetzen, veränderte Sympatikusreaktionen (Temperatur, veränderte Körperposition, Hypersensibilität) und Appetitlosigkeit.
chronic pain

Schmerz, chronischer. Über lange Zeit andauernder (mindestens 6 Monate) oder immer wiederkehrender Schmerz, der durch bestimmte Krankheiten oder Störungen, wie rheumatischer Arthritis, verursacht wird. Chronische Schmerzen können weniger intensiv als akute Schmerzen sein; Patienten, die unter chronischem Schmerz leiden, weisen weder eine Tachykardie, noch eine beschleunigte Atemfrequenz auf, da solche autonomen Reaktionen auf Schmerzen nur kurz aufrechterhalten werden können.
chronic pain

S

Schmerz, chronischer unbehandelbarer. Anhaltender Schmerz, der weder mit Nichtopioidanalgetika noch mit anderen Behandlungsmaßnahmen gelindert werden kann.
[*griech.:* chronos, Zeit.]
chronic intractable pain

Schmerz, dumpfer. Leicht pochender, akuter oder chronischer Schmerz.
dull pain

Schmerz, fortgeleiteter. Schmerzen, die an einem für den Schmerz nicht ursächlichen Körperteil auftreten, die z.B. ihren Ursprung in der Gallenblase haben und in der rechten Schulter wahrgenommen werden. Das Phänomen scheint durch Projektion der sensorischen Neuronen von verschiedenen Körperteilen in die gleiche Region des Zentralnervensystems verursacht zu werden.
heterologic pain

Schmerz, psychischer. Funktionaler Schmerz, der im Allgemeinen keine organische Ursache hat und oft in Verbindung mit Gefühlen einer akuten Angst steht. In manchen Fällen kann es zu Halluzinationen und Obsessionen kommen.
psychic pain

Schmerz, übertragener. Schmerz, der in einer anderen als der verletzten oder erkrankten Region wahrgenommen wird. So kann z.B. der Schmerz bei einer Angina auf der linken Körperseite in Schulter, Arm oder Kiefer, der einer Gallenblasenerkrankung in der rechten Schulter oder in der Schulterblattregion wahrgenommen werden.
referred pain

Schmerzbahn. Netzwerk, das unangenehme Empfindungen und die Wahrnehmung von schädigenden Reizen im gesamten Körper in Verbindung mit körperlichen Erkrankungen und Verletzungen weiterleitet, die Gewebeschädigungen einschließen. Die Gate-Control-Theorie ist ein Versuch, die Rolle des Nervensystems bei der Schmerzreaktion zu erklären. Sie besagt, dass ein Schmerzsignal, das das Nervensystem erreicht, eine Gruppe kleiner Neuronen erregt, die einen »Schmerz-Pool« bilden. Wenn die gesamte Aktivität dieser Neuronen einen bestimmten Level erreicht, öffnet sich die Schranke (Gate) und erlaubt dem Schmerzsignal, in höhere Hirnzentren zu gelangen. Die Bereiche, in denen die Schranke laut der Theorie agiert, sind das Hinterhorn des Rückenmarks und der Hirnstamm. Einige Experten vertreten die Meinung, dass Bradykinin und Histamin, zwei vom Körper produzierte chemische Substanzen, Schmerzen verursachen. Kürzlich entdeckte Schmerzkiller, die der Körper ebenfalls produziert, sind die → Enkephaline und die → Endorphine. Die sofortige Reaktion auf Schmerzen wird über den Reflexbogen durch sensorische

Fasern im Hinterhorn des Rückenmarks und über die Synapsen von motorischen Neuronen in den Vorderhörnern übermittelt. Diese anatomischen Muster der sensorischen und motorischen Neuronen ermöglichen einer Person, bei Berührung bestimmter schädigender Reize, z.B. extremer Hitze oder Kälte, blitzschnell wegzuzucken.
pain pathway

Schmerzbehandlung. → Pflegeintervention der → NIC, die definiert wird als die Beseitigung oder Linderung von Schmerzen auf ein für den Patienten erträgliches Maß.
Pain Management

Schmerzbehandlung. Linderung von schmerzhaften Empfindungen infolge der physiologischen und psychischen Auswirkungen von Krankheiten und Verletzungen. Die häufigste Methode der S. ist die Verabreichung von → Analgetika, z.B. → Opoide (u.a. Morphin). Eine umfassende S. setzt psychologische sowie physikalische Methoden und Maßnahmen ein. Die Methoden zur Linderung von akuten Schmerzen unterscheiden sich in vielen Fällen von denen gegen chronische Schmerzen. Akute Schmerzen, die in den ersten 24 bis 48 Stunden nach einer Operation auftreten, sind schwer zu kontrollieren und Opioide lindern sie selten vollständig. Die Art der S. hängt normalerweise von der individuellen Schmerzbeschreibung ab. Leichte Schmerzen können z.B. durch Ablenkung behandelt werden. Mäßige Schmerzen können am besten durch eine Kombination von non-pharmakologischen Linderungsmaßnahmen und Medikamenten behandelt werden. Interventionen zur Behandlung starker Schmerzen beinhalten die Verabreichung von Opioiden, sinnvolle Interaktionen zwischen dem Patienten und dem Krankenhauspersonal, Reduzierung der Umgebungsstimuli und verstärkte non-pharmakologische Linderungsmaßnahmen, z.B. Imagination. Bei der Behandlung aller Arten von Schmerzen steht die Dämpfung oder Einschränkung der Reize im Vordergrund, die den Schmerz auslösen. Eine S. zielt außerdem darauf ab, die Wirkungen anderer Faktoren im Zusammenhang mit den Schmerzen zu reduzieren, z.B. Müdigkeit oder Angst. Eine Reduzierung von Reizen kann den Schmerz verstärken, weil sie eine effektive Ablenkung blockiert; eine Überstimulation kann zu Müdigkeit und Angst führen und somit den Schmerz ebenfalls verschlimmern. Die S. mit Hilfe von Arzneimitteln beinhaltet die Verabreichung von leichten nicht-narkotischen Analgetika und von stärkeren, potenziell zur Abhängigkeit führenden Opioiden, z.B. Morphin. Opioidanalgetika, die zur Linderung von Schmerzen verabreicht werden, stellen nur eine symptomatische Behandlung dar und werden bei der Behandlung von Patienten mit akuten oder chronischen Krankheiten eher zurückhaltend eingesetzt. Das Risiko der Entwicklung einer psychischen oder körperlichen Abhängigkeit besteht bei jedem Medikament, besonders jedoch bei Opioiden. In normalen Dosierungen lindern Opioide das Leiden durch ihren dämpfenden Einfluss auf die emotionalen Komponenten der Schmerzerfahrung und bewirken eine Analgesie. Viele Medikamente sind heute ein ausreichender Ersatz für die Opioide Morphin und Codein. Einige nicht-Opioidanalgetika, z.B. Aspirin, Indometacin, Ibuprofen oder Naproxen haben darüber hinaus auch eine entzündungshemmende und antipyretische Wirkung. Die S. bei terminal kranken Menschen nutzt normalerweise zahlreiche Medikamente, die Schmerzen lindern, eine Euphorie bewirken und den Patienten dämpfen, der sonst stark leiden würde. Weitere Methoden der S. sind → Akupunktur, → Hypnose, → Verhaltenstherapie, → Biofeedback, → TENS (trankutane elektrische Nervenstimulation) u.v.a.
pain intervention

Schmerzrezeptoren. Freie Nervenendigungen im Körper, die vor potenziell schädigenden Veränderungen in der Umgebung

S

warnen, z.B. vor exzessivem Druck oder extremen Temperaturen. Die freien Nervenendigungen, die die meisten S.en bilden, sind vorwiegend in der Epidermis und im Epithel bestimmter Schleimhäute lokalisiert. Sie erscheinen auch im gestreiften Epithel der Kornea, in den Wurzelscheiden und in den Papillen der Haare sowie in den Bereichen der Schweißdrüsen. Die terminalen Enden der S. bestehen aus marklosen Nervenfasern, die oft mit kleinen Knoten zwischen den Epithelzellen Anastomosen bilden. Weitergeleitete Schmerzen resultieren aus der Stimulation von S., die in den tieferen Strukturen lokalisiert sind; z.B. in den Eingeweiden (Viszera), Gelenken oder Muskeln, niemals jedoch von S. in der Haut.
pain receptors

Schmerzschwelle. Der Punkt, an dem ein Reiz, der im allgemeinen in Verbindung mit Druck oder Temperaturen steht, Schmerzrezeptoren aktiviert und eine Schmerzempfindung auslöst. Personen mit einer niedrigen S. nehmen Schmerzen viel früher und schneller wahr als solche mit einer hohen S.; die individuelle Reaktion auf die Stimulation der → Schmerzrezeptoren kann stark variieren.
pain threshold

Schmerzskala, nummerische. Schmerz-Assessmentsystem, bei dem Patienten ihre Schmerzen auf einer Skala von 1 bis 10 einordnen sollen, wobei 10 die schlimmstmöglichen Schmerzen sind und 1 Schmerzfreiheit bedeutet.
numeric pain scale

S

Schmetterlingsflechte. (→ Lupus erythematodes)
lupus erythematosus

Schmierblutung. (Spotting). Das Auftreten von blutigem Ausfluss aus der Scheide außerhalb der Menstruation, während einer Schwangerschaft oder bei Geburtsbeginn.
spotting

Schmierinfektion. Direkte Übertragung von Keimen durch Kontakt, Händeschütteln, Küssen oder Geschlechtsverkehr.
smear infection

Schneeblindheit. Lichtscheu (Photophobie) infolge einer übermäßigen Exposition der Augen gegenüber grellem Sonnenlicht auf Schnee; manchmal verbunden mit einer Bindehautentzündung (Konjunktivitis).
snow blindness

Schneidermuskel. (→ Musculus sartorius)
sartorius

Schneidezahn. Einer der acht Vorderzähne im Zahnbogen zwischen den Eckzähnen. Die Krone eines S.s ist scharf und dient zum Abbeißen von Nahrung; die oberen Scheidezähne sind größer und stärker als die unteren.
[*lat.:* incidere, einschneiden]
incisor

Schneidezahn, mittlerer. Einer der auf der Medianebene von Ober- und Unterkiefer befindlichen Schneidezähne.
central incisor

Schnittentbindung. (Kaiserschnittentbindung; Kaiserschnitt; Sectio caesarea). Operative Geburt eines Kindes über einen Bauchschnitt bzw. einen → Kaiserschnitt. (→ Kaiserschnitt)
abdominal delivery

Schnupfen. (→ Rhinitis)
rhinitis

Schock. Lebensbedrohlicher Zustand, der durch ein Missverhältnis zwischen Sauerstoffbedarf und Sauerstoffangebot und lebensbedrohlichen Zellfunktionsstörungen gekennzeichnet ist; entweder aufgrund von fehlenden Sauerstoffträgern (Erythrozyten) oder verminderter Pumpleistung des Herzens. Der Zustand geht meist mit unzureichender Herzauswurfleistung, Hypotonie, Oligurie, veränderter peripheren Gefäßwiderstand und der peripheren Blutverteilung sowie Gewebeschäden einher. Auslösende Faktoren sind Blutungen, Erbrechen, Diarrhö, stark verminderte Flüssigkeitsaufnahme bzw. übermäßiger Flüssigkeitsverlust; dies führt zu einem Volumenmangelschock, der häufigsten Form des S. Durch den verminderten Blutfluss werden die Organe nicht ausreichend mit Sauerstoff, Nähr-

stoffen, Hormonen und Elektrolyten versorgt und gleichzeitig metabolische Abfallprodukte nicht ausgeschieden. Puls und Atmung sind erhöht, der Blutdruck fällt meist nach anfänglicher Steigerung ab. Der Patient ist infolge der Minderdurchblutung des Gehirns oft ruhelos, ängstlich, fühlt sich häufig schwach, lethargisch und ist bleich; die Haut ist kühl und feucht. Bei zunehmender Schocktiefe fällt die Körpertemperatur, die Atmung wird schnell und flach und der Pulsdruck (Differenz zwischen systolischem und diastolischem Blutdruck) verringert sich infolge einer kompensatorischen Vasokonstriktion. Diese bewirkt ein Ansteigen des diastolischen Blutdrucks bei gleichbleibendem oder fallendem systolischem Blutdruck. Die Harnausscheidung ist stark vermindert. (s.a. Schock, anaphylaktischer; Schock, septischer; Schock, kardiogener)
shock

Schock, anaphylaktischer. Schwere und manchmal tödliche systemische → Überempfindlichkeitsreaktion (Hypersensibilitätsreaktion) auf eine Substanz, z.B. ein Arzneimittel, einen Impfstoff, spezielle Nahrungsmittel, Serum, Allergenextrakt, Insektengift oder auf eine chemische Substanz. Ein a. S. kann innerhalb von Sekunden bzw. Minuten nach Kontakt mit dem Auslösefaktor (Allergen) eintreten und wird normalerweise von Atemnot und Kreislaufkollaps begleitet. Je schneller die systemisch atopische Reaktion bei einer Person nach einem Kontakt auftritt, um so schlimmer wird der Schock wahrscheinlich sein. Das beteiligte Allergen gelangt in den Systemkreislauf und löst eine unvollständige humorale Reaktion aus, die es dem Allergen ermöglicht, sich mit Immunglobulin (Ig)E zu verbinden und die Freisetzung von Histamin zu verursachen. An der Reaktion sind auch IgG und IgM beteiligt, die die Freisetzung von Komplementfraktionen auslösen und ebenfalls die Ausschüttung von Histamin stimulieren.
anaphylactic shock

Schock, chirurgischer. Schockzustand, der nach einer Operation auftritt. Dabei zeigt der Patient typische Anzeichen von geringem Blutvolumen, Störung der peripheren Blutzirkulation, Schwitzen, Durst, Unruhe und zyanotische Extremitäten.
surgical shock

Schock, hämorrhagischer. Körperlicher Kollaps und Erschöpfungszustand (Prostration) in Verbindung mit einem plötzlichen und schnellen Verlust großer Blutmengen. Schwere traumatische Verletzungen sind häufig Ursache für einen solchen Blutverlust, der zu eine Hypotonie führen kann.
hemorrhagic shock

Schock, hypovolämischer. Zustand des körperlichen Zusammenbruchs und der Erschöpfung, der durch einen massiven Blutverlust, Dysfunktion des Kreislaufs und eine unzureichende Gewebeperfusion verursacht wird. Häufige Anzeichen sind niedriger Blutdruck, schwacher Puls, feuchte Haut, Tachykardie, schnelle Atmung und verminderte Urinausscheidung. Der damit im Zusammenhang stehende Blutverlust kann durch eine gastrointestinale Blutung, interne oder externe Hämorrhagien oder eine exzessive Verminderung des intravaskulären Plasmavolumens und der Körperflüssigkeiten verursacht sein. Eine Dehydratation durch exzessives Schwitzen, starke Diarrhö, langanhaltendes Erbrechen, intestinale Obstruktion, Peritonitis, akute Pankreatitis und starke Verbrennungen, die mit erheblichen Flüssigkeitsverlusten einhergehen, können einen h. S. bedingen.
hypovolemic shock

Schock, kardiogener. Schockform mit erniedrigtem Herzminutenvolumen in Verbindung mit einem Myokardinfarkt und Stauungsinsuffizienz. Obwohl ein niedriges Herzminutenvolumen ein typisches Merkmal eines kardiogenen Schocks ist, kann er auch mit normalem Minutenvolumen assoziiert sein. 80% aller Fälle haben einen tödlichen Ausgang; daher ist eine sofortige Therapie notwendig. Je nach Krankheitssymptomen können Diuretika, vasoaktive Mittel sowie andere Therapie-

maßnahmen eingesetzt werden. Patienten im kardiogenen Schock dürfen auf keinen Fall in die Schocklage gebracht werden (Kopf tief, Beine hoch), da dies eine zusätzliche Herzbelastung, ggf. gar mit Herzversagen, darstellt.
[*griech.:* kardia + genein, erzeugen; *franz.:* choc, Schock.]
cardiogenic shock

Schock, neurogener. Eher seltene Schockform als Folge von funktionellen oder organischen Störungen des zentralen Nervensystems, z.B. bei Verletzungen des Rückenmarkes. Durch die gestörte nervale Kontrolle kommt es zu Kreislaufdysregulationen mit Abnahme des venösen Rückstromes, Herzzeitvolumens und Kontraktilität des Herzens.
shock neurogenic

Schock, septischer. Bei einer → Sepsis auftretender Schock infolge einer Endo- bzw. Exotoxinausschüttung bestimmter Bakterien in die Blutbahn. Die Toxine vermindern den Widerstand der Blutgefäße, wodurch der Blutdruck stark abfällt. Weiterhin können Fieber, Tachykardie, beschleunigte Atmung und Verwirrung bzw. Koma auftreten. Im Gegensatz zu den anderen Schockformen habe die Patienten meistens ein rosiges Aussehen. Dem s.S. gehen normalerweise Anzeichen einer schweren Infektion voraus, vor allem des Urogenital- oder Gastrointestinaltraktes. Weitere Formen des s. S. sind das Schocksyndrom und der toxische Schock.
septic shock

Schock, traumatischer. Durch ein → Trauma hervorgerufener abnormaler emotionaler/psychischer Zustand bzw. Verhalten. Am häufigsten Auftreten im Zusammenhang eines hypovolämischen Schocks infolge starken Blutverlustes und eines neurologischen Schocks infolge einer Verletzung der Wirbelsäule.
traumatic shock

Schock-Prävention. → Pflegeintervention der → NIC, die definiert ist als die Erkennung und Behandlung von schockgefährdeten Patienten.
Shock Prevention

Schockbehandlung. → Pflegeintervention der → NIC, die definiert ist als die Verbesserung der Sauerstoff- und Nährstoffversorgung des systemischen Gewebes, um zelluläre Abfallprodukte als Folge stark gestörter Gewebeperfusion zu entfernen.
Shock Management

Schockbehandlung: kardial. → Pflegeintervention der → NIC, die definiert ist als die Unterstützung einer adäquaten Gewebeperfusion bei Patienten mit stark eingeschränkter Herzfunktion.
Shock Management: Cardiac

Schockbehandlung: vaskulär. → Pflegeintervention der → NIC, die definiert ist als die Unterstützung einer angemessenen Gewebeperfusion bei Patienten mit stark reduziertem Gefäßtonus.
Shock Management: Vasogenic

Schockbehandlung: Volumen. → Pflegeintervention der → NIC, die definiert ist als Unterstützung einer angemessenen Gewebeperfusion für Patienten mit einem stark eingeschränkten intravasalen Volumen.
Shock Management: Volume

Schockhosen. Pneumatische Hosen zur Behandlung einer Hypotonie infolge innerer oder äußerer Blutungen oder Hypovolämie. S. sind bei Patienten mit Lungenödem, kardiogenem Schock, erhöhtem intrakranialem Druck oder Darmeinklemmungen kontraindiziert. Sie kommen zum Einsatz, wenn der Patient das Bewusstsein verliert, der Blutdruck fällt und Anzeichen von Atemnot, wie Dyspnoe, schnelle Atmung, Husten und rötliches, schaumiges Sputum aufweist. Die Fußpulse sind schwach oder nicht tastbar, die Füße blass, fleckig und kalt.
shock trousers

Schocksyndrom, toxisches (TSS). Akutes Krankheitsbild durch eine Infektion mit

Bakterienstämmen der Gattung *Staphylococcus aureus* hervorgerufen, die das Bakteriengift F-Enterotoxin produzieren. Die Bakterien finden sich häufig bei menstruierenden Frauen, die saugstarke Tampons verwenden; aber auch bei Neugeborenen, Kindern und Männern kann dieses Krankheitsbild auftreten. Typische Symptome sind zunächst plötzliches hohes Fieber, Kopfschmerzen, Halsschmerzen und Schwellung der Schleimhäute, Durchfall, Übelkeit und schuppende Hautrötung. Danach kann es zu Niereninsuffizienz, Leberfunktionsstörungen, Verwirrung und nicht behandelbarem niedrigem Blutdruck kommen. Das TSS kann zum Tod führen.
toxic shock syndrome

Schocktherapie. Psychotherapeutisches Verfahren zur Behandlung von Depressionen und anderen schweren Störungen. Dabei wird mit Hilfe von Strom beim Patienten eine Art epileptischer Krampf ausgelöst.
shock therapy

Schokoladenzyste. (Teerzyste). Mit dunkel eingefärbten Blutabbauprodukten gefüllte Ovarialzyste bei → Endometriose.
[mex.: chocolatl + *griech.:* kystis, Tasche.]
chocolate cyst

Schönheitschirurgie. Operative Rekonstruktion kutaner bzw. unter der Haut liegender Gewebe. Schönheitsoperationen werden durchgeführt, um strukturelle Fehlbildungen zu korrigieren, um Narben, Muttermale oder normale Alterungserscheinungen zu entfernen. Formen der kosmetischen Chirurgie sind Lid- oder Nasenplastiken und Face-Lifting.
cosmetic surgery

Schorf. Abgestorbene Gewebszellen, die als Kruste fest auf der Haut sitzen.
slough

Schräglage. Lage eines Fötus im Mutterleib, bei der seine Längsachse schräg zur Längsachse der Mutter liegt.
oblique presentation

Schreckreaktion. Reflexreaktion auf einen plötzlichen, unerwarteten Reiz. Die Reaktion kann mit anderen physiologischen Reaktionen einher gehen, wie z.B. Steigerung des Herzschlags und der Atemfrequenz, Schließen der Augen und Beugen der Rumpfmuskeln. Die S. erfolgt schnell, durchdringend und unkontrolliert, ungeachtet der Art und Stärke des Reizes. Sie kann selbst durch eine leichte Berührung ausgelöst werden. (s.a. Moro-Reflex)
startle reflex

Schreireflex. Normale kindliche Reaktion ausgelöst durch Schmerz, Hunger oder ein Bedürfnis nach Aufmerksamkeit. Bei Frühgeborenen bzw. kranken Babys kann der Schreireflex fehlen.
cry reflex

Schreitreflex. Eine Reihe schrittähnlicher Bewegungen beim Neugeborenen wenn man es aufrecht unter den Armen hält und die Fußsohlen auf die Unterlage drückt. Dabei wird ein Bein gebeugt und das andere gleichzeitig gestreckt; diese Bewegung geschieht abwechselnd. Der S. verschwindet ca. 4 bis 8 Wochen nach der Geburt wieder.
walking reflex

Schrittmacher. (Pacemaker). 1. Sinusknoten, der aus einem spezialisierten Nervengewebe besteht und an der Verbindung der Vena cava superior mit dem rechten Vorhof (Atrium) liegt. Er löst Kontraktionen der Kammer aus, die den Impuls an den → Atrioventrikularknoten (AV-Knoten) übermittelt und dadurch eine Kontraktion der Herzkammer (Ventrikel) auslöst. Ein S., der im Vorhof, am AV-Knoten oder im Ventrikel liegt, kann im Fall abnormaler Herzfunktionen Kontraktionen auslösen. 2. Ein elektrischer Apparat, der in den meisten Fällen dazu dient, bei einer schweren → Bradykardie die Herzfrequenz zu erhöhen, indem der Herzmuskel elektrisch stimuliert wird. Ein S. kann dauerhaft oder vorübergehend (temporär) gelegt werden; er gibt in einer konstanten, festgelegten Frequenz Stimuli ab oder springt bei Bedarf an, wenn das Herz bei einer Minimalfrequenz nicht spontan kontrahiert.
pacemaker

S

Schrittmacher, wandernder. Häufiger Wechsel zwischen Herzaktionen des Sinus- und des AV-Knotens während der langsamen Phase des Sinusrhythmus. Dabei können die Herzschläge der verschiedenen Erregunssysteme häufig kollidieren, was zu Rhythmusstörungen führt. Dieses Phänomen wird oft fälschlicherweise als »wandernder Schrittmacher« bezeichnet.
wandering atrial pacemaker

Schröpfen. Technik, bei der mit Hilfe von Saugnäpfen Haut angesaugt wird, um Blut zur Körperoberfläche zu ziehen.
cupping

Schrumpfniere. Niere, die aufgrund einer fibrösen Gewebewucherung und einer verringerten Blutversorgung stark in ihrer Größe reduziert und in ihrer Funktion eingeschränkt ist. Eine Schrumpfniere ist Begleitsymptom einer arteriolären Nephrosklerose und Glomerulonephritis.
contracted kidney

Schubladenphänomen. Diagnostisches Zeichen für ein gerissenes bzw. angerissenes vorderes oder hinteres Kreuzband des Kniegelenkes. Der Patient stellt das Bein im rechten Winkel auf, während der Untersuchende den Unterschenkel unterhalb des Knies festhält und diesen erst vom Knie weg und dann zum Knie hin bewegt. Ein positives Testergebnis liegt vor, wenn der Schienbeinkopf mehr als 1 cm von dem Kniegelenk weggezogen werden kann.
drawer sign

Schubladenphänomen, vorderes. Ergebnis der Stabilitätsprüfung des Kniegelenkes beim vorderen Kreuzbandriss. Das Ergebnis ist positiv, wenn der Untersucher das Schienbein bei rechtwinklig gebeugtem Knie nach vorne ziehen kann. (s.a. Schubladenphänomen)
anterior drawer sign or test

schuldunfähig. (unzurechnungsfähig). Rechtlicher Ausdruck für einen psychisch kranken Patienten, der unter Aufsicht stehen muss.
certifiable

S

Schuldverarbeitung, Unterstützung bei der. → Pflegeintervention der → NIC, die definiert wird als die Unterstützung anderer Menschen im Umgang mit tatsächlichen oder empfundenen schmerzhaften Gefühlen der Verantwortung.
Guilt Work Facilitation

Schulphobie. Extreme Angststörung meist bei Kindern im Grundschulalter, gekennzeichnet durch eine irrationale Angst vor der Schule oder einer schulähnlichen Umgebung. Solche Kinder sind oft übersensibel, schüchtern, scheu, nervös, emotional unreif und mit starken Selbstzweifeln behaftet. Häufig versuchen sie ihre Ängste durch eine übermäßige Abhängigkeit von anderen, insbesondere der Eltern, zu kompensieren.
school phobia

Schulter. Die Verbindung von Schlüsselbein (Klavikula), Schulterblatt (Skapula) und Oberarmknochen (Humerus), dort wo der Arm mit den Rumpf verbunden ist.
shoulder

Schulterblatt. (→ Skapula)
scapula

Schulterblattreflex. Kontraktion der Rautenmuskeln (Musculi rhomboidei) mit gleichzeitiger Annäherung der Schulterblätter infolge eines Reizes in der Mitte zwischen den Schulterblättern.
scapular reflex

Schultergelenk. (Articulatio humeri). Kugelgelenk zwischen der Pfanne des Schulterblattes (Skapula) und dem Kopf des Oberarmknochens (Humerus). Das Gelenk enthält acht Schleimbeutel und fünf Bänder; es ist das beweglichste des ganzen Körpers.
shoulder-joint

Schultergürtel. Ein Halbbogen am oberen Ende des Rumpfes, der durch Schulterblatt (Skapula) und Schlüsselbein (Klavikula) gebildet wird.
shoulder girdle

Schulterluxation. Bezeichnung für verschiedene Formen der Schulterverren-

kung mit Beschädigung des Schulterblatts und Trennung bzw. Verrenkung (Dislokation) des Schultergelenks sowie einer Verschiebung des Oberarmkopfs nach vorne und unten.
dislocation of shoulder

Schuppe. Kleine, dünne Abschälpartikel verhornter Haut.
scale

Schuppen. Große Mengen schuppiger Hornhautblättchen, bestehend aus abgestorbenen, keratinisierten Epithelzellen, die von der Kopfhaut abgesondert werden. Eine exzessive Schuppenbildung kann auf eine schwache Form seborrhoischer Dermatitis hinweisen.
dandruff

Schuppenflechte. (→ Psoriasis)
psoriasis

Schüttelfrost. 1. Durch eine kalte Umgebung verursachtes Kältegefühl. 2. Unwillkürliches schnelles Zittern des Körpers und Zähneklappern, einhergehend mit Kälteempfinden; tritt häufig bei → intermittierendem Fieber, vor einem plötzlichen Anstieg der Körpertemperatur oder nach Medikamenten- bzw. Drogenentzug auf.
chill; shakes

Schutzisolation. (Umkehrisolation; protektive Isolierung). Maßnahmen zum Schutz eines Patienten vor ansteckenden Keimen, die durch das Personal, andere Patienten, Besucher oder durch Tröpfchen in der Luft, auf Instrumenten oder Materialien übertragen werden können. Dazu gehören je nach Grund der Isolation und üblichen Krankenhauspraktiken z.B. das Händewaschen, Überziehen von Kitteln und Handschuhen sowie die Sterilisation bzw. Desinfektion von Materialien und Instrumenten.
reverse isolation

Schwäche. Zustand ohne körperliche Kraft, Energie oder Vitalität. Die verschiedenen Schwächeformen variieren mit Ort und Ausmaß einer möglichen Nervenverletzung. Ein teilweise denervierter Muskel zeigt leichte Schwächen, wohingegen ein gänzlich denervierter Muskel völlig schlaff wird. Patienten mit teilweiser Denervierung beklagen häufig, dass sie sehr schnell müde werden und den täglichen Anforderungen des Lebens nicht mehr gewachsen sind. Sehnenreflexe sind vermindert oder nicht mehr vorhanden und eine → Elektromyographie zeigt abnorme Werte.
weakness

Schwangerschaft. Prozess, zu dem das Wachstum und die Entwicklung eines Fötus in der Gebärmutter einer Frau von der Empfängnis über die Embryonal- und Fötalphase bis zur Geburt gehört. Eine S. dauert etwa 266 Tage (38 Wochen) vom Tag der Befruchtung (Fertilisation), häufig wird jedoch die Dauer mit 280 Tagen (40 Wochen, 10 Lunarmonate, 9 1/3 Kalendermonate) vom ersten Tag der letzten Menstruationsperiode an gerechnet. Der Geburtstermin wird meist anhand des Menstruationszyklus errechnet, auch wenn dieser bei der Frau unregelmäßig verläuft. Die emotionalen Erfahrungen der S. werden von den betroffenen Frauen als normal und gesund, jedoch als außergewöhnlich bezeichnet. Das Herzminutenvolumen steigert sich um 30 bis 50%, was in der 6. Woche beginnt und seinen Höhepunkt in der 17. Woche erfährt, wobei es teilweise nach der 13. Woche schon wieder leicht nachlässt und nach der Entbindung schnell auf den Normalwert abfällt. Obwohl die Vitalkapazität und der PO_2-Spiegel gleich bleiben, nehmen Atemfrequenz, Atemzug- und Minutenvolumen zu. Die inspiratorischen und exspiratorischen Reserven, Residualvolumen und Residualkapazität sowie $PaCO_2$ sinken. Die glomeruläre Filtrationsrate und der renale Plasmafluss steigern sich um 30 bis 50%, wobei die Muster parallel zu der Herzfunktion verlaufen. Häufig kommt es zu einer beträchtlichen Erweiterung des exkretorischen Traktes (S.s-Hydronephrose). Progesteron, das in der S. verstärkt ausgeschüttet wird, führt zur Entspannung der glatten Muskulatur des Magen-Darm-Traktes. Durch die verzögerte Magenentleerung und die Entspannung des Sphinkters der gastroösopha-

S

gealen Verbindung kann es zu Sodbrennen kommen. Die Proteinbindung nimmt zu; da die meisten Hormone in proteingebundener Form zirkulieren, verändert sich die Funktion der meisten endokrinen Drüsen. Die Brüste werden in der frühen S. fest und empfindlich; dies ist ein subjektives Symptom, schwanger zu sein. Wenn die Brüste sich vergrößern und weicher werden, verschwindet die Empfindlichkeit. Die Schweißbildung nimmt zu und auch das Haarwachstum kann stimuliert werden. Die Gewichtszunahme weist eine große Bandbreite auf, durchschnittlich zwischen 10 und 13 kg. Der Bedarf an Eisen, Eiweiß und Kalzium steigt überproportional zu der Gesamtzufuhr an Kalorien und anderen Nährstoffen. – *adj.* schwanger.
pregnancy

Schwangerschaft, ektopische. (→ EU)
ectopic pregnancy

Schwangerschaft, tuboabdominale. Extrauterine Schwangerschaft, bei der sich der Embryo teilweise in der Bauchhöhle und teilweise im Eileiter entwickelt. Die Schwangerschaft beginnt meist im Eileiter und dehnt sich dann in die Bauchhöhle aus. Eine solche S. ist sehr gefährlich, da es zu starken inneren Blutungen kommen kann, wenn der Eileiter reißt. (s.a. EU)
tuboabdominal gestation

Schwangerschaftsanämie. Zustand während der Schwangerschaft, der durch eine Reduzierung der Hämoglobinkonzentration des Blutes gekennzeichnet ist; kann physiologische oder pathologische Ursachen haben. Bei der physiologisch bedingten S. resultiert die Konzentrationsverringerung aus der Blutverdünnung, da sich das Plasmavolumen im Verhältnis zum Volumen der Erythrozyten stärker erhöht. Bei der pathologischen S. ist die Sauerstoffkapazität des Blutes unzureichend, weil die Erythrozytenproduktion gestört ist oder weil durch Zerstörung bzw. Blutung ein übermäßiger Erythrozytenverlust auftritt.
anemia of pregnancy

Schwangerschaftsberatung. → Pflegeintervention der → NIC, die definiert wird als die Untersuchung und Beratung vor einer Schwangerschaft zur Verhinderung oder Reduzierung der Risiken für Geburtsdefekte.
Preconception Counseling

Schwangerschaftsdiabetes. Erkrankung, die sich in der gestörten Fähigkeit äußert, Kohlenhydrate abzubauen; der S. ist meist die Folge eines Insulinmangels, der während der Schwangerschaft auftritt und nach der Entbindung wieder verschwinden kann, aber sehr häufig Jahre später wieder zum Ausbruch kommt.
gestational diabetes mellitus

Schwangerschaftserbrechen. (Emesis gravidarum). Leichtes Erbrechen, das meist morgens und nur in den ersten drei bis vier Monaten einer Schwangerschaft auftritt und dann von selbst aufhört. Bei normaler Ausprägung (keine Gewichtsabnahme) ist das S. physiologisch. Die Ursache des S. ist nicht vollständig geklärt; sicher spielen jedoch hormonelle Faktoren (stärkere Ausprägung bei Mehrlingsschwangerschaften und Blasenmole) sowie psychische Belastungen (ungewolltes Kind, ungeeigneter Partner, erwartete Probleme im Beruf, finanzielle Sorgen etc.) eine Rolle.
vomiting of pregnancy

Schwangerschaftsstreifen. (Striae gravidarum). Unregelmäßige Dehnungsstreifen auf der Haut infolge der Volumenzunahme in der Schwangerschaft. Die S. sind anfangs rotviolett bis rosafarbig und verblassen nach der Schwangerschaft wieder. Sie treten vor allem an Bauch, Oberschenkeln, Po und Brüsten auf. Die Veranlagung zu S. ist erblich, eine sichere Prophylaxe oder Therapie gibt es nicht. Regelmäßige Massagen der eingeölten Haut fördern jedoch deren Elastizität.
striae gravidarum; stretch marks

Schwann-Scheide. (Neurolemm). Hülle bzw. Markscheide für Nervenfasern, die aus hintereinander liegenden, in sich begrenz-

ten Zellen besteht. (s.a. Ranvier-Schnürring)
[T. Schwann, deutscher Anatom, 1810–1882]
sheath of Schwann

Schwann-Zellen. → Gliazellen, die aus peripheren Nervenfasern hervorgehen und aus denen sich die Markscheide als Nervenscheide bildet.
[T. Schwann, dt. Anatom, 1810–1882]
Schwann cells

Schwartz-Bartter-Syndrom. (→ Syndrom der übermäßigen ADH-Sekretion)
syndrome of inappropriate antidiuretic hormone secretion

Schwefel (S). (Sulfur). Nichtmetallisches, mehrwertiges chemisches Element, das in der Natur in gelber Kristallform und in Mineralien, Gewässern und Erdgasen, insbesondere in vulkanischen Gebieten, vorkommt. S. hat die Ordnungszahl 16 und ein Atomgewicht von 32,07; es ist geruchs- und geschmacklos. S. wird zur Behandlung von Gicht, Rheumatismus und Bronchitis und als leichtes Abführmittel eingesetzt.
sulfur (S)

Schwefelsäure. Klare, farblose, ölige und stark korrosive Flüssigkeit, die bei Kontakt mit Wasser starke Hitze erzeugt. S. ist hoch giftig und führt bei Hautkontakt zu starken Verbrennungen, bei Augenkontakt zu Erblindung, bei Einatmung der Dämpfe zu schweren Lungenschäden und bei Einnahme zum Tod.
sulfuric acid

schweflige Säure. Schwache anorganische Säure, die als chemisches Reduktionsmittel und als Bleichmittel eingesetzt wird. In der Medizin wird s. S. in Hautlotionen sowie in Nasen- und Rachensprays verwendet. Durch die Säure gebildete Sulfite werden antiseptischen und enzymhemmenden Mitteln sowie Antifermenten zugesetzt.
sulfurous acid

Schweigepflicht. Verpflichung u. a. der Ärzte und des Pflegepersonals, persönliche Informationen der Patienten anderen Personen gegenüber, die nicht mit der Behandlung des Patienten betraut sind, nicht zu offenbaren. Die S. besteht grundsätzlich auch gegenüber den Angehörigen und dem Ehegatten des Patienten sowie über dessen Tod hinaus. Der Patient kann den Arzt und das Personal jedoch von der S. befreien. Der Verstoß gegen die S. ist strafbar (1/2 203 ff StGB).
confidentiality; rule of confidentiality

Schweißdrüse. Eine der ca. zwei Millionen Strukturen in der Haut, die täglich zwischen 700 und 900 g Schweiß produzieren. Die Mehrzahl der S. sind exokrine Drüsen, die mit dem produzierten Schweiß Salz, die Abfallprodukte Harnstoff und Milchsäure sowie Abbauprodukte aus Knoblauch, Gewürzen und anderen Substanzen abtransportieren. Jede S. besteht aus einem einzigen langen, gewundenen Schlauch, der an die Hautoberfläche führt.
sudoriferous gland

Schweißdrüse, apokrine. Große, dermale exokrine Drüse, die sich in den Achseln, in den analen und genitalen Regionen sowie in der Brustgegend befinden kann. Die a.n S.n bilden sich erst nach der Pubertät aus und sondern Schweiß ab, der sich aus den von Hautbakterien konsumierten Nährstoffen zusammensetzt.
[*griech.:* apo, von; krinein, trennen; *lat.:*, secernere, ausscheiden]
apocrine sweat gland

Schweißtest. Methode zur Beurteilung der Natrium- und Chloridausscheidung aus den Schweißdrüsen; wird häufig als erster Test bei der Diagnose von zystischer Fibrose durchgeführt. Dabei werden die Schweißdrüsen medikamentös zur Schweißproduktion angeregt und nachfolgend der Schweiß analysiert. Schweiß von Patienten, die an zystischer Fibrose leiden, enthält drei- bis sechsmal so hohe Natrium- und Chloridkonzentrationen wie der gesunder Menschen.
sweat test

Schwellendosis. Bezeichnung für die kleinste absorbierte Strahlungsmenge, die eine feststellbare Wirkung hervorruft.
dose threshold

Schwellenreiz. Sinnesreiz, der gerade ausreichend ist, um eine Reaktion auszulösen. Unterhalb dieser Grenze kann der Reiz vielleicht wahrgenommen werden, löst aber keine Reaktion oder Antwort aus.
threshold stimulus

Schwerhörigkeit. (Taubheit). Unfähigkeit, in entsprechendem Umfang die Geräusche wahrzunehmen, die für eine Person mit normalem Hörvermögen hörbar sind. Die → Schallleitungsschwerhörigkeit entsteht durch Verletzung des äußeren Ohres oder des Mittelohres. Eine Schallempfindungsschwerhörigkeit wird durch eine Verletzung der Hörschnecke (Cochlea) oder der Hörnerven verursacht.
hearing loss; deafness

Schwermetall. Metallische Elemente, deren spezifisches Gewicht mindestens fünf mal höher als das von Wasser ist. Zu den S.en gehören Antimon, Arsen, Wismut, Kadmium, Cer, Chrom, Kobald, Kupfer, Gallium, Gold, Eisen, Blei, Mangan, Quecksilber, Nickel, Platin, Silber, Tellur, Thallium, Zinn, Uran, Vanadium und Zink. Die Präsenz kleiner Mengen vieler dieser Elemente im Körper ist physiologisch; sie müssen mit der Nahrung aufgenommen werden. Größere Mengen können jedoch zu Vergiftungen führen.
heavy metal

Schwermetallvergiftung. Vergiftungserscheinungen, die durch die Aufnahme, Inhalation oder Absorption verschiedener toxischer → Schwermetalle verursacht werden.
heavy metal poisoning

Schwerpunkt. Gewichtsmittelpunkt bzw. -zentrum eines Körpers oder Gegenstandes. Bei einem aufrecht stehenden Erwachsenen befindet sich der Schwerpunkt in der Interspinalhöhle, zwischen Symphyse und Nabel.
center of gravity

Schwertfortsatz. (Processus xiphoideus). Kleinster Abschnitt des dreiteiligen Brustbeins, der oben mit dem unteren Teil des Brustbeinkörpers und seitlich mit der siebten Rippe verbunden ist.
xiphoid process

Schwester-Kenny-Behandlung. Poliomyelitisbehandlung, bei der die Gliedmaßen und der Rücken der Patienten mit warmen, feuchten Wolltüchern eingewickelt werden. Nach Abklingen der Schmerzen wird der Patient zur Bewegung der betroffenen Muskeln angehalten, insbesondere durch Schwimmen. Die passive Bewegung der betroffenen Gliedmaßen bei gleichzeitiger Stimulierung der Muskelansätze ist nach der Anwendung warmer Packungen ebenso wichtig.
[E. Kenny, austr. Krankenschwester, 1886–1952]
Sister Kenny's treatment

Schwimmhautbildung. Häutig verbundene angrenzende Strukturen, wie z.B. Finger oder Zehen; geht oft mit genetischen Anomalien einher.
webbing

Schwimmreflex. Einfaches Bewegungsmuster von Föten und Säuglingen bis 6 Monaten. Dabei führen die Säuglinge koordinierte Schwimmbewegungen aus, wenn ihr Gesicht unter Wasser getaucht wird.
swimming reflex

Schwindel. Gefühl des Ohnmächtigwerdens und des Herumwirbelns bzw. die Unfähigkeit, das normale Gleichgewicht im Stehen oder Sitzen aufrecht zu erhalten. Schwindelgefühle sind manchmal mit Benommenheit, geistiger Verwirrung, Übelkeit und Schwäche assoziiert. Ein Patient mit einem Schwindelanfall sollte vorsichtig in eine sichere Lage gebracht werden, um das Risiko einer Verletzung durch Stürze zu vermeiden. (→ Vertigo)
dizziness

Schwindsucht. Allmählicher, progressiver Verfall des Körpers bei einer chronischen Erkrankung.
tabes

Schwirren. Leichte Vibration, die ein Untersuchender fühlt, wenn er die Hand auf die Brust eines Patienten über die Stelle eines → Aneurysmas legt. Das S. weist auf ein organisch bedingtes Herzgeräusch der Stärke 4 oder mehr hin.
thrill

Schwirren, arterielles. Vibration, die über einer → Arterie gefühlt werden kann.
arterial thrill

Schwirren, diastolisches. Herzschwingung, die während der Herzkammerdiastole gefühlt werden kann; Ursachen können eine Mitralklappenstenose, ein offener Ductus-Botalli oder eine schwere Aortenklappeninsuffizienz sein.
diastolic thrill

Schwitzbad. Therapie, die zum Schwitzen anregt, z.B. Sauna oder Heißluftkasten.
sweat bath

schwul. (→ homosexuell)
gay

Scratch-Test. (→ Kratztest)
scratch test

Screening. 1. Erste Untersuchung bzw. erster Test zur Erkennung der typischsten Anzeichen einer Krankheit für deren Diagnose sich weitere Untersuchungen anschließen. 2. Die Untersuchung anhand ausgewählter Kriterien eines Großteils der Bevölkerung auf bestimmte Krankheiten oder Störungen, z.B. Bluthochdruck.
screening

Scribner-Shunt. Künstlicher arteriovenöser Bypass mit einem speziellen Schlauchanschluss außerhalb des Körpers, der in der Hämodialyse verwendet wird.
[B.S. Scribner, amerik. Arzt, geb. 1921]
Scribner shunt

Se. Chemisches Zeichen für → Selen.
Se

Seborrea. (Seborrhö). Bezeichnung für die Überproduktion und gesteigerte Absonderung von Talg, wodurch die Haut an den jeweiligen Stellen besonders fettig und ölig aussieht.
seborrhea

Second-look-Operation. Erneute Operation innerhalb eines Jahres nach einer Krebsoperation zum Ausschluss oder einer eventuellen Resektion eines verdeckten Tumors.
second-look operation

Second-set-Reaktion. Die Abstoßung eines transplantierten Organs oder Gewebes von einem Spender gegen dessen → Histokompatibilitätsantigene (HLA-Antigene) der Empfänger aufgrund einer Ersttransplantation eigentlich schon immun ist. Die Reaktion zeigt, dass die immunkompetenten Zellen nach der Sensibilisierung durch die Erstimplantation schneller reagieren.
second-set rejection

Sedativum. Mittel, das die Aktivität einer Person vermindert, deren Reizbarkeit und Aufregung herabsetzt und Schmerzen lindert. – *adj.* sedativ.
sedative

Sedierung. → Pflegeintervention der → NIC, die definiert wird als die Verabreichung von Sedativa, Überwachung der Reaktionen von Patienten und Gewährleistung einer erforderlichen physiologischen Unterstützung während diagnostischer oder therapeutischer Maßnahmen.
Conscious Sedation

Sedierung. Ruhe, Beruhigung, Schmerzdämpfung oder Schlafzustand, der durch beruhigende Medikamente (Sedativa) herbeigeführt wird.
[*lat.:* sedare, beschwichtigen, beruhigen]
sedation

Sedimentation. Das Ablagern von unlöslichen Stoffen am Boden einer Flüssigkeit. Der Vorgang kann durch Zentrifugieren beschleunigt werden.
sedimentation

Sedimente. Ablagerungen eines weitgehend unlöslichen Stoffes, die sich am Boden eines mit Flüssigkeit gefüllten Behälters niederlassen.
[*lat.:* sedimentum, Bodensatz]
sediments

S

Seeigelstich. Verletzung durch einen Seeigel, der in die Haut sticht und in manchen Fällen Gift einspritzt. Bei giftigen Stichen kann es zu Schmerzen, Muskelschwäche, Taubheit um den Mund und Atembeschwerden (Dyspnö) kommen.
sea urchin sting

Seelische Störungen. Anerkannte NANDA-Pflegediagnose, die den Zustand eines Patienten beschreibt, dessen Lebensprinzip gestört ist, welches das gesamte Wesen der Person durchdringt und das die biologische und psychosoziale Natur integriert und übersteigt. Kennzeichnende Merkmale sind Äußerungen über Wut gegenüber Gott oder Fragen zur Bedeutung des Leidens. Der Patient macht möglicherweise makabre Witze, sieht seine Krankheit als Bestrafung an, hat Albträume, weint, verhält sich feindselig oder apathisch, gibt sich selbst die Schuld für Probleme oder weist jede Verantwortung von sich, äußert Wut oder Groll gegenüber religiösen Figuren und beendet jede Teilnahme an religiösen Praktiken.
spiritual distress (distress of the human spirit)

Seelische Unterstützung. → Pflegeintervention der → NIC, die definiert ist als die Unterstützung von Patienten bei der Erhaltung ihres inneren Gleichgewichts und bei der Verbindung mit einer höheren Macht.
Spiritual Support

seelischen Wohlbefindens, Möglichkeiten eines gesteigerten. Anerkannte NANDA-Pflegediagnose, die den Vorgang beschreibt, bei dem eine Person religiöse Geheimnisse durch ein harmonisches »Miteinander-verbunden-sein«, das aus innerer Stärke entspringt, entwickelt und entfaltet. Kennzeichnende Merkmale sind innere Stärke, ein Gespür für Wahrnehmungen, Selbstbewusstsein, eine heilige Quelle, vereinende Kraft, ein innerer Kern und Transzendenz. Darüber hinaus ein sich entfaltendes Geheimnis, Erfahrungen über Sinn und Ziel des Lebens, Geheimnisse des Lebens, Ungewissheit und Kampf, harmonisches Miteinander-verbunden-sein, Harmonie mit sich selbst, seinen Mitmenschen, einem höheren Wesen oder Gott und mit der Umwelt.
spiritual well-being, potential for enhanced

Segment. Bestandteil, Teil oder Abschnitt einer Struktur, wie z.B. ein Leberlappen oder ein Abschnitt des Darms.
[*lat.:* segmentum, Schnitt, Einschnitt, Abschnitt]
segment

Segmentresektion. Das operative Entfernen eines Teils eines Organs, einer Drüse oder eines anderen Körperabschnittes, wie z.B. die S. eines Teils des Ovars (Eierstock). Dadurch wird infolge der Verkleinerung des Drüsengewebes eine Verminderung der Hormonausschüttung erreicht.
segmental resection

Sehbahn. Flaches Band von Nervenfasern, die seitlich um jeden Hirnstiel herum vom Sehnerveintritt zur bis zur Schaltstelle der Sehbahn (lateraler Kniehöcker) verlaufen und einen visuellen Reiz von der Netzhaut an das Gehirn übermittelt.
optic tract; visual pathway

Sehen, binokulares. Gleichzeitiges Sehen mit beiden Augen, wobei die wahrgenommenen Bilder so kombiniert werden, dass nur ein einziges Bild entsteht.
binocular vision

Sehfeld. (→ Gesichtsfeld)
visual field (VF)

Sehfeldstörung. Flecken oder andere Störungen in der Sicht, die sich mit dem Auge mitbewegen (im Gegensatz zu »Mückensehen«). Die Störung ist meist auf eine Verletzung der Netzhaut oder der Sehbahnen zurückzuführen, z.B. durch traumatische Verletzungen, Entzündungen, Glaukom oder Verschluss der Gefäße, die Augen oder Gehirn versorgen.
visual field defect

S

Sehne. (Tendon). Weißes, zugfestes Band aus festem Bindegewebe, das Muskeln am Knochen befestigt. Mit Ausnahme der Befestigungspunkte bestehen S. aus Bündeln parallel angelegter kollagener Fasern, die mit empfindlichem elastischen Bindewebe umhüllt sind. S. sind unterschiedlich lang und dick, sehr stark, beweglich und unelastisch.
tendon

Sehnenreflex, tiefer. Durch eine plötzliche Dehnung ausgelöste, rasche Muskelkontraktion; dazu schlägt man mit den Fingern bzw. mit einem Gummihammer kurz auf die Stelle, an der die Sehne in den Muskel übergeht. Ein fehlender Sehnenreflex kann auf einen Muskelschaden, auf eine Beschädigung der peripheren Nerven, der Nervenwurzeln oder des Rückenmarks deuten.
deep tendon reflex (DTR)

Sehnenscheide. Membran aus mehreren Schichten um Muskelsehnen, die sich durch bindegewebige oder knöcherne Passagen im Körper zieht. Eine Schicht kleidet den Hohlraum aus, die andere umhüllt die Sehne und produziert eine Flüssigkeit zur Schmierung der Sehne.
synovial sheath

Sehnerv. (→ Nervus opticus)
optic nerve

Sehnervenpapille. Kleiner blinder Fleck auf der Oberfläche der Netzhaut (Retina), der an der nasalen Seite des gelben Flecks (Macula lutea) liegt. Dies ist die Eintrittsstelle für den Sehnerv und der einzige Bereich der Retina, der für Licht unempfindlich ist.
optic disk

Sehzentrum. Gehirnabschnitt, der für das Sehen zuständig ist.
visual center

Seife, chirurgische. Bakterizide Seife oder Flüssigkeit, mit der sich Ärzte und OP-Pflegepersonal vor einer Operation chirurgisch waschen.
surgical scrub

Seitenventrikel. Kammer in jeder Hirnhälfte (Hemisphäre), die durch das Foramen interventriculare (Foramen Monroi) mit dem 3. Hirnventrikel verbunden ist. Die S. werden als 1. und 2. Ventrikel bezeichnet.
lateral ventricle

Sekret. Flüssiges Absonderungsprodukt meist aus Wunden oder Drüsen. – *adj.* sekretorisch.
[*lat.:* secernere, absondern, ausscheiden]
secretion

Sekretausführungsgang. Schmaler Ausführungsgang einer Drüse, durch den Sekret fließt und der meist in den Ausführungsgang eines Organs mündet.
secretory duct

Sekretin. Von bestimmten, den Zwölffingerdarm (Duodenum) und den Leerdarm (Jejunum) auskleidenden Zellen produziertes Verdauungshormon. S. wird gebildet, wenn Fettsäuren teilweise verdauter Nahrung vom Magen in den Dünndarm gelangen. Es regt die Bauchspeicheldrüse (Pankreas) zur Produktion von Verdauungssäften an, die reich an Mineralsalzen und arm an Enzymen sind.
secretin

Sekretion. 1. Absonderung einer von Zellen oder Drüsen produzierten chemischen Substanz.
secretion

Sekretion, apokrine. Brustdrüsensekretion, bei der das Ende der Zelle abgebrochen ist und der Sekretinhalt abgegeben wird. Die Sekretion enthält zelluläre Körnchen und Flüssigkeit.
[*griech.:* apo + krinein; *lat.:* secernere, trennen.]
apocrine secretion

Sekretion, holokrine. Sekretion, die aus aufgelösten oder veränderten Zellen einer Drüse, z.B. Talgdrüse, besteht. (→ holokrin)
holocrine secretion

Sekretionsphase. Die zweite Phase des Menstruationszyklus nach dem Eisprung (Ovulation). In dieser Phase entwickelt

S

sich der Gelbkörper (Corpus luteum) aus einem gesprungenen Follikel und schüttet Progesteron aus. Dadurch werden die Drüsen und Gefäße in der Gebärmutterschleimhaut (Endometrium) stimuliert und bewirken deren Aufbau und Auflockerung.
secretory phase

Sekretor. »Ausscheider« 1. In der *Genetik* eine Person, die Blutgruppen-Antigene (A, B oder AB) in Speichel, Magensaft oder andere exokrine Sekrete ausscheidet. 2. Das autosomal-dominante Gen, das eine bestimmte Eigenschaft vererbt.
[*lat.:* secernere, absondern ausscheiden]
secretor

Sektion. 1. Abschnitt, Ausschnitt oder Bezirk, z.B. ein bestimmter Teil des Gehirns. 2. In der → Chirurgie das Einschneiden, Durchschneiden, die Inzision.
section

Sekundärantwort. Die schnelle Antikörperproduktion als Reaktion auf ein → Antigen, mit dem der Körper früher schon einmal Kontakt hatte (→ Rh-Erythroblastose). (→ Antikörper)
secondary antibody response

Sekundärinfektion. Eindringen eines zweiten Mikroorganismus, nachdem der Körper bereits mit einem anderen infiziert ist. (s.a. Infektion)
secondary infection

Sekundärkrankheit. 1. Jede Störung der Körperfunktionen infolge einer früheren Verletzung oder Erkrankung. 2. Krankheit, die zu einer bestehenden Erkrankung hinzukommt ohne mit dieser in Zusammenhang zu stehen.
secondary disease

Sekundärprevention. Bereich der Präventivmedizin, der sich auf die frühzeitige Diagnose, den Einsatz von Überweisungsdienstleistungen und einen schnellen Therapiebeginn konzentriert, um das Voranschreiten von Krankheitsprozessen oder Behinderungen einzudämmen.
secondary prevention

Sekundärschock. Körperlicher Zusammenbruch bzw. extreme Erschöpfung infolge mehrerer traumatischer und pathologischer Ereignisse. Der S. entwickelt sich mit der Zeit nach schwerer Gewebeschädigung und kann mit dem akuten Schock zusammenfallen. Anzeichen eines S. sind z.B. Schwäche, Ruhelosigkeit, niedrige Körpertemperatur, niedriger Blutdruck, kalter Schweiß und verminderte Urinausscheidung. Der Blutdruck fällt in diesem Zustand relativ schnell ab und der Tod kann innerhalb kurzer Zeit eintreten, sofern nicht die erforderlichen Maßnahmen ergriffen werden. Ein S. tritt häufig in Zusammenhang mit Hitzschlag, Quetschungsbrüchen, Myokardinfarkt, plötzlich auftretenden Infektionen, Vergiftung, Verbrennungen und anderen lebensbedrohlichen Situationen auf. Die Pathologie des Zustands spiegelt sich in den veränderten Kapillaren wider, die ausgeweitet und prall mit Blut gefüllt sind.
secondary shock

Sekundärzugang. Kontrollmechanismus zur Regulierung zweier Infusionen. Der S. besteht aus einem Y-förmigen Verbindungsstück aus Plastik, das mit der Infusionsleitung einer Infusion verbunden wird; damit wird reguliert, ob die beiden Infusionen gleichzeitig oder abwechselnd infundiert werden sollen.
secondary port

Sekundenkapazität. Luftvolumen, das in einer festgelegten Zeit nach vollständigem Einatmen in einer Sekunde ausgestoßen werden kann.
forced expiratory volume (FEV)

Sekundipara. (→ Zweitgebärende)
secundipara

Selbst. 1. Der Wesenskern einer Person; das Individuum. 2. Die affektiven, kognitiven und spirituellen Qualitäten, die einen Menschen von einem anderen unterscheiden; die Individualität. 3. Die Wahrnehmung eines Menschen, seines eigenen Wesens oder seiner eigenen Identität; sein Bewusstsein; sein Ego.
self (pl. selves)

Selbsterkennung. Die Fähigkeit des → Immunsystems, körpereigene Antigene auf den Körperzellen zu erkennen.
self-recognition

Selbsthilfegruppe. Eine Gruppe von Menschen mit ähnlichen Interessen oder Problemen (z.B. Alkohol- oder Drogenabhängigkeit; Krebsleiden, behinderte Kinder etc.), die sich regelmäßig trifft und gegenseitig bei der Bewältigung der Probleme durch Diskussionen oder besondere Aktivitäten unterstützt. Die Leitung der S. kann durch Experten oder durch Laien erfolgen.
self-help group

Selbsthilfegruppen. Zusammenschluss von Personen mit gleichartigen Interessen oder Problemen bzw. Krankheiten mit dem Ziel der gegenseitigen Unterstützung. S. können sich entweder nur aus betroffenen Laien und deren Angehörigen zusammensetzen oder aber von einem unabhängigen Experten geleitet werden. Im Vordergrund der Arbeit steht immer eine Verbesserung der Situation der Betroffenen, sei es durch Therapien, Versorgung, Anerkennung oder finanzieller Unterstützung.
support groups

Selbsthypnose. Vorgang, bei dem man sich selbst durch Autosuggestion in einen tranceähnlichen Zustand versetzt. Dabei konzentriert man sich z.B. auf einen einzigen Gedanken oder Gegenstand. Die Menschen sind unterschiedlich empfänglich für die S.
[*griech.:* hypnos, Schlaf]
self-hypnosis

Selbstkatheterisierung. Vorgang, bei dem sich der Patient selbst die Harnblase entleert und damit vor einer Überdehnung schützt. Für Patienten, die ihre Blase nicht vollständig entleeren, jedoch gleichzeitig den Urin 2 bis 4 Stunden zurückhalten können, gibt es die Möglichkeit, die S. zu erlernen, sofern sie dazu bereit sind, manuelles Geschick haben und die Harnblase selbst tasten können.
self-catheterization

Selbstmord. (→ Suizid)
suicide

Selbstoffenbarung. Vorgang, bei dem eine Person andere an ihrem innersten Wesen, Gedanken und Gefühlen teilhaben lässt. Die S. ist wichtig für die psychische Entwicklung in Einzel- und Gruppentherapien.
self-disclosure

Selbstpflege. 1. Die persönliche und medizinische Betreuung durch den Patienten selbst, meist in Zusammenarbeit und nach Anweisung einer ausgebildeten Pflegekraft. 2. Die Pflege und Gesundheitsfürsorge durch Laien in der Familie, unter Freunden oder durch den Patienten selbst. Dies beinhaltet auch die Erkennung und Beurteilung von Krankheitssymptomen, deren Medikation und Behandlung. 3. Die persönliche Fürsorge ohne technische Hilfsmittel bei den Aktivitäten des täglichen Lebens, z.B. Essen, Waschen, An- und Ausziehen, Telefonieren, Ausscheiden, Sich-Pflegen etc.
self-care

Selbstpflege-Theorie. Pflegemodell der US-amerikanischen Pflegewissenschaftlerin Dorothea Orem. Das Modell gibt Anhaltspunkte zur Selbstversorgung durch den Patienten. Voraussetzung für eine Anwendung der Selbstpflege sind die genaue Beurteilung des Patienten hinsichtlich seiner Fähigkeit zur Selbstpflege sowie seiner Bedürftigkeit.
self-care theory

Selbstpflegeunterstützung. → Pflegeintervention der → NIC, die definiert ist als die Unterstützung einer anderen Person bei der Ausführung der Aktivitäten des täglichen Lebens.
Self-Care Assistance

Selbstschutz, veränderter. Anerkannte → NANDA- → Pflegediagnose; verminderte Fähigkeit einer Person, sich selbst vor internen oder externen Bedrohungen wie z.B. Erkrankungen oder Verletzungen zu schützen. Zu den kennzeichnenden Merkmalen zählen geschwächte Im-

S

munität, gestörte Wundheilung, eingeschränkte Blutgerinnung, schlecht angepasste Stressreaktion, Schüttelfrost, Schwitzen, Atembeschwerden, Husten, Juckreiz, Unruhe, Schlaflosigkeit, Müdigkeit, Appetitlosigkeit, Schwäche, Immobilität, Desorientierung und Druckgeschwüre.
protection, altered

Selbstuntersuchung der Hoden. Von den Gesundheitsbehörden empfohlene Handlung zur Aufdeckung von Tumoren und anderen Veränderungen der männlichen Hoden. Dabei wird in vier Schritten vorgegangen: Zunächst stellt sich der Mann vor einen Spiegel und sucht nach Schwellungen des Hodensacks. Danach betastet er die Hoden mit den Händen, indem er jeden Hoden zwischen Finger und Daumen nimmt und vorsichtig hin und her rollt. Im dritten Schritt sucht er nach den Nebenhoden, einer schnurähnlichen Struktur auf der Ober- und Rückseite jedes Hodens, und im letzten Schritt nach einem erbsengroßen Klümpchen auf der Vorderseite oder seitlich an jedem Hoden. Die S. sollte einmal im Monat durchgeführt werden.
testicular self-examination (TSE)

Selbstverantwortung, Unterstützung der. → Pflegeintervention der → NIC, die definiert ist als die Ermutigung von Patienten zur verstärkten Übernahme von Verantwortung für eigene Verhaltensweisen.
Self-Responsibility Facilitation

S

Selbstverstümmelungsgefahr. Anerkannte NANDA-Pflegediagnose, die den Zustand eines Patienten beschreibt, der in Gefahr ist, sich selbst absichtlich Schaden zuzufügen, ohne jedoch Selbstmordabsichten zu hegen. Dadurch können Gewebeschädigungen hervorgerufen und innere Anspannungen gelöst werden. Typischerweise sind die Patienten unfähig, mit wachsender mentaler bzw. körperlicher Anspannung in einer gesunden Weise umzugehen; sie sind depressiv, fühlen sich zurückgewiesen, hassen sich selbst, haben Trennungsangst, Schuldgefühle und leiden unter Persönlichkeitsentfremdung. Sie sind gefühlslabil, haben Zwangsvorstellungen und ein Bedürfnis nach sensorischen Reizen, leiden unter fehlender emotionaler Zuwendung der Eltern und gestörten Familienverhältnissen. Als Risikofaktor zählt bereits die Tatsache, dass der Patient Mitglied einer Risikogruppe ist. Solche Risikogruppen sind Patienten mit → Borderline-Syndrom, insbesondere Frauen zwischen 16 und 25 Jahren, Menschen, die unter Psychosen leiden, insbesondere junge Männer, emotional gestörte und/oder misshandelte Kinder, geistig zurückgebliebene und autistische Kinder, Personen, die sich früher bereits Verletzungen selbst zugefügt haben sowie Menschen mit körperlicher, seelischer oder sexueller Misshandlung in der Vorgeschichte.
self-mutilation risk of

Selbstwahrnehmung, Verbesserung der. → Pflegeintervention der → NIC, die definiert ist als die Unterstützung von Patienten beim Erforschen und Verstehen ihrer Gedanken, Gefühle, Motivationen und Verhaltensweisen.
Self-Awareness Enhancement

Selbstwertgefühl, chronisch geringes. Anerkannte NANDA-Pflegediagnose, die eine lang anhaltende negative Selbsteinschätzung bzw. negative Gefühle in Bezug auf sich selbst oder die eigenen Fähigkeiten beschreibt. Die Patienten geben typischerweise selbstabwertende Äußerungen von sich, drücken Scham- oder Schuldgefühlen aus, schätzen sich selbst als unfähig ein, mit Ereignissen umzugehen, lehnen positives Feedback ab bzw. rationalisieren es und überbewerten negatives Feedback, sind zögerlich beim Ausprobieren neuer Dinge bzw. Situationen, haben selten Erfolg in der Arbeit oder bei anderen Aktivitäten, passen sich zu stark an und legen zu großen Wert auf die Meinung anderer, vermeiden Augenkontakt, verhalten sich

passiv und unentschlossen und suchen übermäßig nach Bestätigung.
self-esteem, chronic low

Selbstwertgefühl, situationsbedingt niedriges. Anerkannte NANDA-Pflegediagnose, die einen Zustand beschreibt, bei dem ein Patient, der zuvor positiv eingestellt war, aufgrund einer Veränderung oder eines Verlustes negative Selbsteinschätzung bzw. negative Gefühle gegenüber sich selbst oder den eigenen Fähigkeiten entwickelt. Typische Merkmale sind zeitweilig auftretende negative Selbstbeurteilungen als Antwort auf bestimmte Lebenssituationen, die zuvor positiv beurteilt wurden, der Ausdruck von negativen Gefühlen gegenüber sich selbst (Hilflosigkeit, Nutzlosigkeit), selbstabwertende Äußerungen, Ausdruck von Scham- oder Schuldgefühlen, Beurteilung der eigenen Unfähigkeit, mit Ereignissen umzugehen sowie die Schwierigkeit, Entscheidungen zu treffen.
self-esteem, situational low

Selbstwertgefühl, Störung. Anerkannte NANDA-Pflegediagnose, die eine negative Selbsteinschätzung bzw. Gefühle eines Patienten in Bezug auf sich selbst oder seine eigenen Fähigkeiten beschreibt, die direkt oder indirekt ausgedrückt werden kann. Typischerweise geben die Patienten selbstabwertende Äußerungen von sich, drücken Scham- oder Schuldgefühle aus, schätzen sich selbst im Umgang mit Ereignissen als unfähig ein, weisen positives Feedback zurück oder rationalisieren es bzw. überbewerten negatives Feedback, probieren neue Dinge oder Situation nur zögerlich aus, verneinen für andere offensichtliche Probleme, geben anderen die Schuld bzw. Verantwortung für Probleme, rationalisieren persönliches Misslingen, reagieren übersensibel auf Kränkung oder Kritik und neigen zur Wichtigtuerei.
self-esteem disturbance

Selbstwertgefühl, Verbesserung des. → Pflegeintervention der → NIC, die definiert ist als die Unterstützung von Patienten bei einer positiveren Beurteilung ihres Selbstwertbewusstseins.
Self-Esteem Enhancement

Selektion, natürliche. Natürlicher evolutionärer Prozess, in dem solche Organismen, die sich am besten an die vorherrschenden Umweltbedingungen anpassen können, überleben und ihre Species durch Fortpflanzung am Leben erhalten, während andere ausgeschaltet werden. (→ Evolution)
natural selection

Selen (Se). Halbmetallelement der Sulfurgruppe mit der Ordnungszahl 34 und einem Atomgewicht von 78,96. S. ist als Spurenelement in Nahrungsmitteln enthalten; Forscher untersuchen bislang noch den optimalen Tagesbedarf für verschiedene Altersgruppen.
[*griech.:* seléne, Mond]
selenium (Se)

Selensulfid. Mittel gegen verstärkte Talgabsonderung der Haut (Antiseborrhoikum) und dadurch häufiger Entwicklung von Akne und Pilzbefall (Mykosen); Schuppenmittel.
selenium sulfide

Semilunarklappe. (Valvula semilunaris). 1. Halbmondförmige Klappe, wie z.B. die Aortenklappe und die Pulmonalisklappe. 2. Einfache, taschenartige Klappen in Blut- oder Lymphgefäßen.
[*lat.:* semi + luna, halb + Mond]
semilunar valve

semimembranosus. Zur Hälfte aus Haut bzw. Sehne bestehend, wie z.B. in der Bezeichnung »Musculus semimembranosus« (Plattensehnenmuskel).
semimembranous

Seminom. Häufigster bösartiger Hodentumor, der wahrscheinlich aus Samenbildungsgewebe entweder reifer oder heranreifender Hoden entsteht.
seminoma

Seneszenz. Das Altern und die damit verbundenen körperlichen Veränderungen.
[*lat.:* senescere, alt werden]
senescence

Senfgas. Giftiges Gas, das im I. Weltkrieg als chemische Waffe eingesetzt wurde. Es führt zur ätzenden Zerstörung der Haut und Schleimhäute und löst häufig dauerhafte Atemschäden mit Todesfolge aus.
mustard gas

Sengstaken-Blakemore-Sonde. Dreilumiger Katheter mit zwei aufblasbaren Ballons zur gleichzeitigen Tamponade von blutenden Varizen in der Speiseröhre und im Magen. Ein Ballon wird im Magen aufgeblasen und drückt gegen die obere Magenöffnung; der andere Ballon wird in der Speiseröhre aufgeblasen und drückt dort gegen die Wände. Durch den dritten Kanal wird Mageninhalt abgesaugt.
[R.W. Sengstaken, amerik. Neurochirurg, geb. 1923; A.H. Blakemore, amerik. Chirurg, 1897–1970]
Sengstaken-Blakemore tube

Senilität. Zustand, gekennzeichnet durch die Verminderung der geistigen und körperlichen Fähigkeiten infolge des Alterns. – *adj.* senil.
[*lat.:* senilis, greisenhaft, alterschwach]
senility

S

Sennesblätter. Getrocknete Blätter oder Schoten der *Cassia acutifolia* bzw. *Cassia augustifolia*, die als Abführmittel verwendet werden. Bei Überdosierung droht die Gefahr der Hypokaliämie. (s.a. Abführmittel)
senna leaves

Sensibilisierung. Erworbene Reaktion des Organismus, die sich in der Produktion von Antikörpern auf bestimmte Antigene ausdrückt. Bei der Impfung macht man sich diese Eigenschaft zu Nutze, indem man dem Patienten Krankheitserreger injiziert, die nicht mehr infektiös sind, jedoch eine Antikörperproduktion auslösen, wodurch die Krankheit ggf. abgewehrt werden kann.
sensitization

Sensibilisierung, aktive. (immunisieren). Injektion von spezifischen → Antigenen bei Personen, die für bestimmte Krankheiten anfällig sind. (→ Impfung)
[*lat.:* agere, tun; sentire, fühlen]
active sensitization

Sensibilität. 1. In der *Physiologie* die Fähigkeit z.B. sensibler Nervenfasern zur Wahrnehmung und Weiterleitung von und zur Reaktion auf Reize. 2. In der *Psychologie* die Empfindsamkeit, Empfindlichkeit, Feinfühligkeit. – *adj.* sensibel.
[*lat.:* sensibilis, empfindbar]
sensitivity

Sensitivität. Die Empfänglichkeit gegenüber einer Substanz, z.B. einem Medikament oder einem Antigen. – *adj.* sensitiv.
sensitivity

Sensitivitätstest. Labortest zur Überprüfung der Wirksamkeit eines Antibiotikums; wird normalerweise im Reagenzglas an Organismen durchgeführt, von denen man weiß, dass sie gegenüber Antibiotika resistent sein können. Lautet das Ergebnis *resistent*, so kann das getestete Antibiotikum das Wachstum der jeweiligen Keime nicht aufhalten; ein *sensitives* Ergebnis bedeutet hingegen, dass das Antibiotikum wirksam die Keime bekämpft.
sensitivity test

sensomotorisch. Betrifft die oder gehört zu den sensorischen (die Empfindung betreffend) und motorischen (die Bewegung betreffend) Nervenfunktionen.
[*lat.:* sensus + motor, Sinn + Beweger]
senorimotor

sensomotorische Phase. Entwicklungsphase der Kindheit, welche die Zeit von der Geburt bis zum 2. Lebensjahr umfasst.
sensorimotor phase

sensorisch. Betrifft die Wahrnehmung; ist mit den Sinneszellen wahrzunehmen.
sensory

Sensorische Deprivation. Aktuelle Pflegediagnose, die den ungewollten Verlust der körperlichen Wahrnehmung infolge der Distanz zu externen sensorischen

Reizen beschreibt. Ein solcher Reizentzug führt oft zu psychologischen Störungen, wie z.B. Panik, geistige Verwirrung, Depression und Wahnvorstellungen.
🇬🇧 sensory deprivation

Sensorische Überstimulation. Aktuelle Pflegediagnose, die eine Reizüberflutung des Organismus beschreibt. Das Zentralnervensystem empfängt innerhalb eines bestimmten Zeitrahmens sehr viel mehr akustische, visuelle und andere Umweltreize, als es effektiv verarbeiten kann.
🇬🇧 sensory overload

Sensorisches Defizit. Funktionsstörung eines oder mehrerer Sinne.
🇬🇧 sensory deficit

Sensorium. Der Teil des Bewusstseins, der für die sensorische Wahrnehmung und die Weiterleitung und Verarbeitung der Information im Gehirn verantwortlich ist.
🇬🇧 sensorium

Sepsis. Blutvergiftung durch Überschwemmung des Organismus mit Bakterien. – *adj.* septisch.
[*griech.:* sepsis, Fäulnis, Gärung]
🇬🇧 sepsis

Sepsis, kryptogenetische. Systemische Infektion, bei der Krankheitserreger im Blut gefunden werden können, ohne dass ein primärer Infektionsherd zu identifizieren ist.
🇬🇧 cryptogenic septicemia

Septum. Zwischenwand oder Trennwand, die angrenzende Strukturen oder Hohlräume voneinander trennt, z.B. das Septum interatriale, das die beiden Vorhöfe des Herzens trennt.
[*lat.:* saeptum, Verzäunung, Gehege, Scheidewand]
🇬🇧 septum

Septum, atrioventrikulares. Membran, die die Vorhöfe von den Herzkammern trennt.
🇬🇧 atrioventricular septum

Septum, rektovaginales. Scheidewand zwischen Mastdarm (Rektum) und Scheide (Vagina).
[*lat.:* septum, Scheidewand]
🇬🇧 rectovaginal septum

Septumdefekt. Angeborene Missbildung des Herzens, bei der die Herzscheidewand der beiden Herzkammern ein Loch aufweist. Dadurch vermischt sich sauerstoffreiches mit sauerstoffarmem Blut, was zu einer Minderversorgung des peripheren Gewebes mit O_2 führt.
🇬🇧 septal defect

Sequenzanalyse, multiple. Die biochemische Untersuchung verschiedener Substanzen im Blut, wie z.B. Albumin, alkalische Phosphatase, Bilirubin, Kalzium und Cholesterol mit Hilfe eines Computer-Analysegerätes.
🇬🇧 sequential multiple analysis (SMA)

Sequester. Abgestorbenes Knochen- oder Gewebeteil, das teilweise oder vollständig vom gesunden Organstück abgetrennt ist. Ein Knochensequester kommt z.B. bei eitriger Osteomyelitis vor.
[*lat.:* sequestrare, absondern, trennen]
🇬🇧 sequestrum

Sequestration. 1. Spontane Bildung eines → Sequesters. 2. Methode zur Kontrolle einer Blutung im Kopf oder Rumpf, wobei aus dem Körperkreislauf Flüssigkeit in den Armen oder Beinen isoliert wird.
🇬🇧 sequestration

Serodiagnostik. (Serumdiagnostik). Die Untersuchung des → Serums bei der Erkennung und Bestimmung von Krankheiten, insbesondere Infektionskrankheiten.
🇬🇧 serodiagnosis

Serokonversion. Das Auftreten von Antikörpern in bislang antikörperfreiem Serum als Reaktion auf eine Infektion oder Impfung.
[*lat.:* serum + convertere, wässriger Teil der geronnenen Milch + umkehren, umwenden]
🇬🇧 seroconversion

Serologie. Ein Zweig der Labormedizin, der sich mit den Veränderungen des Blut-

serums v. a. bei Infektionen befasst und die Immuneigenschaften des Serums mit Hilfe von Antigen-Antikörper-Reaktionen bestimmt.
serology

serologisch. Gehört zu oder betrifft das medizinische Fachgebiet der → Serologie.
serologic

seronegativ. Ein serologischer Test mit negativem Ergebnis, d. h. ohne Nachweis von → Antikörpern im → Serum.
seronegative

seropositiv. Ein serologischer Test mit positivem Ergebnis, d. h. mit Nachweis von → Antikörpern im → Serum.
seropositive

serös. Gehört zu, produziert oder ähnelt → Serum.
serous

Serosa. Sammelbezeichnung für Membranen, die die Wände von Körperhöhlen auskleiden und eine wässrige Flüssigkeit absondern, wie z.B. die → Tunica serosa.
serosa

Serotonin. Natürlich vorkommendes Tryptophanderivat, das in einigen Körperzellen und -geweben in hoher Konzentration vorkommt, z.B. in den Blutplättchen, der Darmschleimhaut und in Gehirnzellen. S. bewirkt eine starke Kontraktion der Gefäße (Vasokonstriktion) und fungiert als → Neurotransmitter.
serotonin

S

Serotonin-Wiederaufnahmehemmer (SSRI). Relativ neue Gruppe von Antidepressiva, wie z.B. Fluoxetin oder Paroxetin mit sehr geringen Nebenwirkungen; es können lediglich Schlaflosigkeit und Appetitlosigkeit auftreten. Trockener Mund, verschwommenes Sehen und Harnverhalten zeigen sich ebensowenig wie Sedierung oder Gewichtsverlust.
selective serotonin reuptake inhibitor(SSRI)

Serum. 1. Blutserum: Flüssiger Bestandteil des Blutes, der sich nach der Blutgerinnung als klare, dünne und klebrige Flüssigkeit von den festen Bestandteilen trennt. S. enthält keine Blutzellen, Blutplättchen oder Fibrinogen. 2. Impfserum: Impfstoff bzw. → Toxoid, das aus dem Serum eines hyperimmunen Spenders zur Prophylaxe gegen bestimmte Infektionen oder Gifte gewonnen wurde. 3. Sammelbezeichnung für eine klare wässrige Flüssigkeit, die von den festen Bestandteilen getrennt wurde.
[*lat.:* serum, wässriger Teil der geronnenen Milch, Molke]
serum

Serumalbumin. Eines der wichtigsten Proteine im Blutplasma, das den → osmotischen Druck im Blut aufrecht erhält.
serum albumin

Serumdiagnostik. (→ Serodiagnostik)
serodiagnosis

Serumglutamat-Oxalazetat-Transaminase (SGOT). Katalytisches Enzym, das normalerweise in Herz-, Leber-, und Muskelgewebe vorkommt und im Serum gemessen werden kann. Erhöhte Konzentrationen finden sich bei Leberschädigungen, Herzinfarkt, als Reaktion auf bestimmte Medikamente und bei Krankheiten mit massiver Zerstörung von Körperzellen.
serum glutamic oxaloacetic transaminase (SGOT)

Serumglutamat-Pyruvat-Transaminase (SGPT). Katalytisches Enzym, das normalerweise in hoher Konzentration in der Leber vorkommt und im Serum gemessen werden kann. Eine erhöhte Konzentration weist auf Leberschädigung hin (z.B. Hepatitis).
serum glutamic pyruvic transaminase (SGPT)

Serumkrankheit. Immunologische Störung, die 2 bis 3 Wochen nach der Gabe eines → Antiserums auftreten kann, ausgelöst durch die Antikörper-Reaktion auf ein Antigen des Spenderserums. Symptome sind Fieber, Milzvergrößerung (Splenomegalie), geschwollene Lymphknoten, Hautausschlag und Gelenkschmerzen.
serum sickness

Serumschock. Lebensbedrohliche Verminderung des Blutvolumens und des Blutdrucks infolge Injektion eines antitoxischen oder fremden Serums. (s.a. Schock, anaphylaktischer)
serum shock

Sesambeine. (→ Sesamknochen)
sesamoid bones

Sesamknochen. (Sesambeine). Sammelbezeichnung für zahlreiche kleine runde, in Sehnen und Bänder eingebettete Knochen, die Druck- und Zugbelastung ausgesetzt sind (z.B. in Fuß- und Fingergelenken). Die S. unterstützen die Sehnen in ihrer Hebelwirkung und verhindern ihr Einklemmen in den Gelenkspalt. Der größte S. ist die Patella (Kniescheibe), eingebettet in die Sehne des Musculus quadriceps femoris.
sesamoid bones

Sexismus. Der Glaube, dass ein Geschlecht dem anderen überlegen ist und damit mehr Begabung, größere Rechte und Vorrechte und einen besseren Status als das unterlegene Geschlecht besitzt. S. stellt eine Diskriminierung in allen Lebensbereichen dar und hindert einen Menschen in seiner geistigen, beruflichen und psychologischen Entwicklung. – *adj.* sexistisch.
sexism

Sexualanamnese. Der Teil der persönlichen Anamnese eines Patienten, der sich mit Sexualität und sexuellen Störungen befasst. Dazu gehören z.B. das Alter, in dem der erste Geschlechtsverkehr stattfand, Art und Häufigkeit der sexuellen Aktivitäten sowie die Befriedigung, die daraus gewonnen wird.
sexual history

Sexualberatung. → Pflegeintervention der → NIC, die definiert ist als das Anwenden eines interaktiven Hilfsprozesses, mit dem die erforderlichen Anpassungen sexueller Praktiken erleichtert bzw. der verbesserte Umgang mit sexuellen Ereignissen/Störungen gefördert wird.
Sexual Counseling

Sexualdeviation. Je nach Kultur, Religion, Rasse, sozialer Schicht, etc. von der Norm abweichendes Sexualverhalten einer Person; bei suchtartiger Ausprägung spricht man auch von »sexueller Perversion«.
sexual deviance

Sexualhormone. (→ Geschlechtshormone)
sex hormones

Sexualität. Die Gesamtheit der physischen, funktionalen und psychologischen Merkmale, Gefühle und Lebensäußerungen, die durch die eigene Geschlechtsidentität ausgedrückt werden. Dazu gehört speziell auch das Sexualverhalten, nicht allein bezogen auf die Geschlechtsorgane und die Fortpflanzung.
sexuality

Sexually transmitted Diseases STD. (Geschlechtskrankheiten). Ansteckende Krankheiten, die meist durch Geschlechtsverkehr oder Genitalkontakt übertragen werden. Die typischen Geschlechtskrankheiten waren früher Gonorrhö (Tripper), Syphilis (Lues; harter Schanker), Chankroid (weicher Schanker; Ulcus molle), Granuloma inguinale (Donovanosis) und Lymphogranuloma venerum (Lymphathia venera). Sie wurden erweitert durch Skabies (Krätze), Herpes genitalis, anorektalen Herpes und Genitalwarzen, Pedikulose (Läusebefall), Trichomoniase, genitale Kandidose, Molluscum contagiosum (Dellwarzen), unspezifische Urethritis (Harnröhrenentzündung), Chlamydieninfektion, Zytomegalie-Syndrom und HIV (human immunodeficiency virus).
sexually transmitted diseases (STD)

Sexualproportion. (→ Geschlechterverhältnis)
sex ratio

Sexualstörung. Anerkannte NANDA-Pflegediagnose, die den Zustand eines Patienten beschreibt, der eine Veränderung der sexuellen Funktionen erfährt und diese Veränderung als unbefriedigend, nicht lohnenswert und unangemessen empfindet. Kennzeichen einer S. sind die Äußerung des betroffenen Patienten über ein Problem in sexuellen Beziehun-

S

gen, körperliche Veränderungen oder Einschränkungen infolge einer Krankheit oder Therapie, Äußerungen über die Unfähigkeit, sexuelle Befriedigung zu erlangen, Veränderungen der sexuellen Beziehung zum Partner und eine Veränderung des Interesses an sich selbst und an Anderen.
sexual dysfunction

Sexualtherapie. Spezielle unterstützende Beratung bei der Behandlung pathologischer Zustände, die dazu beiträgt, eine gesunde Sexualität wiederzuerlangen und zu erhalten.
sexual therapy

Sexualverhalten, Veränderung. Anerkannte NANDA-Pflegediagnose, die den Zustand einer Person beschreibt, die über ihre Sexualität besorgt ist. Hauptkennzeichen sind Äußerungen über Schwierigkeiten, Einschränkungen und Veränderungen des Sexualverhaltens oder der sexuellen Aktivitäten.
sexuality patterns, altered

sexuelle Asphyxie. Ungewollt starke Strangulation während des Geschlechtsaktes, bei dem Versuch durch eine leichte zerebrale Hypoxie die Empfindungen beim Orgasmus zu verstärken.
sexual asphyxia

sexuelle Aversion. Anhaltende und sehr starke Abneigung gegen bzw. Vermeidung jeglichen sexuellen Kontakts mit einem Partner.
sexual aversion disorder

sexuelle Gesundheit. Der durch die WHO (Weltgesundheitsorganisation) definierte Gesundheitszustand ohne Geschlechtskrankheiten oder -störungen mit der Fähigkeit, Sex ohne Furcht, Scham oder Schuldgefühle zu genießen und sein sexuelles Verhalten zu kontrollieren.
sexual health

sexuelle Orientierung. Die deutliche und dauerhafte Neigung eines Menschen, sich mit einem bestimmten Geschlecht zu verbinden.
sexual orientation

sexuelle Selektion. Theorie, dass Partner nach einem bestimmten Muster ausgesucht werden, wobei die Anziehung und die Vorliebe für bestimmte Merkmale (z.B. Hautfarbe, Verhaltensmuster etc.) wichtig sind. Unbewusst wird dabei die Voraussetzung geschaffen, dass sich diese Merkmale in der nächsten Generation fortsetzen.
sexual selection

Sexueller Missbrauch. Sexuelle Handlungen wie intimes Berühren, Küssen, Vergewaltigung, etc., die gegen den Willen einer Person an ihr oder vor anderen durchgeführt werden. Häufig sind Kinder, geistig Behinderte oder andere abhängige Personen Opfer von s. M.
sexual abuse

sexueller Reaktionszyklus. Die vier Phasen der biologischen sexuellen Reaktion: Erregungsphase, Plateauphase, Orgasmusphase und Rückbildungsphase.
sexual response cycle

sexueller Reflex. Ein Reflex bei Männern, der bei taktiler oder zerebraler Stimulation eine Erektion, Priapismus (Dauererektion ohne Empfindung) oder Ejakulation hervorruft.
sexual reflex

SGOT. Abkürzung für → Serumglutamat-Oxalazetat-Transaminase.
SGOT

SGPT. Abkürzung für → Serumglutamat-Pyruvat-Transaminase.
SGPT

Shigella. (→ Shigellen)
Shigella

Shigellen. (Shigella). Eine Gattung gramnegativer, pathogener, zu den Salmonellen zählender Bakterien, die z.B. Gastroenteritis oder bakterielle Ruhr hervorrufen.
[K. Shiga, jap. Bakteriologe, 1870–1957]
Shigella

Shigellose. Eine akute, durch → Shigellen ausgelöste Infektion des Darms, gekennzeichnet durch Diarrhö, Bauchschmerzen und Fieber. S. wird durch direkten Kontakt mit den Ausscheidungen infizierter,

jedoch asymptomatischer Individuen übertragen. Die Bakterien können mehrere Monate im Stuhl überleben und durch Kontakt mit kontaminierten Gegenständen, Nahrungsmitteln oder Fliegen, besonders in armen und überbevölkerten Gegenden übertragen werden.
🇬🇧 shigellosis

Shunt. 1. Angeborender Defekt der Herzscheidewand, z.B. Rechts-Links-Shunt. 2. In den Körper implantierter Schlauch als künstliche Verbindung zwischen zwei Blutgefäßen.
🇬🇧 shunt

Shunt, arteriovenöser. Künstlich gelegte oder natürliche Verbindung, die es dem Blut ermöglicht, unter Umgehung des Kapillarnetzes direkt von einer → Arterie in eine → Vene zu fließen.
🇬🇧 arteriovenous shunt (AV shunt)

Shunt, kardiovaskulärer. Abnorme Passage zwischen den Herzkammern bzw. zwischen den systemischen und pulmonalen Kreislaufsystemen.
[*griech.:* kardia, Herz; *lat.:* vasculum, kleines Gefäß, *engl.:* shunt, Nebenschluss.]
🇬🇧 cardiovascular shunt

Shupunkte. Akupressurpunkte.
🇬🇧 shu points

SI. Abkürzung für *Système International d'Unités*, die französische Bezeichnung für »Internationale Einheit« (= IE).
🇬🇧 SI

SI-Einheiten. International anerkannte Maßeinheiten physikalischer Mengen des Système International d'Unités. Dazu gehört beispielsweise die Messung der Masse in Kilogramm, der Länge in Meter, der Zeit in Sekunden, der Frequenz in Hertz etc.
🇬🇧 SI units

SIADH. Abkürzung für »Syndrom der übermäßigen ADH-Sekretion«.
🇬🇧 SIADH

sial-. Vorsilbe mit der Bedeutung »Speichel«.
[*griech.:* síalon, Speichel]
🇬🇧 sial-

Sialadenitis. Entzündung der Speicheldrüsen.
[*griech.:* síalon, Speichel]
🇬🇧 sialadenitis

sialogen. speichelanregend, -fördernd, -produzierend.
🇬🇧 sialogogue

sibilans. zischend, pfeifend; Wird verwendet für die Beschreibung von Geräuschen, beispielsweise Lungengeräusche (Rhonchi sibilantes - pfeifende Rasselgeräusche).
[*lat.:* sibilare, zischen, pfeifen]
🇬🇧 sibilant

Sicca-Syndrom. Abnorme Trockenheit der Schleimhäute, z.B. der Mund-, oder Augenschleimhäute. Die Symptome finden sich häufig bei Patienten mit → Sjögren-Syndrom sowie bei Mangel an Vitamin A und C.
🇬🇧 sicca complex

siccus. trocken.
[*lat.:* siccus, trocken]
🇬🇧 siccant

Sichelzellen. Deformierte, sichelförmige rote Blutkörperchen, die Hämoglobin S enthalten; charakteristisch bei → Sichelzellenanämie.
🇬🇧 sickle cells

Sichelzellenanämie. Schwere erbliche und unheilbare hämolytische → Anämie bei Menschen mit homozygoter Anlage für Hämoglobin S (HbS). HbS führt zur Ausbildung sichelförmiger und leicht zerstörbarer Erythrozyten. Das Krankheitsbild ist geprägt von krisenhaften Gelenkschmerzen, Thrombose, Fieber, chronischer Anämie, Gewebsinfarzierungen, Splenomegalie, Lethargie und Schwäche. Die Krisen werden durch Sauerstoffmangel ausgelöst. Betroffen sind vorwiegend afrikanische Bevölkerungsgruppen, aber auch Menschen im Mittelmeerraum.
🇬🇧 sickle cell anemia

Sicherheit, Überwachung der. → Pflegeintervention der → NIC, die definiert ist als die zielorientierte und fortlaufende Erfassung und Analyse von Informationen über die Patienten und ihre Umgebung

zur Förderung und Erhaltung der Sicherheit von Patienten.
Surveillance: Safety

Sick-Sinus-Syndrom (SSS). Störung der Sinusknotenfunktion, die mit Arrhythmien einhergeht. Die Störung kann durch verschiedene Herzkrankheiten ausgelöst werden. SSS ist gekennzeichnet entweder durch schwere Sinusbradykardien, durch abwechselnde bradykarde und tachykarde Phasen oder durch Sinusbradykardie mit AV-Block. Die Hauptsymptome sind Lethargie, Schwäche, leichte Benommenheit, Schwindel und Anfälle leichter Bewusstseinsstörung bis zur Bewusstlosigkeit.
sick sinus syndrome (SSS)

Sideropenie. Eisenmangel im Blutserum und in den Körpergeweben.
[*griech.:* síderos + penía, Eisen + Armut]
sideropenia

SIDS. Abkürzung für engl. »sudden infant death syndrome« (→ plötzlicher Kindstod).
SIDS

Sievert (Sv). → SI-Einheit der Äquivalentendosis, insbesondere radioaktiver Strahlen. 1 Sv = 1J/kg; ältere Einheit: Rem (1 Sv = 100 rem).
[R.M. Sievert, schwed. Radiologe, 1896 - 1966]
sievert (Sv)

S

Sigma. 1. Der achtzehnte Buchstabe im griechischen Alphabet (Σ, σ). 2. Kurzbezeichnung für → Colon sigmoideum.
[*griech.:* sigma, s-förmig]
sigma

Sigmoid. Übliche Kurzbezeichnung für → Colon sigmoideum.
sigmoid

Sigmoidektomie. Operative Entfernung eines Teils oder des gesamten → Sigmoids, meist im Zusammenhang mit einem bösartigen Tumor.
sigmoidectomy

sigmoideum. 1. s- bzw. sigmaförmig, in der Fügung → Colon sigmoideum. 2. Zum Colon sigmoideum gehörend.
sigmoid

Sigmoidoskop. Röhre mit Lichtquelle, mit der man die das → Colon sigmoideum auskleidenden Schleimhäute direkt betrachten kann.
sigmoidoscope

Signatur. Aufschrift auf Rezepten und Arzneimittelverpackungen mit Informationen für den Patienten zum Gebrauch des Medikaments (Dosierung, Einnahmeart und -häufigkeit).
signature

Signifikanz. 1. In der *Forschung* die statistische Wahrscheinlichkeit, mit der sich ein bestimmtes Ergebnis durch Zufall hätte ereignen können. Ist die Wahrscheinlichkeit ziemlich gering, so bezeichnet man das Ergebnis als signifikant. 2. Die Bedeutsamkeit einer Studie bei der Weiterentwicklung von Praxis und Theorie, wie z.B. in der Pflege.
significance

Signifikanz, statistische. Eine Interpretation statistischer Daten, die ein Ergebnis bestimmten ursächlichen Faktoren und nicht dem Zufall zurechnet. Eine s. S. von 1% gibt an, dass ein Ergebnis mit einer Wahrscheinlichkeit von 1 zu 100 dem Zufall zuzuschreiben ist.
statistical significance

Silber (Ag). (Argentum). Edelmetall mit der → Ordnungszahl 47 und einem Atomgewicht von 107,88, das hauptsächlich als Sulfid vorkommt. S. ist mit zahlreichen Metallen legierbar (→ Silberamalgam) und wird in der Medizin vielfach angewendet, z.B. äußerlich als Desinfektion (→ Silbernitrat).
silver (Ag)

Silberamalgam. Eine Legierung aus Silber, Zinn, Kupfer, Quecksilber und Zink, die in der Zahnmedizin als Zahnfüllung verwendet wird. S. ist in den letzten Jahren in Verruf gekommen, da durch das Quecksilber Störungen im Körper hervorgerufen werden können.
[*griech.:* malagma, weiche Masse]
silver amalgam

Silbernitrat. Wirkt in geringer Konzentration bakterizid, in höherer Konzentration ätzend. Eine 1-prozentige Lösung wurde Neugeborenen lange Zeit nach der Geburt in die Augen geträufelt, als Prophylaxe gegen eine evtl. unter der Geburt erfolgte Augeninfektion mit Gonokkoken.
silver nitrate

Silicium (Si). Nicht-metallisches chemisches Element mit der Ordnungszahl 14 und einem Atomgewicht von 28,09, das neben Sauerstoff das häufigste Element der Erdkruste ist. Natürlich kommt es als Siliciumdioxid (SiO_2) und in Silikaten vor. Silikate werden als Waschsubstanzen, Korrosionshemmer, Klebstoffe und Dichtmittel verwendet.
[*lat.:* silex, harter Stein, Kiesel]
silicon (Si)

Silikon. Sammelbezeichnung für polymere Verbindungen. In der Medizin wird S. als Kleber, Gleit- und Dichtmittel verwendet; darüber hinaus als Ersatz für Gummi, insbesondere bei Prothesen, und als Implantat. (s.a. Silikon-Brustimplantat)
silicone

Silikon-Brustimplantat. In der plastischen Chirurgie verwendete → Implantate aus Silikon, die zur kosmetischen Brustvergrößerung oder nach teilweiser → Mastektomie in die Brust eingesetzt werden. In neuerer Zeit wurden die Implantate wegen angeblicher Undichtigkeit und auslaufendem Silikon in das umliegende Gewebe für negative Auswirkungen auf das Immunsystem verantwortlich gemacht; ebenso berichteten Patientinnen von verformten und schmerzhaften Brüsten. Zahlreiche Studien konnten jedoch bisher einen direkten Zusammenhang mit den Implantaten nicht eindeutig nachweisen.
silicone-gel breast implant

Simethikon. Medikament gegen Blähungen. Wirkt über eine Entmischung von feinblasigem Gas und Speisebrei.
simethicone

similia similibus curantur. »Ähnliches kann durch Ähnliches geheilt werden«. Ein homöopathisches Grundprinzip, das besagt, dass Stoffe, die bestimmte Symptome bei gesunden Menschen hervorrufen, solche und ähnliche Symptome, die als Zeichen einer Krankheit auftreten, auch bekämpfen können.
[lat.]
similia similibus curantur

Sims-Huhner-Test. Untersuchung der Fruchtbarkeit (Fertilität) eines Mannes, bei der eine Stunde nach dem Koitus eine Spermaprobe aus der Vagina entnommen und auf die Spermatozoonaktivität untersucht wird.
Huhner test

Simulieren. Absichtliches und bewusstes Vortäuschen von Symptomen einer Krankheit oder Verletzung, um ein bestimmtes Ziel zu erreichen.
malingering

Singultus. (→ Schluckauf)
hiccup

sinister. links, linksseitig; ungünstig.
[*lat.:* sinister, links, linksseitig]
sinister

Sinn, kinästhetischer. Die Fähigkeit, sich der eigenen Muskelbewegungen und -positionen bewusst zu sein. Indem durch die Rezeptoren der Muskeln, Sehnen, Gelenke und anderer Körperteile Informationen geliefert werden, hilft der k. S., Aktivitäten wie Gehen oder Sprechen zu kontrollieren und zu koordinieren.
kinesthetic sense

Sinne. Mit Rezeptoren, Leitungsbahnen und -zentren ausgestattete Strukturen beim Menschen, die Reize wahrnehmen und Zustände innerhalb und außerhalb des Körpers unterscheiden und beurteilen. Die wichtigsten S. sind Gesichts-, Gehör-, Geruchs-, Geschmacks-, Berührungs- und Drucksinn. Darüber hinaus sind Hunger- und Durstgefühl, Schmerz- und Temperaturempfinden, Lage- und Gleichgewichtssinn sowie Zeitempfinden wichtige S.
senses

Sinnesnerv. → Nerv aus afferenten Fasern, der sensorische Reize aus der Körperperi-

pherie über die dorsalen Rückenmarkswurzeln zum Gehirn oder zum Rückenmark weiterleitet.
sensory nerve

Sinnesorgane. Spezialisierte Nervenendigungen (Rezeptoren), die auf bestimmte Umweltreize reagieren. Die S. umfassen folgende Sinne: Geruchs- und Geschmackssinn, Gesichtssinn, Gehörsinn, Temperatursinn und Schmerzsinn.
sensory end organs

Sinneswahrnehmung. 1. Das Fühlen, die Empfindung bzw. das Bewusstwerden eines Körperzustandes infolge einer Stimulation eines sensorischen Rezeptors und der Weiterleitung des Nervenimpulses entlang der afferenten Nervenfasern zum Gehirn. 2. Das Fühlen bzw. Bewusstwerden eines geistigen oder emotionalen Zustandes, der als Antwort auf einen äußeren Reiz entsteht.
sensation

sinuatrial. Zu → Sinusknoten und → Atrium gehörend.
[*lat.:* sinus + atrium, bauchige Rundung, Krümmung + offener Hauptraum, Innenhof]
sinoatrial

Sinuatrialknoten. (→ Sinusknoten)
sinuatrial node

S

Sinus. Ausbuchtung, Hohlraum oder Kanal, wie beispielsweise der Hohlraum in einem Knochen, die Erweiterung venöser Blutbahnen oder Kanäle für den Abfluss von eitrigem Material.
[*lat.:* sinus, bauschige Rundung, Krümmung]
sinus

Sinus cavernosus. Einer von zwei unregelmäßig geformten, doppelseitigen Venenkanälen zwischen dem Flügelbein des Schädels und der Dura mater. Gehört zu den fünf vorderen, unteren Venen, die das Blut von der Dura mater in die Vena jugularis leiten.
[*lat.:* caverna + sinus, Kurve.]
cavernous sinus

Sinus coronarius. (Koronarsinus). Breiter, venöser, etwa 2,25 cm langer Kanal, der sich in der Herzkranzfurche befindet und von Muskelfasern bedeckt wird, die ihren Ursprung im linken Vorhof haben; dient der Drainage der fünf Koronarvenen.
coronary sinus

Sinusarrhythmie. Vom Sinusknoten ausgehender unregelmäßiger Herzrhythmus, meistens mit zunehmender Herzfrequenz bei der Einatmung (Inspiration) und abnehmender Herzfrequenz bei der Ausatmung (Exspiration); sogenannte respiratorische Arrhythmie. Bei Kindern, Jugendlichen und jungen Erwachsenen ist die S. physiologisch und ohne klinische Bedeutung; bei älteren Menschen kann sie auf einen Myokardinfarkt hinweisen.
sinus arrhythmia

Sinusblock. (Block, sinuatrialer; SA-Block). Reizleitungsstörung zwischen Sinusknoten und Vorhof des Herzens infolge übermäßiger Stimulation des → Vagusnervs, akuter Infektion oder Atherosklerose. Außerdem kann ein S. als Nebenwirkung bei der Einnahme von Chinidin oder Digitalis auftreten.
sinoatrial (SA) block

Sinusitis. Entzündung einer oder mehrerer Nasennebenhöhlen infolge einer Infektion der oberen Atemwege oder der Zähne, Allergie, Veränderung des atmosphärischen Drucks bei Flugreisen oder Tauchen oder einer Deformation der Nase. Durch Anschwellen der Nasenschleimhaut werden die Öffnungen der Nasennebenhöhlen verengt, wodurch der Sekretabfluss erschwert wird. Dies führt zu erhöhtem Druck, Schmerzen, Kopfschmerzen, Fieber und lokaler Druckempfindlichkeit. Weitere Komplikationen können auftreten in Form einer Sinus-cavernosus-Thrombose sowie einer Infektionsausbreitung auf Knochen, Gehirn oder Meningen.
sinusitis

Sinusitis, akute eitrige. Eitrige Nasen- und Stirnhöhleninfektion. Zu den Symptomen gehören Schmerzen in den entzündeten

Bereichen, Kopfschmerzen, Frösteln und Fieber.
[*lat.:* acutus, scharf; suppurare, Eiter bilden; sinus, hohl]
acute suppurative sinusitis

Sinusitis, chronische hyperplastische. Chronische Nasennebenhöhlenentzündung mit Polypenbildung in Nase und Nasennebenhöhlen.
[*griech.:* chronos, Zeit, hyper, über, plassein, bilden; *lat.:* sinus, hohl; *griech.:* itis, Entzündung.]
chronic hyperplastic sinusitis

Sinusknoten. (Sinuatrialknoten; SA-Knoten; Nodus sinuatrialis). Eine Zellanhäufung in der rechten Herzvorhofwand in der Nähe der Einmündung der oberen Hohlvene, bestehend aus einem Bündel modifizierter Herzmuskelfasern, die Impulse erzeugen und dadurch die Kontraktion beider Herzvorhöfe auslösen. Die spezialisierten Schrittmacherzellen haben einen eigenen Rhythmus, unabhängig von jeglicher Stimulation durch Nervenimpulse ausgehend vom Gehirn oder Rückenmark. Normalerweise sendet der S. Impulse mit einer Frequenz von 70 bis 75 Schlägen/min. Gehen vom S. keine Impulse aus, übernehmen andere erregbare Strukturen, wie beispielsweise der → AV-Knoten oder die → Purkinje-Fasern die Schrittmacherfunktion.
sinoatrial (SA) node; sinus node

sinusoid. hohlraumähnlich.
sinusoid

Sinusoide. Besonders weite Blutkapillaren, z.B. in Leber und Milz, die mit Retikuloendothelialzellen ausgekleidet sind.
sinusoids

Sitiotherapie. Auf Ernährung und Diät basierende Behandlung.
[*griech.:* sitios, Speise, Nahrungsmittel]
sitotherapy

Situationskrise. In der Psychiatrie, eine unerwartete Krise, die plötzlich als Reaktion auf ein externes Ereignis auftritt bzw. ein Konflikt, der unter bestimmten Umständen entsteht.
situational crisis

Situs. 1. Die natürliche Lage oder Stellung von Organen im Körper. 2. Die Lage des Fetus in der Gebärmutter.
[*lat.:* situs, Lage, Stellung]
situs

Situs inversus viscerum. Die spiegelbildliche Verlagerung der Bauch- und Brustorgane.
[lat.]
situs inversus viscerum

Sitzbad. Teilbad des Beckenbereiches in einer Sitzwanne in kaltem, warmem oder ansteigendem Wasser bzw. einer salinischen Lösung, z.B. zur Therapie von Entzündungen im perianalen Bereich.
sitz bath

Sitzwache. Kontinuierliche Überwachung und Begleitung eines Patienten durch die permanente Anwesenheit einer Pflegeperson; wird meist bei Sterbenden durchgeführt.
private duty nurse

Sjögren-Syndrom. Autoimmunerkrankung, gekennzeichnet durch einen Mangel an Flüssigkeitsproduktion der Tränen-, Speichel- und anderer exokriner Drüsen, wodurch eine abnorme Trockenheit in Mund, Augen und an anderen Schleimhäuten entsteht. Eine Atrophie der Tränendrüsen kann zur Austrocknung der Hornhaut (Kornea) und der Bindehaut (Konjunktiva) des Auges führen. Sind die Lungen betroffen, erhöht die Trockenheit die Anfälligkeit des Patienten für Pneumonie und andere Infektionen der Atemwege.
[H.S.C. Sjögren, schwed. Augenarzt, geb. 1899]
Sjögren's syndrome

Skabies. (Krätze). Durch die weibliche Krätzmilbe (*Sarcoptes scabiei*) übertragene, ansteckende und meldepflichtige Hautkrankheit, gekennzeichnet durch extremes Hautjucken und durch Hautabschürfungen infolge starken Kratzens. S. wird durch Kontaktinfektion direkt von Mensch zu Mensch, von Haustier zu Mensch oder auch durch infizierte Bettwäsche übertragen, wobei sich die Milbe

S

in die Epidermis bestimmter Hautpartien bohrt und dort Eier legt. Nach ca. 3–5 Tagen beginnt der hochgradige Juckreiz, vor allem bei Bettwärme. Zwei bis vier Monate nach der ersten Infektion setzt die Sensibilisierung ein und ruft allergische Reaktionen mit eitriger Bläschenbildung hervor.
[*lat.:* scabere, kratzen]
scabies

Skalpell. Schmales, spitzes Operationsmesser mit fest stehender, konvexer Klinge. Bei einigen S. kann die Klinge je nach Art der Operation (z.B. Amputation) ausgetauscht werden.
[*lat.:* scalpellum, chirurgisches Messer]
scalpel

Skapula. (Schulterblatt). Einer der paarigen, flachen, dreiseitigen Knochen, die die Rückenpartie des Schultergürtels bilden. – *adj.* skapular.
[*lat.:* scapula, Schulterblatt]
scapula

Skatologie. Die Lehre der Physiologie und Pathophysiologie des Stuhles.
[*griech.:* skatós, Kot]
scatology

S

Skelett. Das Knochengerüst des Körpers, das empfindliche Strukturen schützt und beim Erwachsenen aus 206 Knochen besteht. Am S. setzen Muskeln an, es ermöglicht Körperbewegungen, dient als Hauptreservoir für Blut, produziert rote und weiße Blutzellen und Thrombozyten. Das S. wird in drei große Bereiche unterteilt, das »Skeleton axiale« (Schädelknochen, Wirbelsäule und Brustkorb), bestehend aus 74 Knochen, das »Skeleton appendiculare« (Arm- und Beinskelett, knöchernes Becken und die Gliedmaßenknochen), bestehend aus 126 Knochen und die sechs Gehörknochen. Insgesamt gibt es vier Knochenarten: lange Röhrenknochen, kurze Knochen, platte Knochen und irreguläre Knochen. Das S. verändert sich im Laufe des Lebens durch im Wechsel stattfindende Knochenbildung und Knochenabbau.
[*griech.:* skeletós, ausgetrockneter Körper, Mumie]
skeleton

Skelettmuskulatur. Alle Muskeln, Knochen, Gelenke und damit in Verbindung stehende Strukturen, z.B. Bänder und Bindegewebe, die bei der Bewegung von Körperteilen und Organen beteiligt sind.
musculoskeletal system

Skelettsystem. Sämtliche Knochen und Knorpel des Körpers, die zusammen den stützenden Rahmen für Muskeln und Organe bilden.
skeletal system

skler-, sklero-. Vorsilbe mit der Bedeutung »hart«, »verhärtet«.
[*griech.:* sklerós, trocken, spröde, hart]
scler-, sclero

Sklera (pl. Skleren). (Lederhaut). Feste, unelastische und undurchsichtige Hülle des Augapfels, die den Großteil der Augapfelrückseite bedeckt. Sie erhält Größe und Form des Augapfels und ist mit den Augenmuskeln verbunden. Auf der Rückseite durchbricht der → Nervus opticus die S. und zusammen mit der → Retina umhüllen diese drei Membranen den Augapfel.
sclera

Skleritis. Entzündung der Lederhaut (Sklera) des Auges.
scleritis

Sklerodaktilie. Verformung der Handmuskeln und -knochen bei Personen, die an → Sklerodermie leiden. Dabei sind die Finger in einer starren Beugehaltung und die Haut zum Handgelenk ist unelastisch. An den Fingerkuppen bilden sich häufig Nekrosen.
[*griech.:* sklerós + dactylós, Finger]
sclerodactyly

Sklerödem. Idiopathische Hautkrankheit, gekennzeichnet durch eine ödematöse Verhärtung des Unterhautfettgewebes, die im Gesicht und Halsbereich beginnt und sich nach unten über den Körperrumpf ausbreitet. Hände und Füße sind nicht be-

troffen. Darüber hinaus können Schwellungen an der Zunge auftreten, Beeinträchtigung der Augenbeweglichkeit sowie Flüssigkeitsansammlungen im Herzbeutel, der Lunge und dem Peritoneum.
[*griech.:* sklerós + oidema, Schwellung, Geschwulst]
🇬🇧 scleredema

Sklerodermie. Chronische Verhärtung und Verdickung der Haut durch die Neubildung von kollagenem Bindegewebe bei gleichzeitiger Atrophie der Haar- und Talgdrüsen. Die Krankheit befällt häufig Frauen in mittlerem Alter; sie kann lokal oder als systemische Erkrankung auftreten. Die *progressive systemische Sklerodermie PSS* ist eine Autoimmunkrankheit, die neben der Haut Blutgefäße und innere Organe betrifft.
🇬🇧 scleroderma

Sklerose. Krankhafte Verhärtung des Bindegewebes infolge verschiedener Ursachen, wie z.B. Entzündung, Ablagerung von Mineralsalzen oder Infiltration von Bindegewebsfasern. – *adj.* sklerotisch.
🇬🇧 sclerosis

Sklerotherapie. Die Verwendung verödender (sklerotisierender) Chemikalien bei der Behandlung von Krampfadern (in Beinen und Speiseröhre), Fisteln und Hämorrhoiden. Die Substanz löst Entzündungen aus und führt zu Fibrose mit anschließendem Verschluss des Lumens.
🇬🇧 sclerotherapy

Skolex (pl. Skolizes). Kopf eines ausgewachsenen Bandwurms mit Haken, Rillen und Saugnäpfen, mit deren Hilfe er sich an die Innenwand des Darmes heftet. (s.a. Bandwurm)
[*griech.:* skoléx, Wurm]
🇬🇧 scolex

Skoliose. Bei Kindern häufig vorkommende seitliche Verkrümmung der Wirbelsäule. Ursachen sind u. a. angeborene Missbildungen der Wirbelsäule, Poliomyelitis, Fehlentwicklungen des Skeletts, spastische Lähmungen und unterschiedliche Länge der Beine. Zeichen einer S. sind z.B. eine schiefe Hüfte oder Schulter.
🇬🇧 scoliosis

Skoliose, kongenitale. Angeborene, durch bestimmte kongenitale Rippen- und Wirbelanomalien verursachte seitliche Wirbelsäulenkrümmung. Ätiologische und pathologische Merkmale der kongenitalen Skoliose werden in sechs Gruppen unterteilt: Kategorie I = teilweise, einseitige Wirbelfehlbildung, Kategorie II = vollständige, einseitige Wirbelfehlbildungen, Kategorie III = beidseitige Segmentfehlbildungen mit fehlenden Bandscheibenzwischenräumen, Kategorie IV = einseitige Segmentfehlbildungen, Kategorie V = Fehlbildungen aufgrund zusammengewachsener Rippen. Alle anderen Skoliose-Fälle werden Kategorie VI zugeordnet. Die Kategorie IV-Skoliose entwickelt sich am schnellsten und verursacht die schlimmsten Missbildungen.
🇬🇧 congenital scoliosis

Skoliose, statische. Verkrümmung der Wirbelsäule aufgrund unterschiedlich langer Beine.
🇬🇧 static scoliosis

Skoliosebecken. Verformung des knöchernen Beckens infolge einer Mehrfachskoliose der Wirbelsäule meist in der Wachstumsphase.
🇬🇧 scoliotic pelvis

Skopolamin. → Alkaloid, das aus den Blättern und Samen von Nachtschattengewächsen gewonnen wird. S. wirkt dämpfend auf das Zentralnervensystem und wird z.B. zur Prophylaxe von Reisekrankheiten, als Mittel gegen Erbrechen und zur Prämedikation bei Narkosen eingesetzt.
[G. A. Scopoli, ital. Naturwissenschaftler, 1723–1788]
🇬🇧 scopolamine

Skopophilie. 1. Voyeurismus; Sexuelle Befriedigung bzw. Lustempfinden, die durch das Betrachten Anderer bei Liebesspielen bzw. deren Genitalien gewonnen wird. 2. Exhibitionismus; krankhafter Wunsch nackt gesehen zu werden.
🇬🇧 scopophilia

Skopophobie. Krankhafte Angst, von anderen gesehen oder angestarrt zu werden; kommt häufig bei Schizophrenie vor.
🇬🇧 scopophobia

Skorbut. Schwere Vitamin-C-Mangelerscheinung durch unzureichende Zufuhr von Früchten und frischem Gemüse. Typische Symptome sind Müdigkeit, Anämie, Ödeme, Zahnfleischbluten, aufgequollene Gaumen, die zu Geschwürbildung und Lockerung der Zähne neigen. Darüber hinaus treten Skelettveränderungen (Rosenkranz) und Muskelschmerzen auf und die/der Betroffene leidet an erhöhter Infektanfälligkeit.
🇬🇧 scurvy

Skorpionstich. Schmerzhafte Wunde verursacht durch den Stachel eines Skorpions. Die Stiche vieler Skorpionarten sind nur leicht toxisch, manche jedoch, darunter der *Centruroides sculpturatus* können insbesondere für kleine Kinder tödlich sein. Der anfängliche stechende Schmerz geht innerhalb weniger Stunden in Taubheit, Übelkeit, Muskelspasmen, Dyspnö und Krämpfe über.
🇬🇧 scorpion sting

Skotom. (→ Gesichtsfeldausfall)
🇬🇧 scotoma

Skotom, bogenförmiges. Bogenförmiger Gesichtsfeldausfall, der sich im Blickfeld einer an → Glaukom erkrankten Person entwickeln kann; wird durch Beschädigungen der retinalen Nervenfasern verursacht.
[*griech.:* skotoma, Dunkelheit]
🇬🇧 arcuate scotoma

skrotal. Zum Skrotum (Hodensack) gehörend.
🇬🇧 scrotal

Skrotalhernie. (Hodenbruch). → Hernie in der Leiste, die sich in den Hodensack verlagert hat.
🇬🇧 scrotal hernia

Skrotalkrebs. Bösartige Geschwulst der Hodensackhaut. Zu Beginn ist meist eine kleine wunde Stelle zu sehen, die nekrotisieren kann. Die Krankheit befällt häufig ältere Männer, die Kontakt mit Ruß, Teer, Rohöl, Mineralöl haben oder giftigen Dämpfen z.B. in Kupferschmelzereien ausgesetzt sind. S. ist der erste Tumor, der nachweisbar durch krebserregende Stoffe der Umwelt ausgelöst wird.
🇬🇧 scrotal cancer

Skrotum. »Hodensack«; Hautsack aus mehreren Schichten, der die Hoden, Nebenhoden und Teile der Samenstränge enthält. Er wird durch eine bindegewebige Scheidewand in zwei Kammern geteilt. Die Haut ist sehr dünn und meist faltig, dunkler gefärbt als die restliche Haut der Person und weist vereinzelte gekräuselte Härchen auf. In der Haut liegt eine dünne Muskelschicht.
🇬🇧 scrotum

SLE. Abkürzung für »systemischer Lupus erythematodes«.
🇬🇧 SLE

Slow-Virus. Ein Virus, das sich nach der Erstinfektion schlafend im Körper einnistet und oft erst nach Jahren Krankheitssymtome hervorruft.
🇬🇧 slow virus

Smegma. (Smegma). Gelblich talgige Masse aus Talgdrüsensekret, die manchmal unter der Penisvorhaut oder zwischen Kitzler und kleinen Schamlippen vorkommt.
🇬🇧 smegma

Snellen-Test. Sehtest mit von Snellen entwickelten Tafeln, die Buchstaben, Zahlen und Zeichen verschiedener Größe enthalten.
[H. Snellen, niederländischer Augenarzt, 1834–1908]
🇬🇧 Snellen test

SOAP. Akronym, das sich aus Elementen der problemorientierten Pflegedokumentation zusammensetzt. Dabei werden *subjektive* und *objektive* Patientendaten, *Assessment* (Beurteilung) und *Planung* für die schriftliche Dokumentation des gesundheitlichen Problems herangezogen. Subjektive Patientendaten sind Informationen aus der Sicht des Patienten, objektive Daten diejenigen aus der

Sicht der Pflegeperson, basierend auf Beobachtungen, Messwerten und Berichten. Das Assessment bezieht sich auf die Analyse und Beurteilung der Patientendaten, wobei eingeschätzt wird, ob es sich um ein pflegerisches, ein interdisziplinäres oder ein rein medizinisches Problem handelt. Die Planung beinhaltet die Festlegung von Pflegezielen sowie deren Rangfolge.
SOAP

Soda. Eine Zusammensetzung aus → Natrium, insbesondere Natriumbikarbonat, Natriumkarbonat oder Natriumhydroxid.
soda

Sodbrennen. (Pyrosis). Schmerzhafte, brennende Empfingung in der Speiseröhre (Ösophagus) direkt hinter dem Brustbein (Sternum); wird häufig durch zurückfließenden Mageninhalt (Reflux) in den Ösophagus verursacht, kann aber auch durch eine → Hyperazidität oder durch Magenulzera bedingt sein.
heartburn

Sodoku. (→ Rattenbisskrankheit)
rat-bite fever

Sol. Bezeichnet den Zustand von Kolloiden, wobei feste Bestandteile vollkommen in einer Flüssigkeit oder einem Gas aufgelöst und im Gegensatz zu → Gel frei beweglich sind, wie z.B. Seife oder Stärke in Wasser. Der Flüssigkeitszustand des Zytoplasmas hängt vom Gleichgewicht zwischen Sol und Gel ab.
[*lat.:* Abk. aus solutio, Lösung]
sol

Soma. 1. Der Körper (im Gegensatz zu Geist oder Psyche). 2. Die Gesamtheit der Körperzellen, mit Ausnahme der Geschlechtszellen. 3. Zytologisch: der Zellkörper. – *adj.* somatisch.
[*griech.:* soma, Körper]
soma

Somatisation. Vorgang, bei dem sich geistige Ereignisse in körperlichen Störungen oder Symptomen äußern. Beispiele dafür sind Asthma und Magenbeschwerden.
somatazation

Somatisierungsstörung. Psychische Störung, gekennzeichnet durch wiederholte multiple körperliche Symptome und Beschwerden ohne organische Ursache. Die Symptome sind bei jedem Patienten unterschiedlich und hängen von dem jeweiligen emotionalen Konflikt ab. Häufige Symptome sind Magen-Darm-Störungen, Lähmungen, zeitweilige Erblindung, Herz-Lungen-Beschwerden, schmerzhafte und unregelmäßige Menstruation, sexuelle Gleichgültigkeit und Schmerzen beim Geschlechtsverkehr.
somatization disorder

Somatosensorisches System. Teile des zentralen und peripheren Nervensystems, die Informationen aus Organen in den Gelenken, Bändern, Muskeln und der Haut empfangen und analysieren. Das s. S. verarbeitet Informationen über den Zustand der Muskeln (Länge, Dehnungsgrad, Spannung oder Kontraktion), Schmerz, Temperatur, Druck und Lage der Gelenke.
somatosensory system

Somatotropin. (→ Wachstumshormon)
growth hormone

Sommersprosse. Brauner Hautfleck, der durch Sonneneinstrahlung entstehen kann. Das Auftreten von Sommersprossen ist genetisch bedingt. (s.a. Lentigo)
freckle

Somnambulismus. (→ Nachtwandeln)
somnambulism

somnolent. Schläfriger, benommener oder schlafsüchtiger Zustand.
[*lat.:* somnolentus, schlaftrunken, schläfrig]
somnolent

Somnolenz. Eingeschränkter Bewusstseinszustand begleitet von Schläfrigkeit und Konzentrationsschwäche. Ursachen können Schlafmangel, Drogenmissbrauch oder Hirnstörungen sein. (→ Bewusstseinsstörung)
drowsiness

Sonde. Gerät, mit dem eine Körperöffnung untersucht werden kann, z.B. eine Nasennebenhöhle oder Wunde. Die S. kann

S

starr oder elastisch sein und dient dazu, pathologische Hohlräume zu diagnostischen oder zu therapeutischen Zwecken auszutasten, aufzufüllen oder zu entleeren.
sound; probe

Sondenernährung. Gabe von flüssiger, sämtliche Nährstoffe enthaltender Nahrung durch eine Sonde, die im Magen, im Zwölffingerdarm (Duodenum) oder im Leerdarm (Jejunum) liegt. Eine S. ist in verschiedenen Situationen erforderlich, z.B. nach Operationen am Mund oder Magen, bei schweren Verbrennungen, Lähmung oder Blockierung der Speiseröhre, schweren Fällen von nervöser Anorexie (Appetitlosigkeit), Bewusstlosigkeit oder bei Patienten, die nicht kauen oder schlucken können.
tube feeding

Sondenernährung: Pflege. Pflege und Betreuung eines Patienten, der über eine Nasen-Magen-Sonde ernährt wird.
tube feeding care

Sondenpflege. → Pflegeintervention der → NIC, die definiert ist als die Pflege von Patienten mit einer externen Drainage.
Tube Care

Sonnengeflecht. (→ Plexus coeliacus)
solar plexus

S

Sonnenschutzfaktorindex. System zur Beurteilung der Wirksamkeit verschiedener Formeln, wodurch die Haut vor den UV-Strahlen der Sonne geschützt werden soll. Die Einstufung der Schutzfaktoren erfolgt von 1 bis 50, dabei bedeutet das Eincremen mit Sonnenmilch Faktor 15, dass die Haut 15 Mal länger geschützt ist als ohne Sonnenschutz.
sunscreen protective factor index

Sonnenstich. (Insolation). Nach übermäßiger Sonnenbestrahlung, insbesondere auf den unbedeckten Kopf, auftretendes Krankheitsgefühl, gekennzeichnet durch erhöhte Körpertemperatur, Kopfschmerzen, Übelkeit und Bewusstseinsstörungen, bis zum Koma.
siriasis; sunstroke

Sonnenstrahlung. Die Gesamtheit der von der Sonne ausgesandten und auf der Erde ankommenden elektromagnetischen Wellen. Eine übermäßige Exposition kann zu Sonnenbrand, Keratose, Hautkrebs oder Verletzungen im Zusammenhang mit Lichtempfindlichkeit führen.
solar radiation

Sonnenuntergangsphänomen. Charakteristisches Zeichen bei → Hydrozephalus. Dabei sind die Augen des betroffenen Säuglings scheinbar ständig nach unten gerichtet und die Iris ist teilweise vom Unterlid bedeckt.
sun-setting sign

Sonographie. (Ultraschalldiagnostik). Verfahren, bei dem innere Strukturen des Körpers mit Hilfe von Ultraschall bildlich dargestellt werden. Die Ultraschallwellen werden von einem Schallkopf produziert, impulsförmig oder kontinuierlich ausgesandt und an den Grenzflächen unterschiedlicher Gewebe reflektiert. Die reflektierten Wellen werden im Schallkopf wieder aufgefangen, im Ultraschallgerät weiterverarbeitet und schließlich als Bild dargestellt. Zur Vermeidung von Luftzwischenräumen, die Ultraschallwellen nicht passieren können, dient ein abwaschbares Gel als Kontaktmedium zwischen Schallkopf und Körperoberfläche.
ultrasonography

Soorprophylaxe. Pflegemaßnahme, um die Entwicklung von → Soor bei dafür gefährdeten Patienten zu verhindern. Die Maßnahmen entsprechen weitestgehend denen der → Parotitisprophylaxe; wichtig ist eine regelmäßige Mundpflege und das Feuchthalten der Mundschleimhaut.
oral thrush prophylaxis

Sorgenbewältigung. Modell bzw. Strategie, mit der man sich durch innerlich erzeugte Sorgen auf zukünftige Konfrontationen vorbereitet und damit seinen Toleranzpegel erhöht.
work of worrying

Sozialarbeiter. Speziell ausgebildete Personen, die bei sozialen, emotionalen und

umfeldbedingten Problemen sowie daraus resultierenden Krankheiten und Störungen Hilfestellung leisten. S. arbeiten mit verschiedenen sozialen Gruppen (Kinder, Jugendliche, Familien, alte Menschen, Obdachlose, Suchtkranke, Straffällige etc.) und in verschiedenen Bereichen (Familienfürsorge, Gesundheitsfürsorge, Heimfürsorge, Bewährungshilfe etc.).
social workers

Soziale Hilfsprogramme. Dienstleistung für ältere Menschen. Dazu gehört die Organisation von Freiwilligen, die ältere Menschen besuchen oder anrufen, um deren Vereinsamung und Isolation zu mindern. Weiterhin werden Notfallmaßnahmen in Gang gesetzt, wenn die betreffenden Personen den täglichen Telefonanruf nicht beantworten.
social support programs

Soziale Interaktion, beeinträchtigte. Anerkannte NANDA-Pflegediagnose, die den Zustand eines Patienten beschreibt, der ungenügende, übermäßige oder qualitativ schlechte soziale Kontakte pflegt. Kennzeichnende Merkmale sind Äußerungen über bzw. offensichtliches Unbehagen in den sozialen Situationen, Äußerungen über bzw. offensichtliche Unfähigkeit, ein zufriedenstellendes Gefühl der Zugehörigkeit, der Anteilnahme, des Interesses oder der gemeinsamen Erlebnisse zu erlangen, beobachtete Anwendung erfolgloser sozialer Interaktionen, gestörte Beziehungen zu Gleichaltrigen, Familienmitgliedern und/oder Anderen.
social interaction, impaired

Soziale Isolierung. Anerkannte NANDA-Pflegediagnose, die den Zustand des Alleinseins beschreibt, den ein Patient als negativ, bedrohlich und von anderen verursacht erlebt. Die kennzeichnenden Merkmale können sowohl objektiv als auch subjektiv sein. Objektive Merkmale sind z.B. die Abwesenheit von Familie und Freunden, das Fehlen einer persönlichen und unterstützenden Beziehung zu einer Bezugsperson, das Zurückziehen des Patienten und die Beschäftigung mit den eigenen Gedanken und Interessen, sinnlose, für das Alter des Patienten unangemessene Handlungen und Interessen, körperliche oder geistige Behinderung oder Krankheit, unakzeptables soziales Verhalten. Subjektive Merkmale sind z.B. Äußerungen über das Gefühl, abgelehnt zu werden aufgrund der Andersartigkeit, Anerkennung von Wertvorstellungen, die von der Mehrheit der Gesellschaft nicht akzeptiert werden, das Fehlen eines Lebensziels, die Unfähigkeit, die Erwartungen anderer zu erfüllen und Äußerungen über Unsicherheit in der Öffentlichkeit.
social isolation

Sozialisation. 1. Vorgang, durch den ein Individuum lernt, gemäß den Erwartungen und Standards einer Gruppe bzw. der Gesellschaft zu leben, indem es sich bestimmte Meinungen, Gewohnheiten, Werte und anerkannte Verhaltensweisen aneignet, vornehmlich durch Nachahmung, gegenseitigen familiären Austausch und Erziehung. 2. Die Aufnahme eines Individuums in eine Gesellschaft. 3. In der *Psychoanalyse* der Anpassungsvorgang, der in der frühen Kindheit beginnt, wobei sich der Mensch bewusst wird, dass innere Triebe an die Erwartungen der Gesellschaft angeglichen werden müssen.
socialization

Sozialisation, Verbesserung der. → Pflegeintervention der → NIC, die definiert ist als die Unterstützung der Interaktionsfähigkeiten mit anderen Personen.
Socialization Enhancement

Sozialmedizin. Zweig in der Medizin, der sich mit der Prävention und Behandlung von Krankheiten befasst. Die Wissenschaftler stützen sich dabei auf die menschlichen Erbanlagen, die Umwelt, soziale Strukturen und kulturelle Werte.
social medicine

Sozialpsychiatrie. Teilgebiet der Psychiatrie, das sich mit den sozialen, kulturellen und ökologischen Einflüssen auf die Entwicklung und den Verlauf psychischer Störungen befasst sowie der Entwicklung angemessener und koordinierter Pro-

gramme zur Behandlung psychischer Krankheiten beschäftigt.
social psychiatry

Sozialpsychologie. Teilgebiet der Psychologie, das sich mit den Auswirkungen einer Gruppenzugehörigkeit auf Verhalten, Einstellung und Meinung des Einzelnen befasst.
social psychology

Soziophobie. Krankhafte Angst vor sozialem Kontakt. Der Patient weigert sich hartnäckig und dauerhaft aufgrund irrationaler Angst vor der Begegnung mit anderen Menschen sowie vor der Beurteilung durch diese.
social phobia

Spalte. Furche, z.B. die während der embryonalen Entwicklung entstehende Furche, wie z.B. die Kiemenspalte oder die Gesichtsspalte.
cleft

Spaltfuß. Unphysiologisch verlaufender, bis in den Mittelfußknochen reichender Spalt zwischen dem dritten und vierten Zeh.
cleft foot

Spalthand. Zweigeteilte Hand, die auf eine Fehlbildung von Fingern und Mittelhandknochen während der embryonalen Entwicklungsphase zurückzuführen ist.
cleft hand

S

Spaltlinie. Linear verlaufende Streifen in der Haut, die Muster und Spannung des subkutanen fibrösen Gewebes nachzeichnen. Die Spaltlinien korrespondieren mit den Falten an der Hautoberfläche. Diese Falten sind nur an bestimmten Stellen sichtbar, z.B. in Handflächen und an Fußsohlen, obwohl sie über den gesamten Körper verteilt sind.
cleavage line

Spannungskopfschmerz. Kopfschmerz infolge von Überarbeitung oder emotionalem Stress, einhergehend mit Muskelverspannungen in Nacken, Schulter oder Gesicht.
tension headache

Spantransplantat. Aus kleinen Knorpel- oder Knochenstücken bestehendes Transplantat (Chip), das zur Korrektur fehlgebildeter Knochenstrukturen verwendet wird.
chip graft

spasmogen. 1. krampfauslösend. 2. krampfbedingt.
spasmogen

Spasmolytika. Arzneimittel oder andere Mittel, die peripher wirken und Verkrampfungen der glatten Muskulatur, z.B. in der Gebärmutter, im Verdauungssystem oder im Harnwegssystem, verhindern oder die zentral an den Synapsen des ZNS ansetzen (Atropin, Diazepam etc.). – *adj.* spasmolytisch.
antispasmodics

Spasmus. 1. Unbeabsichtigte, plötzliche Muskelkontraktionen, z.B. wiederkehrende Spasmen wie Schluckauf, Stottern oder nervöses Zucken. 2. Krampf, Verkrampfung. 3. Plötzliches, vorübergehendes Zusammenziehen von Blutgefäßen, Bronchien, Speiseröhre (Ösophagus), Magenpförtner (Pylorus), Harnleiter (Ureter) oder anderen Hohlorganen.
[*griech.:* spasmos, Krampf]
spasm

Spastik. Erkrankung, gekennzeichnet durch eine Erhöhung des Muskeltonus bei gleichzeitiger Erschwerung der Muskelstreckung. Betrifft meist die Beugemuskeln der Arme und die Streckmuskeln der Beine. Bei einer mittelschweren S. erfordern normale Bewegungen große Anstrengung und die Koordination der Bewegungen ist gestört. Bei leichter S. können grobmotorische Bewegungen beinahe störungsfrei ausgeführt werden, die Feinmotorik ist jedoch beeinträchtigt. – *adj.* spastisch.
[*griech.:* spastikos, mit Krämpfen behaftet]
spasticity

Spätschwangerschaft, Überwachung der. → Pflegeintervention der → NIC, die definiert ist als die zielorientierte und fortlaufende Erfassung, Interpretation und

Synthese von Daten über Mutter und Fötus zur Behandlung, Beobachtung oder Entlassung.
Surveillance: Late Pregnancy

Spätsymptom. Ein Symptom, wie z.B. ein Schock, das erst mit Verzögerung auftritt.
delayed symptom

SPECT. Abkürzung für engl. »single-photon emission computed tomography«.
SPECT

Speichel. (Saliva). Klare, visköse Flüssigkeit, die durch die zahlreichen Speicheldrüsen in der Mundschleimhaut abgesondert wird. S. besteht zu 99 % aus Wasser und enthält Muzin, organische Salze und das Verdauungsenzym Ptyalin. S. befeuchtet die Mundhöhle, leitet die Verdauung von Stärke ein und erleichtert das Kauen und Schlucken der Nahrung. Täglich werden von den → Speicheldrüsen ca. 1000 - 1500 ml S. produziert.
saliva

Speicheldrüsen. (Glandulae salivariae). Zahlreiche Drüsen, die → Speichel in die Mundhöhle absondern und so zum Verdauungsprozess beitragen. Die S. sitzen im Unterkiefer, unterhalb des Ohres und unter der Zunge.
salivary glands

Speiseröhrenkarzinom. Selten vorkommende, maligne Krebserkrankung, die die Speiseröhre (Ösophagus) befällt. Zu den Risikofaktoren gehören übermäßiger Alkohol- und Tabakgenuss, Plummer-Vinson-Syndrom, Barrett-Ösophagus und Achalasie.
esophageal cancer

Spektrometer. Instrument zur Wellenlängenmessung von Strahlen in → Spektren, zur Messung der Abweichung gebrochener Strahlen und der Winkel zwischen den einzelnen Seiten eines Prismas.
[*lat.:* spectrum, Schemen, Erscheinung; *griech.:* métron, Maß]
spectrometer

Spektrum, elektromagnetisches. Die mit Strahlungsenergie assoziierten Frequenzen und Wellenlängen.
electromagnetic spectrum

Spektrum, pl. Spektren. 1. Die Häufigkeits- bzw. Intensitätsverteilung von Phänomenen in Bezug auf charakteristische gemeinsame Eigenschaften, z.B. das farbige Lichtband, das entsteht, wenn weißes Licht (z.B. Sonnenlicht) durch ein Prisma fällt und dabei in die verschiedenen Wellenlängen zerlegt wird. 2. Der Wirkungsbereich bzw. das Wirkungsspektrum eines Antibiotikums; ein Breitbandantibiotikum wirkt gegen eine Vielzahl von pathogenen Keimen.
[*lat.:* spectrum, Schemen, Erscheinung]
spectrum (pl. spectra)

Spektrum, sichtbares. Die Farben, die für die meisten Menschen wahrnehmbar sind. Sie reichen von violett (ca. 400 nm) über blau, grün, gelb und orange bis rot (ca. 650 nm).
visible spectrum

Spekulum. Untersuchungsinstrument aus Metall oder Kunststoff, mit dem man die Wände von Körperöffnungen oder Hohlorganen auseinander hält, um das betreffende Organ untersuchen zu können, z.B. Ohren-, Augen-, Nasen- oder Vaginalspekulum.
[*lat.:* speculum, Spiegel]
speculum

Spender. 1. Bezeichnung für einen Menschen bzw. einen anderen Organismus, der lebendes Gewebe für einen anderen Körper spendet; z.B. Blutspenden, die zur Transfusion verwendet werden, oder eine Niere, die transplantiert wird. 2. Substanz bzw. Verbindung, von der ein Teil zu einer anderen Substanz übergeht.
[*lat.:* donare, schenken.]
donor

Sperma. (Samenflüssigkeit). Dicke, weißliche Flüssigkeit der männlichen Fortpflanzungsorgane, die bei der → Ejakulation aus der Harnröhre abgesondert wird.
[*griech.:* spérma, Samen, Keim]
semen

S

Spermatogenese. (Spermiogenese). Die Entwicklung und Reifung der Samenzellen im Keimepithel der Hodenkanälchen (von der Pubertät bis ins Greisenalter).
[*griech.:* sperma + genesis, Samen, Keim + Ursprung]
spermatogenesis

Spermiengang. Jeder Kanal, durch den Sperma fließt, wie z.B. der Samenleiter (Ductus deferens) bzw. dessen Ausführungsgang.
seminal duct

Spermientest. Einer von verschiedenen Tests zur Aufdeckung von Störungen der männlichen Fortpflanzungsorgane bzw. zur Feststellung der Zeugungsfähigkeit. Wichtige dabei zu berücksichtigende Faktoren sind die Verflüssigungszeit des Spermas, Spermienanzahl, morphologische Eigenschaften, Beweglichkeit, Volumen und pH.
seminal fluid test

Spermiogenese. (→ Spermatogenese)
spermatogenesis

spermizid. Samen abtötend; (kennzeichnendes Merkmal von chemischen empfängnisverhütenden Mitteln).
spermicidal

S

Spezialist, klinischer. Arzt/Ärztin oder Pflegende/er, der/die über Spezialausbildung in einem bestimmten Bereich verfügt, z.B. eine Hebamme, ein Kinderarzt oder ein Radiologe.
clinical specialist

Spezialstation. Eine für bestimmte Krankheiten bzw. schwerverletzte Patienten speziell ausgestattete Station in einem Krankenhaus, mit speziell ausgebildetem Personal, z.B. Intensivstation, Herzstation, Dialysestation, etc.
special care unit

Spezies. Eine bestimmte Art bzw. Kategorie Lebewesen (Pflanzen, Tiere) als Unterform der Gattung. Eine S. ist eine separate genetische Gruppe mit einem gemeinsamen Genpool, die sich ausschließlich untereinander fortpflanzt.
[*lat.:* species, Art, Gattung]
species

Sphäre. Kugelförmiges Objekt, das theoretisch aus einem Kreis entsteht, der sich um seine Durchmesserachse dreht. – *adj.* sphärisch.
[*griech.:* sphaira, Ball, Kugel]
sphere

Sphärozytose. (Kugelzellanämie). Eine autosomal-dominant erbliche hämatologische Erkrankung, gekennzeichnet durch das Vorkommen von kugelförmigen roten Blutkörperchen. Die Blutzellen sind instabil und neigen im peripheren, sauerstoffarmen Blut zur Hämolyse. Es treten vorübergehende Krisen in Form von Bauchschmerzen, Fieber, Gelbsucht (Ikterus) und Milzvergrößerung (Splenomegalie) auf.
spherocytic anemia

Sphincter vesicalis. Ringförmiger Muskel um die Öffnung der Harnblase, der willentlich beeinflusst werden kann.
vesical sphincter

Sphinkter. Übliche Kurzbezeichnung für Musculus sphincter. Runder Schließmuskel, der natürliche Körperöffnungen oder -passagen verschließt, wie z.B. der Afterschließmuskel (→ Musculus sphincter ani).
[*griech.:* sphigkter, Ring-, Schließmuskel]
sphincter

Spicaverband. Verband aus Achtertouren, wobei jede Tour die vorhergehende überlappt und an den Kreuzungsstellen die Form einer Kornähre entsteht. Eignet sich zur Stützung oder als Druckverband besonders für Hände und Füße, aber auch zur Fixierung eines Verbands an Brust, Becken oder Gliedmaßen.
[*lat.:* spica, Kornähre]
spica bandage

Spieltherapie. 1. → Pflegeintervention der → NIC, die definiert wird als der sinnvolle Einsatz von Spielzeug oder anderen Gegenständen zur Unterstützung von Patienten bei der Kommunikation über ih-

re Wahrnehmungen von der Welt und als Hilfe im Umgang mit ihrer Umwelt. 2. Form der Psychotherapie, bei der ein Kind in einer geschützten und strukturierten Umgebung spielt; hierzu werden Spielsachen und Spiele vom Therapeuten zur Verfügung gestellt, der die Verhaltensweisen, den Affekt und die Gespräche des Kindes beobachtet, um Einblick in seine Gedanken, Gefühle und Phantasien zu erlangen.
Play Therapy

Spina, pl. Spinae. 1. Rückgrat 2. Dorn bzw. spitzer oder stumpfer Vorsprung, wie z.B. der knöcherne Vorsprung auf der Vorderseite des Darmbeins, der das vordere Ende des Darmbeinkamms bildet (Spina iliaca anterior superior).
[*lat.:* spina, Dorn, Stachel, Rückgrat]
spina (pl. spinae)

Spina bifida. Angeborender Spalt in den Wirbelbögen, besonders im Lenden- und Kreuzwirbelbereich. Dabei können die Wirbelplatten nur einen kleinen Spalt aufweisen oder aber in bestimmten Bereichen ganz fehlen. Eine S.b., bei der weder Rückenmarkshaut noch Inhalt des Wirbelsäulenkanals in einer Hernie nach außen verlagert wird, bedarf meist keiner Behandlung.
spina bifida

Spina bifida occulta. Angeborener Spalt in den Lenden- oder Kreuzbeinwirbeln ohne Verlagerung des Rückenmarks oder der Rückenmarkshäute in eine Hernie. Äußerlich kann eine S.b.o. durch Vertiefungen oder Mulden in der Haut, dunkle Haarbüschel, Erweiterung der Hautgefäße oder weiche, gutartige Fettgewebsgeschwulste (Lipome) diagnostiziert werden. Da das Neuralrohr verschlossen wurde, gibt es meist keine neurologischen Störungen. Es können jedoch infolge von Verwachsungen des Rückenmarks mit dem Spaltbereich neuromuskuläre Störungen auftreten.
spina bifida occulta

spinal. Zur Wirbelsäule oder zum Rückenmark gehörend; im Bereich der Wirbelsäule liegend.
spinal

Spinalanästhesie. → Anästhesie durch Injizieren eines → Lokalanästhetikums in die Rückenmarksflüssigkeit auf der Höhe der Lendenwirbel. Dadurch können die unteren Körperregionen betäubt werden.
spinal anesthesia

Spinalkanal. (→ Wirbelkanal)
spinal canal

Spinalnerven. Die 31 Nervenwurzelpaare, die dem Rückenmark entspringen und gemäß der Einteilung des Rückenmarks in Segmente nach ihrem Ursprungsort benannt werden. Es gibt 8 Hals-, 12 Brust-, 5 Lenden-, 5 Kreuzbein- und 1 Steißbeinnervenpaar.
spinal nerves

Spinalnervenwurzel, dorsale. Zentral mit dem Rückenmark verschmolzener sensorischer Bestandteil bzw. hintere Wurzel des Spinalnervs.
dorsal root

Spiralarterie. Kleine Äste der Arteria uterina, die während der Gelbkörperphase spiralförmig in die Gebärmutterschleimhaut (Endometrium) vordringen, im Laufe des Zyklus wieder degenerieren und mit der Menstruation ausgestoßen werden.
screw artery

Spiralbruch. Spiralförmiger, schräger oder quer verlaufender Knochenbruch eines langen Röhrenknochens.
spiral fracture

Spiralverband. Jeder Wickelverband um eines der Körpergliedmaßen, der aufsteigend um das betreffende Körperteil angebracht wird, wobei jede Tour die vorausgehende um mindestens die Hälfte überlappt.
spiral bandage

Spirochäten. Bewegliche spiralförmige und biegsame Bakterien, die für den Menschen schädlich sind und unter anderen

S

folgende Krankheiten auslösen können: Rückfallfieber, Syphilis und Frambösie.
🇬🇧 spirochetes

Spirogramm. Die mit Hilfe eines Spirometers aufgezeichneten und grafisch dargestellten Atembewegungen eines Patienten. Anhand eines S. werden Lungenfunktion und -kapazität beurteilt.
🇬🇧 spirogram

Spirometer. Messgerät, mit dem das Atemvolumen und die Residualluft gemessen werden. Dient zur Beurteilung der Lungenfunktion. – *adj.* spirometrisch.
[*lat.:* spirare + metrum, blasen, wehen, atmen + Maß]
🇬🇧 spirometer

Spironolacton. Antagonist des Nebennierenrinden-Hormons *Aldosteron*; wirkt diuretisch. S. wird angewendet bei übermäßiger Bildung von Aldosteron, Herzmuskelinsuffizienz und Ödemen. Die Wirkung setzt erst nach einigen Tagen ein, als Nebenwirkungen können erhöhte Blutkaliumwerte und Natriummangel auftreten. Bei Nierenschäden und Lebererkrankungen ist S. kontraindiziert.
🇬🇧 spironolactone

Spitz-Tumor. (→ benignes juveniles Melanom)
🇬🇧 Spitz naevus

Spitzfuß. (→ Pes equinus)
🇬🇧 pes equinus; footdrop

Splenohepatomegalie. Abnorme gleichzeitige Vergrößerung von Milz und Leber.
🇬🇧 splenoheptomegaly

Splenomegalie. Abnorme Vergrößerung der Milz infolge einer Hypertonie der Pfortader, hämolytischer Anämie oder Malaria.
[gr. splén + mégas, Milz + groß]
🇬🇧 splenomegaly

Splitterbruch. (Trümmerbruch). Knochenbruch mit Bildung mehrfacher dünner, ggf. scharfer Knochenteile.
🇬🇧 splinter fracture; chip fracture

Spondylitis. Mit Schmerzen und Steifheit einhergehende Wirbelentzündung infolge einer traumatischen Verletzung der Wirbelsäule oder einer Infektion bzw. rheumatischen Erkrankung.
[*griech.:* spóndylos + itis, runder Wirbelknochen + Entzündung]
🇬🇧 spondylitis

Spondylitis, ankylosans. (Wirbelsäulenversteifung). Chronisch entzündliche Erkrankung unbekannter Herkunft; befällt zuerst die Wirbelsäule und anliegende Körperstrukturen und schreitet dann weiter fort, bis die beteiligten Gelenke versteifen (→ Ankylose). In Extremfällen kann eine starke Wirbelsäulenverkrümmung beobachtet werden.
🇬🇧 ankylosing spondylitis

spongiös. (gitterförmig). Gitterähnliches, poröses, schwammiges Gewebe; kommt zumeist im Knocheninneren vor, wo die Räume mit Knochenmark gefüllt sind.
[*lat.:* cancellus, Gitter]
🇬🇧 cancellous

spontan. Geschieht bzw. entsteht natürlich, von selbst und ohne äußere Einwirkung, wie z.B. eine spontane Heilung oder eine Spontangeburt.
[*lat.:* spontaneus, freiwillig, frei]
🇬🇧 spontaneous

Spontanabort. Die nicht künstlich herbeigeführte Beendigung einer Schwangerschaft, d. h. der Verlust des Schwangerschaftsprodukts vor Ende der 28. Schwangerschaftswoche bei Embryo- oder Fetopathie bzw. Uterusmissbildungen.
[*lat.:* abortus, Fehl-, Frühgeburt]
🇬🇧 spontaneous abortion

Spontanatmung, ungenügende. Anerkannte → NANDA-Pflegediagnose, die definiert ist als ein Zustand, in dem der Patient eine lebenssichernde Atmung durch verminderte Energiereserven nicht aufrechterhalten kann. Typische Symptome sind dabei eine erschwerte Atmung (Dyspnoe), erhöhte Stoffwechselrate, gesteigerte körperliche Unruhe, Furcht, vermehrter Einsatz der Atemhilfsmuskulatur, vermindertes Atemzugvolumen, Tachykardie, erniedrigte PO_2-Werte, erhöhte PCO_2-Werte, beeinträch-

tigte Kooperation und eine niedrige Sauerstoffsättigung.
ventilation, inability to sustain spontaneous

Spontangeburt. Die vaginale Geburt eines Kindes ohne Einsatz geburtshilflicher Instrumente, z.B. Zange (Forzeps) oder Saugglocke (Vakuumextraktor).
spontaneous delivery

Spontanheilung. Das Verschwinden bzw. die Linderung von Krankheitssymptomen ohne deren Behandlung.
spontaneous remission

Sporen. 1. Die Keimzelle von Pilzen und Protozoen. 2. Die Dauerform einiger Bakterien, die gegenüber Hitze, Trockenheit und chemischen Einflüssen resistent ist. Durch sporenbildende Bakterien hervorgerufene Krankheiten sind unter anderen Botulismus, Gasbrand und Tetanus.
[*griech.:* sporá, Säen, Saat, Samen]
spores

sporizid. Sporen abtötend; Eigenschaft einiger chemischer Mittel.
sporicide

Sporozoa (pl.). Klasse einzelliger Lebewesen, die sich durch → Sporen vermehren und nicht selbstständig fortbewegen können. S. sind Erreger zahlreicher Krankheiten, u. a. der Malaria. Zu den S. zählen Toxoplasmen und Plasmodien.
Sporozoa

Sportmedizin. Zweig der Medizin, der sich mit dem Einfluss von Bewegung, Training und Sport auf den menschlichen Organismus sowie der Verhütung und Behandlung von Sportschäden und Sportverletzungen befasst.
sports medicine

Spotting. (→ Schmierblutung)
spotting

Sprache. Definierte Reihe von Zeichen, die alleine oder in Kombination verwendet sinnvolle Strukturen in Form von Wörtern und Symbolen bilden, die Vorbedingung für eine allgemeinverständliche zwischenmenschliche Kommunikation sind.
language

Sprache, aphonische. Sprachstörung, bei der Vokale nur geflüstert werden können.
aphonic speech

Sprache, explosive. Abnormer Sprachrhythmus mit schleppender, abgehackter Artikulation unterbrochen von lauter Betonung einzelner Wörter. Eine explosive Sprache kann häufig bei Hirnstörungen beobachtet werden.
explosive speech

Sprachstörung. Sammelbezeichnung für Störungen und Abnormitäten bezüglich des Sprechens, wie z.B. Aphasie (Sprachversagen), Alexie (Leseunfähigkeit), Aphonie (Stimmlosigkeit), Stammeln, Stottern und undeutliches Sprechen. S.en können viele verschiedene Ursachen haben, darunter neurologische Verletzungen der Großhirnrinde, Muskellähmungen infolge von Verletzungen oder Krankheit, Missbildungen der Sprachorgane, emotionale oder psychische Anspannung, Stress oder Depression, Hysterie sowie schwere geistige Behinderung.
speech dysfunction

Sprachtherapie. Psychotherapeutische Behandlung und Beratung zur Vorbeugung bzw. Korrektur von Sprach- oder Sprechstörungen.
speech therapy

Sprachzentren. Verschiedene Bereiche in der Großhirnrinde, die für die Sprachbildung und das Sprachverständnis verantwortlich sind. Bei Rechtshändern liegen die S. in der linken, bei Linkshändern in der rechten Gehirnhälfte.
speech centers

Sprechen, adenoides. Abnormes Sprechen, das durch eine Hypertrophie des normalerweise im Nasenrachenraum von Kindern zu findenden adenoiden Gewebes verursacht wird. Näseln.
adenoidal speech

S

Spreizfuß. Flacher, stark nach außen gedrehter und verbreiterter Fuß.
🇬🇧 splayfoot

Spritze. Instrument zum Aspirieren, Injizieren oder Einflößen von Flüssigkeit. Eine S. zur Injektion von Medikamenten besteht aus einem geeichten Glas- oder Kunststoffzylinder, der an einem Ende durch einen Kolben abgedichtet wird und am anderen Ende eine schmal zulaufende Öffnung hat, auf die eine Hohlnadel aufgesetzt werden kann. S., die zur Spülung von Wunden oder Körperhöhlen oder zur Aspiration von Schleim oder anderen Flüssigkeiten aus Körperhöhlen verwendet werden, sind i. d. R. größer als Injektionsspritzen.
🇬🇧 syringe

Sprunggelenk. Scharniergelenk zwischen Bein und Fuß. Die abgerundeten Knöchelerhebungen an beiden Gelenkseiten bilden ein Zapfenloch für die Sprungbeinoberfläche.
🇬🇧 ankle joint

Spurenelement. Für die Ernährung und die physiologischen Vorgänge im Körper wichtige Substanz, die in solch geringen Mengen vorkommt, dass sie bei einer Analyse kaum angezeigt wird.
🇬🇧 trace element

Sputum. (Auswurf). Durch den Mund ausgehustete Sekrete aus den Atemwegen und Absonderungen aus der Mundhöhle. S. besteht aus Schleim, Zellmaterial, Nahrungsresten, Staub und ggf. aus Mikroorganismen und kann schleimig, eitrig, serös oder blutig sein. Menge, Farbe und Zusammensetzung des S. sind wichtig für die Krankheitsdiagnose.
[*lat.:* spuere, spucken, ausspucken]
🇬🇧 sputum

Sputumzytologie. Mikroskopische Untersuchung bronchialer Ausscheidungen. Die Untersuchung beinhaltet die Suche nach Zellen, die krebsartig oder krankhaft sind.
🇬🇧 cytologic sputum examination

Squama (pl. Squamae). 1. Hautschuppen bzw. Hornzellenplättchen, die sich von der Haut ablösen. 2. Dünner, schuppenförmiger Teil bestimmter Knochen, insbesondere der Schädelknochen. – *adj.* squamös.
[*lat.:* squama, Schuppe]
🇬🇧 squama

Sr. Symbol für das Element → Strontium.
🇬🇧 Sr

St.-Louis-Enzephalitis. Infektion des Gehirns mit Arboviren, die durch infizierte Insekten auf den Menschen übertragen werden. Die Krankheit ist gekennzeichnet durch Kopfschmerzen, allgemeines Krankheitsgefühl, Fieber, steifen Nacken, Delirium und Krämpfe. Als Spätschäden können Seh- und Sprachstörungen, Gehbehinderungen und Persönlichkeitsveränderungen zurückbleiben. Die Erholung von der Krankheit zieht sich oft lange hin; manchmal endet sie auch tödlich.
🇬🇧 St. Louis encephalitis

Stäbchen. Eine der kleinen, zylindrischen Elemente, die auf der Oberfläche der Retina anhaften. Die S. enthalten die chemische Substanz *Rhodopsin*, die für die Anpassung des Auges an Dämmerlicht und die violette Farbe der S. verantwortlich ist.
🇬🇧 rod

Stäbchen und Zapfen. Die lichtempfindlichen Zellen der Retina (Netzhaut). Die Stäbchen sind hauptsächlich um die Netzhaut herum angeordnet (unter dem sichtbaren violetten Epithelium). Die Zapfenzellen empfangen die Farbreize.
🇬🇧 rods and cones

Stäbchenblindheit. Totale Farbenblindheit infolge eines Funktionsausfalls der Zapfenzellen der Netzhaut.
🇬🇧 rod-monochromasy

Stabsichtigkeit. (→ Astigmatismus)
🇬🇧 astigmatism

Stachel. (Sporn). Spitzer Knochen- oder Knorpelvorsprung.
🇬🇧 spur

Staging. (Stadieneinteilung). System zur Beschreibung der Größe und Ausbreitung eines malignen Tumors; wird zur Planung der Behandlung und zur Vorhersage der

Heilungschancen verwendet. Zum Staging gehört eine körperliche Untersuchung, verschiedene diagnostische Maßnahmen, Operationen und histologische Untersuchungen. Die Einteilung der Tumorstadien verwendet die Buchstaben T (Tumor), N (Knoten, engl. node) und M für entfernte Metastasen und enthält darüber hinaus eine numerische Ordnung für das Ausmaß der Erkrankung. (→ TNM-Klassifizierung)
[*engl.*: stage, Stadium]
cancer staging

Stammbaum. 1. Aufzeichnung aller bekannten Entwicklungslinien der Vorfahren einer Familie. 2. Aufzeichnung, die genetische Informationen über die Vorfahren einer Person aufzeigt, welche bei der Analyse von vererbten Merkmale oder von Erbkrankheiten in bestimmten Familien eingesetzt werden können.
pedigree

Stammeln. (Dyslalie). Sprachstörung, gekennzeichnet durch verkrampfte, verzögerte, stockende oder falsche Artikulation. Es gibt drei Arten: 1. Laute werden ausgelassen; 2. bestimmte Laute werden durch andere ersetzt; 3. Laute werden falsch ausgesprochen. Bei logopädischer Behandlung ist die Prognose meistens günstig. (s.a. Stottern)
stammering

Stammzelle. (Blutstammzelle). Blutbildungszelle; Zelle, deren Tochterzellen verschiedene Zelltypen hervorbringen können, d. h. die Zellen sind weiterhin undifferenziert. Eine solche pluripotente S. kann sich in verschiedene Zelltypen entwickeln, z.B. in Leukozyten, Granulozyten, Thrombozyten und Erythrozyten.
stem cell

Stammzellenleukämie. Gewebsneubildung in den blutbildenden Organen, wobei die vorwiegend bösartigen Zellen zu unreif sind, um sie zu klassifizieren. Die akute Krankheit verläuft schnell und ohne Heilungschancen.
stem cell leukemia

Standardbikarbonat. Die Bikarbonat-Ionenkonzentration (HCO_3-Konzentration) des Plasmas, die bei einem pCO_2 von 40 mmHg bei 37°C und Sauerstoffsättigung des Blutes gemessen wird. Das S. gibt Aufschluss über eine → metabolische Störung des Säure-Basen-Haushalts im Blut. Der Normwert liegt bei 22–26 mmol/l. (s.a. pH-Wert)
standard bicarbonate

Stanzbiopsie. Entfernung von lebendem Gewebe zur mikroskopischen Untersuchung, bei der z.B. mit einer Stanzzange ein zylinderförmiges Stückchen Knochenmark aus dem Brustbein (Sternum) entnommen wird. (→ Biopsie)
punch biopsy

Stapedektomie. Das Herausschneiden des Steigbügels (Stapes) im Mittelohr und das Einsetzen von Knorpel-, Knochen- und Kunststoffteilen (Stapesplastik) zur Wiederherstellung des Gehörs. Die durch das Festwachsen des Steigbügels eingetretene Schwerhörigkeit wird damit behoben. Die Schwingungen werden wieder über das ovale Fenster auf die Flüssigkeit im Innenohr übertragen.
[m*lat.*: stapes, Steigbügel + *griech.*: ektomé, Ausschneiden, Herausschneiden]
stapedectomy

Stapediusreflex. Kontraktion des Musculus stapedius im Mittelohr als Reaktion auf ein lautes Geräusch. Die → Hörschwelle bezeichnet das leiseste Geräusch, welches einen akustischen Reflex auslöst. Bei Personen mit normalem Hörvermögen befindet sich die Hörschwelle in einem Bereich zwischen 85 bis 90 dB. (→ Stapedius)
acoustic reflex

Stapes. (Steigbügel). Eines der drei Gehörknöchelchen im Mittelohr, das einem kleinen Steigbügel gleicht. Es überträgt Schallwellen vom Amboss auf das Innenohr.
[m*lat.*: stapes, Steigbügel]
stapes

Staphylococcus aureus. Staphylokokkenart, die goldgelbe bis orange- oder zitronenfarbige Pigmente produziert. S. a. ruft

zahlreiche eitrige Infektionen hervor, z.B. Furunkel, Karbunkel und Abszesse.
[*griech.:* staphyle, Weintraube + kokkos, Kern, Beere + *lat.:* aurum, Gold]
🇬🇧 Staphylococcus aureus

Staphylokokkeninfektion. Durch pathogene Bakterien der Gattung → Stapylokokkus ausgelöste Infektion, bei der sich typischerweise Abszesse auf der Haut oder anderen Organen bilden. Zu den S. der Haut zählen Karbunkel, Haarbalgentzündung (Follikulitis), Eitergeschwüre (Furunkel) und Schweißdrüsenentzündung (Hidradenitis). Häufig tritt eine Bakteriämie auf, die zu Entzündungen der Herzinnenhaut (Endokarditis), der Hirn- und Rückenmarkshäute (Meningitis) oder des Knochenmarks (Osteomyelitis) führen kann. Eine Staphylokokkenpneumonie folgt häufig auf eine Grippe oder andere Viruserkrankungen und kann chronische Krankheiten und allgemeine Schwächung nach sich ziehen. Darüber hinaus kann es durch ein Toxin, das bestimmte Staphylokokkenarten in kontaminierter Nahrung bilden, zu einer akuten Magen-Darm-Entzündung (Gastroenteritis) kommen.
🇬🇧 staphylococcal infection

Staphylokokkus, pl. Staphylokokken. Unbewegliche, kugelförmige, grampositive Bakterien. Einige Gattungen kommen natürlicherweise auf der Haut und im Rachen vor, andere rufen schwere eitrige Infektionen hervor oder produzieren Toxine, die zu Übelkeit, Erbrechen und Durchfall führen. In Krankenhäusern können lebensbedrohliche Staphylokokkeninfektionen auftreten.
🇬🇧 Staphylococcus (pl. staphylococci)

Star, grüner. (→ Glaukom)
🇬🇧 glaucoma

Stase. Stauung, Unterbrechung des normalen Blutflusses in den Gefäßen. Die S. ist oft ein erstes Anzeichen von schweren Entzündungen und kommt darüber hinaus bei Erfrierungen oder Schock vor.
[*griech.:* stásis, Stehen, Stillstand]
🇬🇧 stasis

Station. Fachspezifische Krankenhausabteilung mit mehreren Patientenzimmern, dem Stationszimmer und ggf. bestimmten Untersuchungszimmern, z.B. innere, orthopädische oder Wochenstation.
🇬🇧 ward

Statistik. Fachbereich der Mathematik, der sich mit Messung, Klassifizierung und Analyse von objektiven Informationen beschäftigt.
🇬🇧 statistics

Status. 1. Bestimmte Lage oder Situation, in der sich ein Mensch befindet, z.B. der emotionale Status. 2. Akutes Stadium einer bestimmten Krankheit, in dem die charakteristischen Symptome gehäuft bzw. in Form von Anfällen auftreten, z.B. Status asthmaticus.
[*lat.:* status, Stehen, Stand, Zustand, Verfassung]
🇬🇧 status

Status asthmaticus. Akuter, schwerer und lang anhaltender Asthmaanfall infolge von stark eingeschränktem Lumen der Luftwege durch anhaltende Bronchospasmen, Ödeme oder Blockierung durch Schleim. Der Anfall kann Hypoxie, Zyanose und Bewusstlosigkeit zur Folge haben und in schlimmsten Fällen sogar den Tod.
🇬🇧 status asthmaticus

Status epilepticus. Medizinischer Notfall, gekennzeichnet durch wiederholte Anfälle ohne Unterbrechungen. Ein S. e. kann ausgelöst werden durch plötzlichen Entzug von krampflösenden Medikamenten (Antikonvulsiva), durch abnorme Blutzuckerspiegel, Hirntumor, Kopfverletzung, hohes Fieber oder Vergiftung.
[*griech.:* epilepsía, Anfassen, Anfall]
🇬🇧 status epilepticus

Staublunge. (→ Pneumokoniose)
🇬🇧 pneumoconiosis

Stauchungsbruch, mit Keilbildung. Bruch eines Wirbelkörpers mit vorhergehender Kompression.
🇬🇧 wedge fracture

Staumanschetten, Vorsichtsmaßnahmen bei der Benutzung von. → Pflegeintervention der → NIC, die definiert wird als die Anwendung einer Staumanschette unter Berücksichtigung der Vermeidung eines Verletzungspotenzials für die Patienten durch ihre Benutzung.
Pneumatic Tourniquet Precautions

Stauung. Unphysiologische Ansammlung von Flüssigkeit in einem Organ oder einem Körperbereich. Bei der angesammelten Flüssigkeit handelt es sich entweder um Schleim, Galle oder Blut.
congestion

Stauungsdermatitis. Häufige Folgeerscheinung einer Veneninsuffizienz in den Beinen. Sie beginnt mit Ödemen im Bereich der Fußknöchel, worauf später dunkle Hautverfärbungen, Hautrötung, Petechien und Verhärtungen der Haut eintreten. Schließlich kommt es zur Atrophie und Fibrose der Haut und des Unterhautfettgewebes mit Geschwürbildung. Haben sich einmal Geschwüre gebildet, ist der Heilungsprozess sehr langwierig. Die dunkle Hautverfärbung entsteht durch Blut, das durch die Wände der Kapillaren austritt, die dem erhöhten Venendruck ausgesetzt sind. Die betroffenen Hautpartien sind leicht reizbar und reagieren schnell auf örtliche Behandlungen.
stasis dermatitis

Stauungslunge. Exzessive Ansammlung von Flüssigkeit in den Lungen, meist in Verbindung mit einer Entzündung oder dekompensierten Herzinsuffizienz.
pulmonary congestion

Stauungsmilz. (Banti-Syndrom). Milzvergrößerung in Verbindung mit Magenbluten, Anämie, Hypertonie der Pfortader und Leberzirrhose. (→ Splenomegalie)
congestive splenomegalia

Stauungsödem. (kardiales Ödem). Ansammlung seröser Flüssigkeit aus dem Blutplasma im interstitiellen Gewebe infolge einer Stauungsinsuffizienz. In schweren Fällen kann sich die Flüssigkeit auch in serösen Hohlräumen ansammeln.
[*griech.:* oidema, Schwellung.]
cardiac edema

Stauungsulkus. Nekrotische, kraterartige Hautverletzung am Unterschenkel infolge einer chronischen venösen Blutstauung. Das S. tritt häufig im Zusammenhang mit → Stauungsdermatitis und → Varikose auf.
stasis ulcer

STD. Abkürzung für englisch »→ Sexually transmitted diseases«.
STD

Stearrhö. (→ Fettdurchfall)
steatorrhea

Steigbügel. (→ Stapes)
stapes

Steinkohlenteer. Mittel gegen Ekzeme zur oberflächlichen Anwendung bei chronischen Hautkrankheiten, wie Ekzem und Schuppenflechte.
coal tar

Steinmann-Nagel. Angespitzter Metallnagel, der bei Knochenbrüchen in große Knochen (Schienbein- oder Oberschenkelknochen) eingeschlagen wird und als Überträger der von außen einwirkenden Kräfte fungiert, z.B. bei einem Streckverband. Wird zum Einrichten von Knochenbrüchen verwendet.
[F. Steinmann, schweizer Chirurg, 1872–1932]
Steinmann pin

Steißbeinmuskel. Einer der beiden Diaphragmamuskeln. Die dreiecksförmige Muskel- und Sehnenschicht erstreckt sich über die Beckenhöhle, bewegt das Steißbein in ventraler Richtung und stützt den Beckenboden.
coccygeus

Steißgeburt. Geburtsvorgang, bei dem der Säugling mit den Füßen, Knien oder dem Gesäß voran geboren wird. S.en sind häufig sehr gefährlich; der Körper wird dabei problemlos geboren, doch kann der nachfolgende Kopf im unzureichend gedehnten (dilatierten) Gebärmutterhals (Zervix)

steckenbleiben, weil der Kopf eines Säuglings dicker als sein Körper ist.
breech birth

Steißlage. (→ Beckenendlage)
pelvic presentation

Stenose. Abnorme Verengung einer Öffnung oder eines Körperkanals. – *adj.* stenotisch.
[*griech.:* sténosis, Verengung]
stenosis

Sterbehilfe, aktive. Eine Form der → Euthanasie, bei der eine Person, die den Wunsch zu sterben äußert, durch eine andere Person unterstützt wird, entweder durch Beratung und/oder die Verabreichung eines Giftes oder Gegenstandes den Tod herbeizuführen. Die a.S. gilt juristisch als Beihilfe zur Selbsttötung und ist strafbar. Meistens erfolgt die a.S. bei terminal kranken Menschen.
assisted death

Sterbende, Pflege von. → Pflegeintervention der → NIC, die definiert wird als die Förderung von körperlichem Wohlbefinden und seelischem Frieden in der letzten Lebensphase.
Dying Care

Sterbephasen. Die fünf emotionalen und physischen Phasen, die ein Mensch durchläuft, der weiß, dass er bald sterben wird. Das Modell wurde von E. Kübler-Ross entwickelt und beschrieben. Die Phasen unterteilen sich in Nicht-Wahrhaben-Wollen und Schock, Wut, Verhandeln, Depression und schließlich Akzeptanz. Die Phasen können nacheinander auftreten oder auch, je nach Zustand des Patienten, sich mehrmals wiederholen. Die ersten drei Phasen durchlaufen Sterbepatienten häufig mehrmals.
stages of dying

Sterblichkeitsziffer. Die in einer bestimmten Bevölkerungsgruppe beobachtete Sterberate.
fatality rate

Stereognosie. Die Fähigkeit, Form, Konsistenz und Wesen eines Gegenstands allein durch Betasten zu erkennen (bei geschlossenen Augen).
stereognosis

Stereomikroskop. → Mikroskop, das mit Hilfe von doppelten Okularen und doppelten Objektiven ein dreidimensionales Bild erzeugen kann.
stereoscopic microscope

Stereoophthalmoskop. → Ophthalmoskop, das zur dreidimensionalen Begutachtung des Augeninneren mit zwei Okularen ausgestattet ist.
stereoophthalmoscope

stereotaktisches Instrument. Gerät, das auf den Kopf eines Patienten gesetzt wird, und mit Hilfe von Koordinaten Gehirnstrukturen lokalisieren kann.
stereotaxic instrument

steril. 1. Frei von lebenden Mikroorganismen. 2. Unfruchtbar; unfähig, Nachkommen zu zeugen; häufig aufgrund von körperlichen Beeinträchtigungen; beim Mann z.B. durch fehlende Spermatogenese, bei der Frau durch Blockierung der Eileiter. 3. Aseptisch.
[*lat.:* sterilis, unfruchtbar]
sterile

steriler Bereich. 1. Bestimmter Bereich, der als keimfrei gilt. 2. Der Bereich rund um einen Patienten, der für eine Operation vorbereitet wurde. Dazu gehört das speziell gekleidete OP-Team sowie sämtliche Geräte, Gegenstände und Anschlüsse in diesem Bereich.
sterile field

Sterilisation. 1. Verfahren, wodurch eine Frau unfruchtbar bzw. ein Mann zeugungsunfähig wird. 2. Bestimmtes Verfahren zur Zerstörung von Mikroorganismen auf Instrumenten, Wäsche und speziellen Geräten; wird mit Hilfe von Hitze, Wasser, Chemikalien oder Gasen durchgeführt.
sterilization

sterilisieren. 1. Eine Frau unfruchtbar machen, z.B. durch Durchtrennen der Eileiter, bzw. einen Mann zeugungsunfähig machen durch Unterbindung der ableiten-

den Samenwege. 2. Keimfrei machen; sämtliche lebenden Mikroorganismen (Viren, Bakterien, Sporen etc.) auf Instrumenten, Wäsche, Materialien und Geräten zerstören.
sterilize

Sterilität. Unvermögen, Nachkommen zu zeugen bzw. zu empfangen.
sterility

Sterilität, relative. Zustand der Unfruchtbarkeit (Infertilität), wobei einer oder mehrere Faktoren dafür verantwortlich sind, dass sich die Möglichkeit einer Schwangerschaft verringert.
[*lat.:* sterilis, unfruchtbar]
relative sterility

sternoklavikulär. (sternoclavicularis). Zum Sternum (Brustbein) und der Klavikula (Schlüsselbein) gehörend.
[*lat.:*clavicula, kleiner Schlüssel]
sternoclavicular

Sternokleidomastoideus. Übliche Kurzbezeichnung für »Musculus sternocleidomastoideus«, der Kopfnicker. Halsmuskel, der vom Brustbein zum Prozessus mastoideus (Warzenfortsatz) verläuft und für die Beugung des Kopfes mit verantwortlich ist. Er zählt zur Atemhilfsmuskulatur.
sternocleidomastoid

sternokostal. Rippen und Brustbein betreffend.
costosternal

Sternum. (Brustbein). Langer abgeflachter Knochen, der den Mittelteil des Brustkorbs (Thorax) bildet. Er ist kopfwärts auf jeder Seite mit dem Schlüsselbein (Klavikula) und seitlich gelenkig mit den ersten sieben Rippenpaaren verbunden. Das S. besteht aus dem Manubrium, dem Corpus sterni und dem Schwertfortsatz.
sternum

Sternumpunktion. Diagnostisches Verfahren, bei dem eine Nadel in das Knochenmark des Brustbeins eingeführt und Blutproben zur anschließenden Analyse entnommen werden.
[*griech.:* stérnon, Brust + *lat.:* punctare, Einstiche machen]
sternal puncture

Sternumspalte. Durch eine embryonale Fehlbildung verursachte Brustbeinspalte.
cleft sternum

Steroidanabolika. Gruppe chemischer, von Testosteron abgeleiteter bzw. synthetisch hergestellter Verbindungen, die zur Förderung des Körperwachstums und der Virilisierung sowie zur Gegensteuerung der Auswirkungen endogener Östrogene eingesetzt werden. Alle Verbindungen dieser Gruppe haben gemischte, androgen-anabolische Auswirkungen. S. werden zur Behandlung von aplastischer Anämie, Hämozytenaplasie, hämolytischer Anämie und sonstigen Anämieformen verwendet, die mit Niereninsuffizienz, myeloischer Metaplasie und Leukämie assoziiert sind. S. werden auch teilweise missbräuchlich von Sportlern zum Muskelaufbau verwendet.
[*griech.:* anaballein, aufbauen]
anabolic steroid

Steroide (pl.). Eine Gruppe bestimmter Hormonsubstanzen mit ähnlicher chemischer Struktur, die hauptsächlich in der Nierenrinde und in den Gonaden gebildet werden.
[*griech.:* stereós, starr, hart, fest]
steroids

Steroidhormone. Im engeren Sinne die Geschlechtshormone (Androgene und Östrogene) und die Nebennierenrindenhormone.
steroid hormones

Stethoskop. Instrument zum Abhören eines Patienten. Es besteht aus einem Ohrbügel mit zwei Ohroliven, die über einen flexiblen Schlauch mit einer Membran verbunden sind. Die Membran wird auf Brust oder Rücken des Patienten gesetzt, um Herz- oder Lungengeräusche abzuhören.
stethoscope

Stewart, Isabel Maitland. Amerikanische Lehrschwester und Buchautorin. Sie war die erste Krankenschwester mit einem Universitätsdiplom. I. Stewart war entscheidend an der Reform des Lehrplans für Krankenschwestern beteiligt, nahm eine führende Position bei der Ausbildung ein und engagierte sich international für die Belange der Krankenpflege.
[1878–1963]
Stewart, Isabel Maitland

STH. Abkürzung für »somatotropes Hormon«. (→ Wachstumshormon)
STH; growth hormone

Stickoxid (NO). (Stickstoffmonoxid). Farbloses Gas, das häufig im Gewebe von Menschen und Tieren zu finden ist und das an vielen biologischen Funktionen und Prozessen beteiligt ist, z.B. an der Neurotransmission, Vasodilatation, Zytotoxizität von Makrophagen, Therapien zur Senkung der Fettwerte und Hemmung der Blutgerinnung (Thrombozytenaggregation). Wenn S. als Inhalation verabreicht wird, wirkt es als ein Entspannungsfaktor, der eine Gefäßverengung (Vasokonstriktion) in den Lungen lindert, welche durch eine vorübergehende Hypoxie verursacht werden kann. Ein S.-Mangel kann zu hohem Blutdruck und zur Bildung von atherosklerotischer → Plaque führen. Bei Kontakt mit der Luft wird S. rasch in das sehr giftige Stickstoffdioxid (NO_2) umgewandelt. Zu den Nebenwirkungen einer übermäßigen NO-Exposition zählen Reizungen der Augen, Nase und Hals, Schläfrigkeit (Somnolenz) und Bewusstlosigkeit.
nitric oxide (NO)

Stickstoff (N). Gasförmiges, nicht-metallisches Element mit der Ordnungszahl 7 und Atommasse 14,008. S. macht mit etwa 78% den größten Anteil unserer Atemluft aus und ist Bestandteil aller Proteine, sowie wesentlicher Baustein der meisten organischen Substanzen. Stickstoffverbindungen sind wichtige Bestandteile aller lebenden Organismen, insbesondere von Eiweißen und Nukleinsäuren. Mit Wasserstoff bildet S. Ammoniak.
nitrogen (N)

Stickstoffbilanz. Differenz zwischen dem normalerweise mit der Nahrung aufgenommenen und dem aus dem Körper durch Urin und Fäzes wieder ausgeschiedenen → Stickstoff. Der Großteil des körpereigenen Stickstoffs ist in den Proteinen enthalten. Eine positive S., bei der also die Aufnahme größer als die Ausscheidung ist, impliziert Gewebebildung und Wachstum. Eine negative Bilanz entsteht beim Fasten oder bei einer Gewebezerstörung.
nitrogen balance

Stielwarze. Kleiner brauner bzw. fleischfarbener Hautauswuchs. Tritt häufig in der Nackenregion eines älteren Menschen auf.
cutaneous papilloma

Stigma, pl. Stigmata. 1. Moralischer oder körperlicher Makel; 2. Typisches Kennzeichen (geistig oder körperlich) für eine bestimmte Krankheit.
[*griech.:* stígma, Zeichen, Brandmal; Stich]
stigma

Stillen. Einem Kind die Brust geben und mit der Muttermilch ernähren. Das S. ist die natürlichste und beste Ernährung für das Baby, da in der Muttermilch sämtliche Nährstoffe, die es braucht in optimaler Zusammensetzung vorhanden sind. Das Kind wird am besten nach Bedarf gestillt, d. h. immer wenn es Hunger hat. Eine Gefahr der Überfütterung ist bei Muttermilch nicht gegeben. Eine Stillmahlzeit sollte möglichst nicht länger als 20 Minuten dauern, da sonst die Brustwarzen der Mutter übermäßig strapaziert werden. S. fördert die Rückbildung der Gebärmutter nach der Geburt; es schützt das Kind am besten vor Allergien und Infektionen.
suckle; breastfeeding

Stillen, Beratung beim. → Pflegeintervention der → NIC, die definiert wird als der Einsaz eines interaktiven Hilfsprozesses zur Unterstützung eines erfolgreichen Stillens.
Lactation Counseling

Stillen, Unterstützung beim. → Pflegeintervention der → NIC, die definiert wird als

die Vorbereitung einer Mutter auf das Stillen ihres Säuglings.
Breastfeeding Assistance

Stimmabdruck. Graphische Darstellung des Sprechmusters einer Person mit Hilfe einer elektronischen Aufnahme. Der S. ist wie der Fingerabdruck nur für einen einzigen Menschen spezifisch.
voiceprint

Stimmapparat. Kehlkopf (Larynx), Rachen (Pharynx), Mund- und Nasenhöhlen, die bei der Erzeugung von Tönen zusammenwirken.
vocal apparatus

Stimmbänder. Feste Bänder im Kehlkopf aus gelbfarbigem, elastischem Gewebe, die von Membranen - den sogenannten → Stimmlippen - umhüllt sind.
vocal cords

Stimmbänder, echte. Paarige Stimmlippe (Plicae vocales), die das Stimmband (Ligamentum vocale) und den Stimmmuskel (Musculus vocale) umhüllt; im Gegensatz zu den falschen Stimmbändern (Plicae vestibulares).
true vocal cords

Stimmgabelprüfung. (Weber-Versuch). Screening-Methode zur Bestimmung der Hörfähigkeit, wobei dem Probanden eine schwingende Stimmgabel auf den Scheitel gesetzt wird. Bei gesundem Gehör ist der Ton auf beiden Ohren gleich lang und laut. Besteht eine einseitige Schallleitungsschwerhörigkeit (z.B. infolge einer Mittelohrentzündung), wird der Ton auf der kranken Seite länger gehört; bei Innenohrerkrankungen wird er auf der erkrankten Seite kürzer gehört.
[Ernst Weber, dt. Anatom und Physiologe, 1795–1878]
Weber's tuning fork test

Stimmlippen. (Stimmfalten). Die echten → Stimmbänder. Sie werden durch Anblasen aus dem Brustkorb in Schwingungen versetzt und erzeugen dadurch Töne.
vocal folds

Stimmung. Längerfristiger, subjektiver emotionaler Zustand, der die gesamte Persönlichkeit und die Wahrnehmung der Umgebung beeinflusst. Beispiele für S.en sind Traurigkeit, Begeisterung oder Wut.
mood

Stimmungsschwankungen. Vielzahl von Zuständen, die durch eine Beeinträchtigung der → Stimmung gekennzeichnet sind. Wenn die Symptome leicht und vorübergehend sind, ist dies durchaus normal, in schwereren Fällen kann es jedoch zu ausgeprägten depressiven Zuständen o.ä. kommen.
mood disorders

Stimmungsschwankungen, Umgang mit. → Pflegeintervention der → NIC, die definiert wird als die Gewährleistung von Sicherheit und Stabilität für Patienten mit dysfunktionalen Stimmungszuständen.
Mood Management

Stimulans, des Zentralnervensystems. Substanz, die die Frequenz der neuronalen Entladung erhöht bzw. inhibitorische Neurotransmitter blockiert und somit die Aktivität des Zentralnervensystems beschleunigt. Viele natürliche und synthetisch hergestellte Verbindungen haben stimulierende Wirkung auf das ZNS, aber nur wenige werden therapeutisch eingesetzt.
central nervous system stimulant

Stimulans, pl. Stimulanzien. Jede Substanz, die die Aktivität eines Körpersystems anregt bzw. reizt. – *adj.* stimulierend.
[*lat.:* stimulare, mit dem Stachel stechen, anstacheln, anreizen]
stimulant

Stimulus, pl. Stimuli. (→ Reiz)
stimulus

Stinknase. (→ Ozäna)
ozena

Stirnbein. Bezeichnung für den Schädelknochen, der sich oberhalb der Augenhöhlen zur hinteren Schädeldecke bis zum Scheitelbein und zur Scheitelnaht erstreckt.
frontal bone

Stirnhöhle. (Sinus frontalis). Hohlräume im Stirnbein, die mit der Nasenhöhle verbunden sind. Die Stirnhöhlen öffnen sich durch den vorderen Nasengang in den vorderen Teil des Mittelohrgangs.
frontal sinus

Stirnlage. Situation während einer Geburt, in der die Stirn des Kindes zuerst in den Geburtskanal eintritt. Da der Durchmesser des Kopfes in diesem Winkel größer sein kann als der Beckenausgang der Mutter, kann ein → Kaiserschnitt erforderlich werden.
brow presentation

Stirnvenen. Die beiden oberflächlich verlaufenden Gesichtsvenen, die ihren Ursprung im Stirngeflecht haben.
frontal veins

Stoffwechselanomalien, angeborene. (Inborn errors of metabolism). Verschiedene unphysiologische metabolische Erkrankungen, die durch den angeborenen Defekt eines Enzyms oder Proteins verursacht werden. Es kommt zu zahlreichen körperlichen Symptomen, die für die jeweilige Abweichung charakteristisch sind. Die a. S. können bereits beim Fötus im Uterus mit Hilfe einer Fruchtwasseruntersuchung der Blutzellen und durch Fetoskopie bestimmt werden. Im Labortest, der nach der Geburt durchgeführt wird, sind die Spiegel bestimmter Metabolite im Blut und im Urin erhöht, z.B. Phenylbrenztraubensäure bei Phenylketonurie und Galaktose bei Galaktosämie.
inborn errors of metabolism

Stoffwechselstörung. Bezeichnung für alle pathophysiologischen Dysfunktionen, die dazu führen, dass die Kontrolle über die → Homöostase des Körpers verloren geht.
metabolic disorder

Stoma. 1. Kleine Pore oder Öffnung in einer Oberfläche. 2. Künstlicher, operativ hergestellter Ausgang eines inneren Organs auf der Körperoberfläche, z.B. bei einer Kolostomie. Dient zur Entleerung von Ausscheidungen bei Funktionsuntüchtigkeit des betreffenden Organs. 3. Operativ hergestellte Öffnung zwischen zwei Körperstrukturen, z.B. zwischen Magen und Dünndarm.
[*griech.:* stóma, Mund]
stoma

Stoma. Chirurgisches Verfahren zur Eröffnung einer Passage, durch die Urin aus der Harnblase oder Darminhalt aus dem Darm über eine durch die Bauchwand vorgenommene Inzision abfließen kann. Ein S. kann gelegt werden, um einen anatomischen Defekt zu korrigieren, eine Obstruktion zu beheben oder die Behandlung einer schweren Infektion oder Verletzung des Harntraktes oder des Darms zu ermöglichen. Jede Maßnahme wird nach der anatomischen Lokalisation des S.s benannt, z.B. Kolostomie, Ureterostomie, Zäkostomie oder Zystostomie.
ostomy

Stomapflege. 1. → Pflegeintervention der → NIC, die definiert wird als die Erhaltung der Ausscheidung durch ein Stoma und die Pflege des umgebenden Gewebes. 2. Versorgung und Unterstützung eines Patienten mit einer chirurgischen Öffnung in der Blase, im Dünn- oder Dickdarm zur vorübergehenden oder dauerhaften Ausscheidung von Urin oder Fäzes. Indikation für das Anlegen eines Stomas können Karzinome, Darmverschlüsse, Verletzungen oder schwere Ulzerationen distal zur Inzisionsstelle sein. In den meisten Fällen wird die Öffnung mit einem Beutel zum Auffangen der Ausscheidungen versehen. Die Fähigkeit von Patienten, eine S. durchzuführen und mit den erforderlichen Hilfsmitteln korrekt umzugehen, wird durch die Pflege beeinflusst, die er nach der Operation erhält. Ein positiv eingestellter Patient und eine realitätsorientierte Einstellung, sensible emotionale Unterstützung und eine angemessene Unterrichtung der Selbstpflegemaßnahmen sind wesentliche Aspekte einer erfolgreichen S. (→ Stoma)
Ostomy Care

Stomaspülung. Pflegerische Maßnahme zur Säuberung, Stimulierung und regulierenden Evaluation einer künstlich ge-

schaffenen Körperöffnung (→ Stoma). Als Spülflüssigkeiten werden Wasser, Kochsalzlösungen oder andere medizinische Lösungen verwendet.
ostomy irrogation

Stomatitis. Entzündung im Mund. Eine S. kann durch Bakterien, Viren oder Pilze hervorgerufen werden, infolge einer Chemikalien- oder Drogenexposition, bei Vitaminmangel oder im Zusammenhang mit einer systemischen Infektionskrankheit auftreten.
[*griech.:* stoma + itis, Mund + Entzündung]
stomatitis

Stomatitis parasitica. Entzündung der Mundschleimhaut durch den Hefepilz *Candida albicans*; dabei ist die Zunge typischerweise weiß belegt. Häufig sind Kinder davon betroffen sowie HIV-Patienten mit geschwächtem Immunsystem. Eine S. p. kann sich auch als Folge einer Antibiotikatherapie entwickeln.
[*griech.:* stoma + itis + parásitos, Schmarotzer]
stomatitis parasitica

Stomatitis ulcerosa. (Mundfäule). Geschwürige Entzündung der Mundschleimhaut, gekennzeichnet durch geschwollene Gaumen, Geschwürbildung und lockere Zähne.
ulcerative stomatitis

Störung, dissoziative. Mentale Störung, bei der emotionale Konflikte so unterdrückt werden, dass eine Trennung von der Persönlichkeit bzw. ein gespaltenes Persönlichkeitsbild entsteht. Die Folge ist ein veränderter Bewusstseinszustand bzw. eine Identitätskrise. Begleitsymptome sind Amnesie, Schlafwandeln, Dämmer- und Traumzustand sowie dissoziative Identitätsstörungen.
dissociative disorder

Störung, mentale. Beeinträchtigung des emotionalen Gleichgewichts, die sich in einem schlecht angepassten Verhalten und gestörter Funktionsfähigkeit äußert und durch genetische, physikalische, chemische, biologische, psychische, soziale oder kulturelle Faktoren verursacht werden kann.
mental disorder

Stoßwellenlithotripsie, extrakorporale. Anwendung starker Schallwellen zur Zertrümmerung von Nieren- und Gallensteinen.
[*lat.:* extra, außerhalb, corpus, Körper; *franz.:* choc, Schlag, *griech.:* lithos, Stein, tribein, abtragen.]
extracorporeal shock-wave lithotripsy (ESWL)

Stottern. Sprachstörung, gekennzeichnet durch lange Sprechpausen, Wort- oder Silbenwiederholungen sowie hörbare oder stumme Silbenlängung. Die Ursachen sind weitgehend unbekannt; neurologische Störungen werden als Ursache diskutiert. Im Vorschulalter ist S. normal, da sich körperliche, psychische und sprachliche Entwicklung oft mit unterschiedlicher Geschwindigkeit vollziehen.
stuttering

S-T-Phase. Eine isoelektrische Linie nach dem → QRS-Komplex im → Elektrokardiogramm vor dem Anstieg der T-Welle. Sie zeigt Phase 2 des → Aktionspotenzials. Anstieg oder Abfall der S-T-Phase sind Zeichen einer → Myokardischämie oder -schädigung und Koronararterienerkrankung.
S-T segment

Strabismus. Schielen; Meist angeborene, aber auch erworbene Störung, wobei die Sehachsen der beiden Augen nicht auf denselben Punkt ausgerichtet sind. Man unterscheidet zwei Arten des S., den paralytischen und den nicht paralytischen. Beim **paralytischen S.** können die Augenmuskeln infolge einer neurologischen Störung oder einer Muskelschwäche das Auge nicht bewegen. Der betroffene Muskel kann identifiziert werden, indem man den Patienten beim Versuch, das Auge in die wichtigsten Blickrichtungen zu drehen, beobachtet. Beim **nicht paralytischen S.** handelt es sich um eine erbliche Fehlstellung der Augen zueinander. Die betroffene Person kann nicht beide Augen gleichzeitig auf einen Punkt fixieren, sondern fixiert mit einem Auge. Manche Pa-

S

tienten fixieren immer mit demselben Auge, andere können abwechselnd mit dem einen oder anderen Auge fixieren. Die Sehschärfe vermindert sich, wenn nur ein Auge verwendet wird.
[*griech.:* strabismos, Schielen]
🇬🇧 strabismus

Strabismus, divergens. (Auswärtsschielen). Sehstörung, bei der ein Auge nach außen schielt. Das betroffene Auge ist oftmals blind oder weist eingeschränkte Sehfähigkeit vor.
🇬🇧 divergent strabismus

Strahlen, elektromagnetische. Form der Strahlung, die aus der Kombination magnetischer und elektrischer Kräfte entsteht. Das Energiespektrum elektromagnetischer Strahlung reicht von kurzwelligen Strahlungen (kosmische Strahlen) bis zu langwelligen Strahlungen (Radiowellen).
🇬🇧 electromagnetic radiation

Strahlenbelastung. (→ Strahlenexposition)
🇬🇧 radiation exposure

Strahlenbiologie. (→ Radiobiologie)
🇬🇧 radiobiology

Strahlendetektor. Gerät oder System, das ionisierende Strahlung sichtbar macht. Es wird zum Nachweis und zur Messung von Strahlung verwendet.
🇬🇧 radiation detector

S

Strahlenexposition. (Strahlenbelastung). Messung der ionisierenden Strahlung in der Luft durch Röntgen- oder Gammastrahlen, denen der Mensch ausgesetzt ist. Eine akute S. ist dann gegeben, wenn kurzzeitig eine intensive ionisierende Strahlung erfolgt, meist infolge ungewollter Verbreitung von radioaktivem Material. (s.a. Strahlenkrankheit)
🇬🇧 radiation exposure

Strahlenexposition, Notfallmaßnahmen. (Strahlenbelastung). Erste-Hilfe-Maßnahmen für eine Person, die externer oder interner radioaktiver Strahlung ausgesetzt war. Bei externer S. muss die Person sofort gründlich gereinigt (dekontaminiert) und, um andere zu schützen, isoliert werden. Hat eine Person radioaktives Material zu sich genommen oder inhaliert (interne S.), so sind ähnliche Notfallmaßnahmen wie bei einer chemischen Vergiftung angebracht. Die Ausscheidungen der Person sollten gesammelt und auf Strahlung untersucht werden. Bei einer zusätzlichen äußeren Verletzung muss darauf geachtet werden, dass das Opfer nicht durch verstrahlte Oberflächen weiterer S. ausgesetzt ist. Grundsätzlich müssen besondere Vorkehrungen getroffen werden, um die Verbreitung der Strahlung zu unterbinden, und das Opfer muss alle notwendigen lebensrettenden Maßnahmen erhalten. Die helfenden Personen sollten unbedingt Schutzkleidung, Kopfbedeckung und Handschuhe tragen. (s.a. Strahlenkrankheit; Strahlenschutz)
🇬🇧 radiation exposure, emergency procedures

Strahlenhygiene. Forschungsgebiet und Maßnahmen zum Schutz der Menschen vor Strahlenschäden. Maßnahmen beinhalten im Einzelnen das Reduzieren der Strahlenbelastung durch externe Strahlung im klinischen Bereich durch Aufstellen von Schutzwänden aus strahlenabsorbierendem Material, die Vorgabe und Einhaltung von Sicherheitsabständen zwischen Menschen und Strahlungsquellen und die Reduzierung der Strahlenbelastungsdauer. (s.a. Strahlenschutz)
🇬🇧 radiation hygiene

Strahlenkrankheit. Krankheit durch Belastung mit ionisierender Strahlung. Bei geringfügiger Belastung (sog. Strahlenkater) kann es zu Kopfschmerzen, Übelkeit, Erbrechen, Appetitlosigkeit und Durchfall (Diarrhö) kommen; langfristige Strahlenbelastung kann zu einer Vielzahl von Schäden führen (Strahlensyndrom), wie z.B. Sterilität, Schädigung des Fötus im Mutterleib, Leukämie oder anderen Krebsformen, Haarausfall und grauem Star (Katarakt).
🇬🇧 radiation sickness

Strahlenkunde. (→ Radiologie)
🇬🇧 radiology

Strahlenschutz. Alle Vorkehrungen und Maßnahmen (Sicherheitsabstand, Schutz-

barrieren etc.), die zum Schutz der Personen vor ionisierender Strahlung getroffen werden. Der S. betrifft vor allem Gesundheitseinrichtungen, Forschungszentren und Industriezweige, in denen mit ionisierender Strahlung gearbeitet wird. Das Risiko, Strahlenschäden zu erleiden, variiert mit Art und Intensität der jeweiligen Strahlung. (→ Strahlenschutzverordnung)
radiation protection

Strahlentherapie. Behandlungsmethode zur Bestrahlung von Neoplasmen im Körperinneren, wie z.B. bei Wilms-Nierentumor, bei Hodgkin-Lymphom und anderen Krebsarten. Die Strahlentherapie kann Übelkeit, Unwohlsein, Diarrhö und Hautreaktionen, wie Rötungen, Juckreiz, Hautbrennen oder Abschuppung verursachen. Mit Hilfe moderner Techniken kann der Röntgenstrahl jedoch direkt auf die betroffenen Stelle gelenkt werden, ohne die Haut zu beschädigen.
deep x-ray therapy

Strahlentherapie, Pflege bei. Die bestrahlte Hautpartie muss vor Wasser, Seife und Cremes geschützt werden. Die Patienten sollten keine einengende und synthetische Kleidung tragen, um Reiben bzw. Schwitzen zu vermeiden.
x-ray therapy care

Strahlung. (Radiatio). Die Aussendung von Energie in Form von Strahlen und Wellen.
radiation

Strahlung, ionisierende. Energiereiche elektromagnetische Wellen (wie Röntgen- oder Gammastrahlen) und bestimmte Strahlungen (wie Alphateilchen, Betastrahlen, Elektronen, Neutronen, Positronen und Protonen), die dafür sorgen, dass Substanzen beim Durchtritt durch Materie zu Ionen gespalten werden. Energiereiche Röntgenstrahlen dringen tief ein, die meisten Betateilchen nur wenige Millimeter und Alphateilchen sogar nur den Bruchteil eines Millimeters; alle sorgen jedoch bei ihrem Durchtritt für eine intensive → Ionisierung.
ionizing radiation

Strahlung, sichtbare. Elektromagnetische Strahlung mit Wellenlängen zwischen infrarot und ultraviolett, die von den meisten Menschen wahrgenommen werden kann.
visible radiation

Strahlungsenergie. Energie, die als elektromagnetische Strahlung ausgesandt wird, wie z.B. Radiowellen, Infrarot-Strahlung, sichtbares Licht, ultraviolettes Licht, Röntgen-Strahlen und Gammastrahlen.
radiant energy

Strahlungswärme. Eine Form der Infrarot-Energie, die in elektromagnetischen Wellen von einer zentralen Quelle ausgesandt wird. Diese Wellen sind größer als sichtbares Licht. Objekte, auf die die Wellen treffen, erfahren eine Temperatursteigerung.
radiant heat

Strangulation. Das Einschnüren eines schlauch- oder kanalförmigen Körperorgans, wie z.B. der Luftröhre, eines Darmabschnitts oder eines Blutgefäßes, wodurch die normale Funktion beeinträchtigt bzw. die Zirkulation unterbunden wird.
[*lat.:* strangulare, erwürgen, erdrosseln]
strangulation

Stratum, pl. Strata. Gleichförmig dicke Schicht, die meist mit einer anderen Schicht eng verbunden ist, wie z.B. das → Stratum basale der Oberhaut.
[*lat.:* sternere, hinstreuen, hinbreiten]
stratum (pl. strata)

Stratum basale. 1. Die unterste Schicht der Oberhaut (Epidermis), die aus großen zylinderförmigen Zellen besteht. Das S. b. versorgt die oberen Schichten durch mitotische Zellteilung mit neuen Hautzellen. 2. Die unterste Schicht der Dezidua (Schleimhaut der schwangeren Gebärmutter), welche die Endigungen der Gebärmutterdrüsen enthält.
stratum basale

Stratum corneum. Verhornte äußerste Hautschicht, die aus flachen, abgestorbenen Zellen besteht. Diese Zellen haben sich zu Keratin verwandelt und werden

S

kontinuierlich abgestoßen. An den Handinnenflächen und den Fußsohlen ist das S. c. sehr dick, in den übrigen Körperbereichen jedoch verhältnismäßig dünn.
stratum corneum

Stratum granulosum. Eine der Oberhautschichten, die außer an den Handinnenflächen und den Fußsohlen direkt unter dem → Stratum corneum liegt. Dort liegt sie direkt unter dem → Stratum lucidum.
stratum granulosum

Stratum lucidum. Eine der Oberhautschichten. Sie kommt nur an den Handinnenflächen und den Fußsohlen vor und liegt dort direkt unter dem → Stratum corneum.
stratum lucidum

Stratum spinosum. Eine der Oberhautschichten, die aus mehreren Stachelzellschichten besteht und zwischen → Stratum basale und → Stratum granulosum liegt. Sie enhält im Zellplasma kleine Fibrillen.
stratum spinosum

Stratum spongiosum. Eine der drei Schichten der Gebärmutterschleimhaut, die geschlängelte, erweiterte Drüsen enthält und einen kleinen Anteil drüsenartigen Gewebes.
stratum spongiosum

Streckbehandlung. (→ Knochenextension)
skeletal traction

S

Streichen, langsames. Technik in der Physiotherapie, wobei mit langsamen Bewegungen der Hände kontinuierlicher Druck vom Hals bis in die Lendenregion entlang der Wirbelsäule ausgeübt wird. Zur Verminderung der Reibung wird ein Gleitmittel (z.B. Massageöl) auf die Haut aufgetragen. Zeige- und Mittelfinger streichen gleichzeitig auf beiden Seiten entlang der Wirbelsäule.
slow stroking

Streptococcus pneumoniae. Sammelbezeichnung für ca. 70 verschiedene Pneumokokken, die beim Menschen Lungenentzündung (Pneumonie) oder andere Krankheiten hervorrufen.
Streptococcus pneumoniae

Streptococcus pyogenes. Für den Menschen pathogene Streptokokkenart mit vielen Unterarten. S. p. verursacht eitrige Erkrankungen, wie z.B. Scharlach und eitrige Halsentzündung.
Streptococcus pyogenes

Streptokinase. Coenzym, das die Umwandlung von Plasminogen in Plasmin fördert; wird therapeutisch als → Fibrinolytikum genutzt, z.B. bei Lungen- oder Herzembolie. Patienten, die S. erhalten, neigen zu Blutungen und müssen z.B. schonend Zähne putzen, um Blutungen zu vermeiden.
streptokinase

Streptokokken, beta-hämolytische, B-. Streptokokkenart, die beim Menschen schwere Infektionen hervorrufen kann, wie z.B. Sepsis neonatalis, Endokarditis oder septische Arthritis.
streptococcus B-hemolitic, Group B

Streptokokkenangina. Atemnot, Erstickungsanfälle und Schmerzen infolge einer → Streptokokkeninfektion.
streptococcal angina

Streptokokkeninfektion. Infektion durch Bakterien der Gattung → Streptokokkus bzw. deren Toxin. Die Erkrankungen sind sehr vielfältig und beinhalten u. a. Entzündung des Unterhautbindegewebes (Zellulitis), Entzündung der Herzinnenhaut (Endokarditis), Wundrose (Erysipelas), Eiterflechte (Impetigo), Hirnhautentzündung (Meningitis), Lungenentzündung (Pneumonie), Scharlach, Mandelentzündung (Tonsillitis) und Harnwegsinfektion.
streptococcal infection

Streptokokkus, pl. Streptokokken. Gattung unbeweglicher, grampositiver → Kokken, die serologisch in verschiedene Typen (A bis T), hämolytisch in verschiedene Gruppen (alpha, beta, gamma) und bei Anzüchtung auf Blutagar in verschiedene Phagotypen (1 bis 86) eingeteilt werden. Zahlreiche Arten rufen Krankheiten beim Menschen hervor. *Streptococcus faecalis*, ein Penicillin-resistentes Enterococcus der Gruppe D, kommt physiologisch im

Magen-Darm-Trakt vor, kann jedoch in den Harnwegen oder am Herzen Infektionen hervorrufen.
[*griech.:* streptós + kókkos, gedreht, geflochten + Kern, Beere]
Streptococcus

Stress. Sammelbezeichnung für psychische, physische, soziale, wirtschaftliche oder andere Faktoren, die eine Veränderung oder eine Reaktion verlangen. Eine Dehydrierung bewirkt z.B. einen Anstieg der Körpertemperatur und erfordert die Zufuhr von Flüssigkeit; auf eine Trennung von den Eltern reagieren kleine Kinder mit Weinen und verlangen die Wiedervereinigung. S. kann jedoch auch therapeutisch angewandt werden, um eine Veränderung zu fördern, z.B. als implosive Therapie bei Phobie-Patienten.
stress

Stressadaptationstheorie. Konzept, das besagt, dass Stress die Reservekapazitäten eines Menschen reduziert und dadurch den Menschen für Krankheiten anfälliger macht.
stress-adaptation theory

Stressamenorrhö. Ausbleiben der Menstruation infolge von physischen Veränderungen oder emotionalem Stress.
stress amenorrhea

Stressinkontinenz. Anerkannte → NANDA-→ Pflegediagnose; Zustand, bei dem ein Patient unter dem Abgang von Urinmengen unter 50 ml leidet, was bei einem erhöhten abdominellen Druck auftritt; dies kann beim Husten, Niesen, Lachen und Heben vorkommen. Zu den kennzeichnenden Merkmalen gehören der Bericht oder die Beobachtung von Harnträufeln, Harndrang und eine erhöhte Ausscheidungsfrequenz (häufiger als zweistündlich).
incontinence, stress

Stressmanagement. Methode zur Steuerung von Stressfaktoren, die eine Reaktion bzw. eine Veränderung erfordern. Dabei müssen die persönlichen Stressfaktoren eines Menschen erkannt, die negativen eliminiert und wirksame Gegensteuerungsmechanismen entwickelt werden. Bestimmte Techniken, wie z.B. progressive Entspannungsübungen, gezielte Phantasie, Biofeedback und Atemübungen tragen zum S. bei.
stress management

Stressor. Bezeichnung für sämtliche Faktoren, die den Menschen physisch oder psychisch belasten.
stressor

Stressreaktion. Akute, meist unangemessene emotionale Reaktion auf einen gegenwärtigen Stressfaktor.
stress reaction

Stresssyndrom, posttraumatisches. (posttraumatische Belastungsstörung). Psychiatrische Erkrankung, die durch eine exzessive emotionale Reaktion auf traumatische Ereignisse oder Situationen in Verbindung mit extremem Stress gekennzeichnet ist, z.B. durch Umweltkatastrophen, Flugzeugabsturz, schwere Autounfälle, Kriegseinwirkungen oder körperliche Folter. Innerhalb von 6 Monaten kann es zum andauernden Wiedererleben des Traumas, sowie zu Depressionen, Übererregbarkeit, Phobien, Albträumen und Selbstmordgefährdung kommen.
posttraumatic stress disorder

Stresstest. Test zur Messung bestimmter Körperfunktionen, wobei der Körper kontrolliertem physischem Stress ausgesetzt ist. Dieser Stress wird meist durch körperliche Bewegung, manchmal auch durch spezielle Medikamente erzeugt. Anhand der erworbenen Daten kann der Untersuchende den Zustand des getesteten Systems beurteilen.
stress test

Stressulkus. Magen- oder Zwölffingerdarmgeschwür, das bei vorher gesunden Menschen infolge von übermäßigem psychischem oder physischem Stress entsteht, z.B. bei beruflicher Überbelastung oder bei starken Verbrennungen.
[*lat.:* ulcus, Geschwür]
stress ulcer

S

Striae gravidarum. (→ Schwangerschaftsstreifen)
🇬🇧 striae gravidarum

Stridor. Abnormes hohes Geräusch, das meist beim Einatmen infolge einer Verengung bzw. Blockierung der oberen Luftwege erzeugt wird. S. ist ein Symptom verschiedener Erkrankungen, wobei neoplastische oder entzündliche Prozesse eine Rolle spielen. Er tritt auf bei Kehlkopfödem, Asthma, Diphterie, Stimmritzenkrampf (Laryngospasmus) und bei Papillomen.
[*lat.:* stridor, Zischen, Schwirren, Pfeifen]
🇬🇧 stridor

Striktur. Vorübergehende oder permanente Verengung eines Hohlorgans oder einer Passage, z.B. durch Entzündung, äußeren Druck oder Vernarbung. Betroffen können sein, die Speiseröhre (Ösophagus), der Magenausgang (Pylorus), die Harnleiter (Ureteren) oder die Harnröhre (Urethra).
[*lat.:* stringere, zusammenziehen, -schnüren]
🇬🇧 stricture

Striktur, anorektale. Verengung des → anorektalen Kanals; manchmal kongenital bedingt, kann aber auch die Folge einer Operation sein, bei der ein Riss genäht wird oder Hämorrhoiden entfernt werden.
[*lat.:* anus, After; rectus, gerade; strictura, Verdichtung]
🇬🇧 anorectal stricture

Stripping. 1. Operative Entfernung krankhaft veränderter Venen im Bein. 2. Instrumentelle Entfernung eines Blutgerinnsels aus einem Blutgefäß.
[*engl.:* to strip, abziehen, abstreifen]
🇬🇧 stripping

Strom. 1. Fließende Bewegung. 2. Das Fließen von Elektronen in einem Leiter innerhalb eines geschlossenen Stromkreises; Elektrizität. 3. Bezeichnung für bestimmte physiologische, elektrische Aktivitäten und Eigenschaften des Blutkreislaufs.
🇬🇧 current

Stroma. Stützgewebe bzw. Bindegewebsgerüst eines Organs. Unterscheidet sich vom → Parenchym.
[*griech.:* stroma, Streu, Lager, Decke]
🇬🇧 stroma

Stromkreis. Kreis, durch den elektrische Energie fließt. Solange der Stromkreis geschlossen ist, fließt Strom. Bei Öffnung des Stromkreises, wird der Stromfluss unterbrochen.
[*lat.:* circuitus, herumgehen.]
🇬🇧 circuit

Strömungsgeräusch bei Klappeninsuffizienz. Herzgeräusch infolge einer defekten → Herzklappe, durch die das Blut zurück durch die teilweise geschlossenen Klappentaschen fließt. Die Geräusche können in der → Diastole und während der gesamten → Systole auftreten.
🇬🇧 regurgitant murmur

Strontium (Sr). Chemisches Grundelement mit der Ordnungszahl 38 und einem Atomgewicht von 87,62. Der chemische Aufbau von Sr gleicht dem des Kalziums; es ist auch in geringen Mengen im Knochengewebe enthalten. In der Radiologie werden Sr-Isotope verwendet. Sr 90 ist das langlebigste und gefährlichste Element, das bei Atombombentests als radioaktiver Niederschlag ausfällt. Es kann teilweise das in der Nahrung enthaltene Kalzium ersetzen (z.B. in Kuhmilch), sich bei Aufnahme in den Körper an Zähnen und Knochen anlagern und weiterhin strahlen. Menschen, die Sr in sich tragen, können daran sterben.
🇬🇧 strontium (Sr)

Struma. (Kropf). Vergrößerte Schilddrüse, die normalerweise als hervorstehende Schwellung am Hals sichtbar ist. Die S. kann in Verbindung mit einer → Hypothyreose oder normalen Schilddrüsenfunktionen stehen. Das Gewebe kann zystisch oder fibrös sein, Knoten oder eine verstärkte Anzahl von Follikeln enthalten. (→ Basedow-Krankheit)
🇬🇧 goiter

Struma, colloides. Vergrößerte, bewegliche Schilddrüse, die sich entweder oberhalb

oder unterhalb der Incisura jugularis sterni befinden kann.
diving goiter

Strychnin. Weißes kristallines Alkaloid, das aus den Blättern der *Strychnos nix-vomica* (Brechnuss) gewonnen, aber auch synthetisch hergestellt werden kann. S. wirkt auf das Zentralnervensystem und ist bei Überdosierung extrem giftig.
strychnine

Strychninvergiftung. Toxische Wirkung bei Überdosierung von Strychnin. Typische Anzeichen sind Unruhe und übermäßige Seh- und Hörfähigkeit. Es treten Krämpfe auf, in deren Pausen jedoch eine vollständige Muskelerschlaffung möglich ist. Klassisches Anzeichen einer S. ist ein stark überstreckter Rücken.
strychnine poisoning

Studien, klinische. Geplante Studien, mit denen umfangreiche klinische Daten generiert werden, die statistisch ausgewertet werden, um eine fundierte Therapie zu erstellen.
clinical trails

Stuhlausscheidung, Umgang mit der. → Pflegeintervention der → NIC, die definiert wird als die Entwicklung und Erhaltung einer regelmäßigen Stuhlausscheidung.
Bowel Management

Stuhlinkontinenz. Anerkannte → NANDA-→ Pflegediagnose; Zustand, bei dem ein Patient unter der Veränderung seiner normalen Stuhlausscheidungsgewohnheiten leidet, die durch einen unwillkürlichen Stuhlabgang gekennzeichnet sind. Die Ursachen können neuromuskulärer oder skelettmuskulatorischer Herkunft sein; es kann zu Depressionen, starken Angstzuständen, wahrnehmungsbezogenen oder kognitiven Störungen, zahlreichen Lebensveränderungen, unzureichender Entspannung, eingeschränkter körperlicher Aktivität, schlechter Ernährung, Spannungen am Arbeitsplatz, unerfüllten Erwartungen, unrealistischen Wahrnehmungen sowie einem nicht angemessenen Unterstützungssystem oder Bewältigungsstrategien kommen.
incontinence, bowel

Stuhlinkontinenz. Fehlende willkürliche Kontrolle über die Ausscheidung des Stuhls (Fäces).
[*lat.:* anus, After; incontinentia, Unfähigkeit, etwas zurückzuhalten]
anal incontinence

Stuhlinkontinenz, Pflege bei. → Pflegeintervention der → NIC, die definiert wird als die Förderung der Stuhlkontinenz und Erhaltung der perianalen Hautintegrität.
Bowel Incontinence Care

Stuhlinkontinenz, Pflege bei: Enkopresis. → Pflegeintervention der → NIC, die definiert wird als die Förderung der Stuhlkontinenz bei Kindern.
Bowel Incontinence Care: Encopresis

Stuhlverhaltung. Ansammlung von verhärtetem oder eingetrocknetem Kot im Rektum oder Sigmoiddarm. Ein Symptom der Koteinklemmung kann Durchfall sein, da nur flüssiges Material die Verstopfung passieren kann. Personen, die dehydriert sind und unter Mangelernährung leiden, längere Zeit bettlägerig sind oder sich einer Bariumuntersuchung unterziehen, haben ein erhöhtes Risiko für eine Stuhlverhaltung.
fecal impaction

Stupor. Körperliche und geistige Regungslosigkeit, die bei neurologischen und psychischen Störungen auftreten kann. – *adj.* stuporös.
[*lat.:* stupere, betäubt sein]
stupor

Stupor, anergischer. Form der → Demenz, die von Stille, Teilnahmslosigkeit und fehlendem Widerstand gekennzeichnet ist.
anergic stupor

Stupor, katatoner. Form der → Katatonie mit verminderter Reaktion auf äußere

S

Reize und reduziertem, spontanem Bewegungsdrang.
catatonic stupor

Stürze, Vorsichtsmaßnahmen gegen. → Pflegeintervention der → NIC, die definiert wird als die Einleitung von speziellen Vorsichtsmaßnahmen für Risikopatienten, die für Sturzverletzungen gefährdet sind.
Fall Prevention

Sturzgeburt. Geburt, die so schnell (innerhalb von Minuten) oder in einer Situation stattfindet, die keine Vorbereitungen mehr zulässt.
precipitate delivery

Stützstrumpf. Kompressionsstrumpf, der eine übermäßige Blutansammlung in den unteren Extremitäten infolge krankhafter Venenklappen verhindert. Stützstrümpfe werden Patienten verschrieben, die an Krampfadern (Varizen) leiden.
elastic stocking

styloid. Lang und spitz zulaufend, einem Stift oder Griffel ähnlich; griffelförmig. [*griech.:* stylos + eidós, Säule, Schreibgriffel + gestaltet, ähnlich]
styloid

sub-. Vorsilbe mit der Bedeutung »unter, unterhalb oder nahebei«.
sub-

S

subakut. Weniger stark, nicht akut verlaufend; wird zur Beschreibung eines Zustandes verwendet, der klinisch zunächst nicht auffällig ist, z.B. subakute Appendizitis.
subacute

Subarachnoidalblutung. Intrakranielle Blutung in den mit Liquor gefüllten → Subarachnoidalraum. Setzt die Blutung aus dem beschädigten Gefäß plötzlich und sehr kräftig ein, so kann sie sich in das Gehirn ausbreiten. Ursachen für eine S. beinhalten schwere Kopfverletzungen (Schädel-Hirn-Traumata), die Ruptur eines → Aneurysmas oder arteriovenöse Anomalien. Erste Anzeichen für eine S. sind plötzliche und sehr starke Kopfschmerzen, die zunächst von einem Punkt ausgehen und sich später über den ganzen Kopf ausbreiten, wobei der Schmerz dumpf und hämmernd wird. Weitere Symptome sind Schwindel, Nackensteifheit, unterschiedlich große Pupillen, Erbrechen, Krämpfe, Benommenheit, Hitzewallungen und Frösteln, Regungslosigkeit und Bewusstlosigkeit. Sehr starke Blutungen können zu anhaltender Bewusstlosigkeit, zu Koma und schließlich zum Tod führen. Während der ersten Wochen der Erholung dauern Delirium und Verwirrung meist noch an und häufig bleibt ein dauerhafter Gehirnschaden zurück.
subarachnoid hemorrhage (SaH, SAH)

Subarachnoidalblutung, Vorsichtsmaßnahmen gegen. → Pflegeintervention der → NIC, die definiert ist als die Reduzierung interner und externer Reize oder Stressoren vor einer Aneurysmaoperation zur Minimierung des Risikos von Nachblutungen.
Subarachnoid Hemorrhage Precautions

Subarachnoidalraum. Mit Liquor gefüllter Raum, der zwischen weicher Hirnhaut (Pia mater) und Spinngewebshaut (Arachnoidea) liegt.
[*lat.:* sub + *griech.:* aráchne + eidós, Spinne + gestaltet, ähnlich]
subarachnoid space

subdural. Betrifft oder gehört zu dem Bereich unter der harten Hirn- bzw. Rückenmarkshaut (Dura mater) und über der Spinngewebshaut (Arachnoidea).
subdural

subklavikular(is). Unter dem Schlüsselbein (Klavikula) gelegen, wie z.B. die Vena subclavia.
subclavian

subklinisch. Beschreibung einer Krankheit oder eines Zustands, die ohne erkennbare Symptome verläuft.
subclinical

subkutan. Unter die Haut. Bestimmte Medikamente (z.B. Heparin) werden s. verabreicht.
[*lat.:* sub + cutis, unter + Haut]
subcutaneous

Subkutaninjektion. Das Einbringen eines Medikaments in das Unterhautfettgewebe mittels einer Spritze, deren Nadel durch die Haut in die Unterhaut eingeführt wird. Wird meist in den Oberarm, den Oberschenkel oder den Bauch verabreicht.
subcutaneous infection

Subkutannaht. Fortlaufende Naht im Unterhautgewebe, wodurch die Ränder der Oberhaut zusammengezogen werden. Eine S. wird häufig mit einem nicht resorbierbaren Faden genäht, der später durch Ziehen an einem Ende entfernt werden kann.
subcuticular suture

subletal. Fast tödlich; meist im Zusammenhang mit Dosierungen verwendet.
sublethal

Sublimation. Veränderung des Aggregatszustands von fest direkt nach gasförmig mit anschließender Wiederverfestigung.
sublimation

Sublimierung. 1. Unbewusster Verteidigungsmechanismus, wobei entweder von der Gesellschaft oder von sich selbst nicht akzeptierte instinktive Motivationen umgelenkt und durch gesellschaftlich anerkannte Verhaltensweisen ausgedrückt werden. 2. In der *Psychoanalyse* die unbewusste Umwandlung sexueller Energie in gesellschaftlich anerkannte, nicht sexuelle Aktivitäten, z.B. soziale, künstlerische oder wissenschaftliche Tätigkeiten.
sublimation

sublingual. Unter der Zunge gelegen.
[*lat.:* sub + lingua, unter + Zunge]
sublingual

Sublingualtabletten. Tabletten, die unter die Zunge gelegt werden und dort zergehen. Sie setzen bereits im Mund Wirkstoffe frei, die im Magen zerstört werden würden.
sublingual tablets

Subluxation. (→ unvollständige Luxation)
incomplete dislocation

Subluxationssyndrom. In der Chiropraktik, ein Symptomenkomplex, der auf krankhafte Zustände und Störungen der Becken- und Wirbelsäulenbeweglichkeit sowie der Beweglichkeit anderer Gelenke hinweist.
subluxation syndrome

submukös. Unter einer Schleimhaut gelegen.
submucous

Substantia alba. Der Teil des Zentralnervensystems, der in Myelinscheiden eingekleidet ist. Das → Myelin verleiht dem normalerweise grauen Nervengewebe die weiße Farbe.
[*lat.:* substantia + alba, Stoff, Material + weiß]
substantia alba

Substanz. 1. Sammelbezeichnung für chemische oder biologische Stoffe und Zusammensetzungen. 2. Jeder Stoff, den man wegen seiner physiologischen bzw. psychologischen Wirkung selbst einnimmt bzw. missbraucht. 3. Material, aus dem Organteile oder Gewebe bestehen, z.B. → Substantia alba.
[*lat.:* substantia, Stoff, Material]
substance

Substanz, graue. Graues Nervengewebe, das in der Rinde von Kleinhirn (Cerebellum), Großhirn (Cerebrum) und Rückenmark vorhanden ist. Die g. S. besteht im wesentlichen aus Neuronenzellkörpern und marklosen (nicht myelinhaltigen) Axonen. Die graue Farbe entsteht durch die zytoplasmatischen Elemente, die in allen Zellkörpern und Fortsätzen zu finden sind, welche nicht durch das weißliche → Myelin überzogen sind. Die Kerne der g. S. fungieren als Zentren für alle spinalen Reflexe.
gray substance

S

Substanzabusus. Der übermäßige Genuss bzw. die Abhängigkeit von Aufputschmitteln, Beruhigungsmitteln oder anderen chemischen Substanzen, die der eigenen körperlichen oder geistigen Gesundheit oder dem Wohl anderer schaden.
substance abuse

Substanzabusus, Behandlung eines. → Pflegeintervention der → NIC, die definiert ist als die unterstützende Betreuung von Patienten/Familienangehörigen mit körperlichen und psychosozialen Problemen in Verbindung mit einem Alkohol- oder Drogenkonsum.
Substance Use Treatment

Substanzabusus, Vorbeugen gegen einen. → Pflegeintervention der → NIC, die definiert ist als die Verhinderung eines Lebens als Alkoholiker oder Drogensüchtiger.
Substance Use Prevention

Substitution. 1. Medikamentöser Ersatz eines Stoffes, den der Körper braucht und selbst nicht mehr produzieren kann. 2. Unbewusster mentaler Abwehrmechanismus, wobei unerreichbare oder nicht akzeptierbare Ziele, Gefühle oder Objekte durch solche ersetzt werden, die realistischer und akzeptierbar sind.
substitution

S

Substitutionstherapie. 1. Künstlicher Ersatz eines natürlichen Hormons oder Enzyms, das der Körper nicht mehr in ausreichender Menge selbst produzieren kann, z.B. Insulingabe bei Diabetes mellitus. 2. Psychotherapeutische Technik, bei der abnorme Verhaltensweisen durch positive und konstruktive Aktivitäten ersetzt werden.
replacement therapy

Substitutionstherapie. Behandlung, bei der dem Patienten ein lebenswichtiger Stoff zugeführt wird, den der Körper aufgrund einer Krankheit nicht selbst produzieren kann.
substitutive therapy

Substitutionstransfusion. Entfernen der gesamten oder nahezu gesamten Menge krankhaften Blutes eines Patienten und deren gleichzeitiger Ersatz mit dem gleichen Volumen an gesundem Blut.
replacement transfusion

Substrat. Substanz, die in einer chemischen Reaktion durch ein Enzym verändert wird.
substrate

subungual. Unter einem Finger- oder Fußnagel.
[*lat.:* sub + unguis, unter + Nagel]
subungual

Succinylcholin. Muskelrelaxans, das auf die quergestreifte Muskulatur wirkt. S. wird oft zu Beginn einer Narkose gegeben, um die endotracheale Intubation zu erleichtern und Muskelkontraktionen während der Operation zu unterbinden.
succinylcholine chloride

Sucht. Zwanghafte, unkontrollierbare → Abhängigkeit von einer Substanz, einer Gewohnheit oder bestimmten Tätigkeiten mit der Folge, dass eine Beendigung der Abhängigkeit schwere emotionale, mentale oder physiologische Reaktionen hervorruft.
addiction

Süchtiger. (Suchtkranker). Eine Person, die physiologisch oder psychologisch von einer chemischen Substanz abhängig ist, wie z.B. Alkohol oder andere Drogen, und deren normales Sozial- und Berufsleben sowie andere Lebensbereiche aufgrund der → Sucht beeinträchtigt wird.
addict

Sucus, pl. Suci. 1. In der *Pharmakologie* ein Pflanzensaft bzw. ein flüssiger Extrakt aus Pflanzenstoffen. 2. In der *Physiologie* eine von einem Organ produzierte und ausgeschiedene Flüssigkeit, wie z.B. Sucus prostaticus, die von der Prostata sezernierte Flüssigkeit.
[*lat.:* sucus, Saft]
succus

Sudden infant death syndrome (SIDS). (plötzlicher Kindstod). Der unerwartete und plötzliche Tod eines scheinbar gesunden Säuglings, der meist während des Schlafes ein-

tritt. Bei einer Autopsie sind weder äußerlich noch innerlich Zeichen einer Krankheit zu erkennen. Verschiedene Ursachen werden diskutiert, darunter ein Mangel an Biotin in der Ernährung, Ersticken, Verletzungen der Schleimhäute in den Luftwegen und dadurch eine geschwächte Immunabwehr, prolongierte Apnö, ein unbekanntes Virus, anatomische Veränderungen des Rachens sowie veränderte Immunglobuline. Der plötzliche Kindstod tritt häufig bei Kindern auf, die kurz zuvor an einer leichten Infektion der oberen Atemwege litten. Das Syndrom ist weder ansteckend noch erblich, obgleich ein erhöhter Risikofaktor in einer betroffenen Familie bezeugt wird. Dies weist auf mehrere zusammenwirkende Faktoren hin.
sudden infant death syndrome (SIDS)

Suggestion. Das Übertragen von eigenen Ideen, Gedanken, Vorstellungen oder Haltungen auf andere durch Worte oder Handlungen, wodurch deren Verhalten oder Gedankengut beeinflusst werden soll. (s.a. Autosuggestion)
[*lat.:* suggere, unter der Hand beibringen, eingeben]
suggestion

Suizid. (Selbstmord). Selbstmord; Freitod. Die willentliche - häufig vorher angekündigte - Vernichtung des eigenen Lebens durch Vergiften, Erhängen, Ertränken, Erschießen, Stürzen von hohen Gebäuden, Öffnen der Pulsadern etc. Suizidgefährdet sind Personen, die unter Psychosen - vor allem Depressionen - leiden, sowie Menschen, die sich in einer scheinbar ausweglosen Situation befinden. – *adj.* suizidal.
suicide

Suizidalität. Neigung zum Selbstmord. Als Risikofaktoren gelten Depressionen, Alkohol- und Drogenabusus, Persönlichkeitsstörungen, Schizophrenie und schwere körperliche Erkrankungen. Darüber hinaus sind Arbeitslosigkeit und psychische Krankheiten vor allem mit zunehmendem Alter ein entscheidender Faktor, da ältere Menschen nicht mehr in die Arbeitswelt eingegliedert werden können. In der Klinik hat sich zur Abschätzung der S. der Fragenkatalog nach Pöldinger bewährt.
suicide, risk of

Suizidprävention. → Pflegeintervention der → NIC, die definiert ist als die Reduzierung des Risikos für selbstzugefügte Verletzungen bei Patienten in einer Krise oder mit schweren Depressionen.
Suicide Prevention

Sulcus, pl. Sulci. Flache Rille, Einkerbung oder Furche auf der Oberfläche eines Organs, wie z.B. die Sulci cerebri, die Furchen zwischen den Hirnwindungen.
[*lat.:* sulcus, kleiner Graben, Furche]
sulcus

Sulfacetamid. Lokales → Antibiotikum, das meist zur Infektionsprophylaxe bei Verletzungen der Netzhaut des Auges (Kornea) sowie bei Behandlungen einer bakteriellen Bindehautentzündung (Konjunktivitis) und Infektionen der Harnwege verschrieben wird.
sulfacetamide

Sulfadiazin. → Sulfonamid-→ Antibiotikum, das häufig zur Behandlung von Harnwegsinfekten und zur Prophylaxe gegen rheumatisches Fieber verschrieben wird.
sulfadiazine

Sulfasalazin. Schwer resorbierbares → Sulfonamid, das bei der Behandlung von leichten bis mittelschweren Entzündungen des Dickdarms mit Geschwürbildung sowie als Zusatztherapie bei schweren Fällen verschrieben wird. Orale Präparate sollten zu den Mahlzeiten mit viel Wasser eingenommen werden. Als Nebenwirkungen können Haut- und Schleimhautveränderungen, Kopfschmerzen, Blutbildveränderungen und Geruchsstörungen auftreten. Die Pflegepersonen sollten bei den Patienten auf regelmäßige Zahnpflege achten und auf den Verzicht von Sonnenbädern hinweisen. Ferner müssen Blutbild, Kreatinin, Leberenzyme und Urinstatus alle 2–4 Wochen kontrolliert werden.
sulfasalazine

Sulfat. Salz der Schwefelsäure. Natürliche Zusammensetzungen wie Natriumsulfat,

Kalziumsulfat und Kaliumsulfat sind zahlreich im menschlichen Körper vertreten.
sulfate

Sulfatidlipidose. (→ metachromatische Leukodystrophie)
sulfatide lipidosis

Sulfhämoglobin. Besondere Form des Hämoglobins. S. enthält ein Schwefelmolekül, das nicht abgespaltet werden kann und dadurch die normale Sauerstoffbindung an das Hämoglobin verhindert.
sulfhemoglobin

Sulfonamide (pl.). Große Gruppe synthetisch hergestellter, bakteriostatischer Medikamente, die bei Infektionen mit gramnegativen und gram-positiven Mikroorganismen eingesetzt werden. S. töten Bakterien nicht ab, sondern hemmen durch ein Enzym deren Wachstum. Viele Bakterien können relativ schnell resistent werden gegen S., weshalb man sie i.d.R. in Kombination mit dem Wirkstoff Trimethoprim gibt. Dadurch ist die Resistenzentwicklung stark vermindert. Man unterscheidet Kurzzeit-S. (Halbwertszeit ca. 8 Stunden) und Langzeit-S. (HWZ bis zu einer Woche), je nachdem, wie schnell sie vom Körper resorbiert und wieder ausgeschieden werden. Hauptindikationen für S. sind Harnwegsinfekte, Darminfektionen und rheumatisches Fieber. Als Nebenwirkungen können auftreten Nierenschäden, Appetitlosigkeit, Übelkeit, Brechreiz, Lichtempfindlichkeit, allergische Reaktionen und Wechselwirkungen mit anderen Medikamenten. S. sind kontraindiziert in der Schwangerschaft und Stillzeit sowie bei Früh- und Neugeborenen. Das Pflegepersonal sollte darauf achten, dass Patienten ausreichend Flüssigkeit zu sich nehmen und starke Sonnenbestrahlung meiden. Blutdruck und Blutzucker müssen regelmäßig kontrolliert werden.
sulfonamides

Sulfonylharnstoff. Orales → Antidiabetikum, das die Bauchspeicheldrüse (Pankreas) zur Insulinproduktion anregt. Bei Überempfindlichkeit gegenüber Sulfonamiden ist S. kontraindiziert; ebensowenig vertragen sich Alkohol und S. Aspirin und andere Salizylsäuren können den hypoglykämischen Effekt von S. verstärken.
sulfonylurea

Sulfur. (→ Schwefel)
sulfur

super-. Vorsilbe mit der Bedeutung »oben«, »oberhalb«, »über ..... hinaus«. (s.a. hyper-)
[*lat.:* super, oben, über, darüber]
super-

Superantigene. Familie verwandter Substanzen, darunter auch → Exotoxine von Staphylokokken und Streptokokken, welche die Aktivierung von T-Helferzellen rapide steigern können. S. rufen eine unkontrollierte Ausschüttung von T-Lymphozyten hervor. Als Folge tritt entweder eine akute und möglicherweise lebensbedrohliche Erkrankung, wie z.B. das toxische Schocksyndrom oder ein chronischer Entzündungsprozess wie das rheumatische Fieber auf.
superantigens

Superinfektion. Erneute Infektion mit demselben Erreger, die während der Behandlung der ursprünglichen Infektion auftritt. (s.a. Sekundärinfektion)
[*lat.:* super + inficere, über + anstecken]
superinfection

superior. Höher gelegen, weiter oben in Bezug auf den Referenzpunkt. Wird häufig in der Anatomie verwendet, z.B. in der Fügung »Arteria thoracica superior«, obere Brustkorbschlagader. (s.a. inferior)
[*lat.:* superior, oberer]
superior

Superoxide. (→ Peroxide)
superoxides

Supervision. Regelmäßige psychotherapeutische Betreuung von Personen, die in ihrem Beruf starker psychischer Belastung ausgesetzt sind. Dabei denkt das betroffene Team gemeinsam über dessen professionelles Handeln nach und wird durch einen unabhängigen Gruppenleiter beraten. Dieser Supervisor vermittelt so-

wohl theoretisches Wissen als auch therapeutische Techniken.
🇬🇧 supervision

Supination. Bestimmte Drehbewegung (Auswärtsdrehung), die in einigen Gelenken möglich ist, z.B. im Ellbogen- und im Handgelenk. Dabei zeigt die Handfläche nach oben. (s.a. Pronation)
[*lat.:* supinare, rückwärts beugen, rückwärts legen]
🇬🇧 supination

supinieren. Eine Extremität nach außen (weg vom Körper) drehen.
🇬🇧 supine

Suppositorium. Medikament in Form von Zäpfchen oder Kegeln, das in den Enddarm oder die Scheide eingeführt wird. Die Trägersubstanz, in der der Wirkstoff eingebettet ist, besteht meist aus Hartfett oder Glycerin-Gelatine, Substanzen, die bei Körperwärme leicht schmilzen.
🇬🇧 suppository

Suppression. 1. Unterdrückung, Hemmung eines Vorgangs, z.B. einer Blutung durch geeignete Maßnahmen. 2. In der *Psychoanalyse* das bewusste Unterdrücken bzw. der Wille zur Verdrängung inakzeptabler oder schmerzhafter Gedanken, Wünsche, Impulse, Gefühle oder Taten.
[*lat.:* supprimere, herunterdrücken, zurückhalten, hemmen]
🇬🇧 suppression

Suppurans, pl. Suppuranzien. Mittel, das die Eiterbildung fördert, z.B. Ichthyol.
🇬🇧 suppurant

Suppuration. Einschmelzung von entzündlichen Herden; Eiterbildung. – *adj.* suppurativ.
[*lat.:* suppurare, schwären, eitern]
🇬🇧 suppuration

supra-. Vorsilbe mit der Bedeutung »über, oberhalb«, z.B. »supraklavikulär«, oberhalb des Schlüsselbeins.
[*lat.:* supra, oben, oberhalb]
🇬🇧 supra-

Surfactant-Faktor. Bestimmtes Lipoprotein, das die Oberflächenspannung der Grenzflächen der Lungenalveolen vermindert und dadurch zur Elastizität des Lungengewebes beiträgt und den Gasaustausch in den Lungenalveolen ermöglicht. S. verhindert die Entstehung von → Atelektasen. (s.a. Surfactant-Mangel)
[engl. Kurzbildung aus surface-active agent, oberflächenaktiver Stoff]
🇬🇧 surfactant

Surfactant-Mangel. Hauptsächlich Frühgeborene leiden aufgrund der Lungenunreife unter S.-M., wodurch es zu sogenannten Atelektasen, dem Kollaps der Lungenalveolen kommt. Die Beatmung der Neugeborenen ist schwierig, da nach jeder Ausatmung die Lungenbläschen wieder zusammenfallen bzw. einige bereits so fest zusammenkleben, dass sie nicht belüftet werden können. Bei mechanischer Beatmung besteht die Gefahr der Überdehnung der Lungenalveolen mit nachfolgender Bildung von → hyalinen Membranen, erhöhtem Lungenwiderstand, Blutungen, Rechts-Links-Shunt, verminderter Herzleistung und schwerer Hypoxie. (s.a. Atemnotsyndrom)
🇬🇧 surfactant, lack of

Suspension. 1. Flüssigkeit, in der kleine feste Stoffe verteilt, jedoch nicht aufgelöst sind. Die gleichmäßige Verteilung wird duch Rühren oder Schütteln aufrecht erhalten. 2. Behandlung zur Wirbelsäulenentlastung, die hauptsächlich bei Rückenverletzungen angewandt wird. Dabei wird der Patient an Kinn und Schultern aufgehängt. 3. Das Aufhängen, Hochhängen oder Hochlagern von Gliedmaßen.
[*lat.:* suspendere, aufhängen]
🇬🇧 suspension

Sutur. Knochennaht; starre Verbindung zwischen Schädelknochen in Form einer dünnen Schicht aus faserigem Bindegewebe.
[*lat.:* suere, nähen, zusammennähen]
🇬🇧 sutura (pl. suturae)

Sutura. (→ Schädelnaht)
🇬🇧 true suture

Sv. Abkürzung für → Sievert.
🇬🇧 Sv

S

SvO2. Symbol für die prozentuale Sauerstoffsättigung von gemischtem venösem Blut.
🇬🇧 SvO2

Swan-Ganz-Katheter. (Pulmonaliskatheter). Langer, dünner → Katheter mit einem kleinen Ballon an der Spitze. Der K. wird bis zum rechten Vorhof geschoben und an der Spitze mit Luft gefüllt. Dann wird er in eine Lungenarterie eingeschwemmt. Man verwendet den K. zur Messung des Lungenarteriendruckes, des zentralen Venendruckes, des Herzminutenvolumens und zur Messung der zentralen Körpertemperatur.
[H. Swan, amerik. Arzt, geb. 1922; W. Ganz, amerik. Kardiologe, geb. 1919]
🇬🇧 Swan-Ganz catheter

Sykose. Entzündung der Haarfollikel meist nach erfolgter Rasur.
🇬🇧 sycosis barbae

Symbiose. 1. In der *Biologie* das enge Zusammenleben von zwei verschiedenen Organismen zum gegenseitigen Nutzen. 2. In der *Psychiatrie* ein Zustand, bei dem zwei geistig gestörte Patienten emotional voneinander abhängen. 3. Die Unfähigkeit eines Kindes, sich von seiner Mutter geistig und manchmal auch körperlich zu trennen. – *adj.* symbiotisch.
[*griech.:* symbíosis, Zusammenleben]
🇬🇧 symbiosis

Symbol für radioaktive Strahlung. Internationales Symbol zur Kennzeichnung von Strahlungsquellen, Bereichen mit möglicher Strahlenbelastung oder Containern, die radioaktives Material enthalten. Es besteht aus einem sich scheinbar drehenden violetten dreiflügligen Propeller auf gelbem Hintergrund.
🇬🇧 radiation symbol

Sympathektomie. Operatives Entfernen von einzelnen Strängen des Nervus → sympathicus, z.B. zur Ausschaltung chronischer Schmerzen oder zur Förderung der Gefäßerweiterung (Vasodilatation) bei Gefäßerkrankungen, wie z.B. Arteriosklerose. Arterien sind von einer Scheide umhüllt, die sympathische Nervenfasern enthält. Diese Nervenfasern steuern die Konstriktion der Gefäße. Entfernt man die Hülle, entspannt sich die Arterie und es kann wieder mehr Blut durch das Gefäß fließen.
🇬🇧 sympathectomy

Sympathikus. Nervenstrang, der zum autonomen (vegetativen) Nervensystem gehört. Der S. ist für nach außen gerichtete Aktivitäten des Körpers zuständig, z.B. Flucht, Aggression etc. Der Gegenspieler des S. ist der Parasympathikus, der für die inneren Aktivitäten wie Verdauung und Entspannung zuständig ist. Nur ein gutes Zusammenspiel der beiden Nervenstränge gewährleistet die optimale Anpassung des Körpers an die jeweiligen Bedürfnisse. (s.a. Parasympathikus)
🇬🇧 sympathetic nerve

Sympatholytika. (Adrenolytika; Sympathikolytika; Adrenorezeptoragonisten). Substanzen, die adrenerge Rezeptoren blockieren und damit die Erregungsübertragung von den sympathischen Nervenendigungen auf die sympathische Effektorzellen verhindern. Damit hemmen Sie die Wirkung von → Adrenalin und → Noradrenalin.
🇬🇧 sympatholytics

Sympathomimetikum. Bezeichnung für einen pharmakologischen Wirkstoff, der die Stimulation von Organen bzw. Strukturen durch den Sympathikus nachahmt und dadurch im Organismus dieselben Wirkungen und Erscheinungen wie dieser hervorruft. Eine solche Wirkung ist z.B. die Freisetzung von → Adrenalin und → Noradrenalin.
🇬🇧 sympathomimetic

Symphyse. Feste, faserig-knorpelige Verbindung zweier Knochenflächen. Übliche Kurzbezeichnung für »Symphysis pubica« (Schambeinfuge), die feste, bindegewebige Verbindung der vorderen Schambeinäste.
[*griech.:* symphysis, das Zusammenwachsen]
🇬🇧 symphysis (pl. symphyses)

Symphysis pubica. (Scham(bein)fuge). Faserknorpelige Platte, die beide Hüftbeine miteinander verbindet.
🇬🇧 pubic symphysis

Symptom. Typisches Anzeichen einer Krankheit oder typische Veränderung, die entweder durch den Patienten selbst wahrgenommen (subjektives S.) oder vom Untersuchenden festgestellt wird (objektives S.). Man unterscheidet weiterhin zwischen *primären S.*, die direkt mit der Krankheit in Zusammenhang stehen und *sekundären S.*, die als Folge der Erkrankung auftreten. – *adj.* symptomatisch.
[*griech.:* symptoma, vorübergehende Eigentümlichkeit, Zufall]
🇬🇧 symptom

Symptom, objektives. Symptom, das von objektiven Anzeichen begleitet wird, die die physischen Beschwerden eines Patienten zu bestätigen scheinen und es dem untersuchenden Arzt, einem Pflegenden oder anderen Personen ermöglichen, die Ursache für die Beschwerden zu finden.
🇬🇧 objective symptom

symptomatisch. 1. Die Symptome betreffend. 2. Typisch für eine bestimmte Krankheit. 3. Nur auf die Symptome, nicht auf die Krankheitsursache wirkend (z.B. eine Therapie).
🇬🇧 symptomatic

Symptomatologie. (Semiologie). Wissenschaft und Lehre allgemeiner oder für eine bestimmte Krankheit typischer Krankheitszeichen.
🇬🇧 symptomatology

Symptome, subjektive. Krankheitszeichen, die nur vom Patienten selbst beobachtet, und nicht von anderen Personen, also objektiv bestätigt werden können.
[*griech.:* symptoma, Zufall, vorübergehende Eigenschaft]
🇬🇧 subjective symptoms

syn-. Vorsilbe mit der Bedeutung »mit, zusammen; gemeinsam; gleichzeitig; gleichartig«.
[*griech.:* syn, zugleich, zusammen, zusammen mit]
🇬🇧 syn-

Synapse. Kontaktstelle zwischen zwei Nervenzellen oder einer Nervenzelle und einer Muskel- bzw. Drüsenzelle, über die Nervenimpulse mit Hilfe von Neurotransmittern, wie z.B. Acetylcholin oder Noradrenalin, übertragen werden. S. sind polarisiert, d. h. Nervenimpulse breiten sich normalerweise nur in eine Richtung aus. Darüber hinaus können sie ermüden, unter Sauerstoffmangel leiden und sie werden durch Anästhetika und andere chemische Substanzen beeinflusst. – *adj.* synaptisch.
[*griech.:* synapsis, Verbindung]
🇬🇧 synapse

Synapsis. (→ Chromosomenkonjugation)
🇬🇧 synapsis

synaptischer Spalt. Mikroskopisch kleiner Extrazellulärraum an der → Synapse, der die Membran eines präsynaptischen Endkopfes von der Membran einer postsynaptischen Zelle trennt.
🇬🇧 synaptic cleft

Synchondrosis xiphosternalis. Knorpelgelenk zwischen dem Schwertfortsatz und dem Brustbeinkörper.
🇬🇧 xiphisternal articulation

Syndaktylie. Angeborene Verwachsung von mehreren Fingern oder Zehen.
[*griech.:* syn + dáktylos, Finger, Zehe]
🇬🇧 syndactyly

Syndrom. Verschiedene Symptome, die gemeinsam bei einem bestimmten Krankheitsbild auftreten und dieses kennzeichnen.
[*griech.:* syndromos, zusammenlaufend]
🇬🇧 syndrome

Syndrom, extrapyramidales. Sammelbezeichnung für Erkrankungen der Pyramidenbahn. Als Krankheitssymptome treten unwillkürliche Muskelbewegungen, Veränderungen des Muskeltonus und Hal-

tungsschäden auf. Zu den extrapyramidalen Krankheiten zählen z.B. dystonisches Syndrom, Chorea, Athetose und Parkinson-Krankheit.
extrapyramidal disease

Syndrom, hepatorenales. Form der Niereninsuffizienz, die durch einen allmählichen Funktionsverlust ohne Anzeichen einer Gewebeverletzung gekennzeichnet ist.
hepatorenal syndrome

Syndrom, paraneoplastisches. (Paraneoplasie). Indirekte Auswirkungen eines Tumors, die von ihm entfernt stattfinden, jedoch nicht im Zusammenhang mit Metastasen stehen; dies können Folgen der Produktion von aktiven Proteinen, Polypeptiden oder inaktiven Hormonen durch den Tumor sein.
paraneoplastic syndrome

Syndrom, prämenstruelles (PMS). Syndrom nervöser Spannung, Reizbarkeit, Gewichtszunahme, Ödeme, Kopfschmerzen, Schmerzen in der Brust (Mastalgie), Stimmungsschwankungen (Dysphorie) und mangelhafte Koordination in den letzten Tagen des menstruellen Zyklus vor dem eigentlichen Beginn der → Menstruation.
premenstrual syndrome (PMS)

Syndrom der gelben Nägel. Das Wachstum der Nägel hört fast vollständig auf und die Nagelhaut wird zerstört. Die Nägel verdicken und krümmen sich, werden blind und von einer gelben bis gelblichgrünen Schicht überzogen. Das S. tritt in Verbindung mit Lungenkrankheiten und Lymphödem auf.
yellow nail syndrome

Syndrom der übermäßigen ADH-Sekretion (SIADH). (Schwartz-Bartter-Syndrom). Autosomal erbliche Krankheit, gekennzeichnet durch eine übermäßige Ausschüttung antidiuretischer Hormone, durch die der Flüssigkeitshaushalt im Körper aus dem Gleichgewicht gerät. Der Körper verliert Kalium, wodurch es zu schmerzhafter Muskelschwäche kommt. Weitere Symptome sind zeitweilige Ödeme, Gewichtszunahme trotz Appetitlosigkeit, Übelkeit und Erbrechen, Reizbarkeit und Kreislaufstörungen bei normalem bis erniedrigtem Blutdruck.
syndrome of inappropriate antidiuretic hormone secretion (SIADH)

Synergie. 1. Die koordinierte Zusammenarbeit mehrerer Muskelgruppen um eine bestimmte Bewegung zu erzielen. 2. Das Zusammenwirken verschiedener Bereiche des vegetativen Nervensystems, wie z.B. die sympathische und parasympathische Innervation der sezernierenden Zellen der Speicheldrüsen. 3. Das Zusammenspiel verschiedener Medikamente um eine bestimmte Wirkung zu erzielen. – *adj.* synergistisch.
synergy

Synergist. Wird meist im Plural verwendet. 1. Organe (meist Muskeln), die gleichsinnig zusammenwirken. 2. Arzneimittel oder Substanzen, die zusammenwirken und sich gegenseitig verstärken.
synergist

synergistisch. Zusammenwirkend; wird meist verwendet im Zusammenhang von Muskeln, Drüsen oder Arzneimitteln.
synergistic

Synkinese. Die unwillkürliche Mitbewegung von Muskeln oder Muskelgruppen, die für die gewollte Bewegung nicht unbedingt erforderlich ist. Bei der imitativen S. kann bei Bewegungen gesunder Muskeln die Mitbewegung gelähmter Muskeln beobachtet werden.
synkinesis

Synkope. Kurzzeitige Ohnmacht infolge einer vorübergehenden Sauerstoffunterversorgung und Durchblutungsstörung des Gehirns. Meist geht der Ohnmacht ein Gefühl der Leere im Kopf voran und eine S. kann verhindert werden, indem man sich hinlegt oder setzt und den Kopf zwischen die Knie nimmt.
[*griech.:* synkoptein, zusammenschlagen]
syncope

Synkope, kardiale. Vorübergehender Bewusstseinsverlust aufgrund einer unzureichenden zerebralen Durchblutung, was durch eine plötzliche Insuffizienz des

Herzminutenvolumens verursacht sein kann.
[*griech.:* kardia, Herz, syncope, ohnmächtig werden.]
cardiac syncope

Synovia. Gelenkschmiere; Transparente, dem Eiweiß ähnliche zähfließende Flüssigkeit, die in Gelenke, Schleimbeutel und Sehnenscheiden abgesondert wird und als Schmiermittel dient. Sie enthält Muzin, Albumin, Fett und Mineralsalze.
[*griech.:* syn + *lat.:* ovum, Ei]
synovia

Synovialgelenk. Frei bewegliches Gelenk, in dem die aneinander grenzenden Knochenflächen durch hyaline Knorpel überzogen und von einer mit einer Synovialmembran ausgekleideten Gelenkkapsel aus Bindegewebe umschlossen sind.
synovial joint

synovialis. Betrifft oder gehört zur Gelenkschmiere (→ Synovia).
synovial

Synovialmembran. Dünne Gewebeschicht, die eine Gelenkkapsel um ein frei bewegliches Gelenk auskleidet. Die S. ist locker mit der äußeren fibrösen Kapsel verbunden. Sie sezerniert eine dicke weiße Flüssigkeit in das Gelenk, die als Gelenkschmiere (Synovia) dient. Bei Gelenksverletzungen kann es zu einer schmerzhaften Anhäufung von Gelenkschmiere kommen.
synovial membrane

Synovitis. Entzündung der Synovialmembran eines Gelenks infolge einer aseptischen Wunde oder einer traumatischen Verletzung, wie z.B. einer starken Zerrung oder Verstauchung. Am häufigsten ist das Knie betroffen. Um die Gelenkkapsel sammelt sich Flüssigkeit, das Gelenk schwillt an, spannt und schmerzt; die Bewegung ist eingeschränkt.
synovitis

Synovitis, chronische. Chronische Entzündung einer Gelenkhaut.
[*griech.:* chronos, Zeit, syn, zusammen; *lat.:* ovum, Ei; *griech.:* itis, Entzündung.]
chronic synovitis

Synthese. 1. Bildung einer komplizierten chemischen Verbindung aus einfacheren Stoffen. 2. Ebene des kognitiven Lernens, auf der der Lernende Elemente einer früheren Lernstufe zu einem neuen Ganzen miteinander vereint.
[*griech.:* syntesis, das Zusammenlegen, die Zusammensetzung]
synthesis

synthetisieren. Durch Zusammensetzung neue Gebilde formen, z.B. die Bildung von Proteinen aus einfachen Aminosäureketten.
synthesize

Synzytium, pl. Synzytia. Zellverband ohne Zellgrenzen, der durch Teilung oder Verschmelzung entstanden ist. Das S. enthält mehrere Zellkerne, aber ein gemeinsames Protoplasma. – *adj.* synzytial.
syncytium

Syphilis. (Lues). Geschlechtskrankheit, die durch die Spirochäte → *Treponema pallidum* hervorgerufen und meist durch Geschlechtsverkehr oder auch intrauterin übertragen wird. Die Krankheit verläuft in drei Stadien und kann jedes Organ befallen. Im ersten Stadium tritt ca. 10 bis 90 Tage nach der Infektion ein kleines rotes Knötchen auf der Haut oder Schleimhaut auf, das sich bald in ein schmerzloses, blutloses Geschwür (den sog. Schanker) verwandelt. In diesem Geschwür sind zahlreiche Spirochäten angesiedelt. Nach ca. 10 bis 40 Tagen heilt das Geschwür spontan ab, wodurch oft fälschlich angenommen wird, dass es sich um ein harmloses Symptom handelte. Das zweite Stadium setzt nach ungefähr 2 Monaten ein, wenn sich die Spirochäten deutlich vermehrt und im ganzen Körper verteilt haben. Gekennzeichnet ist dieses Stadium von Unwohlsein, Appetitlosigkeit, Übelkeit, Fieber, Kopfschmerzen, Haarausfall, Knochen- und Gelenkschmerzen, nicht juckendem Hautausschlag und weißen Wundstellen in Mund und Rachen. Der Patient ist in diesem Stadium hoch infektiös und kann durch Küssen andere Personen anstecken. Das dritte Stadium ist durch Syphilome (Gummigeschwulste)

gekennzeichnet, die bei Abheilung Narben hinterlassen. Syphilome können sich überall im Körper bilden, in den Augen, auf Leber, Lunge, Magen oder den Fortpflanzungsorganen. Auch das dritte Stadium kann schmerzfrei verlaufen oder aber mit tief bohrendem Schmerz einher gehen. Sämtliche Körperstrukturen können geschädigt werden und die Krankheit kann somit zu geistigem und körperlichem Verfall und schließlich zum Tod führen. Die angeborene S. (S. connata oder congenita) wird über die Mutter erworben. Spirochäten sind plazentagängig und können den Fötus bereits in der Gebärmutter infizieren. Die Kinder können bereits mit Missbildungen oder blind zur Welt kommen. Einige Säuglinge zeigen zunächst keine Symptome, doch nach mehreren Wochen entwickelt sich ein chronischer Schnupfen, gelegentlich mit blutig-eitrigem Ausfluss sowie Hautschädigungen, besonders an Handinnenflächen, Fußsohlen und im Genitalbereich. Meist sind die Kinder seh- und hörgeschädigt, leiden unter Zwergwuchs und schlechter Gesundheit. – *adj.* syphilitisch.
[Nach einem lat. Gedicht, in dem ein Hirte (Syphilus) daran erkrankte.]
🇬🇧 syphilis

Syphilis, angeborene. In utero erworbene Form der Syphilis. Symptome sind Knochenentzündung, Hautausschläge, Virusschnupfen und Auszehrung in den ersten Lebensmonaten. Später auftretende Infektionssymptome sind interstitielle Keratitis, Taubheit und Einkerbungen in den Schneidezähnen. Manche infizierten Babys scheinen bei Geburt keine Symptome aufzuweisen; die typischen Krankheitsanzeichen entwickeln sich in solchen Fällen erst im Jugendalter.
[*lat.:* congenitus, angeboren; grich, syn, zusammen, philein, lieben.]
🇬🇧 congenital syphilis

Syphilis, endemische. Chronische Infektionskrankheit, die häufig im Kindesalter, ohne vorhergehenden Geschlechtskontakt auftritt.
🇬🇧 endemic syphilis

S

Syringomyelie. Chronisch fortschreitende Erkrankung des Rückenmarks, gekennzeichnet durch längliche, mit Flüssigkeit gefüllte Aushöhlungen im grauen Mark, die von Gliawucherungen oder von neugebildetem Nervengewebe umgeben werden. Die Symptome zeigen sich im frühen Erwachsenenalter meist in Hals- und Brustbereich mit schlaffen Lähmungen und Muskelschwund in den oberen Gelenken.
[*griech.:* syrigx + myelós, Rohr, Röhre + Mark]
🇬🇧 syringomyelia

System. Aus Einzelteilen zusammengefügtes Ganzes. Physiologische S., wie z.B. das kardiovaskuläre S. oder das Reproduktionss. bestehen aus speziellen Strukturen und Organen, die an lebenswichtigen Funktionen im Körper beteiligt sind und diese aufrecht erhalten. – *adj.* systematisch.
[*griech.:* systema, ein aus mehreren Teilen zusammengesetztes Ganzes]
🇬🇧 system

System, blutbildendes. Körperorgane und -gewebe, die bei der Bildung und Funktion der Blutbestandteile beteiligt sind, z.B. Knochenmark und Milz. (→ Hämatopoese)
🇬🇧 hematopoietic system

System, limbisches. Gruppe von Strukturen des ZNS innerhalb des Riechhirns (Rhinenzephalon), die in Verbindung mit verschiedenen Emotionen und Gefühlen wie Wut, Angst, sexuelle Lust, Freude und Traurigkeit stehen. Diese Strukturen sind mit anderen Teilen des Gehirns verbunden.
🇬🇧 limbic system

System, lymphatisches. Ausgedehntes komplexes Netzwerk aus Kapillaren, feinen Gefäßen, Klappen, Gängen, Knoten und Organen, die dafür sorgen, dass der innere Flüssigkeitshaushalt des gesamten Körpers geschützt und erhalten wird, indem → Lymphe produziert, gefiltert und transportiert und verschiedene Blutzellen ge-

bildet werden. Das lymphatische Netzwerk transportiert auch Fette, Proteine und andere Substanzen zum Blutsystem und speichert 60% der Flüssigkeit, die beim normalen Stoffwechsel aus den Blutkapillaren in die interstitiellen Räume herausgefiltert wird. Kleine, halbmondförmige Klappen helfen im gesamten l. S., den Fluß der Lymphe zu kontrollieren und an der Verbindung mit dem venösen System zu verhindern, dass venöses Blut in die Lymphgefäße fließt. Die Lymphe, die im Körper gesammelt wird, gelangt durch zwei Gänge, die sich im Hals befinden, in das Blut. Verschiedene dynamische Körpermechanismen, wie Veränderungen des Atemdrucks, Muskelkontraktionen und Bewegungen der Organe, die die Lymphgefäße umgeben, bilden zusammen ein Pumpsystem, das die Lymphe durch das l. S. befördert. Zu dem l. S. gehören auch die spezialisierten Organe wie Gaumenmandeln (Tonsillen), Thymus und Milz.
🇬🇧 lymphatic system

System, offenes. System, das mit seiner Umgebung interagiert.
🇬🇧 open system

systemisch. Betrifft oder gehört zum ganzen Körper, nicht nur zu einem abgegrenzten Bereich.
🇬🇧 systemic

Systemischer Lupus erythematodes (SLE). (Lupus erythematodes disseminatus (LED); Lupus erythematodes visceralis). Chronische, generalisierte Autoimmunerkrankung, die praktisch alle Systeme im Körper befallen kann. Typische pathophysiologische Anzeichen sind schwere Entzündungen der arteriellen und venösen Gefäße (Vaskulitis), Nierenstörungen, Veränderungen der Haut und Schleimhäute sowie Störungen des Nervensystems. Die Krankheitsentstehung ist noch nicht eindeutig geklärt; man vermutet, dass eine genetische Veranlagung zusammen mit Störungen des Immunsystems sowie schädigenden Umwelteinflüssen (UV-Strahlung, Medikamente, Infektionen mit Bildung von Autoimmunkörpern) den Krankheitsprozess in Gang setzen. 90% der Patienten sind Frauen im 3. Lebensjahrzehnt. Anfangs sind oft Müdigkeit, Schwäche, Gewichtsverlust und Fieber die einzigen Symptome. Später kommt es zu Hauterscheinungen (Rötung, Gefäßerweiterung, Verdickung der Hornschicht) – das Schmetterlingserythem, eine rot-violette Hautverfärbung, die sich über die Nase und beide Wangen erstreckt, gilt als klassisch –, Blutbildveränderungen, Nierenstörungen, ZNS-Störungen und Rippenfellentzündung (Pleuritis). Entscheidend für die Prognose der Patienten ist die Beteiligung der Nieren.
🇬🇧 systemic lupus erythematosus (SLE)

Systole. Kontraktion des Herzens, wodurch Blut in die Hauptschlagader (Aorta) und in die Lungenarterien ausgestoßen wird. Die Systole erkennt man bei der Auskultation (Abhören) als ersten Herzton, als Pulsschlag des peripheren Pulses und als spürbaren Herzspitzenstoß. – *adj.* systolisch.
[*griech.:* systolé, das Zusammenziehen]
🇬🇧 systole

systolische Unterfunktion. Herzmuskelschwund, der mit verminderter Kontraktionsfähigkeit des Herzens und Blutvolumenüberschuss einhergeht.
🇬🇧 systolic dysfunction

systolischer Blutdruck. Blutdruck, der während der Herzkammerkontraktion (Systole) gemessen wird. Der s. B. ist immer der höhere Wert bei der Blutdruckmessung.
🇬🇧 systolic pressure

systolisches Geräusch. Herzgeräusch, das während der → Systole auftritt. S. G. sind hörbare Auswurfgeräusche, die häufig bei Schwangeren oder bei Personen, die unter Anämie, Schilddrüsenüberfunktion oder Stenosen der Hauptschlagader (Aorta) oder der Lungenschlagader leiden.
🇬🇧 systolic murmur

Szintigramm. Aufzeichnung der durch einen → Tracer ausgesendeten Radioaktivität in einem Körper bzw. Organ in Form eines Leuchtbildes.
[*lat.:* scintillare, Funken sprühen]
🇬🇧 scinitigram

Szintigraphie. Fotografische Darstellung und Untersuchung von Organen mit Hilfe von → Szintigrammen, welche die Verteilung radioaktiver Substanzen im Körper aufzeigen.
🇬🇧 scintiscanning

T

t. Symbol für: 1. Zeit. 2. → temporal (Anatomie).
t

T. Symbol für: 1. Temperatur. 2. das Wasserstoffisotop Tritium (= ^3H).
T

$t_{1/2}$. Symbol für die Halbwertzeit radioaktiver Isotope.
$T_{1/2}$

T_3. Symbol für → Trijodthyronin.
T_3

T_4. Symbol für Tetrajodthyronin (→ Thyroxin).
T_4

T-Helfer-Lymphozyten. Besondere Form der → T-Zellen, die die → Immunantwort anderer Lymphozyten mit fremden Antigenen fördern, indem lösliche Proteine, die sogenannten Helferfaktoren, freigesetzt werden.
helper T cell

T-Helferzellen. → Lymphozyten, die im Thymus heranreifen, und bei der Immunabwehr des Körpers eine entscheidende Rolle spielen. Die T-H. zerstören oder neutralisieren Zellen und Substanzen, die in den Körper eingedrungen und als »nicht-selbst« erkannt werden. Sie produzieren Interleukin-2, eine Substanz, die wiederum die Aktivität der natürlichen Killerzellen *Gammainterferon* und *T-Suppressorzellen* stimuliert. Das HI-Virus bindet z.B. vorwiegend an T.-H. und bewirkt damit eine schwere Schädigung des Immunsystems, wodurch sich harmlose Infektionen in schwere Krankheiten verwandeln. (s.a. Immunsystem; Immunantwort)
T_4 cells

T-Katheter. T-förmiger Schlauch, der zur Drainage durch die Haut in eine Körperhöhle oder eine Wunde gelegt wird.
T tube

T-Killerzellen, zytotoxische. Untergruppe der T-Lymphozyten, die spezifische Zellen, wie z.B. Zellen mit viralen Antigenen, auflösen können.
cytotoxic killer T cells

T-Stück. Verbindungsstück zwischen einer Sauerstoffquelle und einem Endotrachealtubus, an das ein → Spirometer angeschlossen werden kann, der das Atemzugvolumen misst.
T tube

T-Zelle. Kleiner, im Blut zirkulierender Lymphozyt, der im Knochenmark produziert wird und im Thymus heranreift. T-Zellen sind hauptsächlich an der zellulären Immunität beteiligt, die für → Abstoßreaktionen von Transplantaten und → Überempfindlichkeitsreaktionen vom Spättyp verantwortlich ist. T-Helfer-Zellen, eine Unterart der T-Z., beeinflussen die Antikörperproduktion von B-Zellen; die sogenannten T-Suppressorzellen unterdrücken die Funktion der B-Zellen.
T cell

T-Zellrezeptor. Protein auf der Oberfläche der T-Zellen, das sich mit Antigenen verbindet und damit einen Immunabwehr-Komplex bildet.
T cell antigen receptor

Tabes dorsalis. Spätstadium der → Syphilis, das durch den langsamen Verfall des gesamten Körpers bzw. einzelner Körperregionen und den allmählichen Verlust von Sehnenreflexen gekennzeichnet ist. Betroffen sind vor allem das Rückenmark und die großen Gelenke der Extremitäten, wodurch die Patienten unkoordiniert und mit weit auseinanderstehenden Beinen laufen. Weitere Symptome sind Inkontinenz, Impotenz, starke Schmerzen im Unterbauch und in den Extremitäten.
[*lat.:* tabes + dorsum, allmähliche Auszehrung + Rücken]
tabes dorsalis

Tablette. Darreichnungsform eines Medikamentes in Form einer festen Masse, die unter hohem mechanischem Druck aus einer pulverförmigen Substanz hergestellt wird. T. gibt es in unterschiedlichen Formen, Farben, Größen und Gewichten. Meistens werden sie im Ganzen geschluckt, gelegentlich muss man sie aber auch in Wasser auflösen, im Mund zergehen lassen oder kauen. Einige T. werden auch in Körperhöhlen eingelegt, z.B. Vaginaltabletten. Nach der Tabletteneinnahme ist auf Nachtrinken zu achten, damit die Tbl. nicht im Ösophagus hängen bleibt und Ulzera verursacht.
tablet

Tachyarthythmie. Unegelmäßiger Herzschlag mit einer Frequenz von über 100/min.
[gr. tachys + a + rhythmos, schnell + nicht + Rhythmus]
tachyarrhythmia

T

Tachykardie. Kontraktion des Herzens mit einer Frequenz von über 100 Schlägen pro Minute. Normalerweise steigert sich der Herzschlag infolge von Fieber, Sport oder Aufregung. Eine pathologische T. tritt im Zusammenhang mit Sauerstoffmangel auf, der z.B. durch Anämie, kompensierter Herzinsuffizienz, Blutungen oder Schock entstehen kann. Die T. ist somit eine physiologische Reaktion und bewirkt, dass durch die größere Blutmenge, die durch den Körper strömt, mehr Sauerstoff zu den Körperzellen transportiert wird. – *adj.* tachykard.
[*griech.:* tachys + kardia, schnell + Herz]
tachycardia

Tachykardie, fetale. Fetale Herzfrequenz von 160 Schlägen/Minute oder höher, die über einen Zeitraum von mehr als 10 Minuten anhält.
fetal tachycardia

Tachykardie, paroxysmale supraventrikuläre. Ektopischer Rhythmus mit einer Frequenz von 170 bis 250 Schlägen/min. Der Beginn erfolgt plötzlich mit einem verfrühten Vorhof- oder Kammerschlag und wird vom Atrioventrikularknoten (AV-Knoten)- Wiedereintritts-Mechanismus mit oder ohne zusätzliche Bahn unterstützt.
paroxysmal supraventricular tachycardia

Tachykardie, paroxysmale ventrikuläre. Plötzlicher Beginn und abruptes Ende eines schnellen Herzschlages (Tachykardie), was durch eine rasche Aufeinanderfolge von Entladungen direkt an der Herzkammer (Ventrikel) verursacht wird.
paroxysmal ventricular tachycaedia

Tachyphagie. Schnelles, hastiges Essen.
[*griech.:* tachys + phagein, schnell + essen]
tachyphagia

Tachyphylaxie. 1. In der *Pharmakologie* das Phänomen, dass bei wiederholter Gabe von bestimmten Medikamenten deren Wirksamkeit trotz größer werdender Dosen rapide abnimmt und schließlich völlig ausbleibt. 2. In der *Immunologie* eine sich schnell entwickelnde Immunität gegenüber einem Toxin aufgrund früherer Exposition, z.B. in Form einer Impfung.
[*griech.:* tachy + phylaxis, Bewachung, Beschützung]
tachyphylaxis

Tachypnoe. Beschleunigtes Atmen mit einer Atemrate von über 20 Atemzügen pro Minute bei erhöhtem Sauerstoffbedarf,

z.B. bei körperlicher Belastung, hohem Fieber.
[tachy + pnoia, Wehen, Hauchen, Atmen]
🇬🇧 tachypnea

Tacrin. Neuartiges Medikament, das die Atmung und Wahrnehmung verbessert und allgemein anregend wirkt. Darüber hinaus wird es als Acetylcholinesterase-Hemmer eingesetzt und soll die Wahrnehmungsfunktionen bei Alzheimer-Patienten im Frühstadium positiv beeinflussen. Auf den Verlauf der Krankheit hat T. keinen Einfluss.
🇬🇧 tacrine

Taenia. Gattung der großen, im Darm lebenden Bandwürmer mit Saugnäpfen am Kopf und mehreren Gliedern. T. gehören zu den häufigsten Parasiten, die den Menschen befallen.
[*lat.:* taenia, Band, Binde]
🇬🇧 Taenia

Taenia saginata. Gattung der Bandwürmer, die als Larven in Rindern leben und im ausgewachsenen Stadium den Menschen befallen.
🇬🇧 Taenia saginata

Taenia solium. Gattung der Bandwürmer, die als Larven in Schweinen leben und im ausgewachsenen Stadium den Menschen befallen.
🇬🇧 Taenia solium

Taeniasis. Befall mit Bandwürmern der Gattung → Taenia.
🇬🇧 teniasis

Tagesklinik. Psychiatrische Einrichtung, die Patienten Therapien während des Tages anbietet.
🇬🇧 day hospital

Tagesrhythmus. Aktivitäts- und Verhaltensmuster, die nach Tag-Nacht-Zyklen ablaufen, wie z.B. Mahlzeiten, die zu bestimmten Tageszeiten eingenommen werden.
🇬🇧 diurnal rhythm

Takayasu-Krankheit. Entzündung der Aorta inklusive ihrer Hauptäste und der Lungenschlagader. Die Krankheit ist gekennzeichnet durch einen fortschreitenden Verschluss der linken Schlüsselbeinarterie und der linken Hals- und Kopfarterien oberhalb deren Ursprung aus dem Aortenbogen. Symptome sind der fehlende Puls in beiden Armen sowie in der Halsschlagader, vorübergehende Lähmung, vorübergehende Erblindung und Gesichtsmuskelschwund.
[M. Takayasu, jap. Arzt, 1860–1938.]
🇬🇧 Takayasu's arteritis

taktil. Betrifft den → Tastsinn.
[*lat.:* tangere, berühren]
🇬🇧 tactile

Sebum. Öliges Sekret der → Talgdrüsen, das sich aus Keratin, Fetten und Zellabfallprodukten zusammensetzt. In Verbindung mit dem Schweiß bildet das S. einen leicht sauren Fettfilm mit antibakteriellen und fungiziden Eigenschaften - den sogenannten Säureschutzmantel -, der die Haut vor Keimen und vor Austrocknung schützt.
🇬🇧 sebum

Talg. Gelbliche Fettmasse, die aus den Fettgeweben von Wiederkäuern, wie z.B. Rindern und Schafen gewonnen und in der Seifen-, Schmiermittel- und Kerzenproduktion verwendet wird. Die Pharmazie bezeichnet T. als → Sebum und verwendet es zur Herstellung von Salben.
🇬🇧 tallow

Talgdrüsen. Eine Art der zahlreichen kleinen Organe in der Haut. Sie sind im allgemeinen an Haarfollikel gebunden und kommen in allen Körperregionen vor. Besonders zahlreich finden sie sich jedoch am Kopf, im Gesicht, in der Nase, im Mund, am äußeren Ohr und im Afterbereich. Jede Drüse besitzt einen Ausführungsgang, bei den stark sekretierenden mündet dieser in ein Haarfollikel. Der abgesonderte Talg schützt das Haar und die umliegende Haut vor Austrocknung, vermindert die Schweißausdünstung und hat eine regulierende Funktion auf die Körpertemperatur.
🇬🇧 sebaceous glands

Talus, pl. Tali. Sprungbein; Oberster und zweitgrößter Fußwurzelknochen, der das

Gewicht des Körpers vom Schienbein auf das Fersenbein überträgt. Er ist gelenkig mit dem Knöchel und dem Kahnbein verbunden.
[*lat.:* talus, Sprungbein]
talus (pl. tali)

Tamoxifen. Anti-Östrogen ohne Steroid-Struktur, das bei der Behandlung von fortgeschrittenem östrogenabhängigen Brustkrebs bei Frauen vor und nach den Wechseljahren eingesetzt wird.
tamoxifen

Tamponade. Ausfüllen einer Körperhöhle, Wundhöhle oder eines Hohlorgans mit Mull oder Gaze zur Blutstillung aber auch zur Drainage.
tamponade

Täniase. Bandwurmbefall mit der Gattung der → Taenia.
taeniasis

Tannin. Gerbsäure, die aus Rinde und Früchten verschiedener Bäume und Sträucher gewonnen wird, insbesondere von Eichen.
tannic acid

Tanztherapie. Einsatz rhythmischer Körperbewegungen zur Freisetzung von Gefühlen.
dance therapy

Tarantula. Volkstümlicher Name für große, behaarte Spinnen, die zwar beschränkt giftig sein können, meist jedoch für den Menschen harmlos sind. Der Biss einiger solcher Spinnen kann oberflächliche Hautverletzungen bewirken.
tarantula

Target-Organ. 1. In der *Radiologie* Organe, die eine therapeutische Strahlendosis erfahren. 2. In der *Nuklearmedizin* Organe, welche die größte Konzentration der radioaktiven Tracer erhalten sollen. 3. In der *Endokrinologie* Sammelbezeichnung für Organe, auf die Hormone des Hypophysenvorderlappens wirken, z.B. Schilddrüse, Nebennierenrinde und Keimdrüsen.
target organ

Target-Zelle. 1. Rote Blutkörperchen, die in der Mitte durch eine Anhäufung von Hämoglobin besonders dunkel gefärbt, und mit helleren Ringen umgeben sind. 2. Sammelbezeichnung für Zellen, die mit spezifischen Rezeptoren ausgestattet sind, die auf bestimmte Hormone, Antigene, Antikörper, sensibilisierte T-Zellen oder andere Substanzen reagieren.
target cell

tarsal. 1. Zur Fußwurzel oder zum Knöchel gehörend. 2. Das Augenlid betreffend.
tarsal

Tarsaltunnelsyndrom. Neurologische Störung des Fußes, die durch Schmerz und Taubheit der Fußsohle gekennzeichnet ist. Die Störung kann durch Knöchelbrüche hervorgerufen werden, wodurch der Schienbeinnerv (Nervus tibialis) geschädigt wird.
tarsal tunnel syndrome

Tarsus, pl. Tarsi. 1. Gelenkbereich zwischen Fuß und Bein. 2. Ca. 2,5 cm lange Faserplatte, die das untere Augenlid bildet und ihm die gebogene und elastische Form verleiht.
[*griech.:* tarsós, breite Fläche, Fußsohle]
tarsus (pl. tarsi)

Tarui-Krankheit. (→ Glykongenose Typ VII)
Tarui's disease

Tastsinn. Rezeptoren des Nervensystems (Mechanorezeptoren), die für die Berührungsempfindung zuständig sind.
tactile sense

Taubheit. (Gehörlosigkeit). Teilweiser bzw. völliger Gehörverlust. Bei der Einschätzung einer Schwerhörigkeit werden die Ohren auf Ausfluss, Verkrustungen, Ansammlungen von Ohrschmalz (Zerumen) oder auf strukturelle Abnormitäten untersucht. Ein Hörverlust kann konduktiv oder sensorisch, vorübergehend oder permanent, kongenital oder erworben sein. Die Auswirkungen des natürlichen Alterungsprozesses werden bei der Diagnose ebenfalls ausgewertet. (→ Schwerhörigkeit)
deafness

Taupunkt. Temperatur, bei der die Umgebungsluft mit Wasserdampf gesättigt ist und der Wasserdampf als Flüssigkeit kondensiert. Bei der Aerosoltherapie kann Wasser auf Behältern, in Schläuchen und auf anderen Oberflächen kondensieren, sobald der Taupunkt erreicht ist.
🇬🇧 dew point

Taussig-Bing-Syndrom. Angeborener Herzfehler mit entgegengesetzt zur normalen Lage angeordneter Körperschlagader (Aorta) und Lungenschlagader, defekter Herzkammerscheidewand (Ventrikelseptum) und Vergrößerung der Herzkammer (ventrikuläre Hypertrophie).
[H. Taussig, amerik. Pädiater, 1898–1986; R. Bing, amerik. Kardiologe, geb. 1909.]
🇬🇧 Taussig-Bing's syndrome

Tawara-Schenkel. Ein Segment aus einem Netzwerk spezialisierter Fasern, die elektrische Impulse innerhalb der Herzkammern weiterleiten; Verlängerung des → His-Bündels; die T.-S. setzen sich in die → Purkinje-Fasern fort. (→ Erregungsleitung)
🇬🇧 bundle branch

Taxis. 1. Durch spezifische Reize ausgelöste Bewegung der Zellen, entweder aufeinander zu oder voneinander weg. 2. Verkleinerung einer Hernie. 3. Manuelle Rückverlagerung einer Hernie in ihre ursprüngliche Position.
[*griech.:* táxis, Anordnung]
🇬🇧 taxis

Taxonomie. System zur Klassifizierung von Organismen anhand ihrer natürlichen Beziehungen zueinander und auf der Grundlage von gemeinsamen Faktoren, wie z.B. Embryologie, Struktur oder physiologische Chemie. – *adj.* taxonomisch.
🇬🇧 taxonomy

TB, TBC. Abkürzung für → Tuberkulose.
🇬🇧 TB

Technetium. (= Tc) Radioaktives, metallisches Element mit der Ornungszahl 43 und einem Atomgewicht von 99. T.-Isotope werden bei der → Szintigraphie zur Darstellung innerer Organe, wie z.B. der Leber oder der Milz verwendet.
🇬🇧 technetium (Tc)

^{99m}Technetium. Radionukleid, das häufig in der → Szintigraphie zur Darstellung innerer Organe verwendet wird. Wegen seiner kurzen Halbwertzeit und der adäquaten ausgesandten Energiemenge wird T. bevorzugt eingesetzt. Das »m« gibt an, dass das Radionukleid direkt am entsprechenden Organ von einer Molybdän-Quelle produziert wird.
🇬🇧 technetium-99m

Technik, aseptische. Vorgehensweise, bei der zusätzliche Vorsichtsmaßnahmen ergriffen werden, um die → Kontamination einer Person, eines Objekts oder eines ganzen Bereichs durch → Mikroorganismen zu verhindern.
🇬🇧 aseptic technique

Technologien, Umgang mit. → Pflegeintervention der → NIC, die definiert ist als der Einsatz von technischen Geräten und Zubehör bei der Überwachung des Zustandes von Patienten oder zur Lebenserhaltung.
🇬🇧 Technology Management

Tectum. Körperstruktur, die eine Art Dach darstellt.
[*lat.:* tectum, Dach]
🇬🇧 tectorium

Tee, grüner. Getränk, das als → Antikarzinogen verwendet wird. Beim g.T. unterbleibt im Gegensatz zum schwarzen Tee die Fermentation, durch kurzes Dämpfen über siedendem Wasser bleibt die grüne Farbe erhalten. G.T. wirkt durchblutungsfördernd und anregend.
🇬🇧 green tea

Teer. Dunkle, zähflüssige, organische Substanz, die durch Destillation aus Kohle, Holz oder pflanzlichen Materialien gewonnen wird. Einige Teerarten werden zur Behandlung von Ekzemen und anderen Hautkrankheiten verwendet.
🇬🇧 tar

T

Teerstuhl. (→ Meläna)
🇬🇧 melena; tarry stool

Teilungsebene. (Furchungsebene). 1. Bereich in einem befruchteten Ei, in dem eine Spaltung stattfindet. Die Achse, entlang der eine Zellteilung stattfindet. 2. Jede Körperebene, in der Organe bzw. Körperstrukturen mit minimaler Beschädigung des umliegenden Gewebes voneinander getrennt werden können.
🇬🇧 cleavage plane

Teleangiektasie. Dauerhafte Erweiterung bestimmter oberflächlicher Kapillaren und kleinster Venen. Häufige Ursachen sind strahlenbedingte Schäden, Dermatosen, die Gewebeschwund zur Folge haben, Akne rosacea, erhöhte Östrogenspiegel und vaskuläre Erkrankungen.
[*griech.:* telós + aggeion + éktasis, Ziel + (Blut)gefäß + Ausdehnung]
🇬🇧 telangiectasia

Telediagnose. Krankheitsdiagnose bzw. -prognose, die aus der Ferne gestellt wird, mit Hilfe des elektronischen Datenaustausches zwischen zwei medizinischen Einrichtungen.
[*griech.:* télos + diágnosis, Ende, Ziel + Erkenntnis]
🇬🇧 telediagnosis

Telefonberatung. → Pflegeintervention der → NIC, die definiert ist als der Austausch von Informationen, Gewährleistung von Gesundheitserziehung und -beratung, Umgang mit Symptomen oder → Triage per Telefon.
🇬🇧 Telephone Consultation

Telegesundheit. Der Einsatz von Telekommunikationstechnologien, um Gesundheitsdienste zur Verfügung zu stellen sowie den Zugang zu medizinischer Information zur Aus- und Weiterbildung von medizinischem Personal und zur Recherche zu erleichtern. Darüber hinaus kann mit Hilfe dieser Medien die Aufmerksamkeit auf und die Kenntnisse der Allgemeinheit über gesundheitliche Themen erhöht werden.
🇬🇧 telehealth

Telekinese. Vorstellung in der Parapsychologie, die besagt, dass man externe Ereignisse, wie z.B. das Bewegen eines Objekts, allein durch die Kraft des Geistes steuern kann.
🇬🇧 telekinesis

Telemedizin. Die Verwendung der Telekommunikations- und Informationstechnologie zur medizinischen Versorgung von lokal entfernten Patienten. Dazu gehört die Übermittlung medizinischer Daten inklusive Bildern.
🇬🇧 telemedicine

Telemetrie. Elektronische, schnurlose Übertragung von Messwerten von einem Empfangsteil auf das Messgerät, z.B. die Übertragung von kindlichen Herztönen, die am Bauch der Mutter abgeleitet werden, auf den Herzton-Wehenschreiber (CTG-Gerät).
🇬🇧 telemetry

Telenzephalon. Die beiden Vorderhirnbläschen bzw. das »Endhirn«, aus dem die Großhirnhälften entstehen; enthält auch das sogenannte Riechhirn.
🇬🇧 telencephalon

Telepathie. Angebliche Fähigkeit bestimmter Menschen, ihre Gedanken auf andere zu übertragen, ohne den Einsatz körperlicher Sinne.
🇬🇧 telepathy

Teletherapie. Strahlentherapie mit Hilfe eines Gerätes, das in einiger Entfernung zum Patienten steht.
🇬🇧 teletherapy

Tellur (Te). Halbmetall mit chemischen Eigenschaften mit der Ordnungszahl 52 und einem Atomgewicht von 127,6. Das Einatmen von Tellurdämpfen erzeugt einen nach Knoblauch riechenden Atem.
🇬🇧 tellurium (Te)

Temperatur. 1. Das relative Maß von Wärme oder Kälte. 2. In der *Physiologie* die Körperwärme, die mit dem menschlichen Stoffwechsel zusammenhängt. Die normale T. beträgt 37°C. 3. Umgangssprachlich für Fieber.
🇬🇧 temperature

Temperatur, kritische. Die höchste Temperatur, bei der ein Stoff außerhalb eines geschlossenen Systems in flüssiger Form vorliegen kann.
critical temperature

Temperatur, subnormale. (Untertemperatur). Unter der Norm liegende Körpertemperatur, d. h. unter 37°C.
subnormal temperature

Temperatur- und Schleimbeobachtung. Natürliche Methode der Familienplanung, bei der zur Bestimmung des Eisprungs die Basaltemperatur gemessen und der Zervixschleim beobachtet wird.
symptothermal method of family planning

Temperaturregulierung. → Pflegeintervention der → NIC, die definiert ist als das Anstreben und/oder Erhalten der Körpertemperatur in einem normalen Bereich.
Temperature Regulation

Temperaturregulierung: intraoperativ. → Pflegeintervention der → NIC, die definiert ist als das Anstreben und/oder Erhalten einer erwünschten intraoperativen Körpertemperatur.
Temperature Regulation: Intraoperative

Temperatursinn. Netzwerk von Sinnesorganen und Verbindungswegen sowie Rezeptoren, mit deren Hilfe eine Temperaturänderung wahrgenommen werden kann.
thermic sense

temporalis. Zur Schläfe gehörend, z.B. Os temporalis (Schläfenbein).
temporal

temporär. Zeitweilig, vorübergehend.
[*lat.:* tempus, Zeitabschnitt, Zeit]
temporal

Tenalgie. Sehnenschmerz.
tenalgia

Tendinitis. Sehnenentzündung, meist infolge von Überanstrengung.
tendinitis

Tendon. (→ Sehne)
tendon

Tendovaginitis. Entzündung und Verdickung der Sehnenscheiden infolge von Kalziumablagerungen, wiederholter Überanstrengung oder Verletzung, erhöhten Cholesterolkonzentrationen im Blut, rheumatoider Arthritis, Gicht oder Gonorrhö.
tenosynovitis

Tenesmus. Anhaltender, schmerzhafter Krampf des Enddarms oder der Blase, verbunden mit dem Drang, Darm oder Blase zu entleeren.
tenesmus

TENS. Abkürzung für → transkutane elektrische Nervenstimulation.
TENS

Tensiometer. Gerät, mit dem die Oberflächenspannung einer Flüssigkeit gemessen werden kann.
tensiometer

Tensor. Bezeichnung für Muskeln, die eine Struktur anspannen, wie z.B. der Musculus tensor fasciae latae (Schenkelbindenspanner) im Oberschenkel.
tensor

Tentorium. Körperstruktur, die einem Zelt gleicht, wie z.B. das »Tentorium cerebelli«, eine Fortsetzung der harten Rückenmarkshaut, die das Kleinhirn vom Großhirn trennt.
[*lat.:* tentorium, Zelt]
tentorium

terato-. Wortteil mit der Bedeutung »Missbildung«.
terato-

Teratogen. Substanz, Wirkstoff oder Vorgang, der in die normale pränatale Entwicklung eines Fetus eingreift und Missbildungen hervorruft. T.e können direkt auf den sich entwickelnden Organismus einwirken, oder indirekt über die Plazenta oder mütterliche Strukturen. Die empfindlichste Phase für schwerwiegende Missbildungen ist die zwischen der 3. und der 12. Schwangerschaftswoche, wenn die

Differenzierung der wichtigsten Organe stattfindet. – *adj.* teratogen.
[*griech.:* téras, Missgeburt]
teratogen

Teratologie. Wissenschaftlicher Zweig, der sich mit den Ursachen und Wirkungen angeborener Missbildungen und Entwicklungsstörungen befasst. Die Wissenschaftler bezeichnet man als Teratologen.
teratology

Teratom. Bösartige Geschwulst, die aus verschiedenen Gewebearten besteht, die normalerweise nicht zusammen auftreten bzw. nicht am Ort der Geschwulst auftreten. T.e kommen am häufigsten in Ovarialtumoren oder Hodentumoren vor.
teratoma

teres. Länglich und rund; Kommt in der Bezeichnung »Musculus teres minor und M. t. major« vor, zwei Schultermuskeln, die für die Bewegung von Arm und Schulter benötigt werden.
[*lat.:* teres, länglich, rund]
teres (pl. teretes)

terminal(is). Zum Ende gehörend, auf das Ende zulaufend, an einer Grenze verlaufend. Kommt z.B. in der Fügung »Nervi terminales« vor.
terminal

tertiär. An dritter Stelle, im dritten Stadium (z.B. einer Krankheit oder eines Vorgangs).
[*lat.:* tertius, der Dritte]
tertiary

T

Testamentsfähigkeit. Die geistige Fähigkeit eines Menschen, ein Testament zu schreiben. Diese beinhaltet die Voraussetzung, dass er/sie sich des Vorgangs bewusst ist, die Kenntnis der Art und des Umfangs des Testaments sowie die Kenntnis der Personen, die darin bedacht werden.
testamentary capacity

testicularis. Zu den Hoden (Testes) gehörend bzw. diese betreffend.
[*lat.:* testis, Hoden]
testicular

Testis, pl. Testes. Hoden; Paarige männliche Keimdrüse, die Samenflüssigkeit und das Hormon → Testosteron bildet. Die ausgereiften Hoden liegen im Hodensack und werden von den Samensträngen gehalten. Der Hoden ist eiförmig, ca. 4 cm lang, 2,5 cm breit und wiegt 12 g. Der spiralförmige Nebenhoden liegt an der Hinterseite des Hodens und enthält ein eng gewundenes Röhrchen, durch das die Spermienflüssigkeit während der Ejakulation fließt. Jeder T. ist in 200 -300 Hodenläppchen unterteilt, welche die 75 mm langen, stark gewundenen Hodenkanälchen enthalten. Dort wird die Samenflüssigkeit produziert.
[*lat.:* testis, Hoden]
testis (pl. testes)

Testosteron. Im Hoden gebildetes männliches Geschlechtshormon. Es bewirkt während der Pubertät das Wachsen von Hoden und Penis und die Ausbildung der sekundären Geschlechtsmerkmale wie Bartwuchs, Tieferwerden der Stimme, Zunahme der Körperbehaarung und Knochen- und Muskelwachstum. Bei mangelnder Eigenbildung kann T. verschrieben werden. Darüber hinaus wird es auch bei weiblichem Brustkrebs zur Wachstumsförderung, Gewichtszunahme und Produktion von roten Blutkörperchen verschrieben. Als Nebenwirkungen können bei Frauen eine Vermännlichung (Virilisierung) und bei beiden Geschlechtern Ödeme, Gelbsucht und Leberkarzinom auftreten.
testosterone

Tetanie. Zustand einer Übererregbarkeit der Muskeln, der sich in Krämpfen, Spasmen, Muskelzucken und starker Beugung der Fuß- und Handgelenke (Pfötchenstellung) ausdrückt. Ausgelöst wird eine T. durch einen gestörten Kalziumstoffwechsel, der bei Vitamin-D-Mangel, Unterfunktion der Nebenschilddrüsen oder Hyperventilation auftreten kann.
tetany

Tetanie, hypokalzämische. Erkrankung, die durch einen extrem niedrigen Kalziumspiegel im Blut gekennzeichnet ist. Dadurch kommt es zu einer übermäßigen Erregbarkeit des neuromuskulären Systems. Eine häufige Ursache ist eine ver-

minderte Sekretion von Parathormonen. (→ Tetanie)
[*griech.:* hypo, darunter; *lat.:* calx, Kalk; *griech.:* haima, Blut; tetanos, Krampf]
hypocalcemic tetany

Tetanus. Wundstarrkrampf; Akute, ggf. tödliche Infektion des Zentralnervensystems (ZNS), die durch das Toxin des anaeroben Tetanusbazillus *Clostridium tetani* ausgelöst wird. Das Toxin ist eines der giftigsten Nervengifte. Das Bazillus infiziert nur Wunden mit totem Gewebe; es kommt in oberen Erdschichten und im Darm von Rindern und Pferden vor und kann durch kleinste Verletzungen in den menschlichen Organismus gelangen. Die Infektion kann auf zwei Arten verlaufen, einmal hoch akut mit hoher Mortalität und kurzer Inkubationszeit (3–21 Tage), oder in der milderen Form mit schwächeren Symptomen, geringerer Sterblichkeit und einer längeren Inkubationszeit von 4–5 Wochen. Bei Wunden in Gesicht, Kopf und Nacken ist die Sterblichkeitsrate sehr hoch. Die Krankheit ist gekennzeichnet durch Reizbarkeit, Kopfschmerzen, Fieber und schmerzhafte Muskelkrämpfe, die eine extreme Körperbeugung nach hinten, starres Grinsen und Krämpfe der Luftröhre hervorrufen. Schließlich ist jeder einzelne Muskel des Körpers von Krämpfen betroffen, da die motorischen Nerven die Nervenimpulse des infizierten ZNS an die Muskeln übermitteln. Es gibt keine Verletzungen und auch bei einer Autopsie werden oft keine Organverletzungen festgestellt; die Hirn- und Rückenmarksflüssigkeit (Liquor) ist klar und ohne Auffälligkeiten. – *adj.* tetanisch.
[*griech.:* tétanos, extreme Spannung]
tetanus

Tetanus- und Diphtherie-Toxoide. Substanz zur aktiven Immunisierung, die entschärfte Tetanus- und Diphterietoxine enthält; diese regen zur Antikörperbildung an. Wird zur Immunisierung gegen Tetanus und Diphterie bei Kindern unter 7 Jahren eingesetzt, wenn die Dreifach-Impfung gegen Keuchhusten (Pertussis), Diphterie und Tetanus kontraindiziert ist.
tetanus and diphtheria toxoids (Td)

Tetanus-Immunglobulin. Menschliche Antikörper als Injektionslösung, die Tetanustoxine neutralisieren können. Sie werden als passive Immunisierung nach möglicher akuter Infektion mit Wundstarrkrampferregern gegeben.
tetanus immune globuline (TIG)

Tetanustoxoid. Entschärftes Tetanustoxin, das keine Giftwirkung mehr hat, jedoch eine Antikörperreaktion auslöst und damit zeitweilige Immunität gegen Wundstarrkrampf verleiht. Es wird zur ersten Impfung (aktive Immunisierung) gegen Tetanus eingesetzt. Die Immunität hält ca. 10 Jahre an, danach sollte eine Auffrischung erfolgen.
tetanus toxoid

tetra-. (→ quadr-)
quadr-

Tetrachlorkohlenstoff. Farblose, flüchtige, giftige Flüssigkeit, die als Lösungsmittel und in Feuerlöschern verwendet wird.
[*lat.:* carbo + *griech.:* tetra, vier, chloros, grünlich.]
carbon tetrachloride

Tetrachlorkohlenstoff-Vergiftung. Durch Kontakt mit Tetrachlorkohlenstoff verursachte Vergiftung, die sowohl Leber als auch Nieren beeinträchtigen kann. Die Einnahme der Flüssigkeit bzw. Inhalation der Dämpfe führt zu Kopfschmerzen, Übelkeit, Depression des zentralen Nervensystems, Bauchschmerzen und Krampfanfällen. Bei Vergiftung durch Inhalation kann eine künstliche Beatmung und Sauerstoffzufuhr erforderlich sein. Bei Vergiftung durch orale Einnahme muss das Gift durch eine Magenspülung entfernt werden.
[*lat.:* carbo + *griech.:* tetra, vier, chloros, grünlich.]
carbon tetrachloride poisoning

Tetradaktylie. Das Vorhandensein von nur 4 Fingern an einer Hand bzw. 4 Zehen an einem Fuß.
[*griech.:* tetra + dáctylos, Finger]
tetradactyly

Tetrahydrocannabinole (THC). Moleküle, die in der Hanfpflanze *Cannabis sativa* vor-

kommen und das berauschende Wirkprinzip von Haschisch und Marihuana bilden. THC beschleunigen den Pulsschlag, verursachen eine Rötung der Augenbindehaut und rufen ein Euphoriegefühl hervor. Darüber hinaus beeinflussen sie Blutdruck, Atemfrequenz, Pupillengröße, Gedächtnis, Wahrnehmung und Bewusstsein. Sie vermindern die motorische Koordinationsfähigkeit und regen den Appetit an.
🇬🇧 tetrahydrocannabinol (THC)

Tetramer. Substanz, die aus vier Teilen zusammengesetzt ist, z.B. ein Protein, das aus vier Polypeptiden besteht.
🇬🇧 tetramer

Tetraplegie. (→ Quadriplegie)
🇬🇧 quadriplegia

tetraploid. Bezeichnet Zellen oder Lebewesen, die mit einem vierfachen Chromosomensatz ausgestattet sind. (s.a. haploid)
🇬🇧 tetraploid

Tetrazykline. Zählen zu den Breitspektrum-Antibiotika und sind somit gegen zahlreiche Erreger einsetzbar. Sie hemmen die Vermehrung der Bakterien, sind also bakteriostatisch. In der Schwangerschaft und Stillzeit sowie für Kinder unter 8 Jahren sind T. kontraindiziert. Aufgrund der bakteriostatischen Wirkung müssen T. genau zeitgerecht eingenommen werden. Sonnenbäder sollten während der Therapie unbedingt vermieden werden.
🇬🇧 tetracyclines

T

Thalamotomie. Operative Ausschaltung der sensiblen Kerne im Thalamus; wird bei Behandlungen von Erkrankungen der → Basalganglien angewandt.
🇬🇧 thalamotomy

Thalamus. Eine der großen, paarigen und ovalen Nervenstrukturen, die den Großteil der Seitenwände der dritten Hirnkammer und einen Teil des Zwischenhirns bilden. Der T. schaltet sensorische Informationen, ausgenommen Geruchsinformationen, zur Hirnrinde um. Er besteht hauptsächlich aus grauer Substanz und übersetzt Impulse der jeweiligen Rezeptoren in Schmerz-, Temperatur- oder Berührungsempfindungen. Darüber hinaus ist er daran beteiligt, Nervenimpulse mit angenehmen bzw. unangenehmen Gefühlen zu verbinden und Wachsamkeitsmechanismen im Körper aufrecht zu erhalten, z.B. auch komplexe Reflexmechanismen. – *adj.* thalamisch.
[*griech.:* thálamos, Kammer, Schlafgemach]
🇬🇧 thalamus

Thalassämie. Erbliche hämolytische Anämie infolge einer gestörten Hämoglobinsynthese. T. tritt in zwei Formen auf; als **Thalassemia major**, der homozygot vererbbaren Form, die in der Kindheit auftritt und gekennzeichnet ist durch Anämie, Fieber, Wachstumsstörungen und Milzvergrößerung sowie durch charakteristische Veränderungen der roten Blutkörperchen. Die Milz kann derart vergrößert sein, dass die Atmung beeinträchtigt wird und die übrigen Bauchorgane zusammengedrängt werden. Meist geht die Krankheit mit Kopf- und Bauchschmerzen, Schlappheit und Appetitlosigkeit einher. Bei der **Thalassemia minima** zeigt der Patient keine klinischen Symptome, die Veränderung der Blutkörperchen ist jedoch mikroskopisch nachzuweisen.
🇬🇧 thalassemia

Thalassotherapie. Anwendung von Seebädern und Seeluft als Heilkur.
🇬🇧 thalassotherapy

Thanatologie. »Sterbensforschung«; Forschungsgebiet, das sich mit Fragen des Sterbens und des Todes befasst.
[*griech.:* thánatos + logos, Tod + Rede, Wort, Vernunft, Lehre]
🇬🇧 thanatology

Theka. Bindegewebige Hülle oder Kapsel eines Organs, wie z.B. die »Theca folliculi«, die Hülle der Eierstockfollikel.
🇬🇧 theca (pl. thecae)

Thelarche. Beginn der Ausbildung der weiblichen Brust; meist zwischen 9 und 13 Jahren.
[*griech.:* téle + árche, Brustwarze + Anfang, Beginn]
🇬🇧 thelarche

themoid. 1. Das Siebbein betreffend. 2. Eine große Anzahl siebartiger Öffnungen vorweisend.
[*griech.:* ethmos, Sieb, eidos, Form.]
ethmoid

Theobromin. Substanz, die chemisch zu → Koffein und → Theophyllin verwandt ist. T. kommt natürlich in Kakao, Mate und Tee vor. Es wirkt harntreibend (diuretisch), gefäßerweiternd (vasodilatatorisch), herzanregend und relaxierend auf die glatte Muskulatur.
theobromine

Theophyllin. Bronchospasmolytikum, das bei Bronchitis, Asthma bronchiale und Lungenemphysem eingesetzt wird. Es wirkt entspannend auf die glatte Muskulatur der Bronchien, kann jedoch bei überhöhter Einnahme leicht zu Nebenwirkungen wie Herzrhythmusstörungen, Kopfschmerzen, Unruhe und Krämpfen führen. Außerdem beeinflusst es die Wirkung zahlreicher anderer Medikamente.
theophylline

Therapeut. Heilkundiger; Allgemeine Bezeichnung für eine medizinisch ausgebildete Person, die sich auf die Heilung von Krankheiten spezialisiert hat. Dies kann ein Arzt, ein Krankengymnast, ein Psychologe etc. sein.
therapist

Therapeutik. Bereich der Gesundheitsfürsorge, der sich mit der Behandlung von Krankheiten befasst, mit dem Ziel diese zu heilen bzw. Symptome zu lindern.
therapeutics

Therapie. Die Behandlung einer Krankheit oder eines pathologischen Zustands, z.B. eine Inhalationstherapie. Dabei werden an Atemwegserkrankungen leidenden Patienten verschiedene Medikamente zur Inhalation verabreicht.
therapy

Therapie, sensomotorische. Therapie zur Integrationsförderung von Reflexhandlungen und zur Förderung von gewollten motorischen Bewegungen im Zusammenhang mit der Körperhaltung und der Fortbewegung.
sensorimotor therapy

Therapie, thrombolytische. Verabreichung von thrombolytischen Wirkstoffen wie z.B. → Gewebsplasminogenaktivator, Urokinase oder Streptokinase, um ein arterielles Blutgerinnsel bei einem Patienten mit akutem Herzinfarkt infolge von Blutgerinnseln in den Koronararterien aufzulösen. Darüber hinaus wird eine t. T. bei Venenkathetern eingesetzt, um die Bildung von Gerinnseln an der Katheterspitze zu verhindern.
thrombolytic therapy (TT)

Therapiegruppe. → Pflegeintervention der → NIC, die definiert ist als die Anwendung psychotherapeutischer Techniken in einer Gruppe und Einsatz der Interaktionen zwischen den Gruppenmitgliedern.
Therapy Group

Therapieplan. (→ Regime)
regime

Therapiestandard. Schriftlich dokumentierte Regelungen, Handlungsempfehlungen und Bedingungen bezüglich der Behandlung von Patienten. Ts. gelten als Richtlinie für die Praxis und werden zur Leistungsbeurteilung herangezogen.
standard of care

therm-, thermo-. Vorsilbe, die einen Zustand im Zusammenhang mit »Wärme, Wärmeenergie, Temperatur« beschreibt.
therm-, thermo-

Thermalgesie. Schmerzen, die durch die Aussetzung hoher Temperaturen verursacht werden.
thermalgesia

Thermogenese. Wärmeerzeugung, insbesondere die durch die Körperzellen. – *adj.* thermogenetisch.
thermogenesis

Thermographie. Technik, mit der warme und kalte Körperbereiche mit Hilfe eines auf den Blutfluss reagierenden Infrarot-Detektors lokalisiert und mit einem soge-

T

nannten **Thermograph** aufgezeichnet werden können. Warme Flecke (»hot spots«) unter der Körperoberfläche können auf Tumoren oder andere Störungen hinweisen.
🇬🇧 thermography

Thermokoagulation. Zerstörung krankhaften Gewebes durch starke Hitze mit Hilfe hochfrequenter elektrischer Ströme.
🇬🇧 thermocoagulation

thermolabil. Beschreibung einer Substanz oder eines Objekts, das durch Wärme leicht verändert oder zerstört werden kann.
🇬🇧 thermolabile

thermophil. Beschreibung eines Organismus, der bei Temperaturen weit über der normalen Körpertemperatur und bis zu 70°C gut gedeiht.
🇬🇧 thermophilic

Thermoresistenz. Die Fähigkeit, hohe Temperaturen unbeschadet zu überstehen. Bestimmte Bakterien besitzen z.B. diese Fähigkeit und können daher mit unzureichender Wärme nicht zerstört werden.
🇬🇧 thermoresistance

Thermorezeptoren. Nervenendigungen, die auf Wärme bzw. eine Erhöhung der Körpertemperatur reagieren.
🇬🇧 thermoreceptors

T

Thiamin. Wasserlösliches Vitamin B_1, das für den normalen Stoffwechsel und die Gesundheit des Herz-Kreislauf- und des Nervensystems wichtig ist. T. spielt eine entscheidende Rolle beim Kohlehydratabbau und somit bei der Energiegewinnung im Gewebe. T.-Mangel, unter dem häufig Alkoholiker leiden, schädigt hauptsächlich das Nervensystem, den Kreislauf und den Magen-Darm-Trakt. Typische Symptome sind Reizbarkeit, emotionale Schwankungen, Appetitlosigkeit, Neuritis, beschleunigter Puls, erschwerte Atmung, verminderte Darmtätigkeit und Herzbeschwerden. Bei schwerer Ausprägung kann der Patient an → Beriberi erkranken.
🇬🇧 thiamin

Thioguanin. Zytostatikum, das bei der Behandlung verschiedener bösartiger Geschwulsterkrankungen verwendet wird, inklusive der akuten Leukämie.
🇬🇧 thioguanine

Thiopental. Starkes → Barbiturat mit sehr kurzer Wirkdauer, das als Injektionsnarkotikum verwendet wird. T. wirkt auf das Zentralnervensystem und versetzt den Patienten in weniger als 1 Minute nach Injektion in tiefen Schlaf. Da es jedoch nicht schmerzstillend (analgetisch) wirkt, muss zusätzlich ein Schmerzmittel (Analgetikum) gegeben werden.
🇬🇧 thiopental

thorakal. Betrifft oder gehört zum Brustraum (Thorax).
🇬🇧 thoracic

Thorakalnerven. (Brustnerven). Brustnerven; 12 Spinalnervenpaare, die in Brusthöhe dem Rückenmark entspringen. Dazu gehören 11 Interkostalnervenpaare und 1 Subkostalnervenpaar. Sie breiten sich hauptsächlich über die Brustwand und den Bauch (Abdomen) aus. Die ersten beiden Paare innervieren Arme und Oberkörper, die nächsten vier nur den Oberkörper und die restlichen fünf die Wände des Oberkörpers und das Abdomen.
🇬🇧 thoracic nerves

Thorakostomie. Einschnitt in die Brustfellwand zur Schaffung einer Drainageöffnung.
🇬🇧 thoracostomy

Thorakotomie. Operative Öffnung der Brusthöhle.
🇬🇧 thoracotomy

Thorax, pl. Thoraces. Brustkorb; Knochen- und Knorpelgerüst, das die Hauptorgane für Atmung und Kreislauf sowie das Zwerchfell, die Trennschicht zwischen T. und Bauch (Abdomen) enthält. Zum T. gehören auf der Bauchseite (ventral) das Brustbein (Sternum) mit den knorpeligen Rippenverbindungen und auf der Rückenseite (dorsal) 12 Brustwirbel und der dorsale Teil der 12 Rippen.
[*griech.:* thorax, Brustharnisch, Brust]
🇬🇧 thorax (pl. thoraxes, thoraces)

Thoraxchirurgie. Fachbereich der Medizin, der sich mit Krankheiten und Verletzungen des Brustraumes und deren Therapie und Heilung durch operative Maßnahmen beschäftigt.
thoracic surgery

Thoraxdrain. Durch einen Rippenzwischenraum des Thorax (5. Interkostalraum) in die Brusthöhle eingeführter Katheter zur Wiederherstellung der Negativität der Pleurahöhle sowie zur Entnahme von Luft oder Flüssigkeit. Der Drain ist mit einem geschlossenen Absaugsystem verbunden.
chest tube

Thoraxdrainage. Mit Hilfe einer eingeführten Drainage wird aus dem Pleuraspalt Luft, Blut oder pathologische Flüssigkeit aus dem Thoraxraum durch kontinuierlichen Sog entfernt, um die Entfaltung der Lunge wieder zu ermöglichen. Bestandteile der T. sind Drainageschlauch, Saugkontrollkammer, Auffangbehälter, Wasserschloß, Belüftungsstutzen, Sogan-schluss.
chest drainage

Thoraxphysiotherapie. → Pflegeintervention der → NIC, die definiert wird als die Unterstützung von Patienten bei der Entfernung von Sekreten aus den peripheren in die zentralen Atemwege, wo sie dann abgehustet und/oder abgesaugt werden können.
Chest Physiotherapy

Thoraxschmerzen. Körperliche Beschwerden im Brustraum, die eine sofortige Diagnose und Evaluation erforderlich machen. Thoraxschmerzen können für eine Herzkrankheit, z.B. Angina pectoris, Herzinfarkt oder Perikarditis bzw. für eine Lungenkrankheit, z.B. Pleuritis, Pneumonie, Lungenembolie oder Lungeninfarkt, symptomatisch sein. Die Ursache für Thoraxschmerzen kann auch auf Probleme der Skelettmuskulatur, gastrointestinale oder psychogene Beschwerden zurückzuführen sein. Der Konsum von Drogen, z.B. Kokain, kann ebenfalls Thoraxschmerzen verursachen. Über 90% aller Fälle mit Thoraxschmerzen stehen im Zusammenhang mit koronarer Herzerkrankung, Quetschungen von Rückenmarkswurzeln oder psychologischen Problemen. Zu den kardiovaskulären Erkrankungen, die mit Thoraxschmerzen assoziiert sind, gehören Herzinfarkt, Angina pectoris, Perikarditis sowie Aneurysma der Brustschlagader. Ursachen für Thoraxschmerzen in Verbindung mit dem Bewegungsapparat sind Rippenbrüche, Schwellungen der Rippenknorpel und Muskelüberdehnungen. Gastrointestinale Schmerzquellen sind Ösophagitis, Magenulkus, Hiatushernie, Gastritis, Gallenblasenentzündung und Pankreatitis.
chest pain

Threonin (Thr). Essenzielle Aminosäure, bedeutend für das angemessene Wachstum bei Kindern und für einen ausgeglichenen Nitrogenhaushalt bei Erwachsenen.
threonine (Thr)

Thrombektomie. Notfallmäßige, operative Entfernung eines Blutgerinnsels (Thrombus) aus einem Blutgefäß, um die Blutzirkulation in dem betroffenen Körperteil wiederherzustellen.
[*griech.:* thrómbos + ektomein, geronnene Blutmasse + herausschneiden]
thrombectomy

Thrombin. Enzym, das im Blutplasma während des Gerinnungsprozesses aus Prothrombin, Kalzium und Thromboplastin gebildet wird. T. bewirkt die Umwandlung von → Fibrinogen in → Fibrin, den wichtigsten Faktor bei der Bildung von Gerinnseln.
thrombin

Thromboangiitis. Entzündung der Blutgefäße im Zusammenhang mit → Thrombose und einer Schädigung bzw. Zerstörung der innersten Haut der Gefäße (Intima).
thromboangiitis

Thromboembolie. Verstopftes Blutgefäß durch einen Gefäßpfropf (Embolus), der von seinem ursprünglichen Ort der Bildung mit dem Blutstrom wegtransportiert wurde. Der Körperbereich, der von der

T

blockierten Arterie versorgt wird, kann kalt, taub und zyanotisch werden. In der Lunge verursacht ein Embolus einen plötzlichen, scharfen Schmerz im Brust- oder Oberbauchbereich, erschwerte Atmung (Dyspnoe), Husten, Fieber und Blutspucken. Eine Verstopfung der Lungenschlagader oder einer deren Hauptäste kann tödlich enden.
thromboembolism

Thrombogenese. Bildung eines Blutpfropfes (Thrombus) oder Blutgerinnsels. – *adj.* thrombogenetisch.
thrombogenesis

thromboid. Einem Blutpfropf (Thrombus) oder Blutgerinnsel ähnlich.
thromboid

Thrombokinase. (→ Thromboplastin)
thromboplastin

Thrombolyse. Auflösung eines Blutpfropfes (Thrombus). – *adj.* thrombolytisch.
thrombolysis

Thrombopathie. Blutgerinnungsstörung, die nicht auf einem Mangel an → Thrombozyten beruht.
thrombopathy

Thrombophlebitis. Venenentzündung, die oft mit der Bildung von Blutgerinnseln einhergeht. Eine T. entsteht häufig infolge von Verletzungen der Venenwand, gesteigerter Blutgerinnung, Infektion, chemischer Reizung, verminderter Blutflussgeschwindigkeit nach Operationen (postoperativer Stase), sehr langem Sitzen, Stehen oder langer Ruhigstellung und bei lang liegenden Venenkathetern. Eine T. oberflächlicher Venen ist leicht zu erkennen; die Vene fühlt sich hart und schnurähnlich an, ist druckempfindlich, die umliegende Haut ist gerötet und fühlt sich warm an und die betroffene Gliedmaße ist ggf. blass, kalt und geschwollen. Eine T. tiefer Venen ist gekennzeichnet durch krampfartige Schmerzen, insbesondere in den Schienbeinen, beim Laufen oder Strecken des Fußes.
thrombophlebitis

T

Thromboplastin. (Thrombokinase). Bezeichnung für verschiedene komplexe Substanzen, die durch die Umwandlung von → Prothrombin in → Thrombin die Gerinnung aktivieren. Für diesen Vorgang sind Kalziumionen notwendig. – *adj.* thromboplastisch.
thromboplastin

Thromboplastinzeit, partielle (PTT). Untersuchungsmethode zur Bestimmung von Gerinnungsstörungen des endogenen Systems (Faktoren I, II, V, VIII, X, XI, XII), bei der einer Testplasmaprobe und einer Kontrollprobe mit normalem Blut aktiviertes partielles → Thromboplastin zugesetzt wird. Die Zeit, die zur Bildung eines Blutgerinnsels (Koagels) im Testplasma erforderlich ist, wird mit der des normalen Plasmas verglichen. Die PTT ist eine der wichtigsten Messungen spezifischer Faktoraktivitäten und zur Entdeckung einer → Hämophilie. Die normale PTT beträgt nach Zusatz des Thromboplastinreagens und von ionisiertem Kalzium in die Plasmaprobe 60 bis 85 Sekunden.
partial thromboplastin time (PTT)

Thrombose. Bildung eines Blutpfropfes (Thrombus) bzw. Blutgerinnsels in einem Gefäß, der dieses teilweise oder ganz verschließen kann. Im Gegensatz zu einem Embolus bleibt der Thrombus am Ort der Entstehung. – *adj.* thrombotisch.
thrombosis

Thrombose, embolische. Thrombose, die sich an der Stelle eines festsitzenden Embolus in einem Blutgefäß entwickelt. [*griech.:* embolos, Propfen, thrombos, Klumpen, osis, Störung.]
embolic thrombosis

Thrombose, traumatische. Bildung von Blutgerinnseln in Venen oder anderen Blutgefäßen nach einer Verletzung oder Reizung. Die T. kann auch als Nebenwirkung auf eine intravenöse Injektion entstehen, durch die die Venenwand verletzt wurde.
traumatic thrombosis

Thromboseprophylaxe. Pflegemaßnahme, um die Entwicklung einer → Thrombose bei dafür gefährdeten Patienten zu verhindern. Zu den Maßnahmen gehören eine frühe Mobilisation, angemessene Lagerung, Ausstreichen der Beinvenen, Venenkompression durch Antithrombosestrümpfe und Kompressionsverbände, rückstromfördernde Gymnastik (Aktivierung der Muskel-Venen-Pumpe) und evtl. Heparinisierung.
prophylaxis of thrombosis

Thromboxan. In → Thrombozyten und anderen Zellen gebildetes Hormon, das für die Plättchenaggregation, Gefäßkonstriktion und Ischämie verantwortlich ist.
thromboxane

Thrombozyt. (Blutplättchen). Kleinste Zelle des Körpers, die im roten Knochenmark gebildet und teilweise in der Milz gelagert wird. T.en sind scheibenförmig, enthalten kein Hämoglobin und sind für die → Blutgerinnung und die Erhaltung der → Hämostase wichtig. – *adj.* thrombozytär.
platelet

Thrombozytopathie. Störung der Blutgerinnung infolge von abnormen oder nicht funktionsfähigen → Thrombozyten.
thrombocytopathy

Thrombozytopenie. Unter der Norm liegende Anzahl an → Thrombozyten. Eine T. kann entstehen durch verringerte Produktion von Thrombozyten, verminderte Überlebensdauer oder erhöhten Verbrauch von Thrombozyten oder eine krankhafte Vergrößerung der Milz. T. ist die häufigste Ursache von Blutgerinnungsstörungen.
thrombocytopenia

Thrombozytose. Über der Norm liegende Anzahl an Thrombozyten im Blut. Die **benigne T.** und die **sekundäre T** (physiologische Reaktion auf Blutung, Operation oder Entfernung der Milz) sind asymptomatisch. Die **essenzielle Thrombozythämie** wirkt sich jedoch abwechselnd in spontanen Blutungen und darauffolgender Blutgerinnung aus.
thrombocytosis

Thrombus, pl. Thrombi. Anhäufung und Anhaftung von Blutplättchen, Fibrin, Gerinnungsfaktoren und Zellbestandteilen des Blutes an der Innenwand einer Vene oder Arterie, wodurch deren Lumen verengt bzw. verschlossen werden kann.
thrombus

Thymin. Eine natürliche Pyrimidinbase und einer der Bausteine der DNS (Desoxyribonukleinsäure).
thymin

Thymol. Thymiankampfer; Synthetisches oder natürliches Thymianöl mit antibakteriellen und fungiziden Eigenschaften, das als Inhaltsstoff in einigen rezeptfreien Arzneimitteln zur Behandlung von Hämorrhoiden, Akne und Fußpilz vorkommt.
thymol

Thymus. Im Mediastinum, hinter dem Brustbein liegendes, drüsenartiges Organ, das sich vom unteren Rand der Schilddrüse bis ungefähr zur vierten Rippe ausdehnt. Der T. ist die erste zentrale Drüse des lymphatischen Systems. Dort entwickeln sich die T-Zellen, die für die zelluläre Immunabwehr verantwortlich sind, bevor sie in die Lymphknoten und die Milz wandern. Das Drüsengewebe besteht aus zwei seitlichen Lappen, die durch Bindegewebe fest verbunden sind. Dieses Bindegewebe umschließt auch das gesamte Organ. Nach dem Kindesalter wandelt sich der T. in Fettgewebe um. – *adj.* thymisch.
[*griech.:* thymos, Brustdrüse neugeborener Kälber]
thymus

Thyreostatika. Substanzen, die die Synthese von Schilddrüsenhormonen hemmen und zur Behandlung einer Schilddrüsenüberfunktion (→ Hyperthyreose) eingesetzt werden. Die am weitesten verbreiteten T. sind die Thioamide, z.B. Propylthiouracil und Methimazol. Im Körper stören diese Substanzen den Einbau von Jod in Thyrosylrückstände von Thyroglobulin, das für die Produktion der Hor-

mone → Thyroxin und → Trijodthyronin benötigt wird. – *adj.* thyreostatisch.
antithyroid drugs

thyreotrop. Die Schilddrüse beeinflussend.
thyreotropic

Thyreotropin, systemisches. Präparat aus → Thyreotropin von Schweinen, das die Aufnahme von radioaktivem Jod in der Schilddrüse und deren Ausschüttung von Thyroxin steigert. Wird zu diagnostischen Untersuchungen und bei der Behandlung von Schilddrüsenkrebs verwendet.
thyrotropin (systemic)

Thyreotropin (TSH). Vom Hypophysenvorderlappen ausgeschüttetes Hormon, das für Wachstum und Funktion der Schilddrüse verantwortlich ist und deren Hormonausschüttung steuert. Die TSH-Ausschüttung wird vom → Thyreotropin-releasing-Hormon gesteuert, das im Hypothalamus produziert wird.
thyroid-stimulating hormone (TSH)

Thyreotropin-releasing-Hormon. Im Hypothalamus produzierte Substanz, die die Ausschüttung von → Thyreotropin durch den Hypophysenvorderlappen anregt.
thyrotropin-releasing hormone

Thyroaplasie. Unterfunktion der Schilddrüse durch Unterentwicklung.
thyroaplasia

T

Thyroidektomie. Operative Entfernung der Schilddrüse, die bei Kropf (Struma), Tumoren oder Schilddrüsenüberfunktion, die nicht mit Jod oder anderen Medikamenten behandelt werden kann, durchgeführt wird. Dabei werden 90% bis 95% des Gewebes entfernt. Das erneute Wachstum der Schilddrüse beginnt kurz nach der Operation und die Funktion der Schilddrüse kann sich normalisieren. Bei Schilddrüsenkrebs wird die gesamte Schilddrüse entfernt, inklusive der umliegenden Strukturen vom Hals bis zum Schlüsselbein.
thyroidectomy

Thyroiditis. (→ Schilddrüsenentzündung)
thyroiditis

Thyroxin (T4). Haupthormon der Schilddrüse, das den Stoffwechsel entscheidend beeinflusst.
thyroxine (T4)

Thyroxin-bindendes Globulin. Plasmaprotein, das → Thyroxin bindet und es direkt ins Blut transportiert.
thyroxine-binding globulin

Tibia. Schienbein; stärkerer der beiden Unterschenkelknochen, der gleichzeitig der zweitlängste Skelettknochen ist. Die T. ist gelenkig mit dem Wadenbein (Fibula), dem Sprungbein (Talus) und dem Oberschenkelknochen (Femur) verbunden und bildet einen Teil des Kniegelenks. – *adj.* tibialis.
[*lat.:* tibia, Schienbein]
tibia

Tic. (Tick). Kurze, sich wiederholende Bewegung einer Muskelgruppe; z.B. Blinzeln, Grimassen oder plötzliche Kopfzuckungen, die häufig psychogener und nicht organischer Ursache sind.
tic

Tiefenpsychologie. Zweig der Psychologie zur Erforschung der Persönlichkeit im Verhältnis zum Unterbewusstsein.
depth psychology

Tiefenreflexe. Reflexe, die durch die Stimulierung tiefgelegener Körperstrukturen ausgelöst werden, wie z.B. die Sehnenreflexe.
deep reflexes

Tiefensensibilität. Das Empfinden von Schmerz, Druck oder Spannung in den Tiefenschichten der Haut, Muskeln, Sehnen oder Gelenken.
deep sensation

Tiefenwärme. Wärmeanwendung zur Behandlung von tiefer gelegenen Körpergeweben, insbesondere Muskeln und Sehnen. Die Wärmewirkung kann mit Kurzwellentherapie, Phonophorese oder Ultraschall erzeugt werden.
deep heat

Tiegel. Konusförmiges Gefäß aus hitzebeständigem Material, das in der Chemie

zum Schmelzen von Materialien bei sehr hohen Temperaturen verwendet wird.
crucible

Tiemann-Katheter. Harnröhrenkatheter aus Weichgummi oder Kunststoff mit leichter Krümmung und sich verjüngender Spitze, der besonders für männliche Harnröhren geeignet ist. Er ist ca. 40 cm lang und in den Größen 8–30 Charrière erhältlich. Neben dem Nélaton-Katheter ist er der international am häufigsten verwendete Harnröhrenkatheter.
[Tiemann, Instrumentenmacher aus New York]
Tiemann catheter

Tiere, Therapie mit. → Pflegeintervention der → NIC, die definiert wird als der gezielte Einsatz von Tieren zur Entwicklung von Zuneigung und Aufmerksamkeit sowie zur Gewährleistung von Ablenkung und Entspannung.
Animal-Assisted Therapy

Tietze-Syndrom. Nicht eitrige Schwellung der Rippenknorpel verbunden mit Schmerzen, die in Hals, Schultern oder Arme ausstrahlen und somit den Symptomen einer Erkrankung der Koronargefäße ähneln können.
[A. Tietze, dt. Chirurg, 1864–1927]
Tietze's syndrome

TIG. Abkürzung für → Tetanus-Immunglobulin.
TIG

Tilt Table. Elektrohydraulisch gesteuerter »Kipptisch«, der für das Sehtraining querschnittsgelähmter Patienten eingesetzt wird.
[engl.]
tilt table

Tine-Test. Hauttest mit einem kleinen Einmalstempel, der in die Haut gedrückt wird und dessen Zinken mit Tuberkulin-Antigenen versehen sind. Bildet sich nach 2–3 Tagen um die Punktionsstelle eine Verhärtung, weist dies auf eine durchgemachte bzw. eine aktuelle tuberkulöse Erkrankung hin und erfordert weitere Untersuchungen. Der T.T. ist eine weit verbreitete Untersuchungsmethode auf Antituberkulin-Sensibilität.
tine test

Tinea. (Hautflechte). Pilzerkrankung der Haut, verursacht durch verschiedene niedere Pilze. Die Erkrankung äußert sich durch Jucken, Abschuppung und auch schmerzhafte Hautverletzungen. Die Flechte kann an Kopf (T. capitis), Körper (T. corporis), Leistengegend (T. cruris), Füßen (T. pedis) und Nägeln (T. unguium) auftreten.
[*lat.:* tinea, nagender Wurm, Holzwurm]
tinea

Tinktur. Auszug aus einer pflanzlichen oder tierischen Droge, die in einer Lösung mit Alkohol verdünnt ist.
tincture

Tinnitus. Subjektives Geräusch in einem oder beiden Ohren, das oft als »Klingeln oder Rauschen« beschrieben wird. T. kann Zeichen eines akustischen Traumas (zu laute Musik), Mittelohrschwerhörigkeit, Altersschwerhörigkeit oder einer Anhäufung von Ohrenschmalz sein, das auf das Trommelfell drückt oder den äußeren Gehörgang verschließt.
[*lat.:* tinnire, klingen, klingeln]
tinnitus

Titan (Ti). Grau glänzendes, metallisches Element mit der Ordnungszahl 22 und einem Atomgewicht von 47,88 g. T.-Dioxid kommt als aktiver Wirkstoff in zahlreichen Salben und Lotionen vor.
titanium (Ti)

Titer. 1. In der *Chemie* der Gehalt einer Maßlösung an gelöstem Reagens (=Normalität). 2. In der *Serologie* die Verdünnungsstufe eines Antikörpers, mit der gerade noch eine positive Reaktion mit einem Antigen ausgelöst wird.
titer

Titration. (Titrierung). Quantitative Bestimmung eines biologischen oder chemischen Stoffes in einer Lösung. Dabei wird die Lösung in kleinen, abgemessenen Mengen einer Standardlösung mit bekanntem Volumen zugefügt, bis eine Reaktion eintritt. Diese Reaktion zeichnet

T

sich durch einen Farbwechsel, eine Änderung des pHs oder durch die Auskristallisierung eines chemischen Produkts aus.
titration

Titrierung. (→ Titration)
titration

TK. Abkürzung für → Totalkapazität.
TLC

TM. Abkürzung für → Transzendentale Meditation.
TM

TNF. Abkürzung für → Tumor-Nekrose-Faktor.
TNF

TNM-System. Internationales System zur Einteilung der klinischen Stadien einer Krebserkrankung. Die drei Hauptkriterien sind dabei: 1) das Flächenwachstum und die Tiefenausdehnung des Tumors sowie das Übergreifen auf benachbarte Organe; 2) die Betroffenheit der regionalen Lymphknoten; 3) die Bildung von Fernmetastasen in anderen Organen oder Körperregionen.
[Abk. für Tumor, Nodi lymphatici und Metastase]
TNM system

Tobramycin. Aminoglykosid-Antibiotikum, das chemisch eng mit → Gentamicin verwandt ist. T. wird insbesondere zur Behandlung von Infektionen des äußeren Auges, der unteren Luftwege und des ZNS verschrieben. Nach Aufnahme in das Bakterium führt T. zur Proteinbiosynthese und hemmt damit dessen Wachstum. (→ Aminoglykosid; Antibiotikum)
tobramycin

Tochterchromosom. Miteinander verbundene Chromatidenpaare, die sich während der Anaphase teilen und vor der Zellteilung zu gegenüberliegenden Zellpolen migrieren. Jedes Tochterchromosom enthält einen kompletten Satz genetischer Informationen des ursprünglichen Chromosoms.
[*griech.:* chroma, Farbe, soma, Körper.]
daughter chromosome

Tochterzelle. Eine bei der Teilung einer Mutterzelle entstandene Zelle.
daughter cell

Tod. 1. Aussetzen der Lebensfunktionen, angezeigt durch fehlenden Herzschlag oder fehlende Atmung. 2. Juristische Definition: völliges Fehlen einer Gehirnaktivität, Aussetzen des Zentralnervensystems und des Herz-Kreislauf-Systems sowie fehlende Atmung. Man unterscheidet zwischen **Scheintod** (Vita minima), bei dem die Atemfunktion und der Herzschlag nicht mehr wahrnehmbar, aber noch nicht erloschen sind; **klinischem Tod** (Atem- und Kreislaufstillstand mit unsicheren Todeszeichen wie Bewusstlosigkeit oder Ausfall von Hirnstammreflexen); **Hirntod** (Ausfall der Gehirnfunktionen bei intensivmedizinischer Unterstützung von Herzkreislauf- und Lungenfunktionen) und **biologischem Tod** (Erlöschen aller Organfunktionen).
death

Tod, genetischer. 1. Unfähigkeit eines Organismus, aufgrund seiner genetischen Zusammensetzung zu überleben. 2. Entfernung eines Gens oder Genotyps aus dem → Genpool einer Population oder ihrer Nachkommen aufgrund von Sterilität oder Fortpflanzungsunfähigkeit einer Person oder eines Organismus oder wegen des Todes vor der sexuellen Reife.
genetic death

Todesröcheln. Geräusch, das von einem sterbenden Menschen erzeugt wird, der keinen Hustenreflex mehr besitzt und den beim Ein- und Ausatmen sich ansammelnden Schleim nicht mehr abhusten kann.
death rattle

Togaviren. Virengruppe, die zur Familie der → Arboviren gehört und mit einer charakteristischen Hülle umschlossen ist. T. sind Erreger von Enzephalitis, Dengue-Fieber, Gelbfieber und Röteln.
[*lat.:* toga, Bedeckung]
togaviruses

Tokograph. (→ Wehenschreiber)
tocodynamometer

Tokolytikum. Medikament, das zur Wehenhemmung in der Schwangerschaft und evtl. auch unter der Geburt eingesetzt wird.
tocolytic drug

Tolbutamid. Orales Antidiabetikum für nicht insulinpflichtige Diabetes-mellitus-Patienten, deren Blutzucker nur durch die Ernährung außer Kontrolle gerät, sowie für Patienten, die von einer Insulin-Therapie auf orale Therapie umsteigen. Voraussetzung ist eine Restaktivität der Insulin produzierenden Zellen, da T. lediglich die Insulinausschüttung verstärkt. T. gehört zu den → Sulfonylharnstoffen.
tolbutamide

Toleranz. 1. In der *Psychologie* die Fähigkeit, andere Meinungen gelten zu lassen. 2. In der *Pathophysiologie* die Widerstandsfähigkeit bzw. Reaktionslosigkeit des Körpers auf bestimmte Substanzen. 3. In der *Pharmakologie* die nachlassende Wirkung eines wiederholt gegebenen Medikaments.
[*lat.:* tolerare, ertragen]
tolerance

Toleranz-Test. 1. Die Ermittlung der Fähigkeit des Körpers, ein bestimmtes Medikament oder einen Nährstoff zu verstoffwechseln, z.B. der → Glukose-Toleranztest. 2. Körperliches Fitness-Training zur Leistungsermittlung des Kreislaufs und anderer Körpersysteme.
tolerance test

Tollwut. (Rabies). Akute, in der Regel tödliche Viruserkrankung des zentralen Nervensystems bei Tieren. Die Tiere können die Krankheit durch infiziertes Blut, Gewebe oder Speichel auf den Menschen übertragen. Wirte des Lyssa-Virus sind vornehmlich wilde Tiere, wie z.B. Füchse, wilde Hunde, Fledermäuse, Stinktiere, Waschbären und Katzen. Nachdem das Virus in den menschlichen Organismus eingedrungen ist - meistens durch den Biss eines infizierten Tieres - wandert es entlang der Nervenbahnen zum Gehirn und später auch zu anderen Organen. Die Inkubationszeit reicht von 10 Tagen bis zu 1 Jahr. Danach folgt ein Vorläuferstadium (Prodromalstadium), das durch Fieber, Unwohlsein, Kopfschmerzen, Fehlempfinden und Muskelschmerzen geprägt ist. Nach einigen Tagen treten schwere Gehirnentzündung (Enzephalitis), Delirium, schwerste Muskelkrämpfe, plötzliche Anfälle, Lähmungen (Paralyse), Koma und schließlich der Tod ein. - *adj.* tollwütig.
rabies

Tollwut-Immunglobulin. (Anti-Rabies-Gammaglobulin). Das → Immunglobulin wird bei Menschen mit Verdacht auf Infektion mit dem Lyssa-Virus zum Schutz gegen Tollwut in Kombination mit → Tollwut-Vakzin gegeben.
rabies immune globulin (RIG)

Tollwut-Vakzin. Sterile Lösung abgetöteter Lyssa-Viren. Wird zur → Immunisierung und nach erfolgter Infizierung als Prophylaxe gegen Tollwut verabreicht.
rabies vaccine (DEV)

Tolnaftat. Antimykotikum das zur Behandlung oberflächlicher Pilzerkrankungen der Haut verabreicht wird. Es hat ein sehr enges Wirkungsspektrum und wird nur noch selten angewandt.
tolnaftate

Tomographie. Schichtaufnahmeverfahren; Aufnahmetechnik in der Radiographie, bei der bestimmte Objektschichten genau abgebildet, und die davor und dahinter liegenden Schichten verwischt werden. Die T. ist ein wertvolles diagnostisches Mittel bei der Erkennung und Ermittlung von Raum einnehmenden Strukturen bzw. Verletzungen, z.B. in Gehirn, Leber, Bauchspeicheldrüse und Gallenblase. - *adj.* tomographisch.
tomography

tonisch. Beschreibt eine lang andauernde, schmerzhafte Muskelanspannung, z.B. tonische Krämpfe.
[*griech.:* tónos, das (An)spannen]
tonic

tonisch-klonisch. Beschreibt Muskelkrämpfe, die zunächst → tonisch und dann → klonisch verlaufen, z.B. tonisch-klonische Anfälle.
tonoclonic

T

Tonizität. Das Vorhandensein von Spannung (Tonus), z.B. in der Haut oder in Muskeln.
[*griech.:* tónos, das (An)spannen]
tonicity

Tonofibrillen. Aus → Tonofilamenten zusammengesetzte Bündel von feinen, intrazellulären Fasern in Epithelzellen, die sich durch mehrere Zellen ziehen. Sie haben eine stützende Funktion.
[*griech.:* tónos + *lat.:* fibra, Pflanzen-, Muskelfaser]
tonofibrils

Tonofilament. Fadenförmige Eiweißmoleküle in Epithelzellen, die sich zu Bündeln formen und sogenannte → Tonofibrillen bilden.
tonofilament

Tonographie. Messung und Aufzeichnung des Augeninnendrucks mit Hilfe eines → Tonometers.
tonography

Tonometer. Instrument zum Messen des Augeninnendrucks.
tonometer

Tonometrie. Messung des Augeninnendrucks durch Eindrücken des Augapfels nach lokaler Betäubung und Messung des Widerstands.
tonometry

Tonsille. Mandelförmiges Organ, das hauptsächlich aus lymphatischem Gewebe besteht, wie z.B. die Gaumenmandel (Tonsilla palatina) rechts und links der Zungenwurzel. – *adj.* tonsillar.
[*lat.:* tonsilla, Mandel]
tonsil

Tonsillektomie. Operative Entfernung der Gaumenmandeln zur Vorbeugung wiederkehrender Mandelentzündungen bei Patienten, die zu solchen Entzündungen neigen.
tonsillectomy

Tonsillitis. Mandelentzündung; Eine akute T. wird häufig durch eine Infektion mit Streptokokken hervorgerufen und ist gekennzeichnet durch starke Halsschmerzen, Fieber, Kopf- und Ohrenschmerzen, allgemeines Krankheitsgefühl, Schluckbeschwerden sowie vergrößerte und druckempfindliche Halslymphknoten. Sie kann im Zusammenhang mit Scharlach auftreten.
tonsillitis

Tonsillitis, akute. (Mandelentzündung). Entzündung einer bzw. beider Mandeln (Tonsillen) entweder in Verbindung mit einem katarrhalischen, die Tonsille überziehenden Exsudat oder dem Ausfluss von käsigem, eitrigem Material aus den Mandelkrypten.
[*lat.:* acutus, scharf; tonsilla, Mandel; gr: itis, Entzündung]
acute tonsillitis

Tonsillitis, follikuläre. Rachenmandelentzündung mit eitriger Infektion der Mandelkrypten.
follicular tonsillitis

Tonus. Normaler, ausgewogener Spannungszustand der Körpergewebe, insbesondere der Muskeln. Die abwechselnde Kontraktion und Erschlaffung angrenzender Muskelfasern halten ein Organ oder einen Körperbereich ohne Ermüdung in einer funktional neutralen Stellung.
[*griech.:* tónos, (An)spannung]
tonus

Tophus. (→ Gichtknoten)
tophus

topisch. (2. lokal). 1. Die Oberfläche des Körpers bzw. eines Körperbezirks betreffend; örtlich. 2. Ein Medikament bzw. eine Therapie für einen bestimmten Körperbezirk.
topical

Topographie. (→ Topographische Anatomie)
topography

Topographie, anatomische. System zur Bestimmung eines Körperteils in Relation zu der Körperregion, in der er und die sich in der Nähe befindlichen Körperstrukturen lokalisiert sind.
[*griech.:* ana, hinein; temnein, schneiden; topos, Ort; graphein, schreiben]
anatomic topography

Topologie. Seltenere Bezeichnung für → topographische Anatomie.
🇬🇧 topology

TORCH. Abkürzung für die englischen Begriffe *toxoplasmosis, other, rubella virus, cytomegalovirus* und *herpes simplex viruses*, eine Gruppe von Keimen, die einen Fetus bzw. ein Neugeborenes infizieren und eine Reihe von Krankheiten hervorrufen können. Diese Krankheiten werden unter dem → TORCH-Syndrom zusammengefasst.
🇬🇧 TORCH

TORCH-Syndrom. Infektion eines Fetus bzw. Neugeborenen mit einem → TORCH-Pathogen. Infiziert sich eine schwangere Frau mit einem Virus der TORCH-Gruppe, kann dies zu einer Fehlgeburt (Abort), Totgeburt, intrauteriner Wachstumsstörung oder einer Frühgeburt führen. Ein infiziertes Neugeborenes kann in den ersten Tagen nach der Geburt verschiedene klinische Symptome zeigen, wie z.B. Fieber, Lethargie, schlechte Nahrungsaufnahme, punktförmige Hautblutungen (Petechien) und Pneumonie. Jedes einzelne Virus ist außerdem für eine Reihe weiterer Krankheitszeichen verantwortlich, z.B. eine gestörte Immunabwehr, Augenerkrankungen, Hautbläschen, Geschwüre und angeborene Herzmissbildungen.
🇬🇧 TORCH-syndrome

Torpor. Benommenheit, Regungslosigkeit, Gefühllosigkeit, Erstarrung. – *adj.* torpid.
[*lat.:* torpere, betäubt sein, starr sein]
🇬🇧 torpor

Torsion. Drehung, Achsendrehung, z.B. eines Organs. »Torsio uteri«, die Drehung der Gebärmutter infolge von Narben, Schrumpfungen und Tumoren im Umfeld des Organs.
[*lat.:* torquere, drehen]
🇬🇧 torsion

Torsionsfraktur. (Rotationsbruch; Drehungsbruch). Indirekter, spiralförmig verlaufender Bruch eines langen Röhrenknochens infolge der Überdrehung einer Gliedmaße.
🇬🇧 torsion fracture

Torso. Oberkörper ohne Kopf, Arme und Beine.
🇬🇧 torso

Tortikollis. (→ Schiefhals)
🇬🇧 torticollis

tot. Bezeichnung für das Fehlen aller Lebensfunktionen in einem zuvor lebendem Organismus.
🇬🇧 dead

Totalendoprothese. Operation zur Behandlung schwerer Gelenkschäden (meist Arthritis), wobei die natürlichen Gelenkflächen durch Metall- und Plastikprothesen ersetzt werden. Am häufigsten wird die Operation an der Hüfte durchgeführt (→ Totalhüftendoprothese).
🇬🇧 total joint replacement

Totalhüftendoprothese. (Hüft-TEP). Operation zur Korrektur eines durch degenerative Prozesse (meist Arthritis) geschädigten Hüftgelenks. Dabei werden der Kopf des Oberschenkelknochens und die Hüftpfanne (Azetabulum) durch Metallkomponenten ersetzt. Die Hüftpfanne wird zur Vermeidung des direkten Metallkontakts zusätzlich mit Kunststoff überzogen.
🇬🇧 total hip replacement

Totalkapazität (TK). Das gesamte Luftvolumen in den Lungen nach maximaler Einatmung. Es entspricht der → Vitalkapazität zuzüglich der → Reservekapazität.
🇬🇧 total lung capacity (TLC)

Totenflecken. (Livores). Bläulich-schwarze Verfärbung verschiedener Hautpartien nach Eintritt des Todes durch Absinken des Blutes in tiefer gelegene Körperregionen und durch die Zerstörung der Blutzellen. T. gelten als sicheres Todeszeichen.
🇬🇧 livor mortis; postmortem lividity

Totenstarre. (→ Rigor mortis)
🇬🇧 rigor mortis

Totgeburt. Geburt eines Kindes mit mehr als 1000 g Geburtsgewicht, das vor oder während der Geburt gestorben ist und somit keine Lebenszeichen aufweist. Eine T. muss gemeldet und ins Sterbebuch eingetragen werden. (s.a. Lebendgeburt)
🇬🇧 stillbirth

T

Totraum. 1. Verbleibender Hohlraum nach unvollständiger Schließung einer Operationswunde bzw. einer Verletzung. In dem Hohlraum kann sich Blut ansammeln, das den Heilungsprozess verzögert. 2. Lungenregion, die mit Atemgasen aber nicht mit Lungenblut in Kontakt ist. Im alveolaren Totraum werden Alveolen durch den Lungenkreislauf ventiliert aber nicht perfundiert. Der **anatomische Totraum** ist der Bereich der Trachea, der Bronchien und der Luftwege, dessen Luftinhalt bei der Atmung nicht bis zu den Alveolen vordringt. Der **physiologische Totraum** schließt den anatomischen Totraum sowie den mit Luft gefüllten Alveolenraum ein, der nicht am Sauerstoff-Kohlendioxid-Austausch beteiligt ist.
dead space

Toxämie. »Blutvergiftung«; Das Vorhandensein von Bakteriengiftstoffen im Blut, wodurch das Blut zersetzt wird.
[*griech.:* toxikón + haima, Pfeilgift + Blut]
toxemia

Toxikologe. Spezialist, der sich mit Giften, deren Wirkung auf einen Organismus und mit wirksamen Gegengiften beschäftigt.
toxicologist

Toxikologie. Die Lehre von den Giften, deren Entdeckung und Wirkung auf einen Organismus sowie der Heilung von Krankheiten, die durch Gifte hervorgerufen werden. – *adj.* toxikologisch.
toxicology

T

Toxikose. Vergiftung; Krankheit, die durch Giftstoffe hervorgerufen wird.
toxicosis

Toxin. Gift, das in einer Pflanze vorkommt bzw. von einem Mikroorganismus produziert wird.
toxin

Toxin, bakterielles. Jeglicher Giftstoff, der von Bakterien gebildet wird. Zu den b. T.en gehören → Endotoxine und → Exotoxine.
[*griech.:* bakterion, kleiner Stab; toxikon, Gift]
bacterial toxin

toxisch. Giftig; auf einer Vergiftung beruhend.
toxic

Toxizität. Die Giftigkeit einer Substanz.
toxicity

Toxizität, akute. Schädliche Auswirkung einer toxischen Substanz, die sich innerhalb von Sekunden, Minuten, Stunden bzw. Tagen nach der Einnahme einstellt.
acute toxicity

Toxoid. → Toxin, das chemisch bzw. mit Wärme behandelt wurde, wodurch es seine giftige Wirkung verloren, jedoch die Fähigkeit zur Produktion von Antikörpern beibehalten hat. T. werden bei Impfungen verwendet; sie bewirken die Immunität eines Organismus gegenüber einer bestimmten Substanz durch die Produktion von Antikörpern.
toxoid

Toxoplasmen. Eine Gattung gramnegativer Parasiten, deren einzig bekannte Spezies die *Toxoplasma gondii* sind. Sie leben vorwiegend in Zellen von Katzen und anderen Haustieren und rufen beim Menschen → Toxoplasmose hervor.
Toxoplasma

Toxoplasmose. Infektionskrankheit durch den Parasit *Toxoplasma gondii.* Die angeborene T. ist eine Übertragung der Infektion auf den Feten durch die Plazenta hindurch. Sie ist gekennzeichnet durch Leber- und Gehirnschädigungen, Krämpfe, Blindheit, Mikrozephalie oder Hydrozephalie und geistige Retardierung. Eine nach der Geburt erworbene T. bei Kindern oder Jugendlichen ist gekennzeichnet durch Hautausschlag, Erkrankung der Lymphknoten, Fieber, allgemeines Krankheitsgefühl, Störungen des ZNS, Herzmuskelentzündung (Myokarditis) und Lungenentzündung (Pneumonitis).
toxoplasmosis

Tracer. Radioaktives Isotop, das bei diagnostischen Röntgenuntersuchungen verwendet wird, da es biologische Prozesse im Körper sichtbar machen kann. Der T. wird in den Körper eingebracht, geht mit einer bestimmten Substanz eine Bindung

ein und wird dann mit einem Scanner oder einem Fluoroskop verfolgt.
[*engl.*: tracer, Aufspürer]
tracer

Trachea. Luftröhre; zylindrisch geformte Röhre im Hals, die aus Knorpelgewebe und Membranen besteht und sich vom Kehlkopf (Larynx) auf der Höhe des 6. Halswirbels bis zum 5. Brustwirbel erstreckt, wo sie sich in zwei Äste teilt. Die T. befördert Luft zu den Lungen. – *adj.* tracheal.
[*griech.*: trachys, rauh, uneben]
trachea

Tracheitis. Entzündung der Luftröhre durch Infektionen, Allergien oder chemische Reize. Eine T. kann akut oder chronisch verlaufen.
tracheitis

Tracheobronchialbaum. Anatomischer Komplex, der Luftröhre (Trachea), Bronchien und Bronchiolen beinhaltet. Mit Hilfe dieses Systems wird Luft in die Lunge befördert.
tracheobronchial tree (TBT)

Tracheobronchitis. Entzündung der Luftröhre und der Bronchen, häufig als Begleiterscheinung bei einer Lungeninfektion.
tracheobronchitis

Tracheostenose. Verengung des Luftröhrenlumens.
tracheostenosis

Tracheostomie. Künstliche Öffnung durch den Hals in die Luftröhre, durch die ein Schlauch eingeführt werden kann. Dem Patienten wird zugesichert, dass der Schlauch ständig geöffnet ist und Luft hindurch strömen kann. Der Schlauch muss regelmäßig von Sekreten aus der Luftröhre und den Bronchen gereinigt werden; dazu wird ein Absaugkatheter über ein Y-Verbindungsstück angeschlossen. Der Patient wird angewiesen, über das Husten Sekrete aus den Bronchen und der Luftröhre herauszubefördern. Wurde die T. als Notfallmaßnahme durchgeführt, so wird die Öffnung geschlossen, sobald der Patient wieder normal atmen kann. Bleibt die T. dauerhaft bestehen, wie z.B. bei einer Entfernung des Kehlkopfes, muss dem Patienten die Selbstpflege beigebracht werden.
tracheostomy

Tracheostomiepflege. Pflege eines Patienten mit → Tracheostomie. Dazu gehört die Erhaltung der Luftzufuhr, angemessene Befeuchtung, aseptische Wundpflege und die sterile Luftaufnahme durch die Luftröhre. Komplikationen dabei beinhalten eine Verletzung der Stimmbänder, Aufblähung des Magens und Zurückdringen von Mageninhalt in die Speiseröhre (Regurgitation), Verschluss des Luftröhrenschlauchs und ein erhöhtes Infektionsrisiko.
tracheostomy care

Tracheotomie. Luftröhrenschnitt, der durch den Hals unterhalb des Kehlkopfes durchgeführt wird. Eine T. ist erforderlich, wenn die Luftzufuhr über Nase und Mund durch eine Blockierung mit einem Fremdkörper, Tumor oder durch eine Schwellung im Bereich der Stimmritze (Glottisödem) unmöglich ist. Sie kann als Notfallmaßnahme am Unfallort, im Krankenhaus oder im OP durchgeführt werden.
tracheotomy

Tracheotomiekanüle. Gebogener, großlumiger Schlauch aus Gummi, Metall oder Kunststoff, der zur Behebung einer Blockierung der Luftröhre operativ in diese eingeführt wird.
tracheotomy tube

Träger. 1. Person oder Tier, die einen Krankheitserreger tragen oder verbreiten kann, ohne selbst zu erkranken (→ Ausscheider). 2. Immunogenes Molekül bzw. Teil eines solchen Moleküls, das bei einer Antikörperreaktion von den T-Zellen erkannt wird.
carrier

Trägersubstanz. 1. Inaktive Substanz, mit der ein Arzneimittel vermischt wird, um dessen Messung und Verabreichung zu erleichtern. 2. Körpereigene Flüssigkeit oder Struktur, die einen Reiz passiv wei-

T

terleitet. 3. Sammelbezeichnung für Substanzen, wie z.B. Wasser oder feste Nahrung, die als Übertragungsweg für pathogene Keime dienen können.
vehicle

Trakt. 1. Verband aus verschiedenen Geweben oder Strukturen, die eine gemeinsame Aufgabe erfüllen und als Durchgangspfad fungieren, z.B. der Verdauungstrakt oder der Respirationstrakt. 2. In der *Neurologie* ein Bündel von Nervenfasern des ZNS.
[*lat.:* tractus, Ziehen, Zug]
tract

Trakt, afferenter. Bahn für Nervenimpulse, die sich nach innen bzw. zum Gehirn, zum Zentrum eines Organs oder einer anderen Körperstruktur hinbewegen.
[*lat.:* ad, hin; ferre, tragen; tractus, Gang]
afferent tract

Traktion. Vorgang, bei dem Zug auf ein Objekt ausgeübt wird.
[*lat.:* trahere, ziehen]
traction

Trance. 1. Schlafähnlicher Zustand, in dem das Bewusstsein ganz oder teilweise ausgeschaltet und die motorische Beweglichkeit reduziert ist. 2. Eine Art Dämmerungszustand bzw. Bewusstlosigkeit. 3. Hypnoseähnlicher Zustand, bei der die Person von der unmittelbaren Umgebung entrückt scheint, wie z.B. bei tiefer Konzentration oder Tagträumerei.
[*engl.:* trance, Verwirrung, Benommenheit]
trance

Tränen. Wässrige, salzhaltige oder alkalische Flüssigkeit, die von den Tränendrüsen zur Befeuchtung der Bindehaut produziert wird.
tears

Tränenapparat. Netzwerk von Strukturen des Auges, die Tränen bilden und von der Augenoberfläche ableiten; dazu gehören die Tränendrüsen, Tränengänge, Tränenkanäle, Tränensäcke und die Tränennasengänge.
lacrimal apparatus

Tränenbein. (Os lacrimale). Einer der kleinsten und zerbrechlichsten Knochen des Gesichtes, der sich im vorderen Teil der Augenhöhle (Orbita) befindet und zusammen mit dem Oberkiefer die Furche für den Tränensack bildet.
lacrimal bone

Tränendrüse. Eine von zwei Drüsen, die sich seitlich oberhalb der Augenhöhle in der Tränengrube des Stirnbeins befinden. Die wässrige Flüssigkeit aus den Drüsen bildet die Tränen, die die Bindehaut (Conjunctiva) befeuchten.
lacrimal gland

Tränenkanal. (Rivus lacrimalis). Rinne zwischen den Augenlidern und der Augoberfläche, durch die bei geschlossenen Augen Tränenflüssigkeit in den Tränensee (Lacus lacrimalis) fließen kann.
rivus lacrimalis

Tränennasengang. Kanal, der Tränen von einer → Tränendrüse zur → Nasenhöhle transportiert.
nasolacrimal duct

Tränenpapille. (Papilla lacrimalis). Kleine konische Erhebung am inneren Ende des Augenlids, die den Tränenpunkt enthält, durch den die Tränen austreten, um die Bindehaut (Conjunctiva) zu befeuchten.
lacrimal papilla

Tränenpunkt. Kleine Öffnung im mittleren Rand jedes Augenlids, die in den Tränennasengang münden. Durch den T. gelangen die Tränen von der Tränendrüse über die Ausführungsgänge zur Bindehaut (Konjunktiva).
punctum lacrimale

Tränenreflex. Austritt von Tränen als Reaktion auf die Stimulation oder Reizung der Hornhaut (Cornea) oder Bindehaut (Conjunctiva).
lacrimal reflex

Tränensack. Blindes Ende des Tränen-Nasen-Gangs, das mit den Tränen gefüllt ist, die von den Tränendrüsen ausgeschieden und durch die Tränengänge weitergeleitet werden.
lacrimal sac

Tränensee. Rechteckiger Raum, der im mittleren (medialen) Augenwinkel die Ober- und Unterlider voneinander trennt und die Tränenflüssigkeit auffängt.
lacus lacrimalis

Tranquilizer. Bezeichnung für Beruhigungsmittel (Sedativa, Anxiolytika, Relaxanzien etc.), die Patienten in starken Erregungs- oder Angstzuständen verschrieben werden und die deren Wahrnehmungsfähigkeit idealerweise nicht beeinträchtigen. Zahlreiche T. werden zur Behandlung von Psychosen eingesetzt. Sie wirken Angst lösend, Schlaf fördernd, Muskel relaxierend, Krampf lösend und vermindern Hemmungen. Bei längerer Einnahme besteht jedoch die Gefahr der Gewöhnung und Abhängigkeit.
[*engl.:* tranquilize, beruhigen]
tranquilizer

trans-. Vorsilbe mit der Bedeutung »durch, hindurch, an die Oberfläche«.
trans-

transabdominal. Durch die Bauchwand hindurch.
transabdominal

Transaminase. Enzym, das die Übertragung einer Aminogruppe von einer Alpha-Aminosäure auf eine Alpha-Ketosäure bewirkt.
transaminase

Transferase. Sammelbezeichnung für bestimmte Enzyme, die den Übergang einer chemischen Gruppe bzw. eines Radikals, wie z.B. Phosphat-, Methyl-, Amin- oder Keto-Gruppen, von einem Molekül zu einem anderen bewirken. (s.a. Transaminase)
transferase

Transferrin. Protein im Blut, das für den Transport von Eisen aus dem Darm ins Blut verantwortlich ist.
transferrin

Transformation. Übertragung der Information von einer Zelle auf die andere.
[*lat.:* transformare, umformen]
transformation

transfundieren. Blut oder Blutbestandteile von einer Person auf eine andere übertragen bzw. von einer Blutkonserve in den Blutkreislauf eines Patienten einbringen.
[*lat.:* transfundere, hinübergießen, übertragen]
transfuse

Transfusion. Die direkte Zufuhr von Vollblut oder bestimmten Blutkomponenten wie Plasma, Thrombozyten oder Erythrozytenkonzentrat in die Blutgefäße eines Patienten. Vollblut kann bei Blutgruppen- und Untergruppengleichheit direkt von einem Spender zum Empfänger übertragen werden; meist wird jedoch Spenderblut gesammelt und in einer Blutbank gelagert.
transfusion

Transfusion, direkte. Direkter Bluttransfer von einer Vene des Spenders in die Vene des Empfängers.
[*lat.:* dirigere, führen, transfundere, hindurch gießen.]
direct transfusion

Transfusionszwischenfall. Akute Reaktion des Organismus auf die Übertragung falschen Blutes. Die Reaktion kann ausgelöst werden durch Inkompatibilität der roten Blutkörperchen, Allergie gegen Leukozyten, Thrombozyten oder Plasmaproteine des transfundierten Blutes oder gegen Natrium- bzw. Zitratrückstände in der Blutkonserve. Das häufigste Symptom eines T. ist Fieber, gefolgt von Nesselausschlag, Asthma, Gefäßkollaps und Nierenversagen. Eine hämolytische Reaktion aufgrund einer Imkompatibilität der roten Blutkörperchen ist gefährlich und muss sofort diagnostiziert und behandelt werden. Die Symptome zeigen sich kurz nach Transfusionsbeginn mit starken Kopfschmerzen, plötzlichen tiefen Kreuzschmerzen, Herzschmerzen, erschwerter Atmung und Unruhe. Objektive Symptome sind z.B. Gesichtsrötung gefolgt von Zyanose und erweiterten Halsvenen, schnellem, fadenförmigem Puls, Schweißabsonderung und kaltschweißiger Haut.

T

Innerhalb einer Stunde kann der Patient in einen tiefen Schock fallen.
transfusion reaction

transient. Vorübergehend, transitorisch.
transient

Transkriptase. Enzym, das die → Transkription steuert.
transcriptase

Transkription. Erster Schritt der Proteinbiosynthese bei der an einem oder mehreren Genen aus der Vorlage der → Desoxyribonukleinsäure eine komplementäre → Messenger-RNS gebildet wird.
transcription

transkutan. Durch die Haut hindurch.
transcutaneous

transkutane elektrische Nervenstimulation (TENS). Methode zur Schmerzbehandlung, bei der periphere Nervenendigungen durch elektrische Impulse gereizt werden. Dies wird durch auf die Haut aufgeklebte Elektroden ermöglicht, die über flexible Kabel mit einem Stimulator verbunden sind. Die erzeugten elektrischen Impulse sind den körpereigenen ähnlich, doch gleichzeitig ausreichend verschieden, um die Übertragung von Schmerzimpulsen an das Gehirn zu blockieren.
Transcutaneous Electrical Nerve stimulation (TENS)

Translation. Vorgang, bei dem die genetische Information in der Messenger-Ribonukleinsäure (m-RNS) in die Aminosäuresequenz der zu bildenden Proteine übersetzt wird.
[*lat.:* transferre, hinübertragen, übertragen]
translation

transmural. 1. Durch eine Organwand hindurch. 2. In der Fügung »transmuraler Infarkt« bedeutet t., das Myokard in seiner gesamten Dicke betreffend.
transmural

Transpiration. Die Absonderung von Schweiß durch die Schweißdrüsen.
[*lat.:* trans + spirare, über hinaus + hauchen, ausatmen]
sensible perspiration

Transplantat. (Graft). Ein Gewebe oder Organ, das von einer Körperstelle oder von einer Person entnommen und an eine andere Stelle oder in eine andere Person verpflanzt wird, um einen bestehenden Strukturdefekt zu reparieren. Das T. kann vorübergehend sein, z.B. ein Notfall-Haut-T. bei ausgedehnten Verbrennungen, oder aber dauerhaft, wenn das T. anwächst und zu einem Teil des Körpers wird. Haut, Knochen, Knorpel, Blutgefäße, Nerven, Muskeln, Hornhaut und ganze Organe, z.B. Niere oder Herz, können transplantiert werden.
graft

Transplantat, autogenes. (Autograft). Ein Hautabschnitt, der bei derselben Person von einer Stelle an eine andere transplantiert wird. A.T.e werden in der plastischen Chirurgie, insbesondere bei Hautschäden durch schwere Verbrennungen, verwendet.
[*griech.:* autos, selbst; genein, produzieren.]
autogenous graft

Transplantatabstoßung. Immunologische Zerstörung eines transplantierten Organs oder Gewebes. Die Abstoßung kann sowohl einer zellvermittelten als auch aufgrund einer antikörpervermittelten Immunität gegen die Zellen des Transplantats bei dem histoinkompatiblen Empfänger verursacht werden. (→ Abstoßungsreaktion)
graft rejection

Transplantation. Übertragung von Gewebe von einem Körperbereich auf einen anderen bzw. von einem Spender auf einen Empfänger.
transplantation

Transplantation, allogene. (homogene/homologe Transplantation). Eine Gewebeverpflanzung (→ Transplantation) von einem genetisch differenten Spender zu einem Empfänger der gleichen Species.
homologous graft/transplantation

Transplantationsgesetz. Das T. vom 5.11.97 legt fest, dass bei einer Organspende entweder die persönliche Einwilligung des

Spenders oder bei dessen Tod die Zustimmung eines Angehörigen vorliegen muss. Der potenzielle Spender kann die Entscheidung auch einer von ihm namentlich benannten Vertrauensperson übertragen. Als Voraussetzung für eine Organentnahme ist der Hirntod (totaler Ausfall der Gehirnfunktion) vorgeschrieben.
🇬🇧 transplantation rules

transplantieren. Ein Organ oder Gewebe von einer Person auf eine andere übertragen, um damit eine zerstörte Struktur oder eine gestörte Funktion zu ersetzen bzw. das Erscheinungsbild zu ändern. Hautpartien können auch am eigenen Körper von einer Stelle auf eine andere verpflanzt werden (z.B. bei Verbrennungen). Die häufigsten **Transplantate** sind Haut und Nieren; seltener werden auch Knorpel- und Knochengewebe, Knochenmark, Augenhornhaut, Blutgefäße und Sehnen, Herz, Lunge und Leber verpflanzt. Die geeignetsten Spender sind eineiige Zwillingsgeschwister und Personen mit derselben Blutgruppe und denselben immunologischen Eigenschaften.
🇬🇧 transplant

transplazentar. Durch die Plazenta hindurch. Bezieht sich hauptsächlich auf den Austausch von Nährstoffen und Abfallprodukten zwischen Mutter und Fetus, aber auch auf die Übertragung von krankheitserregenden Keimen.
🇬🇧 transplacental

Transport. → Pflegeintervention der → NIC, die definiert ist als der Transfer eines Patienten an einen anderen Ort.
🇬🇧 Transport

Transport, aktiver. Beförderung von Substanzen durch eine Zellmembran; wird durch chemische Aktivitäten gesteuert, die es der Zelle ermöglichen, normalerweise impermeable Moleküle aufzunehmen. Der a. T. wird durch Trägermoleküle im Zellinneren beschleunigt, die sich an die eindringenden Moleküle binden und sie umschließen. Mit Hilfe des a. T.s absorbiert die Zelle Glukose und andere Substanzen, die zur Erhaltung der vitalen Funktionen und der Gesundheit erforderlich sind. (→ passiver Transport; Resorption; Osmose)
🇬🇧 active transport

Transport, passiver. Bewegung kleiner Moleküle durch die Membran einer Zelle auf dem Weg einer → Diffusion. Der p.T. ist für zahlreiche Stoffwechselprozesse wichtig, z.B. die Aufnahme von Nährstoffen durch die Zellen, die den Verdauungstrakt auskleiden.
🇬🇧 passive transport

Transportinkubator. Fahrbarer »Brutkasten« für Frühgeborene und Risikokinder, in dem sie möglichst gefahrlos vom Kreißsaal oder OP in eine Kinderklinik bzw. auf die entsprechende Frühgeborenen- oder Intensivstation gebracht weren können. Ein Inkubator bietet größtmöglichen Schutz, da Temperatur und Sauerstoffkonzentration gleichmäßig aufrecht erhalten werden können und die Beobachtung der Kinder durch die durchsichtigen Plexiglasscheiben möglich ist.
🇬🇧 transport incubator

Transposition der großen Gefäße. Angeborener Herzfehler, bei dem die Lungenarterie aus der linken Herzkammer und die Aorta aus der rechten Herzkammer entspringt. Dadurch gibt es keine Verbindung zwischen dem Körper- und dem Lungenkreislauf und das Blut kann nicht direkt mit Sauerstoff angereichert werden. Lebensfähig ist diese Erkrankung nur bei einem gleichzeitigen Shunt, z.B. einer Öffnung in einer der Herzscheidwände (Septum) oder einem offenen → Ductus botalli. Hauptsymptome sind Zyanose und Sauerstoffmangel (Hypoxie), insbesondere bei Kindern mit kleinen Septumdefekten. Eine Vergrößerung des Herzens wird meist wenige Wochen nach der Geburt diagnostiziert; bei Kindern mit Kammerseptumdefekt bilden sich sehr schnell Anzeichen einer Stauungsinsuffizienz aus.
🇬🇧 transposition of the great vessels

Transsexualität. Merkmal einer Person, die den starken Willen hat, ihr biologisches Geschlecht aufzugeben und als Vertreter des anderen Geschlechts zu leben. Hält

T

dieser Wille länger als 2 Jahre an, gilt dies als psychische Störung. Einige Transsexuelle kleiden sich wie das andere Geschlecht und ändern mit Hilfe einer Operation ihr äußeres Erscheinungsbild.
transsexualism

Transsudation. Absonderung von Flüssigkeit durch eine Membran in Gewebslücken oder Körperhöhlen, wobei sämtliche gelösten Stoffe in der Lösung erhalten bleiben. Die Passage erfolgt auf Grund eines unterschiedlichen hydrostatischen Drucks.
[*lat.:* trans + sudare, durch + schwitzen, ausschwitzen]
transudation

Transversalebene. Körperebene, die senkrecht zur Sagittal- und zur Frontalebene verläuft.
transverse plane

Transvestismus. Verhaltensabweichung, bei der psychische und sexuelle Befriedigung durch das Tragen von Kleidern des anderen Geschlechts erreicht wird. – *adj.* transvestid.
[*lat.:* trans + vestire, durch + kleiden]
transvestism

Transzendentale Meditation (TM). Aus dem Hinduismus hervorgegangene Meditationsübung, durch die Spannungs- und Angstzustände gemildert und die Frustrationsgrenze angehoben werden sollen. TM wird als höherer Bewusstseinszustand beschrieben, der weder einer physischen noch einer mentalen Steuerung bedarf. Während der Meditation erreicht die Person ein Stadium, in dem der Stoffwechsel und das autonome Nervensystem reduziert sind.
transcendental meditation (TM)

Traubenzucker. (→ Glukose)
glucose

Trauer. Fast universelles Muster physischer und emotionaler Reaktionen auf den Tod eines geliebten Menschen, auf Trennung oder Verlust. Die körperlichen Komponenten können mit denen von Angst, Hunger, Wut und Schmerzen verglichen werden. Die T. steht in Verbindung mit Gefühlen von heftigem Schmerz, aber auch Zorn, Ungläubigkeit, Einsamkeit und Verlassenheit. Durch den Trauerprozess müssen sich Hinterbliebene in ihrer Umgebung neu orientieren, was (nach Freud) als Trauerarbeit bezeichnet wird. T. ist normal und durchaus auch für die Psyche gesund, bezieht sich jedoch häufig nicht so sehr auf das Schicksal des Verstorbenen, sondern auf den Verlust einer wichtigen Beziehung.
grief; mourning

Trauerarbeit, Unterstützung der. → Pflegeintervention der → NIC, die definiert wird als die Unterstützung beim Umgang mit einem bedeutenden Verlust.
Grief Work Facilitation

Trauerarbeit, Unterstützung der: perinataler Tod. → Pflegeintervention der → NIC, die definiert wird als die Unterstützung beim Umgang mit einem perinatalen Verlust.
Grief Work Facilitation: Perinatal Death

Trauern, unangemessenes. Anerkannte → NANDA-→ Pflegediagnose; erfolgloser Einsatz intellektueller und emotionaler Reaktionen, durch die Menschen (Familien, Gemeinschaften) versuchen, den Veränderungsprozess ihres Selbstkonzeptes auf der Grundlage der Wahrnehmung eines potenziellen Verlustes zu verarbeiten. Zu den kennzeichnenden Merkmalen gehören der wiederholte Einsatz ungeeigneter Verhaltensweisen, um Beziehungen wieder aufzunehmen, Wiedererleben früherer Erfahrungen mit geringer oder keiner Linderung der Intensität der Trauer, längerfristige Störung der Lebensfunktionen, Beginn der übermäßigen somatischen oder psychosomatischen Reaktionen; Ausdruck von Beschwerden in Verbindung mit dem Verlust oder von Schuld, Wut, Traurigkeit, Weinen. Es kann zu Veränderungen in folgenden Bereichen kommen: Schlaf- und Essgewohnheiten, Libido, Träume,

Aktivitätslevel, Konzentrationsfähigkeit, Bewältigung von Aufgaben, Störung von Lebensfunktionen, entwicklungsbezogene Regression und labiler Gemütszustad.
grieving, dysfunctional

Trauern, vorzeitiges. Anerkannte → NANDA-Pflegediagnose; intellektuelle und emotionale Reaktionen und Verhaltensweisen, durch die Menschen (Familien, Gemeinschaften) den Veränderungsprozess ihres Selbstkonzepts auf der Grundlage der Wahrnehmung eines potenziellen Verlustes verarbeiten. Zu den kennzeichnenden Merkmalen gehören ein potenzieller, bedeutender Verlust sowie der Ausdruck von Beschwerden, Leugnen der Tatsache der Bedeutung des Verlustes, Schuld, Wut, Trauer, Verhandeln. Es kann zu Veränderungen in folgenden Bereichen kommen: Ess- und Schlafgewohnheiten, Libido, Kommunikationsfähigkeit.
grieving, anticipatory

Trauerreaktion. Komplex von somatischen und psychologischen Symptomen in Verbindung mit extremem Leid oder Verlustschmerz, besonders im Fall des Todes eines geliebten Menschen. Zu den körperlichen (somatischen) Symptomen gehören Gefühle der Enge im Hals und in der Brust mit Erstickungsgefühlen und Kurzatmigkeit, fehlende Muskelkraft, extreme Müdigkeit und Lethargie. Psychologische Reaktionen sind ein generalisiertes Bewusstsein für mentale Angst und Unbehagen in Verbindung mit Gefühlen von Schuld, Wut, Feindseligkeit, extremer Unruhe, Konzentrationsschwäche und fehlender Fähigkeit, organisierte Aktivitäten zu planen und auszuführen.
grief reaction

Traum(zustand). 1. Abfolge von Ideen, Gedanken, Gefühlen und Bildern, die während der REM (rapid-eye-movement) - Phase entstehen. 2. Bezeichnung für die Schlafphase, in welcher dieser Vorgang stattfindet. 3. Visionäre Einbildung im Wachzustand. 4. Aus dem Bewusstsein verdrängte Gedanken, Emotionen, Erinnerungen und Impulse. 5. Bezeichnung für Wünsche, Impulse und Emotionen, die das Unterbewusstsein eines Menschen reflektieren, sowie für die Gedanken und Gefühle, die im kollektiven Unterbewusstsein entstehen.
dream

Trauma. 1. Körperliche Verletzung durch Gewalteinwirkung oder durch das Einbringen einer giftigen Substanz in den Organismus. 2. Psychische Verletzung infolge eines schweren emotionalen Schocks. – *adj.* traumatisch.
trauma

Trauma, hohes Risiko. Anerkannte → NANDA-Pflegediagnose, die definiert ist als das erhöhte Risiko eines Patienten, eine unfallsbedingte Verletzung, wie z.B. eine Wunde, Verbrennung oder Fraktur zu erleiden. Die Risikofaktoren können sowohl intern (individuell) als auch extern (umweltbedingt) sein. Individuelle Risiken sind z.B. Schwäche, schlechtes Sehvermögen, Gleichgewichtsstörungen, verminderte Temperatur- oder Berührungsempfindung, verminderte Muskelkoordination, mangelhafte Unfallschutzerziehung, Wahrnehmungsschwierigkeiten und viele Verletzungen in der Vorgeschichte. Zu den äußeren Risikofaktoren zählen u. a. rutschige Böden und Treppen, Badewannen ohne Festhaltegriff und Antirutschmatten, wackelige Stühle und Leitern, defekte elektrische Kabel oder Geräte, Gaslecks, ungeschützte Wärmestrahler, unsachgemäß aufbewahrte Abfallprodukte, Höhensonnen oder Solarien und gefährliche Maschinen.
trauma, risk of

Trauma, psychisches. Emotionaler Schock oder Stresssituation, die dauerhafte Eindrücke hinterlässt, insbesondere im Unterbewusstsein. Zu den Ursachen eines p. T.s können z.B. Abusus oder Vernachlässigung in der Kindheit, Vergewaltigung oder der Verlust eines geliebten Menschen gehören.
psychic trauma

T

Traumanalyse. (Traumdeutung). Methode zur Analyse des Unterbewusstseins anhand von Untersuchungen von Träumen.
dream analysis

Traumatologie. Wissenschaft und Lehre der Wunden, Verletzungen und bleibenden Schäden sowie deren Versorgung und Behandlung. - *adj.* traumatologisch.
traumatology

Traumatopnoe. Traumatisch bedingte Atemstörung teilweise bis zum Atemstillstand und Kollabieren des Patienten, auf Grund einer Verletzung des Brustkorbs mit einem spitzen Gegenstand, wodurch Luft in den Pleuralraum eindringen kann und die Lunge zusammenpresst.
traumatopnea

Traumschlaf. (REM-Schlaf). Schlafphase, die durch verringerten Muskeltonus, schnelle Augenbewegungen und rege Traumtätigkeit charakterisiert ist.
rapid eye movement sleep

Traumzustand. Bewusstseinszustand, in dem eine Person ihre Umgebung nicht erkennt und auf Eindrücke entgegen ihren normalen Verhaltensmustern reagiert.
dream state

Travelbee, Joyce. (1926–1973) Pflegetheoretikerin, die das Modell und die Theorie der Mensch-zu-Mensch-Beziehung entwickelte und in ihrem Buch *Zwischenmenschliche Aspekte der Pflege* (1966, 1971) veröffentlichte. Travelbee stütze ihre Theorie auf die Konzepte der → Logotherapie, die erstmalig von Viktor Frankel, einem Aufseher im Konzentrationslager Auschwitz, in seinem Buch *Die Suche des Menschen nach Bedeutung* (1963) vorgestellt wurden. Travelbee glaubte, dass Pflege durch die Beziehungen der Menschen untereinander ermöglicht wird. Diese Beziehungen beginnen mit dem ersten Treffen und entwickeln sich über die Entwicklung einer Identität zu gegenseitigem Einfühlungsvermögen und schließlich zu Verständnis und Sympathie.
Travelbee, Joyce

T

Tremor. Muskelzittern; Rhythmische, unbeabsichtigte Schüttelbewegungen auf Grund eines unwillkürlichen Wechsels zwischen Muskelanspannung und -erschlaffung entgegen wirkender Muskelgruppen. T. tritt häufig bei älteren Menschen und bei Patienten mit verschiedenen Nervenschädigungen auf.
tremor

Tremor, essenzieller. (Ruhetremor). Unwillkürliches leichtes Zittern von Händen, Kopf und Gesichtsmuskulatur, insbesondere bei der Ausführung normaler Körperbewegungen. Ein essenzieller Tremor wird vererbt und tritt im jungen Erwachsenenalter bzw. im mittleren Lebensalter auf.
essential tremor

Tremor, kontinuierlicher. Leichte, rhythmische, unwillkürliche Bewegungen, die während der Ruhephase andauern aber manchmal kurz bei der Ausführung willkürlicher Bewegungen verschwinden.
continuous tremor

Trendelenburg-Gang. Bei Hüftleiden auftretender Gang, der außerdem mit einer Schwäche des mittleren Gesäßmuskels zusammenhängt. Kennzeichnend ist ein Abfallen des Beckens auf die gesunde Seite, wenn der Patient auf das Bein der kranken Seite auftritt.
[F. Trendelenburg, dt. Chirurg, 1844–1924]
Trendelenburg gait

Trendelenburg-Lagerung. Lagerung des Körpers in einer schiefen Ebene, wobei der Kopf tief und die Beine erhöht liegen. Die Lagerung wird z.B. bei niedrigem Blutdruck und bei Schock angewandt, zur Steigerung des Blutflusses ins Gehirn oder bei Operationen im Bereich des Beckens.
Trendelenburg position

Trendelenburg-Test. Einfacher Test zur Ermittlung der Venenklappenfunktion bei Personen mit Krampfaderleiden. Der Patient hebt im Liegen das Bein senkrecht nach oben, damit sich die Venen entleeren. Dann steht er auf und die Pflegeperson beobachtet, wie sich die Venen füllen. Sind die Venenklappen nicht voll funkti-

onsfähig, füllen sich die Venen von oben; sind die Klappen in Ordnung, fließt das Blut nicht zurück und die Venen füllen sich von unten.
Trendelenburg test

Trennungsangst. Furcht oder Angst infolge einer Trennung von der Familie oder von bestimmten Menschen. Das Syndrom kommt häufig bei kleinen Kindern vor, die von ihrer Mutter bzw. ihrer Bezugsperson getrennt werden oder wenn sich ihnen eine fremde Person nähert.
separation anxiety

Treponema pallidum. Sehr beweglicher, gramnegativer Mikroorganismus (Spirochäte), der → Syphilis hervorruft.
Treponema pallidum

Treponematose. Sammelbezeichnung für Krankheiten, die durch Spirochäten der Gattung *Treponema* ausgelöst werden. Sämtliche Infektionen können mit Penicillin erfolgreich behandelt werden.
treponematosis

TRH. Abkürzung für → Thyreotropin-releasing-Hormon.
TRH

Triage. 1. → Pflegeintervention der → NIC, die definiert ist als die Festlegung von Prioritäten im Rahmen der Patientenpflege in Notfallsituationen mit geringen Ressourcen. 2. Einordnung der Patienten nach Dringlichkeit der Versorgung bei Katastrophenunfällen.
Triage

Triamcinolon. → Glukokortikoid mit ca. zehnmal stärkerer Wirkung als → Kortisol, das vorallem bei rheumatischem Fieber, Polyarthritis, Gicht und zahlreichen Formen allergischer Überreaktionen sowie zur Hemmung des Abwehrsystems (Immunsuppression) eingesetzt wird.
triamcinolone

Triamteren. Harntreibendes Mittel (Diuretikum), das zur Behandlung von Ödemen, Bluthochdruck und kompensierter Herzinsuffizienz eingesetzt wird. T. bewirkt im Gegensatz zu anderen Diuretika keine nennenswerte Kaliumausscheidung.
triamterene

Triazolam. Hypnotikum mit sehr kurzer Halbwertszeit und sehr starker Wirkung, das zur kurzfristigen Therapie der Schlaflosigkeit (Insomnia) verschrieben wird. Es führt allerdings häufig zu Gedächtnisverlust nach der Medikamenten-Einnahme und kann daher nur eingeschränkt empfohlen werden.
triazolam

Trichiasis. Durch Einwärtskehrung der Augenwimpern bedingte Reizung des Augapfels; tritt häufig nach Infektionen oder Entzündungen auf.
trichiasis

Trichinenbefall. (Trichinose). Erkrankung durch Befall mit den Larven des Parasits *Trichinella spiralis*, die durch rohes oder unzureichend gekochtes Schweinefleisch auf den Menschen übertragen werden. Die Anfangssymptome sind Bauchschmerzen, Übelkeit, Fieber und Durchfall; später werden Muskelschmerzen, Druckempfindlichkeit, Müdigkeit und Eosinophilie beobachtet. Leichte Infektionen können asymptomatisch verlaufen.
trichinosis

Trichlormethiazid. Blutdrucksenkendes und entwässerndes Medikament, das zur Behandlung von Hypertonie und Ödemen eingesetzt wird.
trichlormethiazide

tricho-. Vorsilbe mit der Bedeutung »Haar«.
[*griech.:* thrix, Haar]
tricho-

Trichomonadeninfektion. (Trichomoniasis). Infektion der Scheide (Vagina) durch die Protozoen *Trichomonas vaginalis*. Kennzeichnende Symptome sind Jucken, Brennen und schaumiger, hellgelber bis grüner, übelriechender vaginaler Ausfluss. Die Infektion wird meistens über Geschlechtsverkehr übertragen, selten über feuchte Waschlappen. Neugeborene kön-

T

nen sich unter der Geburt im Geburtskanal der infizierten Mutter anstecken.
trichomoniasis

Trichomonas. Begeißelte Protozoen, wovon ein Großteil als Parasiten lebt. Einige kommen bei Karies im Mund des Menschen vor, andere finden sich in der Scheide (Vagina) oder der Harnröhre (Urethra) von Frauen. T. ist der Erreger der → Trichomonadeninfektion(Trichomoniasis).
Trichomonas

Trichterbrust. Skelettverformung der Brustwirbel mit eingedrücktem Brustbein. Die Verformung hat in vielen Fällen keine Auswirkungen auf das Atmen, wird aber oft aus kosmetischen Gründen operativ behoben.
funnel chest

Trichuris trichiura. Gattung des Peitschenwurms, der vorwiegend in warmen und feuchten Gebieten vorkommt. Durch kontaminierte Nahrung gelangen die Eier in den menschlichen Organismus. Die ausgewachsenen Würmer leben bevorzugt im Dickdarm. Schwere Infektionen führen zu Bauchschmerzen und Durchfall; sehr starker Befall kann durch Darmblutungen zur Anämie führen.
Trichuris trichiura

Tricuspidalis-Auskultationspunkt. Kleiner Bereich auf der Brust, links unterhalb des Brustbeins und gegenüber des 4. und 5. Rippenknorpels, in dem das Geräusch der → Trikuspidalklappe am besten zu hören ist.
tricuspid area

Trieb. Bezeichnung für einen unbewussten, zwingenden, ziellosen Spannungszustand. Ein primärer Trieb ist angeboren und steht in engem Zusammenhang mit physiologischen Vorgängen. Sekundärtriebe entstehen während des Wachstums und bestimmen Verhaltensweisen.
drive

Triflupromazin. Phenothiazin-Neuroleptikum, das bei starker Übelkeit und Erbrechen und in höheren Dosen zudem bei der Behandlung starker Unruhezustände und Psychosen gegeben wird.
triflupromazine hydrochloride

Trigeminusneuralgie. Neurologische Störung des Nervus trigeminus, gekennzeichnet durch heftige Schmerzattacken entlang eines oder mehrerer Nervenäste. Verursacht wird der Schmerz durch Druck oder durch die Degeneration des Nervs. Es kann ein einzelner oder alle Nervenäste betroffen sein. Der Befall des ersten Nervenasts führt zu Schmerzen um die Augen und über der Stirn, des zweiten zu Schmerzen in Oberlippe, Nase und Wange, des dritten zu Schmerzen seitlich der Zunge und in der Unterlippe. Die plötzlichen Schmerzattacken treten phasenweise auf und dauern oft bis zu einer halben oder ganzen Minute an.
trigeminal neuralgia

Trigeminuspuls. Abnormer Puls, bei dem jeder dritte Pulsschlag fehlt.
trigeminal pulse

Trigger. Substanz, Objekt oder Wirkstoff, der eine Handlung bzw. einen Vorgang auslöst.
[*engl.:* trigger, Auslöser]
trigger

Triggerpunkte. Bestimmte Punkte am Körper, die besonders berührungsempfindlich sind und bei Reizung zu schmerzhaften neuralgischen Punkten werden können.
trigger points

Triglyzerid. Einfacher Fettbaustein, der aus drei Fettsäuremolekülen (z.B. Olein, Palmin und Stearin) und Glyzerol besteht. T. sind die Hauptbestandteile von tierischen und pflanzlichen Fetten und die am zahlreichsten vertretenen Lipide im Blut. Dort binden sie an Proteine und bilden Lipoproteine mit hoher oder geringer Dichte.
triglyceride

Trihexyphenidyl. Arzneimittel, das die Herzfrequenz steigert (Parasympathikolytikum) und das zur Behandlung von Morbus Parkinson eingesetzt wird.
trihexyphenidyl

Trijodthyronin (T3). Wichtiges Wachstums- und Entwicklungs-Hormon, das außerdem den Stoffwechsel und die Körpertemperatur steuert und durch ein negatives Feedback-System die Ausschüttung von Thyreotropin durch die Schilddrüse blockiert.
🇬🇧 triiodothyronine (T3)

Trikuspidalklappe. Herzklappe mit drei Segelklappen zwischen dem rechten Vorhof (Atrium) und der rechten Herzkammer (Ventrikel). Wenn die beiden Herzkammern während der → Diastole erschlafft sind, öffnet sich die T. damit Blut in die Kammer fließen kann. In der → Systole ziehen sich die beiden gefüllten Kammern zusammen und pumpen das Blut in die Lungen- bzw. die Körperschlagader. Die T. und die → Mitralklappe schließen sich und verhindern so den Rückfluss des Blutes in die Kammern.
🇬🇧 tricuspid valve

Trimenon, Trimester. Zeitraum von ungefähr drei Monaten, der jeweils einen Abschnitt einer Schwangerschaft beschreibt. Das erste T. reicht vom Tag der Befruchtung (bzw. vom ersten Tag der letzten Periode) bis zum Ende der 12. Schwangerschaftswoche. Das zweite T. von der 13. bis zur 28. Schwangerschaftswoche und das dritte und letzte T. von der 29. SSW bis zur Geburt.
🇬🇧 trimester

Trimethadion. Antiepileptikum, das zur Vermeidung epileptischer Anfälle angewendet wird.
🇬🇧 trimethadione

Triploidie. Das Vorhandensein von drei kompletten Chromosomensätzen in einem Organismus. Beim Menschen bestünde der dreifache Chromosomensatz aus 69 Chromosomen; ein Embryo mit einer solchen Anlage ist nicht lebensfähig und wird meist in der Frühschwangerschaft ausgestoßen. – *adj.* triploid.
🇬🇧 triploidy

Tripper. Umgangssprachliche Bezeichnung für → Gonorrhö.
🇬🇧 clap

Trisaccharid. → Kohlenhydrat, das aus drei gebundenen Einfachzuckern (Monosacchariden) besteht; z.B. Raffinose (besteht aus Fruktose, Glukose und Galaktose).
🇬🇧 trisaccharide

Trisomie. Eine Chromosomenaberration, die durch das Vorhandensein eines überzähligen Chromosoms in einem doppelten Chromosomensatz gekennzeichnet ist. Ein Mensch mit T. besitzt 47 anstatt 46 Chromosomen.
🇬🇧 trisomy

Trisomie 18. (Edwards-Syndrom). Angeborener Missbildungskomplex, ausgelöst durch das dreifache Vorhandensein des Chromosoms Nr. 18. Das Krankheitsbild ist gekennzeichnet durch schwere geistige Behinderung und zahlreiche Missbildungen, wie z.B. Schädelmissbildungen, tief sitzende, deformierte Ohren, Lippen-Gaumen-Spalte, Klumpfüße, Herzscheidewanddefekte und Nierenanomalien.
🇬🇧 trisomy 18

Trisomie 21. (Down-Syndrom; Mongolismus). (→ Down-Syndrom)
🇬🇧 trisomy 21

Trisomie-Syndrom. Krankheitsbild, das durch ein überzähliges Chromosom in einem doppelten Chromosomensatz bedingt ist. Die meisten Trisomien entstehen durch das Ausbleiben der Trennung eines Chromosomenpaares bei der Zellteilung.
🇬🇧 trisomy syndrome

trivalent. 1. Beschreibt ein Atom bzw. eine Atomgruppe mit der Fähigkeit, sich mit drei einwertigen (monovalenten) Elementen zu binden bzw. diese zu ersetzen. 2. Bezeichnet einen Impfstoff, der vor drei verschiedenen Krankheiten schützt.
🇬🇧 trivalent

Trochanter. Einer der beiden Knochenvorsprünge (Rollhügel) am proximalen Ende des Oberschenkelknochens, an dem die meisten Hüftmuskeln ansetzen. Es gibt den T. major und den T. minor.
🇬🇧 trochanter

Trochanter, großer. (trochanter major). Langer Vorsprung des Oberschenkelknochens (Femur), an dem zahlreiche Muskeln befestigt sind, z.B. der mittlere Gesäßmuskel (M. glutaeus medius), der große Gesäßmuskel (M. g. maximus) und der innere Hüftlochmuskel (M. obturator internus).
greater trochanter

Trockeneis. Festes Kohlendioxid; wird zur kryotherapeutischen Behandlung verschiedener Hautleiden verwendet. (→ Kryotherapie)
dry ice

Trokar. Spitz zulaufendes, dreikantiges Stechinstrument in einem eng anliegenden Schaft, mit dessen Hilfe die Haut und die Wandung einer Körperhöhle bzw. eines Hohlorgans durchbrochen und anschließend entweder Flüssigkeit abgesaugt, Arzneimittellösung eingebracht oder ein weicher Katheter eingeführt wird.
[fr.: trocart, dreikantig]
trocar

Trombicula. Gattung der Laufmilben, inklusive der Erntemilben, die hauptsächlich im Herbst auftreten. Die Larven leben als Parasiten, die ausgewachsenen Tiere können selbstständig leben. T. sind Überträger zahlreicher Krankheiten, darunter Typhus, Rickettsien, stark juckender Hautausschlag und andere Infektionen.
Trombiculidae

T

Trommelfell. (Membrana tympani). Dünne, halbdurchsichtige elastische Membran im Mittelohr, die mit Hilfe der Gehörknöchelchen Schallwellen in das Innenohr weiterleitet. Das T. ist oval, hat einen vertikalen Durchmesser von ungefähr 10 mm und schließt die Paukenhöhle nach außen hin ab.
tympanic membrane

Trommelschlägelfingerbildung. Unphysiologische Vergrößerung der distalen Finger- oder Zehenendglieder; steht normalerweise in Verbindung mit einer zyanotischen Herzkrankheit oder fortgeschrittenen Lungenkrankheit, tritt aber auch im Zusammenhang mit Gallenzirrhose, Kolitis, chronischer Dysenterie und Hypertyreose auf.
clubbing

Tropenakne. Bestimmte Form der Akne, die durch hohe Temperaturen und Feuchtigkeit ausgelöst bzw. verstärkt wird. Bei der T. treten typischerweise große Knötchen oder Pusteln im Nacken, am Rücken, den Oberarmen und dem Gesäß auf.
tropical acne

Tropenmedizin. Spezieller Zweig der Medizin, der sich mit der Diagnose und Behandlung von Krankheiten befasst, die hauptsächlich in tropischen und subtropischen Regionen der Erde vorkommen, d. h. 30 Grad nördlich und südlich des Äquators.
tropical medicine

Tröpfcheninfektion. Durch die Inhalation von Flüssigkeitspartikeln verursachte Infektion. Die inhalierten Tröpfchen enthalten Krankheitserreger, die von anderen, bereits infizierten Personen ausgeatmet oder durch Niesen ausgestoßen bzw. ausgehustet werden.
droplet infection

Tropfen. Kleine, kugelförmige Flüssigkeitsmenge. Die Größe eines Tropfens hängt von Temperaturunterschieden, der Viskosität der jeweiligen Flüssigkeit und anderen Faktoren ab. Für therapeutische Zwecke geht man davon aus, dass ein Tropfen ein Volumen von 0,06 bis 0,1 ml hat.
drop

Tropfkammer mit Niveauring. Sammelbezeichnung für durchsichtige Kunststoffbehälter verschiedener Form mit graduierten Markierungen an Infusionsbestecken. Sie regeln den Durchfluss bei intravenösen Infusionen.
volume control fluid chamber

trophisch. Nutritiv; die Ernährung des Gewebes betreffend.
[*griech.:* trophé, das Ernähren, die Nahrung]
trophic

Trousseau-Syndrom. Oberflächliche Venenentzündung (Thrombophlebitis) an verschiedenen Stellen, die auf Krebsgeschwüre der Eingeweide hinweist.
Trousseau's syndrome

Trousseau-Zeichen. Durch Kompression des Oberarms ausgelöste Pfötchenstellung der Hände, die als Zeichen der Übererregbarkeit bei einer latenten → Tetanie dient.
[A. Trousseau, fr. Internist, 1801–1867]
Trousseau's sign

Trümmerbruch. (→ Splitterbruch)
splinter fracture

Truncus. 1. Hauptteil bzw. Stamm eines Organsystems, wie z.B. Blutgefäße, Lymphgefäße oder Nervenstränge, von dem meist Nebenäste abgehen. 2. Rumpf des menschlichen Körpers inklusive Hals und Kopf.
[*lat.:* truncus, Stamm eines Baumes]
truncus

Truncus brachiocephalicus. Der vom Aortenbogen abzweigende Ast, der sich aufteilt in den rechten gemeinsamen Stamm der Halsschlagader und der Schlüsselbeinarterien.
truncus brachiocephalicus

Truncus sympathicus. Grenzstrang des Sympathikus, der als paarige Kette sympathischer Ganglien auf beiden Seiten der Wirbelsäule von der Schädelbasis bis zum Steißbein verläuft. Jeder Strang stellt einen Teil des sympathischen Nervensystems dar und besteht aus zahlreichen Ganglien, die untereinander durch verschiedene Nervenfasern verbunden sind. Weiterhin verästelt sich jeder Strang, wobei sich die Nervenäste zu den autonomen Nervengeflechten, den Kopfnerven, den einzelnen Organen, den Arterien und den Spinalnerven ziehen.
sympathetic trunk

Trypanosomen. Parasitengattung mit mehreren Unterarten, die beim Menschen bestimmte Krankheiten hervorrufen können. Die meisten Organismen der Gattung T. leben zeitweise als Parasiten in Insekten und werden durch Insektenstiche auf den Menschen übertragen.
Trypanosoma

Trypsin. Von der Bauchspeicheldrüse produziertes Verdauungsenzym, das im Dünndarm den Abbau von Nahrungseiweißen zu Peptonen, Peptiden und Aminosäuren fördert.
trypsin

Trypsin-Inhibitoren. In Sojabohnen, Eiweiß und menschlichem Kolostrum vorkommende Polypeptide, die hemmend auf die Trypsinaktivität wirken.
trypsin inhibitors

Trypsinogen. In der Bauchspeicheldrüse gebildete, inaktive Vorstufe des Trypsins, die im Dünndarm mit Hilfe von Enterokinase in das wirksame → Trypsin umgewandelt wird.
trypsinogen

Tryptophan. Aminosäure, die für das normale Wachstum bei Kindern und für den Stickstoffhaushalt bei Erwachsenen verantwortlich ist. T. ist die Vorstufe für einige Substanzen, darunter → Serotonin und → Niacin.
tryptophan (Trp)

Tsetse-Fliege. In Afrika vorkommende Blut saugende Fliege der Gattung *Glossina palpalis*, die Wirt für → Trypanosomen ist und die Schlafkrankheit und andere nervöse Störungen beim Menschen hervorruft.
tsetse fly

TSH. Abkürzung für engl. *thyroid stimulating hormone* (→ Thyreotropin).
TSH

TSS. Abkürzung für → toxisches Schocksyndrom.
TSS

Tubarabort. Ausstoßung eines im Eileiter (Tuba uterina) angesiedelten Embryos in die freie Bauchhöhle. Ein T. ist meist mit schweren inneren Blutungen verbunden und verursacht akute Unterbauchschmerzen.
tubal abortion

T

Tubargravidität. (→ Eileiterschwangerschaft)
tubal pregnancy

Tubenligatur. Methode zur Sterilisation der Frau, bei der beide Eileiter (Tuba uterina) abgebunden werden, um eine Befruchtung der Eizelle zu verhindern.
tubal ligation

Tubenplastik. Chirurgische Operation, bei der verletzte bzw. zerstörte Eileiter wiederhergestellt werden, in der Hoffnung, dass die Frau ihre Fruchtbarkeit wiedererlangt.
tuboplasty

Tuberkel. 1. Kleiner Höcker oder Vorsprung, z.B. an einem Knochen. 2. Knötchen oder Geschwulst auf der Haut. 3. Kleines rundes Knötchen, hervorgerufen durch eine Infektion mit *Mycobacterium tuberculosis*, das aus einer grauen, durchsichtigen Masse kleiner kugelförmiger Zellen besteht, umrandet von Bindegewebe.
[*lat.:* tuber, Höcker, Buckel]
tubercle

Tuberkulin. Impfstoff, der zu diagnostischen Zwecken aus den Toxinen der Tuberkelbakterien gewonnen wird.
tuberculin

Tuberkulin-Test. Test zum Nachweis von Tuberkelbakterien. (→ Tine-Test)
tuberculin tine test

Tuberkulose. (TB; TBC). Chronische granulomatöse Infektion mit dem säurebeständigen Bazillus *Mycobacterium tuberculosis.* Die Krankheit wird im allgemeinen durch Tröpfcheninfektion übertragen und befällt meist die Lunge, kann aber auch alle anderen Organsysteme befallen. Frühe Anzeichen einer Lungentuberkulose sind Teilnahmslosigkeit, diffuse Brustschmerzen, Rippenfellentzündung, Appetitlosigkeit, Fieber und Gewichtsverlust. Später kommt es zu Nachtschweiß, Lungenblutungen, Auswurf von eitrigem Sputum und erschwerter Atmung. Das Lungengewebe reagiert auf den Bazillus indem es Schutzzellen produziert, die den Erreger umschließen und sogenannte → Tuberkel bilden. Wird die Krankheit nicht behandelt, vergrößern sich die Tuberkel, schließen sich mit umliegenden Tuberkeln zusammen und verkäsen. Abfallprodukte dieser Tuberkel lagern sich schließlich in den Hohlräumen der Lunge ab und es kommt zu Bluthusten (Hämoptysis). – *adj.* tuberkulös.
tuberculosis (TB)

Tuberkulostatika. Arzneimittel (→ Antibiotika) zur Behandlung von → Tuberkulose; für die pulmonale Tuberkulosetherapie werden mindestens zwei Mittel, zumeist aber drei Mittel in verschiedenen Kombinationen benötigt. – *adj.* tuberkulostatisch.
antituberculars

Tuberositas tibiae. Längliche, rauhe Kante am oberen Ende des Schienbeins, an der das Band der Kniescheibe angreift.
[*lat.:* tuber + tibia, Höcker, Erhebung + Schienbein]
tuberosity of the tibia

tubo-ovarial. Zum Eileiter (Tuba uterina) und zum Eierstock (Ovar) gehörend bzw. den Bereich betreffend; kommt in den Fügungen »Tuboovarial-Abszess« und »Tuboovarial-Zyste« vor.
[*lat.:* tubus + ovum , Röhre + Ei]
tubo-ovarian

Tubuli renales. (Nierenkanälchen). Mikroskopisch kleine Kanälchen, die vom → Glomerulum zu den → Sammelrohren führen. Sie resorbieren bestimmte Stoffe zurück ins Blut, scheiden andere Stoffe in den Urin aus, sammeln und befördern den Urin.
[*lat.:* tubulus, kleine Röhre; ren, Niere]
renal tubules

Tubuli seminiferi. (→ Hodenkanälchen)
seminiferous tubules

Tubuli seminiferi, (gewundene). Lange, fadenförmige Röhren im lockeren Bindegewebe der Hoden. Die Hoden enthalten auch gerade Tubuli-seminiferi-Segmente.
convoluted seminiferous tubules

Tubulus, distaler. Teil der Niere, der sich zwischen → Henle-Schleife und den Sammelröhrchen befindet.
🇬🇧 distal tubule

Tubulus, pl. Tubuli. Sehr kleiner, schlauchförmiger Körperkanal, wie z.B. die Nierenkanälchen (Tubuli renales) oder die Samenkanälchen der Hoden (T. seminiferi). – *adj.* tubulär; tubularis.
[*lat.:* tubulus, kleine Röhre]
🇬🇧 tubule

Tumor, maligner. → Neoplasma, das in das umgebende Gewebe einwächst, an entfernten Stellen metastasiert und anaplastische Zellen enthält. Ein m. T. kann zum Tode führen, wenn keine Behandlung erfolgt.
🇬🇧 malignant tumor

Tumor, pl. Tumoren. 1. Jede krankhafte Schwellung oder Vergrößerung eines Organs, u. a. bei entzündlichen Prozessen. 2. Wachstum und Wucherung von neuem Gewebe durch unkontrollierte Zellvermehrung (Proliferation). Ein T. kann lokal begrenzt, invasiv, gutartig oder bösartig sein. Benannt werden T. entweder nach ihrem Entstehungsort, nach der Zusammensetzung der Zellen oder nach der Person, die diesen T. als erste identifizierte. – *adj.* tumorös; tumorartig.
[*lat.:* tumere, geschwollen sein]
🇬🇧 tumor

Tumor-Nekrose-Faktor (TNF). Natürliches Körpereiweiß mit krebsauflösender Wirkung, das auch synthetisch hergestellt werden kann.
🇬🇧 tumor necrosis factor (TNF)

tumorigen. Die Fähigkeit (von Zellen), Tumoren hervorzurufen.
🇬🇧 tumorigenic

tumorizid. Die Fähigkeit besitzend, Tumoren zu zerstören.
🇬🇧 tumoricide

Tumormarker. Stoffe in Körperflüssigkeiten, die bestimmt werden können und deren Auftreten auf eine Krebserkrankung oder auf den Grad der Bösartigkeit einer Geschwulst hinweisen können.
🇬🇧 tumor marker

Tunica serosa. Dünne Gewebsschicht, die ein serumähnliches Sekret absondert. Eine T. s. gibt es um Leber, Dünndarm, Eileiter, Milz etc.
🇬🇧 tunica serosa

Tunika. Haut oder dünne Gewebsschicht, die Organe umhüllt bzw. Hohlorgane auskleidet.
[*lat.:* tunica, Untergewand für Männer und Frauen im alten Rom; Haut, Hülle]
🇬🇧 tunica

Tunnelsehen. Sehstörung, bei der das seitliche Sichtfeld stark eingeschränkt ist und der Patient wie durch einen Tunnel oder eine Röhre sieht. Zu T. kommt es in fortgeschrittenem Stadium eines chronischen → Glaukoms.
🇬🇧 tunnel vision

Tupfer. Kleine, flache Kompresse aus Baumwollgaze, Büscheln von Baumwolle oder einem ähnlichen synthetischen Material, die zum Abwischen der Haut, Absorbieren einer Sekretion oder Reinigen einer kleinen Oberfläche benutzt wird.
🇬🇧 pledget

Turgor. Die Spannkraft der Haut durch den Außendruck der Zellen und die interstitielle Flüssigkeit. Die Beurteilung des Hautturgors ist ein wichtiger Bestandteil der körperlichen Untersuchung.
🇬🇧 turgor

Turner-Syndrom. (XO-Syndrom). Angeborene Chromosomenstörung bei weiblichen Embryos, gekennzeichnet durch ein fehlendes X-Chromosom. Das T.-S. kommt unter 3000 Geburten ungefähr einmal vor. Typische Symptome sind unausgereifte Geschlechtsorgane, unterentwickelte Brüste, Gebärmutter und Vagina, Herzmissbildungen, Kleinwuchs und Knochenverformungen. Die Intelligenz ist meist normal entwickelt, es können je-

doch moderate Lernschwierigkeiten auftreten.
[H. Turner, amerik. Endokrinologe, 1892–1970]
Turner's syndrome

Tussis. Husten bzw. → Keuchhusten.
[*lat.:* tussis, Husten]
tussis

Tympanektomie. Operative Entfernung des Trommelfells im Ohr.
[*griech.:* tympanon, Handtrommel, kleine Pauke]
tympanectomy

tympanicus. Zum Trommelfell bzw. der Paukenhöhle gehörend.
tympanic

Tympanie. (tympanischer Klopfschall). Tiefer Resonanzton, den man beim Abklopfen eines Pneumothorax oder eines aufgeblähten Bauches hört.
tympany

Tympanogramm. Grafische Darstellung der akustischen Impedanz und des Luftdrucks im Mittelohr sowie der Beweglichkeit des Trommelfells. Diese Werte dienen der Diagnostik verschiedener Erkrankungen des Mittelohrs, z.B. der Mittelohrentzündung, der fortschreitenden Mittelohrschwerhörigkeit (Otosklerose), Trommelfellverletzungen etc. Die verschiedenen Krankheiten erzeugen jeweils ein unterschiedliches T.
tympanogram

Tympanoplastik. Operativer Eingriff in das Mittelohr mit Behandlung des Trommelfells bzw. der Gehörknöchelchen zur Wiederherstellung oder Verbesserung des Hörvermögens bei schwerhörigen Patienten infolge einer Verminderung der Schallleitfähigkeit. Die T. kann durchgeführt werden um ein durchbrochenes Trommelfell zu reparieren, bei Mittelohrschwerhörigkeit und bei Verlagerung oder Nekrose einer der Gehörknöchelchen im Mittelohr.
tympanoplasty

typhös. Typhusartig; den Typhus betreffend.
typhoid; typhous

Typhus abdominalis. (Abdominaltyphus). Bakterielle Infektionskrankheit, die durch den Erreger *Salmonella typhi* hervorgerufen wird. Die Erreger gelangen über kontaminierte Milch, Wasser oder Nahrung in den menschlichen Organismus. Die Krankheit ist gekennzeichnet durch Kopfschmerzen, Delirium, Husten, wässrigen Durchfall, Hautausschlag und hohes Fieber. Die Inkubationszeit kann bis zu 60 Tage betragen. Über Bauch und Brust verteilen sich hellrote Flecken und es kommt zu Milzvergrößerung (Splenomegalie) und verminderter Leukozytenanzahl im Blut (Leukopenie). Eine schwer verlaufende Erkrankung kann tödlich enden. Als Komplikationen können Durchbruch des Darms und Darmblutungen sowie Venenentzündungen auftreten. Einige Menschen, die sich von der Krankheit erholen, tragen den Erreger weiterhin im Körper und können zu Dauerausscheidern werden, d. h. sie verbreiten die Krankheit mittels ihrer Körperausscheidungen.
typhoid fever

Typhus-Dauerausscheider. Person, die den Typhuserreger in sich trägt und mit Körperausscheidungen verbreitet, jedoch selbst keine Anzeichen bzw. Symptome der Krankheit aufweist. Typische Dauerausscheider sind Menschen, die sich von einer akuten Typhuserkrankung erholt haben.
typhoid carrier

Typhus-Schluckimpfung. Impfstoff gegen Bauchtyphus, der dreimal im Abstand von 2 Tagen oral eingenommen werden muss. Er enthält abgeschwächte Lebend-Typhus-Keime und ist für Kinder und Erwachsene geeignet.
typhoid vaccination

Typhusvakzin. Sammelbezeichnung für drei Impfstoffe, die für die verschiedenen Rickettsienarten entwickelt wurden, die klassisches Fleckfieber, Rattenfleckfieber

oder die Brill-Zinsser-Krankheit hervorrufen.
typhus vaccine

Typing. 1. Die Klassifizierung einer bösartigen Geschwulst bezüglich des histologischen Typs. 2. Die Bestimmung der Histokompatibilitätsantigene, HLA-Antigene und Blutgruppen. (s.a. HLA-Typing)
[engl. typing, Typisierung]
typing

Tyrosin (Tyr). Aminosäure, die im Körper durch die essenzielle Aminosäure → Phenylalanin gebildet wird. T. kommt in den meisten Eiweißen vor und ist eine Vorstufe von → Melanin und einigen Hormonen, darunter → Adrenalin und → Thyroxin.
tyrosine (Tyr)

Tyrosinämie. (→ Hypertyrosinämie)
tyrosinemia

U

U. Chemisches Zeichen für → Uran.
U

Übelkeit. (→ Nausea)
nausea

Über-Ich. Teil der Psyche, der hauptsächlich unbewusst funktioniert, und zwar wenn elterliche oder gesellschaftliche Normen verinnerlicht werden. Das Ü. ist in zwei Bereiche aufgeteilt, das Gewissen und das Ich-Ideal.
superego

Überdosis. (Überdosierung). Einnahme einer zu großen Menge eines Arzneimittels oder einer Droge, die zu toxischen Reaktionen führt, welche von Manie oder Hysterie bis zum Koma oder Tod führen können.
overdose

Überdosis, Behandlung eines Substanzabusus. → Pflegeintervention der → NIC, die definiert ist als die Überwachung, Behandlung und emotionale Unterstützung von Patienten nach der Einnahme einer Dosis von verschriebenen oder frei verkäuflichen Medikamenten über dem therapeutischen Rahmen.
Substance Use Treatment: Overdose

Überdruckbeatmung, intermittierende. Form der assistierten oder kontrollierten Beatmung durch ein Beatmungsgerät, bei der in der Inspirationsphase komprimiertes Gas unter Überdruck in die Luftwege eines Patienten verabreicht wird, bis ein vorgegebener Druck erreicht ist. Die passive Ausatmung kann durch eine Klappe erfolgen; der Ein- und Ausatmungszyklus beginnt erneut, wenn der Gasfluß durch die Einatmung getriggert wird.
intermittend positive-pressure ventilation (IPPV)

Überdruckbeatmung, kontinuierliche. Aufrechterhaltung eines positiven Drucks in den oberen Luftwegen während des Atmungsvorgangs; bezieht sich normalerweise auf einen → positiven endexpiratorischen Druck (PEEP) bei einer mechanischen Beatmung.
continuous positive pressure ventilation (CPPV)

Überdruckkammer. Raum, der mit Sauerstoff gefüllt ist und unter starkem Druck steht. Patienten werden zur Behandlung bestimmter Infektionen, Tumore und Herzerkrankungen in Ü.n gelegt, in denen der atmosphärische Sauerstoffdruck bis zu dreimal höher als der sonst therapeutische Wert ist. (→ Sauerstoff-Überdrucktherapie)
hyperbaric chamber

Überempfindlichkeitsreaktion. (Hypersensibilitätsreaktion). Unphysiologisch starke Reaktion des → Immunsystems auf ein sensibilisierendes Antigen. Ü.en werden mit Hilfe der Komponenten des Immunsystems klassifiziert, die die jeweiligen Auslösefaktoren sind. Humorale Reaktionen, die durch zirkulierende B-Lymphozyten verursacht werden, werden in drei Kategorien unterteilt: anaphylaktische Hypersensibilität, zytotoxische Hypersensibilität und Erkrankungen des Immunkomplexes. Zelluläre Reaktionen, die durch T-Lymphozyten ausgelöst werden, sind ver-

zögerte zellvermittelte Hypersensibilitätsreaktionen. (→ Immunantwort)
🇬🇧 hypersensitivity reaction

Überempfindlichkeitsreaktion, verzögerte. (delayed Hypersensitivity). Verzögerte allergische Hautreaktion, die in Verbindung mit einer Überempfindlichkeitsreaktion vom Typ IV steht. (→ Allergie)
🇬🇧 delayed hypersensitivity

Überernährung. Anerkannte → NANDA-→ Pflegediagnose; Zustand, bei dem eine Person eine Menge von Nährstoffen zu sich nimmt, die ihre metabolischen Bedürfnisse übersteigt. Kennzeichnende Merkmale sind u.a. Körpergewicht, das 20% über dem Idealgewicht liegt, Trizeps-Hautfalte, die bei Männern dicker als 15 mm und bei Frauen dicker als 25 mm ist.
🇬🇧 nutrition, altered: more than the body requirements

Überernährung. Zustand einer anhaltenden übermäßigen Nahrungs- und Energieaufnahme, die über den normalen Körperbedarf hinausgeht. Die Ü. kann als Form einer Ernährungsstörung betrachtet werden und zu Fettleibigkeit führen.
🇬🇧 overnutrition

Überernährung, Risiko der. Anerkannte → NANDA-→ Pflegediagnose; Zustand, bei dem eine Person gefährdet ist, mehr Nährstoffe als den metabolischen Bedürfnissen entsprechend zu sich zu nehmen. Zu den Risikofaktoren zählen eine genetische Vorbelastung, exzessive Nahrungsaufnahme während der Schwangerschaft oder in anderen Lebensabschnitten, häufige, kurz aufeinanderfolgende Schwangerschaften, dysfunktionale psychologische Konditionierung in Verbindung mit Nahrungsmitteln, Aufnahme von Nahrungsmitteln als Trost oder Belohnung, Verbindung von Essen mit anderen Aktivitäten, Konzentration der Nahrungsaufnahme am Abend, Essen als Reaktion auf äußere (z.B. gegebene soziale Situationen) oder innere Faktoren (z.B. Angst).
🇬🇧 nutrition, altered: risk of more than body requirements

Übergewicht. Unphysiologisch erhöhtes Körpergewicht, das in Abhängigkeit von Größe, Statur, Alter und Geschlecht 10 bis 20% oder mehr über dem Normalgewicht einer Person liegt.
🇬🇧 overweight

Überlaufinkontinenz. Unwillkürliche Ausscheidung von geringen Harnmengen aus einer gedehnten Blase, z.B. infolge von Verengungen des Blasenausgangs oder Schädigungen des Reflexzentrums, das für die Blasenentleerung verantwortlich ist (z.B. bei Querschnittslähmung). Die Blase kann sich nicht mehr zusammenziehen und läuft bei einer bestimmten Harnmenge »über«. (→ Inkontinenz)
🇬🇧 overflow incontinence

Überreaktion. Unphysiologisch starke Reaktion auf einen Stimulus.
🇬🇧 overresponse

übersättigt. Lösung, die bei einer bestimmten Temperatur mehr Stoffe enthält, als aufgelöst werden können.
🇬🇧 supersaturated

Überstreckung. Nach hinten Biegen eines Gelenks (z.B. Knie oder Ellenbogen) infolge schwacher Muskeln, Überdehung der Bänder oder Gelenkverformungen.
🇬🇧 recurvatum

Übertragung. Der Übergang bzw. die Übermittlung eines Objekts oder Zustands von einer Person auf eine andere. Übertragen werden können Nervenimpulse, Infektionen, genetische Erkrankungen, Erbfaktoren etc.
🇬🇧 transmission

Übertragung, psychologisch. In der Psychoanalyse und Psychotherapie, die Gefühle eines Patienten für den Therapeuten, auf den der Patient die Merkmale, Einstellungen und Gefühle einer für ihn wichtigen Person in seiner emotionalen Entwick-

lung, i. d. R. einer Person aus seiner Kindheit, übertragen hat.
transference

Übertragung. Überschreitung des regulären Geburtstermins um mehr als 2 Wochen. (→ Säugling, übertragener) – *adj.* übertragen.
postmaturity

Übertragung, vertikale. Genetische oder durch Schwangerschaft und Geburt bedingte Übertragung einer Krankheit, eines Merkmals oder Zustands von einer Generation auf die nächste, wie z.B. die Bluterkrankheit (Hämophilie - genetisch) oder die Übertragung einer Infektion von der Mutter auf das Kind über die Plazenta oder die Muttermilch.
vertical transmission

Übertragungsabhängige Schutzmaßnahmen. Schutz speziell für Patienten, die hoch infektiös sind bzw. unter dem Verdacht stehen, mit leicht übertragbaren oder epidemiologischen Keimen angesteckt zu sein. Für diese Patienten reichen die normalen Hygienevorschriften zur Vermeidung der Ausbreitung der Krankheiten nicht aus, sondern es müssen spezielle Vorkehrungen getroffen werden. Je nach Übertragungsart der Keime - aerogene, Tröpfchen- oder Kontaktinfektion - kommen verschiedene Schutzmaßnahmen zur Anwendung. Für Krankheiten mit mehreren Übertragungswegen können die Vorkehrungen kombiniert werden. Diese besonderen Vorkehrungen sind immer zusätzlich zu den Standardvorkehrungen zu treffen.
transmission-based precautions

Überwachung. → Pflegeintervention der → NIC, die definiert ist als die zielorientierte und fortlaufende Erfassung, Interpretation und Synthese von Patientendaten für klinische Entscheidungen.
Surveillance

Überweisung / Verlegung. → Pflegeintervention der → NIC, die definiert wird als die Organisation von Dienstleistungen anderer Pflegender oder Pflegeeinrichtungen.
Referral

ubiquitär. Überall verbreitet, überall vorkommend, z.B. von Bakterien oder Krankheiten gesagt.
[*lat.:* ubique, überall]
ubiquitous

Übungen, isometrische. Form aktiver Übungen, bei denen die Muskelspannung erhöht wird, indem Druck gegen einen stabilen Widerstand ausgeübt wird. Diese Übungen können von Aktivitäten der gegensätzlichen Muskeln begleitet werden, wenn jemand z.B. mit einer Extremität gegen einen unbeweglichen Gegenstand drückt oder zieht: es kommt zu keiner Gelenksbewegung und die Länge des Muskels bleibt gleich.
isometric exercise

Übungen, isotonische. Form aktiver Bewegungsübungen, bei der Muskelkontraktionen und Bewegungen ausgeübt werden. Bei den Übungen kommt es zu keinen wesentlichen Veränderungen im Widerstand, so dass die Kontraktionskraft konstant bleibt.
isotonic exercise

Übungen, passive. Wiederholte Bewegungen von Körperteilen als Reaktion auf einen von außen wirkenden Druck oder bewusste Anstrengungen von Muskeln, die andere Körperteile kontrollieren.
passive exercise

Ulcus molle. (→ Weicher Schanker)
soft chancre; soft ulcer

Ulcus ventriculi. (Magengeschwür). Scharf abgegrenzte Läsion der Magenschleimhaut an Stellen, die den Magensäften exponiert sind, welche Säure und Pepsin enthalten. Akute Läsionen sind fast immer zahlreich und auf die Oberfläche begrenzt; sie können vollständig asymptomatisch sein und heilen normalerweise ohne Narbenbildung oder andere Schädigungen ab. Wenn sie tiefer, einzeln und hartnäckig sind und schmerzhafte Symptome aufweisen, regeneriert sich die Muskelschicht des Organs

U

nicht. Es bilden sich Narben, die Schleimhaut kann jedoch wieder abheilen. Magengeschwüre entstehen durch eine Vielzahl von Faktoren, etwa der überschüssigen Sekretion von Magensäure, unzureichendem Schutz der Schleimhaut, Stress, erblicher Prädisposition und der Einnahme bestimmter Arzneimittel, z.B. Kortikosteroide, verschiedene Hypotonika und entzündungshemmende Mittel. Es gibt immer mehr Anzeichen dafür, dass auch ein Bakterium (Helicobacter pylori), das physiologischerweise im Darm vorhanden ist, für die Entwicklung von Magengeschwüren verantwortlich ist. Charakteristischerweise verursacht ein U.v. nagende Schmerzen, die nicht in den Rücken ausstrahlen, nicht durch Lagewechsel verstärkt werden und zeitliche Strukturen aufweisen, die dem Tagesrhythmus der Magensäuresekretion folgen.
peptic ulcer

Ulkus (pl. Ulzera). Kraterartiger Defekt der Haut bzw. Schleimhaut, der sich vor allem im Magen (Ulcus ventriculi) und im Zwölffingerdarm (U. duodeni), aber auch in anderen Organen bilden kann. U. entstehen im Zusammenhang mit Entzündungen, Infektionen, Nekrosen und bösartigen Prozessen. Sie können flach sein und nur die oberste Hautschicht betreffen oder tief in die Submukosa hineinreichen. – *adj.* ulzerös.
[*lat.:* ulcus, Geschwür]
ulcer

Ulkus cruris, chronisches. Langsam heilendes Beingeschwür (normalerweise des Unterschenkels), das von Krampfadern, tiefer Veneninsuffizienz oder einer ähnlichen Kreislaufstörung begleitet wird.
chronic leg ulcer

Ulkusperforation. 1. Geschwür (Ulkus), das durch eine Wand oder Membran wächst, z.B. ein Magenulkus. 2. Tiefes schmerzloses Ulkus, das häufig an den Fußsohlen von Personen zu finden ist, die Empfindungsstörungen haben, z.B. bei Diabetes mellitus.
perforating ulcer

Ulna. (Elle). Elle, Ellbogenknochen; Unterarmknochen auf der Seite des kleinen Fingers, der parallel zur Speiche (Radius) liegt. Die U. ist gelenkig mit dem Oberarmknochen (Humerus), der Speiche und den Handwurzelknochen (Karpalknochen) verbunden. – *adj.* ulnar.
[*lat.:* ulna, Elle]
ulna

Ulnarislähmung, verzögerte. Lähmung der vom Ellennerv versorgten Muskeln mit nachfolgendem Muskelschwund und Sensibilitätsausfällen. Die Lähmung kann durch Verletzung oder übermäßige Kompression des Nervs verursacht werden; sie betrifft überwiegend Menschen mit einer flachen Knochenrinne, in der der Ellennerv verläuft oder jene, die sich häufig auf den Ellenbogen aufstützen. Anzeichen der Störung sind Taubheit des kleinen und des Ringfingers sowie der Außenseite der Hand.
tardy ulnar nerve palsy

ulnoradial. (radioulnar). Die Elle (Ulna) und die Speiche (Radius) betreffend bzw. zu diesen gehörend.
ulnoradial

ulo-. Vorsilbe mit der Bedeutung »Zahnfleisch«.
ulo-

ultra-. Vorsilbe mit der Bedeutung »jenseits von, über - hinaus«, z.B. Ultraschall, ultraviolett.
[lat. ultra, jenseits, über - hinaus]
ultra-

Ultrafiltration. Filtration (manchmal unter Druck) durch Filter mit sehr kleinen Poren, wie z.B. die einer künstlichen Niere. Mittels U. kann man große von kleinen Molekülen in Körperflüssigkeiten trennen.
ultrafiltration

Ultraschall. Schallwellen mit einer Frequenz von mehr als 20 kHz, die für das menschliche Ohr nicht mehr hörbar sind. In der Medizin wird U. vor allem zur Diagnostik eingesetzt, z.B. bei der bildlichen Darstellung von inneren Organen oder zur Überwachung eines Feten im Mutter-

leib (Größenmessung, Missbildungsdiagnostik, Überwachung der Herztöne). Bei sehr hohen Frequenzen kann U. als Reinigungsmittel für Zähne und chirurgische Instrumente dienen.
ultrasound

Ultraschall-Bildgebungsverfahren. Bildliche Darstellung innerer Körperstrukturen mit Hilfe hochfrequenter Schallwellen (> 20 kHz) zur Funktionsdiagnostik bzw. Messung von Organen. Dabei werden vom Schallkopf Schallwellen in den Körper ausgesendet, an den Grenzflächen unterschiedlicher Strukturen reflektiert und im Schallknopf wieder aufgenommen. Im Ultraschallgerät werden diese Daten elektronisch verarbeitet und als Bild auf den Bildschirm ausgegeben.
ultrasound imaging

Ultraschall: Geburtshilfe. → Pflegeintervention der → NIC, die definiert ist als die Durchführung einer Ultraschalluntersuchung zur Bestimmung des Zustandes von Ovarien, Uterus und/oder Fötus.
Ultrasonography: Limited Obstetric

Ultraschalldiagnostik. (→ Sonographie)
ultrasonography

Ultraschallreinigung. Reinigung von Zähnen, chirurgischen Instrumenten etc. mittels hochfrequenter Schallwellen. Instrumente werden z.B. in ein Wasserbad gelegt, durch das Ultraschallwellen geleitet werden.
ultrasonic cleaning

ultraviolettes Licht (UV-Licht). Elektromagnetische Wellen mit einer Wellenlänge zwischen 5 und 400 nm, die sich an das violette Ende des Farbspektrums anschließen und für das menschliche Auge nicht mehr sichtbar sind. Sie kommen natürlich im Sonnenlicht vor, sind für die Bräunung der Haut verantwortlich und wandeln Ergosterin in der Haut in Vitamin D um. Im allgemeinen werden der Allgemeinzustand, Stoffwechsel, Atmung, Kreislauf und Drüsenfunktion des Menschen durch UV-Licht günstig beeinflusst. Durch die zellzerstörende Wirkung der Strahlung auf Bakterien, Viren und andere Keime können Hauterkrankungen, wie z.B. Schuppenflechte (Psoriasis) und andere bakterielle oder virale Erkrankungen ebenfalls mit UV-Licht behandelt werden. Darüber hinaus wird die Strahlung auch zur Luftentkeimung und zur Sterilisation eingesetzt. Eine Überdosierung kann jedoch zu Körperschäden führen (Hautverbrennungen, Netzhautablösung).
ultraviolet light

Ultrazentrifuge. Zentrifuge mit ungefähr 100.000 Umdrehungen/min, deren Geschwindigkeit ausreichend ist, um Viren von Blutplasma zu trennen.
ultracentrifuge

Ulzeration. Bildung von Geschwüren.
ulceration

Umbilicus. (→ Nabel)
[*lat.:* umbilicus, Nabel]
umbilicus

umbilikal. Zum Nabel (umbilicus) oder zur Nabelschnur gehörend.
[*lat.:* umbilicus, Nabel]
umbilical

Umgebung, Strukturierung der. → Pflegeintervention der → NIC, die definiert wird als die Veränderung der Umgebung eines Patienten zum therapeutischen Nutzen.
Environmental Management

Umgebung, Strukturierung der: Bindungsprozess. → Pflegeintervention der → NIC, die definiert wird als die Veränderung der Umgebung eines Patienten zur Verbesserung der Entwicklung von Eltern-Kind-Beziehungen.
Environmental Management: Attachment Process

Umgebung, Strukturierung der: Gemeinschaften. → Pflegeintervention der → NIC, die definiert wird als die Überwachung und Veränderung aller äußerlichen, sozialen, kulturellen, ökonomischen und politischen Bedingungen, die die Gesundheit von Gruppen oder Gemeinschaften beeinträchtigen können.
Environmental Management: Community

U

Umgebung, Strukturierung der: Gewaltprävention. → Pflegeintervention der → NIC, die definiert wird als die Überwachung und Veränderung der äußeren Umgebung zur Verminderung eines Potenzials für gewalttätiges Verhalten gegenüber der eigenen Person, anderen Personen oder der Umwelt.
Environmental Management: Violence Prevention

Umgebung, Strukturierung der: Sicherheit. → Pflegeintervention der → NIC, die definiert wird als die Überwachung und Veränderung der äußeren Umgebung zur Förderung von Sicherheit.
Environmental Management: Safety

Umgebung, Strukturierung der: Sicherheit am Arbeitsplatz. → Pflegeintervention der → NIC, die definiert wird als die Überwachung und Veränderung der Umgebung am Arbeitsplatz zur Förderung von Sicherheit und Gesundheit der Arbeitnehmer.
Environmental Management: Worker Safety

Umgebung, Strukturierung der: Wohlbefinden. → Pflegeintervention der → NIC, die definiert wird als die Veränderung der Umgebung eines Patienten zur Förderung eines optimalen Wohlbefindens.
Environmental Management: Comfort

umschrieben. (circumscriptus). Innerhalb eines festgelegten Bereiches bzw. innerhalb feststehender Begrenzungen oder Limitierungen.
[*lat.:* circum, herum, scribere, zeichnen.]
circumscribed

Umwelt. Die Gesamtheit aller physikalischen und psychologischen Faktoren, die das Leben und Überleben eines Menschen beeinflussen.
environment

unbewusst. Bezeichnet Gedanken, Vorstellungen, Erinnerungen und Gefühle, die sich jenseits der Wahrnehmung abspielen und daher meist nicht in Erinnerung gerufen werden können.
unconscious

undulierend. Wellenförmig, wie z.B. Vibrationen, Fluktuationen und Oszillationen.
[*lat.:* unda, Welle]
undulant

ung. Abkürzung für den lateinischen Begriff »unguentum« (Salbe).
ung.

ungesättigt. Beschreibt z.B. eine Lösung, die noch nicht die maximale Menge an gelösten Stoffen enthält, die sie aufnehmen kann. (s.a. Lösung)
unsaturated

ungesättigt, vielfach. Zu einer chemischen Verbindung gehörend, die eine zwei- oder dreiwertige Bindung enthält, die gebrochen werden und mehrere Atome im Molekül akzeptieren kann und dadurch gesättigt wird. Bei einer v.u.en Fettsäure gibt es z.B. zwei oder mehr Verbindungen in den Kohlenstoffatomen, die gebrochen werden und Wasserstoffatome akzeptieren können.
polyunsaturated

ungualis. Die Finger- oder Fußnägel betreffend bzw. zu diesen gehörend.
[*lat.:* unguis, Nagel]
ungual

Unguentum. Salbe oder Paste zum Aufstreichen auf die Haut, in der wirksame Substanzen enthalten sind, die durch die Poren in den Körper aufgenommen werden.
[*lat.:* unguentum, Salbe, Salböl]
unguenta

uni-. Vorsilbe mit der Bedeutung »einzig, nur einmal vorhanden, einheitlich«, z.B. uniform.
uni-

UNICEF. Abkürzung für englisch »United Nations International Children's Emergency Fund«.
UNICEF

U

unilateral. Nur eine Seite betreffend bzw. auf einer Seite vorkommend.
unilateral

Unitärer Mensch, Begriff des. Umfangreiche Pflegetheorie, die die Bedeutung der ganzheitlichen Gesundheitserhaltung und die Berücksichtigung der individuellen Bedingungen des Patienten betont.
unitary human conceptual framework

univalent. (monovalent). Mit nur einer Valenz; beschreibt z.B. die Fähigkeit eines Atoms eines chemischen Elements, ein Wasserstoffatom zu binden oder zu ersetzen.
univalent

Universalempfänger. Person mit der Blutgruppe AB. Sie kann Blut jeder Blutgruppe erhalten, ohne dass Verklumpung von Blutzellen (Agglutination) oder Ausflockung (Präzipitation) auftritt.
universal recipient

Universalspender. Mensch mit der Blutgruppe 0 und Rhesusfaktor negativ. Dieses Blut kann im Notfall mit dem geringsten Risiko einer Unverträglichkeit jedem Menschen gegeben werden.
universal donor

Unna-Pastenschuh. Fester Verband für variköse Geschwüre am Unterschenkel. Zunächst wird eine dicke Schicht Glyzerin-Zinkoxid-Paste auf das Bein aufgetragen, es folgt ein spiralförmiger Verband und weitere Pastenschichten, bis eine Art fester Schuh bzw. Stiefel entstanden ist.
[P. Unna, dt. Dermatologe, 1850–1929]
Unna's paste boot

Unterarm. Bezeichnung für den Teil eines Arms, der sich zwischen Ellenbogen und Handgelenk befindet. Der Unterarm besitzt zwei lange Knochen, nämlich Elle (Radius) und Speiche (Ulna).
forearm

Unterbewusstseinsgedächtnis. Gedanken, Wahrnehmungen oder Gefühle, die dem Bewusstsein nicht unmittelbar zur Verfügung stehen, sind im U. gespeichert.
subconscious memory

Unterernährung. Anerkannte → NANDA-→ Pflegediagnose; Zustand, bei dem eine Person nicht genügend Nährstoffe zu sich nimmt, um ihre metabolischen Bedürfnisse zu decken. Zu den kennzeichnenden Merkmalen gehören Gewichtsverlust, Mitteilungen über eine unzureichende Nahrungszufuhr, Anzeichen oder Bericht über fehlende Nahrungsmittel, fehlendes Interesse an Nahrungsmitteln, Abneigung gegen das Essen, Geschmacksveränderungen, Völlegefühl beim Essen geringer Nahrungsmengen, unerklärliche Magenschmerzen, Wundsein im Mund, Diarrhö, Blässe, Schwäche oder Haarausfall.
nutrition, altered: less than body requirements

Unterernährung. Form der Mangelernährung, zurückzuführen auf unzureichende Nahrungsaufnahme oder eine Störung der Nährstoffverarbeitung im Körper.
undernutrition

Untergewicht. Körpergewicht, das unter dem Normgewicht liegt, wobei Größe, Körperstatur, Geschlecht und Alter berücksichtigt werden. (s.a. Body-Mass-Index)
underweight

Unterhautfettgewebe. Fettdepots unter der Haut.
subcutaneous adipose tissue

Unterricht: Angeordnete Aktivität/Übung. → Pflegeintervention der → NIC, die definiert ist als die Vorbereitung von Patienten auf die Umsetzung und/oder Erhaltung eines verordneten Aktivitätsumfangs.
Teaching: Prescribed Activity/Exercise

Unterricht: Einzelperson. → Pflegeintervention der → NIC, die definiert ist als die Planung, Durchführung und Evaluation eines Unterrichtsprogramms für ein-

zelne Patienten mit speziellen Bedürfnissen.
Teaching: Individual

Unterricht: Gruppe. → Pflegeintervention der → NIC, die definiert ist als die Entwicklung, Durchführung und Evaluation eines Unterrichtsprogramms für Patientengruppen mit ähnlichen Gesundheitsproblemen.
Teaching: Group

Unterricht: Krankheitsprozess. → Pflegeintervention der → NIC, die definiert ist als die Unterstützung eines Patienten beim Verständnis von Informationen über einen spezifischen Krankheitsprozess.
Teaching: Disease Process

Unterricht: Maßnahmen/Behandlungen. → Pflegeintervention der → NIC, die definiert ist als die Vorbereitung von Patienten, verordnete Maßnahmen oder Behandlungen zu verstehen und sich mental damit auseinanderzusetzen.
Teaching: Procedure/Treatment

Unterricht: präoperativ. → Pflegeintervention der → NIC, die definiert ist als die Unterstützung von Patienten beim Verständnis und der mentalen Vorbereitung auf eine Operation und die postoperative Genesungsphase.
Teaching: Preoperative

Unterricht: psychomotorische Fähigkeiten. → Pflegeintervention der → NIC, die definiert ist als die Vorbereitung von Patienten zur Ausübung einer psychomotorischen Fertigkeit.
Teaching: Psychomotor Skill

Unterricht: Safer Sex. → Pflegeintervention der → NIC, die definiert ist als die Gewährleistung von Informationen über angemessene Schutzmaßnahmen während sexueller Aktivitäten.
Teaching: Safe Sex

Unterricht: Säuglingspflege. → Pflegeintervention der → NIC, die definiert ist als die Anleitung über die erforderliche Ernährung und Körperpflege im ersten Lebensjahr eines Kindes.
Teaching: Infant Care

Unterricht: Sexualität. → Pflegeintervention der → NIC, die definiert ist als die Unterstützung von Personen beim Verständnis der körperlichen und psychologischen Dimensionen sexuellen Wachstums und sexueller Entwicklung.
Teaching: Sexuality

Unterricht: verordnete Diät. → Pflegeintervention der → NIC, die definiert ist als die Vorbereitung von Patienten auf die korrekte Befolgung einer verordneten Diät.
Teaching: Prescribed Diet

Unterricht: verordnete Medikation. → Pflegeintervention der → NIC, die definiert ist als die Vorbereitung von Patienten auf die sichere Einnahme verordneter Medikamente und der Überwachung ihrer Nebenwirkungen.
Teaching: Prescribed Medication

Unterschenkel. 1. Teil des Beins, zwischen Knie und Fußgelenk. 2. Körperteil, der einem Bein gleicht.
crus

Unterstützungsgruppe. → Pflegeintervention der → NIC, die definiert ist als der Einsatz einer Gruppe zur Gewährleistung von emotionaler Unterstützung und gesundheitsbezogener Informationen für die Gruppenmitglieder.
Support Group

Unterstützungssystem, Förderung des. → Pflegeintervention der → NIC, die definiert ist als die Förderung der Unterstützung von Patienten durch Familienangehörige, Freunde und Gemeinde.
Support System Enhancement

Untersuchung. Kritische Prüfung für diagnostische oder wissenschaftliche Zwecke.
examination

Untersuchung, gründliche medizinische. Vollständige Untersuchung und Beurtei-

lung eines Patienten. Dazu gehört die Aufnahme der Anamnese, körperliche Untersuchung, Labortests, Röntgen- oder andere diagnostische Untersuchungen sowie die Erfassung sämtlicher Daten. Mit Hilfe dieser Informationen kann dann ein Diagnose- und Behandlungsplan erstellt werden.
work-up

Untersuchungen, Assistenz bei. → Pflegeintervention der → NIC, die definiert wird als die Unterstützung von Patienten und anderen, in der Gesundheitspflege tätigen Personen während bestimmter Maßnahmen oder Untersuchungen.
Examination Assistance

Untersuchungsmaterial. (Probe). Eine kleine Menge einer Körpersubstanz (Blut-, Urin-, Gewebeprobe, etc.), die Aufschluss über den Gesamtzustand der jeweiligen Substanz geben soll.
specimen

Untersuchungsmaterial, Umgang mit. → Pflegeintervention der → NIC, die definiert ist als die Abnahme, Vorbereitung und Aufbewahrung von Proben für Laboruntersuchungen.
Specimen Management

Unterwassergymnastik. Jede Form der körperlichen Bewegung im Wasser, die zur Erhaltung bzw. Stärkung spezieller Muskeln praktiziert wird. Der Auftrieb des Wassers erleichtert die Bewegung schwacher oder geschädigter Muskelpartien und vermindert gleichzeitig die Beanspruchung der Gelenke.
underwater exercise

Uptake. Aufnahme bzw. Resorption chemischer Stoffe im Körpergewebe.
[*engl.:* uptake, Aufnahme]
uptake

Uracil. Wichtige Pyrimidinbase in Nukleotiden und einer der grundlegenden Bausteine der → Ribonukleinsäure.
uracil

Urämie. Vermehrtes Vorkommen von Harnstoff und anderen Kreatininen im Blut, wie z.B. bei chronischer Niereninsuffizienz. – *adj.* urämisch.
uremia

Uran (U). Radioaktives Schwermetall mit einem Atomgewicht von 238,03 und der Ordnungszahl 92. U. ist das schwerste natürliche Element.
uranium (U)

Uranoschisis. (→ Gaumenspalte)
uranoschisis

Uranostaphyloplastik. Operative Korrektur einer → Gaumenspalte mittels einer Plastik.
uranostaphyloplasty

Urat. Salz der Harnsäure, das in Urin, Blut, Gichtknoten und in Geweben als Kalkablagerung vorkommt. Darüber hinaus kann sich U. als Kristall in Gelenken ablagern.
urate

Uraturie. Vermehrte Ausscheidung von → Urat im Urin.
uraturia

Urea. (→ Harnstoff)
urea

Ureter, pl. Ureteren. (Harnleiter). Paariger, ca. 30 cm langer Kanal, durch den der Urin von der Niere in die Harnblase fließt. Jeder Kanal besteht aus einer fibrösen, einer muskulösen und einer Schleimhautschicht. Die U.en münden durch einen Tunnel in die Harnblase, der wie ein Ventil wirkt und bei Kontraktion der Harnblase den Rückfluss in den Harnleiter verhindert. Am Ausgang der Niere setzt jeder U. trichterförmig im Nierenbecken an, das sich in einen Nierenkelch aufzweigt. Der Urin wird durch peristaltische Bewegungen ungefähr dreimal in der Minute durch die U.en gefördert.
[*griech.:* ouretér, Uringang]
ureter

Ureteritis. Entzündung der Harnleiter durch Infektion oder durch mechanische Reizung, z.B. einen Stein.
ureteritis

Ureterographie. Röntgenaufnahme der Harnleiter, meist im Zusammenhang mit einer ganzheitlichen Untersuchung des Harnsystems. Dabei ist häufig die Injektion eines Kontrastmittels durch einen Katheter erforderlich.
ureterography

Ureteropyelonephritis. Entzündung der Nieren, Nierenbecken und Harnleiter.
ureteropyelonephritis

Ureterostomie. Operative Eröffnung eines Harnleiters zur Körperoberfläche oder in einen anderen Ausführungsgang, z.B. das Rektum.
ureterostomy

Ureterotomie. Operative Eröffnung bzw. Durchtrennung eines Harnleiters.
ureterotomy

Ureterozele. Vorfall des Harnleiterendstücks in die Harnblase. Dieser Zustand kann zur Blockierung des Harnflusses, zu einer Harnstauungsniere und schließlich zu einer gravierenden Störung der Nierenfunktion führen.
ureterocele

Ureterplastik. Operative Korrektur eines Harnleiters, z.B. wenn die Passage des Urins durch eine Verengung behindert ist.
ureteroplasty

Urethra. (Harnröhre). Ausführungsgang für den Urin aus der Harnblase. Bei der Frau ist die U. ca. 3 cm lang und liegt direkt hinter der Symphyse, vor dem Scheideneingang. Die Harnröhre des Mannes ist ca. 20 cm lang, beginnt an der Harnblase, führt durch die Mitte der Prostata, schlängelt sich dann durch Beckenboden und Harnröhrenschwellkörper und mündet an der Penisspitze nach außen. Beim Mann dient die U. nicht nur als Harnweg, sondern auch als Samengang, durch den bei der Ejakulation die Spermaflüssigkeit nach außen geleitet wird.
[*griech.:* ouréthra, Harnröhre]
urethra

Urethralsyndrom, akutes. (Harnwegsinfektion). Symptome im Beckenbereich bei Frauen, die Dysurie, häufiges Harnlassen, Urintenesmus, Kreuzschmerzen sowie suprapubische Schmerzen und Krämpfe einschließen. Klinische Anhaltspunkte hinsichtlich des Erregers bzw. anderer Faktoren, die für die Symptome verantwortlich gemacht werden könnten, fehlen häufig.
[*griech.:* ourethra, Harnröhre; syn, zusammen; dromos, Verlauf]
acute urethral syndrome

Urethritis. Entzündung der Harnröhre, die meist mit Störung der Harnentleerung (Dysurie) bzw. Schmerzen beim Wasserlassen einhergeht. Die Entzündung kann allergische, bakterielle, abakterielle, mykotische und virale Ursachen haben.
urethritis

Urethrographie. Röntgenaufnahme der männlichen Harnröhre nach Einbringen eines Kontrastmittels durch einen Katheter zu diagnostischen Zwecken.
urethrography

Urethroskop. Instrument, mit dem die Harnröhre von innen betrachtet werden kann. (s.a. Endoskop)
urethroscope

Urikopahie. (→ Gicht)
gout

Urin. Körperflüssigkeit, die von den Nieren produziert, von den Harnleitern in die Harnblase transportiert und dort gesammelt und dann durch die Harnröhre ausgeschieden wird. Gesunder Urin ist klar, hellgelb, leicht sauer und hat den typischen Geruch von Harnstoff. Seine physiologischen Bestandteile sind Wasser, Harnstoff, Natrium- und Kaliumchlorid, Phosphate, Harnsäure, organische Salze und das Pigment Urobilin.
[*lat.:* urina, Harn]
urine

Urinal. Schlauch- oder Flaschenförmiger Behälter aus Kunststoff oder Metall zum Auffangen von Urin für Männer.
urinal

Urinanalyse. Physikalische, mikroskopische und chemische Untersuchung des Urins. Physikalisch wird eine Urinprobe auf Farbe, Trübung, spezifisches Gewicht

und pH untersucht. Anschließend wird der Urin zur Abtrennung von Sedimenten zentrifugiert, die dann mikroskopisch auf Blutzellen, Harnzylinder, Kristalle, Eiter oder Bakterien untersucht werden. Bei der chemischen Analyse können vielerlei Substanzen bestimmt werden, meist interessiert das Vorhandensein von Ketonen, Glukose, Eiweiß und Blut.
urinalysis

Urinaspiration, suprapubische. Entleerung der Harnblase mit Hilfe einer sterilen Nadel bzw. eines Katheters, der über dem Schambein durch die Haut in die Blase eingeführt wird.
[*lat.:* aspirare, anhauchen, einhauchen; supra + pubes, oberhalb + Schamgegend]
suprapubic aspiration of urine

Urinausscheidung, Gewohnheitstraining bei der. → Pflegeintervention der → NIC, die definiert ist als die Entwicklung vorhersehbarer Gewohnheiten der Blasenentleerung bei kognitiv eingeschränkten Personen zur Vorbeugung einer Drang-, Streß- oder funktionalen Inkontinenz.
Urinary Habit Training

Urinausscheidung, Umgang mit der. → Pflegeintervention der → NIC, die definiert ist als die Erhaltung optimaler Urinausscheidungsgewohnheiten.
Urinary Elimination Management

Urinausscheidung, veränderte. Anerkannte → NANDA-Pflegediagnose, die eine Störung der normalen Urinausscheidung beschreibt. Kennzeichnende Merkmale sind häufiges oder verzögertes Wasserlassen, schmerzhafte Blasenentleerung (Dysurie), Inkontinenz, nächtliches Wasserlassen (Nykturie), Harnverhaltung und Harndrang.
urinary elimination, altered

Urinausscheidung, verzögerte. Verminderte Kraft des Harnstrahls, häufig verbunden mit Startschwierigkeiten. Die Verzögerung beruht meist auf einer Blockierung oder Verengung zwischen Blase und Harnröhrenöffnung. Bei Männern kann dies auf eine Vergrößerung der Prostata hinweisen, bei Frauen auf eine Verengung (Stenose) der Harnröhrenmündung.
urinary hesitancy

Urinkatheterisierung. → Pflegeintervention der → NIC, die definiert ist als die Einführung eines Katheters in die Blase zur vorübergehenden oder dauerhaften Ableitung des Urins.
Urinary Catheterization

Urinkatheterisierung: intermittierend. → Pflegeintervention der → NIC, die definiert ist als das regelmäßige Legen eines Katheters zur Entleerung der Blase.
Urinary Catheterization: intermittend

Urinretention. (→ Harnverhalten)
urinary retention

Urinsedimente. Feste Partikel, die sich als Bodensatz in einer Urinprobe, die einige Stunden stand, ansammeln. Sie stammen zum Teil aus der Niere und aus der Harnblase.
urinary sediments

Urobilin. Braunes Pigment, das durch Sauerstoffeinwirkung aus dem farblosen Urobilinogen entsteht und normal im Stuhl und in kleinen Mengen auch im Urin vorkommt.
urobilin

Urobilinogen. Farbloses Abbauprodukt des → Bilirubins, das im Darm vorkommt.
urobilinogen

Urobilinurie. Vermehrtes Auftreten von → Urobilin im Urin.
urobilinuria

urogenital. Zu den Harn- und den Geschlechtsorganen gehörend bzw. diese betreffend.
urogenital

Urogenitalsystem. Sämtliche Organe und die dazugehörenden Strukturen des Harn- und des Fortpflanzungssystems, die sich in einem Fetus entwickeln und woraus Nieren, Harnleiter, Harnblase, Harnröhre und Genitalien von Frau und Mann entstehen. Zu den weiblichen Ge-

U

schlechtsorganen gehören die Eierstöcke, Eileiter, Gebärmutter, Klitoris und Vagina. Die männlichen Geschlechtsorgane bestehen aus Hoden, Samenbläschen, Samenleiter, Prostata und Penis.
urogenital system

Urographie. Verschiedene Röntgenverfahren, die zur Untersuchung der Harnorgane eingesetzt werden. Dabei werden Kontrastmittel in den Körper eingebracht und deren Verteilung in den zu untersuchenden Organen radiologisch beobachtet.
urography

Urokinase. In der Niere produziertes Enzym, das auch im Urin vorkommt. U. ist ein Plasminogen-Aktivator und dient zur Auflösung von Fibringerinnseln im Organismus.
urokinase

Urologe. Facharzt, der sich mit der Diagnostik und Behandlung von Krankheiten der Niere und den ableitenden Harnwegen beschäftigt. Bei Männern ist der U. meist auch für Krankheiten und Störungen der Geschlechtsorgane zuständig.
urologist

Urologie. Lehre von Bau und Funktion der Harnorgane, deren Funktion und Funktionsstörungen sowie deren Behandlung. Beim Mann beschäftigt sich die U. auch mit den Störungen der Geschlechtsorgane. (s.a. Andrologie) – *adj.* urologisch.
urology

Urtikaria. (Nesselsucht). Juckender Hautausschlag mit Bildung von Quaddeln unterschiedlicher Formen und Größen, die am Rand meist gerötet und im Zentrum eher blass sind. Hervorgerufen werden die Quaddeln durch Erweiterung der Kapillaren in der Haut infolge einer Aktivierung gefäßerweiternder Überträgerstoffe. Dies kann aufgrund einer Überempfindlichkeit bzw. einer allergischen Reaktion gegenüber bestimmten Stoffen, z.B. Arzneimitteln (U. medicamentosa) oder aufgrund mechanischer Reizung der Haut geschehen. – *adj.* urtikariell.
[*lat.:* urtica, Nessel, Brennnessel]
urticaria

Urtikaria, cholinerge. (Anstrengungsurtikaria). Unphysiologische, vorübergehende vaskuläre (Bildung von kleinen, blassen, juckenden Bläschen) Hautreaktion, häufig in Verbindung mit Schweißausbrüchen. Betrifft insbesondere Personen, die empfindlich auf Stress, körperliche Anstrengung oder warmes Klima reagieren.
[*griech.:* chole + ergon, Arbeit; *lat.:* urtica, Nessel.]
cholinergic urticaria

Usher-Syndrom. Erbkrankheit, gekennzeichnet durch Taubstummheit und Netzhautentzündung (Retinitis pigmentosa).
Usher's syndrome

uterin. Zur Gebärmutter (Uterus) gehörend bzw. diese betreffend.
uterine

Uterotomie. Operative Eröffnung der Gebärmutter, wie z.B. bei einem Kaiserschnitt (Sectio caesarea).
uterotomy

Uterus. (Gebärmutter). Birnenförmiges, muskulöses, hohles Fortpflanzungsorgan im Unterbauch der Frau, in dem sich ein befruchtetes Ei einnistet und zu einem Kind heranwächst. Der U. besteht aus dem Gebärmutterkörper (Corpus uteri) mit der Gebärmutterhöhle (Cavitas uteri), dem Gebärmutterhals (Cervix uteri) und dem in die Scheide ragenden Teil der Zervix, der Portio. Die Gebärmutterhöhle enthält drei Schichten: das Endometrium, das Myometrium und das Parametrium. Das Endometrium wird in der zweiten Hälfte des Zyklus und in der Schwangerschaft unter dem Einfluss von Progesteron dicker und besser durchblutet. Erfolgt keine Befruchtung des Eis, wird ein Großteil der dicken Endometriumschicht mit der Menstruation wieder ausgestoßen. Bei einer Schwangerschaft bleibt die dickere Schicht bestehen, damit sich das Ei dort einnisten kann. Als Myometrium wird die Muskelschicht und als Parametri-

um die äußerste Schicht des Organs bezeichnet.
[*lat.:* uterus, Leib, Unterleib, Mutterleib, Gebärmutter]
🇬🇧 uterus

Uterus, Unvollkommene Rückbildung des. Verzögerte oder ausbleibende Verkleinerung (durch Kontraktion) der Gebärmutter nach einer krankhaften Vergrößerung oder einer Geburt. Nach einer Geburt kann die Rückbildung durch zurückgehaltene Plazentareste in der Gebärmutter, Wehenschwäche, Fibrome oder Myome verzögert werden. Ungeachtet der Ursache kommt es zu einer längeren und verstärkten Nachblutung und die Gebärmutter fühlt sich beim Tasten durch die Bauchdecke weicher und größer als erwartet an.
🇬🇧 uterine subinvolution

Uterus bicornis. Gebärmutter, die in zwei getrennte Kammern geteilt ist. Die Teilung erfolgt meist im oberen Abschnitt; im unteren Abschnitt vereinen sich beide Teile wieder miteinander.
🇬🇧 uterus bicornis

Uterusfibrom. Gutartige, eingekapselte Gebärmuttergeschwulst, die sich bei ungefähr 20% der Frauen über 30 bildet. Die Geschwulst kann sich in der Gebärmutterwand bilden oder stielförmig aus der Wand heraus wachsen. Bei einem U. kommt es häufig zu Beschwerden während der Menstruation und je nach Lage des Fibroms können auch Probleme mit Nachbarorganen auftreten.
🇬🇧 uterine fibroma

U

Uterusprolaps. → Gebärmuttervorfall Absinken der Gebärmutter und Heraustreten der Zervis in die Vagina oder aus der Vagina heraus.
🇬🇧 prolaps of uterus; uterine prolapse

Uterusruptur (in der Schwangerschaft). Das Reißen oder Aufbrechen der Gebärmutter während der Schwangerschaft oder unter der Geburt infolge von traumatischen Verletzungen, übermäßig starker Wehen (insbesondere an Gebärmutternarben wegen vorangegangenem Kaiserschnitt) oder anderen Ursachen. Dabei kann sich der Fötus teilweise oder vollständig, inklusive der Fruchtblase, in die Bauchhöhle verlagern. Die Patientin erleidet entweder akute oder zunehmend stärkere Schmerzen und häufig extremen Blutverlust, der nur bei rechtzeitigem Eingreifen (Volumen- und Blutersatz und chirurgische Versorgung des Risses) unter Kontrolle gebracht werden kann.
🇬🇧 rupture of uterus (in pregnancy)

UV. Abkürzung für »ultraviolett«.
🇬🇧 UV

UV-Strahlung. Elektromagnetische Wellen, die sich an das violette Ende des Farbspektrums anschließen. Die Wellenlänge reicht von ca. 20 bis 390 nm. Ungefähr 5% der Sonnenstrahlung liegen im ultravioletten Bereich; von dieser Energieform erreicht jedoch nur ein kleiner Anteil die Erde, da die Strahlung durch den Sauerstoff und das Ozon in der Atmosphäre absorbiert werden. Durch die Verringerung der Ozonschicht (Ozonloch) wird die UV-S. an den jeweiligen Orten stärker.
🇬🇧 ultraviolet rays

Uvula, pl. Uvulae. (→ Gaumenzäpfchen) – *adj.* uvularis.
[*lat.:* uva, Traube]
🇬🇧 uvula (pl. uvulae)

Uvulaspalte. Kongenitale Fehlbildung, bei der die hinteren Gaumenfalten nicht zusammenwachsen und die Gaumenzäpfchen in zwei Hälften gespaltet werden.
🇬🇧 cleft uvula

V

v. Abkürzung für *anat.* vena (v.), ventral, *physiol.* venös, ventrikulär.
🇬🇧 v

V. 1. Chemisches Zeichen für → Vanadin. 2. Abkürzung für »Volumen«. 3. Abkürzung für → Volt. 4. Abkürzung für → Ventilation.
🇬🇧 V

V-Lagerung. (Schiffchenlagerung). Atemunterstützende Lagerung, insbesondere zur besseren Belüftung der Lungen. Hierbei werden zwei Kissen unter den Rücken des Patienten gelegt, die sich im LWS-Bereich überlappen und von oben gesehen ein V bilden.

V-Y-Plastik. V-förmiges Einschneiden eines Gewebes mit anschließender Wundnaht in Y-Form; wird zur Vergrößerung des Gewebebezirks durchgeführt. (s.a. Y-Plastik)
🇬🇧 V-Y plasty

V. (pl. Vv.). Abkürzung für → Vene bzw. Venen.
🇬🇧 v

v/v. Symbol für → Volumprozent.
🇬🇧 v/v

vagal. Den → Vagusnerv betreffend bzw. zu ihm gehörend.
🇬🇧 vagal

Vagina. Die weibliche Scheide, die ein etwa 10 cm langes muskulöses Rohr vom Scheideneingang bis zum Gebärmutterhals bildet und zwischen Harnblase und Mastdarm liegt. Die V. ist sehr dehnbar (z.B. bei der Geburt); normalerweise berühren sich die Scheidenwände. Die Scheidenmuskulatur wird durch den → Pudendusnerv innerviert und durch die Arteria vaginalis mit Blut versorgt.
[*lat.:* vagina, Scheide, Hülle]
🇬🇧 vagina

Vaginalgel. 1. Verhütungsmittel, das aus spermienabtötendem Gel besteht und in Verbindung mit einem Diaphragma oder einer Muttermundskappe verwendet werden soll. 2. Keimabtötendes Mittel, das bei Infektionen in die Scheide eingebracht wird.
🇬🇧 vaginal jelly

Vaginalspekulum. Zweischaliges gynäkologisches Instrument mit zwei Spreizblättern aus Kunststoff oder Metall, das zur Betrachtung des Scheideninneren benötigt wird.
🇬🇧 vaginal speculum

Vaginismus. Starke Kontraktion der Beckenboden- und Scheidenmuskulatur, wodurch der Scheideneingang verschlossen wird. Die Reaktion ist meistens psychisch bedingt und erfolgt aus Angst vor eventuell schmerzhaftem Geschlechtsverkehr oder einer schmerzhaften vaginalen Untersuchung. V. gilt als krankhaft, wenn die Reaktion bei intaktem Genitale erfolgt und trotz der Einwilligung der Frau zu einer vaginalen Untersuchung oder deren Wunsch nach Geschlechtsverkehr. Leidet die Frau jedoch an Schmerzen im Genitalbereich oder ahnt sie, dass eine gewaltsame oder schmerzhafte Penetration erfolgen wird, ist V. eine physiologische Reaktion.
[*lat.:* vagina + spasmus, Scheide + Krampf]
🇬🇧 vaginismus

Vaginitis. Entzündung des Scheidengewebes, z.B. infolge von → Trichomonadenbefall.
vaginitis

vagosympathisch. Den → Vagusnerv und das → sympathische Nervensystem betreffend.
vagosympathetic

Vagotomie. Operative Durchtrennung bestimmter Äste des Vagusnervs; wird bei Ulcus ventriculi durchgeführt, um die Produktion von Magensäure zu vermindern und dadurch das Risiko eines erneuten Magengeschwürs zu reduzieren. Durch die einhergehende Verminderung der Peristaltik kann eine Plastik des Magenausgangs (Pyloroplastik) und ein operativer Shunt zwischen Magen und Leerdarm erforderlich werden, um eine angemessene Entleerung des Magens zu gewährleisten.
vagotomy

Vagotonie. Erhöhte Erregbarkeit des parasympathischen Nervensystems, den Gegenspieler des sympathischen Nervensystems.
sympathetic imbalance

Vagotonus. Abnorme und anhaltende Steigerung des Erregungszustands des → parasympathischen Systems infolge einer Stimulierung des → Parasympathikus, insbesondere bei einer Bradykardie mit verminderter Herzleistung, Ohnmacht und kurzzeitiger Bewusstlosigkeit.
vagotonus

Vagusnerv. (Nervus vagus; Vagus; Eingeweidenerv). X. Hirnnerv; als einer der beiden längsten Hirnnervenstränge gehört der V. zum vegetativen Nervensystem und versorgt einige Hals- und Brustorgane (z.B. Bronchien) sowie zahlreiche Bauchorgane. Seine parasympathische Wirkung bezieht sich v.a. auf nach innen gerichtete Funktionen, z.B. Verdauung. Sein Gegenspieler ist der → Sympathikus. (s.a. Parasympathikus)
vagus nerve

Vakuumkürettage. (→ Saugkürettage)
vacuum aspiration

Vakzin. (→ Impfstoff)
vaccine

Vakzination. (→ Impfung)
vaccination

Vakzine, synthetische. Künstlich produzierte Impfstoffe, z.B. durch Peptid→ synthese oder durch Klonen von → DNS.
synthetic vaccines

Valenz. 1. In der *Chemie* die numerische Beschreibung der Fähigkeit eines Elements, sich mit Wasserstoffatomen oder deren Äquivalenten chemisch zu verbinden. Dabei zeigt eine negative V. die Zahl der freien Wasserstoffatome an, an die sich ein Atom eines chemischen Elements binden kann. Eine positive V. weist auf die Zahl der Wasserstoffatome hin, die ein Atom eines chemischen Elements abgeben kann. 2. In der *Immunologie* die Zahl der Antigen-Rezeptorstellen für ein Molekül eines bestimmten Antikörpers bzw. die Zahl der Antikörper-Rezeptorstellen für Antigene.
[*lat.:* valere, stark sein]
valence

Valsalva-Versuch. Methode zur Überprüfung der Durchgängigkeit der → Eustachio-Röhren. Nach tiefer Einatmung verschließt der Patient Mund und Nase fest und versucht kräftig auszuatmen. Sind die Eustachio-Röhren durchgängig, dringt Luft in die Paukenhöhle des Ohrs und der Patient hört ein ploppendes Geräusch.
[Antonio Valsalva, ital. Anatom, 1666–1723]
Valsalva's test

Valva. Natürliche oder künstliche klappenförmige Struktur in Gefäßen oder Kanälen, die den Rückfluss der durch die Hohlorgane fließenden Flüssigkeit verhindert.
[*lat.:* valva, Türflügel, Klapptür]
valve

Valvula semilunaris. (→ Semilunarklappe)
semilunar valve

Valvulitis. (→ Klappenentzündung)
valvulitis

Vanadin (V). (Vanadium). Metallisches chemisches Element mit der Ordnungszahl 23 und einem Atomgewicht von 50,942. Die Resorption von V. (durch Einatmen oder Schlucken von V.-haltigem Staub) führt zu einer Vanadiumvergiftung, die sich in Blutarmut (Anämie), Reizung der Augen (Konjunktivitis), Lungenentzündung (Pneumonitis) und einer Reizung der Atemwege äußert.
vanadium (V)

Vanadium. (→ Vanadin)
vanadium

Vancomycin. Antibiotikum, das zur Behandlung von Infektionen eingesetzt wird, insbesondere durch Staphylokokken, die gegenüber anderen Antibiotika resistent sind.
vancomycin

vapo-. Wortteil mit der Bedeutung »Dampf, Dunst«.
[*lat.*: vapor, Dampf, Dunst]
vapo-

Vaporizer. Gerät, in dem flüssige Arzneimittel in Dampf umgewandelt werden, damit sie inhaliert oder durch Schleimhäute aufgenommen werden können.
vaporizer

Varianzanalyse. Statistische Methode, mit der bestimmt wird, ob die Unterschiede zwischen zwei oder mehreren Gruppenergebnissen zufällig auftreten.
analysis of variance (ANOVA)

Varicella-Zoster-Virus. Virus der Herpes-Gruppe, das beim Menschen Windpocken (Varizellen) und Gürtelrose (Herpes zoster) hervorruft. Das Virus wurde aus Bläschenflüssigkeit bei Windpocken isoliert; es ist hoch infektiös und wird durch Tröpfchen oder durch direkten Kontakt übertragen. Ausgetrocknete Hautbläschen enthalten keine aktiven Viruspartikel mehr. Die Gürtelrose wird durch eine Reaktivierung der im Körper angesiedelten Viren ausgelöst, meist einige Jahre nach der Erstinfektion.
varicella zoster virus (VZV)

varikös. 1. Abnormal ausgeweitet, krampfadrig. 2. Betrifft eine → Varize bzw. die → Varikose.
varicose

Varikose. (Krampfaderleiden). Ausgedehnte Krampfaderbildung an Beinen und Unterkörper infolge einer angeborenen Venenklappeninsuffizienz oder einer Verlangsamung bzw. Blockierung des Blutflusses in den Venen, wodurch sich der Gefäßinnendruck erhöht. Dies kann durch langes Stehen, schlechte Körperhaltung, Schwangerschaft, Bauchtumor oder durch eine chronische systemische Erkrankung hervorgerufen werden. Zu den Symptomen zählen Schmerzen und Muskelkrämpfe sowie ein Völle- und Schweregefühl der Beine. Bevor Beschwerden durch eine V. entstehen, ist oft eine Aufweitung der oberflächlichen Venen zu beobachten. – *adj.* varikös.
varicosis

Varikozele. Aufweitung des Venengeflechts des Samenstranges. Die V. kann sich zu einer weichen, elastischen Schwellung ausbilden, die Schmerzen verursacht.
varicocele

Varize. 1. Verdrehte und krankhaft erweiterte Vene; Krampfader; Venenknoten. 2. Vergrößerte und geschlängelte Arterie bzw. aufgeweitetes Lymphgefäß. – *adj.* varikös.
[*lat.*: varix, Venenknoten]
varix (pl. varices)

Varizellen-Zoster-Immunglobulin. → Immunglobulin, das aus dem Blut von gesunden Menschen gewonnen wird, die einen hohen Antikörperspiegel gegen Varicella-Zoster-Viren aufweisen. Das Immunglobulin kann Personen verabreicht werden, die in Kontakt mit Windpocken kommen, um das Ausbrechen der Krankheit zu verhindern bzw. die Symptome zu mildern.
varicella-zoster immune globulin (VZIG)

Vas, pl. Vasa. Sammelbezeichnung für zahlreiche Gefäße im Körper, insbesonde-

V

re solche, die Blut, Lymphe oder Samenflüssigkeit transportieren.
[*lat.:* vas, Gefäß]
vas (pl. vasa)

Vas afferens. Kleine Arterie, die Blut in das Gefäßknäuel (Glomerulus) der Niere befördert. (s.a. Vas efferens)
[*lat.:* vas + afferens, Gefäß + zuführend]
vas afferens

Vas efferens. Gefäß, das aus dem Gefäßknäuel (Glomerulus) der Niere austritt. (s.a. Vas afferens)
[*lat.:* vas + efferens, Gefäß + wegführend]
vas efferens

Vasculitis allergica. Eine durch ein → Allergen ausgelöste Entzündung der Blutgefäße, die von Juckreiz, Unwohlsein und leichtem Fieber sowie von Papeln, Blasen, urtikariellen Quaddeln oder kleinen Hautulzera gekennzeichnet.
allergic vasculitis

Vasektomie. Sterilisierungsmethode beim Mann, bei der beidseitig ein Stück des Samenleiters entfernt wird. Die V. wird häufig ambulant unter lokaler Anästhesie durchgeführt.
vasectomy

Vaselin. Halbflüssige kolloidale Lösung oder Gel aus weichem → Paraffin, das ein Zwischenprodukt der Destillation von Petroleum ist und äußerlich auf die Haut aufgetragen wird, um die Symptome von Verbrennungen oder Abschürfungen zu lindern.
petroleum jelly

V

vaskulär. Zu einem Blutgefäß gehörend bzw. dieses betreffend.
vascular

Vaskularisation. Gefäßneubildung in Geweben, die entweder natürlich abläuft oder operativ eingeleitet werden kann.
vascularization

vasoaktiv. Den Gefäßtonus beeinflussend (durch Kontraktion oder Dilatation); wird von Substanzen gesagt.
vasoactive

Vasodilatation. Gefäßerweiterung durch Erschlaffung der glatten Gefäßmuskulatur, Hemmung der → Vasokonstriktoren oder Stimulation der gefäßerweiternden Nerven (→ Vasodilatatoren). – *adj.* vasodilatatorisch.
[*lat.:* vas + dilatare, erweitern]
vasodilation

Vasodilatator. Nerv oder Substanz, die eine Gefäßerweiterung bewirken. – *adj.* vasodilatatorisch.
vasodilator

vasoinhibitorisch. Die Funktion der auf die Gefäße wirkenden Nerven (vasomotorische Nerven) hemmend.
vasoinhibitory

Vasokonstriktion. Lumenverengung von Blutgefäßen, insbesondere von Arteriolen und Venolen in den Blutreservoirs der Haut und der Baucheingeweide. In Verbindung mit weiteren Mechanismen wird so der Blutdruck und die Blutverteilung im ganzen Körper gesteuert. – *adj.* vasokonstriktorisch.
vasoconstriction

Vasokonstriktor. Substanz bzw. Umstand, der eine Gefäßverengung veranlasst, z.B. Kälte, Angst, Stress, Nikotin etc. Darüber hinaus bewirken körpereigene Stoffe wie Adrenalin und Noradrenalin eine Zusammenziehung der Gefäße, indem sie Adrenalinrezeptoren im sympathischen Nervensystem stimulieren. – *adj.* vasokonstriktorisch.
[*lat.:* vas + constringere, zusammenziehen]
vasoconstrictor

Vasomotorenzentrum. (→ Kreislaufzentrum)
vasomotor center

vasomotorisch. Die Nerven und Muskeln betreffend bzw. von diesen ausgehend, die eine Gefäßerweiterung bzw. -verengung bewirken.
vasomotor

Vasospasmus. Krampfartiges Zusammenziehen der Blutgefäße. (s.a. Spasmus)
vasospasm

Vasostimulation. Reizung der Blutgefäße zur Zusammenziehung (Kontraktion) bzw. Erweiterung (Dilatation). – *adj.* vasostimulierend.
🇬🇧 vasostimulation

Vaterfixierung. Verkümmerung der psychosexuellen Entwicklung aufgrund einer krankhaft engen und lähmenden emotionalen Bindung an den eigenen Vater.
🇬🇧 father fixation

Vaterkomplex. Unterdrücktes Verlangen nach einer inzestuösen Beziehung zum eigenem Vater.
[*lat.:* pater, Vater + complectere, umarmen.]
🇬🇧 father complex

Vaterschaftstest. Untersuchung, die auf den genetischen Blutgruppen basiert und verwendet wird, um festzustellen, ob ein bestimmter Mann der Vater eines bestimmten Kindes ist oder nicht. So kann z.B. ein Mann mit der Blutgruppe AB nicht der Vater eines Kindes mit der Blutgruppe Null sein.
🇬🇧 paternity test

VDRL-Test. Abkürzung für einen in den Venereal Disease Research Laboratories entwickelten serologischen Flockungstest, der bei Syphilis und anderen Erkrankungen, die durch *Treponema* hervorgerufen werden (z.B. Frambösie), positiv ausfällt.
🇬🇧 VDRL test

Veganer. Mensch, der sich ausschließlich von pflanzlichen Nährstoffen ernährt und auf tierische Eiweiße inklusive Fisch- und Milchprodukte ganz verzichtet. (s.a. Vegetarier)
🇬🇧 vegan

Vegetarier. Mensch, der sich hauptsächlich von pflanzlichen Produkten ernährt, wie z.B. Gemüse, Früchte, Körner und Nüsse. Die meisten V. schließen Eier, Fisch- und Milchprodukte in ihre Ernährung ein, verzichten jedoch auf Fleisch und Wurst. Es gibt verschiedene Ausprägen des Vegetarismus: Lacto-ovo-V., Lacto-V., Ovo-V. und strenge V. (s.a. Veganer)
🇬🇧 vegetarian

vegetativ. 1. Die Pflanzen und deren Wachstum und Fortpflanzung betreffend; pflanzlich. 2. Unbewusst, unwillkürlich; das vegetative/autonome Nervensystem und seine Funktionen betreffend.
🇬🇧 vegetative

Velpeau-Verband. Schultergürtel-Verband, durch den Ellbogen und Schulter immobilisiert werden, indem der Oberarm seitlich gegen den Oberkörper und der gebeugte Unterarm vor der Brust fixiert werden.
[Alfred Velpeau, fr. Chirurg, 1795–1867]
🇬🇧 Velpeau's bandage

Velum. Segelförmiges Gebilde oder Organ im Körper, z.B. V. palatinum, das Gaumensegel.
[*lat.:* velum, Segel]
🇬🇧 velum

Velum palatinum. (→ Gaumensegel)
🇬🇧 soft palate

Vena axillaris. (Achselvene). Eine von zwei Venen der oberen Extremitäten, die aus der → V. basilica entstehen und am äußeren Rand der ersten Rippe in die → V. subclavia münden.
🇬🇧 axillary vein

Vena basilaris. (Königsvene). Eine der vier oberflächlichen Venen des Arms, die im ulnaren Teil des zur Rückseite gelegenen (dorsalen) venösen Netzwerks ansetzen und zur Mitte hin (proximal) über die Rückseite der Elle (Ulna) des Unterarms verlaufen und sich mit den tiefer gelegenen Armvenen zur Achselvene (Vena axillaris) vereinigen.
🇬🇧 basilic vein

Vena brachialis. (Oberarmvene). Vene im Oberarm, die neben der Arteria brachialis verläuft und sich in die Achselvene (V. axillaris) fortsetzt.
🇬🇧 brachial vein

Vena brachiocephalica. Große Vene auf jeder Seite des Halses, die aus der Vereinigung der inneren Jugularisvene und der Subklaviavene entsteht. Die V. b. leitet venöses Blut aus Kopf, Hals und oberen Ex-

tremitäten ab und wird später zur oberen Hohlvene (Vena cava superior).
🇬🇧 innominate vein

Vena cava. Hohlvene; eine der beiden großen Hohlvenen (V.c. inferior und V.c. superior), die Blut aus dem Körperkreislauf in den rechten Vorhof des Herzens transportieren.
🇬🇧 vena cava

Vena cava inferior. (untere Hohlvene). Große Vene, die sauerstoffarmes Blut von den Körperbereichen unterhalb des Diaphragmas zum Herzen transportiert. Die V. c. i. entsteht aus der Verbindung der beiden Hüftvenen (Venae iliacae) auf der Höhe des fünften Lumbalwirbels, steigt neben der Wirbelsäule auf und gelangt durch eine Öffnung im Diaphragma in den linken Herzvorhof.
🇬🇧 inferior vena cava

Vena-Cava-Syndrom. (Vena-Cava-Kompressions-Syndrom). Meist bei schwangeren Frauen zu beobachtende Kreislaufstörung. Dabei drückt die schwere Gebärmutter in Rückenlage der Schwangeren auf die untere Hohlvene (Vena cava inferior) und behindert dadurch den Blutabfluss aus dem utero-plazentaren Raum und den venösen Blutrückfluss zum Herzen. Dadurch kann es zu einem Blutdruckabfall mit den entsprechenden subjektiven Symptomen bei der Frau und aufgrund der verminderten Blutdurchströmung der Gebärmutter und Plazenta zu Anzeichen einer Sauerstoffminderversorgung beim Feten kommen. Die Lagerung der Frau auf die linke Seite beseitigt die Symptome umgehend.
🇬🇧 vena cava syndrome; supine hypotension

Vena cephalica. Eine von vier oberflächlich verlaufenden Venen des Handrückens.
🇬🇧 cephalic vein

Vena facialis. (Gesichtsvene). Bezeichnung für eine periphere Vene, die venöses Blut aus bestimmten Gesichtsteilen ableitet.
🇬🇧 facial vein

Vena femoralis. Große Oberschenkelvene, die in der Kniekehlenvene entspringt und entlang der Arteria femoralis im proximalen Oberschenkeldrittel verläuft. Der distale Teil der Oberschenkelvene befindet sich lateral zur Arterie; der proximale Teil der Vene liegt tiefer als die Arterie. Die Oberschenkelvene mündet in die große Vena saphena.
🇬🇧 femoral vein

Vena iliaca interna. (innere Hüftvene). Eine von zwei Venen im unteren Abdomen, die mit der äußeren Hüftvene (V. iliaca externa) die gemeinsame Hüftvene (V. iliaca communis) bildet.
🇬🇧 internal iliac vein

Vena jugularis. (Halsvene). Eine der Halsvenen, die sich in die Schlüsselbeinvene oder die V. brachiocephalica fortsetzen. Man unterscheidet die vordere (V. j. anterior), die äußere (V. j. externa) und die innere (V. j. interna) Halsvene.
🇬🇧 jugular vein

Vena jugularis interna. (innere Halsvene; innere Drosselvene). Halsvene, die Blut aus beiden Hirnhälften, Gesicht und Hals sammelt und mit der Schlüsselbeinvene (V. subclavia) zusammen die V. brachiocephalica bildet.
🇬🇧 internal jugular vein

Vena lienalis. (Milzvene). Große Vene im Unterkörper, die zusammen mit der Eingeweidevene (V. mesenterica) die Pfortader bildet und venöses Blut aus der Milz (Lien) abtransportiert.
🇬🇧 lienal vein

Vena maxillaris. (Oberkiefervene). Eine von zwei tiefen Gesichtsvenen, die die Oberkieferschlagader (Arteria maxillaris) begleiten. Jede V. m. verläuft neben der inneren und äußeren Halsvene (V. jugularis externa und interna).
🇬🇧 maxillary vein

Vena mesenterica inferior. (untere Gekrösevene). Vene im rechten unteren Bereich der Bauchhöhle, die Blut des Rektums, Sigmoids und des absteigenden sowie Teilen des querverlaufenden Kolons (Colon descendens und transversum) abtransportiert und gemeinsam mit der Milzvene die Pfortader bildet.
🇬🇧 inferior mesenteric vein

Vena ovarica. (Eierstockvene). Eine von zwei Venen, die aus dem Venengeflecht eines breiten Bandes nahe der Eierstöcke (Ovarien) und der Eileiter entspringen. Die rechte V.o. öffnet sich in die Vena cava inferior und die linke in die Nierenvene.
ovarian vein

Vena portae. (Pfortader). Vene des Dünndarms, die in der Leber beginnt und in kapillarähnlichen, feinen Ästen endet, welche das venöse Blut durch die Lebervenen (Venae hepaticae) in die untere Hohlvene (Vena cava inferior) führen. Der rechte Ast der V.p. führt in den rechten Leberlappen, der linke entsprechend in den linken Leberlappen.
portal vein

Vena pulmonalis. (Lungenvene). Eines von zwei großen Gefäßen, die mit Sauerstoff angereichertes Blut aus den Lungen in den linken Herzvorhof (Atrium) transportieren. Die rechte V.p. verläuft dorsal über dem Vorhof und der Vena cava superior, die linke ventral zur absteigenden Aorta thoracica.
pulmonary vein

Vena thoracica interna. (innere Brustkorbvene). Vene, die parallel zur Brustkorbarterie verläuft und in die V. brachiocephalica mündet.
internal thoracic vein

Venae brachiocephalicae, dextra et sinistra. Die beiden Venenstämme (der linke ist mit 2,5 cm der längere), die aus der Vereinigung der rechten bzw. linken inneren Drosselvene (V. jugularis interna) und den beiden Schlüsselbeinvenen (Vv. subclaviae) entspringen und sich zur oberen Hohlvene (V. cava superior) vereinen. Sie führen das gesamte Blut aus Kopf, Hals und Armen ab.
[*lat.:* brachium, Arm; *griech.:* kephale, Kopf]
brachiocephalic veins (right and left)

Venae cardiacae parvae. (→ Kleine Herzvenen)
small cardiac veins

Venae hepaticae (pl.). (Lebervenen). Die drei Hauptvenen sind die rechte, mittlere und linke Lebervene, die Blut von der Leber über die Pfortader in die → Vena cava inferior und zum rechten Herzvorhof leiten.
hepatic veins

Venae testiculares. Venenpaar, das aus dem Venengeflecht hervorgeht, das die Samenstränge umhüllt. Sie leiten das Blut in die untere Hohlvene ab.
testicular veins

Venaesectio. (Phlebotomie). Venenschnitt zur Einführung eines Katheters, wenn eine Infusion durch Punktion von oberflächlichen Venen nicht möglich ist.
cutdown

Vene, systemische. Eine der zahlreichen → Venen, die sauerstoffarmes Blut aus den verschiedenen Körperregionen ableiten. S. V. entstehen in kleinen Gewebegeflechten, die Blut aus den Kapillaren aufnehmen und sie vereinen sich zu Gefäßästen, die in Richtung Herz größer werden. Sie sind größer und zahlreicher als → Arterien, haben dünnere Wände und kollabieren wenn kein Blut fließt.
systemic vein

Vene (V.), pl. Vv. Bezeichnung für Gefäße, die sauerstoffarmes (venöses) Blut (mit Ausnahme der Lungenvenen und der Nabelschnurvene) aus dem gesamten Körper in den rechten Vorhof des Herzens zurücktransportieren. Die Venenwände bestehen aus drei Schichten, die jenen des Herzens entsprechen. Es gibt tiefe Vv., die durch die inneren Körperstrukturen verlaufen, und oberflächliche Vv., die durch die Haut oft gut sichtbar sind. Vv. haben im Gegensatz zu → Arterien dünnere Wände, sind weniger elastisch und kollabieren, wenn sie verletzt werden. Sie enthalten in regelmäßigen Abständen halbmondförmige Klappen.
[*lat.:* vena, Blutader]
vein (v)

Venen(klappen)insuffizienz. Unzureichende Blutzirkulation, gekennzeichnet durch verminderten Blutrückfluss aus den Beinen in den Rumpf, bedingt durch eine Überdehnung bzw. Zerstörung der Venenklappen. Dadurch kommt es zu einer

Strömungsumkehr und das Blut fließt anstatt in Richtung Herz in die Beine zurück. Erste Anzeichen sind meist Beinödeme, später können sich Schmerzen, Krampfaderleiden und Beingeschwüre bilden.
venous insufficiency

Venendruck. Füllungsdruck, der durch das zirkulierende Blut auf die Venenwände ausgeübt wird. Der V. ist erhöht bei Stauungsinsuffizienz, akuter oder chronischer Herzbeutelentzündung mit verengten Herzvenen (konstriktive Perikarditis) und einer Blockierung der Venen durch Blutgerinnsel oder Druck von außen. Anzeichen eines erhöhten V. sind hervortretende Venen auf dem Handrücken bei über Herzhöhe gehaltener Hand und Hervortreten der Halsvenen im Sitzen, wenn der Kopf 30° bis 45° angehoben wird.
venous pressure

Venenkatheter, zentraler. Katheter, der durch über verschiedene periphere Venen gelegt wird und dessen Spitze in der oberen Vena cava oder dem rechten Herzvorhof liegt. Mögliche Zugänge über obere Venen sind: V. basilica, V., cephalica, V. anonyma, V. jugularis externa und interna; mögliche Zugänge über die unteren Venen sind: V. saphena magna, V. femoralis. Indikationen zum Legen sind sicherer Venenzugang über längere Zeit, parenterale Ernährung mit hochosmolarer Infusionslösung, Messung des ZVD, Gabe von hochwirksamen Medikamenten, erfolglose Punktion peripherer Venen. Beim Legen ist insbesondere auf korrektes Desinfizieren und Abdecken zu achten.
central venous catheter

V

Venenpuls. Herzsynchrone Druckschwankungen in einer Vene, die meist an der äußeren oder inneren Halsvene getastet werden. Der V. wird gemessen, um den Pulsdruck und die Form der Druckwelle zu beurteilen.
venous pulse

Venenpunktion. Einstich durch die Haut in eine Vene mit einer scharfen Lanzette oder Kanüle. Die V. mit einer Kanüle erfolgt entweder zur Blutentnahme, zur intravenösen Gabe von Medikamenten oder Kontrastmitteln oder zum Legen einer Verweilkanüle, über die eine Infusion einlaufen soll. Bei der Punktion ist auf die entsprechende Desinfektion und Hygiene zu achten, um Infektionen zu vermeiden, sowie auf eine ausreichende Venenstauung, um diese sichtbar werden zu lassen. Zur Förderung der Venenhervortretung an den Armen können warme Armbäder eingesetzt werden. Bei der schnellen und geschickten Punktion verspürt der Patient kaum Schmerzen.
venipuncture

Venenstripping. Operatives Verfahren, bei dem meist die große Vene an der Innenseite des Beins (Vena saphena magna) unterbunden und entfernt wird.
vein stripping

Venensuchgerät. (Venendetektor; Venenecholot). Batteriebetriebenes, tragbares Gerät, das bei einer notwendigen → Venenpunktion zum schnellen Auffinden von Venen eingesetzt wird. – *adj.* venendetektorisch.
vein detector

Venenthrombose. (Phlebothrombose). (→ Phlebothrombose)
venous thrombosis

Venenthrombose, tiefe. Durch einen Thrombus in einer der tiefen Körpervenen hervorgerufene Erkrankung; Krankheitssymptome sind Berührungsempfindlichkeit, Schmerz, Schwellung, Erwärmung und Hautentfärbung. Eine tiefe Venenthrombose kann lebensbedrohlich sein, da bei Loslösung der Thrombus über die Blutbahn in die Lunge transportiert wird und dort ein Gefäß verschließen kann (→ Lungenembolie). Deshalb müssen die Patienten absolute Bettruhe einhalten, bei der das Bein hochgelagert wird. Nach ärztlicher Anordnung wird das Bein gewickelt; die Therapie besteht in dem Versuch der medikamentösen Auflösung des Thrombus.
deep vein thrombosis

venerisch. Durch Geschlechtsverkehr übertragen (Krankheiten) bzw. → Geschlechtskrankheiten betreffend.
[*lat.:* Venus, Göttin der Liebe]
🇬🇧 venereal

Venerologe. Facharzt, der auf Ursachen und Behandlung von → Geschlechtskrankheiten spezialisiert ist.
🇬🇧 venereologist

Venerologie. Wissenschaft und Lehre von den → Geschlechtskrankheiten.
🇬🇧 venereology

Venole. Kleinste sichtbare Blutgefäße, die das Blut aus den → Kapillaren sammeln, sich zu → Venen verbinden und es zum rechten Vorhof des Herzens abtransportieren.
[*lat.:* venula, kleine Blutader]
🇬🇧 venule

venös. Zu einer → Vene gehörend bzw. diese betreffend, z.B. venöses Blut.
🇬🇧 venous

venöse Verweilkanülen, Pflege von. → Pflegeintervention der → NIC, die definiert ist als die Pflege von Patienten mit einem längerfristigen venösen Zugang durch einen getunnelten oder nicht-getunnelten Katheter und implantierte Ports.
🇬🇧 Venous Access Devices (VAD) Maintenance

Venostase. Verlangsamter bzw. zum Stillstand gekommener Blutrückfluss in einer Vene.
🇬🇧 venous stasis

Venotomie. Operative Eröffnung einer → Vene.
🇬🇧 venotomy

Ventilation. Atmung, Belüftung der Lungen; d.h. Vorgang, bei dem der Körper über die Lunge mit Sauerstoff versorgt und Kohlendioxid aus der Lunge abtransportert wird. – *adj.* ventilierend.
[*lat.:* ventilare, schwingen, lüften]
🇬🇧 ventilation

Ventilation, alveoläre. Luftvolumen, das zur Belüftung aller Lungenbläschen benötigt wird; gemessen in Litern pro Minute. Die a. V. entspricht auch der Differenz zwischen Gesamtventilation und Totraumventilation. Der normale Mittelwert liegt zwischen vier und fünf Litern pro Minute. (→ Lungenfunktion)
🇬🇧 alveolar ventilation

Ventilation-Perfusions-Störung. Störung, bei der ein oder mehrere Lungenabschnitte belüftet, aber nicht mit Blut durchströmt, oder umgekehrt, mit Blut durchströmt aber nicht belüftet werden.
🇬🇧 ventilation perfusion defect

ventr(o)-. Wortteil mit der Bedeutung »Bauch bzw. Magen«.
[*lat.:* venter, Bauch, Leib]
🇬🇧 ventr(o)-

ventral. Bauchwärts, im Bauch bzw. zur Vorderseite des Körpers gelegen. Wird verwendet bei der Beschreibung und Lokalisation von Organen, Strukturen, Schmerzen etc. (s.a. dorsal)
🇬🇧 ventral

III.-Ventriculostomia. Operative Behandlung Neugeborener mit → Hydrozephalus, bei der Hirn- und Rückenmarksflüssigkeit (Liquor) in die subarachnoidale Zisterne abgeleitet wird. Die Drainage bewirkt eine Druckminderung im Schädel.
🇬🇧 third ventriculostomy

Ventrikel. Kleine Höhle bzw. Kammer, wie z.B. die rechte und linke Herzkammer oder eine der mit Liquor gefüllten Kammern im Gehirn. (s.a. Herzkammer) – *adj.* ventrikulär.
[*lat.:* ventriculus, kleiner Bauch, Magen, Herzkammer]
🇬🇧 ventricle

Ventrikel-Vorhof-Shunt. Operativ angelegte Verbindung zwischen einer Hirnkammer und dem rechten Vorhof des Herzens mittels eines Katheters zur Ableitung von Hirnflüssigkeit (Liquor) bei → Hydrozephalus.
🇬🇧 ventriculoatrial shunt

Ventrikelblockade. (→ Liquorblockade)
🇬🇧 ventricular block

Ventrikeldruck. → Blutdruck, der innerhalb der Herzkammer besteht; er ist während

der verschiedenen Phasen des Herzzyklus unterschiedlich.
intraventricular pressure

Ventrikelseptumdefekt (VSD). Abnorme Öffnung in der Scheidewand (Septum), die die beiden Herzkammern (Ventrikel) trennt. Dadurch kann Blut von der linken in die rechte Kammer und über die Lungenarterie zurück in die Lunge fließen. Der VSD ist die häufigste angeborene Herzkrankheit.
ventricular septal defect (VSD)

Ventrikulogramm. Röntgenbild der Hirn- bzw. Herzkammern.
ventriculogram

Ventrikulographie. 1. Röntgenuntersuchung der Herzkammern nach Injektion eines Kontrastmittels. 2. Röntgenographische Darstellung der Hirnkammern, nachdem ein Kontrastmittel - meist Luft - in die Kammern eingebracht und die Hirnflüssigkeit dadurch ersetzt wurde.
ventriculography

ventrikuloperitonealer Shunt. Operativ angelegtes Ableitungssystem bei → Hydrozephalus mittels eines mit Klappen ausgestatteten Kunststoffkatheters. Der Katheter leitet überschüssige Hirnflüssigkeit (Liquor) aus einer Hirnkammer in die Bauchhöhle ab.
ventriculoperitoneal shunt

ventrolateral. Lokalisiert die Stellen »bauchwärts und seitlich« im Körper.
ventrolateral

V

ventromedial. Lokalisiert die Stellen »bauchwärts und mittig« im Körper.
ventromedial

Verabreichung parenteraler Flüssigkeiten. Intravenöse Infusion verschiedener Lösungen zur Aufrechterhaltung eines ausgewogenen Wasserhaushalts bei Wasserverlust, zur Wiederauffüllung des Blutvolumens, zum Ausgleich des Elektrolythaushalt oder zur Ernährung.
administration of parenteral fluids

Verankerung. Chirurgische Fixierung eines beweglichen Körperorgans.
[*griech.:* agkyra, Anker]
anchorage

Verapamil. Medikament, das die Kalziumkonzentration im Herzmuskel herabsetzt (Kalziumantagonist), gefäßerweiternd und antiarrhythmisch wirkt. Es wird zur Behandlung von vorhofbedingten Herzrhythmusstörungen, Verengung der Herzkranzgefäße, → Kammerflimmern und → Kammerflattern eingesetzt.
verapamil

Verätzung. Gewebeverletzung durch Kontakt mit einer starken Säure oder einer alkalischen Substanz, wie z.B. Phenol, Kreosol, Senfgas oder Phosphor. Als Erste-Hilfe-Maßnahme müssen die betroffenen Körperstellen mit viel Wasser abgespült werden, um die Chemikalie zu entfernen. Bei schwereren Verletzungen sofort ärztliche Hilfe aufsuchen.
chemical burn

verbal. Wörtlich, mündlich; Wörter und die Sprache betreffend.
[*lat.:* verbum, Wort]
verbal

Verband. Sauberes, meist steriles Abdeckungsmaterial, das direkt auf eine Wunde bzw. auf krankhaftes Gewebe aufgelegt wird, um Sekreten zu absorbieren, vor traumatischen Verletzungen zu schützen, Wundsauberkeit zu gewährleisten oder Blutungen zu stoppen.
dressing

Verband, antiseptischer. Ein mit einem → Antiseptikum behandelter Verbandsstoff, der zur Behandlung einer Infektion auf eine Wunde bzw. eine Schnittwunde gelegt wird.
antiseptic dressing

Verband, feuchter. Umschlag mit einem angefeuchteten Tuch zur Linderung von Beschwerden bei einigen Hauterkrankungen. Bei der Verdunstung der Feuchtigkeit wird die Haut gekühlt, angetrock-

netes Blut und Serum aufgeweicht und die Drainage von Wundsekret angeregt.
🇬🇧 wet dressing

Verband, kohäsiver. Verbandmaterial, das an sich selbst, aber nicht an anderen Flächen klebt.
🇬🇧 cohesive bandage

Verbesserung der Sicherheit. → Pflegeintervention der → NIC, die definiert ist als die Verstärkung des Gefühls körperlicher und psychischer Sicherheit bei Patienten.
🇬🇧 Security Enhancement

Verbindung. 1. Chemische Substanz, die aus zwei oder mehreren, in bestimmten Konzentrationen vorkommenden Elementen besteht und nicht mit physikalischen Mitteln getrennt werden kann. 2. Aus zwei oder mehreren Wirkstoffen zusammengesetzter Stoff, z.B. ein pharmazeutisches Mittel.
🇬🇧 compound

Verbindung, alkylierende. (Alkylanzien). Substanz mit einem Alkylradikal, welches ein freies Wasserstoffatom in einer organischen Verbindung ersetzen kann, bzw. ein ähnliches Wirkprinzip hat. Diese chemische Reaktion führt zu einer Störung der Mitose und Zellteilung, insbesondere in schnell wachsendem Gewebe. Diese Substanzen werden als → Zytostatika bei der Krebsbehandlung eingesetzt. (→ Alkyl) (s.a. Immunsuppressiva)
🇬🇧 alkylating agent

Verbrennung. 1. Verletzungen, die durch Hitze, Elektrizität, Chemikalien, Strahlungen oder Gase verursacht werden und deren Ausdehnung durch die Menge der dem Agens exponierten Zellen bestimmt wird. Zur Behandlung einer V. gehören Schmerzbehandlung, Asepsis, Infektionsprävention, Erhaltung des Flüssigkeits- und Elektrolytgleichgewichts und eine ausgewogene Ernährung. V.en werden in vier Schweregrade eingeteilt: V. 1. Grades mit lokalen Schwellungen und Rötungen, die einem Sonnenbrand ähneln; die Schädigung betrifft nur die obere Hautschicht (Epidermis), nach Abschuppung und Abheilung entstehen keine Narben (wie bei einem Sonnenbrand). Bei der V. 2. Grades bilden sich Brandblasen mit starken Schmerzen. Die Schädigung betrifft die Epidermis und die Lederhaut (Derma); nach der Abheilung können Narben zurückbleiben. Bei der V. 3. Grades kommt es zur Zerstörung und Nekrose der Haut und der Hautanhangsgebilde. Sind Unterhaut, Muskeln, Sehnen und Knochen beteiligt, handelt es sich um eine V. 4. Grades. 2. Verbrennungs- bzw. Oxidationvorgang, bei dem Licht und Wärme abgegeben werden. Sauerstoff ist nicht brennbar, unterstützt aber den Verbrennungsvorgang. Die Verbrennungsrate ist von der Konzentration und dem Partialdruck des Sauerstoffs abhängig.
🇬🇧 burn; combustion

Verbrühung. Verbrennen der Haut durch Kontakt mit heißer Flüssigkeit oder heißem Dampf. (s.a. Verbrennung)
🇬🇧 scald

Verdauungsapparat. Organe, Strukturen und Drüsen des → Verdauungstraktes, durch die Nährstoffe vom Mund, über die Speiseröhre bis in den Magen und die Därme transportiert werden. Die Drüsen sondern Verdauungsenzyme ab, die die Nährstoffe abbauen und für die Absorption in den Blutkreislauf vorbereiten.
🇬🇧 digestive system; alimentary system

Verdauungsdrüsen. Drüsen, die Substanzen absondern, welche Nährstoffe in absorbierbare Stoffe abbauen. Zu den Verdauungsdrüsen zählen Speichel-, Darm-, Leber- sowie Bauchspeicheldrüse.
🇬🇧 digestive gland

Verdauungsenzyme. Enzyme im Verdauungssystem, die Fette, Proteine und Kohlenwasserstoffe hydrolysieren und die Absorption dieser Stoffe bewirken.
🇬🇧 digestive enzyme

Verdauungssaft. Dünnes, farbloses Sekret der Darmdrüsen, bestehend aus Salzsäure, Chymosin, Pepsinogen, Intrinsic-Faktor und Schleim.
🇬🇧 digestive juice

Verdauungstrakt. Ein mit einer Schleimhaut ausgekleideter Schlauch von etwa 9 m Länge, der sich vom Mund bis zum Anus erstreckt; setzt sich aus den folgenden Teilen zusammen: Mund, Rachen, Speiseröhre, Magen, Dünndarm und Dickdarm. Der Schlauch, der ein Teil des Verdauungssystems ist, weist zahlreiche zugehörige Organe auf.
digestive tract

Vererbung, alternative. Erwerb aller genetischen Eigenschaften und Merkmale von einem Elternteil, z.B. bei selbstbefruchtenden Pflanzen und Tieren.
alternative inheritance

Vererbung, autosomal-dominante. Vererbungsmuster, bei dem die Übertragung eines dominanten Gens auf einem → Autosom dafür sorgt, dass ein bestimmtes Merkmal zum Ausdruck kommt. An einer Erbkrankheit erkrankte Kinder haben ein entsprechend betroffenes Elternteil, es sei denn, die jeweiligen Merkmale treten infolge einer Mutation auf. Achondroplasia, Osteogenese imperfekta, Polydaktylie und einige neuromuskuläre Störungen sind z.B. autosomal-dominante Erkrankungen. (→ autosomale Vererbung)
autosomal-dominant inheritance

Vererbung, autosomal-rezessive. Vererbungsmuster, bei dem die Übertragung eines rezessiven Gens auf einem → Autosom dafür sorgt, dass es zum Träger einer Information wird, wenn die Person für das Merkmal (Aa) → heterozygot ist; das Merkmal wird sichtbar, wenn die Person → homozygot ist (aa). Ein Viertel der Kinder von zwei heterozygoten Elternteilen (Aa) und alle Kinder von zwei homozygoten Elternteilen (aa) sind betroffen. Beispiele für Merkmale infolge einer autosomal-rezessiven Vererbung sind zystische Fibrose, Phenylketonurie und Galaktosämie. (→ autosomale Vererbung)
autosomal-recessive inheritance

Vererbung, autosomale. Vererbungsmuster, bei dem die Übertragung eines Merkmals von der Präsenz oder dem Fehlen bestimmter Gene eines → Autosoms abhängt. Dieses Muster kann dominant oder rezessiv sein, Männer und Frauen werden unterschiedlich oft davon betroffen. Die meisten Vererbungsstörungen treten infolge von defekten Genen eines Autosoms auf.
autosomal inheritance

Vererbung, kodominante. Weitergabe einer Eigenschaft, bei der beide Allelen eines Paares in derselben Heterozygote ausgedrückt werden; z.B. AB bzw. die MNS Blutgruppenantigene und Leukozytenantigene.
codominant inheritance

Vererbung, x-chromosomale. Vererbungsmuster bei dem die Übertragung von Merkmalen an das Geschlecht der Person gebunden ist. Die Vererbung kann dabei rezessiv oder dominant erfolgen. X-chromosomal vererbte Merkmale sind bei Männern immer ausgeprägt, bei Frauen hingegen nur, wenn die Vererbung dominant erfolgt.
X-linked inheritance

Vererbung, zytoplasmatische. (Plasmavererbung). Vererbung bestimmter genetischer Eigenschaften durch selbstvermehrende Substanzen im Zytoplasma, wie z.B. Mitochondrien oder Chloroplasten, nicht also durch Gene. Das Phänomen kann bei Pflanzen und niederen Tiergattungen beobachtet werden.
cytoplasmatic inheritance

Veresterung. Chemischer Vorgang, bei dem eine organische Säure (R-COOH) mit einem Alkoholmolekül (R-OH) kombiniert wird und ein Ester (R-COOR) gebildet wird.
esterification

Verfolgungswahn. Denkstörung, die weniger stark ausgeprägt als bei einer → Wahnvorstellung ist und häufig in Verbindung mit paranoiden Störungen auftritt. Der V. äußert sich darin, dass eine Person sich bedroht oder diskriminiert oder von anderen Personen und äußeren Einflüssen schlecht behandelt fühlt.
idea of persecution; delirium of persecution

Vergewaltigung. (Notzucht). Mit Gewalt oder unter Gewaltandrohung erzwungener hetero- oder homosexueller Geschlechtsverkehr. V. ist ein Gewaltverbrechen, dessen Opfer medizinisch und psychologisch betreut werden sollten.
rape

Vergewaltigungsberatung. Beratung des Vergewaltigungsopfers durch eine ausgebildete Person. Idealerweise beginnt die Beratung sofort bei der ersten Meldung des Verbrechens. Zunächst bietet der oder die Berater/in gefühlsmäßige Unterstützung, indem er/sie dem Opfer unvoreingenommen und objektiv gegenüber tritt. Die Berater/innen können dem Opfer auch aktive Unterstützung und rechtlichen Beistand bei medizinischen und juristischen Untersuchungen anbieten, d. h. sie sind bei medizinischen Untersuchungen, bei Befragungen durch Polizei oder Staatsanwalt und evtl. während eines Prozesses anwesend. (s.a. Vergewaltigungstraumas, Behandlung eines)
rape counseling

Vergewaltigungssyndrom. NANDA-Pflegediagnose bei erfolgter Vergewaltigung. Ein V. kann sich entwickeln nach einem mit Gewalt oder durch Gewaltandrohung erzwungenem Geschlechtsverkehr gegen den Willen des Opfers. In der akuten Phase ist der Patient in seiner Lebensweise desorganisiert und benötigt meist eine längere Phase der Reorganisierung. Die typischen Charakteristika werden in drei Gruppen unterteilt: Vergewaltigungstrauma, komplexe Reaktion und stille Reaktion. Die akute Phase des Vergewaltigungstraumas umfasst starke emotionale Reaktionen, wie z.B. Wut, Schuldgefühle und Beschämung, Angst vor körperlicher Gewalt und Tod, Demütigung, Rachegefühle und eine Reihe von körperlichen Beschwerden. Die komplexe Reaktion beinhaltet sämtliche Charakteristika des Vergewaltigungstraumas, kann zu Alkohol- und Drogenabhängigkeit führen und Symptome früherer Zustände inklusive psychischer Krankheiten reaktivieren. Die stille Reaktion tritt manchmal an die Stelle des Vergewaltigungstraumas oder der komplexen Reaktion. Sie beinhaltet eine abrupte Veränderung der sexuellen Beziehungen, vermehrte Albträume, zunehmende Angst in Gesprächen über die Vergewaltigung, auffällige Veränderungen im Sexualverhalten, Abstreiten der Vergewaltigung oder Ablehnung darüber zu sprechen sowie plötzliches Auftreten von phobischen Reaktionen.
rape-trauma syndrome

Vergewaltigungstrauma, Behandlung. → Pflegeintervention der → NIC, die definiert wird als die Gewährleistung emotionaler und körperlicher Unterstützung unmittelbar nachdem eine Vergewaltigung berichtet wird.
Rape-Trauma Treatment

Vergiftung, alkalische. Vergiftung, die durch die Einnahme einer alkalischen Substanz verursacht ist, z.B. Salmiakgeist, Lauge sowie verschiedene Waschpulver. Als Erste-Hilfe-Maßnahmen sollten große Mengen Wasser oder Milch zugeführt werden, um die alkalische Substanz zu verdünnen. Der Patient darf nicht zum Erbrechen gebracht werden und keine schwachen Säuren zu sich nehmen, sondern muss sofort ins Krankenhaus gebracht werden.
alkali poisoning

Vergiftungsgefahr. Anerkannte → NANDA-→ Pflegediagnose; bestehendes verstärktes Risiko für eine ungewollte Exposition gegenüber oder die Einnahme von Drogen oder gefährlichen Substanzen in Dosierungen, die für eine Vergiftung ausreichend stark sind. Interne Risikofaktoren sind reduziertes Sehvermögen ohne angemessene Sicherheitsvorkehrungen, mangelhafte Sicherheit oder Unterrichtung bezüglich der potenziell gefährlichen Substanzen, kognitive oder emotionale Störungen und eine schlechte finanzielle Situation. Zu den externen Risikofaktoren zählen größere Mengen giftiger Substanzen im Haushalt, Arzneimittel oder Gifte in unverschlossenen

Schränken, die für Kinder oder verwirrte Personen zugänglich sind, Verfügbarkeit von illegalen Substanzen, die möglicherweise mit schädigenden Zusätzen kontaminiert sind, ungeschützter Kontakt mit Schwermetallen oder Chemikalien, Farben oder Lacken in schlecht belüfteten Räumen, giftge Pflanzen oder atmosphärische Verunreinigungen.
poisoning, risk of

Verhalten. 1. Die Art, wie jemand handelt oder seiner Rolle gerecht wird. 2. Alle Handlungen einer Person, sowohl körperliche Aktivitäten, die direkt beobachtet werden können, wie auch geistige Aktivitäten, die interpretiert werden können.
behavior

Verhalten, abnormes. Nicht angepasste Handlungen oder Aktivitäten, die für eine Person oder die Gesellschaft unangemessen sind. Solche Handlungen reichen von einer vorübergehenden Unfähigkeit, mit Stresssituationen umzugehen, bis zu dauerhaften absonderlichen oder zerstörerischen Verhaltensweisen oder einer vollständigen Desorientierung und Rückzug von der Realität des Alltagslebens. (→ Verhaltensstörung)
[*lat.:* abnorma, von der Regel entfernt]
abnormal behavior

Verhalten, aggressives, nicht gesellschaftsfähiges. Kindliche und pubertäre Verhaltensstörung, gekennzeichnet durch offene bzw. versteckte Feindseligkeit, Ungehorsam, körperliche und verbale Aggression, Rachegelüste, Aufmüpfigkeit und Zerstörungswut. Häufig äußert sich diese Störung in Lügen, Stehlen, Wutausbrüchen, Vandalismus und körperlicher Gewalt gegenüber anderen Menschen.
unsocialized aggressive reaction

Verhalten, aufgabenorientiertes. Handlungen, die die Wahrnehmungsfähigkeiten einer Person einbeziehen, und durch die Probleme und Konflikte gelöst sowie das Bedürfnis nach weniger Stress befriedigt werden sollen.
task-oriented behavior

V

Verhalten, deviantes. Überschreitung der Grenzen von allgemein anerkannten Verhaltensweisen sowie fehlende Anpassung an die sozialen Normen einer Gruppe.
deviant behavior

Verhaltensänderung. → Pflegeintervention der → NIC, die definiert wird als die Förderung einer Änderung bestimmter Verhaltensweisen.
Behavior Modification

Verhaltensänderung, soziale Kompetenz. → Pflegeintervention der → NIC, die definiert wird als die Unterstützung von Patienten, um zwischenmenschliche soziale Fähigkeiten zu entwickeln oder zu verbessern.
Behavior Modification: Social Skills

Verhaltensforschung. Studium verschiedener, miteinander in Verbindung stehender Disziplinen, z.B. Psychiatrie, Psychologie, Soziologie und Anthropologie, die menschliche Aktivitäten beobachten und untersuchen; dazu gehören die psychologische und emotionale Entwicklung, interpersonale Beziehungen, Wertvorstellungen und moralische Fragen und Grundsätze. (s.a. Ethologie)
behavioral science

Verhaltensorganisation, Möglichkeit einer verbesserten kindlichen. Anerkannte → NANDA-→ Pflegediagnose; Struktur der Modulation von physiologischen und verhaltensbezogenen Funktionssystemen eines Säuglings (z.B. autonome, motorische, zustands- und organisationsbezogene und selbstregulierende Systeme sowie Aufmerksamkeits-Interaktions-Systeme), die zufriedenstellend sind, doch noch weiter verbessert werden können und somit zu einem höhen Integrationslevel in Reaktion auf Reize in der Umgebung führen. Kennzeichnende Merkmale sind stabile Vitalzeichen, physiologischer Schlaf-Wachzustand, selbstregulierende Verhaltensweisen und adäquate Reaktion auf visuelle oder auditive Stimulationen.
infant behavior, organized: potential for enhanced

Verhaltensorganisation, Risiko für eine unausgereifte kindliche. Anerkannte → NANDA-→ Pflegediagnose; Risiko für eine Veränderung der Integration und Modulation der physiologischen und verhaltensbezogenen Funktionssysteme (z.B. autonome, motorische, zustands- und organisationsbezogene und selbstregulierende Systeme sowie Aufmerksamkeits-Interaktions-Systeme). Zu den Risikofaktoren zählen Schmerzen, oral-motorische Probleme, Überstimulation durch die Umgebung, fehlendes Einhüllen oder Fehlen von Begrenzungen, Frühgeburt (Unreife) und invasive oder schmerzhafte Behandlungen.
infant behavior, disorganized: risk of

Verhaltensorganisation, unausgereifte kindliche. Anerkannte → NANDA-→ Pflegediagnose; Veränderung der Integration und Modulation der physiologischen und verhaltensbezogenen Funktionssysteme (z.B. autonome, motorische, zustands- und organisationbezogene und selbstregulierende Systeme sowie Aufmerksamkeits-Interaktions-Systeme). Kennzeichnende Merkmale sind Abweichungen von den grundlegenden physiologischen Normwerten, Zittern, Schreckhaftigkeit, Zuckungen, Überstreckung von Armen und Beinen, diffuser, oberflächlicher Schlaf, unzulängliches selbstregulierendes Verhalten, unzulängliche Reaktion auf visuelle und auditive Reize, Gähnen und Apnoe.
infant behavior, disorganized

Verhaltensstörung. Eine Reihe von antisozialen Verhaltensmustern, die vorwiegend bei Kindern und Jugendlichen auftreten, z.B. übermäßige Aggressivität, Hyperaktivismus, Zerstörungswut, Grausamkeit, Schuleschwänzen, Lügen, Ungehorsam, sexuelle Perversionen, Kriminalität, Alkoholismus und Drogenabhängigkeit.
behavioral disorder

Verhaltenstherapie. Art der → Psychotherapie, die versucht, erkennbare, schlecht angepasste Verhaltensmuster durch eine oder auch mehrere neue und angemessenere Reaktionen auf bestimmte Reize zu ersetzen.
behavior therapy

Verhaltensweisen, Umgang mit bestimmten. → Pflegeintervention der → NIC, die definiert wird als die Hilfe für Patienten im Umgang mit negativen Verhaltensweisen.
Behavior Management

Verhaltensweisen, Umgang mit: Selbstverstümmelung. → Pflegeintervention der → NIC, die definiert wird als die Unterstützung von Patienten, selbstverstümmelnde oder selbstzerstörerische Verhaltensweisen einzuschränken oder einzustellen.
Behavior Management: Self-Harm

Verhaltensweisen, Umgang mit: Sexualität. → Pflegeintervention der → NIC, die definiert wird als die Beschreibung sowie Vorbeugung gegen gesellschaftlich unakzeptable sexuelle Verhaltensweisen.
Behavior Management: Sexual

Verhaltensweisen, Umgang mit: Überaktivität/Konzentrationsstörung. → Pflegeintervention der → NIC, die definiert wird als die Gewährleistung eines therapeutischen Milieus, um ein Aufmerksamkeitsdefizit und/oder einer Überaktivität zu behandeln oder optimale Funktionen bei Patienten zu fördern.
Behavior Management: Overactivity/Inattention

Verhornung. Umwandlung von Hautzellen zu Hornhaut.
cornification

Verkalkung. (Kalzifikation). Ansammlung von Kalziumsalzen in Körpergeweben. 99% der Kalziummenge, die in den menschlichen Körper gelangt, wird von den Knochen und Zähnen aufgenommen, das restliche 1% kommt in löslicher Form in Körperflüssigkeiten vor, z.B. im Blut.
calcification

Verkalkung, dystrophische. Krankhafte Ansammlung von Kalziumsalzen in nekrotischen oder degenerierten Geweben.
[*griech.:* dys, Fehl- + trophe, Ernährung.]
dystrophic calcification

verkapselt. (eingekapselt). Bezeichnung für Arterien, Muskeln, Nerven und andere Körperteile, die von fibrösen oder membranartigen Materialien umgeben sind.
encapsulated

Verkäsung. Form der Gewebenekrose, die von einem Verlust der Zellform begleitet ist. Das erkrankte Gewebe hat das Aussehen von krümeligem Käse. Typische Begleiterscheinung von Tuberkulose. (→ verkäsen)
[*lat.:* caseus, Käse.]
caseation

Verkettung. System erlernter Verhaltensweisen, wobei jede Reaktion den Stimulus für die nächste Reaktion bildet.
chaining

Verlegung/Entlassung, Planung der. → Pflegeintervention der → NIC, die definiert wird als die Vorbereitung von Patienten auf ihre Verlegung/Entlassung innerhalb oder außerhalb der gegenwärtigen Gesundheitspflegeeinrichtung von einer Pflegeform in einer andere.
Discharge Planning

Verlegungsstress-Syndrom. Anerkannte NANDA-Pflegediagnose. Das V. beschreibt den Zustand eines Patienten, bei dem physiologische und/oder psychosoziale Störungen infolge der Verlegung von einer Umgebung in eine andere auftreten. Charakteristische Merkmale sind z.B. Umgebungs-/Ortswechsel, Angst, Besorgnis, zunehmende Zeichen der Verwirrtheit (bei älteren Menschen), Depression, Einsamkeit, Aussagen über Widerwilligkeit der Verlegung, Schlafstörungen, Veränderung der Essgewohnheiten, Abhängigkeit, gastrointestinale Störungen, vermehrtes Aussprechen von Bedürfnissen, Unsicherheit, fehlendes Vertrauen, Ruhelosigkeit, Ausdruck von Traurigkeit, unvorteilhafter Vergleich zwischen jetzigem und früherem Personal, Aussage, wegen der Verlegung besorgt oder betroffen zu sein, erhöhte Wachsamkeit, Veränderung des Körpergewichts und Rückzug.
relocation stress syndrome

Verletzungsrisiko. Anerkannte → NANDA-→ Pflegediagnose; erhöhtes Risiko eines Patienten, aufgund von Umgebungsbedingungen eine Körperschädigung zu erleiden, die mit den Anpassungs- und Verteidigungsreaktionen interagieren. Die Ursache kann somatisch (intern) oder umgebungsbezogen (extern) sein. Zu einem somatischen Risiko gehören abnorme, sensorische Funktionen, Autoimmunreaktionen, Mangelernährung, Hämoglobinopathie, Hautverletzungen, Entwicklungsstörungen und psychologische Dysfunktionen. Umgebungsrisiken sind fehlende Impfung, Präsenz von pathogenen Mikroorganismen, chemische Gifte, Alkohol, Nikotin, Nahrungsmittelzusätze, bestimmte Transportmittel, äußerliche Aspekte von Gemeinschaften, Gebäuden, Ausstattungen oder Einrichtungen, fehlende Unterstützung und verschiedene psychologische Faktoren.
injury, risk of

Verletzungsrisiko, durch perioperative Lagerung. Anerkannte → NANDA-→ Pflegediagnose; Risiko für einen Patienten, aufgrund der Umgebungsbedingungen bei einer Operation Verletzungen zu erleiden. Risikofaktoren sind Desorientierung, Immobilität, Muskelschwäche, sensorische oder wahrnehmungsbezogene Störungen infolge einer Narkose, Fettleibigkeit, Abmagerung und Ödeme.
injury, perioperative positioning: risk of

Verleugnung. 1. Verweigerung bzw. Zurückhalten von Bedürfnissen und Wünschen; kann zu körperlichen oder emotionalen Mangelerscheinungen führen. 2. Unbewusster Abwehrmechanismus, bei dem emotionale Konflikte und Ängste vermieden werden, indem unerträgliche

Gedanken, Gefühle, Wünsche, Impulse oder Gegebenheiten verdrängt werden.
denial

Verleugnung, unwirksame. Anerkannte → NANDA-→ Pflegediagnose; bewusster oder unbewusster Versuch, die Kenntnis oder Bedeutung eines Ereignisses abzuleugnen, um Angst und Furcht bezüglich der Nachteile für die Gesundheit zu lindern. Der Betroffene verzögert die Inanspruchnahme einer medizinischen Betreuung oder lehnt sie ab und nimmt die persönliche Relevanz der Symptome oder der Gefahr nicht wahr. Kennzeichnende Merkmale sind die Anwendung von Hausmitteln (Selbstbehandlung) zur Linderung von Symptomen, Untertreibung der Symptome, Verschieben der Symptomquelle auf andere Organe und Verschiebung der Furcht vor den Folgen des Zustandes.
denial, ineffective

vermicularis. Wurmförmig.
vermicular

vermiformis. Wurmförmig.
vermiform

Vermifugum. Wirkstoff bzw. Mittel, das Würmer aus dem Darm vertreibt. (s.a. Antihelminthika; Vermizid)
[*lat.:* vermis + fugare, Wurm + vertreiben]
vermifuge

Vermis, pl. Vermes. 1. Wurm, Helminthe 2. Wurmförmiges Gebilde bzw. Struktur, wie z.B. der mittlere Teil des Kleinhirns, der die beiden Kleinhirnhälften verbindet. – *adj.* vermiform.
vermis (pl. vermes)

Vermizid. (Anthelminthikum). Wurmtötender Wirkstoff, der insbesondere auf Würmer im Darm wirkt. – *adj.* vermizid.
[*lat.:* vermis, Wurm]
vermicide

Vernachlässigung, halbseitige. Anerkannte → NANDA-Pflegediagnose, die den Zustand eines Patienten beschreibt, der einen Körperteil bzw. eine Körperhälfte (sowie das Umfeld auf der betreffenden Seite) nicht bewusst wahrnimmt und ihm keine Aufmerksamkeit schenkt. Typische Merkmale für diesen Zustand sind eine anhaltende Unaufmerksamkeit gegenüber Reizen von der betroffenen Seite, unzureichende persönliche Pflege bzw. Ignorieren der betroffenen Seite, d. h. der Patient schaut nicht auf diese Seite, legt sich nicht auf die Seite, beachtet Essen nicht, das von dieser Seite gereicht wird etc.
unilateral neglect

Vernachlässigung einer Körperhälfte, Umgang mit der. → Pflegeintervention der → NIC, die definiert ist als der Schutz und die sichere Reintegration betroffener Körperteile durch die Unterstützung von Patienten bei der Anpassung an gestörte Wahrnehmungsfähigkeiten.
Unilateral Neglect Management

vernarben. Narbenbildung während des Heilvorgangs.
cicatrize

Vernebeln. Methode zur Verabreichung von Arzneimitteln, bei der diese mit Hilfe eines Apparates (Vernebler) in feinen Tröpfchen in die Atemwege eines Patienten gesprüht werden, um Bronchialsekret zu lösen und das Abhusten zu erleichtern.
nebulization

Vernebler. Vorrichtung, mit der Flüssigkeiten fein zerstäubt und als Spray oder Dampf abgegeben werden können. Mit Hilfe eines V.s können die Raumluft oder die Atemluft eines Beatmungsgerätes angefeuchtet werden.
atomizer; humidifier

Vernix caseosa. (→ Käseschmiere)
vernix caseosa

Verruca. Gutartige warzenähnliche Hautwucherung mit verhornter Oberfläche, die durch Papilloma-Viren (Warzenviren) hervorgerufen wird. – *adj.* verrukös.
[*lat.:* verruca, Auswuchs]
verruca

Verschlusskapazität. Begriff aus der Atemtherapie; die Summe des Verschlussvolu-

mens und des restlichen Gasvolumens in den Lungen.
closing capacity (CC)

Verschlussvolumen. Das in den Lungen verbleibende Gasvolumen zu dem Zeitpunkt, wenn die kleinen Luftwege sich während einer kontrollierten Maximalausatmung zu schließen beginnen.
closing volume (CV)

Versicherung, Bevollmächtigung einer. → Pflegeintervention der → NIC, die definiert wird als die Unterstützung von Patienten und Versicherungsvertretern bei der Gewährleistung von Zahlungen für Gesundheitsleistungen oder Materialien durch die Versicherungen.
Insurance Authorization

Verstärkung, negative. Stimulus, der, wenn er sofort nach dem Auftreten einer bestimmten Verhaltensweise erfolgt, die Häufigkeit dieses Verhaltens reduziert.
negative reinforcer

Verstauchung. Traumatische Verletzung eines Gelenks, gekennzeichnet durch Schmerzen, Schwellung und Hautverfärbung im Gelenksbereich. Dauer und Stärke der Symptome hängen vom Verletzungsausmaß ab.
sprain

Versteifung. Rigide oder unflexible Gelenke infolge von Arthritis oder anderen rheumatischen Erkrankungen.
stiff joint

Vertebra (pl. Vertebrae). (→ Wirbel)
vertebra

V

Vertebra coccygeal. (Steiß- bzw. Schwanzwirbel). Eines der vier Segmente der Wirbelsäule, die das Steißbein bilden. Bei diesen Segmenten handelt es sich um Rudimentärwirbel, die keine Stiele, Lamina oder Dornfortsätze haben.
coccygeal vertebra

vertebral. Zu einem oder mehreren Wirbeln gehörend, diese betreffend oder aus Wirbeln bestehend, z.B. Columna vertebralis (Wirbelsäule).
vertebral

Vertebralkanal. (→ Wirbelkanal)
spinal canal

vertebrokostal. Wirbel und Rippen bzw. Rippenknorpel betreffend oder zu diesen gehörend.
vertebrocostal

Vertex. 1. Scheitel oder Spitze eines Organs. 2. Speziell der am höchsten gelegene Teil des Schädels; Scheitel.
[*lat.:* vertex, Scheitel]
vertex

Vertigo. Schwindel; Gefühl von Instabilität, Schwindeligkeit, Gleichgewichtsverlust oder Drehung, das durch eine Störung im Innenohr oder im Hirnstamm ausgelöst wird. Man unterscheidet zwischen dem Gefühl, dass sich der Körper um die eigene Achse dreht oder demjenigen, dass sich alle Objekte um den Körper herum drehen.
vertigo

Vertigo auralis. (Menière-Krankheit). Form der → Vertigo, die in Verbindung mit einer Ohrenkrankheit steht. Symptome sind Schwindel und in schweren Fällen Erschöpfungszustände und Erbrechen. (→ Menière-Krankheit)
auditory vertigo

vertikal. Senkrecht; im rechten Winkel zur Horizontalebene.
vertical

Vertragsabschluss mit Patienten. → Pflegeintervention der → NIC, die definiert wird als das Aushandeln eines Vertrages mit Patienten zur Verstärkung spezifischer Verhaltensänderungen.
Patient Contracting

Vertretungsbetreuung. → Pflegeintervention der → NIC, die definiert wird als die Gewährleistung einer Kurzzeitpflege zur Entlastung der Betreuungspersonen aus der Familie.
Respite Care

Verweilkanüle. (Verweilkatheter). Biegsamer Katheter aus Kunststoff, der über längere Zeit in einer Vene belassen wird. Über die V. kann z.B. eine → Dauertropfinfusion mit

Medikamenten bzw. Salzen, Mineralstoffen und Vitaminen in das venöse System einlaufen bzw. der Patient → parenteral ernährt werden.
venous access device

Verweilkanüle, Legen einer intravenösen. → Pflegeintervention der → NIC, die definiert wird als die Einführung einer Verweilkanüle in eine periphere Vene zum Zweck der intravenösen Verabreichung von Flüssigkeiten, Blut oder Arzneimitteln.
Intravenous (IV) Insertion

Verweilkatheter. Jeder Katheter, der für eine längere Zeit an einer bestimmten Einsatzstelle liegen bleiben soll, z.B. in einer Vene.
indwelling catheter

Verwirrtheit, akute. Anerkannte → NANDA-→ Pflegediagnose; plötzliches Auftreten einer Reihe von allgemeinen, vorübergehenden Veränderungen und Störungen von Aufmerksamkeit, kognitiven Leistungen, psychomotorischen Aktivitäten, Bewusstseinszustand und/oder Schlaf-Wach-Rhythmus. Zu den kennzeichnenden Merkmalen zählen verstärkte Agitiertheit oder Unruhe, Wahrnehmungsstörungen und mangelnde Motivation, zielgerichtete oder sinnvolle Verhaltensweisen zu initiieren oder zu verfolgen.
confusion, acute

Verwirrtheit, chronische. Anerkannte → NANDA-→ Pflegediagnose; irreversible längerfristige und/oder fortschreitende Verschlechterung des Intellekts und Persönlichkeitsstörungen, die sich durch die verminderte Fähigkeit, Umweltreize zu interpretieren, sowie die verminderte Fähigkeit zeigen, intellektuelle Denkprozesse durchzuführen: dies äußert sich in Störungen der Gedächtnisleistung, der Orientierung und der Verhaltensweisen. Zu den kennzeichnenden Merkmalen gehören klinische Anzeichen von organischen Störungen, veränderte Interpretation oder Reaktion auf Reize, zunehmende und längerfristige kognitive Störungen, unveränderter Bewusstseinszustand, gestörte Sozialisation, gestörte Gedächtnisleistung (Kurzzeit- und Langzeitgedächtnis) und Persönlichkeitsveränderungen.
confusion, chronic

Verwirrtheitszustand. Schwache Form des Deliriums; kann in jedem Lebensalter auftreten und bereits bestehende Hirnkrankheiten begleiten. Gekennzeichnet von der Unfähigkeit, die Aktivitäten des täglichen Lebens zu bewältigen, sowie von Gedächtnislücken, wirren Verhaltens- und Sprechweisen.
confusional state

Verwirrtheitszustand, akuter. Form einer Dysfunktion des Zentralnervensystems (ZNS), die durch Störungen der Stoffwechsel- bzw. andere biochemische Prozesse verursacht wird, welche für eine normale Hirnfunktion erforderlich sind. Dabei können Denk-, Bewusstseins-, Gedächtnis- sowie Orientierungsstörungen auftreten.
acute confusional state

Very low-density Lipoprotein (VLDL). Aus Eiweiß und Fett bestehendes, in der Leber gebildetes Molekül, das über das Blut hauptsächlich Triglyceride an andere Stellen im Körper transportiert, wo sie entweder gebraucht oder gelagert werden.
very low-density lipoprotein (VLDL)

Verzögerung, konstitutionelle. Kindliche Entwicklungsphase, während der das Wachstum unterbrochen wird. In manchen Fällen können Krankheit oder Stress zu einer konstitutionellen Verzögerung führen.
[*lat.:* constituere, etablieren.]
constitutional delay

Vesica urinaria. (→ Harnblase)
urinary bladder

Vesicula, pl. Vesiculae. Kleine, mit klarer Flüssigkeit gefüllte Bläschen oder Blasen in der Haut. – *adj.* vesikulär.
[*lat.:* vesicula, kleine Blase, Bläschen]
vesicle

vesikal. Zu einem mit Flüssigkeit gefüllten Organ - meist der Harnblase - gehörend bzw. diese betreffend.
vesical

vesikulär. (vesicularis). Bläschenförmig, bläschenbildend; in den Lungenbläschen auftretend.
vesicular

Vesikulographie. Röntgenographische Untersuchung der Samenbläschen und der angrenzenden Strukturen, meist nach vorheriger Injektion eines Kontrastmittels in die Samenleiter oder die Ejakulationsgänge.
vesiculography

vestibulär. (vestibularis). Zu einem Vorhof (Vestibulum) gehörend, diesen betreffend oder von diesem ausgehend.
vestibular

Vestibulum. Vorhof; Raum oder Öffnung, die vor einer Körperhöhle bzw. -kanal liegt und als Eingang dient, wie z.B. das »Vestibulum vaginalis« (Scheidenvorhof) oder das »Vestibulum auris« (Vorhof des knöchernen Labyrinths). – *adj.* vestibularis; vestibulär.
[*lat.:* vestibulum, Vorhof, Vorplatz]
vestibule

Vestibulum auris. Vorhof des knöchernen Labyrinths, der für Orientierung und Bewegung mit verantwortlich ist.
vestibule of the ear

Veterinär. Tierarzt; Facharzt, der auf Ursachen und Behandlung von Krankheiten bei Haustieren und wilden Tieren spezialisiert ist. – *adj.* veterinär.
[*lat.:* veterinarius, Tierarzt]
veterinarian

Veterinärmedizin. Tierheilkunde; Fachbereich der Medizin, der sich mit Tieren, deren Krankheiten und Heilung der Krankheiten beschäftigt.
veterinary medicine

VHD. Abkürzung für »Vereinigung der Hygienefachkräfte der Bundesrepublik Deutschland«.
VHD

via. Weg oder Passage, z.B. in der Fügung »per vias naturales« (auf natürlichem Weg).
[*lat.:* via, Weg]
via

Vibrationsmassage. 1. Manuelle Massage durch Zitterbewegungen der Fingerspitzen oder der flachen Hand, bei der die entsprechenden Körperbereiche gut durchgerüttelt werden. 2. Massageart mit einem elektrischen Gerät (Vibrator).
vibratory massage

Vibrionen. Gattung gerader oder gebogener, gramnegativer, beweglicher Bakterien mit Geißeln, wie z.B. die *Vibrio cholerae*, die Erreger der Cholera. Auch andere epidemische Magen-Darm-Infektionen werden durch V. hervorgerufen.
[*lat.:* vibrare, schwingen, schütteln]
vibrio

Vidaribin. Mittel gegen Viren (Virostatikum), das zur Behandlung von Herpesinfektionen eingesetzt wird.
vidarabine

Vigantoletten. Vitamin-D-Tabletten, die Neugeborenen vor allem in Nord- und Mitteleuropa ab der 2. Lebenswoche zur Vorbeugung gegen → Rachitis und Knochenaufbaustörungen ein Jahr lang täglich verabreicht werden. Normalerweise wird Vitamin D mit Hilfe von Sonnenlicht aus einer cholesterinartigen Vorstufe in der Haut produziert. Da in nördlichen Ländern, insbesondere in den Wintermonaten, die Sonne nicht sehr häufig scheint, können Neugeborene schnell unter Vitamin-D-Mangel leiden, was zu Knochenaufbaustörungen und Rachitis führen kann.
vigantoletten

Vigilambulismus. Planloses Umherwandern in einer Art Wachzustand, jedoch ohne spätere Erinnerung. (s.a. Somnambulismus)
vigilambulism

Villus (pl. Villi). (Zotten). Zahlreiche kleine, für das bloße Auge kaum sichtbare fingerförmige Erhebungen (Zotten), die z.B. über die gesamte Schleimhaut des Dünn-

darms verteilt sind. Die Zotten sind mit Epithelium bedeckt, durch das Flüssigkeit und Nährstoffe diffundieren können. Jede Zotte besteht aus einem empfindlichen Bindegewebskern, mehreren Kapillaren und häufig nur einer Lymphkapillare, die sich bei der Verdauung von fettreicher Nahrung mit Milchsaft füllt.
[*lat.:* villus, zottiges Haar]
villus (pl. villi)

Vinblastin. → Zytostatikum, das zur Behandlung vieler Tumorerkrankungen eingesetzt wird, wie z.B. bei Chorionkarzinom, Hodenkrebs, Hodgkin-Krankheit und Non-Hodgkin-Lymphom. (s.a. Vincristin)
vinblastine sulfate

Vincristin. → Zytostatikum, das zur Behandlung zahlreicher Krebserkrankungen eingesetzt wird, z.B. bei Leukämie, Neuroblastomen, Lymphomen und Sarkomen. (s.a. Vinblastin)
vincristine sulfate

Vindesin. → Zytostatikum, das zur Behandlung von akuter lymphopatischer Leukämie, Brustkrebs, bösartigen Melanomen, Lymphsarkomen und Lungenkrebs eingesetzt wird.
vindesine sulfate

VIP. Abkürzung für englisch »*v*asoactive *i*ntestinal *p*olypeptide« = gefäßaktives, intestinales Polypeptid.
VIP

Virämie. Das Zirkulieren von Viren im Blut.
viremia

Virchow-Drüse. (Klavikulardrüse). Harter Lymphknoten oberhalb des linken Schlüsselbeins, der bei bösartigen Bauchgeschwülsten so groß ist, dass man ihn gut tasten kann.
[Rudolf Virchow, dt. Pathologe, 1821–1902]
Virchow's node

viril. 1. Den Mann oder das männliche Geschlecht betreffend, charakterisierend bzw. zu diesem gehörend; männlich. 2. Männliche Eigenschaften oder Züge aufweisend, vermännlicht (besonders von Frauen aber auch von Jungen gesagt).
virile

Virilisierung. (Maskulinisierung). 1. Vermännlichung einer Frau. 2. Vorzeitige Geschlechtsreife eines Jungen. – *adj.* viril; virilisierend.
virilization

Virilismus, adrenaler. (adrenogenitales Syndrom). Krankheitsbild mit einer übermäßigen Ausscheidung von Androgenen, führt zu Vermännlichung (Virilisierung). Die übermäßige Hormonproduktion kann verschiedene Ursachen haben: einen Nebennierentumor, eine angeborene → Hyperplasie der Nebenniere oder einen angeborenen Mangel an Enzymen, die für die Umwandlung von endogenen Androgenen in Glukokortikoide erforderlich sind. Mädchen mit einem adrenogenitalen Syndrom weisen Anzeichen eines → Pseudohermaphroditismus auf; im Kleinkindalter kann eine Vergrößerung der Klitoris und eine Verschmelzung der Schamlippen beobachtet werden, später kommt es zu einer tiefen Stimmlage, Akne, Ausbleiben der Regel, sowie männlichem Haarwuchs und Muskelentwicklung. Jungen mit einem a. V. sind hinsichtlich der Entwicklung von Penis, Prostata sowie Haarwuchs im Schambereich und den Achseln frühreif. Ihre Hoden bleiben jedoch klein und unterentwickelt, da ein negatives Feedback des hohen adrenalen Androgenspiegels eine normale pubertäre Erhöhung von Gonadotropin in der Hypophyse verhindert.
adrenal virilism

Virion (pl. Virionen, Viria). In der Ruhephase befindliches, außerhalb der Zelle existierendes und infektiöses Virusteilchen mit einem Nukleinsäurekern, der von einem Proteinmantel (Kapsid) umgeben ist. Das komplexe Nukleokapsid kann bereits ein vollständiges Virus bilden, wie z.B. die Adeno- und die Picornaviren, oder es kann noch von einer Außenhülle (Envelope) umgeben sein, wie die Herpesviren.
virion

Virologe. Facharzt, der → Viren und durch Viren hervorgerufene Krankheiten erforscht.
virologist

Virologie. Wissenschaft und Lehre der → Viren und Virenerkrankungen.
virology

Virostatikum (pl. Virostatika). Mittel, das hemmend auf das Wachstum und die Vermehrung von Viren einwirkt. – *adj.* virostatisch.
virostatic agent

virostatisch. Wachstum und Vermehrung von Viren hemmend (von Medikamenten gesagt), in Abgrenzung zur Zerstörung von Viren.
virustatic

virulent. Infektionskräftig, hoch pathogen, ansteckend.
virulent

Virulenz. Die Fähigkeit von Mikroorganismen Krankheiten hervorzurufen. – *adj.* virulent.
virulence

Virus, onkogener. (Onkovirus). Gruppe von über 100 Viren, die die Entwicklung von malignen neoplastischen Erkrankungen (z.B. Leukämie oder Sarkome) bei Menschen und Tieren verursachen.
oncogenic virus

V

Virus (pl. Viren). Sehr kleiner, parasitärer Mikroorganismus ohne selbstständigen Stoffwechsel, der sich nur in Zellen eines lebenden Wirtsorganismus vermehren kann. Ein V. besteht aus einem Nukleinsäurekern (DNS oder RNS), der von einem Proteinmantel umgeben ist. Manche V. besitzen außerdem eine weitere Hülle (Envelope) aus Lipoproteinen. Das V. stellt den genetischen Code zur Vermehrung zur Verfügung und die Wirtszelle die notwendige Energie sowie weitere notwendige Ressourcen. Bislang wurden über 200 für den Menschen krankheitserregende V. identifiziert, darunter fallen z.B. Adenoviren, Enteroviren, Herpesviren und Rhinoviren. – *adj.* viral.
[*lat.:* virus, Schleim, Saft, Gift]
virus

Virushepatitis. Durch → Viren hervorgerufene Lebererkrankung. (→ Hepatitis)
viral hepatitis (VH)

Virusinfektion. Sammelbezeichnung für Erkrankungen, die durch einen der annähernd 200 bekannten und für den Menschen pathogenen Viren hervorgerufen werden. Einige dieser Viren sind hochgradig infektiös und lösen gefährliche Krankheiten aus, andere verursachen nur leichte und temporäre Beschwerden, die oft fast unbemerkt vorübergehen. Eine Krankheit bricht aus, wenn Körperzellen durch eingedrungene Viren zerstört werden. Nach Eindringen des Virus in den Organismus heftet sich dieser zunächst an eine empfängliche Zelle, die das Virus dann an seiner Membran anlagert und festhält. Danach dringt das Erbgut des Virus in die sogenannte Wirtszelle ein. Zu diesem Zeitpunkt erzeugt das in seine Einzelteile zerlegte Virus keine Symptome und kann auch nicht aus den Zellen in seiner pathogenen Form wiederhergestellt werden. Das Virus beginnt aber nun in der Wirtszelle heranzureifen und sich mit Hilfe deren Energie und chemischer Moleküle mit seinem eigenen Erbgut zu vermehren. Damit hat das Virus die Zelle für sich vereinnahmt. Nach einer gewissen Zeit - unterschiedlich lang für die verschiedenen Viren - treten unzählige, vollständig entwickelte Viren im Organismus auf, die auch außerhalb der Wirtszelle existieren können und sich weitere Opferzellen suchen. Bei vielen V.en, darunter Mumps, Pocken und Masern, entsteht durch eine einmalige Infektion eine lebenslange Immunität; bei anderen hält die Immunität nur sehr kurz an. Bei diesen Infektionen ist die Inkubationszeit meist sehr kurz, die Viren zirkulieren nicht im Blut, es bilden sich keine Antikörper und häufig entwickelt sich auch keine Immunität. (s.a. Virus)
[*lat.:* virus, Schleim, Saft, Gift]
viral infection

Virusmarker. Bestimmtes Merkmal der Viren, mit dessen Hilfe das Stadium einer HIV-Erkrankung erkannt werden kann, bestimmt durch die Anzahl der Viren in einer Blutprobe. Der V. gilt als zuverlässiger als die Messung der CD4-Lymphozytenzahl, die ebenfalls zur Bestimmung des Krankheitsfortschritts verwendet wird.
viral marker

Visite. Tägliche ärztliche Kontrolle aller Patienten einer Station in Begleitung der Stationsschwester oder einer Stellvertreterin, die sämtliche Anordnungen und Befunde in der Patientenkurve notiert. Chefvisite: V. des Chefarztes bzw. seines Stellvertreters bei Privatpatienten mit Chefarztbehandlung.
[*lat.:* visitare, häufig aufsuchen]
round; ward round

viskös. Dick, zähfließend und/oder klebrig.
viscid; viscous

Viskosität. Fließfähigkeit einer Flüssigkeit/Lösung. Eine Lösung mit hoher V. ist eher dick und fließt aufgrund der Reibung der einzelnen Moleküle untereinander sehr langsam. – *adj.* viskös; viskos.
[*lat.:* viscum, Mistel, Vogelleim]
viscosity

Viszera. Eingeweide; Innere Organe, die in einer Körperhöhle liegen, z.B. in Schädel, Bauch, Brustkorb und Becken sowie die endokrinen Organe. – *adj.* viszeral; visceralis.
[*lat.:* viscera, Eingeweide]
viscera

vital. Das Leben betreffend, lebenstüchtig, funktionstüchtig, lebenswichtig.
vital

Vitalfärbung. Färbung von frisch entnommenen Zellen oder Gewebe, ohne diese vorher fixiert zu haben.
vital stain

Vitalkapazität (VK). Fassungsvermögen der Lunge an Atemluft nach maximaler Ausatmung (ca. 3500 - 5000 ml). Die V. umfasst die inspiratorische Reserveluft, das Atemzugvolumen und die exspiratorische Reserveluft.
vital capacity (VC)

Vitalzeichen. Pulsfrequenz, Atemfrequenz und Körpertemperatur. (Der Blutdruck wird meist gemeinsam mit den V. gemessen, obwohl er streng genommen nicht direkt dazu zählt.)
vital signs

Vitalzeichen-Monitoring. → Pflegeintervention der → NIC, die definiert ist als die Erfassung und Analyse von kardiovaskulären und respiratorischen Daten sowie der Körpertemperatur zur Bestimmung und Verhinderung von Komplikationen.
Vital Signs Monitoring

Vitamin A. Fettlösliches Vitamin, wichtig für das Knochenwachstum, die Aufrechterhaltung der Haut und Schleimhäute und für die Sehkraft. Es kommt hauptsächlich in grünem Blattgemüse, gelbem Gemüse und Früchten, Fisch, Leber und Milchprodukten sowie in Eigelb vor. Mangel an V. A führt zu Hauterkrankungen, Nachtblindheit und verminderter Infektionsabwehr der Schleimhäute; ein Überangebot zu Muskelkrämpfen.
vitamin A

Vitamin-B-Komplex. Eine Gruppe wasserlöslicher Vitamine, die sich in ihrer Struktur und ihrer biologischen Wirkung voneinander unterscheiden. Sämtliche B-Vitamine sind in großer Menge in Leber und Hefe enthalten sowie in zahlreichen anderen Nahrungsmitteln. Sie sind u.a. wichtig für den Kohlehydratstoffwechsel, das Wachstum, den Eiweißstoffwechsel und die Bildung der roten Blutkörperchen.
vitamin B complex

Vitamin C. Wasserlösliches Vitamin, das hauptsächlich in Zitrusfrüchten, Tomaten, Hagebutten, Paprika, Kartoffeln und Frischgemüse vorkommt und den gesamten Zellstoffwechsel aktiviert. Ein Mangel an V. C führt zu → Skorbut.
vitamin C

V

Vitamin D. Fettlösliches Vitamin, das chemisch mit den Steroiden verwandt ist und für die Mineralisierung von Knochen und Zähnen sowie für die Aufnahme von Kalzium und Phosphor aus dem Darm in den Körper wichtig ist. Es kommt natürlich hauptsächlich in Salzwasserfischen, Milch, Butter, Eigelb und Leber vor. Durch Sonneneinstrahlung (UV-Strahlen) wird in der Haut eine Form von Cholesterol aktiviert, das sich in eine Vorstufe von V. D verwandelt und resorbiert wird. V. D-Mangel führt bei Kindern zu → Rachitis und bei Erwachsenen zu Osteomalazie und Osteoporose.
vitamin D

Vitamin E. Fettlösliche Vitamine, die alle für die Fortpflanzung, Ablauf der Schwangerschaft, Nervensystem, Muskelaufbau, Widerstandsfähigkeit der roten Blutkörperchen gegenüber hämolytischen Prozessen und verschiedene andere biochemische Funktionen wichtig sind. Sie kommen hauptsächlich in Getreidekeimlingen, Fleisch, Mehl und Eigelb vor. Ein V.-E-Mangel kann zu Fehlgeburten und Sterilität, Muskelabbau, Gefäßstörungen, Anämie und Leber- und Nierenschäden führen. V. E wird mit dem Alterungsprozess in Verbindung gebracht.
vitamin E

Vitamin K. Eine Gruppe fettlöslicher Vitamine, die für die Blutgerinnung wichtig sind. Sie kommen natürlich in vielen Nahrungsmitteln vor, insbesondere in Spinat, Rosenkohl, Tomaten, Leber, Früchten, Milch und Fleisch. Darüber hinaus kann V. K als einziges Vitamin vom Körper selbst gebildet werden, nämlich von den Darmbakterien. Ein Mangel führt zu Haut- und Schleimhautblutungen.
vitamin K

Vitamin(e). Organische Nahrungsbestandteile, die in kleinen Mengen für die normale physiologische und die Stoffwechselfunktion des Körpers lebensnotwendig sind. V. können mit Ausnahme von V. K nicht eigenständig vom Körper produziert werden und müssen daher von außen mit der Nahrung zugeführt werden. Bei Vitaminmangel kommt es zu bestimmten Symptomen, die meist durch die Zufuhr der entsprechenden V. gelindert werden können. V. werden entsprechend ihrer Fett- oder Wasserlöslichkeit, ihrer physiologischen Wirkung und der chemischen Zusammensetzung in verschiedene Klassen aufgeteilt; sie werden mit Buchstaben in alphabetischer Reihenfolge versehen oder mit chemischen oder anderen Namen gekennzeichnet. Die Vitamine A, D, E und K sind fettlöslich (Eselsbrücke: EDEKA), die des V.-B-Komplexes und C sind wasserlöslich.
vitamin(s)

Vitaminmangel. Zustand infolge einer zu geringen Aufnahme von einem oder mehreren Vitaminen bzw. der Unfähigkeit, Vitamine zu resorbieren. Die Symptome und Krankheitsausprägungen sind abhängig von den jeweiligen Funktionen, die das Vitamin im Körper erfüllt.
vitamin deficiency

Vitaminologie. Die Lehre von den Vitaminen, deren Aufbau, Wirkung und Funktion bei der Erhaltung der Gesundheit.
vitaminology

Vitiligo. (Scheckhaut; Weißfleckenkrankheit). Gutartige, erworbene Hautkrankheit mit unbekannter Herkunft. Dabei entstehen weiße Flecken verschiedener Größen, die von der restlichen Haut oft durch einen dunklen Rand scharf abgegrenzt sind. Unbedeckte Hautbereiche sind am häufigsten betroffen.
[*lat.:* vitiligo, krankhafter Hautausschlag, Hautflechte]
vitiligo

VK. Abkürzung für → Vitalkapazität.
VC

VLDL. Abkürzung für englisch »very low density lipoprotein«.
VLDL

VO. Abkürzung für »Verordnung«.
VO

VO_2. Symbol für »Sauerstoffverbrauch«.
VO2

Vogelgesicht. Gesichtsprofil mit einem unterentwickelten Unterkiefer, was durch eine Störung des Knochenwachstums, ein Trauma oder eine Knocheninfektion verursacht sein kann.
bird face

Vol. Abkürzung für »Volumen«.
vol.

Vol.%. Abkürzung für »Volumprozent«.
vol.%

volar(is). (palmar). Zur Handinnenseite gehörend, diese betreffend oder dort liegend.
volar

volatil. Flüchtig; schnell verdunstend (von Flüssigkeiten gesagt).
[*lat.:* volatilis, fliegend, flüchtig]
volatile

Volhard-Wasserversuch. Aus zwei Versuchen bestehende Methode zur Prüfung der Nierenfunktion. 1) Verdünnungsversuch: Der Patient trinkt auf nüchternen Magen innerhalb von 15 Minuten 1,5 l Wasser oder dünnen Tee. Bei gesunden Menschen wird innerhalb von 4 Stunden fast die gesamte Flüssigkeit (wenigstens jedoch 2/3) bei halbstündigem Wasserlassen wieder ausgeschieden und das spezifische Gewicht des Urins beträgt nur 1,001 bis 1,004. 2) Konzentrationsversuch: Nach dem Verdünnungsversuch bekommt der Patient für 20 Stunden nur Trockenkost. Danach steigt das spezifische Gewicht bei gesunder Nierenfunktion auf 1,026 an.
[Franz Volhard, dt. Internist, 1872–1950]
Volhard's test

Volkmann-Kontraktur. Schwere, anhaltende Fehlstellung des Unterarms und der Hand infolge einer mangelnden Blutversorgung (Ischämie). Die Ischämie wird häufig durch lang anhaltenden Druck (z.B. durch zu engen Gips oder Bandage) oder durch eine Quetschverletzung im Bereich des Ellbogens verursacht.
[Richard von Volkmann, dt. Chirurg, 1830–1889]
Volkmann's contracture

Volkmann-Schiene. Starre Beinschiene zur Unterstützung und Ruhigstellung des Unterschenkels bei Beinverletzungen. Die Schiene ist mit einem an beiden Seiten befestigten Sohlenstück ausgestattet, wodurch das Laufen ermöglicht wird.
[Richard von Volkmann]
Volkmann's splint

Vollblut. Nicht verändertes Blut, mit Ausnahme des Zusatzes eines Hemmstoffes der Blutgerinnung (Antikoagulanz). V. kann für Transfusionen verwendet werden.
whole blood

Vollblut-Retraktionstest. Methode, mit der bestimmt werden kann, ob eine Gerinnungsstörung aufgrund einer verminderten Thrombozytenzahl vorliegt. Mit dem Test wird der Verlauf der Verkleinerung (Retraktion) der Blutgerinnsel gemessen, die innerhalb von 4 bis 24 Stunden abgeschlossen sein sollte. Bei einer Thrombozytopenie erfolgt die Retraktion langsamer und die Gerinnsel bleiben weich und wässrig.
whole blood clot retraction test

Volt (V). Internationale Bezeichnung für die Einheit der elektrischen Spannung. In einem Stromkreis bezeichnet 1 Volt die Kraft, die benötigt wird, um 1 Ampere durch einen Widerstand von 1 Ohm zu schicken; oder 1 V ist die Potenzialdifferenz zwischen 2 Punkten eines metallischen Leiters, in dem bei elektrischem Strom der Stärke 1 A die Leistung von 1 Watt umgesetzt wird.
[Alessandro Volta, ital. Physiker, 1745–1827]
volt (V)

Volumen (Vol.). Die Menge an Raum, die von einem Objekt (fest, flüssig oder gasförmig) in Anspruch genommen wird; wird ausgedrückt in Kubikmeter (m^3).
[*lat.:* volumen, Schriftrolle, Papierrolle, Buch]
volume (vol.)

Volumprozent. Auf Hohlmaße (Volumina) bezogene Konzentrationsangabe (Vol. pro Vol.).
🇬🇧 volume percent; % by volume

Volvulus. Darmverschlingung; Drehung einer Darmschlinge um die eigene Achse bzw. um eine andere Darmschlinge und dadurch bedingte Abschnürung der Darmgefäße. Die Darmverschlingung tritt häufig infolge des Vorfalls eines Bereichs des Dünndarmgekröses auf und betrifft meist den Krummdarm (Ileum), den Blinddarm (Zäkum) oder den s-förmigen Teil des Grimmdarms. Wird die Verschlingung nicht behoben, kommt es zur Nekrose der betroffenen Darmabschnitte und es kann zu Bauchfellentzündung (Peritonitis) und Darmruptur kommen.
[*lat.:* volvere, drehen, wälzen, winden]
🇬🇧 volvulus

Vomer. Pflugscharbein; flacher, rautenförmiger Knochen, der den hinteren unteren Abschnitt der Nasenscheidewand bildet.
[*lat.:* vomer, Pflugschar]
🇬🇧 vomer

Vomitus. Erbrechen; das plötzliche Entleeren von Mageninhalt durch die Speiseröhre und den Mund nach außen. Je nach Farbe des Erbrochenen kann oft auf die Ursache bzw. die Herkunft des Erbrochenen geschlossen werden; Kaffeesatz-Erbrechen (Bluterbrechen) weist z.B. auf ein Magengeschwür hin.
[*lat.:* vomere, sich erbrechen]
🇬🇧 vomitus

V

Vorbewusstsein. Mentale Funktion, bei der Gedanken, Ideen, Emotionen oder Erinnerungen, die nicht im unmittelbaren Bewusstsein vorhanden sind, ohne jeden intrapsychischen Widerstand wachgerufen werden können.
🇬🇧 preconsciousness

Vorblase. (→ Vorwasser)
🇬🇧 forewaters

Vorderhorn, des Rückenmarks. Hornförmige, nach vorn gelegene, aus grauer Substanz bestehende Projektion, die in die weiße Wirbelsäulensubstanz ragt. Das V., auch Ventralhorn genannt, enthält efferente Fasern zur Innervierung des Skelettmuskelgewebes.
🇬🇧 anterior horn of the spinal cord

Vorderhornzelle. Große Nervenzelle, Körper eines Motoneurons; befindet sich im vorderen Teil der Wirbelsäule.
🇬🇧 anterior horn cell

Vorgehensweisen, Entwicklung geeigneter. → Pflegeintervention der → NIC, die definiert wird als die Entwicklung und der Einsatz einer zeitlich begrenzten Abfolge von Aktivitäten der Patientenpflege, um die erwünschten Ergebnisse für bestimmte Patienten auf kostengünstige Weise zu fördern.
🇬🇧 Critical Path Development

Vorhaut. (Präputium). Hautfalte, die z.B. an der Spitze des Penis oder um die Klitoris zurückgezogen werden kann.
🇬🇧 foreskin

Vorhauttalg. (→ Smegma)
🇬🇧 smegma

Vorhofflattern. → Tachykardie mit Frequenzen von 230-380/min, meist in Verbindung mit einem → AV-Block. Man unterscheidet nach der Frequenz und den EKG-Linien zwei Formen, das typische und das atypische V. (→ Herzarrhythmie/Vorhofflimmern)
🇬🇧 atrial flutter

Vorhofflimmern. → Herzarrhythmie, die durch eine Störung der elektrischen Aktivität im Vorhof (Atrium) in Verbindung mit einer unregelmäßigen, meist sehr schnellen Kammerreaktion gekennzeichnet ist. Der Vorhof »flimmert« (Frequenz von 350-600/min), statt in organisierter Weise zu kontrahieren, was zum Kammerflimmern und einer verminderten Auswurfleistung führt. V. tritt bei rheumatischer Herzkrankheit (Dilatation des linken Vorhofs), Mitralklappenstenose, akutem Myokardinfarkt und Herzoperationen auf; V. kann auch idiopathisch bedingt sein.
🇬🇧 atrial fibrillation

Vorhofkatheter, rechter. Ein intravenöser Einschwemm-Katheter, der entweder zentral oder peripher eingeführt und in die Vena cava superior und den rechten Vorhof geschoben wird.
🇬🇧 right atrial catheter

Vorhofseptum. Scheidewand zwischen dem linken und rechten Vorhof des Herzens.
🇬🇧 atrial septum

Vorhofseptumdefekt. (Atriumseptumdefekt (ASD)). Angeborene (kongenitale) Herzanomalie mit einer unphysiologischen Öffnung in der Scheidewand zwischen den beiden Vorhöfen. Der Schweregrad der Erkrankung hängt von der Größe und der Lokalisierung des Defekts ab, was in Zusammenhang damit steht, zu welchem Zeitpunkt der embryonalen Entwicklung das Septumwachstum eingestellt wurde. Man unterscheidet den Ostium-secundum-Defekt (ASD II), bei dem sich das Vorhofseptum des fötalen Herzens nicht schließt, den Ostium-primum-Defekt (ASD I), bei dem das Endokard mangelhaft entwickelt ist, und den Sinus-venosus-Defekt, bei dem sich der obere Teil des Vorhofs nicht entwickelt hat.
🇬🇧 atrial septal defect

Vorhofsystole. Kontraktion der Herzvorhöfe, der innerhalb einer Sekunde eine Kontraktion der Herzkammern folgt. (→ Systole)
🇬🇧 atrial systole

Vorhoftachykardie. Schnelle Kontraktionen des Herzvorhofs (Atrium) aufgrund unphysiologischer Bedingungen, getriggerter Aktivität oder intraarteriellem Rückfluss. Eine V. kann entweder nicht-anfallartig (non-paroxysmal, übliche Form) oder anfallartig (paroxysmal, unübliche Form) auftreten. Die Vorhoffrequenz beträgt normalerweise weniger als 200/min. Bei einer Digitalisüberdosierung steigt die Vorhoffrequenz allmählich an (auf 130-250/min), wenn → Digitalis immer weiter verabreicht wird. (→ Tachykardie)
[*griech.:* tachys, schnell; kardia, Herz]
🇬🇧 atrial tachycardia

Vorhoftachykardie, paroxysmale. Schnelle Vorhoffrequenz, die abrupt beginnt und wieder endet, jedoch mehr als die Hälfte des Tages vorhanden ist; kann unbehandelt zu einer Kardiomyopathie (Tachykardiomyopathie) führen.
🇬🇧 paroxysmal atrial tachycardia

Vorlast. (Preload). Dehnungszustand der Myokardfasern am Ende einer Diastole. Der ventrikuläre enddiastolische Druck (Füllungsdruck) und das Volumen spiegeln diesen Parameter wider.
🇬🇧 preload

Vormundschaft. Juristischer Status, der die Verantwortung für die Pflege und das Eigentum einer Person (meist Minderjährige) einer anderen zuweist. Die Durchführung der gesetzlichen Vorschriften variiert ja nach Fall und Rechtsprechung.
🇬🇧 guardianship

Vorspiel. Sexuelle Tätigkeiten, wie z.B. Küssen und Streicheln, die vor dem Koitus ausgeführt werden.
🇬🇧 foreplay

Vorsteherdrüse. (→ Prostata)
🇬🇧 prostate

Vorwasser. Teil der Fruchtblase (Amnionsack), der sich vor dem vorangehenden Teil des Kindes in den Gebärmutterhals (Zervix) schiebt.
🇬🇧 forewaters

Vorzugsmilch. Rohmilch, die in Übereinstimmung mit staatlichen Gesetzen produziert, verwertet und vermarktet wird. Vorzugsmilch muss von gesunden Kühen stammen, die regelmäßiger tierärztlicher Kontrolle unterworfen sind und unter Zuhilfenahme von sterilisierten Geräten in einer möglichst keimfreien Umgebung gemolken werden. Die Keimbelastung muss unter der bakteriellen Untergrenze liegen und die Milch muss innerhalb von 36 Stunden ausgeliefert werden.
🇬🇧 certified milk

VSD. Abkürzung für »Ventrikelseptumdefekt«.
🇬🇧 VSD

vulgaris. Gleichbedeutend zu dem lateinischen »gewöhnlich, gemein, allgemein«, z.B. in der Fügung »Acne vulgaris«.
[*lat.:* vulgaris, gewöhnlich, gemein]
vulgaris

Vulvektomie. Operative Entfernung eines Teils oder des gesamten äußeren Genitales einer Frau, meist zur Behandlung einer bösartigen Tumorerkrankung. Eine einfache V. beinhaltet die Entfernung der Haut der kleinen und großen Schamlippen und der Klitoris. Bei einer radikalen V. werden die kleinen und großen Schamlippen, die Klitoris, das umliegende Gewebe und die Beckenlymphknoten entfernt.
vulvectomy

Vulvovaginitis. Entzündung des Scheideneingangs (Vulva) und der Scheide (Vagina) bzw. der dort gelegenen Drüsen.
vulvovaginitis

Vv. Abkürzung für »Venen«.
vv

W

W. Zeichen für das chemische Element »Wolfram«.
W

Wachkoma. Zustand eines zuvor komatösen Patienten, in dem er weiterhin nicht in der Lage ist zu kommunizieren bzw. auf Reize zu reagieren. Der Patient kann die Augen geöffnet haben, ist jedoch aufgrund einer Hirnerkrankung, einer zerebralen Arteriosklerose oder einer Verletzung der Großhirnrinde nicht bewegungsfähig und muss weiterhin gefüttert, gepflegt und vollständig versorgt werden.
vegetative state

Wacholderharz. Dunkle, ölige Flüssigkeit, die aus dem Holz des Wacholders (Juniperus oxycedrus) gewonnen wird. Das W. wird als antiseptisches Stimulans in Salben bei Psoriasis und Ekzemen verwendet.
juniper tar

Wachphase, ruhige. Phase, in der ein Neugeborenes ruhig und aufmerksam ist, die Augen offen hat und bereit ist, mit einer Person Kontakt aufzunehmen. Neugeborene verbringen ca. 10% ihrer Zeit in dieser Phase.
quiet alert

Wachstum. 1. Die normale progressive anatomische Entwicklung von der Kindheit bis ins Erwachsenenalter, die auf graduellen und physiologischen Prozessen der Zunahme und Anpassung beruht. In der Kindheit wird das W. in Abhängigkeit von dem Alter kategorisiert, in dem unterschiedliche körperliche Veränderungen normalerweise eintreten und spezielle entwicklungsbezogene Aufgaben bewältigt werden können. 2. Pathologische Zunahme der Größe eines Organismus oder seiner Bestandteile, die infolge einer → Hyperplasie oder einer → Hypertrophie auftreten und als Gewicht, Umfang oder in linearen Dimensionen gemessen werden können, z.B. bei Tumoren.
growth

Wachstum und Entwicklung, verändertes. Anerkannte → NANDA-→ Pflegediagnose; Zustand, bei dem ein Patient Abweichungen von den Normen seiner Altersgruppe aufweist. Kennzeichnende Merkmale sind die verzögerte oder problematische Ausführung von (motorischen, sozialen oder expressiven) Fähigkeiten, die der Altersgruppe entsprechen, verändertes Wachstum, Unfähigkeit, altersentsprechende Fähigkeiten der Selbstpflege oder Selbstkontrolle durchzuführen, wenig Gefühlsregungen, Lustlosigkeit und verminderte Reaktionen.
growth and development, altered

Wachstumsfaktor. → Zytokin oder ein höheres, spezifisches Protein, das die Teilung und Differenzierung bestimmter Zelltypen und damit das Körperwachstum stimuliert.
growth factor

Wachstumshormon. (somatotropes Hormon (STH)/Somatotropin). → Polypeptid, das vom Hypophysenvorderlappen als Reaktion auf den Somatotropin-Releasing-Faktor ausgeschieden wird. Die W.e unterstützen die Proteinsynthese in allen Zellen, erhöhen die Fettmobilisation und die Nutzung von Fettsäuren zur Energiebildung und vermindern den Abbau von Kohlenhydra-

ten. Ein Mangel an W.en löst Zwergenwuchs, ein Überschuss Gigantismus oder Akromegalie aus.
growth hormone (GH) human

Wachstumsschmerzen. 1. Rheumatismusähnliche Schmerzen, die in den Knochen und Gelenken von Kindern und Jugendlichen infolge von Müdigkeit, emotionalen Problemen, Haltungsstörungen oder wegen anderer, nicht mit dem Wachstum zusammenhängender Ursachen auftreten und Symptome verschiedener Störungen sind. 2. Emotionale und psychische Probleme, die während der Pubertät auftreten.
growing pains

Wachstumsstörung. Mangelhafte oder fehlende physische oder psychische Entwicklung, die von genetischen, ernährungsspezifischen, pathologischen oder psychosozialen Faktoren abhängen kann.
growth failure

Wachtraum. (Tagtraum). Normalerweise nicht pathologische Träumerei im Wachzustand. Normalerweise hat ein W. die Erfüllung imaginärer Wünsche zum Inhalt.
daydream

Wachzustand. Zustand wachen Interesses für sensorische Anregungen.
arousal

Wade. Gewebe an der Beinrückseite unterhalb des Knies, das hauptsächlich aus dem Musculus gastrocnemius (Zwillingswadenmuskel) besteht.
calf

Wadenbeinnervenlähmung, verzögerte. Übermäßige Kompression des Wadenbeinnervs und nachfolgende Lähmungserscheinung; kann eintreten, wenn man mit überkreuzten Beinen einschläft.
tardy peroneal nerve palsy

Wadenmuskel. (→ Musculus gastrocnemius)
gastrocnemius

Wadenmuskelpumpe. Wirkung aus der Kontraktion der Wadenmuskulatur und der daraus folgenden Kompression der Venen von Kniekehle und Schienbein, indem das Blut in diesen Venen in Richtung Herz befördert wird.
calf muscle pump

Wahn. (Wahnidee; Wahnvorstellung). Anhaltender Irrglauben oder Selbsttäuschung, die von einer Person trotz eindeutiger, gegenteiliger Beweislage aufrecht erhalten wird.
delusion

Wahnvorstellung, nihilistische. Hartnäckiges Leugnen der Existenz bestimmter oder aller Dinge, manchmal auch der eigenen Person, was bei verschiedenen Formen der Schizophrenie auftreten kann.
nihilistic delusion

Wahnvorstellungen, Pflege bei. → Pflegeintervention der → NIC, die definiert wird als die Unterstützung von Gefühlen der Beruhigung, Sicherheit und Realitätsorientierung bei Patienten mit falschen, fixierten, wenig oder gar nicht realitätsbezogenen Überzeugungen.
Delusion Management

Wahrheit, Erzählen der. → Pflegeintervention der → NIC, die definiert ist als das vollständige oder nur teilweises Informieren von Patienten über ihren Zustand, gegebenenfalls das Verschieben auf einen geeigneteren Zeitpunkt, zwecks Unterstützung ihrer Selbstbestimmung und ihres Wohlbefindens.
Truth Telling

Wahrheitsserum. Volkstümlicher Name für eine Reihe von Beruhigungsmitteln, wie z.B. die kurz wirkenden Barbiturate, die Menschen intravenös verabreicht wurden, um zurückgehaltene Informationen zu erhalten. W. wurde erfolgreich zur Identifizierung von an Gedächtnisschwund leidenden Menschen eingesetzt.
truth serum

Wahrnehmung. Bewusste Erkennung und Interpretation von sensorischen Reizen, die als Basis für Verständnis und Lernprozesse oder die Motivation zu bestimmten Handlungen oder Reaktionen dienen.
perception

Wahrnehmungsdefekt. Große Gruppe von Störungen oder Dysfunktionen des Zentralnervensystems, die die bewusste mentale Verarbeitung von sensorischen Reizen behindern. Manche dieser Störungen werden durch Läsionen an bestimmten Stellen der Hirnrinde verursacht, die durch eine Erkrankung oder eine Verletzung des Gehirns in jedem beliebigen Alter und in jeder Entwicklungsphase auftreten können.
perceptual defect

Wahrnehmungsstörungen, visuelle, akustische, kinästhetische, gustatorische, taktile, olfaktorische. Anerkannte NANDA-Pflegediagnose, die einen Zustand beschreibt, in dem ein Mensch eine mengenmäßige und strukturelle Veränderung der eingehenden Reize erfährt und gleichzeitig mit verminderter, übertriebener, verzerrter oder gestörter Reaktion auf diese Reize antwortet. Typische Merkmale sind Desorientierung, Veränderung der Fähigkeit zu abstrahieren, Konzepte zu erstellen oder Probleme zu lösen, Veränderung von Verhaltensweisen und sinnlicher Schärfe, Unruhe, Reizbarkeit, unangemessene Reaktion auf Reize, Konzentrationsmangel, plötzliche Stimmungsänderungen, übertriebene emotionale Reaktionen, Nichteinhalten von Vereinbarungen, motorische Koordinationsstörungen, Müdigkeit, Haltungsänderungen und muskuläre Verspannungen, unangemessene Reaktionen und Halluzinationen.
sensory/perceptual alterations (visual, auditory, kinesthetic, gustatory, tactile, olfactory)

Wahrscheinlichkeit. 1. Ausmaß der Möglichkeit, dass etwas Bestimmtes geschehen wird. 2. Mathematische Relation der Häufigkeit, wie oft etwas Konkretes im Vergleich zur Gesamtzahl der möglichen Erscheinungen auftreten wird.
probability

Waldeyer'-Rachenring. (lymphatischer Rachenring). Bezeichnung für die ringförmig angeordneten Mandeln im Rachen (Gaumen-, Zungen- und Rachenmandeln).
[Heinrich von Waldeyer, dt. Anatom, 1836–1921]
Waldeyer's throat ring

Wallungen. (fliegende Hitze) Vorübergehendes Hitzegefühl bei zahlreichen Frauen in der → Postmenopause. Die W. entstehen durch autonome vasomotorische Störungen in Verbindung mit der neurohormonellen Aktivität der Eierstöcke (Ovarien), des Hypothalamus und der Hypophyse.
hot flash

Wanderabszess. Abszess, der durch Gewebeöffnungen wandert und sich schließlich an einem Punkt abseits seines Ursprungs festsetzt.
wandering abscess

Wanderniere. (Nephroptose). Bezeichnung für eine Niere, die sich infolge einer kongenitalen Fehlbildung bzw. einer traumatischen Verletzung nicht in der normalen anatomischen Position befindet.
floating kidney

Wange. Fleischige Wölbung; Bezeichnung für die Vorsprünge an beiden Gesichtsseiten, zwischen Auge und Kiefer sowie Ohr, Nase und Mund.
cheek

Wangenspalte. (Meloschisis). Schräg verlaufende Gesichtsspalte, die sich als abnorm große Mundöffnung manifestiert. Ursache ist eine mangelnde Verschmelzung der Oberkiefer- und Unterkieferfortsätze während der embryonalen Entwicklung des Gesichts.
cleft cheek

Wangensteen-Drainage. Konstante, sanfte Absaugung und Druckregulierung des Magens und Zwölffingerdarms mit Hilfe eines durch die Nase eingeführten Magen-Darm-Katheters und eines Absauggeräts; wird bei Atonie oder Ileus durchgeführt.
[Owen Wangensteen, amerik. Chriurg, 1898–1981]
Wangensteen apparatus

Wanzen. Blutsaugende Gliederfüßer (Arthropod, z.B. Bettwanzen) der Species *Cimex lectularius* oder *C. hemipterus*, die als Parasiten auf Menschen oder Tieren leben. Ihr Biss sorgt für Juckreiz, Schmerzen und Rötung.
bugs

Wärme, feuchte. Anwendung von warmem oder heißem Wasser, Tüchern, die in heißes Wasser getaucht werden, oder Wasserdämpfen, um Entzündungen und Schmerzen zu lindern, die Durchblutung anzuregen und/oder andere Symptome zu lindern. Heiße, in Wasser eingetauchte Tücher sollten ausgewrungen werden, damit die überschüssige Feuchtigkeit entfernt wird; sie dürfen nicht zu heiß sein, damit keine Verbrennungen entstehen.
moist heat

Wärme-/Kälteanwendung. → Pflegeintervention der → NIC, die definiert wird als die Stimulation der Haut und des darunterliegenden Gewebes durch Wärme oder Kälte, um Schmerzen, Muskelkrämpfe oder Entzündungen zu lindern.
Heat/Cold Application

Wärmeregulation. Die Steuerung von Wärmeproduktion und Wärmeverlust, insbesondere die Aufrechterhaltung der Körpertemperatur durch physiologische Vorgänge, die der Hypothalamus in Gang setzt.
thermoregulation

Wärmeregulationszentren. Bestimmte Bereiche im Hypothalamus, die hauptsächlich für die Steuerung der Wärmeproduktion, der Wärmeverhinderung und der Wärmeerhaltung verantwortlich sind, um die normale Körpertemperatur aufrecht zu erhalten.
thermoregulatory centers

Wärmeregulierung, ungenügende. Anerkannte → NANDA-Pflegediagnose, die definiert ist als die Schwankungen der Körpertemperatur einer Person unter bzw. über den normalen Bereich.
thermoregulation, ineffective

Wärmetherapie. Die Behandlung einer Krankheit mit Hilfe von Wärme. Diese Wärme kann als trockene Wärme mittels Wärmelampen, elektrischen Wärmekissen oder Wärmflaschen, oder als feuchte Wärme mittels feucht-warmer Umschläge oder warmer Bäder angewandt werden.
thermotherapy

Warzenfortsatz. (→ Processus mastoideus)
mastoid process

Warzenhütchen. Schutzvorrichtung, die die → Brustwarzen einer stillenden Mutter schützt; sie besteht meist aus weichem Latex und ist in verschiedenen Größen erhältlich. Das Baby saugt an der warzenähnlichen Öffnung in der Mitte. W. werden meistens verwendet, um wunden oder schmerzhaften Brustwarzen während der Stillphase den Heilungsprozess zu erleichtern.
nipple shield

Waschen. → Pflegeintervention der → NIC, die definiert wird als die Reinigung des Körpers zum Zweck der Entspannung, Sauberkeit und Heilung.
Bathing

Waschen / Hygiene, Unterstützung der Selbstpflege. → Pflegeintervention der → NIC, die definiert ist als die Unterstützung von Patienten bei der Ausführung ihrer Körperpflege.
Self-Care Assistance: Bathing/Hygiene

Waschen und Sauberhalten, Selbstfürsorgedefizit. Anerkannte NANDA-Pflegediagnose, die den Zustand eines Patienten beschreibt, der sich nicht ohne Hilfe waschen und sauber halten kann. Merkmale dieses S.s sind die Unfähigkeit, seinen Körper oder Teile des Körpers zu waschen, die Unfähigkeit, Wasser zu besorgen oder zur Wasserquelle zu gelangen sowie die Unfähigkeit, die Temperatur bzw. die Fließgeschwindigkeit des Wassers zu regulieren.
self-care deficit, bathing/hygiene

Waschraum. Spezieller Raum im OP-Bereich, in dem sich das Operationsteam vor einer Operation chirurgisch desinfiziert. Dabei werden sterile Einmalbürsten und bakterizide Seifen zum Waschen und Schrubben der Hände, Fingernägel und Unterarme verwendet. Weiterhin sterilisierte Handtücher zum Trocknen und Desinfektionsmittel zum abschließenden Desinfizieren der Hände und Arme.
scrub room

Wash-out-Phänomen. Auswaschphänomen; das steile Ansteigen schädlicher Stoffwechselmetaboliten im Blut bei Wieder-in-Gang-Kommen des Kreislaufs nach einem Schock.
[*engl.:* wash out, auswaschen]
washout phenomenon

Wasser, destilliertes. (Aqua destillata). Gereinigtes Wasser, das zuerst zu Dampf erhitzt und anschließend zu seiner flüssigen Form, frei von nicht-volatilen, gelösten Substanzen kondensiert wird.
[*lat.:* distillare, heruntertropfen.]
distilled water

Wasser, H2O. Chemische Zusammensetzung, wobei ein Wassermolekül aus einem Sauerstoff- und zwei Wasserstoffatomen besteht. Ungefähr drei Viertel der Erdoberfläche sind mit W. bedeckt und es ist zu mehr als 70% Bestandteil sämtlicher Lebewesen auf diesem Planet. Reines Wasser gefriert bei normalem Luftdruck bei 0°C und siedet bei 100°C. W. ist die Grundlage aller Lebensvorgänge; ein Erwachsener benötigt ca. 2,5 l pro Tag, wovon ungefähr 1,2 l als Flüssigkeit und 1 l in fester Nahrung aufgenommen werden. Die restlichen 300 ml entstehen im Organismus bei der Verbrennung von Nährstoffen.
water

Wasserhammerpuls. Puls mit großer Amplitude bei Aorteninsuffizienz. Der W. ist gekennzeichnet durch einen kräftigen, schnellen Druckanstieg und sofortigen Druckabfall, wodurch ein zuckendes Gefühl entsteht.
water-hammer pulse

Wasserintoxikation. Wasservergiftung; Überwässerung des Organismus durch Infusionen, wobei die Extra- und die Intrazellulärflüssigkeit zunimmt. Dabei kommt es zu einem verminderten Gehalt des Blutserums an Natrium (Hyponatriämie). Klinische Symptome sind Bauchkrämpfe, Übelkeit, Erbrechen, Lethargie und Schwindel.
water intoxication

Wasserkopf. (→ Hydrozephalus)
hydrocephalus

Wasserlassen, häufiges. Vermehrter Drang zur Blasenentleerung ohne Zunahme der Tagesgesamtmenge. Ausgelöst wird der Zustand häufig durch Entzündung der Harnblase bzw. der Harnröhre, durch ein vermindertes Fassungsvermögen der Blase oder andere anatomische Fehlbildungen.
urinary frequency

Wasserstoff (H). Gasförmiges einwertiges Element; Ordnungszahl 1, Atommasse 1,008. W. ist das einfachste und leichteste Element, normalerweise farblos, geruchlos und leicht brennbar. Er tritt in reiner Form auf der Erde und in der Atmosphäre nur selten auf, ist jedoch auf der Sonne und auf anderen Planeten in großen Mengen vorhanden. W. ist Bestandteil zahlreicher Verbindungen, die vom Körper gebildet werden. Als Komponente von Wasser ist er bei den metabolischen Interaktionen von Säuren, Basen und Salzen im Körper sowie im Flüssigkeitshaushalt des Körpers überlebenswichtig.
[*griech.:* hydros, Wasser; genein, produzieren]
hydrogen (H)

Wasserstoffbindung. Anziehungskraft von Verbindungen, in denen ein kovalentes Wasserstoffatom an ein elektronegatives Element wie Sauerstoff, Stickstoff oder Fluor gebunden wird, was einen starken positiven Charakter in Bezug auf das elektronegative Atom ausübt und dadurch dazu führt, dass die Verbindung zwei Pole aufweist.
hydrogen bonding

W

Wasserstoffionenkonzentration. Menge der Wasserstoffionen in einer Flüssigkeit; Messung des → pH-Wertes und der Auswirkungen der Fähigkeit von Hämoglobinmolekülen, Sauerstoff zu binden.
hydrogen ion concentration

Wassersucht. (→ Hydrops)
hydrops

Watschelgang. Gang, der bei Patienten beobachtet wird, die an fortschreitender Muskelschwäche oder unter Beckenbeschwerden leiden. Dabei wird die Hüfte extrem stark gehoben und gesenkt.
waddling gait

Watson-Crick-Modell. Von Watson und Crick vorgestelltes Modell der Molekülstruktur der DNS (Desoxyribonukleinsäure bzw. DNA - desoxyribonucleic acid). Sie stellen die Moleküle als eine Kette von Polynukleiden dar, die in einem Doppelstrang um dieselbe Achse gewunden sind. Dabei befinden sich die Purin- und die Pyrimidinbasen auf der Innenseite jedes Strangs und sind nach einer von Watson und Crick vorgegebenen Basenpaarungsregel angeordnet. Veränderungen der Basensequenz bestimmen die genetische Information, die durch die DNS-Moleküle weitergegeben wird. Watson und Crick erhielten für ihr Modell 1962 den Nobelpreis für Physiologie und Medizin.
[John Watson, amerik. Genetiker, geb. 1928 und Francis Crick, brit. Biochemiker, geb. 1916]
Watson-Crick helix

Watson, Jean. Pflegetheoretikerin, die 1979 eine Philosophie und Lehre der Pflege vorstellte, welche die Lücke zwischen Theorie und Praxis verringern sollte. Ihre »Theorie der menschlichen Pflege« spiegelt die Sicht der Psychologie und Menschlichkeit einer existenziellen Phänomenologin wider. Pflege ist ein universelles soziales Phänomen, das nur zwischenmenschlich wirksam praktiziert werden kann. Daher bedeutet Pflege die Förderung und Erhaltung der Gesundheit sowie die Vorbeugung, und nicht die Heilung von Krankheiten. Die Menschen benötigen eine ganzheitliche Pflege, welche Menschlichkeit, Gesundheit und Lebensqualität fördert.
Watson, Jean

Watt (W). Internationale Maßeinheit der elektrischen Leistung. Ein Watt ist gleich der Leistung, die während 1 Sekunde in 1 Joule Energie umgesetzt wird (1W = 1J/s).
[James Watt, schott. Ingenieur, 1736–1819]
watt

Watteträger. Stäbchen oder Klemme mit saugfähiger Watte oder Mull zum Reinigen, Abtupfen oder Trocknen von Körperoberflächen, zur Entnahme eines Abstrichs für Laboruntersuchungen oder zum Auftragen von lokalen Medikamenten.
swab

Weber-Versuch. (→ Stimmgabelprüfung)
Weber's tuning fork test

Wechselbad. Abwechselndes Tauchen von Händen und Füßen oder anderen Körperteilen in heißes und kaltes Wasser über einen bestimmten Zeitraum. Wechselbäder haben anregende Wirkung für die Blutzirkulation.
contrast bath

Wechseljahre. Umgangssprachliche Bezeichnung für das weibliche Klimakterium; → Menopause.
change of life

Wechselwirkung, von Arzneimitteln. Modifizierung der Wirkung eines Arzneimittels durch gleichzeitige Gabe eines weiteren Arzneimittels. Entweder kann eine gegenseitige Verstärkung oder Verringerung der Arzneimittelwirkungen eintreten oder es können unerwünschte Reaktionen entstehen, die bei getrennter Einnahme der Arzneimittel nicht beobachtet werden.
drug-drug interaction

Wechsler-Test. Von dem Psychologen D. Wechsler seit den 30er Jahren entwickelter Intelligenztest für verschiedene Altersstufen (Vorschul- bis Erwachsenenalter), der aus Sprach- und Handlungstests besteht. Der Test wurde von C. Bondy an die deut-

schen Verhältnisse angepasst (→ Hamburg-Wechsler-Intelligenztest).
[D. Wechsler, amerik. Psychologe, 1896–1981]
Wechsler intelligence scales

Wedge-Druck, pulmonal(arteriell)er. Blutdruck, der mit einem Messfühler gemessen wird; für die Messung wird ein Katheter über die Vena subclavia, jugularis oder femoralis durch den rechten Vorhof und die rechte Kammer in einen distalen Ast der Arteria pulmonalis geschoben und dort ein Ballon aufgeblasen, damit der Katheter fest verankert ist. Der gemessene Druck entspricht dem Druck der Pulmonalvene und indirekt dem des linken Vorhofs (Atrium) und der linken Kammer (Ventrikel) während der Diastole. Mit Hilfe des W.-D.s können eine dekompensierte Herzinsuffizienz, ein Myokardinfarkt und andere Erkrankungen diagnostiziert werden.
pulmonary (artery) wedge pressure PWP

Wehen. Bezeichnung für sämtliche Kontraktionen der Gebärmuttermuskulatur. Dabei unterscheidet man, geordnet nach ihrer zeitlichen Reihenfolge, Schwangerschaftswehen, Senkwehen, Vorwehen, Eröffnungswehen, Austreibungswehen, Presswehen, Nachgeburtswehen und Nachwehen.
labor pain

Wehen, regelmäßige. Aktive Geburtsphase, die regelmäßige und kräftige Kontraktionen der Gebärmutter (Uterus), die Erweiterung des Muttermundes und das Tiefertreten des Kindes in den Geburtskanal beinhaltet.
active labor

Wehen, Einleitung der. → Pflegeintervention der → NIC, die definiert wird als die Einleitung oder Verstärkung der Wehen durch mechanische oder pharmakologische Methoden.
Labor Induction

Wehenhemmung. → Pflegeintervention der → NIC, die definiet wird als die Kontrolle von Uteruskontraktionen vor der 37. Schwangerschaftswoche zur Verhinderung einer Frühgeburt.
Labor Suppression

Wehen-Belastungs-Test. Überwachung des fötalen Herzschlags während der Kontraktionen des Uterus, die mit Hilfe der Verabreichung von Oxytozin oder durch Stimulation der Brustwarzen ausgelöst werden.
contraction stress test (CST)

Wehenschreiber. (Tokograph). Elektronisches Gerät zur Kontrolle und Registrierung der Wehen in der Schwangerschaft und unter der Geburt. Es besteht aus einem Druckableiter, der mittels eines Gurtes auf dem → Fundus der Gebärmutter angebracht wird und mit dem Gerät über ein Kabel oder per Funk verbunden ist. Er registriert die Wehendauer und die Abstände zwischen den Wehen und hält diese Daten auf Papier fest. Meist ist ein W. mit einem Herztonschreiber (Kardiograph) kombiniert.
tocodynamometer

Wehenschwäche. Abnorme Erschlaffung der Gebärmuttermuskulatur während der Geburt, die sich durch seltenere oder schwächere Kontraktionen der Gebärmutter äußert. Dadurch wird der Geburtsfortschritt verzögert bzw. kommt zum Stillstand. Eine W. kann auch nach Geburt des Kindes auftreten und dadurch zu einer verstärkten Nachgeburtsblutung bzw. → Atonie führen.
uterine inertia

weiblich. (fraulich; feminin). Bezeichnung für das Geschlecht, das die Fähigkeit hat schwanger zu werden und Nachkommen zu gebären.
female

Weicher Schanker. (Ulcus molle). Meist schmerzloses Geschwür im Genitalbereich infolge einer Infektion mit *Haemophilus ducreyi*. Häufig bildet sich Eiter in den Leistenlymphknoten, wodurch diese sich erheblich vergrößern. In der Folge können Phimosen, Verengungen oder Fisteln in der Harnröhre und erhebliche Gewebs-

schädigungen entstehen. W.S. zählt zu den meldepflichtigen Geschlechstkrankheiten.
soft chancre; soft ulcer

Weichteilsarkom, alveoläres. Tumor im Unterhautgewebe oder im fibromuskulären Gewebe, der aus zahlreichen runden oder vieleckigen Zellen in einer netzförmigen Bindegewebsmatrix besteht.
alveolar soft part sarcoma

Weisheitszahn. Der jeweils letzte Zahn auf jeder Seite im Unter- und Oberkiefer. W.e gehören zu den Mahlzähnen und brechen meist erst beim Erwachsenen zwischen 17 und 25 Jahren durch. Der Durchbruch bereitet oft starke Schmerzen und Probleme, weshalb die Zähne bei vielen Menschen gezogen werden müssen.
wisdom tooth

weiße Substanz. Gewebe des zentralen Nervensystems (ZNS) sowie eines Großteils des Gehirns, das hauptsächlich aus markhaltigen Nervenfaserbündeln besteht, die in ein Netzwerk von Neuroglia eingebettet sind. In jeder Hälfte des Rückenmarks ist die w. S. in drei Bahnen unterteilt: Vorder-, Hinter- und Seitenstrang.
white substance

weißer Thrombus. 1. Anhäufung von Thrombozyten, Fibrin, Gerinnungsfaktoren und Zellelementen, die wenig oder keine roten Blutkörperchen enthalten. 2. Gerinnsel, das sich hauptsächlich aus Leukozyten zusammensetzt. 3. Gerinnsel, das sich hauptsächlich aus Thrombozyten und Fibrin zusammensetzt.
white thrombus

Weißfleckenkrankheit. (→ Vitiligo)
vitiligo

Weitsichtigkeit. (→ Hyperopie)
hyperopia

Wellness. Begriff aus dem Englischen, der einen Zustand der Gesundheit, des Wohlbefindens, der Gelassenheit und Entspanntheit beschreibt sowie auch der Vitalität und Energiegeladenheit, diesen Zustand zu erhalten und zu verbessern. Dies soll mit Hilfe von gesunder Ernährung und Sport aktiv erzielt werden. Der Begriff ging Ende der 90er Jahre in die deutsche Sprache ein.
[*engl.:* Wohlbefinden]
wellness

Weltgesundheitsorganisation (WHO). 1948 gegründete Sonderorganisation der Vereinten Nationen mit Sitz in Genf, der 1998 191 Staaten als Mitglieder angehörten. Ziel der WHO ist es, den bestmöglichen Gesundheitszustand aller Völker zu erreichen. Zu ihren Programmen zählt die aktuelle und angepasste Gesundheitserziehung, angemessene Lebensmittelversorgung und Ernährung, sauberes Wasser und Hygiene, Gesundheit von Mutter und Kind, Immunisierung gegen die wichtigsten Infektionskrankheiten sowie die Vorbeugung und Eindämmung von Krankheiten. Die WHO koordiniert globale Strategien zur Vorbeugung und Eindämmung von Aids.
World Health Organization (WHO)

Weltkinderhilfswerk der Vereinten Nationen (UNICEF). 1946 gegründete Unterorganisation der Vereinten Nationen, die Kindern in der ganzen Welt, insbesondere in Entwicklungsländern und Kriegsgebieten hilft.
United Nations International Children's Emergency Fund (UNICEF)

Wendung, äußere. Drehen des Fötus im Mutterleib durch externe Manipulation der Bauchwand.
external version

Wendung, kombinierte. Methode zur Veränderung der Lage eines Fötus, bei der eine Hand auf den Bauch der Mutter gelegt und zwei Finger der anderen Hand in den Uterus eingeführt werden.
bipolar version

Werdnig-Hoffmann-Krankheit. Genetische Erkrankung, die im Säuglings- oder Kindesalter beginnt und durch fortschreitenden Muskelschwund der Skelettmuskulatur infolge einer Entartung der Vorderhornganglienzellen gekennzeichnet ist. Symptome sind u. a. von Geburt an schwacher Muskeltonus, keine Streckreflexe, schlaffe Rumpf- und Gliedmaßen-

W

muskulatur, stark verminderte Saugfähigkeit und häufige Schluckstörungen.
[Guido Werdnig, österr. Neurologe, 1844–1919]
Werdnig-Hoffmann's disease

Wernicke-Syndrom. (→ Pseudoencephalitis haemorrhagica)
Wernicke's encephalopathy

Wernicke-Zentrum. Sensorisches Sprachzentrum, das im vorderen Schläfenlappen und den angrenzenden Hirnwindungen der dominanten Hirnhälfte lokalisiert und für das akustische Sprachverständnis zuständig ist. Wernicke beobachtete 1874, dass Patienten mit Verletzungen in diesem Bereich des Gehirns Störungen des akustischen Sprachverständnisses aufwiesen.
[Karl Wernicke, dt. Psychiater u. Neurologe, 1848–1905]
Wernicke's center

Wertheim-Operation. Vollständige operative Entfernung der Gebärmutter inklusive der Anhangsgebilde (Adnexe), meist des hinteren Scheidendrittels und regionaler Lymphknoten bei Krebs.
[Ernst Wertheim, österr. Gynäkologe, 1864–1920]
Wertheim's operation

Western-Blot-Test. Labortest, bei dem das Blut auf spezifische Antikörper untersucht wird. Er ist exakter als der sog. → ELISA-Test und wird manchmal zur Überprüfung eines ELISA-Tests durchgeführt.
Western blot test

Wharton'sche Sulze. Gallertartige Substanz in der Nabelschnur, die die Nabelgefäße vor Kompression und Verletzungen schützt.
[Thomas Wharton, engl. Anatom, 1614–1673]
Wharton's jelly

WHO. Abkürzung für englisch »World Health Organisation« = → Weltgesundheitsorganisation.
WHO

Wickel. Das vollständige Einwickeln von Gliedmaßen oder Körperabschnitten in Tücher. Das innere Tuch ist meistens feucht mit einer Wickellösung versehen, das äußere Tuch trocken. Die Tücher sollten aus natürlichem Material bestehen, z.B. Baumwolle, Leinen oder Wolle. Zusätze können Tee (z.B. Pfefferminz), Tinkturen (z.B. Arnika) oder andere Substanzen (z.B. Quark, Kartoffeln) sein. Die Benennung des Wickels erfolgt entweder nach dem Körperteil, an welchem er angewandt wird z.B. Hals-, Brustwickel) oder nach dem Zusatz (z.B. Zitronen-, Quarkwickel). Anwendungsformen können kalt, warm, heiß, temperiert, feucht oder trocken sein. (s.a. Auflage; Kataplasma; Kältewickel)
wet pack

Widerstand. 1. Physikalisch: Die Kraft, die der Bewegung eines physikalischen Systems entgegenwirkt, z.B. Reibungs-W. 2. Elektrisch: Die Kraft, die in einem Stromkreis bei angelegter Spannung dem Strom entgegengesetzt wird. Wird in Ohm (Ω) gemessen. 3. In der *Psychoanalyse* Bezeichnung für das Weigern, sich unbewusste Konflikte oder Wünsche bewusst zu machen.
resistance

Widerstand, peripherer. Maximaler Gefäßwiderstand im Körperkreislauf, den der Blutfluss überwinden muss. Er hängt u. a. von der Elastizität der Gefäße ab.
total peripheral resistance

Wiedenbach, Ernestine. Deutschstämmige amerikanische Lehrschwester und Autorin. Sie war eine engagierte Vertreterin der familienorientierten Wochenbettpflege und entwickelte eine umfangreiche Pflegelehre in der Geburtshilfe.
Wiedenbach, Ernestine

Wiedereingliederung, soziale. Wiederaufnahme und Anerkennung einer behinderten Person als aktives Mitglied der Gesellschaft.
community reintegration

Wiedergeburt. Eine von Leonard Orr entwickelte, bestimmte Art der Psychotherapie, die sich auf die Atmung und die Atmungsorgane konzentriert. Ziel der The-

rapie ist es, das Trauma der durch die Geburt geschädigten Atmungsorgane zu überwinden, so dass der Patient die Atmung als unterstützenden und kreativen Teil seines Lebens einsetzen kann.
🇬🇧 rebirthing

Willebrand-Krankheit. Dominant erbliche Gerinnungsstörung (Thrombopathie) aufgrund eines Mangels an einem Faktor-VIII-Baustein. Die Krankheit äußert sich durch spontanes Nasen- und Zahnfleischbluten.
[Erick von Willebrand, finn. Arzt, 1870–1949]
🇬🇧 von Willebrand's disease

Willenstrieb. Geistiger Vorgang, der durch Begehren, Impulse, Entschlusskraft und Bemühungen gekennzeichnet ist.
🇬🇧 conation

Wilms-Tumor. Bösartige Geschwulst in der Niere, die in der Mehrzahl der Fälle bei Kindern unter 5 Jahren auftritt. Die häufigsten Frühsymptome sind Bluthochdruck, Schmerzen, eine fühlbare Masse in der Niere und Blut im Urin (Hämaturie). Die Geschwulst ist im Frühstadium von einer Hülle umschlossen, kann sich jedoch später in Lymphknoten, Nierenvenen oder in die Hohlvene ausbreiten und Metastasen in der Lunge und anderen Organen hervorrufen.
[Max Wilms, dt. Chirurg, 1867–1918]
🇬🇧 Wilms' tumor

Windeldermatitis. Erythematöser, papulöser oder schuppiger Ausschlag im Windelbereich von Kleinkindern. Die Haut wird durch Kot, Feuchtigkeit, Hitze oder die Bildung von Ammoniak, der sich beim bakteriellen Urinabbau bildet, gereizt. Häufig treten Sekundärinfektionen durch *Candida albicans* auf.
🇬🇧 diaper rash

Windpocken. (Varizellen). Akute, äußerst ansteckende Viruskrankheit, die durch ein Herpesvirus, das Varicella-Zoster-Virus (VZV) verursacht wird. Betroffen sind hauptsächlich Kleinkinder, bei denen sich eitrige Hautbläschen bilden. Eine Übertragung der Krankheit geschieht im Prodromalstadium (vor Krankheitsausbruch) oder im frühen Stadium des Ausschlags durch direkten Kontakt mit den Hautläsionen (Schmierinfektion) oder noch häufiger durch Tröpfcheninfektion von infizierten Personen. Die Bläschenflüssigkeit und der Schorf bleiben ansteckend bis der Schorf vollständig abgetrocknet ist (Inkubationszeit 10 bis 20 Tage). Eine indirekte Übertragung durch gesunde Personen bzw. durch Gegenstände ist äußerst selten. Windpockeninfektionen während der ersten drei Schwangerschaftsmonate sind äußerst gefährlich und können zu Embryopathien führen. Die Diagnose wird normalerweise mit Hilfe einer Untersuchung und aufgrund der typischen Krankheitssymptome gestellt. Identifikation des Virus ist durch eine Kultur der Bläschenflüssigkeit möglich. (→ Herpesviren)
🇬🇧 chickenpox

Winkelbewegung. Eine der vier Grundbewegungen, die die verschiedenen Gelenke des Knochenskeletts erlauben. Bei dieser Bewegung wird der Winkel zwischen zwei benachbarten Knochen verringert (Beugung) oder vergrößert (Streckung).
🇬🇧 angular movement

Winterjucken. Bei Kälte auftretender Juckreiz bei Personen mit trockener Haut, insbesondere solchen, die unter atopischer Dermatitis leiden.
🇬🇧 winter itch

Wirbel. (Vertebra). Einer der 33 (beim Erwachsenen 26) Knochen der Wirbelsäule. Die Wirbelsäule besteht aus 7 Halsw., 12 Brustw., 5 Lendenw., 5 Kreubeinw. (1 beim Erwachsenen) und 4 Steißbeinw. (1 beim Erwachsenen). Mit Ausnahme des ersten und zweiten Halswirbels sind alle W. gleich aufgebaut; sie bestehen aus dem Wirbelkörper, dem Wirbelbogen, dem Dornfortsatz für den Muskelansatz, und je zwei Bogenfüßen und Querfortsätzen. Der erste Halsw. wird als *Atlas* bezeichnet; er trägt den Kopf und besitzt keinen Wirbelkörper; der zweite Halsw. heißt *Axis* und bildet die Achse, auf der sich der At-

W

las, und damit der Kopf drehen kann. Aus seinem Körper ragt in Richtung Atlas ein starker, stiftartiger Fortsatz (Dens).
[*lat.:* vertebra, Gelenk, Wirbelbein des Rückgrats]
vertebra

Wirbelkanal. Raum zwischen Wirbelkörper und Wirbelbogen, in dem sich Rückenmark, Liquor, Hüllen des Rückenmarkes (Pia mater, Arachnoidea, Dura), Wurzeln der Spinalnerven sowie der Periduralraum mit seinen Strukturen befindet. (s.a. Wirbelloch)
vertebral canal

Wirbelkörper. Fester Mittelteil eines → Wirbels, der das Gewicht trägt. Die Bogenfüße des Wirbelbogens treten hinten seitlich (dorsolateral) aus dem W. aus.
vertebral body

Wirbelloch. Öffnung zwischen dem Wirbelbogen und dem Wirbelkörper, durch die das Rückenmark verläuft. (s.a. Wirbelkanal)
vertebral foramen

Wirbelsäule. (Columna vertebralis). Bewegliche Struktur, die die Längsachse des Skeletts bildet. Beim Erwachsenen besteht die W. aus 26 Wirbeln, die in einer Linie untereinander von der Schädelbasis bis zum Steißbein angeordnet sind. Zwischen den Wirbeln liegen die Bandscheiben, die Ansatzpunkt für verschiedene Muskeln bilden und der W. gleichzeitig ihre Festigkeit und Beweglichkeit verleihen. Beim Erwachsenen sind die 5 Kreuzbein- und die 4 Steißbeinwirbel zusammengewachsen und bilden das Kreuzbein und das Steißbein.
vertebral column

Wirbelsäulensegmente. Die Aufteilung der Wirbelsäule in 31 Abschnitte, wobei in jedem Abschnitt auf beiden Seiten des Rückenmarks Nervenwurzeln entspringen. Zum Halswirbelsegment zählen die Wirbel C_1-C_8, zum Brustwirbelsegment T_1-T_{12}, zum Lendenwirbelsegment L_1-L_5, zum Kreuzbeinsegment S_1-S_5 und zum Steißbein Co_1-Co_3.
spinal segments

Wirbelsäulenverkrümmung. Jede dauerhafte, abnorme Abweichung der Wirbelsäule von ihrer normalen Position. Dazu gehören z.B. Kyphoskoliose, Kyphose, Lordose und Skoliose.
spinal curvature

Wirkstoff, chemischer. Chemisches Mittel, Aktivstoff oder Substanz, die mit verschiedenen, körpereigenen Substanzen zusammenwirken und eine Wirkung hervorrufen, z.B. Aspirin, das eine schmerzlindernde Wirkung hat.
chemical agent

Wirkstoffaufnahme, transkutane. Methode zur Gabe von Medikamenten über die unversehrte Haut. Der Wirkstoff wird dabei kontinuierlich durch die Haut absorbiert und somit im Körper aufgenommen.
transdermal drug delivery (TDD)

Wirkstoffprinzip. Mechanismus, durch den eine Droge eine gewünschte Wirkung hervorruft.
drug action

Wirkung, kumulative. 1. Gesteigerte Aktivität einer Behandlungsmaßnahme oder eines Arzneimittels bei wiederholter Anwendung. 2. Gesteigerte Wirkung eines Arzneimittels, die durch die Anhäufung wiederholter medikamentöser Verabreichungen im Körper verursacht wird. Diese Anhäufung erzeugt einen größeren biologischen Effekt als die anfängliche Dosis.
cumulative action

Wirt. Ein Organismus, der einen anderen, meist einen Parasiten, aufnimmt und ernährt. In einem Haupt- oder Endwirt lebt und vermehrt sich der erwachsene Parasit. In einem Zwischenwirt lebt der Parasit in einem nicht-sexuellen Larvenstadium. Eine weitere Form ist der Fakultativwirt, falls kein Hauptwirt zur Verfügung steht.
host

Wismut (Bi). (Bismut). Rötliches, kristallines Metall mit drei Bindungen (trivalent) mit der Ordnungszahl 83 und der Atommasse 208,98. W. verbindet sich mit verschiedenen anderen Elementen, z.B. Sauerstoff, und bildet dabei Salze, die bei der Herstel-

lung von vielen Pharmazeutika Verwendung finden. Vergiftungen mit W. durch die längerfristige Einnahme von wismuthaltigen Arzneimitteln können Schleimhautentzündungen (z.B. Gingivitis, Stomatitis) verursachen. Dabei kann insbesondere die Mundschleimhaut betroffen sein, es kommt zu einer wunden Zunge, metallischem Geschmack und Brennen im Mund.
bismuth (Bi)

Wissensdefizit. Anerkannte → NANDA-→ Pflegediagnose; fehlende oder mangelhafte kognitive Informationen in Verbindung mit bestimmten Themen (Wissensbereich muss spezifiziert werden). Zu den kennzeichnenden Merkmalen gehört die Verbalisation des Problems, unangemessenes Befolgen von Anweisungen, falsche Durchführung eines Tests, unangemessene oder übertriebene Verhaltensweisen, z.B. Hysterie, Feindseligkeit, Unruhe, Apathie.
knowledge deficit

Wochenbett. (→ Puerperium)
puerperium

Wochenbettdepression. (postpartale Depression). Psychiatrische Störung, die nach einer Entbindung auftreten kann, typischerweise 3 bis 6 Wochen danach. Eine W. kann von den leichten Symptomen einer Melancholie (sogenannter »Heultag«) bis zu einer intensiven suizidal-depressiven Psychose reichen. Zu den Frauen, die ein Risiko für eine W. tragen, können jene gehören, die sich auf ihr Baby nicht vorbereitet haben, die unrealistische Erwartungen bezüglich ihrer Arbeit, Reisen oder Freizeit nach der Entbindung äußern oder die die Realität der Verantwortung für eine Elternschaft ignorieren.
postpartal depression

W

Wochenbettfieber. (→ Puerperalfieber)
puerperal fever

Wochenbettpsychose. (Postpartumpsychose/Puerperalpsychose). Auftreten einer depressiven oder schizophrenen → Psychose nach der Entbindung. Da sich eine W. im ersten Monat nach der Entbindung entwickelt, nimmt man an, dass endokrine Faktoren ursächlich sind. Es kommt zu Halluzinationen, Depressionen und suizidalem Verhalten.
postpartum psychosis; puerperal psychosis

Wochenbettsepsis. (→ Puerperalsepsis)
puerperal sepsis

Wolf. (→ Intertrigo)
intertrigo

Wolff-Chaikoff-Effekt. Vorübergehend verminderte Bildung und Freisetzung von Schilddrüsenhormonen (Hypothyreose) bei der Behandlung einer Schilddrüsenüberfunktion (Hyperthyreose) mit Jod.
Wolff-Chaikoff effect

Wolff-Parkinson-White-Syndrom (WPW-Syndrom). Herzfunktionsstörung infolge einer Reizleitungsstörung im Bereich des Herzens. Die Störung ist im EKG durch eine Verkürzung der Überleitungszeit und eine Verbreiterung des Kammerkomplexes im Anfangsbereich zu erkennen.
[L. Wolff, amerik. Kardiologe, 1898–1972, J. Parkinson, engl. Kardiologe, 1885–1976, P. White, 1886–1973]
Wolff-Parkinson-White's syndrome

Wortfindungsstörung. Form der → Aphasie, die durch die Unfähigkeit gekennzeichnet ist, Gegenstände zu benennen. Ursache ist eine Läsion im Schläfenhirnlappen.
[*griech.:* a, ohne; noma, Name]
anomia

Wunddrainage, geschlossene. Methode zur Ableitung potenziell gesundheitsschädigender Flüssigkeiten, z.B. Blut, Eiter, blutig-seröser Flüssigkeiten oder Gewebesekreten, aus Operationswunden. Die Technik wird bei vielen Operationen angewendet, wie z.B. bei Brustamputationen bzw. -vergrößerungen, plastischen Operationen sowie bei urologischen und urogenitalen Eingriffen. Das Drainagesystem besteht aus Einwegbehältern, die an Saugschläuche und tragbare Saugpumpen angeschlossen sind.
closed-wound suction

Wunde. Jede körperliche Verletzung, wodurch die Intaktheit der Haut zerstört wird, z.B. eine Schürf-, Stich- oder Schusswunde. Eine W. entsteht meist durch Unfälle oder Gewaltanwendung, selten durch Krankheit.
wound

Wundheilung. Natürlicher Vorgang, durch den eine intakte Haut wiederhergestellt wird.
wound healing

Wundpflege. → Pflegeintervention der → NIC, die definiert ist als die Vorbeugung gegen Wundkomplikationen und Förderung der Wundheilung.
Wound Care

Wundpflege: geschlossene Drainage. → Pflegeintervention der → NIC, die definiert ist als der Umgang mit einem Drainagedrucksystem an einer Wunde.
Wound Care: Closed Drainage

Wundspülung. → Pflegeintervention der → NIC, die definiert ist als die Spülung einer offenen Wunde zur Reinigung und Entfernung von Verschmutzungen und übermäßigen Sekreten.
Wound Irrigation

Wundtoilette. Entfernung von Schmutz, Fremdkörpern, beschädigtem Gewebe und Zelldebris aus einer Wunde oder Brandwunde, um eine Infektion zu verhindern und den Heilungsprozess voranzutreiben. Die Wundtoilette ist der erste Schritt bei der Behandlung einer Wunde.
debridement

Würgereflex. Physiologischer Nervenreflex, der durch Berühren des weichen Gaumens oder des hinteren Rachenraums (Pharynx) ausgelöst wird; die Reaktion verläuft in einer symmetrischen Anhebung des Gaumens, Zurückziehen der Zunge und Kontraktion der pharyngealen Muskeln.
gag reflex

Wurzel. Der unterste Teil eines Organs oder einer Struktur, mit dem andere Strukturen fest verbunden sind, z.B. die Zahnwurzel, die vom Zahnzement bedeckt wird.
root

Wurzel, motorische. Zur Körpermitte gerichtetes (proximales) Ende eines motorischen Nervs und seiner Befestigung im Rückenmark.
motor root

Wurzelentzündung. (→ Radikulitis)
radiculitis

Wurzelhaut. (Desmodont; Periodontium). Dichte Bindegewebeschicht, die die alveolären Höhlen der Ober- und Unterkiefer auskleidet und die Knochen mit den horizontal verlaufenden Fasern des Zahnzements verbindet.
alveolar periosteum

Wut, Unterstützung bei der Kontrolle von. → Pflegeintervention der → NIC, die definiert wird als die Unterstützung beim angemessenen, nicht gewaltsamen Ausdruck von Wut.
Anger Control Assistance

Wutausbruch. Gefühlsausbruch, der von starkem Missfallen, Zorn, Entrüstung oder Feindseligkeit begleitet wird; ist als pathologisch einzustufen, wenn eine dementsprechende Reaktion nicht die tatsächlichen Umstände einer Person widerspiegelt.
anger

X

X-Chromosom. Bei Menschen und Säugetieren in beiden Geschlechtern vorhandenes Geschlechtschromosom, das bei gesunden Männern in jeder Körperzelle einfach und bei gesunden Frauen in jeder Körperzelle zweifach vorkommt. Ein vorhandenes X-Chromosom in einer männlichen Samenzelle bestimmt das weibliche Geschlecht bei der Vereinigung von Samen- und Eizelle. (s.a. Y-Chromosom)
X chromosome

x-chromosomal. Bei der Vererbung von Merkmalen an die Gene oder das Vorhandensein eines X-Chromosoms gekoppelt.
X-linked

x-chromosomale Krankheiten. Krankheiten oder Störungen im Zusammenhang mit Fehlbildungen des X-Chromosoms, wie z.B. die → Hämophilie oder bestimmte Muskeldystrophien.
x-linked disorders

XO-Syndrom. (Monosomie X). Bezeichnung für das Vorhandensein von nur einem Geschlechtschromosom. In jeder Zelle fehlt entweder ein X- oder ein Y-Chromosom, daher enthalten die Zellen insgesamt nur 45 anstatt 46 Chromosomen. Das Krankheitsbild ist gekennzeichnet durch zahlreiche Missbildungen und Degenerationszeichen. (→ Turner-Syndrom)
Xo-syndrome

Xanthin. Physiologische, stickstoffhaltige Stoffwechselverbindung, die beim Abbau von Purinen im Organismus entsteht. X. kommt in Muskeln, Leber, Milz, Bauchspeicheldrüse und im Harn vor.
[*griech.:* xanthos, gelb]
xanthine

Xanthin-Derivat. Sammelbezeichnung für Stoffe, die eng mit den Alkaloiden Koffein, Theobromin und Theophyllin verwandt sind. Sie kommen in vielen, auf der ganzen Welt verbreiteten Pflanzen vor und werden häufig mit Getränken, wie z.B. Kaffee, Tee, Kakao oder Coca Cola in den Körper aufgenommen. X-D. haben pharmakologische Eigenschaften: sie regen das ZNS und die Entwässerung des Körpers (Diurese) an und entspannen die glatte Muskulatur.
xanthine derivative

Xanthinurie. Vermehrte Ausscheidung von → Xanthin im Urin.
xanthinuria

Xanthochromie. Gelbe oder gelbbraune Verfärbung der Hirn- und Rückenmarksflüssigkeit durch die Beimengung von Hämoglobin-Abbauprodukten.
xanthochromia

Xanthom(a). Gutartige, fetthaltige, fibröse, gelbfarbene Ablagerung oder Geschwulst, die sich in der Unterhaut, meist um Sehnen herum bildet.
xanthoma

Xanthomatose. Ausgedehnte Bildung von → Xanthomen in der Haut, in inneren Organen und im retikuloendothelialen System.
xanthomatosis

Xanthop(s)ie. Sehstörung bei der alle Gegenstände mit einem Gelbstich gesehen werden (z.B. als Folge von Vergiftungen).
xanthopsia

xeno-. Vorsilbe mit der Bedeutung »fremd«.
[*griech.:* xénos, Gast, Fremder]
xeno-

Xenobiotika. Fremdstoffe; vom Menschen geschaffene synthetische Verbindungen, die natürlicherweise nicht vorkommen. Sie können eine potenzielle Gefahr für Mensch und Umwelt darstellen, da ihre Wirkungen nicht immer vollständig abzusehen sind.
xenobiotics

xenogen(etisch). 1. In der *Genetik* Bezeichnung für Individuen oder Zelltypen verschiedener Arten oder Genotypen. 2. In der *Transplantationsmedizin* Bezeichnung für artfremdes Gewebe mit unterschiedlichen Antigeneigenschaften.
xenogeneic

Xenophobie. Fremdenfeindlichkeit; irrationale ablehnende und feindselige Einstellungen und Handlungen gegenüber Fremden und Ausländern, aber auch Furcht oder Unbehagen in der Gegenwart von Fremden oder in fremder Umgebung.
xenophobia

Xenotransplantat. Artfremdes Gewebe, das in bestimmten Fällen vorübergehend eingepflanzt wird, z.B. bei schweren Verbrennungen, wenn vom Patienten selbst oder von einer Gewebebank nicht genügend Körpergewebe zur Verfügung steht.
xenograft

xero-. Vorsilbe mit der Bedeutung »trocken«.
[*griech.:* xerós, trocken, dürr]
xero-

Xerodermie. Chronische Trockenheit und Rauheit der Haut.
[*griech.:* dérma, Haut]
xeroderma

Xerophthalmie. Austrocknung der Binde- und Hornhaut des Auges, meist infolge von Vitamin-A-Mangel. Die X. ist häufig mit Nachtblindheit verbunden.
xerophthalmia

Xeroradiographie. Diagnostische Röntgentechnik, bei der das Bild nicht chemisch, sondern elektrostatisch erzeugt wird (»trockene« Bildherstellung). Das Bild wird mit einem Toner sichtbar gemacht, ähnlich wie bei Kopiergeräten. Die X. wird vor allem bei der Mammographie angewandt.
xeroradiography

Xerostomie. Mundtrockenheit durch stark verminderte Speichelproduktion. Die X. tritt in Verbindung mit verschiedenen Krankheiten auf, z.B. Diabetes mellitus, akute Infektionen, Hysterie und Sjögren-Syndrom. Darüber hinaus kann sie durch eine Lähmung der Gesichtsnerven entstehen.
xerostomia

XX. In der *Genetik* Bezeichnung für das normale Geschlechtschromosom bei der Frau.
XX

XXX-Syndrom. Chromosomenaberration beim Menschen, die durch das Vorhandensein von drei X-Chromosomen und zwei Barrkörperchen, anstelle der normalen zwei X-Chromosomen gekennzeichnet ist. Somit enthalten die Körperzellen insgesamt 47 Chromosomen.
XXX syndrome

XY. In der *Genetik* die Bezeichnung für das normale Geschlechtschromosom beim Mann.
XY

Xylometazolin. Wirkstoff, der zur Gefäßverengung (Vasokonstriktion) führt und dadurch zur Abschwellung von Nasenschleimhaut und Bindehaut. X. wird bei Erkältungen mit Blockierung der Nase, Heuschnupfen, Nasennebenhöhlenentzündung und anderen allergischen Reaktionen der oberen Atemwege verschrieben.
xylometazoline hydrochloride

Xylose-Toleranz-Test. Labortest zur Überprüfung der Kohlenhydrat-Resorptionskapazität des Dünndarms. Die Aufnahme von D-Xylose findet bei gesunden Menschen sofort statt, ist jedoch bei Patienten die an Malabsorption leiden stark vermindert.
xylose absorption test

Y

Y-Chromosom. Einzelnes Geschlechtschromosom beim Menschen und anderen Säugetieren, das nur beim Mann vorhanden ist. Die Hälfte der männlichen Keimzellen trägt das Y-C. als geschlechtsbestimmendes Merkmal; bei den weiblichen Keimzellen ist es nicht vorhanden. Es ist sehr viel kleiner als das X-Chromosom und enthält Gene, die für die Entwicklung und Ausdifferenzierung von männlichen Eigenschaften verantwortlich sind. (s.a. X-Chromosom)
Y chromosome

y-chromosomal. Bei der Vererbung von Merkmalen an die Gene oder das Vorhandensein des Y-Chromosoms gekoppelt.
Y-linked

Y-Plastik. Operative Methode zur erneuten Behandlung einer Narbe, die Beschwerden bereitet, oder einer schlecht heilenden Wunde. Dabei wird die Haut y-förmig eingeschnitten und damit die Narbenspannung reduziert.
Y-plasty

Y-Stück. Verbindungsstück mit zwei Armen, das patientennah zwischen Infusionsbesteck und Venenkatheter angebracht wird und das gleichzeitige Infundieren von zwei Infusionen ermöglicht.
y union

Yin und Yang. Entgegengesetzte Prinzipien und kosmische Grundkräfte in der chinesischen Naturphilosophie seit etwa 400 Jahren v. Chr. Dem Yin entspricht das Weibliche, Weiche, Passive, die Nachgiebigkeit und die gerade Zahl; dem Yang entspricht das Männliche, Harte, Aktive, die Stärke und die ungerade Zahl. Beide Kräfte haben ihren gemeinsamen Ursprung in einem Absoluten, dem Dao.
yin and yang

Yoga. Lehre in der indischen Kultur, die auf die Selbstvervollkommnung der Individuen durch die Harmonisierung von Körper, Geist und Seele abzielt. Dabei muss der Mensch verschiedene Stufen des Yoga durchlaufen: die Kontrolle körperlicher Begierden, Beachtung von Reinheitsvorschriften, Erlernen bestimmter Körperhaltungen und Atemtechniken, Konzentration und Meditation. Die europäische Form des Y. ist auf die Lebensweise der Menschen in Europa angepasst worden und konzentriert sich häufig auf die körperlichen Übungen, Körperbeherrschung, Atemtechnik und Konzentration. Ziel des Y. ist das Wohlbefinden und die Harmonie von Körper und Geist.
yoga

Z

Z-Plastik. Operative Behandlung einer Narbe bzw. operativer Wundverschluss, wobei die Haut z-förmig eingeschnitten wird, um eine übermäßige Spannung der angrenzenden Haut zu vermeiden.
Z-plasty

Z-Streifen. Querverlaufende sichtbare Linie zwischen Sarkomeren der Muskelfaser. (s.a. I-Streifen; A-Streifen)
Z Band

Zahn. Harte Gebilde im Ober- und Unterkiefer des Schädels. Jeder Z. besteht aus einer über das Zahnfleisch hinausragenden Zahnkrone, dem Zahnhals und der Zahnwurzel, die aus zwei bis vier Wurzelenden besteht und in den Knochenmulden des Ober- und Unterkiefers verankert ist. Außerdem enthält jeder Zahn eine natürliche, mit Pulpa gefüllte Höhle (Kavität), die mit zahlreichen Nerven und Blutgefäßen versorgt wird, die durch eine kleine Öffnung am Fuß der Wurzel eintreten. Der harte Teil des Z.s besteht aus Zahnbein (Dentin), Zahnschmelz und einer dünnen Knochenschicht an der Wurzeloberfläche. Das Dentin nimmt den größten Teil des Z. ein; die Zahnkrone ist zum Schutz mit Zahnschmelz bedeckt. Der Mensch bekommt im Laufe seines Lebens zwei Arten von Zähnen: zunächst das aus 20 Zähnen bestehende Milchgebiss, später, nach Ausfallen der ersten Zähne sein dauerhaftes Gebiss, das aus 32 Zähnen besteht.
tooth (pl. teeth)

Zahnabszess. Abszess im Knochen bzw. dem Weichgewebe eines Kiefers infolge einer Infektion, die durch Zahnkaries oder eine Zahnverletzung verursacht wird. Zu den Symptomen gehören ständige Schmerzen, die durch Berührung mit heißen oder kalten Nahrungsmitteln oder durch den beim Schließen des Mundes entstehenden Druck zusätzlich gesteigert werden.
dental abscess

Zahnanlage. Primitive Zelle im Embryonalstadium, aus der sich ein Zahn entwickelt.
tooth germ

Zahnbeinbildner. (→ Odontoblast)
odontoblast

Zahnbrücke. Zahnprothese, die dauerhaft an zwei Stützzähnen befestigt ist.
bridgework

Zähneknirschen. (→ Bruxismus)
bruxism

Zahnen. Durchbrechen der ersten Zähne durch die Zahnleiste im Gaumen. Das Z. beginnt i. d. R. ab dem 6. Lebensmonat; von da an vervollständigt sich das Gebiss auf 20 sogenannte Milchzähne bis zum Ende des dritten Lebensjahres. Schmerzen und gelegentliche Entzündungen entstehen durch den Druck, den die Zahnspitze beim Durchbruch auf den Gaumen ausübt. Typische Anzeichen des Z.s sind übermäßiger Speichelausfluss, Beißen auf harte Gegenstände, Reizbarkeit, Schlafschwierigkeiten und Essensverweigerung.
teething

Zahnfistel. Abnormer Durchgang von der apikalen periodontalen Zahnfläche zur Oberfläche der Mundschleimhaut, durch den Eiter abfließen kann.
dental fistula

Zahnfleisch. (Gingiva). Äußerste Schleimhautschicht, die das Innere der Mundhöhle auskleidet und die Zahnhälse umschließt.
gum

Zahnheilkunde. Wissenschaft von der Diagnose, Prävention und Behandlung von Zahnkrankheiten und Erkrankungen der Zähne und Anhänge in der Mundhöhle. Die Zahnheilkunde umfasst die Reparatur und Wiederherstellung von Zähnen, das Einpassen von Zahnersatz und die Früherkennung bestimmter Krankheiten, z.B. Dyskrasie (fehlerhafte Blutzusammensetzung) und Tumore, die eine zahnärztliche Spezialbehandlung bzw. Behandlung durch einen Arzt erforderlich machen.
dentistry

Zahnprothese. Festsitzender bzw. herausnehmbarer Zahnersatz, der ein oder mehrere fehlende natürliche Zähne ersetzt.
dental prosthesis

Zahnpulpa. Aus Bindegewebe, Blutgefäßen und Nerven bestehende Masse, die sich in einer Kammer innerhalb der Dentinschicht eines Zahnes befindet.
dental pulp

Zahnradphänomen. Abnormer Muskel- → Rigor, der bei passiver Muskelstreckung ruckartige Bewegungen verursacht.
cogwheel rigidity

Zahnreinungsmittel. (Dentifricium). Pharmazeutisches Mittel zur Reinigung und Politur von Zähnen; wird mit einer Zahnbürste auf die Zähne aufgetragen und enthält mildes Scheuermittel, Reinigungsmittel, Aromastoffe und Bindemittel.
dentifrice

Zahnschmelz. Harte, weiße Substanz, die das Dentin von Zahnkronen bedeckt.
enamel

Zahnstein. Harte Ablagerungen bestehend aus Kalziumphosphat, Kalziumkarbonat und organischen Stoffen des Speichels auf den Zähnen, welche die Entstehung von → Karies begünstigen können. Eine sorgfältige Zahnpflege gilt als Prophylaxe.
dental calculus; tartar; scale

Zalcitabin. → Virostatikum, das bei der Behandlung von HIV-Infektionen eingesetzt wird.
zalcitabine

Zangenentbindung. (→ Zangengeburt)
forceps delivery

Zangengeburt. (Forceps). Geburtshilfliche Operation, bei der das Kind mit HIlfe einer Geburtszange zur Welt kommt. Z.en werden durchgeführt, um eine erschwerte Austreibungsphase zu beenden oder um fetale Notsituationen zu verkürzen.
forceps delivery

Zäpfchen. (→ Suppositorium)
suppository

Zapfen. Photorezeptorzelle in der Netzhaut des Auges, die das Sehen von Farben ermöglicht. Es gibt drei verschiedene Arten von Zapfenzellen, jeweils eine für die Farben blau, grün und rot. Andere Farben werden durch die Stimulierung verschiedener Zapfentypen sichtbar.
[*griech.*: konos, Zapfen.]
cone

Zderad, Loretta T. Zusammen mit J.G. → Paterson hat Z. eine phänomenologische Annäherung an die Pflege beschrieben.

Zecken. Kleine, bis zu 3 cm groß werdende Milben, die als Leder- bzw. Schildzecken vorkommen.
ticks

Zeckenbiss. Zunächst harmlose Verletzung durch eine Blut saugende Zecke mit deren stechend-saugenden Mundwerkzeugen. Eine festgebissene Zecke kann meist mühelos mechanisch entfernt werden. Allerdings übertragen Zecken einige Krankheiten auf den Menschen z.B. die sogenannte Frühjahr-Sommer-Enzephalitis. Gegen die Krankheit gibt es eine Schutzimpfung, die in den gefährdeten Gebieten (vor allem Mitteleuropa) empfohlen wird.
tick bite

ZEEP. Abkürzung für englisch »zero-end expiratory pressure« (Endexspiratorischer Druck = 0).
ZEEP

Zehenluxation. Abnorme Verschiebung eines Mittelfußknochens am Gelenkansatz.
dislocation of toe

zehrend. Eine Krankheit oder Verletzung betreffend, die zu körperlicher Schwäche, Erschöpfung oder Behinderung führt.
debilitating

Zell(teilungs)zyklus. Die während des Wachstums und der Teilung von Gewebezellen stattfindende Folge von Prozessen.
cell division cycle (cdc)

Zellbank. Speichereinrichtung für eingefrorene Gewebeproben, die für Forschungszwecke und die chirurgische Wiederherstellung geschädigter Körperstrukturen benötigt werden.
cell bank

Zellbiologie. Die Wissenschaft, die sich mit den Strukturen, Lebensprozessen und Funktionen lebender Zellen, insbesondere menschlicher Zellen, beschäftigt.
cell biology

Zelldifferenzierung. 1. Prozess, in dessen Verlauf embryonale Zellen biochemische und morphologische Eigenschaften erwerben, die für ihre Spezialisierung und Diversifikation benötigt werden. 2. Transformationsprozess von einem nicht differenzierten in einen differenzierten Zustand.
cytodifferentiation

Zelle. Grundlegende Einheit von lebendem Gewebe. Eukaryontische Zellen besitzen einen Zellkern, Zytoplasma und Organellen, die von einer Plasmamembran umschlossen sind. Im Zellkern befindet sich der Nukleolus (aus RNS bestehend) und das Chromatin (Protein und DNA enthaltend). Das Chromatin bildet die Chromosomen, in denen sich die genetischen Informationen befinden. Im Zytoplasma befinden sich folgende Organellen: endoplasmatisches Retikulum, Ribosomen, Golgi-Apparat, Mitochondrien, Lysosome und Zentrosome. Prokaryontische Zellen sind kleiner und einfacher als eukaryontische Zellen und haben keine Zellkerne. Die speziellen Eigenschaften von verschiedenen Körpergeweben spiegeln sich in der jeweiligen Struktur und Funktion der Zellbestandteile wider.
[*lat.:* cella, Lagerraum.]
cell

Zelle, helle. 1. Zelltyp der Nebenschilddrüse; diese Zellen lassen sich nicht mit den herkömmlichen Farbstoffen färben. 2. Die in Nierenkarzinomen sowie in Eierstock- und Nebennierengeschwulsten am häufigsten vorkommenden Zellen. 3. Epidermiszellen, die bei Färbung mit Hematoxylin und Eosin kräftig färbende Zellkerne und helles Zytoplasma haben.
[*lat.:* cella, Speicher.]
clear cell

Zelle, retikuloendotheliale. Zellen, die Blut- und Lympfgefäße auskleiden und Bakterien, Viren und kolloidale Partikel phagozytieren bzw. Immungebilde gegen Fremdpartikel bilden können.
reticuloendothelial cell

Zelle, undifferenzierte. Unreife Zelle, die noch keine spezifischen Zeichen ihrer späteren Ausprägung aufweist.
undifferentiated cell

Zellen, chromaffine. Spezialisierte Zellen, aus denen die Paraganglien bestehen und die mit den Ganglien von Zöliakus, Plexus renalis, Plexus suprarenalis, dem Aorten- sowie dem Beckengeflecht verbunden sind. Die chromaffinen Zellen des Nebennierenmarks scheiden die zwei Katecholamine Adrenalin und Noradrenalin aus, die dieselbe Wirkung auf die glatten Muskeln, den Herzmuskel und die Drüsen haben wie eine Stimulierung des sympathischen Nervensystems, indem sie Sympathikuseffekte verstärken bzw. verlängern.
chromaffin cell

Zellimmunität. Erworbene Immunität durch die dominierende Rolle der kleinen T-Lymphozyten. Die Zellimmunität spielt eine Rolle in der Resistenz gegen virale oder bakterielle Infektionskrankheiten,

bei Überempfindlichkeitsreaktionen, hinsichtlich verschiedener Aspekte der Krebsresistenz, bei bestimmten Autoimmunerkrankungen, bei der Abstoßung von Transplantaten und bestimmten Allergien.
[*lat.:* cellula, kleine Zelle, immunis, ausgenommen.]
cellular immunity

Zellinfiltration. Migration und Gruppenbildung von Zellen in verschiedenen Körpergeweben.
cellular infiltration

Zellkultur. Lebende Zellen, die in vitro in künstlichen Nährmedien zu Forschungszwecken für Experimente zur Kontrolle von Krankheiten, z.B. Krebs, gezüchtet werden.
[*lat.:* cella, Lagerraum, colere, kultivieren.]
cell culture

Zellmorphologie. Die Erforschung verschiedener Zellformen und der in den Zellen enthaltenen Strukturen.
cytomorphology

Zellorganelle. In einer Zelle vorkommende, von Membranen umschlossene Strukturen mit spezifischen Funktionen, wie Fortpflanzung oder Stoffwechsel. Beispiele von Zellorganellen sind die Mitochondrien und der Golgi-Apparat.
[*lat.:* cella, Lagerraum; *griech.:* organon, Instrument.]
cell organelle

Zellrezeptor. Protein, das sich entweder auf der Zelloberfläche, im Zytoplasma oder im Zellkern befindet und mit spezifischen Liganden verbindet. Der Bindungsprozess aktiviert die Signalübertragung und die Zellaktivierung.
cell receptor

Zellteilung. Der in der Zelle kontinuierlich stattfindende Vorgang zwischen Interphase und Mitose. Die Mitose wird in vier Teilschritte unterteilt: Prophase, Metaphase, Anaphase und Telophase. Der Prozess der Zellteilung ist ein fortlaufender Vorgang, der in einzelnen Schritten abläuft, die mehrere Stunden lang dauern können. Während der Interphase, vor Beginn der nächsten Prophase, werden neue DNA, RNA und Proteinmoleküle synthetisiert.
cell division

Zelltod. 1. Endgültiges Unvermögen einer Zelle, essenzielle Lebensfunktionen aufrecht zu erhalten. 2. Der Punkt während des Sterbevorgangs, an dem Vitalfunktionen auf Zellniveau aussetzen.
cell death

Zelltrümmer. Abgestorbenes, erkranktes oder beschädigtes Gewebe sowie alle Fremdkörper, die aus einer Wunde bzw. einer zu behandelnden Körperregion entfernt werden.
debris

zellulär. Zellen betreffend bzw. aus Zellen bestehend.
[*lat.:* cella, Lagerraum.]
cellular

Zellulitis. (Orangenhaut). Diffuse, degenerative Infektion der Haut und des subkutanen Gewebes.
[*lat.:* cellula, kleine Zelle; *griech.:* itis, Entzündung.]
cellulitis

Zellulose. Farbloser, unverdaulicher, transparenter Polysaccharid, der primärer Bestandteil von pflanzlichen Zellwänden ist. Ist in der Ernährung wichtig, weil er die Ballaststoffe für ein gut funktionierendes Verdauungssystem liefert.
[*lat.:* cellula, kleine Zelle.]
cellulose

Zellvolumen, mittleres (MCV). Berechnung des mittleren Volumens jedes einzelnen Erythrozyten, das sich aus dem Verhältnis des Volumens an Erythrozyten (→ Hämatokrit) und der Gesamtzahl der roten Blutkörperchen berechnet.
mean corpuscular volume (MCV)

Zement. Knochenartiges Bindegewebe, das die Zahnwurzeln umgibt und abstützt.
cementum

Zentigramm. Ein Hundertstel eines Gramms oder 10 Milligramm.
centigram

Z

Zentiliter (cl). Ein Hundertstel eines Liters oder 10 Milliliter.
centiliter (cl)

Zentimeter (cm). Metrische Einheit, die einem Hundertstel eines Meters entspricht.
[*lat.:* centum, Hundert; *griech.:* metron, Maß.]
centimeter (cm)

Zentimeter-Gramm-Sekunden-System (C.G.S., cgs). Internationales, wissenschaftliches System, das Längen, Massen und Zeit in Zentimeter, Gramm und Sekunden ausdrückt. Das C.G.S.-System wird zunehmend durch das Systeme International d'Unites (SI) bzw. das International System of Units ersetzt, welches auf Metern, Kilogramm und Sekunden beruht.
centimeter-gram-second system (cgs, CGS)

zentral. Das Zentrum betreffend bzw. sich im Zentrum befindend.
[*griech.:* kentron, Zentrum.]
central

Zentraler Katheter, peripher gelegter: Umgang mit. → Pflegeintervention der → NIC, die definiert wird als die Einführung und Pflege eines peripher eingeführten zentralen Katheters.
Peripherally Inserted Central (PIC) Catheter Care

Zentralfurche. Furche, die Stirn- und Scheitellappen voneinander trennt.
central sulcus

Zentralkanal, des Rückenmarks. Der entlang des gesamten Rückenmarks verlaufende Kanal, in dem sich fast die gesamten 140 ml der zerebrospinalen Flüssigkeit (Liquor) eines Menschen befinden. Der Zentralkanal des Rückenmarks befindet sich in der Mitte des Stranges zwischen den ventral und dorsal gelegenen grauen Kommissuren und reicht bis in die Medulla oblongata; dort erweitert er sich zum vierten Hirnventrikel.
[*griech.:* kentron + *lat.:* canalis, Kanal.]
central canal of spinal cord

Zentralnervensystem (ZNS). Das Nervensystem, das aus Gehirn und Rückenmark besteht. Das ZNS verarbeitet Informationen, die zum peripheren Nervensystem geleitet werden bzw. vom peripheren Nervensystem empfangen werden, und ist für Körperkoordination und -kontrolle zuständig. Durch das Rückenmark laufen verschiedene, vom Gehirn kommende Nervenfasern. Die Reize des peripheren Nervensystems werden im Rückenmark umgeleitet und verteilt. Direkt aus dem Gehirn treten 12 Paare von Hirnnerven aus. Sensorische und motorische Nerven des peripheren Nervensystems treten einzeln aus dem Rückenmark zwischen den Wirbeln heraus, laufen aber wieder zusammen und bilden die 31 Spinalnervenpaare, die sensorische und motorische Fasern enthalten. In nur einem Zehntel der Gehirnzellen befinden sich über 10 Milliarden Neurone; die anderen Gehirnzellen bestehen aus Neuroglien. Neurone und Neuroglien bilden zusammen die weiche, galertartige Hirnmasse, die durch die Schädelknochen geschützt wird. Gehirn und Rückenmark bestehen aus grauer und weißer Substanz. Die graue Substanz enthält hauptsächlich Nervenzellen, während die weiße Substanz in erster Linie aus Bündeln markhaltiger Nervenfasern besteht.
[*griech.:* kentron + *lat.:* nervus, Nerv; *griech.:* systema, System.]
central nervous system (CNS)

Zentralschmerz. Durch eine Läsion im Zentralnervensystem verursachter Schmerz.
central pain

Zentralvenöser Druck (ZVD). Der in den großen Körpervenen herrschende Blutdruck, im Gegensatz zum periphervenösen Druck. Wird von einem, mit einem zentralen Venenkatheter verbundenen Wassermanometer in cm Wassersäule gemessen (Normalwert: 2–10 cm).
central venous pressure (CVP)

zentrifugal. 1. Bezeichnung für eine nach außen, von einem zentralen Punkt oder einer zentralen Achse weg gerichtete Kraft, z.B. die Zentrifugalkraft, die den Mond in seiner Umlaufbahn um die Erde

hält. 2. Vom Zentrum weg gerichtete Richtung.
centrifugal

Zentrifugalkraft. Natürliche Fliehkraft, die Objekte betrifft, die sich in einer Drehbewegung befinden. Die Zentrifugalkraft ist das Produkt der Masse und ihrer radialen Beschleunigung. Bei der Zentrifugierung werden die schwereren Bestandteile einer Mischung von den anderen Komponenten getrennt, indem sie an den Rand der Kreisbahn geschleudert werden.
[*griech.:* kentron + *lat.:* fugere, entfliehen.]
centrifugal force

Zentrifuge. Gerät zur Trennung der Bestandteile von Flüssigkeiten mit verschiedener Dichte durch Anlegung hoher Drehgeschwindigkeiten. Durch die → Zentrifugalkraft werden die schwereren von den leichteren Bestandteilen getrennt.
[*griech.:* kentron + *lat.:* fugere, entfliehen.]
centrifuge

Zentriol. Intrazelluläre Organelle, die normalerweise Bestandteil des Zentrosoms ist. Zentriolen kommen häufig paarweise vor. Im Verlauf der Zellteilung bilden sie die Spindel, die während der Mitose entsteht.
[*griech.:* kentron.]
centriole

zentripetal. Afferente Richtung aufweisend, z.B. ein in Richtung Gehirn laufender sensorischer Nervenimpuls.
[*griech.:* kentron + *lat.:* petere, suchen.]
centripetal

Zentromer. Eingeschnürter Bereich eines Chromosoms, in dem sich die zwei Chromatiden vereinen. Das Zentromer bildet die Ansatzstelle der Spindelfaser während Mitose und Meiose; bei der Zellteilung spalten sich die Zentromere der Länge nach; jedes Tochterchromosom erhält eine Zentromerhälfte.
[*griech.:* kentron + meros, Teil.]
centromere

Zentrosom. Sich selbst fortpflanzende zytoplasmatische Organelle, die aus Zentrosphäre und Zentriolen besteht. Befindet sich in der Nähe des Zellkerns und fungiert als dynamisches Zellzentrum, insbesondere während der Mitose.
[*griech.:* kentron + soma, Körper.]
centrosome

Zephalgie. → Kopfschmerzen.
cephalalgia

zerebellar. Das Kleinhirn betreffend.
[*lat.:* cerebellum, Kleinhirn.]
cerebellar

zerebellospinal. Vom Kleinhirn in Richtung Rückenmark.
[*lat.:* cerebellum + spina, Rückgrat.]
cerebellospinal

zerebral. Das Großhirn betreffend.
[*lat.:* cerebrum, Gehirn]
cerebral

Zerebraler Perfusionsdruck. Maß der Blutmenge, die das Gehirn erreicht; die Differenz zwischen arteriellem Mitteldruck und intrakraniellem Druck.
cerebral perfusion pressure (CPP)

Zerebralthrombose. (Gehirnthrombose). Blutgerinnsel in einem Hirngefäß.
[*lat.:* cerebrum + *griech.:* thrombos, Propfen, osis, Zustand.]
cerebral thrombosis

Zerebralparese. (Gehirnlähmung). Motorische Funktionsstörung aufgrund eines dauerhaften, nicht fortschreitenden Hirndefekts oder einer bei der Geburt bzw. kurz danach entstandenen Gehirnläsion. Die neurologischen Defizite können eine spastische Hemiplegie, Monoplegie, Diplegie oder Tetraplegie nach sich ziehen. Weitere Auswirkungen sind Athetose bzw. Ataxie, Krampfanfälle, Fehlempfindungen, verschiedene Grade geistiger Behinderung sowie Sprech-, Seh- und Hörfehler. Eine Z. steht häufig in Verbindung mit einer Frühgeburt bzw. mit einer Problemgeburt oder Sauerstoffmangel unter der Geburt und der sich daraus ergebenden Beschädigung des Nervensystems. Schon bald nach der Geburt machen sich Atemstörungen, gestörtes Saugverhalten und Schlucken sowie eine abnorme Reaktions-

fähigkeit bemerkbar; die charakteristisch steifen, unbeholfenen Bewegungen der Gliedmaßen des Neugeborenen werden häufig jedoch mehrere Monate lang übersehen. Das Kind erlernt das selbständige Gehen erst verspätet und hat einen typischen Scherengang. Eine Früherkennung erleichtert den Umgang mit Kleinkindern mit Zerebralparese sowie die Durchführung von Übungs- und Trainingsprogrammen.
[*lat.:* cerebrum + *griech.:* para, jenseits, lysis, Auflösen.]
cerebral palsy

Zerebrosid. In Gehirn und anderen Geweben des Nervensystems, insbesondere der Markscheide, gefundene Gruppe von Glykolipiden.
cerebroside

zerebrospinal. Gehirn und Rückenmark betreffend.
cerebrospinal

Zerebrospinalachse. Eine von Gehirn und Rückenmark gebildete Linie, um die der Körper angeordnet ist.
[*lat.:* cerebrum, Gehirn, spina, Wirbel.]
cerebrospinal axis

Zerebrospinalflüssigkeit. (Liquor (cerebrospinalis); Gehirn-Rückenmarks-Flüssigkeit). Die durch die vier Hirnventrikel fließende und diese schützende Flüssigkeit, die ebenfalls durch den subarachnoidalen Raum und den Spinalkanal fließt; besteht hauptsächlich aus den Absonderungen der sich in den lateralen sowie den dritten und vierten Hirnventrikeln befindlichen Plexi choroidii.
cerebrospinal fluid (CSF)

Zerebrospinalnerven. 12 Paare von Hirnnerven und 31 Paare von Spinalnerven, die aus Gehirn und Rückenmark austreten.
cerebrospinal nerves

zerebrovaskulär. Das Gefäßsystem und die Blutversorgung des Gehirns betreffend.
[*lat.:* cerebrum + vasculum, kleines Gefäß.]
cerebrovascular

Zerkarie. Larvenartiges Entwicklungsstadium einer Trematode. Die Zerkarien entwickeln sich in Süßwasserschnecken, von denen sie ins Wasser freigesetzt werden. Durch Nahrungsaufnahme, direktes Eindringen in die Haut des Wirtes bzw. durch eine Hautverletzung gelangen die Zerkarien in weitere Wirte. Jede Spezies wandert in ein bestimmtes Organ; z.B. *Fasciola hepatica* hält sich in der Leber auf und entwickelt sich zu Leberegeln.
[*griech.:* kerkos, Schwanz.]
cercaria

zero-end expiratory pressure (ZEEP). Nach der Ausatmung sinkt der Druck in den Atemwegen auf den Umgebungsdruck ab.
zero-end expiratory pressure (ZEEP)

Zeroid. Goldfarbenes, wächsernes Pigment, das in einer zirrhösen Leber, dem Magen-Darm-Trakt, dem Nervensystem oder den Muskeln vorkommen kann.
[*lat.:* cera, Wachs; griech eidos, Form.]
ceroid

Zerrung. (Distorsion). 1. Überdehnung einzelner Muskelfasern. Die Funktionalität des Muskels bleibt meist erhalten, jedoch unter Schmerzen. 2. Gelenkverletzung durch gewaltsames Überdrehen über die physiologische Bewegungsgrenze hinaus. Symptome sind örtliche Schwellung, Druckschmerz, Gelenkerguss und oft eine abnorme Beweglichkeit. Als Spätschaden kann ein sogenanntes »Schlottergelenk« zurückbleiben. Beide Formen sind häufige Sportverletzungen.
strain

Zertifizierung. 1. Evaluation und Anerkennung einer Person, einer Einrichtung oder eines Studienprogramms hinsichtlich der Erfüllung bestimmter Standards. Zertifizierungen werden normalerweise von regierungsunabhängigen Institutionen durchgeführt. 2. Begriff aus der Krankenpflege; Vorgang, bei dem eine Berufsorganisation bzw. ein Berufsverband verifiziert, dass eine examinierte Person die anerkannten Normen zur Durchführung von

Tätigkeiten in speziellen Pflegebereichen erfüllt.
[*lat.*: certus, sicher, facere, machen.]
certification

Zerumen. (Ohrenschmalz). Gelbliche bis bräunliche, wachsartige Absonderungen der rudimentären, apokrinen Schweißdrüsen im äußeren Gehörgang.
[*lat.*: cera, Wachs.]
cerumen

Zeruminaldrüse. Winzig kleine Strukturen im Außenohrkanal, bei denen es sich wahrscheinlich um modifizierte Schweißdrüsen handelt. Anstelle von Schweiß sondern sie wachsartiges Zerumen ab.
ceruminous gland

zervikal. 1. Den Nacken bzw. die Nackenregion betreffend. 2. Bezeichnung für eine Verengung einer nackenförmigen Körperstruktur, z.B. ein Zahnhals oder der Gebärmutterhals.
[*lat.*: cervix, Nacken.]
cervical

Zervikalabort. Spontaner Abgang einer Zervixschwangerschaft.
[*lat.*: cervix + ab, weg von, oriri, geboren werden.]
cervical abortion

Zervikaladenitis. (Halsdrüsenentzündung). Erkrankung mit vergrößerten, empfindlichen Halslymphknoten.
[*lat.*: cervix + *griech.*: aden, Drüse, itis, Entzündung.]
cervical adenitis

Zervikalnerven. Acht Paare von Rückenmarksnerven, die von den Zervikalsegmenten oberhalb des Atlas bis unterhalb des siebten Wirbels reichen. Die obersten vier Paare versorgen Kopf und Nacken, die anderen vier innervieren hauptsächlich die oberen Extremitäten, Kopfhaut und Rücken.
[*lat.*: cervix, Nacken, nervus, Nerv.]
cervical nerves

Zervikalspondylose. Form einer degenerativen, die Halswirbel betreffenden Gelenk- und Bandscheibenerkrankung, die zu einer Kompression assoziierter Nervenwurzeln führt. Symptome sind Schmerzen bzw. Taubheit in der betroffenen Arm- und Schulterregion sowie Versteifung der Halswirbelsäule.
[*lat.*: cervix + *griech.*: spondylos, Wirbel, osis, Zustand.]
cervical spondylosis

Zervikalstenose. Verengungen im Kanal zwischen Gebärmutter und Muttermund.
[*lat.*: cervix + *griech.*: stenos, eng, osis, Zustand.]
cervical stenosis

Zervix. (Gebärmutterhals). Der in die Scheidenhöhle reichende Teil des Uterus. Die Zervix wird in einen supravaginalen und einen vaginalen Teil unterteilt. Der supravaginale Teil wird zum Bauch hin durch das Parametrium von der Blase getrennt. Der vaginale Teil der Zervix erstreckt sich in das Scheidengewölbe und enthält den Zervikalkanal.
[*lat.*: cervix, Nacken.]
cervix

Zervixabstrich. Mit einem sterilen Applikator oder einem speziellen kleinen Holz- oder Plastikspatel entnommene Probe von Ausscheidungen und Oberflächenzellen der Zervix. Für die Durchführung eines → Papanicolaou-Test wird der Abstrich von der Verbindung zwischen Gebärmutterhals, Scheidengewölbe und endozervikalem Kanal entnommen. Die Probe wird auf einen Objektträger aufgestrichen und einer zytologischen Untersuchung unterzogen.
cervical smear

Zervixdilatation. (Muttermundsweite). Der bei einer vaginalen Geburt festgestellte Durchmesser der Zervixöffnung. Angegeben entweder in Zentimetern oder in Fingerbreiten, wobei ein Fingerbreit etwa 2 cm entspricht. Eine völlig erweiterte Zervixöffnung hat einen Durchmesser von 10 cm.
[*lat.*: dilatare, erweitern.]
cervical dilation

Zervixinsuffizienz. Zustand, der durch eine schmerzlose Erweiterung (Dilatation) des Muttermundes (Zervix) vor dem Entbin-

Z

dungstermin ohne Wehen oder Uteruskontraktionen gekennzeichnet ist. In der Folge kann es zu einer Fehlgeburt oder Frühgeburt kommen. Bei einer Z. muß die Mutter Bettruhe einhalten.
incompetent cervix

Zervixkanal. (Gebärmutterhalskanal). Kanal im Gebärmutterhals, der bis in die Vagina reicht. Das uterine Ende des Kanals wird durch den inneren Muttermund verschlossen, das distale Ende bei Frauen, die noch kein Kind geboren haben, zusätzlich durch den äußeren Muttermund. Während der Menstruation öffnet sich der Z. leicht, damit das Menstruationsblut nach außen fließen kann. Zur Befruchtung (Konzeption) müssen die männlichen Spermien den Z. passieren, um durch die Gebärmutter zu den Eileitern zu gelangen. Bei einer vaginalen Geburt öffnet sich der Z. durch die Wehen so weit, dass das Kind passieren kann.
cervical canal

Zervixkarzinom. (Gebärmutterhalskrebs). Neoplasma am Gebärmutterhals, das im frühen, heilbaren Entwicklungsstadium mit Hilfe eines Papanicolaou-Abstrichs diagnostiziert werden kann. Faktoren, die die Entwicklung von Zervixkrebs fördern sind frühzeitiger Geschlechtsverkehr, Geschlechtsverkehr mit wechselnden Partnern, genitale Herpesinfektionen, zahlreiche Geburten sowie ungenügende gynäkologische Pflege. Die Zervixneoplasie ist im frühen Entwicklungsstadium normalerweise asymptomatisch; wässriger Ausfluss bzw. zeitweises Austreten von Blut können auftreten. Fortgeschrittene Läsionen können dunklen, übelriechenden Ausfluss verursachen, sowie Blaseninkontinenz, Rektalfisteln, Appetitlosigkeit, Gewichtsverlust und Rücken- und Beinschmerzen. Etwa 90% aller Zervixtumore sind Plattenepithelkarzinome, weniger als 10% sind Adenokarzinome, Mischformen dieser beiden Arten, oder, in seltenen Fällen, Sarkome. Zervixkarzinome können die Gewebe benachbarter Organe befallen und sich durch Lymphkanäle in entfernten Körperregionen verbreiten, wie z.B. in Lungen, Knochen, Leber, Gehirn und paraaortische Knoten.
cervical cancer

Zervixpolyp. Endozervikale, aus Zylinderepithelzellen bestehende Geschwulst, die mit einem dünnen Stiel am Zervikalkanal befestigt ist. Häufig verläuft die Krankheit asymptomatisch; multiple bzw. abgeschürfte Polypen können jedoch Blutungen verursachen, insbesondere beim Geschlechtsverkehr. Polypen sind am häufigsten bei Frauen über 40; die Ursachen sind unbekannt.
[*lat.:* cervix + *griech.:* polys, gemein, pous, Fuß.]
cervical polyp

Zervixschleim. Von den Zervixdrüsen im oberen Teil des Zervikalkanals abgesondertes Sekret.
cervical mucus

Zervizitis. (Gebärmutterhalskatarrh). Akute oder chronische Entzündung des Gebärmutterhalses. Symptome einer akuten Zervizitis sind Rötung, Ödem und Bluten bei Berührung. Zusätzlich können große Mengen übelriechenden Ausflusses aus der Scheide austreten, Schmerzen im Beckenbereich oder geringe Blutungen beim Geschlechtsverkehr sowie Jucken und Brennen der äußeren Genitalien auftreten. Eine chronische Zervizitis ist eine dauerhafte Entzündung des Gebärmutterhalses, von der Frauen im gebärfähigen Alter betroffen sind. Zu den begleitenden Symptomen gehören dickflüssiger, reizverursachender, übelriechender Ausfluss und heftige Schmerzen im Beckenbereich. Die Zervix ist gestaut und vergrößert, häufig treten Zysten und Ausstülpungen auf, alte Geburtsnarben werden sichtbar.
cervicitis

Zidovudin. → Virostatikum, das bei der Behandlung von Aids eingesetzt wird. Darüber hinaus kann es auch als Vorbeugung gegen Aids nach einer HIV-Exposition gegeben werden.
zidovudine (ZDU)

Ziehl-Neelsen-Färbung. Standardfärbemethode für säure- und alkoholfeste Stäb-

Z

chen, vor allem Tuberkelbakterien; wird meist bei der mikroskopischen Untersuchung einer Sputumprobe von Patienten mit Verdacht auf Tuberkulose angewandt.
[Franz Ziehl, dt. Neurologe, 1857–1926 u. Friedrich Neelsen, dt. Pathologe, 1854–1894]
Ziehl-Neelsen test

Zielsetzungen, Festlegen gemeinsamer. → Pflegeintervention der → NIC, die definiert wird als die Zusammenarbeit mit Patienten bei der Bestimmung und Prioritätenvergabe von Pflegezielen und anschließender Entwicklung eines Plans zur Umsetzung der Zielvorstellungen durch die Erarbeitung und Nutzung einer Skala, mit der der angestrebte Erfolg bewertet werden kann.
Mutual Goal Setting

Zigarettendrain. Aus einem in einen Schlauch hineingezogenes Stück Gaze bzw. chirurgischen Schwamm hergestellte chirurgische Drainage.
[span, cigarro, Zigarette.]
cigarette drain

ziliar. Augenwimpern bzw. Augenlider betreffend.
[*lat.:* cilia, Wimpern.]
ciliary

Ziliarbewegung. Wellenförmige Bewegung der haarförmigen Fortsätze, mit denen die Epithelschicht der Atemwege sowie die Zellen bestimmter Mikroorganismen besetzt sind.
ciliary movement

Ziliardrüse. Eine der zahlreichen kleinen, modifizierten Schweißdrüsen, die in mehreren Reihen nahe den Rändern der Augenlider angeordnet sind und Kammerwasser bilden.
ciliary gland

Ziliarfortsatz. Einer von etwa 80 winzigen, fleischigen Fortsätzen auf der hinteren Oberfläche der Iris, die eine Manschette um die Kristalllinse des Auges bilden.
ciliary process

Ziliarganglion. Kleines, parasympathisches Ganglion im Orbicularis oculi, der Pupillen- und Naheinstellungsreflexe steuert.
ciliary ganglion

Ziliarkörper. Verdickter Teil der mittleren Augenhaut, die Netzhaut und vordere Aderhaut miteinander verbindet.
[*lat.:* cilia, Wimpern.]
ciliary body

Ziliarmuskel. Semitransparentes, kreisförmiges Band glatter Muskelfasern, das mit der Aderhaut der Augen verbunden und wichtigster Muskel für die Naheinstellung der Augen ist.
ciliary muscle

Zilien. 1. Augenwimpern. 2. Kleine, haarförmige Fortsätze an der Oberfläche bestimmter Zellen, die Nahrungsaufnahme und Zellmetabolismus unterstützen, indem sie in einer Flüssigkeit Strömungen erzeugen.
[*lat.:* cilium, Augenwimper.]
cilia

Zimt. Aromatische, innere Rinde bestimmter *Cinnamomum* Arten, die im Malaiischen Archipel und China heimisch sind. Saigonzimt wird als Mittel gegen Blähungen (Karminativum), aromatisches Stimulans sowie als Gewürz verwendet.
cinnamon

Zink (Zn). Bläulich-weißes »unedles« Schwermetall mit der Ordnungszahl 30 und einem Atomgewicht von 65,38. Zn ist ein essenzieller Stoff und beim Menschen für Wachstum, Reifung und den Stoffwechsel wichtig; es ist in vielen Nahrungsmitteln enthalten und der tägliche Bedarf von 10 - 15 mg wird i. d. R. durch die Nahrung gedeckt. Zn ist auch in vielen Arzneimitteln enthalten, wie z.B. in Zinkazetat, Zinkoxid und Zinkpermanganat. Zinkazetat wirkt zusammenziehend auf Schleimhäute und Wunden und wird als entzündungs- und blutungshemmendes Mittel (Adstringens) angewandt. Zinkoxid wird innerlich als entkrampfendes Mittel (Antispasmolytikum) und äußerlich als Hautschutz in Salben verwendet. Zinkpermanganat wirkt ebenfalls adstringierend

und wird z.B. bei Harnwegsinfekten als Spülung angewandt.
zinc (Zn)

Zink(oxid)salbe. Salbe aus 20% Zinkoxid, die lokal bei Hautproblemen und als Hautschutz aufgetragen wird. Z. wirkt entzündungshemmend, bakteriostatisch, austrocknend, anästhesierend und antiphlogistisch.
zinc ointment; zinc oxide ointment

Zinkmangel. Ungenügende Zufuhr von Zink mit der Nahrung, die sich in verstärkter Müdigkeit, verminderter Aufmerksamkeit, vermindertem Geschmacks- und Geruchssinn, Appetitlosigkeit, Minderwuchs, verzögerter Geschlechtsreife, verzögerter Wundheilung, Anfälligkeit für Krankheit und Verletzungen sowie Milz- und Lebervergrößerungen äußert.
zinc deficiency

Zinkvergiftung. Vergiftung nach Einatmen von Zinkdampf oder Zinkoxid bzw. nach Aufnahme von Zinkazetat mit sauren Speisen aus Zinkgefäßen. Symptome sind u. a. ein brennendes Gefühl in Mund und Rachen, Erbrechen, Durchfall, Bauch- und Brustschmerzen, in schweren Fällen auch Schock und Koma.
zinc salt poisoning

Zirbeldrüse. (Epiphyse). (→ Corpus pineale)
pineal body

zirkadian. Auf den ganzen Tag verteilt; tagesrythmisch, z.B. → Biorhythmus.
circadian

Zirkeltraining. In verschiedenen Stationen stattfindende Körperübungen, die so angeordnet sind, dass die Teilnehmer mit kurzen Unterbrechungen alle Stationen durchlaufen.
circuit training

Zirkulärverband. (Rundtourenverband). Ein um einen verletzten Körperteil herumgewickelter Verband.
[*lat.:* circularis, rund.]
circular bandage

Zirkulation. Kreislaufbewegung eines Objekts bzw. einer Substanz, z.B. Zirkulation von Blut durch das kreisförmige, aus Arterien und Venen bestehende Netzwerk.
[*lat.:* circulatio, herumgehen.]
circulation

Zirkumduktion. (Kreisbewegung). 1. Eine der vier grundlegenden Bewegungen, die durch die Skelettgelenke ermöglicht werden. Die Zirkumduktion ist eine Kombination von Abduktion, Adduktion, Extension und Flexion. 2. Kreisende Bewegungen der Extremitäten bzw. der Augen.
[*lat.:* circum, herum + ducere, führen.]
circumduction

Zirkumzision. (→ Beschneidung)
circumcision

Zisterne. Hohlraum zum Speichern von Lymph- und anderen Körperflüssigkeiten.
[*lat.:* cisterna, Gefäß.]
cistern

Zisternenpunktion. Einführen einer Kanüle in die Cisterna cerebellomedullaris zum Zweck einer Entnahme von Rückenmarksflüssigkeit. Der Einstich wird zwischen Atlas und Okzipitalknochen vorgenommen.
[*lat.:* cisterna, Gefäß, punctura, Stechen.]
cisternal puncture

Zitrat. Das Anion der Zitronensäure.
[*griech.:* kitron, Zitrone.]
citrate

Zitratblut. (→ Oxalatblut)
oxalated blood

Zitronensäure. Weiße, kristalline, organische Säure, die in Wasser und Alkohol löslich ist. Zitronensäure wird aus Zitrusfrüchten, insbesondere Zitronen und Limonen, oder durch die Vergärung von Zucker gewonnen, und als Würzstoff für Speisen, kohlensäurehaltige Getränke sowie in bestimmten pharmazeutischen Produkten, insbesondere in Abführmitteln, eingesetzt.
[*griech.:* kitron, Zitrone.]
citric acid

Zitronensäurezyklus. (Krebs-Zyklus). Enzymatische Kettenreaktionen, in deren Verlauf Kohlenhydratketten bestehend aus Zuckern, Fettsäuren und Aminosäuren zu

Kohlendioxid, Wasser und energiereichen Phosphatverbindungen abgebaut werden. Ausgangspunkt ist die Verbindung zwischen Pyruvat und Koenzym A (CoA), woraus Acetyl-CoA entsteht, das in den Zyklus eintritt, indem es zusammen mit der aus vier Kohlenstoffatomen bestehenden Oxalessigsäure Zitronensäure (sechs Kohlenstoffatome) bildet. In den nachfolgenden Schritten wird die aus Zitronensäure entstandene Isozitronensäure zu Oxalbernsteinsäure oxidiert und gibt ein Kohlenstoffatom ab, um alpha-Ketoglutarsäure zu bilden. Die alpha-Ketoglutarsäure erfährt eine oxidative Dekarboxylierung und bildet Bernsteinsäure, die ihrerseits zu Fumarsäure oxidiert wird. Die Oxidation von Fumarsäure ergibt schließlich wieder das Ausgangsprodukt Oxalessigsäure. Oxalessigsäure verbindet sich mit Acetyl-CoA und schließt somit den Zyklus. Der Krebs-Zyklus ist eine wichtige Quelle für energetisch hochwertiges → Adenosintriphosphat.
citric acid cycle

Zitrullin. Aus Ornithin im Verlauf des Harnstoffabbaus gebildete Aminosäure, die im weiteren Verlauf in Arginin umgewandelt wird, indem ein Stickstoffatom von Aspartat transferiert wird.
[*lat.:* citrullus, Wassermelone.]
citrulline

Zn. Zeichen für das chemische Element Zink.
Zn

ZNS. Abkürzung für → Zentralnervensystem.
CNS

ZNS-Sympathikomimetikum. Substanzen, z.B. Kokain oder Amphetamine, die eine Stimulation des Zentralnervensystems hervorrufen.
CNS sympathomimetic

Z

Zöliaka. (Zöliaka). Viszeraler Ast der Bauchaorta, der sich kaudal zum Zwerchfell erhebt und sich in die linke gastrische, die Leber- und Milzaorten verzweigt.
celiac artery

zöliakal. Die Bauchhöhle betreffend.
[*griech.:* koilia, Bauch.]
celiac

Zöliakie. Angeborene Stoffwechselkrankheit, bei der die in Gluten (Klebereiweiß) enthaltenen Peptide nicht hydrolisiert werden können. Insbesondere sind Erwachsene und Kinder betroffen, die unter Blähungen, Erbrechen, Diarrhö, Muskelschwund und extremer Lethargie leiden. Typisches Merkmal sind helle, übelriechende Fäces, die wegen des hohen Fettgehalts auf dem Wasser flottieren. Die meisten Patienten sprechen gut auf eine spezielle proteinhaltige, glutenfreie, hochkalorische Diät an.
celiac disease

Zona. Umschriebener Bezirk, Gegend, oft gürtelförmiger Bereich in einer runden oder kugelförmigen Struktur.
[*lat.:* zona, Gürtel]
zona

Zonästhesie. (→ Gürtelgefühl)
zonesthesia

Zone. Umschriebener und begrenzter Körper-, Organ- oder Gewebebereich, wie z.B. erogene Z., Reflexz.
zone

Zonen, erogene. Sexuell erregbare Körperregionen, wie Mund, Anus und Geschlechtsorgane.
erogenous zones

Zonula. Kleine, gürtelförmige Zone.
[*lat.:* Verkleinerungsform zu zona, Gürtel]
zonula

Zoologie. Wissenschaft und Lehre der tierischen Lebewesen. – *adj.* zoologisch.
[*griech.:* zoon + logos, Tier + Lehre]
zoology

Zoomanie. Übermäßig ausgeprägte Liebe zu Tieren.
zoomania

Zoonose. Sammelbezeichnung für Infektionskrankheiten, die sowohl den Menschen als auch Tiere befallen und gegenseitig übertragen werden können, z.B.

Tollwut (Rabies), Gelbfieber und Leptospirose.
zoonosis

Zoophilie. 1. Krankhaft übertriebene Liebe zu bestimmten Tieren. 2. Psychosexuelle Störung, wobei sexuelle Erregung und Befriedigung durch Anblick oder Berühren von Tieren (meist das Tierfell) oder durch sexuelle Praktiken mit Tieren erzeugt wird (= Sodomie).
[*griech.:* zoon + philein, Tier + lieben]
zoophilia

Zoophobie. Übermäßige, irrationale Angst vor Tieren, insbesondere vor Hunden, Schlangen, Insekten und Mäusen.
[*griech.:* zoon + phobos, Tier + Angst]
zoophobia

Zoster. (Herpes zoster/Gürtelrose). Akute Infektion, die durch die Reaktivierung eines latenten Varizellen-zoster-Virus (VZV) verursacht wird und meist bei Erwachsenen auftritt. Z. ist durch den Ausbruch von schmerzhaften Bläschen auf der Haut gekennzeichnet, die den betroffenen, vom Virus befallenen kranialen oder spinalen Nerven folgen. Schmerzen und Bläschen treten meist einseitig auf, obwohl auch beide Seiten betroffen sein können. Jeder Nerv kann befallen werden, meist sind es jedoch die hinteren Wurzelganglien in Verbindung mit den thorakalen oder trigeminalen Nerven. Der Schmerz kann fälschlicherweise in Verbindung mit einer Appendizitis oder einer Pleuritis gebracht werden. Es wird vermutet, dass das VZV latent im Körper einer Person vorhanden bleibt, die einmal infiziert worden ist; Personen, die keine Varizellenimmunität besitzen, können sich von einem Zoster-Patienten mit → Windpocken anstecken.
herpes zoster

Zoster-Immunglobulin. Passiver Impfstoff gegen Herpes zoster, der vor allem bei Windpocken-gefährdeten Kindern gegeben wird.
zoster immune globulin (ZIG)

Zoster ophthalmicus. Eine Form des → Zoster, der entlang des Trigeminusnervs (V. Hirnnerv) für Schmerzen und Hauterscheinungen sorgt. Die Infektion kann zu Hornhautulzerationen oder anderen Augenkomplikationen führen.
herpes zoster ophthalmicus

Zoster oticus. → Zoster-Infektion entlang der Ganglien des VIII. Hirnnervs (Vestibulocochlearnerv), die zu starken Schmerzen im äußeren Ohr oder zur Lähmung des Gesichtsnervs führen kann. Es kann zu Taubheit und Schwindelanfällen (Vertigo) kommen.
herpes zoster oticus

Zotten. (→ Villus)
villi

Zottenkrebs. Haut- oder Schleimhauttumor, der anfangs relativ langsam wächst und sich mit langen zapfenartigen Verzweigungen im Gewebe ausbreitet.
villous carcinoma

Zucker, komplexe. Zuckermoleküle, die in zwei einfache Moleküle des selben oder verschiedener Zucker, z.B. Sukrose, Laktose oder Maltose, hydrolysiert bzw. verdaut werden.
complex sugars

Zuckung. Kontraktion kleiner Muskeleinheiten, die sich als schnelles, einfaches und teils krampfartiges Zusammenziehen eines Muskels äußert. Im Gegensatz zur Tetanie erschlafft der Muskel jedoch danach wieder.
twitch

Zuhause, gestörte Erhaltung des. Anerkannte → NANDA-→ Pflegediagnose; Unfähigkeit, selbstständig eine sichere, wachstumfördernde unmittelbare Umgebung zu schaffen. Die kennzeichnenden Merkmale sind Schwierigkeiten bei der Erhaltung des Zuhause, Bedarf an Hilfe von außen und eine bestehende finanzielle Krise. Mindestens eines der folgenden Kriterien muss vorliegen: schmutzige oder nicht vorhandene Kochutensilien, Kleider oder Bettwäsche, Ansammlung von Schmutz, Essensresten oder Abfall, erschöpfte oder gestresste Familien- oder Haushaltsmitglieder und infolge von mangelnder Hygiene wieder-

holte Infektionen und Befall mit Parasiten.
🇬🇧 home maintenance management, impaired

Zuhause, Unterstützung bei der Erhaltung des. → Pflegeintervention der → NIC, die definiert wird als die Hilfe für Patienten/Familienangehörige, ihr Heim als einen sauberen, sicheren und erfreulichen Ort zum Leben instandzuerhalten.
🇬🇧 Home Maintenance Assistance

Zuneigung, Förderung der. → Pflegeintervention der → NIC, die definiert wird als die Verbesserung der Entwicklung von Beziehungen zwischen Eltern und Säuglingen.
🇬🇧 Attachment Promotion

Zunge. (Lingua). Hauptorgan des Geschmacksinns, das darüber hinaus den Kau- und Schluckvorgang von Nahrung unterstützt. Die Z. liegt im unteren Bereich des Mundes, in der Unterkiefermulde. Sie ist mit dem Zungenbein, dem Kehldeckel (Epiglottis), dem weichen Gaumen und dem Rachen (Pharynx) verbunden. Die Verwendung der Zunge als Sprachorgan ist nicht anatomisch bedingt, sondern ist ein erworbenes Merkmal.
🇬🇧 tongue

Zunge, belegte. Zunge mit weißem, gelbem oder braunem Belag. Der Belag setzt sich aus Ansammlungen von Pilzen, Bakterien, Essensresten oder abgeschuppten Epithelzellen zusammen. Die Ursachen für Zungenbelag sind vielfältig und reichen von Pilzinfektionen bis zu Schlafen mit offenem Mund.
🇬🇧 coated tongue

Zungenbändchen. (Frenulum linguae). Langgestreckte Schleimhautfalte, die den Mundboden mit der Zungenunterseite verbindet. Das Zungenbändchen kann infolge einer kongenitalen Fehlbildung verkürzt sein und zu Zungenverwachsung führen.
🇬🇧 frenulum of tongue

Z

Zungenspalte. Durch eine Längsspalte geteilte Zunge.
🇬🇧 cleft tongue

ZVD. Abkürzung für zentraler → Venendruck.
🇬🇧 CVP

Zwang. Unwiderstehlicher, immer wiederkehrender, irrationaler Impuls, eine Handlung, die widersprüchlich zu den normalen eigenen Maßstäben und Meinungen ist, unbedingt ausführen zu müssen.
🇬🇧 compulsion

Zwangsgedanken. (Zwangsidee; Zwangsvorstellung). Wiederkehrender, sich festsetzender, irrationaler Gedanke, der in einem unwiderstehlichen Drang zur Ausführung einer unangemessenen Handlung resultiert.
🇬🇧 compulsive idea; fixed idea

Zwangsneurose. Unwiderstehlicher, irrationaler Drang, bestimmte Handlungen immer wieder auszuführen, trotz der bewussten Erkenntnis, dass diese Handlungen abnorm sind. Eine kompulsive Handlung kann für den Patienten symbolische Bedeutung haben.
🇬🇧 compulsion need

Zwangsritual. Zwanghafte Handlungen, die eine Person ausführen muss, obwohl sie erkennt, dass ihr Verhalten nutzlos und unangebracht ist.
🇬🇧 compulsive ritual

Zweitgebärende. (Sekundipara). Eine Frau, die das zweite Kind verschiedener Schwangerschaften zur Welt bringt.
🇬🇧 secundipara

Zweitgravida. Eine Frau, die das zweite Mal schwanger ist.
[*lat.:* gravidus, Schwangerschaft]
🇬🇧 secundigravida

Zwerchfellatmung. Aus- und Einatmen mit Unterstützung des Zwerchfells. Um besser einatmen zu können, werden Patienten mit chronisch-obstruktiver Lungenkrankheit in dieser Atemtechnik unterwiesen.
[*griech.:* diaphragma, Trennwand.]
🇬🇧 diaphragmatic breathing

Zwerchfellhernie. Vorwölbung eines Teils des Magens durch eine Öffnung im Zwerchfell. In den meisten Fällen gleitet der Magen durch einen krankhaft vergrößerten Hiatus oesogphageus. Manchmal können die Eingeweide bis in den Brustraum vordringen. Eine krankhafte Vergrößerung der Speiseröhre kann durch Trauma, angeborene Schwäche, erhöhten abdominalen Druck oder durch Entspannung der Skelettmuskelsehnen hervorgerufen werden; dadurch kann ein Teil des Magens in den Brustkorb gleiten. Eine gleitende Hiatushernie ist eine der häufigsten Ursachen für eine Erkrankung des oberen Magen-Darm-Trakts. Hiatushernien können jederzeit auftreten, werden aber am häufigsten bei älteren Menschen beobachtet. Die Zwerchfellhernie ist eine Form einer → Hiatushernie.
diaphragmatic hernia

Zwerchfellnerv. (→ Nervus phrenicus)
phrenic nerve

Zwerg, rachitischer. Mensch mit beeinträchtigtem Wachstum infolge von → Rachitis. (→ Rachitis)
rachitic dwarf

Zwillinge. Zwei Kinder, die aus einer Schwangerschaft hervorgehen. Dabei entwickeln sich entweder aus einem befruchteten Ei zwei Embryos (eineiige Z.) oder es wurden zwei vom Eierstock freigegebene Eier gleichzeitig befruchtet (zweieiige Z.). Auf 80 Schwangerschaften kommt ungefähr eine Zwillingsschwangerschaft.
twins

Zwillinge, dizygote. (zweieiige Zwillinge). Zwillinge, die sich aus zwei Eizellen entwickelt haben, die zur selben Zeit von einem Eierstock freigesetzt und anschließend befruchtet wurden. Zweieiige Zwilling können gleich- bzw. verschiedengeschlechtlich sein; sie unterscheiden sich sowohl äußerlich als auch genetisch, werden von zwei separaten Mutterkuchen versorgt und haben jeweils eigene Schafs- und Zottenhäute (Amnion und Chorion).
dizygotic twins

Zwischenfälle, Berichte über. → Pflegeintervention der → NIC, die definiert wird als schriftlicher oder mündlicher Bericht über ein Ereignis im Prozess der Patientenpflege, das mit den erwünschten Pflegeergebnissen oder Routinemaßnahmen einer Gesundheitspflegeeinrichtung nicht übereinstimmt.
Incident Reporting

Zwischenwirt. Jedes Lebewesen, in dem sich eine Larve oder die Zwischenstufe eines Parasiten entwickelt. Menschen sind z.B. Z.e für Malariaparasiten.
intermediate host

Zwitter. (→ Hermaphrodit)
hermaphrodite

Zyanidvergiftung. Vergiftung durch Einnahme bzw. Einatmen von Zyanid(dämpfen), das in Bittermandelöl, Wildkirschensirup, Blausäure oder Kalium- bzw. Natriumzyanid enthalten ist. Vergiftungssymptome sind Tachykardie, Schwindel, Krampfanfälle, Kopfschmerz, Apnoe und Herzstillstand. Tödliche Folgen können innerhalb von 15 Minuten eintreten.
[*griech.:* kyanos, blau.]
cyanide poisoning

Zyanopsie. (Blausehen). Sehstörung, bei der alle Seheindrücke mit einem bläulichen Schleier belegt sind.
cyanopsia

Zyanose. (Blausucht). Blaufärbung von Haut und Schleimhäuten durch einen Überschuss von sauerstoffarmem Hämoglobin bzw. durch strukturelle Schäden im Hämoglobinmolekül, wie es z.B. bei Methämoglobin der Fall ist.
[*griech.:* kyanos, blau, osis, Beschwerde.]
cyanosis

Zyanose, kongenitale. Angeborene Blaufärbung des Blutes (Zyanose) aufgrund einer kongenitalen Herzfehlbildung oder Lungenatelektasen.
[*lat.:* congenitus, angeboren; *griech.:* kyanos, blau, osis, Zustand.]
congenital cyanosis

Z

zyanotisch. Blaufärbung der Haut, Fingernägel und Schleimhäute, die durch einen Sauerstoffmangel im Blut verursacht wird.
cyanosed

Zygote. Die befruchtete Eizelle nach der Verschmelzung von Samenzelle und Eizelle und vor der ersten Zellteilung.
zygote

Zyklitis. (Ziliarkörperentzündung). Entzündung der Ziliarkörper; führt zur Rötung der Lederhaut (Sklera) unmittelbar neben der Hornhaut (Kornea).
[*griech.:* kyklos + itis, Entzündung.]
cyclitis

Zyklodialyse. Operative Methode zur Behandlung von Glaukom. Dabei wird zwischen der vorderen Augenkammer und dem Suprachoroidalraum ein Durchgang geschaffen, durch den überschüssige Flüssigkeit drainieren kann, damit der intraokuläre Druck reduziert werden kann.
cyclodialysis

Zyklopie. Entwicklungsstörung, bei der die beiden Augenhöhlen zu einer einzigen Höhle, mit nur einem Auge, verschmelzen.
[*griech.:* Cyclops, mystischer, einäugiger Riese.]
cyclopia

Zykloplegie. (Akkommodationslähmung). Akkomodationslähmung der Ziliarmuskeln. Bestimmte opthalmische Medikamente, die bei Augenuntersuchungen eingesetzt werden, können eine vorübergehende Zykloplegie auslösen.
[*griech.:* kyklos + plege, Schlag.]
cycloplegia

Zyklothymie. Affektive Psychose mit chronischen, längerfristigen Perioden der Depression und Hypomanie. Schwere und Länge der Psychosen sind jedoch nicht so gravierend wie bei einer depressiven bzw. manischen Psychose.
[*griech.:* kyklos, Kreis + thymos, Geist.]
cyclothymic disorder

Zyklotomie. (Ziliarmuskeldurchtrennung). Operative Methode zur Korrektur eines Defekts im Ziliarmuskel des Auges.
cyclotomy

Zyklotron. Gerät zur Beschleunigung geladener Teilchen oder Ionen. Durch die Beschleunigung werden die Teilchen radioaktiv geladen. Sie können dann als Radiopharmaka oder als Neutrone für die Strahlentherapie verwendet werden.
[*griech.:* kyklos, Kreis + electron, Glut.]
cyclotron

Zyklus. Abfolge von Ereignissen, die sich in bestimmten Abständen wiederholen.
[*griech.:* kyklos, Kreis.]
cycle

Zylinder. Winzige, mineralhaltige Ablagerungen an den Wänden der Nierentubuli, der Bronchiolen oder in anderen Organen; häufig finden sich Zylinder auch in Urin- oder Blutproben.
cast

Zylindrom. Tumor mit zylinderförmigen, von Epithelzellen umgebenen Stroma.
[*griech.:* kylindros, Zylinder.]
cylindroma

Zystadenokarzinom. Aus einem mukösen Zystadenom entstandener Bauchspeicheldrüsentumor. Klinische Symptome sind Oberbauchschmerz und tastbare Bauchverhärtung.
cystadenocarcinoma

Zystadenom. 1. Mit einem Zystom assoziiertes Adenom. 2. Adenom mit ausgeprägten Zystenstrukturen. Die einzelnen Zysten können serös sein und Serum enthalten oder pseudomuzinös und klare, seröse Flüssigkeit bzw. dickflüssige, visköse Flüssigkeit enthalten.
[*griech.:* kystis + aden, Drüse, oma, Tumor.]
cystadenoma

Zyste. Geschlossene Kapsel in bzw. unter der Haut. Zysten sind mit Epithelzellen ausgekleidet und enthalten Flüssigkeit oder halbflüssige Substanzen.
[*griech.:* kystis, Tasche.]
cyst

Zystektomie. (Zystenausschneidung). Operative Methode, bei der Teile der Harnblase bzw. die gesamte Harnblase entfernt wird; kann z.B. bei Blasenkrebs erforderlich sein.
[*griech.:* kystis, Tasche + ektome, Schnitt.]
cystectomy

Zystenkarzinom. Bösartiges Neoplasma mit geschlossenen Hohlräumen oder sackähnlichen Zwischenräumen. Zystenkarzinome werden hauptsächlich in Brüsten und Eierstöcken diagnostiziert.
cystic carcinoma

Zystenkropf. Vergrößerung der Schilddrüse, bestehend aus Zysten, die durch mukoide bzw. kolloide Degeneration oder Verflüssigung verursacht werden.
cystic goiter

Zystenmamma. Form von Mammadysplasie mit Entzündungen und der Bildung von Zystenknoten im Brustgewebe. Die Zysten enthalten eine trübe Flüssigkeit. Symptome variieren mit den individuellen Brustveränderungen, die während der Menstruation auftreten.
cystic mastitis

Zystenniere. Bezeichnung für verschiedene Nierenkrankheiten, in deren Verlauf Zysten entstehen, wie z.B. kongenitale polyzystische Krankheit, Nierenzysten oder Rindenzysten mit Nephrosklerose.
[*griech.:* kystis, Beutel.]
cystic kidney

Zystinose. (Zystinspeicherkrankheit). Aminosäurestoffwechsel-Störung mit rachitischen Knochenschädigungen; Erbkrankheit begleitet von Glukosurie, Proteinurie, Cystinablagerungen in Leber, Milz, Knochenmark und der Hornhaut, Rachitis, hohen Phosphatkonzentrationen im Urin und Wachstumsverzögerungen.
cystinosis

Zystinurie. (Zystindiathese). 1. Abnorm hohe Cystinkonzentration im Urin. 2. Vererbter Defekt der Nierentubuli, gekennzeichnet von übermäßiger Urinausscheidung von Cystin und anderen Aminosäuren. Die Krankheit ist autosomal rezessiv und beeinträchtigt die Cystinabsorption in den Nierentubuli. Hohe Cystinkonzentrationen werden im Harntrakt ausgefällt und verursachen die Bildung von Nieren- oder Blasensteinen.
[*griech.:* ouron, Urin.]
cystinuria

zystisch. 1. Eine Zyste betreffend. 2. Eine mit Flüssigkeit gefüllte Blase betreffend, wie z.B. die Gallenblase oder die Harnblase.
[*griech.:* kystis, Tasche.]
cystic

Zystitis. (Harnblasenentzündung). Entzündung von Harnblase und Harnleiter; gekennzeichnet von Schmerz, Harndrang und Hämaturie; kann durch bakterielle Infektionen, Harnsteine oder Tumore verursacht werden.
[*griech.:* kystis, Beutel + itis, Entzündung.]
cystitis

Zystitis, interstitielle. Entzündung der Blase, die vermutlich mit einer Autoimmunreaktion oder einer allergischen Reaktion in Verbindung steht. Die Blasenwand entzündet sich, ulzeriert und vernarbt, was zu häufigem schmerzhaftem Urinlassen führt. Es kommt oft zu einer → Hämaturie.
interstitial cystitis

Zystizerkose. Infektion, die durch die Larven des Schweinebandwurms *Taenia solium* oder den Rinderbandwurm *T. saginata* verursacht wird. Die Bandwurmeier werden verdaut und schlüpfen im Darm aus. Die Larven migrieren in das subkutane Gewebe, Gehirn, Augen, Muskeln, Herz, Leber, Lunge und Bauchfell. Die invasive, frühe Infektionsphase ist gekennzeichnet von Fieber, Unwohlsein, Muskelschmerz und Eosinophilie. Bei einer Beeinträchtigung des Gehirns, können Jahre später Epilepsie und Persönlichkeitsstörungen auftreten.
[*griech.:* kystis + kerkos, Schwanz, osis, Zustand.]
cysticercosis

Zystizerkus. Bandwurmlarve, bestehend aus einem einfachem Skolex (Bandwurm-

Z

kopf), der von einer blasenförmigen Zyste umschlossen ist.
cysticercus

Zystofibrom. Fibröser Tumor mit einer Zyste.
cystofibroma

Zystogramm. Graphische Darstellung der Harnblase; Ergebnis einer Pyelographie oder einer Zystoskopie.
[*griech.:* kystis + gramma, Aufzeichnung.]
cystogram

Zystographie. Radiologische Blasenuntersuchung, bei der ein röntgenpositives Kontrastmittel injiziert wird.
cystography

zystoid. Eine Zyste bzw. Blase betreffend.
[*griech.:* kystis, Beutel + eidos, Form.]
cystoid

Zystojejunostomie. Drainage einer Zyste, wie z.B. einer Pankreas-Pseudozyste, in das Jejunum.
cystojejunostomy

Zystolithektomie. (Blasensteinentfernung). Operatives Öffnen der Harnblase und Entfernen einen Nierensteins.
cystolithotomy

Zystom. Aus Zysten bestehender Tumor bzw. Geschwulst, insbesondere in bzw. in der Nähe der Eileiter.
[*griech.:* kystis, Beutel + oma, Tumor.]
cystoma

Zystomanometer. Instrument, mit dem die Blasenkapazität bei wechselndem Urindruck gemessen wird.
cystometer

Zystometrie. (Zystomanometrie). Untersuchung der Blasenfunktion und des Blasendrucks mit Hilfe eines → Zystometers.
[*griech.:* kystis, Beutel + metron, Maß.]
cystometry

Z

Zystometrogramm. Graphische Darstellung der Ergebnisse von Messungen, die mit einem → Zystomanometer durchgeführt werden.
cystometrogram

Zystometrographie. Urologische Untersuchungsmethode, bei der der auf die Blase ausgeübte Druck bei wechselnder Blasenkapazität gemessen wird.
cystometrography

Zystoskop. (Blasenspiegel). Endoskop zur Untersuchung und Behandlung von Läsionen in Harnblase, Harnleiter und Niere. Die Außenhülle des Zystoskops ist mit einem Beleuchtungssystem, einem Obturator und einem Gang ausgestattet, durch den Katheter und chirurgische Instrumente eingeführt werden können.
[*griech.:* kystis, Beutel + skopein, betrachten.]
cystoscope

Zystoskopie. (Blasenspiegelung). Visualisierung der Harnwege durch ein in die Harnleiter eingeführtes → Zystoskop. Der Patient erhält bei dieser Untersuchung normalerweise eine Sedierung oder örtliche Betäubung.
cystoscopy

Zystostomie. (Blasenfistel). Operative Blasenöffnung zur Blasendrainage mit Hilfe eines Katheters.
cystostomy

Zystotomie. (Blasenschnitt). Für die Entfernung eines Harnsteins durchgeführter Schnitt in die Harnblase.
cystotomy

Zystozele. (Blasenhernie). → Hernie bzw. Vorwölbung der Harnblase in einen Bruchsack.
[*griech.:* kystis, Beutel + kele, Hernie.]
cystocele

Zystozele, vaginale. → Zystozele, bei der sich die Blase in die vordere Scheidenwand vorwölbt.
cystocele

Zytoarchitektonik. Typische Zellanordnung in einem bestimmten Organ oder Gewebe, wie z.B. in der Großhirnrinde.
cytoarchitecture

zytoarchitektonisch. Die Zellanordnung eines Gewebes oder einer Struktur betreffend.
[*griech.:* kytos, Zelle; *lat.:* architectura, Architektur.]
🇬🇧 cytoarchitectonic

Zytodiagnostik. (Zellfragmentierung). Mikroskopische Zelluntersuchung potenziell pathologischer Gewebe.
🇬🇧 cytodiagnosis

Zytogen. Selbstvermehrende Partikel im Zytoplasma einer Zelle; abgeleitet von den Genen des Zellkerns und zur Übertragung genetischer Informationen fähig.
[*griech.:* kytos, Zelle + genein, erzeugen.]
🇬🇧 cytogene

Zytogenese. Ursprung, Entwicklung und Differenzierung von Zellen. – *adj.* zytogenetisch.
[*griech.:* kytos, Zelle + genein, erzeugen.]
🇬🇧 cytogenesis

Zytogenetik. Fachrichtung der Genetik zur Erforschung der Zellbestandteile, die an Funktion und Ursprung der Chromosomen beteiligt sind.
🇬🇧 cytogenetics

Zytogenetik, klinische. Zweig der Genetik, der die Beziehung zwischen chromosomalen Abweichungen und pathologischen Beschwerden erforscht.
🇬🇧 clinical cytogenetics

Zytohistogenese. Strukturelle Entwicklung und Bildung von Zellen.
[*griech.:* kytos, Zelle + histos, Gewebe, genein, erzeugen.]
🇬🇧 cytohistogenesis

Zytokin. Gruppe von Proteinen mit geringem Molekulargewicht, die von bestimmten Zelltypen ausgeschieden werden und am intrazellulären Informationsaustausch, an der Koordination von Antikörpern und T-Zellen sowie an Immunreaktionen beteiligt sind. Zu den Zytokinen zählen der koloniestimulierende Faktor, Interferone, Interleukine und von den Lymphozyten ausgeschiedene Lymphokine.
🇬🇧 cytokine

Zytokinese. Teilung des Zytoplasmas, die in der Schlussphase von Mitose und Meiose stattfindet und in der die Tochterzellen entstehen. Bezeichnung für alle Änderungen, die im Zytoplasma während Mitose, Meiose und Befruchtung stattfinden.
[*griech.:* kytos, Zelle + kinesis, Bewegung.]
🇬🇧 cytokinesis

Zytologie. Erforschung von Zellen, einschließlich ihrer Bildung, Ursprung, Struktur, Funktion, biochemischen Aktivitäten und pathologischen Eigenschaften. – *adj.* zytologisch.
[*griech.:* kytos, Zelle + logos, Wissenschaft.]
🇬🇧 cytology

Zytolyse. (Zellauflösung). Zerstörung lebender Zellen durch Auflösung der Außenmembran. – *adj.* zytolytisch.
[*griech.:* kytos, Zelle + lyein, lösen.]
🇬🇧 cytolysis

Zytolysin. Antikörper, die antigene Zellen zersetzen. Verschiedene Formen von Zytolysin sind → Bakteriolysin und → Hämolysin.
[*griech.:* kytos, Zelle + lyein, lösen.]
🇬🇧 cytolysin

Zytomegalie. Von Zytomegalie-Viren verursachte Infektionskrankheit. Das Zytomegalie-Virus gehört zur Familie der Herpesviren. Krankheitssymptome sind Unwohlsein, Fieber, Lymphadenopathie, Pneumonie, Hepatosplenomegalie sowie Superinfektion mit verschiedenen Bakterien und Pilzen aufgrund beeinträchtiger Immunreaktionen. Die Krankheit wird zumeist in utero übertragen und kann zu einem plötzlichen Abort bzw. neonataler Erkrankung mit tödlichem Ausgang, aber auch zu einer normaler Geburt führen.
[*griech.:* kytos + megas, groß.]
🇬🇧 cytomegalic inclusion disease (CID)

Zytomegalie-Virus (CMV). Großes, wirtspezifisches Virus aus der Familie der Herpesviren, die insbesondere bei infizierten Kindern verschiedene Krankheiten verursachen, z.B. Mikroenzephalie, Meningo-

Enzephalitis, Leber- oder Milzvergrößerung, Anämien, Pneumonie, Myokarditis.
[*griech.:* kytos, Zelle + megas, groß; *lat.:* virus, Gift.]
cytomegalovirus (CMV)

Zytometer. Gerät zum Zählen und Messen von Zellen in einem bestimmten Flüssigkeitsvolumen, z.B. Blut, Urin oder Hirnflüssigkeit.
[*griech.:* kytos, Zelle + metron, Maß.]
cytometer

Zytometrie. Zählen und Messen von Zellen, insbesondere von Blutzellen.
cytometry

zytopathisch. (zellschädigend). Die Auswirkungen einer Krankheit oder Störung auf eine Zelle, wie z.B. die von einem Virus oder radioaktiver Strahlung verursachten Zellschäden.
cytopathic

Zytopathologie. Die Erforschung von krankhaften Veränderungen auf Zellebene.
cytopathology

Zytopenie. (Zellverminderung). Verminderung der Zellzahl im Blut.
[*griech.:* kytos, Zelle + penes, arm.]
cytopenia

Zytophagie. Zellzerstörung durch Phagozyten.
cytophagy

Zytophotometer. Gerät zur Messung der Lichtdichte, die durch gefärbtes Zytoplasma dringt; wird eingesetzt, um chemische Zellstoffe zu lokalisieren und zu identifizieren.
[*griech.:* kytos, Zelle + phos, Licht, metron, Maß.]
cytophotometer

Z

Zytophotometrie. Identifizierung chemischer Zellstoffe mit Hilfe eines → Zytophotometers.
cytophotometry

Zytoplasma. (Protoplasma). Bezeichnung für alle Bestandteile einer Zelle mit Ausnahme des Zellkerns.
[*griech.:* kytos, Zelle + plassein, formen.]
cytoplasm

Zytoskelett. (Zellskelett). Zytoplasmatische Elemente, einschließlich Tonofibrillen, Keratin und anderer Mikrofibrillen, die die Struktur einer Zelle, insbesondere einer Epithelzelle, aufrechterhalten.
[*griech.:* kytos, Zelle + skeletos, getrockneter Körper.]
cytoskeleton

Zytoskopie. Diagnostische Methode zur Untersuchung von Zellproben unter Zuhilfenahme von Mikroskopen und anderen Laborgeräten.
[*griech.:* kytos, Zelle + skopein, betrachten.]
cytoscopy

Zytosom. (Zellkörper). Vielschichtiger, von einer Membran umschlossener Lamellenkörper, der in Pneumozyten (Typ II) zu finden ist.
cytosome

Zytotoxin. Substanz mit toxischer Wirkung auf bestimmte Zellen. Ein Antikörper kann als Zytotoxin wirken.
[*griech.:* kytos, Zelle + toxikon, Gift.]
cytotoxin

zytotoxisch. (zellschädigend). Bezeichnung für eine pharmakologische Substanz bzw. ein Mittel, das Gewebezellen zerstört oder beschädigt.
[*griech.:* kytos, Zelle + toxikon.: Gift.]
cytotoxic

Zytotrophoblast. Innere Zellschicht des Trophoblast, aus der die Auskleidung des primären Dottersacks entsteht.
[*griech.:* kytos, Zelle + trophe, Ernährung, blastos, Samen.]
cytotrophoblast

Zytotropismus. Eigenschaft bestimmter lebender Zellen (z.B. Bakterien), die eine Annäherung an andere Zellen bzw. eine Verbindung mit anderen Zellen ermöglicht.
cytotropism

zytozid. (zelltötend). Stoffe und Substanzen, die Zellen zerstören.
[*griech.:* kytos, Zelle + *lat.:* caedere, töten.]
cytocide

Glossar Englisch-Deutsch

A

A band A-Streifen
abacterial abakteriell
abdomen Abdomen
abdominal adhesion Adhäsion, abdominale
abdominal aorta Aorta abdominalis
abdominal aortography Aortographie, abdominale
abdominal aponeurosis Rektusscheide
abdominal binder Bauchbinde
abdominal breathing Bauchatmung
abdominal cavity Bauchhöhle
abdominal delivery Schnittentbindung
abdominal fistula Bauchdeckenfistel
abdominal girth Bauchumfang
abdominal hernia Bauchwandhernie
abdominal hysterectomy Hysterektomie, abdominale
abdominal nephrectomy Nephrektomie, abdominale
abdominal pain Bauchschmerzen
abdominal paracentesis Bauchpunktion
abdominal pregnancy Bauchhöhlenschwangerschaft
abdominal quadrant Abdomialquadrant
abdominal reflex Bauchhautreflex
abdominal regions Bauchregionen
abdominal surgery Bauchchirurgie
abdominohysterotomy Hysterotomie, abdominale
abdominopelvic cavity Beckenhöhle, abdominale
abdominoscopy Laparoskopie
abducens abducens
abducens muscle Musculus abducens
abducens nerve Nervus abducens
aberration Aberration
ablation Ablatio
abnormal behavior Verhalten, abnormes
abnormal psychology Psychologie, der Abnormität
abortifacient Abortiva
abortion Abort
abortive infection Infektion, abortive
abortus Abortus
abortus fever Bang-Krankheit
abrasion Abrasio
abruptio placentae Plazentalösung
abscess Abszess
abscess of liver Leberabszess
absence seizure Absence
absolute agraphia Agraphie, absolute
absolute humidity Luftfeuchtigkeit, absolute
absolute zero Nullpunkt, absoluter
absorb absorbieren
absorbable gauze Gaze, resorbierbare
absorbable surgical suture Nahtmaterial, resorbierbares
absorbed dose Dosis, absorbierte
absorbent Absorptionsmittel
absorbent dressing Absorptionsverband
absorption Absorption
abstinence Abstinenz
abstinence syndrome Abstinenzerscheinungen
abstract thinking Denken, abstraktes
abulia Abulie
abuse Abusus
abuse protection Abusus, Schutz gegen
acacia gum Gummi arabicum
acapnia Hypokapnie
acariasis Akarinose
acarid Acarina
acceleration Akzeleration
acceleration phase Akzelerationsphase
acclimate akklimatisieren
accommodation Akkomodation
accommodation reflex Akkomodationsreflex
acetabulum Acetabulum

acetaldehyde Acetaldehyd
acetaminophen Paracetamol
acetaminophen poisoning Paracetamol-Vergiftung
acetate Acetat
acetic essigsauer
acetic acid Essigsäure
acetone Aceton
acetone-in-urine test Acetontest
acetonuria Acetonurie
acetylcholine (ACh) Acetylcholin
acetylcholinesterase (AChe) Acetylcholinesterase (AChe)
acetylcysteine Acetylcystein
acetylsalicylic acid Acetylsalicylsäure (ASS)
acetylsalicylic acid poisoning Acetylsalicylsäure-Vergiftung
achalasia Achalasie
AChE AChe
Achilles tendon Achillessehne
Achilles tendon reflex Achillessehnenreflex
acholia Acholie
achromia Depigmentierung
achromocyte Achromozyt
achylia Achylie
acid Säure
acid burn Säureverätzung
acid phosphatase Phosphatase, saure
acid poisoning Säurevergiftung
acid rebound Hyperazidität, reaktive
acid salt Salz, saures
acid-base balance Säure-Basen-Haushalt
acid-base management Säure-Basen-Haushalt-Management
acid-base monitoring Säure-Basen-Monitoring
acidify säuern
acidity Azidität
acidity of the stomach Magenazidität
acidophil azidophil
acidosis Azidose
aciduria Azidurie
acme Akme
acne Akne
acne keloid Aknekeloid
acne neonatorum Akne neonatorum
acne vulgaris Akne vulgaris
acousma Akoasma
acoustic nerve Nervus acusticus
acoustic neuroma Akustikusneurinom
acoustic reflex Stapediusreflex
acoustic trauma Schalltrauma
acoustic; acoustical akustisch
acoustics Akustik
acquired erworben
acquired immune deficiency syndrome AIDS
acquired immunity Immunität, erworbene
acra Akren
acrid ätzend
acro- akro-
acrochordon Akrochordon
acrocyanosis Akrozyanose
acrodermatitis Akrodermatitis
acrodynia Akrodynie
acrokinesis Akrokinese
acromegaly Akromegalie
acromicria Akromikrie
acromion Akromion
acroosteolysis Akroosteolyse
acroparesthesia Akroparästhesie
acrophobia Akrophobie
actin Aktin
actinic aktinisch
actinium Aktinium (Ac)
action potential Aktionspotenzial
activate aktivieren
activated charcoal Aktivkohle
activation energy Aktivierungsenergie
activator Aktivator
active anaphylaxis Anaphylaxie, aktive
active carrier Ausscheider
active electrode Reizelektrode
active exercise Bewegungsübung, aktive
active expiration Exspiration, aktive
active immunity Immunität, aktive
active labor Wehen, aktive
active listening Aktives Zuhören
active sensitization Sensibilisierung, aktive
active specific immunotherapy Immuntherapie, aktive, spezifische
active transport Transport, aktiver
activities of daily living Aktivitäten des täglichen Lebens (ATL)
activity intolerance Aktivitätsintoleranz
activity theory Aktivitätstheorie
activity therapy Aktivitätstherapie
activity tolerance Aktivitätstoleranz
acupressure Akupressur
acupuncture Akupunktur
acupuncture point Akupunkturpunkt
acute akut
acute abdomen Akutes Abdomen
acute air trapping Luftretention, akute

acute articular rheumatism Gelenkrheumathismus, akuter
acute care Akutpflege
acute childhood leukemia Leukämie, akute
acute circulatory failure Kreislaufversagen, akutes
acute confusional state Verwirrtheitszustand, akuter
acute hemorrhagic conjunctivitis Konjunktivis, akute hämorrhagische
acute hypoxia Hypoxie, akute
acute intermittent porphyria Porphyrie, akut-intermittierende
acute lymphocytic leukemia Leukämie, akute lymphatische (ALL)
acute myelocytic leukemia Leukämie, akute myeloische (AML)
acute nephritis Nephritis, akute
acute nicotine poisoning Nikotinvergiftung, akute
acute pain Schmerz, akuter
acute pancreatitis Pankreatitis, akute
acute promyeolocytic leukemia Leukämie, akute promyelozytäre (AProL)
acute psychosis Psychose, akute
acute pyogenic arthritis Arthritis, akute pyogene
acute rejection Abstoßung, akute
acute respiratory failure Ateminsuffizienz, akute
acute rheumatic arthritis Arthritis, akute, rheumatoide
acute schizophrenia Schizophrenie, akute
acute secondary myocarditis Myokarditis, akute sekundäre
acute septic myocarditis Myokarditis, akute septische
acute suppurative sinusitis Sinusitis, akute eitrige
acute tonsillitis Tonsillitis, akute
acute toxicity Toxizität, akute
acute transverse myelitis Myelitis, transversa, akute
acute tubular necrosis Nekrose, akute tubuläre
acute urethral syndrome Urethralsyndrom, akutes
acyanotic azyanotisch
acyclovir Aciclovir
ad lib ad lib
adactyly Adaktylie
Adam's apple Adamsapfel
Adam-Stokes syndrome Adam-Stokes-Syndrom
adaptation Adaptation
adaptation model Adaptationsmodell
adaptation syndrome Adaptationssyndrom
adaptive capacity Anpassungsfähigkeit
addict Süchtiger
addiction Sucht
Addis count Addis-Zählung
Addison's disease Addison-Krankheit
addisonism Addisonismus
addition Addition
additives Additive
adduct adduzieren
adduction Adduktion
adductor Adduktor
adductor brevis Musculus adductor brevis
adductor canal Adduktorenkanal
adductor longus Musculus adductor longus
adductor magnus Musculus adductor magnus
adenectomy Adenektomie
adenine Adenin
adenitis Adenitis
adeno- adeno-
adenoacanthoma Adenoakanthom
adenoameloblastoma Adenoameloblastom
adenocarcinoma Adenokarzinom
adenochondroma Adenochondrom
adenocyst Adenozyste
adenocystic carcinoma Karzinom, adenozystisches
adenoepithelioma Adenoepitheliom
adenofibroma Adenofibrom
adenofibroma edematodes Adenofibrom, ödematöses
adenohypophysis Adenohypophyse
adenoid adenoid
adenoid hyperplasia Hyperplasie, adenoide
adenoid hypertrophy Hypertrophie, adenoide
adenoid tissue Gewebe, adenoides
adenoidal speech Sprechen, adenoides
adenoidectomy Adenoidektomie
adenoids Adenoide
adenolipoma Adenolipom
adenolipomatosis Adenolipomatose
adenoma Adenom
adenoma sebaceum Adenoma, sebaceum
adenomatoid adenomatoid
adenomatosis Adenomatose

adenomatous goiter Kropf, adenomatöser
adenomatous polyp Polyp, adenomatöser
adenomatous polyposis coli Polyposis intestinalis, adenomatöse
adenomyofibroma Adenomyofibrom
adenomyoma Adenomyom
adenomyomatosis Adenomyomatose
adenomyosarcoma Adenomyosarkom
adenomyosis Adenomyose
adenopathy Adenopathie
adenosarcoma Adenosarkom
adenosin diphosphate Adenosindiphosphat
adenosine Adenosin
adenosine diphosphate Adenosindiphosphat (ADP)
adenosine kinase Adenosinkinase
adenosine monophosphate Adenosinmonophosphat (AMP)
adenosine phosphate Adenosinphosphat
adenosine triphosphatase Adenosintriphosphatase (ATPase)
adenosine triphosphate Adenosintriphosphat (ATP)
adenosis Adenose
adenovirus Adenoviren
adenylate cyclase Adenylatzyklase
adenylate kinase Adenylatkinase
adherent adhärent
adherent placenta Placenta adhaerens
adhesion Adhäsion
adhesiotomy Adhäsiotomie
adhesive adhäsiv
adhesive pericarditis Perikarditis, adhäsive
adhesive peritonitis Peritonitis, adhäsive
adhesive pleurisy Pleuritis, adhäsive
adhesive skin traction Hautzug, adhäsiver
adiadochokinesia Adiadochokinese
adiastole Adiastolie
Adie's pupil Adie-Pupille
Adie's syndrome Adie-Syndrom
adiphenine hydrochloride Adipheninhydrochlorid
adipocele Adipozele
adipocyte Adipozyt
adipofibroma Adipofibrom
adipokinesis Adipokinese
adiponecrosis Adiponekrose
adiponecrosis subcutanea neonatorum Adiponecrosis, subcutanea neonatorum
adipose adipös
adipose tissue Fettgewebe
adiposogenital dystrophy Dystrophia, adiposogenitalis
adipsia Adipsie
adjunct to anesthesia Adjuvans, anästhetisches
adjunctive psychotherapy Psychotherapie, begleitende
adjustment disorder Anpassungsstörung
adjustment, impaired Anpassung, beeinträchtigte
adjuvant Adjuvans
adjuvant chemotherapy Chemotherapie, adjuvante
administration of parenteral fluids Verabreichung parenteraler Flüssigkeiten
admission care Aufnahme, Versorgung bei der
adnexa Adnexe
adnexitis Adnexitis
adolescence Adoleszenz
adoposis Adipositas
adrenal adrenal
adrenal cortex Nebennierenrinde (NNR)
adrenal cortical carcinoma Nebennierenrindenkarzinom
adrenal crisis Nebenniereninsuffizienz, akute
adrenal gland Nebenniere
adrenal insufficiency Nebenniereninsuffizienz
adrenal medulla Nebennierenmark (NNM)
adrenal virilism Virilismus, adrenaler
adrenalectomy Adrenalektomie
adrenarche Adrenarche
adrenergic adrenerg
adrenergic bronchodilator Bronchospasmolytika
adrenergic drug Arzneimittel, adrenerge
adrenergic fibers Fasern, adrenerge
adrenergic receptor Rezeptor, adrenerger
adrenocortical adrenokortikal
adrenocortical hormone Hormon, adrenokortikales
adrenocorticotropic adrenokortikotrop
adrenocorticotropic hormone Hormon, adrenokortikotropes (ACTH)
adrenomegaly Adrenomegalie
adrenomimetics Adrenomimetika
adrenotropic adrenotrop

adsorb adsorbieren
adsorbents Adsorbenzien
adsorption Adsorption
adstringents Adstringenzien
adult Erwachsener
adult respiratory distress syndrome Atemnotsyndrom des Erwachsenen
adult-onset diabetes Altersdiabetes
adverse drug effect Nebenwirkungen, unerwünschte
adynamia Adynamie
aerobe Aerobier
aerobic aerob
aerobic training Aerobic-Training
aerophagy Aerophagie
aerosol Aerosol
aerosol bronchodilator therapy Aerosoltherapie, bronchodilatorische
aerotherapy Aerotherapie
aerotitis Aerootitis
aerotitis media Aerootitis media
Aesculapius Asklepios
afebrile afebril
affect Affekt
affection Affektion
affective learning Affektlernen
affective melancholia Melancholie, affektive
affective memory Gedächtnis, affektives
affective psychosis Affektpsychose
afferent afferent
afferent nerves Nerven, afferente
afferent pathway Bahn, afferente
afferent tract Trakt, afferenter
affinity Affinität
affirmation Affirmation
affusion Gussbehandlung
aflatoxins Aflatoxine
African tick typhus Fleckfieber, afrikanisches
African trypanosomiasis Schlafkrankheit, afrikanische
aftercare Nachbehandlung
afterimage Nachbild
afterload Nachlast
afterloading Nachladetechnik
afterpains Nachwehen
afterperception Nachempfindung
agalactia Agalaktie
agammaglobulinemia Agammaglobulinämie
aganglionosis Aganglionose
agar-agar Agar-Agar
agastria Agastrie
age Lebensalter
age-specific altersspezifisch
agenesia corticalis Agenesia corticalis
agenesis Agenesie
agenetic fracture Knochenbruch, agenetischer
agenitalism Agenitalismus
ageusia Ageusie
agglomeration Agglomeration
agglutinant agglutinierend
agglutination Agglutination
agglutination titer Agglutinationstiter
agglutination-inhibition test Agglutinations-Hemmtest
agglutinin Agglutinin
agglutinogen Agglutinogen
aggregation Aggregation
aggression Aggression
aging Alterungsprozess
agitated agitiert
agitated depression Depression, agitierte
agitation Agitiertheit
agitophasia Agitophasie
aglossia Aglossie
aglycemia Aglykämie
agnathia Agnathie
agnosia Agnosie
agonal agonal
agonist Agonist
agony Agonie
agoraphobia Agoraphobie
agranulocyte Agranulozyt
agranulocytosis Agranulozytose
agraphia Agraphie
agyria Agyrie
AIDS-dementia complex AIDS-Demenz-Komplex
AIDS-wasting syndrome AIDS-Wasting-Syndrom
air Luft
air embolism Luftembolie
air hunger Lufthunger
air pollution Luftverunreinigung
air sickness Luftkrankheit
air spaces Lufträume
air splint Luftschiene
air swallowing Luftschlucken
air-fluidized bed Luftkissen-Bett
airway Luftwege
airway clearance Luftwegs-Clearance

airway conductance Atemwegsleitfähigkeit
airway insertion and stabilization Intubation
airway management Atemwege, Erhaltung der
airway obstruction Atemwegsobstruktion
airway resistance Atemwegswiderstand
airway suctioning Absaugen, der Atemwege
akaryocyte Akaryozyt
akathisia Akathisie
akeratosis Akeratose
akinesia Akinesie
akinetic apraxia Apraxie, akinetische
akinetic mutism Mutismus, akinetischer
akinetic seizure Anfall, akinetischer
ala nasi Nasenflügel
alanine Alanin
alanine aminotransferase Alaninaminotransferase (ALT)
alarm reaction Alarmreaktion
alastrim Alastrim
albinism Albinismus
Albright's syndrome Albright-Syndrom
albumin Albumin
albumin test Albumintest
albuminaturia Albuminurie
alcalase Alkalase
alcohol Alkohol
alcohol abuse Alkoholmissbrauch
alcohol dependence Alkoholabhängigkeit
alcohol poisoning Alkoholvergiftung
alcohol withdrawal syndrome Alkoholentzugssyndrom
alcoholic Alkoholiker
alcoholic ataxia Ataxie, alkoholische
alcoholic blackout Blackout, alkoholbedingter
alcoholic cardiomyopathy Kardiomyopathie, alkoholbedingte
alcoholic coma Alkoholkoma
alcoholic dementia Alkoholdemenz
alcoholic dyspepsia Alkoholdyspepsie
alcoholic fermentation Gärung, alkoholische
alcoholic hallucinosis Alkoholhalluzinose
alcoholic hepatitis Alkoholhepatitis
alcoholic ketoacidosis Ketoazidose, alkoholische
alcoholic paralysis Alkoholparalyse
alcoholic psychosis Alkoholpsychose
alcoholic trance Alkoholtrance
Alcoholics Anonymous Anonyme Alkoholiker (A.A.)
alcoholism Alkoholismus
aldehyde Aldehyd
aldolase Aldolase
aldose Aldose
aldosterone Aldosteron
aldosteronism Aldosteronismus
aldosteronoma Aldosteronom
aleukemia Aleukämie
aleukemic leukemia Leukämie, aleukämische
aleukia Aleukie
Alexander technique Alexander-Technik
alexia Alexie
alga Alge
algodystrophy Algodystrophie
algolagnia Algolagnie
algology Algologie
algophobia Algophobie
algor mortis Algor mortis
Alice in Wonderland syndrome Alice-im-Wunderland-Syndrom
alienate entfemden
alignment Ausrichtung
alimentary alimentär
alimentary duct Milchbrustgang
aliphatic aliphatisch
aliphatic acid Säure, alipathische
aliphatic alcohol Alkohol, alipathischer
alkalemia Alkalämie
alkali Alkali
alkali burn Laugenverätzung
alkali poisoning Vergiftung, alkalische
alkali reserves Alkalireserven
alkaline phosphatase Phophatase, alkalische
alkalinity Alkalinität
alkaloid Alkaloide
alkalosis Alkalose
alkaptonuria Alkaptonurie
alkyl Alkyl-
alkylating agent Verbindung, alkylierende
all-or-none law Alles-oder-Nichts-Gesetz
allachesthesia Allachästhesie
allantoin Allantoin
allantois Allantois
allele Allel
Allen test Allen-Test
allergen Allergen
allergenic extract Allergenextrakt
allergic allergisch

allergic arthritis Arthritis allergica
allergic asthma Asthma, allergisches
allergic bronchopulmonary aspergillosis Aspergillose, allergische bronchopulmonale
allergic conjunctivitis Konjunktivitis, allergische
allergic coryza Heuschnupfen
allergic dermatitis Dermatitis, allergische
allergic purpura Purpura allergica
allergic reaction Reaktion, allergische
allergic rhinitis Rhinitis allergica
allergic vasculitis Vasculitis allergica
allergy Allergie
allergy management Allergien, Umgang mit
allergy testing Allergietests
alloantigen Alloantigen
allogenic allogen
allograft Allotransplantat
allopathy Allopathie
alloplast Alloplast
alloplasty Alloplastik
allopurinol Allopurinol
allorhythmia Allorhythmie
allotransplantation Allotransplantation
alloxan Alloxan
alloy Legierung
almond oil Mandelöl
aloe Aloe
alopecia Alopezie
alopecia areata Alopecia areata
alopecia congenitalis Alopecia congenitalis
Alopecia prematura Alopecia prematura
alopecia senilis Alopecia senilis
alopecia universalis Alopecia universalis
alpha alpha
alpha cells Alphazellen
alpha fetoprotein Alphafetoprotein (AFP)
alpha hemolysis Alphahämolyse
alpha particle Alphateilchen
alpha receptor Alpharezeptor
alpha wave Alphawelle
alpha-globulins Alphaglobuline
Alport's syndrome Alport-Syndrom
altered state of consciousness Bewusstseinszustand, veränderter
alternans Alternans
alternate generation Generationswechsel
alternating mydriasis Mydriasis, alternans
alternation Alternation
alternative inheritance Vererbung, alternative
alternative medicine Alternativmedizin
altitude sickness Höhenkrankheit
altruism Altruismus
alum Alaun
aluminum Aluminium (Al)
aluminum hydroxide gel Aluminiumhydroxid
alveobronchitis Alveobronchitis
alveolar alveolar
alveolar adenocarcinoma Adenokarzinom, alveolares
alveolar air Alveolarluft
alveolar air equation Alveolarluft-Gleichung
alveolar cell carcinoma Alveolarzellkarzinom
alveolar cyst Alveolarzyste
alveolar duct Alveolargang
alveolar edema Alveolarödem
alveolar fiber Alveolarfaser
alveolar gas Alveolargas
alveolar macrophages Makrophagen, alveoläre
alveolar microlithiasis Mikrolithiasis, alveoläre
alveolar periosteum Wurzelhaut
alveolar pressure Alveolardruck (PA)
alveolar process Alveolarfortsatz
alveolar proteinosis Proteinose, alveoläre
alveolar sac Alveolarsäckchen
alveolar socket Alveolarpfanne
alveolar soft part sarcoma Weichteilsarkom, alveoläres
alveolar ventilation Ventilation, alveoläre
alveolar-capillary membrane Membran, alveokapilläre
alveolectomy Alveolektomie
alveoli Alveolen
alveolitis Alveolitis
alveolotomy Alveolotomie
alymphocytosis Alymphozytose
Alzheimer's disease Alzheimer-Krankheit
amantadine hydrochloride Amantadin
amastia Amastie
amaurosis Amaurose
Amaurosis fugax Amaurosis fugax
amaurosis partialis fugax Amaurosis partialis fugax
ambient pressure Druck, atmosphärischer
ambivalence Ambivalenz

amblyopia Amblyopie
ambulatory automatism Poriomanie
ameba Amöbe
amebiasis Amöbiasis
amebic dysentery Amöbenruhr
amebic hepatitis Amöbenhepatitis
amebicide Amöbizid
amelanotic amelanotisch
amelia Amelie
ameloblast Ameloblast
ameloblastic fibroma Fibrom, ameloblastisches
ameloblastic hemangioma Hämangiom, ameloblastisches
ameloblastic odontoma Odontom, ameloblastisches
ameloblastic sarcoma Sarkom, ameloblastisches
ameloblastoma Ameloblastom
amelodentinal adamantodentinal
amelogenesis Amelogenese
amelogenesis imperfecta Amelogenesis imperfecta
amenorrhea Amenorrhö
Ames test Ames-Test
ametropia Ametropie
amide Amid
amiloride hydrochloride Amilorid
amine Amin
amino acid Aminosäure
amino acid group Aminosäurengruppe
aminoaciduria Aminoazidurie
aminobenzoic acid Aminobenzoesäure
aminophylline Aminophyllin
aminophylline poisoning Aminophyllinvergiftung
aminotransferase Aminotransferase
amitosis Amitose
ammonia Ammoniak
ammonia intoxication Ammoniakvergiftung
ammonium ion Ammonium-Ion
amnesia Amnesie
amnesic aphasia Aphasie, amnestische
amnesic apraxia Apraxie, amnestische
amniocentesis Amniozentese
amnioinfusion Amnioninfusion
amnion Amnion
amnionnitis Amnionitis
amnioscopy Amnioskopie
amniotic cavity Amnionhöhle
amniotic fluid Fruchtwasser
amniotic fluid embolism Fruchtwasserembolie
amniotic fold Amnionfalte
amniotic sac Fruchtblase
amniotomy Amniotomie
amok Amok
amorph amorph
amoxicillin Amoxiycillin
ampere Ampere (A)
amphetamine poisoning Amphetaminvergiftung
amphetamine sulfate Amphetaminsulfat
amphetamines Amphetamine
amphoteric amphoter
amphotericin B Amphotericin B
ampicillin Ampicillin
amplitude Amplitude
amplitude of convergence Konvergenzbreite
ampule Ampulle
ampulla Ampulla
ampulla of rectum Ampulla recti
ampullary tubal pregnancy Eileiterschwangerschaft, ampulläre
amputation Amputation
amputation care Amputation, Pflege bei
amputation neuroma Amputationsneurom
amyelia Amyelie
amygdalin Amygdalin
amylase Amylase
amyloid Amyloid
amyloidosis Amyloidose
amylolysis Amylolyse
amyotrophic lateral sclerosis Lateralsklerose, amyotrophische
ana- ana-
anabolic steroid Steroidanabolika
anabolism Anabolismus
anaclisis Anaklise
anaclitic depression Depression, anaklitische
anacrotism Anakrotie
anacusis Anakusie
anaerobe Anaerobier
anaerobic anaerob
anaerobic catabolism Katabolismus, anaerober
anaerobic infection Infektion, anaerobe
anal anal
anal canal Analkanal
anal character Charakter, analer
anal eroticism Analerotik

anal fissure Analfissur
anal fistula Analfistel
anal incontinence Stuhlinkontinenz
anal reflex Analreflex
anal stage Analphase
analgesia Analgesie
analgesic administration Analgetikaverabreichung
analgesic nephropathy Nephropathie, analgetische
analgesics Analgetika
analgia Analgie
analysis Analyse
analysis of variance Varianzanalyse
analytic psychology Psychologie, analytische
anamnesis Anamnese
anamnestic anamnestisch
anaphase Anaphase
anaphoresis Anaphorese
anaphylactic anaphylaktisch
anaphylactic hypersensitivity Hypersensibilität, anaphylaktische
anaphylactic reaction Reaktion, anaphylaktische
anaphylactic shock Schock, anaphylaktischer
anaphylatoxin Anaphylatoxin
anaphylaxis Anaphylaxie
anaplasia Anaplasie
anarthria Anarthrie
anasarca Anasarka
anastomose anastomosieren
anastomosis Anastomose
anatomic anatomisch
anatomic age Alter, anatomisches
anatomic curve Krümmung, anatomische
anatomic position Position, anatomische
anatomic topography Topographie, anatomische
anatomy Anatomie
anchorage Verankerung
ancylostomiasis Ankylostomiasis
androgens Androgene
androgynous androgyn
android android
android pelvis Becken, androides
andrology Andrologie
andropause Andropause
androsterone Androsteron
anemia Anämie
anemia of chronic disease Anämie, chronische
anemia of pregnancy Schwangerschaftsanämie
anemic anoxia Anoxie, anämische
anencephaly Anenzephalie
anergia Anergie
anergic stupor Stupor, anergischer
anesthesia Anästhesie
anesthesia administration Anästhetikaverabreichung
anesthesia machine Narkosegerät
anesthesiologist Anästhesist
anesthesiology Anästhesiologie
anesthetics Anästhetika
anesthetize anästhesieren
anetoderma Anetodermie
aneuploid aneuploid
aneuploidy Aneuploidie
aneurysm Aneurysma
aneurysmal bone cyst Knochenzyste, aneurysmatische
aneurysmal thrill Aneurysmenschwirren
aneurysmal varix Krampfader, aneurysmatische
anger Wutausbruch
anger control assistance Wut, Unterstützung bei der Kontrolle von
angiitis Angiitis
angina Angina
angina pectoris Angina, pectoris
angioblastic meningioma Meningiom, angioblastöses
angioblastoma Angioblastom
angiocardiogram Angiokardiogramm
angiocardiography Angiokardiographie
angiocardiopathy Angiokardiopathie
angiocarditis Angiokarditis
angiocatheter Angiokatheter
angiochondroma Angiochondrom
angioedema Angioödem
angiofibroma Angiofibrom
angiogenesis Angiogenese
angiogram Angiogramm
angiography Angiographie
angiokeratoma Angiokeratom
angiolipoma Angiolipom
angioma Angiom
angioma arteriale racemosum Angioma, arteriale racemosum
angioma cutis Angioma, cutis

angioma serpiginosum Angioma, serpiginosum
angiomatosis Angiomatose
angiomyoma Angiomyom
angiomyosarcoma Angiomyosarkom
angioneurotic gangrene Gangrän, angioneurotisches
angiopathy Angiopathie
angioplasty Angioplastie
angiosarcoma Angiosarkom
angiosclerosis Angiosklerose
angioscope Angioskop
angiospasm Angiospasmus
angiotensin Angiotensin
angiotensin-converting enzyme Angiotensinkonversionsenzym (ACE)
angiotensinogen Angiotensinogen
angle of convergence Konvergenzwinkel
angle of incidence Einfallswinkel
angle of iris Kammerwinkel
angle of refraction Brechungswinkel
angstrom Angström (A)
angular gyrus Gyrus, angularis
angular movement Winkelbewegung
anhidrosis Anhidrose
anhydrase Anhydrase
anhydride Anhydrid
anicteric hepatitis Hepatitis, anikterische
aniline Anilin
anilism Anilinvergiftung
anima Anima
animal-assisted therapy Tiere, Therapie mit
anion Anion
anion exchange resin Anionenaustauschharz
anise Anis
aniseikonia Aniseikonie
anisocoria Anisokorie
anisocytosis Anisozytose
anisogamete Anisogamet
anisokaryosis Anisokaryose
ankle clonus Fußklonus
ankle joint Sprunggelenk
ankyloglossia Ankyloglossie
ankylosed ankylosiert
ankylosing spondylitis Spondylitis, ankylosans
ankylosis Ankylose
anlage Anlage
annular annulär
annulus Anulus
anode Anode
anodontia Anodontie
anomaly Anomalie
anomia Wortfindungsstörung
anopia Anopsie
anorchia Anorchie
anorectal anorektal
anorectal stricture Striktur, anorektale
anorectic anorektisch
anorexia Anorexia
anorexia nervosa Anorexia, nervosa
anorexiant Appetitzügler
anorgasmy Anorgasmie
anosigmoidoscopy Anoskopie
anosmia Anosmie
anosmia gustatoria Anosmia, gustatoria
anosognosia Anosognosie
anotia Anotie
anovaginal anovaginal
anovesical anovesikal
anovular anovulatorisch
anovular menstruation Menstruation, anovulatorische
anovulation Anovulation
anoxemia Anoxämie
anoxia Anoxie
ansa Ansa
antacids Antazida
antagonism Antagonismus
antagonist Antagonist
antagonistic reflexes Reflexe, antagonistische
ante mortem ante mortem
ante- ante-
antecurvature Antekurvation
anteflexion Anteflexion
antegrade antegrad
antepartal antepartal
antepyretic antepyretisch
anterior anterior
anterior axillary line Axillarlinie, vordere
anterior cardiac vein Herzvene, vordere
anterior chamber Augenkammer, vordere
anterior drawer sign or test Schubladenphänomen, vorderes
anterior fontanel Fontanelle, große
anterior horn cell Vorderhornzelle
anterior horn of the spinal cord Vorderhorn, des Rückenmarks
anterior mediastinum Mediastinum, vorderes
anterior tooth Frontzahn

anterograde amnesia Amnesie, anterograde
anterograde memory Gedächtnis, anterogrades
anteroinferior anteroinferior
anterolateral anterolateral
anteroposterior anteroposterior
anterosuperior anterosuperior
anteversion Anteversion
anthracosis Anthrakose
anthrax Milzbrand
anthrax Anthrax
anthropoid anthropoid
anthropoid pelvis Becken, anthropoides
anthropolgy Anthropologie
anthropometry Anthropometrie
anti- anti-
anti-Rh agglutinin Anti-Rh-Agglutinin
antiadrenergics Antiadrenergika
antiagglutinin Antiagglutinin
antianabolic antianabolisch
antianaphylaxis Antianaphylaxie
antianemic antianämisch
antiantibody Anti-Antikörper
antiantitoxin Anti-Antitoxin
antiarrthythmics Antiarrhythmika
antibacterial antibakteriell
antibiotic anticancer agents Antibiotikum, zytostatisch wirksames
antibiotic resistant antibiotikaresistent
antibiotic sensitivity test Antibiotika-Sensibilitätstest
antibiotics Antibiotika
antibody Antikörper (Ak)
antibody absorption Antikörperabsorption
antibody instructive theory Antikörpertheorie
antibody therapy Antikörpertherapie
antibody titer Antikörpertiter
anticarcinogenic antikarzinogen
anticholinergics Anticholinergika
anticholinesterase Cholinesterase-Hemmer
anticipatory adaptation Erwartungsadaption
anticipatory guidance Anleitung, vorausschauende
anticoagulant therapy Antikoagulanzientherapie
anticoagulants Antikoagulanzien
anticodon Antikodon
anticonvulsants Antikonvulsiva
antidepressants Antidepressiva
antidiabetics Antidiabetika
antidiarrheals Antidiarrhoika
antidiuretic hormone Hormon, antidiuretisches
antidiuretic hormone Adiuretin (ADH)
antidiuretics Antidiuretika
antidote Antidot
antiemetics Antiemetika
antiestrogen drug Antiöstrogen
antifibrillants Antifibrillanzien
antifungal Antimykotika
antigalactic antigalaktisch
antigen Antigen
antigen determinant Antigendeterminante
antigen-antibody reaction Antigen-Antikörper-Reaktion (AAR)
antigenic drift Antigendrift
antigenicity Antigenität
antiglobulin Antiglobulin
antihelminthics Antihelminthika (pl.)
antihemophilic factor Antihämophiliefaktor (AHF)
antihemorrhagics Antihämorrhagika
antihidrotics Antihidrotika
antihistamine poisoning Antihistaminvergiftung
antihistamines Antihistaminika
antihypertensives Antihypertonika
antihypotensives Antihypotonika
antiinfectious Antiinfektiva
antiinflammatory Antiphlogistika
antilipidemics Antilipidämika
antilymphocyte serum Antilymphozytenserum (ALS)
antimetabolite Antimetabolit
antimicrobials Bakteriostatika
antimitochondrial antibody Antikörper, antimitochondrialer
antimitotics Antimitotika
antimony Antimon (Sb)
antimony poisoning Antimonvergiftung
antimutagen Antimutagen
antineoplastic Chemotherapeutikum, antineoplastisches
antineoplastic hormone Hormon, antineoplastisches
antinuclear antibody Antikörper, antinukleärer (ANA)
antiodontalgics Antiodontalgika
antioncogene Antionkogen
antioxidants Antioxidanzien

antioxidation Antioxidation
antiparasitics Antiparasitenmittel
antiparkinsonian Parkinsonmittel
antipathy Antipathie
antiperistalsis Antiperistaltik
antiprothrombin Antiprothrombin
antipruritics Antipruriginosa
antipsychotics Antipsychotika
antipyresis Antipyrese
antipyretics Antipyretika
antirachitics Antirachitika
antirheumatics Antirheumatika
antiseborrheics Antiseborrhoika
antisepsis Antisepsis
antiseptic dressing Verband, antiseptischer
antiseptics Antiseptika
antiserum Antiserum
antiserum anaphylaxis Antiserum-Anaphylaxie
antisocial personality Persönlichkeit, antisoziale
antisocial personality disorder Persönlichkeitsstörung, antisoziale
antispasmodics Spasmolytika
antistreptolysin-O test Antistreptolysin-O-Test
antithrombin Antithrombin
antithrombotics Antithrombotika
antithyroid drugs Thyreostatika
antitoxin Antitoxin
antitrypsin Antitrypsin
antituberculars Tuberkulostatika
antitumor antibodies Antitumor-Antikörper
antitussive Antitussivum
antivenin Antivenenum
antiviral antiviral
antivitamin Antivitamin
antrectomy Antrektomie
antrum Antrum
antrum cardiacum Antrum cardiacum
anuria Anurie
anus Anus
anxietas Anxietas
anxiety Angst
anxiety attack Angstattacke
anxiety disorder Angststörung
anxiety dream Angsttraum
anxiety hysteria Angsthysterie
anxiety reaction Angstreaktion
anxiety reduction Angst, Linderung von
anxiety state Angstzustand
anxiolytics Anxiolytika
aorta Aorta
aortic aneurysm Aortenaneurysma
aortic arch syndrome Aortenbogensyndrom
aortic obstruction Aortenverschluss
aortic regurgitant murmur Aorteninsuffizienz-Geräusch
aortic regurgitation Aortenklappeninsuffizienz
aortic stenose Aortenstenose
aortic thrill Aortenschwirren
aortic valve Aortenklappe
aortitis Aortitis
aortocoronary aortokoronar
aortocoronary bypass Bypass, aortokoronarer
aortogram Aortogramm
aortography Aortographie
apathy Apathie
apatite Apatit
apepsia Apepsie
Aperistalsis Aperistaltik
aperture Apertur
apex Apex
apex beat Herzspitzenstoss
apex cordis Apex cordis
apex murmur Apexgeräusch
apex of the lung Apex pulmonis
apexcardiogram Apexkardiogramm
apexcardiography Apexkardiographie
Apgar score APGAR-Schema
aphagia Aphagie
aphagia algera Aphagie, schmerzhafte
aphakia Aphakie
aphasia Aphasie
aphonia Aphonie
aphonia paralytica Aphonia, paralytische
aphonia paranoica Aphonia, paranoica
aphonic speech Sprache, aphonische
aphrasia Aphrasie
aphronia Aphronie
aphthae Aphthen
apical apikal
apicotomy Apikotomie
aplasia Aplasie
aplastic aplastisch
aplastic anemia Anämie, aplastische
apnea monitoring Apnoe-Monitoring
apneustic center Apnoezentrum
apo- apo-
apocrine apokrin

apocrine secretion Sekretion, apokrine
apocrine sweat gland Schweißdrüse, apokrine
apolipoprotein Apolipoprotein
aponeurosis Aponeurose
apophyseal fracture Apophysenlösung
apophysis Apophyse
apophysitis Apophysitis
apoplectic stroke Apoplex
appendectomy Appendektomie
appendical reflex Appendixreflex
appendicitis Appendizitis
appendicitis pain Appendizitisschmerz
appendix Appendix
appendix dyspepsia Appendixdyspepsie
appendix epididymidis Appendix, epididymidis
apperception Apperzeption
appetite Appetit
application Applikation
applicator Applikator
applied anatomy Anatomie, angewandte
applied psychology Psychologie, angewandte
apposition Apposition
appositional growth Appositionswachstum
apraxia Apraxie
aptitude Begabung
apyrexia Apyrexie
aqua Aqua
aquaphobia Aquaphobie
aqueduct Aquädukt
aqueous humor Kammerwasser
aqueous phase Phase, wässrige
aqueous solution Lösung, wässrige
arachidonic acid Arachidonsäure
arachnid Arachnida
arachnitis Arachnitis
arachnodactyly Arachnodaktylie
arachnoid arachnoid
arachnoid membran Arachnoidea
arachnoidal villi Arachnoidealzotte
arachnoidism Arachnoidismus
arachnophobia Arachnophobie
Aran-Duchenne muscular atrophy Aran-Duchenne-Muskelatrophie
arbovirus Arboviren
arch of the aorta Aortenbogen
arches of the foot Fußgewölbe
archetype Archetyp
arcuate scotoma Skotom, bogenförmiges
arcus senilis Arcus senilis
Area Restriction Restriktionen, räumliche
areflexia Areflexie
Arenavirus Arenaviren
areola Areola
areola mammae Areola mammae
areolar gland Glandulae, areolares (Mammae)
areolitis Areolitis
areteriovenous aneurysma Aneurysma, arteriovenöses
argentaffin cell Argentaffinzelle
arginase Arginase
arginine Arginin (Arg)
argon Argon (Ar)
Argyll Robertson pupil Argyll-Robertson-Zeichen
argyria Argyrie
argyrophil argyrophil
ariboflavinosis Ariboflavinose
Arica therapy Aricatherapie
Arnold-Chiari malformation Arnold-Chiari-Syndrom
aroma Aromastoffe
aromatic bath Aromabad
aromatic compounds Aromat
aromatic hydrocarbon Kohlenwasserstoff, aromatischer
arousal Wachzustand
arrested development Entwicklungsstillstand
arrhenoblastoma Arrhenoblastom
arrhenogenic arrhenogen
arrhythmia Arrhythmie
arsenic Arsen (As)
arsenic poisoning Arsenvergiftung
Art Therapy Kunsttherapie
art therapy Kunsttherapie
arterectomy Arteriektomie
arterial arteriell
arterial bleeding Blutung, arterielle
arterial blood gas Blutgasanalyse, arterielle (BGA)
arterial blood pressure Blutdruck, arterieller
arterial capillaries Kapillaren, arterielle
arterial catheter Katheter, arterieller
arterial circulation Kreislauf, arterieller
arterial hemorrhage Hämorrhagie, arterielle
arterial insufficiency Insuffizienz, arterielle
arterial line Kanülierung, arterielle
arterial murmur Geräusch, arterielles

arterial nephrosclerosis Nephrosklerose, arterielle
arterial pH pH-Wert, arterieller
arterial pressure Druck, arterieller
arterial thrill Schwirren, arterielles
arterial wall Arterienwand
arteriofibrose Arteriofibrose
arteriogram Arteriogramm
arteriography Arteriographie
arteriole Arteriole
arteriolosclerosis Arteriolosklerose
arteriopathy Arteriopathie
arterioplasty Arterioplastik
arteriosclerosis Arteriosklerose
arteriosclerosis obliterans Arteriosklerose obliterans
arteriosclerotic heart disease Herzkrankheit, arteriosklerotische
arteriospasm Arteriospasmus
arteriostenosis Arteriostenose
arteriotomy Arteriotomie
arteriovenous arteriovenös
arteriovenous anastomosis Anastomose, arteriovenöse
arteriovenous fistula Fistel, arteriovenöse
arteriovenous oxygen difference Differenz, arteriovenöse
arteriovenous shunt Shunt, arteriovenöser
arteritis Arteriitis
artery Arterie
arthralgia Arthralgie
arthritis Arthritis
arthro- arthro-
arthrocentesis Gelenkpunktion
arthrogram Arthrogramm
arthrography Arthrographie
arthropathy Arthropathie
arthroplasty Arthroplastik
arthroscope Arthroskop
arthroscopy Arthroskopie
articular artikulär
articular capsule Gelenkkapsel
articular cartilage Gelenkknorpel
articular disk Gelenkscheibe
articular head Gelenkkopf
articulate artikulieren
artifact Artefakt
artificial artifiziell
artificial airway management Künstliche Luftwege, Pflege bei
artificial anus Anus praeternaturalis
artificial anus Darmausgang, künstlicher
artificial eye Augenprothese
artificial eye Glasauge
artificial fever, induced fever Heilfieber
artificial heart Kunstherz
artificial insemination Befruchtung, künstliche
artificial kidney Niere, künstliche
artificial ventilation Beatmung, künstliche
asbestos Asbest
asbestosis Asbestose
ascariasis Askariasis
Ascaris Askaris
ascending aorta Aorta ascendens
ascending colon Colon ascendens
ascending neuritis Neuritis, aszendierende
ascites Aszites
ascites Bauchwassersucht
ascitic fluid Aszitesflüssigkeit
ascorbic acid Ascorbinsäure
asepsis Asepsis
aseptic bone necrosis Knochennekrose, aseptische
aseptic fever Resorptionsfieber
aseptic fever Fieber, aseptisches
aseptic meningitis Meningitis, aseptische
aseptic necrosis Nekrose, aseptische
aseptic peritonitis Peritonitis, aseptische
aseptic technique Technik, aseptische
asexual asexuell
asocial asozial
asparaginase Asparaginase
asparagine Asparagin (Asn)
asparate aminotransferase Glutamat-Oxalacetat-Transaminase (GOT)
asparate aminotransferase Asparatamino-Transferase (AST)
asparatic acid Asparaginsäure (Asp)
aspartame Aspartam
aspergillosis Aspergillose
Aspergillus Aspergillus
aspermia Aspermie
asphyxia Asphyxie
asphyxia neonatorum Neugeborenenasphyxie
aspirate aspirieren
aspiration Aspiration
aspiration biopsy Aspirationsbiopsie
aspiration pneumonia Aspirationspneumonie
aspiration precautions Aspiration, Vorsichtsmaßnahmen gegen
aspirator Absauggerät

asplenia Asplenie
assertiveness training Durchsetzungskraft, Training der
assessment Einschätzung, Assessment
assimilation Assimilation
assisted death Sterbehilfe, aktive
assisted ventilation Beatmung, assistierte
association Assoziation
association areas Assoziationsfelder
association test Assoziationsversuch
astasia Astasie
asteatosis Asteatose
asthenia Asthenie
asthenic habitus Astheniker
asthenopia Asthenopie
asthma Asthma
asthmatic bronchitis Bronchitis, asthmatische
asthmatic eosinophilia Eosinophilie, asthmatische
astigmatism Stabsichtigkeit
astigmatism Astigmatismus
astroblastoma Astroblastom
astrocyte Astrozyt
astrocytoma Astrozytom
asymptomatic asymptomatisch
asynclitism Asynklitismus
asynergy Asynergie
asystole Asystolie
ataractics Ataraktika
ataraxia Ataraxie
atavism Atavismus
ataxia Ataxie
atelektasis Atelektase
athelia Athelie
atheroma Atherom
atherosclerosis Atherosklerose
athetosis Athetose
athletic habitus Athlet
atlas Atlas
atom Atom
atomic number Ordnungszahl
atomic weight Atommasse
atomizer; humidifier Vernebler
atonia Atonie
atopia Atopie
atresia Atresie
atrial fibrillation Vorhofflimmern
atrial flutter Vorhofflattern
atrial gallop Galopprhythmus, präsystolischer
atrial septal defect Vorhofseptumdefekt
atrial septum Vorhofseptum
atrial systole Vorhofsystole
atrial tachycardia Vorhoftachykardie
atrichia Atrichie
atrioventricular atrioventrikulär (= AV)
atrioventricular block Block, atrioventrikulärer
atrioventricular block AV-Block
atrioventricular bundle Atrioventrikularbündel
atrioventricular node Aterioventrikular-(AV-) Knoten
atrioventricular septum Septum, atrioventrikulares
atrioventricular valve Atrioventrikularklappe
atrium Atrium
atrophia Atrophie
atrophic gastritis Gastritis, atrophische
atrophic rhinitis Rhinitis atrophicans
atrophodermia Atrophodermie
atropine Atropin
atropine sulfate Atropinsulfat
atropine sulfate poisoning Atropinvergiftung
attachment Bindung
attachment promotion Zuneigung, Förderung der
attack Anfall
attention Aufmerksamkeit
attention deficit disorder Aufmerksamkeitsdefizitsyndrom
attitude Einstellung
atypia Atypie
atypical pneumonia Pneumonie, atypische
audi- audi-
audiogram Audiogramm
audiology Audiologie
audiometry Audiometrie
audiovisual audiovisuell
auditory auditiv
auditory area; acoustic center Hörzentrum
auditory hair Haarzellen
auditory hallucination Halluzination, akustische
auditory meatus Gehörgang
auditory nerve Gleichgewichtsnerv
auditory ossicles Gehörknöchelchen
auditory threshold Hörschwelle
auditory vertigo Vertigo auralis
Auer rod Auer-Stäbchen
Auerbach´s plexus Auerbach-Plexus

aura Aura
aural aural
auricle Auricula
auriculocranial aurikulokranial
auriculotemporal aurikulotemporal
auris dextra Auris dextra
auris sinistra Auris sinistra
auscultation Auskultation
Australia antigen Australia-Antigen
aut(o)- aut(o)-
authority Autorität
autism Autismus
autoagglutination Autoagglutination
autoantibody Autoantikörper
autoantigen Autoantigen
autochthonous autochton
autoclave Autoklav
autodigestion Autodigestion
autoeroticism Autoerotismus
autogenic training Autogenes Training
autogenous autogen
autogenous graft Transplantat, autogenes
autogenous vaccine Impfstoff, autogener
autohemolysis Autohämolyse
autohypnosis Autohypnose
autoimmune disease Autoimmunkrankheit
autoimmunity Autoimmunität
autoimmunization Autoimmunisierung, Autosensibilisierung
autoinfection Autoinfektion
autoinfusion Autoinfusion
autoinoculation Autoinokulation
autointoxication Autointoxikation
autolysis Autolyse
automaticity Automatie
automatism Automatismus
autonomic autonom
autonomic nerve Nerv, autonomer
autonomic nervous system Nervensystem, autonomes
autonomy Autonomie
autoplasty Autoplastik
autopolyploidy Autopolyploidie
autopsy Autopsie
autoregulation Autoregulation
autoserous treatment Eigenblutbehandlung
autosom Autosom
autosomal inheritance Vererbung, autosomale
autosomal-dominant inheritance Vererbung, autosomal-dominante
autosomal-recessive inheritance Vererbung, autosomal-rezessive
autosplenectomy Autosplenektomie
autosuggestion Autosuggestion
Autotransfusion Autotransfusion
autotransfusion Autotransfusion
autotransfusion Eigenblutübertragung
aversion therapy Aversionstherapie
avidin Avidin
avirulent avirulent
avitaminosis Avitaminose
axial axial
axilla Axilla
axillary artery Arteria axillaris, Achselschlagader
axillary line Axillarlinie
axillary nerve Nervus axillaris, Achselnerv
axillary node Axillarknoten
axillary temperature Axillartemperatur
axillary vein Vena axillaris, Achselvene
axis Axis
axon Axon
axon reflex Axonreflex
axonotmesis Axonotmesis
axoplasm Axoplasma
azathioprine Azathioprin
azithromycin Azithromycin
azo dye Azofarbstoffe
azoospermia Azoospermie
azotemia Azotämie
azoturia Azoturie
azure Azur

B

B cell B-Zelle
B cell growth factors B-Zellen-Wachstumsfaktor
B complex vitamins B-Komplex-Vitamine
babesiosis Babesiose
Babinski's reflex Babinski-Reflex
Babinski's sign Babinski-Zeichen
bacampillin Bacampillin
Bacillaceae Bacillaceae
bacillary angiomatosis Angiomatose, bazilläre
bacille Calmette-Guérin Bacille-Calmette-Guérin (BCG)
bacillemia Bazillämie
bacilli Bazillus (pl. Bazillen)
bacilluria Bazillurie
Bacillus Bacillus

Bacillus anthracis Bacillus anthracis
Bacillus cereus Bacillus cereus
bacitracin Bacitracin
back Rücken
backache Rückenschmerzen
baclofen Baclofen
bacteria Bakterien (pl.)
bacterial endocarditis Endokarditis, bakterielle
bacterial food poisoning Lebensmittelvergiftung, bakterielle
bacterial plaque Plaque, bakterielle
bacterial resistance Resistenz, bakterielle
bacterial toxin Toxin, bakterielles
bacterial vaccine Bakterienvakzine
bactericidal bakterizid
bactericides Bakterizide (pl.)
bacteriemia Bakteriämie
bacteriology Bakteriologie
bacteriolysin Bakteriolysin
bacteriolysis Bakteriolyse
bacteriophage Bakteriophagen
bacteriostasis bakteriostatisch
bacteriuria Bakteriurie
Bacteroides Bacteroides
Baker´s cyst Baker-Zyste
balance Gleichgewicht
balanitis Balanitis
balantidiasis Balantidiose
Balantidium coli Balantidium coli
baldness Kahlheit
Balint´s syndrome Balint-Syndrom
Balkan tubointerstitial nephritis Balkan-Nephropathie
ball of the foot Fußballen
ball-and-socket joint Kugelgelenk
ballism Ballismus
balloon tamponade Ballontamponade
balloon-tip catheter Ballonkatheter
ballottement Ballottement
balneology Balneologie
balneotherapy Balneotherapie
balsam Balsam
band Band
bandage Bandage
banti´s syndrome Banti-Syndrom
bar Bar
barbiturate Barbiturate (pl.)
barium Barium (Ba)
barium poisoning Bariumvergiftung
Barlow´s syndrome Barlow-Syndrom
barograph Barograph
baroreceptor Barorezeptor
barotrauma Barotrauma
barrel chest Emphysemthorax
barrel chest Fassthorax
Barthel Index Barthel-Index (BI)
Bartholin´s cyst Bartholin-Zyste
Bartholin´s gland Bartholin-Drüse
bartholinitis Bartholinitis
Bartonella Bartonella
bartonellosis Bartonellose
basal basal
basal body temperature Basaltemperatur
basal cell Basalzelle
basal cell carcinoma Basalzellkarzinom
basal ganglia Basalganglien (pl.)
basal metabolic rate Grundumsatz (= GU)
base Base
base analog Basenanaloga (pl.)
base excess Basenüberschuss
base of the skull Schädelbasis
Basedow´s goiter Basedow-Struma
basement membrane Basalmembran
basic human needs Grundbedürfnisse
basilar artery Arteria basilaris, Grundschlagader
basilar membrane Basilarmembran
basilic vein Vena basilaris, Königsvene
basis Basis
basophil basophil
basophilic leukemia Basophilenleukämie
bath Bad
Bathing Waschen
BCG vaccine BCG-Impfstoff
bearing down pains Presswehen
Beau´s lines Beau-Reil-Querfurchen
Beck´s triad Beck-Trias
Becquerel Becquerel (Bq)
bed pan Bettpfanne
bed rest Bettruhe
bed rest care Bettruhe, Pflege bei
bedside laboratory testing Laboruntersuchungen, am Patientenbett
behavior Verhalten
behavior management Verhaltensweisen, Umgang mit bestimmten
behavior modification Verhaltensänderung
behavior therapy Verhaltenstherapie
behavioral disorder Verhaltensstörung
behavioral isolation Isolation, soziale
behavioral science Verhaltensforschung
behaviorism Behaviorismus

Bell´s law Bell-Regel
Bell´s phenomenon Bell-Phänomen
belladonna Belladonna
bending fracture Biegungsfraktur
benign benigne
benign familial chronic pemphigus Pemphigus chronicus benignus familiaris
benign juvenile melanoma Melanom, benignes juveniles
benign neoplasm Neoplasma, benignes
benign nephrosclerosis Nephrosklerose, benigne
benign prostatic hypertrophy Prostatahyperplasie, benigne (BPH)
Bennett´s fracture Bennett-Luxationsfraktur
bentonite test Bentonittest
benzene Benzol
benzene poisoning Benzolvergiftung
benzodiazepine derivate Benzodiazepinderivate (pl.)
benzoic acid Benzoesäure
benzyl alcohol Benzylalkohol
beriberi Beriberi
berkelium Berkelium (Bk)
berlock dermatitis Berloque-Dermatitis
berylliosis Berylliose
beryllium Beryllium (Be)
beta beta
beta cells Betazellen
beta rays Betastrahlen
beta receptor Betarezeptor
beta wave Betawelle
beta-blocker Betablocker
beta-caroten Betacaroten
beta-oxidation Betaoxidation
betamethasone Betamethason
bezoar Gastrolith
bezoar Bezoarstein
bhang Hanf, indischer
bias Bias
Bibliotherapy Bibliotherapie
bicarbonate Bikarbonat
biceps brachii Musculus biceps brachii, Bizeps
biceps femoris Musculus biceps femoris
biceps reflex Bizepssehnenreflex
bicornate bicornis
bicuspid bikuspidal
bidet Bidet
bifocal bifokal
bifurcation Bifurkation
bigeminal bigeminus
bigeminal pulse Pulsus bigeminus
bigeminal rhythm Bigeminus-Rhythmus
bigeminy Bigeminie
bilateral bilateral
bile acid Gallensäure
bile pigments Gallenfarbstoffe
bile Galle
biliary biliär
biliary atresia Gallen(gangs)atresie
biliary calculus Gallenstein
biliary colic Gallenkolik
biliary ducts Gallengänge
biliary dyskinesia Gallenwegdyskinesie
biliary tract cancer Gallengangkarzinom
bilirubin Bilirubin
bilirubinemia Bilirubinämie
bilirubinuria Bilirubinurie
biliverdin Biliverdin
Billings method Billings-Ovulationsmethode
Billroth´s operation I Billroth-I-Operation
Billroth´s operation II Billroth-II-Operation
bilocular bilokulär
bilous biliös
bimanual bimanuell
binocular binokular
binocular vision Sehen, binokulares
bio- bio-
bioavailability Bioverfügbarkeit
biochemistry Biochemie
bioclimatology Bioklimatologie
bioenergetics Bioenergetik
bioequivalent Bioäquivalent
biofeedback Biofeedback
bioflavonoid Bioflavonoid
biogenesis Biogenese
biologic monitoring Biomonitoring
biologic psychiatry Psychiatrie, biologische
biology Biologie
biometry Biometrie
bionics Bionik
biopharmaceutics Biopharmazie
biopsy Biopsie
biopsychic biopsychisch
biopsychosocial biopsychosozial
biorhythm Biorhythmus
biostatistics Biostatistik
biosynthese Biosynthese
Biot´s respiration Biot-Atmung
biotechnology Biotechnologie

biotelemetry Biotelemetrie
biotherapy Biotherapie
biotin Biotin
biotin deficiency syndrome Biotinmangelsyndrom
biotope Biotop
biotransformation Biotransformation
biparietal biparietal
bipartite bipartit
biphasic biphasisch
bipolar bipolar
bipolar version Wendung, kombinierte
bird face Vogelgesicht
birth Geburt
birth canal Geburtskanal
birth control Geburtenkontrolle
birth injury Geburtsschäden
birth palsy Geburtslähmung
birth rate Geburtenziffer
birth weight Geburtsgewicht
birthing Entbindung
bisacodyl Bisacodyl
bisexuality Bisexualität
bismuth Wismut (Bi)
bite reflex Beißreflex
bitemporal hemianopsia Hemianopsie, bitemporale
Bitot's spots Bitot-Flecke
biuret test Biurettest
bivalent bivalent
bivalent antibody Antikörper, bivalenter
black out Blackout
bladder cancer Blasenkarzinom
bladder hernia Blasenhernie
bladder irrigation Blasenspülung
bladder retraining Blasentraining
bladder sphincter Blasensphinkter
bladder Blase
blande bland
blande diet Diät, blande
blast cell Blastzelle
blastema Blastem
blastocyst Blastozyste
blastoderm Blastoderm
blastogenesis Blastogenese
blastoma Blastom
blastomatosis Blastomatose
blastomere Blastomere (pl.)
Blastomyces Blastomyces
blastomycosis Blastomykose
bleeder Bluter
bleeding precautions Blutungen, Vorsichtsmaßnahmen gegen
bleeding reduction Blutung, Verminderung einer
bleeding time Blutungszeit (BZ)
blennorrhea Blennorrhö
bleomycon sulfate Bleomycin
blepharal blephar-
blepharitis Blepharitis
blepharoclonus Blepharoklonus
blepharoplasty Blepharoplastik
blepharoplegia Blepharoplegie
blepharospasm Blepharospasmus
blind spot Fleck, blinder
blindness Blindheit
blister Blase
block Block
blockade Blockade
blocking Blockierung
blocking antibody Antikörper, blockierende
blood Blut
blood agar Blutagar
blood bank Blutbank
blood buffers Blutpuffer
blood capillaries Blutkapillaren (pl.)
blood cell Blutzellen (pl.)
blood circulation Blutkreislauf
blood clot Blutkoagel, Blutgerinnsel
blood coagulation Blutgerinnung
blood crossmatching Kreuzprobe
blood gas Blutgase
blood gas analysis Blutgasanalyse (BGA)
blood group Blutgruppe
blood level Blutspiegel
blood level of glucose Blutzuckerspiegel
blood osmolarity Blutosmolarität
blood pH pH-Wert, im Blut
blood plasma Blutplasma
blood poisoning Blutvergiftung
blood pressure Blutdruck
blood pressure monitor Blutdruckmonitor
blood pressure taking, indirect Blutdruckmessung, indirekte
blood products administration Blutpräparate, Verabreichung von
blood pump Blutpumpe
blood relative Blutsverwandtschaft
blood smear Blutausstrich
blood substitute Blutersatz
blood sugar Blutzucker
blood transfusion Bluttransfusion

blood urea nitrogen Bluthamstoff
blood vessels Blutgefäße (pl.)
blood-brain barrier Blut-Hirn-Schranke
blue baby Blue baby
blue baby Blausucht
blushing Erröten
body image Körperbild
body image enhancement Körperbild, Verbesserung des
body language Körpersprache
body mass index Body-Mass-Index (BMI)
body mass index Körpermassenzahl
body mechanics promotion Körpermechanismen, Verbesserung von
body movement Körperbewegung
body odor Körpergeruch
body plethysmography Ganzkörper-Plethysmographie
body position Lagerung
body temperature Körpertemperatur
body-section radiography Schichtaufnahme
body-weight ratio Körper-Gewicht-Relation
Boerhaave´s syndrom Boerhaave-Syndrom
Bohr´s effect Bohr-Effekt
bolus Bolus
bond Bindung, chemische
bonding Bindung, persönliche
bone Knochen
bone age Knochenalter
bone cancer Knochenkarzinom
bone cell Knochenzelle
bone cyst Knochenzyste
bone densiometry Osteodensitometrie
bone graft Knochentransplantation
bone lamella Knochenlamelle
bone marrow Knochenmark
bone marrow transplant Knochenmarktransplantation
bone tissue Knochengewebe
booster immunization Booster-Impfung
borborygmos Borborygmus
borderline Borderline
borderline personality Borderline-Persönlichkeit
Bordetella Bordetella
borgestrel Norgestrel
boric acid Borsäure
boric acid poisoning Borsäurevergiftung
Borrelia Borrelia
Bottle Feeding Füttern, mit der Flasche
botulinus toxin Botulinus-Toxin
botulism Botulismus
bougie Bougie
bounding pulse Pulsus celer
bovine spongiform encephalopathy Bovine spongioforme Enzephalopathie (BSE)
bowel incontinence care Stuhlinkontinenz, Pflege bei
bowel irrigation Darmspülung
bowel management Stuhlausscheidung, Umgang mit der
bowel training Darmtraining
Bowman´s capsule Bowman-Kapsel
Bowman´s glands Bowman-Drüsen
Bowman´s lamina Bowman-Membran
brace Brace
brachial brachial
brachial artery Arteria brachialis, Oberarmschlagader
brachial paralysis Brachialislähmung, Armplexuslähmung
brachial plexus Armplexus, Plexus brachialis
brachial plexus anesthesia Armplexusanästhesie
brachial vein Vena brachialis, Oberarmvene
brachialgia Brachialgie
brachialis Musculus brachialis, Armbeuger
brachiocephalic brachiozephal
brachiocephalic veins (right and left) Venae brachiocephalicae, dextra et sinistra
brachioradialis Musculus brachioradialis, Oberarmspeichenmuskel
brachy- brachy-
brachybasia Brachybasie
brachycephaly Brachyzephalie
brachydactyly Brachydaktylie
brady- brady-
bradyarrhythmia Bradyarrhythmie
bradycardia Bradykardie
bradykardia-tachykardia syndrome Bradykardie-Tachykardie-Syndrom
bradykinesia Bradykinesie
bradykinin Bradykinin
bradypnoea Bradypnoe
bradyuria Bradyurie
brain Gehirn
brain abscess Hirnabszess
brain attack Hirnschlag

brain concussion Commotio, cerebri, Gehirnerschütterung
brain death Hirntod
brain scan Gehirnszintigraphie
brain tumor Hirntumor
brain washing Hirnwäsche
brain wave Hirnströme
brainstem Hirnstamm
bran Kleie
Braxton Hicks version Braxton-Hicks-Wendung
breakthrough bleeding Durchbruchblutung
breast cancer Mammakarzinom, Brustkrebs
breast implant Brustimplantat
breast milk Muttermilch
breast milk jaundice Muttermilchikterus
breast pump Milchpumpe
breastfeeding assistance Stillen, Unterstützung beim
breathing odor Atemgeruch
breathing sound Atmungsgeräusch
breathing work Atemarbeit
breech birth Steißgeburt
breech extraction Steißextraktion
breech presentation Beckenendlage
bregma Bregma
bridgework Zahnbrücke
brief psychotherapy Kurzpsychotherapie
broad ligament Ligamentum latum uteri
broad ligamentum Mutterband
broad-spectrum antibiotic Breitbandantibiotikum
Broca´s aphasia Broca-Aphasie
Broca´s area Broca-Zentrum
Brodmann´s areas Brodmann-Areal
bromhidrosis Bromhidrose
bromine Brom (Br)
bromocriptine mesylate Bromocriptin
bromoderma Bromoderma tuberosum
bronchi Bronchien
bronchi- bronchi-
bronchial bronchial
bronchial breath sound Atmen, bronchiales; Röhrenatmen
bronchial fremitus Bronchialfremitus
bronchial secretion Bronchialsekret
bronchial toilet Bronchialtoilette
bronchial tree Bronchialbaum
bronchial washing Bronchiallavage
bronchiektasis Bronchiektase
bronchiolar collapse Bronchiolenkollaps
bronchioles Bronchiole
bronchiolitis Bronchiolitis
bronchitis Bronchitis
bronchoalveolar bronchoalveolär
bronchodilation Bronchodilatation
bronchodilators Bronchodilatatoren (pl.)
bronchogenic carcinoma Karzinom, bronchogenes
bronchography Bronchographie
broncholytics Broncholytika (pl.)
bronchophony Bronchophonie
bronchopneumonia Bronchopneumonie
bronchopulmonary bronchopulmonal
bronchopulmonary dysplasia Dysplasie, bronchopulmonale
bronchoscope Bronchoskop
bronchoscopy Bronchoskopie
bronchospasm Bronchospasmus
bronchospirometry Bronchospirometrie
bronchus Bronchus (pl. Bronchien)
brow presentation Stirnlage
Brown-Séquard´s syndrome Brown-Séquard-Syndrom
brownian movement Brown-Molekularbewegung
brucellosis Brucellose
Brudzinski´s sign Brudzinski-Nackenzeichen
bruit Geräusch
Brushfield´s spots Brushfield-Flecken
bruxism Bruxismus, Zähneknirschen
BSE Rinderwahnsinn
bubo Bubo (pl. Bubonen)
bubonic plague Beulenpest, Bubonenpest
bucca Bucca
buccal bukkal
budesonid Budesonid
buffer Puffer
bugs Wanzen
bulb Bulbus (pl. Bulben, Bulbi)
bulbar bulbär
bulbarparalysis Bulbärparalyse
bulimia Bulimia nervosa, Ess-Brechsucht
bulla Bulla
bundle branch Tawara-Schenkel
bundle branch block Schenkelblock
bundle of His His-Bündel
bupivacaine hydrochloride Bupivacain
buprenorphine hydrochloride Buprenorphin
Burkitt´s lymphoma Burkitt-Lymphom

burn Verbrennung
burning-feet syndrome Burning-feet-Syndrom
burnout Burn out
bursa Bursa
bursitis Bursitis
busulfan Busulfan
butyl alcohol Butylalkohol
butyric acid Buttersäure
butyrophenone Butyrophenone (pl.)
bypass Bypass
byssinosis Byssinosis

C

C peptide C-Peptid
C-reactive protein (CRP) C-reaktives Protein (CRP)
cacao Kakao
cachectic kachektisch
cachexia Kachexie
cacosmia Kakosmie
cadmium Kadmium (Cd)
cadmium poisoning Kadmiumvergiftung
cafe-au-lait spot Cafe-au-lait-Fleck
caffeine Koffein
caffeine poisoning Koffeinvergiftung
Caffey's syndrome Caffey-Syndrom
calcaneus Kalkaneus
calcar avis Calcar, avis
calcareous metastasis Kalkinmetastase
calcifediol Calcifediol
calciferol Calciferol
calcific aortic disease Aortenverkalkung
calcification Verkalkung
calcinosis Kalzinose
calcipenia Kalzipenie
calcitonin Calcitonin
calcitriol Calcitriol
calcium Kalzium (Ca)
calcium carbide Kalziumkarbid (CaC_2)
calcium carbonate Kalziumkarbonat ($CaCO_3$)
calcium channel blocker Kalzium-Antagonist
calcium chloride Kalziumchlorid ($CaCl_2$)
calcium gluconate Kalziumglukonat ($C_{12}H_{22}CaO_{14}$)
calcium hydroxide Kalziumhydroxid ($Ca[OH]_2]$)
calcium hydroxide solution Kalziumhydroxidlösung
calcium oxalate Kalziumoxalat (CaC_2O_4)
calcium oxide Kalziumoxid (CaO)
calcium phosphate Kalziumphosphat ($Ca_3[PO_4]_2$)
calcium pump Kalziumpumpe
calcium sulfate Kalziumsulfat ($CaSO_4$)
calculus Konkrement
calendula officinalis Calendula officinalis, Ringelblume
calf Wade
calf muscle pump Wadenmuskelpumpe
calibration Kalibrierung
caliper Caliper
callus Kallus
calming techniques Beruhigungstechniken
caloric kalorisch
caloric test Prüfung, kalorische
calorie Kalorie
calorimeter Kalorimeter
calorimetry Kaloriemetrie
calvaria Calvaria
camphor Kampfer
camphor bath Kampferbad
camphorated oil Kampferöl
canal of Schlemm Schlemm-Kanal
cancellous spongiös
cancer Krebs
cancer of the small intestine Dünndarmtumore, maligne
cancer staging Staging
cancerous kanzerös
candidiasis Candidiasis
canine tooth Eckzahn
cannabis Cannabis
cannabism Cannabismus
cannula Kanüle
cantering rhythm Galopprhythmus
canthus Canthus
Cantor tube Cantor-Sonde
capacitation Kapazitation
capillary Kapillare
capillary fracture Kapillarfissur
capillary hemangioma Kapillarhämangiom
capillary hemorrhage Kapillarhämorrhagie
capillary permeability Kapillarpermeabilität
capillary pressure Kapillardruck
capillary refilling Kapillarauffüllung
capillus Capillus
capitate bone Kopfbein
capnometry Kapnometrie
capreomycin Capreomycin

capric acid Kaprinsäure
caproic acid Kapronsäure
capsular kapsulär
capsular cataract Kapselstar
capsule Kapsel
caput Caput
caput femoris Caput femoris
caput fibulae Caput fibulae
caput humeri Caput humeri
caput medusae Caput medusae
carbamate Carbamat
carbamazepine Carbamazepin
carbide Karbid
carbohydrate Kohlenhydrat
carbohydrate loading Kohlenhydratbelastung
carbohydrate metabolism Kohlenhydratstoffwechsel
carbolic acid Karbolsäure
carbolism Karbolismus
carbon Kohlenstoff
carbon cycle Kohlenstoffkreislauf
carbon dioxide Kohlendioxid
carbon dioxide inhalation Kohlendioxid-Inhalation
carbon dioxide narcosis Kohlendioxid-Narkose
carbon dioxide poisoning Kohlendioxid-Vergiftung
carbon dioxide response Kohlendioxid-Reaktion
carbon dioxide retention Kohlendioxid-Retention
carbon dioxide stores Kohlendioxid-Speicher
carbon dioxide tension Kohlendioxid-Spannung
carbon dioxide therapy Kohlendioxid-Therapie
carbon monoxide Kohlenmonoxid
carbon monoxide poisoning Kohlenmonoxid-Vergiftung
carbon tetrachloride Tetrachlorkohlenstoff
carbon tetrachloride poisoning Tetrachlorkohlenstoff-Vergiftung
carbonate Karbonat
carbonic acid Kohlensäure
carbonic anhydrase Karboanhydrase
carbonic anhydrase inhibitor Karboanhydrasehemmer
carboxyhemoglobin Carboxyhämoglobin (CO-Hb)
carboxyl Carboxyl-
carbuncle Karbunkel
carcinoembrryonic antigen (CEA) Antigen, carzino-embryonales
carcinogen karzinogen
carcinogenesis Karzinogenese
carcinoid Karzinoid
carcinoid syndrome Karzinoid-Syndrom
carcinolysis Karzinolyse
carcinoma Karzinom
carcinoma in situ Karzinom, präinvasives
carcinomatoid karzinomatoid
carcinomatous karzinomatös
carcinophilia Karzinophilie
carcinosarcoma Karzinosarkom
carcinosis Karzinose
carcinostatic karzinostatisch
cardia Cardia
cardiac kardial
cardiac angiography Kardioangiographie
cardiac apnea Herzapnoe
cardiac arrest Herz-Kreislauf-Stillstand
cardiac arrhythmia Herzrhythmusstörung
cardiac asthma Herzasthma
cardiac atrophy Herz(muskel)atrophie
cardiac care Herzerkrankungen, Pflege bei
cardiac catheter Herzkatheter
cardiac conduction defect Erregungsleitungsstörung, kardiale
cardiac cycle Herzzyklus
cardiac decompensation Herzdekompensation
cardiac dyspnea Dyspnoe, kardiale
cardiac edema Stauungsödem
cardiac glycosid Herzgykosid
cardiac hypertrophy Herzhypertrophie
cardiac index Herzindex
cardiac insufficiency Herzinsuffizienz
cardiac massage Herzdruckmassage
cardiac monitoring Monitoring, der Herzfunktion
cardiac murmur Herzgeräusch
cardiac muscle Herzmuskel
cardiac output Herzminutenvolumen (HMV)
cardiac output, decreased Herzleistung, verminderte
cardiac plexus Herzgeflecht, vegetatives
cardiac precautions Herzerkrankungen, Vorsichtsmaßnahmen bei
cardiac regurgitation Rückstrom, kardialer
cardiac reserve Reservekraft, kardiale

cardiac rhythm Herzrhythmus
cardiac standstill Herzstillstand
cardiac stenosis Herzstenose
cardiac stimulant Kardiakum
cardiac syncope Synkope, kardiale
cardiac tamponade Herztamponade
cardiac thrombosis Herzthrombose
cardiectomy Kardiaresektion
cardiocirculatory kardiozirkulatorisch
cardiogenic kardiogen
cardiogenic shock Schock, kardiogener
cardiogram Kardiogramm
cardiography Kardiographie
cardiologist Kardiologe
cardiology Kardiologie
cardiomegaly Kardiomegalie
cardiomyopathy Kardiomyopathie
cardiopathy Kardiopathie
cardiopericarditis Kardioperikarditis
cardioplegia Kardioplegie
cardiopulmonary kardiopulmonal
cardiopulmonary bypass Bypass, kardiopulmonaler
cardiopulmonary murmur Herz-Lungengeräusch
cardiopulmonary resuscitation Reanimation, kardiopulmonale
cardiotomy Kardiotomie
cardiotoxic kardiotoxisch
cardiovascular kardiovaskulär
cardiovascular disease Herz- und Kreislauferkrankung
cardiovascular shunt Shunt, kardiovaskulärer
cardiovascular system Herz-Kreislaufsystem
cardioversion Kardioversion
cardiovert kardiovertieren
carditis Karditis
care of the chronically ill Langzeitpflege, chronisch Kranker
caregiver role strain Rollenbelastung, pflegender Angehöriger
caregiver support Betreuungsperson, Unterstützung der
caries; dental caries Karies
carminative Karminativum
carmine dye Karmin
carnitine Carnitin
carotene Karotin
carotenoid Karotinoide
carotid bruit Karotisgeräusch
carotid plexus Karotisplexus
carotid pulse Karotispuls
carotid sinus Karotissinus
carotid sinus reflex Karotissinus-Reflex
carotis sinus syndrome Karotissinus-Syndrom
carpal karpal
carpal tunnel Karpaltunnel
carpal tunnel syndrome Karpaltunnel-Syndrom
carpopedal karpopedal
carpopedal spasm Karpopedalspasmus
carpus Karpus
carrier Träger
cartilage Knorpel
cartilage graft Knorpeltransplantation
cartilaginous bone Knorpelknochen
cartilaginous joint Knorpelgelenk
cartilaginous skeleton Knorpelskelett
case fatality rate Letalität
case history Krankengeschichte
case-control study Fallstudie, kontrollierte
caseation Verkäsung
caseation necrosis Nekrose, verkäsende
casein Kasein
caseous käsig
cast Zylinder, Abdruck, Gipsverband
castor oil Rinzinusöl
castration Kastration
castration anxiety Kastrationsangst
casuistics Kasuistik
cat scratch fever Katzenkratzkrankheit
catabiosis Katabiose
catabolic illness Erkrankung, katabolische
catabolism Katabolismus
catalase Katalase
catalepsy Katalepsie
catalysis Katalyse
catalyst Katalysator
catalyze katalysieren
catamnesis Katamnese
cataplexy Kataplexie
cataract Katarakt
catarrh Katarrh
catarrhal conjunctivitis Bindehautkatarrh
catarrhal croup Kruppkatarrh
catarrhal ophthalmia Ophthalmie, katarrhalische
catatonia Katatonie
catatonic exitement Erregungszustand, katatoner

catatonic schizophrenia Schizophrenie, katatone
catatonic stupor Stupor, katatoner
catecholamine Katecholamin
catgut Catgut
catharsis Katharsis
cathartic Kathartikum
catheter Katheter
catheterization Katheterisierung
cathexis Kathexis
cathode Kathode
cathode ray Kathodenstrahl
cation Kation
cation-exchange resin Kationenaustauschharz
cauda equina Cauda, equina
caudal kaudal
causalgia Kausalgie
causality Kausalität
caustic kaustisch
caustic poisoning Ätzvergiftung
cauterization Kauterisation
cauterize kauterisieren
cavernous kavernös
cavernous hemangioma Hämangiom, kavernöses
cavernous sinus Sinus cavernosus
cavernous sinus syndrome Kavernosussyndrom
cavernous sinus thrombosis Kavernosusthrombose
cavitation Kavernisierung
cavity Kavität
cavogram Kavographie
cecum Caecum
celiac zöliakal
celiac artery Zöliaka
celiac disease Zöliakie
celiac ganglion Bauchganglion
cell Zelle
cell bank Zellbank
cell biology Zellbiologie
cell culture Zellkultur
cell death Zelltod
cell division Zellteilung
cell division cycle Zell(teilungs)zyklus
cell organelle Zellorganelle
cell receptor Zellrezeptor
cell-mediated immune response Immunantwort, zellvermittelte
cells of Paneth Paneth-Körnerzellen
cellular zellulär
cellular immunity Zellimmunität
cellular infiltration Zellinfiltration
cellulitis Zellulitis
cellulose Zellulose
Celsius Celsius (C)
cementum Zement
center of gravity Schwerpunkt
centigram Zentigramm
centiliter Zentiliter
centimeter Zentimeter (cm)
centimeter-gram-second system Zentimeter-Gramm-Sekunden-System (C.G.S., cgs)
central zentral
central anesthesia Anästhesie, zentrale
central canal of spinal cord Zentralkanal, des Rückenmarks
central incisor Schneidezahn, mittlerer
central nervous system Zentralnervensystem (ZNS)
central nervous system depressant Depressivum, des Zentralnervensystems
central nervous system stiumulant Stimulans, des Zentralnervensystems
central neurogenic hyperventilation Hyperventilation, zentral neurogene
central pain Zentralschmerz
central paralysis Lähmung, zentrale
central pathway Nervenbahn, zentrale
central sleep apnea Schlafapnoe, zentrale
central sulcus Zentralfurche
central venous catheter Venenkatheter, zentraler
central venous pressure Zentralvenöser Druck (ZVD)
centrifugal zentrifugal
centrifugal force Zentrifugalkraft
centrifuge Zentrifuge
centriole Zentriol
centripetal zentripetal
centromere Zentromer
centrosome Zentrosom
cephalalgia Zephalgie
cephalhematoma Kephalhämatom
cephalic kephalo-
cephalic presentation Kopflage
cephalic vein Vena cephalica
cephalocele Kephalozele
cephalocentesis Kephalozentese
cephalometry Kephalometrie
cephalosporin Cephalosporin

cercaria Zerkarie
cerclage Cerclage
cerebellar zerebellar
cerebellar angioblastoma Kleinhirnangioblastom
cerebellar atrophy Kleinhirnathropie
cerebellar cortex Kleinhirnrinde
cerebellar tremor Kleinhirntremor
cerebellospinal zerebellospinal
cerebellum Kleinhirn
cerebral zerebral
cerebral aneurysm Hirnaneurysma
cerebral angiography Angiographie, zerebrale
cerebral anoxia Anoxie, zerebrale
cerebral compression Kompression, zerebrale
cerebral cortex Großhirnrinde
cerebral depressant Depressivum, zerebrales
cerebral edema Hirnödem
cerebral edema management Hirnödem, Pflege bei
cerebral embolism Hirnembolie
cerebral fossa Hirngrube
cerebral hemiplegia Hemiplegie, zerebrale
cerebral hemisphere Großhirnhemisphäre
cerebral hemorrhage Hirnblutung
cerebral infarction Hirninfarkt
cerebral palsy Zerebralparese
cerebral peduncle Hirnstiel
cerebral perfusion pressure Zerebraler Perfusionsdruck
cerebral perfusion promotion Perfusion, Förderung der zerebralen
cerebral thrombosis Zerebralhrombose
cerebroside Zerebrosid
cerebrospinal zerebrospinal
cerebrospinal axis Zerebrospinalachse
cerebrospinal fluid Zerebrospinalflüssigkeit
cerebrospinal ganglion Ganglion, zerebrospinales
cerebrospinal nerves Zerebrospinalnerven
cerebrospinal pressure Liquordruck
cerebrovascular zerebrovaskulär
cerebrovascular accident Hirndurchblutungsstörung
cerebrum Großhirn
cerium Cerium (Ce)
cerium nitrate Ceriumnitrat
ceroid Zeroid
certifiable schuldunfähig
certification Zertifizierung
certified milk Vorzugsmilch
cerumen Zerumen
ceruminous gland Zeruminaldrüse
cervical zervikal
cervical abortion Zervikalabort
cervical adenitis Zervikaladenitis
cervical canal Zervixkanal
cervical cancer Zervixkarzinom
cervical cap Portiokappe
cervical dilation Zervixdilatation
cervical disk syndrome Bandscheibensyndrom, zervikales
cervical dysplasia Dysplasie, zervikale
cervical erosion Portioerosion
cervical mucus Zervixschleim
cervical nerves Zervikalnerven
cervical plexus Plexus cervicalis
cervical polyp Zervixpolyp
cervical smear Zervixabstrich
cervical spondylosis Zervikalspondylose
cervical stenosis Zervikalstenose
cervical vertebra Halswirbel
cervicitis Zervizitis
cervix Zervix
cesarean section Kaiserschnitt
cesarean section care Kaiserschnitt, Pflege bei
cesium Caesium (Cs)
cesium 137 Caesium-137
cetyl alcohol Cetylalkohol
ch'i Qi
Chaddock reflex Chaddock-Reflex
Chaddock's sign Chaddock-Zeichen
Chagas' disease Chagas-Krankheit
chain reaction Kettenreaktion
chaining Verkettung
chalasia Chalasie
chalazion Chalazion
chalicosis Kalkstaublunge
chalone Chalon
chancre Schanker
chancroid Schanker, weicher
change of life Wechseljahre
character Charakter
charley horse Muskelzerrung
Charrièr Charrièr (Charr)
checkup Check up
cheek Wange
cheesy abscess Abszess, verkäsender
cheilitis Cheilitis

cheilosis Cheilosis
cheiromegaly Cheiromegalie
chelate Chelat
chelating agent Chelatbildner
chelation Chelatbildung
chemical action Reaktion, chemische
chemical affinity Affinität, chemische
chemical agent Wirkstoff, chemischer
chemical antidote Antidot, chemisches
chemical burn Verätzung
chemical indicator Indikator, chemischer
chemistry Chemie
chemistry, normal values Normwerte, chemische
chemodifferentiation Chemodifferenzierung
chemoprophylaxis Chemoprophylaxe
chemoreceptor Chemorezeptor
chemoreflex Chemoreflex
chemoresistance Chemoresistenz
chemotherapeutic agent Chemotherapeutikum
chemotherapeutic index Index, chemotherapeutischer
chemotherapy Chemotherapie
chemotherapy management Chemotherapie, Pflege bei
cherubism Cherubismus
chest drainage Thoraxdrainage
chest lead Brustwandableitung
chest pain Thoraxschmerzen
chest physiotherapy Thoraxphysiotherapie
chest regions Brustregionen
chest tube Thoraxdrain
Cheyne-Stokes respiration Cheyne-Stokes-Atmung
chi square Chi-Quadrat
Chiari-Frommel syndrome Chiari-Frommel-Syndrom
chiasm Chiasma
chickenpox Windpocken
chief cell Hauptzelle
chief complaint Primärsymptom
chigger Milbenlarve
chilblain Frostbeule
child Kind
child abuse Kindesmisshandlung
child development Entwicklung, kindliche
child neglect Kindesvernachlässigung
childbearing period Phase, gebärfähige
childbirth preparation Entbindung, Vorbereitung zur
childhood Kindheit
childhood myxedema Myxödem, kindliches
childhood-onset pervasive developmental disorders Entwicklungsstörungen, kindliche
chill Schüttelfrost
chimera Schimäre
chin Kinn
Chinese restaurant syndrome China-Restaurant-Syndrom
chip graft Spantransplantat
chiralgia Chiralgie
chiropractice Chiropraktik
chloasma Chloasma
chloracne Chlorakne
chloral hydrate Chloralhydrat
chloral hydrate poisoning Chloralhydratvergiftung
chlorambucil Chlorambucil
chloramphenicol Chloramphenicol
chlordiazepoxide Chlordiazepoxid
chlorhexidine Chlorhexidin
chloride Chlorid
chloride shift Chloridverschiebung
chlorinated chloriert
chlorination Chlorung
chlorine Chlor (Cl)
chlormezanone Chlormezanon
chloroform Chloroform
chloroleukemia Chloroleukämie
chlorolymphosarcoma Chlorolymphosarkom
chlorophyll Chlorophyll
chloroquine Chlorochin
chlorothiazide Chlorothiazid
chlorotrianisene Chlorotrianisen
chlorpheniramine maleate Chlorpheniraminmaleat
chlorpromazine Chlorpromazin
chlorpropamide Chlorpropamid
chlorprothixene Chlorprothixen
chlortetracycline hydrochloride Chlortetracyclinhydrochlorid
chlorthalidone Chlortalidon
chlorzoxazone Chlorzoxazon
choana Choana
choanal atresia Choanalatresie
chocolate cyst Schokoladenzyste
choke Erstickungsanfall
chokes Chokes
choking Erstickung

cholagogue Cholagogum
cholangiectasis Cholangioektasie
cholangiogram Cholangiogramm
cholangiography Cholangiographie
cholangiohepatoma Cholangiohepatom
cholangiolitis Cholangiolitis
cholangioma Cholangiom
cholangioscopy Cholangioskopie
cholangiostomy Cholangiostomie
cholangitis Cholangitis
cholate Cholat
cholecystagogue Chlezystagogum
cholecystectomy Cholezystektomie
cholecystic cholezystisch
cholecystitis Cholezystitis
cholecystogram Cholezystogramm
cholecystography Cholezystographie
cholecystoileostomy Cholezystoileostomie
cholecystokinin Cholezystokinin
cholecystolithiasis Cholezystolithiasis
cholecystolithotripsy Cholezystolithotripsie
cholecystosonography Cholezystosonographie
choledochal choledochal
choledochojejunostomy Choledochojejunostomie
choledocholith Choledocholith
choledocholithotomy Choledocholithotomie
choledocholithotripsy Choledocholithotripsie
choledocholitis Choledocholitis
cholelithiasis Cholelithiasis
cholelithic dyspepsia Dyspepsie, cholelithische
cholelithotomy Cholelithotomie
cholera Cholera
cholera sicca Cholera, sicca
choleresis Cholerese
choleretic Choleretikum
choleric cholerisch
cholescintigraphy Choleszintigraphie
cholestasis Cholestase
cholestatic hepatitis Hepatitis, cholestatische
cholestatic jaundice Ikterus, cholestatische
cholesteatoma Cholesteatom
cholesterase Cholesterase
cholesterol Cholesterin
cholesterol metabolism Cholesterinmetabolismus
cholesterolemia Cholesterinämie
cholesterolosis Cholesterose
cholestyramine Cholestyramin
cholestyramine resin Cholestyraminharz
cholic acid Cholsäure
choline Cholin
choline esters Cholinester
cholinergic cholinerg
cholinergic blocking agent Cholinrezeptorenblocker
cholinergic crisis Krise, cholinerge
cholinergic fibers Fasern, cholinerge
cholinergic nerve Nerv, cholinerger
cholinergic receptor Cholinrezeptoren
cholinergic urticaria Urtikaria, cholinerge
cholinesterase Cholinesterase
chondral chondral
chondralgia Chondralgie
chondrectomy Chondrektomie
chondritis Chondritis
chondroangioma Chondroangiom
chondroblast Chondroblast
chondroblastoma Chondroblastom
chondrocalcinosis Chondrokalzinose
chondrocarcinoma Chondrokarzinom
chondroclast Chondroklast
chondrocyte Chondrozyt
chondrodysplasia Chondrodysplasie
chondroendothelioma Chondroendotheliom
chondrofibroma Chondrofibrom
chondrogenesis Chondrogenese
chondroid chondroid
chondrolipoma Chondrolipom
chondroma Chondrom
chondromalacia Chondromalazie
chondromatosis Chondromatose
chondromyoma Chondromyom
chondromyxofibroma Chondromyxofibrom
chondrophyte Chondrophyt
chondroplasia Chondroplasie
chondroplasty Chondroplastik
chondrosarcoma Chondrosarkom
chondrosarcomatosis Chondrosarkomatose
chondrotomy Chondrotomie
chorda Chorda
chorditis Chorditis
chordotomy Chordotomie
chorea Chorea
chorea gravidarum Chorea, gravidarum
choreic ataxia Ataxie, choreatische
chorioadenoma Chorioadenom

chorioamnionic chorioamniotisch
chorioamnionitis Chorioamnionitis
choriocarcinoma Chorionkarzinom
choriogenesis Choriogenese
chorion Chorion
chorionic gonadotropin Choriongonadotropin
chorionic sac Chorionsack
chorionic villi Chorionzotten
chorioretinitis Chorioretinitis
chorioretinopathy Chorioretinopathie
choroid Choroidea
choroid plexus Plexus choroideus
choroidal malignant melanoma Choroideamelanom, malignes
choroiditis Choroiditis
choroidocyclitis Choroidozyklitis
choroidopathy Choroidopathie
chromaffin cell Zellen, chromaffine
chromatic chromatisch
chromatic dispersion Dispersion, chromatische
chromatid Chromatid
chromatin Chromatin
chromatin-negative Chromatin-negativ
chromatin-positive Chromatin-positiv
chromatogram Chromatogramm
chromatography Chromatographie
chromatopsia Chromatopsie
chromatosis Chromatose
chromaturia Chromaturie
chromhidrosis Chromhidrose
chromium Chrom (Cr)
chromium alum Chromalaun
chromogen chromogen
chromophilic chromophil
chromophobic chromophob
chromosomal aberration Chromosomen-Aberration
chromosomal nomenclature Chromosomen-Nomenklatur
chromosomal sex Geschlecht, chromosomales
chromosome Chromosom
chromosome complement Chromosomensatz
chromotherapy Chromotherapie
chronaxy Chronaxie
chronic chronisch
chronic active hepatitis Hepatitis, chronisch-aktive
chronic airway obstruction Atemwegsobstruktion, chronische
chronic alcoholism Alkoholismus, chronischer
chronic anterior poliomyelitis Poliomyelitis, chronische anterior
chronic appendicitis Appendizitis, chronische
chronic bacterial prostatitis Prostatitis, chronische bakterielle
chronic bronchitis Bronchitis, chronische
chronic carrier Dauerausscheider
chronic delirium Delirium, chronisches
chronic disease Erkrankung, chronische
chronic endoarteritis Endoarteritis, chronische
chronic endocarditis Endokarditis, chronische
chronic fatigue syndrome Müdigkeitssyndrom, chronisches
chronic glomerulonephritis Glomerulonephritis, chronische
chronic gout Gicht, chronische
chronic hepatitis Hepatitis, chronische
chronic hyperplastic rhinitis Rhinits, chronische hyperplastische
chronic hyperplastic sinusitis Sinusitis, chronische hyperplastische
chronic hypertrophic rhinitis Rhinitis, chronisch hypertrophische
chronic hypoxia Hypoxie, chronische
chronic intractable pain Schmerz, chronischer unbehandelbarer
chronic leg ulcer Ulkus cruris, chronisches
chronic lymphocytic leukemia Leukämie (CLL), chronische-lymphatische
chronic mountain sickness Höhenkrankheit, chronische
chronic mucocutaneous candidiasis Schleimhautcandidose, chronische
chronic myelocytic leukemia Leukämie (CML), chronische-myeloische
chronic myocarditis Myokarditis, chronische
chronic nephritis Nephritis, chronische
chronic nephropathy Nephropathie, chronische
chronic obstructive pulmonary disease Lungenkrankheit, chronisch-obstruktive (COLD)
chronic pain Schmerz, chronischer

chronic pancreatitis Pankreatitis, chronische
chronic peritonitis Peritonitis, chronische
chronic pharyngitis Pharyngitis, chronische
chronic prostatitis Prostatitis, chronische
chronic rejection Abstoßungsreaktion, chronische
chronic rheumatism Rheuma, chronisches
chronic synovitis Synovitis, chronische
chronologic age Alter, chronologisches
chronotropism Chronotropismus
chrysiasis Chrysiasis
chrysotherapy Chrysotherapie
Chvostek's sign Chvostek-Zeichen
chyle Chylus
chyloid chyloid
chylomediastinum Chylomediastinum
chylomicron Chylomikron
chylothorax Chylothorax
chylous chylös
chylous ascites Chyloaszites
chyluria Chylurie
chyme Chymus
chymotrypsin Chymotrypsin
chymotrypsinogen Chymotrypsinogen
cicatricial alopecia Alopezie, narbige
cicatrix Narbe
cicatrize vernarben
cigarette drain Zigarettendrain
cilia Zilien
ciliary ziliar
ciliary body Ziliarkörper
ciliary ganglion Ziliarganglion
ciliary gland Ziliardrüse
ciliary movement Ziliarbewegung
ciliary muscle Ziliarmuskel
ciliary process Ziliarfortsatz
Ciliata Ciliata
ciliated epithelium Flimmerepithel
ciliospinal reflex Reflex, ziliospinaler
cimetidine Cimetidin
cineangiocardiogram Kineangiokardiogramm
cineangiocardiography Kineangiokardiographie
cineangiogram Kineangiogramm
cineangiograph Kineangiographie
cineradiography Röntgenkinematographie
cinnamon Zimt
circadian zirkadian
circadian dysrhythmia Rhythmusstörung, zirkadiane
circadian rhythm Rhythmus, zirkadianer
circuit Stromkreis
circuit training Zirkeltraining
circular bandage Zirkulärverband
circulation Zirkulation
circulation time, normal Kreislaufzeit, normale
circulatory care Kreislaufunterstützende Pflege
circulatory failure Kreislaufversagen
circulatory overload Kreislaufüberbelastung
circulatory precautions Kreislaufunterstützende Vorsichtsmaßnahmen
circumcision Zirkumzision
circumduction Zirkumduktion
circumscribed umschrieben
circumscribed abscess Abszess, umschriebener
cirrhosis Leberzirrhose
cisplatin Cisplatin
cistern Zisterne
cisternal puncture Zisternenpunktion
cistron Cistron
citrate Zitrat
citric acid Zitronensäure
citric acid cycle Zitronensäurezyklus
citrulline Zitrullin
clap Tripper
clarification Klärung
clarify klären
classical conditioning Konditionierung, klassische
classification Klassifikation
classification of caries Kariesklassifizierung
claudication Claudikation
claustrophobia Klaustrophobie
clavicle Clavicula
clavicular klavikular
clawhand Krallenhand
cleansing enema Reinigungseinlauf
clear cell Zelle, helle
clearance Clearance
cleavage Furchung
cleavage fracture Abscherfraktur
cleavage line Spaltlinie
cleavage plane Teilungsebene
cleft Spalte
cleft cheek Wangenspalte

cleft foot Spaltfuß
cleft hand Spalthand
cleft jaw Kieferspalte
cleft lip Lippenspalte
cleft palate Gaumenspalte
cleft sternum Sternumspalte
cleft tongue Zungenspalte
cleft uvula Uvulaspalte
click Klick
client Klient
climax Klimax
climbing fibers Kletterfasern
clindamycin hydrochloride Clindamycin
clinical klinisch
clinical analysis Analyse, klinische
clinical assessment Anamnese, klinische
clinical cytogenetics Zytogenetik, klinische
clinical diagnosis Diagnose, klinische
clinical genetics Genetik, klinische
clinical medicine Medizin, klinische
clinical psychology Psychologie, klinische
clinical specialist Spezialist, klinischer
clinical trails Studien, klinische
clitoridectomy Klitorisektomie
clitoris Klitoris
clitoritis Klitoritis
cloaca Kloake
clofibrate Clofibrat
clomiphene citrate Clomiphen
clomiphene stimulation test Clomiphen-Stimulationstest
clone Klon
clonic klonisch
clonic spasm Klonus
cloning Klonierung
clonorchiasis Clonorchiasis
closed fracture Fraktur, geschlossene
closed reduction of fractures Frakturreposition, geschlossene
closed-chain Kette, geschlossene
closed-wound suction Wunddrainage, geschlossene
closing capacity Verschlusskapazität
closing volume Verschlussvolumen
clot retraction Blutgerinnselretraktion
clotrimazole Clotrimazol
clotting time Blutgerinnungszeit
clouding of consciousness Bewusstseinstrübung
cloverleaf skull deformity Kleeblattschädeldeformität
cloxacillin sodium Cloxacillin
clubbing Trommelschlägelfingerbildung
clubfoot Klumpfuß
cluster analysis Cluster-Analyse
cluster headache Cluster-Kopfschmerz
CNS sympathomimetic ZNS-Sympathikomimetikum
coagglutination Koagglutination
coagulability Koagulabilität
coagulant Koagulans
coagulase Koagulase
coagulate koagulieren
coagulation Koagulation
coagulation factor Blutgerinnungsfaktoren
coagulopathy Koagulopathie
coal tar Steinkohlenteer
coaptation splint Adaptionsschiene
coarctation of the aorta Aortenisthmusstenose
coated tablet Komprette
coated tongue Zunge, belegte
cobalt Kobalt (Co)
cobalt-60
coca Coca
cocaine hydrochloride Kokain
cocaine hydrochloride poisoning Kokainvergiftung
cocarcinogen Kokarzinogen
Coccidia Kokzidien
coccidioidomycosis Kokzidioidomykose
coccidiosis Kokzidiose
coccus Kokkus
coccygeal vertebra Vertebra coccygeal
coccygeus Steißbeinmuskel
coccyx Coccyx
cochlea Cochlea
cochlear canal Ductus cochlearis
cochlear implant Innenohr-Implantat
cochlear nerve Hörnerv
cod-liver oil Lebertran
code management Reanimation
codeine Codein
codominant Kodominant
codominant inheritance Vererbung, kodominante
coenzyme Koenzym
coffee Kaffee
coffee-ground vomitus Erbrechen, kaffeesatzartiges
cognition Kognition
cognitive kognitiv
cognitive development Entwicklung, kognitive

cognitive function Funktion, kognitive
cognitive learning Lernen, kognitives
cognitive restructuring Restrukturierung, kognitive
cognitive restructuring Kognitive Restrukturierung
cognitive stimulation Kognitive Stimulation
cogwheel rigidity Zahnradphänomen
coherence Kohärenz
cohesive bandage Verband, kohäsiver
cohesiveness Kohäsion
cohort Kohorte
cohort study Kohortenanalyse
coiled tubular gland Knäueldrüse, tubulöse
coitus Koitus
colchicine Colchicin
cold Erkältung
cold abscess Abszess, kalter
cold compress Kältewickel
cold-blooded Kaltblüter
cold-pressor test Kälte-Druck-Test
colectomy Kolektomie
colic Kolik
colistin sulfate Colistin
colitis Kolitis
collagen Kollagen
collagen disease Kollagenose
collagen injection Kollageninjektion
collagenous fiber Kollagenfasern
collapse Kollaps
collapse of the lung Lungenkollaps
collateral kollateral
collateral circulation Kollateralkreislauf
collateral vessel Kollateralgefäß
Colles' fracture Colles-Fraktur
colliquation Kolliquation
colliquative kolliquativ
collodial solution Kolloidlösung
collodion Kollodium
colloid Kolloid
colloid bath Kolloidbad
colloid cyst Kolloidzyste
colloid suspension Kolloidsuspension
collum Collum
coloboma Kolobom
colon Kolon
colonic fistula Kolonfistel
colonic irrigation Darmspülung
colonization Kolonisierung
colonoscope Koloskop
colonoscopy Koloskopie
colony Kolonie
coloproctectomy Koloproktektomie
coloproctitis Koloproktitis
coloptosis Koloptose
color blindness Farbenblindheit
color index Färbeindex
color vision Farbensehen
colorectal cancer Karzinom, kolorektales
colorimetry Kolorimetrie
colosigmoidoscopy Kolosigmoidoskopie
colostomy Kolostomie
colostrum Kolostrum
colotomy Kolotomie
colovaginal kolovaginal
colpalgia Kolpalgie
colpectomy Kolpektomie
colpitis Kolpitis
colpocystitis Kolpozystitis
colpocystocele Kolpozystozele
colpohysterectomy Kolpohysterektomie
colporrhaphy Kolporrhaphie
colposcope Kolposkop
colposcopy Kolposkopie
colpotomy Kolpotomie
coma Koma
comatose komatös
combination chemotherapy Chemotherapie, kombinierte
combined carbon dioxide Kohlendioxid, gebundenes
combined oxygen Sauerstoff, gebundener
combined system disease Myelose, funikuläre
combining sites Bindungsstellen
comedo Komedo (pl. Komedonen)
comedocarcinoma Komedokarzinom
command automatism Befehlsautomatie
command hallucination Befehlshalluzination
commensalism Kommensalismus
comminuted fracture Komminutivfraktur
commissure Kommissur
commissurotomy Kommissurotomie
common bile duct Ductus choledochus
common carotid artery Karotis
communicable disease Krankheit, ansteckende
communicating hydrocephalus Hydrocephalus, communicans
communication Kommunikation
communication channels Kommunikationskanäle

communication theory Kommunikationstheorie
communication, impaired verbal Kommunikation, beeinträchtigte verbale
community coping Coping von Gemeinschaften
community reintegration Wiedereingliederung, soziale
compatibility Kompatibilität
compensated acidosis Azidose, kompensierte
compensated alkalosis Alkalose, kompensierte
compensated heart failure Herzversagen, kompensiertes
compensation Kompensation
compensatory hypertrophy Kompensationshypertrophie
compensatory pause Pause, kompensatorische
complement Komplement
complement fixation Komplementbindung
complement protein molecule Komplementprotein
complete blood count Blutbild, großes
complete fracture Fraktur, vollständige
complete heart block Herzblock (AV-Block), totaler
complete paralysis Lähmung, vollständige
complex Komplex
complex protein Proteine, komplexe
complex relationship building Beziehungen, Aufbau komplexer
complex sugars Zucker, komplexe
compliance Compliance
complicated fracture Fraktur, komplizierte
complication Komplikation
compound Verbindung
compress Kompresse
compression Kompression
compression fracture Kompressionsfraktur
compression paralysis Kompressionslähmung
compressive atelectasis Kompressionsatelektasen
compulsion Zwang
compulsion need Zwangsneurose
compulsive idea; fixed idea Zwangsgedanken
compulsive personality Persönlichkeit, zwanghafte
compulsive personality disorder Persönlichkeitsstörung, zwanghafte
compulsive ritual Zwangsritual
computed tomography Computer-Tomographie (CT)
conation Willenstrieb
concanavalin A Concanavalin A
concave konkav
concave spherical lens Kugellinse, konkave
concavity Konkavität
concealed hemorrhage Blutung, okkulte
concentration gradient Konzentrationsgefälle
concentric konzentrisch
concentric contraction Kontraktion, konzentrische
concept Konzept
conception Konzeption
concha Concha
conchitis Conchitis
concomitant strabismus Begleitschielen
concomitant symptom Begleitsymptom
concordance Konkordanz
concrete thinking Denken, konkretes
condensation Kondensation
condition Kondition
conditioned escape response Fluchtreflex, konditionierter
conditioned orientation response Orientierungsreaktion, konditionierte
conditioned reflex Reflex, bedingter
conditioned response Reaktion, konditionierte
conditioned stimulus Reiz, konditionierter
conditioning Konditionierung
condom Kondom
condom catheter Kondomkatheter
conduction Leitung
conduction anesthesia Leitungsanästhesie
conduction aphasia Leitungsaphasie
conduction pathway Leitungsbahn
conduction system Reizleitungssystem
conduction system of the heart Erregungsleitungssystem
conduction velocity Leitungsgeschwindigkeit
conductive heraing loss Schalleitungsschwerhörigkeit
conductivity Leitfähigkeit
conductor Leiter
condylar fracture Kondylenfraktur
condyle Kondylus

condyloid kondyloid
condyloid joint Ellipsoidgelenk
condyloma Kondylom
cone Zapfen
cone biopsy Konusbiopsie
cone of light Lichtkegel
confabulation Konfabulation
confidentiality Schweigepflicht
confinement Niederkunft
conflict Konflikt
confusion Konfusion
confusion, acute Verwirrtheit, akute
confusion, chronic Verwirrtheit, chronische
confusional state Verwirrtheitszustand
congenital adrenal hyperplasia Nebennierenhyperplasie, kongenitale
congenital amputation Amputation, kongenitale
congenital anomaly Anomalie, kongenitale
congenital aspiration pneumonia Aspirationspneumonie, kongenitale
congenital cardiac anomaly Herzfehlbildung, kongenitale
congenital cyanosis Zyanose, kongenitale
congenital immunity Immunität, angeborene
congenital jaundice Neugeborenenikterus
congenital pulmonary arteriovenous fistula Lungenfistel, kongenitale arteriovenöse
congenital scoliosis Skoliose, kongenitale
congenital syphilis Syphilis, angeborene
congenital kongenital
congestion Stauung
congestive atelectasis Obturationsatelektase
congestive cardiomyopathy Kardiomyopathie, obstruktive
congestive heart failure Herzinsuffizienz, dekompensierte
congestive splenomegalia Stauungsmilz
congruent communication Kommunikation, kongruente
conization Konisation
conjoined twins Doppelmissbildung
conjugate deviation Augenabweichung, konjugierte
conjugate paralysis Blicklähmung
conjugation Konjugation
conjunctiva Konjunktiva
conjunctival burns Bindehautverätzung
conjunctival reflex Konjunktivalreflex
conjunctival ring Anulus, conjunctivae
conjunctival sac Konjunktivalsack
conjunctival test Konjunktivalreaktion
conjunctivitis Konjunktivitis
conjunctivitis of newborn Konjunktivitis, des Neugeborenen
Conn's syndrome Conn-Syndrom
connecting fibrocartilage Bindegewebsknorpel
connective tissue Bindegewebe
consanguinity Konsanguinität
conscience Gewissen
conscious proprioception Propriozeption, bewusste
conscious sedation Sedierung
consciousness Bewusstsein
consensual konsensuell
consensual light reflex Lichtreflex, konsensueller
consensual reaction Reaktion, konsensuelle
consent Einwilligung
consequences Konsequenzen
conservation of energy Erhaltung der Energie
conservation of matter Erhaltung der Materie
consolidation Konsolidierung
constancy Konstanz
constipation Obstipation
constipation prophylaxis Obstipationsprophylaxe
constipation, colonic Obstipation, Kolon
constipation, perceived Obstipation, subjektive
constipation, rectal Obstipation, rektal
constipation/impaction management Obstipation/Stuhlverhaltung, Pflege bei
constitution Konstitution
constitutional delay Verzögerung, konstitutionelle
constitutional disease Konstitutionskrankheit
constitutional psychology Konstitutionspsychologie
constitutive resistance Resistenz, konstitutive
constriction Konstriktion
constrictive pericarditis Perikarditis, konstriktive
constrictor Konstriktor

constructional apraxia Apraxie, konstruktive
constructive aggression Aggression, konstruktive
consultation Konsultation
contact allergy Kontaktallergie
contact dermatitis Kontaktdermatitis
contact lens Kontaktlinse
contact lens care Kontaktlinsen, Pflege von
contagion Kontagion
contagious kontagiös
contaminant Schadstoff
contamination Kontamination
continence Kontinenz
continuity theory Kontinuitätstheorie
continuous anesthesia Daueranästhesie
continuous fever Fieber, kontinuierliches
continuous murmur Herzgeräusch, kontinuierliches
continuous negative chest wall pressure Atemwegsdruck, kontinuierlich negativer
continuous phase Phase, kontinuierliche
continuous positive airway pressure Continuous positive airway pressure (CPAP)
continuous positive pressure ventilation Überdruckbeatmung, kontinuierliche
continuous tremor Tremor, kontinuierlicher
contraception Empfängnisverhütung
contraceptive Kontrazeptivum
contraceptive diaphragm Diaphragma (Scheidendiaphragma)
contraceptive effectiveness Effektivität, kontrazeptive
contracted kidney Schrumpfniere
contractile kontraktil
contractility Kontraktilität
contraction Kontraktion
contraction stress test Kontraktions-Belastungs-Test
contracture Kontraktur
contracture prophylaxis Kontrakturenprophylaxe
contraindicate kontraindizieren
contraindication Kontraindikation
contralateral kontralateral
contrast Kontrast
contrast bath Wechselbad
contrast medium Kontrastmittel
contrecoup injury Rückstoßverletzung
control gene Kontrollgen
control of hemorrhage Blutungsstillung
controlled association Assoziation, kontrollierte
controlled oxygen therapy Sauerstofftherapie, kontrollierte
controlled substance checking Betäubungsmittel, Kontrolle von
controlled ventilation Beatmung, kontrollierte
contusion Kontusion
convalescence Rekonvaleszenz
convection Konvektion
convergence Konvergenz
convergent nystagmus Konvergenznystagmus
conversion Konversion
conversion disorder Konversionsstörung
conversion reaction Konversionsreaktion
convex konvex
convoluted kidney tubules Nierentubuli, gewundene
convoluted seminiferous tubules Tubuli seminiferi, (gewundene)
convulsion Konvulsion
convulsive tic Gesichtstic
coordinated reflex Reflex, koordinierter
coping Coping
coping enhancement Coping-Verhalten, Verbesserung des
coping, defensive Coping, defensives
copper Kupfer (Cu)
copremesis Miserere
coprolalia Koprolalie
coprolith Koprolith
coproporphyrin Koproporphyrin
cor Cor
cor pulmonale Cor, pulmonale
coracobrachialis Musculus coracobrachialis
cord blood Nabelschnurblut
corditis Samenstrangentzündung
core temperature Kerntemperatur
Cori cycle Cori-Zyklus
corn Hühnerauge
cornea Kornea
corneal abrasion Hornhautläsion
corneal corpuscule Hornhautkörperchen
corneal grafting Hornhauttransplantation
corneal reflex Kornealreflex
cornification Verhornung
cornua Cornu

coronal suture Kranznaht
coronary koronar
coronary artery Koronararterie
coronary artery disease Herzkrankheit, koronare (KHK)
coronary artery fistula Herzkranzfistel
coronary bypass Bypass, koronarer
coronary care nursing Intensivpflege, kardiologische
coronary occlusion Koronarverschluss
coronary plexus Aortengeflecht
coronary sinus Sinus coronarius
coronary thrombosis Koronarthrombose
coronary vein Koronarvene
Coronaviridae Coronaviren
coronoid fossa Fossa, coronoidea
coronoid process of mandible Processus coronoideus mandibulae
coronoid process of ulna Processus coronoideus ulnae
corpse Leiche
corpulence Korpulenz
corpulent korpulent
corpus albicans Corpus, albicans
corpus callosum Corpus, callosum
corpus cavernosum Corpus, cavernosum
corpus luteum Corpus, luteum
corpus spongiosum Corpus, spongiosum
corpuscle Korpuskel
correlation Korrelation
correspondence Korrespondenz
Corrigan's pulse Corrigan-Puls
corrosion Korrosion
corrosive gastritis Ätzgastritis
corrugator supercilii Musculus corrugator supercilii
cortex Kortex
cortical blindness Rindenblindheit
corticosteroid Kortikosteroid
corticotropin-releasing factor Corticotropin-releasing Factor (CRF)
cortisol Kortisol
cortisone Kortison
corynebacterium Korynebakterium
cosmetic surgery Schönheitschirurgie
cost analysis Kostenanalyse
cost-benefit analysis Kosten-Nutzen-Analyse
costa Costa
costal kostal
costal cartilage Rippenknorpel
costal notch Rippenfurche
costectomy Rippenresektion
costocervical kostozervikal
costochondral kostochondral
costoclavicular kostoklavikulär
costoclavicular line Linia, parasternalis
costophrenic (CP) angle Rippen-Zwerchfell-Winkel
costosternal sternokostal
costovertebral kostovertebral
costovertebral angle Kostovertebralwinkel
cotton-wool exudate Cotton-Wool-Herde
cotyledon Kotyledon
cough Husten
cough enhancement Husten, Hilfe beim
cough fracture Hustenfraktur
cough syncope Hustensynkope
coumarin Cumarin
counseling Beratung
countertraction Gegenextension
countertransference Gegenübertragung
couples therapy Paartherapie
Couvelaire uterus Couvelaire-Syndrom
covalent bond Bindung, kovalente
Cowden's disease Cowden-Syndrom
Cowper's gland Cowper-Drüse
cowpox Kuhpocken
coxa Coxa
coxa magna Coxa, magna
coxa valga Coxa, valga
coxa vara Coxa, vara
coxsackievirus Coxsackie-Viren
CPK isoenzyme fraction CPK-Isoenzym-Fraktion
crab louse Filzlaus
crack Crack
crack baby Crack-Baby
crackle Rasselgeräusch (RG)
cradle cap Milchschorf
cranial bones Schädelbein
cranial cavity Schädelhöhle
cranial nerves Hirnnerven
cranial sutures Schädelnähte
craniectomy Kraniektomie
craniocervical kraniozervikal
craniofacial kraniofazial
craniofacial dysostosis Dysostosis, craniofacialis
craniology Kraniologie
craniometaphyseal dysplasia Dysplasie, kraniometaphysäre
craniopagus Kraniopagus
craniopharyngeal kraniopharyngeal

craniopharyngioma Kraniopharyngiom
craniostenosis Kraniostenose
craniostosis Kraniostose
craniotabes Kraniotabes
craniotomy Kraniotomie
cranium Kranium
crater Krater
cream Creme
creatine Kreatin
creatine kinase Kreatinkinase (CK)
creatine phosphate Kreatinphosphat
creatinine Kreatinin
creatinine clearance test Kreatinin-Clearance
Crede's maneuver Credé-Handgriff
Crede's method Credé-Methode
Crede's prophylaxis Credé-Prophylaxe
cremaster Musculus cremaster
cremasteric reflex Kremasterreflex
crematorium Krematorium
creosol Kreosol
creosote Kreosot
crepitant krepitierend
crepitant crackle Knisterrasseln
crepitus Krepitation
crescendo angina Crescendo-Angina
crescendo murmur Crescendogeräusch
crescent bodies Halbmondkörper
cresol Kresol
crest Crista
CREST syndrome CRST-Syndrom
cretinism Kretinismus
Creutzfeldt-Jakob disease Creutzfeld-Jakob-Krankheit
cribriform kribriform
cricoid krikoid
cricoidectomy Krikoidektomie
cricopharyngeal krikopharyngeal
cricothyrotomy Krikothyroidotomie
Crigler-Najjar syndrome Crigler-Najjar-Syndrom
criminal psychology Kriminalpsychologie
crisis Krise
crisis intervention Krisenintervention
crisis resolution Krisenbewältigung
crisis theory Krisentheorie
criterion Kriterium
critical path development Vorgehensweisen, Entwicklung geeigneter
critical point Punkt, kritischer
critical pressure Druck, kritischer
critical temperature Temperatur, kritische
Crohn's disease Enteritis regionalis Crohn
cross Kreuzung
cross infection Kreuzinfektion
cross resistance Kreuzresistenz
cross sensitivity Kreuzsensibilität
cross-eye Schielauge
cross-reacting antibody Antikörper, kreuzreagierender
cross-tolerance Kreuztoleranz
crossbreeding Hybridation
crossed amblyopia Amblyopie, gekreuzte
crossed reflex Kreuzreflex
crossing over Crossing-over
crossmatching of blood Kreuzprobe, serologische
Croup Krupp
crowing inspiration Pseudokruppatmung
crown-heel length Scheitel-Fersen-Länge
crown-rump length Scheitel-Steiß-Länge
crown; corona Corona
crowning Einschneiden
crucial anastomosis Anastomosis, cruralis
cruciate ligament of the atlas Ligamentum, cruciforme atlantis
crucible Tiegel
cruciform kreuzförmig
cruciform ligament Kreuzband
cruor Kruor
crural krural
crural hernia Schenkelhernie
crural ligament Schenkelband
crus Unterschenkel
Crus cerebri Crus cerebri
crush syndrome Crush-Syndrom
crushing wound Quetschwunde
crust Kruste
crutch Krücke
Crutchfield tongs Crutchfield-Zange
Cruveilhier-Baumgarten syndrome Cruveilhier-Baumgarten-Sydrom
cry reflex Schreireflex
cryoanesthesia Kälteanästhesie (Kryoanästhesie)
cryocautery Kryokauter
cryogen kryogen
cryoglobulin Kryoglobulin
cryoglobulinemia Kryoglobulinämie
cryopreservation Kryopräservation
cryosurgery Kryochirurgie
cryotherapy Kryotherapie
crypt Krypte

cryptococcosis Kryptokokkose
cryptogenic kryptogenetisch
cryptogenic infection Infektion, kryptogenetische
cryptogenic septicemia Sepsis, kryptogenetische
cryptomenorrhea Kryptomennorrhö
cryptophthalmos Kryptophthalmus
cryptorchidism Kryptorchismus
cryptosporidiosis Kryptosporidiose
crystal Kristall
crystalline kristallin
crystalline lens Linse, des Auges
crystallisation Kristallisation
crystalloid Kristalloid
cubital kubital
cubital fossa Fossa, cubitalis
cuboid bone Kuboid
cuff Manschette
culdocentesis Douglaspunktion
culdoscope Douglasskop
Cullen's sign Cullen-Phänomen
Cultural Brokerage Kulturvermittlung
culture Kultur
culture shock Kulturschock
culture-bound kulturbedingt
cumulative kumulativ
cumulative action Wirkung, kumulative
cumulative dose Dosis, kumulative
cuneiform; cuneate keilförmig
cuneus Cuneus
cunnilingus Cunnilingus
cup arthroplasty of the hip joint Arthroplastik, des Hüftgelenks
cupping Schröpfen
cupula Cupula
curare Curare
curet Kürette
curettage Kürettage
curie Curie (Ci)
curium Curium (Cm)
current Strom
Curschmann' spiral Curschmann-Spiralen
curvature Kurvatur
curvature myopia Krümmungsmyopie
Cushing's disease Cushing-Krankheit
Cushing's syndrome Cushing-Syndrom
cusp Cuspis
cutaneous kutan
cutaneous absorption Hautabsorption
cutaneous anaphylaxis Anaphylaxie, kutane
cutaneous horn Hauthorn
cutaneous larva migrans Larva migrans cutanea
cutaneous nerve Hautnerv
cutaneous nevus Muttermal
cutaneous papilloma Stielwarze
Cutaneous Stimulation Kutane Stimulation
cutdown Venaesectio
cuticle Kutikula
cutis laxa Cutis laxa-Syndrom
cuvette Küvette
cyanide poisoning Zyanidvergiftung
cyanocobalamin Cyanocobalamin
cyanopsia Zyanopsie
cyanosed zyanotisch
cyanosis Zyanose
cybernetics Kybernetik
cyclacillin Cyclacillin
cyclamate Cyclamat
cycle Zyklus
cyclic adenosine monophosphate Adenosinmonophosphat (cAMP), zyklisches
cyclic guanosine monophosphate Guanosinmonophosphat (cGMP), zyklisches
cyclitis Zyklitis
cyclodialysis Zyklodialyse
cyclophosphamide Cyclophosphamid
cyclopia Zyklopie
cycloplegia Zykloplegie
cycloserine Cycloserin
cyclosporin Cyclosporin
cyclothymic disorder Zyklothymie
cyclotomy Zyklotomie
cyclotron Zyklotron
cylindroma Zylindrom
cyst Zyste
cystadenocarcinoma Zystadenokarzinom
cystadenoma Zystadenom
cysteamine bitartrate Cysteamin
cystectomy Zystektomie
cysteine Cystein (Cys)
cystic zystisch
cystic carcinoma Zystenkarzinom
cystic duct Ductus cysticus
cystic fibroma Fibrom, zystisches
cystic fibrosis Mukoviszidose
cystic goiter Zystenkropf
cystic kidney Zystenniere
cystic mastitis Zystenmamma
cysticercosis Zystizerkose

cysticercus Zystizerkus
cystine Cystin
cystinosis Zystinose
cystinuria Zystinurie
cystitis Zystitis
cystocele Zystozele, vaginale
cystocele Zystozele
cystochromoscopy Chromozystoskopie
cystofibroma Zystofibrom
cystogram Zystogramm
cystography Zystographie
cystoid zystoid
cystojejunostomy Zystojejunostomie
cystolithotomy Zystolithektomie
cystoma Zystom
cystometer Zystomanometer
cystometrogram Zystometrogramm
cystometrography Zystometrographie
cystometry Zystometrie
cystoscope Zystoskop
cystoscopy Zystoskopie
cystostomy Zystostomie
cystotomy Zystotomie
cysts of liver Leberzysten
cytoarchitectonic zytoarchitektonisch
cytoarchitecture Zytoarchitektonik
cytochrome Cytochrom
cytocide zytozid
cytodiagnosis Zytodiagnostik
cytodifferentiation Zelldifferenzierung
cytogene Zytogen
cytogenesis Zytogenese
cytogenetics Zytogenetik
cytogenic reproduction Fortpflanzung, zytogenetische
cytohistogenesis Zytohistogenese
cytokine Zytokin
cytokinesis Zytokinese
cytologic map Chromosomenkarte, zytologische
cytologic sputum examination Sputumzytologie
cytology Zytologie
cytolysin Zytolysin
cytolysis Zytolyse
cytomegalic inclusion disease Zytomegalie
cytomegalovirus Zytomegalie-Virus (CMV)
cytometer Zytometer
cytometry Zytometrie
cytomorphology Zellmorphologie
cytopathic zytopathisch
cytopathogenic effect Effekt, zytopathogener
cytopathology Zytopathologie
cytopenia Zytopenie
cytophagy Zytophagie
cytophotometer Zytophotometer
cytophotometry Zytophotometrie
cytoplasm Zytoplasma
cytoplasmatic inheritance Vererbung, zytoplasmatische
cytoscopy Zytoskopie
cytosine Cytosin
cytoskeleton Zytoskelett
cytosome Zytosom
cytotoxic zytotoxisch
cytotoxic killer T cells T-Killerzellen, zytotoxische
cytotoxin Zytotoxin
cytotrophoblast Zytotrophoblast
cytotropism Zytotropismus

D

dacryoadenitis Dakryoadenitis
dacryocystitis Dakryozystitis
dacryostenosis Dakryostenose
dactyl Daktyl-
dactylitis Daktylitis
daltonism Daltonismus
danazol Danazol
dance therapy Tanztherapie
dandruff Schuppen
Dandy-Walker cyst Dandy-Walker-Syndrom
Darier's sign Darier-Zeichen
dark adaptation Dunkeladaptation
darkfield microscopy Dunkelfelduntersuchung
darwinian ear Darwin-Höckerchen
darwinian theory Darwinismus
data analysis Datenanalyse
data validation Datenvalidierung
daughter cell Tochterzelle
daughter chromosome Tochterchromosom
daunorubicin hydrochloride Daunorubicin
day hospital Tagesklinik
daydream Wachtraum
DDT (dichlorodiphenyltrichlorethane) DDT
dead tot
dead fetus syndrome Intrauteriner Fruchttod
dead space Totraum

dead-end host Fehlwirt
deafferentation Deafferenzierung
deafness Taubheit
deaminase Desaminase
deamination Desaminierung
death Tod
death rate Todesrate
death rattle Todesröcheln
debilitating zehrend
debridement Wundtoilette
debris Zelltrümmer
decalcification Entkalkung
decant dekantieren
decapitation Dekapitation
deceleration Dezeleration
deceleration phase Dezelerationsphase
decerebrate posture Dezerebrationsstarre
decerebration Dezerebration
decibel Dezibel
decidua Dezidua
deciduoma Deziduom
deciduous tooth Milchzahn
decigram Dezigramm
deciliter Deziliter
decimeter Dezimeter
decision-making support Entscheidungen, Unterstützung bei
decisional conflict Entscheidungskonflikt
decoction Dekokt
decode dekodieren
decompensation Dekompensation
decompression Dekompression
decompression sickness Dekompressionskrankheit
decongestant Dekongestionsmittel
decontamination Dekontamination
decortication Dekortikation
decrement Dekrement
decremental conduction Dekrementleitung
decussation Decussatio
decussation of pyramids Pyramidenkreuzung
deductive approach Ansatz, deduktiver
deep heat Tiefenwärme
deep palmar arch Hohlhandbogen
deep reflexes Tiefenreflexe
deep sensation Tiefensensibilität
deep tendon reflex Sehnenreflex, tiefer
deep vein thrombosis Venenthrombose, tiefe
deep x-ray therapy Strahlentherapie
defecation Defäkation
defense mechanism Abwehrmechanismus
deferens deferens
defervescence Deferveszenz
defibrillation Defibrillation
defibrillator Defibrillator
defibrination Defibrinierung
deficiency Defizienz
deficiency disease Mangelkrankheit
deficit Defizit
definitive host Endwirt
defloration Defloration
deformity Deformität
degeneration Degeneration
degenerative disease Krankheit, degenerative
degenerative neuritis Neuritis, degenerative
degradation Degradierung
degranulation Degranulierung
degree Grad
dehiscence Dehiszenz
dehydrate dehydrieren
dehydrated alcohol Alkohol, dehydrierter
dehydration Dehydratation
dehydration fever Dehydrationsfieber
dehydrogenate dehydrogenieren
deja vu Déjà-vu-Erlebnis
delayed hypersensitivity Überempfindlichkeitsreaktion, verzögerte
delayed postpartem hemorrhage Hämorraghie, verzögerte postpartale
delayed symptom Spätsymptom
Delegation Delegieren
deleterious deletär
deletion Deletion
deletion syndrome Deletion-Syndrom
deliberate hypotension Hypotonie, kontrollierte
delirium Delirium
Delirium Management Delirium, Pflege bei
delirium tremens Delirium tremens
delivery Entbindung
delivery room Kreißsaal
delousing Entlausung
delta Delta
delta wave Delta-Welle
deltoid Musculus deltoideus, deltaförmig
delusion Wahn
delusion management Wahnvorstellungen, Pflege bei
delusion of grandeur Größenwahn

demand pacemaker Demand-Herzschrittmacher
demarcation Demarkation
demented dement
dementia Demenz
dementia management Demenz, Pflege bei
demineralization Demineralisation
demography Demographie
demulcent Demulcens
demyelinate entmyelinisieren
demyelination Demyelinisation
denaturation Denaturierung
denatured alcohol Alkohol, vergällter
denatured protein Protein, denaturiertes
dendrite Dendrit
dendritic dendritisch
dendritic keratitis Keratitis, dentritica
denervation Denervierung
dengue fever Dengue-Fieber
dengue hemorrhagic fever shock syndrome Dengue-Hämorrhagisches Fieber
denial Verleugnung
denial, ineffective Verleugnung, unwirksame
denitrogenation Denitrogenation
dens Dens
dense fibrous tissue Fasergewebe, dichtes
dental dental
dental abscess Zahnabszess
dental amalgam Amalgam
dental calculus Zahnstein
dental fistula Zahnfistel
dental prosthesis Zahnprothese
dental pulp Zahnpulpa
dentalgia Dentalgie
denticle Dentikel
dentifrice Zahnpasta
dentigerous cyst Dentitionszyste
dentin Dentin
dentistry Zahnheilkunde
dentition Dentition
dentofacial dentofazial
denudation Denudation
Denver classification Denver-Klassifikation
deodorant Deodorant
deoxygenation Desoxydation
deoxyribonucleic acid Desoxyribonukleinsäure (DNS/DNA)
dependence Abhängigkeit
depersonalization Depersonalisation
depilation Depilation
depilatory Depilatorium
depilatory techniques Depilationsmethoden
depolarization Depolarisation
depot Depot
depressant Depressivum
depressed deprimiert
depressed fracture Impressionsfraktur
depression Depression
depressor Depressor
depressor reflex Depressorreflex
deprivation Deprivation
deprivation of sleep effects Schlafentzug
depth psychology Tiefenpsychologie
dereistic thought Denken, dereistisches
derivative Derivat
dermabrasion Dermabrasion
dermal dermal
dermal graft Hautplastik
dermal papilla Hautpapille
dermatitis Dermatitis
dermatitis herpetiformis Dermatitis herpetiformis
dermatofibroma Dermatofibrom
dermatofibrosarcoma Dermatofibrosarkom
dermatoglyphics Dermatoglyphen
dermatographia Dermographismus
dermatologist Dermatologe
dermatology Dermatologie
dermatoma Dermatom
dermatomycosis Dermatomykose
dermatomyositis Dermatomyositis
dermatopathy Dermatopathie
dermatophyte Dermatophyt
dermatophytosis Dermatophytie
dermatosclerosis Dermatosklerose
dermatosis Dermatose
dermis Dermis
dermoid dermoid, dermatoid, Dermoid
dermoid cyst Dermoidzyste
derotation brace Derotationsschiene
Desault's bandage Desault-Verband
descendens descendens
descending aorta Aorta descendens
descending colon Kolon, absteigendes; Colon descendens
descending myelitis Myelitis, deszendens
descensus Deszensus
desensitize desensibilisieren
designer drugs Designerdrogen
desmoid tumor Desmoid
desmosome Desmosom

desoxicorticosterone acetate Desoxykortikosteron (DOC)
desquamation Desquamation
detergent Detergens
detoxification Detoxikation
deuterium Deuterium (^{2}H)
devascularization Devaskularisation
development Entwicklung
developmental age Entwicklungsalter
developmental anomaly Entwicklungsanomalie
developmental enhancement Entwicklung, Unterstützung der
deviance Devianz
deviant behavior Verhalten, deviantes
devitalize devitalisieren
dew point Taupunkt
dexamethasone Dexamethason
dexter dexter
dextran preparation Dextranlösung
dextrin Dextrin
dextrocardia Dextrokardie
dextromethorphan hydrobromide Dextromethorphan
dextrose Dextrose
diabetes Diabetes
diabetes insipidus Diabetes insipidus
diabetes mellitus Diabetes mellitus
diabetic Diabetiker
diabetic acidosis Azidose, diabetische
diabetic amaurosis Amaurose, diabetische
diabetic coma Koma, diabetisches
diabetic diet Diabeteskost
diabetic gangrene Gangrän, diabetische
diabetic ketoacidosis Ketoazidose, diabetische
diabetic neuropathy Neuropathie, diabetische
diabetic polyneuritis Polyneuritis, diabetische
diabetic polyneuropathy Polyneuropathie, diabetische
diabetic retinopathy Retinopathie, diabetische
diabetic treatment Diabetestherapie
diadochokinesia Diadochokinese
diagnosis Diagnose
diagnostic peritoneal lavage Peritoneallavage, diagnostische
diagnostic radiopharmaceutical Radiopharmaka, diagnostische
dialysate Dialysat
dialysis Dialyse
dialysis shunt Dialyseshunt
dialyzer Dialysator
diapedesis Diapedese
diaper rash Windelekzem
diaphanoscopy Diaphanoskopie
diaphoresis Diaphorese
diaphragm Diaphragma
diaphragmatic breathing Zwerchfellatmung
diaphragmatic hernia Zwerchfellhernie
diaphysis Diaphyse
diarrhea Diarrhö
diarrhea management Diarrhö, Pflege bei
diastasis Diastase
diastema Diastema
diastole Diastole
diastolic blodd pressure Blutdruck, diastolischer
diastolic filling pressure Fülldruck, diastolischer
diastolic murmur Geräusch, diastolisches
diastolic thrill Schwirren, diastolisches
diathermy Diathermie
diathesis Diathese
diazepam Diazepam
diazoxide Diazoxid
dichotomy Dichotomie
dichromatic vision Dichromasie
dicloxacillin Dicloxacillin
dicrotic pulse Puls, dikroter
dicumarol Dicumarol
didactic didaktisch
dideoxycytidine Dideoxycytidin (DDC)
dideoxyinosine Dideoxyinosin (DDI)
didymitis Didymitis
didymus Didymus
diencephalon Dienzephalon
diet Diät
diet staging Kostaufbau
dietary fiber Ballaststoffe
differential diagnosis Differenzialdiagnose
differential white blood cell count Differenzialblutbild
differentiation Differenzierung
diffraction Diffraktion
diffuse diffus
diffusing capacity Diffusionskapazität
diffusing capacity of lungs Diffusionskapazität, pulmonale
diffusion Diffusion
diffusion constant Diffusionskonstante
diffusion defect Diffusionsstörung

diffusion of gases Gasaustausch
digestant Digestivum
digestion Digestion
digestive enzyme Verdauungsenzyme
digestive gland Verdauungsdrüsen
digestive juice Verdauungssaft
digestive system Verdauungsapparat
digestive tract Verdauungstrakt
digital digital
digital reflex Fingerbeugereflex
digitalis Digitalis
digitalis poisoning Digitalis-Vergiftung
digitalis therapy Digitalistherapie
digitalization Digitalisierung
digitoxin Digitoxin
diglyceride Diglyzerid
digoxin Digoxin
dihydrotachysterol Dihydro-Tachysterin
dilate dilatieren
dilation Dilatation
dilation of the heart Herzdilatation
dilator Dilatator
diluent Diluens
dilute dilutiert
dimer dimer
dimorphous dimorph
dinitrochlorobenzene Dinitrochlorbenzol (DNCB)
diopter Dioptrie
dioxide Dioxid
dioxin Dioxin
dipeptidases Dipeptidasen
dipeptide Dipeptid
diphtheria Diphtherie
diphtheric laryngitis Kehlkopfdiphtherie
diphtheric membrane Pseudomembran, diphtherische
diphtheric pharyngitis Rachendiphtherie
diplegia Diplegia
diplococcus Diplococcus
diploë Diploe
diploid diploid
diplopia Diplopie
dipole Dipol
dipsomania Dipsomanie
dipyridamole Dipyridamol
direct fracture Fraktur, direkte
direct reflex Reflex, direkter
direct transfusion Transfusion, direkte
disaccharide Disaccharid
disarticulation Exartikulation
discharge Ausfluss, Entladung
discharge planning Verlegung/Entlassung, Planung der
discoid diskoidal
discoid lupus erythematosus Lupus erythematodes chronicus discoides
discoid meniscus Meniskus, diskoider
discordance Diskordanz
discrimination Diskrimination
disease Erkrankung
disease prevention Krankheitsprävention
disinfect desinfizieren
disinfectant Desinfektionsmittel
disinfection Desinfektion
disinfestation Desinfestation
disinhibition Disinhibition
disjunction Disjunktion
disk Diskus
diskography Diskographie
dislocation Dislokation
dislocation of clavicle Klavikularluxation
dislocation of finger Fingerluxation
dislocation of hip Hüftgelenksluxation
dislocation of jaw Kieferluxation
dislocation of knee Knieluxation
dislocation of shoulder Schulterluxation
dislocation of toe Zehenluxation
disorder of movement Bewegungsstörung
disorder of sleep Schlafstörung
disorganized schizophrenia Schizophrenie, hebephrene
disorientation Desorientiertheit
dispense dispensieren
dispersing agent Dispersionsmittel
dispersion Dispersion
displaced fracture Fraktur, dislozierte
displaced testis Hodendystopie
displacement Affektverlagerung
dissect präparieren
dissecting aneurysm Aneurysma, dissecans
disseminated disseminiert
disseminated intravascular coagulation Koagulation, disseminierte intravasale
dissociated anesthesia Anästhesie, dissoziative
dissociation Dissoziation
dissociative disorder Störung, dissoziative
dissolution Dissolution
distal distal
distal phalanx Endphalanx
distal renal tubular acidosis Azidose, renal-tubuläre, distale
distal tubule Tubulus, distaler

distance vision Fernsicht
distillation Destillation
distilled water Wasser, destilliertes
distorsion Distorsion
distraction Distraktion, Ablenkung
disulfiram Disulfiram
disuse phenomena Inaktivitätsatrophie
disuse syndrome Inaktivitätssyndrom
diuresis Diurese
diuretic Diuretikum
diurnal diurnal
diurnal rhythm Tagesrhythmus
divergence Divergenz
divergent dislocation Divergenzluxation
divergent strabismus Strabismus, divergens
diversional acitivity deficit Beschäftigungsdefizit
diverticular hernia Divertikelhernie
diverticulectomy Divertikelresektion
diverticulitis Divertikulitis
diverticulosis Divertikulose
diverticulum Divertikel
diving goiter Struma, colloides
dizygotic dizygot
dizygotic twins Zwillinge, dizygote
dizziness Schwindel
DNA fingerprinting DNA-Fingerabdruck
DNA polymerase DNA-Polymerase
dobutamine hydrochloride Dobutamin
documentation Dokumentation
Döderlein's bacillus Döderlein-Stäbchen
Döhle's inclusion bodies Döhle-Körperchen
dominance Dominanz
dominant gene Gen, dominantes
dominant trait Merkmal, dominantes
donor Spender
donor card Organspenderausweis
dopa Dopa
dopamine Dopamin
dopaminergic receptor Dopaminrezeptor
Doppler effect Doppler-Effekt
Doppler ultrasonography Doppler-Ultraschall
dorsal dorsal
dorsal horn Hinterhorn
dorsal root Spinalnervenwurzel, dorsale
dorsiflect dorsalflektieren
dorsiflexion Dorsalflexion
dorsodynia Dorsalgie
dorsolateral dorsolateral
dorsolumbar dorsolumbar
dorsosacral dorsosakral
dorsoventral dorsoventral
dorsum Dorsum
dosage Dosierung
dose Dosis
dose rate Dosisleistung
dose response Dosis-Wirkung
dose threshold Schwellendosis
dose-response relationship Dosis-Wirkungs-Beziehung (DWB)
dosimeter Dosimeter
dosimetry Dosimetrie
double pneumonia Pneumonie, doppelseitige
double-blind study Doppelblindversuch
double-channel catheter Katheter, doppellumiger
double-contrast arthrography Doppelkontrastarthrographie
Douglas' cul-de-sac Douglas-Raum
Down syndrome Down-Syndrom
Downey cells Downey-Zellen
doxycycline Doxycyclin
DPT vaccine DPT-Impfstoff
dracunculiasis Drakunkulose
drain Drain
drainage Drainage
drawer sign Schubladenphänomen
dream Traum(zustand)
dream analysis Traumanalyse
dream state Traumzustand
drepanocytic anemia Drepanozytenanämie
dressing Verband, An- und Auskleiden
Dressler's syndrome Dressler-Syndrom
drift Drift
drip Dauertropfinfusion
drive Trieb
dromotropic dromotrop
drop Tropfen
drop attack Drop-Anfall
droplet infection Tröpfcheninfektion
drowsiness Somnolenz
drug Arzneimittel
drug abuse Arzneimittel- und Drogenmissbrauch
drug action Wirkstoffprinzip
drug addiction Arzneimittel- und Drogensucht
drug allergy Arzneimittelallergie
drug dependence Drogen- bzw. Arzneimittelabhängigkeit
drug overdose Arzneimittelüberdosis

drug psychosis Arzneimittelpsychose
drug rash Arzneimittelexanthem
drug reaction Arzneimittelreaktion
drug resistance Arzneimittelresistenz
drug tolerance Arzneimitteltoleranz
drug-drug interaction Wechselwirkung, von Arzneimitteln
dry catarrh Katarrh, trockener
dry crackle Rasseln, trockenes
dry heat sterilization Heißluftsterilisation
dry ice Trockeneis
dry pleurisy Pleuritis, trockene
dry skin Haut, trockene
DTP vaccine DTP-Impfstoff
Dubin-Johnson syndrome Dubin-Johnson-Syndrom
DuBois formula Dubois-Formel
Dubowitz assessment Dubowitz-Schema
Duchenne's disease Duchenne-Syndrom
Duchenne's muscular dystrophy Duchenne-Muskeldystrophie
Duchenne's paralysis Duchenne-Krankheit
Duchenne-Aran disease Duchenne-Aran-Syndrom
duct Ductus
ductus arteriosus Ductus arteriosus
ductus epididymidis Ductus epididymidis
ductus venosus Ductus venosus
Duke's classification Dukes-Klassifikation
dull pain Schmerz, dumpfer
dumping syndrome Dumping-Syndrom
Duncan's mechanism Duncan-Mechanismus
duodenal duodenal
duodenal bulb Bulbus duodeni
duodenal digestion Duodenalverdauung
duodenal ulcer Duodenalulkus
duodenectomy Duodenektomie
duodenitis Duodenitis
duodenography Duodenographie
duodenoscope Duodenoskop
duodenoscopy Duodenoskopie
duodenostomy Duodenostomie
duodenum Duodenum
Dupuytren's contracture Dupuytren-Kontraktur
dura mater Dura mater
dural sac Duralsack
dural sheath Durascheide
Duroziez' murmur Duroziez-Doppelgeräusch
dwarfism Minderwuchs
dye Farbstoff
dying care Sterbende, Pflege von
dynamic dynamisch
dynamic compliance Lungencompliance, dynamische
dynamic ileus Ileus, spastischer
dynamometer Dynamometer
dysacusis Dysakusis
dysarthria Dysarthrie
dysarthrosis Dysarthrose
dysautonomia Dysautonomie
dysbasia Dysbasie
dyscholia Dyscholie
dyscrasia Dyskrasie
dysdiadochokinesia Dysdiadochokinesie
dysentery Dysenterie
dysesthesia Dysästhesie
dysgenesis Dysgenese
dysgenics Dysgenik
dysgenitalism Dysgenitalismus
dysgerminoma Disgerminom
dysgnathic anomaly Dysgnathie
dysgraphia Dysgraphie
dyskeratosis Dyskeratose
dyskinesia Dyskinesie
dyslexia Dyslexie
dysmaturity Dysmaturität
dysmegalopsia Dysmegalopsie
dysmelia Dysmelie
dysmenorrhea Dysmenorrhö
dysmetria Dysmetrie
dysorexia Dysorexie
dysostosis Dysostose
dyspareunia Dyspareunie
dyspepsia Dyspepsie
dysphagia Dysphagie
dysphasia Dysphasie
dysphonia Dysphonie
dysphoria Dysphorie
dysplasia Dysplasie
dyspnea Dyspnoe
dyspraxia Dyspraxie
dysproteinemia Dysproteinämie
dysraphia Dysrhaphie
dysreflexia Areflexie
dysreflexia management Areflexie, Pflege bei
dysrhaphic syndrome Dysrhaphiesyndrom
dysrhythmia management Arrhythmien, Pflege bei
dyssynergia Dyssynergie
dystaxia Dystaxia

dysthymia Dysthymie
dystocia Dystokie
dystonia Dystonie
dystonic dystonisch
dystrophic calcification Verkalkung, dystrophische
dystrophin Dystrophin
dystrophy Dystrophie
dysuria Dysurie

E

ear Ohr
ear care Ohrenpflege
earache Ohrenschmerz
eardrops Ohrentropfen
eating disorders Essstörung
eating disorders management Essstörungen, Umgang mit
Eaton agent Eaton agent
Ebner's glands Ebner-Drüsen
Ebola virus Ebola-Virus
Ebstein's anomaly Ebstein-Anomalie
EC space EZR
ecchondroma Ekchondrom
ecchymosis Ekchymose
eccrine ekkrin
eccrine gland Drüse, ekkrine
ECG EKG
echinococcosis Echinokokkose
echo Echo
ECHO virus ECHO-Virus
echocardiogram Echokardiogramm
echocardiography Echokardiographie
echoencephalogram Echoenzephalogramm
echoencephalography Echoenzephalographie
echogram Echogramm
echolalia Echolalie
echopraxia Echopraxie
Eck's fistula Eck-Fistel
eclampsia Eklampsie
ecology Ökologie
ecosystem Ökosystem
ecstasy Ekstase
ecthyma Ekthyma
ectoderm Ektoderm
ectoparasite Ektoparasit
ectopic ektopisch
ectopic pregnancy Schwangerschaft, ektopische
ectopic pregnancy EU
ectopic rhythm Erregungsbildung, ektope
ectoplasm Ektoplasma
ectopy Ektopie
ectrodactyly Ektrodaktylie
ectromelia Ektromelie
eczema Ekzem
eczema herpeticum Ekzema, herpeticatum
edema Ödem
edematogenic ödematogen
edetate Edetate (EDTA)
edetic acid Edetinsäure (EDTA)
effect Effekt
effective dose Effektivdosis (ED)
effective half-life Halbwertzeit, effektive
effector Effektor
effector cell Effektorzelle
effeminate effeminiert
efferent efferent
efferent duct Ausführungsgang
efferent nerve Nerv, efferenter
efferent path Bahn, efferente
efficacy Effektivität
efficiency Effizienz
effleurage Effleurage
effluvium Effluvium
effort syndrome Effort-Syndrom
effusion Erguss
ego Ich
ego ideal Ich-Ideal
ego strength Ich-Stärke
egocentric egozentrisch
egoism Egoismus
egoist Egoist
egophony Ägophonie
egotism Egotismus
Ehlers-Danlos syndrome Ehlers-Danlos-Syndrom
ehrlichiosis Ehrlichiose
eidetic eidetisch
einsteinium Einsteinium (Es)
Einthoven's formula Einthoven-Formel
Einthoven's triangle Einthoven-Dreieck
Eisenmenger's complex Eisenmenger-Komplex
ejaculate Ejakulat
ejaculation Ejakulation
ejaculation praecox Ejaculatio, praecox
ejaculatory duct Samenausführungsgang
ejection Ejektion
ejection click Ejektions-Klick
ejection fraction Ejektionsfraktion
ejection period Ejektionsphase

elastance Elastizität
elastance Elastance
elastase Elastase
elastic bandage Binde, elastische
elastic cartilage Knorpel, elastischer
elastic stocking Stützstrumpf
elastic tissue Bindegewebe, elastisches
elastin Elastin
elbow Ellbogen
elbow joint Ellenbogengelenk
electra complex Elektrakomplex
electric shock Elektroschock
electricity Elektrizität
electroanalgesia Elektroanalgesie
electroanesthesia Elektroanästhesie
electrocardiogram Elektrokardiogramm
electrocardiography Elektrokardiographie (EKG)
electrocatalysis Elektrokatalyse
electrocautery Elektrokauterisation
electrocoagulation Elektrokoagulation
electroconvulsive therapy Elektroschocktherapie
electrode Elektrode
electrodiagnosis Elektrodiagnostik
electroencephalogram Elektroenzephalogramm (EEG)
electroencephalography Elektroenzephalographie (EEG)
electrogram Elektrogramm
electrolysis Elektrolyse
electrolyte Elektrolyt
electrolyte balance Elektrolytgleichgewicht
electrolyte management Elektrolythaushalt
electrolyte monitoring Elektrolyt-Monitoring
electrolyte solution Elektrolytlösung
electromagnetic elektromagnetisch
electromagnetic radiation Strahlen, elektromagnetische
electromagnetic spectrum Spektrum, elektromagnetisches
electromyogram Elektromyogramm (EMG)
electromyography Elektromyographie (EMG)
electron Elektron
electron microscope Elektronenmikroskop
electron microscopy Elektronenmikroskopie
electroneuromyography Elektroneuromyographie
electronystagmography Elektronystagmographie (ENG)
electrophoresis Elektrophorese
electroresection Elektroresektion
electrosleep therapy Elektroschlaftherapie
electrostimulation Elektrostimulation
electrosurgery Elektrochirurgie
eleidin Eleidin
element Element
elementary particle Elementarteilchen
eleoma Oleom
elephantiasis Elephantiasis
elixir Elixier
Elliot's position Elliot-Lagerung
ellipsis Ellipse
ellipsoidal ellipsoid
elliptocyte Elliptozyt
elliptocytosis Elliptozytose
elongation Elongation
elopement precautions Ausreißen, Vorsichtsmaßnahmen gegen
eluate Eluat
elution Elution
emasculation Emaskulation
embalming Einbalsamierung
embolectomy Embolektomie
embolic gangrene Gangrän, embolische
embolic necrosis Nekrose, embolische
embolic thrombosis Thrombose, embolische
embolism Embolie
embolized atheroma Atherom, embolisiertes
embolus Embolus
embolus precautions Embolien, Vorsichtsmaßnahmen gegen
embryectomy Embryektomie
embryo Embryo
embryo transfer Embryonentransfer
embryogenesis Embryogenese
embryology Embryologie
embryoma Embryom
embryonal carcinoma Karzinom, embryonales
embryonic layer Keimschicht
embryonic stage Embryonalperiode
embryopathy Embryopathie
embryotomy Embryotomie
embryotroph Embryotrophe
emergence Emergence

emergency Notfall
emergency care Notfallpflege
emergency cart checking Notfallwagen, Kontrolle des
emergency department Notfallambulanz
emergency medicine Notfallmedizin
emergency room Notaufnahme
emesis basin Nierenschale
emesis gravidarum Emesis, gravidarum
emetic Emetikum
EMG syndrome EMG-Syndrom
emission Emission
Emmet's operation Emmet-Operation
emmetropia Emmetropie
emollient Emolliens
emotion Emotion
emotional amenorrhea Amenorrhö, emotionale
emotional need Bedürfnis, emotionales
emotional support Emotionale Unterstützung
empathy Empathie
emphysema Emphysem
empiricism Empirie
empyema Empyem
emulsifier Emulgator
emulsify emulgieren
emulsion Emulsion
enamel Zahnschmelz
enanthema Enanthem
encapsulated verkapselt
encephalalgia Kephalalgie
encephalitis Enzephalitis
encephalocele Enzephalozele
encephalography Enzephalographie
encephalomeningitis Enzephalomeningitis
encephalomyelitis Enzephalomyelitis
encephalomyocarditis Enzephalomyokarditis
encephalon Enzephalon
encephalopathy Enzephalopathie
enchondroma Enchondrom
encopresis Enkopresis
encounter Encounter-Gruppe
encyst enzystieren
end artery Endarterie
end bud Endknötchen
end-diastolic pressure Blutdruck, enddiastolischer
end-organ Endorgan
end-positional nystagmus Endstellungs-Nystagmus
endarterectomy Endarteriektomie
endarteritis Endarteriitis
endarteritis obliterans Endarteriitis, obliterans
endemic endemisch
endemic goiter Jodmangelstruma, endemischer
endemic syphilis Syphilis, endemische
endobronchitis Endobronchitis
endocardial endokardial
endocardial cushions Endokardkissen
endocardial fibroelastosis Endokardfibroelastose
endocarditis Endokarditis
endocardium Endokard
endocervical endozervikal
endocervix Endozervix
endochondral endochondral
endocrine endokrin
endocrine gland Drüse, endokrine
endocrinology Endokrinologie
endocrinopathy Endokrinopathie
endoderm Entoderm
endogenous endogen
endogenous infection Infektion, endogene
endointoxication Endointoxikation
endolymph Endolymphe
endometrial endometrial
endometrial cancer Endometriumkrebs
endometrial cyst Endometriumzyste
endometrial hyperplasy Endometriumhyperplasie
endometrioma Endometriom
endometriosis Endometriose
endometritis Endometritis
endometrium Endometrium
endomyocarditis Endomyokarditis
endoparasite Endoparasit
endophytic endophytisch
endoplasm Endoplasma
endoplasmic reticulum Retikulum, endoplasmatisches
endoprosthesis Endoprothese
endorphin Endorphin
endoscope Endoskop
endoscopic retrograde cholangiography Cholangiographie, endoskopische retrograde (ERCP)
endoscopy Endoskopie
endothelial cell Endothelzelle
endothelium Endothel
endothoracic fascia Faszie, endothorakale

endotoxin Endotoxin
endotoxin shock Endotoxinschock
endotracheal endotracheal
endotracheal anesthesia Endotrachealnarkose
endotracheal extubation Endotracheale Extubation
endotracheal tube Endotrachealtubus
endotreacheal intubation Intubation, endotracheale
endplate Endplatte
endurance Endurance
enema Klistier
energy Energie
energy field disturbance Energiefeldstörung
energy management Energien, Umgang mit
enervation Enervierung
enflurane Enfluran
engagement Beckeneintritt
engram Engramm
enkephalin Enkephalin
enkephalinergic neuron Neuron, enkephalinerges
enophthalmos Enophthalmus
enteral enteral
enteral feeding Ernährung, enterale
enteral tube feeding Magensonde, Ernährung über
enterectomy Enterektomie
enteritis Enteritis
Enterobacteriaceae Enterobacteriaceae
enterobiasis Enterobiasis
enterocele Enterozele
enterococcus Enterokokken
enterocolitis Enterokolitis
enteroenterostomy Enteroanastomose
enteroglucagon Enteroglukagon
enterohemorrhagic *Escherichia coli* Escherichia coli, enterohämorrhagische
enterohepatic circulation Enterohepatischer Kreislauf
enterokinase Enterokinase
enterolith Enterolith
enterolithiasis Enterolithiasis
enteropathy Enteropathie
enterostomy Enterostomie
enterotoxigenic enterotoxigen
enterotoxigenic *Escherichia coli* Escherichia coli, enterotoxigene
enterotoxin Enterotoxin
enterovirus Enterovirus
entrapment neuropathy Nervenkompressionssyndrom
entropion Entropium
enucleation Enukleation
enuresis Bettnässen
enuresis Enuresis
environment Umwelt
environmental interpretation syndrome Orientierungsstörung
environmental management Umgebung, Strukturierung der
enzymatic debridement Debridement, enzymatisches
enzyme Enzym
enzyme induction Enzyminduktion
enzymolysis Enzymolyse
enzymopenia Enzymopenie
eosin Eosin
eosinopenia Eosinopenie
eosinophil Leukozyten, eosinophile
eosinophilia Eosinophilie
eosinophilic eosinophil
eosinophilic leukemia Eosinophilen-Leukämie
ependyma Ependym
ependymoma Ependymom
ephedrine Ephedrin
ephemeral ephemer
epicanthus Epikanthus
epicardia Epikardia
epicardium Epikard
epicondyle Epikondylus
epicondylitis Epikondylitis
epicranium Epikranium
epidemic Epidemie, epidemisch
epidemic hemorrhagic conjunctivitis Konjunktivitis, akute kontagiöse
epidemic keratoconjunctivitis Keratokonjunktivitis, epidemica
epidemic pleurodynia Pleurodynie, epidemica
epidemic typhus Fleckfieber, epidemisches
epidemiology Epidemiologie
epidermis Epidermis
epidermoid carcinoma Plattenepithelkarzinom
epidermoid cyst Epidermoid
epidermolysis bullosa Epidermolysis, bullosa
epidermophytosis Epidermophytie

epididymitis Epididymitis
epididymoorchitis Epididymoorchitis
epididymus Epididymis
epidural epidural
epidural abscess Epiduralabszess
epidural anesthesia Epiduralanästhesie
epidural hemorrhage Epiduralblutung
epidural space Epiduralraum
epigastric epigastrisch
epiglottis Epiglottis
epiglottitis Epiglottitis
epilepsy Epilepsie
epileptic dementia Demenz, epileptische
epiletogenic epileptogen
epimysium Epimysium
epinephrine Adrenalin
epiphyseal epiphysär
epiphyseal plate Epiphysenfuge
epiphysis Epiphyse
episcleritis Episkleritis
episiotomy Episiotomie
episode Episode
epispadias Epispadie
epistasis Epistase
epistaxis Epistaxis
epithalamus Epithalamus
epithelial epithelial
epithelial cells Epithelzellen
epithelial tissue Epithelgewebe
epithelialization Epithelialisierung
epithelioma Epitheliom
epithelium Epithel
epitympanic recess Epitympanum
Epstein-Barr virus Epstein-Barr-Virus (EBV)
epulis Epulis
equilibration Äquilibrieren
equilibrium Äquilibrium
equine encephalitis Enzephalitis, equine
equinus Pes, equinus
equivalence Äquivalenz
equivalent weight Äquivalenzgewicht
Erb palsy Erb-Lähmung
Erb's point Erb-Punkt
erectile erektil
erection Erektion
ergastoplasm Ergastoplasma
ergometry Ergometrie
ergonomics Ergonomie
ergosterol Ergosterin
ergot Mutterkorn
ergot alkaloid Mutterkornalkaloid
ergotamine tartrate Ergotamin
ergotherapy Ergotherapie
ergotism Ergotismus
ergotropic ergotrop
erogenous erogen
erogenous zones Zonen, erogene
erosion Erosion
erosive gastritis Gastritis, erosive
eroticism Erotik
erratic erratisch
eructation Eruktation
eruption Eruption
erysipelas Erysipel
erysipeloid Erysipeloid
erythema Erythem
erythema infectiosum Erythema infectiosum
erythema migrans Erythema migrans
erythema multiforme Erythema exsudativum multiforme
erythema nodosum Erythema nodosum
erythralgia Erythralgie
erythrasma Erythrasma
erythroblast Erythroblast
erythroblastosis fetalis Erythroblastose, fetale
erythrochromia Erythrochromie
erythrocyte Erythrozyt
erythrocythemia Erythrämie
erythrocytopenia Erythropenie
erythrocytosis Erythrozytose
erythroderma Erythrodermie
erythrogenesis Erythrogenese
erythroleukemia Erythroleukämie
erythroleukosis Erythroleukose
erythromycin Erythromycin
erythron Erythron
erythropathy Erythropathie
erythrophage Erythrophage
erythropoiesis Erythropoese
erythropoietin Erythropoetin
escape beat Extrasystole
escape rhythm Ersatzrhythmus
Esmarch's bandage Esmarch-Blutleere
esophageal atresia Ösophagusatresie
esophageal cancer Speiseröhrenkarzinom
esophageal speech Ösophagussprache
esophageal varices Ösophagusvarizen
esophagectomy Ösophagektomie
esophagitis Ösophagitis
esophagocele Ösophagozele

esophagogastroscopy Ösophagogastroskopie
esophagogastrostomy Ösophagogastrostomie
esophagojejunostomy Ösophagojejunostomie
esophagoscopy Ösophagoskopie
esophagospasm Ösophagospasmus
esophagostomy Ösophagostomie
esophagus Ösophagus
esophoria Esophorie
esotropia Esotropie
essential essenziell
essential amino acid Aminosäuren, essenzielle
essential fatty acid Fettsäuren, essenzielle
essential fever Fieber, idiopathisches
essential tremor Tremor, essenzieller
ester Ester
esterase Esterase
esterification Veresterung
estramustine phosphate sodium Estramustin
estrangement; alienation Entfremdung
estriol Östriol
estrogen Östrogen
estron Östron
ethacrynic acid Etacrynsäure
ethambutol hydrochloride Ethambutol
ethanol Ethanol
ether Ether
ethics Ethik
ethinyl estradiol Äthinylestradiol
ethionamide Ethionamid
ethmoid themoid
ethmoid bone Os ethmoidale
ethology Ethologie
ethyl chloride Chloräthyl
ethylene Äthylen
ethylene oxide Äthylenoxid
ethylenediamine Äthylendiamin
etiology Ätiologie
eubiotics Eubiotik
euchromatin Euchromatin
eugenics Eugenik
euglobulin Euglobulin
eukaryon Eukaryont
eunuchism Eunuchismus
eunuchoidism Eunuchoidismus
euphoretic Euphorikum
euphoria Euphorie
euploidy Euploidie
eupnea Eupnoe
eustachian tube Eustacioh-Röhre
euthanasia Euthanasie
euthymia Euthymie
euthyroid euthyreot
evacuate evakuieren
evaluating Evaluation
evaporation Evaporation
eventration Eventration
eversion Eversion
evisceration Eviszeration
evoked potential Potenzial (EP), evoziertes
evolution Evolution
Ewing's sarcoma Ewing-Sarkom
exacerbation Exazerbation
examination Untersuchung
examination assistance Untersuchungen, Assistenz bei
exanthem Exanthem
exchange transfusion in the newborn Austauschtransfusion, des Neugeborenen
excise exzidieren
excision Exzision
excitability Exzitabilität
excitant Exzitans
excitation Exzitation
excited state Erregungszustand
excitement Erregung
excoriation Exkoriation
excrement Exkrement
excretion Exkretion
excretory exkretorisch
excretory organ Exkretionsorgan
exercise electrocardiogram Belastungselektrokardiogramm
exercise promotion Aktivitäten, Förderung von
exeresis Exhärese
exertional headache Belastungskopfschmerz
exfoliation Exfoliation
exfoliative cytology Exfoliativzytologie
exhaustion Erschöpfung
exhaustion psychosis Erschöpfungspsychose
exhibitionism Exhibitionismus
exocrine exokrin
exocrine gland Drüsen, exokrine
exogenous exogen
exogenous infection Infektion, exogene
exophoria Exophorie

exophthalmia Exophthalmus
exophthalmometer Exophthalmometer
exophytic exophytisch
exostosis Exostose
exothermic exotherm
exotoxin Exotoxin
expectorant Expektorans
expectoration Expektoration
experiment Experiment
experimental medicine Medizin, experimentelle
expertise Expertise
expiratory exspiratorisch
expiratory center Exspirationszentrum
expiratory reserve volume Reservevolumen, exspiratorisches (ERV)
exploratory explorativ
explosion Explosion
explosive speech Sprache, explosive
exponent Exponent
exposure Exposition
expression Expression
expressivity Expressivität
expulsive stage of labor Austreibungsphase
exsanguination Exsanguination
exstrophy Ekstrophie
extension Extension
extensor Extensor
extensor carpi radialis brevis Extensor carpi radialis brevis
extensor carpi radialis longus Extensor carpi radialis longus
extensor carpi ulnaris Extensor carpi ulnaris
extensor digiti minimi Extensor digiti minimi
extensor digitorum Extensor digitorum manus
extensor digitorum longus Extensor digitorum longus
external extern
external conjugate Conjugata, externa
external ear Auris externa
external pacemaker Herzschrittmacher, externer
external respiration Atmung, äußere
external rotation Außenrotation
external version Wendung, äußere
exteroceptive exterozeptiv
exteroceptor Exterozeptor
extinction Extinktion
extirpation Exstirpation
extracellular extrazellulär
extracellular fluid Extrazellularflüssigkeit (EZF)
extracorporeal extrakorporal
extracorporeal membrane oxygenation Membranoxygenation, extrakorporale
extracorporeal shock-wave lithotripsy Stoßwellenlithotripsie, extrakorporale
extracranial extrakraniell
extract Extrakt
extramedullary extramedullär
extraocular extraokulär
extraocular muscles Augenmuskeln, äußere
extraperitoneal extraperitoneal
extrapleural extrapleural
extrapulmonary extrapulmonal
extrapyramidal extrapyramidal
extrapyramidal disease Syndrom, extrapyramidales
extrasystole Extrasystole (ES)
extrauterine extrauterin
extravasation Extravasation
extravascular fluid Flüssigkeit, extravasale
extremity Extremität
extrinsic extrinsisch
extrinsic muscle Muskel, extrinsischer
extroversion Extroversion
extrovert extrovertiert
extubation Extubation
exudate Exsudat
exudation Exsudation
exudative enteropathy Enteropathie, exsudative
exudative inflammation Entzündung, exsudative
eye Auge
eye care Augenpflege
eye ground Augenhintergrund
eyebrow Augenbraue
eyedrops Augentropfen
eyelash Augenwimper
eyelid Augenlid

F

F factor F-Faktor
face Gesicht
face lift Face-Lifting
face presentation Gesichtslage
facial artery Arteria facialis
facial bones Gesichtsknochen
facial hemiplegia Hemiplegie, faziale

facial muscle Gesichtsmuskulatur
facial nerve Nervus facialis
facial nerve paralysis Fazialislähmung
facial neuralgia Gesichtsneuralgie
facial tic Fazialiskrampf
facial vein Vena facialis
facies Facies
faciolingual faziolingual
facultative fakultativ
facultative aerobe Organismen, fakultativ aerobe
facultative anaerobe Organismen, fakultativ anaerobe
Fahrenheit Fahrenheit (F)
faint Ohnmacht
fall prevention Stürze, Vorsichtsmaßnahmen gegen
fallopian canal Fazialiskanal
fallopian tube Eileiter
false diverticulum Divertikel, falsches
false joint Pseudoarthrose
false negative falschnegativ
false pelvis Becken, großes
false positive falschpositiv
falx Falx
falx cerebelli Falx, cerebelli
falx cerebri Falx, cerebri
famciclovir Famciclovir
familial familiär
familial histiocytic reticulosis Histiozytose, maligne
familial hypercholesterolemia Hypercholesterinämie, familiäre
familial polyposis Polypose, familiäre
family Familie
family counseling Familienberatung
family dynamcis Familiendynamik
family integrity promotion Familienintegrität, Förderung der
family involvement Familie, Engagament der
family mobilization Familie, Mobilisierung der
family planning Familienplanung
family process maintenance Innerfamiliäre Prozesse, Erhaltung von
family processes, altered Familienprozesse, veränderte
family support Familie, Unterstützung der
family therapy Familientherapie
famotidine Famotidin
Fanconi's anemia Fanconi-Anämie
Fanconi's syndrome Fanconi-Syndrom
fango Fango
far point Fernpunkt
farad Farad (F)
farmer's lung Farmerlunge
fascia Faszie
fascicular faszikulär
fasciculation Faszikulation
fasciculus Faszikel
fasciitis Fasziitis
fascioliasis Faszioliasis
fasciolopsiasis Fasziolopsiasis
fast fasten
fastigium Fastigium
fat Fett
fat embolism Fettembolie
fat metabolism Fettmetabolismus
fat necrosis Fettgewebsnekrose
fat pad Fettkörper
fatality rate Sterblichkeitsziffer
father complex Vaterkomplex
father fixation Vaterfixierung
fatigue Ermüdung, Erschöpfung
fatigue fracture Ermüdungsfraktur
fatty acid Fettsäure
fatty cirrhosis Fettzirrhose
fatty degeneration Degeneration, fettige
fatty diarrhea Fettdiarrhö
fatty liver Fettleber
fauces Fauces
favism Favismus
favus Favus
fear Furcht
febrifacient Pyretikum
febrile febril
febrile delirium Fieberdelir
fecal fistula Kotfistel
fecal impaction Stuhlverhaltung
fecal softener Gleitmittel
fecalith Kotstein
feces Fäzes
fecundation Befruchtung
fecundity Fruchtbarkeit
feedback Feedback
feeding Füttern
feeding Essen, Hilfe beim
feeling Gefühl
Feldenkrais therapy Feldenkrais-Therapie
fellatio Fellatio
felon Panaritium
Felty's syndrome Felty-Syndrom
female weiblich

female pseudohermaphroditism Pseudohermaphroditismus, feminius
feminization Feminisierung
femoral femoral
femoral artery Arteria femoralis
femoral epiphysis Femurepiphyse
femoral hernia Hernia, femoralis
femoral nerve Nervus femoralis
femoral pulse Femoralispuls
femoral reflex Femoralisreflex
femoral vein Vena femoralis
femur Femur
fenestra Fenster
fenestration Fenestration
fenfluramine hydrochloride Fenfluramin
fenoterol Fenoterol
fentanyl Fentanyl
fermentation Fermentierung
ferning test Farnkrauttest
ferritin Ferritin
fertile fertil
fertile eunuch syndrome Eunuchoidismus, fertiler
fertility Fertilität
fertility preservation Fruchtbarkeit (Fertilität), Erhaltung der
fertilization Fertilisation
fester eitern
fetal fötal
fetal alcohol syndrome Alkoholembryopathie
fetal asphyxia Asphyxie, fetale
fetal bradycardia Bradykardie, fetale
fetal circulation Kreislauf, fetaler
fetal death Fruchttod, intrauteriner
fetal distress Fetal distress
fetal hemoglobin Hämoglobin, fetales
fetal hydantoin syndrome Antiepileptika-Embryofetopathie
fetal lie Kindslage
fetal membranes Eihäute
fetal movements Kindsbewegungen
fetal tachycardia Tachykardie, fetale
fetid fötid
fetoplacental fetoplazentar
fetoscope Fetoskop
fetoscopy Fetoskopie
fetotoxic fetotoxisch
fetus Fötus
fever Fieber
fever blister Fieberbläschen
fever treatment Fieberbehandlung
fiber Faser
fiberoptics Glasfaseroptik
fibril Fibrille
fibrillation Fibrillation
fibrin Fibrin
fibrinogen Fibrinogen
fibrinogenopenia Fibrinogenopenie
fibrinolysis Fibrinolyse
fibrinolytics Fibrinolytika
fibrinous pericarditis Perikarditis, fibrinosa
fibroadenoma Fibroadenom
fibroblast Fibroblast
fibrocartilage Faserknorpel
fibrochondroma Fibrochondrom
fibrocyst Fibrozyste
fibrocystic disease of the breast Mastopathie, fibrozystische
fibroid fibroid
fibroidectomy Fibroidektomie
fibrolipoma Fibrolipom
fibroma Fibrom
fibromuscular dysplasia Dysplasie, fibromuskuläre
fibromyositis Fibromyositis
fibroplasia Fibroplasie
fibrosarcoma Fibrosarkom
fibrosing alveolitis Lungenfibrose, idiopathische
fibrosis Fibrose
fibrothorax Fibrothorax
fibrous fibrös
fibrous capsule Kapsel, fibröse
fibrous dysplasia Fibrodysplasie
fibula Fibula
Fick's law Fick-Gesetz
Fick's principle Fick-Formel
field fever Feldfieber
field of vision Blickfeld
figure-of-eight dressing Rucksackverband
filament Filament
filariasis Filariasis
filial generation Filialgeneration
film badge Filmdosimeter
filter Filter
filum Filum
fimbria Fimbrie
finding Befund
fine-needle aspiration Feinnadelaspiration
finger agnosia Fingeragnosie
finger breadth Querfinger(breite)
finger-nose test Finger-Nase-Versuch

fire-setting precautions Feuerschutzmaßnahmen
first aid Erste Hilfe
first stage of labor Eröffnungsphase
fish tapeworm infection Fischbandwurminfektion
fissure Fissur
fissure fracture Fissur(fraktur)
fistula Fistel
fixation Fixierung
fixator Fixateur
fixed combination drug Kombinationspräparat
fixed pupil Pupillenstarre
flaccid paralysis Lähmung, schlaffe
flagellate Flagellat
flagellation Flagellation
flail chest Brustwandflattern
flame photometry Flammenemissionsphotometrie
flap Hautlappen
flatulence Flatulenz
Flatulence Reduction Flatulenz, Linderung einer
flatus Flatus
flea Floh
flecainide acetate Flecainid
flesh Fleisch
Fletcher factor Fletcher-Faktor
flexion Flexion, Flexionslage
flexor Flexor
flexor carpi radialis Musculus flexor carpi radialis
flexor carpi ulnaris Musculus flexor carpi ulnaris
flexor digitorum superficialis Musculus flexor digitorum superficialis
flexure Flexur
flight of ideas Ideenflucht
floaters Mückensehen
floating kidney Wanderniere
floating patella Patella, tanzende
flocculation test Flockungsreaktion
flooding Reizüberflutung
floppy infant syndrome Floppy-infant-Syndrom
floppy-valve syndrome Mitralklappenprolaps-Syndrom
flora Flora
florid florid
flowmeter Flowmeter
flu Grippe
fluctuant fluktuierend
fluctuation Fluktuation
flucytosine Flucytosin
fluid Fluidum
fluid balance Flüssigkeitsgleichgewicht
fluid management Flüssigkeitshaushalt
fluid monitoring Flüssigkeitshaushalt, Monitoring des
fluid resuscitation Flüssigkeit, Notfallverabreichung von
fluid retention Flüssigkeitsretention
fluid volume deficit Flüssigkeitsdefizit
fluid volumen excess Flüssigkeitsüberschuss
fluid/electrolyte management Flüssigkeits-/Elektrolythaushalt
fluke Egel
flunisolide Flunisolid
fluocinolone acetonide Fluocinolonacetonid
fluocinonide Fluocinonid
fluorescence Fluoreszenz
fluorescent antibody test (FA test) Immunfluoreszenztest
fluoride Fluorid
fluorine Fluor (F)
fluorosis Fluorose
fluorouracil Fluorouracil
fluoxetine hydrochloride Fluoxetin
fluphenazine hydrochloride Fluphenazin
fluprednisolone Fluprednisolon
flurandrenolide Fludroxycortid
flurazepam hydrochloride Flurazepam
flutamide Flutamid
flutter Flattern
fluvoxamine maleate Fluvoxamin
foam bath Schaumbad
focal fokal
focal symptom Herdsymptom
focus Fokus
Foley catheter Foley-Katheter
folic acid Folsäure
folic acid deficiency anemia Folsäuremangelanämie
follicle Follikel
follicle-stimulating hormone Follikelstimulierendes Horme (FSH)
follicle stimulating hormone releasing factor Follikelstimulierendes-Hormon-Releasing-Hormon (FSHRH)
follicular adenocarcinoma Adenokarzinom, follikuläres

follicular phase Follikelreifung
follicular tonsillitis Tonsillitis, follikuläre
folliculitis Follikulitis
follow-up Nachsorge
fomite Infektionsträger
fontanel Fontanelle
food Nahrungmittel
food allergy Nahrungsmittelallergie
food chain Nahrungskette
food poisoning Lebensmittelvergiftung
foot Fuß
foot care Fußpflege
footling breech Fußlage
foramen Foramen
foramen magnum Foramen, magnum
foramen ovale Foramen, ovale
Forbes-Albright syndrome Forbes-Albright-Syndrom
forced expiratory volume Sekundenkapazität
forceps Forceps
forceps delivery Zangengeburt
forearm Unterarm
foreign body Fremdkörper
foreign body granuloma Fremdkörpergranulom
forensic forensisch
forensic medicine Medizin, forensische
foreplay Vorspiel
foreskin Vorhaut
forewaters Vorwasser
formaldehyde Formaldehyd
formalin Formalin
fornix Fornix
fornix cerebri Fornix, cerebri
fossa Fossa
Fournier's gangrene Fournier-Gangrän
Fowler's position Fowler-Lagerung
foxglove Fingerhut
fractionation Fraktionierung
fracture Fraktur
fracture of clavicle Klavikulafraktur
fracture of olecranon Olekranonfraktur
fracture of patella Patellafraktur
fracture of skull Schädelfraktur
fracture-dislocation Luxationsfraktur
fragile X syndrome Fragiles-X-Syndrom
francium Francium (Fr)
Frank-Starling relationship Frank-Starling-Gesetz
freckle Sommersprosse
free nerve ending Nervenendigung, freie
free radical Radikal, freies
freezing point Gefrierpunkt
Frei's test Frei-Hauttest
Freiberg's infraction Freiberg-Köhler-Syndrom
fremitus Fremitus
frenectomy Frenektomie
frenotomy Frenotomie
frenulum of lips Lippenbändchen
frenulum of tongue Zungenbändchen
frequency Frequenz
fresh frozen plasma Fresh frozen Plasma (FFP)
freudian fixation Freudsche Fixierung
freudian slip Freudscher Versprecher
Fricke dosimeter Fricke-Dosimeter
friction Friktion
friction rub Reiben
Friedländer's bacillus Friedländer-Bacillus
Friedländer's pneumonia Friedländer-Pneumonie
Friedreich's ataxia Friedreich-Ataxie
Friedreich's sign Friedreich-Zeichen
frigid frigid
frontal bone Stirnbein
frontal lobe Frontallappen
frontal plane Fronatlebene
frontal sinus Stirnhöhle
frontal veins Stirnvenen
frostbite Erfrierung
fructokinase Fruktokinase
fructose Fruktose
fructose intolerance Fruktoseintoleranz
fructosemia Fruktosämie
fructosuria Fruktosurie
frustration Frustration
fucosidosis Fukosidose
fugue Fugue
fulminant hepatitis Hepatitis, fulminante
fumigate ausräuchern
functional funktionell
functional disease Erkrankung, funktionelle
functional dyspepsia Dyspepsie, funktionelle
functional murmur Herzgeräusch, funktionelles
functional residual capacity Residualkapazität, funktionelle (FRK)
fundiform ligament of penis Ligamentum, fundiforme penis
fundoplication Fundoplikation

fundus Fundus
fundus of stomach Magenfundus
fungal infection Pilzinfektion
fungal infection of nail Nagelmykose
fungemia Fungämie
fungi Fungi
fungicide Fungizide
fungistatic Fungistatikum
funiculitis Funikulitis
funiculus Funiculus
funnel chest Trichterbrust
furosemide Furosemid
furrow Furche
furuncle Furunkel
furunculosis Furunkulose
fusion Fusion

G

gag reflex Würgereflex
gait disorder Gangstörung
galact- galakt(o)-
galactocele Galaktozele
galactokinase Galaktokinase
galactorrhea Galaktorrhö
galactose Galaktose
galactose tolerance test Galaktosetoleranztest
galactosemia Galaktosämie
galactosuia Galaktosurie
galacturia Galakturie
galanin Galanin
Galant reflex Galant-Reflex
Galeazzi-Fraktur Galeazzi-Fraktur
gallbladder Gallenblase
gallbladder carcinoma Gallenblasenkarzinom
gallium Gallium (Ga)
galvanic electric stimulation Galvanisation
gamete Gameten (pl.)
gamete intrafallopian transfer Gametentransfer
gametocide Gametozid
gametogenesis Gametogenese
gametozyt Gametozyt
gamma gamma
gamma radiation Gammastrahlung
gamma ray Gammastrahlen
gamma-glutamyl transpeptidase Gammaglutamyltranspeptidase (GGT)
gammopathy Gammopathie
gancyclovir Ganciclovir
gangliocytoma Gangliozytom
ganglion Ganglion (pl. Ganglien)
ganglioneuroma Ganglioneurom
ganglionic blockade Ganglienblockade
ganglionitis Ganglionitis
gangliosid Gangliosid
gangrene Gangrän
Gardner´s syndrome Gardner-Syndrom
gas bacillus Gasbrandbazillus
gas embolism Gasembolie
gas exchange, impaired Gasaustausch, gestörter
gas gangrene Gasbrand
gas sterilization Gassterilisation
gastrectasia Gastrektasie
gastrectomy Gastrektomie, Magenresektion
gastric gastrisch
gastric analysis Magensaftuntersuchung
gastric cancer Magenkarzinom
gastric emesis Emesis
gastric fistula Magenfistel
gastric inhibitory polypeptide Gastric inhibitory polypeptide (GIP)
gastric juice Magensaft
gastric lavage Magenspülung
gastric motility Motilität, gastrische
gastric mucin Muzin, gastrisches
gastrin Gastrin
gastrinoma Gastrinom
gastritis Gastritis
gastritis Magenschleimhautentzündung
gastrocnemius Musculus gastrocnemius, Wadenmuskel
gastroduodenal gastroduodenal
gastroduodenoscopy Gastroduodenoskopie
gastroduodenostomy Gastroduodenostomie
gastroenteritis Gastroenteritis
gastroenterostomy Gastroenterostomie
gastroesophageal reflux Reflux, gastroösophagealer
gastrointestinal gastrointestinal
gastrointestinal bleeding Blutung, gastrointestinale
gastrointestinal intubation Intubation, gastrointestinale
gastrokinetic drugs Gastrokinetikum
gastromalacia Gastromalazie
gastromegaly Gastromegalie
gastroparesis Gastroparese, Magenatonie
gastroplasty Gastroplastik

gastroscope Gastroskop
gastroscopy Gastroskopie
gastrostomy Gastrostomie
gaurdianship Vormundschaft
gauze Gaze
gay schwul
gel Gel
gemelli Gemelli
gemfibrozil Gemfibrozil
gen Gen
gender Geschlecht
gene pool Genpool
gene therapy Gentherapie
general adaptation syndrome Anpassungssyndrom, allgemeines
generation Generation
generative generativ
generic Generikum
generic name Generic name
genesis Genese
genetic code Code, genetischer
genetic counselling Beratung, genetische
genetic death Tod, genetischer
genetic drift Drift, genetische
genetic engineering Gentechnik
genetic map Chromosomenkarte
genetic marker Chromosomenmarker
genetic polymorphism Polymorphismus, chromosomaler
genetics Genetik
genital stage Phase, (späte) genitale
genitals Genitalien (pl.)
genome Genom
genotoxic genotoxisch
genotype Genotyp
gentamicin sulfate Gentamicin
gentian violet Gentianaviolett
genu Genu
genus Gattung
geotrichosis Geotrichose
geriatrics Geriatrie
germ Keim
germ cell Keimzelle
germ layer Keimblatt
germ plasm Keimplasma
germanium Germanium (Ge)
geroderma Geroderma
gerontology Gerontologie
geropsychiatry Gerontopsychiatrie
Gestalt Gestalt
Gestalt psychology Gestaltpsychologie
Gestalt therapy Gestalttherapie
gestation Gestation
gestational age Gestationsalter
gestational diabetes mellitus Schwangerschaftsdiabetes
gestational psychosis Gestationspsychose
ghost cells Blutschatten
giant cell Riesenzelle
giant cell carcinoma Riesenzellkarzinom
Giardia Giardia
giardiasis Giardiasis
gibbus Gibbus
gigantism Gigantismus
Gilles de la Tourette´s syndrome Gilles-de-la-Tourette-Syndrom
gingiva Gingiva
gingival hyperplasia Gingivahyperplasie
gingivectomy Gingivektomie
gingivitis Gingivitis
gingivostomatitis Gingivostomatitis
ginseng Ginseng
glabella Glabella
glacial acetic acid Eisessig
gland Glandula, Drüse
glans Glans
Glasgow Coma Scale Glasgow coma scale
glaucoma Glaukom; Star, grüner
glia cell Gliazelle
glioblastoma multiforme Glioblastom, multiformes
glioma Gliom
gliosis Gliose
Glisson´s capsule Glisson-Kapsel
globin Globin
globulin Globulin
globulinuria Globulinurie
globus hystericus Globus
glomangioma Glomangiom
glomerular glomerulär
glomerular disease Glomerulopathie
glomerular filtration Glomerulusfiltration
glomerular filtration rate Filtrationsrate, glomeruläre
glomerulonephritis Glomerulonephritis
glomerulosclerosis Glomerulosklerose
glomerulus Glomerulus (pl. Glomeruli)
glomus Glomus (pl. Glomera)
glomus tumor Glomustumor
glossa Glossa
glossectomy Glossektomie
glossitis Glossitis
glossodynia Glossodynie
glossoepiglotic glossoepiglotisch

glossopharyngeal glossopharyngal
glossoptosis Glossoptose
glottis Glottis
glucagon Glukagon
gluconeogenesis Glukoneogenese
glucose Traubenzucker
glucose Glukose
glucose tolerance test Glukose-Toleranztest (GTT)
glucosuria Glukosurie
glukokortikoids Glukokortikoide (pl.)
glutamate Glutamat
glutamic acid (Glu) Glutaminsäure (Glu)
glutamine (Gln) Glutamin (Gln)
glutaraldehyde Glutaraldehyd
gluteal glutäal(is)
gluteal reflex Glutäalreflex
gluten Gluten
gluten Klebereiweiß
gluteus Musculus glutaeus, Gesäßmuskel
gluthatione Glutathion
glycerin Glycerol, Glyzerin
glycine Glycin (Gly)
glycocholic acid Glykocholsäure
glycogen Glykogen
glycogen storgae disease Glykogenspeicherkrankheit
glycogenesis Glykogenese
glycolipid Glykolipid
glycolysis Glykolyse
glycoprotein Glykoprotein
glycoside Glykosid
glycosuria Glykosurie
gnathion Gnathion
goblet cell Becherzelle
goiter Struma, Kropf
gold Gold (Au)
gold 198 Gold 198
Golgi-Mazzoni corpuscles Golgi-Mazzoni-Körperchen
Golgi´s apparatus Golgi-Apparat
Golgi´s cells Golgi-Zellen
gonad Gonaden (pl.)
gonadal aplasia Gonadenaplasie
gonadal dose Gonadendosis
gonadal dysgenesis Gonadendysgenesie
gonadal shield Gonadenschutz
gonadotrophic gonadal
gonadotropin Gonadotropin
gonadotropin-releasing hormone Gonadotropin-releasing-Hormon (GnRH)
gonioscopy Gonioskopie
goniotomy Goniotomie
gonococcus Gonokokkus
gonorrhea Gonorrhö
Gordon´s reflex Gordon-Reflex
gout Urikopathie, Gicht
graafian follicle Graaf-Follikel
gradient Gradient
graft Graft
graft Transplantat
graft rejection Transplantatabstoßung
graft-versus-host disease Graft-versus-Host-Reaktion
gram Gramm (g)
gram-negative gramnegativ
gram-positive grampositiv
Gram´s stain Gram-Färbung
grand mal seizure Grand-mal-Anfall
granular granulär
granulation tissue Granulationsgewebe
granule Granulum (pl. Granula)
granulocyte Granulozyt
granulocytopenia Granulozytopenie
granulocytosis Granulozytose
granuloma Granulom
granuloma annulare Granuloma anulare
granuloma gluteale infantum Granuloma glutaeale infantum
granuloma inguinale Granuloma inguinale
granulomatosis Granulomatose
granulosa cell tumor Granulosazelltumor
grasp reflex Greifreflex
Grave´s disease Basedow-Krankheit
gravid gravide
gravida Gravida
gravidity Gravidität
gray Gray (Gy)
gray substance Substanz, graue
great omentum Netz, großes
greater trochanter Trochanter, großer
green tea Tee, grüner
greenstick fracture Grünholzfraktur
grief reaction Trauerreaktion
grief work facilitation Trauerarbeit, Unterstützung der
grief Trauer
grieving, anticipatory Trauern, vorzeitiges
grieving, dysfunctional Trauern, unangemessenes
griseofulvin Griseofulvin
groin Leiste
gross motor skills Grobmotorik

group Gruppe
group dynamics Gruppendynamik
group therapy Gruppentherapie
growing pains Wachstumsschmerzen
growth Wachstum
growth factor Wachstumsfaktor
growth failure Wachstumsstörung
growth hormone Somatotropin
growth hormone (GH) human Wachstumshormon
guaiac Guajakharz
guanethidine sulfat Guanethidin
guanine Guanin (Gua)
guanosine Guanosin (Guo)
Guedel's signs Guedel-Schema
guided imagery Imagination, gelenkte
Guillain-Barré's syndrome Guillain-Barré-Syndrom
guilt work facilitation Schuldverarbeitung, Unterstützung bei der
gum Gummi, Zahnfleisch
gustatory gustatorisch
guttural guttural
gynandry Gynandrie
gynecography Gynäkographie
gynecology Gynäkologie
gynecomastia Gynäkomastie
gypsum Gips
gyrase Gyrase
gyrus Gyrus (pl. Gyri)

H

habitat Habitat
habitual abortion Abort, habitueller
habitual dislocation Luxation, habituelle
habituation Habituation
habitus Habitus, Gewohnheit
hacking cough Reizhusten
Haemophilus Haemophilus
Haemophilus influenzae Haemophilus influenzae
hair Haar
hair care Haarpflege
hair follicle Haarfollikel
hairy leukoplakia Haarleukoplakie
hairy tongue Melanoglossie, Haarzunge, schwarze
hairy-cell leukemia Haarzell-Leukämie
half-life Halbwertszeit (HWZ)
half-value layer Halbwertschichtdicke
halisteresis Halisterese
halitosis Halitose
Hallervorden-Spatz's syndrome Hallervorden-Spatz-Krankheit
hallocinosis Halluzinose
hallucination Halluzination
hallucination management Halluzinationen, Umgang mit
hallucinogenesis Halluzinogenese
hallucinogen Halluzinogen
hallux Hallux
hallux rigidus Hallux rigidus
hallux valgus Hallux valgus
hallux varus Hallux varus
halo cast Halo-Verband
halo nevus Halonävus
halogenated hydrocarbon Halogenkohlenwasserstoff
halogen Halogen
haloperidol Haloperidol
halothane Halothan
Halsted's forceps Halsted-Zange
Hamburg-Wechsler intelligence scale Hamburg-Wechsler-Intelligenztest, HAWI
hammer toe Hammerzeh
hand Hand
hand-foot-and-mouth disease Hand-Fuß-Mund-Krankheit
handicapped Behinderter
hangover Hangover
Hantavirus Hantavirus
haploid haploid
hapten Hapten
haptics Haptik
haptoglobin Haptoglobin
hard chancre Schanker, harter
hard contact lens Kontaktlinsen, harte
hard palate Gaumen, harter
harlequin fetus Harlekin-Fötus
Harrison's groove Harrison-Furche
haversian canal Havers-Kanal
head Kopf
head traction Kopfextension
head-tilt Esmarch-Heiberg-Handgriff
headache Kopfschmerzen
healing Heilung
health Gesundheit
health assessment Gesundheits-Assessment
health behavior Gesundheitsverhalten
health care industry Gesundheitswesen

health care information exchange Gesundheitsinformationen, Austausch von
health care system Gesundheitspflegesystem
health certificate Gesundheitszeugnis
health economics Gesundheitsökonomie
health education Gesundheitserziehung
health hazards Gesundheitsrisiken
health history Gesundheitsanamnese
health maintenance, altered Gesundheitserhaltung, veränderte
health policy monitoring Gesundheitspolitik, Kontrolle der
health screening Gesundheits-Screening
health system guidance Gesundheitssystem, Beratung des
health-seeking behaviors Gesundheitsförderung, Verhaltensweisen zur
healthy gesund
hearing Hörvermögen
hearing aid Hörgerät
hearing loss Schwerhörigkeit
heart Herz
heart beat Herzschlag
heart block Herzblock
heart disease risk factors Risikofaktoren, für Herzerkrankungen
heart rate Herzfrequenz
heart scan Herzszintigraphie
heart sound Herzton
heart surgery Herzchirurgie
heart transplantation Herztransplantation
heart valve Herzklappe
heart-lung machine Herz-Lungen-Maschine
heartburn Sodbrennen
heat cramp Hitzekrampf
heat exhaustion Hitzschlag
heat exposure treatment Hitzeexposition, Behandlung nach einer
heat hyperpyrexia Hitzehyperpyrexie
heat/cold application Wärme-/Kälteanwendung
heavy chain H-Kette
heavy metal Schwermetall
heavy metal poisoning Schwermetallvergiftung
heel Ferse
heel puncture Fersenpunktion
heel-knee-test Knie-Hacken-Versuch
Hegar´s sign Hegar-Schwangerschaftszeichen
Heimlich maneuver Heimlich-Handgriff
helium Helium (He)
helium therapy Heliumtherapie
helix Helix
Hellin´s law Hellin-Regel
HELLP syndrome HELLP-Syndrom
helminth Helminthes (pl.)
helminthiasis Helminthiasis
helper T cell T-Helfer-Lymphozyten
hem- häm- (hämo-, hämato-)
hemagglutination Hämagglutination
hemagglutinin Hämagglutinin
hemangioendothelioma Hämangioendotheliom
hemangioma Hämangiom
hemapoiesis Hämatopoese
hemarthros Hämarthros
hematemesis Hämatemesis
hematochezia Hämatochezie
hematocrit Hämatokrit
hematocyte Hämatozyt
hematogenesis Hämatogenese
hematogenous pigment Blutpigment
hematology Hämatologie
hematoma Hämatom
hematometra Hämatometra
hematomyelia Hämatomyelie
hematopoietic system System, blutbildendes
hematospermia Hämatospermie
hematuria Hämaturie
hemeralopia Hemeralopie
hemi- hemi-
hemianesthesia Hemianästhesie
hemiataxia Hemiataxie
hemiblock Hemiblock
hemigastrectomy Hemigastrektomie
hemilateral hemilateral
hemiopia Hemianopsie, Halbseitenblindheit
hemiparesis Hemiparese
hemiplegia Hemiplegie
hemisphere Hemisphäre
hemizygote hemizygot
hemochromatosis Hämochromatose
hemodialysis Hämodialyse
hemodilution Hämodilution
hemodynamic regulation Hämodynamische Regulation
hemodynamics Hämodynamik

hemofiltration Hämofiltration
hemoglobin Hämoglobin (Hb)
hemoglobin saturation Hämoglobinsättigung
hemoglobinemia Hämoglobinämie
hemoglobinopathy Hämoglobinopathie
hemoglobinuria Hämoglobinurie
hemogram Differentialblutbild, Hämogramm
hemolysin Hämolysin
hemolysis Hämolyse
hemolytic anemia Anämie, hämolytische
hemolytic jaundice Ikterus, hämolytischer
hemoperfusion Hämoperfusion
hemopericardium Hämoperikard
hemopericardium Herzbeuteltamponade
hemophilia Hämophilie
hemoptysis Hämoptoe, Hämoptyse
hemorheology Hämorheologie
hemorrhage Hämorrhagie
hemorrhage control Hämorrhagie, Kontrolle einer
hemorrhagic diathesis Diathese, hämorrhagische
hemorrhagic fever Fieber, hämorrhagisches
hemorrhagic shock Schock, hämorrhagischer
hemorrhoid Hämorrhoiden (pl.)
hemorrhoidectomy Hämorrhoidektomie
hemosiderin Hämosiderin
hemosiderosis Hämosiderose
hemostasis Hämostase
hemostatic hämostatisch
hemothorax Hämothorax
Henle´s loop Henle-Schleife
hepar Hepar
heparin Heparin
hepatectomy Hepatektomie
hepatic hepatisch
hepatic coma Koma, hepatisches
hepatic lobes Leberlappen
hepatic veins Venae hepaticae (pl.), Lebervenen (pl.)
hepaticoduodenostomy Hepatikoduodenostomie
hepaticoenterostomy Hepatikoenterostomie
hepaticolithitomy Hepatikolithotomie
hepaticolithotripsy Hepatikolithotripsie
hepatitis Hepatitis
hepatitis B immune globuline (HBIG) Hepatitis-B-Immunglobulin
hepatitis B vaccine Hepatitis-B-Impfung
hepatization Hepatisation
hepatoblastoma Hepatoblastom
hepatogram Hepatogramm
hepatography Hepatographie
hepatolithiasis Hepatolithiasis
hepatology Hepatologie
hepatoma Hepatom
hepatomegaly Hepatomegalie
hepatorenal hepatorenal
hepatorenal syndrome Syndrom, hepatorenales
hepatosplenomegaly Hepatosplenomegalie
hepatotoxic hepatotoxisch
hepatotoxicity Hepatotoxizität
heredity Heredität
hermaphrodite Zwitter
hermaphroditism Hermaphroditismus
hernia Hernie
herniated disk Bandscheibenvorfall
herniation Herniation
herniotomy Herniotomie
heroin Heroin
herpangina Herpangina
herpes simplex Herpes simplex
herpes zoster Zoster, Herpes zoster, Gürtelrose
herpes zoster ophthalmicus Zoster ophthalmicus
herpes zoster oticus Zoster oticus
herpesvirus Herpesviren
hertz Hertz (Hz)
hetero- hetero-
heteroantibody Heteroantikörper
heteroantigen Heteroantigen
heterochromatin Heterochromatin
heterochromosom Heterochromosom
heterocytotropic antibody Antikörper, heterozytotroper
heterogamy Heterogamie
heterogenesis Heterogenese
heterogeneous heterogen
heterogeneous vaccine Heteroimpfstoff
heterologic pain Schmerz, fortgeleiteter
heteroploid heteroploid
heterosexual heterosexuell
heterotopic transplantation Heterotransplantation
heterozygous heterozygot
heuristic Heuristik

hexachlorophene Hexachlorophen
hexamethonium Hexamethonium
hexokinase Hexokinase
hexose Hexose
hiatal hernia Hiatushernie
hiatus Hiatus
hiatus aorticus Hiatus aorticus, Aortenschlitz
hiatus esophagus Hiatus oesophageus
Hib disease Hib-Krankheit
hibernation Hibernation
hiccup Singultus, Schluckauf
hidrosis Hidrose
high frequency ventilation Hochfrequenzbeatmung
high-density lipoproteins High-density-Lipoproteine (HDL)
high-risk pregnancy care Risikoschwangerschaft, Pflege bei
hilum Hilum
hinge joint Scharniergelenk
hip replacement Hüftendoprothese
hippocampus Hippocampus
Hippocrates Hippokrates
Hippocratic oath Eid des Hippokrates
hirsutism Hirsutismus
His bundle electrogram His-Bündel-Elektrokardiogramm (HBE)
His-Purkinje system His-Purkinje-System
histaminase Histaminase
histamine Histamin
histamine blocking agent Histaminantagonist
histidine Histidin (His)
histioblast Histioblast
histo- histo-
histocompatibility Histokompatibilität
histocompatibility antigen Histokompatibilitätsantigen
histocompatibility gen Histokompatibilitätsgen
histocyte Histiozyt
histogram Histogramm
histography Histographie
histology Histologie
histolysis Histolyse
histone Histon
histopathology Histopathologie
Histoplasma capslulatum Histoplasma capsulatum
histoplasmosis Histoplasmose
HLA-Komplex HLA-System
Hodgkin´s disease Hodgkin-Krankheit
holismus Holismus
holistic health care Gesundheitspflege, holistische
holocrine holokrin
holocrine secretion Sekretion, holokrine
hologynic hologyn
Homan´s sign Homan-Zeichen
home care Gemeindepflege
home maintenance assistance Zuhause, Unterstützung bei der Erhaltung des
home maintenance management, impaired Zuhause, gestörte Erhaltung des
homeo- hom(ö)o-
homeomorphous homöomorph
homeopathy Homöopathie
homeostasis Homöostase
homioithermic homöotherm
Homo sapiens Homo sapiens
homo- homo-
homocysteine Homozystein
homogenesis Homogenese
homogenized homogenisiert
homogeneous homogen
homolateral homolateral
homolog homolog
homologous chromosomes Chromosomen, homologe
homologous graft/transplantation Transplantation, allogene
homosexual homosexuell
homovanillic acid Homovanillinsäure
homozygous homozygot
hookworm disease Hakenwurmkrankheit
Hope Instillation Hoffnung, Vermitteln von
hopelessness Hoffnungslosigkeit
hordeolum Hordeolum
hormone Hormon
hormone therapy Hormontherapie
horn Horn
Horner´s syndrome Horner-Syndrom
horseshoe kidney Hufeisenniere
hospice Hospiz
hospital Krankenhaus
hospital clinic Klinik
hospitalism Hospitalismus
host Wirt
hot flash Wallungen
housemaid´s knee Hausmädchenknie
Huhner test Sims-Huhner-Test
Human Immunodeficiency Virus Human Immunodeficiency Virus (HIV)

human insulin Humaninsulin
Human leucocyte antigen Human-Leucocyte-Antigen (HLA)
human papilloma virus Humanpapillomavirus (HPV)
human parvovirus Parvoviren (pl.)
human placental lactogen Plazentalaktogen (HPL)
human protein C Protein C
human T-cell lymphotropic virus Humane lymphotrope Retroviren (pl.)
humanism Humanismus
humectant Feuchthaltemittel
humerus Humerus
humor Humor
humoral humoral
hunger Hunger
hunger pain Hungerschmerz
Huntington´s chorea Chorea-Huntington
Hürthle cell tumor Hürthle-Zelltumor
Hutchinson´s triad Hutchinson-Trias
hyaline Hyalin
hyaloid hyaloid
hyaloplasm Hyaloplasma
hyaluronic acid Hyaluronsäure
hyaluronidase Hyaluronidase
hybrid Hybride
hybridization Hybridisierung
hybridoma Hybridom
hydantoin Hydantoine (pl.)
hydatid Hydatide
hydralazine Hydralazin
hydramnion Hydramnion
hydranencephaly Hydranenzephalie
hydration Hydratation
hydrocarbons Kohlenwasserstoffe
hydrocele Hydrozele
hydrocephalus Hydrozephalus, Wasserkopf
hydrochloric acid Salzsäure
hydrochlorthiazide Hydrochlorthiazid
hydrocodone bitartrate Hydrocodon
hydrocortisone Hydrokortison
hydrogel Hydrogel
hydrogen Wasserstoff (H)
hydrogen bonding Wasserstoffbindung
hydrogen ion concentration Wasserstoffionenkonzentration
hydrogenase Hydrogenase
hydrolase Hydrolase
hydrolysis Hydrolyse
hydromorphone hydrochloride Hydromorphon
hydronephrosis Hydronephrose
hydropenia Hydropenie
hydropericardium Hydroperikard
hydroperitoneum Hydroperitoneum
hydrophilic hydrophil
hydrophobic hydrophob
hydrops Hydrops, Wassersucht
hydrops fetalis Hydrops fetalis
hydrops gravidarum Hydrops gravidarum
hydroquinone Hydrochinon
hydrotherapy Hydrotherapie
hydrothorax Hydrothorax
hydrotropism Hydrotropie
hydroxide Hydroxid
hydroxychloroquine sulfate Hydroxychloroquin
hydroxyl group Hydroxylgruppe (OH-Gruppe)
hydroxyurea Hydroxyharnstoff
hydroxyzine hydrochloride Hydroxyzin
hygiene Hygiene
hymen Hymen, Jungfernhäutchen
Hymenolepis Hymenolepis
hyoglossus hyoglossus
hyoid hyoid
hyoscyamine Hyoscyamin
hypalgesia Hypalgesie
hyper- hyper-
hyperacidity Hyperazidität
hyperactivity Hyperaktivität
hyperalbuminemia Hyperalbuminämie
hyperalgia Hyperalgesie
hyperalimentation Hyperalimentation
hyperammonemia Hyperammonämie
hyperbaric chamber Überdruckkammer
hyperbaric oxygenation Sauerstoff-Überdrucktherapie
hyperbilirubinemia Hyperbilirubinämie
hypercalcemia Hyperkalzämie
hypercalcemic nephropathy Nephropathie, hyperkalzämische
hypercalciuria Hyperkalzurie
hypercapnia Hyperkapnie
hypercapnic acidosis Azidose, hyperkapnische
hyperchloremia Hyperchlorämie
hyperchlorhydria Hyperchlorhydrie
hypercholesterolemia Hypercholesterinämie
hyperchromia Hyperchromie

hypercoagulability Hyperkoagulabilität
hyperemesis gravidarum Hyperemesis gravidarum
hyperemia Hyperämie
hyperesthesia Hyperästhesie
hyperextension Hyperextension
hypergenitalism Hypergenitalismus
hyperglobulinemia Hyperglobulinämie
hyperglycemia Hyperglykämie
hyperglycemic-hyperosmolar nonketonic Koma Koma, hyperglykämisches (hyperosmolar-non-ketonisches)
hyperhidroses Hyperhidrose
hyperinsulinismus Hyperinsulinismus
hyperkalemia Hyperkaliämie
hyperkeratinization Hyperkeratose
hyperlipidemia Hyperlipidämie
hyperlipoproteinemia Hyperlipoproteinämie
hypermagnesemia Hypermagnesiämie
hypermetabolism Hypermetabolismus
hypermetria Hypermetrie
hypermnesia Hypermnesie
hypermotiliy Hypermotilität
hypernatremia Hypernatriämie
hyperopia Hyperopie, Weitsichtigkeit
hyperorchidism Hyperorchismus
hyperosmia Hyperosmie
hyperosmolarity Hyperosmolarität
hyperostosis Hyperostose
hyperoxemia Hyperoxämie
hyperoxia Hyperoxie
hyperparathyroidism Hyperparathyreoidismus
hyperphosphoremia Hyperphosphorämie
hyperpigmentation Hyperpigmentierung
hyperpituitarism Hyperpituitarismus
hyperplasia Hyperplasie
hyperpnea Hyperpnoe
hyperprolactinemia Hyperprolaktinämie
hyperproteinemia Hyperproteinämie
hyperpyrexia Hyperpyrexie
hyperreflexia Hyperreflexie
hypersensibility Hypersensibilität
hypersensitivity reaction Überempfindlichkeitsreaktion, Hypersensibilitätsreaktion
hypersomnia Hypersomnie
hypersplenism Hypersplenismus
hypertelorism Hypertelorismus
hypertension Hypertonie
hypertensive crisis Krise, hypertensive
hypertensive retinopathia Retinopathie, hypertone
hyperthermia Hyperthermie
hyperthyroidism Hyperthyreose, Schilddrüsenüberfunktion
hypertonic saline Kochsalzlösung, hypertone
hypertonic solution Lösung, hypertone
hypertonus Hypertonus
hypertrophic cardiomyopathy Kardiomyopathie, hyperthrophe
hypertrophy Hypertrophie
hyperventilation Hyperventilation
hyperventilation tetany Hyperventilationstetanie
hypervitaminosis Hypervitaminose
hypervolemia Hypervolämie
hypha Hyphen
hyphema Hyphäma
hypnagogue Hypnagogum
hypno- hypno-
hypnosis Hypnose
hypnotherapy Hypnotherapie
hypnotics Hypnotika (pl.)
hypnotize hypnotisieren
hypo- hypo-
hypoacitity Hypoazidität
hypoalbuminemia Hypoalbuminämie
hypoallergenic hypoallergen
hypocalcemia Hypokalzämie
hypocalcemic tetany Tetanie, hypokalzämische
hypocalcuria Hypokalzurie
hypochloremia Hypochlorämie
hypochlorhydria Hypochlorhydrie
hypochondriac Hypochondrium
hypochondriasis Hypochondrie
hypochromic hypochrom
hypochromic anemia Anämie, hypochrome
hypofibrinogenemia Hypofibrinogenämie
hypofunction Hypofunktion
hypogammaglobulinemia Hypogammaglobulinämie
hypogastric hypogastrisch
hypogenitalism Hypogenitalismus
hypoglossal hypoglossal
hypoglycemia Hypoglykämie
hypoglycemic coma Koma, hypoglykämisches
hypogonadism Hypogonadismus
hypoinsulinism Hypoinsulinismus

hypokalemia; hypopotassemia Hypokaliämie
hypokinesia Hypokinesie
hypomagnesemia Hypomagnesiämie
hypomania Hypomanie
hypomotility Hypomotilität
hyponatremia Hyponatriämie
hypoparathyroidism Hypoparathyreoidismus
hypopharynx Hypopharynx
hypophonia Hypophonie
hypophoria Hypophorie
hypophyseal hormones Hypophysenhormone
hypophysectomy Hypophysektomie
hypophysis Hypophyse
hypopituitarism Hypopituitarismus
hypoplasia Hypoplasie
hypopnea Hypopnoe
hypoproteinemia Hypoproteinämie
hypoprothrombinemia Hypoprothrombinämie
hypopyon Hypopyon
hypostatic hypostatisch
hypotension Hypotonie
hypothalamic hormones Hypothalamushormone
hypothalamus Hypothalamus
hypothermia Hypothermie
hypothesis Hypothese
hypothyroidism Schilddrüsenunterfunktion
hypothyroidism Hypothyreose
hypotonia Hypotonus
hypotonic saline Kochsalz, hypotones
hypotonic solution Lösung, hypotone
hypoventilation Hypoventilation
hypovolemia Hypovolämie
hypovolemic shock Schock, hypovolämischer
hypoxemia Hypoxämie
hypoxia Hypoxie
hysterectomy Hysterektomie
hysteria Hysterie
hysterography Hysterographie
hysterolaparotomy Hysterolaparotomie
hysterosalpingography Hysterosalpingographie
hysteroscopy Hysteroskopie
hysterotomy Hysterotomie

I

I Band I-Streifen
I cell disease I-Zell-Krankheit
iatrogenic iatrogen
ibuprofen Ibuprofen
ichthyosis Ichthyose
ichthyosis vulgaris Ichthyosis vulgaris
icterus gravis neonatorum Ikterus, gravis neonatorum
id Es
idea Idee
idea of persecution Verfolgungswahn
ideational apraxia Apraxie, ideatorische
identification Identifikation
identity Identität
identity crisis Identitätskrise
ideomotor apraxia Apraxie, ideomotorische
idio- idio-
idiopathic idiopathisch
idiopathy Idiopathie
idiosyncrasy Idiosynkrasie
idiotype Idiotypie
idoxuridine Idoxuridin
IgA deficiency IgA-Mangel
ileal conduit Ileum-Conduit
ileitis Ileitis
ileocecal ileozäkal
ileocecal syndrome Ileozäkalsyndrom
ileocecal valve Ileozäkalklappe
ileocolitis Ileokolitis
ileostomy Ileostomie
ileum Ileum
ileus Ileus
iliac fascia Darmbeinfaszie
iliacus iliacus, Musculus iliacus, Darmbeinmuskel
ilium Os ilium
illiterate Analphabet
illness Krankheit
illusion Illusion
imagination Imagination
imago Imago
imipenem Imipenem
imipramin Imipramin
immature baby Frühchen
immobilization Immobilisation
immune immun
immune complex Immunkomplex
immune response Immunantwort
immune system Immunsystem

immunity Immunität
immunization Immunisierung
immunization administration Impfung, Verabreichung einer
immunoassay Immunassay
immunodeficiency diseases Immundefekte
immunodiffusion Immundiffusion
immunoglobulin Immunglobulin
Immunology Immunologie
immunostimulants Immunstimulanzien
immunosuppression Immunsuppression
immunosuppressives Immunsuppressiva
immunotherapy Immuntherapie
impermeable impermeabel
impetigo Impetigo, Eiterflechte
implant Implantat
implantation Implantation
implementation Implementation
impotence Impotenz
impregnation Imprägnation
impression Impression
impulse Impuls
impulse control training Impulskontrolle, Training der
in situ in situ
in utero in utero
in vitro in vitro
in vitro fertilization In-vitro-Fertilisation (IVF)
in vivo in vivo
in vivo fertilization In-vivo-Fertilisation
in- in-
inactivation Inaktivierung
inanition Inanition
inborn errors of metabolism Stoffwechselanomalien, angeborene
inbreeding Inzucht
incarceration Inkarzeration
incest Inzest
incidence Inzidenz
incident reporting Zwischenfälle, Berichte über
incision Inzision
incision site care Inzisionsstelle, Pflege einer
incisor Schneidezahn
incisura Inzisur
incoherence Inkohärenz
incompatibility Inkompatibilität
incompetence Insuffizienz
incompetent cervix Zervixinsuffizienz
incomplete abortion Abort, unvollständiger
incomplete dislocation Subluxation; Luxation, unvollständige
incomplete fracture Fraktur, unvollständige
incontinence Inkontinenz
incontinence, bowel Stuhlinkontinenz
incontinence, functional Inkontinenz, funktionelle
incontinence, stress Stressinkontinenz
incontinence, total Inkontinenz, vollständige
incontinence, urge Dranginkontinenz
incrustation Inkrustation
incubation period Inkubationszeit
incubator Inkubator
incurable inkurabel
incus Incus, Amboss
index medicus Index Medicus
indican Indikan
indication Indikation
indicator Indikator
indigestion Indigestion
individual psychology Individualpsychologie
indolent indolent
indometacin Indometacin
induce induzieren
induction Induktion
induction of anesthesia Narkoseeinleitung
induction of labour Geburtseinleitung
inductive approach Ansatz, induktiver
inductor Induktor
induration Induration
industrial health Arbeitshygiene
industrial psychology Arbeitspsychologie
indwelling catheter Verweilkatheter
inert inert
inert gas Edelgas
inertia Inertie
infant behavior, disorganized Verhaltensorganisation, unausgereifte kindliche
infant care Säuglingspflege
infant Säugling
infantile infantil
infantile autism Autismus, infantiler
infantile colic Kolik, beim Säugling
infantilism Infantilismus
infarct Infarkt
infarction Infarzierung

infect infizieren
infection Infektion
infection control Infektionsschutz
infection control committee Hygienekomission
infection control nurse Hygienefachkraft
infection protection Infektionsschutz
infection, risk of Infektionsrisiko
infectious disease Infektionskrankheit
infectious mononucleosis Mononucleosis infectiosa, Pfeiffer-Drüsenfieber
inferior inferior
inferior mesenteric artery Arteria mesenterica inferior; Gekröseschlagader, untere
inferior mesenteric vein Vena mesenterica inferior; Gekrösevene, untere
inferior vena cava Vena cava inferior; Hohlvene, untere
inferiority complex Minderwertigkeitskomplex
infertility Infertilität
infiltration Infiltration
inflammation Entzündung
influenza Influenza
infraction fracture Knickbruch
infradian rhythm Rhythmus, infradianer
inframaxillary inframaxillär
infraorbital infraorbital
infrared radiation Infrarotstrahlung
infrared therapy Infrarottherapie
infrared thermography Infrarotthermographie
infundibulum Infundibulum
infusate Infusat
infusion Infusion
infusion pump Infusionspumpe
ingestion Ingestion
inguinal inguinal
inguinal canal Leistenkanal
inguinal hernia Leistenbruch, Leistenhernie
inguinal ring Leistenring
inhalant Inhalat
inhalation anaesthetics Inhalationsanästhetika
inhalation anesthesia Inhalationsnarkose
inhalation therapy Inhalationstherapie
inhaler Inhalationsgerät
inheritance Erbe
inhibin Inhibin
inhibition Hemmung
inhibitor Inhibitor
initiator Initiator
injection Injektion
injury, risk of Verletzungsrisiko
innervation Innervation
innominate vein Vena brachiocephalica
inoculation Inokulation
inoculum Inokulum
inonic bonding Ionenbindung
inoperable inoperabel
inorganic anorganisch
inotropic inotrop
input Input
inquest Leichenschau
insect bite Insektenstich
insecticide Insektizid
insemination Insemination
insensible perspiration Perspiratio insensibilis
insertion Insertion
insight Einsicht
insipid insipidus
insomnia Insomnia
inspiration Inspiration
inspiratory dyspnea Dyspnoe, inspiratorische
inspiratory reserve volume Reservevolumen, inspiratorisches
instillation Instillation
instinct Instinkt
institution Institution
instrument Instrument
insufflation Insufflation
insulin Insulin
insulin pump Insulinpumpe
insulin resistance Insulinresistenz
insulin shock Insulinschock
insulin tolerance test Insulintoleranztest
insulin-dependent diabetes mellitus Diabetes mellitus, insulinabhängiger
insulinase Insulinase
insulinemia Insulinämie
insulinoma Insulinom
insulitis Insulitis
insurance authorization Versicherung, Bevollmächtigung einer
integral dose Energiedosis, integrale
integration Integration
intellect Intellekt
intellectualization Intellektualisierung
intelligence Intelligenz

intelligence quotient Intelligenzquotient (IQ)
intelligence test Intelligenztest
intensive care Intensivpflege
intensive care unit Intensivstation
intention Intention
intention tremor Intentionstremor
inter- inter-
interaction processes Interaktionsprozesse
interactional model Interaktionsmodell
intercellular interzellulär
intercostal interkostal
intercostal neuralgia Interkostalneuralgie
intercostal space Interkostalraum (ICR)
intercurrent interkurrent
interference Interferenz
interferent interferent
interferon Interferon (IFN)
interleukins Interleukine (pl.)
intermediate intermediär
intermediate host Zwischenwirt
intermenstrual intermenstruell
intermittent intermittierend
intermittent assisted ventilation Beatmung, intermittierend assistierte
intermittent fever Fieber, intermittierendes
intermittent mandatory ventilation Beatmung, intermittierend mandatorische
intermittent positive-pressure ventilation Überdruckbeatmung, intermittierende
internal intern
internal acoustic meatus Gehörgang, innerer
internal carotoid artery Arteria carotis interna; Kopfschlagader, innere
internal ear Innenohr
internal iliac artery Arteria iliaca interna; Hüftschlagader, innere
internal iliac vein Vena iliaca interna; Hüftvene, innere
internal jugular vein Vena jugularis interna; Halsvene, innere
internal medicine Innere Medizin
internal thoracic artery Arteria thoracica interna; Brustkorbschlagader, innere
internal thoracic vein Vena thoracica interna; Brustkorbvene, innere
International Classification of Diseases Internationale Klassifikation der Krankheiten (ICD)
International Council of Nurses International Council of Nurses (ICN)
International Red Cross Society Internationales Komitee vom Roten Kreuz
International System of Units Internationales Einheitensystem (SI)
International Unit Internationale Einheit (IE)
interneuron Interneuron
internist Internist
interosseous interossär
interphase Interphase
interpleural space Interpleuralraum
intersexuality Intersexualität
interspinous interspinal
interstitial interstitiell
interstitial cystitis Zystitis, interstitielle
interstitial fluid Flüssigkeit, interstitielle
interstitial nephritis Nephritis, interstitielle
interstitial pneumonia Pneumonie, interstitielle
interstitial tissue Gewebe, interstitielles
intertrigo Intertrigo, Wolf
intervall Intervall
intervention Intervention
interventricular interventrikulär
interventricular septum Kammerscheidewand
intervertebral intervertebral
intervertebral disk Bandscheibe
intestinal intestinal
intestinal angina Angina, intestinale
intestinal atresia Darmatresie
intestinal colic Darmkolik
intestinal fistula Darmfistel
intestinal flora Darmflora
intestinal flu Darmgrippe
intestinal gas Darmgas
intestinal juice Darmsaft
intestinal obstruction Darmobstruktion
intestinal perforation Darmperforation
intestinal tract Darmtrakt
intestine Intestinum
intima Intima
intolerance Intoleranz
intoxication Intoxikation
intra partum intra partum
intra- intra-
intraabdominal intraabdominal
intraarterial intraarteriell

intraarticular intraartikulär
intracanalicular intrakanalikulär
intracardiac intrakardial
intracellular intrazellulär
intracellular fluid Intrazellulärflüssigkeit (IZF)
intracerebral intrazerebral
intracerebral hematoma Hämatom, intrazerebrales
intracerebral hemorrhage Blutung, intrazerebrale
intracranial intrakraniell
intracranial aneurysm Aneurysma, intrakranielles
intracranial pressure Hirndruck
intracranial pressure monitoring Hirndruck-Monitoring
intracutaneous intrakutan
intradermal intradermal
intradermal injection Injektion, intradermale
intradermal test Intrakutantest
intraductal intraduktal
intramural intramural
intramuscular intramuskulär
intramuscular injection Injektion, intramuskuläre
intraocular intraokular
intraocular pressure Augeninnendruck
intraoperative intraoperativ
intraoperative hyperthermia Hyperthermie, intraoperative
intraosseous intraossär
intrapartal care Pflege, bei der Entbindung
intrapleural intrapleural
intrapulmonary intrapulmonal
intrathecal intrathekal
intrathecal injection Injektion, intrathekale
intrauterine intrauterin
intrauterine device Intrauterinpessar (IUP)
intravascular intravaskulär
intravenous intravenös (i.v.)
intravenous insertion Verweilkanüle, Legen einer intravenösen
intravenous therapy Intravenöse Therapie
intravenous catheter Katheter, intravenöser
intravenous infusion Infusion, intravenöse
intravenous injection Injektion, intravenöse
intravenous pyelography Pyelographie, intravenöse
intravenous syringe pump Perfusor
intraventricular intraventrikulär
intraventricular block Block, intraventrikukärer
intraventricular pressure Ventrikeldruck
intrinsic intrinsisch
intrinsic factor Intrinsic Factor
introjection Introjektion
introversion Introversion
introvert introvertiert
intubation Intubation, blinde
invagination Invagination
invasion Invasion
invasive hemodynamic monitoring Monitoring, invasives hämodynamisches
inversion Inversion
invert sugar Invertzucker
involution Involution
iodid Iodid
iodine Iod (I)
iodine poisoning Iodvergiftung
iodism Iodismus
iodize iodieren
iododerma Iododerma
ion Ion
ionization Ionisierung
ionizing radiation Strahlung, ionisierende
ionophoresis Ionophorese
ipecac Ipekak
iridectomy Iridektomie
iridium Iridium (Ir)
iridology Irisdiagnose
iris Iris
iron Eisen (Fe)
iron deficiency anemia Eisenmangelanämie
iron metabolism Eisenstoffwechsel
iron-rich food Nahrung, eisenhaltige
irradiation Bestrahlung
irrational irrational
irreductible irreponibel
irreparable irreparabel
irreversible irreversibel
irrigation Irrigation
irritable bladder Reizblase
irritable bowel syndrome Reizkolon
irritants Irritanzien
ischemia Ischämie
ischemic heart disease Herzkrankheit, ischämische
ischium Ischium
Ishiahara color test Ishiahara-Farbtest

islands of Langerhans Langerhans-Inseln
iso- iso-
isoagglutination Isoagglutination
isoagglutinin Isoagglutinin
isoagglutinogen Isoagglutinogen
isoantibody Isoantikörper
isoantigen Isoantigen
isobaric isobar
isoenzyme Isoenzym
isogenesis Isogenese
isograft Isotransplantation
isolation Isolation
isolation ward Isolierstation
isoleucine Isoleucin (Ile)
isomers Isomere
isometric isometrisch
isometric exercise Übungen, isometrische
isoniazid Isoniazid
isopropyl alcohol Isopropylalkohol
isosorbide dinitrate Isosorbiddinitrat
isotones Isotone
isotonic isoton
isotonic exercise Übungen, isotonische
isotonic solution Lösung, isotonische
isotop Isotop
isovaleric acid Isovaleriansäure
isthmus Isthmus
Ixodes Ixodes

J

jactation Jaktation
jamais vu Jamais-vu
Jarisch-Herxheimer reaction Jarisch-Herxheimer-Reaktion
jaundice Ikterus
jaw Kiefer
jaw reflex Masseterreflex
jejunostomy Jejunostomie
jejunotomy Jejunotomie
jejunum Jejunum
Jendrassik´s maneuver Jendrassik-Handgriff
jet lag Jet lag
joint Gelenk
joule Joule
jugular jugular(is)
jugular pulse Jugularispuls
jugular vein Halsvene
jugular vein Vena jugularis
jugum Jugum
junction Junktur
junction nevus Junktionsnävus
juniper tar Wacholderharz
juvenile juvenil
juxtaarticular juxtaartikulär
juxtaglomerular juxtaglomerulär
juxtaglomerular apparatus Apparat, juxtaglomerulärer

K

kaliuresis Kaliurese
kallikrein-kinin syndrome Kallikrein-Kinin-System (KKS)
kanamycin sulfate Kanamycin
Kangeroo Care Kängurumethode, Pflege nach der
kaolin Kaolin
Kaposi´s sarcoma Kaposi-Sarkom
karaya gum ring Karayaring
Kardex Kardex
karyo karyo-
karyocyte Karyozyt
karyogamy Karyogamie
karyogenesis Karyogenese
karyokinesis Karyokinese
karyolymph Karyolymphe
karyolysis Karyolyse
karyometry Karyometrie
karyon Karyon
karyorrhexis Karyorrhexis
karyosome Karyosom
karyotype Karyotyp
katal Katal (kat)
kefir Kefir
keloid Keloid
keloid acne Keloidakne
Kelvin scale Kelvin-Skala (K)
keratin Keratin
keratinocyte Keratinozyt
keratitis Keratitis
kerato- kerato-
keratoacanthoma Keratoakanthom
keratoconjunctivitis Keratokonjunktivitis
keratoglobus Keratoglobus
keratokonus Keratokonus
keratolysis Keratolyse
keratoma Keratom
keratomalacia Keratomalazie
keratomycosis Keratomykose
keratoplasty Keratoplastik
keratosis Keratose
kernicterus Kernikterus

Kernig´s sign Kernig-Zeichen
ketamine hydrochloride Ketamin
ketoazidosis Ketoazidose
ketone Keton
ketone bodies Ketonkörper
ketonemia Ketonämie
ketoprofen Ketoprofen
ketose Ketose
ketosis Ketosis
kidney Niere
kidney cancer Nierenkarzinom
kidney disease Nierenerkrankungen
killer cells Killerzellen
killer t cells Killer-T-Zellen
kilocalorie Kilokalorie (kcal)
kilogram Kilogramm (kg)
kinase Kinase
kinesia Kinetose
kinesiology Kinesiologie
kinesiotherapy Kinesiotherapie
kinesis Kinesis
kinesthesia Kinästhesie
kinesthetic sense Sinn, kinästhetischer
kinesthetics Kinästhetik
kinetics Kinetik
kinin Kinine
Klebsiella Klebsiella
Klebsiella pneumoniae Klebsiella pneumoniae
kleptomania Kleptomanie
Klinefelter´s syndrome Klinefelter-Syndrom
knee Knie
knee joint Kniegelenk
knee-elbow position Knie-Ellbogen-Lage
knowledge deficit Wissensdefizit
Koch´s bacillus Koch-Bazillus
Kocher´s forceps Kocher-Klemme
koilonychia Koilonychie
Korotkoff sounds Korotkow-Geräusch
Korsakoff´s psychosis Korsakow-Psychose
kosher koscher
kraurosis Kraurose
Krause´s corpuscles Krause-Endkolben
Krukenberg´s tumor Krukenberg-Tumor
Küntscher-nailing Küntscher-Nagelung
Kupffer´s cells Kupffer-Sternzellen
Kußmaul breathing Kußmaul-Atmung
Kußmaul´s coma Kußmaul-Koma
kwashiorkor Kwashiorkor
kyphoscoliosis Kyphoskoliose
kyphosis Kyphose

L

labeling Labeling
labia Labia
labia majora Schamlippen, große
labia minora Schamlippen, kleine
labial labial
labile labil
labiodental labiodental
labor induction Wehen, Einleitung der
labor suppression Wehen, Unterdrückung der
laboratory data interpretation Laborergebnisse, Interpretation von
labour Wehen
labyrinth Labyrinth
labyrinthitis Labyrinthitis
laceration Lazeration
lacrima Lacrima
lacrimal apparatus Tränenapparat
lacrimal bone Tränenbein
lacrimal gland Tränendrüse
lacrimal papilla Tränenpapille
lacrimal reflex Tränenreflex
lacrimal sac Tränensack
lactalbumin Laktalbumin
lactase Laktase
lactase deficiency Laktasemangel
lactate Laktat
lactate dehydrogenase Laktatdehydrogenase (LDH)
lactation Laktation
lactation counseling Stillen, Beratung beim
lactation suppression Abstillen
lactic acid Milchsäure
lactic acidosis Laktatazidose
lactiferous laktifer
lactiferous duct Milchgang
lactiferous glands Milchdrüse
lacto-vegetarian Laktovegeratier
lactobacillus Lactobacillus
lactose Laktose
lactose intolerance Laktoseintoleranz
lactulose Laktulose
lacuna Lakune
lacunar lakunär
lacus lacrimalis Tränensee
Laennec´s cirrhosis Laennec-Zirrhose
lagophthalmos Lagophthalmus, Hasenauge
laked blood Blut, lackfarbenes
laliatry Phoniatrie

lallation Lallen
lalophobia Lalophobie
lambda Lambda
lambdacism Lambdazismus
lambdoidal suture Lambdanaht
lamella Lamelle
lamina Lamina
laminar air flow Laminar Airflow
laminectomy Laminektomie
lancet Lanzette
lancinating lanzinierend
Langerhans´s cells Langerhans-Zellen
language Sprache
lanolin Lanolin
lanugo Lanugo
laparo- laparo-
laparoenterotomy Laparoenterotomie
laparohysterectomy Laparohysterotomie
laparoscope Laparoskop
laparotomy Laparotomie
lapis Lapis
large intestine Dickdarm
laryngeal laryngeal
laryngeal cancer Kehlkopfkrebs
laryngeal mask Larynxmaske
laryngectomy Laryngektomie
laryngismus Laryngismus
laryngitis Laryngitis
laryngology Laryngologie
laryngopharyngeal laryngopharyngeal
laryngoscope Laryngoskop
laryngoscopy Laryngoskopie
laryngotomy Laryngotomie
larynx Larynx
laser Laser
laser precautions Laserbehandlungen, Vorsichtsmaßnahmen bei
Lassa fever Lassa-Fieber
latency period Latenzzeit
latency stage Latenzstadium
latent latent
latent phase Latenzphase
lateral lateral
lateral ventricle Seitenventrikel
lateralization Lateralisation
latex Latex
latex precautions Latexprodukte, Vorsichtsmaßnahmen gegen
latissimus dorsi Musculus latissimus dorsi; Rückenmuskel, breiter
lavage Lavage
laxatives Laxanzien (pl.)
lead Blei (Pb)
lead poisoning Bleivergiftung
learning Lernen
learning curve Lernkurve
learning disability Lernstörung
learning facilitation Lernprozess, Erleichterung
learning readiness enhancement Lernbereitschaft, Unterstützung der
learning theory Lerntheorie
lecithin-cholesterol acetyltransferase deficiency Lezithin-Cholesterin-Acyl-Transferase (LCAT)-Mangel
lecithine Lezithin
lectin Lektin
Leech Therapy Blutegeln, Therapie mit
left atrium Herzvorhof, linker
left ventricle Herzkammer, linke
left-handedness Linkshändigkeit
left-heart failure Linksherzinsuffizienz
left-to-right shunt Links-rechts-Shunt
Legionella pneumophila Legionella pneumophila
Legionnaires´ disease Legionärskrankheit
leiomyoma Leiomyom
leiomyosarcoma Leiomyosarkom
Leishmania Leishmania
leishmaniasis Leishmaniose
lemniscus Lemniscus
lens Linse
lens implant Linsenimplantat
lentiform lentiform
lentigo Lentigo
lentigo maligna melanom Lentigo maligna
Leopold´s maneuvres Leopold-Handgriffe
leprosarium Leprosorium
leprosy Lepra
leptin Leptin
leptomeninges Leptomeninx
leptomeningitis Leptomeningitis
Leptospira Leptospira
leptospirosis Leptospirose
lesbian lesbisch
lesion Läsion
let-down Milchflussreflex
lethal dose Letaldosis (LD)
lethal gene Letalfaktor
lethargy Lethargie
leucine Leucin (Leu)
leucinosis Leucinose
leukemia Leukämie

leukemia inhibitory factor Leukämie inhibierender Faktor
leukoblast Leukoblast
leukocyte Leukozyt
leukocytosis Leukozytose
leukocyturia Leukozyturie
leukoderma Leukoderma
leukodystrophy Leukodystrophie
leukoerythroblastic anemia Anämie, leukoerythroblastische
leukonychia Leukonychie
leukopenia Leukopenie
leukoplakia Leukoplakie
leukopoiesis Leukopoese
leukorrhea Leukorrhö, Fluor albus
leukotoxin Leukotoxin
leukotriene Leukotrien
levator Levator
levodopa Levodopa
levothyroxine sodium Levothyroxin-Natrium
Lewis Blood Group System Lewis-Blutgruppensystem
Leydig cell tumor Leydig-Zelltumor
Leydig cells Leydig-Zellen
libido Libido
lice Läuse
lichen Lichen
lichen planus Lichen ruber planus
lichen sclerosis et atrophicus Lichen sclerosus et atrophicus
lichen simplex chronicus Lichen simplex chronicus
lichenification Lichenifikation
lidocain hydrochloride Lidocain
Lieberkühn´s glands Lieberkühn-Drüsen
lienal vein Vena lienalis, Milzvene
life Leben
life cycle Lebenszyklus
life expectancy Lebenserwartung
life island Life island
ligament Ligament
ligand Ligand
ligases Ligasen
ligation Ligatur
ligemental tear Bänderriss
light Licht
light chains L-Ketten
light therapy Lichttherapie
lignin Lignin
limbic system System, limbisches
limbus Limbus
lime Kalk
limit setting Grenzensetzen
lincomycin hydrochloride Lincomycin
lindan Lindan
linea Linea
linea alba Linea alba
linea nigra Linea fusca
linear linear
liniment Liniment
linitis Linitis
linoleic acid Linolsäure
linolenic acid Linolensäure
liothyronine sodium Liothyronin
lip Lippe
lip(o)- lip(o)-
lipase Lipase
lipemia Lipämie
lipidosis Lipidose
lipids Lipide
lipiduria Lipurie
lipoatrophy Lipathrophie
lipochrome Lipochrome (pl.)
lipodystrophy Lipodystrophie
lipofuscin Lipofuszin
lipoid lipoid
lipoids Lipoide (pl.)
lipolysis Lipolyse
lipoma Lipom
lipomatosis Lipomatose
lipophil lipophil
lipophilia Lipophilie
lipoproteins Lipoproteine (pl.)
liposome Liposom
liquor Liquor
lisping Lispeln
Listeria monocytogenes Listeria monocytogenes
listeriosis Listeriose
lithiasis Lithiasis
lithium Lithium (Li)
litho- litho-
lithogenesis Lithogenese
lithotomia Lithotomie
lithotripsy Lithotripsie
litmus paper Lackmuspapier
live attenuated vaccine Lebendimpfstoff
live birth Lebendgeburt
livedo Livedo
liver Leber
liver biopsy Leberbiopsie
liver cancer Leberkarzinom
liver failure Leberinsuffizienz

liver fluke Leberegel
liver function test Leberfunktionstest
liver spot Leberfleck
liver transplantation Lebertransplantation
lividity Lividität
livor mortis Totenflecken
lobar pneumonia Lobärpneumonie
lobe Lobus
lobectomy Lobektomie
lobotomy Lobotomie
lobule Lobulus
local lokal
local anesthesia Lokalanästhesie
local anesthetics Lokalanästhetika
local infection Lokalinfektion
localization Lokalisation
lochia Lochien
locomotive lokomotorisch
locus Locus
logotherapy Logotherapie
loin Lende
loneliness, risk of Einsamkeit, Risiko für
long bones Röhrenknochen
long-acting insulin Langzeitinsulin
long-term care Langzeitpflege
long-term memory Langzeitgedächtnis
longitudinal longitudinal
longitudinal presentation Längslage
loperamide hydrochloride Loperamid
lorazepam Lorazepam
lordoscoliosis Lordoskoliose
lordosis Lordose
lotion Lotion
low back pain Kreuzschmerzen
low-caloric diet Diät, kalorienreduzierte
low-density lipoproteins Low-density-Lipoproteine (LDL)
low-dose therapy Low-dose-Therapie
lubricants Lubrikanzien
lucid luzid
lucidity Luzidität
Luer-Lok syringe Luer-Lock-Spritze
lumbago Lumbago, Hexenschuss
lumbar lumbal
lumbar nerve Nervus lumbalis, Lumbalnerv
lumbar plexus Plexus lumbalis
lumbar puncture Lumbalpunktion
lumbar vertebra Lendenwirbel
lumbocostal lumbokostal
lumbosacral lumbosakral
lumen Lumen
luminescence Lumineszenz
lunar month Lunarmonat
lunate bone Os lunatum, Mondbein
lung Lunge
lung cancer Lungenkarzinom, Bronchialkarzinom, Lungenkrebs
lung compliance Lungencompliance
lung transplantation Lungentransplantation
lunula Lunula
lupus Lupus
lupus erythematosus Lupus erythematodes, Schmetterlingsflechte
lupus vulgaris Lupus vulgaris
lutein Lutein
luteinizing hormon Luteinisierendes Hormon (LH)
luxation Luxation
lyases Lyasen
lye Lauge
lye poisoning Laugenvergiftung
Lyme disease Lyme-Borreliose
lymph Lymphe
lymph node Lymphknoten
lymph nodule Lymphknötchen
lymphadenitis Lymphadenitis
lymphadenopathy Lymphadenopathie
lymphangiectasia Lymphangiektasie
lymphangiogramm Lymphangiogramm
lymphangiography Lymphangiographie
lymphangioma Lymphangiom
lymphangitis Lymphangitis
lymphatic lymphatisch
lymphatic organs Organe, lymphatische
lymphatic system System, lymphatisches
lymphatic vessel Lymphgefäß
lymphedema Lymphödem
lymphoblast Lymphoblast
lymphocyte Lymphozyt
lymphocytic choriomeningitis Choriomeningitis, lymphozytäre
lymphocytopenia Lymphozytopenie
lymphocytosis Lymphozytose
lymphogenic lymphogen
lymphogranulomatosis Lymphogranulomatose
lymphoid lymphoid
lymphokine Lymphokin
lymphoma Lymphom
lymphopoesis Lymphopoese
lymphorrhagia Lymphorrhagie
lymphorrhea Lymphorrhö

lymphoscintigraphy Lymphoszintigraphie
lyophilize lyophilisieren
lysine Lysin (Lys)
lysis Lyse
lysogenesis Lysogenie
lysosome Lysosom
lysozyme Lysozym

M

maceration Mazeration
macro- makro-
macrobiosis Makrobiose
macrocyte Makrozyt
macroelement Makroelement
macroencephaly Makrozephalie
macroglobulinemia Makroglobulinämie
macroglossia Makroglossie
macrolide Makrolidantibiotika
macromolecule Makromolekül
macrophages Makrophagen
macropsia Makropsie
macroscopic makroskopisch
macula Macula
macula lutea Macula lutea
macular degeneration Makuladegeneration
macular dystrophia Makuladystrophie
magaldrate Magaldrat
Magill forceps Magill-Zange
magnasemia Magnesiämie
magnesium Magnesium (Mg)
magnetic resonance Magnetresonanz (MR)
Mahaim fibers Mahaim-Bündel
maintenance dose Erhaltungsdosis
major histocompatibility complex Haupthistokompatibilitätskomplex (MHC)
mal- mal-
malabsorption Malabsorption
malabsorption syndrome Malabsorptionssyndrom
malacia Malazie
malaria Malaria
maldigestion Maldigestion
malfunction Dysfunktion
malignant maligne
malignant hypertension Hypertonie, maligne
malignant hyperthermia Hyperthermie, maligne
malignant hyperthermia precautions Hyperthermie, Vorsichtsmaßnahmen gegen eine maligne
malignant neoplasma Neoplasma, malignes
malignant tumor Tumor, maligner
malingering Simulieren
malleolus Knöchel
malleus Malleus, Hammer
Mallory body Mallory-Körperchen
Mallory-Weiss´ syndrome Mallory-Weiss-Syndrom
malnutrition Malnutrition
malpighian corpuscle Malpighi-Körperchen
malpractice Kunstfehler
malt Malz
mamma Mamma
mamma- mamma-
mammography Mammographie
mammoplasty Mammaplastik
managed care Managed Care
mandibula Mandibula
mandrel Mandrin
manganese Mangan (Mn)
mania Manie
manipulation Manipulation
mannitol Mannitol
manometer Manometer
manometry Manometrie
manubrium Manubrium
manus Manus
MAOI MAO-Hemmer
maple syrup urine disease Ahornsirupkrankheit
mapping Mapping
maprotiline hydrochloride Maprotilin
marasmus Marasmus
Marburg virus disease Marburg-Viruskrankheit
march foot Marschfraktur
Marfan´s syndrome Marfan-Syndrom
marginal marginal
marker Marker
masculine maskulin
masculinization Maskulinisierung
masklike facies Maskengesicht
Maslow´s hierarchy of needs Maslows Bedürfnispyramide
masochism Masochismus
masochist Masochist
mass number Massenzahl

massage Massage
masseter Musculus masseter, Kaumuskel
mast cell Mastzelle
mast cell leukemia Mastzellenleukämie
mastaglia Mastalgie
mastectomy Mastektomie
mastitis Mastitis
mastocytosis Mastozytose
mastoid mastoid
mastoid process Processus mastoideus, Warzenfortsatz
mastoiditis Mastoiditis
mastopathy Mastopathie
masturbation Masturbation
material for intubation Intubationsbesteck
maternal-infant bonding Mutter-Kind-Bindung
maternity Maternität
matrix Matrix
maturation Maturation
maxilla Maxilla
maxillary artery Arteria maxillaris, Oberkieferschlagader
maxillary sinus Oberkieferhöhle
maxillary vein Vena maxillaris, Oberkiefervene
maxillomandibular maxillomandibular
maximum permissible dose Dosis, höchstzulässige
McBurney´s point McBurney-Punkt
me-too drugs Me-too-Präparate
Meals on Wheels Essen auf Rädern
mean arterial pressure Blutdruck, arterieller mittlerer
mean corpuscular hemoglobin Hämoglobingehalt, mittlerer (MCH)
mean corpuscular hemoglobin concentration Hämoglobinkonzentration, mittlere korpuskuläre (MCHC)
mean corpuscular volume Zellvolumen, mittleres (MCV)
measles Masern
measles and rubella virus vaccine live Masern-Röteln-Impfung
measles, mumps and rubella virus vaccine live Masern-Mumps-Röteln-Impfung (MMR)
meatus Meatus
mebendazole Mebendazol
mechanical ventilation Beatmung, mechanische
mechanical ventilatory weaning Beatmung, Entwöhnung von der mechanischen
mechanoreceptor Mechanorezeptor, Pressorezeptor, Druckrezeptor
Meckel´s diverticulum Meckel-Divertikel
meconium Mekonium
meconium ileus Mekoniumileus
medial medial
median Median
median nerve Nervus medianus, Mittelarmnerv
mediastinal mediastinal
mediastinitis Mediastinitis
mediastinoscopy Mediastinoskopie
mediastinum Mediastinum
medical antishock trousers Antischockhosen
medical diagnosis Diagnose, medizinische
medical record Anamnese, medizinische
medicamentous medikamentös
medicate medizieren
medication administration Medikamentenverabreichung
medication management Medikamente, Umgang mit
medication prescribing Medikamentenverordnung
medicine Medizin
meditation Meditation
meditation therapy Meditationstherapie
medium Medium
medroxyprogesterone acetate Medroxyprogesteronacetat
medulla Medulla
medulla oblongata Medulla oblongata
medulla of the kidney Medulla renalis
medullary medullär
medullary carcinoma Medullarkarzinom
medulloblastoma Medulloblastom
mefenamic acid Mefenaminsäure
mefloquine Mefloquin
mega(lo)- mega(lo)-
megacolon Megakolon
megacystis Megazystis
megaesophagus Megaösophagus
megakaryocyte Megakaryozyt
megakaryocytic leukemia Megakaryozytenleukämie
megaloblast Megaloblast
megaloblastic anemia Anämie, megaloblastäre
megalocyte Megalozyt

megalomania Megalomanie
megaloureter Megaureter
meibomian gland Meibom-Drüse
meiosis Meiose
Meissner´s corpuscle Meißner-Tastkörperchen
Meissner´s plexus Meißner-Plexus
melancholia Melancholie
melanin Melanin
melano- melano-
melanoblastoma Melanoblastom
melanocyte Melanozyt
melanoma Melanom
melanosome Melanosom
melanuria Melanurie
melasma gravidarum Melasma gravidarum
melatonin Melatonin
melena Meläna
melioidose Melioidose
melphalan Melphalan
melting point Schmelzpunkt
membrane Membran
membrane potential Membranpotential
memory Gedächtnis
memory training Gedächtnistraining
memory, impaired Gedächtnis, beeinträchtigt
menadione Menadion
menarche Menarche
Mendel´s laws Mendel-Gesetze
Mendelson´s syndrome Mendelson-Syndrom
Menière´s disease Menière-Krankheit
meninges Meningen (pl.)
meningioma Meningeom
meningism Meningismus
meningitis Meningitis
meningocele Meningozele
meningococcus Meningokokken
meningoencephalitis Meningoenzephalitis
meningoencephalomyelitis Meningoenzephalomyelitis
meningoencephalopathy Meningoenzephalopathie
meningomyelitis Meningomyelitis
meniscectomy Meniskektomie
meniscus Meniskus
menometrorrhagia Menometrorrhagie
menopause Menopause
menorrhagia Menorrhagie
menorrhea Menorrhö
menostasis Menostase
menses Menses
menstrual cramps Menstruationskrämpfe
menstrual cycle Menstruationszyklus
menstruation Menstruation
mental mental
mental age Intelligenzalter
mental disorder Störung, mentale
mental handicap Behinderung, geistige
mental health Gesundheit, psychische
mental retardation Retardierung, geistige
mental status Geisteszustand
mentality Mentalität
menthol Menthol
menton Mentum
meperidine hydrochloride Meperidin
meprobamate Meprobamat
meralgia paresthetica Meralgia paraesthetica
mercaptopurine Mercaptopurin
mercury Quecksilber (Hg)
mercury poisoning Quecksilbervergiftung
mercury thermometer Quecksilberthermometer
Merkel cell carcinoma Merkel-Zellkarzinom
mero- mero-
merocrine merokrin
mesangium Mesangium
mescaline Meskalin
mesencephalon Mesenzephalon
mesenchyme Mesenchym
mesenteric mesenterisch
mesentery Mesenterium, Gekröse
mesh graft Meshgraft
meso- meso-
mesoderm Mesoderm
mesonephros Mesonephros
mesothelioma Mesotheliom
mesothelium Mesothel
messenger RNA Messenger-RNS
mestranol Mestranol
met(a)- met(a)-
metabiosis Metabiose
metabolic acidosis Azidose, metabolische
metabolic alkalosis Alkalose, metabolische
metabolic balance Gleichgewicht, metabolisches
metabolic disorder Stoffwechselstörung
metabolism Metabolismus
metabolite Metabolit
metabolize metabolisieren
metacarpus Metacarpus
metachromasia Metachromasie

metacommunication Metakommunikation
metagenesis Metagenese
metal Metall
metal fume fever Metalldampffieber
metamorphopsia Metamorphopsie
metamorphosis Metamorphose
metanephros Metanephros
metaphase Metaphase
metaphysis Metaphyse
metaplasia Metaplasie
metastasis Metastase
metatarsus Metatarsus
metatarsus valgus Metatarsus valgus
metatarsus varus Metatarsus varus
meteorismus Meteorismus
metformin hydrochloride Metformin
methacholine challenge Methacholintest
methadone Methadon
methanol Methanol
methanol poisoning Methanolvergiftung
methemoglobin Methämoglobin (Met-Hb)
methemoglobinemia Methämoglobinämie
methemoglobinuria Methämoglobinurie
methimazole Methimazol
methocarbomol Methocarbomol
methodology Methodologie
methotrexate Methotrexat
methyldopa Methyldopa
methylergonovine maleate Methylergometrin
methylphenidate hydrochloride Methylphenidat
metoclopramide hydrochloride Metoclopramid
metoprolol tartrate Metoprolol
metritis Metritis
metrocarcinoma Metrokarzinom
metronidazole Metronidazol
metrorrhagia Metrorrhagie
metyrapone Metyrapon
mexiletine hydrochloride Mexiletin
mezlocillin sodium Mezlocillin
micr(o)- mikr(o)-
microaerophile mikroaerophil
microalbuminuria Mikroalbuminurie
microangiopathy Mikroangiopathie
microbe Mikrobe
microbicide mikrobizid
microbiology Mikrobiologie
microcephaly Mikrozephalie
microcirculation Mikrozirkulation
microcyte Mikrozyt
microcytosis Mikrozytose
microgamete Mikrogamet
microglia Mikroglia
microgyria Mikrogyrie
microgyrus Mikrogyrus
microorganism Mikroorganismus
microphage Mikrophage
microphtamos Mikrophtalmus
micropsia Mikropsie
microscope Mikroskop
microscopic mikroskopisch
microscopy Mikroskopie
microsurgery Mikrochirurgie
microtrauma Mikrotrauma
microtubules Mikrotubuli
microvilli Mikrovilli
microwave thermography Mikrowellenthermographie
microwaves Mikrowellen
micturition reflex Miktionsreflex
midclavicular line Medioklavikularlinie
middle ear Mittelohr
midstream catch urine specimen Mittelstrahlurin
midwife Hebamme/Entbindungspfleger
midwifery Geburtshilfe
mifepristone Mifepriston
migraine Migräne
migration Migration
miliaria Miliaria
miliary tuberculosis Miliartuberkulose
milieu Milieu
milieu therapy Milieutherapie
milium Milie
milk Milch
milk fever Milchfieber
milli- milli-
milligram Milligramm (mg)
milliliter Milliliter (ml)
millimeter Millimeter (mm)
mimicry Mimikry
mind Geist
mineral Mineral
mineralocorticoids Mineralokortikoide
mini-mental state examination Mini mental state test (MMST)
minimal bactericidal concentration Minimale bakterizide Konzentration (MBK)
minimal hemolytic dose Minimale hämolytische Dosis (MHD)

minimal infecting dose Dosis, minimale infektiöse
minimal inhibitory concentration Hemmkonzentration, minimale (MIC)
minimal lethal dose Minimale letale Dosis (MLD)
minimum dose Minimaldosis
minioxidil Minioxidil
minocycline hydrochloride Minocyclin
minute ventilation Minutenventilation
miosis Miose
misogyny Misogynie
misopedia Misopädie
mites Milben
mitochondria Mitochondrien
mitogenetic mitogen
mitomycin Mitomycin
mitosis Mitose
mitotic index Mitoseindex
mitral insufficiency Mitralinsuffizienz
mitral valve Mitralklappe
mitral valve prolaps Mitralklappenprolaps
mitral valve stenosis Mitralklappenstenose
mittelschmerz Mittelschmerz
mixed culture Mischkultur
mixed infection Mischinfektion
mixed nerve Nerv, gemischter
mixed tumor Mischtumor
mixed vaccine Kombinationsimpfstoff
mixture Mixtur
mnemonics Mnemonik
mo(u)ld Schimmelpilz
mobility Mobilität
mobility, impaired physical Mobilität, beeinträchtigte körperliche
Mobitz heart block Mobitz-Herzblock
modeling Modelllernen
modification Modifikation
moist heat Wärme, feuchte
molality Molalität
molar Molar
molarity Molarität
mole Mol
molecular biology Molekularbiologie
molecular genetics Molekulargenetik
molecular mass Molekularmasse
molecular pathology Molekularkrankheit
molecular weight Molekulargewicht (MG)
molecule Molekül
molluscum Molluscum
mon(o)- mon(o)-
Mönckeberg´s arteriosclerosis Mönckeberg-Sklerose
monitor Monitor
monoamin oxidase Monoaminoxidase (MAO)
monoamine oxidase inhibitor Monoaminoxidasehemmer (MAOH)
monoarthritis Monoarthritis
monoarticular monoartikulär
monochromatic monochromatisch
monoclonal monoklonal
monoclonal antibody Antikörper, monoklonale
monocular monokular
monocystopenia Monozytopenie
monocyte Monozyt
monocytic leukemia Monozytenleukämie
monocytosis Monozytose
monogamy Monogamie
monomer Monomer
mononeuropathy Mononeuropathie
mononuclear mononukleär
mononucleosis Mononukleose
monorchism Monorchie
monosaccharide Monosaccharid
monosomy Monosomie
monozygotic monozygot
mons Mons
Monteggia´s fracture Monteggia-Fraktur
mood Stimmung
mood disorders Stimmungsschwankungen
mood management Stimmungsschwankungen, Umgang mit
moon face Mondgesicht
morbid morbide
morbidity Morbidität
morbilliform morbilliform
morbus Morbus
morgue Leichenhalle
moribund moribund
morning-after pill Morning-after-Pille
morning stiffness Morgensteifigkeit
Moro reflex Moro-Reflex
morph(o)- morph(o)-
morphine Morphin
morphine poisoning Morphinvergiftung
morphinism Morphinismus
morphogenesis Morphogenese
morphology Morphologie
mortality Mortalität
mortar Mörser
morula Morula

mosaic Mosaik
mosquito bite Moskitobiss
mother fixation Mutterfixierung
motilin Motilin
motility Motilität
motion sickness Reisekrankheit
motivation Motivation
motoneuron Motoneuron
motor motorisch
motor aphasia Aphasie, motorische
motor apraxia Apraxie, motorische
motor ataxia Ataxie, motorische
motor coordination Koordination, motorische
motor end plate Endplatte, motorische
motor hallucination Halluzination, motorische
motor nerv Nerv, motorischer
motor neuron Neuron, motorisches
motor pathway Bahn, motorische
motor root Wurzel, motorische
motor unit Einheit, motorische
mouth Mund
mouth guard Mundschutz
mouth-to-mouth resuscitation Mund-zu-Mund-Beatmung
mouthwash Mundwasser
mucilago Muzilago
mucin Muzin
muco- muko-/muco-
mucolipidosis Mukolipidose
mucolytics Mukolytika
mucopolysaccaride Mukopolysaccharid
mucopolysaccharidosis Mukopolysaccharid-Speicherkrankheit
mucosa Mucosa
mucous membrane Schleimhaut
mucus Mukus
Müller´s maneuver Müller-Handgriff
müllerian duct Müller-Gang
multi- multi-
multicellular multizellulär
multidisciplinary care conference Pflegekonferenz, multidisziplinäre
multiform multiform
multigravida Multigravida
multiinfarct dementia Multiinfarktdemenz
multipara Multipara
multiple endocrine adenomatosis Adenomatose, multiple endokrine
multiple endocrine neoplasia MEN-Syndrom
multiple personality Persönlichkeit, multiple
multiple sclerosis Multiple Sklerose (MS)
multisynaptic multisynaptisch
multivalent multivalent
mummification Mumifikation
mumps Mumps
mumps virus vaccine live Mumps-Vakzin
Münchhausen´s syndrome Münchhausen-Syndrom
Murphy´s sign Murphy-Zeichen
muscarine Muskarin
muscle Muskel
muscle biopsy Muskelbiopsie
muscle cramp Muskelkrampf
muscle relaxant Muskelrelaxanzien (pl.)
muscle system Muskelsystem
muscle tone Muskeltonus
muscular muskulär
muscular atrophy Muskelatrophie
muscular dystrophy Muskeldystrophie
muscular tension Muskelspannung
musculature Muskulatur
musculoskeletal system Skelettmuskulatur
mushroom poisoning Pilzvergiftung
mushrooms Pilze
music therapy Musiktherapie
mustard gas Senfgas
mutagen Mutagen
mutagenesis Mutagenese
mutant Mutant
mutation Mutation
mutism Mutismus
mutual goal setting Zielsetzungen, Festlegen gemeinsamer
my(o)- my(o)-
myalgia Myalgie
myasthenia Myasthenie
myasthenia gravis Myasthenia gravis
myc(o)- myk(o)-
mycelium Myzelium
mycetoma Myzetom
mycobacteriosis Mykobakteriose
mycobacterium Mykobakterium
mycology Mykologie
mycoplasma Mykoplasma
mycosis Mykose
mycotoxicosis Mykotoxikose
mydriasis Mydriase
mydriatics Mydriatika
myel(o)- myel(o)-
myelencephalon Myelenzephalon

myelin Myelin
myelin sheath Myelinscheide
myeliod myeloisch
myelitis Myelitis
myeloblast Myeloblast
myeloblastic leukemia Myeloblastenleukämie
myelocele Myelozele
myelocystocele Myelozystozele
myelocyte Myelozyt
myelogenesis Myelogenese
myelogram Myelogramm
myelographia Myelographie
myeloma Myelom
myelomeningocele Myelomeningozele
myelopathy Myelopathie
myelopoiesis Myelopoese
myeloproliferative myeloproliferativ
myiasis Myiase
mylomalacia Myelomalazie
myocardial infarction Myokardinfarkt (MI)
myocardial ischemia Myokardischämie
myocardiopathy Myokardiopathie
myocarditis Myokarditis
myocardium Myokard
myocyt Myozyt
myoedema Myödem
myofascial myofaszial
myofibril Myofibrille
myogelosis Myogelose
myogenic myogen
myoglobin Myoglobin
myoglobinuria Myoglobinurie
myoklonus Myoklonie
myoma Myom
myometrium Myometrium
myopathy Myopathie
myopia Myopie
myosarcoma Myosarkom
myosin Myosin
myositis Myositis
myotomy Myotomie
myotonia Myotonie
myringectomy Myringektomie
myringitis Myringitis
myringoplasty Myringoplastik
mysophobia Mysophobie
myxedema Myxödem
myxoma Myxom
myxosarcoma Myxosarkom
myxovirus Myxovirus

N

nadolol Nadolol
Nägele´s rule Nägele-Regel
nail Nagel
nail biting Nägelkauen
nail care Nagelpflege
nail groove Nagelfalz
nail plate Nagelplatte
nailbed Nagelbett
nalidixic acid Nalidixinsäure
naloxone hydrochloride Naloxon
naltrexone hydrochloride Naltrexon
nanism Nanismus
nano- nano-
nanogramm Nanogramm (ng)
nanometer Nanometer (nm)
naphazoline hydrochloride Naphazolin
naproxen Naproxen
narcissism Narzissmus
narcissistic personality disorder Persönlichkeitsstörung, narzisstische
narcolepsy Narkolepsie
narcosis Narkose
narcotic antagonist Opioidantagonist
narcotic poisoning Opioidvergiftung
narcotics Narkotika (pl.)
narcotics Betäubungsmittel (BTM)
nasal nasal
nasal cavity Nasenhöhle
nasal drops Nasentropfen
nasal polyp Nasenpolyp
nasal septum Nasenseptum
nasal sinus Nasennebenhöhlen
nascent naszierend
nasogastric nasogastrisch
nasolabial nasolabial
nasolacriminal duct Tränennasengang
nasopharyngeal nasopharyngal
nasopharynx Nasopharynx
nasotracheal nasotracheal
nasotracheal tube Nasotrachealtubus
natis Natis
natremia Natriämie
natriuresis Natriurie
natural antibody Antikörper, natürliche
natural family planning method Familienplanung, natürliche
natural immunity Immunität, natürliche
natural selection Selektion, natürliche
naturopathy Naturheilkunde
nausea Übelkeit, Nausea

nebulization Vernebeln
neck Hals
neck of femur Schenkelhals
necro- nekro-
necrobiosis Nekrobiose
necrology Nekrologie
necrophilia Nekrophilie
necrophobia Nekrophobie
necrosis Nekrose
necrotizing nekrotisieren
necrotizing enteritis Enteritis, nekrotisierende
needle biopsy Nadelbiopsie
needle holder Nadelhalter
negative negativ
negative end-expiratory pressure Negativ endexpiratorischer Druck (NEEP)
negative feedback Feedback, negatives
negative reinforcer Verstärkung, negative
negativism Negativismus
neglect Neglect
Negri bodies Negri-Körperchen
Neisseria Neisseria
nematocide Nematozid
nematodes Nematoden (pl.)
neo- neo-
neoadjuvant neoadjuvant
neocerebellum Neocerebellum
neocortex Neokortex
neogenesis Neogenese
neologism Neologismus
neomycin sulfat Neomycin
neon Neon (Ne)
neonatal neonatal
neonatal assessment scale Neugeborenen-Screening
neonatal mortality Säuglingssterblichkeit
neonatology Neonatologie
neonatus Neonatus
neoplasia Neoplasie
neoplasm Neoplasma
neostigmine bromide Neostigmin
nephr(o)- nephr(o)-
nephrectomy Nephrektomie
nephritis Nephritis
nephro(angio)sclerosis Nephrosklerose
nephrocalcinosis Nephrokalzinose
nephrogenic nephrogen
nephrography Nephrographie
nephrolithiasis Nephrolithiasis
nephrology Nephrologie
nephrolytic nephrolytisch
nephron Nephron
nephropathy Nephropathie
nephroptosis Nephroptose
nephrostomy Nephrostomie
nephrotomy Nephrotomie
nephrotoxic nephrotoxisch
nerve Nerv
nerve fiber Nervenfaser
nerve graft Nerventransplantation
nerve growth factor Nervenwachstumsfaktor
nettle rash Nesselsucht
networking Networking
neur(o)- neur(o)-
neural neural
neural plate Neuralplatte
neural tube Neuralrohr
neuralgia Neuralgie, Nervenschmerz
neurapraxia Neurapraxie
neurasthenia Neurasthenie
neurectomy Neurektomie
neurilemma Neurilemm
neurinoma Neurinom
neuritis Neuritis
neuroblast Neuroblast
neuroblastoma Neuroblastom
neurocytoma Neurozytom
neurodermitis Neurodermitis
neuroendocrine neuroendokrin
neuroepithelioma Neuroepitheliom
neurofibril Neurofibrille
neurofibroma Neurofibrom
neurogen Neurogenese
neuroglia Neuroglia
neurographia Neurographie
neurohormone Neurohormon
neurohypophyseal hormone Neurohypophysenhormon
neurohypophysis Neurohypophyse
neurolepsy Neurolepsie
neuroleptanalgesia Neuroleptanalgesie
neuroleptanesthesia Neuroleptanästhesie
neuroleptic drugs Neuroleptika (pl.)
neurolinguistic programing Programmieren, neurolinguistisches
neurologic monitoring Neurologisches Monitoring
neurologist Neurologe
neurology Neurologie
neuroma Neurom
neuromuscular neuromuskulär
neuromyelitis Neuromyelitis

neuron Neuron
neuronitis Neuronitis
neuropathy Neuropathie
neuropsychiatry Neuropsychiatrie
neurosis Neurose
neurosurgery Neurochirurgie
neurosyphilis Neurosyphilis
neurotensin Neurotensin
neurotic neurotisch
neurotic personality Persönlichkeit, neurotische
neurotmesis Neurotmesis
neurotomy Neurotomie
neurotoxicity Neurotoxizität
neurotoxin Neurotoxin
neurotransmitter Neurotransmitter
neurotripsy Neurotripsie
neurotropic neurotrop
neutral neutral
neutralization Neutralisation
neutron Neutron
neutropenia Neutropenie
neutrophil Neutrophile (pl.)
neutrophilia Neutrophilie
nevus Nävus
nevus flammeus Feuermal
nevus flammeus Naevus flammeus
newborn care Neugeborenenpflege
newborn monitoring Neugeborenen-Monitoring
Newton Newton
niacin Niacin
nicardipine Nicardipin
nickel Nickel (Ni)
nickel dermatitis Nickeldermatitis
niclosamide Niclosamid
nicotine Nikotin
nicotine poisoning Nikotinvergiftung
nicotine withdrawal syndrome Nikotinentzugssyndrom
nidation Nidation, Einnistung
Niemann-Pick´s disease Niemann-Pick-Krankheit
nifedipine Nifedipin
night sweat Nachtschweiß
night terror Alpdruck
night vision Nachtsichtigkeit
night-blindness Nachtblindheit
Nightingale ward Nightingale-Station
nightingalism Nightingalismus
nightmare Alptraum
nihilistic delusion Wahnvorstellung, nihilistische
nipple Brustwarze
nipple shield Warzenhütchen
nisoldipine Nisoldipin
nitrate Nitrat
nitric acid Salpetersäure
nitric oxide Stickoxid (NO)
nitrite Nitrit
nitrobenzene Nitrobenzol
nitrofurantoin Nitrofurantoin
nitrofurazone Nitrofurazon
nitrogen Stickstoff (N)
nitrogen balance Stickstoffbilanz
nitroglycerin Glyzeroltrinitrat
nitroglycerin Nitroglyzerin
nitrosamines Nitrosamine
nitrous oxide Lachgas
nits Nissen
nociceptive nozizeptiv
nociceptor Nozizeptor
nocturnal enuresis Enuresis nocturna
node Nodus
nodule Nodulus
nomenclature Nomenklatur
nomogram Nomogramm
non-Hodgkin´s lymphoma Non-Hodgkin-Lymphom (NHL)
noncompliance Kooperationsbereitschaft, fehlende (Noncompliance)
nondisjunction Non-Disjunction
noninsulin-dependent diabetes mellitus Diabetes mellitus, nicht-insulinpflichtiger
nonnutritive sucking Saugen, nicht-ernährungsrelevantes
nonparous Nullipara
nonprotein nitrogen Reststickstoff
nonsteroidal antiinflammatory Antirheumatika, nichtsteroidale (NSAR) (pl.)
nonverbal communication Kommunikation, nonverbale
Noonan´s syndrome Noonan-Syndrom
nootropics Nootropika (pl.)
norepinephrine Norepinephrin
norethindrone Norethisteron
norfloxacin Norfloxacin
norm Norm
norm(o)- norm(o)-
normal distribution Normalverteilung
normal solution Normallösung

normalization promotion Normalität, Förderung der
normoblast Normoblast
normochromic normochrom
normocyte Normozyt
normoglykemia Normoglykämie
normotensive normoton
North American Nursing Diagnosis Association Nordamerikanische Pflegediagnosenvereinigung (NANDA)
nortriptyline hydrochloride Nortriptylin
nose Nase
nosebleed Nasenbluten
nosocomial nosokomial
nosocomial infection Nosokomialinfektion
nosology Nosologie
notifiable; certifiable meldepflichtig
noxa Noxe
nucha Nucha
nuchal rigidity Nackensteifigkeit
nucl- nukl-
nuclear nuklear
nuclear medicine Nuklearmedizin
nucleic acid Nukleinsäure
nucleolus Nukleolus (pl. Nukleoli)
nucleon Nukleon
nucleoside Nukleosid
nucleosome Nukleosom
nucleotide Nukleotid
nucleus Nukleus (pl. Nuklei)
nucleus pulposus Nucleus pulposus
nuclide Nuklid
numeric pain scale Schmerzskala, nummerische
nurse Pflegender, professionell
nursing Pflege, professionelle
nursing assessment Pflegeanamnese
nursing care plan Pflegeplan
nursing diagnosis Pflegediagnose
nursing ethics Pflegeethik
nursing goal Pflegeintention
nursing intervention Pflegeintervention
nursing interventions classification Klassifikation der Pflegeinterventionen (NIC)
nursing minimum data set Nursing Minimum Data Set (NMDS)
nursing objective Pflegeziel
nursing outcomes classification Klassifikation der Pflegeergebnisse (NOC)
nursing process Pflegeprozess
nursing research Pflegeforschung
nursing research Nursing Research
nursing theorist Pflegetheoretiker
nursing theory Pflegetheorie
nutrient Nährstoff
nutrition management Ernährung
nutrition therapy Ernährungstherapie
nutrition; alimentation Ernährung
nutritional nutritiv
nutritional counseling Ernährungsberatung
nutritional monitoring Ernährungsüberwachung
nutritional science Ernährungswissenschaft
nyctalopia Nyktalopie
nyctophobia Nyktophobie
nymphomania Nymphomanie
nystagmus Nystagmus
nystatin Nystatin

O

oat cell carcinoma Oat-Zell-Karzinom
ob- ob-
obduction Obduktion
obesity Obesität, Fettleibigkeit
obex Obex
objective objektiv
objective sign Anzeichen, objektives
objective symptom Symptom, objektives
obligate obligat
oblique obliquus
oblique presentation Schräglage
obliteration Obliteration
obsession Obsession
obsolete obsolet
obstetrics Geburtshilfe
obstipation Obstipation
obstruction Obstruktion
obturation Obturation
obturator Obturator
obturator muscle Musculus obturatorius, Hüftlochmuskel
occipital okzipital
occipital artery Arteria occipitalis, Hinterhauptschlagader
occipital bone Os occipitale, Hinterhauptbein
occipital lobe Okzipitallappen
occipitofrontal okzipitofrontal
occiput Okziput, Hinterkopf

occlusal okklusiv
occlusion Okklusion
occlusive dressing Okklusivverband
occult okkult
occult blood Blut, okkultes
occupancy Bettenbelegung
occupational accident Berufsunfall
occupational dermatoses Berufsdermatosen
occupational disability Berufsunfähigkeit
occupational disease Berufskrankheit
occupational therapist Beschäftigungstherapeut/in
occupational therapy Beschäftigungstherapie
ochronosis Ochronose
ocular okular
oculo- okulo-
oculogyric crisis Krise, okulogyre; Blickkrampf
oculomotor okulomotorisch
Oddi´s sphincter Oddi-Sphinkter
odont- odont-
odontalgia Odontalgie
odontoblasts Odontoblasten (pl.), Zahnbeinbildner
odontogenesis Odontogenese
odontology Odontologie
odontoma Odontom
odor Odor
odynophagia Odynophagie
Oedipus complex Ödipuskomplex
ohm Ohm
Ohm´s law Ohm-Gesetz
oil Öl
ointment Salbe
olecranon Olekranon
oleic acid Ölsäure
olfactory olfaktorisch
olfactory center Riechzentrum
olfactory hallucination Halluzination, olfaktorische
olfactory nerve Nervus olfactorius, Riechnerv
olfactory receptors Geruchsrezeptoren
olig(o)- olig(o)-
oligemia Oligämie
oligodactyly Oligodaktylie
oligodendroglia Oligodendroglia
oligodendroglioma Oligodendrogliom
oligohydramnios Oligohydramnie
oligomenorrhea Oligomenorrhö
oligosaccharide Oligosaccharid
oligospermia Oligospermie
oliguria Oligurie
olivopontocerebellar olivopontocerebellar
omarthritis Omarthritis
omentum Omentum, Epiploon
omni- omni-
omnipotence Omnipotenz
omphalitis Omphalitis
omphalozele Omphalozele, Nabel(schnur)bruch
onania Onanie
onco- onko-
oncogen Onkogen
oncogenesis Onkogenese
oncogenic virus Onkovirus
oncologist Onkologe
oncology Onkologie
oncotic pressure Druck, onkotischer
onkolysis Onkolyse
ontogeny Ontogenese
onychia Onychie
onychodystrophy Onychodystrophie
onycholysis Onycholyse
onychomycosis Onychomykose
onychosis Onychose
Oo- Oo-
oocyte Oozyt
oogamy Oogamie
oogenesis Oogenese
oophorectomy Oophorektomie
oophoritis Oophoritis
oophorosalpingitis Oophorosalpingitis
opaque opak
open system System, offenes
opening pressure Öffnungsdruck
operable operabel
operant operant
operant conditioning Konditionierung, operante
operating microscope Operationsmikroskop
operation Operation
operon Operon
ophthalm(o)- ophthalm(o)-
ophthalmia Ophthalmie
ophthalmic nerve Nervus ophthalmicus, Augennerv
ophthalmics Ophthalmika (pl.)
ophthalmologist Ophthalmologe
ophthalmology Ophthalmologie

ophthalmoplegia Ophthalmoplegie, Augenmuskellähmung
ophthalmoscope Ophthalmoskop
ophthalmoscopy Ophthalmoskopie
opiate Opiat
opiate poisoning Opiatvergiftung
opiate receptor Opiatrezeptor
opioid opioid
opioids Opioide (pl.)
opium Opium
opium alkaloid Opiumalkaloid
opportunistic opportunistisch
opsonin Opsonin
optic optisch
optic atrophy Optikusatrophie
optic disk Sehnervenpapille
optic glioma Optikusgliom
optic nerve Nervus opticus, Sehnerv
optic neuritis Optikusneuritis
optic neuropathy Optikusneuropathie
optic tract Sehbahn
optics Optik
optometry Optometrie
oral oral
oral contraceptives Kontrazeptiva (pl.), orale
oral eroticism Oralerotik
oral health maintenance Gesundheit, Erhaltung der oralen
oral health promotion Gesundheit, Förderung der oralen
oral health restoration Gesundheit, Wiederherstellung der oralen
oral hygiene Mundhygiene
oral mucosa Mundschleimhaut
oral mucous membrane, altered Mundschleimhaut, veränderte
oral stage Phase, orale
oral thrush prophylaxis Soorprophylaxe
orbicular orbikular
orbit Orbita, Augenhöhle
orbitography Orbitographie
orch(i)- orch(i)-
orchidectomy Orchi(d)ektomie
orchis Orchis
orchitis Orchitis
order transcription Anordnungen, Transkription von
organ Organ
organ of Corti Corti-Organ
organ procurement Organspende
organelles Organellen (pl.)
organic organisch
organic chemistry Chemie, organische
organic disease Krankheit, organische
organism Organismus
organogenesis Organogenese
organoid organoid
organophosphate poisoning Organophosphatvergiftung
organophosphates Organophosphate (pl.)
orgasm Orgasmus
oriental sore Orientbeule
orientation Orientierung
orifice Orificium
ornithine Ornithin
orofacial orofazial
oropharyngeal oropharyngeal
oropharynx Oropharynx
orotic acid Orotsäure
ortho- ortho-
orthodontics Orthodontie, Kieferorthopädie
orthodromic orthodrom
orthogenesis Orthogenese
orthopedics Orthopädie
orthopedist Orthopäde
orthopnea Orthopnoe
orthopsychiatry Orthopsychiatrie
orthoptic orthoptisch
orthoptist Orthoptist
orthosis Orthese
orthostasis Orthostase
orthostatic hypotension Hypotonie, orthostatische
orthotonos Orthotonus
os Os
oscillation Oszillation
oscilloscope Oszilloskop
Osler´s nodes Osler-Knötchen
osmolality Osmolalität
osmolar osmolar
osmolarity Osmolarität
osmole Osmol
osmology Osmologie
osmometry Osmometrie
osmoreceptors Osmorezeptor
osmosis Osmose
osmotic diurese Diurese, osmotische
osmotic pressure Druck, osmotischer
osseous osseus
ossicle Ossiculum
ossification Ossifikation
ostealgia Ostealgie

osteitis Osteitis
osteo- osteo-
osteoarthritis Osteoarthritis
osteoarthrosis Osteoarthrose
osteoarticular osteoartikulär
osteoblast Osteoblast
osteoblastoma Osteoblastom
osteocarcinoma Osteokarzinom
osteochondritis Osteochondritis
osteochondroma Osteochondrom
osteochondropathy Osteochondropathie
osteochondrosarcoma Osteochondrosarkom
osteochondrosis Osteochondrose
osteoclasia Osteoklasie
osteoclast Osteoklast
osteocyte Osteozyt
osteodensitometer Osteodensitometer
osteodystrophia Osteodystrophie
osteofibroma Osteofibrom
osteogenesis Osteogenese
osteogenesis imperfecta Osteogenesis imperfecta
osteoid osteoid
osteology Osteologie
osteolysis Osteolyse
osteom Osteom
osteomalacia Osteomalazie
osteomyelitis Osteomyelitis
osteomyelodysplasia Osteomyelodysplasie
osteon Osteon
osteonecrosis Osteonekrose
osteopathy Osteopathie
osteopenia Osteopenie, Knochenschwund
osteophlebitis Osteophlebitis
osteophyte Osteophyt
osteoplasty Osteoplastik
osteoporosis Osteoporose
osteosarcoma Osteosarkom
osteosclerosis Osteosklerose
osteosynthesis Osteosynthese
osteotomy Osteotomie
ostium Ostium
ostomy Stoma
ostomy care Stomapflege
ostomy irrogation Stomaspülung
ot(o)- ot(o)-
otalgia Otalgie
otic oticus
otics Otologika (pl.)
otitis Otitis
otitis externa Otitis externa
otitis media Otitis media, Mittelohrentzündung
otolaryngology Otolaryngologie
otolith Otolith
otologist Otologe
otology Otologie
otomycosis Otomykose
otorrhea Otorrhö
otosclerosis Otosklerose
otoscope Otoskop
otoscopy Otoskopie
ototoxic ototoxisch
outpatient ambulant
ov(o)- ov(o)-
ovalocyte Ovalozyt
ovarian ovarial
ovarian artery Arteria ovarica, Eierstockarterie
ovarian carcinoma Ovarialkarzinom
ovarian cyst Ovarialzyste
ovarian pregnancy Ovarialgravidität
ovarian vein Eierstockvene; Vena ovarica
ovariectomy Ovarektomie
ovary Ovarium (pl. Ovarien); Eierstock
over the counter rezeptfrei
overdose Überdosis
overflow incontinence Überlaufinkontinenz
overhang Overhang
overload Overload
overnutrition Überernährung
overresponse Überreaktion
overweight Übergewicht
ovotestis Ovotestis
ovulation Ovulation, Eisprung
ovulation method (of family planning) Ovulationsmethode
ovum Ovum (pl. Ova)
ox(y) ox(y)-
oxacillin sodium Oxacillin
oxalate Oxalat
oxalated blood Oxalatblut
oxalemia Oxalämie
oxalic acid Oxalsäure
oxazepam Oxazepam
oxidant Oxidationsmittel
oxidase Oxidase
oxidation Oxidation
oxidative water Oxidationswasser
oxide Oxid
oxidize oxidieren

oxidoreductase Oxidoreduktase
oxigenation Oxygenation
oximeter Oxymeter
oxygen Sauerstoff (O)
oxygen capacity Sauerstoffkapazität
oxygen debt Sauerstoffschuld
oxygen mask Sauerstoffmaske
oxygen saturation Sauerstoffsättigung
oxygen therapy Sauerstofftherapie
oxygen toxicity Sauerstofftoxikose
oxygen uptake Sauerstoffaufnahme
oxyhemoglobin Oxyhämoglobin
oxyhemoglobin saturation Oxyhämoglobinsättigung
oxyphil oxyphil
oxytetracycline Oxytetrazyklin
oxytocin Oxytozin
oxytocin challenge test Oxytozinbelastungstest
ozena Ozäna, Stinknase
ozone Ozon
ozone hole Ozonloch

P

P-R interval P-R-Intervall
P-wave P-Welle
PA catheter PA-Katheter
pacemaker Schrittmacher
pachy- pachy-
pachycephaly Pachyzephalie
pachydactyly Pachyakrie
pachyderma Pachydermie
pachydermoperiostosis Pachydermoperiostose
pachyglossia Pachyglossie
pachymeningitis Pachymeningitis
pachyonychia Pachyonychie
pacing Pacing
Pacini´s corpuscles Pacini-Körperchen
pack Packung
package insert Packungsbeilage
paerianal perianal
Paget´s disease Paget-Krankheit
pain Schmerz
pain intervention Schmerzbehandlung
pain management Schmerzbehandlung
pain pathway Schmerzbahn
pain receptors Schmerzrezeptoren
pain threshold Schmerzschwelle
pain, chronic Schmerz, chronischer
palatal palatinus
palate Palatum
palatine tonsil Gaumentonsille
palatoglossal palatoglossus
palatopharyngeal palatopharyngeus
palatoplasty Palatoplastik
palatoschisis Palatoschisis
paleocerebellum Paläocerebellum
paleocortex Paläokortex
palilalia Palilalie
pallanesthesia Pallanästhesie
pallesthesia Pallästhesie
palliative treatmen Palliativbehandlung
pallid pallidus
palm Palma
palmar aponeurosis Palmaraponeurose
palmar erythema Palmarerythem
palmar reflex Palmarreflex
palmitic acid Palmitinsäure
palpable palpabel
palpation Palpation
palpatory percussion Perkussion, palpatorische
palpebra Palpebra
palpitation Palpitation
pan- pan-
panagglutination Panagglutination
panarteriitis Panarteriitis
panarthritis Panarthritis
pancarditis Pankarditis
pancreas Pankreas
pancreas scan Pankreasszintigraphie
pancreatectomy Pankreasresektion
pancreatic abscess Pankreasabszess
pancreatic cancer Pankreaskarzinom
pancreatic diabetes Pankreasdiabetes
pancreatic enzyme Pankreasenzym
pancreatic hormones Pankreashormone
pancreatic insufficiency Pankreasinsuffizienz
pancreatic juice Pankreassaft
pancreatin Pankreatin
pancreatitis Pankreatitis
pancreatogenic pankreatogen
pancreatography Pankreatographie
pancreatolithiasis Pankreolithiasis
pancytopenia Panzytopenie
pandemia Pandemie
panencephalitis Panenzephalitis
panhypopituitarism Panhypopituitarismus
panhypopituitarism Hypophysenunterfunktion

panic Panik
panic attack Panikattacke
panmyelosis Panmyelose
panniculitis Pannikulitis
panniculus Panniculus (adiposus)
pannus Pannus
panophthalmitis Panophthalmitis
panotitis Panotitis
panplegia Panplegie
panthenol Panthenol
pantomography Pantomographie
pantothenic acid Pantothensäure
papain Papain
Papanicolaou test Papanicolaou-Test
papilla Papille
papillary muscle Papillarmuskel
papilledema Papillenödem
papillitis Papillitis
papilloma Papillom
papillomatosis Papillomatose
papillomavirus Papillomavirus
papula Papel
papulosis Papulose
para- para-
paraballism Paraballismus
parabiosis Parabiose
paracelsian method Paracelsus-Methode
paracentesis Parazentese
paracentral parazentral
paracervical block Parazervikalblockade (PZB)
paracolpium Parakolpium
paracrine parakrin
paradigm Paradigma
paradoxic paradox
paradoxic breathing Atmung, paradoxe
paraffin Paraffin
paraffinoma Paraffinom
paraganglion Paraganglion (pl. Paraganglien)
paragraphia Paragraphie
parainfluenza virus Parainfluenzavirus
parakinesia Parakinese
Paralympics Parolympics
paralysis Paralyse
paralytic ileus Ileus, paralytischer
paramedic paramedizinisch
paramedicine Paramedizin
parameter Parameter
paramethasone acetate Paramethason
parametritis Parametritis
parametrium Parametrium
paramnesia Paramnesie
paramyxovirus Paramyxovirus
paranasal paranasal
paranasal sinus Nasennebenhöhle
paraneoplastic syndrome Syndrom, paraneoplastisches
paranoia Paranoia
paranoid paranoid
paranoid reaction Reaktion, paranoide
paranoid schizophrenia Schizophrenie, paranoide
paraparesis Paraparese
paraphasia Paraphasie
paraphilia Paraphilie
paraphimosis Paraphimose
paraphrenia Paraphrenie
paraplegia Paraplegie
parapraxia Parapraxie
paraprotein Paraprotein
parapsychology Parapsychologie
paraquat poisoning Paraquatvergiftung
parasite Parasit
parasitemia Parasitämie
parasympathetic Parasympathikus
parasympathomimetic Parasympathomimetika (pl.)
parasystole Parasystole
parathion poisoning Parathionvergiftung
parathyroid gland Nebenschilddrüse
parathyroid hormone Parathormon (PTH)
paratyphoid fever Paratyphus
paravenous paravenös
paravertebral paravertebral
paravertebral block Paravertebralblockade
parenchyma Parenchym
parenchymal cell Parenchymzelle
parental generation Elterngeneration, Parentalgeneration (P1)
parental role conflict Elternrollenkonflikt
parenteral parenteral
parenteral nutrition Ernährung, parenterale
parenting, altered Elterliche Fürsoge, veränderte
parents Eltern
paresis Parese
paresthesia Parästhesie
paries Paries (pl. Parietes)
parietal parietal
parietal bone Os parietale, Scheitelbein
parietal cells Belegzellen

parietal lobe Lobus parietalis, Scheitellappen
Parkinson´s disease Parkinson-Krankheit
parkinsonian tremor Parkinson-Tremor
parkinsonism Parkinsonismus
paromomycin sulfate Paromomycin
paronychia Paronychie
parosmia Parosmie
parosteosis Parostose
parotid gland Parotis, Ohrspeicheldrüse
parotidectomy Parotidektomie
parotitis Parotitis
parotitis prophylaxis Parotitisprophylaxe
paroxetine Paroxetin
paroxysm Paroxysmus
paroxysmal atrial tachycardia Vorhoftachykardie, paroxysmale
paroxysmal supraventricular tachycardia Tachykardie, paroxysmale supraventrikuläre
paroxysmal ventricular tachycaedia Tachykardie, paroxysmale ventrikuläre
pars Pars (pl. Partes)
parthenogenesis Parthenogenese
partial partial
partial pressure Partialdruck
partial pressure of carbon dioxide in arterial blood Kohlendioxidpartialdruck im arteriellen Blut
partial pressure of oxygen in arterial blood Sauerstoffpartialdruck im arteriellen Blut
partial thromboplastin time Thromboplastinzeit, partielle (PTT)
particle Partikel
parturition Partus
parvovirus B19 Parvovirus B19
Pascal Pascal (Pa)
pass facilitation Beurlaubung, Erleichterung der
passage Passage
passiflora Passionsblume
passive exercise Übungen, passive
passive immunity Immunität, passive
passive transport Transport, passiver
paste Paste
Pasteur effect Pasteur-Effekt
Pasteurella Pasteurella
pasteurization Pasteurisation
patch Patch
patella Patella
patellar reflex Patellarreflex
patent ductus arteriosus Ductus arteriosus apertus
paternity test Vaterschaftstest
path(o)- path(o)-
pathogen pathogen
pathogenesis Pathogenese
pathogenicity Pathogenität
pathognomonic pathognomonisch
pathologic pathologisch
pathologist Pathologe
pathology Pathologie
pathophysiology Pathophysiologie
patient Patient
patient contracting Vertragsabschluss mit Patienten
patient rights protection Patientenrechte, Schutz der
patient-controlled analgesia Patientenkontrollierte Analgesie (PCA)
pavor Pavor
pavor nocturnus Pavor nocturnus
peak Peak
Pearl-Index Pearl-Index (PI)
peau d´orange Orangenschalenhaut
pecten Pecten (pl. Pectines)
pectin Pektin
pectoral pektoral
pectoralis major Musculus pectoralis major; Brustmuskel, großer
pectus Pectus
pedagogy Pädagogik
pediatric pädiatrisch
pediatrician Pädiater
pediatrics Pädiatrie
pediculosis Pedikulose
Pediculus humanus capitis Pediculus humanus capitis
Pediculus humanus corporis Pediculus humanus corporis
pedigree Stammbaum
pedodontics Pädodontie
pedophilia Pädophilie
pedunculus Pedunculus
PEEP PEEP
peer group Peergroup
peer review Kollegen, Kontrolle von
Pel-Ebstein fever Pel-Ebstein-Fieber
pellagra Pellagra
pellet Pellet
pelotherapy Schlammbad
pelvic bones Beckenknochen
pelvic diameter Beckendurchmesser

pelvic diaphragm Diaphragma pelvis
pelvic floor Beckenboden
pelvic floor exercise Beckenbodengymnastik
pelvic girdle Beckengürtel
pelvic inlet Beckeneingang
pelvic outlet Beckenausgang
pelvic presentation Steißlage
pelvis Pelvis, Becken
pemphigoid Pemphigoid
pemphigus Pemphigus
penetrate penetrieren
penetration Penetration
penicillamine Penicillamin
penicillin Penicillin
penicillinase Penicillinase
penicillinase-resistant antibiotic Antibiotika, penicillinaseresistente (pl.)
penicillinase-resistant penicillin Penicillin, penicillinaseresistentes
Penicillium Penicillium
penile penil
penile cancer Peniskarzinom
penis Penis
penis envy Penisneid
pentachlorophenol poisoning Pentachlorphenolvergiftung
pentaerythritol tetranitrate Pentaerithrityltetranitrat
pentazocine hydrochloride Pentazocin
pentobarbital Pentobarbital
pentose Pentose
pentoxifylline Pentoxifyllin
peppermint Pfefferminz
pepsin Pepsin
pepsinogen Pepsinogen
peptic peptisch
peptic ulcer Ulcus ventriculi, Magengeschwür
peptid Peptid
peptidase Peptidase
Peptostreptococcus Peptostreptokokkus
per per
per os per os
per se per se
per- per-
percentile Perzentile
perception Wahrnehmung
perceptual defect Wahrnehmungsdefekt
percussion Perkussion
percutaneous perkutan
percutaneous transhepatic cholangiography Cholangiographie, perkutane transhepatische (PTC)
percutaneous transluminal angioplasty Angioplastie, perkutane transluminale (PTA)
percutaneous transluminal coronary angioplasty Koronarangioplastie, perkutane transluminale (PTCA)
perfectionism Perfektionismus
perforans perforans
perforate perforieren
perforating ulcer Ulkusperforation
perforation Perforation
perforation of stomach Magenperforation
perfusion Perfusion
perfusion lung scan Lungenperfusionsszintigraphie
peri- peri-
periadenitis Periadenitis
periapical periapikal
periarterial periarteriell
periarteritis Periarteriitis
periarthritis Periarthritis
periarticular periartikulär
pericardiac perikardial
pericardial effusion Perikarderguss
pericardiocentesis Perikardpunktion
pericardiotomy Perikardiotomie
pericarditis Perikarditis
pericardium Perikard
pericholangitis Pericholangitis
perichondrium Perichondrium
pericolitis Perikolitis
pericranium Perikranium
peridural anaesthesia Perduralanästhesie
peridural space Periduralraum
perifocal perifokal
perifolliculitis Perifollikulitis
perilymph Perilymphe
perimenopause Perimenopause
perimeter Perimeter
perimetrium Perimetrium
perinatal perinatal
perinatology Perinatologie
perineal perineal
perineal care Intimpflege
perineum Perineum, Damm
period Periode
periodic periodisch
periodic table Periodensystem (der Elemente)

periodontal periodontal
periodontitis Periodontitis
periodontium Periodontium
perioperative perioperativ
periostitis Periostitis
periostum Periost
peripheral peripher
peripheral arterial disease Gefäßerkrankung, periphere arterielle
peripheral nervous system Nervensystem, peripheres
peripheral neurovascular dysfunction Durchblutungsstörung, Risiko einer peripheren
peripheral sensation management Periphere Empfindungen, Umgang mit
peripheral vascular disease Gefäßerkrankung, periphere
peripheral vision Randsehen
perirectal perirektal
peristalsis Peristaltik
peritoneal peritoneal
peritoneal dialysis Peritonealdialyse
peritoneoscopy Peritoneoskopie
peritoneum Peritoneum
peritonitis Peritonitis
peritonsillar peritonsillär
peritonsillar abscess Peritonsillarabszess
periumbilical periumbilikal
periungual periungual
perivascular perivaskulär
perlingual perlingual
permanent permanent
permeability Permeabilität
permeable permeabel
pernicious perniziös
pernicious anemia Anämie, perniziöse
pero- pero-
perodactyly Perodaktylie
peromelia Peromelie
peroneal peronäal
peroneal muscular atrophy Peronäusmuskelatrophie
perphenazine Perphenazin
perseveration Perseveration
persistend persistierend
persona Persona
personal identity disturbance Identität, Störung der persönlichen
personality Persönlichkeit
personality disorder Persönlichkeitsstörung
personality test Persönlichkeitstest
perspiration Perspiration
pertussis Pertussis
pertussis vaccination Pertussisschutzimpfung
perversion Perversion
pes Pes
pes cavus Pes cavus, Hohlfuß
pes equinus Pes equinus, Spitzfuß
pes planus Pes planus, Plattfuß
pes valgus Pes valgus, , Knickfuß
pessar Pessar
pessimism Pessimismus
pesticid Pestizid
petechiae Petechien (pl.)
Petri dish Petri-Schale
petrification Petrifikation
petrissage Petrissage
petrolatum Petrolatum
petroleum jelly Vaselin
petting Petting
Peyer´s patches Peyer-Plaques (pl.)
phagocyte Phagozyt
phagocytosis Phagozytose
phakomatosis Phakomatose
phalanx Phalanx (pl. Phalangen)
phallic stage Phase, phallische
phallus Phallus
phantasm Phantasma (pl. Phantasmen)
phantom limb syndrome Phantomschmerz
pharmaceutic pharmazeutisch
pharmacodynamics Pharmakodynamik
pharmacokinetics Pharmakokinetik
pharmacologist Pharmakologe
pharmacology Pharmakologie
pharmacopoeia Pharmakopöe
pharmacy Pharmazie
pharyngeal tonsil Pharynxtonsille, Rachenmandel
pharyngitis Pharyngitis
pharyngoscope Pharyngoskop
pharyngoscopy Pharyngoskopie
pharynx Pharynx (pl. Pharyngen)
phase Phase
phenacetin Phenazetin
phenazophyridine hydrochloride Phenazopyridin
phencyclidine hydrochloride Phencyclidin
pheniramine maleate Pheniramin
phenobarbital Phenobarbital
phenol Phenol
phenol poisoning Phenolvergiftung

phenomenon Phänomen
phenothiazine Phenothiazin
phenotyp Phänotyp
phenoxybenzamine hydrochloride Phenoxybenzamin
phentolamine Phentolamin
phenyl Phenyl (Ph)
phenylalanine Phenylalanin (Phe)
phenylbutazone Phenylbutazon
phenylephrine hydrochloride Phenylephrin
phenylketonuria Phenylketonurie (PKU)
phenytoin Phenytoin
pheromome Pheromon
phimosis Phimose
phleb(o)- phleb(o)-
phlebectomy Phlebektomie
phlebography Phlebographie
phlebothrombosis Phlebothrombose
phlebotomy Phlebotomie
phlegmatic phlegmatisch
phobia Phobie
phocomelia Phokomelie
phon(o)- phon(o)-
phonation Phonation
phonetics Phonetik
phonocardiography Phonokardiographie
phonology Phonologie
phosphatase Phosphatase
phosphate Phosphat
phosphatemia Phosphatämie
phosphaturia Phosphaturie
phospholipase Phospholipase
phospholipid Phospholipid
phosphorus Phosphor (P)
phosphorus poisoning Phosphorvergiftung
phosphorylation Phosphorylierung
phot(o)- phot(o)-
photoallergic contact dermatitis Photodermatitis
photoallergy Photoallergie
photochemotherapy Photochemotherapie
photometer Photometer
photon Photon
photophobia Photophobie
photoreceptor Photorezeptor
photosensitive photosensibel
photosensitivity Photosensibilität
photosensitization Photosensibilisierung
photosynthesis Photosynthese
phototherapy Phototherapie
phototoxic phototoxisch
phototoxic contact dermatitis Kontaktdermatitis, phototoxische
phren Phrenes (pl.)
phrenic nerve Nervus phrenicus, Zwerchfellnerv
phrenology Phrenologie
Phthirus Phthirus
phthisis Phthisis
phylogeny Phylogenese
physiatrics Physiatrik
physical physisch
physical abuse Abusus, körperlicher
physical restraint Restriktionen, körperliche
physical therapist Physiotherapeut/in
physician support Arzt, Unterstützung des
physics Physik
physiognomy Physiognomie
physiologic physiologisch
physiologic saline solution Kochsalzlösung, physiologische
physiology Physiologie
physiotherapy Physiotherapie
phytogenesis Phytogenese
phytohemagglutinin Phytohämagglutinin (PHA)
pia mater Pia mater
Pick's disease Pick-Krankheit
pickwickian syndrome Pickwick-Syndrom
piebald Piebaldismus
piedra Piedra
pigment Pigment
pilocarpine hydrochloride Pilocarpin
pilomotor reflex Reflex, pilomotorischer
pilus Pilus (pl. Pili)
pindolol Pindolol
pineal body Corpus pineale, Zirbeldrüse
pinealoma Pinealom
pinocytosis Pinozytose
pinta Pinta
pipette Pipette
pituitarism Pituitarismus
pituitary gland Hirnanhangsdrüse
pityriasis Pityriasis
pivot transfer Pivot-Transfer
placebo Placebo
placebo effect Placeboeffekt
placenta Plazenta, Mutterkuchen
placenta previa Plazenta praevia
placental hormone Plazentahormon
placental infarct Plazentainfarkt
placental insufficiency Plazentainsuffizienz

placental thrombosis Plazentathrombose
plague Pest
plague vaccine Pestvakzine
plankton Plankton
planning Pflegeplanung
plantar plantar
plantar flexion Plantarflexion
plantar reflex Plantarreflex
plantar wart Fußwarze
plaque Plaque
plasma Plasma
plasma cell Plasmazelle
plasma expander Plasmaexpander
plasma membrane Plasmamembran
plasma protein Plasmaprotein
plasma volume Plasmavolumen
plasmacytoma Plasmozytom
plasmapheresis Plasmapherese
plasmid Plasmid
plasmin Plasmin
Plasmodium Plasmodium
plastic surgery Chirurgie, plastische
platelet Thrombozyt
platinum Platin (Pt)
Platyhelminthes Plathelminthes (pl.), Plattwürmer
platysma Platysma
play therapy Spieltherapie
pledget Tupfer
plethysmography Plethysmographie
pleura Pleura (pl. Pleuren), Brustfell
pleural cavitiy Pleurahöhle
pleural effusion Pleuraergusss
pleural friction rub Pleurareiben
pleurapneumonia Pleuropneumonie
pleurisy Pleuritis
pleurodynia Pleurodynie
plexus Plexus
plica Plica (pl. Plicae)
pluripara Pluripara
plutonium Plutonium (Pu)
pneum-/pneuma(to)- pneumo-/pneuma(to)
pneumatic tourniquet precautions Staumanschetten, Vorsichtsmaßnahmen bei der Benutzung von
pneumatocele Pneumatozele
pneumococcus Pneumokokkus (pl. Pneumokokken)
pneumoconiosis Pneumokoniose, Staublunge
pneumocystis pneumonia Pneumocystis-carinii-Pneumonie
pneumoencephalogrphy Pneumenzephalographie
pneumomediastinum Pneumomediastinum
pneumonectomy Pneumektomie
pneumonia Pneumonie, Lungenentzündung
pneumonia prophylaxis Pneumonieprophylaxe
pneumonitis Pneumonitis
pneumopericardium Pneumoperikard
pneumoperitoneum Pneumoperitoneum
pneumothorax Pneumothorax
poikilocytosis Poikilozytose
poikiloderma Poikilodermie
poison Gift
poisoning, risk of Vergiftungsgefahr
polarity Polarität
polarization Polarisation
polioencephalitis Polioenzephalitis
polioencephalopathy Polioenzephalopathie
poliomyelitis Poliomyelitis; Kinderlähmung, spinale
poliosis Poliose
poliovirus Poliovirus
poliovirus vaccine Poliovirusvakzine
pollakiuria Pollakisurie
pollen Pollen
pollex Pollex (pl. Pollices)
poly- poly-
polyarthritis Polyarthritis
polychromasia Polychromasie
polycythemia Polyzythämie
polycythemia rubra vera Polycythaemia rubra vera
polydactyly Polydaktylie
polydipsia Polydipsie
polymenorrhea Polymenorrhö
polymer Polymer
polymerase Polymerase
polymorphism Polymorphismus
polymyalgia rheumatica Polymyalgia rheumatica
polymyositis Polymyositis
polymyxin Polymyxin
polyneuritis Polyneuritis
polyneuropathy Polyneuropathie
polynuclear polynukleär
polyopia Polyopie
polyp Polyp

polypeptide Polypeptid
polypharmacy Polypragmasie
polyploidy Polyploidie
polyposis Polypose
polysaccaride Polysaccharid
polysomy Polysomie
polythiazide Polythiazid
polyunsaturated ungesättigt, vielfach
polyuria Polyurie
polyvinyl chloride Polyvinylchlorid (PVC)
pons Pons
popliteal popliteal
popliteal artery Arteria poplitea
population Population
porosis Porose
porous porös
porphobilinogen Porphobilinogen
porphyria Porphyrie
porphyrin Porphyrin
portal portal
portal hypertension Hypertonie, portale; Pfortaderhochdruck
portal vein Vena portae, Pfortader
positioning Lagerung
positive positiv
positive end expiratory pressure Positiv endexpiratorischer Druck (PEEP)
positive feedback Feedback, positives
positron Positron
positron emission tomography Positronenemissionstomographie
post- post-
postanesthesia care Postanästhestische Pflege
postcoital postkoital
posterior posterior
posterior Achilles bursitis Achillobursitis
posterioranterior posterior-anterior (p-a)
posteriorinferior posteriorinferior
posterolateral posterolateral
postganglionic postganglionär
postictal postiktal
postmature infant Säugling, übertragener
postmaturity Übertragung
postmortem postmortal
postmortem care Postmortem Pflege
postmyocardial infarction syndrome Postmyokardinfarkt-Syndrom
postoperative postoperativ
postoperative care Pflege, postoperative
postoperative ileus Ileus, postoperativer
postpartal care Pflege, postpartale
postpartal care Postpartale Pflege
postpartal depression Wochenbettdepression
postpartum postpartal
postpartum psychosis Wochenbettpsychose
postprandial postprandial
postpuberal postpuberal
postrenal postrenal
postsynaptic postsynaptisch
posttrauma response Posttraumatische Reaktion
posttraumatic posttraumatisch
posttraumatic stress disorder Stresssyndrom, posttraumatisches
postulate Postulat
postural drainage Lagerungsdrainage
postvaccinal postvakzinal
potassium Kalium (K)
potassium chloride Kaliumchlorid (KCl)
potassium iodide Kaliumiodid
potency Potenz
potential Potential
potentiate potenzieren
pouch Pouch
powder Pulver
powerlessness Ohnmacht
poxvirus Poxvirus
praecox praecox
pragmatism Pragmatismus
prandial prandial
Prausnitz-Küstner test Prausnitz-Küstner-Versuch
prazepam Prazepam
prazosin hydrochlorid Prazosin
pre- prä-
precancerous präkanzerös
precardium Präkordium
precipitate ausfällen, präzipitieren
precipitate delivery Sturzgeburt
precipitation Präzipitation
precipitin Präzipitin
preclinical präklinisch
precocious puberty Pubertas praecox
preconception counseling Schwangerschaftsberatung
preconsciousness Vorbewusstsein
precordial präkordial
precordial pain Präkardialschmerz
predisposing prädisponierend
predisposition Prädisposition
prednisolone Prednisolon
prednison Prednison

preeclampsia Präeklampsie
preexcitation Präexzitation
pregnancy Schwangerschaft
pregnancy termination care Pflege, bei Schwangerschaftsabbruch
preload Vorlast
premalignant prämaligne
premature infant Frühgeborenes
prematurity Prämaturität
premedication Prämedikation
premenopausal prämenopausal
premenstrual prämenstruell
premenstrual syndrome Syndrom, prämenstruelles (PMS)
premortal prämortal
prenatal pränatal
prenatal care Pränatale Pflege
prenatal development Entwicklung, pränatale
prenatal diagnosis Pränataldiagnostik
preoperative präoperativ
preoperative care Pflege, präoperative
preoperative coordination Präoperative Koordination
preparatory sensory information Informationsvorbereitung, sensorische
prepartum präpartal
prepattelar präpatellar
preprandial präprandial
prepuberty Präpubertät
prepuce Präputium
prerenal prärenal
presbyacusis Presbyakusis, Altersschwerhörigkeit
presbycardia Presbykardie
presbyopia Presbyopie, Alterssichtigkeit
Presence Präsenz
presenile präsenil
preservative Konservierungsmittel
pressure Druck
pressure dressing Druckverband
pressure management Druckentlastung
pressure point Druckpunkt
pressure ulcer Druckulkus (pl. Druckulzera)
pressure ulcer Dekubitus
pressure ulcer care Pflege, bei Druckulzera
pressure ulcer prevention Druckulzera, Vorbeugung gegen
pressure ulcer prophylaxis Dekubitusprophylaxe
presynaptic präsynaptisch
presystole Präsystole
presystolic murmur Geräusch, präsystolisches
prevalence Prävalenz
prevention Prävention
priapism Priapismus
prilocaine hydrochloride Prilocain
primaguine phosphate Primaquin
primal scream therapy Urschreitherapie
primary primär
primary gain Krankheitsgewinn, primärer
primary lesion Primäraffekt
primary nursing Primary nursing
primary prevention Primärprävention
primary process Primärprozess
primary tuberculosis Primärtuberkulose
primary tumor Primärtumor
primate Primat
primidone Primidon
primipara Primipara
primitive primitiv
primitive reflex Primitivreflex
primordial primordial
primordial follicle Primordialfollikel
principe Prinzip
prion Prion
prism Prisma
privacy Privatsphäre
private duty nurse Sitzwache
probability Wahrscheinlichkeit
problem Problem
problem-solving approach to patient-centered care Problemlösungsansatz der patientenzentrierten Pflege
procaine hydrochloride Procain
procarbazine hydrochloride Procarbazin
process Prozess
proctalgia Proktalgie
proctitis Proktitis
proctocolectomy Proktokolektomie
proctologist Proktologe
proctology Proktologie
proctoscope Proktoskop
proctoscopy Proktoskopie
procyclidine hydrochloride Procyclidin
prodromal prodromal
prodromal phase Prodromalphase
prodromal symptom Prodromalsymptom
prodrug Pro-Drug
product evaluation Produktevaluation
productive cough Husten, mit Auswurf
profile Profil

profunda profund(us)
progeria Progerie
progesterone Progesteron
progestin, gestagen Gestagen
proglottid Proglottid
prognathism Prognathie
prognosis Prognose
prognosticate prognostizieren
progression Progression
progressive progredient, progressiv
progressive muscle relaxation Muskelrelaxation, progressive
progressive relaxation Entspannung, progressive
proinsulin Proinsulin
projection Projektion
prokaryote Prokaryont
prolactin Prolaktin (PRL)
prolaps Prolaps
prolaps of rectum Rektumprolaps
prolaps of uterus Uterusprolaps
proliferate proliferieren
proliferation Proliferation
proliferative phase Proliferationsphase
promethazine hydrochloride Promethazin
prominent prominent
promotor Promotor
promyelocyte Promyelozyt
pronate pronieren
pronation Pronation
pronephros Pronephros
propagation Propagation
prophase Prophase
prophylactic prophylaktisch
prophylaxis Prophylaxe
prophylaxis against rachitis Rachitisprophylaxe
Propionibacterium Propionibakterium
propionic acid Propansäure, Propionsäure
propionicacidemia Propionazidämie
proportional proportional
proposition Proposition
propranolol hydrochloride Propranolol
proprioception Propriozeption
proprioceptive propriozeptiv
proprioceptor Propriozeptor
propulsion Propulsion
propylthiouracil Propylthiouracil
prosencephalon Prosenzephalon
prospective study Prospektivstudie
prostacyclin Prostazyklin
prostaglandin Prostaglandin
prostaglandin inhibitor Prostaglandinsynthese-Hemmer
prostate Prostata, Vorsteherdrüse
prostate calculus Prostatastein
prostate cancer Prostatakarzinom
prostatectomy Prostatektomie
prostatitis Prostatitis
prosthesis Prothese
prosthesis care Prothesenpflege
prostration Prostration
protamine sulfate Protaminsulfat
protease Protease
protection, altered Selbstschutz, veränderter
protective protektiv
protein Protein, Eiweiß
protein kinase Proteinkinase
protein metabolism Proteinstoffwechsel
protein-energy malnutrition Protein-Energie-Malnutrition
proteinemia Proteinämie
proteinuria Proteinurie
proteolysis Proteolyse
Proteus Proteus
prothrombin Prothrombin
prothrombin time Prothrombinzeit
proton Proton
protoplasm Protoplasma
protoporphyrin Protoporphyrin
protozoa Protozoen (pl.)
protrusion Protrusion
protuberance Protuberanz
proud flesh Fleisch, wildes
provitamin Provitamin
proximal proximal
prurigo Prurigo
pruritus Juckreiz
pruritus Pruritus
pruritus ani Pruritus ani
pruritus vulvae Pruritus vulvae
pseud(o)- pseud(o)-
pseudobulbar paralysis Pseudobulbärparalyse
pseudocyesis Pseudogravidität
pseudocyst Pseudozyste
pseudodementia Pseudodemenz
pseudogravidity Scheinschwangerschaft
pseudohermaphroditism Pseudohermaphroditismus
pseudohyperparathyroidism Pseudohyperparathyreoidismus
pseudoileus Pseudoileus

pseudolymphoma Pseudolymphom
pseudomembrane Pseudomembran
pseudomenstruation Pseudomenstruation
pseudomnesia Pseudomnesie
Pseudomonas Pseudomonas
pseudomyxoma Pseudomyxom
pseudoparalysis Pseudoparalyse
pseudopuberty Pseudopubertät
pseudostrabismus Pseudostrabismus
pseudotubercle Pseudotuberkel
pseudotuberculosis Pseudotuberkulose
pseudotumor Pseudotumor
psilocybin Psilocybin
psittacosis Psittakose, Papageienkrankheit
psoas major Musculus psoas major; Lendenmuskel, großer
psoralen Psoralen
psoriasis Psoriasis, Schuppenflechte
psych(o)- psych(o)-
psyche Psyche
psychedelic psychedelisch
psychiatric psychiatrisch
psychiatrist Psychiater
psychiatry Psychiatrie
psychic pain Schmerz, psychischer
psychic trauma Trauma, psychisches
psychoanalysis Psychoanalyse
psychodiagnosis Psychodiagnose
psychodrama Psychodrama
psychodynamics Psychodynamik
psychogenesis Psychogenie
psychohygiene Psychohygiene
psychologist Psychologe
psychology Psychologie
psychometrics Psychometrie
psychomotor development Entwicklung, psychomotorische
psychomotoricity Psychomotorik
psychoneuroimmunology Psychoneuroimmunologie
psychooncology Psychoonkologie
psychopath Psychopath
psychopathology Psychopathologie
psychopathy Psychopathie
psychopharmacology Psychopharmakologie
psychophysics Psychophysik
psychophysiolgy Psychophysiologie
psychoprophylaxis Psychoprophylaxe
psychosis Psychose
psychosocial development Entwicklung, psychosoziale
psychosomatic psychosomatisch
psychosomatic medicine Medizin, psychosomatische
psychosurgery Psychochirurgie
psychotherapist Psychotherapeut
psychotherapy Psychotherapie
psychotic psychotisch
psychotomimetics Psychotomimetika (pl.)
psychotropic drugs Psychopharmaka (pl.)
pterygium Pterygium
ptomaine Ptomain, Leichengift
ptosis Ptose
ptyalin Ptyalin
ptyalism Ptyalismus
pubarche Pubarche
puberty Pubertät
pubic hair Schamhaar
pubic symphysis Scham(bein)fuge
pubic symphysis Symphysis pubica
pubis Os pubis, Schambein, Pubes
public health Public Health
pudendal block Pudendusanästhesie
pudendal nerve Nervus pudendus, Schamnerv
pudendum Pudendum
puerilism Puerilismus
puerpera Puerpera
puerperal fever Puerperalfieber, Wochenbettfieber, Kindbettfieber
puerperal sepsis Puerperalsepsis, Wochenbettsepsis
puerperium Puerperium, Wochenbett
Pulex Pulex
pulmo- pulmo-
pulmonary pulmonal
pulmonary (artery) wedge pressure Wedge-Druck, pulmonal(arteriell)er
pulmonary alveolus Lungenalveolen (pl.), Lungenbläschen
pulmonary artery Arteria pulmonalis, Lungenschlagader
pulmonary atresia Pulmonalatresie
pulmonary circulation Lungenkreislauf
pulmonary congestion Stauungslunge
pulmonary edema Lungenödem
pulmonary embolism Lungenembolie
pulmonary emphysema Lungenemphysem
pulmonary function test Lungenfunktionsprüfung
pulmonary hypertension Hypertension, pulmonale
pulmonary infarction Lungeninfarkt

pulmonary insufficiency Pulmonal(klappen)insuffizienz
pulmonary stenosis Pulmonalstenose
pulmonary valve Pulmonalklappe
pulmonary vein Vena pulmonalis, Lungenvene
pulpitis Pulpitis
pulsate pulsieren
pulse Puls
pulse deficit Pulsdefizit
pulse pressure Pulsdruck
pulse rate Pulsfrequenz
pulsus alternans Pulsus alternans
pulsus paradoxus Pulsus paradoxus
pulsus parvus et tardus Pulsus parvus et tardus
pulsus tardus Pulsus tardus
punch biopsy Stanzbiopsie
punctum lacrimale Tränenpunkt
puncture Punktion
pupil Pupille
purgative Abführmittel
purin-free diet Kost/Ernährung, purinfreie
purine Purin
purine base Purinbase
Purkinje´s cells Purkinje-Zellen
Purkinje´s fibers Purkinje-Fasern
purpura Purpura
purpura senile Purpura senilis
purulant purulent
purulence Purulenz
purulent inflammation Entzündung, purulente
pus Pus (pl. Pura), Eiter
pustule Pustel
putamen Putamen, Schalenkern
putrefaction Putrefaktion, Fäulnis
putrescine Putrescin
putrid putrid
py(o)- py(o)-
pyel(o)- pyel(o)-
pyelogram Pyelogramm
pyelonephritis Pyelonephritis
pyelostomy Pyelostomie
pygmalianism Pygmalianismus
pyknic pyknisch
pyknosis Pyknose
pyloric sphincter Pylorussphinkter
pyloric stenosis Pylorusstenose
pylorospasm Pylorospasmus
pylorotomy Pylorotomie
pylorus Pylorus (pl. Pylori)
pylorus Magenpförtner
pyoderma Pyodermie
pyogenic pyogen
pyogenic infection Infektion, pyogene
pyonephrolithiasis Pyonephrolithiasis
pyorrhea Pyorrhö
pyospermia Pyospermie
pyothorax Pyothorax
pyramid Pyramide
pyramidal cell Pyramidenzelle
pyramidal sign Pyramidenbahnzeichen
pyramidal tract Pyramidenbahn
pyrantel pamoate Pyrantel
pyrazinamide Pyrazinamid
pyretic pyretisch
pyretics Pyretika (pl.)
pyridostigmine bromide Pyridostigmin
pyridoxine Pyridoxin
pyrimethamine Pyrimethamin
pyrimidine Pyrimidin
pyrogen Pyrogen
pyromania Pyromanie
pyrosis Pyrosis
pyruvate kinase Pyruvatkinase
pyuria Pyurie

Q

Q fever Q-Fieber, Queenslandfieber, Balkangrippe, Balkanfieber
Q wave Q-Zacke
Qi Gong Qigong
QRS complex Kammerkomplex
QRS complex QRS-Komplex
quad coughing Abhusthilfe
quadr- tetra-
quadr- quadr-
quadrant Quadrant
quadrant hemianopsia Quadrantenhemianopsie
quadriceps femoris Musculus quadriceps femoris
quadrigeminal quadrigeminus
quadrigeminal pulse Puls, quadrigemischer
quadrilateral socket Gelenkpfanne, künstliche, vierseitige
quadriplegia Quadriplegie, Tetraplegie
qualitative qualitativ
qualitative melanin test Melanintest, qualitativer

quality assessment measures Qualitätssicherung
quality control Qualitätskontrolle, Qualitätsüberwachung
quality management Qualitätsmanagement
quality monitoring Qualitätssicherung
quality of life Lebensqualität
quantitative quantitativ
quarantine Quarantäne
Queckenstedt's test Queckenstedt-Test, Queckenstedt-Zeichen
Quengle cast Quengelstützverband
querulous paranoia Querulantenwahn
Quick's test Quick-Test
quickening Kindsbewegungen, erste
quiet alert Wachphase, ruhige
quinine Chinin
Quinke's disease Quincke-Ödem
quintuplet Fünfling

R

R-R interval R-R-Intervall
rabies Rabies, Tollwut
rabies immune globulin Anti-Rabies-Gammaglobulin
rabies immune globulin Tollwut-Immunglobulin
rabies vaccine Tollwut-Vakzin
race Rasse
rachi(o)- rachi(o)-
rachitic rachitisch
rachitic dwarf Zwerg, rachitischer
rachitis Rachitis
racial immunity Immunität, rassenabhängige
radial radial(is)
radial artery Arteria radialis
radial nerve Nervus radialis
radial nerve palsy Radialisparese, Radialisparalyse, Radialislähmung
radial pulse Radialispuls
radial reflex Radius(periost)reflex (RPR)
radiant energy Strahlungsenergie
radiant heat Strahlungswärme
radiation Strahlung, Radiatio, Radiation
radiation detector Strahlendetektor
radiation exposure Strahlenbelastung, Strahlenexposition
radiation hygiene Strahlenhygiene
radiation protection Strahlenschutz
radiation sickness Strahlenkrankheit
radiation symbol Symbol für radioaktive Strahlung
radiation therapy management Bestrahlungstherapie
radical radikal, Radikal
radical surgery Radikaloperation
radicular radikulär, radicularis
radiculitis Radikulitis, Wurzelentzündung
radioactive contamination Kontamination, radioaktive
radioactive contrast media Kontrastmittel, radioaktives; Röntgenkontrastmittel
radioactivity Radioaktivität
radioallergosorbent test Radioallergosorbenttest, RAST
radiobiology Radiobiologie, Strahlenbiologie
radiochemistry Radiochemie
radiography Röntgenuntersuchung, Röntgenographie, Radiographie
radioiodine Radioisotop, Radiojod
radiologist Radiologe, Röntgenologe
radiology Radiologie, Strahlenkunde
radiotherapy Radiotherapie
radium Radium (Ra)
radius Radius (pl. Radii)
radon Radon (Rn)
ramus Ramus, pl. Rami
randomization Randomisierung
range of accommodation Akkomodationsbreite
range-of-motion exercise Bewegungspielraumsübung
ranitidine Ranitidin
Ranvier's node Ranvier-Schnürring
rape Vergewaltigung
rape counseling Vergewaltigungsberatung
rape-trauma syndrome Vergewaltigungssyndrom
rapid eye movement sleep REM-Schlaf, Traumschlaf
raptus Raptus
rasperry tongue Himbeerzunge, Erdbeerzunge
rat-bite fever Haverhill-Fieber, Rattenbisskrankheit, Sodoku
rate-responsive pacer Herzschrittmacher, bedarfsgesteuerter
rationalization Rationalisierung
rattle Rasseln
rauwolfia alkaloid Rauwolfia-Alkaloid

Raynaud's phenomenon Raynaud-Phänomen
reabsorption Reabsorption, Rückresorption
reaction Reaktion
reaction formation Reaktionsbildung
reaction time Reaktionszeit
reactive Depression Depression, reaktive
reactive hypoglycemia Hypoglykämie, reaktive
reactive inflammation Entzündung, reaktive
Read method Read-Methode, Dick-Read-Methode
reading disorder Leseschwäche
reagent Reagens, pl. Reagenzien, Reagentia
reaginic antibody Reagin
reality orientation Realitätsorientierung
reality principle Realitätsprinzip
reality therapy Realitätstherapie
rebirthing Wiedergeburt
rebound phenomenon Rebound-Effekt
rebound tenderness Loslassschmerz, Blumberg-Zeichen
rebreathing Rückatmung
rebreathing bag Beatmungsbeutel
recapitulation theory Rekapitulationstheorie
receiver Receiver
receptive aphasia Aphasie, rezeptive
receptor Rezeptor
receptor theory of drug action Rezeptortheorie der Drogenwirkung
recessive rezessiv
recessive gene Gen, rezessives
recessive trait Merkmal, rezessives
recidivism Rezidiv
reciprocal reziprok
Recklinghausen's canals Recklinghausen-Kanäle
Recklinghausen's tumor Neurofibromatose, Recklinghausen-Krankheit
recommended dietary allowances Ernährungsempfehlungen
recovery room Aufwachraum
recreation therapy Erholungstherapie
recreational drug Freizeitdroge
recreational therapy Freizeittherapie
recrudescence Rekrudeszenz
rectal abscess Abszess, rektaler
rectal anesthesia Rektalnarkose
rectal instillation of medication Medikation, rektale
rectal prolapse management Analprolaps, Pflege bei
rectal reflex Reflex, rektaler
rectal temperature Rektaltemperatur
rectocele Rektozele
rectosigmoid rektosigmoid
rectosigmoidoscopy Rektosigmoidoskopie
rectovaginal fistula Mastdarm-Scheiden-Fistel, Rektovaginalfistel
rectovaginal ligament Ligament, rektovaginales
rectovaginal septum Septum, rektovaginales
rectovesical rectovesikal(is)
rectum Rektum
rectus abdominis Musculus rectus abdominis
rectus femoris Musculus rectus femoris
recurvatum Überstreckung
red blood cell count Erythrozytenzählung
red marrow Knochenmark, rotes
red neck syndrome Rothals-Syndrom
reducible hernia Hernie, reponierbare
reduction Reduktion
reduction diet Reduktionsdiät
reference group Bezugsgruppe
referral Überweisung / Verlegung
referred pain Schmerz, übertragener
refined birth rate Geburtenrate, bereinigte
reflex Reflex
reflex action Reflexhandlung
reflex apnea Apnoe, reflektorische
reflex arc Reflexbogen
reflex center Reflexzentrum
reflex hammer Perkussionshammer
reflex incontinence Reflexinkontinenz
reflexology Reflexzonenmassage
reflexotherapy Reflextherapie
reflux Reflux
reflux esophagitis Refluxösophagitis
reflux gastritis Refluxgastritis
reflux laryngitis Refluxlaryngitis
refraction Refraktion
refraction of eye Refraktion des Auges
refractive error Refraktionsanomalie, Brechungsfehler, Refraktionsfehler
refractory period Refraktärperiode
refusal of treatment Behandlungsverweigerung
regeneration Regeneration

regime Regime
regime Therapieplan
regional regional(is), regionär
regional anesthesia Regionalanästhesie
regression Regression
regular insulin Altinsulin
regurgitant murmur Strömungsgeräusch bei Klappeninsuffizienz
regurgitation Regurgitation
rehabilitation Rehabilitation (Reha)
rehabilitation center Rehabilitationszentrum
rehydration Rehydrierung, Rehydratation
Reiki therapy Reiki-Therapie
reinfection Reinfektion
rejection Abstoßungsreaktion
relapse Rückfall
relapsing fever Rückfallfieber
relative risk Risiko, relatives
relative sterility Sterilität, relative
relaxant Relaxans
relaxation Relaxation
relaxation therapy Entspannungstherapie
release therapy Loslasstherapie
releasing hormone (RH) Releasingfaktor, Releasinghormon
relief area Entlastungsregion
relocation stress syndrome Verlegungsstress-Syndrom
reminiscence therapy Erinnerungstherapie
remission Remission
remittent fever Fieber, remittierendes
remotivation group Motivationsgruppe
renal renal
renal artery Arteria renalis
renal calculus Nephrolith, Nierenstein
renal calyx Calix renalis, Nierenkelch
renal capsule Capsula adiposa
renal colic Nierenkolik
renal cortex Cortex renis, Nierenrinde
renal dialysis Dialyse-Verfahren
renal diet Nierendiät
renal failure Niereninsuffizienz
renal hematuria Hämaturie, renale
renal hypertension Hypertonie, renale
renal pelvis Nierenbecken
renal pyramids Nierenpyramiden
renal transplantation Nierentransplantation
renal tubular acidosis Azidose, renale tubuläre
renal tubules Tubuli renales, Nierenkanälchen
renin Renin
rennin Rennin
reovirus Reovirus
reperfusion Reperfusion
replacement therapy Substitutionstherapie
replacement transfusion Substitutionstransfusion
replication Replikation
report Dienstübergabe
reportable diseases Krankheiten, meldepflichtige
repositioning Reponieren
repression Repression
reproduction Reproduktion
reproductive system Reproduktionssystem, Fortpflanzungssystem
research data collection Forschungsdaten, Erfassung von
resect resezieren
resection Resektion
reserpine Reserpin
reserve Reserve
reserve capacity Reservekapazität, Reserveluft, Reservevolumen
resident bacteria Bakterium, residentes
residual residual
residual urine Residualharn, Restharn
residual volume Residualvolumen, Residualluft
resistance Resistenz, Widerstand
resocialization Resozialisierung
resolution Resolution
resorb resorbieren
resorcinol Resorzin
resorption Resorption
respiration Respiration
respirator Respirator
respiratory acidosis Azidose, respiratorische
respiratory alkalosis Alkalose, respiratorische
respiratory arrest Apnoe
respiratory assessment Atmungsbeurteilung
respiratory center Atemzentrum
respiratory depressant Atemsedativum
respiratory depression Atemdepression
respiratory distress syndrome of the newborn Atemnotsyndrom des Neugeborenen (RDS)

respiratory failures Atemstörungen
respiratory insufficiency Ateminsuffizienz
respiratory monitoring Atemfunktion, Überwachung der
respiratory muscles Atemmuskulatur
respiratory rate Atemfrequenz
respiratory standstill Atemstillstand
respiratory syncytial virus RS-Virus
respiratory therapy Atemgymnastik, Atemtherapie
respiratory tract Respirationstrakt, Atmungsapparat
respiratory tract infection Atemwegsinfektion
respirometer Respirometer
respite care Vertretungsbetreuung
resting potential Ruhepotenzial
resting tremor Ruhetremor
restless legs syndrome Restless-Leg-Syndrom
resuscitation Reanimation
resuscitator Reanimator
retardation Retardierung
retarded ejaculation Ejaculatio retarda
retention Retention
retention enema Retentionseinlauf
retention of urine Harnverhaltung
reticular retikulär, reticularis
reticulocyte Retikulozyt
reticuloendothelial cell Zelle, retikuloendotheliale
reticuloendothelial system retikuloendotheliales System (RES)
retina Retina
retinal detachment Ablatio retinae, Netzhautablösung
retinitis Retinitis
retinoblastoma Retinoblastom
retinopathy Retinopathie
retinoscopy Retinoskopie
retracted nipple Schlupfwarze
retro- retro-
retroauricular retroaurikulär, retroauricularis
retrobulbar pupillary reflex Pupillenreflex, retrobulbärer
retroflexion Retroflexion
retrograde retrograd
retrograde amnesic Amnesie, retrograde
retrograde ejaculation Ejakulation, retrograde
retrograde infection Infektion, retrograde
retrolental fibroplasia Fibroplasie, retrolentale
retroperitoneal retroperitoneal
retroperitoneal abscess Abszess, retroperitonealer
retrovirus Retrovirus
revasclularization Revaskularisation
reverse isolation Schutzisolation
reverse transcriptase Reverse Transkriptase
reverse Trendelenburg Anti-Trendelenburg-Lage
reversible reversibel
Rh antiserum Rh(esus)-Antiserum
Rh factor Rhesusfaktor
Rh incompatibility Rh-Inkompatibilität
rh(esus) sensitization Rh(esus)-Sensibilisierung
rh-erythroblastosis Rh-Erythroblastose
RhO(D) immune globulin Anti-D-Immunglobulin
rhagades Rhagaden
rheology Rheologie
rheometry Rheometrie
rheumatic fever Polyarthritis rheumatica acuta, Rheumatisches Fieber
rheumatism Rheumatismus, Rheuma
rheumatoid arthritis Polyarthritis, progressiv-chronische; Rheumatoidarthritis
rheumatoid factors Rheumafaktoren
rheumatology Rheumatologie
rhinalgia Rhinalgie
rhinitis Rhinitis, Schnupfen
rhinology Rhinologie
rhinopathy Rhinopathie
rhinorrhagia Rhinorragie
rhinoscopy Rhinoskopie, Nasenhöhlenspiegelung
rhinovirus Rhinovirus
rhonchus Rhonchus, pl. Rhonchi
rib Rippe
rib fracture Rippenfraktur
rib shaking Rippenrütteln
rib vibration Rippenvibration
riboflavin Riboflavin
ribonucleic acid Ribonukleinsäure (RNS)
ribose Ribose
ribosome Ribosom
rice diet Reisdiät
Rickettsia Rickettsien
rickettsiosis Rickettsiosen

right atrial catheter Vorhofkatheter, rechter
right lymphatic duct Ductus lymphaticus dexter; Hauptlymphgang, rechter
right ventricle Herzkammer, rechte
right-heart failure Rechtsherzinsuffizienz
right-to-left shunt Rechts-Links-Shunt
rigidity Rigidität
rigor Rigor
rigor mortis Rigor mortis, Totenstarre
rima Rima
ring removal from swollen finger Ring abnehmen, bei geschwollenen Fingern
Ringer's lactate solution Ringer-Laktat-Lösung
risk factor Risikofaktor
Risk Identification Risikobestimmung
risk management Risiko-Management
Riva-Rocci-method Riva-Rocci-Methode
rivus lacrimalis Rivus lacrimalis, Tränenkanal
RNA viruses RNS-Viren
rod Stäbchen
rod-monochromasy Stäbchenblindheit
rods and cones Stäbchen und Zapfen
roentgen Röntgen (Rö)
role Rolle
role enhancement Rollenausübung, Verbesserung der
role performance, altered Rollenerfüllung, gestörte
role playing Rollenspiel
role reversal Rollentausch
role strain Rollenbelastung
roller bandage Rollbinde
rooming-in Rooming-in
root Wurzel
rooting reflex Brustsuchen, reflektorisches
roseola infantum Roseola infantum
rotation Rotation
rotator Rotator
rotavirus Rotavirus
Rotokinetic treatment table Rotorest-Bett
round ligament Ligamentum teres
round Visite
Rovsing's sign Rovsing-Zeichen
rubber-band ligation Gummiligatur
rubella Rubella, Röteln, Rubeola
rubella and mumps virus vaccine Röteln-Mumps-Vakzin
rubella embryopathy Rötelnembryopathie
rubella titer Röteln-Titer
rubella virus vaccine Röteln-Vakzine
ruber ruber
rubor Rubor
rudiment Rudiment
Ruffini's corpuscles Ruffini-Körperchen
ruga Ruga, pl. Rugae
rupture Ruptur, rupturieren
rupture of uterus (in pregnancy) Uterusruptur (in der Schwangerschaft)

S

S-T segment S-T-Phase
SA node SA-Knoten
saccharides Saccharide
saccharin Saccharin
saccule Sacculus; Aussackung, kleine; Säckchen
sacral nerves Nervi sacrales, Sakralnerven
sacral node Lymphknoten, sakraler
sacroiliac sakroiliakal, iliosakral
sacroiliac articulation Iliosakralgelenk
sacrum Sakrum
saddle joint Sattelgelenk
sadism Sadismus
safe sex Safer Sex
sagittal sagittal
sagittal plane Sagittalebene
salaam convulsions Blitz(-Nick-Salaam)-Krämpfe, BNS-Krämpfe
salicylic acid Salicylsäure
saline salinisch
saline solution Kochsalzlösung
saliva Saliva, Speichel
salivary glands Glandulae salivariae, Speicheldrüsen
Salmonella enteritidis Salmonella enteritidis
salmonellosis Salmonellose
salpingectomy Salpingektomie
salpingitis Salpingitis
salpingo- salpingo-
salpingo-oophorectomy Salpingoophorektomie
salpingo-oophoritis Salpingo-oophoritis
salpingography Salpingographie
salpinx Salpinx (pl. Salpinges)
salt depletion Salzverlust, Salzmangel
salt fever Durstfieber
salt-poor diet Diät, salzarme
saltatory conduction Erregungsleitung, saltatorische

Samonella Salmonella
sand bath Sandbad
sanguine sanguinisch
sanguineous sanguino-
sanies Ausfluss, blutiger
sanitation Sanitation
saphenous nerve Nervus saphenus
sapo Sapo
saquinavir Saquinavir
sarcocarcinoma Sarkokarzinom
sarcoidosis Sarkoidose
sarcoma Sarkom
sarcomere Sarkomer
sarcoplasm Sarkoplasma
sarko sarko-
sartorius Musculus sartorius, Sartorius, Schneidermuskel
satiety Sattheit
satiety center Sättigungszentrum
saturated fatty acids Fettsäuren, gesättigte
saturated solution Lösung, gesättigte
saturation Sättigung
scabies Skabies, Krätze
scald Verbrühung
scale Schuppe
scalp Kopfschwarte
scalpel Skalpell
scanning electron microscope Rasterelektronenmikroskop
scapula Skapula, Schulterblatt
scapular reflex Schulterblattreflex
scarlet fever Scharlach
scatemia Autointoxikation, intestinale
scatology Skatologie
Scheuermann's disease Morbus Scheuermann
Schick test Schick-Probe
schistocelia Schistocoelia
schistocystis Schistocystis, Blasenekstrophie
schistosomiasis Bilharziose, Schistosomiase
schistothorax Schistothorax
schizoaffective disorder Psychose, schizoaffektive
schizoid schizoid
schizoid personality Persönlichkeit, schizoide
schizoid personality disorder Persönlichkeitsstörung, schizoide
schizophrenia Schizophrenie
schizotypal personality disorder Persönlichkeitsstörung, schizotypische
school phobia Schulphobie
Schwann cells Schwann-Zellen
sciatic ischiatisch, ischiadicus
sciatic nerve Nervus ischiadicus, Ischiasnerv, Hüftnerv
sciatica Ischialgie, Ischiasbeschwerden, Ischiassyndrom
scinitigram Szintigramm
scintiscanning Szintigraphie
scirrhous carcinoma Karzinom, zirrhöses
scissor gait Scherengang
scler-, sclero skler-, sklero-
sclera Sklera (pl. Skleren), Lederhaut
scleredema Sklerödem
scleritis Skleritis
sclerodactyly Sklerodaktilie
scleroderma Sklerodermie
sclerosing solution Lösung, sklerosierende
sclerosis Sklerose
sclerotherapy Sklerotherapie
scolex Skolex (pl. Skolizes)
scoliosis Skoliose
scoliotic pelvis Skoliosebecken
scopolamine Skopolamin
scopophilia Skopophilie
scopophobia Skopophobie
scorpion sting Skorpionstich
scotoma Skotom, Gesichtsfeldausfall
scotopic vision Nachtsehen, Dämmerungssehen
scratch test Scratch-Test, Kratztest
screening Screening
screw artery Spiralarterie
Scribner shunt Scribner-Shunt
scrotal skrotal
scrotal cancer Skrotalkrebs
scrotal hernia Skrotalhernie, Hodenbruch
scrotum Skrotum
scrub nurse Instrumentierschwester, Instrumentierpfleger, OP-Schwester
scrub room Waschraum
scurvy Skorbut
sea urchin sting Seeigelstich
sebaceous glands Talgdrüsen
seborrhea Seborrea
seborrheic dermatitis Dermatitis seborrhoides
sebum Sebum
seclusion Absonderung
second sight Alterskurzsichtigkeit

second stage of labor Austreibungsperiode
second-look operation Second-look-Operation
second-set rejection Second-set-Reaktion
secondary antibody response Sekundärantwort
secondary disease Sekundärkrankheit
secondary enuresis Einnässen, sekundäres
secondary hemorrhage Nachblutung
secondary infection Sekundärinfektion
secondary port Sekundärzugang
secondary prevention Sekundärprevention
secondary shock Sekundärschock
secondhand smoke Passivrauchen
secretin Sekretin
secretion Sekretion, Sekret
secretor Sekretor
secretory duct Sekretausführungsgang
secretory immune system Immunsystem, sekretorisches
secretory phase Sekretionsphase
section Sektion
secundigravida Zweitgravida
secundines Nachgeburt
secundipara Sekundipara, Zweitgebärende
security enhancement Verbesserung der Sicherheit
sedation Sedierung
sedative Sedativum
sedimentation Sedimentation
sedimentation rate Blutkörperchensenkungsgeschwindigkeit (BSG), Blutsenkung, Blutsenkungsreaktion
sediments Sedimente
segment Segment
segmental resection Segmentresektion
seizure management Krampfanfälle, Umgang mit
seizure precautions Krampfanfälle, Vorsichtsmaßnahmen bei
seizure Krampfanfall
selective angiography Angiographie, selektive
selective serotonin reuptake inhibitor(SSRI) Serotonin-Wiederaufnahmehemmer (SSRI)
selenium Selen (Se)
selenium sulfide Selensulfid
self Selbst
self-awareness enhancement Selbstwahrnehmung, Verbesserung der
self-breast examination Brust, Selbstuntersuchung der
self-care Selbstpflege
self-care assistance Selbstpflegeunterstützung
self-care theory Selbstpflege-Theorie
self-catheterization Selbstkatheterisierung
self-disclosure Selbstoffenbarung
self-esteem disturbance Selbstwertgefühl, Störung
self-esteem enhancement Selbstwertgefühl, Verbesserung des
self-healing squamous epithelioma Epitheliom, selbstheilendes, squamöses
self-help group Selbsthilfegruppe
self-hypnosis Selbsthypnose
self-modification assistance persönliche Veränderungen, Unterstützung bei
self-monitoring of blood glucose Blutzucker-Test, selbst durchgeführter
self-mutilation risk of Selbstverstümmelungsgefahr
self-recognition Selbsterkennung
self-regulation Autoregulierung
self-responsibility facilitation Selbstverantwortung, Unterstützung der
self-retaining catheter Katheter, selbsthaltender; Dauerkatheter
self-tolerance Autoimmuntoleranz
semen Sperma, Samenflüssigkeit
semiautomatic external defibrillator Defibrillator, externer, halbautomatischer
semicircular canal Canalis semicircularis ossei; Bogengang, knöcherner
semicircular duct Ductus semicircularis; Bogengang, häutiger
semilunar valve Valvula semilunaris, Semilunarklappe
semimembranous semimembranosus
seminal duct Spermiengang
seminal fluid test Spermientest
seminal vesicle Samenbläschen
seminiferous tubules Tubuli seminiferi, Hodenkanälchen
seminoma Seminom
semipermeable membrane Membran, semipermeable
semitendinous Musculus semitendinosus
senescence Seneszenz

Sengstaken-Blakemore tube Sengstaken-Blakemore-Sonde
senile heart Altersherz
senility Senilität
senna leaves Sennesblätter
senorimotor sensomotorisch
sensation Sinneswahrnehmung
senses Sinne
sensible perspiration Transpiration
sensitivity Sensibilität, Sensitivität
sensitivity test Sensitivitätstest
sensitization Sensibilisierung
sensor Messfühler
sensorimotor phase sensomotorische Phase
sensorimotor therapy Therapie, sensomotorische
sensorineural hearing loss Innenohrschwerhörigkeit
sensorium Sensorium
sensory sensorisch
sensory deficit Sensorisches Defizit
sensory deprivation Sensorische Deprivation
sensory end organs Sinnesorgane
sensory nerve Sinnesnerv
sensory overload Sensorische Überstimulation
sensory pathway Bahn, sensorische
sensory receptor Rezeptor, sensorischer
sensory threshold Reizschwelle
sensory/perceptual alterations Wahrnehmungsstörungen
separation anxiety Trennungsangst
sepsis Sepsis
septal defect Septumdefekt
septic abortion Abort, septischer
septic fever Fieber, septisches
septic shock Schock, septischer
septum Septum
sequela Folgekrankheit
sequential multiple analysis Sequenzanalyse, multiple
sequestration Sequestration
sequestrum Sequester
seroconversion Serokonversion
serodiagnosis Serumdiagnostik, Serodiagnostik
serologic serologisch
serology Serologie
seronegative seronegativ
seropositive seropositiv
serosa Serosa
serotonin Serotonin
serous serös
serous membrane Membran, seröse
serratus anterior Musculus serratus anterior
serum Serum
serum albumin Serumalbumin
serum glutamic oxaloacetic transaminase Serumglutamat-Oxalazetat-Transaminase (SGOT)
serum glutamic pyruvic transaminase Serumglutamat-Pyruvat-Transaminase (SGPT)
serum shock Serumschock
serum sickness Serumkrankheit
sesamoid bones Sesamknochen, Sesambeine
sex chromosome Gonosom, Geschlechtschromosom
sex determination Geschlechtsbestimmung
sex hormones Sexualhormone, Geschlechtshormone
sex ratio Geschlechterverhältnis, Sexualproportion
sex role Geschlechterrolle
sexism Sexismus
sexual abuse Sexueller Missbrauch
sexual asphyxia sexuelle Asphyxie
sexual aversion disorder sexuelle Aversion
sexual counseling Sexualberatung
sexual deviance Sexualdeviation
sexual dysfunction Sexualstörung
sexual health sexuelle Gesundheit
sexual history Sexualanamnese
sexual orientation sexuelle Orientierung
sexual reflex sexueller Reflex
sexual response cycle sexueller Reaktionszyklus
sexual selection sexuelle Selektion
sexual therapy Sexualtherapie
sexuality Sexualität
sexuality patterns, altered Sexualverhalten, Veränderung
sexually transmitted diseases Geschlechtskrankheiten
shallow breathing Atmung, flache
shearling Schafsfell
sheath Scheide
sheath of Schwann Schwann-Scheide, Neurolemm

shift Schicht
Shift Report Schichtbericht
shift to the left Linksverschiebung
shift to the right Rechtsverschiebung
Shigella Shigella
shigellosis Shigellose
shivering Frösteln
shock Schock
Shock Management Schockbehandlung
shock neurogenic Schock, neurogener
shock prevention Schock-Prävention
shock therapy Schocktherapie
shock trousers Schockhosen
short-acting kurzwirkend
short-acting insulin Insulin, kurzwirkendes
short-wave diathermy Hochfrequenzwärmetherapie
shoulder Schulter
shoulder girdle Schultergürtel
shoulder-joint Articulatio humeri, Schultergelenk
shreds Schleimfäden
shu points Shupunkte
shunt Shunt
SI units SI-Einheiten
sial- sial-
sialadenitis Sialadenitis
sialogogue sialogen
sibilant sibilans
sibling support Geschwister, Unterstützung der
sicca complex Sicca-Syndrom
siccant siccus
sick sinus syndrome Sick-Sinus-Syndrom (SSS)
sickle cell anemia Sichelzellenanämie
sickle cells Sichelzellen
side effect Nebenwirkung
sideropenia Sideropenie
sievert Sievert (Sv)
sigma Sigma
sigmoid Sigmoid, sigmoideum
sigmoid colon Colon sigmoideum
sigmoidectomy Sigmoidektomie
sigmoidoscope Sigmoidoskop
signature Signatur
significance Signifikanz
silent disease Krankheit, latente
silent myocardial infarction Myokardinfarkt, stummer
silicon Silicium (Si)
silicone Silikon
silicone-gel breast implant Silikon-Brustimplantat
silver Silber (Ag)
silver amalgam Silberamalgam
silver nitrate Silbernitrat
simethicone Simethikon
similia similibus curantur similia similibus curantur
simple figure-of-eight roller arm sling Armschlinge, einfache
simple fracture Bruch, einfacher
simple guided imagery Phantasie, gezielt ausgerichtete
simple massage Massage, einfache
simple protein Protein, einfaches
simple reflex Reflex, einfacher
simple relaxation therapy Entspannungstherapie, einfache
sinister sinister
sinoatrial sinuatrial
sinoatrial block Sinusblock
sinoatrial node Sinusknoten
sinus Sinus
sinus arrhythmia Sinusarrhythmie
sinus node Nodus sinuatrialis
sinusitis Sinusitis
sinusoid sinusoid
sinusoids Sinusoide
siriasis Sonnenstich
Sister Kenny's treatment Schwester-Kenny-Behandlung
situational crisis Situationskrise
situs Situs
situs inversus viscerum Situs inversus viscerum
sitz bath Sitzbad
Sjögren's syndrome Sjögren-Syndrom
skeletal fixation Knochenfixierung
skeletal system Skelettsystem
skeletal traction Knochenextension, Streckbehandlung
skeleton Skelett
skills training Fähigkeitstraining
skin Cutis, Haut
skin cancer Hautkarzinom, Hautkrebs
skin graft Hauttransplantat
skin integrity, impaired Hautdefekt, bestehender
skin lesions Effloreszenzen (pl.)
skin pigmentation Hautpigmentierung
skin prep Hautdesinfektion

skin self-examination Haut, Selbstuntersuchung der
skin surveillance Haut, Überwachung der
skin test Hauttest
skin turgor Hautturgor
skinfold thickness Hautfaltendickenmessung
skull Schädel
sleep Schlaf
sleep apnea (syndrome) Schlafapnoe-(syndrom)
sleep enhancement Schlafförderung
sleep pattern disturbance Schlafgewohnheiten, gestörte
sleep terror disorder Nachtangst
sling Schlinge
slip-on blood pump Blutkonservenpumpe, aufschiebbare
slipping patella Patella, gleitende
slough Schorf
slow pulse Puls, langsamer
slow stroking Streichen, langsames
slow virus Slow-Virus
small cardiac veins Venae cardiacae parvae, Herzvenen, kleine
small for gestational age infant Neugeborenes, hypotrophes
small sciatic nerve Ischiasnerv, kleiner
smallpox Pocken
smear Abstrich
smear infection Schmierinfektion
smegma Smegma, Vorhauttalg
smoke inhalation Rauchinhalation
smoking cessation assistance Rauchen, Unterstützung beim Einstellen des
smooth muscle relaxant Muskelrelaxanzien für glatte Muskulatur
smooth muscles Muskulatur, glatte
snake venom Schlangengift
snapping hip Hüfte, schnappende
sneeze Niesen
Snellen test Snellen-Test
snow blindness Schneeblindheit
social interaction, impaired Soziale Interaktion, beeinträchtigte
social isolation Soziale Isolierung
social medicine Sozialmedizin
social network therapy Familientherapie, erweiterte
social phobia Soziophobie
social psychiatry Sozialpsychiatrie
social psychology Sozialpsychologie
social support programs Soziale Hilfsprogramme
social workers Sozialarbeiter
socialization Sozialisation
socialization enhancement Sozialisation, Verbesserung der
soda Soda
sodium Natrium (Na)
sodium bicarbonate Natriumbikarbonat
sodium chloride Natriumchlorid (NaCl)
sodium iodide Natriumjodid
sodium pump Natrium-Kalium-Pumpe
sodium sulfate Natriumsulfat
soft chancre Ulcus molle, Weicher Schanker
soft data Daten, weiche
soft palate Palatum molle; Velum palatinum; Gaumensegel; Gaumen, weicher
softening of bones Knochenerweichung
sol Sol
solar plexus Plexus coeliacus, Sonnengeflecht, Plexus solaris
solar radiation Sonnenstrahlung
solution Lösung
solvent Lösungsmittel
soma Soma
somatization Somatisation
somatic cell Körperzelle
somatization disorder Somatisierungsstörung
somatomegaly Riesenwuchs, Makrosomie
somatosensory system Somatosensorisches System
somatotropic hormone Hormon, somatotropes
somnambulism Somnambulismus, Schlafwandeln, Nachtwandeln
somnolent somnolent
sound Sonde
spasm Spasmus
spasmogen spasmogen
spasticity Spastik
special care unit Spezialstation
species Spezies
specific immune globulin Immunglobulin, spezifisches
specimen Untersuchungsmaterial, Probe
spectrometer Spektrometer
spectrum Spektrum, pl. Spektren
speculum Spekulum
speech centers Sprachzentren

speech dysfunction Sprachstörung
speech reading Lippenlesen
speech therapy Sprachtherapie
sperm bank Samenbank
spermatic cord Funiculus spermaticus, Samenstrang
spermatogenesis Spermiogenese, Spermatogenese
spermicidal spermizid
sphere Sphäre
spherocytic anemia Sphärozytose, Kugelzellanämie
sphincter Sphinkter
sphincter ani Musculus sphincter ani
spica bandage Spicaverband
spina Spina, pl. Spinae
spina bifida Spina bifida
spina bifida occulta Spina bifida occulta
spinal spinal
spinal anesthesia Spinalanästhesie
spinal canal Canalis vertebralis, Spinalkanal, Vertebralkanal
spinal cord Rückenmark
spinal cord compression Rückenmarkskompression
spinal cord injury Rückenmarksverletzung
spinal curvature Wirbelsäulenverkrümmung
spinal headache Kopfschmerzen nach Lumbalpunktion
spinal nerves Spinalnerven
spinal reflex Rückenmarksreflex
spinal segments Wirbelsäulensegmente
spinal tracts Rückenmarksbahnen
spiral bandage Spiralverband
spiral fracture Spiralbruch
spiritual distress Seelische Störungen
spiritual support Seelische Unterstützung
spirochetes Spirochäten
spirogram Spirogramm
spirometer Spirometer
spironolactone Spironolacton
Spitz naevus Spitz-Tumor
splayfoot Spreizfuß
spleen Milz, Lien
splenoheptomegaly Splenohepatomegalie
splenomegaly Splenomegalie
splint Schiene
splinter fracture Trümmerbruch
Splinting Schienen
spondylitis Spondylitis
spontaneous spontan
spontaneous abortion Spontanabort
spontaneous delivery Spontangeburt
spontaneous remission Spontanheilung
spores Sporen
sporicide sporizid
Sporozoa Sporozoa (pl.)
sports medicine Sportmedizin
spotting Schmierblutung, Spotting
sprain Verstauchung, Dehnung
spur Stachel
sputum Sputum, Auswurf
squama Squama (pl. Squamae)
squamous cell carcinoma Karzinom, squamöses
St. Louis encephalitis St.-Louis-Enzephalitis
staff supervision Pflegepersonal, Überwachung und Leitung des
stages of dying Sterbephasen
stammering Dyslalie, Stammeln
standard bicarbonate Standardbikarbonat
standard of care Therapiestandard
standards of nursing practice Pflegestandards
standing orders Pflegepläne, standardisierte
stapedectomy Stapedektomie
stapes Stapes, Steigbügel
staphylococcal infection Staphylokokkeninfektion
staphylococcal scalded skin syndrome Ritter-Dermatitis, Dermatitis exfoliativa neonatorum, Ritter-Krankheit
Staphylococcus Staphylokokkus, pl. Staphylokokken
Staphylococcus aureus Staphylococcus aureus
staple Nahtklammer
stapling klammern
startle reflex Schreckreaktion
stasis Stase
stasis dermatitis Stauungsdermatitis
stasis ulcer Stauungsulkus
static scoliosis Skoliose, statische
static sense Gleichgewichtssinn
statistical significance Signifikanz, statistische
statistics Statistik
status Status
status asthmaticus Status asthmaticus
status epilepticus Status epilepticus
steam sterilization Dampfsterilisation

steatorrhea Fettdurchfall, Fettstuhl
steatorrhea Stearrhö
Steinmann pin Steinmann-Nagel
stem cell Stammzelle, Blutstammzelle
stem cell leukemia Stammzellenleukämie
stenosis Stenose
stereognosis Stereognosie
stereoophthalmoscope Stereoophthalmoskop
stereoscopic microscope Stereomikroskop
stereotaxic instrument stereotaktisches Instrument
stereotaxic neuroradiography Neuroradiographie, stereotaktische
sterile steril
sterile field steriler Bereich
sterility Sterilität
sterilization Sterilisation
sterilize sterilisieren
sternal puncture Sternumpunktion
sternoclavicular sternoklavikulär
sternocleidomastoid Sternokleidomastoideus
sternum Sternum, Brustbein
steroid hormones Steroidhormone
steroids Steroide (pl.)
stethoscope Stethoskop
stiff joint Versteifung
stigma Stigma, pl. Stigmata
stillbirth Totgeburt
stimulant Stimulans, pl. Stimulanzien
stimulus Stimulus, pl. Stimuli, Reiz
stitch abscess Nahtabszess
stoma Stoma
stomach Magen
stomach pump Magenpumpe
stomach tube Magensonde
stomatitis Stomatitis
stomatitis parasitica Stomatitis parasitica
strabismus Strabismus
strain Zerrung
strangulated hernia Hernie, strangulierte
strangulation Strangulation
strapping Heftpflasterverband
stratified epithelium Epithel, mehrschichtiges
stratum Stratum, pl. Strata
stratum basale Stratum basale
stratum corneum Stratum corneum
stratum granulosum Stratum granulosum
stratum lucidum Stratum lucidum
stratum spinosum Stratum spinosum
stratum spongiosum Stratum spongiosum
strep throat Halsentzündung, eitrige
streptococcal angina Streptokokkenangina
streptococcal infection Streptokokkeninfektion
Streptococcus Streptokokkus, pl. Streptokokken
Streptococcus pneumoniae Streptococcus pneumoniae
Streptococcus pyogenes Streptococcus pyogenes
streptokinase Streptokinase
stress Stress
stress amenorrhea Stressamenorrhö
stress management Stressmanagement
stress reaction Stressreaktion
stress test Stresstest
stress ulcer Stressulkus
stress-adaptation theory Stressadaptationstheorie
stressor Stressor
striae gravidarum Striae gravidarum, Schwangerschaftsstreifen
striated muscles Muskulatur, quergestreifte
stricture Striktur
stridor Stridor
stripping Stripping
(apoplectic) stroke Schlaganfall
stroke prone profile Schlaganfallneigung
stroke volume Schlagvolumen
stroma Stroma
strontium Strontium (Sr)
strychnine Strychnin
strychnine poisoning Strychninvergiftung
stupor Stupor
stuttering Stottern
sty Gerstenkorn
stylet Führungsmandrin
styloid styloid
sub- sub-
subacute subakut
subacute bacterial endocarditis Endokarditis, subakute bakterielle
subacute infection Infektion, subakute
subarachnoid hemorrhage Subarachnoidalblutung
subarachnoid space Subarachnoidalraum
subclavian subklavikular(is)
subclinical subklinisch
subconscious memory Unterbewusstseinsgedächtnis

subcutaneous subkutan
subcutaneous adipose tissue Unterhautfettgewebe
subcutaneous emphysema Emphysem, subkutanes
subcutaneous fascia Faszie, subkutane
subcutaneous infection Subkutaninjektion
subcutaneous mastectomy Mastektomie, subkutane
subcutaneous nodule Knoten, subkutaner
subcuticular suture Subkutannaht
subdural subdural
subdural puncture Punktion, subdurale
subjective symptoms Symptome, subjektive
sublethal subletal
sublimation Sublimation
sublingual sublingual
sublingual tablets Sublingualtabletten
sublingual gland Drüsen, sublinguale
subluxation syndrome Subluxationssyndrom
submandibular glands Drüsen, submandibuläre
submucous submukös
subnormal temperature Temperatur, subnormale
substance Substanz
substance abuse Substanzabusus
substantia alba Substantia alba
substitution Substitution
substitutive therapy Substitutionstherapie
substrate Substrat
subungual subungual
succinylcholine chloride Succinylcholin
succus Sucus, pl. Suci
succussion splash Plätschergeräusch
sucking blisters Saugpölsterchen
sucking reflex Saugreflex
suckle; breastfeeding Stillen
sucrose Saccharose
suction biopsy Saugbiopsie
sudden infant death syndrome plötzlicher Kindstod, SIDS
sudoriferous gland Schweißdrüse
suffocation, risk of Erstickung, hohes Risiko
suggestion Suggestion
suicide Suizid, Selbstmord
suicide prevention Suizidprävention
suicide, risk of Suizidalität
sulcus Sulcus, pl. Sulci
sulfacetamide Sulfacetamid
sulfadiazine Sulfadiazin
sulfasalazine Sulfasalazin
sulfate Sulfat
sulfatide lipidosis Leukodystrophie, metachromatische
sulfatide lipidosis Sulfatidlipidose
sulfhemoglobin Sulfhämoglobin
sulfonamides Sulfonamide (pl.)
sulfonylurea Sulfonylharnstoff
sulfur Schwefel (S)
sulfuric acid Schwefelsäure
sulfurous acid schweflige Säure
sump drain Drainage, doppellumige
sun-setting sign Sonnenuntergangsphänomen
sunscreen protective factor index Sonnenschutzfaktorindex
sunstroke Insolation
super- super-
superantigens Superantigene
superego Über-Ich
superinfection Superinfektion
superior superior
supernumerary nipples Brustwarzen, überzählige
superoxides Hyperoxide, Superoxide
supersaturated übersättigt
supervision Supervision
supination Supination
supine supinieren
supply management Materialien, Umgang mit
support group Unterstützungsgruppe
support groups Selbsthilfegruppen
support system enhancement Unterstützungssystem, Förderung des
supportive psychotherapy Psychotherapie, unterstützende
suppository Suppositorium, Zäpfchen
suppression Suppression
suppurant Suppurans, pl. Suppuranzien
suppuration Suppuration
supra- supra-
supracercival hysterectomy Hysterektomie, suprazervikale
suprapubic aspiration of urine Urinaspiration, suprapubische
suprapubic catheter Katheter, suprapubischer
surface biopsy Oberflächenbiopsie

surface thermometer Oberflächenthermometer
surfactant Surfactant-Faktor
surfactant, lack of Surfactant-Mangel
surgeon Chirurg
surgery Chirurgie
surgical assistance Chirurgische Assistenz
surgical pathology Pathologie, chirurgische
surgical precautions Operationen, Vorsichtsmaßnahmen bei
surgical preparation Operationen, Vorbereitungsmaßnahmen für
surgical scrub Händedesinfektion, chirurgische
surgical shock Schock, chirurgischer
surgical suite OP-Bereich
surgical technician OP-Springer
surrogate parenting Leihmutterschaft
surveillance Überwachung
suspension Suspension
sustenance support Lebensbedarf, Unterhaltung des
sutura Sutur, Naht
suturing Nähen von Wunden
swab Watteträger
swallowing Schlucken
swallowing reflex Schluckreflex
swallowing therapy Schluckbeschwerden, Therapie bei
swallowing, impaired Schlucken, beeinträchtigtes
Swan-Ganz catheter Swan-Ganz-Katheter, Pulmonaliskatheter
sweat bath Schwitzbad
sweat test Schweißtest
swimming reflex Schwimmreflex
sycosis barbae Sykose
Sydenham's chorea Chorea minor
symbiosis Symbiose
sympathectomy Sympathektomie
sympathetic imbalance Vagotonie
sympathetic nerve Sympathikus
sympathetic ophthalmia Ophthalmie, sympathische
sympathetic trunk Truncus sympathicus
sympatholytics Sympatholytika
sympathomimetic Sympathomimetikum
symphysis Symphyse
symptom Symptom
symptomatic symptomatisch
symptomatic impotence Impotenz, symptomatische
symptomatic neuralgia Neuralgie, symptomatische
symptomatology Symptomatologie
symptothermal method of family planning Temperatur- und Schleimbeobachtung
syn- syn-
synapse Synapse
synapsis Synapsis, Chromosomenkonjugation
synaptic cleft synaptischer Spalt
synaptic transmission Erregungsfortleitung, synaptische
synchronized intermittent mandatory ventilation Beatmung, synchronisierte intermittierende mandatorische
syncope Synkope
syncretic thinking Denken, kombiniertes
syncytium Synzytium, pl. Synzytia
syndactyly Syndaktylie
syndrome Syndrom
syndrome of inappropriate antidiuretic hormone secretion Schwartz-Bartter-Syndrom, Syndrom der übermäßigen ADH-Sekretion (SIADH)
synergist Synergist
synergistic synergistisch
synergy Synergie
synkinesis Synkinese
synovia Synovia, Gelenkschmiere
synovial synovialis
synovial bursa Schleimbeutel
synovial joint Synovialgelenk
synovial membrane Synovialmembran
synovial sheath Sehnenscheide
synovitis Synovitis
syntactic aphasia Aphasie, syntaktische
synthesis Synthese
synthesize synthetisieren
synthetic insulin Insulin, synthetisches
synthetic vaccines Vakzine, synthetische
syphilis Lues, Syphilis
syringe Spritze
syringomyelia Syringomyelie
syrup of ipecac Brechwurzsirup
system System
systemic systemisch
systemic circulation Blutzirkulation, systemische
systemic desensitization Desensibilisierung, systemische

systemic infection Infektion, systemische
systemic lesion Schädigung, systemische
systemic lupus erythematosus Lupus erythematodes disseminatus (LED)
systemic oxygen consumption Sauerstoffverbrauch, systemischer
systemic remedy Medikament, systemisches
systemic vascular resistance Gefäßwiderstand, systemischer
systemic vein Vene, systemische
systole Systole
systolic dysfunction systolische Unterfunktion
systolic murmur systolisches Geräusch
systolic pressure systolischer Blutdruck

T

T cell T-Zelle
T cell antigen receptor T-Zellrezeptor
T tube T-Katheter, T-Stück
T-4 cells T-Helferzellen
tabes Schwindsucht
tabes dorsalis Tabes dorsalis
tabetic crisis Organkrise, tabische
tablet Tablette
tachyarrhythmia Tachyarrthythmie
tachycardia Tachykardie
tachyphagia Tachyphagie
tachyphylaxis Tachyphylaxie
tachypnea Tachypnoe
tacrine Tacrin
tactile taktil
tactile anesthesia Anästhesie, taktile
tactile hyperesthesia Hyperästhesie, taktile
tactile localization Lokalisation, taktile
tactile sense Tastsinn
Taenia Taenia
Taenia saginata Taenia saginata
Taenia solium Taenia solium
taeniasis Täniase
Takayasu's arteritis Takayasu-Krankheit
tallow Talg
talus Talus, pl. Tali
tamoxifen Tamoxifen
tamponade Tamponade
tannic acid Tannin
tap punktieren
tapeworm Bandwurm
tapeworm infection Bandwurminfektion
tar Teer
tarantula Tarantula
tardy peroneal nerve palsy Wadenbeinnervenlähmung, verzögerte
tardy ulnar nerve palsy Ulnarislähmung, verzögerte
target cell Target-Zelle
target organ Target-Organ
tarsal tarsal
tarsal bone Fußwurzelknochen
tarsal tunnel syndrome Tarsaltunnelsyndrom
tarsus Tarsus, pl. Tarsi
Tarui's disease Glykongenose Typ VII, Tarui-Krankheit
task-oriented behavior Verhalten, aufgabenorientiertes
taste bud Geschmacksknospe
taste papilla Geschmackspapillen
taste Geschmackssinn
Taussig-Bing's syndrome Taussig-Bing-Syndrom
taxis Taxis
taxonomy Taxonomie
teaching hospital Lehrkrankenhaus
team nursing Gruppenpflege
tears Tränen
tears of the perineum Dammriss
technetium Technetium
technetium-99m ^{99m}Technetium
technology management Technologien, Umgang mit
tectorium Tectum
teether Beißring
teething Zahnen
telangiectasia Teleangiektasie
telangiectatic nevus Nävus Unna
telediagnosis Telediagnose
telehealth Telegesundheit
telekinesis Telekinese
telemedicine Telemedizin
telemetry Telemetrie
telencephalon Telenzephalon
telepathy Telepathie
telephone consultation Telefonberatung
teletherapy Teletherapie
tellurium Tellur (Te)
temperature Temperatur
temperature regulation Temperaturregulierung
temporal temporär, temporalis
temporal artery Arteria temporalis
temporal bone Os temporalis

temporalis Musculus temporalis
temporary pacemaker Herzschrittmacher, temporärer
temporomandibular mandibulotemporal
temporomandibular joint Articulatio temporomandibularis
tenaculum Haken
tenalgia Tenalgie
tendinitis Tendinitis
tendon Tendon, Sehne
tenesmus Tenesmus
teniasis Taeniasis
tenosynovitis Tendovaginitis
tensiometer Tensiometer
tension Anspannung
tension headache Spannungskopfschmerz
tensor Tensor
tenting of skin Haut, Zipfelbildung der
tentorium Tentorium
terato- terato-
teratogen Teratogen
teratology Teratologie
teratoma Teratom
teres teres
term infant Neugeborenes, termingerechtes
terminal terminal(is)
terminal cancer Krebs im Spätstadium
tertiary tertiär
tertiary health care Gesundheitsfürsorge, tertiäre
tertiary prevention Prävention, tertiäre
test for acetone in urine Acetontest im Urin
test tube Reagenzglas
test tube baby Retortenbaby
testamentary capacity Testamentsfähigkeit
testicular testicularis
testicular cancer Hodenkrebs
testicular self-examination Selbstuntersuchung der Hoden
testicular veins Venae testiculares
testis Testis, pl. Testes
testosterone Testosteron
tetanic convulsion Muskelkrampf, tetanischer
tetanus Tetanus
tetanus and diphtheria toxoids Tetanus- und Diphtherie-Toxoide
tetanus immune globuline Tetanus-Immunglobulin
tetanus toxoid Tetanustoxoid
tetany Tetanie
tetracyclines Tetrazykline
tetradactyly Tetradaktylie
tetrahydrocannabinol Tetrahydrocannabinole (THC)
tetramer Tetramer
tetraploid tetraploid
thalamotomy Thalamotomie
thalamus Thalamus
thalassemia Thalassämie
thalassotherapy Thalassotherapie
thanatology Thanatologie
theca Theka
thelarche Thelarche
theobromine Theobromin
theophylline Theophyllin
therapeutic abortion Abort, indizierter
therapeutic dose Dosis, therapeutische
therapeutic exercise Gymnastik, therapeutische
therapeutic index Index, therapeutischer
therapeutic touch Berührung, therapeutische
therapeutics Therapeutik
therapist Therapeut
therapy Therapie
therapy group Therapiegruppe
therm-, thermo- therm-, thermo-
thermalgesia Thermalgesie
thermic sense Temperatursinn
thermocoagulation Thermokoagulation
thermogenesis Thermogenese
thermography Thermographie
thermolabile thermolabil
thermophilic thermophil
thermoreceptors Thermorezeptoren
thermoregulation Wärmeregulation
thermoregulatory centers Wärmeregulationszentren
thermoresistance Thermoresistenz
thermotherapy Wärmetherapie
thiamin Thiamin
thioguanine Thioguanin
thiopental Thiopental
third stage of labor Nachgeburtsperiode
third ventriculostomy III.-Ventriculostomia
thoracentesis Pleurapunktion
thoracic thorakal
thoracic aorta Aorta thoracica, Brustschlagader
thoracic cage Brustkorb
thoracic cavity Brusthöhle

thoracic nerves Thorakalnerven, Brustnerven
thoracic surgery Thoraxchirurgie
thoracic vertebra Brustwirbel
thoracic visceral node Brustlymphknoten
thoracostomy Thorakostomie
thoracotomy Thorakotomie
thorax Thorax, pl. Thoraces
thought processe Denkprozess
thready pulse Puls, fadenförmiger
threatened abortion Abort, drohender
threonine Threonin (Thr)
threshold of consciousness Empfindungsschwelle
threshold stimulus Schwellenreiz
thrill Schwirren
thrombectomy Thrombektomie
thrombin Thrombin
thromboangiitis Thromboangiitis
thrombocytopathy Thrombozytopathie
thrombocytopenia Thrombozytopenie
thrombocytosis Thrombozytose
thromboembolism Thromboembolie
thrombogenesis Thrombogenese
thromboid thromboid
thrombolysis Thrombolyse
thrombolytic therapy Therapie, thrombolytische
thrombopathy Thrombopathie
thrombophlebitis Thrombophlebitis
thromboplastin Thromboplastin, Thrombokinase
thrombosis Thrombose
thrombosis prophylaxis Thromboseprophylaxe
thromboxane Thromboxan
thrombus Thrombus, pl. Thrombi
through-and-through drainage Durchlaufdrainage
thrush Mundsoor
thumb Daumen
thumb forceps Pinzette
thumb sign Daumenzeichen
thumbsucking Daumenlutschen
thymin Thymin
thymol Thymol
thymus Thymus
thyreotropic thyreotrop
thyroaplasia Thyroaplasie
thyroid cancer Schilddrüsenkrebs
thyroid cartilage Schildknorpel
thyroid crisis Basedow-Krise
thyroid function test Schilddrüsen-Funktionstest
thyroid gland Glandula thyroidea, Schilddrüse
thyroid hormones Schilddrüsenhormone
thyroid-stimulating hormone Thyreotropin (TSH)
thyroidectomy Thyroidektomie
thyroiditis Thyroiditis, Schilddrüsenentzündung
thyrotropin Thyreotropin
thyrotropin-releasing hormone Thyreotropin-releasing-Hormon
thyroxine Thyroxin (T4)
thyroxine-binding globulin Thyroxin-bindendes Globulin
tibia Tibia
tibialis anterior Musculus tibialis anterior
tic Tic
tick bite Zeckenbiss
tick Zecke
tidal volume Atemzugvolumen (AZV)
Tiemann catheter Tiemann-Katheter
Tietze's syndrome Tietze-Syndrom
tilt table Tilt Table
tincture Tinktur
tine test Tine-Test
tinea Tinea, Hautflechte
tinnitus Tinnitus
tissue Gewebe
tissue bank Gewebebank
tissue culture Gewebekultur
tissue integrity, impaired Gewebeschädigung
tissue perfusion Gewebedurchblutung
tissue plasminogen activator Gewebsplasminogenaktivator
tissue response Gewebereaktion
tissue typing HLA-Typing
titanium Titan (Ti)
titer Titer
titration Titration, Titrierung
TNM system TNM-System
tobramycin Tobramycin
tocodynamometer Wehenschreiber
tocodynamometer Tokograph
tocolytic drug Tokolytikum
toddler Kleinkind
togaviruses Togaviren
toilet training Sauberkeitserziehung
tolbutamide Tolbutamid
tolerance Immuntoleranz, Toleranz

tolerance test Toleranz-Test
tolnaftate Tolnaftat
tomographic DSA DSA, tomographische
tomography Tomographie
tongue Zunge, Lingua
tonic tonisch
tonic neck reflex Nackenreflex, tonischer
tonic-clonic seizures Anfall, tonisch-klonischer
tonicity Tonizität
tonoclonic tonisch-klonisch
tonofibrils Tonofibrillen
tonofilament Tonofilament
tonography Tonographie
tonometer Tonometer
tonometry Tonometrie
tonsil Tonsille
tonsillectomy Tonsillektomie
tonsillitis Tonsillitis
tonus Tonus
tooth Zahn
tooth germ Zahnanlage
tophaceous gout Harnsäuregicht, Gicht mit Knotenbildung
tophus Tophus, Gichtknoten
topical topisch
topical anesthesia Betäubung, örtliche
topographic anatomy Anatomie, topographische
topography Topographie
topology Topologie
TORCH-syndrome TORCH-Syndrom
torpor Torpor
torsion Torsion
torsion fracture Torsionsfraktur, Drehungsbruch, Rotationsbruch
torsion of the testis Hodentorsion
torso Torso
torticollis Tortikollis, Schiefhals
total allergy syndrome Allergie-Syndrom
total body electrical conductivity Körperleitfähigkeit
total body water Gesamtkörperwasser (GKW)
total hip replacement Totalhüftendoprothese
total iron Gesamteisen
total joint replacement Totalendoprothese
total lung capacity Totalkapazität (TK)
total macroglobulins Gesamtmakroglobuline
total nitrogen Gesamtnitrogen
total parenteral nutrition parenterale Ernährung, vollständige
total peripheral resistance Widerstand, peripherer
total renal blood flow renaler Blutfluss, gesamter
touch Berührung
touch receptors Berührungsrezeptoren
tourniquet Abschnürbinde
toxemia Toxämie
toxic toxisch
toxic amblyopia Amblyopie, toxische
toxic dilation of colon Megakolon, akutes / toxisches
toxic dose Dosis, toxische
toxic nodular goiter Knotenstruma, hyperthyreote
toxic shock syndrome Schocksyndrom, toxisches (TSS)
toxicity Toxizität
toxicologist Toxikologe
toxicology Toxikologie
toxicosis Toxikose
toxin Toxin
toxoid Toxoid
Toxoplasma Toxoplasmen
toxoplasmosis Toxoplasmose
trace element Spurenelement
tracer Tracer
trachea Trachea
tracheitis Tracheitis
tracheobronchial tree Tracheobronchialbaum
tracheobronchitis Tracheobronchitis
tracheoesophageal fistula Ösophagus-Trachea-Fistel
tracheoesophageal shunt Ösophagus-Trachea-Shunt
tracheolaryngeal laryngotracheal
tracheostenosis Tracheostenose
tracheostomy Tracheostomie
tracheostomy care Tracheostomiepflege
tracheotomy Tracheotomie
tracheotomy tube Tracheotomiekanüle
tract Trakt
traction Extension, Traktion
Traction Care Extensionen, Pflege bei
trance Trance
tranquilizer Tranquilizer
trans- trans-
transabdominal transabdominal
transaminase Transaminase

transcendental meditation Transzendentale Meditation (TM)
transcriptase Transkriptase
transcription Transkription
transcutaneous transkutan
Transcutaneous Electrical Nerve stimulation transkutane elektrische Nervenstimulation (TENS)
transcutaneous oxygen/carbon dioxide monitoring Sauerstoff/Kohlendioxid-Überwachung, transkutane
transdermal drug delivery Wirkstoffaufnahme, transkutane
transducer Messwandler
transferase Transferase
transference Übertragung, psychologisch
transferrin Transferrin
transformation Transformation
transfuse transfundieren
transfusion Transfusion
transfusion reaction Transfusionszwischenfall
transient transient
transient myopia Myopie, vorübergehende
translation Translation
transmission Übertragung
transmission-based precautions Übertragungsabhängige Schutzmaßnahmen
transmural transmural
transplacental transplazentar
transplant transplantieren
transplantation Transplantation
transplantation rules Transplantationsgesetz
transport Transport
transport incubator Transportinkubator
transposition of the great vessels Transposition der großen Gefäße
transsexual surgery Geschlechtsumwandlung
transsexualism Transsexualität
transthoracic pacemaker Herzschrittmacher, transthorakaler
transtracheal oxygen Sauerstoff, transtrachealer
transudation Transsudation
transudative ascites Aszites, transsudative
transverse colon Colon transversum
transverse lie Querlage
transverse plane Transversalebene
transversus abdominis Musculus transversus abdominis
transvestism Transvestismus
trapeze bar Patientenaufrichter, Bettgalgen
trapezius Musculus trapezius
trauma Trauma
traumatic anesthesia Anästhesie, traumatische
traumatic fever Fieber, traumatisches
traumatic herpes Herpes, traumatischer
traumatic meningitis Meningitis, traumatische
traumatic psychosis Psychose, traumatische
traumatic shock Schock, traumatischer
traumatic thrombosis Thrombose, traumatische
traumatology Traumatologie
traumatopnea Traumatopnoe
traveler's diarrhea Reisedurchfall
treatment Behandlung
treatment plan Behandlungsplan
treatment room Behandlungsraum
tremor Tremor
Trendelenburg gait Trendelenburg-Gang
Trendelenburg position Trendelenburg-Lagerung
Trendelenburg test Trendelenburg-Test
Treponema pallidum Treponema pallidum
treponematosis Treponematose
triage Triage
triamcinolone Triamcinolon
triamterene Triamteren
triangular bandage Dreieckstuch
triazolam Triazolam
triceps brachii Musculus triceps brachii
trichiasis Trichiasis
trichinosis Trichinenbefall
trichlormethiazide Trichlormethiazid
tricho- tricho-
Trichomonas Trichomonas
trichomoniasis Trichomonadeninfektion
trichuriasis Peitschenwurmbefall
Trichuris trichiura Trichuris trichiura
tricrotic pulse Puls, trikroter
tricuspid area Tricuspidalis-Auskultationspunkt
tricuspid valve Trikuspidalklappe
triflupromazine hydrochloride Triflupromazin
trigeminal nerve Nervus trigeminus

trigeminal neuralgia Trigeminusneuralgie
trigeminal pulse Trigeminuspuls
trigger Trigger
trigger points Triggerpunkte
triglyceride Triglyzerid
trihexyphenidyl Trihexyphenidyl
triiodothyronine Trijodthyronin (T3)
trilogy of Fallot Fallot-Trilogie
trimester Trimenon, Trimester
trimethadione Trimethadion
triple lumen catheter Katheter, dreilumiger
triple response Dreifachreaktion
triploidy Triploidie
trisaccharide Trisaccharid
trisomy Trisomie
trisomy 18 Edwards-Syndrom, Trisomie 18
trisomy 21 Trisomie 21
trisomy syndrome Trisomie-Syndrom
trivalent trivalent
trocar Trokar
trochanter Trochanter
troche Pastille
trochlear nerve Nervus trochlearis
Trombiculidae Trombicula
trombiculosis Erntekrätze
trophic trophisch
trophic hormones Hormone, trophische
tropical acne Tropenakne
tropical medicine Tropenmedizin
Trousseau's sign Trousseau-Zeichen
Trousseau's syndrome Trousseau-Syndrom
true ankylosis Ankylose, echte
true hermaphrodite Hermaphrodit, echter
true suture Sutura; Schädelnaht, echte
true vocal cords Stimmbänder, echte
truncus Truncus
truncus brachiocephalicus Truncus brachiocephalicus
trunk balance Körpergleichgewicht
truss Bruchband
truth serum Wahrheitsserum
truth telling Wahrheit, Erzählen der
Trypanosoma Trypanosomen
trypsin Trypsin
trypsin inhibitors Trypsin-Inhibitoren
trypsinogen Trypsinogen
tryptophan Tryptophan
tsetse fly Tsetse-Fliege
tubal abortion Tubarabort
tubal ligation Tubenligatur
tubal pregnancy Tubargravidität, Eileiterschwangerschaft
tube care Sondenpflege
tube feeding Sondenernährung
tube feeding care Sondenernährung: Pflege
tubercle Tuberkel
tubercles of Montgomery Montgomery-Knötchen
tuberculin Tuberkulin
tuberculin tine test Tuberkulin-Test
tuberculosis Tuberkulose
tuberculous arthritis Arthritis, tuberkulöse
tuberculous peritonitis Peritonitis, tuberkulöse
tuberculous pneumonia Pneumonie, tuberkulöse
tuberosity of the tibia Tuberositas tibiae
tubo-ovarian tubo-ovarial
tuboabdominal gestation Schwangerschaft, tuboabdominale
tuboplasty Tubenplastik
tubule Tubulus, pl. Tubuli
tumor Tumor, pl. Tumoren
tumor marker Tumormarker
tumor necrosis factor Tumor-Nekrose-Faktor (TNF)
tumor-specific antigen Antigen, tumorspezifisches
tumoricide tumorizid
tumorigenic tumorigen
tunica Tunika
tunica serosa Tunica serosa
tunnel vision Tunnelsehen
turgor Turgor
Turner's syndrome Turner-Syndrom
tussis Tussis
twilight state Dämmerzustand
twins Zwillinge
twitch Zuckung
tympanectomy Tympanektomie
tympanic tympanicus
tympanic membrane Membrana tympani, Trommelfell
tympanic resonance Klopfschall, tympanischer
tympanogram Tympanogramm
tympanoplasty Tympanoplastik
tympany Tympanie
typhoid carrier Typhus-Dauerausscheider
typhoid fever Typhus abdominalis, Bauchtyphus
typhoid vaccination Typhus-Schluckimpfung

typhoid typhös
typhus Fleckfieber
typhus vaccine Typhusvakzin
typing Typing
tyrosine Tyrosin (Tyr)
tyrosinemia Hypertyrosinämie, Tyrosinämie

U

ubiquitous ubiquitär
ulcer Ulkus (pl. Ulzera)
ulceration Ulzeration
ulcerative collitis Colitis ulcerosa
ulcerative stomatitis Stomatitis ulcerosa, Mundfäule
ulcerogenic drug Medikament, ulzerogenes
ulna Ulna, Elle
ulnar artery Arteria ulnaris
ulnar nerve Nervus ulnaris
ulnocarpal karpoulnar
ulnoradial ulnoradial, radioulnar
ulo- ulo-
ultra- ultra-
ultracentrifuge Ultrazentrifuge
ultrafiltration Ultrafiltration
ultrasonic cleaning Ultraschallreinigung
ultrasonography Ultraschalldiagnostik, Sonographie
ultrasound Ultraschall
ultrasound imaging Ultraschall-Bildgebungsverfahren
ultraviolet light ultraviolettes Licht (UV-Licht)
ultraviolet rays UV-Strahlung
umbilical umbilikal
umbilical arteries Nabel(schnur)arterien
umbilical catheterization Nabelschnur-Katheterisierung
umbilical cord Nabelschnur
umbilical hernia Nabelhernie, Nabelbruch
umbilical vein Nabel(schnur)vene
umbilicus Omphalos, Umbilicus, Nabel
unconditioned response Reaktion, unbedingte
unconscious bewusstlos, unbewusst
unconsciousness Bewusstlosigkeit
undernutrition Unterernährung
underwater exercise Unterwassergymnastik
underweight Untergewicht
undifferentiated cell Zelle, undifferenzierte
undisplaced fracture Fraktur, nicht-dislozierte
undulant undulierend
ungual ungualis
unguenta Unguentum
uni- uni-
unilateral unilateral
unilateral neglect Vernachlässigung, halbseitige
uninterrupted suture Naht, fortlaufende
unit Einheit
unitary human conceptual framework Unitärer Mensch, Begriff des
United Nations International Children's Emergency Fund Weltkinderhilfswerk der Vereinten Nationen (UNICEF)
univalent monovalent, univalent
universal donor Universalspender
universal numbering system Nummerierungssystem, allgemein gültiges
universal precautions Allgemeine Hygienevorschriften
universal recipient Universalempfänger
unmyelinated myelinfrei, marklos
Unna's paste boot Unna-Pastenschuh
unsaturated ungesättigt
unsaturated fatty acid Fettsäuren, ungesättigte
unscrubbed team members OP-Team, unsteriles
unsocialized aggressive reaction Verhalten, aggressives, nicht gesellschaftsfähiges
upper respiratory tract Atemwege, obere
uptake Uptake
uracil Uracil
uranium Uran (U)
uranoschisis Uranoschisis
uranostaphyloplasty Uranostaphyloplastik
urate Urat
uraturia Uraturie
urea Urea, Harnstoff
urea cycle Harnstoffzyklus
uremia Urämie
uremic coma Koma, urämisches
ureter Ureter, pl. Ureteren, Harnleiter
ureteritis Ureteritis
ureterocele Ureterozele
ureterography Ureterographie
ureteroplasty Ureterplastik
ureteropyelonephritis Ureteropyelonephritis

ureterostomy Ureterostomie
ureterotomy Ureterotomie
urethra Urethra, Harnröhre
urethral orifice Harnröhrenmündung
urethral sphincter Musculus sphincter urethrae
urethritis Urethritis
urethrography Urethrographie
urethroscope Urethroskop
uric acid Harnsäure
uricaciduria Hyperurikurie
urinal Urinal
urinalysis Urinanalyse
urinary albumin Eiweiß im Urin
urinary bladder Vesica urinaria, Harnblase
urinary bladder training Blasentraining
urinary calculus Harnstein
urinary casts Harnzylinder
urinary catheter Blasenkatheter
urinary catheterization Urinkatheterisierung
urinary elimination management Urinausscheidung, Umgang mit der
urinary frequency Wasserlassen, häufiges
urinary habit training Urinausscheidung, Gewohnheitstraining bei der
urinary hesitancy Urinausscheidung, verzögerte
urinary incontinence Harninkontinenz
urinary output Harnvolumen
urinary retention Urinretention, Harnverhalten
urinary sediments Urinsedimente
urinary system Harnorgane
urinary tract Harntrakt
urinary tract infection Harnwegsinfektion
urine Urin
urine pH pH des Urins
urobilin Urobilin
urobilinogen Urobilinogen
urobilinuria Urobilinurie
urogenital urogenital
urogenital system Urogenitalsystem
urography Urographie
urokinase Urokinase
urologist Urologe
urology Urologie
urticaria Urtikaria
use effectiveness Anwendungseffizienz
Usher's syndrome Usher-Syndrom
uterine uterin
uterine anteflexion Anteflexio uteri
uterine fibroma Uterusfibrom
uterine hemorrhage Blutung, uterine
uterine inertia Wehenschwäche
uterine prolapse Gebärmuttervorfall
uterine retroflexion Retroflexio uteri
uterine subinvolution Uterus, Unvollkommene Rückbildung des
uterotomy Uterotomie
uterus Uterus
uterus Gebärmutter
uterus bicornis Uterus bicornis
uvula (pl. uvulae) Uvula, pl. Uvulae; Gaumenzäpfchen

V

V-Y plasty V-Y-Plastik
vaccination Impfung, Vakzination
vaccine Impfstoff, Vakzin
vacuum aspiration Vakuumkürettage, Saugkürettage
vagal vagal
vagina Vagina
vaginal atrophy Atrophie, vaginale
vaginal bleeding Blutung, vaginale
vaginal discharge Ausfluss, vaginaler
vaginal hysterectomy Hysterektomie, vaginale
vaginal jelly Vaginalgel
vaginal speculum Vaginalspekulum
vaginitis Vaginitis
vagosympathetic vagosympathisch
vagotomy Vagotomie
vagotonus Vagotonus
vagus nerve Nervus vagus, Vagusnerv
valence Valenz
Valsalva's test Valsalva-Versuch
Values Clarification Klärung von Wertvorstellungen
valve Valva
valves of lymphatics Lymphbahnklappen
valvular heart disease Herzerkrankung, klappenbedingte
valvular stenosis Herzklappenstenose
valvulitis Valvulitis, Klappenentzündung
vanadium Vanadium
vancomycin Vancomycin
vapo- vapo-
vaporizer Vaporizer
varicella zoster virus Varicella-Zoster-Virus

varicella-zoster immune globulin Varizellen-Zoster-Immunglobulin
varicocele Varikozele
varicose varikös
varicose vein Krampfader
varicosis Varikose, Krampfaderleiden
varix (pl. varices) Varize
vas Vas, pl. Vasa
vas afferens Vas afferens
vas efferens Vas efferens
vascular vaskulär
vascular insufficiency Gefäßinsuffizienz
vascularization Vaskularisation
vasectomy Vasektomie
vasoactive vasoaktiv
vasoconstriction Vasokonstriktion
vasoconstrictor Vasokonstriktor
vasodilation Vasodilatation
vasodilator Vasodilatator
vasoinhibitory vasoinhibitorisch
vasomotor vasomotorisch
vasomotor center Vasomotorenzentrum, Kreislaufzentrum
vasomotor reflex Reflex, vasomotorischer
vasospasm Vasospasmus
vasostimulation Vasostimulation
vasovagal reflex Reflex, vasovagaler
vastus intermedius Musculus vastus intermedius
vastus lateralis Musculus vastus lateralis
vastus medialis Musculus vastus medialis
VDRL test VDRL-Test
vegan Veganer
vegetarian Vegetarier
vegetative vegetativ
vegetative nervous system Nervensystem, vegetatives
vegetative state Wachkoma
vehicle Trägersubstanz
vein Vene (V.), pl. Vv.
vein stripping Venenstripping
Velpeau's bandage Velpeau-Verband
velum Velum
vena cava Vena cava
vena cava syndrome Vena-Cava-Syndrom
venereal venerisch
venereologist Venerologe
venereology Venerologie
venipuncture Venenpunktion
venotomy Venotomie
venous venös
venous access device Verweilkanüle
venous access devices maintenance venöse Verweilkanülen, Pflege von
venous blood Blut, venöses
venous blood gas Blutgase, venöse
venous circulation Blutzirkulation, venöse
venous insufficiency Venen(klappen)insuffizienz
venous pressure Venendruck
venous pulse Venenpuls
venous stasis Venostase
venous thrombosis Venenthrombose
ventilation Ventilation
ventilation assistance Atemunterstützung
ventilation perfusion defect Ventilation-Perfusions-Störung
ventilation, inability to sustain spontaneous Spontanatmung, ungenügende
ventilator Beatmungsinhalation
ventilatory weaning process, dysfunctional Entwöhnung vom Respirator, gestörte Reaktion
ventr(o)- ventr(o)-
ventral ventral
ventricle Ventrikel
ventricular aneurysm Aneurysma, ventrikuläres
ventricular block Ventrikelblockade, Liquorblockade
ventricular fibrillation Kammerflimmern
ventricular flutter Kammerflattern
ventricular hypertrophy Hypertrophie, ventrikuläre
ventricular septal defect Ventrikelseptumdefekt (VSD)
ventricular standstill Kammerstillstand
ventricular systole Kammersystole
ventriculoatrial shunt Ventrikel-Vorhof-Shunt
ventriculogram Ventrikulogramm
ventriculography Ventrikulographie
ventriculoperitoneal shunt ventrikuloperitonealer Shunt
ventrolateral ventrolateral
ventromedial ventromedial
venule Venole
verapamil Verapamil
verbal verbal
vermicide Vermizid
vermicular vermicularis
vermiform vermiformis
vermiform appendix Appendix vermiformis

vermifuge Vermifugum
vermis Vermis, pl. Vermes
vernal conjunctivitis Frühjahrskonjunktivitis
vernix caseosa Vernix caseosa, Käseschmiere
verruca Verruca
vertebra Vertebra (pl. Vertebrae), Wirbel
vertebral vertebral
vertebral artery Arteria vertebralis
vertebral body Wirbelkörper
vertebral canal Wirbelkanal
vertebral column Columna vertebralis, Wirbelsäule
vertebral foramen Wirbelloch
vertebrocostal vertebrokostal
vertex Vertex
vertical vertikal
vertical transmission Übertragung, vertikale
vertigo Vertigo
very low-density lipoprotein Very low-density Lipoprotein (VLDL)
vesical vesikal
vesical fistula Blasenfistel
vesical reflex Blasenreflex
vesical sphincter Sphincter vesicalis
vesicle Vesicula, pl. Vesiculae
vesicoureteral reflux Reflux, vesikoureteraler
vesicular vesikulär
vesiculography Vesikulographie
vessel Gefäß
vestibular vestibulär
vestibular apparatus Gleichgewichtsorgan
vestibular gland Scheidenvorhofdrüse
vestibular neuronitis Neuronitis vestibularis
vestibule Vestibulum
vestibule of the ear Vestibulum auris
veterinarian Veterinär
veterinary medicine Veterinärmedizin
via via
vial Phiole
vibratory massage Vibrationsmassage
vibrio Vibrionen
vicarious menstruation Menstruation, vikariierende
vidarabine Vidaribin
vigantoletten Vigantoletten
vigil coma Koma, vigiles
vigilambulism Vigilambulismus
villi Zotten
villous carcinoma Zottenkrebs
villus Villus (pl. Villi)
vinblastine sulfate Vinblastin
vincristine sulfate Vincristin
vindesine sulfate Vindesin
viral hepatitis Virushepatitis
viral infection Virusinfektion
viral marker Virusmarker
Virchow's node Virchow-Drüse, Klavikulardrüse
viremia Virämie
virile viril
virilization Virilisierung
virion Virion (pl. Virionen, Viria)
virologist Virologe
virology Virologie
virostatic agent Virostatikum (pl. Virostatika)
virulence Virulenz
virulent virulent
virus Virus (pl. Viren)
virustatic virostatisch
viscera Viszera
visceral lymph node Eingeweidelymphknoten
visceral pain Eingeweideschmerzen
visceral peritoneum Peritoneum viscerale
viscid viskös
viscosity Viskosität
visible light Licht, sichtbares
visible radiation Strahlung, sichtbare
visible spectrum Spektrum, sichtbares
visitation facilitation Besuchen, Unterstützung von
visiting nurse Gemeindekrankenschwester/-pfleger
visual accommodation Akkomodation, visuelle
visual agnosia Agnosie, visuelle
visual amnesia Amnesie, visuelle
visual aphasia Aphasie, visuelle
visual center Sehzentrum
visual field Gesichtsfeld, Sehfeld
visual field defect Sehfeldstörung
visual hallucinations Halluzinationen, visuelle
vital vital
vital capacity Vitalkapazität (VK)
vital signs Vitalzeichen
vital signs monitoring Vitalzeichen-Monitoring

vital stain Vitalfärbung
vital statistics Bevölkerungsstatistik
vitamin A Vitamin A
vitamin B complex Vitamin-B-Komplex
vitamin C Vitamin C
vitamin D Vitamin D
vitamin deficiency Vitaminmangel
vitamin E Vitamin E
vitamin K Vitamin K
vitamin(s) Vitamin(e)
vitaminology Vitaminologie
vitiligo Vitiligo, Scheckhaut, Weißfleckenkrankheit
vitreous cavity Glaskörperraum
vitreous humor Glaskörper
vocal apparatus Stimmapparat
vocal cords Stimmbänder
vocal folds Stimmlippen
voiceprint Stimmabdruck
volar volar(is), palmar
volatile volatil
Volhard's test Volhard-Wasserversuch
Volkmann's contracture Volkmann-Kontraktur
Volkmann's splint Volkmann-Schiene
volt Volt (V)
volume Volumen (Vol.)
volume control fluid chamber Tropfkammer mit Niveauring
volume percent Volumprozent
volvulus Volvulus
vomer Vomer
vomiting of pregnancy Schwangerschaftserbrechen
vomitus Vomitus
von Gierke's disease Gierke-Krankheit
von Willebrand's disease Willebrand-Krankheit
vulgaris vulgaris
vulvectomy Vulvektomie
vulvovaginitis Vulvovaginitis

W

waddling gait Watschelgang
Waldeyer's throat ring lymphatischer Rachenring, Waldeyer'-Rachenring
walker Gehgestell, starres
walking belt Laufgürtel
walking cast Gehgips
walking reflex Schreitreflex
wandering abscess Wanderabszess
wandering atrial pacemaker Schrittmacher, wandernder
Wangensteen apparatus Wangensteen-Drainage
ward Station
washout Ausspülung
washout phenomenon Wash-out-Phänomen
waste products Ausscheidungsstoffe
wasting syndrome Auszehrung
water Wasser
water intoxication Wasserintoxikation
water-hammer pulse Wasserhammerpuls
water-soluble contrast medium Kontrastmittel, wasserlösliches
Watson-Crick helix Watson-Crick-Modell
watt Watt (W)
weakness Schwäche
wean abstillen
weaning Entwöhnungsphase
wear-and-tear theory Abnutzungs-und-Verschleiß-Theorie
webbing Schwimmhautbildung
Weber's tuning fork test Stimmgabelprüfung
Weber's tuning fork test Weber-Versuch
Wechsler intelligence scales Wechsler-Test
wedge fracture Stauchungsbruch, mit Keilbildung
wedge resection Keilresektion
weight gain assistance Gewichtszunahme, Unterstützung bei der
weight management Körpergewicht, Umgang mit dem
weight reduction assistance Gewichtsabnahme, Unterstützung bei der
well baby care Säuglings- und Kindervorsorge
wellness Wellness
Werdnig-Hoffmann's disease Werdnig-Hoffmann-Krankheit
Wernicke's center Wernicke-Zentrum
Wernicke's encephalopathy Pseudoencephalitis haemorrhagica, Wernicke-Syndrom
Wertheim's operation Wertheim-Operation
Western blot test Western-Blot-Test
wet dressing Verband, feuchter
wet nurse Amme
wet pack Wickel
Wharton's jelly Wharton'sche Sulze

wheal-and-flare reaction Quaddelbildung, allergische
whiplash injury Schleudertrauma
white substance weiße Substanz
white thrombus weißer Thrombus
whole blood Vollblut
whole blood clot retraction test Vollblut-Retraktionstest
whole bowel irrigation Magen-Darm-Spülung
wholistic health Gesundheit, ganzheitliche
whooping cough Keuchhusten
Wilms' tumor Wilms-Tumor
windowed gefenstert
wink reflex Blinzelreflex
winter itch Winterjucken
wisdom tooth Weisheitszahn
witch's milk Hexenmilch
withdrawal bleeding Entzugsblutung
withdrawal method Koitus interruptus
withdrawal symptoms Entzugs-Symptome
withdrawal syndrome Entzugs-Syndrom
Wolff-Chaikoff effect Wolff-Chaikoff-Effekt
Wolff-Parkinson-White's syndrome Wolff-Parkinson-White-Syndrom (WPW-Syndrom)
word blindness Leseunfähigkeit
work of worrying Sorgenbewältigung
work therapy Arbeitstherapie
work-up Untersuchung, gründliche medizinische
World Health Organization Weltgesundheitsorganisation (WHO)
wound Wunde
wound care Wundpflege
wound healing Wundheilung
wound irrigation Wundspülung
wrist drop Fallhand, Kusshand

X

X chromosome X-Chromosom
X-linked x-chromosomal
x-linked disorders x-chromosomale Krankheiten
X-linked inheritance Vererbung, x-chromosomale
x-rays Röntgenstrahlen
XO-syndrome Xo-Syndrom
xanthine Xanthin
xanthine derivative Xanthin-Derivat
xanthinuria Xanthinurie
xanthochromia Xanthochromie
xanthoma Xanthom(a)
xanthomatosis Xanthomatose
xanthopsia Xanthop(s)ie
xeno- xeno-
xenobiotics Xenobiotika
xenogeneic xenogen(etisch)
xenograft Xenotransplantat
xenophobia Xenophobie
xero- xero-
xeroderma Xerodermie
xerophthalmia Xerophthalmie
xeroradiography Xeroradiographie
xerostomia Xerostomie
xiphisternal articulation Synchondrosis xiphosternalis
xiphoid process Processus xiphoideus, Schwertfortsatz
XXX syndrome XXX-Syndrom
xylometazoline hydrochloride Xylometazolin
xylose absorption test Xylose-Toleranz-Test

Y

Y chromosome Y-Chromosom
y union Y-Stück
Y-linked y-chromosomal
Y-plasty Y-Plastik
yeast Hefepilz
yellow fever Gelbfieber
yellow fever vaccine Gelbfieber-Vakzin
yellow nail syndrome Syndrom der gelben Nägel
yin and yang Yin und Yang
yoga Yoga
yolk sac Dottersack
Young-Helmholtz theory of color vision Dreifarbentheorie

Z

Z Band Z-Streifen
Z-plasty Z-Plastik
zalcitabine Zalcitabin
zero-end expiratory pressure zero-end expiratory pressure (ZEEP)
zidovudine Zidovudin
Ziehl-Neelsen test Ziehl-Neelsen-Färbung
zinc Zink (Zn)
zinc deficiency Zinkmangel

zinc ointment Zink(oxid)salbe
zinc salt poisoning Zinkvergiftung
zona Zona
zone Zone
zonesthesia Zonästhesie, Gürtelgefühl
zonula Zonula
zoology Zoologie
zoomania Zoomanie
zoonosis Zoonose
zoophilia Zoophilie
zoophobia Zoophobie
zoster immune globulin Zoster-Immunglobulin
zygomatic arch Jochbogen
zygomatic bone Jochbein
zygomaticus major Musculus zygomaticus major
zygomaticus minor Musculus zygomaticus minor
zygote Zygote